Di-ershiyi Jie Quanguo Qiaoliang Xueshu Huiyi Lunwenji

第二十一届全国桥梁学术会议论文集

（上册）

中国土木工程学会桥梁及结构工程分会　编

2014 · 大连

人民交通出版社
China Communications Press

内 容 提 要

本书为第二十一届全国桥梁学术会议论文集，由中国土木工程学会桥梁及结构工程分会精选的170余篇优秀论文汇编而成。本论文集包括大会报告，设计与分析，施工与控制，抗震、抗风与动力分析，检测、加固及其他五个部分，全面、系统地展示了近一时期我国桥梁工程建设的新动态、新理念、新成果和新经验。

本书可供从事桥梁工程设计、施工、检测、管理等相关工作的技术人员参考使用，也可供大中专院校相关专业师生阅读学习。

图书在版编目(CIP)数据

第二十一届全国桥梁学术会议论文集·上册 / 中国土木工程学会桥梁及结构工程分会编. — 北京 ：人民交通出版社，2014.5

ISBN 978-7-114-11404-5

Ⅰ.①第… Ⅱ.①中… Ⅲ.①桥梁工程—学术会议—文集 Ⅳ.①U44-53

中国版本图书馆 CIP 数据核字(2014)第 086365 号

Di-ershiyi Jie Quanguo Qiaoliang Xueshu Huiyi Lunwenji

书　　名：第二十一届全国桥梁学术会议论文集(上册)
著 作 者：中国土木工程学会桥梁及结构工程分会
责任编辑：张征宇　郭红蕊
出版发行：人民交通出版社
地　　址：(100011)北京市朝阳区安定门外外馆斜街 3 号
网　　址：http://www.ccpress.com.cn
销售电话：(010)59757973
总 经 销：人民交通出版社发行部
经　　销：各地新华书店
印　　刷：北京市密东印刷有限公司
开　　本：787×1092　1/16
印　　张：72.5
字　　数：1719 千
版　　次：2014 年 5 月　第 1 版
印　　次：2014 年 5 月　第 1 次印刷
书　　号：ISBN 978-7-114-11404-5
定　　价：220.00 元(上、下册)

第二十一届全国桥梁学术会议

学术委员会

名誉主任 范立础
主　　任 项海帆
副 主 任 葛耀君
委　　员 （以姓氏笔画为序）
牛　斌　吉　林　孙利民　肖汝诚
邵长宇　孟凡超　赵基达　秦顺全
高宗余

组织委员会

主　　任 肖汝诚
副 主 任 刘　征　杨志刚　张　哲
委　　员 （以姓氏笔画为序）
华彦常　孙　斌　武肖良　松　宇　徐太波　黄才良
廖　玲　穆　玉

主办单位

中国工程院土木水利与建筑工程学部
中国土木工程学会
中国土木工程学会桥梁及结构工程分会
大连市城乡建设委员会
大连市星海湾开发建设管理中心

协办单位（排序不分先后）

中铁十九局集团第五工程有限公司
中交一航局第三工程有限公司
中交第二公路工程局有限公司
大连理工大学土木工程建筑设计研究院有限公司
中交第一航务工程局有限公司
大连船舶重工集团有限公司
中铁宝桥集团有限公司
江苏法尔胜股份有限公司
四川天元机械工程股份有限公司
镇江蓝舶工程科技有限公司
大连天禄防腐工程有限公司
衡水宝力工程橡胶有限公司
大连顾德防腐工程有限公司
宁波路宝科技实业集团有限公司
中咨工程建设监理公司
山东省交通工程监理咨询公司
大连理工工程建设监理有限公司

承办单位

《桥梁》杂志社
大连理工大学

目　录（上册）

一、大会报告

二、设计与分析

三、施工与控制

一、大 会 报 告

1. 拱的艺术

邓文中

(林同棪国际工程咨询(中国)有限公司)

摘　要:拱桥已有2 000多年的历史,从罗马拱桥的壮观而坚固,到许多现代拱桥的优雅而飘逸的风格,拱桥的发展受当时可用建筑材料的影响,演变出大量不同的拱的形状。今天,随着更多种类建筑材料和机械的出现,使许多美丽且具标志性的拱桥变为可能。

关键词:拱桥　艺术　设计　美学

1　古代拱桥

拱桥是最古老的大跨度桥梁形式。原因很简单,在梁桥、拱桥、斜拉桥和悬索桥这四个基本桥梁类别中,拱桥是唯一可以使用基本上没有受拉能力的石块和砖头建造的桥梁。在古代,石块和砖头是唯一可用于大型建筑的材料。因此,当一座桥的跨度较大时,拱桥是唯一可以采用的桥型。而且拱在大自然中很普遍,自然景观中有着丰富的拱的例子(图1)。由此看来拱桥的灵感最初可能也来自大自然。

a)　b)　c)

图1　大自然的拱和罗马式的拱桥

今天,当我们谈论古代的拱,我们通常会联想到古罗马拱。毋庸置疑,古罗马人是伟大的建筑师,他们建造了许多壮丽的拱结构,用于宫殿、剧场、桥梁和高架引水道等等。但是,拱的建造可以追溯到古罗马时代之前,其中一个显著的例子是建造于公元前600年的巴比伦的伊什塔尔门。尽管如此,至少对于桥梁,古罗马传承并丰富了拱形建筑的艺术。在2000年以后的今天,部分这些建筑依然保持着相对良好的状态。

我们无法推测，如果古罗马人也拥有现今的建筑材料会建造出怎么样的结构，但在造拱的技艺上，罗马人绝对是大师。现在罗马人遗留下来的都是能保持时间最长的石拱。古罗马人的拱都是半圆形的，建筑界也因而称这种类型的拱为“罗马拱”。出于明显的原因，这些石拱桥只能是将桥面建于拱的上面，也就是我们今天的上承式拱桥。

石拱桥是非常沉重的，这是坏处，但也有它的好处。重量给予拱肋承受横向荷载的能力，抵抗在地震、台风和洪水等现象中所产生的横向推力。因为这些横向荷载可引起横向弯矩，这些弯矩在拱肋中会引起拉应力和压应力(尤其是在桥墩和地基)，石块和砖不能承受拉应力，拱的重力给结构增加了压力，可以克服这些弯矩带来的拉应力。

当然，我们谈论拱桥的时候不能忽略了我国古代的拱桥。其中最有名的自然是赵州的安济桥，通常简称为赵州桥(图 2)。赵州桥和一般的古罗马拱桥有明显的区别。罗马拱都是半圆形的，只适宜桥面离水面很高的桥梁。因为半圆的拱，它的矢跨比都是 1∶2。就是说，拱高必须是拱的跨度的一半。赵州桥的拱跨度 37m，高只有 6m，适用于低矮的地形。这座桥的矢跨比 1∶6，与现代拱桥普遍的在 1∶4 到 1∶8 之间的矢跨比吻合，可以说是这座大桥的设计者先进的构思。赵州桥大约建于公元 600 年，是那个时代的世界纪录。中国其实建造了不少石拱桥，但几乎都因为年久失修，荒废了。很可惜！

图 2　赵州桥

当然，中国和外国也建造过许多木拱桥，但木材的耐久性能有限，不能留传得很久。所以我们今天能保留下来的，都是石拱桥。

2　现代拱桥

现代拱桥大多比较轻盈，它们绝大多数是用钢或钢筋混凝土建造。这些材料具有抗拉能力，所以，用现代材料建造的拱桥的拱肋可以容许拉力、压力和弯矩。它们看起来比较纤细。纤细和轻盈的好处是它们给我们极好的机会创造优美的、窈窕的拱，还可以容许更大的跨度。然而，细而轻的拱肋的缺点是，如果没有其他支撑，拱肋在荷载下不够稳定。由于拱肋是承受压力的杆件，就像受压的柱一样，它会产生面内和面外的屈曲而失稳。

拱肋的屈曲可以简单地视为一个刚度问题。早期的铁拱桥和钢拱桥，例如埃菲尔(Gustav Eiffel)设计的葡萄牙柏吐的玛利亚·皮亚大桥(Dorna Maria Pia Bridge，Porto，Portugal)和林登索尔(Gustav Lindenthal)设计的在纽约市的地狱门大桥(Hell Gate Bridge，New York)，大都使用桁架拱肋。这样就可以以有限的材料，提供足够的拱肋刚度。我国这 20 多年来也建造了许多桁架式拱桥，尤其是填充混凝土的钢管拱，更成为了我国的一个特色。此外，重庆的朝天门大桥（图 3），主跨 552m，现在是世界最大跨径的拱桥，也是桁架拱。

a)巫山大桥

b)朝天门大桥

图 3 桁架拱桥

柱的屈曲临界荷载与其横截面的刚度成正比，刚度通常以“EI”来表示，其中 E 是材料的弹性模量，I 是横截面的转动惯量。一个拱肋的屈曲肯定比一根简单的柱子要复杂得多，但基本概念是非常相似的。所以，增加拱肋横截面的刚度可以提高拱的临界压力。

因为弹性模量 E，对于任何给定的材料几乎是恒定的，增加刚度只能通过增加横截面的惯性矩 I 来实现。增加横截面的惯性矩最直接的方式是增加构件的尺寸。这样做的缺点是，拱肋尺寸的增加会使其显得笨重，在一般情况下会导致桥梁不能满足美观的要求。

我们有几种方法可以用来稳定细长的拱肋。在面内方向，拱肋是由吊杆与梁连接的。拱肋的任何垂直变形将迫使主梁跟着变形。如果吊杆不伸长，那么梁的垂直变形必须与拱肋的垂直变形相等。因此，无论是拱肋的刚度还是梁的刚度都有助于拱肋的稳定。吊杆的轴向变形，即吊杆的拉伸或缩短通常很小，增加梁或者拱肋的刚度来对抗屈曲在大多数情况下都同样是有效的方法。所以，在刚性梁的情况下，拱肋可以做得更为纤细。美国波特兰的弗里蒙特桥(Fremont Bridge，Portland，USA)和中国台湾的关渡大桥就是很好的例子(图 4)。

a)弗里蒙特桥

b)关渡大桥

图 4 美国波特兰的弗里蒙特桥和中国台湾的关渡大桥

另一种增强拱肋面内稳定性的方法是使用倾斜的、桁架式的吊杆。这个系统被称为“网状系统拱桥(Network Arch)。”实际上，网状系统拱桥的作用更像是一个桁架，吊杆类似桁架的腹杆。因此，拱肋在面内方向可造得非常纤细(图 5)。

在面外方向，吊杆通常与拱肋处在同一平面上，所以它们对加强拱肋的横向或面外屈曲不能提供任何帮助。解决这个问题最常见的方式是让两个拱肋互相支撑，这种支撑可以是像一个桁架结构纵横交错[图 6a)]，或者是简单的像一个空腹桁架结构平行支柱[图 6b)]。图 7 是两个拱肋互相支撑的一个特别的形式。

a)德国费曼大桥　　b)台湾的麦克阿瑟将军大桥

图5　网状系统拱桥

a)　　b)

图6　两种横撑方式

图7　特殊的稳定方式

将拱和吊杆组合成一定的空间(三维)结构是增强拱肋横向稳定性的另一有效途径。这里,有几种可供选择的方法来达到类似的结果:一种方法是使用有足够抗弯刚度的吊杆,将拱肋与主梁连接起来,利用梁的扭转刚度控制拱肋的横向变形[图8a)]。不过,这种方法只能实施于相对较小跨度的桥梁,如果拱跨太大,这些吊杆太长,会变得很笨重。

a)　　b)

图8　吊杆的空间布置

一旦拱肋在面内和面外的稳定问题被解决,拱对于短跨度和中跨度桥梁来说就是一个多功能的结构。下面是几座已经建成的拱桥的例子。

2.1　菜园坝长江大桥

菜园坝长江大桥位于重庆。它从城的南部跨长江至城的中心地带,主跨420m,通车时是世界上最大跨度的公轨两用拱桥。这座桥从城市的很多地方都可以看见。美观是设计中重要的考虑因素之一。

主梁上层桥面设有六个车行道和双侧人行道,下层为双线轻轨车道。上层桥面宽36.5m,下层宽12.1m,梁高11.5m,形成一个梯形横截面。在这里,主梁如果采用矩形横截面看起来会显得笨重。梯形截面的主梁在跨越长江河谷的背景下看起来比较清秀。美学上,拱肋应该尽量窈窕。所以选择了简单矩形截面，宽 2.4m，高 4m。由于主梁刚度大，拱肋可以很窈窕。

为了保证拱肋的横向稳定，提篮拱是一个有效的选择。这座拱桥的两根拱肋向内互相倾斜，由方形的横撑相连(图 9)。

a) b) c)

图 9　重庆菜园坝大桥

在这里，长江的最高和最低水位相差可达到 39m。为了使拱肋不在水位高的时候被淹没于水下，影响桥梁整体的美观，我们将整个拱向上提升，放在两个桥墩之上。同时较低部分的拱肋接近水面，会受到湿气影响，所以这一段拱肋不用钢，而采用高强度的混凝土，增加防腐蚀能力。这样的安排也提高了防止船舶碰撞的能力。而且从美学的角度看，刚性的底部使这座桥看起来更稳重，更壮观。

系杆拱桥对大跨度桥梁来说是个明智的选择。它在中小跨度但桥面狭长的情况下也具吸引力，拱肋的倾斜度将因此不会过于强烈。

2.2　天津大沽桥

当桥的跨度不大时，尤其是在桥面很宽而跨度又不大的情况下，如果拱肋向内倾斜，拱肋与桥面之间的空间比较狭窄，人在路过的时候会有一种被压抑的感觉。为了给过桥的人提供一个宽阔的视野，拱肋可以选择向外倾斜，例如在中国天津的大沽桥，见图 10。

a) b) c) d) e)

图 10　天津大沽桥

如果拱肋向外倾斜，拱肋之间的横撑就会很长，横跨在路面上空，影响美观。如果不用横撑，拱肋就必需很粗壮，否则会不稳定。因此，我们必须通过其他方式提供横向支撑。出于这个原因，大沽桥的每根拱肋的两侧都有吊杆，构成一个三维空间结构体系。这种安排让拱肋受到侧向约束而大大地提高了横向稳定的极限屈曲荷载，从而使拱肋可以造得很纤细。

大沽桥位于天津市中心。大沽桥是海河区域重建规划的第一批桥梁之一。因为它的地理位置很重要，它在美观上的要求非常高，业主希望它能成为这个城市地标性的建筑。大沽桥横跨海河，海河贯穿整个城市。这条河在桥位的地方宽度大约为 96m，所以桥的跨度采用 106m，一跨过江，避免在河中设墩。桥面有六个车道和两条行人/自行车道，一边一个。桥面为变宽，两端最窄，为 32m，一直变化到到中央的 56m，包括桥面上的一些镂空。由于航道静空要求，桥面中央的横梁高度被限制在 1.4m。1.4m 的梁高跨过横向 32m 的桥宽不经济，因此拱肋被安置在行人/自行车道的内侧，两个拱肋在桥面上的横向距离是 24m。

这两个拱肋为梯形截面的钢结构。主梁为正交异性板钢箱梁，桥面铺设 50mm 的环氧沥青。

2.3 连云港淮海路大桥

淮海路大桥在江苏省连云港中，它位于城市新开发区的中央地带。美学在此桥的建设中尤为重要。此桥主跨 100m，桥面宽 39m。每个拱肋都连接有双面的吊杆。使拱肋可以造得很窈窕，见图 11。

a)

b)

图 11 江苏连云港淮海路大桥

像大沽桥一样，淮海路大桥也有两个拱肋，每个拱肋在桥面的横向位置有两个面的吊杆。大沽桥两拱之间的距离约为 24m，桥面上的任何偏心荷载都可以通过两片拱肋传递到地基。所以，在不考虑主梁抗扭承载能力的前提下，两个拱肋都可以独自承受主梁上任何非对称荷载。然而，在淮海路大桥两个拱肋的底部聚集在主梁的中心线位置，这样的拱肋安排无法承受主梁上的非对称荷载，尤其在强风和地震等的情形下更难以承担。因此，主梁必须具有足够的抗扭刚度，把任何非对称荷载直接传递到桥墩上。因此，淮海路大桥采用了多室箱梁的截面，可以将偏心荷载引起的扭矩最终都传递到了支座上。

为了容纳三维的吊杆和拱肋，对主梁的桥面进行了加宽，桥面中间部分添加了部分镂空，增加了桥梁的美观。

2.4 沈阳市三好桥

三好桥位于沈阳市(图 12)，它跨越浑河，连接两岸的新开发区。城市要求在这个位置建设一座地标性桥梁，以配合河两岸的高端住宅项目。这座桥有 100m 的双主跨，桥面宽 34m。梁高被限制在 2.4m 以满足航行要求。然而，由于预算有限，业主只能负担一个混凝土梁。在中国，钢梁的价格比混凝土梁高许多，但是钢梁要相对轻得多。为了尽量降低工程价格，这座桥的设计应用了刚研究成功的“索辅梁桥”的理念。这个设计理念，通过同时充分利用拉索体系和梁本身的承载能力，从而实现其经济效益。拉索只承载了部分桥的重量，所以桥塔可以轻盈得多。这种设计理念也允许更自由的拉索索力的选择，简化了设计。通常，一个横向的拱形垂直桥塔不是一个很理想的结构。但在三好桥的设计中，拉索部分只承担了大约 50%的荷载。所以，这个工程的经济效率还是很高。

两片拱将拉索分成3个部分，中间部分拱肋间的每根拉索都进行了微调以消除拱肋任何的面外力矩。

a) b)

图12 辽宁沈阳三好桥

2.5 福建三明市台江大桥

台江大桥位于福建省三明市(图13)。这座桥有两个110m的主跨。最大允许梁高为2.6m。同样的，由于预算的限制，业主只能负担建造一座混凝土桥梁。该设计也是基于"索辅梁桥"的理念。在这种情况下，如三好桥，拉索只负担大约50%的总负荷。

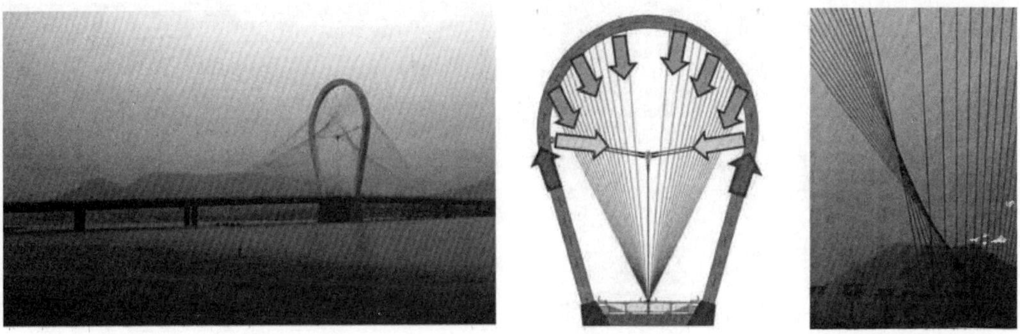

a) b) c)

图13 福建三明市台江大桥

然而，让许多拉索沿着拱的上部布置会使拱肋产生很大的弯矩。所以，我们设置了一个水平系杆来平衡拱向外的推力，使拱塔的上半部形成了一个系杆拱结构，这样有效地降低了桥塔的面内弯矩。这个水平的系杆由两条平行钢丝拉索(PPS)组成，由于这对拉索很粗大，拱肋的截面内没有足够的空间容纳它们的锚头，所以，这对拉索被锚在拱肋的外面。这样，在这两根拉索安装好之后，就不能再有调整索力的可能。为了使索力可以调整，我们在中轴上加了一根垂直拉索。这样，只要适当调整垂直拉索的索力，就可以调整水平系杆对拉索的索力了。

由于所有的拉索下端都锚在主梁的中轴线上，梁上的所有偏心荷载都不会传到塔上。也就是说，桥塔不承担主梁上的偏心荷载。所以，主梁必须是一个箱梁，提供足够的扭转刚度来承担所有的扭转荷载。

3 拱的多样性

上面是我在中国设计的拱桥中的5座。这几座桥大概和一般人想像的拱桥不一样。但这些桥梁说明了拱是很灵活的结构，只要应用得当，它可以以不同的形式承担桥梁的任务。

图 14是这几座拱桥构思的一个总结。

传统的拱桥拱肋基本上是垂直的，例如美国波特兰的弗里蒙特桥和中国台湾的关渡大桥。

(1)从这些垂直拱肋形式开始，我们可以把拱肋向内倾斜，变成一个提篮式造型，像重庆菜园坝大桥；

(2)也可以把拱肋向外倾斜，得到一个欢迎式的造型，像一个人摊开双手，欢迎大家，例如天津大沽桥；

(3)再把一对拱肋从外侧拉到中轴线上，得到一个蝴蝶式造型，像连云港淮海路大桥；

(4)把这对拱肋平转 90°，就成为百合花造型，像沈阳三好桥；

(5)再把两片拱肋合成一片，就得出一个凯旋门的造型，如三明市台江大桥。

当然，拱的形式并不止于这几个变化。只是，这几座桥都已经成功地完工了，可以作为拱桥多样性能的好例子。

我们曾经进一步把台江大桥的拱依垂直方向旋转 180°，得出图 15 所示的双月型桥塔的桥型。这座桥桥塔两边拉索的安排是对称的，所以在恒载作用下，桥塔没有面外弯矩。但是这个桥塔的两个肋是弯的，必须在拉索的几何安排和力的分配上予以适当调节，才可以把拱肋的面内弯矩大大降低。这座桥也是根据“索辅梁桥”的理念设计的。

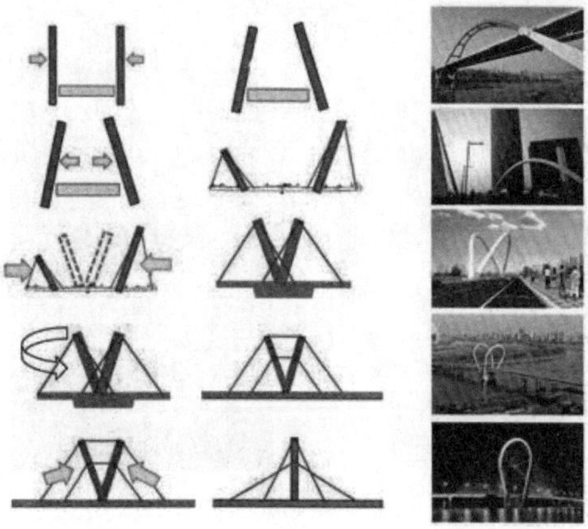

图 14　拱的变化

图 15　双月形桥塔

这座桥原定设置在进城的中轴线的大道上，等于一个城市的大门。从这里可以一直看到城市的中心广场。可惜在设计完毕后，业主改变了计划，没有兴建。

4　施工的考虑

拱桥是一个非常令人兴奋的结构形式，拱也是最有效的结构体系，可以最少的建筑材料达到最大的承载负重。然而，大跨度的拱桥是很难建造的，因为在施工过程中，在未完全成桥前它结构本身是不稳定的。大多数早期的拱桥利用支架模板施工，这样价格会比较昂贵，而且随着跨度的增加成本也急剧增加。

近期很多大跨度拱桥的施工都利用天吊和斜拉索。用于菜园坝大桥的吊机有 4.20MN 的起重能力，到目前为止，是世界上最大的天吊。在许多中短跨度拱桥，如大沽桥，因为这里在施工期间没有通航的要求，主梁和拱肋可以使用现场支架施工。钢梁节段放置在支架上焊接拼装，拱肋的支架放在完成的主梁上拼装。这样的施工方法最简单和直接。拱肋也可以利用其他的创新方法施工，如三好桥和台江大桥的建造都很顺利。三好桥的拱肋在已完成桥面上拼装，用一个临时塔吊架设在两个拱中间，两个拱肋用塔吊上连接的钢绞线抬升。整个抬升过程只用了 11h。台江大桥也利用钢支架，支架上放置吊机，把拱肋的节段从船上吊起安装。过程很顺利，见图 16。

a)菜园坝大桥　b)大沽桥　c)台江大桥

d)三好桥建设中抬升拱肋(1)　e)三好桥建设中抬升拱肋(2)　f)三好桥建设中抬升拱肋

图 16　拱桥的施工

随着施工技术的与时俱进，许多从前认为太复杂或者太昂贵的施工机械，现在已经变成很普遍了。未来将会有更新的设备提升施工的可操作性。到时，更大跨度拱桥的造价也许会变得更经济。

5　结语

拱桥已有 2 000 多年的历史，从罗马拱桥的壮观而坚固，到许多现代拱桥的优雅而飘逸的风格，拱桥的发展受当时可用建筑材料的影响，演变出大量不同的拱的形状。今天，随着更多种类建筑材料和机械的出现，使许多美丽且具标志性的拱桥变为可能。

以上对现代拱桥的几个例子进行了说明，表明拱桥可以有多种不同的形式。拱永远是让人喜爱的结构，它是大跨度桥梁最古老的形式，它也可以代表桥梁结构设计中的最新发展。

2.21 世纪中国桥梁的发展之路

——中国距离桥梁强国还有多远

项海帆
（同济大学）

1　中国桥梁的现状

10 年前的 2004 年，国际桥协的年会在上海举行。当时，作为会议背景工程的东海大桥基本建成，邻近的杭州湾大桥和苏通长江大桥已动工兴建，主跨 1 650m 的舟山连岛工程中的西堠门大桥也准备开工，全国呈现出遍地开花的大好形势，许多大桥正在设计中，并将陆续开工建设。

自 1979 年在江西庐山成立中国土木工程学会下属的桥梁及结构工程分会已过去 36 年了。学会经历了由已故李国豪教授任理事长的第一个 12 年（1979～1990 年），中国桥梁界通过“学习与追赶”取得了巨大的进步，并通过上海南浦大桥走出了一条自主建设的成功之路。

由范立础教授任理事长的第二个 12 年（1990～2002 年）（图 1），我们又通过“跟踪与提高”和国际化努力，不仅提高了技术水平，也让国际桥梁界认可了中国桥梁的成就。1997 年建成的千米级江阴长江大桥标志着中国桥梁已迈入先进行列，占有了一席之地。

图 1　1990 年第九届全国桥梁工程学术会议代表合影（杭州）

2002 年至今的 12 年，我作为第三任理事长见证了新世纪中国桥梁界希望通过创新有所超越的奋斗历程。我们为纪念李国豪校长百年诞辰的画册中所收编的 100 座 21 世纪新桥总结了这一段难忘的经历。

然而，在 21 世纪初的大桥建设高潮中也暴露出一些问题，在一定程度上影响了中国从桥梁大国迈向桥梁强国的前进步伐。

首先，是质量和耐久性问题。如钢桥桥面铺装不到十年就被重车压坏，从而造成钢桥面板的疲劳；不少用泵送混凝土现场浇筑的斜拉桥塔身出现了裂缝；钢管混凝土拱桥的质量问题一直未能彻底解决；PC梁桥中的各种裂缝很普遍，导致跨中下陷和结构退化。最近，交通运输部公路局召开的全国公路桥梁养护工作会议上，养护处的调查报告称：有86.4%的公路混凝土桥梁存在腹板裂缝，可见各种病害问题相当严重（图2）。

a）钢桥面板疲劳　b）混凝土梁腹板裂缝　c）拉索钢丝锈蚀

图2　桥梁的典型质量和耐久性问题

其次，是追求跨度第一的设计误区。不仅同一通航河段上的斜拉桥的跨度越来越大，而且认为只有悬索桥才代表水平（图3），建造了许多不经济和不必要的超大跨度悬索桥，引起了外国同行的质疑。

图3　规划中的主跨1 700m的武汉某大桥

第三，中国的桥梁施工方式仍是在总包公司名义下分包给低资质的工程队进场施工，使桥梁工地上聚集了大量缺少专业培训的农民工，大部分工作都在现场进行。由于没有培育起高水平的专业化公司，使预制构件能在条件更好的工厂中进行，然后运到工地用大型设备安装就位，因而在中国很难看到国外大桥工地上不足百人的现代工业化施工景象。然而，中国的高层建筑施工已普遍采用先进的建造信息模型（BIM）软件，这种绿色施工技术专业化程度高，并且节能环保、安全优质，可以说，桥梁施工已落后于高层建筑施工。

最后，在高性能材料的使用上进展缓慢，大部分桥梁还是采用C50混凝土和S345钢材，仅少量使用C60混凝土和S420钢材。而国外已大量采用HPC80混凝土和HPS480-500钢材，这一差距造成中国每平方米桥梁的材料用量往往要比别的国家高出30%～40%，不仅带来桥梁美学上的缺陷，而且还影响了质量和耐久性。

如今发达国家正在加速研发超高性能材料，如韩国“Super Bridge 200”（图4）中要求为200年桥梁寿命期研制UHPC100-140混凝土和UHPS800-1000钢材的发展计划，并不断研发大型建筑机器人等自动化装备，进一步减少了人工，提高了施工质量。世界桥梁强国都在继续前进，中国如不努力奋进，差距就会被拉大，从而失去国际地位和竞争力。

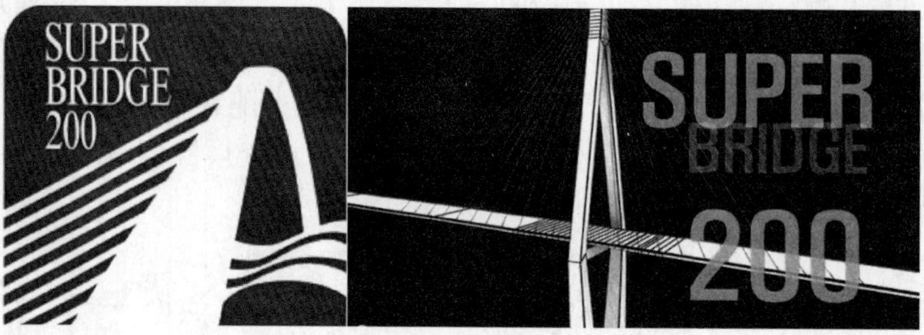

图 4　韩国 Super Bridge 200 广告

2　桥梁强国的重要标志

我在 2006 年的“公路高层论坛”上曾以《从桥梁大国走向桥梁强国》为题，讲了世界桥梁强国的三个重要标志。

(1)这些国家都有较长的发展历史(从 18 世纪工业革命开始)，积累了成熟的经验，拥有许多技术创新和发明专利，各自都形成了某一方面的优势。

(2)一些国际品牌设计公司和施工企业都积极参加国际重大工程的设计竞赛和施工竞标，有很高的信誉和竞争力。他们有强大的研发队伍，雄厚的技术储备，完备的软件和大型装备。尤其是设计人员的创新能力，常常能出奇制胜，赢得竞赛的胜利。

(3)这些品牌公司的负责人都是国际重要学术团体(IABSE，FIB，IASS，ASCE，ICE 等)的领导人或国际知名学者和总工程师，经常应邀在重要国际会议担任主旨报告人，介绍其创新成果。他们不仅引领了桥梁学科的发展，而且由于成就突出还被颁授各种国际奖励。

除此以外，还应提到世界桥梁强国所具备的工业基础。发达国家之所以能走在世界桥梁强国的前列，其根本原因还是较高的理论研究水平、人才的创新能力和强大的工业基础的有力支持。尽管他们最近十余年新建的桥梁很少，但我们要看到其研发工作并没有停下来，可以说，发达国家正在为未来积极储备新一代的先进技术。

反观中国的材料工业、软件业和机械装备工业，都还没有掌握核心技术，仍满足于引进设备和以“集成创新”名义的组装。教育体制的缺陷也影响年轻一代创新力的培养，使企业的研发能力不强，国际化水平不高，这些都是我们和强国的差距，也是从大国迈向强国的主要障碍。

然而，令人欣慰的是，相对于中国其他行业，由于中国桥梁界已走出了一条自主建设的成功之路，对外国的依赖度较少，与强国的差距也相对较小。只要我们不盲目自满，承认在高性能材料、质量和耐久性、专业化和施工装备水平等方面的差距，克服设计理念上的误区，在国际化程度上继续努力，中国桥梁还是有机会从大国逐步走向强国的，并在 21 世纪的国际桥梁竞赛中脱颖而出，取得成功。

3　21 世纪中国桥梁的发展之路

中国的 GDP 总量已位居世界第二，而且媒体还一直鼓吹十余年后将超越美国成为世界第一经济体。然而，我们的人均 GDP 仍在世界 80 位之外(20 年前尚在 100 位之外，大约每年上升一位)。因此，我认为在本世纪中叶实现全面小康，进入中等发达国家(前 40 位之内)是比较合理可行的目标，要进入前 20 位才是发达国家，而且只有前 10 位最发达国家才能真正称为被世界公认的“创新型国家”。中央提出要在 2020 年成为创新型国家，我一直认为是过于急躁的要求，这也可能是对创新认识上的误区。

由于中国的 GDP 总量中有相当比例是外企生产的，只有税收没有利润，使我们人均收入占人均 GDP 的比例也偏低，再加上分配不公的因素，贫富差距被拉大了。而且，企业的微利生产又造成创新研发的能力较弱、核心技术仍依赖进口、产品质量不够稳定等现象。发达国家早在 1970 年就已完成了第二次工业革命，而中国估计要到 2020 年才能完成，相差了 50 年。这一工业化发展进程上的差距是根本性的，也对中国桥梁的进步带来不利影响。

2013 年 5 月，麦肯锡公司从 100 项能影响未来的新技术中选出 12 项最具影响力的重大原创技术，称为“颠覆性技术”，其共同点是：发展速度快、潜在影响范围大、经济价值高和颠覆性作用强。前 10 名分别是：①移动互联网（无线通信技术）；②知识工作自动化（大部分脑力劳动由计算机完成）；③物联网（服务和管理）；④云计算（海量运算）；⑤高级机器人；⑥无人驾驶汽车；⑦新一代基因组学；⑧储能技术（电动汽车的核心技术）；⑨三维打印技术；⑩新型材料（高性能材料、复合材料、纳米材料）。

其中，第①、②、⑤、⑨、⑩5 项和未来绿色土木工程技术直接相关。这也是发达国家桥梁工程界研发工作的技术基础和新一代桥梁技术的主攻方向。

21 世纪的 20～30 年代，欧美强国的桥梁界将会迎来新一轮的建设高潮，因为 20 世纪 30 年代建成的大桥已使用了近百年，而 60 年代城市现代化和高速公路建设高潮中的更多桥梁也已运营了 70 年，进入了衰老期，需要更新重建许多大桥。东南亚一些岛国如印度尼西亚、菲律宾、马来西亚等国的经济发展也可能有条件开始兴建跨海连岛工程，以替代不安全的轮渡交通。发达国家中的日、韩、英等岛国也会启动新的跨海连岛工程。

在现代桥梁工程近 70 年（1945～2013 年）的发展历史中，60 余项创新技术大都是桥梁强国的品牌公司所发明，其中预应力技术及相关施工方法、斜拉桥的复兴、各向异性钢桥面和现代钢箱梁悬索桥等几项最重要的标志性成果及其不断改进，使现代桥梁工程得到迅速发展。目前，发达国家正在为桥梁建设新高潮的到来进行积极准备。如开发现代高性能材料和复合材料用于组合桥梁结构；不断改进分析理论和软件使之更精细化；利用最先进的机电一体化技术发展大型施工装备（建筑机器人），使更大的预制上下部构件都能迅速、准确就位，包括超过 60m 的深水基础施工。总之，未来的桥梁工程正在向更安全、更经济、更耐久、更环保、更美观的方向前进，并最终为实现 21 世纪可持续的桥梁工程和征服海峡做出贡献。

希望中国桥梁界在今后 20 年的国内跨海工程（如深中通道、琼州海峡、渤海海峡、舟山新区连岛工程等）建设中鼓励创新，加速高性能材料、超深水基础、大跨度桥梁防灾性能等研发工作，储备好先进技术，克服质量和耐久性方面的不足。如果我们墨守成规、固步自封，中国桥梁界将会在 21 世纪 20～30 年代的国际桥梁设计竞赛和施工竞标中落入下风，难以和发达国家相匹敌。

建议具体的研发工作可着重在以下 5 个方面进行：

（1）提高桥梁的寿命期。可按不同跨度或投资大小确定不同的寿命期。500m 跨度以下或 50 亿元投资以下仍保持 100 年；500～1 000m 跨度的大桥，或投资 50 亿～100 亿元应提高至 120 年寿命期；1 000m 以上跨度的特大桥，或投资超过 100 亿元可考虑 150 年寿命期；巨型跨海工程的投资可能超过 300 亿元，应考虑 200 年寿命期。相应地，还要开发耐腐蚀、耐疲劳的超高性能材料，以适应高寿命期的需求。同时，开发 FRP 等新型复合材料的应用。

（2）跨海工程的水深将达到 50～100m，而且航道以外的海域水深也可能超过 50m。要研发全预制装配的下部结构和深水基础形式（图 5），并保证接合部的耐久性。而且，还必须经济合理和便于施工，使上部结构不致于被迫增大跨度，从而失去对隧道的竞争力。同时，还要研发相应的大型基础施工装备。

图 5　Rion-Antirion 桥(水深 65m)

(3)为了避免悬索桥的深水锚碇和不可更换主缆的问题，应进一步拓展斜拉桥的跨越能力。研发跨度 1 100～1 600m，甚至 1 800m 斜拉桥的可行性(图 6)，克服其技术上的困难。结合梁桥面的斜拉桥也应设法改进构造，使桥面重量减轻，提高其和钢斜拉桥的竞争力，向千米级迈进。如考虑公铁两用，则结合桁架桥面的斜拉桥将更有发展前景。同时，还要研究多孔连续大跨度斜拉桥的合理体系(图 7)，更好地解决温度效应和伸缩缝布置问题，以及抗风和抗震方面的特殊问题。

图 6　俄罗斯 Russky 桥(主跨 1 108m)

图 7　嘉绍大桥

(4)美国新建的两座 Ohio 河桥梁分别采用主跨为 750 英尺(228.8m)和 1 200 英尺(366m)的结合梁斜拉桥，这表明结合梁斜拉桥的适用范围已扩展为 200～800m(原为 400～700m)。但在 400m 以下跨度范围内仍应发挥混凝土桥梁在经济上的优势，建议进一步研发 PC 矮塔斜拉桥(图 8)(实际上是一种体外索的梁式桥)并与结合梁斜拉桥进行比较。跨度 200m 以下则应与连续结合梁桥(结合桁梁桥)相比较，为跨海工程中的浅水区(水深 30m 以下)提供多种经济合理的非通航孔桥型选择，以提高桥梁方案对隧道的竞争力。

图 8　PC 矮塔斜拉桥(超剂量预应力混凝土桥梁)

(5)斜拉桥的桥塔也是永久性结构,一般都采用比较经济的混凝土桥塔(塔顶锚固区可能用混合结构)。要进一步研究其合理构造和严格的施工工艺,以避免塔身的早期裂缝,保证其寿命期内的耐久性。

(6)最后,对于国外一些水深超过 100m,海峡宽度 10km 以上的巨型跨海工程,将不可避免地要采用多跨连续的超大跨度悬索桥及其深水锚碇基础(图 9)。此时,必须克服许多挑战,中国桥梁界也应对此做好技术储备,以提高国际竞争力。

图 9　马六甲海峡大桥方案

4　结语

今后 20 年将是 21 世纪中国桥梁发展的关键时期,我们只有通过真正的自主创新才能实现超越。韩国的"Super Bridge 200"计划已经向我们发出了警示,其他桥梁强国也都在为迎接世界建桥新高潮的到来进行准备。一些巨型跨海工程(如欧非直布罗陀海峡、印尼的巽他海峡和巴厘海峡、马六甲海峡、朝鲜海峡、白令海峡等)的前期规划工作都是由发达国家的品牌公司所做的,可以说他们已占得了先机,对于面临的挑战已做好了准备。从这个意义上来说,我们已落后了至少 20 年,这也正是我们和世界桥梁强国之间的差距所在。

近来,发达国家又提出了"工业 4.0"的再工业化战略,即继机械化、电气化、电子信息化之后,工业化的第四个阶段,也可称为第四次工业革命。其主要特征为智能化生产,即大部分生产性活动均由各种机器人完成,部分脑力劳动也由计算机完成,如前面提到的 BIM 软件。人的作用将集中在创新设计、质量控制与检测、管理与服务等方面。我相信工程建设也会逐步过渡到这一新阶段,即由工程师在指挥部遥控大型建筑机器人优质高效地完成水下和海上各种危险的施工作业。

希望年轻一代工程师能认清差距，奋起直追，重视质量，走出误区；改革体制，加强研发和创新。同时还要积极参加国际会议，参与国际交流和竞争，在国际舞台上发出声音，为实现中国从桥梁大国迈向桥梁强国贡献力量。期望中国桥梁界能像韩国的“Super Bridge 200”计划那样，团结一心，加强研发工作，并能联合材料业、机械装备业和软件业界共同努力，做好技术准备。首先，要在今后 20 年的国内跨海工程中做出耐久的精品工程，其中包含的若干原创技术能在国际上展示，并让国际同行赞服。同时，又能在国际设计竞赛和施工竞标中得到外国业主青睐而获胜。我衷心期待，中国桥梁将在 21 世纪中叶成为名副其实的桥梁强国。希望年轻一代工程师共同努力。

参 考 文 献

[1] 项海帆. 桥梁工程的宏伟发展前景[A]//万明坤，等. 桥梁漫笔[M]第 23 篇. 北京：中国铁道出版社，1997.

[2] 项海帆. 从桥梁大国走向桥梁强国[A]. 公路高层论坛，2006.

[3] 项海帆，肖汝诚. 现代桥梁工程六十年[A]//第十八届全国桥梁学术会议论文集[C]. 北京：人民交通出版社，2008.

[4] 项海帆，等. 中国桥梁史纲[M]. 上海：同济大学出版社，2009.

[5] 国家重点基础研究发展(973)计划项目：特大跨度桥梁全寿命灾变控制与性能设计的基础研究，项目计划任务书(2013～2016)，2012，9.

[6] 项海帆，葛耀君. 韩国桥梁科技的跃进——2012 年国际桥协首尔大会的警示[J]. 桥梁，2013(3).

[7] J. Combault. Fifty years of Bridge History[A]. 2013 年国际桥协加尔各答年会大会报告，2013，9.

[8] P. D. Brettel. Evolution of the Ohio River Bridges Project in Kentucky / Indiana[A]. 2013 年国际桥协加尔各答年会大会报告，2013，9.

3. 钢管混凝土劲性骨架成拱技术的兴起和发展

谢邦珠　庄卫林　蒋劲松　牟廷敏

（四川省交通运输厅公路规划勘察设计研究院）

摘　要：本文回顾了混凝土拱桥成拱技术的发展之路，叙述了钢管混凝土劲性骨架技术的提出及其发展，阐述了钢管混凝土劲性骨架成拱技术的作用和意义。

关键词：钢管混凝土　成拱技术　劲性骨架　强劲骨架

混凝土拱桥成拱技术从有支架法发展到无支架法，其中，我国提出的钢管混凝土劲性骨架成拱技术的无支架法在工程中得到了持续应用和发展。

1　混凝土拱桥无支架成拱技术发展的回顾

1.1　我国无支架成拱技术的经验

20 世纪 90 年代开创的钢管混凝土劲性骨架成拱技术，得益于国内桥梁工作者不断探索、研究混凝土拱桥无支架成拱技术取得的系列技术成就。

（1）在 20 世纪 60 年代“化整为零，集零为整”的思想指导下，开发了双曲拱桥。虽然其结构整体性较差，但却开创了我国预制拱肋、缆索吊装成拱技术的先河，迈出了混凝土拱桥无支架成拱技术发展的第一步。

（2）借鉴双曲拱缆索吊装成拱经验，提出了箱形拱的节段预制吊装成拱技术，并完善了缆索吊装体系。在交通运输部组织编制“预制吊装箱形拱标准图”的基础上，国内修建了一大批混凝土拱桥。其中 1978 年建成的四川宜宾马鸣溪金沙江大桥，桥跨达 150m，吊重达 70t，当时邮政部为此发行了一枚纪念邮票；2009 年建成的金阳金沙江大桥，跨径达 188m。

（3）利用起重机提升旋转就位原理提出转体施工成拱技术。于 1977 年修建了第一座有平衡重转体拱桥（四川遂宁建设桥），于 1987 年修建了第一座无平衡重转体拱桥（四川巫山龙门桥），至 1989 年建成四川涪陵乌江大桥，使我国箱形拱跨径首次达到 200m。

（4）借鉴国外型钢劲性骨架成拱经验，以型钢和普通钢筋共同组成半刚性的劲性骨架，在国内建造了一批钢骨钢筋混凝土拱桥。其中在 1990 年建成主跨 240m 的“四川宜宾小南门大桥”，成为型钢劲性骨架成拱桥梁的世界之最。

(5)在学习和借鉴建筑部门应用钢管混凝土材料的基础上，开发了钢管混凝土拱桥桥型。分别于1990年和1991年建成主跨115m的四川旺苍东河桥和主跨2×100m的广东高明西江大桥，开创了国内钢管混凝土拱桥的新篇章。

综上所述，给我们的启示如下：①大跨混凝土拱桥的难点在于成拱方法，所有单一的成拱技术都存在某些限制，使混凝土拱桥的桥跨难以突破250m；②在20世纪90年代，劲性骨架法在我国是建设大跨混凝土拱桥的可靠方法，但用钢量大，使其发展受到制约；③钢管混凝土拱桥的成功使我们得到了众多新的认识，与混凝土相比，钢管混凝土是一种难得的轻质高强、经济性好的承压材料。施工过程中钢管起到支架、模板的作用，带来了安装重量轻、自架设能力强、形成钢管混凝土组合材料和结构后其承载能力高的优点，展现出良好的发展前景。

1.2 钢管混凝土劲性骨架成拱技术的提出及实践

(1)新技术的提出，首先是对该项技术的需求，需求就是机会和激发人们为之努力的动力；其次是相关技术的积累，这是技术创新的基础。钢管混凝土劲性骨架成拱技术就是在这样的条件下提出的。万县长江大桥在桥型方案研究阶段，先后提出了360m和420m两种混凝土拱桥方案，前者是在"工可"论证时基于型钢劲性骨架成拱技术条件下提出的最大拱桥，后者是在"初设"阶段比较时基于我院钢管混凝土拱桥的实践经验，提出以钢管混凝土作为劲性骨架，充分利用钢管混凝土材料轻质高强和空钢管骨架的支架、模板作用，成功地实现了大跨混凝土拱桥劲性骨架用钢量省，骨架安装重量轻、形成钢管混凝土骨架后承载能力高的技术目标。经比较，万县长江大桥钢管混凝土劲性骨架较同刚度的型钢骨架少用钢材3 000余吨，在20世纪90年代初此项节约意义重大。

(2)为确保钢管混凝土劲性骨架成拱技术在万县长江大桥能成功应用，我院做了大量的技术准备：

①在钢管混凝土劲性骨架成拱技术方案提出后，我院在先期开工的攀枝花市倮果金沙江大桥(160m)、四川盐源金河雅砻江大桥(170m)等大跨混凝土拱桥中进行了试验性应用，并取得圆满成功。不但验证了该技术的可行性，还为钢管骨架的制造、安装、泵送混凝土灌注工艺等提供了经验。

②在交通运输部和四川省的支持下，针对"万县长江大桥特大跨(420m)混凝土拱桥设计施工技术"开展联合科技攻关。分别就分块形成的拱圈内应力分布、施工过程骨架稳定性、钢管混凝土构件及在外包混凝土约束下的承载能力、空钢管骨架安装及控制、管内混凝土泵送、拱圈混凝土浇筑程序及工艺等进行系统的研究，并进行大量的节段和全桥模型试验，其成果全部用于指导万县长江大桥的设计施工。

(3)钢管混凝土劲性骨架的成功实践

万县长江大桥钢管混凝土劲性骨架由5片桁架组成，其上、下弦采用ϕ402mm×16mm的无缝钢管，管内灌注C60高强混凝土。骨架整体分36节段安装，吊重61t。拱圈外包C60混凝土，其浇筑程序为先中箱、后边箱，每箱先底板、后腹板、再顶板，共分8环形成混凝土拱圈。每环浇筑按拱脚、1/4点、拱顶6个工作面同时对称进行，确保骨架在施工过程中对称均衡、完全处于受压状态，无反弯的下挠变形。大桥自1994年6月开工，历时3年，至1997年6月完工，至今已安全运行17年，状态良好。钢管混凝土劲性骨架成拱技术在万县长江大桥的成功实践，开创了大跨混凝土拱桥成拱的新技术，在国内外反响强烈。该项目获2000年国家科技进步一等奖、2002年国家优秀设计金奖、第二届詹天佑土木工程大奖；以此技术为内容的论文先后参加过七次国际学术会议，德国桥梁专家(Sven Ewert)在论文中称赞钢管混凝土劲性骨架技术是一种创造性思维。

2 钢管混凝土劲性骨架法的技术进步

2.1 钢管混凝土劲性骨架的成功实践

万县长江大桥主拱骨架设计时，将拱圈混凝土浇筑工序分为8环，每环6个工作面，每工作面12段外包成拱。实践表明，该方法工序复杂、工期较长、外包混凝土环节多、施工缝密集。为了减少施工环节，我院基于主跨365m的广元昭化嘉陵江大桥，提出了强劲钢管混凝土劲性骨架的新思路。

钢管混凝土强劲骨架法是指钢管混凝土劲性骨架的强度和稳定性应满足外包混凝土的循环次数不超过3环；即钢管混凝土劲性骨架的极限承载力至少满足主拱顶板、腹板、底板3环独立加载的安全需要。对于普通钢管混凝土骨架，混凝土主拱截面承载力计算时一般仅将钢管视为钢筋参与作用，其影响不超过5%。而钢管混凝土强劲骨架，混凝土主拱截面承载力计算时，应考虑组合受力效应。

2.2 钢管混凝土强劲骨架的判别指标

依据模型试验和理论分析，提出钢管混凝土强劲骨架的判别指标为：

(1)主拱拱顶截面含钢管混凝土率大于8%；

(2)钢管混凝土截面与主拱拱顶截面承载力之比大于20%；

(3)主拱承载能力是由钢管混凝土及外包混凝土共同承担。

2.3 钢管混凝土强劲骨架实现的技术途径

钢管混凝土强劲骨架实现的技术途径是既要钢管混凝土承载力高，同时又要降低工程造价。通过分析研究，提出了合理进行钢管混凝土强劲骨架匹配设计、腹杆的合理构造设计和钢管混凝土强劲骨架参与共同受力的技术路线，根据依托工程的分析和论证，提出了钢管混凝土强劲骨架的技术指标为：

(1)钢管混凝土强劲骨架主钢管的径厚比满足35～60；

(2)钢管内灌注混凝土强度等级应大于C60；

(3)钢管混凝土强劲骨架与外包钢筋混凝土共同受力。

2.4 主拱钢管混凝土强劲骨架的设计

(1)经过比较论证，广元昭化嘉陵江大桥主拱钢管骨架采用ϕ457mm×14mm主管、内灌C80超高强自密实高性能混凝土，其极限承载强度达到70MPa。

(2)优化腹杆间距不大于5m，既可以降低主拱稳定折减系数，腹杆材料用量又最合理。腹杆构造采用型钢焊接钢筋的构造，提高腹杆的稳定性，从而提高骨架的整体刚度，经济合理。

施工实践表明，灌注管内C80自密实混凝土可在21d完成，主拱外包混凝土采用3环(即底板、腹板和顶板)、8个工作面的外包施工形式，工期为176d，大大简化了施工工序、降低了施工风险。

(3)钢管混凝土强劲骨架的计算方法

模型试验进行了圆形、哑铃形、箱形不同截面的34个试件力学性能试验，据此推导计算方法时做如下假定：①符合平截面假定；②不考虑混凝土的抗拉强度；③不考虑钢筋混凝土与钢管混凝土之间的连接作用。

根据钢筋混凝土构件计算承载能力(不包括钢管混凝土)和钢管混凝土承载能力(不包括钢筋混凝土)叠合的物理数学模型，计算主拱的承载能力。

试验验证数据与计算结果符合程度高，同时，也得到了成桥荷载试验数据的验证。

3 钢管混凝土骨架对混凝土拱桥发展的促进作用

3.1 对钢筋混凝土劲性骨架成拱技术的发展

20世纪90年代后，国内外已经建成或在建的主跨超过200m的混凝土拱桥，其成拱技术一般为悬臂安装法和钢管混凝土劲性骨架法，其中，除悬臂安装法建成了主跨329m的美国胡佛大桥外，其余各大桥均采用钢管混凝土劲性骨架法建成，如已建成主跨420m的万县长江大桥、主跨312m的南宁邕江大桥、主跨365m的广元昭化嘉陵江大桥、主跨416m的南盘江和主跨445m的北盘江铁路混凝土拱桥等。表明钢管混凝土劲性骨架成拱技术用途广、跨径大，已成为现代300m以上混凝土拱桥主要的建造技术。

3.2 对钢管混凝土拱桥发展的促进作用

钢管混凝土劲性骨架发展过程中，其结构形式、材料技术和施工工艺，先后推动了钢管混凝土拱桥的发展。受该项技术影响，先后建成了主跨200m的广东南海三山西桥、主跨360m的广州丫髻沙大桥、主跨460m的巫山长江大桥和主跨530m的合江长江一桥。形成了超高强混凝土材料、加工制造工艺、运输与吊装工艺、安装工艺等成套技术。

3.3 对高强混凝土的促进发展

万县长江大桥主拱钢管混凝土劲性骨架因为外包混凝土的强度需要，钢管内首次采用了C60混凝土；通过推广，目前C60混凝土已在国内桥梁工程中广泛应用。广元昭化嘉陵江大桥，因为主拱钢管混凝土强劲骨架的需要，钢管内首次采用了C80混凝土，现已推广应用在5座桥梁工程中。广安官胜渠江大桥，因为钢管混凝土强劲骨架进一步发展的需要，将首次采用C100混凝土，现已完成室内试验和现场试配。

因此，钢管混凝土劲性骨架法不但促进了混凝土拱桥成拱技术的进步，同时对钢管混凝土拱桥和混凝土材料的技术进步发挥了引领作用。

参考文献

[1] 四川省交通厅. 万县长江公路大桥技术总结[M]. 成都：电子科技大学出版社，2003.

[2] 胡曙光，丁庆军. 钢管混凝土[M]. 北京：人民交通出版社，2007.

[3] 陈宝春. 钢管混凝土拱桥综述[J]. 桥梁建设，1997(2).

[4] 彭艳周，丁庆军，胡曙光. 适于钢管高强混凝土的缓凝保塑高效减水剂的研制[J]. 公路，2006，12.

[5] 牟廷敏，范碧琨，丁庆军，杨毅. C60钢纤维钢管混凝土在桥梁工程中的研究与应用[J]. 2012桥梁高性能混凝土(耐久性)技术研讨会，2012，4.

[6] 牟廷敏，宋晓波，范碧琨，李治强，丁庆军. C50高抛自密实微膨胀钢管混凝土的研究与应用[J]. 混凝土，2010(9).

4. 珠江口大型公路跨江(海)通道建设综述

陈冠雄[1]　宋神友[2]　苏权科[3]

(1. 广东省交通运输厅;2. 广东省公路学会;3. 港珠澳大桥管理局)

摘　要:本文介绍了在建的港珠澳大桥、虎门二桥及拟建的深中通道项目主要技术特点,并探讨了大型跨江(海)通道建设的体会与思考,可供决策部门及未来类似跨江(海)通道建设参考。

关键词:珠江口　跨江(海)通道　技术特点　体会

1　引言

广东省位于中国南部,河网纵横交错,江海相连,珠江三角洲河网汇集了西江、北江、东江的来水,分经八大口门出海。独特的地理环境决定了珠江口跨江(海)通道多、技术复杂的特点。

改革开放前20年,广东省作为中国改革开放的前沿,公路桥梁建设以空前的规模和速度发展,为我国桥梁技术的发展起了重要推动作用。在这期间,兴建了有着“中国桥梁发展史上里程碑作用”(项海帆院士语)的洛溪大桥,兴建了珠江口第一座跨江通道即中国第一座大跨度钢箱梁悬索桥——虎门大桥。进入21世纪以来,华东地区掀起我国跨海通道建设的热潮,兴建了上海东海大桥、杭州湾大桥、上海崇明长江隧桥、舟山连岛等工程,广东建设了珠江口第二座跨江通道——珠江黄埔桥。

在21世纪第二个十年,随着港珠澳大桥、虎门二桥世界级跨江(海)工程相继开工建设,我国跨江(海)通道建设高潮再次回到广东。本文将珠江口跨江通道规划及在建、拟建的跨江通道典型工程介绍如下。

2　珠江口跨江通道统筹规划

目前,珠江口南北纵向长达95km的水道上仅建有两条公路跨江通道——珠江黄埔大桥和虎门大桥。其中只有虎门大桥承担珠江东西两岸的交通需求,虎门大桥基本呈常态化拥堵现象。依据《珠江口跨江通道统筹规划研究》成果及批复,包括黄埔大桥及虎门大桥在内,珠江口自北向南共规划建设7条公路跨江通道项目、5条铁路跨江通道(图1)。各通道建设时序及功能定位见表1。

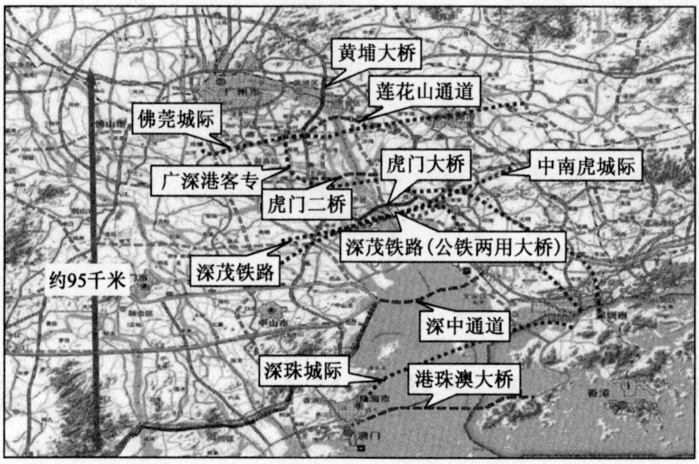

图1 珠江口跨江通道布置图

珠江口跨江通道规划及功能定位 表1

通道名称		预计建成时间	功能定位
公路通道	珠江黄埔大桥	2008年12月	主要承担京港澳高速广州段南北向过境交通
	莲花山大桥	2025年	加强番禺、佛山、肇庆与东莞西北部、惠州北部地区交通联系
	虎门二桥	2018年	加强东莞市及惠州市与广州南部、佛山之间交通联系
	虎门大桥	1997年5月	主要承担佛山、广州南部、粤西与东莞、惠州、深圳等地区交通
	深茂铁路(公铁两用大桥)	十三五中期	功能与虎门大桥相近,分担虎门大桥交通量
	深中通道	2020年	主要承担深圳、东莞、惠州及粤东地区与中山、珠海、江门及粤西南地区跨江交通,同时兼顾沈海大通道功能
	港珠澳大桥	2016年	实现香港与珠海、澳门之间的陆路直达
铁路通道	广深港高铁	2011年12月	主要承担广州以远地区与深港、东莞以及潮汕地区的中长途客流,以及项目沿线中心组团之间的城际客流
	佛莞城际	十二五末	主要承担广佛肇中部与莞深惠东岸两大都市区间的城际客流,兼顾番禺至东莞西部沿线城镇间客流
	深茂铁路(公铁两用大桥)	十三五中期	主要承担珠三角、海西、长三角等地与粤西沿海、海南、广西北部湾等地大量中长途客流;以及珠江东西两岸短途城际客流
	中南虎城际	十三五后期	主要承担东莞虎门、惠州等地与江中珠都市区、佛肇都市圈南部的城际客流
	深珠城际	2035年	主要承担深圳与珠海两大核心城市区之间的快速铁路客流

3 珠江口在建、拟建的典型公路跨江(海)通道工程

3.1 港珠澳大桥

(1)工程总体概况

在建的港珠澳大桥(图2)跨越伶仃洋,东接香港特别行政区,西接广东省珠海市和澳门特别行政区,是“一国两制”框架下、粤港澳三地首次合作建设的超大型跨海交通工程。港珠澳大桥工程包括海中桥隧主体工程、香港接线及香港口岸、珠海、澳门接线和珠海澳门口岸,总长约

56km，总投资约 1 047 亿元，计划 2016 年底建成通车。

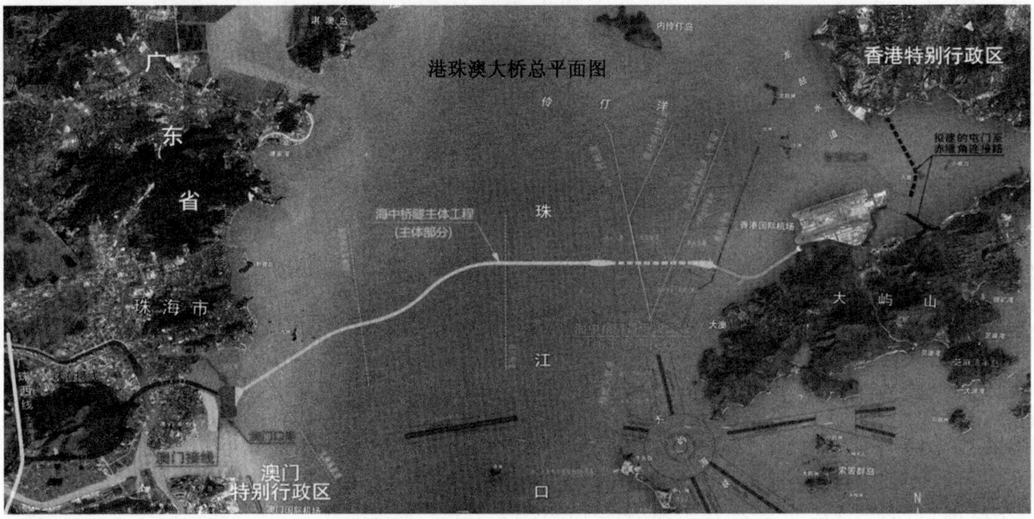

图 2　港珠澳大桥平面示意图

(2)主体工程

港珠澳大桥主体工程采用桥、隧、岛组合方案，以约 6.7km 沉管隧道穿越伶仃西航道和铜鼓航道，其余路段约 22.9km 采用桥梁方案，为实现桥隧转换，在隧道东、西两端各设置一个海中人工岛。采用双向六车道、设计速度 100km/h 的高速公路标准。

(3)项目主要技术特点及创新

①项目技术标准高，在国内首次采用 120 年设计使用寿命标准；工程技术具有世界级技术难度；安全、环保要求高。

项目主体工程设计和施工的规范、质量与技术标准在符合内地相关要求基础上，以“就高不就低”为原则，需满足三地技术标准规范，在国内首次采用 120 年设计使用寿命标准，对工程品质及结构耐久性提出了更高的要求。

项目穿越中华白海豚国家级自然保护区，环境敏感点纵多，需对施工影响区海洋环境敏感目标进行全面保护，安全、环保要求高。

同时，项目海中人工岛远离岸边，地质条件复杂，尚无成熟技术可参考，海中隧道长 6.7km，断面大，埋置深，为世界最长的海底沉管隧道，隧道、人工岛工程具有世界级技术难度。

②首次使用大直径钢圆筒快速成岛技术。

项目东、西人工岛采用了直径 22m，高 40.5～50.5m 不等、重约 450t 的钢圆筒，利用 8 台液压振动锤组成的联动振沉体系，通过大型起重船整体插入不透水层，圆筒之间通过插入两道弧形钢板形成的副格进行连接。钢圆筒及其副格所围闭的岛体，实现了整岛止水，不仅构成了岛上隧道暗埋段和敞开段干施工的基坑止水围护结构，也为使用降水大超载比预压处理岛体基础，缩短软基处理工期、减少工后残余沉降创造了有利条件。钢圆筒应用于人工岛建设技术是国内首次采用，也将为未来外海人工筑岛快速成岛技术提供成功经验借鉴。

③经科研攻关，形成了外海深埋厚软基大回淤沉管隧道建设成套技术。

港珠澳大桥沉管隧道全长 6.7km，其长度在目前已建成同类型沉管公路隧道中居首位，且具有厚软基、深埋、大回淤等特点，沉管隧道施工面临巨大的技术挑战：一是超长沉管隧道的设计方法；二是沉管隧道外海厚软基的沉降控制技术；三是沉管隧道的工厂化预制技术；四是管节浮运和沉放施工配套技术；五是节段接头满足120年设计使用寿命的Ω止水带研制及检测等。通过科研攻关，目前项目进展顺利，形成了外海深埋厚软基大回淤沉管隧道建设成套技术，为世界今后类似工程提供借鉴。

④实现了海上桥梁施工的大型化、标准化、装配化。

为应对严格的阻水比要求，港珠澳大桥非通航孔桥梁均采用了埋置式承台设计。在国内跨海大桥经验的基础上，实现了上部结构、桥墩及埋置式承台的预制化、装配化。特别是埋置式承台的预制、装配化，引领了国内跨海大桥的技术进步，有利于质量控制，同时减少施工对海域环境的不利影响，为保障桥梁基础和墩台的耐久性开创了新的技术途径。

⑤120年设计使用寿命保障技术在港珠澳大桥全面应用。

港珠澳大桥在创新设计理论与方法、基于耐久性的施工质量控制与监测技术、动态评估与再设计技术以及新材料开发应用的基础上，建立了120年设计使用寿命的专项技术标准体系；在设计和制造中充分考虑了桥梁构件的可达性、可检性、可修性、可换性、可持续性，充分考虑运营养护需求，为实现120年设计使用寿命提供了保障。

(4)项目建成对行业示范及推动作用

港珠澳大桥建设技术有效推动了我国桥隧设计理念、施工工艺及装备现代化，其建设理念和经验有望在后续琼州海峡跨海通道、渤海海峡跨海通道、台湾海峡等跨海通道的建设中得到推广和应用。

3.2 虎门二桥

(1)工程总体概况

在建的虎门二桥是广东省高速公路网规划中连接广州和东莞的重要东西向通道，路线起于广州南沙区东涌镇，顺接广州绕城公路南环段，经广州市南沙区、番禺区，先后跨越大沙水道、海鸥岛、坭洲水道后，穿越虎门港进入东莞市沙田镇，终点与广深沿江高速公路相接。虎门二桥北距珠江黄埔大桥约20km，南距虎门大桥约10km。

(2)主体工程

虎门二桥工程全线均为桥梁，共设置跨江大桥两座，分别是：采用主跨1 688m双塔双跨悬索桥的坭洲水道桥，采用主跨1 200m双塔单跨悬索桥的大沙水道桥。采用双向八车道、100km/h设计速度的技术标准，路线方案全长12.886km，工程总投资约118亿元，工期约5年。

泥洲水道桥受东塔、西锚位置唯一性条件限制，从合理边中跨比、力学性能、造价等多方面比选，兼顾与边上高压线塔基本对齐的景观效果，推荐658m+1 688m双塔双跨钢箱梁悬索桥是合理的。

(3)项目主要技术特点及创新

①超宽整体式钢箱梁的抗风性能研究与应用。

结合虎门二桥超大超宽悬索桥结构特性，开展了超宽整体式钢箱梁抗风性能研究，根据研究结果，优化风嘴外加导流板宽度，明显提高整体式钢箱梁的颤振稳定性。

②开展热轧变厚度U形肋正交异性板研究。

自英国Severn桥渡于1971年首先发现钢桥面板疲劳裂纹以来，英国、荷兰、美国、日本、巴西等国家均出现了大量类似事例。虎门二桥拟采用热轧U肋作为解决正交异性板开裂问题的措施之一，与当前广泛应用的冷弯U肋相比，热轧U肋有着一些显著的优势：便于实现变厚度构造，便于控制残余应力，易于像型钢一样形成系列化标准化，质量易于保证，并且具有成本的优势，有助于提高正交异性钢桥面板的经济性和耐久性。

③悬索桥钢结构主动防腐技术研究与应用。

主缆除湿系统的基础理论是我国欠缺的，通过研究超大跨度悬索桥空气湿度分布特性，开展钢箱梁、锚室、鞍室、主缆的热湿平衡分析、主缆内的流体力学特征研究、全桥气流组织研究、全桥一体化除湿系统研究、吊索除湿系统研究、智能型锚固防腐系统研究等专项研究，提出基于全寿命周期设计的湿度控制技术，为我国大跨度悬索桥梁的除湿防腐技术提供理论基础和技术支撑，具有重要理论和应用价值。同时本项目拟开展高强镀锌铝钢丝的研究，以提高悬索桥主缆的防腐性能。

(4)对行业的推动作用

虎门二桥作为国内最大跨度悬索桥，其超大跨径、超宽钢箱梁结构体系、大型基础结构技术、缆索防腐蚀技术等将为行业起到示范推动作用。

3.3 深中通道工程

(1)工程总体概况

拟建的深中通道工程位于珠江中游核心区域，北距虎门大桥约30km，南距港珠澳大桥约38km，直连深圳与中山市、江门市。项目起于广深沿江高速机场互通，通过深圳侧接线与机荷高速对接，向西跨越珠江口，在中山市马鞍岛登陆，与规划的中开、中江高速公路对接，跨海段主体工程长约24.0km。本项目是国高网G2518(深圳至广西岑溪)跨珠江口的关键工程，是珠江口下游65km范围粤东、粤西地区唯一直连通道。目前，项目处于工程可行性研究阶段。

(2)主体工程

可研阶段从建设条件适应性出发，经专业研究、综合比选、专家论证，A3东隧西桥为推荐方案，A4长隧方案作为比选方案。项目采用双向八车道、100km/h设计速度标准。

A3东隧西桥方案采用6 720m特长隧道下穿机场支航道、大铲水道及矾石水道，中滩设置桥隧转换人工岛，依据论证的通航标准拟采用主跨1 620m悬索桥或主跨1 180m斜拉桥方案跨越伶仃西航道，采用主跨580m斜拉桥跨越横门东水道，其余为非通航孔桥，在浅滩区采用50m跨径预应力混凝土连续梁，深水区采用110m跨径连续组合梁方案。

A4长隧方案方案采用隧道下穿机场支航道、大铲水道、矾石水道及伶仃西航道，采用主跨580m斜拉桥跨越横门东水道，其余为非通航孔桥，海中隧道全长约15.19km，治导线以内设置2处通风人工岛。

(3)项目主要技术特点

①项目建设条件异常复杂，协调难度大。

项目位于珠江口东四口门出海口的河口湾，要兼顾防洪纳潮影响，对阻水比要求严格；位于深圳机场南侧，需要满足机场航空限高要求，对桥位布置限制较大；路线经过伶仃航道和矾石水道两大出海航道，需满足沿线港口长远发展；所处区域为珠江口下游核心区域，环境保护严格。总体而言，项目工程规模宏大、建设条件异常复杂，需统筹兼顾，协调难度大。

②八车道公路特长海底隧道技术难度大。

本项目隧道推荐采用沉管工法，双向八车道技术标准，断面宽度达到47.2m，隧道长度为6.72km，其海底隧道长度及宽度在目前世界上已建成的同类型水下公路隧道中居首位，在隧道结构、断面形式、通风与防灾救援、施工工艺等方面存在较大技术挑战。

③海中特大型桥梁设计与施工难度大、技术复杂。

伶仃西航道如采用单孔多航道通航，通航净宽1 520m，拟定主跨1 620m三跨悬索桥，桥跨布置为 600m+1 620m+600m=2 820m。桥梁两个巨大锚碇均位于伶仃航道周边水域，在国内水中施工尚属首次，还需兼顾尽可能减小阻水效应，技术难度较大。

伶仃西航道如采用双孔通航方式，通航净宽 1 100m，拟定主跨 1 180m 斜拉桥，桥跨布置为 220m+380m+1 180m+380m+220m=2 380m。受机场航空限高制约，最外侧斜拉索水平倾角为 18°，技术难度较大。

④项目景观要求高。

本项目处于珠江三角洲的几何中心，位于南沙国家新区及南沙港区南边、深圳前海国家新区及深圳机场西边、中山翠亨新区东面，周边自然环境优美，全方位立体视点丰富，对项目的景观要求高，如何把项目建成为与周边环境和谐的珠江口门户工程具有挑战性。

(4)对行业的推动作用

深中通道项目是继港珠澳大桥之后又一集“隧—岛—桥”一体的大型跨海工程项目。将对我国当前跨海通道工程建设，尤其是海上超大跨径桥梁的设计和施工、超大深埋特长隧道的设计施工，特大交通量下特长公路海底隧道的运营防灾等技术将为我国跨江(海)通道工程技术的整体提升以及交通运输行业的产业升级做出新的贡献。

4 珠江口大型跨江(海)通道工程建设的体会及思考

针对我国大型跨江(海)通道工程建设现状，为科学、合理把珠江口大型跨江(海)通道项目建设成为高标准、高品质的世界一流水平的精品工程，就当前所面临的问题及如何建设好跨江(海)通道工程谈一些体会和思考。

4.1 珠江口大型跨江(海)通道工程建设条件异常复杂，通道线位及工程方案选择应坚持系统工程观，实现各行业和谐发展兼顾工程规模合理、适度

珠江口两岸经济发达，城镇化发展迅速，大型跨江(海)通道建设通常涉及城市规划、港口航道、防洪水利、水运、海事监管、环境、民航交通及国防等众多行业，建设条件复杂。因此项目线位及工程方案选择应遵循“系统工程”的理念，一方面项目工程方案论证以能基本实现各行业(航运、航空、防洪水利、环境等)可持续发展为原则，采取措施将影响降低到可接受程度；另一方面经过充分论证，取得相关行业部门理解与支持，以使各行业的建设条件要求合理，使项目工程方案更具备可实施性、安全性和经济性。

4.2 国家加强统筹协调机制，合理确定各行业标准，以使大型跨江通道的工程方案尽可能科学、经济

除原材料价格、人工成本和征地拆迁等受政策、市场因素影响外，大型公路基础设施项目的投资(规模)主要控制因素为建设条件、技术标准及工程方案。对珠江口大型跨江通道而言，控制性建设条件主要为水运部门批复的通航标准(桥梁净空尺度、隧道的安全航深)及水利部门批复的阻水比要求，对项目工程规模影响甚大。

按照我国目前的行业审批机制，各行业独立审批，相关行业均诉求各自的利益最大化，往往确定出来的行业标准即建设条件要求非常高，有些远远高于国际标准，影响工程造价均以亿为单位；在某些项目，甚至出现港口航运部门提出未来船舶大型化不可预测的虚无主义论点，要求采用全隧方案，否则就认为制约了港口发展。这样的趋势，一方面将导致项目工程规模大幅度增加，对国家造成经济上的浪费；另一方面也可能留下历史遗憾，造成世界上独有的规模及现象。

除了在项目前期阶段，项目建设单位组织对项目建设条件、工程方案进行充分论证，通过

互动及协调，争取相关行业理解，合理确定标准外，建议国家相关部委在特大跨江项目工可审批时，加强统筹协调机制，对不合理的行业标准能综合统筹、合理确定。

4.3 秉承全寿命建设理念，对桥、隧及桥隧组合方案进行平行研究，按多方案比选择其优的原则选择相对较优的可行方案

珠江口建设条件复杂，任何工程方案均在某些行业方面存在缺陷，没有十全十美的方案，不要将某一个行业的要求过于夸大。在采取措施满足相关行业可持续发展的前提下，对可能的工程方案均需秉承全寿命的建设理念，按照安全、适用、经济、美观、环保兼顾耐久的原则进行全面比选，选择相对较优的可行方案。

4.4 注重概念设计理念，提升设计理念及质量

珠江口跨江通道项目地处珠三角核心腹地，环境优美，两侧均已城市化，主体工程视点丰富，项目建设应与周围自然环境和谐统一，成为珠江口一道亮丽风景线。

目前国内特大型公路桥梁或隧道设计现状往往比较注重结构设计，对通道功能需求规划(运营养护需求)及与自然环境融合、建筑美学考虑不足。基于此，对大型跨江通道项目，增加概念设计，将项目功能需求、结构设计与建筑景观设计相融合，提升总体设计质量，应该是大有好处的。港珠澳大桥开展了工可深化研究，虎门二桥开展了设计方案竞赛，均是有益的尝试。

4.5 注重带动行业技术进步

近年来，跨江(海)通道项目规模宏大，我们要积极吸纳世界跨海桥梁与隧道先进技术精髓，包括当今世界先进设计理念、建造理念、养护理念以及先进的施工装备技术，勇于承担起推动行业技术进步的责任。

5 相关建议

5.1 复杂大型公路基础设施前期工作管理发展成为一门独立的技术学科

对于建设条件复杂、工程技术难度高、规模大的基础设施项目，涉及数十个行业、专业，是系统性工程，前期工作中方案设计与专题研究工作相互制约、相互交叉。其前期工作管理者需科学、专业制定项目前期工作开展的技术路线，对需要开展的控制性建设条件专题、设计参数专题及设计工作的合理顺序、互动机制进行合理统筹，有序推进，需要很高的规划能力、很宽的知识面、很强的行政经验和专业技术能力及统筹协调能力，从这个意义上通过积累，它同设计、施工一样应发展成独立的技术学科。

5.2 关于跨海通道项目基建程序

基于我国目前基建程序，在项目可研批复或核准之前，需要取得相关行业对项目的审批意见(规划选址、海域使用、环评、水土保持及可能的防洪水利、航空限高等)，其中规划选址、海域使用审批、防洪论证等均要求项目路线及结构物坐标明确，环评也要求路线线位及工程方案基本稳定，这与交通运输部可研编制办法要求的工程方案论证深度不匹配。鉴于此，建议项目相关行业对项目的审批分两个阶段，在工可阶段，进行规划符合性预审，再初步设计完成行业审批。

另我国公路项目基建程序一般要求先完成施工图设计，然后开展施工招标。在施工中出现大的施工工法调整属于重大变更。实际上对于技术复杂的结构施工，像海底沉管隧道、港珠澳大桥的预埋承台等，鉴于我国行业现状，设计单位对施工工艺、大型装备等了解有限，不一定能提出最优的方案，采用施工、装备、科研、设计四位一体机制更为合适。

5.3 开展跨海通道项目施工总承包模式及造价定额的深入研究

鉴于港珠澳大桥人工岛及沉管隧道世界级技术难度，港珠澳大桥对岛隧采用了施工、设计总承包模式。目前来看，这种尝试取得了较好的效果。结合我国有关法规及基建程序，需要深入研究以下几个方面的问题：

(1)完善项目法人负责制与施工总承包方的责任划分。

按照我国目前的公路建设的相关规定及要求，项目法人负有项目建设主体责任。在施工总承包模式下，应参考国际上交钥匙工程进一步明确相关合同与技术责任。

(2)完善基建程序要求。

按照我国目前的基建程序，需要完成施工图设计审查后才能施工，而对于跨海通道项目施工、设计总承包模式，为体现优越性，设计与施工是交叉进行，与目前的基建程序有一定冲突，需要深入研究并完善适应总承包模式的基建程序。

(3)完善总承包的监理制度。

我国目前的监理单位普遍是对施工过程的工艺、质量、计量把关，对于施工、设计总承包模式，监理单位还需对设计方案的安全性、合理性进行把关，类似国际通行的业主顾问公司，而我国目前监理公司的现状不完全适应对总承包的监理，需要深入研究。

(4)深入研究大型跨海工程的专用定额标准。

我国目前的造价定额标准具有普适性，对于大型跨海通道项目，由于施工条件的复杂性、建设标准及品质的高要求、施工工艺的特殊性，一般性造价定额不能适用，需要总结国内、外跨海通道建设经验，深入研究大型跨海通道专用定额标准。

参考文献

[1] 中交公路规划设计院有限公司设计联合体. 港珠澳大桥施工图设计[R]. 北京：中交公路规划设计院有限公司，2012.

[2] 中交公路规划设计院有限公司. 虎门二桥施工图设计[R]. 北京：中交公路规划设计院有限公司，2013.

[3] 中国公路工程咨询集团有限公司，中交公路规划设计院有限公司. 深圳至中山跨江通道工程可行性研究报告[R]. 北京：中交公路规划设计院有限公司，2013.

5. 星海湾跨海大桥及大连周边部分桥梁设计介绍

张 哲

（大连理工大学）

1 星海湾跨海大桥

1.1 项目背景及桥梁整体规划

分析大连市的交通现状，大连市整体地形呈“哑铃形”布局，主城区和新城区的连接通道有限且窄小，这导致大量的过境车流和中心城区内部原本就很繁忙的车流交织在一起，造成交通拥堵。鉴于此种现状，大连市计划建设一个环网结合的路网主框架结构，即在外围形成封闭的环城快速路以解决过境车流问题，同时连同中心城区内部道路建成“七纵七横”为骨架的路网结构(图 1)。这种环网结合的城市路网格局能够有效地解决现有道路的交通拥堵问题。

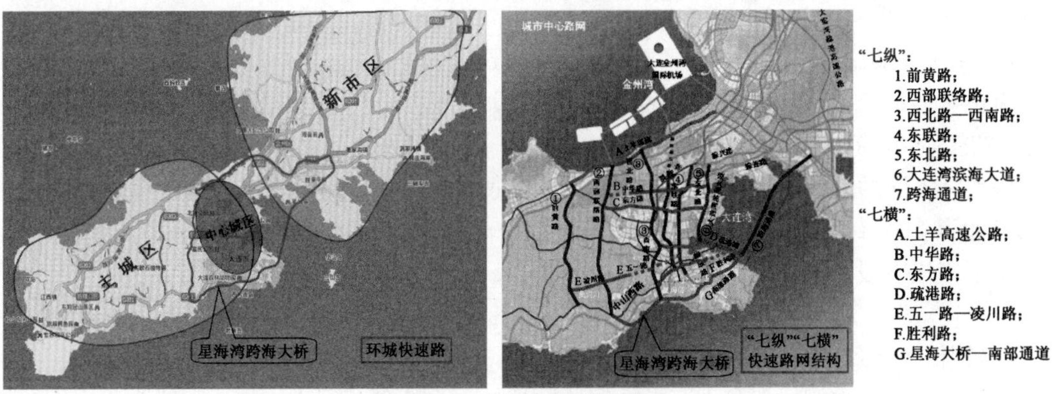

图 1 大连市路网结构图

星海湾跨海大桥是整个环城快速路南环的一部分，也是“七横七纵”的一横。大桥的建设不仅可以有效地解决现有中山西路的交通压力，而且对于大连市整个交通路网的形成也有着非常重要的意义。

星海湾跨海大桥经过星海湾广场的南部海域，由于星海广场是大连市的主要旅游景点，因此大桥的景观效果占有相当重要的地位，故大桥设计过程中在保证使用功能及不大量增加造价的基础上充分考虑了景观及环保要求。首先主桥与星海广场相距约 1km，并使主桥走向平行于海岸线，这样既保证桥上行车不会对岸上的游客和环境造成干扰，对游人而言大桥距离合适，又能成为一处景观。主桥主跨选择为460m，通航高度30m，满足了游艇及帆船的通行，同时该跨径使桥梁具有一定的规模，能形成良好的景观效果，并没有过分追求大跨径而导致成本的增加。

1.2 桥梁规模及结构设计

星海湾跨海大桥，海上桥梁段长约6km，荷载标准为公路-Ⅰ级，双向8车道。

(1)主桥

大桥(图2)采用双层地锚式悬索桥，主桥的主跨为460m，边跨为180m，塔高114.31m。主桥跨中梁底距海面30m。上层桥面宽21m，下层桥面宽17m。加劲梁采用双层钢桁架结构，两端设混凝土重力式锚碇。

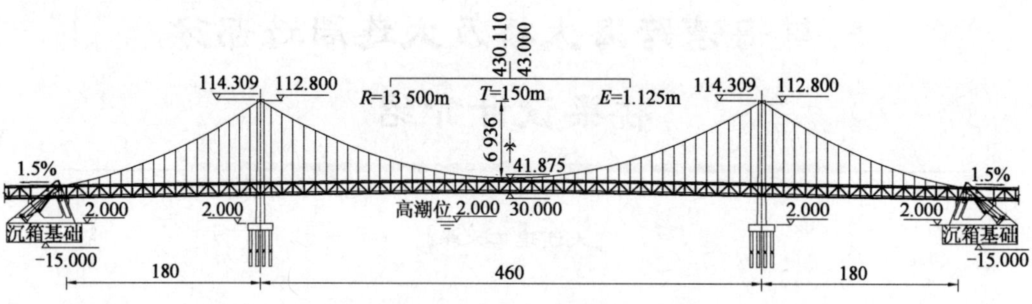

图2 星海湾跨海大桥桥型布置图(尺寸单位:m)

(2)锚碇

大桥锚碇采用空腹三角形框架结构，改变了实体重力式锚碇外观笨重的结构形式，实现了大型结构物力与美的和谐统一。散索鞍支墩既作为散索鞍的支撑，又与前锚室形成框架，与锚块一起传递主缆拉力，增强了锚体结构的整体性。

锚碇基础采用预制混凝土重力式沉箱结构，单个沉箱尺寸为69m×44m×17m，重量达26 000t。沉箱内设置舱格，舱格内采用抛填块石后升浆混凝土结构。锚碇基础下采用碎石升浆基床。

(3)索塔及基础

大桥索塔采用钢筋混凝土“门”式框架结构，整体由塔柱和上、下横梁组成。桥塔高114.31m，采用“D”形空心截面，以利于抗风。塔柱横桥向自上而下向外侧倾斜，内侧斜率保持不变，外侧由两段斜率不同的直线通过半径500m的圆连接过渡形成。桥塔上窄下宽，上部等截面段外轮廓尺寸为4.1m(横向)×6.5m(纵向)，至塔根处渐变为6.3m(横向)×8.2m(纵向)。

每根塔柱下设一个承台，承台由12根ϕ2.5m的钻孔灌注桩支撑，承台尺寸为17.2m×23.5m×6.0m。

(4)钢桁架加劲梁

钢桁架加劲梁由钢桁架和正交异性钢桥面板桥面系两部分组成。主桁架梁为双层钢桁架结构，高10m，标准节段长10m，上、下平联采用K形结构。桁架采用箱形断面，桁架的上、下弦杆通过整体节点板与腹杆连接。桥面系的纵梁下面设置拉压支座，支座固定在主桁架横梁上。本桥采用整体节点，使节点处连接简单，节省了节点板的数量，通过节点疲劳试验，其疲劳性能完全可以达到设计要求。

为了减小地震力，在索塔和锚碇处设置阻尼器。

(5)缆索系统

全桥设两根主缆，每根由 61 股 ϕ5.2mm 的平行钢丝索股组成，吊杆采用 73 丝 ϕ7mm 的平行钢丝成品索，短吊杆为刚性吊杆。主缆在锚碇处通过刚性拉杆锚固在锚体的后锚面上。

主缆采用除湿系统进行防腐，主缆的除湿机位于索塔上横梁内，锚碇的鞍室内也设有除湿机，负责锚碇内的除湿。

(6)引桥

混凝土引桥包括双层和单层两种，双层混凝土引桥靠近主桥两侧的 6 跨，跨径为 50m，其余部分跨径主要为 44m，单层混凝土引桥跨径主要为 44.5m，为预制拼装先简支后连续箱梁结构。

1.3 科研项目

针对星海湾跨海大桥，在大连理工大学桥隧研发基地的桥梁结构试验室和风洞试验室进行了静力试验、整体节点疲劳试验、主桥桁架横向框架疲劳试验、锚箱疲劳试验、风洞试验等科研项目(图 3～图 8)，为大桥的结构安全提供了有力保障。

图 3　静力试验

图 4　整体节点疲劳试验

图 5　主桥桁架横向框架疲劳试验

图 6　锚箱疲劳试验

图 7　风洞中主梁测力模型

图 8　桥塔刚性模型的风洞试验

2 大连市北大桥(1987 年)

大连市北大桥位于大连市滨海路上,全长 288m,为三跨钢桁架悬索桥,主跨 132m,边跨 48m,桥宽 12m,主塔为钢箱结构,采用混凝土重力式锚碇。该桥于 1987 年建成,它是我国第一座现代意义上的双塔三跨悬索桥(图 9)。

图 9 大连市北大桥

3 普兰店立交桥(1988 年)

普兰店立交桥(图 10)位于普兰店市区,横跨长大铁路线。由于连接两侧的街道位置所限,桥梁的长度也受限。当时该桥是市区东西连接的唯一通道,不仅要求通行机动车,还要走非机动车和行人,纵坡需限制在 3%之内,同时跨过长大铁路要满足电气化高度要求(净空不小于 7m)。

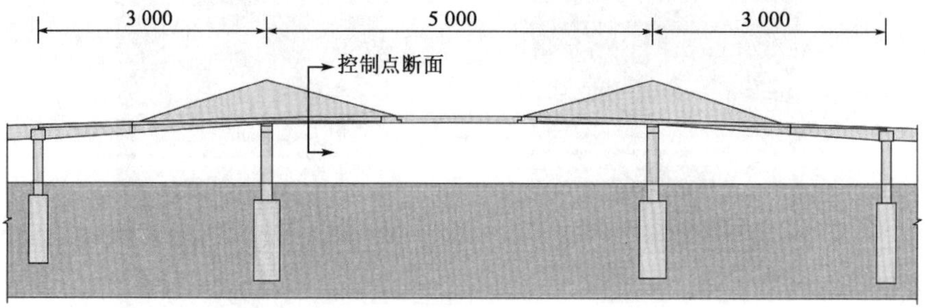

图 10 普兰店立交桥桥型布置图(尺寸单位:cm)

该桥主跨必须达到 50m,施工时又不可对铁路有太多影响,因此,该桥建筑高度及减少施工对铁路干扰成为设计焦点。经比较选用了 30m+50m+30m 的预应力板拉桥的方案。主跨中部设 16m 的挂梁,桥宽 15.6m。这种结构主跨达到 50m,在控制点处的建筑高度仅为 60cm。施工时,主桥两侧(锚固跨及悬臂部分)采用支架现浇,中间挂梁部分采用预制吊装,这样做对铁路行车干扰影响达到了最小。该桥于 1988 年建成通车。

4 普兰店鞍子河桥(1990 年)

普兰店鞍子河桥(图 11)位于大连市普湾新区,桥梁全长 103m,宽 33m。为了不抬高两端接线道路,又确保梁不被洪水冲走,设计采用连续刚构形式。梁很薄,仅有 40cm,挂梁与悬臂梁之间采用斜牛腿连接，如此以来，接头处梁高不会被削弱，而且雨水也会很快排走，不会对桥梁造成腐蚀。本桥到现在已经运营了20多年，未发生任何病害。后来我们又把这种斜牛腿的形式进行了推广，应用到盘锦纬一河的4号、5号、6号桥上。该桥于1990年建成通车。

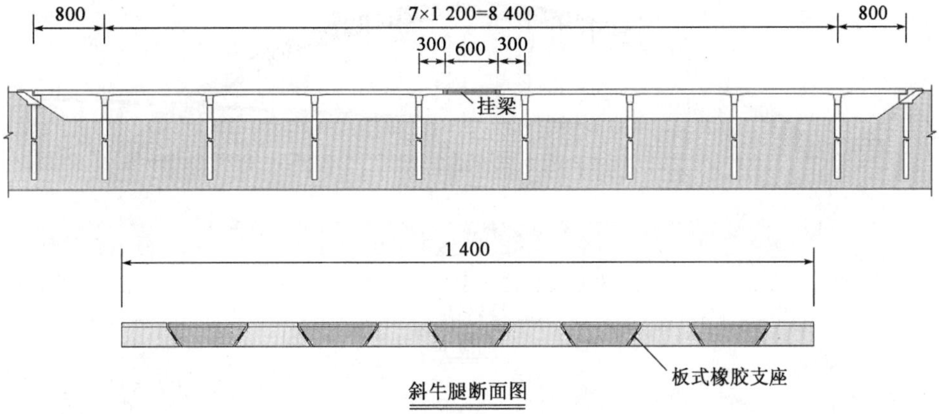

图11　普兰店鞍子河桥(尺寸单位:cm)

5　桃源立交桥(1998年)

桃源立交桥位于大连市解放路与八一路交汇处的丁字路口，为解决道路拥阻，设了两处左转匝道。本桥采用钢箱梁及独柱墩结构，独柱墩上面设了一个帽梁可抵抗扭矩，横向采用3个橡胶支座。A、B匝道长度分别为211m和282m，最大跨径35m。该处立交设计紧凑，左转采用立交匝道，右转及直行均用地面道路，很好地解决了实际问题。该桥修好后十余年内未再发生堵车现象。此桥于1998年建成通车(图12)。

图12　桃源立交桥

6　海昌华城桥(1998年)

海昌华城桥位于大连市中山区，横跨老鳖湾水库，为连接海昌华城别墅区与胜利路的桥梁。桥全长132m，跨径布置为6m+110m+6m(图13)。该桥原来已找过其他设计院做过设计，原设计为多跨连续梁，水库中需设5处桥墩。后因海昌华城开发商不满意又转而委托我单位重新设计。主桥采用中承式钢管混凝土拱，拱肋为两肢弦管组成的单片桁架拱肋，一跨过水库。桥面宽 7.5m，双向车道宽 6m，人行道宽 1.5m。桥面采用预制横梁上安放槽形车道板，后浇 8cm 厚的桥面铺装。拱肋架设的方法为“顶升拼装，转体横移就位”法。大桥于 1998 年建成通车。

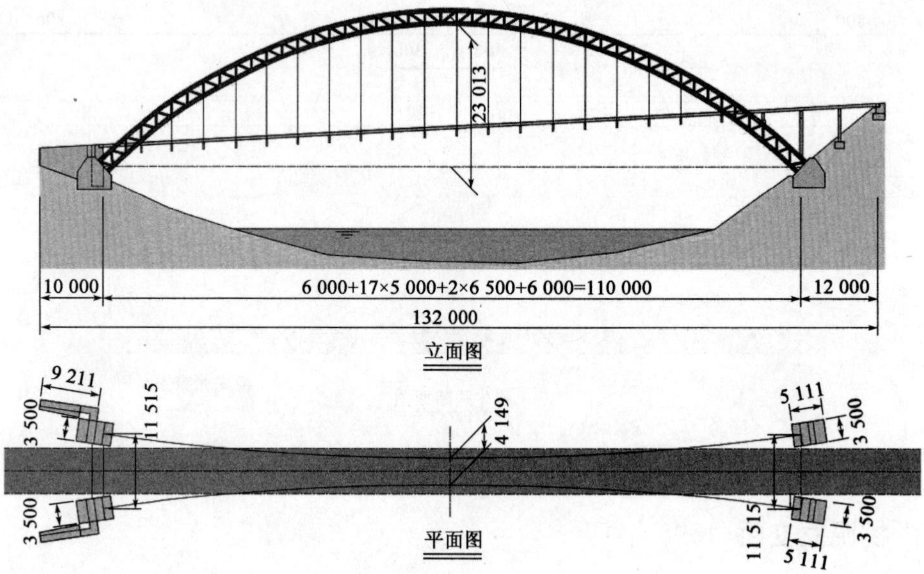

图 13　海昌华城桥桥型布置图(尺寸单位：mm)

海昌华城桥建成后，此种单片桁架拱的形式又先后被成功应用在铜瓦门桥及丹东月亮岛桥上。

铜瓦门桥，桥梁设计全长 292m，主跨 238m，桥宽 10m，主桥为中承式钢管混凝土桁架提篮拱，拱肋采用单片桁架拱形式。整个拱肋钢管用量为 580t，工程造价仅为 1 088 万元人民币。该桥 2002 年建成。

月亮岛大桥位于丹东市区内，主跨 202m，主拱肋亦采用单片桁架拱。施工便捷，采用柔性的桥面板兼做系杆，即节约造价，又兼顾了美观。该桥于 2003 年建成。

7　大连金湾桥(2002 年)

大连金湾桥位于大连市金石滩国际旅游度假区滨海路上，跨越游艇港出海航道。桥梁(图 14)全长 198m，其中主桥长 108m，引桥长 90m。主桥跨径为 24m＋60m＋24m，为我国第一座钢筋混凝土主梁自锚式悬索桥。主桥宽 12.5m，纵坡 8%。

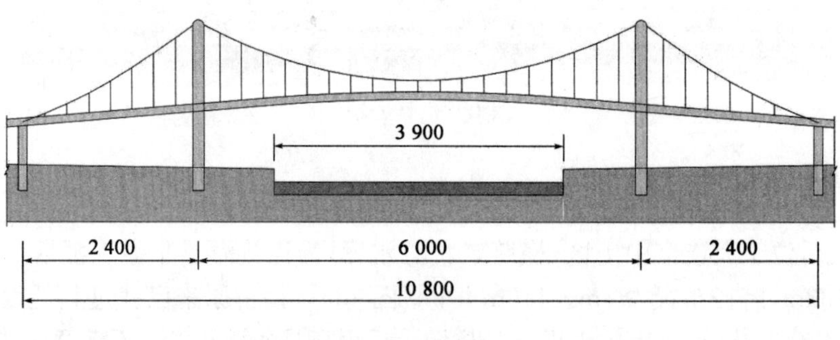

图 14　大连金湾桥桥型布置图(尺寸单位：cm)

主梁采用钢筋混凝土边主梁形式，横梁间距3m。由于主缆的自锚，为主梁加上了“免费的预应力”，整个主梁无需另设预应力筋，结构便可达到部分预应力A类构件的水平。该桥于2002年建成通车，此桥建成后我国陆续建造了很多此类桥梁，截至目前，仅我单位设计的混凝土自锚式悬索桥就有14座之多。

8　牧城塘水库桥(2005年)

牧城塘水库桥位于大连市旅顺北路的牧城塘水库，为连接水库大坝与水库内取水塔的人行桥，该桥为钢桁架自锚式悬索桥，设计跨径62.4m，桁高2.2m，桁架用角钢2.7t，主缆钢丝140kg。此桥2005年建成(图15)，并已在大连理工大学风洞实验室做了全桥气弹模型试验。

该桥施工时，先在岸堤上设一根钢丝绳绕过取水塔后再拉回岸堤，并设有一定垂度，在两钢丝绳间铺设木板，然后将焊好的带有不同长度支腿的一段一段的桁架抬到钢丝绳上，先用螺栓连接，调整好形状后，再焊接成整体的桁架，之后将主缆(由4根18丝$\phi 7$镀锌钢丝组成)在两端斜腹杆设的锚块处张拉，拉好后拆除施工用的钢丝绳可以再做他用。下弦铺设木板供人行走使用。该桥原设计为三跨桁架结构，工程造价为200万～300万元，采用该种方案后整个工程造价不到50万元。

图15　牧城塘水库桥

9　挑月桥(2006年)

大连挑月桥位于星海湾广场东侧马栏河入海口，跨越马栏河，跨度为134m，为自锚式斜拉悬索协作体系桥梁(图16)，外形像一张张开的中国古代扳罾式的渔网。有效桥宽为9m，原设计为两车道(汽-20)及人行道，后因有大量行人，为避免事故，保证安全，该桥全部改为人行。

索塔为钢管桁架结构，顺桥向倾角70°，每根塔柱由3根圆管作弦杆焊成空间桁架结构，桥塔整体呈变截面锥形。主梁为钢箱结构，主梁两端为实体混凝土横梁，以便主缆的锚固和压重。锚碇采用重力式沉井基础，为避免沉井下沉，在沉井下设4根$\phi 1.5$m钻孔桩，桩底进入基岩，桩顶进入沉井的封底混凝土层。沉井与索塔承台间设支撑梁以平衡两者间的水平力，支撑梁跨度较大，在支撑梁中部设一支承桩。挑月桥于2006年建成通车。

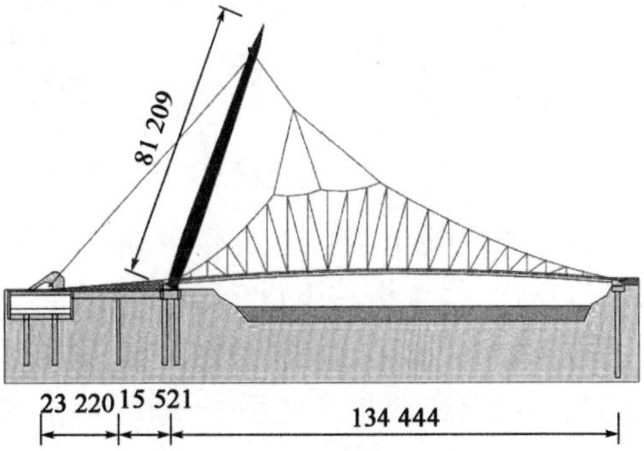

图16　挑月桥桥型布置图(尺寸单位:mm)

朝阳市狼山南路大桥与挑月桥结构形式大致相同，也采用自锚式斜拉悬索协作体系（图 17）。该桥位于朝阳市燕都新区，跨越大凌河，主桥跨径为 30m＋190m＋60m＋30m，桥宽 25.5～28m。

图 17　朝阳市狼山南路大桥效果图

主梁采用混合梁形式，其中主跨主梁 170m 长度范围内为带风嘴的单箱四室钢箱梁，中心线处梁高 2.64m；主梁其余段均为单箱六室混凝土箱梁，中心线处梁高 2.52m；连同铺装层梁体总高 2.7m。索塔为钢管桁架结构，每个塔柱主弦杆由 3 根直径为 1 600mm 的钢管组成，单个塔柱截面内主弦杆按等边三角形布置，两塔柱轴线夹角 12°，索塔纵向倾斜，倾角为 75°。整个塔柱外包装饰板。该桥目前正在施工。

10　庄河建设大街西桥(2007 年)

庄河建设大街西桥是庄河市建设大街跨越小寺河的一座桥梁，全长 200m，桥宽 28.6m，跨径布置为 45m＋110m＋45m，为自锚式吊拉组合桥（图 18）。

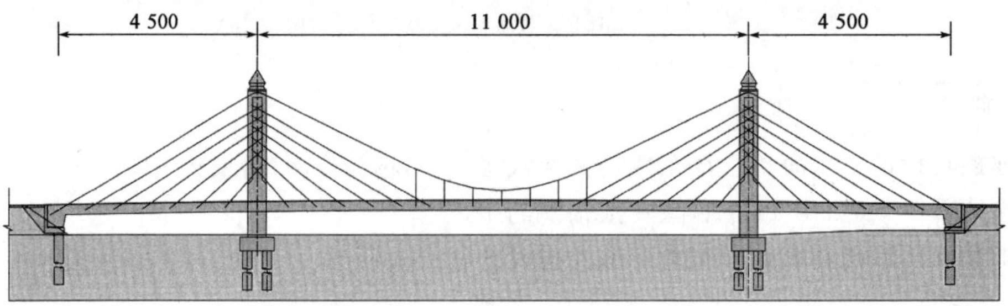

图 18　庄河建设大街西桥桥型布置图(尺寸单位:cm)

主梁为混凝土实心边主梁，梁高 2.17m。索塔采用实心截面，由上部工字形截面过渡到下部矩形截面，每个塔柱下设 7.5m×7.5m×3m 承台，承台下面有 4 根 ϕ2m 的钻孔桩。桥台下设两根 ϕ2.0m 钻孔桩。该桥为自锚式吊拉组合试验桥，成桥后运营情况良好，设计中采用了我们的一些研究成果。此桥于 2007 年建成通车。

11　星海国宝桥(2009 年)

大连马栏河星海国宝桥，位于马栏河出海口，连接星海广场与滨海路，为变高度的预应力混凝土 T 形刚构桥（图 19）。大桥的造型简洁优美，犹如一只展翅的海鸟，静静的浮在马栏河上，即满足了两岸的交通需求，又带给人们优雅的视觉享受。

图 19　星海国宝桥

桥梁总长 121.5m，每跨净跨径为 60.75m。为满足桥下通航要求与主梁根部的承载力要求，主梁竖曲线半径设为 1 800m。该桥于 2009 年建成通车。

12　庄河世纪大街东桥(2009 年)

庄河世纪大街东桥位于庄河市，东西向跨越庄河。全长 300m，桥宽 28m，跨径为 2×30m＋50m＋80m＋50m＋2×30m，共分为三联(图 20)。该桥于 2009 年建设完成。

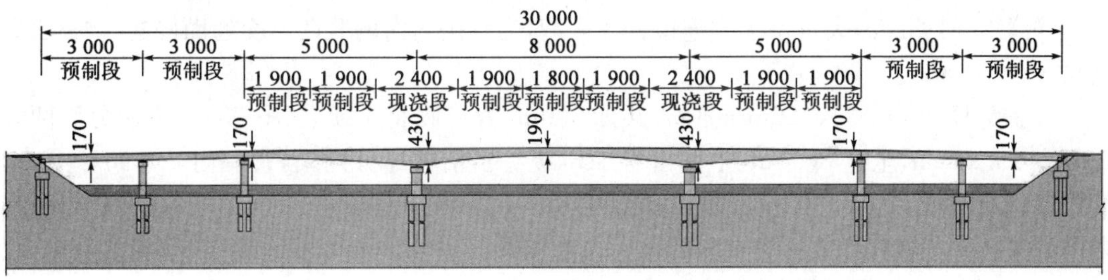

图 20　庄河世纪大街东桥桥型布置图(尺寸单位：cm)

第一联及第三联为后穿长束先简支后连续多箱截面连续梁，第二联三跨主桥为先简支后连续变截面连续梁体系。主桥主跨 80m，全宽 28m，横向分为 8 个单箱，纵向分 9 段预制吊装。

13　大连市东北路立交桥拓宽改造(2010 年)

大连市东北路立交桥 1998 年建成通车，主线桥梁部分长度为 1 347m，主梁采用普通钢筋混凝土连续梁。为了实现既不占用现有地面又能达到拓宽目的的要求，该桥采用正交异性钢桥面板、钢横梁、横向纵向预应力加固的方式进行拓宽改造(图 21)。

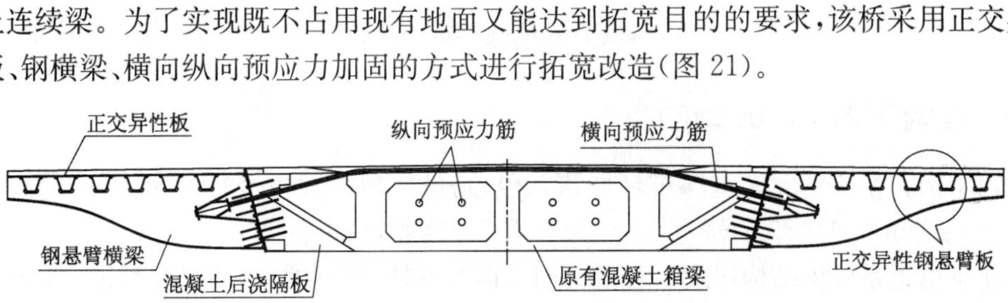

图 21　大连市东北路立交桥拓宽改造工程

在对东北路立交桥实施拓宽改造之前，先对该方法进行了系统的理论研究及相应足尺模型试验研究。在研究成果的基础上对实桥进行拓宽，东北路立交桥上部结构于2010年2月底开始实施加宽改造，于2010年5月21日正式竣工通车。整个工期仅历时3个月，不仅周期短，而且改造后效果良好(图22)。在上部结构被有效拓宽的同时不占据地面空间，不影响现有地面交通，被誉为是“领导满意，百姓也满意的”工程。

a)　　　b)

图22　东北路立交桥加宽改造前后对比

14　普湾14号路跨海大桥(2012年)

普湾14号路跨海大桥位于大连市普兰店湾，为解决湾内南北两岸交通而修建。桥梁部分全长2 507.4m。

主桥跨径70m+3×120m+70m，共计500m，为变截面连续梁(图23)。主桥分为两幅，每幅宽15.245m，全宽30.5m，中间留有1cm纵缝。引桥亦分两幅，每幅由4片跨径为40m的预制箱梁组成，宽15.245m，三跨一联。主桥采用分幅挂篮悬浇施工，引桥预制箱梁架设后采用后穿长束法张拉形成三跨一联的预应力连续梁。桥址处于8度地震区，地震加速度峰值为0.2g。桥梁纵向采用黏滞阻尼器，横向采用弹性垫块进行减震设计。该桥于2012年建成通车。

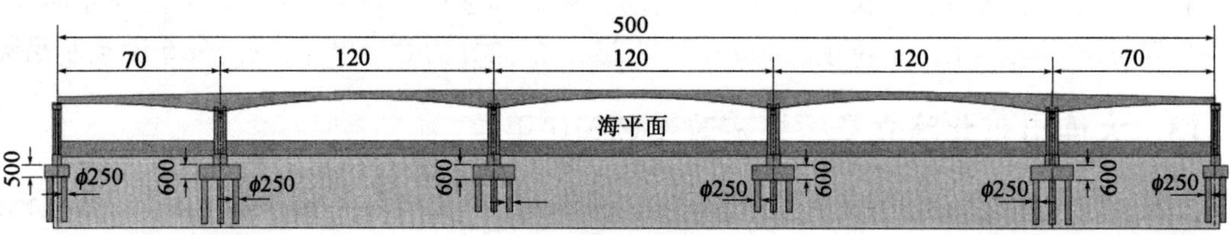

图23　普湾14号路跨海大桥(尺寸单位：m)

15　庄河干沟桥(2012年)

庄河干沟大桥位于大连庄河市环城路东段，跨越庄河。大桥全长272.13m，跨径划分为11.065m+250m+11.065m，桥宽35m，为下承式单肋系杆拱桥(图24)。

该桥采用了系杆拱结构形式。若采用钢索作为系杆，则刚度小，桥梁会有很大震动。本桥采用强大的混凝土箱梁兼作系杆，有足够的刚度，另外又增加了锚固跨可以约束拱脚处的转角，所以该桥的刚度大大提高，该体系称为改进后的系杆拱桥。

施工时拱肋分成3段，预先在桥面上拼接好，并在桥面上搭设塔架，两侧拱肋通过竖转方式就位，中间段通过提升方式就位，并与两侧拱肋焊接成整体。该桥于2012年建成。

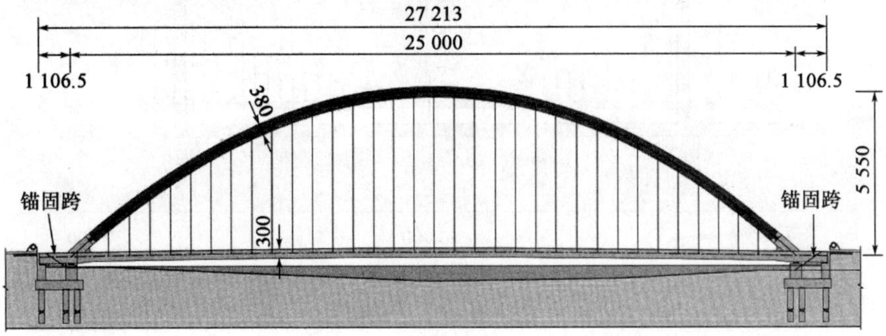

图24　庄河干沟桥桥型布置图(尺寸单位:cm)

16　鲅鱼圈单肋拱桥(2010年)

营口经济技术开发区滨湖路单肋拱桥全长116m，宽29m，跨径划分为8m+100m+8m，为单肋拱单支承面系杆拱桥(图25)。

桥梁主跨外侧各加8m边跨，使该桥的刚度大大增加，这是与一般系杆拱的不同之处。该桥体系特点与干沟桥相同，其设计晚于干沟桥，但建成早于干沟桥，于2010年建成通车。

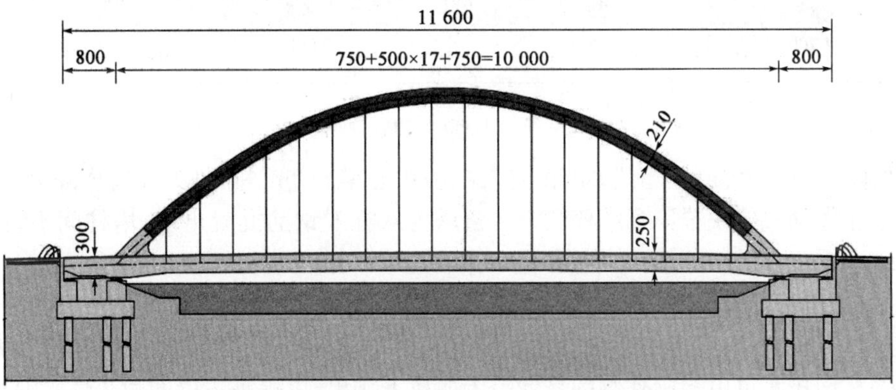

图25　鲅鱼圈单肋拱桥桥型布置图(尺寸单位:cm)

17　庄河建设大街东桥(2012年)

庄河建设大街东桥位于庄河市建设大街东端跨越庄河，靠近入海口，跨径为70m+200m+70m，桥宽22.9m，目前为最大跨径的钢筋混凝土自锚式悬索桥(图26)。大桥于2012年建成通车。

混凝土箱梁高2.5m，单箱4室，每5m设一道横梁。索塔为门式钢筋混凝土塔，高为54.455m，为矩形混凝土空心截面，外形尺寸自上而下由5.0m×3.5m变到6.0m×4.25m，塔柱上下横梁均配预应力束。

淮安京杭运河大桥也是一座自锚式悬索桥，其主桥为钢混凝土结合自锚式悬索桥，跨径为20.75m+26.25m+132.5m+26.25m+20.75m=226.5m，宽35.4m。为了避免施工期间对航道通行的影响，主跨钢箱梁部分采用了“先缆后梁”的施工方法。

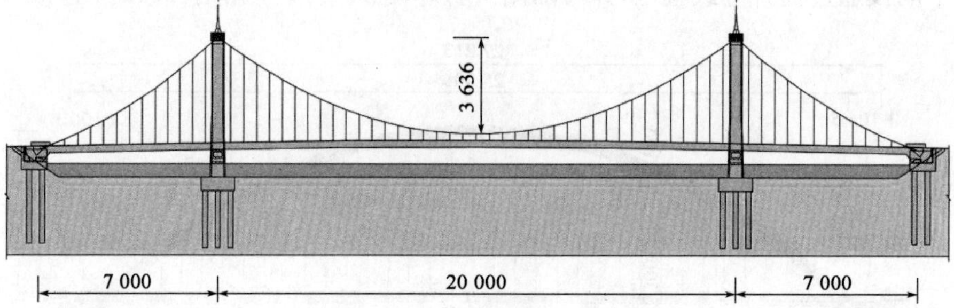

图 26　庄河建设大街东桥桥型布置图(尺寸单位:cm)

18　大连金州新区金渤海岸世贸一号桥(在建)

大连金州新区金渤海岸世贸一号桥位于大连市金州新区金渤海岸现代服务业发展区，连接世贸—嘉年华人工岛与海岸线，桥梁长度为 280 余米，桥型为三塔混凝土自锚式悬索桥，采用塔墩固结、塔梁分离的结构，跨径布置为 47m＋90m＋90m＋47m＝274m，桥宽 30m，其中车行道 16m，两侧各设有 4.6m 宽的人行道(图 27)。

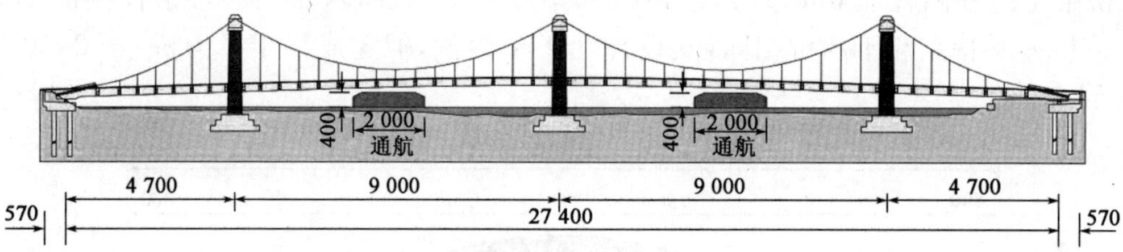

图 27　大连金州新区金渤海岸世贸一号桥桥型布置图(尺寸单位:cm)

主梁采用预应力混凝土箱梁，单箱双室结构，中心梁高 2m。吊杆处设有横隔梁，端横梁上设有锚块，主缆通过锚块锚固到端横梁上。索塔为双柱式钢筋混凝土塔，塔柱间不设上横梁，塔高为 26.86m。

从桥址周围环境及景观角度考虑，本桥采用三塔自锚式悬索桥，可减小桥塔的高度，塔间不设上横梁，比较通透；三塔结构使桥型更富有韵律和节奏感。混凝土主梁可抵抗较大的主缆水平分力；桥面排水可由箱梁外侧的悬臂范围向桥下排出，以提高主梁的耐久性。混凝土实心截面的塔柱结构施工方便。主缆采用成品索，可提高桥施工速度，后期维护工作量小。全桥采用支架法施工，大桥目前正在建设中。

6. 沪通长江大桥主要技术参数的确定

高宗余

（中铁大桥勘测设计院集团有限公司）

摘　要：沪通长江大桥在南通通州与苏州张家港之间跨越长江，通行 4 线铁路、6 车道高速公路。主航道桥跨度 1 092m，为钢桁梁斜拉桥，桁梁不同区段分别采用 Q500、Q420、Q370 不同强度等级的钢材，拉索采用强度 2 000MPa 的高强度平行钢丝索，主塔采用 C60 高性能混凝土，主塔基础采用大断面沉井；专用航道桥主跨 336m，采用拱加劲的钢桁梁；跨越横港沙区段桥梁位于曲线上，采用 21 孔跨度 112m 的组合结构钢桁梁。本文分析了大桥的主要技术参数。

关键词：沪通大桥　大跨度公铁两用斜拉桥　沉井基础　Q500 桥梁钢　组合结构桥梁

1　概述

公铁合建桥梁将铁路、公路两种交通功能集中在一座桥上实现，可节约桥位资源、节省工程投资，减少建桥对水环境的影响。目前，已建成通车的最大跨度公铁两用斜拉桥是武汉天兴洲大桥，主跨 504m，正在建设中的大跨度公铁两用桥还有黄冈长江大桥、公安长江大桥、合福铁路铜陵长江大桥，最大跨度则达到 630m。

沪通铁路是国家批准的《中长期铁路网规划》中沿海铁路通道的重要组成部分，其建设对进一步完善区域交通运输结构，提高过江通道运输能力，促进长三角经济一体化进程具有十分重要的意义，该铁路在江苏省南通市通州区与苏州张家港市之间跨越长江，该区域地处长江三角洲地区，经济高度发达，长江航运繁忙，岸线利用已非常充分。根据交通网络规划，锡通高速公路、通苏嘉城际铁路在同一区域通过长江，为节约桥位资源、节省工程投资，将三条线路功能在一座桥上实现，形成 4 线铁路、6 车道公路的公铁两用大桥，其中沪通铁路为国家Ⅰ级干线铁路，通苏嘉城际铁路为客运专线，锡通高速公路双向 6 车道。

2　平立面及跨度布置

大桥选址于长江澄通河段，桥位处江面宽度 5.8km，长江主航道位于南侧，北侧有一个涨落潮形成的沟槽，利用它来作为专用航道，供沿岸若干船舶企业产品下河运输之用，中间约 2km 区段是一个名叫横港沙的浅洲，河势、滩槽格局稳定。长江主航道走向为东西偏北向，而北侧的专用航道为东西偏南向，为了保持桥轴线与航道正交，在横港沙区段桥梁以 4 000m 半径转动 25°角，因而，两个大跨度航道桥均位于直线上，横港沙区段桥梁位于曲线上。

跨越航道的大桥立面高程及跨度布置受长江主航道及专用航道净空高度、宽度控制，同时要满足覆盖可通航区域的要求，横港沙区段桥梁跨度依防洪要求确定，高程衔接两个航道桥。

沪通长江大桥所跨越的区域是我国经济最发达的地区，长江航运非常繁忙，是一条黄金水道。为保障航运能力和航行安全，主通航孔按单孔双向通航的要求设计，主通航孔跨度应能满足大型船舶、船队的航行要求，主跨需 1 092m，为了充分利用桥区河段的可通航水域，在主通航孔南北两侧也需相应布置一个跨度为 462m 的副通航孔，使通航孔覆盖范围达到 2 000m。

为保持长江河道及航道稳定，减小桥梁下部结构的阻水面积，主航道桥舍弃了需在江中设置锚碇的悬索桥方案，选用自锚式的斜拉桥方案，从而形成主跨 1 092m 的公铁两用斜拉桥。专用航道桥主跨 336m，采用拱加劲的钢桁梁；跨越横港沙区段桥梁位于曲线上，采用 21 孔跨度 112m 的钢桁梁。包括两岸引桥的全桥桥型布置见图 1。

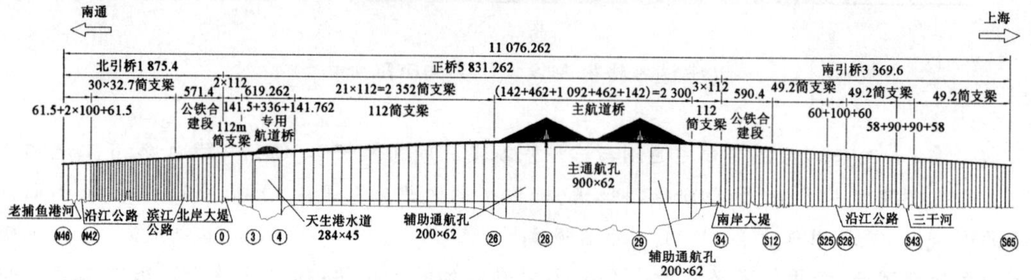

图 1　沪通大桥桥型布置概略图(尺寸单位:m)

3　主航道桥

如前述，主航道桥的主跨 1 092m，两侧各布置一个跨度为 462m 的副通航孔，为使斜拉桥结构受力更合理并减小梁端转角，两侧各增加了 142m 的辅助跨。因此，主桥跨度布置为：142m＋462m＋1 092m＋462m＋142m＝2 300m，见图 2。

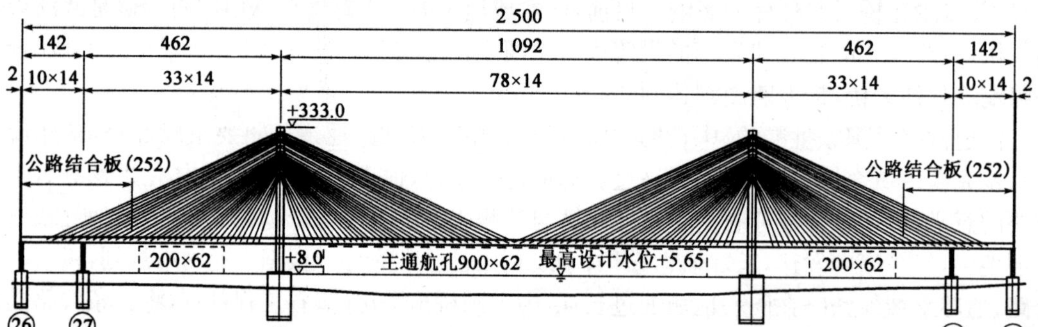

图 2　主航道桥布置图(尺寸单位:m)

3.1　主梁

由于大桥通行 4 线铁路、6 车道公路，主跨达 1 092m，主梁采用双层桥面、刚度大的钢桁梁。

桁梁的自重、二期恒载较大，铁路和公路活载合计达 351kN/m，由于斜拉索水平分力及活载弯矩产生的主梁轴向力巨大，承受轴向力的弦杆需要较大的截面积，仅靠桁架杆件承载已不现实，因此双层桥面结构均参与主桁共同受力(图 3)，桁架下弦由与主梁断面同宽的钢箱组成，上弦由与主梁断面同宽的钢正交异性板构成。

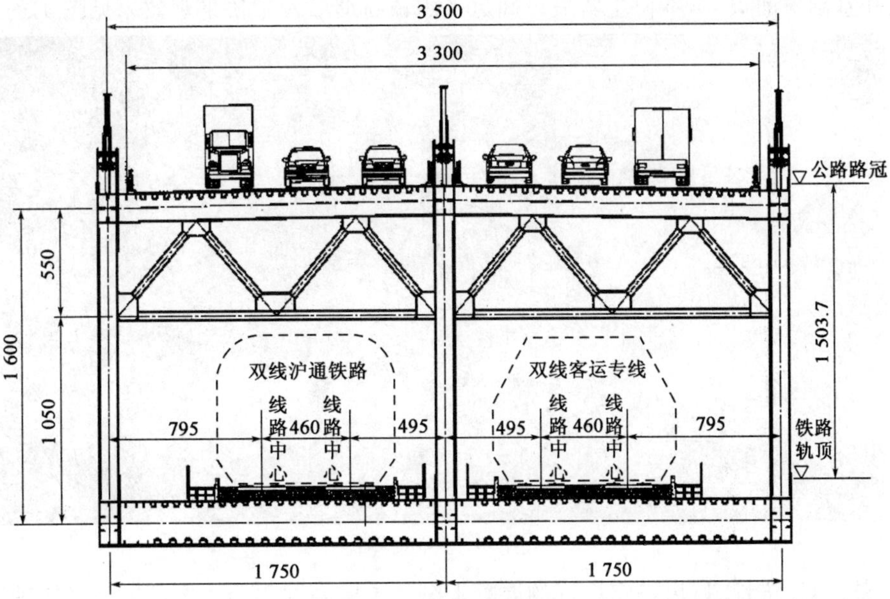

图 3　主航道桥钢桁梁断面图（尺寸单位：cm）

主梁采用箱桁组合断面后，公路、铁路桥面均为整体钢桥面，参与了总体受力，有效地增加了主梁横断面的受力面积，极大地提高了桥梁的刚度，使超千米跨度桥梁通行高速列车成为可行方案。针对轴压力较大的区域适当采用高强度钢材，选择 Q500q、Q420q 及 Q370q 等不同强度等级钢材种类。

近年来中国建设了数座通行 4 线铁路的桥梁，由于桥面宽度较大，研究成功三索面三主桁结构，并在武汉天兴洲大桥、南京大胜关大桥、京广高铁郑州黄河大桥首先获得了成功应用，三主桁结构可以有效地减小横梁跨度，缩小横梁及横联尺寸，有利于提高断面刚度，减小铁路轨道的扭转变形。后续的安庆铁路长江大桥、铜陵公铁两用长江大桥等大跨度多线铁路/公铁两用桥的钢桁梁均采用三主桁结构。本桥主梁也采用三主桁结构，桁宽 35m（两侧边桁中线之间距）。

为平衡辅助墩负反力，主梁两侧边跨 252m 范围公路桥面采用带有混凝土桥面板的组合截面。

近 10 年来，我国钢桁梁制造架设技术已突破了单根杆件制造、单根杆件安装的传统技术，天兴洲大桥实现了整节段安装，合福铁路铜陵长江大桥实现了全焊接桁片式制造架设的新技术。在此基础上，沪通桥有所发展，钢桁梁采用两节间为一个节段在工厂采用全焊接技术整体制造，只是主墩、辅助墩、边墩附近若干节间采用单节间全焊整体制造。同一节段内的所有构件的工厂连接均采用焊接；节段之间公路钢桥面板、铁路桥面顶底板工地连接均采用焊接，节段间的上弦杆竖板和底板、下弦杆竖板、斜腹杆连接均采用高强度螺栓连接。

3.2　主塔

主塔是斜拉桥主要受力构件，斜拉桥上部结构荷载通过主塔传递至基础，塔形不同，受力特点不同，塔形的选择不仅与桥址处风速、地震等建桥条件密切相关，还往往受基础形式以及景观效果的制约。

本桥位于长江入海口，设计风速较高，同时主跨跨径大，桥塔相对较高。为提高主塔的稳定性及塔柱的抗扭刚度，主塔形式宜首选对应空间索面的A形、倒Y形塔或钻石形塔。结合本桥沉井基础平面尺寸，本桥主塔最终确定采用钻石形塔。主桥景观效果见图4。

图4　主塔效果图

主塔选用经济性、抗风稳定性好的混凝土塔。主塔高度325m，主塔塔底竖向轴压力巨大，其构成为：塔身自重占2/3左右，主梁自重及活载占1/3左右，斜拉索自重只占极小部分。因此，尽量提高主塔混凝土的强度对减小主塔体量、减轻下部结构负担、降低造价有较好的效果。同时还要考虑到，施工时主塔混凝土需泵送到最大325m的高度，需要充分认识到混凝土材料的可施工性能，最重要的是必须保证主塔钢筋混凝土结构的耐久性。综合各因素，主塔选用C60高性能混凝土。主塔的主要结构尺寸见图5。

3.3　斜拉索

沪通长江大桥主桥跨度大、荷载重，决定了斜拉索的索力大、部分斜拉索长度大，虽然对应3个主桁结构斜拉索布置为3个索面，最大索力仍高达13 000kN。

目前国内外常用的斜拉索体系有平行钢丝拉索和钢绞线拉索两种类型，两者各有特点。沪通大桥桥面距江面最大高度超过80m，桥址处设计基本风速38.20m/s，为了减小风力作用下主梁的横向变形，给列车运行提供较好的平面线形，经比较采用整索直径较小的平行钢丝斜拉索体系，并研发抗拉强度为2 000MPa的高强度钢丝及其相关技术。它们在工厂预制成成品索，运输至工地后整索张拉。

斜拉索最大长度为583.8m，对应于3个主桁面将拉索布置成3个索面，即上下游边桁和中桁的每个桁在每个锚点各布置一根斜拉索，单根拉索最大规格为451丝直径7mm的高强钢丝，单根拉索重约78t。

3.4　主塔基础

主航道桥的6个桥墩承受的荷载均很大，且位于长江主河道上。特别是主塔基础承受着主塔传递的巨大竖向轴力和弯矩，还需抵御10万吨级船舶的撞击，墩位处河道自然水深超过30m，覆盖层总厚度达200m以上，上部为较松散的粉质黏土外，其下均为砂土，一定深度以下为中粗砂，综合水文、地质条件及防撞要求，主航道桥6个基础均采用造价省、整体性优的沉井基础。

沉井周边设置防撞设施以达到减小船撞力、减小船舶和桥梁结构损伤的目的。

主塔墩沉井主要构造见图6，平面呈圆角矩形，尺寸为86.9m×58.7m，沉井持力层选用密实砂层。沉井顶面露出最高通航水位以上，28号、29号墩沉井总高分别为105m、115m。

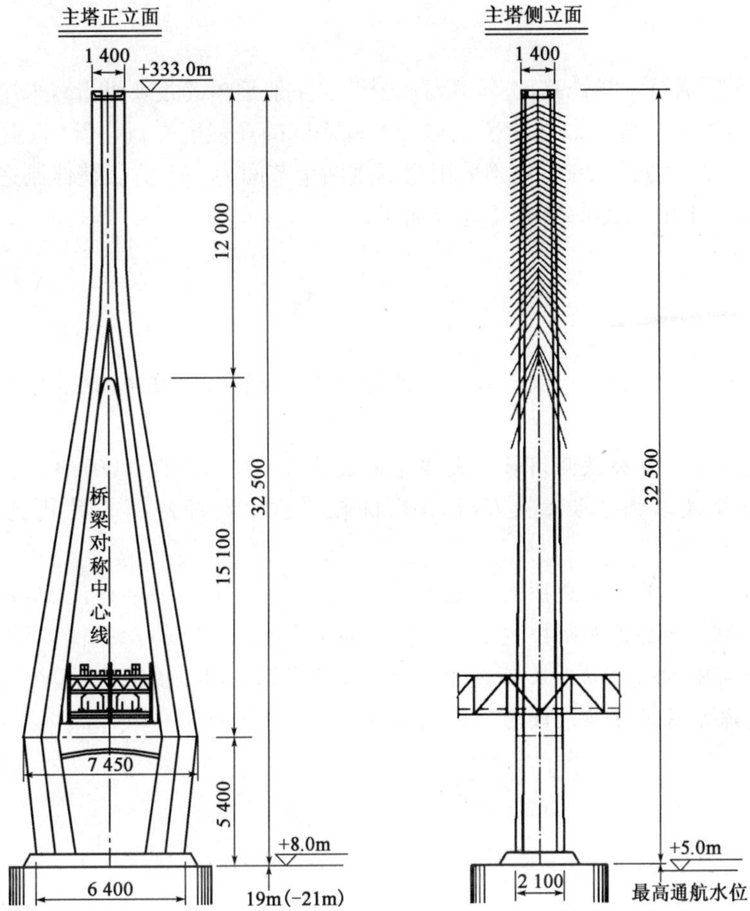

图 5　主塔结构图(尺寸单位:cm)

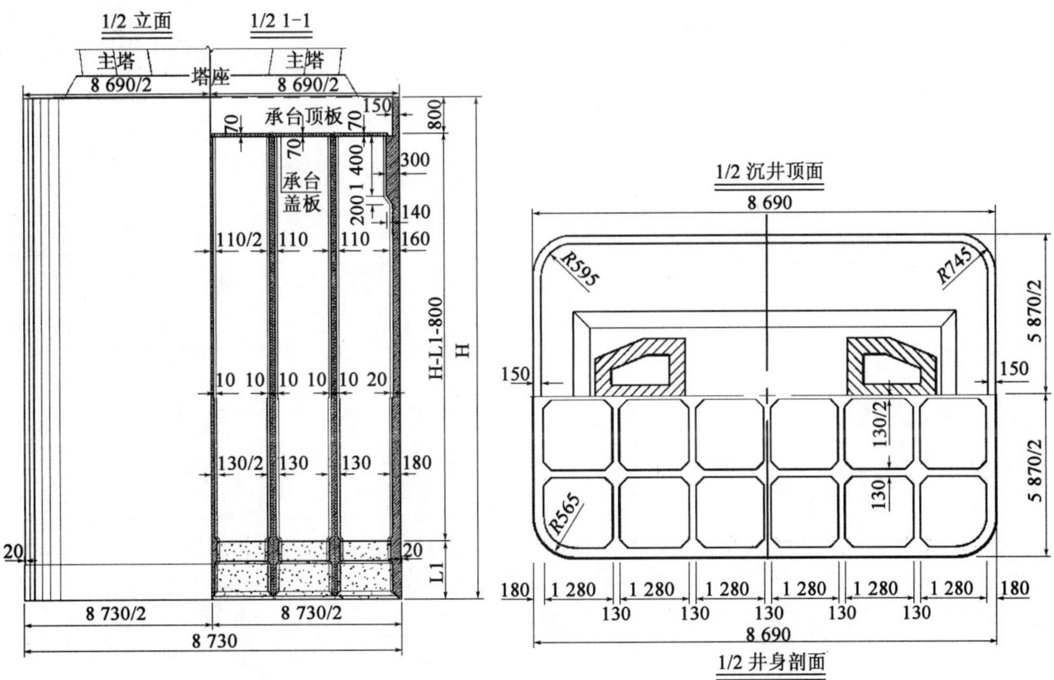

图 6　主塔沉井基础(尺寸单位:cm)

4 结语

沪通长江大桥通行 4 线铁路、6 车道高速公路。主航道桥跨度 1 092m，采用钢桁梁斜拉桥方案，研发了 Q500 级高强度高性能桥梁钢、2 000MPa 的高强度平行钢丝索，主塔采用 C60 钢筋混凝土结构，大尺寸沉井基础，主梁采用全焊接两个节间为一个节段整体制造、运输和吊装。大桥已于近期开工建设，计划 2019 年建成通车。

参 考 文 献

[1] 秦顺全，高宗余，潘东发. 武汉天兴洲公铁两用长江大桥关键技术研究[J]. 桥梁建设，2007(1)：1-4.

[2] 高宗余. 武汉天兴洲公铁两用长江大桥总体设计[J]. 桥梁建设，2007(1)：5-9.

[3] 龙东利. 合福铁路铜陵长江大桥主桁片拼装工艺方案讨论[J]. 科技视界. 2012，(7)：11-17.

[4] 易伦雄. 南京大胜关长江大桥大跨度钢桁拱桥设计研究[J]. 桥梁建设，2009，(5)：1-5.

[5] 高宗余. 郑州黄河公铁两用桥技术创新[J]. 桥梁建设，2010(5)：3-6.

[6] 肖海珠，梅新咏，高宗余. 千米斜拉桥设计关键技术探讨[J]. 桥梁建设，2006(增 2)：1-4.

[7] 杨进. 大桥深水基础方案设计与施工及经济性研究[J]. 桥梁建设，2011(2)：46-49.

二、设计与分析

7. 椒江二桥新型组合梁的技术特点和优势

徐利平　戴利民　赵佳男　郭　龙

（同济大学建筑设计研究院（集团）有限公司）

摘　要：椒江二桥主桥为主跨480m的双塔双索面五跨连续斜拉桥，主梁截面首次采用一种新型的组合梁形式——半封闭钢箱组合梁。本文叙述了这种新型组合梁的创新理念，通过试验和有限元计算等手段研究分析了这种新型组合梁的抗风性能和主要静力特性及优势。介绍了先钢—混组合、后整体节段安装的施工工法，展望了这种新型组合梁的推广应用前景。

关键词：组合梁斜拉桥　半封闭钢箱组合梁　抗风性能　静力性能

1　引言

现代组合梁斜拉桥的设计思想起源于德国著名桥梁专家莱翁哈特（Leonhart）教授。他在1982年领导完成的美国佛罗里达州跨越坦帕（Tampa）湾主跨为365m的日照桥（Sunshinsky-way）的投标方案设计，采用了纵桥向两片钢主梁及横梁组成梁格，上缘通过剪力钉与预制混凝土桥面板结合成整体共同受力，而不再是初期“组合梁”将混凝土桥面板搁置在钢梁上仅仅承受局部荷载作用，这一设计思想成就了具有重要意义的现代组合梁斜拉桥的技术创新。虽然该方案没有被采用，但1987年通车的加拿大安那西斯桥（Annacis）（主跨465m）的基本设计思想来之于该方案，成为世界上第一座现代组合梁斜拉桥。

1983年，在研究上海黄浦江大桥方案时，同济大学李国豪校长在国内首次提出组合梁斜拉桥方案，之后，上海南浦大桥、杨浦大桥、徐浦大桥、青洲闽江大桥等一批组合梁斜拉桥相继建成。

椒江二桥桥位处江面宽度约1 770m，水下地形较为平坦，河槽呈U字形，主槽宽度500m左右，近年来主河槽有向北略微摆动的趋势。河槽最深点高程约－8.4m，南北主塔位置的现状床底高程分别为－8.2m和－5.3m，以满足10 000t级（散）杂货船单孔双向通航，两个副通航孔可满足500t级散杂船单孔单向通航要求，跨径布置为70m＋140m＋480m＋140m＋70m＝900m，边跨各设一个辅助墩，如图1所示。

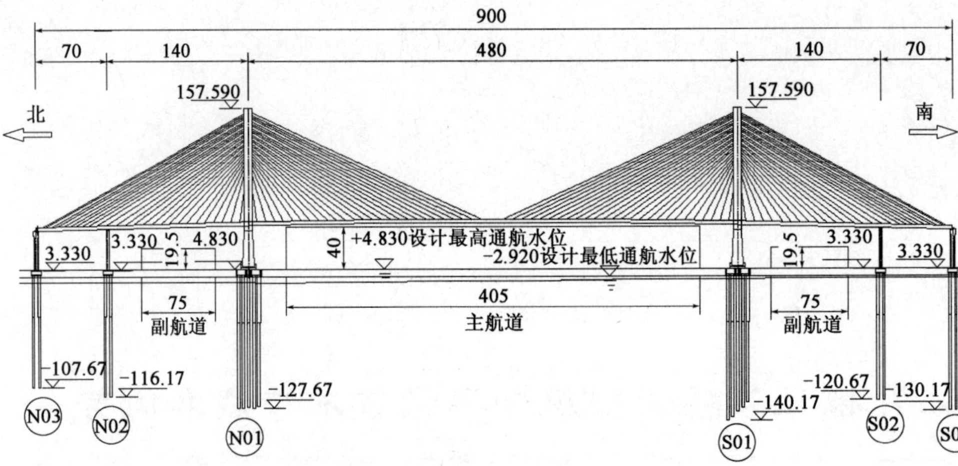

图1　桥跨布置图(尺寸单位:m)

2　组合梁截面选型

台风是本桥所在区域重大灾害性气象要素,大桥设计基本风速45m/s。在桥型方案概念设计阶段,桥梁抗风性能成为一项很重要的考量因素。

实际工程中,对于480m跨径的斜拉桥来说,钢箱梁、混凝土梁和组合梁斜拉桥各具特点、各有优势,且国内外均有工程实例。但是,每一种主梁形式的斜拉桥都有其经济适用的一段跨度范围,低于或超过这一经济适用范围,虽然也可以建成,但往往是不经济的,或者技术上将会遇到困难而影响其他指标。一般认为,PC斜拉桥的经济适用范围是200～500m。对本桥来说,通过方案试设计可知预应力混凝土梁最经济,但是,由于边主梁混凝土斜拉桥裂缝问题较普遍,所以一开始就放弃了混凝土主梁方案。

一般地,组合梁的经济适用范围是500～700m,是较适合这一跨径的斜拉桥的主梁形式,所以,我们方案的思路主要集中在组合梁上。首先考虑的是最常用的工字形边主梁组合梁。但是根据初步的计算结果,工字形边主梁上、下缘的钢板厚度已达100mm和125mm。这样对材料性能及加工制作将提出很高的技术要求,施工难度也很大。因此,考虑采用箱形边主梁方案以增大主梁截面积。通过试设计,主梁结构总体刚度及塔、梁内力均在规范允许范围之内。根据CFD计算,得到成桥状态的颤振临界风速不满足抗风稳定性要求。

钢斜拉桥的经济适用跨径是700～1 400m,而且根据已有的资料,扁平钢箱梁斜拉桥抗风临界风速可达120m/s以上。本桥采用全封闭钢箱梁方案肯定可以满足抗风稳定性要求,而且具有足够安全储备。但是,钢箱梁方案用钢量最多,桥面铺装造价也比较高,并且钢桥面铺装与正交异性板的设计至今仍有一些病害没有得到很好解决。根据试设计成果,钢斜拉桥比最后采用的半封闭钢箱组合梁方案造价高了13%。因此,扁平钢箱梁方案只能作为一个备选方案。

我们将全封闭钢箱梁的流线型外形和组合梁的设计理念两者结合起来,形成了全封闭钢箱组合梁的概念。通过对这一方案进行试设计,从静力计算结果看,全封闭钢箱组合梁结构总体刚度及塔、梁内力均在规范允许范围之内,但主梁下缘应力较低。这是由于底板厚度由构造要求控制,没有充分发挥组合梁底板钢材材料性能。

由此我们想到了可以取消一部分底板,以节省钢材用量,并且充分发挥底板钢材的材料,从而形成了半封闭钢箱组合梁的概念设计。

从静力计算结果分析，半封闭和全封闭钢箱组合梁两者主要是下缘应力相差较大，半封闭组合梁下缘应力可提高近 40MPa，使底板钢材的作用得到充分发挥。半封闭组合梁（结构主体部分）钢材用量指标比全封闭组合梁降低约 20%。

最终设计组合梁主要轮廓尺寸为：含风嘴全宽约 42.5m，不含风嘴顶板宽 39.6m，底板宽为 3.22m+4.26m+4.26m+3.22m，中心线处高度 3.5m（不含铺装）。主梁标准断面见图 2。

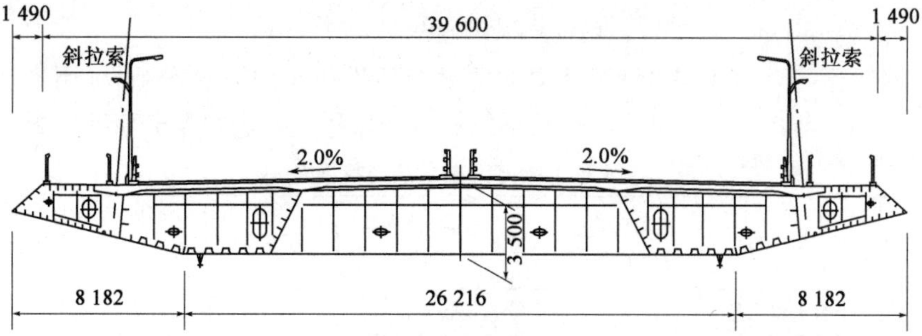

图 2　组合梁标准横断面（尺寸单位：mm）

上翼缘板在顺桥向采用了全桥相同的 24mm 板厚，宽度 800mm，水平及斜底板采用了 16mm、20mm、30mm3 种不同的钢板厚度，底板采用 U 形加劲肋加劲，基本间距 800mm，加劲肋厚度 8mm，外腹板厚均为 30mm，内腹板厚均为 16mm。横隔板标准间距为 4.5m，非吊点处横隔板 12mm 厚，吊点处 16mm 厚。混凝土桥面板标准厚度 260mm，在箱梁腹板及横梁的上翼缘设 140mm 混凝土承托。

椒江二桥组合梁设计理念创新了组合梁的截面形式，除提高了抗风稳定性外，也优化了截面静力力学性能，并形成了组合梁节段工厂化预制、整体化安装的施工工法。

3　半封闭钢箱组合梁抗风性能

在初步设计阶段，为了掌握半封闭钢箱组合梁的抗风性能，及其与其他主梁截面类型的区别，分析了 4 种主梁截面的设计方案在成桥运营状态、最大悬臂施工状态的固有动力特性。4 种主梁截面为半封闭钢箱组合梁方案、全封闭钢箱梁方案、矩形边箱组合梁方案和混凝土边主梁方案，跨径布置均为 78m+140m+480m+140m+78m=916m，半封闭钢箱组合梁断面如图 2 所示，其他类型主梁断面分别如图 3～图 5 所示。

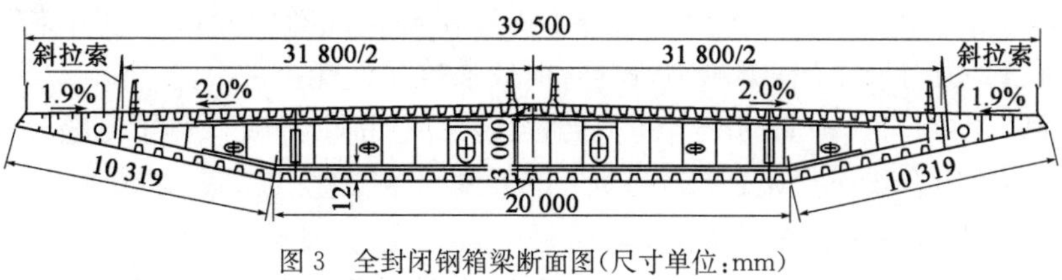

图 3　全封闭钢箱梁断面图（尺寸单位：mm）

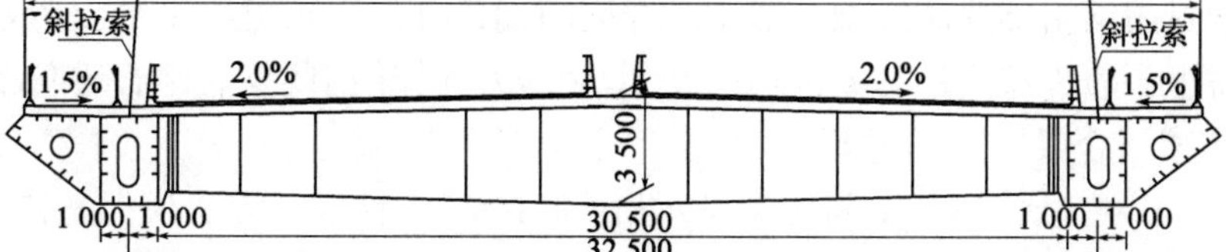

图 4　矩形边箱组合梁断面图（尺寸单位：mm）

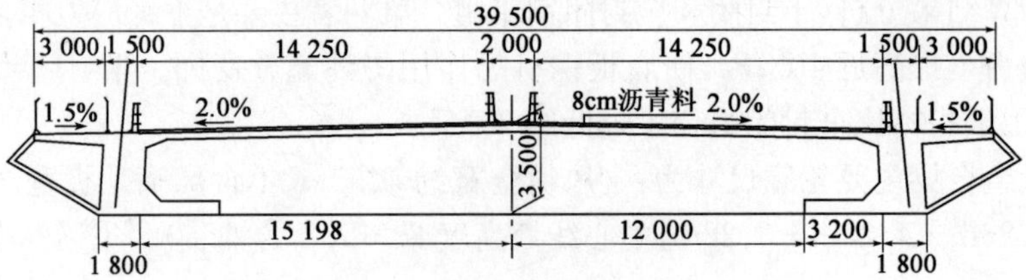

图5 混凝土边主梁断面图(尺寸单位:mm)

根据流体计算动力学(CFD)计算所得的桥梁加劲梁断面颤振导数结果,用半逆解法对各个设计方案成桥状态0°和±3°风攻角下桥梁结构的颤振稳定性进行了分析,结果见表1。

4种主梁方案主要动力特性 表1

成桥或施工状态	方案名称	主梁竖弯基频(Hz)	主梁扭转基频(Hz)	扭弯频率比	颤振临界风速(m/s)	
					分析	试验
成桥状态	半封闭组合梁	0.315	0.656	2.08	121	118
	全封闭钢箱梁	0.351	0.860	2.45	115	—
	矩形边箱组合梁	0.303	0.569	1.878	97	—
	混凝土边主梁	0.194	0.311	1.603	95	—
最长单悬臂状态	半封闭组合梁	0.312	0.683	2.19	—	144
	全封闭钢箱梁	0.392	1.020	2.60	—	—
	矩形边箱组合梁	0.308	0.605	1.964	—	—
	混凝土边主梁	0.189	0.311	1.646	—	—

在施工图设计阶段又进行了半封闭钢箱组合梁节段模型测振试验,得到各个攻角下成桥和施工阶段最长单悬臂状态颤振试验结果,见表1,分别大于颤振检验风速90.5m/s和76.0m/s。

从计算分析和节段试验结果可以看出,半封闭钢箱组合梁动力特性(包括主梁竖向基频、扭频以及扭弯频率比等)和颤振临界风速均比矩形边箱组合梁、混凝土边主梁优,仅次于全封闭钢箱梁,可以很好满足颤振检验风速。

4 半封闭钢箱组合梁静力性能

椒江二桥的新型半封闭钢箱组合梁结合了钢箱梁和板式断面开口式组合梁的特点,既具备组合梁的截面受力特性,又有钢箱梁所具有的较强抗扭性能。

椒江二桥设计中,对这种截面的空间剪力效应和结合面受力规律作了专题分析研究,并和传统的工字型边梁组合梁进行了比较,发现了以下两个主要优点。

4.1 有利于提高桥面板作用效率

南浦大桥对受弯内力计算采用BS 5400规定,分别计算主梁内、外侧翼板有效分布后,叠加求出主梁翼板有效分布宽度。辅助墩顶按刚性支承计算,分布宽度系数仅为0.4。根据算得的内力,求出相应的主梁断面应力。通过计算可以看出,半封闭钢箱组合梁断面正应力分布比工字型边主梁组合梁要均匀很多。

椒江二桥采用空间杆系与空间薄壳单元相结合的混合有限元方法模拟整体结构计算,选取有代表性的跨中附近、塔根附近、辅助墩附近箱梁节段进行剪力滞的分析。

计算荷载包括结构自重、二期恒载、边跨压重、纵向预应力,收缩徐变分别按公路桥涵设计规范规定计算，考虑成桥10年的徐变。截面不均匀升降温按混凝土桥面板升降温15℃计算，活荷载在加密部分采用车轮加载，在其他部分采用车道荷载，并考虑了相应的纵、横向折减。

跨中处横隔板之间混凝土桥面板桥轴向正应力分布如图6所示(图6中坐标原点位于跨中桥面板，x为纵桥向，y为横桥向)。由于斜拉索对梁的作用，使得混凝土桥面板应力沿截面分布不均匀，从混凝土桥面板正中间向两端压应力逐渐减少，在拉索的前后出现了相反的应力变化趋势。

索塔区域横隔板处的混凝土桥面板桥轴向正应力分布如图7所示。由图7可知，混凝土桥面板整个截面受压，且混凝土桥面板应力分布较为均匀，在截面两端附近有较小的应力变化。由于斜拉索对梁的作用，使得混凝土桥面板处应力在拉索的前后出现了相反的应力变化趋势。

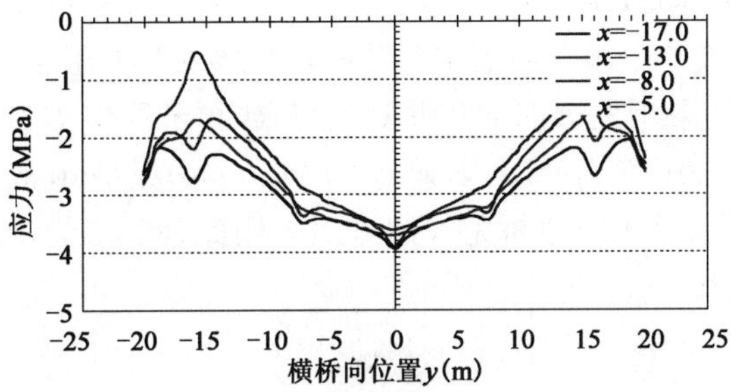

图6　跨中横隔板之间桥面板纵向正应力

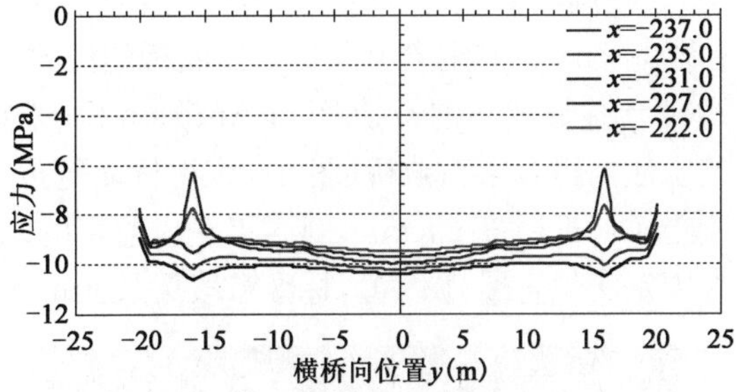

图7　索塔区域横隔板处桥面板纵向正应力

4.2　有利于改善结合处的局部应力状态

钢梁与混凝土板之间的纵向水平剪力由连接件承受，单位梁长的界面纵向剪力V_{ld}按下式计算：

$$V_{ld}=\frac{V_d}{I}S_0$$

式中：V_d——形成组合作用之后作用于组合梁的竖向剪力；

S_0——界面以上的混凝土截面对组合截面中和轴的面积矩；

I——组合截面换算截面惯性矩。

上述单位梁长界面纵向剪力V_{ld}由钢梁与混凝土板之间的连接件承受，椒江二桥组合梁全断面有四个钢—混结合点，虽然内外腹板结合点由于剪力滞效应导致承担剪力有差异，即外腹板结合点大于内腹板结合点，但是，与工字形边主梁组合梁相比，可以有效减小单个腹板上缘钢—混结合处的剪力，有利于改善钢—混结合处的局部应力状态。

图8　群钉接头试件钢结构加工

为了确保结合点的抗剪承载力，椒江二桥进行了群钉抗剪试验，试验采取与实桥相同焊钉布置方式，每排6根，单排两侧2根采用ϕ22mm×300mm规格的焊钉，而中间4根采用ϕ22mm×200mm规格的焊钉，见图8。并将试件按焊钉排数分为6排(GS-36)、4排(GS-24)、3排(GS-18)、2排(GS-12)4组，单侧6排(GS-36)组有3个试件，其余3组均为1个试件。

试验得到了群钉接头各试验试件荷载—滑移曲线，群钉接头试件中单钉所对应的荷载—滑移曲线。试验得到试验试件的抗剪极限承载力最大值为184.3kN，最小值为162.5kN，极限滑移最大值为 6.413mm，最小值为 5.209mm。根据试验结果可知，群钉接头试件的变形能力相差不大，但平均单钉承载能力随着群钉数目的增多而逐渐降低。这个试验也说明了椒江二桥的组合梁形式增加了钢—混结合部位，减小每个部位的剪力值，从而减少了每个部位的群钉数量，间接提高了单钉承载能力。

5 组合梁施工工法演进

对于工字形边主梁形式的组合梁斜拉桥，采用钢梁和桥面板分别预制、分别安装，最后通过浇筑湿接缝形成组合梁的施工工法保证了钢和混凝土在组合前充分释放混凝土的收缩徐变应力，但是施工安装构建零碎、程序繁琐，现场安装周期长。

当能够有效控制组合梁混凝土收缩徐变应力时，包括桥宽较小、钢梁和混凝土结合点分布均匀、控制混凝土坍落度（或采用收缩补偿混凝土等）以减小混凝土收缩等条件下，可以采用先在预制场内完成钢梁上混凝土桥面板的浇筑，形成一个组合后的主梁节段再整体安装的工法。2004 年建成通车的希腊 Rion-Antirion 桥，是首次采用先将钢梁和混凝土组合，再节段整体安装工法的组合梁斜拉桥（图 9），该桥桥面宽度 27.2m，工字形钢梁梁高 2.2m，间距 22.1m，混凝土桥面板厚度 25cm。2005 年建成通车的东海大桥主航道桥是我国首次采用此种工法的全封闭钢箱组合梁（图 10），标准节段梁长 8m，宽 33m，重 369t。

图 9　希腊 Rion-Antirion 桥节段吊装

图 10　东海大桥主航道桥节段吊装

组合梁中钢梁和混凝土桥面板的施工顺序改变，即由“先拼装后组合”改为“先组合后拼装”，从而实现了由“散拼”改进为“整装”，提高了预制节段的工厂化程度，减少了施工现场安装的工序，缩短了现场安装周期。

椒江二桥在设计阶段结合半封闭钢箱组合梁的力学特点，专门研究了这两种施工工法，认为如采用先拼装开口的钢箱梁、后安装预制桥面板的话，由于开口的钢箱梁刚度小，运输、吊装、栓接以及其上安装桥面板等一系列施工过程中，均有可能出项空间翘曲、纵向和横向变形难以控制等风险。最终采用了组合梁节段整体预制的新工法，组合梁整体节段预制完成后存放半年，然后运到现场进行节段拼装施工，节段间钢结构箱体采用高强螺栓连接，混凝土桥面后浇 1m 宽湿接缝。

标准梁段采用桥面吊机施工，最大起吊重量约 370t；边跨（过渡墩、辅助墩墩顶）梁段采用浮吊吊装，最大起吊长度 9m，最大起吊重量约 476t。

为了确保整体预制、整体安装的工法顺利进行，专题分析了预制阶段的混凝土收缩徐变影响和整体安装阶段的节段应力、横向变形等问题。在理论分析的基础上，桥面板混凝土采用 C60 干硬性混凝土，坍落度不大于 8cm，以进一步减小混凝土收缩徐变效应，图 11、图 12 分别为浇筑混凝土桥面板施工和预制完成后的组合梁节段。

图 11　浇筑混凝土桥面板施工

图 12　预制完成后的组合梁节段

借鉴钢箱梁的拼装经验，设计提出一些更严格的要求以利于节段顺利对接，如要求严格控制桥面吊机自重，实际每套吊机总重为 113t；在横桥方向尽可能靠近拉索布置，以减小悬臂端梁体的横向下挠变形。实际施工时，先采用冲钉匹配边腹板中部，完成约 1/3 边腹板冲钉，再使中腹板部分螺孔基本对齐，打入约 1/3 冲钉，迫使中腹板对位，完成中腹板的匹配。通过综合实施这些措施，顺利进行节段的拼装，图 13 为预制节段整体吊装照片，图 14 为预制节段接缝施工照片。

图 13　预制节段整体吊装

图 14　预制节段接缝施工

6　结语

椒江二桥主桥采用的半封闭钢箱组合梁的结构形式，为首创的一种组合梁截面形式，有关查新也证实了国内外均未见与椒江二桥组合梁的结构形式相同的文献报道（教育部科技查新工作站 L14《科技查新报告》（2013 年 11 月 10 日）。

椒江二桥半封闭钢箱组合梁钢材（Q345qd 和 Q370qd）指标为 379kg/m^2，C60 混凝土材料指标为 0.27m^3/m^2，充分体现了这种组合梁优越的经济性。同时，与传统的工字形边梁的组合梁相比，具有更大的钢箱结构下翼缘面积和更大的截面抗扭刚度，从而有效提高抗风稳定性。此类断面形式可以应用于抗风要求高、跨径更大的组合梁斜拉桥，如 600～800m 主跨，国内已有一些正在设计规划中的桥梁考虑采用类似断面形式。

参 考 文 献

[1] 项海帆，等. 桥梁概念设计[M]. 北京：人民交通出版社，2011.

[2] 同济大学土木工程防灾国家重点实验室. 椒江二桥及接线工程关键技术专题研究报告之一——主桥抗风性能研究[R]. 2009.

[3] 同济大学桥梁工程系. 椒江二桥及接线工程关键技术专题研究报告之三——半封闭钢箱组合梁斜拉桥关键技术研究[R]. 2009.

[4] 同济大学桥梁工程系. 椒江二桥群钉接头承载力试验研究报告[R]. 2011.

8. 考虑恒载影响的桥梁抗疲劳三判据设计和结构疲劳损伤图

郝　苏[1]　陈惟珍[2]

(1. 创新工程咨询(美 ACII, INC.)Irvine;2. 同济大学桥梁工程系)

摘　要:本文针对现行疲劳设计和评定规范尚未充分考虑平均应力影响的现状,提出一个兼容桥梁常规强度设计、常规疲劳设计的方法,和平均应力影响的钢结构"三判据设计方法"及对应的"结构疲劳损伤评定图"。

关键词:平均应力　三判据设计　结构疲劳损伤

1　引言

造成桥梁结构功能退化和病害的主要因素有:材料疲劳,腐蚀,磨损。但腐蚀是不可避免的自然过程,一般与结构无关;磨损只局限于某些特定部位,例如,桥面。因此,控制循环载荷造成的材料疲劳和在腐蚀和磨损环境下加速的疲劳损伤累积,是保证桥梁结构具有足够使用寿命的关键;而规范给出的定量设计和检定指标与方法,同定期检测和管养相辅相成,是达到这一目的必要手段。

虽然早在 19 世纪工程师们已开始在结构分析中考虑疲劳,但规范化的疲劳设计与评定标准是在 20 世纪后半叶几个重大工程事故的催生下才得以建立①。在桥梁业界,1967 年因腐蚀疲劳造成近 600m 跨度银桥(Silver Bridge)的突然垮塌,导致了一轮近十年疲劳破坏研究的高潮,为当今使用的桥梁疲劳规范奠定了基础。但也应看到,在最近的二三十年间,与规范有关的研发无实质进展。可以想象,在科技迅猛发展的今天,人们对结构疲劳损伤的认识,相较于 20 世纪七八十年代的研究,应有长足的进步。而那时的研究对象,应当是五六十年代或更早建设的桥梁。在其后的半个世纪里,设计、成桥和维护管养的技术也有很多改变。从公开发表的文献可知,近年来国内外在不同年龄段的桥梁中都有疲劳问题出现。

---

①1952 年 5 月起英国 Havilland Aircraft 公司制造的欧洲第一代喷气客机"彗星(Comet)"开始世界航线的处女行;一年之后,连续 3 架彗星客机由于机身疲劳破坏在空中解体。这一事故使得航空业成为最早采用规范化的疲劳结构设计的工业领域。1965 年版的美国 AASHTO 桥梁规范首次引入疲劳设计的条文[1]。

由此，根据工程实践的需要和疲劳断裂理论的进展，本文针对现行疲劳设计和评定规范尚未充分考虑均应力影响的现状，提出一个兼容桥梁常规强度设计、常规疲劳设计的方法，和平均应力影响的钢结构“三判据设计方法”及对应的“结构疲劳损伤评定图”。

2　现行疲劳规范中一个值得探讨的问题：平均应力的影响

循环荷载在结构材料中造成的应力状态可由两个参量表示：循环应力幅度 S（最大与最小应力之差）和平均应力 $\sigma_{平均}$（最大与最小应力之和除以 2），见图 1、图 2。现行疲劳规范[1-7]的核心是如图 1 所示的 S—N 疲劳设计曲线，其给出循环应力幅度 S 和结构材料疲劳破坏时的荷载循环次数 N 之间的关系。在双对数坐标中，S—N 曲线为向右下行的直线，表明应力幅度 S 越小，造成疲劳破坏的荷载循环次数 N 越大。当应力幅度 S 小于某一门槛值 $S_{门槛}$ 后，S—N 曲线逐渐趋向平坦，表明当应力幅度 S 小于这一门槛值时，造成疲劳破坏的荷载循环次数 N 显著升高；材料对疲劳荷载已不甚敏感。因此，依照图 1 的 S—N 设计曲线，当给定应力幅时，可以确定对应的疲劳寿命；已知疲劳寿命，可以确定对应的允许应力幅度。

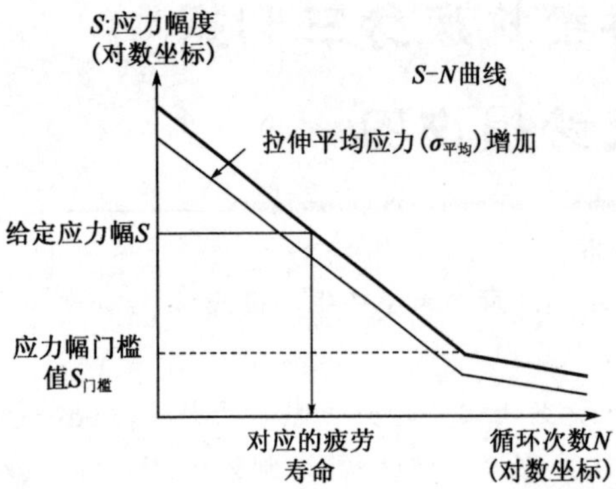

图 1　S—N 疲劳设计曲线

对于图 2 中钢桁架桥的 A 点，应力幅 S 约等于动载造成的应力；平均应力 $\sigma_{平均}$ 则与静载应力相关联。

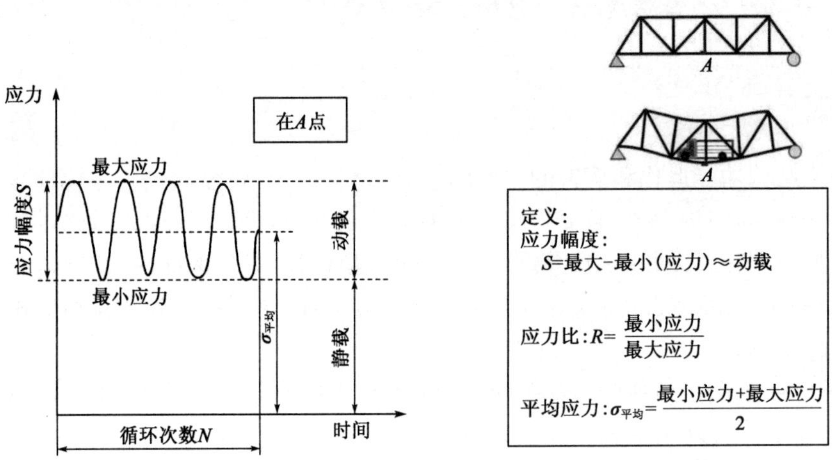

图 2　疲劳设计有关参量的定义

不难理解，在疲劳荷载作用下，当平均应力 $\sigma_{平均}$ 为压应力时，荷载循环以幅度 S 所扫过的大部分应力状态是压应力；同样，当平均应力 $\sigma_{平均}$ 为拉应力时，荷载循环以幅度 S 所扫过的大部分应力状态也是拉应力。大量试验结果[8-9,14-15]表明：在同样的应力幅度下，拉伸平均应力状态下的疲劳寿命要比压平均应力状态下的疲劳寿命短。这表现为 S—N 曲线随着拉伸平均应力值的升高而下移，见图 1。这一结论已被近几十年来的世界各地权威疲劳研究机构的结构反复验证，见图 3。表 1 是一组大型试件（5m 长工字形钢梁）试验结果，表明当应力幅度不变，拉伸平均应力从零增长至 4 倍应力幅的数值时，试件的疲劳寿命减小至原来的 1/10。但现行的桥梁疲劳规范尚未将平均应力作为疲劳设计的控制参量来考虑，尽管其具有如此显著的影响。这正是本文研究和希望解决的问题。

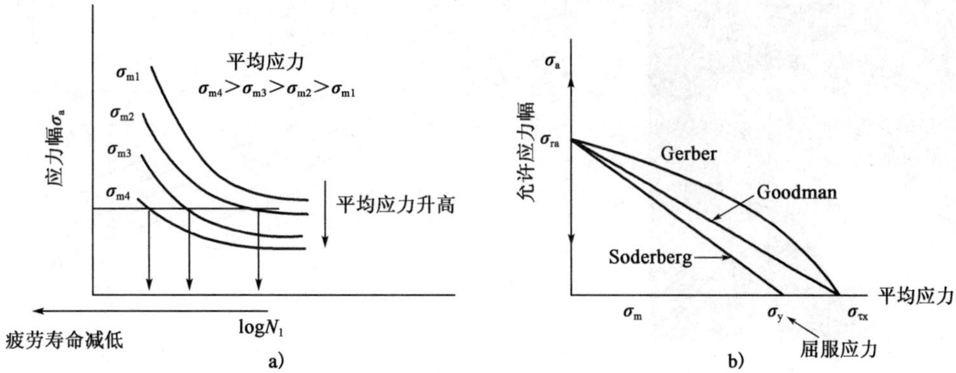

图 3　瑟拉舍教授关于平均应力对疲劳寿命影响的研究

图 3 为瑟拉舍教授(S. Suresh，原麻省理工材料科学系主任，现美国国家自然科学基金会主席)在其专著“材料疲劳”(Fatigue of Materials[8])关于平均应力对疲劳寿命影响的综述。图 3a)为 $S—N$ 曲线随着拉伸平均应力的升高而降低(线性坐标系统)；图 3b)为当疲劳寿命给定时，3 个描述允许应力幅与拉伸平均应力水平的表达式(Gerber，Goodman 和 Soderberg 关系式)；所有 3 个关系式都反映同样的趋势：拉伸平均应力升高时，允许应力幅呈线性或非线性规律减低。

大型带焊接盖板加固的工字梁疲劳试验结果(单位：百万次)　　表 1

$\sigma_{平均}$(MPa)	0	69	276
应力幅固定在 69MPa 水平	15.3	2.55	1.48
应力幅在 69MPa 水平上略有随机性的摆动	11	1.77	1.07
应力幅在 69MPa 水平上有较大的随机性摆动	2.110	0.85	—

注：应力幅 S=69MPa；表中每一数据为三个试件疲劳破坏时载荷循环数的平均值。

在 20 世纪 80 年代之前的 AASHTO 桥梁设计规范中[1]，修正后的最大允许应力被用来控制疲劳荷载幅度，平均应力的影响已包含在内；但这类判据淡化了应力幅值的影响。银桥事件之后，AASHTO 资助多家院校和研究单位，例如，里海大学费舍教授(J. Fish)的研究组[13]，对上千个如图 4a)所示的带焊接盖板加固和其他焊接附件的工字梁试件逐一进行了试验和分析。断定应力幅值为疲劳破坏的主要控制参量。又由于破坏基本发生在这些试件的焊缝部位，所对应的疲劳寿命呈现对局部结构和焊接工艺过程较强的依赖性；由此，在 20 世纪 80 年代成形的各工业国桥梁疲劳设计规范中，引入了根据结构细部几何和焊接，无损探伤工艺分级确定的一组 $S—N$ 设计曲线。这一类多重 $S—N$ 设计曲线的方法沿用至今[1—7]。图 4b)是 AASHTO 规范中给出的 $S—N$ 曲线分级[2]。

由于图 4b)中给出的 $S—N$ 曲线分级是根据如图 4a)所示的试件试验结果标定。这些试件的焊缝中一般包含较高的焊接残余应力。残余应力也是平均应力的一部分。因此，对这些试件和类似的结构没有必要再考虑其他应力的影响。这就是在所述规范中[2—7]不计平均应力的缘由。

图 4a)为 20 世纪 70 年代疲劳试验研究中用来标定现行疲劳设计评定规范 $S—N$ 曲线分级的典型试件：10～15 英尺(3～4.5m)长加焊接盖板工字钢梁[13]；图 4b)为美 AASHTO 现行

桥梁疲劳规范中的 7 组 S—N 设计曲线和应力幅门槛值的定义[2]。

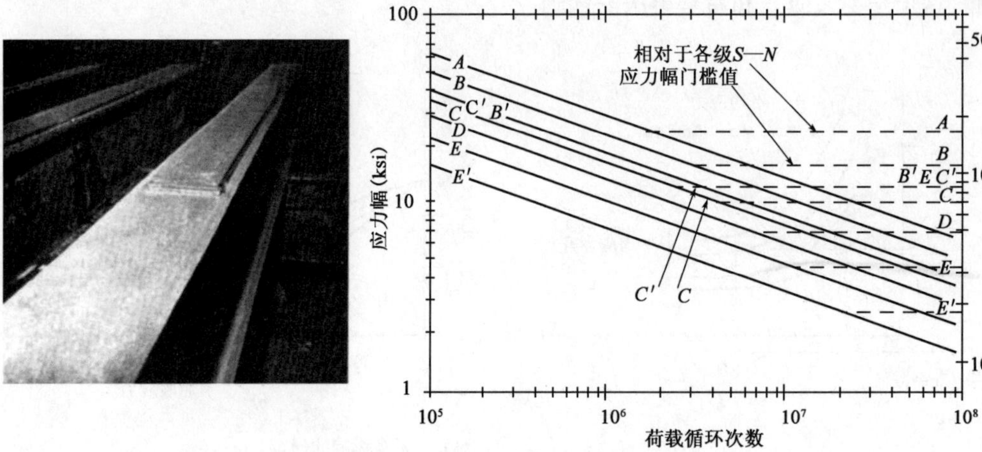

a) b)

图 4　里海大学费舍教授相关研究

在一般桥梁结构中,导致平均拉伸应力的因素主要有如下几种:①焊接残余应力;②结构组装和成桥时产生的残余应力;③结构整体特征,例如,跨长或横向支撑结构引起的附加应力;④昼夜和季节变化导致的温度应力;⑤对交通流量较高的大跨度桥梁,相对于不连续驶过的超重货车动载,连续的中小型车流造成动载也起到类似平均应力的效应。

对于焊接残余应力造成的平均应力;现行规范中不予考虑的处理无可非议;因为类似于图 4b)的 S—N 曲线等级标定所用试验数据已包含了这类应力的影响。但上述其他 4 种原由导致的位伸平均应力,则不一定在这些 S—N 设计曲线所考虑的范围之内。回顾图 2,在所示桥梁的某些部位拉伸平均应力的幅值主要取决于恒载。美国 TRB(交通运输研究委员会)的研究[18]已确认,在大多数现代桥梁中,例如连续和简支梁桥,恒动载造成的应力峰值之比取决于跨长。例如,一个 40 英尺(12m)跨长的桥梁,恒动载造成的应力峰值之比一般小于 0.3;而在一个 1 000 英尺(300m)跨长的桥梁中,恒动载应力峰值之比一般大于 0.7。可以想象,两个相应部位结构细部完全一致而跨度不同的桥梁,其疲劳破坏的行为也可能完全不同。这一类工况是当前应用的疲劳设计和评定规范未加考虑的因素。

图 5 是 2003 年部分垮塌的加拿大"安伯・考森上士纪念桥"(Aubrey Cosias VC Memorial Bridge)。这类拱桥的吊拉杆是一个在静载造成高拉伸平均应力下承受动载的典型例子。除此桥外,国内外在此类拱桥类似位置上已发生了多起吊拉杆疲劳断裂的事故;例如,20 世纪 80 年代瑞典关闭的"斯克尔夫特河铁路桥"(Skellefte River Railway Bridge)。文献[21]综述了其作者对国内拱桥类似事故原因的分析和对吊拉索断裂所进行的研究。

在工程实践中仅由疲劳损伤导致的桥梁事故并不多见;但结构材料的疲劳强度储备常常是避免灾难性破坏的最后一道防线。例如:一个部件在运输过程中受损从而整体结构有瑕疵的桥梁可能会顺利建成通车;其与同样结构在正常条件下施工通车桥梁之别仅在于较低的安全裕度和较短的剩余疲劳寿命。这就解释了为什么有些设计或施工有误的桥梁仍可安全运转相当长的时间。1983 年倒塌的美国 195 州际公路密亚诺大桥(Mianus Bridge)即是这样一个例子:其梁跨之间采用了类似"倒牛腿"式的悬铰挂接设计。当桥面一侧销钉脱铰之后桥体仍照常运行,因另一侧铰挂的设计安全裕度足以单独承受整体动静载。然而,加倍的疲劳动载和拉伸恒载促成另一侧挂件眼板上的疲劳裂纹萌生和扩展;其终于在此桥建成 30 年后的一个子夜切断眼板，造成桥跨下落，三死三伤的悲剧，见图 6。

图 5　2003 年加拿大“安伯·考森上士纪念桥”(Aubrey Cosins VC Memorial Bridge)吊杆断裂

图 6　1989 年垮塌的美国 195 州际公路密亚诺大桥(Mianus Bridge)

因此，足够的疲劳强度储备和不邂地疲劳损伤监测不仅仅是桥梁常规设计和管养的例行公事，也是保证足够整体安全裕度从而能延迟或避免其他因素造成桥体灾难性事故的必要措施。而所有这些只能建立在规范所提供定量标准的基础之上。

3　目前各工业国家规范对平均应力等因素的修正

尽管最近二三十年间桥梁疲劳老化的问题越来越明显，西方各工业国家均未再开展类似于 20 世纪 70 年代所完成的大规模桥梁疲劳实验研究；因此，也不可能在短时期内对规范做显著的改变。但实际上，工程界的许多有识之士早已意识到平均应力等因素可能造成的隐患。这可以从各国规范的不同之处窥见一斑。图 7 是对 90MPa 级别四个 $S—N$ 疲劳设计曲线的比较[2-7]；不同规范所预测疲劳寿命的差别可能从 20%至 500%或更大。

鉴于桥跨长度会对某些部位的平均应力有显著影响，在 1980 年版的英国 BS 5400—10 公铁路桥设计评定规范中，桥跨长度直接决定应力幅门槛值的选取，并引入一个与跨长直接关联的系数来修正所计算疲劳损伤的程度，见图 8。在 2005 年版的欧盟桥梁疲劳规范中，专门引入了一个跨长直接关联的系数计算应力幅值。以德国联邦公路研究院(BAST)为主要推手，欧盟于 2011 年启动了“欧洲规范革命”计划，规划在 2020 年之前完成桥梁规范的彻底更新。可以预见，疲劳设计与评定将是计划中的一个重要环节。

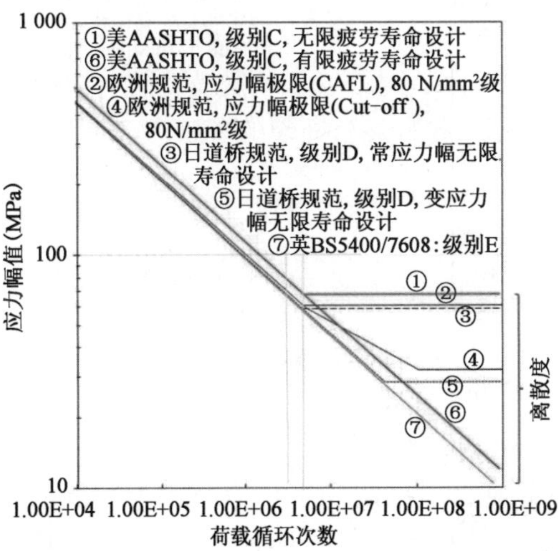

图 7　90MPa 级别 $S—N$ 疲劳设计曲线的比较

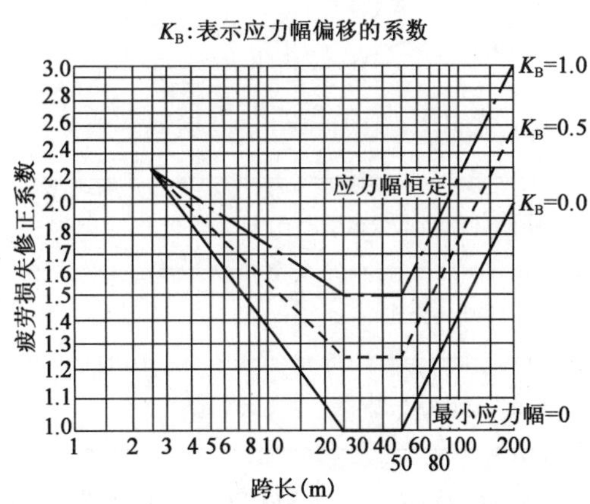

图 8　英 BS 5400 规范中有关跨度影响的系数

4　三判据设计方法和结构疲劳损伤评定图

以美国 AASHTO 荷载和阻力因子(LRFD)设计规范为例，桥梁强度设计的公式为：

$$\gamma_{恒载} Q_{恒载} + \gamma_{动载} Q_{动载} \leqslant \phi R_{\mathrm{N}} \tag{1}$$

式中：$Q_{恒载}$，$Q_{动载}$——分别为恒载和动载所引起的力；因此，$Q_{动载}=S_{\mathrm{r}}$；

$\gamma_{恒载}$，$\gamma_{动载}$——分别为恒载和动载所对应的安全系数；

R_{N}——材料的名义阻力，例如，屈服极限 σ_{Y}；

ϕ——阻力修正系数。

因恒载(或平均应力)尚未在疲劳规范中体现，对应于(1)的疲劳设计公式为：

$$(\gamma_{\mathrm{LL}}\gamma_{\mathrm{IM}} + \gamma_{\mathrm{CE}}) Q_{动载} \leqslant (\Delta F)_n \tag{2}$$

式中：γ_{LL}，γ_{IM}，γ_{CE}——分别为对动载本身，车辆轮冲击力和在有水平曲桥面离心力时的安全修正因子。

考虑拉伸平均应力：图 3b)中已列出几种其对允许应力幅影响的表述，可用下式表达：

$$\frac{S_{\mathrm{r}}(\sigma_{\mathrm{M}})}{S_{\mathrm{r}}(\sigma_{\mathrm{M}}=0)} = \left[1-\left(\frac{\sigma_{\mathrm{M}}}{\sigma_{\mathrm{ref}}}\right)^{k_1}\right]^{k_2} \tag{3}$$

式中：$S_{\mathrm{r}}(\sigma_{\mathrm{M}})$——在拉伸平均应力 σ_{M} 之下的允许应力幅；

σ_{ref}——参考应力强度，例如，屈服极限 σ_{r} 或强度极限 σ_{th}，见图 9。

表 1 列出参数 k_1，k_2 的取值。

本文所提出的结合常规应力设计[例如，公式(1)]，疲劳应力幅控制[公式(2)]和平均应力疲劳[公式(3)]的三判据设计方法，可由对应的“结构疲劳损伤评定图”来表示，见图 10。其基本要点是：将图 3b)(或图 9)的纵坐标除以因子 2，再将整个坐标系逆时针旋转 45°，则为如图 10 所示的“Haigh Diagram”表述；其纵坐标为最大应力，横坐标为最小应力。再将公式(1-3)置于图中。中部深阴影三角区域即为按当前疲劳规范为安全，但实际上安全系数不明的应力状态。在不同工况下，其可扩大或缩小。详细描述可参考文献[17]。

参数 k_1、k_2 的取值　　表 1

公式 \ 参数	$\sigma_{\gamma ef}$	k_1	k_2
Soderberg 公式	σ_{Y}	1	1
修正 Goodman 公式	σ_{u}	1	1
Gerber 公式	σ_{u}	2	1
修正 Gerber 公式[17]	σ_{u}	2	3

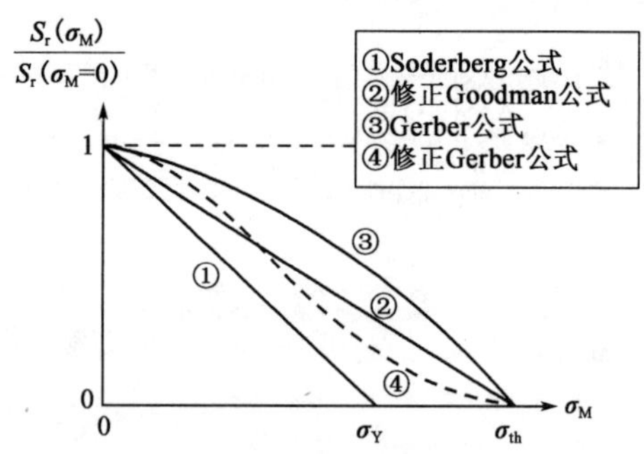

图 9　几种反映拉伸平均应力对允许应力幅影响的公式和参数取值

图 10 对应于 AASHTO LRFD 常规设计，疲劳应力幅控制和平均应力疲劳控制的三判据设计方法[17]。图中深色三角区域是按照当前规范安全系数可能不足的允许设计应力状态。

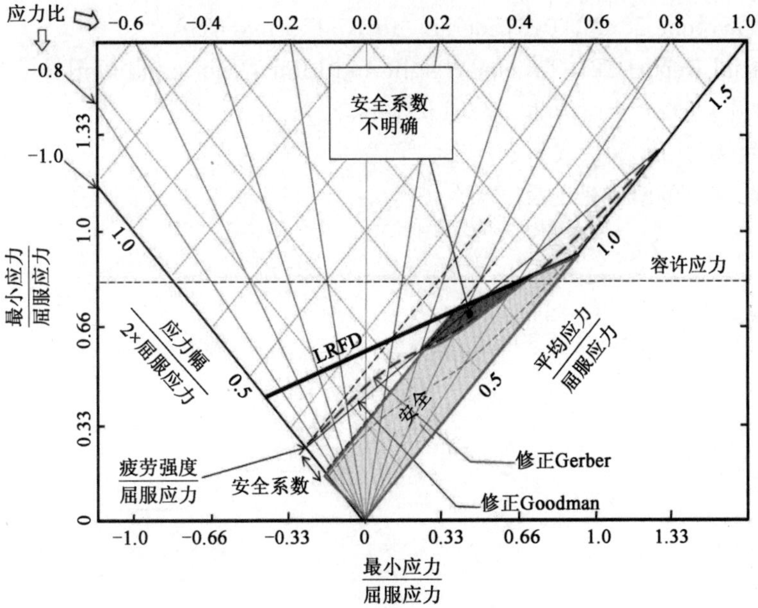

图 10 结构疲劳损伤评定图

参考文献

[1] AASHTO. Standard Specification of Highway Bridges, 9th edition, 1965.

[2] AASHTO. LRFD Bridge Design Specifications. 2012.

[3] Eurocode 3. Part 1-9: fatigue; Part 2: Steel Bridges. 2005.

[4] Eurocode 1. Part 2: Traffic Loads on Bridges, EN 1993-2. 2010.

[5] British Standard. BS 5400 Part 10, (1993) BS 7608. 1980.

[6] Japanese Road Association. 鋼道路橋の疲労設計指針. 2002.

[7] Japanese Society of Steel Construction. 鋼構造物の疲労設計指針. 同解说. 2012.

[8] S Suresh"Fatigue of Materials", 2nd Edtion, Cambridge Unversity Express, e. g. section 7. 2, pp. 224-227.

[9] SS Manson and GR Halfort; "Fatigue and Burability", ASM International, Chpt. 4, pp. 76-103.

[10] 李国豪. 桥梁结构稳定与震动[M]. 北京：中国铁道出版社，1992.

[11] 项海帆，葛耀君，朱乐东，陈艾荣，等. 现代桥梁抗风理论与实践[M]. 北京：人民交通出版社，2005.

[12] 范立础. 桥梁工程[M]. 北京：人民交通出版社，1987.

[13] Fisher J. , NSHRP Special Report 102, 354, (1970, 1983).

[14] Sadananda & Vasudevan, Int. J. Fatigue 26(2004)39-47.

[15] L. Susmel, et al. , Int, Journal of Fatigue 27(2005)928-943.

[16] Hao, S. , ASCE, J. Bridge Engineering, Sept/Oct, 2010: 608-617.

[17] Hao, S. "STRUCTURAL FATIGUE DAMAGE EVALUATION IN BRIDGES AND

ORTHOTROPIC DECKS", 3RD ORTHOTROPIC BRIDGE CONFERENCE PROCEEDINGS, June 26-28, 2013, Sacramento, California, USA.
[18] TRB Special Report 225. Trucks Weight and Limit: Issues and Options. 1990.
[19] 邓文中.(美)马理兰大学土木工程系讲演稿. 2011.
[20] 郝苏. 世界桥梁[J]. 2012(6):28-36.
[21] 陈惟珍. 既有拉吊索研究进展. 2014.

9. 基于经济、耐久和创新理念的城市桥梁

穆祥纯
(北京市市政工程设计研究总院)

摘　要:本文简要回顾和总结了进入21世纪以来,我国城市桥梁的建设和发展情况,诠释了城市桥梁经济、耐久、创新的内涵,对相关案例进行了分析,指出当前城市桥梁在经济、耐久和创新等方面存在的问题及研究趋势,力图推进我国向世界桥梁建设强国的目标迈进。

关键词:经济　耐久　创新　城市桥梁　创新发展

1 引言

随着我国现代化建设的快速推进,城市桥梁建设进入了全新的发展阶段,并得到了空前的发展。北京、上海、天津和重庆等一大批城市桥梁建设令世人瞩目。城市桥梁通常指城区范围内建造的跨河、跨江、跨海桥梁、立交桥梁及人行天桥等。我国现行的《城市桥梁设计荷载标准(CJ77—98)》将城市桥梁定义为:"城市内新建、改建的永久性桥梁和城市高架道路结构以及承受机动车辆荷载的其他结构物。"

近30多年来,特别是进入21世纪以来,我国城市桥梁无论在桥型、跨径、施工方法与新技术应用等方面都有重大突破,并跻身世界前列。与此同时,我们不应回避的现实是——在城市桥梁快速发展的同时,也时常发生桥梁的垮塌和伤人事故。据不完全统计,最近6年来,全国有20多座大桥发生垮塌事故,造成200余人伤亡。在垮塌的大桥中,有近6成的大桥寿命不足20年。由此引发人们对城市桥梁的安全以及确保人民群众生命财产的反思,因此应高度关注城市桥梁的经济、耐久、创新等相关问题。

2 城市桥梁经济、耐久和创新理念的内涵诠释

笔者认为关注城市桥梁的经济、耐久和创新十分重要,但首要的要确保城市桥梁结构安全,即合理地确定其结构可靠度。桥梁结构可靠性是指结构在规定的时间内(即设计基准期),在规定的条件下,完成预定功能的能力。它包括安全性、适用性、耐久性3个方面,用概率来研究和描述就是所谓的结构可靠度。桥梁结构的安全性是指结构在正常施工和正常使用条件下,承受可能出现的各种作用的能力以及在偶然事件发生和发生后仍保持必要的整体稳定性的能力。适用性是指结构在正常使用条件下满足预定使用要求的能力。耐久性是指结构在正

常使用条件下，随时间变化而仍能满足预定功能要求的能力。

2.1 城市桥梁的经济性

一般来说，城市桥梁的经济性主要是反映桥梁设计和建设的合理性，其重要指标是每平方米桥面的材料用量和单价。桥梁设计的经济性主要是指选择适当的材料以及施工方式，争取以最低的成本建造出既经济又符合要求的桥梁。

众所周知，国际桥梁设计竞赛十分重视和要求体现竞争力和技术水平高低的单位经济指标。由于我国在材料工业方面与国外的差距，我们在桥梁工程的材料等级是相对落后的。例如钢箱梁的设计，欧美各国主要采用 HPS460(欧洲 HPS480、美国 BHS500、日本 SM570)高性能钢材，甚至在局部的高应力区还用少量 HPS560、HPS690，以减少厚板，简化构造和制造的难度。我国目前仍采用唯一的一种 S345 钢材，而且不同厚度钢板的焊接工艺又十分不便，也很不经济。在混凝土结构方面，我国大都用 C50 级，而国外的高性能 HPC80 已商品化。我国的混凝土桥梁往往显得相对粗笨和肥胖，而国外的混凝土桥梁纤细轻巧得多，外形尺寸较小，壁厚也较薄，其混凝土用量大大减少，由此可见明显的差距。

2.2 城市桥梁的耐久性

桥梁耐久性是指桥梁在正常使用和维护条件下，随时间的延续仍能满足桥梁既定功能的能力。通俗地讲也就是桥梁的使用周期。在世界范围内，对混凝土耐久性的重视始于 20 世纪 70 年代末。清华大学陈肇元院士曾撰文指出："建筑物的耐久性是建筑物及其构件在给定的期限内并在各种作用下维持其功能的能力，而建筑物及其构件的使用寿命则是在其建造完工或生产制成以后，仅在一般的维护条件下，其所有性能均能满足原定要求的期限。"英国学者也提出："耐久性预测不可能是一门精确的科学，建筑物的预测寿命只能是个估计。"国内外专家近年来十分关注桥梁结构在设计基准期内是否满足预定的功能要求，并把其作为桥梁可靠性评价的重要指标。如美国的北卡罗来那、内布拉斯加和明尼苏达等州，将桥梁剩余寿命作为评价桥梁的重要因素。

研究成果表明，耐久性的研究和评价对桥梁结构寿命的延长和防止重大事故的发生将产生巨大的经济、社会效益。国际标准 ISO2394:1998《结构可靠性总原则》中明确指出："结构设计的目的是尽量减小结构或结构构件的失效概率，保证其可靠度……结构与结构构件的耐久性是指其在工作寿命期内，在适当的维护条件下在其所处环境中保持正常工作的能力。"并提出要注意一些相关因素，如结构预期用途，要求的性能、环境条件，材料性能，结构体系，构件形状，结构细部构造，工艺质量，控制水平，专门的防护措施以及在设计工作寿命期的维护等。

2.3 城市桥梁的创新性

技术创新狭义上是指与新产品制造、新工艺过程或设备的首次商业引用有关的包括技术、设计、生产及商业活动，其涉及技术、生产、管理、财务和市场等环节的综合化过程。

城市桥梁技术创新的目的是在满足使用功能和城区环境的条件下，提高桥梁工程建设的质量，节约建设费用，缩短建设工期，制定合理的工期，实现安全、耐久和美观。同济大学项海帆院士指出：桥梁创新是"建设者通过非常规的分析、研究、试验验证以及特殊设计和施工考虑解决了难题，取得了具有创新意义的成绩，并对后继工程产生指导意义。技术以发明和创造为核心，并通过发明和创造使某一专业技术不断推陈出新，不断向前发展和进步"。美籍华人邓文中院士认为，创新是发展和改良，延伸传统的概念和方法使之更好，或是用基本的花费获得更多的价值。创新有多种表现方式，虽然发明也是创新的一个特例，但创新不只是发明。人们不必要把创新想象得遥不可及，其实，多一个想法、多一种运用都是一种创新。工程师对整个社会都有一定的责任，他说：“一位桥梁工程师如果不试图在每项设计中尽可能地进行改进，那么他就没有尽到工程师的义务。”应树立自主创新和集成创新的观念，努力实现原始创新，不仅仅满足规模大、跨径大和建桥的高速度，更应关注城市桥梁工程建设中的创新技术、工程质量和桥梁美学，真正实现创造性设计，给人们留下传世的城市桥梁精品。

3 城市桥梁经济、耐久和创新性的案例分析

3.1 案例之一——关于城市桥梁经济性

湖南矮寨特大悬索桥（图 1）是长沙至重庆公路通道吉茶高速公路的控制性工程，该大桥在矮寨镇上空 355m 处跨越德夯大峡谷，其主跨跨径 1 176m，是目前世界上跨峡谷跨径最大的钢桁梁悬索桥。大桥地处峡谷，峡谷总体呈 V 形，两侧悬崖距离从 900m 到 1 300m 变化，平均坡度达 40°，最陡处悬崖直立，施工场地十分狭小，桥面与谷底垂直高差达 330 余米，施工难度极大。矮寨特大桥创下了 4 项世界第一：一是目前为世界峡谷跨径最大悬索桥；二是首次采用塔、梁完全分离的结构设计方案；三是首次采用“轨索滑移法”架设钢桁梁；四是首次采用岩锚吊索结构，并用碳纤维作为预应力筋材。国内专家曾针对此大桥说过，一件好的桥梁设计作品不应该只是有漂亮的外表、惊奇的结构，更应该有的是与自然的有机融合，要科学环保、要与自然、时代、社会和经济和谐，同时更要引领这个行业。

图 1 湖南矮寨悬索桥

该工程的突出之处是完成了《特大型桥梁的经济性评价》研究课题，该科研课题依托矮寨特大桥，提交的技术资料齐全、内容翔实、结论可信，成果具有创新性。针对该项目建设特点，在探索特大型桥梁建设项目经济性评价基本原理和方法的基础上，构建了特大型桥梁建设项目经济性评价指标体系，并首次运用系统动力学模型对矮寨特大桥进行了经济性评价，为类似工程投资决策和建设管理起到了参考和指导作用。

3.2 案例之二——关于城市桥梁耐久性

我国北方许多城市冬天消除桥面积雪采取洒盐方式，这对桥梁耐久性产生很大的影响。当桥梁混凝土结构开裂后，内部钢筋容易受氯离子侵蚀，造成桥梁出现桥面渗水、钢筋锈蚀、铺装层剥落、碱集料反应、钢筋锈蚀而引起的混凝土胀裂等严重损坏问题，严重影响了桥梁的耐久性和正常使用寿命，以及行车的舒适性和安全性。我国大多数城市桥梁桥面不做防水或防水不利，对主梁造成了严重的侵蚀，如图 2 和图 3 所示。因此，要重视桥梁结构防水材料的研究，积极研制和开发适合桥梁结构防水的专用材料。

桥梁防水材料应具有较高强度和优良的防水性、延伸性、抗裂性，能适应车辆荷载、温度变化等作用下产生的变形功能；也要具有良好的耐热、耐寒性能，能适应较大的温度变化；要具有良好的黏结性、抗剪切性和抗疲劳性，能使防水材料与桥梁主梁混凝土和桥面铺装间有可靠的联接；还应满足防水施工工艺简单、便于掌握、造价适中、运输和储存方便，并能确保防水质量。提高城市桥梁的耐久性，应从总体上关注提高混凝土的品质，积极采用高性能混凝土，以达到桥梁结构高耐久性、高强度的目的。在结构构造设计上要充分考虑桥梁耐久性要求，提高结构的防水性能，并重视和增加对现有混凝土桥梁的维修养护工作。

图 2　北京月坛南街跨线高架桥梁

图 3　北京某立交桥梁防水不利对主梁的侵蚀

自 20 世纪 70 年代以来，桥梁混凝土耐久性问题在发达国家受到广泛关注。20 世纪 80 年代美国的相关报告显示：在美国约有 25.3 万座混凝土桥面结构处于不同程度的损害，而且每年还会增加 3.5 万座新的病害结构。日本也对部分沿海范围内修建的 15 座混凝土桥梁进行调查，发现它们在建成后不久出现了由于盐分侵蚀引起的钢筋锈蚀、混凝土剥落、预应力筋损伤等各种病害。我国 21 世纪以来大规模建造拉索结构桥梁，但对这类拉索结构的寿命的预测并未知晓。据统计拉索寿命为 2～16 年，约为桥梁设计寿命的 1/10 至 1/5，在此期间，任何时候拉索都有破断的可能。根据发达国家的经验，因为结构耐久性原因而产生的维修费、加固费是昂贵的，例如拉索结构桥梁其拉索破断毁桥的修复费用，已达全桥建造当年总价的 2～4 倍，故提高桥梁的耐久性成为迫切需要解决的问题。

3.3　案例之三——关于城市桥梁创新性

图 4　重庆朝天门长江大桥

重庆朝天门长江大桥（图 4）位于长江上游重庆主城区，西连江北青草坝，东接南岸王家沱，主跨长 552m，全长 1 741m，若含前后引桥段则长达 4 881m，主跨为世界跨径最大的拱桥，超越上海的卢浦大桥。建成后的朝天门大桥，分为上下两层。上层为双向 6 车道，行人可经两侧人行道上桥；下层则是双向轻轨轨道，并在两侧预留了 2 个车行道，可保证今后大桥车流量增大时的需求。大桥采用组合式系杆，节省钢材 1 000 余吨，即节约了资金，还为大桥减轻了重量。

朝天门长江大桥的创新性表现在：其主桥钢桁架拱桥在设计、钢桁梁制造、施工技术、关键技术研究和施工监控中，针对桥梁结构复杂、施工中结构受力状态变化大、施工布置难度大等困难，在诸多方面取得了重大突破；该大桥目前为世界最大跨度拱桥，主桥中部的支座为世界上承载力最大的球形铰抗震支座；在国内钢桥永久结构设计中，首次采用主桥下系杆"钢制杆件＋辅助系索"的组合式预应力系杆等一系列新技术、新材料、新工艺、新设备，是我国大跨度钢桁拱桥设计创新的代表作和重庆市新的地标性建筑。

研究表明，现今斜拉桥的跨度已突破千米，且尚有发展的潜力，在 1 200m 跨度范围内，完全自锚的斜拉桥的经济性将明显优于悬索桥。而且，多跨斜拉桥的刚度，抗风稳定性和可施工性也优于多跨悬索桥。如德国和丹麦之间的费马恩海峡的桥梁方案（Fehmarnsund Bridge）选用多跨 780m 的斜拉桥，可满足 20 万吨海轮的通航要求，是最经济的跨海工程方案，也为我国长江下游的越江工程和东南沿海的跨海连岛工程提供了重要借鉴。

4　城市桥梁经济、耐久和创新性的研究趋势

4.1　全寿命设计理念将被广泛应用

对我国目前已建城市桥梁的统计分析表明，桥梁工程耐久性更多的只是作为一种概念，虽然桥梁设计中提出了使用年限的要求，但还没有进行专门的耐久性设计，桥梁设计中更多考虑强度要求，而考虑耐久性较少，存在着重视强度极限状态，而忽视使用极限状态的倾向。

欧美国家的最新成果表明，如果在桥梁设计和建造时期未充分考虑桥梁的安全性和耐久性，将会在桥梁运营和维护中付出惨重的代价。近些年来国外专家在分析研究、认真总结以往工程事故经验教训的基础上，提出了全寿命周期成本最小的设计理念，以系统论思想为引领，从项目生命周期的全过程综合看待成本，更加强调工程耐久性的重要性。21世纪后，国内外专家的共识是——必须充分关注城市桥梁在其设计寿命中的健康。有的学者提出，桥梁建设者的责任就是以最大的成本效率来建造在规定服务时间内保持安全的桥梁，应不断提出对更耐久性桥梁的挑战；一个成功的设计必须要预计在桥梁服务寿命期内可能会发生的情况。中国工程院撰写的咨询报告大声呼吁：要尽快建立基于耐久性全寿命设计理念的桥梁，制定相应的规范标准，使我国桥梁在设计和建造阶段，充分考虑到全寿命的使用性能和要求。

4.2　桥梁建设的经济性原则将受到重视

在桥梁建设前期，如何制订一个最经济的方案，鼓励桥梁建设者实现创新的目标，并在特定环境下实现标志性景观的要求，适当允许超过基础性方案的造价，但必须要有一个限度，德国的做法是不超过10%。对于城市中小跨度的桥梁，因其投资较少，对特殊的景观要求放宽至15%，超过15%的方案将不予接受，以体现经济性原则的重要性。

在桥型方案的比选中，国内著名专家提出要慎用造价较昂贵、施工期也较长的悬索桥。长江下游的越江工程、沿海的跨海连岛工程，以及中西部山区的跨谷工程中，应优先考虑相对较经济且拉索可以更换的斜拉桥或者拱桥方案。如必须采用悬索桥时应提出充分的理由，而且，对于不可更换的主缆防腐要认真处理，以保证其寿命期中的耐久性。不能仅单纯以追求跨度为由，不顾经济性原则而随意选用悬索桥方案。应充分认识经济性作为判定一个桥梁建设和设计是否成功的基本标准，将桥梁造价保持在一个合理的范围内。

4.3　桥梁建设将不断提高钢筋混凝土结构的耐久性

国内外在混凝土桥梁耐久性研究方面取得了突破性进展。近些年来人们认识到，随着时间的推移，混凝土桥梁整体或局部质量的下降和老化将影响桥梁的耐久性，主要反映在4个方面：一是混凝土裂缝（包括垂直裂缝、斜裂缝和纵向水平裂缝）；二是支座混凝土的局部开裂，混凝土腐蚀（气相腐蚀和液相腐蚀）；三是钢筋的不断锈蚀；四是荷载造成的损伤累积（包括超载运营）。应尽快改变目前我们在设计图纸上无细化的防水设计、无防水选材说明、防水设计选材不当、降低设计标准，影响桥梁使用寿命和耐久性的现状。对于新建桥梁，建议进行钢筋混凝土结构的预防性保护；对于已经发生病害的桥梁，在进行病害治理的同时，还要做表面的防护，以延长结构的使用寿命。国外在这方面已经走过数十年，已经有比较成熟的材料和工艺，可以借鉴。但必须指出的是，我国的经济发展水平、混凝土性能与国外有一定差距，必须结合我国具体情况进行改进。国内外的研究和实践都表明，结构耐久性对于桥梁的安全运营和经济性起着决定性作用。提高钢筋混凝土结构耐久性是一项系统工程，要从设计、选材与施工、维护各个环节着手，特别要以体现设计为前提、为龙头的指导思想改进我国桥梁防水、防腐结构设计。

4.4 桥梁建设将综合考虑桥梁的安全性和耐久性

各地车辆的超载问题严重危及桥梁结构的安全。国外专家曾说过:“规范的超载系数,绝不可能达到足以防备设计可能的大错误,但是许许多多的中小错误都可以用规范的超载系数来防备。”“规范是分析、设计和偏于安全思路的结合。”近些年,在我国城市桥梁结构的安全性与耐久性是一对孪生兄弟,我们面临的情况是:桥梁结构安全问题虽已受到重视,但各种事故却时有发生;耐久性常被忽略,却潜伏着不安全的隐患,直接影响着桥梁结构的使用寿命和年限,应慎重研究,统筹考虑。

国内外的研究和实践表明,结构耐久性对于桥梁的安全运营和经济性起着决定性作用。要尽量减少桥梁使用期间的事故,不断提升对桥梁工程耐久性的重视程度,需从工程建设的指导思想、制度、技术、养护、运营管理等方面全方位提高桥梁的工程耐久性。对于不可更换的部件要保证其可检性和可修性;而对于一些不可能全寿命使用的部件,如支座、拉索等则要具有可检性和可换性;同时还要采用各种先进的健康监测手段使病害能被早期发现,并通过及时养护、维修和更换等措施以保证桥梁的全寿命服务质量。在桥梁设计中,必须对桥梁倾覆稳定性进行分析,优先选用抗倾覆能力强的结构形式,增加相应的构造措施来提高桥梁的抗倾覆安全性能,并进行长期的、专门的科学研究。

4.5 桥梁结构承载能力的评估研究将会得到更大发展

近年来,桥梁结构承载能力的评估研究取得了重大进展。桥梁运行评估最首要的是合理评估既有桥梁的承载能力并使之规范化。桥梁承载力的评估应是建立在现有桥梁设计规范的基础上,而不同的桥梁构件承载能力的表达方式是不同的。国外学者 Talyt 提出承载能力评估方法被广泛采用,其主要思想是用各种构件的活载承载能力和各种桥梁构件在设计活载下的最大弯矩、剪力和轴力的比作为各单元承载能力的评估指标。对于不同形式的桥梁,其承载能力的评定方法也不同。常用的方法包括:基于外观调查评定法;基于设计规范的方法;荷载试验的方法;基于专家经验的方法;基于结构可靠度理论的方法。

4.6 通过采用高性能混凝土来提高桥梁的防水性

2010 年我国《城市桥梁桥面防水工程技术规程》(以下简称《规程》)正式颁布实施,该《规程》全面反映和吸收了我国城市桥梁桥面防水技术在设计理念、防水技术和防水材料方面的科技研发和工程实践的创新成果。《规程》明确了设置桥面防水层的原则,揭示了城市桥梁桥台防水的特点,明确了防水层的适用范围,规定了防水等级的划分。《规程》特别诠释了桥面防水应树立城市桥梁桥面防水系一个“系统”工程的理念。这些设计思想充分反映了近年来我国城市桥梁桥面防水技术在设计理念和提高桥梁耐久性方面的最新成果。

一般来说,钢筋混凝土桥梁结构防水应着眼于自身防护,并提倡应用高性能混凝土。自 20 世纪 80 年代以来,工程建设领域以提高耐久性为目标,广泛采用高性能混凝土。高性能混凝土加入了比水泥颗粒小约 100 倍的胶凝材料如微硅粉、优质粉煤灰,并采用高效减水剂使混凝土可以采用较低的水灰比以及良好的养护条件。其结果是减小了骨料与胶凝材料间的间隙,使其黏结强度提高,在混凝土整体强度提高的同时,密实度增加,混凝土自身抗渗性提高,从而可大大提高混凝土的耐久性,这已在世界各地引起人们的广泛重视。

5 对策建议

(1)应充分认识城市桥梁经济、耐久和创新问题的重要性,积极应用最新的科研成果,并通过各类工程和非工程措施,提高我国城市桥梁建设的正常使用能力和结构的耐久性。桥梁工程建设者和相关主管部门，应将城市桥梁作为城市生命线工程最重要组成部分高度关注。

(2)应进一步加强城市桥梁创新性的专题研究，引入创新理念和运作机制，积极开展城市桥梁的创新工作，在满足使用功能和城区环境的条件下，提高桥梁工程建设的质量，节约建设费用，缩短建设工期，制定合理的工期，实现城市桥梁的安全、耐久和美观。

(3)对已出现的城市桥梁坍塌事故和案例，应本着科学、客观、公正的态度，将最终的结论公之于众，并组织召开专题研讨会，使更多的人从国内外发生的事故案例中汲取有益的经验和教训，防微杜渐，通过共同努力，使我国城市桥梁的风险损失降至最低。

(4)我们应在准确、细致的灾害调查基础上，对城市交通和社会基础设施的现有荷载设置、设计方法和规范进行系统的评估，总结相关经验教训，并为建立安全、合理的防灾设计体系提供科学依据。加强对桥梁结构的安全防护与监测、环境保护与节能、新型建筑材料的开发与推广以及网络化监测与控制等领域等系统的开发研究。

(5)应总结近年来国内四川汶川、青海玉树等特大地震的经验，根据震害对桥梁结构所造成的损失情况及分析结果，适当调整我国的地震区划，适当提高我国结构抗震设防标准；专题研究城市桥梁的设防标准，提高城市桥梁抗御灾害的的能力，进而避免和减轻重大的地震灾害。

(6)针对我国城市桥梁耐久性和安全性研究的基础性工作较薄弱的特点，应尽快建立桥梁风险评价基础资料数据库，包括桥梁事故、灾害实例数据库等。进而加强对自然灾害风险，如风暴、潮流及波浪灾害风险、暴雨及内涝、地震及海啸风险、雷击风险等，意外事故风险(不可抗力)，如船舶碰撞、桥梁结构施工技术创新、主要施工设备、管理及责任风险等的深入研究。

(7)积极开展相应的科研工作，高等院校、科研机构应和从事城市桥梁建设的设计、施工、监理和建设方密切结合，共同推进我国城市桥梁风险评价领域的发展。

(8)加强与国际同行的交流，积极关注国际上该领域的发展趋势，及时了解和搜集国外的最新科研成果，开展国内外的学术交流活动，大力促进我国城市桥梁建设的技术进步，推动我国城市桥梁建设的可持续发展，并朝着世界桥梁强国的目标迈进。

参 考 文 献

[1] 中华人民共和国行业标准. JTG D62—2004. 公路钢筋混凝土及预应力混凝土桥涵设计规范[S]. 北京：人民交通出版社，2004.

[2] 项海帆. 中外新建桥梁中的技术创新比较[M]. 北京：人民交通出版社，2006.

[3] 鲍卫刚，周泳涛，等. 预应力混凝土梁式桥设计施工技术指南[M]. 北京：人民交通出版社，2009.

[4] 林元培. 桥梁设计工程师手册[M]. 北京：人民交通出版社，2007.

[5] 穆祥纯. 城市桥梁结构安全度和耐久性问题的研究. 第十六届全国桥梁学术会议论文集[C]. 北京：人民交通出版社，2004.

[6] 穆祥纯. 论北京城市桥梁设计的创新技术. 第十七届全国桥梁学术会议论文集[C]. 北京：人民交通出版社，2006.

[7] 中国公路学会桥梁和结构工程分会. 面向创新的中国现代桥梁[M]. 北京：人民交通出版社，2009.

[8] 穆祥纯. 基于创新理念的城市桥梁及市政建设[M]. 北京：人民交通出版社，2012.

10. 既有桥梁的桥台处无缝化改造

Bruno Briseghella　薛俊青　陈宝春　庄一舟
（福州大学土木工程学院）

摘　要：我国大量既有有缝桥梁存在伸缩缝和支座易损性问题，从而严重影响了桥梁的耐久性。本文通过总结国内外既有桥梁的伸缩缝和支座调查结果，分析了我国加强既有桥梁的无缝化改造的意义，与新建无缝桥梁比较后指出既有桥梁无缝化改造的优势，介绍了世界各国所采用的技术和改造实例。

关键词：既有桥梁　无缝化　整体式桥台桥梁　伸缩缝　支座

1　引言

随着我国经济的发展，特别是随着社会对交通运输能力的要求的不断提高，荷载等级、交通流量、行车速度等也必然提高，再加上我国超载车辆的问题长期没有得到解决，如何保证桥梁的安全、耐久、全寿命服务品质这些可持续发展问题，都是摆在我们面前的重要问题。目前，我国拥有大量新建和既有的有伸缩缝桥（简称"有缝桥"）。其中数量最多、影响最大的当属应用最多的中小跨径简支梁桥。有缝桥主要通过伸缩缝和支座来吸收温度升降所引起的主梁膨胀和收缩，混凝土自身的收缩和徐变，以及基础的不均匀沉降。然而随着桥龄增长，在气候、环境等自然因素的作用以及一些不可预测的自然破坏力作用下，绝大多数有缝桥在使用过程中均出现耐久性问题，其中最常见的就是桥梁伸缩缝和支座的损坏[1]。因为与桥梁主体结构相比，伸缩缝和支座使用寿命较短，只有10～15年；且由于其使用环境恶劣，长期暴露在大气中，再加上施工水平不足和严重的超载现状，就造成了伸缩缝和支座成为桥梁结构中最易损坏的构件。伸缩缝和支座损坏还会产生其他一系列桥梁病害。例如桥面的雨水或者温度低的地区使用化冰盐产生的雪水会通过损坏的伸缩缝流入主梁和下部结构的连接处，从而造成主梁端部，台帽或墩帽混凝土和支座的腐蚀；由于伸缩缝堵塞或支座损坏限制桥梁上部结构正常移动所产生的意料之外的力；由于伸缩缝或支座损坏造成跳车、颠簸等不舒适的行车感受，甚至高速情况下造成事故等。此外，由于伸缩缝和支座损坏所引起的频繁更换或维修会耗费大量的时间和费用。更换或维修时的车辆限行或道路封闭所造成的严重社会影响需要引起特别注意[2]。

2 伸缩缝和支座损坏情况

既有桥梁伸缩缝和支座的易损问题已经引起工程界的重视。据不完全统计，我国的公路桥梁中70%以上都存在桥梁伸缩装置破坏和桥上、桥头跳车等问题[3]。

1990年我国北京、天津等13个城市对所管理的556座既有桥梁的伸缩缝使用情况进行了调查发现，其中48.7%的桥梁存在伸缩缝损坏的情况[4]。

1994山西省抽样调查的104座公路桥梁，伸缩装置出现问题的就有86座，占其总数的83%[3]。

2004年，长安大学与河南省各公路管理局共同对河南省内4条道路的桥梁伸缩缝使用现状进行调查。从调查结果可以看出各种类型的伸缩缝都有不同程度的损坏，其中填塞对接式伸缩缝和橡胶板式伸缩缝的完好率分别仅有18%和25%[5]。

2005年台湾朝阳科技大学以台湾中部地区总长400多公里的高速公路为调查对象，共有伸缩缝2 800多条。总结发现橡胶伸缩缝最容易损坏，超过41.4%；且桥台处的伸缩缝损坏比例(63.4%)远高于桥墩处(4.7%)[6]。

2011年上海市城市桥梁技术状况分析报告中指出23.3%的既有桥梁存在伸缩缝损坏的情况[7]。

2011年，重庆交通大学根据不同时间对6条路线以及4座独立大桥的桥梁伸缩装置进行观测与记录，并统计了不同类型的伸缩装置损坏情况。从统计结果可以发现，所有类型的伸缩装置均有超过50%出现破损，其中模数式伸缩装置损坏最为严重，达到95.2%；波形伸缩装置损坏率达到82.1%；异型钢单缝式和梳齿板式达到52.6%和50%[8]。

2011年，福州大学与某道桥工程检测有限公司等单位一起，对石安高速公路既有桥梁伸缩缝使用情况进行了全面的调查。在全线165.01km长的公路上614座桥梁中，有75座桥梁伸缩装置堵塞，286座桥梁伸缩装置渗漏，102座桥梁异型钢梁伸缩缝存在杂物堵塞，52座桥梁安装混凝土存在裂缝和坑槽，15座桥梁橡胶止水带损坏等病害，7座桥梁异型钢梁变形、断裂等病害。对于支座，检查发现共有51座桥梁存在简易油毛毡支座被挤出、支座防尘罩损坏、支座钢板锈蚀、支座局部脱空、支座老化开裂和支座垫石损坏等病害[1]。

国外也有许多学者针对伸缩缝和支座问题进行了调查，例如日本学者针对东名高速公路通车后8年间的维护情况进行调查，发现全部伸缩装置的平均修补次数为1.6次/缝[9]。1986年美国全国统计发现，全美570 000座桥梁中，有248 500座存在耐久性问题，其中超过50%都是由于伸缩缝损坏造成的[10]。英国交通部针对高速公路上的大约200座混凝土桥梁统计发现，伸缩缝损坏带来了繁重的养护问题并产生了大量的维护费用[11]。

3 既有桥梁桥台处无缝化改造研究与应用的意义

从国内外学者对伸缩缝和支座的调查可以发现伸缩缝和支座是影响桥梁耐久性的最关键因素。根据40多年前，美国田纳西州交通部的工程师Henry Detrick所提出的概念“没有伸缩缝就是最好的伸缩缝”[12]，取消桥梁的伸缩缝和支座成为从根本上解决既有伸缩缝和支座问题的最佳方案。

对于多跨桥梁，采用连续梁、连续刚构等桥型，墩上的伸缩缝与伸缩装置就可以被取消，因此无缝桥的关键在于桥台处伸缩缝与伸缩装置的取消。目前，桥台处取消伸缩缝和伸缩装置的做法主要是采用整体式桥台、半整体式桥台和延伸桥面板。这3种桥梁结构不仅可以适用于新建桥梁，也可以应用于既有有缝桥的无缝化改造[1]。

我国在最近30年虽然修建了大量的新桥，其中不乏大规模、大跨度的桥梁，然而对于量大面广的中小型桥梁的重视不够，无缝桥梁没有利用这个机会得到发展，修建的大量中小型桥梁仍属于有缝桥梁，将给今后的养护维修带来极大的问题。因此，在发展大跨度桥梁、新建桥梁技术的同时，关注中小跨径桥梁的技术，关注既有桥梁的维修与使用，关注桥梁的可持续发展，应是我国桥梁界努力的一个重要方向。从世界范围看，无缝桥梁在发达国家的修建远多于发展中国家。随着我国大规模基础设施建设的持续推进，随着我国社会经济的不断发展，桥梁的可持续发展必然成为一个重要的理念，无缝桥梁的研究与发展正处于关键的时期。

近年来，尽管福州大学、湖南大学等多家单位致力于无缝桥梁的研究与应用，但受理念、建设速度要求等因素的影响，在新桥的应用推广中并不顺利，目前全国已建的无缝桥仅20余座。相比较而言，桥梁管理与养护部门受建设工期影响的问题不如新建桥梁突出，它们深受桥梁伸缩缝和支座易损的困扰，对既有桥梁无缝化改造有更大的热情，既有桥梁无缝化的技术推广更易实现，并以此带动新建无缝桥梁的发展。因此，近年来，福州大学在无缝桥的研究与应用中，采用新桥与既有桥梁并重的策略，取得了较好的效果，短短两年内已建成和在建的无缝桥有近10座，包括5座既有桥梁的改造。另一方面，国外在既有桥梁无缝化应用与研究方面刚刚起步，因此，加强既有桥梁无缝化改造研究，对于实现中国无缝桥梁的跨越式发展，走出具有中国特色的发展道路，为赶超世界先进水平，具有重要的战略意义。

4　与新建无缝桥的比较优势

与新建整体式桥台桥梁相比，采用整体式桥台桥梁进行既有桥梁无缝化改造具有如下优势[13]：

(1)既有桥梁已经使用多年，其混凝土收缩和徐变已经基本完成。因此既有桥梁无缝化改造后由于混凝土伸缩和徐变产生的次应力和主梁变形比新建的整体式桥台桥梁小很多。

(2)既有桥梁的基础不均匀沉降基本已经完成。因此既有桥梁无缝化改造后由于基础不均匀沉降引起的次应力也比新建的整体式桥台桥梁小很多。

(3)既有桥梁不同构件之间的不均匀变形基本已经完成。因此既有桥梁无缝化改造过程中连接上部结构和下部结构并不会产生额外的力。

(4)既有桥梁已经存在主梁和桥面板。因此新建整体式桥台桥梁由于主梁和桥面板施工工序所出现的混凝土开裂问题，在既有桥梁无缝化改造过程中不会出现。

(5)既有桥梁的排水系统和其他附属设施的使用效果已经得到检验。如果存在问题，可以在无缝化改造过程中一起改进。

(6)可以充分了解既有桥梁的温度变化、地质情况等，从而更好的选择合适的无缝化改造方式。

5　应用进展

目前，世界上利用整体式桥台桥梁进行既有桥梁无缝化改造尚处于起步阶段。下面就笔者收集到的资料分地区进行介绍。

5.1　北美

利用整体式桥台桥梁概念进行既有桥梁的无缝化改造起源于美国[14]。1995年罗德岛交通部针对美国和加拿大既有钢桥无缝化的调查发现，整体式桥台桥梁的概念已经被美国的科罗拉多、田纳西、堪萨斯州和加拿大的安大略省用于钢桥无缝化的改造中，同时大约91%的州都认为去除伸缩缝是解决伸缩缝问题的最佳方案[15]。另外一个调查发现，美国科罗拉多、田纳西、伊利诺利、堪萨斯、俄克拉荷马、南达科他、怀俄明和北达科他州都采用整体式桥台桥梁概念来改造既有桥梁的桥台，然而在马萨诸塞州则是采用在既有桥梁的桥台后方新建整体式桥台进行改造[16]。根据2004年的一个统计资料，美国39%的州利用整体式桥台桥梁的概念进行既有桥梁的无缝化改造。同时很多州都将整体式桥台桥梁选做新建桥梁和既有桥梁改造的首选方案[17]。然而不同的州有特殊的限制条件或改造方案，例如密苏里州只在跨径较小且斜交角较小的既有桥梁中采用整体式桥台桥梁概念进行改造。弗吉尼亚和南达科他州在进行上部结构更换或桥台有严重问题时才采用整体式桥台桥梁概念进行改造。新墨西哥州通常采用半整体式桥台桥梁概念进行无缝化改造，同时必须选择合适的支座[18]。俄亥俄州针对中小跨径的既有连续梁桥无缝化改造提出了专门的方案，包括全整体式桥台桥梁概念和半整体式桥台桥梁概念。

如何选择可利用整体式桥台桥梁概念进行无缝化改造的既有桥梁，有学者提出了一系列的考虑因素，包括改造方法、曲线桥曲率、斜交角、基础类型等[20]。例如对于带刚性桥台的既有桥梁，半整体式桥台桥梁概念是一个常用的无缝化改造方案[19]。从经济性的角度出发，1992年纽约州交通部统计发现，采用整体式桥台桥梁概念进行改造每年可节省50万～125万美元[21]。

延伸桥面板无缝桥，因其施工简便且费用低廉，特别适合于既有桥梁的无缝化改造。对于既有桥梁，可通过补浇新混凝土或凿除旧混凝土的办法调整背墙的高度，从而可使延伸桥面(或称台后搭板)与原桥面板联接在一个水平面上，实现桥台无缝化。原来的桥台和支座仍然保留。同时为了保证桥面板在温度变形下可以纵向伸缩，应在背墙顶设置滑动面[1]。美国纽约州交通部在桥梁的翻修改造中建议采用延伸桥面板的改造方法[22]。

加拿大同样也利用整体式桥台桥梁概念进行既有桥梁无缝化改造，特别是半整体桥台桥梁。根据统计，阿尔伯塔省大约90%的桥梁长度均小于100m，因此阿尔伯塔省交通部鼓励利用半整体式桥台桥梁概念进行既有桥梁无缝化改造[23]。安大略省交通部针对这种无缝化改造方案进行了一系列研究，提出所有长度小于25m或小于150m的既有桥梁可以分别被改造为全整体式桥台桥梁和半整体式桥台桥梁[24]，并给出了选择改造方案的限制条件。在前面研究的基础上，安大略省交通部深入研究了利用半整体式桥台桥梁概念进行既有桥梁的无缝化改造，并于2004年出版了一本规程。针对不同桥梁长度，不同主梁形式，不同的桥面板、台后搭板和桥台翼墙的连接方式等给出了专门的方案[25]。

5.2 欧洲

根据2010年修订的瑞士联邦道路总署的规范规定，在翻新改造既有桥梁过程中，应该首先尝试去除既有伸缩缝和支座的方案，并建议利用半整体式桥台桥梁的概念进行既有桥梁的无缝化改造[26]。

意大利在利用整体式桥台桥梁概念进行既有桥梁的无缝化改造方面也开展了相应的研究。例如13跨的Isola della Scala桥原为简支梁桥，无缝化改造后去除了桥墩和桥台处的所有伸缩缝和支座，成为全整体式桥台桥梁。它总长达到400m，是目前世界上总长最长的整体式桥台桥梁[2,27]。针对该桥，Bruno Briseghella课题组开展了大量的现场试验和理论分析，包括其极限长度、温度影响、参数分析等[28-30]。意大利道路工程总公司也开展了利用整体式桥台桥梁概念进行既有桥梁的无缝化改造研究，并以一座意大利最常见的三跨简支梁桥为模板，开展了大量静力和动力的参数分析，从而为该改造方法的推广打下基础[13]。

5.3 亚洲

新加坡利用全整体式桥台桥梁的概念无缝化改造了一座单跨 18.16m 的既有预应力混凝土梁桥。通过分析发现，该方法不仅可以去除伸缩缝，还可以提供主梁的抗弯刚度[31]。

我国的既有桥梁无缝化改造尚处于起步阶段。第一座实桥应用为广东清远的龙塘桥，原桥建于 1966 年，为总长 109.2m 的 10 跨不等跨简支梁桥。该桥的无缝化改造利用延伸桥面板概念。目前改造后使用情况良好[32]。

福州大学正在开展多座既有简支桥梁的无缝化改造研究。位于福建福州的宏屿桥为单跨 20m 的预应力混凝土空心板简支梁桥由于重车反复行驶，导致伸缩缝严重损坏，拟利用外包式半整体式桥台桥梁概念进行无缝化改造，从而提从根本上解决其伸缩缝问题。位于福建漳州的十里桥为 6 跨钢筋混凝土空心板简支梁桥，下部结构采用块石重力式桥墩与明挖扩大基础。通过桥面病害检查和环境脉动测试，发现桥梁结构主要构件损坏严重，影响桥梁的使用功能，承载能力不能保证正常安全的使用。通过分析决定利用结构连续方法和半整体式桥台桥梁方法分别去除桥墩处和桥台处的伸缩缝，实现全桥无缝化改造，并提高结构整体性及舒适性。

6 结语

有缝桥的耐久性问题最常见的就是桥梁伸缩缝和支座的损坏。且其会产生其他一系列桥梁病害。同时频繁更换或维修会耗费大量的时间和费用，并产生严重社会影响。

从国内外伸缩缝和支座使用情况调查发现，既有桥梁的伸缩缝和支座的损坏情况十分严重，且损坏率很高。

总结国内外利用整体式桥台桥梁概念进行既有桥梁的无缝化改造文献和实例，发现该无缝化改造方法能够从根本上解决伸缩缝和支座易损性问题，值得在我国推广使用。同时世界各国对于该方法研究都尚不完善，值得进一步详细研究。

参考文献

[1] 陈宝春等.无伸缩缝桥梁.北京:人民交通出版社,2014.

[2] Briseghella,B.和 Zordan,T.,Integral abutment bridge concept applied to the rehabilitation of a simply supported prestressed conventional concrete superstructure. Structural Concrete,Thomas Telford and fib,Salisbury,UK.,2006.8(1): p.25-33.

[3] 王丛蓉.桥梁接缝破损原因分析及主要技术处理措施.辽宁交通科技,2004.12:p.54-55.

[4] Li,Y.. Expansion joint in highway and bridge. Beijing,China: China Communication Press.1997.

[5] 蒲广宁.桥梁伸缩装置破损状况评价方法.长安大学.2005.

[6] Lin, T. Y. Investigation of Factors Causing the Damage of Bridge Expansion Joint. Chaoyang University of Technology.2004.

[7] 上海市市政工程管理处等.上海市城市桥梁技术状况分析报告.上海.2011.

[8] 陈曦.山区公路桥梁伸缩装置行车安全评估技术研究.重庆交通大学.2011.

[9] 王剑波.桥梁伸缩装置的研究:关于埋设式伸缩缝的应用.国外桥梁,1990(4):p.57-65.

[10] Wolde-Tinsae, A. M. 和 Klinger, J. E. Integral abutment bridge design and construction. Baltimore, Maryland, USA: Maryland State Highway Administration. 1987.

[11] Wallbank, E. J.. The Performance of Concrete in Bridges. A survey of 200 Highway Bridges. London, UK: Her Majesty's Stationery Office (HMSO). 1989.

[12] Burdette, E. G.. Behavior of Pile Supported Integral Abutments. Integral Abutment and Jointless Bridges (IAJB 2005). 2005.

[13] Xue, J. Retrofit of Existing Bridges with Concept of Integral Abutment Bridge - Static and Dynamic Parametric Analyses. University of Trento, Italy. 2013.

[14] Mistry, V. C., Integral Abutment and Jointless Bridges, in Proceedings of the 2005 FHWA Conference: Integral abutment and jointless bridges2005, Constructed Facilities Center, College of Engineering and Mineral Resources, West Virginia University: Baltimore Maryland, United States.

[15] Tsiatas, G. 和 Boardman, W. G. Expansion Joint Elimination for Steel Highway Bridges. Kingston, Rhode Island, USA: University of Rhode Island, Department of Civil Engineering. 2002.

[16] Kunin, J. 和 Alampalli, S., Integral abutment bridges: current practice in United States and Canada. Journal of performance of constructed facilities, 2000. 14(3): p. 104-111.

[17] Maruri, R. F. 和 Petro, S. H., Integral Abutments and Jointless Bridges (IAJB) 2004 Survey Summary, in Proceedings of the 2005 FHWA Conference: Integral abutment and jointless bridges2005, Constructed Facilities Center, College of Engineering and Mineral Resources, West Virginia University: Baltimore Maryland, United States. p. 12-29.

[18] Maberry, S. 等. New Mexico's Practice and Experience in Using Continuous Spans for Jointless Bridges. Proceedings of the 2005 FHWA Conference: Integral abutment and jointless bridges. 2005. Baltimore Maryland, United States: Constructed Facilities Center, College of Engineering and Mineral Resources, West Virginia University.

[19] Burke, M. P., Integral and Semi-Integral Bridges. Oxford, UK: Wiley-Blackwell. 2009.

[20] Dickson, B. 等. Workshop on integral abutment bridges executive summary and minutes. Pittsburgh, Pennsylvania. 1996.

[21] Farahani, R. V. Seismic analysis of integral abutment bridges considering soil structure interaction. University of Tennessee, Knoxville. 2010.

[22] Alampalli, S. 和 Yannotti, A. P., In-service performance of integral bridges and jointless decks. Transportation Research Record: Journal of the Transportation Research Board, 1998. 1624: p. 1-7.

[23] Alberta Ministry of Transportation, Alberta transportation bridge structures design criteria v. 7. 0 Appendix A: integral abutment design guidelines, 2012, Alberta Government: Alberta, Canada.

[24] Husain, I. 和 Bagnariol, D. Semi-Integral Abutment Bridges. Suite 910, 505 Consumers Road, Toronto, Ontario M2J 4V8. 1999.

[25] Husain, I. Retrofitting of Existing Bridges with Joints to Semi-Integral Bridges. Ontari-

o,Canada: Structures Office,Ontario Ministry of Transportation. 2004.

[26] Kaufmann, W. 和 Alvarez, M. , Swiss Federal Roads Office Guidelines for Integral Bridges. Structural Engineering International,2011. 21(2): p. 189-194.

[27] Briseghella, B. 等, Superlong Integral Abutment Bridge, in 20th China national bridge conference2012: Wuhan, China.

[28] Zordan, T. 和 Briseghella, B., Attainment of an integral abutment bridge through the refurbishment of a simply supported structure. Structural Engineering International, 2007. 17(3): p. 228-234.

[29] Zordan, T. 等, Analytical Formulation for Limit Length of Integral Abutment Bridges. Structural Engineering International, 2011. 21(3): p. 304-310.

[30] Zordan, T. 等, Parametric and pushover analyses on integral abutment bridge. Engineering Structures, 2011. 33(2): p. 502-515.

[31] Jayaraman, R. 和 Merz, P. B. , Integral bridge concept applied to rehabilitation an existing bridge and construct a dual-use bridge, in 26th Conference on Our World In Concrete & Structures2001: Singapore.

[32] 金晓勤. 新型全无缝桥梁体系设计与试验研究. 湖南大学, 长沙. 2007.

11. 星海湾跨海大桥主桥锚碇设计

耿铁锁　张　哲　宋向群　王　骞

(大连理工大学)

摘　要：星海湾跨海大桥悬索桥单个锚碇承受主缆拉力 177 000kN，沉箱基础长 69m，宽 44m，高 17m。沉箱下设抛石升浆基床，本文对锚碇、沉箱及抛石基床设计予以介绍。

关键词：悬索桥　锚碇　沉箱　抛石基床　设计

1　引言

星海湾跨海大桥主桥为双塔三跨地锚式悬索桥，跨度布置为 180m＋460m＋180m＝820m，加劲梁为钢桁架结构，桥塔采用混凝土结构，桥面板采用正交异性桥面板，车道双层布置。两端设混凝土重力式锚碇(图 1)，锚碇结构设置在海水中，水深 10～15m，覆盖层 4～14m。本文对锚碇结构的设计予以全面介绍。

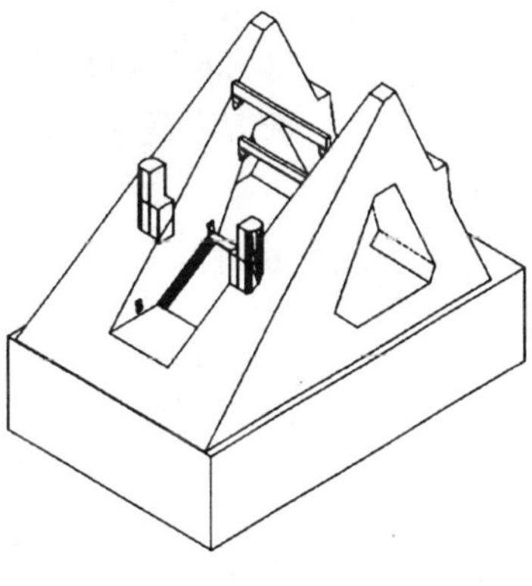

图 1　锚碇结构图

2　设计条件

2.1　水文资料

本工程建设区域内大部分时间的波浪高小于 0.5m(占 70%)，大于 1m 波高的时间仅占 5.7%，大于 2m 波高的时间仅占 0.4%，较平静。

常浪向为 SW，频率为 17.1%。强浪向为 SE 及 S 向。根据老虎滩海洋站 1963～1992 年共 30 年的观测资料，－30m 处 50 年一遇的波高最大为 SE 向，H1/10 达 6.1m。

2.2　地质资料

东锚碇、西锚碇各自基础范围内地形起伏变化不大，勘察深度内的主要地层如下。

①淤泥：饱和，软塑～流塑状态，场区普遍分布，强度低，稳定性差；

②粗砂：石英质，稍密状态，仅见于东侧锚碇一个钻孔；

博士后基金：海上锚碇基础失效机理研究，20110491538。

大连市建设科技项目基金：海上地锚式悬索桥新型锚碇结构设计关键技术研究。

③淤泥质粉质黏土：夹粉质黏土、少量石英质卵砾石及粗砂，饱和，软塑状态；

④卵石：石英岩卵石 20～80mm 占 60%～70%，砾砂、角砾及少量黏土填充，饱和、稍密状态；

⑤全风化板岩：黄褐色，岩石已风化呈土状、块状，岩面高差变化不大，层位较稳定；

⑥强风化板岩：黄褐色，岩面高差变化不大，岩芯大多呈块状，锤可击碎，板理发育。

未见有影响工程建设的其他不良地质现象。区域地质资料显示，未有大的断裂构造通过，场地的稳定性尚好。

3 锚碇设计

3.1 基础的设计和施工

沉箱放置在碎石基床上，清淤挖至设计岩层后采用抛石基床，堤心石为 10～100kg 块石，块石饱和单轴极限抗压强度不低于 50MPa。根据重力式码头规范进行抛石、夯实、整平施工。

基槽挖泥采用大型抓斗式挖泥船进行开挖，开挖要求挖到设计岩面，需要进行清淤。清淤采用专业清淤船进行。基床抛石采用方驳配反铲的施工方法进行抛填堤心石。基床整平采用潜水水下刮道整平的施工方法进行。土工布在每个小沉箱的边界范围内铺设，即将整个锚碇墩的基床按 6 个沉箱分成 6 块，待升浆时按分块进行升浆。沉箱出运采用半潜驳下潜工艺。沉箱内填石采用方驳配长臂挖掘机抛填工艺直接进行抛填后，利用已预埋好的预埋管进行钻孔，钻孔深度钻至基床底面以下 0.5m，钻孔后将注浆管或观测管打至基岩面，再进行基床升浆作业。

堤心石 10～100kg 块石后夯实升浆，更改为基床抛石为 50～200mm 骨料不夯实，采用 M20 砂浆升浆。新方案经过试验测得预填骨料升浆方法的基床密实性更好，能够提供较大的摩擦力。

3.2 沉箱的设计和施工

(1)小沉箱方案

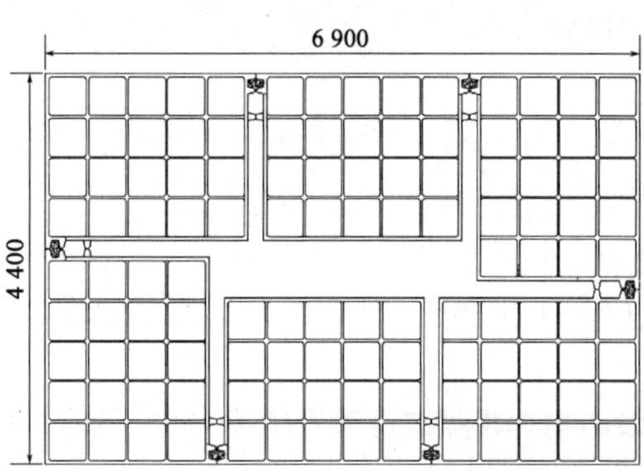

图 2 小沉箱拼接平面图(尺寸单位：cm)

根据大连地区现有沉箱预制场地限制尺寸不能超过 25m × 25m，半潜驳运输限制不超过 3 000t，确定小沉箱方案及小沉箱尺寸。

沉箱基础放置在碎石升浆基床上，总结构尺寸为 69m×44m×17m，采用重力式沉箱结构，由 6 个沉箱组成，按矩形布置(图 2)。单个沉箱尺寸 23m×18m×17m，沉箱间设企口，企口内设橡胶止水带。

沉箱内及沉箱间回填分 3 部分：沉箱之间连接舱格部分，采用止水后干地现浇混凝土结构；其他舱格部分，采用抛填块石后升浆混凝土结构；沉箱间端部企口部分，采用浇注水下混凝土结构，用于沉箱间止水。

(2)大沉箱方案

经过考察距离星海湾约 40 海里(74km)处的旅顺中远集团有一处大型船坞可作预制场地，可以满足单个大沉箱方案。

原有小沉箱方案更改为大沉箱方案(图 3)。单个大沉箱尺寸 69m×44m×17m，沉箱的施工难度大,海上运输困难,沉箱就位下沉采用辅助小沉箱。沉箱设计中考虑沉箱的预制、运输、沉放、定位、连接成整体参与结构受力。沉箱需验算预制、运输过程的安全,按照重力式码头设计和施工规范进行设计沉箱结构。

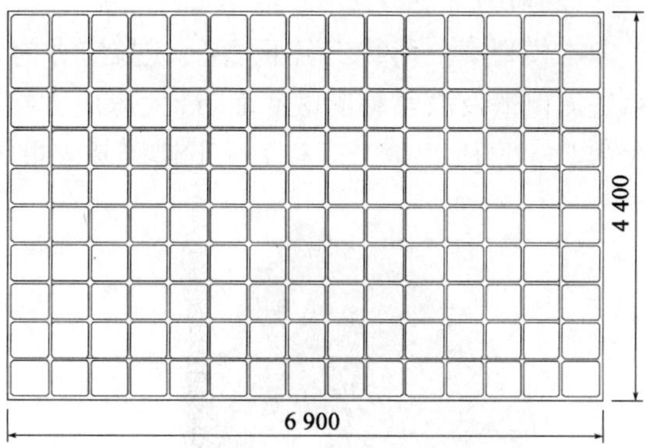

图 3　更改后大沉箱平面图(尺寸单位:cm)

3.3　锚体的设计和施工

锚体从结构受力和功能上可分为锚块、散索鞍支墩、前锚室 3 个主要部分。其中锚块主要承受锚固系统传递的主缆索股拉力,散索鞍支墩主要承受由散索鞍传递的主缆压力,前锚室、散索鞍支墩、锚块、底板形成一个完整的空间受力结构,前锚室由底板、侧墙、顶板及前墙构成封闭空间,对主缆索股起保护作用。

本桥位于星海广场旅游风景区,设计中力求与周围环境相协调,使桥梁成为一大景点,锚碇结构高出海面约 40m,沉箱长度 69m,宽度 44m。若做成规则实体结构没有空间变化,与悬索桥的轻便大跨不协调,也不美观,于是将散索鞍支墩和锚体分开,中间用前锚室连接,使其在海面以上形成三角形结构,中间镂空,从下至上截面逐渐变小,使锚碇在多个角度看上去都有空间立体感。岸边游客、海中游艇的游客和桥上行走的游客,都能够感受到力学和美学相结合。

锚体和沉箱基础一起承受巨大的主缆力,建立有限元实体模型进行计算,分析锚体、散索鞍支墩、沉箱的应力。

主缆拉力:$T=177\ 000$kN(双缆)

主缆水平力:$T_h=169\ 110$kN

主缆竖直力:$T_v=34\ 100$kN

入射角:$\lambda=11.36°$

折射角:$\theta=43.92°$

理论散索点高程:IP=34.698m

(1)稳定性计算

正常使用下抗滑稳定性计算:$K_c=\mu\sum P_i/\sum T_i=4.6>2.0$

正常使用+波浪力:$K_c=\mu\sum P_i/\sum T_i=3.8>2.0$

地震下:$K_c=\mu\sum P_i/\sum T_i=1.26>1.2$

抗倾覆稳定性计算

正常使用下:$K_o=K_{抗倾}/K_{倾覆}=2.42>2.0$

地震下:$K_o=K_{抗倾}/K_{倾覆}=1.58>1.2$

基底承载力计算

施工阶段:(沉箱、锚体、支墩结构全部完成,未挂缆)

$\sigma=\sum N/A\pm\sum M/W=485\pm6=491(479)<[\sigma]=800$(kPa)

使用阶段:(外荷载及结构自重、主缆张拉)

不计水浮力:$\sigma=\sum N/A\pm\sum M/W=514\pm202=716(312)<[\sigma]=800$(kPa)

计水浮力:$\sigma=\sum N/A\pm\sum M/W=338\pm202=540(126)<[\sigma]=800$(kPa)

(2)应力计算

本模型第一荷载工况下:第一主拉应力为 1.37MPa。结构压应力较大的位置主要为前锚室底墙侧壁及散索鞍支墩底面,最大压应力接近 1.56MPa,包括基础在内的第一主压应力最大为 7.52MPa。第二荷载工况下锚碇基础最大拉、压应力云图如图 4~图 7 所示。

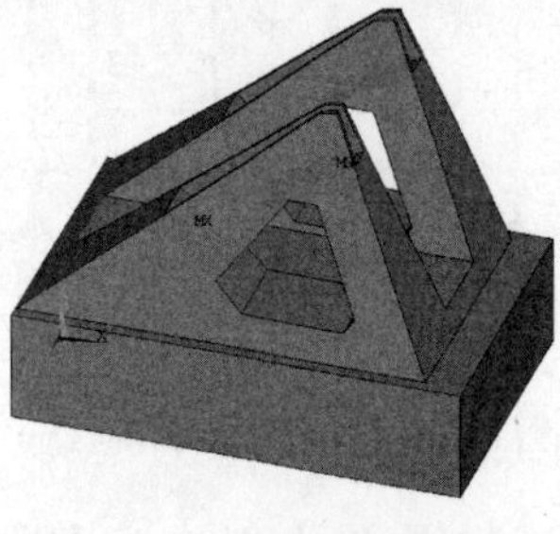

图 4　第一主应力云图

图 5　主缆锚固面处应力云图

图 6　第三主应力云图

图 7　散索鞍处应力云图

计算表明,结构拉应力较大的位置出现在锚碇后锚室内壁、前锚室侧墙底部、前锚室侧壁与锚块相接触的部位。而锚块内部主缆在后锚室的锚固区域的第一主拉应力 0.1~0.8MPa,局部出现了应力集中现象。第一主压应力最大值发生在基础底面前部,大小为 5.41MPa,其次为散索鞍支墩上部,最大压应力达到了 2.72MPa。基础与地基之间的最大接触压应力为 0.58MPa。

参考文献

[1] 王斌,檀永刚,王骞.海上锚碇静力分析[J].武汉理工大学学报,2013 35(3).

[2] 张杰,钱东升.大跨悬索桥塔和锚碇的合理设计[J].桥梁建设,2000(4).

[3] 苏静波,邵国建,刘宁.悬索桥锚碇基础的稳定性分析[J].公路,2005(4).

12. 大连星海湾跨海大桥引桥设计

潘盛山　张　哲　黄才良
（大连理工大学建设工程学部）

摘　要：大连星海湾跨海大桥引桥大部分为海上双层桥梁结构，与两岸接线时变为单层桥梁。本文首先介绍本工程引桥设计的总体构思，然后总结国内外双层混凝土梁桥的桥墩结构形式，论述各种桥墩形式的优缺点。再介绍本工程双层混凝土连续梁桥的设计和施工方法。结果表明，桥墩采用门式铰接体系，可减小上层桥梁的建筑高度，景观性好，结构受力合理；施工过程中采用临时支撑，下横梁和上横梁协同受力，可进一步减小上横梁的高度，节省工程造价，为今后的类似工程提供借鉴。

关键词：双层桥　门式墩　连续梁　预应力混凝土　独柱墩

1　工程概况

大连南部滨海大道东起金沙滩东侧的金银山，向西跨越星海湾，在高新园区填海区域登陆。本工程东端经隧道可以连接东北路及规划中的南部快速路，另设两个匝道桥和滨海路互通；西端通过高新园区的地面道路与旅顺南路及河革路连通。

全桥主要分为主桥、东引桥、东连接线（匝道）和西引桥四大部分。全桥大部分为双层桥面，上层由东向西行驶，下层由西向东行驶，均为单向四车道。下层桥宽 17m，上层两侧另设有 2m 的人行道，桥宽 21m。其中主桥为三跨地锚式悬索桥，跨径布置为 180m＋460m＋180m＝820m。其余部分均为引桥，除两个通航孔采用 70m 的钢箱梁之外，其余部分均采用预应力混凝土连续箱梁结构。主线引桥长度共为 9 830m，匝道桥长度为 1 827m，主要分为双层桥面和单层桥面两大部分。低潮水深超过 6m 的区域采用预制箱梁吊装的施工方法，小于 6m 的水中区桥梁和陆上区桥梁采用现浇整体箱梁的施工方法[1]。

2　引桥总体设计构思

引桥总体的主要设计构思基于以下几点：

(1)从引桥的施工方法考虑。由于引桥范围平均水深在 7～10m，最大水深约为 14m，大范围采用支架施工是不经济合理的。因此，除了浅水区（水深条件不足以浮吊架设)和上岸后的陆上区采用整体箱梁支架现浇法之外,引桥结构应考虑采用预制架设的施工方法。

(2)从预制梁的预制场地考虑。星海湾为大连市的主要景观带,沿岸建筑物密集,海滨景点多,桥址附近缺少预制场地,因此上部结构的预制梁预制场必须到大连市周边的港口或码头寻找。经调查,距离桥址约为 30 海里(55.5km)的旅顺羊头洼和甘井子某码头具备预制厂的建设条件,可以作为预制梁的预制场地。

(3)从预制梁的运输条件考虑。从预制场到桥址的陆路运输均需要经过市区,然而市区道路本来就非常拥挤,再加上滨海路路窄、转弯半径小、坡度起伏大等不利条件,采用陆路运输是不可行的,因此预制梁必须采用海上运输的方法。

(4)从预制梁的架设安装条件考虑。经过调查,由于大连当地缺少大吨位的浮吊,为了方便施工,设计时将预制梁的重量控制在 7 000kN 之内。综合考虑星海湾海岸沿线的行人景观视觉效果影响等因素,尤其对于双层桥梁,本工程的梁高不宜设计得太高,因此跨径不宜太大,但也不宜太小,经过反复分析和比选,最终确定引桥跨径不超过 50m,引桥标准断面采用横向由 3 片箱梁组成的断面。效果图如图 1 所示。

a) b)

图 1 引桥双层桥面效果图

(5)从预制场的建设经济性考虑。由于引桥范围内的线路大部分位于平曲线上,造成同一跨内的内侧梁长偏短,外侧的梁长偏长,预制梁的种类多。因此,设计时尽量减少预制梁的种类,照顾到制梁台座和移梁轨道线路的通用性。

由于浅水区和陆上区采用的是支架整体现浇的结构形式,设计和施工都相对简单,本文不重点阐述。以下将对海中采用预制安装施工法的单、双层桥梁进行介绍。

3 引桥单层预应力混凝土连续梁桥的设计

引桥单层桥面结构的主要跨径在 44.5m 左右,对于不同的区域,主线标准段的桥宽分为 19m(单向四车道加上单侧 2m 人行道)、15.25m(单向三车道加单侧 2m 人行道)和 13.25m(单向三车道)三大部分。结构形式均采用两跨一联和三跨一联的先简支后连续预应力混凝土连续梁结构,预制梁梁高为 2.25m。从全桥的景观、外形风格统一及施工方便的角度考虑,采用独柱空心墩,桥墩断面采用圆端型断面,墩顶设有预应力混凝土帽梁,墩底设有承台,承台下设四根钻孔灌注桩。主线单层桥梁的断面形式如图 2 所示。

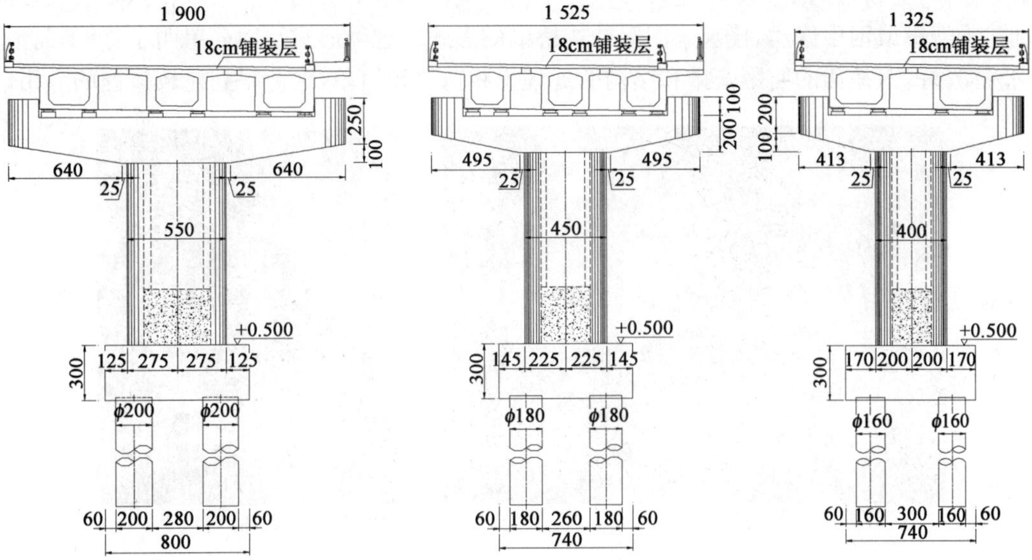

图 2 引桥单层桥梁断面图(尺寸单位:cm)

4 引桥双层预应力混凝土连续梁桥的设计

4.1 国内外常见的双层梁桥桥墩形式概况

国内外双层梁桥的桥墩形式按结构外形分类,主要分为双柱式桥墩和独柱式桥墩两种,分别如图 3 和图 4 所示。在已经建成的众多双层混凝土梁桥中,双柱式桥墩的应用较为广泛,如闵浦二桥主桥和引桥的交接段[2]、朝天门大桥的引桥和菜园坝大桥的引桥(多跨连续刚构)等等,如图 5 所示。在国内,已经建成的独柱式桥墩双层梁桥有闵浦二桥的引桥和涪陵乌江二桥的引桥(多跨连续刚构)[3,4]等,如图 6 所示。

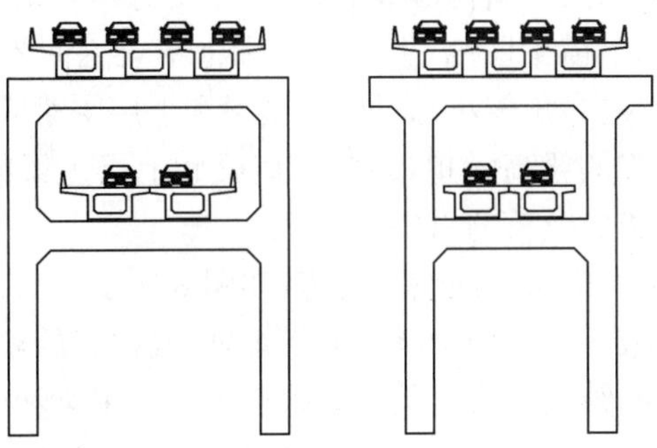

图 3 双柱式桥墩

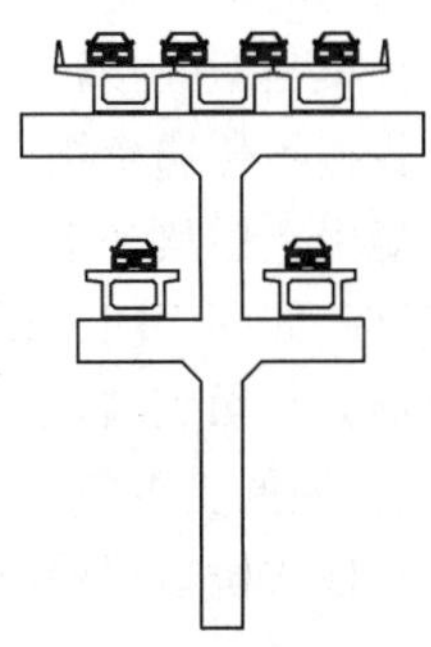

图 4 独柱式桥墩

除上面所述的常用的两种之外,桥墩形式还有许多衍生的形式,有上层双柱倾斜一定角度的 Y 形双柱桥墩、球拍式桥墩等,但是由于墩的倾斜会导致墩的受力复杂,施工麻烦,较少使用。下层墩柱根据实际需要也可以做成单柱、双柱、多柱(芜湖长江大桥)、实体(九江长江大桥)等。

独柱式桥墩一般应用于城市立交桥中,适应于对地面交通和地下管网布置有特殊要求的场合,桥墩数量少,从视线上看比较通透。但是悬臂根部受力较大,桥梁的横向偏心荷载靠独柱墩来承担，对桥墩的受力要求比较高。对于地面交通和地下管网布置没有特殊要求的地区，特别是在海中或河中修建，普遍采用双柱式桥墩的形式。这种形式受力简单明了，外形简洁大方，整体性好，对桥面的使用安排和结构的处理也相对比较简单，因此得到比较广泛的应用。

a)　　b)

图 5　已建成的双柱式桥墩双层梁桥实例

a)　　b)

图 6　已建成的独柱式桥墩双层梁桥实例

对于双柱式桥墩的双层梁桥，从横桥向的门式结构形式上分类，主要有两类结构形式。

第一类为上横梁与墩铰接，上层主梁和上横梁固结，上层主梁和上横梁之间不设支座，如图 7 所示。由于铰接不传递弯矩，因此墩柱的弯矩较小；此外，上横梁和上层主梁固结为一体，上横梁的跨中弯矩由上横梁和上层主梁组成的梁高承担，因此上横梁和上层主梁的总体建筑高度小，景观性较好，如朝天门大桥和韩国釜山大桥的引桥等。

第二类为上横梁与墩固结，上层主梁和上横梁之间设有支座，如图 8 所示。与铰接体系相比，其优点是固结体系的支点负弯矩存在，减小了上横梁跨中的弯矩，门式框架的整体性较好，此结构为大部分双柱式桥墩双层梁桥采用的结构形式。其主要缺点为上层主梁和上横梁之间设有支座和垫石，两者的的总体建筑高度较大，景观性较差。对于某些高墩的双层梁桥，也有将上横梁和上层主梁固结、下横梁和下层主梁也固结的双层连续刚构体系，还有上横梁和上层主梁固结、下横梁和下层主梁之间设有支座的上层连续刚构、下层连续梁的结构体系。

4.2　本桥双层预应力混凝土连续梁桥的设计

由于本桥位于海上，采用双柱式桥墩的双层梁桥是比较合理的。考虑到星海湾的景观因素，为了提高施工速度和减小建筑高度，上层桥的横梁采用上横梁和桥墩铰接的结构形式。与已建成的朝天门大桥和韩国釜山大桥不同的是：朝天门大桥采用支架上现浇施工的施工方法，上横梁可以设计得很薄；韩国的釜山大桥主梁和上横梁均采用钢结构，重量小；而本桥主梁采用预应力混凝土结构，箱梁重量大，又采用预制安装的施工方法，无论从设计还是施工角度均为首创的新方法。

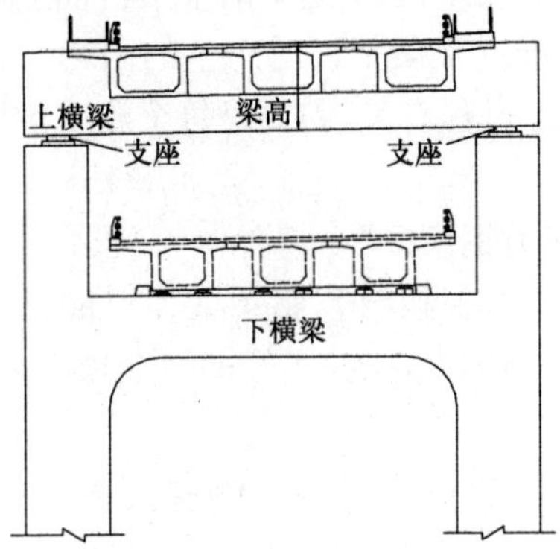

图 7　门式铰接体系

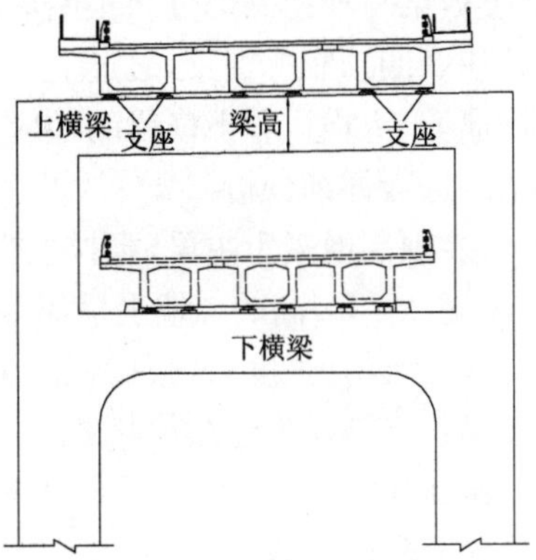

图 8　门式固结体系

引桥双层桥梁的最大跨径为 50m，上、下层主梁的梁高均为 2.25m，预制梁最大重量为 680t，采用三跨一联和两跨一联的预应力混凝土连续梁，上下层之间净空 5m。连续梁中支点的典型布置图如图 9 所示。

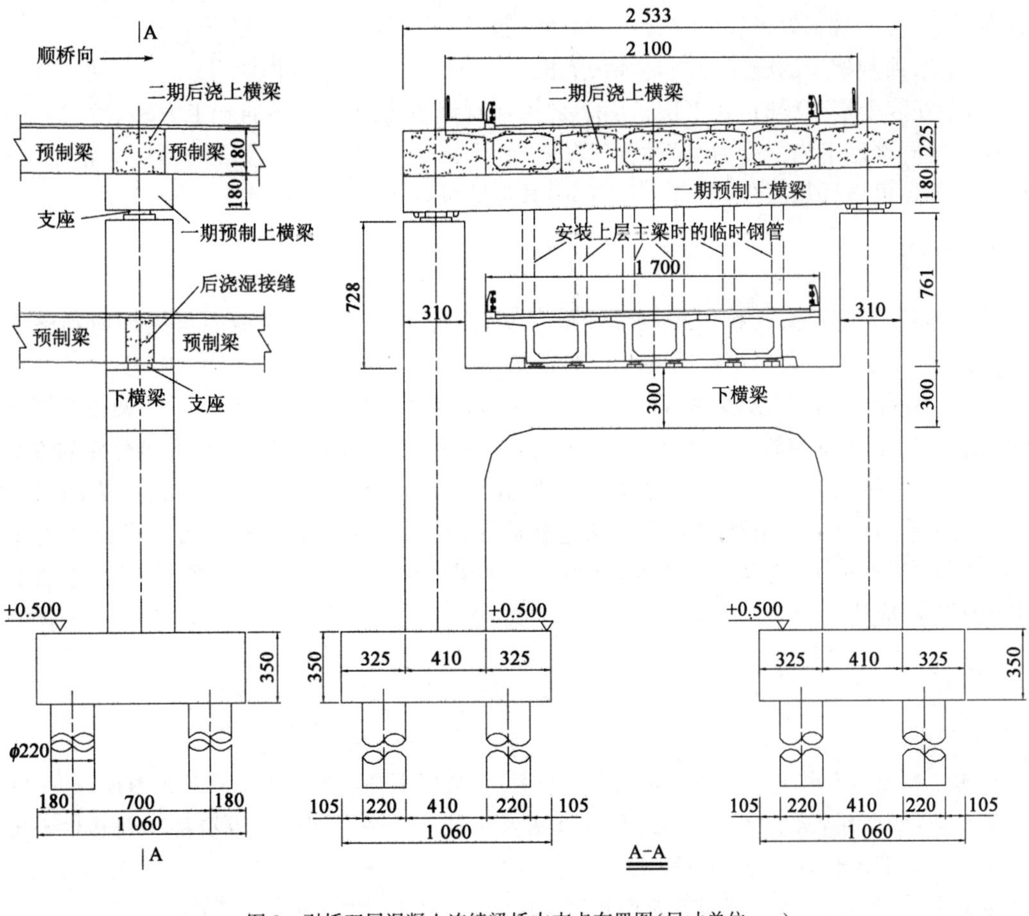

图 9　引桥双层混凝土连续梁桥中支点布置图（尺寸单位：cm）

上层桥梁的施工方法为：

(1)梁高为1.8m的实心预应力混凝土上横梁在预制场预制，张拉一部分预应力钢束。

(2)上横梁一期预制部分从预制场运到桥位吊装后，在已经施工完毕的下层桥面上安装钢管支架顶住一期预制上横梁，通过上、下横梁协同受力，抵抗主梁架设时产生的内力。钢管支架的刚度取值、上横梁和下横梁的预应力布置和整个施工过程有关，需要对每个施工阶段的结构受力情况进行详细分析。

(3)安装预制混凝土主梁，张拉上横梁内一部分预应力钢束。

(4)现浇2.25m高的二期上横梁混凝土及预制梁之间的湿接缝，将主梁和上横梁连为一体，混凝土达到设计强度后，张拉上横梁内的一部分预应力钢束，张拉主梁的二期预应力束，主梁从简支梁状态转换为连续梁状态。

(5)拆除临时支撑的钢管，张拉上横梁内剩余的预应力钢束，上横梁的梁高变成4.05m，承担后期施加上来的荷载。

双层梁桥采用上述设计和施工方法的主要优点为：

(1)横梁和主梁在预制场预制，质量得到较好的保证，减少了海上混凝土现浇施工的工作量，耐久性好。

(2)采用上横梁和主梁固结、上横梁和桥墩铰接的门式结构，从结构受力角度考虑，上横梁梁高较高，可以有效抵抗后期荷载，从而可以减小上层桥梁的建筑高度，无论从下层行车视角或者在岸上观桥，景观效果较好。

(3)采用预制架设的施工方法，桥墩、上横梁和预制梁均可平行作业，施工速度快。

(4)在安装上层主梁时，在下层桥面上采用临时钢管支撑上横梁的施工方法，可以利用桥墩下横梁协同预制上横梁受力，通过合理布置上、下横梁在各个施工阶段的预应力钢束，预制上横梁的梁高可以大量减少，节省工程造价，景观性好。

5 结语

(1)大连星海湾跨海大桥引桥设计线形复杂，工程量大。基于当地的自然环境和施工条件，引桥采用双层桥梁和单层桥梁的组合方案是合理的。

(2)在水深足够浮吊架设箱梁的条件下，采用预制场预制构件、海上运输、浮吊架设主梁及上盖梁的施工方法，可加快施工速度，保证主要受力构件的质量和耐久性，是经济和合理的方案。

(3)针对顺桥向为大吨位预应力混凝土梁先简支、后连续的结构体系，横桥向为门式铰接的双柱墩体系，在海上采用预制架设方法进行施工时，提出了一套切实可行的设计和施工方法，可以节省工程造价，提高施工速度，减小上层桥梁的建筑高度，景观性好，可以在今后的类似工程中推广应用。

参考文献

[1] 大连理工大学土木建筑设计研究院有限公司.大连市南部滨海大道工程施工图设计.2011.

[2] 陈文艳，舒展望，王安宇，唐国胜.黄浦江首座公轨双层桥—闵浦二桥引桥工程总体方案研究[J].地下工程与隧道，2008，1.

[3] 邓文中.造桥构思[M].北京：清华大学出版社，2012.

[4] 赖亚平，杨春，任国雷.涪陵乌江二桥螺旋匝道设计[J].桥梁建设，2007(1).

13. 大连星海湾跨海大桥引桥设计

——东段钢栈桥总体设计及关键工艺

寇海军　李旭东　吴晓峰　乔兴华

（中国铁建十九局集团第五工程有限公司）

摘　要：本文根据大连星海湾跨海大桥（东段部分）的特点及海底实际地质状况，对钢栈桥的主要设计参数进行总结，并对栈桥主体结构、附属设施以及钢管桩施工过程中的主要控制点进行了较为详细的介绍。实践证明，大桥东段部分栈桥工程设计合理，工程质量及安全满足使用要求，达到预期目标。

关键词：钢栈桥　钢管桩　设计　施工

1　引言

大连星海湾跨海大桥起自金沙滩东侧金银山，主线起点为单层双线桥梁，双线间距为55m。主线在海上逐渐过渡为双层桥梁，在经过星海广场时，线路垂直于广场中轴线，主桥主跨中心位于广场轴线上，使得游人可以在广场上获得最佳的景观角度。线路距离星海广场百年城雕的距离为1 000m，主线向西由双层过渡为单层后在高新园区填海区登陆。大桥全长6km，总投资约33亿元。主桥为海上地锚式悬索桥，跨径布置为（180＋460＋180）m＝820m，主梁为双层钢桁梁结构，引桥为混凝土梁式结构。大桥东段部分的墩柱结构形式较为复杂，分别有桩接柱（盖梁）、高桩承台单墩（盖梁）、高桩承台双柱门式墩和三柱门式墩。

栈桥作为施工材料、机械设备转运和施工人员上下桥的主要通道，同时也作为海上施工的作业平台，起到“变海上为陆上”的作用。

2　栈桥总体设计

为兼顾引桥及各匝道桥梁下部结构施工，大桥东段部分栈桥由一个主线栈桥和两个支线栈桥共3部分组成。主线栈桥登陆点位于东引桥S1号墩和S2号墩之间，沿主桥线路方向延伸至43号墩处。匝道部分支线栈桥起自A4号墩，在X6号墩处接入主线分岔，经主桥双线之间的平台联通主线栈桥，并沿X线方向两侧各自延伸支线栈桥。栈桥全宽边线（近承台侧）距承台边线（近栈桥侧）3m。

东段栈桥共布设35联，全长2 400m，其中主线栈桥1 860m，支线栈桥540m。

2.1　主要设计参数

①设计行车速度:10km/h。

②设计使用寿命:3 年。

(1)设计荷载

①永久荷载:栈桥自重。

②施工控制活载:500kN 履带吊载重 100kN。

③基本可变活载:350kN 混凝土罐车+施工及人群荷载 3kN/m^2。

④水平冲击荷载:35kN(混凝土罐车的 10%,车速不大于 10km/h)。

⑤竖向冲击荷载:105kN(混凝土罐车的 30%,车速不大于 10km/h)。

⑥风荷载:正常工作状态基本风压 W_0=0.27kPa(8 级风,20.7m/s)。

⑦非作业状态基本风压 W_0=0.65kPa(抗台风速,31.9m/s)。

⑧波浪力:1.6kPa[涌潮基本压力 1.2kPa(对应 1.5m/s 潮速)+波浪基本压力 0.4kPa(浪高 H=1m)]。

(2)荷载组合

①栈桥自重+活载。

②栈桥自重+活载+汽车制动力。

③栈桥自重+活载+风荷载+波浪力。

④栈桥自重+活载+风荷载+波浪力+汽车制动力。

2.2　栈桥结构设计

桥面净宽 6m,全宽 6.5m,桥面顶高程为黄海高程+5.7m(以老虎滩验潮站历年的潮汐资料,该海域最大潮位为+2.42m,考虑海浪浪溅对贝雷梁的腐蚀,栈桥的设计水位按最大潮位以上 1m 考虑,即+3.42m,选用此高程作为栈桥下横梁工字钢底面的设计高程:$H_{顶}$=2.42+1+0.36+1.5+0.25+0.126+0.01=5.666,取为 5.7m)。由于施工高峰期间,栈桥上车流量较大,顺桥向每隔 300m 设置一个错车平台,平面尺寸为 45m×6m。

根据海底淤泥覆盖层厚度的不同,钢栈桥结构形式分为深覆盖层区和浅覆盖层区两种。

(1)深覆盖层区

栈桥标准跨径 15m,5 跨 1 联,每联之间设置制动墩(图 1)。连续墩采用单排 3 根 ϕ720mm×8mm 钢管桩,横桥向桩间距 2.5m;制动墩采用双排 ϕ720mm×8mm 钢管桩,桩距 3.0m。钢管桩在高程+0.5m 处设置 ϕ273mm×8mm 钢管平联,平联与下横梁之间设置[20 剪刀撑。

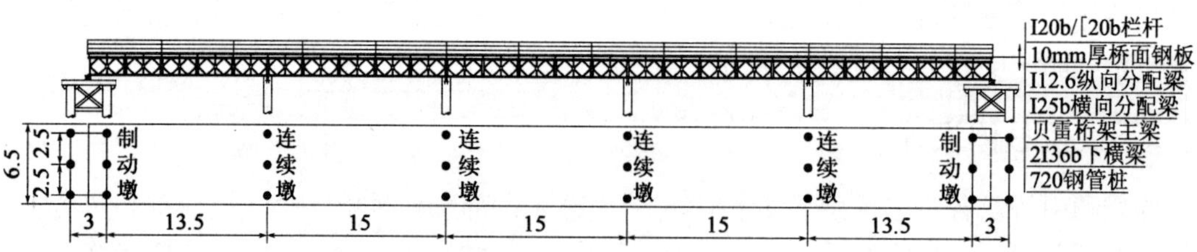

图 1　深覆盖层区栈桥结构图(尺寸单位:m)

栈桥下横梁采用双肢 I36b,以“321”型贝雷桁架作为主梁,两榀一组,榀与榀之间连接花架的宽度为 0.9m,相邻两组贝雷梁中心间距 2.5m,全断面共计 3 组。桥面横向分配梁采用 I25b@1 500mm,纵向分配梁采用普通 I12.6@300mm,桥面铺装为 10mm 厚的 Q235b

钢板。

栈桥围栏硬防护采用 I20b 工字钢为竖杆，高度 1m，以[20b 槽钢做扶手栏杆，水平杆采用 ϕ48mm 普通钢管，壁厚 0.3mm。

(2)浅覆盖层区

栈桥标准跨 12m，3 跨 1 联，每联之间设置制动墩(图 2)。连续墩采用单排 3 根 ϕ720mm×8mm 钢管桩，横桥向桩间距 2.5m；制动墩采用双排 ϕ720mm×8mm 钢管桩，排距 3.0m。钢管桩于高程＋0.5m 处设置 ϕ273mm×8mm 钢管平联，平联与下横梁之间设置[20 剪刀撑。

栈桥下横梁采用双肢 I36b，以“321”型贝雷桁架作为主梁，两榀一组，榀与榀之间连接花架的宽度为 0.9m，相邻两组贝雷梁中心间距 2.5m，全断面共计 3 组。桥面结构采用厚度为 20cm 的钢筋混凝土预制板，单块尺寸为 6m×2m，贝雷梁与预制板之间垫置缓冲胶皮。

栈桥围栏硬防护结构同深覆盖层区栈桥。

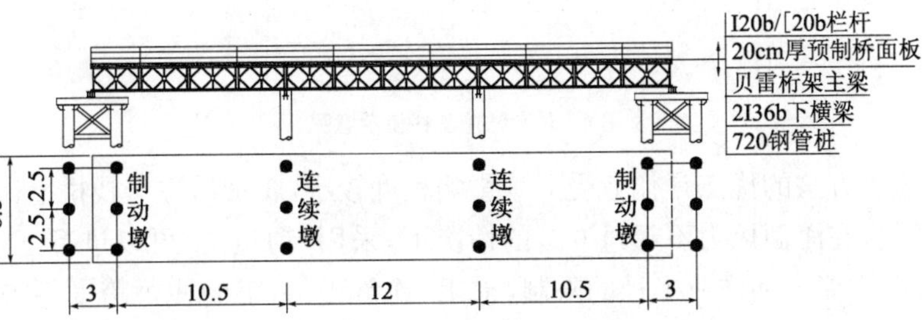

图 2 浅覆盖层区栈桥结构图(尺寸单位：m)

3 栈桥主要施工方法

海上钢栈桥搭设的第一道工序是钢管桩插打，同时也是最关键的工序。经过对本桥施工区域内的海底地质情况进行研究，决定采用 DZ90－A 振动锤进行钢管桩施工。下面着重介绍“浮吊施工法”和“钓鱼法”两种不同的钢管桩施工方法，以及全部成桥工序。

3.1 浮吊施工法

所谓“浮吊施工法”，即是首先采用浮吊或者船载履带吊辅助振动锤完成钢管桩振动下沉，待完成桩顶处理之后，铺设工字钢下横梁，再起吊已经预拼好的贝雷梁直接进行架设，最后铺设桥面结构的施工方法，见图 3。

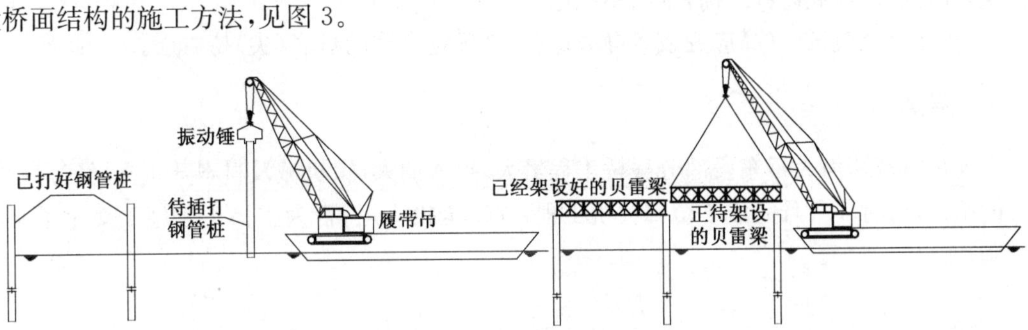

图 3 浮吊施工法施工栈桥示意图

该施工方法适用于作业区域内的水深较大，能够满足浮吊或者驳船的工作吃水深度的工况。

采用此种施工方法的优点是可以迅速打开工作面，在船机及吊机足够的情况下，可以实现多点开花，全面开工。但是受海况和天气的影响较大，如遇较大风浪、船机颠簸严重，钢管桩的定位精确度不高。

3.2 钓鱼法

所谓"钓鱼法"，即是在前期已经搭设完成结构稳定且足够长度的栈桥之后，履带吊上栈桥直接向前推进作业，完成钢管桩插打、贝雷梁架设及桥面结构等工作的施工方法，见图4。

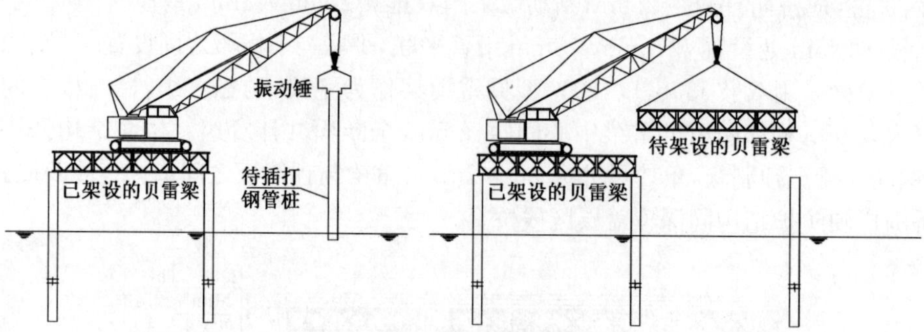

图4　钓鱼法施工栈桥示意图

采用此种施工方法的优点是作业受天气影响程度较小，履带吊位于栈桥上比较稳定，不会晃动，根据经验值，在海面风力不超过6级的情况下，采用"钓鱼法"可以进行正常施工。但是受履带吊(50t)起重能力和作业半径的限制，采用"钓鱼法"施工的栈桥跨度不得大于12m，因此只能进行浅覆盖层区域栈桥的施工，或者直接从岸边开始的段落栈桥施工。

4　施工控制关键点

(1)由于栈桥需要使用的时间较长，达3年，因此位于潮涌、浪溅范围内的钢管桩应进行防腐处理。

(2)钢管桩焊接对接时，务必要确保两节钢管桩同心，且在接头周圈加焊4块加强钢板。

(3)每根钢管桩的插打应一气呵成，中途不宜有较长时间的停顿，以免海底桩周土受挤压之后弹性恢复造成继续沉桩困难。

(4)插打钢管桩务必要以设计桩底高程控制是否已经满足承载力要求，并辅以经验值贯入度控制，在达到设计底高程之前，绝对不能停锤。

(5)务必要通过试验(高应变或者静载试验)来确定合理的桩底(尖)持力层。

5　结语

大连星海湾跨海大桥东段部分栈桥工程量大，投入的人员、机械及材料数量多，经过科学、精心的组织，历时6个月完成了全部栈桥工程，并安全投入运营，为主体工程施工奠定了坚实的基础。

参 考 文 献

[1] 中华人民共和国行业标准. JTG/T F50—2011　公路桥涵施工技术规范[S]. 北京：人民交通出版社，2011.

[2] 中华人民共和国行业标准. JTG D60—2004　公路桥涵设计通用规范[S]. 北京：人民交

通出版社,2004.
[3] 中华人民共和国建设部. GB 50017—2003 钢结构设计规范[S]. 北京:中国计划出版社,2003.
[4] 中华人民共和国推荐性行业标准. JTG/T F81-01—2004 公路工程基桩动测技术规程[S]. 北京:人民交通出版社,2004.
[5] 周水兴. 路桥施工计算手册[M]. 北京:人民交通出版社,2001.

14. 大连星海湾跨海大桥周围水域设计波浪

宋 悦 孙振祥 张宁川

(大连理工大学港口海岸及近海工程实验室)

摘 要:采用 MIKE21_SW 模块,建立了大连星海湾跨海大桥周围水域的波浪数学模型,以老虎滩水文观测资料为依据,对工程水域 6 个主要方向波浪特征进行了分析,计算了跨海大桥线由周围的有效波高分布,给出了工程 50 年和 100 年重现期的设计波浪参数。

关键词:大连星海湾 跨海大桥 MIKE21 数学模型 设计波浪

1 引言

大连星海湾跨海大桥的建设对于完善大连市交通路网规划、提高城市交通效率、提升城市功能具有十分重要的意义。该工程东起大连南部滨海大道东起金沙滩东侧的金银山,向西跨越星海湾,在高新园区填海区域登陆。线由跨越大连市南部近岸海域,如图 1 所示。

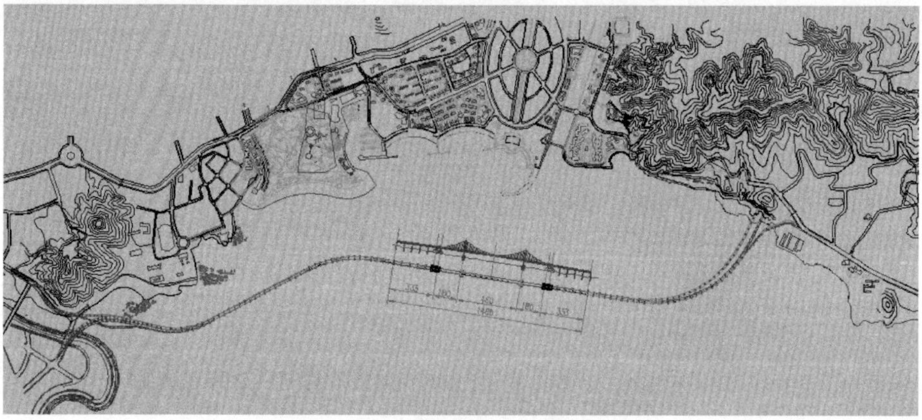

图 1 大连星海湾跨海大桥海域通道线由

数学模型作为研究海洋动力的一个重要手段,近年来得到了广泛的应用。丹麦水力学研究所开发的平面二维数学模型 MIKE21,是其中应用较为广泛的一款商业模型。该模型可用于模拟河流、湖泊、河口、海湾、海岸及海洋的水流、波浪、泥沙及环境场,曾经在丹麦、埃及、澳

基金项目:国家自然科学基金创新研究群体科学基金(51221961)。

洲、泰国等许多国家和地区得到成功应用。目前，该软件在国内的应用发展也很快，并在一些大型工程中被广泛应用，如长江口综合治理工程、杭州湾数值模拟、南水北调工程、重庆市城市排污评价、太湖富营养模型、香港新机场工程建设、台湾桃园工业港兴建工程等[1]。

本文采用计算软件 MIKE21_SW，建立了大连星海湾跨海大桥附近水域的波浪数学模型，以大连老虎滩水文观测站长期波浪观测资料为依据，由外海计算至工程全水域。通过数值模拟分析计算，提供设计波要素等参数，研究工程沿线波浪状况，为工程方案设计、环境影响评价和海域使用论证等专题的研究提供基本依据。

2 MIKE 21 数学模型

2.1 计算方法及方程

波浪数值计算采用丹麦水科所(DHI)研制的计算软件 MIKE21_SW 进行计算。MIKE21_SW 基于波作用守恒方程，可以考虑波浪的折射、浅水变形、底部损耗、波浪破碎、波流联合作用及风等因素对波浪传播的影响，可以用来进行大范围的波浪场的推算。

MIKE21_SW 模型的基本方程为：

$$\frac{\partial A}{\partial t}+\nabla_x\cdot(c_g A)+\nabla_\theta\cdot(c_\theta A)+\nabla_\sigma\cdot(c_\sigma A)=S \tag{1}$$

式中：A——波作用密度谱；

σ——波浪频率；

S——源项；

c_θ——在 θ 方向上波浪传播速度；

c_σ——在 σ 方向上波浪传播速度；

x,y——迪卡尔坐标；

θ——波浪传播方向。

$$c_{gx}=\frac{\mathrm{d}x}{\mathrm{d}t}=\frac{1}{2}\left[1+\frac{2kd}{\sinh(2kd)}\right]\frac{\sigma k_x}{k^2}+U_x \tag{2}$$

$$c_{gy}=\frac{\mathrm{d}y}{\mathrm{d}t}=\frac{1}{2}\left[1+\frac{2kd}{\sinh(2kd)}\right]\frac{\sigma k_y}{k^2}+U_y \tag{3}$$

$$c_\sigma=\frac{\mathrm{d}\sigma}{\mathrm{d}t}=\frac{\partial\sigma}{\partial d}\left(U\cdot\nabla d+\frac{\partial d}{\partial t}\right)-c_g k\cdot\frac{\partial U}{\partial s} \tag{4}$$

$$c_\theta=\frac{\mathrm{d}\theta}{\mathrm{d}t}=\frac{1}{k}\left(\frac{\partial\sigma}{\partial d}\frac{\partial d}{\partial m}+k\frac{\partial U}{\partial m}\right) \tag{5}$$

式中：d——水深；

U——速度；

k——波速；

c_{gx},c_{gy}——波在 x,y 方向传播速度；

s——沿 θ 方向空间坐标；

c_{gx},c_{gy},c_θ——由线性波理论计算；

m——垂直于 θ 方向空间坐标。

2.2 计算范围

图 2 为远场波浪计算地形及范围，图 3 为本工程海域附近老虎滩测波站波浪玫瑰图。在大桥线由途经海域，北部受陆域岸线掩护，SW—ESE 方向外海波浪几乎无有效掩护即可直接

传播至本工程。同时，SW—ESE 方向外海波浪即涵盖了强浪向，也涵盖了常浪向，为本工程设计波浪的控制方向。

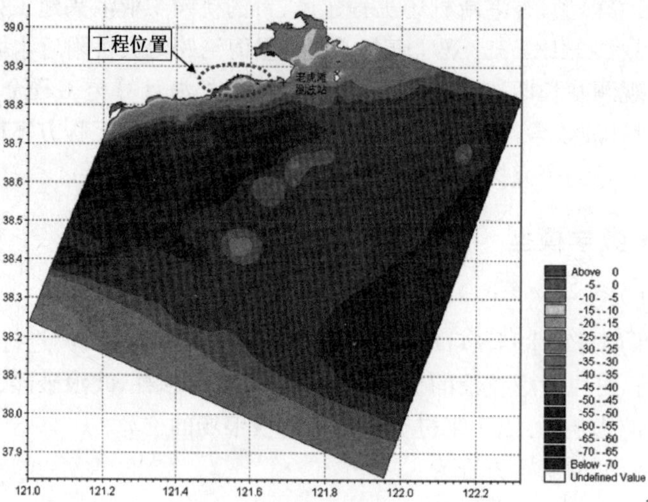

图 2 远场波浪计算地形及范围(经纬度坐标)

2.3 边界条件

波浪数值计算中，天然岸边界的波浪反射系数 $R=0.4$。斜坡式人工岸边界波浪正向入射时反射系数 $R=0.5$；直立式人工岸边界波浪正向入射时波浪反射系数 $R=1.0$。波浪顺岸边界传播时不考虑反射。波浪斜向入射时，依据边界类型适当调整反射系数。

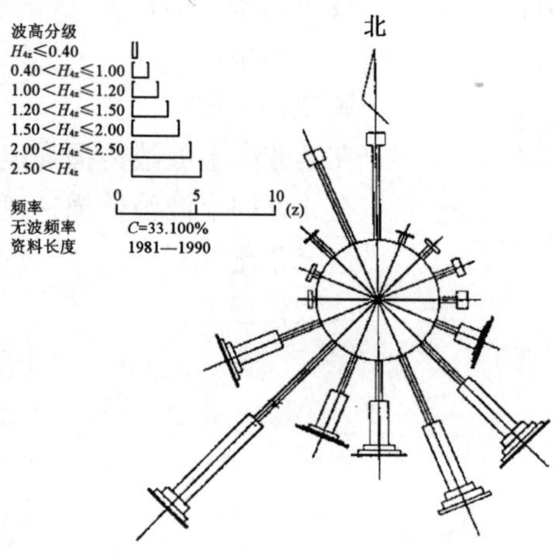

图 3 波浪玫瑰图

南部滨海大道交通工程项目没有进行波浪观测。距离本工程最近的波浪长期观测站为大连老虎滩水文观测站。老虎滩地理坐标为：121°41′12″E，38°51′36″N。从地理位置上看，该测站记录的外海波浪(−30m 等深线)可移植为本工程相同等深线上的外海波浪作为远场波浪入射动边界。老虎滩波浪观测站与本工程有关的 SW—E 方向的长期外海波浪统计结果见表 1。

老虎滩−30m 等深线设计波要素 表 1

方向	SE(ESE)		S(SSW,SSE)		SW(WSW)		E(ENE)
重现期(年)	100	50	100	50	100	50	50
$H_{1/10}$(m)	8.5	6.7	4.8	4.5	4.2	3.9	4.4
T(s)	9.9	9	7.9	7.5	7.6	7.2	7.6

2.4 模型验证

波浪计算波向包括 SW、SSW、S、SSE、SE 和 ESE 共 6 个主要影响方向。当外海波浪由造波边界传播至老虎滩测波站时，应与老虎滩测波站的原型观测结果一致，以此确定造波边界波浪输入，同时验证波浪数值模型。验证模型中，目标位置水深为 30m，外海水域水深为 30～50m，因此计算水位采用平均潮位。

经过调试，得到造波边界输入波要素。不同方向、不同重现期波浪验证结果（边界输入）示例参见表2。

SE 方向及 S 方向波浪边界输入参数及验证结果 表2

方向重现期	造波边界		老虎滩	
	*H*s(m)	谱峰周期 *T*p(s)	$H_{1/10}$(m)	平均周期 *T*(s)
SE-100y	7.2	11.4	8.51	9.9
SE-50y	5.65	10.4	6.72	9.0
S-100y	4.0	9.1	4.81	7.9
S-50y	3.7	8.6	4.52	7.5

3 波浪场计算结果及分析

3.1 外海波浪传至工程水域的数值计算

3.1.1 100年重现期全域波浪分布

远场波浪计算波向包括SW、SSW、S、SSE、SE和ESE共6个主要影响方向。计算结果如图4a)～f)所示。

图4给出了远场模型计算全域100年一遇设计高水位的有效波高等波高分布图。可以看出，外海波浪传播至工程附近水域，上述6个方向比较，SE和ESE方向的波高最大，外海－15m深水处100年重现期的有效波高在5.0～6.6m范围内变化；S、SSE和SSW方向的波高大体相当，外海－15m深水处100年重现期的有效波高在3.4～4.0m范围内变化；SW方向的波浪最小，外海－15m深水处100年重现期的有效波高在2.8～3.2m范围内变化。

与相同方向外海－30m深水处100年重现期的有效波高比较可知，本工程面向外海的主要入射波浪方向上，外海波浪由外海深水处传播至近岸－20m深水处，波高衰减不大。这主要是因为在该水深范围内，波浪传播没有任何岛屿掩护，受边界及地形变化的影响很小的缘故。

图5显示了跨海大桥建成后SE方向波浪分布情况，100年重现期的有效波高在跨海大桥中部约为5m，沿大桥轴线向两侧逐渐衰减为4m，3m……，－7～－4m等深线为波浪破碎区，破碎区内设计波高应为水深对于的极限波高。破碎带到陆域岸线范围内，有效波高在0.0～4.0m范围内变化。

3.1.2 50年重现期全域波浪分布

针对50年重现期的全域波浪分析得出，外海波浪传播至工程附近水域，全域50年一遇不同设计水位的有效波高等波高分布定性上和100年一遇不同设计水位的有效波高等波高分布无显著差别。

6个方向比较，SE和ESE方向的波高最大，工程附近外海－15m深水处50年重现期的有效波高在4.0～5.2m范围内变化。S和SSE方向的波高大体相当（较小），工程附外海－15m深水处50年重现期的有效波高在2.8～3.6m范围内变化；SSW和SW方向的波高最小，工程附近外海－15m深水处50年重现期的有效波高在2.6～3.0m范围内变化。

与相同方向外海－30m深水处50年重现期的有效波高比较可知，本工程面向外海的主要入射波浪方向上，外海波浪由－30m深水处传播至－15m深水处，波高衰减不大。这主要是因为在该水深范围内，波浪传播没有任何岛屿掩护，受边界及地形变化的影响很小的缘故。

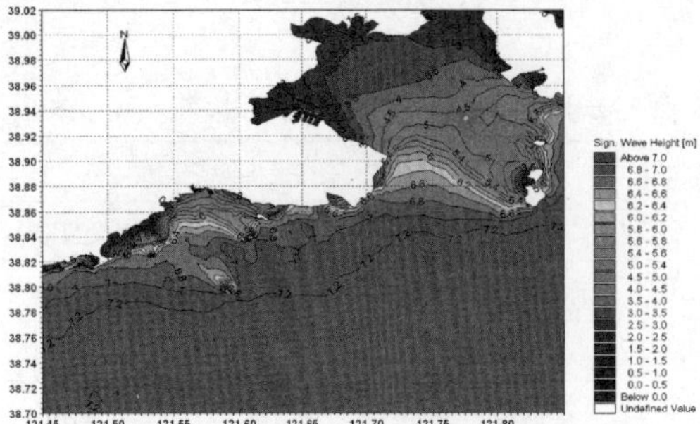

a)浪向SE，设计高水位，100年一遇

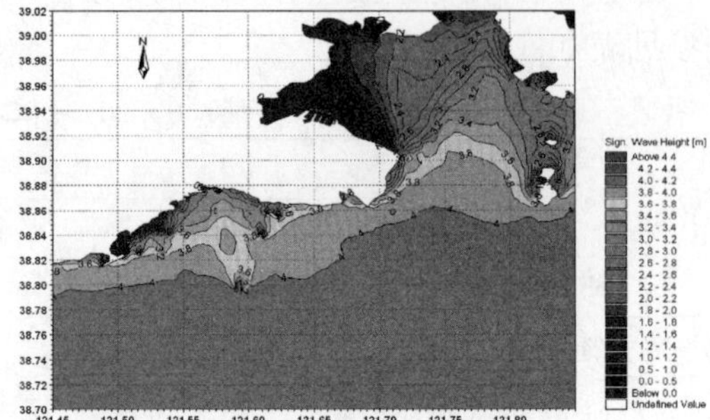

b)浪向S，设计高水位，100年一遇

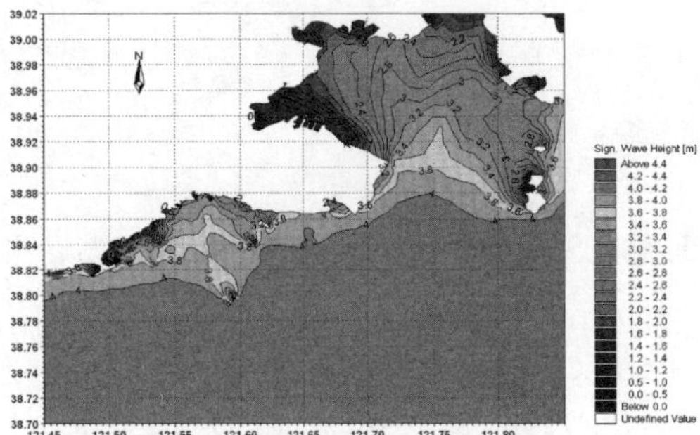

c)浪向SSE，设计高水位，100年一遇

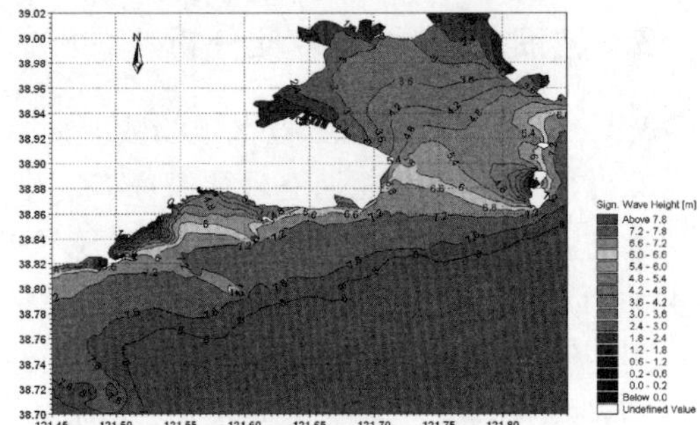

d)浪向ESE，设计高水位，100年一遇

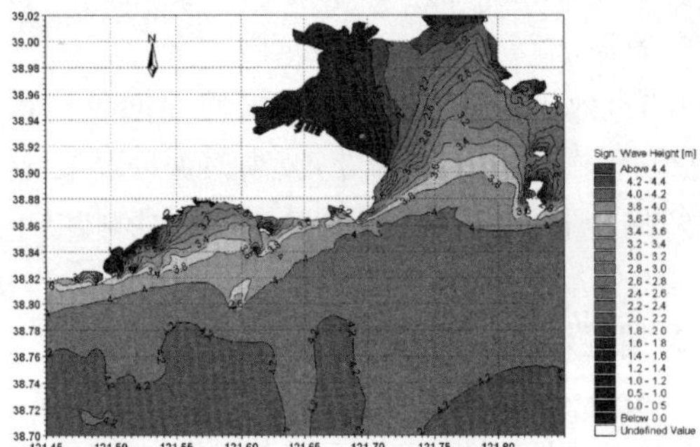

e)浪向SSW，设计高水位，100年一遇

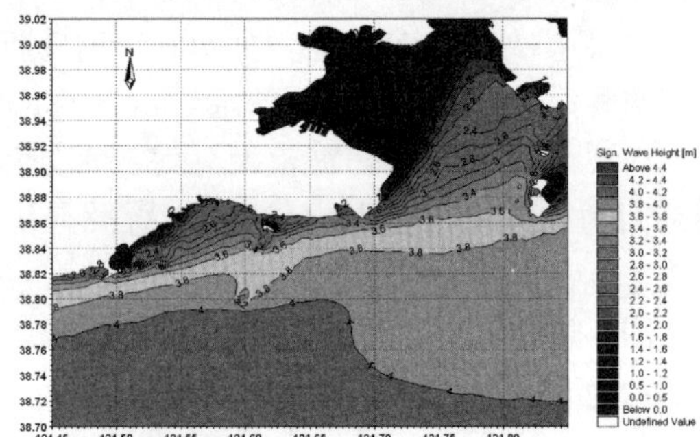

f)浪向SW，设计高水位，100年一遇

图4　外海波浪传播至工程水域全域有效波高分布图

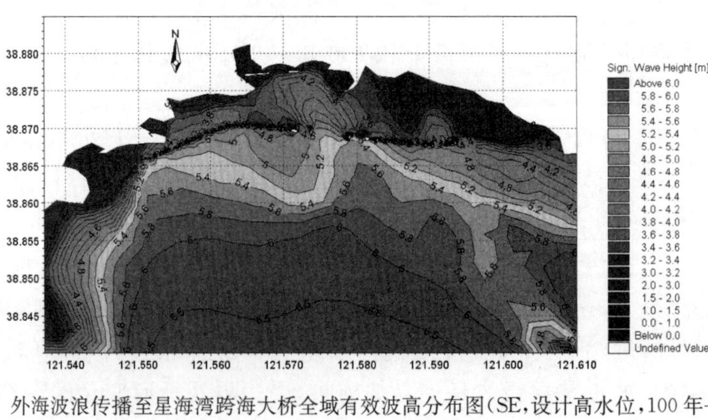

图5　外海波浪传播至星海湾跨海大桥全域有效波高分布图(SE,设计高水位,100年一遇)

从工程实施后，深水波浪在南部滨海大道大桥附近的有效波高分布结果可得，从本工程整个线位水域的波高分布来看，波高在大桥中间位置较大，并向两侧水深较浅的地方逐渐衰减，－6.5～－3.5m 等深线为波浪破碎区，破碎区内设计波高应为水深对于的极限波高。破碎带到陆域岸线范围内，有效波高在 0.0～3.0m 范围内变化。

3.2 设计波要素分析

3.2.1 设计波要素提取点位置

考虑外海波浪从不同方向传播至建筑物所在位置，分别沿建筑物边界周围提取特征波高(有效波高)，再按照水深条件计算不同入射方向的设计波要素特征值。周期按照外海的入射波周期确定。

比较各个方向波浪统计特征值，将其中最大值确定为建筑物在该位置处的设计波要素。对于有固边界的遮蔽区，应考虑绕射波浪周围设计波要素。设计波要素沿着跨海大桥轴线方向提取，自西向东依次为 t1，t2，t3……，t53。位置示意图详情见图 6。

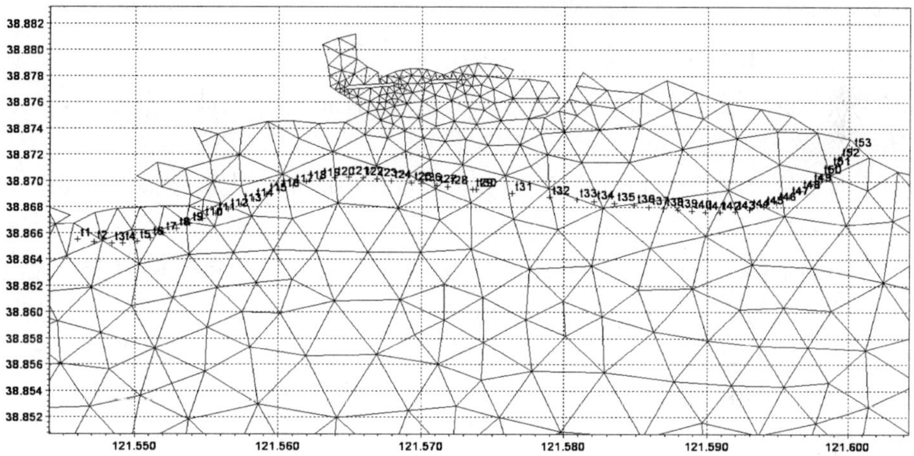

图 6 跨海大桥海域线由周围设计波要素提取点位置示意图

3.2.2 全段由分段设计波要素

基于全水域不同重现期、不同水位、不同方向设计波要素计算结果比较，考虑设计实际需要，将跨海大桥全线由按照水深区分为四段(表 3)。

跨海大桥全线由分段设计波要素(100 年一遇，设计高水位) 表 3

工程位置	100 年一遇						50 年一遇					
	$H_{13\%}$	$H_{5\%}$	$H_{4\%}$	$H_{1\%}$	平均周期(s)	L(m)	$H_{13\%}$	$H_{5\%}$	$H_{4\%}$	$H_{1\%}$	平均周期(s)	L(m)
西引桥单层	4.77	5.37	5.49	6.13	9.9	86.5	4.24	4.82	4.94	5.56	9	77.5
西引桥双层	5.04	5.81	5.97	6.81	9.9	102.2	4.28	4.97	5.11	5.88	9	91.0
中间主桥和东引桥双层	5.36	6.22	6.39	7.34	9.9	109.2	4.34	5.07	5.22	6.03	9	95.1
东引桥单层	4.34	4.93	5.05	5.69	9.9	87.2	3.77	4.43	4.57	5.32	9	98.0

由西至东：0～5m 水深，对应西引桥单层部分；5～10m 水深，对应西引桥双层部分；10～13m 水深，对应中间主桥部分和东引桥双层部分；3～5m 水深，对应东引桥单层部分。

4 结语

波浪数值计算采用丹麦水科所(DHI)研制的计算软件 MIKE21_SW；以大连老虎滩水文观测站长期波浪观测资料为依据，由外海计算至大连星海湾全水域，得出以下结果：

(1)外海波浪传播至工程附近水域，以 SE 和 ESE 方向的波高最大，外海－15m 深水处 100 年重现期的有效波高在 5.0～6.6m 范围内变化；S、SSE 和 SSW 方向的波高大体相当，外海－15m 深水处 100 年重现期的有效波高在 3.4～4.0m 范围内变化；SW 方向的波浪最小，外海－15m 深水处 100 年重现期的有效波高在 2.8～3.2m 范围内变化。故本工程设计波浪受 SE 方向外海波浪控制。

(2)工程面向外海的主要入射波浪方向(SW—ESE)上，外海波浪由－30m 深水处传播至－15m 深水处，波高衰减不大。

(3)对大桥，100 年重现期 $H_{1\%}$ 大波约为 7.44m。

(4)对于西引桥单层部分，设计高水位、100 年重现期的 $H_{1\%}$ 大波波高为 6.13m，50 年重现期的 $H_{1\%}$ 大波波高为 5.25m。

(5)对于西引桥双层部分，设计高水位、100 年重现期的 $H_{1\%}$ 大波波高为 6.81m，50 年重现期的 $H_{1\%}$ 大波波高为 5.88m。

(6)对于中间主桥部分和东引桥双层部分，设计高水位、100 年重现期的 $H_{1\%}$ 大波波高为 7.34m，50 年重现期的 $H_{1\%}$ 大波波高为 6.03m。

(7)对于东引桥单层部分，设计高水位、100 年重现期的 $H_{1\%}$ 大波波高为 5.69m，50 年重现期的 $H_{1\%}$ 大波波高为 5.32m。

参 考 文 献

[1] 许婷. 丹麦 MIKE21 模型概述及应用实例[J]. 水利科技与经济，2010，16(008)：867-869.

[2] Berkhoff J C W. Computation of combined refraction-diffraction [A]. Proc 13th Int. Coastal Eng. Conf. [C]. Vancouver，Canada，ASCE，1972，1：471-490.

[3] 赵今声，等. 海岸河口动力学[M]. 北京：海洋出版社，1993.

[4] 严恺，等. 海岸工程[M]. 北京：海洋出版社，2002.

15. 无推力空间钢网拱桥

——天津安阳桥桥梁设计

张振学[1]　韩振勇[2]　郭会国[1]

（1. 天津城建设计院有限公司；2. 天津城建集团有限公司）

摘　要：天津海河安阳桥位于于家堡中心商务区，为了体现中心商务区的规划要求，安阳桥方案设计为大跨度空间钢网拱桥。该桥场地为软土地基，抗震设防烈度为高烈度地区，通过采用合理的结构设计、减隔震措施，解决了拱桥水平力问题以及高烈度地震区桥梁抗震问题。通过对空间钢网主拱、大吨位铸钢件、斜撑及拉杆等构件的精细化设计，使得本桥设计达到了经济、安全、合理的目的。

关键词：无推力拱桥　空间钢网主拱　铸钢　安阳桥

1　工程背景

城市桥梁不仅具有跨越障碍的功能，还要有与周边建筑、人文环境相和谐的品质，形成城市的景观，传承城市的文化。随着城市景观发展的需求，开始出现了城市景观桥。城市景观桥更具空间表现力，更能体现城市景观建设风貌。在城市的一些规划区域，城市桥梁成为当地的风景和标志性建筑，成为当地人文社会的一种象征和灵魂。

滨海新区中心商务区是滨海新区重要的经济功能区，位于滨海新区的核心地带，是天津滨海新区发展国际金融、国际贸易和高端服务业的聚集区，是滨海新区金融改革创新基地和未来城市形象标志区。中心商务区将重点发展金融服务、现代商务、高端商业等现代服务产业，并最终建成环渤海地区的金融中心、贸易中心、商务服务中心和高品质的国际化生态宜居城区。

图 1　滨海新区和中心商务区规划

安阳桥位于滨海新区中心商务区于新道跨海河处，如图 1 所示。根据中心商务区的规划，本桥的方案设计要体现中心商务区成为滨海新区金融改革创新基地和未来城市形象标志区的需求。针对这一需求，法国米姆拉姆建筑工程咨询有限公司设计该桥为空间钢网拱桥的方案，如图2所示，天津城建设计院承担了该桥的深化设计工作。

图2　安阳桥效果图

2　桥梁总体布置

安阳桥为大跨度空间钢网拱桥，跨径布置为20m＋22m＋220m＋22m＋20m，全长304m，桥型布置如图3所示。安阳桥主拱为空间钢网主拱，跨径220m，拱高40m，矢跨比为1/5.5，主拱由14个箱形截面小拱组成，通过“飞鸟式布置”的拱间横向连梁形成整体，横向连梁间距8m。主拱在拱梁连接处至拱脚之间，由于尺寸变小，14条小拱变为钢拱箱。横桥向布置双向6车道，车道两侧分别为人行道和吊杆锚固镂空区，主桥跨中断面全宽为40.5m，断面布置图如图4所示。主桥通过人行楼梯与两侧海河堤岸连接。主桥修筑面积为11 266m^2。

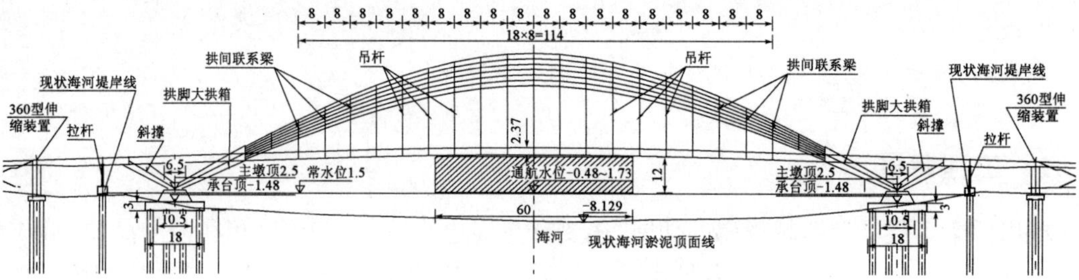

图3　桥型布置图(尺寸单位:m)

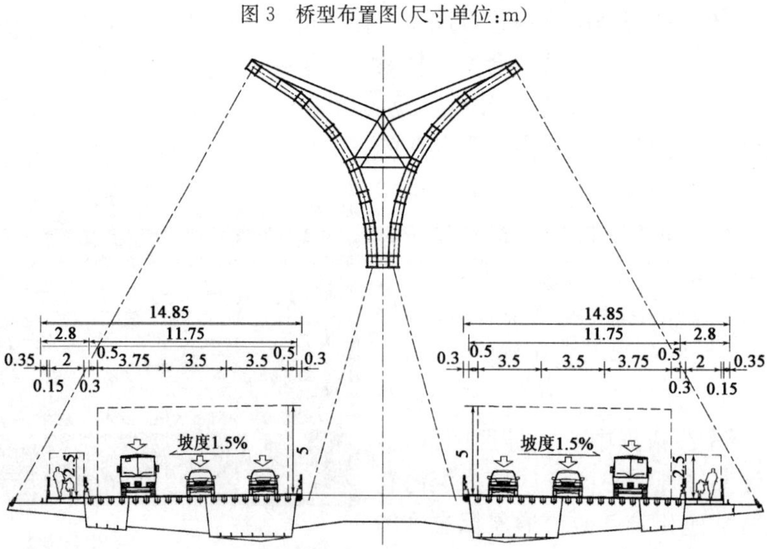

图4　主桥横断面图(尺寸单位:m)

3　桥梁结构体系

安阳桥为大跨度空间钢网拱桥，场地为软土地基，淤泥质土厚度达 10m，拱桥的水平力问题是本桥设计的关键问题。在常规的中承式拱桥中，主拱拱脚与下部基础为固结的方式，主拱的水平力由下部基础承担，在软土地基上难以实现。在安阳桥的设计中，在一个拱脚墩位设置顺桥向固定支座，在其他墩位设置顺桥向滑动支座，桥面荷载通过吊杆传递给主拱，主拱通过铸钢件传递给斜撑，斜撑再将荷载传递给主梁，形成了闭合的荷载传递体系，解决了主拱水平力由下部基础承担难以实现的问题。

安阳桥主拱跨中截面高 11.6m，宽 15.4m，在拱脚处截面高 2.7m，宽 3.0m，主拱上大下小，主拱在拱梁连接处至拱脚之间，由于截面尺寸变小，14 条小拱变为钢拱箱，主拱在拱脚处支撑为一个点支撑，主拱的稳定是通过主拱与主梁的吊杆来实现，而主梁的稳定是防止主梁发生扭转，因此，本桥的面外稳定是一个关键问题。为了保证本桥的面外稳定，拉杆在横桥向全宽度布置，有效地防止了主梁的扭转，使得本桥形成了稳定的桥梁结构。

4　整体结构分析

安阳桥采用 Midas 软件进行整体结构静力分析，其中，吊杆、拉杆采用桁架单元，空间钢网主拱、主梁、拱箱、斜撑采用梁单元，整个桥梁结构划分为 3 238 个单元，共 2 176 个节点（图 5）。计算模型边界条件布置为：在顺桥向约束一个主墩墩位，其余墩位顺桥向全部释放，在横桥向约束主墩墩位和边跨连接墩墩位。安阳桥场地地震动峰值加速度为 0.15g，场地类别为Ⅳ类，经过对多种抗震体系布置的验算对比分析，最终确定了双曲面减隔震支座和阻尼器结合的减隔震方式。安阳桥主拱为空间钢网拱，动风荷载效果明显，虽然在模型计算中考虑了静风荷载，但为了更确切地得到主拱的动风特性，需要对桥梁进行风洞试验，以确保桥梁设计的安全。本桥主要钢材采用 Q345qD，计算应力在 200MPa 以下，满足规范的强度要求；汽车荷载位移为 18.3cm，容许位移为 $L/800$，满足规范的刚度要求；本桥的弹性稳定系数为 7.8，考虑几何非线性及材料弹塑性的稳定系数为 3.6，满足规范的稳定要求。

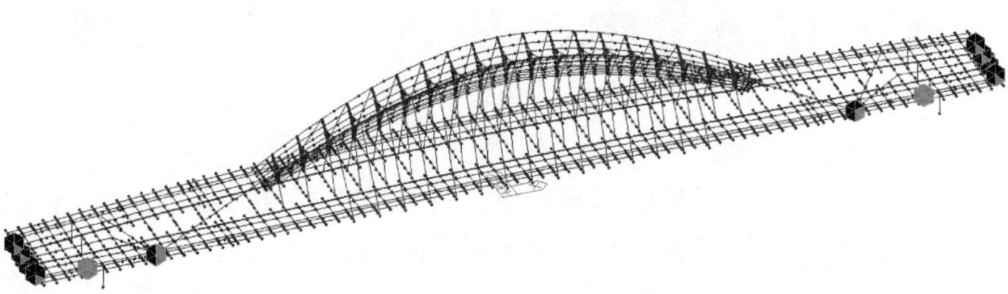

图 5　安阳桥计算模型

5　桥梁关键构件

在本桥桥梁结构中，桥面荷载通过吊杆传递给主拱，主拱通过铸钢件传递给斜撑，斜撑再将荷载传递给主梁，为了平衡斜撑的竖向分力，设置了大吨位拉杆，主梁、吊杆、主拱、铸钢件、斜撑、拉杆形成了稳定的桥梁结构（图 6）。此外，在本桥的设计中存在较多局部关键点，如主拱与主梁的连接点、小拱肋与主拱箱的连接点、小拱肋与拱间横连的空间连接点、斜撑与主梁的连接点、大吨位拉杆与主梁的连接点、铸钢件与斜撑及主拱箱的连接点等。

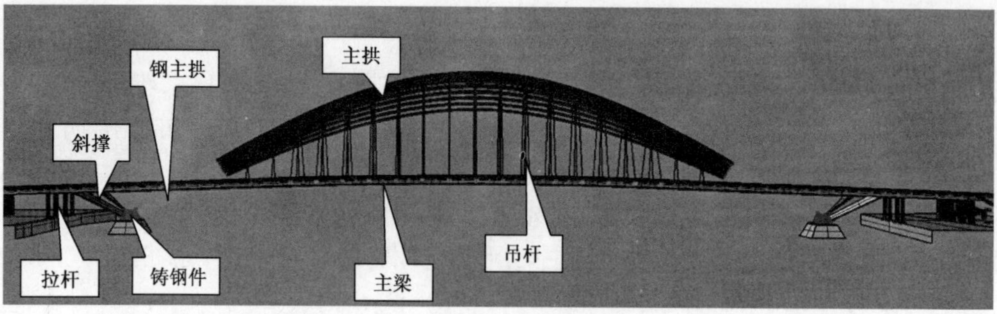

图 6　桥梁关键构件布置图

5.1　空间钢网主拱

本桥主拱为空间钢网主拱(图 7),跨径 220m,拱高 40m,矢跨比为 1/5.5,主拱由 14 个箱形截面的小拱组成,通过拱间横向连梁形成整体,横向连梁间距 8m。主拱在拱梁连接处至拱脚之间,由于尺寸变小,14 条小拱变为钢拱箱,钢拱箱一侧水平投影长度为 33m。在设计主拱的线形和杆件尺寸时,为了满足桥梁建筑方案要求,采用较小的截面尺寸。安阳桥主拱拱轴线线形为桥梁建筑方案提供,与合理拱轴线有一定的差异,主拱的受力有自己的特点。主拱和拱间连梁各杆件尺寸较小,空间交汇杆件较多,各杆件相对较短,主拱的节点设计也本桥的一个难点。

图 7　空间钢网主拱

5.2　大吨位可焊接铸钢件

在安阳桥主拱拱脚处,主拱与三道反向斜撑形成交汇节点。在交汇节点处,如采用混凝土节点,由于其建筑体量太小,难以实现;如果采用钢结构焊接的方式,拱脚与三道斜撑为空间交汇节点,焊接节点复杂,焊接不易实现,焊接质量难以保证,为了实现交汇节点的连接,交汇节点设计为可焊接铸钢件。铸钢件不仅承受主拱传来的巨大内力,还承受着三道斜撑传来的内力,铸钢件是本桥的关键受力点之一。本桥的铸钢设计为大吨位可焊铸件在桥梁结构中的首次应用,国内也没有相应的规范和经验可供参考。铸钢件为空间三维结构,顺桥向长 8.33m,横桥向宽 6.10m,高 3.48m,重约 250t。铸钢的设计不仅需满足强度、刚度的要求,而且应考虑更多的实际问题,如超大吨位铸钢构件铸造、运输、吊装和现场焊接等问题。

5.3　斜撑

在本桥拱脚铸钢件处,布置三道斜撑,传递拱脚的巨大内力给主梁。桥面荷载通过吊杆传递给主拱,主拱通过拱脚拱箱、铸钢件传递给斜撑,而斜撑又将荷载传递给主梁,形成了闭合的荷载传递体系。斜撑在横桥向布置为三道，在拱脚铸钢件处交汇于铸钢节点，在主梁顺桥向为同一墩位线，在横桥向布置为中间和两侧各一道。斜撑采用箱形变截面，在拱脚处采用箱形小截面，在主梁处采用箱形大截面，形成完美的造型。

5.4 大吨位拉杆

在本桥边跨中，由于斜撑传递主拱内力，边墩将出现很大的负反力，常规的抗拉支座难以实现，需要在边跨设置拉杆来承受负反力。拉杆位置的选择是设计需要考虑的问题，当拉杆布置与斜撑越近，拉杆所起的作用就越直接，主拱的应力就有所降低，但三道反向斜撑的应力就增加很快，甚至在强度设计时难以满足规范要求，而且构造上没有足够的空间，不易实现。当拉杆布置得太远，主拱的应力增加较快，用钢量增加，经过反复计算，确定了拉杆的合理位置。

6 结语

城市景观桥梁不但肩负着桥面上的交通荷载，还传承着城市的历史文化，成为当地的风景和象征。天津海河安阳桥为滨海新区中心商务区的一座景观桥，实现了桥梁景观和桥梁结构的完美统一。

参考文献

[1] 项海帆.桥梁概念设计[M].北京:人民交通出版社,2011.

16. 软土地基地锚式人行悬索桥概念设计

汤洪雁[1]　韩振勇[2]　王秀艳[1]

(1. 天津城建设计院有限公司;2. 天津城建集团有限公司)

摘　要:简要说明软土地基地锚式人行悬索桥概念设计的意义,明确概念设计阶段应考虑的主要技术问题。以某人行悬索桥为工程背景,从工程环境特点、总体布置等方面,对该类桥梁概念设计阶段所应把握的规律和要点进行分析论述。对主缆设计、锚碇设计、主梁设计、索鞍设计以及抗风设计、减振设计等关键技术问题进行分析阐述,使得在软土地基条件下的地锚式人行悬索桥达到经济、合理、安全的目的。

关键词:软土地基　地锚式　人行悬索桥　概念设计

1　引言

悬索桥具有跨越能力强,景观效果好等优点,也是大跨景观人行桥经常采用的一种方案。大跨人行悬索桥,结构形式多样,结合具体的建设条件,每一座桥梁都有其创新发挥的空间。尽管如此,仍然有其内在规律和体系特征,把握这些规律和特征是做好概念设计的前提。重视概念设计,对工程方案的合理性、创新性,既是重要的也是必要的。本文根据软土地基人行悬索桥的技术特点,对概念设计阶段主要解决的总体布置、主缆设计、锚碇设计、主梁设计、索鞍设计以及抗风设计、减振设计等关键技术问题进行论述与探讨。

软土地基地锚式人行悬索桥最突出的特点为结构柔,以至于现行《城市人行天桥与人行地道技术规范》(CJJ 69—95)中,竖向自振频率不小于 3Hz 的要求很难满足;人群荷载/恒载比值大,这是由于地锚式人行悬索桥桥面系,只需承担人群引起的局部荷载即可,主梁结构较轻;软土地基使得基础抵抗水平力的成本大幅增加。针对这三个特点,选择合适的垂跨比、基础形式以及关键节点构造方式,是解决问题的关键。

2　总体布置

2.1　跨径布置

悬索桥通常布置成三跨式,除非在特定条件下,如受地理条件限制,边跨位置为曲线,或边跨修筑路基或其他结构形式更加经济时,悬索桥布置成单跨。在确定跨径时,要结合实际情况,综合考虑跨越要求、施工难度及工程风险等,兼顾上下部结构的经济性和合理性。本工程实例中，根据通航及泄洪要求，主跨跨越主河槽，主跨长180m。考虑锚碇施工对大堤结构的影响，为保证大堤安全，根据河道管理部门要求，悬索桥锚碇边缘距离大堤约3m，边跨跨径为36m。边中跨比例为0.2，有利于结构总体刚度的提高。

2.2 垂跨比

在主跨长及边中跨比一定的情况下，主缆的拉力随垂跨比的减小而增大，即垂度越大主缆力越小，但是垂度的增大增加了主缆的长度，同时增加了塔的高度，因此存在最优垂度的问题。在受力性能方面，垂度的大小还影响悬索桥的刚度以及竖向、扭转固有振动频率，从而影响结构抗风性能。综合上述因素，大跨度悬索桥的垂跨比一般为1/12～1/10。

本工程实例中，需使桥塔的高度对周围景观不会带来压抑感，避免喧宾夺主，适合的垂跨比为1/12，即垂度为15m。

3 主要构件设计

3.1 主缆

悬索桥主缆设计应根据结构总体布置、设计缆力等确定主缆材料、截面尺寸，主缆材料可选用镀锌高强钢丝、镀锌钢丝绳等。镀锌钢丝绳相较镀锌高强钢丝强度几乎相等，弹性模量一般为1.2×10^5MPa，约为镀锌高强钢丝的0.6倍；造价方面，镀锌钢丝绳较高强钢丝便宜。人行悬索桥主缆力相对较小，导致主缆直径可能存在过小的问题，除可能发生的主缆风振问题外，从视觉上还会给行人带来不安全感。综合比较而言，在造价一定的情况下，钢丝绳主缆可做到刚度与平行钢丝主缆相同，但主缆强度更大，可避免由于主缆直径过小导致的自身风稳定性不佳及不安全感的问题，故选用镀锌钢丝绳作为主缆材料。

3.2 锚碇

锚碇是用于固定主缆端头，防止其向跨内走动的巨大构件。根据抵抗主缆力的方法，常用的有重力式锚碇和岩隧式锚碇两种结构形式。软土地基下，做岩隧式锚碇的条件不具备。可选的常用锚碇形式为重力式锚碇。重力式锚碇，依靠本身重力，以及由重力产生的与接触面的摩擦力，来抵抗主缆的水平及竖向分力。对于本桥，经济可行的设计方案为重力式锚碇，但由于重力式锚碇在施工过程中，存在深基坑开挖以及围护桩工程量过大的问题，反而存在施工困难及施工费用高等缺点。因而采用桩基础来抵抗水平力，可大大减少施工作业量及施工成本，且可避免基坑开挖对大堤造成的扰动。

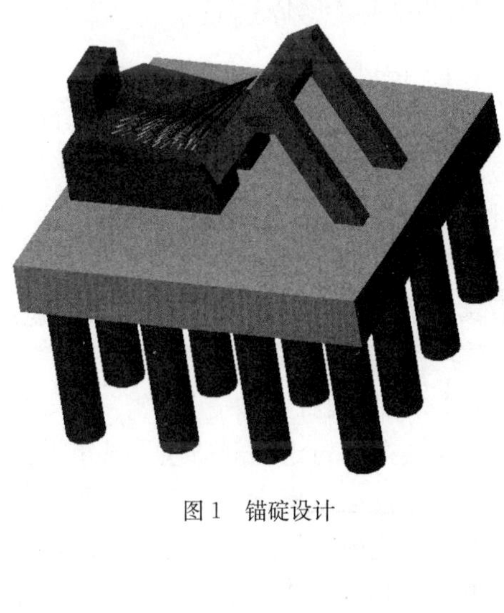

图1 锚碇设计

本工程采用三角形空腹式锚碇（如图1所示），以减轻洪水期的阻水问题，并在锚碇基础上设置支墩，使其在为引桥提供基础的同时，将引桥重量传递至锚碇之上，有利于调整由于主缆水平力及上拔力产生的偏心作用。

3.3 加劲梁

人行悬索桥桥面系往往较窄，由于只需承担人群局部荷载，故而主梁梁高一般较小。自锚式悬索桥的主梁承受很大的轴向压力，对于大跨人行悬索桥而言，主梁作为压弯构件，稳定性很难满足，这也是大跨人行悬索桥很少采用自锚式体系的原因。

对于软土地基地锚式悬索桥而言，主梁选择除满足基本受力需求外，还需尽量减轻主梁重量，以降低锚碇基础水平力。常用的结构形式为钢结构的纵横梁体系，其具有结构轻、受力明确等优点。近年来，随着新材料、新技术的发展，FRP 材料成为人行悬索桥主梁结构的首选材料，具有自重轻、强度高、耐腐蚀等优点。

3.4 塔顶鞍座

鞍座位于主缆和塔顶之间，其功能是支承主缆，并使主缆在该位置转向。为了避免主缆结构的磨耗，一般主缆与鞍座之间不允许产生滑动，鞍座固定于塔顶，可变作用(对人行悬索桥而言，主要为人群荷载)或基础沉降等引起的主缆两端的不平衡力，由塔身的弹性弯曲释放。对于本桥而言，边跨主缆长度非常小，约为 40m，而结构处于软土地基，基础不均匀沉降量相对较大，这就使得基础沉降引起的索鞍两侧不平衡力非常大，通过减小主塔刚度来释放的方法失效。本工程采用纵向可滚动的索鞍，通过索鞍纵桥向约 3cm 范围内的移动，经济、有效地解决由于活载、基础沉降等引起的主缆不平衡力，如图 2 所示。

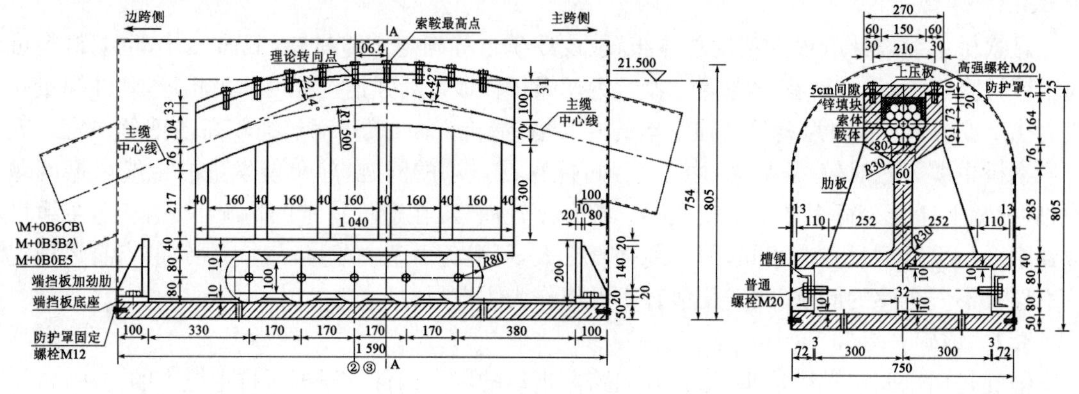

图 2　滚动索鞍(尺寸单位:mm)

4　抗风及减振设计

4.1　抗风设计

人行悬索桥具有跨度大、桥面窄、自重轻等特点。对于风引起的升力问题，可通过桥面木板之间 2cm 的缝隙释放。对于风引起的横向挠度，《公路悬索桥设计规范》(待批稿)规定，悬索桥加劲梁在强风(桥面无车)作用下，最大横向挠度不宜大于跨径的 1/150，对本工程为 180/150=1.2m。当主梁发生 1.2m 横向挠度时，会导致行人恐慌，此时限行是必要的。而对于不具备限行条件的人行桥，可通过风缆经济、有效地降低风引起的横向挠度，增加桥梁对大风天气的适应性。

4.2　减振设计

为保证行人行走的舒适性，《城市人行天桥与人行地道技术规范》(CJJ 69—95)中，要求人行桥的竖向自振频率不小于 3Hz，而这一要求对于人行悬索桥而言，是很难满足的。参考国外采用加速度值衡量行走舒适度的方法，如下。

英国 BSI(1978)规定，人体所能承受的竖向舒适度极限，用加速度表示为 0.78m/s^2；ISO10137 2007 规定人体所能承受的竖向舒适度范围为 0.3～0.6m/s^2 之间；欧洲规范 EN1990 规定，人行桥桥面任意位置的竖向振动加速度峰值应小于 0.7m/s^2。Matsumoto 通过研究给出了常见民用建筑、室内外天桥在人行荷载下的加速度峰值上限，其中，办公室、起居室及教堂的楼板振动加速度限值为 0.5g%；大型购物超市的楼板振动加速度限值为 1.5g%；室内人行天桥、走廊的振动加速度限值为 1.5g%；室外人行天桥、走廊的振动加速度限值为 5g%，超过该上述限值，人体在结构上活动会产生不舒适的感觉。

综合上述规范，本工程在分析过程中，将一般人群移动荷载作用下的桥面竖向振动所产生的桥面最大峰值加速度限值定为 0.5m/s^2，将极端密集人群荷载作用引起的桥面竖向振动加速度峰值定为 0.78m/s^2。当桥面竖向振动加速度不满足人体舒适度要求时，采用调频质量阻尼器对其进行减振控制。

5 结语

针对软土地基地锚式人行悬索桥的结构特点，在概念设计阶段，扬长避短：①采用钢丝绳主缆，在造价相同的条件下，使得主缆直径最大，抗拉承载能力最大，避免主缆自身风振，增大主缆安全系数；②主梁在满足局部人群荷载的前提下，尽量采用轻质材料，如 FRP 材料；③索鞍采用可滚动式索鞍，以充分利用人行桥对于挠度要求低的特点，将软土地基基础不均匀沉降的影响降到最低；④锚碇采用三角形空腹式结构，在为引桥及转索鞍提供支承的同时，最大程度减小阻水面积；⑤锚碇基础采用桩基础，在可靠提供水平抗力的同时，减少施工费用及对周边建筑的影响。

特殊条件下，需在软土地基环境修建人行悬索桥时，通过前期的概念设计，可实现结构各部位设计最佳，最终得到一个好的作品。本文为该类桥梁的设计提供了参考。

参 考 文 献

[1] 项海帆.桥梁概念设计[M].北京：人民交通出版社，2011.

17. 吴江学院路大桥主桥优化设计

李秉南　张恒平

（东南大学建筑设计研究院有限公司）

摘　要：吴江学院路大桥主桥为(123+73.5)m独塔斜拉桥，大桥由于设计原因在施工完成了部分主梁和桥塔后停工。为了解决原设计存在的主跨双边箱混凝土主梁过于笨重，桥塔尺寸相对偏小，上塔柱内环向预应力束太过复杂且密集而无法保证施工质量，以及主梁的中横梁抗收缩裂缝措施不足等问题，对原设计做了如下优化：将主跨混凝土主梁距离主塔中心线28.3m以外的部分改为钢箱梁，在边跨距离主塔中心线40.9m处增设辅助墩，取消主跨和边跨各3对斜拉索并调整主梁和桥塔上斜拉索的间距，将上塔柱的环向预应力束由C形束和直束改为U形束，增加边跨中横梁的厚度及预应力束的数量并将边跨主梁改为分幅分段施工等。

关键词：斜拉桥　混合梁　辅助墩　环向预应力　优化设计

1　工程概况

吴江学院路大桥位于苏州市吴江区北部，主桥跨越京杭大运河，通航等级为Ⅲ级，通航净空为70m×7m。大桥按照城市主干路标准设计，设计速度50km/h，双向6车道，两侧设非机动车道和人行道。原设计主桥为跨径(123+73.5)m的独塔双索面混凝土梁斜拉桥，八字形双柱式索塔结构，塔、梁、墩固结体系，桥面宽43m，总体布置见图1。

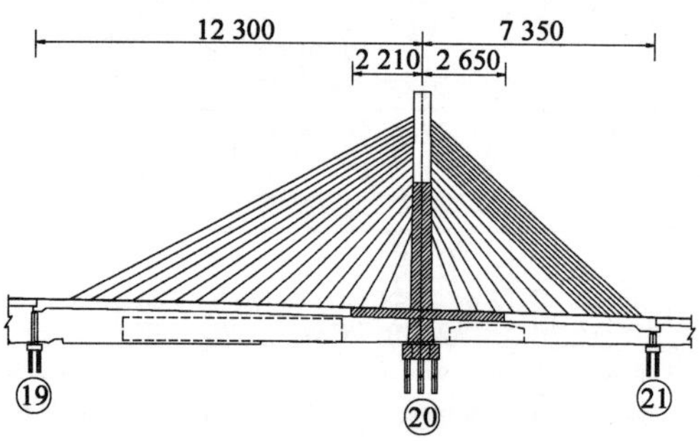

图1　原设计主桥总体布置(尺寸单位:cm)

该桥在施工完成部分主梁和桥塔后停工，主要原因是大桥主梁和桥塔的设计不合理，双边箱混凝土主梁过于笨重，上塔柱尺寸则相对偏小，导致上塔柱内环向预应力束太过复杂和密集，无法保证施工质量。图1中阴影部分为大桥停工时已施工完成的部分，主塔已浇筑完成下塔柱和中塔柱；除与主塔固结的0号节段外，主跨和边跨主梁已分别浇筑完成1个和2个节段；主跨和边跨已各张拉2对斜拉索。停工之后，业主重新委托设计单位在利用现有结构的基础上对大桥设计进行优化。

2 原结构设计

2.1 主梁

原设计混凝土主梁的标准断面形式为分离式双边箱断面(图 2),主梁按预应力混凝土 A 类构件设计。边箱采用单箱双室截面,底宽 10.8m,斜拉索锚固点处梁高 2.4m,两边箱中腹板的横向距离为 25.2m。主梁两边箱之间靠横梁连接,横梁包括与桥塔固结的 0 号块横梁、与引桥相接的端横梁和两者之间的中横梁。中横梁厚度为 30cm,底部设有马蹄。主跨和边跨中横梁的标准间距分别为 6.8m 和 6m。边跨主梁端部 24.3m 范围为密索区梁段,采用整箱截面,并在箱室内填充提供压重的混凝土。

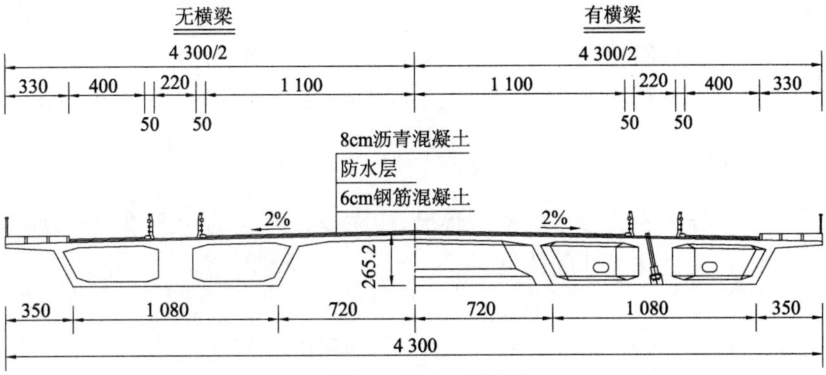

图 2 主梁标准断面(尺寸单位:cm)

2.2 桥塔

桥塔采用八字形双柱结构,塔柱为单箱单室钢筋混凝土箱形断面,与主梁相交处采用实心截面;两塔柱在塔顶和折角处各设置一道横梁,采用预应力混凝土结构。中塔柱及上塔柱箱室结构尺寸为 6.5m×3m～5m×3m(塔顶),内侧四角设 0.3m×0.5m 的倒角。桥塔与主梁固结,主梁以下至承台顶的下塔柱横桥向采用弧形加宽,根部截面尺寸为 8m(顺桥向)×7m(横桥向)。桥塔构造见图 3,图 3 中阴影部分为大桥已施工完成的部分。

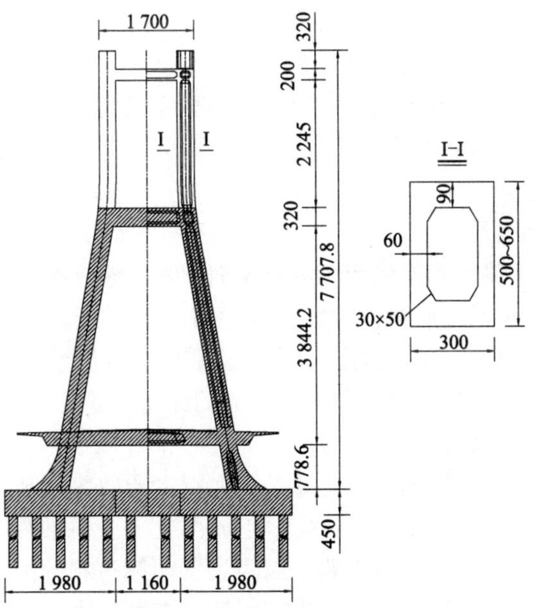

图 3 桥塔构造(尺寸单位:cm)

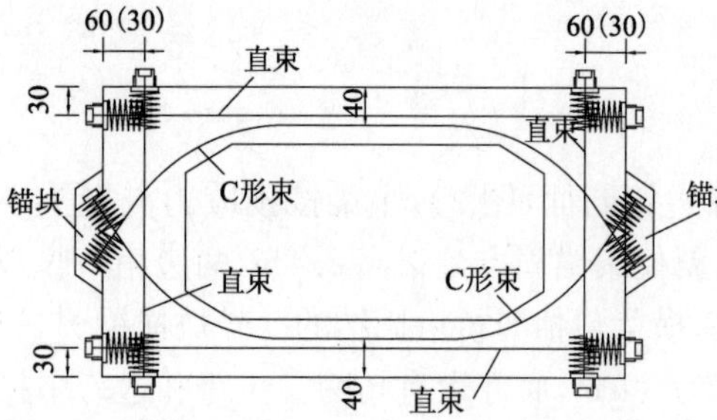

图4 原设计环向预应力束布置(尺寸单位:cm)

为抵抗斜拉索的水平力,塔柱内设有环向预应力束。其中,上塔柱的环向预应力束包括C形束和直束,见图4。C形束随着高程增加,采用12→15→19根一束的钢绞线束,竖向标准间距为25cm,塔外壁的两个短边增设C形束锚固块。直束采用PES7-61平行钢丝束,穿插在C形束之间布置,每1~2层C形束之间布置一层直束;直束锚具采用墩头锚。所有预应力束的预埋管道为ϕ121mm×3.5mm的钢管,煨弯成型。

2.3 斜拉索

斜拉索采用平行钢丝斜拉索,全桥共32对,主跨标准索距6.8m,边跨标准索距6m,边跨密索区索距2.1m。塔轴线处的拉索间距:上半段索距为1.5m,下半段索距为2.5m。

3 现有结构检测

为了全面掌握已施工完成部分的质量状况,业主委托专业的检测单位对现有结构进行了详细、全面的检测,作为优化设计的依据。

3.1 总体情况

根据大桥质量检测报告,已施工完成部分的主梁和桥塔主要截面的尺寸、混凝土保护层厚度满足设计要求,混凝土强度、钢筋(普通钢筋、精轧螺纹钢、预应力钢绞线)的材料力学性能满足设计及规范要求;斜拉索的索力符合设计及监控要求;桥梁纵、横向线形满足设计要求。

3.2 主要病害

3.2.1 主梁上表面裂缝

主梁上表面裂缝主要分布于塔梁结合部,裂缝均为横桥向走向,裂缝长100~400cm,宽0.1~0.4mm,深20~50mm。这些裂缝在混凝土浇筑1~2d后出现。

3.2.2 挑臂下表面裂缝

主梁挑臂下表面裂缝主要位于0号块第一个节段13m长的范围内,该范围是挑臂加长段,挑臂由2.5m加长为4.3m,每隔0.6m增设了横向预应力,由挑臂外侧端部张拉至箱梁中腹板。裂缝基本是沿横向预应力筋布设方向延展,长度沿挑臂通长分布,宽度为0.1~0.3mm,深度小于30mm。这些裂缝在挑臂拆模后即出现,张拉横向预应力后,裂缝宽度进一步增大,数量也进一步增多。

3.2.3 中横梁上的裂缝

已施工梁段的所有中横梁均不同程度的有竖向通长裂缝分布,裂缝数量为6~11条,由顶板向下延伸至马蹄底部,但马蹄底缘没有裂缝,两侧面裂缝非对称分布。裂缝的宽度为0.1~0.3mm,深度基本在20~35mm范围内。这类裂缝在中横梁拆模后即出现。图5为典型的中横梁裂缝分布图,图中括号内外的数值分别为裂缝的深度和宽度。

3.3 裂缝原因分析及处理

塔梁结合部的主梁上表面横向裂缝主要是表面混凝土收缩造成的,与表面混凝土施工工艺有关。0号块附近挑臂下表面裂缝主要是由于该部位实心横梁约束混凝土收缩、预应力布置密集等原因造成。中横梁竖向裂缝主要是因为主梁两侧边箱的刚度远大于中横梁,混凝土横桥向的收缩受强大的边箱约束造成的。为了保证结构耐久性,对所有裂缝进行灌浆封闭;在优化设计中应对中横梁抗收缩裂缝采取适当措施。

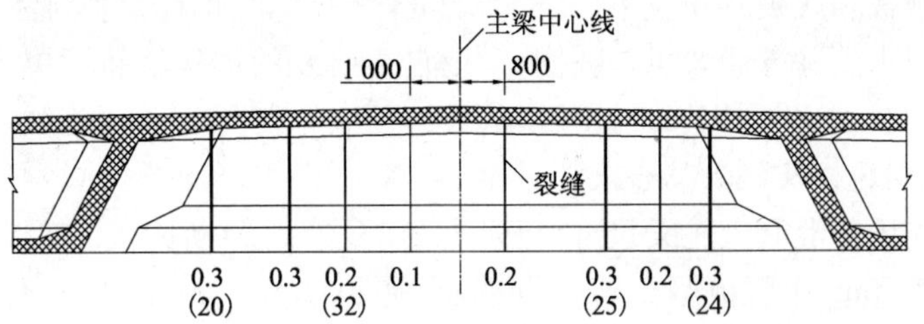

图 5　中横梁裂缝分布图(尺寸单位:mm)

4　优化设计

4.1　总体设计

原设计的根本问题是双边箱混凝土主梁过于笨重,而采用钢箱梁可以大幅降低主梁的自重,相应减小斜拉索的索力和上塔柱的受力,因此考虑将主跨混凝土主梁改为钢箱梁,形成混合梁斜拉桥。

对于混合梁斜拉桥,合理的钢混结合段位置应根据受力需要确定,本桥由于主跨主梁已施工完成 22.1m,为了尽量减小主梁的自重,应在满足结构受力的前提下尽量缩短混凝土主梁的长度。因此,将主跨下一个 6.2m 长的节段作为已施工完成的混凝土主梁与钢箱梁之间的过渡节段,主跨距离主塔中心线 28.3m 以外的主梁部分全部改为钢箱梁。

计算表明,主跨部分混凝土主梁改为钢箱梁后,在主梁自重、二期恒载、汽车和人群荷载组合下,斜拉索的总索力降低到原设计的 1/2 左右,边跨斜拉索的索力不足以支撑混凝土主梁的重量,因此在边跨距离主塔中心线 40.9m 处增设辅助墩,大桥的跨径布置调整为:(123+40.9+32.6)m。设置辅助墩后不仅改善了主桥的受力,还提高了主桥的刚度,减少了边跨箱梁预应力筋的配置。优化后的桥型布置见图 6。

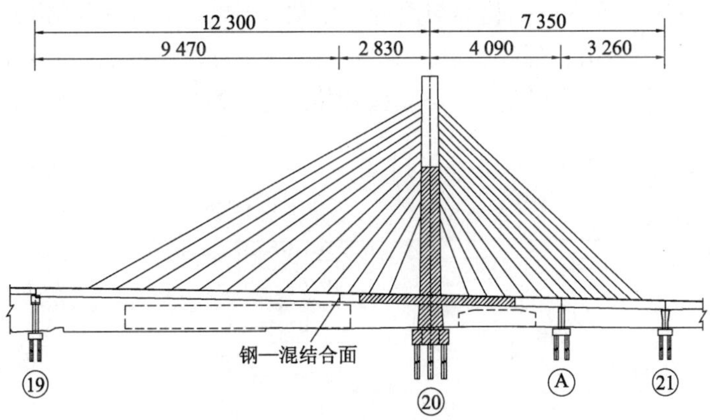

图 6　优化后主桥总体布置(尺寸单位:cm)

4.2　主梁

4.2.1　主跨过渡节段混凝土主梁

主跨过渡节段混凝土主梁设计与已施工完成主梁和钢箱梁连接,仍采用分离式双边箱结构,在钢混结合段后侧的第 3 号斜拉索处设置 1.5m 厚的横梁。为了保证钢混结合段混凝土的浇筑密实,防止混凝土的收缩开裂,设计采用具有良好韧性、抗裂性和体积稳定性的 C55 自密实钢纤维混凝土。

原设计主梁顶板和底板共布设了72根ϕ32mm精轧螺纹钢筋用作施工阶段的预应力筋，为了利用这些预应力筋并方便弯折与锚固，采用自主研发的连接器将预应力精轧螺纹钢筋接长为3根一束的钢绞线，并利用原设计预留的成桥预应力束。

4.2.2 主跨钢箱梁及钢混结合段

主跨钢箱梁采用与混凝土主梁尺寸一致的分离式双边箱断面(图7)，为Q345qC钢全焊结构。桥面板厚16mm，中腹板厚20mm，斜腹板、底板厚度16mm。桥面板和底板U肋尺寸均为300mm×280mm×8mm，由于U肋的布置要与施工阶段预应力筋的布置错开，因此顶、底板U肋的标准间距分别为500mm和600mm。双边箱之间横梁的标准间距为2.9m。

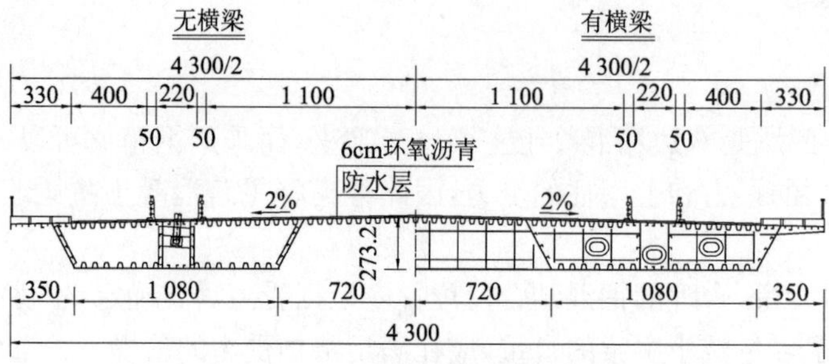

图7 钢箱梁标准断面(尺寸单位:cm)

钢箱梁总长95.94m，划分为11个梁段进行制造和架设安装。其中8个标准节段，标准梁段长8.7m；1个结合段，梁段长8.0m；1个非标准节段，梁段长8.7m；1个梁端节段，梁段长9.64m。标准节段重量约204t。钢箱梁分节段在工厂制造，利用驳船运输至桥位，现场吊装、焊接成桥；标准梁段及合龙梁段采用桥面吊机拼装。

钢混结合段选择在主跨第3号斜拉索锚固横梁前侧，长度1.5m，设计为多格室结构，钢格室高度取为0.8m，格室内填充C55自密实钢纤维混凝土，并通过剪力键使钢板与混凝土之间传递轴力、剪力和弯矩。为了使钢箱梁与混凝土主梁紧密结合，采用了预应力钢束进行连接，将混凝土主梁施工阶段的精轧螺纹钢筋接长为3根一束的钢绞线后，与原设计预留的成桥预应力束一起锚固在钢混结合段的后承压板上。钢混结合段的构造见图8。

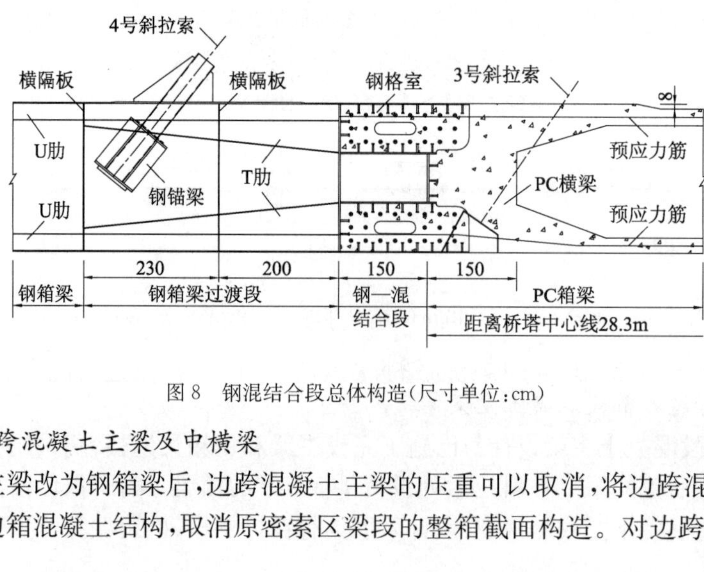

图8 钢混结合段总体构造(尺寸单位:cm)

4.2.3 边跨混凝土主梁及中横梁

主跨部分主梁改为钢箱梁后，边跨混凝土主梁的压重可以取消，将边跨混凝土主梁改为通长的分离式双边箱混凝土结构，取消原密索区梁段的整箱截面构造。对边跨混凝土主梁的纵向预应力钢束布置进行调整，将施工阶段边跨的预应力精轧螺纹钢筋也用连接器接长为 3 根一束的钢绞线，利用原设计预留的成桥预应力束，并根据受力需要在辅助墩处增设一定的顶板束。

边跨已施工完成部分中横梁标准间距为 6m，将剩余部分中横梁的标准间距由 6m 过渡到 3.8m。为了避免中横梁出现竖向收缩裂缝，采取以下措施：增加中横梁的厚度，由 30cm 加厚到 50cm；加大中横梁预应力钢束的根数，由 15 根和 12 根一束改为 17 根一束；将边跨混凝土主梁改为分幅分段浇筑（图 9），在桥面中心线处预留 1.6m 宽的后浇段，同时与已施工完成梁段之间预留 2m 宽的后浇段，后浇段采用 C55 微膨胀混凝土；将中横梁侧面水平防裂钢筋的位置由箍筋内侧改为箍筋外侧。

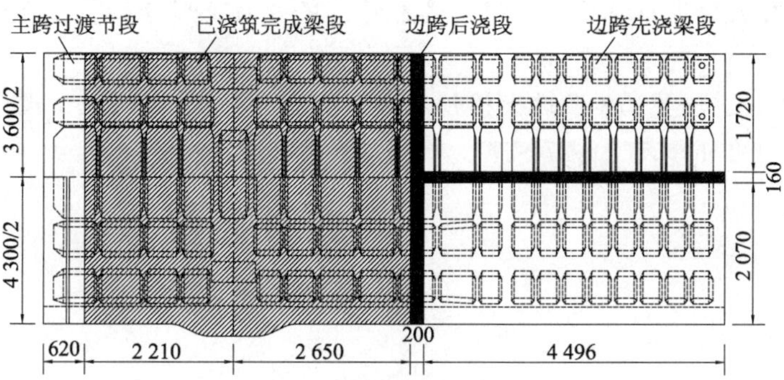

图 9　混凝土主梁总体构造（尺寸单位：cm）

4.3　桥塔

桥塔上塔柱取消原设计的 C 形束锚块，其余尺寸与原设计一致。上塔柱的环向预应力束改为常规的 U 形束，预应力管道成孔改用塑料波纹管。U 形束采用 12 根一束的钢绞线，竖向标准间距 30cm，在桥塔横桥向侧面锚固。

4.4　斜拉索

主跨主梁改为钢箱梁后，可以大幅降低斜拉索的索力，从而减小了斜拉索的规格。而适当减少斜拉索的数量，既便于钢箱梁的大节段制作与架设，又可以增大上塔柱斜拉索的索距，利于其环向预应力束的设计与施工。因此，主跨和边跨各取消 3 对斜拉索，主跨的标准索距由 6.8m 过渡到 8.7m，边跨端部不再设密索区，其标准索距由 6m 过渡到 3.8m。上塔柱的索距由原设计的 1.5m 增大到 2.4m。

5　结语

吴江学院路大桥独特斜拉桥主桥的优化设计是在已经施工完成部分主体结构的基础上进行的，限制条件复杂，技术难题多。优化设计提出了主跨主梁改为钢箱梁、边跨增设辅助墩、减少 3 对斜拉索并调整拉索间距，主塔环向预应力改为 U 形束，调整边跨混凝土主梁和中横梁的构造与施工工艺等多项变更和调整。这样既保证了已施工完成结构的受力安全，又实现了优化后全桥结构的受力合理，并有效避免了宽幅双边箱梁体中横梁竖向收缩裂缝的出现。大桥已建成通车一年多，验收质量优良。

参 考 文 献

[1] 陈开利,余天庆,习刚.混合梁斜拉桥的发展与展望[J].桥梁建设,2005,(2):1-4.

[2] 刘高,唐亮,谭皓,等.混合梁斜拉桥钢混结合部的合理位置[J].公路交通科技,2010,27(6):52-57.

[3] 张鸿,卢勇.混合梁斜拉桥接合部关键技术研究[J].武汉理工大学学报,2010,32(15):51-55.

[4] 李秉南,戴航.钢绞线与精轧螺纹钢筋连接器[D].中国实用新型专利:CN201120507451.6,2012.

[5] 周建林,吴冲.大跨度斜拉桥扁平钢箱梁悬臂拼装截面变形分析[J].桥梁建设,2006(1):29-31.

[6] 石雪飞,黄力,阮欣.吴江学院路大桥钢混结合段应力分析.武汉理工大学学报(交通科学与工程版)[J].2013,37(2):274-277.

18. 上海浦东川环南路自锚式悬索桥的设计

黄智华　陆文亮　张芳途
（上海浦东建筑设计研究院有限公司）

摘　要：文中介绍了位于上海浦东川沙的川环南路自锚式悬索桥的设计。川环南路跨越浦东运河，根据景观及地形、地质等实际情况，选用了自锚式悬索桥的桥型。该桥型取消了地锚式悬索桥的锚碇，很好地适应了软土地基不太适合建造悬索桥的情况。其跨径布置为 112m＋72m＝184m，为独塔两跨的结构形式，桥宽 32m。主梁为双主梁的钢箱梁，桥塔外观为门形。文中对其设计中的布置、构造及一些根据实际的处理措施做了介绍，可供类似桥梁设计、施工参考。

关键词：自锚式悬索桥　钢箱梁　人行道挑臂　浦东运河

1　工程概况

上海浦东新区川沙镇是原来浦东开放开发以前的川沙县城所在地，历史上一直处于“扼交通要冲”的位置，浦东国际机场和筹备建设的迪斯尼乐园选址均位于此。如今川沙具有完善的生活居住配套，被定位为“空港物流、现代居住和文化旅游”中心，这些都为川沙的市政建设提出了更高要求。本工程的川环南路位于川沙镇，西起曙光路，跨越浦东运河，接已于 2003 年扩建的川环南路（华东路～曙光路）段，向东延伸至川南奉公路。轨道交通 2 号线延长线（连接虹桥机场和浦东机场）下穿川环南路。浦东运河桥应充分考虑景观、环境、功能的影响，以及解决好与地铁 2 号线的位置关系问题。

2　主要设计技术标准

（1）道路等级：城市次干路Ⅰ级。

（2）设计行车速度：40km/h。

（3）跨路净空高度：4.5m。

（4）荷载等级：主桥：城-A 级；人群荷载：按《城市桥梁设计荷载标准》取用，主桥：2.80kPa。

（5）抗震要求：地震动峰值加速度 0.1g（相当于按地震基本烈度 7 度设防），重要性修正系数为 1.3。

3　主桥总体设计

3.1　建筑和结构体系选型

浦东运河是浦东新区南北向的主要河道及航道之一，规划河道蓝线宽85m，川环南路跨越浦东运河。规划以浦东运河为联系纽带，西侧规划文化艺术中心和艺术公园，东侧规划生态公园和生态居住区。

碧水、蓝天、绿树的生态环境是这一区域的主要特色，两侧的建筑布局均以现代低层、简约的构图方式，形成比较开阔的视觉效果。西侧的文化艺术建筑以一种轻盈的雕塑般的体量与浦东运河和西侧公共活动中心高层建筑背景呼应。东侧别墅区与滨河生态公园组成大小不一、别具趣味的三个生态岛。

因此，在川环南路跨越浦东运河处宜修建具有现代感、艺术感、生态感的桥梁。

根据跨越河道和生态岛的要求，修建100m左右的不等跨两跨桥梁成为较为合适的选址，通过对独塔悬索桥、独塔斜拉桥、两跨拱桥三个方案的景观、结构及经济几次比选，最终选择独塔悬索桥两跨方案。黄浦江上亦以斜拉桥为主，斜拉桥是一种自锚式体系，而传统悬索桥是地锚体系。悬索桥独特的景观性，是很合适的选择。其吊杆连接着柔性的大缆和弹性的加劲梁，将桥面的力传递到大缆，以刚性桥塔支撑，刚柔相济，阴阳相生。上海地区为软土地基，地基承载能力很差，难以用大体积锚碇来抵抗水平推力，所以修建传统悬索桥成为困难。近年来国内外迅速发展的自锚式悬索桥，则突破了传统悬索桥对于地基的高要求，以加劲梁自身来承担水平缆力。再采取措施克服锚固处上拔力，自锚式悬索桥成为了一种力的自相平衡的体系。力的平衡也是大自然的美。由于自锚式悬索桥刚度相比地锚式悬索桥小，且主梁受到的弯矩较大，并受轴力作用等原因，其跨度一般比后者小。川环南路自锚式悬索桥效果图，如图1所示。

图1　川环南路自锚式悬索桥效果图

我们简要回顾一下自锚式悬索桥的历史，德国在1915年和1929年分别建成主跨184.5m的科隆—迪兹桥、主跨315m的科隆—米而海姆桥，日本于1990年建成主跨300m的此花大桥，韩国于1990年建成主跨300m的永宗大桥。美国在建的奥克兰新海湾桥，主跨385m，为单塔空间索面自锚式悬索桥[1]。我国也设计建造了大连金石滩金湾悬索桥、兰旗松花江大桥、佛山平胜桥、长沙三汊矶桥、广州珠江猎德大桥、杭州钱江九桥等。国内外的成功先例表明，自锚式悬索桥有其独特的优点，可以尝试在上海软土地基环境建造这样的桥梁。

在桥塔上，采用门字形造型，象征着川沙作为空港物流中心，是进入浦东乃至上海开发开放的大门户，可寓之为“川沙之门”。同时该造型也适合悬索桥的结构受力要求。

3.2　总体布置

为了跨越规划浦东运河，并最大限度跨越景观岛的开发利用空间，川环南路采用两跨独塔自锚式悬索桥，跨径组合为 112m＋72m，主跨跨越浦东运河，边跨跨越景观岛，主桥全长 184m，桥梁宽 32m(图 2)。桥梁横断面布置为 2.75m(人行道)＋1m(吊索区)＋3.5m(非机动车道)＋8.5m(机动车道)＋0.5m(分隔带)＋8.5m(机动车道)＋3.5m(非机动车道)＋1m(吊索区)＋2.75m(人行道)＝32m。主梁采用钢箱边主梁结构，梁高 2.5m。吊杆间距为 7m。主跨矢跨比为 1/10。大缆锚固在主梁端部，采用钢锚箱，通过压重来抵抗上拔力。主塔结构设计为钢筋混凝土门式结构，桥面以上塔高约为 42.8m，采用较高的塔高可以提高结构的整体刚度，主墩基础采用直径 1.2m 的钻孔灌注桩。

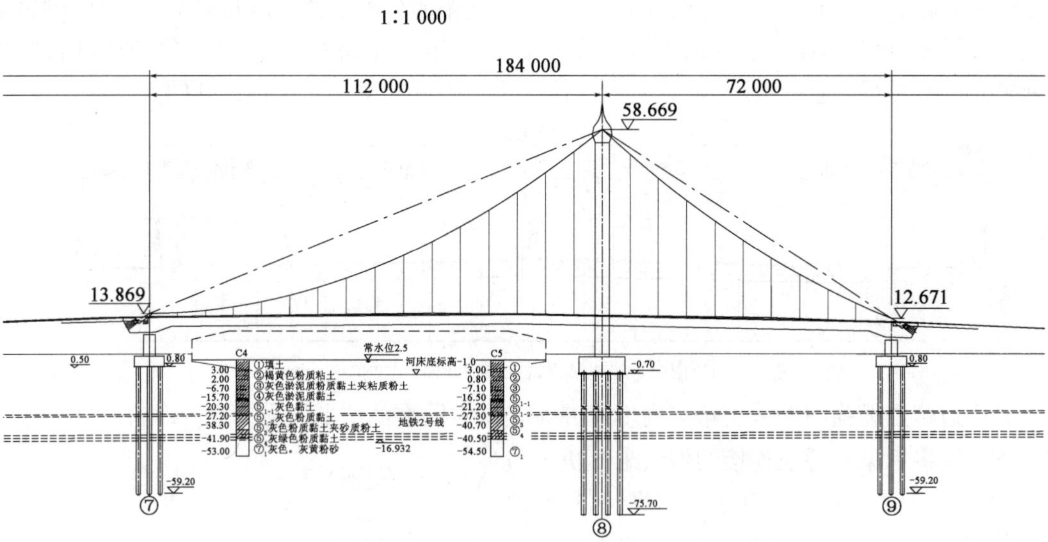

图 2　川环南路自锚式悬索桥总体布置图(尺寸单位：mm)

3.3　缆吊系统

根据桥位地形条件和自锚式独塔悬索桥结构特点，主跨理论跨径 112m，边跨理论跨径 72m。综合考虑主缆缆力、桥梁整体刚度、塔高、大缆切线角等因素，经分析比较后，主跨的理论垂跨比取为 1∶10，边跨为根据恒载主塔顶无纵向水平力原则，得理论垂跨比为 1/15.55。

本桥在主跨和边跨均设置吊索，空缆线形为悬链线；而恒载和二期恒载的理论大缆线形为抛物线，故主跨主缆成桥线形介于悬链线和抛物线之间，可通过有限元程序计算取得其成桥线形。由于悬索桥的几何构形和初始内力相互耦合，因此大缆找形需要经过有限元反复迭代计算，直到收敛为止。

主缆共 2 根，每根采用 19 股平行钢丝索股，每股含 91ϕ5.0 的镀锌高强钢丝。索股锚头采用冷铸锚，直接锚固在钢锚箱的后锚面上。

主缆通过主索鞍与塔顶连接并传力，在主跨和边跨锚固处设置散索鞍，可将主缆分成 19 股单束，分散锚固在主梁钢锚箱上。鞍座为铸钢结构。

配合主梁梁段的划分及长度，主跨设顺桥向间距 7m 的 15 个吊点，边跨设顺桥向间距 7m 的 9 个吊点。在横桥向，吊杆设置于人行道和非机动车道中间 1m 的分隔带内。所有吊索均采用 127ϕ5.0 镀锌平行高强钢丝，全桥共 48 根。其中主跨靠进散索鞍处三根吊杆较短，为了防止疲劳折断，将其设计为刚性吊杆。

吊杆与大缆采用销铰接头通过索夹连接，吊杆与钢箱梁采用伸入箱梁内的承压式连接。

3.4 主梁

3.4.1 钢箱梁总体布置

由于自锚式悬索桥需要先搭支架架设主梁，然后安装大缆，利用大缆，通过吊索，将主梁吊起，然后使主梁脱离支架。如果采用混凝土主梁，则可能需要满堂支架，这样对于通航要求较高的浦东运河来说是一个很大的挑战，因此采用钢主梁，河中搭设临时支墩。且钢梁自重轻，强度高，在架设时候可以适应较大的跨径，因此可以采用较少的临时支墩，节省支墩费用，且有利于通航。钢梁采用双主梁结构。主梁全长 197m，宽 32m（图 3）。两侧边主梁采用箱形截面，箱宽 2m，高度 2.272m；双主梁中心线与大缆中心线及吊杆中心线在同一竖直面上，这两个面的横向间距为 25.5m，纵向吊索索距 7.0m，因此钢梁的标准节段长度也是 7.0m。两侧边主梁之间设横梁，纵向间距为 3.5m，桥梁中线处梁高 2.5m。全桥共分 27 个钢梁节段，通过顶、底板的长度有差异，适应主梁竖曲线线形。位于桥塔附近和梁端主缆锚固处的为特殊节段。

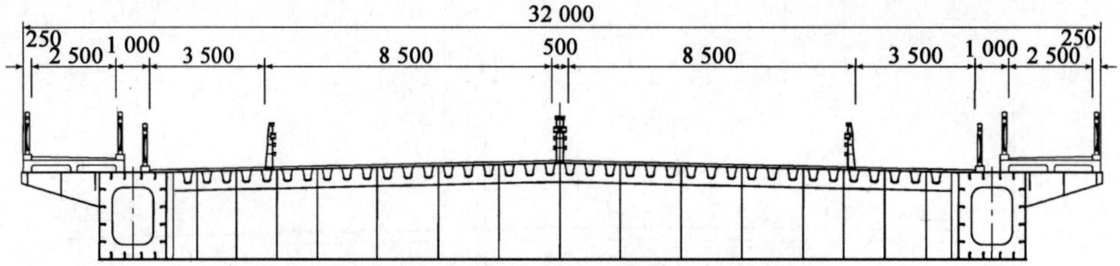

图 3 川环南路自锚式悬索桥主梁横断面（尺寸单位：mm）

其中边跨主缆锚固处采用箱梁内填灌混凝土作为压重抵抗上拔力。设计时曾考虑采用预应力钢绞线将钢梁与桥墩连接的做法来解决上拔力的问题，但考虑到耐久性和安全可靠性，还是改为压重的方式，增强了结构的安全可靠度。

主梁的线形靠调整吊索长度来保证，梁段纵向两吊索间相距 7.0m，不设上拱度。桥的横向两吊索间相距 25.5m，因此在钢横梁制造时预设横向上拱度，以保证当桥面铺装完成后，有 2.0%的横坡。

3.4.2 钢箱梁结构尺寸

钢梁顶面钢板厚 14mm，在其下顺桥向焊有间隔 600mm、板厚 8mm 的 U 形纵肋，穿越横桥向 3.5m 间距的横梁，组成正交异性钢桥面板。

边主箱梁高度 2.272m；底板厚 28mm，顶板厚 16mm，腹板厚 16mm，外边间距为 2.0m，底板、顶板、腹板以间隔 400mm、板厚 12mm 的板肋加劲。箱内横隔板与横梁对齐，板厚为 14mm，其上开有人孔，供施工、养护时使用。

横梁采用工字梁，底板厚 28mm，顶板厚 12mm，腹板厚 14mm；其中顶板兼作水平加劲肋使用，竖肋采用 12mm 厚的钢板、间距 1 200～1 800mm。

3.5 主塔

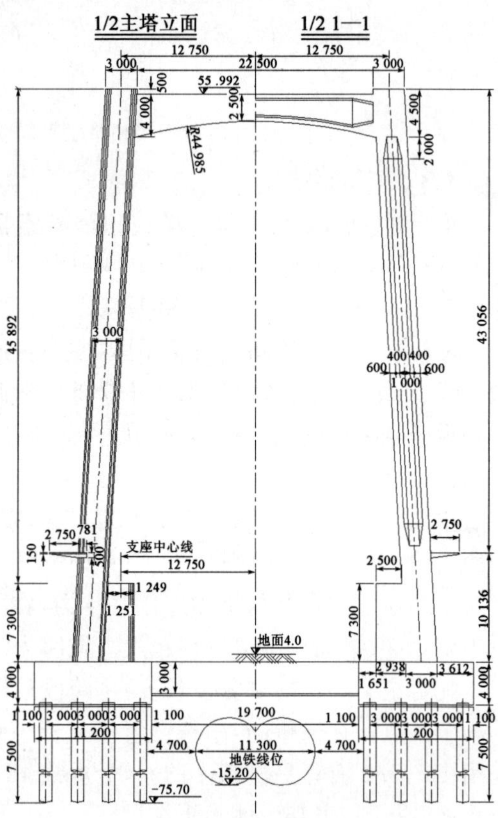

图 4 主塔结构图（尺寸单位：mm）

主塔结构（图 4）设计为钢筋混凝土门式结

构，两塔柱承台分离，这样可以避开桥下的轨道交通 2 号线，2 号线为双圆盾构，外壁间宽 11.3m，桩基外侧距外壁为 4.7m，使得互相之间影响较小。该做法也适应了两塔柱的独立的受力模式。桥塔由下、上塔柱及横梁 3 部分组成，塔高(从承台顶面算起)为 53.192m、桥面以上塔高约为 42.8m。塔柱向内略微倾斜，斜率为 1∶16.685。

下塔柱高 7.3m，横桥向宽 5.938～5.5m、顺桥等向宽 3.5m，采用 T 字形实心截面。

上塔柱高 45.892m，横桥向宽为 3m、顺桥向宽为 3.5m，箱形截面，四角倒角。

桥面人行道在主塔处断面变窄，因此在桥塔在该部位设置人行道挑臂以加宽该部位人行道断面。

塔顶以上部分将根据建筑景观需要结合鞍座防护罩增设塔顶装饰段。

3.6 钢结构锚箱

大缆和主梁采用钢锚箱，在对应的双主梁钢箱梁后采用如图 5 所示的锚固构造。设计中对钢锚箱做了板壳单元的有限元分析。

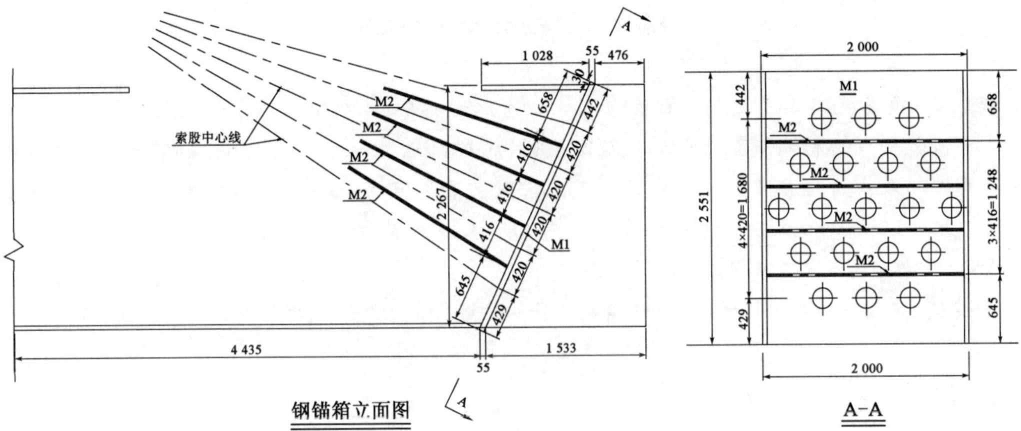

图 5　钢锚箱结构图(尺寸单位：mm)

4　结语

由于本桥的独特性和新颖性，拟对钢锚箱及塔顶鞍座进行试验研究。本桥的设计，使得悬索桥在浦东新区得到很好的应用，将会丰富该区域的桥梁景观形式，为自锚式悬索桥的技术上的构造及其发展做了十分有益的探索。

参考文献

[1] 黄铁生，万田保．自锚式悬索桥关键技术的设计构思[J]．桥梁建设，2005.

[2] 胡建华，向建军，等．平胜大桥独塔自锚式悬索桥的设计与关键技术[J]．公路，2006.

19. 大跨径预应力混凝土鱼脊连续梁桥设计

陆元春　傅　梅

（上海市城市建设设计研究总院）

摘　要：鱼脊连续梁桥是一种截面形式比较特殊的梁桥，由梁体与鱼脊立墙组成，为下承式的混凝土梁桥。具有控制纵断面线形的建筑高度低、结构刚度大、全混凝土结构的特点，可采用常规平衡悬臂施工方法。鱼脊墙内的预应力钢束抗弯抗剪效率高，解决了大跨混凝土梁桥下挠开裂的问题。本文介绍了两港公路大治河桥——国内首座大跨径宽桥面预应力混凝土鱼脊连续梁桥的总体设计、受力特点、施工技术。

关键词：预应力混凝土　鱼脊连续梁桥　fin-back　桥梁设计　桥梁施工　创新技术

1　概述

两港公路大治河桥为连接上海浦东国际机场和规划临港新城一级公路上跨越规划Ⅲ级航道大治河的特大桥。建设条件要求跨径大（一跨跨越河道）、控制线形的建筑高度低（能尽快顺坡接地）、全混凝土结构（养护方便）。经多方案比选，主桥采用预应力混凝土鱼脊连续梁桥桥型（图1～图2）。其是一种结构形式比较特殊的梁桥，中跨跨径158m，桥面宽度35m，是目前国内首座、世界上跨度第二、桥面最宽的该类型桥梁。主桥横断面由等高箱梁和变高鱼脊立墙两部分组成，皆为受力结构；箱梁部分采用全桥等高3.5m，降低控制高度4～5m，大幅度地降低了结构建筑控制高度，减少了引桥的长度，大治河桥全桥结构规模因此降低约30%。

图1　两港公路大治河桥主桥效果图

施工采用大跨连续梁传统的挂篮平衡悬臂施工，技术成熟可靠。全混凝土结构特点也对耐久性及运营养护带来好处。该桥型既有普通连续梁桥的优点，同时又克服了普通连续梁桥的缺点，有良好的结构受力性能，并具有良好的经济性及景观性。

a)正视图　　b)鸟瞰图

图 2　两港公路大治河桥主桥实景图

2　主要技术标准

(1)道路等级:一级公路(双向 6 车道＋紧急停车带);设计车速:80km/h。

(2)航道等级:内河Ⅲ级,通航净高 7.0m,航道要求桥梁一跨跨越,不设水中墩。

(3)设计荷载:公路-Ⅰ级。

(4)抗震标准:地震基本烈度 7 度设防,地震动峰值加速度 0.10g,主桥设防类别:A 类。

(5)桥式总体:预应力混凝土鱼脊连续梁桥。

3　主桥设计

3.1　桥跨布置

主桥跨径组合 92m＋158m＋92m＝342m,35m 桥宽(上、下行整幅布置),见图 3。

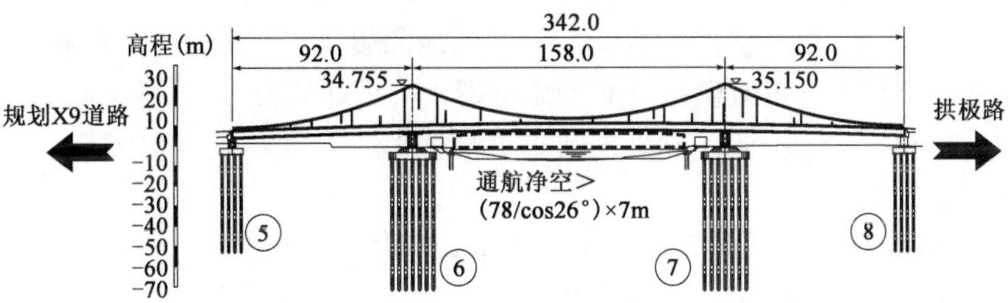

a)立面图

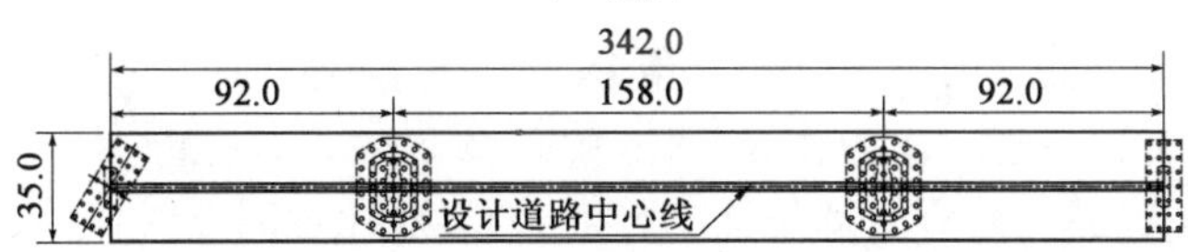

b)平面图

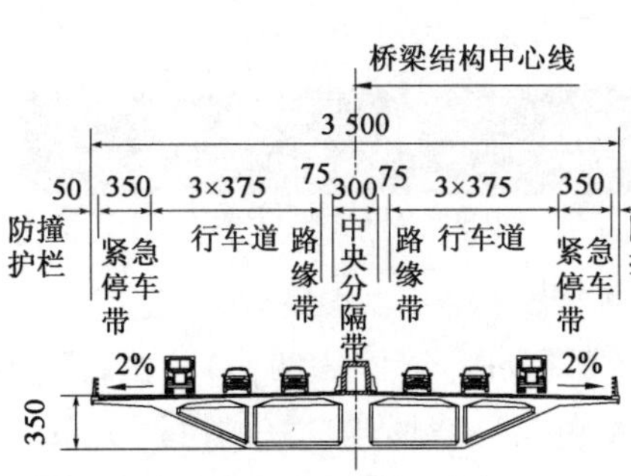

c)跨中横断面图

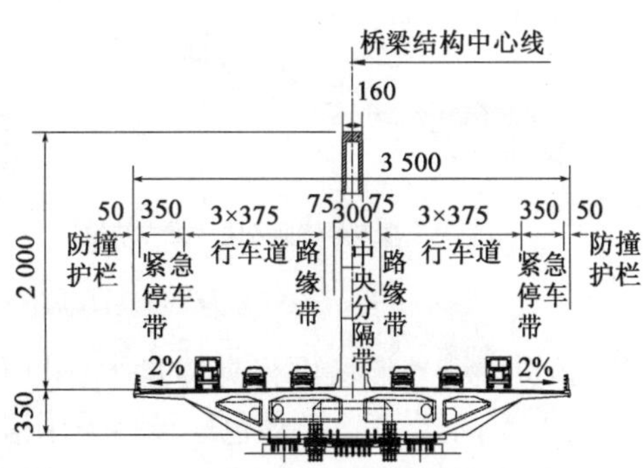

d)中墩支点处横断面图

图 3　主桥示意图(尺寸单位:m)

3.2　上部结构

主梁横断面由等高箱梁和变高鱼脊立墙两部分组成，皆为受力结构。混凝土采用C55。

(1)鱼脊：中央分隔带中单片布置，受力有效高度为中支点桥面以上15m，鱼脊顶按近二次抛物线变化。成形顶宽1.6m，与箱梁连接处宽1.9m，随高度线性变化。顶部起景观装饰作用的非受力结构，成形后浇筑。

(2)箱梁：大悬臂斜腹板单箱4室截面；顶宽34.7m，底宽14.0m，等高3.50m。高跨比为1/45；中、边支点处设横梁；跨中设置横隔板间距一般为6m，中支点附近略有变化。

3.3　主桥预应力

主要预应力钢束布置在鱼脊立墙内，采用31—ϕ^s15.20钢绞线，每排4束(图4)。

箱梁采用三向预应力体系。预应力材料分别采用钢绞线(5～31—ϕ^s15.20)及精轧螺纹钢筋(ϕ32)，管道采用塑料波纹管(钢绞线)、铁皮管(精轧螺纹钢)。

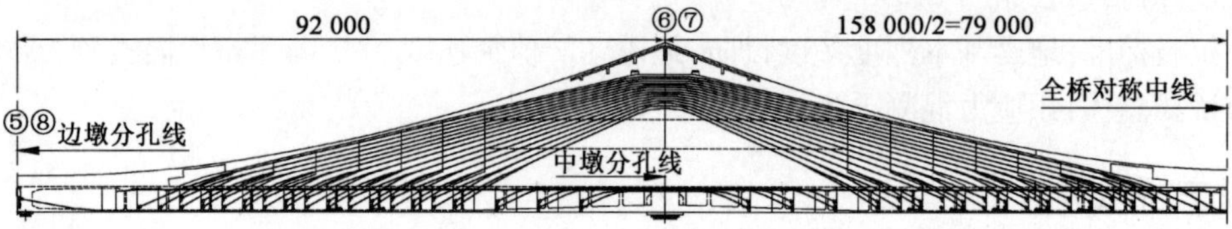

图4　主桥鱼脊立墙体内束立面布置示意图(尺寸单位：mm)

3.4　主桥抗震

根据大治河主桥矮墩、大跨连续梁体系特点，采用减隔震技术。通过空间有限元模型反应谱方法和非线性时程分析，固定墩设纵向E型阻尼器。分析计算表明，与不设阻尼器相比，墩底剪力和弯矩减小至33%以下，最不利桩控制截面的弯矩和剪力减小至50%以下。

3.5　主桥景观设计

景观设计尊重并充分利用"鱼脊"造型的结构美来体现设计理念的创新。通过对鱼脊立墙造型比例、墙面装饰、亮化工程及附属设施等的优化设计，体现桥梁融入环境的理念，提升桥梁结构景观品质。

(1)鱼脊立墙受力结构为两个独立的三角形，易导致桥梁整体造型分离。采用二次浇筑方法修饰鱼脊外形(鱼脊顶按近二次抛物线变化，中跨2.5～20m，边跨1.5～20m)，提升了鱼脊梁造型的整体感及韵律感。鱼脊立墙修饰前、后的效果对比见图5。

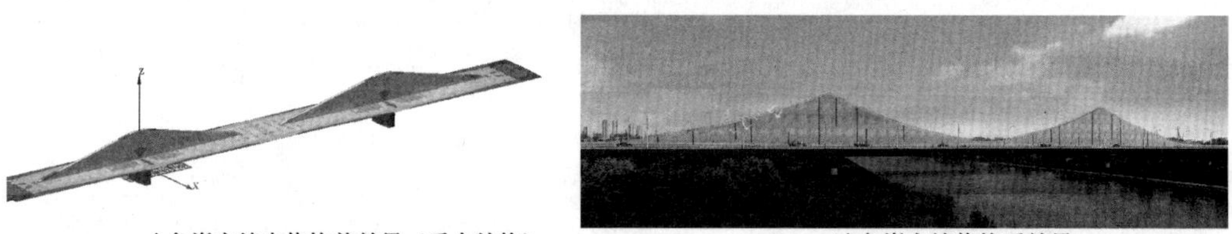

a)鱼脊立墙未修饰前效果（受力结构）　　b)鱼脊立墙修饰后效果

图5　鱼脊立墙修饰前、后的效果对比

(2)鱼脊立墙外形块面视觉体量大，采用竖向线条(宽60cm、深2cm凹槽)装饰，高低错落，简洁、内敛、不突兀。整体色彩设计采用清水混凝土本色与环境形成良好的协调关系。鱼脊下宽上窄处理(1.6～1.9m)，从视觉角度降低了鱼脊墙重心高度，减轻了鱼脊梁的体量、不通透感及对行车的视觉冲击，具有挺拔向上的视觉效果。

(3)鱼脊顶底部、不规则线条凹槽处、桥梁两侧及护栏下分别安装相应灯具，桥墩采用LED投光灯，从下往上投光，勾勒出桥体独特的轮廓。在夜晚突出桥梁的雄姿和优美的线形，将桥梁夜间的主体造型淋漓尽致地渲染出来，形成良好的景观效果。

4 主桥受力特点

4.1 下挠开裂控制

大跨径混凝土连续梁桥开裂下挠是一个十分复杂的问题，影响因素也特别多，国内工程界已从不同的领域采用过不同的方法进行过不少研究，一般认为下挠与关键截面的预应力度及初始剪力相关，开裂与面内主应力相关。一般的箱梁通过增加钢束、布置弯起钢束、加强竖向预应力、加强板内钢筋等手段，但解决手段的有效性不高。

鱼脊连续梁桥采用鱼脊内布置预应力钢束，偏心距大，提供的预弯矩及预剪力大，有效解决了大跨混凝土梁的开裂下挠问题。

下面通过最大悬臂状态下鱼脊连续梁桥(图6)与常规连续箱梁桥(图7)的内力比较，可以看出预应力效率的区别。其中，工况1：自重；工况2：预应力；工况3：自重＋预应力。

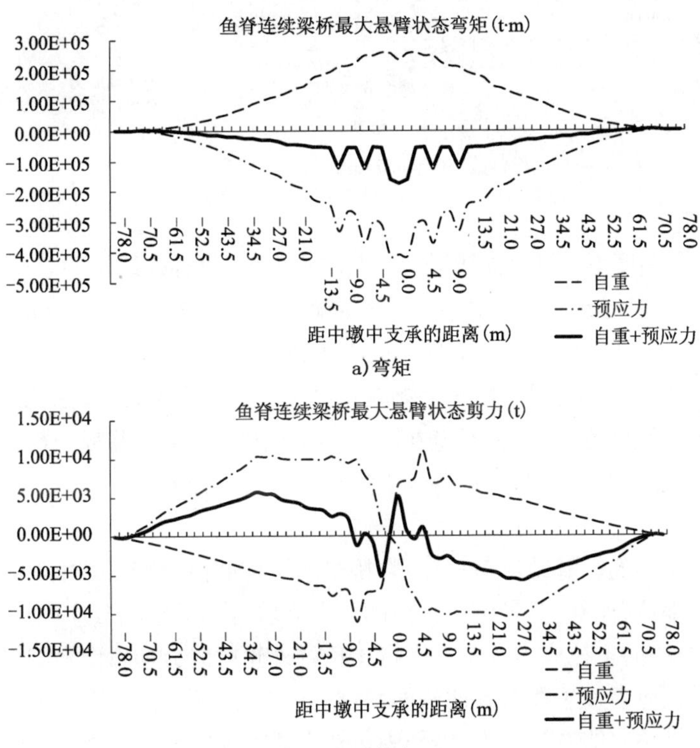

a)弯矩

b)剪力

图6 鱼脊连续梁桥自重及预应力效应(最大悬臂状态)

最大悬臂状态下，两者的弯矩图基本一致，自重与预应力作用下，中墩处均保留了较大的正弯矩供后续的工况受力。对于鱼脊连续梁桥而言，钢束重心至结构下缘距离更加大，材料提供的抗弯能力效率更高。两者的剪力图有一定的差异，鱼脊连续梁桥预应力与自重产生的剪力效应比(剪力图面积比)约175.7%，多数截面最大悬臂状态下，组合的剪力方向与自重效应相反并留较大储备；某常规连续梁桥预应力与自重产生的剪力效应比约24%，组合剪力的方向与自重剪力方向一致且数值较大。可以说明两者结构的剪切徐变性能是不一样的，鱼脊连续梁桥抵抗由于剪切徐变引起的持续下挠性能优于一般常规连续梁桥。

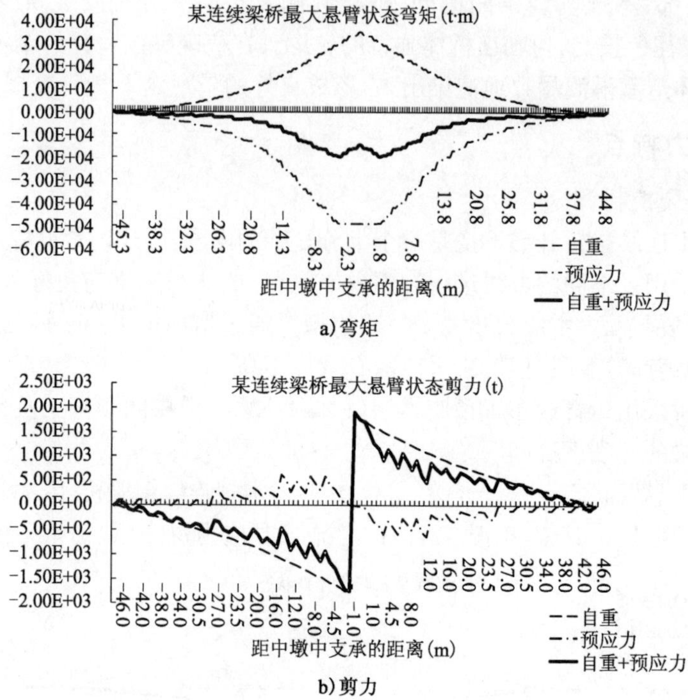

图 7　某连续梁桥自重及预应力效应(最大悬臂状态)

4.2　结构刚度

由于鱼脊立墙的高度不受纵断面线形的控制要求限制,鱼脊连续梁的总体梁高可根据受力及刚度要求选择,大治河桥支点总体梁高 18.5m,高跨比 1/8.5,跨中梁高 3.5m,高跨比 1/45。活载作用下最大挠度计算值 3.8cm,为计算跨径的 1/4 157,远小于规范限值,结构刚度非常大。

根据有关资料研究,徐变挠度 f_t 与初始挠度 f_0(自重+预应力)成正比,只要在结构设计中有效控制了初始弹性挠度 f_0 的绝对值在一个很小范围内,那么混凝土徐变总挠度 f_t 值也就不大,这样由于弯曲引起的大跨梁桥持续下挠将得到有效控制。

4.3　鱼脊墙身的应力状态特点

根据不同分析模型的计算结果对比,鱼脊桥梁的结构截面应变大致能够符合平截面假定,但是在特殊的结构部位(如 0～5 号节段区域的鱼脊立墙),局部空间效应明显。

自重作用下,纵桥向主拉应力基本上平行于鱼脊外轮廓线方向,体现出连续梁负弯矩区域受拉的特点。但最大应力发生在脊顶两侧的斜坡处。自重和预应力效应下的成桥状态,鱼脊钢束完全消除了原纵桥向的主拉应力,体现为鱼脊立墙平面内的压应力(见图 8),且主墩部位鱼脊立墙区域混凝土平面内的应力沿任何方向都是受压状态(压应力值满足规范要求)。

对于近中墩的鱼脊立墙,还有较大的竖向压应力。顺桥向 24m 范围,由于多层鱼脊钢束及在脊顶转圆弧折点产生的径向压力及泊松效应,存在出平面方向的主应力,应力值趋近于 0。其他鱼脊立墙区域,局部也有出平面的应力存在,虽然其应力值都较小(小于 0.5MPa),也应适当采取抗裂加强措施。

考虑了恒载、预应力、收缩徐变、整体升温、温差、沉降等荷载和作用,并对以上各工况的计算结果进行线性组合,得到鱼脊立墙的顺桥向和竖向的应力包络值。设计按主要受力方向压应力储备一般不小于 2MPa 控制。

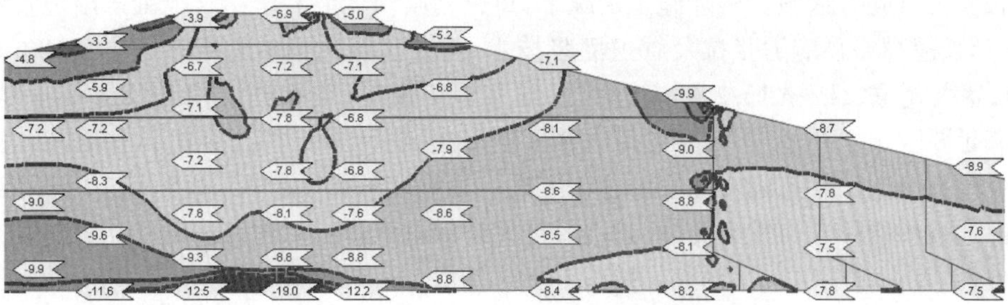

图 8　自重和预应力作用下鱼脊立墙主应力 σ_3 等值线图(成桥状态)

5　主桥施工方案研究

5.1　鱼脊成型方法

主桥上部结构采用挂篮平衡悬臂浇筑施工工艺,因鱼脊立墙须同步浇筑,不同于常规预应力连续梁。可采用的方法为“分层法”(图 9)或“分段法”(图 10)。国外已建同类型大跨径鱼脊梁,多采用分层法施工法(随着梁悬臂节段的伸长,逐层浇筑鱼脊)。分层法施工可能存在以下问题:梁截面多层叠合,受力较复杂。先张拉的预应力不能为后浇混凝土提供压应力,增大了预应力材料用量;施工工艺较为复杂,层与层间新、老混凝土结合部易产生收缩裂缝。

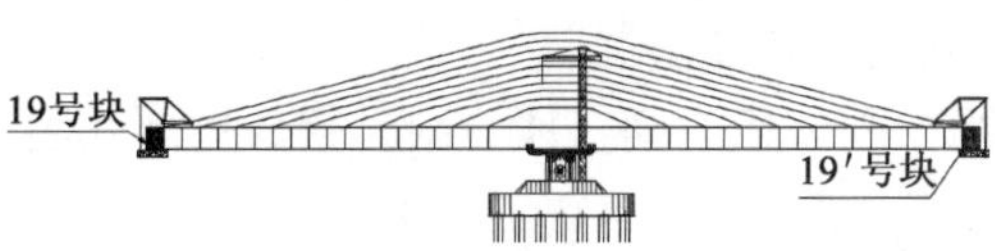

图 9　分层法施工节段划分示意图

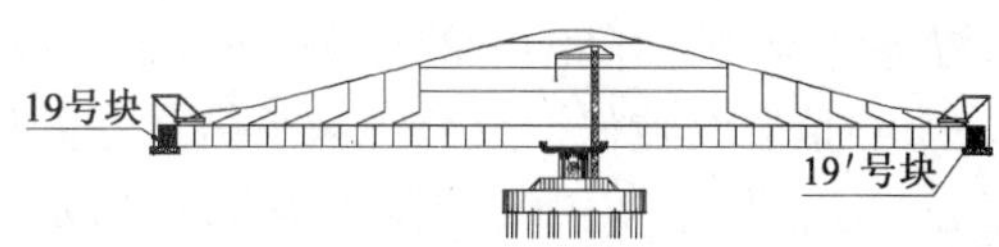

图 10　整体分段、局部分层法施工节段划分示意图

本桥对鱼脊立墙形成的施工方法做了进一步的改进,创新采用了整体分段、局部分层法施工:先悬臂施工箱梁约 2×30m,该范围内的鱼脊立墙分层一次浇筑;随后鱼脊立墙每两个节段浇筑一段(断面上一次形成)。其具有以下优点:断面上一次成形,结构受力较明确;没有因为采用分段法施工而特殊增加设备;需特殊处理的新、老混凝土结合处范围较少,降低了施工复杂性。

5.2　悬臂施工工艺

箱梁节段划分及挂蓝基本同常规连续梁施工的一致,本桥桥面较宽,断面上布置 6 片挂篮主桁(见图 11)。最大节段重量 312t,设计计算的挂篮重量 140t。

鱼脊立墙的形成采用整体分段、局部分层法,箱梁前 6 个节段浇筑时鱼脊立墙高为 0,浇筑下一节段时,前 5 个节段鱼脊立墙同时分层、全高浇筑,张拉第一批鱼脊钢束;接下来每 1 个节段张拉相应鱼脊钢束,每 2 个节段浇筑一段鱼脊立墙。最终建筑外形要求的鱼脊立墙,成桥后浇筑。

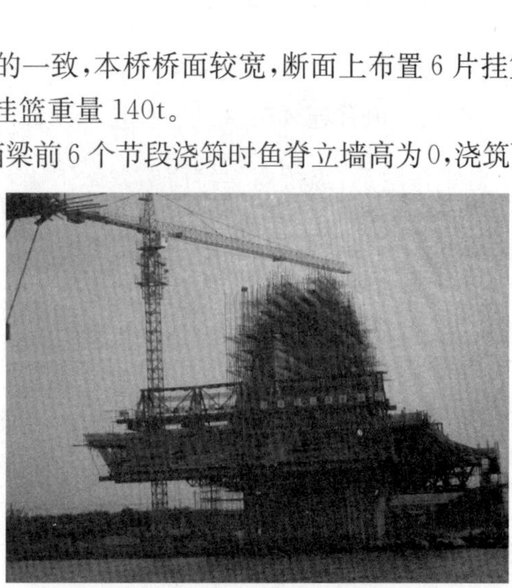

图 11　主桥挂篮平衡悬臂浇筑施工实景图

5.3　其他施工要点

(1)60m 长大鱼脊立墙混凝土浇筑收缩控制,墩顶段鱼脊墙身(长度约 60m)在箱梁上浇筑,新老混凝土(龄期差约 5 个月)结合处易出现收缩裂缝。本桥从设计及施工方面采用预留部分箱梁钢束后张拉、鱼脊内设置施工临时钢束、结合处钢筋适当加强、蓄水养护并

适当延长养护时间等措施。实际施工情况下，鱼脊立墙新老混凝土结合范围未出现收缩裂缝。

(2)超长超高差预应力张拉及管道灌浆技术，鱼脊立墙内预应力钢束超高差(20m)、超长(156m)、超大吨位(31－ϕ^s15.20)，其张拉及灌浆施工质量，关系到结构有效预压应力及耐久性是否满足要求。本桥通过1∶1管道灌浆模型多次试验结果研究、对比和总结，确定采用两端压浆＋顶部多道出浆孔同步出浆的施工工艺。根据实桥检测结果，检测管道的压浆基本密实。同时通过鱼脊预应力钢束的摩阻试验，与设计理论值进行对比，确保了施工工艺与计算分析的一致性，并完善了预应力钢束张拉施工工艺技术。

6　主桥相关关键技术研究

由于主桥结构形式比较特殊，并且是国内第一次采用，不能满足现有规范和经验的假定条件，须进行特殊分析、研究。本桥开展了如下的研究：

(1)鱼脊梁空间受力特性研究：采用大型通用有限元软件，进行全工况、全过程的实体仿真模拟，特别对局部范围内空间效应重点关注。

(2)风效应数值模拟：采用通用计算流体动力学软件FLUENT对鱼脊连续梁桥的风环境进行模拟，得出风的静力作用，同时分析汽车通过鱼脊区域附近流场时车体表面的压力变化，形成强风下车辆行车安全性的相关结论。

(3)温度场的仿真模拟：通过有限元对鱼脊立墙特殊外形的温度场进行仿真分析，得出其升温、降温及骤然降温时的梯度模式，结合规范，形成设计计算依据。

(4)鱼脊大吨位钢束群锚锚固仿真分析及试验研究：采用空间实体有限元软件局部锚固仿真分析及足尺模型试验，确认局部构造的安全性。

(5)特大桥抗震专题研究：通过桥梁结构空间非线性地震时程分析及静力实验方法，采用在固定墩处设置弹塑性阻尼器＋减隔震支座的技术，对弹塑性阻尼器的合理参数及布置方式进行研究，对矮墩、大跨度连续梁体系的减震具有重要应用价值。

(6)超大吨位设计使用寿命的球型钢支座研发：150MN吨位，100年使用寿命的球型钢支座研发，并在本桥中得到应用。

(7)相关施工的关键技术研究及试验。

7　结语

混凝土鱼脊连续梁桥是一种特殊断面的大跨径混凝土桥型，可保留混凝土梁的优点，充分解决大跨径混凝土箱梁桥的缺点。同时，恰当地选取鱼脊立墙高度与桥面宽度的比例，可有效减小高大立墙对行车的视觉冲击。大治河桥已经于2012年12月通过荷载试验后验收运营。其合理的力学结构，适宜今后在市政及公路等大跨径桥梁领域里广泛地应用。同时更多建筑构造处理和更长跨度的构思，也在探索之中。

参考文献

[1] 上海科学技术情报研究所.预应力混凝土鱼脊梁研究水平检索报告[R].ISTIS国科证字(008)号，编号：20120856SH，2012，7.

[2] 同济大学.大治河结构抗震性能研究报告[R].2011，3.

[3] 上海同丰工程咨询有限公司.两港公路大治河桥主桥竣工荷载试验简要报告[R].2012，10.

20. 变截面景观跨河桥结构设计探讨

许延祺

（北京市市政工程设计研究总院）

摘　要：本文阐述了锦州龙栖湾新区景观跨河桥——乐水桥的结构设计思路，本桥由主桥和引桥组成，主桥为34m＋50m＋34m变高度变宽度预应力混凝土连续箱梁，具有桥面宽、悬臂长、柱间距大的特点。文中着重介绍了本桥截面变化曲线选取思路，MIDAS Civil梁格法建模的原则及建模关键点，利用MIDAS Civil三维板单元模型对长悬臂结构在车轮荷载和满人荷载作用下的受力机理进行研究，为今后此类桥梁的设计提供参考。

关键词：桥梁设计　景观跨河桥　变高度变宽度　长悬臂　梁格法

1　概述

现代的桥梁已不纯粹以满足功能为目的，更多的桥梁在满足结构安全性的同时也提出了景观要求。桥梁景观设计是对桥梁的线形、造型、平面布局在满足功能、安全、经济的前提下进行自然景观、城市景观、历史文化景观及美学方面的综合考虑和组织，以最大限度地实现桥梁力学上的合理性、功能上的优越性及与周边环境的协调性，同时反映出不同地域、不同传统文化的独特性，力图达到桥梁功能、安全、经济、美学的协调与和谐[1]。

锦州龙栖湾新区桥梁工程是新区基础设施建设的重点项目，娘娘宫临港产业区地处辽宁省的西南部，辽西五市环绕周边，西连京、津、唐，东接辽宁中部城市群，南临渤海，北靠辽阔的东北腹地，正位于环渤海经济圈的中心地带，是中国东北、华北两大经济区的结合点。是通向亚太地区和走向世界最便捷的进出海口，被国内外专家誉为东北亚地区发展外向经济的彩虹地带，见图1。

乐水桥上跨小凌河西支流，位于龙栖湾新区的中心地带。本桥梁的建设目标是“安全耐久，和谐美观，环保节约，科学创新”，应结合锦州龙栖湾新区区域规划、桥位处的工程地质、水文、气候、环境等基础资料和桥梁的先进设计理念，根据给定的限制条件，进行桥梁设计。

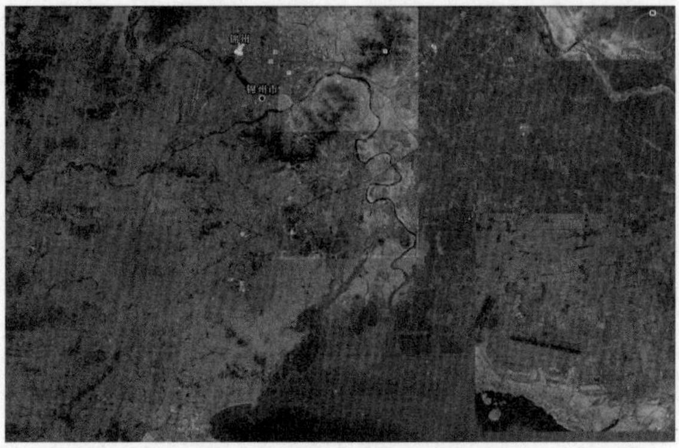

图 1　锦州龙溪湾新区位置图

2　乐水桥工程概况

乐水桥上跨小凌河，规划河道宽度 280m，平面线形为直线，由主桥和两侧引桥构成。跨径分布为 3×28m＋(34＋50＋34)m＋3×28m＝286m，桥梁标准段宽度 36m，由人行步道、非机动车道、机非隔离带、机动车道组成。引桥为 3×28m 连续梁，梁高取 1.6m，结构相对简单；主桥为 34m＋50m＋34m，由于景观的要求，主桥为变高度混凝土连续梁，且由于存在观景平台，主桥宽度由 36m 变化到 42.36m，两侧各加宽 3.18m。故主桥属于变高度变宽度预应力混凝土连续梁桥，受力复杂。主桥箱梁顶宽 36～42.36m，悬臂长 4m，梁高 1.6～3m，腹板厚度 65cm，顶底板分别厚 28cm 和 25cm。主桥立面及平面图及箱梁断面图分别见图 2～图 4。

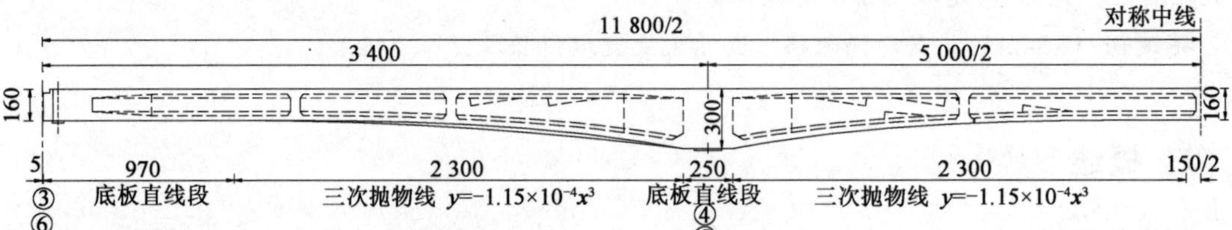

图 2　乐水桥半立面图(尺寸单位：cm)

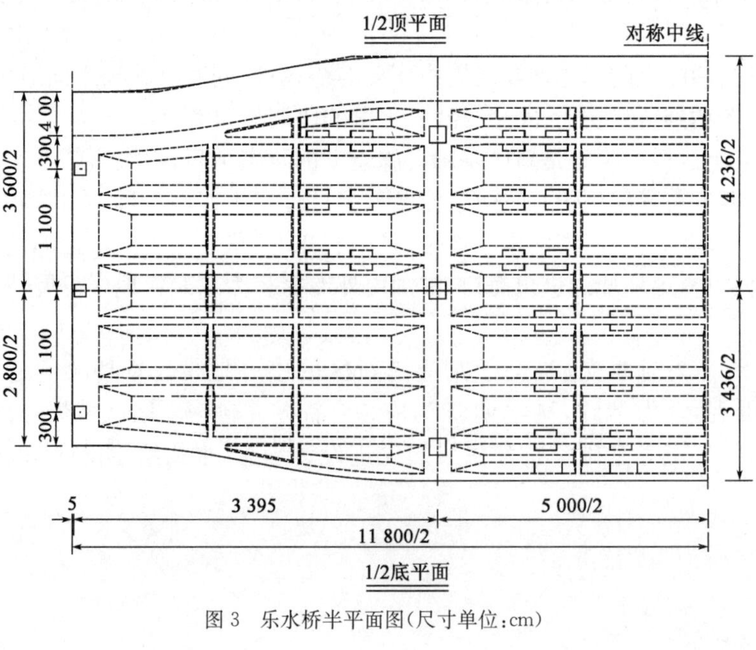

图 3　乐水桥半平面图(尺寸单位：cm)

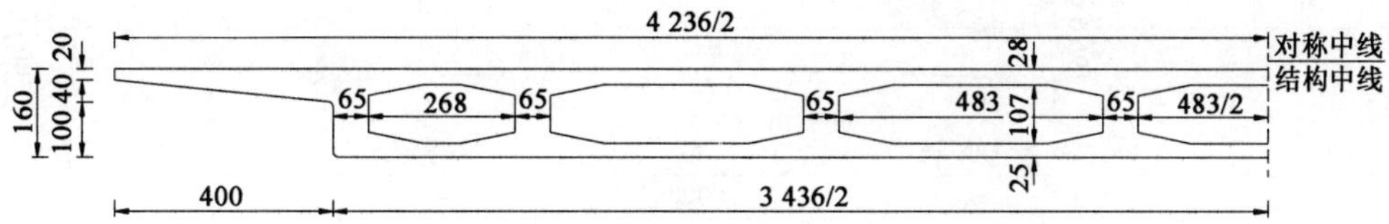

图 4　乐水桥半断面图(尺寸单位:cm)

在设计中主要存在如下难点:

(1)由于处于海洋环境,应业主要求,本桥需按照全预应力混凝土进行设计,且所有构件钢筋保护层厚度都要增大。

(2)各腹板肋净跨较大,最大为 4.83m,悬臂长 4m,属于非常规桥梁,需要适当加大顶底板厚度,且需布置横向桥面板预应力钢束,属于双向预应力受力状态。

(3)本桥跨径较大,根据受力需要,中支点布置顶板短束,中跨跨中布置底板短束。

(4)桥梁横向较宽,中跨最宽处达 42.36m,宽跨比约为 0.85,需要考虑恒载以及活载产生的扭矩的影响。

(5)由于桥梁横向为单箱五室断面~单箱七室断面,每片腹板受力情况不一样,由于观景平台的存在边腹板受力偏大,故每片腹板配筋需存在差异,分别验算。

(6)出于美观的考虑,公用墩不设置盖梁,支座横向间距较大,中横梁及端横梁均需要布置横向预应力钢束,尤其是端横梁,横向预应力钢束与纵向预应力钢束存在交叉甚至打架的情况,应加以考虑。

3　设计中一些问题的探讨

3.1　截面变化曲线的选取

由于两侧引桥梁高为 1.6m,为了保证整体桥梁线形的美观及连续性,主桥端横梁也考虑为 1.6m,一般情况下,变高度预应力混凝土连续梁桥支点梁高与跨度之比为 $H/L=1/14\sim1/18$。本桥中跨跨径 50m,即中支点梁高取值范围为 2.78~3.57m,又考虑到支点处桥面高程约为 8.8m,常水位高程为 2m,潮水位高程为 2.6m,为了保证美观梁高不宜过高,且当水位达到潮水位时至少保证桥下净空大于 3m,故中支点梁高取为 3m。

由于连续梁的恒载弯矩变化规律与二次抛物线相似,所以一般变高度混凝土连续梁采用二次抛物线变化。但是本桥采用了三次抛物线变化,变化长度 23m,变化抛物线为 $y=-1.15\times10^{-4}x^{3}$,这主要是考虑到本桥最大跨径 50m 不是特大跨结构,且三次抛物线比二次抛物线在跨径四分点附近桥下净空大,线形更趋于美观,见图 5。从图 5 中可以看出,在中跨跨径四分点处,采用三次抛物线梁高比二次抛物线梁高小 17.6cm,即桥下净空大 17.6cm,更有利于桥下通航。

3.2　梁格法模型划分

使用 MIDAS/Civil 有限元分析软件可以很好地模拟梁格法来建模,在进行模拟时需要注意以下几点:

(1)将多室箱梁分割为梁格时,注意纵梁的中和轴位置应尽量一致。

(2)每跨内的虚拟的横向联系梁数量不应过少(划分为 1.5m 左右一个在精度上应能满足要求)。

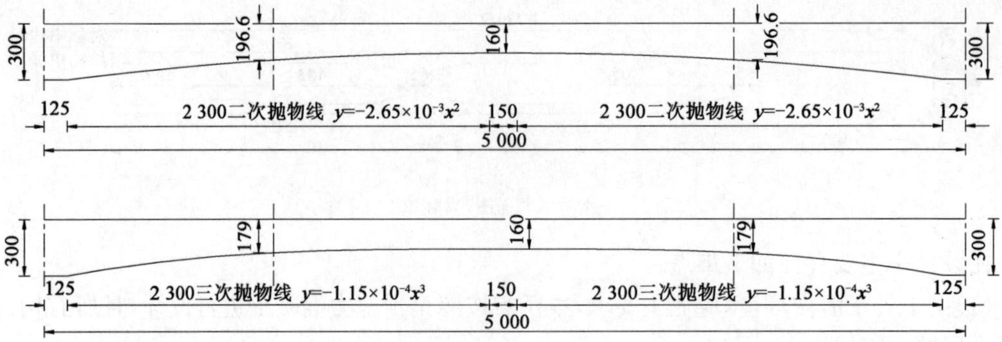

图5　50m 中跨变化曲线对比图(尺寸单位:cm)

(3)虚拟的横向联系梁之间尽量要设为铰接(可将纵梁之间的虚拟横梁分割为两个单元,将其中一个释放梁端约束)。

(4)虚拟的横向联系梁的重量应设为零(可在断面刚度调整系数中调整)。

(5)定义移动荷载的车道时,应尽量选择按“横向联系梁”方法分布移动荷载,此时应将所有的横向联系梁定义为一个结构组,并在定义车道时选择该结构组。

(6)注意输入梁断面温度荷载时宽度 B 的取值为实际翼板宽度(或腹板宽度之和)。

本桥每片腹板划分为一片纵梁,全桥共划分 8 片纵梁,梁格法模型见图 6。

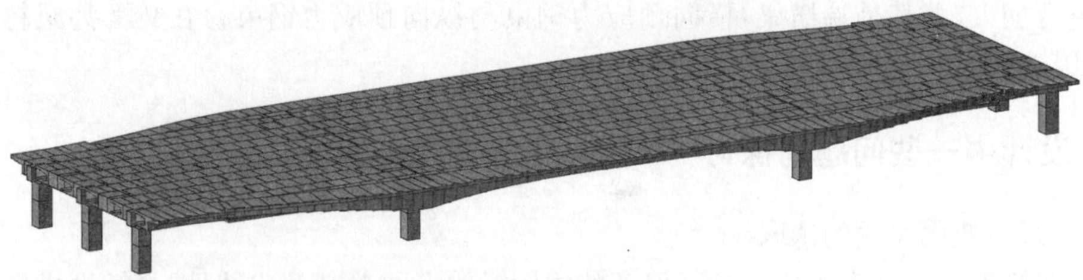

图6　乐水桥梁格法模型

3.3　支座刚度的模拟

本桥中墩均设置为抗震型盆式橡胶支座 GPZⅢ(GD),边墩设置为单向滑动抗震盆式橡胶支座 GPZⅢ(DX),在进行模拟时忽略桩的影响,建立墩柱单元和上部结构单元。盆式单向滑动支座模拟方法为主梁上支座节点与墩柱节点 Y 向、Z 向定义刚性连接,X 向放松,盆式固定支座的模拟方法为主梁上支座节点与墩柱节点 X、Y、Z 向均定义刚性连接,柱底利用一般支承约束 X、Y、Z 方向。

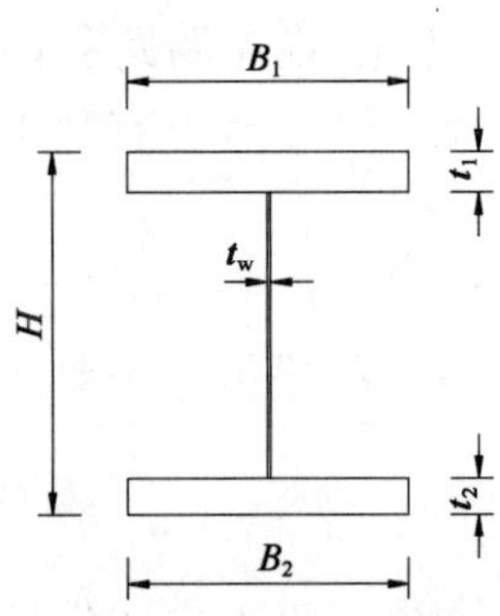

图7　虚拟横梁断面图

3.4　横向联系梁的模拟

本桥在进行单元划分时,除了在中间横隔板、端横梁、中横梁位置建立横向联系单元按照实际结构尺寸模拟,其余位置每隔 2m 左右设置一道虚拟横向联系梁。根据查阅相关文献,相关人员在进行设计时经常按照矩形截面来模拟横向联系梁,但笔者认为这种方法模拟横向连系梁会使得模型的整体刚度比实际结构的刚度要大很多,计算不够精确。本设计虚拟横向联系梁断面见图 7 所示,顶底板厚度 t_1 和 t_2 分别为结构顶底板的实际厚度 28cm 和 25cm,顶底板宽度 B_1 和 B_2 为虚拟横梁的间距,约为 2m,腹板厚度 t_w 取为一个极小的值，取 1mm，梁高 H 取为结构的实际梁高，为 1.6～3m。

3.5 悬臂板受力研究

由于本桥悬臂板为 4m，需要单独研究悬臂板受力，考虑到本桥横向宽度从 36m 变化到 42.36m，边跨悬臂 4m 范围内为 3m 人行步道+1m 车行道，中跨悬臂 4m 范围内为观景平台和人行步道，为了避免设计过于繁琐，考虑悬臂板在分别承受满人荷载和车轮荷载作用下结构的受力情况。在研究时利用规范规定的公式以及 MIDAS Civil 建立三维板单元模型进行分析，对比分析结果，取最不利值进行横向预应力配束。

3.5.1 规范公式

(1)车轮荷载作用

悬臂板在车轮荷载作用下，除了直接受载的板条外，相邻板条也发生挠曲变形而承受部分弯矩，所以要考虑车轮的有效分布宽度。根据弹性板理论分析，当板端作用集中力 P 时，受载板条的最大负弯矩 $m_{max} \approx 0.465P$，而荷载引起的总弯矩 $M = Pl_0$，l_0 为悬臂板跨径，因此，如果把一个车轮产生的总弯矩图假设为矩形考虑的话，则总弯矩 $M = am_{max}$，a 为车轮荷载的分布宽度，即

$$a = \frac{M}{m_{max}} = \frac{Pl_0}{0.465P} = 2.15l_0$$

由公式 1 可以看出，悬臂板的有效工作宽度接近于 2 倍的悬臂长度，也就是说，荷载可以近似的按照 45°角向悬臂板支承处分布[2,3]。对于悬臂板来说，车轮后轮为最不利活载，考虑到本桥铺装厚 20cm，则每个后轮作用到结构表面的宽度为 100cm，长度为 60cm[4,5]。基于以上理论，本桥车轮荷载分布示意图见图 8。

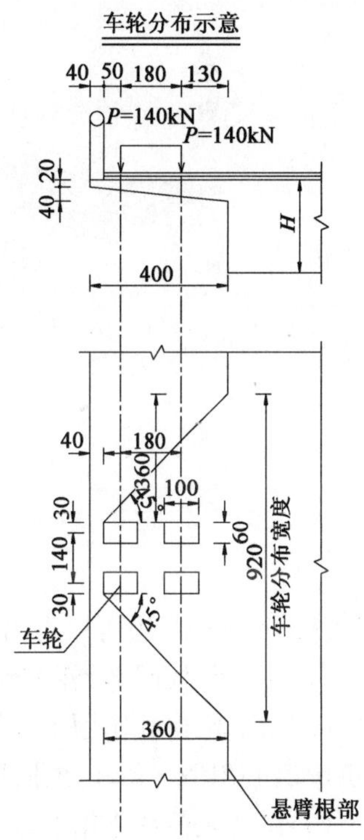

图 8 车轮荷载分布示意图
(尺寸单位：cm)

车轮分布宽度：

$$a = (a_1 + 2h) + d + 2c = 0.2 + 2 \times 0.2 + 1.4 + 3.6 \times 2 = 9.2\text{m}$$

由于 $c > 2.5\text{m}$，所以实际分布宽度 $a = 9.2/1.3 = 7.08\text{m}$

则每延米悬臂板根部活载产生的弯矩值和剪力值分别为(按照边腹板中心考虑)：

$$M = (140 \times 3.425 + 140 \times 1.625)/7.08 = 100\text{kN} \cdot \text{m}$$

$$Q = 140 \times 2/7.08 = 39.6\text{kN}$$

(2)满人荷载作用

在人群荷载作用下，取每延米板进行分析，根据相关规范，在进行桥面板局部分析时，按照 4kN/m 人群荷载考虑[5]，则为承受均布荷载作用下的悬臂体系受力，悬臂根部最大负弯矩及剪力为：

$$M = \frac{1}{2}ql^2 = 0.5 \times 4 \times 4.325^2 = 37.5\text{kN} \cdot \text{m}$$

$$Q = ql = 4 \times 4.325 = 17.3\text{kN}$$

3.5.2 三维板单元模型

在计算时取中跨两道横隔板间的距离为板的计算宽度，板宽 15m，板跨径 l_0=4.325m(按

照边腹板中心考虑)，车轮荷载作用见图 8。由于箱梁主梁抗扭刚度很大，横隔板近似按照刚度无限大进行建模。悬臂板在车轮荷载及人群荷载作用下弯矩图见图 9、图 10。

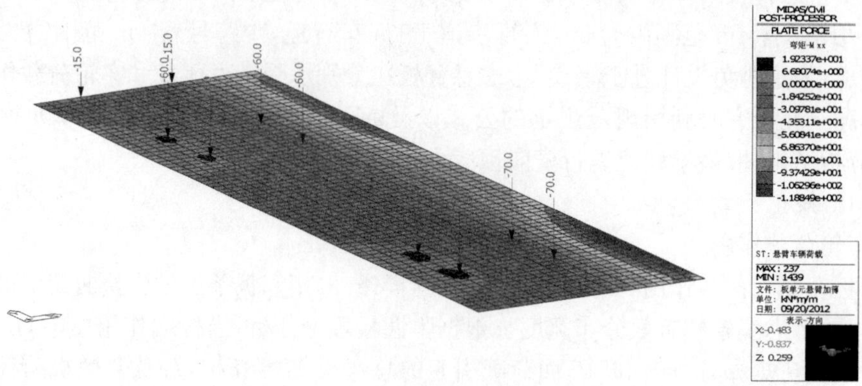

图 9　车轮荷载作用下 M_{xx} 图

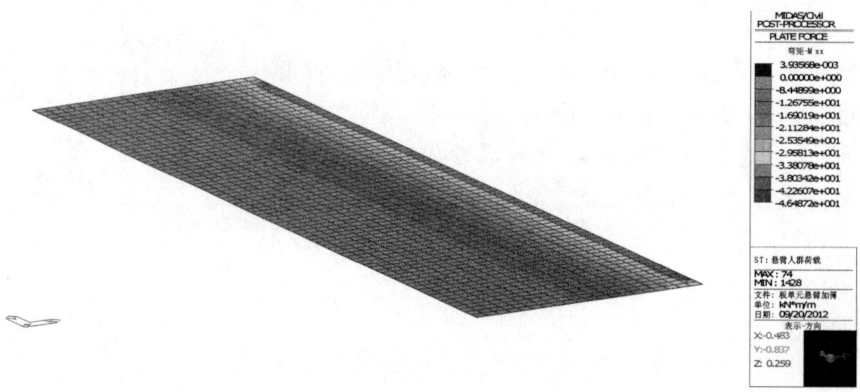

图 10　满人荷载作用下 M_{xx} 图

从图 9、图 10 中可以得出以下特点：

(1)在悬臂板端部，外车轮荷载作用点附近，会有正弯矩出现。

(2)在车轮荷载作用下，最大负弯矩值位置出现在与后车轮荷载垂直对应的悬臂根部，最大负弯矩 112kN·m，比根据规范公式计算出的负弯矩值大。

(3)在满人荷载作用下，最大负弯矩为 39kN·m，与规范公式计算出的结果相差不大。

(4)悬臂根部最大负弯矩靠近横隔梁处较大，远离横隔梁处减小。

从以上分析可以看出，利用 MIDAS Civil 板单元建模得出的在车轮荷载作用下悬臂根部最大负弯矩值比利用规范公式计算出的值大。这说明对于长悬臂来说，按照规范计算的结果偏不安全。两种计算模式结果见表 1。

规范公式与 MIDAS Civil 单位宽度负弯矩极值对比(单位：kN·m)　　表 1

活载类型	规范公式	MIDAS Civil 板单元	误差 (%)
车轮荷载	100	112	12
满人荷载	37.5	39	2.4

图 11 为车轮荷载作用下两种计算方法悬臂根部最大负弯矩对比图。

由图 11 可以看出，MIDAS Civil 板单元计算出的悬臂根部负弯矩值呈 M 字型变化，与后轮荷载作用点垂直对应的悬臂根部负弯矩值大于按照规范公式计算出的弯矩值，达到峰值，需要加大配筋；其余位置的最大负弯矩值小于或者近似等于按照规范公式计算出的弯矩值，可按照规范公式计算出的结果配筋。而在纵向跨中位置对应的悬臂根部负弯矩值最小，达到谷值。

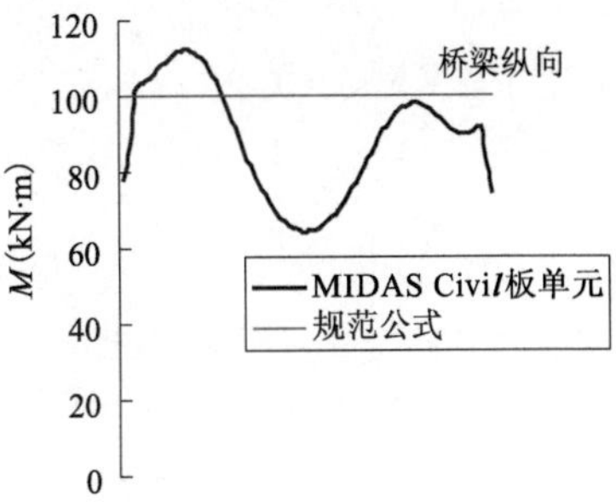

图 11 两种计算方法悬臂根部最大负弯矩对比图

4 结语

通过对乐水桥的设计，得到以下结论及经验可供今后类似工程参考借鉴：

(1)景观桥梁的设计不仅要满足结构安全性的要求，还应该根据实际地理位置，结合当地的城市人文景观，在桥梁结构的选用上满足桥梁美学的要求，综合考虑。

(2)对于变高度混凝土连续梁来说，如果结构跨径不是很大且在能满足结构安全性的前提下，可以选用 2 次以上的抛物线线形(比如 3 次抛物线)，这样更有利于桥下通航，也更为美观。

(3)对于横向宽度较大的桥梁，应该使用梁格法模型进行分析，在进行虚拟横梁模拟时，虚拟横梁截面可按照腹板厚度取极小值(比如 1mm)的工字形断面进行模拟。

(4)对于长悬臂结构，应单独分析悬臂板受力情况，根据《公路钢筋混凝土及预应力混凝土桥涵设计规范》(JTG D62—2004)，引入了车轮荷载分布宽度理论来计算车轮荷载作用下悬臂板根部负弯矩值，但经过本文 MIDAS Civil 板单元验证，悬臂根部负弯矩图沿桥梁纵向呈 M 字形变化，在靠近横隔板的位置出现峰值，且大于按照规范公式计算出的结果，应适当加大配束或者配筋，而且在外车轮荷载作用点附近会出现正弯矩。

参考文献

[1] 杨士金，唐虎翔. 景观桥梁设计[M]. 上海：同济大学出版社，2003.

[2] 姚玲森. 桥梁工程[M]. 北京：人民交通出版社，2008.

[3] 项海帆. 高等桥梁结构理论[M]. 北京：人民交通出版社，2001.

[4] 孙立刚. 长悬臂行车道板的内力计算[J]. 北方交通，2012，5：64-66.

[5] 中交公路规划设计院. JTG D60—2004 公路桥涵设计通用规范[S]. 北京：人民交通出版社，2004.

[6] 徐建伟，彭卫. 镜湖新区景观桥梁设计[J]. 华东公路，2008，30(2)：3-6.

[7] 胡喜，李朝晖，蔡道平. 武汉新区四新大道景观桥梁布局与设计[J]. 城市道桥与防洪，2009，25(6)：64-68.

[8] 庄虹. 上海南汇海港新城景观桥梁结构设计[J]. 城市道桥与防洪，2005，21(5)：12-15.

[9] 娄廷会. 多跨连拱景观桥结构设计[J]. 公路工程，2011，36(4)：106-108.

[10] 卢二侠，冯雄辉，郭结义. 大跨预应力混凝土连续梁桥设计分析[J]. 公路工程，2012，37(5)：127-129.

21. 苏州市吴中区新塘桥概念设计

许　骏　于千惠　孙　斌　周海智　肖汝诚
（同济大学桥梁工程系）

摘　要：苏州市吴中区新塘桥为一座城市人行桥，横跨京杭运河，自然条件限制严格，景观效果要求高。本文介绍其概念设计。

关键词：钢桁架　连续梁　人行桥　接坡方案　参数化

1　概述

苏州市吴中区新塘桥横跨京杭大运河，为早年修建的钢架拱拱桥，桥宽不足6m，供行人与非机动车通行。长期以来，该桥在为居民通行提供便利同时，存有一些问题：桥宽较窄，不能满足远期运河两岸行人与非机动车的通行要求；桥下通航条件无法满足京杭大运河通航要求；年久失修，存在安全隐患；景观效果较差，与现有区域规划及运河两岸滨水区景观带规划不协调。为此，拟拆除老的新塘桥（图1），并在原址处修建一座新的景观桥。

图1　老新塘桥实景图

2　建桥条件和功能要求

2.1　地形地貌

拟建桥址位于苏州市吴中区太湖西路南，苏蠡路东850m处，老桥西侧，桥梁呈近南北走向，跨越近东西走向宽约85m的京杭大运河，桥与河道呈近直交。桥址南场地沿运河处为菜地及绿化带，往南为居民区，尚未拆除，桥址北场地现为绿地。勘察时测得勘探点高程在2.01～3.04m之间，地面相对高差1.03m，测得运河水面高程为1.27m。

2.2　地质条件

苏州市地处长江三角洲南缘的冲积、湖积平原上，根据区域地质资料，本地第四纪以来地壳运动以沉降为主，接受堆积，形成广阔的堆积平原地貌。第四纪沉积物总厚大于50m。桥位基岩地质构造较为发育，断层密度较高，岩体的整体性较差，地壳的刚性强度较低。据"中国岩石圈新构造时期升降幅度图”，苏州地区属地壳活动稳定区。拟建场地场区及周围地区无活动性断裂分布，场地在地质上是稳定的。场地地势平坦，地层结构简单，地貌类型单一，场区稳定性和基础主要持力层均匀性良好综合桥位处的地质条件，拟采用第⑦层粉砂作为持力层。由于⑥层以上均为软土，厚度近 30m，采用有推力基础需慎重。

2.3 水文条件

苏州市属于亚热带季风气候，雨量充沛，轻度潮湿，据近年来搜集的资料，苏州历史最高洪水位为 2.69m（1999 年），最低河水位为 0.01m（1934 年），常年平均水位为 0.88m。苏州市历史最高潜水位为 2.63m，近 3～5 年最高潜水位 2.50m，最低潜水位为－0.21m，潜水位年变幅一般为 1～2m。苏州市历史最高微承压水位为 1.74m，近 3～5 年最高微承压水位为 1.60m 左右，最低微承压水位为 0.62m，年变幅 0.80m 左右。

2.4 功能要求

航运功能方面，京杭运河在拟建桥址处为内河Ⅲ级航道，通航净宽不小于 80m，通航净高不小于 7m，设计最高通航水位为 2.4m。

交通功能方面，在概念设计初期尚未明确，除必须满足行人的通行要求外，尚需考虑非机动车通行的可能性。

景观功能方面，该桥定位为城市景观桥，对景观要求较高。

3 方案构思

3.1 总体布置

由于极高的航道要求和两侧地块的现有高程，限定了新塘桥必须一跨过河，并具有较高的桥面高程。因此，接坡方案的选定将是决定桥梁总体布置方案成败的决定性因素之一。

为使桥梁结构完全不侵占河道宽度和通航净空，同时避免墩柱落在运河两侧堤岸上影响堤岸的安全性与连续性，主跨跨径基本确定为 105m 左右，边跨的布置由接坡方案控制。在接坡方案设计中首先考虑了同时满足非机动车、行人的通行需求的方案：图 2a）为直线坡道方案，图 2b）为螺旋坡道方案，图 2c）为工字形坡道方案，图 2d）为直线折返坡道方案。对于非机动车通行，桥梁坡度需满足规范[3]要求。依据规范对坡道坡度的限制及通航净高的要求，对四种接坡方案的优缺点进行了列举，见表 1。

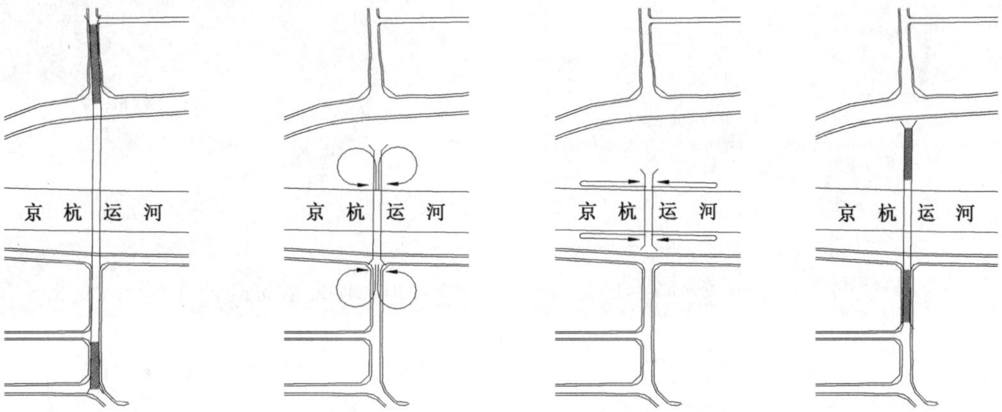

a）直线坡道方案　b）螺旋坡道方案　c）工字形坡道方案　d）直线折返坡道方案

图 2　新塘桥接坡方案（阴影部分为侵占原有道路区域）

考虑非机动车通行的接坡方案比选　　表1

	直线坡道	螺旋坡道	工字形坡道	直线折返坡道
道路侵占情况	侵占严重	不侵占	不侵占	部门侵占
规划地块侵占情况	辅路区段侵占	螺旋位置侵占	不侵占	附录区段侵占
施工对交通影响	大	较小	较小	中
非机动车过桥体验	舒适	需转弯,体验一般	需中途下车,体验一般	需中途下车,体验一般
过桥绕远情况	绕远距离最大	绕远距离小	不需绕远	绕远距离中等
规划地块建筑影响	引桥道路沿线建筑采光与视野	坡道附近建筑采光与视野	坡道附近建筑采光与视野,范围很大	引桥道路沿线建筑采光与视野,范围较大
运河堤岸风景影响	无影响	螺旋引桥较高,影响大	非机动车坡道较高,距离长,范围大,影响大	无影响

经测算,在考虑非机动车通行条件下,由于环境条件限制,四种接坡方案单条坡道的总长度均超过了200m,各种接坡方案体量均较大,在适用性和景观性上均不尽如人意(图3)。考虑到桥位附近主要为居民区,且桥位上下游1km范围内均设有车行桥,非机动车的通行需求并不迫切。故而最终决定该桥为专用人行桥,并考虑两轮非机动车推行过桥。确立了桥梁性质后,细化了接坡方案的选取原则:

(1)接坡坡度应考虑到残疾人轮椅或非机动车的无障碍推行。

(2)接坡段应采取措施保证在较高接坡高差下行人过桥的舒适度。

(3)作为运河风光带的重要组成部分,桥梁落地区域应衔接运河两岸景观步道,方便河滨观景行人的通行便利,提升过桥体验。

依据以上原则,最终给出了如下道路接坡方案:接坡采用踏步桥形式,踏步间设置3个约5m长的平台,整体纵坡约1∶5,照顾到了非机动车推行和残疾人推行、行人步行过桥舒适度。同时,照顾到河滨观景人群需求,在桥面接近桥梁两侧中支点处均额外设立人行楼梯,直接落地后衔接景观步道,依据桥型特点,楼梯既可布置在横桥向两旁,也可设置在横桥向中部(图4)。该方案接坡长度约35m,故而最终确定了35m+105m+35m的三跨桥梁立面分孔布置方案。

图3　折返坡道景观效果不佳

图4　设置在横桥向中部的人行楼梯

3.2　方案构思与选择

在确定该桥作为一座以景观要求为主的专用人行桥,并确定了桥梁的立面布置方案后,我们确立了“灵动运河,柔美吴中”的设计理念,意图通过新塘桥的桥型设计,在满足结构功能要求的前提下，与运河景观带和谐共存，提升景观带品位。

方案构思阶段，在立面布置方案确定后，注意到由于航运功能限制，较高的桥面高程与行人通行舒适度之间的矛盾依旧突出。为尽可能提升行人通行舒适度，在关注桥梁方案的美学效果的同时，还应注意优先取用桥梁建筑高度较小的桥型方案，力求降低桥梁的纵坡坡度。故而最终提出了下承式的桁架梁桥、系杆拱桥、斜拉桥和自锚式悬索桥四种桥型进行比选（表2），这四个方案均为下承式桥梁方案，可以兼顾景观要求与行人的通行体验。

方案构思阶段提出的桥梁方案 表2

平面布置图	效果图
a) 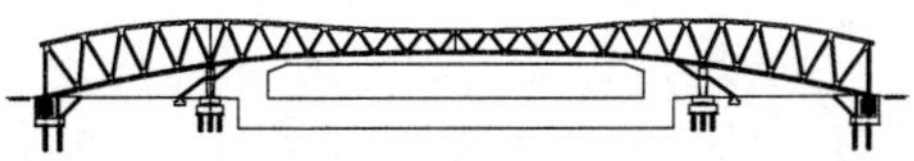	
b) 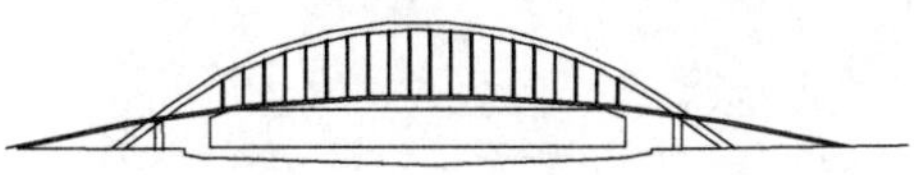	
c) 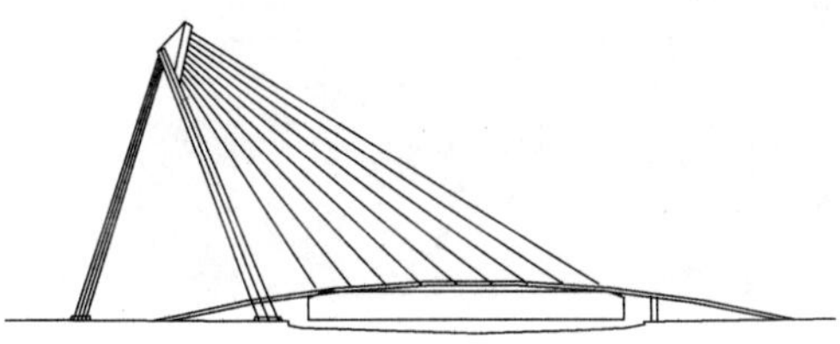	
d) 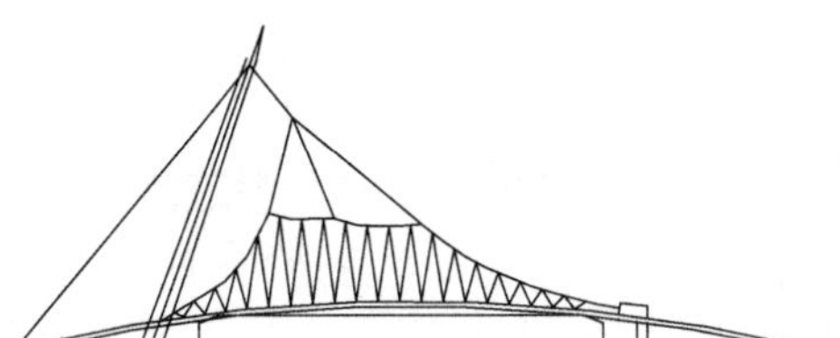	

四个方案跨径布置相同（均为35m＋105m＋35m），都满足通航的要求。三跨桁架梁桥跨径布置合理经济；系杆拱桥作为无推力体系能够适应地基的要求，且拱桥与城市气质相称，但与上下游桥梁稍显重复；斜拉桥气势磅礴，辨识度高，但稍缺柔美要素；自锚式悬索桥造价较高，但景观效果好，也常用于城市桥梁中。考虑到城市气质与桥位周边环境，并与上下游桥梁保证一点区别，对方案比选如表3。

新塘桥桥梁方案比选　　表3

桥梁类型	理念体现	安全适用	经济性	美观性
桁架梁桥	优	优	良	优
系杆拱桥	优	优	良	良
斜拉桥	中	优	中	良
悬索桥	良	优	中	良

通过比选，推荐方案 a)，即采用三跨钢桁架连续梁桥方案。

3.3 方案优化设计

诞生于欧洲工业革命时期的钢桁架连续梁桥形式通常采用直线杆件形成梯形桁架轮廓，可以充分展示结构的力感，但在柔美方面的表现效果则较弱。本桥设计则别出心裁，意图采用曲线型上弦杆，在保证结构体系合理性的前提下，展现婉约柔美的桥梁气质，体现设计理念。在确定桁架线形过程中，利用参数化建模工具，设定曲面基本形态控制参数、桁架控制参数作为两组关键设计参数，直观、便捷地对桥梁形态进行调整，最终生成满足设计要求的桥梁形态。[2]如图5所示。

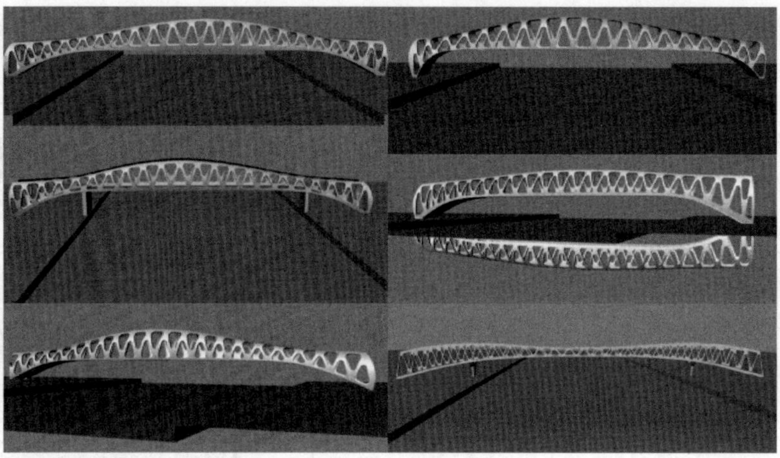

图5　参数调整桥梁的曲线造型

4 施工方案与安全性认定

4.1 结构设计

采用三跨连续钢桁梁结构，跨径布置为35m＋105m＋35m(图6)。中跨范围内桥面较平坦，横桥向布置为：1.8m(人行平台)＋0.6m(单榀桁架)＋8.2m(人行道)＋0.6m(单榀桁架)＋1.8m(人行平台)＝13.0m。两边跨范围内桥面较陡，横桥向布置为：1.8m(人行台阶)＋0.6m(单榀桁架)＋1.1m(坡道)＋6.0m(人行台阶)＋1.1m(坡道)＋0.6m(单榀桁架)＋1.8m(人行台阶)＝13.0m。

主桥桁架上下弦杆与腹杆均采用焊接箱形截面。高度在全桥上随着线形变化。边支点处桁高11.15m，中支点处桁高9m，跨中桁高4.5m，标准节间长为7m，两片主桁架中心间距8.8m。桥面系为正交异性桥面板，由钢桥面板、横梁、挑臂、纵梁及纵肋组成。标准节间设置K形撑上平联，中支点处上平联加强。

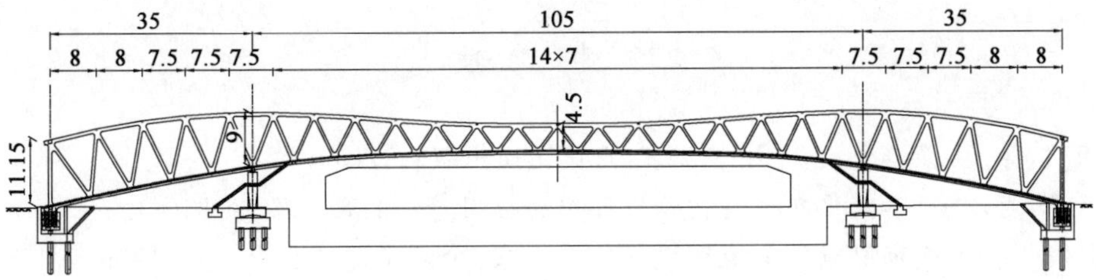

图 6　结构总体布置图(尺寸单位:m)

4.2　施工步骤

针对本桥结构体系,综合比较少支架施工、悬臂拼装施工、转体施工等多种施工方案,考虑到尽可能减小对繁忙的运河通航影响,最终决定采用转体施工方案,主要施工顺序如下:

(1)完成墩台桩基础施工;施工主墩转盘及墩柱。

(2)搭设支架,拼装墩顶梁段并对称拼装两侧钢桁架节段,直至转体段施工完毕,并同步浇筑压重混凝土。

(3)墩梁临时固结,梁端加沙袋压重,拆除支架;临时封闭航道,对梁段实施转体;转体就位后,开放航运交通。

(4)焊接连接压重混凝土预埋件,移走压重沙袋并拆除墩梁临时固结措施、封盘。

(5)利用浮吊吊装下弦杆合拢杆件。

(6)安装最后一个节段,上弦杆合拢。

(7)施工桥面系及附属设施。

4.3　安全性认定

计算采用 MIDAS 空间“杆系＋板单元”模型,上弦杆、下弦杆、腹杆、横梁、挑梁、上平联采用梁单元,桥面板采用板单元。全桥计算模型如图 7 所示。

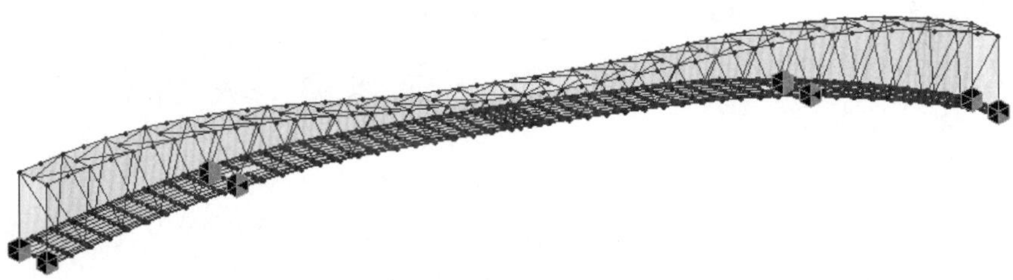

图 7　结构空间有限元模型

本桥共分为三个施工阶段建模,荷载组合按规范[4]规定取用:

(1)拆除支架后、转体前大悬臂阶段。

(2)结构合拢。

(3)二期恒载施工。

经验算,在各施工阶段、各组合下,结构的强度、刚度、稳定性均满足要求。

5　结语

相较于公路桥梁,城市桥梁往往具有更严格的自然条件限制与使用功能要求,在桥梁的美观要求、环境条件等方面有比较明显的差异。本文叙述新塘桥概念设计的基本流程,介绍了接坡方案优化、桥型选择、参数化建模工具应用等方面的有益尝试,旨在抛砖引玉,对城市桥梁概念设计有所助益。

参 考 文 献

[1] 项海帆,等.桥梁概念设计[M].北京:人民交通出版社,2011.
[2] 于千惠,肖汝诚.参数化在桥梁初步设计中的应用[J].上海公路,2013(4).
[3] CJJ 83—99 城市用地竖向规划规范[S].北京:中国建筑工业出版社,1999.
[4] JTJ 025—86 公路桥涵钢结构及木结构设计规范[S].北京:人民交通出版社,1986.

22. 鱼窝头立交 B 匝道波形钢腹板弯箱梁桥设计与施工

曾田胜[1]　卢绍鸿[2]

（1. 广东省公路建设有限公司；2. 广东省公路勘察规划设计院有限公司）

摘　要：波形钢腹板箱梁桥是一种新型的钢—混凝土组合结构，目前在国内正进入发展期。本文以国内第一座波形钢腹板 PC 连续弯箱梁桥为工程背景，介绍了该桥的设计要点和施工方法。可为同类型项目提供有参考。

关键词：波形钢腹板　PC 连续箱梁　弯桥　钢—混凝土组合　设计　施工　静动载

1　前言

自从 1986 年世界上第一座波形钢腹板 PC 箱梁桥——法国的 Cognac 桥建成以来，波形钢腹板 PC 箱梁桥正在世界多个国家得到快速发展[1]，由于用波形钢腹板代替混凝土腹板，减轻了结构自重，而且，作为腹板的波形钢板具有不抵抗轴向力的特点，可使预应力有效地加载于混凝土翼缘板，提高了预应力的效率。本文以国道主干线广州绕城公路鱼窝头立交 B 匝道 30m＋50m＋30m 波形钢腹板 PC 连续弯箱梁桥为工程背景，介绍了该桥的设计要点、施工方法和静动载试验结果，可为同类型项目提供参考。

2　工程背景

2.1　工程概述

鱼窝头立交 B 匝道跨越南沙大道桥梁跨径组合为(35＋50＋35)m＝120m，预留净空 5.5m；桥梁位于 $R=110$m 的平曲线上，上部结构为波形钢腹板组合箱梁，桥面宽度 10.5m，箱梁净宽 10.3m，悬臂 2.36m(到腹板中心)，箱内宽 5.58m，箱梁中心高 2.65m，桥面设 6％横坡；下部构造采用柱式墩、钻孔灌注桩基础，B15 和 B16 墩沿路线设计线外弧侧设置 15cm 偏心。桥梁的总体如图 1 所示，波形钢腹板布置如图 2 所示。

2.2　设计标准

设计载荷：公路Ⅰ级；桥梁结构设计基准期：100 年。地震烈度：按地震烈度 7 度进行抗震设计，地震动峰值加速度 0.11g。

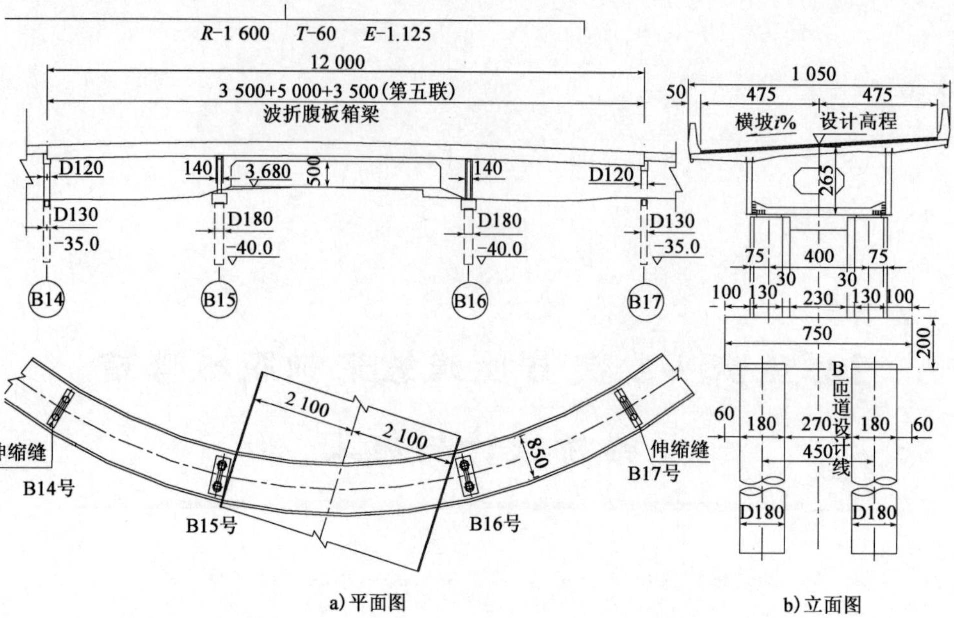

图 1 桥梁平面立面剖面图(尺寸单位:cm)

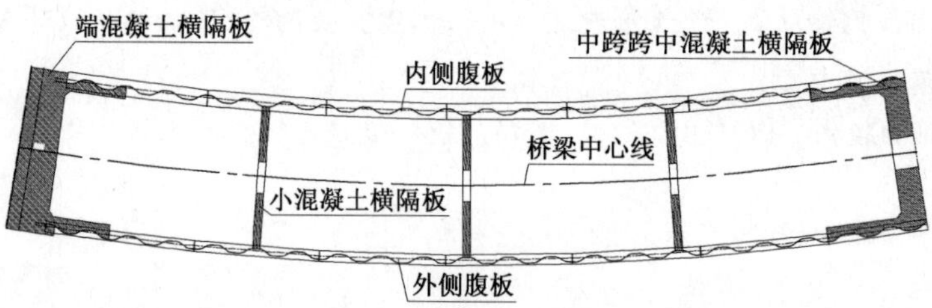

图 2 桥梁波形钢腹板布置图

3 设计要点

3.1 总体设计

鱼窝头立交 B 匝道跨越南沙大道桥梁跨径组合为(35＋50＋35)m＝120m。由于南沙大道主车道和辅道不能落墩，因此采用主跨 50m 一跨跨越。上部结构采用波形钢腹板钢梁先行架设技术、钢结构先简支后连续技术、纵横预制拼装结合梁技术、顶板预制吊装现浇湿接缝技术、扁担梁浇注混凝土技术、小半径曲线桥梁预制拼装构件管道穿索张拉技术于一体。

3.2 箱梁构造

桥梁采用单箱单室不等高直腹板等截面箱梁，箱梁截面图如图 3 所示。箱梁顶宽 10.5m，底宽 6.08m，翼缘板悬臂长 2.36m，内侧腹板箱梁高 2.341m，外侧腹板箱梁高 2.959m，箱梁中高 2.65m，顶板厚 0.28m，底板厚 0.25m，箱梁顶底板采用 C60 混凝土，腹板采用波形钢腹板。

3.3 混凝土顶底板

混凝土箱梁顶板宽度为 10.10m(10.30m－2×0.1m，其中的 0.1m 为防撞护栏现浇带，钢筋预留伸出)，横桥向支点处厚 0.416m(腹板中心处)，跨中厚 0.28m，悬臂端部厚 15cm。边跨和部分中跨箱梁混凝土顶板采用现浇成形，中跨跨中部分箱梁混凝土顶板采用预制吊装。预制顶板中心纵桥向长度 3.2m,湿接缝长度 0.8m,同时预制混凝土桥面板在横向腹板支点处设现浇混凝土预留槽,槽宽 0.44m;预制混凝土桥面板吊装就位补齐混凝土预留槽内钢筋后浇筑混凝土,现浇接缝(槽)采用 C60 无收缩微膨胀混凝土,要求用小石子混凝土,石料粒径 2~4cm。混凝土中掺桥隧专用抗裂纯纤维素纤维,纯纤维掺量为 0.9kg/m^3。预制板至少存放 6 个月的时间,以减少由于混凝土收缩徐变造成的缀余内力。

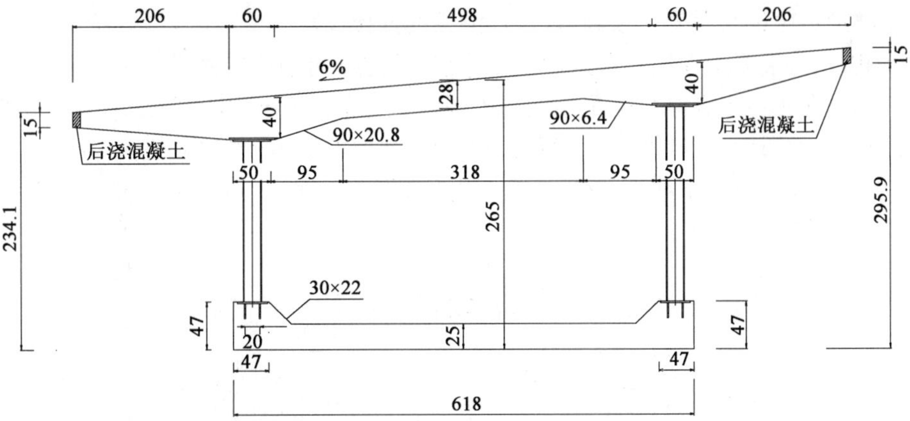

图 3 箱梁截面图(尺寸单位:cm)

箱梁底板宽度为 6.08m,边厚 0.47m,中厚 0.25m。混凝土底板全桥均采用现浇成形,其中边跨和部分中跨箱梁底板采用满堂支架现浇,其余中跨部分箱梁底板采用波折腹板先行架设,作为承重结构,设置钢扁担梁吊模板现浇。

3.4 波形钢腹板

波形钢腹板采用 Q345C 钢板,抗拉强度 200MPa、抗剪强度 120MPa;内侧钢腹板:波长 1 559.4mm,波高 220mm,直线段水平长度 389.4mm,斜板段水平长度 370mm,水平折叠角度 31°,内径 R 为 240mm,如图 4 所示,钢板厚度 12mm(除 D1、D7、D8 段位 16mm 外),外侧腹板:波长 1 640.6mm,波高 220mm,直线段水平长度 430mm,斜板段水平长度 370mm,水平折叠角度 31°,内径 R 为 240mm,如图 5 所示,钢板厚度 12mm(除 D1、D7、D8 段位 16mm 外)。

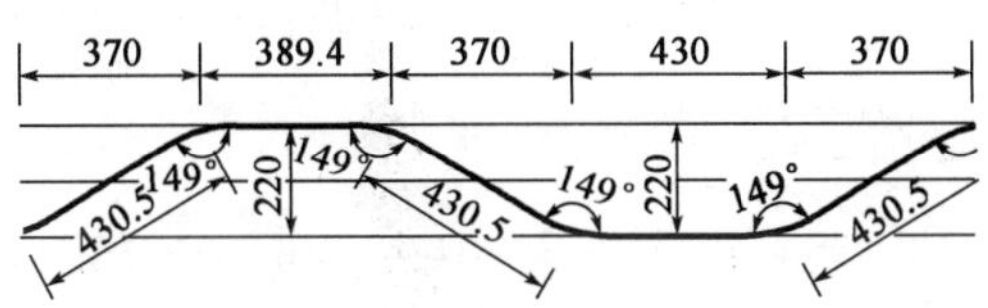

图 4 内钢腹板平面图(尺寸单位:mm)

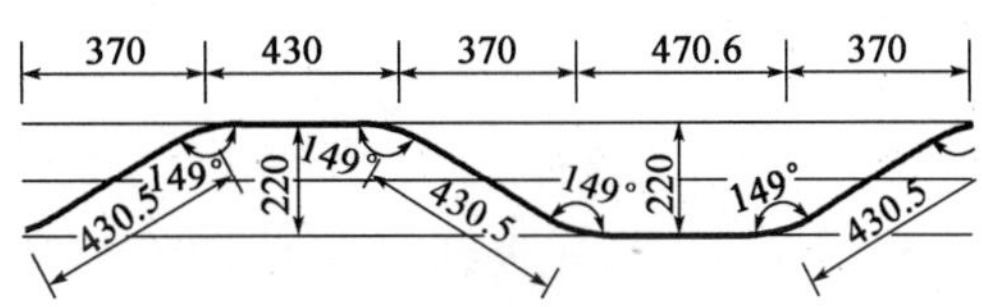

图 5 外钢腹板平面图(尺寸单位:mm)

腹板钢板采用拼接焊缝。现场波形钢腹板纵向连接在架设波形钢腹板时为防止钢板搭接位置尺寸出现偏差,在钢板搭接位置中心设置临时固定用高强螺栓,待钢板定位后拧紧,并对钢板采用搭接贴角角焊缝连接,临时固定用高强螺栓无需拆除。工厂波形钢腹板加工纵向连接采用坡口焊缝对接连接。上翼缘板、波形钢腹板及下翼缘板采用坡口焊缝连接。

3.5 横隔板设置

为了提高整个结构的横向抗变形能力,本桥设置了支点混凝土横梁、30cm 厚混凝土横隔板和型钢横撑三种桥梁横向联系。

支点端横隔板厚 1.5m,支点中隔板厚 1.8m。30cm 厚混凝土横梁在桥梁边跨设置 3 道,中跨设置 5 道,其中中跨 5 道混凝土横隔板均为内嵌刚横撑的混凝土横隔板。

混凝土端横隔板通过栓钉与波形钢腹板结合在一起。

桥梁中跨纵向每隔 8m 布置一道内嵌钢横撑型混凝土横隔板，以保证波形钢腹板钢梁架设及预制混凝土顶板吊装时结构整体性，钢横撑由腹板竖向假劲肋以及水平和斜向等边角钢 L140×12mm 拉杆等组成。由于桥梁平面位于半径 R=110m，为改善桥梁结构运营状态抗扭性能，在钢横撑外围浇注钢筋混凝土，形成内嵌钢横撑型混凝土横隔板，隔板厚 30cm。

为方便日后检修，横梁与横隔板间留有宽 1.2m、高 0.8m 的人洞。

3.6 波形钢腹板与混凝土顶、底板及横隔板的连接设计

波形钢腹板与混凝土顶板连接采用角钢连接键连接，角钢连接键采用 L200×16 型角钢，角钢长 0.34m，角钢在上翼缘板上采用四周围焊。纵向布置角钢中心间距 243.6～256.3mm，纵向连续布置。波形钢腹板与混凝土底板连接采用"T-PBL"连接键，PBL 键高 0.15m，离焊接位置 7cm 处留有直径 6cm 的钢筋孔，钢筋孔间距内外侧腹板分别为 146.2mm 和 153.8mm。内侧腹板与顶底板接构造如图 6 所示。

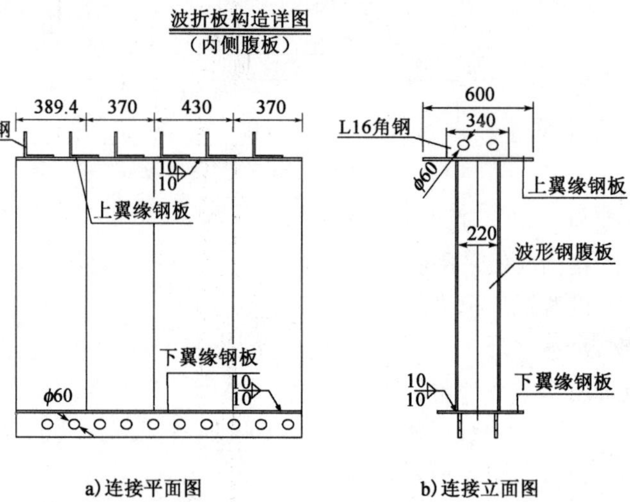

图 6 内侧腹板与顶底板的连接构造图

波形钢腹板与端横隔板通过嵌入式连接、开口板及剪力键连接。中隔板通过焊钉剪力键连接。

3.7 预应力设计

桥梁混凝土顶底板纵向按预应力 A 类结构设计。底板施工钢束：中跨底板短束 MB1～MB2，边跨底板短束 SB，底板通长束 MB3，其中 MB1 采用 17ϕs15.2 钢绞线，MB2 采用 15ϕs15.2 钢绞线，MB3 和 SB 采用 12ϕs15.2 钢绞线。顶板施工钢束：墩顶顶板短束 T1′，T1，T2，顶板通长束 T3，其中 T1 采用 15ϕs15.2 钢绞线，T1′和 T2 采用 7ϕs15.2 钢绞线，T,3 采用 12ϕs15.2 钢绞线。顶板横向预应力采用 2ϕs15.2 钢绞线中心间距 70cm 布置。预埋预应力钢束管道采用塑料波纹管，以保证在施工过程中管道不锈蚀并适合真空压浆工艺。

3.8 其他构造设计

组合箱梁纵向在支座附近设波形钢腹板现浇内衬混凝土，以保证腹板剪力能有效传递至桥墩，并可防止波形钢板屈曲，内衬混凝土与波形钢腹板通过焊钉剪力键连接。

4 箱梁施工

鱼窝头立交 B 匝道波折腹板 PC 弯箱梁桥施工共分六个阶段。

4.1　阶段 1

(1)节段工厂制作,以横钢撑连接,形成框架,并在工厂进行小段预拼。

(2)主墩、边墩下部结构施工。边跨和部分中跨搭设满堂支架,中跨跨中位置设置临时支撑。

(3)现场预制混凝土顶板。

(4)对波折钢腹板分段吊装,并按预设拱度调整,完成合拢,简支变连续。

4.2　阶段 2

(1)"支架现浇"范围内现浇箱梁混凝土顶板底,并张拉相应顶底板钢束(张拉顺序 1～3)。

(2)以波折钢腹板为工作平台,利用钢扁担梁吊置底板模板,中跨混凝土底板现浇。

(3)待底板混凝土达到 90%强度且 7d 龄期后张拉底板通长钢束(张拉顺序 4)。

4.3　阶段 3

在已安装完的结构上浇筑中跨混凝土横梁,钢横撑埋入混凝土横梁,形成劲性骨架。

4.4　阶段 4

(1)在已建好的桥梁结构上,吊装全部预制混凝土顶板,施工吊装中注意保证型钢与混凝土预制顶板的连接和钢束的孔道对正,架设时应监测桥梁结构的位移情况并报设计单位。

(2)吊装就位后浇筑顶板预留槽混凝土,张拉横向预应力筋,拆除预制吊装用的顶板型钢。

(3)张拉相应跨中底板钢束(张拉顺序 5)。

4.5　阶段 5

(1)浇筑全桥湿接缝处混凝土,并张拉通长顶板束(张拉顺序 6)。

(2)张拉相应跨中底板钢束(张拉顺序 7)。

4.6　阶段 6

(1)拆除临时墩。应在梁体与支架完全分离不少于 24h 后方可拆除临时支架。

(2)进行防撞栏、沥青混凝土铺装、伸缩缝等其他附属设施的施工与安装。

5　成桥荷载试验

5.1　静载试验

根据该桥的受力特点,选择第 2、第 3 跨作为试验桥跨进行静载试验评估,具体控制截面位置如图 7 所示。其中控制截面 M、N 及 K 分别为检验桥梁在中跨最大正弯矩、支座最大负弯矩、边跨最大正弯矩作用下的工作性能。

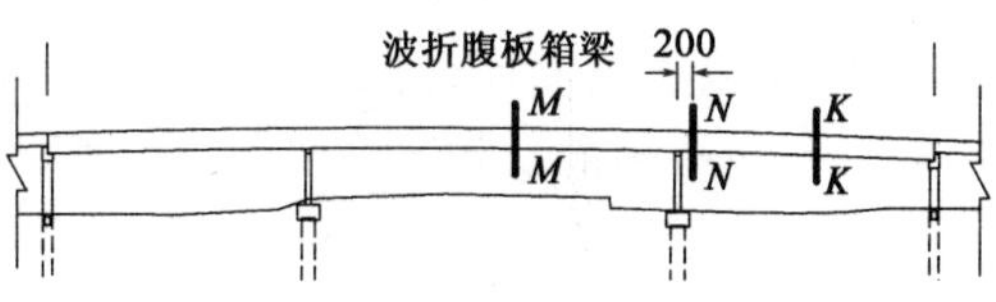

图 7　静载试验控制截面

该桥在三个控制截面的试验荷载作用下,挠度及应变校验系数在 0.70～0.95 之间,满足《公路桥梁承载能力检测评定规程》[5]中"校验系数应在 0.70～1.05"的要求。所有测点挠度的残余比均在 20%以内,满足《公路桥梁承载能力检测评定规程》中"残余比应小于 20%"的要求。试验前后,均未发现主梁出现裂缝。

5.2　动载试验

该桥对称竖弯的模态如图 8 所示,理论自振频率为 2.931Hz,实测自振频率分别为3.049 Hz;反对称竖弯的模态如图 9 所示,理论自振频率为 4.662Hz,实测自振频率为 4.999Hz(图 10)。实测值与理论至均非常接近,且均大于理论值,说明该桥的实际竖向刚度大于理论计算刚度。实测冲击系数($1+\mu$)在1.064～1.347之间,冲击系数均值为1.145,略小于理论计算的冲击系数1.178[《公路桥涵设计通用规范》(JTG D60—2004)公式(4.3.2)]。但个别工况中跨跨中测点的冲击系数大于理论计算的冲击系数。

图8 对称竖弯模态(频率=2.931Hz)

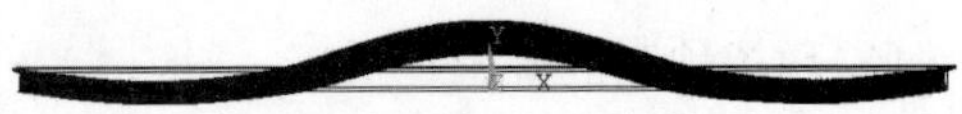

图9 反对称竖弯模态(频率=4.662Hz)

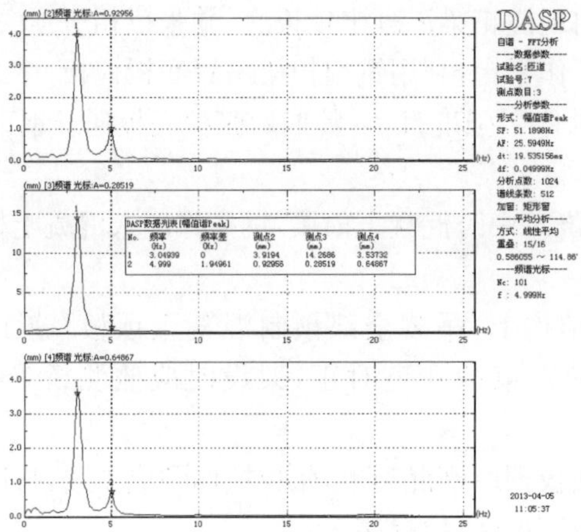

图10 实测竖弯自振频率

5.3 静动载试验结论

静载试验表明该桥结构变形规律和应变状态正常,结构强度、刚度及抗裂性满足公路—Ⅰ级设计荷载标准要求。

动载试验表明该桥实际竖向刚度大于理论计算刚度,整体性好,未见开裂状态,符合设计荷载在设计车速范围内正常行驶要求。

6 结语

波形钢腹板箱梁桥是一种新型的钢—混凝土组合结构,具有鲜明的结构及施工特点。在国外有大量工程应用实例,但在国内尚处于发展阶段。本文以国内第一座波形钢腹板PC连续弯箱梁桥鱼窝头立交B匝道30m+50m+30m桥为工程背景,详细介绍了该桥的设计要点和施工方法,从成桥后静动载试验结果看该桥能够满足设计要求,可为国内同类型项目提供参考。

参 考 文 献

[1] 陈宜言.波形钢腹板预应力混凝土桥设计与施工[M].北京:人民交通出版社,2009.

[2] 国道主干线广州绕城公路南环段鱼窝头立交B匝道桥第五联桥梁施工图[R].广东省公路勘察规划设计院有限公司,2008.

[3] 鱼窝头立交B匝道桥第五联桥梁施工组织设计[R].2010.

[4] 鱼窝头立交B匝道桥第五联桥梁静动载试验报告[R].华南理工大学,2012.

[5] JTG/T J21—2011 公路桥梁承载能力检测评定规程[S].北京:人民交通出版社,2011.

23. 异形变宽预应力混凝土主梁设计技术

——太平庄互通立交跨滦河特大桥异形变宽梁设计

王　美　李盼到　宋　鑫

（北京市市政工程设计研究总院有限公司）

摘　要：随着城市建设和交通事业的发展，城市立交及高速公路立交的修建数量日益增加，异形变宽梁越来越多的出现在桥梁工程中，本文依托工程实例，探讨了异形变宽梁的梁格划分方法及计算分析方法。

关键词：异形变宽梁　梁格划分　单梁模型　实体单元模型

1　工程概况

太平庄互通立交跨滦河特大桥为地锚式、有背索独塔双索面斜拉桥（图1）。边跨混凝土主梁长70.95m，其中从梁端到跨中50m范围内未设置拉索，主梁全宽由主跨侧的30.3m逐渐加宽至边跨梁端侧的53.172m。混凝土采用单箱多室结构。

图1　太平庄立交滦河特大桥效果图

2 异形变宽梁的结构设计

随着城市建设和交通事业的发展，城市立交及高速公路立交的修建数量日益增加，异形变宽梁越来越多的出现在桥梁工程中。

对于变宽混凝土主梁，为保证桥面板的横向受力、腹板的抗剪能力以及预应力钢束的布置空间，须根据梁宽的变化对箱室数量进行调整，即异形梁的梁格划分。梁格划分是异形箱梁设计的关键及灵魂所在，合理、适宜的梁格划分可保证主梁的各项受力性能，简化主梁预应力钢束布置构造，方便主梁施工。因此，设计时应根据主梁的实际情况，慎重对待。一般而言，异形梁的梁格划分应遵循如下原则：

(1)截面变化、过渡平顺、无刚度突变；

(2)各箱室净宽基本相同；

(3)横梁、隔板的设置与箱室的分隔相适应。

异形梁的预应力钢束布置应遵循如下原则：

(1)预应力钢束布置与梁肋的加宽相配合；

(2)在满足截面强度的条件下，各梁肋的截面应力基本均匀；

(3)锚固端局部与梁肋加宽段的相互配合；

(4)截面钢束变化平顺，无明显的应力突变。

从图 2 中可以看出，按粗线条示出的梁格划分较原梁格划分方案更符合上述基本原则，是合理、适宜的设计。

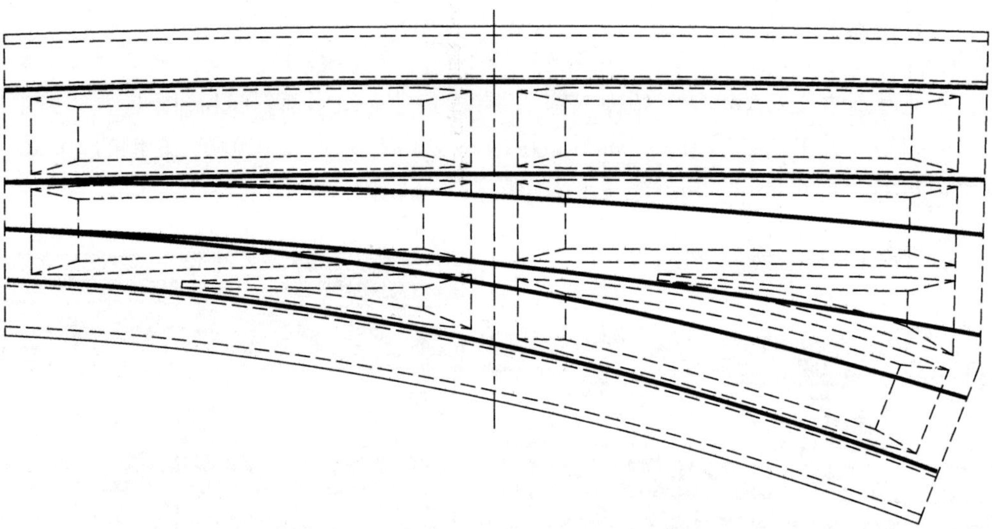

图 2 混凝土主梁梁格划分比较

根据上述基本原则对太平庄互通立交跨滦河特大桥的混凝土主梁进行梁格划分，其中 30.3m 梁宽处对应单箱 6 室，53.172m 梁宽处对应单箱 10 室，并根据梁格的划分布置预应力钢束(图 3)。

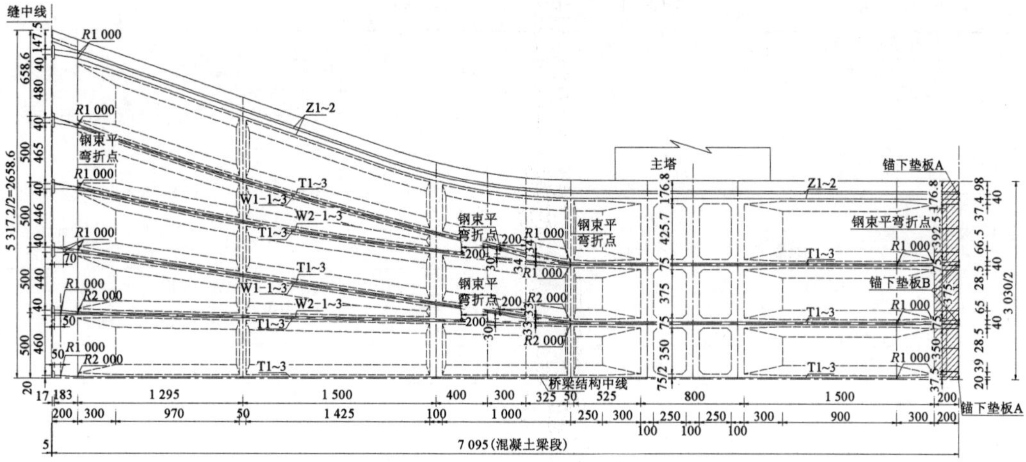

图 3　混凝土主梁梁格划分及纵向预应力钢束布置图

3　异形变宽梁的计算方法

随着城市建设和交通事业的发展，城市立交及高速公路立交的修建数量日益增加，针对异形箱梁结构计算理论和分析方法也得到很大发展，相继提出了各种各样的计算理论，归纳起来大致可分为三类：即解析法、半解析法和数值法[1]。而目前工程设计中广泛应用于计算机程序分析的模型主要有单梁模型（平面杆系），空间梁格模型及空间实体单元模型。相对而言单梁模型简单，易于设计人员掌握，但其弊端也是显著的，此种模型无法计算主梁的横向应力，无法考虑剪力滞、偏载等空间效应，计算结果存在局限性。但是根据文献[2]的研究结果，采用考虑有效宽度的单梁计算模型，其主梁纵向应力与实际情况差别不大，可应用于工程设计。空间梁格模型是用一个等效梁格来代表上部结构，将结构每一区段的弯曲和抗扭刚度集中于邻近的等效梁格内，结构的纵向刚度集中于纵梁内，而横向刚度集中于横向梁内[3]。此法易于理解，便于使用，目前采用较为广泛，但其也有明显的不足之处，其计算结果受模型离散情况影响巨大，不同设计人员的计算模型其计算结果相差巨大，因此对设计人员的理论水平要求较高，且模型建立前期工作量较大。空间实体单元模型是一种最强有力的模拟方法，可以考虑各种因素，做到真正的仿真分析，其缺点为计算量大，对计算机硬件及计算软件设备要求高。但随着计算机技术的提高以及分析程序的不断完善发展，空间实体单元模型得到日益广泛的应用，甚至全桥实体单元的全仿真分析也越来越广泛的在设计中进行。

4　计算分析及结果

为了全面、准确地模拟混凝土主梁的受力特性，以太平庄互通立交跨滦河特大桥的混凝土主梁为例，分别采用单梁模型和空间实体单元模型进行了分析计算，并进行了对比分析。

太平庄互通立交跨滦河特大桥的混凝土主梁跨度为 70.95m，最大宽度达 53.172m，且主梁梁高及梁宽均沿顺桥向变化，为大跨度、超宽、异形预应力混凝土箱梁，与常规连续箱梁的受力存在较大差别，某些在常规结构分析适用的假定条件可能需要进行修正[2]。

4.1　单梁模型计算结果（表 1）

混凝土主梁应力验算结果(MPa)　　表1

验算工况	验算位置	作用长期效应组合正应力	作用短期效应组合		作用标准组合主压应力
			正应力	主拉应力	
边跨跨中	上缘	−9.6	−9.9	0	−10.4
	下缘	−1.3	−1.03		
边跨根部	上缘	0.4	0.6	0.7	−5.5
	下缘	−5	−5.2		
结合段	上缘	−8.6	−6.9	0	−10.3
	下缘	−6.4	−9.2		
主跨根部	上缘	−7.9	−7.8	0.15	−8.1
	下缘	−5.1	−5.7		
规范限值		0	1.855	1.325	−16.2
结论		满足	满足	满足	满足

从表1可以看出，单梁模型的计算结果均满足规范要求，"规范"指《公路钢筋混凝土及预应力混凝土桥涵设计规范》(JTG D62—2004)。

4.2 实体单元模型计算结果

从图4可以看出，混凝土主梁在自重＋二期荷载＋预应力＋拉索索力作用下最大竖向位移为18mm，其分布较为符合平截面假定。

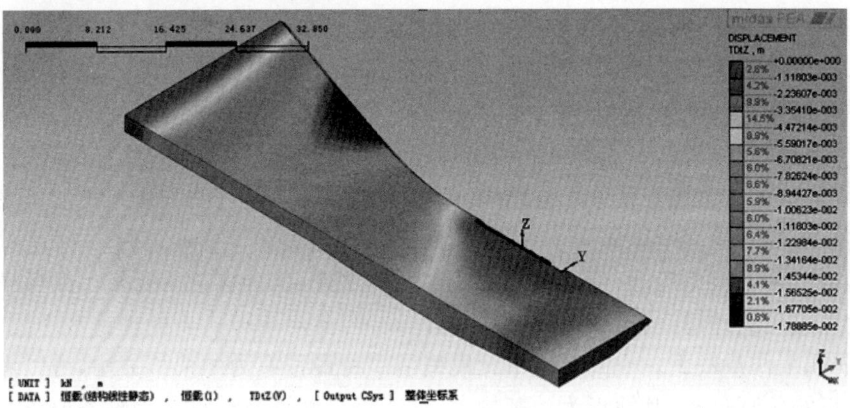

图4　混凝土主梁恒载位移图(单位：m)

从图5、图6中可以看出，各纵梁应力分较为均匀，除塔下横梁区域外，其余部位横向应力水平低，主梁以纵向受力为主，且与单梁计算结果相近。

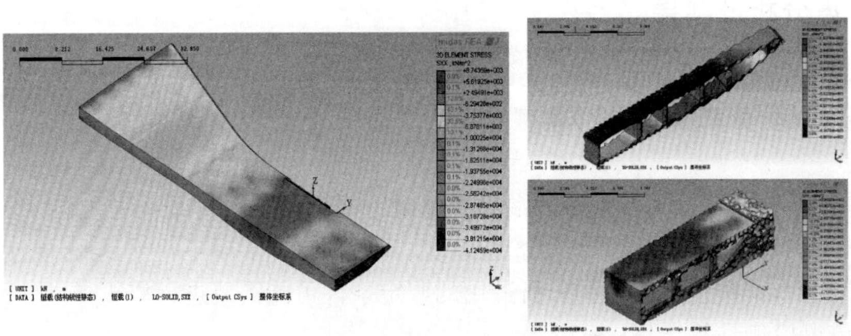

图5　混凝土主梁顺桥向应力图(单位：kPa)

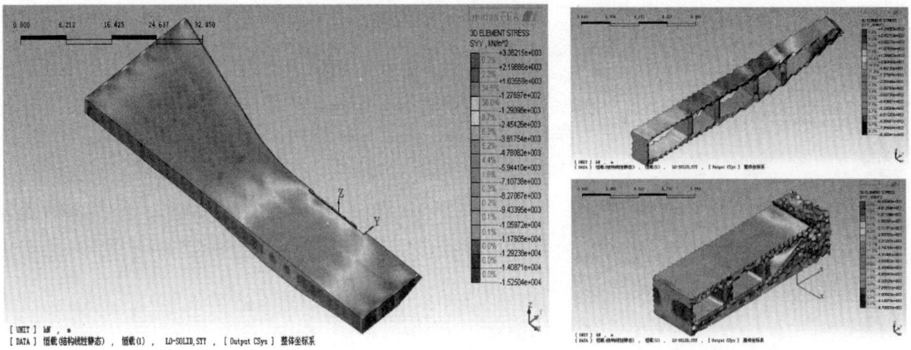

图 6　混凝土主梁横桥向应力图(单位:kPa)

5　结语

通过对单梁模型及空间实体单元模型结果数据进行分析可得出如下结论:

(1)太平庄互通立交跨滦河特大桥混凝土主梁为大跨度、超宽、异形梁,其梁格划分及预应力钢束布置合理,主梁刚度及应力过渡平顺。

(2)两模型位移计算结果基本相同,且从空间实体单元位移云图可看出,其变形基本满足平截面假定。

(3)两模型应力结算结果相近,且从空间实体单元应力云图可看出,各纵梁纵向应力分布均匀,除塔下横梁区域外,其余部位横向应力水平低,主梁以纵向受力为主。

(4)大跨度、超宽、异形预应力混凝土主梁在梁格划分及预应力钢束布置合理的情况下,可采用单梁模型模拟其纵向受力情况,其计算精度可满足设计要求。

参 考 文 献

[1] 丁雪松,刘旭锴.预应力曲线箱梁和异形箱梁的研究[J].城市道桥与防洪,2001(1).
[2] 徐海军,冷金荣.城市高架桥异形宽箱梁空间结构分析[J].结构工程师,2010 26(2).
[3] E·C·汉勃利.桥梁上部构造性能[M].北京:人民铁道出版社,1982.

24. 独塔背扭式斜拉桥设计

甘　露　苏剑南　杜细春

（招商局重庆交通科研设计院有限公司）

摘　要：重庆木洞浪琴大桥主桥为一座(36+62+120)m独塔双索面背扭式斜拉桥，本文主要介绍该桥整体设计及各关键构造要点，为同类桥梁设计提供参考。

关键词：独塔斜拉桥　背扭式　钢混接头

1　工程概况

中坝岛位于重庆市巴南区木洞镇辖区内，是长江水域内的一座孤岛，由于该岛地理位置优越，该岛被列入旅游开发项目，规划为山峡湖区水上游艇娱乐项目，岛上有超五星级温泉度假酒店、会议中心、酒店别墅群等；浪琴大桥作为连岛工程，不仅需满足交通功能上的要求，而且桥型方案应融入项目总体开发的景观效果中，设计在充分考虑各方因素的基础上，采用(36+62+120)m的独塔双索面背扭式斜拉桥(图1)。

图1　重庆木洞浪琴大桥鸟瞰图

2　主要技术标准

(1)设计荷载：公路-Ⅰ级，人群荷载4.0kN/m^2。

(2)行车道数：双向2车道。

(3)设计车速:40km/h。

(4)设计洪水频率:1/100;设计洪水位 186.516m。

(5)抗震设防标准:地震动峰值加速度 0.05g,抗震设防烈度Ⅵ度。

(6)设计安全等级:一级。

3 主桥结构设计及计算分析

全桥整体布置如图 2 所示。

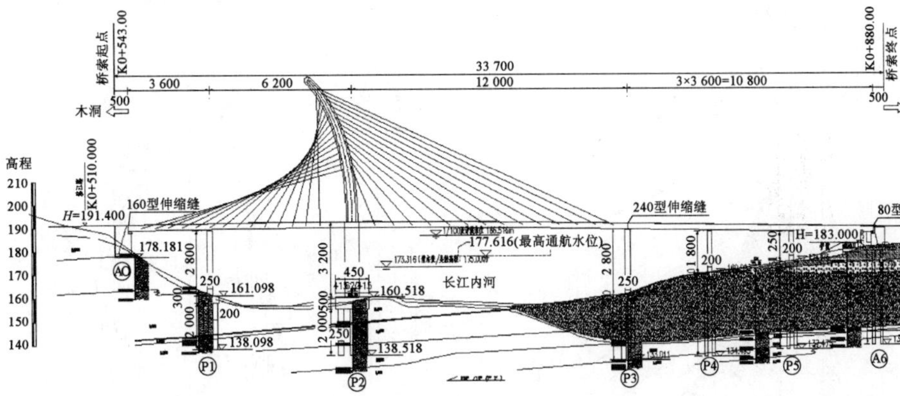

图 2 全桥总体布置图(尺寸单位:cm)

3.1 结构设计

3.1.1 主梁

考虑桥型的整体景观效果,主梁主跨断面采用鱼腹式的 PK 双箱断面,边跨为增加主梁刚度,同时便于压重,采用鱼腹式的单箱双室截面;梁中心线处梁高 2.5m,全宽为 18m(含两侧 1.25m 拉索区),桥面设 1.5%双向横坡。主梁标准顶、底板厚 30cm,内腹板厚度 40cm,在桥塔附近主梁顶、底加厚为 50cm,内腹板加厚为 80cm;为了提高主梁整体刚度,在斜拉索锚固位置处均设置横隔板,横隔板厚 40cm(图 3)。

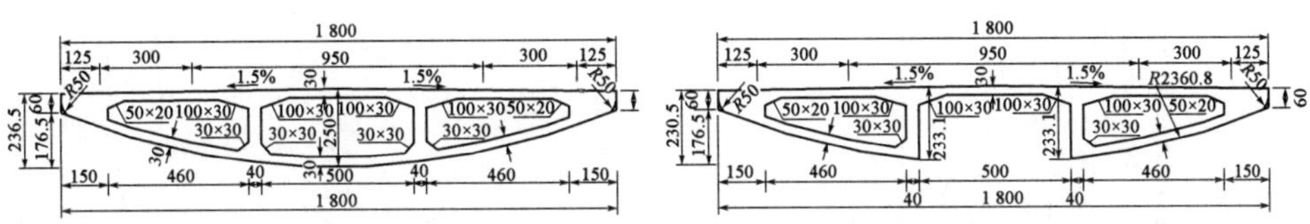

图 3 主梁标准横断面(尺寸单位:cm)

3.1.2 主塔

主塔结构轴线设计为一空间曲线(外形轮廓见图 4)。桥塔总高 92.45m,其中桥面以上(上塔柱)高 60.45m,桥面以下(下塔柱)高 32m。在横桥向,整个桥塔呈椭圆门形结构;顺桥向,桥塔上塔柱呈曲线后仰式,为适应此塔型在受力和制作上的要求,塔柱设计为钢—混凝土混合结构,上塔柱为钢结构,下塔柱为钢筋混凝土结构,上下塔柱之间采用钢混接头过渡。

钢结构上塔柱轴线轨迹在横桥向为一长轴 58m、短轴 11m 的椭圆,顺桥向为一半径 105m 的圆弧;钢塔截面采用单箱双室结构,截面尺寸在横桥向保持不变、顺桥向上呈线性变化。塔顶截面尺寸为 3.0m(顺桥向)×2.5m(横桥向),上塔柱底截面尺寸为 5.0m(顺桥向)×3.5m(横桥向)。

根据当地的环境温度和荷载形式，确定钢塔主体材质为 Q345qD，翼板（横桥向）厚度60mm，腹板（顺桥向）厚度 50mm，内腹板厚度 40mm。

混凝土下塔柱为 C50 混凝土浇筑而成，正面呈桃心造型，结构采用空心矩形变截面，顶截面尺寸为 6.2m（顺桥向）×3.5m（横桥向），底截面尺寸为 6.2m（顺桥向）×18.0m（横桥向），塔柱横桥向壁厚 100cm，顺桥向壁厚 120cm。

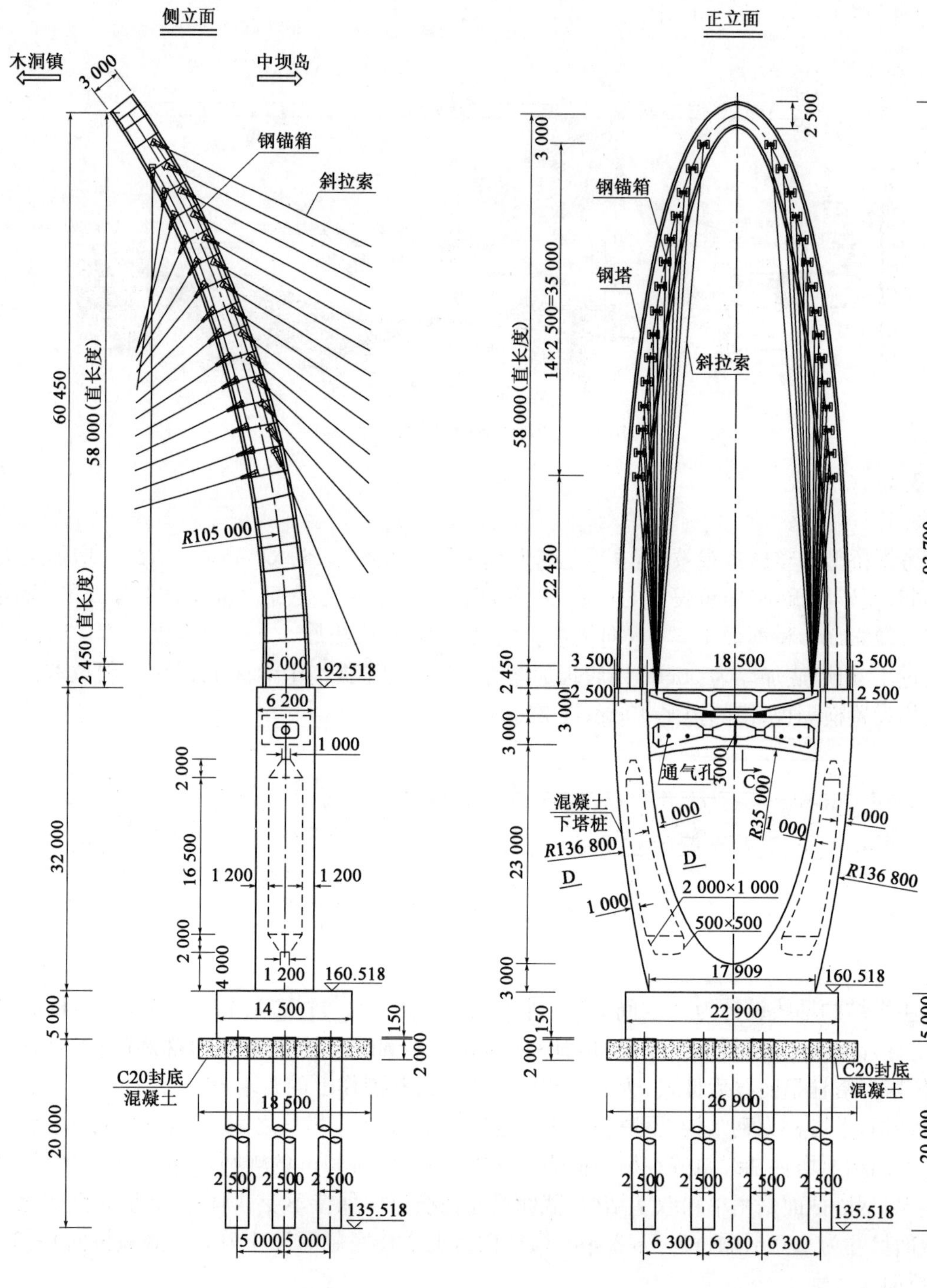

图 4　桥塔一般构造图（尺寸单位：mm）

3.1.3　桥塔钢混结合段

钢混接头采用埋入式构造结合钢绞线锚固形式，埋入段主要通过带孔剪力板穿钢筋与混凝土塔肢形成整体，埋入深度2.4m(图5)。为了使钢塔与混凝土塔之间的截面刚度能平稳过渡，采用前置的隔舱浇筑混凝土形成组合截面。考虑到钢混结合部混凝土禁边较小(0.6m、0.5m)，将竖向预应力布置于塔肢内部，另设水平环向预应力钢束，保证混凝土塔柱在有效嵌固钢塔同时又不开裂。

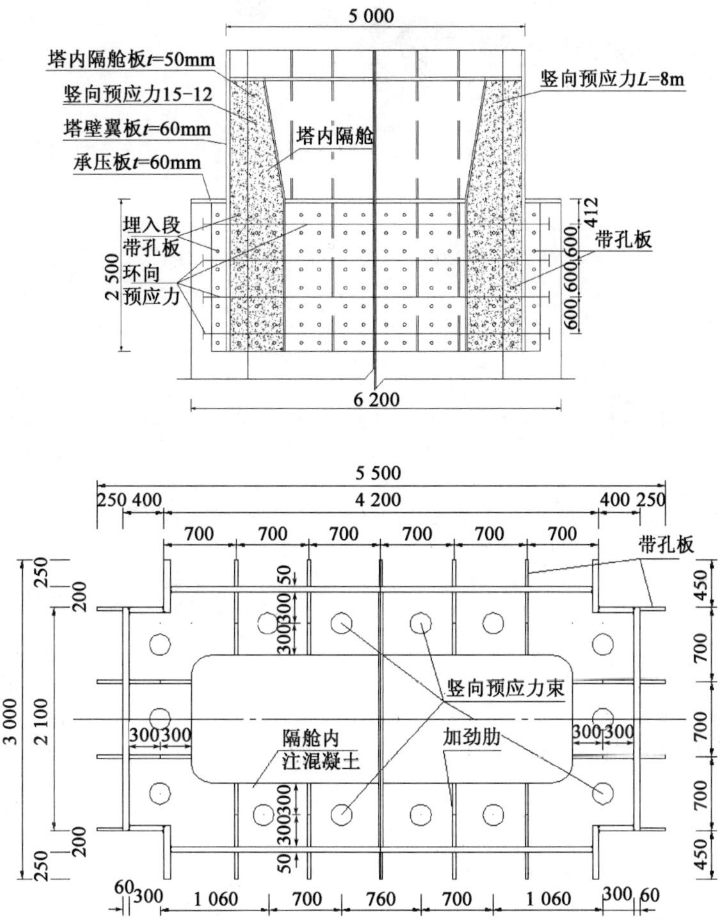

图5　桥塔钢混结合段一般构造图(尺寸单位:mm)

3.1.4　斜拉索

斜拉索采用平行钢丝拉索，钢丝抗拉强度1 670MPa，主跨拉索采用扇形布置，拉索梁上间距8.0m，塔上间距2.5m，边跨拉索采用背扭式布置，梁上索距6m，塔上索距2.5m。斜拉索上端锚固于塔柱上，下端锚固于主梁底锚块上，受塔上空间限制，拉索均采用在梁上张拉。

3.2　结构分析

整体计算分析采用三维有限元分析程序TDV RM 2006建立整体空间有限元模型进行整体静力分析(考虑施工过程)。桥塔及主梁均用空间梁单元模拟，拉索用4节点的多段杆单元模拟。如图6～图10所示。

主梁在正常使用短期组合下，除在A0桥台和P3桥墩两处局部位置出现拉应力，其余截面均受压，最小压应力0.2MPa左右；主梁在长期组合下，所有截面均受压，大多数截面最小压应力在 1.5MPa 以上，均满足 A 类构件的规范要求。

桥塔截面(钢结构部分)最大压应力 130MPa 左右，小于 210MPa。

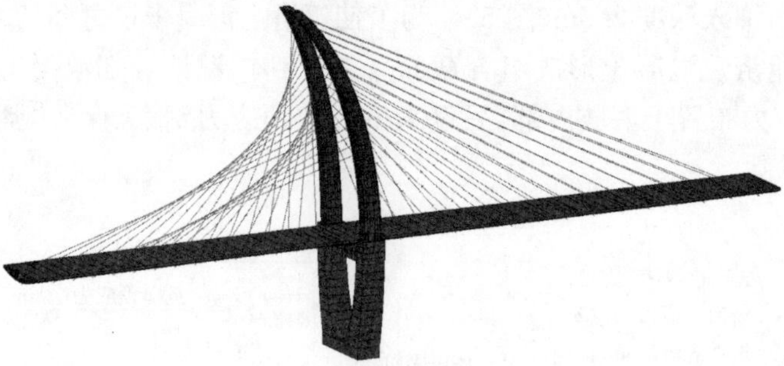

图 6　主桥有限元离散图

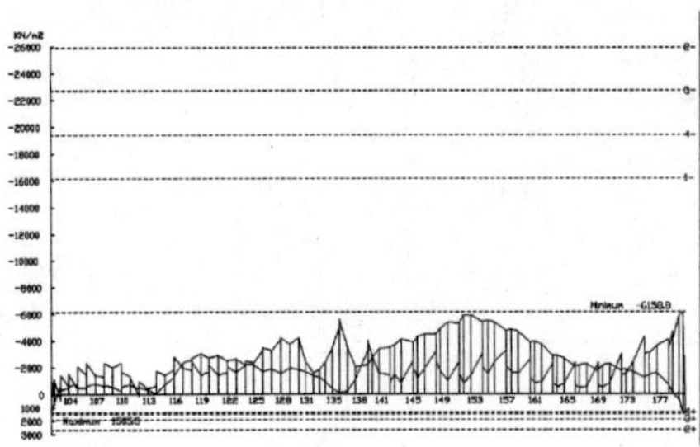

图 7　短期组合下的主梁上下缘最大应力包络图

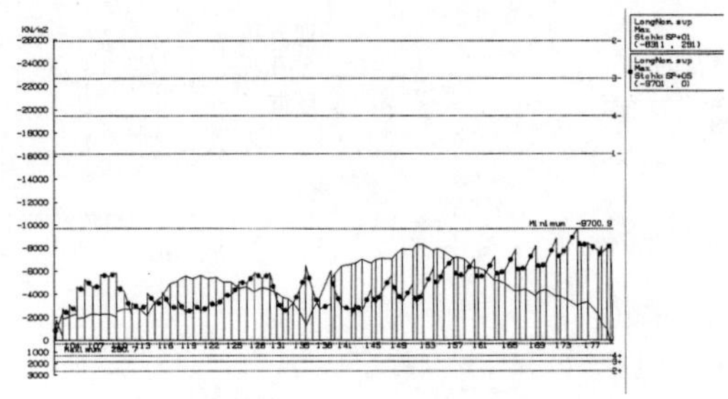

图 8　长期组合下的主梁上下缘最大应力包络图

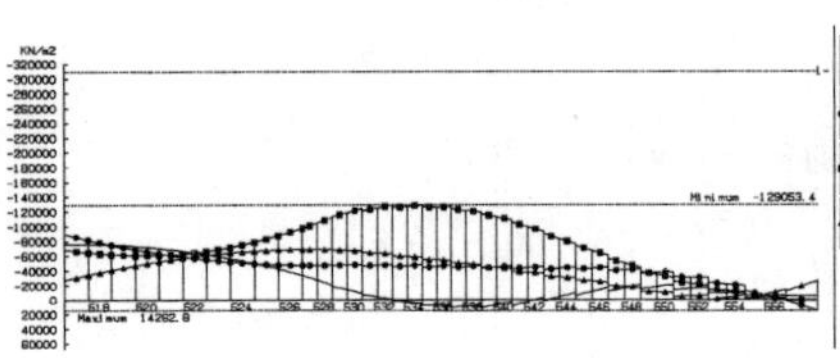

图 9　弹性组合下钢桥塔截面最大压应力包络图

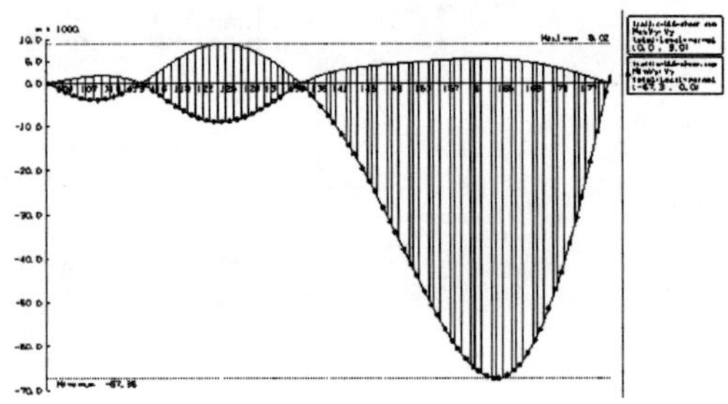

图 10　主梁活载挠度图

4　施工方案

由于背扭式斜拉桥主跨与边跨拉索在梁上布置顺序完全相反，故不能采用传统斜拉桥的对称悬臂浇筑的施工方法；针对本桥的结构特点，综合各方面因素，设计最终确定了独特的施工方案，同时，通过进行施工阶段的模拟计算，从控制塔身位移及弯矩、主梁内力、桥塔处主梁临时纵向约束的不平衡水平力等方面出发，确定了施工过程中的几个关键点：

(1)受主跨通航孔通航及行洪要求，采用“边跨主梁设临时墩搭支架现浇，主跨主梁挂篮悬臂浇筑”的总体施工方案(图 11)；

(2)由于边中跨对应拉索的水平力相差较大，故边跨 N 号拉索比中跨 N 号拉索延后一个节段张拉，部分斜拉索采用多次张拉；

(3)悬浇中跨最后一个节段时需超张拉对了斜拉索，待中跨合拢后进行索力调整；

(4)为避免施工过程中边跨及次边跨主梁弯矩与成桥状态相差过大，需在拆除边跨支架贝雷梁后仍保留临时墩以支撑主梁现浇段；由于次边跨的拉索主要以竖向分力为主，为避免施工过程和运营阶段该处梁段出现较大负弯矩，且控制 P1 墩顶支座不出现负反力，故需沿纵桥向设置永久(图 12)和临时压重。

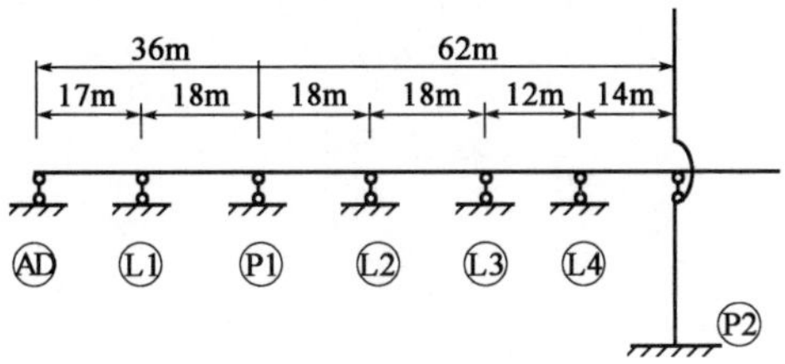

图 11　边跨支架临时墩布置图

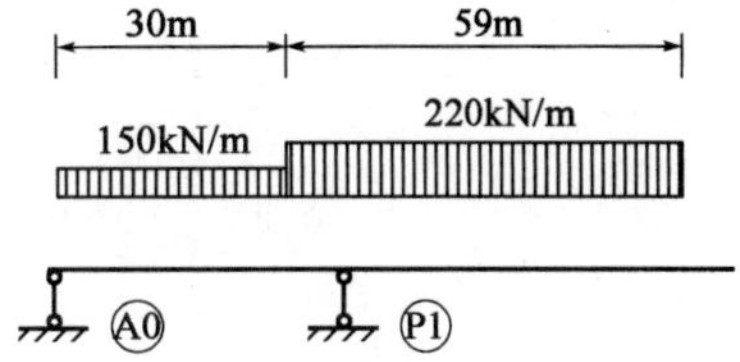

图 12　边跨永久压重布置图

通过计算，施工过程中最不利状态下桥塔顶最大位移 12.6cm，上塔柱最大弯矩 92 601.3kN・m(此处成桥时弯矩为 73 651.0kN・m)；钢混结合段的混凝土截面不出现拉应力，最小压应力 0.43MPa。

5　结语

本桥在综合考虑地理环境、使用功能、景观效果等多方面因素后选用了(36＋62＋120)m 独塔背扭式斜拉桥，桥型结构新颖，索塔造型独特。

(1)由于本桥桥塔形状复杂，且塔身受力较复杂，设计采用了钢塔与混凝土桥塔的混合结构。

(2)对于此类形式的斜拉桥，拉索对主梁的支撑相对较柔，其主梁内力及活载作用下的挠度均较同等跨径的常规独塔斜拉桥大。

(3)边中跨拉索在梁上布置顺序完全相反，对于在桥下有通航行洪等限制的情况下，不能采用传统的对称悬臂浇筑方法，设计采用“边跨主梁设临时墩搭支架现浇，主跨主梁挂篮悬臂浇筑”的总体施工方案，同时对边、中跨斜拉索采用了滞后张拉的方法。

参 考 文 献

[1] 刘士林，王似舜. 斜拉桥设计[M]. 北京：人民交通出版社，2006.
[2] 陈明宪. 斜拉桥建造技术[M]. 北京：人民交通出版社，2003.
[3] 陈艾荣，盛勇，钱锋. 桥梁造型[M]. 北京：人民交通出版社，2005.

25. 吉水赣江二桥主桥的创新设计

李永君　戴建国　卢永成
（上海市政工程设计研究总院（集团）有限公司）

摘　要：江西吉水赣江二桥主桥为主跨 2×110m 钢混组合塔独塔斜拉桥，采用预应力混凝土双肋式主梁，悬臂挂篮浇筑施工。斜拉桥主塔采用“双鱼”造型，主塔钢混结合段采用开孔板结合焊钉的传力方式。针对赣江二桥的特点，着重介绍了该桥的设计构思、总体布置、钢混结合段分析结果、BIM 技术应用亮点及技术特色。

关键词：独塔斜拉桥　钢混组合桥塔　组合桥梁　BIM

1　工程概况

1.1　工程规模

赣江二桥（图 1）位于江西省吉水县城，是衔接老城区与城西新区的主要通道。工程起于赣江西岸的光彩西大道，沿金滩大道，跨越赣江，东接吉阳路，终于万里大道，全长约 1 750m，其中特大桥长 1 310m，东、西两岸引道长 440m。

图 1　赣江二桥效果图

1.2　技术标准

（1）道路等级：一级公路兼城市主干路。

(2)设计行车速度:60km/h。

(3)汽车荷载:汽车按公路-Ⅰ级设计,按城-A级验算。

(4)桥梁设计基准期:100年。

(5)设计洪水频率:1/300,设计水位:52.88m(黄海高程)。

(6)设计安全等级:一级。

(7)结构环境类别:Ⅰ类。

(8)设计风速:百年一遇 V10=24.0m/s。

(9)场地抗震设防烈度为6度,抗震设防措施等级按7度,水平地震动峰值加速度0.05g。抗震设防分类:甲类。

(10)通航标准:赣江通航等级:Ⅲ(3)级航道。双孔单向通航,通航净高10m,净宽55m。最高通航水位49.97m(峡江水库建成后,黄海高程)。

1.3 自然条件

赣江是江西省内第一大河流,吉水赣江二桥距上游石虎塘枢纽约38km,距下游峡江枢纽约52km。桩基础持力层为⑨-2层中风化砂质泥岩,单轴饱和抗压强度标准值4.2MPa,属极软岩,覆盖层厚度约6m。场区地貌为冲洪积河谷,西岸为一级阶地,东岸为河漫滩,江中水流段为U形河谷。

2 设计构思

吉水历史文化悠久,人文底蕴丰厚,以“庐陵文化”著称于世,峡江水利枢纽建成后桥位处将成为库区,景色宜人。特殊的桥位决定了赣江二桥特殊的景观要求,建成后它将成为展示吉水形象的新地标。在综合考虑功能、景观、通航、造价等因素后,经过多轮方案比选(表1),最终确定了有着独特造型和寓意的独塔斜拉桥为本工程的实施方案。

赣江二桥主桥方案比选表 表1

方案号	一	二	三	四
桥型	斜拉桥	连续梁桥	矮塔斜拉桥	拱桥
效果图				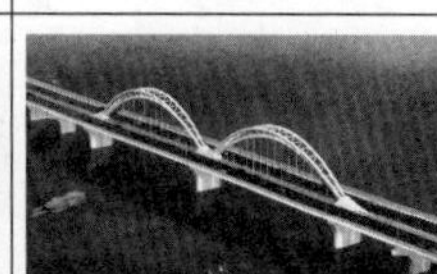
跨径组合(m)	110+110=220	70+110+110+70=360	70+110+110+70=360	110+110=220
是否推荐	推荐	比选	比选	比选

“鱼”在中国传统文化艺术中有着特殊的符号学意义,从道家的“太极图”到民间喜闻乐见的“鲤鱼跃龙门”、“年年有鱼”不胜枚举。作为一种繁荣和收获的象征,鱼的意象与峡江库区风景相得益彰。从这一立意出发,斜拉桥主塔采用“双鱼”的造型。塔身由3段相切的圆弧线构成,上塔柱通透、轻盈,下塔柱曲线柔美。主桥设计构思在内在寓意上饱含着传统文化的意蕴,在外在造型上彰显着现代桥梁的技术美,令人过目难忘。

3 设计要点

3.1 总体布置

赣江二桥全桥分为主桥、西引桥和东引桥。西引桥采用40m标准跨径简支变连续小箱梁,跨径布置(4×40+3×40+3×40+3×40)m=520m。东引桥水中段采用40m标准跨径简支变连续小箱梁,跨径布置(3×40+3×40)m=240m。东引桥陆上段采用预应力混凝土大箱梁,右幅跨径布置(45+60+45)m+3×30m+3×30m=330m,左幅跨径布置(45+60+43)m+3×30m+3×30m=328m。

主桥采用独塔双索面斜拉桥,跨径布置(110+110)m=220m(图2)。斜拉桥采用整幅布置,预应力混凝土主梁,平行钢丝斜拉索,梁上索距5.5m。主塔造型特殊,受力复杂,因此采用钢混组合结构。支撑体系为塔、梁、墩固结,边墩墩顶设滑动支座。主塔承台设置20根直径2.5m的钻孔灌注桩,边墩承台设置12根直径2m的钻孔灌注桩,按嵌岩桩设计。

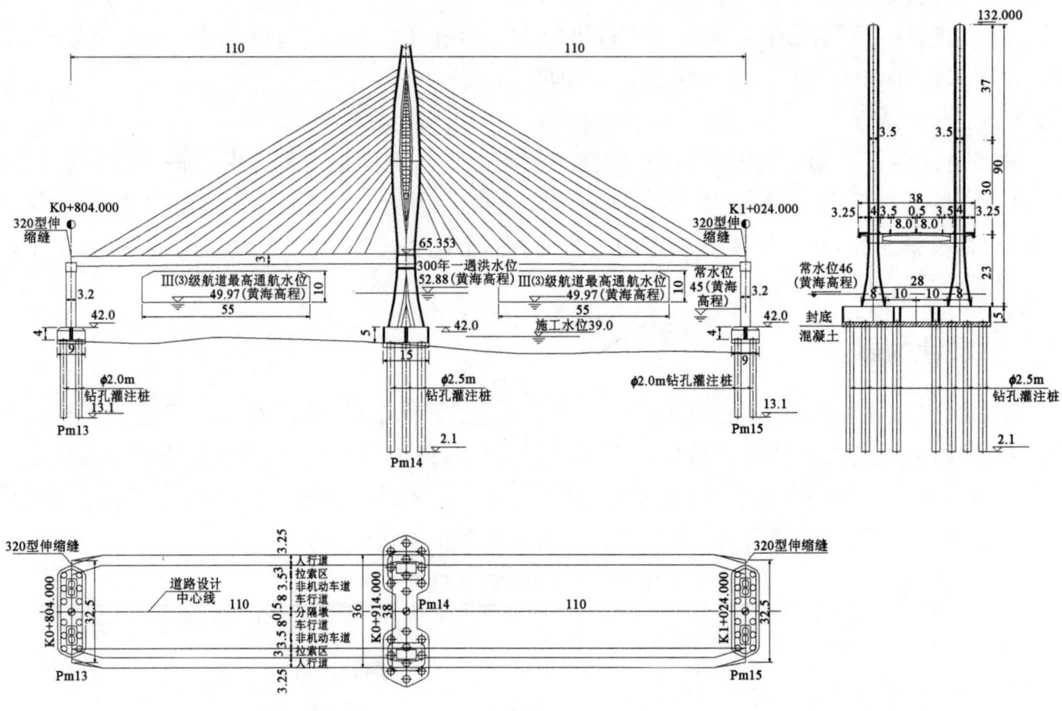

图2 主桥总体布置图(尺寸单位:m)

3.2 主梁

斜拉桥采用预应力混凝土实心双纵梁断面,纵梁中心横向距离28m。主梁标准宽度36m,主塔处宽度38m,边墩处宽度32.5m,采用悬臂挂篮浇筑施工。每侧纵梁标准宽度2~3m,道路中心线处梁高3m,纵梁中心处梁高2.765m。顶板设双向2%横坡,底板水平(图3)。主梁采用C55混凝土,纵向、横向均按部分预应力A类构件设计,桥面板按钢筋混凝土构件设计。综合考虑结构受力、节段重量、张拉设备和施工周期等因素,标准梁段长度取用5.5m,节段重量约为452t,悬臂施工节段共17个。主梁采用纵、横向预应力体系,真空辅助压浆工艺。为控制施工过程中主梁应力,悬臂施工阶段配置直径32mm精轧螺纹钢筋作为施工预应力,逐段张拉,并设连接器接长。

3.3 主塔

主塔构造图如图4所示,三维设计模型如图5所示。

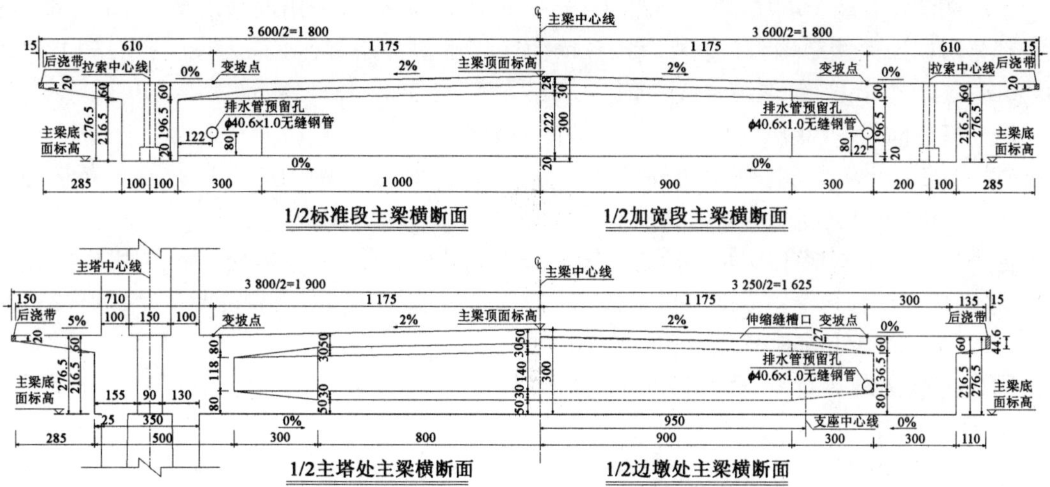

图 3　主梁构造图(尺寸单位:cm)

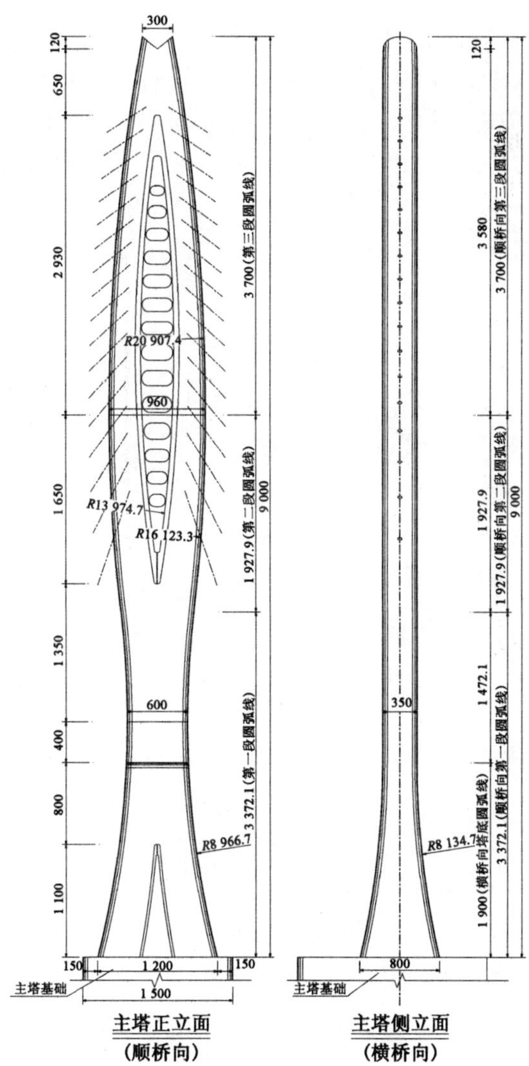

图 4　主塔构造图(尺寸单位:cm)

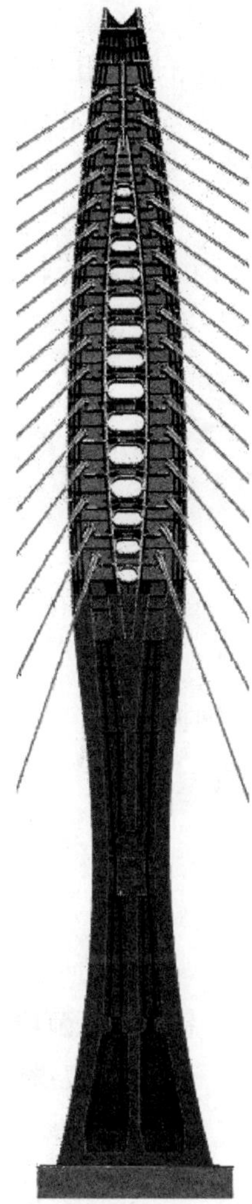

图 5　主塔三维设计模型

主塔横向设置2个塔柱，塔中心距离28m。塔柱全高90m，采用混合塔结构，即锚固区及以上部分塔柱采用钢结构（高度45.8m），锚固区以下部分塔柱采用钢筋混凝土结构（高度39.5m），二者之间设置钢混结合段（高度4.7m）。

塔柱横桥向外轮廓线：塔底以上19m范围内为圆弧线（塔底横桥向宽8m），其余部分为直线（横桥向宽3.5m）。塔柱顺桥向外轮廓线分为3段，均为相切的圆弧线，塔底顺桥向宽度12m，桥面处顺桥向宽度6m，上塔柱最宽处宽度9.6m，塔顶处宽度3m。

上塔柱共有19个节段，其中塔冠部分有2个节段。其余17个节段分别锚固17对斜拉索，每个节段设计为两个独立的箱形结构，通过顺桥向拉板连接，单个节段高度为2.2～2.5m。塔壁钢板厚度30mm，拉板厚度40mm，竖向加劲采用一字肋，尺寸为220mm×22mm，横断面外轮廓线为椭圆线接直线，椭圆短轴均为3.5m，长轴均为4.5m。单个节段最大起吊重量30t。塔柱钢材采用Q345qD。

下塔柱钢筋混凝土段采用单箱双室空心薄壁结构，壁厚0.95～2.2m。横断面外轮廓线为椭圆线接直线。塔柱采用C55混凝土。

钢混结合段3.5m范围内填充段混凝土，按有格室PBL剪力键（钢筋混凝土棒剪力键群，以下简称开孔板）结合焊钉方式布置。结合段钢箱内主要板件上沿塔高方向布置17排内穿钢筋的开孔板，开孔板孔径75mm，内穿钢筋直径25mm。每层开孔板之间设置焊钉连接件，规格为D22×150mm。在结合段混凝土浇筑顶面设置厚度为60mm的承压板，结合段通过开孔板和焊钉连接件逐步将钢塔柱轴力均匀传至混凝土塔柱，填充混凝土采用C55低收缩混凝土。

钢塔柱节段三维设计模型如图6所示，钢混结合段三维设计模型如图7所示，钢塔柱三维打印模型如图8所示。

图6　钢塔柱节段三维设计模型

图7　钢混结合段三维设计模型

图8　钢塔柱三维打印模型

分析了最不利组合作用下钢混结合段的受力情况。图9为结合段钢结构mises应力分布，结合段钢板mises应力在0～120MPa范围内，承压板mises应力在0～45MPa范围内。图10为钢混结合段混凝土塔柱主压应力分布，下塔柱混凝土总体主压应力在0～－16MPa范围内。

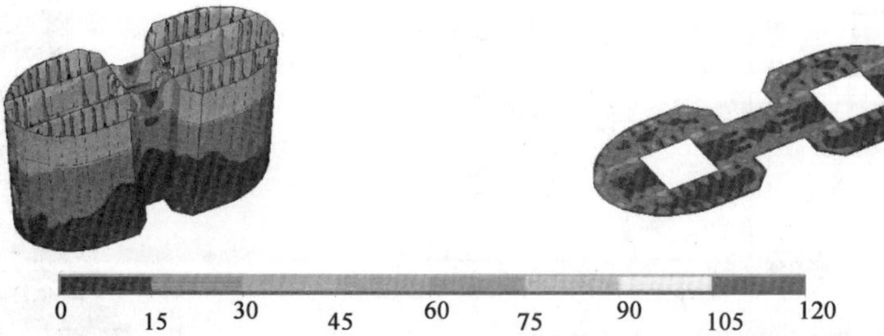

a）结合段mises应力　　b）承压板mises应力

图9　钢混结合段钢结构mises应力（MPa）

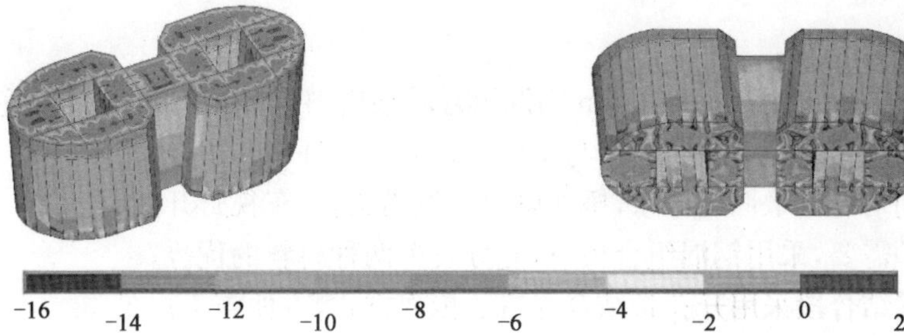

图 10　钢混结合段混凝土主压应力(MPa)

设计分析比较了有无承压板情况下的应力情况。分析表明:增加承压板使钢混顶部混凝土能够通过接触承压的方式传递轴力,增加了传力面积,顶部混凝土承担了更多的压力,减小了顶部混凝土的主拉应力。同时,增加承压板使顶端连接件最大剪力大大减小,最大剪力不再是顶端的连接件,而是在钢混结合段底部。开孔板最大剪力约为 190kN,焊钉连接件的最大剪力约为 26kN。

4　BIM 技术应用

BIM(Building Information Modeling,即建筑信息模型)技术是一种应用于工程设计、建造、管理的数据化工具,具有可视化、协调性等众多优点,是当前国内外工程领域创新设计手段的应用热点。但与建筑等相关行业相比,国内桥梁工程领域内的应用还相对滞后。

赣江二桥结构种类丰富,涵盖斜拉桥、预制小箱梁桥和现浇大箱梁桥等多种桥梁形式,涉及钢结构、混凝土和钢混结合段等多种材料类型,是检验当前 BIM 技术水平的绝佳案例。在设计过程中,利用上海市政总院与法国达索公司合作研发的 CATIA/V6 设计平台,进行了全桥三维设计(图 11),并着重针对主塔这一技术关键点,开展 BIM 技术应用,亮点如下:

(1)建立从桩基础、下部结构、上部结构到附属设施的全桥三维仿真模型,在同一个项目模型中多人协同设计;

(2)利用三维模型(图 5～图 7)对主塔钢结构及钢混结合段进行碰撞检查、优化设计并验证施工可操作性;

(3)生成二维设计图纸,生成材料数量表;

(4)利用三维设计成果生成三维打印模型(图 8);

(5)生成全桥场景漫游动画;生成施工过程模拟动画,应用于施工方案设计。

图 11　赣江二桥全桥三维设计模型

5 结语

吉水赣江二桥主桥为主跨 2×110m 钢混组合塔独塔斜拉桥，主要的技术特色包括：

(1)主塔采用双鱼造型，新颖独特，与桥址所在的景区环境有机融合；

(2)主塔采用塔、梁、墩固结体系，桥面以上不设横梁，行车视野开阔；

(3)结合造型需要，采用钢混组合桥塔，充分发挥两种材料的优势；

(4)主塔钢混结合段采用开孔板结合焊钉的传力方式，方便施工；

(5)利用 CATIA/V6 平台进行全桥三维设计，BIM 应用成果丰富。

赣江二桥于 2013 年 4 月开工，预计 2015 年 6 月建成，该桥将为国内同类型桥梁的创新设计作出有益的探索和尝试。

参 考 文 献

[1] 上海市政工程设计研究总院(集团)有限公司. 吉水县赣江二桥工程施工图. 上海，2013.

[2] 同济大学桥梁工程系. 吉水县赣江二桥混合塔受力分析及模型试验研究中间报告[R]. 上海，2013.

26. 宽桥面拱塔斜拉桥的设计与拱塔无支架施工

许瑞红[1]　曹桀民[1]　徐　磊[1]　张　磊[2]

(1. 上海千年城市规划工程设计股份有限公司；2. 上海市政工程设计研究总院(集团)有限公司)

摘　要：东台市通榆河惠阳大桥主桥跨越三级航道，桥型采用塔梁墩固结的拱塔斜拉桥，跨径组合为(100+70)m，桥宽40.5m，是国内最宽的采用无支架拱塔施工的跨航道斜拉桥。全钢箱拱塔向边跨倾斜15°，主跨和边跨各设15对双索面空间扇形斜拉索。本桥设计充分体现了桥梁交通功能与沿河景观规划的协调，桥塔造型象征“城市之门”，构筑了“天圆地方”的美妙意境。本文对该桥的结构设计特点、构造与施工要点等进行了简要介绍。

关键词：拱塔斜拉桥　无支架施工　宽桥　跨航道景观桥梁

1　工程概况

惠阳大桥位于江苏省东台市东南部，是城市主干道惠阳路跨越通榆河三级航道的重要交通节点，桥址处规划为城市未来商业、文化中心，桥型方案以“功能、景观”为设计主线，融入地方特色，在忠实履行其交通功能的前提下满足景观要求，桥塔采用线条圆润、流畅的倾斜拱塔，极具结构力度和韵律美感。主桥效果图如图1所示。

图1　惠阳大桥效果图

惠阳大桥桥位处水面宽度为83m，规划三级航道通航孔尺寸70m×7m，综合考虑桥塔倾斜及墩台尺寸等影响因素，主跨跨度采用100m，边跨为70m，主梁为预应力混凝土π型梁。全桥跨径布置为 22m(引桥)+22m(引桥)+(100+70)m,全长 214m,桥型布置图如图 2 所示。

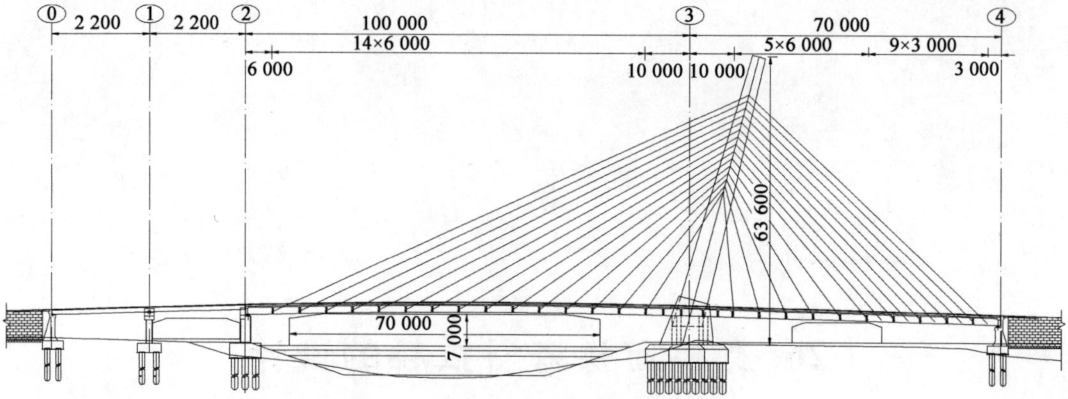

图 2　桥型布置图(尺寸单位:mm)

横断面按双向 6 车道布置,并设非机动车道和人行道。主桥标准断面宽 40.5m,桥塔位置横断面宽44.5m。标准断面布置为:3m(人行道)+3.5m(非机动车道)+2.5m(分隔带锚索区)+22.5m(机动车道)+2.5m(分隔带锚索区)+3.5m(非机动车道)+3m(人行道)。主塔为全钢结构,高 63.6m,塔轴线向边跨倾斜 15°,横桥向为由椭圆曲线组合成的门形拱,塔脚中心线横桥向间距 31.5m,塔墩梁固结体系。拉索采用双索面、扇形布置的空间密索体系,主跨和边跨各设 15 对斜拉索。桥梁横断面布置如图 3 所示。主桥施工方式根据实际工期要求和施工条件,由原来的挂蓝悬臂浇筑法变更为满堂支架法。

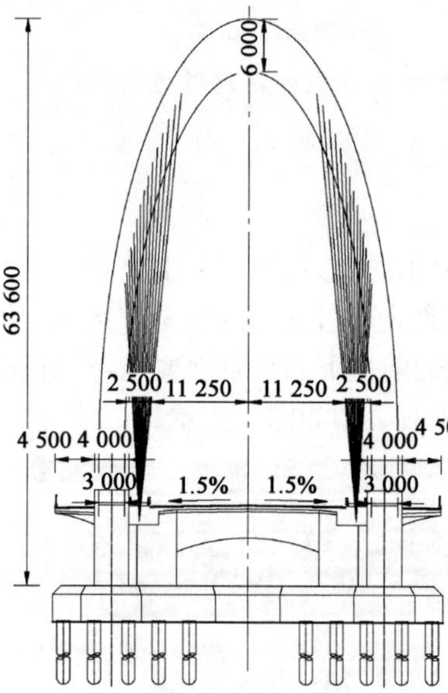

图 3　主塔横断面图(尺寸单位:mm)

2　主桥结构设计

2.1　主梁

主梁采用 π 型梁结构形式,道路设计中心线位置主梁高度 2.1m。主梁顶面设 1.5%的横坡。纵梁中心间距 25m,主跨纵梁高 2.1m,标准段宽 2.5m,近桥塔位置渐变至 3.5m;锚跨纵梁高 2.1m，宽 3.5m。纵梁之间用横梁及桥面板相连，桥面板厚 30cm，主跨纵向每隔 6m 设一道预应力混凝土内横梁（标准间距），锚跨尾段密索区内横梁间距为 3m，近塔处内横梁间距相应调整，内横梁宽度 35cm。主跨端横梁宽 1.2m，锚跨端横梁宽 3m，端横梁均为实体结构，中横梁则为宽度 4m 的箱形结构。纵梁、横梁及桥面板均布置预应力钢束，采用 φ^s15.2 高强度低松弛预应力钢绞线，预应力管道采用塑料波纹管，真空压浆技术。

由于主桥施工方式由前支点挂篮悬臂浇筑变更为满堂支架现浇，主梁节段划分由原来每对斜拉索对应逐段悬臂浇筑节段变更为 6 个整体节段。其中，索塔位置为 0 号节段（长度 10m）；主跨主梁共分成 3 个节段，由拱塔至主跨方向依次为：1 号节段（长度 30.188m）、2 号节段（长度 30m）、3 号节段（长度34.92m）；锚跨主梁共分成 2 个节段，由拱塔至锚跨方向依次为：1′号节段（长度 35.812m）、2′号节段（长度 28.92m）。根据结构分析计算，在锚跨尾索区，将箱室断面填芯至实体断面（密度按 3.5t/m^3 计算）。主跨主梁构造总图见图 4，锚跨主梁构造总图见图 5。主梁中横梁与桥塔塔座结合形成整体，伸入塔座承台的竖向预应力钢束在主梁顶面锚固，实现塔梁固结。

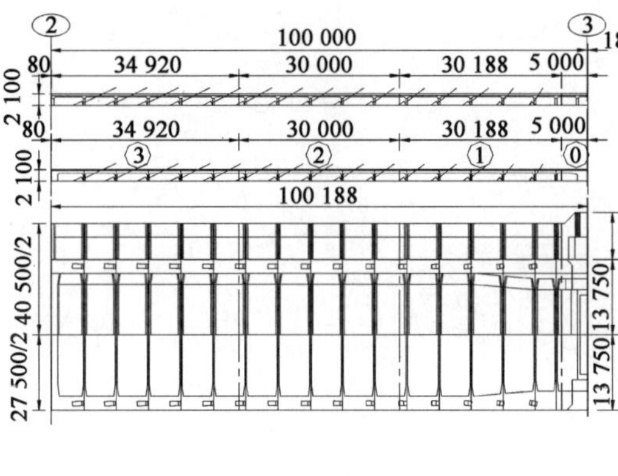

图 4　主跨主梁构造总图（尺寸单位：mm）

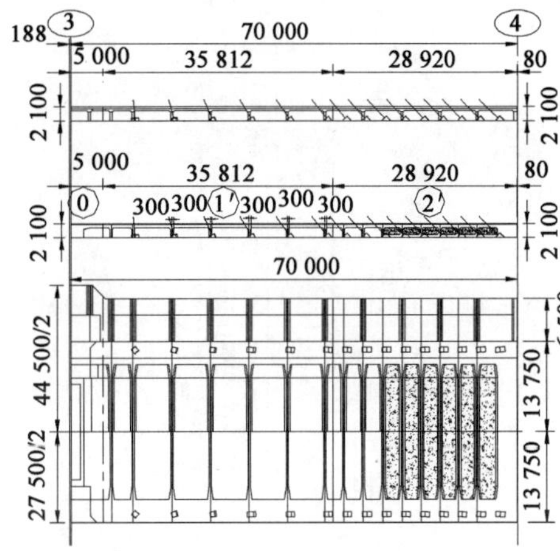

图 5　锚跨主梁构造总图（尺寸单位：mm）

2.2　索塔

主塔为椭圆形拱塔，全钢箱结构，采用 Q345qD 钢材。横断面为矩形，截面尺寸由混凝土塔座根部 6.2m（顺桥向）×3m（横桥向）渐变为塔顶 3.0m（顺桥向）×6.0m（横桥向）。主塔横断面见图 6。承台顶面以上拱塔全高 63.6m，桥面以上高 55.066m，塔向锚跨倾斜 15 度。主塔横桥向外轮廓线由椭圆曲线、直线段平顺连接，椭圆曲线长轴为 50.314m，短轴 17.25m。

钢拱塔共分为 17 个塔柱节段，塔顶节段 1 个，结合段 2 个，其他塔柱节段共 14 个。各节段长 5.6～11.735m，最大起吊重量控制在 80t 左右。钢塔断面为单箱三室结构，纵桥向壁板为腹板，厚 30mm；横桥向壁板分别为前、后壁板，厚 40mm；纵向加劲肋规格均为为 16mm×160mm。钢拱塔节段设置横隔板，横隔板厚均为 20mm。主塔节段划分见图 7。

塔柱柱脚为实体混凝土，高 10.708m，顺桥向尺寸由 7.1m 渐变至 12m，横桥向尺寸为 4m。

钢拱塔与混凝土柱脚之间设钢—混结合段。采用“钢筋混凝土柱剪力键”（PBL 剪力键）和底座作为传递荷载的主要构件，剪力钉作为辅助传力元件，承压板作为强度储备。钢—混结合段中的钢结构，分为锚固箱、底座、底座定位件三个部分。锚固箱底与底座焊接，底座与底座定位件连接，而底座定位件则定位于承台顶主筋上。底座定位件为劲性骨架。锚固箱壁板、腹板、加劲板厚度与桥塔钢箱截面板厚相同，承压板厚 36mm。塔脚钢混结合段见图 8。

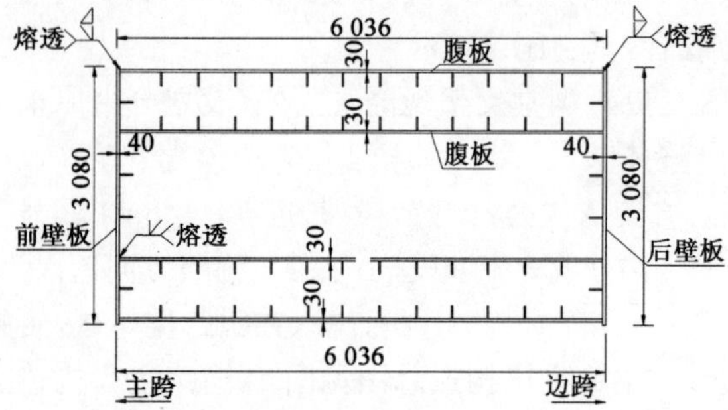

图 6　主塔横断面图(尺寸单位:mm)

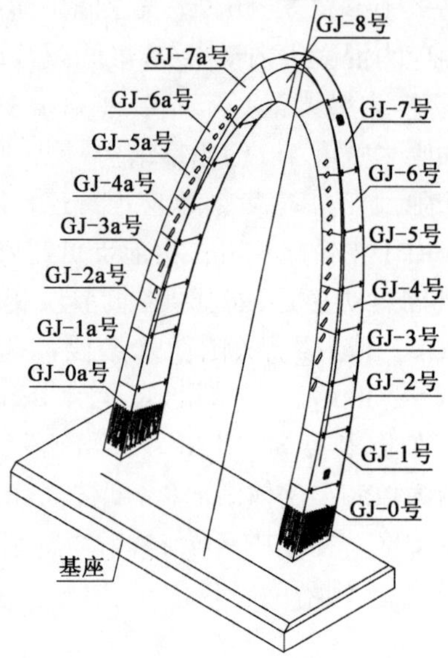

图 7　主塔节段划分

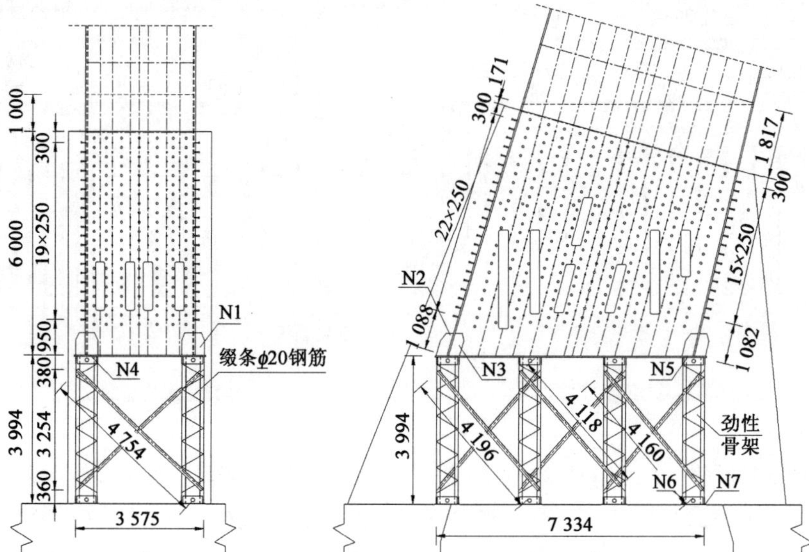

图 8　塔脚钢混结合段图(尺寸单位:mm)

塔柱钢—混结合段的底座定位件、底座和一部分锚固箱预埋在混凝土中,另一部分锚固箱伸出混凝土外,与钢索塔节段连接。该伸出段内,浇筑约 1.0m 高的混凝土。

锚固箱的壁板和腹板上开有 ϕ60mm 圆孔,穿过 ϕ25mmHRB335 钢筋与混凝土包裹在一起形成钢筋混凝土剪力键。为保证锚固箱内外混凝土的整体性,特在锚固箱下半段的壁板及腹板上开有长方形孔,以便混凝土在灌注时能内外流动。在钢—混结合段塔柱壁设置了相互平行的箍筋。而钢—混结合段各层纵横钢筋必须钩于此塔壁箍筋外侧。

2.3　斜拉索及钢锚箱

斜拉桥纵向拉索采用扇形布置,横桥向斜拉索索面布置为双索面。塔上索距垂直方向 1.6m,主梁上基本索距 6m,边跨密索区索距 3m。为减小斜拉索的风震、雨震,在每根斜拉索上都设有减震器,在下端外包不锈钢管,以保护斜拉索不受撞击破坏。斜拉索采用防腐型平行钢丝束拉索体系，内涂有防腐腻脂，钢丝护套为双层热挤 PE 形成。

斜拉索在塔上的锚固采用钢锚箱锚固方式，主梁上开槽口锚固在纵梁底部。斜拉索在塔上锚固，梁上张拉。

斜拉索与钢拱塔的锚固是采用钢锚箱。每个钢锚箱由锚垫板、承压板、锚腹板、套筒及加劲肋组成。锚垫板厚度为 50mm；承压板厚度为 42mm；锚腹板厚度为 30mm、20mm；套筒为无缝钢管，壁厚为 16mm；加劲肋的板厚为 20mm。钢锚箱三维示意图见图 9。由于塔上钢锚箱为关键受力节点，对其进行局部分析，均采用板单元进行模拟，标准组合下塔顶锚箱应力最大，为 133MPa，应力云图见图 10。

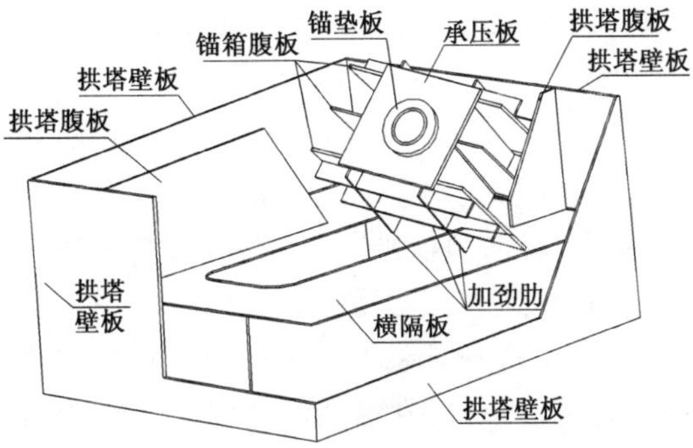

图 9　钢锚箱三维示意图

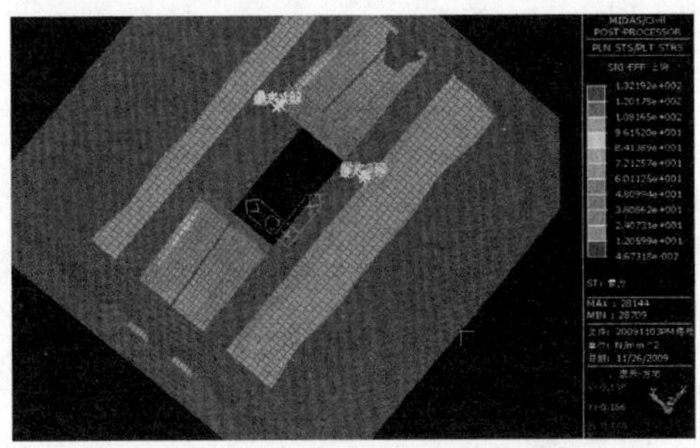

图 10　塔顶钢锚箱标准组合应力云图

2.4　主墩与基础

主墩由塔座、横系梁、主梁中横梁形成塔梁固结整体。塔座纵桥向顺应桥塔线形，考虑桥下景观效果，塔座横系梁设计为底部弧形的箱形结构。为了在施工过程中支撑桥塔和对桥塔的精确定位，在主墩内设置了桥塔劲性骨架。为了降低主梁的变形阶次，减小拉索的疲劳应力，主梁与主墩为固结体系，除了梁墩的普通钢筋进行连接外，还设置了大量的竖向预应力筋，把主梁直接锚固在主墩上。主墩承台厚 4.0m，为哑铃形，横桥向宽 45m，顺桥向宽 18.5m，承台系梁宽 8m。承台内设置冷却管，以减小施工时大体积混凝土的水化热。主墩共布置 38 根 ϕ150cm 的钻孔灌注桩。

2.5　钢结构防腐涂装

为了保证钢结构不受侵蚀，延长使用寿命，增加桥梁景观效果，本桥钢桥塔采用重防腐涂装体系。外表面采用环氧富锌底漆＋厚浆型环氧云铁中间漆＋丙烯酸聚氨酯面漆的油漆涂装方案，总厚度 280μm。

3　钢塔无支架施工要点

3.1　钢塔安装方案比选

钢拱塔斜拉桥拱塔施工方式主要有：支架法、竖转施工方法和无支架节段悬臂拼装施工方法。

(1)支架施工法最为常规，优点为较易控制拱塔线形，对塔吊吊装重量要求具有可调节性。缺点为支架量大，墩顶位置主梁和主塔不可同时展开施工面。由于本桥工期紧迫，主梁已变更为满堂支架现浇，若采用主塔支架法施工，主梁墩顶位置需在主塔拼装后进行，不利于节省工期。

(2)竖转施工方法：在地面或成桥面上设置拼装胎架，在拱座处设置铰轴，钢拱分段运输到工地后，平面拼焊成型；设置提升门架或提升塔架，采用“超大型液压同步提升技术”，将钢拱塔提升竖转到位，形成斜拉桥主拱塔。该施工方法不利之处有：施工控制因素多、设备及材料投入大、施工场地要求高、施工工期长、风险大等；有利之处有：由于大量工作在地面进行，利于装配质量、焊接质量控制，在检测上更具有可行性。

(3)无支架节段悬臂拼装施工方法：节段直接吊装是一种较传统的成熟吊装工艺，对起重设备能力要求较高，国内目前的大型履带吊已经很普及，400～500t 履带吊已经很常见，设备操控性能随技术发展其平稳性很高。节段拼装时，根据计算数值可以在吊装时采取预偏措施，或在纵桥向设置辅助缆索、横桥向增设临时连接桁架等多种措施保证质量。该种方案，精度控制工作主要在工厂内进行，符合钢结构工程行规。不利之处有：工地高空作业多、分段大、空中对接和调整不便，高空作业措施一定要周全、到位。

钢塔在主墩承台以上竖直高度为 68m，总重约 1 200t。综合比对支架小节段塔吊安装方案、竖转施工方法和无支架履带吊吊装方案，从施工便利性、工期要求和经济性考虑，最终选定主塔施工方案采用 400t 履带吊超起工况节段吊装的无支架安装技术。节段长度不大于 12m，节段重量不大于 80t。

本工程钢拱塔吊装分钢砼结合段(0 号段)、塔柱段(1 号～7 号段)、塔顶段(8 号段，合拢段)。钢塔施工过程见图 11。由于是采用悬臂无支架分阶段吊装，每节段吊装都需在精确测量的基础上进行纠偏工作，消除节段误差，不可累积误差最后节段消除。0 号段钢塔的定位精度尤为重要，它的安装精度直接影响到整个钢塔的线性精度。主墩墩身第一次浇筑后安装首节钢塔的定位劲性骨架，待安装完首节钢塔后再继续浇筑墩身。悬臂拼装的钢塔由于自重作用，应在每个拼装阶段设置预偏值，类似于悬臂拼装连续梁节段预抛高值。根据施工阶段计算结果，最大的偏移集中在 6 号段和 7 号段，其中横桥向的偏移大于纵桥向的偏移，其对最终成桥线形的影响也最大，是施工偏移控制的重点。8 号合拢段吊装，需在已安装节段纠偏完成，接口数据正确的情况下再进行吊装。

a) b) c) d)

图 11　钢塔施工过程照片

3.2 安装重点控制措施

(1)构件就位过程控制:吊耳的设置需保证起吊后构件倾斜的空间角度与最终就位基本一致。工件吊过已安装塔柱上方,可采用采用3～10t手拉葫芦、25t千斤顶、顶杠等进行分段位置的微调。钢拱塔分段焊接时,吊机一直负荷吃重。在焊接过程中随时观测钢拱塔偏移情况,并及时进行纠偏工作。吊机卸载过程应缓慢。

(2)钢拱塔偏移调整措施:钢拱塔吊装过程中的偏移主要是横桥向,可采用钢桁架梁结合千斤顶进行调整。纵桥向的偏移可以通过临时缆绳或调节斜拉索力的方式纠偏。竖向偏移很小,采用预设焊接收缩值的方式进行纠偏。

4 结语

惠阳大桥是一座宽桥面钢拱塔斜拉桥,设计前卫创新,结构受力比较复杂,建设过程中采用了钢斜塔无支架安装等多项新工艺。该桥的建成(图12)可为同类型桥梁的建设提供一定的经验和借鉴。

a) b)

图12 成桥实景照片

本桥于2011年9月开工建设,由东台市住建局负责建设,路桥华东承建。2013年1月1日竣工通车,已成为东台市的标志性建筑。

参 考 文 献

[1] 吴冲.现代钢桥[M].北京:人民交通出版社,2006.

[2] 南京长江第三大桥建设指挥部.南京长江第三大桥主桥技术总结[M].北京:人民交通出版社,2005.

[3] 周孟波.斜拉桥手册[M].北京:人民交通出版社,2004.

[4] 中华人民共和国交通部.公路斜拉桥设计细则[S].北京:人民交通出版社,2007.

27. 秦淮河开启桥垂直提升系统

张　剑　游　冰　刘　俊　刘　熊　王春芳

（武桥重工集团股份有限公司）

摘　要：介绍了秦淮河开启桥垂直提升系统的主要参数、结构构造及工作原理。该开启桥垂直提升系统采用将配重设计于塔身之中并采用油缸顶升进行连续、快速、安全的提升及下降。

关键词：开启桥　垂直提升　油缸

1　工程概述

正方大道是秣陵到淳化的重要通道。秦淮河开启桥位于方山以南、秣陵以北的正方大道跨外秦淮河段，在“上秦淮”生态湿地中心。在桥型选择时需要做到融桥于景，为了达到良好的艺术效果，本桥在总体造型上采用连拱形的桥梁外形配以低矮的桥塔，采用连拱形式，使人从结构造型上完全觉察不出此为一座开启桥梁，将开启桥的诸多特征藏匿于无形。

为了配合总体造型的需要，秦淮河开启桥的提升系统采用将配重设计于塔身之中，将起升桥跨用钢丝绳与配重连接置于卷扬机上，并采用油缸顶升进行连续、快速、安全的提升及下降，详见图 1～图 3。

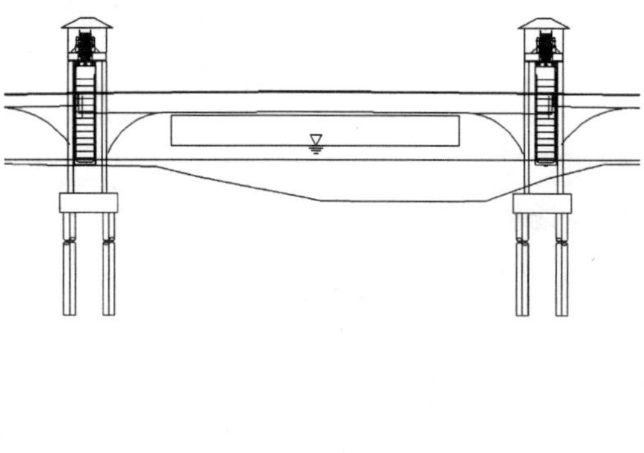

图 1　秦淮河开启桥立面图

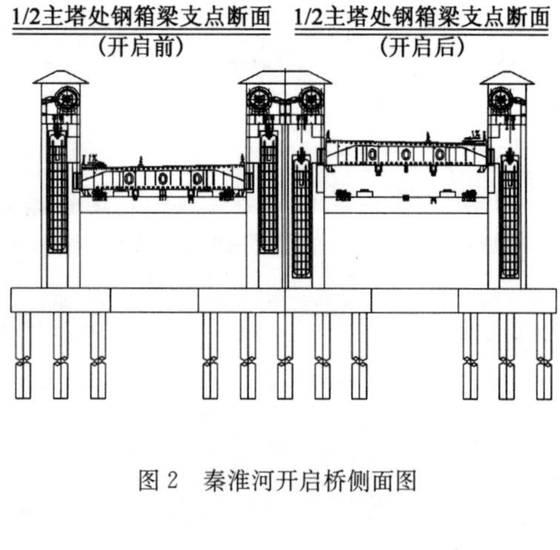

图 2　秦淮河开启桥侧面图

图 3　秦淮河开启桥效果图

2　提升系统主要技术参数

(1)开启桥跨度:71.8m。

(2)开启桥跨重量:1 500t×2。

(3)未开启时通航净空:45m×4.5m。

(4)开启时通航净空:60m×7m。

(5)开启行程:3m。

(6)开启方式:油缸顶升配重提升。

(7)提升点数:四点提升。

(8)四点同步精度:≤50mm。

(9)导向方式:导向轮导向。

(10)开启桥开启闭合时间:90s+90s。

(11)工作电压:AC380V。

(12)总功率:300kW。

3　主要构造及功能说明

秦淮河开启桥垂直提升系统主要由机械部分、液压部分及电气部分组成。机械部分由提升机构、平衡重、钢丝绳吊挂机构、配重检修系统及安全机构等组成。平衡重位于塔身之中将起升桥跨用钢丝绳吊挂机构与配重连接置于卷扬机上并采用油缸顶升,并与安全机构及配重检修系统进行连接,详见图 4。

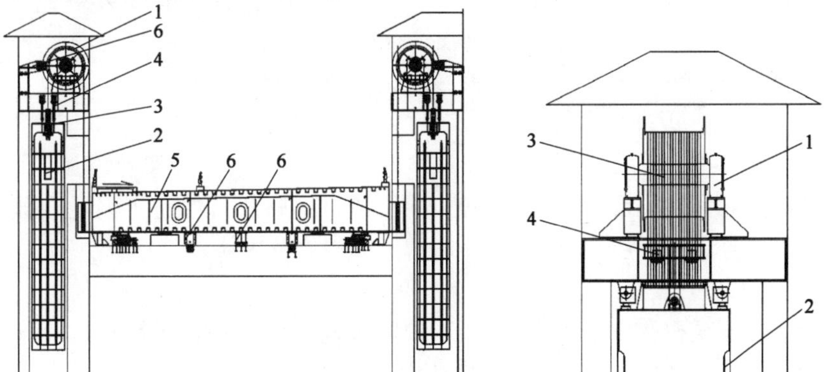

a)截面图　　b)立面图

图 4　秦淮河开启桥机械系统

1-提升机构;2-平衡配重;3-钢丝绳吊挂机构;4-配重检修系统;5-活动桥跨;6-安全机构

3.1 机械部分

3.1.1 提升机构

每个开启桥提升机构布置一个卷扬机安装于塔楼中，卷扬机用来承担配重及桥体的重量。每个塔楼中设置两支液压油缸提推平衡重来实现提升机构的的运动，实现开启桥的开启与闭合，开启及闭合的时间均为90s，当油缸出现故障时，可从塔楼中吊出后进行检修或更换，详见图5。

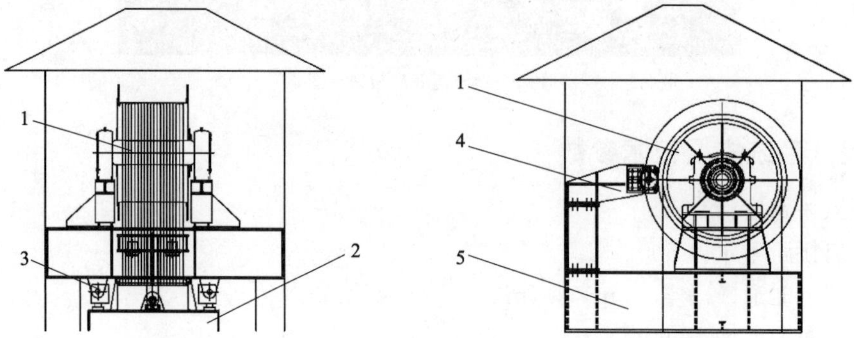

a)截面图　　b)立面图

图5 秦淮河开启桥机械系统

1-卷扬机；2-平衡配重；3-液压油缸；4-盘式制动器；5-底座

每个卷扬机配有两支盘式制动器，当液压油缸停止运动时，盘式制动器动作，夹紧提升机构中卷扬机两侧制动盘。

每个塔楼设有一个钢结构底座用来承受卷扬机的压力及配重检修系统产生的力。

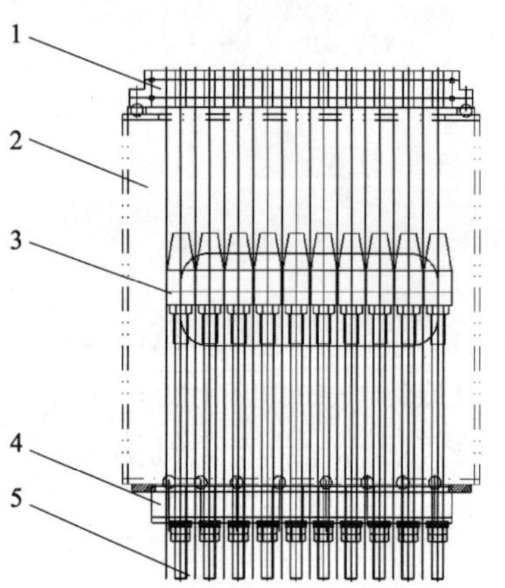

图6 秦淮河开启桥钢丝绳吊挂装置

1-转向板；2-桥体(配重)；3-带锚杯的钢丝绳；4-支撑板；5-调节螺杆

3.1.2 平衡重

开启桥每幅桥配有4个平衡重，双幅桥共8个平衡重。每个平衡重由固定配重和活动配重组成。每个配重安装在桥塔内，与顶升油缸的一端连接。配重安装有导向座能够顺导轨进行移动。

3.1.3 钢丝绳吊挂装置

钢丝绳吊挂装置由带锚杯的钢丝绳、调节螺杆、支撑板及转向板等组成。吊挂钢绳平行安装于卷筒上进行工作。钢丝绳锚杯与调节螺杆连接后一端与活动桥体的牛腿连接，另一端与配重连接，见图6。

3.1.4 配重检修系统

配重检修系统由支架、连接架及液压千斤顶等组成。配重检修系统的作用为在需要进行钢绳检修、液压油缸检修及其他需将钢绳卸载的情况时将配重与钢结构底座连接，将配重顶升将钢绳卸载进行检修及更换。

3.1.5 安全机构

秦淮河开启桥安全机构由上锁定机构、下锁定机构、对中机构、缓冲机构及导向机构等共同组成。各个安全机构共同作用，确保秦淮河开启桥工作的安全。

上锁定机构由装在底座上的电机减速机、螺杆、螺母、锁舌、弹簧等组成，主要功能为在开启桥开启时，平衡桥体与配重之间的差值及风力。

下锁定机构由装在底座上的电机减速机、螺杆、螺母、锁舌、弹簧等组成，主要功能为在开启桥闭合时，防止桥体弹跳。

对中机构由上、下底座等组成，主要功能为防止桥体在外力作用下的偏移。

缓冲机构由底座、汽缸、进气总成、排气总成等构成，主要用来缓冲开启桥下落时的冲击力。

导向机构由支座、导向轮组等组成，主要用来保证桥体起升及降落时位置不发生偏移。

3.2 液压系统

秦淮河开启桥共 8 套完全相同液压系统，此 8 套液压系统根据开启要求被设定为两组，每 4 套液压系统编为一组。单套液压系统包含驱动油缸系统、制动器系统和超高压液压千斤顶系统三大部分，此三大部分由一套液压泵站集中提供动力。

3.2.1 驱动油缸液压系统

系统采用负载敏感控制。22kW 电机从液压油箱吸油，驱动负载传感变量柱塞泵，对执行单元提供液压动力油源。一组双联负载敏感比例多路阀控制两支驱动油缸执行伸缩动作。电控系统对每片负载敏感阀独立控制，该阀满足机构所需流量仅与阀开度建立关联而与负载完全无关。

每支驱动油缸均加装位移传感器，电控系统根据每支油缸位移反馈情况，自动控制相应比例阀控制电流值大小，从而实现两支缸的位移同步。

3.2.2 制动器系统

一台 7.5kW 电机从液压油箱吸油，驱动一个齿轮泵对卷扬制动器提供解除制动的液压力。齿轮泵出口并接一个电磁溢流阀，实现油泵在电磁阀得电提供动力、失电处于卸荷状态的切换。

3.2.3 超高压液压千斤顶系统

该系统主要由超高压油泵电机组、综合压力阀组、手动换向阀、流量分配器和四台液压千斤顶组成。千斤顶升降动作手动完成，操作在液压站顶部。

3.2.4 辅件描述

本套液压系统管系采用 24°锥密封方式，系统配置吸、回油过滤器以及高压过滤器确保系统油液清洁度达到使用要求。使用 46 号低温液压油，黏度指数不低于 130，倾点不高于 −30°，确保油品具有良好的黏温性能和低温性能。

3.3 电气系统

开启桥电气系统由电源控制系统、起升机构、电动栏杆警示灯及安全报警装置组成。采用交流 380V、50Hz 三相五线制供电。在操作室内设有操作台，起升变频柜及电源 PLC 主站柜和 PLC 从站柜放置在机房中。司机室设有控制按钮和人机界面，用电缆将操作台和电气柜连接起来，构成整套电气系统。

通过操作台上设置的人机界面，可以监控整个机构。整机控制系统的核心是 PLC，本机采用双 PLC 组网通信的控制方式，PLC 主站放置在电源 PLC 主站控制柜中，PLC 从站放置在 PLC 从站控制柜中，两个 PLC 主从站之间通过过江通信电缆连接，实现 PLC 主从通信。PLC 主站从站分别接收操作台控制信号及两岸机构的限位开关的信号，并且根据信号，发出相应的工作指令。

变频器通过双绞线与 PLC 连接，进行通信。本控制系统配有测长装置开度仪来测量各吊点的位置，以保证机构同步升降，每 4 台卷扬机同步精度为 50mm。当任一起升卷扬机出现故障，其他卷扬机都会自动立即停止工作，以保证系统的安全。

当卷扬及其他机构需要调整时，可通过人机界面上强制调整开关进行非安全性调整，此时机构作业安全全凭操作人员控制(强制调整开关设有密码保护，非特殊情况不得使用)。

4 结语

秦淮河开启桥提升系统采用将配重设计于塔身之中，将起升桥跨用钢丝绳与配重连接置于卷扬机上，并采用油缸顶升进行连续、快速、安全的提升及下降，能够达到将开启桥的诸多特征藏匿于无形的要求，这种提升系统的设计是开启桥设计中的一种新的尝试，为以后的开启桥设计提供了新的思路。

参考文献

[1] 张质文，虞和谦，王金诺，等.起重机设计手册[M].北京：中国铁道出版社，1998.

[2] 机械设计手册编委会.机械设计手册[M].北京：机械工业出版社，2004.

28. 山区新型组合式U形梁桥结构研究

潘可明　肖永铭

（北京市市政工程设计研究总院有限公司）

摘　要：本文结合国外应用较多的组合式梁桥设计理念提出新型组合式U形梁桥结构；对现有的预制装配式结构在山区施工吊装运输困难问题、预制梁在斜弯桥桥型中应用的局限性等提出了新的解决方案。通过与现有标准小箱梁结构进行对比分析，并结合北京市兴延路山区高速公路方案设计中提出的组合式U形梁桥方案，从合理性、适用性和经济性方面对组合式U形梁桥进行了研究。并提出组合式U形梁桥应用需进一步的研究方向。

关键词：组合式U形梁桥　山区桥梁　适用性　经济性

1　引言

目前国内公路上普遍采用20～40m跨径的预制梁结构，主要有预应力T梁、预应力空心板梁和先简支后连续预应力小箱梁等结构形式。但近年来，预应力混凝土空心板梁由于板与板间铰缝处理不好，使用过程中易出现开裂导致单板受力情况；预应力T梁虽然综合造价最经济，预制、吊装简易，但易出现结构反拱、行车舒适性差等问题，且极易出现横隔梁不共面、横隔梁错台、横隔梁破损等形式的病害；预应力小箱梁具有较大截面抗弯抗扭刚度及良好的稳定性等优点，但其往往对施工需有较为严格的控制，部分地区由于施工质量不到位在腹板、腹板与顶板相接处和桥面板湿接缝处出现较多裂缝[1,2]。在山区公路桥梁设计中往往存在吊装运输条件差、预制场地狭小以及斜弯桥比例高预制梁适用差等问题，现有的预应力空心板梁、T梁和小箱梁结构在山区公路桥梁应用中均存在一定的局限性。在北京市兴延路山区高速公路方案设计中，对现有预制梁结构存在的诸多问题和山区施工设计难点进行分析比较，提出了组合式U形梁桥的新型桥梁结构方案。本文进一步就其合理性、适用性、经济性进行分析，为今后山区预制装配式桥梁结构的设计提供参考。

2　国外组合式U形梁结构的应用

由于各国设计人员的设计习惯和荷载标准不尽相同，国外常用的预制混凝土桥梁断面形式也各有特点。对英国、美国等国常用的预制混凝土桥梁结构形式进行调查统计（表1）。其中，小箱梁、I梁、T梁、U形梁均是各国应用较多的断面形式[3]；而前三者在我国均有较多应用;U形梁由于现浇混凝土量较大,造价相对略高,在国内应用较少。

国内外预制混凝土桥梁常用截面形式　　表1

国　家	断面形式
中国	小箱梁、I形梁、T梁、空心板
英国	T形梁、TY形梁、U形梁、Y形梁、M形梁、SY形梁
美国	实心板、空心板、箱梁、T梁、双T梁、I形梁
新西兰	空心板、U形梁、I形梁、SUPER—T形梁
澳大利亚	空心板、I形梁、SUPER—T形梁

英国常用的组合式U形梁根据设计跨径不同,分为U1～U12多种截面形式。该类型组合式U形梁往往采用先张法简支梁结构体系,设计跨径一般介于13～34m之间,梁高介于0.8～1.6m之间(高跨比一般为1/15～1/19),两根主梁间距介于1.5～2m之间,现浇桥面板厚0.16m,具体截面形式如图1所示。其于1973年开始作为英国桥梁设计中的一种标准断面形式,往往应用在对主梁抗扭刚度有一定要求的斜弯桥中[3,4]。

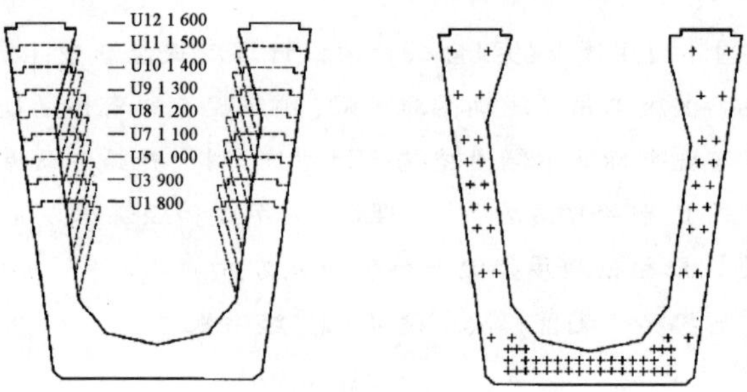

图1　U1～U12截面形式(尺寸单位:mm)

组合式U形梁在美国的应用不如英国广泛,并未形成全国通用的标准断面形式,但在德州市仍根据跨径不同,存在U54和U40两种标准断面形式,如图2所示。其为先张法预应力混凝土简支梁结构体系,U形截面相较于I形梁截面有更好地经济性和美观性;且一般采用U形梁时,一个横断面上U形梁的数目仅为I型梁数目的1/2或2/3左右。U54B主梁断面主梁梁高1.372m,底板宽1.4m厚0.208m,顶板外侧间距为2.44m(包括0.4m的受压翼缘),腹板厚0.126m。在腹板内布置一排15.2的预应力钢绞线,底板内布置3排15.2预应力钢绞线,具体断面布置图和预应力钢筋构造图如图2所示[5,6]。

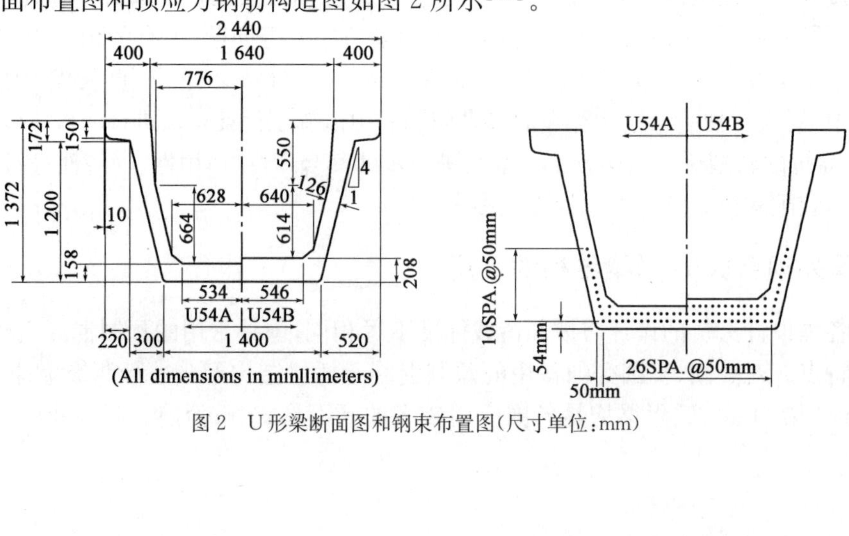

图2　U形梁断面图和钢束布置图(尺寸单位:mm)

3 研究思路

预应力小箱梁结构由于具有较大截面抗弯抗扭刚度及良好的结构稳定性等优点，是我国目前公路桥梁中应用较多的一种预制装配式桥梁结构；但在山区公路桥梁中，预应力小箱梁结构的应用存在以下三方面局限性：

(1)施工的可行性与便捷性：其是山区桥梁设计中需要考虑的重要因素。预制小箱梁结构由于预制梁重量较重、顶板宽度较宽在山区桥梁施工中存在吊装、运输困难等问题。

(2)斜弯桥适应性：山区公路修建过程中为减小山区环境影响，斜弯桥的比例远高于平原区高速公路。预制小箱梁结构往往只能采用调整翼缘板长度来适应主梁的平曲线变化，需要预制不同翼缘板宽度的小箱梁结构，桥梁施工技术复杂。

(3)小箱梁耐久性有待进一步提高：山区自然环境恶劣，桥梁养护难度较大，对耐久性有较高要求。目前预制小箱梁结构由于对施工标准有较严格的控制要求，国内很多公路工程出现了施工质量不到位而在腹板、腹板与顶板相接处和桥面板湿接缝处的开裂问题，对桥梁结构耐久性甚至安全有很大影响。

为进一步提出适用于山区公路桥梁的预制结构形式，弥补山区公路桥梁中小箱梁结构的局限性，本文拟结合前文所述国外组合式U形梁设计理念和现有标准小箱梁结构构造，提出新型组合式U形梁结构。本文通过对一联3×35m先简支后连续组合式U形梁桥结构进行分析与研究，明确组合式U形梁桥结构的受力特点及其适用范围。

4 组合式U形梁受力合理性分析

新型组合式U形梁针对山区桥梁施工、设计特点。采用先预制U形开口断面并张拉预应力钢束，再进行整体吊装，最后完成桥面板整体浇筑的设计思想。具体组合式U形梁施工顺序如表2所示。

先简支后连续组合式U形梁施工顺序 表2

序　　号	施工内容
施工阶段一	预制场预制组合式U形梁，张拉U形梁正弯矩钢束
施工阶段二	运输、吊装组合式U形梁，浇筑整体式桥面板和横隔板
施工阶段三	浇筑支点处横梁，并张拉负弯矩钢束
施工阶段四	进行桥面铺装和栏杆的架设

对一联3×35m先简支后连续组合式U形梁截面尺寸进行初步拟定：组合式U形梁跨中截面梁高为1.8m，底板厚0.18m，腹板厚0.2m，U形梁梁格间距为3.1m；组合式U形梁支点处截面梁高为1.8m，底板厚0.32m，腹板厚0.32m，U形梁梁格间距为3.1m。混凝土顶板采用整体现浇，厚0.18m。在每一跨的四分点和跨中位置处设置3道0.2m厚横隔板，在边支点处采用1.2m宽现浇端横梁，在中支点处采用1.5m宽现浇中横梁。组合式U形梁预制结构断面图和U形梁支点处断面布置图分别如图3和图4所示。组合式U形梁采用后张法预应力体系，在预制场预制阶段张拉正弯矩钢束，并在现浇中支点横梁后张拉负弯矩钢束，钢束张拉控制应力均为1 302MPa。

根据上述3×35m先简支后连续组合式U形梁截面尺寸和横断面布置，利用桥梁博士软件对组合式U形梁结构建立有限元模型进行分析，有限元模型如图5所示，施工过程按表2

进行模拟。上部整体现浇混凝土顶板采用附加截面的方式进行模拟，并在成桥时与下部开口U形预制结构形成混凝土组合截面共同受力。

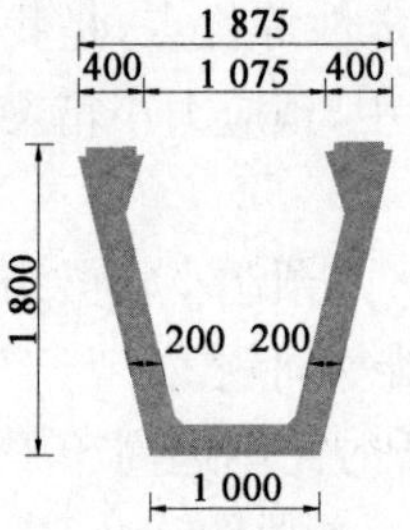

图3　组合式U形梁预制断面图(尺寸单位:mm)

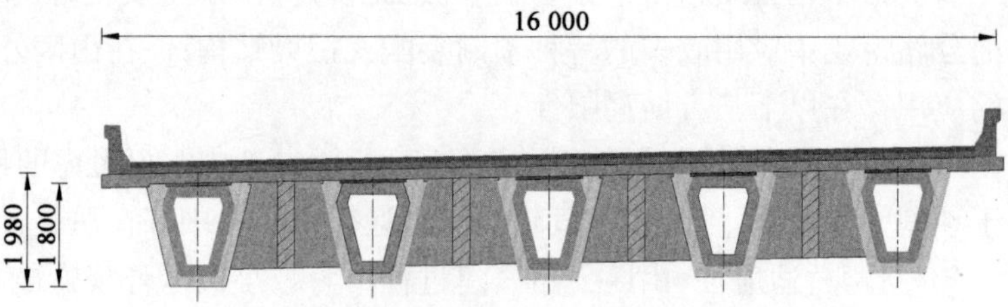

图4　组合式U形梁横断面图(尺寸单位:mm)

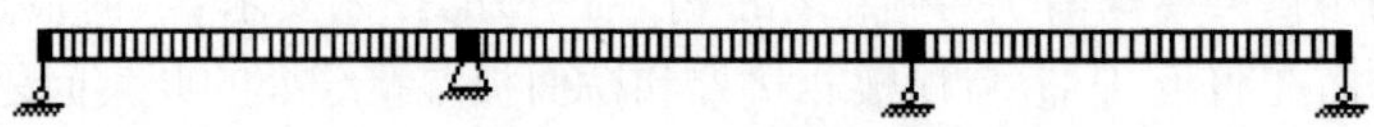
图5　组合式U形梁计算模型

其承载能力极限状态基本组合作用下主梁的内力及对应的抗力分别如图6和图7所示。主梁的正截面抗弯承载力验算均满足要求。

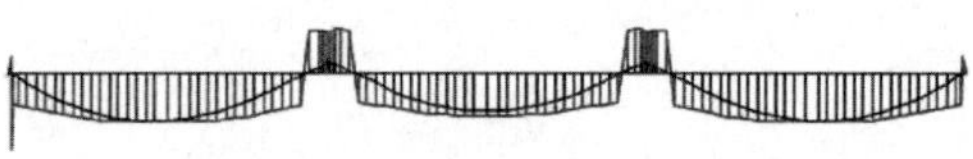
图6　最大内力及最大抗力图

图7　最小内力及最小抗力图

对组合式U形梁桥结构按A类构件进行正截面抗裂验算，各施工阶段中主梁均为全截面受压状态，满足规范要求。在短期效应组合下，主梁正截面最小应力如图8所示，主梁上下缘均未出现拉应力，满足规范要求。

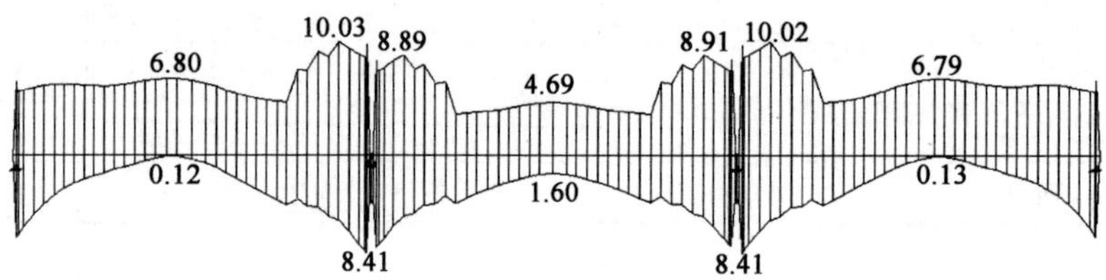

图8　短期效应组合正截面最小应力(单位:MPa,拉应力为负)

标准值效应组合作用下主梁上下缘最大应力分别如图9所示，主梁上下缘最大压应力为15.09MPa，均满足规范要求。

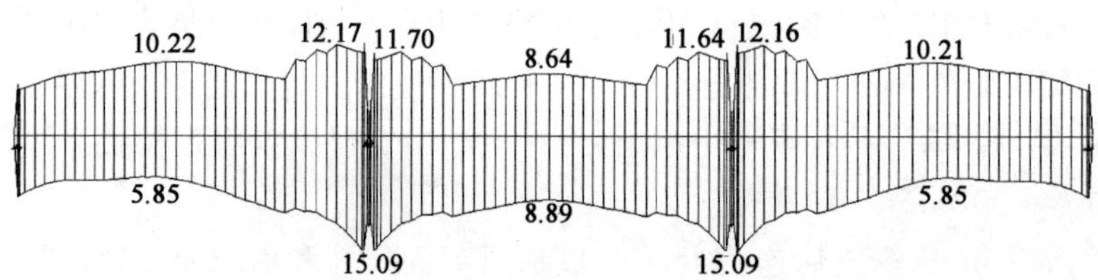

图9　标准值效应组合正截面最大应力(单位:MPa,拉应力为负)

综上所述,上述组合式U形梁桥结构在施工阶段和运营阶段均满足规范要求。该3×35m简支变连续组合式U形梁和现行的3×35m简支变连续小箱梁应力分布状况相似,均满足规范要求。

5 组合式U形梁结构构造特点

组合式U形梁预制结构腹板顶部为了满足桥梁桥面板整体现浇施工的要求,对其局部构造进行精细化设计,其跨中截面腹板顶部局部构造如图10所示。对U形梁跨中截面,在距顶部下缘0.4m范围内,将腹板厚度增加至0.4m;对U形梁支点截面,在距顶板0.3m范围内将腹板厚度增加至0.4m。该结构局部构造参照英国标准U12预制主梁形式,并适当加宽腹板端部宽度,以提高预制U形梁形心轴位置,避免U形梁预制结构在预制场预制阶段张拉预应力时U形梁上部受拉开裂。

腹板顶部内外侧分别设置0.05m×0.05m的预留槽,以便于架设现浇混凝土顶板的永久模板,如图11所示。永久模板一般架设于两片U形梁之间或者同一片U形梁的开口截面顶部,浇筑完桥面板后不用拆除,与桥面板共同受力。若用临时模板施工桥面板,由于梁间空间较小,往往会使得模板安装及脱模困难。

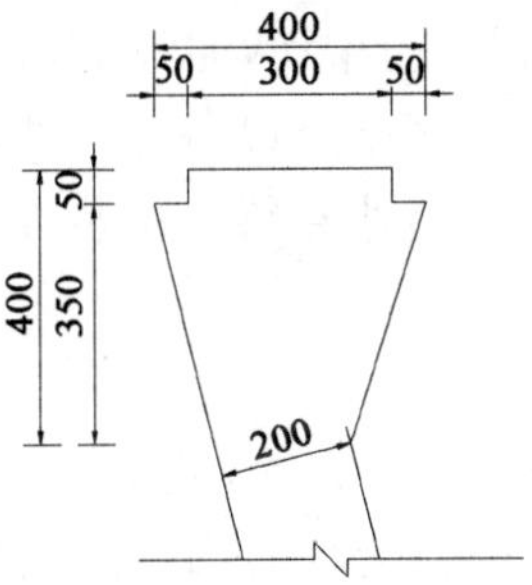

图10 组合式U形梁腹板顶部局部构造图(尺寸单位:mm)

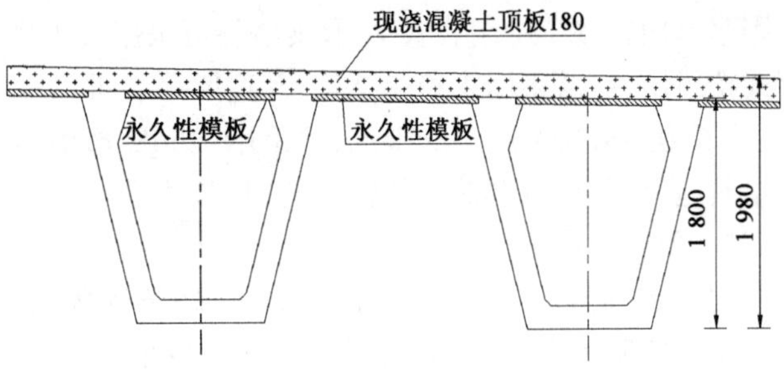

图11 组合式U形梁永久性模板图(尺寸单位:mm)

而针对现有标准小箱梁中频繁出现的腹板斜裂缝、腹板与顶板相接处的纵向裂缝、桥面板湿接缝处的纵向裂缝等病害问题,组合式U形梁也进行了以下几点局部构造优化:

5.1 增加腹板厚度

组合式U形梁腹板厚0.2m,较传统预制小箱梁0.18m腹板厚2cm。与现有小箱梁结构相比,通过增加腹板厚度,一方面增强了腹板的抗剪能力,避免腹板出现由主拉应力引起的斜裂缝;另一方面提高了主受力钢筋的保护层厚度,保证混凝土结构的耐久性。

5.2 增加主梁梁高

35m组合式U形梁梁高1.8m,在浇筑顶板混凝土后组合式U形梁整体梁高1.98m,与35m标准预制小箱梁梁高1.8m相比有所增加。增加主梁梁高可以有效提高桥梁刚度,改善主梁内应力分布状况,提高主梁耐久性,并为超载作用下的桥梁结构提供更多的安全储备。

5.3 整体现浇桥面板

现有预制小箱梁结构在桥面板湿接缝处极易出现纵向裂缝,而其主要是由于超载车辆长期作用所致。在我国现有国情下,车辆超载现象短期内难以得到有效改善。组合式U形梁采用整体式现浇桥面板可使桥面板受力整体性更好,避免了预制小箱梁结构湿接缝处在轮载作用下的局部破坏,对桥梁结构的耐久性有较大改善。

6 组合式U形梁桥的适用性及经济性

新型组合式U形梁结构，由于是为了弥补小箱梁结构在山区桥梁的局限性而设计的一种新桥型，其主要适用范围均以山区桥梁为主，尤其适用于以下三种情况。

6.1 预制梁吊装重量受到限制

山区预制梁结构的吊装重量是山区桥梁施工中的重要控制因素，组合式U形梁与标准预制小箱梁预制段重量分别如表3所示。

小箱梁与组合式U形梁预制段最大吊装重量　　表3

结构类型	35m小箱梁	35mU形梁	40m小箱梁	40mU形梁
吊装重量(t)	121.9	87.5	153.1	114.9

根据表3所示，35m预制U形梁吊装重量较35m标准小箱梁减少了27%；40m预制U形梁吊装重量较40m标准小箱梁减少了24%；40m预制U形梁吊装重量仍小于35m小箱梁，在吊装重量方面组合式U形梁有显著优势。一方面是由于组合式U形梁顶板采用整体现浇，预制结构混凝土用量大大减少；另一方面是由于组合式U形梁不存在边梁、中梁的区别，而小箱梁的边梁吊装重量往往由于存在较大悬臂，而比中梁重5%～7%，成为预制梁吊装重量的控制性因素。山区施工中组合式U形梁吊装可采用较小型号的架桥机进行架设，尤其40m跨径装配式桥梁结构，若采用小箱梁结构，其边梁吊装重量重达153t，在山区施工设备有限的前提下，往往成为山区桥梁施工的难点；若采用40mU形梁结构，则采用35m小箱梁的吊装设备即能满足其施工要求，可有效降低施工费用，节约成本。

6.2 预制梁运输困难

预制U形梁梁顶部宽度仅为1.825m，较传统预制小箱梁顶板宽度2.4m，减小了22%。山区由于受地质地形条件，将预制梁从预制场地运送到桥位处，往往会受现有山区道路的制约。而采用预制U形梁结构可以有效降低预制梁运输难度。

6.3 平曲线变化复杂

山区公路修建过程中要尽量减少施工对山区环境的影响，因此山区公路桥梁中斜弯桥的比例远高于平原区公路。组合式U形梁可以通过现浇桥面板来调节主梁平曲线，而预制小箱梁结构往往需要通过现浇湿接头宽度和边梁翼缘板长度来调节主梁平曲线，其湿接头宽度和翼缘板长度均受桥面板横向刚度控制，难以适应变化复杂的平曲线线形。

3×35m先简支后连续组合式U形梁桥在上述三种情况下均有较好的适用性，但组合式U形梁桥的经济性仍是影响桥梁设计的重要因素。对3×35m标准小箱梁和组合式U形梁结构的各项材料指标进行统计，如表4所示。

3×35m小箱梁与组合式U形梁材料指标　　表4

结构类型	施工类型	技术指标		
		混凝土(m^3/m^2)	钢绞线(kg/m^3)	普通钢筋(kg/m^3)
小箱梁	预制	0.40	14.80	81.41
	现浇	0.12	2.59	14.31
U形梁	预制	0.35	14.80	63.50
	现浇	0.27	2.59	53.99

通过对比两者材料指标，组合式U形梁的混凝土和普通钢筋用量均较标准小箱梁多20%左右，在北京市兴延路山区高速方案设计中，对3×35m预制小箱梁和3×35m组合式U形梁的造价进行估算。在上部结构比较中，预制小箱梁造价为3 600元/m^2，组合式U形梁造价为4130元/m^2。组合式U形梁造价较预制小箱梁多14.7%，但综合考虑山区预制梁吊装重量受到限制以及预制场地偏远运梁困难等问题，组合式U形梁在山区公路桥梁中仍是一种十分有竞争力的新型结构形式。

7 结语

本文结合国外组合式U形梁设计理念，针对目前国内预制梁结构在山区桥梁应用中的局限性，对我院在北京市兴延路山区高速公路方案设计中提出的新型组合式U形梁结构形式进行分析，并将其与现有标准小箱梁结构进行对比，明确其结构构造和受力特点，并对其安全性、经济性和适用性进行了探讨。组合式U形梁桥作为一种有竞争力的新型结构形式，将主要在以下两个方面进行研究：一方面仍需要对其局部构造和混凝土配筋进行精细化设计，进一步改善其经济指标；另一方面，结合目前标准化设计新理念，对其进行标准化设计，以便于该种结构形式的进一步推广。

参考文献

[1] 刘勇忠.某立交桥简支小箱梁病害原因分析[J].铁道建筑,2004,8.

[2] 祖贵文,余波,杨亚林.某薄壁小箱梁桥的病害原因分析及其加固方案[J].公路交通科技,2010,65(5).

[3] 黄麟,庄卫林,陈渤.预制T梁桥和组合式U梁桥构造设计的对比分析[J].世界桥梁,2013,41(2).

[4] AlexGray & Phil Gaby, Beca Carter Hollings & Ferner Ltd; Geoff Brown & Donald Kirkcaldie, Opus International Consultants; Ross Cato & Paul Sweetman, Precast New Zealand. New Standard Precast CONCRETE BRIDGE BEAMS Stage 1 - Research & Identify Proposed Standard Beam Shapes and Spans.

[5] K. A. Byle, Ned H, Burns, and Ramon L. Carrasquillo. Time-Dependent Deformation Behavior of Prestressed High Performance Concrete Bridge Beams.

[6] Shawn P. Gross, Ned H. BurnsField Performance of Prestressed High Performance Concrete Highway Bridges in Texas.

29. 铝合金桁梁悬索桥的力学性能与应用前景

葛晓萌[1,2]　王会利[1]　张　哲[1]　许福友[1]

(1. 大连理工大学土木工程学院;2. 大连理工大学土木建筑设计研究院)

摘　要:铝合金密度和弹模是钢的 1/3,强度能达到 Q235 水平。铝合金用于悬索桥的桁架主梁能够充分发挥铝合金的材料特性,为悬索桥向更大跨度发展提供新思路。假定大连南部滨海大桥主梁采用铝合金桁梁,主梁自重下降约 50%。铝合金桁梁强度条件容易满足,活载挠度可能成为设计控制因素;侧弯、竖弯、扭转自振频率较钢桁梁悬索桥降低 4%～15%;主要由于自重下降,颤振临界风速较钢桁梁悬索桥下降 40%,须采用气动控制措施。铝合金桁梁悬索桥的应用在力学上有其合理性,有待于进一步论证其经济性。

关键词:铝合金　悬索桥　概念设计　新材料　颤振

1　引言

高性能材料的不断应用是土木工程特别是桥梁工程保持发展的重要驱动力[1]。在航空航天、运载工程等行业,铝合金是常规材料;但在土木工程领域,除大跨空间结构应用较多[2],铝合金材料应用较少。铝合金材料密度仅为钢材的 1/3,而强度能达到 Q235 钢材水平。铝合金具有良好的热塑性,可以方便地挤压成形生产标准型材,更适合大规模工厂化生产。铝合金还具有良好的耐腐蚀性,可以不做任何涂装暴露于大气环境下而长期保持美观[3],后期养护维修成本相对钢结构大幅降低。2008 年 3 月《铝合金结构设计规范》正式颁布;2010 年 7 月《铝合金结构工程施工规程》正式颁布。我国铝合金结构的设计和施工已有据可依。

1.1　国内外已建成铝合金桥

世界上第一座铝合金桥 1946 年建成于美国马塞纳桥[4],是一座 7 跨连续梁桥。1949 年英国建成全长 37m 的 Sunderland 铝合金开启桥。1950 年加拿大 Alvida 建成了一座铝合金上承式拱桥,主跨 88.6m,受力结构均采用 2014—T6 铝合金制造,是世界跨度最大的铝合金桥。国内的铝合金桥梁肇始于 21 世纪初,皆为铝合金桁架人行桥,分别是 2006 年建成的杭州庆春路人行桥[5],主跨 36.81m,主材 6082—T6 铝合金,德国设计,铝合金型材从国外进口;2007 年建成的上海徐汇人行桥,主跨 23m,主材 6061—T6 铝合金,沈祖炎院士主持设计,全部构件国内自行生产，自行安装；2008 年建成的北京西单人行桥，主跨 38.1m，总长 84m，主材 6082—T6 铝合金，北京市政院设计，主要铝合金型材均为国内生产，外资公司承建。铝合金桥较同类钢桥，上部结构自重减轻达到 56%～60%。如图 1、图 2 所示。

图 1　杭州庆春路铝合金人行桥

图 2　北京西单铝合金人行桥

1.2　铝合金桁梁悬索桥的构思

目前，铝合金在桥梁工程中的应用基本局限在人行桥和小跨度桥梁，小跨度桥梁不足以发挥铝合金密度小的材料优势，却明显暴露了造价高的劣势。铝合金更加适用于大跨度缆索承重桥的主梁，特别是地锚式悬索桥和柔性主梁的拱桥。如果悬索桥采用铝合金主梁，既充分发挥了铝合金自重轻、耐久性好的优势，又回避了铝合金强度上的相对不足。

悬索桥是以受拉的主缆为主要承重构件的桥梁结构。自锚式悬索桥除外，相对于一般的梁桥，悬索桥主梁从主要受力构件退化为传力构件，不同跨径悬索桥主梁恒载受力相差不大；相对于斜拉桥，悬索桥主梁不受轴向压力，仅承担弯矩。一般悬索桥主梁受力相对较小，强度容易满足要求。一期恒载占悬索桥恒定作用、可变作用之和的主要部分，减重对于悬索桥的经济性，以及向更大跨度发展有重要意义。有研究提出采用 CFRP(碳纤维及复合材料)减轻缆索系统重量[6]，并减小变形。主梁占悬索桥恒载主要部分，使用铝合金材料代替钢材修建悬索桥的主梁，受力性能上有合理性；经济方面主梁材料变化付出的代价，通过缆索、桥塔、锚碇、下部基础工程量，总体施工费用及主梁养护维修费用的节省可以得到补偿。本文以大连南部滨海大桥主通航孔地锚式桁悬索桥为背景工程，假定其桁梁采用铝合金材料，分析力学性能并探讨应用前景。

2　铝合金材料性能

《铝合金结构设计规范》给出铝合金材料的物理性能指标为质量密度 2700 kg/m^3，线膨胀系数 23×10^{-6}。铝合金的密度约为钢材的 1/3，线膨胀系数约为钢材的 2 倍。结构用 6061—T6铝合金与 Q235、Q345 钢材的主要强度性能对比见表 1。

铝合金与钢材强度对比　　表 1

力学指标(MPa)	弹性模量	剪变模量	抗拉强度/屈服强度	抗拉/抗剪强度设计值	焊接影响区抗拉/抗剪强度设计值	对接焊缝抗拉压/抗剪强度设计值	角焊缝抗拉抗压、抗剪强度设计值
6061—T6铝合金	70 000	27 000	265/245	200/115	100/60	135/80	80
Q235钢材	206 000	79 000	375/235	90～215/110～125	—	190～215/110～125	160
Q345钢材	206 000	27 000	470/345	250～310/145～180	—	250～310/145～180	200

6061—T6 铝合金的弹性模量及剪切变形模量均为钢材的 1/3，但是铝合金的屈服强度、设计强度却能达到 Q235 钢材的水平。铝合金线膨胀系数约为钢材的 2 倍，对温度更加敏感，铝合金的焊接性能与钢材相比有较大差距，焊接热影响区的强度较母材要做强度折减。铝合金构件在连接方式上，相对焊接，更适合机械连接，较常见的是普通螺栓连接和铆钉连接。另外，航空航天领域，铝合金还采用环氧胶接，未尝不能应用于土木工程领域。

铝合金的疲劳特性也是需要重点关注的，王春生参考荷兰学者的研究成果分析了铝桥面板的疲劳性能[7]，认为基于 S～N 曲线可以合理准确估计出铝结构的疲劳寿命。国内对铝结构的疲劳试验还缺乏有力的实验支撑，有待深入研究。

3　铝合金桁梁悬索桥的力学特性

南部滨海大桥主桥是一座三跨地锚式桁梁悬索桥，跨度为 180m＋460m＋180m，总长 820m。成桥状态下主缆的矢跨比为中跨：1∶6.667。主缆横向间距 25.20m，吊索间距 10m。本文设想桁架主梁不是采用 Q345 钢材，而是 6061—T6 铝合金，虚拟设计出一座同等跨径、同样通过能力的铝合金桁梁地锚式悬索桥，通过力学概念分析和有限元模型计算，验证铝合金主梁悬索桥力学方面可行性，并总结一些铝合金桁梁悬索桥的静力和动力特性，如图 3 所示。

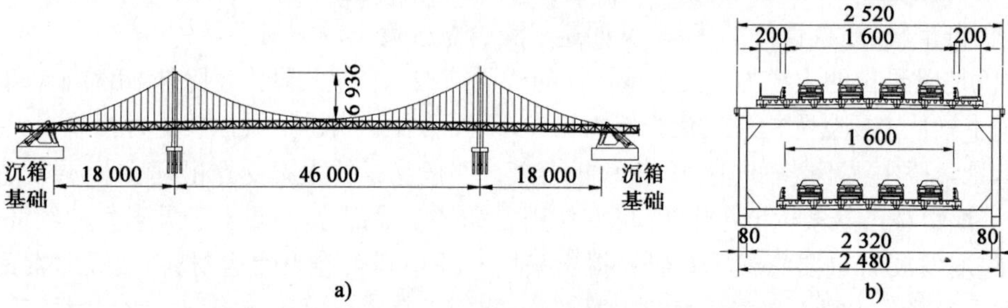

图 3　桥型立面、断面布置示意图（尺寸单位：cm）

为对比方便，桁梁材料从钢变换为铝合金时，假定主缆索矢跨比、横向宽度和吊索间距保持不变。铝合金桁梁的上下弦杆、腹杆、横撑、平联均采用与钢桁梁完全相同的截面，铝合金桁架的重量就是原设计的 1/3。桥面系可以采用挤压成型的铝合金型材拼接[8]，铝合金强度和抗疲劳特性不如钢材，设定铝合金桥面系重量是钢桥面系的 1/2。桥面铺装、人行道和防撞护栏等附属设施梁桥相同。考虑到铝合金悬索桥要和钢悬索桥承担同样大小的车辆荷载和人群荷载，铝合金桁梁悬索桥的主缆和吊索截面面积是钢桁梁悬索桥的 60%。由于铝合金桁梁大幅度降低了全桥上部结构的自重，因此实际设计中桥塔和下部基础相对钢桁梁必然有较大变化，本文主要关注的是铝合金桁梁的受力性能，为对比清晰方便，在有限元模型中将桥塔简化为单向活动约束，既忽略桥塔的竖向变形和水平抗弯刚度，最大程度忽略下部结构差异对整体的影响。后面将通过自振频率对比验证简化模型的可靠性。

3.1　静力性能

考虑桥面系和二期恒载，铝合金桁梁的总重约为同截面钢桁梁的 46.8%，恒载下桁架弦杆、腹杆以及缆索系统的应力均小于钢桁梁悬索桥计算结果，配合活载计算结果，60%面积的缆索系统能够满足强度计算要求。

桁梁悬索桥系统温差次内力产生的原因主要是主缆和吊索这种细长构件随温度升高、降低会发生明显的伸长和缩短，悬挂于主缆之下的主梁也会跟随主缆共同变形，而索塔和边墩处的竖向支座随温度升降变位极小，主梁由于竖向支承力重分布产生温度次内力。因此在主缆线形相同的情况下，铝合金桁梁悬索桥和钢桁梁悬索桥系统温差下主缆变形大致相同，桁梁的变形也应大致相同，而相同截面的铝合金桁梁刚度是钢桁梁的1/3，铝合金桁梁的温度次应力也约为钢桁梁的1/3。有限元模型计算结果完全验证了上述分析。

悬索桥活载作用下最大弯矩位于跨中1/4处。图4、图5为跨中1/4处最不利影响区加载计算钢桁架、铝合金桁架挠度及上弦杆轴向应力图。两种材料的桁梁变形、应力分布趋势完全相同。铝合金桁梁中跨1/4处变形是钢桁梁的2.03倍，而上弦杆轴向应力为钢桁梁的77%。正是由于铝合金的弹模是钢的1/3，使其在较大变形的情况下仍保持较低的应力水平，相对强度，我们应更加关注其刚度和稳定性。

参照工程钢桁梁悬索桥活载跨中挠度为96cm，对于同等矢跨比的，主缆吊索截面仅为钢桁架悬索桥60%的铝合金桁梁悬索桥，活载跨中最大挠度达到175cm，是钢桁架的1.8倍，约为跨径的1/262，勉强符合规范要求。如果将铝合金悬索桥主缆的截面积加大到与钢桁架悬索桥一致，而矢跨比保持不变，活载跨中挠度为132cm，约为跨径的1/350。加大主缆的截面尺寸可以减小悬索桥活载挠度。活载挠度可能成为铝合金桁梁悬索桥设计方面的一个控制因素，有必要通过仔细对比研究，取得行车安全与工程经济之间的平衡。

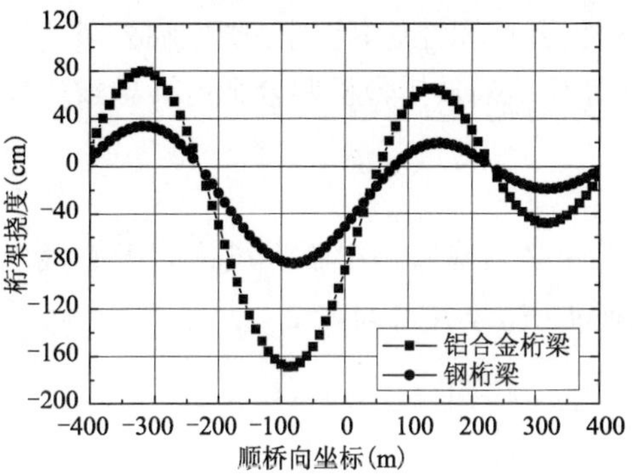

图4 主梁活载挠度

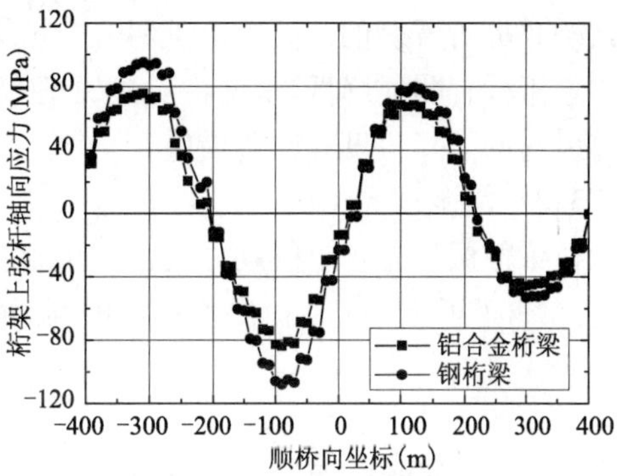

图5 主梁上弦杆活载轴向应力

3.2 动力特性

为验证简化桥塔刚度模型可靠性，同时也为下文颤振临界风速分析做准备，分别计算了B～F5种模型前20阶振动模态，并与南部滨海大桥完全模型A计算结果[9]进行对比。

模型A：钢桁梁，完全模拟桥塔刚度，矢跨比1∶6.67，主缆横向间距24m，缆索面积100%；

模型B：钢桁梁，简化模拟桥塔，矢跨比1∶6.67，主缆横向间距24m，缆索面积100%；

模型C：铝合金桁梁，简化模拟桥塔，矢跨比1∶6.67，主缆横向间距24m，缆索面积60%；

模型D：铝合金桁梁，简化模拟桥塔，矢跨比1∶6.67，主缆横向间距24m，缆索面积100%；

模型E：铝合金桁梁，简化模拟桥塔，矢跨比1∶9，主缆横向间距24m，缆索面积100%；

模型F：铝合金桁梁，简化模拟桥塔，矢跨比1∶6.67，主缆横向间距29m，缆索面积60%。

缆索面积100%、60%是相对于南部滨海大桥设计值，6种模型均未模拟缆索中央扣，各模态一阶振动频率及扭弯比见表2。

三种模型各一阶模态自振频率对比 表2

振动模态	模型A	模型B	模型C	模型D	模型E	模型F
一阶纵飘	0.135	0.136	0.136	0.137	0.161	0.136
一阶对称侧弯	0.215	0.210	0.179	0.174	0.172	0.179

续上表

振动模态	模型 A	模型 B	模型 C	模型 D	模型 E	模型 F
一阶对称竖弯	0.263	0.260	0.250	0.260	0.258	0.250
一阶对称扭转	0.535	0.542	0.478	0.493	0.475	0.499
扭弯比	2.034	2.085	1.912	1.896	1.841	1.996

对比模型 A 和模型 B，各模态一阶自振频率计算结果相差均不大于 3%，简化桥塔模型与完全模型力学行为近似一致，简化是可行的。

对比模型 B 和模型 C，在相同矢跨比、相同缆索应力水平的前提下，铝合金桁梁悬索桥和同等截面的钢桁梁悬索桥纵飘频率相似，铝合金主梁悬索桥的侧弯、竖弯和扭转频率较钢桁梁悬索桥分别降低 14.76%、3.85%和 11.81%。可见虽然铝合金桁梁重量减轻，但是全桥刚度降低更多。除纵飘频率变化不大，其他方向一阶振动频率均降低。主梁刚度占侧弯和扭转比例较高，频率降低较多；缆索重力刚度占竖弯刚度比例较高，竖弯频率下降较小。扭弯比降低 8.28%。

由于铝合金桁梁自重较轻，地震作用下惯性力小，铝合金桁梁悬索桥抗震性能强于钢桁梁悬索桥是毋庸置疑的。同样由于铝合金桁梁自重较轻，其抗风性能，特别是颤振临界风速较钢桁梁悬索桥有明显降低，下文将对比模型 D、E、F 的计算结果具体分析铝合金桁梁悬索桥颤振临界风速的下降程度和改善措施。

3.3 颤振临界风速

桥梁颤振是一种空气动力失稳现象，在实际工程中必须确保桥梁临界风速高于颤振检验风速。1963 年，Selberg 提出了悬索桥颤振临界风速的实用计算公式[10]：

$$U_{s_{cr}} = \kappa B f_a \cdot \sqrt{\frac{mr}{\rho B^3}} \cdot \sqrt{1-\left(\frac{\omega_h}{\omega_a}\right)^2}$$

式中：κ——非平板断面的修正系数；

f_a——扭转振动频率；

r——加劲梁回转半径；

m——质量；

B——桥面宽度；

ρ——空气密度。4 种铝合金桁梁悬索桥相对钢桁梁颤振临界风速比见表 3。

颤振临界风速比 表 3

钢桁梁	模型 C	模型 D	模型 E	模型 F
100.00%	58.31%	59.95%	57.08%	61.81%

各个铝合金模型计算结果均较钢桁梁悬索桥下降约 40%，采用相同桁架构造，考虑到桥面系和二期荷载，铝合金桁梁主梁总重是钢桁梁的 46.8%，这是铝合金桁梁悬索桥颤振临界风速显著下降的主要原因。对比模型 C、模型 D 和模型 E，在矢跨比不变的前提下单纯加大缆索面积和既减小矢跨比又相应加大缆索面积均能提高竖弯频率，但是扭弯比均有所下降，特别是减小矢跨比对扭弯比有较大影响，颤振临界风速有所降低。对比模型 C 和模型 F，在主梁各项参数不变的前提下增加主缆的横向间距能较明显提高扭转频率和扭弯比，能够一定程度上提高颤振临界风速，但是提高幅度不大。

综上，单纯调整缆索系统的构造只能有限提高铝合金桁梁悬索桥的颤振临界风速，还应该通过设置中央稳定板、采用分离式主梁等气动构造措施来改善铝合金桁梁悬索桥的气动稳定性[11]。另外，Selberg 公式无法考虑风攻角对气动稳定性的影响，铝合金桁梁悬索桥更容易出现扭转变形，会有更大的附加攻角。

4 结语

(1)考虑桥面系和二期恒载，铝合金桁梁的总重约为同截面钢桁梁的 46.8%。大跨度缆索承重桥更能发挥铝合金质量轻的优势，部分回避造价高的劣势；相对中下跨度桥梁，铝合金主梁用于大跨缆索承重桥更加合理。

(2)活载和系统温差作用下，桁架弦杆应力水平均较钢桁架小。活载作用下，铝合金桁梁变形较钢桁梁明显增大，活载挠度可能成为主揽矢跨比和截面积的控制因素。

(3)相同桁架构造、相同矢跨比、相同缆索应力水平的铝合金桁梁悬索桥侧弯和扭转基频较钢桁梁降低约 10%；竖弯频率降低约 4%；减小矢跨比、加大主缆面积可以提高竖弯频率；加大主缆横向间距可以提高扭转频率。

(4)用 Selberg 公式估算铝合金桁梁悬索桥颤振临界风速和钢桁梁悬索桥相比下降 40%；调整缆索系统的设计只能有限提高颤振临界风速；应着重从气动构造措施方面提高颤振临界风速。

(5)铝合金材料用于悬索桥力的桁架主梁能够满足静力强度要求，力学上有其合理性；有待于进一步论证经济指标。

参 考 文 献

[1] 项海帆. 世界大桥的未来趋势. 第二十届全国桥梁学术会议论文集[C]. 武汉：2012，05.

[2] 沈祖炎，郭小农，李元奇. 铝合金结构研究现状简述[J]. 建筑结构学报，2007，28(6)：100-109.

[3] W. Mader，A. Pieper. Schwansbell Bridge Celebrating 50th Birthday[J]. Structral Engineering International，SEL，2006，16(4)：356-359.

[4] 姚常华，杨建国，吴利权. 铝合金结构桥梁的应用现状前景及发展建议[J]. 钢结构，2009，24 (7)：1-5.

[5] 徐业飞. 铝合金人行天桥结构分析[D]. 杭州：浙江大学，2007.

[6] 汪正华，陈艾荣. 万米级跨度索网桥结构概念设计[J]. 东南大学学报(自然科学版)，2009，39(Sup2)：133-138.

[7] 王春生，高珊. 铝合金桥梁的受力性能[J]. 世界桥梁，2008(3)：66-70.

[8] 戎华钦. 星海湾大桥地震响应分析及减震措施研究[D]. 大连：大连理工大学，20011.

[9] 葛晓萌. 铝合金桁架主梁悬索桥力学性能研究[D]. 大连：大连理工大学，20011.

[10] A Selberg. Aerodynamic effects on suspension bridges[C]. Proceedings of the International Symposium on Wind effects on Buildings and Structure. Teddington，1963，246. 2－486.

[11] 葛耀君. 大跨度悬索桥抗风[M]. 北京：人民交通出版社，2011.

30. 基于拉应力域法的花瓶墩配筋设计

周　童[1]　徐　栋[1]　席广恒[2]

(1. 同济大学桥梁工程系；2. 辽宁省交通勘测设计院)

摘　要：针对花瓶墩墩顶支座内侧存在较大横桥向拉应力，传统的分析理论、配筋方法有所欠缺的现状，以某实际花瓶墩为例，利用"拉应力域法"对该花瓶墩进行了精细化分析和配筋计算，并与压杆—拉杆模型进行了比较。结果表明，基于拉应力域法的分层配筋更符合花瓶墩实际的应力分布特点。

关键词：拉应力域法　花瓶墩　配筋　压杆—拉杆模型

1　引言

花瓶墩由于曲线过渡段的存在，不同于传统盖梁式桥墩，其既不属于短悬臂，也不属于长梁，墩顶区域受力复杂。目前针对花瓶墩的配筋计算还没有可供设计直接采用的方法，而是参照《公路钢筋混凝土及预应力混凝土桥涵设计规范(JTG D62—2004)》中桩基承台的"撑杆—系杆体系"[4]方法。但在采用规范的计算公式时，没有针对花瓶墩计算参数的取值规定。近年来，压杆—拉杆模型(Strut-Tie-Model)由于可以使设计者认清受力区域的传力路径，在构造区域的配筋设计上应用广泛，并被美国国家公路与运输协会(AASHTO)与美国混凝土协会(ACI)等写进了规范[5,6]。STM 通常可以提供配筋总量，但在处理配筋的分布形式上仅限于构造，在确认力的传递形式上也有较高要求。

拉应力域法[1]不需要依赖结构的规整性，其以应力为基础，通过网格配筋方式承担混凝土拉应力的正交分量，强调钢筋的抗主拉应力作用。该设计理论的特点是：在使用阶段，控制参数为限制混凝土裂缝宽度的钢筋拉应力；在极限阶段，控制参数为纵横向钢筋的面积。

本文首先利用有限元软件 ANSYS 建立了某花瓶墩的实体模型，然后基于拉应力域法对该花瓶墩进行了精细化分析和配筋计算，最后将该配筋结果和基于压杆—拉杆模型的配筋结果进行了比较和讨论。在运用拉应力域法时，不考虑墩顶的竖向剪应力，仅计入横桥向拉应力。在运用压杆—拉杆模型时，使用应力迹线法得到压杆、拉杆具体位置。

2 拉应力域法简介[2,3]

2.1 拉应力域概念

以受纯弯作用的混凝土梁为例，其横截面上剪应力为0，主拉应力即为受拉区截面上的拉应力。在横向，每个条带上拉应力近似均匀分布；在竖向，主拉应力随高度线性变化。这种情况称之为纯弯作用下的“拉应力域”。

当“拉应力域”内拉应力超过混凝土抗拉强度时，混凝土开裂，在相应开裂区域需要配置钢筋来承担引起混凝土开裂的拉应力，保证构件能够继续承担弯矩作用，如图1中阴影所示。需要说明的是受纯弯作用的浅梁，由于符合平截面假定，一般总是将钢筋布置在最外侧，这种配筋方法效率最高，但却是不具有普遍意义的特例。

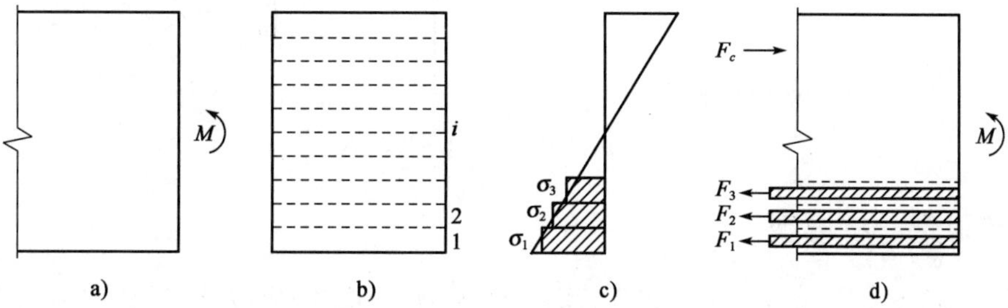

图1 纯弯作用下混凝土构件的“拉应力域”

2.2 拉应力域深度与配筋计算

根据拉应力域的分布规律可以定义“拉应力域深度”的概念。类似于受拉混凝土梁的受拉区高度，其是指拉应力域的连续横向切片延伸的总长度，并规定直到横向切片中最大拉应力小于1MPa时(混凝土抗拉强度设计值，也可规定为其他值)，拉应力域终止。拉应力域深度L决定了设计中需要计算的横向切片的数量以及钢筋网布置的纵向区域。

在进行配筋计算时，对于可连续划分拉应力域切片的任意实体结构，其平行于切片的拉应力在切片垂轴方向的变化是连续的。如以该垂轴为X轴，并以最大拉应力切片位置作为X轴起始零点，则对于任意x_i，当$0 \leqslant x_i \leqslant L$时，最大拉应力为函数$p(x)$，如图2所示。

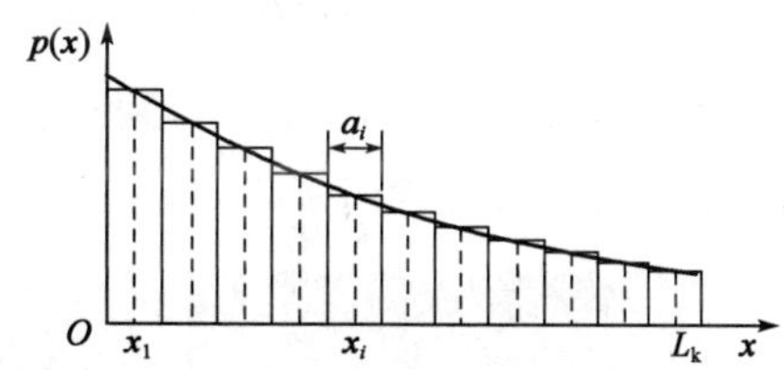

图2 拉应力域深度函数

设拉应力域深度范围内，总的横向拉力为N，则$N = \int_L p(x)\mathrm{d}x \approx \sum_i a_i p(x_i)$，式中，$a_i$为$x_i$处切片厚度。在使用阶段，如配置的横向钢筋最大拉应力为150MPa，单根钢筋面积为s，则在拉应力域深度范围内的横向钢筋总根数$n = \mathrm{Int}[N/(150 \times s)] + 1$。在极限阶段，如配置的横向钢筋抗拉强度设计值为$f_{sd}$，则$n = \mathrm{Int}[N/(f_{sd} \times s)] + 1$。

3 工程概况

某花瓶墩墩身结构如图3所示，底缘宽333cm，顶缘宽487cm，厚120cm。圆弧过渡段的半径为547.59cm，竖直高度为280cm。上部直线段高度为60cm。在墩顶垫石(80cm×80cm)上设置两个盆式支座，支座间距367cm。

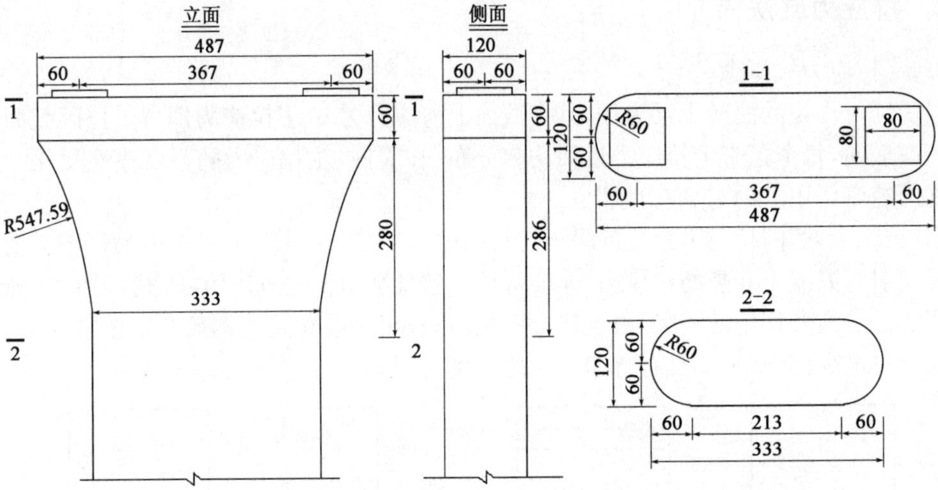

图 3 墩身结构图(尺寸单位:cm)

4 有限元分析模型

利用 ANSYS 有限元软件建立该花瓶墩实体模型,如图 4 所示。以顺桥向为 X 轴,竖向为 Y 轴,横桥向为 Z 轴。墩身采用 C40 混凝土,弹性模量 $E_c=3.25\times10^4$MPa,泊松比 $\nu_c=0.2$,重度 $\gamma=25$kN/m^3,轴心抗拉强度设计值 $f_{td}=1.65$MPa。根据纵向总体计算结果,取承载能力极限状态组合,支座反力设计值为 2 732kN/支座。因主要研究墩顶局部受力状态,取承台以上部分建模计算,并在承台处固结。建模时不考虑钢筋作用,根据计算所得混凝土拉应力估算钢筋用量。

5 计算结果及分析

在支座反力作用下,求解得到桥墩各部位的应力,墩身横桥向正应力云图(剖视)及对称轴处横桥向正应力随竖向位置的变化曲线,分别如图 5、图 6 所示。

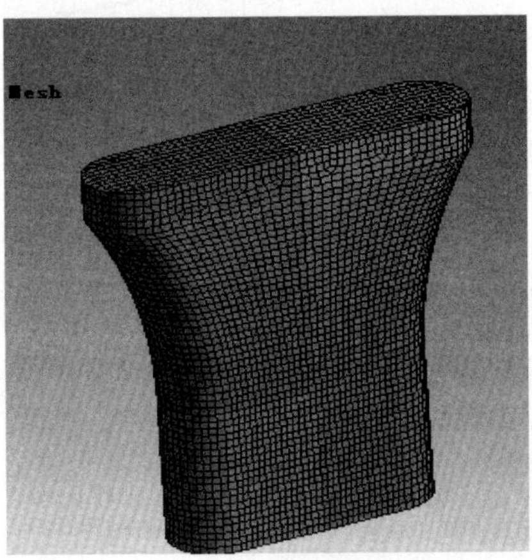

图 4 墩身计算模型

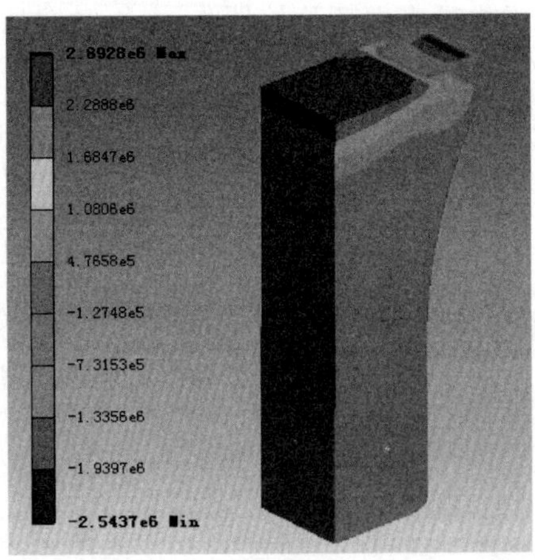

图 5 墩身横桥向正应力云图

由图 5、图 6 可知,墩身横桥向正应力的分布有明显的分层特征,满足"拉应力域"的概念,以拉应力 1MPa 为限,其拉应力域深度 $L\approx0.55$m。

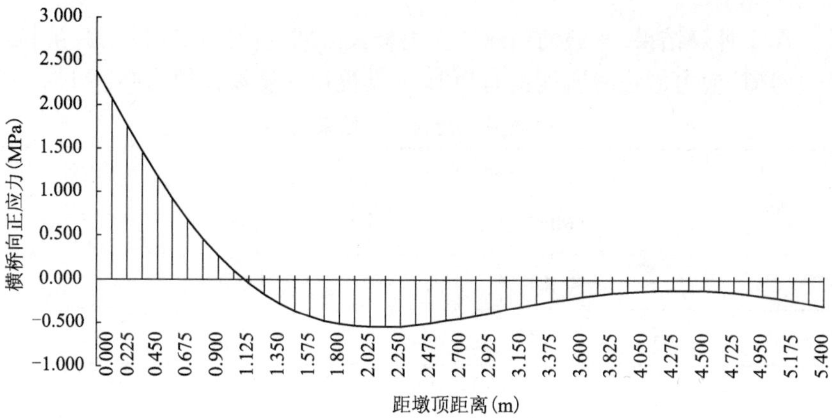

图 6 横桥向正应力随竖向位置变化曲线

5.1 切片应力云图

由分析所得拉应力域深度值，从墩顶端面开始，每隔 11cm“切片”，考察距离墩顶 0cm、11cm、22cm、33cm、44cm、55cm 处截面(依次编号为 1 号～6 号截面)的横桥向正应力 S_z 分布，计算结果如图 7 所示。

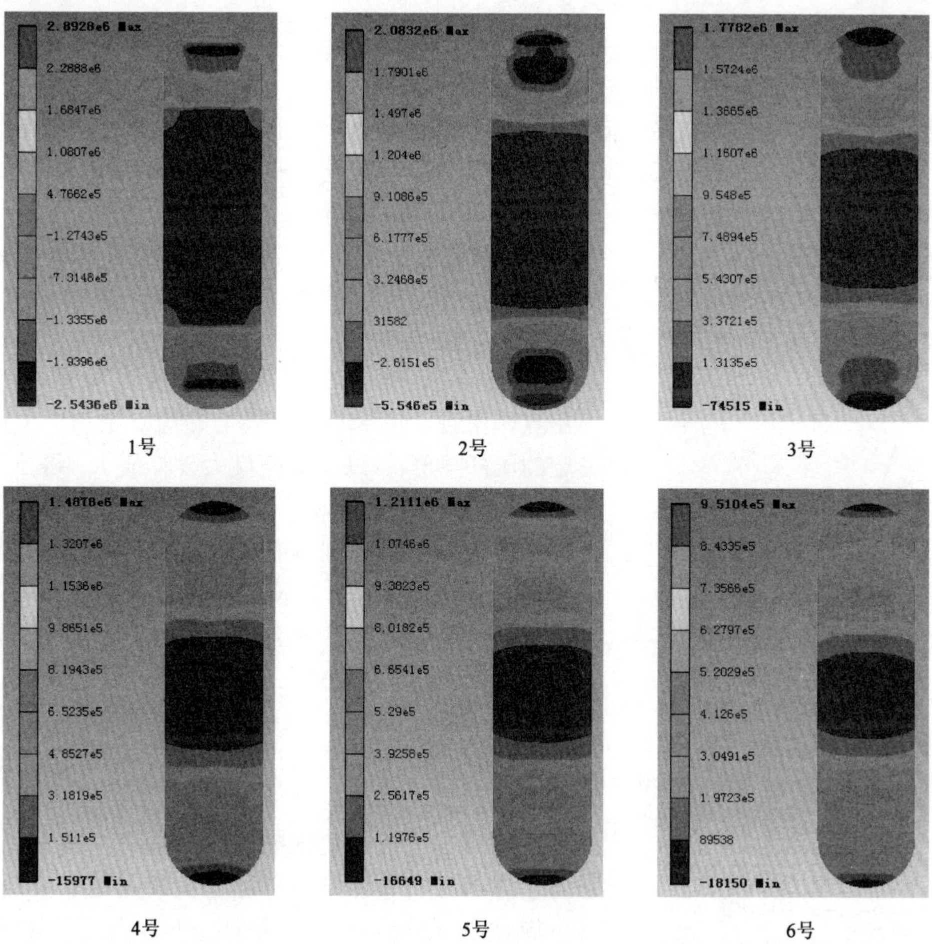

图 7 1 号～6 号截面横桥向正应力云图

5.2 配筋计算

根据图 6、图 7 计算结果，各截面横向拉应力最大区域均值以及对应切片的拉应力域配筋面积见表 1。应用拉应力域法时所配钢筋为 B20，其抗拉强度设计值为 280MPa。

拉应力域法计算结果　　表 1

区　域	最大拉应力均值（MPa）	拉力（kN）	配筋面积（mm^2）	钢筋 B20（根）
1 号～2 号	2.228	294	1050	4
2 号～3 号	1.928	254	909	3
3 号～4 号	1.632	215	769	3
4 号～5 号	1.348	178	635	3
5 号～6 号	1.080	143	509	2
拉力合计（kN）		1085		
合力作用点至墩顶距离（mm）		236		
实际配筋面积（mm^2）		4712.4		

5.3 与压杆—拉杆模型的比较

STM 可用于支座附近或集中荷载作用点附近在强度极限状态和极端事件极限状态下的内力计算。AASHTO LRFD(2012)[4] 规定当荷载中心线与支座反力中心线之间的距离小于构件厚度的 2 倍时，如桩基承台、深梁等，可使用该模型进行设计计算。

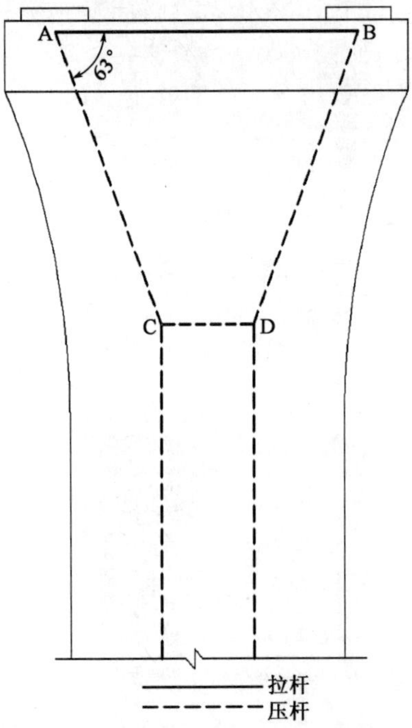

图 8　墩身压杆—拉杆模型图示

在对花瓶墩实体模型进行线弹性阶段有限元分析的基础上，得到墩身的主应力迹线，并由此确定其压杆—拉杆模型，如图 8 所示。

在距墩顶 5cm、15cm 处共布置两层主筋，其合力作用点距墩顶 10cm，与拉杆位置重合。根据应力迹线确定的压杆倾角 θ_s，以及支座反力设计值 F_d，得拉杆轴力 $T_d = F_d/\tan\theta_s = 1\,392$kN。为便于分析比较，拉压杆模型所配钢筋亦取 B20，则所需钢筋面积 $A_s = 4\,971mm^2$，实际布置(8+8)B20($A_s = 5026mm^2$)。

基于拉应力域法和压杆—拉杆模型的墩顶配筋布置如图 9 所示。由以上配筋结果的对比可知，利用 STM 进行花瓶墩的配筋设计时，其关键在于合理模型的建立。在支座反力设计值确定时，所需的配筋总量最终由斜压杆的倾角 θ_s 唯一决定。同时，STM 对于拉筋层数以及每层钢筋数量的选择仅限于构造，而对于应力分布有明显的分层特征的花瓶墩来说，拉应力域法更能反映墩顶横向拉应力在竖向的变化特点。

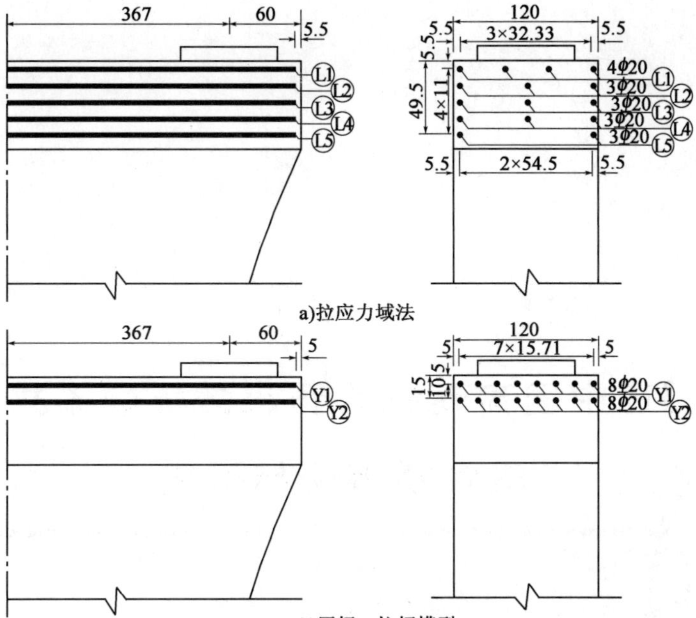

图 9　墩顶主筋布置图

6　结论

(1)花瓶墩横桥向正应力在距墩顶约 $s/3$(s 为双支座中心距)范围内近似成线性变化，并由拉应力逐渐过渡到压应力，随后缓慢变化。其分布有明显的分层特征，满足“拉应力域”的概念，可用拉应力域法进行配筋计算。墩身拉应力域深度 L 约为 $s/7$，合力作用点距墩顶约为 $s/15$。

(2)与 STM 配筋方法相比，拉应力域法的分层“切片”模式能够反映墩顶横向拉应力在竖向变化的特征，其配筋更加均匀，整体性较好。对类似于花瓶墩这样的拉应力分布有规律的结构，拉应力域法提供了一种新的配筋方法。

参 考 文 献

[1] 徐栋，孙远. 体外预应力锚固横梁拉应力域法配筋[J]. 同济大学学报：自然科学版，2010，38(7)：961-962.

[2] 赵瑜. 混凝土结构抗剪配筋设计研究——“拉应力域”方法[D]. 同济大学，2011.

[3] 徐栋. 逐跨预制拼装连续箱梁体外预应力关键技术研究[R]. 上海：同济大学，2011.

[4] 中华人民共和国行业标准. JTG D62—2004　公路钢筋混凝土及预应力混凝土桥涵设计规范[S]. 北京：人民交通出版社，2004.

[5] AASHTO. AASHTO LRFD Bridge Design Specifications[S]. American Association of State Highway and Transportation Officials，2012.

[6] ACI Committee 318. Building Code Requirements for Structural Concrete and Commentary(ACI 318-08)[S]. American Concrete Institute，2008.

31. 中国高速铁路预应力连续梁拱组合桥调查与研究

刘　瑶　戴公连

（中南大学土木工程学院）

摘　要：为减小耕地占用、保护生态平衡，避免不良地基，中国高速铁路中桥梁所占比例较大，在跨越江河等障碍物时，需要跨越能力较大的桥梁形式，大跨度连续梁拱桥成为较为可行的方案之一。连续梁拱组合桥梁作为一种新兴的铁路桥型，将大跨连续梁和拱两种结构体系有机结合在一起，具有跨越能力大、结构刚度大、动力稳定性好、造型美观、施工方便等显著优点。本文回顾了连续梁拱组合结构桥梁在中国铁路中的应用情况，从设计参数、力学、美学、行车等方面来阐述中国高速铁路连续梁拱组合桥梁的设计特点，以松花江特大桥和沙湾水道特大桥为代表，介绍了高速铁路连续梁拱桥的设计参数、结构形式及关键技术，对今后高速铁路连续梁拱桥的设计和施工具有一定的借鉴意义。

关键词：桥梁工程　高速铁路　预应力连续梁　拱桥　设计参数

1　中国高速铁路预应力混凝土连续梁拱桥的发展现状

1.1　高速铁路桥梁的重要性和特点

截至2012年全国铁路里程达到11万km。广珠城际桥梁比重最大，达到90%以上。京津城际桥梁比重达到88%[1]。全长1318km的京沪桥梁总长达1060km[1]，桥梁比重达到80%[1]，其中昆山特大桥164.8km，创我国高速铁路桥梁长度之最，也是世界上最长的桥梁。在高速铁路中，桥梁形式也是多种多样，斜腿刚构、叠合拱、V形刚构、梁拱组合等，现本文对连续梁拱组合结构进行了调查研究。

1.2　中国高速铁路连续梁拱桥应用和发展

1990年，我国第一座下承式预应力钢管混凝土系杆拱桥——四川旺苍东河大桥[2]建成，该桥为跨径110m的下承式预应力钢管混凝土系杆拱桥。近几年内，随着计算机技术的普及和应用以及计算理论的不断完善和发展，使复杂的预应力混凝土梁拱组合体系桥结构分析计算变得简单，人们对它的探索研究和认识不断提高，而且预应力连续梁拱组合结构本身具有较大的竖向刚度和良好的动力性能，不但能适用于地基条件良好的地区，也可以适用于地质条件不良的软土地基。特别适应高标准铁路建设的需要。上承式、中承式、下承式等形式在设计中受到青睐。在精神文明建设日趋提高的今天，桥梁美学日益受到重视，拱桥是一种极具美学价值的桥梁形式，在我国又有着深厚的文化基础，连续梁拱结构的应用，使拱桥更加轻巧，表现力也更强，预应力混凝土梁拱组合体系桥的应用日益广泛，并取得一定的成果和发展。图 1 为已建和在建高速铁路的连续梁拱组合桥梁的分布情况。据不完全统计，在建的与已经完成的高速铁路中有二十几座预应力连续梁拱桥。如图 2 所示，昌九城际铁路第一特大桥——永修特大桥[3]位于江西省永修县境内，桥位沿着既有京九铁路东侧而行，跨越修水河全场 11.66km，其中主桥最大跨度为 128m，悬索系杆拱结构，气势恢弘，结构新颖，技术含量高，施工难度大。沙湾水道特大桥[4]，如图 3 所示。跨越骆岗涌水道，并与广深港客运专线东涌车站相临近，骆岗涌为五级航道，水流与线路夹角为 37°。跨越五级航道骝岗涌水道，为满足桥下通航净空要求，并尽量降低沙湾水道特大桥及东涌车站轨面高程，经过分析考虑，采用 76m＋160m＋76m 预应力混凝土连续梁钢管混凝土拱组合结构。

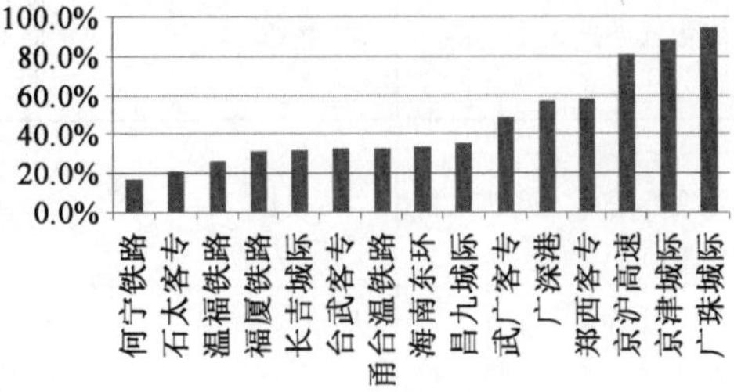

图 1　调查线路中高速铁路桥梁的比重

图 2　昌九城际永修特大桥

图 3　广深港客专沙湾水道特大桥

表 1 为近年来我国修建的高速铁路预应力连续梁拱桥。

近年来我国修建的高速铁路预应力连续梁拱桥　　表 1

名　称	建成时间(年)	孔跨布置(m)	拱肋结构特点	连续梁与拱肋施工方法
北京环线特大桥	2007	60＋ 128＋60	钢管混凝土等高度哑铃型截面	挂篮悬臂浇注＋支架现浇；支架拼装拱肋
鸭子河大桥	2010	56＋116＋56	钢管混凝土等高度哑铃型截面	挂篮悬臂浇筑；支架拼装拱肋
镇江京杭运大桥	2010	90＋180＋90	钢管混凝土等高度哑铃型截面	挂篮悬臂浇筑；支架拼装拱肋
沙湾水道特大桥	2010	76＋160＋76	钢管混凝土等高度哑铃型截面	挂篮悬臂浇筑；支架拼装拱肋

续上表

名　称	建成时间(年)	孔跨布置(m)	拱肋结构特点	连续梁与拱肋施工方法
温福铁路昆阳特大桥	2008	64+136+64	钢管混凝土等高度哑铃型截面	挂篮悬臂浇筑;支架拼装拱肋
西宝客专跨西宝高速大桥	在建	63.4+136+63.4	钢管混凝土等高度哑铃型截面	挂篮悬臂浇筑;拱肋拼装拱肋
成渝线郑家坝沱江特大桥	2013	78+168+78	钢管混凝土等高度哑铃型截面	挂篮悬臂浇筑;支架拼装拱肋
合蚌客专九龙岗特大桥	在建	76+160+76	钢管混凝土等高度哑铃型截面	悬灌施工主梁;拱肋异位拼装、纵移就位
合福线跨西岭互通特大桥	2013	70+136+70	钢管混凝土等高度哑铃型截面	挂篮悬臂浇筑;支架拼装拱肋
丹阳至昆山阳澄湖特大桥	2009	70+136+70	钢管混凝土等高度哑铃形截面	挂篮悬臂施工主梁;拱肋异位拼装整体纵移就位
哈齐客专松花江特大桥	在建	77+3×156.8+77	钢管混凝土圆端形截面	挂篮悬臂浇筑;支架拼装拱肋
跨北同蒲铁路特大桥	在建	74.9+148+128+148+74.9	钢管混凝土等高度哑铃型截面	挂篮悬臂浇筑边、次边、中跨;支架拼装拱肋
广珠城际小榄水特大桥	2009	100+220+100	钢管混凝土哑铃型截面	悬臂浇筑主梁;塔架转体拼装
虎跳门特大桥	2011	120+248+120	三肢桁架截面	悬壁浇筑主梁;塔架竖转拼装
昌九城际永修特大桥	2009	31.75+128+31.75	钢箱双肋等截面	临时墩+梁式支架浇筑主梁;支架拼装拱肋
沪杭城际跨沪杭高速大桥	2010	88+160+88	立柱为矩形截面	自锚上承式转体;拱上梁采用先简支后连续
兰渝线广元嘉陵江双线特大桥	2012	82+172+82	钢管混凝土等高度哑铃型截面	挂篮悬臂浇筑;支架拼装拱肋
新华庄特大桥	2013	64+136+64	钢管混凝土等高度哑铃型截面	挂篮悬臂浇筑;支架拼装拱肋

2　结构设计参数

高速铁路桥梁桥面设施较多[5],且要求严格,例如声屏障、接触网立柱、电缆槽、检查车、桥面排水等的设置位置和构造的需要等。如表2,合适的桥面宽度以适应高速行车的需要,在构造上注意改善结构的耐久性和使结构便于检查、养护及更换。

中国规范中对于桥面宽度的规定　　表 2

客运专线类型时速(km/h)	线间距(m)	线路中心至栏杆内侧(m)	桥面栏杆内侧净距(m)	双线箱梁顶板宽(m)
350	5	4.1	13.2	13.4
250	4.6	4.1	12.8	13.0

组合结构中，钢管混凝土拱肋主要采用哑铃型截面[6]，也有采用平行单管提篮内倾三肢桁架、钢箱双肋平行拱等截面。由统计图 4 可知，拱肋主要采用哑铃型等高度截面，所占比重达到 84.22%。

矢跨比对结构整体受力与变形至关重要。采用较小的矢跨比[7]，拱压力的急剧上升必须取用更大的截面，梁内巨大的拉力必须配以更多的预应力钢筋，而无法改变的是梁拱组合结构整体抗剪刚度的下降。据调查的桥梁统计图 5 显示高速铁路梁拱组合桥梁来说，大部分桥梁矢跨比设在 1∶5 左右，其中矢跨比为 1∶5 的桥梁占比重 72.21%，11.11%的桥梁矢跨比为 1∶6。拱轴线的线形直接影响主拱肋截面内力的分布和大小，而截面内力的分布和大小又直接影响到成桥的运营和寿命。在调查的桥梁中，拱轴线方程均为二次抛物线。

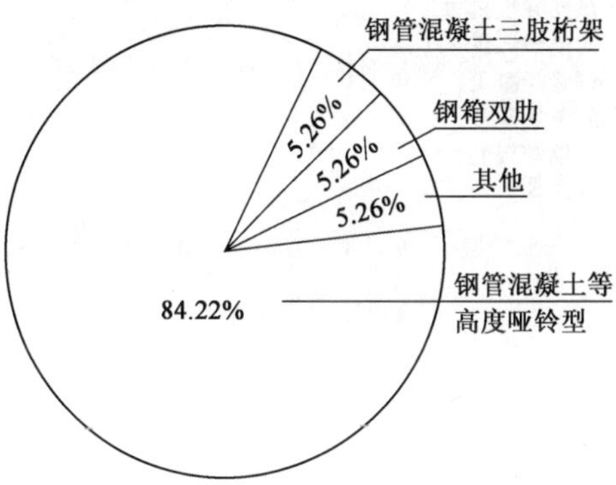

图 4　调查桥梁中拱肋截面形式统计

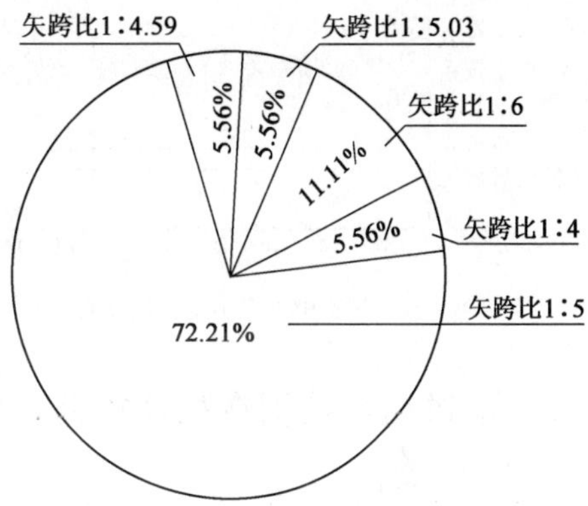

图 5　调查桥梁中矢跨比统计

3　预应力混凝土连续梁拱桥的特点

连续梁拱组合桥梁是对传统拱桥的发展，它将跨连续梁和拱两种结构体系有机结合在一起，与同度连续梁相比，降低了主梁的高度。连续梁拱桥在变形、内力、应力方面变化较均匀，使结构受力较为合理，充分发挥了拱与梁各自的受力特点，从而使结构受力合理。梁拱组合结构可以有效的增强桥梁的刚度，预应力混凝土连续梁桥具有比钢筋混凝土连续梁桥较大的跨越能力，加之它具有变形和缓、伸缩缝少、刚度大、行车平稳、承载能力大、养护简单等优点，所以在近代桥梁建筑中已得到越来越多的应用。

由于预应力混凝土连续梁拱桥能够有效降低梁体的高度，同时也降低线路高程和建筑高度，大量减少了引桥和桥头引道的工程量，减少了材料的使用量，大大降低桥梁造价，具有明显的经济效益。

同时，在桥梁设计构思时，除了考虑结构安全性与经济性之外，还同时从桥梁美学效果综合考虑桥梁形式美、功能美以及与环境的协调性。连续梁拱桥轻盈、美观、协调正好实现了这点。

由于连续梁是超静定结构，温度变化、混凝土收缩徐变、基础变位以及预加力等会使桥梁结构产生次内力，增加了设计计算的复杂性。如果上述问题成功解决，结构受力会更合理，施工更安全方便，造价更经济，从而充分发挥该种组合体系桥梁的优越性。

4 施工方法

连续梁拱桥施工方法主要有先梁后拱和先拱后梁两种方法。调查的高速铁路桥梁中，全部为先梁后拱的施工方法。

在连续梁施工过程中，主要有满堂支架现浇、悬臂法施工、顶推施工、转体施工法和缆索吊装法等方法，如图6所示。支架法施工是在桥位处搭设支架，在支架上浇筑桥体混凝土。悬臂施工法，先施工桥墩，由桥墩向两侧先施工一段箱形梁，达到强度设计值时，挂篮悬臂向前伸出后再支模板浇筑梁段。转体施工法是在适当的位置使用简便的支架先将半桥预制完成，再以桥梁结构本身为转动体，将两个半桥转体到桥位轴线位置合龙成桥。

拱肋施工主要有支架安装、塔吊竖转、异位拼装等方法[8]，如图7所示。

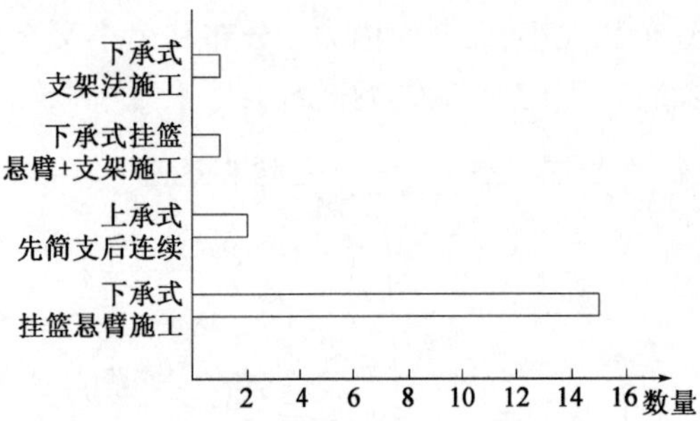

图6 调查桥梁中主梁施工方法统计

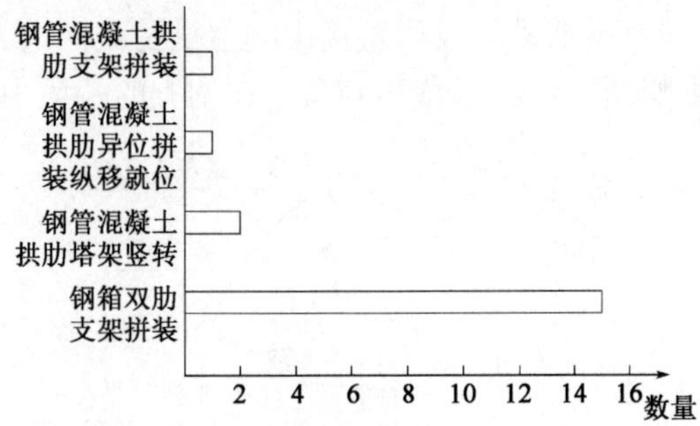

图7 调查桥梁中拱肋施工方法统计

5 梁拱组合结构在高速铁路上的应用

5.1 松花江特大桥[9]

本桥为四线合建(哈齐客专双线与改建滨洲线双线)项目，为跨越松花江而设。桥型为(77+3×156.8+77) m四线系杆拱连续梁。松花江特大桥位于既有滨洲线下游，全长4 046.11m。

主梁采用单箱四室、直腹板、变高、变截面结构，箱梁顶宽29.4m，底宽23.6m。如图8所示。主梁跨中梁高采用4.2m，高跨比1/37.14，中支点梁高8.6m，高跨比1/18.14。梁底下缘按二次抛物线变化，边支座中心线至梁端0.9m。横桥向采用3片不等高拱加劲，拱肋采用圆端形钢管混凝土。边主跨的边拱矢高26.0m，矢跨比为1/6；中拱矢高31.0m，矢跨比为1/5.03。中主跨的边拱矢高34.0m，矢跨比为1/4.59；中拱矢高31.0m，矢跨比为1/4。拱肋间横向联结系采用密布一字形120根横撑圆钢管。

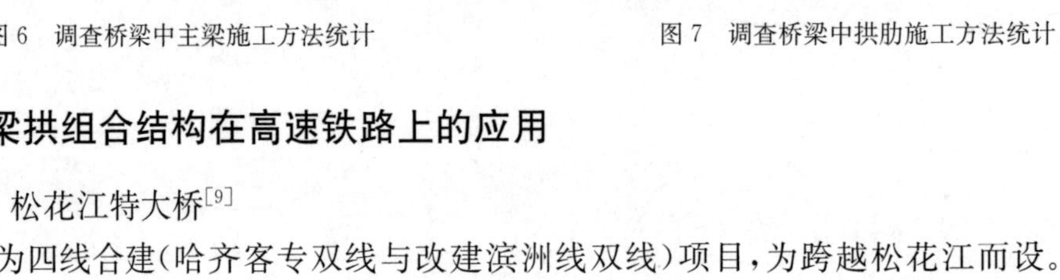

图8 全桥半立面图(尺寸单位：cm)

本桥采用的先梁后拱的施工方法，主梁采用悬臂浇注的施工。哈尔滨市冬季气温骤降，给哈齐客专松花江特大桥施工带来严重影响。为保证施工质量，施工人员特意为大桥主桥墩量身定做了“棉衣”。用蒸汽锅炉对搅拌站设备进行保温等一系列措施，确保了混凝土进入模板时的温度均在15℃以上，并在混凝土中按比例掺入外加剂，保证结构物的强度和质量。

这是世界首例四线整体挂篮走行在客运专线(哈尔滨)至(齐齐哈尔)客专松花江特大桥一次成功，此次行走的挂篮长12m，宽30m，高5.5m，由12片挂篮桁架组成，双侧共重452t。走行历时4h，单侧走行距离4m，双侧共浇注混凝土660m^3。哈齐客专是国内首条在高寒地区施工的客运专线，松花江特大桥为全线控制性工程，全长4 600m，为四线系杆拱预应力连续箱梁，单箱四室结构。挂篮行走过程中，同步、平稳、无噪声，未出现任何走行轮箱卡死、挂篮杆件扭曲变形等问题，为下步施工积累了宝贵经验。

5.2 沙湾水道特大桥[3]

广深港客运专线沙湾水道特大桥临近东涌车站，在DK028+655～DK028+969处跨越骝岗涌水道。骝岗涌水道为五级航道，水流与线路夹角为37°。为满足桥下通航净空要求，并尽量降低大桥及东涌车站轨面高程，沙湾水道特大桥主桥采用了(76+160+76)m连续梁拱。

主梁采用单箱双室变高度箱形截面，跨中及边支点处梁高4.0m。中支点处梁高8.5m，梁高按圆曲线变化。主梁顶宽14.2m，中支点处局部顶宽16.3m；顶板厚0.42m，中支点处局部顶板厚1.02m，边支点处局部顶板厚0.72m；底宽10.8 m，中支点处局部底宽13.6m；底板厚度0.35～0.975m，中支点处局部底板厚1.40m，边支点处局部底板厚0.80m，腹板采用直腹板，腹板厚0.40m，0.55m，0.70m三种，中支点处局部腹板厚1.30m，边支点处局部腹板厚0.85m。

拱肋采用钢管混凝土结构，计算跨度$L=160.0$m，设计矢高$f=32.0$ m，矢跨比为$f/L=1:5$，拱轴线采用二次抛物线。

拱肋采用等高度哑铃形截面，截面高度3.0m。拱肋弦管直径ϕ1.0m，由16mm厚的钢板卷制而成，弦管之间用6mm厚钢缀板连接，拱肋弦管及缀板内填充微膨胀混凝土。

两拱肋间横向中心距11.8m，两榀拱肋之间共设9道横撑，横撑均采用空间桁架撑，各横撑由4根ϕ450mm×12mm主钢管和32根ϕ250mm×10mm连接钢管组成，钢管内部不填混凝土。

吊杆间距9m，全桥共设15组双吊杆。吊杆采用PES(FD)7-61型低应力防腐拉索(平行钢丝束)，外套复合不锈钢管，配套使用LZM7-61型冷铸镦头锚。吊杆上端穿过拱肋，锚于拱肋上缘张拉底座，下端锚于吊点横梁下缘固定底座。

由于该桥上跨重要市政道路，跨路施工不能采取满堂支架法，必须采用其他技术措施和施工方案，以保证市政道路畅通和工程施工安全。同时，支架的选择应考虑材料来源难易造价工期安全系数沉降变形等因素，因此采用常规施工材料也难以满足施工要求综合考虑各种因素，最终采用军用墩和贝雷梁组合支架法实现提篮拱系梁的跨路施工，贝雷片组合梁作为跨路系梁的纵向承重梁，六五式军用墩作为临时支墩，临时支墩采用人工挖孔桩基础。

6 展望

中国地域辽阔，江河纵横，漫长的海岸线分布着众多隔海相望的岛屿，研究和发展铁路大跨度桥梁满足铁路交通要求势在必行。同时，老龄桥梁存在剩余寿命估算、刚度不足等问题，因此对既有桥梁安全监测、状态评估、剩余寿命的估算是今后一项重要工作。模块化、自动化、无线网络化、实时化是高速铁路桥梁动态测试技术发展的新趋势[10]。在连续梁拱组合桥的发展过程中,会有关于疲劳、抗风、抗震、应力方面的问题,还有钢管混凝土规范还不全面,随着铁路桥梁发展新水平的需要,需要制订新的规范。

参 考 文 献

[1] 杨宜谦. 高速铁路桥梁检测技术报告,中国铁道科学研究院,2011.10.

[2] 陈宝春. 钢管混凝土拱桥实例集[M]. 北京:人民交通出版社,2002.

[3] 杜砚江. 浅析沙湾水道特大桥(76+160+76)m连续梁拱的施工[D]. 科技资讯,2009.01.

[4] 陈宝春,杨亚林. 钢管混凝土拱桥调查与分析[J]. 世界桥梁,2006.02.

[5] 中华人民共和国铁道部. 高速铁路设计规范(试行)[S]. 北京:中国铁道出版社,2010.

[6] 朱张峰. 京沪高铁(90+180+90)m连续梁拱桥结构性能分析[J]. 铁道工程学报,2011.01.

[7] 陈宝春. 钢管混凝土拱桥[M]. 北京:人民交通出版社,2002.

[8] 郑健. 中国高速铁路桥梁建设关键技术[J]. 中国工程科学,2008.07.

[9] 延力强,杨欣然. 梁格法在松花江特大桥设计中的应用[J]. 铁道工程学报,2010.12.

[10] 项海帆. 我国桥梁的现状与展望[J],铁道建筑技术,2010.

32. 重载铁路新型槽形连续梁—拱组合桥设计

徐升桥　夏　龙　任为东

（中铁工程设计咨询集团有限公司）

摘　要：本文根据山西中南部铁路通道莱芜特大桥的工程条件，采用了双线铁路 32m＋64m＋32m 预应力混凝土槽形连续梁—拱组合桥。详细介绍了组合桥槽形主梁、钢箱拱肋和梁拱的钢—混过渡段的构造及主要尺寸，分别建立空间有限元模型进行了全桥总体设计计算和钢—混过渡段局部应力计算，分析了槽形梁—拱组合结构的受力特点，并对该结构进行车—桥动力仿真分析。研究表明，采用钢混过渡构造的连续槽形梁—拱组合桥，兼有景观效果好和合理的受力性能，对建筑高度要求严格的桥梁具有良好的推广应用价值。

关键词：重载铁路　槽形梁　梁—拱组合桥　钢—混过渡段　设计　计算分析

1　引言

新建山西中南部铁路通道工程在山东省莱芜市于 IDK1047＋695.58 处跨越省道 S242，线路在跨越省道 S242 时需要较好的城市景观，还要满足公路行车视界要求，综合考虑以上要求，本桥（图 1）采用低高度槽形连续梁—拱组合结构跨越省道 S242，主梁采用 32m＋64m＋32m 预应力混凝土槽形连续箱梁，拱肋为钢箱，钢箱拱肋与槽形梁腹板采用等厚度的钢—混过渡段结构进行结合，以达到拱脚刚度过渡合理，拱—梁结合部传力途径明确的目的。

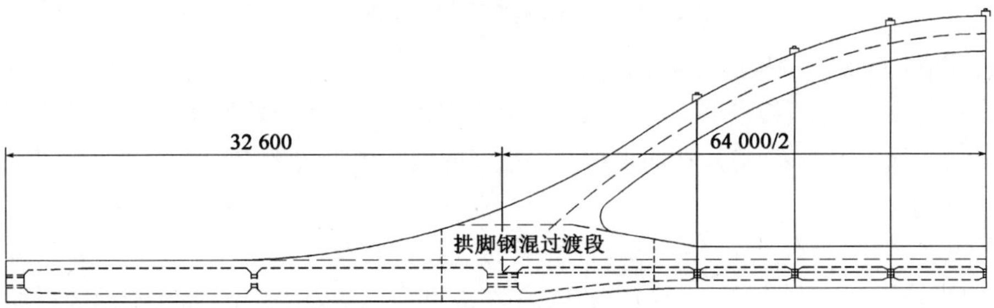

图 1　1/2 总体轮廓立面图（尺寸单位：mm）

设计活载为双线中—活载（2005）ZH 标准（z＝1.2），轴重 30t。

本设计可以解决轴重 300kN 重载双线铁路下，跨越高等级道路立交所需要的大跨度、低高度要求，既达到降低线路高程，显著降低工程投资的目的，又有很好的城市景观效果。

2　结构设计

2.1　主梁与拱座

主梁(图2)为单箱三室变槽高槽型连续梁体结构,边跨箱高2.6m,箱宽14.9m,顶底板厚均为0.5m,室宽3.7m,两侧主腹板厚1.4m,中腹板厚均为0.5m,箱上部两侧槽板厚1.2m,槽高0～2.2m,由50m半径弧形过渡至中支点;中跨箱高1.8m,箱上部槽高0.8m,其余各部尺寸同边跨。边跨至中跨箱体高度从箱底由73.3m半径弧形过渡。主梁边跨跨中设置一道横隔板,中跨吊杆处均设置一道横隔板,隔板厚均为0.4m。

钢箱拱肋与混凝土系梁设钢—混过渡段(图3),过渡段长14m,钢结构与混凝土采用栓钉结合。

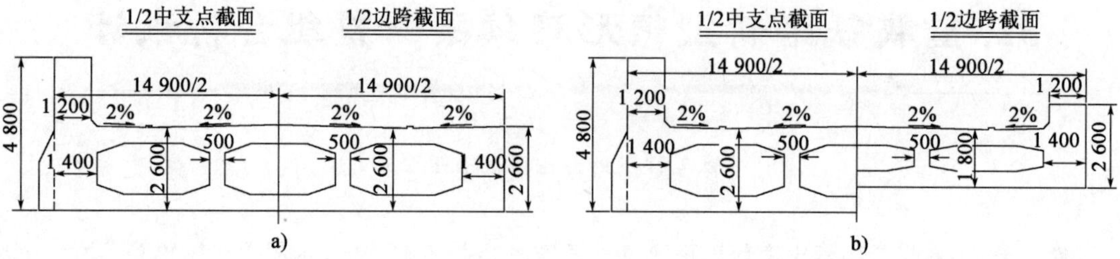

图2　主梁横断面图(尺寸单位:mm)

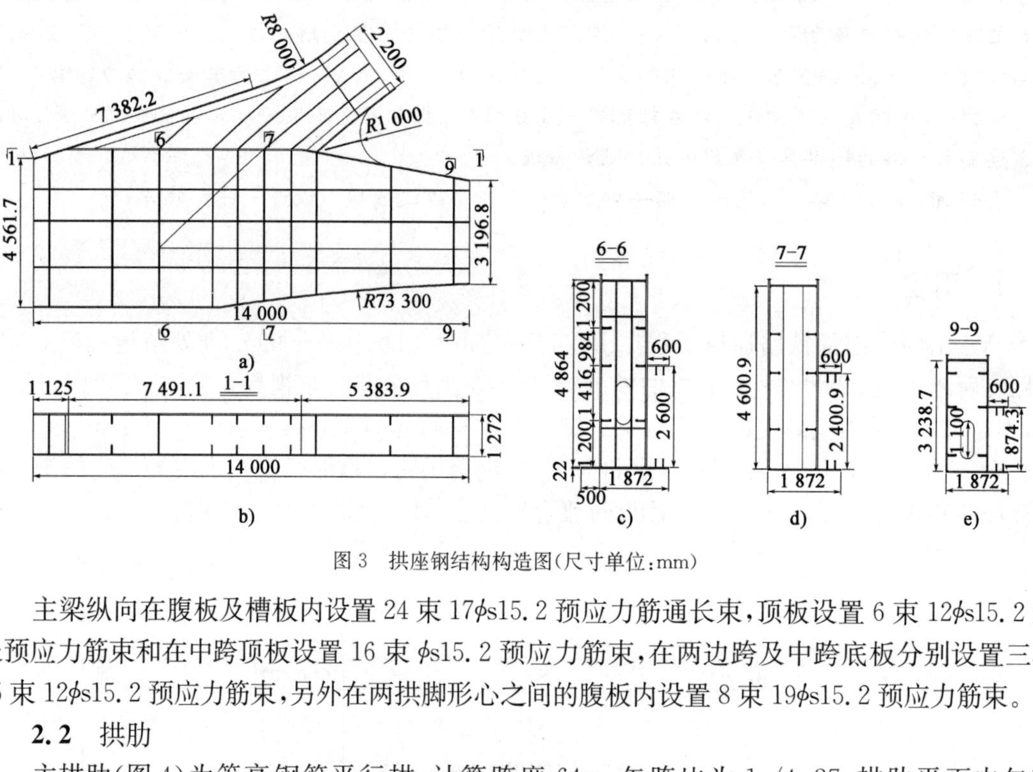

图3　拱座钢结构构造图(尺寸单位:mm)

主梁纵向在腹板及槽板内设置24束17ϕs15.2预应力筋通长束,顶板设置6束12ϕs15.2通长预应力筋束和在中跨顶板设置16束ϕs15.2预应力筋束,在两边跨及中跨底板分别设置三段15束12ϕs15.2预应力筋束,另外在两拱脚形心之间的腹板内设置8束19ϕs15.2预应力筋束。

2.2　拱肋

主拱肋(图4)为等高钢箱平行拱,计算跨度64m,矢跨比为1 /4.27,拱肋平面内矢高15m。拱轴线采用二次抛物线。钢箱拱肋内高为2.2m,内宽为1.2m,标准段钢箱拱肋顶底板厚28mm,腹板厚24mm;拱脚段顶底板厚32mm,腹板厚36mm;在两拱肋顶部设置有一道横撑,横撑外高1.116m,外宽1.2m,板厚16mm。

吊索采用121ϕ7低松弛镀锌高强钢丝低应力防腐拉索,间距6.4m,全桥共7对14根,锚具为冷铸锚。

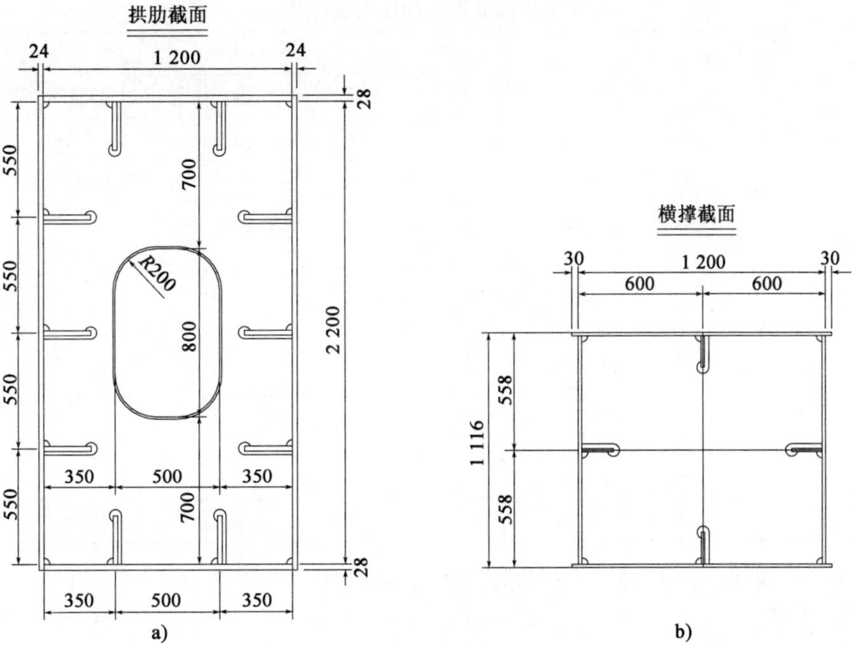

图 4　拱肋及横撑截面图(尺寸单位:mm)

3　总体计算分析

分别采用平面有限元程序 PRBP 和有限元分析软件 MIDAS Civil 建立计算模型，模拟计算了施工过程，活载、支座沉降、升降温等运营阶段荷载工况下结构的受力状况，结果显示，在施工阶段，仅主梁边跨出现 0.187MPa 的最大拉应力，出现在边跨混凝土浇筑过程中；运营阶段，主梁全截面基本处于受压状态，仅在主＋升温附加力作用下，中支点附近截面下缘出现 0.28MPa的拉应力，因此处为钢混过渡段，对结构安全无影响。运营阶段，主梁最小强度安全系数为 2.57，最小抗裂安全系数为 1.74；拱肋以受轴向力为主，拱肋稳定系数为 15.3。

槽形梁是一种空间效应作用明显的结构形式，必须建立空间计算模型才能准确分析出结构的受力状况。本文分别采用 ANSYS 和 MIDAS FEA 空间有限元程序建立了结构空间计算模型，分别对主梁的剪力滞效应，主梁槽腹板的平截面变形效果，主梁槽腹板对箱底板的变形制约影响，拱脚钢混结合段的空间应力分布进行了分析。

采用 ANSYS 建立的全桥实体—杆系单元混合分析模型(图 5)，全桥共 36 222 个节点，158 486 个单元，其中主梁实体单元 158 420 个。主梁横向单元划分精度 0.5m，纵向划分精度 0.8m。主要计算结果见表 1。

图 5　实体—杆系单元混合模型

主梁主要截面纵向应力表(MPa) 表1

截面		恒载			双线活载			恒+双线活载		
		最大值 m	均值 a	a/m	最大值 m	均值 a	a/m	最大值 m	均值 a	a/m
边跨跨中	上缘	−3.93	−3.39	0.86	−0.288	−0.226	0.78	−4.218	−3.616	0.86
	下缘	3.86	3.4	0.88	0.361	0.234	0.65	4.221	3.634	0.86
边跨 3/4	上缘	−0.904	−0.599	0.66	0.871	0.486	0.56	—	—	—
	下缘	0.761	0.585	0.77	−0.796	−0.678	0.85	—	—	—
中支点	上缘	2.01	1.77	0.88	1.02	0.859	0.84	3.03	2.629	0.87
	下缘	−1.98	−1.67	0.84	−1.24	−1.14	0.92	−3.22	−2.81	0.87
中跨 1/8	上缘	1.89	1.42	0.75	0.777	0.568	0.73	2.667	1.988	0.75
	下缘	−0.446	−0.398	0.89	−0.73	−0.663	0.91	−1.176	−1.061	0.90
中跨跨中	上缘	—	—	—	−0.99	−0.894	0.90	—	—	—
	下缘	2.06	1.99	0.97	1.55	1.48	0.95	3.61	3.47	0.96

由表1可以看出,除中跨跨中主梁底箱上缘和边跨3/4截面由于应力值较小,数值较离散,无法得出合适的 a/m 值外,其余部位 a/m 值均在0.85左右,局部甚至达到0.9以上,可见主梁结构的剪力滞系数选取0.83~0.85比较合适可靠。

从提取的计算结果看,主梁槽板的纵向应力沿竖向的分布基本呈直线状态,说明主槽在各荷载下变形符合平截面假定,可以将主梁简化成梁元进行分析计算。

对于槽形梁结构,在恒载或活载作用下,主梁底箱会呈现横向弯曲变形,由于底箱两端受到两侧槽板的约束,在槽板上会出现竖向的拉应力。应力云图如图6、图7所示。

图6 恒载下主梁槽板竖向应力云图

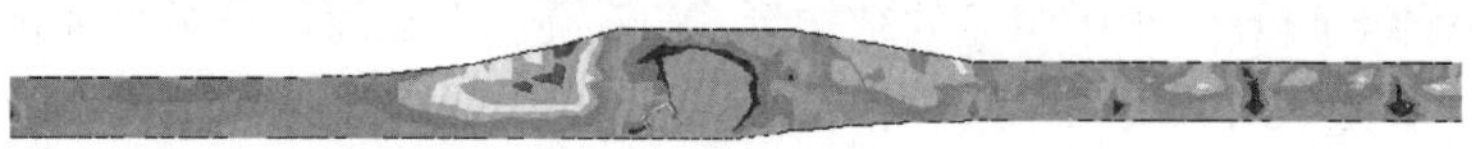

图7 双线活载下主梁槽板竖向应力云图

计算结果显示,在恒载下,边跨3/4截面处槽板外侧出现较大的竖向拉应力,达到0.4MPa,活载下的槽板竖向拉应力分布规律同恒载,边跨3/4截面处槽板外侧有0.16MPa拉应力。在中支点及中跨部位,由于有支座及吊索的支撑作用,槽板竖向基本无拉应力出现。针对边跨主梁槽板会出现竖向拉应力的情况,设计时应在边跨槽板内配置一定量的竖向预应力筋以消除竖向拉应力对结构安全的影响。

4 拱脚钢—混过渡段局部应力分析

拱脚是拱梁的结合部分,是拱的推力、梁内力和支承反力交汇处,局部应力分布复杂。为对拱脚空间应力分布特征及其安全性作深入分析,本文采用MIDAS FEA空间有限元程序建立拱脚局部分析模型(图8),模型是将全桥空间实体—杆系单元混合模型的拱脚部分按实体单元和壳体单元优化细分建立。

图8 全桥模型下的拱脚局部模型

通过局部分析表明：在各荷载工况下，拱脚钢混结合部各向应力基本处于受压状态，仅在主+升温附加力工况下，支座附近主梁下缘有很小的拉应力出现，整个拱脚部无应力集中现象。由此可见设计的钢箱拱肋与槽形主梁的钢—混过渡段结构，具有拱脚刚度过渡合理、拱—梁结合部应力分布均匀的特点。

5 结语

(1)采用槽形连续梁—拱组合设计可以解决轴重 30t 重载双线铁路下，跨越高等级道路立交所需要的大跨度、低高度要求，既达到降低线路高程，显著降低工程投资的目的，又有很好的城市景观效果。

(2)通过空间模型计算可知，本结构槽腹板高度合理，纵向变形符合平截面假定，主梁截面剪力滞系数较大，剪力滞效应不明显。

(3)通过局部分析表明：采用钢箱拱肋与主梁的槽形梁腹板内外包裹的方式结合，拱肋以弧形过渡至主梁，能使拱脚刚度过渡合理，拱—梁结合部受力状态明确。

参 考 文 献

[1] 陆光闾. 连续铁路槽形梁桥空间作用分析[J]. 铁道学报，2000(s1).
[2] 徐升桥，任为东，刘春彦. 新光大桥的设计与施工[J]. 铁道勘察，2007(s1).
[3] 王传素. 槽形梁—拱组合桥主要结构设计及静力分析[J]. 桥梁建设，2010(3).
[4] 徐升桥，刘永锋. 京新上地桥主梁钢—混凝土过渡段的设计分析[J]. 铁道标准设计，2013(4).
[5] 徐升桥，刘永锋. 京新上地斜拉桥的技术创新 [J]. 铁道标准设计，2013(3).
[6] 朱华民，葛水河桥铁路连续槽形梁的总体设计[J]. 桥梁建设，1996(3).
[7] 续宗宝，40m+64m+40m 铁路连续槽形梁设计[J]. 铁道建筑技术，2006(6).

33.(48+80+48)m 重载铁路连续梁桥设计

汪　禹　戴公连　闫　斌

(中南大学土木工程学院)

摘　要:在运输大宗货物上,重载铁路具有高效率、低能耗、低成本的优点,已成为我国铁路运输的重要发展方向。本文介绍了国内外重载铁路的发展概况,列举了我国中小跨度重载铁路桥梁的结构形式、设计参数与特点。以山西中南部铁路通道上某(48+80+48)m 预应力混凝土连续梁桥为例,对其结构形式、预应力体系、运营安全性进行了分析,探讨了现有高速铁路桥梁运营重载列车的适应性。结果表明,现有高速铁路桥梁可以运营 25t 轴重的重载列车。本文详细阐述了我国重载铁路桥梁的设计流程和方法,对今后重载铁路桥梁的设计具有借鉴意义。

关键词:重载铁路　预应力混凝土连续梁桥　结构参数　内力分析　适应性

0　引言

铁路运输在国民经济发展中占据着重要地位,重载铁路作为其中的重要发展方向,有着非常高的运输效率和经济效应。在普通铁路运输资源紧张的情况下,重载铁路以其优异的特性为铁路发展带来了新的生机。

1　概述

1.1　重载铁路概况

重载铁路是指行驶的列车轴重大、总重大、运量大的铁路线路。重载铁路对促进铁路货运具有显著效应,目前已有许多国家大力发展重载运输,取得显著的经济效应。如美国 2010 年的重载运输中,煤炭运输量达 466 亿吨英里,收入达 81.81 亿美元[1]。

与普通列车相比,重载列车在大吨位、大延米荷载、低自重系数等方面区别明显[2]。同时,重载铁路对线路要求较高,如选用重型的轨道和道岔、线路参数的变化、路基沉降的要求等。当前世界重载运输的发展主要体现在增加列车轴重和采用新技术、新装备等方面,表 1 列出了各国重载列车的轴重情况。

各国重载列车的轴重情况 表1

国家	美国	澳大利亚	南非	俄罗斯	欧洲
轴重(t)	35.4	35.4	30	27	25

与发达国家相比,我国的重载运输起步较晚,主要通过两个途径发展:一是对既有铁路线改造;二是新建重载运输专线。经过发展,我国重载运输已取得了突出成就。以大秦线为例,已成功开行了2万吨组重载列车,并于2008年完成了年运量3.4亿吨的任务,这也标志着我国重载运输已达到了世界先进水平[3]。

1.2 中小跨度重载铁路桥梁概况

我国重载铁路桥梁一般采用标准设计,其中以标准跨的简支梁为主。简支梁由于具有受力明确、形式简洁、施工速度快等优点,在我国重载铁路线上得到广泛应用,其中以32m作为标准跨径,以24m和40m作为调整跨径。

在大秦线上,共有4149孔各种跨径的桥梁,跨度8m的板梁178孔,12-20mT梁449孔,24m和32m预应力T梁分别有1226和2296孔[4]。见表2。

大秦线上桥梁跨度统计 表2

跨度(m)	8	12～20	24	32
数量	178	449	1226	2296
比例(%)	4.29	10.82	29.55	55.34

除简支梁外,中小跨度的预应力混凝土连续梁因具有结构变形小、行车平顺舒适、伸缩缝少、养护简单、抗震性能强、可以灵活地跨越既有线路和各种障碍等优点,也广泛应用于我国的重载铁路建设中。

预应力混凝土连续梁的结构形式主要根据线路的地形条件和施工具体要求而决定。小跨径连续梁多用于地质条件较好、基础沉降易控制的工点,常见跨度有2×24m、2×32m及3×32m等,一般采用等高度箱梁,满堂支架法施工。中等跨径的连续梁多用于跨越既有线路和障碍,主跨一般为48m、56m、64m、72m和80m,常采用变高梁,施工方法可根据实际情况采用支架现浇或节段预制拼装等多种方法[5]。

重载铁路一般为有碴桥面,梁体为变高度结构,梁体下缘按二次抛物线变化。底板厚度按直线线性变化,腹板厚按折线变化,底板、腹板、顶板局部向内侧加厚。全联在端支点、跨中及中支点处设横隔板,各跨度连续梁截面主要尺寸见表3。

连续梁的截面尺寸(单位:cm) 表3

类型	跨　度(m)	中　支　点				跨　　中				高跨比
		梁高	腹板	顶板	底板	梁高	腹板	顶板	底板	
双线	32+48+32	380	70	60	70	280	50	35	40	1/12.6
	40+56+40	480	80	60	70	320	50	35	40	1/11.7
	40+64+40	540	80	60	80	340	50	35	40	1/11.9
	40+72+40	620	80	60	80	380	50	35	40	1/11.6
	48+80+48	670	90	60	90	410	50	35	40	1/11.9
单线	32+48+32	360	60	60	60	260	40	35	30	1/13.3
	40+64+40	520	60	70	70	320	40	35	30	1/12.3

1.3 设计荷载

1.3.1 恒载

考虑梁体自重，二期恒载，基础变位与混凝土的收缩徐变。其中：梁体容重按 $26kN/m^3$ 计算；二期恒载包括钢轨、扣件等线路设备，以及道砟、声屏障、挡砟墙等附属设施，本设计按 160 kN/m 计算；相邻两支点沉降按 2cm 计算。

1.3.2 活载

我国重载铁路桥梁设计采用 ZH 活载，活载如图 1 所示。

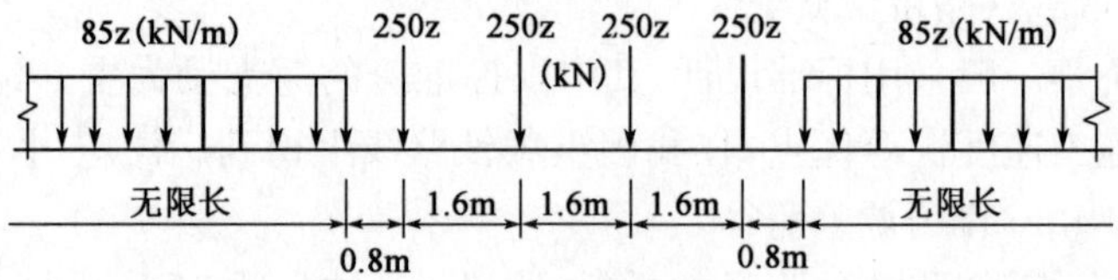

图 1 ZH 活载图示

此外动力系数按下列公式计算：

$$1+\mu=1+\alpha\frac{6}{30+L}$$

其中 L 代表桥梁跨度。

横向摇摆力取 120kN，以集中荷载作用于桥梁的最不利位置，水平垂直作用于线路中心线，双线桥只取一线上的横向摇摆力。

1.3.3 附加力

梁体整体温差按±20℃考虑，梯度温度按顶板升温 8℃处理，横桥向考虑日照与寒潮模式，如图 2 所示。

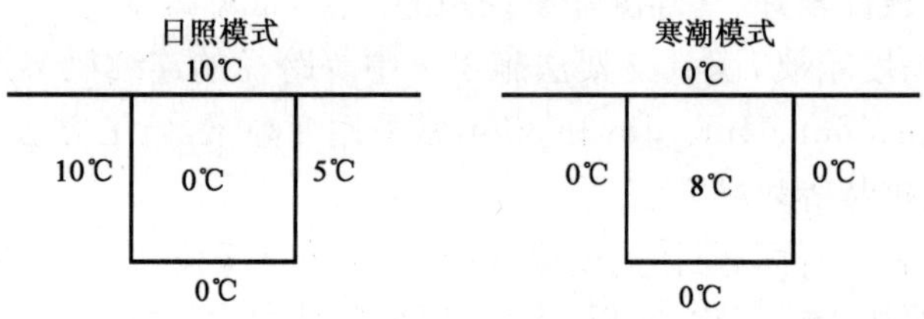

图 2 横桥向温度计算图示

2 结构设计

2.1 上部构造

本设计为(48+80+48)m 预应力混凝土连续梁桥，全长 177.5m(含两侧梁端至边支座各 0.75m)；边跨直线段长 9.75m，端支座处梁高 4.1m，中支点为 6.7m，梁高按二次抛物线变化。梁体构造如图 3 所示。

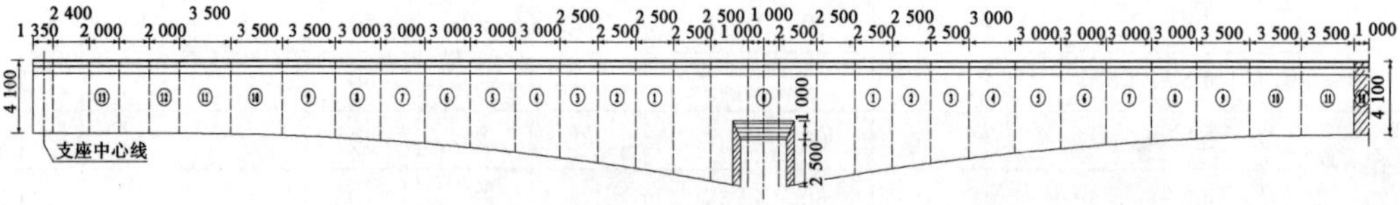

图 3 梁体构造图(尺寸单位：cm)

主梁上部为单箱单室截面，顶宽 12.6m，底宽 6.7m；顶板厚 50cm，底板厚由跨中处的 50cm 变化到中支点处的 90cm；腹板采用直腹板型式，厚度为 50cm、70cm、90cm。如图 4 所示。

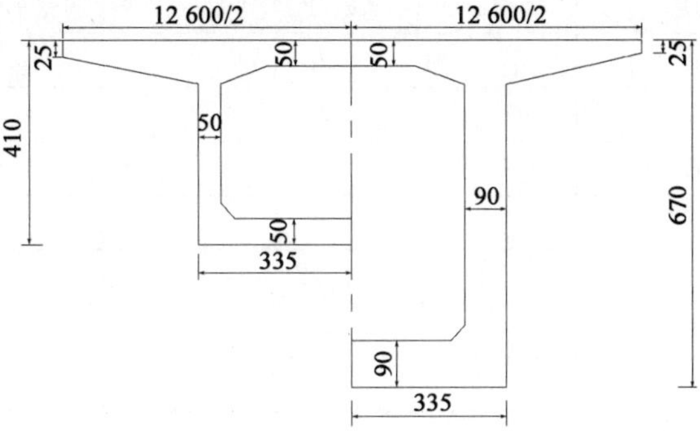

图 4 箱梁构造图（尺寸单位：cm）

本桥采用悬臂浇筑法施工，其中零号块 12m，悬臂浇筑段长度分别为 2.5m、3.0m、3.5m、4.5m。合龙段长 2m，边跨现浇施工段 9.75m。挂篮、悬灌机具设备的计算重量为 500kN，合龙顺序为先边跨再中跨。

箱梁的纵向预应力束选用高强度低松弛钢绞线，标准强度 $f_{pk}=1\ 860$MPa，公称直径 15.20mm，弹性模量 $E_p=1.95\times10^5$MPa。腹板束采用 15-7ϕ5 的钢束，顶板束采用 12-7ϕ5 和 15-7ϕ5 的钢束，底板束选用 12-7ϕ5。全桥共设 296 束纵向预应力束，布置如图 5 所示。

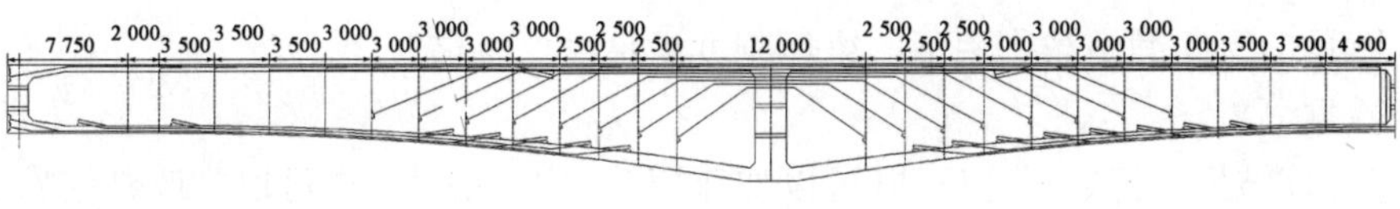

图 5 预应力束立面布置图

2.2 下部构造

对于悬臂浇筑施工的连续梁桥，桥墩的设计不但要考虑结构受力的要求，同时应符合因地制宜、便于施工等原则。考虑到柱式桥墩外形简洁、美观，且能节省大量工程材料，故本设计选用双柱式桥墩。以主跨桥墩（3 号墩）为例，墩身选用 C35 混凝土，墩身长度 17.5m。纵向墩顶宽 3.2m，横桥向 7.6m，桥墩的纵向、横向均不设置坡度，如图 6 所示。

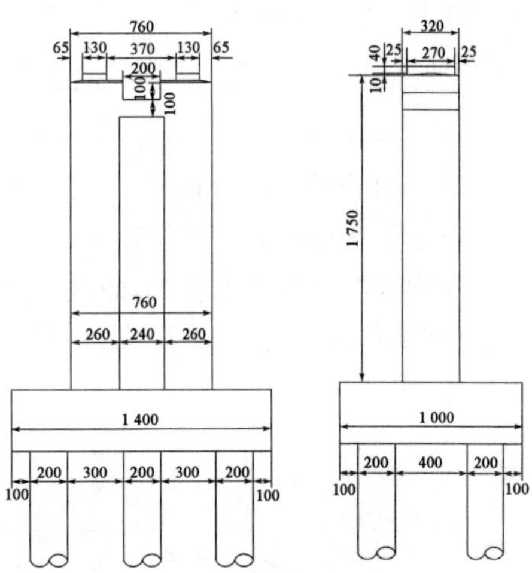

图 6 桥墩布置图（尺寸单位：cm）

3 结构分析计算

3.1 内力组合与结构验算

依《重载铁路设计基本规范》的有关规定，进行内力组合：①主力组合：自重＋二期恒载＋预应力＋支座沉降＋列车活载；②主力＋附加力组合：自重＋二期恒载＋预应力＋支座沉降＋列车活载＋温度作用。主梁静力分析采用 MIDAS/CIVIL 软件，对其施工、运营阶段的各项设计指标进行验算，结果见表 4。

主梁结构验算结果　表4

验算项目	计算值	控制条件
上缘最大正应力(MPa)	14.71	$\sigma_c \leqslant 0.5f'_c$
上缘最小正应力(MPa)	2.95	$\sigma_{ct} \leqslant 0$
下缘最大正应力(MPa)	14.93	$\sigma_c \leqslant 0.5f'_c$
下缘最小正应力(MPa)	2.67	$\sigma_{ct} \leqslant 0$
最大主应力(MPa)	18.22	$\sigma_{cp} \leqslant 0.6f_c$
最小主应力(MPa)	−2.21	$\sigma_{tp} \leqslant f_{ct}$
最大预应力筋应力(MPa)	1 097	$\sigma_p \leqslant 0.60f_{pk}$
正截面强度安全系数	2.1	$K \geqslant 2.0$

从表4可以看出，正截面强度、混凝土应力及预应力筋应力的各项指标均满足设计要求。在ZH静活载的作用下，主梁刚度验算结果见表5。

结构刚度验算结果　表5

验算项目	计算值	允许值
边跨竖向挠度(m)	0.017 1	0.06
中跨竖向挠度(m)	0.037 6	0.114
梁端转角(rad)	0.001 26	0.003

由计算可知，ZH静活载作用下的梁体刚度满足设计要求。

3.2　数据分析

对上述计算结果进行数据分析，既可以加深相关知识的理解，也可以为改善结构受力奠定理论基础。下面以混凝土应力为例，进行简要数据分析。

混凝土应力是主梁结构验算的重要部分，通过分析各项荷载的应力效应，可以进一步了解各类荷载对结构效应的贡献。表6列出了各项荷载在跨中截面上缘的应力效应。

各项荷载在跨中截面上缘的应力效应　表6

荷载类型	结构重力	预应力	列车活载	支座沉降	温度作用
应力(MPa)	5.96	1.76	3.69	0.75	2.45
所占比例(%)	41.07	12.13	24.74	5.17	16.89

由表6可以看出：结构重力的应力效应最大，占总值41.07%；其次为列车活载，占24.74%；温度作用的应力效应较大，占16.89%。

温度梯度的应力效果较大，而这又是附加力的重要组成部分，对荷载组合效应值有较大影响，温度梯度作用下的上、下缘应力如图7所示。

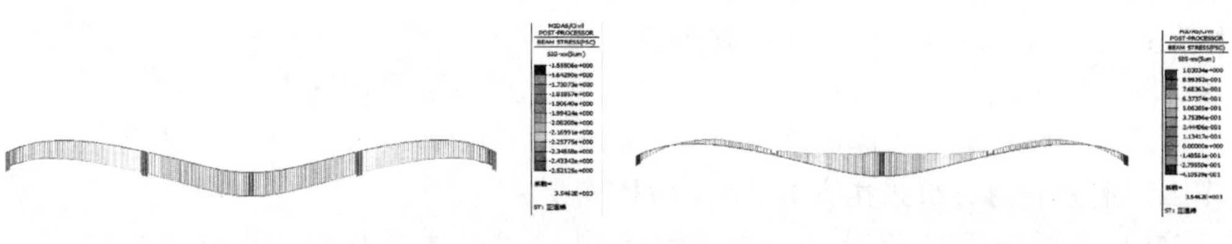

图7　温度梯度作用下的上、下缘应力图(单位：MPa)

从图 7 可以得到：温度梯度作用在梁体上缘产生较大压应力，最大压应力为 2.52 MPa；而在梁体下缘，温度梯度产生拉应力，跨中最大拉应力为 1.03 MPa；考虑到温度梯度作用使梁体下缘产生较大拉应力，为防止底板出现裂缝，在应力较大截面应增设预应力筋。

4 运营重载列车的适应性

4.1 现有高速铁路桥梁

高速铁路桥梁在我国铁路桥梁中占有重要地位，若能在其上发展重载运输，就能有效提高运输效率，获得显著的经济效应。下面以相同跨径的高速铁路连续梁桥(48+80+48)m 为例，探讨运营重载列车的适应性。

该箱梁顶宽 12.6m，底宽 6.7m，梁高由跨中处的 3.85m 按半径为 252.5m 的圆曲线变化到中支点的 6.65m；顶底板分别厚 45cm 和 42cm，腹板厚度分别为 45cm、65cm、85cm。箱梁截面尺寸如图 8 所示。

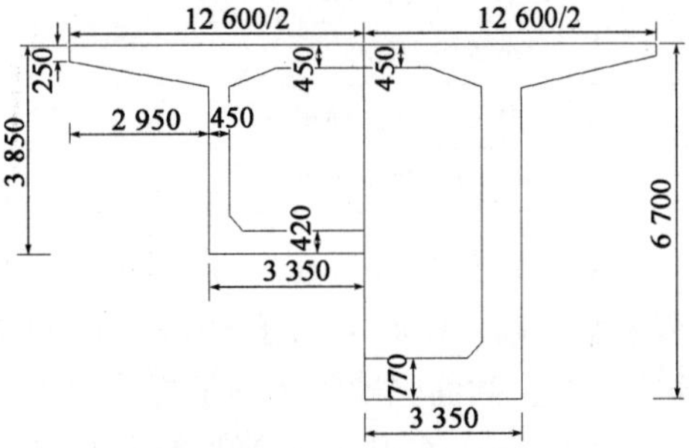

图 8 箱梁截面尺寸图(尺寸单位：mm)

纵向预应力筋选择 12-7ϕ5、9-7ϕ5 的低松弛钢绞线；腹板束采用 12-7ϕ5 的钢束，顶板束采用 12-7ϕ5 和 9-7ϕ5 的钢束，底板束选用 9-7ϕ5。全桥共设 326 束纵向预应力钢筋，边跨合龙和中支点截面的预应力筋布置如图 9 所示。

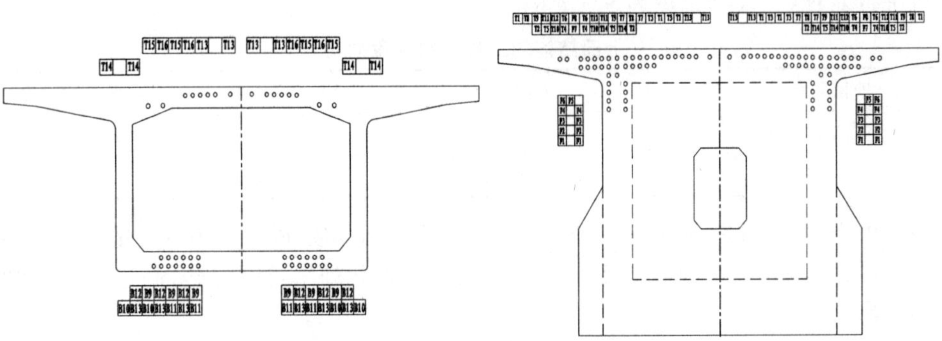

图 9 边跨合龙和中支点截面的预应力筋布置图

4.2 适应性分析

运用 MIDAS/CIVIL 软件，对该现有高速铁路桥梁进行 25t、30t 轴重的重载列车适应性分析，验算结果见表 7、表 8 所示。

25t 轴重的活载作用下主梁结构验算表 表 7

验 算 项 目	计 算 值	控 制 条 件
上缘最大正应力(MPa)	15.72	$\sigma_c \leqslant 0.5f_c'$
上缘最小正应力(MPa)	−0.88	$\sigma_{ct} \leqslant 0.7f_{ct}$
下缘最大正应力(MPa)	16.75	$\sigma_c \leqslant 0.5f_c'$
下缘最小正应力(MPa)	−0.69	$\sigma_{ct} \leqslant 0$
最大主应力(MPa)	16.75	$\sigma_{cp} \leqslant 0.6f_c$
最小主应力(MPa)	−0.73	$\sigma_{tp} \leqslant f_{ct}$
最大预应力筋应力(MPa)	1 105	$\sigma_p \leqslant 0.60f_{pk}$
正截面强度安全系数	2.1	$K \geqslant 2.0$

30t 轴重的活载作用下主梁结构验算表 表 8

验算项目	计算值	控制条件
上缘最大正应力(MPa)	19.45	$\sigma_c \leqslant 0.5 f_c'$
上缘最小正应力(MPa)	−2.08	$\sigma_{ct} \leqslant 0.7 f_{ct}$
下缘最大正应力(MPa)	18.24	$\sigma_c \leqslant 0.5 f_c'$
下缘最小正应力(MPa)	−4.12	$\sigma_{ct} \leqslant 0$
最大主应力(MPa)	18.25	$\sigma_{cp} \leqslant 0.6 f_c$
最小主应力(MPa)	−4.18	$\sigma_{tp} \leqslant f_{ct}$
最大预应力筋应力(MPa)	1 232	$\sigma_p \leqslant 0.60 f_{pk}$
正截面强度安全系数	1.5	$K \geqslant 2.0$

从上表可以看出，在 25t 轴重的重载列车作用下，该现有高速铁路连续梁桥的各项验算指标均满足设计要求；而对于 30t 轴重，上缘最大正应力、下缘最小正应力、最小主应力、预应力筋应力及正截面强度均不满足规范要求。

可以看出，在现有高速铁路桥梁上运营 25t 轴重的重载列车理论上安全；但对于 30t 轴重的重载列车，需对其进行加固方能满足运营要求。

4.3 对比分析

下面从工程材料用量和混凝土应力这两个方面对上述重载铁路连续梁桥和现有高速铁路连续梁桥进行对比，具体结果见表 9。

上部结构的工程材料用量对比 表 9

项目名称	重载铁路连续梁桥	高速铁路连续梁桥
C55 混凝土用量(m^3)	3 027	2 837
钢绞线用量(t)	168.54	133.42

从表 9 可以看出：在跨径相同的情况下，重载铁路连续梁桥多用 6.7%的 C55 混凝土和 26.32%的预应力钢绞线。因此对于运营 25t 轴重的重载列车，选择现有高速铁路连续梁桥，具有更好的经济性。

将上述两座连续梁桥进行混凝土应力的对比，结果见表 10、表 11。

25t 轴重的活载作用下混凝土应力的对比(单位：MPa) 表 10

项　目	上缘最大应力	下缘最大应力	上缘最小应力	下缘最小应力	最大主拉应力	最大主压应力	是否满足
重载铁路	14.66	14.16	1.83	2.22	−0.42	14.17	是
高速铁路	15.72	16.75	−0.88	−0.69	−0.73	16.75	是

30t 轴重的活载作用下混凝土应力的对比(单位：MPa) 表 11

项　目	上缘最大应力	下缘最大应力	上缘最小应力	下缘最小应力	最大主拉应力	最大主压应力	是否满足
重载铁路	14.71	14.70	2.95	2.41	−2.21	18.18	是
高速铁路	19.45	18.24	−2.08	−4.12	−4.18	18.25	否

可以看出：上述两座桥在 25t 轴重的活载作用下，各项混凝土应力均满足要求；而对于 30t 轴重，重载铁路桥梁应力满足要求，而高速铁路桥梁则在上缘最大应力、下缘最小应力、最大主

拉应力方面不满足设计要求。

因此，在运输资源紧张的情况下，可选择在现有高速铁路桥梁上运营 25t 轴重的重载列车，以缓解运输压力；而对于 30t 轴重的重载列车，建议在新建重载铁路干线上运营。

5 结语

本设计的(48＋80＋48)m 重载铁路连续梁桥在施工和运营阶段的强度、应力和变形均满足规范要求。考虑到目前运输资源紧缺，除新建重载铁路干线外，还可在现有高速铁路桥梁上运营 25t 轴重的重载列车，以缓解运输压力。

参考文献

[1] 钱立新. 国际铁路重载运输发展概况[J]. 铁道运输与经济，2002,(12):55～56.

[2] 钱立新. 世界铁路重载运输技术[J]. 中国铁路，2007,(6):49～53.

[3] 魏井奎. 重载运输——中国铁路货运发展之路[J]. 科技资讯，2008,(10):190～191.

[4] 王旭荣. 浅谈大秦线重载条件下桥梁加固措施[J]. 中国铁路，2009,(6):1～7.

[5] 胡所亭. 既有线桥涵对重载货物列车适应性分析[C]. 发展重载运输技术适应经济社会建设——铁路重载运输货车暨公务学术研讨会论文集(工务部分)，2011.

[6] Jaco Vorster. Axle load and track deflection on a heavy haul line[J]. Civil Engineering, 2010,(4).

[7] 中华人民共和国行业标准. 重载铁路设计规范(征求意见稿). 北京：人民交通出版社，2010.

34. 欧洲的公铁两用桥发展现状

刘　钊　肖汝诚
(同济大学桥梁工程系)

摘　要:本文介绍了公铁两用桥在欧洲的发展现状,对不同交通布置形式和各自的优缺点进行了介绍,展示了近年来建设的跨海公铁两用大桥所采用的一些新型结构和施工方法,最后介绍了欧洲几座比较典型的公铁两用大桥。

关键词:公铁两用桥　欧洲　结构形式　交通布置

1　前言

改革开放以来,随着国家对基础工程建设的大力投资,我国桥梁建设以前所未有的高速度向前发展,尤其是跨越大江大河的大跨度桥梁。进入 20 世纪后,既有线路的全面提速和高速铁路的大发展,对跨江铁路桥的需求不断增加。然而在新建的桥梁中,大部分的桥梁为公铁分建的,仅有屈指可数的桥梁为公铁两用桥,使得有限的桥位资源被浪费。其原因一方面是因为铁路属于铁道部独家管理,交通部门仅考虑公路,各自占据桥位;同时铁路桥梁规范与公路桥梁规范由不同部门发布,自成体系。

随着 2013 年铁道部并入交通运输部,公、铁桥梁一起规划、同步建设的机会越来越多。做好公铁桥梁合建的规划、设计显得越来越重要。本文将介绍欧洲在公铁两用桥建设方面的一些经验和实例,希望能为我国今后公铁两用桥的建设上提供借鉴。

图 1　法国 Cize-Bolozon 高架桥

2　公铁两用桥在欧洲的现状

公铁两用桥在欧洲的发展已经有 100 多年的历史了,欧洲现存最早的公铁两用桥是位于法国的 Cize-Bolozon 高架桥,首建于 1875 年,二战中被毁,二战以后作为联结去巴黎的紧急交通工程得以重建,如图 1 所示。

位于德国柏林的奥伯鲍姆桥(Oberbaumbrücke)也是现存较早的公铁两用桥。奥伯鲍姆桥是一座双层公铁桥,上层用于柏林地铁一号线的运行,下层通行普通车辆。如今此桥已成为柏林统一的重要象征。

进入20世纪后,公铁两用大桥更多的用于联结岛屿或者两国之间的跨海峡大桥中。1935年丹麦小贝尔特海峡桥通车,此桥联结丹麦第二大岛菲英岛和丹麦位于欧洲大陆的日德兰半岛,它的通车第一次使火车从欧洲大陆可以直达丹麦首都哥本哈根。主桥采用当时最常用的钢桁架结构,包含双轨火车线路和两条汽车窄道。在1970年新小海带桥建成之前此桥一直是联结欧洲大陆和丹麦岛屿之间的重要通道,在新小贝尔特海峡桥建成后,旧小贝尔特桥仅保留了铁路交通,但至今仍然发挥着巨大作用。

建于1937年的斯德哥尔摩大桥和Masnedsund大桥是丹麦的另外两座重要的公铁两用大桥,这两座桥共同联结了位于丹麦最南端的法尔斯特岛和丹麦最大的岛屿——西兰岛,如今通过这两座桥,从德国汉堡出发的列车可以直达哥本哈根。斯德哥尔摩大桥桥宽9m,Masnedsund大桥桥跨8.8m,包含了单轨铁路和单车道公路,主桥采用三跨连拱设计,最大跨度达到133.75m,全桥总长3.2km,是丹麦第三大长桥,并且在相当长的一段时间内,是欧洲最长的公铁两用桥。然而单轨铁路无法满足丹麦与德国之间大量的交通需求,虽然此桥仍然在运行,但已不堪重负,新的斯德哥尔摩大桥已经被提上了议程。

建于1963年的费尔曼南桥是连接德国费尔曼岛和欧洲大陆的重要通道,也是德国一丹麦交通线上重要一环。全桥总长963m,主桥跨度248m,采用了有利于铁路桥的交叉网体系钢系拱杆(网状系杆拱)。此桥的铁路和公路位于同一层,桥面一侧为无碴无枕铁路桥面,另一侧为公路桥面,设计两片拱肋向内倾斜,形成提篮拱,以提高主梁整体的抗扭刚度。

1992年随着欧盟的成立,一个贯彻欧盟成员国之间的以"畅通、安全和环保"为理念的交通发展政策开始得到贯彻。

欧洲一体化带来了4个自由:产品的自由通行、货币的自由通行、服务的自由通行和人员的自由通行。基于此,一个联结欧盟成员国的交通网络TEN—T成为了欧盟发展中的一个非常重要的任务。根据欧盟2010年交通政策白皮书,在今后9年中,为了完善交通网络和改善交通方式,全欧范围内将重点发展30个基础工程项目,其中18个铁路项目,3个公铁桥梁项目。

从以上可以看出,欧洲在对未来的交通规划中格外强调对铁路网络的建设,尤其在桥位难得的跨海大桥的建设中,更倾向于将铁路融合到桥梁中去。

1998年建成的大贝尔特桥和2000年建成的厄勒海峡大桥为欧盟交通网的建设添上了光辉的一笔。它们的建成,不仅代表了欧洲在造桥领域的水平,也预测着21世纪欧洲在桥梁领域的发展方向。欧洲主要已建和曾规划的公铁两用桥见表1。

欧洲主要已建和曾规划的公铁两用桥 表1

桥　名	通车年份(年)	所属国家	主桥桥型	主跨(m)	交通布置形式
Cize-Bolozon高架桥	1875	法国	连拱桥	16	分层共建
奥伯鲍姆桥	1896	德国	连拱桥	22	分层共建
(旧)小贝尔特桥	1935	丹麦	连续钢桁架	220	同层共建
斯德哥尔摩大桥	1937	丹麦	连续桁架拱	136	同层共建
弗雷德雷克9世桥	1963	丹麦	可开启式梁桥	20	同层共建
费马恩海峡南桥	1963	德国	网状系杆拱	248	同层共建
大贝尔特西桥	1998	丹麦	单箱连续梁	110	公铁分建
厄勒跨海大桥	2000	丹麦—瑞典	平行斜拉桥+桁架梁	490	分层共建
墨西拿海峡桥	在建	意大利	单跨悬索桥	3 300	同层共建

3 公路与铁路布置形式对比

公铁两用桥，按照公路与铁路支承结构是否分离，可以分为公铁共建与公铁分建。在公铁共建中，按照公路与铁路布置相对位置，又可以分为公铁分层共建和公铁同层共建的形式。

3.1 公铁共建

公铁共建指的是公路和铁路共用上下部结构，使用单一主梁，这种形式是目前世界上公铁两用桥的主要应用的形式。使用公铁共建的好处在于能最大程度的利用桥位，将公路和铁路布置于同一梁体中，能充分体现公铁两用桥的优势。

1)分层共建

分层共建指的是桥上公路、铁路分别布置到上下两层。大多数的情况下由于铁路要求纵向坡度较平缓，所以一般将铁路布置在下层，公路布置在上层，如厄勒跨海大桥。然而也有部分桥梁采用相反的布置，将铁路布置于上层，如法国的 Cize-Bolozon 高架桥，采用相反布置的原因在于其位处山区，而需要衔接的铁路隧道处于较高的位置。

分层共建的优点主要有：

①从结构上来说，分层共建的梁体较高，而目前广泛采用的板－桁组合结构上下桥面板参与结构受力，因而梁体刚度较大，利于满足铁路行车要求。同时竖杆和上下横杆形成封闭的结构，提高主梁的抗扭刚度，较高的抗弯刚度和抗扭刚度对施工阶段都非常有利。如厄勒大桥便采用了这种结构，其引桥的主跨达到了 140m，并且稳定的结构大大利于整体吊装施工。

②从构造上来说，双层布置使得行车空间显著增加，比如同样是双铁路线，四公路线布置形式，厄勒大桥桥宽是 30.5m，而墨西拿海峡大桥则需 52m。

③在养护方面，分层设计能分离铁路和公路养护，使用独立的系统而互不干扰。

分层共建的缺点主要在于由于上层桥面布置较高，所以在平原地带引桥规模会增加，并且在合建分与建的过渡位置构造较复杂。而且，与同层合建相比，其梁高大，梁的宽跨比小，受风面积大，横向刚度小，为横向设计带来困难。

2)同层共建

同层共建指的是公路和铁路位于同一平面上，公路布置于铁路两侧，或者公路布置一侧，铁路布置一侧。前者主要用于桥面较宽的情况中，铁路布置于中间的好处在于由于铁路荷载较大，与中轴线较近的铁路不会产生较大的横向扭矩，如正在建设中的墨西拿海峡桥。后者由于横向荷载分布不均，常使用桁架梁或者提篮拱以形成稳定的横向结构，如旧小贝尔特桥和费马恩海峡南桥。

同层共建的主要优势在于较大的桥面宽度提供了较大的横向刚度，适用于对横向刚度要求较高的大跨度桥梁。

同层共建的主要缺点一方面在于公路单侧行车时有可能带来扭转振动问题，另一方面公路和铁路的养护系统位于同一平面，可能会相互制约。

3.2 公铁分建

公铁分建实际上指的是两座并列在一起的桥梁，在结构上相互独立，按照公路规范和铁路规范分别设计，也称为平行分离式公铁两用桥。

公铁分建的优点主要有：

(1)分建的两座桥梁可以采用相同的跨径布置，甚至相似的结构，从而简化设计和施工程序。相隔较近的两座桥梁可以共用基础，减少基础造价，如大贝尔特西桥方案，如图 2 所示。

(2)由于公路桥和铁路桥的控制要求不同，采用共建会造成部分设计上的浪费，而采用分建可使两座桥梁互不影响，可按照公路和铁路的特点单独设计。

公铁分建的缺点主要在于，由于公路桥与铁路桥距离太近，迫使公路桥只能向一边展线，如果必须要向另一侧展线，也必须要先往外侧偏离用小半径立交桥形式通过铁路，不仅影响美观，也会造成接线里程的增长。

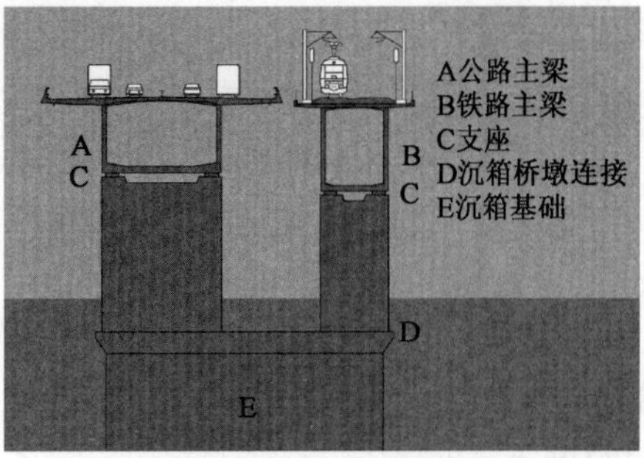

图 2　大贝尔特西桥截面布置

4　公铁两用桥的结构形式及其经济性

公铁两用桥和铁路桥与普通公路桥最大的区别在于其较重的活荷载，同时由于铁路行车对桥梁变形控制的高要求，其必然要求桥梁整体的刚度较大。解决此问题最简便的方法便是采取刚度较大，同时大量运用于铁路桥中的连续钢桁架梁，通过将铁路和公路分布于桥梁两侧，以达到折中的目的。然而实践证明连续钢桁架并不很经济，并且对于跨海大桥的高通航要求，往往无法满足。

4.1　欧洲公铁两用桥的结构形式

1)交叉网系杆拱

20 世纪 50 年代末挪威的工程师 Per Tveit 首提出交叉网系杆拱的概念。1963 年建成的费马恩海峡南桥首次在公铁两用桥上采用了交叉网系杆拱体系，使得跨径达到 248m，同时整桥十分纤细。其能够到达如此的跨度在于设计者充分利用了交叉网系杆拱桥的特性，如图 3 所示。

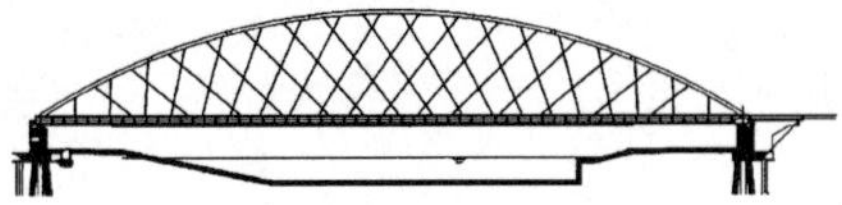
图 3　交叉网系杆拱桥

对于普通垂直吊杆拱桥来说，如果荷载是沿桥长均匀分布的，其拱肋内是全受压状态的，此时构件能够得到充分利用。然而真实荷载常常会是不对称的，在一侧荷载作用下，拱肋中会迅速产生较大的弯矩。而桁架是最能利用构件受拉压的特性的结构，交叉网系杆拱就充分类比了桁架的受力状态，即使在非对称荷载作用下，也不会出现较大的弯矩。

根据 Per Tveit 在 1980 年对一座交叉网系杆拱和与其对应的垂直吊杆系杆拱的计算，在跨中作用相同的荷载，普通拱桥在主梁中产生的最大弯矩是交叉网系杆拱的 5.3 倍，在四分点出作用相同的荷载，普通拱桥在主梁中产生的最大弯矩是交叉网系杆拱桥的 9.2 倍，得益于此，使得在交叉网系杆拱桥中使用混凝土主梁成为可能。同时其研究得出普通拱桥相对于其对应的交叉网系杆拱，下弦杆厚 2～8 倍，焊接工作量是后者的 15～30 倍，同时需要保护的表面积是后者的 3～7 倍，另外用钢量是后者的 2～4 倍。

同时，交叉网系杆拱的另一个优势便是拼装方便，因为拼装所需的材料极少。由于交叉网系杆拱节约材料，桥身本身就很轻便，所以常常可以整跨直接做好，再用起重机吊装至桥位，在没有大型起重机的情况下可以给拱圈和系杆设临时下弦杆，用起重拖船移动至拱座上。2010 年建成的挪威 Brandanger 桥主跨 220m，拱肋和吊杆仅重 1 862t，使用了两台浮吊仅用 6h 便将安装到位，便是一个很好的例子。

2)双层复合桁架斜拉桥

铁路设计荷载要比公路设计荷载大很多，因此活载在整个荷载中所占比例很大，从而疲劳问题较为突出。而斜拉桥本身属于柔性结构，并且随着跨度的增大柔性也增大，但由于铁路运营中列车荷载大，高速列车要求保证行车平顺性和舒适性等原因，斜拉桥的竖、横刚度要比单一公路斜拉桥大。因此斜拉桥的主梁要求有较大的截面刚度，如图 4 所示。

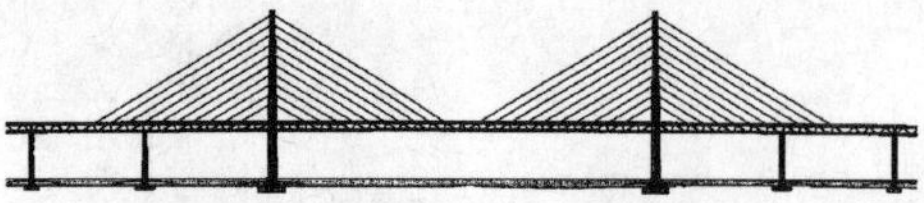

图 4　公铁分层复合桁架斜拉桥

而和单铁路桥相比，由于公路荷载的加入，使得主梁的截面刚度要求比单纯的铁路斜拉桥要大，同时更大的拉索初应力提供了更大的竖向刚度，另外公路桥桥面板可参与结构受力，因而更有利于铁路行车。上层公路桥面系一般要宽于下层铁路桥面系，可以有效增大主梁的横向刚度。

而采用复合钢桁梁的优势在于：

(1)结构刚度大。对混凝土梁、实腹钢梁和钢桁梁进行对比发现复合钢桁梁的挠度要远小于前面两种结构形式。

(2)主梁高度小。混凝土桥面板可以参与结构受力，铁路桥面板在负弯矩区也可以参与结构受力，因而有利于降低主梁高度。

(3)钢桁梁适应布置双层桥面的需要，并且保证了铁路乘客视野的开阔。

综上所述，公铁分层复合钢桁梁斜拉桥的使用，不仅满足铁路桥所特有的结构要求，从经济性上来说，还充分利用了公路桥面系对结构刚度的贡献，优于单铁路桥的斜拉桥，达到了一举两得的效果。

从施工上来说，较大刚度的钢桁梁也便于预制后整体拼装，节省了工期和施工费用，如厄勒大桥便采用了此施工方法。

3)公铁同层悬索桥

和斜拉桥一样，悬索桥也是柔性结构，在铁路荷载作用下变形较大，并且在风力作用下横向变形也较大，悬索桥设计重点在于竖向刚度和横向刚度的确定，如图 5 所示。

图 5　大跨度公铁同层悬索桥

悬索桥的竖向刚度来自于两个方面，即主梁的弯曲刚度和主缆的拉力产生的重力刚度。而随着跨度的增加，主梁的截面积增加不明显，因而主梁的弯曲刚度相比跨度得到的相对刚度减小迅速。而主梁的重力刚度决定于主缆内部的拉力，与结构的质量有关，随着跨度的增大虽然相对重力刚度减小，但由于结构质量的增加，因而减小速度较小。

主跨在 1 000m 以下的时候主梁的重量是产生拉索拉力的主要因素。随着跨度的增加，主缆的质量随跨度基本成正比，在跨度达到 1 500～2 000m时，主缆自身的重量超过列车荷载。当跨度达到2 000～2 500m 时，主缆自身的重量和主梁的重量达到同一水平。当跨度在 3 000m以上时，重力刚度主要是由主缆自身的重量产生。根据目前使用的材料强度，理论上悬索桥最大跨度可以达到 7 000m 级，如图 6 所示。

公铁两用悬索桥的横向刚度要大于单铁路悬索桥，因为要满足公路行车构造要求，因此桥宽较大。而公铁同层和公铁分层相比，又是公铁同层占优。主跨 3 300m 的墨西拿海峡桥是公铁同层模式，在 60m/s 的风速下最大横向变形只有 10m，而主跨 1 991m 的明石海峡大桥为公铁分层，在同样风速下最大横向变形达到了 30m，如图 7 所示。

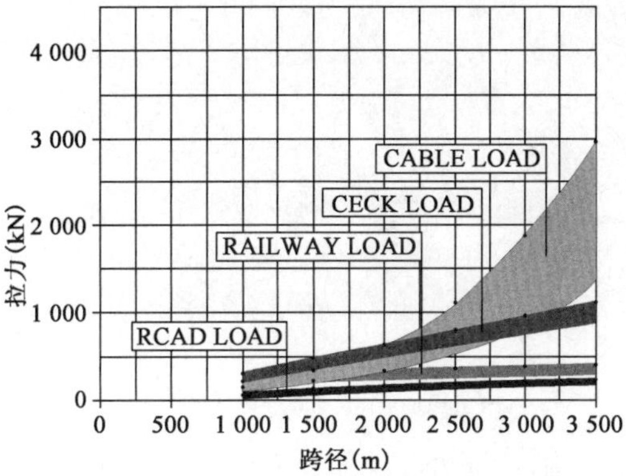

图 6　主缆拉力产生原因随跨度变化

图 7　明石海峡桥和墨西拿海峡桥的风动试验

4.2　不同桥型的适用范围和经济性

(1)交叉网系杆拱桥

交叉网系杆拱桥属于下承式拱桥,造型美观。系杆拱桥对地质要求不高,适用于地质条件不好的海滩淤地,可节省抗推基础的造价。其整体结构纤细,主桥用钢量小,投资较少。由于其施工方便迅速,因而可以节省大量的人力和物力。其经济跨径在 200m 左右。

(2)双层复合桁架斜拉桥

双层复合桁架斜拉桥跨越能力大,适用范围广,其孔跨布置更利于通航或行洪,其双层交通布置尤其适合于交通流量较大的地区。主梁刚度大,便于运输和施工,复合式主梁充分发挥了混凝土的受压特性,节省了用钢量。与悬索桥相比,其经济跨度在 800m 左右,特殊情况下其经济跨径可超千米。

(3)公铁同层悬索桥

悬索桥线形流畅,景观效果较好。其跨越能力大,能有效避免深水基础的建造,在千米级公铁两用桥中首选悬索桥。然而,悬索桥锚锭造价高昂,其投资较高。

5　欧洲几座典型的公铁两用桥

5.1　厄勒海峡大桥

建于 2000 年的厄勒海峡大桥采用了双层复合桁架斜拉桥结构,490m 的主跨创造了公铁两用斜拉桥的世界记录,实践证明,这种结构模式是完全值得借鉴的。

厄勒海峡大桥是双线铁轨＋四公路车道的公铁两用桥,其总长 7 845m,引桥部分长 6 753m,平均跨度 140m。引桥采用双层桥面板钢桁架连续梁作为主要承重结构,上侧桥面板采用后张法预应力混凝土结构,向两侧有 4.1m 的挑臂,共提供了 4 个车道的宽度,使用外挑臂使得上桥面板横向出现负弯矩,减少了正弯矩的大小,从而更有利于结构受力。上桥面板和钢桁架之间由大小两组剪力钉联结,传递纵向的剪力,同时也能承受一部分的弯矩。考虑到铁路荷载在活载中所占比重较大,设计中特别考虑到将竖向的桁架杆与列车净空接近一些,以保证列车荷载尽可能通过横梁直接传递到桁架节点上去,如图 8 所示。

桁架的设计考虑了很多因素,从美学上桁架布置简洁而具有韵律感;同时桁架的刚度很大,上下两层混凝土板更有利于结构在负弯矩区的受力,并且双层交通布置适合交通流量的要求。引桥的桁架采用了单边三角华伦式桁架,三角形斜边倾角为 45°而非常用的 60°,这种布置最省钢材,同时也能保证节点数最少。

图 8　厄勒大桥引桥和主桥

主桥采用平行索斜拉桥结构，主跨 490m，借助边跨的辅助墩和平行索斜拉桥拥有较大的刚度。主梁部分与引桥类似，同样采用封闭式桁架结构，不同处在于主桥部分为了减少主梁自身重量，将为列车运行提供支撑的混凝土底板改为钢箱梁底板。同时，为了传递斜拉索的拉力，在竖向桁架的两侧又增加了斜杆，以形成稳定的三角结构，如图 9 所示。

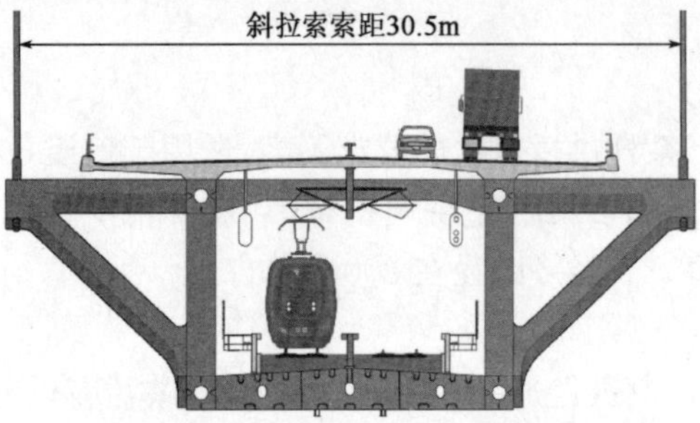

图 9　厄勒大桥主桥截面布置

5.2　大贝尔特西桥

大贝尔特西桥全长 6.6km，其全桥由 4 个主要部件组成：①公路主梁；②铁路主梁；③沉箱；④桥墩支座。主梁布置为由中间 5 道伸缩缝分为 6 联长约 1.1km 的连续梁，标准跨度为 110m，全桥由 126 个桥墩和 2 个桥台支撑。

对分离公路铁路交通，大贝尔特西桥采取的做法是采用两个单独的单箱混凝土箱梁，提供两车道铁路和四车道公路交通。公路桥面宽 25m，箱宽 12.5m，墩顶梁高 7.3m，跨中梁高 3.78m。桥面施加横向预应力，同时梁体内施加纵向预应力，竖直腹板厚 500mm。铁路桥宽 13m，箱宽 7.1m，墩顶梁高 8.7m，跨中梁高 5.1m 采用与公路桥相似的预应力体系。

由于铁路的存在，其主梁伸缩缝的设置在公路梁和铁路梁上有所不同。对于公路桥，其伸缩缝由钢框架和橡胶伸缩装置组成，而铁路桥为了防止由于列车忽然制动而引起的梁体纵向的突然移动，每一个伸缩装置都安装了液压阻尼系统。

公路桥墩和铁路桥墩共用一个沉箱基础，沉箱高度从 8m 变化到 27m，重力为 4 000t 到 7 000t，每一个沉箱都施加了后张法竖向预应力，其预应力顶部的锚块将用于小天鹅号浮吊船运输时的受力点。沉箱的底板中也施加了横向预应力。

5.3　墨西拿海峡大桥

在建设中的墨西拿海峡桥将连接意大利本土和地中海上最大的岛屿西西里岛。从 1971 年意大利政府批准在西西里岛和意大利本土之间建设永久性的公路和铁路设施后，经过 24 年的规划和方案比较，在 1992 年墨西拿海峡大桥公司决定采用主跨 3 300m 的的悬索桥方案。

在横向布置方面，由于悬索桥方案的特殊性，前后经过了数十年的讨论和论证。考虑到跨度的原因，悬索桥的两个拉索平面之间距离必须加大，以增加其抗扭稳定性，所以方案选择将铁路于公路置于同一层。另外，为了避免列车偏载时引起的横向不平衡，宜将铁路轨道置于横截面中心位置。同时结合空气动力学和养护等要求，最后提出的是横截面采取分离式三箱梁方案，如图 10 所示。

由于悬索桥是一个柔性结构，列车驶过悬索桥时产生的变形及内力变化一直是困扰悬索桥设计的问题。最初工程师担心较重的荷载会引起主梁的局部下挠，从而导致车辆打滑，甚至引起列车一旦停下就很难再重新启动的问题。针对此问题，墨西拿大桥委员会进行了专项研究,对于大跨度悬索桥,索力所贡献的重力刚度能有效减少挠度,并且随着跨度的增加,这种贡献变得越来越明显。在跨度超过1 000m之后,随着跨度的增加,荷载引起的纵向坡度反而会减小,拥有3 300m跨度的悬索桥方案满足列车运行的要求。

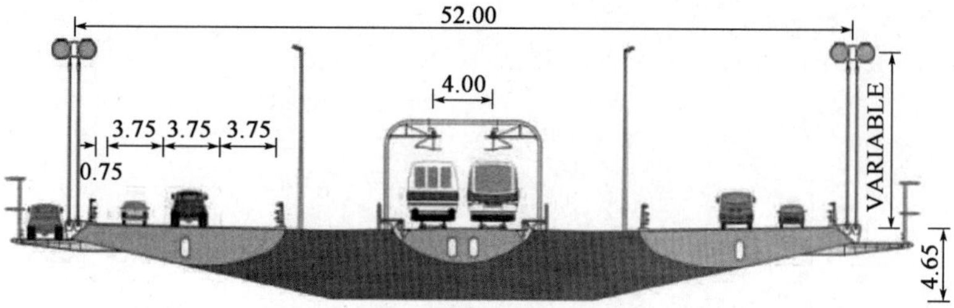

图10　墨西拿海峡桥横截面布置(尺寸单位:m)

6　结语

在欧洲交通政策的引导下,欧洲的交通网络建设正在向着多方式、节能的方向发展。将公路和铁路融合于同一个项目中是一个很好的解决办法。21世纪欧洲正在规划的公铁两用桥梁中比较重要的工程还有联结欧洲和非洲大陆的直布罗陀海峡大桥,其超大跨径也将是对人类桥梁水平的又一次挑战。

反观中国,交通运输部与铁道部合并后,许多规划建设的桥梁应根据交通需求和桥位状况,选择合理的结构形式,充分考虑公铁两用桥方案,同时参考国外已建成公铁两用桥的经验,加紧制定公铁两用桥的设计规范,促进我国公铁两用桥建设的发展。

参 考 文 献

[1] European Commission-Trans-European. Transport Network Priority Projects 2010, a detailed analysis: 2010.

[2] Ruhet Gen. European transportation policy for better integration-shifting the balance between the modes of transport. The 6th edition of the international conference:2011.

[3] Per Tevit. Optimal network arches for road and rail bridges. 6th International Conference on Arch Bridges. Fuzhou:2010.

[4] The ASO Group. The Oresund Bridge. 15thCongress of IABSE. Copenhagen:1996.

[5] Oresundsbro Konsortiet. Crossing the Oresund. Arco Grafisk A/S:2005.

[7] S. Hugnes. A critical analysis of the Oresund bridge,connecting Copenhagen to Malmo. Proceeding of Bridge Engineering conference:2010.

[8] Knowles R D,Matthiessen C W. Barrier effects of international borders on fixed link traffic generation:the case ofØresundsbron. Journal of Transport Geography,2009.

[9] Sørensen C S, Kristensen P S,Erichsen L. Great Belt:foundation of the West Bridge. Nordiske Geoteknikerm? de,1992.

[10] J. Ramsden. A critical analysis of the proposed bridge over the strait of Messina. Proceedings of bridge engineering conference:2009.

[11] Fabio Brancaleoni. The Messina strait bridge-a challenge and a dream. CSC Press/Balkema:2009.

35. 浇注式沥青混凝土与钢桥面板的黏结技术

章登精[1]　朱华平[2]　潘友强[3]
(1. 南京重大路桥建设指挥部;2. 南京林业大学;
3. 江苏省交通科学研究院股份有限公司)

摘　要:黏结层是钢桥面铺装成功的关键,黏结材料性质的好坏和施工控制对钢桥面铺装的使用性能及寿命起着关键作用。浇注式沥青钢桥面铺装中,黏结层不但承担着钢桥面板防腐蚀的功能,而且它也要传递上层铺装中由行车荷载产生的应力和应变,发挥承上启下的作用。本文阐述了浇注式沥青混凝土与钢桥面板的黏结技术,结合黏结层试验研究及施工,提出了适用于溶剂型橡胶沥青的钢桥面抛砂处理和现场涂抹的工艺要求,并介绍南京四桥钢桥面铺装黏结层的性能。

关键词:南京四桥　黏结技术　Sa3.0 表面处理　黏结机理　溶剂型橡胶沥青

1　前言

钢桥面铺装是一项世界性难题,沥青混凝土与钢桥面板的黏结是一种典型的金属材料与非金属材料的黏结。虽然沥青混凝土已广泛地成功应用于公路工程,但在钢桥面铺装领域,其恶劣荷载和极端气候等因素,一直没有公认、可靠的技术方案。南京四桥采用复合浇注式沥青钢桥面铺装,铺装下层采用硬质直馏沥青浇注式混凝土,铺装上层采用高弹改性沥青混凝土;钢桥面铺装野外施工的特点,还要求黏结层兼顾施工过程中的防水防腐作用;浇注式沥青混凝土与钢板间的黏结技术是该体系的成败关键。

2　沥青混凝土与钢桥面板间黏结机理分析

2.1　沥青黏结层的黏结特点

两种材料间界面黏结力取决于黏结料和被黏材料的化学结构,分为化学键合力、分子间作用力、界面静电引力和机械咬合力[1]。

分子间作用力和机械咬合力是钢桥面板与沥青黏结层间黏结力的来源。当钢板与沥青黏结层紧密黏结时,由于金属材料对电子的亲合力低,容易失去电子,而非金属材料对电子的亲合力高,容易得到电子,因此电子可以从金属材料移向非金属材料,使黏结界面产生接触电势,形成双电层,产生了静电引力。沥青黏结层填满了钢板表面的缝隙或凹凸之处,在界面区产生机械咬合,类似钉键作用、勾键作用、根键作用、榫键作用,从而产生机械咬合力。

南京四桥钢桥面铺装体系中，黏结材料选择了溶剂型橡胶沥青。钢桥面板喷砂处理后，涂抹溶剂型橡胶沥青，待溶剂挥发养生期满后，进行温度超过220℃的沥青混凝土的浇注施工。溶剂型橡胶沥青是一种胶黏剂，它与钢桥面板、浇注沥青混凝土黏结机理如图1所示。

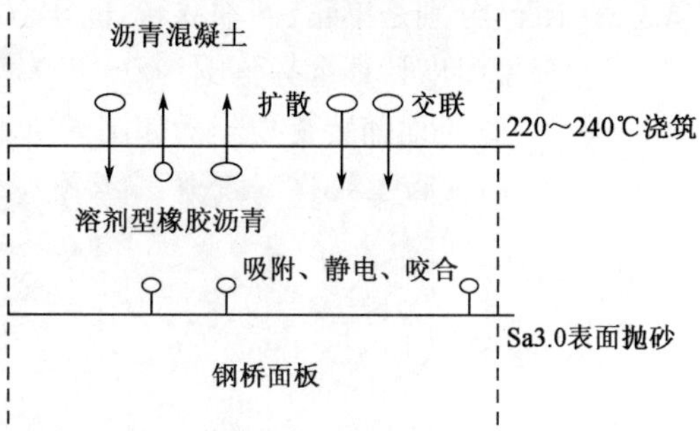

图1　溶剂型橡胶沥青黏结层黏结机理示意图

2.2　影响沥青黏结层的黏结强度因素

影响黏结强度的因素除湿润、吸附过程、静电作用及扩散作用过程外，还有钢板表面粗糙度及表面处理、界面层的强弱、环境的作用及黏结层厚度和负荷应力等因素[2,3]。

钢板表面处理除去氧化层(如锈层)、脱模剂等形成的“弱边界层”，把它变成高能表面，有利于提高钢板与沥青黏结层间的分子间作用力。钢板表面的粗糙程度增大有利于钢板与沥青黏结层间的机械咬合力，是提高黏结强度的有效措施。

合理的黏结体系在受力破坏时，大多数出现胶黏剂内聚破坏或内聚破坏与界面破坏共存的混合破坏。黏结体系力学性能很大部分取决于胶黏剂的内聚力，而胶黏剂的内聚力与其分子结构密切相关。实际测定的黏结强度，仅是理论黏结力的一部分[4]，需扣除许多影响因素，如图2所示。

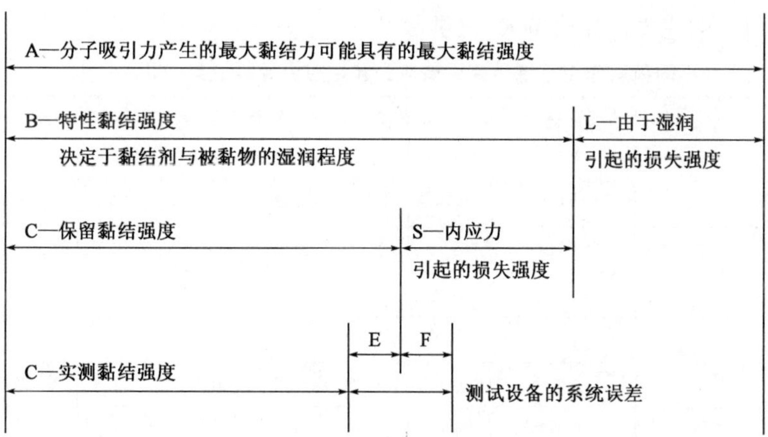

图2　理论黏结力与实际黏结力的关系

3　钢桥面铺装层间受力分析

南京四桥为主跨1 418m三跨连续钢箱梁悬索桥，加劲梁全长2 189m，采用流线型扁平钢箱梁，梁高3.5m，宽38.8m(含风嘴)；内侧车道的顶板、U肋厚度分部为14mm和6mm，其余均为16mm和8mm。

3.1　计算参数

(1)根据标准横断面图，确定车辆行走区域。

(2)纵向计算5个断面，分别是相邻两横隔板中间、3/8分点、4分点、1/8分点以及横隔板正上方。

(3)横向车辆布置从加劲梁横断面对称轴 1750mm 位置向外侧每 5cm 计算一次，每次计算 5 个工况，分别是单轮、同轴双轮、同车双轴、相邻两辆车、相邻三辆车。

(4)环境温度计算选择范围为 0～65℃，沥青混凝土弹性模量选用沥青混合料实测的动态弹性模量。钢桥面铺装受力分析如图 3 所示。

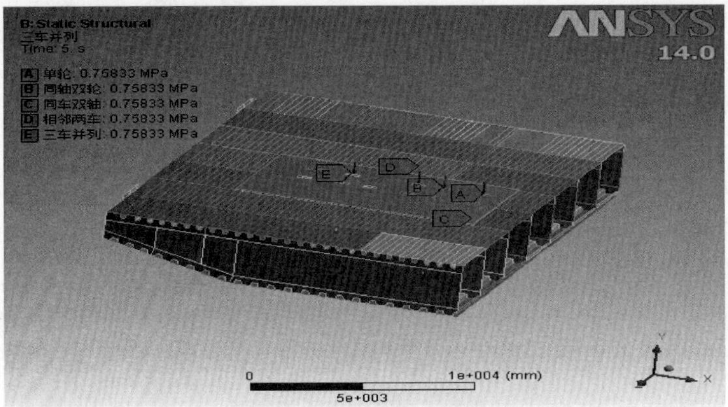

图 3　钢桥面铺装受力分析

3.2　计算结果

底面剪应力最大值在相邻两横隔板中间位置，底面拉应力最大值在相邻两横隔板中间 4 分点，不同温度条件下铺装层底面剪应力和拉应力计算成果见表 1，铺装层均按弹性体进行计算，其中 50℃以上的应力计算值偏大（仅供参考）。

不同荷载作用下铺装底面剪应力和拉应力计算成果(MPa，10hz)　表 1

温度(℃)	改性模量(MPa)	浇注模量(MPa)	不超载		超载 30%		超载 60%		超载 100%	
			剪应力	拉应力	剪应力	拉应力	剪应力	拉应力	剪应力	拉应力
0	8951	40113	0.60	0.57	0.78	0.74	0.96	0.91	1.19	1.13
5	7 979	24 769	0.37	0.44	0.48	0.58	0.60	0.71	0.74	0.88
15	3 764	16 909	0.32	0.55	0.41	0.71	0.51	0.88	0.64	1.10
20	2 909	11 750	0.25	0.42	0.33	0.55	0.40	0.68	0.50	0.85
25	1 876	10 043	0.24	0.37	0.31	0.48	0.386	0.59	0.47	0.74
40	799	3 908	0.14	0.23	0.18	0.31	0.22	0.38	0.27	0.46
50 *	539	1 863	0.11	0.22	0.15	0.29	0.18	0.36	0.23	0.44
55 *	492	1 164	0.11	0.21	0.14	0.28	0.17	0.34	0.22	0.43
60 *	307	1 008	0.11	0.21	0.14	0.27	0.17	0.33	0.22	0.42
65 *	232	742	0.11	0.20	0.14	0.26	0.17	0.31	0.22	0.40

4　溶剂型橡胶沥青

南京四桥复合浇注式沥青钢桥面铺装体系中，通车运营期的防水防腐依靠下层浇注式沥青混凝土，铺装施工期则依靠防水黏结层。浇注式沥青混凝土摊铺必须在溶剂型橡胶沥青涂抹施工完成一定规模和时间后才能进行，这也就要求溶剂型橡胶沥青不仅具有黏结能力而且具有防腐能力。溶剂型橡胶沥青施工性能及防腐蚀性能指标见表 2。

橡胶沥青黏结层技术指标 表 2

试验项目	单位	技术要求
不挥发部分	%	≥50
黏度(25℃)	mPa·s	≤500
手触干燥时间	min	≤90
网格试验	点	≥10
耐湿后的网格试验	点	≥8
盐水喷雾试验后的网格试验	点	≥8

防水黏结层拉拔及剪切室内试验结果见表 3、表 4。从拉拔界面破坏形式来看，均以界面破坏为主，而且随温度升高界面强度和黏结料内聚强度下降得快。从剪切界面破坏形式来看，低温常温下界面剪切强度大于黏结料的内聚强度；高温时界面剪切强度比黏结料内聚强度下降得快，呈现复合破坏。钢桥面铺装在行车荷载作用下，其界面受力已受压和剪切为主。按照界面强度大于黏结料内聚强度的原则，所选择的黏结料是合理的。

界面拉拔试验结果(每秒 $0.1N/mm^2$ 的垂直拉拔) 表 3

<table>
<tr><th>编号</th><th>涂布量(L/M2)</th><th>试验温度(℃)</th><th>拉拔强度(MPa)</th><th>界面破坏类型</th></tr>
<tr><td>1</td><td>0.2</td><td>20</td><td>0.875</td><td rowspan="6">黏结层从钢板 85%脱开</td></tr>
<tr><td>2</td><td>0.3</td><td>20</td><td>1.394</td></tr>
<tr><td>3</td><td rowspan="3">0.4</td><td>−10</td><td>0.774</td></tr>
<tr><td>4</td><td>20</td><td>1.568</td></tr>
<tr><td>5</td><td>50</td><td>0.293</td></tr>
<tr><td>6</td><td>0.5</td><td>20</td><td>1.291</td></tr>
</table>

界面剪切试验结果(加载速率为 50mm/min) 表 4

<table>
<tr><th>编号</th><th>涂布量(L/m²)</th><th>试验温度(℃)</th><th>抗剪强度(MPa)</th><th>界面破坏类型</th></tr>
<tr><td>0.2</td><td>1</td><td>20</td><td>0.551</td><td>混合料与钢板 85%脱落</td></tr>
<tr><td>0.3</td><td>2</td><td>20</td><td>0.767</td><td>混合料与钢板间出现明显错位</td></tr>
<tr><td rowspan="3">0.4</td><td>3</td><td>−10</td><td>2.566</td><td>混合料与钢板间出现明显错位</td></tr>
<tr><td>4</td><td>20</td><td>0.924</td><td>混合料与钢板间出现明显错位</td></tr>
<tr><td>5</td><td>50</td><td>0.087</td><td>混合料与钢板 85%脱落</td></tr>
<tr><td>0.5</td><td>6</td><td>20</td><td>0.887</td><td>混合料与钢板 85%脱落</td></tr>
</table>

界面拉拔及剪切强度随温度升高有较大降低，而涂抹量在 $0.4L/m^2$ 时界面强度最佳。界面破坏形式及界面强度随温度升高而显著降低的特点表明，在界面抗剪切强度中机械咬合作用起到重要作用。

抗剪强度随着剪切速率的增大呈幂指数关系增长[5]，考虑试验加载速率与实际汽车荷载加载速率的不同，对比有限元计算结果表明，所选择黏结层满足了抗剪强度要求。

5 钢桥面表面处理工艺要点

钢板表面结构与状态和其内部有本质上的区别，被压延加工的钢板和空气及水分接触后，即生成一种由三种氧化物(Fe_2O_3、Fe_3O_4、FeO)组成的氧化层，氧化层厚度 6～20μm，其中钢板边部比中间厚度约厚 5μm[6]。钢板表面氧化物上，除吸附水分子外，还吸附着醇类及其他物质。从钢箱梁加工制造到桥面铺装施工，其周期一般都在 2 年左右，且局部存在高温焊接，因此钢桥面板的氧化层远高于 20μm。

不同表面处理等级的界面黏结强度拉拔试验结果，见表 5。试验表明，提高桥面板表面处理等级，可有效提高黏结层与钢板间的拉拔强度；铺装层与钢桥面板的黏结强度取决于黏结层与下层浇注式沥青混凝土间的黏结，有效控制摊铺温度是确保黏结的主要因素。

不同表面处理等级的界面拉拔强度试验结果 表 5

批次	表面处理等级	试验温度(℃)	成型温度(℃)	拉拔强度(MPa)	备注
1	Sa3.0	20	230～240	1.57	浇注层厚 5cm，85%脱开
2	Sa2.5	20	240～250	1.40	浇注层厚 5cm，整体脱开
3	Sa2.5	20	230～240	1.10	浇注层厚 5cm，整体脱开，有气孔
4	St3.0	20	230～240	1.07	浇注层厚 5cm，整体脱开，有气孔
5	Sa3.0	20	—	2.82	现场测试，无浇注层

为了有效确保钢桥面板与铺装层间界面的抗剪能力，根据试验研究成果和以往经验教训，南京四桥确定了钢桥面板 Sa3.0 级表面处理要求，表面清理等级标准见表 6。

金属防腐表面 Sa3 级 表 6

等级分类	技术标准(工件表面)	对比图
原金属表面	表面分三个等级：B 级为开始锈蚀；C 级已经锈蚀；D 级为严重锈蚀，出现麻点	
Sa1 级 清扫级	采用手工刷除、砂布打磨方法	
Sa2 级 工业级	用喷砂清理方法	
Sa2.5 级 出白级	用喷砂清理方法	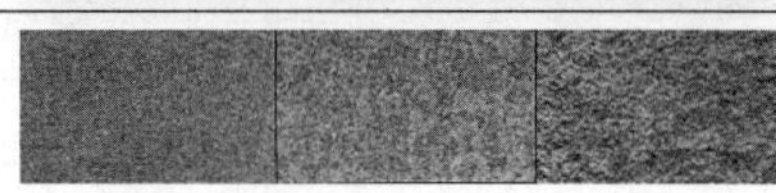
Sa3 级 白色清理级 白色级	应不可见油腻、污垢、氧化皮、锈皮、油漆、氧化物、腐蚀物和其他外来物质(疵点除外)，无阴影、疵点、锈蚀等。外观上的可接受差异包括：由钢材类型、表面初始状况、钢材厚度、焊接金属、氧化皮或摩擦痕迹、热处理、热影响区域、喷砂磨料及喷砂图形所造成的差异。用喷砂清理方法	

钢桥面板 Sa3.0 级表面处理工艺要点为：①采用 G16 铁砂作为磨料；②抛丸机行走速度不大于 0.8m/min；③用 6 倍以上放大镜仔细观察，对照标准图谱检查；④采用自回收式真空抛丸机进行喷砂除锈施工；⑤表面处理前应对污染严重处及突起坑槽进行清理；⑥施工前密切注意气候情况，并对照露点图谱对产生露水的可能进行判定，对不满足施工条件(见表 7、图 4)或有可能产生露水状况下，应采取停止施工或加热钢桥面板等措施；⑦必须配备可靠设备，确保打砂在 2h 以内完成。

抛 丸 施 工 条 件　　　表 7

控制项目	控制要求	检测方法
空气相对湿度	<85%	用仪器测量空气湿度
钢板表面温度	>空气露点温度 3℃	钢板温度仪测量
空气露点		露点测试仪或由空气温度和空气相对湿度查表求出

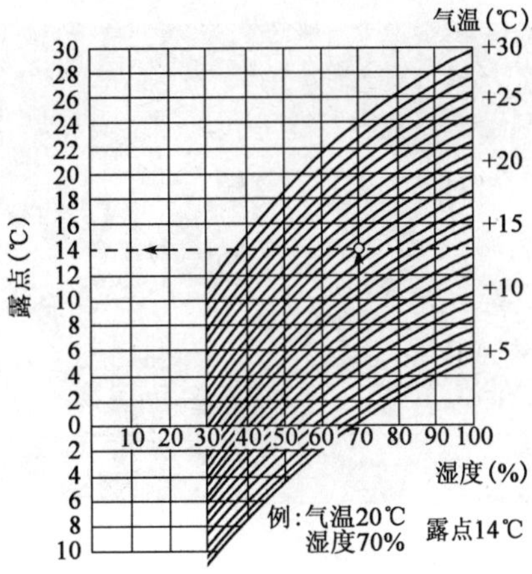

图 4　露点计算图表

6　黏结层现场涂抹工艺要点

钢桥面板 Sa3.0 级表面处理后，表面粗糙度约为 50～150μm，计算橡胶沥青干膜厚度应不小于 150μm，需要橡胶沥青干体积 0.15 L/m^2。考虑桶装沥青损失等因素，每 m^2 的涂布量控制在 0.34L/m^2。

现场试验表明，黏结层涂抹后早期较软，易发生黏联轮胎现象；放置一周后，不黏轮；放置 40d 后，表面出现龟裂，但未裂至钢板，无锈蚀现象且遇热可融化，如图 5 所示。

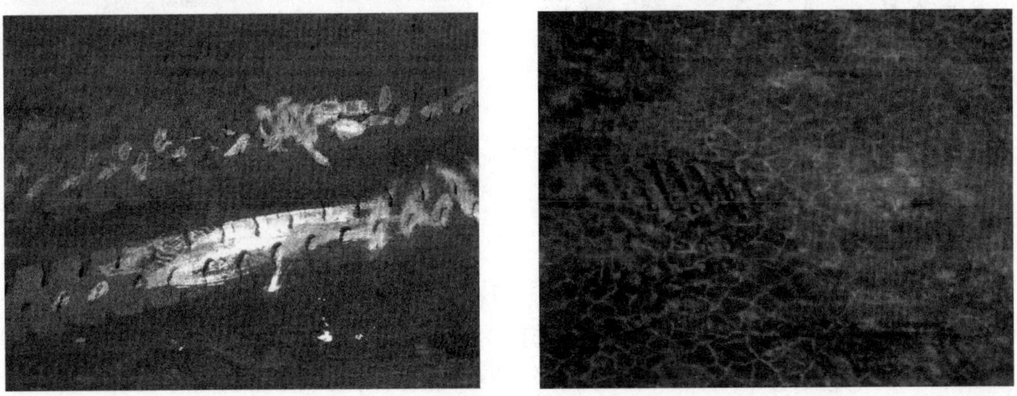

图 5　黏结层黏轮和龟裂的图片

根据专项试验和试验桥的研究成果，确定的试验涂抹黏结层工艺要点是：①避开每天高温时间段涂抹高温；②涂抹前划格分区，计算用量；③两次涂抹，方向必须垂直；④第二次涂抹必须检查上次溶剂挥发情况和表面质量状况，并应避免钢板表面温度在 65℃以上条件下涂抹。

7　实施效果

南京四桥全桥钢桥面铺装面积达 70 000m^2。钢桥面板表面处理施工按照上述工艺要求和要点进行施工控制，选用了宽 1m、0.7m、0.5m 自回收式真空抛丸机，以 S16 钢砂为磨料，并严格控制行走速度。施工时间为 2012 年 5 月 28 日至 7 月 22 日。表面处理磨料及实施效果如图 6 所示。

图 6　钢桥面板表面处理磨料及效果

黏结层涂抹放置时间均不超过 40d。黏结层部分现场拉拔试验结果详如图 7 所示，常温条件下（20～40℃）拉拔强度均大于 1.5MPa，工程质量良好[7]。

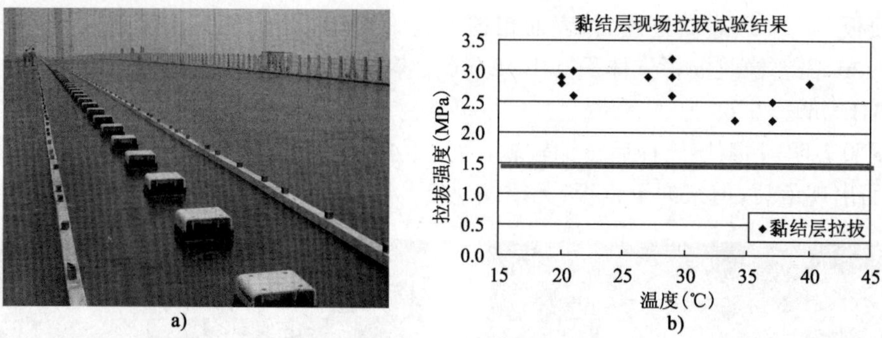

图 7　黏结层现场拉拔试验结果

8　结语

(1)溶剂型橡胶沥青通过吸附作用、静电引力、机械咬合与钢桥面板黏结，通过扩散、交联与沥青混凝土黏结，使得沥青混凝土铺装与钢桥面板得以共同承受荷载。

(2)对钢桥面板进行 Sa3.0 喷砂表面处理，是有效提高溶剂型橡胶沥青与钢板间黏结强度的必要措施。

(3)Sa3.0 喷砂表面处理工艺要求以 S16 钢砂为磨料，采用干燥空气自回收的抛砂设备，并严格控制行走速度。

(4)溶剂型橡胶沥青应避免钢板表面温度在 65℃以上条件下涂抹施工，养生时间应严格控制。

(5)基于试验参数的理论计算分析表明，复合浇注式沥青钢桥面铺装的钢桥面板与沥青混凝土界面上，在 20℃、超载 30%的条件下的剪应力和拉应力分别约为 0.33MPa、0.55MPa，低温条件下应力均较大，高温条件下应力显著降低。

(6)复合浇注式沥青钢桥面铺装采用溶剂型橡胶沥青作为黏结层，直剪抗剪强度大于 0.8MPa(20℃)，抗拉拔强度大于 1.5MPa(20℃)，与环氧等树脂类相比具有较好的柔性和抗疲劳寿命。

参 考 文 献

[1] 蒲启君.橡胶与骨架材料的黏结机理[J].橡胶工业,1999(11),683-695.

[2] 高守超,张康助,郭平军.橡胶与金属的硫化黏接[J].化学与黏结,2003(4),176-178.

[3] 马兴法,吴崇光,王仲平等.金属与橡胶的硫化黏接[J].中国胶结剂,1993-2(2),40-42.

[4] 胡高平、袁红英、肖卫东.金属用胶黏剂及黏接技术[M].北京:化学工业出版社,2003.

[5] 王亚玲,周玉利,等.沥青混凝土桥面铺装结构层间剪切与拉拔试验[J].长安大学学报(自然科学版),2009(9),15-18.

[6] 薛宪营.热轧Q235B钢板表面红色氧化铁皮检测分析[J].新疆钢铁,2010(1),5-7.

[7] 南京重大路桥建设指挥部,南京长江第四大桥工程技术总结[M].2013.

36. 钢桥面复合铺装研究

徐海鹰

（中铁大桥局集团武汉桥梁科学研究院有限公司）

摘　要：本文的背景是作者完成的福建省某大跨度桥梁钢桥面复合铺装科研项目。本文通过对现行钢桥面铺装耐久性不良原因的总结，探讨了解决问题的途径，进而提出了钢桥面复合铺装的设计理念，然后介绍了正交异性板和钢桥面铺装受力及参数计算的一些结果，最后就钢桥面复合铺装设计控制因素及措施进行了总结。

关键词：钢桥面　复合铺装　正交异性板　耐久性

1　关于钢桥面铺装的耐久性

钢桥面铺装除必须为行驶车辆提供良好的通行条件外，还为桥梁提供防护，应该具有良好的使用性能（表面功能、结构性能和耐久性）、工艺性和经济性等基本特性。我国已发生大跨径钢桥投入运营不久，出现严重的桥面铺装病害，有的不得不全部进行更换，更换后不久仍然出现严重病害，甚至正交异性板发生疲劳开裂。到目前为止，我国钢桥面铺装设计与施工还未完全取得成功，仍是钢桥设计建造亟待解决的关键技术，这给设计、施工和科研提出了改善和创新钢桥面铺装的紧迫要求。导致我国钢桥面铺装耐久性差的突出原因是：

（1）由于正交异性板局部竖向变形大、刚度突变严重，导致铺装层顶面受拉，应力应变大，发生疲劳开裂；加之我国交通荷载的重载比例较高，车辆的轴载、轮胎压力显著高于欧美等国，特别是存在严重的超载问题，这更影响了铺装层的使用寿命及服务水平。

（2）我国南方夏季温度高雨水多，正交异性钢板热容量小导热系数大，铺装层温度变动范围大，易发生高温抗剪失稳性破坏。

（3）钢桥面板表面比较光滑，难黏结，铺装材料容易滑移；钢板容易产生锈蚀，雨水渗入破坏接合面；夏季防水黏结层温度高，沥青混合料与钢板的黏结力严重下降，易发生脱层和推移破坏。

（4）施工工艺水平往往难以满足技术要求，容易出现影响耐久性的质量问题。

2　解决钢桥面铺装耐久性的途径

钢桥面铺装病害将严重影响到铺装的使用性能，进而影响到桥梁的正常运营、耐久性和安全性，铺装的维修、更新将在一段时间里严重影响桥梁的运营能力，同时造成社会资源的极大浪费。理论上，提高钢桥面铺装耐久性应该有三个途径：

其一，改善沥青混合料和黏结层的工作条件，即：通过交通设计和桥梁设计控制其受到的作用，提高对铺装层的支撑刚度降低其应力应变、改善其工作温度条件等。

其二，良好的设计和施工，即：根据荷载和环境条件，通过铺装构造合理设计、提高铺装材料的性能、选择适当的沥青混合料类型和最大粒径、严格控制沥青混合料和防水黏结层的设计和施工质量，使得其具有优良的性能。

其三，技术创新，即：设计新型铺装构造、采用或引进新型高性能铺装材料。

3　钢桥面复合铺装的设计理念

钢桥面复合铺装的设计形式通常为正交异性板＋防腐层＋栓钉＋混凝土层（内置一层钢筋网片）＋防水黏结层＋沥青混合料面层。

显然该设计主要是希望通过途径一和途径三，设计具有不同与常规的铺装构造和材料，以达到更高的耐久性。该设计思路和铺装具有的优点可以理解为：

（1）与以往大跨径钢桥面铺装不同，通过在沥青混合料铺装面层与钢桥面之间铺设混凝土层，以增大钢桥面板和铺装的复合刚度，改善沥青混合料面层的支撑条件，降低疲劳应力幅，在最大程度上消除正交异性板和铺装层疲劳开裂问题。

（2）在桥面焊接栓钉，并将其与混凝土浇注在一起，以增大混凝土与钢桥面的连接强度，使混凝土层与钢桥面能够形成复合结构整体受力。同时，通过合理的进行栓钉和混凝土配合比的设计，满足栓钉和混凝土静力承载力和抗疲劳能力的要求。

（3）通过对防水黏结层的合理设计和对混凝土层表面进行构造处理，提高它们之间的黏结力和协同变形能力，消除由于黏结层失效导致的推移和脱层。

（4）通常钢桥面铺装沥青混合料上层和下层设计需要根据使用性能考虑多种且有时相互矛盾的需要，钢桥面复合铺装由于仅有上层采用沥青混合料，且沥青混合料的支撑刚度和疲劳应力幅明显得到改善，简化了铺装面层设计考虑的因素，有利于确保面层的使用性能。

4　正交异性板和钢桥面铺装受力及参数分析

4.1　肋间相对变形和应力影响面

采用有限元进行正交异性板及铺装层受力分析，图1～图3为正交异性板及铺装层不同位置的肋间相对变形和应力影响面。

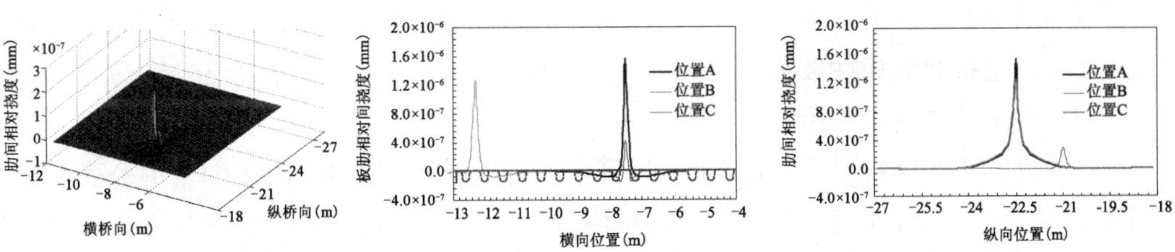

a)影响面　　b)横向影响线　　c)纵向影响线

图1　位置A、B和C正交异性板肋间相对变形影响面和影响线

注：图中位置A为两横隔板跨中U肋与面板相交处，B为U肋与横隔板相交处，C为两横隔板跨中纵腹板处。下同。

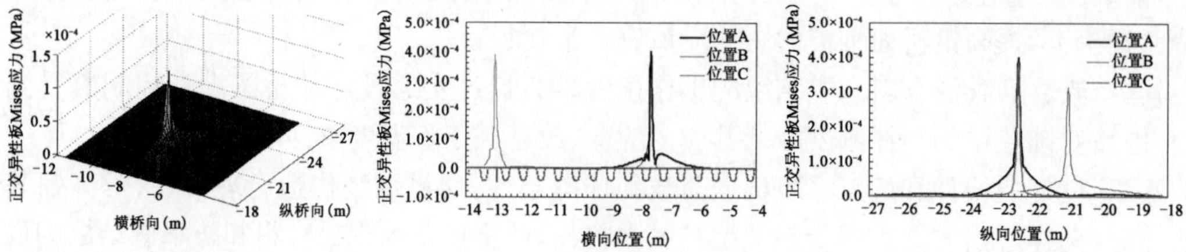

a)影响面　　b)横向影响线　　c)纵向影响线

图 2　正交异性板位置 A、B 和 C 正应力影响面和影响线

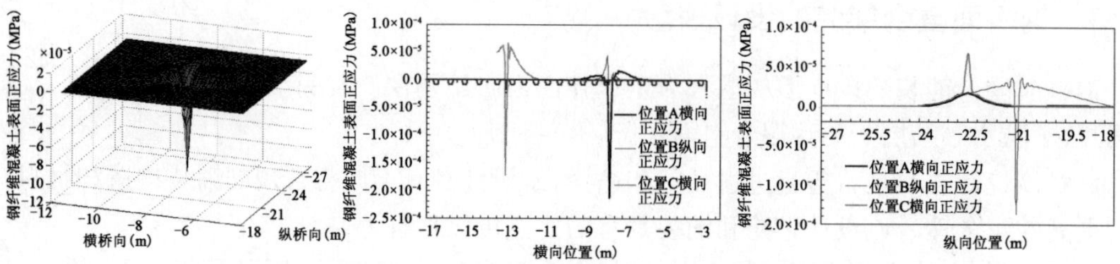

a)影响面　　b)横向影响线　　c)纵向影响线

图 3　桥面铺装位置 A、B 和 C 表面正应力影响面和影响线

从上述各图可以看出：肋间相对变形和应力影响面的影响范围都很小，在各个方向的斜率都很大，正峰值和负峰值都很尖锐；影响面峰值的横向范围约一个 U 肋间距、纵向范围为 1 个横隔板间距。

4.2　参数分析

（1）在正交异性板各构造参数中，面板厚度和 U 肋中心间距变化对正交异性板竖向刚度和应力影响最大，U 肋开口宽度次之，U 肋壁厚和高度及横隔板间距影响都不大。同时，只要改变正交异性板参数趋向于增加其竖向刚度，则铺装层的各向应力都趋向于下降。

（2）正交异性板＋混凝土层：对于特定的正交异性板体系，存在一个混凝土层临界厚度 h。厚度小于 h，最大拉应力随厚度增大而增大；厚度大于 h，则最大拉应力随厚度增加而减小。其原因是：当混凝土层很薄时，正交异性板为受力主体，正交异性板与混凝土层复合结构曲率的变化受薄层混凝土的影响较小。所以当曲率不变时，混凝土层越厚，表面拉应变越大。当混凝土层的厚度超过一定的厚度时，混凝土层的刚度将显著减小竖向挠曲变形，表面拉应变减小，如图 4 所示。

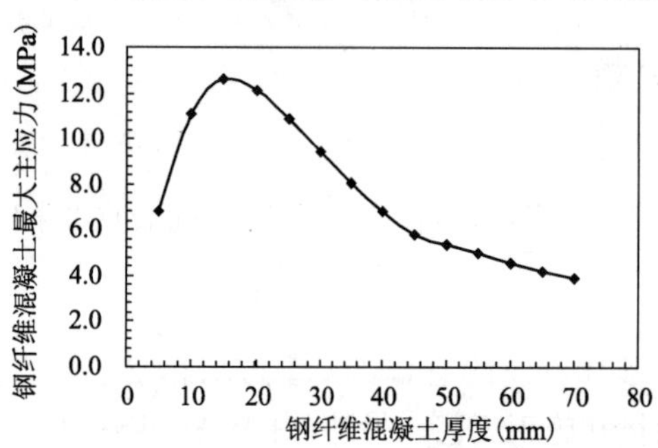

图 4　混凝土表面最大拉应力随混凝土厚度变化

（3）正交异性板＋沥青混合料层：对于仅采用沥青混合料的铺装，由于沥青混合劲度模量远小于钢的弹性模量，挠曲变形受正交异性板刚度控制，增加铺装层厚度，对其最大竖向压应变影响很小，但会使其表面最大拉应力、最大层间剪应力和层内剪应力有所减小，但增大沥青混合料模量将导致层间和层内剪应力增大。

（4）正交异性板＋混凝土层＋沥青混合料层：对于该种构造，沥青混合料厚度不变，混凝土厚度增加，沥青混合料表面最大拉应力显著减小，层间最大剪应力和最大压应变变化不大。混凝土层厚度不变，沥青混合料厚度变化除了对其竖向最大压应变影响较大外，对层间最大剪应力、最大拉应变影响很小。

5 钢桥面复合铺装设计控制因素及措施

(1)钢桥面复合铺装面层一般采用热塑性沥青混合料，总厚度略高于常规钢桥面双层热塑性沥青混合料铺装厚度，钢纤维混凝土的热物性参数值与常规铺装材料的值在同一数量级上。按照太阳辐射强度和大气温度是影响钢桥温度的主要因素的观点，在相同环境条件下，两种铺装体系的表面最高温度和内部温度场将不会有太大差异。因此，在我国南方夏日高太阳辐照下其表面最高温度将可达70℃以上、防水黏结层最高温度将可达60℃以上，高温稳定性仍然是面层和黏结层设计控制因素。

(2)钢桥面复合铺装中的混凝土层通过栓钉与正交异性板形成复合结构，通常合理的设计将能够确保栓钉的可靠性。混凝土层处于承上启下地位，是影响和控制钢桥面复合铺装耐久性和使用性能的关键因素之一，一旦受到损伤，其病害具有隐蔽性强、危害性大、难于修复的特点。其最不利受力部位是位于纵腹板、U肋和横隔板的顶面处，其主要设计控制指标是弯折强度和疲劳强度。由于普通混凝土的弯折强度和疲劳强度都很低，根据计算分析，难以满足设计要求，因此钢桥面复合铺装中必须采用钢纤维混凝土。钢纤维混凝土层的疲劳应力幅与其厚度有关，而钢纤维混凝土的弯折强度和疲劳强度由钢纤维的形状、几何参数和掺入量及良好的施工质量控制。采用高的钢纤维掺入量，可减小厚度，有利于减轻铺装层的重量，再考虑到增加混凝土厚度有利于铺装沥青混合料面层的抗疲劳，钢纤维混凝土层厚度宜在5cm左右。

(3)根据计算分析，改变沥青混合料厚度对于改善其高温抗剪、层间结合性能和抗疲劳性能没有什么作用；复合结构极大地减小了各结构层的疲劳应力幅，大大降低了疲劳危害性；钢桥面复合铺装中的沥青混合料压实质量易保证，不易出现结构性车辙。因此，对于我国南方高温多雨环境下大交通和大坡度的钢桥，沥青混合料面层设计主要控制因素为抗剪不足导致的高温失稳、水稳定性和表面性能(耐磨、抗滑)问题。由于改性SMA具有更好的高温稳定性、抗疲劳性能、表面抗滑性能，一般可采用其作为面层材料，面层厚度则可根据最大粒径的要求，取不大于4cm较薄的厚度。

(4)防水黏结层是钢桥面复合铺装的薄弱环节之一，在荷载作用下防水黏结层处的剪切破坏形式有4种：当沥青混合料面层质量相对较弱时(如压实不够，沥青混合料性能较差等)，破坏发生于沥青混合料面层底面；当防水黏结层质量或抗剪性能相对较弱时，破坏发生于防水黏结层内；当混凝土表面浮浆没有清理干净或表面强度不足时，发生混凝土表面脱落破坏；当防水黏结层与混凝土表面黏结强度不够时，沿界面发生破坏。设计上需要关注防水黏结层材料的遴选及结构最佳组成，通过试验确定材料的最佳用量和施工工艺。另外，由于高温条件下各类防水黏结材料的抗剪强度都大幅下降，精心地进行钢纤维混凝土层表面构造处理(散布碎石、拉毛、拉槽、刻槽或压槽)设计并通过试验验证获得最佳抗剪效果，以提高防水黏结层的抗剪能力非常重要。

6 结语

钢桥面复合铺装一般不会发生常见的层间脱层和滑移病害，由于复合结构大大增加了钢桥面及铺装层的整体刚度，正交异性板和铺装层疲劳开裂将得到很好的控制，其高温稳定性也较常规钢桥面铺装有所改善，在这些方面，与目前主流的钢桥面铺装相比钢桥面复合铺装具有明显的优越性，具有推广价值。

理论上，通过合理地进行钢桥面复合铺装各层次的结构、构造和材料设计，施工质量控制，钢桥面复合铺装将能够满足设计对其使用性能的要求，具有足够的耐久性和使用寿命。

37. 钢绞线与平行钢丝斜拉索性能分析与展望

罗 维[1] 葛耀君[1] 谢正元[2]

(1. 同济大学土木工程防灾国家重点实验室;2. 柳州 OVM 预应力技术有限公司)

摘 要:随着斜拉桥设计和施工技术的不断进步,斜拉桥跨度在 2008 年首次突破一千米,而且有继续增长的趋势。超大跨度斜拉桥对斜拉索提出了更高的要求,斜拉索也由平行钢丝拉索发展到了钢绞线拉索和紧缩型钢绞线拉索。本文通过对比紧缩型钢绞线、普通钢绞线、平行钢丝的拉索外径变化,着重分析了拉索的风载受力情况和风雨振性能,并对紧缩型钢绞线拉索进行了展望。

关键词:斜拉索 紧缩型钢绞线 平行钢丝 风载受力 风雨振性能

1 引言

自从 1955 年主跨为 183m 的世界第一座现代斜拉桥 Stromsund 桥在瑞典建成以来,斜拉桥一直以其优良的力学性能、优美的结构形式和相对经济的建造代价等诸多独特优势,作为新型的桥梁结构形式在各国被越来越多的人们采用,很快便在欧洲、北美、日本、中国等国家和地区迅速流行开来,跨径不断增加[1]。在 1986 年加拿大的 Anacis 桥使斜拉桥跨径增大到 465m,到 1993 年,我国建成主跨为 602m 的杨浦大桥位居世界第一,两年后被法国主跨为 856m 的诺曼底大桥赶超,1999 年日本又建成了 890m 跨度的多多罗大桥,2008 年我国建成主跨为 1 088m的苏通大桥,第一次将斜拉桥的跨度突破到 1 000m,而如今的世界最大跨度斜拉桥是俄罗斯 2012 年建成的 1 104m 跨度的 Russky 大桥,将斜拉桥的跨度带上了另一高度[2,3]。

斜拉桥跨度的增长既离不开设计和施工技术的进步,也与结构材料特别是斜拉索材料的发展密切相关。20 世纪 50 年代到 80 年代,大跨度斜拉桥的拉索主要采用高强钢丝,为了减小成索直径,一般采用紧密排列的平行钢丝拉索;从 20 世纪 80 年代开始,大跨度斜拉桥开始采用孔隙率较大的普通钢绞线索,90 年代,为了降低钢绞线的孔隙率,提出了紧缩型钢绞线所,并在法国诺曼底大桥中成功应用,推动了紧缩型钢绞线索和平行钢丝索的共同发展[1]。目前世界范围内已经建成的斜拉桥跨度排名前 10 位的桥梁中,就有 8 座平行钢丝拉索和 2 座紧缩型钢绞线拉索,见表 1,特别是目前最大跨度的斜拉桥——Russky 大桥采用了紧缩型钢绞线,

基金项目:国家自然科学基金资助。

这就需要我们对紧缩型钢绞线拉索和平行钢丝拉索进行分析和比较。

世界前10跨径斜拉桥 表1

跨径排序	桥名	主跨跨径(m)	最长拉索(m)	所用拉索	控制措施	国家	建成年份(年)
1	Russky Bridge	1 104	578	钢绞线	阻尼器	俄罗斯	2012
2	苏通大桥	1 088	577	平行钢丝	阻尼器/凹坑	中国	2008
3	昂船洲大桥	1 018	540	平行钢丝	阻尼器/凹坑	中国	2009
4	鄂东长江大桥	926	493	平行钢丝	阻尼器/螺旋线	中国	2010
5	Tataro	890	460	平行钢丝	阻尼器/凹坑	日本	1999
6	Normandy	856	445	钢绞线	阻尼器/螺旋线/辅助索	法国	1995
7	九江二桥	818	442	平行钢丝	阻尼器	中国	2013
8	荆岳长江大桥	816	443	平行钢丝	阻尼器/螺旋线	中国	2010
9	Incheon Bridge	800	419	平行钢丝	阻尼器/凹坑	韩国	2009
10	厦漳跨海大桥	780	409	平行钢丝	阻尼器/凹坑	中国	2013

表1所示，目前斜拉索最大长度已经达到570多米，斜拉索长度的增大带来的主要问题是风载性能和拉索振动。斜拉索承受的风荷载占整个桥梁承受风荷载的很大一部分，拉索长度的增加增大了受力面积，进而增大风荷载，对斜拉桥来说是很大的负担。另一方面，拉索长度增加将使得其振动频率大幅下降，而拉索本身的刚度和阻尼又非常小，在外部激励下极易发生大幅振动，特别是风荷载和风雨共同作用荷载。

2 平行钢丝拉索与钢绞线拉索

斜拉索作为斜拉桥的主要受力构件之一，必然为满足大跨斜拉桥的发展而得到改良。目前斜拉桥主要采用平行钢丝拉索和钢绞线拉索，这两种拉索技术经过数十年的发展，已日渐成熟，都已成功的运用于众多的大中型斜拉桥中。特别是钢绞线拉索，由于其优越的施工和耐腐蚀性能而受到青睐。1993年3月在德克萨斯大学收集了有关斜拉索设计、制造、架设和长期防腐等各行业的意见，明确指出，在构造性能上钢绞线拉索优于平行钢丝拉索[4,5]。有资料显示[5]，从1987年开始，预应力平行钢丝拉索在美国国内已不再生产。1978年，法国建成了跨度布置为143.5m+320m+143.5m的首座钢绞线拉索斜拉桥，90年代便开始在大跨度斜拉桥中使用，有代表性的便是1995年建成的跨度856m的诺曼底大桥，而俄罗斯2012年新建的两座超大跨斜拉桥，跨度为1 104m的Russky Bridge和跨度为737m的Zolotoy Rog bridge均采用钢绞线拉索。

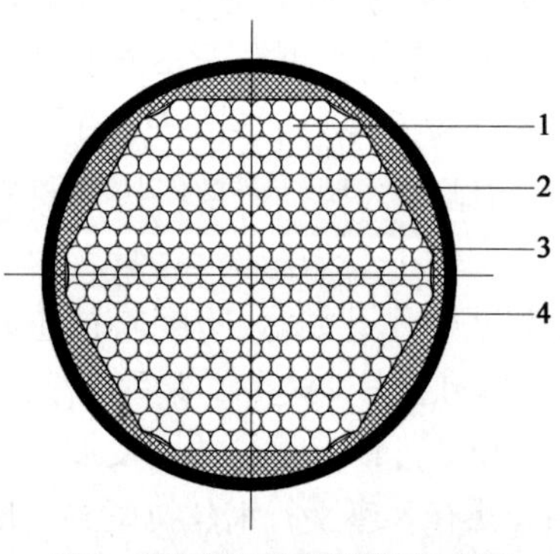

图1 平行钢丝拉索横截面示意图

1-高强度镀锌钢丝；2-高强聚酯纤维带；3-内层护套；4-外层护套

2.1 平行钢丝拉索

平行钢丝拉索是将若干根钢丝平行并拢，同心同向作轻度扭绞，扭绞角2°～4°，再用包带扎紧，最外层直接挤聚乙烯(PE)护套作防护，其横截面示意图如图1所示[6]。

平行钢丝拉索为工厂化制造的成品索，产品质量可靠性高，是我国大量采用的拉索结构形式。与钢绞线拉索相比，它最主要的优点是斜拉索的直径小，减小了作用在其上的风荷载。但是，它同时也存在以下几个方面的缺陷：

(1)平行钢丝索普遍使用 $\phi5$ 或 $\phi7$ 钢丝制作，要求钢丝的抗拉强度不低于 1 770MPa，平行钢丝拉索必须要事先在工厂制作后盘绕，再采用重型运输设备将成盘的索体运输到施工现场，索越长孔位越大对运输要求就越高[4]。

(2)平行钢丝拉索施工时是整体安装，在拉索张拉与调索时必须采用大吨位群锚千斤顶，操作困难，而且对起吊设备或吊装工具要求高，不可预见因素多[5]。

(3)平行钢丝拉索的防腐耐久性较差，使用寿命一般在 20～30 年，与大跨度桥梁整体结构使用寿命不得低于 100 年的要求相距甚远[4,5]。

(4)平行钢丝拉索的自振频率低、阻尼小，而频率和阻尼是影响拉索振动的敏感参数，低频率小阻尼的拉索易发生振动，特别是风雨激振问题。

2.2 钢绞线拉索

钢绞线拉索主要由钢绞线索体材料和 HDPE 护套组成，单根钢绞线热挤聚乙烯(PE)护套组成钢绞线束，整索束的外层是双层同步挤压成型的高密度聚乙烯(HDPE)防护套管形成自由伸缩段，两端配有单根锚定夹片式张拉端锚具和固定端锚具，其横截面示意图如图 2[7]所示。

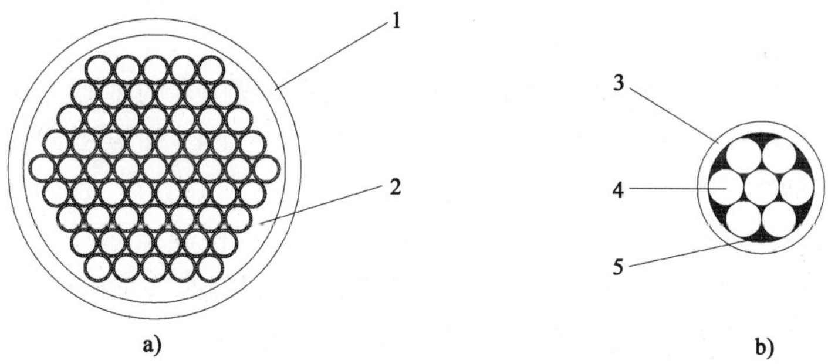

图 2　钢绞线拉索横截面示意图

1-索套管；2-单根无黏结钢绞线；3-单根无黏结钢绞线 PE 护套；4-钢绞线；5-填充物

钢绞线拉索因其施工轻便、高效、精确、防腐性能优良以及宜于单根钢绞线换索等，已经越来越多地应用于斜拉桥中。与平行钢丝拉索相比，它有如下突出的特点：

(1)钢绞线拉索主要材料运输不需要重型运输设备，相对平行钢丝拉索对运输要求不高[4]。

(2)钢绞线拉索安装时张拉与锚固都能够做到单根操作，不需要大型、重型的机械设备，操作相对简单，施工的安全性易于保证[5]。

(3)钢绞线拉索的防腐耐久性远高于平行钢丝拉索，使用寿命可达到平行钢丝拉索的 3 倍[4,5]。

(4)钢绞线拉索阻尼大于平行钢丝拉索，在拉索振动特别是风雨激振性能上较优。

与平行钢丝拉索相比，钢绞线拉索最大的缺点在于大幅度增加了拉索的直径，使得作用在拉索上的风荷载增大，进而增大了整个斜拉桥的风荷载，提高了设计施工难度。并且，由于单根张拉锚固的施工方法，对于现场成型的钢绞线拉索，如何同时解决钢绞线之间拉力均匀和索力一次达到设计值是钢绞线拉索面临的另一难题。

3 两种拉索性能对比

通过以上分析可以看到，钢绞线拉索在多个方面性能均优于平行钢丝拉索，然而在应用上，钢绞线拉索却受到了很大限制，尤其是在我国，钢绞线拉索并没有推广到超大跨度斜拉桥的使用中，目前绝大多数大跨度斜拉桥采用了平行钢丝拉索。我国已建成的采用钢绞线拉索的斜拉桥中，最大跨度为2011年建成的武汉二七长江大桥，跨度为616m，其次为2002年建成的青洲大桥，跨度为605m，我国进入世界前十跨度斜拉桥中，没有一座采用钢绞线拉索。出现此种情况，最主要的原因在于钢绞线拉索大幅增加了拉索的直径，在同等设计索力下，普通钢绞线拉索的外径比平行钢丝拉索约大68%，这就导致作用于钢绞线拉索的风载阻力远远大于平行钢丝拉索，对桥梁结构产生较大影响，使得钢绞线拉索在应用过程中止步不前。

钢绞线拉索与平行钢丝拉索最主要的参数差别在于直径和阻尼，它们影响着斜拉索两个最重要的性能：风载性能与风雨振性能。明确两种拉索的风载性能和风雨振性能对于斜拉桥的设计施工具有指导意义。

3.1 风载性能

大跨径斜拉桥，由于拉索数量多、长度大，斜拉索产生的风荷载所占比例也越来越大，已经超过了主梁。以苏通大桥为例，最长斜拉索达577m，全桥272根斜拉索，在横桥向风荷载作用下，斜拉索所产生的风荷载对于主梁位移及内力的贡献占整个风荷载的60%～70%，主梁仅占30%，桥塔约占5%～10%[8]。因此，在大跨径斜拉桥设计中，应高度重视斜拉索上的风荷载，它直接影响到结构的安全性与经济性。

紧缩型钢绞线是随着大跨斜拉桥的发展而在普通钢绞线拉索的基础上，开发出来的比普通钢绞线拉索直径小的新型钢绞线拉索。采用OVM、Freyssinet和VSL世界三大拉索制造公司开发的紧缩型钢绞线拉索参数，与我国交通行业标准《JTT 771—2009 无粘结钢绞线斜拉索技术条件》中钢绞线拉索主要技术参数[7]、我国交通运输行业标准《JTT 775—2010 大跨度斜拉桥平行钢丝斜拉索》中平行钢丝拉索主要技术参数为基础[6]，分析其直径变化对拉索风荷载的影响。5种拉索在极限强度相等的条件下，其外径比较见表2。

拉索各规格直径对照表(单位：mm)　　表2

钢绞线拉索规格	OVM 250C紧凑型	Freyssinet Compact Pipe	VSL SSI2000-C	JTT 771—2009	平行钢丝拉索规格	JTT 775—2010
31	140	129	140	160	121	103
37	150	142	150	180	139	111
43	165	150	165	200	163	118
55	175	170	180	200	211	133
61	185	170	190	225	241	139
73	200	195	210	250	283	151
85	210	200	225	250	313	158
91	225	215	230	280	349	166
109	240	225	250	315	409	180
121	250	240			451	189
127	260	250	270	315	475	194

由表 2 不难发现，随着拉索规格的增大、拉索相应的外直径增大；在相同的极限索力水平下，平行钢丝拉索直径最小、普通钢绞线拉索直径最大，而国内外三种品牌的紧缩型钢绞线拉索直径都大于平行钢丝索和小于普通钢绞线索，且三者比较接近。由表 2 中数据得到图 3、图 4。

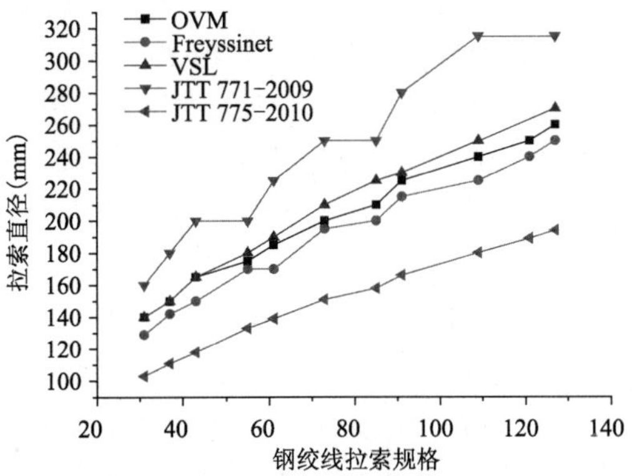

图 3　拉索直径变化图

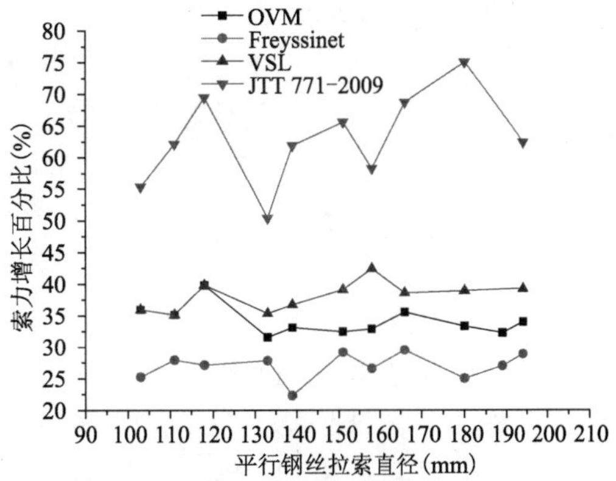

图 4　索力增长百分比

图 3 表示各拉索直径随钢绞线拉索规格(对应平行钢丝拉索规格)变化规律，无论是平行钢丝拉索还是钢绞线拉索，拉索直径都随拉索索力线形增加，平行钢丝拉索与三种紧缩型钢绞线拉索增长斜率基本一致，且都小于普通钢绞线拉索直径增长斜率。这就表明在拉索索力同步增加的情况下，普通钢绞线拉索需要更大的直径来满足索力的增长，而紧缩型钢绞线拉索将这一增长速率降低到了与平行钢丝拉索同一水平，减轻了高承载力、大直径钢绞线拉索情况下拉索承受风荷载的负担，降低了超大跨斜拉桥使用大直径钢绞线拉索的风荷载。

斜拉索横桥向风荷载按照我国《公路桥梁抗风设计指南》[9]提供的公式考虑：

$$F_H = \frac{1}{2}\rho V_d^2 C_H D L$$

式中：F_H——斜拉索横桥向风荷载；

ρ——为空气密度；

C_H——横桥向斜拉索阻力系数；

D——斜拉索直径；

L——斜拉索长度；

V_d——静阵风风速。空气密度、拉索长度及风速取值一致，近似认为计算雷诺数均处在亚临界区，阻力系数保持不变。

钢绞线拉索相对于平行钢丝拉索荷载增大百分数如图 4 所示。由图可知，紧缩型钢绞线拉索大幅降低了所承受的风荷载。随着直径的增大，普通钢绞线拉索风荷载增量在 55%～75%不等，特别是在大直径范围内，风荷载增量几乎均在 60%以上。而紧缩型钢绞线拉索能将风荷载增量降低到 20%～40%，并且在大直径范围内，维持了风荷载增量的平稳。

3.2　风雨振性能

斜拉索的风雨激振是大跨度斜拉桥风致灾害中发生得最为频繁也是危害较大的一类拉索大幅低频振动，受到较多参数的影响，尤其是阻尼比。钢绞线拉索由于各股钢绞线之间相互交错的空间构造，其阻尼比大于相应直径的平行钢丝拉索[2,3]。拉索结构阻尼对风雨激振的影响如图 5 所示。

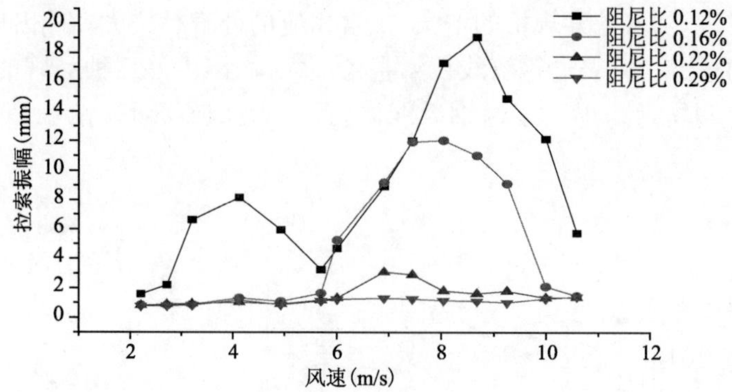

图 5　阻尼比与拉索最大振幅[2]

图 5 表示拉索在不同阻尼比时，人工降雨条件下振幅随风速的变化规律，其中振幅为风速雨量组合下的最大振幅，拉索倾角为 30°、风偏角为 20°、拉索振动频率为 1.2Hz。由图可知，阻尼比为 0.12％时拉索发生了风雨激振，起振风速 2m/s 左右，振动区间大，振幅大；阻尼比为 0.16％时，拉索也发生了风雨激振，但是起振风速提高到 6m/s 左右，且振动区间缩短，振幅减小；当阻尼比增加到 0.22％时，拉索仅发生小幅振动；阻尼比提高到 0.29％时，拉索振动现象完全消失，由此说明增大拉索阻尼能有效抑制拉索的振动[2]。

钢绞线拉索与平行钢丝拉索的风雨振性能主要取决于拉索阻尼和外径，根据目前统计情况，平行钢丝拉索的阻尼比在 0.05％～0.15％，紧缩型钢绞线拉索的阻尼比在 0.10％～0.20％，因此从阻尼角度而言钢绞线拉索优于平行钢丝拉索；根据上述介绍，紧缩型钢绞线拉索的外直径比平行钢丝拉索外直径大 20％～40％，因此从外直径角度而言平行钢丝拉索又优于紧缩型钢绞线拉索。综上所述，未来紧缩型钢绞线拉索和平行钢丝拉索的风雨振性能还有待深入、系统的开展研究和比较。

4　结语

本文总结了国内外大跨斜拉桥的发展概况，分析了目前的发展形式以及面临的问题，对钢绞线拉索和平行钢丝拉索进行了对比分析，结论如下：

(1)尽管平行钢丝拉索和紧缩型钢绞线拉索都已成功应用于斜拉桥，但是影响在大跨度斜拉桥中使用的主要指标是风载性能和风雨振性能；

(2)目前紧缩型钢绞线拉索的风载阻力比平行钢丝拉索的风载阻力大 20％到 40％，探索进一步减小前者的风载阻力意义重大；

(3)虽然紧缩型钢绞线拉索的外直径大于平行钢丝拉索，但是前者的阻尼比却比后者大，两者的风雨振性能需要作一一对比风洞试验；

(4)紧缩型钢绞线拉索减小外直径和增大阻尼比必将成为未来的研究热点，从而在超大跨度斜拉桥的应用中全面超越平行钢丝拉索。

参 考 文 献

[1] Yaojun Ge, Challenging Aerodynamic Concerns of Cable-Supported Bridges with Super Long Span, Keynote Paper in Proceedings of the 13th International Conference on Wind Engineering, Amsterdam, the Netherland, July 11-15, 2011.

[2] 许林汕.基于高精度风雨模拟试验系统的斜拉索风雨振试验和分析[D].上海:同济大学,2008.
[3] 李文勃.斜拉桥拉索三维风雨激振及静风荷载研究[D].上海:同济大学,2007.
[4] 祖祥胜,刘征宇,柏国清.钢绞线拉索与钢丝拉索体系的比较[J].安徽建筑,2010,(003).
[5] 李传平,张保和,刘耀武.平行钢绞线拉索技术的研究与实践[J].建筑结构,2007,37(B05).
[6] 中华人民共和国行业标准.JT/T 775—2010.大跨度斜拉桥平行钢丝斜拉索[S].北京:人民交通出版社,2010.
[7] 中华人民共和国行业标准.JT/T 771—2009.无黏结钢绞线斜拉索技术条件[S].北京:人民交通出版社,2009.
[8] 刘志文,陈艾荣,周志勇等.大跨径斜拉桥斜拉索静风荷载计算方法比较[J].同济大学学报,2005,33(5).
[9] 中华人民共和国行业标准.JTG/T D60-01—2004.公路桥梁抗风设计规范[S].北京:人民交通出版社,2005.

38.处于S形曲线桥梁布梁方案研究

何　俊　牛小平　王泽军　王时元

(四川川北公路规划勘察设计有限公司)

摘　要:S形曲线桥梁布梁方案是设计的重点和难点,选择合适的布梁方案将节省T梁的施工模板,同时为后续上部构造的设计以及施工带来便利。本文介绍了弯桥的两种主要的布梁方案,介绍了一座处于S形曲线上的桥梁的布梁方案,为同类形桥梁提供参考。

关键词:山区地形　S形桥梁　布梁方案

0　引言

罗家渡大桥位于四川省广元市旺苍县境内X018线旺(苍)宁(强)路高阳镇境内,横跨东河,是进出旺苍县城的一座重要桥梁。原桥为拱桥,修建于1984年,上部结构为1－8m实腹式钢筋混凝土板拱＋1－100m空腹式钢筋混凝土双曲拱＋2－8m实腹式钢筋混凝土板拱桥,桥梁全长154m,全宽9.5m。经过多年的超负荷运营,原桥已出现较大的裂缝,不适合继续通行。经业主及有关单位研究,决定在原桥附近新建一座新桥,以取代老桥,如图1所示。

图1　原罗家渡大桥

1　弯桥布梁方案选择

对于半径比较大的弯桥,可采用弯桥直做的方法;对于小半径弯桥的布梁方案,其主要有墩台平行布置法和墩台径向布置法两种方法。

1.1 墩台平行布置法

墩台平行布置法以桥中心处横桥向墩轴线为基准，全桥各墩、台轴线相互与之平行的墩、台轴线布设方法。其同一跨径内梁长相等。该种方法布置的梁长可以跨与跨等梁长，也可以跨与跨之间采用不同的梁长，但同一跨的梁长是等长的。此种方法适用于中、小跨径桥梁，一般孔跨不超过 4 跨。对于大半径的弯桥采用的弯桥直做法就有点类似于这种墩台平行布置法，只不过其墩轴线与路线的夹角倾斜得没这么厉害，一般近似于 90°，如图 2 所示。

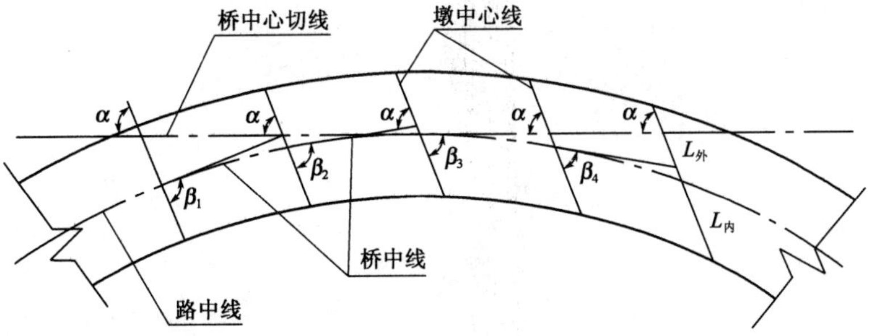

图 2　平行布置

1.2 墩台径向布置法

若半径较小，弦弧差较大时，一般采用径向布孔法，即保持墩、台中心线与路中心线交点的切线夹角成一个固定值(即 α＝常数)，这样孔与孔之间的梁长完全相同，但一孔之内的各梁长不同。这种方法特别适合于当桥梁处于圆曲线段时，虽然其一孔内的梁长各不相同，但孔与孔之间的梁长完全相同，也方便设计与施工，如图 3 所示。

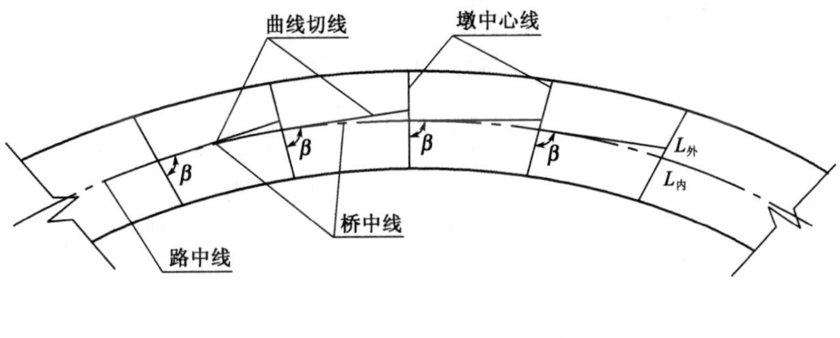

图 3　径向布置

当然在具体设计中，两种方法可能混合使用，如一座桥梁有几跨位于圆曲线段，另有几跨位于缓和曲线段，圆曲线段可采用径向布孔法，缓和曲线段可采用墩台平行布置法。

2 S 形桥梁布梁方案

新建的罗家渡大桥设计速度 40km/h，荷载采用公路—Ⅰ级，上部结构采用 2-16m 普通钢筋混凝土简支 T 梁＋6-25m 预应力混凝土简支 T 梁＋3-16m 普通钢筋混凝土简支 T 梁，采用预制 T 梁，现场安装的施工方法。桥梁总长 244.25m，桥梁标准宽度为 13m，因弯道加宽，实际总宽为 13.49～14.31m。平面图如图 4 所示。

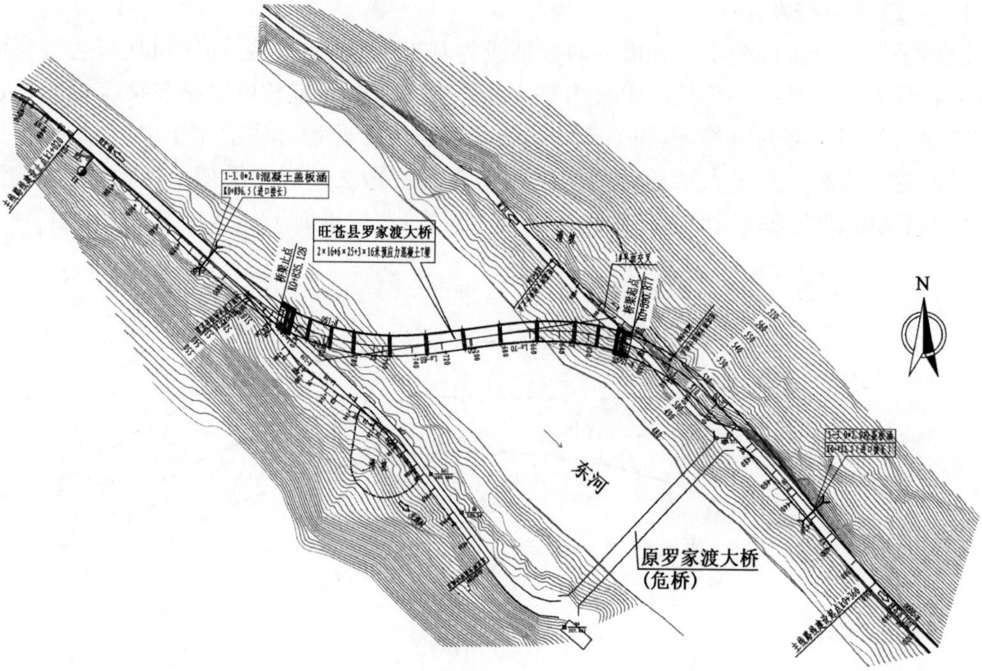

图 4　桥型平面布置图

为了更好的与原路衔接，桥梁平面线型采用了 S 形，桥梁两端位于 $R=150\text{m}$ 的圆曲线段，中间位于 LS1＝70m 和 LS2＝65m 的缓和曲线段。该桥平面线形复杂，桥梁上部结构采用了 16m 和 25m 两种跨径。由于线形复杂，因此其布梁方案不能简单的采用上面介绍的两种方法之中的一种，需要综合考虑，但其布孔的原理可以借鉴后一种方法(墩台径向布置法)，即保证相同跨径的梁长尽量一致，这样可以减少 T 梁的预制模板，同时使设计和施工更加便利。

罗家渡大桥具体布梁方案如下：其中第一、二跨和第九、十、十一跨为 16m 跨径，孔与孔之间 T 梁的长度相同，为 15.556～16.394m；第三跨～第八跨为 25m 跨径，孔与孔之间 T 梁的长度相同，为 24.586～25.414m。该种布梁方案的好处是能保证相同跨径 T 梁在孔与孔之间的梁长相同，虽然在设计阶段有时需要反复试验，才能取得较好的布梁效果，但却能为后续工作带来较大的便利，这点牺牲相对于节省的造价和为施工带来的便利是值得的。具体布梁方案如图 5 所示。

图 5　桥梁布梁方案示意图

3 结语

本文介绍了弯桥的两种主要的布梁方案及其适用范围，同时根据具体的一座位于S形曲线上的桥梁，介绍了其布梁方案，以供同类型的桥梁提供参考。

该桥处于S形曲线上，其布梁方案既不是传统的墩台平行布置法，也不是墩台径向布置法，其布梁的总体原则是保证相同跨径的T梁在孔与孔之间的梁长尽量一致，这样可以减少施工模板，方便设计和施工。

参考文献

[1] 中华人民共和国行业标准. JTG D60—2004 公路桥涵设计通用规范[S]. 北京：人民交通出版社，2004.

[2] 陈晨，刘洋亿. 曲线桥梁的自动布梁方案设计研究[J]. 公路交通科技，2010.

[3] 邵旭东，顾安邦. 桥梁工程[M]. 北京：人民交通出版社，2007.

39. 建筑信息模型技术及其在桥梁工程中的应用

邹　阳[1,2]　周水兴[1]　李海江[2]　杨昌龙[1]
(1. 重庆交通大学土木建筑学院;2. 卡迪夫大学工学院)

摘　要:建筑信息模型(Building Information Modelling)是近年来工程领域中出现的一个新技术,不仅涵盖了全寿命设计的理念和方法,而且还包含协同工作、参数化为核心的新技术、新方法,技术优势明显。本文尝试将BIM技术引入到桥梁工程中,以爱尔兰黑水桥为工程背景,介绍BIM技术在桥梁中的应用。

关键词:建筑信息模型　BIM　桥梁工程　协同性

1　引言

任何一座桥梁,无论规模大小,都要经历从规划、设计、施工、养护到拆除的全阶段。现阶段,受到管理体制、设计技术、人员能力等方面的限制,建设过程与后期管理大多分属不同部门,桥梁构造设计依赖于二维CAD系统,各个阶段相对独立,缺乏有效的协同和联系,造成工程效率低、使用寿命短、后期养护费用高等问题。

为解决桥梁建设中存在的不足,相继提出了全寿命设计方法和建筑信息模型两个概念。桥梁全寿命设计方法改进了设计阶段的总体框架和设计方法,要求在桥梁构造设计时应充分考虑建成后的运营、维护、管理以及拆除的综合成本,以最小的全寿命投入达到桥梁长期服务水平[1],但该方法也存在较大的局限性,无法完全解决传统设计和建设流程中的所有问题。2002年Autodesk公司提出了建筑信息模型的概念,其既涵盖了全寿命设计的理念和方法,又包含许多以“协同工作”(Collaboration)、“参数化”(parametric)为核心的新技术、新方法,希望从根本上解决工程中的协同、效率及成本等问题。

本文首先介绍BIM的基本概念,然后介绍BIM在国内外的发展现状,最后以爱尔兰黑水大桥为例,介绍基于BIM的桥梁工程建设的特点。

2　BIM在国内外发展现状

2.1　基本概念及特点

建筑信息模型(Building Information Modelling,BIM)是以工程项目的核心信息数据作为基础，建立参数化和模块化模型，通过数字信息仿真模拟工程项目所具有的真实信息[2]的一项技术。

相对于传统CAD技术，BIM具备以下的特点：①模型是3D直观可见的；②信息模型包含项目所有关联的参数和数据，是整个项目信息的集合；③BIM平台具有极高的协同性，支持不同软件的数据交流和不同工程人员的协同工作；④信息模型的所有参数具有关联性，即"一处修改，处处自动更新"，便于模型的修改和优化。

2.2 国内外发展现状

2002年起，英美等发达国家开始着手BIM相关理论及应用研究，最近又发布了相关的BIM标准[3]，如美国的National BIM Standard (NBIMS)。英国政府将在2016年后强制所有公共投资的大型项目必须具有BIM方案才能投标和建设[4]，以此作为政策向导推进BIM在建筑行业的普及。至今，BIM已经应用到美国的大多数在建建筑项目中，韩国、日本及我国香港地区的BIM发展态势也非常良好，已在各自国家形成了相关的BIM研究所和行业协会。一些工程公司将BIM技术应用到实际工程中，建立基于BIM的应用框架，挖掘BIM的实际应用价值，如工程项目成本和时间减少、工程人员的协同提升等，获得了巨大效益。然而，BIM在桥梁方面的研究和应用还比较少，2003年，芬兰工程师成功利用3D建模的方法设计了一座简支板桥，并利用镭射扫描技术控制桥梁的施工精度[5]；2011年，韩国的研究人员成功利用BIM软件对一座钢桥进行了4D施工模拟和冲突检测，通过对整体进程的智能化分析提出了更好的施工方案[6]。

BIM在国内起步较晚，技术的理论研究及实践应用仍然十分落后[7]。2007年后，由于工程需要，少数大型建筑设计院逐渐开始学习BIM软件，并将其应用到一些大型国际合作项目中，如上海中心大厦和北京水立方，但应用的层次还比较低，主要是利用3D技术解决部分关键问题，在整个建设过程中仍属于辅助技术。近两年，随着BIM技术在国外发展突飞猛进，其在国内受到了越来越多的重视。2011年，住建部发布了《2011～2015建筑业信息化发展纲要》，首次在政府层面要求BIM成为我国建筑行业今后的发展方向，规划了我国今后BIM发展的总体布局，并在2012年开始了相关标准的制定筹备。同时，国内越来越多的甲级建筑设计院开始组织人员学习基于BIM的核心软件、参与BIM研讨会，开始探索将3D技术等运用到实际项目中。

至今为止，国内尚未开展BIM在桥梁工程中的相关应用和理论研究。桥梁作为一种特殊的结构，具有工程造价高和社会作用大的特点，需要高水平的设计、施工及维护[8]，同时现代桥梁大跨、复杂、高强轻质等特征也对建筑和结构工程师提出了更高的要求和挑战。因此，发展基于桥梁的BIM技术，能有效提高桥梁设计施工效率和协作，降低潜在的冲突和失误，实现桥梁在整个生命周期的生产信息化。

2.3 价值的实现

BIM的价值一方面需要靠相关的软件平台去实现[9]，现在市场上主流的BIM软件主要有Autodesk Revit，Bentley Architecture，ArchiCAD，Tekla BIMsight等[10]，其中大多能支持3D参数化设计，协同工作和数据共享。并且通过特定的软件接口，BIM工具能够跟其他专业软件共享数据，实现协同工作。例如，Autodesk Revit能够将模型导入ROBOT进行结构分析，也可以与Navisworks交互实现4D进程模拟和冲突检测。不同软件厂商的BIM平台拥有自身的优势和数据交互的方式，从而导致不同BIM平台的建模理念和数据共享方式有很大的差异。

从更重要的方面看，BIM 的价值实现依靠高效的协同工作[10]。通常一个工程项目需要不同部门和大量工程人员共同参与，包括规划师、建筑师、工程师和项目业主等[11]，他们可能会使用不同的软件和方式来完成各自的工作，且大量数据的存储与调用也有很大差异。BIM 能够提供恰当的管理平台和协同模式来处理的这些数据相互作用，通过整体的实施框架和控制模型[12]来规范各个流程的行为，使之高效运行并满足规范要求。

2.4 BIM 实施等级

由于 BIM 的概念十分广泛，其不仅仅是信息数字技术的革新，还将改变传统的管理运作模式，因此，实现 BIM 的价值还有很长的路要走。在过去 10 年里，尽管 BIM 的发展十分迅猛，但并不是所有的应用都能保持很高的协同和生产效率，因此，应用 BIM 于实际工程必须制定适合的实施框架和规范，来适应新的内、外部组织关系[13]。英国标准协会（BSI）于 2012 年提出了一个名为“BS/555 路线图”的 BIM 成熟度模型，如图 1 所示。该模型对 BIM 的应用成熟程度分为 4 级，最低为 0 级，最高为 3 级。目前大多数工程应用依然停留在 1 级。英国政府的目标是 2016 年前英国建筑行业的 BIM 应用要达到第 2 等级[14]。

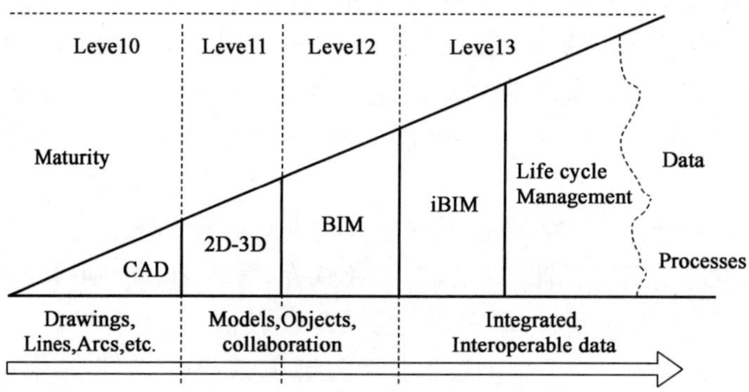

图 1　BIM 成熟度模型[13]

2.5 BIM 应用于桥梁的障碍

首先是 BIM 的核心软件问题。目前主流 BIM 软件功能还不够智能和完善，且均是基于建筑工程编写的，对桥梁工程的支持十分有限，要建立具有工程价值的复杂 BIM 模型还非常困难。另外，几乎所有 BIM 软件都是由国外直接引入国内，无法很好地满足我国目前桥梁方面的规范。

其次是标准问题。目前我国还没有建立系统完善的 BIM 标准，包括数据交换标准、项目实施框架、评价准则等，这使得各设计单位进行 BIM 应用时没有规范可依，取得的经验也无法很好共享。

最后是从业人员的工作模式转变问题，BIM 的核心是“协同工作”，这要求工程人员必须花大量精力适应基于 BIM 的企业架构和信息共享方式。

3　桥梁建设的传统流程

图 2 总结了国内桥梁从规划到运营维护的一般流程[15]，目前，大多数桥梁的设计、建造和运营维护仍然是基于 2D CAD 系统[16]，每个生产流程都是几乎高度分离的[17]。在桥梁整个生命周期里，每个进程都会产生大量相对孤立和无法交互共享的数据，导致大量时间和资源消耗。由于不同部门间缺乏有效的沟通，变更的几率也会升高。其次，在大多数情况下业主很可

能希望在保证工程质量的前提下尽可能提高施工速度,这也给整个项目提出了更高的要求。再次,传统流程的数据存储、利用和共享高度依赖于“二维图纸”和人工操作,效率低下且容易造成数据丢失。

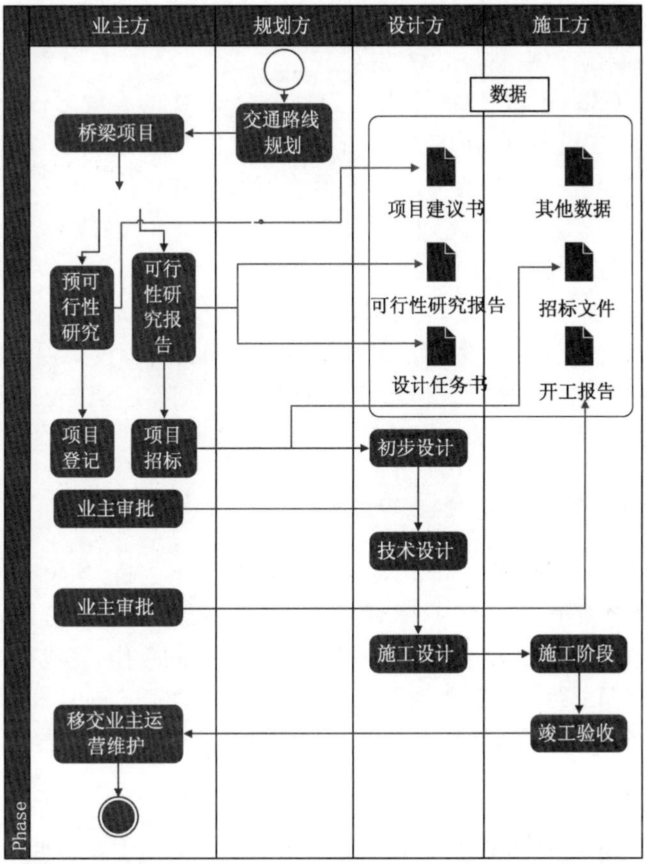

图 2　传统桥梁建设流程图

4　基于 BIM 的桥梁建设特征

4.1　高效协同工作

桥梁信息模型是基于 BIM 架构项目的核心,同专业工程人员在 BIM 同一软件平台下交互设计,比如 Revit 的 Link 功能使项目的设计者可以在新的软件平台上完成各自的设计任务,最后拼装成一个模型,实现协同设计。而不同专业的协同主要依靠信息平台的数据共享来实现。

4.2　以模型为主的理念

建筑信息模型的出现,带来了更多数字化技术,使得工程人员的工作模式由“基于图纸”向“基于模型”转变,详细的桥梁建模可以在已有的路线规划模型中完成,通过参数化地修改,可以便捷实现快速建模并自动输出图纸。同时 BIM 模型是全桥所有信息的集合,通过“搭积木”式的快速建模,可以便捷实现高速公路桥梁、城市高架桥梁的批量设计和出图。参数化“积木”所拼装起来的信息模型具有精度高,可操作性强,标准化,大大简化了工作流程和提高了工作效率。

4.3 高效数据交互

以往的工作模式通常是基于单一平台，工作在缺乏信息和数据交流的情况下完成自己的任务，效率低下，容易产生错误和数据丢失。目前，主流的BIM软件均具有较强的交互能力并提供了交互接口。例如，道路线形及景观在Autodesk Civil 3D里完成后，可以导入Autodesk Revit进行桥梁的设计，最后再将设计好的桥梁直接导入Robot进行结构分析和配筋，不同专业的人员可以根据需求修改模型和提取数据。

云建筑信息模型(Cloud BIM)被业内认为是今后BIM的发展方向。一方面，利用云平台，结构分析软件可以在极短时间内完成分析并将数据反馈给终端；另一方面，云平台可以容纳整个项目的所有数据，项目人员可以根据具体情况设置访问和修改权限，方便项目数据管理。

4.4 项目管理模式的转变

传统的项目管理模式主要有：设计—招标—建造(D-B-B)、设计—建造(D-B)、设计—建造—融资—运营(DBFO)等。目前，还没有与BIM相适应的项目管理模式[13]，几乎所有的BIM应用项目仅仅是轻微修改现有的模式。但随着BIM技术与实际工程结合得日益紧密，能够适应以信息模型为核心的新的管理模式必然会取代旧的模式。

5 基于BIM的桥梁设计流程

笔者利用BIM核心软件Autodesk Revit依照爱尔兰黑水桥(Blackwater Bridge)图纸进行了BIM建模，如图3所示，并总结了BIM设计分析的一般UML流程图，如图4所示。在基于BIM的桥梁设计中，BIM团队内部需明确专业分工并协同工作，完成桥梁信息模型，并对其逐步修改完善从而达到最终的工程需要。通过该模型，自动完成施工图纸输出、工程量统计、4D施工模拟、5D现金流模拟等，智能分析可能出现的工程冲突和问题，提前优化工程方案和人员配置，以达到提高工程人员效率、降低工程成本的目的。

图3 黑水桥Revit模型

当前，BIM核心软件对桥梁设计与分析的支持十分有限，如Revit没有提供桥梁构件的模块而且无法与专业桥梁分析软件桥梁博士、Midas等对接。因此，目前在桥梁中应用的BIM的方案最好是建立在传统设计流程基础上加以改进，进行BIM设计，并利用传统桥梁分析软件进行结构分析，完成整个桥梁的设计建设。

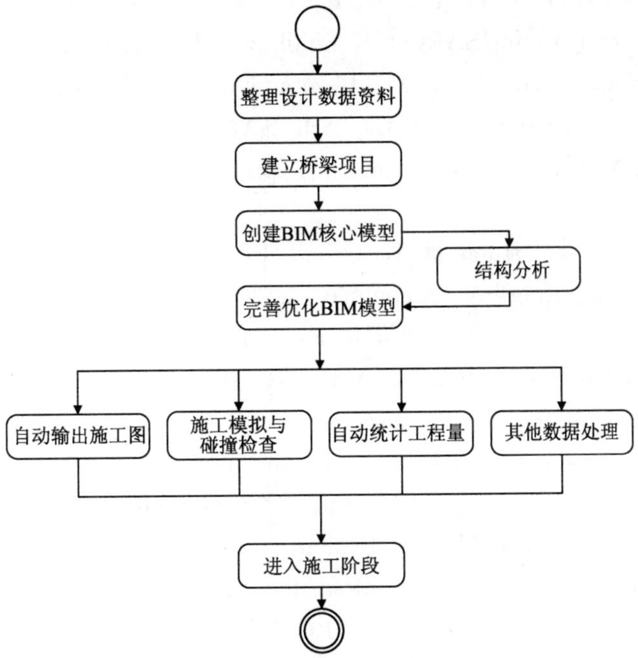

图4 基于BIM的桥梁设计流程图

6 结语

相对于设备制造业和建筑业，目前国内桥梁建设的信息化程度依然比较低，而现代桥梁正在往大跨度、复杂化发展，同时交通的压力极大地压缩了桥梁的建设周期，这对设计和施工都提出了更高的要求。因此，利用新的技术和管理方式来提高工作生产效率，降低成本成为现代桥梁建设面临的重要课题。

建筑信息模型(BIM)的出现，为桥梁设计者提供了先进的工具，使逐步完善模型成为工作核心思想，从而告别了以往制图后反复改图的绘图员式的工作模式。更重要的是，BIM代表了先进的生产管理思想，其以信息技术为载体，以协同工作为核心，使信息模型成为项目的主体，充分发挥协同这一理念的优势，有助于提高工程施工质量和效率，降低工程成本，是未来工程建设的发展方向。

参考文献

[1] 邵旭东，彭建新，晏班夫.桥梁全寿命设计方法框架性研究[J].公路，2006，26(1):44-49.

[2] Eastman, C., Teicholz, P., Sacks, R., etc. BIM handbook: Aguide to building information modeling for owners, managers, designers, engineers and contractors[M]. Wiley, 2011.

[3] Kennett, E. New NIBS Group to Create US BIM Standard[J]. Building Sciences A Publication of the National Institute of Building Sciences. Vol. 30, March, 2006.

[4] Nawari, N., Sgambelluri, M. The role of national BIM standard in structural design[A]. In The 2010 Structures Congress joint with the North American Steel Construction Conference in Orlando, Florida[C], 2010; 1660-1671.

[5] Heikkilä, R. , Jaakkola, M. , Pulkkinen, P. Connecting 3-D Concrete Bridge Design to 3-D Site Measurements[A]. In ISARC[C], Eindhoven, Holland, 2003; 259-264.

[6] Chiu, C. -T. , Hsu, T. -H. , Wang, M. -T. , etc. Simulation for steel bridge erection by using BIM tools[J]. Proceedings of the 28th ISARC, Seoul, Korea, 2011, 560-563.

[7] Wang, X. The New BIM Player-China[J]. Journal of Building Information Modeling, 2012, 2.

[8] Abudayyeh, O. , Al-Battaineh, H. T. As-built information model for bridge maintenance [J]. Journal of computing in civil engineering, 2003, 17(2): 105-112.

[9] Sebastian, R. , van Berlo, L. Tool for benchmarking BIM performance of design, engineering and construction firms in the Netherlands[J]. Architectural Engineering and Design Management, 2010, 6(4): 254-263.

[10] Haymaker, J. Communicating, integrating and improving multidisciplinary design narratives. In Design Computing and Cognition'06, Springer: 2006; 635-653.

[11] Shen, W. , Hao, Q. , Mak, H. , etc. Systems integration and collaboration in architecture, engineering, construction, and facilities management: A review[J]. Advanced Engineering Informatics, 2010, 24 (2): 196-207.

[12] London, K. , Singh, V. , Gu, N. , etc. Towards the development of a project decision support framework for adoption of an integrated building information model using a model server[J]. Handbook of research on building information modeling and construction informatics: concepts and technologies, 2012, 270-301.

[13] Porwal, A. , Hewage, K. N. Building Information Modeling (BIM) partnering framework for publicconstruction projects [J]. Automation in Construction, 2013, 31. 204-214.

[14] Counsell, J. Beyond Level 2 BIM, Web Portals and Collaboration Tools[A]. In Information Visualisation (IV), 2012 16th International Conference on[C], 2012; 510-515.

[15] 周水兴. 桥梁工程(第 2 版)[M]. 重庆: 重庆大学出版社, 2011.

[16] Kaner, I. , Sacks, R. , Kassian, W. , etc. Case studies of BIM adoption for precast concrete design by mid-sized structural engineering firms. In ITcon: 2008.

[17] Kivimäki, T. , Heikkilä, R. BRIDGE INFORMATION MODELLING (BrIM) AND MODEL UTILIZATION AT WORKSITES IN FINLAND[A]. In 27th International Symposium on Automation and Robotics in Construction[C], Bratislava, Slovakia, 2010; 505-513.

40. 桥梁有限元软件开发前后处理界面设计的关键技术

阴存欣

（北京市市政工程设计研究总院）

摘　要：本文阐述了作者开发桥梁有限元软件中前后处理的技术，包括前处理中的视图变换，从 CAD 导入截面并生成等效变宽点图形，将带预应力钢束的有限元模型图导出到 CAD 供设计和绘图使用，体系形成阶段和使用阶段的单项、阶段、累计量三位一体的包含位移、内力、应力、反力、振型的后处理界面设计技术及计算书生成，多种计算机语言程序的混合运行等技术。这些技术涵盖了有限元软件开发的许多方面，并在大量工程设计中得到实用，大大方便了设计人员的设计工作，也可作为开发人员参考。

关键词：有限元　前处理　后处理　界面设计

1　引言

在桥梁有限元软件开发中，前后处理模块开发占了相当大部分的工作量，它虽然不像核心计算模块那样需要高深的力学和数学理论基础，但它又和核心计算模块紧密相联，和核心模块进行着数据交互。同时，为了具有良好的操作界面，当今的有限元程序都是以用户需求为中心，即面向对象的。在前处理中要使用户能方便地添加和编辑各种信息建立模型，在计算完后需要有后处理界面对各种结果曲线进行直观地显示以便查看，而且在运行过程中也要协调各个模块共同工作。下面以作者开发的“桥梁有限元综合软件系统（简称：BRGFEP）V3.0”的经验为基础阐述一些前后处理界面设计中的实用技术。

2　视图变换和节点插入

2.1　界面设计中视图变换功能的实现

找到了映射方法和图形变换前后坐标之间的变换关系，就很容易实现类似 CAD 中 pan，zoomextent，zoombox，zoomout，zoomin 常用的各种视图变换功能。pan 用终点和起点的偏移量为参考偏移图形。zoombox 操作的偏移量和缩放量要同时满足以下条件：选取图形范围中心和屏幕中心对齐；缩放图形后和屏幕边界对齐的；同时还要保证放大后的图形不越界，计算放大比例时，要取水平放大比例和竖直放大比例中较小的比例，即先放大到边界的那个比例。这些视图变换属于从虚拟到虚拟的视图变化，只要知道变换前后两种视图的偏移和缩放关系即可，不断追踪变换后的 box 和变换前 box 的方大关系和偏移关系，用新的中心和比例定义坐标系重新绘制图形。该方法的特点是用真实坐标绘图，即绘图的坐标不变，但屏幕的坐标系不断改变，不断改变图像框控件的中心和范围属性以表现偏移和缩放。

2.2 在虚拟屏幕状态下插入单元或节点

出于多次缩放后正确显示图形的需要，要确保插入节点或单元和已存在的节点或单元在虚拟的屏幕状态下能够保持正确的空间相对位置和比例。显示在屏幕上的单元或节点图形经过若干次变换后，其坐标与按初始状态坐标系设置的坐标相比，已经发生了很大变化，此时若要插入一个新的节点或单元需要一定技术才能实现插入后对象和周围节点或单元保持正确的相对关系。程序通过以下技巧实现：一个面是由三个不共线的点决定的，时刻跟踪这三个点的坐标，就可以知道这个面的拉伸和平移状态，在插入坐标时，根据这三个虚拟坐标点的三元方程组可以反算出水平，竖直方向的偏心和水平或竖直方向的伸长率三个参数，这样，不论经过多少次的变换，用这些参数就可以推算出与待插入对象的真实坐标对应的当前屏幕状态和待显示的虚拟坐标了。若水平和竖直方向具有不同的缩放率，或屏幕变换中还经过了旋转则要增加平面中的虚拟坐标点数，增加方程数量才能全面跟踪屏幕的状态。

随着图形的缩放变化，屏幕的中心和拉伸装态在不断变化，新插入的节点或者单元要用虚拟坐标画图，时时记录当前屏幕的偏移量和放大率。根据控制点当前的虚拟坐标反算，需要两个控制点的 x、y 共 4 个值就可以反算出屏幕偏移量和 x、y 方向的放大率 4 个参数，如果变换时保持 x、y 相同的放大率，则只有 3 个参数。然后，将当前插入点的真实坐标转换成虚拟坐标绘制图形。该方法保持绘图的图像框控件的屏幕网格的坐标系不变，需要绘制的对象的坐标不断改变。

为了方便对梁底为曲线的变高度梁进行建模，BRGFEP 在单元添加菜单中考虑了圆曲线和抛物线类型，抛物线的次数可以是小数。通过指定顶点和半径可以生成圆曲线，通过指定顶点和终点可以生成抛物线。

3 与 CAD 的图形交互

3.1 截面图形与 Autocad 的交互—导入图形

截面信息是有限元计算时需要进行处理的重要信息。在有限元计算时，需要将不规则形状的截面进行等效，转换为程序可以处理的截面特征点数据。对于常用的规则的箱形、工形等各种断面，可以制作各种模板，只要输入外形尺寸参数就可以自动生成程序进行受力分析所需要的图形信息。BRGFEP 在认识 CAD 的 dxf 文件各种图形元素的格式基础上，对各种进行复杂的图形可以通过 dxf 文件导入，首先将截面绘制成封闭的多义线图形并以 dxf 文件保存，导入后经过水平方向的等效压缩形成等效图形。用外轮廓的实体形状减去一个或者多个内轮廓的的虚空形状，在相同的高度上进行水平方向的等效压缩，就可以得到等效后的截面图形。等效后的变宽点的 b_i、h_i，组合梁还包括后期宽度增量 db_i，自动列成表格，用于形成程序计算的输入数据文件。图 1 为通过 dxf 导入的单箱三室斜腹板混凝土箱梁截面。图 2 为通过 dxf 导入的单箱双室的斜腹板钢—混组合梁截面，左下部分的外形尺寸为备用的规则断面尺寸，生成规则断面时可以在此基础上修改后点截面转换生成等效截面和变宽点数据。

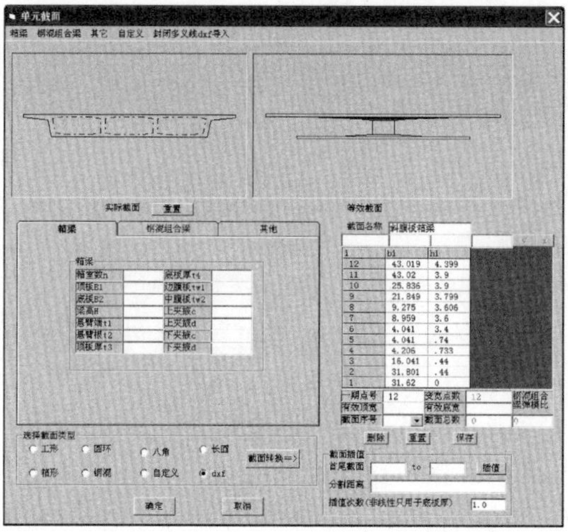

图 1　从 dxf 文件导入的斜腹板箱梁截面

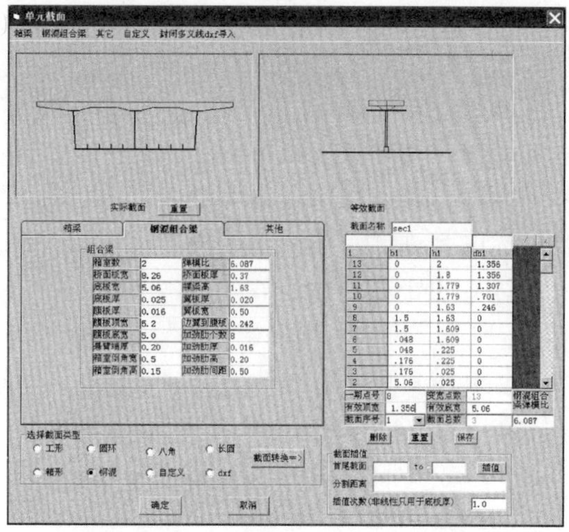

图 2　从 dxf 文件导入的钢—混组合梁截面

城市桥梁通常有变宽度区间的异型段，为了满足变宽变高梁的需要，对于变宽度的区间可以采用自动插值功能，选取了连续单元区间的首尾截面后，可以对中间不同分割位值的单元截面变宽点的宽度和高度进行插值。但是插值区间的首尾截面必须有相同的变宽点总数和可以形成映射的相似的拓扑形状。这部分功能见截面信息右下角的“截面插值”部分。

3.2　有限元模型与 Autocad 的交互一导出图形

为了便于模型处理和绘制施工图，除了在软件中观察有限元模型外，还可以把前处理中生成的有限元模型导出成与 CAD 兼容的 dxf 文件，将给设计带来很大方便。该模型图可以是与计算阶段单元安装拆除信息一致的，还可以是带预应力钢束的。预应力混凝土连续梁或预应力钢—混组合梁建模中需要处理的重要信息。钢束信息包括几何束和计算束。几何束代表钢束的几何形状，包括导线点坐标和半径，根据这些数据可以绘制包括转折点在内的钢束形状，并自动给出钢束是否穿袖的判断提示。计算束指程序根据计算需要进行处理的钢束编号，每根计算束有对应的几何束号，代表不同型号的特性号、张拉阶段、张拉方式。每个特性号有不同钢束大小和孔道面积。程序在钢束信息界面生成的包括点、线、圆弧、文字等图形要素，导出后生成可供在 CAD 中打开的 dxf 文件，既可用于观察，方便计算时调整钢束，又可以用于绘制施工图中的钢束大样图。图 3 是程序自动导出生成的包含钢束的有限元离散图，底下还有对应的钢束大样图。由于钢束大样可以根据数据文件由软件自动生成，可以大大加速绘图速度。根据同样的原理，荷载信息和约束信息也可以输出成 dxf 文件的形式。

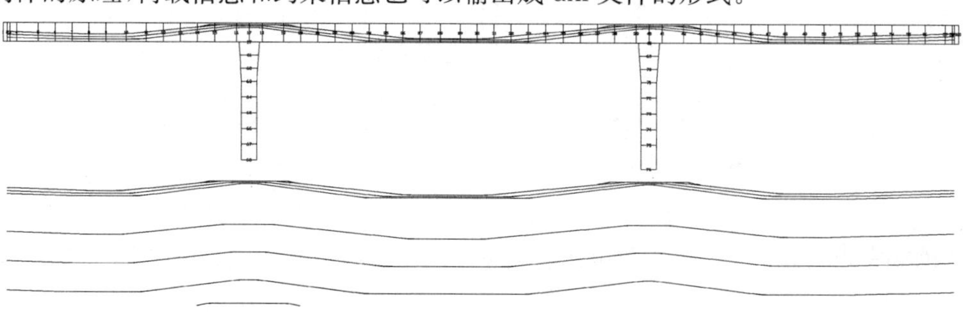

图 3　导出形成的带钢束大样的有限元离散图

4 后处理

4.1 单项及阶段和累计三位一体的内力应力位移后处理

后处理的任务主要是用图形正确显示程序核心计算模块计算的位移、内力、应力和反力等计算结果。作者在 BRGFEP 中将这些结果归类为一个公用后处理平台下的位移、内力、应力 3 个选项卡，使得功能分类很清楚，切换方便。反力在内力选项卡中根据需要可共同显示或单独显示。由于其和位移结果的相似性，结构自振频率和振型可以在位移选项卡功能中显示。但是，要注意内力是局部坐标系，反力和位移一样都是总体坐标系。在各自选项卡中显示体系形成阶段或者施工阶段的单项量、阶段累积量、全程累计量，显示成桥阶段或者使用阶段的单项量和组合量。使用阶段的活载单项单列，活载内力单项分别显示 N_{max}、N_{min}、Q_{max}、Q_{min}、M_{max}、M_{min} 六种状态下的对应的 N、Q、M，活载应力单项要分别显示某种活载比如公路Ⅰ级下的 N_{max}、N_{min}、Q_{max}、Q_{min}、M_{max}、M_{min} 六种状态下的对应的 N、Q、M 工况下的应力，活载位移单项要分别显示 U_{max}、U_{min}、V_{max}、V_{min}、θ_{max}、θ_{min} 六种状态下的对应的水平位移 U、竖直位移 V 和转角位移 θ。含活载的组合应力要显示包络图，这样便于判断应力是否满足要求，组合应力包括正常使用极限状态的长期效应，短期效应组合应力和持久状况应力。施工阶段也可以显示当前阶段累计的应力包络图，这样便可以快速判断是否所有施工阶段的应力是否满足要求。这样生成的后处理图形既直观又可以从单项量、阶段增量、阶段累计多个角度三位一体地去观察结构的计算结果，分析起来更方便，避免有的软件需要增量时需要摘录累计量人工相减的麻烦。对于非组合梁输出上、下缘应力，对于钢—混组合梁可以输出上缘、下缘、叠合面上缘（混凝土）、叠合面下缘（钢）的应力。并根据应力大小所在的阶段进行判断，同时给出是否满足规范和超限的提示。图 4、图 5 分别为 BRGFEP 后处理显示的某 3 跨墩梁固结桥梁的第 2 阶振型图和收缩二次弯矩图，图 6 为某预应力钢—混凝土组合梁的形成全截面前（施加力二期浇筑的自重但尚未形成全截面刚度）的阶段内力增量，图 7 为钢—混组合梁体系形成的最后阶段叠合面下（钢）的阶段全程累计应力。显示各种结果图形时，根据需要选择部分控制节点位置处的输出量进行察看显示也是很重要的，有的软件对全部单元和节点均显示数值，重叠在一起互相干扰无法分辨。

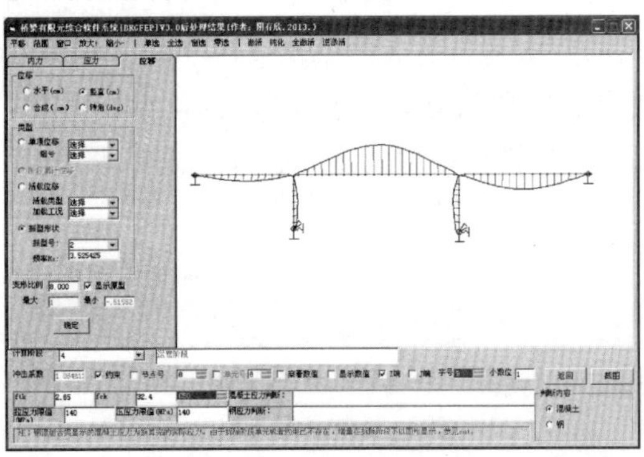

图 4 墩梁固结混凝土梁振型图

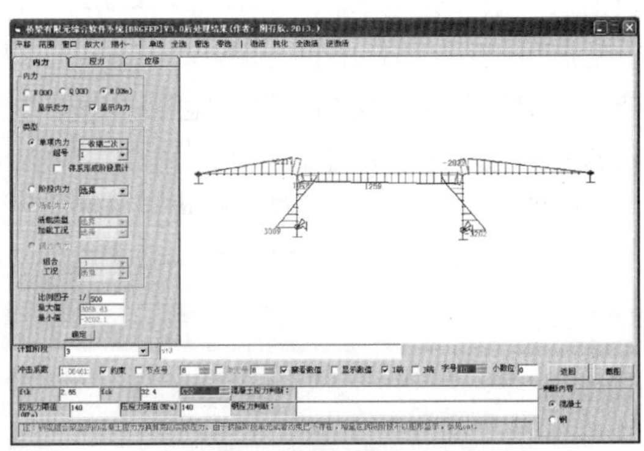

图 5 墩梁固结混凝土梁单项内力图

后处理模块中绘图时要注意内力图的方向问题。当结构既有水平单元又有垂直单元时，比如闭合框架或者带墩梁一体的模型，弯矩图可能分布在单元的上、下、左、右各个方向，它的绘图方向和符号的关系必须由一定的规则来确定。它与单元局部坐标系相关，作者按右手系的法则确定内力图的正方向，即令单元Ⅰ端→J 端为 x 轴正方向，将 x 轴逆时针旋转 90°得

到 y 轴正方向，该 y 轴正方向为正弯矩的绘制方向，即弯矩图均绘制在单元受拉一侧。单元局部坐标系由左往或者由右往左时，弯矩图上负下正，单元坐标系由上往下时，弯矩图左正右负，单元坐标系由下往上时，左负右正。轴力图以受压为正，受拉为负。剪力图正负符号和绘图方向与弯矩同。

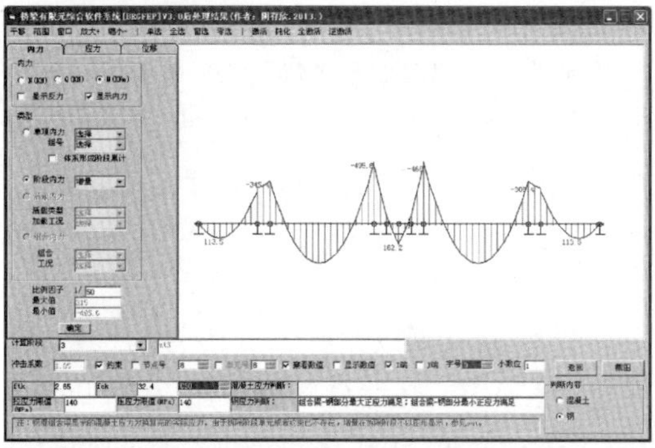

图 6　钢—混组合梁形成全截面前阶段内力增量

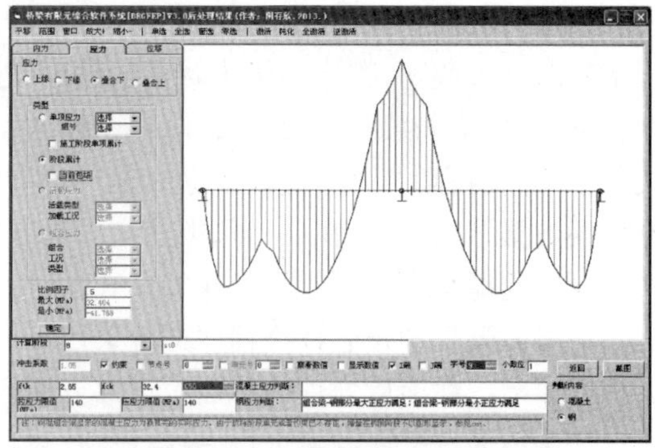

图 7　钢—混组合梁叠合面累计应力包络

4.2　基于通用本构关系的普通钢筋混凝土配筋界面

BRGFEP 除了进行整体结构计算外，还具有独立的普通钢筋混凝土截面通用配筋模块，界面风格如图 8 所示。应用通用的本构关系，将相对受压区高度作为判断标准[1]，将大(小)偏心受压、大(小)偏心受拉、轴心受压、轴心受拉、纯弯统一在一个通用的平台求解，图 6 第 I 象限的纯弯相当于偏心距无穷大的大偏心受压，轴心受压相当于偏心距为零的小偏心受压，不用事先设定大小偏心类别，只要输入 N、M 和截面变宽点等信息后程序根据计算会自动判断偏心受力类型和求解，使用起来极其方便，可以用于不规则断面的配筋，既有承载能力计算又有裂缝计算，既可以用于已知内力求配筋的设计，又可用于已知配筋验算受力的校核。验算校核配筋时，能够画出 4 个象限的 $N_u \sim M_u$ 承载能力相关曲线图。承载能力组合的内力点坐标如果在包络曲线内部说明承载能力满足要求，超出了包络曲线则说明截面承载能力不足。

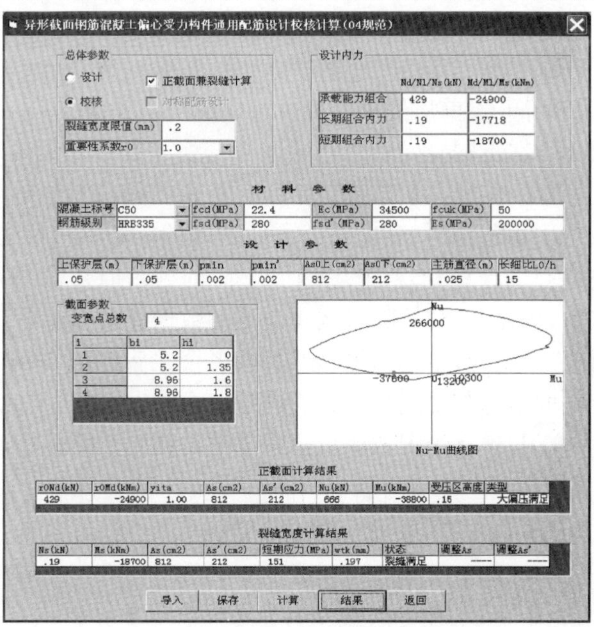

	bi	hi
1	5.2	0
2	5.2	1.35
3	8.96	1.6
4	8.96	1.8

图 8　异形钢筋混凝土偏心受力构件配筋界面

5 其他技术

有限元程序开发前后处理界面设计中还涉及到工程文件管理，多个不同语言执行程序的混合运行，自动生成计算书等其他实用技术。

在面向对象的界面设计中很重要一个内容是以工程为中心对数据文件进行科学管理。打开工程时导入数据，图形初始化时显示数据，处理完某种类型的数据后，将局部变量数据，如窗体数据，写入全局数据、保存工程时将全局数据写入数据文件。在后处理时按关键字搜索临时文件中不同内容的数据，读取数据到全局变量中，在窗体中对结果进行显示。既要在前处理中有好的数据结构，又要在后处理中使结果具有很好的可检查性。对于单元、节点等各种要素都在先制定选择集后进行编辑操作的模式下进行。

在界面设计和核心计算程序部分采用不同的语言进行编制可以发挥不容语言的优势，提高程序效率。在前后处理的界面设计部分运用可视化语言 VB。在计算部分采用 FORTRAN 语言。调用多种程序混合进行多线程运行时，由于为了美观起见，主程序对被调程序的调用往往是不可见的后台操作，而设计人员需要掌握进度或判断是否存在数据错误而导致被调用程序的意外终止或出于不正常运行状态。可以利用时钟控件进行进度显示控制。每隔一段时间循环读取临时文件里的进度标志，即时显示不同时刻后台被调用程序的运行进展程度。

在发布程序时，有时候需要将多个不同时开发的多个主程序的资源进行整合，通常情况下，由于变量属性的矛盾，要将两个主程序用源代码的方式合并在一起是无法做到的，因为有可能把其中一个主程序的全局变量变为局部变量。这时，可以在制做安装程序时在文件列表中把经过编译的不同名的主程序 exe 及相关的动态连接库文件包括进来即可。

自动生成计算书可以给整理计算成果带来很大方便，可以根据需要选择性地把输出结果整理成计算报告。自动生成计算书主要解决把有限元软件生成的结果图形和前处理模型信息根据一定规则自动形成符合特定格式要求的计算文件。一般需包含工程概况、计算参数、计算结果和计算结论几个方面。其核心内容为文字插入和图形插入的自动化。

6 结语

本文介绍了有限元软件开发前后处理中各种常用的实用关键技术。前处理技术与图形变换相关，其本质上仍为图形在不同坐标系之间的线性变换。后处理则将结果在有限元模型图上按单项，增量和累计三位一体地显示位移、内力、应力等结果。这些技术已用在 BRGFEP 3.0 中，并在我院大量桥梁工程的设计中得到应用。前后处理的任务不仅仅是简单的图形显示，除了实现 CAD 的起点到终点的连线和视图变换功能外，前处理时还需要对数据库保持动态跟踪。设计过程对模型进行优化调整时，除了运用前述的数据导入功能更新模型外，还需要使图形和表格处理技术保持一一对应，单元添加、删除、或者合并后，由于单元和节点、约束、荷载等信息相互关联，凡是相关的信息都要同步更新。这是一个难点，离开了对程序核心计算模块本身的数据结构的了解和应用，仅靠绘图方法也是难以取得使用上的良好效果的。

参 考 文 献

[1] 阴存欣.异形截面钢筋混凝土偏心拉压构件承载能力分析的电算方法.城市道桥与防洪，2009(12).

41. 论基于创新理念的城市桥梁支座新技术

穆祥纯

(北京市市政工程设计研究总院)

摘　要:本文全面回顾和总结了我国城市桥梁建设领域在过去20多年的工程实践中,特别是进入新世纪以来,桥梁支座在新技术、新材料、新工艺上的创新应用情况,并对新型桥梁支座在城市桥梁建设领域的研究趋势和发展愿景做出了展望,以期引起人们对该领域的高度重视,推动我国城市桥梁建设的可持续发展,努力实现由世界桥梁大国向世界桥梁强国迈进的目标。

关键词:实用新型　桥梁支座　城市桥梁　创新应用

众所周知,城市桥梁一般由梁桥、刚构桥、拱桥、斜拉桥、悬索桥、斜弯桥等不同桥型组成,桥梁支座作为连接其上下结构重要装置,其实际工作状态(受力及约束)应与结构计算模型基本相符,以使桥梁结构的实际受力状态与理论计算结果相接近,达到设置支座的初衷。桥梁支座作为城市桥梁结构中连接其上下结构的一个重要装置,其主要作用是:承受桥梁结构的恒载、活载并传给墩柱、桥台乃至基础,并适应桥跨结构的水平位移和转角位移。下面笔者将从近些年来桥梁支座新技术、新工艺和新成果的应用情况,典型桥梁工程的支座应用情况,桥梁支座新技术的发展展望等方面进行论述。

1　桥梁支座更换新工艺的典型案例分析

我国自20世纪60年代中期开始研制并在桥梁工程中广泛使用板式橡胶支座。板式橡胶支座是仅用一块橡胶板做成的一种简单橡胶支座。其活动机理是利用橡胶的不均匀弹性压缩实现转角,利用其剪切变形实现水平位移。因橡胶与钢或混凝土之间有足够大的摩阻力(摩擦系数0.25～0.40),橡胶板与梁底和墩台顶之间一般无须连接。在墩台顶部,需铺设一层砂浆,以保证支座放置平稳。采用橡胶支座可以不设固定支座,所有水平力由各个支座均匀分担,必要时可采用不等高的橡胶板来调节各支座传递的水平力。无加劲层的纯橡胶支座,由于其容许压应力约为3 000kPa,故只适合于小跨径的桥梁。

1.1　北京小哑巴河桥更换橡胶支座

北京市于2008年首次采用计算机同步提升系统完成了一批桥梁支座的更换。主要是由于随着桥龄的增长及橡胶材料的老化,一大批使用橡胶支座的桥梁面临着亟待更换支座的问题。针对城市桥梁支座(主要指橡胶支座)的老化、影响城市交通的运营安全的问题,通过采用新技术、新工艺,在北京杜家坎东部的小哑巴河桥成功地完成了桥梁支座的更换。该施工工艺在不中断交通的情况下,从准备架设支架到完成更换支座的施工周期为半个月时间。北京小哑巴河桥采用计算机同步提升系统最高将桥梁顶起 15cm,更换支座将桥面顶起 1cm 左右。此工艺具有国内先进水平的计算机控制整体同步顶升系统,通过 40 个点完成桥梁同步顶升和降落,桥面提升高度不超过 10mm,顶升施工过程中能保持桥梁上车辆的正常通行,不需要对桥面交通进行管制。正是有了较先进的计算机系统支持,今后对于交通量较大的城市桥梁更换支座时,将不会对桥面交通造成大的影响,具有很大的推广价值和显著的社会、经济、环境效益,如图 1 所示。

图 1 北京二环路月坛桥

1.2 天津狮子林桥更换新型盆式支座

21 世纪初,天津市启动了流经城区的海河两岸改造工程,并对海河上的旧桥进行了系列改造,其中的狮子林桥是重要的交通枢纽。天津狮子林桥建于 1974 年,采用简支单悬臂带挂孔结构,但由于桥梁建造的时间较长,不能满足城市进一步发展的需要,特别是通航高度的不足,限制了海河的通航能力。它不仅是天津市历史上第一座应用抬升技术改造的旧桥,在全国也属首例。这一技术的成功应用,将为我国城市道路规划及旧桥改造开辟一条新的途径。

由于天津大部分为软土地基,改造前已建造了 30 多年的狮子林桥逐年在沉降,造成通航高度不够。因此,根据Ⅵ级航道标准要求的 4.5m 的通航净高,狮子林桥需抬升 1.271m。顶升、抬高后的桥墩、桥台则不需加高,需将原支座拆除并在原位浇筑钢管混凝土支座垫石,并更新抗震抗拉的桥梁盆式支座。顶升所需推力来自 68 台大推力液压千斤顶,每台千斤顶可提供 200t 推力,以满足抬升 7 400t 的狮子林桥的需要。为避免顶升过程中桥梁产生水平位移,在新桥和老桥的纵、横方向上均采用钢结构限位器进行限位。由于狮子林桥属于三跨连续箱形梁结构,从桥梁的纵向分布考虑,必须整体同步顶升;而在横向分布上,由于存在新老桥的结构独立性,可分别加以同步顶升。在原支座位置上加装钢管混凝土支撑垫石,作为桥梁回落后的永久支撑。并在永久支撑上加装了抗震支座,使狮子林桥具有抵御 8 级地震的设防能力。所有支座采用了进口喜力得螺栓,确保了支座及桥梁在动载情况下的稳定性。两侧新桥成功的完成了抬升,证明国内领先的同步顶升技术已被基本掌握和成功运用。该桥改造工程,采用了抗震抗拉的桥梁盆式支座,高阻尼的桥梁盆式支座等,均满足受力需要。QZ 球型抗震盆式支座、GPZ(Ⅱ)型盆式支座、新型桥梁板式橡胶支座等,均满足各种工程建设需要,如图 2、图 3 所示。

图 2 采用抬升技术施工中的天津狮子林桥

图 3 改造后的天津狮子林桥

1.3 江苏江阴大桥引桥更换橡胶支座

1999 年 10 月建成通车的江苏江阴长江公路大桥，其主跨为 1 385m 的悬索桥结构，为当时世界第四、中国第一悬索大桥。江阴大桥运行 10 年后，发现其北引桥的 T 梁梁端部支座产生变形和裂缝，车辆经过此处发出很大的响声，如不及时进行处置，将对桥面结构造成不利影响，威胁着桥梁的安全。江阴大桥的北引桥作为京沪高速的咽喉，日通车量在 50 000 辆以上，高峰时达到 70 000 多辆。若按常规的思路，必须中断大桥的交通，而中断交通将造成巨大的交通压力，其社会影响和经济损失无法估量，最终采用不中断交通施工的方法进行桥梁支座的更换。该工程采用先进的"SPLC-8 计算机控制同步顶升、下降系统"技术，使用了高精度的位移传感器、采集器和数字控制液压系统，以顶升力加位移、应变，进行双控，使整个力点的位移量始终控制在＋1mm 以内，该工程共完成更换支座 312 只。更换后的桥梁支座使用状态稳定，桥梁受力状态明显改善，确保了桥梁在整个顶升过程中的安全和桥面车辆通行畅通。

针对以往预应力混凝土空心板安装的 4 支座存在的支座脱空，可能会导致桥面开裂、支座压坏等缺点及病害情况，采用 3 支座空心板，以确保 3 个支座稳固支承空心板，并避免桥面铺装沿铰接线开裂的病害。3 支座与传统的 4 支座模式相比较，在经济方面每片梁可节约 1 个支座，即每座桥梁支座工程造价相对节约 0.25%的成本，且避免了支座脱空，改善了板的受力性能，防止了板间因支座脱空而产生纵向裂缝。单板三支座经单板偏心、中心加载试验及成桥动载试验，证明有良好的受力性能。江阴大桥所采用的这项研究成果具有较大创新性，在国内外具有新颖性和良好的社会、经济和环境效益，如图 4 所示。

图 4　江苏江阴大桥

2　新型桥梁支座的研发创新

我国 1983 年颁布了《公路桥梁板式橡胶支座》行业标准（JT/T 4—1983），然后又编制和颁布了《公路桥梁盆式橡胶支座》和《球型支座技术条件》两个行业标准。至 2003 年我国对桥梁支座实行生产许可证管理制度，把上述三类桥梁支座列入了行业管理的实施标准。众所周知，桥梁支座的类型很多，主要应根据其支承反力、跨度、主梁高度以及预期位移量来选定。一般来说，桥梁支座按结构形式分为以下 7 个类别：弧形支座、摇轴支座、辊轴支座、板式橡胶支座、四氟版式橡胶支座、盆式橡胶支座、球形支座等。近些年来，随着我国桥梁建设的空前发展和科学研究成果的推广应用，新型桥梁支座在新技术、新工艺和新成果应用方面成绩斐然。

2.1　特大型吨位的球型支座

球型支座在我国最早的应用实例系 1991 年的北京西厢立交桥和上海的南浦大桥。笔者当时曾撰文指出："由于这种支座具有转动能力强，无方向性，并能预先调整支座板上的角度，能够满足桥梁结构多向转动的变形特性，大大改善了桥梁结构的受力状态，为桥梁设计和建造开辟了新的途径。"当时国产的最大竖荷载为 12 500kN，进口的 MAORER 球型支座的最大竖荷载为 20 000kN。特别是当时采用的国产 QZ 系列的球型支座，安装顺利、质量可靠，符合受力要求，填补了我国桥梁支座领域的空白。2010 年 10 月建成的山东济宁市洸府河大桥全长 1 831m，其中主桥长 600m，桥宽 40m，双向六车道，主跨为 320m 的双塔双索面叠合梁斜拉桥。

这座大桥采用了由我国自行研制、拥有自主知识产权、当今世界上桥梁结构单个承载能力最大的球型钢支座——160 000kN 特大吨位球型支座，产品通过验收并安装成功。该支座在研发过程中，科研人员借鉴当今桥梁支座先进技术成果，创新和采用了多项最新制造工艺。该支座的成功研发，标志着我国超大承载力桥梁支座的生产及研发技术水平跻身于世界先进行列。

2.2 FCQZ 系列复合材料球型支座

新型球型支座——FCQZ 系列复合材料球型支座是由钢和耐压材料结合制造而成的，其外观结构与现有球型支座相似。其技术创新反映在：①支座上摆和下摆分别是由在凸球壳和凹球壳内填充以耐压材料构成，填充的耐压材料重量轻；②球壳内的耐压材料处于三向应力状态，大大提高了支座的承载能力，使支座具有很大的抗压安全储备；③支座结构简单，便于加工制造；④支座无易损件，不老化，耐久性好。

FCQZ 系列复合材料球型支座具有以下特点：①性能优良、耐久性好、加工方便、节能降耗、使用方便；②FCQZ 系列复合材料球型支座的研制参照交通部行业标准《公路桥梁板式橡胶支座》(JT/T 4—2004)、《公路桥梁盆式橡胶支座》(JT 391—1999)，以及国家标准《球形支座技术条件》(GB/T 17955—2000)的有关技术要求：位移量根据支座承载力的大小分级设置，范围为 30～150mm；支座转动角不小于 0.05rad；固定支座在各方向、单向活动支座非滑移方向的水平承载力不小于支座竖向承载力的 10%(抗震型支座则为 20%)；③与现有国内外的桥梁支座相比，FCQZ 系列复合材料球型支座的价格便宜。

FCQZ 系列复合材料球型支座在构造和用料两方面的技术创新以及新铸造工艺的引进，进一步完善了球型支座的使用性能，同时也降低了支座的造价。其制造成本不但大幅低于现有同承载力的球型支座，而且还低于同承载力的盆式橡胶支座。另外，支座铸钢用量的大幅降低也大大降低铸造能耗。新型 FCQZ 系列复合材料球型支座已在河南省、广东省等地的城市桥梁、大跨径桥梁上成功应用，并取得良好的效益。

2.3 双曲面球型减隔振支座

双曲面球型减隔振支座系近年来我国科研人员研制的桥梁支座。这种支座主要应用于城市立交桥、公路桥梁、铁路桥梁及城市轨道交通桥梁等领域，同时，也可应用于有减隔振要求的其他建筑工程。双曲面球型减隔振支座的技术创新点主要体现在：①设计采用了上下不同半径的两个球面，既可保证支座正常的转动和滑移功能，又能实现抗振刚度要求，达到了减振功能；②支座摩擦副采用填充聚四氟乙烯复合夹层滑片与不锈钢板组成，具有承载力大、耐久性好等特点，并可根据使用要求对摩擦系数进行调节；③该产品竖向承载力 1 000～80 000kN，滑动摩擦系数 $0.02 \leqslant \mu \leqslant 0.03$。上述技术创新均为国内首创，双曲面球型减隔振支座于 2004 年 6 月通过省级技术鉴定，并获得了国家专利。该产品具有自主知识产权，其技术水平达到了国际先进水平，填补了国内空白，并在我国城市桥梁和公路桥梁建设中得到推广应用。如苏通长江公路大桥、广东佛山平胜大桥、上海长江大桥、福厦线乌龙江大桥等，如图 5 所示。

图 5　上海长江大桥(主桥、引桥)

3　新型减振、抗震支座的实践应用

3.1　新型减振支座的应用

1)新型减振支座在城市高架桥的应用

北京地区于2003年在五环路红山口高架桥上，成功的应用了新型减振支座。该桥以ANSYS大型动力分析有限元软件作为结构计算工具，使用间隙元等巧妙单元对设置减振支座下桥梁的减振效应进行了非线形动力时程计算分析，并提出了减振支座设计的具体参数。为实现减振支座的设计思想，必须在构造上采取相应的构造措施。该桥在支座盖板与主梁垫石通过主梁深入的锚栓锚固在一起，垫石布置两层钢筋网，支座底箱周边与墩顶4cm厚的预埋钢板焊接，预埋钢板下焊接预埋粗钢筋，并在预埋钢板底下采取抵抗局部承压的钢筋网。支座内部靠板簧来提高刚度，只受压不受拉板簧的失度和底箱进行限位，板簧和支座核心之间留有可满足温度等伸缩自由变形的间隙。

北京五环路红山口高架桥其大跨度振型的空间振动特性使桥梁在横向表现出不完全按刚度分配地震力的特性。设置限位减振支座后桥面和墩柱间的相对位移大大减少，但地震力的降幅仍然比较明显，在结构计算分析中将最不利控制墩的横纵向力予以适当降低，不仅控制了桥梁的相对位移，还使地震力降低到墩柱的最大配筋能力所能承受的范围以内。该类型减振支座在经济上可取，构造上可行、施工上方便，具有良好的减振作用，尤其适用于地震力控制设计的大跨度桥梁上使用，如图6、图7所示。

图6　北京五环路红山口高架桥

图7　北京五环路红山口高架桥

2)新型减振支座在跨海大桥的应用

我国长大桥梁的建设成就举世瞩目，已经建成一大批结构复杂、设计和施工难度大、科技含量高的长大桥梁。这些长大桥梁的特点是空间尺度大，跨越范围广，所处环境复杂。我国大部分地区为地震区，尤其华北和西部地区多为强震区，地震活动频繁。因此，我国长大桥梁面临着潜在的地震破坏威胁。而长大桥梁是生命线工程，其建设成本高，一旦遭到地振破坏，将导致巨大的经济损失，且震后修复极其困难。具有横向弹塑性防落梁装置的新型减隔振支座具有以下特点：①包括防落梁装置、轨道、桥梁支座，桥梁支座包括上支座板、中支座板、下支座板，各支座板依次连接固定；②轨道为槽形轨道，顺桥向连接固定于下支座板上；③防落梁装置为若干等强度的悬臂梁，其一端连接固定于上支座板，另一端插入轨道内。该桥梁支座的中支座板为球型支座，其还包括转动球面、滑动平面，转动球面连接固定于中支座板上部的球面结构上，滑动平面连接固定于中支座板下部的平面结构上。本发明的防落梁具有弹塑性，防止梁体从支座上横向脱落，还具有横桥向的减振耗能能力，而且其结构简单，安装方便，便于现场安装，如图 8 所示。

3.2 新型抗振支座的应用

众所周知，我国处于环太平洋和北半球中纬度大自然灾害的交汇地区。由于我国幅员广阔，气候与地貌条件复杂，系世界上自然灾害最严重的国家之一，特别是近年来地震灾害频繁发生，几起特大地震(如四川汶川、青海玉树地震等)对人民群众生命安全和财产造成巨大伤亡和损失。国家住房和城乡建设部发布了"关于建设系统防灾减灾工作的意见"，提出要积极防御和减轻地震、气象灾害等多种自然灾害的工作，关注城市生命线工程(包括城市交通、城市桥梁)的安全。

新型抗振支座在跨海大桥的应用——湛江海湾大桥及连接线一期工程是广东继虎门大桥之后建成的规模最大、技术含量最高的桥梁工程。这个项目地处我国台风最强，雷暴最大、海水腐蚀最严重的雷州半岛海域，大桥列为广东省交通厅科技示范工程。该大桥工程技术难度大，施工非常艰巨。这座特大型桥梁为提高大桥抵御 8 级地震的能力，研制了新型抗振支座设计，即在主塔与钢箱梁之间安装了国际先进的抗振支座。该支座在大地震发生时可将钢箱梁与主塔的连接由半漂浮转变为固定连接，提高抗振能力，这也是该技术在广东地区第一次应用，如图 9 所示。

图 8 浙江杭州湾跨海大桥

图 9 广东湛江海湾大桥

4 城市桥梁支座的研究趋势及发展愿景

4.1 改善材料，提高强度和抗腐蚀、抗老化性能

近年来，根据以往几十年的工程实践，我国相关科研人员和生产厂家进行改进的新型支座有：

(1)优质钢辊轴支座。辊轴及其上、下座板全部进行淬火，可大幅度提高容许荷载并减少结构高度，在主力作用下的赫兹容许压应力(即按赫兹公式计算钢圆柱体与钢板平面接触时的最大承压应力容许值)约为 2 254MPa。

(2)改进防锈焊接支座。支座经过全部淬火，并在上下座板面上设防锈焊接层，在主力作用下的赫兹容许压应力约为 2 156MPa。

(3)将支座的上下座板改成具有相同半径的凸凹面，并在其间以及上座板与钢滑板之间嵌入聚四氟乙烯板，则可构成转动和位移性能更好的半球形活动支座。

4.2 减少摩擦系数，简化构造，降低支座的结构高度

(1)对温差产生的位移要有足够的估计。

(2)桥梁的挠曲，基础的不均匀沉降都会产生纵向位移，对于高桥墩，墩顶位移可通过活动支座上的挡块加以限制，它能使基底反力变化，并且阻止不均匀沉降。

(3)由于一些不可估计的因素，通常计算的位移量宜乘以 1.3 左右的安全系数，梁桥支座的支承面一般是水平的。

4.3 提高经济和使用性能，安装和更换更方便

(1)城市桥梁不可更换的部件(如特殊桥梁支座)要保证其可检性和可修性。

(2)对于不可能全寿命使用的部件，桥梁支座应具有可检性和可换性。

(3)要采用各种先进的健康监测手段使支座病害能被早期发现，并通过及时养护、维修和更换等措施以保证桥梁支座全寿命周期的服务质量。

4.4 加强桥梁支座的养护

桥梁养护单位为进一步加强公路桥梁板式橡胶支座的养护管理，保持桥梁结构部位始终处于正常、安全的技术状态，应按照“预防为主，防治结合”的原则，加强“以桥面养护为中心，以承重部件为重点”的全面养护，积极采用先进的养护、检测技术和科学的管理方法，改善养护手段，避免桥梁支座等病害的过早发生，确保桥梁安全，延长桥梁的使用寿命。对于常见桥梁橡胶支座常见的病害原因分析及维修养护，当桥梁建成交付使用后，经过几年或十几年的使用，由于种种原因对整个桥梁养护不及时、不彻底，养护技术低，尤其对桥梁橡胶支座这一重要部位的养护更是重视不够。经过对桥梁支座进行检查发现普遍存在的问题：由于采用橡胶为主要原料，橡胶支座本身损坏；橡胶板支座出现橡胶老化、变质、梁体失去自由伸缩能力，直接导致梁端或墩、台帽混凝土破裂，造成掉角、啃边现象，橡胶板易位，严重的导致伸缩缝破坏；盆式橡胶支座固定处松动、错位，钢盆外露部分锈蚀，防尘罩破裂；盆式座座板损坏，翘起断裂，垫石混凝土压坏、剥离掉角等。

5 结语

我们正处于21世纪第二个十年中，武汉鹦鹉洲长江大桥、港珠澳特大桥和超大型跨海大桥——青岛海湾大桥等一大批现代桥梁的陆续兴建，标志着我国将续写桥梁建设更加辉煌的篇章。同时，随着我国城市化进程的加快，我们将更加关注城市桥梁的创新性、安全性和经济性的有机结合和联系，这也给今后桥梁支座的研究和应用提出了新的课题。笔者相信，桥梁支座作为桥梁结构中连接其上下结构的一个重要装置，必将在我国城市桥梁建设中发挥其更大的作用。

参考文献

[1] 中华人民共和国行业标准. JTG D62—2004 公路钢筋混凝土及预应力混凝土桥涵设计规范[S]. 北京：人民交通出版社，2004.

[2] 鲍卫刚，周泳涛，等. 预应力混凝土梁式桥设计施工技术指南[M]. 北京：人民交通出版社，2009.

[3] 林元培. 桥梁设计工程师手册[M]. 北京：人民交通出版社，2007.

[4] 穆祥纯. 城市桥梁结构安全度和耐久性问题的研究//第十六届全国桥梁学术会议论文集[C]. 北京：人民交通出版社，2004.

[5] 穆祥纯. 论北京城市桥梁设计的创新技术//第十七届全国桥梁学术会议论文集[C]. 北京：人民交通出版社，2006.

[6] 穆祥纯. 球型支座在北京城市立交桥中的应用. 1992年全国桥梁结构学术大会论文集[C]. 北京：人民交通出版社，1992.

[7] 阴存欣. 新型减振支座在北京五环路红山口高架桥工程中的应用. 中国土木工程学会市政工程学会第四次全国城市桥梁学术会议论文集[C]. 北京：人民交通出版社，2004.

[8] 穆祥纯. 基于创新理念的城市桥梁与市政建设[M]. 北京：人民交通出版社，2012.

42. 谈城市景观桥梁

徐利平
（同济大学建筑设计研究院（集团）有限公司）

摘　要：本文叙述分析了城市景观桥梁的基本要素。以现代桥梁科技发展为技术支撑，桥梁美学素养为基础，通过各种现代学科的"技艺合作"为手段，优秀的建筑创意和高水平的结构创新为目标，才能成为城市景观桥梁的精品力作。本文最后阐述了城市景观的美学、力学和经济评价观点和方法。

关键词：景观桥梁　桥梁美学　创新　创作　评价

1　概述

对于城市中跨江跨河桥梁、高架桥梁，人们不再满足于常见的、千篇一律的桥型和结构外形，希望它们外形更漂亮、更新颖，与现代优美的城市环境相匹配；更希望它们（尤其是一些跨度相对较大的桥梁，城市环境中有较大尺度的桥梁）能够起到提升城市区域环境品味和水准的作用；还希望它们在自己的城市中具有不同于其他城市的既有的桥梁外形；在同一个城市不同的位置，也有着不同的桥梁外形。桥梁除了满足交通功能外，还要满足它应有的景观功能，实现它的观赏价值，实现"桥梁让城市更美好"的美学价值。这就形成了"城市景观桥梁"。当然，不需要也不可能将每座城市桥梁都建成景观桥梁。

城市景观桥梁除了必须满足一般城市桥梁应该具备的造型优美、和环境协调等基本要求外，还应该具有可识别性——比城市桥梁要求更高的属性，可识别性就是要求桥梁适应周边特有的自然环境、建筑环境和人文环境，主要依靠结构形态和结构语言来体现地方历史文化元素和风貌，而不是依靠装饰来简单、粗俗地推砌，一座桥梁只能建在一个城市一个特定的位置，而不能搬到其他城市或其他地方；标志性城市景观桥梁除了具备城市景观桥梁的属性外，还必须具有标志性的建筑特质，标志性就是要求桥梁结构是原创的，既和环境融合的，又能在环境中彰显出鲜明的个性，在城市区域建筑群中有相当的气场，这个个性和气场可以是有形的建筑造型、结构形态，也可以是无形的人文内涵、历史积淀。城市景观桥梁应该达到过目难忘的视觉效果和经久耐看的美学效果。

所以，城市景观桥梁属于城市桥梁的范畴，而标志性城市景观桥梁又是城市景观桥梁中最具美学价值、技术价值和社会历史价值的部分，三者关系如图1所示。

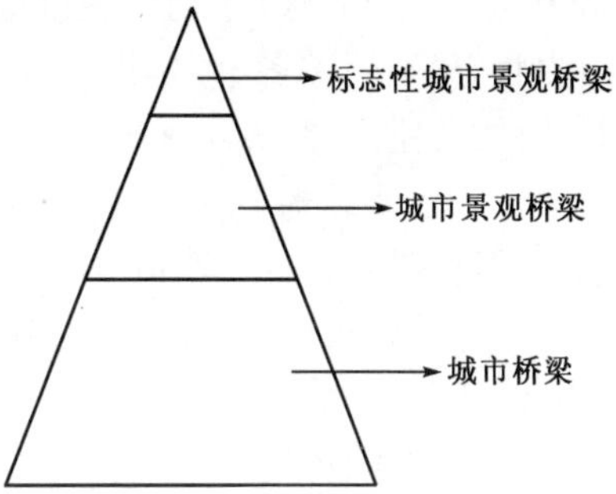

图1　三类城市桥梁的关系图

2　景观桥梁的技术支持

在工程建设实践中，桥梁结构理论日臻成熟为景观桥梁提供了强有力的技术支持，使桥梁工程师能够应对各种复杂结构的构造设计和计算分析。桥梁美学日益普及为景观桥梁提供品质保障，桥梁工程师学会运用美学准则判断结构美与不美。因此，桥梁结构理论与桥梁美学是景观桥梁发展的两大技术支撑。

2.1　桥梁结构理论日臻成熟

项海帆院士在《桥梁概念设计》书中，概括了近代(1660～1945年)、现代(1945～2008年)发展简史和重要成就。

近代土木工程在17世纪中叶至20世纪中叶的约300多年间，经历了最初100余年的“理论奠基时期”，近、现代桥梁发展过程中，特别是最近60多年来，出现了许多作为现代桥梁工程标志的创新技术，这些创新技术包含了创新桥型和体系、新材料及连接技术、创新结构构造及附属设备、创新工法及装备、创新理论及分析方法等多个方面和领域。

特别是创新理论及分析方法是桥梁工程技术发展的理论基础，包括计算机技术和有限元分析理论、桥梁设计分析专用软件、抗震、抗风理论、非线性及稳定理论、健康监测及振动控制理论、车桥耦合振动及船撞理论、耐久性分析理论等[1]。

在桥梁设计和建设方面，技术对人们的约束越来越少，特别是对于城市中大部分一般跨径的桥梁来说，限制桥梁建设的技术难度几乎不存在，这为建筑师在这类桥梁中发挥更大创作空间提供了可能性。

如我院设计的主跨155m太原祥云桥，建筑师将火炬的造型取其意并简化，通过与桥梁结构工程师的反复沟通，最后确定：将三根钢结构塔柱空间略微弯曲(而不是扭转)向塔顶集中交会于一起，中塔柱立于桥面分隔带，两侧两根边塔柱立于桥梁外侧，主跨侧斜拉索为双索面，分别锚固在两侧边塔柱上，边跨为单索面，锚固在中间塔柱上，三根塔柱通过水平连接的撑杆和拉杆平衡拉索水平分力，其整体又构成一个稳定的格构柱形式，承受斜拉索竖向分力。这样处理后，使得造型和受力都取得了满意的结果，如图2所示。

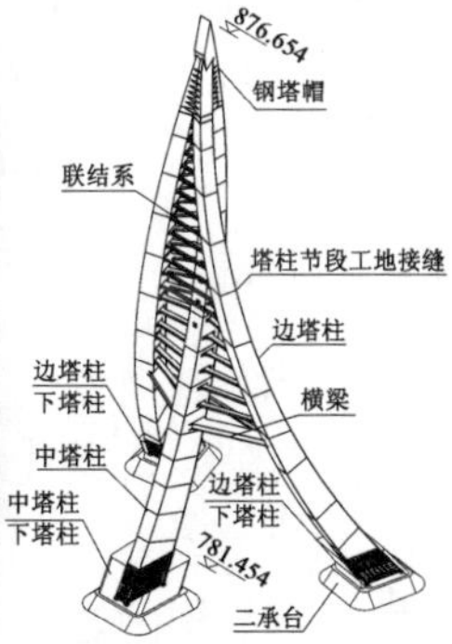

图2　太原祥云桥实景照片和索塔结构三维模型

索塔全高100.5m,这是一个复杂的空间结构,为了分析清楚整体和局部的静力、动力受力性能和应力状态,运用了多个大型综合软件和多种有限元形式。

2.2 桥梁美学思想、方法和成功案例

桥梁设计不仅要结构上安全可靠,而且要造型美观,莱昂哈特教授(1907～1999年)1982年出版了《桥梁美学与设计》(Bridge: Aesthetics and Design),这本广泛发行的桥梁美学设计书不仅对当时有非常重要的影响,至今仍被许多桥梁设计者所推崇,该书从研究到写作共用了两年的时间。

莱昂哈特教授在《桥梁美学与设计》一书中介绍了桥梁工程师具体创作过程,总共12个步骤,其中(7)、(8)、(12)三个工作流程有关桥梁美学方面的思考,即:

(7)对于满意的草案可绘出大比例的图,并考虑细部构造和尺寸。

(8)冥思苦想一番,进行美学考虑和处理,并请建筑师当顾问,进行美学设计的加工。

(12)通过制作模型和照片,从桥梁的各个透视角度观察和判断桥梁的外貌及其对周围景观的影响,审视美学效果。

这个工作流程具体地提出了桥梁工程师与建筑师的合作方式,以及工作手段和考量内容,例如运用大比例图纸、模型和照片等,从各个视角研究桥梁结构自身比例及其与环境的关系问题等。这个工作环节非常重要,我们经常会碰到这样的事情,对于一个刚成形的方案,第一眼看会觉得很满意,或者总体上很满意,但是,总觉得哪里不舒服,经过仔细推敲、不同角度观察,才会发现许多问题和问题的根源在哪里,需要对方案进行调整优化,有时甚至推倒重来。

唐寰澄先生所著的《桥梁美的哲学》(1994年)一书很好地总结了基于东西方哲学原理的桥梁美学,通过大量分析和实例概括出桥梁美学的一些基本法则,包括多样与统一(变化与统一)、比例与匀称、平衡与和谐、韵律与协调等法则。

我们常说,对美学问题的评判是"仁者见仁,智者见智",这实际上将两个问题混淆了,一个问题是,对各种各样美的东西,每个人的喜好会不同;另一个问题是,对美和不美的判别,对同时期的、同地区的人来说,是有许多相同标准的,而不是美丑不分的。这是因为美学问题虽然充满了感性思维的内容,但是,通过运用如上所述的一些基本法则的衡量,能够帮助我们对桥梁分析出美与不美,以及美在哪里和不美在哪里。因此,不能用"仁者见仁,智者见智"这句话,去掩盖哪些不美的东西。

美学思想和工作方法在桥梁工程师中得到广泛的赞同,在实践中得以应用。

1999年英国《桥梁设计与工程》(Bridge Design and Engineering)杂志举行20世纪世界最美桥梁评选活动,虽然20世纪建成的桥梁有成千上万,但最后仅有15座桥被提名。所有入选的15座桥都有较高的美学和景观价值,令人信服。最美桥梁的评选,同时也在世界范围内,为桥梁工程师树立起桥梁美学的成功案例,告诉我们,什么样的桥梁才是美的桥梁。

3 景观桥梁的创作

景观桥梁的出现有其客观规律,随着各国城市化建设的程度和水准不断提高而逐渐形成外在客观需求,另一方面,随着桥梁技术的发展、技艺合作的加强而逐步形成内在的创作冲动。

3.1 技艺合作

我们应该培养懂桥梁结构的建筑师,懂建筑艺术、会建筑创作的桥梁工程师,不断提高景观桥梁的技术和艺术水准。

唐寰澄先生在《桥梁美的哲学》一书中,根据桥梁建筑历史发展进程,将自然科学与艺术的

关系分为三个发展时期:技艺不分、技艺分家和技艺再合。

18世纪英国工业革命前为技艺不分时期,在自然科学尚未成形时期,东西方古代的能工巧匠集艺术与技术于一身,建造了如法国加尔德水道桥(公元前63～13年)、我国赵州桥(公元595～606年)等流传至今的杰作,在技术和艺术都有很高的成就。

18世纪英国工业革命和法国分科教育开始,随着科学技术的发展,从教育到社会实践、工程实践,出现了技艺分家的局面,艺术家追求高尚的纯艺术,工程师津津乐道于科学与技术,并互相批评。

由于19世纪科学发展,传统的建筑观念不时被工程师采用新材料、新构造、新技术所打破,舆论把希望转向工程师。大家开始接受技术与艺术必须结合的观点,认为建筑师要懂结构,工程师要懂艺术。

如大家熟知的西班牙圣地亚哥.卡拉特拉瓦则拥有建筑师和工程师的双重身份,他是世界上最著名的创新建筑师之一,又有瑞士苏黎世联邦工学院的结构工程博士学位。

但是,在我国,由于分科教育的原因,桥梁工程和建筑艺术仍处于脱节状态。

建筑设计中有一项特殊的作业,就是在短短的数小时期限内完成一份方案构思,并将设计成果在一幅或有限的几幅版面内尽可能完整、流畅地表达出来。这种特殊的作业通常称之为"快题设计",如图3所示。它是建筑设计能力培养的一个重要方面,也是设计过程中发展方案的工具,因为任何设计构思都必须外化为可见的图形,才能步步深入。桥梁工程师在学习桥梁工程专业的基础上,学会建筑快题设计的表现方法,无疑有利于改变桥梁工程师不会构思方案的局面。

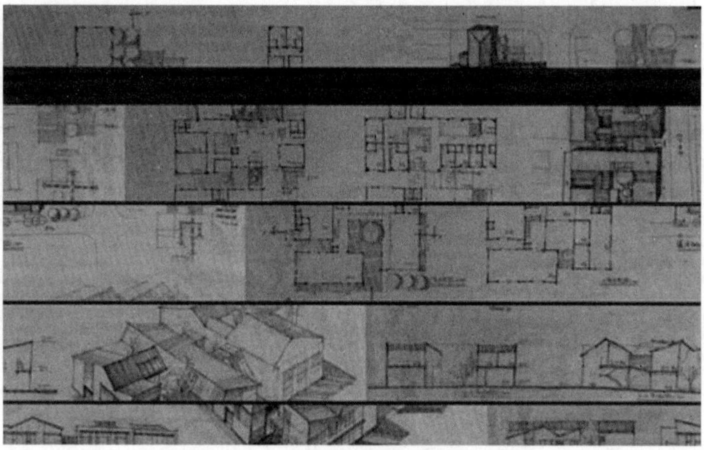

图3 建筑快题设计

快题设计表现的主要工具有透明纸、绘图铅笔、素描铅笔、三角板、滚轮尺、尼龙针管笔和马克笔等,快题设计要素包括建筑功能分类、环境设计、总平面、平面、立面图、透视图、结构设计和分析图等。具体绘图时,先在毫米方格纸上画出部分按真实比例的草图,再在覆盖其上的透明纸上手绘需要的各图。对建筑专业人员来说,要求习练者接受过建筑设计的专业训练,具备建筑制图和画法几何的基础知识;对桥梁专业人员来说,要求习练者接受过桥梁工程专业,以及跟建筑专业相同的建筑制图和画法几何的基础知识。能够绘制合乎规格的"慢图",习练者的目的是由慢入快,粗而不糙,并谋求幅面的构图美感。

3.2 建筑创意和结构创新

由于景观桥梁的特殊性,对设计人员来说,必须要求设计人员具有除桥梁工程专业以外的其他专业背景，如建筑学、景观艺术和城市规划等，或者多种专业背景的技术人员组成合作团队，共同构思、讨论方案。对方案技术成果来说，造型上应有创意，技术上应有创新，才能创作出高品质的景观桥梁。莱昂哈特和建筑师 Gerd Lohmer 建立起很好的工作关系，他评价他的建筑师时说“他是一个非常好的参谋，他给了我许多很有价值的启示”。除了专业学习外，还有一个很重要的因素就是灵感，莱昂哈特非常赞许 Jean Muller 的设计，他相信能够设计真正好的桥梁的工程师不多，这些技能不单单是来自教育，他说“这种技能是一种天赋”。

昂船洲大桥(图 4)要建成香港这个大都会的一个主要标志性建筑，为此，我国香港特别行政区路政署举办一项国际性桥梁设计比赛，为昂船洲大桥这座地标性大桥提供概念设计。经过技术评审委员会和美观评审委员会评分，冠军方案是一座像烟囱形状桥塔的斜拉桥，桥塔上部的 112.5m 是钢结构而之下的部分是混凝土结构。大桥主跨为 1 018m，边跨分别是 298m。全桥的总长度为 1 616m，拉索以半扇形的形式布置，加劲梁在边跨和近桥塔 24m 的主跨是采用双箱混凝土梁，在主跨其余部分则采用双箱钢梁，双箱钢梁由横梁连在一起。这个方案在超大跨径斜拉桥中创新了加劲梁的形式，采用了分体钢箱梁，在塔柱上摒弃了传统的斜拉桥索塔形式，采用了圆形独柱塔形，因而无论在标志性桥梁建筑创意方面还是在桥梁技术创新方面都获得了极大的成功。

西班牙阿拉米罗桥(Alamillo)(图 5)，1992 年建成，它的大胆设计、造型新颖，将结构、建筑和雕塑融为一体。桥塔采用钢筋混凝土结构，主梁采用结合梁，主跨 200m，总长 250m，桥宽 32m，桥塔高 142m，倾斜角 58°，是世界上第一座大跨度无背索斜拉桥。主梁横断面寓意于模仿公牛的头形，这符合当地民族传统，桥梁整体造型像一只飞翔的天鹅。

图 4　昂船洲大桥

图 5　西班牙阿拉米罗(Alamillo)桥

阿拉米罗桥推翻了斜拉桥通过自身对称来追求稳定状态的基本原理，在不平衡中求得力的平衡，在不稳定中求得功能的稳定，在静态中蕴含动态形象，不是雕塑胜似雕塑，如同一架竖琴映入人们的脑海，孕育出了一个凝固的运动瞬间。

4　景观桥梁的评价

伴随着景观桥梁的出现就存在不同的意见和争议，这个争议国内国外都有，争议主要集中在美与不美、受力合不合理、投资多大及是否值得等有关美学、力学和经济三个方面。由于三个方面的问题本身具有不确定性和复杂性，而且对问题的评论和结论也会随时间、地域和评价者的不同而不同，既存在一定的因时而异、因地而异和因人而异的因素。这里仅用几个例子说明一些作者自己的观点，不一定完整全面。

4.1 美学评价

景观桥梁的美学评价非常重要，但又极其困难，说重要是因为它关系到我们设计的桥梁是否真正具有美学价值，给城市带来艺术氛围，还是仅仅是哗众取宠，一旦建成，这个影响将存在几十年乃至百年，说困难是因为影响因素多，感性和抽象成份高，难以量化。

我们的一个设计成果包含了感性和理性、抽象和具体，特别是艺术比重越高的设计，感性和抽象越丰富，它的美学价值也越高。1999 年英国《桥梁设计与工程》杂志举行的 20 世纪世界最美桥梁评选，如评语中说萨尔基那山谷桥“在桥上漫步是一种真正的精神上的享受。你和高山、白云、蓝天那么靠近，它构成了阿尔卑斯山的一幅美妙的风景画”，这就是感性和抽象的部分，又说“该桥所有部分都恰到好处，无可挑剔……”，这是说它尺度合适、比例协调，这又是理性和具体的部分，设计师的感性通过抽象和理性，融入到所设计桥梁的具体中，使观赏者感受得到。

在哲学上，我们常说：从感性具体上升到理性抽象，从理性抽象上升到理性具体，严格地讲，在上述两个过程中的任何一个得到的认识都不一定是最全面的。例如：你认识一个人，一开始是认识他的名字、性格、兴趣、思想等等的属性，但是这些属性中有些是他的表面属性，有些是他的本质属性，那些能作为他本质属性的表现的方面，你把它抽象出来加以认识和把握，这就是从感性具体上升到理性抽象。当你与某个人进行接触，了解到他对工作有时不那么专心，有这样一个对工作不太负责的本质属性，我们一般就会认为这样的人是一个不多么好的人；但是在你与他的更深入的接触过程中，你又更深入地了解到他其实不是对工作不负责任，他对工作也有他尽职尽责的一面，原来他的不负责任是因为工作的条件不如意才不愿投入精力的，原来他也有让人值得肯定的一面。既认识到他有不值得肯定的一面，也认识到他有可以肯定的一面，你对这个人就有了正反两方面的认识，因此也就对他有了理性具体的认识，这就是从理性抽象上升到理性具体。

当我们不断地从感性具体上升到理性抽象，持续地完善理性抽象，又不断地从理性抽象上升到理性具体，持续积累理性具体，能够帮助我们逐步从非量化的途径认识和把握感性，提高我们的美学素养。

美学法则是由感性具体上升到理性抽象的成果，掌握它使美学评价具有一定的可操作性；美学成功案例则是从理性抽象到理性具体的成果，研习它们(而且多多益善)，可以帮助我们培养美学感觉，提高美学判断力。

4.2 力学评价

2012 年 6 月 14 日，同济大学建筑设计研究院举办了“结构成就建筑之美”学术会议。来自国内外多位建筑和结构设计方面的专家就建筑设计与结构设计之间相辅相成的关系发表演讲，用建筑实例说明在他们看来这二者之间的关系。崔愷(中国工程院院士，中国建筑设计研究院副院长、总建筑师)在主旨报告中说：由于结构设置的原因，建筑和结构专业一直是处于独立的状态，尽管在建筑学教育中也有结构课程，但是限于学时和条件很难使学生掌握结构知识，反之在结构教学中对建筑学的教育更加的不够，真正好的建筑师应该具备一定的结构理念，而真正伟大的结构工程师也需要有建筑美学修养。建筑师需要展示结构的力度和美感，而结构师也应该充分了解建筑的想法，创造性的提出结构方案，而不仅仅拘泥于结构的软件和规范。建筑与结构设计的结合势在必行，国际上有很多著名的建筑作品都是建筑和结构完美结合的范例，实际上中国古代建筑传统也显示出木结构和砖石结构的美学。而我们大量的建造往往忽视这些美学，建筑成为了没有结构美学的堆砌，结构也受到了限制。

虽然，桥梁结构和房屋结构有区别，但是，崔愷院士提出的理念很值得我们借鉴：结构师应创造性的提出结构方案，而不仅仅拘泥于结构的软件和规范，这实际上对结构师提出了结构创新的要求。

在桥梁工程中，许多桥型如梁桥、拱桥、斜拉桥和悬索桥等，都有其合理的结构形式和布置要求，桥梁工程师不能满足于设计这些标准化的桥梁，因为，在许多情况下，当由于建桥条件或城市景观等要求工程师不能照搬这些标准化桥梁结构时，桥梁工程师的任务是在与建筑师沟通的基础上，寻找到受力最优的结构形式和布局(即结构稳妥安全的、经济性好的设计方案)。这也就是"结构成就建筑之美"，当然，我们倡导的这个"美"是结构之美。

4.3 经济评价

一般情况下，景观桥梁会导致投资增加，除去不合理的、通过优化方案或技术改进可以修正的部分，如布置不合理而导致的投资增加，结构工程师应与建筑师沟通，调整不合理之处，降低投资；如结构处理不当而导致的投资增加，结构工程师应善于思考，敢于创新，构思出满足造型要求的最优结构。如何看待景观桥梁的投资(除去上述不合理部分)，也就是值不值化这个投资的问题，仅看这个投资的绝对值，或者将这个绝对值与这条河上以往的简支梁、连续梁桥比较，往往会引起较大的争议。实际上这是个性价比的问题，考虑商品的性价比问题，我们每个人在生活中都有很多经验。

所谓性价比，即性能价格比，是一个性能与价格之间的比例关系，具体公式：性价比＝性能÷价格。

对于一座桥梁不同的方案，可分别对它们的使用功能和景观功能进行打分，使用功能包括交通、航运(行洪)和耐久性三个项目，景观功能包括美学效果、建筑创意和结构创新三个项目，每个项目可以列出若干分项(有待进一步细化)，使用功能和景观功能满分均为100分，根据各方案的建安费，分别计算使用功能性价比单位成本和景观功能性价比单位成本。见表1。

使用功能和景观功能分值计算表 表1

<table>
<tr><th colspan="3">使用功能分值</th><th colspan="3">景观功能分值</th></tr>
<tr><th>项目</th><th>分项</th><th>最高分值</th><th>项目</th><th>分项</th><th>最高分值</th></tr>
<tr><td rowspan="3">交通功能</td><td>纵断设计</td><td>10</td><td rowspan="3">美学效果</td><td>总体布局</td><td>10</td></tr>
<tr><td>平面设计</td><td>10</td><td>构建尺度</td><td>10</td></tr>
<tr><td>桥上净空</td><td>10</td><td>桥梁与环境</td><td>10</td></tr>
<tr><td rowspan="3">航运(行洪)</td><td>分孔布置</td><td>10</td><td rowspan="3">建筑创意</td><td>创意</td><td>10</td></tr>
<tr><td>桥墩尺度</td><td>10</td><td>地标性</td><td>10</td></tr>
<tr><td>防撞</td><td>10</td><td>可识别性</td><td>10</td></tr>
<tr><td rowspan="4">耐久性能</td><td>结构耐久性</td><td>10</td><td rowspan="4">结构创新</td><td>结构体系</td><td></td></tr>
<tr><td>养护工作量</td><td>10</td><td>构件和节点</td><td>10</td></tr>
<tr><td>可更换性</td><td>10</td><td>新材料</td><td>10</td></tr>
<tr><td>易维护性</td><td>10</td><td>施工工艺</td><td>10</td></tr>
<tr><td colspan="2">合计</td><td>100</td><td colspan="2">合计</td><td>100</td></tr>
</table>

例如：某桥A、B两个方案，建安费分别为2.5亿元和3.2亿元，两个方案的使用功能分值均为90分，则两个方案的使用功能性价比单位成本分别为0.028亿元和0.35亿元；两个方案的景观功能分分别为60分和90分，则两个方案的景观功能性价比单位成本分别为0.042亿

元和 0.035 亿元，因此 A 方案的使用功能性价比比 B 方案高，而 B 方案的景观功能性价比比 A 方案高。

当存在多个方案时业主可以权衡两个性价比，或选择使用功能性价比高的方案，或选择景观功能性价比高的方案，或两者兼顾，选择一个折中的方案。

5 结语

城市景观桥梁的美，可以给生活在城市里的人们带来无穷的愉悦和享受，桥梁让城市更美好，桥梁的美学价值体现在结构之美、力学之美。我们需要一批懂建筑艺术的桥梁工程师和懂桥梁工程的建筑师，技艺合作，创造出具有美学价值、建筑创意和技术创新的经典城市景观桥梁。

参考文献

[1] 项海帆，等.桥梁概念设计[M].北京：人民交通出版社，2011.

[2] 唐寰澄.桥梁美的哲学[M].北京：中国铁道出版社，2000.

[3] 王应良，高宗余.欧美桥梁设计思想[M].北京：中国铁道出版社，2008.

[4] 邓文中.美观何价//第二十届全国桥梁学术会议论文集[C].北京：人民交通出版社，2012.

[5] 徐利平，等.现代城市景观桥梁的实践和探索.第十八届全国桥梁学术会议论文集[C].北京：人民交通出版社，2008.

43. 城市景观桥梁美学效果分析及评价

陈振东　徐利平

（同济大学桥梁工程系）

摘　要：近年来，随着经济的发展和人们美学理念的提升，城市景观桥梁的建设越来越成为一个城市发展的需要。城市桥梁除了满足交通功能的需求外，还要求具有一定的景观价值，以满足人们审美的需求，由此使得美学效果分析和评价成为了必要。本文介绍了城市景观桥梁的含义，分析了基本的美学要素，最后结合实例介绍了基于模糊数学原理的美学评价方法——模糊综合评判决策。

关键词：城市景观桥梁　美学法则　美学评价　模糊综合评判

1　引言

桥梁是人类为扩大自己的生存活动范围、克服自然障碍而最早建造的工程建筑之一。同其他建筑一样，人类在生产和生活的实践中，依照自身的智慧和创造力，不断将自己的愿望和需要、审美的追求和创造，渗透到桥梁建筑中，“按照美的规律来建造”桥梁。从古至今，不管国外还是国内，都建造了不少“美好”的桥梁，使她成为一个城市，一个时代的标志。伊藤学先生在其专著《桥梁造型》中提到“桥不仅是人类生产、生活不可缺少的实用土木结构，而且能满足人们到达彼岸的心理希望，同时也是生活环境中使人印象深刻的标志性结构物，常常成为审美的对象和文化的遗产。[1]”

随着科学技术的发展，经济水平的提高和人类文明的进步，现代化城市不断涌现，桥梁常常会成为一个城市的标志，人们对于城市中的桥梁也提出了更高的要求，除了满足其使用功能之外，对桥梁美的追求也不断增加。城市景观桥梁的建设已成为大多数城市发展必不可少的要素。

2　城市景观桥梁的含义

和其他所有桥梁一样，城市景观桥梁也需要满足“安全、适用、经济、美观、耐久、环保”的六大要素。作为城市交通系统的一个组成部分，首先必须满足交通使用需求，即具有实用性；其次，城市景观桥梁应该是结构合理的，桥梁造型的创新和变化应该基于基本的力学原理，桥梁的艺术形式不是从结构外部硬加上去的，而是由结构本身引申出来的；第三，作为城市景观系统中的一个元素，城市景观桥梁还要具备观赏性和象征性[2]。观赏性，不仅要求桥梁造型遵循桥梁美学的法则，而且桥梁必须与其周边环境共同构成景观，创造新的旅游观光景点；而象征性，则要求桥梁造型或桥梁与其环境共同体现一种象征意义，隐喻一种文化内涵。邓文中先生说过："美不是添加在结构上的装饰，而应该是贯穿在设计过程中的理念。一座美观的桥梁应该是功能的自然体现，具有简洁的结构形式、新颖的造型，与环境和谐协调。[3]"这也是我们对于城市景观桥梁的基本要求。

由此可看出城市景观桥梁，除满足与其他城市桥梁一样的交通使用功能之外，还应具有良好的视觉效果和审美价值，同时能与城市文化、环境相融合，共同构成景观，成为一个城市一道亮丽的风景线，成为一个城市的看点，成为一个城市的标志。与一般的城市桥梁相比，城市景观桥梁应该具有以下特点：

(1)具有良好造型，符合桥梁美学的普遍法则。

(2)与城市的自然环境、建筑环境、人文环境相协调，融合。

(3)具有体现城市历史文化和风貌的元素。

3　城市景观桥梁美学效果分析

3.1　结构的合理性

桥梁是承重结构，从力学上来说，即是基于力学的基本原理将各个构件组合而形成的一个具有足够强度的、稳定的跨越体系。合理的受力应该是城市景观桥梁的基础。城市景观桥梁需要追求外在形式的创新，但是任何形式的创新都需要源于对力学性能的深刻理解。莱昂哈特在其著作《桥梁建筑艺术与造型》中提到："结构必须使本身表示出单纯、简洁的形式，并给人以稳定的感觉。我们必须寻求简单。基本结构的形式也必须和所用的材料相称。[4]"这实际上是对结构的合理性提出很高的要求，只有当结构是合理的，其主要构件都参与受力，其形式才能给人以简洁、稳定的感觉。而简洁和稳定，又反过来增加了桥梁的美感。所以，成功的景观桥梁应该是结构与艺术形式的统一体。

3.2　桥梁单体造型的美学法则

唐寰澄先生在其著作《桥梁美的哲学》中提到"一切艺术都有法则[5]"。桥梁美学也是一门艺术，同样也有其普遍的法则。唐寰澄先生在这本书中介绍了桥梁美学的一些基本法则，包括多样与统一、协调与和谐、比例、对称、韵律等。

我们常说的桥梁美与不美，实际上是一个审美的过程，即审美主体(人)在创造美的客体(又称对象、产品、存在物)或鉴赏客体美的过程中产生的高级精神活动[6]。从以往众多成功的桥梁美学案例中可以看出，对美和不美的判别，对同时期的、同地区的人来说，是有许多相同标准的。而这些标准，可以通过我们研习桥梁美学的基本法则来获得，运用这些基本的美学法则，可以帮助我们对桥梁美与不美做出更理性的分析和判断，得到较为理性的认识。

3.3　与环境相协调

城市景观桥梁存在于城市环境之中，不可能单独被人们所看到，它必然与城市的自然环境、人文环境及城市其他构筑物共同构成景观，供人们观赏。因此，桥梁与环境的关系是其美学效果分析中不能缺少的一个重要的组成部分。

与环境相协调，这里的环境包括了自然环境、建筑环境和人文环境，与自然环境协调不仅要求桥梁的形态特征与自然环境取得和谐，还包括桥梁应该尊重桥位处的原始环境，尽量减少破坏和打扰；与建筑环境相协调要求桥梁的建筑风格、建筑尺度与周围建筑取得一致；与人文环境协调则是要求设计者主动地去创造与当地熟知的人文景观、历史故事相融合的、寓意贴切的桥梁形态，促进地方文化的传承与发展。

3.4 夜景

夜景景观是由主体结构、环境、照明系统共同构成的，它拓展了桥梁的景观的表现，全天候展示桥梁的美学特征。夜景表现的设计要点主要如下：

(1)照明要素的选择：根据不同的桥梁形态，选择主要表现对象，避免出现平淡的光环境。

(2)立体感表现：合理布置光源，调整光环境，可以得到合适的立体感，但是需要避免眩光现象。

(3)色彩表现：不同光源照射下，结构的外观会产生变化，光源的色调对结构色彩的表现很重要，如需准确表现照明要素的色彩，则须选择高显色性光源。

4 城市景观桥梁美学评价

4.1 评价指标

一个城市景观桥梁的设计成果，包含感性和理性、抽象和具体[7]。在哲学上我们常说：从感性具体上升到理性抽象，再从理性抽象上升到理性具体。一个成功的景观桥梁设计成果，是应该包含这两个过程的，具体在一座桥梁中，感性的具体即是我们设计最初脑海里面对美的感觉，而前面章节中的美学法则，则是感性的具体上升到理性抽象的结果，当我们不断积累理性抽象，将之上升为理性的具体，即是我们城市景观桥梁的具体案例。其中，理性的抽象作为中间环节，不管在方案的设计还是美学评价中的都起着关键的作用，在美学评价中，理性的抽象可以具体为美学评价指标，它能有助于我们更加理性的把握一座桥梁美还是不美。

结合前面章节的内容，可以总结得出城市景观桥梁美学评价的一些指标，包括统一中有变化、稳定均衡、比例尺度协调、与自然环境协调、夜景等，由于评价因素较多，宜采用多层次评价模型，见表1。

4.2 评价方法及实例

由于影响城市景观桥梁美学评价的因素较多，且具有模糊性，很难用定量的数据表示，故选择多层次模糊综合评判决策方法[8]，该方法是对受多种因素影响的事物做出全面评价的一种十分有效的多因素决策方法。本文将结合具体实例介绍多层次模糊综合评判决策的主要内容。

本次评价实例选取桂林市解放桥[9]，该桥建于漓江之上，可远眺七星岩，毗邻象鼻山，跨径组合为41m＋61m＋72m＋61m＋41m，全长276m(不含桥台)。桥梁全宽45m，分为三幅桥。由于其桥位环境，其品味必须与桂林山水相称，其造型必须与桂林山水融合，其风格必须与桂林文化底蕴匹配。基于这样的理念构思了上承式连拱拱桥的方案，第一，桥梁无上部结构，使桥上视线无遮挡，远处山景特别是著名的七星岩轮廓完全展现在桥梁背景上；第二，连拱及其腹拱结构充分展现出我国经典的拱式结构的历史积淀；第三，连拱和腹拱勾勒出的轮廓，极其巧妙的吻合了背景上七星岩的山脊线轮廓，使人造建筑物和自然景观完美的统一在一起。图1和图2为该桥的日景和夜景。

(1)选择10位专家组成专家评判小组，进行该桥的美学评判。

(2)确定因素集$U=\{u_1,u_2,u_3,u_4\}$及其子因素集，如因素u_i的子集$U_i=\{u_{i1},u_{i2}\cdots u_{ij}\}$，见表1。

(3)确定因素集的权重集 $A=\{a_1,a_2,a_3,a_4\}$ 及其子集 A_i，即确定每个因素的权重，见表1。

图1 解放桥日景

图2 解放桥夜景

美学评价指标及权重 表1

i	一级评价因素(U)	权重(A)	j	二级评价因素(U_i)	权重(A_i)
1	结构合理性	0.3	1	结构体系恰当	0.4
			2	传力途径明确	0.4
			3	施工便易性	0.2
2	桥梁造型	0.3	1	统一中有变化	0.1
			2	流畅有韵律	0.3
			3	稳定均衡	0.2
			4	比例尺度协调	0.3
			5	色彩与材质	0.1
3	与环境相协调	0.2	1	与自然环境协调	0.4
			2	与建筑环境协调	0.4
			3	与人文环境协调	0.2
4	夜景	0.2	1	照明要素	0.4
			2	立体感表现	0.2
			3	色彩表现	0.4

(4)确定评判集 $V=\{v_1,v_2,v_3,v_4,v_5\}$，对于影响桥梁美的各指标的评价，通常用语言变量定性表征，如(很好，稍好，一般，稍差，很差)，当需要得出具体分值的时候，可以建立二元对

比排序语言变量表，见表2，专家评审小组对该桥进行评价，评价结果汇总见表3。

二元对比排序语言变量　　表2

语言变量	很好	稍好	一般	稍差	很差
评价值	9	7	5	3	1

专家评审小组意见　　表3

一级评价因素	二级评价因素	很好	稍好	一般	稍差	很差
结构合理性	结构体系恰当	4	3	3	0	0
	传力途径明确	4	4	2	0	0
	施工便易性	2	4	3	1	0
桥梁造型	统一中有变化	4	5	1	0	0
	流畅有韵律	2	6	2	0	0
	稳定均衡	6	3	1	0	0
	比例尺度协调	3	4	3	0	0
	色彩与材质和谐	2	3	4	1	0
与环境相协调	与自然环境协调	1	7	1	1	0
	与建筑环境协调	3	4	2	1	0
	与人文环境协调	0	6	4	0	0
夜景	照明要素	5	5	0	0	0
	立体感表现	5	3	2	0	0
	色彩表现	3	5	2	0	0

(5)单因素评判。以因素“结构体系恰当”为例，专家评判小组中觉得很好的占40%，稍好的占30%，一般的占30%，稍差和很差的占0%，得到因素集U到评判集V的一个模糊映射，即

$$f:U\rightarrow\varphi(V)$$

$$u_{11}\rightarrow f(u_{11})=(0.4,0.3,0.3,0,0)\in\varphi(V)$$

其中$\varphi(V)$称为V的模糊集，f称为V的隶属函数，$f(u_{11})$称为因素u_{11}对V的隶属度，即u_{11}隶属于V中评判元素的程度。

类似地对其他因素进行单因素评判，得到因素子集U_1的单因素评判矩阵为：

$$R_1=\begin{bmatrix}0.4,0.3,0.3,0,0\\0.4,0.4,0.2,0,0\\0.2,0.4,0.3,0.1,0\end{bmatrix}$$

(6)第一层次综合评判。由权重集A_1和单因素评判矩阵R_1，可得：

$$B_1=A_1\cdot R_1=(0.4,0.4,0.2)\begin{bmatrix}0.4,0.3,0.3,0,0\\0.4,0.4,0.2,0,0\\0.2,0.4,0.3,0.1,0\end{bmatrix}=(0.36,0.36,0.26,0.02,0)$$

类似地可以得到：

$$B_2=(0.33,0.44,0.22,0.01,0)$$

$$B_3=(0.16,0.56,0.2,0.08,0)$$

$$B_4=(0.42,0.46,0.12,0,0)$$

(7)第二层次综合评判。由步骤(6)可得出一级因素集 U 的单因素评判矩阵：

$$R=\begin{bmatrix}0.36,0.36,0.26,0.02,0\\0.33,0.44,0.22,0.01,0\\0.16,0.56,0.2,0.08,0\\0.42,0.46,0.12,0,0\end{bmatrix}\text{可得到}$$

$$B=A\cdot R=(0.323,0.444,0.208,0.025,0)$$

根据最大隶属度原则，本次对于桂林解放桥的美学效果综合评判结果为稍好。结合表 2，可得出该桥的评分为 7.13 分。

5 结语

(1)城市景观桥梁是桥梁类型的一种，应具有实用性、结构合理性、观赏性和象征性。

(2)桥梁的美学分析评价容易充满主观和感性的色彩，应该从把握基本的美学法则入手，进行客观理性的分析和评价。

(3)多层次模糊综合评判决策方法基于模糊数学原理，能够把一些模糊概念加以定量化，数学化的处理，将该方法应用于城市景观桥梁的美学评价，能够得到定量的、理性的评价结果。

参考文献

[1] 伊藤学.桥梁造型[M].北京:人民交通出版社,1998.

[2] 杨士金,唐虎翔.景观桥梁设计[M].上海:同济大学出版社,2003.

[3] 项海帆,等.桥梁概念设计[M].北京:人民交通出版社,2011.

[4] 莱昂哈特.桥梁建筑艺术与造型[M].北京:人民交通出版社,1988.

[5] 唐寰澄.桥梁美的哲学[M].北京:中国铁道出版社,2000.

[6] 徐风云,陈德容.桥梁审美原理[M].北京:人民交通出版社,2006.

[7] 徐利平.城市景观桥梁——结构成就建筑之美[J].桥梁,2013.8.31,(4).

[8] 谢季坚,刘承平.模糊数学方法及其应用[M].武汉:华中科技大学出版社,2013.

[9] 徐利平,戴利民,等.现代城市景观桥梁的实践和探索.第十八届全国桥梁学术会议论文集[C].天津:中国土木工程学会,2008.

44. 临桂新区桥梁美学设计

徐家慧
(广州市城市规划勘测设计研究院)

摘　要：本文以广西桂林临桂新区桥梁设计为背景，结合桂林山水的地域文化，遵循一桥一景的设计原则，通过考虑桥梁与环境的关系、桥梁的建筑审美、人们的视觉感受等方面，使区域内的桥梁设计既传承了地域固有的文化，又不乏有现代气息，是一次桥梁美学设计的尝试，设计运用的一些理念可供类似工程参考。

关键词：城市　桥梁　美学　设计

1　前言

近年来，随着社会进步和人们文化品位的提高，桥梁不再是仅仅满足单一交通功能需求的永久构筑物，桥梁的景观、耐久、环保等要素也逐渐融入了桥梁建设中。城市桥梁更成为了反映城市特色、体现地域文化、展示时代风貌的载体，渗入到人民生活的方方面面。因此，这对桥梁设计提出了更高的要求，将文化沉淀、桥梁美学和创新思维融入桥梁设计成为一种需要。

2　项目背景

临桂新区东距桂林市中心区约 10km，是桂林向西发展的重要空间载体，也是桂林市未来的城市副中心，它将承担城市综合服务职能和城市中心职能，并向其周边区域辐射[1]。在新的发展背景下，桂林市政府启动了临桂新区的建设。

2.1　水文条件

临桂新区共有 8 个湖塘水系，中心区内上跨桥梁共计 23 座，桥梁分布如图 1 所示，桥址处水系河床宽度约 20～72m，河岸宽度约 32～80m，桥下无通航要求，桥梁最大跨径为 40～100m。

2.2　区域文化

“桂林山水甲天下”，得此盛誉的桂林市是广西历史最悠久的古城，也是漓江边最美的城镇之一 。典型的喀斯特地貌中穿插分布着农田、阡陌、溪流、湖泊和村庄，淋漓尽致地体现出了自然山水空间的灵气。古朴的石桥、木桥也给野趣的山水更添了几分人文的雅致。

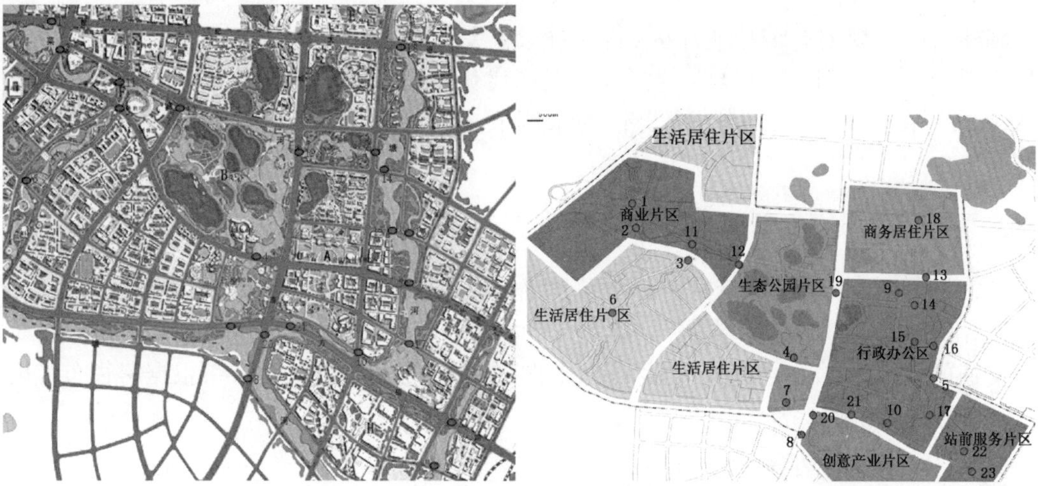

a)　　　　　　　　　　　　　　　　b)

图 1　桥梁分布图

2.3　建成桥梁

始建于 1916 年的广西三江程阳风雨桥，因式样独特，建筑精巧，而位居世界四大历史名桥之列(图 2)；而永安风雨桥则别具特色，横跨于金宝河上，始建于大清光绪元年(公元 1875 年)，桥亭阁秀美，雅致玲珑(图 3)。

图 2　永济风雨桥

图 3　永安风雨桥

两江四湖是桂林市环城水系的总称，新世纪初，桂林市在其上建成了 13 座新桥(图 4、图 5)。座座新桥，形态各异，景趣相融，让人仿佛走进了世界名桥博览园。

图 4　迎宾桥

图 5　古榕桥

2.4 新区规划

临桂新区共规划9个功能片区，新区桥梁主要分布于行政办公、商业、生活居住、生态公园等功能片区内(图1)；自然、生态，体现现代化的山水城市风光是新区的建设目标，规划水系除具有防洪、排涝功能外，交错的水网成为构建景观绿化体系和步行系统的主要载体[1]。

3 桥梁设计的美学思考

新区桥梁设计遵循了以下原则：桥梁美学作为方案设计的重点，注重桂林地区人文历史、山水文化的传承性；桥梁造型考虑与“远山、近水”相融合，桥梁总体布置还须考虑桥上与堤岸人行交通的联系；综合各功能片区的特点，商业和行政办公片区内的桥梁可根据跨径布置选择建筑高度较高的桥型。

3.1 桥梁造型与地域文化的融合

设计中根据桥梁跨径的不同把关注的重点加以区分，跨径在50m以上的桥注重桥梁本身的结构造型，注重结构艺术的表达；净跨径在50m以下的桥梁，方案设计重点考虑桥梁的人文内涵及外部装饰。

纬二路桥(6号桥)横跨兰塘河向北的支流，位于生活居住片区内。桥址处规划河床宽度为31.15m，河岸宽度53.35m，桥梁设计为三跨简支梁桥的结构型式，跨径组合为20m+30m+20m，全长90m。桥梁处居民生活区，桥型设计以“舒适、宜人”为特点，借鉴广西永安风雨桥，将桥上人行道部分设计为适宜观景的风雨桥(图6、图7)：人行道为每4m一个结构单元的廊结构，廊顶部以木质或藤质材料覆盖。桥墩外观设计为中国传统建筑结构“斗拱”型式，因木材防腐要求高，维护费用高，“斗拱”采用混凝土结构，并用涂装饰面。整座桥梁给人以宁静舒适的感觉，具有较浓的乡土气息和民族特色。

图6 纬二路桥

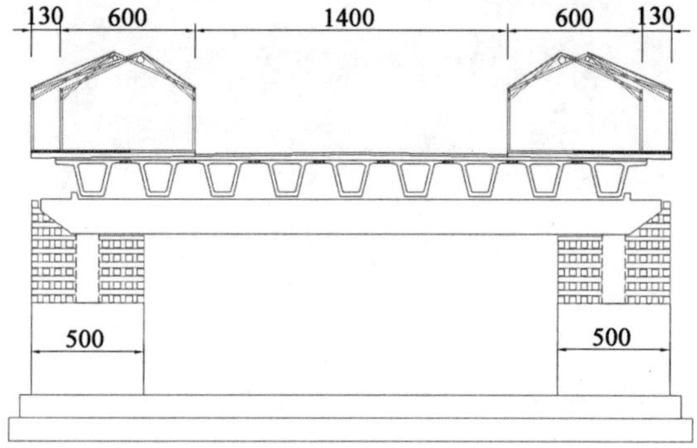

图7 横断面布置图(尺寸单位：cm)

西城大道一号桥(19号桥)位于新区城市主干道西城大道上，横跨菜塘河，是南北向连接该区域各个功能片区的重要通道。桥梁西邻中心公园，四周山水环绕(图8)，自然景观丰富。

本桥设计为传统实腹式肋板拱桥(图9)，跨径组合20m+50m+20m，全长106m。主拱矢跨比1/7，两边拱矢跨比1/3，采用圆弧形拱轴线。多山背景下的临桂新区，厚重、沉稳的山体与舒展、动感的拱桥形成对比、刚柔并济，相互呼应。为便于桥上观景，桥面外悬设置观景台，可尽览中心公园及其周边的景色，使站在桥上看风景的人亦成为桥下观风景人眼中的另一道风景。

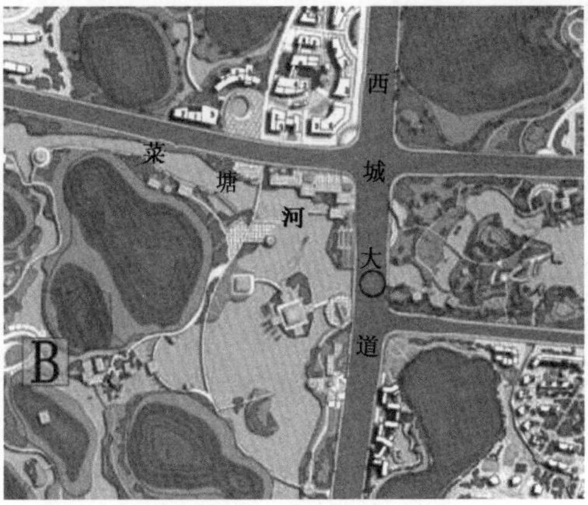

图 8　桥梁区位图

图 9　西城大道一号桥

3.2　桥梁造型与周边环境的和谐

桥梁与环境相结合的三种方法[2]：①隐蔽法：在环境中隐蔽桥梁的存在；②融合法：桥梁与环境按基本相同的格调融合；③强调法：在环境中突出桥梁的存在。临桂桥梁设计根据桥梁所在的规划功能片区的不同加以区别对待。

世纪东路桥（18 号桥）位于世纪大道上，处于新区与老城相接的门户之地（图 10）。世纪大道东西走向，也是连接机场路与桂林市的城市主干道，桥址周边以发展商业为主，将成为临桂新区商贸和商务中心。桥梁设计采用了“借势造景”的技法，形成道路交通上的重要视觉节点，凸显新区现代、活力的特点。桥型选择了提篮式系杆拱桥（图 11），高耸的拱式建筑成为了进入新区的标志，内倾的拱圈，蕴藏着包容、和谐、收获之意，预示着接纳来自五湖四海的朋友。桥梁全长约 90m，抛物线形拱轴线，垂直面内矢跨比采用 1∶3，拱肋内倾 15°成提篮式，拱肋采用哑铃形钢管混凝土结构。

图 10　桥梁区位图

图 11　世纪东路桥

政府北路一号桥（15 号桥）、政府北路二号桥（16 号桥）均位于政府北路，跨越沙塘河，两桥相距约 200m（图 12）。两桥因河岸宽度相近而跨径相当，桥梁若采用相同或相左的桥式结构都欠妥，因河岸宽度不大（41m），桥梁结构设计创新空间有限，设计从两座桥梁的总体布局着手，将跨越东、西两个河道的两座桥设计为互为对称的“姐妹”桥——单索面矮塔斜拉桥（图 12、图 13），折线形塔身，好似两位礼仪小姐做出的“躬身请进”的迎宾姿态，指引着人们进入政府办公区；变截面的主梁设计，使得整个桥体又恰似一艘即将远行的帆船。同时，中间道路形成虚拟的桥梁中跨，远看，如同一座大跨度的桥梁，即显现了桥梁的气势，又满足经济合理的要求。

设计塔身垂直高 18m，墩、塔、梁固结体系，主梁采用 $h=2\sim0.8$m 变截面预应力混凝土箱梁(图 14、图 15)，斜拉索由高强钢丝外包两层 PE 套制成，工厂生产，现场安装。

图 12　桥梁区位图

3.3　桥梁造型与建筑审美的结合

本区域桥梁设计除了考虑桥梁与环境之间的关系，还综合考虑了各桥建筑风格的共赏性，使得所有桥梁既具有共同的地域特征，又根据具体地点、水面收放、视线与景观要求展现独特的个性。

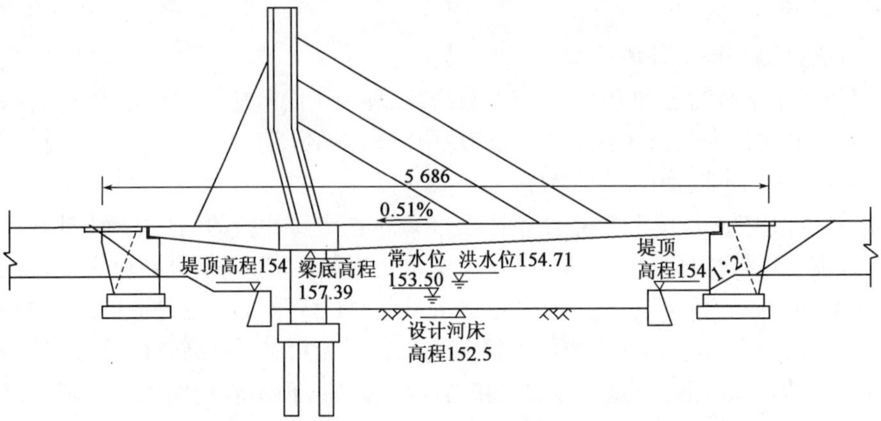

图 13　立面图

图 14　政府北路一号桥

图 15　政府北路二号桥

设计范围内有三座桥梁跨越沙塘河(图 16)。其中，万宁路桥(17 号桥)位于规划新区东南侧的万宁路上，桥梁西邻会展中心，东靠水上码头，南北侧水域宽广，处于规划区内沙塘河至北向南的终端，受赏面大。站在桥上，向北远眺，即可远望政府北路桥的高大、又可见山水大道三号桥的华美、庄重。万宁路桥设计为三跨变截面预应力混凝土连续箱梁，跨径组合：25m+40m+25m，梁高为 1.4～3.2m。整座桥以轻盈、通透为特点，于山、水、桥中构建视觉通廊，同时，也与沙塘河上的其他桥梁形成对比。各桥建筑风格在和谐、次序中得到有机的统一，共同演绎一组人文建筑景观的协奏曲。

3.4　桥梁造型与视觉感受的结合

色的感受和分辨是人们视觉的基本功能之一，它必然在人们情绪上引起一定的感受作用和影响，而对桥梁的色彩设计，其目的在于让色彩与结构造型一致，发挥环境景观的作用，成为桥梁风格的象征和信号[2]。

规划区内1、2、11、12号桥均跨越菜塘河(图17),桥梁分布至西向东,分别由新区商业片区向生态公园片区过渡,桥梁主体颜色设计由活泼、热情的橙红色,到明朗、愉快的米黄色,到单纯、干净的白色,再到古朴、典雅的青灰色,色调由暖色向冷色过渡。寓意着新城各不同功能分区的特点,使桥梁建筑成为片区内的“点睛之笔”。

图 16

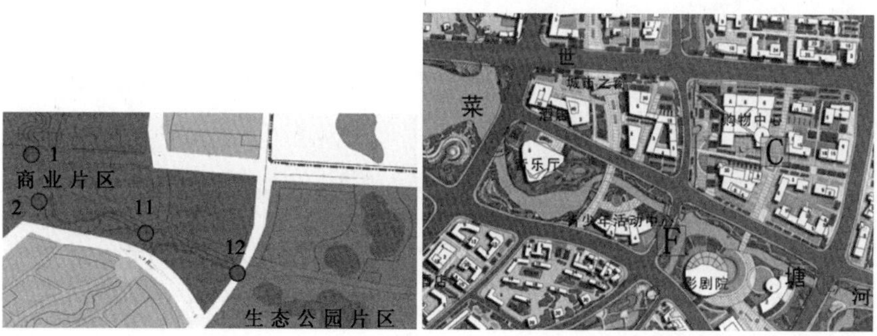

a)　　　　b)

图 17

本项目桥梁方案设计主体结构主要采用了钢筋混凝土或预应力混凝土,桥梁外观则采用了两种方式进行装饰:喷涂和装饰面板。对于上承式于钢筋混凝土拱桥,为表现拱桥的质朴、优雅的风格,外观采用了天然石材饰面,桥上栏杆也采用了天然石材构件,个别处于行政办公区的桥梁则采用了汉白玉栏杆;而梁式桥等其他桥型外观装饰采用了环保涂料喷涂,其桥上栏杆则采用木石结构或金属结构。

4 结语

建成桥梁能否给人以美的享受，在于它的结构设计能否与美学法则完美的结合，中小桥跨难以从结构的纤细和桥跨的磅礴上给人以力度美，但这恰好给了我们结合地域文化、和谐周边环境、适当外观装饰的空间，“文无定法”，桥梁设计亦不可“约定俗成”。

参 考 文 献

[1] 美国艾斯弧(杭州)建筑规划有限公司. 桂林市临桂新区中心区控制性详细规划. 桂林：临桂新区管理委员会，2008.

[2] 盛洪飞. 桥梁建筑美学[M]. 北京：人民交通出版社，1999.

45. 古为今用：赵州桥启示录

赵学勐

（西安公路研究院）

摘　要：有着1400年历史的赵州桥，已于1961年由国务院公布为第一批全国重点文物保护单位。自古至今，对赵州桥的考察记述研究不断，成果累累，叹为观止。从民间的神奇传说，到"何以为之"的探究，赵州桥实际上已成为一座知识宝库。最近的研究结果显示出，它作为实体的长久存在，对现代桥梁的概念设计与创新又有一定的启示。

关键词：赵州桥　文化遗产　寿命　腹拱　就地取材

1　引言

据文物专家评论[1]，我国古桥是将美学与力学、建筑与艺术融为一体的艺术品。在1911年前建造、现在犹存的百座著名古桥中，石拱桥又独领风骚，居于首位。其中，河北赵县赵州桥，公元595～606年（隋代）建成，北京丰台卢沟桥，1189～1192年（金代）建成；颐和园十七孔桥，1736～1795年间（清代）修建。这三座石拱桥都已于1961年，同时由国务院公布为第一批全国重点文物保护单位。

以前，在关于桥梁历史著作中，对桥梁在地面以上的可见部分，一般都写得细致，地面以下的，则语焉不详。如今，创刊于2004年的《桥梁》杂志，先后发表了李靖森教授所写的三篇文章[2、3、4]，较全面地介绍了赵州桥的许多情况，特别是于1979～1980年，在河北省、北京市有关部门的主持参与下，他们采用坑探和钻探所取得的地基基础资料，比之于1933年由梁思成教授主持的野外调查中，仅仅应用坑探所得的信息要多得多，使其有助于较全面、深入地了解赵州桥的工程概况和衍生的桥梁文化。现在介绍出来，与大家共享。

2　珍贵的物质文化遗产

赵州桥位于华北冲击平原的中南部，在赵州县城南2.5km处。所跨越的交河，涨水时流量大，来势汹涌，对桥的冲击力大；河床不是岩石地层，洪水对土质河床的冲刷力很大。桥梁基础地基的持力层不是岩石，而是硬塑状轻亚黏土，那样的地基不可能给拱桥提供永不枯竭的水平支承力。该桥修建以后，经历了有记载的特大洪水11次（其中，有一次洪水漫过了桥面），有记载的大地震14次（该桥距离1976年3月22日7.2级的邢台大地震、1976年7月28日7.8

级的唐山大地震的震中，都不太远）。所以，就赵州桥所具有的自然条件而言，不是“天时地利”，而是“先天不足”。所幸的是有了“人和”，走出了能工巧匠李春，依靠超人的智慧，大桥得以设计建造成功，随后又经长期酝酿，逐渐形成了特有的桥梁文化，起了有效的护佑作用，使得桥梁得到了及时的加固维护，一次又一次，成倍地延长了桥梁服役期。

归纳起来，该桥曾拥有6项世界第一，即：

(1)单孔跨径37.02m，创世界纪录，保持了1000多年。直到1958年，被一座有三孔50m跨径的延安宝塔山下的延河石拱桥突破；1959年又紧接着被60m跨径的湖南黄虎港石拱桥所赶超；1961年，云南长虹石拱桥又突破了100m的跨度；2000年，山西晋城丹河石拱桥跨径已跃升至146m，居同类桥型世界之冠。

(2)空腹式石拱桥的型式，经美国土木工程师学会在世界各地多方筛选和考证，1991年确认其是世界上第一座空腹式石拱桥，遂命名为“国际土木工程历史古迹”。

(3)平坦拱的采用，打破了我国过去建桥仅用圆拱和半圆拱的惯例，桥跨37.02m，拱矢7.23m，矢跨比为1∶5.12。

(4)主拱圈的整体性得到保证，是通过将9.6m宽的主拱，分为纵向并列的28片拱券，分开制作，分阶段安装、砌筑，利用腰铁、铁钳等铁构件加固，组合成为整体；又依靠其结构物自重压实地基，长达11年之久。此后，河北另两座石拱桥，即赵州永通桥（唐代宗永泰初年营建）、赵州济美桥（明万历二十二年建成），与赵州桥基本相同，只是长度，跨度都略小些。

(5)自官方到民间的重视和在历史长河中所形成的神奇的桥梁文化，对于桥梁保护起到了举足轻重的作用。由历史资料[1]可知，赵州桥修缮过3次，分别是：唐贞元八年（公元792年）、宋治平三年（公元1066年）、明嘉靖四十一年至四十二年（公元1562～1563年）；加固维修过2次，即：明万历二十五年（公元1597年）、清道光元年（公元1821年）。

时至新中国，1955～1958年，对其进行了全面的修复与加固，修补了大桥东侧的5个拱券和4个小拱。在桥东侧20m处修建一座木桥，供行人和车马通过。1986年又在桥东30m处，按原貌修建了一座钢筋混凝土的安济新桥，通行汽车行人，以更好地保护旧桥。

总计在近1400年的历史长河中，至少大约平均200多年，即修缮加固一次。而那些难以尽述的无数桥梁，命运多舛，或已受自然灾害，或被人力毁坏（如赵州桥附近的济美石拱桥），或已拆除改建，都一个个被淹没了。

(6)就桥梁寿命而言，截止1986年，赵州桥已达1380岁，到2013年为止，达到1407岁，是当今世界桥梁长寿之冠。

上述这些特征（1.长跨、2空腹、3坦拱、4整体、5维护、6长寿），相互有联系，有的是因果关系，有的是并行的，有的是衍生的。如第6项桥梁寿命是前5项综合作用的结果，1、4、5项关系到到桥梁的耐久性，第2项虽与耐久性有关，但其美观性尤引人注意，第3项涉及到桥梁的适用性，2、3项又衍生了桥梁文化，保证其健康长寿。究其所有这一切的“所以为”，源头都是创新，而且都是原创，正如唐朝中书令所言：“奇巧固护，甲于天下”。赵州桥的这些创新，和现在提倡的“适用、经济、耐久、美观、创新”等有关桥梁设计的基本原则，有何关联，值得探讨。

3 对现有桥梁建设的启示

3.1 桥梁使用年限达到200年不是梦

现行的我国公路桥梁结构设计使用年限，分为3类，即：

小桥、涵洞	30 年
中桥、重要小桥	50 年
特大桥、大桥、重要中桥	100 年

就我国目前情况而言，公路混凝土桥梁的普遍寿命仅 30～50 年。影响桥梁寿命的原因多种多样，其中桥梁功能不适应，材料性能劣化，承载能力不适应等是主要原因[4]。我国公路桥梁设计规范的目标可靠指标高于欧美，表现在安全基准期内具有很高的裕量，但是结构抗力变异系数，却超过同时期美国的 0.1，大到 3 倍之多，反映了结构抗力离散性大。与之形成对比的是古老石拱桥的寿命比较长，潜在的承载力较大。古老拱桥无比地坚强，新建的也不甘示弱。1986 年建成的四川宝盛桥（跨径 64m，全长 85m）于 2013 年芦山 7.0 级的地震中，就显示了震不垮、砸不烂的特性[7]。

近期，我国为建设港珠澳跨海大桥，一项名为"大桥耐久性评估和耐久性混凝土试验研究"的项目已经启动，目的在于要按照 120 年寿命的耐久性标准来设计港珠澳大桥，具有创新意义。

在韩国，由政府资助的"Super Bridge 200"研究计划[5]，则是要将未来跨海大桥的寿命期，从常规的 100～120 年提高到 200 年。其研究计划包括了 5 个方面的问题，以求应用高强度钢材、钢丝、高性能混凝土和复合材料，来修建结构体系新颖、跨径超长的桥梁。这类桥梁将和上述的石拱桥有着天壤之别，二者无法相提并论。但是，从做好监测维护，及时分期加固，每次可有效地延长石拱桥桥寿命近 200 年的历史事实来看，200 年又并非遥不可及，200 年寿命不是梦。

3.2 满足适用性是主要目的

在古代，赵州北通涿郡、北京，南达中原大都会洛阳，为南北交通干道必经之地。为保证交通干道畅通，桥梁的纵坡不能太大。又由于交河为季节性河流，不通航，也没有必要将桥抬高。赵州桥的纵坡设计为 6.5%，方便了行人和车辆通行。在这类平原地区，修建矢跨比为 1:5.12 的平坦拱的决定是正确的。如果赵州桥当初采用了双跨拱，则支承在非岩石地基上的中墩，同时遭受一般冲刷和局部的集中冲刷，有可能早已被冲垮倒塌。如果修成和江南古镇上一样的驼峰形拱桥，只能行人，不利于行车，也肯定不会受到华北平原百姓的欢迎。而在江南水乡修驼峰形拱桥，则不仅适应了桥下通行小船、桥上行人的要求，还有对美观的追求。各有千秋，别具风采。

由此看来，适用性直接体现出桥梁建设的目的，也反映桥梁和所在地区的地形、地质、气候、水文等地域特征的协调性。否则，与天斗、与地斗、与洪水斗，极有可能以失败告终，或劳民伤材。例如，1970 年代，双曲拱桥盛行一时，将适用于河网化地区的就地浇筑双曲拱桥的设计、工艺，搬到位于北方峡谷地段、秦巴山区的单孔 80m 跨径的桥梁上，就困难重重。11 月份河流仍在涨水，过不了 3 个月，桃花汛就到，4～5 层木拱架高达 25m，制作、搭设的时间都不够，怎么会有现浇拱圈混凝土的工期！为形势所迫，不得不改为预制构件，用无支架吊装施工工艺，为当年在保证安全、质量前提下，按时顺利建成该桥创造了条件。桥梁通车之日，恰好是洪水暴涨之时。桥面上人声欢腾，桥下乱石翻滚的事实，证明了适者昌。

3.3 看不厌的美景

如今，桥梁成为城市名片，美与不美，看法各异，但朴实、庄重、大气、似一道长虹的美，为百姓所称道。百看不厌，就是美，古今不变。据史料记载，赵州桥靠河岸两侧各有两个腹拱，靠河岸的一个较大，净跨度为 2.81m，另一个腹拱的跨度较小。4 个腹拱可以增加泄洪面积约

$35m^2$，减少自重约 800t，的确有利于桥梁安全，但对于增加桥梁的美观程度，更是显而易见。如没有那 4 个腹孔，拱圈是个实体，像一堵墙，就不会好看。空腹拱因其毋需在结构体外附加赘物来增加观赏性，而依其“轻灵秀丽”、形式简朴、曲线对称、高宽适当等，得到了文物专家的赞誉和百姓的喜爱。对于大跨径拱桥，腹孔数多了，尺寸大了，更可以有效地减少自重、增加泄洪面积，美观程度则更是有增无减。国内外已有许多造型美观的桥梁。2010 年 10 月 19 日在美国建成的位于 Colorado 河上、在胡佛大坝下游 550m 处的拱桥 Hoover Dam Bridge 就是很好看的一座大桥。主跨长 320m、桥全长 580m、桥高 263m，造价 11 400 万美元。从长计较，是否是物有所值，美不胜收，无情岁月的考验将会给出结论。

3.4 整体性是耐久的保证

石拱桥建造过程中，采取一系列措施，集零散料石为整体拱圈，提高了抗压、抗洪水冲击、抗地震能力，增加了耐久性。自赵州桥以来，石拱桥莫不如此。据介绍[7]，2008 年汶川地震后，“老 213 公路，映秀至草坪段内，桥梁除少数几座石拱桥尚保存完好外，其余梁桥、板桥均受损严重”。2013 年雅安市芦山 7.0 级地震中，宝盛石拱桥(1986 年建成，跨径 64m)经受了地震力的考验，又接连遭受了从山上滚下的重达 250 吨的巨石的撞击，安然无恙，就是最有力的证明[7]。

1960 年代，双曲拱桥在我国公路建设资金奇缺、钢材供应不足的情况下，为交通建设立下了功劳。但是它的拱圈由拱肋、拱波、填平层组成，三者之间的钢筋连接薄弱，填平层凹凸不平，混凝土振捣较难，密实度得不到保证，拱圈中存在有结合面，没有形成一个整体断面。加之，使用不久，因桥台水平位移，出现拱圈开裂、拱顶下沉，成为病桥、危桥，不得不及时加固或拆除。这项发明主要用在公路上，在铁路上仅做过试验桥，没有推广。与赵州桥等石拱桥对比，双曲拱桥整体性不足，降低了耐久性，是其退出历史舞台的主要原因。

3.5 就地取材，因地制宜

在岩石富集的地方，在地震活跃地区，如我国西部山区，就地取材，修建石拱桥，以柔克刚，有利于抗震，最耐久，也可同时达到经济、安全的目的。赵州桥、赵县永通桥，以及四川芦盛桥等，皆为历史的见证。就地取材、因地制宜的基本原则，不该由于一座在建大跨石拱桥的前期勘探工作不细致，引发事故，而被怀疑否定。

在其他非岩石地基的峡谷地段，只要能采取措施，保证桥台水平位移小、沉降小，仍然适于修建拱桥(石拱、钢筋混凝土拱)。这是由于拱桥的主要受力构件——拱圈，主要承受轴向压力，可以发挥材料抗压力，比抗弯、抗拉能力为高的优势，具有耐久性好、超载能力强、造价、养护费用低等优点。1984 年，在陕西渭北黄土高原白水县境内，为跨越深度 30m 的黄土 V 型沟谷，设计建成组合斜(挖)孔桩桥台配 80m 跨径的拱桥，收到一举四得之功效(安全、适用、经济、环保)。

3.6 桥梁监管检测和桥梁文化相辅相成

过去因桥梁长度较短、高度较低，用人的感觉器官即可发现桥梁结构的外在缺陷，现在，必须用高科技手段来检测，这是古今桥梁最大的不同。应用静态测试，精度高、可直接获得静刚度，但周期长，对既有桥梁实施检测又受到车辆通行的干扰。由工程力学所和美国伊利诺大学合作的项目“重大结构健康诊断及灾变预警系统研究”[8]提出对称信号法、乐音准则法、动静结合法，其实用性尚需要实践来检验。激振方法和信噪比是关键，健康基准的制定，是结构损伤诊断的难点，需要源头创新。下面的例字说明了这个问题的复杂性和不确定性。

美国明尼苏达州 1-35W 钢桥，主桥为上承式变桁高的三跨连续式钢桁梁，1967 年建成通车。2004 年，日均车流量 140 000 辆；2007 年，160 000 辆。2006 年 7 月，例行安检评定结论为："此桥在当时的状态下仍可运行"，倒塌事故发生于 2007 年 8 月 1 日下午 6 时，正值下班交通高峰期。事故后，2008 年 11 月，主管部门做出最后结论："主桥主桁架上弦节点板 U10 和下弦节点板 L11 只有半英寸厚，设计厚度不足，而与其相邻的节点板的厚度为 1 英寸。""U10 节点板最先断裂，导致了大桥的倒塌"。[9]

此事故之所以有蹊跷，在于主桥桁架两块节点板（U10、L11）设计厚度只有半英寸厚，比其他的少了半英寸（1.27cm），已是实际存在了 40 年的事实。通车以后，未曾发现主桥有什么问题。1999 年开始，却因其引桥的钢梁出现微小裂纹，即决定每隔半年做一次检测。至 2006 年 7 月，最后一次安全评定报告的结论仍同以前一样："在当时的状态下仍可运行"。这次检测对一年后发生的三跨主桥在 4s 之内先后倒塌，毫无预警提示。这种事发生在美国，在 2008 年，在极其重要的高速公路桥梁上，不可思议！

设想如果沿用老办法，花同样的人力、财力，依靠检测车上下伸缩悬臂的配合，到桥下做人工普查，用肉眼仔细观察，也不至于遗漏了两块节点板厚度不足的明显隐患。如果及时发现这一像秃子头上的缺陷、及时加固，也许有可能避免 111 部大小车辆，像下饺子似的随着塌陷的桥面下坠入河水中的重大交通事故。能否由此得到启示，如果自上而下地认真监管、高科技手段与一般检测方法适当地联合使用，及时发现问题，及时地维护加固，桥梁灾难有可能避免，安全使用期限从而可能延长。如此去做，桥梁养护部门的责任重大，技术难度加大，任务艰巨。

近年来，我国桥梁建设取得了很大的进展，大大地便利了百姓的出行，人们的生活离不开桥梁，许多桥梁成为了城市的名片。但是，一座在建大桥的突然塌垮（2007 年 8 月 13 日，湘西凤凰县沱江石拱桥），和一座运行仅 10 年的桥梁出了事故（2001 年 11 月 7 日，宜滨市南门金沙江大桥）等，即引发了百姓和媒体的纷纷议论。不约而同的是，都以赵州桥作为参照物来说事，话说的刺耳。能否认为这是网络时代的一种新的桥梁文化现象？它与赵州桥文化完全是一边倒的赞誉不同，而是有时代特点，那就是信息多样化，传播迅速，公开议论，掺杂有质疑、批评声。这或许是出于对桥梁安全的倍加关心，是爱之深、痛之切的表现。这种桥梁文化有可能和古老的赵州桥的那种富有传奇、神化色彩的文化，以及 1957 年建成的第一座武汉长江大桥与黄鹤楼相映增辉的景观文化一样，将对中国桥梁建设，从桥梁大国向桥梁强国的迈进，起到正面的激励作用。

3.7 旧桥不拆，功在千秋

赵州桥一直没有被拆掉，而是经过多次加固，完整地保存了下来，作为文化遗产留给后人，这是赵州桥留给我们的最有实际意义的启示。如果要拆的话，历代官方也不知拆了多少个回合了！1986 年，河北省的管理部门，在其旁边按原貌新建了一座拱桥，以满足通行汽车的需要，又维修加固了老桥，让其长久保留在人间，是赵州桥文化影响在华夏大地产生效果的具体体现。

现在，公路建设兴起，在国内许多地方，使用不足 30～50 年的正常桥梁，已被拆除或面临拆除的危机。说法是"承载等级提高了"、"路线改了"、"已遭受损毁"、"判为危桥"等等，理由不一而足。其实，旧桥的存在，和高速公路桥梁不但没有矛盾，还可以起到有益的对比借鉴作用，特别是在各地区内，第一次试验成功的桥、第一次从国内外成功引进的桥，是知识经验的积累，是劳动汗水的结晶，是财富，不是包袱。拆桥还要花一笔钱，如果省下来，用于维护，保安全，何乐而不为？用一个真实的小故事就可以说明。2013 年 10 月，在上海博物馆举行了美国的克拉克所收藏的法国著名古典派和印象派画展，以及他于 1908～1909 年间，所组织的考察队经历 480 天，行驶 3 200km，穿越华北、陕甘的图片展，里面有榆林城南门外的榆阳桥的老照片[10]。一位摄影师李炬在百年后重走了当年考察队路线，记录下新的画面，那是在 2009 年夏，为配合当地“双创工作”(Double Creation Plan)，一座经历了 500 年风雨的榆阳桥永远地消失了。参观者一致发出了叹息声“可惜！”遗憾的是这事仅仅是 4 年前才发生。“风物长宜放眼量”，“当事者迷，旁观者清”，这些都是至理名言。

4 结语

就地取材，因地制宜；桥梁文化，与时俱进；做好维护加固，桥梁长寿 200 年不是梦。赵州桥虽没有敦煌莫高石窟、清明上河图那样大的艺术影响力，但作为现存的世界上历史最悠久的桥梁建筑文物，是知识宝库之一，留给后人的启示，将历久弥新。在数字化技术日新月异的今天，如果能够应用动画技术将其做出具体形象展示，其保护效果将会更好，时间会更久远。

这一题材很有意义，受水平、资料的限制，我谈得不够深入，请读者多指正。在此，对李靖森教授表示敬意和谢意！

参 考 文 献

[1] 罗哲文，柴福善. 中华名桥大观[M]. 北京：机械工业出版社，2009.

[2] 李靖森. 赵州桥基础探秘[J]. 桥梁，2004 年第 1 期.

[3] 李靖森. 桥梁文化的护佑[J]. 桥梁，总第 52 期，2013 年第 2 期.

[4] 李靖森. 再探赵州桥千年屹立之谜[J]. 桥梁，总第 53 期，2013 年第 3 期.

[5] 赵君黎，李文杰，冯苠. 公路桥梁安全与耐久问题探讨[J]. 桥梁，总第 46 期，2012 年第 2 期.

[6] 项海帆，葛耀君. 韩国桥梁科技的跃进[J]. 桥梁，总第 53 期，2013 年第 3 期.

[7] 厚劲. 宝盛桥——重树对石拱桥的自信[J]. 桥梁，总第 53 期，2013 年第 3 期.

[8] 何雄科. 突破结构损伤诊断难点——对工程结构损伤“健康基准”的探究[J]. 桥梁总第 52 期，2013 年第 2 期.

[9] 郝苏. 美国明尼苏达 Ⅰ-35W 钢桥倒塌事故分析[J]. 桥梁，总第 46 期，2012 年第 2 期.

[10] 克拉克. Through shen-kan：The Account of the Clark Expedition in North China[M]. 1908. 9：伦敦：利普西克 T. Fisher Unwin 出版社，1912 年.

46. 关于城市多条河流上桥梁景观规划的探讨

滕小竹　罗喜恒　杨士金　戴利民

（同济大学建筑设计研究院(集团)有限公司）

摘　要:河流是城市的血脉,为城市发展提供必不可少的资源,也承载着城市的历史和文化。我国很多城市不只有一条河流,每条河流上又不只有一座桥梁,本文阐述了把一座城市不同河流上的桥梁纳入统一规划的重要性,并介绍了山东新泰市 4 条主要河流 76 座桥梁的规划及其规划理念。

关键词:城市桥梁　景观规划　多条河流

1　前言

随着社会经济的日益发展,城镇化建设的不断推进,很多城镇城市总体规划多以"建设具有浓厚历史文化气息的园林城市"为宗旨，将城市景观、交通、环境保护、地方文化文物保护等都列入规划。一些城市的河流也被罗列在各种规划之中，但作为河流上重要的建筑物——桥梁,没有专门规划,只是被作为交通功能的"点"划分在了交通规划中,而缺乏河流这一条"线"串联的整体性,更缺乏体现城市文化这一"面"的统一性。

这些桥梁只是作为沟通两岸的交通基础设施,通常形式通常比较单一，外观上较粗糙，和周边环境也不甚协调。随着城市经济的发展和人民生活水平的提高,人们对城市建筑的欣赏品位也在不断提高，对于城市河流上的桥梁，也应根据交通特点及桥位所处周边环境、地形地貌、人文特点等设计出合适的桥型。

因此,把整座城市的不同河流的桥梁从城市规划中分离出来,单独做一规划,相当重要。桥梁规划可以结合交通规划,研究现状桥梁,确定新建桥梁布局,提出现状桥梁的处置对策,以满足城市发展交通要求;桥梁规划可以结合城市总体规划和景观规划,对桥梁这一重要节点进行规划,以改善城市景观,提升城市整体形象;通过规划从宏观给桥梁定位,把握桥梁主次关系,分步实施避免零乱,达到未来整体效果;由于道路和桥梁一般是区域的先导工程,缺乏与后续周边环境的协调,通过桥梁规划,率先考虑桥梁与周边环境的关系,实现桥梁与环境的和谐统一；桥是文化的载体,成为历史和地域的象征。通过了解、分析当地历史特色文化,确立出当地独有的桥文化理念,而根据桥梁景观规划确立的风格理念进行结构设计,可以避免由于不同的设计单位缺乏整体统一的规划而造成桥梁造型混乱现象,以增强可实施性,从而指导桥梁的建设工作。

受新泰市规划局委托，笔者为该市主要河流（图 1）上的桥梁以及跨铁路桥梁与地道共计 76 座桥梁和地道进行景观规划，下面作一简单介绍。

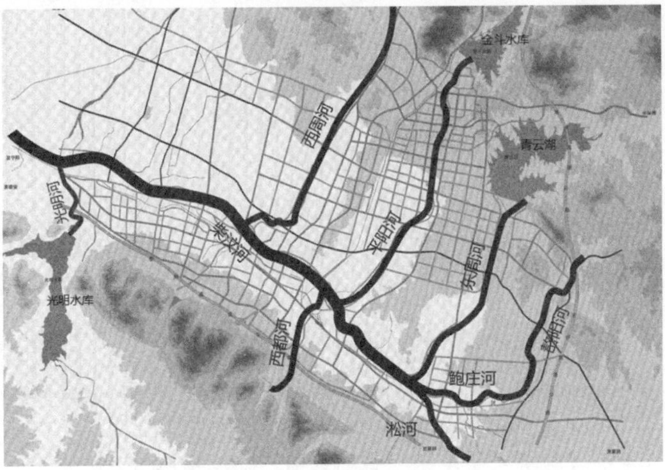

图 1　新泰市水系分布

2　规划理念

桥梁需要与周围环境相协调，需要体现地方历史文化特色，桥梁规划工作从调查当地的城市特征、挖掘当地的历史文化开始。通过分析新泰市城市特征、道路交通、景观风貌、历史文化特点，从而在桥梁规划中引入这些特点作为设计概念，进而归纳出总体的规划理念。

新泰交通发达，矿产资源丰富，非金属矿产资源在全省占重要地位，其中储量较大的有煤炭、石灰石、碱石灰、白云石、蛇纹石、花岗岩等；金属矿产资源主要有铝土、铜、铁、黄金等。新泰是山东省粮油、蔬菜重要产区，拥有许多名、优、特产品，如黄花菜、芹菜、花生、煎饼等。新泰的旅游资源相当丰富，无论是自然景观还是人文景观都具有良好的观赏价值和开发前景，是国家园林城市，山美水美，有着不少景致优雅的风景区。汶水（此指小汶支流平阳河），风景秀丽，有着"新甫山林水镜中"的景致，清代诗人韩升魁曾为它作诗《汶水拖蓝》，形象地描绘了汶河的风貌；莲花山历史文化悠久，文物古迹丰富，至今山上仍存有汉武帝庙、甘露堂、炼丹院、炼丹炉遗址，有"观音胜境，北方普陀"之誉。新泰也有着悠久的历史与深厚的文化积淀，如杞文化，"杞人忧天"这个典故便来自新泰。另外新泰还相继有名山文化、家族文化和驿道文化。名山文化：新泰境内有徂徕、新甫等诸多名山，被学术界列入"泰山文化圈"；家族文化：新泰自汉朝相继涌现了高堂氏、鲍氏、羊氏等著名家族，族中名人辈出；驿道文化：明清以来，由于九省驿道的开通，使新泰吸纳了众多词人墨客，也大大促进了新泰政治、经济、文化发展。

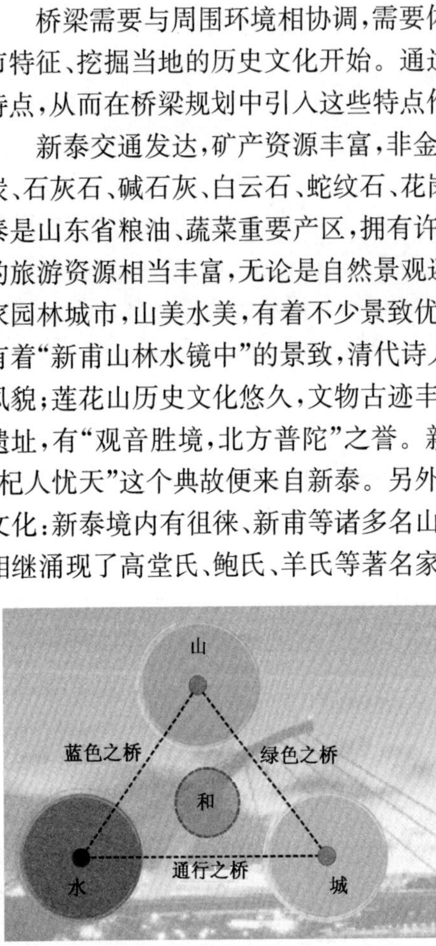

图 2　新泰市桥梁景观规划主题

在充分调研新泰市桥梁现状的基础上，根据该市城市规划、城市综合交通规划，结合其城市景观、历史文化特色，桥梁规划以"山水和乐"为主题，延续城市发展文脉，遵循区域功能规划、贯彻景观规划思想，做到桥型系列总体协调、单体结构协调与环境的协调相结合，做到桥梁的功能性、艺术性和生态性相结合，因地制宜地发展"齐鲁西子，北方天堂"桥文化（图 2）。

3　桥梁规划分区

桥梁跨越河流：水系宽度决定桥梁跨度，防洪、通航要求决定桥下净空。

桥梁连接道路：道路性质决定是车行桥还是人行桥，道路宽度决定桥梁宽度。

桥梁协调环境：周边环境决定桥梁建筑高度，建筑风格。

桥梁景观视点：在路上看桥，在河上看桥，在河岸看桥，在沿河路上看桥，在桥上看桥。

结合新泰市河流、桥梁现状，在河岸看桥和沿河路上看桥最成规模，也最需要形成整体，故按河流划分桥梁景观轴，以形成统一体系，全市桥梁划分为 5 个景观轴：

(1)“山水清音”：东周河和嶅阳河上的 8 座桥梁，以乐为主题，打造音乐之轴。

(2)“汶水拖蓝”：平阳河上的 17 座桥梁，以水为主题，打造水之河。

(3)“杞风水韵”：西周河上的 8 座桥梁；以礼文化和杞文化为主题，打造历史文化之轴。

(4)“三汇水和”：柴汶河上的 19 座桥梁，以和为主题，打造和谐之轴。

(5)“绿色长廊”：磁莱、新平铁路上的 24 座上跨桥梁和下穿地道，打造绿色长廊。

桥梁为“点”，河流为“线”，城市为“面”，桥梁通过以河流为景观轴的这条线串成整体，形成该市特有的文化“面”，如图 3 所示。

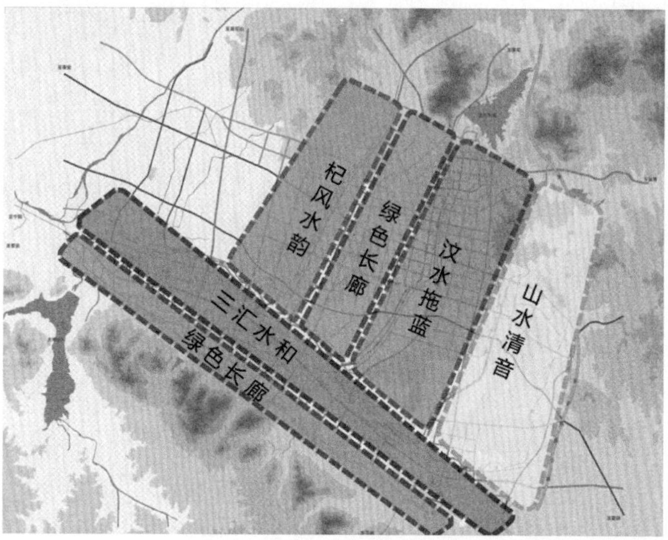

图 3　新泰市桥梁规划景观轴

桥梁周边环境决定其建筑风格，桥梁处于不同的规划区域之中，要适应不同的周边环境，在桥梁景观轴的基础上根据区域功能进而划分为 9 个桥梁组团：①嶅阳片区：绿色园林；②东部居住新区：和谐宜居，文化娱乐；③城市中心区：行政商贸，和谐宜居，文化娱乐；④南部新区：生态农业；⑤北部文化产业园：文化旅游；⑥西部产业区：科技新区，现代产业；⑦新泰工业新区：传统产业；⑧东都物流加工区：现代物流；⑨新汶商业区：产业配套，如图 4 所示。

规划桥梁的序列沿着河流景观轴汇于柴汶河，各桥梁在柴汶河达到高潮，同时柴汶河的桥梁通过巧妙过渡构成统一整体，形成城区桥梁有序的空间结构，如图 5 所示。

整个桥梁规划结构，形成 1 个主题、5 个桥梁景观轴、9 个桥梁组团、76 座桥的规划布局。

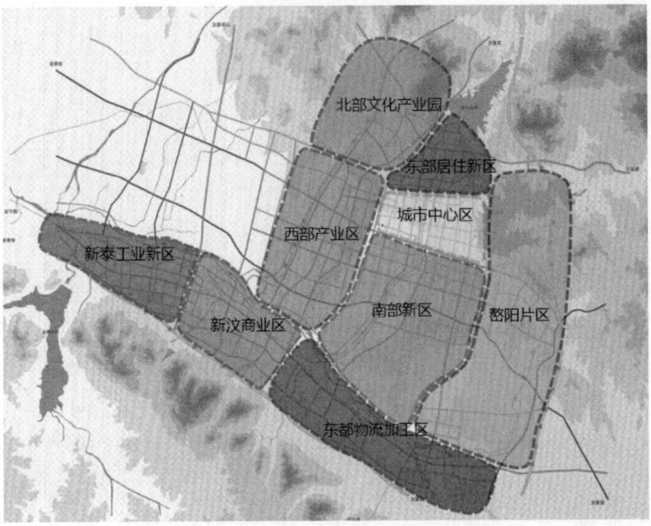

图 4　新泰市桥梁规划组团

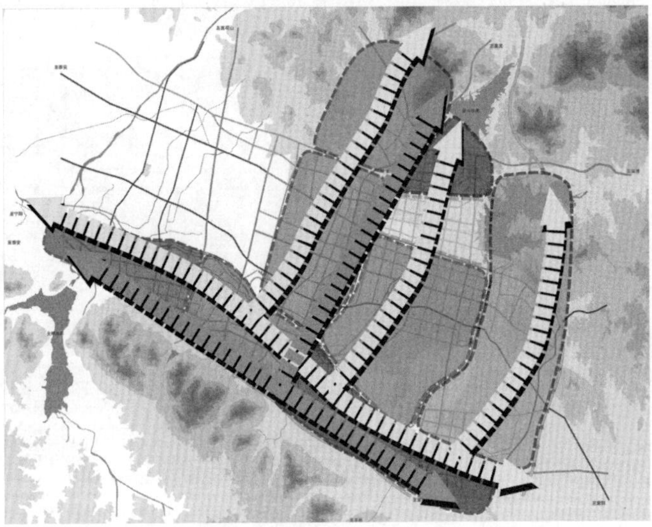

图 5　新泰市桥梁规划结构

4　桥位分析、桥梁设计导则及桥梁方案预设计

由于桥梁众多，需要依据周边环境对个桥位进行重要性分析，本文采用风玫瑰图法从地域功能、交通功能、休闲功能、河道功能、文化旅游功能和限制性因素几个角度进行评级打分，划分重点桥位，并给每座桥位写出设计导则，以指导城市桥梁建设，根据各桥位的具体特点采取不同的处置对策，如图 6 所示。

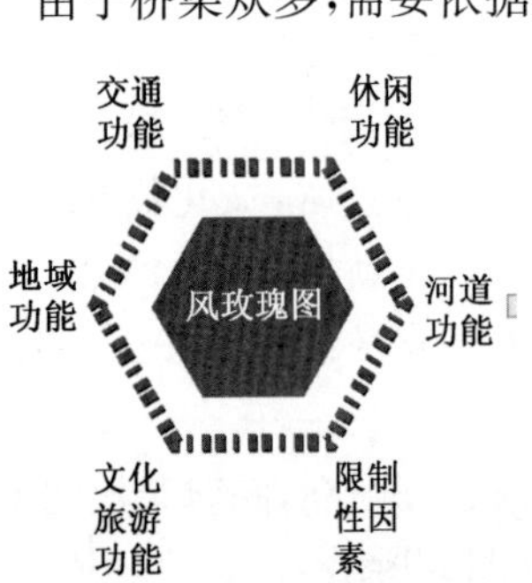

图 6　桥位重要性分析方法

桥梁设计导则需遵循以下原则：

(1)遵循桥梁景观规划布局原则。新泰市城区桥梁景观规划的理念为延续城市发展文脉，遵循区域功能规划，贯彻景观规划思想，桥型系列总体协调、单体结构协调与环境协调相结合，桥梁的功能性、艺术性和生态性相结合。在此规划理念

的指导下，方案设计根据桥位实际情况，确定桥型主体方案，满足桥梁景观规划所划分的景观轴、组团的理念和风格，达到景中有桥、桥中有景的有机结合。

(2)桥梁方案定位原则。按照桥梁规划理念，从组织城市水流风景线和景观道路出发进行桥梁系列化方案设计，使桥梁不仅成为线性景观带上的景观节点，而且还要注重景观带上各座桥梁依次展开的连续景观效果。

(3)以人为本原则。在满足桥梁景观规划，和周边环境景观相协调的前提下，考虑桥梁和城市道路衔接性、桥梁自身的均衡性、与周围建筑尺度和风格的协调性、使用人群的舒适性，保证沿河景观轴良好的观景体验。

(4)高起点、高品质原则。立足桥梁规划，注重桥梁的品质和文化性，让桥梁成为传承、发扬新泰历史文化的有机载体，打造新泰“齐鲁西子、北方天堂”的特色桥文化。

(5)桥梁个性化原则。重要河段如平阳河市区段、柴汶河新汶商业区段根据河道规划和周边区域规划，打造一桥一景的精品工程，通过桥梁造型与新泰文化的结合，彰显桥梁的个性品质。

本次桥梁景观规划同时对重点桥位进行了方案预设计，以此对新泰城区桥梁景观规划进行系列形象展现，预设计总体理念如下：

(1)统一构思，系统考虑。城区桥梁景观规划依据新泰山水特征和文化特色进行了景观轴划分，并依据规划区域功能划分了桥梁组团，方案设计时应遵循不同的理念和风格的要求，按规划理念统一构思，系统考虑。

(2)桥环相协，人文并重。在每一座桥梁的子系统中，注重桥型与区位规划的相互协调，使之形成景中有桥，桥中有景的立体画面。细节上，将桥的元素——栏杆、栏板、柱头、桥头、桥台、桥身的装饰与新泰历史文化结合进行设计。

(3)功能明确，便于使用。方案设计中注重桥梁的使用功能，装饰美化的桥梁尽可能使装饰的景观性和功能性相结合。

(4)易于实施，节省投资。由于新泰河道宽窄不一，河道较窄的桥位不宜选择较为复杂的桥型。加宽和装饰美化的桥梁，尽可能简洁明快，与功能相结合，充分运用国内外先进技术和经验，使方案技术合理、景观突出，以达到经济效益和社会效益并重的目的。

5 结语

本文以山东省新泰市为例，介绍了多条河流上城市桥梁景观规划的方法，即以河流为轴，将同一条河流上的桥梁串起来，演绎当地一个的文化主题，形成景观轴，同一条河流上的桥梁根据周边规划，以组团划分，区分其建筑风格，不同河流上的桥梁主题又组成一个大的理念，阐释当地的文化特质。采用风玫瑰图法从地域功能、交通功能、休闲功能、河道功能、文化旅游功能和限制性因素几个角度进行桥位重要性分析，划分重点桥位，并给每座桥位写出设计导则，以指导城市桥梁建设。

参 考 文 献

[1] 范立础.桥梁工程[M].北京：人民交通出版社，2001.

[2] 杨士金，唐虎翔.景观桥梁设计[M].上海：同济大学出版社，2003.

[3] 张澎涛.城市河道桥型系列规划方法研究[M].上海：同济大学出版社，2006.

[4] 罗喜恒，等.新泰市城区桥梁景观规划.上海：同济大学建筑设计研究院(集团)有限公司，2012.

47. 基于响应面法的正交异性钢桥面板抗疲劳参数设计研究

崔 闯 卜一之 张清华 李丽娟
（西南交通大学）

摘 要：正交异性钢桥面板构造复杂，其疲劳性能由各疲劳细节共同决定。以响应面法为基础，根据各疲劳细节的敏感性参数，采用Eurocode3中标准疲劳车和荷载谱将各疲劳细节作用200万次的等效应力幅和结构自重作为目标响应，建立了各疲劳细节的近似响应面模型，根据建立的各响应面模型采用多目标优化设计方法，寻找在各目标响应最优条件下的疲劳性能最优解，能取得较好的优化结果。结果表明，采用响应面法模拟精度较高且效果较好；所提出的方法物理意义明确，求解速度快且精度较高，适用于正交异性钢桥面板抗疲劳参数优化设计。

关键词：正交异性钢桥面板 疲劳性能 优化设计 响应面法

1 引 言

正交异性钢桥面板因质轻、极限承载强、易装配化施工等优点已在斜拉桥、悬索桥等大跨度桥梁中广泛使用，但由于其焊缝数量极多且错综复杂、焊接质量难以保证、出现裂纹后难以修复等问题，致使其疲劳断裂问题日趋严重，使用寿命难以达到设计要求，其疲劳问题已成为正交异性桥面板发展所面临的关键问题之一[1~3]。

由正交异性钢桥面板的结构体系和受力复杂性所决定，其抗疲劳设计面临如下困难和挑战：①结构具有多个疲劳易损部位，且各疲劳易损部位的受力特性、疲劳寿命及最优抗疲劳设计参数均存在显著差异；②各疲劳易损部位抗疲劳设计参数耦合影响并共同决定正交异性钢桥面板的疲劳性能。因此，在正交异性钢桥面板抗疲劳参数设计时，需尽量满足各疲劳细节抗疲劳性能的要求。关于钢桥各细节抗疲劳设计已取得不少研究成果[4~6]，但基本上抗疲劳优化设计均只针对单个疲劳细节，多疲劳细节耦合影响考虑较少。此处结合试验设计方法和响应面近似模型技术提出一种多疲劳细节、多设计参数耦合抗疲劳优化设计的方法，以期为正交异性钢桥面板抗疲劳参数设计提供理论方法。

2 响应面法的优化方法

2.1 响应面法的优化方法

响应面法(Response Surface Methodology,RSM)是数学方法和统计方法结合的产物,主要用于对目标变量响应受多个变量影响的问题进行建模和分析,进而通过确定的模型寻找最优解。具体求解思路如图1所示。

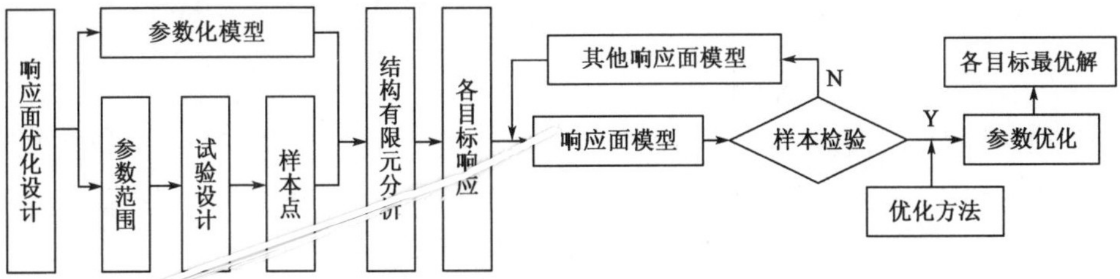

图1 响应面法优化分析流程图

2.2 目标响应模型

通常易损细节疲劳优化设计以抗疲劳性能最优和重量最轻为优化目标,借助传统数值模拟直接寻优,不仅计算时间长,且对于约束条件较多时采用上述方法难度较大。采用响应面法进行疲劳优化设计时,根据选取的参数变量及各变量约束条件,通过试验设计方法在变量空间选取样本点,并对各样本点所对应的参数建立有限元模型确定各疲劳细节的抗疲劳性能响应和自重响应,利用确定的样本点和响应值建立响应面近似模型。根据响应面法优化设计流程,并结合此处提出的抗疲劳优化设计方法,确定优化流程包括以下几个方面:

(1)设计变量约束的确定。即选取的参数及参数范围的确定,选取的参数需对目标响应值较为敏感,参数范围需满足实际条件和制造工艺的要求。可先进行各疲劳细节单参数分析,以确定敏感参数;参数范围可参照国内外已建成的正交异性钢桥面板实际的取值范围。

(2)试验设计方法的确定。即合理安排试验,用来研究设计参数对模型设计的影响,决定了构造近似模型所需的样本点个数及分布,有效地研究设计空间。

(3)近似模型的确定。即在已知设计空间的基础上,根据假设的多项式(一般为多项式,也可为三角函数、指数函数等,一般与所涉及问题的函数形态有关)构造近似响应面函数。

(4)样本检验。近似模型的合理与否直接决定了优化结果,因此对于近似模型进行样本检验也是确定模型近似程度的必要手段,一般方法有回归分析、方差分析、残差分析等。

2.3 多目标优化设计方法

根据确定的响应面近似理论模型和约束条件,将抗疲劳设计参数优化问题转换为多目标非线性规划的数学问题。为在建立的理论近似模型中得到各目标响应的最优解或弱有效解,工程实际中运用较多的方法有:①理想点法;②平方和(或线性)加权法;③极小极大法;④主目标法等。各方法均各有所长,理想点法较为简单,但绝对的理想点基本不存在,此法对理论模型的近似程度较高;平方和(线性)加权法和主目标法相对简单易懂,但所有方法的思想均为将多目标优化设计转换为单一目标优化设计。此处主要介绍加权法和主目标法如下:

$$\begin{cases} \min F_1, \min F_2 \cdots \min F_n \\ st: \boldsymbol{X} \in \boldsymbol{A}, \boldsymbol{A} \text{ 为给定约束条件;} \end{cases} \tag{1}$$

平方和加权法也称虚拟目标法,使用给定的目标函数 F 构造一虚拟函数,将多目标优化转为对虚拟函数求最优解:

$$\begin{cases}\min h(\boldsymbol{X}) = \min \sum_{i=1}^{n} w_i (F_i(\boldsymbol{X}) - F_i^0)^2 \\ \text{st}: \boldsymbol{X} \in \boldsymbol{A}, \boldsymbol{A} \text{ 为给定约束条件}\end{cases} \tag{2}$$

其中 w_i 为各目标的权重，$\sum w_i = 1$；F_i^0 为假设值，为使各目标函数与其平方和最小，常取各目标单独最优的极小值。

主目标法是将最重要目标的函数 $F_j(\boldsymbol{X})$ 作为主目标函数，其他目标有一组允许的界限值 α_i，即 $F_i(\boldsymbol{X}) \leqslant \alpha_i (i \neq j)$，此时多目标优化转换成主目标的单标优化：

$$\begin{cases}\min F_j(\boldsymbol{X}) \\ st: F_i(\boldsymbol{X}) \leqslant a_i (i \neq j); \boldsymbol{X} \in \boldsymbol{A}, \boldsymbol{A} \text{ 为给定约束条件}\end{cases} \tag{3}$$

因正交异性钢桥面板结构的复杂性，其易损疲劳细节较多，且各细节疲劳特性差异较大，其疲劳性能由多个疲劳细节共同决定。故确定各疲劳细节目标响应函数后，还需考虑自重的响应函数，寻找当结构自重最轻时结构抗疲劳性能的最优解。

3 最优设计算例

3.1 有限元模型建立

以某典型正交异性桥面板钢箱梁为例，其横断面如图 2 所示。为简化分析，从疲劳性能研究的角度出发，重点考虑结构疲劳性能的 4 个主要影响参数：①顶板厚度；②横隔板厚度；③U 肋厚度；④横隔板间距为主要变量。以下述两个疲劳易损部位的疲劳性能为主要研究对象：①横隔板与 U 肋交叉焊缝部位；②U 肋过横隔板下方弧形开口部位。研究过程中以结构自重及疲劳易损部位疲劳性能作为主要目标变量。采用响应面法，以两处易损部位抗疲劳性能最优、结构自重最轻进行参数优化。

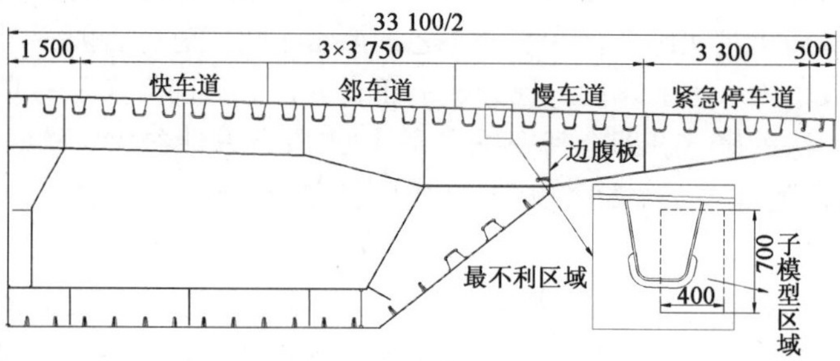

图 2 1/2 钢箱梁横断面图(尺寸单位：mm)

为更准确分析疲劳细节处应力状态，采用有限元通用软件 ANSYS 和子结构法建立参数化模型，将整体模型中子结构的边界条件提取加载于子结构上，对其各疲劳易损部位的受力特性进行研究。该整体理论模型单元数和节点数分别为 465 729 个和 478 565 个，如图 3 所示(图中只示出半结构)；子结构实体模型单元数和节点数分别为 64 725 个和 113 483 个，如图 4 所示。

为简化分析，采用 Eurocode[7] 疲劳荷载模型Ⅲ(单车模型；四轴车；120kN/轴)和建议的交通量进行模拟加载，对于疲劳细节 1 和 2，其最不利加载位置为图 2 和图 4 中所示最不利区域 1 和 2。由于区域 1 处受力复杂，名义应力无法准确得到，故此处以热点应力法，采用国际焊接协会(IIW)[8] 推荐的方法一提取应力进行分析，即离焊趾处 0.4d 和 1.0d。其中 d 为 U 肋厚度，如图 4 所示。

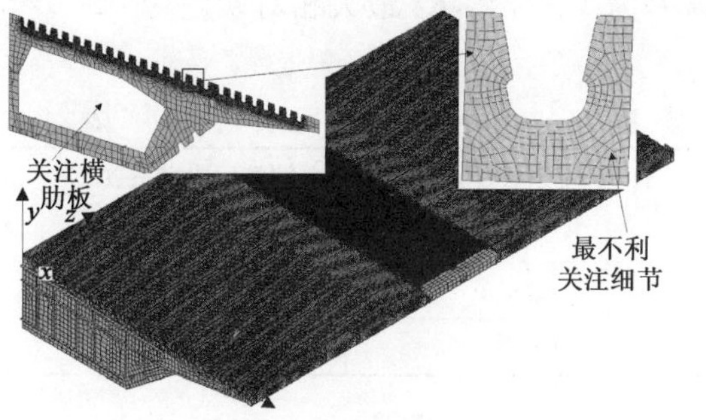

图 3 梁段的三维理论分析模型

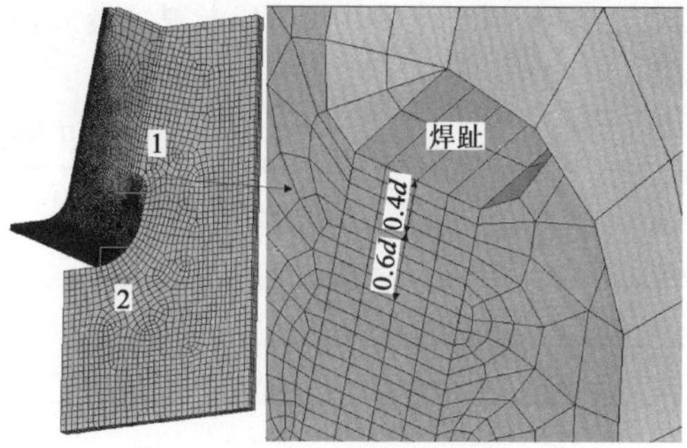

图 4 实体有限元子模型

3.2 响应面近似模型

根据确定了的最不利疲劳细节位置，改变设计参数，通过 APDL 语言编程计算得到该标准疲劳车每次作用下的等效疲劳应力幅值。将两个疲劳细节 1、2 作用 200 万次等效应力幅值 R_1、R_2 及结构自重 R_3 作为目标响应值，采用响应面法确定每个目标的响应函数。根据对国内外现有的正交异性钢桥面板的设计参数的统计，确定了设计参数范围，见表 1。

设计参数范围　　表 1

设计变量	变化范围	原设计值
顶板厚度 a(mm)	14～22	18
横隔板厚度 b(mm)	12～16	16
U 肋厚度 c(mm)	6～10	8
横隔板间距 d(m)	1.5～3.5	2.5

以拉丁超立方体设计对变量空间构造样本点，得到的样本容量为 34。根据确定的样本改变参数，将结果加载于子结构模型上，得到疲劳细节 1(R_1)、疲劳细节 2(R_2)和半结构沿纵桥向每延米的重量(R_3)的响应值。考虑到多参数间耦合作用，采用三次多项式响应面模型，通过对响应函数回归分析、方差分析和残差分析，多次优化响应函数，最终得到如下响应函数 R_1、R_2 和 R_3：

$$R_1(a,b,c,d) = 1\,413.61 - 87.50a - 74.91b - 197.56c + 92.09d + 1.90ab + 12.13ac - 0.91ad + 4.21bc - 1.80cd + 1.51a^2 + 2.67b^2 + 7.07c^2 - 8.05d^2 - 0.19a^2c - 0.07ab^2 - 0.36ac^2 - 0.15b^2c \tag{4}$$

$$R_2(a,b,c,d) = -361.53 - 191.16a + 103.43b + 382.89c - 94.26d + 15.14ab + 8.53ac + 17.01ad - 53.57bc - 1.41bd + 1.59a^2 - 0.49b^2 - 7.92c^2 - 0.53a^2d - 0.54ab^2 - 0.53ac^2 + 1.16b^2c + 1.17bc^2 \tag{5}$$

$$R_3(a,b,c,d) = 16\,370.14 - 781.05a - 310.61b - 122.85c - 2\,290.87d + 37.80ab + 67.20bc - 41.99bd + 35.23a^2 - 3.16b^2 - 20.15c^2 - 379.62d^2 - 1.05a^2b - 2.37a^2c + 4.74ac^2 - 4.20bc^2 \tag{6}$$

结果表明样本复相关系数和决定系数都接近 1，结果见表 2。根据统计相关分析表明该响应面模型近似程度非常高。采用随机抽样方法另抽取一样本空间，采用响应函数和有限元模

拟得 R_1 最大相对误差为 2.844%，R_2 最大相对误差为 1.117%，R_3 最大相对误差为0.288%，如图 5 所示。

相关性分析　　表 2

目标响应	复相关系数(R)	决定系数(R_2)	调整后决定系数(R_2)
疲劳细节 1(R_1)	0.995 3	0.993 3	0.997 3
疲劳细节 2(R_2)	0.972 0	0.998 3	0.999 3
自重(R_3)	0.973 3	0.998 9	0.999 5

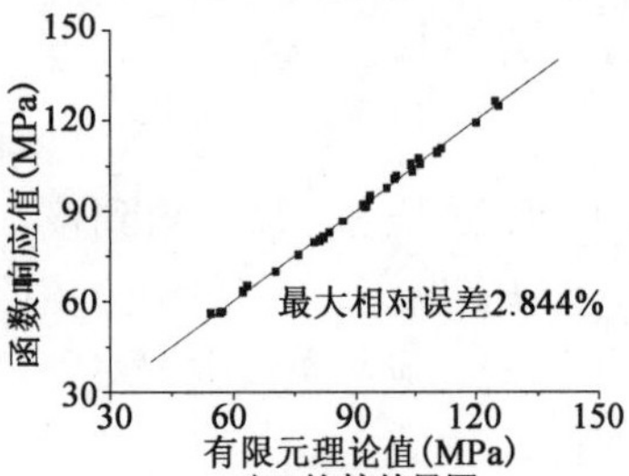

a) R_1比较结果图

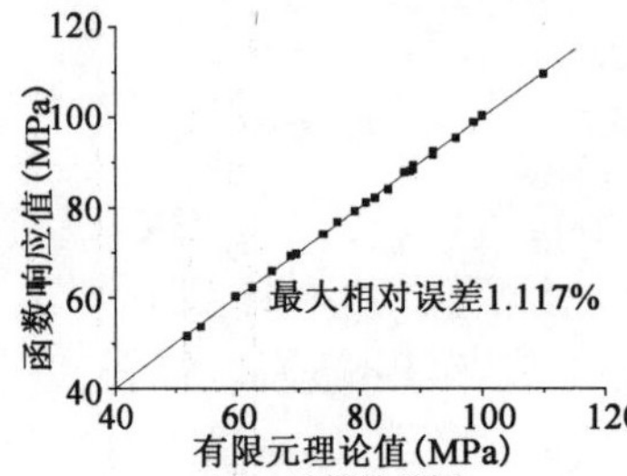

b) R_2比较结果图

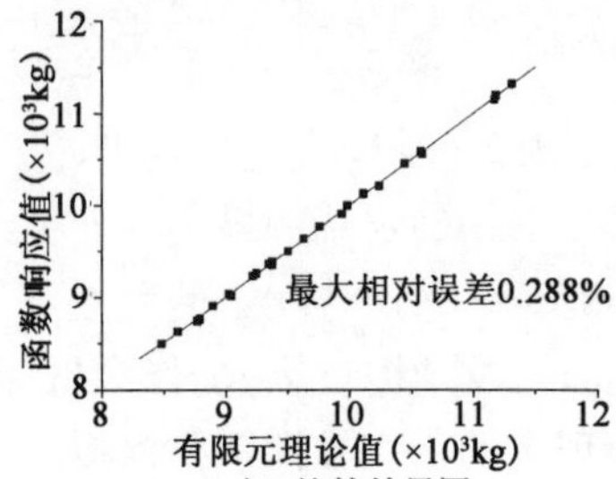

c) R_3比较结果图

图 5　各目标响应函数值与有限元理论值结果比较

3.3　优化分析

对于多目标优化设计问题，根据上节中介绍的方法，现采用加权法，进行三个目标变量的优化设计。其中加权因子 w_i 的大小反映了对不同目标变量考虑的比重，可根据各疲劳细节所对应的疲劳细节等级的比值确定，结构自重的加权因子可根据桥梁建设成本酌情考虑。

因结构自重较大，为减少误差，采用稍作修改后的加权方法，通过构造虚拟函数：$h(a,b,c,d)=\sum_{i=1}^{3}w_i((R_i-R_{i\min})/R_{i\min})^2$ 将多目标问题转为单目标问题：

目标：求 $h(a,b,c,d)$最小值

约束：$14\text{mm}\leqslant a\leqslant 22\text{mm}$；$12\text{mm}\leqslant b\leqslant 16\text{mm}$；$6\text{mm}\leqslant c\leqslant 10\text{mm}$；$1.5\text{m}\leqslant b\leqslant 3.5\text{m}$

其中 $R_{i\min}$为各目标单独优化的最优解。

根据 Eurocode3 中规定的各疲劳细节强度等级，改变 w_i 的值，采用 MATLAB 编程求解上述确定的非线性规划问题，所得结果见表 3。

优化结果　　表 3

序号	优化参数				权重比值 $w_1:w_2:w_3$	R_1(MPa)		R_2(MPa)		R_3(MPa)	
	a(mm)	b(mm)	c(mm)	d(m)		理论值	预测值	理论值	预测值	理论值	预测值
1	17.93	13.87	10.00	1.50	0.5:0.3:0.2	56.9	56.0	54.6	53.9	11 153	11 163
2	17.47	13.94	10.00	1.64	0.2:0.3:0.5	62.7	62.6	57.1	56.2	10 888	10 869
3	15.76	14.44	9.11	1.50	0.2:0.5:0.3	62.9	62.7	54.4	53.8	10 867	10 859
4	22.00	16.00	10.00	3.50	0.1:0.15:0.75	61.5	59.0	62.3	61.6	9 701	9 652
5	22.00	16.00	10.00	3.50	0.1:0.1:0.8	61.5	59.0	62.3	61.6	9 701	9 652
6	22.00	16.00	10.00	3.50	0.15:0.05:0.8	61.5	59.0	62.3	61.6	9 701	9 652

研究结果表明：①有限元计算理论值与优化预测值吻合较好，进一步说明采用响应面建立的理论近似模型的可靠度较高；②在权重比值不一样时，优化结果差异较大，且当自重加权因子大于 0.74 时优化参数结果不再改变，如表 2 中结果 4、5、6 所示(其他结果未列出)；③比较

不同权重比值下设计参数对应的各目标最优预测结果，在自重较轻及疲劳细节 1 和疲劳细节 2 应力较小的条件下，结果 4、5、6 较好，在只考虑抗疲劳性能最优时，可将其作为最优设计参数。

为检验优化结果，现采用专业优化软件 Design-Expert，结合直接搜索法进行直接求解非线性规划问题，所得结果见表 4。

采用 Design-Expert 优化的等效应力幅及误差区间 表 4

<table>
<tr><th colspan="4">优化参数</th><th colspan="4">疲劳细节 1(R_1)</th></tr>
<tr><th>a(mm)</th><th>b(mm)</th><th>c(mm)</th><th>d(m)</th><th>理论值(MPa)</th><th>预测值(MPa)</th><th>95%置信区间(MPa)</th><th>相对误差(%)</th></tr>
<tr><td rowspan="8">22.0</td><td rowspan="8">15.8</td><td rowspan="8">10.0</td><td rowspan="8">3.5</td><td>61.5</td><td>59.9</td><td>[53.920 3,65.911 8]</td><td>2.60</td></tr>
<tr><td colspan="4">疲劳细节 2(R_2)</td></tr>
<tr><td>理论值(MPa)</td><td>预测值(MPa)</td><td>95%置信区间(MPa)</td><td>相对误差(%)</td></tr>
<tr><td>62.3</td><td>63.2</td><td>[61.199 0,65.266 8]</td><td>1.44</td></tr>
<tr><td colspan="4">自重(R_3)</td></tr>
<tr><td>理论值(MPa)</td><td>预测值(MPa)</td><td>95%置信区间(MPa)</td><td>相对误差(%)</td></tr>
<tr><td>9,701</td><td>9,656</td><td>[9 571,974 1]</td><td>0.46</td></tr>
</table>

研究表明：①采用 Design-Expert 直接搜索最优与 MATLAB 编程计算结果基本吻合，优化结果可信度高；②在给定参数变化范围内，采用响应面法进行正交异性钢桥面板抗疲劳参数优化设计，疲劳细节 1 与疲劳细节 2 在原设计参数下的等效应力幅值为 91.7MPa 和 72.2MPa，自重为 9 680kg/m；经参数优化后，等效应力幅值分别变为 59.9MPa、63.2MPa，自重变为 9 701kg/m，在自重基本不变的情况下，各疲劳细节抗疲劳性能优化效果非常明显，采用响应面法进行多目标变量的优化设计在正交异性钢桥面板中是可行的；③由于只考虑了结构的抗疲劳性能最优，未考虑结构静力强度和稳定性，且简化分析只考虑了两个疲劳细节，因此考虑更多的影响因数和疲劳细节之间耦合作用是下一步研究的重点。

4 结语

(1)正交异性钢桥面板各疲劳细节抗疲劳特性差异较大，参数敏感性各异且各参数间耦合作用，采用响应面法进行各疲劳细节疲劳性能及结构自重响应模拟近似程度高，计算速度快且误差较小，表明此法能较好的模拟正交异性钢桥面板抗疲劳设计参数间的耦合效应，适用于正交异性钢桥面板抗疲劳参数优化设计研究。

(2)采用响应面法进行疲劳多目标变量优化时，将复杂的疲劳问题转化为对非线性规划求解最优的数学模型，优化结果明显、误差较小且与采用专业软件直接寻优结果差别很小，结果表明将正交异性钢桥面板抗疲劳性能优化设计转化为非线性规划理论模型是可行的。

(3)为简化分析，所考虑的设计参数和疲劳易损细节有限，且未考虑结构强度及稳定性，故考虑更多设计参数、疲劳易损细节及影响因数，采用响应面法进行全面的优化设计，将是下一阶段研究的重点。

参 考 文 献

[1] 王春生，付炳宁，张芹，等. 正交异性钢桥面板足尺疲劳试验[J]. 中国公路学报，2013，

26(2):69-76.

[2] 赵欣欣,刘晓光,潘永杰,等.正交异性钢桥面板纵肋腹板与面板连接构造的疲劳试验研究[J].中国铁道科学.2013,34(2),41-45.

[3] 陶晓燕.正交异性钢桥面板节段模型疲劳性能试验研究[J].中国铁道科学,2013,34(4),22-26.

[4] 宋永生,丁幼亮,王高新,等.正交异性钢桥面板疲劳性能的局部构造效应[J].东南大学学报(自然科学版).2013,43(2),403-408.

[5] Ya,S.,Yamada,K.,and Ishikawa,T. Fatigue Evaluation of Rib-to-Deck Welded Joints of Orthotropic Steel Bridge Deck[J]. Journal of Bridge engineering,2011,16(4),492 - 499.

[6] 顾萍,颜兆福,盛博,等.正交异性钢桥面板栓焊接头疲劳性能[J].同济大学学报(自然科学版),2013,41(6),821-825.

[7] European Committee for Standardization. Eurocode3. Design of steel structures, Part1-9: Fatigue strength of steel structures[S]. 2003.

[8] Hobbacher, A., 2003. Recommendations for Fatigue Design of Welded Joints and Components IIW Document XIII-1965-0.3, XV-1127-03, Paris.

48. 加劲肋—板单元在大跨度钢桥整体局部稳定分析中的应用

颜　海

（上海市政工程设计研究总院）

摘　要：大跨度钢桥构件板件幅面较大，一般采用正交异性加劲板件。加劲板的第一类稳定分析主要采用有限单元方法。用板单元实际模拟板件和加劲肋，划分网格时以加劲肋较小的尺寸为基础来划分以保证板单元的形状测试通过，会导致庞大的有限元模型，一类稳定分析又需要迭代运算，往往造成在目前的微机上无法按全真模型计算实桥的稳定。本文提出一种加劲肋—板单元，尝试在上述矛盾中取得一个平衡。推导了加劲肋—板单元的单元刚度矩阵及几何刚度矩阵，采用 ANSYS 二次开发进行了加劲板单元的程序编制。算例验证表明，本文提出的加劲肋板单元具有精度高，计算空间、时间消耗大大减少等特点。最后，采用加劲肋板单元分析了一座大跨度钢斜拉桥的整体局部弹性相关稳定。

关键词：稳定　加劲板件　ANSYS 二次开发　斜拉桥　钢结构

1　引言

大跨度钢桥钢构件由于板件幅面较大，一般采用正交异性加劲板件。如卢浦大桥的钢拱肋、南京三桥的扁平钢箱梁等。正交异性板由母板板件和纵横加劲肋构成，常用的加劲肋断面型式有 I 字肋、倒 L 肋、倒 T 肋、U 形肋等。加劲板件的受力分析方法主要可分为两大类：解析法和数值法。解析法可分为 4 种：①把板分为格子梁，板分开归到格子梁上去，不考虑板的剪切刚度；②把纵横肋分摊到板上成为一种理想的正交异性板；③采用①、②两种方法的结合；④*P*—*E* 法。将纵肋分摊到板上，将横肋作为刚性支承，求解后将横肋的弹性支承计入。数值方法主要是有限差分法和有限单元法。

加劲板的稳定分析已有很长的历史。Troitsky[1]讨论了这个领域的早期发展。Bryan[2]首先应用能量准则研究在均匀压力作用下加劲板的稳定性。Timoshenko[3,4]给出了用纵向肋条和横向肋条加劲矩形板的稳定性。Seide[5]把加劲杆的偏心效应当作加劲杆的有效惯性矩看待。Cox 和 Riddel[6]利用应变能方程讨论肋多重加劲杆的情况。Klitehieff[7,8]计算出防止局部屈曲的最小的纵向加劲杆尺寸的公式。Stoffel[9]和 Massonnet[10]分析了纯弯曲作用下的加劲板。Mizusawa[11]等人最先研究了具有不同弯曲刚度和扭转劲度加劲杆的斜交加劲板的稳定性。

对于加劲板的弹性稳定分析来说，目前主要是采用有限单元方法。但由于采用板单元实际模拟板件和加劲肋，划分网格时以加劲肋较小的尺寸为基础来划分以保证板单元的形状测试通过，会导致庞大的有限元模型，弹性稳定分析又需要较多的迭代运算，往往造成在目前的微机上无法按全真模型计算实桥的稳定。结果又导致了以下几种方法的流行：①按梁杆系单元模拟如桥塔、梁、索进行整体稳定分析，然后再取关心区域进行局部稳定分析(目前国内各大斜拉桥采用的方法)；②把板分为格子梁，板分开归到格子梁上去，不考虑板的剪切刚度(等效格子梁法)；③把纵横肋分摊到板上成为一种理想的正交异性板(理想正交异性板法)。第一种方法采用了刚性周边假定，把整体稳定和局部稳定割裂考虑，应只适用于初步设计阶段。而后两种方法近似程度较高，对局部弹性稳定不能得到准确的结果。由于上述原因，本文采用了文献[12]中提出的加劲肋—板单元，尝试在上述矛盾中取得一个平衡。

2 加劲肋—板单元

文献[12]中加劲肋—板单元实际上是一种带周边及中心加劲肋条的板单元，单元节点位移的选取和自然坐标系下母单元的坐标如图1所示，带有加劲肋条杆的加劲肋—板单元及几何特性如图2所示。

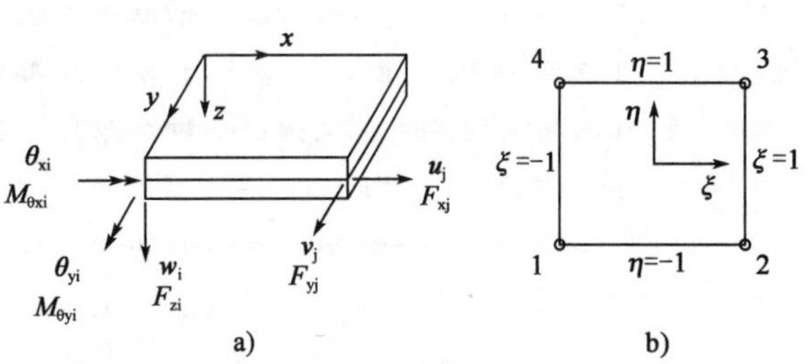

图1 加劲板单元节点位移的选取和自然坐标系下母单元的坐标

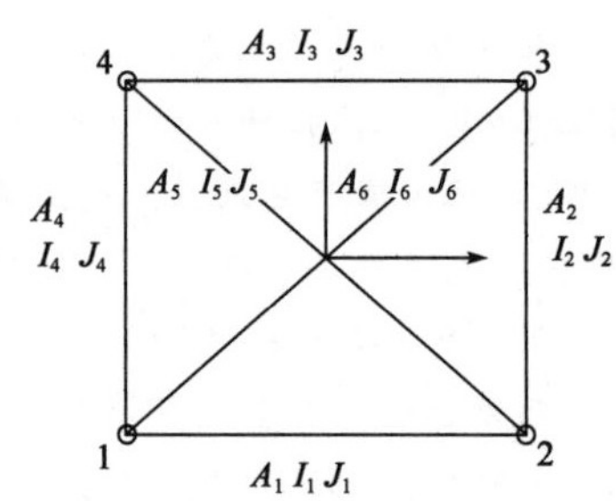

图2 带有加劲杆的单元及几何特性

图2中A、I、J分别为加劲肋条的面积、抗弯惯性矩和抗扭惯性矩。由于加劲板单元只考虑了沿x轴和y轴的转动位移θ_x、θ_y，没有考虑沿z轴的转动位移θ_z，相应地加劲肋条也只考虑了z方向的挠曲和沿自身的扭转。如加劲肋条1-2的挠曲对应于节点1、2的转动θ_y，加劲肋条1-2的扭转对应于节点1、2的转动θ_x。

文献[13]中讨论了各种类型的加劲板件采用本文的加劲肋—板单元建立简化分析模型的方法。着重对闭口加劲肋的顺桥向刚度、横桥向刚度、抗扭刚度等的简化分析模型建立进行了探讨。文献[13]中的算例验证表明，本文提出的加劲肋板单元具有精度高，计算空间、时间消耗大大减少等特点。

3 ANSYS二次开发及加劲板单元的程序编制

加劲板单元建立后，有两条途径：一种是自己编制有限元程序；另一种是在大型有限元程序的基础上进行二次开发。最后，本文选择了在大型有限元软件ANSYS的基础上进行二次开发。优点是：

(1)避免了复杂的前、后处理的程序编制。

(2)采用现有的通用软件的前、后处理,处理方法较为标准,便于后人的使用和再开发。

(3)直接切入自己面临的问题,节约时间。

(4)避免了求解和查错的大量过程,计算结果的可靠程度更高。

ANSYS 程序的开放结构允许用户连接自己的 FORTRAN 程序。实际上,现在许多 ANSYS“标准”用法都是由以前用户程序引进的。一个典型的二次开发包括下列步骤:

(1)在 FORTRAN77 中编制用户程序。

(2)编译并将用户程序连接到 ANSYS 程序中。

(3)验证自己做的改动是否影响其他 ANSYS 标准功能的使用。

(4)检验用户程序。

4 大跨度扁平钢箱梁斜拉桥的整体—局部线弹性相关稳定

斜拉桥中的扁平钢箱梁,由于有斜拉索的作用,使箱梁在跨内有多点的弹性支承,有中间挂索的形式,也有两侧挂索的形式。这样使扁平钢箱梁的长细比并不能直观的计算。必须建立全桥模型计算才能较好的反映箱梁的长细比,而全桥都用精确的全真模型计算又不现实。这促使采用一种混合有限元的方法,即同时采用板壳单元和梁单元的有限元方法。

4.1 混合有限元法

混合有限元法即在关心的部位用壳单元(对于线弹性屈曲分析采用本文建立的加劲板单元,对非线性弹塑性稳定分析采用一般的高阶壳单元)建立全真的模型,而在不关心的部位用梁单元建立模型,这既解决了可以用较真实的模型计算扁平钢箱梁的局部屈曲,又可以较准确的模拟其整体的边界条件及工作情况,包括前面所述的长细比等。

混合有限元要解决的核心问题是,梁单元和壳单元交界处的连接问题。梁单元与壳单元是通过公共节点连接起来的,在交界处的截面上梁单元有一个节点,壳单元有很多个节点,显然没办法把梁单元上的一个节点与壳单元上的多个节点直接连接起来。当把梁单元的一个节点与壳单元中的一个节点直接相连时,由于壳单元的刚度比梁单元的小很多,梁单元的巨大的节点力会使得与该节点相连的壳单元及在该壳单元附近的单元产生较大变形并形成很大的塑性区,进而使得交界处梁单元节点产生较大的位移,与此同时在交界处截面上的壳单元的其他大部分节点不产生变形。尽管这种连接方法对远离连接部位以下的箱梁的应力影响不大,但这种连接方法得到结构整体变形与真实结构的变形相差较大是不可取的。其实板壳有限元中节点间的受力关系是由它们在有限元方程的总体刚度矩阵中刚度系数决定的,因此在建模时能正确模拟梁单元和壳单元间节点的刚度关系,计算结果才能可靠。

这里采用一个位移方程的概念,即保证交界面的梁单元的单个节点和板壳单元部分对应于交界面的多个节点之间的位移协调,也就是保证板壳单元部分对应于交界面的多个节点的位移关系是像梁截面上的点一样协调发生。要保证上述的位移协调,板壳单元部分对应于交界面的多个节点的位移是交界面的梁单元的单个节点的位移的函数,这就是位移方程的概念,见式(1):

$$U_n = F_n(U_{\text{beam}}) \tag{1}$$

U_n 表示板壳单元部分对应于交界面的多个节点中的一个的位移,U_{beam} 表示梁单元的单个节点的位移。有 n 个节点就有 n 个对应的位移方程。位移方程的示意如图 3 所示。

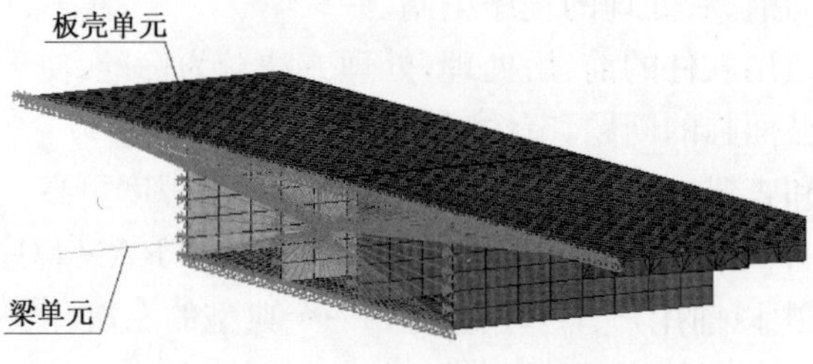

图 3　混合有限元中梁单元和板壳单元连接的位移协调示意

位移方程可采取考虑截面畸变、剪力滞等的位移模式，也可以仅用初等梁理论的位移模式。文献[14]提出了箱梁考虑局部变形的位移模式，见式(2)：

$$\varepsilon_x = h_i \times \left(1+\frac{y}{R_0}\right)\left[\left(\frac{\mathrm{d}^2 w}{\mathrm{d}x^2}-\frac{\phi}{R_0}\right)+(1-\bar{y}^3)u'(x)\right] \tag{2}$$

式中：ε_x——轴向应变；

h_i——顶、底板到截面形心的距离；

y——横桥向坐标；

w——初等梁的挠度；

ϕ——初等梁的转角；

R_0——曲线梁的轴线半径；

$u'(x)$——翼板剪切变形的最大差值的一阶导数。

若位移方程采用初等梁理论的位移模式，假设交界面的梁单元的单个节点的位移为 6 个(3 个平动和 3 个转动)：$ux, uy, uz, rotx, roty, rotz$。则板壳单元部分对应于交界面的多个节点的一个的 x 方向的位移为(在局部坐标下设此节点离梁节点的距离为 Δx、Δy、Δz)：

$$ux_n = ux + \Delta y * rotz + \Delta z * roty \tag{3}$$

混合单元法在采用了位移方程后即避免了板壳单元和梁单元结合处的应力集中问题和更好地模拟了板壳单元的边界条件和工作情况。本文采用混合有限元建立的斜拉桥模型和仅采用梁单元建立的斜拉桥模型进行比较，结果显示位移和应力的结果都比较接近误差在 5%以内。交界面也没有大的应力集中的情况。一个交界面底板的应力分布情况示意图如图 4 所示。

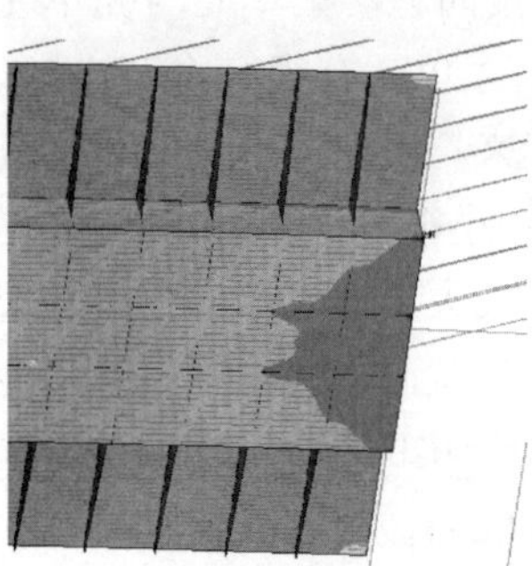

图 4　混合单元交界面底板的应力分布示意

4.2　扁平钢箱梁斜拉桥的整体—局部线弹性相关稳定

某桥为无背索竖琴式斜拉桥，主跨跨径为 168m，空间密索型布置。索塔采用钢索塔内填 C50 微膨胀混凝土的斜塔，塔轴线上塔底截面的外轮廓尺寸为 9.938m(顺桥向)×4.0m(横桥向)，塔的水平倾角为 58°。塔高(桥面以上)106.006m，如图 5 所示。

采用单索面结构，横桥向两排索间距为 2.4m，顺桥向梁上间距为 8m，共 17 对 34 根索，索的水平倾角均为 25°，平行布置，索长 52.256～249.757m。斜拉索采用 $\phi 7$ 高强度低松弛镀锌钢丝，抗拉标准强度 1 670MPa，匹配相应冷铸镦头锚具。

主梁采用抗风性能好、整体性强、线条美观的封闭式扁平钢箱梁带大挑臂钢挑梁，节段标准长度为 8m；梁全宽 31.6m，宽跨比为 1/5.316；梁高 3.0m，高跨比为 1/56；横向设置四道纵腹板，纵向每隔 4m 设一道横隔板。钢结构部分采用 Q345 钢材。桥面板采用带 U 形加劲肋的正交异性钢桥面板。

该桥的前两阶弹性屈曲模态和稳定系数如图 6 所示。

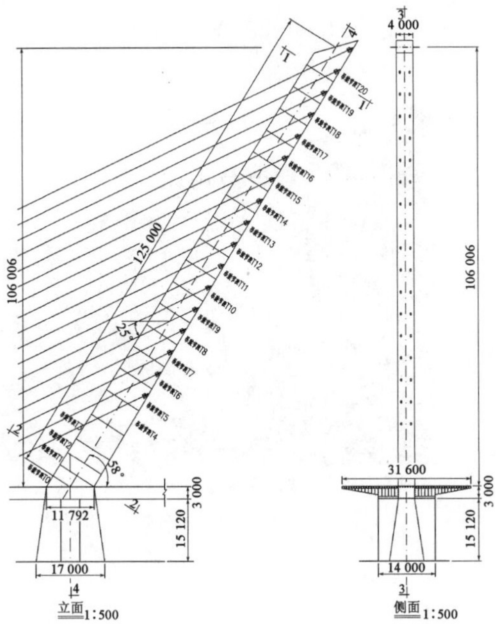

图 5　某扁平钢箱梁斜拉桥结构图

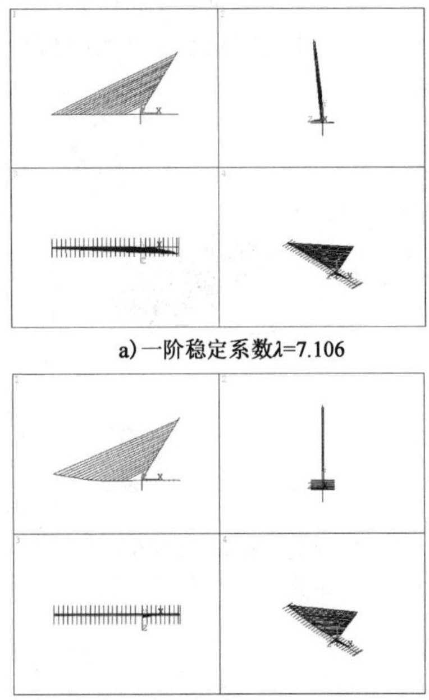

图 6　最大单悬臂阶段结构的弹性屈曲一、二阶失稳模态

从图 6 中可以看出第一阶失稳模态为塔的侧弯屈曲，第二阶失稳模态为扁平钢箱梁的面内弯曲屈曲。由于该桥的主梁抗弯惯矩较大，且其斜拉索为空间密索布置为主梁提供了多点弹性支撑，主梁的长细比较小，因此以主梁面内屈曲为主的屈曲模态稳定系数到达了 29.284。

这是否能说明主梁的抗纵向压屈性能呢。本文采用前述的混合单元法，即用索单元、空间梁单元及本文建立的加劲板单元建立了该桥的混合单元模型如图 7 所示。

从图 8 中可以看出，混合单元模型的第一阶屈曲模态为底板的局部屈曲，在中腹板之间为沿横桥向反对称，在中腹板与外腹板之间为底板的单波屈曲。中腹板之间的底板的屈曲位移远大于中腹板与外腹板之间的底板的屈曲位移。这是由于轴向力的传力滞后引起的，由于斜拉索的水平力（对于箱梁是压力）是通过锚箱或锚板以剪切的型式传到中腹板上，再由中腹板传到整个断面，它在纵向传力由于剪切变形存在滞后现象。这种滞后现象有一定的纵向分布长度，它导致箱梁截面上压应力的分布不均匀，中腹板处较大，边上较小，在纵向上离开锚固点一定距离后趋于均匀，因此造成中腹板之间的底板的屈曲位移较大的屈曲模态。

可见，考虑了局部影响后，该扁平钢箱梁斜拉桥的第一阶屈曲模态表现为箱梁箱壁板件的局部屈曲，屈曲系数仅为 2.001，远低于箱梁整体屈曲的屈曲系数（本例为 29.284）。实际上，该密索体系的扁平钢箱梁斜拉桥由于密索的多点弹性支承作用使得箱梁的整体长细比较小，整体屈曲荷载较大，因此第一阶屈曲模态为箱梁箱壁板件的局部屈曲。这是否意味着，不考虑局部屈曲影响的以杆系单元计算的整体屈曲系数失去意义了呢？我国斜拉桥规范规定斜拉桥的整体稳定系数必须大于 4 是否有意义呢？对于这一点应这样理解，我国斜拉桥规范规定斜拉桥的整体稳定系数必须大于4实际上是对抗压体系的刚度进行了规定，虽然在计算时没有考虑局部的影响，但它仍在一定程度上反映了体系的抗压刚度，对它进行规定是必要的。但这不意味着满足了上述规定，即可认为抗压稳定性设计合格，必须考虑局部稳定问题，在局部屈曲荷载和整体屈曲荷载接近时，还应考虑一定程度上的相关屈曲的影响。采用本文建立的索单元、梁单元以及加劲板单元组成的混合有限元模型可以较好的解决这个问题。

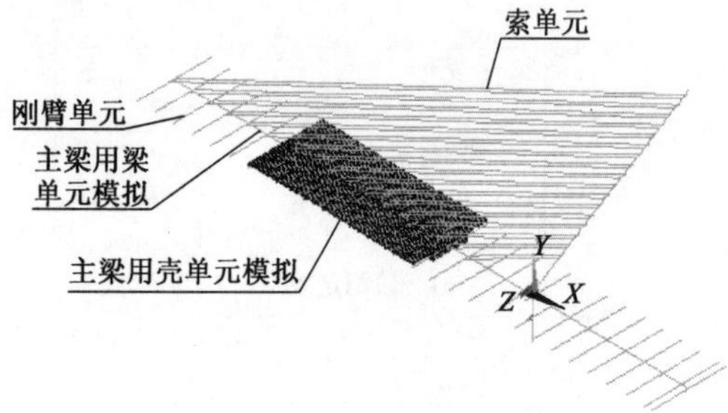

图7 某扁平钢箱梁斜拉桥的混合单元模型

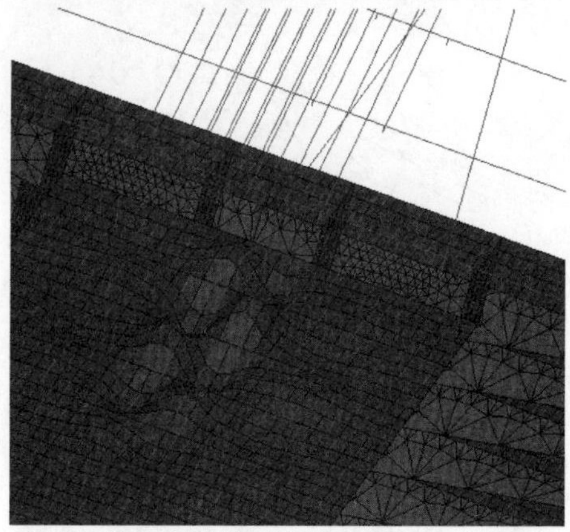

图8 某扁平钢箱梁斜拉桥的混合单元模型的第一阶屈曲模态屈曲系数 $\lambda=2.001$

参 考 文 献

[1] M. S. Troitsky. Stiffened Plates, Buckling, Stability and Vibration[M]. Amsterdam: Elsevier, 1976.

[2] G. H. Bryan. On the stability of a plane plate under thrust in its own plane, with applications to the buckling of the sides of a ship[J]. Proc. Lond. Math. Soc., 1976, (22): 54-67.

[3] S. Timoshenko. On the stability of the stiffened plates[J]. Der Eisenbau (in German), 1936, (12) 147-163.

[4] S. P. Timoshenko and J. M. Gere. Theory of Elastic Stability[M]. New York: McGraw-Hill, 1961.

[5] P. Seide. The effect of longitudinal stiffeners located on one side of a plane on the compressive buckling stress of the plate stiffener combination[J]. Report No. NASA TN 2873, 1953.

[6] H. L. Cox and J. R. Riddel. Buckling of a longitudinally stiffened flat panel[J]. Aeronaut. Quart. I, 1949, 225-244.

[7] J. M. Klitchieff. On the stability of plates reinforced by longitudinal ribs[J]. J. appl. Mech., Trans. ASME, 1973, (73): 364-366.

[8] J. M. Klitchieff. On the stability of plates reinforced by ribs[J]. J. appl. Mech., Trans. ASME, 1949(71): 74-76.

[9] R. Stiffel. Bigungsbeulung verstifer Rechteckplatten[J]. Der Bauingenieur, 1944, (40/42): 367-381.

[10] C. Massonnet. Stability of the plate girder webs reinforced by the horizontal stiffeners and subjected to pure bending[J]. Int. Ass. Bridge struct. Engng,1940-41(6):233.

[11] T. Mizusawa, T. Kajita and M. Naruoka. Buckling of skew plate structures using B—spline function[J]. Int. J. Numer. Meth. Engng,1980(15):87-96.

[12] 颜海. 大跨度斜拉桥扁平钢箱梁整体—局部相关稳定问题[D]. 上海:同济大学,2003. 11.

[13] 颜海. 大跨度钢桥加劲板件板组局部弹性稳定的简化分析[J]. 中国市政工程,2007. 2(增刊).

[14] 颜海. 弯箱梁剪力滞效应的变分分析[D]. 福州:福州大学,1996.

49. 独柱墩桥梁抗倾覆稳定验算方法及参数影响分析

陈露晔　孙章校　童　庆　雷　波
(浙江省交通规划设计研究院)

摘　要:针对独柱墩桥梁倾覆倒塌时有发生的现状,从现行相关规范出发,给出了抗倾覆稳定安全系数的定义及详细的验算方法,其概念较为简洁、可操作性强,适用于工程抗倾覆稳定验算。通过对桥宽、梁端支座间距、曲率半径、联长等影响参数进行有限元数值分析,摸清了独柱墩抗倾覆稳定安全系数随以上参数改变而变化的规律,提出了设计建议,并建立了能够较为全面的反映倾覆破坏临界状态的抗倾覆稳定安全评价指标体系。

关键词:独柱墩　验算方法　参数分析　安全评价

1　引言

随着我国交通事业的迅速发展,桥梁结构形式也发生着很大的变化。当前在我国城市立交桥、城市高架桥以及高等级公路匝道建设中,由于城市交通线路较为繁忙,往往在桥下都有地面辅道,为了减小桥梁基础与地面建筑物之间的冲突,使桥下行车视野开阔,以及便于在多层跨越的复杂线形桥梁中进行墩位设置多采用独柱支撑现浇连续箱梁结构形式,该种结构具有减少占用土地、改善下部结构布局、增加视野和桥型美观的诸多优点。

独柱墩桥梁因其独特的优势在我国桥梁工程中被广泛采用,但该种结构形式的桥梁在使用过程中已发生多起施工过程中倾覆或超载引起的倒塌事故(见表1),桥梁结构倾覆倒塌时,事先并无明显征兆,属于瞬态破坏形式,一旦发生将会造成巨大的人民经济财产损失和极其恶劣的社会影响。

我国的桥梁设计工作者关注的重点往往在于桥梁结构的抗弯、抗剪等承载能力及正常使用的计算上面,对于偶然偏心超限荷载的作用关注不足。而且我国现行的桥涵规范对上部桥梁结构抗倾覆稳定性验算给出了概念性的要求但均不明确和具体,处于相对空白状态[1~5]。桥梁从业人员迫切需要一种简单、统一的验算方法。

独柱墩桥梁倾覆事故一览表 表1

序 号	时 间	事 件	后 果
1	2007.10.23	内蒙古自治区包头市民族东路高架桥上时主梁突然发生倾覆	造成桥下铁路专用线中断,多人受伤
2	2008.12.9	昆明东二环小庄立交桥下昆曲匝道桥在拆除时发生坍塌事故	超过100m桥面坍塌,2人死亡、4人受伤
3	2009.7.15	津晋高速公路连续独柱墩A匝道桥梁发生倾覆事故	5梁超载货车坠落,6人死亡、4人受伤
4	2010.9.28	某市港务局检查超载车辆,造成部分超载车辆沿高架桥曲线外侧布置,主梁发生侧倾	事故未造成人员伤亡
5	2011.2.21	浙江省上虞市春晖互通上引匝道箱梁发生坍塌	4辆超载货车侧翻,造成3人受伤
6	2012.8.24	哈尔滨市三环路群力高架桥洪湖路上桥分离式匝道倾覆	4辆超载货车侧翻,3人死亡、5人受伤

2 抗倾覆稳定安全系数的定义及求算方法

2.1 抗倾覆稳定安全系数的定义

按照《公路桥涵地基与基础设计规范》(JTG D63—2007)和《铁路桥涵钢筋混凝土和预应力混凝土结构设计规范》(J462—2005)中对抗倾覆稳定安全系数的常规定义[4,5]：

$$K=\frac{\text{稳定力矩}}{\text{倾覆力矩}}=\frac{\text{倾覆轴一侧恒载稳定力矩}}{\text{倾覆轴另一侧恒载倾覆力矩}+\text{验算活载倾覆力矩}}$$

对于确定的独柱墩桥梁而言,其稳定能力为确定值,但结构倾覆效应的组成极为复杂,其自重、二期恒载、预应力荷载、混凝土收缩、徐变及温度效应等空间力系均会产生倾覆力矩[6],而且实际桥梁构造复杂,恒载稳定力矩和恒载倾覆力矩两者分别求算十分繁复,有时甚至难以精确求解,因此按上述公式验算独柱墩桥梁的倾覆稳定性可操作性差。

实际工程应用中正常使用阶段桥梁结构承受某种汽车最不利偏心荷载工况的能力是从业人员最为关注的问题。若定义结构在除验算荷载外的其他荷载作用下的受力状态为倾覆稳定验算初始状态,从而研究正常使用阶段最不利偏心汽车荷载在对应初始状态上的倾覆稳定性具有重大意义[6]。上述方法不但可反映结构的实际抗倾覆性能,且能有效简化计算,增加验算方法的可操作性。按照上述思路可以新定义：

$$K=\frac{\text{有效稳定力矩}}{\text{倾覆力矩}}=\frac{\text{倾覆轴一侧恒载稳定力矩}-\text{倾覆轴另一侧恒载倾覆力矩}}{\text{验算活载倾覆力矩}}=\frac{\sum M_{d}-\sum M_{o}}{\sum M_{h}}=\frac{\sum M_{do}}{\sum M_{h}} \tag{1}$$

式中：M_d——成桥状态恒载稳定力矩；

M_o——成桥状态恒载倾覆力矩；

M_h——验算活载倾覆力矩(包含活载冲击作用)；

M_{do}——成桥状态有效恒载稳定力矩。

当处于倾覆临界状态(稳定力矩=倾覆力矩)以上两种定义对验算活载的求算是一致的,也就是说无论使用哪种定义去判断桥梁结构是否倾覆效果都是一样的,但是新定义中的稳定力矩和倾覆力矩的求算却要比传统定义式来的简单许多,新定义中的有效恒载稳定力矩可以通过精确有限元建模获得的成桥状态恒载支反力对倾覆点(或轴)的弯矩之和来求得。

2.2 倾覆轴的选取

在重载偏载交通下独柱墩桥梁的倾覆过程可以描述为梁端一侧支座首先脱空，然后其他支座依次脱空，最终当剩余支座处于一条直线之上时桥梁倾覆，因此倾覆轴可以定义为最后剩余未脱空支座的连线，且这些支座必须位于同一条直线上。

根据上节公式可以看出倾覆轴的选取直接影响 M_d 和 M_h 的求算结果，并最终影响抗倾覆稳定安全系数，因此如何选取正确的最不利倾覆轴事关倾覆与否的判定，如果选错倾覆轴，有可能导致错误的验算结论。最不利倾覆轴的选取应根据以下原则确定：

(1)倾覆轴的一侧没有支座，而另一侧有除倾覆轴上支座外的所有支座。

(2)最终选取的倾覆轴应使得抗倾覆稳定安全系数最小。

忽略对称性问题以及评经验可以明显判断为非最不利倾覆轴的情况，最不利倾覆轴有以下特征：对于直线桥而言，最不利倾覆轴为端部同侧支座连线；对于曲率半径较大的弯桥(微弯桥)最不利倾覆轴亦为端部同侧支座连线，但总存在超过两个支座位于同一倾覆轴直线上的情况；随着曲率半径减小，最不利倾覆轴为端部某一支座与独柱墩某一支座的连线；随着曲率半径进一步减小，会出现多条评经验难以判断最不利的倾覆轴，为端部某一支座与独柱墩某一支座的连线或者相邻独柱墩支座连线，这种情况下只能通过原则(2)试算判断。

2.3 验算汽车荷载模式的确定

箱梁桥倾覆发生的外部因素为汽车荷载的倾覆作用，尤其要考虑运营阶段重载车辆的倾覆作用。在实际运营中，公路桥梁承担的汽车荷载是一个非常复杂的状态，在公路桥梁设计中，这些移动活荷载不可能以具体的汽车荷载形式出现，而是以统一的设计汽车荷载表示，考虑到实际公路交通运输中重载车辆较多，可采用《公路桥涵设计通用规范》(JTG D60—2004)规定的标准 55t 车辆组成的密集排列车队(图 1)进行独柱墩桥梁上部结构的抗倾覆验算。根据相关文献前车停靠时最小跟车间距为 0.5m 左右，因此密集排列车队前后车间距可暂定为0.5m。

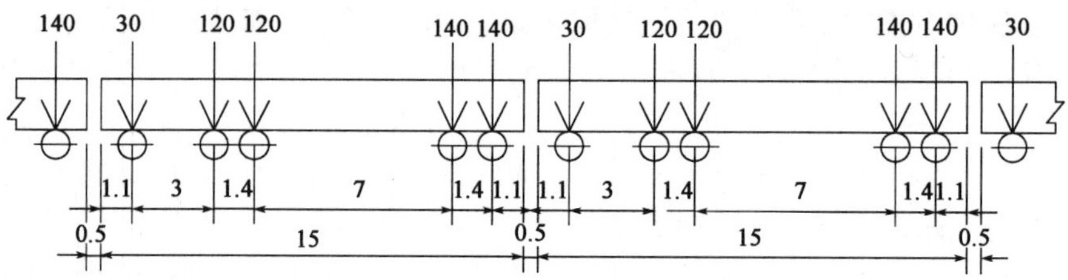

图 1　标准 55t 验算车辆荷载车队(标注单位为 m;轴重单位为 kN)

本文强调标准 55t 车辆组成的密集排列车队模拟的是正常运营下的重载交通状况，而非超载交通状况，理由是桥梁的抗倾覆验算作为一种设计验算工况不应考虑超载这种非正常运营状态，如果考虑将姑息目前的超载现象，同时对于桥梁设计来说也是不经济的。超载现象应有交通执法行政部门制定严格法律法规予以规避。

2.4 稳定力矩和倾覆力矩的求算

独柱墩抗倾覆系数具体求算之前首先给出分析的基本假定：

(1)上部结构及下部结构有足够的强度和刚度，不会发生倾覆破坏以外的其他破坏形式。

(2)全桥的支座为只受压点支撑支座，忽略支座的平面尺寸。

由定义分析可知成桥状态有效恒载稳定力矩(M_{do})等于成桥状态恒载支反力(F_i)与支座至倾覆轴的垂直距离(d_i)之和。F_i 的求算较为简单，可通过有限元软件建立实际桥梁的仿真模型求得,需要指出的是当验算偏心活载作用下结构的稳定性时,对结构成桥状态的把握至关重要,成桥状态出现偏差将直接导致得出错误的验算结论,给结构安全带来隐患。独柱墩桥梁的倾覆稳定为空间受力行为,尤其对于自重、二期恒载、混凝土收缩、徐变、预应力荷载及温度效应所产生的扭矩和扭转变形对结构倾覆稳定性影响较大,因此验算时必须根据实际结构精确建立空间模型,准确模拟其力学行为。d_i 的求算理论上将应为桥梁下部结构受荷变形后的实际位置,但由于成桥状态计算总是基于弹性小变形假定,因此可以认为变形前后支座位置不发生移动,即通过设计图纸测垂距求得。计算验算活载倾覆力矩 M_h 时,验算活载模式的选取至关重要,既要能够准确模拟实际运营中重载交通现状,又要便于统一计算,同时应当考虑汽车荷载的冲击作用。综上所述,独柱墩桥梁抗倾覆稳定安全系数的标准公式:

$$K=\frac{\sum F_i d_i}{(1+\mu)\sum Z_i e_i} \tag{2}$$

式中:Z_i——验算车辆荷载车队的各个轴重;

e_i——验算车辆荷载各个轴重作用点至倾覆轴的垂直距离;

μ——冲击系数。

2.5 验算公式的化简

考虑到标准 55t 验算车辆荷载车队在实际计算分析时为了寻求最不利倾覆力矩需采用人工布置试算的方式进行,这种方式将降低设计人员的工作效率且虽然采用密集车队误差不大但较难求得最不利倾覆力矩,本文拟通过将车辆荷载转化为车道均布荷载的方式统一最不利倾覆力矩的求算。

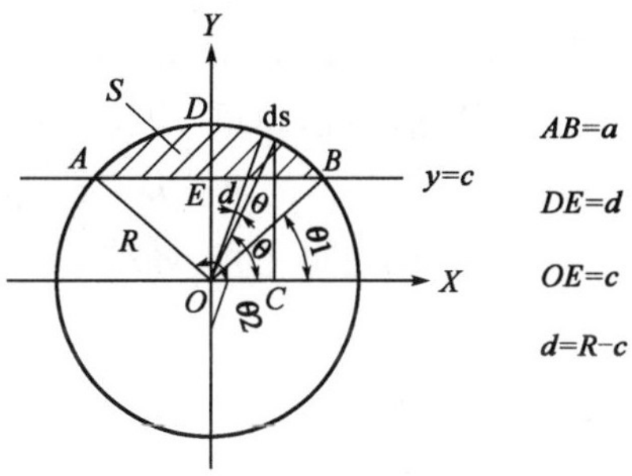

图 2　车道均布荷载作用下的倾覆力矩求算图示

首先求算车道均布荷载情况下的倾覆力矩 M,如图 2 所示,假设桥梁车道均布荷载位于曲率半径为 R 的圆弧上,直线 AB 为最不利倾覆轴,问题即为在弧 ADB 上作用方向垂直于纸面的均布荷载 Q 求 Q 对 AB 轴的弯矩 M。

$$M=\int_{\arcsin\frac{c}{R}}^{\pi-\arcsin\frac{c}{R}} QR(R\sin\theta-c)\mathrm{d}\theta=Q\left(2R^2\sqrt{1-\frac{c^2}{R^2}}+2cR\arcsin\frac{c}{R}-\pi cR\right)=Qm \tag{3}$$

$$S=\int_{\arcsin\frac{c}{R}}^{\pi-\arcsin\frac{c}{R}} \frac{1}{2}R^2\mathrm{d}\theta-c\sqrt{R^2-c^2}=R^2\left(\frac{\pi}{2}-\arcsin\frac{c}{R}\right)-c\sqrt{R^2-c^2} \tag{4}$$

通过量纲分析 m 和 S 的单位是一致的,并观察 m 和 S 的数值分析见表 2,可以发现 m 和 S 的关系有如下特征:

(1)当曲率半径 R 从 10 000m 到 45m、d 从 0.01m 到 6m 时(基本涵盖了所有独柱墩桥梁验算汽车荷载布置需求),m 和 S 的误差均在 3%以内,满足工程精度要求。

(2)当 d/R 越趋向于零直至等于零时,m 和 S 的误差 $(m-S)/m$ 也趋向于零直至等于零,且 d/R 基本是 $(m-S)/m$ 的 5 倍。

因此可以用车道均布荷载作用线弧 ADB 与倾覆轴围合而成的面积 S 取代 m,于是车道均布荷载作用下的倾覆弯矩 $M=QS$,当桥梁曲率半径为无穷大即桥梁车道均布荷载位于直线上时,显然有上式成立,而缓和曲线用于连接直线和圆弧曲线,根据夹逼定理可以认为桥梁车道均布荷载位于直线、缓和曲线、圆弧曲线上时,均有上式成立。

m 和 S 的数值分析 表 2

R(m)	d(m)	c(m)	a(m)	$(R-c)/R$(%)	S(m^2)	m(m^2)	$(m-S)/S$	$(m-S)/m$(%)
10 000	0.01	10 000	28	0.00	0.19	0.19	0.000	0.00
10 000	3.00	9 997	490	0.03	979.75	979.81	0.000	0.01
10 000	6.00	9 994	693	0.06	2 771.03	2 771.36	0.000	0.01
1 200	0.01	1 200	10	0.00	0.07	0.07	0.000	0.00
1 200	3.00	1 197	170	0.25	339.28	339.45	0.001	0.05
1 200	6.00	1 194	240	0.50	959.28	960.24	0.001	0.10
150	0.01	150	3	0.01	0.02	0.02	0.000	0.00
150	3.00	147	60	2.00	119.64	120.12	0.004	0.40
150	6.00	144	84	4.00	337.37	340.09	0.008	0.80
45	0.01	45	2	0.02	0.01	0.01	0.000	0.00
45	3.00	42	32	6.67	65.07	65.95	0.014	1.34
45	6.00	39	45	13.33	182.14	187.17	0.028	2.69

标准 55t 验算车辆荷载车队为密集排列，且倾覆效应与荷载总量正相关而与荷载分布模式关系不大，将标准 55t 验算车辆荷载等效简化为车道均布荷载可以大大减少 M_h 的计算过程，根据车辆密集排列的平均长度总重等效车道均布荷载集度 $Q=550\text{kN}/(15\text{m}+0.5\text{m})=35.5\text{kN/m}$，于是 M_h 的求算从各个车道的车辆荷载对倾覆轴的弯矩之和等效为各个车道均布荷载对倾覆轴的弯矩之和。最终式(2)可简化为：

$$K=\frac{\sum F_i d_i}{35.5(1+\mu)\sum S_i} \tag{5}$$

3 抗倾覆稳定参数影响因数分析

3.1 模型介绍

根据常规独柱墩桥梁设计参数，选择三类数量较多、最具代表性的桥梁进行抗倾覆稳定安全系数的分析研究，模型 1 为 6×20(n×L)m、模型 2 为 4×20(n×L)m、模型 3 为 4×16(n×L)m，均为普通钢筋混凝土独柱墩桥梁。三类模型支撑形式均采用板式橡胶支座，桥梁宽度(B)分别取 8、9、10m，端部双支座间距(C)分别取 2.8、3.0、3.2m，曲率半径(R)分别取直线、1200、500、250、120、60m，共 162 个有限元模型。

计算采用通用空间有限元分析软件 Midas_Civil2010，精确建立三类模型在不同桥梁宽度、不同端部双支座间距、不同曲率半径的成桥状态，提取支座反力，利用本文提出的抗倾覆稳定安全系数简化公式进行参数影响分析。

3.2 桥宽、梁端支座间距、曲率半径、联长的影响分析及设计建议

观察图 3、图 4 可知：①端部双支座间距一定时，独柱墩桥梁抗倾覆稳定安全系数随着桥面宽度的增加而减小；②桥面宽度一定时，当曲率半径较大即倾覆轴线双支座外侧连线时，独柱墩桥梁抗倾覆稳定安全系数随端部双支座间距的增加而增加，此时设计时应尽可能提高双支座布置间距。当曲率半径小到一定程度，即倾覆轴为独柱墩支座连线时，增加支座间距对独柱墩桥梁抗倾覆稳定安全系数基本无影响，有时甚至是负贡献；③其他条件不变时，独柱墩桥梁抗倾覆稳定安全系数总是随着曲率半径的减小呈现先减小后增加的过程。当有两个以上支

座同时位于倾覆轴线上时，出现抗倾覆稳定最不利的状态，即抗倾覆稳定安全系数最小。设计过程中需特别注意独柱墩桥梁的布跨，尽量避免此最不利状态的出现；④联长越长，独柱墩桥梁抗倾覆稳定安全系数随曲率半径变化的幅度越大且其最小值出现在曲率半径相对较大处；联长越短，独柱墩桥梁抗倾覆稳定安全系数随曲率半径变化的幅度越小且其最小值出现在曲率半径相对较小处；⑤平面线性为直线时，独柱墩桥梁抗倾覆稳定安全系数对联长的变化不敏感，且不同联长其系数基本一致；曲率半径越小，独柱墩桥梁抗倾覆稳定安全系数对联长的变化越敏感。

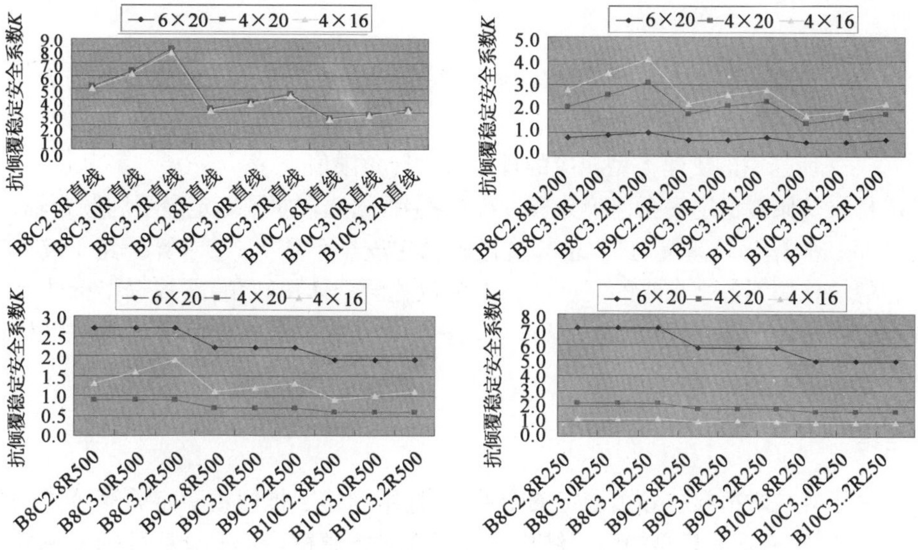

图3　典型三类模型曲率半径分别为直线、1 200m、500m、250m 时 K 与桥宽、梁端支座间距的关系

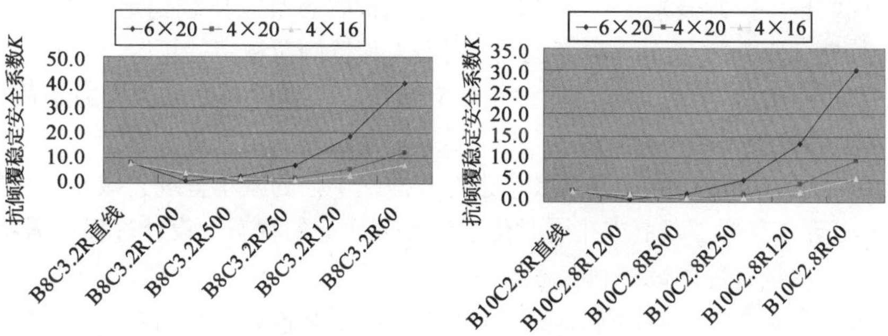

图4　典型三类模型 K 与曲率半径的关系

4　抗倾覆稳定安全评价指标体系

参照《公路桥涵地基与基础设计规范》(JTG D63—2007)和《铁路桥涵钢筋混凝土和预应力混凝土结构设计规范》(J462—2005)中对结构物抗倾覆稳定安全系数的规定，中墩绞接的独柱墩桥梁上部结构的抗倾覆稳定安全系数可取 1.3 作为判别标准[4,5]；由于独柱墩桥梁端部外侧支座脱空是倾覆破坏过程的开始，此时边界条件改变，结构受力体系发生变化，因此此状态可以作为评价抗倾覆稳定安全的临界状态，可以规定在公路Ⅰ级车道荷载(考虑冲击系数)作用下独柱墩桥梁不应出现支座脱空；独柱墩桥梁支座脱空是在外部荷载作用下梁体产生扭转变形引起的，而梁体扭转变形也会导致支座转角超限，此时支座将不能正常工作，结构受力状

态难以把握，因此此状态也可以作为评价抗倾覆稳定安全的临界状态。《公路桥梁盆式橡胶支座》(JT/T 391—2009)中规定支座正常工作时，其竖向转动角度不大于0.02rad,《球形支座技术条件》(GB/T 17955—2000)中支座转角限制分别为0.02、0.04、0.06rad，因此可以规定在公路Ⅰ级车道荷载(考虑冲击系数)作用下独柱墩桥梁支座位置梁体扭转角不应超过所采用支座的规范最大转角限值。综上所述，得到抗倾覆稳定安全评价指标体系：

$$\begin{cases} K=\dfrac{\sum F_i d_i}{35.5(1+\mu)\sum S_i}\geqslant 1.3 \\ R_{qi}\geqslant 0 \\ \theta_{qi}\leqslant[\theta] \end{cases} \tag{6}$$

式中：R_{qi}、θ_{qi}——分别为公路Ⅰ级车道荷载(考虑冲击系数)作用下各个支座的支反力和支座位置的梁体扭转角；

$[\theta]$——所选用的支座类型相应的规范最大转角限值。

独柱墩桥梁抗倾覆稳定安全评价分析过程为：①根据选取原则确定最不利倾覆轴，计算抗倾覆稳定力矩和验算荷载倾覆力矩，求算抗倾覆稳定安全系数K；②求算公路Ⅰ级车道荷载(考虑冲击系数)作用下各个支座的支反力和支座位置的梁体扭转角；③根据指标体系公式进行抗倾覆稳定安全评价，同时满足三个条件可以认为在正常交通运营状况下独柱墩桥梁不会出现倾覆失稳问题。

5 结语

本文定义了独柱墩桥梁抗倾覆稳定安全系数，详细阐述了抗倾覆稳定验算公式的推导过程，通过建立162个有限元模型摸清了结构参数变化对抗倾覆稳定安全系数的影响并给出了部分设计建议，同时建立了独柱墩桥梁抗倾覆稳定安全评价指标体系。主要结论如下：

(1)将独柱墩桥梁抗倾覆稳定安全系数定义为成桥状态有效恒载稳定力矩和验算活载倾覆力矩之比，其概念较为简洁、可操作性强，适用于工程抗倾覆稳定验算。

(2)55t标准车辆组成的密集车队模拟重载交通用于求算验算活载倾覆力矩简单易行，本文推导的简化验算公式提高了验算效率，统一了抗倾覆稳定安全系数的求算。

(3)独柱墩桥梁抗倾覆稳定安全系数总是随着曲率半径的减小呈现先减小后增加的过程，其最小值基本出现在有两个以上支座同时位于倾覆轴线上的状态。设计过程中需特别注意独柱墩桥梁的布跨，尽量避免此最不利状态的出现。

(4)抗倾覆稳定安全评价指标体系较为全面的反映了倾覆破坏的临界状态，可以保证在正常交通运营状况下独柱墩桥梁不会出现倾覆失稳问题。

参考文献

[1] 中华人民共和国行业标准. GB 50153—2008 工程结构可靠性设计统一标准[S]. 北京：中国建筑工业出版社，2008.

[2] 中华人民共和国行业标准. JTG D62—2004 公路钢筋混凝土及预应力桥涵设计规范[S]. 北京：人民交通出版社，2004.

[3] 中华人民共和国行业标准. JTG D60—2004 公路桥涵设计通用规范[S]. 北京：人民交通出版社，2004.

[4] 中华人民共和国行业标准. JTG D63—2007 公路桥涵地基与基础设计规范[S]. 北京：人民交通出版社，2007.

[5] 中华人民共和国行业标准. TB 10002.3—2005 铁路桥涵钢筋混凝土和预应力混凝土结构设计规范[S]. 北京：中国铁道出版社，2005.

[6] 李盼到，张京，王美. 独柱支承梁式桥倾覆稳定性验算方法研究. 世界桥梁[J]. 2012 年 40(6)：52-56.

[7] 李盼到，马利君. 独柱支撑匝道桥抗倾覆验算汽车荷载研究. 桥梁建设[J]. 2012 年第 3 期：14-18.

50. 超大跨度钢斜拉桥双悬臂施工阶段可靠度分析

白　冰　李　乔　张清华
(西南交通大学土木工程学院)

摘　要：双悬臂施工阶段作为大跨度钢斜拉桥结构寿命过程的幼年期，其可靠度的准确评估对于结构后续施工的安全评价以及设计施工方案的优化均具有重要意义。以典型超大跨度钢斜拉桥——苏通长江大桥为工程背景，对于结构施工期作用(荷载)和抗力进行系统地调查和统计分析，在此基础上建立了结构施工期作用(荷载)和抗力的概率模型。利用所建立的模型，对于苏通长江大桥双悬臂施工过程中典型工况的结构可靠度问题进行了研究。研究表明：所建立的作用(荷载)和抗力概率模型能够较为真实地反映结构的实际情况，具有较强的代表性和典型性；双悬臂施工期内，各构件的可靠度指标均处于较高水平，可保障结构体系施工的安全快速进行。其中扁平钢箱梁的可靠度指标相对拉索和桥塔较低，其主要失效模式为塔根处T0梁段在压弯作用下发生屈曲失效。

关键词：大跨度斜拉桥　钢箱梁　双悬臂施工　可靠度　施工期作用　构件抗力

1　引言

对于大跨度钢斜拉桥而言，在结构全寿命过程中，施工阶段是影响其质量形成的关键阶段，建设的高质量对于结构后续使用功能的正常发挥起着至关重要的作用。与此同时，施工阶段的平均风险远高于正常使用阶段。刘扬[1,2]对于混凝土斜拉桥的研究表明，结构施工期的受力状态可能较使用期更为不利。而双悬臂施工阶段处于结构生命周期的幼年时期，此时结构系统抵御风险的能力远弱于成桥阶段。由上述特性所决定，开展钢斜拉桥双悬臂施工阶段可靠度的研究，对于结构施工期的安全评估以及设计施工方案的优化，均具有重要意义。

针对桥梁施工期的可靠度问题，国内外学者进行了一系列卓有成效的研究，并获得了大量研究成果。张建仁[3]基于连续梁桥施工现场的调查统计结果，建立了连续梁桥施工活载的荷载概率模型。Cho等[4]提出了“虚拟施工(virtual construction)”的概念，并据此进行了桥梁施工过程可靠度及风险的仿真分析研究。Casas[5]以可靠度理论为基础，对于混凝土梁桥双悬臂施工过程中构件的分项安全系数进行了探讨。刘扬[6]利用极值分布方法推导了拉索的强度概率模型，并根据所提出的模型，对于施工阶段拉索的可靠度指标变化规律进行了研究。上述研究对于桥梁施工期荷载概率模型的确定方法以及结构可靠度变化规律等关键问题进行了深入探讨，对于斜拉桥施工期可靠性的进一步研究具有重要的参考价值。

以典型超大跨度钢斜拉桥——苏通长江大桥为工程背景，对于结构施工期作用以及抗力统计资料进行了广泛收集和调查，在此基础上建立了结构施工期作用和抗力的概率模型。以苏通长江大桥施工期典型工况——双悬臂对称起吊 6 号梁段为研究对象，利用所建立的作用及抗力概率模型，对该工况下结构的可靠度问题进行了深入探讨。

2 施工期荷载效应的统计分析

施工期作用(荷载)调查及统计分析是进行结构施工期可靠度研究的重要基础工作之一。对于大跨度钢斜拉桥而言，由其制造工艺和施工方法所共同决定，可将施工期主要作用分为永久作用和可变作用两大类：永久作用主要是指梁段自重，它是影响结构施工期荷载大小的主要因素之一；可变作用主要由施工临时结构、桥面吊机等施工设备重量及其动荷载、材料堆积荷载以及梁段起吊时的动荷载等组成，其变异性能一般大于永久作用。

2.1 永久作用分析

钢箱梁自重作为大跨度钢斜拉桥施工期荷载大小的主要影响因素，其统计特征对于建立施工期永久作用的概率模型具有重要意义。为准确建立施工期永久作用的概率模型，对于苏通长江大桥 105 段钢箱梁(全桥共计 107 段)进行梁段称重，统计分析结果表明：钢箱梁自重相对误差在[－2%，2%]的概率为 0.857；钢箱梁自重相对误差在[－3%，3%]的概率为 0.933。以钢箱梁实际自重与钢箱梁标准自重的比例进行统计分析，最小比例值为 0.9415，最大比例值为 1.0365，平均值为 1.0048，变异系数为 1.43%。经 $K-S$ 检验，其分布类型不拒绝正态分布。钢箱梁称重及其相对误差概率分布如图 1 所示。

a)钢箱梁梁段称重

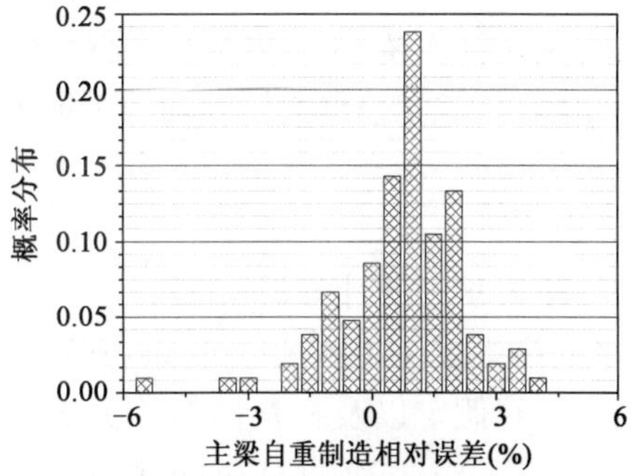

b)钢箱梁自重相对误差概率分布

图 1 钢箱梁梁段称重及相对误差概率分布

2.2 可变作用分析

大跨度钢斜拉桥施工工序复杂，施工难度大，施工阶段可变作用的类型复杂多样，且随施工的进行其分布位置不断变化。由上述施工特性所决定，为获取施工期斜拉桥可变作用的统计特征，采用理论研究与实际统计分析相结合的方法，对于苏通长江大桥施工期活荷载(可变作用)的概率分布规律进行了调查统计分析。结果表明，施工期的可变作用主要分布于桥塔根部和悬臂端两处，其中桥塔根部主要为卷扬机及吊车等散索装置自重，而悬臂端可变作用主要由桥面吊机、焊接设备以及拉索张拉设备自重等组成。进一步对于各作用类型进行统计归类，可得施工期可变作用的统计概率模型见表1。

大跨度钢斜拉桥施工期可变作用统计概率模型(一侧悬臂) 表1

可变作用类型	数量	分布类型	自重均值	变异系数	位置
卷扬机	5台	正态	75kN	5.00%	桥塔0号梁段处
		正态	50kN	5.00%	
		正态	50kN	5.00%	
		正态	50kN	5.00%	
		正态	50kN	5.00%	
50t吊车	1台	正态	490.5kN	3.00%	桥塔0号梁段处
叉车+工具箱	1组	正态	150kN	3.00%	桥塔0号梁段处
焊接小车	1台	正态	150kN	5.00%	悬臂端
焊接设备	1组	正态	106kN	3.00%	悬臂端
桥面吊机	1组	正态	1 836kN	5.00%	悬臂端
安全护栏		正态	0.4kN/m	5.00%	梁段全长
张拉平台	1台	正态	399kN	5.00%	悬臂端
张拉平台轨道	1台	正态	8kN/m	5.00%	悬臂端
转动台	1个	正态	51kN	5.00%	桥塔0号梁段处

3 构件抗力的统计分析

现代大跨度钢斜拉桥一般为密索体系，拉索、主梁和桥塔是其关键受力构件，三者的抗力概率模型直接影响斜拉桥结构全寿命过程的可靠度。由上述体系特点所决定，采用准确的抗力计算模式和材料参数对于其可靠度的评价至关重要。大跨度钢斜拉桥主梁一般采用扁平钢箱梁(如苏通长江大桥、多多罗大桥、诺曼底大桥、昂船洲大桥、南京长江第三大桥、南京长江第二大桥以及安庆长江公路大桥等均采用钢箱梁)；拉索多采用平行钢丝拉索；桥塔则采用钢塔或混凝土塔。建立符合实际情况的构件抗力概率模型是进行结构施工期可靠度研究的重要基础。

3.1 主梁抗力统计分析

扁平钢箱梁板件众多、受力复杂，其极限承载力计算较为困难。针对上述特点，分别就其失效模式、计算假定以及材料性能等关键影响因素进行深入研究。通过相关研究成果的调研[7,8]，确定了大跨度钢斜拉桥主梁抗力计算模式不定性的概率统计特征。并结合试验研究结果，对我国近二十年来各大中小型钢厂Q345qD钢材的强度数据进行了收集[9,10]，并按照板厚进行分组。在此基础上，以材料实际屈服强度与名义屈服强度的比值进行统计分析。研究结果表明，对于不同厚度钢材，其比例均值均大于1，钢材屈服强度$K-S$检验结果不拒绝正态分布。大跨度钢斜拉桥主梁抗力统计概率模型的分析结果见表2。

3.2 拉索抗力统计分析

对于平行钢丝拉索而言，拉索中各根钢丝力学特性均为随机变量。因此，其强度模型实质上是一个概率统计力学强度模型。以30根ϕ7-1 770MPa级高强镀锌钢丝力学性能试验数据(表3)为依据，对钢丝极限强度进行统计分析，可得其均值为1 815.7MPa，变异系数为1.57%。在此基础上，取钢丝相关长度L_ρ为10m，采用考虑长度效应的Daniels概率强度计算理论[11,12]，分别对苏通长江大桥 A1～A5 索和 J1～J5 索极限承载力概率分布特征进行计算分析，可得各拉索抗力统计概率模型见表 4。研究表明：随着拉索长度的增大，索中钢丝数目逐渐增多，拉索抗力的均值及变异系数均呈现一定程度的下降，且拉索抗力的变异系数较其均值下降更快。由这一特性所决定，对于实际工程中的拉索，可将其抗力作为常量进行结构可靠性分析。

大跨度钢斜拉桥主梁抗力统计概率模型 表 2

变　量	厚度(mm)	平均值 μ	标准差 σ	变异系数 δ
材料性能 k_g	≤16	1.039	0.068 1	0.065 6
	16～35	1.026	0.077 7	0.075 7
	35～50	1.087	0.099 6	0.091 6
计算模式 k_p		1.089	0.117 6	0.108
制造偏差 k_f		1.00	0.05	0.05

新索钢丝极限应力及面积数据 表 3

序号	极限应力(MPa)	面积(mm^2)	序号	极限应力(MPa)	面积(mm^2)	序号	极限应力(MPa)	面积(mm^2)	序号	极限应力(MPa)	面积(mm^2)
1	1 800	39.04	9	1 850	38.93	17	1 850	38.93	25	1 780	39.04
2	1 810	38.82	10	1 830	38.93	18	1 780	38.93	26	1 870	39.04
3	1 810	38.82	11	1 860	38.93	19	1 830	38.93	27	1 830	38.93
4	1 850	39.04	12	1 850	38.93	20	1 830	38.93	28	1 800	39.04
5	1 840	39.04	13	1 830	38.82	21	1 800	38.93	29	1 770	39.04
6	1 800	39.04	14	1 780	38.82	22	1 810	38.93	30	1 770	38.82
7	1 790	39.04	15	1 800	38.82	23	1 830	39.04			
8	1 840	38.82	16	1 780	38.82	24	1 800	38.82			

各拉索抗力统计概率模型 表 4

拉索编号 岸侧	拉索长度(m)	拉索型号	抗力均值(MPa)	抗力变异系数	拉索编号 江侧	拉索长度(m)	拉索型号	抗力均值(MPa)	抗力变异系数
A1	153.1	PES7-187	1 643.4	0.87%	J1	152.9	PES7-151	1 645.3	0.97%
A2	154.9	PES7-187	1 643.4	0.87%	J2	154.2	PES7-151	1 645.3	0.97%
A3	158.2	PES7-151	1 645.3	0.97%	J3	157.1	PES7-139	1 646.0	1.01%
A4	164.3	PES7-139	1 644.6	1.01%	J4	162.8	PES7-139	1 644.6	1.01%
A5	171.2	PES7-139	1 643.3	1.01%	J5	169.4	PES7-139	1 644.6	1.01%

3.3 混凝土索塔抗力统计分析

针对我国大跨度钢斜拉桥桥塔多采用混凝土塔的特点，对高强混凝土早龄期的力学特性进行深入研究。以大量试验数据和文献报道[1][7]为基础，分别就计算模式不定性、混凝土强度变异以及塔段浇筑偏差等关键影响因素对于桥塔抗力性能的影响问题进行深入调研。相关研究结果[1][7][8]表明：相对于混凝土强度以及弹模等材料特性的变化，结构计算模式的不定性对于其抗力性能的影响更为显著，发展准确高效的桥塔承载力计算方法对于改善抗力性能、优化结构设计等均具有重要的意义。典型混凝土桥塔的抗力统计概率模型见表 5。

大跨度钢斜拉桥桥塔典型抗力统计概率模型 表 5

变　量	龄期(天)	平均值 μ	标准差 σ	变异系数 δ
混凝土强度 k_{g1}	3	1.065	0.153	0.144
	7	1.194	0.141	0.118
	14	1.515	0.148	0.098
	28	1.746	0.150	0.086
钢筋强度 k_{g2}		1.085	0.078	0.072
计算模式 k_p		1.098	0.078	0.071
制造偏差 k_f		1.00	0.050	0.050

注:k_{g1} 和 k_{g2} 为材料实际强度与规范规定的设计强度的比值。

4　双悬臂施工阶段结构可靠度分析

4.1　工程概况

苏通长江大桥主桥是目前国内最大跨度的斜拉桥,其主跨为 1 088m,边跨各设置了 2 个辅助墩,为 7 跨双塔双索面斜拉桥,其跨径布置为 100m+100m+300m+1 088m+300m+100m+100m=2 088m,如图 2 所示。大桥主梁为扁平钢箱梁,全宽 41.0m,梁高 4.0m。拉索采用 ϕ7-1 770MPa 级平行钢丝拉索,共计 34 对。桥塔为混凝土索塔,塔高 300.4m,混凝土标号为 C50 高强混凝土。

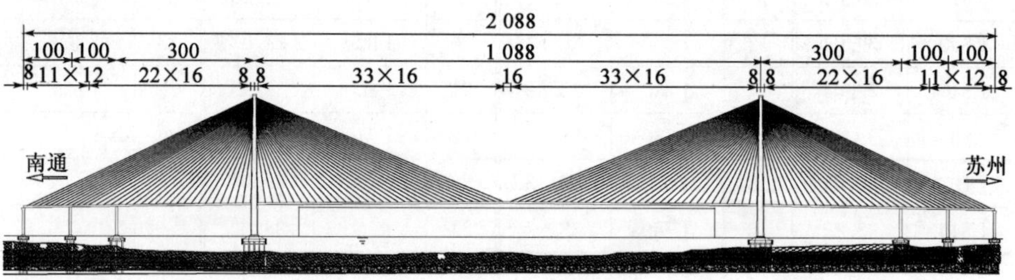

图 2　苏通长江大桥总体布置图(尺寸单位:m)

4.2　结构可靠度分析

由密索斜拉桥结构体系特点所决定,施工中各构件的安全与否将直接影响其整体结构以及人员设备的安全,开展施工期结构的可靠度分析具有十分重要的意义和价值。此处以施工期典型工况——双悬臂对称起吊 6 号梁段为研究对象,探讨该工况下各构件的可靠性。施工期桥梁结构及其有限元模型如图 3 所示。

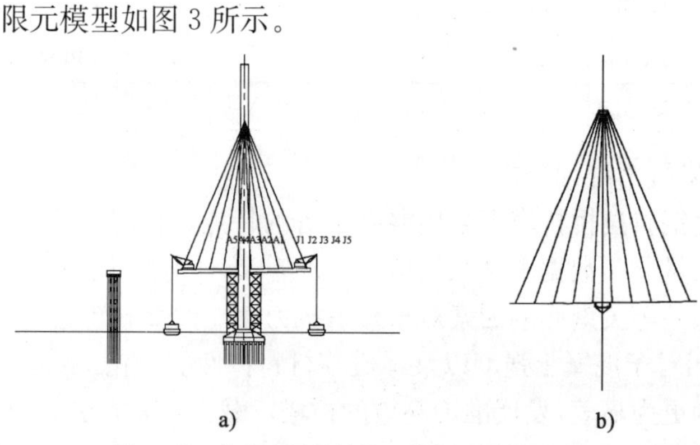

图 3　施工期典型桥梁结构及其有限元模型示意图

采用所建立的结构施工期作用及抗力统计概率模型，并结合 HL-RF 一次二阶矩算法计算各构件可靠度指标，其计算结果如图 4～图 6 所示。

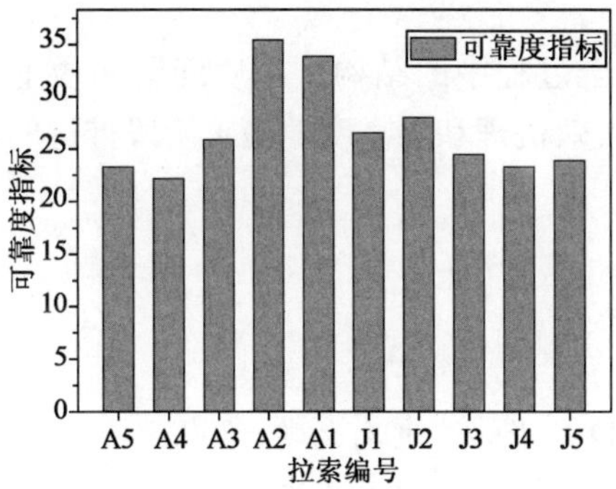

图 4　6 号梁段起吊时各拉索可靠度指标分布

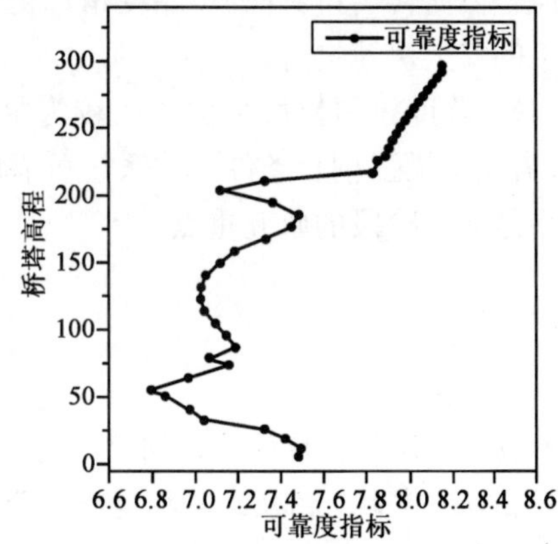

图 5　6 号梁段起吊时索塔各节段可靠度指标分布

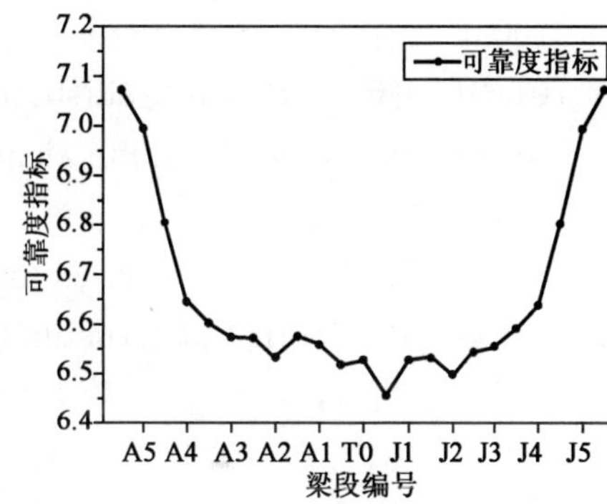

图 6　6 号梁段起吊时各梁段可靠度指标分布

各构件可靠度分析结果表明：①对于苏通长江大桥双悬臂施工阶段，其拉索所承受的作用远低于其抗力，且二者变异性能均较低。在同时考虑 Daniels 效应和长度效应的情况下，各拉索可靠度指标均在 20 以上，其安全冗余度较高；②由桥塔造型及其受力特性所决定，中、下塔柱各节段可靠度指标与上塔柱相比较低，且变化较为剧烈。但桥塔各节段可靠度指标均处于较高水平，可保证施工中结构以及人员设备的安全；③相对于拉索和桥塔而言，双悬臂施工过程中扁平钢箱梁的可靠度指标较低，且其分布沿梁长具有较强的对称性。其中桥塔根部 T0 梁段可靠度指标 $\beta=6.456$，处于曲线的谷点。主梁构件的主要失效模式为塔根处 T0 梁段在压弯作用下发生屈曲失效；④对于桥塔和主梁可靠度分析，抗力计算模式不定性和材料强度变异对于其可靠度的影响至关重要，加强材料质量控制和发展更加符合实际情况的抗力计算模式具有十分重要的意义。整体而言，苏通长江大桥双悬臂施工过程中各构件的可靠度指标均处于较高水平，其施工安全冗余度高，可保障结构体系施工的安全快速进行。

5　结语

（1）以苏通长江大桥为工程背景，在对施工期各种作用进行深入调查统计分析的基础上，建立了大跨度钢斜拉桥施工期作用（荷载）概率模型。研究表明：所建立的作用（荷载）概率模型具有较强的代表性，能够满足实际结构可靠度分析的要求，具有普遍意义。

（2）针对钢斜拉桥各构件受力特点，通过深入广泛的文献调研，并结合概率统计理论，建立了大跨度钢斜拉桥索、梁、塔各类构件的抗力概率模型。研究表明：对于斜拉桥桥塔和主梁，采用准确的抗力计算模式和材料参数对于其可靠度评价至关重要；拉索在 Daniels 效应和长度效应的共同作用下，其抗力均值及变异系数均会呈现一定程度的下降，对于实际工程中的拉索，可将其抗力作为常量进行结构可靠度分析。

(3)苏通长江大桥双悬臂施工期典型工况可靠度分析结果表明:相对于拉索和桥塔而言,扁平钢箱梁的可靠度指标较低,其主要失效模式为塔根处 T0 梁段在压弯作用下发生屈曲失效。但整体而言,各构件的可靠度指标仍处于较高水平,其施工安全冗余度高,可保障结构体系施工的安全快速进行。

(4)大跨度钢斜拉桥结构体系较为复杂,其施工全过程中的结构可靠度问题实质上是拉索、桥塔和主梁强耦合条件下的系统可靠度问题,其失效机理和可靠度随施工阶段推进的演化规律将是下一阶段的研究重点。

参考文献

[1] 刘扬. 混凝土斜拉桥施工期的时变可靠度研究[D]. 长沙:湖南大学,2005.

[2] 刘扬,张建仁. 混凝土斜拉桥施工阶段的体系可靠度[J]. 中国公路学报,2006,19(5):53-58.

[3] 张建仁,管国东,杨伟军. 悬浇连续梁桥主梁施工活载统计分析[J]. 长沙交通学院学报,2003,(2):1-5.

[4] Cho T,Kim T S. Probabilistic risk assessment for the construction phases of a bridge construction based on finite element analysis[J]. Finite Elements in Analysis and Design,2008,44:383-400.

[5] Casas,JR. Reliability—based Partial safety factors in cantilever construction of concrete bridges[J]. Journal of Structural Engineering,1997,123(3):305-312.

[6] 刘扬,张建仁,余志武. 大跨混凝土斜拉桥拉索施工期的可靠度分析[J]. 中国公路学报,2007,20(3):41-47.

[7] 李扬海,鲍卫刚,郭修武,程翔云. 公路桥梁结构可靠度与概率极限状态设计[M]. 北京:人民交通出版社,1997.

[8] 张清华,卜一之,李乔. 斜拉桥结构可靠度分析的混沌混合算法[J]. 中国公路学报,2008,21(3):48-52.

[9] 李昆. 基于可靠度理论的公路钢桥概率极限状态设计方法研究[D]. 上海:同济大学,2007.

[10] 戴国欣. 建筑钢结构可靠性研究与评价(博士学位论文) [D]. 重庆:重庆大学,2004.

[11] Faber M H,Enelund S,Rackwitz R. Aspects of parallel wire cable reliability[J]. Structural Safety,2003,25:201-225.

[12] 兰成明,李惠,鞠杨. 平行钢丝拉索承载力评定[J]. 土木工程学报,2013,46 (5):31-38.

51. 混合遗传算法在预应力混凝土桥梁结构静力可靠度分析中的应用研究

程 进 黄 洁

（同济大学桥梁工程系）

摘 要：对于预应力混凝土桥梁结构的可靠度分析，功能函数往往无法用显式表达，只能通过一些数值算法（如有限元法）得到其离散值。当采用传统遗传算法计算该种复杂结构可靠度时，通常需要运行多次有限元计算，工作量较大。为了弥补传统遗传算法的不足，本文提出一种新的结构可靠度分析方法——混合遗传算法。该方法的一个最大特点就是引入BP人工神经网络来近似拟合原有的隐式极限状态函数，并将其显示化。一旦找到该近似函数，我们就可以直接使用该函数替代确定性有限元分析。履行一次确定性有限元分析可能需要几分钟甚至几小时，而评估一个显示函数仅需1秒钟，因而大大节省计算时间。通过对一座预应力混凝土桥梁静力可靠度进行分析，验证了该方法的有效性和实用性。

关键词：预应力混凝土桥梁　静力可靠度　失效概率　遗传算法　人工神经网络

1　引言

预应力混凝土桥梁以其良好的结构性能和优美的外形在世界各地得到了广泛的应用。主跨200m以上的预应力混凝土桥梁就有中国重庆石板坡长江大桥复线桥（主跨330m）、挪威Stolma桥（主跨301m）、中国虎门大桥辅助航道桥（主跨270m）等，其中主跨330m的重庆石板坡长江大桥复线桥的建成使我国预应力混凝土桥梁的修建技术达到国际先进水平。

随着预应力混凝土桥梁的不断修建，人们对这种桥型的认识也在不断深化，世界各国都开展了预应力混凝土桥梁的静力问题的研究[1~4]。这些研究均是基于确定性结构参数，即通常所说的确定性结构静力分析。然而，在实际中，结构参数中存在着大量不确定性，这些不确定的结构参数势必影响到预应力混凝土桥梁结构的受力状态及可靠性。

与确定性结构静力分析成果相比，预应力混凝土桥梁静力可靠性的研究成果较少。Nowak等[5]根据不同规范对预应力混凝土桥梁静力可靠性问题进行了研究。在他们的研究中，结构的极限状态方程均是显式地表示为随机变量的函数，通过引入一些假设来近似地考虑结构抗力和外荷载的不确定性。然而，在实际中，预应力混凝土桥梁结构响应通常只能表示为随机变量的隐式函数,即桥梁的结构响应的显式表达式是无法获得的。这样利用可靠度基本理论和一次二阶矩法是无法求解实际的预应力混凝土桥梁静力可靠度问题。

Biondini et al.[6]采用蒙特卡罗法研究了预应力混凝土桥梁静力可靠性。尽管蒙特卡罗法能用来求解隐式极限状态函数的可靠度问题,但是为了获得准确的结果,该方法往往需要较大的模拟次数。而每进行一次模拟就需要执行一次确定性有限元分析,这势必造成了该方法具有计算效率低的缺点。

近几年来，一种新的可靠度方法受到很多专家学者的重视，这就是遗传算法(GA)。遗传算法来源于生物的遗传进化，是自然界进化论的数学缩影。它是一种基于自然选择和自然遗传的全局优化算法，其操作是针对多个可行解构成的群体进行，具有无需计算极限状态函数梯度和识别全局最优极限函数值的特点,故在结构可靠度分析领域得到广泛应用,其中代表性的论文有文献[7]和文献[8]。在他们的研究中,所提出的 GA 搜索方法都具有迭代次数多、收敛速度慢的特点。另外,至今在公开发表的文献中还未发现 GA 在预应力混凝土桥梁静力可靠度分析中的应用报道。

本文提出一种混合遗传算法。该方法的一个最大特点就是有效地利用传统的遗传算法和人工神经网络(ANN)各自的优点,并将其充分地结合起来。通过对一座预应力混凝土桥梁静力可靠度进行分析,验证了该方法的有效性和实用性。

2 混合遗传算法

2.1 基本原理

混合遗传算法是将 GA 和 ANN 各自的优点有效地结合在一起。该方法包括两方面的内容:①采用 ANN 近似表达极限状态方程;②在已获得近似的结构极限状态方程基础上,运用 GA 计算结构可靠度指标。

极限状态方程一般分为显式和隐式两种。如果极限状态方程是显式的,结构的可靠度将变得较容易求解。这主要是因为许多可靠度分析方法(如 FORM 和 SORM)都可以使用。然而,实际结构的极限状态方程通常是隐式的,不容易获得极限状态方程对随机变量的导数。这样 FORM 和 SORM 法将不再适用。为了解决这个问题,本文采用遗传算法。在可靠度分析中,传统遗传算法[9]包含以下三部分:①对随机变量进行编码和解码;②定义前面介绍的可靠度指标 β 为目标函数值即适值函数值。由于遗传算法求解的都是极大值问题,而结构可靠度分析需要求的是极小值问题,因此定义 $1/\beta$ 为适值函数值;③通过三个基本遗传算子即选择、交叉和变异的搜索过程得到一个新的种群,一般来说这个新的种群可望比上一代种群的素质好。重复这种搜索过程,各代种群的优良基因逐渐累积,种群的平均适值和最优个体的适值不断上升,直至满足收敛条件,找到最优解即获得最终结构可靠度指标。为了运行遗传算法,需提前设定以下参数:①群体大小 M,即群体中所含个体的数量,本文取为 100;②遗传算法的终止进化代数 G,本文取为 200;③交叉概率 P_c,本文取为 0.8;④变异概率 P_m,本文取为 0.1。

对于复杂结构的可靠度分析,功能函数更是无法用显式表达,只能通过一些数值算法(如有限元法)得到其离散值。此时,虽然能用前面介绍的传统遗传算法进行可靠度分析,但需多次进行有限元计算,工作量较大。为了节省时间,本文对传统遗传算法进行了改进,即引入 BP 人工神经网络来近似拟合原有的隐式极限状态函数,并将其显示化。一旦找到该近似函数,我们就可以直接使用该函数替代确定性有限元分析。履行一次确定性有限元分析可能需要几分钟甚至几小时,而评估一个显示函数仅需 1s。因而大大节省计算时间。本文采用三层前馈阶层网络,即输入层,隐含层(也称中间层)和输出层,如图 1 所示。输入层与隐含层的传递函数为 Logistic 型函数,隐含层与输出层的传递函数则为线性函数。这样的 BP 人工神经网络可以以任意精度逼近连续和不连续函数。有关 BP 人工神经网络的详细介绍可参见文献[10]。

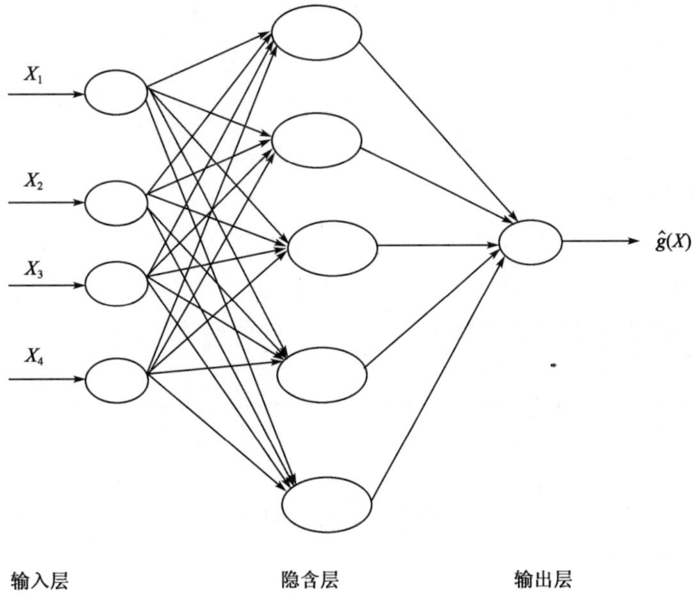

图 1　典型的三层前馈阶层神经网络

2.2　实施过程

混合遗传算法的具体实施过程如下:

(1)构建训练和测试样本库;

(2)确定 BP 人工神经网络模型(ANN);

(3)采用 ANN 构造近似极限状态方程 $\hat{g}(X)$;

(4)在已获得近似的结构极限状态方程基础上,运用传统遗传算法计算结构可靠度指标。

3　应用实例

3.1　实例简介[11]

义乌阳光大桥位于浙江省义乌市,是东阳至义乌一级公路(东义二线)上一座跨越义乌江的大型桥梁,大桥全长 442.04m。该桥横断面分为四幅,其中机动车道 2×17m(含护栏),非机动车道 2×8.5m。机动、非机动车道主桥均采用三跨预应力混凝土变截面单箱双室连续箱梁,跨径组合为 62m+95m+62m。

主桥(机动车道)箱梁采用单箱双室断面,顶面宽度 17m,底面宽度 2×6m,箱梁根部断面箱中心高 5.2m,跨中及边跨合龙段断面箱中心高 2.3m,箱梁底板下缘按二次抛物线变化。箱梁底板厚度 0 号块为 60cm,各梁段从悬臂根部至悬浇段结束处,由 30~60cm,其间按二次抛物线变化,跨中合龙段断面为 30cm;箱梁顶板厚度均为 28cm;箱梁腹板厚度 0 号块为 60cm,1、2 号块厚 45~60cm,其余梁段腹板厚 45cm。该桥采用挂篮悬臂浇筑法施工,其结构布置如图 2 所示。

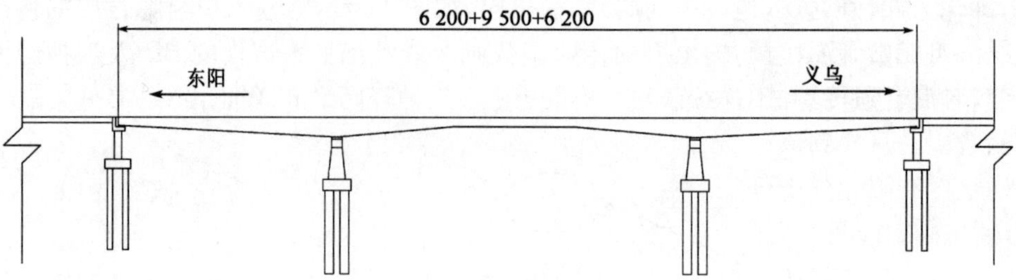

图 2　结构布置图(尺寸单位:mm)

3.2　分析模型[11]

根据义乌阳光大桥施工节段的划分,划分后全桥共 79 个节点,78 个计算单元,在中跨跨中中轴线两侧对称布置。主梁采用三维梁单元来模拟,预应力钢筋采用杆单元模拟。各部位边界条件根据结构构造型式分别进行模拟。结构计算简图如图 3 所示。

图 3　全桥节点、单元划分图

3.3　静力可靠度分析

本文假定义乌阳光大桥结构随机变量分别为混凝土材料容重 ρ、预应力钢筋面积 A_t、活荷载 p_L 及预应力钢筋张拉控制应力 σ_t,其统计参数见表 1。为了便于计算,作用于桥面的活荷载采用均布荷载形式。

义乌阳光大桥结构随机输入变量的统计特征　　表 1

随机变量	均　值	变异系数	分布类型	来　源
ρ	25.74 kN/m³	0.05	正态	文献[12]
p_L	28.14 kN/m	0.13	正态	
A_t	0.001 26m²	0.025	正态	文献[6]
σ_t	1 395MPa	0.05	对数正态	假定

在正常使用极限状态下,根据 AASHTO LRFD 桥梁设计规范,主梁在汽车荷载(不计冲击力)作用下的最大竖向挠度为$[\delta]=L/800=95/800=0.118\,8$m($L$ 为中跨跨径),建立以下极限状态方程:

$$G(x)=0.118\,8-y_{\mathrm{mid}}(x) \tag{1}$$

式中:$y_{\mathrm{mid}}(x)$为主梁跨中点竖向位移。

前面所述混合遗传算法的可靠性主要取决于用人工神经网络近似式(1)中 y_{mid}的准确性和有效性。图 4 为 ANN 的预测值与有限元的计算值的比较。从图中可以看出 ANN 预测 y_{mid}达到了相当好的精度,所有样本的相对标准差 RMSE 仅为 1.34×10^{-3}。

由于混合遗传算法具有随机性的特点,所以为了验证该方法的稳定性,本文分别运行 3 次可靠度分析,每次的计算结果均列于表 2。可靠度指标的收敛过程如图 5 所示。从表 2 和图 5 中可以看出:①每次计算都可以得到收敛结果,且可靠度指标都比较接近,最大相对误差不超过 0.8%,这表明混合遗传算法具有良好的计算稳定性;②计算结果表明义乌江大桥的可靠度指标为 4.598，相应的失效概率 2.135×10^{-6}。对于如此小概率的可靠度问题，如果直接采用蒙特卡罗法可能由于工作量太大而不现实。但是采用本文提出的混合遗传算法可以有效地解决该问题；③混合遗传算法的另一特点就是引入 BP 人工神经网络来近似拟合原有的隐式极限状态函数。一旦找到该近似函数，我们就可以直接使用该函数替代确定性有限元分析。履行一次确定性有限元分析可能需要几分钟甚至几小时，而评估一个显示函数仅需 1s。因而与传统遗传算法相比可以节省大量的计算时间。

计 算 结 果 表 2

计算次数	可靠度指标	失效概率
1	4.598	2.135×10^{-6}
2	4.621	1.911×10^{-6}
3	4.588	2.242×10^{-6}

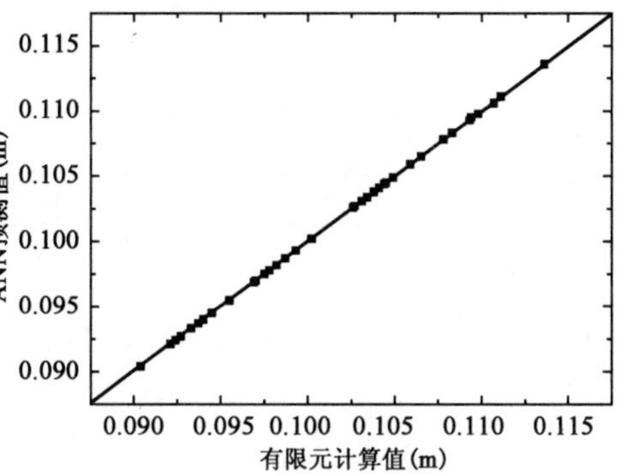

图 4 ANN 的预测值与有限元的计算值的比较

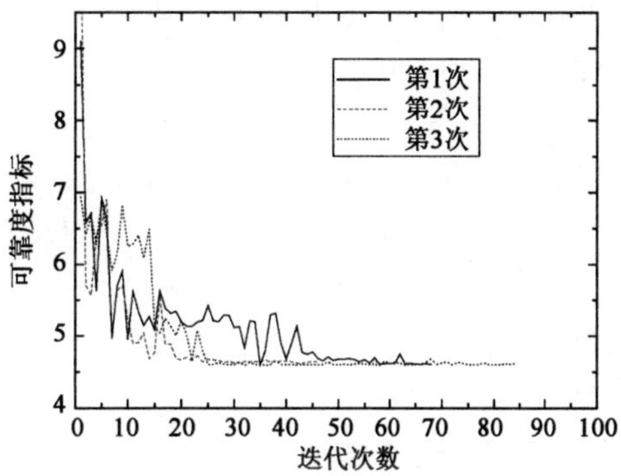

图 5 可靠度指标的 ANN 的预测值与有限元的计算值的比较

4 结语

(1) 将遗传算法和人工神经网络法各自的优点相结合，提出一种新的结构可靠度计算方法——混合遗传算法，并将其成功地应用到预应力混凝土桥梁静力可靠度分析中。研究表明，该方法具有计算稳定、精度高、无需计算极限状态方程对随机变量导数的特点。

(2)引入 BP 人工神经网络来近似拟合原有的隐式极限状态函数，可以有效替代确定性有限元分析。履行一次确定性有限元分析可能需要几分钟甚至几小时，而评估一个显示函数仅需 1s。因而与传统遗传算法相比采用混合遗传算法可以节省大量的计算时间。

(3)混合遗传算法是一种新的可靠度方法，对于不易建立显式极限状态函数以及不易获得极限状态方程对随机变量的导数的情况其实用价值较为突出。桥梁工程中恰好存在着大量的这种现象，因此，混合遗传算法为研究桥梁工程可靠度问题开拓了新的思路，提供了新的手段和工具，其在桥梁工程中的应用潜力将是巨大的。

参 考 文 献

[1] Kwak, HG and Seo, YJ. Numerical analysis of time-dependent behavior of pre-cast prestressed concrete girder bridges[J]. Construction and Building Materials, 2002, 16:

49-63.

[2] Oh, BH and Yang, H. Sensitivity analysis of time-dependent behavior in PSC box girder bridges[J]. Journal of Structural Engineering, ASCE,2000, 126(2):171-179.

[3] Cruz, PJS, Mari, AR and Roca, P. Nonlinear time-dependent analysis of segmentally constructed structures[J]. Journal of Structural Engineering, ASCE, 1998, 124(3): 278-287.

[4] Roberton, IN. Prediction of vertical deflections for a long-span prestressed concrete bridge structure[J]. Engineering Structures, 2005, 27:1820-1827.

[5] Nowak, AS, Park, CH and Casas, JR. Reliability analysis of prestressed concrete bridge girders: comparison of Eurocode[J]. Spanish Norma IAP and AASHTO LRFD, Structural Safety,2001, 23:331-344.

[6] Biondini, F. , Bontempi, F. , Frangopol, DM and Malerba, PG. Reliability of material and geometrically nonlinear reinforced and prestressed concrete structures[J]. Computers and Structures, 2004, 82:1021-1031.

[7] Zhao, Y. G . and Jiang, J. R. A structural reliability analysis method based on genetic algrithm[J]. Earthquake Engineering and Engineering Vibration, 1995,15(3):48-58.

[8] Shao S, Murotsu Y. Approach to failure mode analysis of large structures[J]. Probabilist Eng Mech ,1999,14(1-2):169-177.

[9] Holland J H. Adaptation in natural and artificial systems[J]. Michigan, USA: Univ. of Michigan, 1975.

[10] 施鸿宝. 神经网络及其应用[M]. ,西安:西安交通大学出版社,1993.

[11] 义乌阳光大桥施工控制报告[R]. 同济大学桥梁工程系,2005.

[12] Cheng, Jin and Xiao, Ru-cheng. Serviceability reliability analysis of cable-stayed bridges[J]. Structural Engineering and Mechanics, 2005, 20(6):609-630.

52. 钢管初应力与混凝土自应力对钢管混凝土构件承载力影响研究

邵　京　周水兴

(重庆交通大学土木与建筑学院)

摘　要:通过在钢管上施加均布面荷载和对混凝土施加温度荷载分别模拟钢管初应力和混凝土自应力,利用 ANSYS 有限元程序建立了钢管混凝土构件实体模型,分析了钢管初应力和混凝土自应力对钢管混凝土构件承载力影响规律,在此基础上提出了钢管混凝土构件承载力计算公式,与数值结果相比文中给出的计算公式具有较高的精度。

关键词:钢管混凝土　钢管初应力　混凝土自应力　承载力分析　承载力计算公式

1　引言

钢管混凝土具有承载力高、抗震性能好、施工方便等优点,在高层建筑、桥梁工程中应用广泛[1]。然而,管内混凝土常常是在已经架设好的钢管立柱或钢管拱肋基础上灌注的,在形成钢管混凝土组合材料前,空钢管截面中已经存储了一定的初应力,降低了钢管混凝土的承载力[2~8]。处于封闭状态下的管内混凝土会产生收缩徐变,导致钢管混凝土在低应力状态下的脱空,不仅使钢管混凝土计算理论与实际不符,而且也会降低其承载力[9]。在混凝土中添加膨胀剂使其产生自应力,在克服管内混凝土脱空的同时,核心混凝土在低应力状态下就处于三向受压状态,发挥钢管的约束套箍作用,达到提高钢管混凝土的承载力和工作性能的目的[9]。

针对钢管初应力和混凝土自应力对钢管混凝土构件的承载力影响,国内已经开展了相关的理论和试验研究[2~8],周水兴等基于非线性问题的平衡方程和空间梁单元非线性几何方程,提出了用组合空间梁单元法分析钢管初应力对钢管混凝土拱桥承载力的影响,并给出了承载力计算公式[7]。此外,针对自应力钢管混凝土,通过试验和理论分析提出了自应力钢管混凝土本构关系和构件承载力计算公式[10]。但迄今为止,国内外尚未同时就考虑钢管初应力和混凝土自应力对钢管混凝土构件承载力的影响开展过研究。

本文在文献[10]给出的自应力钢管混凝土本构关系模型基础上,应用 ANSYS 有限元程序,

基金项目:重庆市教委科技项目(编号 KJ120412)。

开展同时计入钢管初应力和混凝土自应力的钢管混凝土构件承载力分析，在此基础上提出承载力构件计算公式，为今后自应力钢管混凝土拱桥的建设提供依据。

2 钢管与自应力混凝土的本构关系

2.1 钢材本构关系

钢管混凝土中采用的 Q235、Q345 和 Q390 钢材均为低碳软钢，为理想弹塑性材料，其应力应变关系如式(1)所示。

$$\begin{cases}\sigma = E\varepsilon & |\varepsilon| \leqslant \varepsilon_y \\ \sigma = f_y & \varepsilon_y < \varepsilon \leqslant \varepsilon_{sh}\end{cases} \tag{1}$$

式中：E——钢材的弹性模量；

f_y——钢材的屈服应力；

ε_y、ε_{sh}——分别为钢材的屈服应变和极限应变，ε_{sh}取 0.008 5。

2.2 自应力混凝土本构关系

自应力混凝土本构关系采用文献给出的计算公式[10]：

$$\begin{cases}\sigma = T_P\sigma_0\left[A(\varepsilon/\varepsilon_0) - B(\varepsilon/\varepsilon_0)^2\right] & \varepsilon \leqslant \varepsilon_0 \\ \sigma = \begin{cases} T_P\left[\sigma_0(1-q) + \sigma_0 q(\varepsilon/\varepsilon_0)^{0.1\xi}\right] & \varepsilon \geqslant 1.12 \\ T_P\sigma_0(\varepsilon/\varepsilon_0)\dfrac{1}{\beta(\varepsilon/\varepsilon_0 - 1)^2 + (\varepsilon/\varepsilon_0)} & \varepsilon \leqslant 1.12 \end{cases} & \varepsilon \geqslant \varepsilon_0 \end{cases} \tag{2}$$

式中：T_P 为自应力对核心混凝土的强度提高系数，按式(3)计算：

$$T_P = (-20.071\eta^2 + 3.079\,3\eta + 1)^{2.5} \tag{3}$$

$$\sigma_0 = f_{ck}\left[1.194 + \left(\frac{13}{f_{ck}}\right)^{0.45}(-0.074\,85\xi^2 + 0.578\,9\xi)\right] \tag{4}$$

$$\varepsilon_0 = \varepsilon_c + \left[1\,400 + 800\left(\frac{f_{ck} - 20}{20}\right)\right]\xi^{0.2} \quad (\mu\varepsilon)$$

$$\varepsilon_c = 1\,300 + 14.93 f_{ck}(\mu\varepsilon)$$

$$A = 2.0 - K;$$

$$B = 1.0 - K$$

$$K = 0.1\xi^{0.745}$$

$$q = \frac{k}{0.2 + 0.1\xi}$$

$$\beta = (2.36 \times 10^{-5})^{0.25 + (\xi - 0.5)^{7.0}} \times 5.0 \times (f_{ck})^2 \times 1.0 \times 10^{-4}$$

式中：η——自应力水平，为混凝土自应力值与其核心强度之比；

f_{ck}——混凝土标准强度；

ξ——约束特征系数($\xi = \alpha f_y / f_{ck}$)；

f_y——钢管屈服极限；

α——构件含钢率，$\alpha = A_s/A_c$，A_s 和 A_c 分别为钢管与核心混凝土的横截面积。

核心混凝土泊松比按式(5)计算：

$$\mu_c = \begin{cases} 0.173 & \sigma/\sigma_0 \leqslant 0.4 \\ 0.173 + [0.703\,6 \times (\sigma/\sigma_0 - 0.4)^{1.5}](20/f_{ck}) & \sigma/\sigma_0 > 0.4 \end{cases} \tag{5}$$

3 有限元模型建立

3.1 单元划分

限于篇幅,仅研究圆钢管混凝土构件。为减少单元数目,提高计算效率,取 1/4 圆柱体模型。单元划分上,为避免沿圆心呈辐射划分单元造成部分单元为五面体的不足,将靠近圆心位置的单元划分成四边形(图 1),再沿圆心的边缘扩散,确保沿构件高度方向所有单元均为六面体。承载力分析选用 ANSYS 有限元程序,钢管与核心混凝土均采用 SOLID45 单元。

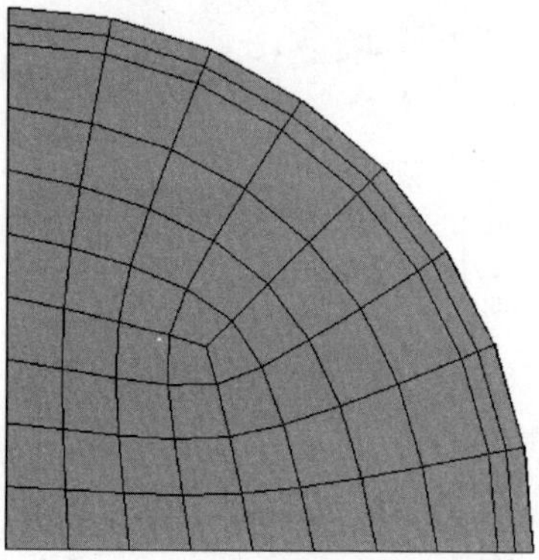

图 1 构件横截面划分

3.2 钢管初应力和混凝土自应力施加方法

钢管初应力的施加比较容易,只需在钢管壁上施加均布力,但核心混凝土的自应力施加比较困难,为此本文提出对核心混凝土施加温度的方法:采用 ANSYS 中的轴对称壳单元 SHELL51,建立核心混凝土和钢管模型,对核心混凝土施加温度荷载,提取钢管的环向应力 $\sigma_{s\theta}$,利用自应力 q 与钢管环向应力的关系式(6),求出混凝土自应力所需施加的温度值。

$$q = \frac{t}{r}\sigma_{s\theta} \tag{6}$$

式中:t——钢管壁厚;

r——钢管内半径。

3.3 分析步骤

为模拟实际施工中钢管初应力和管内混凝土自应力产生过程,采用 ANSYS 中的生死单元技术,分 3 个步骤进行分析:

步骤一:先激活空钢管单元,在构件顶面施加面力,以模拟钢管初应力。

步骤二:激活管内混凝土单元,根据事先求出的自应力值所对应的温度值,将其施加到核心混凝土上,以模拟核心混凝土的自应力。

步骤三:计算两种应力共同作用下的构件承载力。

4 钢管初应力和混凝土自应力对钢管混凝土构件轴压承载力影响分析

为研究同时计入钢管初应力和混凝土自应力对钢管混凝土构件轴压承载力的影响,选取如表 1 所示的钢管混凝土短柱构件尺寸。

钢管混凝土构件 表 1

模型编号	管壁	管径(mm)	L/D	含钢率	钢号	混凝土强度
A-2	3	120	3	0.098	Q345	C40
A-3	3	120	3	0.098	Q390	C40
B-2	3	120	3	0.098	Q345	C50
C-2	3	120	3	0.098	Q345	C60
D-2	5	120	3	0.160	Q345	C50
E-2	5	150	3	0.129	Q345	C50

4.1 钢管初应力对自应力钢管混凝土构件承载力影响分析

计算结果表明，当混凝土自应力 q 在 1～6MPa 时，钢管初应力度 β（钢管初应力与屈服强度之比）的变化对构件承载力的影响规律基本相同（图 2）；在保持混凝土自应力值不变时，构件承载力随初应力度 β 的增大而减少。

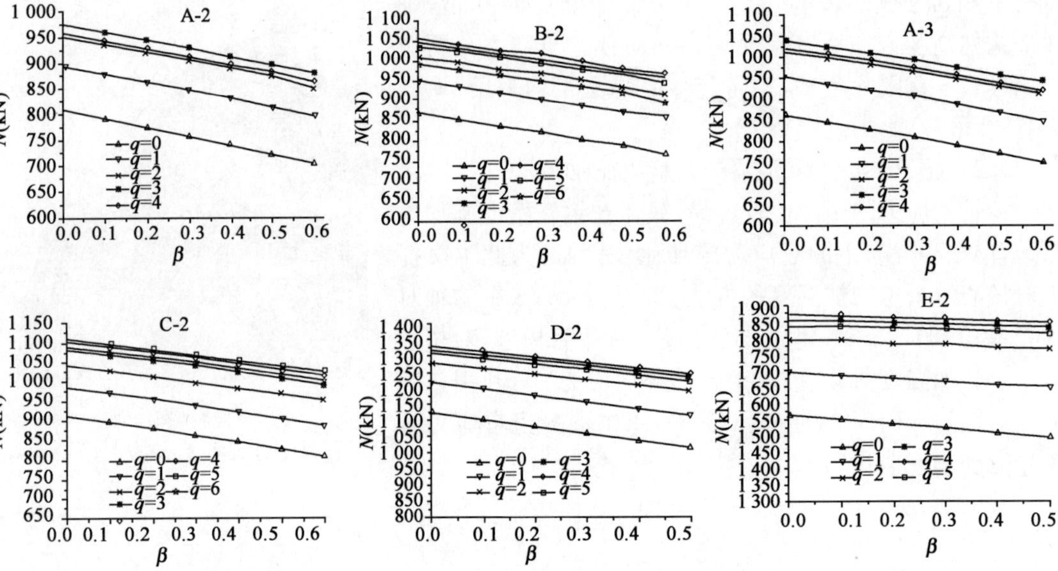

图 2　钢管初应力对钢管混凝土短柱承载力影响

4.2 混凝土自应力对钢管初应力混凝土构件承载力影响分析

图 3 所示为混凝土自应力对钢管混凝土构件承载力影响分析结果。计算表明：在钢管初应力保持不变的情况下，构件承载力随混凝土自应力增大呈抛物线变化；钢管初应力越大，构件承载力越低。相比于普通钢管混凝土，自应力钢管混凝土可提高承载力，最高可达 20%。此外，钢管初应力对承载力峰值点所对应的最佳自应力水平影响不显著，均在自应力水平0.08附近。

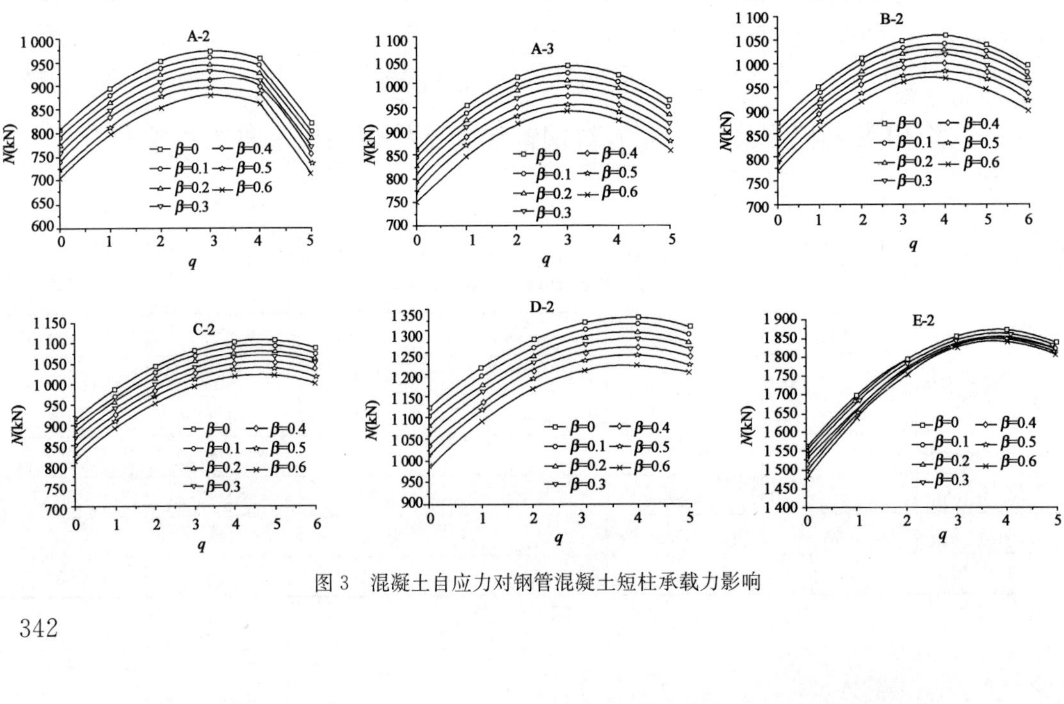

图 3　混凝土自应力对钢管混凝土短柱承载力影响

令：

$$K_P = \frac{\text{计入钢管初应力和混凝土自应力的钢管混凝土构件承载力}}{\text{普通钢管混凝土构件承载力}} \tag{7}$$

图4所示为A-2、B-2构件的 K_P 随钢管初应力度 β 和混凝土自应力 q 变化的关系曲线。对其他构件，可绘出类似关系曲线。

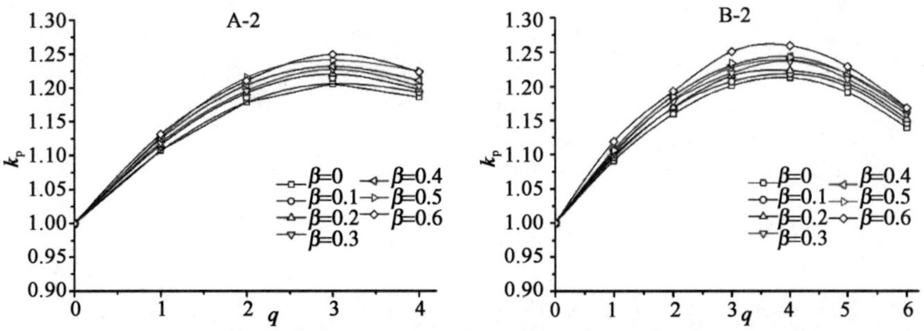

图4　混凝土自应力对初应力钢管混凝土构件承载力提高系数

4.3　同时计入钢管初应力和混凝土自应力的钢管混凝土构件承载力计算

基于以上承载力分析结果，当套箍系数在 $1 \leqslant \xi \leqslant 2$ 时，利用回归方法得到了同时计入钢管初应力和混凝土自应力的钢管混凝土构件承载力计算公式：

$$N_u = K_\beta K_q f_{scy} A_{sc} \tag{8}$$

$$K_\beta = 1.0 + (-0.0644\xi^2 + 0.2556\xi - 0.3893)\beta^{0.71} \tag{9}$$

$$K_q = -31.377\eta^2 + 4.7087\eta + 1 \tag{10}$$

式中：N_u——构件承载力值；

K_β——钢管初应力承载力影响系数；

K_q——混凝土自应力提高系数；

f_{scy}——普通钢管混凝土的轴心抗压强度设计值，按文献[1]计算；

A_{sc}——钢管混凝土横截面面积；

η——自应力水平；

β——初应力度；

ξ——套箍系数。

根据回归得到的式(8)～式(10)，重新计算表1中的构件承载力。结果表明：按公式计算的承载力值与有限元结果吻合良好，具有较好的计算精度。

5　结语

本文根据自应力钢管混凝土和钢材本构关系，建立了ANSYS空间实体模型，分析了同时考虑钢管初应力和核心混凝土自应力的钢管混凝土构件承载力，得到了如下结果：

(1)在混凝土自应力一定时，钢管混凝土构件承载力随初应力度 β 的增大而减少，但减少幅度均不超过10%。

(2)在钢管初应力一定时，钢管混凝土构件承载力与自应力值之间呈抛物线型的变化规律，并在自应力水平为0.08附近达到承载力最大。

(3)在数值分析的基础上，给出了能同时计入钢管初应力和混凝土自应力的钢管混凝土构件承载力计算公式，公式中考虑钢管初应力度、自应力值、混凝土套箍系数等参数，与数值结果相比具有较好的计算精度。

需要说明的是，尽管文中对仅有钢管初应力和仅有混凝土自应力的构件承载力计算值与试验结果进行了对比，且有较高的计算精度，但由于缺乏同时计入钢管初应力和混凝土自应力的钢管混凝土构件承载力的试验结果，因此文中提出的承载力计算公式无法与试验值做比较，需要在后续的工作中加以补充完善。

参考文献

[1] 钟善桐. 钢管混凝土结构[M]. 北京:清华大学出版社,2003.

[2] 黄世娟. 初应力对钢管混凝土轴压构承载力影响的试验研究[D]. 哈尔滨:哈尔滨建筑大学,1995.

[3] 韩其林,钟善桐. 钢管混凝土力学[M]. 大连:大连理工大学出版社,1996.

[4] 查晓雄. 钢管初应力对钢管混凝土压弯扭构件工作性能影响的理论分析和试验研究[D]. 哈尔滨:哈尔滨建筑大学,1996.

[5] Johansson Mathias, Gylltoft Kent . Mechanical behavior of circular steel-concrete composite tubular columns [J]. Journal of Engineering Mec-hanics. 2002. 128(8).

[6] 钟善桐，查晓雄. 钢管初应力对钢管混凝土构件承载力影响的研究[J]. 哈尔滨建筑大学学报,1997,30(3).

[7] 周水兴，刘琪. 钢管初应力对哑铃型钢管混凝土拱桥承载力影响分析[J]. 工程力学，2008,25(7).

[8] 尧国皇. 钢管初应力对钢管混凝土压弯构件力学性能影响的研究[D]. 福州:福州大学,2002.

[9] 徐磊. 钢管自应力免振混凝土轴压柱设计理论研究[D]. 大连:大连理工大学,2005.

[10] Zhou Shui-xing, Li Lu, Ma Yue. The Constitutive relationship of self-stress concrete-filled steel tube [J]. Advanced Materials Research, 2012, 428.

53. 预应力对混凝土梁抗剪承载力影响机理与计算方法研究

颜晓伟[1,2]　戚家南[1,2]　王景全[1,2]

(1. 东南大学混凝土及预应力混凝土结构教育部重点实验室;
2. 国家预应力工程技术研究中心)

摘　要:预应力对钢筋混凝土梁抗剪承载力的提高主要表现在两方面:一是预应力的施加,减小混凝土的主拉应力,抑制并减少裂缝发展,提高混凝土对抗剪承载力的贡献;二是减小临界斜裂缝的倾角,使得跨过裂缝的箍筋数量增加,从而提高箍筋对梁抗剪承载力的贡献。本文通过摩尔应力圆分析钢筋混凝土梁和预应力混凝土梁微元体受力的区别,提出预应力分别对混凝土抗剪承载力的提高系数 K_1 和对箍筋抗剪承载力的提高系数 K_2。从机理上解析出预应力对混凝土抗剪贡献和箍筋抗剪贡献的提高可以用相同的系数表达,即 $K_1=K_2$。根据上述研究结果,总结归纳了138组国外预应力梁抗剪试验数据,验证了本文公式的正确性。本文公式具有机理明确、形式简单的特点,可对我国现行规范中关于预应力抗剪公式的修改提供借鉴。

关键词:预应力混凝土　梁　抗剪承载力　提高系数　桁架模型

1　引言

近百年以来,混凝土抗剪性能的研究一直是土木工程领域关注的热点问题之一。尽管各国学者提出许多理论和计算模型,但由于抗剪机理复杂,影响因素众多,迄今仍无一普适的理论来解释混凝土结构的受剪问题。国内外学者对于钢筋混凝土梁的受剪性能研究相对较多[1,2],同时进行了大量的试验验证[3];而对预应力混凝土梁抗剪研究较少,取得的成果也有限[4,5]。由于预应力的影响,预应力混凝土(PC)梁和钢筋混凝土(RC)梁的受剪性能有显著的区别,故仍须对预应力混凝土梁的抗剪问题进行深入研究。

相关学者通过试验建立了一些预应力抗剪承载力计算公式,相应的提出了不同的预应力混凝土梁抗剪承载力计算方法,但考虑抗剪影响因素不够全面,公式的适用性有较大局限性,且机理尚需明确。1986 年,Vecchio 和 Collins[6]在压力场理论(CFT)基础上考虑裂缝间的混凝土对抗剪的贡献(即考虑 $f_1\neq0$),提出了修正压力场理论,但此理论针对预应力抗剪存在不

基金项目:国家自然科学基金项目(21008068,51378110),江苏省交通科学研究计划资助项目(09y08)。

合理，且计算较为复杂，不便于常规设计；20 世纪 90 年代初，Ramirez 等[7]提出，预应力对钢筋混凝土抗剪承载力的提高可以通过摩尔应力圆对微元体进行应力分析，利用 45°桁架模型计算箍筋抗剪贡献，在此基础加上混凝土抗剪项 V_c 来考虑预应力及其他因素的抗剪贡献；2010 年 Thomas T. C. Hsu[8]对预应力混凝土梁试验发现，当箍筋抗剪贡献采用 45°桁架模型计算时，再加上混凝土和预应力筋抗剪贡献，尽管上述计算方法精度较高，但公式偏于保守，对设计具有一定的不利因素。

《混凝土结构设计规范》(GB 50010—2010)(以下简称混凝土设计规范)对于预应力混凝土梁抗剪承载力的计算，是在钢筋混凝土的抗剪的基础上考虑预应力作用的影响。该规范规定：预应力混凝土梁的抗剪承载力计算，是在钢筋混凝土梁抗剪贡献(V_{cs})的基础上直接加上一项(V_p)来考虑预应力水平分量对抗剪承载力的提高作用。《公路钢筋混凝土及预应力混凝土桥涵设计规范》(JTG D62—2004)首先是计算混凝土和箍筋共同的抗剪承载力(V_{cs})，通过引入系数 α_2 来考虑预应力作用对该部分抗剪贡献的作用，但只是简单的取 $\alpha_2=1.2$ 或 $\alpha_2=1.0$，在此基础上再加上弯起钢筋和弯起预应力筋抗剪承载力。

综上所述，由于现有抗剪承载力理论大多具有一定的局限性，所以现行规范对预应力混凝土梁抗剪设计基本取半经验半理论的计算方法。本文通过分析钢筋混凝土梁和预应力混凝土梁微元体的受力区别，分别解析出预应力对混凝土项和箍筋项抗剪贡献的提高系数，并发现当箍筋抗剪贡献采用 45°桁架模型分析时，这两个提高系数相同，从而在规范公式的基础上进一步修正得到本文的预应力混凝土梁抗剪承载力计算公式。

2 预应力对梁抗剪承载力影响机理

2.1 预应力对受剪性能的影响

梁在施加预应力后，内部应力状态发生变化。取剪跨内某截面中性轴处微元体 A 进行应力状态分析，如图 1 所示。

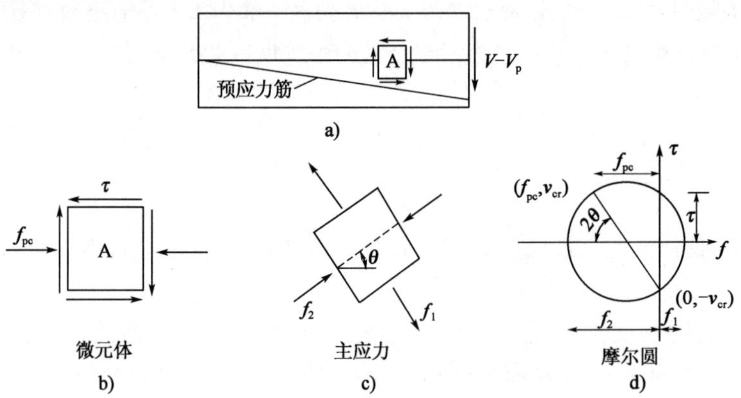

图 1 预应力下微元应力分析

由摩尔应力圆可得主拉应力 f_1 及其方向 θ：

$$f_1=\sqrt{\tau^2+\left(\frac{f_{pc}}{2}\right)^2}-\frac{f_{pc}}{2} \tag{1}$$

$$\theta=\frac{1}{2}\mathrm{artan}(2\tau/f_{pc}) \tag{2}$$

式中：f_1——微元体主拉应力值；

f_{pc}——预应力在截面中性轴处产生的预压应力；

θ——主拉应力方向与中性轴的夹角。

由式(1)和式(2)可以发现，f_1 和 θ 都是关于 f_{pc} 的递减函数，即预压应力越大，主拉应力越小，斜裂缝倾角也越小。预压应力对钢筋混凝土梁受剪性能的影响主要体现在两个方面：①延缓裂缝出现并抑制裂缝发展，使主拉应力变小，增大剪压区混凝土高度，对混凝土的抗剪起有利作用；②改变主拉应力方向，使斜裂缝更加平坦，跨过更多箍筋，使箍筋的抗剪贡献提高。

2.2 预应力对混凝土抗剪贡献的影响

林同炎(T. Y. Lin)[9]认为：预应力混凝土梁腹板防止开裂的惯用设计方法是以计算腹板内的主拉应力并限制主拉应力的大小。结构达到抗剪承载力时，混凝土的主拉应力达到其抗拉强度，而主压应力一般达不到其抗压强度，即引起极限失效的是拉力。这就给出了预应力混凝土构件抗剪承载力的计算依据。如果：

$$f_t=\sqrt{\nu_{cr}^2+\left(\frac{f_{pc}}{2}\right)^2}-\frac{f_{pc}}{2} \tag{3}$$

则构件达到抗剪承载力，其中：f_t＝混凝土单轴抗拉强度，ν_{cr}＝极限剪应力，f_{pc}＝预应力在截面中性轴处产生的预压应力，$f_{pc}=f_{pe}\cdot A_p/A_0$，$f_{pe}$为有效预应力，$A_p$ 为预应力筋总面积，A_0 为截面面积。由以上关系式可得：

$$\left(f_t+\frac{f_{pc}}{2}\right)^2=\nu_{cr}^2+\left(\frac{f_{pc}}{2}\right)^2 \tag{4}$$

或

$$\nu_{cr}=\sqrt{\left(1+\frac{f_{pc}}{f_t}\right)}\cdot f_t=K_1 f_t \tag{5}$$

对于钢筋混凝土构件，达到抗剪承载力时，极限剪应力 ν_{cr}与混凝土抗拉强度 f_t 满足：

$$\nu_{cr}=f_t \tag{6}$$

比较式(5)和式(6)可以发现由于预应力的作用，预应力混凝土梁的开裂荷载是钢筋混凝土梁开裂荷载的 K_1 倍，此 K_1 可以理解为预应力对混凝土抗剪贡献的提高系数：

$$K_1=\sqrt{1+\frac{f_{pc}}{f_t}} \tag{7}$$

2.3 预应力对箍筋抗剪贡献的影响

计算钢筋混凝土箍筋项抗剪承载力时，现行普遍算法是采用45°桁架模型。实际上，由于预应力水平预压轴力的存在，临界斜裂缝倾角 θ 小于45°，跨过斜裂缝的箍筋数量要多，45°桁架模型计算结果低估了箍筋项抗剪贡献。

当 θ 为45°时，由竖向内力平衡可得箍筋抗剪承载力：

$$V_s=f_{yv}\frac{A_{sv}}{s}h_0 \tag{8}$$

式中：f_{yv}——箍筋的抗拉强度设计值；

A_{sv}——箍筋面积；

s——箍筋间距；

h_0——有效高度。

在预应力预压轴力作用下，采用变角桁架模型计算箍筋部分抗剪承载力。如图2所示，由竖向内力平衡可得：

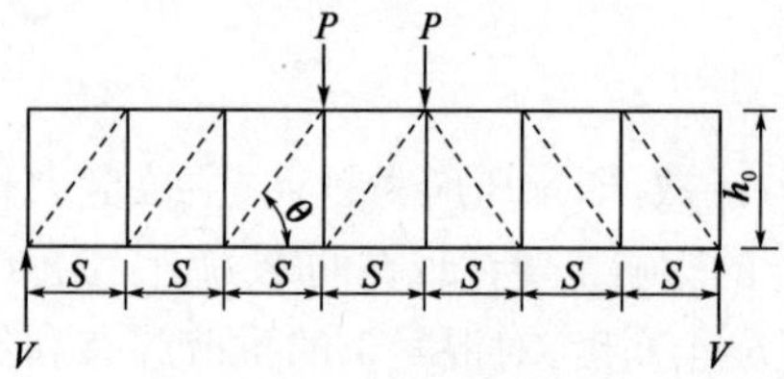

图 2　桁架模型

$$V_{ps}=f_{yv}\frac{A_{sv}}{s}h_0\cot\theta \tag{9}$$

式中：V_{ps}为预应力混凝土梁中箍筋抗剪承载力。

比较式(8)和式(9)可知预应力作用下，箍筋抗剪贡献是钢筋混凝土抗剪承载力的 $\cot\theta$ 倍，用系数 K_2 表示：

$$K_2=\cot\theta \tag{10}$$

另由图 1d)摩尔圆分析并结合式(5)可得：

$$\cot\theta=\frac{f_{pc}+f_t}{\nu_{cr}}=\sqrt{1+\frac{f_{pc}}{f_t}}=K_1 \tag{11}$$

因此有：$K_2=K_1$。表明预应力对混凝土项和箍筋项的抗剪承载力的提高可以用相同系数反映。令 $K=K_1=K_2$。

3　基于规范的 PC 梁抗剪承载力计算公式

3.1　规范公式

《混凝土结构设计规范》(GB 50010—2010)对于预应力混凝土梁抗剪承载力计算公式为：

$$V\leqslant V_{cs}+V_p=\alpha_{cv}f_tbh_0+f_{yv}\frac{A_{sv}}{s}h_0+0.05N_{p0} \tag{12}$$

式中：V_{cs}——构件斜截面上混凝土和箍筋的受剪承载力计算值；

V_p——由预加力所提高的构件受剪承载力设计值；

α_{cv}——斜截面混凝土受剪承载力系数；

f_t——混凝土抗拉强度设计值；

f_{yv}——箍筋的抗拉强度设计值；

N_{p0}——计算截面上混凝土法向预应力等于零时的预加力，按规范公式进行计算。

而《公路钢筋混凝土及预应力混凝土桥涵设计规范》(JTG D62—2004)对于配有竖向预应力筋的预应力混凝土受弯构件斜截面抗剪承载力计算公式的规定为：

$$\gamma_0V_d\leqslant V_{cs}+V_{sb}+V_{pb} \tag{13}$$

其中：混凝土和箍筋共同的抗剪承载力为：

$$V_{cs}=\alpha_1\alpha_2\alpha_3 0.45\times10^{-3}bh_0\sqrt{(2+0.6p)\sqrt{f_{cu,k}}\rho_{sv}f_{sd,v}} \tag{14}$$

可以看出，式(12)和式(13)都是在钢筋混凝土的抗剪(V_{cs})基础上考虑预应力抗剪贡献。本文区别于现有的规范关于抗剪承载力的计算思路是：基于混凝土设计规范的计算公式，通过系数 K 来考虑预应力对混凝土和箍筋抗剪贡献的影响，得到不同于规范的 PC 梁抗剪公式。

3.2　考虑预应力影响机理的 PC 梁抗剪承载力建议公式

由前面可知，预应力水平分量对 RC 梁混凝土项和箍筋项抗剪贡献的提高可由系数 K 反映。结合规范公式，混凝土抗剪贡献取 $V_c=0.7f_tbh_0$；箍筋抗剪贡献取 45°桁架模型计算式 $V_s=f_{yv}\frac{A_{sv}}{s}h_0$，预应力竖向直接抗剪作用取 V_{py}。同时，考虑预应力的作用，引入提高系数 K。本文提出的预应力混凝土梁的抗剪承载力公式为：

$$V=KV_c+KV_s+V_{py}=K\left(0.7f_tbh_0+f_{yv}\frac{A_{sv}}{s}h_0\right)+V_{py} \tag{15}$$

4 对公式的讨论

本文提出的预应力抗剪计算方法与规范所采用的计算方法有以下区别：

(1)混凝土设计规范考虑预应力水平分量对抗剪贡献的有利作用，是直接加一项0.05 N_{p0}，物理意义不明确；本文则通过引入系数 K 来具体量化这种提高程度，并且按混凝土项和箍筋项分别讨论，更符合实际情况。

(2)本文公式未考虑尺寸效应对混凝土项抗剪影响。我国混凝土结构设计规范仅对无腹筋梁考虑尺寸影响，公式 $V_c=0.7\beta_h f_t bh_0$ 中，β_h 为截面高度影响系数。结合国内外试验研究发现：对于配有箍筋并满足最小配筋率的预应力混凝土梁，尺寸效应的影响不明显，可以忽略。相关学者研究发现：对配有箍筋的预应力混凝土梁，裂缝处剪力主要有箍筋承担，箍筋控制了裂缝的开展宽度，混凝土的尺寸效应已不如无腹筋梁明显。因此本文在计算混凝土项抗剪时不考虑尺寸效应。

5 试验验证

对现有预应力混凝土梁抗剪试验所得数据进行搜集[10~16]，取138组国外学者所得抗剪数据进行分析。采用本文推出的公式和混凝土设计规范分别计算预应力混凝土梁的抗剪承载力，并与试验所得抗剪承载力结果比较。考虑的主要抗剪影响因素有：混凝土轴心抗压强度 f'_c、预应力筋配筋率 ρ_s、剪跨比 λ 和配箍率 ρ_g。

图3为采用本文式(15)计算结果。纵标为本文公式计算值(V_{cal})与试验值(V_{test})之比，横标为主要影响因素。从图中可见，本文公式计算的预应力混凝土梁抗剪承载力理论值与试验值吻合较好，本文计算值与试验值比值的均值为0.884，标准差为0.171。可以看出，公式对于混凝土强度为C20～C80的试验梁计算值小于试验值，较为保守；对于剪跨比 $\lambda>2.5$ 的试验梁能较好反映承载力情况；对于配箍率大于0.2%，计算结果与试验数据吻合较好。

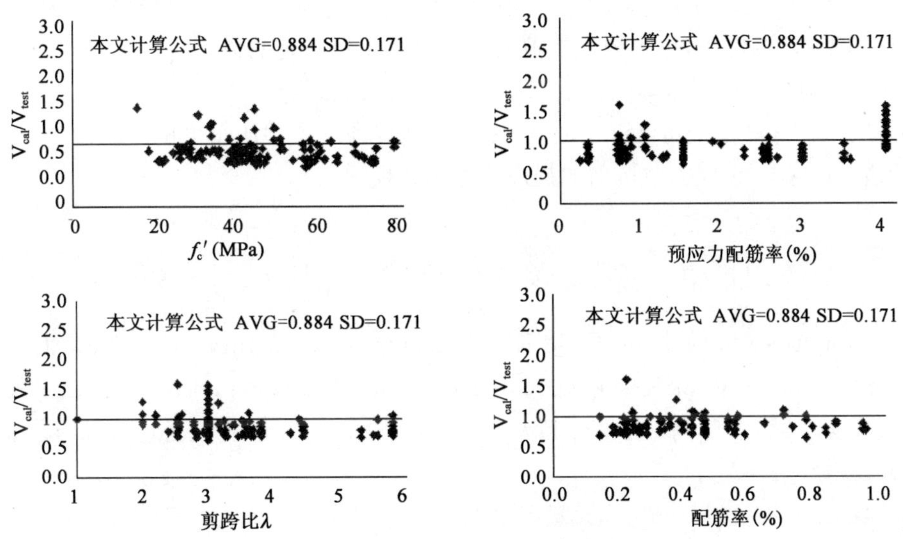

图3 本文公式计算值与试验值比较

图4为按混凝土规范公式计算值与试验值比较，纵标为规范公式计算值(V_{cal})与试验值(V_{test})之比。均值0.639，比本文公式计算保守；标准差为0.121，与本文公式计算结果0.171

相接近。计算 N_{p0} 采用规范所规定的公式进行计算。

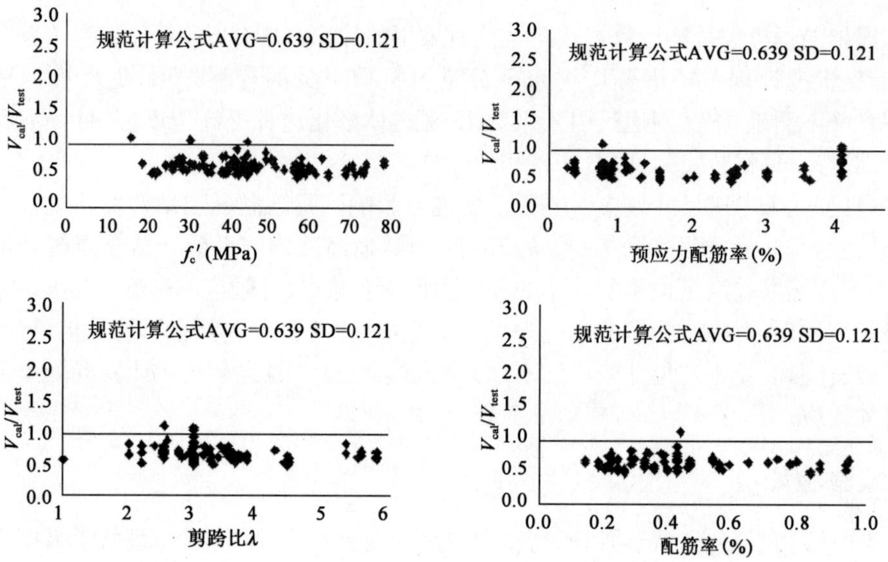

图 4　规范公式计算值与试验值比较

6　结语

(1)通过摩尔应力圆分析预压轴力作用下微元受力，得到混凝土项抗剪提高系数 K；通过 45°桁架模型和变角桁架模型比较，发现预压轴力对箍筋项承载力提高也为 K。因此从机理上分析得出预应力对 RC 梁的抗剪贡献的提高作用。

(2)对混凝土设计规范已有的关于预应力抗剪公式进行修正。采用本文公式计算所得结果与规范公式相比，更接近 PC 梁的实际受剪强度，均值 0.884，与实际抗剪承载力较为吻合；标准差为 0.171，离散性小，可为规范抗剪公式的修正提供一定的借鉴。

(3)预应力对抗剪承载力提高系数随混凝土强度的提高而减小，混凝土强度越高，预应力对结构抗剪承载力提高越不明显；一定范围内，K 随着预应力预压轴力的增大而增大，预压应力越大，系数 K 越大，预应力对抗剪的提高程度也越明显。

参 考 文 献

[1] ACI Committee3l8. Building Code Requirements for Structural Concrete(ACl318—08) and Commentary (ACI3l8R-08)[S]. Farmington(MI):American Concrete Institute,2008.

[2] 郭金琼，房贞政，肖春海. 无黏结预应力混凝土梁的抗剪承载能力[J]. 土木工程学报，1992,25(4).

[3] 于磊，车佚. 大尺寸钢筋混凝土无腹筋梁受剪试验研究[J]. 土木工程学报，2013,46(1).

[4] Alejandro R, Avendaflo VOguzhan Bayrak. Shear strength and behavior of PC beam [R]. Technical Report:IAC-88-5DDlA003-3, Texas Department of Transportation, University of Texas at Austin, Austin, Texas, Sep. 2008.

[5] 孟少平，王国林，潘钻峰. 钢筋混凝土及预应力混凝土梁抗剪设计方法研究[J]. 建筑结构，

2013,43(19).

[6] Collins, M. P ; Mitchell, D. ; Adebar, P ; Vecchio, F. J. A General Shear Design Method. ACI Structural Journal, V. 93, No. 1, Jan.-Feb. 1996, pp. 36-45.

[7] Ramirez JA,and Breen JE. Review of Design Procedures for Shear and Torsion in Reinforced and Prestressed Concrete[J],Research Report 248-2Center of Transportation , Research University of Texas at Austin, Austin Texas.

[8] Laskar, A. ; Hsu, T. T. C. ; and Mo, Y. L. Shear Strengths of Prestressed Concrete Beams Part 1: Experiments and Shear Design Equations. ACI Structural Journal, 107-S32, 2010, pp. 330-339,340-345.

[9] 林同炎.预应力混凝土结构设计[M].北京.中国铁道出版社,1983,160-163.

[10] Bennett, E. W. , and Balasooriya, B. M. A. (1971),“Shear Strength of Prestressed Beams with Thin Webs Failing in Inclined Compression,”ACI Journal, Proceedings, Vol. 68, No. 3,pp. 204-212.

[11] Bennett, E. W. , and Debaiky, S. Y. (1974), ”High-Strength Steel as Shear Reinforcement in Prestressed Concrete Beams”,Shear in Reinforced Concrete, ACI SP-42. American Concrete Institute, pp. 231-248.

[12] Cederwall, K. , Hedman, 0. , and Losberg, A. (1974), "Shear Strength of Partially Prestressed Beams with Pretensioned Reinforcement of High Grade Deformed Bars," Shear in Reinforced Concrete, ACI SP 42-9, American Concrete Institute, pp. 215-230.

[13] Cumming, D. A. , Shield, C. K. , and French, C. E. (1998), "Shear Capacity of High-Strength Concrete Prestressed Girders," MN/RC-1998/12, Minnesota Department of Transportation, Minneapolis, MN, May, pp. 291.

[14] Cumming, D. A. , Shield, C. K. , and French, C. E. (1998), "Shear Capacity of High-Strength Concrete Prestressed Girders," MN/RC-1998/12, Minnesota Department of Transportation, Minneapolis, MN, May, pp. 291.

[15] Kaufman, M. K. , and Ramirez, J. A. (1988), "Re-evaluation of the Ultimate Shear Behavior of High-Strength Concrete Prestressed I-Beams," ACI Structural Journal, Vol. 85, No. 3, May-June, pp. 295-303.

[16] Lyngberg, B. S. (1976), “Ultimate Shear Resistance of Partially Prestressed Reinforced Concrete I-Beams,”ACI Journal,Proceedings, Vol. 73, No. 4, April, pp. 214-222.

54. 单索斜拉桥优化设计与施工之解析研究

张师定

（青岛华城市政工程设计院）

摘　要：本文以跨中设吊索的简支梁(单索斜拉桥模型)为例，分析了不主动张拉吊索时的结构内力与位移状态，进而通过梁弯矩平方和最小，求解了主动张拉吊索(控制锚头拨出量，改变吊索无应力长度)之索力，发现该索力就是刚性支承连续梁的支反力，此时吊索与梁体交叉点的竖向挠度为零，梁体弯矩沿轴向分布较为均匀，梁体受力状态如同刚性支承连续梁，印证了无应力状态法的正确性。对于梁—索组合结构，提出当梁索刚度比(梁单元弯曲刚度与索单元线刚度之比值)趋于0时，不主动张拉吊索之结构状态趋于主动张拉之最优结构状态。本文形成的解析解及直观理念，为索—梁组合结构之优化设计及优化施工提供了范例。

关键词：梁—索组合结构　不主动张拉吊索　主动张拉吊索　弯矩平方和最小　刚性支承连续梁　无应力状态

0　引言

最优化问题是一个古老的问题，直到20世纪40年代以来，由于计算机日益广泛的应用，最优化理论与算法才迅速发展起来并形成新的学科。优化设计问题就是将工程设计问题转化成最优化问题[1]，主要包括两个方面：一是将设计问题的物理模型转换成数学模型；二是采用适当的最优化方法求解数学模型。

在桥梁结构中，像斜拉桥的斜拉索、系杆拱桥的吊杆，不同的索力状态均对应着全桥不同的内力状态，根据某种判断全桥内力状态最优的标准，必然存在着一个与之对应的索力状态，寻找这样的索力状态(索力组)就是桥梁结构的索力优化。

然而，桥梁结构往往不是一次形成的，施工过程中往往发生多次体系转换。这样以来，最优受力、目标线形及施工控制(措施)三者间相互影响，使问题复杂化。秦顺全先生提出无应力状态控制理论与方法[2]是一个历程碑式的发展。但如何直观地将这三者联系起来，本文将这方面的研究介绍如下。

1　不主动张拉吊索之梁—索组合结构(单索模型)

考察由索和梁组成的一个一次超静定结构，如图1所示。

以拉索 N 为超静定力，依据静力平衡条件算得：

支点反力 $R_d = ql/2 - N/2$ （q 为梁 ACB 承受的沿梁均匀分布的荷载集度）

梁弯矩 $M(x) = R_d x - qx^2/2$ （$0 \leqslant x \leqslant l/2$，$x$ 轴以 A 为原点，以 A→B 向量方向为正方向）

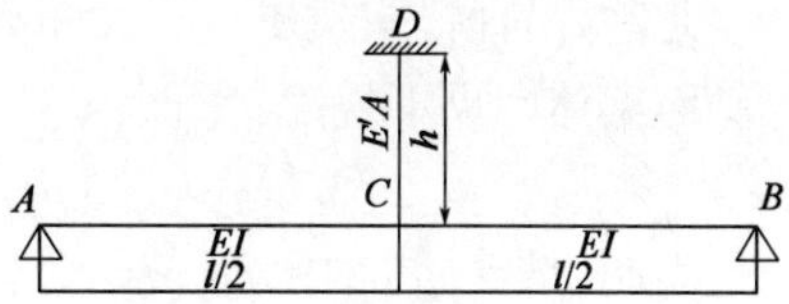

图 1　索—梁组合结构单索模型

当不主动张拉拉索时，由变形协调条件计算得：

$$N = \frac{5ql/8}{1 + 48(\mathrm{EI}/l^3)/(\mathrm{E'A}/h)}$$

令 $\lambda = (\mathrm{EI}/l^3)/(\mathrm{E'A}/h)$，笔者建议称无量纲参数 λ 为梁索刚度比，其中：

EI/l^3——梁单元弯曲刚度；

$\mathrm{E'A}/h$——索单元线刚度。

有意思的是，笔者由该参数联想到文献[3]中提出的构件类型参数（张力刚度与抗弯刚度比值的平方根）。

1.1　当 $\lambda = 0.0052$ 时

$$N = ql/2$$

$$\therefore R_d = ql/4$$

此时简支梁的弯矩图等同于该结构一次落架时的恒载内力状态，其特征点弯矩为：

$$M|_{x=l/4} = ql^2/32$$

$$M|_{x=l/2} = 0$$

可见，该梁如同两跨简支梁，但中央下挠度不为零。

中央下挠度 $\Delta = ql^4/384\mathrm{EI}$

由于未主动张拉吊索，这样的设计不够合理。

1.2　当 $\lambda = 0.03125$ 时

$$N = ql/4$$

$$\therefore R_d = 3ql/8$$

此时简支梁特征点弯矩为：

$$M|_{x=l/4} = ql^2/16$$

$$M|_{x=3l/8} = 9ql^2/128$$

$$M|_{x=l/2} = ql^2/16$$

此时中央下挠度 $\Delta = ql^4/128\mathrm{EI}$。

由于梁体跨中挠度过大，吊索的作用不明显，这样的设计不合理。

1.3　当 $\lambda = 0$ 时

$$N = 5ql/8$$

2　主动张拉吊索之梁一索组合结构

为了优化梁体的受力，现对拉索进行主动张拉。选取梁体弯矩的平方和最小为目标，即取目标函数为：

$$f = \int_0^l M^2(x, N)\,\mathrm{d}x$$

由 $\partial f/\partial N = 0$ 得

$$N = 5ql/8$$

此时，吊杆锚头拨出量[3] $\Delta=(5ql/8)/(E'A/h)=5qlh/8E'A$

而梁体中央下挠度：

$$5ql^4/384EI-5ql/8\times l^3/48EI=0$$

表明：吊索如同刚性支承，待吊索张拉完成后，降落支架时，梁中既不上拱，也不下挠。当然，当张拉索力大于 $5ql/8$ 时，梁体中点将上拱。

$$R_d=3ql/16$$

这时，简支梁特征点弯矩为：

$$M|_{x=l/4}=ql^2/64$$
$$M|_{x=l/2}=-ql^2/32$$

表明：这时梁体受力状态如同两跨（刚性支承）连续梁。

这个证明再一次印证了笔者在文献[4]中研究的正确性。

3 梁—索结构之优化施工

在系杆拱结构中，如果既要使结构内力达到优化状态，又要使主梁在恒载作用下线形[5]为一直线或竖曲线，则在制造无应力梁时可设置合理的施工预拱度或设计预拱度。

梁—索结构优化施工步骤：

(1)地基处理并搭设支架，铺设底模板并设置预拱度。

(2)架立模板，绑扎钢筋，浇筑梁体混凝土（一期恒载）及桥面系（二期恒载）。

(3)安装吊索，并保证吊索垂直。

(4)上端张拉吊索，依据无应力状态法理论[2]，进行锚头拨出量（由最优索力计算出）的控制。

(5)降落支架，拆除梁体底模，拆除支架。

4 桥梁结构泛函初探

严格来说，桥梁结构的几何形状是与外荷载(W)、内力（应力）(S)、温度(T)、时间(t)等相关的，用泛数可表达为：

$$S=S(W,F,T,t)$$
$$F=F(W,s,T)$$
$$T=T(t)$$

当$\partial s/\partial t=0$，则桥梁系统为定常系统；否则桥梁系统为时变系统。

$S|_{F=0,T=T_0}$——桥梁系统无应力状态（单元制造状态），其中 T_0 为结构基准温度。

5 结语

从结构成桥内力状态及线形状态两方面来比较第 1 节与第 2 节的研究结果，从中可以看出拉索主动张拉（调节拉索无应力长度）对于结构行为的改良作用。

当梁索刚度比趋近零时，不张拉吊索与张拉吊索的效果越来越近。其表明：采用刚性吊索也属优越方案之一。

期望本文的分析结果能够对索桥设计、索力组优化、索桥（包括系杆拱桥[6]）施工中索的张拉及梁体预拱度设置等产生直观的指导意义。

参 考 文 献

[1] 罗振林.雁栖大桥成桥状态及施工阶段吊杆索力优化研究[D].中南大学,2009.

[2] 秦顺全.桥梁施工控制——无应力状态理论与实践[M].北京:人民交通出版社,2007.

[3] 唐茂林,沈锐利,严琨.受拉构件的索、梁特性变化参数研究[J].桥梁建设,2011 年第 5 期.

[4] 张师定.无穷跨弹性支承连续梁应变能的研究[J].百度文库,2012.

[5] 张师定.找形分析,百度百科,2013.

[6] 张师定.桥梁建筑的结构构思与设计技巧[M].北京:人民交通出版社,2002.

55. 体内体外混合配束节段预制箱梁的数值模拟

袁爱民[1]　钱守龙[1]　周元华[2]　何　雨[1]

(1. 河海大学土木与交通学院;2. 镇江市交通工程建设管理处)

摘　要:以体内体外混合配束节段预制箱梁正截面承载力试验为基础,利用有限元软件 ANSYS 建模分析梁体受力全过程,总结了不同配束比的梁体的受力特性,结合试验的数据对比分析了梁体的承载力、挠度、体外预应力筋应力增量、梁顶混凝土应变、接缝张开宽度等。研究结果表明三分点加载节段拼装梁体破坏形态为典型的受弯破坏,变形主要出现集中在张开节段接缝,裂缝出现在节段接缝位置,塑性铰出现在跨中纯弯段,沿梁高的接缝张开宽度符合平截面假定。

关键词:节段箱梁　数值模拟　混合配束　试验

1　引言

近年来,随着桥梁施工技术的发展,节段拼装桥梁由于其质量可靠、经济合理、工期短、施工方法多样化及结构性能优等诸多优点,应用越来越广。这种结构通常在移动支架上拼装,节段之间的界面涂抹环氧树脂,然后通过体外预应力筋将节段连接成一整体,普通钢筋在接缝处是断开的。最近几年,为减小这种梁体开裂时裂缝的宽度,增加梁体的延性,这种桥梁的预应力筋布置在体外束的基础上,又增加了在箱梁内的布置体内束的做法,譬如苏通长江大桥引桥、上海长江大桥引桥,南京长江四桥引桥等。这种在节段拼装梁体中同时布置体内束和体外束的设计方法引起了很多学者的关注,很多人开展了相关的数值分析研究工作。

1990 年,美国奥斯丁得克萨斯大学的 M. E. Kreger 和 K. C. EI-Habr 及加利福尼亚大学伯克利分校的 G. L. Fenves 通过采用分层组合式的有限元模型,对节段施工的体外预应力混凝土三跨箱梁型连续梁进行了全过程的非线性分析[1]。该程序将结构分成了三种单元:一维的混凝土梁单元,通过刚性梁与主梁联接的预应力筋单元和在节段间传递内力的接缝单元。接缝被模拟成具有 6 个自由度的梁元,并假定竖向荷载在横向是对称的。接缝由只能承压不能受拉的一系列弹簧单元组成,弹簧的刚度取为 100 000Ksi(689 500MPa)。程序考虑了材料非线性的影响。1993 年,德国卡尔斯鲁厄大学的 Jie HUANG 和 Josef EIBL 采用有限元软件中的壳体单元对节段式体外预应力混凝土桥梁进行了弯、剪、扭作用下的综合分析[2]。2002

年,西班牙加泰罗尼亚理工大学的 Gonzalo RAMOS 等人开发了体外预应力混凝土桥梁的非线性分析程序,并与 CEBTP 的节段施工的体外预应力混凝土简支梁作了对比[3,4]。该程序综合考虑了梁体材料的材料非线性,体外束的二次效应等因素,计算过程中采用平截面假定,忽略了梁体剪切变形。2006 年,李红利[5]利用 Visual Studio. NET 编制了预制节段式混凝土梁的有限元程序,钢筋和混凝土的处理模型采用分离式模型。在建模的过程中比较了不同因素下梁体的力学性能,并提出了相关的建议。2005 年,J. Turno 考虑材料和几何非线性,采用两种接缝模型,分别数值模拟分析了干接缝简支梁的受力行为[6]。

综上所述,目前对于体内体外混合配束的节段式梁体受力性能的数值模拟研究较少,研究焦点集中在节段接缝的模拟和整个梁的受力行为方面。本文结合体内体外混合配束节段预制拼装混凝土箱梁正截面抗弯极限承载力试验,利用有限元软件 ANSYS,采用接触单元模拟节段接缝,对体内体外不同配束比的节段预制箱梁进行建模及受力全过程分析,并将计算结果和试验结果做对比,揭示体内体外混合配束节段式混凝土箱梁的受力行为。

2 体内体外混合配束节段预制箱梁试验

试验梁体以某座现役桥梁的梁体为原型,构件缩放比例选择 1 ∶ 10。试验梁的梁长为 5.76m,分成 12 个节段,节段划分为 38cm+10×50cm+38cm,梁体设两个转向块。梁体布置有体内预应力筋和体外预应力筋,体外筋为折线式,体内筋为水平布置,体外预应力钢筋和体内预应力钢筋的数量,每根梁体均为 8 根,分配比例分别为:6 ∶ 2、4 ∶ 4、2 ∶ 6。预应力筋的具体布置数量见表 1。试验试件混凝土材料选用 C40 的普通商品混凝土。体内预应力束的规格 1×7—ϕ12.71,体外束的规格为 1×7—ϕ12.71。

试件基本数据表 表 1

序号	试件编号	顶板束	底板束	体外束	μ
1	SPCB2-2-6	2	2	6	1 ∶ 3
2	SPCB2-4-4	2	4	4	1 ∶ 1
3	SPCB2-6-2	2	6	2	3 ∶ 1

试验测点布置如图 1 所示,在顶板 1/4 跨、1/2 跨均布置了 5 个混凝土应变片;在纯弯段各节段接缝处布置百分表,测量接缝张开跨度。在混凝土梁弯曲平面内的距离一侧支座 30cm、$L/4$、$L/2$、$3L/4$ 以及距离另一侧支座 30cm 处布置 5 个电测位移计 $D_{1\text{-}5}$ 以测定混凝土梁的竖向挠曲变化。体外预应力及施加的外荷载大小由荷载传感器测得。

试验采用三分点加载,试验装置由 2 个 100kN 反力架、纵向分配梁、横向分配梁以及油压千斤顶组成,纯弯试件竖向力由 320t 油压千斤顶手动施加。现场加载装置如图 2 所示。

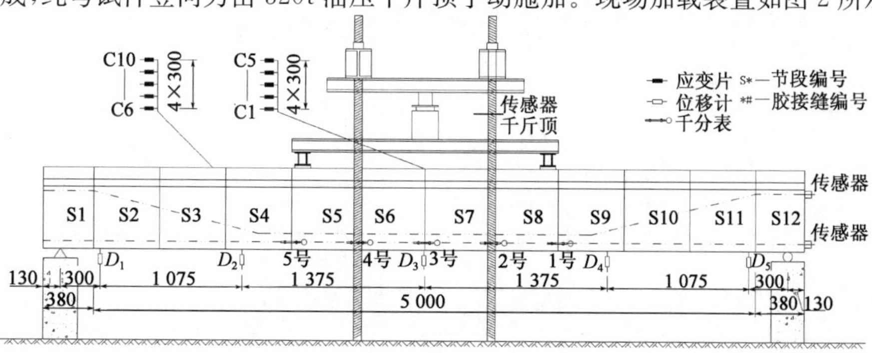

图 1 加载装置及测点布置情况

图 2　试验梁加载装置图

3　有限元分析

3.1　有限元模型

采用有限元程序 ANSYS 建立三分点加载的体内体外混合配束节段预制箱梁模型如图 3 所示。试验梁采用三种不同的单元类型进行受力全过程数值模拟，对混凝土采用 Solid65 单元、预应力筋采用 Link8 杆单元、接缝采用接触单元 Targe170 和 Conta174；内部普通钢筋建模采用整体式模型。数值模拟中一共三根梁，梁体差别为预应力筋的布置位置和数量不同。其中节段接缝采用柔柔接触类型中的面面接触方式，裂缝采用弥散裂缝模型。收敛准则以位移控制，以位移增量的 2 范数来衡量。有限元模型中体内体外预应力钢筋本构关系采用两折线模型，如图 4 所示。混凝土应力—应变关系采用简化模型，如图 5 所示。

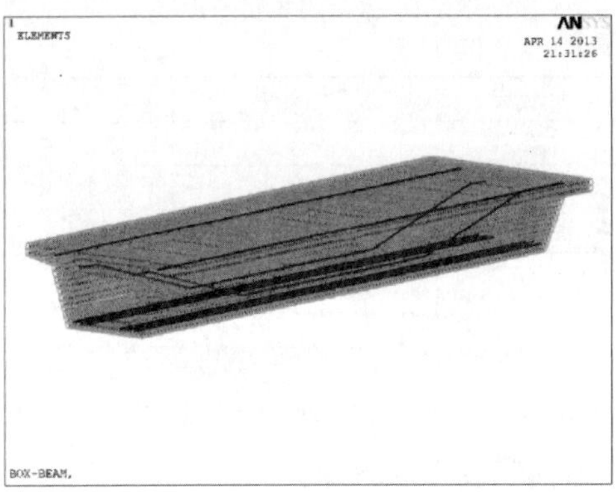

图 3　有限元模型梁体透视图

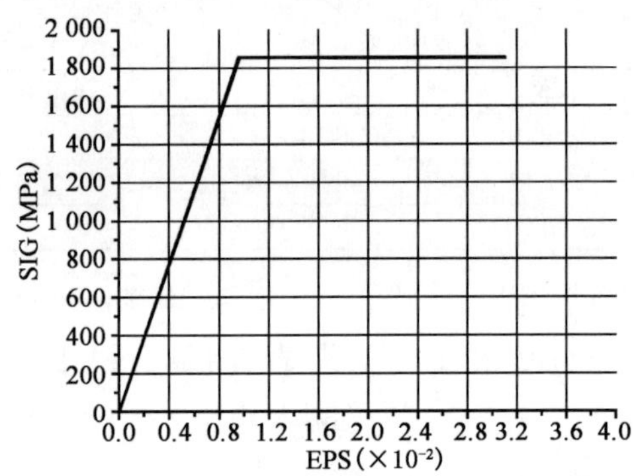

图 4　体内体外预应力筋本构关系

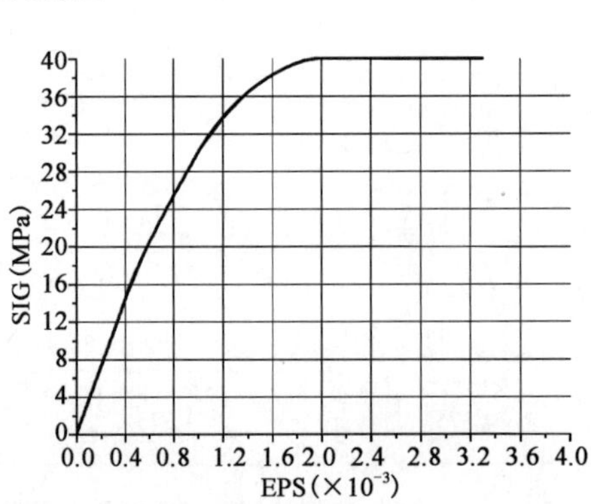

图 5　模型混凝土本构关系

3.2 结果比较分析

1)梁体荷载—挠度曲线分析

对三种配束比的节段式预制混凝土箱梁分别进行计算,图 6 给出了构件 SPCB2-6-2 的竖向变形云图。由数值计算结果可以发现,各根梁的梁体变形相似,均为跨中的挠度最大。三根梁体数值模拟计算的荷载—挠度曲线与对应的试验的数据[7~9]对比如图 7 所示。从图 7 中可以看出,SPCB2-6-2 的极限承载能力最大为 78.6t,其次是 SPCB2-4-4 为 73.59t,最小是 SPCB2-2-6 为 69.18t。可见,体内体外配束比越大,极限承载力越大。这是因为体内束布置在底板内,体外束布置在箱梁内,体内束距离截面重心轴的高度大于体外束距离截面中心轴的高度,同样数量的体内束与体外束,体内束所产生的抵抗矩要大于体外束所产生的抵抗矩。

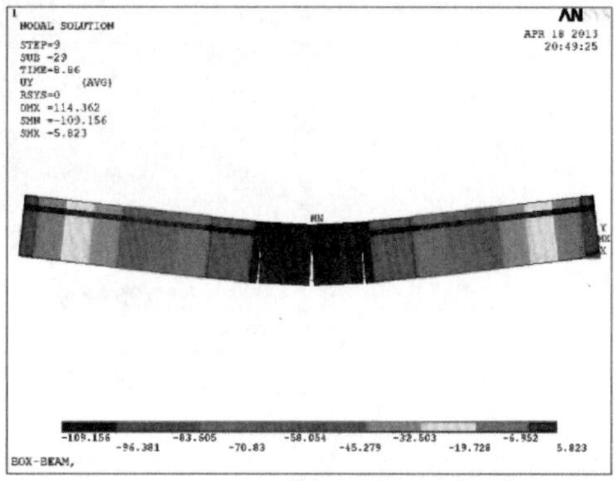

图 6 SPCB2-6-2 竖向变形云图

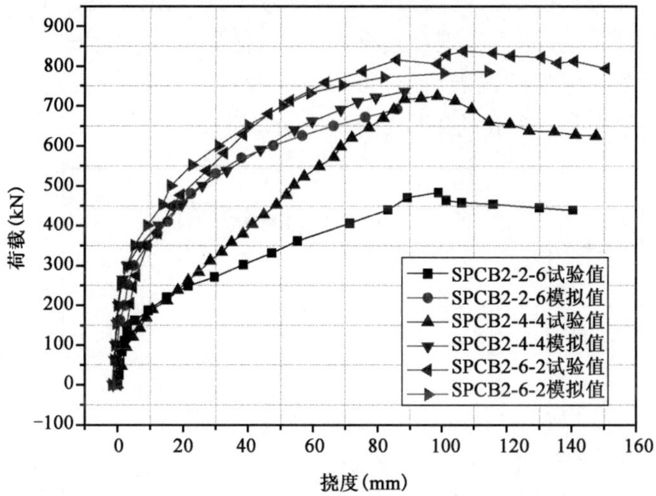

图 7 不同配束比梁体荷载挠度曲线

2)体外预应力筋应力增量分析

三根梁体体外预应力钢筋数值模拟值和实际试验值的比较情况如图 8 所示。由图中可以看出试件 SPCB2-4-4 和SPCB2-6-2体外预应力应力情况与试验值吻合较好,而 SPCB2-2-6 偏差较大,原因经过分析,认为是梁体的破坏形态决定的,实际试验中 SPCB2-2-6 是由于梁体转向块的失效导致的破坏,而模拟中梁体是典型的受弯破坏模式。

通过以上数据分析,可以发现体外预应力筋均未达到极限抗拉强度。分析其原因有:①体外筋的位置相对于体内筋较高,离受压区的距离较近,梁体受弯后,钢筋的伸长量较小;②体外筋的二次效应。由于体外束的二次效应,使得体外筋的应力增长滞后,增长速度较缓。从图 8 中还可以看出,在梁体达到极限承载力时,体外束的应力增量达到 400～600MPa,约占初始有效应力的 45%左右。

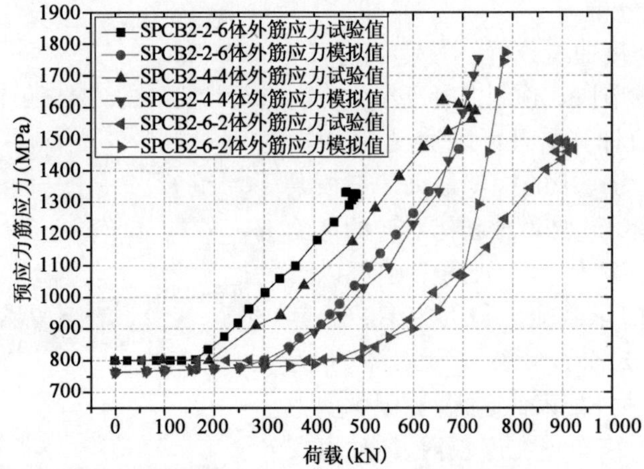

图 8　体外预应力筋应力试验值模拟值

3)梁体上缘混凝土应变分析

对三种配束比(表 1)的节段式预制混凝土箱梁数值模拟，由三根梁体极限状况时混凝土的应力应变情况发现，梁体变形之后，不同配束比的梁体塑性铰均出现在纯弯段的接缝附近，梁体的破坏也在相应的接缝位置，同时混凝土的应力应变在相应位置最大。在实际试验中，梁体破坏时混凝土的压碎位置也均出现在接缝附近，数值模拟和实际试验现象基本相同。针对这种情况，为了解混凝土应变的发展情况，每根梁体考察三个典型接缝位置的混凝土的应变发展状况，如图 9、图 10 所示。接缝的编号如图 1 所示。

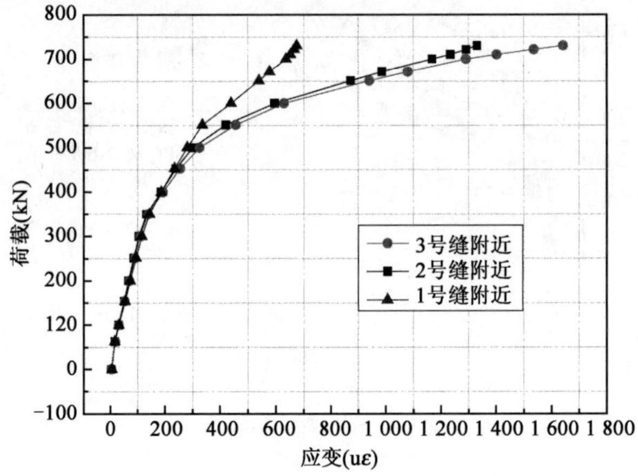

图 9　SPCB2-4-4 顶板混凝土应变

由图 9、图 10 可知，三根不同配束比的梁体在极限状态时，1 号缝附近的应变较小，2 号缝和 3 号缝处的应变较大；这也与试验中观察到的梁体临界破坏裂缝一般发生在 2 号缝相一致。

4)接缝宽度分析

数值模拟中，采用接触单元来模拟节段式混凝土箱梁的接缝受力之后的张开，由于接缝是节段式梁体区别与其他整体式梁体的典型特征，所以对接缝受力之后的变形情况进行考察很有必要，各级荷载下接缝沿梁高的张开宽度，数值如图 11、图 12 所示。

数值模拟可见，梁体在极限状态时，纯弯段的接缝均会不同程度的张开，这与试验中观察到现象一致。接缝宽度沿梁高方向符合平截面假定。SPCB2-4-4 构件的最大接缝宽度为 13.42mm，SPCB2-6-2 为 12.49mm。这说明体内体外配束比较大时，裂缝的宽度较小，且更加均匀。

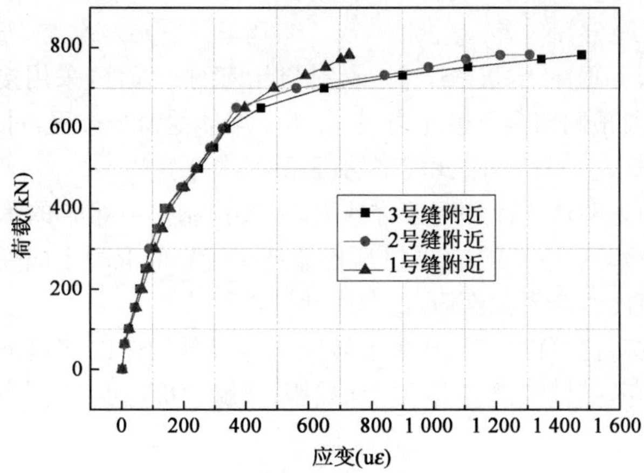

图 10　SPCB2-6-2 混凝土应变

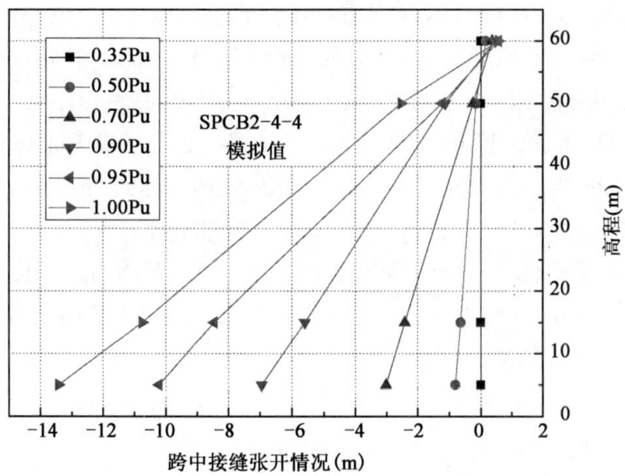

图 11　SPCB2-4-4 跨中接缝张开情况

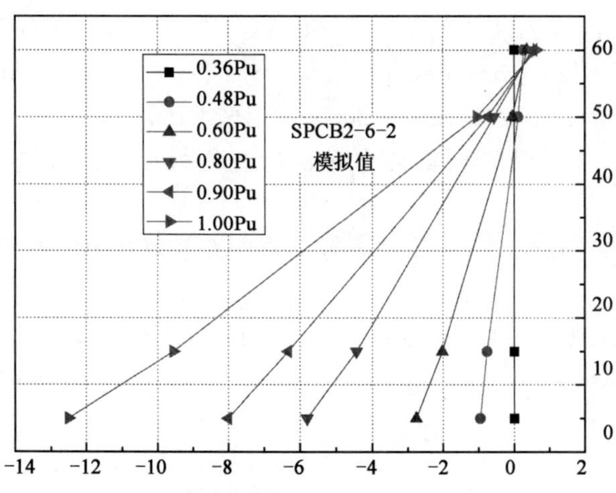

图 12　SPCB2-6-2 跨中接缝张开情况

4 结语

(1)本文运用有限元程序 ANSYS,考虑材料与几何的非线性,采用接触单元,建立了三根体内体外混合配束节段预制箱梁有限元模型,分析了梁体受力全过程,对比分析表明有限元结果与试验结果吻合良好,验证了有限元模型的可靠性。

(2)数值模拟分析表明体内体外配束比越大,节段预制拼装箱梁的承载力就越大;梁体破坏时,体外束应力增量达到 45%左右;节段顶板靠近接缝处的混凝土应变较大,而节段中间处较小;沿梁高的接缝宽度符合平截面假定。

(3)与实际试验的对比可以发现,在保证转向块等局部构造的前提下,节段箱梁的破坏模式均为典型的受弯破坏,接缝底部的受拉钢筋屈服,接缝顶部的混凝土压碎。

参 考 文 献

[1] M. E. Kerger, G. L. Fenves, K. C. EI-Habr. Finite Element Analysis of Externally Post-Tensioned Segmental BoxGirder Construction. External Prestressing in Bridge, ACI Special Publication Concrete Institute, Detroit, 1990: 390-407.

[2] Bernard FOUR, Long Hung HOANG, et al.. Flexural Behavior of Externally Prestressed Concrete Beams, Monolithic or Made of Precast Segment [A]. In: AFPC External Prestressing in Structure[C], France, 1993: 163-174.

[3] J. A. GARCIA-VARGAS, N. NENEZES, J. L. TGRINH. Effect of External Tendon Slipping at Deviator on Beam Behavior [A], In: AFPC External Prestressing in Structure[C], France, 1993: 227-238.

[4] Angle C. Aparicio, Gonzalo Ramos, Juan R. Casas. Testing of externally prestressed concrete beams[J]. Engineering Structures, 2002, 24: 73-84.

[5] 李红利,节段施工体外预应力桥梁力学性能研究及面向对象的程序设计[D]. 长沙:长沙理工大学,2006.

[6] J. Turmo, G. Ramos, A. C. Aparicio. FEM study on the structural behaviour of segmental concrete bridges with unbonded prestressing and dry joints: Simply supported bridges[J]. Engineering structures, 2005, 27: 1652-1661.

[7] 蔡军军,混合配束节段混凝土箱梁受弯性能及施工控制试验研究[D]. 南京:河海大学,2011.

[8] 袁爱民,程磊科等. 节段预制 PC 箱梁弯剪变形和开裂规律试验研究[J]. 中国科技论文,2013, 8(5).

[9] Yuan Aimin, Dai Hangs. Behaviors of segmental concrete box beams with internal tendons and external tendons under bending [J]. Engineering Structures, 2012, 48: 623-634.

56. 基于空间网格的波纹钢腹板组合梁结构的计算分析

凌　浩　徐　栋　尼颖升
（同济大学）

摘　要：波纹钢腹板组合梁桥在荷载作用下应力分布较为复杂，采用传统计算方法有诸多近似处，空间网格模型对于该类型结构的分析计算较为精细实用。本文分别采用空间网格模型以及ANSYS实体模型对简支波纹钢腹板梁桥进行模拟，计算结构在自重作用下和在反对称荷载作用下的位移及关键位置处的应力，并对两种模型的计算结果进行对比分析，证明以空间网格模型对波纹钢腹板组合梁结构进行模拟计算的准确性。

关键词：波纹钢腹板　空间网格　剪力滞效应　薄壁效应　精细化分析

1　概要

1.1　波纹钢腹板组合梁结构受力特点

波纹钢腹板组合梁结构最早由法国工程界提出，它是一种用弯成波折形状的钢板代替混凝土腹板，与混凝土顶底板形成组合箱梁体系的新型结构[1]。波纹钢腹板纵向刚度较低，纵向伸缩变形基本不起约束作用，可以避免预加力向钢腹板的转移，大幅提高施加预应力的效率[2]；另外，波纹钢腹板抗剪承载性能较高，故而该类型结构的受力可以视为由波纹腹板承担截面剪力，而截面的弯矩由混凝土顶、底板单独承担[3]。

波纹钢腹板组合梁结构在荷载作用下的空间应力分布十分明显，剪力滞效应等因素对于截面的应力分布有较大影响；其截面抗扭刚度相对较低，关于扭转和畸变的计算较复杂，传统的计算方法已经不再适用[4]；混凝土顶、底板的水平剪应力将与正应力组合成主拉应力，将引起顶、底板的斜向开裂。由于现行设计方法难以全面支撑，故使得对波纹钢腹板组合梁结构的计算分析及相应的配筋设计变得较为困难。

1.2　波纹钢腹板组合梁结构计算理论

计算波纹钢腹板组合梁桥的传统方法主要是采用纵向计算及横向计算分别计算得到结构的纵、横向总体效应，更为精细的分析则采用大型的有限元计算软件，建立实体模型进行局部效应的分析。采用实体模型对结构进行补充计算时，其计算结果无法与现行规范的内力配筋设计方法相匹配;其获得内力的过程也十分繁琐。基于以上讨论,有必要运用更加全面的分析方法进行受力分析设计,在完成结构内力和应力分析的同时,结合现有规范完成结构的配筋设计工作。

空间网格模型是一种较为实用的精细化分析方法。图1是一段箱形梁的网格模型示意图。由于将顶板划分的更密,可以分析出顶板的各梁格在剪力滞效应下的真实应力,因此,无需引入剪力滞系数统一考虑剪力滞效应对截面应力的影响。刚性扭转通过空间网格之间的相互共同作用反映在各个梁格的剪应力上,同样可以实现在荷载作用下截面的畸变分析及截面各个板件的横向弯曲变形。它能够分析组合梁截面在偏心荷载作用下的各种变形形态。空间网格模型输出的结果是各个梁格的内力、应力及位移,可以方便得到结构不同部位的受力状态,从而有针对性的加强构造配筋,对实际工程的设计分析有重要意义。因此,本论文将基于空间网格模型,探讨网格模型对波纹钢腹板组合梁桥的精确性及实用意义。

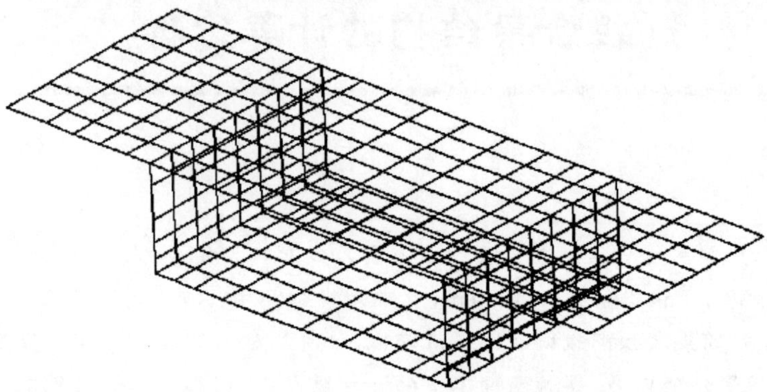

图1 一个箱梁截面的空间网格计算模型示意图

2 模型对比分析

本论文将分别采用空间网格模型及ANSYS实体模型对一简支波纹钢腹板组合梁桥进行模拟计算,共有两种工况:自重作用下及反对称荷载(即扭转)作用下,计算得到结构沿跨长各点位移值及相应截面的应力分布,并对结果进行对比,以验证空间网格模型在波纹钢腹板组合梁桥结构分析运用中的精确性。

2.1 截面尺寸与基本材料参数

简支波纹钢腹板组合箱梁桥,跨径20m,箱梁顶底板为C50混凝土(弹性模量为3.45E4MPa,重度为26kN/m^3,泊松比为1/6),腹板为KL400钢板(弹性模量为2.0×10^{5}MPa,密度为78.5kN/m^3,泊松比为0.3),箱梁各部分尺寸如图2所示,其中钢腹板厚度为1cm。

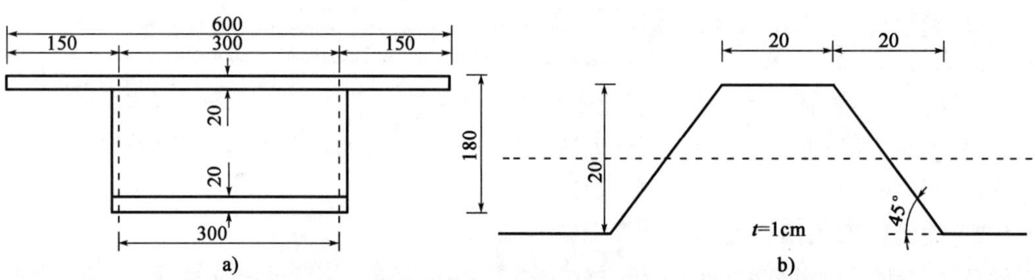

图2 钢腹板组合箱梁截面图/波形钢腹板尺寸图(尺寸单位:cm)

2.2 实体模型建模说明

实体模型中波纹钢腹板采用实际形状建成，在 ANSYS 中采用板壳单元 SHELL63 模拟箱梁波纹腹板，利用 Solid45 单元模拟箱梁的混凝土顶底板。ANSYS 中横截面和全跨网格划分情况截面如图 3 所示。

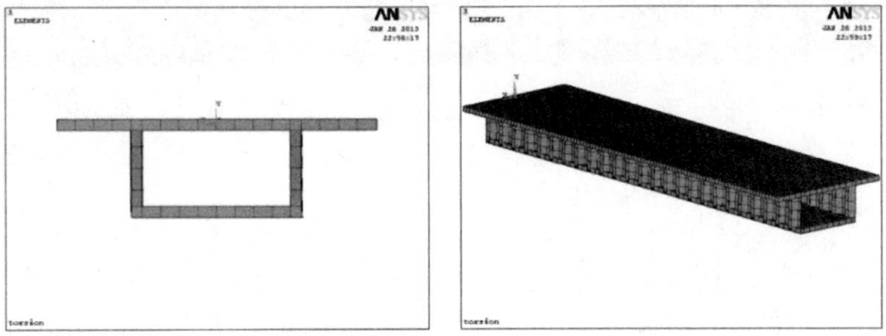

a)　　　　　　　　　　b)

图 3　ANSYS 实体模型示意图

在两种工况下结构的边界约束条件有所不同，约束施加在横截面两侧，波纹腹板中心正下方的底板节点上。仅自重作用下，纵向一端约束节点的三个方向自由度 $U_X/U_Y/U_Z$，另一端约束 U_Y/U_Z；在扭转作用下，对上述 4 个节点均约束三个方向自由度 $U_X/U_Y/U_Z$。

2.3　空间网格模型建模说明

在空间网格模型中需要结合波纹钢腹板的受力特点，对模型中用空间 6 自由度梁格单元模拟的波纹腹板单元的部分截面特性参数进行修正。针对空间网格模型本身离散的特点，参数的修正主要集中在体现波纹钢腹板纵向受力特性的纵桥向腹板单元以及模拟腹板的竖向杆件。

在网格模型横截面划分过程中，箱梁顶、底板的划分间距为 0.3m，腹板的划分间距为 0.2m，桥梁纵向的划分间距为 0.4m。腹板竖杆单元的截面为图 4 中所示两种截面形式，而腹板竖杆单元的面外刚度采用图 5 所对应截面的刚度。

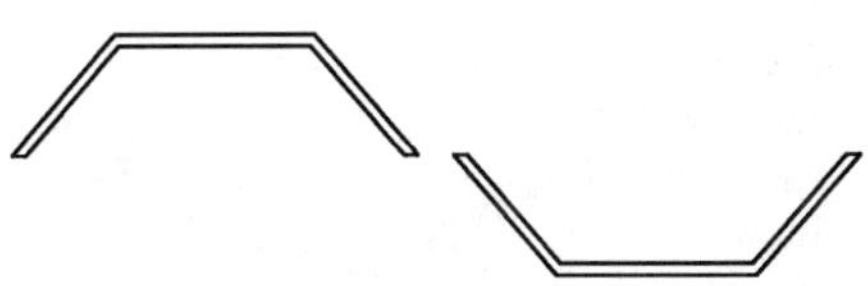

图 4　竖杆单元截面

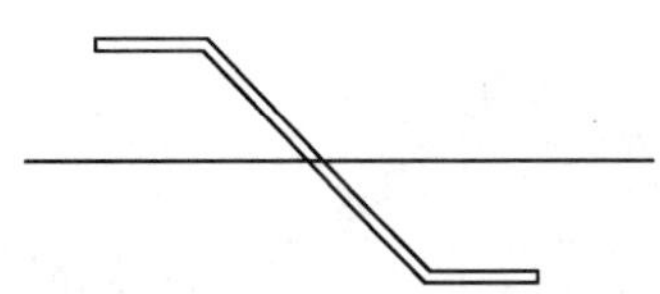

图 5　竖杆单元面外刚度截面

箱型顶板在横向被划分为 22 个纵向条带，底板被离散为 12 个纵向条带，腹板被模拟为 8 个纵向条带，箱梁在纵向划分为 50 个节段，每个节段 0.4m，腹板单元和翼板单元通过竖向杆件联系，通过竖向杆件传递腹板和翼缘之间的荷载。最终建成的空间网格模型如图 6 所示。

空间网格模型采用的边界约束条件与 ANSYS 实体模型中的边界条件相同，约束在腹板与底板相连接的节点上。仅自重作用下，纵向一端约束节点的三个方向自由度 $U_X/U_Y/U_Z$，另一端约束 U_Y/U_Z；在反对称荷载作用下，对上述四个节点均约束三个方向自由度 $U_X/U_Y/U_Z$。

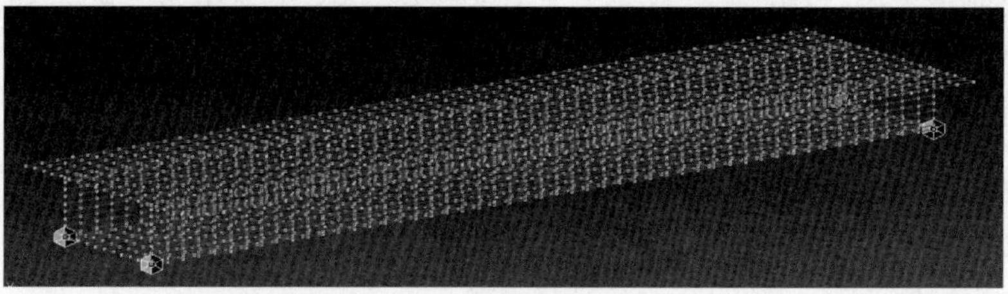

图 6　空间网格模型示意图

3　分析结果对比

比较数据内容包括结构沿跨长各点位移以及关键截面的应力值，其中位移值的比较点位于顶板左、顶板中、腹板中及底板中；应力值比较结构纵向 1/4 截面和跨中截面的正应力。比较点的选取如图 7 所示。

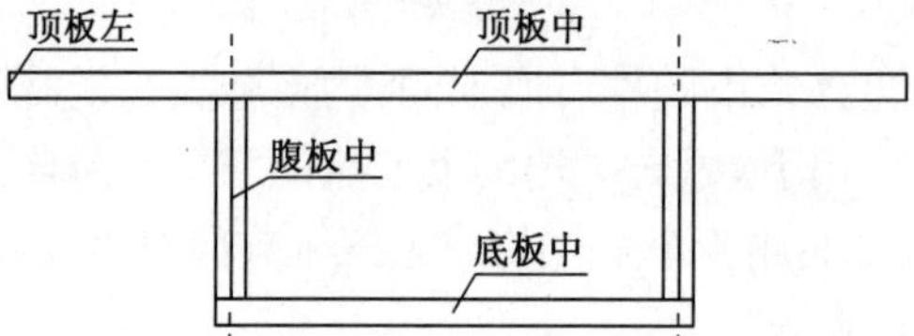

图 7　结果比较点位置示意图

3.1　自重作用下结果对比

1)竖向位移值对比

位移对比结果如图 8 所示，图中纵坐标表示对比点的位移值，单位为 m，横坐标表示对比点沿跨长所在的位置，单位为 m。

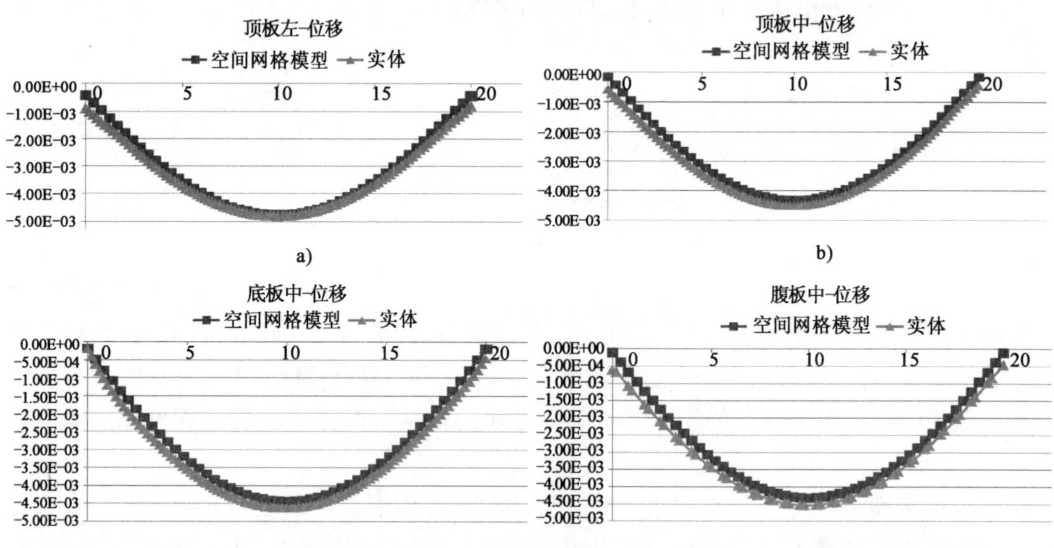

图 8　竖向位移对比结果示意图

由图可以看出，仅在自重作用下，空间网格模型计算出的位移值与 ANSYS 实体模型计算出的位移值几乎一致。

2）正应力对比

正应力对比结果如图 9 所示，图中纵坐标表示所对比点的应力值大小，单位为 MPa，横坐标表示对比位置沿截面宽度方向距离顶板中心（或底板中心）的距离，单位为 m。

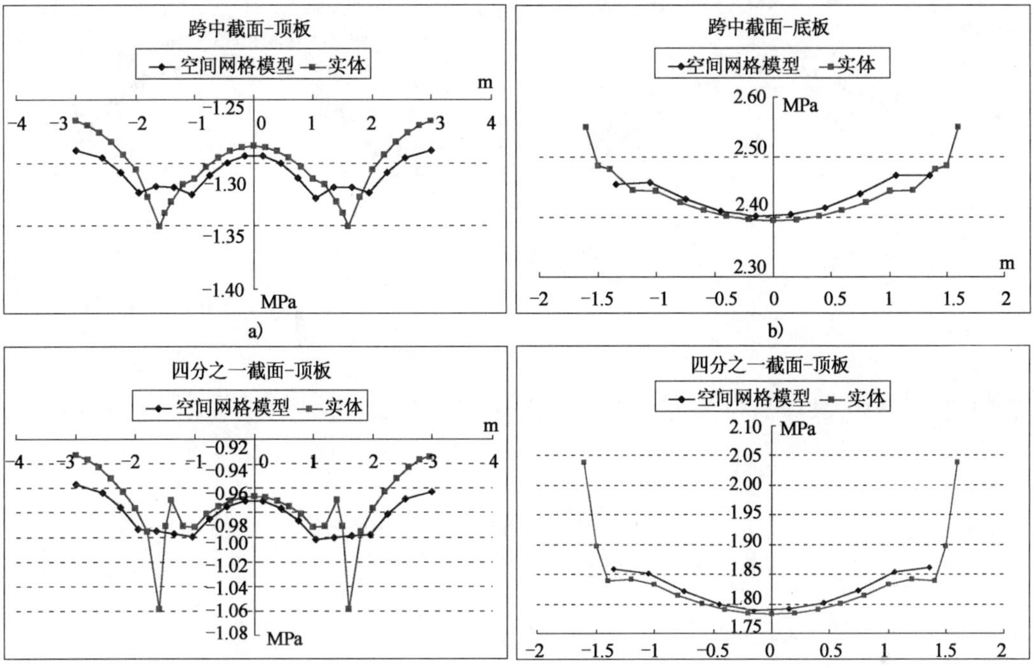

图 9　正应力对比结果示意图

由图可以看出，空间网格模型与 ANSYS 实体模型计算出的截面顶板处的正应力变化趋势相同，仅在顶板与腹板交界点处有跳跃，截面底板处二者计算出的正应力基本一致，仅在底板与腹板交界处产生较大差异。

3.2　扭转作用下结果对比

为了对比 ANSYS 实体模型与空间网格模型中波纹钢腹板箱梁的薄壁效应，对简支箱梁在反对称均布线荷载（$q=100$kN/m）下的受力情况进行了计算分析，荷载作用位置如图 10 所示。

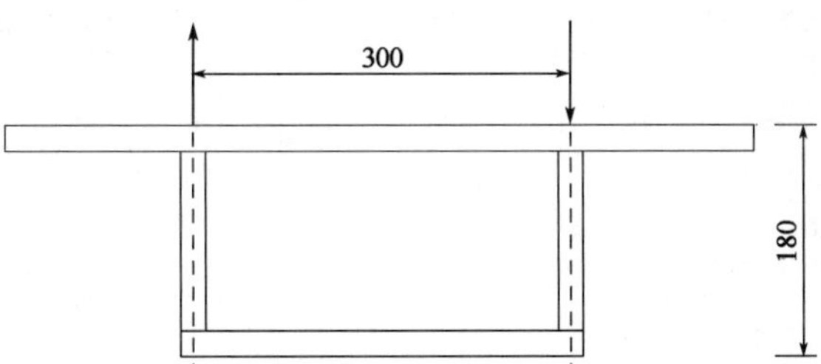

图 10　反对称荷载位置示意图

1）竖向位移值对比

反对称荷载作用下，仅选择截面顶板左及腹板中位置进行位移值对比分析。竖向位移值的对比结果如图 11 所示，图中纵坐标表示对比点的位移值，单位为 m，横坐标表示对比点沿跨长方向所在的位置，单位为 m。

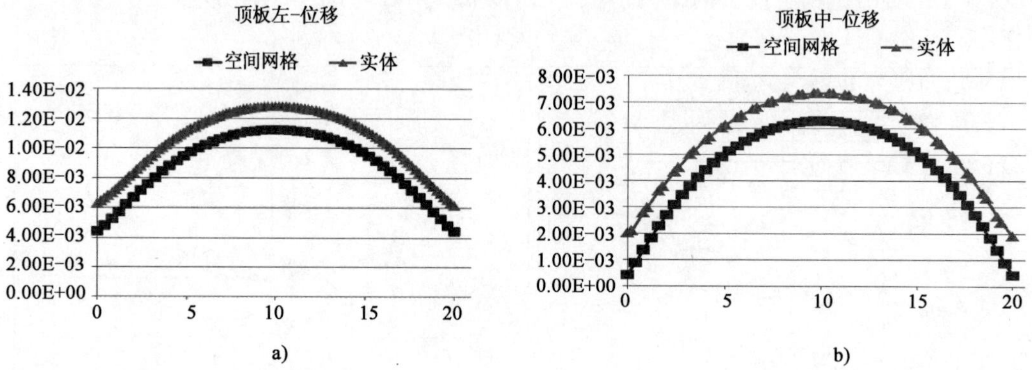

图 11　位移值对比结果示意图

由图可以看出，在反对称荷载作用下，空间网格模型及 ANSYS 实体模型计算出的位移值基本一致。

2）正应力对比

正应力对比结果如图 12 所示，图中纵坐标表示对比位置处的应力值大小，单位为 MPa，横坐标表示对比位置沿截面宽度方向距离截面顶板中心（或底板中心）的距离，单位为 m。

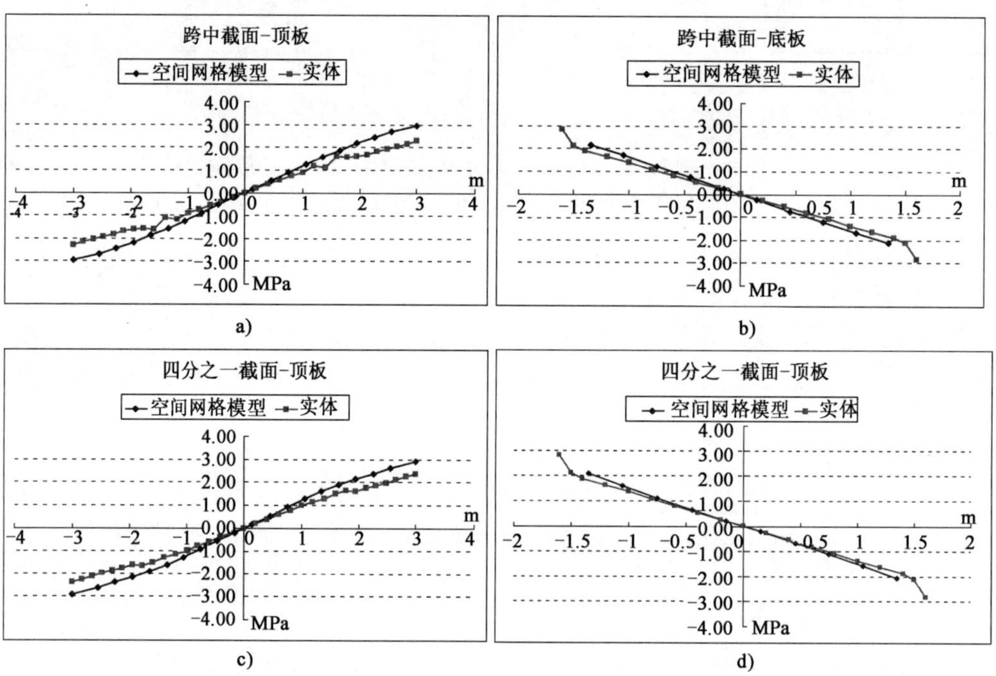

图 12　正应力对比结果示意图

由图可以看出，空间网格模型与 ANSYS 实体模型计算出的截面正应力变化趋势一致，虽然个别位置有所误差，但总体来说二者的计算结果吻合的较好。

4 结语

分别采用空间网格模型及 ANSYS 实体模型对简支波纹钢腹板组合梁桥进行建模分析，并对其计算结果进行比较后发现，总体上二者的计算结果符合的较好。分别计算在自重作用下以及扭转作用下结构的位移和内力相应，能够比较完整的反映出结构在对称荷载及反对称荷载作用下的空间应力分布情况。从计算结果来看，空间网格模型能够较真实的反映出剪力滞效应对截面应力的影响、扭转作用下结构的薄壁效应等因素，因此，空间网格模型在波纹钢腹板组合梁桥的计算分析中是十分精细实用的。另一方面，空间网格模型能清晰的反映出波纹钢腹板组合梁桥截面不同部位的应力，方便对结构进行针对性的加强配筋，对于波纹钢腹板组合梁结构的配筋设计有十分重要的实用意义。

参 考 文 献

[1] 狄谨，周绪红，张茜. 预应力混凝土波纹钢腹板组合箱梁受力性能研究[J]. 中外公路，2007，(3).

[2] 王福敏，张长青，周长晓. 波形钢腹板箱梁研究成果综述[J]. 公路交通技术，2001，(1).

[3] 郝国睿，王法岩. 波纹钢腹板组合箱梁抗弯性能分析与承载力计算[J]. 交通标准化，2012，(15).

[4] 杨丙文，黎雅乐，万水，等. 波形钢腹板箱梁畸变应力分析[J]. 东南大学学报，2011，(5).

57. ANSYS中斜拉索与主梁无应力长度的修正方法

周水兴[1]　李大勇[2]　张万晓[1]　卢云贵[3]

(1. 重庆交通大学；2. 北京市海龙公路工程公司；3. 贵州省高速公路开发总公司)

摘　要：无应力状态法在大跨度斜拉桥施工控制中应用广泛。本文以一座简单斜拉桥为算例，介绍了对称结构的建模方法和利用ANSYS生死单元分析施工阶段由零杆单元产生的变形。通过坐标修正和施加强迫位移实现主梁的无应力曲率；根据结构体系和外荷载不变时施加在拉索上的温度值与主梁位移之间的线性关系，给出了主梁无应力曲率、无应力长度以及斜拉索无应力长度的修正公式和计算过程，分析了逐阶段施工与一次成形的斜拉桥主梁轴向力差异的原因及其修正方法。

关键词：斜拉桥　无应力状态法　对称结构　零杆单元　修正公式

1　引言

大跨度斜拉桥通常需要经过多个施工阶段和体系的转换才能形成最终结构体系[1~3]，国内应用较广的桥梁分析软件，如Midas/Civil、桥梁博士、ANSYS等，均能模拟施工工程。ANSYS程序利用单元生死功能对尚未施工的梁段和拉索用刚度很小的零杆单元代替，但单元本身并没有从有限元模型中删除，因此计算结果中会有零杆单元的位移，但截面中没有应力，为无应力杆件[4~5]。对于没有拉索扣挂的梁桥，零杆单元按切线方向变形，节段施工时以变形后的位置激活，此时单元处于无应力曲率状态，只是在跨中合龙时需要调整悬臂端转角以实现梁体变形曲线连续[1]。然而，对于有斜拉索扣挂的斜拉桥，或用扣索临时扣挂拱肋(桥)，受到斜拉索的约束，零杆单元不再以切线方向变形，若不对其坐标进行修正而直接激活单元，就会造成杆件的有应力状态。

针对斜拉桥的无应力状态法，国内开展了大量的研究工作[6~10]，文献[6][7]研究了斜拉索无应力长度的计算方法；田维锋等基于无应力状态法；推导了ANSYS程序中零杆虚位移产生机理及其修正方法[4]，但没有就对称结构的阶段施工、悬臂端转角以及主梁无应力长度修正

基金项目：贵州省交通运输厅科技项目(2011-122-034)。

作进一步分析。

在分析大跨度桥梁施工过程时通常要建立全桥模型，存在计算时间长的问题。对于对称结构，选取半跨结构分析是合理可行的，关键在于边界条件的选取与设置。

虽然国内针对无应力状态法施工控制已经开发了多个程序[1][8~10]，但 ANSYS 软件具有便利的建模工具和可靠的求解器，其提供的 APDL 语言易于编程和二次开发，使用户能将更多的时间用于算法研究上。ANSYS 中分析带有拉索的桥梁结构时用 LINK 单元模拟拉索，用降温法或初应变法施加索力。本文以一座简单斜拉桥为算例，分析斜拉索和主梁在用 ANSYS 生死单元模拟时所产生的零杆位移特性，基于结构体系和外荷载不变时施加在拉索上的温度值与主梁位移的线性关系，较为详细地给出了为实现跨中截面转角连续、主梁无应力曲率与无应力长度以及拉索无应力长度修正公式和计算过程。

2 算例模型在自重作用下的内力与变形

下面以半跨有 2 对斜拉索的斜拉桥为例，利用对称特性建立半跨结构的有限元模型，采用 ANSYS 提供的生死单元开展施工阶段分析，并与一次成形的计算结果进行对比。

2.1 算例模型

图 1 所示为两端固结的斜拉桥，主梁截面为 5m（宽）×0.6m（高），弹性模量 3.0×10^4MPa，线膨胀系数 1.0×10^{-5}，材料容重 25kN/m^3，C1、C2 斜拉索弹性模量 1.95×10^4MPa，拉索面积 139mm^2，线膨胀系数 1.2×10^{-5}。

为提高主梁变形的计算精度，主梁按 0.4m 长划分一个单元，半跨模型共 27 个节点，27 个单元，其中①～㉕为梁单元，㉖～㉗为拉索单元。主梁采用 BEAM44 单元，斜拉索采用 LINK8 单元。算例中仅有 1 根钢绞线，由其自重引起的垂度效应很小，分析时忽略其影响[3][10]。

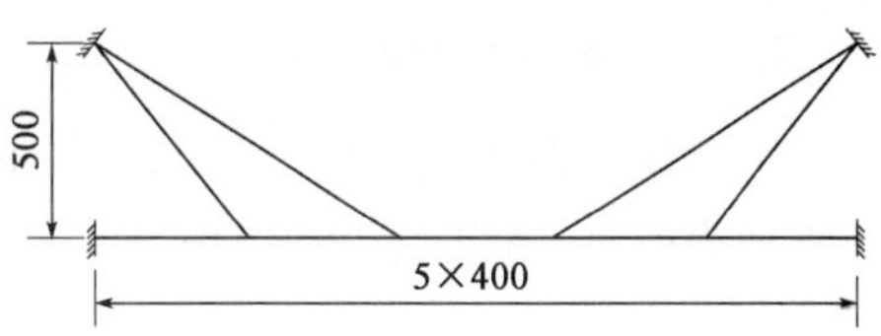

图 1 算例桥梁布置图（尺寸单位：cm）

2.2 自重作用下一次成形的变形与内力

采用一次落架成形的斜拉桥在自重作用下的主梁变形、内力和斜拉索力见表 1 和表 2。

自重作用下的主梁变形 表 1

节点号	11 号	21 号	26 号
u(mm)	−0.000 47	−0.001 62	0.00
v(mm)	−4.66	−10.44	−11.32
θ(rad)	−0.0 017 211	−0.00 086 159	0.0

自重作用下的主梁与拉索内力 表 2

单元号	①		⑪		㉑		㉕		㉖	㉗
	1	2	11	12	21	22	25	26		
M(kN·m)	−2 420.80	−2 135.00	−102.78	67.81	1 063.20	1 117.20	1 207.10	1 213.10	—	—
N(kN)	61.25	61.25	71.52	71.47	84.38	84.36	84.27	84.26	15.433	15.930
Q(kN)	−729.57	−699.57	−441.47	−411.47	−149.93	−119.93	−29.99	0.01	—	—

3　施工阶段零杆单元变形机理及其修正方法

半跨斜拉桥的施工分为图 2 所示的三个阶段。

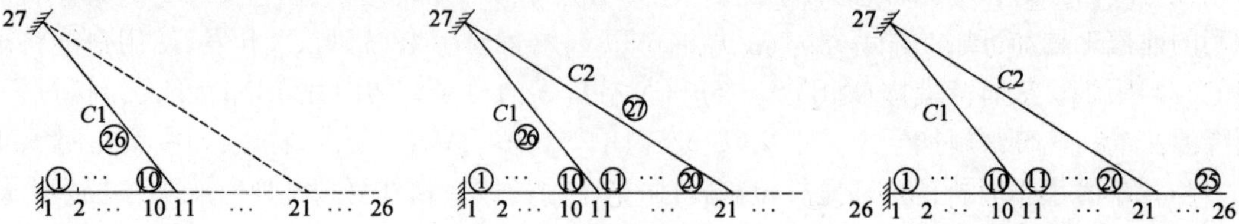

a)施工阶段一　　b)施工阶段二　　c)施工阶段三

图 2　施工阶段划分

3.1　施工阶段一的计算

该阶段安装①～⑩梁单元和 C1 拉索，自重作用下的变形如图 3 所示。从图 3 可以看出，虽然该阶段只激活①～⑩梁单元和 C1 拉索，但所有单元均产生了变形。受到 C2 拉索的牵引，12～21 节点的转角位移均不相同，而 22～26 节点因无外在约束，其转角位移均与 21 号节点相等，即竖向变形为切向变形。

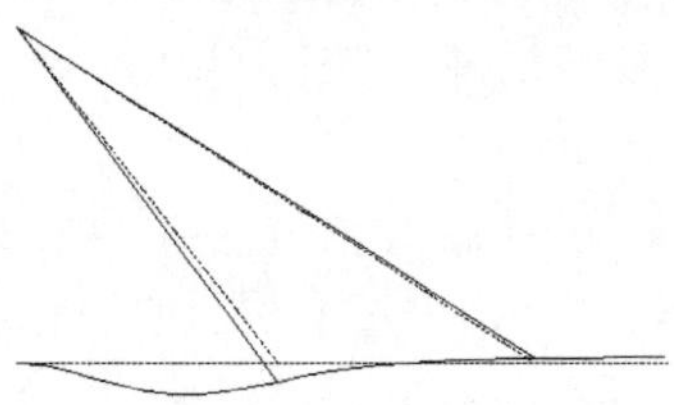

图 3　施工阶段一产生的变形

3.2　施工阶段二计算

由于 C2 拉索的影响使⑪～⑳单元没有按切线方向变形，因此在激活这些单元前，必须对上述单元的节点坐标进行修正，以保证单元的无应力曲率。修正方法如下：

（1）提取 11 号节点的线位移 u_{11}、v_{11} 和转角位移 θ_{11}，计算施工阶段一完成后的新坐标：

$$x'_{11}=x^0_{11}+u_{11},\ y'_{11}=y^0_{11}+v_{11} \tag{1}$$

式中：x^0_{11}、y^0_{11} 为建模时 11 号节点的几何坐标。

（2）计算第 12～21 号节点按切向变形的坐标：

$$x'_i=x'_{11}+L^0_i\cos\theta_{11},\ y'_i=y'_{11}+L^0_i\sin\theta_{11}\quad(i=12,21) \tag{2}$$

式中：$x'_{\rm i}$，$y'_{\rm i}$ 为 12～21 号按切线安装修正后的节点坐标，$L^0_{\rm i}$ 为 i 号节点距离 11 号节点的几何长度，按下式计算：

$$L^0_{\rm i}=\sqrt{(x^0_{\rm i}-x^0_{11})^2+(y^0_{\rm i}-y^0_{11})^2}\quad(i=12,21) \tag{3}$$

（3）计算 12～21 号节点的位移修正值：

$$\Delta x'_{\rm i}=x'_{\rm i}-x^0_{\rm i},\Delta y'_{\rm i}=y'_{\rm i}-y^0_{\rm i}\quad(i=12,21) \tag{4}$$

（4）C2 拉索无应力长度修正

经过上述坐标修正，C2 拉索的无应力长度变为：

$$L'_{\rm C2}=\sqrt{(x'_{21}-x^0_{27})^2+(y'_{21}-y^0_{27})^2} \tag{5}$$

由此造成的 C2 拉索长度变化值为：

$$\Delta L_{\rm C2}=L^0_{\rm C2}-L'_{\rm C2} \tag{6}$$

$L^0_{\rm C2}$ 为 C2 拉索建模时的无应力几何长度。

拉索长度的变化值 $\Delta L_{\rm C2}$ 应通过温度 $\Delta T_{\rm C2}$ 进行修正：

$$\Delta T_{\rm C2}=\Delta L_{\rm C2}/(\alpha\cdot L'_{\rm C2}) \tag{7}$$

式中：α 为拉索的线膨胀系数。

式(7)也可理解为：只要对 C2 拉索施加 ΔT_{C2} 的温度值，就可保证其无应力长度保持不变。

(5)对零杆单元⑪～⑳中的节点 12～21 施加强迫位移 $\Delta x_i'$、$\Delta y_i'$($i=12,21$)。

(6)通过上述(1)～(5)步节点坐标和 C2 拉索的无应力长度修正，保证了⑪～⑳号单元的无应力曲率和 C2 拉索的无应力长度，因此就可激活⑪～⑳号单元和 C2 拉索，在此荷载步中对 C2 拉索施加 ΔT_{C2} 的温度荷载。

3.3 施工阶段三计算

施工阶段二完成后，跨中段㉑～㉕号单元无拉索约束，因此虚位移满足切向变形的要求。然而，跨中截面的转角位移通常不为零，如本算例中的 26 号节点其转角为 $-2.206\,644\,120\times10^{-3}$，显然不满足变形连续的要求，应放松 C2 拉索，使该节点的转角位移为零。

在结构体系和外在荷载不变的情况下，张拉或放松拉索产生的位移增量与索力呈线性关系，由此可计算出调整 26 号节点转角位移所需施加的温度值。

设施工阶段二完成后节点 26 的转角位移为 θ_{26}，在分别施加 T_1 和 T_2 温度后对应产生的转角位移为 $\theta_{T_1}^{26}$ 和 $\theta_{T_2}^{26}$，则使节点 26 转角位移为零所需要施加在 C2 拉索上的温度值 ΔT 为：

$$\Delta T=\frac{\theta_{26}}{\theta_{T_1}^{26}-\theta_{T_2}^{26}}(T_2-T_1) \tag{8}$$

通过上述修正，使 26 号节点的转角位移为零(或趋于零)。如果按式(8)得到的结果不能满足要求，则提取新的 θ_{26}，再次按式(8)计算，直至满足要求为止。

对于本算例，施工阶段二结束后 $\theta_{26}=-2.206\,644\,120\times10^{-3}$，现 T_1 和 T_2 分别取 10℃和 20℃，得 $\theta_{T_1}^{26}=-2.244\,210\,021\times10^{-3}$，$\theta_{T_2}^{26}=-2.263\,391\,030\times10^{-3}$，代入式(8)，有：

$$\Delta T_1=\frac{-2.206\,644\,120\times10^{-3}}{-2.24\,420\,021\times10^{-3}+2.263\,391\,030\times10^{-3}}(20-10)=-1\,150.435$$

将−1 160.016℃施加于 C2 拉索，计算得节点 26 的新转角 $\theta_{26}=-1.575\,676\,347\times10^{-5}$，显然该转角值仍较大，为此将求得的 θ_{26} 再次代入式(8)中，得还需施加的温度值为：

$$\Delta T_2=\frac{-1.575\,676\,347\times10^{-5}}{-2.24\,420\,021\times10^{-3}+2.263\,391\,030\times10^{-3}}(20-10)=-8.214$$

$$\Delta T=\Delta T_1+\Delta T_2=-1\,150.435-8.214=-1\,158.649$$

将温度值−1 158.649℃再次施加给 C2 拉索，经计算 $\theta_{26}=3.72\,3573\,267\times10^{-8}$，可见该转角已经很小，可以认为已满足转角位移连续的条件。

提取当前载荷步下节点 26 的线位移和转角位移并作为位移边界条件，模拟对称结构跨中位置的约束，激活㉑～㉕号单元，计算并提取主梁内力和拉索索力(表 3)。

施工完成后的主梁与拉索内力 表 3

单元号	①		⑪		㉑		㉕		㉖	㉗
	1	2	11	12	21	22	25	26		
M(kN·m)	−1 506.40	−1 296.20	56.44	149.49	446.75	500.73	590.73	596.73	—	—
N(kN)	−306.57	−306.58	−300.91	−300.94	22.88	22.87	22.83	22.83	8.825	382.139
Q(kN)	−540.53	−510.53	−247.63	−217.63	−149.97	−119.97	−30.00	0.00	—	—

从表 4 可以看出与一次成形的结果不符，这是由于该阶段 C2 拉索无应力长度不满足要求，以及因拉索作用使主梁发生弹性压缩造成无应力长度改变，因此还需要对 C2 拉索和主梁进行无应力长度修正。

调整 C2 拉索无应力长度后的主梁与拉索内力 表 4

单元号	①		⑪		㉑		㉕		㉖	㉗
	1	2	11	12	21	22	25	26		
M(kN·m)	−2 422.60	−2 136.70	−103.17	67.61	1 064.50	1 118.50	1 208.60	1 214.60	—	—
N(kN)	−196.58	−196.59	−186.36	−186.41	−173.52	−173.54	−173.64	−173.64	15.418	15.856
Q(kN)	−729.65	−699.65	−441.95	−411.95	−150.08	−120.08	−30.01	−0.01	—	—

4 无应力长度的计算

4.1 拉索无应力长度的计算

忽略垂度效应的拉索计算无应力长度 L_0^C 按下列公式计算[1]：

$$(\ L_0^C = L - \Delta L\ ) \tag{9}$$

$$L = \sqrt{[(x_i^0 + u_i) - (x_j^0 + u_j)]^2 + [(y_i^0 + v_i) - (y_j^0 + v_j)]^2} \tag{10}$$

$$\Delta L = \frac{NL}{EA} \tag{11}$$

式中：u_i、v_i、u_j、v_j 分别为拉索左右节点的位移值；N 为拉索轴向力，EA 为拉索的轴向刚度。

本算例中，C1 拉索是在几何建模状态下激活的，因此其无应力长度已经满足要求，故只需对 C2 拉索进行张拉(或松弛)，使其与理论无应力长度 L_{02} 相等，即 $L_{02}^C = L_{02}$

$$L_{02} = \sqrt{(x_{21}^0 - x_{27}^0)^2 + (y_{21}^0 - y_{27}^0)^2} \tag{12}$$

从式(9)～式(11)可以看出，无应力长度 L_0^C 与索力 N 和伸长量 ΔL 有关，需要通过迭代来求得。但当结构体系和外荷载保持不变时，可通过线性内插的方法进行求解。

设 ΔL_1 和 ΔL_2 分别为在 C2 拉索施加 T_1 和 T_2 温度时计算无应力长度与理论无应力长度的差值，则所需施加的温度值 ΔT 为：

$$\Delta T = -\frac{\Delta L_1}{\Delta L_2 - \Delta L_1}(T_2 - T_1) \tag{13}$$

式(13)中的“－”系 ΔL_1 和 ΔL_2 带正负号计算所致。

对本算例，T_1 和 T_2 分别取 0℃和 100℃，相应的 ΔL_1 和 ΔL_2 为 $1.074\,409\,980 \times 10^{-3}$ 和 $1.240\,193\,154 \times 10^{-2}$，代入式(13)，得 $\Delta T = 0$℃，该温度值表示，需将为调整跨中截面转角而施加的温度－1 158.649℃全部释放。经计算 C2 拉索的理论无应力长度为 9.433 981 13m，计算无应力长度为 9.433 980 36m，两者相差 $2.773\,761\,132 \times 10^{-8}$m，可见拉索 C2 的计算无应力长度与理论无应力长度已相等，此时主梁与拉索内力、主梁变形分别见表 4 和表 5。

调整 C2 拉索无应力长度后的主梁变形　　表 5

节点号	11 号	21 号	26 号
u(mm)	−0.011 9	−0.024 54	−0.023 52
v(mm)	−4.66	−10.45	−11.34
θ(rad)	−0.001 722 9	−0.000 862 59	$0.371\ 83\times10^{-7}$

从表 4 和表 5 可以看出，除了主梁轴向力外，其余内力和变形与一次成形的内力与变形基本一致。造成主梁轴向力差异的原因是由主梁的无应力长度差异造成。分阶段施工的主梁受到拉索作用产生了弹性压缩，而一次成形的主梁是在无应力状态下激活的，这是造成轴向力不同的内在原因。按下列方法调整主梁无应力长度，就可得到与一次成形的内力与变形一致的结果。

4.2　主梁无应力长度的修正

主梁无应力长度按式(14)进行修正计算：

$$\Delta T=\frac{\Delta U}{\rho L_0}+T_0 \tag{14}$$

式中：ΔT——满足主梁无应力长度而施加在主梁上的温度值；

ΔU——跨中截面的水平位移值；

L_0——半跨主梁的无应力长度；

ρ——主梁线膨胀系数；

T_0——温度修正值。

本算例跨中位置节点 26 的水平位移为−0.023 52mm，主梁线膨胀系数为 1.0×0^{-5}，主梁无应力长度 $L_0=10$m，代入式(14)，得 $\Delta U/\rho L_0=-0.235\ 2$℃。

由于跨中位置已施加了对称边界条件，主梁变形又受到拉索影响，因此直接按式(14)修正主梁无应力长度得到的结果略偏小，需要通过温度修正值 T_0 予以补偿。

可以证明，当外荷载和边界条件保持不变时，T_0 变化值与主梁内力呈线性关系。经计算，当 $T_0=-0.051\ 416$℃时，可得到与一次成形几乎相同的内力结果见表 6。

调整主梁无应力长度后的主梁与拉索内力　　表 6

单元号	①		⑪		㉑		㉕		㉖	㉗
	1	2	11	12	21	22	25	26		
M(kN·m)	−2 421.10	−2 135.30	−102.81	67.80	1 063.40	1 117.30	1 207.30	1 213.30	—	—
N(kN)	61.25	61.25	71.46	71.41	84.29	84.27	84.18	84.17	15.405	15.842
Q(kN)	−729.64	−699.64	−441.52	−411.52	−149.88	−119.88	−29.99	0.01	—	—

5　结语

(1)采用 ANSYS 程序和生死单元功能，可以方便地计算出桥梁施工阶段主梁和拉索的变形，通过坐标修正得到主梁、拉索的无应力长度和无应力曲率。

(2)文中推导的主梁和斜拉索无应力曲率、无应力长度修正方法和修正公式，为在 ANSYS 中实现无应力状态法施工控制创造了条件。

(3)斜拉桥主梁在分阶段施工过程中因受到斜拉索的作用产生弹性压缩，导致主梁轴向力与一次成形的结果不等，通过调整主梁无应力长度，可以得到相同的轴向力值，使主梁弯矩、剪力和索力值与一次成形的结果一致。

(4)文中给出的修正公式可进一步推广到用缆索吊装斜拉扣挂法施工的拱桥控制分析中。参照式(8)，可类似得到主拱最大悬臂端点水平位移与扣索温度的关系，在此基础上求出使合龙段满足无应力状态量的索力调整值，进而达到成拱松索后与裸拱一次落架相同的内力与变形结果。

参考文献

[1] 秦顺全. 桥梁施工控制——无应力状态法理论与实践[M]. 北京：人民交通出版社，2007.

[2] 秦顺全. 无应力状态控制法——斜拉桥安装计算的应用[J]. 桥梁建设，2008，(2)：13-17.

[3] 秦顺全. 分阶段成形结构过程控制的无应力状态控制法[J]. 中国工程科学，2009，11(10)：72-78.

[4] 田维锋，周水兴，秦镇. 基于无应力状态法的零杆位移修正[J]. 重庆交通大学学报(自然科学版)，2010，29(1)：20-23.

[5] 周强. 索力调整在ANSYS中的实现[D]. 武汉：华中科技大学，2005.

[6] 封洁纯，戴英樟. 斜拉索无应力长度计算[J]. 公路，2012，(5)：143-147.

[7] 陈太聪，王卫锋，苏成. 斜拉索无应力索长的快速算法[J]. 公路，2007，(10)：62-65.

[8] 颜东煌，陈常松，董道福，等. 大跨度钢主梁斜拉桥的自适应无应力构形控制[J]. 中国公路学报，2012，25(1)：55-59.

[9] 李斌. 无应力状态法在结合梁斜拉桥施工控制中的应用[D]. 成都：西南交通大学，2010.

[10] 梁鹏，肖汝诚，徐岳. 超大跨度斜拉桥的安装构形与无应力构形[J]. 长安大学学报(自然科学版)，2006，26(4)：49-53.

58. 板桁组合梁桥空间梁格模型简化计算方法研究

李　明[1]　李　磊[2]　王景全[1]

(1. 东南大学混凝土及预应力混凝土结构教育部重点实验室;
2. 林同棪国际工程咨询(中国)有限公司)

摘　要:板桁组合梁桥在进行杆系模型简化时关键在于桥面板的简化,可以将板桁组合梁桥简化为单梁模型或者空间梁格模型。对于板桁组合梁桥,混凝土板为"点支撑"的受力模式,与箱梁、T梁等"实腹型"桥梁结构形式桥面板连续支撑的受力特点不同,因此需要对其简化方法进行研究。选取一座钢桁架—混凝土组合梁桥和一座同样跨径和桥宽的混凝土箱梁桥的精细化有限元计算分析,对比有效翼缘宽度沿桥跨方向的变化规律。结果表明,板—桁组合梁桥的有效翼缘宽度在节间板带大于节点板带,其大小与箱梁计算结果存在差异。因此"实腹型"得到的有效宽度的计算方法不能直接应用于"点支型"的板桁组合梁桥。根据上述计算结果,本文建议了板桁组合梁桥变刚度空间梁格模型和纵向变梁格数空间梁格模型两种计算方法,对比分析表明,两种计算方法均较好地反映桥面板的受力情况。

关键词:板桁组合梁　翼缘有效宽度　空间梁格模型　变刚度

1　问题的提出

板桁组合梁是混凝土桥面板与钢桁架结合共同受力的组合结构,混凝土板可以兼做桁架的平联,能够提高主梁的刚度和稳定性。板桁组合梁桥在国内外有了一定的应用,如德国的南滕巴赫铁路桥、法国TGV高速线上的拉德尔桥等。国内在芜湖长江大桥[1~2]、天兴洲长江大桥[3]、郑州黄河大桥等公路、铁路两用桥梁中也采用了板桁组合结构。对于板桁组合梁桥的简化计算,桥梁设计人员往往更倾向于建立结构整体的杆系有限元模型,包括单梁模型和空间梁格模型,简化计算的核心是混凝土桥面板如何离散为杆系模型。混凝土板的杆系单元输出的结果只是其所代表区域内板带的平均值,在实际结构中的混凝土板受力后在截面上出现应力分布不均匀现象,即"剪滞效应"。对于板桁组合梁桥,混凝土板为"点支撑"的受力模式,与箱梁、T梁等"实腹型"桥梁结构形式桥面板连续支撑的受力特点不同,因此需要对其简化方法进行研究。

基金项目:十二五国家支撑计划资助项目(2011BAJ09B02-02)。

有效翼缘宽度通常直接按组合梁的设计规范确定或者是通过空间有限元方法进行计算[4~8]。现有的关于钢混组合结构混凝土板的翼缘有效宽度取值[9~10]和平面梁格划分[11]的方法。目前，对于板桁组合梁桥常用的计算分析方法多采用板单元和桁架单元进行组合，对于特别重要的桥梁，也有采用实体单元对桥面板进行模拟的算例。板桁组合单元和实体单元均较为复杂，不便于设计采纳，因此需要对采用梁单元的模型(包括单梁模型和梁格模型)进行深入研究。

本文针对板桁组合梁桥的受力特点和空间布置形式，结合实例对比“点支型”与“实腹型”混凝土板的有效翼缘宽度差异。根据板桁组合梁有效翼缘宽度节间板带大于节点板带的分布特点，并参考 Hambly 关于梁格模型的基本原则，建立了 3 种空间梁格模型。并对 3 种模型进行了对比分析，提出了适用于板桁组合梁空间梁格模型的建模方法。

2 “点支型”与“实腹型”桥面板有效宽度的对比研究

2.1 计算对象与计算模型建立

某带上弦杆的板桁组合梁桥结构参数如下：桥梁计算跨径为 33.15m，节点间距 1.95m，梁高 2.89m。截面布置如图 1 所示，桥面宽 8m，桁架中心距 4m，混凝土顶板 0.24m，桁架上弦杆采用 300mm×16mm 的方钢，下弦杆采用 400mm×20mm 方钢，腹杆采用 250mm×14mm 的钢管，上下平联及端部斜撑杆均采用 220mm×12mm 的钢管。上弦杆上布置 Φ22 的栓钉连接件，栓钉高 150mm，纵向按 195mm 均匀布置，横向设置两个栓钉，间距 100mm。混凝土采用 C50，钢材采用 Q345，材料特性均按规范取值。

为具有可比性，选取一个与上述板桁组合梁桥宏观尺寸完全相同的混凝土箱梁桥进行对比计算。桥梁计算跨径为 33.15m，梁高 2.89m，桥面宽 8m，腹板中心距 4m，混凝土顶板 0.24m，底板 0.22m，腹板厚度为 0.25m。混凝土采用 C50，材料特性按规范取值。如图 2 所示。

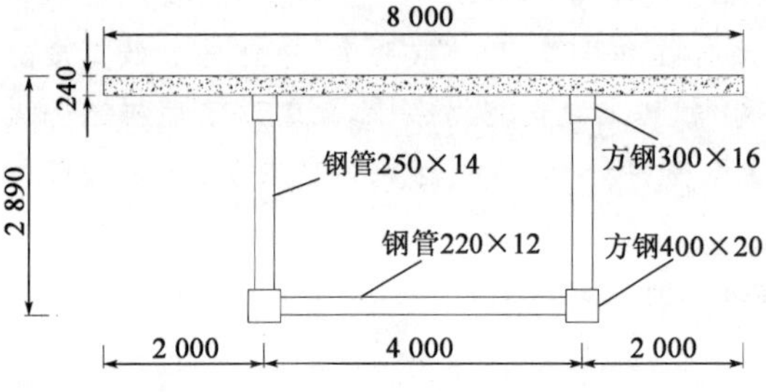

图 1　板桁组合梁桥横断面图(尺寸单位：mm)

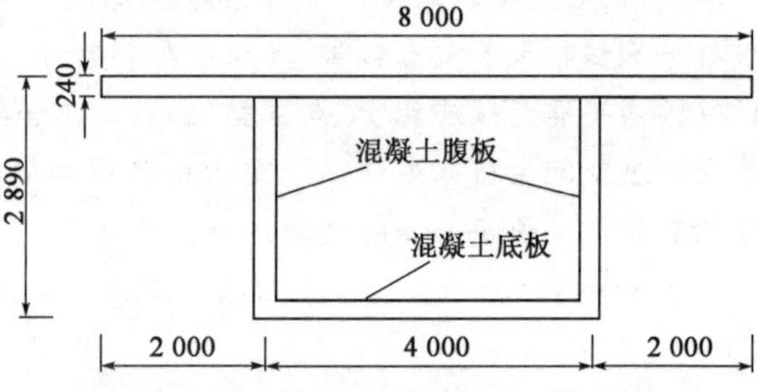

图 2　混凝土箱梁桥横断面图(尺寸单位：mm)

板桁组合梁的应用 ANSYS 有限元软件进行建模(图 3)，混凝土板采用 solid45，钢桁架各杆采用 beam188 单元，暂不考虑板桁组合梁桥的界面滑移效应，将上弦杆实际位置的节点与桥面板单元节点通过钢臂连接。

混凝土箱梁桥应用 ANSYS 有限元软件采用 solid45 单元建模，如图 4 所示。

图 3　板桁组合梁有限元模型图

图 4　混凝土箱梁有限元模型图

2.2 桥面板的有效翼缘宽度

荷载作用下，主梁截面出现应力分布不均匀的“剪力滞后”效应。应用初等力学理论进行计算时，通常采用有效翼缘宽度代替真实的翼缘宽度以考虑“剪滞效应”的影响(图 5)。对于板桁组合梁桥的混凝土桥面板的截面应力分布，半幅主梁的有效翼缘宽度定义为：

$$B_e = \frac{\int_0^B \sigma \mathrm{d}s}{\sigma_{max}} \tag{1}$$

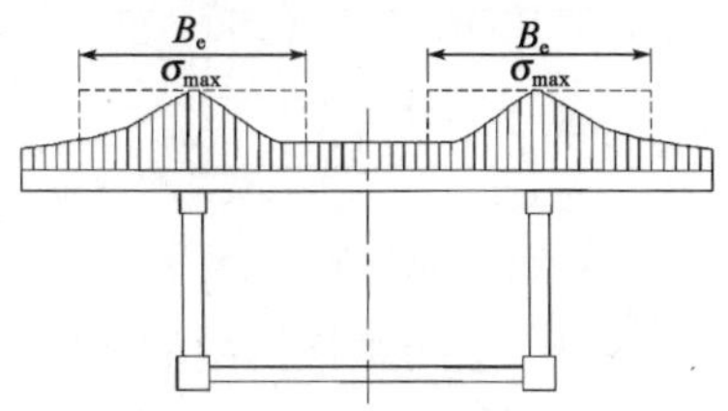

图 5 板桁组合梁桥桥面板截面应力分布

式中：B_e——有效宽度；

B——实际桥面板宽度；

σ_{max}——应力峰值。

2.3 桥面板的有效翼缘宽度计算

根据板梁混合模型计算的结果对板桁组合梁桥与混凝土箱梁桥进行桥面板的半幅桥面板的有效翼缘宽度的计算。沿横向取 10 个值，按式(1)近似计算桥面板的有效翼缘宽度：

$$B_e = \frac{\sigma_{d1}B_{d1} + \sigma_{d2}B_{d2} + \cdots + \sigma_{d10}B_{d10}}{\max[\sigma_{d1}、\sigma_{d2}、\cdots\sigma_{d10}]} \tag{2}$$

式中：σ_{di}、B_{di}——分别表示板单元纵向应力和对应板带宽度，其他符号同式(1)说明。

为了对比方便，引入无量纲系数有效宽度系数 $\psi = B_e/B$(有效宽度/实际宽度)，两种模型的计算结果如图 6、图 7 所示。

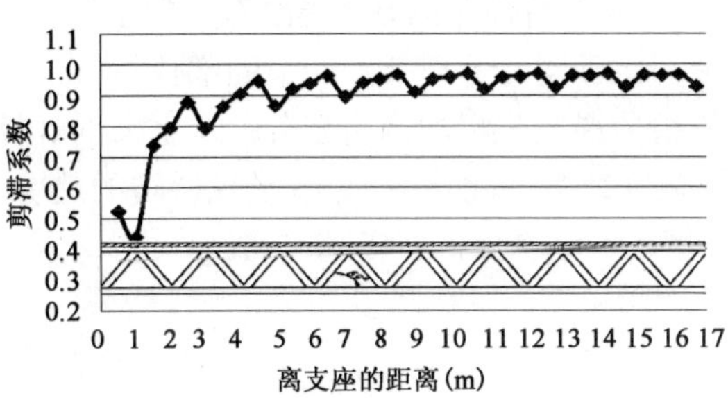

图 6 自重作用下板桁组合梁混凝土桥面板有效宽度系数 Ψ

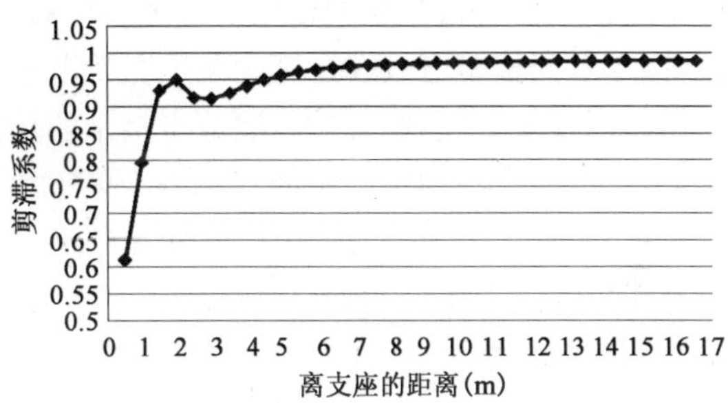

图 7 自重作用下混凝土箱梁混凝土桥面板有效宽度系数 Ψ

从图 6、图 7 可见，“点支型”桥面板从支座截面向跨中截面有效宽度逐渐增大，节间板带较节点板带大，支座截面“剪力滞后”效应较跨中截面突出；节点部位较节间部位突出。“实腹型”桥面板从支座截面向跨中截面有效宽度系数逐渐增大，支座截面到 1/4 截面的有效翼缘宽度系数变化比较明显。而 1/4 截面到跨中截面的变化很小。可见“实腹型”得到的有效宽度则不能应用于“点支型”的板桁组合梁桥，针对这种桥型需要另外讨论。

3 空间梁格模型的建立

3.1 空间梁格模型的基本思想

空间梁格模型的建立基础是 Hambly 剪力柔性平面梁格法。Hambly 平面梁格是将箱梁截面按腹板数划分若干个等效梁格，如图 8 所示。一个单箱双室截面的平面梁格划分，梁格中包含有三根主梁(2、3 和 4)和两根次梁(1 和 5)。Hamly 平面梁格能够计算箱梁截面的空间效应，整个截面不需要满足平截面的假定，特别适合较宽的箱梁截面，但其还是属于 2 维模型，需要配合框架模型考虑箱梁截面横向效应(扭转效应和畸变效应)[12]。

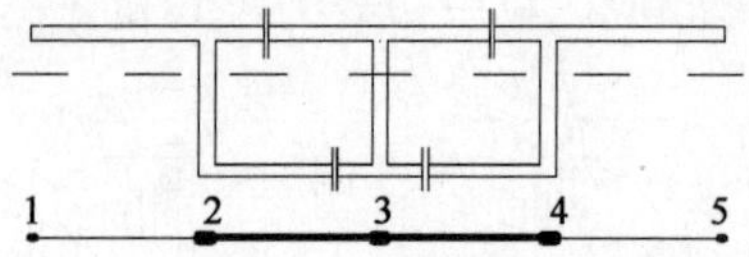

图 8 Hambly 平面梁格模型

不同于 Hambly 平面梁格,空间梁格模型,是将混凝土桥面板离散为多道纵横向梁格,并与钢桁架各杆件连接组成的空间有限元模型,空间梁格模型既能考虑整体效应,又能横向效应;且整个结构都是梁单元,可以根据其内力计算的结果进行配筋设计。

3.2 空间梁格模型的建立原则及方法

如上所说,Hambly 平面梁格法在进行箱梁截面划分时,通常是直接将腹板和一定宽度的桥面板等效为整体的梁格构件计算分析,并给出相应的梁格划分建议,但由于其实质属于二维模型,主要考虑的是箱梁腹部受力,并没有分离出桥面板的受力状态,如果需要进行桥面板的设计,则需要配合其他的方法。空间梁格模型的桥面板梁格划分与平面梁格法是不同的,主要集中在桥面板的纵向梁格和横向梁格尺寸选定上。因此可以根据以上对板桁组合梁有效翼缘宽度的探讨,结合 Hambly 的平面梁格法,给出该种桥型混凝土桥面板网格划分适宜的尺寸。

1)纵向梁格划分

桥面板的主要受力区域位于主桁架附近,并且考虑到桥面板与钢桁架的连接,需要在主桁部位设置纵向主梁格;同时,出于加载的方便在中部截面和悬臂截面处设置次纵向梁格。

由于单个梁格反映的是一定宽度桥面板内力平均值,考虑横截面上的"剪滞效应",需要对梁格所代表桥面板板宽加以限定。上文针对板桁组合梁桥桥面板的有效翼缘宽度做了计算分析,由于节间板带有效翼缘宽度系数大于节点板带。出于同时考虑节点和节间部位板带的内力结果以及建模便利的需要,取节点板带的计算值指导混凝土板的网格划分。从上文的计算结果可见,沿支座向跨内延伸 0.3L 范围有效翼缘宽度系数变化比较明显,呈现递增的趋势,最小值为 0.44,在桥跨中部 0.4L 范围有效翼缘宽度系数基本保持不变,最小值为 0.92。因此综合考虑纵向主梁个的划分可以取小于 0.44 倍的实际板宽。

2)横向梁格划分

基于板桁组合梁桥布置特点,横向梁格既要保证桥面板横向连接的可靠性又要能反映其横向效应。因此,横向梁格的宽度不大于节点间距。

3.3 空间梁格模型的建立与变刚度梁格模型的探讨

在利用"点支型"翼缘板的有效宽度在纵向的变化规律,并保证计算精度与减少计算成本的情况下,对板桁组合梁的混凝土板进行纵向变刚度取值以及进行 3 区段网格划分并建立空间梁格模型。以下为了探讨其优越性,同时建立了等刚度的 5 梁格空间模型。

1)纵向等刚度 5 梁格空间模型

根据以上的建模原则将混凝土板进行离散,纵向取 0.4 倍的实际板宽即有效宽度为 1.76m,所以主纵向梁格的划分尺寸应小于 1.76m,在这里取 1.7m。悬臂板部位和中部截面宽度分别取为 1.15m、2.3m。横向梁格不大于节点间距,按结构布置特点其宽度为 1.95m。其尺寸的划分如图 9 所示。

2)考虑节点与节间有效翼缘变化的变刚度空间梁格模型

按照有效翼缘宽度沿桥纵向分布特点,进行纵向梁格划分时将桥跨分为三个区域:支座区域(沿支座向跨内延伸 0.15L 范围,L 为计算跨径),L/4 截面区域(0.15L～0.325L 范围),跨中区域(跨中 0.3L 区域)。但三个区域内节间板带(节间内 0.5l 范围,l 为节间距)和节点板带

(节点附近 0.5l 范围)的梁格尺寸不同：支座区域，节间板带根据有效宽度的变化有效宽度分别取 $b_1=b_3=b_5=2.8$m(有效翼缘宽度系数取 0.7)，节点板带 $b_2=b_4=b_6=2.2$m(有效翼缘宽度系数取 0.55)。$L/4$ 截面区域，节间板带有效宽度取 $b_7=3.4$m 有效翼缘宽度系数取0.85)，节点板带 $b_8=3$m(有效翼缘宽度系数取 0.75)。跨中区域，节间板带有效宽度取 $b_9=3.8$m 有效翼缘宽度系数取 0.95)，节点板带 $b_{10}=3.6$m(有效翼缘宽度系数取 0.9)。该变刚度梁格模型纵向梁格划分示意如图 10、图 11 所示，其中 b_n($n=1\sim10$)为 1/2 板宽有效宽度的取值。

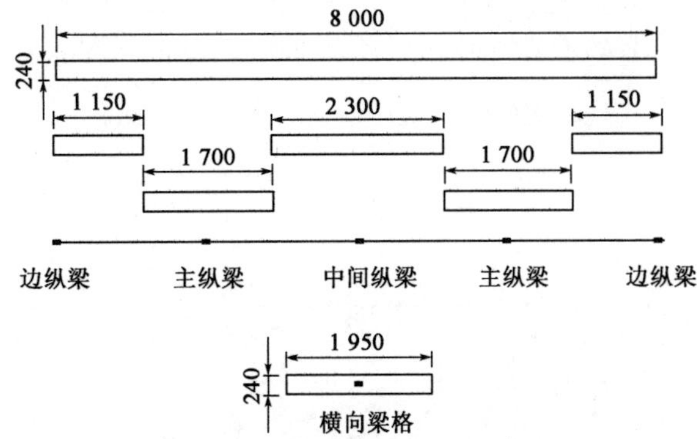

图 9　纵向等刚度空间梁格(尺寸单位：mm)

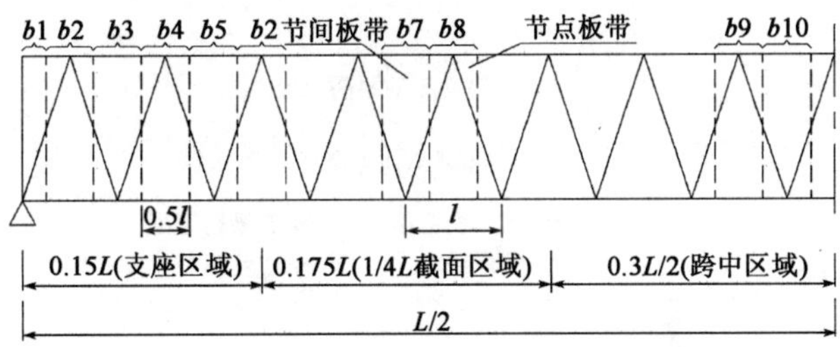

图 10　变刚度梁格模型沿纵向梁格划分示意图

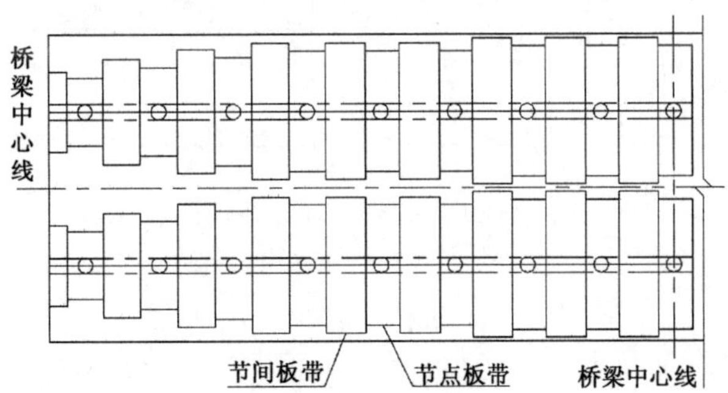

图 11　变刚度梁格模型有效宽度划分示意图

3)3 区段梁格数纵向变化的空间梁格模型

在对混凝土板网格的划分时可以在 0～10.725(第六个节点处)主梁个的尺寸取 1.7m，悬臂板部位和中部截面宽度分别取为 1.15m、2.3m。在 10.725～16.575(跨中)不考虑减滞效应主梁格分别取 4m 宽，另一半对称划分。其划分形式如图 12 所示。

为验证空间梁格模型的计算精度和可行性和变刚度空间模型的优越性，对三种空间梁格模型与板梁模型计算结果进行对比。三种梁格模型结算结果分析如图 13、图 14 所示。

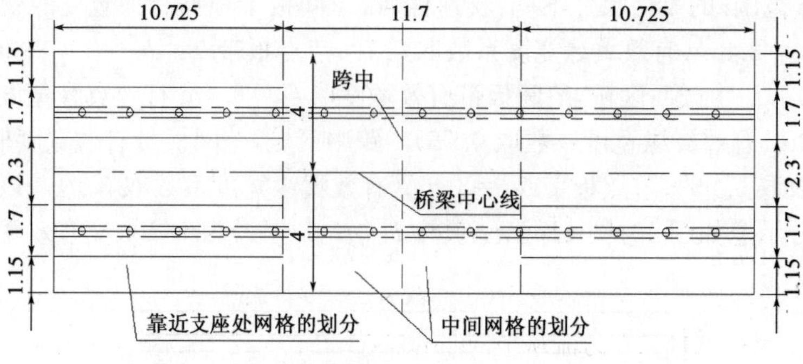

图 12　纵向变梁格数空间梁格模型(尺寸单位:m)

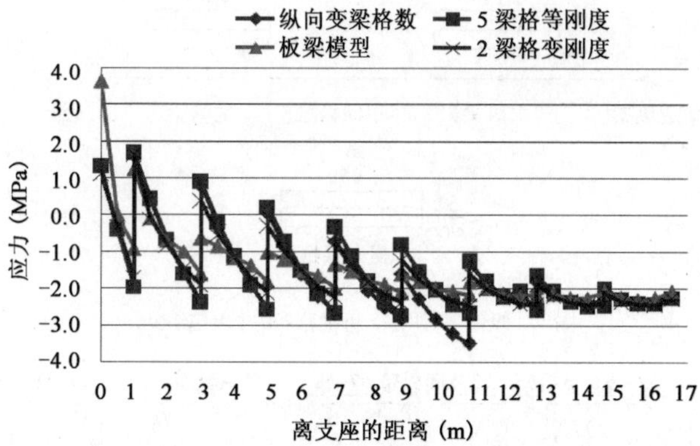

图 13　主桁处混凝土板上缘应力值比较

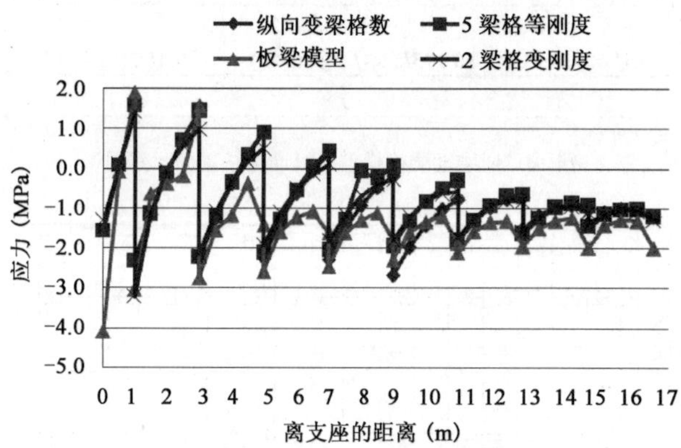

图 14　主桁处混凝土板下缘应力值比较

综合可见,应用梁格法上缘的计算结果误差总体上小于下缘,节间板带的计算误差小于节点板带。这是由于在节点处有集中力的作用,在力流的传递过程中下缘受的影响比上缘大,而且在节点区域受力比较复杂,而空间梁格模型不能很好的反应该区域的受力情况。由于纵向变刚度模型考虑了节点与节间剪滞系数的不同,其节点处的计算结果相对于 5 梁格等刚度模型与纵向变梁格数模型的误差较小。

纵向变梁格数模型在支座附近和跨中附近的应力值与纵向 5 梁格等刚度模型的应力值基本相等,而梁格数纵向变化的空间梁格模型在梁格数突变的区间其计算结果较纵向 5 梁格等刚度的空间梁格模型计算结果有一定的误差,这说明梁格数的突然变化对计算结果有一定的影响。由于在跨中附近减滞效应的影响较小,所以在梁格数纵向变化的空间梁格模型中跨中附近减少了纵向梁格的划分，减少了计算成本，但计算精度却与5梁格等刚度的空间梁格模型相差不大。

4 小结

(1)对于板桁组合梁桥从支座截面到跨中截面的有效翼缘系数逐渐增大，且节间板带较节点板带大。这说明支座截面“剪力滞后”现象支座截面较跨中截面突出；节点部位较节间部位突出。板桁组合梁桥的混凝土桥面板除了受到弯剪作用外，在节点部位还受到较大的纵向力。节点部位引入的单个纵向力的力流从节点部位向节间部位逐渐扩散，由于节点部位传入的纵向力较为急促，其应力扩散面积较小，而扩散到节间部位截面时几乎全截面均匀受力，因此出现节点部位“剪力滞后”现象较节间部位突出的结果。

(2)桥面板节间板带有效宽度在支座附近0.15L(L为计算跨径)范围内变化剧烈，而跨中其他区域变化平缓。桥面板节间板带，支座附近的有效宽度系数取0.7，跨中其他区域的有效宽度系数均取0.95。桥面板节点板带有效宽度从支座到跨中呈线性变化趋势，支座截面有效宽度系数取0.4，跨中截面有效宽度系数取0.9，中间其他区域可按线性差值计算。

(3)针对板桁组合梁桥翼缘板的有效宽度在纵向的变化，可以建立变刚度的空间梁格模型。支座区域(沿支座向跨内延伸0.15L范围)，节间板带根据有效宽度的变化有有效翼缘宽度系数取0.7，节点板有效翼缘宽度系数取0.55。1/4L截面区域(0.15L～0.325L范围)，节间板带有效翼缘宽度系数取0.85，节点板带有效翼缘宽度系数取0.75。跨中区域(跨中0.3L区域)，节间板带有效翼缘宽度系数取0.95，节点板带有效翼缘宽度系数取0.9。

(4)在保证计算精度同时减少计算成本的情况下，对混凝土板分3段进行网格划分，在两端考虑到减滞效应的影响较大，需对混凝土板进行精细化划分，主桁处的主梁格取小于0.4倍的实际板宽，而在中间段，由于减滞效应的影响较小，可以根据规范进行有效宽度的取值。

(5)采用基本的空间梁格模型可以反应结构的整体受力，但如果要较为准确地反映桥面板整体和局部受力，得到较为经济合理的桥面板纵横向配筋，则需要精细化空间梁格模型。精细化的同时会带来计算成本的提高，设计人员在设计时可以根据自己的需求来精度和计算成本进行取舍。

参考文献

[1] 叶梅新，江锋. 芜湖桥板桁组合结构的研究[J]. 铁道学报，2001，23(5)：65-69.

[2] 秦顺全. 芜湖长江大桥板桁组合结构斜拉桥建造技术[J]. 土木工程学报，2005，38(9)：94-98.

[3] 秦顺全，高宗余，潘东发. 武汉天兴洲公铁两用长江大桥关键技术研究[J]. 工程力学，2007，24(1)：99-105.

[4] H R Evans, M K H Ahmad. Shear Lag in Composite Box Girder of Complex Cross sections[J]. Journal of Construct Steel Research, 1993, 24(3): 183-184.

[5] Conrad P Heins. Effective Composite Beam Width at Ultimate Load[J]. ASCE, Journal of Structural Division, 1976, 102(11): 2613-2615.

[6] A O Adekola. Effective Width of Composite Beams of Steel and Concrete[J]. The Structural Engineer, 1968, 46(9): 285-286.

[7] 林国雄. 正交异性板与桁梁结合式桥梁第一系统应力及有效宽度计算[J]. 桥梁建设,1978.

[8] 何畏,强士中. 板桁组合结构中混凝土桥面板有效宽度计算分析[J]. 中国铁道科学,2002,23(4).

[9] 中华人民共和国行业标准:公路钢结构桥梁设计规范[S]. 北京:人民交通出版社,20.

[10] 中华人民共和国行业标准:钢—混凝土组合桥梁设计与施工细则(JTG/TD64-01)[S]. 北京:人民交通出版社,20.

[11] E.C. 汉勃利. 桥梁上部构造性能[M]. 北京:人民交通出版社,1982.

[12] 谭莹,田启贤. 板桁组合结构的受力特性及其空间分析方法[J]. 铁道建筑 2001 年第 8 期.

59. 梁格法在正交异性桥面系中的应用

单景翼

（大连理工大学土木建筑设计研究院桥梁分院）

摘　要：以大连星海湾跨海大桥钢桥面系为研究对象，基于单梁模型不能有效的、完整的表现桥面系的局部应力值的特点，采用梁格法对其进行模拟计算。本文通过对同一桥面系分别建立梁格法模型和实体模型，得到了不同横隔板间距下的最大/最小应力值。模型结果表明：采用梁格法所建立的模型最大/最小应力绝对值大于实体模型，但在工程应用允许范围之内。本文通过对两种模型的计算分析验证了在不同横隔板间距下梁格法的实用性。

关键词：钢桥面系　梁格法　实体模型

1　前言

近年来，随着经济、技术的飞速发展，大跨度索梁结构体系跨海大桥得到了广泛的应用。其中，钢桥由于自身强度高、质量轻、便于运输、安装等优势更是成为了广大设计师的宠儿，像日本的明石海峡大桥、美国的金门大桥、我国的上海南浦大桥等[1]。

钢桥的发展大体可以分为19世纪、世界二次战争前和世界二次战争后三个阶段。前两个阶段发展较为缓慢，世界二次战争后随着钢材强度的发展、施工方法的改进以及经济发展所带来的需求使得钢桥有了日新月异的改变。1966年在英国建成的Seven桥，奠定了正交异性桥面板被广泛应用的基础。现在凡是大跨度悬索桥和斜拉桥大多采用这一技术。我国从70年代开始使用正交异性桥面板，虽然起步晚，但是发展快，比较有名的有南京大胜关长江大桥、贵州坝陵河大桥等。

在工程中，主要采用P－E法、梁格法以及实体模型对正交异性桥面板进行计算。在这其中梁格法由于计算理论较为完善，计算方法及计算步骤较为简单而被广泛应用；P－E法则因为计算公式较为复杂，精确度相对较低；实体模型虽然精确度高，但是边界条件较难模拟，在实际工程中应用较少。本文采用梁格法和实体模型分别建立桥面系模型，以验证梁格法在工程应用中的便捷性与可靠性。

2　计算理论

桥面系的计算方法可以分为整体计算和叠加计算。整体计算将结构按照薄壳考虑，且同时考虑整体受力与局部受力的耦合关系，因此精度高，但是计算量大，通常需要借助计算机采用有限元来完成计算;叠加计算是最为传统的计算方法,精度相对整体计算较低,通常各个体系分别按最不利工况计算,然后叠加计算。结果与实际情况有一定的出入,但足以满足工程所需,并且较为便捷所以被广泛应用。

早在20世纪50~60年代,工程师们就对叠加法计算桥面系做了大量研究,比较著名的是P—E法、H. Homberg的格子梁法和有限条法。其中,P—E法计算繁杂且适用性差,有限条法需要专门程序进行计算等原因较为少用,梁格法则因为受力明确,简化合理等优点一直使用至今。根据H. Homberg等所做的理论研究,对于一般的板梁构造来说,平板的剪切刚度可以忽略不计。因此,可以把顶板从肋的中间切开[3]。同时需要考虑剪力滞效应,对断开的纵梁、横梁的顶板计算宽度进行折减。由于未考虑钢板的刚度,因此梁格法计算结果偏大。

梁格法的物理意义在于把构件的刚度集中到毗邻的梁格内,构件的纵肋刚度集中到纵梁内,横肋刚度集中于横梁内,当承受载荷时,正交异性板桥面和等效格子梁的挠度相等,等效格子梁的内力等于它所代表的构件的内力。实际上梁格法所建立的模型和正交异性桥面板的结构特性有着一定的区别,理论上说梁格越密,计算结果越精确。

3 工程概况

本工程为大连星海湾跨海大桥,主桥为三跨双层地锚式悬索桥,加劲梁为钢桁架结构,两端设混凝土重力式锚碇。桥面系采用Q345qE钢材(桥面系断面如图1),由桥面板、U型加劲肋、桥面系纵梁和桥面系横梁组成,桥面系纵梁与主桁架横梁之间设置普通球形支座,桥塔处为拉压球形支座。

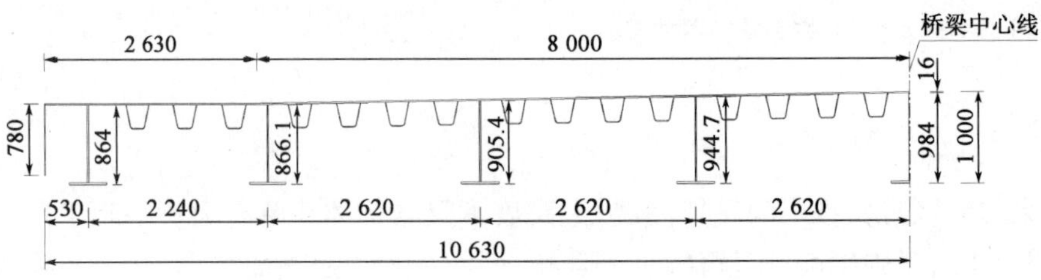

图1 正交异性桥面板断面图(无横隔板处)(尺寸单位:mm)

4 计算分析

由于桥面系为整体多跨连续梁,为了方便计算因此将桥面系截出3跨10m标准段进行模拟计算,分别建立梁格法模型(图2)和实体模型(图3)进行对比,以此分析梁格法在桥面系计算中的精确度。

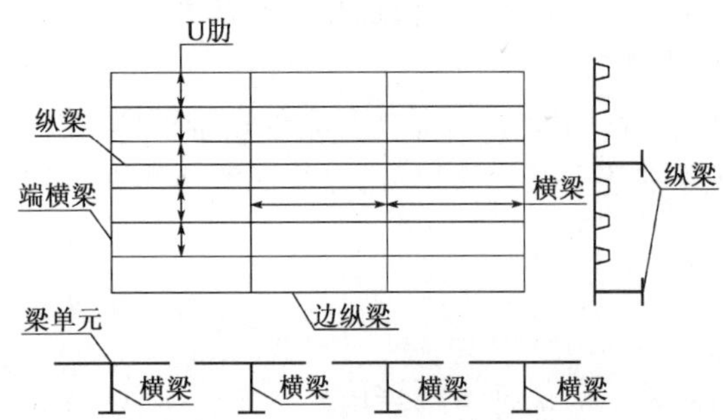

图2 梁格法模型图(半跨)

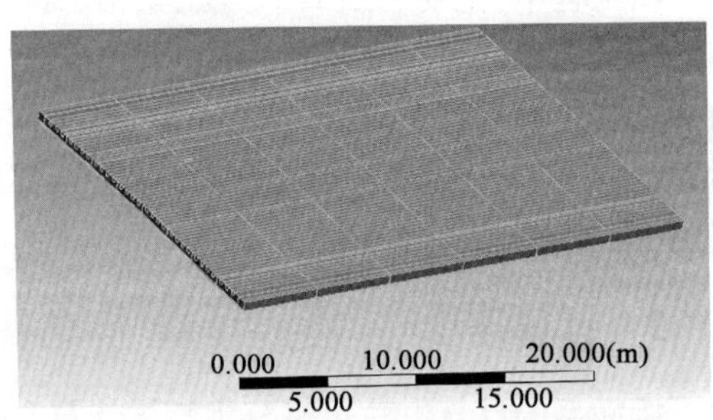

图3 实体模型图

本文根据建模方式及横隔梁间距建立了表 1 所示的 4 种模型。

模 型 分 类　　表 1

模型名称	建模方式	横隔间距
A 模型	梁格法	2.5m
B 模型	梁格法	5m
C 模型	实体模型	2.5m
D 模型	实体模型	5m

计算荷载如下：

车辆荷载：公路—I 级，双向八车道。

人群荷载：3.0kN/m^2，人行道位于上层，宽度每侧各 2m。

风荷载：桥位处按 A 类风场，百年一遇 10m 高 10min 平均风速：43m/s，风压：1.13kN/ m^2。

4.1 梁格法计算

按照梁格法理论将顶板断开，并进行顶板宽度折减。

1)梁格法盖板有效宽度计算

(1)纵肋盖板有效宽度

等效跨径计算：

$$L=2\,500\text{mm};l=0.6L=0.6\times2\,500=1\,500\text{mm}$$

纵肋间距：

$$2b=300\text{mm};b=150\text{mm}$$

$$b/l=150/1500=0.1$$

$$C_s=[1.06-3.2\times0.1+4.5\times0.1^2]\times150=78.5\text{mm}$$

(2)横肋盖板有效宽度

等效跨径计算：

$$L=2\,620\text{mm};l=0.6L=0.6\times2\,620=1\,572\text{mm}$$

纵肋间距：

$$2b=2\,500\text{mm};b=1\,250\text{mm}$$

$$b/l=1\,250/1\,572=0.795>0.3$$

$$C_s=0.15\times1\,572=235.8\text{mm}$$

2)梁格法截面特性计算

U 肋的计算截面特性列于表 2，横肋的截面特性列于表 3，纵梁的截面特性列于表 4。

U 肋 截 面 特 性　　表 2

截面特性	U 肋(2.5m)	U 肋 (5m)
中性轴 Y_0(mm)	201.09	206.35
中性轴至上翼缘距离 Y_u(mm)	76.91	71.65
中性轴至下翼缘距离 Y_l(mm)	−189.88	−195.15
面积 A(mm^2)	1 314.4	14 232
面内抗弯惯性矩 I(mm^4)	1.27e+8	1.32e+8

横肋截面特性　　表3

截面特性	横肋(2.5m)	横肋(5m)
中性轴 Y_0(mm)	398.8	352
中性轴至上翼缘距离 Y_u(mm)	201.2	148.1
中性轴至下翼缘距离 Y_l(mm)	298.8	−351.9
面积 A(mm^2)	18 048	24 896
面内抗弯惯性矩 I(mm^4)	7.47e+8	9.32e+8

纵梁截面特性　　表4

截面特性	纵梁(5m)
中性轴 Y_0(mm)	288.77
中性轴至上翼缘距离 Y_u(mm)	411.23
中性轴至下翼缘距离 Y_l(mm)	−288.77
面积 A(mm^2)	20 016
面内抗弯惯性矩 I(mm^4)	1.51e+9

计算模型中纵横肋均采用空间梁单元。

4.2 实体模型计算

用空间薄壳有限单元模拟钢结构的各板件，荷载按实际作用面积大小直接施加于薄壳上。

4.3 计算结果对比

按照以上两种方法的步骤进行建模，采用不同有限元软件进行计算。根据模型计算结果分别对桥面板、纵梁、U肋以及横隔板的最大\最小应力值进行记录，见表5～表7。

U肋最大正应力(MPa)　　表5

横隔板间距(m)	梁格法		实体模型	
	跨中	支点	跨中	支点
2.5	53.26	−57.36	47.65	−49.97
5	59.81	−66.87	50.42	−52.98

横肋最大正应力(MPa)　　表6

横隔板间距(m)	梁格法		实体模型	
	跨中	支点	跨中	支点
2.5	54.21	−42.92	47.42	−36.72
5	72.28	−49.77	59.76	−39.18

纵梁最大正应力(MPa)　　表7

横隔板间距(m)	梁格法		实体模型	
	跨中	支点	跨中	支点
2.5	78.48	−55.79	67.16	−45.97
5	95.95	−63.94	66.6	−46.18

对表中数据进行两种计算方法的误差分析。详细结果见表8。

两种方法结果比较(单位:%) 表 8

横隔板间距	2.5m		5m	
加载方式	跨中	支点	跨中	支点
U肋	10.53	12.88	15.70	20.77
横隔	12.53	14.45	17.32	21.28
纵梁	14.42	17.60	30.59	27.78

通过表 8 中可以看出,当纵梁跨度为 10m,横隔板间距 2.5m 时,两种方法误差均在 20%之内,可以满足工程设计要求,而当横隔板间距由 2.5m 变为 5m 时,梁格法与实体模型相对误差显著增加。尤其是当横隔板间距为 5m 时两种方法在纵梁上的误差达到 30%左右。

对于支点加载方式,无论是 2.5m 还是 5m 间距设置横隔板,误差均大于跨中。主要是由于梁格法边界模拟未考虑消峰作用,导致计算结果偏大。

5 结语

本文通过计算分析,比较了梁格法和实体模型在正交异性桥面板中的应用,得出以下结论:

(1)采用实体计算正交异性桥面系虽然结果准确,但是建模较麻烦,且当遇到结构复杂的大型桥梁时需要计算机内存较大,会影响计算时间和计算结果。

(2)采用梁格法建立桥面系模型时结果相对实体模型有一定偏差,造成偏差的原因主要包括忽略了桥面板的剪切刚度,因而整体性不强;为简便梁格法的计算方法所做的一系列的假设。但这些偏差所造成的影响在工程计算要求范围之内,且梁格法建模实际操作较为简便,所以工程中应用较广。

(3)梁格法在支点处的计算结果应考虑消峰作用。

(4)经进一步计算比较,梁格法在横隔板间距为 2～3m 时较为精确。

参 考 文 献

[1] 张黎杰,朱卫华,刘海宁. 我国钢桥的发展[J]. 山西建筑,2007,33(11):353-354.

[2] 樊启武. 正交异性桥面系第二体系应力计算方法研究[D]. 陕西:西南交通大学, 2005:1-8.

[3] 吴冲. 现代钢桥[M]. 北京:人民交通出版社,2006.

[4] 贺栓海. 桥梁结构理论与计算方法[M]. 北京:人民交通出版社,2003.

[5] 杜国华. 桥梁结构分析[M]. 上海:同济大学出版社,1994.

[6] 罗祖道,李思简. 各向异性材料力学[M]. 上海:上海交通大学出版社,1994.

60. 自锚式悬索桥活载累积效应研究

董学智[1]　陈富强[1]　栾紫明[1]　杜亚光[2]

(1. 西南交通大学土木工程学院；2. 武汉市政工程设计研究院)

摘　要：本文研究了车道荷载和温度作用两项可变活载对自锚式悬索桥主梁恒载状态的累计效应。编制程序分析了牡丹江西十一条路自锚式悬索桥恒载状态下，车道荷载和温度作用的弹性变形和残余累计变形，对比发现其累计效应明显，可能成为导致使用阶段自锚式悬索桥主梁下挠的重要因素。建议设计阶段予以准确分析并预留合理的预拱度。

关键词：自锚式悬索桥　车道荷载　温度作用　累积效应　主梁下挠

1　前言

自锚式悬索桥具有悬索桥线形优美、受力合理以及造价可观的优点，使得自锚式悬索桥近年得到了很大地推广应用，然而使用中也出现了一些不尽如人意的问题，比如使用若干年之后主梁可能产生过大的下挠，影响其使用性能。

按照《公路桥涵设计通用规范》[1](JTG D60—2004)(以下简称“公规”)设计的桥梁结构，可变活载作用效应是以频遇值或者准永久值的形式与永久作用效应进行线性叠加的。当活载长期反复作用于结构时，其累计效应的考虑，在钢结构设计中是进行构件的疲劳设计，而对于混凝土构件则并未考虑其对结构产生的残余效应。

桥梁可变作用中的温度作用和车道荷载是长期甚至一直作用在结构上的。由于自锚式悬索桥主梁一般为混凝土结构，这种反复长期的可变活载作用，必定会对结构产生累计的残余效应，进而导致现行规范荷载组合中考虑的弹性变形之外的残余内力和变形。对于大跨度自锚式悬索桥主梁，这部分效应可能十分显著。以牡丹江市西十一条路跨江大桥工程为背景，本文编制程序分析了自锚式悬索桥主梁恒载状态下车道荷载和温度作用两项可变活载的位移累计效应。

2　工程简介

牡丹江市西十一条路跨江大桥工程主桥为双索面混凝土自锚式悬索桥。主跨为 140m，两边跨各 60m，主跨矢跨比为 1/5.6，几何模型如图 1 所示。加劲梁为现浇预应力混凝土箱梁，采用 C50 高强混凝土，主梁标准断面如图 2 所示。

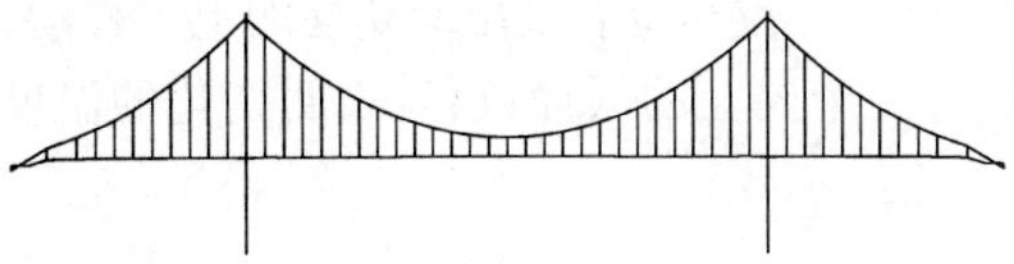

图 1 全桥几何模型图

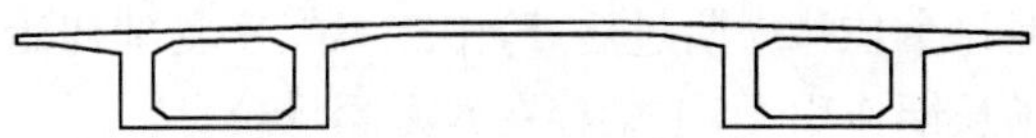

图 2 主梁标准断面图

为了研究主梁受温度荷载和车道荷载两项可变作用的累计效应，编制了计算程序，程序采用有限元法[3]，按初应变法计算混凝土收缩徐变效应[4]，钢束细分的等效荷载法考虑预应力效应[6,7]，现行规范计算收缩徐变系数和预应力损失[2]。

由于活载总是变化的，本文计算累计效应时采用如下计入方式：对于车道活载，按照“公规”对车道荷载进行长期效应组合时规定的准永久值系数 0.4，将车道荷载标准值折减 0.4 后加载；对于温度作用，采用环境温度场循环加载。

3 车道荷载

首先用 BNLAS[5]程序计算跨中点位移影响线如图 3 所示 。按“公规”的公路—Ⅰ级的活载最不利方式加载，利用编制的程序建立成桥阶段主梁有限元模型，计算了主梁跨中点位移随时间变化的情况如图 4 所示。

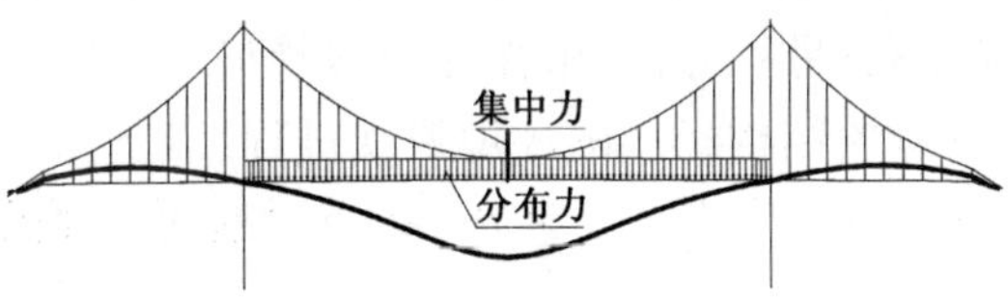

图 3 跨中点下挠影响线及活载最不利布置

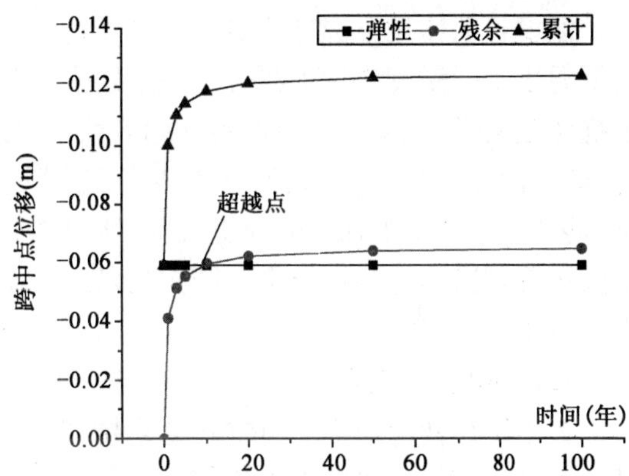

图 4 车道活载最不利布置下跨中点位移随时间变化情况

图 4 中数据显示，车道荷载作用下跨中点弹性下挠约 6cm，残余效应位移在成桥 10 年后已经开始大于弹性变形，20 年后发展较缓慢；即使按照本文考虑的荷载计入方式进行系数 0.4 的折减之后，对于该桥梁，车道荷载作用 10 年的跨中点累计残余下挠仍有约 2.5cm。

按现行规范进行长期效应组合设计时，此 2.5cm 的残余累计下挠不能考虑到，桥梁使用过程中可能产生预料之外的下挠。

4 温度效应

首先利用 BNLAS[5]程序计算温度变化时相应吊索力的变化情况，然后导入本文程序计算温度循环变化引起的主梁残余累计位移。

本项目所处的环境温度场如图 5 所示，设计基准温度为 10℃，年平均温度为 2.17℃。按桥梁成桥阶段从 5 月开始该温度场循环作用于主梁，分析了温度作用 20 年引起的主梁跨中位移情况。

计算结果如图 6 所示。随着温度周期性的变化,跨中点位移也表现出周期性的上下移动,但每个位移周期过后,跨中点不能恢复到初始位置,有一个向上的累计位移,表明变化的温度场长期作用下,主梁存在残余累计位移。

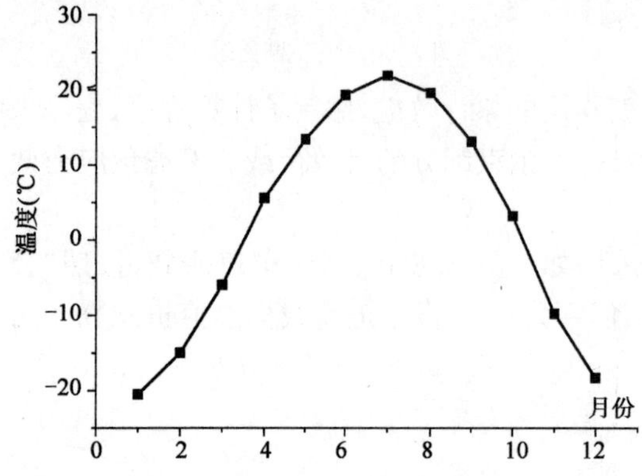

图 5　一年内环境月平均温度变化趋势图

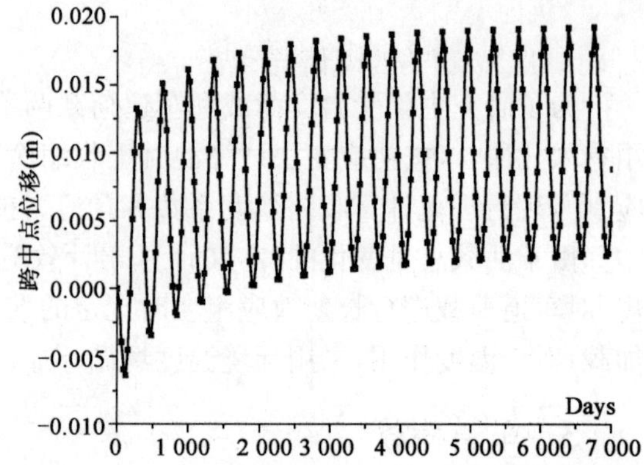

图 6　温度变化循环作用下跨中点二十年位移变化情况

对于本桥梁经计算分析,单位温度变化引起的跨中点位移为－0.346mm,温度作用下 20 年的残余累计变形为跨中点上拱 8.11mm,相当于降温 23.5℃引起的弹性变形量,表明温度荷载长期作用时累计效应明显。

温度长期作用下会导致自锚式悬索桥主梁发生不可恢复的残余累计变形,究其根本,残余变形源于不同温度作用下混凝土主梁发生了收缩徐变等非弹性变形并积累。所以残余变形是下挠还是上拱,主要因素可能包含两方面:一方面,年平均温度是全年温度的综合反映,其与设计基准温度的差值必将成为影响残余变形的决定因素;另一方面,由徐变发展趋势[8]可以看出,荷载作用初期的徐变效应更明显,所以初始成桥阶段结构经历的环境温度过程(以下简称初温历程)是升是降,可能会对结构的最终残余累计位移产生决定性影响。以下对这两方面因素进行了分析。

4.1　初温历程影响分析

为了研究初温历程对自锚式悬索桥主梁的影响,分别计算了成桥状态开始时刻为 1～12 月的 12 组情况,主梁跨中点位移发展曲线如图 7 所示。

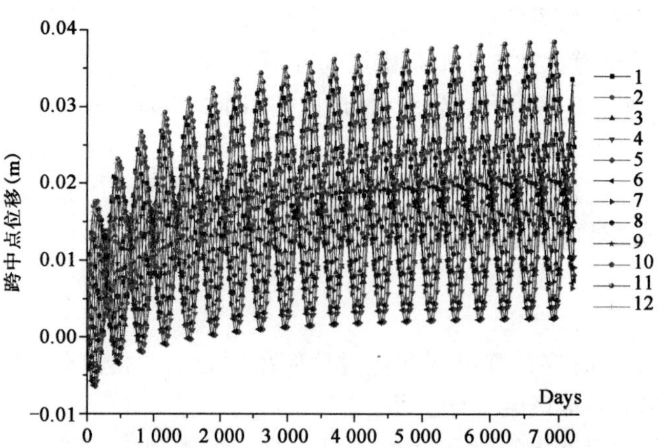

图 7　成桥开始状态时刻为 1～12 月的 12 组情况下主梁跨中点位移发展曲线

由图 7 可以看出，随着温度的变化，跨中点位移成周期性变化，且都有累计上拱的趋势。对 12 组数据进行表 1 的对比分析可以看到：对于上拱的具体数值，上拱最大的情况并不是表 1 中降温值最大的“1 月”，也不是降温历程最长的“11 月”，而是两者综合较显著的“12 月”。

可认为主梁跨中点残余累计位移最终为上拱或下挠，与初温历程关系较弱，但是具体的位移值受初温历程的变温情况和变温持续时间综合影响。

成桥状态开始时刻分别为 1～12 月的跨中位移对比 表 1

成桥初始月份	月平均温度（℃）	与基准温度温差（℃）	初次温度场		累计位移（m）	备 注
			变化情况	时间（月）		
1	−20.5	−30.5	降温	4	0.024 87	—
2	−15	−25	降温	3	0.020 27	—
3	−6	−16	降温	2	0.015 09	—
4	5.6	−4.4	降温	1	0.010 51	—
5	13.4	3.4	升温	5	0.008 11	—
6	19.3	9.3	升温	4	0.007 43	升温差和持续时间综合最显著，上拱最小
7	21.9	11.9	升温	3	0.009 13	—
8	19.6	9.6	升温	2	0.012 69	—
9	13.1	3.1	升温	1	0.017 54	—
10	3.2	−6.8	降温	7	0.022 51	—
11	−9.8	−19.8	降温	6	0.026 07	—
12	−18.3	−28.3	降温	5	0.026 91	降温差和持续时间综合最显著，上拱最大

4.2 成桥状态环境年平均温度影响分析

上一节分析中，环境年平均温度 2.14℃低于基准设计温度 10℃时，最终主梁跨中点由温度场引起的残余累计位移总是表现为上拱，表明温度作用累计效应可能主要与温度场的年平均温度相关。

为研究年平均温度的影响，分别计算了图 8 中 4 组不同年平均温度的温度场作用下 20 年的主梁位移情况，表 2 对温度场年平均温度与设计基准温度进行了对比。图 9 为 4 组温度场作用下不同成桥状态开始时刻的主梁跨中位移发展情况。

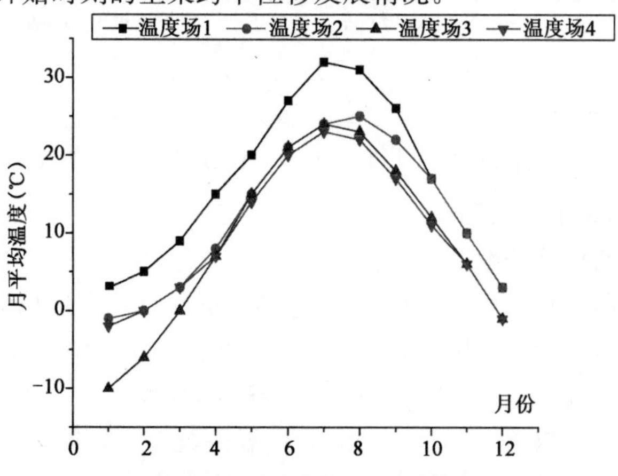

图 8 四组温度场月平均温度曲线

四组温度场月平均温度 表 2

温度场	1	2	3	4	真实
年平均温度(℃)	16.5	12.25	9.08	10.0	2.17
对比基准温度	显著大于	大于	小于	相同	显著小于

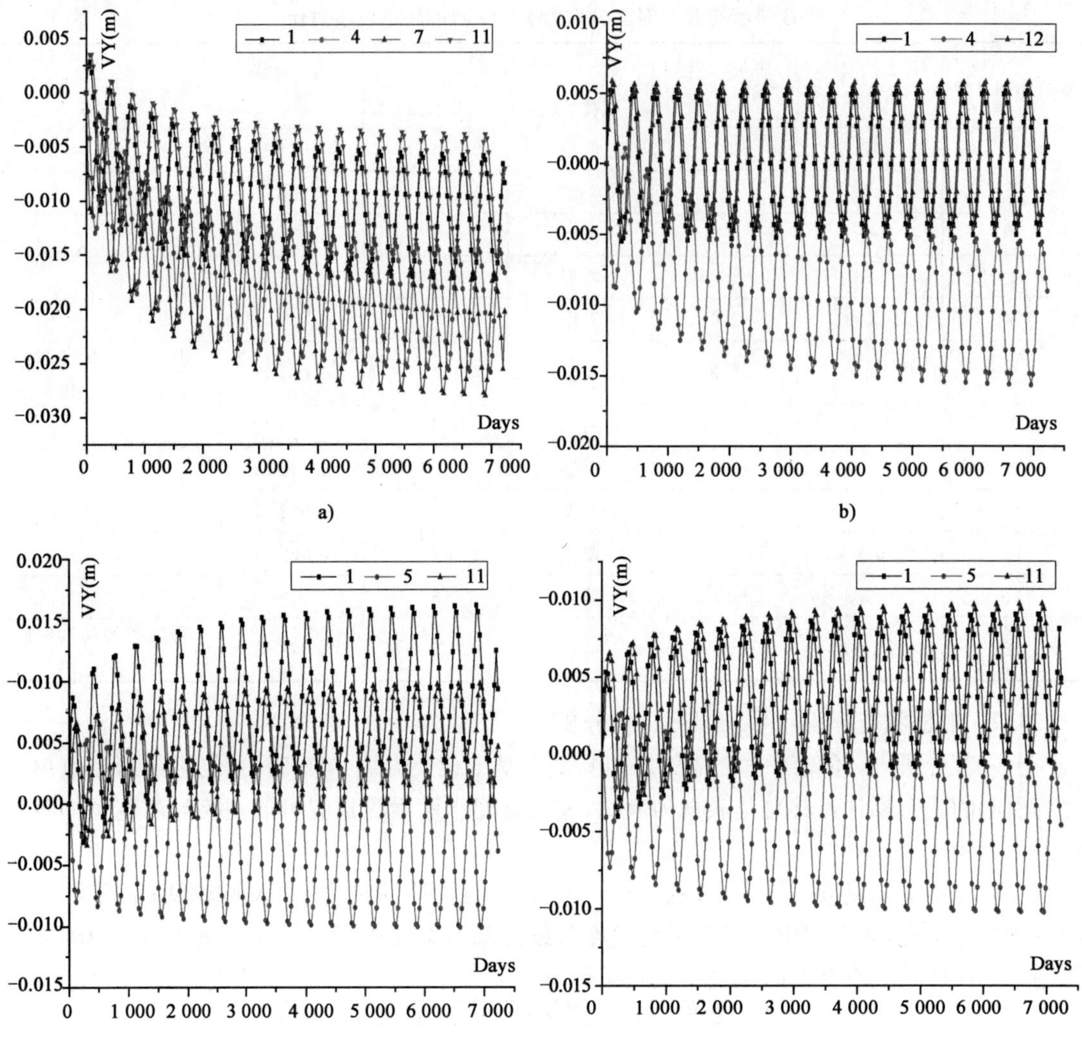

图 9 温度场 1～4 作用下成桥状态主梁跨中位移发展曲线

综合分析以上位移结果可以发现：

(1)当年平均温度与设计基准温度相差较大时，跨中点累计位移趋势主要受环境温度场的年平均温度与基准温度差值影响。如图 9 中温度场 1 的年平均温度(16.25℃)显著高于本桥梁设计基准温度(10℃)，不论初温历程如何，跨中点均表现出明显的累计下挠趋势。

(2)当年平均温度与设计基准温度相差不大或相等时，跨中点累计位移趋势受年平均温度和初温历程的综合影响，但数值上较小。如图 9 中温度场 2 作用时，年平均温度为 12.25℃，大于基准温度 10℃，会导致下挠；成桥状态 4 月开始时，桥梁结构首先经历升温过程，最后累计位移为下挠，但成桥状态在1月和12月开始时，首先经历降温过程，会导致初始的上拱，最终部分抵消平均温度引起的下挠，而表现为微弱的上拱。

5 结论

针对自锚式悬索桥在使用阶段出现下挠严重问题时有发生的现状，对车道荷载和温度作用两项可变作用的长期作用下自锚式悬索桥主梁位移累计效应进行了分析。由于按现行规范进行设计计算时，这部分作用将不能考虑在内，从而可能造成计算偏差，影响桥梁的使用性能，甚至安全性。通过计算分析：

(1)车道荷载累计效应会导致自锚式悬索桥主梁的下挠，且下挠量相对弹性下挠较明显。

(2)温度作用累计效应受温度场的形式和初温历程两部分影响，其中年平均温度对最终结果影响显著，当与设计基准温度差值较小时温度累计效应较小，可以不考虑。

最后，对于跨度较大或者精细化计算的自锚式悬索桥的设计和施工中，宜对车道荷载和温度作用的长期作用累计效应进行分析，选取合理的预拱度，选择合适的设计基准温度和成桥时间。

参考文献

[1] 中华人民共和国行业标准.公路桥涵设计通用规范 JTG D60—2004[S].北京:人民交通出版社,2004.

[2] 中华人民共和国行业标准.公路钢筋混凝土及预应力混凝土桥涵设计规范 JTG D62—2004[S].北京:人民交通出版社,2004.

[3] 王勖成.有限单元法[M].北京:清华大学出版社,2009.

[4] 戴公连,李德建.桥梁结构空间分析设计方法与应用[M].北京:人民交通出版社,2001.

[5] 唐茂林.大跨度悬索桥空间几何非线性分析与软件开发[D].西安:西南交通大学博士学位论文,2003.

[6] 叶见曙,李国平.结构设计原理[M].北京:人民交通出版社,2006.

[7] 王丹.预应力对混凝土自锚式悬索桥长期影响研究[D].西安:西南交通大学,2005.

[8] 王忠斌.混凝土收缩徐变对自锚式悬索桥的影响分析[D].西安:西南交通大学,2006.

61. 两种基于参数优化的混凝土徐变模型

施江涛　肖汝诚
（同济大学桥梁工程系）

摘　要：介绍了两种较新的混凝土涂变预测模型：Granger 模型和 Larson 模型。根据 CEB—FIP 模型的计算结果对两种模型进行参数优化，讨论了两种模型对计算混凝土短期涂变和长期涂变的适应性，为实际工程应用中选择模型提供参考，并为进一步研究提供思路。

关键词：混凝土　涂变理论　计算模式　参数优化

1　概述

混凝土在荷载作用下的时变效应(即徐变)是结构耐久性研究的重要方面，其引起的结构变形和应力变化对混凝土早期开裂有着重要影响。很多国内外学者根据不同的徐变机理提出了不同的混凝土徐变预测模型[4,5]，但由于影响混凝土徐变因素较多[4]（包括混凝土类型、加载龄期、应力水平、环境温度和湿度等），目前还没有统一的混凝土徐变理论和计算公式。

本文主要讨论两种较新的徐变计算模型、Granger 模型和 Larson 模型。基于欧洲规范(Model Code)中 CEB-FIP 模型[6]的计算结果，对两种模型进行参数优化，比较其拟合度，讨论其对计算混凝土短期徐变和长期徐变的适应性，对其工程应用提供理论依据。

2　模型介绍

混凝土徐变应变的计算式一般由下式表示：

$$\varepsilon_{cr}(t,t_0)=\sigma_c(t_0)J(t,t_0) \tag{1}$$

其中 $\varepsilon_{cr}(t,t_0)$是徐变应变，$\sigma_c(t_0)$是总应力。对徐变柔度 $J(t,t_0)$的不同表达便构成了不同的徐变预测模型。

2.1　Granger 模型

Granger 模型是 1995 年由法国中央路桥实验室 LCPC 的 Laurent Granger 在其博士论文中提出的。此模型是结构专业软件 Code－Aster 中的三个徐变计算模型之一。Granger 模型是线性黏弹性徐变模型，考虑了包括环境温度、相对湿度等在内的影响因素。它的提出是基于在徐变试验中混凝土所表现出的以下特性：

(1)当混凝土应力水平在其开裂应力的 50％以下时，混凝土自生徐变与应力成正比。

(2)试件的自生徐变与它内部湿度 h_{ext} 几乎成正比。干燥的混凝土的自生徐变几乎为零，而含水饱和的混凝土自生徐变达到最大值。且当温度升高，混凝土徐变加速，并表现为一种明显的老化现象。

(3)混凝土在一个方向的徐变应变会在其正交方向产生符号相反的应变(泊松效应)。

Granger 徐变模型中的徐变柔度 J 考虑环境温度、湿度和老化效应的 Kelvin 链表达形式[3]如下：

$$J(t,t_c,T,h)=h\,\frac{T-248}{45}k(tc_{eq})\sum_{s=1}^{n}J_s\left[1-\exp\left(-\frac{t_{eq}-t_c}{t_s}\right)\right] \tag{2}$$

式中：h——混凝土内部的相对湿度，可从混凝土湿度—含水率相关曲线[即 $h=C^{-1}(C)$]中得到；

$k(t_c)$——老化函数，考虑了早期混凝土的水化作用和后期混凝土内部的聚合作用；

$tc_{eq}t_c$——考虑老化受温度影响的等效时间；

t_c——加载龄期；

J_s、t_s——与混凝土种类有关的待定参数，可通过实验数据拟合得到；

n——Kelvin 链的数目，一般不超过 8。

2.2 Larson 模型

Larson 模型是 2003 年由瑞典的 Marten Larson 等人提出的，也称线性对数模型 LLM (Linear Logarithmic Model)。它能在较少实验数据的情况下较好地模拟混凝土的徐变，模型的参数在试验数据中都能得到清楚明确的表达，并且使很多徐变模型中表现出来的负松弛效应影响几乎忽略不计。

Larson 徐变模型中的徐变柔度 J 根据加载龄期在对数坐标中由分段线性函数[1]表示如下：

$$\Delta J(\Delta t_{load},t_0)=\begin{cases} a_1(t_0)\log\left(\dfrac{\Delta t_{load}}{\Delta t_0}\right) \\ a_1(t_0)\log\left(\dfrac{\Delta t_1}{\Delta t_0}\right)+a_2(t_0)\log\left(\dfrac{\Delta t_{load}}{\Delta t_1}\right) \\ a_1(t_0)\log\left(\dfrac{\Delta t_1}{\Delta t_0}\right)+a_2(t_0)\log\left(\dfrac{\Delta t_2}{\Delta t_1}\right)+a_2\ (t_0)_{age}\log\left(\dfrac{\Delta t_{load}}{\Delta t_2}\right) \end{cases}$$

三个式子成立的条件[1]分别是：

$$\begin{cases} t_0<\Delta t_{load}<\Delta t_1 \\ \Delta t_1<\Delta t_{load}<\Delta t_2 \quad \text{and} \quad \Delta t_{load}\geqslant\Delta t_2 \quad \text{if} \quad t_0>(t_0)_{age} \\ \Delta t_{load}\geqslant\Delta t_2 \quad \text{if} \quad t_0\leqslant(t_0)_{age} \end{cases}$$

其中 $a_i(t_0)$　$(i=1,2)$ 可表示为：

$$a_i(t_0)=a_i^{min}+(a_i^{max}-a_i^{min})\exp\left[-\left(\frac{t_0-t_s}{t_{ai}}\right)^{n_{ai}}\right]$$

其中 t_{ai}、$n_{ai}(i=1,2)$ 可根据实验数据拟合得到。Larson 模型中的部分参数值见表 1。

Larson 模型中的部分参数值　　表 1

Δt_0(day)	Δt_1(day)	$\Delta a_1^{max}(10^{-12}/Pa)$	$a_1^{min}(10^{-12}/Pa)$	$a_2^{max}(10^{-12}/Pa)$
0.001	0.1	60	0.1	30

其中 a_2^{min} 的值可根据混凝土弹性模量进行调整[1]，从而改进其拟合度。

3 对比分析

从两个模型的表达形式上,Granger 模型对环境温度、相对湿度和混凝土老化现象都有明确的考虑[2];而 Larson 模型输入参数较多,分段线性表示法对不同条件和不同类型混凝土的适应性也较强[1]。

以下基于 CEB—FIP 模型的计算结果对两种模型进行参数优化,比较两种模型对计算混凝土短期徐变和长期徐变的适应性。

3.1 混凝土早期徐变

首先通过混凝土圆柱试件的早期加载卸载试验的例子,拟合 Granger 模型和 Larson 模型中的待定参数。

以普通硅酸盐混凝土为例,其抗压强度标准值为 25MPa,水泥类别为欧洲规范中的42.5N 型水泥。环境温度保持为 20℃,相对湿度为 80%。混凝土试件取为直径 110mm、高 220mm 的圆柱形混凝土试件。在浇筑后第 10 天在试件顶部施加 20MPa 的恒载,到第 50 天卸载,应变记录直到第 100 天。

在这种情况下以 CEB—FIP 模型计算得到的圆柱形试件竖向应变为标准,对两个模型进行参数优化,其中对于 Granger 模型取 2 个 Kelvin 链,计算得到的两模型中的优化参数见表 2、表 3。

Granger 模型优化参数值 表 2

$J_1(GPa^{-1})$	τ_1(day)	$J_2(GPa^{-1})$	τ_2(day)
0.103 7	1.163	0.186 6	44.49

Larson 模型优化参数值 表 3

n_{a1}	t_{a1}(day)	n_{a2}	t_{a2}(day)
17.69	0.004 189	1.045	3.491

从而得到的各模型经参数优化后的竖向徐变应变计算结果如图 1 所示。

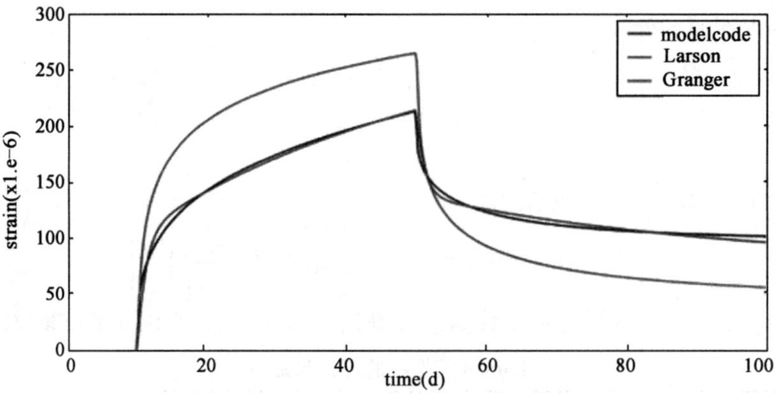

图 1 经参数优化后计算得到的试件竖向徐变应变

从图 1 看到,Granger 模型对于用 CEB—FIP 模型计算得到的早龄期混凝土竖向应变拟合度较好;而 Larson 模型对于加载期间的拟合结果偏大,对于卸载期间的拟合结果偏小。

对于用同样的优化参数计算得到的徐变柔度(加载龄期分别为 1d 和 28d),Granger 模型也较 Larson 模型的拟合度好。在加载期间的 Larson 模型的徐变柔度均表现出偏大的计算结果。如图 2、图 3 所示。

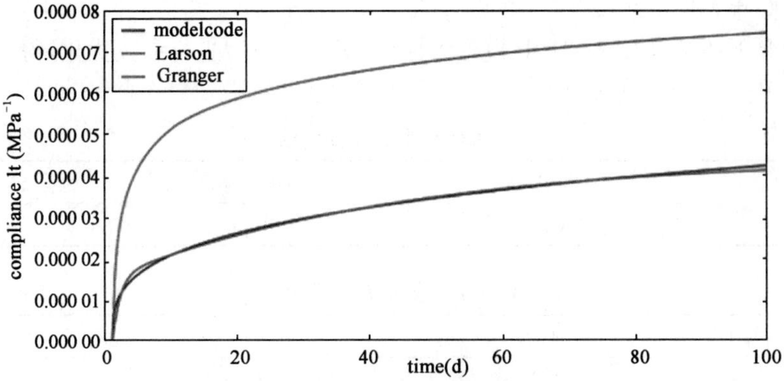

图 2 加载龄期为 1 天的徐变柔度[即 $J(t,1)$]

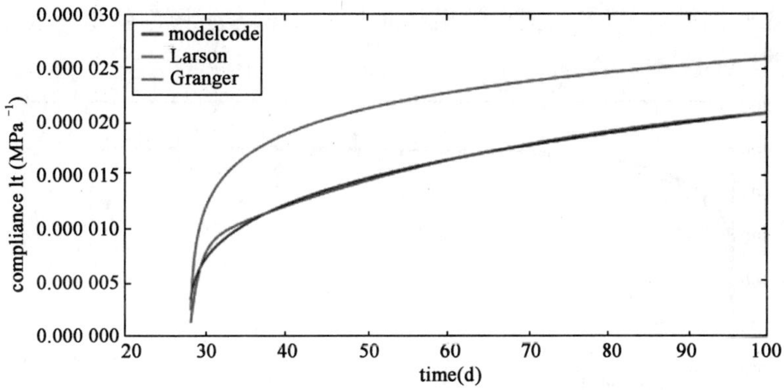

图 3 加载龄期为 28 天的徐变柔度[即 $J(t,28)$]

对于用同样的优化参数计算加载持续试件为 100 年的徐变柔度,可见 Larson 模型在加载初期对加载龄期比较敏感,后期变化比较缓慢;而 Granger 模型加载初期对加载龄期的敏感度与 CEB-FIP 模型接近,但计算结果均偏小。如图 4 所示。

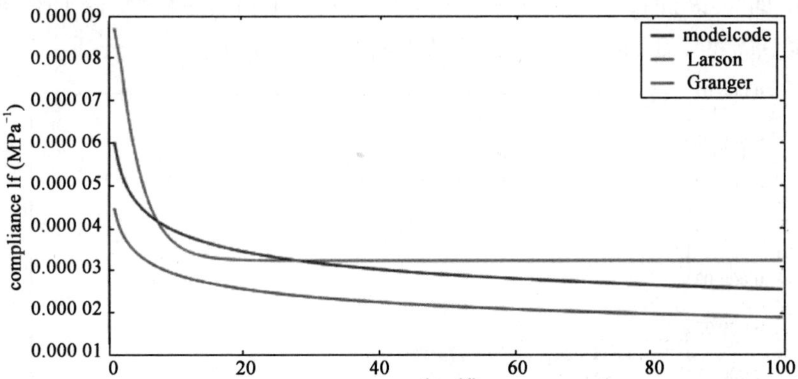

图 4 加载持续试件为 100 年的徐变柔度[即 $J(t_0+100Y,t_0)$]

从以上分析可以看到,Granger 模型对于早期混凝土徐变的计算拟合度较 Larson 模型好。

3.2 混凝土长期徐变

混凝土类别、环境温度和相对湿度，以及试件尺寸还是与上面情况相同。但加载条件考虑结构恒载作用的长期性。即在混凝土浇筑后的第 28 天在试件顶部施加 20MPa 的恒载，加载持续时间为 100 年。

在这种情况下还是以 CEB－FIP 模型为标准，对两个模型进行参数优化，得到的两模型中的参数见表 4、表 5。

Granger 模型优化参数值 表 4

J_1(GPa^{-1})	τ_1(day)	J_2(GPa^{-1})	τ_2(day)
0.433	166.2	0.197	2 784

Larson 模型优化参数值 表 5

n_a1	t_{a1}(day)	n_{a2}	t_{a2}(day)
0.199	0.155	0.033 3	0

注：t_{a2}值趋向于 0。

对于混凝土长期徐变，两者的拟合效果都非常好，Granger 模型的拟合效果略优，如图 5 所示。

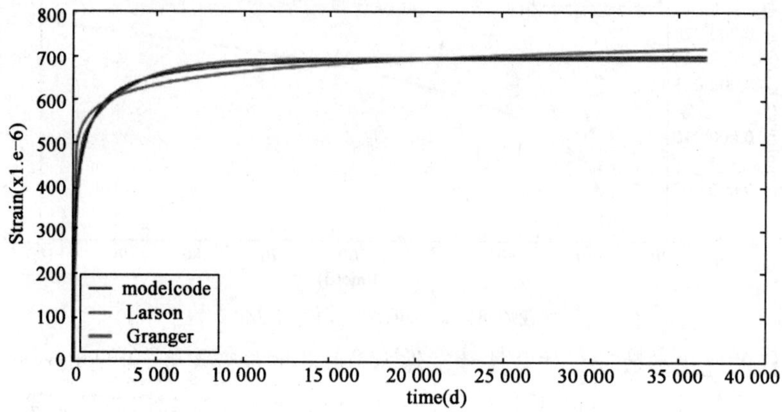

图 5　经参数优化后计算得到的试件竖向徐变应变

当加载龄期为 28d 时，计算两模型的徐变柔度，可见 Granger 模型对 CEB－FIP 模型的计算结果拟合度非常好，而 Larson 模型计算结果偏大，如图 6 所示。

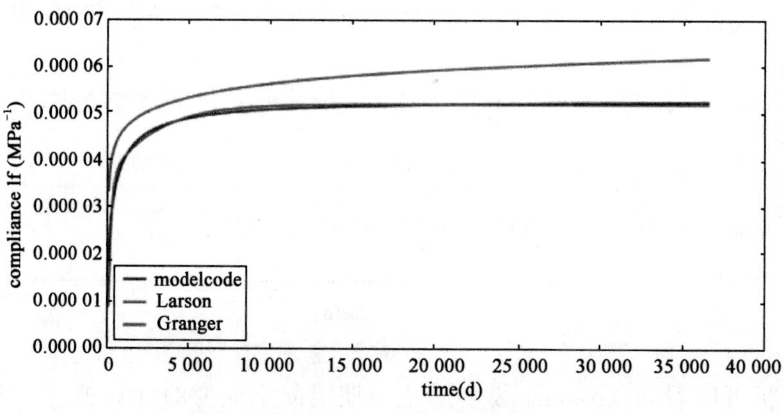

图 6　加载龄期为 28d 的徐变柔度[即 $J(t,28)$]

从加载龄期对 100 年徐变柔度值的影响上看，Granger 模型对 CEB－FIP 模型的计算结果拟合度非常好，而 Larson 模型计算结果偏大，如图 7 所示。

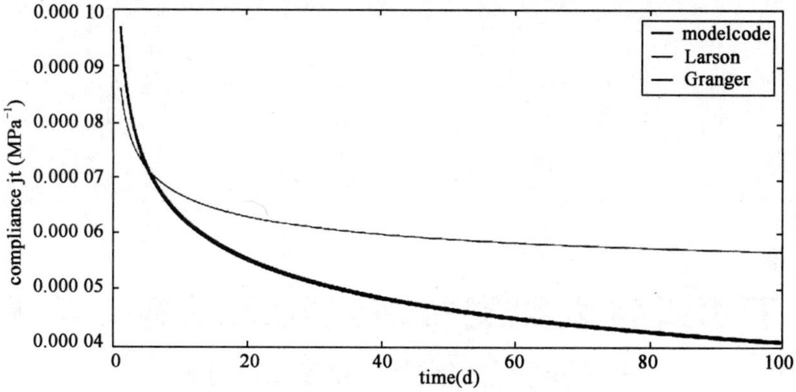

图 7　加载持续试件为 100 年的徐变柔度[即 $J(t_0+100Y,t_0)$]

4　结语

本文介绍了两种较新的基于参数优化的混凝土徐变预测模型，对比研究了两种模型预测徐变时所需的输入参数、使用条件和优缺点。然后根据 CEB －FIP 模型的计算结果对两种模型进行了参数优化，分析对比了两种模型对计算混凝土短期徐变和长期徐变的适应性。结果表明 Granger 模型对短期徐变和长期徐变都有较好的拟合度和适应性；而 Larson 模型在短期加载期间的徐变应变的计算结果偏大，但长期加载情况下也有较好的拟合度。因此，对两种模型在实际工程应用中的选择要考虑其对外部环境和加载特点的适应性。

参 考 文 献

[1] Marten Larson. Thermal Crack Estimation in Early Age Concrete：Models and Methods for Practical Application. Luleå Sweden：Luleå University of Technology. 2003.

[2] Laurent Granger. Comportement Différé du Béton dans les Enceintes de Centrales Nucléaires：Analyse et Modélisation. Paris：Laboratoire Centrales des Ponts et Chaussée. 1995.

[3] Mårina Bottoni. Relation de Comportement GRANGER_FP pour le Fluage Propre du Béton.

[4] 陈志华. 混凝土徐变预测模型的对比分析[J]. 桥梁建设，2006 年第 5 期：第 76 页.

[5] 卓旬，梅明荣. 混凝土徐变计算理论综述[J]. 水利与建筑工程学报，2012 年第 10 卷第 2 期：第 14 页.

[6] CEB-FIP Model Code 2010，First complete draft，Volume 1.

62. 下承式特大型宽桥面混凝土鱼脊连续梁桥
——鱼脊立墙空间及温度效应分析

傅　梅　何晓光

(上海市城市建设设计研究总院)

摘　要：鱼脊连续梁桥是一种截面形式比较特殊的梁桥。鱼脊立墙作为主要受力构件，不但承担着桥梁景观功能，同时也为大跨径桥梁提供了大部分的结构刚度，贡献了主要的竖向承载能力。鱼脊立墙设计的安全合理性，直接关系着整个鱼脊桥梁的成功与否。运用有限元分析程序FEA，对两港公路大治河桥主桥——国内首座下承式特大型宽桥面混凝土鱼脊连续梁桥的施工及运营过程进行空间受力性能分析，探讨了鱼脊立墙预应力效应、温度变化的影响。研究成果可供今后类似工程参考。

关键词：预应力混凝土　鱼脊连续梁桥　fin-back　鱼脊立墙　空间受力性能　有限元

1　引言

鱼脊连续梁桥是20世纪80年代美国开发的结构形式，由于断面特殊，局部受力的空间效应显著。两港公路大治河桥主桥（单片双鱼脊、35m宽整幅桥面、主跨158m）的跨度及宽度均排该类结构形式的前列。本文以该工程为背景，采用大型通用有限元软件，对施工、运营期间的鱼脊立墙空间受力性能进行了研究。研究结果表明，其局部空间效应明显、受力复杂，须重点关注。结论对工程设计具有重要的指导意义。

2　工程背景

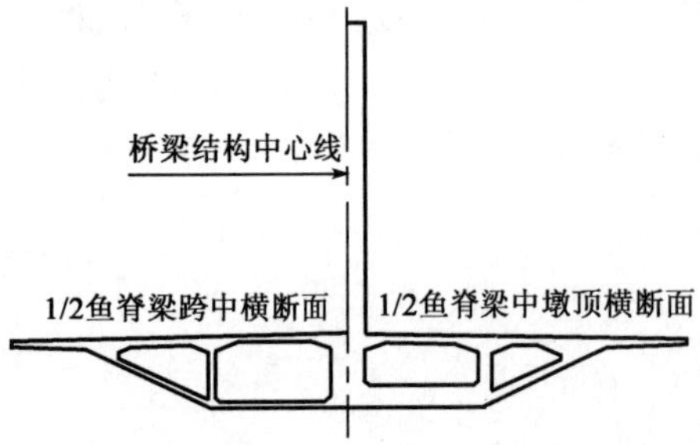

图1　两港公路大治河桥主桥上部结构横断面

两港公路大治河桥主桥为92m+158m+92m三跨预应力混凝土鱼脊连续梁桥，总长342m，主梁横断面由等高箱梁和变高鱼脊立墙两部分组成(图1)。箱梁采用挂篮悬臂平衡浇筑施工，鱼脊立墙整体分段、局部分层浇筑完成。

鱼脊立墙采用中央分隔带中单片布置，鱼脊立墙受力结构中支点桥面以上高15.2m，跨中及边支点高度为0，外形轮廓接近等腰三角形。箱梁断面采用长悬臂、斜腹板、单箱4室截面，箱梁顶宽34.7m，底宽14.0m，等高3.50m。

主梁混凝土设计强度等级C55，鱼脊立墙采用纵向预应力体系（31-Φ^s15.20）；箱梁采用三向预应力体系（5～31-Φ^s15.20）及精轧螺纹钢筋（Φ32）。预应力钢绞线（1×7）-15.20-1860（GB/T 5224—2003），张拉控制应力为抗拉标准强度的70%～75%，Φ32高强精轧螺纹钢（f_{pk}=930MPa），张拉控制应力为抗拉标准强度的72%～90%。

3　基于有限元法的鱼脊立墙空间效应分析

鱼脊立墙作为鱼脊桥梁的主要构件，不但承担着桥梁景观功能，也同时为大跨径桥梁提供了大部分的结构刚度，贡献了桥梁主要的竖向承载能力。鱼脊立墙设计的安全合理性，直接关系着整个鱼脊桥梁的成功与否。

经研究分析，鱼脊桥梁的结构截面应变大致能够符合平截面假定，但是在特殊的结构部位（如0～5号节段区域的鱼脊立墙），其平面内部的应力分布特点就不能简单地用梁单元的方法来进行模拟分析了。

3.1　有限元模型及参数

为深入分析鱼脊立墙的受力特点以指导实桥设计，采用了大型专业计算软件MIDAS FEA（V3.0.0），对桥梁结构进行了3维块单元建模分析。主要采用6面体单元，仅在局部变截面处采用了5面体单元。为节省计算机资源、加快计算速度，仅建立一半结构单元模型（图2）。跨中采用镜像边界条件，即纵向、弯曲自由度约束，竖向自由度释放。模型共103 176个单元，160 408个节点。预应力钢束通过建立预应力钢束单元并施加张拉力实现。模型中共有预应力钢束单元1 642根（含梁体和墙体的钢束）。

根据鱼脊立墙受力特点，鱼脊钢束主要沿主应力σ_1的方向发散形布置（图3），分别锚固于6～21号节段，6～19号节段每个节段配置钢束4×31-Φ^s15.20，20号、21号节段每个节段配置2×31-Φ^s15.20。有限元模型严格按照实际的混凝土节段浇筑和钢束张拉顺序进行计算。鱼脊立墙也按照实际的分层浇筑的顺序进行计算。

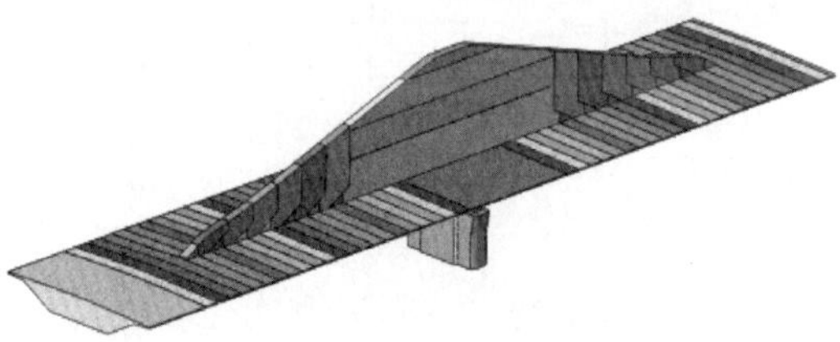

图2　结构计算模型

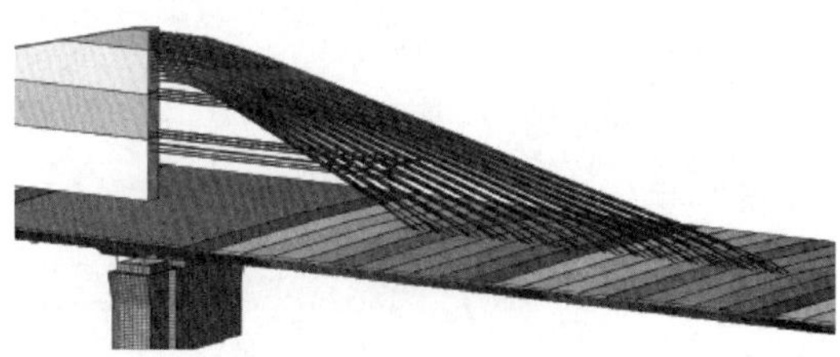

图3　鱼脊钢束布置示意

3.2　不考虑钢束效应时鱼脊立墙的应力特征

自重作用下，鱼脊立墙的应力分布规律如下：

（1）主应力σ_1（图4）：位于鱼脊立墙平面之内，矢量基本上平行于鱼脊结构墙的外轮廓线方向，主要为拉应力，由纵桥向正应力贡献，体现出连续梁负弯矩区域受拉的特点。最大拉应力并不是发生在主墩中心线位置，而是发生在脊顶两侧的斜坡处，最大值20.4MPa（大于脊顶的17.8MPa），且分布的长度和影响的深度都超过了脊顶部位。由于支承宽度和大横梁的影响，支承反力在梁体内扩散分布，真实的弯矩图被"削峰"，呈曲线形。

（2）主应力σ_3（图5）：在鱼脊立墙平面内，与主应力σ_1矢量垂直。应力从上至下增大，墩顶部位主压应力增加得最快，出墩顶其他部位应力增加较慢（由鱼脊立墙自重和剪应力产生）。

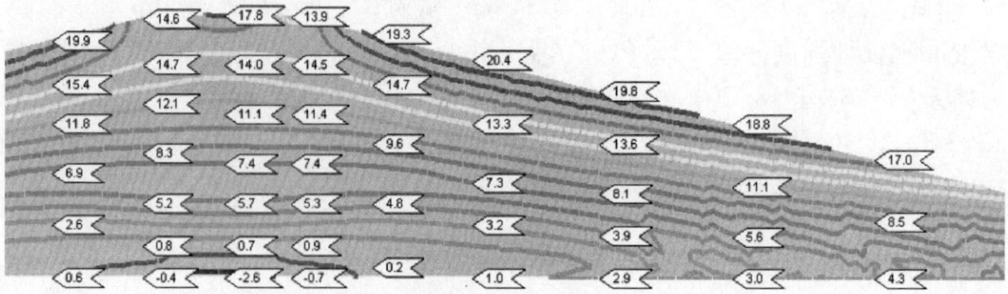

图 4　自重作用下鱼脊立墙主应力 σ_1 等值线图(单位:MPa)

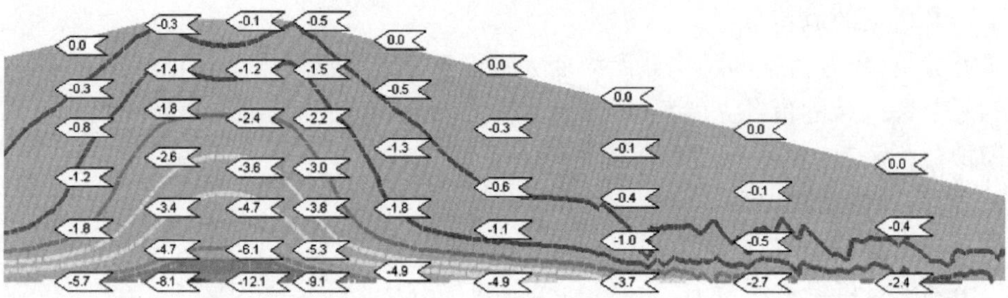

图 5　自重作用下鱼脊立墙主应力 σ_3 等值线图(单位:MPa)

3.3　自重和预应力效应下成桥阶段鱼脊立墙应力分析

自重和预应力作用下,鱼脊立墙应力分布规律如下:

(1)主应力 σ_3(图 6):成桥状态下,鱼脊钢束完全消除了原 σ_1 主应力方向的拉应力,体现为鱼脊立墙平面内的压应力。因多层鱼脊钢束产生的径向压力作用,中墩部位正上方主应力 σ_3 转为竖直方向,墙底约 9.5m 范围内竖向压应力较大(7.5～19MPa)。

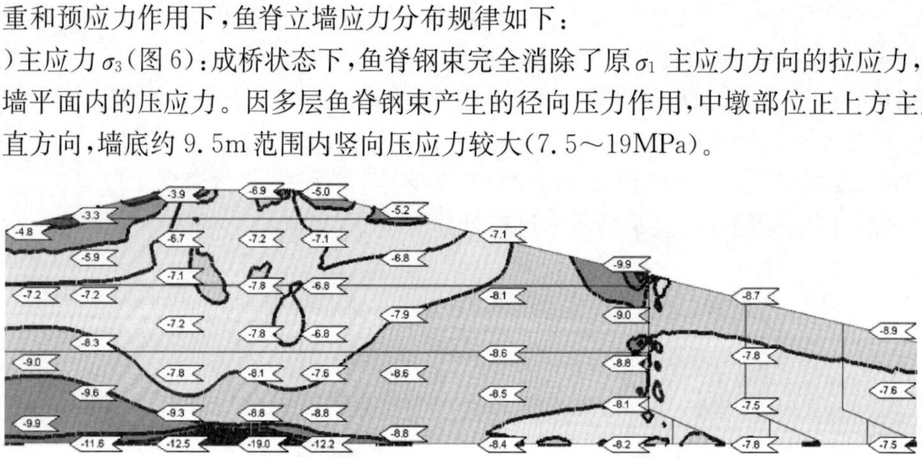

图 6　自重和预应力作用下鱼脊立墙主应力 σ_3 等值线图(成桥状态,单位:MPa)

(2)主应力 σ_2(图 7):中墩上方约顺桥向 24m 范围,为鱼脊立墙面内的预应力,基本上和主应力 σ_3 的矢量方向在面内垂直。鱼脊钢束在脊顶转圆弧折点对混凝土的径向压应力直接通过第三层鱼脊的主应力 σ_2 得到了体现。

(3)主应力 σ_1(图 8):由于泊松效应,中墩上方约顺桥向 24m 范围,矢量是出平面方向,应力值趋近于 0;其他鱼脊立墙区域,矢量方向既有平面内的,也有平面外的情况。虽然其应力值都较小(小于 0.5MPa),也应适当采取抗裂加强措施。

(4)顺桥向及竖向应力(图 9、图 10):皆与素混凝土结构类似,顺桥向正应力最大值(代数值)发生在脊顶平段两侧的斜坡上);竖向压应力主要发生在主墩前后 24m 范围,沿竖向从上到下逐层变大,24m 外范围(鱼脊钢束的直线段),由于没有鱼脊钢束径向力的参与,竖向应力趋近于0。对于鱼脊立墙而言，竖向不是主要的受力方向，不需要过多的压应力储备，但在压应力储备较少的区域，钢筋配置方面也要适当加强，以抵抗由于墙体表面温度降低和风荷载引起的裂缝问题。

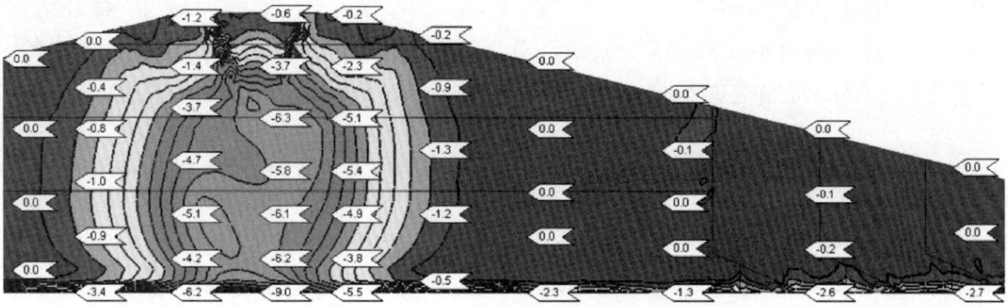

图7　自重和预应力作用下鱼脊立墙主应力 σ_2 等值线图（单位：MPa）

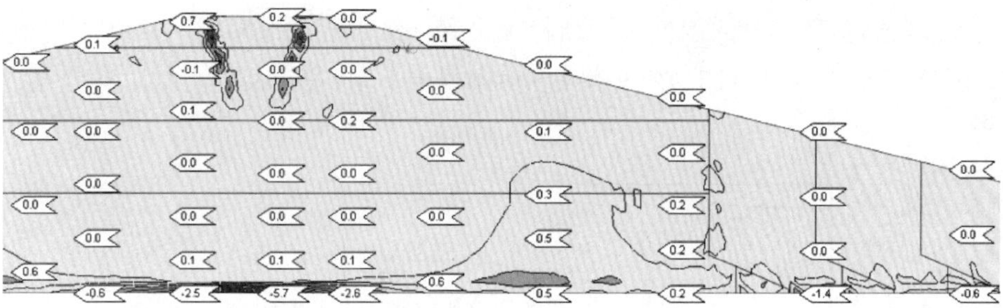

图8　自重和预应力作用下鱼脊立墙主应力 σ_1 等值线图（单位：MPa）

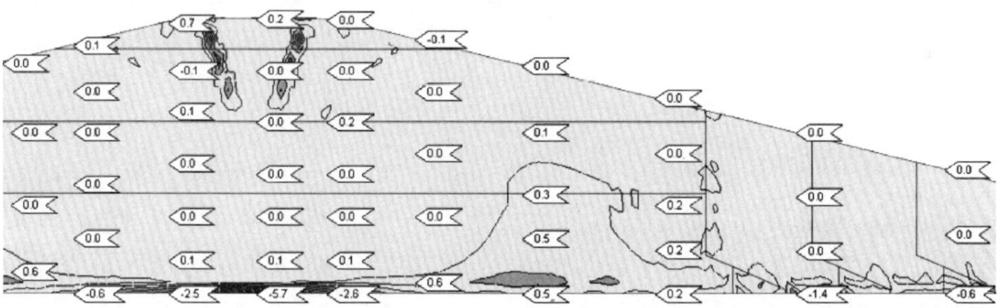

图9　自重和预应力作用下鱼脊立墙顺桥向应力（σ_{yy}，单位：MPa）

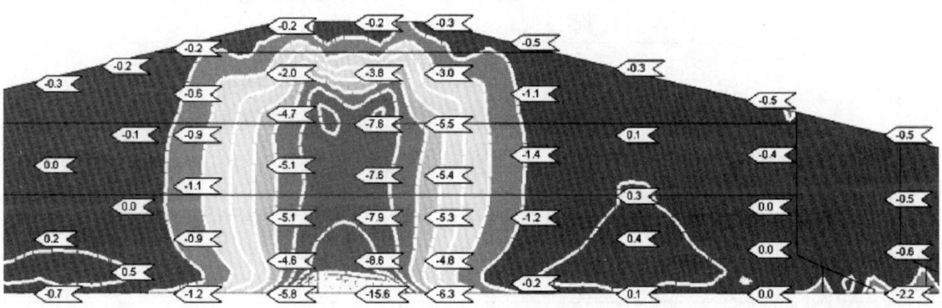

图10　自重和预应力作用下鱼脊立墙竖向应力（σ_{zz}，单位：MPa）

3.4　计算结果分析小结

主墩部位的鱼脊立墙结构是整个结构体系中受力最大、最为关键的部分，其混凝土的承载能力和抗裂性能必须得到保证。施加预应力后，鱼脊立墙混凝土的主应力 σ_2 和 σ_3 都是平面内的压应力，即沿任何方向都是受压状态(压应力值满足规范要求)，主要结构构件的耐久性得到了保证。

本桥设计考虑了恒载、预应力、收缩徐变、整体升温、温差、沉降等荷载作用，并进行线性组合，得到鱼脊立墙的顺桥向(σ_{yy})和竖向的应力包络值(σ_{zz})。考虑适当增加安全储备，应力控制要求不出现拉应力，除局部范围外，主要受力方向压应力绝对值不小于 2MPa。

4 基于有限元法的鱼脊梁温度场效应分析

4.1 温度计算模型及参数

鱼脊立墙为暴露在外界的大体积混凝土结构，其升温、降温及骤然降温时的梯度模式，不同于规范的研究模式，须特殊研究。本工程根据桥址处气象实测资料，采用瞬态温度场计算方法对结构的温度场进行了数值仿真模拟。根据分析结果，箱梁温度梯度模式接近《公路桥涵设计通用规范》取值，鱼脊部分的温度梯度须特殊设置。结合相关文献[1~3]及经验，本桥温度梯度模式及剖面位置如图 11、图 12 和表 1。正温度梯度组合：1＋3＋5，负温度梯度组合：2 ＋4＋6。

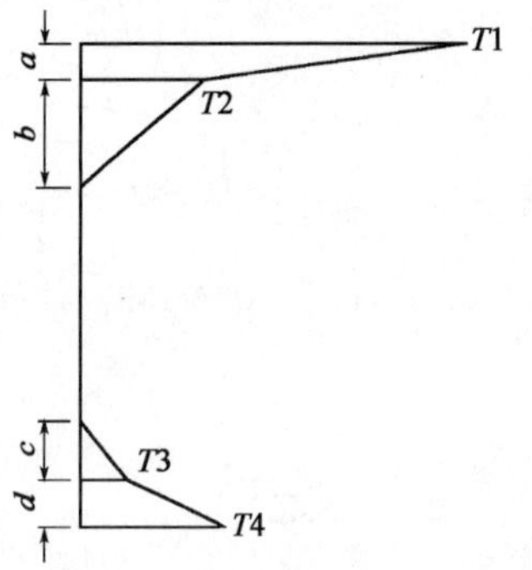

图 11 梯度模式

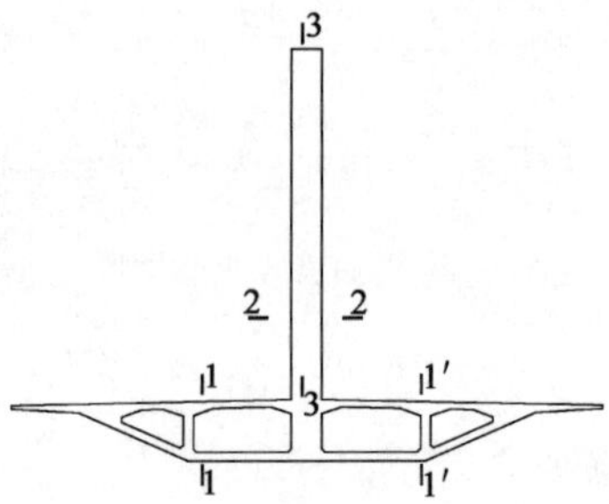

图 12 剖面位置

有限元结构模型采用 MIDAS FEA 建立块单元模型，温度作用采用节点温度施加。模型中建立各种温度曲线函数，使得程序可以根据各节点在高度或厚度方向的不同位置施加不同的温度作用值。

温 度 梯 度 模 式 表 1

部分	剖面	模式	T_1	T_2	T_3	T_4	a	b	c	d	编号
箱体	1—1(1′—1′)	正温差	14	5.5	0	0	100	300	0	0	1
		负温差	−7	−2.75	0	0	100	300	0	0	2
鱼脊	2—2	正温差	12	5.5	1.2	2.5	100	300	300	100	3
		负温差	−6.2	−4.2	−2.8	−5.3	100	300	300	100	4
	3—3	正温差	17	7.7	0	0	100	300	—	—	5
		负温差	−6.8	−3.8	0	0	100	300	—	—	6

4.2 温差计算结果及分析

温度梯度作用对鱼脊连续梁桥结构的影响方式应分为两个体系。第一体系，由于温差作用导致鱼脊连续梁桥结构支反力和内力的改变，从而产生应力和变形；第二体系，由于温差的原因，局部结构表面和内部的温度应变不一致，从而产生应力和变形。

MIDAS FEA 有限元块单元模型计算得到的应力实际上是两个体系下温差作用的应力总和。箱梁顶板及鱼脊立墙,因直接承受温差的作用,其温差应力主要产生于第二体系;箱梁腹板和底板因间接承受温差的作用,其温差应力主要产生于第一体系。

1)应力

箱梁顶板及鱼脊立墙的温差应力结果如图 13、图 14 所示,其表面应力分布较为均匀。负温差作用下产生 2.0~2.4MPa 的拉应力,正温差作用下产生 4.0~5.5MPa 的压应力。说明这些部位主要是局部温差效应发生作用。由于有限元模型为弹性材料,应力计算没有考虑大体积混凝土局部开裂引起的拉应力释放效应,因此在配置钢筋钢束时应适当给予考虑,否则会引起材料用量过大。

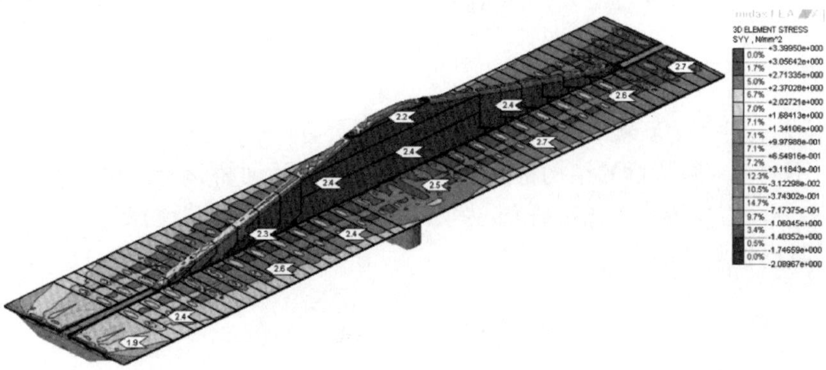

图 13　负温差顺桥向应力(σ_{yy},单位:MPa)

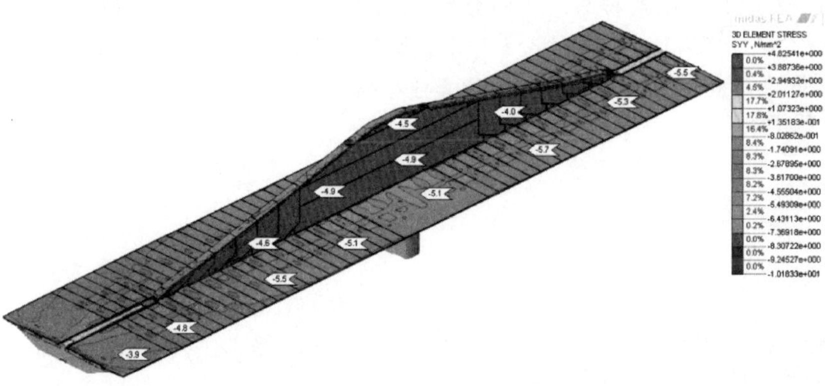

图 14　正温差顺桥向应力(σ_{yy},单位:MPa)

箱梁下缘应力主要由第一体系的温差作用引起,故其应力分布规律和杆系单元计算结果较为一致:正温差作用下为拉应力(0~1.4MPa),负温差作用下为压应力(0~0.7MPa),其绝对值皆从边支点到中跨跨中逐渐变大。

2)位移

温差作用下鱼脊连续梁桥的竖向位移如图 15、图 16 所示。正温差作用下中跨跨中向下位移 6.2mm,负温差作用下中跨跨中向上位移 4.6mm,大于杆系计算结果值(2.5mm)。

4.3　计算结果分析小结

温差作用是导致混凝土桥梁开裂的常见原因。本桥鱼脊立墙属于暴露在外界的大体积混凝土结构,其温度梯度模式不同与常规连续梁桥,须特殊研究设置。温度梯度作用下,有限元块单元模型中鱼脊立墙及箱梁顶、底板的应力及变形数值,皆大于杆系单元简化计算结果,须重点加以关注。

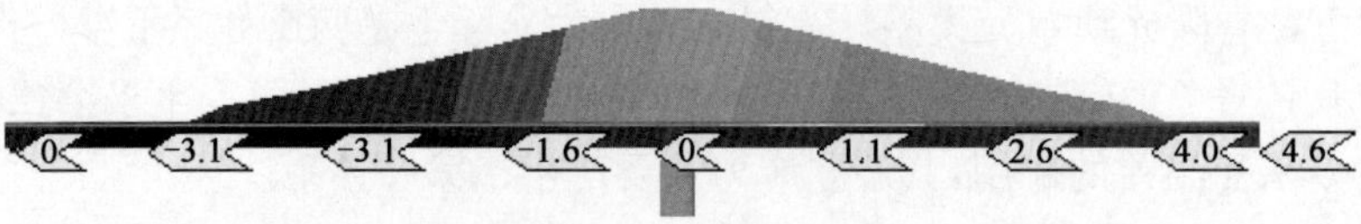

图 15　负温差作用下鱼脊连续梁桥竖向位移(尺寸单位:mm)

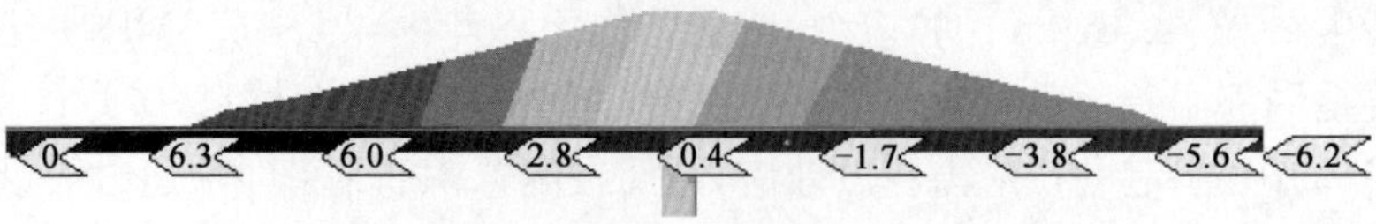

图 16　正温差作用下鱼脊连续梁桥竖向位移(尺寸单位:mm)

5　结语

鱼脊梁桥是一种较为新颖的桥梁结构形式,它既具有一般梁桥的特点,又由于鱼脊立墙的存在,显示出不同于一般梁桥的结构特性。本文通过对大治河桥鱼脊立墙的空间效应以及温度场效应等多方面结构特性的分析研究,为实际鱼脊梁桥设计中关键控制部位的处理积累了实践的经验,具有借鉴性的意义。

参 考 文 献

[1] F Kehlbeck. 太阳辐射对桥梁结构的影响[M]. 刘兴法,译. 北京:中国铁道出版社,1981.
[2] 刘兴法. 混凝土结构的温度应力分析[M]. 北京:人民交通出版社,1991.
[3] 陈衡治. 大跨预应力混凝土箱梁结构计算分析研究[D]. 杭州:浙江大学,2005.

63. 杭州湾跨海大桥海中平台匝道桥支座位移与钢箱梁温度相关性研究

周　旋　马如进　张　振　陈艾荣

（同济大学桥梁工程系）

摘　要：本文以杭州湾大桥海中平台匝道桥为研究对象，对支座位移以及钢箱梁温度进行分析，重点研究了支座位移与钢箱梁平均温度以及日照温差之间的相关性。本文对实测数据进行统计分析，得到相应的相关性，并建立相应的有限元模型与实测数据结果进行对比。研究分析结果表明：从长期整体趋势来看，支座位移与钢箱梁平均温度之间存在较强的线形相关性；而在钢箱梁存在日照温差时，支座位移与钢箱梁平均温度之间将不再保持线性关系。本文研究结果揭示了支座位移随钢箱梁温度的变化情况，可以为附近地区桥梁支座设计选用提供参考。

关键词：支座位移　平均温度　日照温差　相关性　监测

1　引言

桥梁结构随着温度变化会产生变形[1,2]，根据研究结果可知温度荷载在某些程度下甚至比车辆等活载产生的变形大[3,4]，而梁端支座位移恰恰可以反映桥梁结构的变形情况，因此梁端支座位移与温度之间的相关性将是影响结构运营情况和全寿命性能的重要因素。在各种材料的桥梁结构中，钢桥的温度效应较为显著[5,6]，目前国内的一些研究人员已经对钢箱梁的温度分布规律做了一些监测和研究：陈家齐[7]对湛江海湾大桥施工中钢箱梁温度分布进行了观测与分析；李传习[8]对杭州江东大桥的钢箱梁温度进行监测并提出了相对应的温度梯度；梁柱[9]对深港西部通道深圳湾公路大桥进行了长期监测；丁幼亮[10]对珠江黄埔大桥钢箱梁进行了监测，建立了顶板和底板的竖向温差的概率分布模型；同时丁幼亮等[11~14]对于润扬长江大桥进行了较为系统的监测，提出了诸多温度分布规律及数学模型。而温度与梁端支座位移之间相关性主要停留在理论研究上，与实际监测结果结合较少，邓扬[15]对润扬长江大桥梁端位移与温度之间的季节相关性进行了分析。需要指出的是，目前仅有的研究是针对于长时间监测结果进行分析，对于较短时间（如一日内）两者相关性研究较少；另外，这些研究内容仅对特定的区域进行研究，对于不同区域的太阳辐射下钢箱梁的温度分布还需要大量的积累和研究。综上所述，有必要定量研究钢箱梁梁端位移与箱梁温度之间的相关性，为设计提供依据。

本文中以杭州湾跨海大桥海中平台匝道桥为研究对象，基于环境作用及结构响应监测系统的长期监测数据，分析了钢箱梁梁端位移随环境温度变化的长期和短期规律。研究成果可以为深入研究杭州湾跨海大桥的结构位移与温度相关性提供依据，并可以为同类型钢箱梁设计提供参考。

2 监测断面及测点布置

杭州湾跨海大桥跨越杭州湾海域，北起嘉兴市，南到宁波市，全长36km。海中平台紧邻副通航孔斜拉桥，在大桥运营期间作为海上紧急救援、旅游观光、海事管理的场所。匝道桥作为连接跨海大桥主桥与海中平台的通道，为独墩曲线桥。海中平台匝道桥分A、B、C、D、E五部分。匝道最小平曲线半径为72m，最小回旋线参数为60m，最小凸型竖曲线半径为2 776.015m，最小凹型曲线半径为2 171.789m。B、C、D、E匝道梁高均为1.65m(内轮廓中心线)，顶板厚为16mm，底板厚为12mm，斜腹板为16mm。图1为杭州湾跨海大桥海中平台匝道桥钢箱梁各传感器的监测截面位置图，位移计布置在编号分别为ZC17、ZC11、ZC5、ZD17、ZD11、ZD5的6个墩的支座处，其中ZC11和ZD11各有两组支座，所以共布置有8组位移计。每一组支座处布置2支纵向位移计、2支竖向位移计以及1支横向位移计。图2为ZC17墩支座位移计布置图，其中U_X、U_Y和U_Z分别指顺桥向、横桥向和竖向位移。其余位置支座位移计布置情况与此处一致。图3为钢结构监测截面温度计布置示意图。此截面共有20个钢结构温度计，依顺时针方向排列，顶板、腹板、底板各有5个。截面处还有1个空气温度计(编号A1)监测截面处箱内空气温度。另外在ZC17墩处有一空气温度计监测室外空气温度。

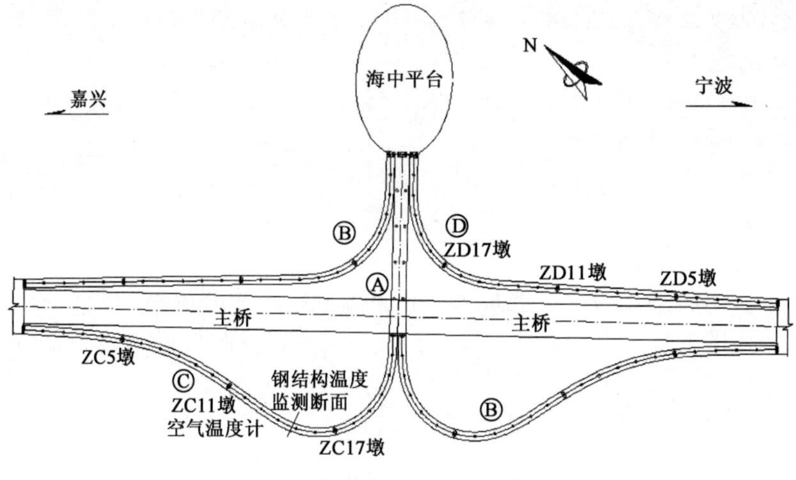

图1 各传感器监测截面位置图

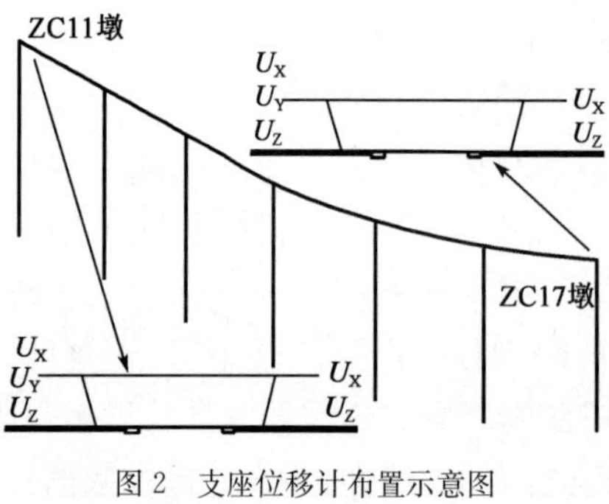

图2 支座位移计布置示意图

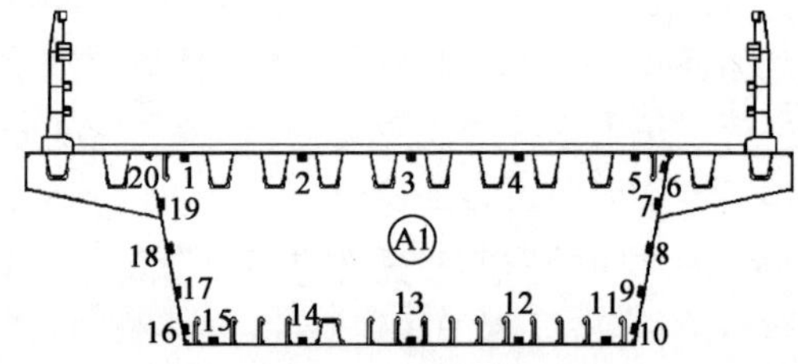

图3 温度计布置示意图

3 梁端支座位移与平均温度相关性研究

为了研究钢箱梁温度对于梁端位移变化的影响，本文选取了匝道桥 2012 年中 175d 的梁端位移和温度监测数据进行相关性研究。图 4～图 6 给出了 9 月份 ZC17 墩嘉兴方向支座位移的 10min 平均值的月变化曲线。可以看出，支座的变形在每日内有一定往复性，出现波峰和波谷。这是由于早晨和夜晚温度低，梁端位移小；白天温度高，梁端位移大。而在一个月内位移平均值有减小的趋势，尤以纵向位移计最为明显。这是由于在 9 月份温度逐渐降低，梁端位移也逐渐减小。同时我们可以看出，在三类位移中，竖向位移最小，横向位移其次，而纵向位移最大，纵向位移规律性也较为明显。首先桥梁本身竖向和横向位移就较小，其次除了温度之外，车辆荷载和波浪荷载的非平稳性对梁端位移也具有一定影响，但主要影响竖向和横桥向，所以纵向位移与温度的相关性最为密切。

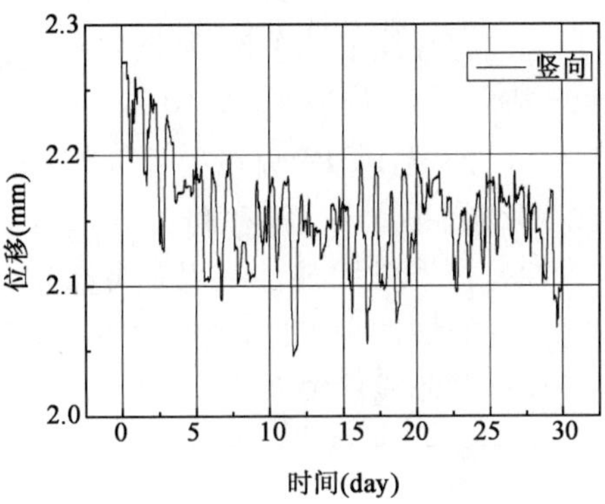

图 4 竖向位移月变化曲线图

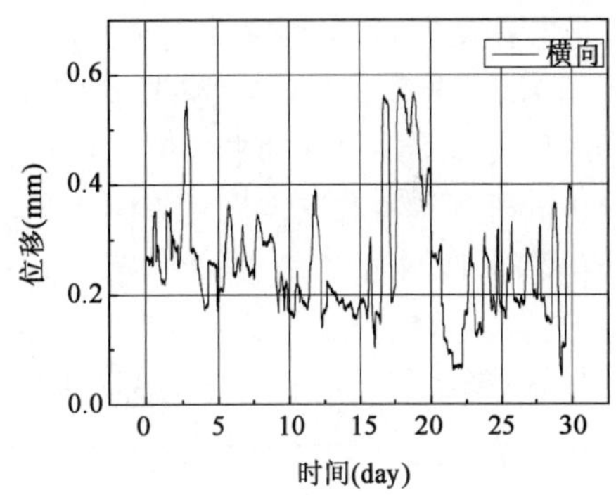

图 5 横向位移月变化曲线图

在得到了梁端位移的变化趋势之后，为了进一步研究钢箱梁温度变化与梁端位移的相关性，本文将所有钢箱梁温度传感器数据的平均值作为钢箱梁的平均温度，以天为单位计算梁端位移及平均温度的平均值。其中梁端位移主要考虑规律较为明显的纵向位移计。图 7、图 8 分别为 5～10 月期间 ZC17 墩 1 号和 2 号纵向位移计日平均位移与温度关系图。从整体趋势来看，梁端支座位移与钢箱梁平均温度之间存在较强的线形相关性：在钢箱梁平均温度较高时支座位移较大，在钢箱梁平均温度较低时支座位移较小。但同时位移和温度的散点图仍然较为离散，这也是由于其他环境条件如波浪和汽车荷载等对梁端支座位移的干扰造成的。

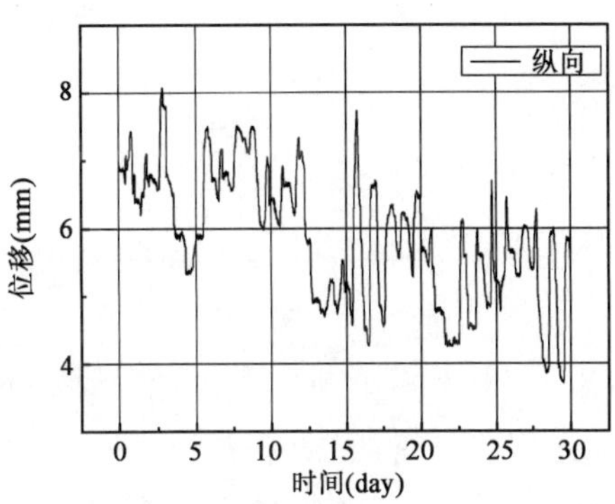

图 6 纵向位移月变化曲线图

通过对各位移计数据与温度进行线性回归分析，可以得到相应的回归方程。通过计算得到 1 号纵向位移计的方程为：$y=-4.362+0.374x$；2 号纵向位移计的方程为：$y=13.290+0.371x$。通过这两个方程可以看出，两者斜率几乎一致，而数值的不同是由于平衡位置不同造成的。由此可以说明在较长的时间跨度内梁端位移确实与温度具有一定的线形相关性。

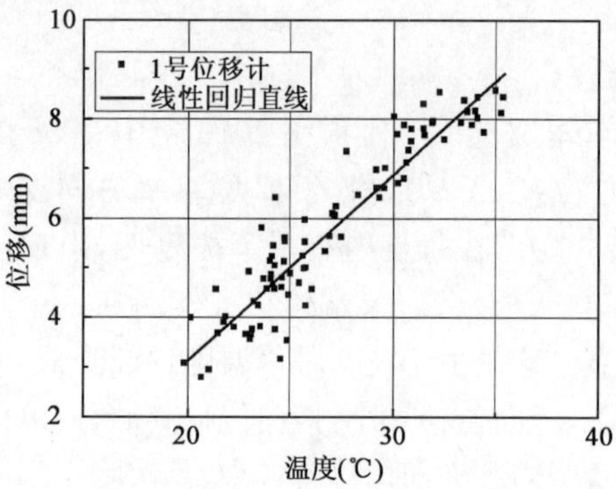

图7　1号纵向位移计日平均位移与温度关系图

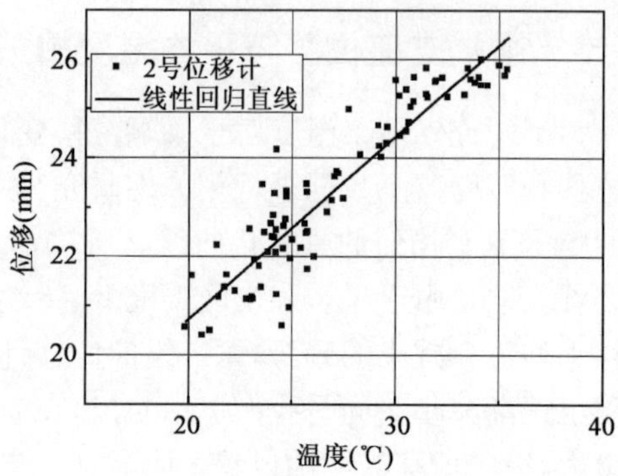

图8　2号纵向位移计日平均位移与温度关系图

4　梁端支座位移与日照温差相关性研究

从长期来看，日平均梁端支座位移与钢箱梁日平均温度存在线形相关性，但若将统计时间缩短到1d，支座位移与温度之间的关系将呈现非线性。以8月13日为例，以10min为单位计算梁端位移及平均温度的平均值。图9、图10分别为C2联两端（ZC17墩和ZC11墩）纵向位移计10min平均位移与温度关系图。从图中可以看出，C2联两端的位移在超过35℃左右之后变化非常小，在40℃左右时之后基本保持不变，非线性特征非常明显。从以上分析中我们可以得到，在温度较高时支座位移与钢箱梁温度之间将呈现非线性相关性，虽然发生时的温度和程度有所不同，但几乎所有位置的纵向位移计都会存在这种非线性关系。

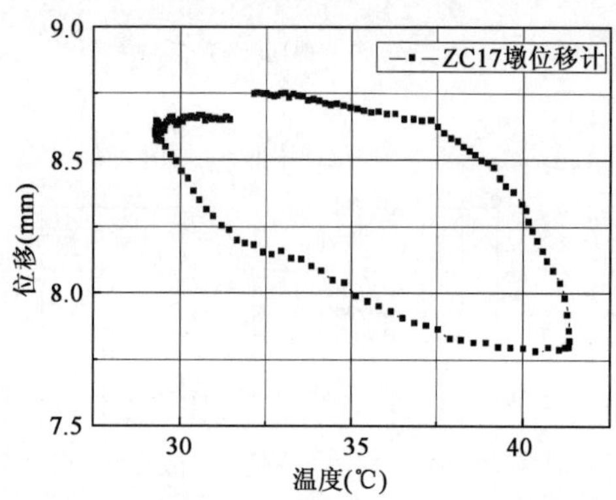

图9　ZC17墩位移计10min平均位移与温度关系图

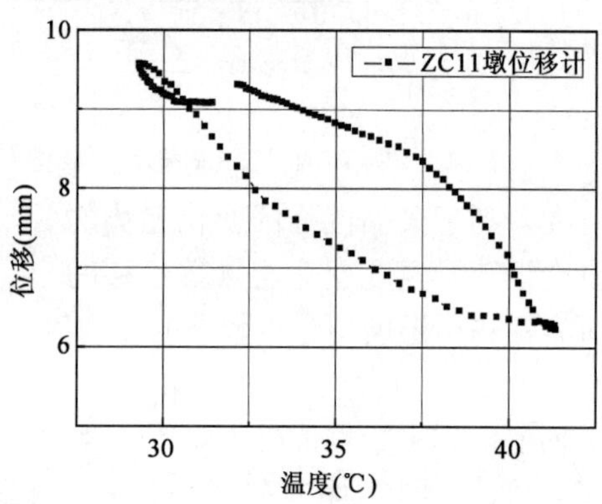

图10　ZC11墩位移计10min平均位移与温度关系图

出现这一现象的原因是，在外界温度较高的时候，顶板温度将比腹板、底板温度高，如图11所示为7月4日钢箱梁出现最高温度时温度分布图，顶板与底板变形将不再保持一致。为保持截面平滑，底板的变形将会非常小，因此与底板相连的支座位移也较小，形成了支座位移与温度之间的非线性关系。不同位置非线性程度不同也是由于匝道桥为弯桥，变形会存在差异。

为了进一步验证在高温时支座位移与钢箱梁温度之间的非线性关系，进行有限元模拟分析。分析时以钢结构温度监测截面所在C2联为研究对象，使用shell63单元模拟钢箱梁，solid95单元模拟混凝土桥墩。图12为有限元模型。

施加温度荷载时，取10min为一个工况。其中顶板、腹板和底板按照监测数据实际结果取10min平均值施加温度，如图11所示温度分布，横隔板与底板加劲肋均取底板平均温度，而顶板加劲肋取顶板平均温度。

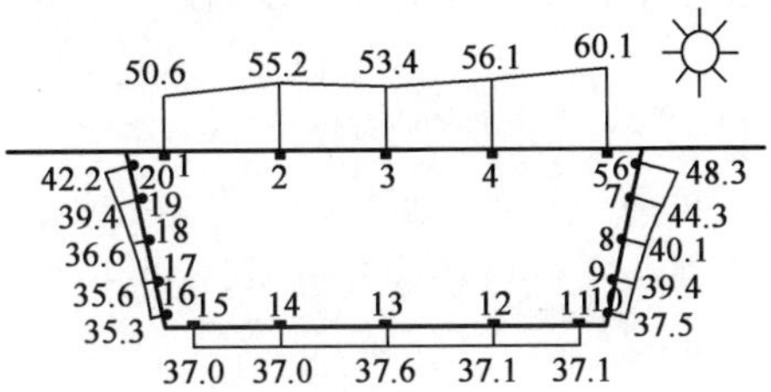

图 11　钢箱梁温度分布图(℃)

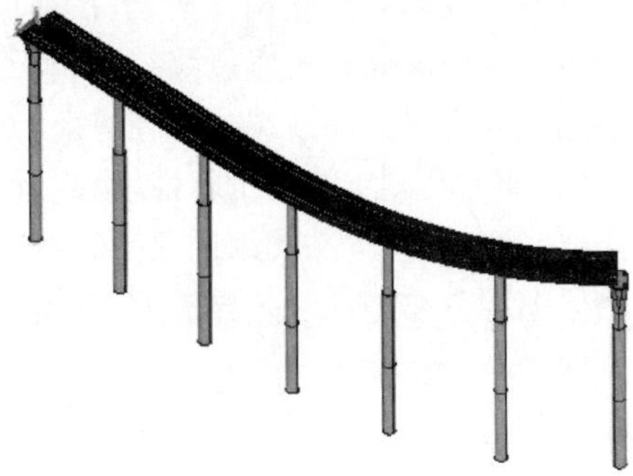

图 12　有限元模型

图 13、图 14 为有限元计算结果与实测值比较对比。时间段为升温较为明显的早晨 7 时至下午 14 时之间。图中实测值为每一时刻的位移计读数与 7 时位移计读数之差。由图中可以明显看出，在温度较低的时候，曲线斜率较大，随着温度增加曲率逐渐减小直至为 0。理论值与实测值切合较好，验证了实测数据的可靠性。而 ZC11 墩位移比 ZC17 墩大是因为 SL3 处桥梁曲率较小，在升温过程中沿桥梁轴线方向变形比较大。

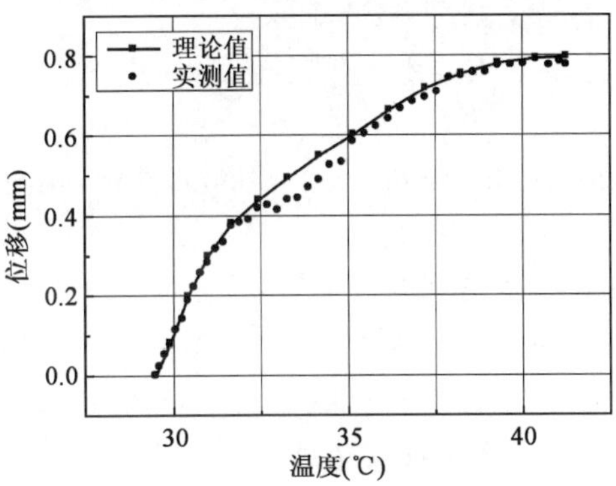

图 13　ZC17 墩纵向位移计计算结果

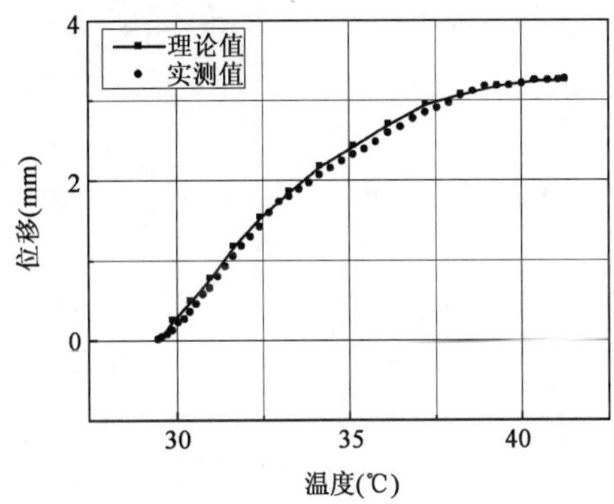

图 14　ZC11 墩纵向位移计计算结果

在有限元计算过程中同时比较了不同时刻箱梁顶板和箱梁底板位移的大小变化情况，如图 15 为 ZC11 墩梁端箱梁顶板与底板位移随时间变化示意图。从图中可以看出顶板与底板位移差异逐渐增大，证明了支座位移非线性确实由箱梁不同位置温差所造成。

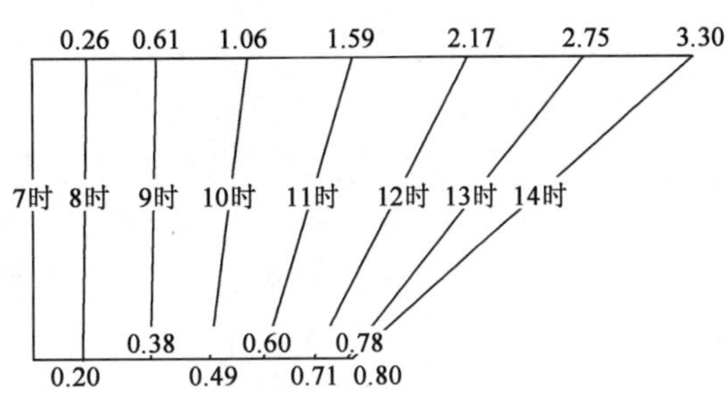

图 15　钢箱梁顶底板位移变化示意图(尺寸单位:mm)

另外，在钢箱梁平均温度最高时钢箱梁最大应力为 79.2MPa，桥墩最大拉应力为 1.51MPa，均小于材料的极限应力，说明结构在极限温度荷载情况下仍能正常工作。

5　结语

通过对海中平台匝道桥温度以及支座位移长期监测数据进行统计分析，可得出如下结论：

(1)支座位移与钢箱梁平均温度之间存在一定相关性。

(2)从长期整体趋势来看，支座位移与钢箱梁平均温度之间存在较强的线形相关性：在钢箱梁平均温度较高时支座位移较大，在钢箱梁平均温度较低时支座位移较小。

(3)在温度较高时，支座位移与钢箱梁平均温度之间将不再保持线性关系，存在支座位移增长值随温度升高而逐渐减缓的趋势。

(4)验证了实测结果的可靠性，为附近地区桥梁支座设计选用提供参考。

需要注意的是，本文的结论只是针对杭州湾跨海大桥海中平台匝道桥的实测数据得到的，因钢箱梁温度分布随地区差异较大，其他地区还有待大量数据进行积累和分析，这也是今后研究的方向。

参考文献

[1] 王鹏程，李杰. 钢—混凝土组合结构桥梁横向温度应力分析[J]. 城市建设，2010(29)：231-233.

[2] Xu Y L, Chen B, Ng C L, et al. Monitoring temperature effect on a long suspension bridge[J]. Structural Control & Health Monitoring, 2011, 17(6): 632-653.

[3] Backer R M, Puckett J A. Design of highway bridges: based on AASHTO LRFD, bridge design[M]. New York: John Wiley & Sons, 1997: 192-195.

[4] 张元海，李乔. 桥梁结构日照温差二次力及温度应力计算方法研究[J]. 中国公路学报，2004, 17(1): 49-52.

[5] Tong M, Tham L G, Au FTK. Numerical modeling for temperature distribution in steel bridges[J]. Computer & Structures, 2001, 79(6): 583-593.

[6] 凯尔别克. 太阳辐射对桥梁结构的影响[M]. 北京：中国铁道出版社，1981.

[7] 陈家齐，颜全盛. 湛江海湾大桥施工中钢箱梁温度分布观测与分析[A]. 第十三届全国工程建设计算机应用学术会议论文集[C]. 广州：华南理工大学出版社，2006:512-518.

[8] 李传习，杨宁，张玉平，董创文. 杭州江东大桥钢箱梁的日照温度梯度及顶推过程中末段梁的变形[J]. 交通科学与工程，2009,25(1):39-44.

[9] 梁柱，张革军，李娜. 钢箱梁结构温度测试与分析[J]. 中外公路，2009(06):126-128.

[10] 丁幼亮，王晓晶，王高新. 珠江黄埔大桥钢箱梁温度长期监测与分析[J]. 东南大学学报：自然科学版，2012,42(5):945-949.

[11] 孙君，李爱群，丁幼亮. 润扬长江大桥钢箱梁的温度分布监测与分析[J]. 公路交通科技，2009,26(8): 94-98.

[12] 周广东，丁幼亮，李爱群，王高新. 基于长期实测数据的大跨悬索桥扁平钢箱梁温差特性研究[J]. 土木工程学报，2012,45(5):114-125.

[13] 王高新，丁幼亮，李爱群，周广东. 基于长期监测数据的润扬大桥斜拉桥钢箱梁横向温差特性研究[J]. 工程力学，2013,30(1):163-167.

[14] 丁幼亮，王高新，周广东，李爱群. 基于长期监测数据的润扬大桥扁平钢箱梁温度分布特性[J]. 中国公路学报，2013,26(2):94-101.

[15] 邓扬，李爱群，丁幼亮. 大跨悬索桥梁端位移与温度的相关性研究及其应用[J]. 公路交通科技，2009,26(5):54-58.

64. 新旧箱梁桥沉降差引起的刚接翼缘板横向受力分析

宋 奕 孙 斌 肖汝诚
（同济大学桥梁工程系）

摘　要：在箱梁桥拓宽改造中，新旧桥梁的沉降差将在刚接翼缘内部引起附加内力。本文以某三跨连续箱梁桥拓宽工程为背景，采用双主梁梁格、柔性剪力梁格和实体有限元三种方法计算沉降差引起的刚接翼缘板内的附加内力，以实体有限元结果为基准，分析了两种梁格法的计算精度和产生误差的机理。

关键词：新旧箱梁　翼缘板　沉降差　实体有限元　梁格

1　引言

随着我国公路交通流量的不断增大，早期建设的一大批桥梁需要进行拓宽改造，其中许多拓宽工程中的相接翼缘采取刚接处理。当新旧结构的翼缘刚接之后，两者将共同承担荷载，受力变得更加复杂。在新桥建造完成时，旧桥的大部分沉降已经完成，而新桥的沉降则刚刚开始，新旧桥梁的沉降差将在翼缘板内引起较大的横向内力，成为连接区域横向受力的主要控制因素，设计时需要重点关注[1]。

对于拓宽工程的计算分析，目前主要采用梁格法和实体有限元进行计算。虽然梁格法较实体有限元建模相对简单，但模型作了一定的假设和简化，且多限于活载工况的计算，对于由沉降差产生的横向内力计算是否适用并没见报道。

本文以某大跨度连续梁箱梁桥为背景，分别采用双主梁梁格、剪力柔性梁格和实体有限元三种方法对新旧桥梁不均匀沉降作用下翼缘板的横向附加内力进行了分析，通过计算结果的对比分析研究了梁格模型的计算精度，并总结了新旧主梁沉降差作用下刚接翼缘板根部横向受力规律。

2　翼缘板横向受力特点

新旧箱梁沉降差与土体性质密切相关，而各地土体的性质差异较大，实际沉降差需根据桥位所在地土体性质确定，本文根据下文算例中桥位所在地的土质，按工程经验取为 $L/2\,000$（L

为主跨跨度)。由于新旧箱梁的相互约束作用,在沉降差的作用下箱梁会产生图 1 所示变形,其中同时包含了的主梁纵向弯曲、横向弯曲、扭转、畸变等变形。由此产生的刚接翼缘板内附加内力如图 2 所示。

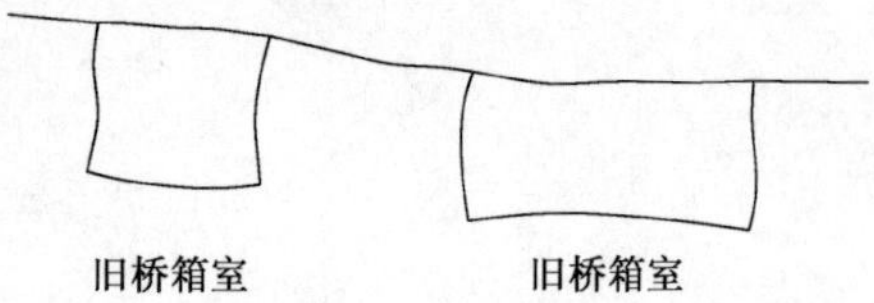

图 1　箱梁变形示意图

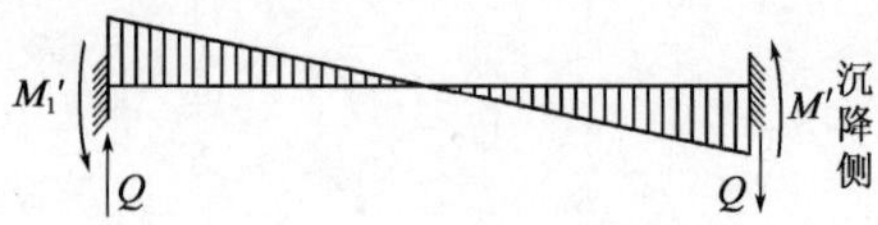

图 2　刚接翼缘板内弯矩示意图

3　计算方法

对于新旧箱梁沉降差产生的刚接翼缘板内力可以采用实体有限元对其进行分析,实体有限元目前被认为是最精确的分析方法,可以广泛考虑箱梁翘曲、畸变等影响,但是其建模工作量大,结果处理繁琐。为了减少建模工作量,可以采用剪力柔性梁格法,将桥梁离散成一个等效的梁格模型进行分析。而根据桥梁箱室整体性较强的特点,参考单梁法的建模方式,对模型做进一步简化,将新旧箱梁分别作为单一纵向构件处理来建立模型,下文中将这种模型称为双主梁梁格模型。

3.1　剪力柔性梁格法

柔性梁格法作为一种实用方法常用于分析宽箱梁、曲线桥等计算结果受横向刚度影响较大的桥梁。该方法将箱梁在腹板间切开,离散为数片纵向梁格,将箱梁的顶底板和翼缘作为横向构件考虑,如图 3 所示。纵横梁格间距比应在 0.5~2 之间,在受力复杂处应适当加密。梁格各杆件刚度按以下方法取值:

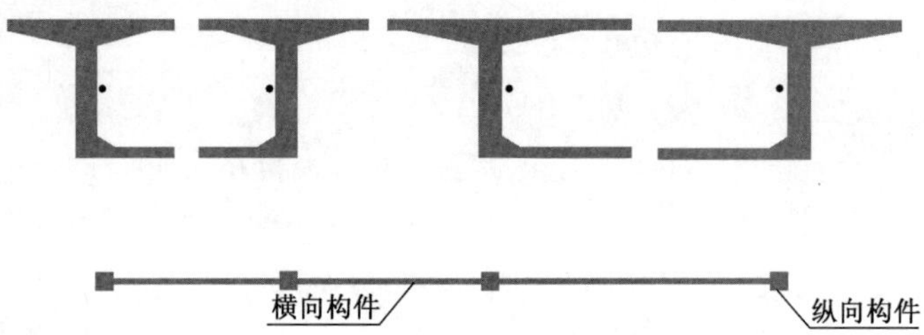

图 3　剪力柔性梁格横截面示意图

(1)抗弯刚度

纵横向梁格抗弯刚度均按照实际梁截面抗弯刚度取值即可。

(2)扭转刚度

当原箱梁结构整体扭转时为闭口截面,而实际切分后的工字型梁截面为开口截面,需要进行修正,使修正后截面特性与原结构保持一致。单位纵向或者横向梁格构件的抗扭常数计算取:

$$C=\frac{2\times h^2\times t_1\times t_2}{(t_1+t_2)} \tag{1}$$

式中:t_1——顶板厚度;

t_2——底板厚度;

h——箱梁高度。

(3)剪切面积

根据汉勃利[2]的梁格横向构件的剪切面积计算公式为：

$$A_s = \frac{(t_1^3 + t_2^3)}{l^3}\left[\frac{(d_w^3 l)}{d_w l + (t_1^3 + t_2^3)h}\right]\frac{E}{G} \tag{2}$$

但是由于一般桥梁结构不属于深梁，剪切变形对计算结果的影响较小，故无需花费大量精力修正剪切面积[3]。

3.2 双主梁梁格法

由于在剪力柔性梁格建模前要对构件刚度作较多修正，为了进一步简化建模方式，根据箱梁箱室整体性较强，横向弯曲、畸变等影响较小的特点，在剪力柔性梁格的基础上忽略箱梁箱体部分横向变形的影响，将一根箱梁作为单一纵向构件考虑，同时将刚接翼缘板作为横向构件考虑，翼缘根部与箱梁中心刚接，如图 4 所示。由于本方法未对箱梁截面进行切分，故无需对杆件刚度进行修正，纵横梁格间距比取值与剪力柔性梁格梁格相同。

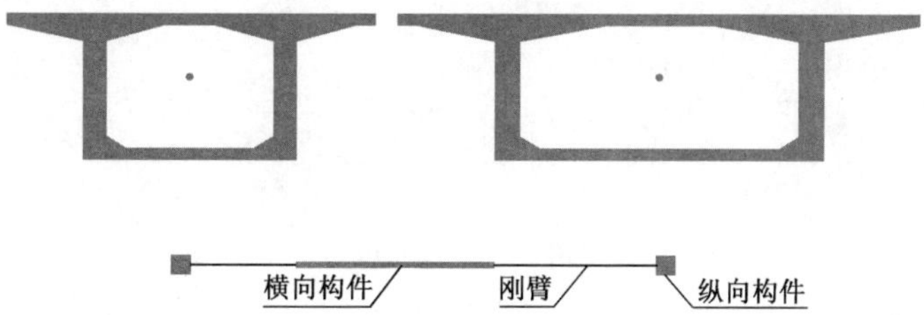

图 4　双主梁梁格横截面示意图

3.3 实体有限元法

实体有限元按照结构实际情况建立，无需对模型进行简化，可以考虑箱梁畸变、翘曲等影响因素，被认为是目前计算结果最精确的结构分析方法，由于其求解结果为节点位移和节点应力，无法直接用于现行规范的强度验算，需要对应力结果进行积分来求解截面内力。对于建立实体有限元模型，关键步骤如下：

(1)选择单元

一般大型通用有限元软件均有实体单元可以对钢筋混凝土结构进行分析，例如 Ansys 中常用的有 solid45、solid65 和 solid95 单元，其中 solid45 和 solid65 均为 8 节点单元精度一样，只是 solid65 可以模拟混凝土开裂与压碎性能；而 solid95 为 20 节点单元，虽然精度较高，但是计算效率较差，对于弹性阶段分析在保证网格质量的前提下可以选择 solid45 单元进行模拟。

(2)划分单元

划分网格可以采用 4 面体或者 6 面体网格进行划分，为了提高计算精度最好采用精度较高的 6 面体单元进行网格划分。

(3)结果后处理

实体单元计算结果主要是节点位移和节点应力结果，内力结果无法直接得到，需要进行积分处理。以图 5 中 AB 截面为例，首先建立路径 AB，然后映射出路径 AB 上的应力，最后对 AB 路径上的应力进行积分求得内力。例如 Ansys 提供了 pdef、pcalc 等命令可用来映射路径上的应力和对其积分。

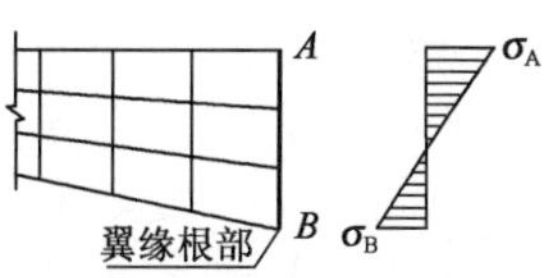

图 5　应力分布示意图

4 对比分析

4.1 分析对象

以某大跨度连续箱梁桥为分析对象对三种方法的计算结果进行比较分析。桥梁跨度为(65＋110＋65)m，如图6所示，箱梁高度沿梁长为1.8次抛物线变化，中墩顶梁高6.6m，中跨跨中和边墩墩顶梁高为2.8m，桥梁断面如图7所示，其中左侧小箱梁为旧桥，而右侧大箱梁为新桥。

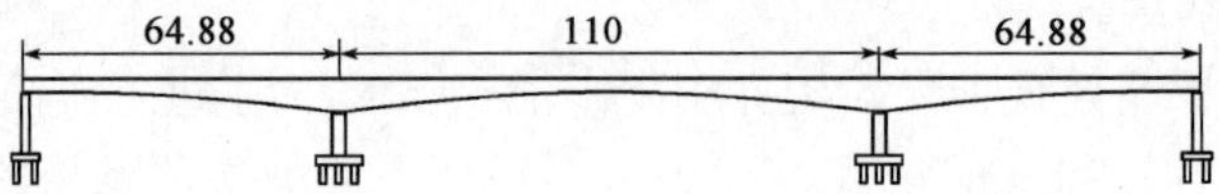

图6 结构总体图

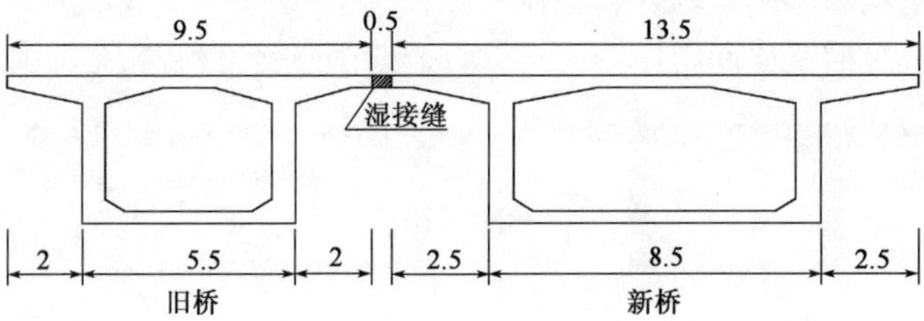

图7 箱梁断面图

4.2 计算模型

采用三种模型进行对比分析。建立的双主梁梁格模型、柔性梁格模型和实体有限元模型，如图8所示，其中梁格模型采用Midas Civil梁单元建立，实体模型采用Ansys solid45单元建立。

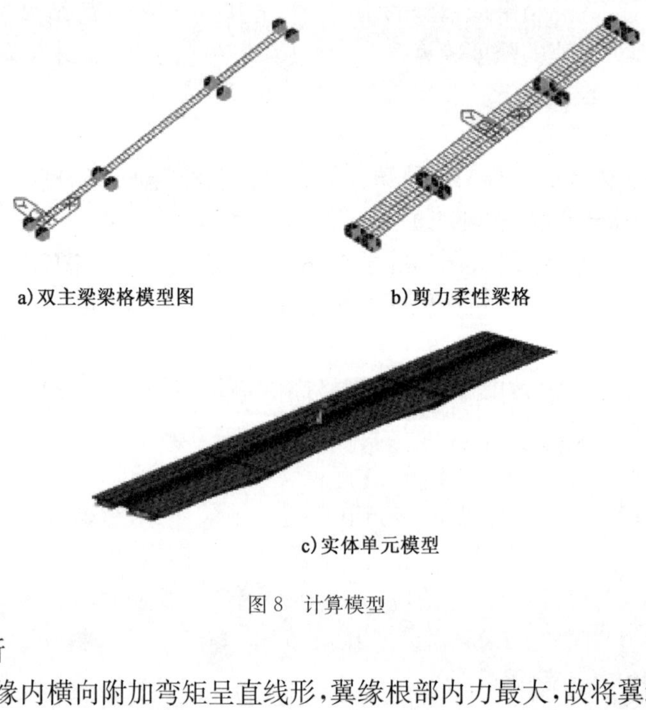

a)双主梁梁格模型图　　b)剪力柔性梁格

c)实体单元模型

图8 计算模型

4.3 结果分析

如上文所述翼缘内横向附加弯矩呈直线形，翼缘根部内力最大，故将翼缘根部位移和弯矩结果进行分析，根部截面编号如图 9 所示。本桥为对称结构，故下文中只绘出一半桥长范围内计算结果进行分析，其中主跨跨中为坐标原点。

实体有限元计算中基本计入了各种因素的影响，计算最为精确，故将其计算结果作为标准值来分析两种梁格法的计算精度。

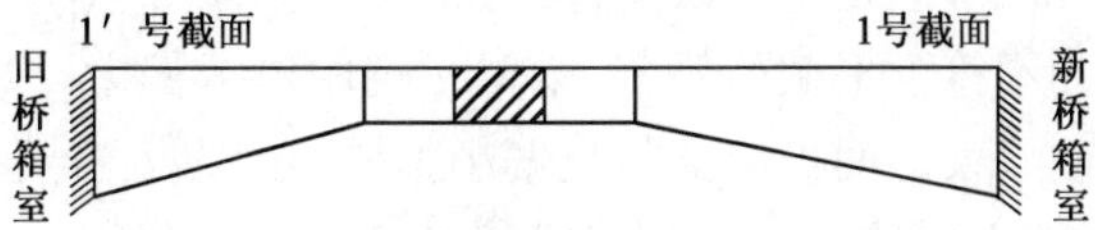

图 9　计算截面示意图

1)位移

由图 10 可知，在新旧桥梁竖向位移差作用下，接缝两侧翼缘根部位移差有如下规律：两侧翼缘板根部之间位移差最大处位于墩顶，最小值在中跨内位于中跨跨中，边跨内位于靠进边墩 1/3 跨附近。由分析可知，由于沉降发生于墩顶处，故墩顶位移差最大，同时在翼缘板内横向附加内力的作用下，新旧主梁沉降差逐渐减小，在两墩之间某一位置位移差达到最小值。

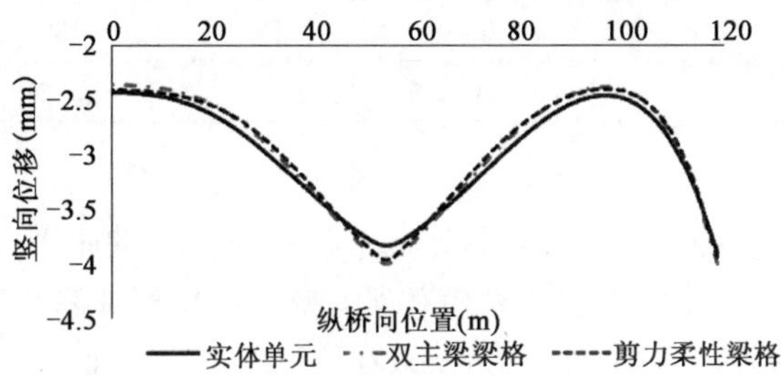

a)截面1竖向位移

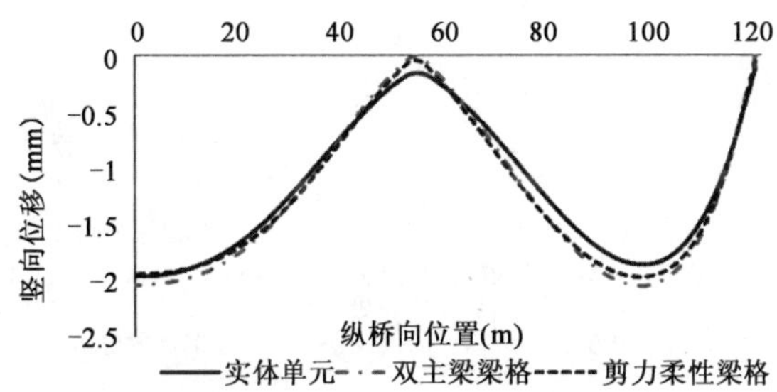

b)截面1′竖向位移

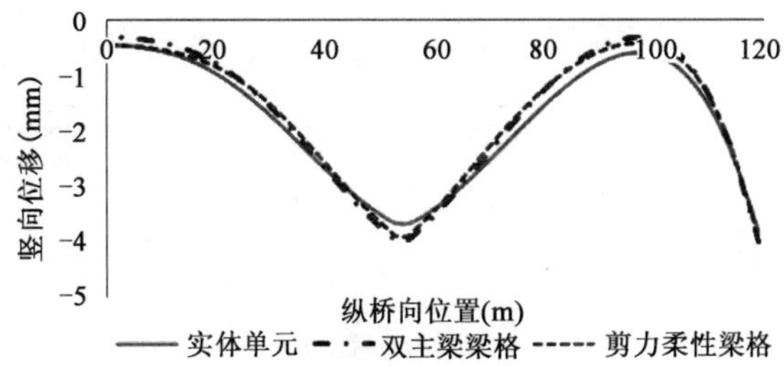

c)1′-1截面竖向相对位移图

图 10　截面竖向位移图

三种方法的位移计算结果对比分析可知：采用三种不同方法计算所得的位移结果变化规律基本一致，且计算结果之间相差较小，能够满足工程结构设计和工程计算的精度要求。其中双主梁梁格和剪力柔性梁格基本一致，剪力柔性梁格更接近实体单元计算结果。

表1为各极值点位移差值表，从中可知梁格法的位移差计算误差具有如下规律：墩顶附近偏大，最小值位置附近则偏小，但是绝对误差并不大，最大只有0.316mm。墩顶偏大主要是因为墩顶横隔板横向变形并不符合平截面假定，梁单元刚度模拟偏大，导致翼缘根部变形偏小，从而使翼缘板两端位移差偏大。而极小值附近偏小主要是因为梁格模型忽略了箱梁畸变等情况，计算所得的横向附加内力值偏大，导致纵梁竖向位移变化率偏大，从而使最小值位置附近位移差偏小。

1-1′截面相对竖向位移 表1

项目	实体单元	双主梁梁格			柔性梁格		
	位移差（mm）	位移差（mm）	绝对误差（mm）	相对误差（%）	位移差（mm）	绝对误差（mm）	相对误差（%）
中跨跨中	−0.465	−0.312	0.153	−32.9	−0.452	0.013	−2.9
中墩	−3.682	−3.999	−0.316	8.6	−3.919	−0.236	6.4
边跨最小处	−0.600	−0.295	0.305	−50.8	−0.393	0.207	−34.5
边墩	−3.793	−4	−0.206	5.4	−3.884	−0.091	2.4

2）内力

由图11可知内力的分布图与位移差的分布图规律相似，主要是因为翼缘板内力与翼缘板两端位移差直接相关。但是梁格法内力结果相对误差要大于位移结果相对误差，主要是因为梁格法无法考虑顶底板和腹板本身的面外变形，所以在位移误差的基础上内力产生了更大的误差。

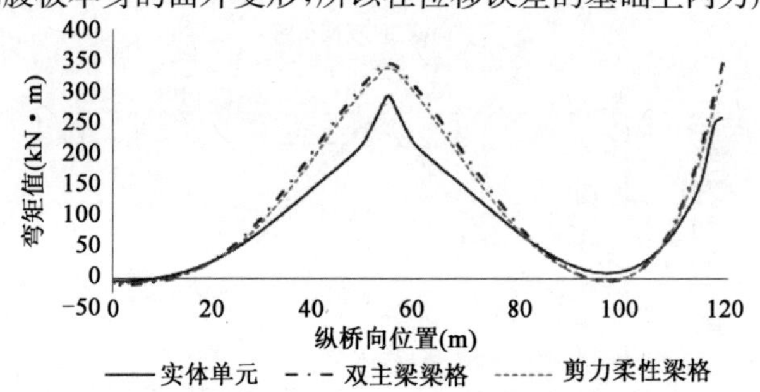

a)截面1弯矩图

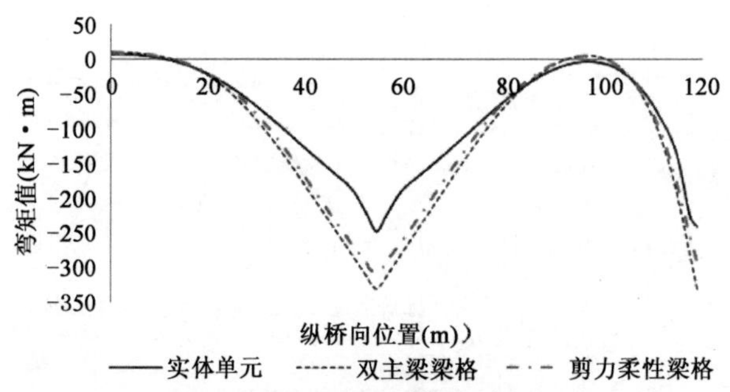

b)截面1′弯矩图

图11 弯矩图

将三种方法计算所得的极值点弯矩值列于表2、表3，从中可知墩顶处剪力柔性梁格最大相对误差为18.4%，双主梁梁格模型最大相对误差较大为27.8%，而最小值处两种梁格法虽然相对误差均较大，但是绝对误差并不大，在10kN.m/m左右，仅为最大弯矩值的3%左右。

截面1弯矩图 表2

项目	实体单元	双主梁梁格			柔性梁格		
	弯矩值 (kN·m/m)	弯矩值 (kN·m/m)	绝对误差 (kN·m/m)	相对误差 (%)	弯矩值 (kN·m/m)	绝对误差 (kN·m/m)	相对误差 (%)
中跨跨中	−5.2	−10.1	−4.9	94.3	−8.3	−3.1	60.0
中墩墩	298.9	346.1	52.3	15.8	337.4	43.7	12.9
边跨最小处	8.9	−2.6	−11.5	−128.9	−2.7	−11.6	−129.9
边墩	275.5	346.3	76.7	25.7	318.4	60.1	15.6

截面1′弯矩图 表3

项目	实体单元	双主梁梁格			柔性梁格		
	弯矩值 (kN·m/m)	弯矩值 (kN·m/m)	绝对误差 (kN·m/m)	相对误差 (%)	弯矩值 (kN·m/m)	绝对误差 (kN·m/m)	相对误差 (%)
中跨跨中	5.7	10.1	4.4	75.8	9.2	3.5	60.3
中墩墩	−258.0	−330.2	−72.2	27.8	−305.4	−47.4	18.4
边跨最小处	−5.3	4.2	9.6	−179.5	3.7	9.0	−169.5
边墩	−259.0	−330.3	−71.3	27.5	−289.7	−30.7	11.8

从上文分析可知两种梁格法模型计算结果均能反映出刚接翼缘板横向受力规律。双主梁梁格建模相对简单，但是计算结果偏于保守，而剪力柔性梁格模型计算误差相对较小，更适用于工程设计。

5 结语

本文以某大跨度三跨连续梁为背景，采用实体有限元，剪力柔性梁格和双主梁梁格三种方法对新旧主梁不均匀沉降作用下拓宽桥梁刚接翼缘板内的横向受力进行比较分析，得到以下结论：

(1)三种不同方法计算所得的刚接翼缘板根部位移和内力变化规律基本一致。

(2)用梁格法计算所得的位移差结果计算精度要高于弯矩计算精度。

(3)两种梁格法中柔性剪力梁格计算误差相对较小，可用于工程设计，而双主梁梁格计算结果趋于保守。

参 考 文 献

[1] 梁志广，袁磊，胡强. 箱梁桥拼接连接带的局部受力分析[J]. 铁道建筑，2009(3):42-45.

[2] E. C. 汉勃利. 桥梁上部结构性能[M]. 北京：人民交通出版社，1998.

[3] 单层梁格分析宽翼缘箱梁剪力滞效应[J]. 城市道桥与防洪，2012(4):61-64.

65. 分阶段单根张拉的平行钢绞线斜拉索张拉力简化计算方法的研究

庄冬利[1]　许　骏[2]　肖汝诚[2]

(1. 同济大学建筑设计研究院(集团)有限公司;2. 同济大学桥梁工程系)

摘　要:平行钢绞线斜拉索通常采用分阶段单根张拉的施工方法,整束拉索的索力误差和单根钢绞线间的离散误差是施工索力监控的重要内容。为了使单根钢绞线张拉力的计算更加简单、快捷、准确,将施工过程中斜拉桥的塔、索、梁结构简化为等效串并联弹簧力学模型,推导了有关简化公式,并给出了计算流程。同时与现有计算方法进行对比,验证了等效串并联弹簧力学模型法在计算平行钢绞线斜拉索单根钢绞线张拉力时是可靠的。该方法不仅适用于一次张拉,而且还适用于多次等值张拉和等力张拉。

关键词:平行钢绞线索　分阶段单根张拉　串并联弹簧力学模型　离散误差　简化算法

1　引言

封闭式钢丝索(Locked coil rope)、平行钢丝索(Parallel wire cable)和平行钢绞线索(Parallel strand cable)是现代斜拉桥建造过程中通常采用的斜拉索形式,见表1[1,2]。

常用的斜拉索类型　　表1

特性	封闭式钢丝索	平行钢丝索	平行钢绞线索
示意图		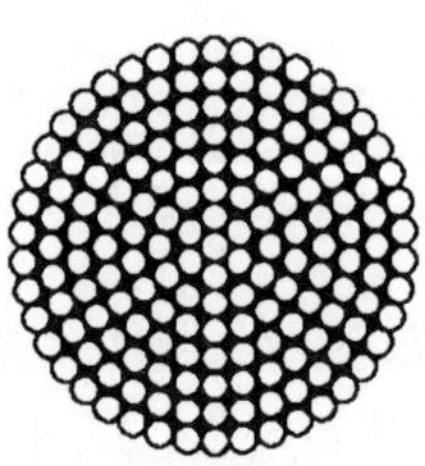	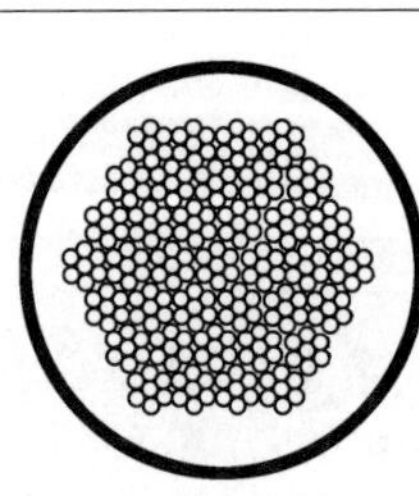
$E\cdot 10^5$(MPa)	1.7	2.05	1.95
f_{pk}(MPa)	1 470	1 670	1 860
$\Delta\sigma$(MPa)	150	200	200(250)

平行钢绞线索因其加工制作便捷、施工方便、可分批次张拉、耐久性能好、便于更换、强度高、经济性好等特点[3~5]，在斜拉桥建造中越来越多地被使用。平行钢绞线斜拉索施工中通常采用单根一次张拉、单根分阶段张拉，因此索力控制不仅包括整束拉索的索力误差，而且还包括单根钢绞线间的离散误差[6]。平行钢绞线斜拉索的单根张拉力计算是施工前的重要准备工作，目前常用的计算方法有等张拉力法、正装分析法、倒退分析法、逆推法、VSL 法和无应力状态法等。

2 平行钢绞线斜拉索张拉力的计算方法

2.1 等张拉力法[7]、正装分析法[8]和倒退分析法[9]

等张拉力法[7]在实施过程前不需要计算每根钢绞线的张拉力索力，张拉力通过安装在第一根钢绞线上的测力传感器显示值进行控制。

正装分析法[8]建立张索梁塔的力学模型，按正装分析法以斜拉索索力均匀为目标，推导了仅进行一次张拉的单根钢绞线张拉力计算公式。

倒退分析法[9]是将结构分析中经常采用的“倒拆分析”的原理应用到平行钢绞线斜拉索中单根钢绞线张拉力的计算，通过采用计算软件在计算模型中模拟每根钢绞线单元而计算其张拉力。

2.2 逆推法[10]、VSL 法[11]和无应力状态法[12]

逆推法[10]根据钢绞线逐根张拉过程中钢绞线受力长度变化而引起的索力降低，计算出各钢绞线的张拉索力。该方法在计算过程中仅考虑塔端位移修正后的梁端抬升值，并将抬高量平均分配到每一次的张拉过程；采用每次的索长变化量来计算张拉力，但未计入索的垂度效应影响。

VSL 法[11]根据拉索的微分方程，求解无应力索长从而求得张拉力。

无应力状态法[12]基于无应力状态法理论和悬链线索单元理论，与 VSL 法类似。该法采用 MATLAB 的 M 语言编程求得每根钢绞线的张拉力。

逆推法、VSL 法和无应力状态法均用到了无应力索长的概念，但这三个方法均适用一次张拉到位的情况，没有针对分阶段多次张拉的情况进行探讨。

除了上述方法外，还有复张法[7]等，另外也可以将影响矩阵法[13]的原理引入到分阶段单根张拉的平行钢绞线斜拉索张拉力的计算中；本文探索采用等效串并联弹簧力学模型对这个问题进行简化计算与求解。

3 采用等效串并联弹簧力学模型进行张拉力简化计算的方法

3.1 等效串并联弹簧力学模型

受平行钢绞线斜拉索安装、张拉施工流程的启发，将施工过程中斜拉桥的塔、索、梁结构简化为由串、并联弹簧构成的等效力学模型，如图 1 所示。在这个等效串并联弹簧力学模型中，平行钢绞线斜拉索被等效成 N 个并联的刚度为 k_i 的弹簧，除这根斜拉索外的其他结构则等效为一个与其串联的刚度为 K 的弹簧。k_i 可以根据钢绞线的长度、截面积求得，也可以考虑由于垂度效应影响对其刚度的修正。对于仅有一根拉索的简单静定结构，K 可以采用图乘法求得，如图 2 所示。但对于复杂结构，可以采用有限元模型施加单位力的方法计算出，计算中可以考虑除当前拉索外结构的非线形影响。

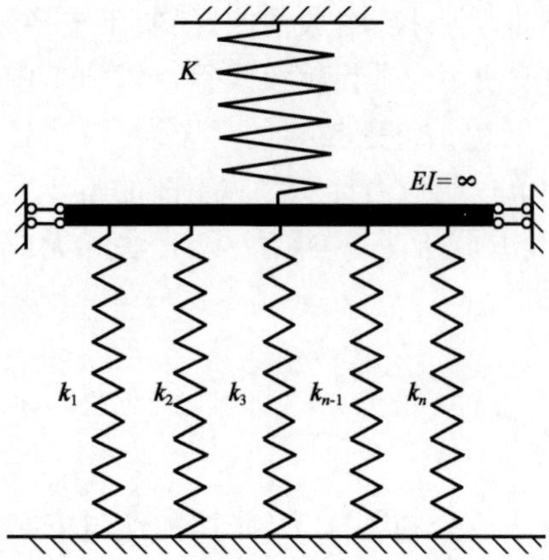

图 1　等效串并联弹簧力学模型

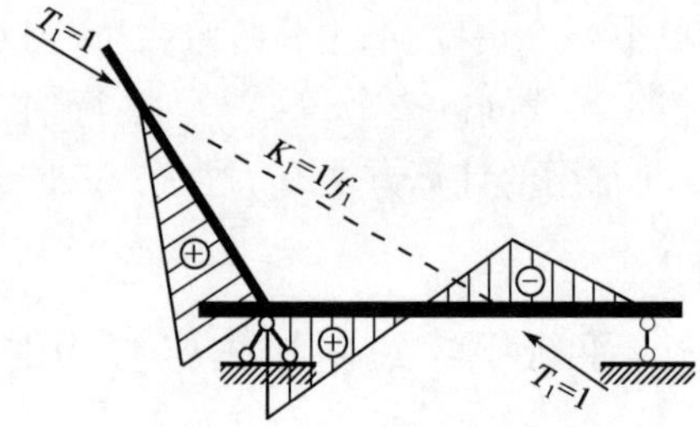

图 2　采用图乘法求 K 示例

3.2　简化计算公式

平行钢绞线斜拉索单根张拉力，与 HDPE 护套安装的时机有直接关系。护套一般有两种安装方式：一种是与第一根钢绞线同时安装；另一种是待全部钢绞线张拉完毕后安装。这两种方式对于单根钢绞线张拉力的影响是不同的，第一种安装方式护套安装之初其自重完全由第一根钢绞线承担，而第二种安装方式护套自重由全部钢绞线同时承担。

为了简化计算公式，采用等效串并联弹簧力学模型推导了不考虑护套情况下的张拉力计算公式。对于每个张拉阶段，均满足内力平衡与变形协调关系。

对于初始安装张拉阶段，$m=1$ 时：

$$\Delta P_{\mathrm{i}}^{1}=P_{\mathrm{i}}^{1} \tag{1}$$

$$\Delta P_{\mathrm{i}}^{1}-\left(\sum_{j=1}^{i}k_{\mathrm{j}}^{1}-k_{\mathrm{i}}^{1}\right)\Delta S_{\mathrm{i}}^{1}=K_{\mathrm{i}}^{1}\Delta S_{\mathrm{i}}^{1} \tag{2}$$

对于后续张拉阶段，$m>1$ 时：

$$\Delta P_{\mathrm{i}}^{\mathrm{m}}-\left(\sum_{j=1}^{n}k_{\mathrm{j}}^{\mathrm{m}}-k_{\mathrm{i}}^{\mathrm{m}}\right)\Delta S_{\mathrm{i}}^{\mathrm{m}}=K_{\mathrm{i}}^{\mathrm{m}}\Delta S_{\mathrm{i}}^{\mathrm{m}} \tag{3}$$

$$\Delta P_{\mathrm{i}}^{\mathrm{m}}=P_{\mathrm{i}}^{\mathrm{m}}-\left(T_{\mathrm{i}}^{\mathrm{m}-1}-k_{\mathrm{i}}^{\mathrm{m}}\sum_{j=1}^{i-1}\Delta S_{\mathrm{j}}^{\mathrm{m}}\right) \tag{4}$$

$$T_{\mathrm{i}}^{\mathrm{m}}=P_{\mathrm{i}}^{\mathrm{m}}-k_{\mathrm{i}}^{\mathrm{m}}\sum_{j=i+1}^{n}\Delta S_{\mathrm{j}}^{\mathrm{m}} \tag{5}$$

式中：$K_{\mathrm{i}}^{\mathrm{m}}$——第 m 次张拉第 i 根钢绞线时结构沿拉索方向的等效弹簧刚度，可考虑结构非线性的影响；

$k_{\mathrm{i}}^{\mathrm{m}}$——第 m 次张拉第 i 根钢绞线的等效弹簧刚度，可考虑拉索垂度效应影响采用 Ernst 公式进行修正；

$P_{\mathrm{i}}^{\mathrm{m}}$——第 m 次张拉第 i 根钢绞线张拉力；

$\Delta P_{\mathrm{i}}^{\mathrm{m}}$——第 m 次张拉第 i 根钢绞线前后拉索内力变化量；

$T_{\mathrm{i}}^{\mathrm{m}}$——第 m 次张拉全部完成后第 i 根钢绞线的内力；

$\Delta S_{\mathrm{i}}^{\mathrm{m}}$——第 m 次张拉第 i 根钢绞线前后弹簧 K 的变形量；

n——钢绞线根数。

3.3　计算流程

对于仅进行一次张拉的平行钢绞线斜拉索，可按照如下步骤计算单根张拉力：

(1)令 $P_i^1=\sum T/n$，带入式(1)和(2)，求得 ΔS_i^1；

(2)由式(5)求得 T_i^1；

(3)令 $P_i^*=P_i^1+T_i^*-T_i^1$（T_i^* 为第 i 根钢绞线目标索力），P_i^* 即为初步计算的张拉力；

(4)若 T_i^1 离散差大于容许值，令 $P_i^1=P_i^*$，重复(1)～(3)直至索力离散差满足要求。

分阶段多次张拉可分为等值张拉和等力张拉两种，等值张拉是指每个张拉阶段每根钢绞线张拉力均相等，这种方法便于施工操作；等力张拉是指每个张拉阶段结束后每根钢绞线的索力均相等，理论上这种方法最终索力是均等的。

对于分阶段多次等值张拉，只需将 $P_i^m=\gamma^m\sum T/n$（λ^m 为张拉力系数）代入式(1)～式(5)即可求得各阶段每根钢绞线的索力。通过调整张拉次数和张拉力系数，可以获得较小索力离散差。

对于分阶段多次等力张拉，可以参照一次张拉的方法，应用上述公式即可获得每根钢绞线的张拉力。

3.4 自重影响对张拉力的修正

钢绞线和 HDPE 护套的自重对钢绞线的等效弹簧刚度有影响，并且 HDPE 护套的安装时机对张拉力也有较大的影响。对于护套的第二种安装方式，护套自重是由全部钢绞线同时承担的，只会增加最终的索力，但不会影响张拉力；近似的计算方法是在计算之初扣除这部分影响。对于护套的第一种安装方式，本文采用如下公式在初次张拉过程中进行近似修正：

$$p_i^1=\frac{G_0}{2\cdot i\cdot \sin\alpha} \tag{6}$$

式中：G_0——HDPE 护套自重；

$\sin\alpha$——拉索与水平面夹角的正弦值。

4 等效串并联弹簧力学模型简化算法准确性的验证

4.1 算例 1：不考虑护套自重，一次张拉

按照不考虑护套自重、仅进行一次张拉的情况，对文献[10]中表 1 的实例分别采用文献[12]和本文等效串并联弹簧力学模型的方法进行计算，限于篇幅仅给出前 20 根钢绞线的计算结果见表 2。

算例 1 计算结果对比 表 2

钢绞线编号	文献[10]的方法		文献[12]的方法		本文的方法	
	张拉力(kN)	模型结果(kN)	张拉力(kN)	计算索力(kN)	张拉力(kN)	计算索力(kN)
1	262.0	250.8	262.9	251.2	262.0	251.2
2	261.7	250.7	262.6	251.2	261.8	251.2
3	261.4	250.7	262.3	251.2	261.5	251.2
4	261.2	250.8	262.0	251.2	261.2	251.2
5	260.9	250.8	261.7	251.2	261.0	251.2
6	260.7	250.8	261.4	251.2	260.7	251.2
7	260.4	250.8	261.1	251.2	260.4	251.2
8	260.2	250.8	260.8	251.2	260.2	251.2

续上表

钢绞线编号	文献[10]的方法		文献[12]的方法		本文的方法	
	张拉力(kN)	模型结果(kN)	张拉力(kN)	计算索力(kN)	张拉力(kN)	计算索力(kN)
9	259.9	250.9	260.5	251.2	259.9	251.2
10	259.7	205.9	260.3	251.2	259.6	251.2
11	259.4	250.9	260.0	251.2	259.4	251.2
12	259.1	250.9	259.7	251.2	259.1	251.2
13	258.9	251.0	259.4	251.2	258.8	251.2
14	258.6	250.9	259.1	251.2	258.6	251.2
15	258.4	251.0	258.8	251.2	258.3	251.2
16	258.1	251.0	258.6	251.2	258.1	251.2
17	257.9	251.0	258.3	251.2	257.8	251.2
18	257.6	251.0	258.0	251.2	257.5	251.2
19	257.3	251.0	257.7	251.2	257.3	251.2
20	257.1	251.1	257.4	251.2	257.0	251.2

注:为了便于对比,表中数据为上下游两根钢绞线的和,下同。

从表 2 的结果可知,本文的计算方法与文献[10]中的张拉力计算结果基本吻合,并且与无应力状态法计算的结果也较为接近。三个方法计算结果之间偏差产生的原因主要是由于求解结构变形时仅考虑了主梁抬高,没有考虑主梁、主塔的压缩等影响。对于一般的斜拉桥,忽略这个影响而产生的计算偏差可以满足施工控制精度的要求。

4.2 算例 2:考虑护套自重,一次张拉

条件同算例 1,单根钢绞线自重 12.4N/m、HDPE 护套自重 38.6 N/m。护套采用第一种安装方式,即随第一根钢绞线同时安装,采用本文等效串并联弹簧力学模型法和无应力状态法计算各根钢绞线的张拉力,结果如图 3 所示。

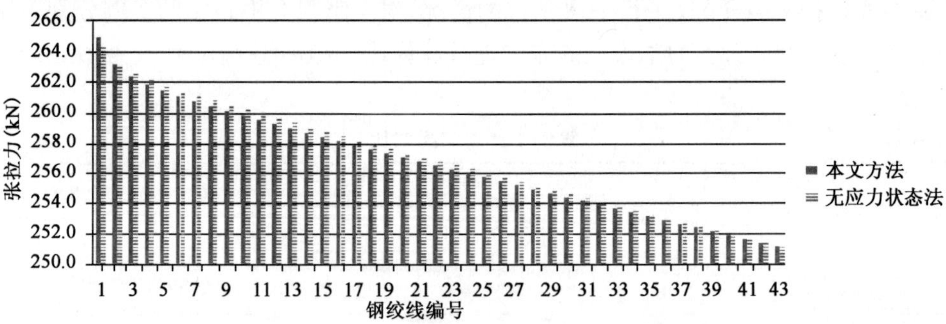

图 3 算例 2 计算结果对比

从图 3 的结果可知,本文计算方法与无应力状态法的计算结果基本一致,相对偏差不足 0.5%,本文方法的计算结果具有较高的精度。产生偏差的原因是由于本文在修正护套自重对张拉力的影响时采用了线性的方法,没有考虑自重对拉索端部仰角的影响。

4.3 算例 3:三阶段等值张拉

对文献[10]中表 3 南侧方案一的实例,分三阶段进行张拉,即 30%→ 80%→ 100%,每个阶段中钢绞线的张拉力均相等,采用本文等效串并联弹簧力学模型的方法进行计算,计算结果

对比如图 4 所示。

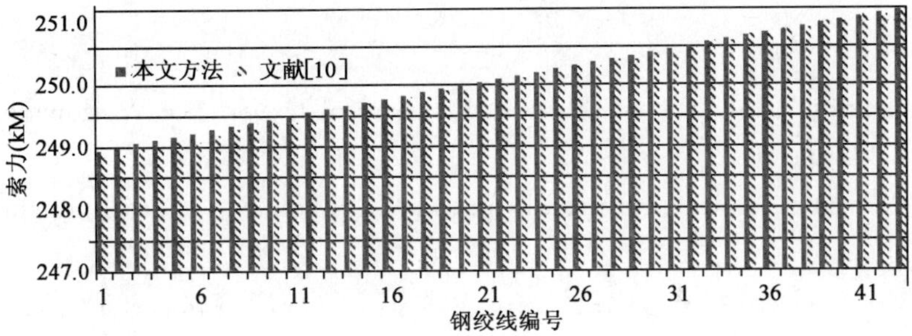

图 4　三阶段等值张拉计算结果对比

由图 4 可知，平行钢绞线斜拉索采用分阶段等值张拉，在分析钢绞线索力离散差时，无需在桥梁整体有限元计算模型模拟全部的钢绞线，仅通过有限元计算模型算出结构沿拉索方向的等效弹簧刚度，再采用等效串并联弹簧力学模型的方法即可求得较为精确的单根钢绞线索力。求得的总索力误差为－0.43％，单根钢绞线离散误差为 0.89％，满足施工控制精度的要求。

4.4　算例 4：三阶段等力张拉

平行钢绞线斜拉索施工中也会采用分阶段多次等力张拉的方法，本文的等效串并联弹簧力学模型法处理这类问题也是行之有效的。对于算例 3 按照三阶段等力张拉进行计算，各阶段张拉完毕后索力为 30％→ 80％→ 100％，计算结果如图 5 所示。

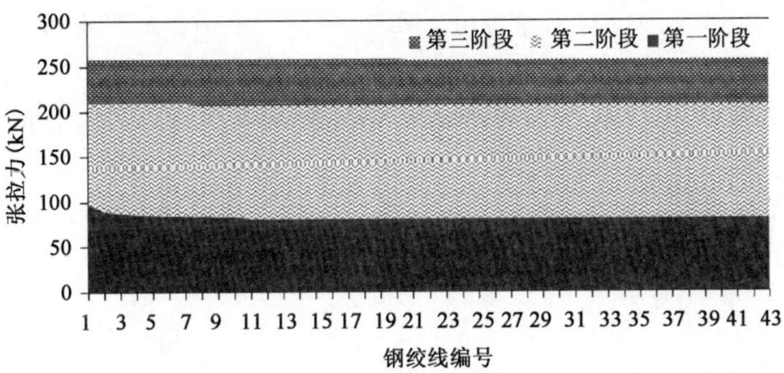

图 5　三阶段等力张拉钢绞线张拉力计算结果图

由图 5 可知，在第一阶段张拉过程中，套管自重对钢绞线的张拉力影响较大，第一根与最后一根钢绞线张拉力相差 22.6％；后续张拉阶段，套管自重由所有钢绞线共同承担，因此第一根与最后一根钢绞线张拉力相差分别仅为 1.7％和 0.5％。

5　结语

本文将斜拉桥的塔、索、梁结构简化为等效串并联弹簧力学模型，推导了平行钢绞线斜拉索单根钢绞线张拉力的简化计算公式，并给出了计算流程，通过与文献计算方法的对比得出以下结论：

(1)等效串并联弹簧力学模型法在计算单根钢绞线张拉力时，简单、快捷、准确。

(2)该方法不仅适用于一次张拉，而且还适用于多次等值张拉和等力张拉。

(3)该方法还可以用于平行钢绞线斜拉索索力误差的分析和张拉方案的比选。

参 考 文 献

[1] Holger Svensson. Cable-Stayed Bridges: 40 Years of Experience Worldwide [M]. Ernst & Sohn,1 edition,2012.

[2] Bernard Houriet et. al. Cable Stayed Bridges [M]. Thomas Telford Publishing,2nd Rep edition ,2003.

[3] 方中予,穆成君. OVM 型平行钢绞线斜拉索体系[J]. OVM 通讯,1999,(1):3-5.

[4] 祖祥胜,刘征宇,柏国清. 钢绞线拉索与钢丝拉索体系的比较. 安徽建筑,1999,(1):26-28.

[5] 欧阳永金, 刘世忠, 石占良. 同安银湖大桥斜拉索体系[J]. 世界桥梁,2003,(1):24-26.

[6] 唐明翰,李义,李东平,孙长军. OVM 平行钢绞线拉索——国内新一代斜拉索的工程应用[A]. 中国土木工程学会桥梁及结构工程学会第十三届年会论文集(下册)[C]. 北京:人民交通出版社,1998.

[7] 闫维明,张志,陈彦江,等. 大跨度斜拉桥施工过程中的索力控制方法[J]. 土木建筑与环境工程,2010,(5):130-133.

[8] 周正茂,龚振球,王素娟. 倒退分析法确定拉索中钢绞线的张拉力[J]. 公路交通科技,2009,26(4):73-77.

[9] 颜东煌,何博文,陈星烨,等. 平行钢绞线斜拉索索力误差分析与张拉方案优化研究[J]. 中外公路,2012,32(6):124-128.

[10] VSL. VSL 钢绞线斜拉索体系索力均衡性研究[A]. 中国公路学会桥梁和结构工程学会 2002 年全国桥梁学术会议论文集[C]. 北京:人民交通出版社,2002.

[11] 苑仁安,秦顺全. 无应力状态法在钢绞线斜拉索施工中的应用[J]. 桥梁建设,2012,42(3):75-79.

[12] 项海帆等. 高等桥梁结构理论(第二版)[M]. 北京:人民交通出版社,2013.

66. 高墩连续刚构桥合龙方式研究

石　伟[1]　何　畅[2]　覃巍巍[1]
（1. 柳州欧维姆机械股份有限公司；2. 四川省公路规划勘察设计研究院）

摘　要：随着桥梁技术的快速发展，我国在高墩大跨连续刚构梁桥合龙施工技术方面有成熟的经验，但对于合龙顺序选择、合龙方式的选择仍是当今的两大难题。本文以沁河大桥为背景，通过对比计算来研究几种合龙方式、合龙顺序对成桥后结构受力情况的影响以及各自的适用条件，为今后的桥梁建设提供参考。

关键词：连续刚构　合龙　方式　顺序

1　概述

采用悬臂浇筑施工的高墩预应力混凝土连续刚构桥合龙施工技术主要包括：合龙顺序选择、合龙方式、合龙段临时锁定方案设计、合龙施工的时间选择、体系转换以及施工配重等。对于高墩预应力混凝土连续刚构桥来说，合龙顺序的选择、合龙方式的设计尤为重要，同时也是最大的两个难题。因此，本章以沁河大桥(100＋180＋100)m 为背景，通过对比计算来研究合龙方式、合龙顺序对成桥后结构受力情况的影响以及各自的适用条件。

2　连续刚构桥合龙段的施工工序

连续刚构桥的合龙工序一般可分为：

(1)模板安装、钢筋绑扎。合龙段的外侧模、底模均为挂篮模板，合龙段钢筋绑扎和普通悬臂段施工时的绑扎方法相同。

(2)配重的设置。为确保合龙段在混凝土浇注过程中梁体始终不产生挠曲变形，在靠近合龙口处悬臂梁上设置平衡配重，边浇注混凝土边卸载，使合龙段在不变的荷载下完成混凝土的浇注。因此，配重的设置应注意均衡对称，避免对梁体产生扭转和冲击。

(3)两悬臂端的顶开。即用千斤顶对两悬臂端进行适量的顶开，顶开工艺只在中跨合龙时进行，边跨合龙不需要顶开。

(4)劲性骨架的焊接。即，将劲性骨架在合龙温度下锁定焊接。连续刚构桥的实际合龙温度就是指劲性骨架的焊接锁定温度。

(5)临时束的张拉。在合龙段顶板处设有一对临时预应力束，需要在合龙时进行张拉并在合龙后拆除。

(6)合龙段混凝土的浇筑。在合龙段混凝土浇筑的同时要同步释放等重量的配重(水),并且要注意合龙段混凝土的振捣质量。

(7)合龙段混凝土的养护及后期预应力束的张拉。其实后期预应力束(即底板束)的张拉并不属于合龙工艺,但对其张拉次序有严格要求。

3 连续刚构桥合龙段的合龙顺序

不同的合龙顺序,对连续刚构桥成桥后的受力状况有很大的影响。根据连续刚构桥联数的差异以及成桥后的受力状况的优劣,目前的连续刚构桥的合龙顺序既有先边跨后中跨;也有先中跨后边跨的两种不同的合龙顺序。第一种合龙方式广泛采用,绝大多数的桥梁都采用这种方式合龙,其代表性桥梁有虎门大桥副航道桥(150+270+160)m连续刚构桥、苏通大桥副桥(140+268+140)m连续刚构桥、广州珠江大桥(138+250+138)m连续刚构桥等;第二种合龙方式代表性桥梁有晋济高速路的南河特大桥(40+120+3×180+100)m连续刚构—连续梁桥、南昆铁路清水河大桥(72+128+72)m、遂渝铁路嘉陵江大桥(88+160+88)m等。

4 合龙方式设计

根据不同的地形、合龙后结构的内力变化以及施工单位的施工技术力量,连续刚构桥的合龙可采用不同的方式。目前根据所采用的施工工艺大体上可分为5类:

(1)落地支架上完成现浇段和边跨合龙段浇注,再合龙中跨

落地支架上完成现浇段和边跨合龙段浇注,一般适用于地势平坦、桥墩不高、地质条件良好,容易搭设支架的地方,其边中跨之比大致在0.55～0.58范围内。其力学模式如图1所示。

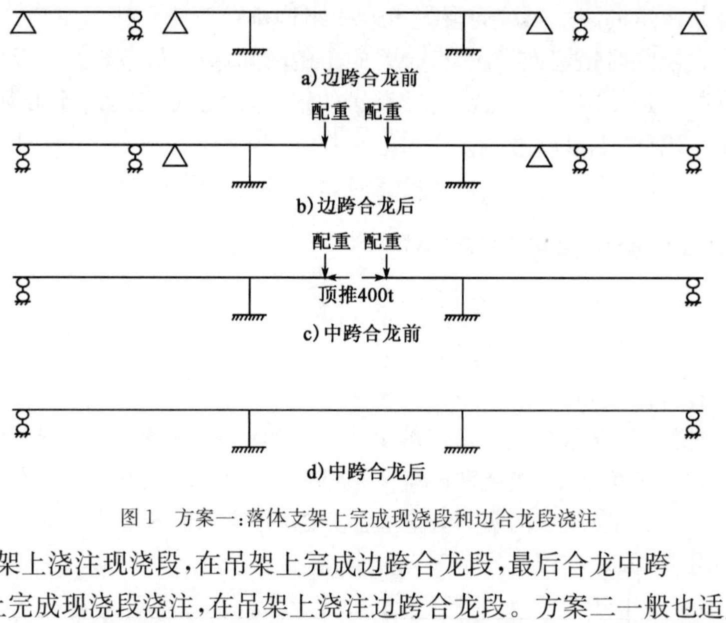

图1 方案一:落体支架上完成现浇段和边合龙段浇注

(2)落地支架上浇注现浇段,在吊架上完成边跨合龙段,最后合龙中跨

落地支架上完成现浇段浇注,在吊架上浇注边跨合龙段。方案二一般也适用于地势平坦、桥墩不高、地质条件良好,容易搭设支架的地方。但与方案一相比,取消了边跨合龙支架,进一步保证了边跨合龙的稳定性。采用方案二合龙的连续刚构桥,其边中跨之比大致控制在0.55～0.58范围内,力学模式如图2所示。

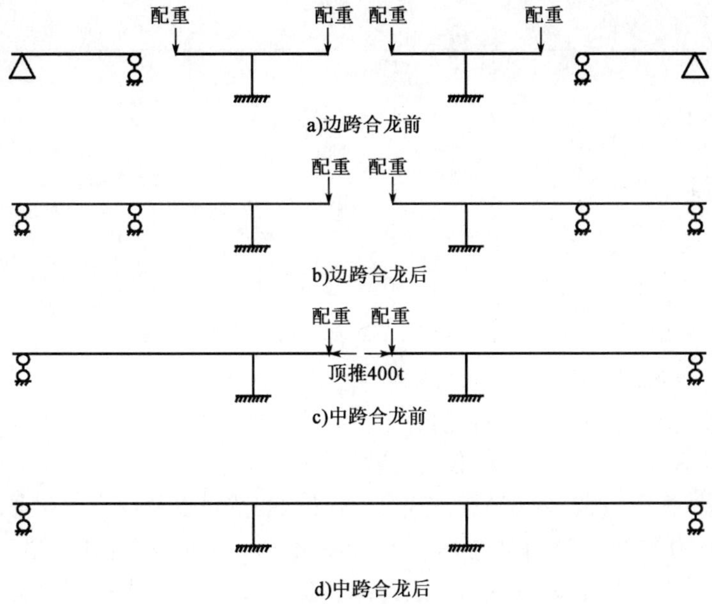

图 2　方案二:落体支架浇现浇段,吊架上完成边合龙段

(3)导梁上完成现浇段和边合龙段浇注,再合龙中跨

在边跨悬臂及交界墩上搭设导梁,支承在边跨上,利用导梁完成边跨现浇段和边跨合龙段的浇注。方案三主要适用于桥墩较高、搭设支架不经济的桥位,其边中跨之比大致在 0.54～0.56 范围内。与方案一、二相比,方案三完全取消了落地支架,施工更方便、合龙更稳定,深受施工部门的欢迎。采用这种方法合龙的代表性桥梁有京福高速官洋溪大桥(55＋100＋55)m、金沙大桥(66＋120＋66)m。其力学模式如图 3 所示。

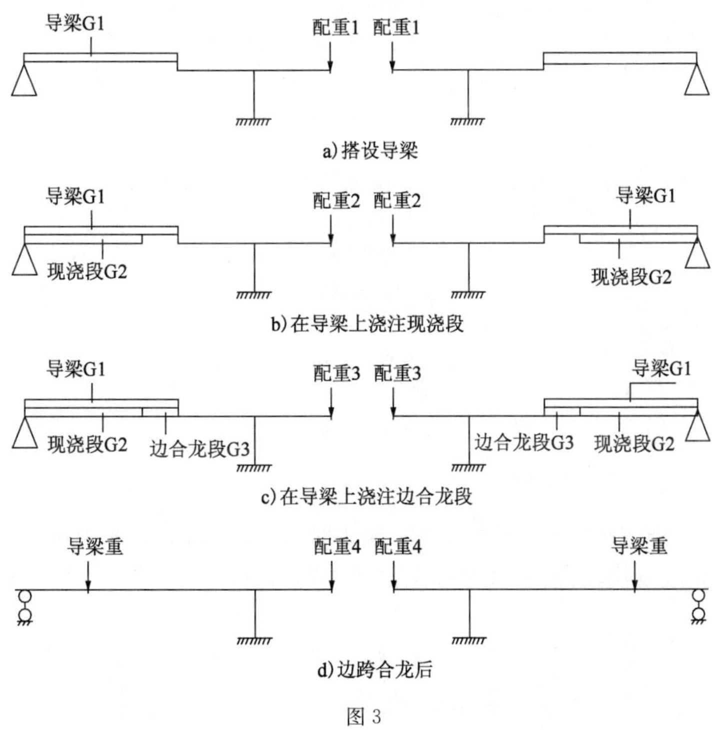

图 3

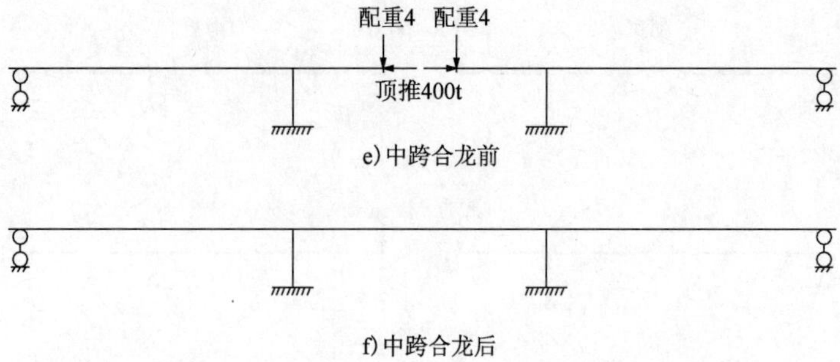

图 3　方案三：导梁上完成现浇段和边合龙段浇注

(4)不对称悬浇后，先边跨后中跨合龙

在有些地区建造桥梁，由于山高谷深，势必就会导致桥墩特别高。这种情况下如果采用落地支架浇注边跨现浇段及边跨合龙段，不仅费材费力、施工难度大，而且也很难保证支架不发生不均匀沉降；因为边墩很高，如果采用导梁方式合龙，导梁的重量以及现浇段和合龙段的重量对边墩将产生很大的轴力和弯矩，从而对边墩的受力非常不利。于是我们就想到当 T 构施工到最大悬臂后，在中跨的最大悬臂处添加配重，而边跨继续悬浇，最后与边墩托架上浇注好的现浇段合龙。其代表工程有云万高速路上的汤溪河大桥(130＋230＋130)m。力学计算模型如图 4 所示。

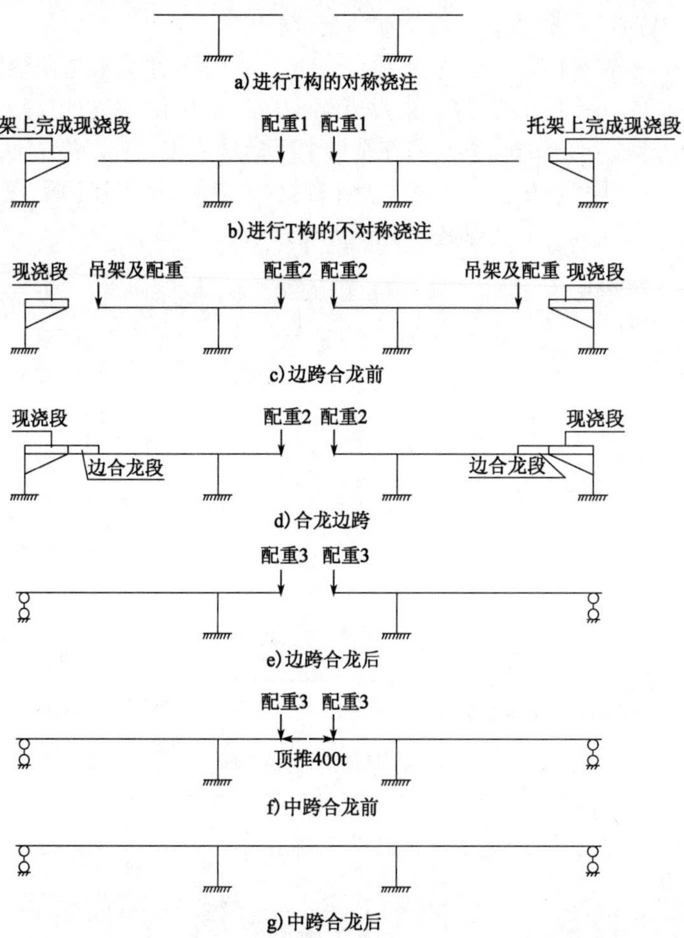

图 4　方案四：不对称悬浇后，先边跨后中跨合龙

(5)最大悬臂后,先中跨后边跨合龙

当连续刚构桥悬浇到最大悬臂状态后,先合龙中跨,然后继续悬浇边跨,与此同时在边墩上搭设托架浇注边跨现浇段,最后利用吊架完成边跨合龙。力学计算模型如图 5 所示。

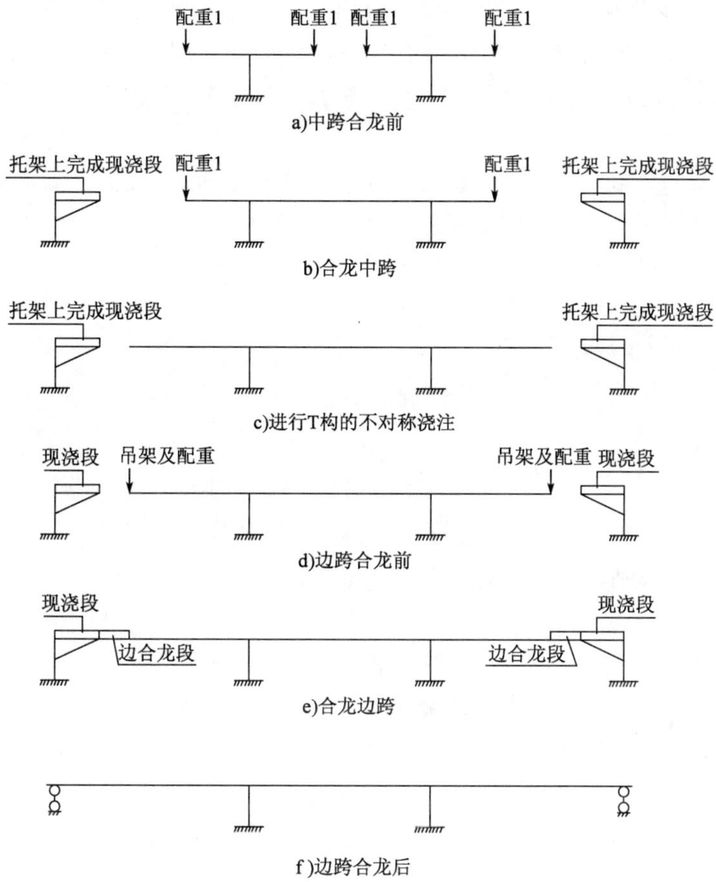

图 5　方案五:悬浇至最大悬臂后,先中跨后边跨合龙

5　仿真分析

高墩预应力混凝土连续刚构桥的恒载内力由各施工阶段的内力叠加而成,悬臂阶段由箱梁自重、预应力和混凝土徐变等产生的内力,合龙完成、体系转换后,由合龙束预应力、拆除挂篮等外力在本跨产生的初内力,由合龙束预应力、拆除合龙挂篮等外力产生的次内力,根据不同合龙顺序和方式计算出不同的收缩徐变次内力等。因高墩预应力混凝土连续刚构桥属于超静定结构,显然不同的合龙方法,对桥梁成桥时的恒载内力有很大的区别。

根据施工步骤,对梁体施工过程进行仿真分析,可以计算出不同合龙方案成桥时的内力。这样可以更加直观地分析出各合龙方式的优劣和适用条件。

5.1　计算模型

纵向静力计算按平面杆系进行结构分析,采用桥梁结构静力计算综合程序 QJX 计算,计算假定:上部箱梁与主墩固结,桥台处支座按滑动支座考虑,主墩底按刚性各向固定支承考虑;

结合设计文件的施工顺序和单元划分进行结构离散，共划分主梁单元149个，桥墩单元42个，永久支承单元6个。如图6所示。

5.2 施工工序

计算步骤和施工顺序、合龙方案要求保持一致。

5.3 主要计算参数确定

(1)二期恒载：混凝土铺装2.20t/m，沥青铺装2.70t/m，防撞护拦0.9t/m；

(2)温度参数：温度组合Ⅰ(整体温升＋正温度梯度)；温度组合Ⅱ(整体温降＋负温度梯度)；

(3)汽车荷载横向分布系数：按2车道0.95倍折减并考虑偏心系数1.15计算取值，取用2.231；

(4)挂车荷载横向分布系数：按1车道计算，取用1.15；

(5)挂篮：挂篮重量暂按最大梁段重量的50%计算，取用90t；

(6)不考虑不对称施工；

(7)混凝土收缩徐变参数：

弹性继效系数	0.3
徐变终极值	2.0
收缩终极值	0.00015
速度系数	0.021

按新规范考虑桥梁所在地区的相对湿度为0.62；

(8)钢绞线参数：

钢束管道摩阻系数	0.25
钢束管道偏差系数	0.0015
一端锚具变形及回缩值	0.006m
钢绞线松弛率	0.035

5.4 荷载组合

施工阶段：恒载＋施工荷载

运营阶段：组合1：恒载

组合2：恒载＋公路-Ⅰ级

组合3：恒载＋挂车－120

组合4：恒载＋公路-Ⅰ级＋温度组合Ⅰ

组合5：恒载＋公路-Ⅰ级＋温度组合Ⅱ

5.5 计算结果

(1)成桥阶段箱梁控制截面应力见表1(表中数值符号规定：压应力为正，拉应力为负，单位：kg/cm^2)。

由成桥阶段箱梁各控制截面应力数据分析可知：

①不管采用哪种方案合龙，成桥后各控制截面的最大压应力σ_{cc}^{t}均远远低于$0.70f'_{ck}=0.70\times355=248.5kg/cm^2$，满足规范要求。

②采用方案五合龙的连续刚构桥，成桥后在悬臂根部、跨中以及边跨支座处的下缘压应力储备最大。

③方案四、方案二、方案三依次次之。

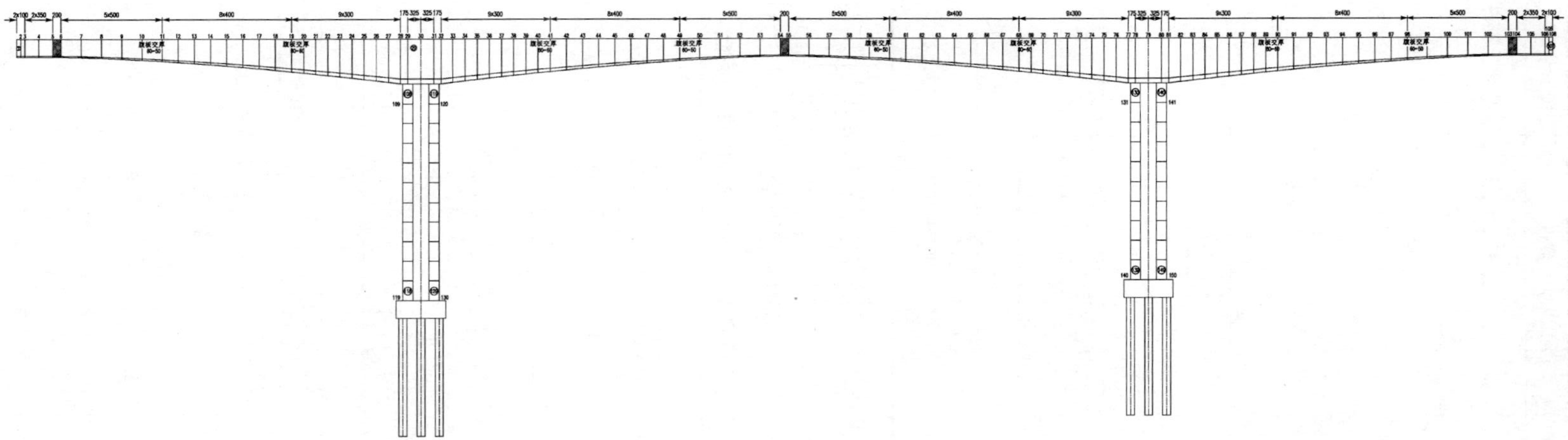

图6 结构离散图

成桥阶段箱梁控制截面应力 表1

合龙方式	位置	节点	上缘应力	下缘应力
方案一	悬臂根部	32	104.86	107.58
方案二		32	104.36	108.10
方案三		32	104.46	108.05
方案四		32	104.04	108.52
方案五		32	103.22	108.97
方案一	跨中	54	48.31	61.24
方案二		54	45.92	65.03
方案三		54	46.21	64.39
方案四		54	44.06	67.76
方案五		54	42.81	67.86
方案一	边跨支座	2	12.07	72.14
方案二		2	12.07	72.14
方案三		2	12.07	72.14
方案四		2	11.82	72.53
方案五		2	11.82	72.53

④采用方案一合龙的连续刚构桥，成桥后在悬臂根部、跨中以及边跨支座处的下缘压应力储备最小。

(2)运营阶段各荷载组合情况下箱梁控制截面最大和最小应力见表2(单位：kg/cm^2)。

运营阶段各荷载组合情况下箱梁控制截面应力 表2

合龙方式	组合	上缘应力				下缘应力			
		节点	MAX	节点	MIN	节点	MAX	节点	MIN
方案一	组合2	32	105.91	2	11.63	32	119.48	54	35.62
方案二		32	105.42	2	11.63	32	120.00	54	39.42
方案三		32	105.51	2	11.63	32	119.94	54	38.78
方案四		32	105.09	2	11.37	32	120.42	54	42.15
方案五		32	104.26	2	11.37	32	120.86	54	42.24
方案一	组合3	32	105.13	2	11.99	28	112.92	54	54.52
方案二		32	104.64	2	11.99	28	112.96	54	58.32
方案三		32	104.73	2	11.99	28	110.21	54	57.68
方案四		32	104.31	2	11.73	28	110.69	54	61.05
方案五		32	103.48	2	11.73	28	111.13	54	61.15
方案一	组合4	32	152.62	2	11.63	77	120.23	54	33.04
方案二		32	152.12	2	11.63	77	120.73	54	36.83
方案三		32	152.20	2	11.63	77	120.70	54	36.15
方案四		32	151.77	2	11.37	77	121.18	54	39.51
方案五		32	150.92	2	11.37	77	121.63	54	39.56

续上表

合龙方式	组　合	上缘应力				下缘应力			
		节点	MAX	节点	MIN	节点	MAX	节点	MIN
方案一	组合 5	32	105.91	2	−9.10	77	119.85	54	35.62
方案二		32	105.42	2	−9.10	77	120.35	54	39.42
方案三		32	105.51	2	−9.12	77	119.94	54	38.78
方案四		32	105.09	2	−9.38	77	120.42	54	42.15
方案五		32	104.26	2	−9.40	77	120.86	54	42.24

由运营阶段各荷载组合情况下箱梁控制截面的受压区混凝土压应力数据分析可知：

①不管采用哪种方案合龙，运营阶段各控制截面的最大压应力 $\sigma_{kc}+\sigma_{pt}$ 都以组合 4 为最不利工况，但其最大压应力也均小于 $0.5\ f'_{ck}=0.5\times355=177.5\text{kg/cm}^2$ 规范要求。

②用方案五合龙的连续刚构桥，在运营阶段各种荷载组合下的下缘最大和最小压应力储备均最大。

③方案四、方案二、方案三依次次之。

④采用方案一合龙的连续刚构桥，在运营阶段各种荷载组合下的下缘最大和最小压应力储备均最小。

由以上成桥、运营阶段上部箱梁正应力计算结果，可以看出在各工况下主梁各截面应力均满足规范要求，结构均为安全。

(3)箱梁主拉应力计算如下：

箱梁控制截面主拉应力见表 3、表 4(单位：kg/cm^2)。

未计入温度效应的箱梁控制截面主拉应力　　表 3

合龙方式	位　置	成　桥	汽车 最大剪力	汽车 最小剪力	挂车 最大剪力	挂车 最小剪力
方案一	悬臂根部	−6.57	−6.82	−5.88	−6.10	−5.91
方案二		−6.57	−6.82	−5.89	−6.10	−5.91
方案三		−5.91	−6.82	−5.89	−6.10	−5.91
方案四		−5.92	−6.82	−5.89	−6.10	−5.91
方案五		−5.94	−6.83	−5.90	−6.12	−5.91
方案一	跨中	0.00	0.00	0.00	0.00	0.00
方案二		0.00	0.00	0.00	0.00	0.00
方案三		0.00	−0.29	0.00	0.00	0.00
方案四		0.00	−0.29	0.00	0.00	0.00
方案五		0.00	−0.30	0.00	0.00	0.00
方案一	边跨支座	−8.67	−8.67	−10.62	−8.67	−9.03
方案二		−8.67	−8.67	−10.62	−8.67	−9.03
方案三		−8.67	−8.67	−10.62	−8.67	−9.03
方案四		−8.59	−8.59	−10.53	−8.59	−8.94
方案五		−8.59	−8.59	−10.53	−8.59	−8.94

计入温度效应的箱梁控制截面主拉应力 表 4

合龙方式	位置	成桥	汽车 最大剪力	汽车 最小剪力	挂车 最大剪力	挂车 最小剪力
方案一	悬臂根部	−6.57	−6.91	−5.96	−6.18	−5.99
方案二		−6.57	−6.91	−5.96	−6.19	−5.99
方案三		−5.92	−6.91	−5.96	−6.19	−5.99
方案四		−5.92	−6.91	−5.97	−6.19	−5.99
方案五		−5.94	−6.93	−5.98	−6.20	−6.01
方案一	跨中	0.00	−0.32	0.00	−0.10	0.00
方案二		0.00	−0.32	0.00	−0.10	0.00
方案三		0.00	−0.32	0.00	−0.10	0.00
方案四		0.00	−0.32	0.00	−0.10	0.00
方案五		0.00	−0.33	0.00	−0.10	0.00
方案一	边跨支座	−8.67	−9.66	−11.92	−9.66	−10.25
方案二		−8.67	−9.66	−11.92	−9.66	−10.25
方案三		−8.67	−9.66	−11.95	−9.66	−10.25
方案四		−8.59	−9.77	−11.86	−9.77	−10.15
方案五		−8.59	−9.77	−11.86	−9.77	−10.15

注:表中主拉应力均未考虑竖向预应力作用的结果。

由箱梁控制截面主拉应力数据可知:

①不管采用哪种方式合龙,其结构的主拉应力变化均不是特别大,而且值均较小,满足规范,表明结构较为安全。

②不管采用哪种方式合龙,结构在施加竖向预应力后,均能可以有效控制主梁各截面在各荷载工况下的主拉应力,参见附图中考虑了竖向预应力后的主拉应力云图。

(4)主墩内力计算

成桥、运营阶段墩身内力见表 5。

墩 身 内 力(单位:t、m) 表 5

方 案	阶段 / 位置	成桥			组合 4			组合 5		
		N	M	Q	N	M	Q	N	M	Q
方案一	墩顶	5 030	1 637	60	4 377	1 974	6	4 164	2 728	43
方案二		4 939	1 696	63	4 286	2 032	8	4 073	2 788	46
方案三		5 903	1 798	62	5 250	2 133	7	5 038	2 888	44
方案四		5 944	1 836	63	5 290	2 173	8	5 077	2 927	46
方案五		6 739	2 737	92	6 086	3 073	37	5 873	3 829	75
方案一	1/2 墩高	6 086	129	60	5 434	225	70	6 704	18	98
方案二		5 995	123	63	5 343	219	73	6 613	24	101
方案三		6 960	251	62	6 307	348	7	7 577	105	100
方案四		7 000	260	63	6 347	356	8	7 617	114	101
方案五		7 796	440	92	7 143	536	37	8 413	294	130

续上表

方案	阶段/位置	成桥			组合 4			组合 5		
		N	M	Q	N	M	Q	N	M	Q
方案一	墩底	7 354	1 681	60	8 200	1 886	70	7 972	2 701	98
方案二		7 263	1 766	63	8 109	1 971	73	7 881	2 786	101
方案三		8 227	1 604	62	9 073	1 808	72	8 845	2 623	100
方案四		8 267	1 631	63	9 114	1 836	73	8 885	2 651	101
方案五		9 064	2 316	92	9 910	2 521	102	9 681	3 336	130

由以上数据可以看出方案一和方案二合龙后的连续刚构桥其墩顶、墩底受力最小，方案三、方案四依次次之，方案五合龙后的连续刚构桥的墩顶、墩底受力较大。

6 结语

(1)方案一:落地支架上完成现浇段和边跨合龙段浇注，再合龙中跨。这种合龙方式完成的连续刚构桥不论是在成桥阶段，还是在运营阶段各控制截面下缘的压应力储备均最小;而且方案一只适合于地势平坦、桥墩不高、地质条件良好，容易搭设支架的地方，其边中跨之比大致在 0.55～0.58 范围内，否则将费材费力、不利于施工，并且也很难保证支架不发生不均匀沉降，因此探索不用落地支架的途径，也就成为了连续刚构桥发展的必然趋势。

(2)方案二:落地支架上完成现浇段、吊架上浇注边跨合龙段，再合龙中跨。这种合龙方式取消了边跨合龙支架，增加了边跨合龙的稳定性，是方岸一的改进版。这种方式合龙的连续刚构桥在成桥后墩顶、墩底受力最小;在成桥阶段和运营阶段各控制截面下缘的压应力储备在 5 种合龙方式中居中;如果地势平坦、桥墩不高、地质条件良好，容易搭设支架的地方，可以采用方案二完成连续刚构桥合龙。

(3)方案三:导梁上完成现浇段和边跨合龙段，再合龙中跨。这种方式合龙就完全取消了落地支架，大大的增加了边跨合龙的稳定性和提高了施工的方便程度，并且边跨支点在任何荷载工况下，总保留有足够的压力，而不出现拉力，这样利用导梁合龙边跨，不至过多的增加预应力，是方案二的改进版。方案三主要适合于桥墩较高、搭设支架不经济的桥位，其边中跨之比大致在 0.54～0.56 范围内。

(4)方案四:不对称悬浇后，先边跨后中跨合龙。在山高谷深的地区建造桥梁，势必就会导致桥墩特别高。如果在这种情况下采用落地支架和导梁来浇注边跨现浇段及边跨合龙段，都会对结构受力产生些非常不利的因素。但如果当 T 构施工到最大悬臂后，边跨继续悬浇，而在中跨的最大悬臂处添加相应的配重，最后与边墩托架上浇注好的现浇段合龙，就能消除落地支架和导梁施工给结构带来的不利因素。经仿真分析，方案四完成的连续刚构桥不论是在成桥阶段，还是在运营阶段各控制截面下缘的压应力储备均较大;但成桥后墩顶和墩底的内力也不小，需在桥墩配筋时得以增强。

(5)方案五:最大悬臂后，先中跨后边跨合龙。这种合龙方式同样适用于山高谷深的地区，与方案四相比合龙的顺序不一样，为方案四的变异。在五种合龙方式中不论是在成桥阶段，还是在运营阶段各控制截面下缘的压应力储备方案五都大，但是成桥后其桥墩顶和底的内力也是五种合龙方式中的最大者，在桥墩配筋时需注意。

参考文献

[1] 贺玉娥. 多跨高墩连续刚构的设计研究[J]. 黑龙江交通科技,2012(8):70.

[2] 刘建,陆新焱. 基于无应力状态法的高墩大跨连续刚构桥合龙方案研究[J]. 中外公路,2013(33):110-114.

[3] 徐君兰,项海帆. 大跨度桥梁施工控制[M]. 北京: 人民交通出版社,2000.

[4] 秦顺全. 桥梁施工控制——无应力状态法理论与实践[M]. 北京:人民交通出版社,2007.

67. 低塔混合梁斜拉桥边中跨布置研究

程利鹏　孙　斌　肖汝诚

（同济大学桥梁工程系）

摘　要：基于斜拉索索面膜化的假定，推导了混合梁斜拉桥主梁最大轴力与塔高、边中跨长度、混凝土主梁及钢主梁荷载集度的关系，并由此得出混合梁斜拉桥不同情况下的边中跨比计算公式；以主跨 380m 的低塔混合梁斜拉桥为工程背景，通过数值分析，验证了所推导公式的适用性，并对该桥边中跨布置开展了对比分析研究。

关键词：混合梁　斜拉桥　低塔　主梁轴力　边中跨比

1　引言

混合梁斜拉桥利用了混凝土和钢材各自的优点，使得它比单纯的混凝土斜拉桥或钢斜拉桥有更大的地形适应性和跨径布置灵活性，我国已建成多座此类型的超大跨径桥梁[1]。

近年来，在城市内河上，由于河道较高的通航净宽、净高需要与附近机场苛刻的控高要求使得一种低塔斜拉桥偶有出现。所谓低塔斜拉桥，是指桥面以上塔高与跨径的比值更接近矮塔斜拉桥，但主梁又采用传统斜拉桥等截面加劲梁的形式。此类桥梁塔高较小，为了提高拉索效率，一般采用塔顶集中锚固的形式。

国内外对混合梁斜拉桥已经做了大量研究，但对低塔混合梁斜拉桥总体布置和受力性能的研究较少。

本文基于斜拉索索面膜化的假设，推导了拉索辐射式布置的低塔混合梁斜拉桥主梁最大轴力，以此为基础得出低塔混合梁斜拉桥不同情况下的边中跨比例范围；并以主跨 380m 的某低塔混合梁斜拉桥为工程背景，分析比较了三种不同的分孔布跨方案。所得结果可为今后此类型桥梁的设计提供理论和实践参考。

2　主梁轴力与边中跨布置求解

2.1　基本假定[2]

（1）现代斜拉桥多采用密索体系，为简化分析，将斜拉索面简化成连续的索膜。

（2）低塔斜拉桥由于桥塔高度较小，为了提高拉索倾角，一般均采用塔顶集中锚固的形式，可以简化成理想的辐射式斜拉索布置形式。

(3)假定斜拉索只承受索距范围内的荷载。将恒、活载简化为均布荷载,集度分别为 g、p。

(4)斜拉索重量相比于主梁自重、二期恒载重量可忽略不计。

(5)主塔受力以受压为主,推导过程中不考虑主塔的顺桥向抗推刚度。

2.2 主梁轴力求解

1)混凝土主梁未伸入中跨

混合梁斜拉桥跨径布置以及恒活载集度、分布如图 1 所示,取主梁微段 dx,在主塔顶端和主梁处产生的水平力为:

$$dF_H = g dx/\tan\phi = gx dx/H \tag{1}$$

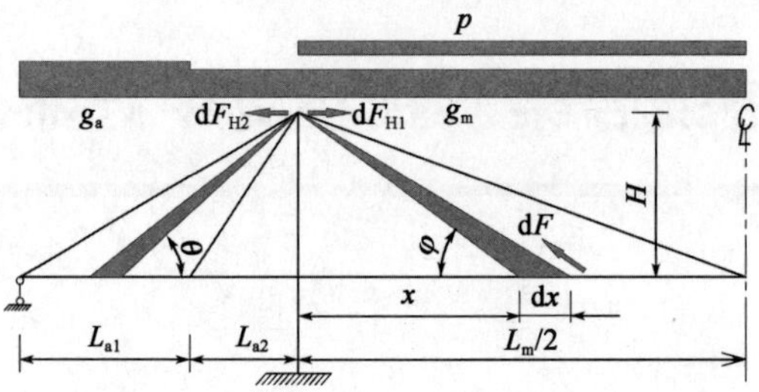

图 1 混合梁斜拉桥计算示意图

因此,中跨恒载产生的最大水平力为:

$$F_{H1}(g_m) = \int_0^{L_m/2} \frac{g_m}{H} x dx = \frac{g_m L_m^2}{8H} \tag{2}$$

中跨满布活载时产生的最大水平力为:

$$F_{H1}(g_m, p) = \int_0^{L_m/2} \frac{g_m + p}{H} x dx = \frac{(g_m + p)L_m^2}{8H} \tag{3}$$

边跨恒载产生的最大水平力为:

$$\begin{aligned} F_{H2}(g_a, g_m) &= \int_0^{L_{a2}} \frac{g_m}{H} x dx + \int_{L_{a2}}^{L_{a1}+L_{a2}} \frac{g_a}{H} x dx \\ &= \frac{g_m}{2H} L_{a2}^2 + \frac{g_a}{2H}(L_{a1}^2 + 2L_{a1}L_{a2}) \end{aligned} \tag{4}$$

2)混凝土主梁伸入中跨

如图 2 所示,同上原理,中跨恒载产生的最大水平力为:

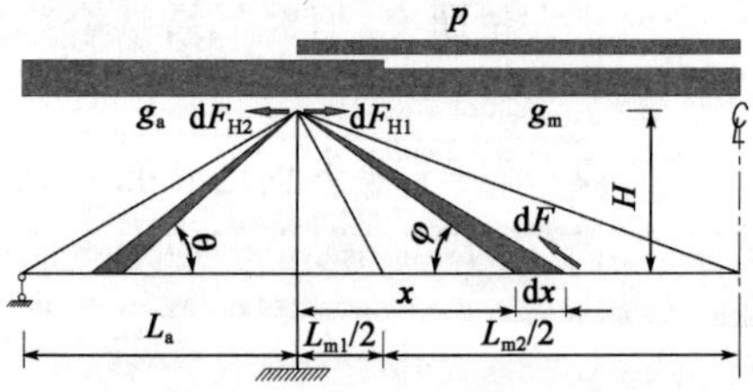

图 2 混合梁斜拉桥计算示意图

$$\begin{aligned} F_{H1}(g_a, g_m) &= \int_0^{L_{m1}/2} g_a x dx/H + \int_{\frac{L_{m1}}{2}}^{\frac{(L_{m1}+L_{m2})}{2}} g_m x dx/H \\ &= \frac{g_a}{8H} L_{m1}^2 + \frac{g_m}{8H}(L_{m2}^2 + 2L_{m1}L_{m2}) \end{aligned} \tag{5}$$

边跨恒载产生的最大水平力为:

$$F_{H2}(g_a)=\int_0^{L_a}\frac{g_a}{H}x\,dx=\frac{g_a}{2H}L_a^2 \tag{6}$$

中跨满布活载时产生的最大水平力为：

$$F_{H1}(g_a,g_m,p)=\frac{g_a+p}{8H}L_{m1}^2+\frac{g_m+p}{8H}(L_{m2}^2+2L_{m1}L_{m2}) \tag{7}$$

由以上主梁水平力公式的推导可以看出，主梁所受轴力与桥面以上主塔高度成反比关系，因此低塔斜拉桥主梁所受轴压力是偏大的，此时若要保证主梁与常规斜拉桥同等的静力稳定性，一般需要通过增加梁高来实现。

2.3 边中跨布置确定

确定斜拉桥边跨尺度（也即边中跨比）主要考虑以下几个方面的综合影响：边孔通航要求；活载作用下边跨尾索的抗疲劳性能；边跨支墩负反力与抵抗措施；桥址处地形特点等[3]。其中通航和地形特点需结合具体工程讨论，混合梁斜拉桥边跨尾索的疲劳性能一般没有问题，而边墩负反力大小反应了结构总体布置情况，是设计中需要重点考虑的。本文以边跨负反力为出发点，在考虑恒、活载的情况下，推导边中跨比的计算公式。

1)混凝土主梁未伸入中跨

考虑如下两个临界点[4]：①边跨恒载与中跨恒载在主塔处产生的最大水平力相等，则有式(8)成立；②中跨满布活载，边跨无活载，边跨与中跨在主塔处产生的最大水平力相等，则有式(9)成立。

边中跨比 λ 的值小于式(10-1)，表明边跨重量不足，未避免负反力的产生，恒载状态下即需要压重；边中跨比 λ 的值大于式(10-2)，表明边跨重量较大，在中跨满布活载的情况下也不会出现负反力，无需压重；边中跨比 λ 的值介于式(10-1)与式(10-2)之间时，会出现不同程度的负反力，此时需要根据活载大小和边中跨具体的比值确定压重。归纳起来，如式(11)所述。

$$\begin{aligned}&F_{H1}(g_m)=F_{H2}(g_m,g_a)\\&\frac{g_m}{8H}L_m^2=\frac{g_m}{2H}L_{a2}^2+\frac{g_a}{2H}(L_{a1}^2+2L_{a1}L_{a2})\end{aligned} \tag{8}$$

$$\begin{aligned}&F_{H1}(g_m,p)=F_{H2}(g_m,g_a)\\&\frac{g_m+p}{8H}L_m^2=\frac{g_m}{2H}L_{a2}^2+\frac{g_a}{2H}(L_{a1}^2+2L_{a1}L_{a2})\end{aligned} \tag{9}$$

令 $L_a=L_{a1}+L_{a2}$，$\alpha=\dfrac{g_a}{g_m}$，$\beta=\dfrac{p}{g_m}$，$\gamma=\dfrac{L_{a1}}{L_a}$，$\lambda=\dfrac{L_a}{L_m}$ 化简式(5)、式(6)，可得：

$$\lambda=\frac{1}{2}\sqrt{\frac{1}{\alpha+(1-\alpha)(1-\gamma)^2}} \tag{10-1}$$

$$\lambda=\frac{1}{2}\sqrt{\frac{1+\beta}{\alpha+(1-\alpha)(1-\gamma)^2}} \tag{10-2}$$

式中：L_a——边跨总长度；

α——混凝土主梁和钢主梁的恒载集度之比(包括自重和二期)；

β——活载集度与钢箱梁恒载集度之比；

γ——边跨混凝土主梁长度与边跨总长度之比；

λ——边跨长与中跨长之比。

令：$k_1=\dfrac{1}{2}\sqrt{\dfrac{1}{\alpha+(1-\alpha)(1-\gamma)^2}}$，$k_2=\dfrac{1}{2}\sqrt{\dfrac{1+\beta}{\alpha+(1-\alpha)(1-\gamma)^2}}$，则有：

$$\begin{cases} \lambda < k_1 & \text{恒载下需压重} \\ k_1 \leqslant \lambda \leqslant k_2 & \text{活载下需压重} \\ \lambda > k_2 & \text{不需压重} \end{cases} \tag{11}$$

2)混凝土主梁伸入中跨

类比前述情形,同样的有:

$$F_{H1}(g_a, g_m) = F_{H2}(g_a) \tag{12}$$

$$F_{H1}(g_a, g_m, p) = F_{H2}(g_a) \tag{13}$$

将式(5)～式(7)式带入式(12)、式(13)。

令 $L_m = L_{m1} + L_{m2}, \alpha = \frac{g_a}{g_m}, \beta = \frac{p}{g_m}, \gamma = \frac{L_{m1}}{L_m}, \lambda = \frac{L_a}{L_m}$ 化简可以得到:

$$\lambda = \frac{1}{2}\sqrt{\frac{(\alpha-1)\gamma^2+1}{\alpha}} \tag{14-1}$$

$$\lambda = \frac{1}{2}\sqrt{\frac{(\alpha-1)\gamma^2+(1+\beta)}{\alpha}} \tag{14-2}$$

式中:L_m为中跨长度;其他符号的意义同前。

令 $k_3 = \frac{1}{2}\sqrt{\frac{(\alpha-1)\gamma^2+1}{\alpha}}, k_4 = \frac{1}{2}\sqrt{\frac{(\alpha-1)\gamma^2+(1+\beta)}{\alpha}}$,则有:

$$\begin{cases} \lambda < k_3 & \text{恒载下需压重} \\ k_3 \leqslant \lambda \leqslant k_4 & \text{活载下需压重} \\ \lambda > k_4 & \text{不需压重} \end{cases} \tag{15}$$

式(11)和式(15)反映了混凝土主梁是否伸入中跨两种情形下,考虑不同压重情况边中跨比的理论区间;并且 α、γ、λ 中已知其中两个参数和活载大小,根据不同压重情况便可以求出第三个参数的限制范围。

需要指出的是,为了简化起见,上述推导过程没有考虑主塔刚度、温度、风、支座沉降等因素,若计及这些效应,为保证在最不利组合下边跨不出现负反力,边跨需在上述公式结果基础上,或适当延长边跨,或增加混凝土主梁比例,或补偿一定的压重,本文后续算例采用了延长边跨的方法。

3 边中跨布置对比分析

以某建设中低塔混合梁斜拉桥为对象展开讨论,其基本跨径布置为(60+70)m+380m+(70+60)m,主梁采用扁平钢(混凝土)箱梁,梁高 3.5m,桥面以下塔高 40.5m,桥面以上塔高 51.1m,如图 3 所示。

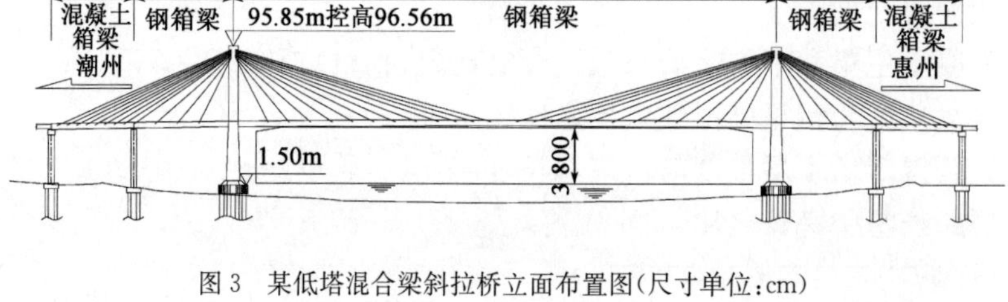

图 3 某低塔混合梁斜拉桥立面布置图(尺寸单位:cm)

为验证所求公式，增加两个对比方案，方案均保持主跨不变，调整边跨混凝土主梁和钢主梁长度，恒、活载集度保持不变。

3.1 对比方案1

边跨长度缩减为110m，混凝土主梁长度取为75m，跨径组合为：(55+55)m+ 380m +(55+55)m，如图4所示。

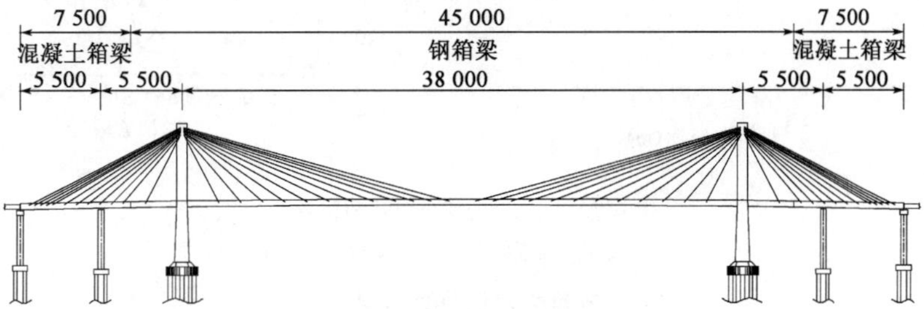

图4　对比方案1立面布置图(尺寸单位：cm)

3.2 对比方案2

边跨长度缩减为100m，混凝土主梁长度取为100m，跨径布置为：(50+50)m+ 380m +(50+50)m，如图5所示。

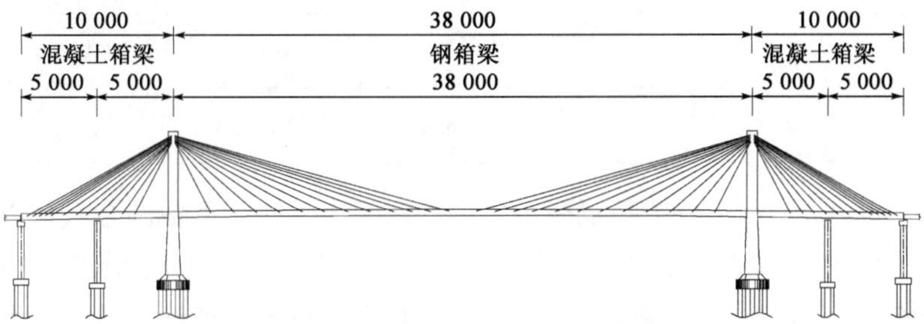

图5　对比方案2立面布置图(尺寸单位：cm)

混凝土主梁恒载集度 g_a =1 100kN/m，钢主梁恒载集度 g_m =230kN/m，活载集度 p =42kN/m。三个方案的参数对比见表1，可以看出表1中由理论公式计算的边中跨比 k_1、k_2 的范围浮动很小，这主要是因为活载与混凝土主梁恒载集度的比值很小，只有约1/30，边跨长度受活载的影响较小。

三个方案参数对比　　表1

方案	g_a (kN/m)	g_m (kN/m)	q (kN/m)	$\alpha=g_a/g_m$	$\beta=q/g_m$	$\gamma=L_{a1}/L_a$	$\lambda=L_a/L_m$	式(11) k_1、k_2
原设计	1 100	230	42	4.78	0.18	0.47	0.34	0.26,0.28
对比1						0.68	0.29	0.24,0.26
对比2						1.00	0.26	0.23,0.25

斜拉桥索力的优化，根据不同的优化目标，优化结果也不同，本文根据文献[4]提出的索力优化实用方法，优化后的成桥弯矩和索力如图6所示，其中成桥弯矩未计入预应力效应。

在上述成桥状态的基础上，经有限元计算，恒载状态下的支反力和运营阶段最大、最小支反力见表2。其中，运营状态的支座反力包含了温度、沉降、风荷载效应。

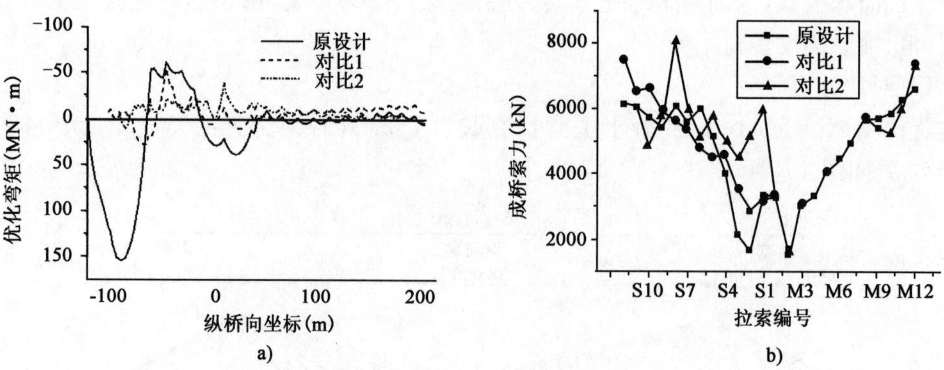

图 6　优化后的成桥弯矩和索力

注：从边跨往中跨，拉索编号依次为 S12～S1，M1～M12。

支反力对比(单位：MN)　　表 2

工况	恒载			运营状态(最大/最小)		
位置	原设计	对比 1	对比 2	原设计	对比 1	对比 2
过渡墩处	9.3	6.7	5.5	10.9/8.0	8.0/5.5	6.7/4.4
辅助墩处	8.9	6	1.6	12.1/4.3	8.1/1.3	3.6/-3.7
桥塔处	3.2	3.7	6.6	8.5/1.8	8.3/2.9	11.1/5.8

从成桥弯矩图来看，原设计方案混凝土主梁的弯矩大大高于其他两个对比方案，这与表 1 的计算结果是相符的。表 1 中原设计方案边中跨比超出了式(11)中 k_2 值 21%，表明边跨长度偏大或混凝土主梁的比例偏多，混凝土主梁自身的均布重量未能被拉索完全平衡(从而需要配置较多的预应力来承担混凝土主梁自身的弯矩)，而对比方案 1 和对比方案 2 边中跨比例接近式(11)中 k_2 的值。

从支反力来看，对比方案 2 的辅助墩处在运营阶段出现了较大的负反力，之所以边中跨比 λ 稍大于 k_2 仍会出现负反力，是因为上述公式推导的过程中只考虑了汽车活载，而在算例计算中还考虑温度、风等作用的影响。

综合上述两种因素，边中跨比在理论公式计算出的 k_1、k_2(k_3、k_4)附近时，全桥的弯矩均较为理想；小于临界点 k_1(k_3)，边跨将出现很大负反力，超出临界点值 k_2 过多，边跨混凝土主梁的受力不利。设计时需要根据场地条件综合考虑，并采取相应措施。

4　结语

(1)在其他参数不变的情况下，辐射式斜拉索布置的混合梁斜拉桥主梁最大轴力与塔高呈反比关系。

(2)混合梁斜拉桥的边中跨布置与恒、活载集度，混凝土主梁比例，压重大小等相关，与塔高无关。

(3)从合理成桥状态主梁的弯矩和拉索索力分布情况来看，低塔斜拉桥与矮塔斜拉桥受力有本质的区别，与常规斜拉桥受力行为相似。

参 考 文 献

[1] 贺鹏,丁望星.非对称混合梁斜拉桥合理成桥状态及静力特性分析[J].桥梁建设,2012,(42):54-59.

[2] 肖汝诚,卫璞,孙斌.大跨度部分地锚斜拉桥力学分析与参数研究[J].东南大学学报:自然科学版,2013,43(5):1097-1103.

[3] 苗家武.超大跨度斜拉桥设计理论研究[D].上海:同济大学.2006.

[4] 徐利平.混合梁斜拉桥边、中跨合理比例[J].上海公路,2002,(4):28-30.

[5] 梁鹏,肖汝诚,张雪松.斜拉桥索力优化实用方法[J].同济大学学报:自然科学版,2003,31(11):1270-1274.

68. 上承式钢筋混凝土拱桥拱圈裂缝原因分析

赵　军[1]　贾丽君[2]　滕小竹[3]

（1. 余姚交通工程咨询监理有限公司；2. 同济大学桥梁工程系；

3. 同济大学建筑设计研究院（集团）有限公司）

摘　要：文章结合某 120m 上承式钢筋混凝土拱桥的施工方案，利用有限元软件，对施工过程中出现的两种裂缝进行计算分析，并提出合理的处理措施，对实际工程具有一定的指导意义。

关键词：钢筋混凝土拱桥　拱圈　裂缝分析

1　工程概况

该桥位于某水库上游，跨越库区，桥长 180.8m，其中桥梁主跨为上承式悬链线箱形拱桥，主拱圈净跨径 120m，拱轴线为悬链线形，矢跨比 1/6，拱轴系数 m＝1.756；主箱为高 2m 的等截面单箱双室。箱内每 390cm 设置一道横隔板，全桥共设 31 道。如图 1 所示。

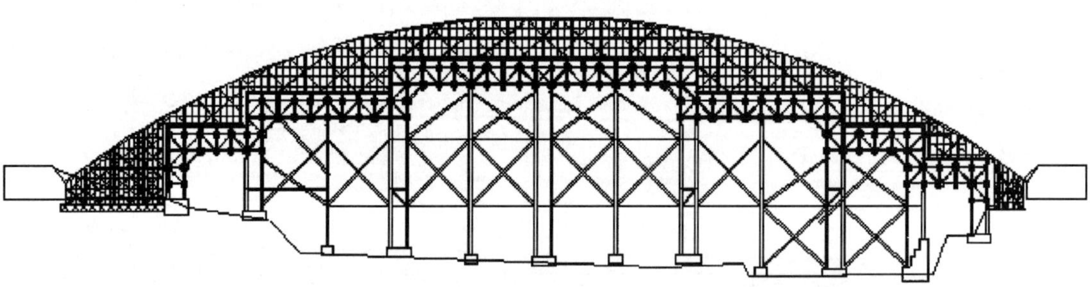

图 1　拱圈支架设置

主拱圈混凝土采用支架上分环、分段的方法进行施工，即：整个拱圈根据支架的结构体系分为 3 个浇筑环：即底板环、腹板环及顶板环，第一环、第二环分段施工后合拢，然后第三环分段施工后合拢，对应水平分段长度分别均为 24m，每浇筑段分为上下两环；为了避免支架局部异常变形，采取拱顶两侧对称的方法施工；采用微膨胀混凝土浇缝克服收缩徐变。如图 2 所示。

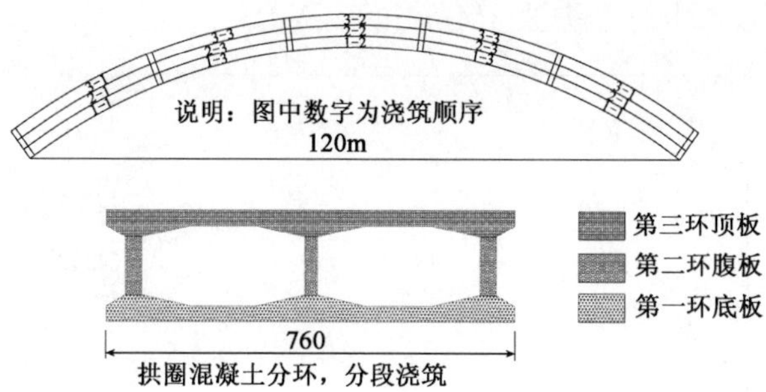

图 2　拱圈分环浇筑示意

2　裂缝发展情况

该桥 2006 年 12 月 6 日开始分段浇筑底板混凝土，12 月 20 日底板混凝土浇筑完成。2007 年 1 月 6 日开始腹板、横隔板混凝土浇筑，1 月 18 日腹板混凝土的分段浇筑完成。1 月 28 日完成 6 个间隔槽混凝土的浇筑，主拱圈一、二环合龙，形成截面为开口箱形的拱圈结构，合龙温度较低约－3～5℃。2007 年 2 月 1 日，现场检查时发现主拱圈腹板在 1/4、1/2、3/4 跨径处有裂缝产生。裂缝有以下特征：裂缝位于腹板位置，垂直拱轴线由腹板上缘向下线性发展，裂缝宽度可肉眼观测，上缘明显，下缘达腹板底、底板顶，底板无裂缝；裂缝主要产生于边腹板，纵桥向分布沿主桥中心基本对称，南、北侧裂缝位置大体一致；大部分裂缝分布在分段浇筑间隔槽附近，特别是既是间隔槽下部有钢管支架的区域；

2007 年 4 月初，在拱脚段顶板混凝土浇筑完毕之后，接缝处腹板新增裂缝，同时已浇筑的顶板也出现裂缝，新增腹板裂缝位于顶板浇筑接缝位置附近；新增顶板裂缝横桥向发展，并垂直拱轴线。

部分腹板裂缝观测结果见表 1。

裂 缝 观 测 表　　表 1

观测时间	编号	北－1		北－2		北－3		南－1		南－2		南－3	
	状态	贯通		贯通		贯通		贯通		贯通		贯通	
	环境温度	上	下	上	下	上	下	上	下	上	下	上	下
2-5-09:00	6℃	0.20	0.05	0.15	0.05	0.15	0.02	0.10	0.08	0.20	0.12	0.20	0.01
2-5-14:00	26℃	0.10	0.05	0.15	0.05	0.15	0.02	0.10	0.02	0.20	0.10	0.15	0.01
2-6-10:00	22℃	0.10	0.05	0.20	0.05	0.15	0.02	0.10	0.02	0.20	0.10	0.15	0.01
2-6-13:40	26℃	0.08	0.04	0.20	0.10	0.20	0.05	0.10	0.02	0.20	0.10	0.10	0.01
2-6-17:00	12℃	0.08	0.04	0.20	0.10	0.10	0.05	0.10	0.02	0.20	0.10	0.15	0.01
2-7-06:00	4℃	0.08	0.04	0.20	0.05	0.20	0.03	0.10	0.03	0.20	0.01	0.15	0.01
2-7-14:00	25℃	0.08	0.02	0.15	0.08	0.15	0.02	0.08	0.01	0.15	0.05	0.10	0.02

3　裂缝原因分析

由于现场 2007 年 1 月 29 日以后昼夜温差大，特别是从 1 月 30 日以来，白天温度很高，早上打霜，水管结冰，初步判定首次腹板裂缝为温度引起的钢管支架热胀冷缩，导致对开口拱圈的外力所致。拱脚段裂缝为温度和已浇混凝土收缩综合影响形成。支架升温采用有限元程序 midas 进行，拱脚段已浇混凝土收缩影响通过有限元程序 ansys 进行。

从图 3 可知，在钢管支架升温 20℃作用下，混凝土上缘在 11～15、46～49、79～84 单元出现超过 2MPa 的拉应力，最大分别为 3.8MPa 和 2.1MPa。

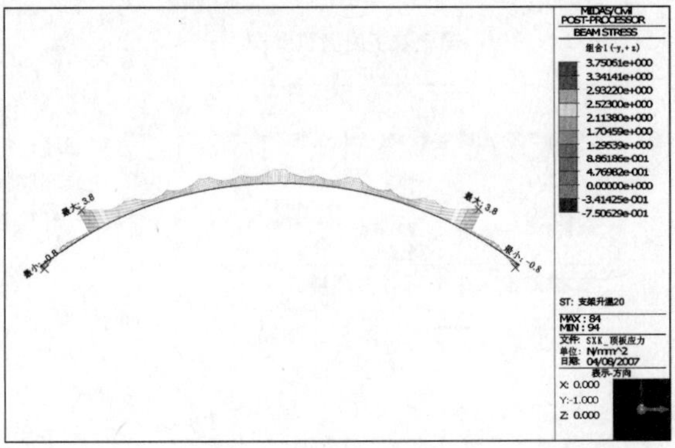

图 3　钢管升温 20℃拱圈混凝土上缘应力（单位：MPa）

在顶板收缩作用下（通过顶板降温模拟），接缝处开口断面拉应力较大，出现应力集中；近拱脚段顶板很大区域拉应力超过 2.15MPa，只是在实体分析中接缝处应力更加集中。如图 4、图 5 所示。

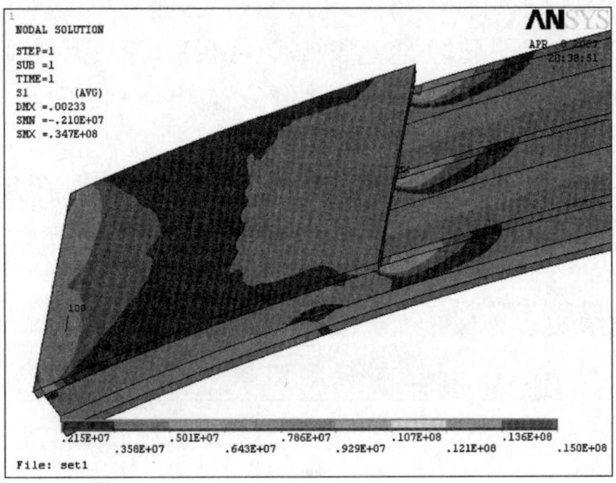

图 4　拱脚段顶板混凝土收缩应力云图（单位：Pa）

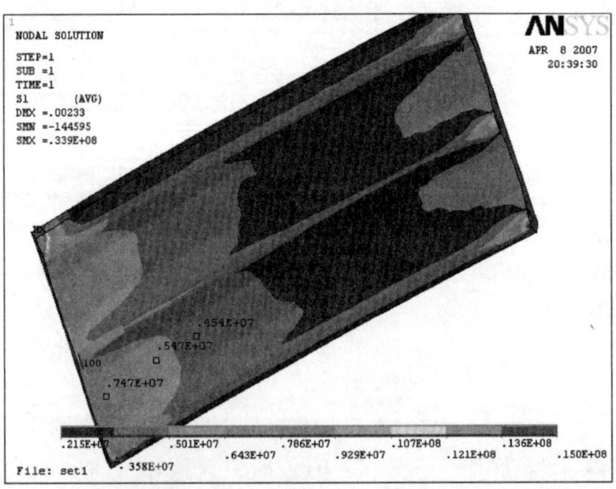

图 5　拱脚段顶板混凝土收缩顶板应力云图（单位：Pa）

综合上述分析,裂缝原因如下:

(1)钢管支架升温对拱肋应力影响相当明显。在钢管支架升温情况下,钢管支架顶部拱肋上缘出现较大拉应力,并在顶板接缝处开口断面出现拉应力集中,最大达 3.8MPa。

(2)已浇混凝土顶板收缩对顶板接缝处腹板和顶板本身影响极大,顶板接缝处腹板存在应力集中,已浇顶板混凝土近拱脚部位上缘也出现较大拉应力。

4 裂缝处理措施及结果

针对两种裂缝,采取以下处理措施:

(1)为避免旧裂缝开展,后浇混凝土间隔槽要避开已产生裂缝的区域。

(2)为减少顶板的收缩量,建议后浇顶板混凝土加强养护(如采取蒸汽养护),同时可以考虑采用少收缩混凝土。

(3)未浇顶板混凝土可适当增加纵向受力钢筋配置。

(4)尽快处理已有裂缝,先浇注已有裂缝处小范围顶板混凝土,有利于减小裂缝开展趋势。

在支架拆除之前,主拱圈全截面自重由钢管支架承担,主拱圈本身不受结构力。拱圈合龙后,由于全断面以轴向力为主,因此采取必要的修补措施后,不会对结构整体受力造成影响。如图 6 所示。

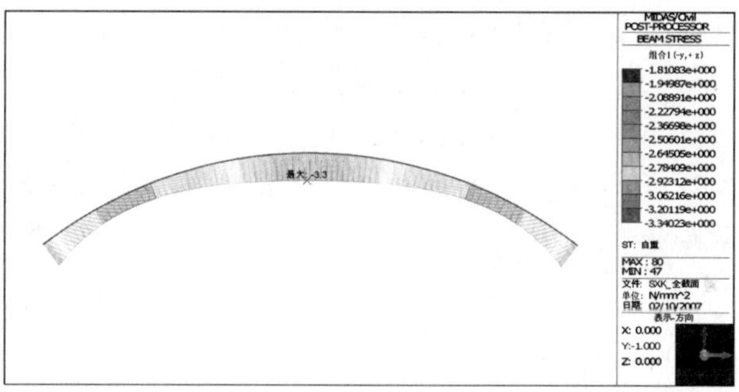

图 6 混凝土浇筑完毕后一次落架拱圈混凝土上缘应力(单位:MPa)

竣工验收前的荷载试验结果显示,结构在设计规定的荷载作用下各主要受力构件始终处于安全状态,并且结构变形控制在容许范围内,可以满足实际使用要求,目前该桥已经正常运营 6 年。

5 结语

(1)大跨度钢筋混凝土拱桥施工,应采用分段合龙而非分环(层)合龙的方式,避免形成开口断面,形成开口断面应注意施工过程中的应力分析加强施工配筋。

(2)采用支架施工,应注意钢管支架升温对合龙拱圈的顶升效应。

(3)混凝土浇筑应注意控制各次混凝土的龄期,避免龄期差异引起收缩差异,进而引起裂缝。

参 考 文 献

[1] 范立础.桥梁工程.北京:人民交通出版社,2001.

[2] 中华人民共和国行业标准.公路钢筋混凝土及预应力混凝土桥涵设计规范.北京:人民交通出版社,2004.

69. 斜拉桥箱梁有无横隔梁性能对比研究

颜 志 刘大中 陈德伟

（同济大学土木工程学院）

摘 要：斜拉桥传统设计方法中一般在主梁与拉索的位置设置横隔梁，以增加截面横向刚度、减小畸变应力、承担和改善局部应力集中等。而采用无横隔梁箱梁具有建桥进度快、成本低等优势。本文依托印度 Bandra-Main Span Bridge 桥为实际工程背景对斜拉桥采用无横隔梁箱梁方案进行对比受力性能分析研究，采用有限元分析软件 ANSYS 分别建立有、无横隔梁箱梁斜拉桥的全桥模型，分别进行加载计算，得出结论：横隔梁的设置对纵向刚度提升很小；可小幅减小顶板纵、横向应力；对相比无横隔梁箱梁的框架受力模式有分担作用；对箱梁抗扭性能有利，但作用有限。

关键词：斜拉桥 横隔梁 受力性能 箱梁

1 引言

斜拉桥作为一种拉索体系，比梁式桥的跨越能力更大，是大跨度桥梁的最主要桥型。在斜拉桥中，为了增大主梁的整体抗扭刚度和减小畸变应力，同时为了主梁横向传力的可靠性、传递和调节扭矩及剪力，通常在主梁与吊杆连接位置设置横隔梁。桥梁工程多年的实践表明，横隔梁的设置对箱梁受力一般是有利的，尤其是在抵抗箱梁畸变变形方面有较好的作用。另一方面，为了施工便利和提高施工质量，在很多大跨度连续梁和连续刚构桥中，采用了无中间横隔梁而仅留了墩顶大横梁的主梁结构设计形式。在工程实际中，设置横隔梁后，箱室内部加腋较多，将造成施工过程中模板制作复杂、混凝土浇筑不易密实、施工过程连续性差、模板不易拆除等问题，严重影响施工质量。实践经验表明，绝大多数预应力混凝土箱梁结构的质量问题出自于横隔梁的施工组织的复杂性和局部细节构造的琐碎性。同时箱形截面局部设计细化计算困难，在常用的桥梁设计软件中，利用梁单元进行计算不能考虑横隔梁的作用。在斜拉桥体系中，横隔梁设置较多，横隔梁厚度较大，大大增加了结构自重，引起自重弯矩或者增大索力等。

为了解决在设计和施工过程中出现的问题，桥梁工作者希望能够寻找出相关的解决办法。针对这些具体的问题，工程师希望能够进行斜拉桥无横隔梁箱梁课题的相关研究工作。无横隔梁箱梁具有以下明显的优点：

(1)采用无横隔梁箱形梁便于减轻结构自重，使得箱梁空间受力比较明确，主梁横向刚度没有突变。

(2)采用无横隔梁箱梁能够给施工带来极大便利，可以采用整体式模板，在一个节段的混凝土固结后，直接移动内模进行下一个节段施工。

(3)某些桥梁需要采用双层空间时，例如箱梁内部也要承担运输量时，箱梁必须采用无横隔梁的设计方案。

(4)采用无横隔梁箱梁，能够大大提高施工速度，缩短施工工期，达到良好的经济效益。

2 有限元模型

本文以印度 Bandra-Main Span Bridge 桥为工程背景，此桥设计中在斜拉索和箱梁连接部位没有设置横隔梁。该桥为独塔双索面斜拉桥，桥跨布置为 50m＋250m×2＋50m＝600m，主梁为预应力混凝土箱梁。全桥共 33 对拉索，主梁标准节段为 3m。全桥总体布置图如图 1 所示。

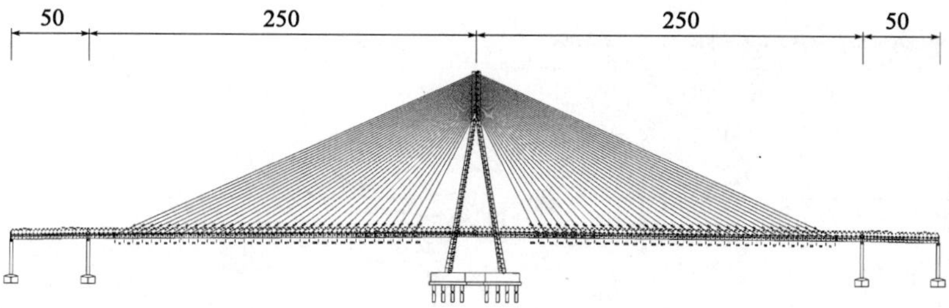

图 1　印度 Bandra-Main Span Bridge 桥总体布置图(尺寸单位：m)

该桥主梁为单箱三室预应力混凝土箱梁。主跨标准梁段主梁中心高 3.0m。顶板宽 22.7m，厚 28cm，不设横坡，只设纵坡。中室跨度 6.1m，边室 3.95m。主梁标准节段腹板厚度 30cm，到了塔柱处厚度逐渐变为 60～80cm。如图 2 所示。

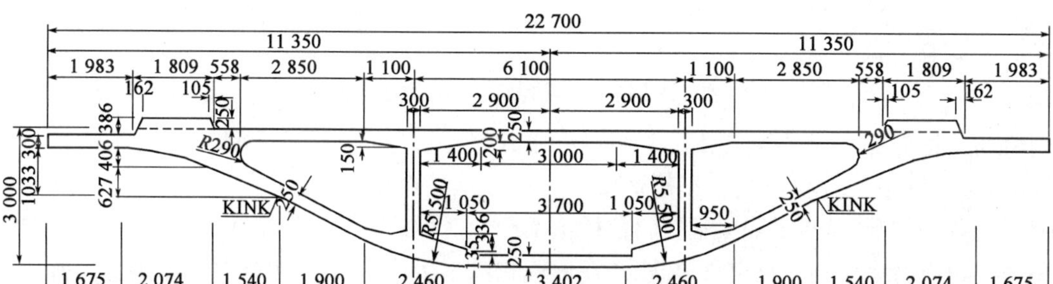

图 2　该桥标准断面图(尺寸单位：mm)

用 ANSYS 采用板壳单元与梁单元、索单元的多单元模型分别建立有横隔梁箱梁和无横隔梁箱梁斜拉桥的全桥模型，暂时不考虑纵桥向和横桥向预应力作用。全桥模型中主塔采用 3d 梁单元 beam189 模拟，主梁用板壳单元 shell63 模拟，斜拉索用索单元 link10 模拟。此桥设计荷载包括自重恒载、二期恒载等恒载，以及风荷载、温度荷载、汽车荷载等活载。设计活载为城—A 级车道荷载，满载按照横桥向 4 车道考虑，偏载时按照横桥向 2 车道考虑。

3 对比分析

3.1 整桥受力分析

斜拉桥设计中要求整桥具有良好受力性能，而主梁的受力性能与斜拉索索力直接关联，所以需要设定一定的性能目标，如主梁弯矩较小、主塔竖直、主塔弯矩合理等，以控制主梁合理受力,也以此合理调整斜拉索索力。

在桥梁正常使用期间,考虑 4 个车道的满布荷载,按照城 A 级车道荷载进行加载,可得到正常使用状态下的全桥变形状况。对有、无横隔梁全桥模型,分别加以恒载以及恒活载组合工况进行计算分析,分析结果如图 3、图 4 所示。

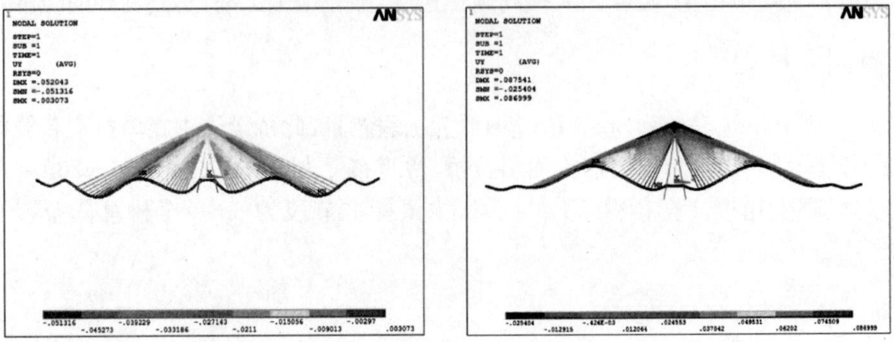

a) b)

图 3 有、无横隔梁箱梁斜拉桥恒载下全桥变形

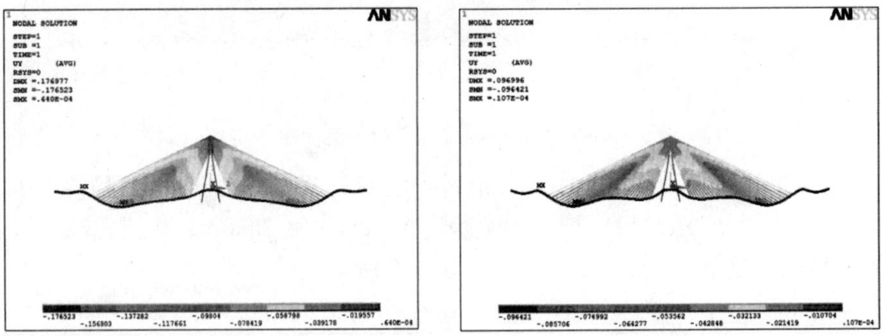

a) b)

图 4 有、无横隔梁箱梁斜拉桥恒活载组合下全桥变形

在自重恒载和二期恒载作用下,无横隔梁箱梁斜拉桥主梁产生对称的方向向上最大位移 87mm,小于 1/600 主跨,满足行车舒适要求。有一定预拱度,可与活载作用下主梁向下位移相抵消。相同情况下,有横隔梁箱梁斜拉桥主梁产生对称的方向向下最大位移 51mm,跨中区段基本上没有产生位移。在自重恒载、二期恒载和汽车活载作用下,无横隔梁箱梁斜拉桥主梁产生对称的方向向下最大位移 96mm,小于 1/600 主跨,满足行车舒适要求。相同情况下,有横隔梁箱梁斜拉桥主梁产生对称的方向向下最大位移 176mm。

计算结果表明,在塔高、索力、箱梁横截面等参数均相同的情况下,无横隔梁箱梁斜拉桥的全桥变形更符合规范要求,行车稳定性更好。有横隔梁箱梁最大竖向位移约为无横隔梁箱梁的两倍,横隔梁对斜拉桥的纵向整体性能没有有利帮助,同时反而加大了自重产生不利影响。

3.2 箱梁顶板受力分析

混凝土箱梁顶板直接承受车辆荷载的作用,其受力对于全桥安全有直接影响。对有无横隔梁两种情况,分别提取箱梁顶板在各模型和工况下的受力情况,以比较顶板在不同情况下的受力性能。按从边跨到主塔顺序将斜拉索依次编号为 1～33 号索。取第 13、14 号索之间梁段的箱梁中室顶板为例作为分析对象。

在箱梁不设横隔梁的情况下,顶板纵向应力及横向应力基本都沿纵向中心线对称,呈单向板受力状态。有横隔板的情况下，顶板应力状况虽然不是严格对称，但在纵横向都有对称性显现，顶板横向和纵向对荷载的分担比例相对接近，顶板受力具有双向板的受力特点。

在恒载作用下，顶板上缘大部分处于受压状态，只在中室顶板与腹板相交处顶板出现了较小的拉应力，在无横隔板的情况下为 1.05MPa，在有横隔板的情况下 0.18MPa。跨中处的横向压应力较大，近腹板处压应力偏小，呈现以腹板为支点的连续板的受力特点。无横隔梁时，中间箱室顶板中央的横向压应力相对较大；有横隔梁时，靠近横隔板位置，顶板的横向应力明显偏小，整个箱梁的横向弯矩由横隔梁分担一部分。

横隔梁对于减小纵向应力也有利。在相同的斜拉索无应力索长的情况下，不考虑预应力的作用，横隔梁使得这个节段的顶板最大拉应力减小了 20%左右。此处纵向应力是由纵向弯矩、斜拉索水平分力等多种作用下的结果，对于不同荷载下横隔梁的作用还需进一步研究。

3.3 箱梁横向传力路径分析

在双索面预应力混凝土箱梁斜拉桥中，斜拉索在箱梁两侧产生较大竖向分力。箱梁的横桥向弯矩和横向剪力的大小和传递路径决定了箱梁横向内力的大小，这些内力大小与箱梁横向宽度及截面尺寸等有关，现本文只考虑横隔梁对箱梁横向内力传递路径的影响。

在无横隔梁的情况下，箱梁横向内力呈框架受力模式。仅考虑两侧斜拉索的竖向分力作用，箱梁外侧的斜腹板为受拉板件，顶板(除两侧悬臂板外)为受压板件，底板为受拉板件，腹板为受压板件；考虑顶板与腹板相交处节点的受力平衡条件时，节点刚度介于铰接节点和刚接节点之间，节点在顶板压力、剪力、和腹板压力下满足平衡条件。在有横隔板的箱梁中，箱梁的各个板件受力情况基本与无横隔板的情况相似，最大区别在于，横隔梁的存在使得箱梁在横桥向有简支梁式的受力作用，对于横桥向的力和弯矩有分担的作用。

在有限元模型计算结果中，箱梁各个板件的受力状态应该满足前述分析。如图 5 所示，斜腹板的横向正应力的大小为 1.3MPa 拉应力，与前述无横隔梁箱梁的受力分析吻合。对比图中两种情况可知，由于横隔梁对于横向荷载传递的分担作用，底板的横向应力水平会产生一定程度的降低。

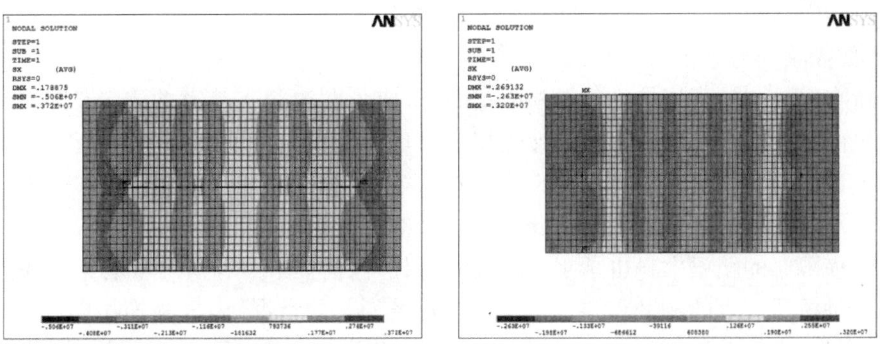

a) b)

图 5 有、无横隔板箱梁底板横向正应力云图

箱梁在对称荷载下的各个板件应力见表 1，在有横隔梁的情况下，除底板横向正应力外，其他各个板件的横向正应力都有一定程度的降低，横隔梁对箱梁横向受力具有分担作用，分担比例在介于 20%～40%之间，越接近横隔梁的区域横隔梁的承担的荷载比例越大。

3.4 箱梁抗扭性能分析

用有限元模型加载自重和偏心荷载等多种荷载作用时，由于各荷载的变形效应相互叠加，难以分离出每一种变形的作用，如畸变产生的横向畸变和刚性扭转的变形叠加在一块，难以直接区分。本文以一种叠加作用综合考虑，直接提取在各种荷载作用下的箱形梁绕桥梁纵向轴线的扭转角度进行分析，比较得出横隔梁对于箱梁抗扭的作用。

横向正应力表(S14 节段)　　表 1

项　目	斜腹板	顶板(近横隔梁)	顶板(远横隔梁)	底板(远横隔梁)
有横隔梁	0.8MPa	－1.2MPa	－1.1MPa	1.2MPa
无横隔梁	1.3MPa	－1.5MPa	－1.5MPa	1.2MPa

如图 6 所示，无横隔梁箱形梁的最大正方向的扭转角分别为 0.358e－3，有横隔梁箱形梁最大正方向的扭转角为 0.302e－3，横隔梁对于箱形梁的扭转角的减小幅度大约为 18%。相对于正方向的扭转角度，负方向的扭转角度要比正方向的扭转角度大，有横隔梁时达到了 0.667e－3，然而其负方向的扭转角减小幅度比正方向的减小幅度要小。之所以为出现正反两个方向的转动角度，是因为箱形梁承受了自重、斜拉索内力、偏心车道荷载等多种荷载的共同作用，整个箱梁有横桥向的翘曲变形；此外，横向弯矩作用下，箱梁还产生了横向弯曲。故本文通过直接调用箱梁沿纵桥向的扭转角只能从一个相对比较粗略的角度研究横隔梁对于箱梁抗扭性能的影响，还有待进行精确分析。

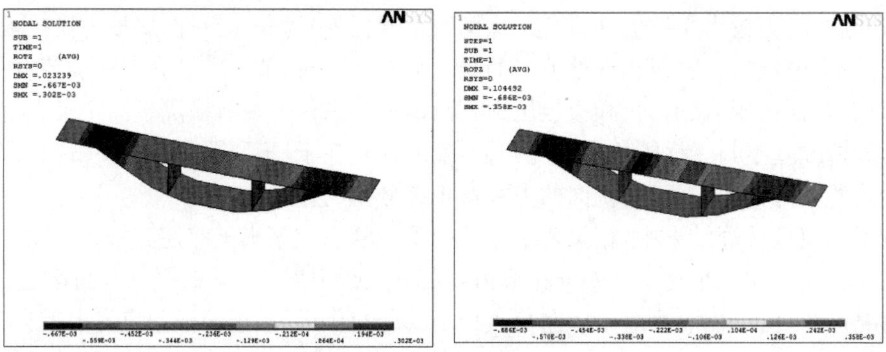

a)　　b)

图 6　有、无横梁箱梁扭转角度

3.5　横隔梁受力分析

斜拉桥在箱梁与拉索连接处设置横隔梁时，形成了两边简支或者两边带悬臂的简支梁以支撑箱梁纵向体系。在拉索和箱梁连接处将会出现应力集中效应，横隔梁能起分散集中力的作用。此外，在斜拉桥横桥向，横隔梁也能起着承担横向较大弯矩的作用。横隔梁厚度越大则刚度越大，分担的荷载比例也就越大，此时横隔梁本身也要承受较大内力。

设置了横隔梁的箱梁本身也承担了较大的荷载，包括集中力和横向弯矩等，横隔梁的自身受力性能也是桥梁安全的一个重要方面。在设置横隔梁的情况下，底板横桥向的预应力钢束在设计时一般会选择向横隔梁处集中，如若横隔梁开裂并破坏，则可能导致箱梁整体受力的失效。本文在计算过程中并未考虑横向或者纵向预应力钢束的作用，图 7 中给出了无预应力的情况下横隔梁的应力大小，通过对比分析得出箱梁横隔梁具体的受力特点。

由于此处横隔梁暂时没有考虑横、竖向预应力的布置，且拉应力处于较小水平，通过适当配置预应力钢束，可使横隔板的应力控制在一个较低水平。这也反应了横隔梁本身内力水平不高，为取消横隔梁提供了一定基础。合理布置箱梁截面形状及预应力钢束，调整箱梁和横隔梁在传递横向荷载上的分担比例，可使横隔梁承担的荷载变小，甚至可以取消横隔梁的设置。

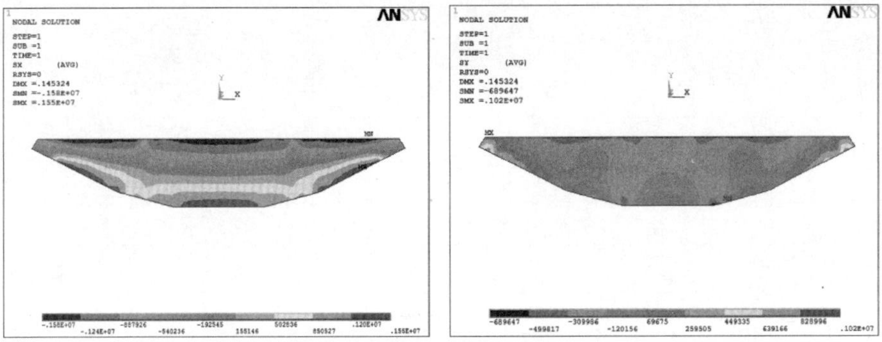

a) b)

图 7　横隔板横、竖向应力

4　结语

本文以印度 Bandra-Main Span Bridge 桥为工程背景，通过建立有横隔梁箱梁与无横隔梁箱梁斜拉桥的整桥模型，分别计算分析了两种模型中斜拉桥的受力性能。对两种情况下主梁的板壳模型进行了分析，得出以下主要结论：

(1)从整桥的受力性能上看，横隔梁对纵向刚度提升有限，反而增大自重，对纵向受力不利，整桥跨越能力降低；横隔梁的总重能达到主梁自重的 7%之多，而且分布于主跨。

(2)横隔梁的设置使顶板纵、横向应力都有减小，但减小幅度有限。从受力分析上看，有横隔梁箱梁顶板为双向板，无横隔梁箱梁顶板为单向板。

(3)无横隔梁箱梁的横向受力呈现框架受力状态，横隔梁的设置能起到横向简支梁或带悬臂的简支梁作用，对箱梁框架受力有分担作用。

(4)横隔梁的设置对于减小箱梁的扭转角有有利作用，但减小幅度有限。

(5)箱梁在设置横隔梁的情况下，横隔梁承受的内力有限，应力水平不高，在设计时可考虑其他构造替代横隔梁。

参 考 文 献

[1] 范立础. 桥梁工程(上册). 北京：人民交通出版社，2001.

[2] 刘士林，梁志涛，侯金龙，孟凡超. 斜拉桥. 北京：人民交通出版社，2002，8.

[3] 王新敏. ANSYS 工程结构数值分析. 北京：人民交通出版社，2007.

[4] 王新敏，李义强，许宏伟. ANSYS 结构分析单元与应用. 北京：人民交通出版社，2011.

三、施工与控制

70.530m 跨钢管混凝土拱桥合江长江一桥施工创新技术

韩 玉 冯 智 秦大燕
（广西壮族自治区公路桥梁工程总公司）

摘　要：合江长江一桥主跨 530m，为世界最大跨径的钢管混凝土拱桥，已于 2012 年 6 月建成通车，施工中为保证质量和安全，开发了多项创新技术，可为类似桥梁施工提供参考。

关键词：钢管混凝土　拱桥　施工　创新

1　工程概况

合江长江一桥位于四川省泸州市合江县境内。全桥跨径组合为 10×20m（引桥）+530m（主孔跨径）+4×20m（引桥）。大桥拱肋为变高钢管混凝土桁架结构，拱顶截面高为 8m，拱脚截面高为 16m；肋宽 4～7m；拱肋中距为 28.6m；吊杆间距为 14.3m；拱肋钢管直径为 1.3m，壁厚由拱脚处 30mm 渐变到拱顶的 22mm。拱肋吊装节段最重 1 980kN，拱肋共 40 个吊装节段，拱肋共重约 6 000t。吊杆采用成品平行钢绞线，两端为挤压型锚具。桥面由钢格子梁、混凝土桥面板、沥青混凝土组成钢—混凝土组合结构，见图 1。

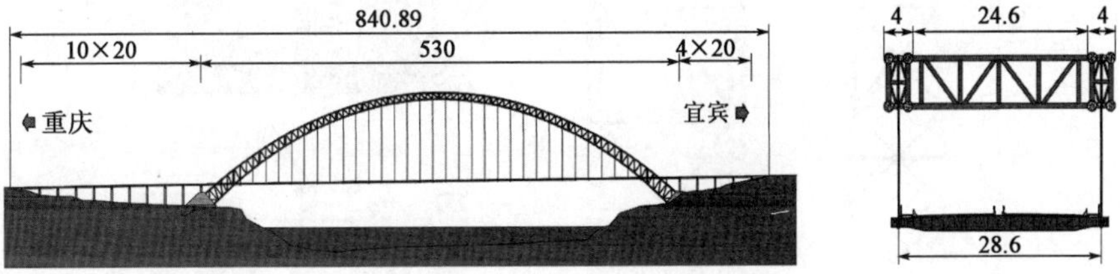

图 1　合江长江一桥设计图（尺寸单位：m）

2　创新技术

钢管混凝土拱桥在我国发展较快，但 300m 以上的不多，在合江长江一桥之前，最大跨径的拱桥为 2004 年建成的 492m 巫山长江大桥。由于跨径增加、地形变化，合江桥拱肋节段体量和吊重、扣塔高度、混凝土泵送高度、方量等均增加较大，见表 1，导致施工难度大大增加，特别是拱肋安装和管内混凝土浇筑在交通部❶组织的风险评估中其风险达到Ⅳ级。合江桥施工过程中紧紧依靠科技进步，大力发掘既有设备和技术潜力，勇于创新，开发了较多新技术、新工艺。

合江桥与巫山桥施工关键参数对比表　　表1

桥梁名称	跨径 (m)	拱肋节段体量 (m)	拱肋吊重 (kN)	扣塔高 (m)	单管内混凝土 (m^3)	泵送高度 (m)
巫山长江大桥	492	29.4×14×4.14	1 280	112.5	593	80
合江长江一桥	530	1分段：40.7×16×7 2分段：45.2×14.1×4.5	1 980	148.5	786	121

2.1 摇臂抱杆吊组装超高扣塔施工技术

大桥整体上采用缆索吊装斜拉扣挂施工技术，见图2。

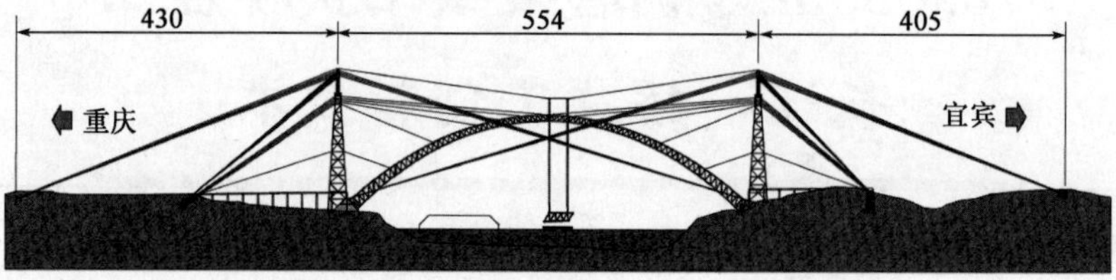

图2　大桥吊装总体图(尺寸单位:m)

由于扣塔较高，为增加吊装施工过程中拱肋大悬臂整体稳定性和降低一次性投入，设计采用钢管混凝土格构柱，扣塔位于两岸拱座上，塔高分别为148.51m(重庆岸)和134.6m(宜宾岸)。每个扣塔采用8根ϕ660×12(或16)mm立柱钢管，管内灌注C50混凝土。扣塔底部顺桥向桁宽25.46m，顶部桁宽8.46m，横向宽31.94m，两个扣塔用Q345B钢材1 700t，见图3。

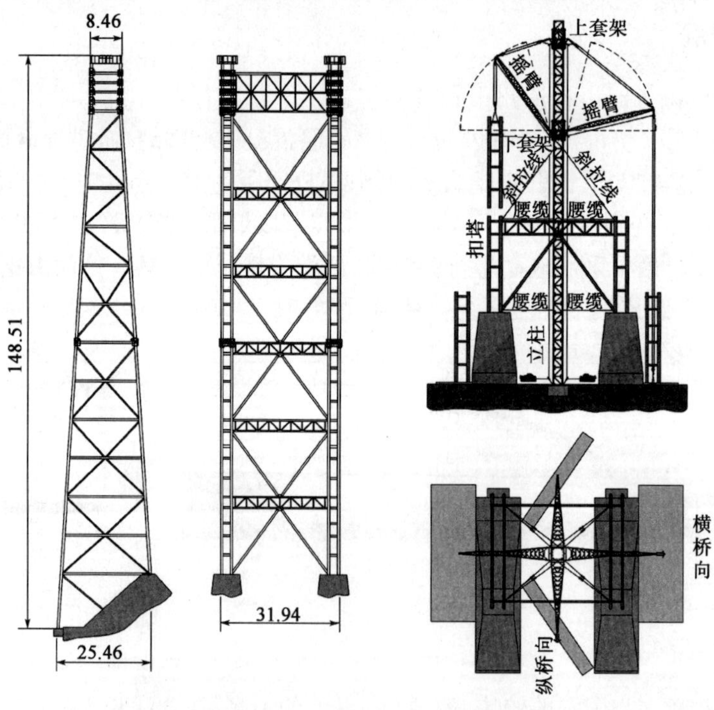

图3　合江长江一桥扣塔设计(尺寸单位:m)

❶交通部于2008年3月更名为交通运输部。

由于扣塔体量大、高度高，其施工难度大。如采用常规大型塔吊安装，则费用较高；如采用小塔吊，则空中安装小件多，安全隐患大。经多番调研、讨论，决定引进能利用扣塔自身刚度的摇臂抱杆吊理论，并结合施工单位自身特点开发了新的提升系统和支撑系统，使之既能结合扣塔现场制造，又能充分利用后续施工将要用到的缆索吊机设备来完成扣塔的制作和安装。

合江长江一桥摇臂抱杆吊由一个设在扣塔中心的 2m×2m 万能杆件柱、4 个摇臂、卷扬机及滑车组等组成。万能杆件柱水平向用钢丝绳连接在已安装扣塔立柱上，即抱杆吊实际是柔性附着在扣塔上。其横桥向 2 个摇臂的起重能力为 350kN，用来起吊左右桁架节段；顺桥向 2 个摇臂的起重能力为 100kN，用来起吊横联。当其中 1 个摇臂起吊重物时，另外 3 个摇臂都用起重钢丝绳锚固在地面，以保证摇臂受力平衡，并确保立柱偏位在允许范围内，见图 4。采用摇臂抱杆吊充分而且巧妙地利用了扣塔自身的结构和刚度，避免了使用价格昂贵、庞大的大型吊装设备，节约了成本 600 万元以上。

图 4　摇臂抱杆工作图及安装照片

2.2　新型可移动式缆索吊机索鞍

索鞍是安装在塔架顶部用来支承缆索的装置，通过索鞍横移装置，主索可横移到构件安装位置，可以实现一组主索完成两幅拱肋的吊装工作，通过索鞍横移，减少了一组主索及配套卷扬机钢丝绳等，经济效益相当显著。以合江一桥为例，减少一组主索，即减少了 16 条密封绳主索(约 480t)，减少了 8 台 20t 卷扬机、8 台 10t 卷扬机、50t 钢丝绳、4 套跑车，最少减少投入 1 000 多万元。且主索可横移，施工相当方便，吊拱肋时集中成一组，吊桥面梁时可以分开，分成上向下游各一组进行抬吊。可见索鞍非常关键，其减少成本特别明显，但其移动效率必须足够高，因其直接关系到吊装进度。

老式移动式索鞍是将横移滑车组设置在塔架的横桥向侧立面，上端动滑车通过一根大千斤头过塔顶转向后连接在索鞍上，下端定滑车锚固在塔架基础上，由于转向受力复杂，横移中易出现千斤头破断的事故。为此，在合江长江一桥上，我们对其进行了创新，直接将滑车组设置在塔顶上，并增设锚固措施：在索鞍两侧分别设置有 2 个双联滑车组，定滑车固定在轨道梁的端头，动滑车连接索鞍，钢丝绳转向至地面卷扬机，通过收紧或放松滑车组以实现索鞍的横移。当主索工作时，需要将索鞍固定，为了加强索鞍锚固的可靠性，除捎紧滑车组外，还增设了精轧螺纹钢锚固装置，利用 4 根精轧螺纹钢将索鞍锚固于轨道梁端头，见图 5。

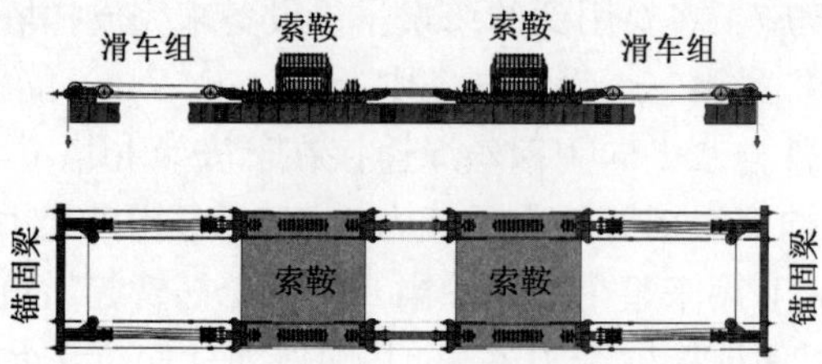

图 5 索鞍横移装置

2.3 大节段拱肋水上转向起吊安装技术

大桥节段拱肋长度最长达 45m，重量最重达 1 980kN，按缆索吊装常规工艺，须将船横水流方向抛锚定位再起吊拱肋，但长江川江航段江面窄、水流急，大船无法横水流方向停船。

为解决此难题，设计了起吊旋转系统，由吊点扁担梁和 2 000kN 的旋转吊钩组成，起吊旋转系统挂在 2 个吊点上。拱肋安装前，将定位船抛锚固定。拱肋安装时，将运输船开到定位船旁边，靠在定位船上固定，放下吊点，挂上起吊旋转系统，将拱肋吊起并人工拉动旋转 90°，使拱肋转成顺桥轴线方向，然后将其放到定位船上临时存放，而后拆除起吊旋转系统，用吊点将拱肋重新垂直吊起安装，见图 6。采用简单起吊旋转系统，安全高效地解决了急流河段运输船只无法横向停船问题，具较高推广应用价值。

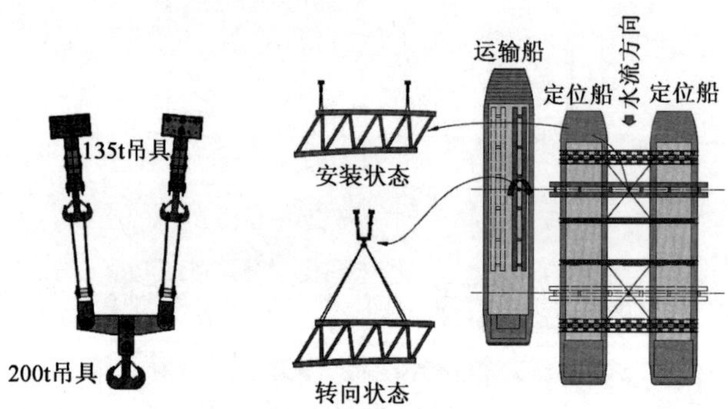

图 6 吊具工作原理图

2.4 真空辅助多级连续灌注管内混凝土技术

大桥拱圈顶离地面高 121m，每根钢管内混凝土接近 800m^3，每岸要对称浇筑 400m^3，必须保证在混凝土初凝时间内一次灌注成功，并且要避免拱肋节段间法兰盘的存在而影响其密实度，还要避免施工因素引起的后期脱空，所以施工难度大、质量要求非常高。

施工中，首次进行了特大跨度钢管混凝土拱桥管内混凝土的真空辅助三级连续顶升灌注施工，保证了管内混凝土的灌注密实，获得了国家发明专利。具体做法：在拱脚、1/3 高度、2/3 高度处设置 3 个混凝土灌注、排浆点。灌注时，先从底部用第一级泵管向上灌注；当混凝土面超过 1/3 高度时，立即将灌注点从拱脚更换到 1/3 高度处，采用第二级泵管继续灌注；待混凝土面超过 2/3 高度时，又将灌注点更换到 2/3 高度处，采用第三级泵管继续灌注，直至拱顶出浆管冒出好混凝土，完成灌注。每级灌注交替时都打开该处排浆管将上级灌注产生的浮浆等排出，见图 7。同时，为提高管内混凝土灌注的密实性，排除管内空气、水蒸气，减少混凝土脱空程度，采用了真空辅助灌注管内混凝土技术，即在灌注施工过程中用拱顶抽真空泵将管内气压抽到－0.8MPa，并在每级施工中保持这一负压，见图 8。为证明真空辅助灌注工艺的可行性和有效性，施工单位先期进行了大尺寸(直径 0.7m、长 50m)钢管内混凝土真空辅助与常规灌注工艺对比试验，通过对比试验证明：真空辅助灌注工艺明显提高了整体和局部(有法兰盘处、拱顶水平段)灌注密实度。通过采取以上措施，大桥 8 根拱肋钢管内共 6 400m³ 混凝土于 2012 年 3 月 8 日开始到同年 4 月 10 日即全部完成，灌注完成后，敲击和超声波检测证明拱肋全部灌满。该工艺在广西贵港郁江大桥(跨径 270m)、钦州钦江特大桥(跨径 252m)获得了推广应用，效果良好。实践证明，通过分级和真空辅助措施，减少了施工风险，确保了管内混凝土的灌注密实性，消除了常规灌注施工引起的钢管混凝土脱空，使钢管混凝土后期脱空大大减小，推动了钢管拱桥的施工技术进步。

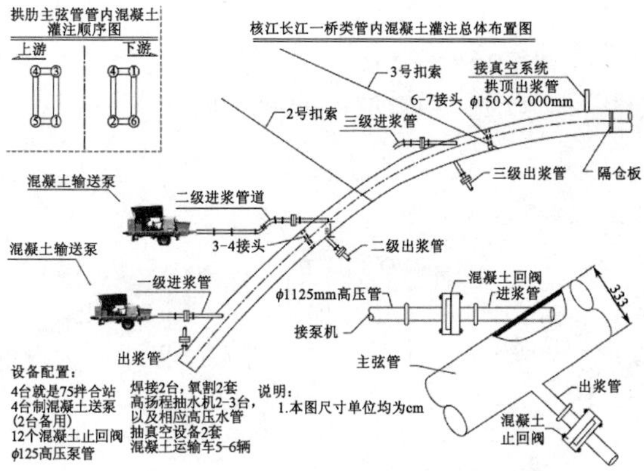

图 7　合江长江一桥主弦管管内混凝土灌注总体布置图

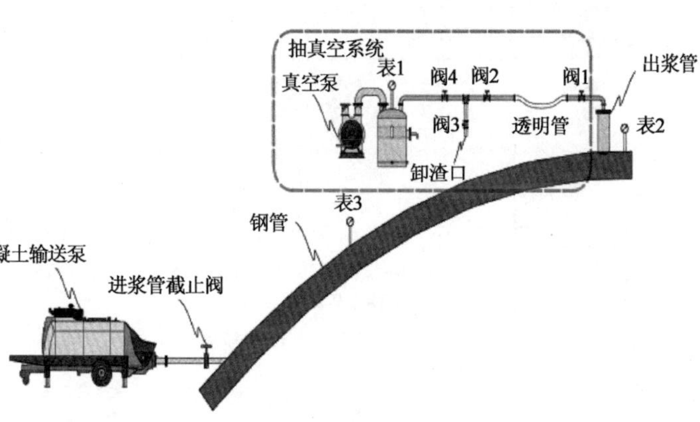

图 8　真空辅助灌注管内混凝土

2.5　桥面钢格子梁安装技术

大桥主桥桥面为钢格子梁混凝土桥面板组合结构，钢格子梁制作安装按施工条件分为 37 段。每段均含一个吊杆位置，这样安装时不需采用临时吊杆辅助。也是采用工厂加工、船运到现场、起吊安装模式施工。吊装时将 2 组主索分开，根据位置不同采用不同安装方法。

安装程序：拱脚段(1～4 号块)，采用缆索吊机，吊点从拱肋内部放下、船上起吊、起升、内部斜穿过拱肋、拱肋上方纵向运输到位、放下、就位，见图 9。跨中段(标准段)，采用吊点从拱肋外部放下起吊方式，因横梁不够长不能直接捆绑，故先采用临时吊具接长横梁、绑好吊点起升离开船、纵向运输到位、起升就位的安装程序，见图 10。吊具与梁段采用螺栓连接，方便施工，见图 11。

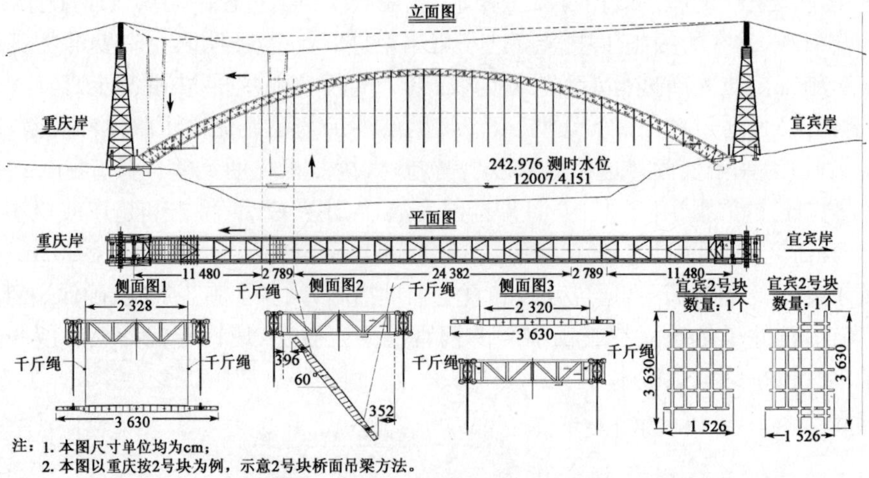

注：1. 本图尺寸单位均为cm；
2. 本图以重庆按2号块为例，示意2号块桥面吊梁方法。

图 9　拱脚段桥面钢格子梁安装

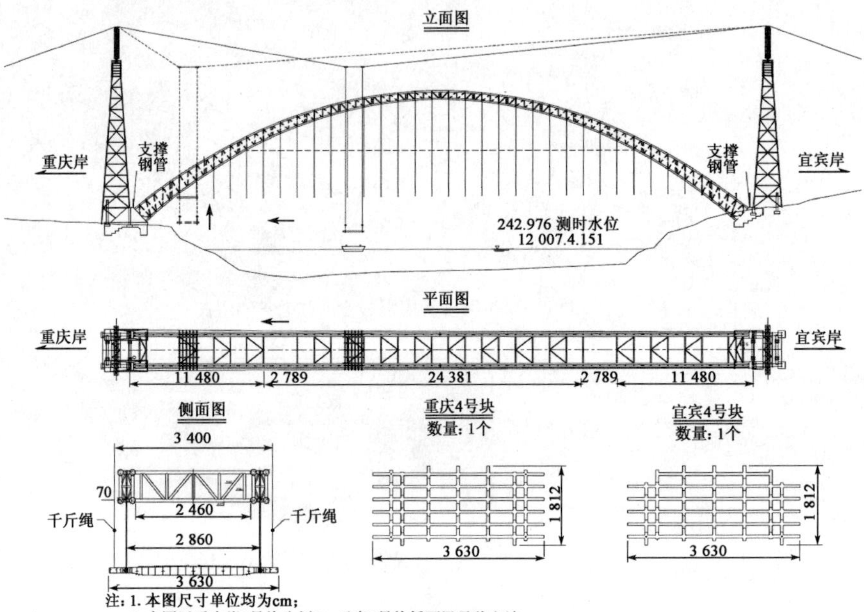

注：1. 本图尺寸单位均为cm；
2. 本图以重庆岸4号块为例1，示意4号块桥面梁吊装方法。

图 10　标准段桥面钢格子梁安装

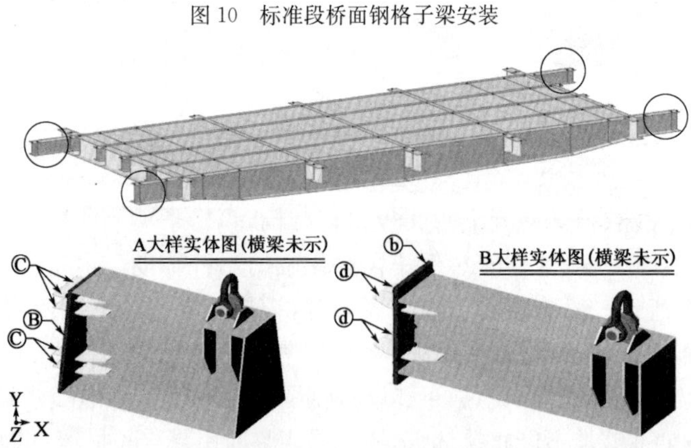

图 11　标准段吊具布置及构造图

2.6 钢管混凝土截断方法

扣塔立柱为钢管混凝土结构，即 $\phi660\times12$(或 16)mm 钢管，内灌注 C50 混凝土，吊装施工完成后要拆除。一般认为拆除很困难，所以我们非常重视，每步都预先做好试验，实践证明：只要方法得当(施工步骤见图 12)钢管混凝土结构截断拆除比较简单、安全。我们主要采用了混凝土分裂机这一施工设备，见图 13，其特点是混凝土断裂时冲击较小。

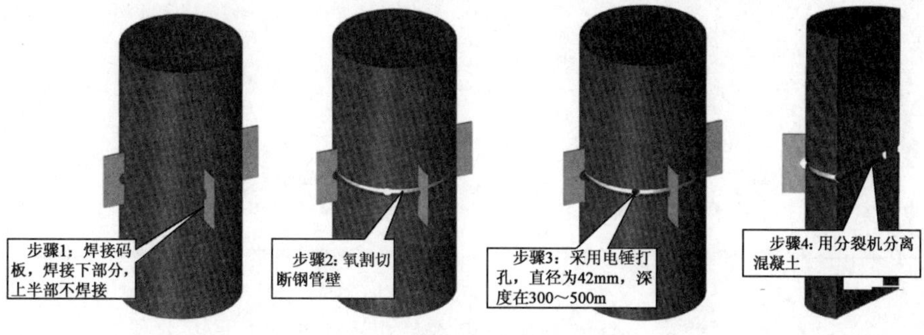

图 12　立柱节段分割步骤图

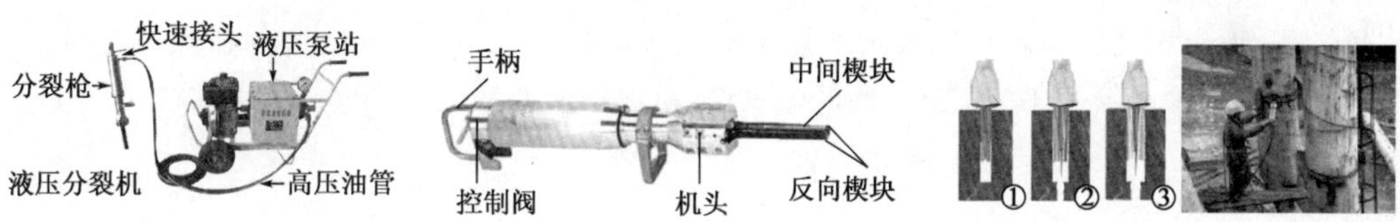

图 13　液压岩石分裂机工作原理及施工照片

3　结语

目前，钢管混凝土拱桥正向更大跨径跨越，合江长江一桥上所成功采用的创新技术，特别是真空辅助灌注管内混凝土技术，对于钢管混凝土拱桥跨径的发展、钢管混凝土拱桥质量和耐久性的提高，必将做出更大贡献。

参考文献

[1] 交通部第一公路工程总公司. 公路施工手册：桥涵/下册[M]. 北京：人民交通出版社，1999.

71. 拱桥悬浇技术的创新发展

曹　瑞[1]　裴宾嘉[2]

(1. 四川路桥建设股份有限公司;2. 四川路桥集团大桥分公司)

摘　要:本文通过国内外几个采用悬浇技术施工的拱桥实例,展示了这些各具特色桥梁在创新过程中,以先进理念为指导,以创新技术为支撑,实现钢筋混凝土拱桥持续发展的宝贵经验。

关键词:拱桥　悬浇技术　创新发展

1　引言

拱桥具有受力特性好、跨越能力大、外形美观的优点,在桥梁中占有重要的位置,其建造方法也多种多样,施工技术也得到不断发展。在现代拱桥施工技术中,落地式支架由于不能跨越江河深谷,在使用上存在很大的局限性;预制吊装法和转体施工法需要较大的预制场地,在深V形山区和城市一些特殊地段因没有预制场地而无法实现。于是,采用悬臂浇筑修建拱桥的方法应运而生:借助一对附着在已浇筑拱圈上的挂篮,完成立模、绑扎钢筋、浇筑混凝土,然后前移挂篮,循环进行,直至合龙。拱桥悬臂浇筑的原理与斜拉桥施工类似,所不同的是:斜拉桥浇筑的是直梁,沿水平方向前进,拱桥浇筑的是曲梁,需在大仰角情况下推进;斜拉桥的拉索是结构的一部分,是永久性的,拱桥的扣索是临时的,主拱圈合龙后即可拆除。

采用拱桥悬浇施工法施工的主拱圈具有结构整体性好、施工费低用、对环境破坏小等优点,该技术正不断地发展、成熟。在国内外,采用悬浇施工的拱桥日益增多,跨径越来越大。

2　国外采用拱桥悬浇技术的几座典型桥梁

斜拉悬臂法是大跨度拱桥使用最广泛的一种施工方法。从20世纪50年代起,开始将桥梁悬臂施工用于拱桥的架设上,彻底改变了仅用满堂式支架新建拱桥的传统模式。首次采用悬臂法施工的是1952年建成的Caralas-La Guaira桥,两边各1/3的主拱圈悬臂施工,中间1/3的主拱圈采用吊装合龙。尽管采用的是混合法施工,但开创了斜拉悬臂法的先河。1964年,英国建成了跨径68m的Taf Fechan拱桥,该桥的两半拱全部是通过扣索锚固、悬臂施工完成的。继该桥之后,斜拉悬臂法在大跨度拱桥中得到了广泛的应用。

2.1　日本富士川桥

日本富士川大桥跨越富士山脚下的富士川,是新Tomei高速公路的一部分。主跨为

265m 钢筋混凝土拱桥，矢高为 40.5m，矢跨比为 1/6，桥面宽度为 18.5m，主拱圈为单箱三室变截面，拱脚高 5m，拱顶高 3m。富士川桥采用悬臂浇筑法施工，一次浇筑长度为 4.5～5.5m，混凝土浇筑量为 $100m^3$。为减小悬臂长度，并利用拱座做锚碇，在河床中设置了临时支墩（图 1）。

主拱圈分 4 个阶段施工：

(1)采用挂篮悬臂浇筑通过临时塔柱位置。

(2)用安装在临时支柱顶部的千斤顶以 17.5MN 的顶力将拱圈顶起，使其发生强制变形，目的是改善拱脚处弯距，使拱脚处上侧的拉应力减小。

(3)完成拱上的临时索塔，以拱座为锚碇继续斜拉悬臂浇筑。

(4)浇筑合龙段，逐步放松扣索，拆除临时支墩（图 2）。

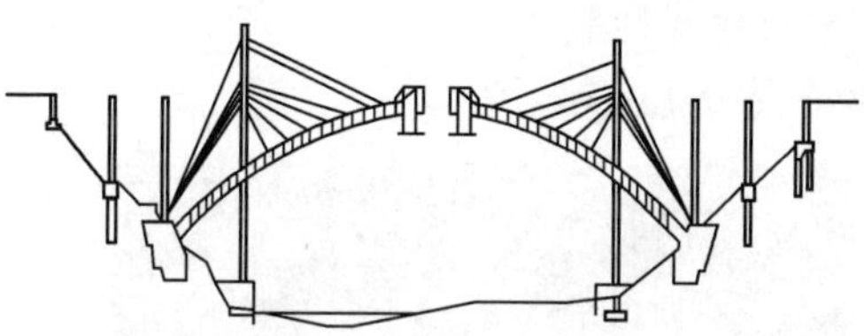

图 1　富士川桥施工布置图

图 2　富士川桥主拱圈完成

富士川桥分为 A 线桥（365m）和 B 线桥（381m），两座桥分别建设，于 2004 年 3 月全部建成通车，成为日本跨径最大的混凝土拱桥（图 3）。

2.2　南非布劳克朗桥

布劳克朗桥（Bloukrans Bridge）坐落于南非西开普省最优美的度假胜地自然谷，横跨布劳克朗河，主跨 272m，桥面宽 16m，全长 448m，拱圈为钢筋混凝土单箱三室变截面，高 5.6～3.6m，宽 12m。大桥于 1980 年开始建造，1984 年建成。这座宏伟的拱桥建成后，成为世界上最高的商业性天然蹦极之地（图 4）。

图 3　建成后的富士川 A 线桥和 B 线桥

图 4　布劳克朗桥

布劳克朗桥位于两岸陡峭山岩，无预制场地，非常适合采用悬臂施工。其修建具有以下特点：

(1)由于悬臂长度大，扣索的力特别大。该桥锚索系统充分利用了地形、引桥基础和墩身，扣索支点分四层分布于拱座上的排架上和临时扣塔上，地锚沿陡岩分散布置于引桥基础上。这样就可以分散巨大的索力，并减小了临时工程数量。

(2)设置多层临时桁架，支撑于拱座上的高排架，以保证高排架在压杆状态下避免失稳。

(3)主拱圈合龙时采用瞬时合拢技术，先用止推块、预应力索和千斤顶将两半拱临时固定，再按常规的方式完成合龙。

2.3 美国胡佛大桥

胡佛大桥是美国93号干线公路跨科罗拉多河的一座大桥，位于胡佛水坝下游490m处。全桥总长580m，主跨为329m，矢高84m，主拱圈采用双肋拱形式。桥面宽27m，桥面距河面270m。

胡佛大桥采用悬浇施工，双肋拱并列同时浇筑(图5)。为了减轻自重，主拱圈采用钢—混结构，并用钢结构做横联将两肋连接，增强横向稳定性。拱肋截面为矩形，宽6.1m，高4.3m，顶、底板厚0.46m，腹板厚0.35m，采用70MPa高强度混凝土，共分53个节段，每岸各悬浇26段，拱顶设一合龙段。悬浇每一段长7.3m，采用4套自行式挂篮浇筑。

2010年10月，大桥建成，它成为美国最大的钢筋混凝土拱桥(图6)。

图5 悬臂施工中的胡佛大桥

图6 建成后的胡佛大桥

3 国内拱桥悬浇技术的发展

众所周知，中国是一个历史悠久的拱桥大国，目前各类型拱桥的跨度都保持着世界第一的地位。但采用悬浇技术施工拱桥起步较晚，于2003年开始研究，2007年建成第一座拱桥，随后发展较快，陆续建成了一些桥梁，完全掌握了拱桥悬浇技术。

3.1 白沙沟大桥

国内第一座采用自行式挂篮悬浇施工的拱桥是白沙沟大桥。白沙沟大桥位于四川省西(昌)攀(枝花)高速公路上，主桥为净跨150m的钢筋混凝土箱型拱桥，桥位左右侧地形冲沟下切强烈，岸坡陡峭，两岸坡上与沟底高差达120m，沟谷呈深切V字形，坡度为40°～50°。

该桥主拱圈为等高度悬链线钢筋混凝土箱型拱，净跨径$L_0=150$m，净矢高$H_0=30$m，净矢跨比$H_0/L_0=1/5$，拱轴系数$m=1.988$，拱圈为单箱双室截面，箱高2.7m，箱宽6m。拱脚段顶底板厚度由60cm(拱脚侧)渐变至25cm(拱顶侧)，腹板厚度由拱脚的50cm渐变至30cm(外腹板)及20cm(内腹板)，排架处对应横隔板除1(10)号立柱采用双25cm厚横隔板外，其余立柱对应横隔板厚35cm，立柱间的横隔板厚25cm。

采用悬浇施工的白沙沟桥具有以下特点：

(1)采用专门研制的侧桁式三角挂篮。该挂篮附着于拱肋两侧，在三角形顶端设置支点支撑在已浇拱肋的前端上，这样挂篮能很方便地在上升角不断变化的拱背上行走(图7)。

(2)两岸设置起步段，在拱脚处搭设支架，浇筑第一段。在第一段上拼装挂篮，循环悬浇每半跨的10个节段。

(3)合龙段采用劲性骨架快速合龙。当完成悬浇最后一个节段后，对扣、锚索进行索力调整，安装合龙段吊架和劲性骨架，选择当天温度较低时刻，将钢楔块打入劲性骨架调节端的空隙中，然后将其焊接牢固。然后浇筑长2m的合龙段混凝土。

(4)将锚碇与引桥的桥墩、桥台基础设为一体，大大减小了锚碇混凝土数量。

(5)采用移动式扣塔施工分离式主拱圈。当完成一幅主拱圈后，将扣塔横移至另外一幅拱圈位置施工，降低了成本，提高了功效(图8)。

白沙沟大桥于2007年建成使用。

图7 侧桁式挂篮

图8 一套锚扣系统用于两幅主拱圈施工

3.2 新密地大桥

2009年，攀枝花市开建了新密地大桥。大桥全长296m，主跨182m，两幅分离式桥梁完全独立(图9)。

新密地大桥采用挂篮悬浇施工，采用与白沙沟大桥完全一样的施工技术和工艺，但跨度增大了32m。

新密地大桥两幅桥于2013年2月2日全部建成通车。

图9 第二幅主拱圈即将合拢

3.3 木蓬大桥

拱桥悬浇技术由于具有不需要预制场地，添置一套挂篮设备后可循环使用，跨越能力强，浇筑的拱圈整体性好等优点，在行业内逐步得到认可。2010年10月开工修建的木蓬大桥，同样采用拱桥悬浇技术，为国内第三座采用悬浇技术施工的钢筋混凝土拱桥。

木蓬大桥位于在建的贵州思南至剑河高速公路上，在贵州省铜仁市石阡县坪山乡境内，全长364.6m，跨径组合为2×30mT梁+165m箱形拱+4×30mT梁。单幅桥为单箱双室箱型截面，宽7.5m、高2.8m，纵向分27段，其中两岸拱脚1号段为支架现浇，其余24个节段采用挂篮，分两岸对称悬臂浇筑施工，拱顶合龙段采用吊架施工。

该桥最大的特点是在白沙沟桥的基础上，对挂篮进行了改进，由侧桁式改为倒挂式，将主要承重结构——三角桁架放置于拱肋底板下，但通过型钢与三角桁架连接的支点仍设在拱背边缘，便于在大升角、变弧线的情况下行走。

图 10　合拢后的主拱圈

由于工期紧，木蓬大桥投入了 4 台挂篮、2 套锚扣系统，2 幅拱圈同时施工（图 10）。该桥于 2013 年 3 月竣工。

3.4　鳡鱼大桥

掌握了悬浇拱桥施工技术后，跨度逐步增大，因为只有跨度更大的拱桥，才能充分体现悬浇拱桥施工技术的优势。2013 年 4 月，鳡鱼大桥开工建设。鳡鱼大桥位于攀枝花市盐边县鳡鱼乡岔河村 4 组，跨越二滩水电站中库区鳡鱼河，全桥桥跨布置为 2×12.50m（引桥）+净跨 200m（主桥）+2×12.50m（引桥）。主桥为钢筋混凝土箱形拱桥，净跨径 $L_0=200$m，净失跨比 $F_0/L_0=1/7$，拱轴系数 $m=2.268$，为等高截面悬链线拱。

全桥共分 33 个节段，两岸拱脚 1 号节段均在支架上浇筑、拼装挂篮后，各悬浇 15 个节段，最后浇筑 2m 合拢段。悬浇节段最大长度为 6.5m，重约 200t，采用侧桁式挂篮施工（图 11）。

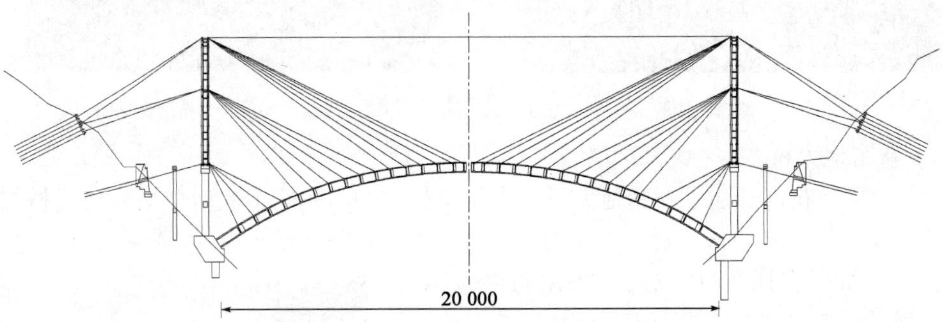

图 11　锚扣系统布置图（尺寸单位：cm，高程单位：cm）

该桥最大的特点是由于跨度大，悬臂长达 100m，最大主锚碇的锚索力达到 2 534t，对锚扣系统要求相当高。塔架立柱采用 8 根 $\phi800\times16$mm 钢管，高度为 48m，竖向采用法兰盘连接，纵向、横向、斜向及水平向采用[16a 栓结。

两岸锚碇位置都处于较完好的岩层，因此主锚碇采用岩锚索的锚固形式。钢绞线按在锚碇区域的布置，划分为上、中、下 3 层。为减小群锚效应，岩锚索长度采用 28m 和 36m 以梅花形交错布置。锚索和扣索均采用钢绞线，在扣塔上设置锚箱转换。每束岩锚索由 8 根钢绞线组成。岩锚索与水平面夹角在 25°左右。

该桥正在建设中，预计 2014 年年底通车。

4　结语

施工技术的进步对桥梁创新发展有着极大的推动作用。在科学技术高速发展的今天，对任何桥梁来说，在结构理论的分析和计算上都已不存在什么障碍，但桥梁设计者的设计意图能否真正得以实现，在很大程度上取决于施工技术，即高水平的设计需要先进的新技术去实现。

20 世纪 50 年代，法国著名工程师弗莱西奈创造性地将悬臂施工的方法应用到拱桥的施工，随后许多国家相继采用悬臂浇筑法修建了不少大跨度拱桥，其中多座创造了本国同类拱桥的跨度纪录。我国采用拱桥悬浇施工技术比较晚，但发展很快，在近 10 年的时间里将建成 4 座大跨度拱桥，悬浇法施工的钢筋混凝土拱桥已经超过了预制吊装法。当然，随着跨度增大，拱圈自重增加，对扣、锚索以及锚碇都提出更高要求，已有学者做了用波形钢腹板代替拱圈的混凝土腹板的研究，可大大减轻自重，进一步增大跨径。这些都充分表明拱桥悬浇施工技术具有极大的潜力，将为钢筋混凝土拱桥持续发展注入新的活力。

参 考 文 献

[1] 韦建刚，陈宝春. 国外大跨度混凝土拱桥的应用与研究进展[J]. 世界桥梁，2009(02).

[2] 高玉峰，蒲黔辉，李晓斌，胡秋贵. 悬臂浇筑法在国外大跨度混凝土拱桥施工中的应用发展[J]. 世界桥梁，2008(01).

[3] 曹瑞，冯家彪，何勇. 中国公路学会桥梁和结构工程学会 2001 年桥梁学术讨论会论文集[M]. 北京：人民交通出版社，2001.

[4] 裴宾嘉，曹瑞，彭劲根，等. 拱桥悬臂浇注挂篮的设计和创新[J]. 公路. 2008(01).

[5] 陈宝春，王远洋，黄卿维. 波形钢腹板混凝土拱桥新桥型构思[J]. 世界桥梁，2006(04).

72. 嘉绍大桥钢箱梁合龙施工技术研究与应用

宋向荣　唐　衡　彭琳琳

（中交二航局第四工程有限公司）

摘　要：嘉绍大桥主航道桥为多塔斜拉桥，上部结构按照无应力状态法采用几何控制理念进行施工控制。本文通过合龙顺序的比选，确定了适合分幅式多塔斜拉桥的合龙施工方案，并对合龙过程中的顶推施工工艺、关键施工参数、主要控制手段及实施情况进行了介绍。

关键词：嘉绍大桥　主桥合龙　施工技术

1　引言

1.1　多塔斜拉桥的发展

按照索塔的数量不同，斜拉桥可以划分为独塔、双塔和多塔斜拉桥。因为多塔斜拉桥的中间塔没有端锚索有效限制其塔顶的纵向水平变位，柔性过大，刚度不足，其实际应用受到一定限制，因此相对于独塔和双塔斜拉桥而言，多塔斜拉桥起步较晚。但随着斜拉桥分析计算及建造技术的不断完善，近年来国内外修建的多塔斜拉桥层出不穷（表1）。

国内外多塔斜拉桥　　表1

桥　名	跨 度 布 置	桥　型	建成时间
墨西哥 Mezcala Bridge	57＋80＋311.5＋299.5＋84＋68＋39.5＝939.5m	钢—混结合梁三塔斜拉桥	1993
法国米约高架桥	204＋6×342＋204＝2 460m	单索面钢箱梁七塔斜拉桥	2004
法国里翁—安蒂里翁桥	268＋3×560＋268＝2 216m	钢—混结合梁四塔斜拉桥	2004
香港汀九桥	127＋448＋475＋127＝1 177m	结合梁三塔斜拉桥	1998
湖南赤石大桥	165＋3×380＋165＝1 470m	预应力混凝土双索面四塔斜拉桥	在建
浙江嘉绍大桥	70＋200＋5×428＋200＋70＝2 680m	分幅式四索面六塔斜拉桥	2013

1.2　斜拉桥合龙工艺

合龙工艺对于悬臂施工斜拉桥而言非常重要，合理的合龙工艺可以降低施工难度，增加施工安全性，并保证成桥内力合理，线形平顺，状态达到最优。目前针对斜拉桥合龙主要有以下两种施工工艺：

(1)采取顶推等措施调整合龙口的形状来适应合龙段的长度。此措施保证了合龙段的无应力长度，过滤掉了合龙过程中温度等环境因素变化的情况，符合几何控制法的基本原理。苏通大桥、鄂东大桥等均采用顶推合龙的方法，即合龙段按设计理论长度制造，合龙时根据实际温度，通过施加外力顶推来调整合龙口宽度以喂入合龙段。

(2)采取配切等措施调整合龙段的形状来适应合龙口的长度。此措施将合龙过程中的温度变化等环境因素带入到成桥状态中，因此需等待合适的合龙温度，尽量降低其对成桥状态的影响。江津观音岩长江大桥、金塘大桥均采用了配切合龙的方法，即连续观测梁长、温度变化，确定主梁长度，切割主梁至预定长度，完成合龙。

2 工程背景

嘉绍大桥主航道桥为主跨 428m 的六塔独柱四索面分幅钢箱梁斜拉桥，其跨径布置为 70m＋200m＋5×428m＋200m＋70m＝2 680m。单幅箱梁在辅助墩、过渡墩处各设置一个双向滑动支座；在索塔托架处采用纵向双排支座结构体系，即钢箱梁在索塔两侧布置两排竖向支座，单个索塔共有 2×2＝4 个双向滑动支座。整幅钢箱梁在 6 个索塔及过渡墩、辅助墩处均设置横向抗风支座约束梁墩和梁塔之间的横向相对位移。全桥在 2 个次边塔(Z4、Z7 索塔)设置塔梁顺桥向限位支座，在静动力荷载下约束塔梁顺桥向相对位移，其余索塔的塔梁顺桥向设置 4 套黏滞阻尼器，在静力荷载下不约束塔梁顺桥向相对变形，而在动力荷载下可对结构动力响应进行耗能。在全桥的跨中位置(Z5 与 Z6 索塔之间的跨中位置)，两幅钢箱梁各设置一道伸缩缝，伸缩缝处钢箱梁内部采用刚性铰构造，刚性铰释放两侧钢箱梁的纵向相对变形，但约束两侧钢箱梁之间的相对弯曲、扭转、剪切等变形。刚性铰小箱梁与滑动大箱梁之间设置阻尼器，对刚性铰伸缩缝两端主梁的相对动载响应进行耗能(图 1)。

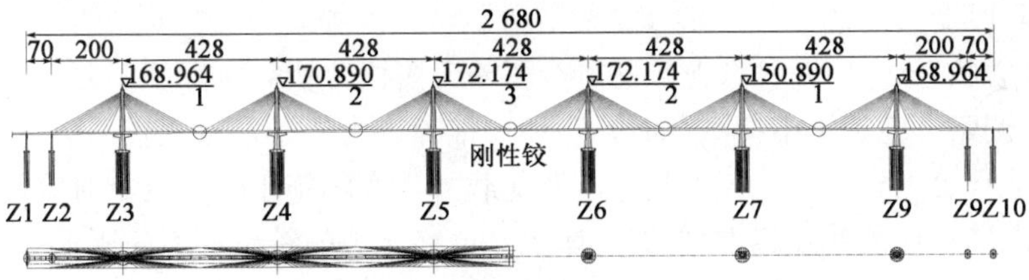

图 1　嘉绍大桥主通航孔桥桥型布置图(尺寸单位：m，高程单位：m)

注：1 、 2 、 3 表示合龙口编号。

3 合龙方案比选

3.1 合龙工艺选定

由于多塔斜拉桥塔梁相互影响显著，多跨主梁及索塔变形相互影响，对于跨中未设置边锚索约束位移的弱柱型多塔斜拉桥尤其明显。结合嘉绍大桥结构特点，为确保成桥内力状态和线形逼近设计理想状态，最大限度降低偏差对桥梁结构线形和内力状态的不良效应，降低施工风险，从而确保施工过程中结构的安全性，结合大桥施工进度，在 1 月底，环境温度 10℃以下，嘉绍大桥最终构件采用几何控制法进行施工控制，即通过在 Z3、Z5、Z6、Z8 索塔托架处设置顶推合龙顶推点，通过单项顶推完成全桥合龙。

3.2 合龙顺序方案比选

和常规的两塔斜拉桥只有一个合龙口相比，多塔斜拉桥存在多个合龙口，嘉绍大桥的合龙口多达 5 个，因此，合龙顺序的确定是合龙技术的关键。不同的合龙顺序、合龙施工工艺以及合龙保障设备将得到不同的成桥内力与主梁线形，选取最优的合龙方案需要深入研究。

嘉绍大桥为6跨4索面斜拉桥，索塔为独柱形式，其主要的设计特点有3方面：一是索塔为弱柱结构，因此专门设置了索塔区的X形托架，以提高成桥体系的刚度，但在施工期，尤其是最大双悬臂阶段，索塔塔顶偏位对顺桥向不平衡荷载十分敏感，结构体系刚度较低和稳定性较低。二是设置有刚性铰，为了减少温度对长主梁的影响，在Z5、Z6号塔之间主梁跨中设置有刚性铰以及伸缩装置，刚性铰节段与普通合拢节段相比重量大(刚性铰重达767t，普通合龙段重238t)。三是次边塔与主梁之间设置纵向约束，以优化刚性铰以及两端伸缩缝的受力。

备选的合龙顺序方案共5个，如表2所示。

备选合龙顺序方案 表2

方案号	方案一	方案二	方案三	方案四	方案五
合龙顺序	3—1—2	3—2—1	1—2—3	2—1—3	2—3—1
说明	中跨—边跨—次边跨	中跨—次边跨—边跨	边跨—次边跨—中跨	次边跨—边跨—中跨	次边跨—中跨—边跨

(1)顶推施工需求

每次合龙施工需满足顶推施工的条件，合龙口两侧主梁，至少有一侧可以进行顶推施工，因此，根据依托工程的结构体系，3、5、6、8号塔处塔梁临时连接均可以进行顶推，而4、7号塔处为塔梁纵向约束位置，塔区梁段安装时就已精确定位塔梁纵向相对定位，并进行了纵向限位，因此无法进行顶推施工。

所有备选的5种合龙顺序如图2所示。

由上可知，受顶推施工条件约束，只有方案一、方案二满足顶推作业条件，方案三、方案四、方案五中跨合龙无法实现顶推施工。

(2)施工阶段受力比选

基于无应力状态法，对两种合龙顺序进行了施工阶段分析。实际施工时，采取的合龙调整措施有压重、调索、施加集中荷载(如弯矩)和顶推等。为便于定量比较不同合龙顺序的难易程度，选取压重和集中弯矩为比较参数。压重荷载可与实际施工时的压重对应，而集中弯矩则可视为其他各种效应(尤其是调索)的综合体现。最终比选的结果如表3所示。

通过上述分析结果表明，两种合龙方式施工阶段的结构的受力峰值比较接近。但塔顶位移分别达19cm和18cm，方案一为两两合龙(两阶段合龙)，方案二为顺序合龙(三阶段合龙)。两两合龙有利于缩短悬臂等待时间，可减小跨中压重区域(方案一只需在2号合龙口压重，方案二需要在1号和2号合龙口压重)。综上所述，采用方案一的合龙顺序。

(3)顶推施工方案

根据以上对比，嘉绍大桥主桥按方案一进行合龙施工，具体合龙顺序为：

①Z8/Z3索塔完成第10号索对应梁段安装后，开始(Z8～Z10)/(Z3～Z1)边墩合拢(Z9/Z2墩顶推)，体系转换。

②(Z8～Z10)/(Z3～Z1)边墩合拢完成后，(Z7、Z8)/(Z4、Z3)两索塔完成第12对斜拉索对应梁段安装，开始(Z7～Z8)/(Z3～Z4)边跨合拢(Z3/Z8塔顶推)，体系转换。

③Z5、Z6两索塔完成第12对斜拉索对应梁段安装后，开始Z5、Z6中跨刚性铰安装(无需顶推)，体系转换。

④Z1～Z3边墩，Z3、Z4边跨，Z5、Z6中跨(含刚性铰安装)，Z7、Z8边跨，Z8～Z10边墩分别全部合拢后，同步完成Z4、Z5，Z6、Z7两次边跨合拢(Z5、Z6塔顶推)，进行体系转换，全桥钢箱梁安装完成。

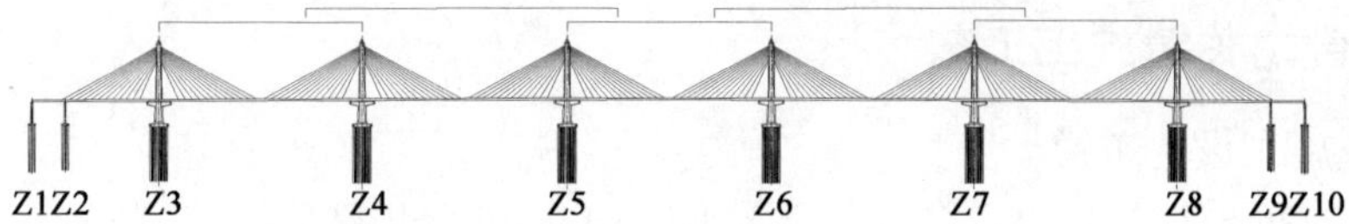

方案一：中跨—边跨—次边跨

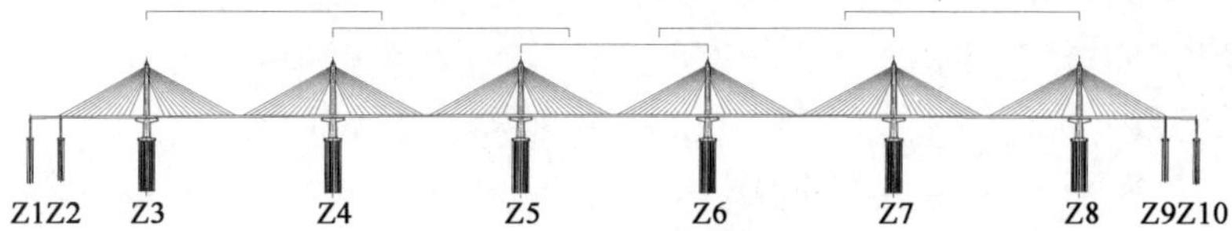

方案二：中跨—次边跨—边跨

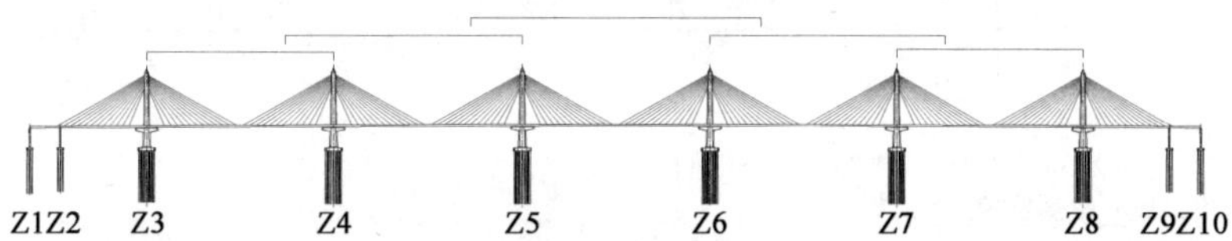

方案三：边跨—次边跨—中跨

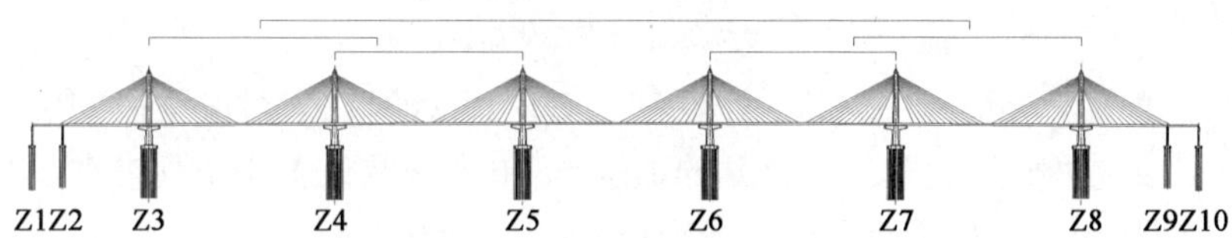

方案四：次边跨—边跨—中跨

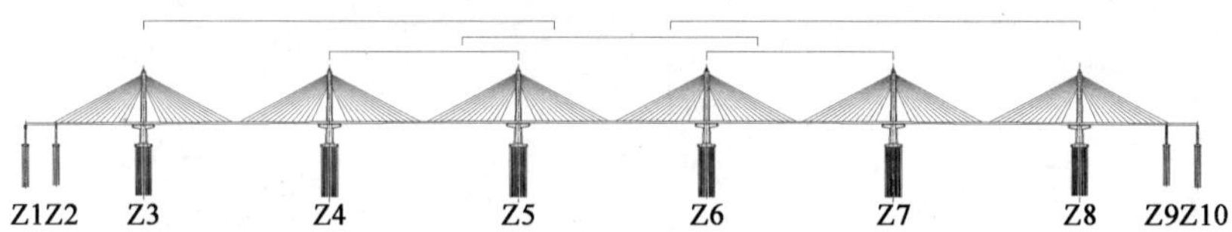

方案五：次边跨—中跨—边跨

图 2　备选合龙顺序方案示意图

合 龙 顺 序 比 选　　表 3

方案号	方案一			方案二		
合龙顺序	3—1—2			3—2—1		
合龙口高差(cm)	5	28	5	5	6	37
压重量(100t)	0.5	1	0.9	0.5	0.8	1.2
集中弯矩(100t·m)	101	210	237	101	212	230
主梁最大竖向位移(mm)	532			493		
	−1 314			−1 314		
塔顶最大纵向偏位(mm)	+193			+181		
	−218			−205		
塔柱最大拉应力(MPa)	1.16			1.18		
塔柱最大压应力(MPa)	10.4			10.3		
主梁最大拉应力(MPa)	236			210		
主梁最大压应力(MPa)	−158			−140		
临时固结内力(t)	1 605			1 507		

4　顶推合龙关键施工工艺

4.1　合龙施工设备布置

边墩顶推合龙施工在辅助墩（Z2/Z9）墩顶竖向支座处设置顶推点，将边墩梁段 NBK1（SBK1）～Z3B11（Z8B11）向江侧顶推合龙（图 3）。

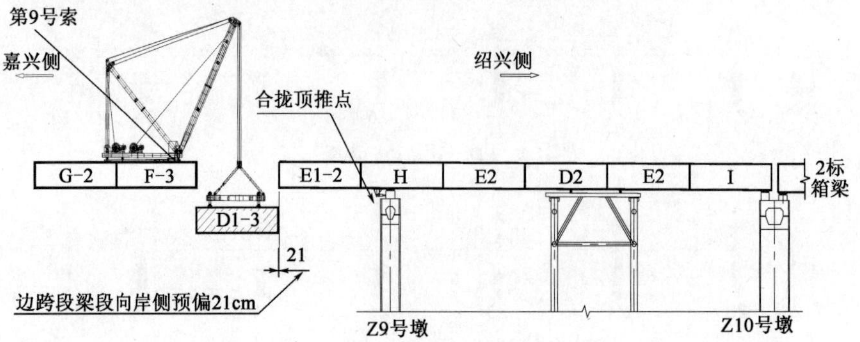

图 3　边墩顶推合龙总体布置图

边跨顶推合龙在（Z7、Z8）/（Z4、Z3）两索塔完成第 12 对斜拉索对应梁段安装后，在 Z8/Z3 索塔托架主跨侧限位牛腿处设置顶推合龙的顶推点，单个墩共设置 4 个顶推点，向主跨侧顶推合龙，合龙段采用两台悬拼吊机抬吊喂入龙口（图 4）。

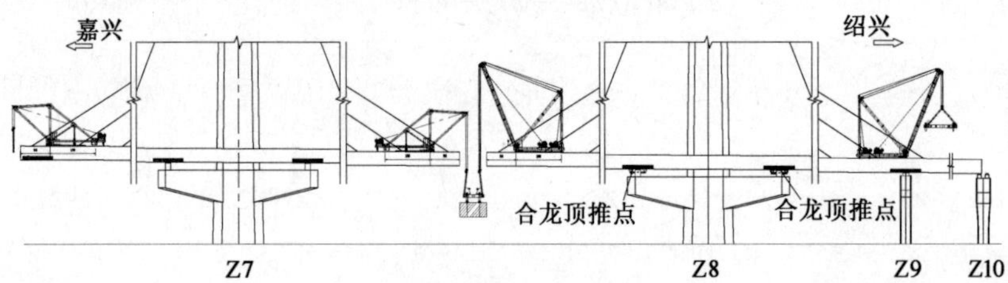

图 4　边跨顶推合龙总体布置图

中跨合龙段刚性铰通过 Z5、Z6 桥面吊机抬吊喂入合龙口，由于刚性铰内设 1 360mm 的伸缩缝，故此处不需进行顶推即可完成合龙施工（图 5）。

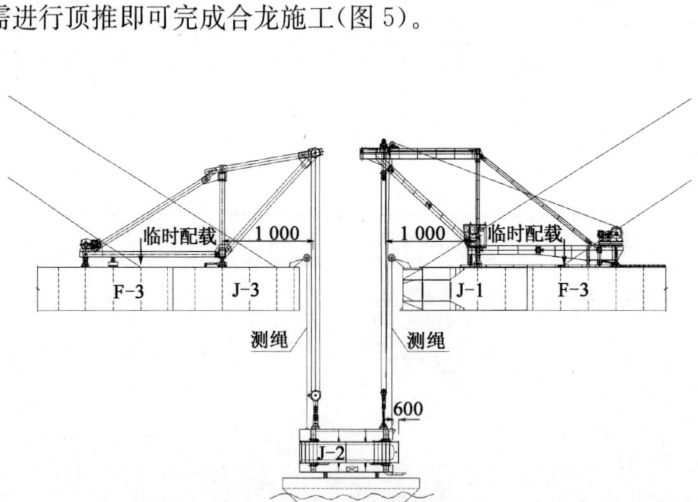

图 5　刚性铰抬吊合龙总体布置图（尺寸单位：mm）

次边跨顶推合龙在 Z5、Z6 塔托架处布置顶推点，单个墩布置 4 个顶推点，将 Z5、Z6 塔梁段向边跨侧顶推完成最终合龙(图 6)。

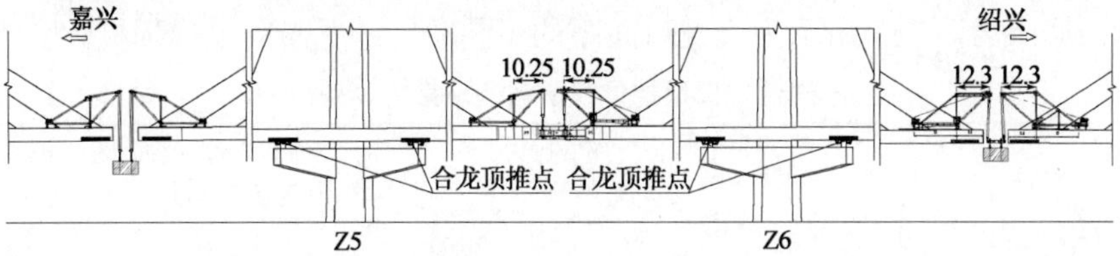

图 6　次边跨顶推合龙总体布置图

4.2　顶推力及位移量计算

(1)边墩

边墩梁块在梁段调位安装时已向岸侧实施 210mm 预偏量，同时考虑边跨整体梁段温度收缩变形的影响，计算得到在 0～15℃的可能合龙温度区间，需要的顶推移动量如表 4 所示。

边墩顶推位移量计算　　表 4

合龙温度(℃)	0	1	2	3	4	5
单侧顶推量(mm)	264	261	258	256	253	250
合龙温度(℃)	6	7	8	9	10	11
单侧顶推量(mm)	248	245	242	240	237	234
合龙温度(℃)	12	13	14	15	20	
单侧顶推量(mm)	232	229	226	223	210	

嘉绍大桥主航道桥边墩合龙顶推力主要是为了克服边墩梁段 NBK1(SBK1)～Z3B11(Z8B11)的自重形成的支承处摩阻力，因此精确的顶推力计算需要精确的梁重和各支承点的摩擦系数。

边墩梁段总重＝主梁自重 2 635.65t ＋横梁自重 80.22t ＝ 2 715.87t

边跨支架两排保留钢管桩总共有 8 个支承点(横桥向每排有 4 个)，支承点加垫四氟滑板以减小摩阻力，按照《公路桥梁板式橡胶支座规格系列》(JT/T 663—2006)，取四氟滑板材料的摩擦系数为 0.06；过渡墩和辅助墩处支座各有 2 个，理论摩擦系数取为 0.04。各支承的摩阻力计算如表 5 所示。

边墩顶推力计算　　表 5

支承位置	总竖向支反力(kN)	各支承反力(kN)	摩擦系数	摩擦力(kN)	总摩擦力(kN)
过渡墩支座	−6 774	−3 387	0.04	−271	−1 210
过渡墩侧保留钢管桩	−2 778	−659	0.06	−167	
辅助墩侧保留钢管桩	−3 387	−847	0.06	−203	
辅助墩支座	−14 220	−7 110	0.04	−569	

(2)边跨

边跨合龙时的顶推位移主要与跨内的主梁梁长误差、合龙温度有关，其中梁长误差须由悬臂施工中的几何测量值确定。表 6 所示为不同合龙温度时合龙口间所需的顶推位移量，由于仅在 Z8 塔处单侧顶推，表 6 中的顶推位移值即 Z8 顶推点处的顶推位移。

不同合龙温度时所需的理论顶推位移　　表 6

合龙温度(℃)	20	15	10	5	0
Z7～Z8 间顶推位移(cm)	0	2.5	5	7.5	10.1

主梁顶推力除需克服支座水平摩阻力外，还需平衡由于主梁产生顶推位移引起的斜拉索力、索角度变化而导致的不平衡水平索力重分配，此外，还有索塔处横向抗风支座对纵桥向顶推产生的侧向摩阻力。表7所示为合龙口间距的不同减小量所需的单幅顶推力。

不同合龙口顶推位移所需的顶推力(单幅) 表7

合龙口顶推位移(cm)	Z8顶推力(t)	竖向、横向支座摩擦力(t)	顶推到位后拉索水平反力(kN)	则顶推到位后，千斤顶保持的最小顶推力(t)
2	109.5	竖向支座产生的水平摩阻力为102.8t；加上横梁抗风支座摩阻力(按20t计)，则总摩阻力约为123t	−13.5	0
5	163.9		40.9	0
8	218.2		95.2	0
10	254.4		131.4	8.4
12	290.7		167.7	44.7

(3)次边跨

次边跨顶推力及位移量计算方法与边跨相似，计算结果见表8。

不同合龙口顶推位移所需的顶推力(单幅) 表8

合龙温度(℃)	顶推位移(mm)	Z6单幅顶推力(kN)	
		摩阻系数(3%)	摩阻系数(5%)
20	0	635	925
15	2.5	887	1 177
10	5	1 143	1 433
5	7.5	1 398	1 688
0	10.1	1 664	1 954

4.3 顶推牛腿及撑脚设置

整个顶推装置主要由2个顶推牛腿、2个280t千斤顶、2把卡尺、2个千斤顶支撑底托、2块40cm×40cm×3cm垫石侧钢垫板、千斤顶牛腿侧2cm钢垫板组成，见图7。

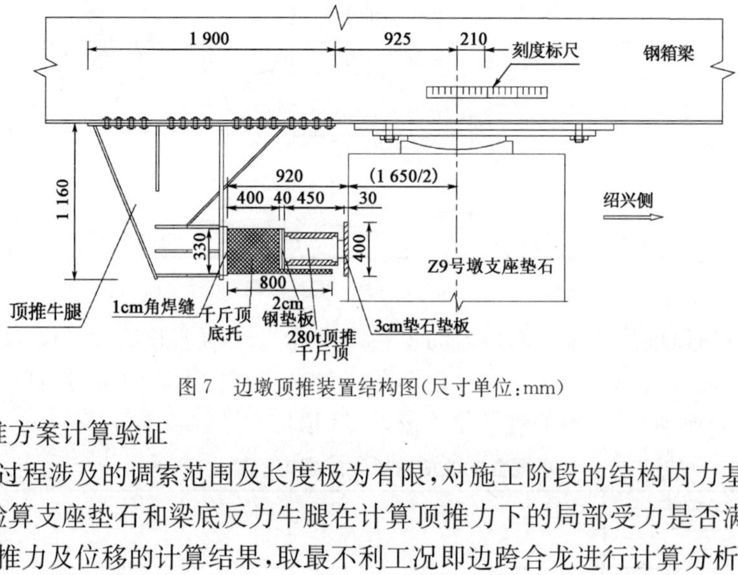

图7 边墩顶推装置结构图(尺寸单位:mm)

4.4 顶推方案计算验证

由于合龙过程涉及的调索范围及长度极为有限，对施工阶段的结构内力基本上没有大的影响，只需要验算支座垫石和梁底反力牛腿在计算顶推力下的局部受力是否满足要求。根据各阶段合龙顶推力及位移的计算结果，取最不利工况即边跨合龙进行计算分析：

当单幅双点顶推位移为 12cm 时，每个顶推点的顶推力为 1 473 kN。分别对支座垫石和反力牛腿的有限元局部计算模型施加相关约束及单个顶推点最大顶推力 1 473kN，作用面积为 50cm×50cm，荷载中心位置距离支座垫石底部 111cm；支座垫石顶部受竖向压力作用为 6 263kN，作用面积为 1.18m×1.18 m。由 Ansys 计算模型模拟顶推过程所得到的支座垫石根部应力云图如图 8 所示，梁底反力牛腿应力云图如图 9 所示。

图 8　支座垫石顶推过程中最大主拉应力云图

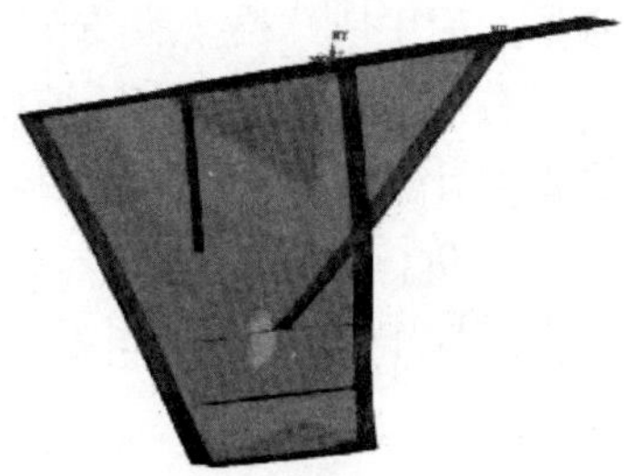

图 9　反力牛腿顶推过程中 Von Mises 应力云图

由 Ansys 计算分析可知，顶推过程中支座垫石混凝土最大主压应力 6.78MPa；最大主拉应力为 1.17MPa，梁底反力牛腿最大应力为 219MPa，计算结果表明施力构件整体受力满足规范要求。

4.5　顶推工艺流程

以边跨顶推合龙施工为例，顶推施工工艺流程及关键控制要点如图 10 所示。

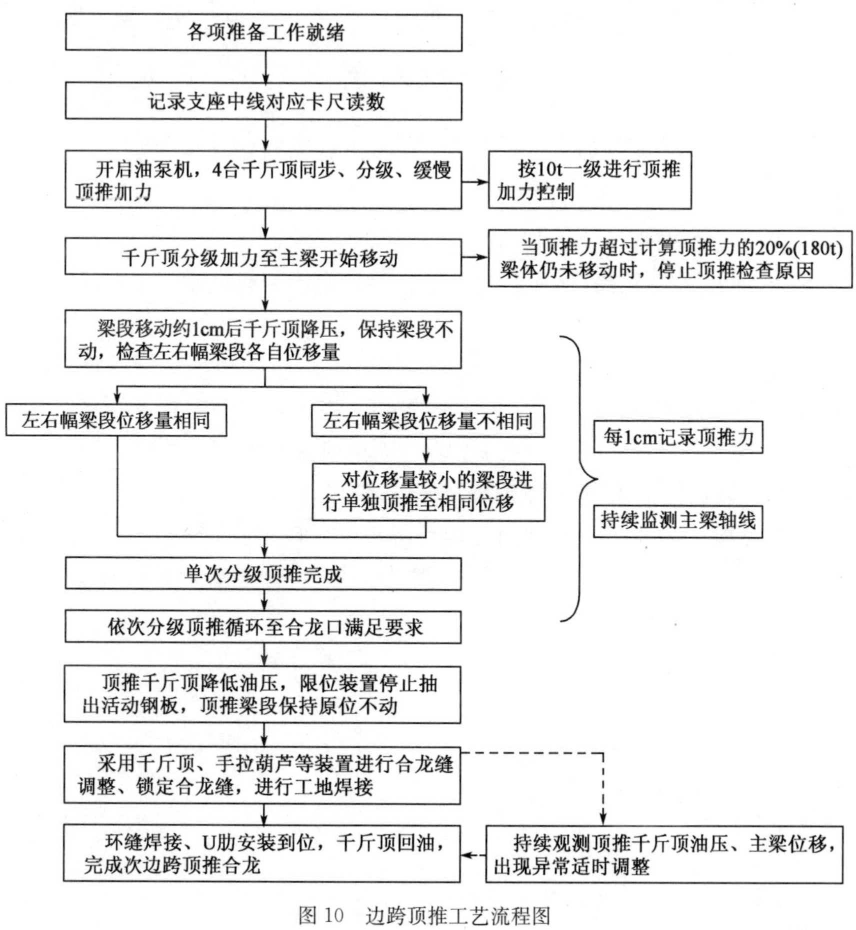

图 10　边跨顶推工艺流程图

顶推过程关键控制要点：

(1)顶推施工前，记录左右幅卡尺读数，以便后续梁段同步顶推过程控制。

(2)在开始顶推后，为了防止主梁克服摩擦力后突然前冲，顶推过程必须缓慢、对称，同步施加顶推力。当出现左右幅顶推位移一致但顶推力相差较多情况时，应立即停止顶推施力并检查原因。

(3)顶推过程中应严格按照 2cm 一级进行左右分幅同步顶推，且梁段每位移 1cm 记录顶推力大小，左右幅相差较大时分析原因。

(4)根据设计变更文件，单个支座垫石顶推力上限为 200t，满足顶推施工要求，但千斤顶垫石侧需垫制 40cm×40cm×3cm 的垫板，以防止支座垫石局部压裂。

(5)顶推过程中，需持续监测主梁轴线情况。

5 结语

嘉绍大桥主航道桥为六塔独柱形四索面分幅钢箱梁斜拉桥，为世界上最宽最长的多塔斜拉桥，合龙施工技术难度极大，经过对合龙方案的比选、合龙顺序的优化以及施工过程中的模拟分析，高效、高精度地完成了大桥的顶推合龙施工，各合龙工序周期为：边墩顶推合龙周期 4d、边跨顶推合龙周期 2d、刚性铰吊装合龙周期 3d、次边跨顶推合龙周期 2d。安装精度均优于《嘉绍大桥专用技术规范》的要求。嘉绍大桥主桥顶推合龙施工的成功实施，可为以后类似的多塔斜拉桥合龙施工提供借鉴和参考。

参 考 文 献

[1] 陈鸣，罗承斌，张永涛，游新朋. 苏通大桥主桥中跨顶推辅助合龙技术[J]. 中国工程科学，2009，11(3).

[2] 秦顺全. 斜拉桥安装无应力状态控制法[J]. 桥梁建设，2003(2).

[3] 吴运宏，岳青，朱利明，等. 金塘大桥主通航孔斜拉桥合龙控制措施[J]. 施工技术，2011(3).

[4] 曾波. 株洲建宁大桥斜拉桥主梁合龙施工技术与控制[J]. 湖南交通科技，2006，32(4).

[5] 宋伟俊，董广文. 南京大胜关长江大桥钢梁架设与合龙技术[J]. 桥梁建设，2009(6).

[6] 丁晓吸，等. 多跨斜拉桥的施工方法[J]. 国外桥梁，1993(2).

[7] 楼庄鸿. 多孔斜拉桥[J]. 公路交通科技，2002(4).

[8] 马坤全. 大跨径斜拉桥建设与展望[J]. 国外桥梁，2000(4).

73. 大连星海湾跨海大桥主桥钢桁梁吊装工艺

孙艳明[1]　梁磊磊[1]　檀永刚[2]　郝胜利[1]　仝增毅[1]

(1. 中交二公局第二工程有限公司;2. 大连理工大学)

摘　要:大连星海湾跨海大桥是我国大型桥梁建设史上又一项代表性工程,作为国内首座海中地锚式双层通车悬索桥,它在我国桥梁建设技术进步中有着重大的意义。目前国内外建成的地锚式悬索桥工程虽然有很多,但都属于锚固在陆地上的悬索桥,在海中进行地锚式双层通车钢桁梁悬索桥建设并没有现成的经验可供借鉴。

关键词:双层通车　钢桁梁　悬索桥　吊装工艺　跨缆吊机

1　工程概况

大连星海湾跨海大桥主桥为双塔三跨地锚式悬索桥,跨度布置为 180m+460m+180m=820m。主缆由多股平行钢丝成品索组成,中跨主缆矢跨比为 1/6.667,边跨矢跨比为1/16.67,主缆横桥向间距为 25.2m,吊杆顺桥向间距为 10m。桥塔采用门式框架混凝土结构,塔高 112.31m,由塔柱和上下横梁组成(图 1)。

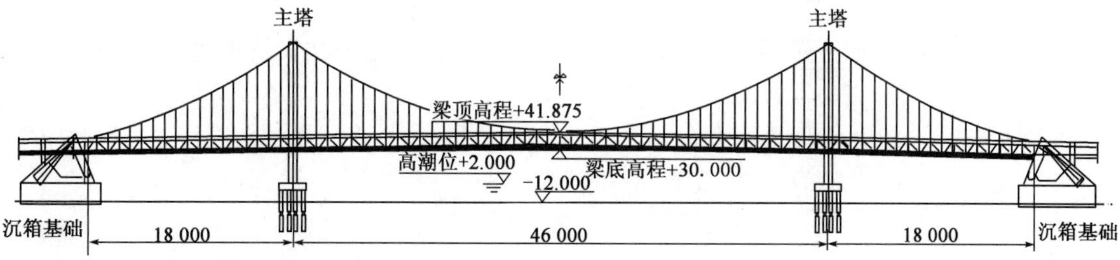

图 1　主桥总体布置图(尺寸单位:cm;高程单位:cm)

加劲梁设计采用钢桁架结构,主要由主桁架、主横梁和上、下平联组成,主桁架采用整体节点板连接,所有杆件均为闭口箱型截面。主桁架由上弦杆、下弦杆、竖腹杆、斜腹杆组成,主桁架高 10m,标准节段长 10m,加劲梁标准吊装节段长 20m,单节段总吊装重量接近 600t,为目前已建悬索桥中吊装重量最大的加劲梁梁段。

2　工程特点

(1)是国内首座海中地锚式双层通车悬索桥,在海中进行地锚式双层通车钢桁梁悬索桥建设并没有现成的经验可供借鉴。

(2)工程位于黄海海域，受海洋环境影响比较大，桥址处水深10～12m，没有岛屿等遮挡物，每年4～10月东南风、南风、西南风比较频繁，海上涌浪比较大。

(3)钢桁梁上没有吊点，需要设计一个抱箍式活动吊点，活动吊点抱在钢桁梁弦杆上。

(4)钢桁梁、桥面板、活动吊点和吊具等总重量达到600t，为国内悬索桥加劲梁最重吊装梁段，这种大节段加劲梁吊装施工工艺和吊装设备研发为施工技术难点。

(5)钢桁梁节段间采用高强螺栓群连接，钢桁梁整体吊装工艺对高强螺栓连接要求很高。

3 吊装工艺综述

3.1 钢桁梁安装顺序

吊装顺序由监控单位提供，钢桁梁从跨中和锚碇向索塔方向对称吊装，最后在中跨侧合龙，临时铰接和吊装过程固结情况依据监控指令施工，初步吊装顺序见表1。

钢桁梁吊装顺序表 表1

梁段编号	1号	2号	3号	4号	5号	6号	7号	8号	9号	10号	11号
吊装顺序	1	3	4	7	9	11	15	21	20	18	19
梁段编号	12号	13号	14号	15号	16号	17号	18号	19号	20号	21号	22号
吊装顺序	22	17	16	14	13	12	10	8	6	5	2

3.2 吊装工艺综述

钢桁梁整体吊装重量达到600t，目前国内没有相应的设备满足这么大梁段吊装要求，需要研发新设备或对原有设备进行改造组合，经综合分析，在充分利用现有设备情况下，不足的设备进行研发制造，钢桁梁各节段吊装工艺如下：

(1)边跨1号和2号梁段受大沉箱和吊装净空影响，液压同步提升系统无法满足吊装要求，故需采用浮吊吊装。

(2)边跨3～9号梁段采用新研制的液压同步提升系统吊装，边跨需投入两套液压同步提升系统。边跨3～9号梁段吊装需要12个临时索夹，其中8个用于两套设备同时吊装，另外4个用于周转。

(3)索塔处10号梁段采用1台370t跨缆吊机吊装，10号梁段在索塔横梁上，不能垂直吊装，故需要荡移吊装。

(4)中跨11～22号梁段采用2台370t跨缆吊机抬吊，吊具采用横桥向双根吊具。其中11号梁段受承台影响不能垂直吊装，需要荡移吊装。

4 吊装设备

(1)锚碇处1号、2号梁段吊装设备

锚碇处1号和2号共4个梁段吊索很短，并且受吊装净空影响，该梁段不能利用液压同步提升系统吊装，因此需要利用浮吊吊装，计划采用1 200t以上浮吊。

(2)边跨标准梁段(3～9号)吊装设备

边跨共14个梁段，利用新研制的液压同步提升系统进行吊装，每套提升系统共4台350t连续千斤顶。全桥2个边跨共投入2套液压同步提升系统。

(3)中跨梁段(11～22号)、塔处梁段(10号)吊装设备中跨共 25 个梁段，利用 4 台 370t 跨缆吊机起吊。其中：10 号梁段分别采用 1 台 370t 跨缆吊机吊装，11～22 号梁段分别采用 2 台 370t 跨缆吊机抬吊。

(4)运输船

吊装期间风浪比较大，为了充分利用有效作业时间，需投入 2 艘 5 000t 左右有动力运输船，每艘船运输 2 个梁段，具体情况根据船舶情况进行确定。

5 钢桁梁活动吊点及吊具

5.1 钢桁梁活动吊点

该吊活动吊点安装在钢桁梁弦杆上，其中液压同步提升系统对应吊点采用偏心吊耳的活动吊点，其他吊装设备对应吊点采用轴心吊耳的活动吊点。图 2 和图 3 为活动吊点设计图。

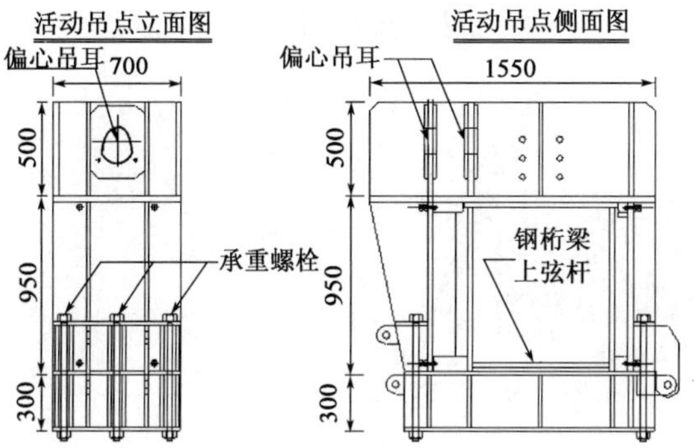

图 2 偏心活动吊点(尺寸单位：mm)

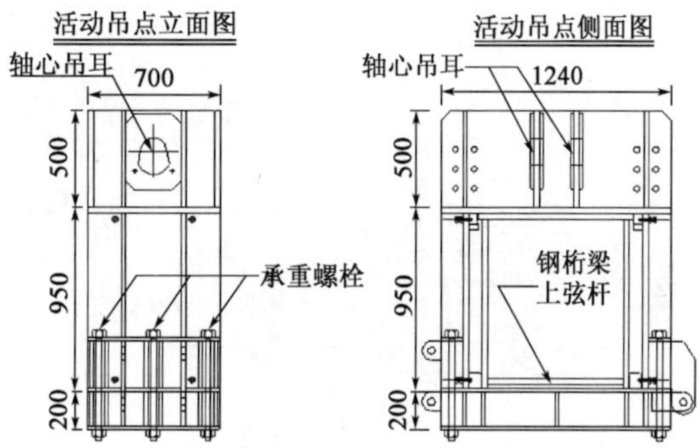

图 3 轴心活动吊点(尺寸单位：mm)

5.2 吊具

(1)浮吊吊具

浮吊吊具采用型钢和钢管加工而成，为矩形框架吊具，吊具轴心尺寸为 11 200mm×24 000mm，矩形框架中间设置“米”形支撑，吊具吊点通过钢板带与钢桁梁活动吊点连接。

(2)跨缆吊机吊具

跨缆吊机吊具采用钢箱桁架组合结构，吊具总长度为 24 900mm。两端部为 3 500mm 长钢箱梁，钢箱梁断面尺寸为 1 000mm(高)×1 022mm(宽)和 1 790mm(高)×1 240mm(宽)，变截面结构，中间 17 900mm 采用桁架结构，桁架断面轴线尺寸为 1 400mm(高)×900mm(宽)。跨缆吊机吊具如图 4 所示。

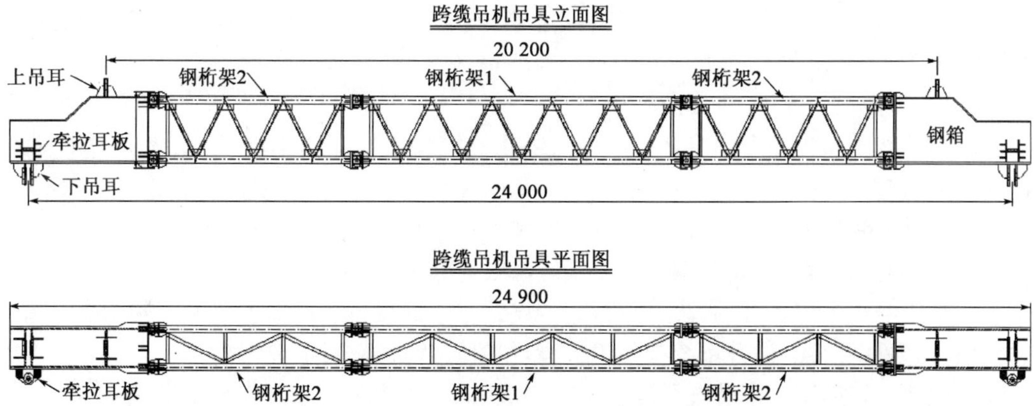

图 4 跨缆吊机吊具(尺寸单位：mm)

(3)液压同步提升系统吊具

边跨吊装采用液压同步提升系统，提升设备与钢桁梁活动吊点直接连接，故不设置吊具。

6 钢桁梁吊装工艺

6.1 浮吊吊装工艺

边跨1号梁段和2号梁段受大沉箱及吊装净空影响采用浮吊吊装。浮吊停在大海侧，面对星海湾广场，浮吊大臂跨过主缆进行吊装，吊装用的吊具使用矩形框架吊具。1号、2号梁段吊装应选择合适的全回转浮吊，浮吊吊装应满足：倾角65°左右时，水面以上吊高大于80m，起吊重量大于600t。浮吊吊装工艺如图5所示。

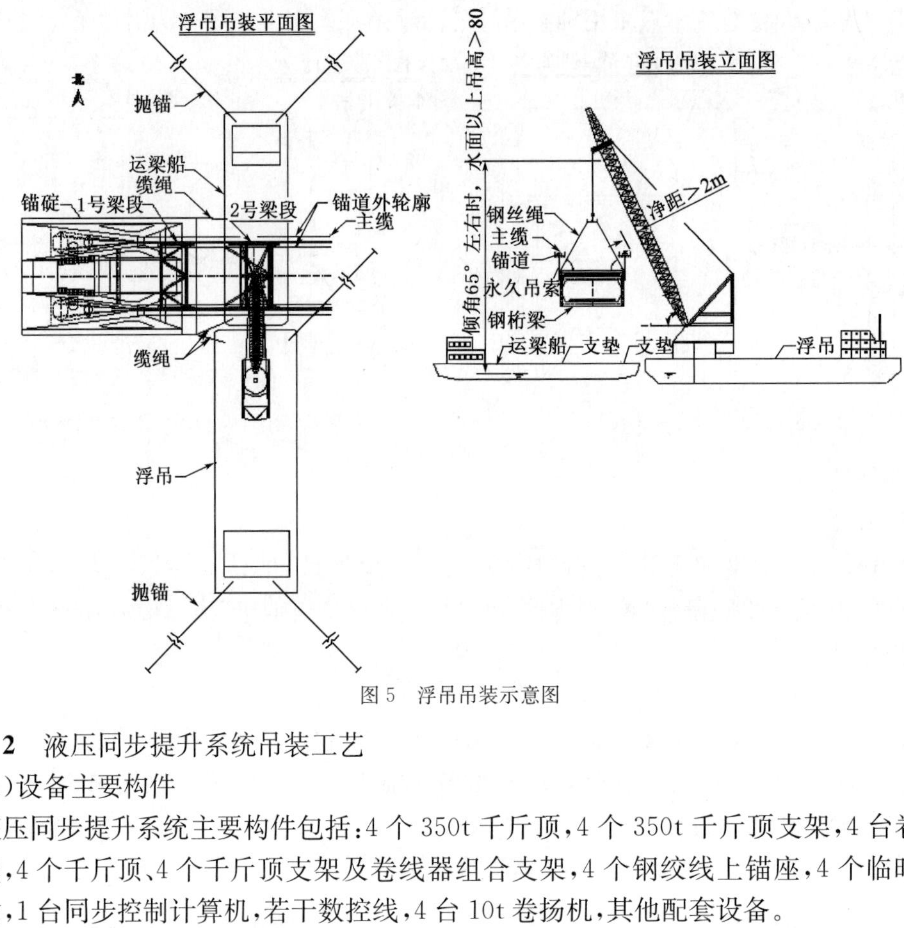

图5 浮吊吊装示意图

6.2 液压同步提升系统吊装工艺

(1)设备主要构件

液压同步提升系统主要构件包括：4个350t千斤顶，4个350t千斤顶支架，4台卷线器及钢绞线，4个千斤顶、4个千斤顶支架及卷线器组合支架，4个钢绞线上锚座，4个临时索夹，2台泵站，1台同步控制计算机，若干数控线，4台10t卷扬机，其他配套设备。

(2)施工步骤

新研制的液压同步提升系统工作原理与以往的跨缆吊机完全不同，该系统采用4台倒置的连续千斤顶起吊钢桁梁，起重钢绞线通过上锚座和临时索夹与主缆连接，其施工步骤如下：

①钢桁梁成品出厂前，在钢桁梁上弦杆安装活动吊点，浮吊装船并运至施工现场；

②同步安装临时索夹，起吊钢绞线上锚座与临时索夹连接；

③运梁船停在主缆下方的起吊位置，定位误差小于或等于50cm，安装液压同步提升系统；

④预紧起重钢绞线，提升系统起吊钢桁梁，提升过程计算机同步控制；

⑤手拉葫芦辅助调整吊装梁段与已安装梁段靠拢，将永久吊索与钢桁梁锚座连接；

⑥液压同步提升系统慢速卸载，吊索完全受力后解除千斤顶支架与钢桁梁临时吊点的

连接；

⑦拆除液压同步提升系统，将该设备转移到下一梁段吊装位置；

⑧重复上述步骤进行后续梁段的吊装；

⑨随着钢桁梁节段吊装的进行，按照监控指令临时连接或永久连接钢桁梁各节段上下弦杆、上下平联杆和斜腹杆。

液压同步提升系统吊装原理如图 6 所示。

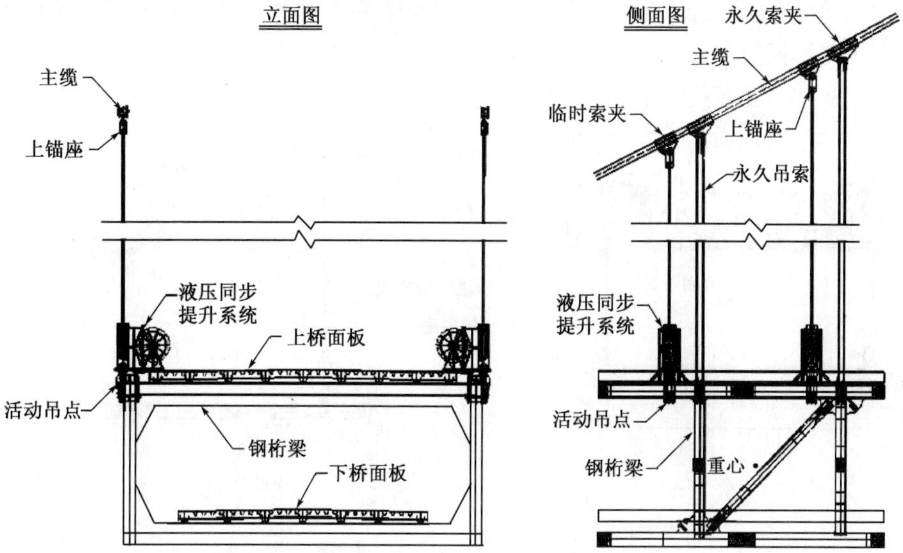

图 6 液压同步提升系统吊装示意图

6.3 跨缆吊机吊装工艺

(1)中跨各梁段吊装方法

10 号梁段在索塔位置，采用 1 台跨缆吊机吊装，下面一台跨缆吊机停放在 19 号吊索对应索夹位置，垂直起吊钢桁梁，然后荡移将钢桁梁放在承台上，上面一台跨缆吊机停放在 18 号吊索对应索夹位置，垂直起吊钢桁梁，然后荡移钢桁梁至安装位置。

11 号梁段采用 2 台跨缆吊机抬吊，受承台影响不能垂直吊装，两台跨缆吊机分别停放在 19 号和 20 号吊索对应索夹位置，垂直起吊钢桁梁，然后荡移钢桁梁至安装位置。

12 号梁段为中跨合龙段梁段，采用 2 台跨缆吊机抬吊，垂直吊装，在吊装前，将已安装钢桁梁分别向两侧水平牵拉约 15cm，给合龙留出约 30cm 的空隙。

13～21 号梁段为标准梁段，采用 2 台跨缆吊机抬吊，垂直吊装，其中 21 号梁段在中央扣索夹位置，吊装受限，需要设计临时吊索。

22 号梁段为跨中梁段，首节起吊梁段且只有 1 个吊索，需设置临时索稳定钢桁梁。22 号梁段采用 2 台跨缆吊机抬吊，垂直吊装。跨缆吊机垂直吊装标准梁段如图 7 所示。

(2)施工步骤

在钢桁梁吊装准备工作完成后，即可开始钢桁梁吊装施工。钢桁梁垂直吊装梁段按以下步骤进行安装：

①跨缆吊机携带吊具行走至吊装位置定位，期间保持吊具距离水面高度大于或等于 30m；

②驳船运输梁段到达指定区域定位，定位误差小于或等于 50cm；

③下放吊具，吊具与钢桁梁临时吊点连接；

④跨缆吊机垂直起吊梁段略高于已吊装梁段高度 20～30cm；

⑤手拉葫芦辅助调整吊装梁段与已安装梁段靠拢；

⑥连接吊索，安装钢桁梁临时连接件；

⑦跨缆吊机慢速卸载，吊索完全受力后解除吊具与梁段临时吊点的连接；

⑧跨缆吊机行走至下一起吊位置定位；

⑨重复上述步骤进行后续梁段的吊装；

⑩随着钢桁梁节段吊装的进行，按照监控指令临时连接或永久连接钢桁梁各节段上下弦杆、上下平联杆和斜腹杆。

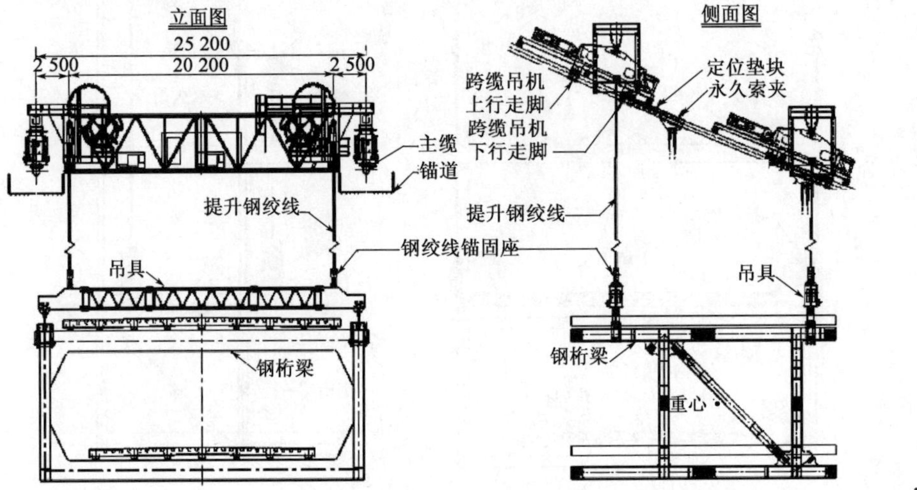

图 7　跨缆吊机吊装标准梁段示意图(尺寸单位：mm)

7　结语

大连星海湾跨海大桥的建设，填补了中国桥梁史上大跨径双层通车钢桁梁悬索桥建设的空白，更是开启了世界大跨径地锚式悬索桥由陆上“走入”海中的新篇章，对将来国内大跨径双层通车钢桁梁悬索桥以及世界海中大跨径地锚式悬索桥的建设起着至关重要的作用。

通过对大连星海湾跨海大桥双层通车钢桁梁 600 吨级超重梁段吊装技术进行研究，研发新工艺及钢桁梁吊装新设备。液压同步提升系统吊装利用 4 台连续千斤顶倒置起吊钢桁梁，改变了传统的跨缆吊机吊梁技术，将悬索桥加劲梁节段吊装重量提升到 600 吨级以上。

参 考 文 献

[1] 闫友联，赵有明，等. 特大跨径悬索桥全液压跨缆吊机设计研究[J]. 桥梁建设，2004(04).

[2] 张腾. 润扬大桥悬索桥上部结构施工专用设备跨缆吊机的开发研[J]. 筑路机械与施工机械化，2005(01).

[3] 吴建强，彭武，等. KLD3700 型跨缆吊机在润扬大桥悬索桥钢箱梁吊装施工中的应用[J]. 筑路机械与施工机械化，2005(07).

[4] 中华人民共和国行业标准. JTG/T F50—2011　公路桥涵施工技术规范[S]. 北京：人民交通出版社，2011.

74. 海上悬索桥索塔施工技术浅析

张洪文　张　斌　张海波　鄂耀宇　强　凯　田　江
（中交二公局第二工程有限公司）

摘　要：大连星海湾跨海大桥主桥为双塔三跨地锚式悬索桥，索塔为D形截面，塔高112.31m，处在海中间，没有施工栈桥，施工难度较大，现介绍该索塔施工技术供同类型工程借鉴参考。

关键词：跨海大桥　索塔　施工　技术

1　工程概况

1.1　总体工程概况

大连南部滨海大道工程东起金沙滩东侧的金银山，向西跨越星海湾，在高新园区填海区域登陆。滨海大道东端经隧道可以连接东北路及规划中的南部快速路；西端通过高新园区的地面道路，可以连通旅顺南路及河革路。主桥为双塔三跨地锚式悬索桥，跨度布置为 180m＋460m＋180m＝820m。

1.2　索塔概况

索塔为门式框架结构，由塔柱和横梁组成，包括塔柱和上下横梁，塔柱为钢筋混凝土结构，横梁为预应力钢筋混凝土结构。

塔柱下横梁以下部分高 24.93m，以上高 87.38m，全高 112.31m，为D形空心截面，塔柱横桥向由上至下往外侧倾斜，内侧斜率保持不变，外侧由两段斜率不同的直线并导半径5 000m的圆过渡形成。上部等截面段外轮廓尺寸为 410cm×650cm，至塔根渐变到 630cm×820cm。索塔总体布置如图 1 所示。

塔柱顺桥向在高程 52.681m 以上部分等宽 6.5m，以下由 6.5m 线性过渡到 8.2m；在高程 62.750m 以上塔壁厚度横桥向 0.9m，顺桥向 1.2m；高程 62.750m 至高程 21.312m 横桥向 0.9m，顺桥向 1.3m 厚，高程 21.312m 以下横桥向 1.1m，顺桥向 1.5m。

塔顶设置 3.5m 实心段，塔根部设置 1m 实心段。为满足塔柱受力，在塔柱高程 102.458m、62.750m、37.750m、26.925m、21.312m 5 处设置 0.8m 的横隔板，横隔板上设置爬梯孔。

上下横梁为变截面矩形，上横梁中部高 6.5m，根部高 10m，宽 5.5m，上横梁内配 4 束 15-ϕ15.2 和 4 束 17-ϕ15.2 预应力钢绞线。下横梁中部高 4.7m，根部高 6.5m、宽 6.4m，下横梁内配 18 束 25-ϕ15.2 预应力钢绞线。

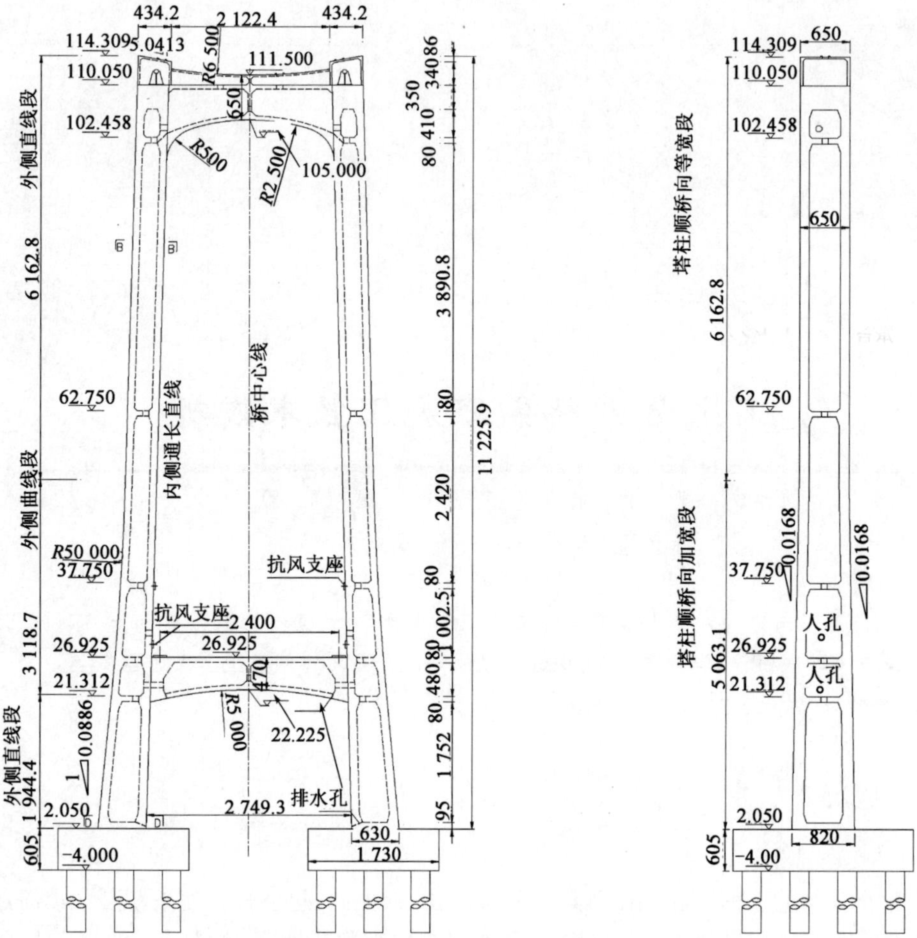

图1　索塔一般构造图和施工图(尺寸单位:cm,高程单位:m)

1.3　水文气象条件

水位:施工所处区域水深12～15m,设计高水位1.66m(高潮累计频率10%),设计低水位-1.38m(低潮累计频率90%),施工水位0.3m。

潮汐:据历年潮汐资料,大潮升2.9m,小潮升2.3m,平均海面1.6m,最大潮差3.9m,平均潮差3.7m。

波浪:波浪观测资料显示,勘区以风浪为主、涌浪为次。星海湾海区大部分时间的波浪小于0.5m(占70%),大于1m波高的时间仅占5.7%,大于2m波高仅占0.4%,相对较平静。

气象:全年平均风速5.3m/s,台风最大风速31.0m/s,50年一遇;本市基本风压为0.65kN/m^2。

2　施工场地规划

2.1　施工场地布置

索塔施工为纯海上施工,没有任何通道与陆地相接,施工人员和材料进场全部靠船舶。为了便于施工管理,在索塔周围搭设了施工平台,并设置专用过人通道。施工平台上设置生活区和生产区,生活区和生产区之间用宣传牌隔离,生产区内设置钢筋、模板、钢结构加工区以及材料存放区。施工场地总体布置如图2所示。

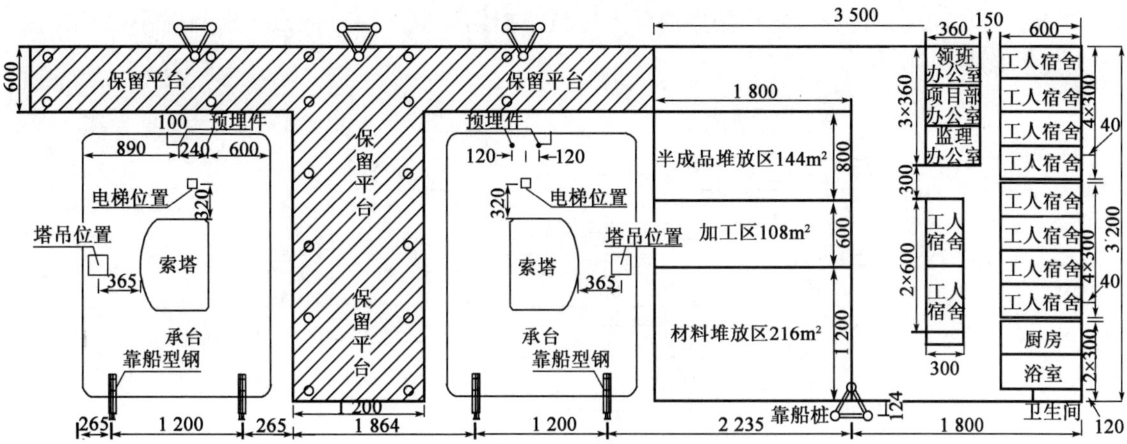

图 2　索塔施工场地布置图(尺寸单位:cm)

2.2　混凝土输送

混凝土生产利用海上拌和船生产,下塔柱及下横梁部分由拌和船布料杆直接布料,下横梁以上部分采用卧泵(TCB80)进行泵送,塔柱混凝土浇筑采用一级泵送浇筑方案,与拌和船生产的混凝土进行连续泵送。在塔柱施工时,为保证两塔肢平行作业互不干扰,沿两塔肢各布置一套混凝土泵管进行塔柱混凝土施工。混凝土泵管选用高压泵管,泵管直径 125mm,单根长度 3.0m,壁厚 8mm。为方便混凝土泵管的安装、拆卸及修理,采用泵管布置在塔柱外侧沿塔吊塔身上升的方案:泵管从高压托泵处接出,经过水平管路到达两塔肢根部塔吊基座处,然后泵管分别沿塔吊上升到塔柱混凝土施工处。

3　塔柱施工工艺

3.1　塔柱施工工艺流程

塔柱施工工艺流程如图 3 所示。

3.2　钢筋加工与安装

大连星海湾跨海大桥主桥处于海中,对于结构的耐腐蚀性要求特别高,为更好地满足要求,除混凝土采用耐久性好的海工混凝土外,浪溅区使用环氧钢筋,普通钢筋的加工和安装在这里不再赘述,这里重点讲述环氧涂层钢筋施工。

(1)冷弯环氧涂层钢筋时,所有接触环氧涂层钢筋的支座和芯轴等接触区应配以尼龙套筒或其他合适的塑料套筒,平板表面应铺布垫层,避免涂层与金属物的直接接触挤压而破坏涂层。涂层钢筋的弯曲直径:对直径 $d\leqslant$20mm 钢筋,不宜小于 $4d$;对直径 $d>$20mm 钢筋,不宜小于 $6d$,且弯曲速度不宜高于 8r/min。

(2)采用绞丝机、砂轮锯或钢筋切断机对涂层钢筋进行切断、绞丝加工时,在直接接触涂层钢筋的部位,垫上缓冲材料;严禁采用气割方法切断涂层钢筋;切断头应用厂家提供的修补涂料进行修补。

(3)绑扎环氧钢筋要使用环氧扎丝或不锈钢扎丝,并且在绑扎过程中不得损坏环氧钢筋涂层,有损坏的环氧涂层及时用厂家提供的环氧漆进行修补。

(4)环氧涂层钢筋架立后,不宜在其上行走,应防止重物或工具跌落其上。安装完后加强检查,如有损伤应及时修补,待修补材料固化后方可浇筑混凝土。

(5)在浇筑混凝土时应选用合适的振捣方法或采取必要的措施,用插入式振动器时,应用塑料或橡胶将振动器包覆，防止振捣混凝土过程中损伤环氧涂层。混凝土布料时不得冲击涂层钢筋，以防损坏。

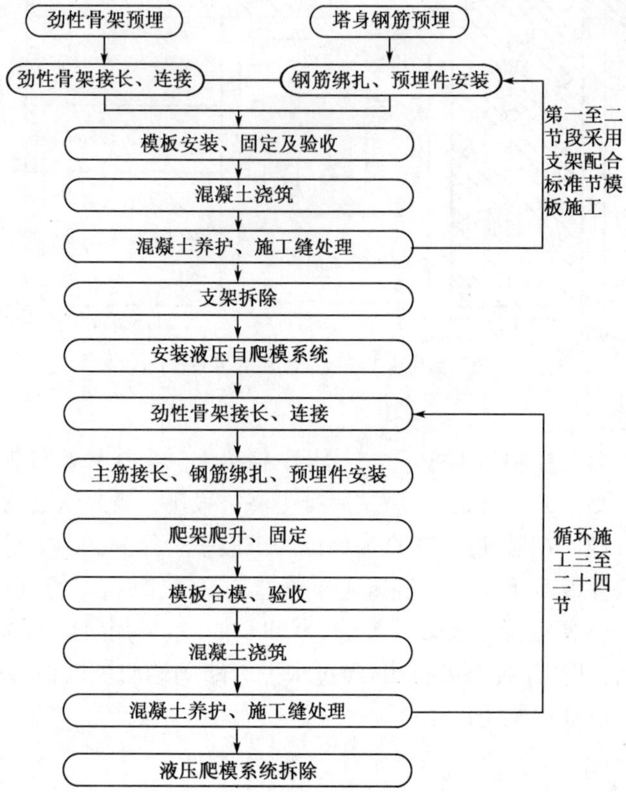

图3　塔柱施工流程图

3.3　液压爬模施工

(1)模板结构

塔柱模板包括外模和内模，外模板采用木胶合板＋木工字梁模板体系，面板为18mm胶合板，模板高度为4 800mm，浇筑标准层高为4 500mm。模板竖肋为木工梁，横楞为双根[14型钢。外角模采用6mm钢板制作，角模和大面模板采用刀口相切的形式连接，以减小错台和模板裁切误差，同时便于大面模板的裁切，提高施工效率。

(2)液压爬模工作原理

液压爬模施工是索塔施工关键工序，自爬模的爬升通过液压油缸对导轨和爬架交替顶升来实现。导轨和爬模架二者之间可进行相对运动。当爬模架处于工作状态时，导轨和爬模架都支撑在埋件支座上，两者之间无相对运动。退模后在退模留下的爬锥上安装受力螺栓、挂座体及埋件支座，调整上下换向盒舌体方向来顶升导轨，待导轨顶升到位，就位于该埋件支座上后，操作人员转到下平台拆除导轨提升后露出的下部埋件支座、爬锥等。在解除爬模架上所有拉结之后就可以开始顶升爬模架，这时候导轨保持不动，调整上下舌体方向后启动油缸，爬模架就相对于导轨向上运动。通过导轨和爬模架这种交替附墙，互为提升对方，爬模架沿着墙体上升，直到坐落于预留爬锥上，实现逐层提升(图4)。

(3)塔柱施工控制

大连星海湾跨海大桥主桥索塔处于敞开式的海域中，天气的影响特别大，主要是大风对爬模的影响，针对这些，在爬模的过程中要做好准备。

①做好爬模的安全防护，在每个面的模板通过 5t 的软吊带与劲性骨架连接，在爬模的过程中不断地收紧，保证爬模的安全性(图 5)。

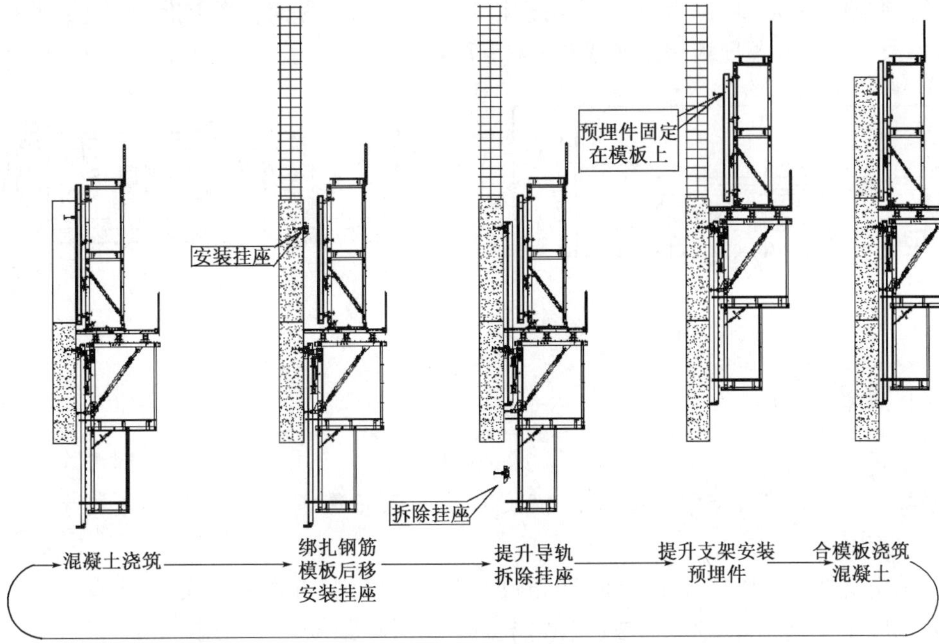

图 4　液压爬模循环爬升示意图

②控制好爬模的同步性，这样可以避免模板在爬模的过程中出现倾斜或平台之间相互碰撞影响爬模的稳定性，在爬模的过程中控制油缸的顶起速度，保证所有油缸按照统一的速度爬升。

③爬模过程中各机位控制人员配备对讲机，保证通话畅通和统一指挥，油缸在顶升和回油时要注意舌体的到位观察，及时通知总控人员，做到出现问题及时叫停，解决后再进行爬升。

④爬模前的检查也非常重要，特别是对挂座、提升舌体、导轨的就位情况，几层平台是否有阻挡，平台上杂物的清理等几个重要的环节进行仔细检查，保证爬模的顺利进行。

⑤本地区特性风多，而且阵风较大，特别是在 10 月份以后多西北风，风级多数都在 6 级左右，对爬模的影响非常大，为了更好地保证爬模，爬架安全防护采用尼龙大眼网和密布网相结合，减少风的阻力，保证爬架的稳定(图 6)。

图 5　爬模前绑扎安全吊带

图 6　安全防护网

3.4 塔柱对撑施工

根据监控指令要求，单个索塔两塔柱之间需设置临时对撑，对撑分别设置在桥塔高程49.03m和75.75m处，对撑为两根ϕ800钢管，中间设置平联。对撑安装时，在一端设置千斤顶实施顶推，顶推以顶推力控制为主，以索塔横桥向变形控制桥为辅。当顶推控制达到监控指令要求后，将对撑与塔柱预埋板焊接连成整体(图7)。

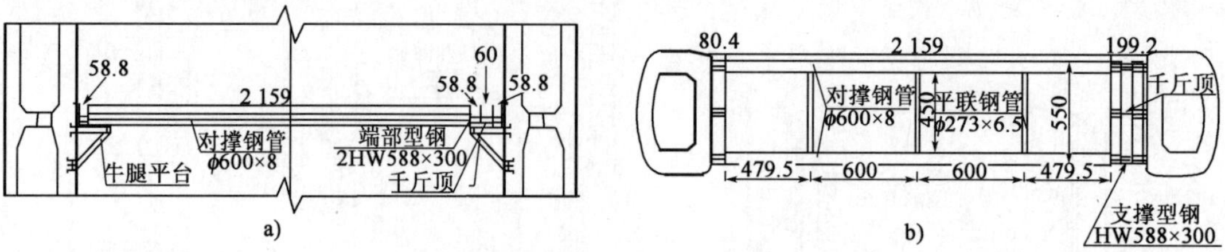

图7　塔柱对撑示意图(尺寸单位:cm)

4　下横梁施工

下横梁采用支撑在承台上的钢管支架现浇施工方案，在下横梁底模安装时考虑预拱度的设置。横梁施工包括横梁支架系统施工、横梁模板施工、横梁钢筋施工、横梁混凝土施工以及横梁预应力施工等。

横梁采用支架法与塔柱异步施工，即先施工塔柱过横梁，再施工下横梁，当横梁混凝土达到设计要求后张拉预应力，预应力按设计要求的顺序对称张拉，一次张拉完成，压浆采用真空压浆技术。下横梁支架如图8所示。

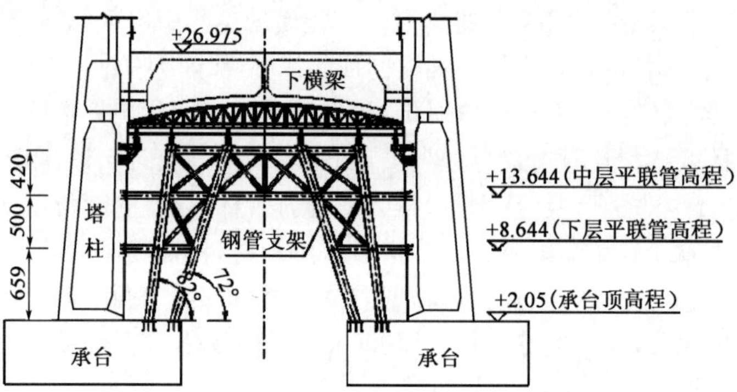

图8　下横梁支架设计图(尺寸单位:cm,高程单位:m)

5　结语

(1)本塔柱使用海中独立平台施工，没有与陆地相连的栈桥，对场地的规划和材料储备问题要高度重视，提前做好策划，有限的施工平台要合理分配，包括钢筋加工场、模板加工和拼装场地、员工生活场地等要考虑周到全面。

(2)海上施工的环境影响因素要考虑全面，对施工用的各种材料要准备充足，存储的材料至少要保证一周施工用或更长的时间，由于运输距离都在30海里以外，受海浪和大风影响频繁，合理安排船舶机械特别重要。

(3)做好天气情况的跟踪工作，根据天气的变化合理安排现场的施工，特别是受风浪影响最厉害的混凝土浇筑工作，提前安排，合理分配工作内容。

(4)在塔柱施工中做好机械设备的配备，这点在全水上施工十分重要，所有材料全部靠船舶进行运输和转运，要匹配经济、灵活、适用的机械。

参考文献

[1] 张鸿，张永涛，等. 苏通大桥索塔施工控制[J]. 公路，2009(03).

[2] 杨宁. 浅谈大跨径桥梁的混凝土索塔施工[J]. 科技创新导报，2011(08).

[3] 刘智. 大跨径悬索桥塔下横梁施工关键技术研究[D]. 西安：长安大学，2011.

[4] 中华人民共和国行业标准. JTG/T F50—2011 公路桥涵施工技术规范[S]. 北京：人民交通出版社，2011.

[5] 中华人民共和国国家标准. GB/T 25826—2010 钢筋混凝土用环氧涂层钢筋[S]. 北京：中国标准出版社，2011.

75. 超大沉箱起浮、拖运、安装关键施工技术的研究与应用

洪凌云　康松涛　由　金
(中交一航局第三工程有限公司)

摘　要：大连星海湾跨海大桥主桥为海上三跨地锚式悬索桥，两个锚碇的基础均采用超大沉箱结构。单个沉箱尺寸为 72m×47m×17m(包括趾)，重量约 26 000t，为目前国内最大的沉箱。通过介绍物模试验模拟、现场实际操作等方法，形成的超大沉箱起浮、出运、安装等一系列的关键技术成果，对今后类似工程具有借鉴意义。

关键词：悬索桥　锚碇　超大沉箱　关键技术

1　引言

沉箱重力式结构广泛运用在港口工程中，如码头、护岸等，一般适用于地基承载力较好的风化岩、砂卵石和其他硬质海岸地带，具有建设周期短、结构的整体性和抗震性好、耐久性强的优点[1]。

随着施工技术及设备的进步，沉箱的重量、体积也不断增加。对于重量突破万吨级甚至更大的超大型沉箱，平面尺寸及吨位增大，是否会对沉箱的起浮、拖运及安装带来影响呢？本文详细介绍了锚碇基础 26 000t 超大沉箱起浮、拖运和安装关键施工技术的研究与应用，希望能够为今后类似工程提供借鉴意义。

2　概述

2.1　超大沉箱概况

大连星海湾跨海大桥主桥结构形式为三跨(180m＋460m＋180m)双塔双层钢桁架海上地锚式悬索桥。锚碇基础长 69m、宽 44m，设计底高程为－15.0m，顶高程为＋2.0m，采用超大沉箱结构(图 1)。

如图 1 所示，超大沉箱设计尺寸为 72m×47m×17m(包括趾)，其中底板厚度为 1m，外壁厚度为 0.45m，隔墙厚度为 0.3m，共设有 150 个舱格，舱格尺寸为 4.26m×4.04m。单个沉箱混凝土方量为 10 474m^3，重量约 26 000t，目前为国内最大的沉箱。

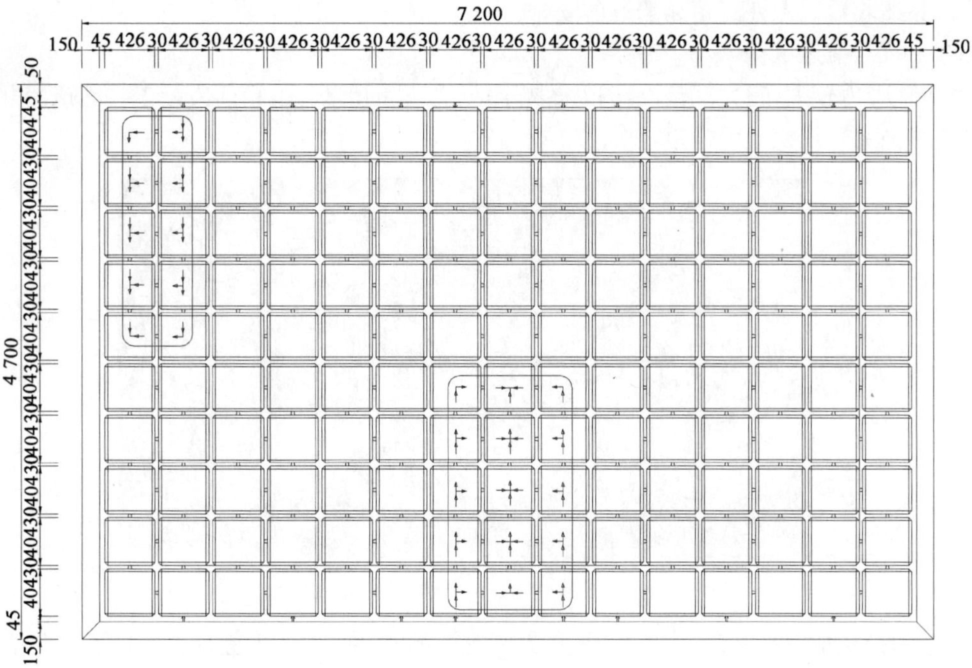

图 1　超大沉箱平面图(尺寸单位:cm)

2.2　超大沉箱起浮、拖运、安装施工难点分析

(1)超大沉箱的平面尺寸及吨位增大,量变是否会引起质变,起浮、拖运、安装施工无经验可借鉴,浮态和运动规律需要进行研究。

(2)超大沉箱底面面积大,与底胎间存在较大黏结力和真空吸力,对沉箱的起浮造成一定影响。

(3)超大沉箱在大连旅顺中远 2 号船坞内进行预制,预制完毕后采用拖船拖至星海湾桥址处就位安装。拖航距离全程约 38 海里,属于远程浮运。拖带航线途经老铁山水道,该水道涌流湍急、航运条件复杂,被称为我国最凶险的水道之一,这将给超大沉箱拖运工作增加一定的难度。

(4)按工程总体工期的要求,超大沉箱安装需在 5~7 月进行,大连南部海域在夏季受太平洋副热带高压的控制,盛行东南季风,海上有效作业天数偏少。气象和海况条件对超大沉箱的安装影响程度需要研究。

3　超大沉箱物模试验及建议

超大沉箱起浮、拖运、安装的各工序施工中,难以确定传统的施工工艺能否适用,又没有可直接借鉴的经验,也没有相应的理论数据基础。为了保证能安全、顺利地解决施工中相关难题,我们委托中交天津港湾工程研究院有限公司对沉箱起浮、拖运、安装施工进行了物理模型试验。

3.1　沉箱起浮试验

研究沉箱在不同起浮状态下、沉箱底与底胎间存在不同黏结力起浮时,船坞水深、起浮后沉箱的运动状态及系缆力。通过试验,沉箱起浮水深是随着沉箱底与底胎间黏结力的增大而增大。自由起浮时沉箱随着注水水流移动撞向坞墙,系缚起浮比较平稳,在船坞水深 10m 时最大系缆力为 120kN。建议减小沉箱底与底胎间的黏结力,防止船坞水深不足以使沉箱起浮，采用系缆起浮以保证沉箱和船坞的安全。

3.2 沉箱拖运试验

考虑拖带力较大，超大沉箱浮运拟采取“四点三拖”的形式，沉箱前方配置3艘拖船并列带拖，其中主拖船采用龙须缆连接，如图2所示。

图2 拖运状态图

通过物模试验，测定在波流作用下浮运沉箱的运动状态和拖缆力，浮运试验结果见表1。

浮运试验结果 表1

<table>
<tr><td colspan="2" rowspan="3">试验条件 / 试验成果</td><td colspan="2">拖航形式：四点三拖</td></tr>
<tr><td colspan="2">浪向：顺浪 波高 $H_{13\%}$=1.50m 周期 T=7.0s</td></tr>
<tr><td colspan="2">试验流速：v=2kn(1.02m/s)</td></tr>
<tr><td rowspan="3">名称</td><td rowspan="3">单位</td><td colspan="2">试验成果</td></tr>
<tr><td colspan="2">试验相对拖航速度</td></tr>
<tr><td>3kn(1.54m/s)</td><td>3kn(1.54m/s)</td></tr>
<tr><td>纵倾角</td><td>(°)</td><td>8.2</td><td>9.9</td></tr>
<tr><td>横倾角</td><td>(°)</td><td><1</td><td><1</td></tr>
<tr><td>左横荡</td><td>(m)</td><td>6.0</td><td>6.0</td></tr>
<tr><td>右横荡</td><td>(m)</td><td>4.0</td><td>4.0</td></tr>
<tr><td>1号主拖缆力</td><td>(kN)</td><td>1 295</td><td>1 392</td></tr>
<tr><td>2号分拖缆力</td><td>(kN)</td><td>667</td><td>742</td></tr>
<tr><td>3号分拖缆力</td><td>(kN)</td><td>566</td><td>754</td></tr>
<tr><td>4号辅助缆力</td><td>(kN)</td><td>1 150</td><td>2 409</td></tr>
<tr><td>5号辅助缆力</td><td>(kN)</td><td>824</td><td>2 615</td></tr>
<tr><td>备注</td><td colspan="3">主拖缆总长300.0m
辅助拖缆95.0m</td></tr>
</table>

根据物模试验结果，沉箱浮运时左右横荡不大，但随着相对速度的增大，沉箱拖带力增大，纵向倾角也较大。建议选择拖航气象窗口时，既要考虑浪高的影响，还要考虑潮流的影响，适当增加拖船数量确保沉箱拖运安全，拖航前调整沉箱尾倾状态以减小拖缆力。

3.3 沉箱安装试验

超大沉箱定位安装的方案是在现场预先安装2个小沉箱，小沉箱后方停系一艘定位方驳，超大沉箱运到现场后系在小沉箱和方驳上定位。研究测定沉箱不同吃水时，在波流联合作用下，超大沉箱的运动状态、系缆力及对小沉箱的挤靠力。

通过试验，在无流时，各系缆力较均匀，在潮流的冲击下，沉箱随潮流漂移，使得系缆力增大超过250kN绞机的工作能力。在波高一定时，沉箱运动量、系缆力、沉箱挤靠力的大小就取决于波浪周期的大小。周期大，沉箱运动量、系缆力、沉箱挤靠力就大；周期小，沉箱运动量、系缆力、沉箱挤靠力就小。建议选择合适气象窗口安装沉箱，并采用拖船控制超大沉箱靠近小沉箱的速度，以减小挤靠力。

4 超大沉箱施工关键技术的实施及效果

4.1 无黏结力起浮

为克服起浮时巨大的黏结力和真空吸力，沉箱底胎设计成可透水结构，由条格状混凝土隔断＋透水填充物＋隔板组成，如图3所示。注水时海水可通过隔断内设置的透水管进入碎石填充层，以达到减小沉箱与底胎间的黏结力和真空吸力，保证沉箱顺利起浮的目的。

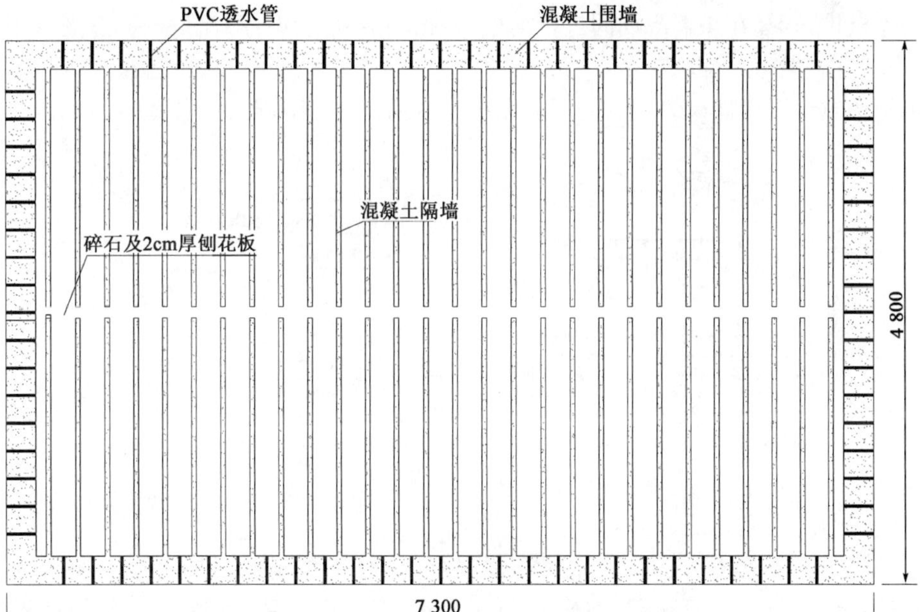

图3 沉箱底胎结构平面图(尺寸单位:cm)

沉箱底胎在结构设计创新上主要有以下3个关键点：

(1)浇筑混凝土围墙和隔墙成条格状，满足沉箱底板钢筋和模板的施工需要，保证透水填充物不流失。混凝土结构能承受沉箱自重及施工荷载，不破坏或不局部变形。

(2)条格状混凝土围墙和隔墙间填充碎石，与外界通过PVC透水管连接，形成透水通道，克服了与沉箱底面因气压产生的真空吸力。

(3)底胎顶部满铺2cm厚刨花板，固定于混凝土结构上，刨花板顶部满铺一层油毡原纸和牛皮纸。既克服了与沉箱底面的黏结力，又能保证在沉箱起浮时刨花板一旦被带起，重力能克服黏结力，易于脱落。

在沉箱起浮时，坞内水位到达沉箱吃水后即刻起浮(表 2)，整个状态非常平稳，未发生“跳跃”起浮现象，基本实现了无黏结力影响。

沉箱起浮时坞内水位与沉箱吃水对比表　　表 2

沉箱编号	坞内水位(m)	沉箱吃水(m)	黏结力(t/m²)	备　注
1号	8.3	8.1	0	未发现水印痕迹
2号		一端 8.0m，另一端 8.2m	0.1	水印痕迹高约 10cm

4.2　沉箱拖运的实施

(1)航线设计

为确保拖带作业万无一失，对航线的选择必须十分慎重。主要考虑避开老铁山水道主航道以及近岸紊流区。首先，核查海图，保证水深满足超大沉箱吃水要求；其次，实地踏勘，调查海流流速、流向，总结规律；最后，派遣拖船试航，调查整个航线内障碍物，避开渔业养殖区，最终敲定航线。

(2)拖航气象窗口

①气象条件：根据气象预报海上连续 2 天在风力 6 级以下、浪高不超过中浪、视程不小于 1km；同时，在起航前浪高不得大于 1.5m。

②潮流条件：选择在小潮汛期间进行拖航，根据潮流表选择在顺流期间通过老铁山水域。

(3)拖带方式确定

在沉箱两侧布置傍拖拖船，采用“四点三拖＋两傍拖”的拖航形式，如图 4 所示。

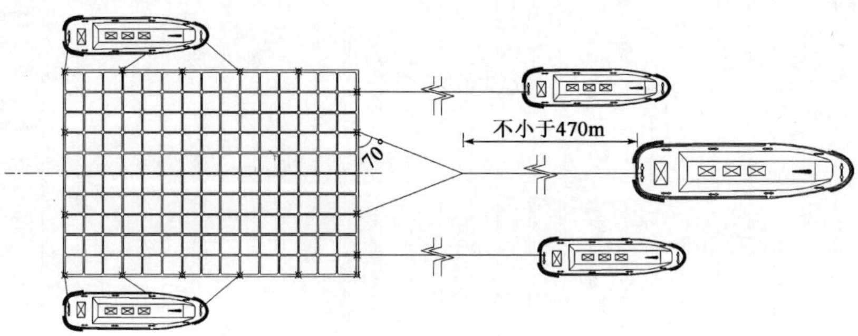

图 4　“四点三拖＋两傍拖”拖带沉箱示意图

(4)拖船配备

主拖采用 1 艘主机功率 3600×2bhp❶、最大拖力 78.5t 的拖船，起主要拖带和控制方向作用；辅拖选用 2 艘 1800×2bhp、最大拖力 45t 的拖船，起辅助拖带和控制方向作用；傍拖配备 2 艘 1800×2bhp、最大拖力 45t 的拖船。

(5)拖点设置

单点最大拖缆力实际上取决于拖船拖力。拖点采用预埋拖环的形式，根据拖船(最大拖带力 78.5t)计算配备[2]。在沉箱前墙设 6 个拖环，其中 4 个拖带拖环及其上部 2 个备用拖环。另外，在沉箱四周中部设置 16 个系缆环，以方便拖船傍靠。

(6)拖航前浮态调整

在超大沉箱拖航前，通过在其尾部两个进水单元(20 个沉箱舱格)内注海水，调整使其处于稍有尾倾状态[3]。

❶1hp＝745.7W。

在1号沉箱拖航实施中，由于中远进出航道口门狭窄，“四点三拖”中两辅助拖船未进行带缆；出口门后，又受风浪、海流影响，两辅助拖船带缆困难，且与主拖船间相互干扰，未能成功实施。因此，前部两艘辅助拖船移至沉箱后部进行顶推，系在沉箱后端中部系缆环上，改成“一主拖＋两傍拖＋两顶推”拖航方式，如图5所示，2艘顶推拖船主要提供动力。采用该方式，2个沉箱拖航得以顺利实施。

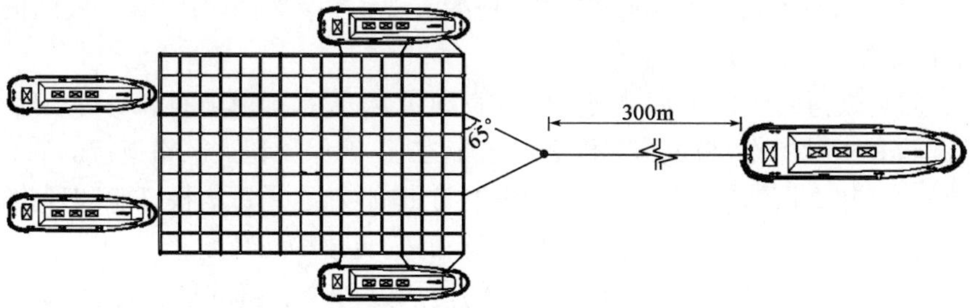

图5 “一主拖＋两傍拖＋两顶推”拖航方式

4.3 沉箱安装的实施

独立墩式沉箱安装的传统工艺一般是采用方驳定位，而本工程沉箱由于尺寸在量级上大幅提升，一旦安装偏差大，重新调整时工作量将非常大。因此，采用小沉箱定位安装工艺。即以预先安放好的小沉箱为依托，超大沉箱挤靠在小沉箱上，再通过拖船及超大沉箱和定位船上的卷扬机配合精确定位，如图6所示，直到达到安装要求为止。

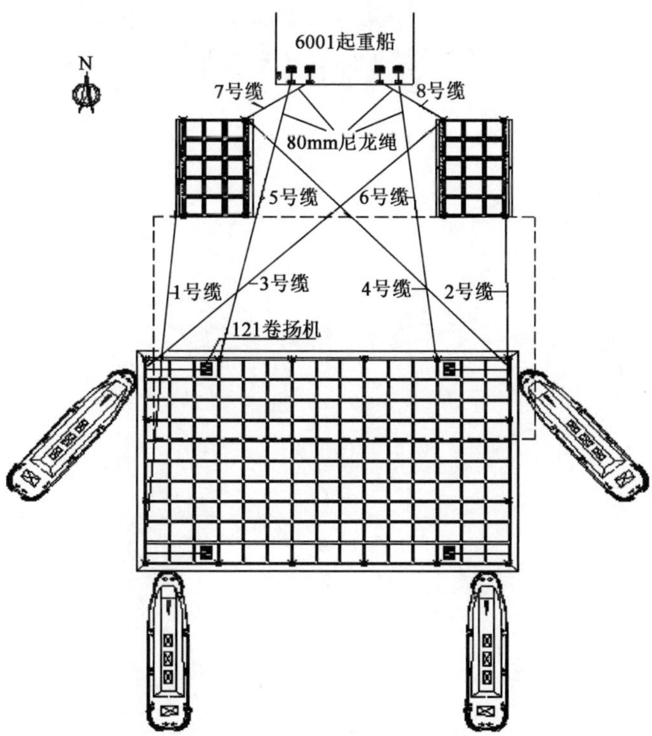

图6 沉箱安装示意图

采用小沉箱及拖船辅助定位安装方式，两个超大沉箱安装最大偏差为7.3cm，符合设计要求，且一次性安装成功。在2号沉箱安装过程中，超大沉箱在4艘拖船配合控制下，克服了海面 6 级大风和 1.5～2m 浪高的不利影响。

5 结语

锚碇基础 26 000t 超大沉箱的顺利实施，创下了国内最大沉箱施工纪录。主要技术创新点如下：

(1)沉箱起浮：沉箱底胎采用透水式结构，基本实现了超大沉箱与混凝土底胎间无黏结力影响，沉箱起浮整个状态非常平稳。

(2)沉箱拖运：通过对老铁山水域充分的调查和研究，设计拖航航线和制订拖航气象窗口；并通过物模试验和实际操作，确定拖航浮态及拖带方式，确保了超大沉箱拖航的顺利实施。

(3)沉箱安装：超大沉箱安装受水流力和波浪力影响较大，通过物模试验和理论研究，利用两个小沉箱和拖船辅助定位方式，确保了超大沉箱的安装效率和精度。

本工程超大沉箱在海上悬索桥锚碇结构上的使用是一个思路的创新，对今后类似海上工程提供了非常好的借鉴。

参考文献

[1] 中华人民共和国行业标准. JTS 167-2—2009 重力式码头设计与施工规范[S]. 北京：人民交通出版社，2009.

[2] 中华人民共和国行业标准. JTJ 267—1998 港口工程混凝土结构设计规范[S]. 北京：人民交通出版社，1999.

[3] 盛振邦，刘应中. 船舶原理[M]. 上海：上海交通大学出版社，2003.

76. 预填骨料升浆技术在海上悬索桥锚碇超厚基础上的研究及应用

洪凌云　赵世龙　董慧娟

（中交一航局第三工程有限公司）

摘　要：大连星海湾跨海大桥主桥为海上三跨地锚式悬索桥，锚碇基础采用水下预填骨料升浆工艺[1]，为国内首例。根据锚碇受力特点，结构混凝土自重大，主缆对其水平分力大，这样对锚碇基础的承载力和沉降量，以及与其顶面预制构件间摩擦系数的要求非常高。本文通过对升浆混凝土的试验，对预填骨料升浆混凝土的力学性能和抗滑性能进行了分析，并对平均10m以上的超厚基础预填骨料升浆工艺进行了总结，对今后类似工程具有借鉴意义。

关键词：悬索桥　锚碇超厚基础　水下预填骨料升浆工艺

1　引言

水下预填骨料升浆混凝土主要应用于：船坞（湿法施工的大型船坞）底板、坞墙和重力式围堰基础的止水工程；船坞底板配重混凝土以减少基床沉降作用和局部堵洞；水工工程基床的补强、加固，淘刷孔洞的修补；重载码头（如海工构件出运码头）沉箱内块石整体强度的加固等[2]。

锚碇基础采用预填骨料升浆混凝土的施工方案是经过工程实践验证的施工工艺。根据锚碇受力特点，结构混凝土自重大，主缆对其水平分力大，这样对锚碇基础的承载力要求，锚碇与其顶面预制构件间摩擦系数的要求都非常高，同时还要求在锚体上部结构施工时基础的沉降量不会因自重荷载增加而变化。本文通过对升浆混凝土的试验，对预填骨料升浆混凝土的力学性能和抗滑性能进行分析；通过优化预填骨料升浆工艺，确保平均10m以上的超厚基床升浆的质量，这对于保证锚碇基础的功能至关重要。

2　工程概况

大连星海湾跨海大桥是主桥结构形式为180m＋460m＋180m的双塔双层钢桁架地锚式悬索桥。东西锚碇采用整体式大沉箱基础，单个沉箱外形尺寸为72m×47m×17m，重量约26 000t，现为国内最大的沉箱。锚碇墩沉箱基础处理采用预填骨料升浆混凝土施工工艺。

沉箱基础抛填50～200mm骨料石，饱和单轴极限抗压强度不低于50MPa，升浆砂浆强度

M20 以上，控制基床承载力不小于 800kPa，沉箱与基础间摩擦系数不小于 0.4。基础顶面每边比沉箱底尺寸超出 3m，为 78m×53m，四周按 1∶1 坡比放坡至底面。根据验收后的基槽底高程，东锚碇沉箱基床厚度为 10～14m(图 1)。

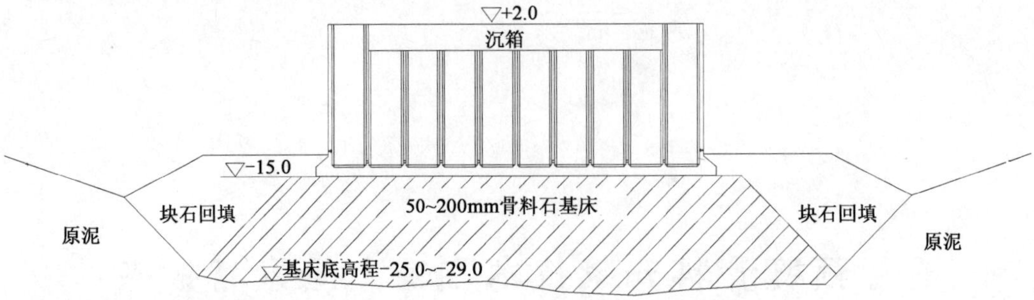

图 1　东锚碇沉箱基床断面图(高程单位：m)

3　预填骨料升浆试验

3.1　升浆混凝土的砂浆配合比

水下预填骨料升浆混凝土的砂浆配合比是根据其在工程中不同的作用进行设计的。设计时主要考虑砂浆的流动度、泌水率、凝结时间和抗压强度等指标，砂浆配合比为水泥∶粉煤灰∶砂子∶减水剂∶水＝600∶200∶800∶7.2∶392(表 1)。

砂浆的性能指标要求　　表 1

流　动　度	泌　水　率	初　凝　时　间	抗　压　强　度
(18±2)s	≤3%	12～14h	≥20MPa

3.2　制作试件

(1)制作块体 3

加工 3m(L)×3m(W)×1m(H)有底钢箱 1 个，在 4 个角点分别预留 4 根升浆管，在中心位置预留 1 个观测孔，升浆管口距钢箱底 10cm。将冲洗干净的 50～200mm 骨料石装箱，装完后平整表面，用木方沿钢箱口边缘刮去高出箱口的颗粒，并用适当的颗粒填平凹处，使表面稍凸起部分和凹陷部分的体积大致相等。注满海水，在钢箱顶部覆盖一层土工布，向钢箱内升浆形成块体 3。

(2)制作块体 2

预制 1m(L)×1m(W)×0.5m(H)混凝土块体 3 块，即块体 2。混凝土强度等级按沉箱要求为 C35，块体中心位置预留孔内径为 50mm。

(3)制作块体 1

加工 1m(L)×1m(W)×1m(H)有底钢箱 3 个，分别在中心位置预留 1 根升浆管，下管口距钢箱底约 10cm。按照(1)方法装箱。注满海水，将块体 2 搁置在骨料石上，预留的升浆管通过块体 2 预留孔穿出，向钢箱内升浆形成块体 1。

3.3　骨料升浆混凝土钻芯抗压强度试验

将养护到龄期的块体 3，利用直径为 200mm、长度为 300mm 的水钻在表面进行排列钻芯。每次试验钻取 3 组芯样，进行打磨加工，保证圆柱的上下表面平整、光滑，在试验室浸泡 12h 后，进行抗压强度试验。

根据图 2 可知，预填骨料升浆混凝土的强度完全能够满足设计要求。但是钻芯取样抗压强度对于升浆混凝土的实际强度的代表性有限。这主要是由于钻头直径为 200mm，而骨料粒径为 50～200mm，不能满足芯样直径尺寸达到骨料粒径 2～3 倍的要求[3]。钻头在钻进过程中对试件存在扰动，水泥浆与骨料的黏结力较低，取得芯样的强度受到了影响。尽管如此，预填骨料升浆混凝土的强度仍完全满足设计要求。

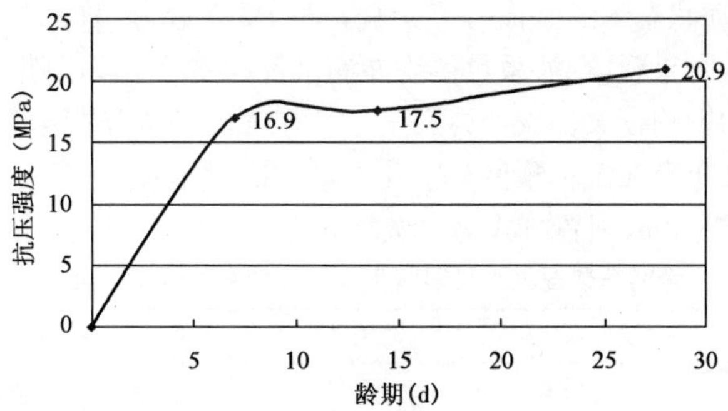

图 2　骨料升浆混凝土芯样抗压强度曲线

3.4　骨料升浆混凝土与混凝土间摩擦系数试验

摩擦系数试验装置如图 3 所示，块体 1 和块体 3 之间通过钢构件连接。

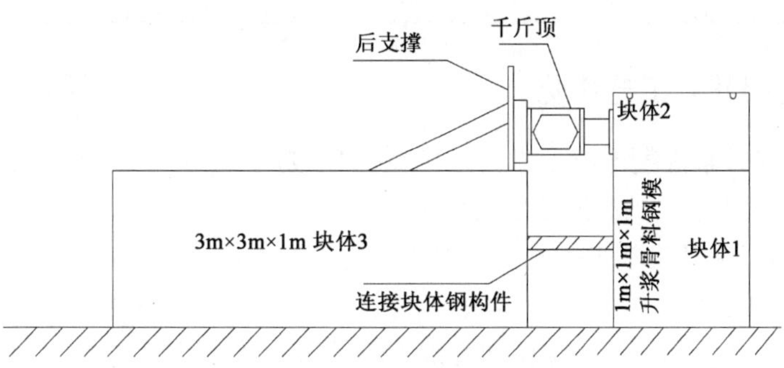

图 3　摩擦系数试验示意图

利用最大量程为 10t 的千斤顶逐级施加荷载，块体 2 起动后，压力表迅速降压，记录运动前一级荷载值 F。块体 2 的自重为 $G=12\text{kN}$，摩擦系数计算公式为 $\mu=F/G$。

根据表 2，三组试件在第一次起动时千斤顶施加的荷载均最大（若按摩擦系数公式计算 μ 值大于 1），这是由于骨料升浆混凝土与混凝土间存在黏结力，以及升浆管位置的砂浆柱存在抗剪力。同时，三组试件试验结果离散性较大，这说明接触面的差异对水平抵抗力（包括黏结力、抗剪力和摩擦力）影响较大。

起动前千斤顶施加荷载值 *F*(kN)　　表 2

试验次数	试件编号		
	1号	2号	3号
第一次	26.5	43.3	20.4
第二次	18.5	30.8	12.9
第三次	21.6	27.8	11.2
第四次	24.5	19.7	9.8

根据以上试验可知，锚碇基础的受力特性比较复杂，施工的不确定性对锚碇沉箱水平抵抗力影响较大。从锚碇沉箱基础的受力失效机理分析，假设沉箱与基床间失去黏结力和砂浆柱的抗剪力作用，研究在纯摩擦力作用下骨料升浆混凝土与混凝土间的摩擦系数能否满足设计要求。

因此，试验将块体 2 尺寸改成 0.7m×0.7m×0.5m，重量为 $G'=8.1$kN。通过千斤顶的作用，测定块体 2 在运动状态下的摩擦力 F'，计算动摩擦系数为：$\mu'=F'/G'$。

根据表 3 两组试验结果看，摩擦系数值均能满足设计要求。同时随着块体的运动，接触面发生变化对摩擦系数的影响较大。设计为安全起见在锚碇基床和沉箱之间增设刚性锚杆，增加了水平抗剪力。锚杆布设在沉箱预留升浆孔处，一孔一个，每个锚碇共 268 根，锚杆为直径 90mm 的 45 号钢棒，长度 2m，埋置方式为以沉箱底面为中心，上下各 1m。

骨料升浆混凝土与混凝土间动摩擦系数测定结果 表 3

试验次数	第一组			第二组		
	运动速度(mm/s)	摩擦力(kN)	摩擦系数	运动速度(mm/s)	摩擦力(kN)	摩擦系数
第一次	0.37	7.44	0.92	0.35	7.76	0.96
第二次	0.44	6.14	0.76	0.30	6.95	0.86
第三次	0.36	5.98	0.74	0.32	6.63	0.82

4 超厚基础升浆工艺优化

水下预填骨科升浆混凝土施工工艺的控制已比较成熟。本工程东锚碇基床厚度为 10～14m，为迄今为止国内所遇到的厚度最大的升浆基床；同时，基床平面尺寸大，升浆的面积和升浆量均较大，如何保证升浆基床的质量是本工程的最大难点。

4.1 主要施工方法

先用地质钻机从沉箱隔墙内预留的升浆管下钻头对基床进行钻孔，套管跟进，直至钻到基岩成孔，然后在套管内下放升浆管，拌和船制浆，通过灌浆泵向孔内压浆，边压边提升浆管，利用砂浆的扩散性将基床抛石内部的缝隙填满，砂浆硬化后形成有一定强度的结合混凝土，从而达到升浆的目的。

4.2 升浆工艺优化

(1)基床隔断设置

东锚碇基床升浆总量在 30 000m^3 以上，对抛石基床进行分隔、减小一次升浆量，保证升浆量控制在施工能力范围内。通常较浅基础采用土工布隔断，本工程由于抛石基础边坡大，利用土工布分隔会对下一步钻孔及升浆造成困难，因此采用预制空心方块进行隔断。沉箱长度方向上布置 4 道，使基床形成 5 个分块单元和 4 个空心方块内单元。空心方块基础外围包裹双层土工布，空心方块顶预埋 20cm 高钢板与沉箱底接触，整个基床外围包裹双层土工布，形成独立的施工单元(图 4、图 5)。

(2)升浆孔布置

升浆管是根据砂浆的扩散范围进行布置的。根据以往施工经验，砂浆的扩散坡比一般为 1:6～1:7，远离升浆孔位置浆液质量逐渐变差。本工程在沉箱隔墙位置预埋了 268 根 ϕ127 钢管，分隔空心方块每个格内布置一个升浆孔，5 个施工单元内布孔最大间距为 4.56m×4.34m，并设有一定数量的观测孔。同时，在沉箱四周利用悬臂施工平台还布置一定数量的升浆孔，保证基础边坡的升浆质量。

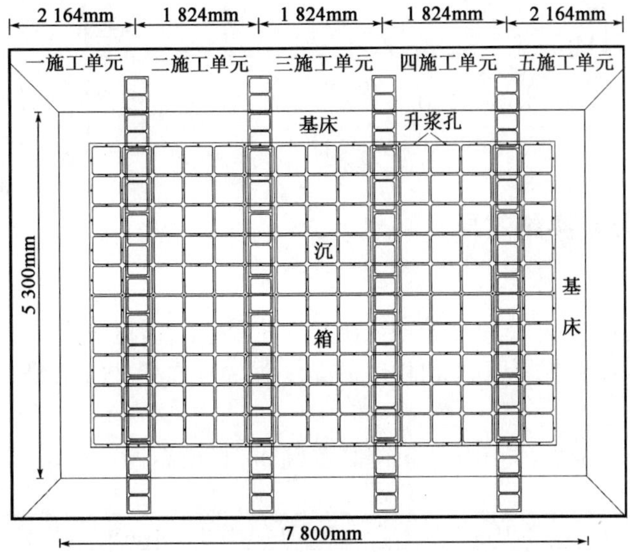

图 4　基床分段平面图

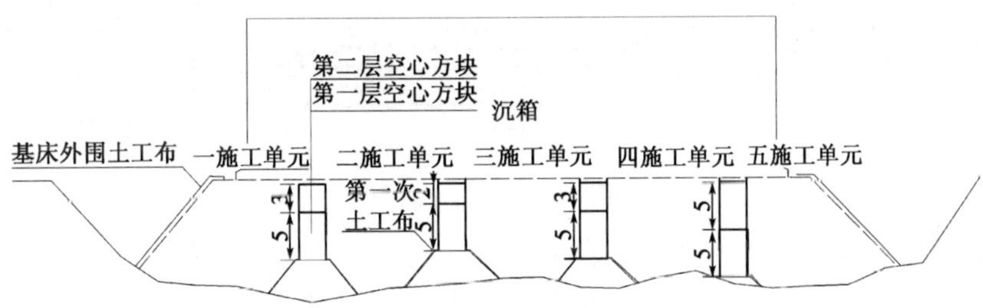

图 5　基床分段断面图（尺寸单位：m）

(3)超厚基础造孔工艺

以往较浅基础升浆造孔一般采用冲尖冲孔，但对于超厚基础，升浆管的刚度不满足要求。为了保证孔的垂直度，超深基础采用钻机成孔、套管跟进的方式。按沉箱上预埋的钢管位置，将钻机及龙门吊架就位。钻孔采用 XY-2PC 型地质回转钻机，钻入基床 6～7m 提钻锤击砸入套管，更换小一号钻头沿着套管继续钻进至入岩 50cm 以上，提钻沿着套管砸入升浆管到孔底。

(4)超厚基础升浆工艺

首先拌和船制浆送至各高速搅拌机，高速搅拌机二次搅拌后送到储浆罐，最后输送到灌浆泵向孔内压浆。经高速搅拌机二次搅拌，使水泥颗粒充分粉碎、拌和，从而使砂浆具备更好的和易性，遇水后不易产生离析。

基床隔断后由于升浆孔数量仍然较多，拌和船搅拌能力限制，在施工中采用斜升工艺。每个施工区域升浆时遵循先低后高的原则，先升较低位置，再沿着隔断向两侧推进，如此施工可以保证将基床缝隙中的水和气体充分排出，基床升浆饱满(图 6)。

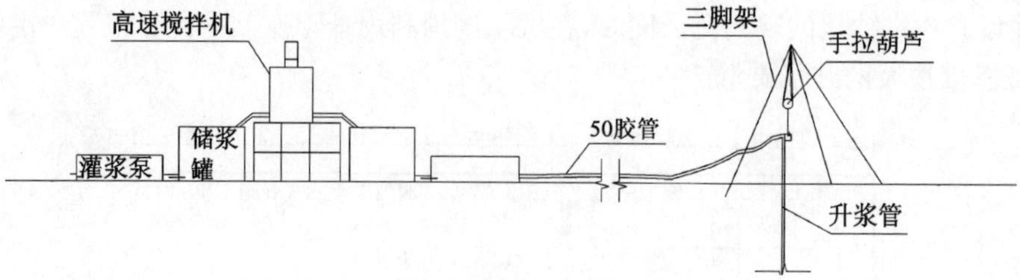

图 6 升浆管连接示意图

5 超厚基床升浆实施效果

5.1 钻芯取样

预填骨料升浆完成 14 天后，从沉箱四周任意位置钻芯取样，检验升浆的充填饱满程度、砂浆与预填骨料结合的紧密程度。从钻芯取样结果看，砂浆充填饱满，与骨料结合紧密，效果较好。

5.2 沉降观测

从超大沉箱安装完成后，开始进行沉降观测，形成了沉降曲线图，如图 7 所示。

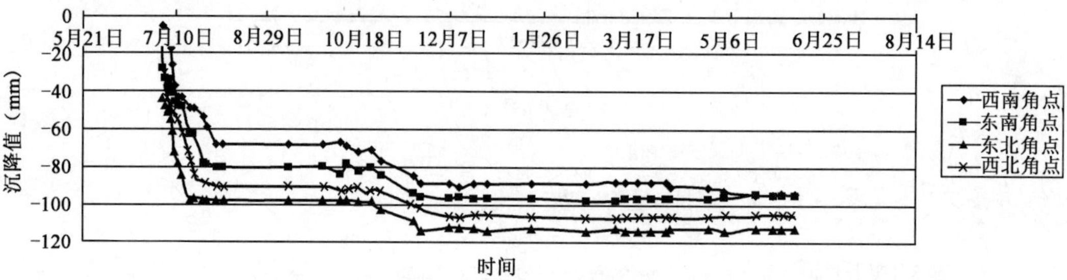

图 7 超大沉箱沉降曲线

从超大沉箱沉降曲线分析，沉箱基床有 2 次较大沉降量变化。第一次为沉箱安装后随着箱内填石荷载的增加，基床发生较大沉降；第二次为基床升浆过程中，基床受到升浆扰动发生一定沉降。基床升浆结束后，箱内升浆及填充混凝土自重荷载不断增加，但由于升浆混凝土开始凝固，强度增强，基床的沉降量基本趋于稳定。

6 结语

本工程首次将水下预填骨料升浆技术运用到海上悬索桥锚碇基础上，通过试验对升浆混凝土的力学和抗滑性能进行分析，试验结果可以为以后工程提供参考。同时，为了保证超厚基础的升浆质量，对升浆工艺进行了优化，优化后施工效果较好，对今后类似工程也具有非常好的借鉴意义。

参考文献

[1] 中华人民共和国行业标准. JTS 202—2011 水运工程混凝土施工规范[S]. 北京：人民交通出版社，2011.

[2] 康松涛. 水下预填骨料升浆混凝土的应用[J]. 中国港湾建设，2013(1)：65-68.

[3] 中华人民共和国行业标准. CECS 03—2007 钻芯法检测混凝土强度技术规程[S]. 北京：中国计划出版社，2008.

77. 几种形式锚固系统在地锚式悬索桥中的应用

杨 勇 赵晨光 孙艳明 梁磊磊

（中交二公局第二工程有限公司）

摘 要：地锚式悬索桥具有良好跨越性，近年来大跨径悬索桥越来越多地被运用到跨江、跨海、跨峡谷的公路建设当中。锚碇是整个悬索桥的一个重要的受力构件，而锚碇中的锚固系统则是整个锚碇乃至全桥的关键受力部位。结合已完工及在建的几座大跨径悬索桥锚固系统施工，介绍不同形式的锚固系统在悬索桥中的应用。

关键词：地锚式悬索桥 锚固系统 预应力锚固系统 型钢锚固系统 刚性拉杆锚固系统

1 概述

悬索桥为索受力结构桥梁，下部结构主要包括索塔和锚碇，其中索塔承受上部结构传递下来的竖向荷载，重力式锚碇是靠庞大体积混凝土的自重平衡主缆传递来的斜向荷载。锚固系统作为连接主缆与锚碇的关键部分，为悬索桥主要受力结构之一，锚固系统定位安装精度决定悬索桥各阶段受力均匀合理。

目前预应力锚固系统是最常用、最常规的锚固系统形式，悬索桥较多的采用此类锚固系统。新型的型钢锚固系统构件型号多、加工和安装精度要求高，目前在南京长江第四大桥和马鞍山长江大桥锚碇中使用。刚性拉杆锚固系统具有型钢锚固系统两者的受力优点，同时兼具预应力锚固系统定位安装方便的特点，目前在建的大连星海湾跨海大桥主桥中采用的为刚性拉杆锚固系统。不同形式的锚固系统在施工工艺、结构受力及施工功效上各有不同。

2 锚固系统设计原理简介

2.1 预应力锚固系统

预应力锚固系统主要由索股锚固连接构造和预应力钢束锚固构造组成。索股锚固连接构造由拉杆组件和连接器组成。预应力钢束锚固构造则由管道、预应力钢绞线及锚具、防腐油脂、锚头防护帽等组成。主缆索股通过连接件与预应力筋相连将力传给锚块，锚固系统区域混凝土需承受预应力传递的拉力。该形式锚固系统在泰州长江公路大桥、润扬长江公路大桥等桥梁应用。

2.2 型钢锚固系统

型钢锚固系统是通过焊接型钢预埋在锚碇内部以传递主缆拉力至锚碇，通常在型钢下端设置剪力钢筋形成钢筋混凝土榫以增大型钢与锚碇间的连接力。型钢锚固系统的主要受力点为型钢根部，型钢的中上段与混凝土分离，仅型钢根部混凝土承受剪力，中上部混凝土所受拉力和剪力相对较小。索股通过锚固箱与锚固板连接，分四索股锚固、双索股锚固和单索股锚固3种锚固方式。该项工艺成功地运用在南京长江第四大桥和马鞍山大桥中。

2.3 刚性拉杆锚固系统

刚性拉杆锚固系统主要与前、后锚固钢板和刚性拉杆组成，其中刚性拉杆将主缆传递的拉力传至后锚面锚固钢板上，锚固钢板范围混凝土主要承受压力，钢板边缘混凝土承受剪力。

该锚固系统由后锚面钢板、前锚面钢板、刚性拉杆、螺母、垫圈热铸锚具、镀锌无缝钢管及防腐油脂组成。主缆与刚性拉杆之间采用内外螺纹式连接套连接，刚性拉杆后端锚固在后锚面锚固钢板上，通过刚性拉杆及后锚面钢板将主缆拉力传递至锚块混凝土上。该形式锚固系统在大连星海湾跨海大桥主桥中应用。

3 三种索股锚固形式施工工艺

不同形式的锚固系统对应的安装方案不尽相同，但是索股锚固系统作为悬索桥主要受力结构之一，其定位安装精度要求很高，都需要定位支架辅助定位。根据不同锚固系统结构特点，选择合适的定位支架形式，定位支架设计除满足强度和稳定性外，还要满足支架在荷载作用下的变形量要小于锚固系统安装定位精度要求。

3.1 预应力锚固系统施工工艺

(1)工程实例介绍

泰州长江公路大桥北锚碇锚固系统采用预应力锚固系统，由索股锚固拉杆和预应力钢束组成，锚固系统布置图如图1所示。索股锚固拉杆有单锚头和双锚头两种，单锚头类型由2根拉杆和单索股锚固系统连接器构成，双锚头类型由4根拉杆和双索股锚固连接器组成，锚具采用特制的15-11型和15-22型专用锚具。预应力锚固系统安装前首先要完成定位支架的施工，确保预应力系统安装精度。

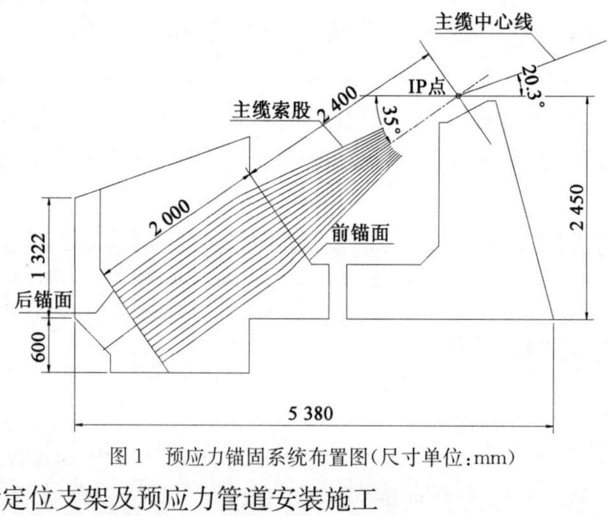

图1 预应力锚固系统布置图(尺寸单位:mm)

(2)预应力钢管定位支架及预应力管道安装施工

预应力钢管安装按照“分节支撑、管道分段接长”的原则设计了预应力钢管定位支架系统。定位钢支架由基架、骨架、片架3大部分组成。

在支架安装施工时，根据锚体混凝土分层浇注速度分三次安装，并按照基架、骨架和片架的顺序进行。预应力管道的安装总原则是根据定位钢支架分三段安装而分三段接长。钢管调整到设计位置后，将片架焊牢在骨架上，再将管道焊接接长，检查合格后，将管道与片架焊接。

(3)前、后锚面锚垫板及槽口定位安装

构件定位前预先将锚垫板和槽口模板用螺栓固定在一起，根据在后锚面模板上定出的锚点位置，将槽口模板放置到位。调整槽口，测量槽口底面与预应力钢管垂直度合格后，将槽口模板用铁钉固定在模板上。然后套上螺旋筋，把预应力钢管插入锚头中。封好接头后，将钢管与定位片架焊牢。前锚面锚头及槽口采用在锚体内预埋型钢的方法固定，预埋型钢用横联型钢连接成一个整体的定位支架，型钢根据混凝土分层浇筑顺序分层分段埋设连接。

(4)锚固系统预应力张拉施工

当前、后锚面的混凝土施工完成并达到100%设计强度时，方可对称张拉预应力钢束，张拉采用前后锚面两端张拉。锚固系统施工程序为施工准备—预应力束与锚固连接器连接—安装预应力束及锚固连接器—预应力束张拉—预应力管道压浆—施工完成。

3.2 型钢锚固系统施工工艺

(1)工程实例介绍

南京长江第四大桥锚固系统采用型钢锚固系统。单侧锚体共 9 块锚固板，锚固板厚度 28mm。单个锚体共 9 块锚固钢板，每块锚固钢板沿高度方向每两根工字钢组合成块单元，其中中间锚固板重量最大，为 60.24t，在工厂分块加工，运输至现场分阶段安装。锚固钢板分块后最大单元件长 23m，高 4.8m，连同防护系统，重约 27.8t。锚固系统布置图如图 2 所示。

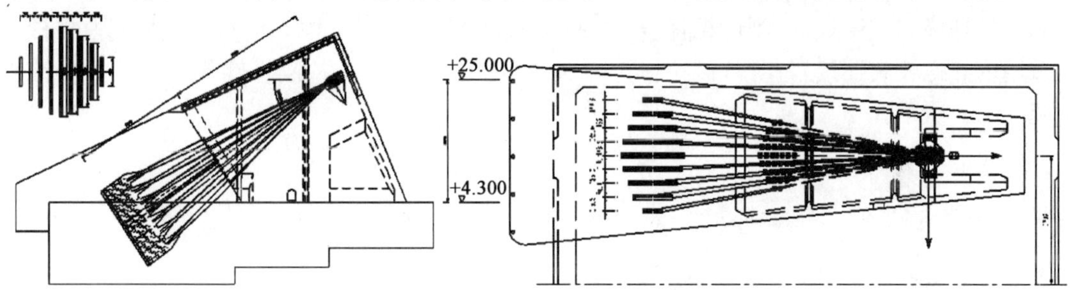

图 2 北锚碇锚固系统布置图(尺寸单位:mm,高程单位:m)

(2)锚固系统定位支架安装施工

锚固系统定位支架分为两部分，包括根部限位支架和端部定位支撑支架。其中根部限位支架主要作用为支撑锚固钢板轴线方向和垂直方向的力，并保证锚固钢板安装精度准确；端部定位支撑主要作用为支撑锚固钢板前端，并精确定位锚固钢板的前端空间位置，保证前锚式锚固系统的连接精度。支架设置如图 3 所示。

(3)锚固钢板安装施工

由于锚固钢板重量超大，根据混凝土浇筑高度采用分块吊装后拼接的方式进行安装。锚固钢板分 5 阶段进行吊装施工，单片锚固钢板单元设置 2 个起吊点，吊点设置在锚固钢板上端、连接支架附近以及锚固钢板底部刚度较大位置。锚固钢板安装原则亦是根据混凝土浇筑位置逐层、逐块安装。在安装完成后通过测量精确测量，初步调整锚固钢板倾角，然后调整锚固钢板底部上下游方向平面位置，再调整垂直于轴线方向的高程及平行于轴线方向的高程，最后精确调整倾角，直至达到设计要求。

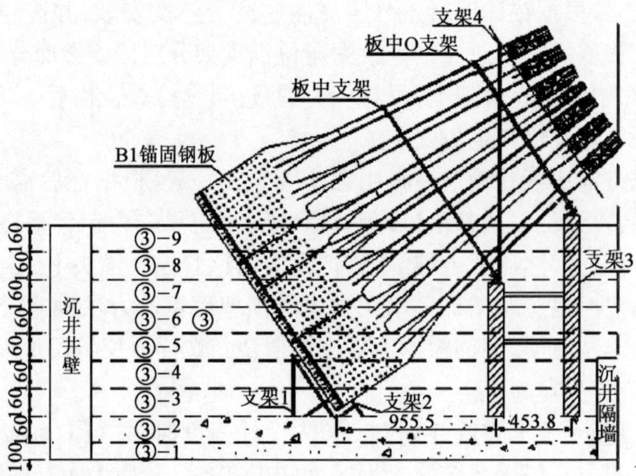

图3 锚固钢板定位支架结构图(尺寸单位:mm)

(4)索股安装及张拉施工

上部结构施工时,主缆索股牵引至锚固系统前锚面,与锚固钢板锚箱连接,通过锚箱进行张拉。

3.3 刚性拉杆锚固系统施工工艺

(1)工程实例介绍

大连星海湾跨海大桥主桥锚固系统采用刚性拉杆锚固系统,主缆端头与刚性锚杆连接,通过刚性拉杆锚固在锚块上,刚性拉杆直径12cm,长度16m,单根重约1.44t,主缆与刚性拉杆之间采用内外螺纹式连接套连接,该拉杆为国内悬索桥上应用最长的刚性锚杆。刚性拉杆锚固系统如图4所示。

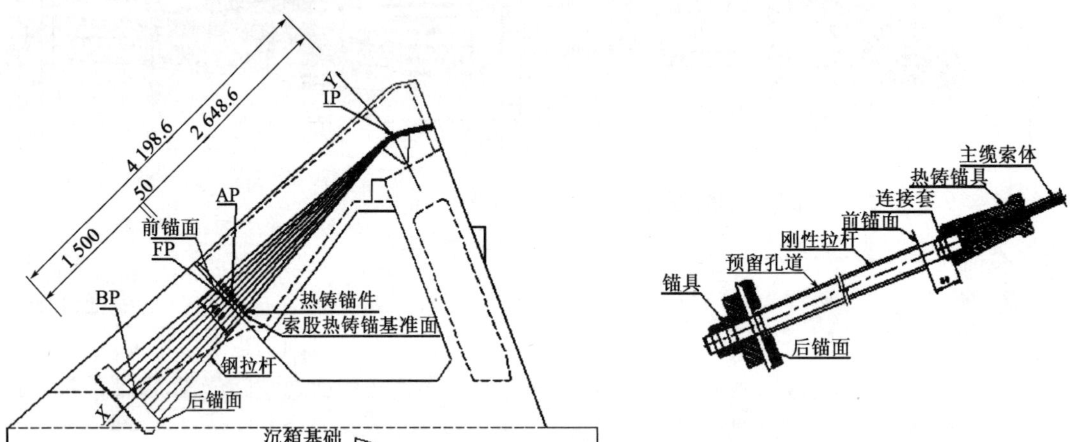

a) b)

图4 刚性拉杆锚固系统(尺寸单位:mm)

(2)定位支架安装

刚性拉杆锚固系统定位支架主要包括两部分,分别为后锚面锚固钢板支撑支架和无缝钢管定位支架。其中后锚面锚固钢板支撑支架主要作用为定位支撑后锚面锚固钢板,同时为整个锚固系统确定后锚式锚固的空间位置;无缝钢管定位支架主要作用为定位刚性拉杆的空间位置,保证其轴线与索股轴线方向相同(图5、图6)。

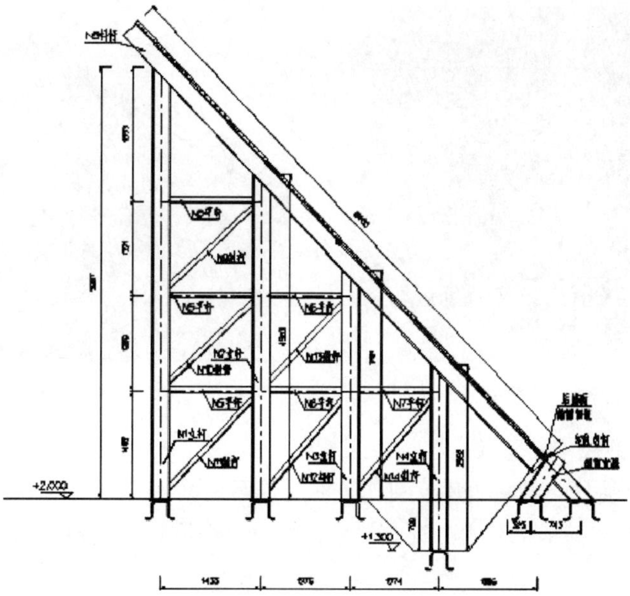

图 5　后锚面锚固钢板支撑支架(尺寸单位:mm)

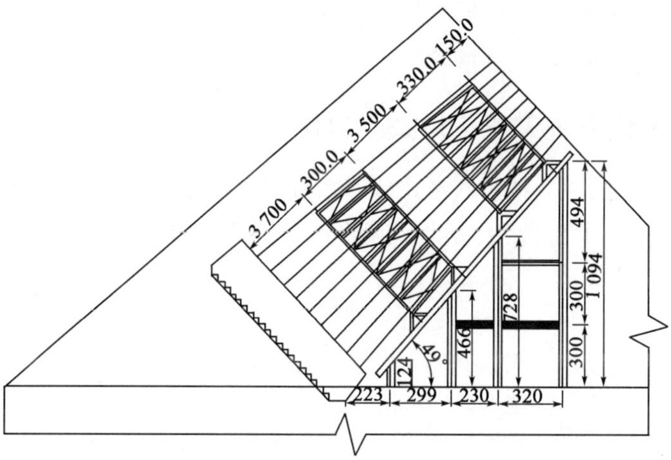

图 6　无缝钢管定位支架(尺寸单位:mm)

(3)后锚面锚固钢板及预留管道安装施工

后锚面锚固钢板为 4cm 厚钢板制作而成,平面尺寸为 9.2m×8.4m,总重为 24.26t。在制作时将锚固钢板竖向分为三块,现场采用 70t 履带吊按照设计角度四点起吊逐块安装,安装过程中测量对锚固钢板锚孔进行三维坐标测量,适时调整,直至达到设计要求,完成后锚固钢板与支架焊接加固。后锚面锚固钢板安装如图 7 所示。

锚固系统刚性拉杆预留管道采用 ϕ180×10mm 的无缝镀锌钢管,长度为 15.1m 左右,单根重量 1 000 多千克。在片架安装完成后利用塔吊逐根、逐层安装。安装过程中,每安装一层,测量在预留管道任意取 3 个断面进行测量调整,直至满足设计要求方可进行下一层安装。预留管道安装原则是:根据混凝土浇筑高度,逐层安装,逐层调整,完成后与片架牢固焊接,保证在混凝土浇筑过程中预留管道不会偏位。刚性拉杆预留管道安装如图 8 所示。

图 7　后锚面锚固钢板安装

图 8　刚性拉杆预留管道安装

(4)前锚面锚固钢板安装施工

后锚面锚固钢板为 1cm 厚的钢板制作而成，平面尺寸为 6.6m×5.8m，总重为 3.005t。为安装方便，在制作时将锚固钢板竖向分为三块，待混凝土浇筑设计位置前利用塔吊逐块安装。

(5)刚性拉杆安装及张拉施工

主缆架设前将刚性拉杆安装到位，架设索股时将索股锚具与刚性拉杆对接，旋转带有正反螺纹的连接套，将索股和刚性拉杆连接。在后锚面位置用千斤顶张拉已经连接好的刚性拉杆，按监控指令给出的数据锁紧后锚面螺母。

4　3 种形式锚固系统工程应用效果对比

通过 3 座大跨径悬索桥 3 种不同形式锚固系统施工的工程实例可以看出，每种形式的锚固系统从结构特点、施工工艺、施工功效、材料机械设备等成本投入各有不同。通过各项指标对比能找出各自的优缺点。

4.1　结构特点

预应力锚固体系分为黏结式锚固体系和无黏结式锚固体系。预应力锚固系统用钢量少、布置灵活、安装方便、施工难度较小，无黏结式锚固系统相对黏结式锚固系统耐久性要好些。

型钢锚固系统由于全部浇筑在混凝土中，密封性好，具有良好的耐久性。但是不可维护，且钢材耗用量大，制作安装和施工的精确度要求高，工程量大且经费高。

刚性拉杆锚固系统用钢量少、布置灵活、安装精度高、施工难度小，同时，在成桥后方便锚固系统检查保养及更换刚性拉杆，由于刚性锚块只有镀锌防腐，耐久性有待考证。

4.2　施工工艺分析

从 3 种形式锚固系统施工工艺可以看出，施工流程基本相同，都是先安装定位支架，后安装锚固系统结构件，最后进行主缆索股连接及张拉。

在锚固系统构件安装过程中刚性拉杆锚固系统及预应力锚固系统预留孔道相对易安装，且安装到位后加固方式简单，且不易变形。型钢锚固系统锚固钢板安装时难度大，且由于构件自重大，结构尺寸大，安装到位后相对难于加固，且易变形，成品保护较难。

在后期主缆索股张拉时，预应力锚固系统相对于刚性拉杆锚固系统和型号锚固系统较麻烦。预应力锚固系统张拉时准备工作较多，且穿心千斤顶张拉钢绞线较慢，时间较长，且较难操作。锚固系统张拉索股则较为简洁，且施工难度小，时间短。

刚性拉杆锚固系统定位安装过程与预应力锚固系统相似，安装快捷方便。索股张拉形式与型钢锚固系统中的索股张拉相同，具有施工简单的特点。刚性拉杆锚固系统具有上述两种锚固系统施工过程中的优点，同时有效避免了它们的不足，简化了施工难度。

4.3 施工功效分析

根据以往施工经验，预应力锚固系统从支架安装到预留管道安装定位大约需要 15 天施工，而张拉索股是大致需要 35 天。型钢锚固系统支架安装需要 25 天，锚固钢板安装需要 35 天，索股张拉约为 10 天。

刚性拉杆锚固系统支架安装需要 15 天，预留管道分层安装需要 15 天，索股与刚性拉杆连接采用正反螺纹连接套，目前尚未施工，工效不能确定。

4.4 材料机械设备等成本投入

预应力锚固系统施工时，定位支架材料主要为角钢，小型材居多，大型材较少，支架单块重量相对较小，需投入塔吊 1 台或配至 1 台 50t 履带吊方可满足安装施工要求，且安装锚固系统构件时，投入人工相对较少。

型钢锚固系统施工时，定位支架材料主要为中型、大型型材，钢管较多，材料投入较多，且由于锚固钢板单件重量较大，需投入 200t 履带吊 1 台、50t 履带吊 1 台、25t 吊车 1 台，3 台吊车共同作业才能满足锚固钢板起吊作业要求。

刚性拉杆锚固系统施工时，定位支架材料主要为角钢，中型型材居多，大型材较少，支架单块重量相对较小，但由于后锚面锚固钢板单件重量较大，需投入 70t 履带吊 1 台，预留管道支架用 1 台塔吊即可满足安装施工要求，且安装锚固系统构件时，投入人工相对较少。

4.5 综合对比

通过对 3 种形式的锚固系统自身特点、施工工艺、施工功效、材料机械设备等成本投入等方面的分析对比可以看出，形式不同的锚固系统在悬索桥锚碇施工中的应用各有优缺点（表 1）。

不同类型锚固系统综合对比 表 1

序　号	锚固系统形式	耐久性	施工难度	施工工效	施工成本投入
1	预应力锚固系统	较好	一般	一般	较小
2	型钢锚固系统	良好	较难	较低	较大
3	刚性拉杆锚固系统	较好	一般	较高	一般

5 结语

每一种索股锚固形式都有自身的优点和缺点。型钢锚固系统耐久性好，但投入大，施工成本高，施工难度也很大；刚性拉杆锚固系统与预应力锚固系统投入小很多，但刚性拉杆锚固系统简化索股张拉阶段的准备工作，施工成本和施工难度也很小，是一种值得推广使用的悬索桥索股锚固形式。

参 考 文 献

[1] 娄学全. 悬索桥主缆分布传力锚固系统设计与施工[M]. 北京：人民交通出版社，2012.

[2] 李晓民. 万州长江二桥主缆锚固及连接系统设计[J]. 甘肃科技，2009(10).

[3] 崔冰,董萌,等.一种新型悬索桥主缆锚固系统设计概念综述[J].中国工程科学,2013(08).
[4] 张志贤,朱玉华.悬索桥主缆分布传力锚固系统构造设计[J].山东交通科技,2013(02).
[5] 陈晓军.大跨径悬索桥锚固系统的比较[J].交通世界,2012(15).
[6] 田欣,等.南京长江第四大桥北锚碇钢筋混凝土榫锚固系统施工关键技术[J].公路,2010(06).

78. 刚性拉杆锚固系统安装方法

赵晨光　杨　勇　马　琦　杨明明　苏保祥　张　侃　赵季军　梁　斌
（中交二公局第二工程有限公司）

摘　要：以大连南部滨海大道工程东锚碇锚固系统精确安装施工为依托，阐述一种全新形式的锚固系统即刚性拉杆锚固系统精确安装定位测量方法及施工工艺，为以后类似悬索桥类锚固系统施工提供经验借鉴。

关键词：刚性拉杆　锚固系统　测量方法　施工工艺

1　引言

目前，在国内大跨径悬索桥锚碇设计及施工过程中，锚碇中的锚固系统作为锚碇主要受力和传力部位，结构形式主要有型钢锚固系统和预应力锚固系统，并且根据主缆索股锚固位置的不同又分为前锚式和后锚式。目前设计较多的采用预应力锚固系统作为悬索桥锚固系统的受力结构，同时重力式锚碇较多的采用前锚式形式。

大连星海湾跨海大桥采用"刚性拉杆＋后锚面锚固钢板"形式作为主桥索股锚固形式，这样可以有效地将主缆拉力传递至锚块整体，从而到达锚碇基础。采用此类锚固形式，对后锚面锚固钢板和刚性拉杆的定位精度要求也极为严格，保证主缆各索股间受力相近。本文主要就刚性拉杆锚固系统精确安装定位测量和施工工艺进行简单阐述，为以后类似悬索桥类锚固系统施工提供经验借鉴。

2　工程概况

锚固系统为刚性拉杆锚固，刚性拉杆一端与连接套连接使用，另外一端与张拉设备连接使用。单根刚性拉杆长约 15.0m，重约 1 331.7kg，全桥共计 244 根。

大连南部滨海大道工程主桥东锚碇锚固系统采用刚性拉杆锚固系统，主缆端头与刚性锚杆连接，通过刚性拉杆锚固在锚块上，刚性拉杆直径 12cm，长度 16m，单根重约 1.44t，主缆与刚性拉杆之间采用内外螺纹式连接套连接，该拉杆为国内悬索桥上应用最长的刚性锚杆。刚性拉杆锚固系统如图 1、图 2 所示。

本桥主缆锚固系统为预埋无缝钢管，穿刚性拉杆，后锚面锚固体系。在锚块结构施工前，安装、定位无缝钢管，无缝钢管采用定位骨架进行定位。在锚块混凝土施工时，应时刻保证锚固系统定位支架安装精度和刚度，保证锚固管道，前后锚面钢板的精确定位(图 3)。

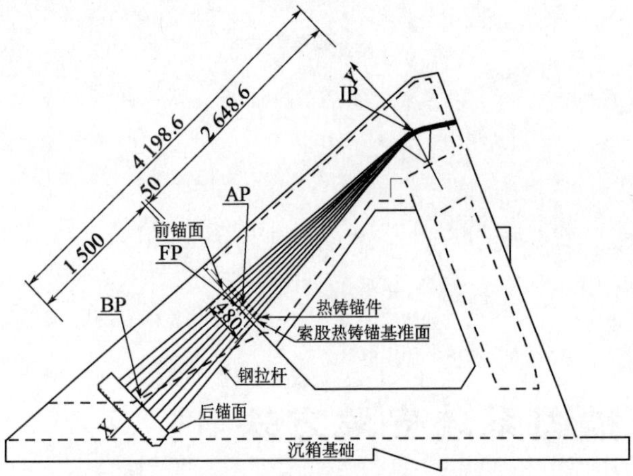

图 1　锚固系统立面布置图(尺寸单位:mm)

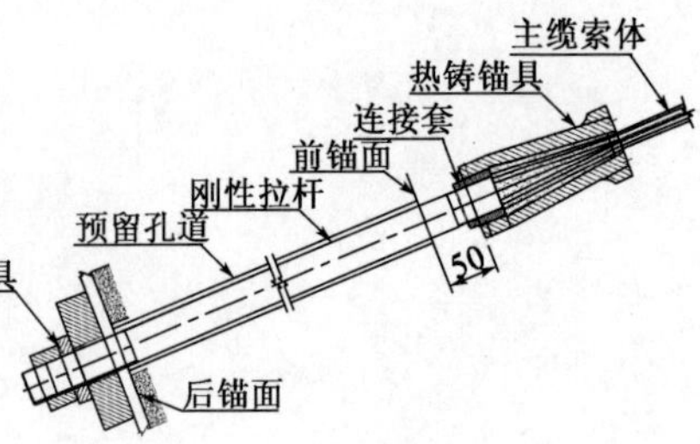

图 2　刚性拉杆示意图

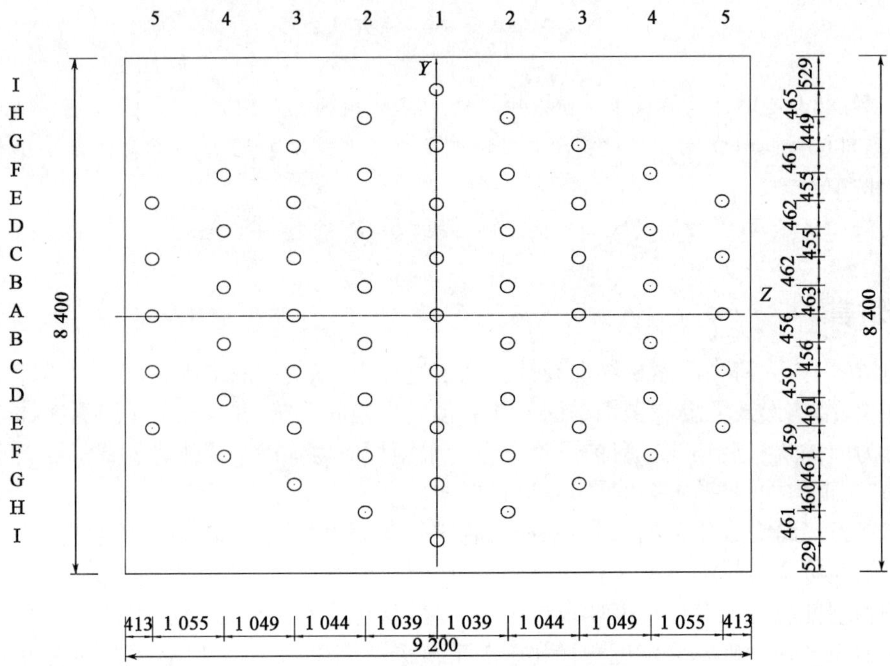

图 3　后锚面钢板(尺寸单位:mm)

本桥锚固系统安装顺序为首先进行锚固钢板安装,再进行无缝钢管安装,锚体混凝土施工完成后进行刚性拉杆的穿入。

3　后锚面锚固钢板定位安装

本工程锚固系统形式为后锚式刚性拉杆锚固系统,主缆通过刚性拉杆将拉力传递至后锚面锚固钢板。施工关键在于刚性拉杆定位及每根索股锚固系统的前、后锚面精度。后锚面是主缆与锚固系统的连接部位,刚性拉杆与后锚点应该垂直受力才能保证索股拉力的传递,所以后锚面锚固钢板的施工精度控制为本工程施工关键之一。

3.1　锚固钢板定位支架

后锚面锚固钢板为 40mm 厚钢板,平面尺寸为 9.2m×8.4m,单块重量约 24t。此锚固钢板在其自身重力和上方混凝土荷载作用下会产生较大变形。采用型钢作为支撑,型钢布置于两列锚固点中间，以避免支撑型钢影响后期刚性拉杆张拉作业。通过临时支架法能减小钢板变形，控制在规范要求之内。

后锚面锚固钢板下口设置型钢支撑，通过此型钢能准确保证锚固钢板底口的空间坐标。钢板空间角度利用下方支架进行调整。

3.2 测量定位

测量工作分为两步，首先精确测量支架的空间坐标，最重要的为竖向坐标。粗定位后锚面钢板时主要控制4个角点的坐标值，调整到偏差小于5mm。利用辅助工具对钢板上的孔位进行精确定位，小范围调整至各个孔位圆心偏差值都小于5mm(图4)。

3.3 三角高程精度分析

应用单向三角高程测量时，测站点 a 到观测点 b 的高差公式为：

$$h_{ab} = s_{ab}\tan\alpha + \frac{1-k}{2R} \times D^2 + i_a - v_b \tag{1}$$

式中：S_{ab}——测站点 a 到观测点 b 的水平距离；

α——测站点到观测点的竖直角；

i_a——测站点 a 的仪器高；

v_b——观测点 b 的目高程；

R——地球的曲率半径(R=6 371 000m)。

将式(1)全微分并转化为成中误差关系式，得：

$$m_h = \pm\sqrt{\tan^2\alpha \times m_s^2 + \frac{s_{ab}^2 \times m_\alpha^2}{\cos^4\alpha \times \rho^2} + m_{ia}^2 + m_{ib}^2 + \frac{s_{ab}^4}{4R^2}m_k^2} \tag{2}$$

式中：m_s——距离测量的中误差；

m_α——竖直角测量的中误差；

m_{ia}、m_{ib}——分别为仪器高和目高程测量的中误差；

m_k——大气折光误差。

定位仪器选用 LEICA TC2003 型全站仪，标称精度为1mm＋1ppm，0.5″，则有 $m_s=\pm1.2$mm，$m_\alpha=\pm0.5''$；此时一般采用相对于后视定向点来测量待测点的高程，不需要量取仪器高和棱镜高，$m_{ia}=m_{ib}=0$mm；折光系数 k 的中误差 m_k 一般为±0.03～±0.05，取±0.05。定位测量时最大水平距离为69m，最大观测竖直角为－30°。

从而计算出 $m_h=\pm0.7$mm。则测量的误差区间为(＋0.7mm，－0.7mm)，该精度能满足且远高于设计的锚固钢板施工定位精度要求(图5)。

图4 孔位圆心测量图片

图5 后锚面锚固钢板安装

4　无缝钢管定位安装

由于锚固系统中刚性拉杆数量很多，刚性拉杆外侧设计有无缝钢管对其保护，避免混凝土与刚性拉杆直接接触，从而影响索股拉力的传递。结合锚固系统的结构形式，本工程设计有辅助无缝钢管定位支架，以使无缝钢管能够快速定位、安装。通过无缝钢管的定位精确安装以保证刚性拉杆的定位要求（图6）。

4.1　刚性拉杆定位支架

本工程锚固系统自IP点至后锚面锚固点为空间放射状，与沿顺桥向成夹角的多面棱锥形状。利用型钢制作定位支架，控制无缝钢管安装后最大变形量小于2mm。锚固系统连接前刚性拉杆在无缝钢管内为简支梁形式，精确定位无缝钢管能避免刚性拉杆与管壁之间的接触，降低刚性拉杆破坏危险。定位支架如图7所示。

通过定位支架能保证无缝钢管轴线的空间角度，钢管底端与锚固钢板开孔孔位连接，在安装过程中需要无缝钢管的平面位置进行限制。在定位支架上设置挡板，避免钢管左右移动。

图6　精确测量控制图

图7　刚性拉杆预留管道安装

4.2　测量定位

控制竖向钢管平面位置及高程，在安装索导管定位支架时，主要是控制挡板的位置，首先实测支架横梁的坐标，根据实测的X值进行内插计算，计算出对应的设计值Y和Z对挡板进行调整。

5　索导管的安装

5.1　测量原理

锚碇测量重点在无缝钢管定位，本工程锚固系统和其他项目的索导管定位工艺有很大的不同，需要整体安装。本工程无缝钢管最小长度为15m，不能直接测量钢管圆心坐标，故利用空间圆原理，在钢管外径同一断面上测3个不同点的三维坐标值，根据空间圆计算公式计算出该断面的设计坐标，同时得出实测值和设计值的偏差值，根据偏差值对索导管的位置进行精确定位，重复以上步骤直到调到设计要求范围内。

由于是海上施工，受施工条件的限制，测量点的选择很有限，最后将测量加密点布设在索导管支架钢管上，并安装强制对中器已消除对中误差，并按照《全球定位系统（GPS）测量规范》（GB/T 18314—2009）规定的B级GPS要求进行观测并定期对加密点进行符合。

5.2 极坐标法平面位置定位精度分析

极坐标法测量示意图如图8所示，A、B两点为已知控制点，待定点Z坐标计算公式为：

$$X_Z = X_A + S\cos(\alpha_{AB} + \beta) \tag{3}$$

$$Y_Z = Y_A + S\sin(\alpha_{AB} + \beta) \tag{4}$$

求全微分得：

$$dX_Z = \cos(\alpha_{AB} + \beta) \times dS - S\sin(\alpha_{AB} + \beta) \times d\beta \tag{5}$$

$$dX_Z = \sin(\alpha_{AB} + \beta) \times dS + S \times \cos(\alpha_{AB} + \beta) \times d\beta \tag{6}$$

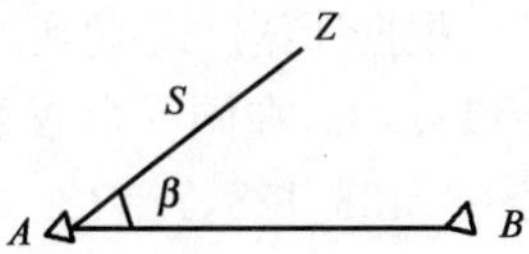

图8 极坐标法测量示意图

根据协方差传播定律得到：

$$m_{X_Z} = \sqrt{m_S^2\cos^2(\alpha_{AB} + \beta) + m_\beta^2 S^2 \frac{\sin^2(\alpha_{AB} + \beta)}{\rho^2}} \tag{7}$$

$$m_{Y_Z} = \sqrt{m_S^2\sin^2(\alpha_{AB} + \beta) + m_\beta^2 S^2 \frac{\cos^2(\alpha_{AB} + \beta)}{\rho^2}} \tag{8}$$

式中：m_β——测角中误差；

m_s——测距中误差。

Z点的点位中误差为：

$$m_Z = \sqrt{m_{X_Z}^2 + m_{Y_Z}^2} \tag{9}$$

$$m_Z = \sqrt{m_S^2 + m_\beta^2 \times S^2/\rho^2} \tag{10}$$

采用标称精度为1mm+1ppm，0.5″的LEICA TCA2003全站仪观测时：

$$m_Z = \sqrt{(1 + 1 \times 10^{-6} \times 69\,000)^2 + 0.5^2 \times \frac{69\,000^2}{206\,265^2}} = \pm 1.1\text{mm}$$

测量的误差区间为(+1.1mm，−1.1mm)，该精度满足且远高于设计的锚固钢板、索导管施工定位精度要求。

5.3 计算公式

计算公式为：

$$(x - x_1)/(x_2 - x_1) = (y - y_1)/(y_2 - y_1) = (z - z_1)/(z_2 - z_1) \tag{11}$$

由式(1)可得到下列计算公式：

$$y = (x - x_1) \times (y_2 - y_1)/(x_2 - x_1) + y_1 \tag{12}$$

$$z = (x - x_1) \times (z_2 - z_1)/(x_2 - x_1) + z_1 \tag{13}$$

式中：x_1、y_1、z_1——分别为索导管下端坐标值；

x_2、y_2、z_2——分别为索导管上端坐标值；

x、y、z——分别为索导管任意断面坐标值。

实例计算：在编号为I1索导管任意断面上测量三点坐标。表1为实测坐标，表2为设计坐标。

实 测 坐 标 表　　表1

编　号	X	Y	Z
1	−438.166	12.681	13.518
2	−438.201	12.561	13.547
3	−438.159	12.511	13.509

设计坐标表　　表2

设计坐标	X	Y	Z
上端	−437.472	12.6	14.245
下端	−447.416	12.6	3.021

根据计算公式:将实测三点坐标代入,可得实测索导管圆心的坐标 $x=-438.138$,$y=12.598$,$z=13.492$,在同一个 X 数值上对应的唯一的 Y 和 Z 值,可计算出该断面处索导管的设计坐标 $X=-438.138$,$Y=12.6$,$Z=13.492$,可根据两组数据的差值对索导管进行调整。

6 结语

锚固系统作为悬索桥主要受力结构之一,其施工精度关系到主桥受力安全,同时锚固系统的定位安装也是悬索桥施工的难点之一。本工程采用的"刚性拉杆+后锚面锚固钢板"形式作为锚固系统结构形式,能够有效地将主缆拉力传递至锚碇,同样也增加了施工精度控制的难度,需要同时控制后锚面钢板和刚性拉杆的施工精度。通过采用辅助支架定位法,可以极大地提高安装精度,加快施工进度。通过采用空心圆原理推算圆心,可以将施工精度控制在设计要求范围之内。

参考文献

[1] 岳建平,田林亚.变形监测技术与应用[M].北京:国防工业出版社,2007.

[2] 同济大学应用数学系.高等数学.5版[M].北京:高等教育出版社,2004.

[3] 国家测绘局测绘标准化研究所,等.GB/T 18314—2009　全球定位系统(GPS)测量规范[S].北京:中国标准出版社,2009.

79. 大连星海湾跨海大桥箱梁预制施工技术

南江勇　吴晓冬
（中交一航局第三工程有限公司）

摘　要：箱梁作为桥梁上部结构重要组成部分，其预制施工质量至关重要。针对大连星海湾跨海大桥混凝土箱梁及上横梁预制一标段的工程实践进行了阐述，以期为今后类似施工提供参考和借鉴。

关键词：箱梁　预制　施工工艺　模板　钢筋　混凝土　张拉压浆

1　引言

大连星海湾跨海大桥东起金沙滩东侧的金银山，向西跨越星海湾，在高新园区填海区域登陆，大桥东端经隧道可以连接东北路及规划中的南部快速路；西端通过高新园区的地面道路，可以连通旅顺南路及河革路。该工程引桥主要采用先简支后连续的装配式预应力混凝土箱梁结构。

混凝土箱梁及上横梁预制一标段施工范围为西引桥混凝土箱梁、主桥西引桥侧大跨径混凝土箱梁预制、出运、吊装。由于该工程桥梁跨度不同，桥面宽度不同，相应的预制箱梁结构形式多样，按型号分为中跨边梁、中跨中梁、边跨边梁、边跨中梁，单榀箱梁最重达 650t，箱梁高度均为 2.25m。底宽分为 3m、3.3m 和 3.8m 3 种，其结构形式如图 1 所示。箱梁长度为 37.3～48.84m，共有 66 种梁长，箱梁总数量为 342 榀。

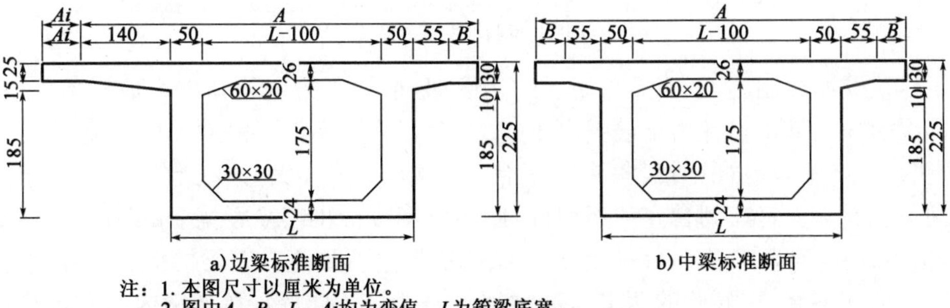

a）边梁标准断面　　b）中梁标准断面

注：1. 本图尺寸以厘米为单位。
2. 图中A、B、L、Ai均为变值，L为箱梁底宽。
3. 当L=3m时，B值为15cm，其余均为45cm；Ai随桥型而变化。

图 1　箱梁标准断面图

2 施工工艺及流程

在钢筋混凝土结构的底胎上进行箱梁预制，底胎顶面铺设 1cm 厚钢板作为底模。首先进行底腹板钢筋的绑扎，其次进行端模、内模、侧模的安装，再次进行顶板钢筋绑扎、翼缘板模板安装，最后采用泵车进行混凝土浇筑，当混凝土的强度达到设计强度的 80％时，依次拆除端模、内模、侧模。当预制箱梁在混凝土达到设计强度和弹性模量要求后，张拉一期预应力束，进行真空辅助压浆，完成成品箱梁预制。其施工工艺流程图如图 2 所示。

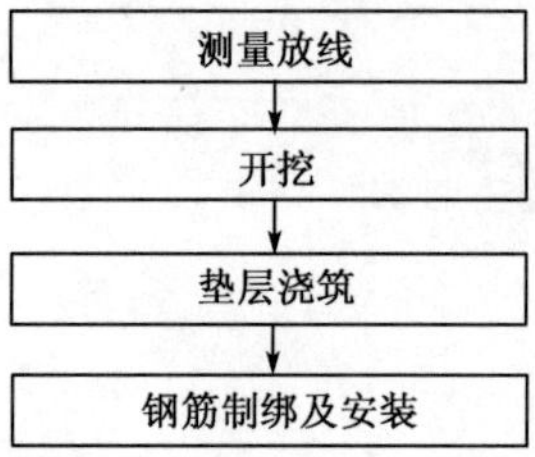

图 2 箱梁预制施工工艺流程图

2.1 预制场建设

2.1.1 预制场布置

预制场位于旅顺新港码头扩建工程新 10 号泊位后方，占地约 8 万m^2，含钢筋下料区、模板组装区、箱梁预制区、存储区，共设置 5 排制梁及存梁台座，其中制梁底胎 15 个，存梁台座 75 个，预制场布置见图 3。

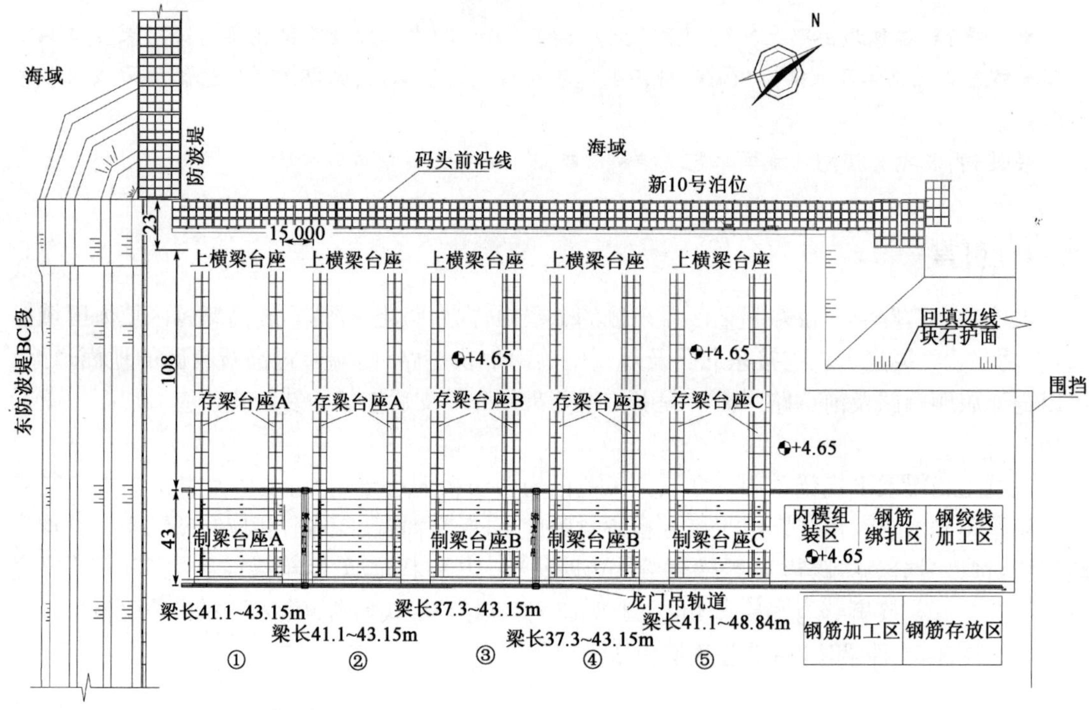

图 3 预制场平面布置

为了尽快开始预制施工，缩短预制场的建设期，根据箱梁质量和现场地质条件，将制梁台座和存梁台座的基础设计为钢筋混凝土扩大基础。在预应力张拉施工前，制梁台座受均布荷载，张拉施工后，箱梁的质量集中在了台座两端，受力较大，故在台座两端的结构厚度相对中间位置较大。考虑到台座的通用性，底胎宽度按最小箱梁底宽 3m 设计，预制底宽为 3.3m 和3.8m箱梁时，在底胎的一侧设置钢结构底胎进行加宽。箱梁模板支立方式为“侧模包堵头”，为防止漏浆，在底胎的两端顶部预埋型号为[5 的槽钢，在槽钢内部填塞橡胶条用于止浆。

2.1.2　制梁台座结构计算

以B型制梁台座为例，其结构尺寸为11.7m×7m，箱梁重量按600t考虑，箱梁两端各1列移梁台车，每列小车有16个轮子，每个轮子传力到台座的面积为0.2m×0.2m，压力为5 125kPa。

1)地基承载力验算

地基反力采用midas软件建模计算，制梁台座端部的最大反力为0.41kN，单元尺寸为0.05m×0.05m，所以地基反力为164kPa<200kPa，符合要求。

2)内力计算

采用midas软件建模计算，得出X、Y方向上、下层的弯矩最大值。

由于制梁台座建设为临时工程，结构重要性系数取0.9，所以承载力极限状态下，自重荷载的综合分项系数取1.2×0.9=1.08，移梁台车压力荷载的综合分项系数取1.4×0.9=1.26；正常使用极限状态下，自重荷载的综合分项系数取1.0，移梁台车压力荷载的综合分项系数取0.6。

承载能力极限状态和正常使用极限状态计算弯矩见表1。

承载能力极限状态和正常使用极限状态计算弯矩　　表1

计算方向	X方向上层(kN·m)	X方向下层(kN·m)	Y方向上层(kN·m)	Y方向下层(kN·m)
承载能力极限状态	5.18	528.44	80.45	401.53
正常使用极限状态	2.75	249.92	31.84	210.76

3)承载力计算及裂缝开展宽度验算

(1)X方向上层配筋计算

承载能力极限状态设计弯矩：M=5.18kN·m

板的截面宽度：b=1 000mm

板的截面高度：h=800mm

板的保护层厚度：c=50mm

板的有效高度：$h_0=800-c-\frac{\phi}{2}$mm

混凝土抗压强度设计值：f_c=14.3MPa(混凝土强度等级为C30)

钢筋抗拉强度设计值：f_y=300MPa(钢筋为HRB335级钢筋)

①正截面受弯承载力验算。

受拉区：试选配10ϕ16mm@100mm，则A_s=2 010.62mm^2。

受压区：试选配10ϕ16mm@100mm，则$A_s{}'$=2 010.62mm^2。

根据《水运工程混凝土结构设计规范》(JTS 151—2011)5.2.1-2，混凝土受压区高度为：

$$\alpha_1 f_c bx = f_y A_s - f_y{}' A_s{}' + f_{py} A_p + (\sigma_{p0}{}' - f_{py}{}') A_p{}'$$

则：x=(300×2 010.62−300×2 010.62)÷1.0÷14.3÷1 000=0mm

求得x=0mm，$x<2a'$=116mm，所以符合要求。

$$M_u = f_{py} A_p (h - \alpha_p - \alpha_s{}') + f_y A_s (h - \alpha_s - \alpha_s{}') + (\sigma_{p0}{}' - f_{py}{}') A_p{}' (\alpha_p{}' - \alpha_{s'})$$

求得M_u=412.58kN·m>M(M=5.18kN·m)，满足正截面受弯承载力要求。

②最小配筋率验算。

配筋率为：$\rho=\frac{A_s}{b\times h_0}=\frac{2\,010.62}{1\,000\times742}=0.271\%$

根据《水运工程混凝土结构设计规范》中7.5.2节受弯构件的受拉钢筋最小配筋率要大于0.2%和$45f_t/f_y\%$的较大值，经过计算$45f_t/f_y=0.214\,5\%>0.2\%$，要求配筋率大于0.214 5%，结果满足最小配筋率要求。

③斜截面承载力验算。

根据：

$$V\leqslant 1/\gamma_d\beta_s\beta_c f_c bh_0=(1\div1.1)\times0.25\times1\times14.3\times1\,000\times(742\div10\,000)=2\,411.5\text{kN}$$

利用midas查得最大剪力$V=819.97\text{kN}(<2\,411.5\text{kN})$，则斜截面承载力满足要求。

(2)X方向上层裂缝宽度验算

正常使用极限状态设计弯矩：$M=2.75\text{kN}\cdot\text{m}$

受拉区钢筋截面积：$A_s=2\,010.62\text{mm}^2$

截面有效高度：$h_0=742\text{mm}$

受拉混凝土截面积：$A_{te}=116\,000\text{mm}^2$

钢筋弹性模量：$E_s=200\,000\text{MPa}$

外层受拉钢筋保护层厚度：$c=50\text{mm}$

受拉钢筋直径：$d=16\text{mm}$

$$\sigma_{sl}=\frac{M}{0.87A_sh_0}=\frac{2.75\times10^6}{0.87\times2\,010.62\times742}=2.12\text{MPa}$$

$$\rho_{te}=\frac{A_s}{A_{te}}=\frac{2\,010.62}{116\,000}=0.017\,3$$

$$W_{max}=\alpha_1\times\alpha_2\times\alpha_3\times\frac{\sigma_s}{E_s}\times\left(\frac{c+d}{0.3+1.4\times\rho_{te}}\right)$$

$$=1\times1\times1.5\times\frac{2.12}{200\,000}\times\left(\frac{50+16}{0.3+1.4\times0.017\,3}\right)=0.003\text{mm}$$

由$W_{max}<0.2\text{mm}$，则裂缝宽度符合规范要求。

其他各项根据上述公式计算配筋及裂缝开展宽度验算结果汇总于表2。

配筋及裂缝开展宽度验算结果 表2

计算方向	X方向上层	X方向下层	Y方向上层	Y方向下层
配筋	10ϕ16@100	10ϕ25@100	10ϕ16@100	10ϕ25@100
裂缝开展宽度(mm)	0.003	0.126	0.037	0.123

2.1.3 制梁台座沉降观测

在箱梁施工过程中，分阶段对制梁台座进行了观测，如表2所示。同时在箱梁移运后，对存梁台座也进行了观测，最大的沉降不超过15mm。根据观测结果，台座的沉降不影响箱梁的结构，满足施工要求，充分说明本标段台座的布置和设计是成功的。

2.2 钢筋制绑

采用跨距为43m的50t龙门吊和50t履带吊进行箱梁的钢筋吊装。在钢筋加工场地进行钢筋下料，制梁底胎上进行钢筋绑扎。钢筋绑扎顺序为先支立底腹板钢筋，并安装波纹管，芯模和侧模安装之后，进行顶板钢筋绑扎和吊装孔、泄水管等预埋件安装。

钢筋工绑扎腹板外侧钢筋时，站在箱室内侧施工；绑扎腹板内侧钢筋时，站在箱室外侧施工，将“绑扣”和丝头留在钢筋骨架内侧，不但保证了保护层厚度，且外观质量有了很大的提高，如图 4 所示。

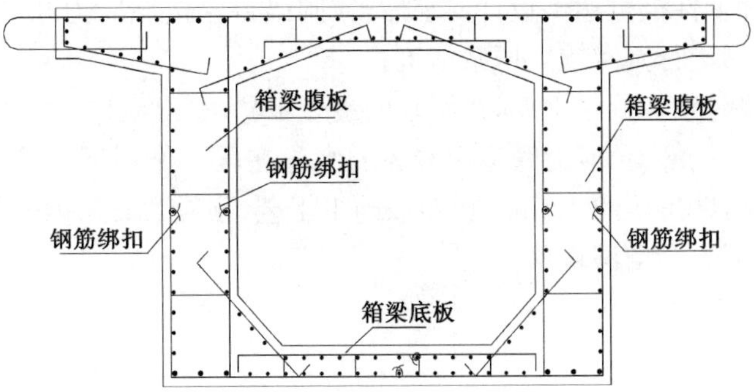

图 4　钢筋“绑扣”细节控制

2.3　模板支拆

模板全部采用钢模板，侧模采用大片钢模板，芯模采用标准段整体式钢模板和渐变段组合片钢模板相结合方式，芯模组装成型后吊装支立，混凝土养护至一定强度后整体或分片拆卸，端模为定型钢模板。采用跨距为 43m 的 50t 龙门吊和 50t 履带吊进行模板支拆。

借鉴沉箱预制时接高段的止浆工艺，在浇筑制梁底胎时，预埋 50mm×50mm×5mm 槽钢，槽口位于底胎的外侧，如图 5 所示，支立侧模时，在槽钢内填塞 50mm×60mm 的橡胶条作为止浆条，侧模和底模连接牢固后，橡胶条和侧模之间是柔性接触，没有缝隙，避免了混凝土浇筑时漏浆现象的发生。

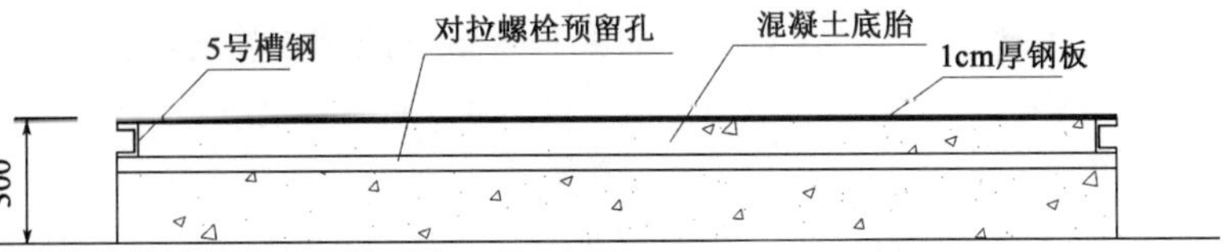

图 5　底胎结构详图

针对箱梁的变截面、含内隔墙、顶板和底板位置均有混凝土齿板的机构特性，采用内隔墙二次浇筑、标准段整体式芯模和组合片芯模相结合的施工工艺，最大程度上提高了施工效率。

2.4　混凝土施工

箱梁混凝土采用强制式拌和站进行搅拌，罐车运输，泵车浇筑，插入式和附着式振捣器相结合进行混凝土振捣。混凝土养护主要采用洒水潮湿方式，冬期施工期间采用蒸汽养护。

对于箱梁的翼缘板特殊结构形式，该部位混凝土养护施工是一项难点和重点，为保证养护质量，项目部最初采用直接洒水的方法养护，但是由于腹板的立面结构，水分损失严重，须不间断洒水，不但造成水资源浪费，也不切实际；后改为漏管喷淋系统洒水养护，由于喷淋系统的支架安拆比较烦琐，不能做到及时养护，最后尝试进行洒水后粘贴塑料薄膜封闭养护，模板拆除后，在腹板和翼缘板位置洒水补充水分，然后粘贴塑料薄膜封闭，避免水分损失，期间在薄膜上开口，通过水管插入薄膜内部补充水分，然后将开口部位用胶带进行密封，经现场同条件试块和回弹仪比较检测，该养护效果令人满意。最终确定箱梁混凝土养护工艺为：箱梁顶板采用覆盖土工布和塑料布洒水养护，箱室内部通过底板蓄水、梁端封闭形成潮湿环境进行养护，箱梁腹板及翼缘板处通过粘贴塑料薄膜封闭与洒水相结合的方法进行养护。该工艺相比其他施工方法，不但最大程度上节约了养护用水，而且保证了工程质量，得到了监理和业主单位的肯定和好评，并在大连南部滨海大道工程其他标段得以推广。

2.5 预应力施工

当混凝土强度和弹性模量达到设计要求后，在制梁台座按照应力和应变“双控”标准进行预应力张拉施工，之后进行真空辅助压浆施工。

为降低真空压浆时浆液的泌水率，在压浆的最后步骤，将出浆口端的锚头混凝土凿除一部分，露出单根钢绞线的端部，预应力管道内浆体的水分在压力作用下会沿着钢绞线缝隙喷出，然后在入浆口端加压，并持压约1min。按照该施工工艺，预应力管道内的浆体比较密实，泌水率大大降低，管道端部不会空洞现象。

3 结语

预应力箱梁是一个大的课题，在施工过程中许许多多的质量问题需要我们重视并给予解决。施工过程中的每道工序质量控制做到位，就能大大降低质量事故发生的可能性。本文的预应力箱梁施工工艺是结合该工程的实际特点，具体实施还应结合其他项目的特点进行调整，希望该工程施工经验对类似施工起到参考作用。

参 考 文 献

[1] 中华人民共和国行业标准.JTG F50—2011 公路桥涵施工技术规范[S].北京：人民交通出版社，2000.

[2] 梁伟江.现浇预应力混凝土连续箱梁施工技术[J].铁道勘察，2005.

[3] 交通部第一公路工程总公司.公路施工手册·桥涵[M].北京：人民交通出版社，2000.

80. 大连星海湾跨海大桥引桥设计
——钢吊箱与钢套箱在浅水区施工方案比选

周　坤　蒋俊辉　李旭东　寇海军

（中铁十九局集团第五工程有限公司路桥三公司）

摘　要：在海（河）浅水区施工承台时，正确的选择钢吊箱与钢套箱施工方案，必将节约工期、节省材料和降低成本。现以大连星海湾跨海大桥工程第三标段东引桥浅水区承台施工为例，对钢吊箱与钢套箱在浅水区施工的经济性做一比较和分析。

关键词：浅水区　钢吊箱　钢套箱　经济性　比较

1　引言

大连星海湾跨海大桥工程是大连市未来交通网"七纵七横"中的重要一横，也是大连环城快速路南环的重要组成部分，它的建设对完善城市路网结构、改善城市功能，提升城市景观发展和促进大连经济繁荣具有积极的作用。跨海大桥东段工程由东连接线、东引桥和东侧大跨径混凝土引桥 3 部分组成。东引桥 S1～S6 位于浅水区，承台尺寸为 7.4m×7.4m，水深 3.7～6.6m。现以其中两个承台为例，分析钢吊箱与钢套箱施工浅水区承台的经济性。

2　钢吊箱施工工艺简述

2.1　拆除钢连接构件

拆除钻孔平台上部结构，割除平台内钢管桩的连接支撑和护筒之间的泥浆连通管，同时清除护筒内泥浆。护筒刷洗完毕后，在拼装位置处对护筒进行开孔，穿拼装工字钢。

2.2　吊箱拼装下沉

底板在加工场地加工制作，试拼合格后用挂车运输至平台位置，根据现场实测的护筒平面位置，充分考虑护筒的垂直度情况，开挖底板孔洞。底板型钢分块制作，现场拼装。底板拼装完成后，先将侧板下节按顺序提前运至墩位处，利用浮吊结合倒链对称悬挂安装下节侧板，在下节侧板拼装的同时完成临时吊挂系统及外侧下节吊挂系统的安装。吊挂系统就绪后，下放吊箱，给上节侧板的拼装提供工作面。拼装完上节侧板后，连接外侧吊杆，转换体系，拆除临时吊杆。吊箱侧板拼装完成尚未下放前，进行内支撑连接，内支撑通过连接板和槽钢栓接在侧板上。侧板安装完成后，全面检查吊箱拼装质量和封堵板情况，确认无遗漏后，吊箱下放。吊箱下沉到位后，利用侧板顶面高程控制沉放高度。

2.3 吊箱定位与堵漏

吊箱下放到位后用4个千斤顶和8根吊杆进行调整，使其受力均匀，然后用型钢将导向型钢和护筒焊死，确保吊箱在后续的水封施工中不得有平面位移。护筒开口封堵板用橡胶板，将橡胶板用螺栓固定在圆形压板上，利用橡胶板包紧护筒，以达到封堵的目的。套箱下沉到位并精确定位后，可由潜水员下水检查，以确保封堵效果。

2.4 灌注封底混凝土

封底混凝土拟采用一次封底法，待混凝土达到设计强度的80%以上后，进行箱内抽水，混凝土浇筑是吊箱施工成败的一大关键，主要是水下混凝土的浇筑面积大，而且水位深。封底施工的总体工艺为：在底板以上10cm位置处安放钢筋网、搭设封底平台、安装导管及料斗、灌注封底混凝土。混凝土选用C30水下混凝土，灌注点按混凝土扩散半径3.0m进行设置，通过计算，25号墩、26号墩承台钢吊箱封底选用16个灌注点逐点灌注外，其余深水区高桩承台钢吊箱封底均选用8个灌注点逐点灌注，以保证封底安全。

2.5 吊箱内抽水

封底混凝土达到设计强度80%以上后，即可抽出吊箱内积水，抽水时应限制抽水速度，密切观察吊箱状况，以确保安全。抽水完毕之后，拆除吊挂系统，割除护筒，凿除桩头，找平顶面，进行承台施工。

3 钢套箱施工工艺简述

3.1 抛填片石及整平

为减少钢套箱模板使用量及封底混凝土量，节约成本，同时考虑便于拆除套箱模板，先整体下放钢套箱，再向承台位置处抛填片石至设计封底混凝土底面位置，潜水员下水找平。钢套箱与钢吊箱施工最大的区别在于钢套箱无底板。

3.2 钢套箱制作及安装

钢套箱平面尺寸考虑承台外侧加厚10cm，满足防腐要求。高度根据海底高程、海平面高程、最高潮位计算得出。采用先下放钢套箱，再抛填片石整平的施工方法。因此，浅水区悬空式承台钢套箱高度选用8.6m。为防止波浪冲击，钢套箱顶加高1.0m作为防浪板。钢套箱利用已完成的钻孔桩钢护筒为定位导向，用50t履带吊分块吊装钢套箱拼装、下沉。下沉到位后，调整平面位置，在抛填片石到封底混凝土底高程整平。

3.3 钢套箱支垫

为保证钢套箱安装时的垂直度，在钢套箱就位后，潜水员下水利用麻袋混凝土进行支垫。

3.4 封底混凝土施工

为了保证封底混凝土一次浇筑完成，设计封底混凝土厚度0.8m，采用地泵或泵车结合料斗灌注方式，对于平面尺寸为7.4m×7.4m的承台需布置8个灌注点逐点灌注(考虑每侧加宽10cm)。混凝土选用C30水下混凝土，混凝土扩散半径根据以往经验按3.0m考虑。灌注点选择在桩基与桩基空隙中间处及4个边角处，浇筑导管口离底板约20cm，在浇筑过程中不能悬空，保证导管最小埋深大于60cm，灌注高度高出设计约15cm，抽水后凿除。施工时，测量封底混凝土面各处高程，特别是承台的边角位置，确保混凝土面基本平整。为了保证封底混凝土在初凝之前完成，必须保证混凝土供应速度，同时应保证首批混凝土的数量。

3.5 套箱内抽水及内支撑安装

待封底混凝土达到设计强度的80%后，方可进行抽水。抽水时注意观察套箱内外水面的水位差，同时观测、记录套箱壁板的变形情况。当水位降至设计内支撑安装位置时，停止抽水，安装内支撑，待内支撑安装牢固后，继续抽水。边抽水边观察套箱是否变形、封底是否漏水。

3.6 护筒切除

抽水、安装内支撑的同时，割除钢护筒。割除钢护筒时，按设计要求，为保证钢护筒顶端与承台的有效连接，应在承台封底混凝土顶面以上保留15cm长度的钢护筒。然后进行承台施工。

4 方案比选

东引桥S6、S5承台位于浅水区，承台尺寸均为7.4m×7.4m×3m，其中S6海底高程为-6.6m，承台底与海底高差为4.1m。S5海底高程为-4.3m，承台底与海底高差为1.8m。现对S6、S5承台分别采用钢吊箱与钢套箱施工的经济性做一比较。见表1、表2。

S6承台施工经济比选 表1

墩号	项目	单位	单价	方案一(钢套箱)		方案二(钢吊箱)		差值(套箱一吊箱)
				数量	合计	数量	合计	
S6	套箱侧模重量	t	5 641.7	49.35	278 397			278 397
	套箱内支撑及吊杆	t	3 341.7	9.36	31 265			31 265
	吊箱及吊装系统重量	t	5 641.7			49.78	280 859	-280 859
	吊箱内支撑及吊杆	t	3 341.7			9.36	31 265	-31 265
	吊箱底模钢板	t	9 525			1.59	15 173	-15 173
	封底混凝土量	m^3	395.8	43.90	17 377	43.90	17 377	
	封底钢筋网	t	5 000			1.13	5 645	-5 645
	拉杆	t	5 025			0.91	4 573	-4 573
	抛填片石的量	m^3	153.5	136.11	20 893			20 893
	抛填砂袋的量	m^3	321	185	59 385			59 385
	小计				407 317		354 892	52 425

S5承台施工经济比选 表2

墩号	项目	单位	单价	方案一(钢套箱)		方案二(钢吊箱)		差值(套箱一吊箱)
				数量	合计	数量	合计	
S5	套箱侧模重量	t	5 641.7	37.65	212 385			212 385
	套箱内支撑及吊杆	t	3 341.7	9.36	31 265			31 265
	吊箱及吊装系统重量	t	5 641.7			49.78	280 859	-280 859
	吊箱内支撑及吊杆	t	3 341.7			9.36	31 265	-31 265
	吊箱底模钢板	t	9 525			1.59	15 173	-15 173
	封底混凝土量	m^3	395.8	43.90	17 377	43.90	17 377	
	封底钢筋网	t	5 000			1.13	5 645	-5 645
	拉杆	t	5 025			0.91	4 573	-4 573
	抛填片石的量	m^3	153.5	35.12	5 392			5 392
	抛填砂袋的量	m^3	321	185	59 385			59 385
	小计				325 804		354 892	-29 088

从表1、表2可以看出，对于S6承台，使用钢吊箱比较经济，而对于S5承台来说则相反。通过这两个对比表进一步计算得出，当承台尺寸为7.4m×7.4m×3m，海底高程为－5.12m，承台底与海底高差为2.62m时，从经济性考虑，采用钢套箱与钢吊箱任何一种方案均可。因此，对于大连星海湾跨海大桥东引桥浅水区的承台来说，当承台尺寸为7.4m×7.4m×3m时，海底高程为－5.12m是个临界点，当海底高程小于－5.12m时，采用钢吊箱比较经济，反之，则采用钢套箱。

5 结语

在大连星海湾跨海大桥工程东引桥浅水区承台施工过程中，综合考虑承台的设计情况以及建设条件，通过分析比较，因地制宜地采用了钢吊箱与钢套箱施工浅水区承台。方案合理可靠，经济效益明显，可为以后同类型的工程提供参考。

81. 大连星海湾跨海大桥引桥设计
——裸岩区钢护筒捆绑下放法施工技术工艺研究

张　崭　乔兴华　蒋俊辉　白增奇

（中铁十九局集团第五工程有限公司）

摘　要：根据大连星海湾跨海大桥(东段部分)的特点及海底实际地质状况，阐述一种在裸岩区下放钢护筒的施工工艺，并对该工艺进行了详细的介绍和说明。通过现场实践的过程和达到的效果说明该方法有效合理。

关键词：钢护筒　捆绑　设计　施工

1　引言

大连星海湾跨海大桥工程是为了缓解中山西路的交通压力，投资修建的一条平行于中山路与黄浦路的东西向主干道。建成后，是大连市未来交通网"七纵七横"中的重要一横，也是大连环城快速路南环的重要组成部分，它的建设对完善城市路网结构、改善城市功能，提升城市景观发展和促进大连经济繁荣具有积极的作用。

我部承建第三标段，包括东引桥、东侧大跨度混凝土引桥及东连接线。主线在双层桥部分为单向 4 车道，在单层桥部分为单向 3 车道，匝道为单向 2 车道。

东引桥包括上、下层和 A、B 匝道预制梁部分，全长 4 525.1m。东引桥西端与大跨径混凝土引桥相接，上层线和下层线东端通过隧道分别和东北路、八一路连接，A 匝道和 B 匝道东端与东连接线相接。东侧大跨径混凝土引桥与东引桥相接，上、下层全长 596m。东连接线桥梁工程 A、B 匝道长 621m；路基工程长 633.976m；下穿滨海西路隧道 1 座；上跨人行天桥 1 座。

钢护筒下放工序是继栈桥施工后，桩基建设前一项重要的施工工序，是桩基建设的基础和保障，在本文中，将主要针对一种捆绑下放的施工方法进行论述。

2　地质情况

根据设计的地质勘探资料显示，本桥位范围内的地质分布总体上为：素填土、淤泥质粉质黏土、粗砂、粉质黏土、卵石、含碎石粉质黏土、含碎石黏土、全风化石灰岩板岩互层、强风化石灰岩板岩互层、中风化石灰岩板岩互层、微风化石灰岩板岩互层、全风化石灰岩、强风化石灰岩、中风化石灰岩、全风化辉绿岩、强风化辉绿岩、中风化辉绿岩。

根据区域地质调查，场地内存在的不良地质作用为岩溶，该区局部基岩起伏较大，形成落差较大的溶沟、溶槽。岩溶主要由石灰岩在地下水的作用下溶蚀而成，由黏性土、灰岩角砾、碎石充填，部分无充填物。揭露层厚0.40～9.70m，揭露层底高程－42.6～16.40m。洞内充填物为黏性土、灰岩角砾、碎石、部分无充填物。根据勘察成果，场区石灰岩主要分布区域为上匝道部分S16～S23号墩、引桥部分X16～X43号墩。勘察过程中共揭露溶洞22个，岩溶发育地段主要分布于引桥部分的X17～X22、X28～X40号墩。

在得到正确的地质情况后，我们根据不同的地质情况进行不同的方案分析和运用，在本文中所涉及的就是裸眼区的现场实际情况下，我们推出的施工方法。地质情况见表1。

岩溶分布一览表 表1

序　号	孔　号	洞高(m)	洞顶高程(m)	洞底高程(m)	洞顶深度(m)	洞底深度(m)
1	X17－2	8.4	－20.4	－28.8	6.2	14.6
2	X20－2	2.5	－23.1	－25.6	8.1	10.6
3	X22－2	0.8	－25.6	－26.4	11.2	12
4	X28－3	2.5	－28.8	－31.3	14.5	17
5	X29－2	2.3	－33.4	－35.7	19.1	21.4
6	X29－2	1.6	－36.2	－37.8	21.9	23.5
7	X29－2	2.5	－38.5	－41	24.2	26.7
8	X30－1	2.6	－30.6	－33.2	16.6	19.2
9	X30－1	0.7	－28.8	－29.5	14.8	15.5
10	X30－2	4.1	－30.5	－34.6	16.4	20.5
11	X30－2	2.6	－27.3	－29.9	13.2	15.8
12	X31－1	3.7	－31.5	－35.2	17.8	21.5
13	X31－1	0.4	－27.2	－27.6	13.5	13.9
14	X31－2	3.2	－27.9	－31.1	14.1	17.3
15	X32－2	9.7	－31.9	－41.6	18.1	27.8
16	X35－1	2	－31.2	－33.2	17.8	19.8
17	X36－2	1.7	－26.8	－28.5	13.7	15.4
18	X36－2	2	－31.4	－33.4	18.3	20.3
19	X37－2	0.5	－27.1	－27.6	13.5	14
20	X37－2	2.9	－28.4	－31.3	14.8	17.7
21	X40－1	3.1	－31.8	－34.9	18.6	21.7
22	X40－1	7.1	－35.5	－42.6	22.3	29.4

裸露基岩：根据勘察成果，场地内存在水下暗礁，该地段岩石裸露，裸露的岩石为强风化的石灰岩、石英岩板岩互层和辉绿岩，弱风化的石灰岩和辉绿岩。勘察过程中共揭露裸露岩石钻孔7个，主要分布于东连接线和东引桥，分布情况见表2。

桥位范围内靠东侧岸边一带存在较多水下暗礁，为裸岩区，裸露的岩石为强风化石灰岩、石英岩板岩互层和辉绿岩，弱风化石灰岩和辉绿岩。较深覆盖层主要分布在西侧靠主桥段。

裸露基岩分布一览表　　表2

孔　号	裸露岩层	裸露基岩面高程(m)
ZA8－1	强风化辉绿岩	－2.60
ZA9－1	强风化石英岩板岩互层	－4.00
ZA9－2	强风化石英岩板岩互层	－3.80
ZA4	强风化辉绿岩	－1.20
ZA5	弱风化辉绿岩	－0.80
ZB7	弱风化辉绿岩	－1.10
ZB8	弱风化辉绿岩	－0.70

3　钢护筒施工

3.1　钢护筒制作基本要求

由于我标段桥梁工程钻孔桩设计桩径为1.6～2.2m不等，根据《公路桥涵施工技术规范》(JTG/T F50—2011)要求，钢护筒内径至少大于桩基直径200mm，我标段护筒选用Q235b钢板在钢结构加工场地内自行卷制。钢护筒在底部刃脚处贴焊50cm高、厚度为12mm的加强箍，见图1，防止在下沉时卷口。在钢护筒的最上端贴焊30cm高、厚度为12mm的钢板，防止振动锤将护筒上口打坏。

钢护筒制作节段长度根据护筒总长度而异，小于12m时，一次加工完成。超过12m时，需要分节制作，首节长度以自沉入海床淤泥层后露出钻孔平台面(＋5.7m)为宜。

考虑到受汽车运输的限制及吊具的起吊能力和施工安全，单节护筒长度最大不超过15m。为保证运输、吊装时护筒不变形，护筒两端和中部利用槽钢焊接米字撑加固。护筒下沉时现场连接头采用单面V形坡口焊，见图2，并在焊缝四周均匀布设8块300mm×200mm×12mm的加劲钢板。接头不漏水、不漏浆，焊缝无开裂。

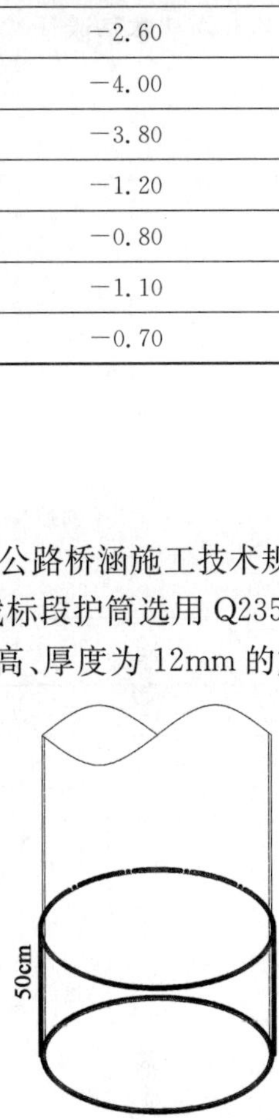

图1　底节钢护筒加强箍示意图

a)电弧焊坡口　　b)双面成型焊缝

图2　钢护筒“环接”坡口焊示意图(尺寸单位：mm)

钢护筒椭圆度应小于$d/100$，且不大于30mm；直径的允许偏差应为±10mm；筒体端面的倾斜度最大允许偏差为3mm；纵轴线弯曲矢高应不大于护筒长的0.1%，且不大于30mm；钢护筒对接时的错边量应不大于0.2倍钢板厚度，且不大于4mm。

3.2　钢护筒焊接质量要求

(1)对接组合焊缝，其焊脚尺寸不应小于$t/4$。焊脚尺寸的允许偏差为0～4mm。采取观察检查，用焊缝量规抽查测量，见表3。

(2)焊缝表面不得有裂纹、焊瘤、表面气孔、夹渣、弧坑裂纹、电弧擦伤、咬边、未焊满、根部收缩等缺陷。采用观察检查或使用放大镜、焊缝量规和钢尺检查，当存在疑义时，采用渗透或磁粉探伤检查，见表4。

(3)焊缝感观应达到外形均匀、成型较好，焊道与焊道、焊道与基本金属间过渡较平滑，焊渣和飞溅物基本清除干净，见表5。

焊接接头装配的允许偏差 表3

序　号	项　目	图　示	公差(mm)	说　明
1	对接缝偏差	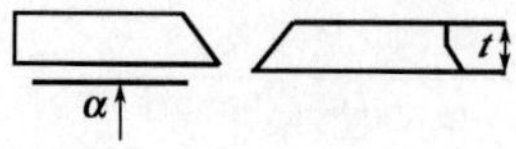	≤0.5	
2	对接缝间隙	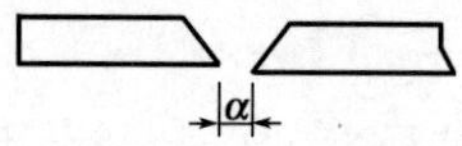	≤±1	

焊缝外观精度要求 表4

序　号	项　目	质量精度要求	简图及说明
1	气孔	不容许	
2	咬边	不容许	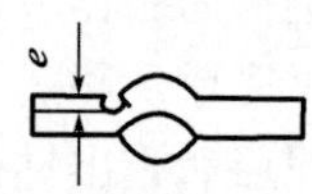
3	余高 (对接)	$b<15$ 时 $h\leqslant 3$ $15<b\leqslant 25$ 时 $h\leqslant 4$；$b>25$ 时 $h\leqslant 4b/25$	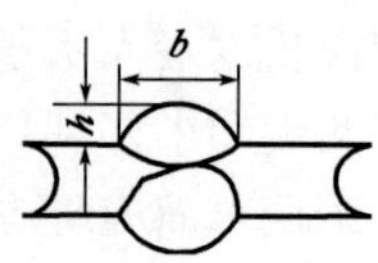
4	余高铲磨(对接)	$\Delta 1\leqslant +0.5$ $\Delta 2\leqslant \lvert -0.3\rvert$	

焊缝外观及外形尺寸检查 表5

序　号	检查项目	检测工具	检查方法及说明
1	表面裂纹	目测	用5倍放大镜目测检查，用焊规、钢卷尺测量大小和数量
2	表面夹渣		
3	未焊满		
4	表面气孔		
5	咬边	焊规、钢卷尺	用焊规检查咬边的深度，用钢卷尺检查咬边的长度
6	焊缝余高	焊规	用焊规检查焊缝的余高
7	焊缝直线度	钢直尺	用钢直尺测量粉线与焊缝边缘的距离
8	电弧擦伤、马脚、焊瘤、飞溅	目测	目测检查焊缝的周围和钢护筒的表面

4 捆绑法施工工艺

4.1 基坑的挖掘

根据桩基大小设计的基坑是埋置护筒的基础，其深度、长宽均按照设计要求达到指定大小，既要满足钢护筒的下放，又要保证在混凝土埋置时不造成不必要的浪费。需要注意的是，基坑底部要尽量平整，以方便钢护筒平稳的安放，保证护筒的垂直度符合规范要求，如图 3 所示。

4.2 钢护筒的捆绑

将即将下放的钢护筒在平面位置放好，根据设计要求制作长短适中的工字钢，利用护筒半径×2＋工字钢＝护筒中心距，将护筒定位并与工字钢焊接拼装，如图 4 所示。

图 3

图 4

4.3 钢护筒的下放

利用汽车吊将护筒平行吊起，下放到事先挖好的基坑中。

4.4 测量定位

利用 GPS 测量定位护筒中心距及人工拉拽的方法，将护筒中心一一匹配对位，如图 5 所示。

图 5

4.5 混凝土埋置护筒

在护筒定位后，用混凝土均匀撒满，将基坑填堵，护筒进行固定保护，以防在今后的桩基作业中护筒偏位或被海水冲荡移位等情况发生。

4.6 钢护筒下沉后的检查项目

钢护筒下沉后的检查项目见表6。

护筒检查项目 表6

项　次	检 查 项 目	规定值或允许偏差	检查方法和频率
1	中心位置(mm)	50	用全站仪检查
2	钢护筒倾斜度	1/200	吊线垂法
3	钢护筒底高程(m)	不高于设计高程	测量

82. 大连星海湾跨海大桥引桥设计
——浅谈钻孔灌注桩基溶洞处理方案

杨　亮　蒋俊辉　吴晓峰　白增奇
（中铁十九局集团第五工程有限公司）

摘　要：岩溶发育地区，溶洞、裂隙等现象较多，在钻孔施工过程中一旦遇到此种情况，极易发生偏孔、卡钻，甚至难以成孔等事故。根据岩溶地质的工程特点，介绍了钻孔桩溶洞处理的方法，针对不同大小的溶洞采用不同的处理方法等；为今后类似地质条件的桩基施工提供借鉴。

关键词：钻孔桩　溶洞　处理方法

1　工程概况

1.1　工程简介

大连星海湾跨海大桥工程是为了缓解中山西路的交通压力，投资修建的一条平行于中山路与黄浦路的东西向主干道。建成后，是大连市未来交通网“七纵七横”中的重要一横，也是大连环城快速路南环的重要组成部分，它的建设对完善城市路网结构、改善城市功能，提升城市景观发展和促进大连经济繁荣具有积极的作用。

我部承建第三标段，包括东引桥、东侧大跨度混凝土引桥及东连接线。桩基共 502 根。其中：钻孔桩 493 根，桩径为 1.6m、1.8m、2.0m、2.2m；挖孔桩 9 根，桩径为 2m、3.2m。

1.2　地质情况

根据区域地质调查，场地内存在的不良地质作用为岩溶，该区局部基岩起伏较大，形成落差较大的溶沟、溶槽。岩溶主要由石灰岩在地下水的作用下溶蚀而成，由黏性土、灰岩角砾、碎石充填，部分无充填物。揭露层厚 0.40～9.70m，揭露层底高程 −42.6～16.40m。洞内充填物为黏性土、灰岩角砾、碎石、部分无充填物。根据勘察成果，场区石灰岩主要分布区域为上匝道部分 S16～S23 号墩、引桥部分 X16～X43 号墩。勘察过程中共揭露溶洞 22 个，岩溶发育地段主要分布于引桥部分的 X17～X22、X28～X40 号墩。

2　溶洞区钻孔施工方案

根据地堪资料显示，本桥地质情况较为复杂，其中 S(X)16 号～S(X)23 号段、S(X)28 号～S(X)43 号段为溶洞区。溶洞高度为 0.5～9.7m，溶洞内填充物多为软塑、流塑状态的黏性土和石灰岩碎屑角砾、部分无填充，部分墩位还存在“糖葫芦”串珠状的溶洞，极不稳定。根据地质资料显示，本工程的地质钻孔为一个墩位只钻1个孔，且部分钻孔已经偏离承台区域，但是在岩溶地区，为了探明桩基的实际地质情况，必须要进行逐桩钻孔，以探明桩基范围内的地质情况，确保桩基质量。

2.1 岩溶地区溶洞类型判断

根据溶洞的发育规模在钻孔时采取相应的应对措施，需对溶洞做判断和分类，岩溶地区溶洞类型按照表1所示的方法进行判断和分类。

溶洞分类分法 表1

类别	溶洞特征	充填物情况
小型溶洞	单层洞高小于2m，全充填，漏水或半漏水小型溶槽、溶沟、小裂隙等	粉砂、硬塑或软塑状黏土
一般溶洞	洞高小于2m的半充填溶洞或2～5m的全充填溶洞，二层以下串珠状溶洞	粉砂、硬塑或软塑状黏土
大型溶洞	二层以上串珠状有充填溶洞；5m以上全充填溶洞	粉砂、硬塑或软塑状黏土
特大型溶洞	大型溶洞，多层串珠状已充填或充填物差的溶洞。溶洞的规模覆盖到相邻桩位或更大	无充填或充填物为流塑状

2.2 溶洞处理

针对不同类型的溶洞，选择合适的处理措施不仅能节约成本，还能提高成孔效率，常见的溶洞处理方法如表2所示。

常见岩溶处理方法 表2

类别	预处理措施	钻孔中的处理方法
小型溶洞	不需要预处理	抛填片石、黏土，反复冲砸固壁
一般溶洞	注水泥浆	抛填片石、黏土、袋装水泥，反复冲砸固壁加大泥浆比重，提高泥浆质量
大型溶洞	注水泥浆、砂浆	抛填片石、黏土、低强度等级混凝土，反复冲砸固壁，加大泥浆比重，提高泥浆质量
特大型溶洞	钢护筒跟进	抛填片石、黏土、低强度等级混凝土，反复冲砸固壁，加大泥浆比重，提高泥浆质量

1)小型溶洞的处理

对于小型溶洞，多采用抛填片石、黏土互层(或碎石黏土团)反复用重锤小冲程钻进方式，进行桩孔的填塞和桩壁挤密。对于较小的密闭溶洞，钻孔中也可不需要进行处理，直接灌注水下混凝土充填。

采用抛填片石、黏土互层处理小溶洞时，钻孔桩转入正常成孔前，泥浆应尽可能地保持高密度和强黏性，不需要泥浆循环。该工艺建立在添加片石(或碎石)强度相当于冲击部位岩石强度的条件下(一般高0.5～1.0个等级)。强度低的软石在冲砸过程中被先行破坏，达不到与原位岩石形成匀质人工冲击面的作用，也达不到护钻的目的。

2)一般溶洞及大型溶洞的处理

(1)超前注浆预处理

对于全充填或半充填的一般溶洞，普遍存在漏水或半漏水现象，为防止钻孔时泥浆突然流失，通常在钻孔前需进行注浆处理。在地质核查超前钻孔过程中，每遇到溶洞或裂隙，立即进行注浆处理。并用纯水泥浆封堵，利用浆液的流动性，在压力作用下，充满空洞及裂隙。利用注浆泵进行注浆，控制注浆量；当注浆量达到设计量或顶部返浆后，上拔注浆钻杆，直至结束；注浆结束后，清洗注浆设备，防止残留浆液凝固，堵塞钻杆。

①注浆主要技术参数。注浆流量为 8～10L/min。

浆液配比(质量比)为水泥∶水＝0.8(0.6)∶1。

多层溶洞应从下层向上层进行。由于注浆压力与土的重度、强度、初始应力、孔深、位置及注浆次序等因素有关，而这些因素又难以准确地确定。注浆深度不同，其注浆需要的压力就不同，一般注浆压力较注浆孔底水压大 0.1～0.2MPa 为宜。孔底的水压可根据水位高程与孔底高程计算出地下水的压力，再确定注浆压力。在注浆过程中根据具体情况再作适当的调整。

注浆速度为 8～10L/min，渗透最小半径保证大于桩半径 1m 以上。实践证明，当注浆加固孔壁的厚度达到 1m 上，在成孔和灌注水下混凝土时，孔壁不会坍塌。

②注浆结束标准。在规定的注浆压力下，注浆压力持续在 0.2MPa 不变，孔段吸浆量小于 0.6L/min，单孔注浆量达到平均注浆量 1.5～2.0 倍，且进浆量明显减少时，延续 30min 即可结束注浆。为了保证注浆压力或注浆过程的连续性，加压注浆前进行必要的封孔措施。

③钻孔桩开钻时间的确定。无论采用何种钻孔工艺，在成孔作业期间，对桩周土体均有扰动，因此，已注浆地层必须待浆体达到一定强度后才能钻孔，否则注浆加固会失去效果。根据经验，浆体的强度一般在 7 天后可以达到设计强度的 80%，这种情况下，能承受钻孔的振动冲击效应，孔壁不致坍塌。

溶洞超前预注浆如图 1 所示。

(2)间歇式注浆预处理

对于大型溶洞，为防止注浆时浆液流失太远造成浪费，通常采用间歇式注浆处理，间歇时间≥6h 时，使得先注入的浆液与砂子(或碎石)初步达到胶结后再注浆，循环注浆多次，直全达到规定最小注浆量和注浆压力控制值为止。

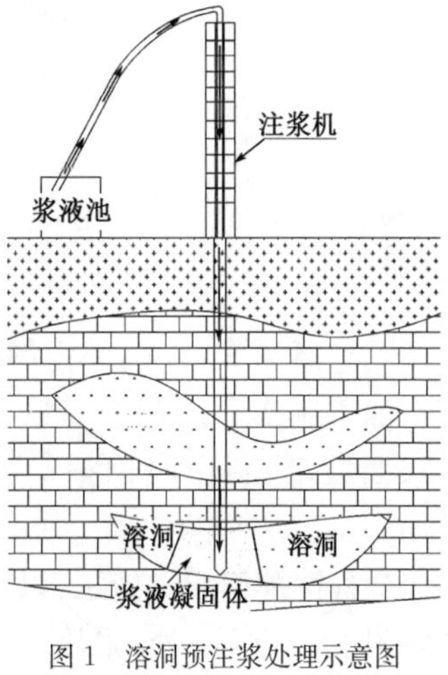

图 1　溶洞预注浆处理示意图

采用间歇式注浆，是针对较大的空洞或地下水流动的地层，为防止浆液的流失，造成不必要的浪费而采用的一种工艺。由于钻孔桩桩径小，注浆加固范围只需到达桩壁以外 1～2m 即可，采用间歇式注浆正是基于这一理念，目的是在能达到加固地层的情况下，尽可能节约成本。但应注意，由于间歇式注浆的施工周期较长，一定程度上影响了施工进度，在选择施工工艺时，应慎重，若项目工期紧而又必须采用间歇式注浆时，可考虑进一步优化和调整浆液配合比，适当掺入水玻璃等快凝材料，以加快施工进度。

(3)冲击钻孔过程中溶洞的处理

技术人员及钻机操作人员充分掌握地质资料情况，每个孔位的地质柱状图都单独列出，发给有关人员，让他们知道溶洞的位置、大小、充填情况。钻至离溶洞顶部 1m 左右时，准备足够的小片石(直径 10～20cm)和黏土，在 1～1.5m 范围内变换冲程，逐渐将洞顶击穿，防止卡钻。对于空溶洞或半充填的溶洞，在击穿洞顶之前，要有专人密切注意护筒内泥浆面的变化，一旦泥浆面下降，应迅速补水，然后根据溶洞的大小按 1∶1的比例回填黏土和片石、整包水泥后冲挤压密实，只有当泥浆漏失现象全部消失后才转入正常钻进。如此反复，使钻孔顺利穿越溶洞。

(4)特大型溶洞的处理

特大型溶洞发育规模大、层数多、溶洞内充填物性能差、地下水丰富，为避免溶洞顶板被击穿后泥浆突然流失而导致塌孔或地面大面积塌陷，可采用护筒跟进工艺，以确保施工安全和顺利成桩。对于溶洞较发育的桩基，采用护筒跟进工艺。护筒跟进工艺虽然对处理溶洞效果明显，但由于其成本高，投入大，对中小型或有充填的大型溶洞，不主张采用护筒跟进。对于溶洞高度较大，采用下钢护筒跟进钻孔，辅以片石、黏土块或C20混凝土封堵的方法。对于糖葫芦串珠状的溶洞，采用多层钢护筒跟进的方法钻进。

护筒跟进施工工艺流程为：预埋钢护筒→钻孔→下沉辅助护筒→振动护筒穿越溶洞→钻至下层溶洞顶→注浆→钻进至基岩。

护筒跟进方法如图2所示。

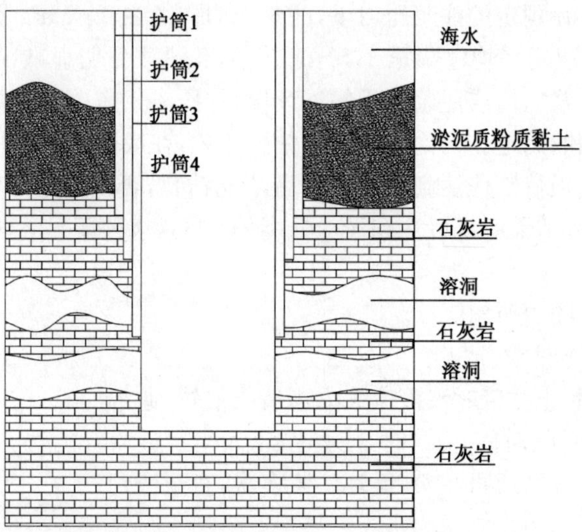

图2 溶洞地区多层钢护筒跟进施工示意图

钢护筒制作：外钢护筒的内直径 $D=d+50\text{cm}$（d 为设计桩径），壁厚 $\delta 12\text{mm}$，采用机械卷制加工制作。内钢护筒采用壁厚 δ 为12～16mm的钢板集中卷制加工制作，焊缝全部为双面坡口，制作内钢护筒的内径 $D'=d+30\text{cm}$（d 为设计桩径）。制作好后运至施工现场。

全程钢护筒跟进施工：以1.8m直径的桩基为例，将 $\phi 1.8\text{m}$ 的钻头扩大至 $\phi 2\text{m}$，正常钻进至溶洞上方约1m处，采用50t履带吊起吊120t振动锤，先将外钢护筒分节打入土层中至岩面，再进行回钻成孔。在下沉钢护筒的过程中，振动锤必须平稳，牢固的固定内钢护筒顶部，护筒顶面的平面位置一定要居中，尽可能避免因偏心造成护筒产生偏斜。

外护筒沉入岩面后，先采用冲锤进行成孔一定深度后(注：进尺为1.5～2m)，及时采用50t履带吊起吊振动锤将内护筒下沉至岩面高程处；然后再进行冲孔、下内钢护筒；与之循环反复进行至桩底设计高程处；同样，在施工过程中严格测量、控制好各节护筒连接的垂直度。各节内钢护筒的连接焊缝全部外侧单面开坡口满焊，护筒接缝除施焊外，在接缝处焊接宽50cm、$\delta 10\text{mm}$ 的加强钢板箍圈。

钢护筒垂直度控制：下落过程中通过导向架和预埋外护筒之间的卡具控制垂直度，见图3。

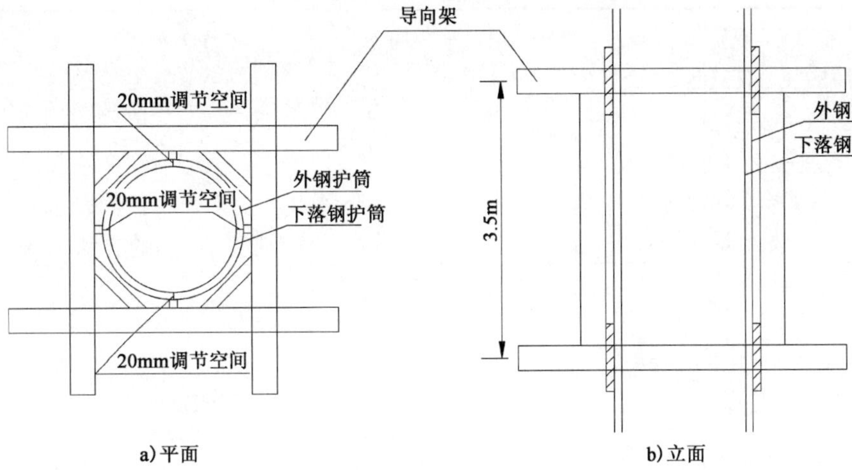

图 3 导向架控制钢护筒垂直示意图

内钢护筒下至溶洞处的处理：根据地质资料，详细了解溶洞顶高程的准确位置，严格按照以下进行处理。

内钢护筒的下放位置：根据其地质资料或原成孔桩基已施工的高程位置处（溶洞顶100cm 处）。

进入溶洞后，根据以往的桩基施工的经验，孔内的泥浆势必全部漏失。孔内泥浆漏失完后，尽快将备好的水下混凝土导管放入孔内，采用 C20 混凝土进行封堵，混凝土须多次进行，且每次灌入的混凝土不宜过多，同时混凝土需在待前面混凝土达到初凝后进行，通过混凝土的低流动性达到暂时封堵的目的；待混凝土凝固产生一定强度后，再用振动锤进行重复振动、跟进内钢护筒。也可采用回填片石进行反复冲砸。通过挤压旁边的溶洞空间，孔桩周围形成护壁，再跟进内钢护筒。

同一桩孔内若有多层溶洞、溶槽或空洞，需分层按上述方法处理、跟进下放内钢护筒。钢护筒顶高程为＋5.70，钢护筒下沉精度要求：护筒平面位置允许偏差小于或等于 8cm，护筒倾斜度小于或等于 1%。

对于单层特大型溶洞，只需下一层钢护筒即可；对于多层特大型溶洞，根据具体情况下2～3层护筒。第一层护筒就位后，采用水下混凝土对护筒底封闭，避免冲孔时漏浆。下第二层护筒时，应在护筒外侧焊耳筋以起到导向作用，防止偏位。第二次护筒长度为孔口至第一层溶洞底板的深度。第二层护筒在第一个溶洞顶板击穿后再下，必须保证就位到第一个溶洞底板处。

护筒跟进法施工步骤如表 3 所示。

外护筒间空隙及内护筒与溶洞底部间空隙的处理：采用护筒跟进施工后，两层护筒之间必须做注浆充填加固处理，以保证桩基侧向抗力要求。处理方法是在内护筒底部及顶部 100cm 范围内回填砂、碎石，中部回填中砂，然后用高压喷射灌浆法（施喷法）对回填体进行灌浆处理。灌浆后，内护筒上下两端空隙被砂、碎石及浆液冲填固结，固结强度要求达到 30MPa，其抗渗系数可达 10～7m/s。灌浆处理后，即可重新冲孔。施工中也可通过压注水泥浆来进行充填加固处理。

溶洞地段钻孔桩套筒跟进法施工步骤 表 3

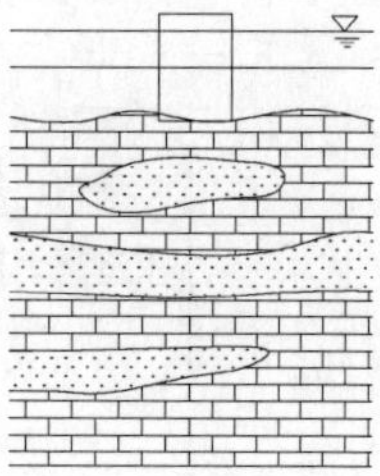	预埋比桩径大 40cm 的钢护筒，长度 4～6m。小型溶洞在钻孔前先压浆处理
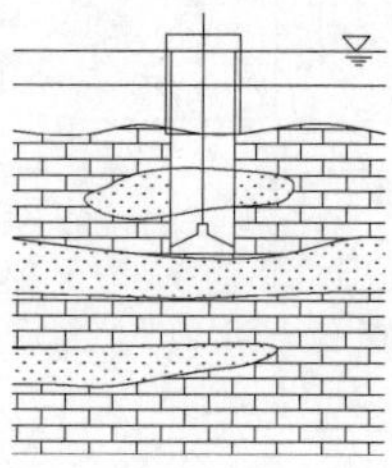	采用比桩径大 20cm 的钻头钻孔，至岩层顶面，采用膨润土护壁
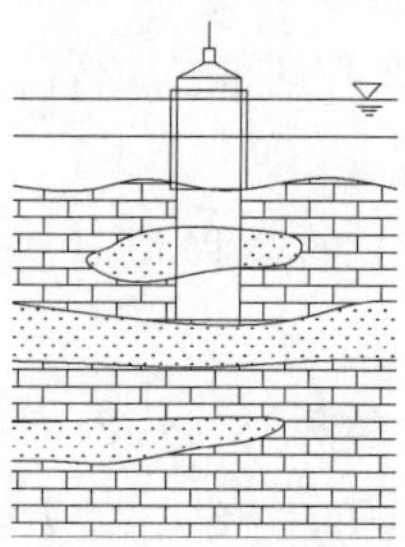	用 100t 沉拔桩机辅助下沉比桩径大 20cm 的护筒至岩面。在护筒与基岩交接处浇筑与桩基同强度等级混凝土，封闭护筒与基岩间的间隙，混凝土浇筑厚度为 1～2m。在护筒之间压注水泥浆使护筒外围空隙密实
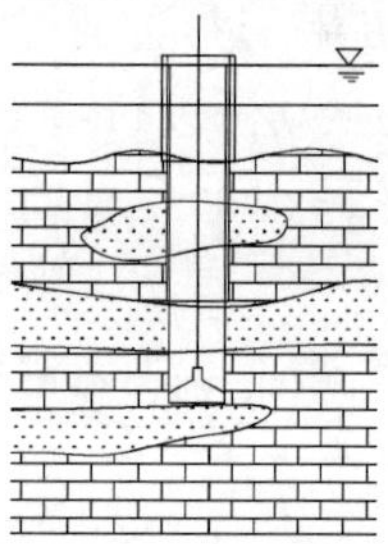	待混凝土达到设计强度后，采用常规溶洞区域桩基础施工方法钻孔，溶洞顶板的击穿采用短进尺。溶洞击穿后，提出钻头，振动下沉护筒穿过溶洞在护筒与基岩交接处浇筑与桩基同强度等级的混凝土，达到强度后继续钻进
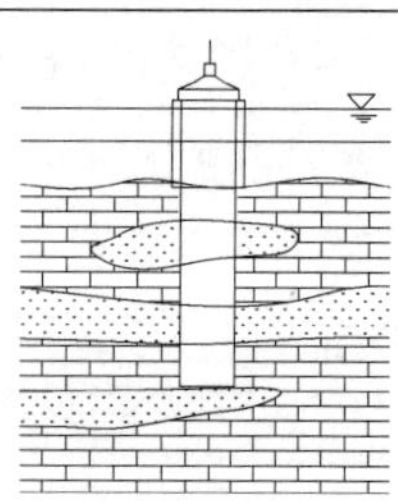	钻至下层小型溶洞顶，停止钻进，用地质钻钻一小孔，对下层溶洞进行压浆处理
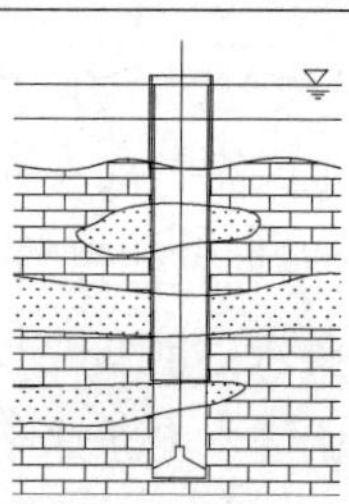	溶洞内充填固结后，继续钻进至基岩，完成钻孔

3 结语

溶洞处理是桥梁桩基施工中难度较大的技术问题，由于其具有不可预见性、复杂性、危险性等特点，在处理过程中应综合分析各种资料和数据，针对不同的溶洞类型制订相应的处置方案，对随时出现的新情况做好充分的准备。

参 考 文 献

[1] 赵占利，熊强，李锋．溶洞区桩基施工[J]．施工技术，2008(11).

[2] 高军．岩溶地区钻孔灌注桩成孔方法的探讨[J]．铁道建筑，2007(12).

83. 浅谈强潮汐深水海域的大直径钻孔桩施工及特大型串珠状溶洞的处理方式

寇海军　吴晓峰　蒋俊辉　李旭东
（中铁十九局集团第五工程有限公司）

摘　要：随着近年来施工技术的飞速发展，水上桥梁基础采用大直径钻孔灌注桩应用越来越广泛。如何在强潮汐海域下切实保证桩基的成桩质量，成为摆在技术人员面前的一大关键课题。结合大连南部滨海大道星海湾跨海大桥的施工，浅谈深水区大直径钻孔灌注桩施工及串珠状溶洞的处理方式。

关键词：强潮汐　深水区　大直径　钻孔灌注桩　溶洞

1　引言

大连南部滨海大道工程星海湾跨海大桥东侧大跨径混凝土引桥 38～43 号墩下部结构设计为钻孔灌注桩，桩径 ϕ=2.2m，最长桩达 55m。大桥位于大连市南部海域的黄海北部和渤海海峡交界处，最大水深 21m，年平均高潮位 0.964m，年平均低潮位－1.116m，受台风影响时最大海浪高达 8m。半日潮每日两涨两落，平均高潮间隙 10 时 12 分，据历年潮汐资料，大潮升 2.9m，小潮升 2.3m，平均海面 1.6m，最大潮差 3.9m，平均潮差 3.7m。涨潮流向西南，落潮流向东北，流速为 1.5～2.5 节，涨潮流速大于落潮。

由于潮差大，潮流较急，易受恶劣气象条件的影响，加之该桥位区地质条件复杂，软硬岩层交错分布，串珠状溶洞较多，桩基入岩深度大，且工期十分紧张，需跨台风、季风期连续施工，上述诸多因素都给桩基础施工带来了巨大的难度。

2　钻孔桩总体施工方案

东侧大跨径混凝土引桥共 48 根桩基，采用依托主线钢栈桥于承台位置搭设钻孔平台，通过履带式起重机起吊振动锤在平台上直接完成钢护筒的沉放，然后在平台上安放钻机进行钻孔的方式施工。

2.1　钻孔平台的设计及施工

钻孔平台自下而上的结构形式依次为：采用 ϕ630×10mm 钢管桩基础，2 I 45b 工字钢下横梁，以“321”型贝雷桁架为主梁。桥面设双层分配梁，主梁为I 25b@750mm，次梁为I 12.6@300mm，面层钢板 $t=10$mm。由于墩柱设计为门式结构，即每个墩柱两个承台，单个承台的钻孔平台打 9 根钢管桩，每个墩位的钻孔平台共打 18 根钢管桩。承台尺寸为 10.6m×10.6m，考虑到在钻孔桩施工时有较大的作业空间，每个钻孔平台的尺寸定为 18m×12m。

平台的围栏防护采用I 20b 工字钢为竖杆，高度 1m，以[20b 槽钢做扶手栏杆，水平杆采用 ϕ48 普通钢管，壁厚 0.3mm。

需要注意的是，钻孔平台在进行桥面结构铺设的时候，必须根据设计预留出桩基的孔位，便于后续进行钢护筒的沉放和钻孔桩施工。

在钻孔平台进行搭设的时候，钢栈桥和吊装作业平台已经施工完成，因此钻孔平台的施工可以采用“钓鱼法”进行施工。所谓钓鱼法，即是让履带吊站位于已经完成的栈桥或者吊装作业平台上，来完成钻孔平台钢管桩插打、贝雷梁架设及桥面结构铺设等工作的施工方法，见图 1、图2。

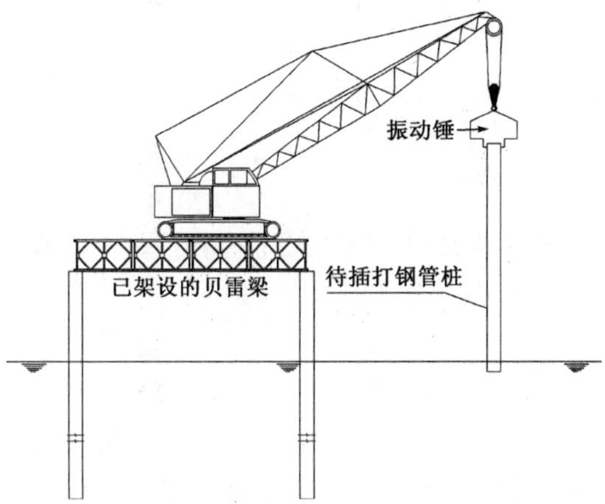

图 1　采用“钓鱼法”插打钢管桩

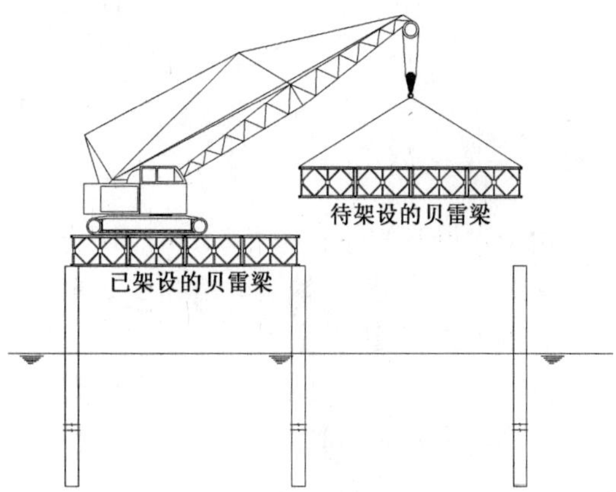

图 2　采用“钓鱼法”架设贝雷片

2.2　钢护筒加工及沉放

1)钢护筒的加工制作

钢护筒加工制作具体要求和注意事项如下：

(1)选材

钢护筒采用 Q235b 钢板卷制，板厚 $t=16$mm。

(2)卷制

根据设计要求，钢护筒内径为 2.5m，外径为 2.532m。卷制用数控三辊卷板机，根据钢管的直径及板厚，计算出准确的数据输入到数控系统中，先试卷一节，用专用仪器检测椭圆度、直径是否符合要求，如有误差，根据实际情况进行微调，至准确方可进行批量卷制。

(3)焊接

由于单块钢板的长度为 1.5m，因此卷制出的每节钢护筒长度也为 1.5m，卷制完成之后就需要进行节段焊接。为了确保钢护筒各节段的焊接质量，必须开 60°坡口，进行 V 形坡口焊。节段连接处沿周圈满焊 4 块加劲钢板。

(4)质量要求

钢护筒椭圆度应小于 $d/100$，且不大于 30mm；直径的允许偏差应为±10mm；筒体端面的倾斜度最大允许偏差为 3mm；纵轴线弯曲矢高应不大于护筒长的 0.1%，且不大于 30mm；钢护筒对接时的错边量应不大于0.2倍钢板厚度，且不大于4mm。

为了确保钢护筒在被打入岩层后不卷口，最底节钢护筒需要进行加厚，贴焊50cm高、厚12mm厚钢板。

2)定位导向架的制作

为了确保钢护筒沉放垂直度和平面位置的精度，制作一个定位导向架。将导向架安装在提前预留好的桩位孔内，并跟钻孔平台的钢管桩和平联焊接牢固。其结构形式见图3。

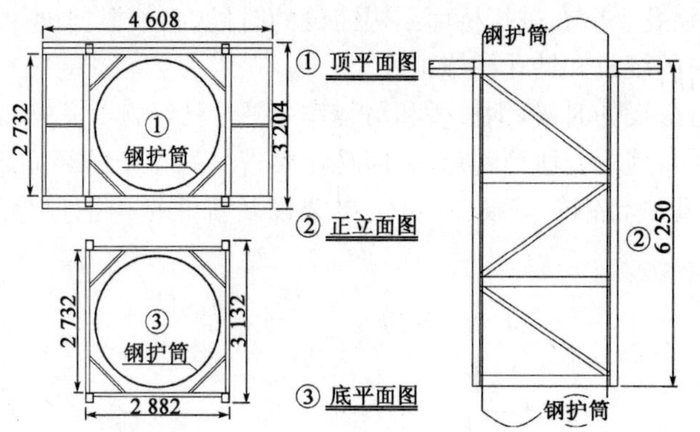

图3 钢护筒定位导向架结构图(尺寸单位:mm)

由于钢护筒的外径为2.532m，因此导向架的内净空按照护筒的外径一边各预留10cm，定为2.732m。导向架主骨架采用2[20b槽钢制作，次骨架及斜撑采用[10槽钢。

3)钢护筒沉放

钢护筒采用DZ-120A型双夹具振动锤进行沉放施工，50t履带吊配合完成。

将导向架安装完成之后，复核桩位中心，确定桩中心与导向架中心在同一位置后进行钢护筒的安装。第一节安装时高出钻孔平台80～100cm，用工字钢焊两个支撑点固定在钻孔平台的工字钢上，再起吊下节进行安装，为了使对接吻合，在对接时应四周转动，寻找最佳位置，对接时必须沿着对缝周圈焊接4块加劲钢板，钢板尺寸300mm×200mm。当钢护筒对接长度满足平台至海床高度要求后，使护筒自沉落至海床淤泥内，然后检查护筒的平面位置和垂直度，保证钢护筒准确就位。然后利用振动锤通过液压钳将钢护筒紧紧固定，振动锤通过液压钳直接将力传递给钢护筒。

如遇特殊情况，需要在首节钢护筒沉放稳定之后，再对接次节钢护筒，施工工艺同上。

需要特别注意的是，钢护筒沉放以底高程和贯入度进行双控确定停锤时机，确保钢护筒底部贯入在稳定的岩层内，深度足够，在钻孔施工中不会出现漏浆或者穿孔的现象。

2.3 海水泥浆的配置

泥浆是保证护壁稳定，维持正常钻进的必要条件，泥浆的质量直接影响钻孔桩施工的成败。该桥施工中就地取材，采用海水造浆。海水泥浆必须具有良好的稳定性、适当的比重、良好的流变性能、泥皮形成性、酸碱度和含砂率。造浆材料选用塑性指数大于25，粒径小于0.005mm，颗粒含量多于总量50%的大连本地红黏土，开孔前用自卸车拉红土倒入孔内(数量根据空孔部分的体积确定，掺量为空孔体积的0.4倍)，经过24h充分浸泡后，用锤头在孔内充分搅拌均匀后进尺，造浆时间约48h。钻孔过程中派专人进行水头观测，对可能出现的穿孔现象进行预防。钻进出护筒1.5～2.0m可投入适量的水泥，用锤头冲击均匀后，每隔0.5h左右上下往复提升一次锤，24h后即可正常钻进，这么做的目的是防止护筒底脚穿孔。

通过该工程实践表明，随着海水中盐(NaCl)含量的增加，海水泥浆性质会发生明显的变化。因此，在海水成分变化较大时，要及时调整泥浆配比，泥浆配比的调整必须经试验确定。

2.4 钻孔施工

(1)成孔方法

采用单绳手拉式冲击钻进行施工，钻头直径2.2m，重约8t。钻孔时及时采用泵吸或正循环的方式排渣，泥浆经过滤筛分离后，钻渣排入泥浆船直接弃运，泥浆经过净化装置(黑旋风ZX-100/30型)后回流至另外的钢护筒内，每个承台的4根钢护筒之间是采用钢管连通的，这样泥浆可以被循环利用。

在钻孔过程中，要经常检测泥浆的各项指标，控制护筒内水头，确保孔内外压力差在(0.02±0.01)MPa，以防发生穿孔。及时测量孔深，检查施工原始记录，注意地质变化，在地质变化处捞渣取样，判明后进行记录，并绘制实际地质柱状图，与设计进行比较。钻孔深度达到设计孔深后，如桩尖地质满足设计要求，采用检孔器对孔深、孔径和竖直度进行检查，符合规范要求后进行成孔验收。检孔器用$\phi28$钢筋制成，其高度为桩基有效直径的4～6倍，直径与钻头直径相同。

在钻孔过程中，根据地质图揭示的溶洞情况，钻进到溶洞顶部1m时，调整钻进冲程，必要时更换锤头，操作时要轻锤慢打，以免一下将溶洞击穿造成漏浆和塌方。

因溶洞而造成的漏浆现象要迅速向孔内补浆，并根据实际情况回填比原地质分层硬度高1个级别的片石或红黏土。

(2)清孔

水中大直径钻孔桩清孔质量好坏直接关系到桩基的质量，为保证泥浆的比重和泥浆各项指标满足要求，采用ZX-100/30型"黑旋风"泥浆净化器进行清孔。确保孔内排出的泥浆手摸无2～3mm颗粒，泥浆比重不大于1.1，含砂率小于2%，黏度17～20s。同时保证水下混凝土灌注前孔底沉渣厚度小于5cm。严禁采用超钻的方法代替清孔。

2.5 钢筋笼安装和水下混凝土灌注

(1)钢筋笼加工、安装

钻孔桩的钢筋笼在加工场分段制作，由于直径较大，采用长线胎具法。将加工完成的骨架节段运送至现场吊放入孔，各节段之间采用加锁母型滚扎直螺纹套筒现场连接。声测管采用专用套筒连接，沉放钢筋笼时用专用管钳咬接。需要注意的是，起吊钢筋笼时采用两点起吊，经过力学分析，吊点设置在0.207L处(L=笼长)最为合理，为了确保完全起吊之后钢筋笼不变形，要设置扁担梁。起吊全过程如图4所示。

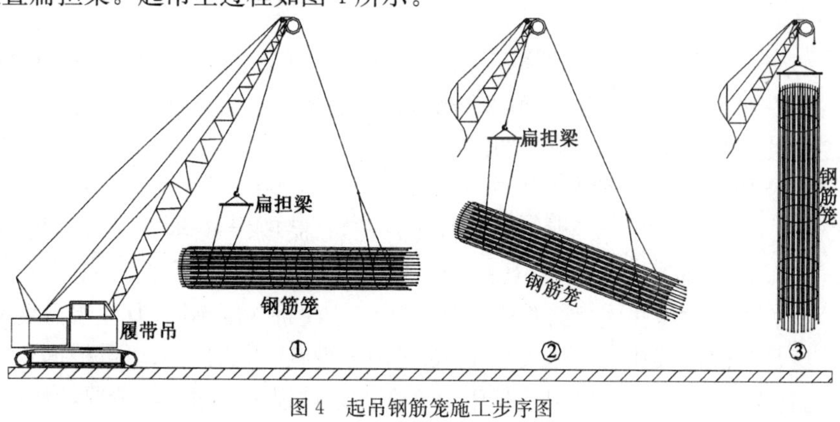

图4 起吊钢筋笼施工步序图

(2)水下混凝土灌注

混凝土灌注是关系到钻孔桩质量最重要、最关键的工序，因此必须认真地做好各项工作，导管采用丝扣接头，内径$\phi=300$mm，导管使用前要预装编号，并进行接头拉力和水密试验，确保导管的良好状态，进行水密试验的压力不应小于孔内水深1～3倍的压力，也不应小于导管和焊缝可能承受灌注混凝土时最大内压力的1.3倍。下放导管时小心操作，避免挂碰钢筋笼。

考虑混凝土受海洋环境影响，混凝土水泥用量相对陆上要大，同时为保证水泥混凝土的流动性和初凝时间，到达灌注现场的混凝土坍落度控制在20～22cm。首盘封底混凝土的方量必须保证可以埋置导管1m，整个灌注过程保证导管底埋入混凝土的深度在2～6m，应连续作业，并做好灌注记录，同时控制好混凝土搅拌时间，对混凝土的流动性、坍落度等指标进行检测，保证桩基混凝土质量。为保证桩头质量，桩顶超灌1m。为了减少后续破桩头的工作量，待混凝土还未初凝时便开始挖除多余的混凝土。

3 特大型串珠状溶洞的处理方式

跨海大桥东侧大跨径混凝土引桥43号墩海床地质为风化程度不一的石灰岩，该墩设计为门式墩，分为南、北两个承台，共8根桩基，勘察地质资料揭示单根桩基溶洞见洞率为100%，而且溶洞非常发育，均为串珠状，层数从3～9层不等，单层溶洞最大高度达8.5m，8根桩共计43个溶洞，无论从溶洞数量还是从规模来讲均属罕见。下面结合该桥实践经验，浅谈串珠状溶洞的处理方式。

在施工前，首先要根据勘察资料，充分理解地质柱桩图，需对溶洞的情况做出准确判断和分类。

在溶洞区进行施工，主要存在漏浆、塌孔、护筒底口穿孔等现场，如果遇到溶洞群，甚至可能出现钢护筒塌陷，情况较严重的会导致整个钻孔平台失稳，施工危险性很大。因此，在溶洞区施工钻孔桩基础必须采取十分可靠并能奏效的措施方可进行。

结合现场实践施工经验，针对串珠状溶洞，主要采取以下几种方式进行施工。

3.1 抛填法

针对溶洞(腔)体积较小或地下水流较小的溶洞，基本可采用抛填法，此类溶洞具体表现是漏浆量少。因而当溶洞范围不大，洞高较小(小于3m)，溶洞内有填充物或部分填充物、溶洞不连通时，在冲穿溶洞时不会造成大规模漏浆、塌孔的，拟在冲穿溶洞时及时补浆，保持孔内的水头高度，同时向孔内投入片石、黄土和砖渣等，轻锤慢打将抛填物挤入溶洞孔壁或溶洞裂缝，堵塞溶洞，直至孔内浆面稳定、不漏浆和塌孔。此种处理方法适用于小型溶洞和一般溶洞。

3.2 预注浆法

针对大型溶洞，由于洞内有充填物，可采取在钻孔桩施工之前，对溶洞进行注浆处理，利用浆液的流动性，在压力作用下，充满空洞及裂隙，并和洞内软塑填充物混为一体，注浆量达到设计后，上强度后便固化稳定，可以进行钻孔施工。

(1)注浆主要技术参数

注浆流量为8～10L/min;浆液配比(质量比)按照水泥∶水=0.8(0.6)∶1控制。

多层溶洞应从下层向上层进行。由于注浆压力与土的重度、强度、初始应力、孔深、位置及注浆次序等因素有关，而这些因素又难以准确地确定。注浆深度不同，其注浆需要的压力就不同，一般将注浆压力较注浆孔底水压大0.1～0.2MPa为宜。孔底的水压可根据水位高程与孔底高程计算出地下水的压力，再确定注浆压力。在注浆过程中根据具体情况再作适当的调整。

注浆速度 8～10L/min，渗透最小半径保证大于桩半径 1m 以上。实践证明，当注浆加固孔壁的厚度达到 1m 上时，在成孔和灌注水下混凝土时，孔壁不会坍塌。

(2)注浆结束标准

在规定的注浆压力下，注浆压力持续在 0.2MPa 不变，孔段吸浆量小于 0.6L/min，单孔注浆量达到平均注浆量 1.5～2.0 倍，且进浆量明显减少时，延续 30min 即可结束注浆。为了保证注浆压力或注浆过程的连续性，加压注浆前进行必要的封孔措施。

(3)钻孔桩开钻时间的确定

无论采用何种钻孔工艺，在成孔作业期间，对桩周土体均有扰动，因此，已注浆地层必须待浆体达到一定强度后才能钻孔，否则注浆加固会失去效果。根据经验，浆体的强度一般在 7 天后可以达到设计强度的 80%，这种情况下，能承受钻孔的振动冲击效应，孔壁不致坍塌。

3.3 多层钢护筒递进法(特大型溶洞)

针对特大型溶洞，由于溶洞高度较大，层数较多，且无充填物，各溶洞层之间很可能是连通的，如果洞间隔层厚度较薄，则根本不足以承受钢护筒的重量和钻机冲击的力量，因此钢护筒必须要贯入在硬度较高且岩层足够厚的地质层上，防止在钻进过程中可能出现的瞬间漏浆、护筒塌陷甚至更严重的后果。

通常出现多层溶洞时，最顶层和最底层溶洞之间的高差比较大，且空洞的体积无法预估，因此采用普通的抛填法和预注浆法根本无法奏效。为了将钻孔过程中可能出现的上述种种现象的危险性降到最低，针对此类溶洞，采用下多层钢护筒逐级跟进的方法，直至最里层的钢护筒落在绝对安全的地质层上，并贯入足够深度，且必须要保证外层各级钢护筒均要落在稳定的地质层上，如图 5 所示。

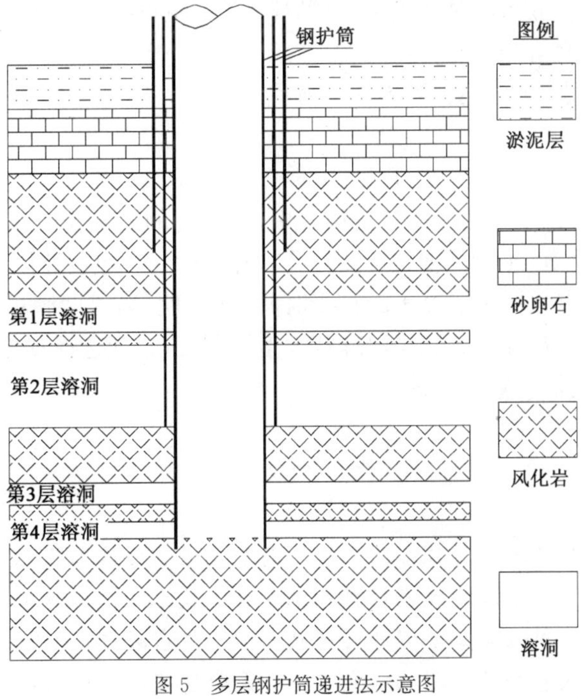

图 5 多层钢护筒递进法示意图

图 5 所示最里层的钢护筒可以跟进至最底层溶洞，当然，这种情况下是最安全的，对于溶洞事故控制也是最奏效的。但是，采用将钢护筒跟到底的方式施工效率较低，会占用大量的时间。因此，多层钢护筒递进法通常结合预注浆法使用。即当最里层钢护筒已经落在绝对安全的地层

上时，那么再往下的溶洞如果高度不是很大，就直接采用预注浆的方式进行处理即可。如遇特殊情况，最里层钢护筒再往下的溶洞仍然洞高较大，且无填充物，那么需要继续采用多层钢护筒递进的方法进行施工。内、外相邻两层钢护筒之间的缝隙按照5cm控制，钢板厚度$t=16$mm。

3.4 因溶洞造成漏浆的处理措施

因出现溶洞造成正在钻孔施工的泥浆瞬间漏掉，造成泥浆循环中断，严重影响施工进度，当护筒外水位涨到高潮，而护筒内若补水不及时造成钢护筒外压力大于钢护筒内压力，很容易产生塌孔事故，以至于钢护筒下沉和倾斜，严重时会影响到钻孔平台的安全，并对钻孔桩施工构成很大的威胁。结合该桥施工实践，介绍几种有效预防和处理漏浆的方法和措施。

(1)反复冲填，加强钢护筒底口护壁

钢护筒底口大多处在砂层里或砂层和卵石层交界处，进入卵石层下沉阻力过大而不能进尺，部分桩基钢护筒能进入全风化石灰岩层。根据桩基混凝土灌注记录，在砂层和卵石层交界处大多数有扩孔现象，说明其很不稳定，所以在钻进至钢护筒底口时要加强护壁。钻进至钢护筒底口上30cm时开始抛填片石，片石直径不宜过大，以15～30cm为宜，每进尺50cm抛填一次，每次抛填2m左右，直至进尺到钢护筒底口以下2m后，重新回填片石黏土(比例1∶1)至钢护筒底口上30cm，如此反复3次，达到加强护壁的目的。

(2)造高浓度泥浆钻孔

在钻进过程中控制泥浆比重不小于1.3，一般控制在1.35～1.4为宜。实践证明，泥浆浓度长期小于1.3的孔均容易发生漏浆。但是泥浆的含砂率必须要严格控制。

(3)避开大潮低水位

由于在最低潮时，护筒内、外水头差较大，压力差也较大，容易出现漏浆。在农历每月初一和十五这几天大潮期间，低水位时不施工，只循环泥浆。同时准备黏土，一旦有漏浆迹象，立即抛入适量散状黏土，一般情况下能奏效。

(4)降低泥浆面高程，减少钢护筒内外压力差。

4 结语

在强潮汐深水区大直径钻孔灌注桩的施工中，钢护筒的安装是否满足要求是直接影响整个钻孔桩成孔的关键要素，泥浆比重是引发塌孔和穿孔的一个重要原因，控制好护筒内水头是避免穿孔的有效办法，有效控制混凝土的初凝时间、和易性、坍落度满足要求是确保水下混凝土灌注质量的前提。在溶洞区，特别是串珠状大型溶洞区，合理选择预处理方式和钢护筒的形式是决定能否顺利完成桩基施工的关键。

参考文献

[1] 刘永贵.桥梁桩基特殊溶洞处理方法的探讨与应用[J].公路工程，2012(2):50-52.

[2] 骆宏勋.不良地质条件下深水大直径桩基综合施工技术[J].公路工程，2011(3):131-136.

[3] 余金海.大潮差海区桩基施工漏浆的防治技术[J].广东科技，2008(5):96-97.

[4] 洪亮.高潮汐深水大直径钻孔灌注桩施工[J].山西建筑，2011(2):161-163.

[5] 叶俊能.海上大直径超长钻孔灌注桩基础施工技术[J].湖南工业大学报，2008(2).

[6] 王海彬.深水、复杂地质、大直径钻孔桩施工关键技术研究[J].科技致富向导，2011(36):316-318.

84. 海上裸岩及浅覆盖区钻孔灌注桩施工技术
——钢护筒沉放及封闭处理

王春利　张　俊
(中交一航局第三工程有限公司)

摘　要:以大连星海湾跨海大桥二标段海上裸岩及浅覆盖钻孔灌注桩施工为实例,重点介绍了裸岩及浅覆盖钻孔灌注桩钢护筒沉放及封闭处理施工工艺,便于为今后类似地质条件钢护筒施工提供借鉴。

关键词:裸岩　浅覆盖　钢护筒　封闭处理　借鉴

1　工程概况

1.1　主体工程简介

大连南部滨海大道工程东起金沙滩东侧的金银山,向西跨越星海湾,全长 11.08km(双线),在高新园区填海区域登陆。该工程设计等级为公路一级,主线双向 8 车道,设计车速 80km/h,桥梁结构设计基准期为 100 年。工程分为三个标段,第十项目部承建的为二标段。

二标段主要施工范围:主桥西侧大跨径混凝土引桥和西引桥工程,其中大跨径混凝土引桥长度为 298m,西引桥长度为 2 928m(图 1)。

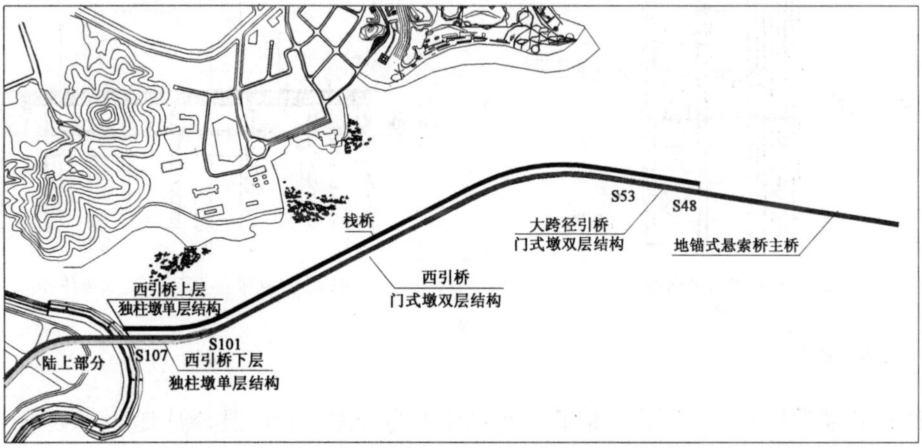

图 1　二标段施工总体平面布置示意图

二标段桥梁下部结构主要采用双层门型墩、独柱空心墩结构，其中双层门型墩 54 个，独柱空心墩 21 个；墩柱基础采用桩基承台结构，其中承台 131 座，钻孔灌注桩 524 根(图 2)。

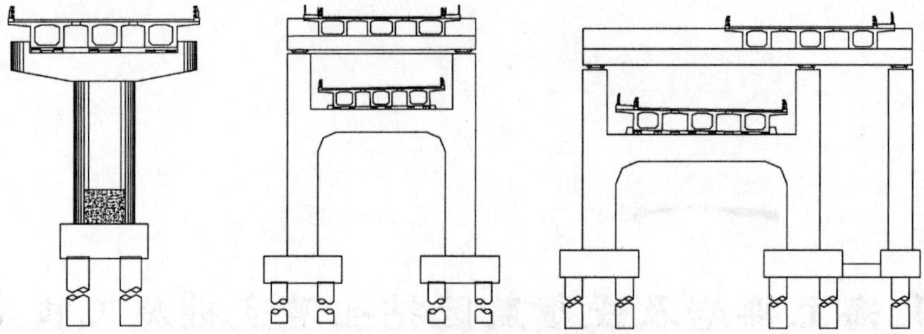

图 2　主体结构断面图

1.2　钻孔灌注桩工程概况

二标段灌注桩数量总计 524 根，其中西引桥 476 根，大跨径混凝土引桥 48 根。以 107 号墩为界，以西区域灌注桩分布在填海护岸后侧采取陆上施工，以东区域灌注桩采取海上施工，海上灌注桩共 472 根(表 1)。

钻孔灌注桩分布表　　表 1

工程部位	施工区域	范　　围	规　　格	单　　位	数　　量
大跨径引桥	海上	48～53	ϕ2.2m	根	48
西引桥	海上	54～106	ϕ2.0m	根	424
西引桥	陆上	107～111(114)	ϕ2.0m	根	52

1.3　海上灌注桩施工平台布设

海上钻孔灌注桩(图 3)采取搭设钢栈桥及钻孔平台(图 4)的工艺开展施工。

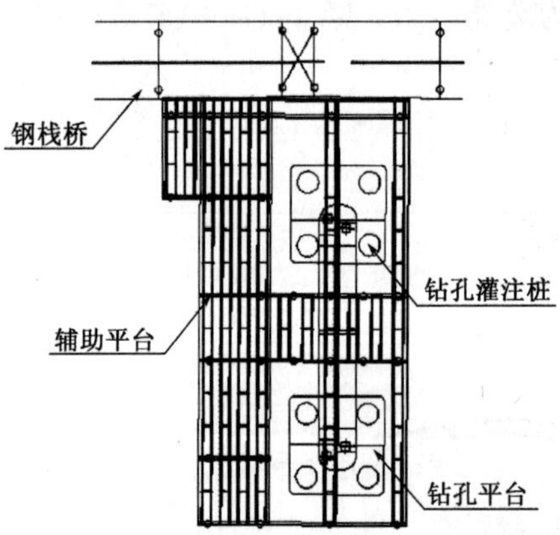

图 3　钻孔平台平面图

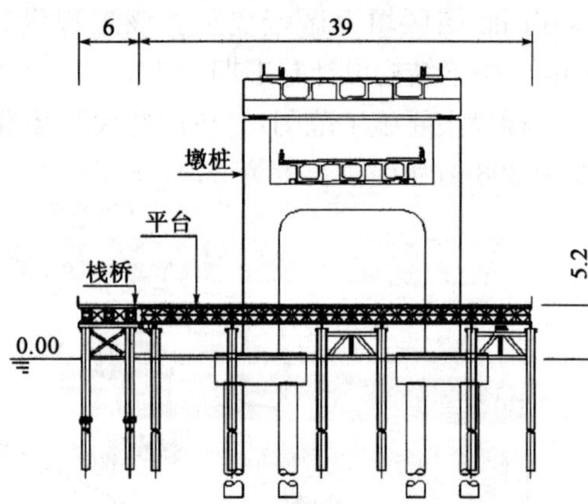

图 4　钻孔平台立面图(尺寸单位：m)

2　地质条件

本桥钻孔灌注桩桩位范围内的地质分布总体上为淤泥、卵石、混淤泥细砂、粉质黏土、混碎石粉质黏土、弱风化石灰岩，并且岩溶较发育。

桩基桩位处覆盖层分布不均匀,厚度变化较大。根据已勘探桩位柱状图统计,裸岩及浅覆盖区桩位(覆盖层厚度小于 2m),占已勘探桩位的 70%以上(图 5)。

图 5　施工海域地形参照图

3　施工关键点

裸岩及浅覆盖区的钻孔灌注桩施工的关键点是钢护筒沉放及沉放后的护筒封闭处理。

3.1　护筒跟进工艺

浅覆盖区的护筒可以沉入一定深度,但是相对于整根护筒,自由悬臂端长,在风浪作用下无法保证护筒稳定性,还需要进行护筒跟进。裸岩区岩石裸露,且岩面起伏较大,若钢护筒提前沉放,护筒底口一端悬空较大,护筒无法稳固,且钻锤在护筒内冲击倒锤严重,无法正常钻进。

考虑到护筒的稳固性及沉放护筒后的封闭效果,我们选择冲击锤裸打及护筒跟进施工工艺,钢护筒沉入裸打孔后,通过继续扩孔钻进再跟进钢护筒 2～3 次。

3.2　浇筑封底灰植护筒工艺

经过不断探索及工艺改进,采用浇筑封底灰植护筒工艺。

钢护筒下沉前将钻机就位于孔位处开始裸打,裸打深度至完全入岩 2～3m 后,再将钢护筒下放至孔底,然后浇筑水下混凝土封闭钢护筒。

4　钢护筒沉放及封闭处理

根据裸岩及浅覆盖层区钢护筒沉放情况,大跨径引桥(桩径 2.2m)采用内径 2.45m,壁厚 18mm 的钢护筒,西引桥(桩径 2.0m)采用内径 2.25m,壁厚 16mm 的钢护筒。

4.1　护筒跟进工艺

1)工艺流程

护筒跟进工艺流程为:钻机就位及裸打→导向架定位→钢护筒沉放→继续钻进及跟进钢护筒。

2)钻机就位及裸打

以桩径 2.0m 桩为例,裸打前将钻锤加焊至 2.15～2.2m。钻机就位及桩位放样后开钻,首先利用小冲程(0.5～1m)冲击岩面,将岩面慢慢冲平后再向下钻进。钻进的深度要满足钢护筒底口完全嵌入岩层 2～3m,保证护筒底口能“生根”(图 6、图 7)。

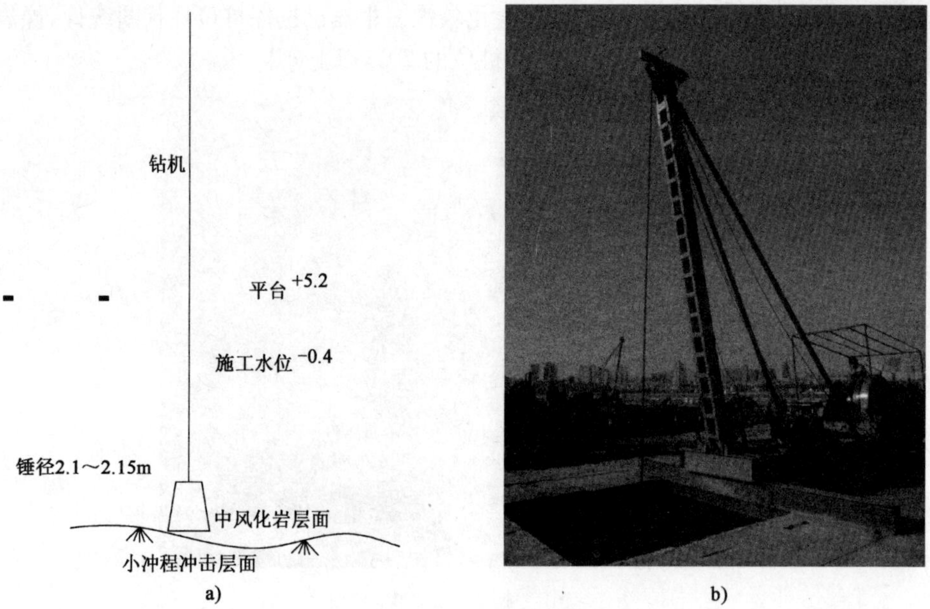

图 6　冲击锤裸打(高程单位:m)

3)导向架定位

(1)为保证钢护筒沉放后垂直度(0.5%)、平面偏差(5cm)要求及减少风浪影响,裸岩及浅覆盖区的导向架根据护筒尺寸及平台结构设计为上下双层导向架(图 8)。

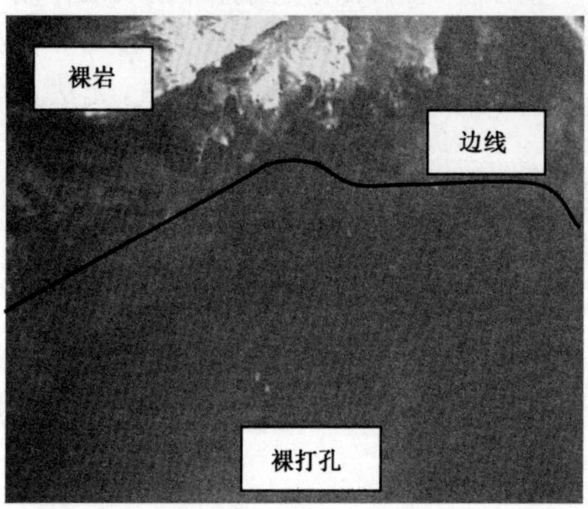

图 7　水下摄像裸打孔

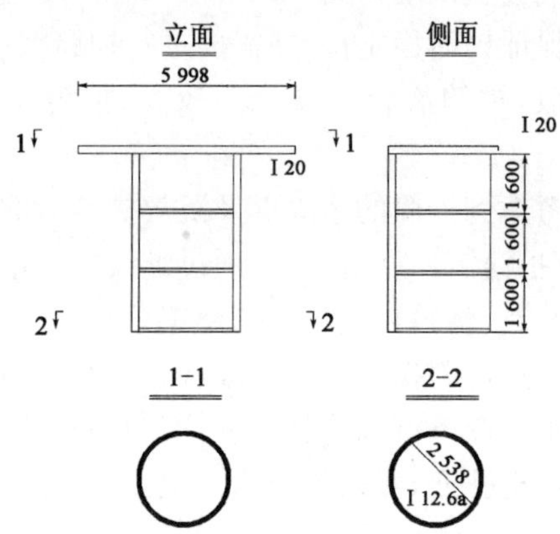

图 8　导向架加工图(尺寸单位:mm)

(2)将导向架吊入平台预留口中,利用预留口位置粗略定位后,采用 GPS-RTK 放样导向架中心,移动导向架使其中心与桩位中心偏差满足要求。然后将导向架与平台I 20 分配梁焊接,保证导向装置的稳定性(图 9、图 10)。

4)钢护筒下沉

70t 履带吊吊起钢护筒,垂直立放在导向架内使钢护筒沿着滚轮内侧缓缓下落,下落时控制大钩下降速度以便护筒在保持垂直的状态下沉入土中。

采用 70t 履带吊配合 DZJ-135 振动锤振沉钢护筒,激振力通过夹持器传至护筒。振动下沉施工时要密切观察沉进过程,中间停顿几次检查护筒是否歪斜(图 11、图 12)。

图 9　导向架吊移

图 10　导向架中心放样

图 11　钢护筒振动下沉

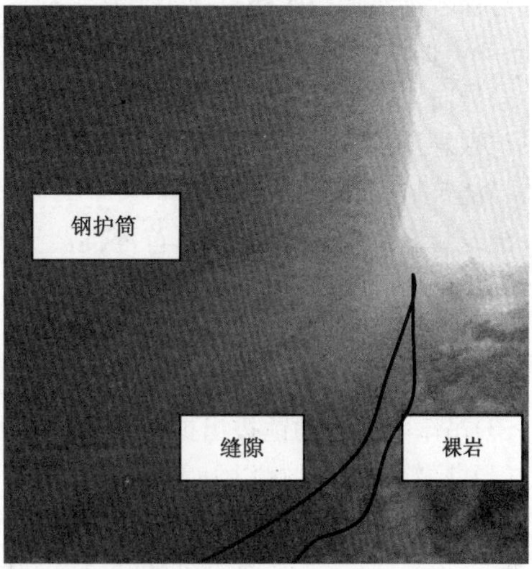

图 12　水下摄像裸岩护筒

5)钢护筒跟进

(1)开孔时锤径的选择及锤径的变换

以桩径 ϕ2.0m 为例,为保证护筒跟进稳定岩层中 2～3m,根据钢护筒的内径及前期施工所掌握的冲击钻锤在中风化岩层中的扩孔系数 1.07～1.1,选用 2.15～2.2m 的冲击钻锤开孔。当钻进至中风化岩层内 0.5～1m 后,适当缩小锤径至 2.1～2.15m。在中风化岩层中每钻进 0.5～1m 后进行一次护筒跟进,同时根据护筒跟进的情况适当变换锤径,保证护筒越向下跟进,后护筒底口越紧密。通过变换 3～4 次锤径,形成"漏斗状"的孔,以便护筒跟进及护筒封闭处理。

(2)护筒跟进

护筒跟进的操作要点:提出钻机钻锤,扒杆后仰,70t 履带吊配合 DZJ-135 振动锤振沉钢护筒,然后将钻机扒杆复位,吊入钻锤,继续钻进。若护筒埋深还未达到施工要求,重新扩孔,并按照上述方法反复跟进钢护筒,必要时接长护筒继续跟进。

钢护筒跟进完成之后,将护筒与平台焊接连接。

6)钢护筒封闭处理

钢护筒埋深符合施工要求后,需先向孔内注水,保证护筒内水头高出正常水位 2m 以上。

若注水后护筒内水头与海面高度一致，证明护筒内外连通，为保证钻进成孔的施工效率，此时不可盲目钻进，必须及时进行护筒封堵。

采用黏土加片石反复回填冲击的方法封堵护筒底口，必要时加入一定量水泥，待护筒底口不再漏浆时转入正常钻进。对于溶沟、溶槽或裂隙较发育的桩位，反复封堵无效时可采用在护筒内回填混凝土或者在护筒外堆砌麻袋灰的方式，待混凝土凝固后再钻进。

4.2 浇筑封底灰植护筒

在护筒跟进的基础上，经过不断的工艺优化，目前采用浇筑封底灰植护筒的施工工艺。

1)工艺流程

浇筑封底灰植护筒工艺流程为：钻机就位及裸打→导向架定位→安放钢护筒→浇筑封底混凝土。

2)裸打

与裸岩及浅覆盖区裸打施工方法一样。钻锤要加焊到比孔径大 15～20cm，裸打深度控制在 2～3m，保证钢护筒沉入孔中有一定的埋深。

3)导向架定位及安放钢护筒

与裸岩及浅覆盖区钢护筒施工方法一样。

4)浇筑封底混凝土

浇筑封底混凝土采用桩基首灌混凝土工艺混凝土采用 C35 早强混凝土，方量控制 9～12m^3(图 13)。现场具体流程如下：

(1)准备工作。导管及首灌料斗安装、爬坡道就位。

(2)在护筒内浇筑封底混凝土。采用首灌工艺浇筑避免混凝土离散。

(3)吊车配合振动锤拔出护筒后再振动下沉至孔底，保证护筒周边混凝土密实。

(4)混凝土等强 48h 以上。混凝土浇筑完成后，现场有条件时将钻机移位至下个孔位进行裸打施工，以减少等强时间对施工进度的影响。

图 13　浇筑封底混凝土

5 结语

钻孔灌注桩施工在国内外已形成了成熟的施工技术，但在大范围裸岩及浅覆盖区域进行灌注桩施工可借鉴的经验少、技术难度大。本工程海中裸岩及浅覆盖层区灌注桩 300 多根，加之工期紧、任务重、海况差等诸多因素，对钻孔灌注桩施工造成了极大压力。

裸岩及浅覆盖层区钻孔灌注桩的施工难点是钢护筒沉放及封闭处理。我部针对本工程实际情况，通过不断工艺优化，在护筒跟进工艺的基础上采取浇筑封底混凝土植护筒的施工工艺，开孔时不急于向下钻进，通过变换锤径裸打，浇筑封底混凝土埋设钢护筒，保证了钢护筒沉放及封堵的成功率，提高了成桩效率。

参 考 文 献

[1] 中华人民共和国行业标准.JTG/T F50—2011 公路桥涵施工技术规范[S].北京:人民交通出版社,2011.

[2] 中华人民共和国行业标准.JTJ 285—2000 港口工程嵌岩桩设计与施工规程[S].北京:人民交通出版社,2001.

85. 大连星海湾跨海大桥岩溶地质钻孔灌注桩施工

孙艳明　郝胜利　马振民　张洪文　杨　勇　杨富生　马孝海
（中交二公局第二工程有限公司）

摘　要：大连星海湾跨海大桥主桥工程没有栈桥和陆地相通，为纯海上施工，施工区域岩溶地质条件复杂，海域开阔，这给钻孔灌注桩施工带来很大影响，在钻孔灌注桩施工过程遇到了很多困难，项目不断摸索这种海上岩溶地质钻孔方法，成功完成了主桥索塔钻孔灌注施工任务，也总结出一套海上复杂岩溶地质钻孔灌注桩施工经验。

关键词：钻孔灌注桩　岩溶地质　施工工艺　抛填

1　工程简介

1.1　工程概况

大连星海湾跨海大桥主桥位于大连市著名旅游景点星海湾广场对面开阔海域，为双塔三跨地锚式悬索桥，跨径布置为 180m＋460m＋180m＝820m。桥塔采用门式框架混凝土结构，塔高 112.31m。桥梁上部主体加劲梁为钢桁架结构，钢桥面板采用正交异性桥面板，车道双层布置。索塔每根塔柱下设一个承台，承台之间不设横系梁，单个承台由 12 根 $\phi2.5$m 的钻孔灌注桩支撑，钻孔灌注桩 3 行 4 列矩形布置，承台尺寸为 17.3m×23.6m×6.05m（图 1）。

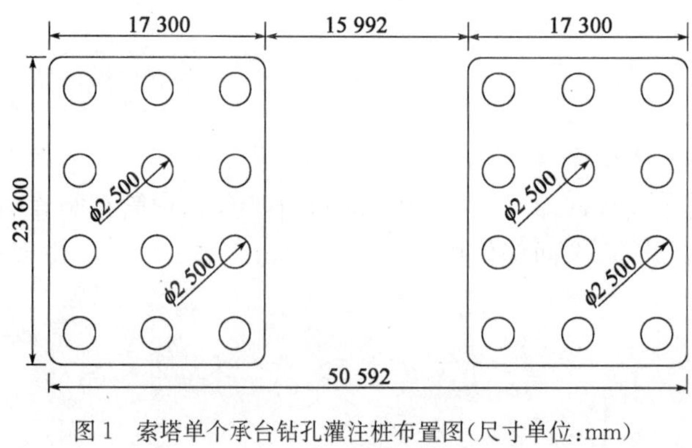

图 1　索塔单个承台钻孔灌注桩布置图（尺寸单位：mm）

1.2 水文气象条件

水位：施工所处区域水深12～15m，设计高水位1.66m（高潮累计频率10%），设计低水位－1.38m（低潮累计频率90%），施工水位0.3m。

潮汐：据历年潮汐资料，大潮升2.9m，小潮升2.3m，平均海面1.6m，最大潮差3.9m，平均潮差3.7m。

波浪：据波浪观测资料揭示，勘区以风浪为主，涌浪为次。星海湾海区大部分时间的波浪小于0.5m（占70%），大于1m波高的时间仅占5.7%，大于2m波高仅占0.4%，相对较平静。

气象：全年平均风速5.3m/s，台风最大风速31.0m/s，50年一遇；本市基本风压0.65kN/m^2。

1.3 岩溶地质情况

每个索塔下方24根桩基，依照施工地勘资料，其中每个索塔下方有8根桩存在岩溶洞，岩溶高度不同，最高的岩溶洞高7.3m，最低的岩溶高度0.7m；岩溶构造有多种形式，有单层的岩溶亦有多层岩溶；内部填充有黏性土、灰岩角砾、碎石和部分无充填物。

2 工程特点

（1）工程位于黄海海域，受海洋环境影响比较大，桥址处水深10～12m，没有岛屿等遮挡物，每年4～10月东南风、南风、西南风比较频繁，海上涌浪比较大。

（2）施工区域岩溶发育，类型复杂，有单层岩溶洞、多层岩溶洞、斜面岩、陡坡（或半边岩溶洞）、石柱（中间凸起）、溶沟槽、裂隙等岩溶类型。

（3）索塔基础为群桩基础，单个承台下有12根直径2.5m的大直径钻孔灌注桩。

（4）由于岩溶类型复杂，即便是同一根桩在钻孔过程也会遇到不同的岩溶地质类型，因此在钻孔过程需要根据具体情况应对各种岩溶地质钻孔施工病害。

（5）海上潮气大，空气盐分含量高，施工设备容易损坏。

3 主桥索塔桩基钻孔施工技术

3.1 设备选型

主桥索塔桩基采用冲击钻机成孔，冲击钻机结构简单，可以应付海中各种复杂岩溶地层，在复杂岩溶地质桩基施工中广泛应用，但要求钻机操作手要有一定的经验，能够根据地质变化情况随时改变钻进工艺，要尽量避免卡锤、偏锤、掉锤和埋锤现象发生，尤其空洞坡顶要特别小心。同时为解决复杂岩溶地质钻孔问题，专门研发了筒状锤头来应对钻孔过程遇到的病害。

3.2 施工工艺

1）钻孔施工准备

（1）钢护筒加工和下放

《公路桥涵施工技术规范》（JTG/T F50—2011）规定，钢护筒在竖直方向倾斜度应不大于1%，对深水基础中的钢护筒，平面偏位可放宽至80mm。本工程桥塔位置为深水区，且护筒长度在24m以上，钢护筒内径比桩径大300mm，平面允许偏差按80mm进行控制，倾斜度控制在0.5%以内。

（2）泥浆制备

本工程泥浆制备采用在钢护筒内抛填黏土，直接利用冲锤反复冲击造浆，相邻钢护筒间用连通管连接，形成泥浆循环系统，泥浆循环如图 2 所示。

泥浆制备需要根据不同的地质情况合理调配泥浆性能指标，泥浆指标控制如表 1 所示。

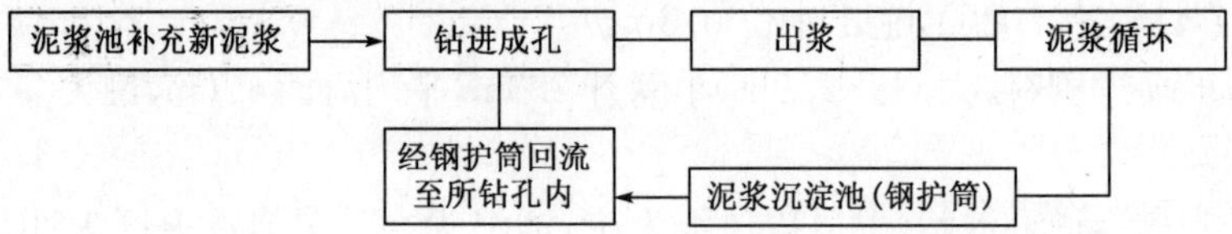

图 2　泥浆循环图

泥 浆 指 标　　表 1

钻孔方法	地层情况	泥浆性能指标						
		相对密度	黏度（Pa·s）	胶体率（%）	失水率（mL/30min）	泥皮厚度（mm/30min）	静切力（Pa）	酸碱度（pH）
冲击成孔	易塌地层	1.20～1.40	22～30	≥95	≤20	≤3	3～5	8～11

2）钻孔施工

（1）钻机就位

冲击钻机就位时保证钻机顶部的起吊滑轮缘、转盘中心和设计桩孔中心三者应在同一铅锤线上，其偏差不大于 2cm。钻机调整就位后，固定钻机以避免在钻孔过程中因钻机振动而影响钻机平面位置。

（2）钻进施工

开孔时直接投入黏土，用冲击锤以小冲程反复冲击造浆。开孔及钻进过程中，应始终保持孔内水位高出护筒外水位 1.5～2.0m。在钻进过程中，应调节好冲程的范围，最大冲程不宜超过 5m，遇到岩溶地质时冲程控制在 1～3m 范围内。

（3）成孔检查

成孔先进行自检，自检合格后报监理检查，同时地勘单位、设计单位参与成孔检查。各项指标符合《公路桥涵施工技术规范》（JTG/T F50—2011）要求。

3）清孔

钻孔施工至设计高程时，采用反循环换浆法进行第一次清孔，这一过程始终保持孔内泥浆面的高度，防止塌孔。第二次清孔是在钢筋笼安放到位灌注混凝土之前进行，采用泵吸反循环法清孔。岩溶地质钻孔，为防止塌孔，泥浆比重比《公路桥涵施工技术规范》（JTG/T F50—2011）规定适当提高，控制在 1.03～1.15，但其他各项制备要严格按规范控制。

4）钢筋笼制作与安装

钢筋笼在胎架上加工，钢筋笼各项指标满足《公路桥涵施工技术规范》（JTG/T F50—2011）要求。钢筋笼分节安装，每节长度 12m。为防止在吊装过程变形，需在钢筋笼内部增加三角形支撑。

在钢筋笼的接长、安放过程中，始终保持骨架垂直，为防止钢筋笼上浮，钢筋笼下放到位后固定在钻孔平台上。钢筋笼安装重点检查主筋接头套筒连接和声测管连接，声测管接头接好后要注水检查。

5）灌注混凝土

灌注混凝土用的导管下放前需做水密试验，水密试验水压不小于 1.3 倍孔底水压，本工程水密试验水压取 0.8MPa。导管下放拼接时记录每节导管长度，以便混凝土灌注过程拆除导管时计算混凝土埋导管深度。混凝土灌注完，利用测锤检查声测管内是否漏进混凝土，如有漏混凝土或漏浆及时处理，避免影响后续检桩。

4 岩溶地质钻孔工艺

岩溶地质钻孔需根据岩溶洞性质的不同而选择不同的钻孔工艺，有明确边界的岩溶洞宜采用抛填混凝土、压浆固结、双护筒等处理工艺，而对于这种没有明确界限，并且分布着大量裂隙的岩溶洞，在钻孔过程不宜采用压浆等预处理技术或抛填混凝土技术和双护筒技术，根据经验总结，这种没有明确边界并且裂隙分布广泛的岩溶洞，可以采用预处理工艺，最简洁的办法还是抛填处理或护筒跟进等处理工艺。

5 岩溶地质钻孔施工病害处理措施

主桥桩基采用冲击钻机进行钻孔，在钻孔过程采用了抛填片石和黏土工艺、钢护筒跟进工艺、专用岩溶洞钻孔锤头工艺等施工工艺，在钻孔过程因岩溶地质条件复杂，遇到了意想不到的困难。

5.1 漏浆塌孔

(1)原因分析

①由于许许多多大小裂隙，一串串岩溶洞通过发育的裂隙连通在一起，形成岩溶洞带。同时这些岩溶洞有些被填充物填充，有些没有填充物或填充不满，形成低压区。

②由于岩溶洞内无填充物或填不满，在钻孔打开其顶板时也会导致突然大量失浆而塌孔。

③在处理卡锤或掉锤问题时，由于处理时间过长，造成孔壁被泥浆浸泡松软，原本结实的泥浆护壁开始脱落，进而发展为塌孔。

(2)处理措施

①海中岩溶地质钻孔，钢护筒要有一定强度，避免大量漏浆流失将钢护筒挤瘪，大连星海湾跨海大桥主桥索塔桩基钢护筒壁厚采用 12mm 和 14mm 壁厚组合，在适当位置设置环形钢板箍以增加钢护筒强度，实践证明能够抵抗 10m 水头差。

②钻孔时，应密切注意钢护筒内泥浆面的变化，一旦泥浆面下降漏浆，应立即提出钻头，向孔内补充泥浆或注水，保持桩孔内水头压力。

③保持桩孔内水压力后，向桩孔内抛填黏土和片石混合物，经小冲程反复冲砸后，形成新的护壁。

④当钢护筒底部漏浆后，可继续下沉钢护筒，并用黏土封闭钢护筒周围缝隙，防止海水继续渗入，然后向孔内填掷黏土块和片石(填筑高度以高出钢护筒底 1m 为宜)，再用小冲程反复冲砸，达到加固钢护筒底部孔壁与堵漏的目的。

⑤若不能保持水压力，表明空岩溶洞较大或其他岩溶洞连通，此时应先停止钻孔，然后采用加大抛填量或灌注混凝土等措施进行封堵。

⑥漏浆补水后要用超声波孔壁检测仪对孔壁情况进行检测，如没有出现塌孔现象则可继续回填黏土造浆钻进，如出现塌孔，则需全部回填。

5.2 掉锤、卡锤、埋锤处理

(1)原因分析

①钢绳在与锤头连接处磨损严重或绳卡拧的不紧，超出了自身承载能力，在冲击过程极易造成掉锤。

②锤销质量不合格，采用劣质锤销；锤销与锤头接触部位缺少减振弹簧；另外，这种锤销一般为特种钢，工人会用电焊焊接锤销和防脱螺母，造成锤销脆断。

③在岩溶地带，由于地下水非常丰富，基岩起伏相当大，溶蚀现象严重且极不规则，地质钻探资料反映只代表该钻探点处的地质情况，离开钻探孔位，则有很大的变化，在钻孔中，钻孔灌注桩径范围内因为基岩半边露头，容易导致斜桩和卡锤。

④卡锤或掉锤不能及时处理，沉渣过多或塌孔造成埋锤。

(2)处理措施

①要经常检查钢绳及绳卡情况，要使用质量合格的锤销，并且要增加减振弹簧，避免焊接锤销。

②在岩溶发育段施工时，要采用小冲程冲击钻进以减少或消除"探头石"影响。

③冲遇岩溶洞底板或基岩面时，采用小冲程慢速冲击钻进，并向孔内抛入片石等材料以减少锤头歪斜量，防止钻孔倾斜。

④还要保证泥浆质量，保证护孔壁稳定，防止孔壁石块掉入内孔。

⑤采用专门研制的筒状锤头处理"探头石"。

⑥必要时采用水下爆破或下潜水员捞锤，如下潜水员捞锤，要确保孔壁完整，泥浆比重符合重潜要求。

5.3 偏锤处理

(1)原因分析

在钻孔过程遇到斜面岩、陡坡岩、石柱、溶沟槽、裂隙等类型岩溶地质，锥形锤头在重力下降过程没有导向作用，遇到障碍发生倾倒。

在钻孔过程遇到软硬岩地质或者半边岩溶洞地质，锤头在下降过程受力不均匀造成偏锤。

(2)处理措施

出现偏锤现象时，采取回填片石或回填混凝土方案进行处理，片石或混凝土强度略大于岩石强度，钻孔过程要缓慢钻进，避免在钻进过程出现斜孔现象。

采用专用岩溶洞钻孔筒状锤头处理岩溶地质，这种锤头侧壁有导向作用，可避免偏锤现象发生。

5.4 泥浆沉淀

(1)原因分析

①造浆材料配比不合理，泥浆质量差。

②遇到岩溶洞后泥浆流失或清孔过程泥浆流失，补充大量的水，新补充进去的水将原泥浆稀释，造成泥浆沉淀。

③在岩溶地带，穿岩溶洞或裂隙时，岩溶洞水或裂隙水常带有的弱酸性的碳酸根离子与桩内泥浆胶体发生反应使其沉淀分层，使得泥浆无法正常循环，或导致沉渣较大。

(2)处理措施

①选用好的黏土或膨润土，通过试配，选择合理的配比，造浆过程不宜过急，要充分造浆。

②尽量减少泥浆流失，如出现大量漏浆，应及时补充泥浆或补充黏土造浆。

5.5 钢护筒沉降处理

(1)原因分析

在钻孔过程会出现钢护筒沉降问题，主要原因是在钻孔过程，钢护筒底口或覆盖层下有岩溶洞，当钻到岩溶洞位置后，钢护筒底口的岩溶洞顶盖或覆盖层坍塌，造成钢护筒沉降。

(2)处理措施

①遇到钢护筒沉降要尽快提出钻头，避免出现埋钻，并且根据情况将已经钻好的桩位用片石加黏土回填，待回填土体稳定后重新接长钢护筒，继续下沉钢护筒至打不动为止。钢护筒下沉到位后，重新定位钻机开钻。

②为避免钢护筒再次沉降，最好将这根沉降的钢护筒和相邻钢护筒进行连接，同时相邻的桩位停止钻进，避免发生震动。

③海上岩溶洞钻孔要注意，不能用钢护筒承载做钻孔平台，钻孔平台基础要用单独的钢管桩基础，否则一旦发生钢护筒下沉现象，会造成很严重的后果。

5.6 与海水贯通处理

(1)原因分析

卵石覆盖层下有溶沟槽岩溶地质或裂隙岩溶地质，在钻孔过程由于护壁质量不好或因其他原因造成护壁破坏，海水通过溶沟槽或裂隙进入孔内。

(2)处理措施

①若钢护筒内水头降速较慢，则用大功率水泵补充泥浆(或水)，保持钢护筒内水头，同时回填黏土和片石处理。

②若钢护筒内水头无法保持，该孔很可能会出现塌孔，需取回填片石和黏土工艺处理，或者在桩周边钻孔压水泥浆处理。

5.7 钻孔过程邻串孔处理

(1)原因分析

①同时开钻的两个桩位太近，在遇到岩溶洞地质时，两个桩之间的孔壁因岩溶洞发生坍塌，造成串孔现象。

②在钻孔过程，同时开钻的桩位因遇到贯通裂隙岩溶地质，造成两个桩位的泥浆串通。

(2)处理措施

钻孔时必须采取隔孔钻进原则，即便这样也可能会出现与相隔较远的桩位串孔现象。若遇到此问题，需停止钻孔，将其中一个孔回填或者将两个孔都回填，但只能有一个孔继续钻进直至灌注完混凝土，另一个孔要等到前一个孔混凝土强度达到规范要求后再开钻。

5.8 混凝土灌注过程漏混凝土

(1)原因分析

在灌注混凝土过程如果出现无法封底或混凝土面不上升情况，这时要考虑是否有混凝土流失。

(2)采取措施

①在下放钢筋笼前用超声波孔壁检测仪对孔壁进行检测，提前了解孔壁情况。

②清孔过程要随时观察是否有大块风化岩被清出，如有需停止情况，检查孔壁情况，如塌孔需回填重新钻孔。

③如首盘混凝土不能封底，则应尽快将钢筋笼提出，对孔底进行处理。

④在混凝土灌注过程出现混凝土面不上升，但前期超声波孔壁检测仪检测又没有扩孔迹象，这时要考虑可能岩溶洞侧壁被击穿，要根据具体情况确定是否继续灌注混凝土，如混凝土面只是不升高则可继续浇筑，如混凝土面下降造成导管脱空则需停止灌注混凝土，进行后续处理。

6 结语

海中岩溶地质钻孔在中交二公局尚属首次，没有经验可循，大连星海湾跨海大桥主桥索塔桩基处在复杂岩溶地质地段，在钻孔灌注桩施工过程总结了一套完整海上岩溶地质钻孔灌注桩施工方法，为后续同类型地质钻孔灌注桩施工提供依据。从全部48根桩实际成孔及成桩情况，桩基扩孔系数均在1.2以内，各桩成孔实测倾斜率最大为0.7%，满足规范要求。成桩后经检测所有桩均为I类桩，桩基在整个钻孔施工过程所使用的钻孔工艺虽然简单，但应对这种复杂岩溶洞行之有效，所有桩基质量控制良好。

参考文献

[1] 王学军.岩溶地区公路桥梁深水桩基础施工技术研究[D].重庆:重庆大学,2003.

[2] 何鹏翔.岩溶区桥梁桩基施工技术及设计方法研究[D].长沙:湖南大学,2002.

[3] 徐华.岩溶地区钻孔灌注桩施工工艺及承载能力研究[D].武汉:武汉理工大学,2003.

[4] 孙艳明,等.适用于斜岩地质桩基钻孔的冲击钻机锤头,中国:ZL 201320101424.8[P].2013-10-02.

[5] 刘汉银.斜岩岩溶地质钻孔桩施工技术[J].铁道建筑技术,2011(03).

[6] 中华人民共和国行业标准.JTG/T F50—2011 公路桥涵施工技术规范[S].北京:人民交通出版社,2011.

86. 岩溶地质钻孔灌注桩施工专用机具研究与应用

孙艳明　马振民　郝胜利　汪贤挺　杨富生　骆彦兵
（中交二公局第二工程有限公司）

摘　要：随着桥梁基础钻孔施工设备的发展，桥梁设计选址受地质情况影响越来越小，但对于一些复杂岩溶地质的桥梁基础钻孔施工仍存在一些需要解决的问题，对于这种复杂岩溶地质钻孔施工，我们一般都选用冲击钻机，普通的冲击钻机锤头是锥形，配用这种锤头的钻机在复杂岩溶地质钻孔施工时很容易出现斜孔现象，为了纠偏只能回填片石和黏土，或回填混凝土等材料进行往复钻进，费时费力。

关键词：复杂岩溶地质　钻孔灌注桩　机具研究　冲击钻机

1　工程概况

大连星海湾跨海大桥主桥位于大连市著名旅游景点星海湾广场对面开阔海域，为双塔三跨地锚式悬索桥，跨径布置为 180m＋460m＋180m＝820m。桥塔采用门式框架混凝土结构，塔高 112.31m。桥梁上部主体加劲梁为钢桁架结构，钢桥面板采用正交异性桥面板，车道双层布置。索塔每根塔柱下设一个承台，承台之间不设横系梁，单个承台由 12 根 ϕ2.5m 的钻孔灌注桩支撑，钻孔灌注桩 3 行 4 列矩形布置，承台尺寸为 17.3m×23.6m×6.05m。

主桥 2 个索塔共计 48 根桩基，在钻孔过程有 32 根桩基发现岩溶洞或裂隙等岩溶地质，最高的岩溶洞高 7.3m，最低的岩溶高度 0.2m；施工区域岩溶构造有多种形式，有单层的岩溶洞亦有多层岩溶洞；内部填充有黏性土、灰岩角砾、碎石和部分无充填物。

2　工程特点

(1)工程位于黄海海域，受海洋环境影响比较大，桥址处水深 10～12m，没有岛屿等遮挡物，每年 4～10 月东南风、南风、西南风比较频繁，海上涌浪比较大。

(2)施工区域岩溶发育，类型复杂，有单层岩溶洞、多层岩溶洞、斜面岩、陡坡(或半边岩溶洞)、石柱(中间凸起)、溶沟槽、裂隙等岩溶类型。

(3)索塔基础为群桩基础，单个承台下有 12 根直径 2.5m 钻孔灌注桩。

(4)由于岩溶类型复杂，即便是通一根桩在钻孔过程也会遇到不同的岩溶地质类型，因此在钻孔过程需要根据具体情况应对各种岩溶地质钻孔施工病害。

(5)海上潮气大，空气盐分含量高，施工设备容易损坏。

3　岩溶地质类型分析

通过地勘报告和主桥桩基钻进情况分析，大连星海湾跨海大桥主桥区域海底至少存在如下 7 种岩溶地质类型(图 1)。

(1)单层岩溶洞。岩溶洞有一层，高度在 20～730cm 不等，岩溶洞内填充水、泥土或风化岩等，钻孔过程主要表现为破顶有风险，有卡锤现象，钻进速度会突然变快，到一定深度后又开始变慢，渣样变化明显，有漏浆现象[图 1a)]。

(2)多层岩溶洞。岩溶洞多层串联，每层高度在 20～500cm 不等，中间间隔距离也不等，岩溶洞内填充水、泥土或风化岩等，钻孔过程主要表现卡锤现象频繁，钻进速度时快时慢，渣样存在不太明显的周期变化，有漏浆现象[图 1b)]。

(3)斜面岩。由于地质运动，岩层相互挤压形成扭曲，在外部环境作用下，部分岩层溶解，倾斜岩面外漏，这些倾斜岩面有的直接与卵石覆盖层相连，有的则在岩溶洞下面，这种地质在钻孔过程主要表现为锤头向一边倒，回填片石和黏土可以处理到位，渣样里面含一部分强风化岩[图 1c)]。

(4)陡坡(或半边岩溶洞)。一边有泥土或强风化岩填充物，一边是坚硬的岩石，这种地质在钻孔过程主要表现为锤头向一边倒，严重时锤头出现侧翻，多次回填片石和黏土也很难处理到位，渣样里面含一部分强风化岩[图 1d)]。

(5)石柱(中间凸起)。周边是泥土或强风化岩，中间是坚硬的岩石，这种地质在钻孔过程主要体现在锤头倾倒方向不定，多次回填片石和黏土也很难处理到位，渣样里面含一部分强风化岩[图 1e)]。

(6)溶沟槽。周边是坚硬岩石，中间是泥土或强风化岩等，入岩后钻孔过程锤头正常，但钻渣里面含有一部分强风化岩，有漏浆现象[图 1f)]。

(7)裂隙。这种裂隙分布广泛，以上各种岩溶洞中都可能连接着裂隙，这种地质钻孔困难很大，经常出现无征兆的漏浆[图 1g)]。

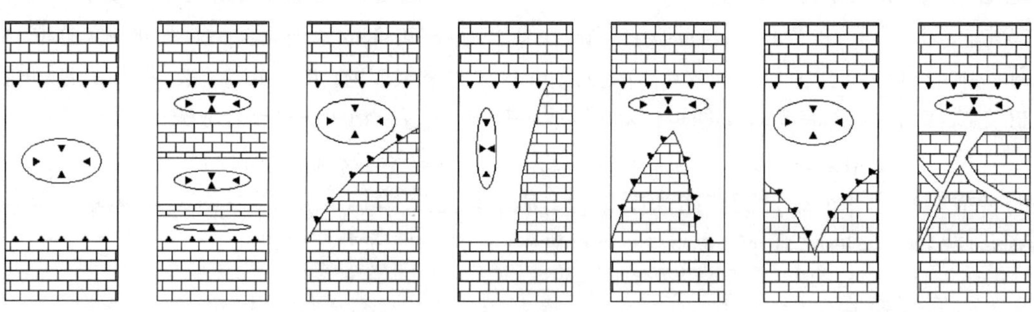

a)　b)　c)　d)　e)　f)　g)

图 1　岩溶洞类型示意图

4　岩溶地质钻孔灌注桩施工主要解决问题

主桥桩基采用冲击钻机进行钻孔，在钻孔过程采用了抛填片石和黏土工艺、钢护筒跟进工艺、专用岩溶洞钻孔锤头工艺等施工工艺，在钻孔过程因岩溶地质复杂，遇到了意想不到的困难。为应对这种复杂岩溶地质钻孔灌注桩施工问题，在钻孔过程中不断琢磨，研究出适用于复杂岩溶地质桩基钻孔的冲击钻机锤头。

4.1 需要解决的问题

(1)多层岩溶洞串联卡锤问题；

(2)斜面岩倒锤问题；

(3)陡坡后半边岩溶洞倒锤问题；

(4)石柱倒锤问题；

(5)溶沟槽漏浆卡锤问题；

(6)裂隙漏浆卡锤问题。

4.2 解决问题的方法

研究一种筒状锤头，研究该锤头的目的是为了克服复杂岩溶地质钻孔时传统冲击钻机锥形锤头在钻孔过程出现的斜孔现象，提供一种适用于复杂岩溶地质桩基钻孔的冲击钻机锤头，该锤头很大程度上限制了其倾斜，使用起来简单方便，能够提高钻孔施工效率。研究过程解决问题分析图示如图2所示。

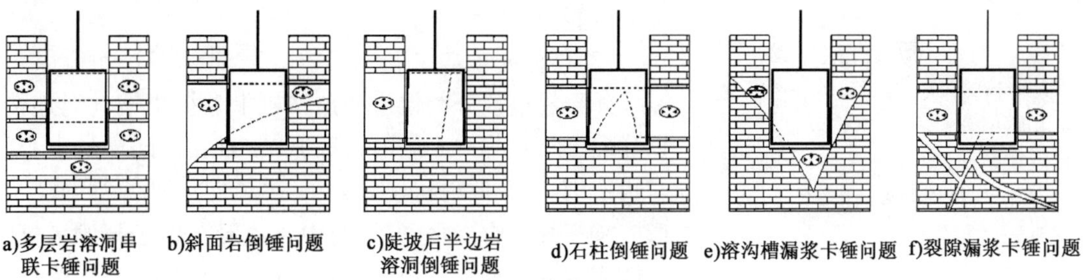

图2 筒状锤头研究分析图示

5 研究过程

5.1 工作原理

筒状锤头用于冲击钻机，代替原有冲击钻机的锥形锤头，处理复杂岩溶地质的冲击钻机主要是由钻机本体以及筒状锤头构成，钻机本体内固定有卷扬机，筒状锤头通过钢丝绳与卷扬机连接，卷扬机能够牵引筒状锤头提升到一定高度，松开卷扬机的刹车后，筒状锤头自由下落，筒状锤头贴着侧壁下落，将岩石砸碎。

筒状锤头下落到钻孔灌注桩孔底的过程中，由于锤头的筒状结构，锤头的侧壁在锤头自由下落过程中起到导向作用，筒状锤头底部遇到复杂岩溶地质时就不会侧向倾斜或侧向滑移，避免了钻孔过程出现斜孔现象。同时有一定高度的筒状锤头限制了自身倾斜，从而有效控制了斜孔现象发生。

5.2 筒状锤主要结构

筒状锤头应包括用于起导向作用的侧壁、冲击岩石的底座、提升锤头的顶分配梁、提高抗冲击能力的锤牙以及其他构件。

(1)侧壁

锤头侧壁采用有一定厚度的钢板卷制，与底座和顶分配梁焊接成整体。筒状锤头高度为直径的1～2倍，钻孔灌注桩孔径越大，倍数越小，反之则越大。锤头质量与冲击钻机上卷扬机起重能力相匹配，一般钻孔灌注桩孔径越大，所用的锤头越重。在钻孔灌注桩成孔过程，有一定高度的筒状锤头限制了自身倾斜,从而有效控制了斜孔现象发生。筒状锤头侧壁下口直径比上口直径略大,使锤身形成向内倾斜i%的坡度,避免在钻孔过程出现卡锤问题。筒状锤头侧壁构造如图3所示。

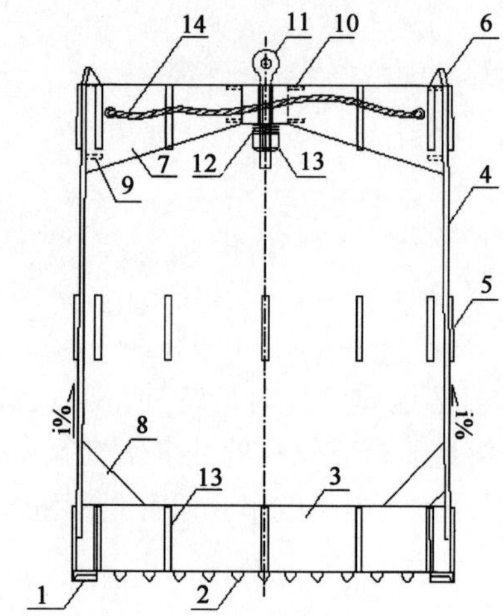

图3 筒状锤侧壁构造图

1-大锤牙;2-中间一般锤牙;3-底座;4-侧壁;5-耐磨块;6-锤头上口导向装置;7-顶分配梁;8-加劲板Ⅰ;9-加劲板Ⅱ;10-加劲板Ⅲ;11-销轴;12-减振弹簧;13-螺母;14-保险钢丝绳

(2)底座

钻孔灌注桩直径2.5m,设计的锤头底座直径2.45m,比钻孔灌注桩直径小5cm,底座采用中心放射状,中心放射状底座的环状外圈内的结构是"✳"形或"⚹"形或"⋏"形或"┼"形结构,底座辐数与钻孔灌注桩直径成正比,钻孔灌注桩直径越大,底座的辐数越多,反之则越少,这样做既保证了底座有一定的强度,又保证了钻渣能够从空隙排出。筒状锤底座构造如图4所示。

底座要经常冲击岩石,因此要有一定的强度,在往复冲击过程不能发生断裂,因此将底座设计成铸钢结构,中心放射状底座一次铸造成型,底座上镶有锤牙,提高锤头抗冲击能力。

(3)顶分配梁

锤身通过顶分配梁与冲击钻机上卷扬机钢丝绳连接,顶分配梁结构与中心放射状底座结构相同,同样是中心放射状结构,中心放射状顶分配梁是"✳"形或"⚹"形或"⋏"形或"┼"形结构,顶分配梁的中心位置有用于与卷扬机钢丝绳连接的销轴孔。顶分配梁采用钢板加工,与侧壁焊接成整体。筒状锤顶分配梁构造如图5所示。

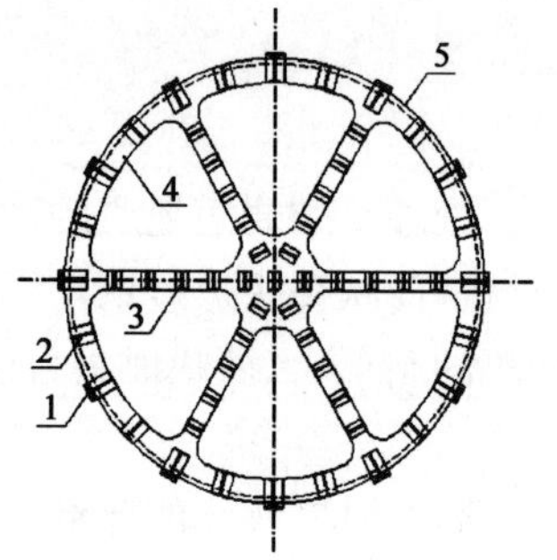

图4 筒状锤底座

1-大锤牙;2-小锤牙;3-中间一般锤牙;4-底座;5-侧壁

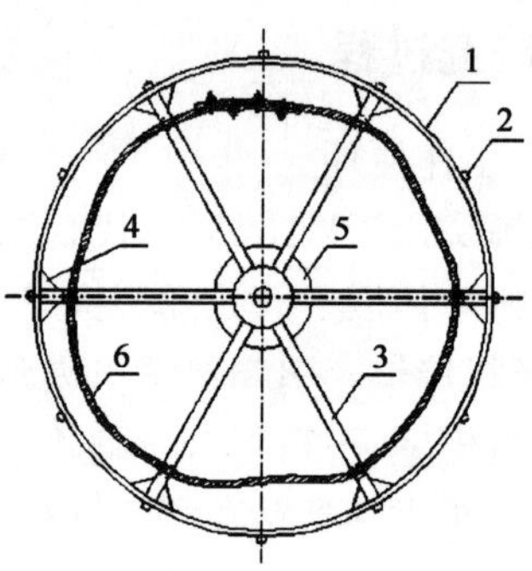

图5 筒状锤顶分配梁

1-侧壁;2-耐磨块;3-顶分配梁;4-加劲板Ⅱ;5-加劲板Ⅲ;6-保险钢丝绳

(4)锤牙

锤牙是由大锤牙、小锤牙和中间一般锤牙组成,其中大锤牙以及小锤牙间隔分布在底座的环状外圈下方,中间一般锤牙分布在底座中心以及辐条的下方。底座下方分布的这些锤牙有一定的强度,在钻孔过程能击碎坚硬岩石,保护底座不受破坏。

5.3 筒状锤其他结构

(1)销轴

卷扬机钢丝绳通过锤头上口顶分配梁中心位置的销轴孔连接,顶分配梁及其中心的销轴孔将提升受力点集中在锤头轴线上，顶分配梁中心位置的销轴孔内插有锤销，锤销底部用螺母拧紧，锤销顶部有用于连接钢丝绳的耳孔，为减小振动影响，在顶分配梁和螺母之间设置减振弹簧。

(2)保险钢丝绳

顶分配梁各辐条间环绕接有保险钢丝绳，保险钢丝绳主要作用是在钻孔过程如发生起重钢丝绳或锤销断裂等异常情况，锤头掉入钻孔灌注桩孔底，可以利用打捞钩挂住保险钢丝绳，将锤头打捞起来。

(3)加劲板

为保证锤头整体的可靠性，在底座、侧壁、顶分配梁之间固定有加劲板，其中侧壁与底座之间固定有加劲板Ⅰ，侧壁与顶分配梁之间固定有加劲板Ⅱ，顶分配梁与顶分配梁中心的销轴孔侧壁之间固定有加劲板Ⅲ。

(4)耐磨块

在最初设计并加工投入使用的锤头没有耐磨块，在使用过程发现锤头侧壁磨损严重，为解决此问题，在锤头侧壁增加耐磨块。若干耐磨块在侧壁上均匀分布或任意分布，位于侧壁最下面的耐磨块与侧壁底部固定的大锤牙所在位置相对应，侧壁上的耐磨块不但起到保护作用，同时在侧壁与钻孔灌注桩孔壁之间形成空隙，避免了卡锤现象发生。

6 工程应用效果

大连星海湾跨海大桥主桥索塔共有48根钻孔灌注桩，其中有5根桩基使用筒状锤头成孔，桩基成孔后经检测，其扩孔系数和倾斜率如表1所示。

使用筒状锤头处理的桩基成孔统计表 表1

序 号	部 位	桩 长	扩孔系数	倾斜率(%)
1	DT-24号基桩	40.0	1.19	0.5
2	XT-5号基桩	40.0	1.14	0.2
3	XT-11号基桩	35.0	1.12	0.2
4	XT-13号基桩	40.0	1.14	0.3
5	XT-18号基桩	35.0	1.15	0.4

在复杂岩溶洞地质处采用了筒状锤头钻孔，能够很好地控制桩基成桩质量，该锤头尤其对斜面岩、探头石和裂隙效果明显。

7 结语

大连星海湾跨海大桥主桥索塔基础施工没有以往海洋环境岩溶洞地质大直径钻孔灌注桩施工经验可循，在施工过程中，凭借一般陆地或江河岩溶地质钻孔施工经验，不断摸索，最终形成了一套海洋环境岩溶地质钻孔施工技术，经过全体职工及技术专家组成员共同努力，桩基成孔质量及成桩质量都很高，未出现一次断桩事故，经检测，48根桩全部为Ⅰ类桩。

筒状锤头在岩溶地质钻孔过程中起到了关键作用，一些难于钻进的岩溶地质采用筒状锤头处理，克服了传统冲击钻机锥形锤头在岩溶地质钻孔灌注桩钻孔过程出现斜孔问题，该锤头很大程度上限制了其倾斜，使用起来简单方便，能够提高钻孔施工效率。

参考文献

[1] 王学军.岩溶地区公路桥梁深水桩基础施工技术研究[D].重庆:重庆大学,2003.

[2] 孙艳明,等.适用于斜岩地质桩基钻孔的冲击钻机锤头,中国:ZL 201320101424.8[P].2013-10-02.

[3] 刘汉银.斜岩岩溶地质钻孔桩施工技术[J].铁道建筑技术,2011(03).

[4] 中华人民共和国行业标准.JTG/T F50—2011 公路桥涵施工技术规范[S].北京:人民交通出版社,2011.

87. 特大型桥梁没水承台钢吊箱施工

袁耀东

（中交一航局第三工程有限公司）

摘　要：大连南部滨海大道工程二标段在无掩护水域、受海况影响大、中等水深和流速的条件下采用了自行设计的混凝土底板形式的有底钢吊箱进行承台施工，并获得成功。该施工工艺安全可靠，本文就钢吊箱的施工进行了论述，以便为今后类似工程的施工提供参考借鉴。

关键词：桥梁　无掩护水域　没水承台　钢吊箱　施工

1　工程概况

大连南部滨海大道工程东起金沙滩东侧的金银山，向西跨越星海湾，全长 11.08km（双线），在高新园区填海区域登陆。该工程设计等级为公路一级，主线双向 8 车道，设计车速 80km/h，桥梁结构设计基准期为 100 年。

我部承建的大连南部滨海大道工程二标段全长 3.226km，本标段承台共 131 座，其中海上 120 座，均为矩形承台，每个承台由 4 根 2m 桩基支撑，其中海上承台主要以结构尺寸 9.1m×9.1m×3.05m 为主，顶高程＋0.55m（黄海高程），底高程－2.5m（黄海高程），承台四角带半径 0.5m 的圆弧倒角（图 1）。

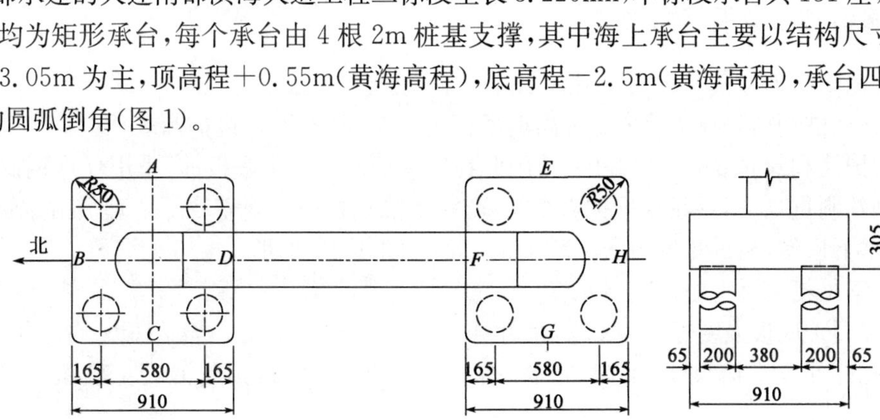

图 1　承台外形尺寸（尺寸单位：cm）

2　工艺概述及施工工艺流程

承台施工采用单壁有底钢吊箱施工方案。钢吊箱既作为止水围堰又作为承台混凝土模板，侧模采用钢结构，底板采用预制混凝土结构。施工时，先将吊挂系统安装在钻孔桩钢护筒顶部，预制混凝土底板在黄海高程＋1.8的位置进行组装，并安装钢吊箱侧壁，然后利用吊挂系统将钢吊箱整体吊放至水中设计高程，浇筑0.8m厚的封底混凝土，待封底混凝土强度满足要求后，箱内抽水后干施工承台(图2)。

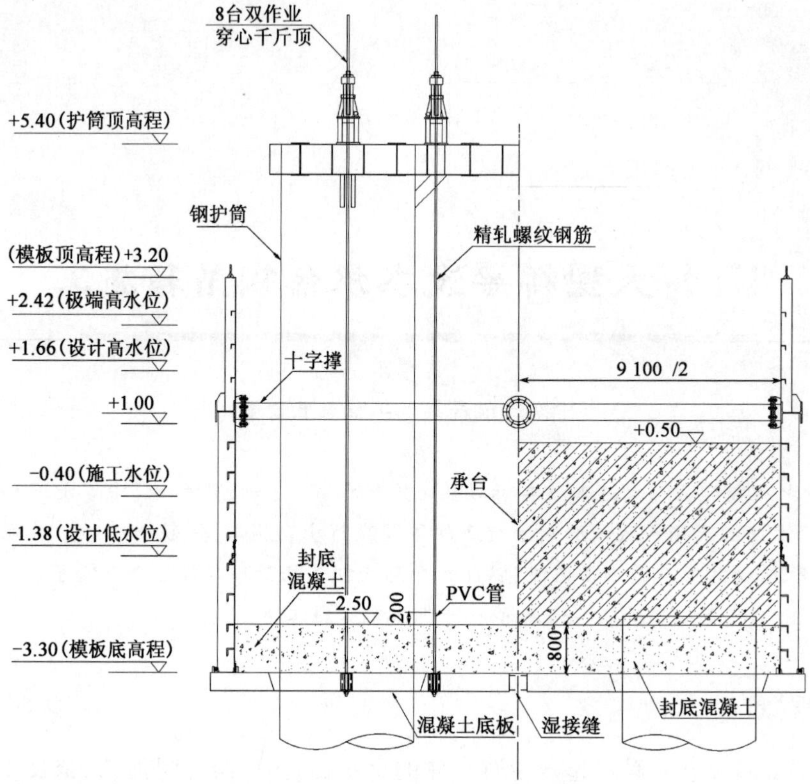

图2　钢吊箱断面图(尺寸单位:mm,高程单位:m)

施工工艺流程如图3所示。

3　钢吊箱拼装及下放施工

3.1　护筒清理

由于钻孔桩钢护筒施工结束后距离钢吊箱施工时间较长，在钢护筒表面会附着很多海生物，影响钢护筒和封底混凝土的黏结力，因此在安装预制混凝土底板前，采用环形钢刷(分成3片拼接，钢丝刷重3.5t，现场根据护筒直径调整)清除钢护筒上附着物。清理后潜水员对钢护筒进行了水下摄像，显示海生物已全部清除干净，效果达到预期。

3.2　钢吊箱混凝土底板预制安装

预制混凝土底板强度等级为C30，尺寸4.9m×4.9m×0.3m，重约16t。在钢护筒＋1.8的位置割孔并穿入2根长4mⅠ20a型钢，作为支撑牛腿，以将预制混凝土底板担放在钢护筒上。

混凝土底板分块吊装安放，湿接缝浇筑连接成整体达到100％强度后，再安装钢吊箱。为避免钢吊箱安装后出现底部止水橡胶局部未压密实，从而影响到封底施工止水效果，以底板安装平整度控制为重点。

3.3　吊挂系统安装及反压牛腿焊接

吊挂系统的主梁顶高程设置在＋4.8(黄海高程)的位置，首先在护筒顶部切割450mm×

400mm 开口，嵌放吊挂系统主梁(安装主梁前提前将十字撑放于预制板上)，然后安装吊挂千斤顶和支座，尤其注意精确定位，使预制混凝土底板预留孔中心和千斤顶中心在一条直线(采用吊锤法)，确保精轧螺纹钢筋顺直，受力均匀(图 4)。

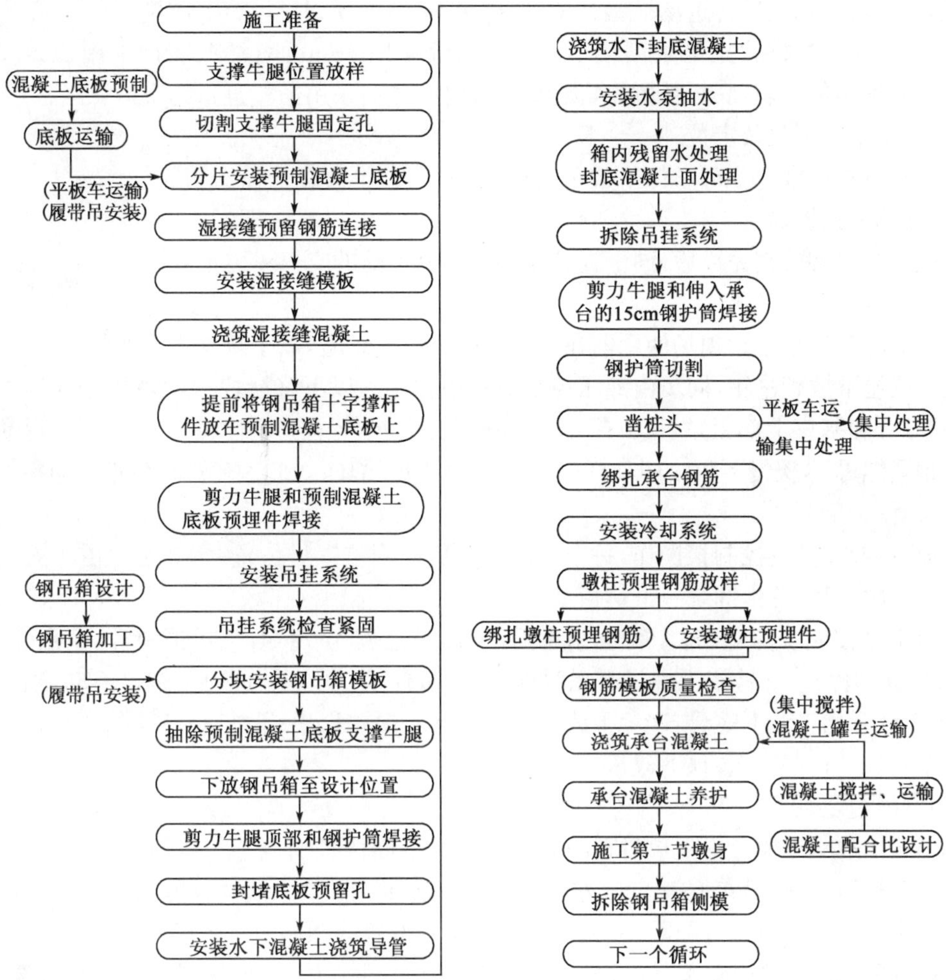

图 3　施工工艺流程图

a)　　　　b)

图 4　吊挂系统安装

反压牛腿的焊接质量对承台施工整体安全性至关重要，要严格控制焊接质量。每根护筒

4 根，共 16 根，每根长度 3.3m。焊接前将预埋钢板打磨光滑，与护筒最小间距 5cm。

3.4 钢吊箱拼装

钢吊箱采用本单位自行设计、委外加工的方式，分别按照设计的 A、B 两种型号加工生产，共 8 块，出厂前在陆上进行进场检验并试拼，拼接编号，确保钢吊箱施工质量。

钢吊箱底、侧边橡胶止水条黏结牢固。竖向缝采用 8mm 厚橡胶、底部采用 30mm 厚橡胶。分片对称相邻安装，底板托侧模，顶丝固定侧模，竖向采用吊杆进行约束。

3.5 钢吊箱下放及定位

钢吊箱自身高度 6.5m，整体下放至高程－3.3m，即下放总行程 5.4m。

(1)支撑牛腿拆除

吊挂系统安装检查完成后，向上提升并将穿入钢护筒的支撑牛腿抽除。

(2)钢吊箱下放

同步穿心千斤顶拿到现场使用前在陆上做同步误差试验，以了解其力学性能。

逐步缓慢下放钢吊箱，同步由液压控制柜集中控制。以下降阶段说明液压千斤顶工作原理，将螺母 2 和基座上部紧贴，松开螺母 1，并向上旋一个行程(制作 450mm 卡具)，启动千斤顶油缸顶紧螺母 1，缓慢下放收回顶杆 1，完成一个工作循环，如此循环进行将钢吊箱整体吊放至设计位置。

下放时，专人负责控制柜操作，每个顶由 1 人负责调整螺母位置，每 2 个顶由 1 人负责检查并记录每次行程，总指挥统一下达指令。

本道工序控制要点：在每个行程结束后，上螺母上调 450mm，千斤顶顶升，注意配合，升 450mm 后立即停止，并检查下螺母有无脱离主梁，如有，降顶调整，此时下螺母不动，当全部无误后，再下令开始上调下螺母，避免下放行程中不同步误差积累；下放 3～5 个行程后进行吊箱高程测量，下一行程调整各顶下放量。

(3)钢吊箱定位

钢吊箱下放重点要考虑下放过程的防晃动以及平面位置的调整。我们设计了导向梁(竖向焊接在钢护筒上，距吊箱面板 5cm 左右即可)，一方面起到导向作用，另一方面起到可调整平面位置作用，效果理想。注意下放另一个关键防晃设置为预制底板上第一层支撑。

导向量采用I 45 型钢制作，与吊箱接触面黏结胶皮，避免硬碰硬，造成吊箱面板损坏，丝杠作用为在钢吊箱下放到位后顶住吊箱，使钢吊箱做到初步稳定，在测量验收时可调节平面位置，保证安装精度。

如下放后吊箱产生较大偏差，利用防晃梁即可调整，后续承台安装平面尺寸误差均在 2cm 以内，高程误差在 1cm 以内，轴线偏位在 1.5cm 以内，满足规范要求。

钢吊箱安装结束后，需要在每根护筒人工溜绳下 4 个钢楔子卡到底板与护筒间的预留环形口，整体微动得到解决，一方面保证了牛腿焊接质量，另一方面在大风浪时起到很好的稳固作用。

钢吊箱下放到位验收合格后，在吊箱顶焊接型钢加固。

(4)剪力牛腿焊接

当下放钢吊箱至设计位置，钢护筒焊接连接板 1(图 5)。

(5)十字撑安装

剪力牛腿焊接完毕后，钢吊箱完全稳定，此时进行十字撑安装。吊机配合，人工调位，螺母连接。

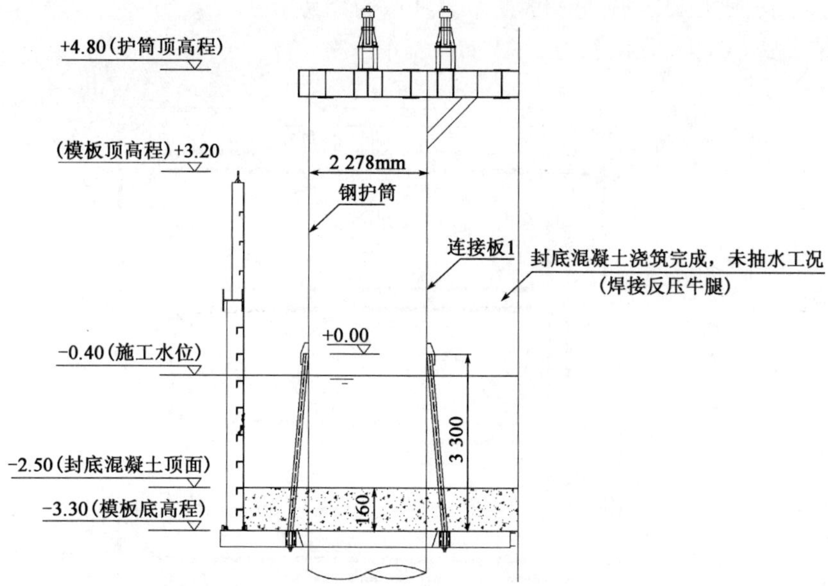

图5 剪力牛腿设计图(高程单位:m)

4 吊箱封底混凝土施工

4.1 环形孔封堵

为了防止钢吊箱浇筑水下混凝土遇到风浪产生位移，在每个预制混凝土底板预留喇叭口，四周采用混凝土楔子＋土工袋封堵，混凝土楔子制作了3种型号，以适应不同孔隙尺寸，然后采用直径20cm、长1m的有纺布土工袋，内装半袋砂，水下缠绕在喇叭口周围，潜水员插捣密实。

4.2 封底混凝土品质要求及平台搭设

原设计强度C30，提高1个强度等级后强度达到80%以上即可尽快开展下道工序，达到早强目的，采用C35水下混凝土，要求混凝土坍落度220mm左右，流动性能好。

钢吊箱下放和封底混凝土浇筑过程中，为确保安全和人工操作方便，在吊挂系统主梁的顶部设置操作平台，操作平台采用双I 20a型钢做骨架，兼作导管移动滑道，一侧搭设在栈桥平台上，另一侧搭设在吊挂系统主梁上，上面铺设跳板。

4.3 水下封底混凝土导管布置及浇筑

采用导管堵球法，泵车＋漏斗竖管，吊车配合吊打。

选用273cm直径的导管及$2m^3$料斗各1套，法兰连接。底部管口距离预制混凝土底板面10cm，浇筑时控制导管管口埋深30～40cm即可。采用先四角，再四边，后中间三轮施工，每轮浇筑点对称施工，但必须确保钢护筒周围混凝土高度，混凝土坍落度在220mm左右，测锤法量高程(图6)。

第一轮浇筑：区域1、4、13、16。

第二轮浇筑：区域2、3，区域5、9，区域14、15，区域8、12，对称浇筑。

第三轮浇筑：区域6、7、10、11。

灌注过程中要随时测量控制好混凝土顶面高度，尽量使混凝土顶面平整，尤其要控制好钢护筒周围混凝土高程满足设计厚度要求。实际浇筑控制时，每点开始全为首灌，泵车补混凝土，测量此点高度满足要求后，才可提管转入下一浇筑点。

浇筑结束后，量测高程误差为 5～10cm，基本平整。

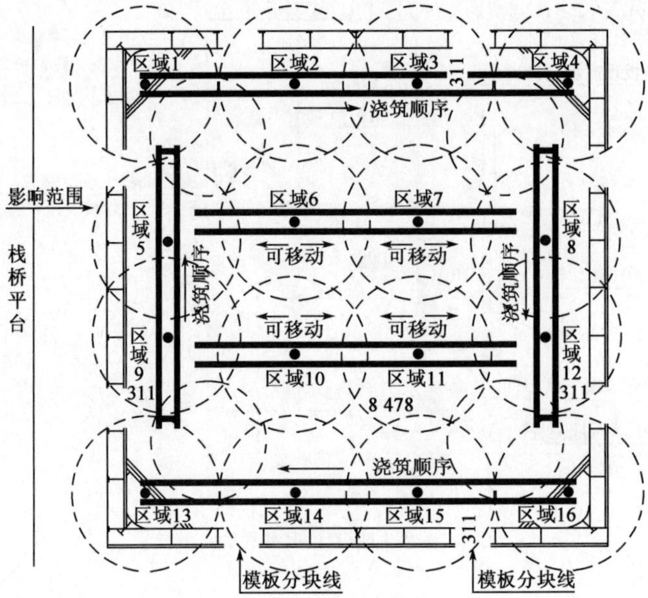

图 6　封底混凝土浇筑布点示意图

在浇筑混凝土过程中，排水盲板（黄海高程－1.3）始终开启，现场制作同条件养护试块，待封底混凝土强度达到 100％后，才能抽水。

5　悬挂系统拆除

现场同条件试块强度达到 C35 的 80％后，潜水水下拆除混凝土底板和精轧螺纹钢的紧固件，并用圆木塞水下封堵吊杆预留孔，合紧盲板泄水孔即可抽水。

悬挂系统拆除过程中，吊杆拆除比较困难，原方案考虑下放后千斤顶不拆除，仍然受力，封底后收顶进行吊杆拆除，但考虑到千斤顶周转使用，首个承台钢吊箱下放后即卸顶，看封底施工后，人工是否能扭动吊杆螺母将其拆除，实际证明不能扭动。我们设计了砂箱，解决了吊杆拆除这一问题，以保证能周转使用。砂箱内填砂或钢珠，预留高度为 3cm，拆吊杆前将填充物放出，使螺母松动，旋螺母将吊杆拆除。

6　钢吊箱的拆除

钢吊箱拆除在首节墩柱结束后进行，钢吊箱高 6.5m，上部 3.5m 范围（－0.3～＋3.2m）水上拆除螺母，下部 3m 范围（－3.3～－0.3m）潜水水下拆除，拆除较顺利。

7　结语

本工程处于无掩护水域，钢吊箱下放及封底施工受风浪影响大，不仅要选择合适的海况，而且下放后封底施工要紧随其后以使钢吊箱取得整体稳定。类似工程承台在低潮时基本全部外露，本工程承台全部处于水下，施工过程中潜水作业较多，另外，钢吊箱止水措施在下放前必须一次做好，否则将很难处理。

经实践，本工程承台施工总体施工工艺可行，安全可靠。对于其他类型或处于不同环境的承台，我们将对方案做略微调整以适应不同环境的施工需求，在施工过程中我们将继续本着创新与提高施工安全、质量、效率为原则，对工艺改进优化，使特大型桥梁没水承台钢吊箱施工工艺更加成熟，以便为今后类似工程的施工提供参考借鉴。

参考文献

[1] 张兴保.跨海大桥跨海段承台套箱施工技术[J].公路，2004(2).

[2] 王德宁.深水基础承台单壁钢吊箱围堰施工技术[J].铁道建筑，2004(3).

88. 钢吊箱围堰在近海承台施工中的应用

张　强　关红军　张志强
（中咨工程建设监理公司）

摘　要：近年来，随着国家高速公路建设的飞速发展，跨越江海湖泊等特大型桥梁不断涌现，桥梁的建设必定对桥梁基础的施工提出了更高的要求。当前，桥梁基础的防水构筑物主要包括钢板桩围堰、钢围堰、钢吊箱围堰等，其中在海中承台施工过程中，采用有底钢吊箱围堰施工方案，达到快速、优质施工的目的，并通过使用该方案节省大量人工费、机械费、材料费，降低工程成本。结合大连星海湾跨海大桥工程海中桩基础承台钢吊箱围堰施工，对其前期设计总结和钢吊箱施工过程中的质量控制进行论述。

关键词：桥梁　钢吊箱围堰　承台　质量控制

1　工程概述

大连星海湾跨海大桥东起金沙滩东侧的金银山，向西跨越星海湾，在高新园区填海区域登陆。东端经隧道可以连接东北路及规划中的南部快速路；西端通过高新园区的地面道路，可以连通旅顺南路及河革路。主桥为双塔三跨地锚式悬索桥，跨度布置为 180＋460＋180＝820m。

索塔每根塔柱下设一个承台，承台之间不设横系梁，每个承台由 12 根 $\phi 2.5$ 的钻孔灌注桩支撑，尺寸为 17.3m×23.6m×6.05m；顶高程为＋2.05，底高程为－4.0m，采用 C45 高性能混凝土，4 个承台均采用钢吊箱围堰施工。

2　施工技术设计

综合海上施工特点，重点考虑作业场地、船舶运输、吊装机械、风浪、潮汐变化及施工时间段等条件，确定钢吊箱结构设计条件。

2.1　钢吊箱围堰平面内尺寸

平面尺寸为 17.4m×23.7m（按照钢吊箱内壁尺寸计算，比承台平面尺寸大 5cm，考虑施工误差 5cm）；侧板顶面设计高程＋4.0m（顶面高程设计考虑了承台及其上部机构施工在干燥无水条件下进行，施工区域年高潮水位 1.954m，最大波浪高 2.0m 等条件）；底板顶面设计高程－6.0m（封底混凝土厚度为 2.0m）；内支撑高程－0.5m 和＋3.0m（最不利工况处）；设计施工受力结构主要按照最高水位时，吊箱内抽干水后侧板所受水压力为设计依据，最低水位时，现浇承台混凝土侧压力进行校核，以及考虑最高水位时，钢吊箱抗浮措施。

2.2 荷载取值依据

由《公路桥涵设计通用规范》(JTG D60—2004)荷载组合V考虑钢吊箱围堰设计荷载组合。水平荷载：$\sum H_j$＝静水压力＋流水压力＋风力＋其他；竖直荷载：$\sum G_j$＝吊箱自重＋封底混凝土重＋浮力＋其他；其中单位面积上的静水压力按 10.25kN/m^2 计，水压随高度按线性分布；封底混凝土容重 $\gamma=24.0\text{kN/m}^3$；水的浮力 $\gamma=10\text{kN/m}^3$；封底混凝土与护筒之间的摩阻力取经验值 150kN/m^2。

2.3 荷载计算

综合工况条件分析和计算内容，对钢吊箱各部分取最不利受力工况进行计算。

(1)底板主要承受封底混凝土重量和吊箱自重。荷载组合为混凝土自重＋吊箱自重＋浮力，此外，还要对吊箱入水时底板受力情况进行复算。吊箱悬挂系统与底板一起进行验算。

(2)侧板以承受水平荷载为主，最不利受力工况为抽水阶段，侧板计算包括竖肋、水平加劲肋、面板、竖肋拼接处及焊接的内力、变形及应力计算。另外，还要对吊箱逐层入水及承台施工等阶段侧板受力情况进行复算。内支撑系统与侧板计算，在侧板验算的同时完成验算。

(3)吊箱拼装下沉阶段主要与吊箱自重有关，以拼装完成下沉时为最不利进行计算控制，并据此计算结果。

(4)封底混凝土强度验算：要验算封底混凝土周边悬臂时的拉应力和剪应力，以及中间封底混凝土的拉应力和剪应力。

(5)封底混凝土厚度计算。

3 钢吊箱构造

索塔承台钢吊箱采用单壁钢吊箱，钢吊箱平面尺寸为17.4m×23.7m(按照钢吊箱内壁尺寸计算)，高10m，单壁厚度0.81m，平面为矩形倒角结构。由于受到海洋气候风浪的影响，所以对于钢吊箱的选材、结构设计及加固方法会要求更高，根据特定施工条件作出如下设计(图1)。

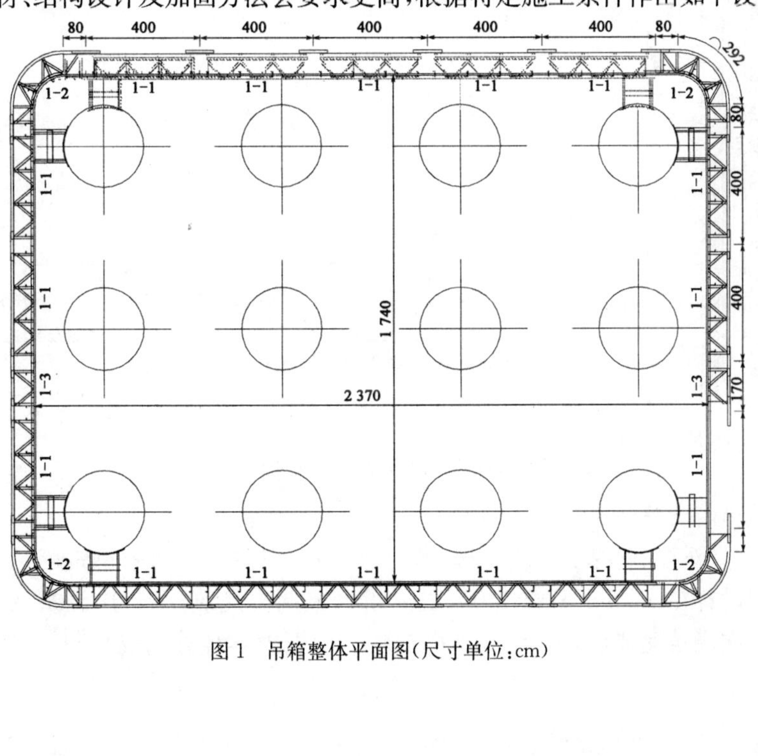

图1 吊箱整体平面图(尺寸单位：cm)

3.1 底板

底板的作用:共同与侧板组成阻水结构,变承台及部分墩身水上施工为陆上施工;作为吊箱、承台的承重结构。本工程采用2HN500×200型钢作为底板承重梁。I12.6作为分配梁,分配梁间距20cm,承台边缘护筒附近在原有分配梁(悬臂长度大于80cm)中间加密,间距为10cm。底板面板采用δ6mm钢板作为面板。并为便于钢吊箱下放,底板预留护筒位置,预留直径3.0m(钢护筒直径2.8m),护筒周边设置封底压板。压板在钢吊箱下放到位后,封底混凝土浇筑前由潜水员安装。

3.2 侧板

侧板的作用是与底板(包括封底混凝土)共同组成阻水结构,变承台及部分墩身水上施工为陆上施工,另一作用是兼作承台施工的外模板。考虑受力情况,侧板采用δ10mm钢板作为面板;肋板均采用∟75×6;桁架横向使用∟75×6的水平斜撑,将内外两道角钢连接成横向的桁架;桁架竖向使用∟75×6的竖向斜撑,将内外两道竖向角钢连接成竖向的桁架;并在连接处使用∟100×8角钢连接;支撑的位置设置围檩,围檩采用2I45a;竖向斜撑靠壁板侧贴焊[20a加强型钢。施工采用分块拼装,既便于加工和运输,又避免产生超标变形。吊箱侧板与侧板之间的竖缝均采用螺栓连接缝间设置10mm橡胶止水条(以防漏水),为加强拼缝质量,在下口纵向拼缝处设置型钢增强,型钢选用[20,并与纵向[20相连接(图2)。

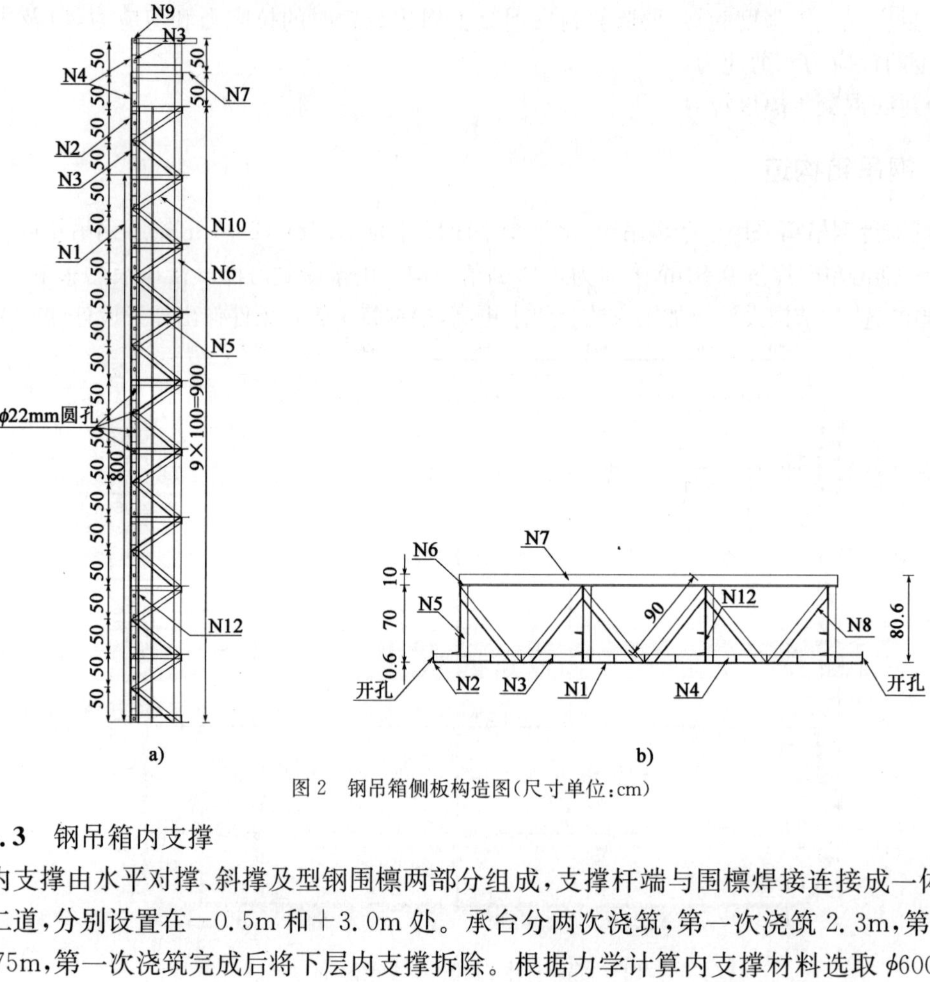

图2 钢吊箱侧板构造图(尺寸单位:cm)

3.3 钢吊箱内支撑

内支撑由水平对撑、斜撑及型钢围檩两部分组成,支撑杆端与围檩焊接连接成一体,支撑设置二道,分别设置在−0.5m和+3.0m处。承台分两次浇筑,第一次浇筑2.3m,第二次浇筑3.75m,第一次浇筑完成后将下层内支撑拆除。根据力学计算内支撑材料选取ϕ600×8钢管，围檩采用 2Ⅰ45a 型钢。

3.4 悬吊系统

悬吊系统由纵、横梁、吊杆及钢护筒组成，其作用是承担吊箱自重及封底混凝土的重量，并作为钢吊箱的下放使用。悬吊系统采用双肢 H600×200 型钢作为悬吊梁，使用 40 根 ϕ 精轧螺纹钢吊杆作为封底吊点，其中包括下放吊点 18 个。

3.5 下放导向架

下放导向架是保障钢吊箱下放平面位置的关键结构，本工程处于海洋环境，钢吊箱在海水中会受到多个方向的波浪荷载，下放过程中定位困难，设计导向架一是确保钢吊箱的垂直度，二可以定位钢吊箱约束水平位移使其准确下放。施工过程中必须保证导向架的稳定及牢固。钢吊箱壁板拼装完成后，测量人员需现场测量导向架与对应的钢护筒之间的位置关系，导向架现场下料，以保证导向架与钢护筒支架的间距，使吊箱能够准确下放。导向架设置在对应护筒位置的钢吊箱上，焊接导向架部位的钢吊箱表面必须进行局部加强。导向架设置两层，分别在壁板范围内 3.3m 和 7.8m 处，高程分别为－2.5m 和＋2.0m。采用Ⅰ25a 型钢直接焊接于吊箱壁板上，导向架与护筒之间间距不超过 5cm(图 3)。

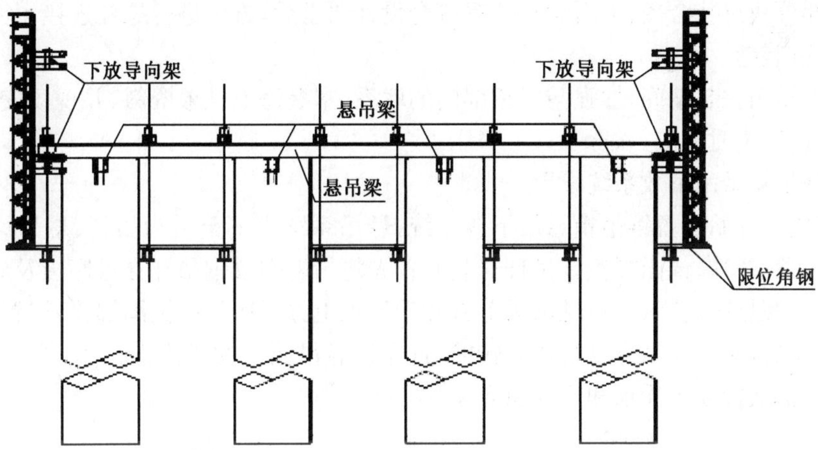

图 3　导向架的设置

4　钢吊箱施工安装

4.1 施工准备

根据施工图纸准备材料下料，并在加工厂分块加工，加工完成后检查壁板上的所有焊缝是否有漏焊、孔洞。焊缝厚度和长度按图纸要求进行。

4.2 钢吊箱分节陆地试拼装

钢吊箱按照设计分块加工完成后，进行钢吊箱陆地整体试拼工作。试拼平台顶面要平齐保证平整度。试拼成功后钢吊箱分块运输至现场，各分块在加工、运输过程中设置合理的吊点，防止起吊变形；运输过程中布置枕木垫块，防止运输时吊箱分块变形。

4.3 拼装平台施工

设置钢吊箱拼装平台，首先在钢管桩和护筒＋2m 处设置拼装平台临时支撑型钢，然后在型钢上铺设钢吊箱底板承重梁和分配梁，及钢吊箱底板面板，形成拼装平台，底板承重梁采用加工场加工，精确放样吊点孔位，型钢的对接要按照图纸要求进行，避免出现漏焊、缺焊等焊接不符合的情况。临时支撑型钢和底板承重梁间不能有焊接,以免影响拆除。在拼装平台的上方放出钢吊箱外边线控制点,按照图纸要求焊接限位角钢。在钢吊箱下放之前利用穿心油压千斤顶起吊钢吊箱,拆除底平台的临时支撑。

4.4 钢吊箱拼装

施工现场拼装前进行加工场内预拼装,拼装需满足钢吊箱加工技术要求,保证壁板尺寸及螺栓孔位正确。钢吊箱的拼装选择在波浪较小的时间段进行,以减小海浪对钢吊箱壁板拼装的影响。

(1)将陆地试拼平台上的分块钢吊箱按编号顺序运输至施工区域,采用履带吊进行拼装吊装,壁板的拼装采取对角对称安装。

(2)吊箱分块吊放至拼装平台上并调整垂直度,采用I 12.6 型钢将该块钢吊箱临时固定在钢护筒上。吊装时注意检查橡胶止水条的安装。

(3)拼装过程中设置揽风拉索结构,以固定每块模板。待模板完全拼装完成后,拆除揽风支撑结构并清理干净以免影响钢吊箱下放。

(4)重复上述步骤,拼装各块吊箱,并临时栓接便于调整。

(5)全部分块拼装合拢、重新调整位置符合设计要求后,方可进行螺栓连接紧固,即紧固相邻分块竖向拼装缝。

(6)在钢吊箱拼装期间,加强与气象部门的联系,掌握海上气象资料,并现场安排专人对施工海域海况进行定时监测。

4.5 钢吊箱悬吊下放系统设置

拼装完成后开始设置钢吊箱悬吊下放系统,悬吊系统由下至上为吊杆、悬吊梁、千斤顶底座、穿心千斤顶、垫片、锚固螺栓。吊杆安装时首先将精轧螺纹钢吊杆穿过底板及底板承重梁,将下端锚固点螺母固定,然后在悬吊梁上方和千斤顶上方依次安装锚固螺栓,设置锚固点。钢吊箱下放到位后,对下放吊点进行体系转换,首先将悬吊箱上的锚固点锚紧,然后松开千斤顶上的锚固点,依次拆除千斤顶和千斤顶底座(图4)。

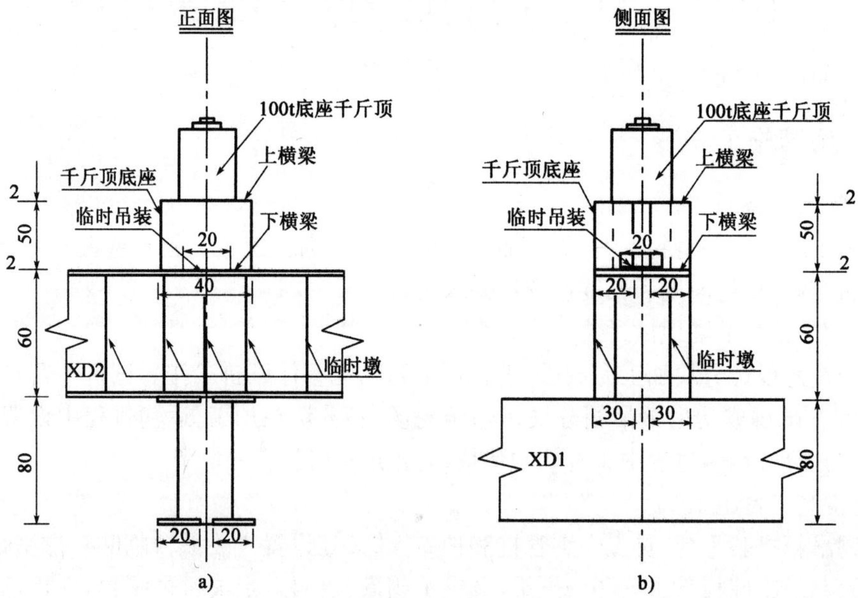

图4 千斤顶底座细部图(尺寸单位:cm)

4.6 钢吊箱下放

(1)正式下放前使用液压千斤顶将钢吊箱整体提升，拆除拼装平台承重梁并割除临时牛腿后开始下放。割除牛腿需乘小船在落潮最低水位时，割除并运输出钢吊箱范围。且割除时需紧贴钢护筒，以免残留部分影响钢吊箱下放。

(2)开始下放时，首先将吊杆锚固点设置在千斤顶下方的悬吊梁上，升起型钢梁上穿心油压千斤顶，转换锚固点至穿心油压千斤顶上方；回油下调千斤顶一个行程；千斤顶下方悬吊梁上的锚固点锚紧，松开千斤顶上方的锚固螺栓，升起千斤顶。重复上述步骤，将吊箱下放至设计位置。

(3)吊箱下放时应由专人指挥、协调一致，以确保套箱下放稳定安全，避免吊箱扭曲变形，下放过程中，应开放连通管，保持内外水压平衡。调节拉杆使得受力一致，且吊箱下放前，将两块对开 20cm 的封堵卡板套在钢护筒上，卡板使用螺栓连接，螺栓只需套上螺母，不拧紧，待下放完毕后，潜水员下潜至护筒位置，拧紧螺栓将钢板带卡在护筒周围(图 5)。

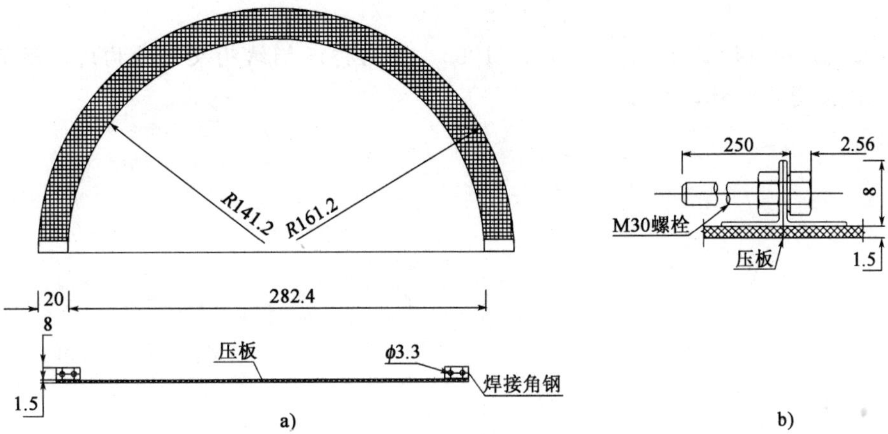

图 5　护筒封堵卡板(尺寸单位:cm)

4.7 临时支撑设置

由于下放后至封底混凝土浇筑前，这段时间钢吊箱处于非稳定状态。需及时安装临时支撑，临时支撑设置两道，第一道设置在＋3.0m 处，采用I 25a 连接钢吊箱壁板与钢护筒，中间设置精轧螺纹钢作为拉杆稳定，达到钢吊箱上口与钢吊箱之间的相对稳定。第二道利用落潮时间安装在 0.0m 位置，并采用I 25a 型钢焊接在壁板和护筒之间。上下支撑构成框架结构，大大增加了钢吊箱的稳定性。

4.8 水下封底混凝土的浇筑

待钢吊箱下放至设计高程检验合格后，及时进行封底混凝土的浇筑，避免海上大风浪的影响破坏钢吊箱结构。浇筑前潜水员下潜，使用钢板封堵护筒周围缝隙，并清理护筒表面，封底范围内护筒表面布设导管，水下浇筑吊箱封底混凝土。待封底混凝土达到设计强度后，检查封底效果，拆除吊箱悬吊系统。关闭连通管，抽取吊箱内的水，当抽水至内支撑的对应位置时，在对应位置焊接吊箱内支撑。

5　结语

通过使用有底钢吊箱围堰工艺进行海中承台施工，不仅提高了施工生产效率，也大大减少水下工作量，降低了水下施工难度，是一种极有推广价值的施工工艺。

参 考 文 献

[1] 中华人民共和国行业标准. JTG D60—2004 公路桥涵设计通用规范[S]. 北京:人民交通出版社,2004.

[2] 中华人民共和国行业标准. JTG D63—2007 公路桥涵地基与基础设计规范[S]. 北京:人民交通出版社,2007.

[3] 中华人民共和国行业标准. JTG/T F50—2011 公路桥涵施工技术规范[S]. 北京:人民交通出版社,2011.

[4] 中华人民共和国行业标准. JTG F80/1—2004 公路工程质量检验评定标准 第一册 土建工程[S]. 北京:人民交通出版社,2004.

[5] 中华人民共和国行业标准. 50017—2003 钢结构设计规范[S]. 北京:中国计划出版社,2003.

[6] 中华人民共和国行业标准. JTJ 025—1986 公路桥涵钢结构及木结构设计规范[S]. 北京:人民交通出版社,1987.

89. 浅谈超大沉箱的预制及过程中的质量控制

关红军　张志强　傅　余

（中咨工程建设监理公司）

摘　要：大连星海湾跨海大桥工程海上悬索桥锚碇基础为超大型沉箱结构，其设计尺寸为69m×44m×17m，重约26 000t，为目前国内最大的沉箱。本文结合工程实践，对本沉箱的预制方案、质量控制及管理进行探讨，希望对今后类似工程具有借鉴意义。

关键词：超大沉箱　预制　监理

1　工程概况

大连星海湾跨海大桥东起金沙滩东侧的金银山，向西跨越星海湾，在高新园区填海区域登陆。主桥主跨中心设于广场轴线上，线路距离星海广场百年城雕的距离为1 000m，主桥为双塔三跨地锚式悬索桥，跨度布置为180＋460＋180＝820m。桥塔采用门式框架混凝土结构，塔高112.31m，由塔柱和上下横梁组成。锚碇采用重力式沉箱基础，原设计由6个沉箱连接而成，从增加基础整体性及节省工期考虑，经各参建单位研究决定将6个小沉箱优化变更为一个独立的超大沉箱，尺寸为69m×44m×17m，共150个舱格，其中底板平面尺寸为47m×72m，厚度为1.0m，外壁厚度0.45m，隔墙厚度0.3m，舱格平面尺寸为4.26m×4.04m。本工程共需预制大沉箱两个，单个沉箱混凝土方量为10 400m^3，钢筋用量为1 128t，重量为26 000t。目前，该沉箱为国内最大的钢筋混凝土沉箱结构(图1)。

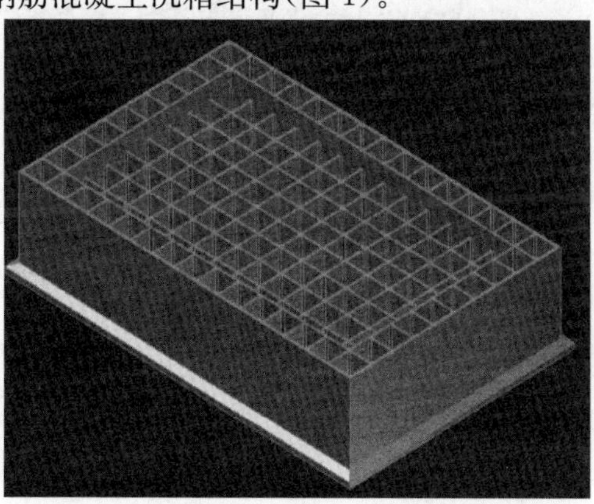

图1　超大沉箱效果图

2 预制方案简介

2.1 施工节段划分

超大沉箱底板混凝土在硬结过程中会收缩，当其变形受到约束时，在结构内部就会产生温度应力，严重时就会在底板中出现裂缝，同时，单个沉箱的混凝土方量过大，因此采用分块、分层浇筑，整体成型的预制工艺。

沉箱从高度上分为 4 层进行浇筑，其中 1 层高度为 2.6m，其余 3 层高度为 4.8m，沉箱竖向分层见图 2。

沉箱从平面上：1 层分 2 块浇筑，中间预留 1.5m 宽闭合块后浇带，浇筑微膨胀混凝土；其余 3 层均分 2 块浇筑，施工缝在沉箱平面上的 1/3 位置处，阶梯形布置，且为了加强结构的整体性，相邻分层施工缝错开布置。平面分块见图 3。

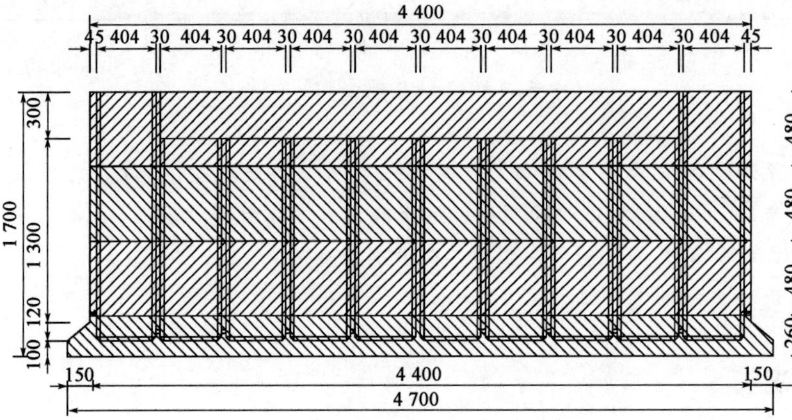

图 2　沉箱分层浇筑示意图(尺寸单位:cm)

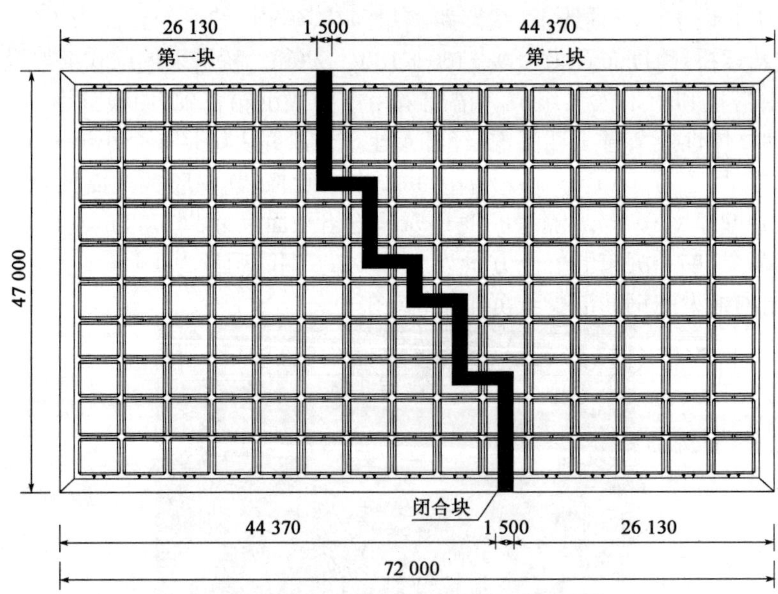

图 3　沉箱 1 层平面分块示意图(尺寸单位:mm)

2.2 工艺流程

1)预制台座

在保证台座地基承载力满足沉箱预制条件的前提下，为减小沉箱起浮时底部黏结力，同时增大台座透水助浮，预制台座采用土工布＋混凝土＋碎石＋砂子＋隔板的结构形式，平面尺寸为 48m×73m。

(1)土工布铺设。在台座施工前先铺设一层土工布，面积尺寸为 50m×75m，比台座各边长 2m，以此在保证对原有船坞底面进行有效保护的基础上便于对底胎的拆除。

(2)混凝土围墙及隔墙。台座外侧四周为 C25 混凝土围墙，内配 ϕ12 构造筋，断面尺寸为 2.5m×0.3m。围墙内部为横向 C25 混凝土隔墙，其内配 ϕ12 构造筋，隔墙间距 2.44m(按底胎面层刨花板尺寸 2.44m×1.22m 设置)，断面尺寸为 0.4m×0.3m。

(3)碎石、砂及刨花板铺设。台座围墙和隔墙浇筑完成后，首先利用铲车在其内部空格内铺满 5～31.5mm 碎石并压实。然后在碎石上人工铺设一层砂垫层找平，并在整个台座上铺满一层 2cm 厚刨花板，最后在刨花板上依次铺设一层油毡原纸和一层牛皮纸。

(4)透水孔设置。在外侧围墙施工时，在其底部埋设 ϕ100mm 的 PVC 管作为透水孔，间距 1.22m。以便海水能通过预留孔均匀平稳地进入沉箱底部，使沉箱平稳起浮。

2)钢筋工程

(1)1 层钢筋绑扎。模板工将底胎铺设完后，开始绑扎底板两层钢筋，沉箱 1 层钢筋一次绑扎成型，底板钢筋绑扎完成后，测量放出隔墙位置并向上绑扎隔墙钢筋。

(2)2～4 层钢筋绑扎。

①在单号内芯支立完成后开始绑扎 2～4 层钢筋。

②横隔墙方向采用吊装钢筋网片的工艺绑扎钢筋，大大加快了施工进度。

③纵隔墙方向采用吊装竖向钢筋网片，水平筋利用 12m 长托盘进行穿插绑扎，以保证钢筋施工质量满足要求。

(3)闭合块钢筋绑扎。

3)模板施工

(1)1 层模板支立。

①将平台杂物清理干净，以闭合块位置为分界线，在底胎上放出成型底面尺寸线，包括前、后壁，侧壁，隔墙，趾部位置线。验收合格后，交钢筋班绑扎钢筋。

②待底板及墙体钢筋绑扎完成后，按放线位置支立内芯模板，内芯下部用专用混凝土垫块垫在钢筋上，内芯模板之间采用丝顶及螺栓进行连接固定。内芯模板安装示意图见图 4。

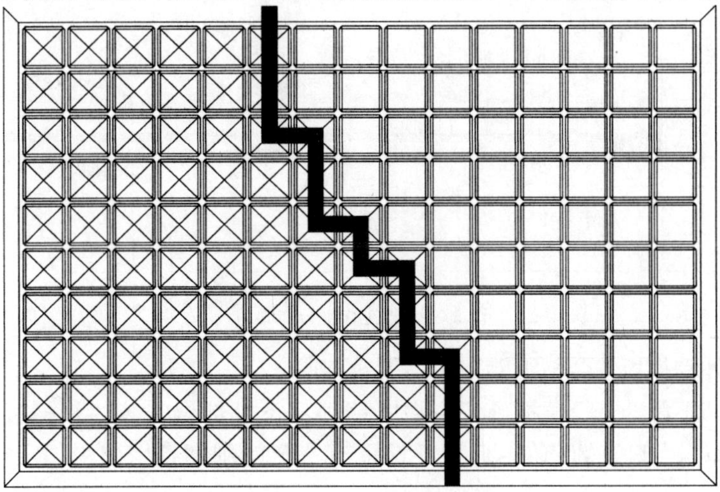

图 4　沉箱 1 层内芯模板安装示意图

③内芯模板安装完成后再进行外片模板安装。外片模板安装顺序见图5。

1层模板拆除后，将外工作平台吊装就位，通过外壁上大头螺母用螺栓紧固在墙上，并架设人行梯。将内平台吊装就位，通过外墙、隔墙上的大头螺母及预留孔用6根螺栓紧固在墙上。工作平台加固示意图见图6。

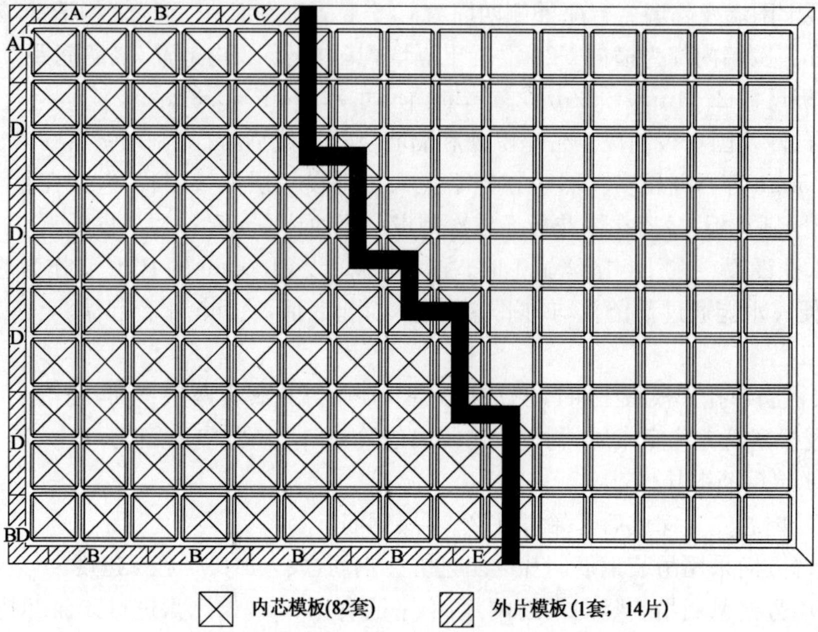

图5　沉箱1层外片模板安装顺序示意图

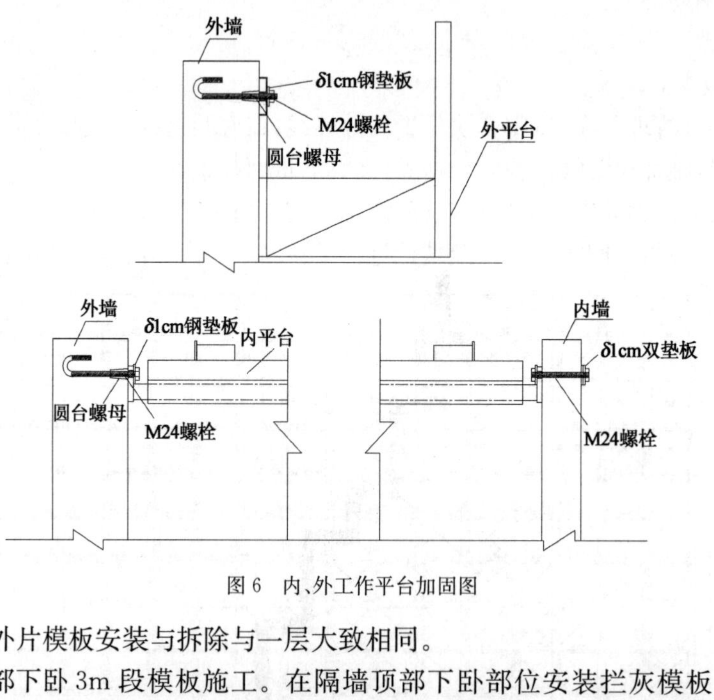

图6　内、外工作平台加固图

内芯模板、外片模板安装与拆除与一层大致相同。

(2)隔墙顶部下卧3m段模板施工。在隔墙顶部下卧部位安装拦灰模板，拦灰模板成楔形，上口宽300mm，下口宽800mm，此模板保证有一定的刚度且用螺栓固定在内芯模板上即可，安装位置见图7。

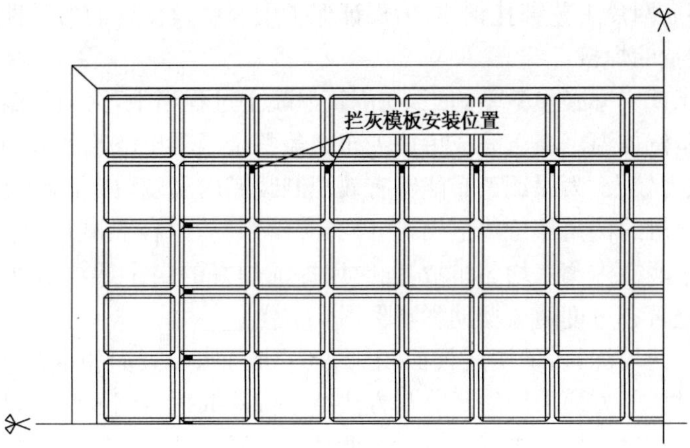

图 7　拦灰模板安装位置示意图

(3)闭合块模板施工。闭合块混凝土分层浇筑，分层高度同沉箱预制分层。模板利用沉箱墙体竖向预留的圆台螺母通过螺杆与模板连接加固。

3　施工控制要点

3.1　施工准备的控制

(1)严格审查施工单位编制的沉箱预制施工方案及冬季施工专项方案。

(2)对施工单位的质量管理体系、施工管理及作用人员资质进行审查，督促施工单位质量体系健全有效。

3.2　施工过程总体控制

(1)作业技术交底控制，督促施工单位，及时对分项工程、重点与难点工程落实技术交底，确保相关人员对施工工艺、标准的熟练掌握。

(2)施工过程，我们把进场材料、钢筋机械连接接头、钢筋焊接、钢筋保护层厚度、混凝土配合比控制与浇筑质量、冬季施工措施与温度监控等作为重点控制对象，事先分析可能造成质量问题的原因，制订对策进行预控。同时加大对关键施工工序的检查与旁站，使施工质量处于可控状态。

3.3　重点监控部位分项控制

(1)在预制台座施工过程当中，土工布的铺设要保证平整，且每两块搭接长度要不小于1m；为保证透水效果，碎石含泥量不大于3%；为防止混凝土浇筑时漏浆，板与板铺设要紧密、纸与纸铺设要重叠20cm，缝隙都要用透明胶带粘贴封堵；外部围墙底部PVC透水管为防止杂物进入影响透水效果，管口用钢丝网封堵；为了保证预制台座稳固，在围墙及隔墙位置，利用船坞底板的4道纵向[20，焊接预埋[8，以便混凝土浇筑后与坞底板形成整体。

(2)模板施工过程中，为加强模板底部止浆效果，在外片模板底部设置15mm厚发泡橡胶和三角形木方。为满足模板的刚度要求，模板外形尺寸找正后，砸紧全部穿芯板，并紧固全部螺栓，同时对外模下口进行焊接限位。

闭合块侧模板采用木模组合结构，为了在混凝土浇筑过程中，出现漏浆现象，能及时封堵，外模趾部闭合块处钢筋之间留人孔。

(3)为保证闭合块后浇带与已浇筑混凝土的连接强度，在接缝处隔墙水平筋内侧预埋2排ϕ12接茬钢筋，间距20cm，长度1m，各伸入两侧混凝土墙中不小于50cm；由于横隔墙及纵隔墙采用整体吊装钢筋网片工艺绑扎钢筋，为保证保护层厚度及良好的力学性能，务必保证有精确的定位以及高质量的焊接。

(4)本沉箱按工期安排必须冬季施工，在浇筑混凝土过程当中，为做保温，外模悬挂棉被覆盖，棉被内部采取蒸汽加温。浇筑完成后用苫布覆盖整个混凝土浇筑区域，并通过蒸汽加温形成暖棚。海边的风力较大，为保证苫布能够有效控制暖棚内温度，在合理布设蒸汽管道的基础上，在苫布与沉箱接触的棱角部位垫上棉花、碎布等丝织物，这样做既可以防止苫布由于摩擦遭到破坏，又有利于暖棚内蒸汽均匀扩散，同时用提前焊好的门字架覆盖到苫布上方，水平向由绳索束缚，以防止苫布过度随风摆动影响保温。

(5)沉箱地板分两块浇筑，单块底板面积为 1 644m^2，属于大面积混凝土浇筑。为防止上下层混凝土产生冷缝，一方面采用阶梯分灰方法减小两层的覆盖间隔时间，另一方面增加振捣棒数量实行机械定位，以防振捣机械上下频繁调动造成漏振，同时使得现浇混凝土得到实时振捣，保证浇筑质量。

(6)为防止由于沉箱底部侧趾处倒角模板全封闭，混凝土振捣困难，振捣不密实，气泡无法顺利排出引起的沉箱下倒角处气泡过多现象。采取将斜面模板开空窗口，以便振捣；均匀涂模板脱模剂，拆除后对模板表面进行及时清理；顶面处混凝土采用二次振捣等措施。

4 结语

施工实践说明，在我监理方与施工单位的共同努力下，大体积混凝土底板温控到位，有效防止了温度裂缝及收缩裂缝的产生；混凝土接茬处基本未发现错茬现象，混凝土感观质量良好；沉箱起浮时，未发生“跳跃”起浮现象，实现了基本无黏结力的影响。故此，目前我国第一大沉箱顺利通过验收。

与此同时，本工程也存在不足之处，如沉箱趾部模板拆除后，发现下倒角处仍有气泡未排除。在以后的工作中应继续研究应对措施，共同提高我国沉箱预制的技术水平。

90. 大面积裸岩及浅覆盖层海域栈桥施工关键技术

王春利　刘开来
（中交一航局第三工程有限公司）

摘　要：以大连星海湾跨海大桥二标段裸岩及浅覆盖海域栈桥施工为实例，重点介绍了裸岩及浅覆盖层海域栈桥基础配重、锚杆、环切3种植桩工艺，便于为今后类似地质条件栈桥施工提供借鉴。

关键词：裸岩　浅覆盖　植桩　借鉴

1　主体工程简介

大连星海湾跨海大桥二标段，总长3 200m。本工程双向八车道布置，分为两幅，上下双层设置，临近接岸点过渡为两幅并行的单层桥梁（图1）。

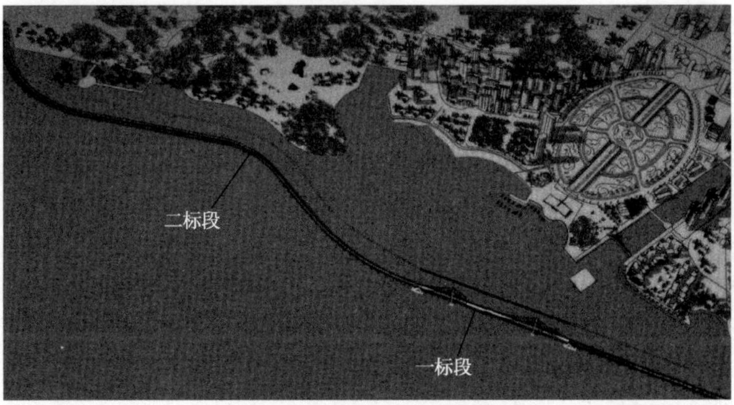

图1　大连星海湾跨海大桥标段划分

2　钢栈桥工程简介

2.1　钢栈桥总体介绍

二标段桥址位于无掩护海域，受风浪影响较大，若采用船舶施工，有效作业天数少，不能保证施工进度，为此，我们考虑在桥梁北侧搭设钢栈桥，作为基础和上部结构的施工通道。钢栈桥宽 6m，顶高程＋5.2m。同时在栈桥北侧每间隔 300m 设置一座 30～36m 不等错车平台，方便大型施工车辆避让和掉头(图 2)。

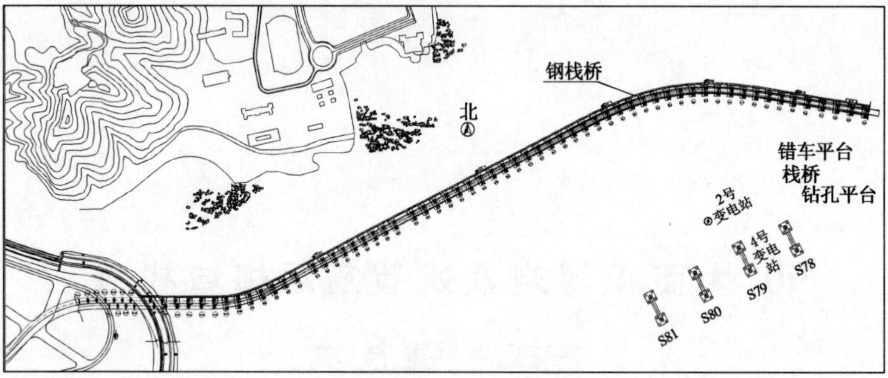

图 2 栈桥施工总平面布置图

根据主体工程地质柱状图，结合海底地质现场插探分析，二标段栈桥裸岩及浅覆盖层施工区域长度为 1 900m(栈桥总长 2 690m)，占栈桥总长 70%，如此大范围裸岩及浅覆盖层海域栈桥施工在国内成熟经验较少，尚无先例。

随着工程的开展，裸岩及浅覆盖层段施工难度凸显，栈桥工期压力空前巨大，单纯依靠一种植桩工艺无法完全解决问题，我们遵循“不炸礁、不挖泥、因墩制宜”原则，通过不断摸索创新，最终确定了以下几种植桩工艺(表 1)。

二标段栈桥植桩工艺及适用范围　　表 1

序　号	植 桩 工 艺	适 用 范 围
1	打桩船沉桩	深覆盖层区(覆盖层＞3m)
2	重力式植桩	岩面平缓的裸岩区(坡度＜6%)
3	环切嵌岩植桩	浅覆盖及桩位处平坦的裸岩区
4	锚杆嵌岩植桩	裸岩区(坡度＞6%)

栈桥工艺分区如图 3 所示。

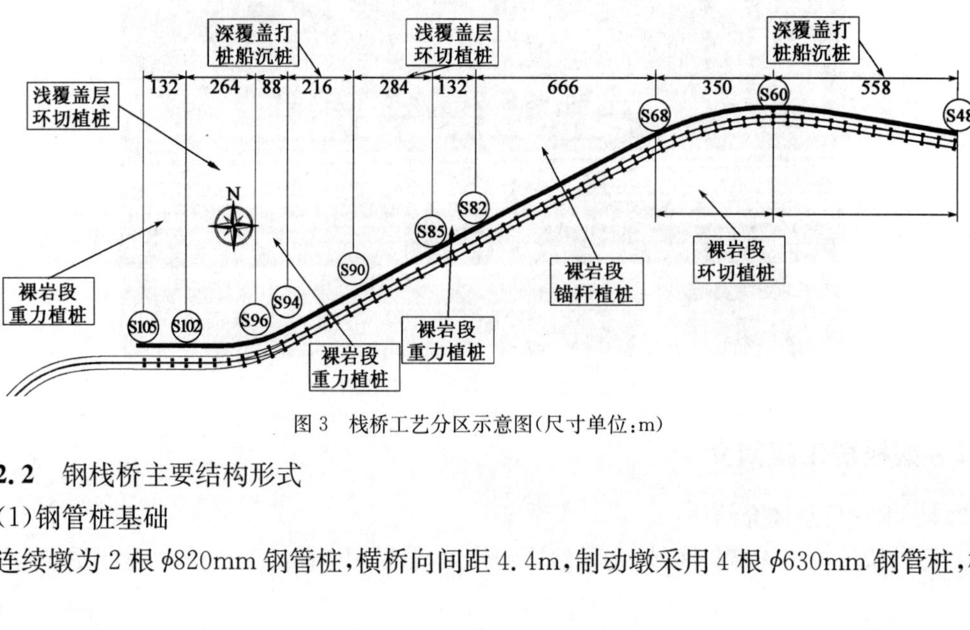

图 3 栈桥工艺分区示意图(尺寸单位：m)

2.2 钢栈桥主要结构形式

(1)钢管桩基础

连续墩为 2 根 ϕ820mm 钢管桩，横桥向间距 4.4m，制动墩采用 4 根 ϕ630mm 钢管桩，横桥向间距 4.4m，顺桥向间距 3m。每个墩均设置[20a 槽钢连接系。

(2)上部结构

钢栈桥从上至下依次为 δ8mm 花纹钢板、I 12.6a@300mm 纵向分配梁、I 20a@750mm 横向分配梁、“321”型贝雷梁、2 I 45a 分配梁、2 I 36a 分配梁(4.4m×3m 板凳墩设置)。为了增强钢管桩及桩顶分配梁自身稳定性，分配梁与钢管桩间通过 δ20mm 桩帽刚性连接(图 4、图 5)。

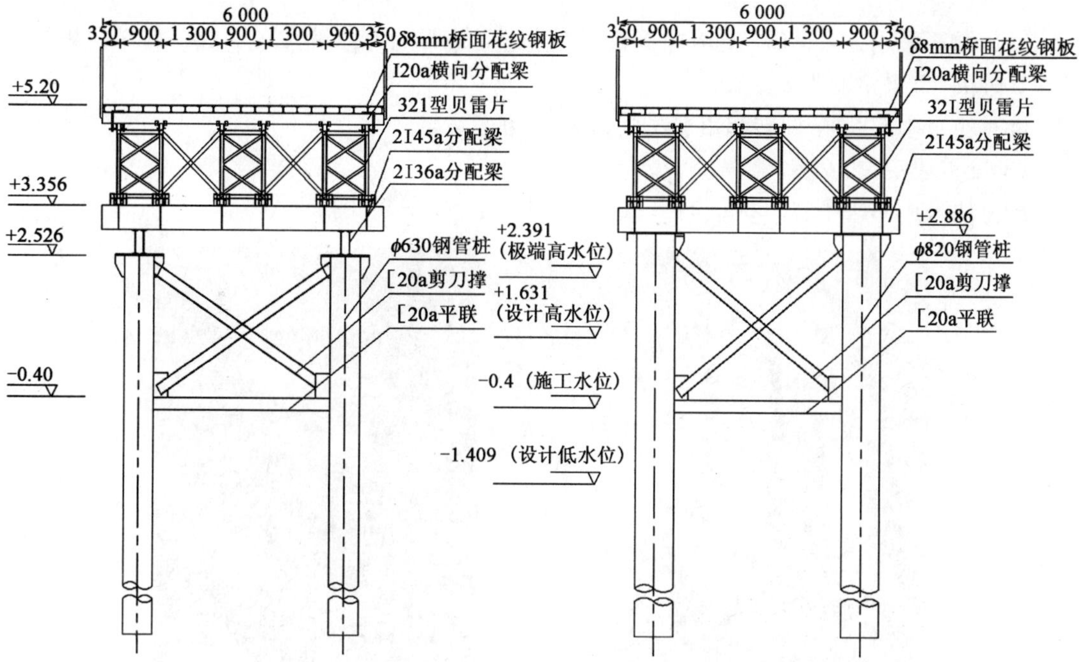

图 4　栈桥标准断面图(尺寸单位：mm，高程单位：m)

图 5　栈桥总体结构图

3　钢栈桥施工关键技术

3.1　打桩船沉桩

深覆盖层区钢管桩施工采用腾工Ⅱ号打桩船直接沉桩工艺，锤型为 D80 柴油锤。停锤标准：贯入度小于或等于 5cm(最后一击)。

3.2　重力式植桩

1)施工工艺流程

重力式植桩施工工艺流程为：施工准备→重力式混凝土墩预制→基床抛石、整平→重力式混凝土墩起吊、安装。

2)施工方法

(1)施工准备

配重块在甘井子预制场码头前沿集中预制,尺寸有 7.9m×3.5m×2m、7.0m×3.5m×2m 两种形式,预制时将 2 根 12m 钢管桩底部预埋在配重块内。

(2)基床抛石

基床抛石采用方驳运输、反铲挖掘机抛填作业,抛石的厚度为 0.5~1m,石料的规格为 10~100kg。整平精度为 3cm/m。

配重块采用 600t 全回转起重船吊装,1 200t 方驳运输。

(3)配重块定位、安装

配重块采用 GPS 配合 600t 全回转起重船进行定位、安装(图 6)。

a)

b)

图 6 配重块起吊、安装

3.3 环切嵌岩植桩

1)施工方法及工艺流程

(1)施工方法

环切嵌岩植桩是参照水井钻机钻井原理进行施工的,预先在钢管桩底口镶嵌 16 个 YG-8 型合金钢钻齿,然后采用工程水井钻机(CYTL-300A-1 型)通过钻杆带动钢管桩转动,正循环排渣,实现钢管桩钻进。

(2)工艺流程

环切嵌岩植桩工艺流程为:施工准备→钻孔平台吊放→钢管桩安放→钻机就位→钻进→植桩结束。

2)施工方法

(1)钻孔平台制作

制作尺寸为 5.4m×9.8m×3m 钻孔平台(图 7),支撑立柱采用 4 根可调立柱系统(图 8),以适应不同岩面高差。钻孔平台上下层设置钢管桩导向定位架,以保证钢管桩钻进过程中不发生倾斜。

(2)钻具钢管桩加工

①钢管桩与主动钻杆连接杆焊接。

②钢管桩底部焊接 16 个 YG-8 型合金钢钻齿。

③钢管桩底部设置 4 个 V 形过水口，便于钻进过程中通过水循环及时排渣(图 9)。

图 7　钻孔平台

图 8　可调立柱细部照片

(3)钻孔平台吊放

使用方驳吊机安装钻孔平台，安装偏差控制在 0.5～1.0m。

(4)钢管桩安放

调整钻孔平台上的限位槽钢，准确定位，将钢管桩沿钻孔平台导向定位架插入至海底岩面。

(5)钻机就位

使用方驳吊机将钻机吊放到钻孔平台上，使钻盘孔与钢管桩设计中心对应。

(6)钻进

闭合离合器，通过传动轴带动钻盘，驱动钻杆开始钻孔。开动泥砂循环泵，通过钻杆中心孔道将海水注入到钢管桩内，通过水口及侧壁空隙流出，钻渣在水流压力作用下被带出孔外，实现不断钻进。开孔时轻压低速钻进，开孔后匀速钻进，入岩 1.5m 后完成植桩(图 10)。

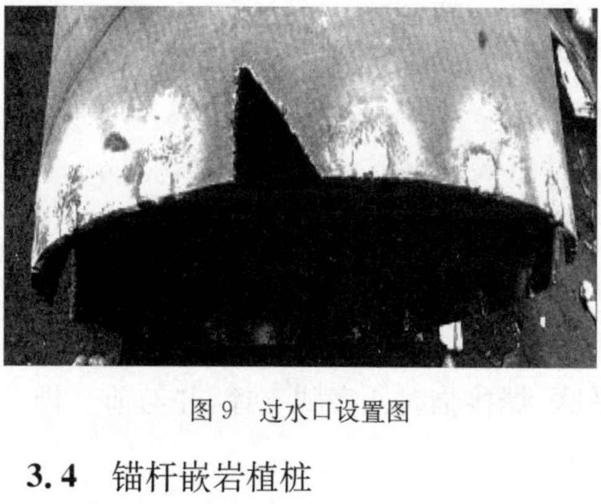

图 9　过水口设置图

图 10　环切钻进施工

3.4　锚杆嵌岩植桩

1)锚杆嵌岩植桩设计

锚杆嵌岩植桩是参考港口工程预制型锚杆嵌岩桩原理进行设计的，植入钢管桩的型号为 ϕ820mm×10mm，每根钢管桩内设置 2 根锚杆，锚杆的型号为∟90×10mm 角钢，锚杆入岩深度 3.1m，嵌入桩内混凝土 2.0m，如图 11 所示。

2)施工工艺流程

锚杆嵌岩植桩施工工艺流程为：施工准备→人工植桩→浇筑水下混凝土→管内锚杆孔钻进→下放锚杆及安装注浆管→注浆。

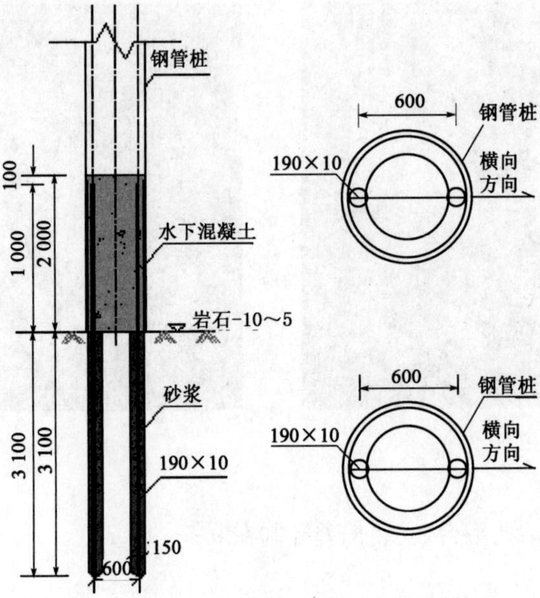

图 11　锚杆植桩结构示意图（尺寸单位：mm）

3）施工方法

（1）定位架、临时导向平台的制作及安放

①定位架为 6m×6m×6m 等边三角形，外管 820mm、内管 630mm、32mm 工字钢连接。临时导向平台采用 2 根 15.6m 长 32 工字钢，内净距 2.5m，5 根横连（图 12）。

②使用方驳吊机将定位架及临时导向平台组合在一起并安放就位，复核、微调后，钢管桩精确就位（图 12）。

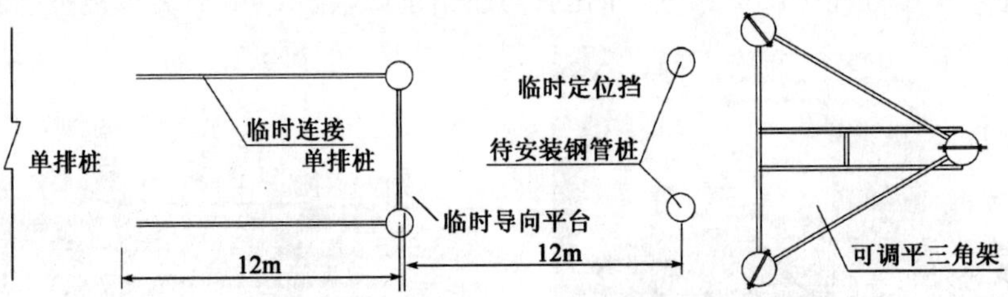

图 12　定位架、临时导向架平面布置图

（2）人工植桩

钢管桩就位后，及时根据设计要求进行桩间平联，焊接临时八字腿支撑，并与前一排已立好的钢管桩纵联加固。

（3）浇筑水下混凝土

为防止管内混凝土流失，钢管桩底部外围 50cm 处码砌袋装砂，高度高出桩底 30cm。混凝土采用拌和船搅拌，采用导管灌注水下混凝土。吊机吊混凝土倒入漏斗灌注，一经开始灌注，连续进行直至完成，中途不中断灌注，浇筑高度为高出海底 2m。

（4）锚杆孔钻进

采用方驳吊机将地质钻机吊至定位架平台上。调整钻机支腿钻头准确定位后将支腿固定牢固。桩顶设置钻杆限位装置，固定在桩顶，钻杆通过限位孔下放进行钻孔，孔深 5.1m，钻孔完成。

(5)下放锚杆、安装注浆管

每个钻孔内埋设 1 个锚杆，锚杆材质为 Q345，长度为 5.1m。注浆管采用硬质 PVC 管通过锚孔套管直接插至孔底。

(6)注浆

M30 砂浆由挤浆泵注入孔内，考虑注浆管内砂浆遗留量，每孔需要砂浆约 0.17m^3，确保泵入量足够。砂浆拌和用砂需严格过筛，以避免灌浆过程中堵塞导管，砂浆采用滚筒式搅拌机在方驳上按照配合比搅拌。

4 结语

本工程海上裸岩及浅覆盖层海域长度约 1 900m，在国内实属罕见。该区域栈桥通过重力式、环切嵌岩、锚杆嵌岩 3 种植桩工艺的综合应用，解决了钢管桩的稳定问题。

裸岩及浅覆盖区域 3 种植桩工艺的实施，保证了栈桥的如期贯通，比业主节点工期提前 12 天，为主体工程施工由水上变陆上提供了通道，给其他施工工序进一步优化工艺创造了条件。

参 考 文 献

[1] 中华人民共和国行业标准. JTJ 285—2000 港口工程嵌岩桩设计与施工规范[S]. 北京：人民交通出版社，2001.

91. 浅谈开敞式水域跨海桥的控制测量

贾玉林　李景新

（中交一航局第三工程有限公司）

摘　要：开敞式水域 GPS 静态测量和 GPS-RTK 快速静态是远离陆地，保证构筑物精度的第一选择，在保证海上测量平台不受海浪冲击产生震动的前提下辅以全站仪校核；能确保成桥线形和施工精度满足设计要求。

关键词：远离陆地　测量平台稳定性　GPS 静态测量　GPS-RTK

1　工程概况

大连星海湾跨海大桥，东起大连市滨海公路金沙滩东侧的金银山，向西跨越星海湾，在高新园填区域登陆。滨海大道划分为三个标段：第一标段施工内容为地锚式悬索主桥；第二标段为西引桥、西连接线；第三标段为东引桥、东连接线（图 1）。

图　1

其中西引桥上线长度为 2 774. 614m，下线长度为 2 759. 382m；大跨径混凝土引桥长度为 298m；西连接线 C 匝道长度为 532. 706m，D 匝道长度为 800m，C、D 匝道引堤长 170m。

桥位处于开敞式水域，施工主体远离陆地，海况条件差，有效作业天数少，受风浪影响大，施工工期紧、强度大，诸多不利因素给施工测量带来困难。结合本工程的施工特点和自然条件，常规测量定位方法已不能满足本工程施工测量的需要，为了保证施工高质量顺利进行，应采取周密措施，使用多种测量手段进行工程测量。

全球定位系统(GPS)发展至今已有多年，GPS 技术已经比较成熟，在测量工作方面，实时动态 GPS 以其全球性、全天候、高效率的工作性能，准确、可靠的工作精度等优点被广泛应用于大地测量、工程勘测定位、工程与地形测量、地籍测量和海上测量等各个测量领域。与传统的测量手段相比，GPS 观测站间无需通视，基线相对定位精度优于 1.0ppm，观测时间较短(甚至可以实时提供成果)，观测操作简便，基线长度不受传统方法的限制，可同时提供统一基准下的三维坐标。另外，所需作业人员的减少和劳动强度的降低等优势，都是传统测量方法所无法相比的。

根据目前 GPS 技术的各项优点以及杭州湾大桥等类似工程的应用实例，本工程施工测量采用 GPS 快速静态相对定位、GPS-RTK 技术等定位方式，辅助以全站仪、水准测量等常规定位方式。这些手段应充分发挥各自的优势，互为补充克服存在的劣势，互相检验，形成有机的整体系统，采取严密措施，保证工程各环节万无一失。

2 测量控制网布设

控制全桥的轴线及竖向线形的关键在于建立合理的高精度的施工控制网及可靠的测量手段。本工程采用 GPS 测量技术进行施工平面控制网的测量；使用精密水准(Ⅱ等标准)进行施工高程控制网的测量。同时以 GPS 静态测量技术进行高程控制点的测设，与普通水准测量及测距三角高程法比对，对于三角高程的精度分析，有多篇论文已经证明其精度了，本文就不再赘述了。

2.1 首级施工平面测量控制网复测

首级施工测量平面控制网按进场交桩布置完成，见图 2。首级施工平面测量控制网是保证全桥整体性的关键基础，使用前必须对首级控制网进行复测。

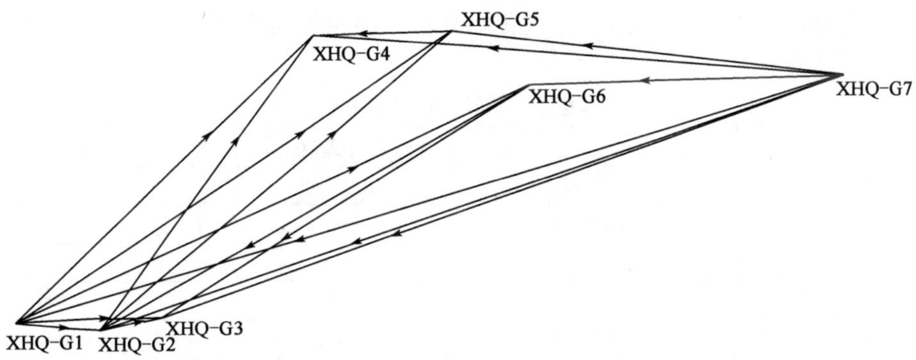

图 2 首级施工平面测量控制网

复测方法：进场后，首先要用测频仪测出桥址施工区域的电台频率分布情况，选择没有使用或干扰较少的频率作为本工程 GPS 电台的使用频率，以消除电台干扰造成的 GPS 不能锁定情况。一般情况下，GPS 使用频率选择在 455MHz 附近。

首级平面控制网按 C 级 GPS 网，使用 5 台 Trimble R6 仪器分两个时段进行边连式观测，每个时段有效观测时间为 60min，进行复测，确定首级平面控制网的坐标数据，作为施工测量平面控制的依据。复测结果见表 1。

表 1

平差后边长及精度

序　号	开始点名	终止点名	S(m)	M_S(cm)	M_S∶S	ppm
1	G6-1	XHQ-G3	1 595.770	0.01	1/29 125 000	0.03
2	G6-1	XHQ-G6	652.323	0.01	1/9 217 000	0.11
3	XHQ-G3	XHQ-G6	1 722.320			
4	XHQ-G5	G6-1	948.828	0.01	1/12 234 000	0.08
5	XHQ-G5	XHQ-G3	1 603.947	0.00	1/37 144 000	0.03
6	XHQ-G5	XHQ-G6	373.754	0.00	1/7 571 000	0.13

最弱边

序　号	开始点名	终止点名	S(m)	M_S(cm)	M_S∶S	ppm
6	XHQ-G5	XHQ-G6	373.754	0.00	1/7 571 000	0.13

平差后坐标(X,Y,Z)

序　号	点名	X(m)	Y(m)	Z(m)	M_X(cm)	M_Y(cm)	M_Z(cm)	M_P(cm)
1	XHQ-G3	−2 602 116.982 7	4 237 567.347 0	3 980 717.777 5				
2	XHQ-G6	−2 603 076.047 1	4 236 318.855 3	3 981 416.240 5				
3	G6-1	−2 603 377.261 9	4 236 608.642 4	3 980 915.422 7	0.01	0.01	0.01	0.02
4	XHQ-G5	−2 602 746.632 6	4 236 373.391 1	3 981 584.181 2	0.01	0.01	0.01	0.01

最弱点

序　号	点名	M_X(cm)	M_Y(cm)	M_Z(cm)	M_P(cm)
3	G6-1	0.01	0.01	0.01	0.02

2.2　首级施工高程测量控制网复测

进场后首先使用DINI03电子水准仪(标称精度0.3mm/km)按二等水准限差的要求对业主提供的首级高程控制网进行复测,确定首级高程控制网的高程数据,作为高程测量控制依据。复测结果见表2。

高程平差值及其精度成果表　　表 2

序　号	点　名	高程平差值(m)	中误差(mm)
1	XHQ-G3	4.119 00	0.00
2	XHQ-BM3	3.880 00	0.00
3	ZD1	5.328 41	0.60
4	ZD2	9.167 25	0.90
5	ZD3	14.392 37	1.06
6	ZD4	24.058 22	1.32
7	ZD5	5.898 50	1.82
8	JMBM1	3.961 25	1.87
9	JMBM2	3.635 51	2.01
10	JMBM3	4.687 76	2.07

2.3　加密控制网(点)

大桥的施工测量尽可能直接使用首级平面控制网。为了更有利于全桥轴线和全桥竖向线形的控制,在陆域适当位置选择较为稳定开阔的地方以及施工平台或墩台基础上布设平面控制点及高程控制点控制近岸墩台。施工加密控制网(点)的布设随工程施工进度情况以及放样精度的要求,在首级控制网点的基础上并与陆域加密控制网(点)联测分期布设加密控制网(点)。施工加密点尽量布设为强制对中测量墩,以消除每次测量对中误差及量测仪高等造成的误差。

平面控制网加密点采用与首级控制网同等精度的 GPS 静态相对定位法的观测方法和数据处理方案进行观测和数据处理,确保加密点控制网与首级网坐标系统的统一和测设精度。

高程控制点采用 DINI03 电子水准仪二等精密水准测量,并附合到首级高程控制点。若使用 GPS 静态相对定位法,施测时通过两个时段测量,采用无约束平差(WGS84 自由平差法)和约束平差法相结合,在相关工程应用实例印证下,平原地区且范围不大的桥址地区 GPS 高程测量精度一般和标称精度一致,能够满足本工程要求。我们在施工过程中将以测距三角高程法、二等精密水准测量为主,辅助以 GPS 静态测量,相互校核(图 3)。

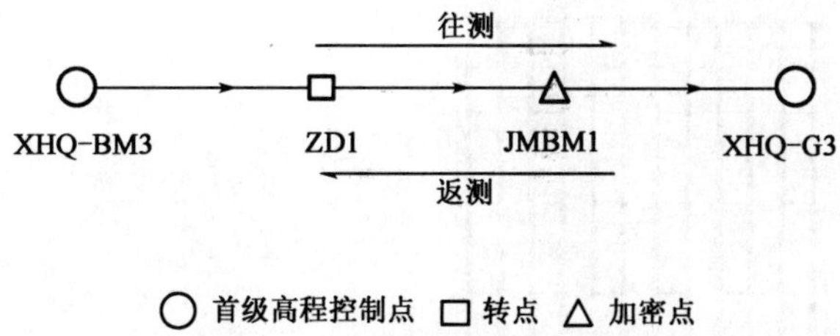

图 3　施工高程加密测量控制网

(1)施工栈桥工期加密控制网(点)

把栈桥加密控制点加密到优先在海上用钢管桩搭设测量平台上,平面采用 GPS 静态相对定位法和全站仪导线测量校核。为了防止波浪对钢管桩拍打产生的震动,采用大钢管桩套小钢管桩的方法,小钢管内灌注混凝土,使测量平台不受海浪冲击的影响,以保证栈桥放样的准确(图 4)。

(2)基础施工期加密控制网(点)

钻孔灌注桩施工平台的施工过程直接利用首级控制网(点),使用 GPS-RTK 技术控制(图 5);墩台施工平台搭设后在施工平台上布设加密控制网(点),平面测量方法使用与首级控制网同等精度的 GPS 静态相对定位法进行施测,高程使用 Leica TCRP1201+全站仪与首级控制网同等精度的测距三角高程法施测(图 6)。

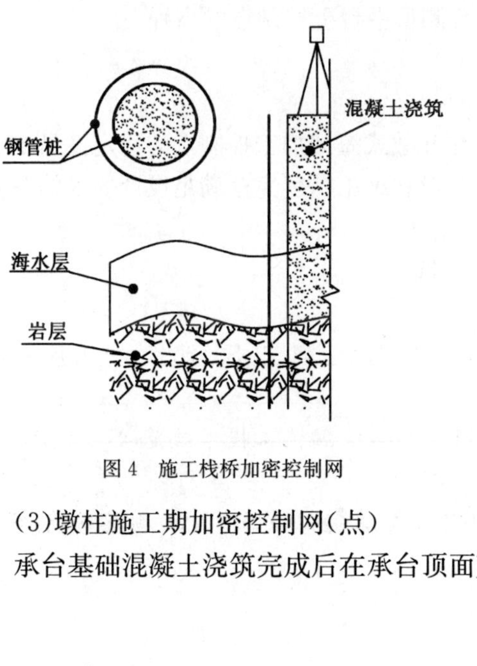

图 4　施工栈桥加密控制网

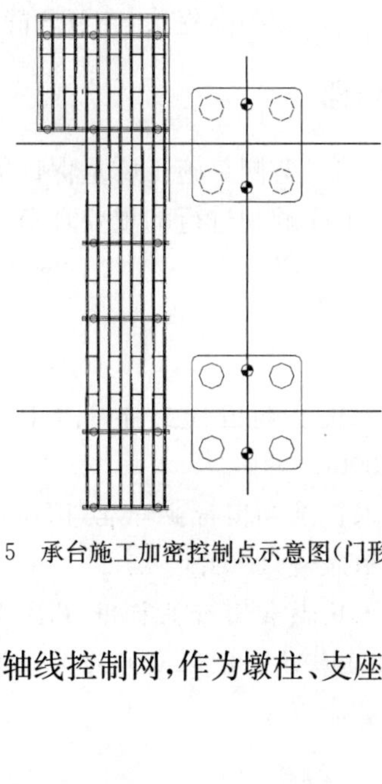
图 5　承台施工加密控制点示意图(门形墩)

(3)墩柱施工期加密控制网(点)

承台基础混凝土浇筑完成后在承台顶面建立相应的轴线控制网,作为墩柱、支座的施工加密控制点，为了确保极为关键的桥墩的高精度相关位置关系，桥墩承台完成后，应将它们的轴线点与桥轴线主点特别是相邻标段桥轴控制点进行GPS联测，在控制精度内调整，以保证上部墩柱、支座在整桥中的相关位置精度。

测量方法采用与首级控制网同等精度的GPS静态相对定位法进行施测，高程使用Leica TC1201＋全站仪与首级控制网同等精度的测距三角高程法施测。加密控制网点同时可用来作为基础的沉降变形观测点；墩柱施工期间要加强对加密控制网(点)监测。[门形墩加密控制网(点)布设见图7，单墩加密控制网(点)布设与图7类似]。

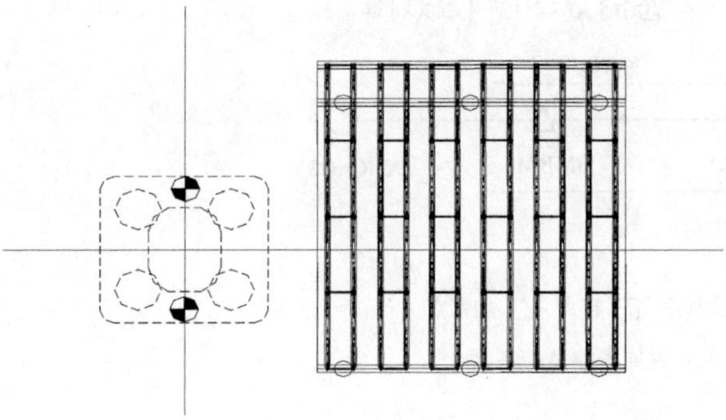

图6　承台施工加密控制点示意图

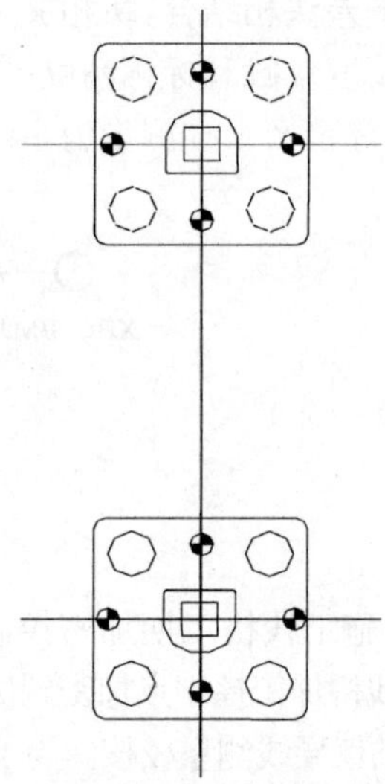

图7　门形墩墩柱施工加密控制点示意

(4)上部结构施工期加密控制网(点)

施工中在使用GPS快速静态或RTK定位时，一定要在放样前加强和已知控制点的比对，这一过程必须贯穿执行于本合同段施工全过程。同时要注意GPS失锁及假锁现象的发生，特别要注意GPS假锁带来的测量影响。施工平台上的控制点要加强跟踪复测。钻孔灌注桩施工过程中要加强对施工平台的监测，测量方法使用GPS快速静态测量平台上控制点的平面位置，使用全站仪测距高程法与GPS静态测量相结合测量平台上控制点的高程。

3　结语

测量控制、监测是施工质量保证的重要环节，在开敞式海域加密控制点的稳定性是重中之重，是整个工序顺利进行的重要环节，是确保成桥线形和施工精度完全满足设计要求的关键。

参考文献

[1] 中华人民共和国行业标准. GB 50026—2007　工程测量规范[S]. 北京：中国计划出版社，2008.

[2] 中华人民共和国行业标准. JTG/T F50—2011　公路桥涵施工技术规范[S]. 北京：人民交通出版社，2004.

[3] 中华人民共和国行业标准. GB/T 18314—2009　全球定位系统(GPS)测量规范[S]. 北京：中国标准出版社，2009.

92. 基于 3D 扫描分层投影的桥塔几何特征线形测量

伊晓东[1]　韩国利[2]　王家良[1]

（1. 大连理工大学建设工程学部；2. 山东交通工程监理咨询有限公司）

摘　要：介绍 3D 在悬索桥施工桥塔的应用和产生的误差分析，提出了分层投影获取桥塔几何特征线形的思路。通过对大连市南部滨海大道索塔的现场扫描试验，证明本方法对于实现索塔的线形施工监控是可行的，无论从实施的可行性和点位精度都能满足监控的实际需要。

关键词：3D 扫描　云数据　分层投影　特征线提取

1　概述

三维激光扫描技术是 20 世纪 90 年代中期开始出现的一项高新技术，是继 GPS 空间定位系统之后又一项测绘技术新突破。它通过高速激光扫描测量的方法，大面积高分辨率地快速获取被测对象表面的三维坐标数据。可以快速、大量地采集空间点位信息，为快速建立物体的三维影像模型提供了一种全新的技术手段。由于其具有采集建筑物特征点全面、翔实的特点，因此三维激光扫描技术为施工质量监测和检测带来了可靠的数据保障。

然而，三维激光扫描仪在使用过程中，受扫描测站位置、被扫描建筑物的构型、扫描的距离以及扫描时的外界条件影响，数据的完整获取以及数据的采样精度都会受到一定的限制。

一般情况，三维激光扫描仪的分辨率、回波、时间和大气影响等都是影响点云精度的误差来源。通常情况，仪器与被测点的距离越近，激光光斑越小，分辨率越高，回波信号越强，相应的测量精度就越高，反之，则测量精度越低。此外，回波还受目标材质的反射率和边缘效应影响。

本文基于 3D 激光扫描技术，探讨在海面上，扫描视场受限制条件下，如何对悬索桥的主塔实施其施工垂直度控制，从作业方法、数据提取和精度分析以及桥塔的三维建模，获得桥塔几何线形的施工质量现状的分析数据。

2　3D 激光扫描定位模型和精度

2.1　空间定位模型

三维激光扫描仪采用非接触式高速激光测量方式，以点云形式获取地形及复杂物体表面的阵列式几何图形的三维数据。仪器要包括激光测距系统、扫描系统和支架系统，同时也集成CCD数字摄影和仪器内部校正等系统。包括脉冲测距法和相位测距法，其中适合于远距离扫瞄的是脉冲测距法的三维激光点坐标计算方法(图1)。

三维激光扫描测量坐标为仪器内部相对坐标系统[2]，见图2，X轴在横向扫描面内，Y轴在横向扫描面内与X轴垂直，Z轴与横向扫描面垂直(图2)。

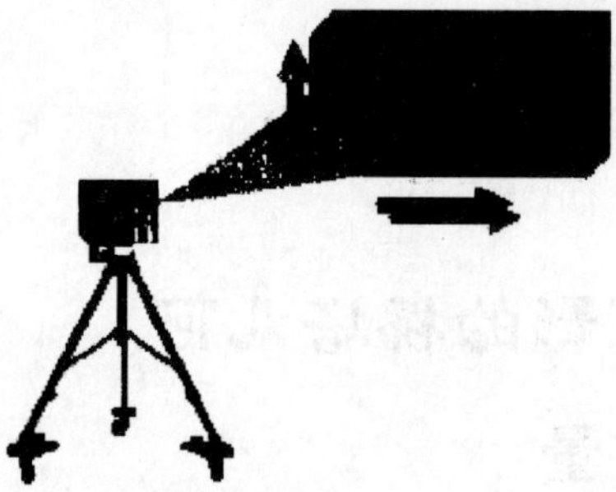

图1　3D激光扫描系统

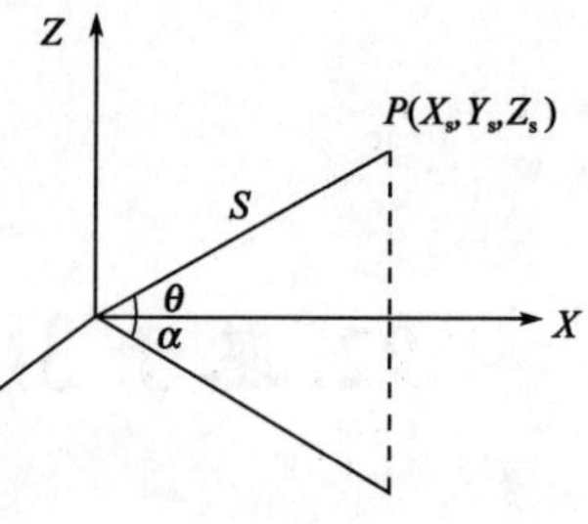

图2　脉冲式测距法三维激光点坐标

点位坐标计算公式如下。

$$\left.\begin{aligned} X_S &= S\cos\theta\cos\alpha \\ Y_S &= S\cos\theta\sin\alpha \\ Z_S &= S\sin\theta \end{aligned}\right\} \tag{1}$$

式中，S为测距观测值，而精密时钟控制编码器同步测量每个激光脉冲横向扫描角度观测值α和纵向扫描角度的观测值θ。由此可得三维空间点P坐标(X_s，Y_s，Z_s)的计算公式。

2.2　精度评估模型

三维激光测量误差可分为仪器误差、与目标物体反射面有关的误差和外界环境条件影响这三类。由式(1)可知，仪器误差源于仪器本身的性能缺陷，包括激光测距的误差、扫描角度测量的误差；与目标物体反射面有关的误差主要是表面粗糙度的影响；外界环境条件主要包括温度、风、气压等因素。在一般地面三维激光扫描作业环境下，地面三维激光扫描获取的点云数据的误差主要是由扫描仪自身的误差引起的[1]。

(1)激光测距误差

激光测距在信号处理各个环节都会带来一定的误差。现在激光测距的原理有两种，即脉冲式和相位式。脉冲测距产生的误差主要是计时误差，相位法测距产生的误差主要是调制光的频率误差。在仪器使用过程中，由于电子元件的老化等原因，实际的调制频率与设计的标准频率会产生微小的差别，该影响与所测距离长度成正比，称为比例误差；另外，由于测距系统距离起算中心与其安置中心不一致等原因，使得实测距离与实际距离有个固定的差数，称为固定误差。对于固定误差和比例误差，可以通过仪器检定来确定，从而可确定激光测距误差[1]。对应误差公式如下：

$$m_S = \sqrt{a^2 + (Sb)^2} \tag{2}$$

(2)扫描角的影响

扫描角的影响包括水平扫描角度和竖直扫描角度测量的影响。扫描角度引起的误差是扫描镜的镜面平面角误差、扫描镜转动的微小震动、扫描电机的非均匀转动控制误差等因素的综合影响。

测角误差对测设点位的影响公式为：

$$m_{\alpha}=\pm\frac{\Delta\beta}{\rho}\sqrt{\frac{2}{n}}R \tag{3}$$

对于三维激光扫描仪则有：

$$m_{\alpha}=\pm\frac{\Delta\beta}{\rho}R \tag{4}$$

(3)激光光速发散的影响

在实际应用中,多数扫描仪系统都是采用基于激光脉冲的时间测量来进行距离量测的。由于激光束的发散特性,使得激光束到达实体表面的光斑大小影响着回射点云的分辨率和定位的不确定性。假设发射激光束成圆形发散,最终到实体表面用光斑表示,则有下式成立：

$$W(\rho_{w})=W_{0}\sqrt{1+\left(\frac{\lambda\rho_{w}}{\pi W_{0}^{2}}\right)^{2}} \tag{5}$$

式中:λ——与激光光束发射位置有关的距离参数。

一般而言,光斑的大小是随着扫描距离增加而线性增大的。发散的光斑大小可以用一个扫描距离的线性方程来表示。

3 基于3D扫描桥塔几何线形测量

3.1 数据采集的技术

大连南部滨海大道工程悬索桥的索塔高达112.31m。为了了解索塔施工中,线形是否满足设计要求,采用3D扫描结合遥测型测量机器人实施场地检测。

扫描采用莱卡(图3)地面高精度激光扫描仪(HDS-3000型)。它使用极其纤细的近红外线激光束,适合多种测量应用。对于传统的检测工作,仪器可以节省高达80%的人员费用,利用Leica Cyclone办公软件,方便地处理扫描文件中的海量数据。

(1)扫描格式选择

针对本项目检测对象的结构特点,对扫描场地测站(包括塔外、塔内)的位置和数量进行了规划,其目的是减少噪点和扫描时间,提高效率。因为扫描距离越远,扫描时间越长。另外,点云的密度取决于激光点位间隔和索塔边缘几何特征线提取的精度要求,对本项目,由于扫描测站的限制,采用了0.5mm激光点位最细间隔进行扫描。归算到索塔本身,点云间隔平均在2cm。为了满足点位密度覆盖的需要,对于同一索塔,采用了两站重叠扫描。两个扫描站分布在锚碇离索塔最近的两个角,每个索塔上用于点云拼接的参考点保证在5个以上,既可以提高模型拼接精度,同时也可以作为检核点(测量机器人)之用。

(2)测站选择

本次3D扫描设立站点4个,其中东、西每个锚碇两站,重复扫描东、西索塔。图3为现场数据激光扫瞄采集情形。

3.2 内业点云数据处理与建模

3D扫描数据采集完毕后对索塔点云数据和影像数据进行预处理,采用Leica Cyclone进行后期处理。

(1)点云分割

外业采集获取的点云数据除被检测索塔外,还可能包含外围钢架、挂网、模板等数据。应将其从点云数据中分割过滤出来,为后续处理提供基础数据。

(2)点云拼接与坐标转换

外业采集的数据导入软件后，根据坐标点自动拼接，一些点云接合处不太理想，则进行手动拼接。然后将点云图转换成正射图，坐标转换成大连城建坐标。图4为西索塔柱上拼接后点云图(局部)。

图3 3D激光扫描采点现场

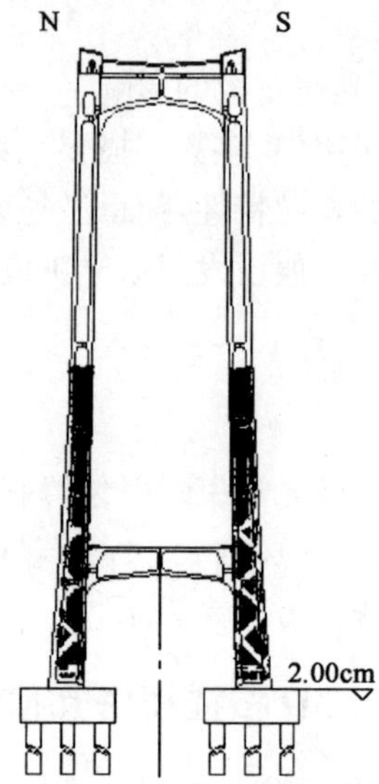

图4 西索塔及扫描点云分布

4 基于3D模型桥塔切片和几何线形特征提取

4.1 桥塔切片和几何线形特征提取

特征提取是指根据设定的曲率变化梯度阈值，搜寻点云中的边界、棱线、孔洞等突变特征。首先估计曲面(曲线)上点的法矢和曲率，据此判断曲面(曲线)的不连续性特征，然后提取特征点，将特征点连接成特征线。

由于受塔柱的曲面线形、扫描角度等影响，桥塔曲面边界附近出现很多“飞点”，其测量数据可靠性不高，并且边上点的数量较少。而只有接近边的特征数据才是所关心的。但按这些数据计算出的相切连续或高阶连续的曲面光滑边是不可靠的，这是因为噪声飞点的存在易导致错误的推理结果，而对数据作光滑处理，又会使推算结果失真，丢失真实的特征线位置。处理这种不完整边界识别问题可通过切片分区来实现。即把整个扫描塔柱有效地分割成与几何曲面特征相对应的多个平行子曲面，最后通过相邻曲面相交来获得索塔边界线，这种把三维问题转换为二维处理的方法，可以提高解算精度。

根据桥塔变截面特点(主要在H=60m以下)及便于结构几何分析，对扫描建立的3D模型进行特征分层。从塔柱下部(H=2m)直到已拆模板的塔柱上部(H=58m)，取10个水平剖面，并将其叠加投影在同一个平面上，形成的图形和对应的X柱的编号(与设计图纸一致)如图5所示。

图6为设计索塔典型剖面示意图。

4.2 3D扫描桥塔空间精度分析

根据3D扫描图提取的塔柱面反射片坐标，与用测量机器人测量的同名点三维坐标进行比较，可以获得3D扫描塔柱左右幅检核点坐标偏差及精度统计，部分检核结果见表1。

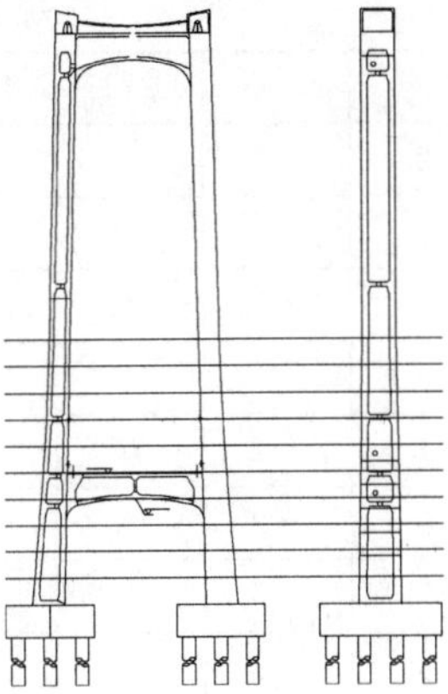

图 5 索塔分层剖面位置

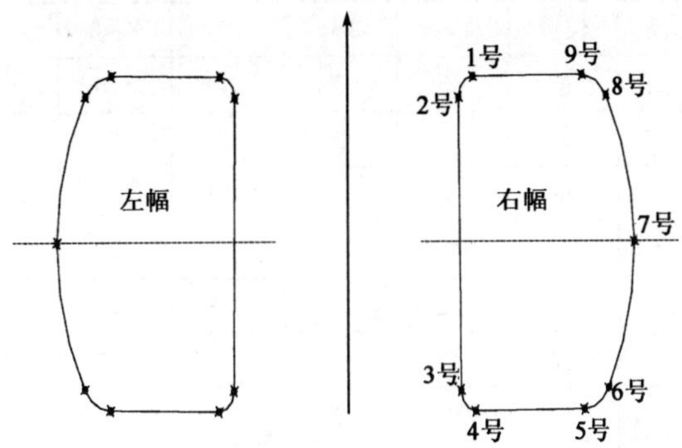

图 6 设计索塔左右幅典型剖面

东塔左右幅检核点坐标偏差(单位:m) 表 1

编号	X	Y	Z	D_x	D_y	D_z	M_{Mp}
L1	4 303 684.165	37 106.335	46.429	0.008	0.009	0.004	0.007
L2	4 303 686.127	37 106.654	46.425	0.005	0.008	0.01	0.008
L3	4 303 712.169	37 110.858	40.283	0.012	0.001	0.007	0.008
L4	4 303 713.327	37 111.041	40.219	0.004	−0.008	0.006	0.006
平均偏差				0.007	0.003	0.007	

从表 1 可以看出,4 个检核点 X、Y、Z 三个方向的平均偏差小于 7mm,而空间点位偏差 M 最大也小于 8mm,说明本方法用于大桥空间点提取,精度满足要求。

4.3 索塔线形现状评估

塔柱在施工中,可能由于立模、模板形变、混凝土膨胀等因素,造成柱体立面产生不均匀的形变。因此,结合扫描数据,利用表 1 分层投影关系,对 10 个特征塔柱截平面(左、右幅)的几何形状进行了提取和多点曲线拟合计算,获得了每个剖面层特征线及相关几何要素,并与对应截面高的边缘线进行比较,得到对应 10 个剖面水平投影塔柱边缘 9 个特征点(1~9 号)坐标与设计坐标偏差,结果见表 2。

塔柱(包括左右幅)边线特征点偏差比较(单位:mm) 表 2

截面高	位置	1号	2号	3号	4号	5号	6号	7号	8号	9号	平均变化
5	左	2	3	8	7	3	0	4	−3	−2	2
	右	4	5	2	3	5	4	1	−2	3	3
10	左	1	0	0	2	−6	−8	0	3	6	0
	右	0	2	−2	0	3	6	2	7	0	2
15	左	1	−3	−3	−5	−6	−4	0	−3	−4	−3
	右	3	2	−6	0	4	6	2	5	0	2
20	左	1	2	−6	−5	−5	−1	2	6	5	0
	右	2	0	4	1	3	4	0	−3	−5	1
25	左	0	0	0	−5	−3	−2	0	−4	−5	−2
	右	0	2	1	2	2	0	0	−2	0	1

续上表

截面高	位置	1号	2号	3号	4号	5号	6号	7号	8号	9号	平均变化
30	左	2	3	4	−5	−4	−6	2	−5	−7	−2
	右	1	0	1	6	3	5	0	3	0	2
35	左	3	−7	−5	−3	−4	−3	3	8	4	0
	右	2	4	0	1	0	2	0	2	4	2
40	左	1	0	−3	−2	−6	−7	1	−2	0	−2
	右	2	−2	−4	−5	−7	−8	0	−2	−6	−4
45	左	0	2	2	4	4	2	0	−5	1	1
	右	0	3	0	−5	−4	−5	0	−3	−5	−2
50	左	0	5	2	0	−6	−4	1	−2	−4	−1
	右	1	0	0	0	−4	0	0	−6	−7	−2
55	左	1	0	0	2	−3	0	2	2	−4	0
	右	0	1	0	−1	−2	−2	0	2	4	0

注：表中数据为负，表示塔体向左（或塔内）偏；反之，向右（或塔外）偏。

从表2可以看出，利用10个切片检测，在10个不同高度截面层上，对应的大桥桥塔左右幅特征点变化与设计值比较平均偏差在－2～4mm。偏差最大一般不超过8mm。

5 结语

本文提出的3D数据处理方法，无论是从数据采集、处理的效率和成果的合理性，均能满足大型悬索桥塔的施工监控目的。不仅使内业计算工作量大减，而且解算的可靠性提高。

通过与精密全站仪测量坐标成果比较，3D扫描提取的点云空间坐标，理想精度应达到5mm以内。而利用分层剖面水平投影拟合出的被试验的在建塔柱左右幅特征点(线)坐标均能实现与设计点(线)的比对。

参考文献

[1] 金靖，三维激光扫描仪测量误差来源及精度分析[J]. 科学时代，2012(03)：58-59.

[2] 郑德华，沈云中，刘春. 三维激光扫描仪及其测量误差影响因素分析[J]. 测绘工程，2005，14(2)：32-34.

[3] 程光亮，张福利，王宝山. 三维激光扫描技术在工程应用中的精度探讨[J]. 测绘与空间地理信息，2007(8)：5-9.

[4] 郑德华. 三维激光扫描数据处理的理论与方法[D]. 上海：同济大学，2005.

[5] 吴敏，周来水，王占东，等. 测量点云数据的多视拼合技术研究[J]. 南京航空航天大学学报，2003，35(5)：552-557.

93. 大连星海湾跨海大桥主桥的施工监控

荆友璋[1]　张　哲[2]　黄才良[2]　张小龙[3]

（1. 大连理工现代工程检测有限公司；2. 大连理工大学；

3. 大连理工大学土木建筑设计院）

摘　要：大连星海湾跨海大桥主桥为国内首座海上布置锚碇，双层通车钢桁架悬索桥，其具有结构体系复杂、施工工序繁多、施工精度要求高、施工控制难度大等特点，给施工监控工作提出了极高要求。通过介绍对锚碇锚固系统定位控制、索塔施工以及结构上部钢桁架吊装拼接施工等控制方法，有效地保证了结构达到设计要求，该控制方法可以为类似桥梁施工控制提供参考。

关键词：施工监控　钢桁架　吊装　锚碇

1　工程概况

大连星海湾跨海大桥是大连城市交通网"七纵七横"的重要"一横"，是形成大连市未来"外环"道路的重要一部分，整个工程由陆上部分和海上部分组成，其中陆上部分西段 5.5km，东段 3km，海上部分 5km，全长 13.5km。星海湾跨海大桥是滨海路的海上延伸，不仅解决了交通问题，也将为城市南部创造出崭新的景观。

主桥为双塔三跨地锚式悬索桥，跨度布置为 180＋460＋180＝820m，加劲梁为钢桁架结构，两端设混凝土重力式锚碇，桥塔采用混凝土结构，桥面板采用正交异性桥面板，车道双层布置，为国内首座海上布置锚碇，双层通车钢桁架悬索桥，如图 1 所示。

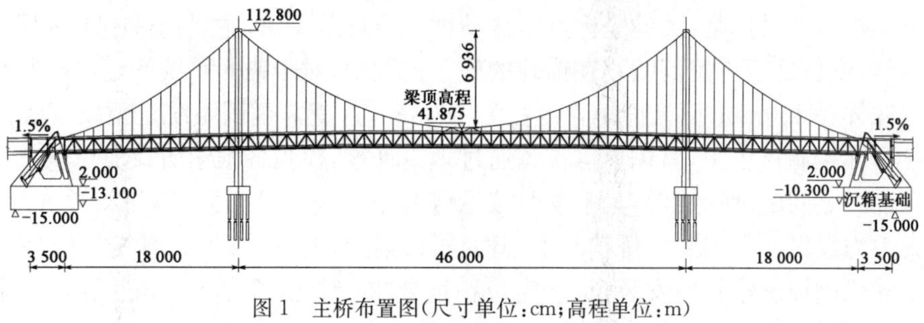

图 1　主桥布置图（尺寸单位：cm；高程单位：m）

2　施工监控的意义与本桥的控制特点

对大型桥梁而言，理想的几何线形与合理的内力状态不仅与设计有关，而且还依赖于科学合理的施工方法。如何通过对施工过程的控制，在成桥时得到预先设计的内力状态和几何线形，是桥梁施工中非常关键和困难的问题。施工监控的目的就是通过在施工过程中对桥梁结构进行实时监测，根据监测结果，评估各主要施工阶段主要构件的变形及材料应力变化状态是否符合设计要求，判断施工过程是否安全，结构是否正常工作；而当出现较大误差时，应对结构进行误差调整，并对设计的施工过程进行重新安排，从而保证桥梁建成时最大可能地接近理想设计状态，同时也确保施工期间的结构安全、施工质量和施工工期。

大连星海湾跨海大桥主桥，具有结构体系复杂、施工工序繁多、施工精度要求高、施工控制难度大、施工过程结构安全性问题突出等鲜明特点，由其结构体系特点、桥位特点及其施工特点等所决定，本桥施工监控所面临的困难与挑战可以概括如下：

(1)桥位处环境条件复杂

本桥位于大连星海湾，整个结构施工均在海上进行。桥址处夏季南风浪大，冬季北风气温低，均对结构施工尤其是钢桁架吊装施工增加了难度。

(2)结构体系复杂

本桥结构为海上地锚式钢桁架悬索桥，其中海上锚碇、钢桁架双层行车均为国内首创。

①锚碇需要承担整个结构的竖向力与水平力，其自身受力复杂，需要保证锚碇各部分受力协同；

②桥面系为正交异性板，其通过支座与钢桁架横梁连接，受力复杂。

(3)施工工期长、工序繁多

本桥作为目前国内第一座完全意义上的海上地锚式悬索桥，其施工工期长，施工工序繁多，温度等影响较大，其控制过程复杂、控制误差极易累积，给施工控制带来了较大的困难。

(4)监测内容多、控制难度大、精度要求高

海上施工对于各监测项目提出了很高的难度，对于高程等测量工作，在海上受天气影响更为明显。此外，各测点距离较远，受环境影响几何测量难度大，对于控制精度提出了更高的要求。

3 锚碇的施工控制

锚碇作为本桥最重要的受力结构，主要由沉箱、底板、锚块、散索鞍支墩、锚室等部分组成。锚碇锚固系统采用为刚性拉杆锚固。刚性拉杆一端与主缆索股连接套连接，另外一端锚固于后锚板，可通过张拉设备进行主缆索股长度调整。锚固系统有前锚面钢板与后锚面钢板。后锚板位于后锚室顶面，前锚钢板位于前锚室底面，前后锚面钢板间设有无缝钢管，刚性拉杆穿过无缝钢管。

锚碇施工控制的目标是：关键坐标点定位精度满足规范要求，主要构件施工过程中受力安全，锚碇沉降与变位处于可控范围。在锚碇的施工控制中，对于锚固系统的定位控制是重中之重。刚性拉杆外径 160mm，而无缝钢管内径为 180mm，这就对锚固系统定位精度提出了极高的要求。在实际控制过程中，监控单位首先通过理论计算，模拟各根索股在成桥状态下散索鞍出索点与后锚点之间的理论线形，其中索股按悬链线单元模拟、刚性拉杆按梁单元模拟、连接套重量按集中力模拟。在得到成桥状态下刚性拉杆理论位置后，按照拉杆与索管在前锚板出口位置同心的原则控制索管的安装位置，定位精度要求控制偏差在±5mm 以内，其余各要素控制精度均按照规范要求进行。

在施工过程中，监测索管在各层混凝土浇筑前后的变形，如出现偏差超过 5mm 情况立即调整索管。同时定期监测锚碇变位情况，通过对观测点进行坐标与高程观测，并布置倾斜仪对

锚碇倾角观测，可以保证有效的监测结构的状态。监测数据表明，锚碇在升浆完成后，处于稳定状态，未出现受力变位。

4 索塔的施工控制

索塔为门式框架结构，由塔柱和横梁组成，包括塔柱和上下横梁，塔柱为钢筋混凝土结构，横梁为预应力钢筋混凝土结构。索塔布置与断面如图 2 所示。塔柱承台以上高 112.31m，为 D 形空心截面，塔柱横桥向由上至下往外侧倾斜，内侧斜率保持不变，为 1.48°。索塔采用爬模施工，标准节段高度为 4.5m，共 25 个节段。

索塔的施工控制通过对节段进行预偏量设置的方法保证成塔线形满足设计要求。由于塔柱比较纤细，大连气候特点为海上风力大，为提高结构稳定性，分别在塔身 1/2 与 3/4 位置设置了两道临时横撑。临时横撑设置后，塔柱自身稳定系数有大幅度提高。下临时横撑施工前，塔柱下横梁还未施工，结构处于悬臂状态，外侧塔身压力储备小，因此在下临时横撑锁定前进行了顶推，以此调整塔根受力。

5 上部结构吊装施工控制

大连星海湾跨海大桥主桥采用钢桁架加劲梁结构，钢桁架标准节段长 20m，全桥共 43 个节段，节段杆件间采用高强螺栓连接。桥面系为正交异性板，其通过支座与钢桁架横梁连接，桥面系与钢桁架连接完成后一起吊装，待钢桁架节段间连接后进行桥面系合拢段焊接。节段重量如表 1 所示。

钢桁架节段重量统计表(单位：t) 表 1

梁段	1 号	2 号	3 号	4 号	5 号	6 号	7 号	8 号
钢桁架	269.5	285.2	292.2	311.8	312.1	295.2	284.0	291.8
桥面板	157.2	241.8	241.8	241.8	241.8	241.8	241.8	241.8
总重	426.7	527.0	534.0	553.6	553.9	537.0	525.8	533.6
梁段	9 号	10 号	11 号	12 号	13 号	14 号	15 号	16 号
钢桁架	336.8	202.1	357.6	307.5	291.0	284.0	302.5	311.2
桥面板	241.8	120.9	241.8	241.8	241.8	241.8	241.8	241.8
总重	549.3	532.8	525.8	549.3	532.8	525.8	544.3	553.0
梁段	17 号	18 号	19 号	20 号	21 号	22 号		
钢桁架	311.8	311.8	311.8	311.8	334.5	235.5		
桥面板	241.8	241.8	241.8	241.8	241.8	161.5		
总重	553.6	553.6	553.6	553.6	576.3	397.0		

注：1 号节段为边支座处，10 号节段为索塔处，22 号节段为跨中处。

上部结构的施工控制是本桥的一大难点。目前国内钢桁架结构施工多以架桥机拼装为主，节段重量最大仅为 400t 左右。而本桥采用吊装拼接施工，杆件间采用高强螺栓连接，这对节段与杆件定位提出了极高要求。此外，本桥节段吊装重量大，对吊装设备的吊装能力也提出了较高要求，最终主跨采用 4 台跨缆吊机进行节段吊装，单台吊装起吊能力为 370t，自重 110t；边跨采用同步提升设备，单台设备起吊能力为 700t，自重 24t。

上部结构施工的控制原则为：

(1)吊装过程中，塔根受力安全(索塔塔根拉应力小于 1.5MPa)、主缆与主索鞍不产生相对滑移(索鞍摩擦力大于 2.0，塔顶不平衡水平力)。

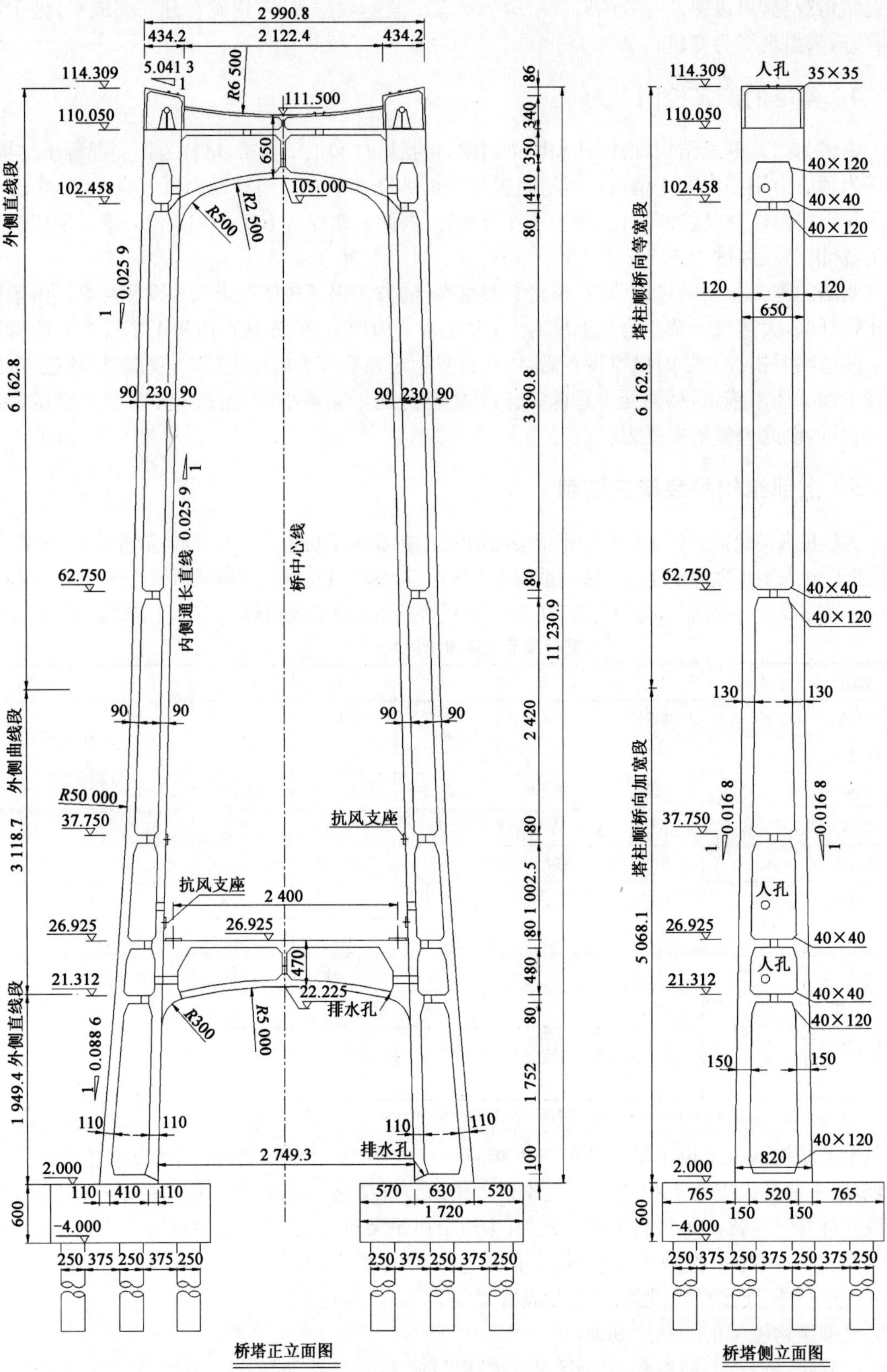

图 2　索塔一般构造图(尺寸单位:cm,高程单位:m)

(2)钢桁架节段间连接方式合理，杆件受力安全。

(3)张拉过程吊杆安全系数为1.6倍。

按照上述原则，首先进行吊装模拟计算，分别按照如下两种方式处理杆件连接情况：

方式1：杆件吊装前期不连接，两侧存在高差，待两侧高差缩小至可连接状态后再连接(分刚接与铰接两种)。

方式2：杆件在当前节段吊装过程中直接与之前节段连接(刚接)，即在吊装节段过程中连接杆件，杆件连接后张拉吊杆至标记下料长度处，此状态对于跨缆吊机安全性与工期安排会有一定影响。

根据计算模拟以及现场情况，最终吊装方案为：主跨连接采用方式1，在吊装过程初始阶段，钢桁架各节段吊装完成后，节段间存在一定高差及倒V字形间隙；随着后续节段的吊装，高差会不断缩短、间隙变小，杆件将可能出现碰撞，为此，在杆件节段，杆件在连接前设置限位装置，以防止杆件被挤坏。边跨采用方式2，利用同步提升较大的吊装能力直接将节段之间螺栓连接。在吊装过程，主跨在13号节段与14号节段上弦杆处共设置了2处临时铰接装置，以减少钢桁架弯矩。

在上部节段吊装过程中，配合节段吊装进行主索鞍顶推，实时跟踪塔顶变形与塔根应力变化情况，确保塔柱受力安全；同时跟踪主缆变形，并对施工荷载、温度、风等作用进行修正。此外，对锚碇变位进行实时监测，如出现异常情况立即停止吊装施工，对异常情况进行分析处理，解决问题之后进行后续施工。

6 结语

大连星海湾跨海大桥主桥结构体系复杂，施工工序多，对施工监控工作提出了极高的要求。在施工监控过程中，对各关键部分分别采取了有针对性的控制方法，保证了结构安全与达到设计状态，其中锚碇与上部结构的施工控制具有一定创新性，可以为日后类似桥梁施工控制提供有价值的借鉴。

参考文献

[1] 中华人民共和国行业标准. JTJ 025—1986 公路桥涵钢结构及木结构设计规范[S]. 北京：人民交通出版社，1987.

[2] 中华人民共和国行业标准. JTG D62—2004 公路钢筋混凝土及预应力混凝土桥涵设计规范[S]. 北京：人民交通出版社，2004.

[3] 中华人民共和国行业标准. JTG/T F50—2011 公路桥涵施工规范[S]. 北京：人民交通出版社，2011.

94. 光纤锈蚀监测技术及其在大连星海湾跨海大桥中的应用

赵雪峰[1]　孙长森[2]　欧进萍[1]
(1. 大连理工大学土木工程学院;2. 大连理工大学光电工程学院)

摘　要:针对钢筋混凝土结构钢筋锈蚀长期监测与评定问题,研发了基于白光迈克尔逊干涉传感技术的混凝土封装均匀锈蚀传感器;研究光纤线圈与钢筋之间存在砂浆保护层的均匀锈蚀传感器相关系列传感技术,并在实验室中对该传感器的传感性能进行了电化学加速锈蚀试验研究。结果表明,传感器可以准确监测到钢筋锈蚀引起的膨胀应变。研制的传感器在大连星海湾跨海大桥工程中得到了工程应用,将为大桥混凝土钢筋锈蚀进行长期的监测与评估。

关键词:锈蚀　光纤　监测　混凝土

1　引言

钢筋锈蚀是引起钢筋混凝土结构耐久性降低并造成重大损失的最重要影响因素。然而,目前的锈蚀监测技术受到耐久性差、抗干扰能力差、监测成本高等瓶颈的制约,难以实现对结构钢筋锈蚀的长期监测与评估。光纤是用于长期监测的理想传感元件,它具有高耐久性、高稳定性、抗电磁干扰、多参数和分布测量等优点,因而近年来在结构健康监测传感技术中备受重视。目前钢筋锈蚀监测应用最广泛的是电化学的方法,基于电化学原理的锈蚀监测技术主要通过锈蚀速率或电位差异的监测实现对锈蚀质量损失率的监测。然而,在已知质量损失率的情况下,仍然需要依靠假设锈蚀产物的体积膨胀率,才能评价出锈蚀膨胀引起的混凝土局部损伤。事实上,锈蚀膨胀率根据不同的服役环境等因素,其数值为 2～4 随机分布,从而造成即便能够精确测量到质量锈蚀率,也很难准确评价锈蚀膨胀损伤。文献报道的锈蚀评定方法,如 Bazant 模型、Morinaga 模型等多受以上因素的制约。对于钢筋混凝土结构耐久性锈蚀监测的应用主要集中在国外,应用最广泛的是基于电化学监测原理的一批产品。如德国亚琛工业大学土木工程研究所发明的梯形阳极混凝土结构预埋式耐久性无损检测系统、丹麦 FORCE 公司的 Nagel-System 都是针对钢筋锈蚀的电化学性能监测。美国的 ECI-1 无损检测埋入式腐蚀监测,能够监测钢筋腐蚀如电阻率、氯离子浓度和温度等参数[1]。国内锈蚀监测应用起步较晚,浙江大学金伟良教授整合了钢筋锈蚀监测手段,应用梯型阳极传感单元结合光纤脱钝敏感膜传感元件在杭州湾跨海大桥构建了监测系统，实现对钢筋锈蚀的监测[2]。哈尔滨工业大学欧进萍教授、乔国富博士开发出适用于长期耐久性监测的五电极腐蚀传感器，并开发出监测系统[3]。

针对目前监测手段存在的测量精度低，锈蚀产物体积膨胀率不确定[4,5]，传感器封装结构复杂，耐久性差，钢筋锈蚀状态评估随机性大且结果模糊，监测成本高等问题，本文采用基于二氧化硅纤芯的高耐久性抗弯低光损光导纤维作为传感与信号传感元件，提出了新型钢筋锈蚀新型监测方法，光纤传感具有众多优势，它抗电磁干扰，无漂移，耐久性好，封装结构简洁，且对湿度干扰不敏感，而温度干扰可实现降噪补偿；光纤线圈的膨胀监测机理是直接逃过体积膨胀率、锈蚀质量损失率就能实现体积膨胀应变的监测，同时光纤线圈也能够实现对总锈蚀体积膨胀的绝对测量，如果只关心总体锈蚀状况，那么无需连续或多次连续，这样可大大降低锈蚀监测的成本与人力。

2 基于光纤白光 Michelson 干涉（WLI）传感技术的应变传感原理

Michelson 干涉仪是美国物理学家 Michelson 于 1883 年发明创造的，Michelson 干涉仪在光学的干涉仪中是较为常见的一种。将 Michelson 干涉仪中的半反半透镜替换为分光比为 50∶50的 2×23dB 光纤耦合器，将其他两条光路也替换为相应的传输光纤，光源使用低相干的宽谱带光源，这样便得到了一个 WLI，如图 1 所示。光源发出的光进入光纤耦合器，耦合器的输出端一端连接光纤，另一端连接为实现干涉所必需的参考光纤，其长度视传感光纤而定，可以自由调节其长度。光经过自聚焦棒由全反镜 M_1 反射回光纤中，再次经过 2×23dB 光纤耦合器后，被光电探测器探测并转换成电信号，通过移动全反射镜 M_1 改变参考光纤臂的光程，当遇到与传感光纤等光程的位置时，就可以在光电探测器上获得干涉信号输出。

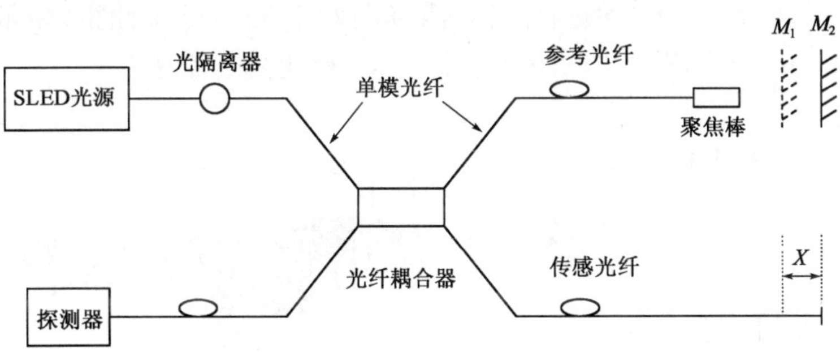

图 1 光纤白光 Michelson 干涉仪的基本结构

当温度不变时，仅考虑轴向应变的情况时，当传感光纤上没有施加外界应变时，通过移动全反射镜 M_1 改变参考光纤臂的光程，当遇到与传感光纤等光程的位置时，就可以在光电探测器上获得干涉信号输出，即：

$$L_R(M_1) = L_S(\varepsilon_0) \tag{1}$$

式中：$L_R(M_1)$——参考镜在 M_1 位置时对应的参考光程；

$L_S(\varepsilon_0)$——应力 ε 为 0 时传感光纤对应的光程。

当有应变发生时，该应变就一定附加光纤的光程，这时若想再次获得与参考光纤臂等光程的干涉信号输出，就必须改变全反镜的位置（从 M_1 移动到 M_2），来满足传感光纤和参考光纤等光程的需要，此时的应变 $\varepsilon=\varepsilon_x$，其对应的传感光纤长度的改变量就是 X/n，此时满足：

$$L_R(M_2 - M_1) = L_S(\varepsilon_x) \tag{2}$$

可以得出：

$$L_S(\varepsilon_x) - L_S(\varepsilon_0) = |M_2 - M_1|/n \tag{3}$$

目前,针对移动镜的读出一般是使用步进电机,其精度可以达到 2μm。若光纤的长度为1m,则对应变的测量灵敏度可达 $\varepsilon=2\times10^{-6}/1=2\mu\varepsilon$。这样可以根据实际要求,通过改变传感光纤的长度,来调节对测量的精度。

3 WLI 应变测量的可行性研究

首先对白光迈克尔逊干涉传感方法进行预实验,以验证实验的可行性,预实验采用等强度梁。等强度梁是一种为了使各个截面弯曲应力相同,则应随弯矩的大小相应改变截面尺寸,以保持相同强度的梁。等强度梁的结构如图 2 所示。

实验中,在等强度梁表面沿梁的轴线粘贴一段长 30cm 的光纤,并在其平行位置粘贴一个FBG,粘贴 FBG 和光纤后结构示意图如图 3 所示。实验中采用砝码加载的方式,用 WLI 和 FBG 同时对等强度梁的应变进行测量。测量过程如下:连续加载 5 个砝码,累计重量为9.69N、19.32N、29.05N、37.78N、46.43N,每加载一个砝码对等强度梁测量一次,然后将砝码逐一卸下,每卸一个砝码对等强度梁再测量一次,把这个加载卸载的过程重复三次,将实验所得的数据整理分析后得到如图 4 所示的曲线。其中红色为 FBG 的测量结果,黑色为 WLI 的测量结果,二者应变测量结果的整体趋势是相同的,各点之间存在着略微的浮动差异,这种差异是由于 FBG 和 WLI 的测量精度不同造成的,WLI 的仪器定位误差为 10μm,在可行性实验中光纤的长度为 30cm,所以其应变测量精度大约为 33$\mu\varepsilon$,而 FBG 的实际测量精度为 1$\mu\varepsilon$。虽然存在着这种差异,但是整体结果的分析不会受到这个结果的影响,也就是说,这样的测量结果是可以接受的。对 WLI 的三次位移测量结果进行对比分析,得到如图 5 所示的结果。整体的差异都少于 20μm,因此,WLI 传感技术的测量重复性也是非常好的。

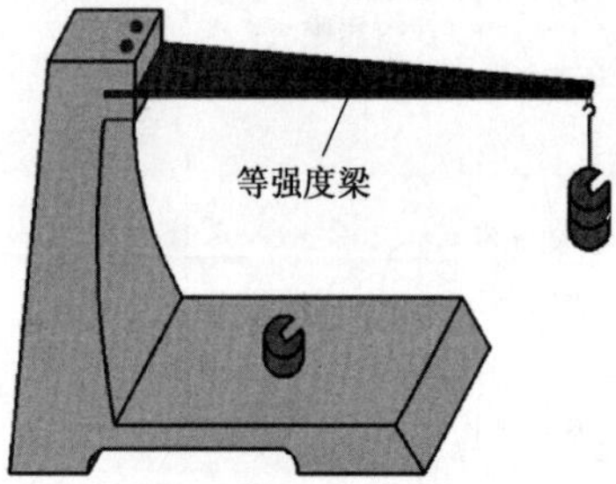

图 2 等强度梁的结构图

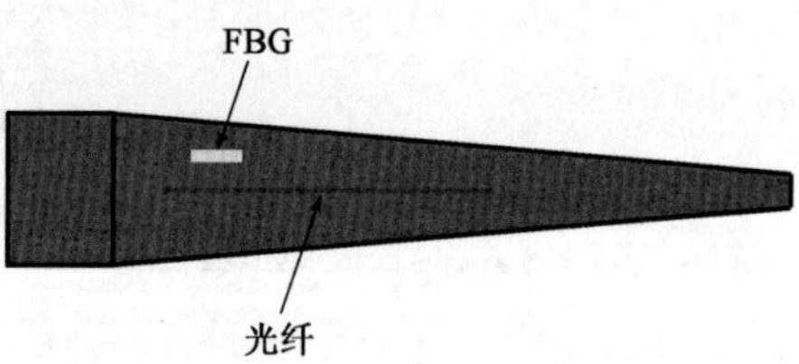

图 3 粘贴有 FBG 和光纤的等强度梁示意图

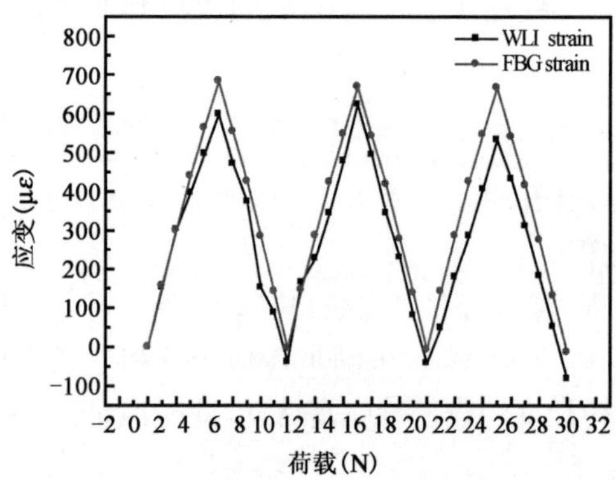

图 4 WLI 和 FBG 的应变测量结果

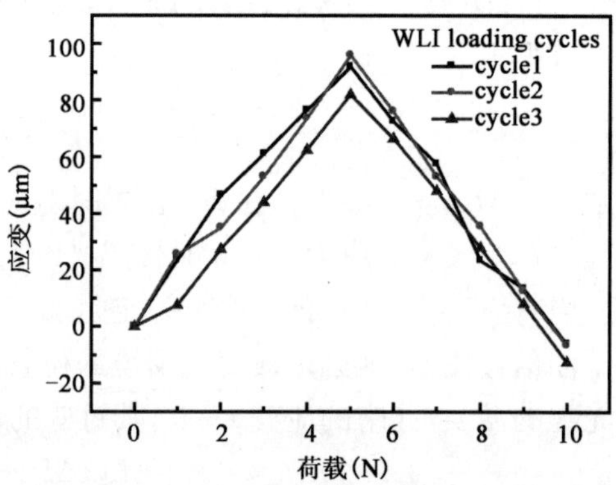

图 5 三个循环的位移测量结果

4 WLI 均匀锈蚀传感器(WLI-UCS)的设计

在钢筋的表面浇筑一层砂浆垫层以后，将光线缠绕在垫层表面，在钢筋锈蚀膨胀力的作用下，混凝土将会产生环向的拉应力，光纤将随着混凝土的应变的发生而产生一致的变形，通过 WLI 连续测得光纤的这种变形，进而可以得到混凝土的应变变形情况，这样就能实现对钢筋混凝土中钢筋锈蚀的连续监测，本文就是应用这个原理研发了基于 WLI 传感技术的混凝土封装钢筋均匀锈蚀传感器(WLI-UCS)，传感器封装结构如图 6 所示。

白光均匀锈蚀传感器中的光纤缠绕在砂浆垫层的表面，既能够保证测量的灵敏性，又避免了因为铁锈与光纤的直接接触造成的光纤破坏，同时，传感器用砂浆混凝土封装保证了与实际结构的一致性，传感器也保留了砂浆和钢筋的接触面，使得最大限度地与真实接触面一致。此外，采用 WLI 传感技术的方法的光纤的缠绕长度是任意的，这也简化了加工的难度。

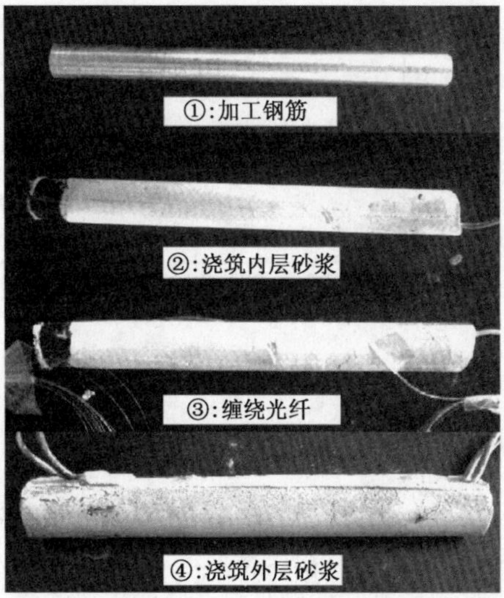

图 6 白光均匀锈蚀传感器的封装结构

5 WLI-UCS 试验的研究

为了研究该传感器的具体性能参数及验证该传感器在实际应用中的可行性，在实验室中进行加速锈蚀实验以模拟实际的自然锈蚀，实验中把传感器埋入标准混凝土试件中，对试件进行加速锈蚀实验，用 WLI 监测传感器应变的变化情况。实验具体过程如下：

制作标准混凝土试件。制作基于光纤白光 Michelson 干涉传感技术的传感器，编号为 WLI-UCS-Ⅰ，传感器的光纤缠绕长度均为 3m；为了模拟实际的混凝土锈蚀环境，将传感器埋入标准混凝土试件中，传感器放置在试件的中间位置，标准试件的尺寸为 100mm×100mm×300mm。试件中采用的水泥强度等级为 C30，水泥编号为 PO 32.5，混凝土的配合比为：水泥∶水∶砂子∶石子＝1∶0.4∶1.27∶2.23。试件在蒸汽养护室中养护 7 天。实验中采用质量分数为 4.8%的 NaCl 溶液，NaCl 溶液侵入试件的深度大约为 35mm，加速试验系统中恒流电源提供电流，试件接恒流电源的正极，不锈钢板接恒流电源的负极，系统搭建完毕后调节 WLI 的干涉信号，直至出现正常的干涉信号，测量以干涉信号消失为结束的标志。

6 WLI-UCS 的试验结果分析

在加速锈蚀实验中，WLI-UCS-Ⅰ的通电电流为 80mA，采集间隔时间为 1h，测量直至干涉信号消失，总共测量时长为 61h，测得的 WLI-UCS-Ⅰ位移变化情况如图 7 所示。由测量结果可以看出，对 WLI-UCS-Ⅰ测得的最大位移为 3 870μm，实验结果清晰地显示，WLI-UCS-Ⅰ能有效地测量光纤的位移量。

膨胀应变的测量结果如图 8 所示，从结果可以看出，在实验的开始阶段，也就是通电以后的前 20h，WLI-UCS-Ⅰ并没有出现明显的应变变化，由于氯化钠溶液中的氯离子渗入混凝土中需要一定的时间，在测量的第 20h 左右，WLI-UCS-Ⅰ开始出现应变变化，应变的变化开始比较缓慢，而后期急剧增加，直到达到测量得到的最大应变 1 290$\mu\varepsilon$，锈蚀以后得到的 WLI-UCS-Ⅰ的质量损失率为 2.68%。

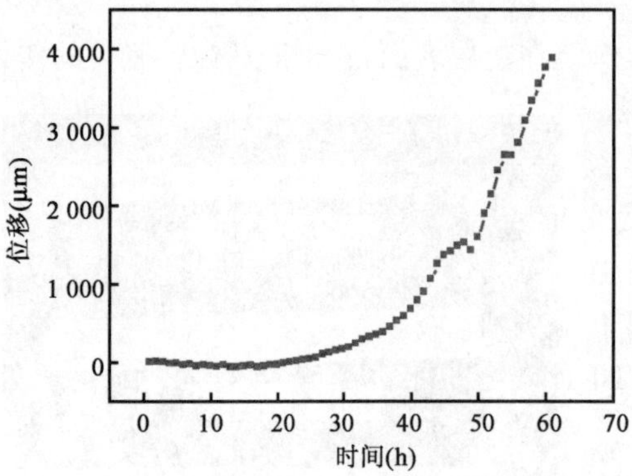

图 7　WLI-UCS-Ⅰ的位移测量结果

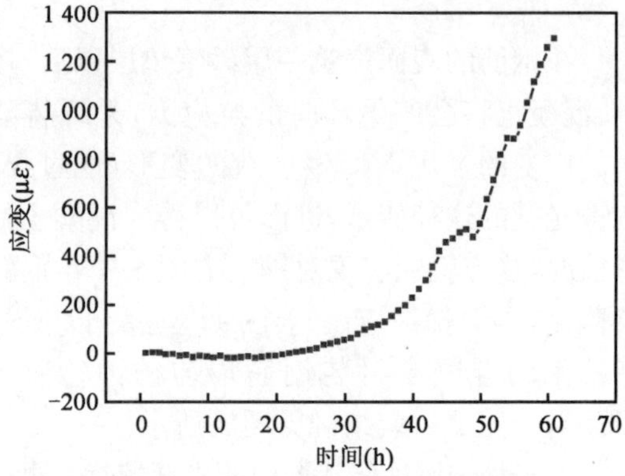

图 8　WLI-UCS-Ⅰ的应变测量结果

7　在大连星海湾跨海大桥中的应用

为提高桥梁的养护管理水平，保证桥梁安全运营，在大连市星海湾跨海大桥建立桥梁结构健康监测系统，监测系统采用自动化数据采集，处理与安全状况分析、评定。健康监测系统主要监测桥梁结构整体状态参数（如位移、倾斜）、局部状态参数（如应变、锈蚀）与服役环境参数（风速、温度）；本文研制的光纤锈蚀传感器在大桥锚定沉箱共布设 8 支光纤锈蚀传感器，在桥塔承台共布设 12 支光纤锈蚀传感器，以实现对混凝土结构锈蚀耐久性的长期监测与评估，如图 9、图 10 所示。传感器采集系统采用自主研发的基于光纤白光干涉传感原理的光纤锈蚀应变监测仪，如图 11 所示。

图 9　光纤锈蚀传感器布置示意图

图 10　承台现场布置图

图 11　光纤锈蚀应变监测仪

参 考 文 献

[1] 董桂洪,巴恒静,王胜年,范志宏.海工混凝土结构腐蚀实时监控和耐久性预警系统的设计与实现[J].中国港湾建设,2010(s.1):75-79.

[2] 金伟良,袁迎曙,卫军,王海龙.氯盐环境下混凝土结构耐久性理论与设计方法[M].北京:科学出版社,2011.

[3] 乔国富.混凝土结构钢筋腐蚀的电化学特征与监测传感器系统[M].哈尔滨:哈尔滨工业大学,2008.

[4] M. F. MONTEMOR, A. M. P. SIMOES, M. G. S. FERREIRA. Chloride-induced corrosion on reinforcing steel: from the fundamentals to the monitoring techniques[J]. Cem&Concr Compos, 2003, 25:491-502.

[5] M. SAREMI, E. MAHALLATI. A study on chloride-induced depassivation of mild steel in simulated concrete pore solution[J]. Cem. Concr. Res, 2002, 32:1915-1921.

95. 液压牵引与滚轮行走结合的新型 5 000kN 缆载吊机研制

邓年春　刘显晖　伍柳毅　陈　立　郭世滔　刘　俊

（柳州欧维姆机械股份有限公司）

摘　要：武汉鹦鹉洲长江大桥的主梁架设拟采用液压式缆载吊机施工方案。提出采用液压千斤顶牵引和多轮行走结合的行走方式，其中每个行走轮可独立升降或组合升降，这样行走过程中仍然保持液压千斤顶的稳步牵引，且行走轮一直与主缆接触，结构简单行走速度快，结构的重心也比较低，整体安全性好。另外，缆载吊机的行走机构设计成双向对称结构，可实现同方向的上坡和下坡行走。为液压系统提供动力的液压泵站，采用柴油机直接驱动液压泵站的一体化柴油机泵站，这样既节省了能源，同时减少了泵站和发电机组合系统的体积。液压提升千斤顶，采用了易更换夹片的新型结构，收放钢绞线采用液压马达动力收放装置。研制的 4 台液压牵引与滚轮行走结合的新型 5 000kN 缆载吊机通过厂内型式试验之后应用于实际工程，介绍了现场架设、试验和吊装方法。自 2013 年 9 月开始正式吊装至 12 月成功完成鹦鹉洲长江大桥全桥 143 片主梁架设。实践证明，研制的新型缆载吊机系统是成功的。

关键词：悬索桥　主梁架设　液压　缆载吊机　滚轮行走

1　概述

武汉鹦鹉洲长江大桥位于武汉市中心城区，北接汉阳的鹦鹉大道，南连武昌的复兴路。大桥全长 3 420m，其中主桥长 2 100m，采用三塔四跨钢板结合梁悬索桥，主梁跨径布置为 200＋2×850＋200m。桥梁横向布置两根主缆，中心间距为 36m，主跨矢跨比采用 1/9。主缆在 1 号、3 号边塔靠边跨侧处最大坡度为 30.5°。每根主缆由 114 股索股组成，每根索股由 127 丝直径为 5.25mm 的镀锌高强钢丝组成。主缆采用平行钢丝预制束股法制作，直径为索夹内 697.6mm、索夹外 706.3mm。吊索采用高强平行钢丝，间距为 15m。主塔中心到最近吊索的间距均为 20m，每吊点按两根布置。加劲梁采用钢—混凝土结合梁，梁高 3.0m，由钢主梁、钢横梁和混凝土桥面板组成。其中钢主梁高 2.423m，标准节段长 15m，横向设两片主梁，中心距 31.2m。吊索横向间距 36m，吊索锚点设在主梁外侧的风嘴上。全桥共有 11 种类型的加劲梁，节段共 143 个，单个边跨有 14 个节段，单个中跨有 57 个节段。梁段节段最大重量约

4 500kN。该桥的主梁与混凝土板主梁在工厂预制并结合后整体下河，然后通过船舶将节段梁运输至安装位置的正下方，通过支撑在主缆上的缆载吊机垂直提升，将节段梁安装就位。全桥共布置4台缆载吊机。

根据架设方案，从两中跨靠近中塔开始架设，而后再从边塔向锚碇、跨中方向架设，该方案要求能够同方向上行与下行双向行走，靠主塔的梁段采用荡移法架设。另外，对缆载吊机在主缆上的空载行走速度和吊具下放速度有明确的要求。

目前，国内外的缆载吊机结构形式主要有两种：一种为全液压步履式缆载吊机，它是采用液压步履行走结构和钢绞线液压千斤顶提升系统[1]；另一种是卷扬机牵引轮滚式行走和卷扬机提升的简易缆载吊机[2]。第一种缆载吊机的行走方式采用由液压千斤顶牵引，荷载转移千斤顶和轨道顶推千斤顶交替垂直顶升和水平顶推使轨道梁和行走机构主体相互产生位移而实现在主缆上的行走。此种行走方式的优点是：行走过程类似人的步履行走，抬脚和落脚动作与主缆间隔接触，受猫道吊绳影响小。缺点是：行走速度相对较慢，行走机构的结构相对复杂且重心高，步履行走顶升过程中，整个桁架结构存在整体失稳安全隐患。此外，此种缆载吊机只适用于单方向坡度行走。第二种缆载吊机的行走方式是采用卷扬机牵引和多滚轮结合的行走机构。此方式的优点是：行走机构一直与主缆接触，行走速度快，行走结构的重心低，有利于整体结构的安全，能满足同方向的上坡和下坡行走。缺点是：卷扬机牵引，两行走机构的同步性难以控制，单钢丝绳牵引安全性稍差。针对武汉鹦鹉洲长江大桥项目，有必要研制综合两种优势的新型缆载吊机。

2 缆载吊机结构

为了确保行走速度，并能双向行走，而且保证缆载吊机性能指标，针对武汉鹦鹉洲长江大桥项目，研制了液压牵引与滚轮行走结合的新型5 000kN缆载吊机。它主要由一个钢桁主梁、两个在主缆上轮滚式行走的行走机构、两套液压提升千斤顶、两套钢绞线收线装置及吊具扁担梁、两套内嵌柴油发动机的一体化液压泵站和一套控制系统等部分组成，见图1。其中，主梁桁架结构是由型钢焊接的桁架梁连接两段箱型承重梁构成，两端的承重梁主要用来安放液压提升千斤顶，同时也是主要的受力构件，中间桁架梁主要是对整体结构起刚性支撑作用，桁架的空间用于安放收线装置、液压泵站和控制室，并为施工操作提供工作平台，为便于运输和适应不同主缆间距的桥梁，桁架实行节段模块化设计。各节段模块之间采用销轴连接，便于快速安装。液压泵站、提升千斤顶、钢绞线、钢绞线收线装置和吊具扁担梁组成提升系统，是缆载吊机的主要工作部分，用于提升悬索桥主梁。行走机构主要是由行走机构钢结构主体、滚轮、牵引千斤顶、荷载转换千斤顶、小型液压卷扬机和可换式支撑抱箍装置等组成。各部件之间采用销轴或螺栓连接。行走机构的主要作用就是形成一个可以行走的机械装置，能在主缆上的行走、就位和支撑固定。控制系统是缆载吊机的中枢机构，由计算机控制系统、传感系统和操作平台等组成，用于控制缆载吊机的钢梁吊装、缆上行走就位等全过程以及吊机上所有千斤顶系统、动力系统、液压辅助系统的工作状态和操作过程。

根据鹦鹉洲长江大桥主梁架设的施工方案，缆载吊机在两个方向均有上坡行走和下坡行走工况，所以要求两个方向均能牵引行走。针对这一工况，将行走机构设计成完全对称的结构形式，也就是说，牵引千斤顶和小型卷扬机可以根据工况进行对换。缆载吊机共有8个行走轮组，每个行走机构主体安装4个行走轮组，安装于同一主体的行走轮组，由一台液压泵站控制，可单独起落，也可同时起落。小型液压卷扬机是当缆载吊机向下行走下滑动力不够时，提供下行或水平前行动力的辅助装置。为了适应钢桁架吊点位置，在离主缆 3m 的位置设置吊点，起吊能力为 5 000kN。提升系统采用两套 LSD2500-500 型提升系统，单顶提升能力为3 500kN。整套缆载吊机的主要性能参数见表 1。

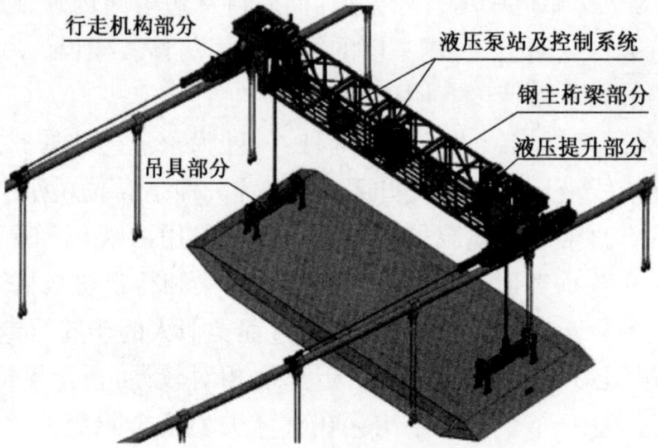

图 1　缆载吊机结构图

缆载吊机主要性能参数表　　表 1

序　号	项　目	性 能 参 数
1	缆载吊机额定提升能力	5 000kN(含梁块及吊具重量)
2	主缆中心距	36m
3	平均提升速度	30m/h
4	最大下放速度	80m/h(液压马达放线)
5	提升钢绞线存储容量	250m
6	结构最大自重(不含吊具)	140t
7	与主缆接触的最大压力	4.0N/mm^2
8	最大主缆倾角	32°
9	桁架荡移角度	±15°
10	缆上平均行走速度	20m/h
11	缆上行走跨越最大的索夹尺寸	2 720mm×300mm
12	行走机构适应缆径范围	索夹内 ϕ697.6mm、索夹外 ϕ706.3mm
13	动力源	柴油发动机
14	工作环境温度	－10～＋50℃
15	工作状态最大风速	25m/s(吊机平面处 3s 阵风)
16	非工作状态最大风速	55m/s(吊机平面处 3s 阵风)
17	空气相对湿度	≤90％

为了确保结构的安全性，根据文献[3]的规定，针对缆载吊机的无风工作、有风工作、非工作 3 种条件，以及垂直提升和最大角度与最大重量的荡移两种工况，在主缆水平位置和主缆 32°倾斜位置作业的两种边界状态，采用许用应力方法，分别计算了钢桁架、行走机构、提升系统等结构受力。钢桁架的 ANSYS 分析结果见图 2，行走机构主体 ANSYS 分析结果见图 3。另外，还进行了极限吊梁工况下的止动块抗滑移和焊接强度校核等方面分析计算。

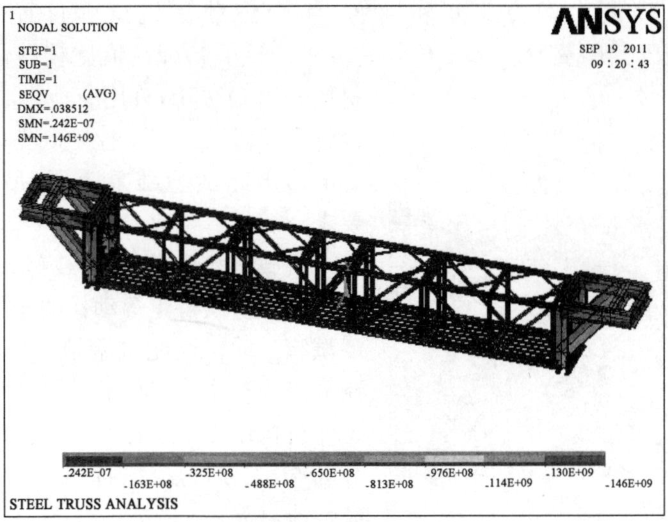

图 2 钢桁架的 ANSYS 分析结果

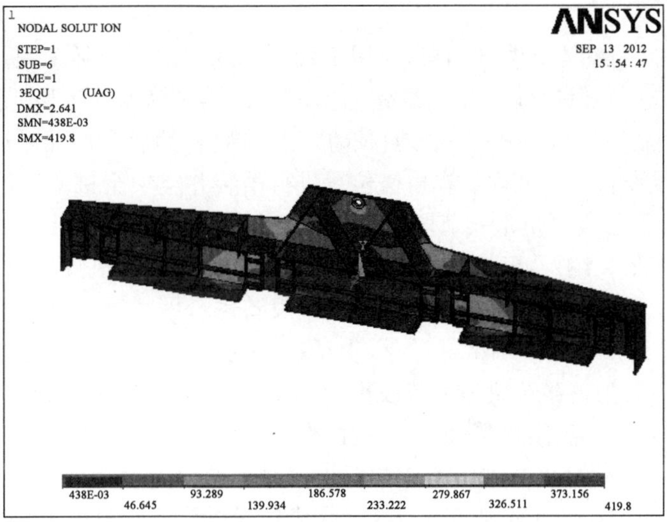

图 3 行走机构主体分析结果

3 厂内型式试验

缆载吊机加工完成后需要逐台进行型式试验，目的是验证整套设备的承载能力和使用性能。试验内容包括：

(1)额定荷载试验，检验缆载吊机在额定荷载下的变形和应力。

(2)超载试验，检验缆载吊机在 125%荷载下的结构承载能力。

(3)空载行走试验，检验缆载吊机的起升、行走等动作的准确性[4-5]。

荷载试验的方法是，在一块平整的场地上，搭设两个试验钢架，每个试验钢架的顶端设置一个与主缆半圆直径一致的半圆，以支承缆载吊机。为模拟实桥主缆是可摆动的结构，一个试验钢架设计为固定结构，另一个为可沿横向和纵向自由滑动的结构。在两试验架的下方，横穿两根横梁，用于支撑扁担梁吊具，试验架与缆载吊机形成自反力支架，见图 4。最大荷载根据缆载吊机的额定荷载 5 000kN 的 1.25 倍加载，加载过程见文献[6]，试验过程对缆载吊机和试验架进行检查，同时测量应力应变和挠度。4 台缆载吊机试验过程中的最大应力为 148.5MPa，最大挠度变形量为 45mm，位移和变形测试值与理论值比较吻合。钢桁架结构的材质采用 Q345B，许用应力为 219.6MPa，变形量设计限值按 1/750 控制，其最大允许挠度为 48mm，因此试验结果表明，吊机满足结果安全要求。

图 4　缆载吊机型式试验

负载试验后，卸除荷载解除吊点，在空载条件下，进行起升、行走等动作的操作和各机构空载速度试验。动作性能试验结果表明，操纵机构和控制系统的动作准确可靠，液压系统无泄漏现象，各工作机构动作平稳，运行正常，能实现规定的功能和动作，无异常震动、冲击、过热、噪声等现象，系统性能可靠。

4　工程应用

厂内型式试验之后的 4 台缆载吊机，应用于武汉鹦鹉洲大桥实际工程。钢桁架结构分解成模块组件进行运输，确保运输过程中无超宽超高组件，同时确保拆除和重新安装工作量尽量小。缆载吊机的重新组装，先在一块场地拼装成标准模块，然后利用船舶运输至桥塔的门架下，利用门架的起重设备将标准模块在桥塔位置进行吊装并空中组拼。5 个钢结构模块组件，包括 2 个行走结构、2 个提升负重梁节段和 1 个中间桁架阶段，先将行走结构吊装并固定于主缆上，其他的依次序吊装组拼，模块的最大重量为 220kN。缆载吊机现场安装照片见图 5。钢结构组拼之后，利用桥塔附近的塔吊对液压和控制设备进行吊装，液压设备单件的最大重量为 35kN。缆载吊机整套设备装配调试好后，行走至跨中的待吊装位置，靠近索夹进行现场荷载试验，试验的最大荷载为待吊装梁最大节段重量的 1.25 倍。现场荷载试验完成后，直接对主梁进行正式吊装作业。缆载吊机吊装第一片主梁照片，见图 6。采用液压牵引与滚轮行走结合的新型结构之后，缆载吊机在主缆上正常行走的最大综合速度达到了 22m/h。4 台新型缆载吊机于 2013 年 7 月 15 日运至现场，9 月 8 日完成现场拼装并调试，9 月中旬全部行走到位，9 月 18 日完成现场荷载试验，并顺利吊装，吊装的正常提升速度为 20m/h。4 套吊机设备在行走、吊装过程中，都比较顺利，预计 2013 年 12 月上旬完成全桥 143 片主梁吊装作业，全桥合龙。

图 5　缆载吊机现场安装照片

图 6　缆载吊机吊装第一片主梁

5 结语

依托武汉鹦鹉洲长江大桥研制了液压牵引与滚轮行走结合的新型5 000kN缆载吊机。该吊机采用新的行走机构，可大幅度提升行走速度，从传统液压缆载吊机的10m/h左右，提升至20m/h，同时大幅度降低结构重心，有利于确保缆载吊机在主缆上的行走和吊装安全。另外，行走机构采用双向对称结构，可实现同方向的上坡和下坡行走。液压系统采用柴油机直接驱动液压泵站的一体化柴油机泵站，可节省能源，减少设备体积。还有，该系统采用动力收放线装置，下放吊具速度达到80m/h，减少了封航时间。提升千斤顶设备，采用易更换夹片的新型结构。缆载吊机加工之后，在厂内搭设的自反力试验架上进行了型式试验，试验结果表明，结构安全可靠和动作准确。经过现场荷载试验之后，缆载吊机应用于实际工程。在鹦鹉洲长江大桥项目中，吊机行走和吊装作业，都比较正常顺利，预计2013年12月上旬完成全部主梁吊装，全桥合龙。实践结果表明，该缆载吊机结构安全可靠、性能良好，研制是成功的。

参 考 文 献

[1] 高明大.悬索桥架设缆载吊机的结构设计方法研究[D].柳州:广西工学院,2011.

[2] 赵虹,谢海波.珠江黄埔大桥南汊悬索桥跨缆吊机静载试验研究[J].中外公路,2009,29(1):123-125.

[3] 中华人民共和国国家标准.GB/T 3811—2008 起重机设计规范[S].北京:中国标准出版社,2008.

[4] 中华人民共和国行业标准.TSG Q7002—2007 桥式起重机型式试验细则[S].北京:中国计量出版社,2007.

[5] 邓年春,罗珊,伍柳毅,等.LZDJ500T全液压步履式缆载吊机型式试验研究[C].武汉:第二十届全国桥梁学术会议论文集,2012.6.

96. 单主缆斜吊杆悬索桥施工技术

刘明友

（中铁上海工程局第五分公司）

摘　要：结合柳州双拥大桥单主缆斜吊杆悬索桥施工过程，将施工技术难点与施工现场进行融合，使复杂的技术难题简单化，使施工方案更加符合贴切实际，更具有可操作性；施工中充分利用现场材料，使该施工方案具有较好的经济性。结合施工过程进行总结提炼，为今后悬索桥施工提供借鉴和参考。

关键词：单主缆　斜吊杆　悬索桥　施工技术

1　引言

中铁上海工程局承建的柳州市双拥大桥为单主缆独吊杆宽桥面地锚式悬索桥，主桥长510m，桥宽38m，主桥跨径为40m＋430m＋40m，设计荷载为公路Ⅰ级，双向6车道总造价约6.8亿元；墩台基础采用钻孔桩基础。主塔为三角形变截面A形钢主塔，高104.811m，钢塔主体采用Q345C钢板，分34个节段制造安装，索鞍横梁节段重约160t，其他节段重为80t左右。钢主梁为单箱双室扁平流线型全焊钢箱梁，采用Q345C钢板，单箱双室钢结构，分53个节段，最重节段196t，总重9 000t，主桥处于R＝25 500m竖曲线上。主缆全桥仅设1根，主缆91根索股分别由127根ϕ15.2mm镀锌钢丝采用预制丝股法安装，缆径625mm。

柳州双拥大桥A形三维变截面钢主塔和510m宽幅单一纵隔板钢箱梁施工技术处于国际领先，国内第一；施工中不断创新与总结，共5项发明专利，8项实用型专利。

2　主桥技术重难点

2.1　A形三维变截面钢主塔

主塔设计造型新颖，为A形结构，塔柱截面采用三维变截面，塔高104.811m，采用全钢箱结构，节段拼装而成，每个主塔分为34个节段，节段最大重量为160t，位于江岸水中，常规起吊设备无法完成如此高度和重量的吊装，大型吊装设备无法保证变截面主塔节段的空间姿态调整和安装精度。

(1)主塔节段安装时采取柔性超高支架吊装系统进行吊装安装，支架的设计和搭设的垂直度和稳定性控制是本工程的难点。

(2)三维变截面钢箱主塔节段吊装时，由于主塔塔身呈倾斜状态，需设计专业的吊点和吊具实现主塔节段多吊点吊装和主塔节段姿态的调整，同时要避免塔柱节段姿态调整过程中转角变化产生的水平分力对柔性吊装系统以及主塔结构的影响。

(3)支架钢管桩底锚固措施需根据桩位所在位置的覆盖层厚度采取先插打钢管桩，然后在钢管桩周边施工混凝土支墩进行握裹的方式，保证支架立柱根部的抗滑稳定性。

(4)主塔高度达 104.8m，钢塔高程偏差以及轴线偏位精度要求$\pm L/3\,000$，L 为塔柱高度，必须采取有针对性的测量手段和高空焊接工艺才能保证主塔节段安装的精度。

(5)主塔吊装安装过程中，为了保证主塔安装的精度，需设置合理的空间支架辅助，独立设置塔柱横向支撑，以实现多节段空中匹配调整。

2.2 宽幅单一纵隔板钢箱梁

钢箱梁全宽 38m，截面为单箱双室，单一纵隔板，510m 钢箱梁处于 $R=25\,500$m 竖曲线上，针对钢箱梁的设计构造采用何种架设方案。

(1)水上与高空作业多、安全隐患大，过程控制环节多，控制部位绝大部分位于水中。

(2)顶推焊接平台的设计需要满足每轮次钢箱梁顶推达 4 个节段，同时可以方便钢导梁悬臂拼装。

(3)顶推支墩大部分位于裸岩河床面处，钢管桩最长达 50m，支墩设计为柔性高支墩，钢管垂直度的控制以及钢管桩根部锚固措施是施工控制的重点和难点。

(4)钢箱梁顶推属于单滑道柔性支点单端多点连续顶推施工，钢箱梁横向纠偏措施尤为重要。

(5)临时柔性顶推支墩桥位处的水深在 28m 左右，河床面为裸露岩层，如果采用常规的水上平台钻孔施工，工期长、费用大，如何既能保证支墩施工满足钢箱梁顶推的受力要求，又能够缩短工期和降低成本。

(6)采取哪些措施确保柔性钢箱梁长距离顶推满足 $R=25\,500$m 竖曲线参数要求。

3 国内外研究现状

3.1 国内钢主塔施工技术现状

国内钢主塔多为垂直或倾斜角度较小的矩形截面，或高度低、重量轻，一般采用常规吊机进行安装；南京三桥等高度高、重量大的垂直塔柱矩形截面钢主塔采用特殊设计的塔吊进行吊装安装，此前所采用的施工方法对于双拥大桥 104.811m A 形三角形变截面钢主塔安装均不适用，需要通过针对性的施工方法确保主塔施工的精度、施工安全和施工进度。

3.2 国内悬索桥钢箱梁施工技术现状

目前，国内悬索桥钢箱梁有支架法、顶推法、骑缆吊机法等。支架法多用于旱地或浅水区域；顶推法采用两个以上滑道进行顶推，而且多数为两端顶推，跨中合拢；骑缆吊机法是基于双缆悬索桥钢箱梁施工最常见的方法。双拥大桥位于柳江通航航道上，水深达 28m，钢箱梁设计为单箱双室，单一纵隔板构造，主缆设计为单根主缆，上述施工方法均不能适用，双拥大桥钢箱梁需要寻找新的途径实现钢箱梁施工。

4 主要施工方案

4.1 A 形三维变截面钢主塔

1)主塔节段总装工艺

主塔节段制造采取以内壁板为建造基面设置水平胎架。胎架支撑点的间距根据塔的横隔间距而定，胎架高度应满足运梁车的工况，为方便运梁车进出胎架内运梁，胎架中间的三根立柱与横梁采用螺栓连接，车道宽应不少于5m。胎架是分段制造的基础，要求具有足够的刚度。为便于节段组装时各单元件的定位，胎架制造时采用激光经纬仪配合钢卷尺在地面分别作出单元件的纵、横向定位线，节段纵向中心线等定位标记，节段外轮廓线、端口线等。每完成一轮节段制造，要复验胎架线形及所有标记位置，见图1。塔节段采取以内壁板为基面组装，每个节段均由内壁板单元、外壁板单元、角位圆弧壁板单元、横隔单元等组成。

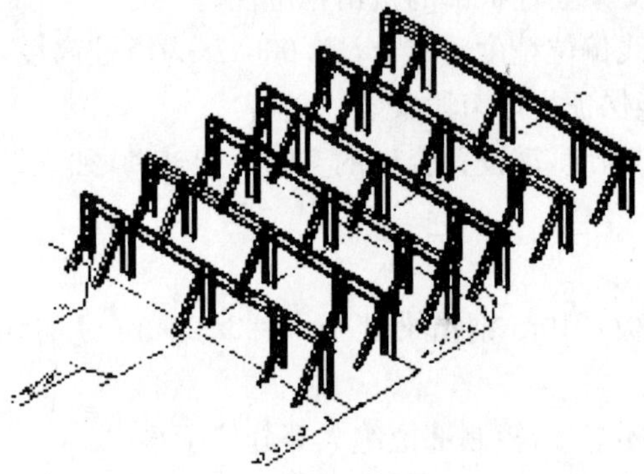

图1　节段立体拼装胎架图

为减小焊接变形，提高板单元件制造精度，节段底板、腹板、翼板零件在下料后先拼板、校正后再制作成单元件。拼板采用外轮廓拼板法：将需拼板的零部件外轮廓定位点绘制在钢平台上，各拼板零件分别按外轮廓线定位拼接，为减小焊接变形，拼板时尽量增加第一面焊接的熔深，减少反面清根的深度，减少反面焊接量，同时给予一定的反变形量，以控制焊接变形。

2)柔性超高主塔吊装支架

主塔吊装支架高达92m，施工中支架与吊装系统需克服10年一遇的风荷载作用，支架吊装系统无论是在结构设计上还是在施工上都与普通龙门吊支架吊装系统有明显的差异。支架主要由承重立柱、横向联系、走行轨道梁、提升系统等4部分以及支架的附属协调设施(塔吊、栈桥码头)组成。

(1)承重立柱。受主塔围堰的空间结构尺寸的影响，支架承重立柱采取实腹式截面，同时考虑钢箱梁顶推支墩材料使用的需要，支架承重立柱采用圆钢管立柱，均匀布置在主塔围堰与承台之间。立柱横桥向间距为6×12.5m+7m+23.6m，顺桥向间距为17.9m，钢管立柱从承台顶到钢管顶总高设计为86.26m，采用法兰盘进行连接。

(2)横向联系。为了加强支架整体稳定性，在支架相邻立柱之间设置横向联系，横向联系为钢管组成的桁架，桁架高度为6m。根据支架钢管立柱的间距分为四类联系，上下两层横向联系间距设计为17m，每层横向联系上设置人行走道与防护栏杆。受主塔节段吊装安装净空和吊装要求，支架横向刚度较小，支架柔性较大。

(3)走行轨道梁。走行轨道梁布置在支架顶部，在节段吊装安装区域和喂梁区域分段布置，节段喂梁区域和节段安装区域分别为单层八排加强型贝雷梁和单层六排加强型贝雷梁，贝雷梁上方布设间距为滑道，滑道具体结构由工字钢与不锈钢板组成。

(4)提升系统。提升系统主体结构由4个液压提升千斤顶、2台YTB型液压提升泵站、计算机控制系统以及提升系统主横梁组成。提升系统主横梁设计为单层六排加强型贝雷梁。计算机同步控制系统的构成为每个泵站配置一个阀体柜，每个阀体柜最多可控制4个提升千斤顶，具有逻辑控制、位移控制和位置同步控制功能，能实现主塔节段的平稳提升、下降控制，见图2。

3)主塔节段的吊装安装

主塔节段在生产厂家加工完成后通过水路运输至施工现场，再由码头处的龙门吊和提升系统将船上的主塔节段起吊卸船运至主塔支架范围内的喂梁平台上，最后由主塔支架上的提升系统将各节段吊运至指定位置安装。主塔节段吊装安装的工艺为：主塔节段卸船→节段姿态调整→主塔节段提升→平移→下放→测量定位→桥位焊接→焊缝检测。

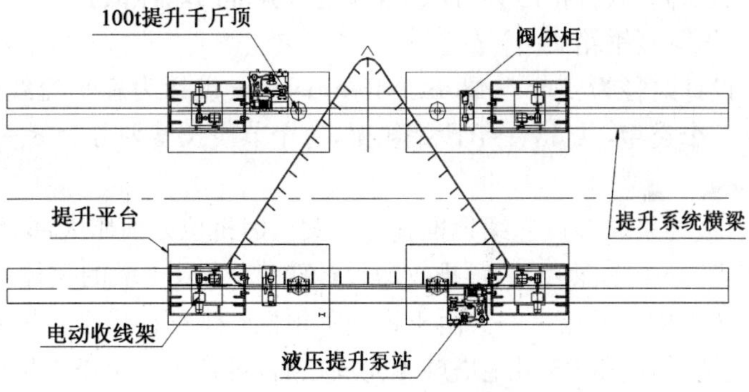

图2　提升系统总体平面布置图

(1)多吊点吊装系统吊点的布置与节段姿态的调整

主塔节段在置于喂梁平台时处于水平放置，主塔塔身设计为倾斜状态，因此，主塔支架吊装系统吊装前需将主塔节段的姿态初步调整到设计位置，吊装到位后进行精调。主塔节段姿态调整是将主塔节段的倾斜角度调整至设计角度，并将节段最低边调整水平，以减小安装时调整的工作量，确保安装施工，因此节段吊装必须采取多点吊装的方式进行施工。主塔节段姿态调整到位以后，提升系统仅需要完成竖直和水平方向的平移以及下方对位焊接。主塔节段姿态调整和节段吊装采取4点吊装的方式施工。在主塔节段上共设置4个吊点，分A、B两类吊点进行起吊，其中A类吊点用于直壁板，设计为栓接吊点，B类吊点适用于扭曲壁板，吊点位置位于节段底部两加劲肋中间。

主塔节段重量较大，吊点布置在塔柱的横隔板或者加劲肋位置，但由于主塔节段吊装期间节段重心靠近B类吊点，B类吊点位置附近应力较为集中，容易对主塔壁板造成局部变形；A类吊具为一般吊具，B类吊具为全向吊具。

(2)主塔节段提升平移

主塔节段姿态调整到位后，利用支架上部提升系统进行提升和平移，提升前要再次对提升装置的液压系统、电路系统、夹具系统、控制与显示系统及钢绞线进行全面细致的检查，检查合格后方可进行提升和平移。由于主塔节段采取4点吊装，吊点较多，自动提升过程中必须严格控制钢绞线偏移铅垂线的角度不大于3°，超出时应进行调整。此阶段注意检查以下几个方面的内容：

①检查工作台状态，观察提升过程中同步控制误差积累所产生的影响。

②检查主塔节段的摆动幅度、摆动频率，注意记录风速、风向和温度的影响。

③检查提升过程中的油压最大、最小值。由于在提升过程中钢绞线处于柔性状态，主塔节段可能的摆动需要用缆风绳来约束，且必须随提升过程放松。

(3)主塔节段桥位焊接

待主塔节段提升平移到位后，先初步利用提升系统对主塔节段进行定位，然后利用全站仪对节段进行精确调整，待节段调整到位后进行节段桥位焊接工作。主塔节段桥位焊接时需注意：

①桥上焊接必须严格执行焊接工艺规程，同时建立完善的焊工考核制度及跟班检查指导

机制。

②施焊时必须按照设计及焊接规范规定要求进行焊接产品试板，产品试板的厚度、轧向、坡口尺寸应与所代表的接头一致，并与之采用相同的工艺方法及参数同时施焊。产品试板应做好标记，经监理工程师验收合格后方可取下，移送试验部门取样试验。

4.2 宽幅单一纵隔板钢箱梁

双拥大桥主桥设计跨径为 40m＋430m＋40m，钢箱梁设计为扁平流线型钢箱梁，钢箱梁梁段分为 A～G 共 7 个类型，共 53 个节段钢箱梁，每个节段长度划分为 8～10m 不等，节段吊重为 133～194t。

经过方案比选，最终采取多点连续顶推施工方案。因桥位处河床大部分基岩裸露，基岩面至顶推支墩顶高度为 50m，水深 28m，顶推支墩设计跨度 35m，支墩的整体稳定性是钢箱梁顶推施工过程中安全技术措施重点之一。由于钢箱梁顶推施工须待单个主塔施工完成之后方可进行，根据施工现场情况，南岸 23 号主塔施工完成之后，可将大量主塔支架材料周转到顶推支墩中使用，从很大程度上节约了工程成本，同时，通过在顶推支墩之间采用临时束联系，钢管桩内灌注水下混凝土保证了顶推支墩的整体稳定性。

钢箱梁顶推系统的主体构造由钢箱梁运输栈桥、钢箱梁提升门架、焊接平台、顶推支墩、钢导梁以及连续顶推牵引设备等组成。顶推施工总体平面布置图见图 3。

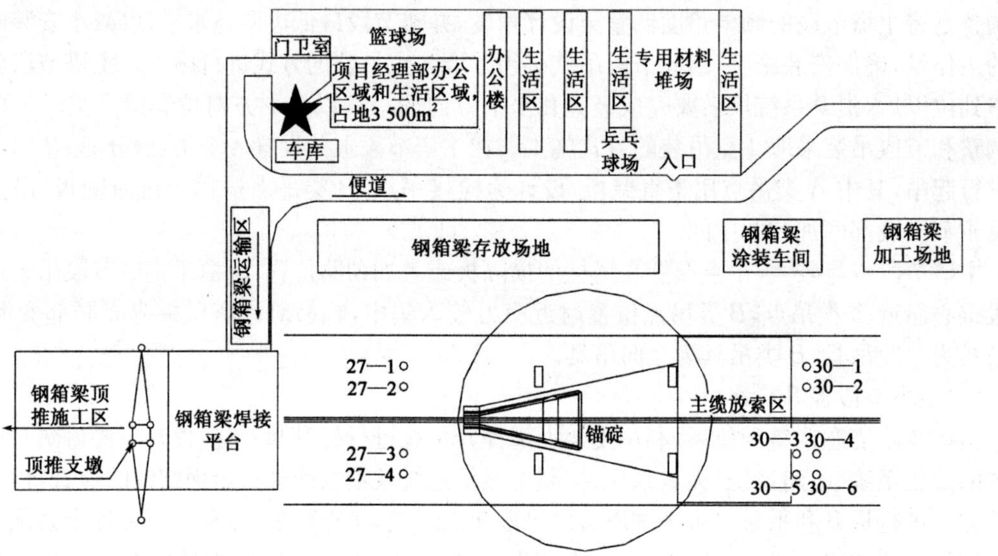

图 3　钢箱梁顶推施工总体平面布置图

(1)钢箱梁运输栈桥

钢箱梁顶推前需将存梁区的成品钢箱梁运至焊接平台尾端的喂梁区，通过喂梁区提升门架吊装至焊接平台参与顶推。根据存梁区与喂梁区的相对位置关系，在 24 号墩靠下游侧钢箱梁存梁区尾端位置，沿横桥向布置一运输栈桥。钢箱梁运输栈桥设计为贝雷梁膺架结构，膺架立柱采用 8 组 ϕ630×8 钢管桩组成的格构式支墩；支墩顶设置 2I 40b 工字钢横梁，横梁上方均布搭设 2 组单层六排贝雷片梁形成运梁车行走轨道梁，贝雷片轨道梁上方从下往上分别布置[20a 槽钢枕梁及 P50 钢轨以满足运梁车的行走。

(2)焊接平台

顶推焊接平台是钢箱梁顶推前的拼装操作平台，包括钢箱梁节段焊接、线形调整等均在顶推焊接平台上完成。顶推焊接平台由固定平台和活动支架平台组成，平台总长度为50.9m，固定焊接平台从运梁栈桥旁边一直延伸到1号顶推支墩，活动支架平台直接设置在运梁栈桥上方。活动支架平台用于弥补固定焊接平台长度不足时临时增加的焊接平台，同时当钢箱梁在固定式焊接平台末端有一定悬臂时，钢箱梁悬臂部分可直接搭在活动支架平台上方，固定焊接平台总体布置图见图4。

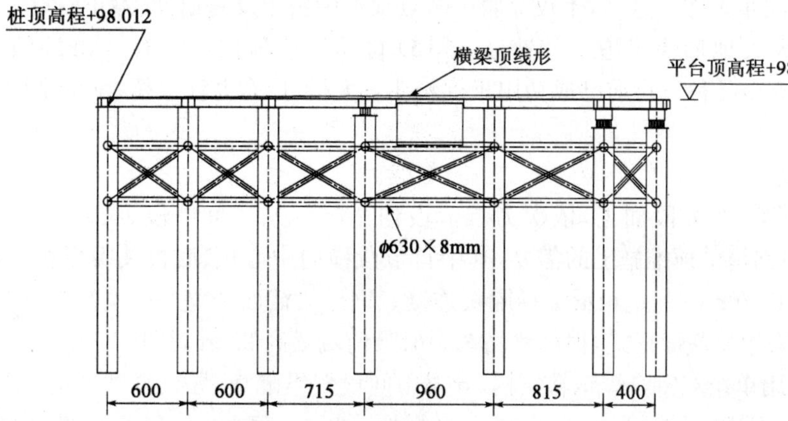

图4　固定焊接平台总体布置图(尺寸单位:cm,高程单位:m)

固定焊接平台的主体结构为7排ϕ1 520×10mm钢管桩，每排钢管桩沿着横桥向布置4根ϕ1 520×10mm的钢管桩。在每排钢管桩的最外侧支承钢管桩顶部设置限位调高装置，中间支承钢管桩顶部设置两条钢箱结构的滑道梁作为线形调整所用的辅助支撑。在两条滑道梁中央与钢箱梁轴线相对应的位置布置钢箱梁顶推主滑道。主滑道梁由7I56a工字钢组成。每排钢管桩位置均设置一条主滑道，总共布置5条主滑道梁。主滑道梁的顶面按照主桥成桥线形进行设置，确保钢箱梁在顶推过程中多点同时受力，避免造成受力不均，局部受力过大。顶推过程中，通过既有的两条滑道梁和新增的主滑道梁共同进行钢箱梁的线形调整及匹配工作，待钢箱梁线形调整、匹配及焊接完成后向前顶推的过程中由主滑道梁作为顶推时钢箱梁的主受力点，既有的两条滑道梁仅作为辅助。

(3)单滑道柔性顶推支墩

钢箱梁顶推施工时在桥位处共设置14个临时顶推支墩，其中1号、14号顶推支墩布置在岸边，2～13号顶推支墩布置在水中，支墩采用6根ϕ1 520×10mm钢管桩进行搭设，支墩跨度按照35m布置，每个支墩内部采取ϕ325×6mm和ϕ630×8mm钢管作横向联系。

结合钢主梁单一纵隔板这一特点，钢箱梁顶推时采用单滑道，由于柳江中河床覆盖层较浅，大部分支墩位于裸岩河床上，支墩最大悬臂长度达50m，支墩横向刚度较小，柔性支墩6根钢管桩桩位布置成菱形，中间4根为主受力点设置单滑道顶推机构，两侧设置辅助支点形成整体增大支墩稳定性；利用辅助支点设置纠偏装置和保证顶推后钢主梁的稳定，同时辅助支点作为主缆架设时保证稳定的措施，能同时解决钢主梁施工稳定问题和主缆架设施工的稳定问题。

为适应钢箱梁顶推施工的要求，滑道梁设置在钢箱梁纵隔板下方，钢箱梁顶推时在滑道梁上方铺设橡胶四氟滑板，以减小钢箱梁与滑道梁之间的滑动摩擦力，在滑道梁下方沿横桥向布置垫梁和4个300t的调高千斤顶作为顶推支墩的竖向调高装置，当钢箱梁达到成桥线形参与顶推后，在垫梁下方设置4个固定钢支墩，替代竖向调高千斤顶用以承受上部荷载。钢支墩下方沿横桥向布置好桩顶横梁和相对应的桩帽钢板，形成一个整体式顶推机构。

(4)连续牵引设备

连续顶推牵引设备采用柳州欧维姆机械股份有限公司生产的 ZLD 连续顶推系统。该系统主要用于各类桥梁及各种大型物件的水平顶推和水平转体工程，是大吨位施工的理想机具。ZLD 自动连续顶推系统的主要特点在于它的连续性和同步性。连续性是指它能不断地并且匀速地将一大型物件水平顶推几十米甚至几百米的距离或水平转体任意度角；同步性是指它能多台千斤顶同步工作。这样，不仅克服了多点顶推中由于反复启动、停止而对工程造成的不良影响，而且大大地加快了施工的速度。ZLD 自动连续顶推系统有 200kN 级、600kN 级、1 000kN 级等 3 个品种。目前已成功用于杭州江东大桥、广东九江二桥、湖南邵阳资江大桥等大量工程。

(5)钢导梁

钢导梁分为 3 个节段加工，依次为首节段(长 6.5m)、中间节段(长 8.5m)、末节段(长 10m)。考虑到钢箱梁顶推施工的需要，其中首节段横向中心顶、底板及腹板相对应的加劲肋板局部向前延长 70mm 与钢箱梁端横隔板连接。钢导梁截面全宽 2m，梁高 3.5～2.2m，总长 25m。钢导梁采用变截面形式，根部梁高 3.5m、最前端梁高 2.2m，总长 25m。

钢导梁采用单箱双室全焊钢箱结构，导梁中间设置纵隔板，导梁全宽 2m。钢导梁顶板和底板厚 16mm，纵隔板厚 20mm，两侧边腹板厚 16mm，底板、下斜腹板厚 12mm，横隔板厚 14mm。

钢导梁内每隔 2～2.5m 设置一道横隔板，为了满足顶推施工检查的需要，在每道横隔板处均开一人孔方便施工；根据钢导梁受力的特点，纵隔板沿钢导梁通长设置，厚度为 20mm，为适应顶推施工的需要，纵隔板下端设置马蹄形加劲肋，肋厚 12mm，加劲肋侧面与底板纵肋焊接，加劲肋底面要求与导梁底板磨光顶紧，纵隔板均采用双面加劲。

5 技术创新点

运用“单主缆单索面宽幅悬索桥施工技术”圆满完成柳州双拥大桥施工，其主要技术创新点有：

(1)空间支架布置考虑基础围堰施工和后续顶推焊接平台空间位置的要求，合理布置，确保了支架的稳定性，施工干扰小，操作方法可控，结构安全可靠。

(2)采用 4 吊点提升千斤顶系统调整塔节段空中姿态，适合三角形变截面倾斜塔柱节段就位要求。

(3)合理利用空间支架辅助，独立设置塔柱横向支撑，实现了多节段空中匹配调整。

(4)在大桥南岸设置 40m 长的焊接平台，满足 4～5 节段焊接要求，保证了焊接质量；根据通航要求在主跨范围最大水深 28m，河床岩面裸露的条件下利用浮筒式水上钻孔平台设置 13 处最高达 50m 的钢管桩柔性支墩，有效解决了河床岩面裸露的深水支墩的施工难题；所用材料及设备基本采用主塔施工时空间支架系统的材料，同时钢主梁安装与主缆架设平行作业，缩短工期，形成了单主缆单索面悬索桥成套施工技术，具有很高经济效益和实用价值。

(5)结合钢主梁单一纵隔板采用单滑道，柔性支墩 6 根钢管桩桩位布置成菱形，中间 4 根为主受力点设置单滑道顶推装置，两侧设置辅助支点形成整体增大支墩稳定性；利用辅助支点设置纠偏装置和保证顶推后钢主梁的稳定，同时辅助支点作为主缆架设时保证稳定的措施，能同时解决钢主梁施工稳定问题和主缆架设施工的稳定问题。

(6)针对柔性高墩抵抗水平推力弱的问题，选择采用单一千斤顶牵拉的方式抵抗滑道摩阻力，不产生对支墩的水平推力，同时各支墩间设置钢绞线水平约束储备；此方法不但有效地抵消了水平推力，同时在施工过程中可利用顶推装置及时纠正主梁受温度影响而产生的支墩偏位。

6 结语

随着社会发展和人们的视角观念改变，对城市桥梁的要求越来越高，如何既能满足桥梁结构力学要求又能符合城市审美要求是一大课题；在施工造型独特的桥梁时，施工方案的合理与否是桥梁建成后能否达到设计要求的关键。

97. 陈家溪大桥无支架缆索吊装施工技术

孙　勇

（四川路桥桥梁工程有限责任公司）

摘　要：针对陈家溪大桥为跨河拱桥的特点，在节约成本的基础上，考虑采用无支架缆索吊装工艺施工。介绍该桥无支架缆索吊装施工方案，在两岸施工场地狭窄的情况下，其施工方案具有不可替代的优越性。

关键词：陈家溪大桥　无支架缆索　吊装　施工技术

1　工程介绍

1.1　桥位及桥型

陈家溪大桥位于云阳县，跨越陈家溪河，是云万高速公路云阳连接线上的一座大型桥梁，本桥跨越典型的U形沟谷。本桥上部结构设计为2×7.6m（桥面板）+1×110m（箱形拱桥）+3×13m（空心板），主桥为1×110m钢筋混凝土箱形拱桥，桥梁总长177.2m。主桥"正拱正置"，保持两岸拱座起拱点高程一致，0.5%纵坡由拱上立柱完成。

1.2　大桥结构形式

主桥：主拱圈为等截面悬链线无铰拱，净跨110m，矢跨比1/6，拱轴系数m=1.756，拱圈横断面由5片拱箱预制组成。拱圈总宽7.6m，预制拱箱高1.8m，底板厚18cm，顶板厚8cm，中腹板厚6cm，边腹板厚12cm，箱内每隔3.04m设一道厚6cm的横隔板，拱圈分五段预制。在拱箱达到强度后，进行拱箱吊装，最大节段吊重47t左右，待全部拱圈合拢后现浇22cm厚的混凝土纵缝和10cm厚的顶板现浇层。

拱圈预拱度：本桥拱顶预设14cm预拱度，其余按推力影响线分配，拱圈采用"正拱正置"。拱箱合拢后，再按行车道板的跨径精确测量其位置和实际高程，算出立柱的浇筑高度。

拱座上、拱上和引桥均采用排架和悬臂式盖梁支承纵向桥面板。云万高速路岸拱座上排架立柱和引桥立柱截面1.0m×1.0m，拱上排架立柱截面0.8m×0.9m，云阳岸拱座上排架立柱截面1.2m×1.2m，云阳岸引桥墩为直径1.2m的圆柱墩，每个排架由2根立柱组成。柱中距均为4.9m，排架横系梁6～7m一道，截面为0.6m×0.8m。桥面单向横坡和单向纵坡由排架高度变化来形成。

拱上构造为钢筋混凝土双柱式排架，盖梁和立柱按现浇施工设计。为使拱上排架柱脚压力均匀分布于全拱圈和锚固要求，排架下设置了现浇垫梁。

2 施工方案的选择及方案概述

2.1 方案选择

根据陈家溪大桥桥型为拱桥形式，并且两岸场地狭窄，只能采用不需多占场地的施工方案，经过多方比选，决定采用无支架缆索吊装施工方案。并且此方案相比转体施工方案，具有所需设备少、工期短的特点，有利于节约成本。

2.2 施工工艺流程

施工工艺流程见图1。

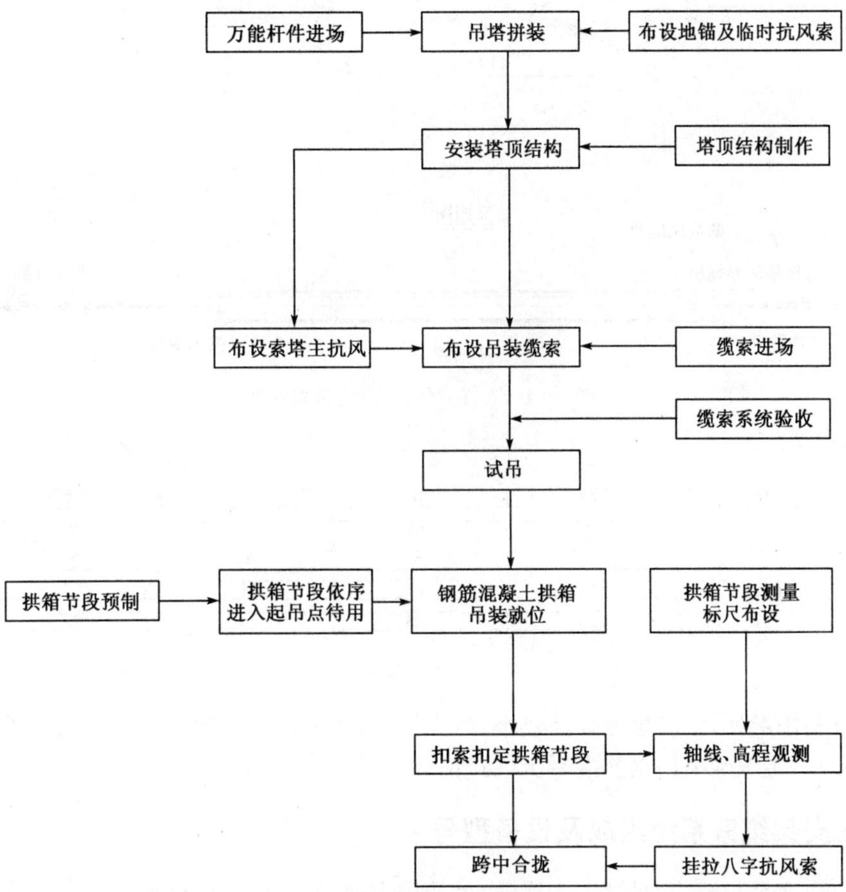

图1 施工工艺流程图

2.3 施工方案

大桥施工方案关键为拱箱成拱方案。成拱方案采用斜拉挂扣法。拱圈横断面由5片箱组成，每片箱分5节段进行吊装，全桥共计25吊装节段(图2)。

拱段经预制场预制完成后，经运输平车运至云阳岸引桥桥面上，起吊、纵移、落位、歪拉，两岸分别同时自拱座1号拱段开始，向对岸拼装至2号拱段。待整体调整好顶端轴线及各控制点高程后，在两个2号拱段间加入合拢段，单片拱箱合拢。

吊装顺序由桥轴线向两边对称就位。中箱单片拱箱吊装时，应逐段安装好横向缆风索定位，单片拱箱合拢后，调整好轴线，进行接头焊接和浇筑接头混凝土，并加强横向缆风索，以确保拱箱稳定。两片拱箱合拢，待横向连接系全部焊接完成，连接牢固，接头混凝土强度达85%且浇筑完成一周后才松去吊扣索，但横向缆风索仍应保留，直至5片拱箱全部吊装合拢完成。采用单箱合拢施工方案，可以缩短成拱时间，减少拱箱在吊装时的安全风险，保证整个施工安全快速进行，不会对桥梁使用、组装带来影响。在单片拱箱成拱后，扣索及八字抗风绳依然保持扣紧拱箱，保证其处于稳定状态(图3)。

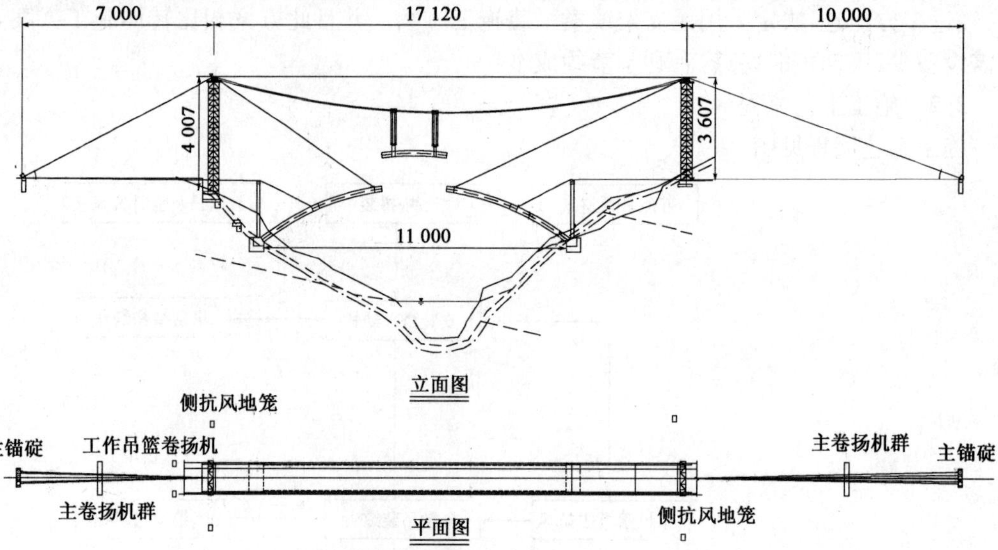

图2　无支架缆索吊装系统总体布置图

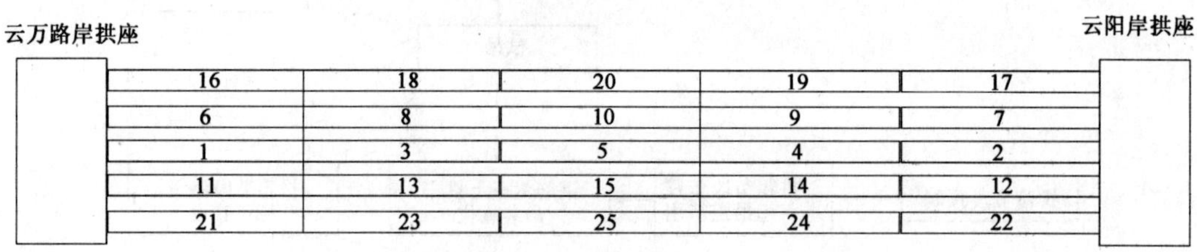

图3　拱箱吊装顺序图

为有效利用场地，同时也为提高效率，减少风险，吊装系统采用复合式缆索吊机(即采用吊扣一体方案)。主锚碇采用钢筋混凝土桩式锚碇。

3　无支架缆索系统组成及设备型号

无支架缆索吊装系统由吊塔、主锚碇、吊装用主绳、卷扬机、吊点、抗风索等部分组成。

扣索系统组成：各个吊装节段吊装到位后，交给扣索系统受力，扣索系统由扣索临时扣点(扣点千斤绳)，钢丝绳扣索，扣索锚固端、钢丝绳收紧设备等组成(表1)。拱箱合拢之前保留边段拱箱节段及次边段拱箱节段的扣索。

主索系统钢丝绳选用规格表　　表1

名称	主索	起重索	牵引索
型号	6×37+1	6×37+1	6×37+1
根数及直径	1×6ϕ47.5	1×2ϕ21.5	1×2ϕ28
单位重量(kg/m)	7.929	1.638	2.768
面积(cm^2)	8.434 7	1.742 7	2.945 2

续上表

名称	主索	起重索	牵引索
抗拉强度(N/mm^2)	1 770	1 670	1 670
钢丝直径(mm)	2.2	1.0	1.3
破断拉力(考虑折减系数 0.82)(kN)	1 224	239	403

4 吊装过程中需考虑的主要问题及处理措施

4.1 塔顶索鞍如何横向移动

由于在吊装过程中,为使起重索的偏角不超过 15°的限度,索鞍需要进行横向移动。为方便移动,索鞍与塔顶工字钢的固结,采用在索鞍钻孔,塔顶顶层工字钢下索鞍相应位置下布置钢板钻孔,索鞍与钢板用螺栓连接,进行限位。这样在移动过程时,只需取掉螺栓即可。索鞍移动,采用滑车组用卷扬机来拖动索鞍的方式进行,这样可以保证索鞍在移动过程中保持缓慢、平稳。

4.2 边段扣索在索塔塔柱如何转向

中间拱箱边段扣索计划采用经由塔柱横联上布置转向滑车进行转向,其余拱箱边段扣索都是经塔柱内设计高度处布置的转身索鞍进行转向进入锚碇收紧调整,这样可以尽量使扣索处于正扣状态,减小对拱箱的轴线状态影响,有利于拱箱合拢的顺利完成,工字钢与万能杆件及索鞍采用焊接固结。

4.3 次边段拱箱悬挂就位及对边段拱箱的影响

由于次边段拱箱就位于边段拱箱端头上,使边扣索受力增加,边段拱箱高程降低,为避免拱箱在接头附近发生开裂,次边段定位后,上、下接头处的预加高度应控制为:次边段上端头预加高度是边段端头预加高度的 2 倍。其后,进行次边段起重索与扣索之间的受力转换。最后进行扣索调整,使边段端头预抬值为 5cm 左右,次边段为 10cm 左右。

4.4 拱箱松索成拱程序

拱箱松索成拱直接影响合拢后拱箱的拱轴线状态。

(1)松索时按边扣索、次边扣索、起重索三者的先后顺序对称均匀进行,松索量按各接头高程变化,以不超过 1cm 为限。

(2)松索过程中,调整拱轴线,同时要观测各接头高程,防止出现反对称变形。

(3)采用厚度不同的钢板嵌塞拱箱接头接缝。

4.5 主抗风布置施工

根据计算,索塔在吊运拱箱构件时,其竖向最大偏移超出规范设计值,故在主抗风施工过程中,预先施加抗风拉力,使索塔按照设计预先向后竖向偏移,这样就可把索塔吊装过程中,竖向偏移值控制在规定范围内。

5 施工监控结果

拱桥吊装工程自 2008 年 7 月 1 日开始,7 月 15 日结束。在吊装过程中,索塔的竖直状态依靠前、后主抗风钢丝绳来保证,提前预拉,使前、后主抗风钢丝绳预先就储备有拉应力,拉应力的大小依据计算而来。由于索塔塔脚是固结状态,索塔在处于吊装过程中,其竖向偏移需小于 $H/100$(H 代表索塔高度)。拱箱安装精度符合设计要求。

6 结语

本桥采用无支架缆索吊装施工方法，节约了工程费用，缩短了工期，可为同类型桥梁施工提供借鉴。在施工类似桥梁时，需注意，如果为了节约设备而采用单箱合拢，需对侧向抗风钢丝绳的布置进行加强，保证拱箱的稳定性。

参考文献

[1] 周水兴，何兆益，邹毅松，等. 路桥施工计算手册[M]. 北京：人民交通出版社，2001.

[2] 交通部第一公路工程总公司. 桥涵（下册）[M]. 北京：人民交通出版社，2000.

98. 大跨径双肋闭口薄壁箱拱圈施工技术

——湖北小溪河大桥拱圈一期混凝土施工

吴春其　赵　坤　陈　威　白　伟

（四川路桥桥梁工程有限责任公司）

摘　要：以湖北小溪河大桥为工程背景，总结了一套大跨径双肋闭口薄壁箱拱圈施工方法，该方法简单可行、控制得当，为其他类似工程提供了简单而可靠的参考。

关键词：大跨径　双肋闭口薄壁箱　拱圈　合理的混凝土　施工过程控制

1　工程概况

湖北小溪河大桥为上承式钢筋混凝土箱型拱桥，净跨径 155.0m，净矢高 25.833m，净矢跨比 1/6。主拱圈为悬链线箱型拱，拱轴系数 $m=1.998$（图 1）。

图 1　小溪河大桥效果图

由于受现场地理环境限制，本桥设计采用转体施工工艺，即在两岸采用支架现浇方式形成半拱，经转体合拢形成拱结构，转体前拱圈为双肋闭口薄壁箱型结构，薄壁厚度为 10cm，转体合拢后再将其腹板、底板及顶板依次加厚至 25cm，最终形成设计断面的主拱圈（图 2）。

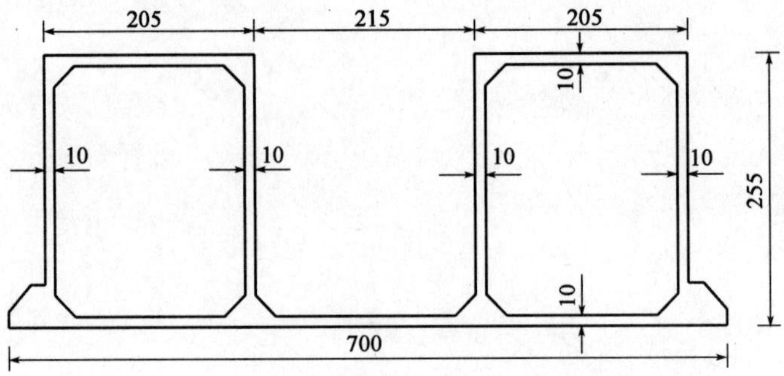

图 2　拱圈转体前结构图(尺寸单位:cm)

2　混凝土配合比的确定

根据拱圈结构的特点和现场施工工艺的特点,底板和顶板混凝土应在保证浇筑质量的前提下,尽量减小混凝土的坍落度,而腹板混凝土却要保持混凝土较大流动性。

拱箱混凝土的强度等级为C40,粗集料为5～18mm和18～28mm分级配碎石,细集料采用天然河砂,水泥采用PO42.5级普通硅酸盐水泥,外掺剂采用聚羧酸减水剂,具体用量如表1所示。

拱箱混凝土配合比　　表1

混凝土等级	水泥(PO42.5)(kg)	水(kg)	碎石(大)(kg)	碎石(小)(kg)	砂(kg)	聚羧酸(kg)	聚丙烯腈(kg)
C40	424	161	671	448	716	6.36	1

考虑到拱圈转体前是全薄壁结构,壁厚只有10cm,加之河谷地带的风较大,就更容易出现混凝土收缩裂纹,尤其是腹板容易出现混凝土的收缩裂纹,拟定在混凝土中增加高分子纤维聚丙烯腈,防止混凝土局部收缩裂纹。聚丙烯腈的掺量为每立方米混凝土1kg,并通过试验段加以验证。在试验段分别采用加入聚丙烯腈的混凝土和未加入聚丙烯腈的混凝土,并在相同的养护条件下养护,结果是未加入聚丙烯腈的腹板出现了几条网状细裂纹,而加入聚丙烯腈的腹板混凝土没有发现裂纹。

在经试验段对比试验后,拱箱混凝土最终选定在每立方米混凝土中加入1kg聚丙烯腈,且腹板混凝土采用小石子混凝土,其配合比如表2所示。

拱箱腹板小石子混凝土配合比　　表2

混凝土等级	水泥(PO42.5)(kg)	水(kg)	碎石(大)(kg)	碎石(小)(kg)	砂(kg)	外加剂(kg)	聚丙烯腈(kg)
C40	489	158	0	1 105	677	7.185	1

3　难点分析与施工方法

3.1　难点分析

一是底板和顶板混凝土的振捣与厚度控制:介于结构的特点,底板和顶板的厚度都只有10cm,尤其是底板,其底面净保护层厚度为34mm,纵横向钢筋总厚度为37mm,顶面净保护层厚度为 29mm，如果采用流动性较大的常态混凝土，在斜坡段的自立性就很弱，就必须增设压模板，才能保证混凝土的设计断面尺寸，尤其是在坡度较大的拱脚段(坡度为 37°)。如果设置压模板，就没有振捣空间，不能保证混凝土的密实度；但如果取消压模板，10cm 的设计厚度就没有那么好控制了。

二是腹板混凝土浇筑：腹板厚度为 10cm，而其高度为 245cm，则要求混凝土必须具有一定的流动性，否则很容易造成混凝土振捣不密实，从而影响混凝土的施工质量。但混凝土的流动性过大，特别是在斜坡段，又不能满足腹板上部混凝土的连续浇筑与振捣，所以选择合适的混凝土坍落度是非常关键的一步。

三是腹板施工缝的处置：一般情况下，混凝土施工缝均在模板端部呈大致水平布置，但这里的施工缝均呈斜坡状分布且不便清理。

四是薄壁混凝土收缩裂纹：拱圈转体前是全薄壁结构，即底板、腹板及顶板的厚度均为 10cm，加之河谷地带的风较大就更容易出现混凝土收缩裂纹，尤其是腹板容易出现混凝土的收缩裂纹。拟定增加高分子纤维聚丙烯腈，防止混凝土局部收缩裂纹。

3.2 施工方法

(1)支架预压

按施工技术规范要求，在施工拱箱底板前对满堂支架进行预压，因最高处的支架高度已达 27m。

预压荷载为拱箱混凝土荷载、施工人员荷载、小型机具等荷载总和的 120%，通过分级(分为 40%、80%、100%、120%等四级)加载，每一级加载完成，均记录支架顶高程和竖直度的变化，并静置 2h 后再继续加载。最终加载完成到 120%，按规范静置 24h 后拆除荷载，并记录下最终的变形量，支架顶高程变化量为 6mm，竖直度的变化量为 5mm，符合规范要求进行下一步施工作业。

(2)预留施工间隔槽

根据现场支架条件，结合设计要求，从拱脚到拱顶共设置 3 道间隔槽。第一道间隔槽在拱脚处，第二道间隔槽距拱脚 30m 处，第三道间隔槽距拱脚 60m 处，每道间隔槽的宽度为 80cm。在间隔槽处，底板、腹板和顶板都要按预留间隔槽宽度断开，待拱箱一期混凝土全部浇筑完成后，再浇筑预留的间隔槽混凝土。

(3)底板混凝土浇筑

施工作业前按要求制作设计厚度的钢筋垫块，以便准确控制设计要求的净保护层厚度。

底板混凝土分段浇筑，每次浇筑长度为 10m，其施工的难点就在于斜坡段混凝土的浇筑和设计厚度的控制。通过上述难点分析，最终确定浇筑底板混凝土时，采用降低混凝土坍落度(现场坍落度控制在 50～60mm)，以减小混凝土的流动性，同时取消最初增设压模板的方案。这样可以在混凝土入模后，先用 50 型插入式振动棒振捣，然后再用平板振动器全面振捣 1～2 遍，最后采用人工抹面，并校正第一、二期混凝土连接钢筋的方式，确保底板的浇筑质量(图 3)。

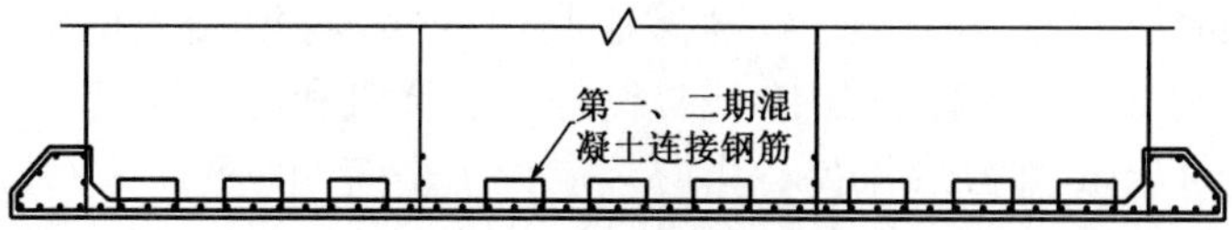

图 3　底板混凝土连接钢筋

另外,底板混凝土厚度的控制,通过在每个箱两侧的纵向主筋上焊接厚度控制标志(ϕ10mm竖向定位钢筋),其间距不得大于1m,然后在竖向定位钢筋上画出厚度定位线,再在定位线处纵向焊接一根ϕ6mm纵向定位钢筋,且保证纵向定位钢筋顶面至底模板顶面的距离为110mm(因考虑混凝土凿毛时凿除5～10mm)。在浇筑底板混凝土过程中,每个箱室对应的底板厚度均以两侧的两条纵向定位钢筋的顶面为控制线,特别是在最后人工找平、抹面时,用160cm长的铝合金方钢检查是否抹平,从而确保底板厚度的设计尺寸(图4)。

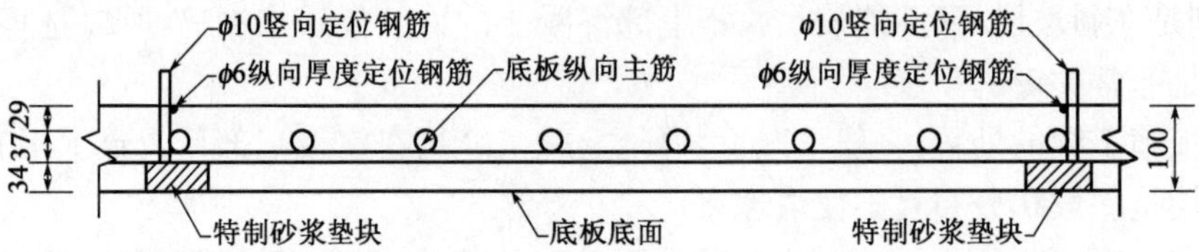

图4　底板保护层、定位钢筋安装图(尺寸单位:mm)

每个竖向定位钢筋应支垫相应的垫块,避免在施作过程中厚度控制标志塌陷影响厚度控制的结果。

(4)腹板、顶板混凝土浇筑

在底板混凝土表面凿毛并清理后,便可开始腹板钢筋的制作安装,然后安装腹板模板和顶板底模。腹板和顶板也采取分段浇筑,每次浇筑长度为8～10m,与底板分段浇筑的施工缝错开(图5)。

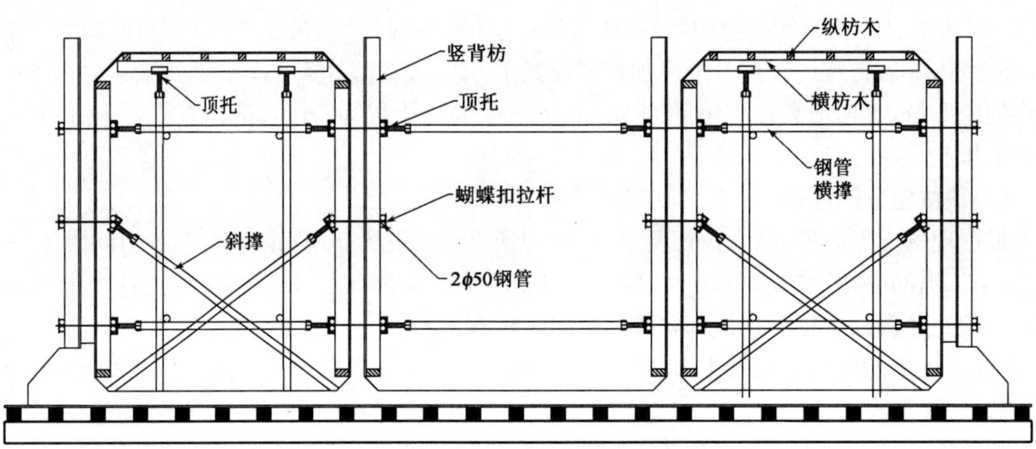

图5　腹板、顶板模板安装图

为了方便模板的安装和拆除,腹板和顶板底模均采用竹胶板作面板。腹板上用5cm×10cm方木作竖向背枋,再用双ϕ50mm×3mm钢管作纵向背枋,然后再通过蝴蝶扣调整腹板模板的顺直度,同时增设箱内斜撑调整并确保腹板模板的竖直度。顶板底模支撑采用普通钢管脚手架加顶托支撑,横桥向每个箱室布置两根立杆,其纵向间距为100cm,并在每根立杆上设置一个顶托,便于支撑及调整顶板底模高程。

为了腹板混凝土便于入模和振捣,确保混凝土密实,将混凝土的坍落度控制在80～100mm,初凝时间为6h。在浇筑过程中,应控制好分层浇筑和浇筑速度。分层采用斜坡分层的方式,厚度为30～50cm,并分层振捣。当腹板混凝土浇筑至顶面10～15cm时,暂停振捣,待顶板混凝土入模后一起振捣。所以腹板浇筑面与顶板浇筑面呈梯队出现,即腹板浇筑一定长度后(4～5m),再开始浇筑顶板混凝土,这主要是因为腹板混凝土的坍落度为80～100mm,

而顶板混凝土坍落度为50～60mm，这样，待顶板混凝土入模时，腹板顶面的混凝土坍落度已经有一定损失，与顶板混凝土一起振捣时，不至于向斜坡面低处流动，以确保振捣密实的效果。

顶板混凝土的浇筑如同底板混凝土浇筑，其厚度控制也采用与底板混凝土厚度控制相同的方式。顶板底模的支撑系统要在顶板混凝土强度达到设计强度的70%后才能拆除，但腹板侧模板在浇筑完成的第二天就可以拆除了，且在模板拆除后立即组织人员对腹板一、二期混凝土的连接钢筋进行清理。

(5)施工缝的处理

每道施工缝必须进行处理后才能进行下一段拱箱混凝土的浇筑。

底板和顶板施工缝的处理相对要简单一些，可直接将施工缝凿除清理，并使凿除面与底模板垂直。腹板混凝土在浇筑时，浇筑面呈斜坡状，且与模板顶面还有较大距离，所以处理施工缝就比较困难了。为了把施工缝处理好，必须把腹板施工缝处的模板临时拆掉，并将施工面凿成台阶状，如图6所示。

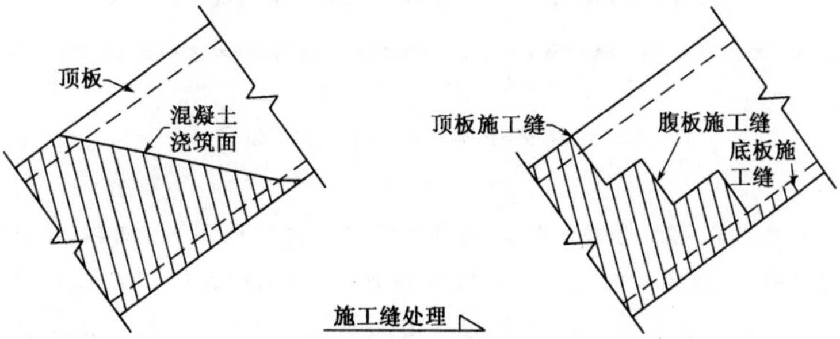

图6　底板施工缝处理图

4　结语

湖北小溪河大桥双肋闭口薄壁拱箱已施工完毕，符合规范及设计的相关要求。说明本文所提及的双肋闭口薄壁箱施工方法简单、可行，同时也为类似工程的实施提供了可靠的实例。

99. 平昌巴河 2 号特大桥 77t 缆索吊系统设计及单肋合龙稳定性分析

陈　刚　彭　云

（四川路桥桥梁工程有限责任公司）

摘　要：通过对平昌巴河 2 号特大桥无支架缆索吊装系统的设计、施工，总结了一套用于大跨度钢筋混凝土箱形拱桥安装的大吨位无支架缆索吊系统的设计方法，以及在特殊地形条件下主地锚的设计方法，同时对大跨度单片拱肋合龙的稳定性进行了研究和分析，认为只要合理地布置相应的风缆索，增加单肋的横向弹性约束，是可以实现单基肋合龙的，并加以成功实施，为同类型大跨径钢筋混凝土箱形拱的无支架缆索吊装系统及多节段单基肋合龙提供了安全可靠的参考。

关键词：箱型拱无支架　缆索吊装单肋合龙　稳定性分析

1　工程概况

平昌巴河 2 号特大桥主桥为净跨径 160m 钢筋混凝土箱形拱桥，拱轴线系数 $m=1.988$，矢跨比为 1/6.25，净矢高为 25.6m，拱圈高度为 2.5m，拱圈顶全宽 15.1m，整幅拱圈由 10 片拱箱组成。每片拱箱分 7 节段现场预制，采用无支架缆索吊装施工工艺进行拱肋节段安装，中箱吊重 70t，边箱吊重 77t(图 1)。

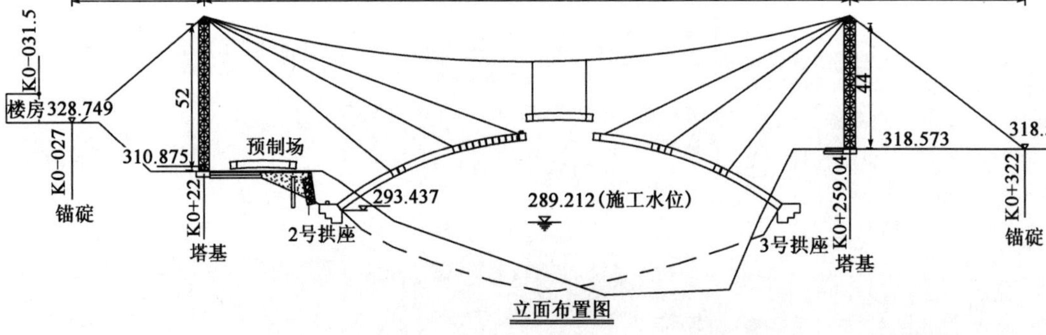

图 1　吊装系统立面布置图(尺寸单位：m，高程单位：m)

拱肋采用无支架缆索吊装技术与斜拉扣挂施工工艺相结合的施工方法形成主拱圈。

2 无支架缆索吊装系统设计

根据现场地形特点，确定缆索系统索跨为 49m＋237m＋64m，并采用吊、扣塔合二为一的方式，以满足扣索的角度要求及主索尾绳的角度要求。拱箱最大吊重按 770kN 计算，吊具及配重 80kN，缆索设计吊重按 850kN 控制。

2.1 索塔系统

平昌岸索塔设于 0 号桥台附近，塔高 52m，设置两道横联，分别在高度为 16m 和 32m 处。郑家河岸索塔设于 4 号桥台附近，塔高 44m，在高度 20m 处设置一道横联，两岸塔顶高程一致。两岸索塔的塔顶节高度均为 6m，顺桥向宽度为 4m，横梁向长度为 18m。塔顶分配梁分上下两层，上层分配梁采用Ⅰ56b 工字钢，底层分配梁采用Ⅰ45b 工字钢。

每个索塔立柱对应一个基础，每个基础顺桥向长度为 5.5m，横桥向宽度为 5m，每个基础顶面对应索塔 N21 支承靴对应处预埋一个 40cm×40cm×2cm 的钢板，每块钢板下焊接两根 ϕ25mm 的锚固钢筋，其锚固深度为 80cm(图 2)。

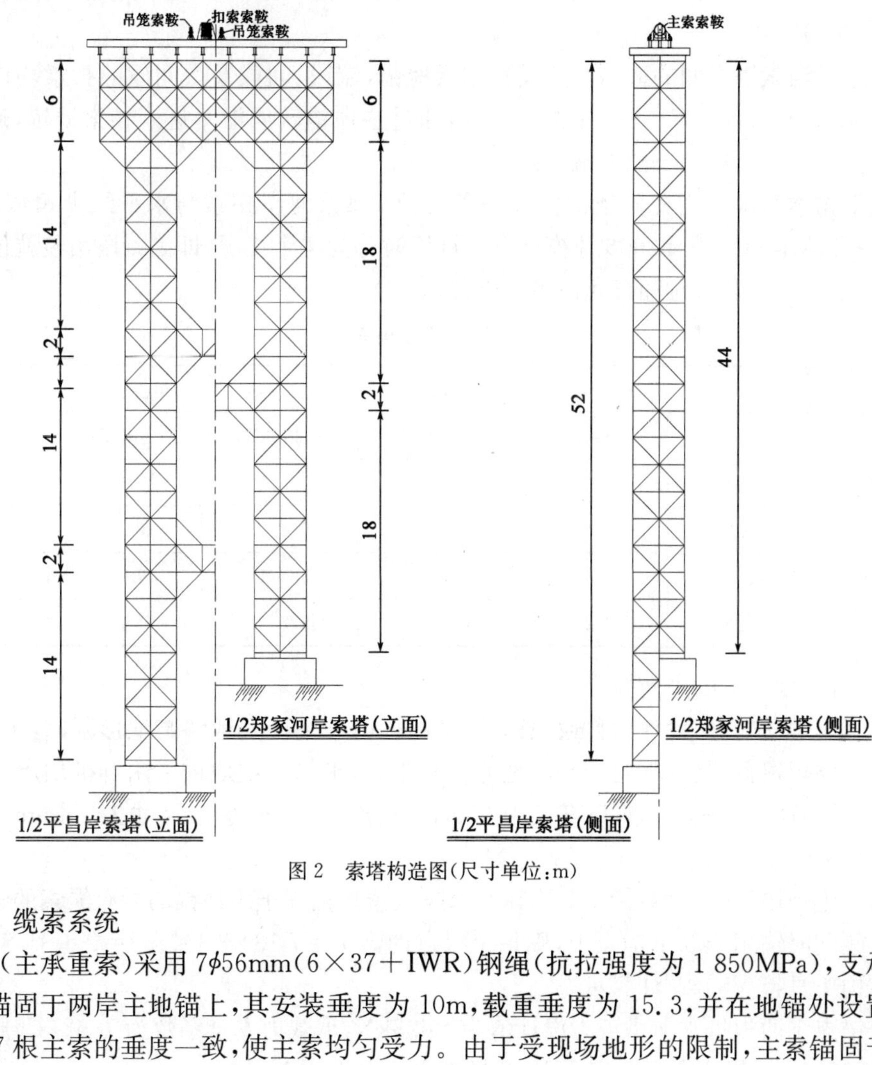

图 2 索塔构造图(尺寸单位:m)

2.2 缆索系统

主索(主承重索)采用 7ϕ56mm(6×37＋IWR)钢绳(抗拉强度为 1 850MPa)，支承于两岸索塔上，锚固于两岸主地锚上，其安装垂度为 10m，载重垂度为 15.3，并在地锚处设置调平装置，确保 7 根主索的垂度一致，使主索均匀受力。由于受现场地形的限制，主索锚固于主地锚后与地面的水平夹角较大，平昌岸与地面的水平夹角为37°，郑家河岸与地面的水平夹角为30°。主索最大张力3 456kN，安全系数3.0。

主牵引采用ϕ28mm（6×37+FC）钢绳（抗拉强度为1 550MPa）走2线，其最大张力116kN，安全系数3.2，动力采用10t慢速卷扬机。

主起重索采用ϕ24mm（6×37+FC）钢绳（抗拉强度为1 550MPa）走10线，其最大张力50kN，安全系数5.4，动力采用8t快速卷扬机。

索塔风缆索布置：两岸索塔的前后风缆索采用ϕ21.5mm（6×37+FC）钢绳，前风缆索走6线，后风缆索走8线；侧向风缆索也采用ϕ21.5mm（6×37+FC）钢绳，只是因为地锚与索塔的距离较近，索鞍横移后的侧向分力较大，所以侧向风缆索走10线。索塔风缆索均采用5t卷扬机收紧。

另外，布置2套工作吊篮，其承重索采用1ϕ47.5mm（6×37+FC）钢绳（抗拉强度为1 550MPa）钢绳，兼用压塔索；起重索采用ϕ21.5mm（6×37+FC）钢绳（抗拉强度为1 550MPa）走2线；牵引索为1ϕ21.5mm（6×37+FC）钢绳（抗拉强度为1 550MPa），布置成循环牵引索，动力采用5t双筒快速卷扬机。

2.3 扣锚系统

在主地锚与索塔之间的适当位置设置扣索地锚，端段、间段及次间段的扣索均锚固于此。扣索采用ϕ47.5mm（6×37+FC）钢绳走2线，通过主地锚转向滑车进入扣索地锚，通过8t快速卷扬机收紧并调节吊装节段的端头高程。

平昌岸扣索与水平线夹角依次为39°、27°、20°，郑家河岸扣索与水平线夹角依次为43°、30°、22°，采用MIDAS/Civil2006建模计算。计算时分为4个工况，即第一段吊装就位，第二段吊装就位，第三段吊装就位和合龙段吊装就位（表1）。

扣索计算结果表 表1

安装节段	平昌岸			郑家河岸		
	一扣(kN)	二扣(kN)	三扣(kN)	一扣(kN)	二扣(kN)	三扣(kN)
第一段(端段)	416.26			396.53		
第二段(间段)	620.37	527.28		618.23	482.69	
第三段(次间段)	472.41	795.14	776.59	581.12	773.65	688.79
合龙段	417.94	662.01	1 138.73	528.31	675.78	1 011.52

2.4 特殊地形下的主地锚

郑家河岸地质较好，设计为普通地锚，而平昌岸由于受现场地势与地形限制，主地锚只能布置在人工回填覆盖层较厚（约9m）的地方。介于此，平昌岸主地锚采用群桩加承台的形式，再在承台上设置4个锚点。桩基直径为250cm，长度为18m，承台尺寸为18.5m（长）×9m（宽）×3m（高）。

平昌岸主地锚所受外力$\sum T$=7 134kN（图3），包括锚固于主地锚的所有绳索的索力，且这些钢绳只能同时锚固于3个锚点上，则每个锚点的力F=7 134÷3×1.2=2 854kN，根据"北京理正结构工具箱V5.62"计算可得：

一个锚点下两根桩水平承载力设计值为4 623kN，承载力安全系数为1.62；1号桩顶拉力为1 820.509kN，抗拔安全系数为9.10；2号桩顶拉力为0kN。

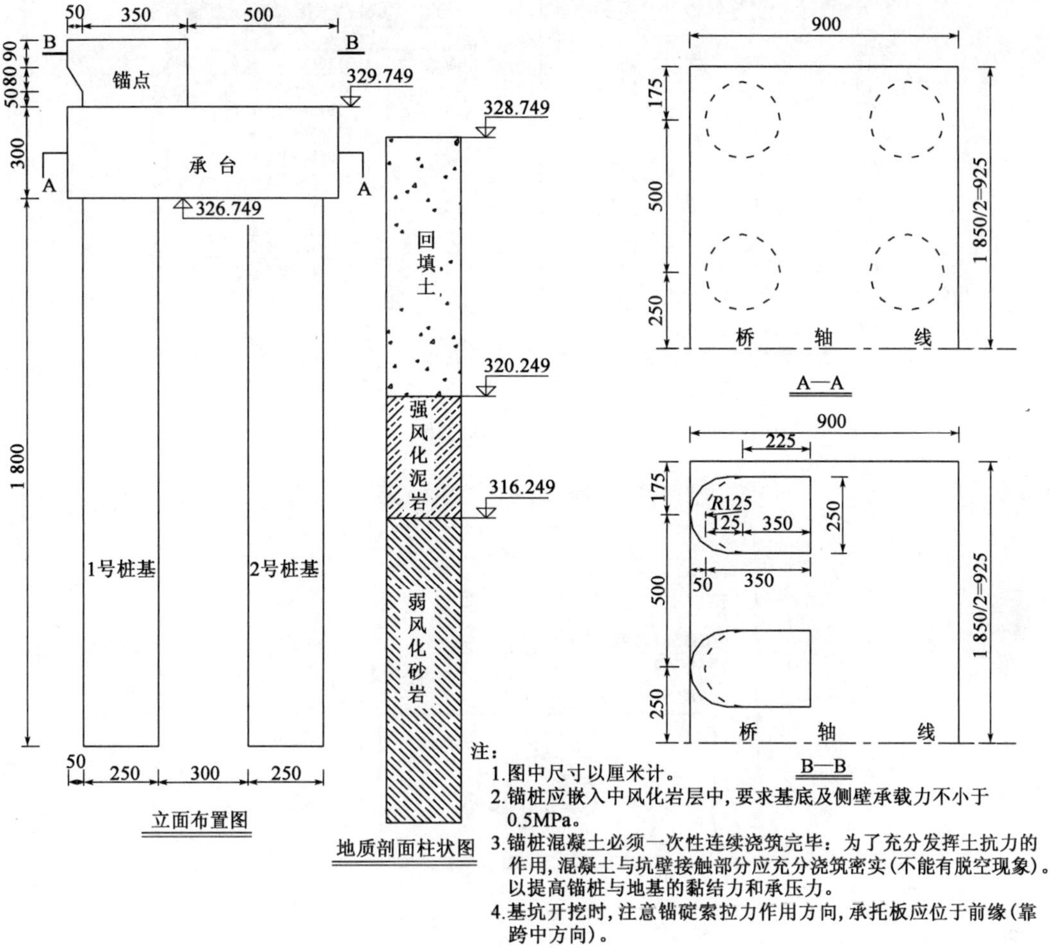

图 3　平昌岸主地锚构造图

3　单肋合龙稳定性分析

3.1　拱箱材料及截面属性

拱箱 C40 混凝土属性：拱箱重度 $W=26\text{kN/m}^3$，弹性模量 $E=3.25\times10^7\text{kPa}$，泊松比 $\nu=0.2$。由于在拱箱实际安装过程中首先安装中箱，因而在计算拱箱截面特性时按中箱进行计算。

预制拱箱高 2.5m，顶板厚 0.2m，底板厚 0.2m(0.32m)，腹板厚 0.18m，顶板宽 1.32m，底板宽 1.46m，内部四角设置 0.05m×0.05m 倒角。利用 MIDAS/Vivil2006 截面设计器自动计算结果(图 4)。

3.2　荷载计算

(1)拱箱自重

拱箱的自重由 MIDAS/Vivil2006 程序自动计算，自重系数为 1.1(因在建立模计算时，没有考虑横隔板及浇筑混凝土时超浇，所以在此考虑 1.1 的重力系数)，表示全部自重沿 Z 轴的负方向作用，自重为沿单元长度方向均匀布置，其大小为重度 W 与截面面积 A 的乘积，如图 5 所示。

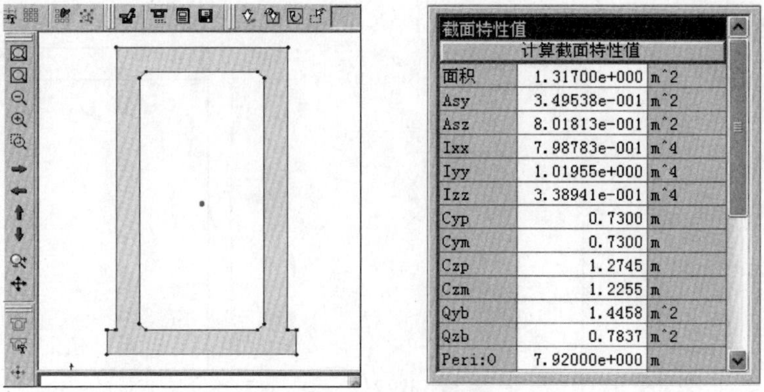

a) b)

图 4 拱箱截面及其属性

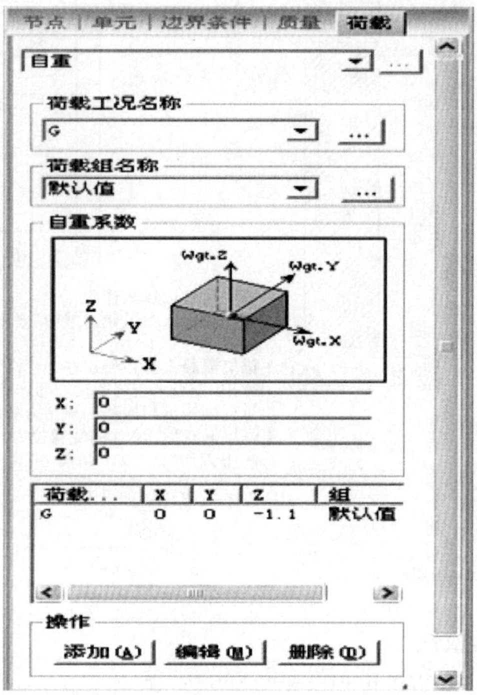

图 5 拱箱自重系数取值

(2)风荷载

根据设计文件提供的桥位处最大风速并结合县气象站提供的现场最大风速等相关资料，最终计算时最大风速取值为 25m/s，最大风压力为 0.39kN/m^2。

$$横向风荷载集度\ F_{wh} = K_0K_1K_3W_dA_{wh} = 1.0\times1.8\times1.2\times0.39\times2.71 = 2.28\text{kN/m} \tag{1}$$

式中：K_0——设计风速重现期换算系数，按特大桥取值，K_0 取 1.0；

K_1——风载阻力系数，K_1 取 1.8；

K_3——地形、地理条件系数，K_3 取 1.2；

W_d——设计基准风压，W_d 取 0.3kN/m^2；

A_{wh}——横向迎风面积，A_{wh}取 2.71m^2。

(3)风缆索的布置与初张力

为了增强单片拱肋合龙过程中的稳定性,需要在每段拱肋左右两侧呈八字形布置侧向风缆索,以增设其弹性约束,从而减少拱肋的自由长度,以控制在最大设计风荷载作用下拱肋的横向位移。

经试算确定,拱肋侧向风缆索的初张力按第一节段为 50kN,第二和第三节段为 80kN 计算,要注意左右两侧风缆索的横向水平分力应保持平衡(在初张时,可通过调整拱肋轴线来实现),通过较大的初张力来减小垂度等非线性影响,同时对拱肋产生较强的弹性约束作用。

3.3 弹性刚度计算

单片拱肋合龙后,各接头焊接完成,可近似按无铰拱计算,风缆对拱肋的约束作用按横向弹性支承考虑(竖向及纵向约束作用忽略不计,偏于安全)。先计算各弹性支承的弹簧刚度 K,$\Delta H=K\delta$。拱肋风缆与水平面夹角为 β,风缆与拱肋在水平面上投影间夹角为 ε,风缆长度为 L,则风缆索抗横移的弹性力度系数:

$$K=\frac{EA\cos2\beta\sin2\varepsilon}{L}$$

式中:E、A——分别为缆风索换算弹性模量及钢丝截面积。

风缆皆采用 1ϕ21.5mm 钢索(6×37+FC),公称抗拉强度 1 550MPa,使用破断拉力 221kN,截面面积 $A=0.000\ 174\ 27\text{m}^2$,单位长度重量 $g=0.016\ 38\text{kN/m}$,风缆弹性模量 $E=7.56\times10^7\text{kN/m}^2$,考虑风缆垂度影响,利用 Ernst 公式对弹性模量进行折减。

第一段拱箱风缆索弹性刚度计算式如下:

$$E_n=\frac{E}{1+\frac{(gL)^2AE}{12T_0^3}}=\frac{7.56\times10^7}{1+\frac{0.000\ 174\ 27\times7.56\times10^7\times(0.016\ 38\times82)^2}{12\times50^3}}=7.53\times10^7 \tag{2}$$

式中:E_n——钢绳换算弹性模量;

E——钢绳弹性模量,E 取 $7.56\times10^7\text{kN/m}^2$;

g——单位长度重量,g 取 0.016 38kN/m;

L——风缆索水平投影长度,L 取 82m;

T_0——风缆索张力,T_0 取 50kN;

A——风缆索截面面积,A 取 $0.000\ 174\ 27\text{m}^2$。

则根据公式 $K=(EA\cos^2\theta\sin^2\beta)/L$ 可得:

$$K_1=\frac{E_nA\ (\cos\theta)^2\ (\sin\beta)^2}{L}=\frac{7.53\times10^7\times0.000\ 174\ 27\times(\cos14^\circ)^2\times(\sin68^\circ)^2}{82}=129.53 \tag{3}$$

式中:θ——风缆索与地面线水平夹角,$\theta=14^\circ$;

β——风缆索与桥轴线的水平投影夹角,$\beta=68^\circ$。

同理,第二、三段拱箱风缆索的弹性刚度分别为 $K_2=87.26\text{kN/m}$,$K_3=56.37\text{kN/m}$。

3.4 计算模型

由前面计算所得,横向风荷载集度为 2.28kN/m,这里在程序计算时,取 2.3kN/m。

模型一:按无铰拱,不考虑扣索和缆风索的约束作用,即荷载只考虑拱肋自重和横向风力,不考虑风缆初张力的作用,其计算模型如图 6 所示。

模型二：按无铰拱，考虑缆风索的弹性约束作用；因单肋合拢后，扣索已基本放松，可以不考虑扣索作用。所以在“模型二”计算中，荷载考虑拱肋自重、风缆初张力和横向风力作用，其计算模型如图7所示。

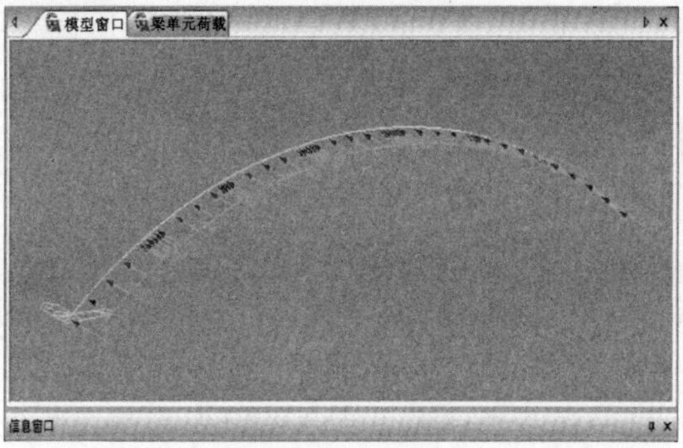

图6　单肋拱箱合龙空间结构模型一

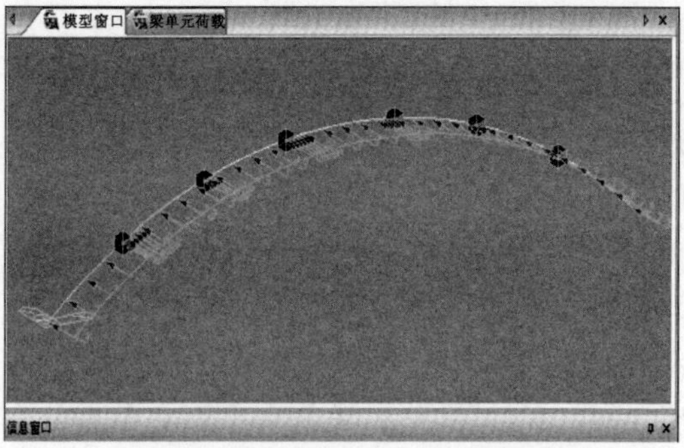

图7　单肋拱箱合龙空间结构模型二

3.5　稳定性验算结果

分析工况类型为Buckling(屈曲分析)，荷载组合系数取1(即计算结果的大小为稳定安全系数)，屈曲模态数取前5个。

不考虑风缆约束作用的稳定性分析结果：第一屈曲模式稳定安全系数 $K=2.3<4$，不满足《公路桥涵施工技术规范》(JTG/T F50—2011)拱肋稳定安全系数不小于4的要求。

考虑风缆索作用下的稳定性分析结果：如图5所示，第一屈曲模式稳定安全系数 $K=4.8>4$，满足《公路桥涵施工技术规范》(JTG/T F50—2011)拱肋合龙横向稳定安全系数不小于4的要求；其余屈曲模式稳定安全系数也符合该要求。

4　结语

平昌巴河2号特大桥拱箱吊装设计，克服了地形条件的限制，特别是平昌岸主地锚的设计，成功解决了特殊地形下主地锚设计的困难，并成功地实施了大跨径钢筋混凝土箱形拱七节段吊装的单肋合龙，大大减少原“双基肋合龙”所需的机具设备，并改善了吊装索塔及地锚的受力条件，也降低了相应的机具使用成本。

参考文献

[1] 中华人民共和国行业标准. JTG/T F50—2011　公路桥涵施工技术规范[S]. 北京：人民交通出版社，2011.

[2] 周水兴，何兆益，邹毅松. 路桥施工计算手册[M]. 北京：人民交通出版社，2001.

100. 内蒙古京新高速大吨位连续刚构桥梁跨京包铁路转体施工技术

胡青松　詹　文　陈明凯　马育忠　唐康丽

（四川路桥桥梁工程有限责任公司）

摘　要：大吨位连续刚构桥梁采用先进的远程监控智能转体施工技术跨越京包铁路施工，具有安全可靠、降低工程造价、转体平稳、确保铁路安全运营等优点。

关键词：公路大吨位连续刚构桥　转体　跨既有线施工

1　概述

京新高速跨京包铁路分离立交桥，起止桩号为 K123+138.8～K123+717.5，全长 578.7m。主桥跨越运营繁忙的京包铁路（十八台车站），该桥为双幅一孔跨越京包铁路，主桥上部结构为 2×75m 单 T 变截面连续箱梁，转体跨越铁路 69m，在铁路两旁搭支架现浇，浇筑完成后转体合拢。单幅转体总重量 W＝12 000t，左右幅同步顺时针转体角度为 62.5°，转盘直径为 15.3m，球铰平面半径为 1.95m。转体由转体下转盘、球铰、滑道、撑脚、上转盘、转体牵引系统等组成（图 1～图 3）。

图 1　转体施工全景

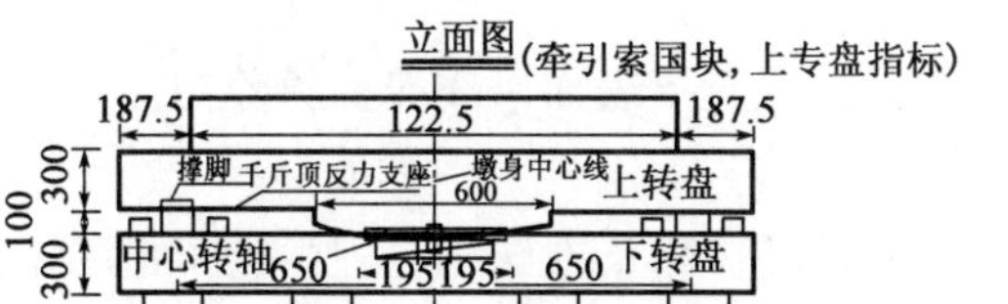

图 2　转体体系立面（尺寸单位：cm）

图 3　转体体系实体

2 施工工艺

2.1 工艺流程

转体桥施工工序为：下转盘施工→上转盘施工→墩柱施工→主梁施工→转体平衡配重→试转→正式转体→封盘及合拢段施工。

2.2 下转盘球铰骨架及滑道骨架安装

骨架由工厂内焊接运到施工现场安装，采用吊车安装，放在承台中心，然后利用预先放出的十字线控制其位置，采用水准仪进行高程控制，保证其相对高差不大于 3mm。若滑道骨架较大，采用分两段加工，加工后首先在工厂内试拼，试拼合格后运至现场吊装入位，采用十字线控制位置，利用水准仪进行高程控制，水平调好后与预埋件焊接牢固，保证相对高差小于 3mm（图 4）。

2.3 钢球铰、滑道安装

下球铰、滑道运到现场后，采用吊车安装在球铰骨架上，保证下球铰中心点坐标及边缘各点高程差不大于 1mm，滑道面相对高差不大于 2mm（图 5）。

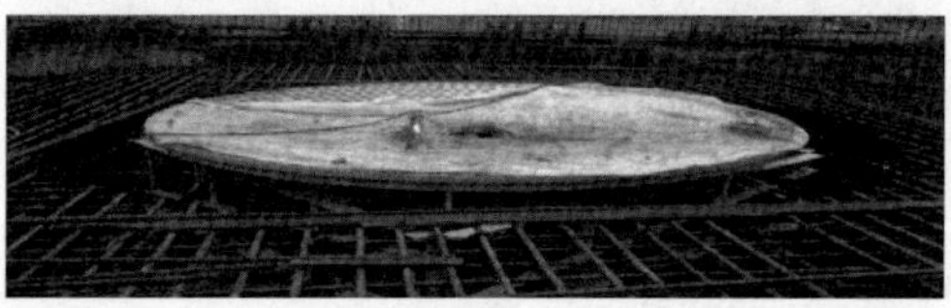

图 4 下转盘球铰骨架及球铰安装

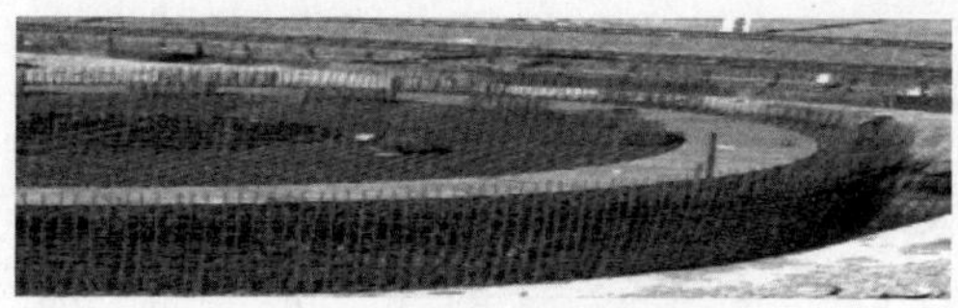

图 5 下转盘滑道骨架及滑道安装

2.4 临时砂箱

采用砖围绕下转盘周边砌筑 1m 高，120mm 厚，用夯实机夯实砂箱内的砂。砂箱和撑脚用来共同支承上转盘和上部结构的重量，同时起到稳定上转盘作用，使整个转体系统受力均匀，不致变形。

图 6 中心销轴、涂抹黄油四氟滑粉

2.5 上转盘施工

上球铰运到现场后，将上球铰吊装到位，套进中心销轴内，使之水平并与下球铰外圈间隙一致，绑扎钢筋立模，混凝土浇筑、养护（图 6）。

2.6 墩柱施工

墩柱钢筋绑扎立模，混凝土浇筑、养护。

2.7 主梁施工

主梁采用搭支架现浇施工，在搭设支架前，先对支架范围内的地基进行处理。再铺设 10cm 厚 C20 混凝土找平，支架搭设好后，预压质量为箱梁恒载的 1.2 倍。主梁现浇箱梁混凝土等级为 C55，浇筑混凝土时，严格控制混梁凝土的坍落度，采用混凝土泵车进行浇筑。

2.8 主梁养护

主梁内外模板拆除后，采用混凝土专用养护剂，喷到混凝土表面形成养护膜养护。

2.9 称重及试转

首先进行梁体称重，再根据称重结果进行配重，使得转体箱梁在转动过程中处于最稳定的状态。本桥根据实测结果算得，左幅大桩号方向配重重量约为 12t，其中心置于距离铰中心 60m 处，右幅小桩号方向配重约为 30t，其中心置于距离铰中心 60m 处。对于横向偏心，在纵向配重时有意侧重横向轻的一侧(本桥采用钢绞线配重)。为检查转体过程中转体体系结构是否稳定,关键受力部位是否发生变形开裂等异形情况,观察牵引设备的性能以及测定上下球铰间的摩擦系数,预紧钢铰线,故而在正式转体之前进行试转体,试转体一切正常方可进行正式转体。

2.10 转体

同步牵引千斤顶,按设计值转动转体体系,直至撑脚水平位移观测确定启动。控制牵引索匀速平转,主梁端部水平线速度控制在1.32m/min以内,平转过程中测量人员反复观测轴线偏位、梁端部位高程变化。平转基本到位(距设计位置1m处)减速,降低平转速度,距设计位置0.5m处,采取点动操作,并与测量人员配合确认点动后梁端弧长在距设计位置0.1m处停转,测量轴线,根据差值,精确点动控制定位,防止超转。转体就位后,精确调整转体倾斜位置,采用钢抄手进行抄垫8对撑脚固定,并立即用电焊将钢抄手与支撑顶面钢板、下盘环形滑道预埋钢板进行全面焊接(图7),保证精确就位的结构不致发生轻微偏移(图8)。

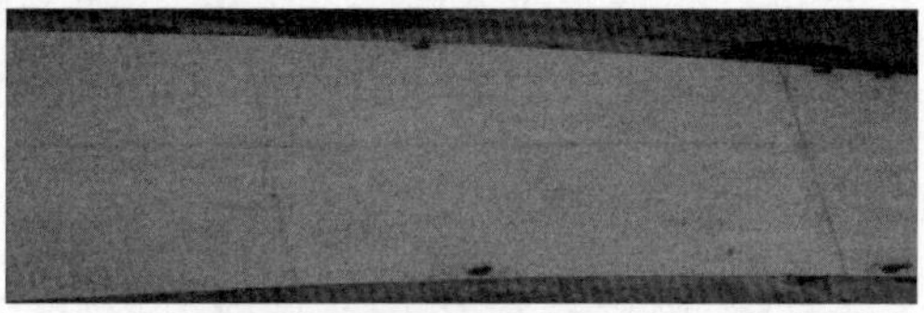

图7 转盘滑道安装四氟滑板

图8 钢撑脚安装

2.11 转体封盘施工

待转体旋转到位时,利用水准仪、全站仪精确校核桥梁的高程及轴线符合设计要求,安装上下盘之间的1m的模板,根据现场情况,在模板周围对称留8对混凝土入模口,保证混凝土入模及混凝土浇筑振捣密实。待混凝土达到2.5MPa时,在上转盘预留压浆管对上下转盘缝隙进行压浆密实(图9)。

图9 上转盘安装

2.12 合拢施工

待转体封盘施工完成,混凝土强度达到设计要求,搭设支架完成边跨及合拢段。

3 转体施工监控数据计算

3.1 静摩擦力和动摩擦力

其摩擦力计算公式为转体总重量$W=120\,000$kN;其磨擦力计算公式为$F=W\mu$,启动时静磨系数$\mu=0.1$,则静磨擦力$F=W\mu=12\,000$kN;转动过程中的动磨擦系数$\mu=0.06$,则动磨擦力$F=W\mu=7\,200$kN。

转体牵引力为:

$$T=\frac{2}{3}\times\frac{RW\mu}{D}$$

式中:R——球铰平面半径,R取1.95m;

D——转台直径，D 取 15.3m；

μ——球铰磨擦系数，$\mu_{静}$ 取 0.1，$\mu_{动}$ 取 0.06。

计算结果如下：启动时所需最大牵引力 $T=2/3\times(RW\mu_{静})/D=1\ 020kN$；转动过程中所需牵引力 $T=2/3\times(RW\mu_{动})/D=612kN$；动力储备系数 2 000kN÷1 020kN=1.96 倍；钢绞线的安全系数 19 根/台×26t/根÷102t≈4.84 倍。计算结果表明，千斤顶动力储备和钢绞线的安全系数均达到了本类型工程施工的要求。

3.2 转体时间计算

千斤顶的牵引理论速度(mm/min)＝泵头流量(L/min)/(2×伸缸面积)，理论上由于泵头的实际流量可根据要求从 0～40L/min 进行选择，所以转体的速度可根据设计的要求而设定在规定的时间范围内实现施工要求。根据转体角度 62.5°及上转盘半径 7.65m，计算出钢绞线牵引长度 $L=8.345m$，69m 梁端转过弧线长度为 75.23m；现将 ZLD.B 泵站流量调整为 24L/min，计算出千斤顶动作速度 $v=(24\div0.163\ 992)\times60=8.8m/h$；转体所用时间 $t=L/v=0.94h=57min$；牵引钢绞线速度为 0.15m/min；转体角速度为 1.1°/min，即 0.019rad/min；转体悬臂端线速度为 75.23÷57＝1.32m/min；根据《公路桥涵施工技术规范》(JTG/T F50—2011)规定，转体角速度不大于 0.01～0.02rad/min，转体悬臂端线速度不大于 1.5～2.0m/min。上述计算数据均满足规范要求。

3.3 转体不平衡力矩配重计算

现浇梁施工过程中不能做到转动球铰两侧完全对称，因此一定存在不平衡力矩，这对转体施工安全是极其不利的，因此在转动之前要进行不平衡力矩测试。根据本桥三号墩的实测结果，本桥 $P_1=1\ 421kN$，$P_2=439kN$，$L_1=L_2=7.65m$，根据公式计算得：球铰静摩阻系数 $\mu=3\ 756.15\div(0.98\times1.95\times120\ 000)=0.016$；转动体偏心矩 $e=7\ 114.5\div120\ 000=0.059m$。则配重 $P=7\ 114.5\div60=119kN$，即配重约为 12t，其中心置于距离铰中心 60m 处。

3.4 落架梁端挠度测试

转体梁在落架前，梁体自重基本上由托架支承，此时的转体梁并未进入工作状态。有必要对落架过程梁体悬臂端挠度进行检测，测点布置在转体梁悬臂端的中心线向两侧每 10m 一个测试断面，每个断面在梁的左、中、右位置测 3 个点，在落架前测 1 次，在落架后测 1 次。在监测过程中发现异常及时调整落架方案。

3.5 试转参数测试

为保证转体施工的顺利进行，避免对铁路的干扰，在正式转体施工之前，要进行试转，通过试转来测试转体是否需要助力启动、每分钟转动角度及悬臂端所转动的水平弧线距离是否符合规范要求。梁端转动弧长测试时，将塔尺水平放置在箱梁悬臂端，零刻度和箱梁中心线重合；在引桥上设一台全站仪，测量试转时梁端的速度。

4 平稳转体精确定位措施

4.1 左右幅转体同步性的措施

本工程一套转体系统采用可调节流量的柱塞泵头，可根据设计要求实现无级调速，设备在安装调试时，已调到规范要求使两边同步。由于两幅桥的摩擦系数因施工的差异，在转体过程中根据测量数据，改变泵头流量加快或减慢转体速度，使两幅桥的转体速度达到同步。

4.2 测量控制措施

将塔尺水平放置在箱梁悬臂端，使零刻度和箱梁中心线重合，在引桥端部上方设1台全站仪，仪器预先对准就位后箱梁中心线方向，待箱梁上的塔尺行进至仪器视线中时，测量人员立即将塔尺读数汇报给控制人员。测量频率在lm以内时按1cm一个单元控制，20cm以内按1mm控制。

4.3 防超转控制措施

梁体落架前，将设置在下转盘防超转块浇筑混凝土；连续千斤顶牵引长度，在牵引位移器设置定值，超过设定值自动停机。

5 转体过程中可能发生的紧急情况制订如下对策

5.1 不能在规定的封锁时间内完成转体任务

(1)在转体过程中突然停电

立即停止转体，用事先准备350kV发电机(保证在5min内运行正常)立即启动。

(2)在转体过程中突然发生大风、大雨

立即停止转体，用事先准备好的钢抄抄紧撑脚或用型钢(600mm×8mm钢管)支撑上下承台。

5.2 在转体过程中，桥上的施工机具坠落伤及铁路电网及铁轨

在转体前，清理桥面所有的施工设备及杂物，同时临边防护杜绝有坠落物。

5.3 在转体过程中，由于观看人员多，防止意外伤害

在转体前，转体施工范围内拉上警戒线及作业区危险提示，同时配备足够的安全防护人员进行值勤，保证观看人员不得进入施工作业区域及铁路线内。

5.4 在转体过程中，由于施工连续张拉千斤顶发生故障

在转体前，转体施工现场备份两套连续张拉千斤顶及易损配件，保证设备及时更换。

6 远监控智能转体设备运用

本工程转体系统由4套ZLD200-200型自动连续转体千斤顶(图10)、4台ZLD.B液压泵站和2台ZLD.K主控台通过高压油管和电缆线连接组成2套转体动力系统(图11)。每套连续牵引千斤顶公称牵引力为2 000kN，额定油压26MPa，由前后两台千斤顶串联组成，每台千斤顶(前、后顶)前端均配有夹持装置。一台笔记本可远程监控两套系统同时牵引两幅桥，分别具有手动与一键自动完成连续牵引转体的功能，笔记本还具有报警实时监控紧急停机功能。

远监控智能转体设备现场布置如图12所示，其转体指挥室如图13所示。

图10 ZLD200-200型自动连续千斤顶

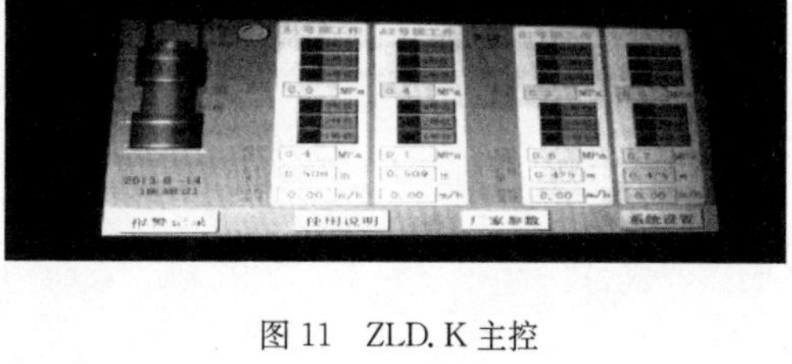

图11 ZLD.K主控

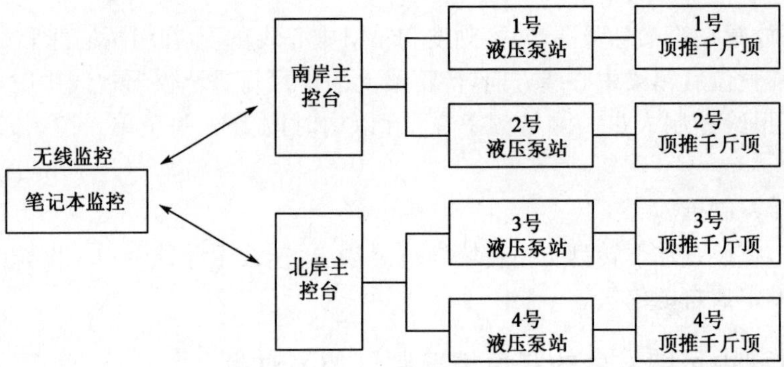

图 12　转体设备布置图

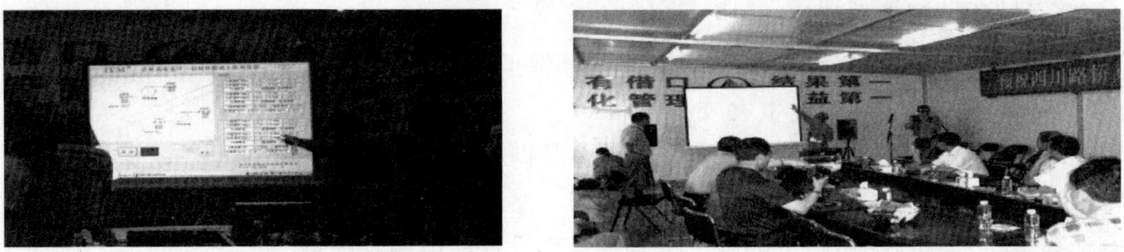

a)　　　　　　　　b)

图 13　转体指挥室

7　结语

京新高速跨京包铁路分离立交桥已于 2013 年 8 月 15 日转体到位，2013 年 9 月 15 日全桥合龙。施工中采用平行京包铁路搭支架现浇、跨既有线依球铰平面转体、远程监控智能转体的施工工艺，提前工期 45 天，同时确保既有线运营安全，又能实现技术创新保证转体安全，取得了较好的社会经济效益，具有广阔的应用前景。

参 考 文 献

[1] 中华人民共和国行业标准. JTG/T F50—2011　公路桥涵施工技术规范[S]. 北京：人民交通出版社，2011.

[2] 张联燕，谭邦明，等. 桥梁转体施工 [M]. 北京：人民交通出版社，2003.

[3] 周水兴，何兆益，邹毅松，等. 路桥施工计算手册[M]. 北京：人民交通出版社，2001.

101. 低净空航道上宽幅桥梁挂篮施工技术

余　洋　梁朝勇　张公全　邓　圳　周　林
（四川路桥桥梁工程有限责任公司）

摘　要：通过对湖南省湘府路湘江大桥挂篮悬浇的介绍，提出了利用无底横梁桁架挂篮悬浇宽幅刚构连续梁桥的施工方法，以供同类工程参考。

关键词：低净空　挂篮施工　宽幅桥梁

1　引言

随着我国城市桥梁不断加宽，附近有机场的大江大河上，过高的桥梁被否定后（如斜拉桥、悬索桥），宽幅的刚构连续梁桥逐渐得到应用。这样在低净空航道上宽幅桥梁进行挂篮悬浇施工时，如采用常规的有底横梁桁架挂篮，势必影响通航。为确保航道的净空高度，必须对悬浇挂篮结构进行改进，以降低整个挂篮结构的高度，即要减少挂篮底板结构的高度。本文结合湖南省湘府路湘江大桥工程的实践经验，提出了低净空航道上宽幅桥梁挂篮施工技术。

2　工程概况

湖南省湘府路湘江大桥总投资 4 个亿，施工工期为 27 个月，实际开工时间为 2010 年 10 月，实际完工时间为 2012 年 12 月。工程工期总控制点在采用挂篮悬臂施工工艺的主桥。

主桥孔跨布置为$(65+5\times120+65)m=730m$，支承体系采用刚构连续梁体系，最中间两个主墩采用墩梁固结，在其他主墩和边墩处仅约束横向、竖向线位移，释放其他方向位移。墩柱平均高度在 18m。根据设计文件，在历史最高水位下，本桥挂篮底板结构物的高度不能超过 1.2m，以保证航道通航需要（图 1）。

图 1　主桥结构图

主梁采用变高度预应力混凝土连续箱梁，斜腹板单箱三室截面。支点处梁高 700cm，跨中和边墩处梁高 300cm。箱梁顶结构宽 3 220cm，箱底宽随梁高变化，由主墩处的 1 938.8cm 渐变至跨中的 2 122.3cm。

3 施工技术

3.1 常规施工技术存在的问题

跨航道宽幅刚构连续梁桥施工时将遇到以下几个问题：

(1)普通宽幅式挂篮的行走小车挂扣薄弱，安全性差；

(2)行走时采用两端提吊底横梁，为减小横梁挠度加设横梁桁架，减小了通航净空，对航道造成了安全隐患；

(3)底横梁加设桁架后自重增加，对安装水平要求高，安装极其困难；

(4)普通宽幅式挂篮的轨道需钢板重新加工，底横梁加桁架也需要更多材料(图 2)。

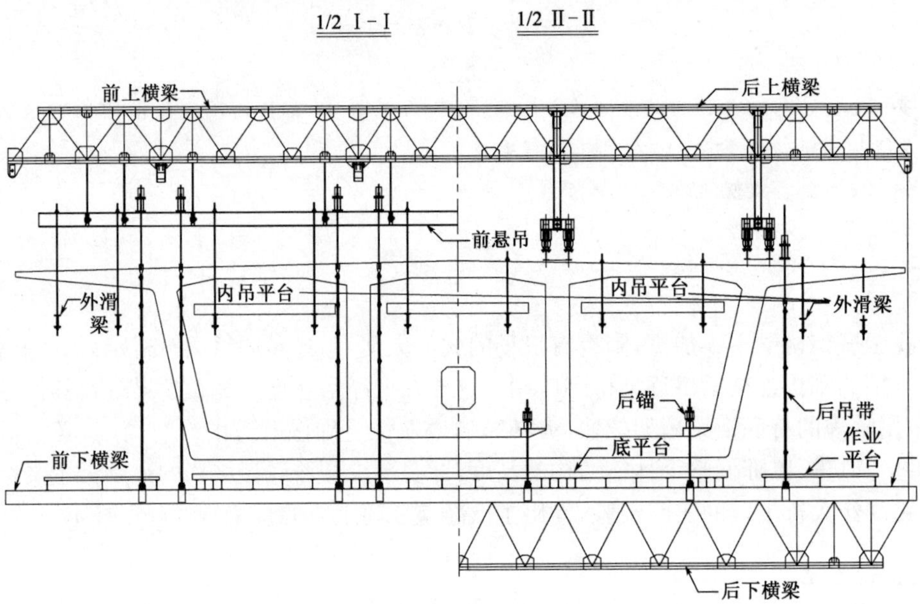

图 2 常规宽幅挂篮结构图

3.2 技术改进

想要在施工中避免上述的一系列问题，必须对挂篮进行改进创新。

(1)挂篮构造

挂篮为三角斜拉式挂篮，该类型挂篮结构受力明确，承载能力强，变形较小。本桥挂篮承重系统采用 4 榀三角斜拉式钢箱梁。主纵梁采用 2Ⅰ63a 普通热轧工字钢组成钢箱，立柱采用 2Ⅰ40a 普通热轧工字钢组成；前、后斜拉带均采用两根 200mm×40mm Q345 钢带；前上横梁由 2Ⅰ56a 普通热轧工字钢组成；平联采用 2 榀桁架(桁高 2m)；底篮前、后下横梁均由 2Ⅰ56a 普通热轧工字钢组成；底篮纵向承重梁均采用Ⅰ40a 普通热轧工字钢；长悬吊(包括前悬吊和后外侧悬吊)采用 150mm×24mm 钢带和 ϕ80mm 吊杆；短悬吊(后内侧悬吊)采用 180mm×40mm 钢带(图 3)。

(2)挂篮特点

①挂篮轨道直接用旧Ⅰ40a 工字钢加工，行走小车包住工字钢行走，使挂篮更加安全(图 4)。

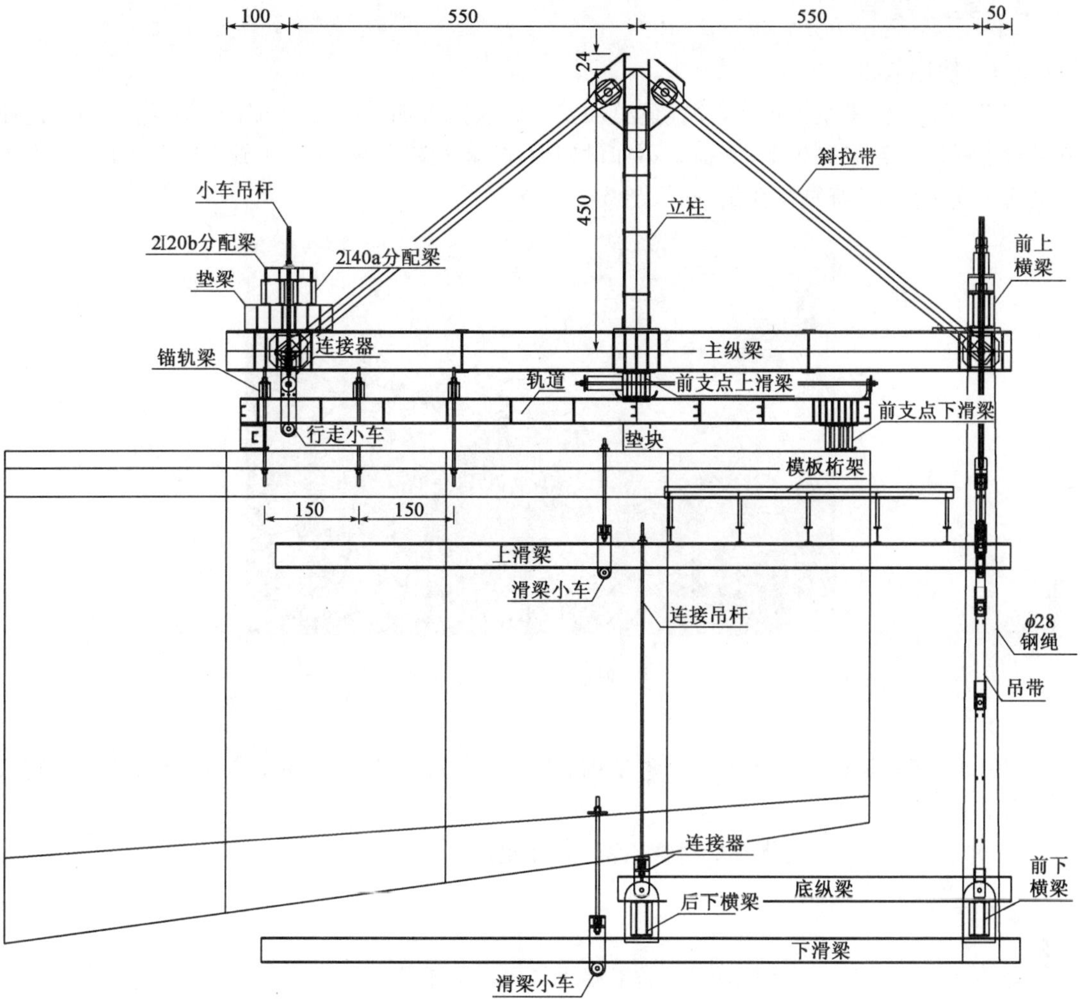

图3　改进挂篮行走布置图(尺寸单位:mm)

②底横梁不加设桁架,消除了航道通航的安全隐患;底篮下加设滑梁为2I 40a工字型梁,前端悬吊于上横梁上,后端锚固于箱梁底板上的滑梁小车包住滑梁行走(图5)。

图4　行走小车布置图

图5　下滑梁布置图

3 实践效果

3.1 使用效果

行走小车包住工字钢行走，使挂篮更加安全。底篮下加设滑梁为工字型梁、滑梁小车包住滑梁行走锚固于箱梁底板上；底横梁不加设桁架，挂篮安装方便，减小了施工安装难度，消除了航道通航安全隐患(特别是在洪峰时，图6)。

图6 洪峰时挂篮施工不影响通航净空

3.2 经济效果

(1)取消底横梁桁架共12套，节省型钢12×1=12t，共计12万元；减小组装难度，节省人工设备3万元。

(2)重复利用旧型钢，节省材料磨损费50万元。

4 结语

经使用，本挂篮在主桥悬浇施工的工程中从未影响航道通行，也未发生任何安全事故。

通过对操作员的回访，一致觉得本挂篮操作方便、使用安全。

通过本工程，积累了此特定地理环境中宽幅刚构连续梁桥挂篮悬浇施工的经验，对于同类型桥梁施工有很大的借鉴价值。

102. 连续刚构 0 号块施工控制技术

文　军　吴继林　罗金权　向非恒
（四川川交路桥有限责任公司）

摘　要：探讨连续刚构 0 号块的施工控制，主要从 0 号块件悬臂端托架、薄壁墩端部托架、悬臂端临时支架的搭设、型钢预埋处墩身钢筋处理、钢模加工、混凝土浇筑、施工观测、养护、钢筋绑扎及预应力束管道定位的处理等方面来控制 0 号块施工质量。

关键词：连续刚构　0 号块　托架　施工质量

1　引言

大跨径连续刚构一般采用悬臂浇筑法施工，主要分成四部分进行，分别为墩顶梁段 0 号块、挂篮对称悬臂浇筑部分、边跨及中跨合拢段。其中 0 号块施工在连续悬臂梁浇筑中是一个非常重要的阶段。本文结合丽攀路 C12 合同段倮果金沙江特大桥连刚构 0 号块施工的实践经验，详细阐述有关 0 号施块的施工技术及质量控制要点。

2　施工控制的目的

对于大跨径连续刚构 0 号块施工来说，施工控制就是根据支架结构预选，支架计算确定。并在施工过程中对各项施工工序进行质量技术控制，以此来满足悬臂浇筑施工。刚构 0 号块施工控制的目的就是确保施工过程中结构的可靠度和安全性，保证桥梁桥面线形及受力状态符合设计要求。

3　设计概况

本合同段的主要工程为倮果金沙江特大桥，该桥全长 862m，主桥桥跨组合为 120m＋230m＋120m 预应力混凝土三跨连续刚构，主梁采用单箱单室截面，主墩为独柱空心墩。左右幅主桥采用单箱单室箱形截面，箱梁顶板宽 11.75m，底板宽 7.55m，外翼缘悬臂长 2.1m，墩顶根部梁高为 14.8m，从箱梁根部至跨中，箱梁梁高以 1.6 次抛物线变化。箱梁腹板在墩顶范围内厚 120cm，箱梁底板厚 200cm。

4　0 号块施工控制

由于薄壁墩身较高（82m），对于 0 号块施工期间的承重结构，拟选用托架及牛腿，托架和牛腿作为承重 0 号块的临时结构基础，其受力很大，要求强度、刚度均很强。0 号块托架分为两部分：一部分为横桥向托架；另一部分为顺桥向托架，均固定在墩身上。牛腿布置在薄壁墩墩身外侧。

4.1 0 号块悬臂端托架

悬臂端托架沿薄壁墩外侧横纵桥向布置，横桥向每端布置 8 片，共计 16 片，横向分配梁(I 28b)长 13.75m（两端分别悬挑 2.6m）。再在横向分配梁上布置调坡架及模板，横向分配梁同时承受部分翼缘板荷载，翼缘板荷载利用钢管支架及纵向分配梁传递于薄壁墩端部托架上及横向分配梁端部。

4.2 薄壁墩端部托架

0 号块翼缘宽 2.15m，拟在薄壁墩纵桥向布置 10 片，共计 20 片，其纵向水平梁采用 2I 36b 工字钢，斜撑采用I 25b 工字钢，其上再根据 0 号块结构，或工作平台需要布置I 28b 横桥向分配梁，每侧分别布置 3 组，主要为支承翼缘板混凝土重量及其他临时结构，托架上布设纵桥向分配梁。

4.3 悬臂端临时支架的搭设

0 号块翼缘板悬出部分，其混凝土支承考虑利用钢管搭设支架，钢管支架支承于纵向分配梁上，纵向间距 0.9m，横向间距 0.6m×1.2m×1.2m。为保证架管的局部稳定性，搭设支架时必须搭设好斜撑，同时为保证架管的整体稳定性，必须利用拉杆穿过模板将两边的钢管支架连成整体。同时块件侧模利用架管再次加固(图 1)。

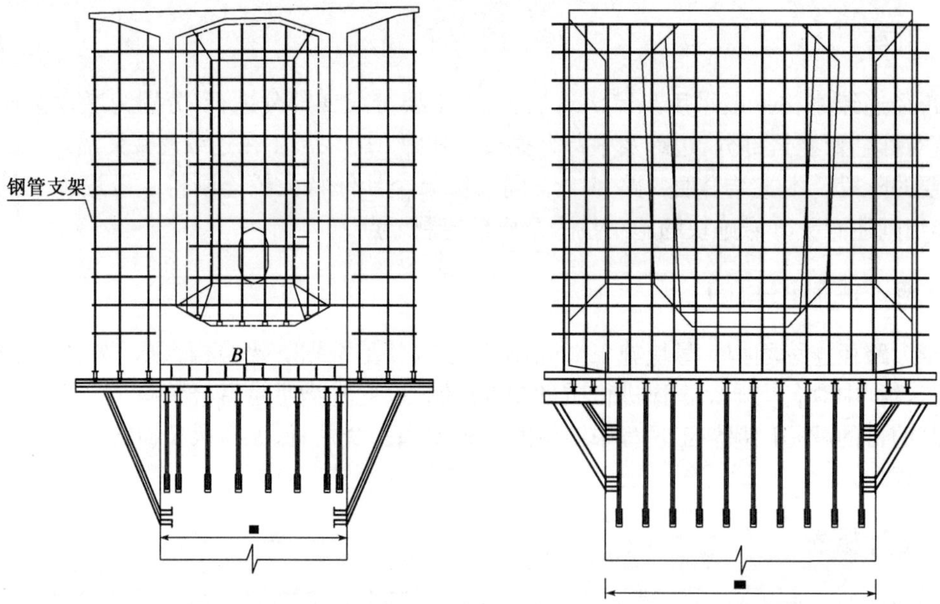

a)钢管支架正面图　　b)钢管支架侧面图

图 1　悬臂端和顶板临时支架图

4.4 型钢预埋处墩身钢筋考虑

由于托架、牛腿等预埋件截面较大，如薄壁墩端部托架为 2I 36b，其截面宽度为 27.6cm，而薄壁墩主筋净距为 7.45cm，托架水平杆或牛腿将不可避免地占用主筋位置，故考虑将主筋割断并焊接(主筋立于型钢上，然后在钢筋端部四周施焊，将钢筋满焊于型钢上)于托架或牛腿上。

4.5 钢模

底板和翼板的底模及侧墙采用大块钢模。腹板的内模、横墙模板、顶板及底模为组合钢模。侧墙的内、外模用拉杆对拉固定间距，利用箱内、外的钢管支架调节模板及支顶固定。底板模板通过刚子调整和卸架。翼板、顶板底模通过钢管支架顶托调整和卸架。安好支架模板后，采用堆载法分级堆载来消除非弹性变形和变形量。

4.6 混凝土浇筑

混凝土分三次浇筑完成，即第一次浇筑底板和部分腹板、横墙，形成槽形开口箱，第二次浇筑至0号块2/3高度混凝土，第三次浇筑剩余部分混凝土。混凝土在拌和站集中拌制，通过混凝土输送泵送入工作面。混凝土采用分层浇筑，插入式振捣器布点振捣，当混凝土卸料自由下落高度过高时应安装串筒。后两次混凝土浇筑前对工作缝混凝土面应人工凿毛并清洗干净；第三次混凝土浇筑因预应力管道密集，振捣时应特别注意振捣部位，以免造成波纹管的损伤。混凝土配合比设计考虑掺早强缓凝减水剂，既保证每次混凝土浇筑完成后均在混凝土的初凝时间范围内，又能缩短预应力张拉和拆模时间。混凝土振捣是一个重要环节，应由熟练的技工来操作。漏振或振捣不足容易形成蜂窝麻面或气孔较多。过振又会使混凝土造成离析和泌水，粗骨料下沉，砂浆上浮且表面形成鱼鳞纹。具体在操作过程中，用振动棒时要快插慢抽，每一部位振捣时间以混凝土面不再下沉，不再冒气泡，表面呈现平坦、泛浆为宜。振动棒移动间距不要超过振动棒作用半径的1.5倍，插入下层混凝土的距离为5～10cm，距模板的距离应保持在5～10cm，避免振动棒碰撞模板、对拉螺杆等。

4.7 施工观测

为了随时掌握混凝土浇筑过程支架的位移情况，在模板底面布置若干观测点，通过铁丝引至墩底进行观测，每隔30min观测一次，并记录观测时间、读数及沉降值，如发现沉降异常应立即通过现场指挥通知暂停施工，分析原因并采取相应措施。

4.8 养护

温度对结构的影响是复杂的，通常的做法是对季节性温差在计算中予以考虑，对日照温差则在观测中采取一些措施予以消除，减小其影响。为保证混凝土后期强度的正常增长，防止出现干缩裂缝(纹)，必须加强混凝土的养护工作，养生24h不断喷淋，始终保持混凝土表面潮湿，养生时间不得少于28天。本项目采用自动喷洒养护，将水管从水源顺着塔吊接往爬模。沿着爬模顶端和下缘分别安装喷淋管道。在混凝土初凝前将水喷洒在爬模上及上端混凝土表面上。使混凝土水化热通过钢爬模降温来达到混凝土水化热降温。在拆模之后，利用下端的水管根据气温至少每2h喷洒一次。

4.9 钢筋绑扎及预应力束管道定位

钢筋在制作场内制作成型，转运至主墩处，采用塔吊垂直起吊运输至安装位置，纵向连接钢筋采用绑扎连接，凡因施工需要而断开的钢筋当再次连接时，采用焊接并符合施工技术规范的要求，施工中若钢筋空间位置发生冲突，适当调整布置，但混凝土保护层厚度必须保证。

预应力筋应在制作场内定尺制作，采用细铁丝绑扎成束编号，然后运至施工处进行安装。安装前必须按照设计位置进行放样，采用井字形筋定位，误差控制在规范要求范围内±5mm，预应力管道埋设时注意压浆口和出浆口的埋设。施工中防止预应力筋淬火，禁止将焊机的搭铁线设在预应力筋上，在浇筑混凝土前检查预应力管道的位置及管道接头处理。

(1)钢筋施工与预应力束管道定位时应注意以下几点：

①底板上、下层的定位钢筋下端必需与最下层钢筋焊接连牢。

②钢筋与管道相碰时，只能移动，不能切断钢筋。

③若必须切断钢筋时，应待该工序完成后，将切断钢筋补焊好。

纵向预应力管道随着箱梁施工进展将逐节加长，多数都有平弯和竖弯曲线，所以管道要定位准确牢固，接头处不得有毛刺、卷边、折角等现象，接口处要封严，不得漏浆。浇筑混凝土时，管道内可内衬硬塑料管芯（混凝土浇筑完后拔出），这对防止管道变形、漏浆有较好的效果。混凝土浇筑完成后，必须用空压机清孔，发现阻孔时及时清理。

竖向预应力管道上端要封严、封闭，防止漏浆，同时防止水和杂物进入管道。压浆管内可穿圆钢芯（混凝土浇筑完后拔出），以保证管道通畅，混凝土浇筑完后，必须用空压机清孔，发现阻孔时及时清理。

横向预应力管道采用扁平波纹管，安装时一定要防止出现水平和竖直弯曲，严禁施工人员踩踏和挤压，锁头端要封严，防止漏浆，同样，混凝土浇筑完后，必须用空压机清孔，发现阻孔时及时清理。

(2)后张法预应力施工步骤：

①施工准备。建立专用预应力钢绞线下料场，按下料单下料、编束、编号存放；检查预应力孔道，先用通孔器进行清孔，再用高压水冲洗孔道，最后用不含油的高压风将孔道中的水吹出，确保孔道畅通；加工简易千斤顶提升架，使千斤顶在张拉时能准确对位、移动方便；将千斤顶、高压油泵和油表进行配套标定。

②穿钢绞线束。钢绞线束两端露出锚垫板的长度要大于0.8～1.0m。

③钢绞线张拉。待梁体混凝土强度达到图纸规定强度以上或设计值的90%后，方可进行张拉，按设计张拉顺序和要求进行，采用两端对称同步张拉工艺（两端千斤顶升、降压，画线、测伸长应基本一致），张拉力和钢绞线伸长量双控，以张拉力为主，张拉应符合图纸规定且边张拉边量测伸长值。当伸长量与理论计算伸长量相差超过6%时，应停止张拉，查明原因并采取措施予以调整后，方可继续张拉。张拉程序为：低松驰预应力筋 $0 \longrightarrow$ 初应力（持荷2min）$\longrightarrow \delta_{con}$（锚固）。

④孔道压浆。在张拉后尽快进行孔道压浆，水泥选用普硅52.5号水泥，为了保证必要的性能，经监理工程师同意后，可在水泥浆内掺加减水剂和微膨胀作用的膨胀剂，水灰比控制在0.4～0.45，稠度控制在14～18s，保证水泥浆强度不低于50MPa。

孔道压浆按自下而上的顺序进行。从拌水泥浆到开始向孔道压浆，间隔时间不得超过30min，水泥浆在使用前和压注过程中应经常搅动，压浆采用活塞式压浆泵，最大压力控制在0.7MPa，水泥浆压注工作在一次作业中连续进行，并让出口冒出废浆，直到不含泡沫气体的浓浆排出，其稠度与压注的浆液稠度相同时即可停止（流出浆液的喷射时间不少于10s），然后将出浆口封闭，压浆端的水泥浆压力保持在0.5MPa，持压2min以上。为保证钢绞线束全部充浆，进浆口应预封闭，直到水泥浆液凝固前，所有塞子、盖子或气门均不得移动。孔道压浆完毕，立即将梁体端部水泥浆冲洗干净，同时清除锚具、支承垫板及混凝土的污垢。

5 结语

丽攀高速公路倮果金沙江特大桥主跨组合为120m＋230m＋120m预应力混凝土三跨连续刚构，在0号块施工过程中，我们采用了水平工字钢埋置和斜撑工字钢与墩身固结的临时托架搭设作业平台进行现浇，临时托架的预压是通过堆载法预压，达到受力状况收集的。采用以上施工技术，不但能确保工程质量，而且大大减少了临时支架的数量，提高工效，缩短工期，产生较大的社会效益和经济效益。

103. 青义涪江大桥主梁 0 号梁段现浇托架设计

黄惠勇　何文凯　张　芳　文新华

（四川川交路桥有限责任公司）

摘　要：本文介绍青义涪江大桥主梁 0 号梁段现浇托架的设计思路、结构组成及模型计算。该托架结构简单、受力明确、效果显著，值得同类工程参考。

关键词：现浇连续梁桥　主梁 0 号梁段　托架设计

1　工程概况

青义涪江大桥设计为 78m＋3×138m＋78m 五跨一联的预应力混凝土连续梁桥，主墩为空心薄壁墩，基础为承台、群桩基础，桥梁上部结构采用分幅式，桥面净宽 2×16.5m，左、右幅分离 5m，桥梁起止桩号为 K34＋412～K34＋982，桥梁全长 570m，合同工期 540 天。

1～4 号主墩均为空心薄壁墩，墩壁厚 4.6m，墩宽 8.4m 加两端半径为 3.706m 的圆弧段。

箱梁采用单箱单室箱型截面，箱梁顶板宽 16.5m，底板宽 9.1m，顶板设置成 1.5%单横坡。0 号块顺桥向长 8m、高 9m，横桥向宽 16.5m，腹板厚 2.2m，横隔板厚 1.25m，底板厚 1.25m，翼缘宽 3.7m。顺桥向外悬臂 1.7m，其悬臂部分腹板和底板为渐变段，腹板厚 2.2～0.75m，底板厚 1.25～0.873m(图 1)。

2　0 号梁段施工托架设计

0 号梁段箱梁顶板宽 16.5m，高 9m，底板宽 9.1m，两翼缘悬臂长 3.7m，设计混凝土方量为 436.59m^3，混凝土设计强度等级为 C55，拟采用竖向分为两层 4.5m＋4.5m 进行混凝土浇筑。

青义涪江大桥 1～4 号主墩位于绵阳市涪江河中，采用砂砾石筑岛填筑的施工作业平台进行每排主墩施工，如采用常规的在筑岛平台上搭设钢管支架进行 0 号梁段施工，钢管及型材用量较大且不经济，地基沉降较大，影响整体结构不安全，该方案不易实现，综合经济性、安全性考虑后，拟采用牛腿支架法进行 0 号梁段施工。

在主墩空心薄壁墩施工过程中，在空心薄壁墩纵桥向外侧前后方向拟定位置分别预埋 5 组Ⅰ40b 型水平工字钢和钢板，Ⅰ40b 型工字钢穿入墩柱 1m，焊接 2[20b 型槽钢斜撑与Ⅰ40b 型工字钢水平梁形成牛腿作为 0 号块的支架结构，5 组牛腿支架按(165＋240＋240＋165)cm 布置，再在牛腿上横桥向铺设 3 根Ⅰ40b 工字钢承重梁，形成 0 号梁段托架受力平台。

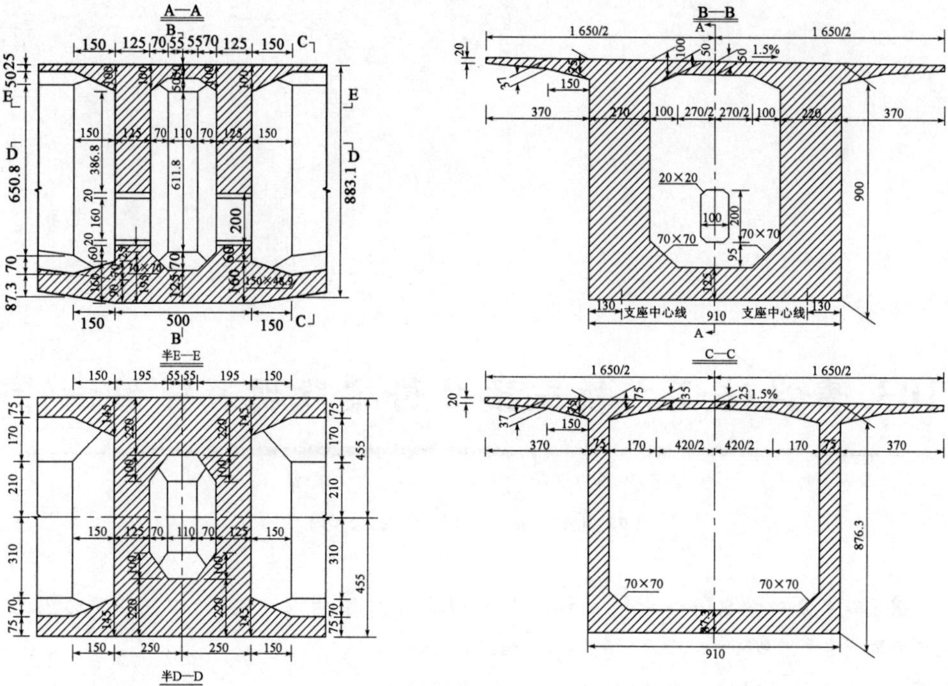

注：

1.本图尺寸均以厘米计。

2.B—B断面图为0号块跨中断面，C—C为0号块端头截面。

3.排水孔距名倒角底边15cm。

4.0号块的预应力及普通钢筋未示出，其混凝土数量见箱梁一般构造图（一）。

5.桥面横坡1.5%，由箱梁顶面斜置而成。

图1　青义涪江大桥0号梁段一般构造图

两侧翼缘悬臂长达3.7m，比普通桥型的0号梁段翼缘悬臂较宽，在0号梁段腹板混凝土两侧各预埋3.7m宽的牛腿，作为翼缘部分的支撑体系不易实现。综合安全、便于施工等因素后，翼缘部分支撑体系采用在墩柱圆弧段外侧预埋牛腿，再在牛腿上搭设满堂支架支撑翼缘模板进行施工的方案，牛腿搭设宽度从0号梁段两侧腹板外悬2.5m，翼缘宽度3.7−2.5=1.2m的不足部分，在搭设钢管架时外悬1.2m斜向搭设，以满足宽度要求。具体施工时，在墩柱圆弧段外侧预埋3组Ⅰ20b型工字钢和钢板，焊接2[20b型槽钢斜撑，与Ⅰ20b型工字钢水平梁形成牛腿作为翼缘部分的支架结构，3组牛腿支架按215cm+215cm布置，再在牛腿上纵桥向铺设3根Ⅰ28b工字钢承重梁形成翼缘部分的托架受力平台，托架平台上布设Ⅰ10型工字钢作为分配梁，再在分配梁上搭设满堂钢管支架作为翼缘板的支撑，满堂支架间距为60cm×60cm，布距为90cm，满堂支架与腹板之间点焊横向连接于腹板模板上，保障满堂支架的横向稳定性（图2、图3）。

3　0号梁段施工

3.1　托架搭设

在施工墩柱封顶节段时，把平撑（Ⅰ40b工字钢）和斜撑（预埋钢板和2[20槽钢斜撑连接）的预埋件预埋到指定位置。预埋时，应进行高程测量控制，确保每根平撑的顶面水平，且顶面处于同一水平面内。埋设托架承重梁时必须采取稳固支撑，确保在浇筑混凝土过程中不发生偏移。由于托架预埋件截面较大，托架平撑将不可避免地占用主筋位置，考虑将主筋割断，主筋立于型钢上，然后在钢筋端部四周施焊，将钢筋满焊于型钢上。

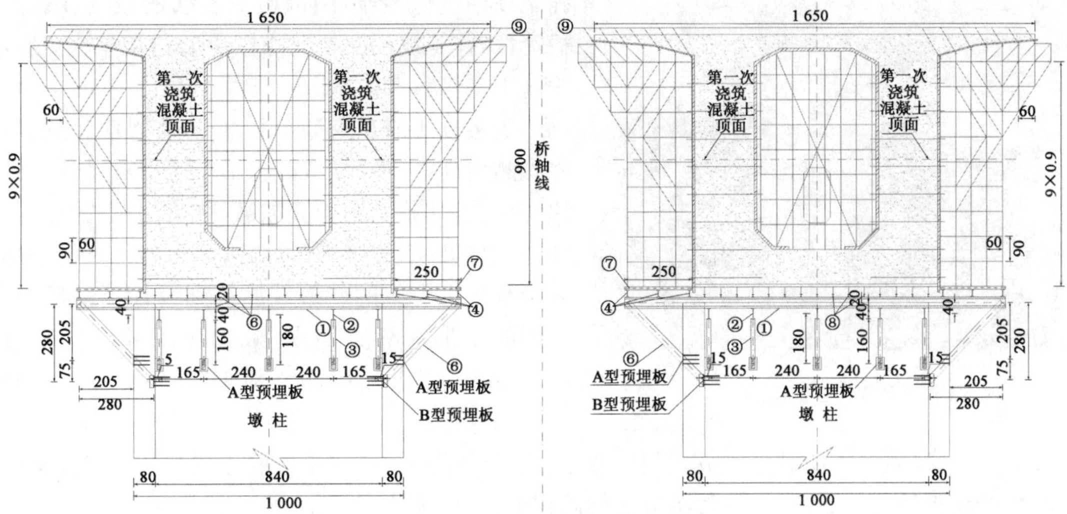

图 2 0 号梁段托架正面布置图(尺寸单位:cm)

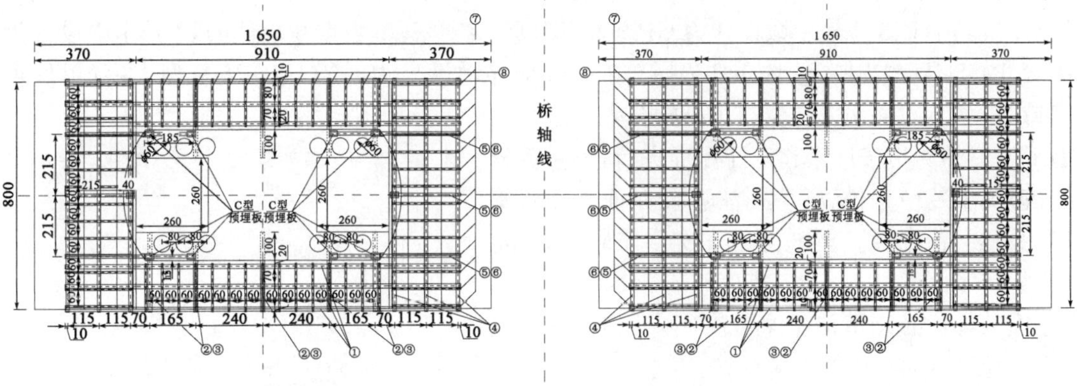

图 3 0 号梁段托架平面布置图(尺寸单位:cm)

纵桥向悬臂端每端外悬臂长 1.7m,托架沿薄壁墩外侧布置,横桥向每侧布置 5 组,共计 10 组,穿入墩柱 1m 的水平撑采用Ⅰ40b 工字钢,斜撑采用 2[20b 槽钢。墩柱混凝土施工完毕后,预埋钢板与 2[20b 槽钢斜撑进行焊接,2[20b 槽钢斜撑和穿入墩柱的Ⅰ40b 工字钢平撑焊接形成牛腿。牛腿形成后,再在牛腿上横桥向铺设 3 根Ⅰ40b 工字钢,形成 0 号梁段托架受力平台,主要为承受混凝土自重及其他临时结构荷载。圆弧段外侧预埋 3 组Ⅰ20b 型工字钢和钢板,焊接 2[20b 型槽钢斜撑与Ⅰ20b 型工字钢水平梁形成牛腿作为翼缘部分的支架结构,再在牛腿上纵桥向铺设 3 根Ⅰ28b 工字钢,形成翼缘部分的托架受力平台。

托架高程应根据桥梁结构高程及托架、底模构造尺寸进行绝对高程控制。分配梁与托架承重梁焊接定位,悬臂渐变段底模纵坡采用钢管支撑 2[10 槽钢焊接成整体的钢箱或Ⅰ10 工字钢支垫进行调节,再在型钢上安置底模(图 4)。

施工时必须严格按照设计要求进行施工,同时在施工中应严格遵守《公路桥涵施工技术规范》(JTG/T F50—2011)和《安全施工规程》。托架应严格按照《钢结构工程施工及验收规范》施工和验收。

3.2 支架预压

由于本桥最高墩柱为 16m,支架预压拟采用 25t 汽车吊吊装成捆钢筋或钢绞线等重物到

图 4　0 号梁段托架施工实景图

托架顶面进行预压,用以检测支架的强度、刚度、稳定性,并检测出支架的弹性变形和非弹性变形,为施工提供参考数据。

支架预压前在支架上设置 6 个测量观测点,并且测出高程、平面位置;用吊车起吊重物到 0 号块支架上,加载采用分级加载,加载过程按照 0～50%～110%的分级进行加载,用水准仪对每一加载级测量出支架的变形。加载到设计重量后,对支架的变形进行定期观测,预压时间必须超过 C55 混凝土的初凝时间。预压期结束后卸载,卸载采用分级卸载,卸载过程按照 110%～50%～0 分级进行卸载,用水准仪对每一级观测出数据,用该数据和初始测量出的数据来计算出支架的弹性变形和非弹性变形,以此作为调节支架高程的依据。

3.3　永久支座安装、临时固结

在托架平台施工完毕后,进行永久支座安装。本桥设计永久支座采用 GPZ(Ⅱ)型盆式橡胶支座。其中 1、3、4 号主墩设计为 GPZ(Ⅱ)55DX 型支座(单块重 8 637kg),2 号主墩设计为 GPZ(Ⅱ)55GD 型支座(单块重 170kg),0、5 号交界墩设计为 GPZ(Ⅱ)7DX 型支座(单块重 541kg)。安装时采用大吨位汽车吊配合人工进行安装,安装必须严格按厂家和设计标准进行,测量放样出支座的安装中心位置,特别注意要保证支座水平度和高程的精确性。在进行盆式支座安装时,一定要先检查零部件是否齐备,支座垫石顶面及梁底的支座安装部位必须清洁平整。支座安装时,注意支座设计位移方向与顺桥方向一致。

为保证连续梁施工稳定性,在墩顶设置钢混结构的临时固结支撑,并锚固在连续梁 0 号梁段和主墩上,按照 0 号块临时支座构造图设计图纸要求进行预埋。临时固结采用 ϕ610×10mm 钢管内浇 C50 细石子混凝土组成,拆除临时固结采用截断钢管,凿除混凝土来完成支承体系转换。在设计钢管切割线 45cm 上下位置,分别预埋两层 1cm 厚钢板,拆除时用氧焊切割预埋钢板位置的外层钢管,再用手拉葫芦将 45cm 的圆柱混凝土平行移出,完成体系转换(图 5)。

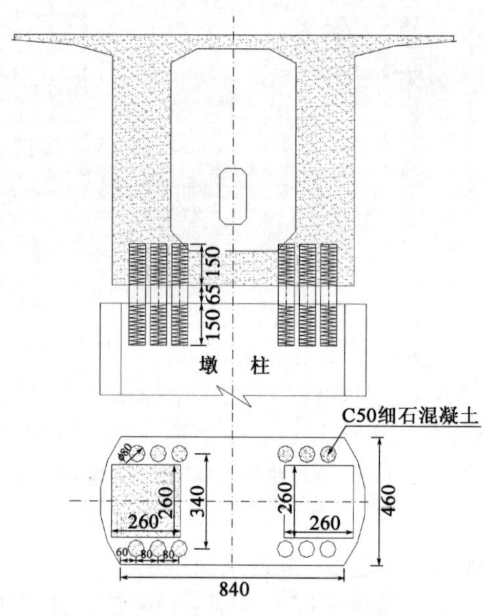

图 5　0 号梁段临时固结构造图(尺寸单位:cm)

3.4　混凝土分层施工

由于 0 号梁段是箱梁施工的关键部位,其断面高度达 9m,混凝土体积大,钢筋及预应力管道密集,为减轻托架负荷同时保证混凝土浇筑质量,竖向分为 4.5m、4.5m 两层进行施工。

4　0 号梁段施工托架建模计算

4.1　荷载计算

0 号梁段浇筑时分 4.5m+4.5m 两层浇筑,先浇筑第一层,待第一层达到设计强度及龄期后，浇筑第二层混凝土。计算荷载时，考虑最不利荷载，第一层 4.5m 混凝土浇筑时的荷载与第二层翼缘部分混凝土共同叠合受力作用于托架上进行计算。

0 号梁段设计混凝土数量为 436.59m^3，扣除作用于墩柱支撑部分，纵桥向前后各 1.7m 悬臂段混凝土数量为 35.172 m^3，作用于墩柱纵桥向预埋的牛腿支架上；横桥向左右侧各 3.7m 翼缘悬臂段混凝土数量为 11.736 m^3，作用于两侧搭设的满堂支架上，再由满堂支架将力传递至牛腿托架上（图 6）。

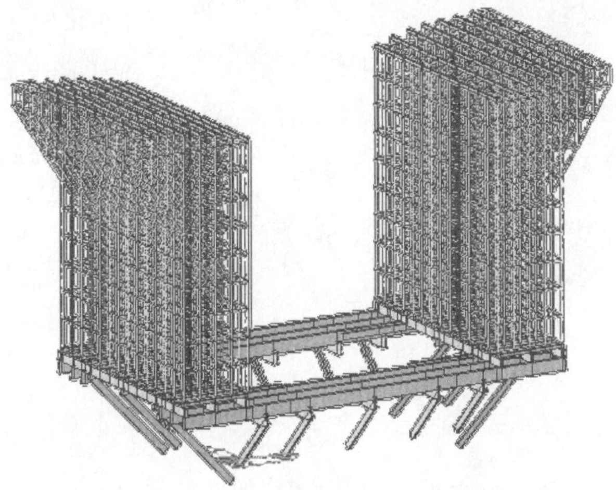

图 6　0 号梁段现浇建模 3D 托架图

4.2　结构计算

托架受力分析采用 MIDAS 软件进行验算，采用搭设的满堂钢管架与型钢牛腿托架进行整体建模计算，以增加各部位的各种荷载叠加后的应力、位移计算的准确性。混凝土超载系数为 1.05，混凝土振捣系数为 1.2。荷载组合强度计算按照 1.05 恒载＋1.2 活载的安全系数加载，刚度计算按照 1.05 恒载的安全系数加载。

（1）强度计算

0 号梁段现浇托架最大剪应力为 51.99MPa，抗剪强度设计值为 85MPa，强度均在规范范围内，满足规范要求（图 7）。

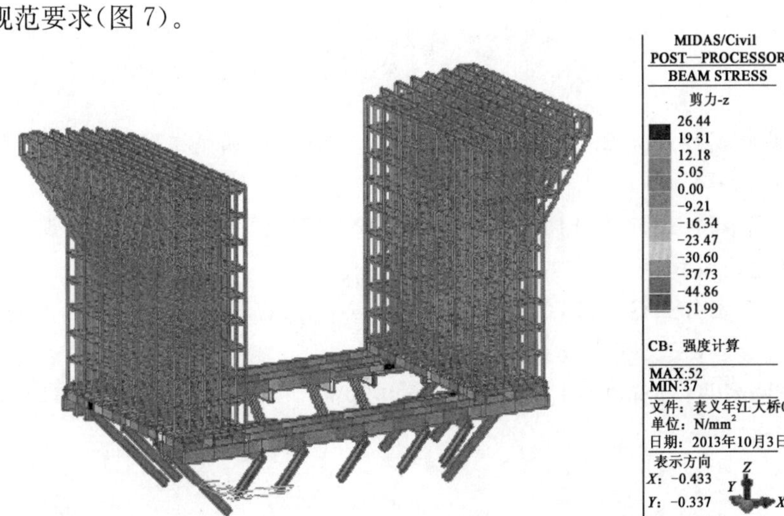

图 7　0 号梁段现浇托架剪应力图

(2)刚度计算

0 号梁段现浇托架最大竖向位移为 3.28mm,满足规范要求(图 8)。

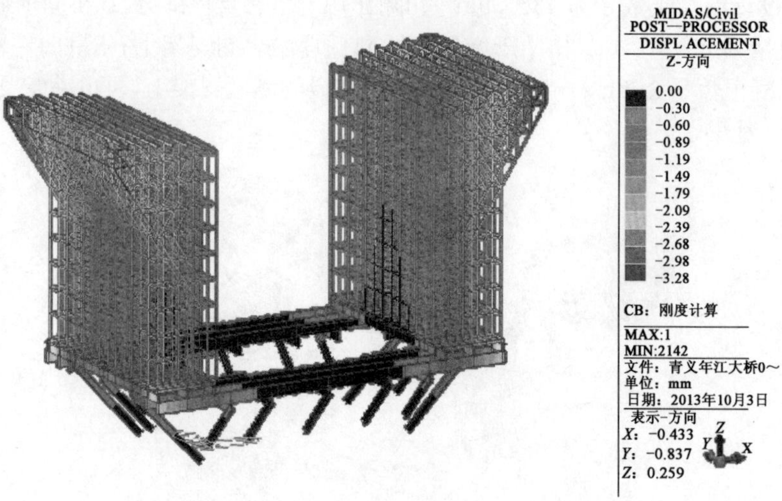

图 8　0 号梁段现浇托架竖向位移图

4.3　结论

0 号梁段现浇段托架,在第一层 4.5m 混凝土浇筑时的混凝土恒荷载、第二层翼缘部分混凝土浇筑时的混凝土恒荷载、混凝土振捣、施工人员及机具荷载的共同叠合受力作用下,最大剪应力为 51.99MPa,最大竖向挠度为 3.28mm,其强度、刚度及稳定性均满足要求。

5　结语

本桥 0 号梁段采用现浇托架法施工,托架系统受力简单明确,托架受力分析采用 MIDAS 软件进行整体建模验算,计算能准确反映实际施工过程中的各种荷载叠加后的应力、位移所组成的托架变形情况,结构稳定可靠,本托架的成功应用,为主梁 0 号梁段施工节约了大量的搭设落地钢管支架时间,取得了较好的效益,可以为其他类似工程施工提供一定的参考价值。

参 考 文 献

[1] 中华人民共和国行业标准. JTG/T F50—2011　公路桥涵施工技术规范[S]. 北京:人民交通出版社,2011.

[2] 中华人民共和国行业标准. JTJ 025—1986　公路桥涵钢结构及木结构设计规范[S]. 北京:人民交通出版社,1987.

[3] 中华人民共和国行业标准. JTG D62—2004　公路钢筋混凝土及预应力混凝土桥涵设计规范[S]. 北京:人民交通出版社,2004.

[4] 中华人民共和国行业标准. JTJ 076—1995　公路工程施工安全技术规程[S]. 北京:人民交通出版社,1994.

104. 先简支后结构连续 T 梁施工技术浅析

何长春　陈丽丽　罗雨轩　文国武　周春林
（四川川交路桥有限责任公司）

摘　要：以南大梁高速公路吴家坝大桥为工程实例，主要介绍先简支后结构连续 T 梁从预制到体系转换等施工过程，旨在总结经验，为类似工程项目提供参考。

关键词：先简支后连续　T 梁　施工技术

1　引言

随着桥梁设计及施工技术的进步，一种兼顾简支梁与连续梁二者优点的梁型得以产生——先简支后结构连续 T（箱）梁。先简支后结构连续 T 梁与简支 T 梁一样，在预制场工厂化生产；在安装之后，通过浇筑墩顶连续段混凝土和二次张拉负弯矩钢绞线等工序，将一联多跨形成连续 T 梁。先简支后结构连续 T 梁既保证了施工简单，克服连续梁施工工艺复杂、设备（材料）投入大等缺点，又达到了连续梁刚度大、变形小、伸缩缝少和行车舒适等优点的目的；同时，相比简支 T 梁减小了结构尺寸和钢绞线用量，降低了投资。可见，先简支后结构连续 T 梁在施工技术、行车舒适度以及经济性等各方面都有了质的提升，性能成本比优异，可谓是桥梁设计的一大进步。四川为多丘陵省份，高速公路建设方兴未艾，先简支后结构连续 T 梁在高速公路多孔中等跨径（20～40m）桥梁的运用有较好的前景。为了总结经验，提升施工技术和管理水平，现以笔者参与建设的南大梁高速公路吴家坝大桥为例，对相关施工技术进行总结及分析，为类似工程施工提供参考。

2　工程概况

南大梁高速公路吴家坝大桥，桥梁左幅孔跨布置为 20m＋15×30m，右幅孔跨布置为 20m＋12×30m＋20m。该桥 20m 跨上部结构采用装配式预应力混凝土简支 T 梁，30m 跨上部结构采用装配式预应力混凝土先简支后结构连续 T 梁，两种跨径的 T 梁采用相同的结构尺寸，梁高均为 2.0m；下部结构采用双圆柱式桥墩接桩基础，最高墩高 33.8m，两侧均采用重力式 U 形桥台。

吴家坝大桥设计荷载等级：公路－Ⅰ级；桥面净宽：2×净 10.75m。平面位于 R 为 10 000m 的圆曲线及缓和曲线上，左右幅相应墩台处于同一里程，墩台正交布置。全桥各跨均为 5 片梁布置，即 20m 简支 T 梁共 15 片，30m 先简支后结构连续 T 梁共 135 片；先简支后结构连续 T 梁每联均为 3×30m，左幅 5 联，右幅 4 联。

3 施工方法

3.1 梁场建设

根据项目实际情况，吴家坝大桥 T 梁预制工作在 2 号预制场进行。2 号预制场需生产吴家坝大桥的 20m 及 30m T 梁，另生产其他两座大桥共 145 片 25m 简支 T 梁。这样一来，就有 3 种不同长度的 T 梁在 2 号预制场生产，其中吴家坝大桥的 20m 及 30m T 梁腹板底宽为 50cm，而 25m 简支 T 梁腹板底宽为 48cm，致使梁场底座建设较为复杂。经过综合多方面因素，特别是保证各种梁的预制底座预拱度设置正确的前提下，多方权衡，出于节约成本和保证工期的目的，该梁场 T 梁底座和模板生产采取如下方案：

(1)底座共 16 条，每条底座长 30.5m，其中 12 条为 25m 和 30m 两种梁共用，4 条为三种梁共用。具体方法为先按 48cm 宽浇筑底座，利用边长 5cm 角钢包角，待 25m 简支 T 梁生产即将结束时，在角钢外侧各贴焊 1cm 厚钢板，使底座宽度达到 50cm，以满足 20m、30m 梁生产；在各类梁需要位置预留吊装孔，铺设钢板兜底。

图1 底座

(2)根据底座的长度合理设置预拱度，使其满足各类梁的生产。

(3)25m 简支 T 梁模板两套，30m 结构连续 T 梁模板两套，与 20m T 梁共用。

实践证明，2 号预制场的建场方案避免了底座的二次建设，节约了改造资金和时间，在场地受限的条件下，利用最小的代价达到了最大的目的，收效甚大(图 1)。

3.2 T 梁预制

鉴于本文的目的，此处不赘述 T 梁预制的具体要求，但结构连续 T 梁的预制也有它的特点：

(1)结构连续端需要二次浇筑混凝土，所以此端在预制场不需要封锚，但在钢绞线张拉并切割多余部分后，应及时将钢绞线端头用混凝土作初步封堵，防止钢绞线端头锈蚀。

(2)在 T 梁预制时，端面需要预埋各类钢筋，模板易有轻微漏浆现象，表层混凝土存在强度低于设计强度现象，而从力学角度来说，墩顶连续段作为连续 T 梁极为重要的受力部位，上部的拉应力、下部的压应力以及支座两侧的剪应力都很大，是先简支后结构连续 T 梁的危险截面，因此对该端面的新旧混凝土的结合要求更高。一般情况下，要求剥除 5mm 左右的表面混凝土，对于漏浆处则要求将松散混凝土全部剥除至密实处。

(3)相比简支 T 梁的预制，增加了负弯矩波纹管、锚杯的预埋。根据梁场实际情况，由于 20m 简支 T 梁和 30m 先简支后结构连续 T 梁的伸缩缝端无负弯矩齿板，为使 T 梁模板通用，我项目要求厂家增设了构件用于封堵齿板下凹部分的翼缘板底模。当然，如果不制作此构件，虽然对结构影响不大，但会造成混凝土的浪费。

在浇筑混凝土之前，应特别注意对预埋的负弯矩波纹管(多为扁状)的精确定位，保证在 T 梁安装后相邻跨对应波纹管能连接平顺；波纹管下料长度应保证伸出预制梁端 20cm 以上，利于波纹管的连接;采取有效的保护措施,防止混凝土压应力和振捣力挤压波纹管产生过度变形和漏浆现象,对负弯矩钢绞线穿束造成困难;负弯矩锚杯处缝隙封堵应严密,严防漏浆,以免张拉时锚下混凝土压碎和锚杯破坏(图 2)。

3.3 T 梁安装

先简支后结构连续 T 梁的安装,平面位置控制精确是基本要求。它相对简支 T 梁的安装没有本质的区别,架设设备和安装方法基本相同,但它也有自身的特殊性。架设前期与简支 T 梁架设类似,但后期工作大有不同。简支 T 梁安装完成后,需要进行的是桥面连续施工,而先简支后结构连续 T 梁在安装完成后,需要进行的是结构连续施工。结构连续施工会在很大程度上影响架设工作,也是先简支后结构连续 T 梁施工的关键过程。

(1)一般架设程序

一般架设程序为:预制 T 梁→临时(永久)支座的安装→逐孔架梁,及时安装墩顶现浇段底模和焊接横隔板钢筋→布置焊接墩顶现浇段钢筋和负弯矩束、模板安装→浇筑墩顶现浇段(相邻湿接缝)、横隔板混凝土→待墩顶现浇段混凝土强度达到设计强度 90%,张拉负弯矩钢束并压浆→压浆体达到 90%以上设计强度→拆除临时支座,体系转换,形成结构连续体系→浇筑剩余湿接缝混凝土,架设下一联 T 梁→附属设施及桥面系施工→成桥(图 3)。

图 2　负弯矩波

图 3　墩顶临时

(2)架设程序优化

为了保证墩顶连续段浇筑的现浇混凝土以及负弯矩波纹管内的浆体免受破坏,在它们达到设计要求的强度之前,是不能在该联运输 T 梁的。因此,从以上的一般架设程序可以知道,从架设上一联(3 跨)到开始架设下一联,至少需要半个月以上。如果按此程序架设,会有以下两个不良后果:

①架桥机待工时间较长,利用率低。

②结构连续及桥面系施工与 T 梁安装相互干扰较大,影响劳动力安排。

为了避免以上问题,结合吴家坝大桥实际情况,对该桥先简支后结构连续 T 梁的安装进行了如下优化:

①利用左右幅桥墩处于同一里程的特点,采取左右幅同时架设的方法,待本跨 10 片 T 梁安装完毕后架桥机再过孔进行下一跨的架设。

②T 梁结构连续施工及体系转换左右幅交叉施工,完成了体系转换后的桥面才允许运梁车通行,保证施工质量,同时避免 T 梁运输与桥面系施工相互干扰。

优化后的安装方案基本上解决了传统方案的弊端,能保证安装的连续作业,结构连续施工作业面也很充分，工期也大幅减少。最重要的是，能最大限度地保证结构连续施工质量，长期效应明显。

在架设过程中，在未进行结构连续施工的墩顶，如需供运梁车临时通行，可铺设厚度不小于 30mm 的 A3 钢板作为临时通道。

3.4 临时支座

先简支后结构连续 T 梁安装，相对简支 T 梁安装来说，临时支座是个新构件。既然是临时构件，它无外乎满足以下几点要求便可：

(1)能承受足够的压力；

(2)安装和拆迁方便；

(3)经济性好。

在以往的工程实例中，运用较多的临时支座主要有混凝土预制块、杂木、硫磺砂浆、钢砂箱等。混凝土预制块、杂木和硫磺砂浆都是一次性使用，钢砂箱可重复利用。混凝土预制块、杂木拆除极不方便，费工费时；硫磺砂浆临时支座制作相对麻烦，成本也较高。从上文可知，吴家坝大桥 T 梁安装宜尽可能采用可重复利用的临时支座，那么钢砂箱便成为首选。在总结并借鉴以往的经验后，我项目综合了混凝土块临时支座和钢砂箱临时支座各自的优点，将钢砂箱内顶筒改为 C30 混凝土预制块，钢筒则由 4 块高 10cm、厚 5cm 的硬木方组成的矩形构件代替，每角由多颗铁钉钉牢。安装时，先在木框内铺砂适量并整平，按试验结果量取砂顶面与永久支座顶面的高差，再适度增减砂量至理论高度后，其上放置预制的 C30 混凝土块。这种设计有如下优点：

(1)高度控制灵活。由于盖梁(垫石)高程有偏差，顶面平整度一般也不理想，用砂直接接触盖梁顶面，不但受力均匀，且可以按需增减用砂量，边安装边调试，高程控制简单。

(2)由于采用铁钉将 4 块木方组合成砂箱，砂箱卸砂较为简单，仅需用简单工具将木方拆开便可。

(3)对砂的要求也较普通钢砂箱要求低，几乎无任何特殊要求。

先简支后结构连续 T 梁安装时，其顶面高程控制的原则就是，临时砂箱经过承压(包括自重、部分二期横载以及运梁动载等)沉降后能保证 T 梁安装高度控制在规范允许的范围内。我项目将梁自重的 1.5 倍作为参考重量来获取砂的沉降量参考值和验证砂箱的安全性。此试验可在试验室的压力机上进行。T 梁安装时，还应考虑桥梁纵横坡对临时砂箱顶面高程的影响，此处应特别注意的是，一般情况下某一永久支座大小里程两侧的临时支座顶面高程是不同的，桥梁纵坡越大，体现得越明显。计算临时支座顶面高程应以其对应的里程计算设计高程，再从路面顶向下计算临时支座顶面高程。T 梁平面位置和临时支座顶面高程控制越精确，墩顶现浇段负弯矩波纹管及钢绞线的连接定位就越平顺和精确，负弯矩预应力的损失就越小，桥梁结构质量就越高。

3.5 结构连续施工

先简支后结构连续 T 梁结构连续施工质量关系到整个桥梁上部构造的结构质量和安全。这里说的结构连续施工包括墩顶连续段模板安装、钢筋安装、负弯矩钢绞线及波纹管安装、混凝土浇筑、负弯矩钢绞线张拉及压浆、临时支座卸落完成体系转换等工序。

(1)模板安装

墩顶连续段的侧模一般采用定制的组合钢模板。为保证有足够的刚度，侧模面板宜为 δ4mm 钢板，用[6 槽钢做背带，背带呈 40cm×40cm 方形布置，采用 ϕ16 拉杆加固，拉杆布置间距为 60cm×60cm。底模可采用 1.2cm 厚竹胶板，5cm×5cm 方木做带，使用方木楔支撑。底模在钢筋绑扎以前安装，施工时注意按设计将梁底预埋钢板中心外露，特别是永久橡胶支座与底模之间的缝隙应垫实密封，严防漏浆。

(2)钢筋、负弯矩钢绞线及波纹管安装

钢筋按图纸和规范安装、焊接，并注意预埋防撞护栏和湿接缝钢筋。钢筋焊接后敲除焊疤，清除干净，不可污染底模。负弯矩波纹管接头可采用胶带绑扎严密，防止漏浆，且定位应准确、平顺，以减少预应力损失；在负弯矩波纹管顶端安装排气管并保证波纹管通畅，满足压浆要求。

(3)混凝土浇筑

现浇墩顶连续段混凝土强度等级与梁板预制部分相同，但为了防止墩顶连续段混凝土在养生硬化过程中发生收缩性裂缝影响混凝土在二次张拉过程中的承载力和桥梁的整体受力性能，墩顶连续段混凝土添加微膨胀剂，剂量一般控制在水泥用量的 0.5%～1%。该段现浇混凝土处于两跨梁之间，受温度影响较大，要让其与两跨梁更好地形成整体，除依靠现浇段的纵向钢筋连接以外，浇筑时间的把握也极为关键。一般情况下，需采用一天中温度较低且温度处于上升趋势的时间点，如深夜或早晨；浇筑时气温不宜高于 20℃，一联各墩顶连续段浇筑温差不大于 5℃。浇筑前应将两侧已凿毛的端面用水清洗并刷一层水泥净浆；浇筑后加强保(降)温保湿养护。

当一联多于 3 跨时，墩顶连续段宜隔跨浇筑、临时支座隔跨拆除(吴家坝大桥全为三跨一联，浇筑不受制约)。

(4)负弯矩钢绞线张拉及压浆

当墩顶连续段混凝土强度达到设计要求的强度和期龄后，方可进行钢绞线的张拉。应特别注意的是：

①齿板在翼缘板下方，吊篮和操作平台一定要安全稳固。

②由于负弯矩钢绞线一般都设置了不同程度的平弯，张拉过程将对 T 梁产生较大的水平力，所以应对同一墩顶的负弯矩钢绞线采用左右侧对称张拉，从边梁到中梁，以达到抵消横向力的目的，这样就能基本消除钢筋线的张拉松弛。张拉完毕后及时压浆并封锚。

(5)体系转换

负弯矩预应力钢绞线张拉完成后，待压浆体强度大于设计强度 90%后方可拆除临时支座。临时支座隔跨拆除，拆除时应做到对称、均匀、平稳。临时支座拆除后，永久支座与墩顶和梁底必须严密贴合。

拆除临时支座，完成简支梁到连续梁的体系转换，应力分配有了本质的区别，从而达到结构设计的意图。个别施工单位由于认识的不足(甚至是为了减少工作量)，认为只要完成了负弯矩的张拉压浆便完成了体系的转换，也不影响桥梁的使用，便擅自作主不拆除临时支座。此种做法必不可行。由于连续段墩顶有临时支座的存在，永久支座两端各增加一跨临时支座与永久支座之间的连续梁，如果不拆迁临时支座，势必造成永久支座两侧梁底混凝土易受拉破坏，整联的结构计算模型也发生了很大的变化，与设计意图相悖，影响桥梁的耐久性和安全性。

4 结语

笔者通过主持并参与吴家坝大桥先简支后结构连续 T 梁从预制到体系转换等整个施工过程，相关施工方法和管理水平都有了一定的认识和提升。先简支后结构连续梁相对于传统意义上的连续梁而言，降低了施工难度，在一定程度上达到了结构连续的目的。随着施工方法的不断地提高与完善，四川乃至全国的高速公路桥梁设计将越来越多地采用此种桥型。但这种结构体系转化工艺相对复杂，精度要求较高，转化施工过程中必须严格控制，使简支转结构连续体系桥梁达到更好的使用效果。为此，对工程技术人员来说，必须对各个环节进行细致和严格的管理，认真总结经验，及时吸取教训，一定能将先简支后结构连续T梁施工质量达到更高的水平。

参考文献

[1] 中华人民共和国行业标准. JTG/T F50—2011　公路桥涵施工技术规范[S]. 北京：人民交通出版社，2011.

[2] 中华人民共和国行业标准. JTG F80/1—2004　公路工程质量检验评定标准　第一册　土建工程[S]. 北京：人民交通出版社，2004.

[3] 中华人民共和国行业标准. JTG C10—2007　公路勘测规范[S]. 北京：人民交通出版社，2006.

[4] 中华人民共和国行业标准. TJG Z30—2005　公路工程及水泥混凝土试验规程[S]. 北京：人民交通出版社，2005.

105. 山区高速公路桥梁下部构造施工技术

陈明凯　刘胜军　李晓东　李邦伟

（四川路桥桥梁工程有限责任公司）

摘　要：山区高速公路因受地形条件的限制，路基少，桥隧多，桥梁多数跨越深沟谷，便道无法到达每个墩台，桩基处于悬崖陡壁处，墩柱高，施工时必须采取相应措施保护周围的环境，确保附近道路交通安全，因此，下部构造施工工艺及方法有别于平原及丘陵地区的桥梁施工，以雅泸路C16合同段桥梁施工为背景，介绍山区地形条件下桥梁下部构造施工技术，以供同条件桥梁施工作借鉴。

关键词：山区　桥梁　下部构造　施工　技术

1　工程概况

雅泸高速公路C16合同段位于四川省雅安市石棉县境内，起于石棉县擦罗乡上里村K128＋700，设南瓜2号大桥、南瓜3号特大桥沿G108国道右侧而行，经落脚沟、跨G108后沿元堡山隧道穿越元堡山和G108国道，设擦罗乡大桥跨越深沟，终于石棉县擦罗乡福隆村K132＋600，全长3.9km. 主要工程有：路基挖方1.548 2万m^3，路基填方0.451 1万m^3，挡墙及防护工程8 059.9 m^3，排水工程1 267.2m^3，特大桥2 657.2m/1座，大桥841.1m/2座，隧道286m/1座。大桥分别为K129＋089.5南瓜2号大桥，上部构造为(2×30＋7×20＋12×30＋3×40)m预应力混凝土简支小箱梁和简支T梁。下部构造采用柱式台配桩基础、柱式墩配桩基础以及薄壁空心墩配桩基础。K132＋489.95擦罗乡大桥，上部构造为5～30m预应力混凝土简支T梁，下部构造采用柱式台配桩基础、柱式墩配桩基础。

工程规模(投资)2.54亿元，开工日期为2007年8月25日；交工日期为2011年12月25日。

2　工程施工重点、难点

2.1　安全生产风险巨大

长达3.4km桥梁、路基工程处于交通繁忙的G108国道陡峻的上边坡上，地面横坡达50°～80°；施工影响范围内还有村舍、学校、高压电线等设施；桥梁所在的坡面稳定性较差，且存在大量危石、孤石、危石群。施工对G108的交通及附近的构造物存在严重的安全隐患。

2.2 场地条件较差

南瓜2号大桥、南瓜3号特大桥沿线沟壑纵横、底面起伏巨大，所有场内便道、拌和站、加工场、现浇作业面的布设都极其困难，均需进行大方量的土石方施工才能形成。

2.3 挖孔桩出土必须外运

本合同段地形陡峭，沿线边坡上均不能堆土，每一桶孔渣都要运输到便道上，再运到场地外几公里的弃土场。

3 主要施工技术

3.1 安全防护措施

(1)在桥梁沿线下侧设立高效能的FSS-PD-500型被动防护网，有效地确保了108国道的交通以及沿线设施的安全(图1)。

(2)针对坡面大量的危石、孤石、危石群，设立永临结合的被动、主动防护网，分别采用清除、防护加固等措施进行处置，有效确保了公路结构物和施工作业面的安全(图2～图4)。

图1 被动防护网

图2 清除60号墩处坡面危石

图3 隧道洞门之间和上方的主动防护网

图4 南瓜2号大桥24号墩上方的主动防护网

3.2 动态优化设计

因地形、地质情况复杂，在施工图设计文件的基础上，结合现场实际条件，进行了调整纵坡、调整桥跨、变更桥墩构造(图 5)、路改桥等多项优化设计措施，极大地提高了公路结构物适应环境的能力，减少了病害隐患。

3.3 桩基施工技术

因场地条件艰巨，很多结构物根本无法采用常规的施工设备和施工工艺施工，施工措施投入极大，本合同段采取一些非常规多元化的施工方案。本合同段的桥梁绝大部分布置在十分陡峭的山坡上，左右幅桥梁基础普遍存在较大的高差，场地布置和机具设备的转移均十分困难；除擦罗乡大桥的全部桩基和南瓜 3 号桥的少量桩基设计为摩擦桩，其余均设计为端承桩，需要嵌入弱风化岩层；各种尺寸的桩基沿路线走向交替布置。

(1)桩基施工概述

鉴于本项目桥梁工程施工场地和场内交通条件均十分困难，并综合地质、水文状况、设计技术要求以及本工程桩基数量和施工工期要求，桩基成孔大部分采用人工挖孔、钢筋混凝土护壁成孔的方法。钢筋安装采取两种方式：一是现场条件良好的采用现场分段制作钢筋笼、利用吊车吊运入孔连接的方式进行；二是现场条件差的则采用在孔口搭设承重支架，在孔口制作钢筋笼的方式。混凝土浇筑采取在空气中灌注(普通)混凝土桩施工工艺，混凝土利用拌和楼集中拌和、罐车运输到孔位附近直接进入漏斗或利用索槽入漏斗后入孔。对南瓜 2 号大桥 24 号墩桩基因无罐车可到孔位的场地，采用铺设输送泵管接入孔中(图 6)。对渗水较大的桩孔采用水下混凝土灌注工艺灌注桩基混凝土。

图 5　双柱墩变更成独柱墩

图 6　在陡峭的山壁上铺设泵管输送混凝土

(2)桩基人工挖孔及弃土转运方案

人工挖孔的弃土采用多元化的方法，在斜坡上搭设钢管脚手架形成作业平台及转运通道(图 7)；在斜坡上安装轨道矿车转运弃土(图 8、图 9)；安装无支架缆索调运弃土至施工便道上(图 10)，再用运输车辆装运至弃土场倾倒，充分进行了环境保护，减少水土流失。

3.4 墩柱施工

根据桥梁各个墩台的高度，采用 25t 吊车或塔吊作为材料、模板等设施的垂直提升设备；在墩柱周围布置钢管支架，其内设转梯作为人员上下的通道。

图 7　斜坡上搭设钢管支架形成平台

图 8　斜坡上安装轨道矿车

图 10　临时支架调运弃土

图 9　斜坡上安装轨道矿车

所有桥梁墩柱均采用大块定型翻模分节段施工。在地形条件较差的地方，考虑到吊车或塔吊的吊重，圆柱模板按照 3m 一节，分两个半圆制作。

墩柱钢筋在钢筋房制成半成品，运输到墩位现场组装成钢筋笼，再进行安装或现场搭设钢管支架进行现场组装钢筋笼。混凝土浇筑采用拌和站集中拌和，罐车运输到位，利用吊车或塔吊垂直运输入模。条件受限的墩柱或盖梁采用在平台上搭设索槽入模(图 11)。

(1)矩形墩柱。桥墩空间位置的控制主要是对影响混凝土成形的外层钢模板的位置控制。控制测量方法是：在外层模板的顶面选取 4 个特征控制点，用经检校合格的全站仪在附近的控制点上先测量各点坐标 X,Y 和高程 H，然后与设计理论坐标 X',Y' 的差值即为模板的调整量，据此校正模板，以保证墩柱的正确空间位置。

(2)圆柱墩。在地系梁施工完后，用全站仪精确放样出墩柱的中心位置，作为墩柱钢筋笼和模板安装的依据。模板安装时，在内部挂吊垂球定位，四方用细钢绳和手拉葫芦牵拉校正并固定模板，然后再用全站仪检校圆柱模板顶面中心的平面位置，控制在规范范围内。浇筑混凝土前模板外挂上垂球，以便浇筑混凝土时随时检校模板的偏位情况，对墩柱进行有效的控制。

3.5 盖梁施工

盖梁断面设计有矩形、L形和T形3种，其中T形断面盖梁中使用的独柱式桥墩的设计为预应力钢筋混凝土结构，其余盖梁均设计为普通钢筋混凝土结构。

在盖梁底面以下的墩柱混凝土浇筑前，顺桥向预埋PVC管，浇筑混凝土后穿入钢棒，钢棒的两端伸出墩柱截面形成悬臂支点；在钢棒两端上安装支撑转换钢盒和钢对扣楔，形成具卸载功能的支点；调整好对扣楔顶面高程后，安装横桥向承重工字钢，并采取措施使墩柱两侧的工字钢夹紧墩柱；在承重工字钢上纵桥向布置槽钢分配梁，该分配梁同时作为操作平台和侧模斜撑支撑；铺设底模，形成作业面(图12)。

图11 平台上搭设索槽

图12 盖梁施工

在钢筋房加工制作盖梁半成品钢筋，运输至墩位现场用吊车或塔吊吊运到底模上进行安装。对于预应力混凝土结构盖梁，安装钢筋的同时进行波纹管安装定位、预应力穿束。

盖梁钢筋安装完毕进行侧模板安装。侧模板采用自制的大块钢模板，两侧模间采用对拉螺杆限位。

混凝土浇筑采用拌和站集中拌和，罐车运输到位，利用吊车或塔吊垂直运输混凝土入模。

4 结语

上述施工方案有效地解决了山区高速公路桥梁下部构造的施工技术难题，达到加快施工进度、确保施工安全、降低施工成本的目的。山区高速公路由于地形复杂，战线长，覆盖面广，施工现场千变万化，上述施工经验反供各位同仁参考。

106. 爬模在倮果金沙江特大桥高墩上的施工应用

张　泥　何文凯　李　琦　岳翠萍　周春林
（四川川交路桥有限责任公司）

摘　要：通过模板工艺选择、液压爬模系统的组成、液压爬模施工基本工作原理及工艺流程、爬模系统安装及应用、液压爬模施工的质量与安全控制、液压爬模的特点及与常规滑模、翻模施工的比较等的探讨，解决施工过程遇到的问题。

关键词：爬模施工　液压爬模系统　原理　流程　应用

1　工程概况

倮果金沙江特大桥属于丽攀高速公路C12合同段，桥全长862m。全桥孔跨布置4×50m简支T梁+1×39m简支T梁+(120+230+120)m连续刚构+3×39m简支T梁+1×20m现浇箱梁。主桥为大跨度高墩结构，6号主墩为75m、7号主墩为82m的空心薄壁高桥墩，墩身截面尺寸为纵桥向10m、横桥向8.55m，墩顶和墩底各15m，墩身内侧为漏斗形，壁厚由2.5m渐变至隔板处1.5m，中间标准段壁厚为1.5m。主墩C40混凝土14 899.5m^3，钢筋2 283t，其他钢材290.8t。

2　主墩模板工艺选择

本工程工期紧任务重，前期桩基及承台施工受金沙江洪水影响较大，而后期连续刚构的挂篮施工时间又相对固定，因此墩身施工时长对整个工程的工期控制至关重要。由于墩身较高、施工安全保证、混凝土浇筑质量、高墩界面尺寸及轴线偏位的控制等方面又有较高的要求。所以，模板施工工艺选择极为关键。综合考虑到工程安全、工程质量、施工进度、成本费用等问题，对于目前工程上常用的大面积组合模板翻模施工，拼装和拆卸较为麻烦和费时，并且施工质量不易控制，故不宜采用。经过对桥墩的特点和要求进行充分研究，决定外模采用定型液压爬升模板系统，内模采用大块组合钢模板、倒角等异型部位模板由项目部自行加工。

3　液压爬模系统的组成

爬模系统由液压爬升体系、钢模板体系和工作平台体系组成，如图1所示。该系统每节混凝土浇筑高度为 4.5m。

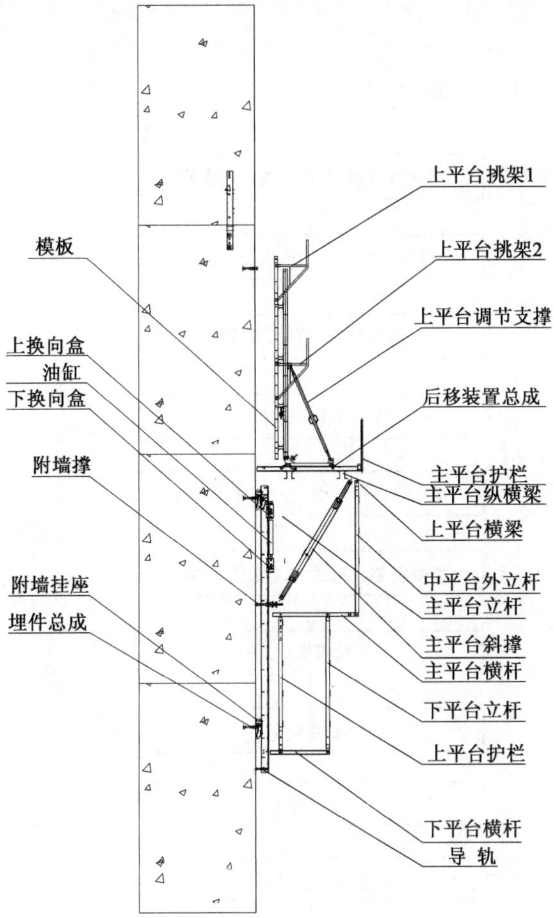

图 1 液压自爬模装配图

(1)液压爬升体系:包括千斤顶、油泵、锥形套、爬轨悬挂件、爬轨、自锁液压提升杆和专用预埋螺母板,后者为所有模板系统的支撑着力处。

(2)钢模板体系:分外模和内模。

外模由钢模板、调节支撑杆,滑动平车组成,外模面板为 6mm 钢板,次背肋用 L100×63×8 不等边角钢(用于墩身时竖向,用于箱梁时纵向),主背肋用 2×[12 槽钢;外模由 2.5m×5.1m 模板及转角模组成,内模按标准段配制,非标准段工地结合内模自备材料散拆散装,内模标准板墩身使用后用于箱梁。

(3)工作平台体系工作平台共分 5 层,两个上部工作平台、一个主工作平台、两个下部工作平台。主工作平台用于调节和支立外侧模,2 号、1 号平台用于绑扎钢筋和浇筑混凝土,−1 号平台用于爬升操作,−2 号平台用于预应力施工,包括穿束、张拉、压浆、封锚。

4 液压爬模施工基本工作原理及工艺流程

(1)工作原理

爬架和导轨互为支撑、相互顶升,模板随爬架就位,并依靠爬架进行操作。即导轨依靠附在爬架上的液压油缸进行提升,到位后固定于已经浇好混凝土段的预埋件上,并与上部爬架悬挂件连接，爬架与模板系统通过顶升液压油缸沿着导轨进行爬升定位，形成墩柱各节段施工工序循环。

(2)工艺流程

液压爬模总体施工工艺流程见图 2。

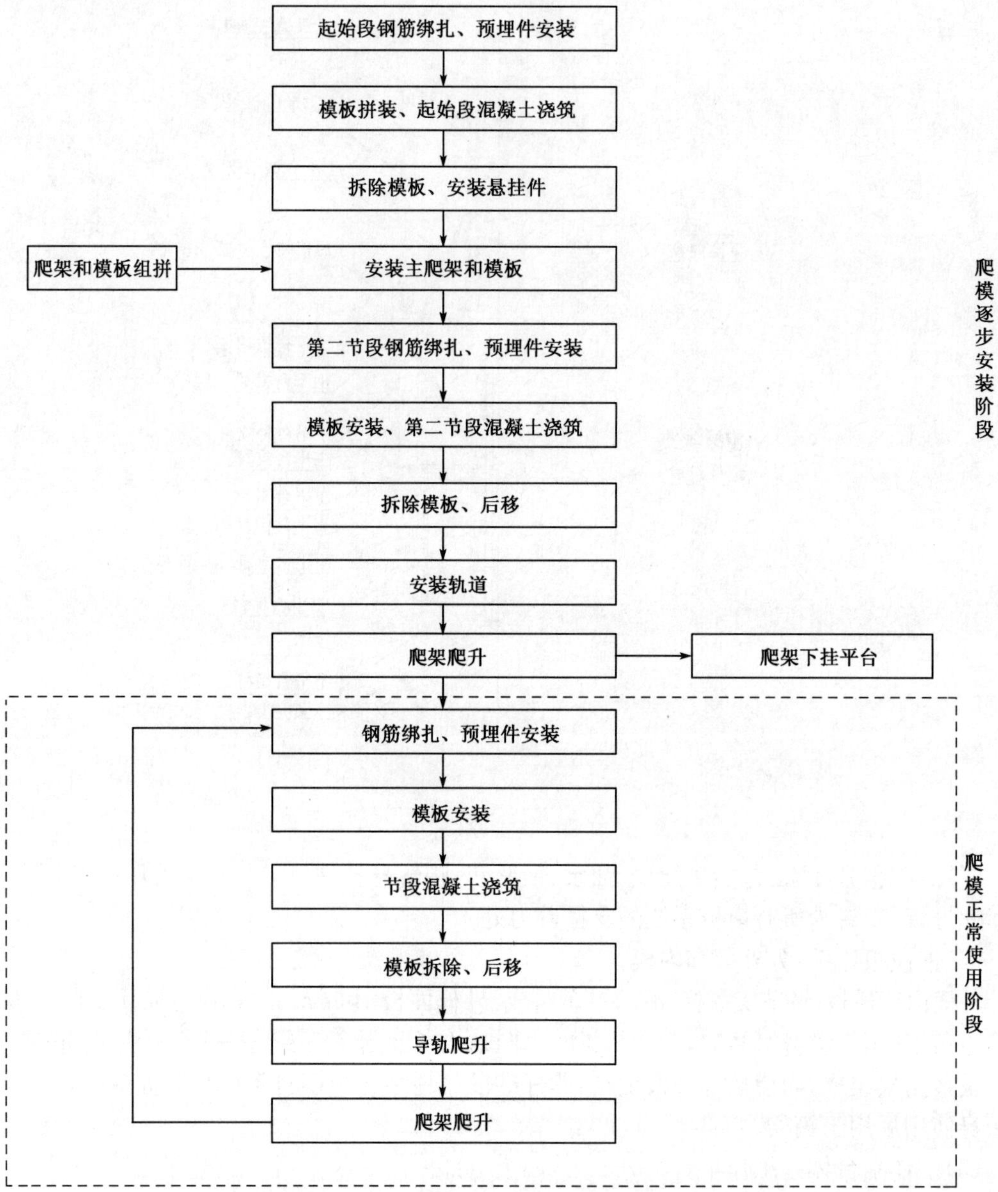

图 2　液压爬模总体施工工艺流程图

5　爬模系统安装及应用

5.1　爬模系统安装

(1)模板拼装

爬模可利用单构件直接在起步段上拼装，也可在地面上拼装成几组大件，然后在起步段上进行组拼。组装过程中，应注意各大部件的精度要求和组装顺序，确保各连接件的紧固、各运动部位的润滑防尘效果良好。模板拼装前，在4个侧模的上下面标记出模板中心点，就位时使模板中心线与墩柱中轴线对齐，模板接缝处贴海绵条平顺封闭处理。在模板上放出对拉拉杆位置并钻孔，孔壁内涂刷油漆。起步段模板用塔吊分块起吊安装，模板拼装高度为4.6m。

(2)爬架安装

爬架安装的一般顺序为：主工作平台(0号)→下部1号(－1)平台→下部2号(－2)平台→上部1号(＋1)平台→上部2号(＋2)平台。

架体安装的主要方法为：先将0号与－1号平台搭设完成并连成整体，将其悬挂在墩柱墙面上的预埋件上；其余平台可以利用这两个平台为工作面进行搭设；也可以先组拼好再用塔吊整体吊装。

架体安装的关键构件就是0号平台的挂设，施工要点如下(图3)：

①用轴销将爬架头与爬架进行连接；

②将悬挂靴固定在混凝土结构面上；

③安装嵌入式挂靴，并将其锁定；

④将悬挂销插入嵌入式挂靴，旋转固定到位；

⑤用吊车将已预拼好的爬架系统悬挂在嵌入式挂靴的悬挂销上；

⑥插入安全销，将爬架锁紧在嵌入式挂靴上。调节承压丝杆，调节爬架与结构物之间的垂直度，直至设计位置。

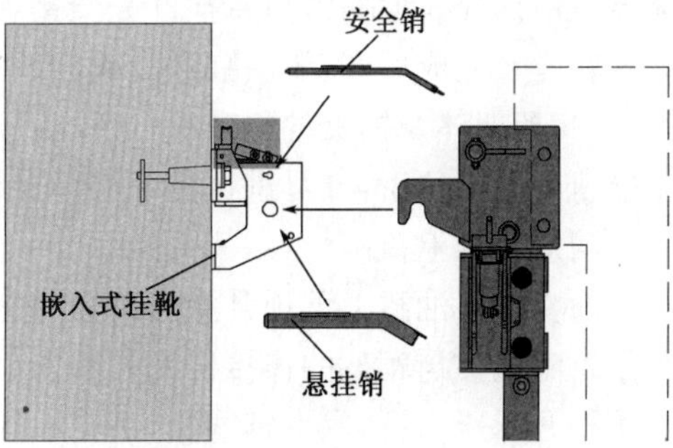

图3　主平台悬挂点示意图

5.2　液压系统的安装与调试

液压系统的安装调试程序为：将液压动力柜布置固定在爬架设计位置→安装主管→安装分支器→在分支器上接分支管→液压油缸安装并与分支管连接→接通电源→按操作规程进行液压系统调试。

5.3　预埋件埋设及导轨安装

预埋件严格安装模板设计图纸所示位置进行埋设，由于预埋件系统是整个爬架的受力支撑点，一定要认真检查是否上好上正，必须确保构件的可靠性。当发现有移动变位现象要立即纠正。

导轨利用塔吊由上至下进行安装(图4)。

a)起步段模板拼装　b)导轨安装　c)爬模系统

图4　预埋件埋设及导轨安装过程

5.4　爬模系统的操作和使用

当新浇节段混凝土的强度到达爬升要求值(一般不小于10MPa，本工程控制为不小于15MPa)时，即可导轨爬升，导轨爬升的主要步骤及要点为：

(1)导轨爬升准备

①安装上部爬升悬挂件；

②清洁爬升导轨，导轨表面涂上润滑油；

③液压油缸上、下顶升弹簧装置方向一致向上；

④将所有的承压丝杆顶紧混凝土面。

经确认爬升条件具备后，打开液压油缸的进油阀门、启动液压控制柜，拆除导轨顶部楔形插销，开始导轨的爬升。当液压油缸完成一个行程的顶升后，经确认其上、下顶升装置到位后，再开始下一个行程的顶升。

当导轨顶升到位后，按从右往左插上爬升导轨顶部楔形插销，以确保插销锁定装置到位。下降导轨使顶部楔形插销与悬挂件完全接触。

导轨爬升完成后，关闭油缸进油阀门、关闭控制柜、切断电源。

(2)爬架架体及模板的爬升

导轨爬升到位后，方可进行爬架架体及模板的爬升，其爬升的主要步骤及要点为：

①清理爬架上荷载；

②改变液压油缸上下顶升弹簧装置状态，使其一致向下；

③解除墩柱与爬架的连接件；

④松开承压丝杆，取下锁紧板，后退承压丝杆；

⑤完成前节段混凝土螺栓孔修补。

经确认爬升条件具备后，打开液压油缸的进油阀门，启动液压控制柜，拔去安全插销，开始爬架架体的爬升。当爬升两三个行程后，拔除悬挂插销。当爬架架体顶升到位后，及时插上悬挂插销及安全插销，调节承压丝杆顶紧混凝土面。关闭油缸进油阀门，关闭控制柜，切断电源。整体提升过程中，派专人检查爬升是否同步平稳或有异常情况。

(3)模板脱模和就位

脱模时，先解除所有的连接和固定装置，然后利用设置在模板肋带与爬架之间的传动装置将模板缓慢脱开。

模板就位：用液压杆将模板架顶回并校正，测量调整和定位后，进行本节段混凝土的浇筑。

(4)爬模系统爬升检查

在墩身施工中，每次液压爬模系统的轨道、爬架爬升前和爬升过程中以及爬升到位后，都应进行严格而细致的检查，在确定该步操作完全符合规程或要求时，才能进行下一步的操作。其主要检查内容包括：混凝土强度是否满足爬升要求；预埋锚锥是否精确到位；爬升悬挂件的安装、高强螺栓的紧固是否到位；限位销是否固定住锚靴；爬架是否与混凝土还有连接；自锁提升件的换向开关是否回归到位；液压系统各部件和控制系统技术状况是否处于良好状态等。

5.5 液压爬模系统的维护

(1)爬架及液压系统系统维护

①产品抵达工地后，爬架系统(包括爬架头、提升装置、支撑装置和所有的液压部件)必须合理储存，尽可能避免天气对其造成损坏。

②爬升前，检查提升机构、液压油缸和液压软管是否有损坏现象；检查爬架头、提升机构是否干净(没有混凝土渣、钢筋和杂物等)以保证设备运行正常。

③对于提升装置转换杆、爬架悬挂处导轨、支撑结构上的承压丝杆和滚轮、液压千斤顶上的铰接头等运动部件，特别注意经常上润滑油。

(2)模板系统的维修、保养

①模板表面应避免重物碰撞和敲击，严禁用尖利的硬物刮刻模板表面。

②模板面板在储存时，要避免暴晒雨淋。切割和钻孔后用防水油漆封边。

③施工完一个节段后，及时清理模板表面。

④发现模板表面有损伤时，及时进行修补。

⑤吊运模板时注意不能碰坏模板，特别是板面。

6　液压爬模施工的质量与安全控制

(1)建立健全完善的质量安全管理体系；

(2)做好施工技术和安全技术交底工作；

(3)严格按照操作规程进行导轨和爬架的爬升；

(4)爬模作业按前述工艺和程序组织分工，安排专业施工班组，做到定岗、定位、定责；

(5)技术人员按照规范及设计要求对施工全过程进行控制，安全部门派专人检查提升过程中的各项安全措施。

7　液压爬模的特点及与常规滑模、翻模施工的比较

液压爬模是当前较为先进的施工方法，它集工作平台、支架、模板、提升设备为一体，无须塔吊辅助而只靠自身液压传动系统进行爬升。其施工效率高、安全有保障，虽然前期施工设备一次性投入可能比传统施工工艺略高，但在降低工人作业强度，减少其他辅助设施、增加工程进度方面效果显著。

液压爬模的主要优点包括：爬架结构轻巧简便，提升系统操作方便，分体拆装，减少模板上下起吊组装作业，吊装方便，施工安全可靠。一次完整的爬升过程仅需要3～4h，可大大加快施工进度，并且不依赖外部设备的辅助。其导轨和爬升架都是固定在预先预埋在前一节墩柱的预埋件上，模板架的液压微调系统可以很精确地校中，中线及墩身线形易控制，施工精度更易达到。利用多层支架平台，可提供数个工作面，同时为钢筋制安、预应力张拉和柱面装饰提供了工作平台，从而缩短工期。省掉了施工承重支架，大大简化了施工脚手架，节省了成本和时间；爬架模板随墩柱各节段混凝土浇筑交替提升，简化了施工程序，形成了循环作业，使施工进度加快。

(1)液压爬模与翻模相比，模板就位更容易、更可靠、更好控制；减少了施工缝，外观质量更好；自身不需要借助外力(塔吊等)就能爬升，减少机械使用量；模板提升速度快并节省劳动力。

(2)液压爬模与滑模板相比，保留了滑模自身不用脚手架的优点，但不像滑模那样必须连续作业及需要大型专用起重设备，从而使施工更安全，墩身线形也容易控制，并且减少了受力钢材用量。

8　施工过程中的几个问题

(1)模板变形的处理。爬模模板一次拼装成型后，随着使用时间过长、次数过多，容易从模板中间和倒角相邻处产生变形，影响墩柱截面尺寸及外观。本工程采用增加背方以增强模板整体刚度、用精轧螺纹钢代替普通圆钢作为对拉拉杆及连接螺栓、必要时加密等方式，较好地预防和控制了这一问题。

(2)爬模施工上下节段施工缝的处理。施工缝处理得当与否，严重影响墩柱的质量和外

观，除做好常规的凿毛、清渣等措施外，本工程在爬模爬升时，爬模扣住已浇节段不小于 5cm，并尽量与混凝土接触密实，局部细小缝隙采用贴双面胶、海绵条、泡沫胶等方式进行填充找平，浇完模板后移后，如有瑕疵应及时修饰。通过努力，使节段间连接光滑平顺。

(3)高墩位混凝土养护一直是个难点，本工程利用爬架平台布置 $\phi20$ 镀锌钢管作为养护水管，水管间隔 50cm 钻 $\phi5$ 孔，布置上下两层。在平台固定地方放置水箱与水管连接，通水后以喷灌方式对混凝土进行养护。与传统人工洒水养护相比，方便高效连续，混凝土无开裂现象。

9 结语

以本工程左幅 7 号墩为例，墩高 82m，共分 19 节段(其中标准段 10 节段)，总施工人员平均 22 人，其中直接负责爬模提升及相关施工的有 4 人。标准段平均 4.5 天施工 1 节段，变截面段及横隔板由于内模拼装难度较大，平均 6 天施工 1 节段，墩身总施工工期 102 天，工期控制在预期范围内。

通过以上爬模施工措施，本桥梁桥墩工程模板连接牢固、接缝密实，节段间连接平顺，节段间错台达到设计及规范要求，混凝土表面平整，基本杜绝表面脱皮、开裂现象，整个桥墩线条直顺，内实外美。施工工期完全符合进度计划，施工作业过程中没有出现安全事故，取得了很好的效果。

107. 渠江特大桥深水基础施工技术

王喜才
（四川路桥桥梁工程有限责任公司）

摘　要：介绍了渠江特大桥主墩深水基础的施工技术，采用浮桥过江、浮式平台和钢护筒支承钻孔平台的各项技术措施，很好地解决了施工中运输通道、水中吊装、钻孔平台搭设的技术难题，在施工中取得了较好的应用。

关键词：深水基础　浮桥　浮式平台　钻孔平台　施工技术

1　工程设计概况

渠江特大桥，是巴广渝高速 TJ7 合同段的控制性工程，位于四川省广安市岳池县罗渡镇东南部，起于罗渡镇河堰沟村四组，横跨渠江，止于邻水寺村。桥跨结构为 3×30m＋85m＋160m＋85m＋3×30m，全桥长 526m，其中 4 号、5 号主墩在水中。主桥设计为 85m＋160m＋85m 连续刚构体系。具体桥梁主桥布置见图 1。

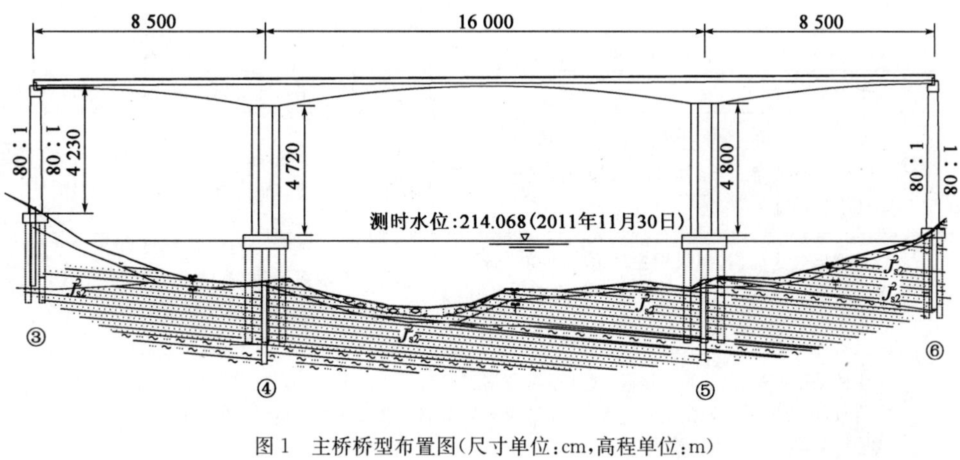

图 1　主桥桥型布置图（尺寸单位：cm，高程单位：m）

4 号、5 号两墩位为主墩，每主墩左右幅分别布置 3×3ϕ2.5m 群桩，桩基横桥向中心距为 6.2m，顺桥向中心距为 6.2m，4 号墩桩长设计为 38m，5 号墩桩长设计为 38m。桩基设计为 C30 水下混凝土。

2 工程水文地质概况

2.1 水文情况

地下水受地面降雨和渠江江水渗透补给，水量较大。桥位下游3km处为电站枢纽库区，主要水文特征调查如下：

设计施工水位214.5m。据2012年8月20日～2012年10月1日，实地测量常水位水面高程变化范围为213.8～215.3m，所以拟定实际施工水位为214.5m。

水流方向基本与桥梁走向正交，水流速度慢，实测值较低，考虑护筒下放后流速的提高，计算时按1m/s计。

通过现场对各墩位水深的实测，3号墩位处旱处；4号墩处最大水深18.2m，平均水深17.5m；5号墩处最大水深18.2m；平均水深17.5m；6号交界墩处最大水深3m。

2.2 工程地质概况

岳池县位于四川盆地东部，华蓥山西麓。桥位区属浅丘陵地形，河谷侵蚀冲刷形成典型的方山丘陵地貌，桥位区段渠江底地形较为平坦，河道为东南走向，较平直，桥轴线与河流向基本垂直，河道两旁为民房、竹林及耕种农田，基岩埋深比较浅，水流流速较缓。

桥位区南部边坡较陡，北部边坡较缓，出露岩性北岸为上沙溪庙组上段枣山铺段，底部为一层沉积稳定、厚度23～25.6m砂岩层，南岸为上沙溪庙组中段石笋河段，底部为一层沉积稳定、厚度4～36.4m砂岩层(即石笋河砂岩)，为半坚硬～坚硬岩组，稳定性较好，工程地质条件较好。

该区地震基本烈度为Ⅵ度，据《中国地震动参数区划图》(GB 18306—2001)，场地地震动峰值加速度为0.05g，地震动反应谱特征周期为0.35s。

3 主墩基础施工平台方案选择

结合渠江特大桥水中基础的实际情况，对本工程各工序的方案选用见表1。

各工序方案选用一览表　　表1

序号	拟选择施工工艺	
	4号、5号主墩	6号交界墩
1	水深较深，约17.5m	位于广安岸水陆交界处，水深相对较浅，约3m
2	考虑施工工期、钢管打插难易程度等因素，采用双导向船上拼装浮式导向平台下钢护筒，钢护筒支撑钻孔平台的施工方案	墩位靠近岸侧，水深相对较小，取土方便，所以考虑采用筑岛围堰的施工方案
3	因河床底为砂岩，拟采用振动锤辅助钢护筒下沉进岩层中，再对钢护筒进行整体连接并在其上搭设钻孔平台	筑岛围堰完成后，在上面安装冲击钻进行桩基成孔，混凝土采用C30水下混凝土
4	栈桥采用浮桥，仅承载输送管、过江电缆及施工人群荷载，主浮桥采用纵向钢管作浮箱，支线浮桥采用汽油桶串联成片作为浮箱	直接便道平整到墩位
5	因下伏基岩强度较高，冲抓成孔、旋挖成孔等工艺在本工程无法适用，拟采用冲击成孔工艺，使用优质泥浆固孔，泥浆处理器配合泥浆循环	孔径较大，有较深的水，基岩强度较高，拟采用冲击成孔工艺，使用优质泥浆固孔，泥浆处理器配合泥浆循环

4 方案施工

4.1 浮桥设计

水上通道是桥梁施工人员、材料及设备的运输通道，本桥主墩基础位于渠江中心，水深较深，工期非常紧，河床覆盖层浅，平时施工水位变化不大，流速较小，但地下水受地面降雨和渠江江水渗透补给，水量较大，因此水中通道若采用传统的钢栈桥形式，将面临水位深、覆盖层浅无法插打钢管桩、洪水季节栈桥安全稳定性无法保证的困难，而且钢栈桥需大量的钢管、型钢等材料。

本桥水上通道采用浮桥形式，作为施工人员通行的安全通道，并承受过江电缆、混凝土输送管的自重等外荷载，不考虑在浮桥上进行材料运输，材料运输采用舶船进行运输。

在广安岸和4号墩之间设置长245m的主线浮桥(图2)，顺桥向设置于桥墩下游约10m处，主线浮桥至各墩位则设置支线浮桥；在4号主墩与巴中岸之间设置长60m的浮桥，直接通向3号交界墩。

图2 主线浮桥

在正常施工期间，浮桥通过钢绳锚固在导向船上，由于渠江洪水期很短，涨水退水时间很短，因此洪水期间解开锚绳，主线浮桥在水流作用下自动转到岸边进行锚固，待洪水退去后再用船舶将主线浮桥牵引旋转90°，恢复施工。

主线浮桥按如下原则设计：

(1)浮桥桥面净宽设计为2 500mm，浮桥桥面高出水面最小高度取200mm。

(2)选用两根ϕ720mm×8mm钢管作为浮箱材料，两列钢管横向中心间距取1 680mm。

(3)为提确保浮箱的闭水性，将钢管两端使用12mm厚钢板完全封闭，同时为提高钢管的防腐性能，在钢管外表面涂刷防锈漆。

(4)为加强浮箱纵向的整体连接，将纵向每节段加工为标准长度(6 000mm)，将封端钢板设计为法兰盘，两段标准段采用8根ϕ22mm螺栓进行连接。

(5)为加强浮箱的横向连接，在每个标准段的两端用[10槽钢焊接于封端钢板上，每个端头上、下各加焊一根。

(6)浮桥桥面板设计为4mm厚的钢板网，具为强度高、韧性好、自重轻、透水、耐久性好等优点。

(7)两侧设置型钢栏杆柱及钢管旗杆，在栏杆柱上拉设三道ϕ8mm钢丝绳，作为栏杆，以减小浮桥所承受的风阻力。

(8)混凝土输送管布置于浮桥中央，支承于各标准件端部的横向槽钢上，电缆线布置于竹跳板的外侧悬壁端。

(9)按此原则进行布置后，主线浮桥每延米最大荷载600kg，最大荷载情况作用下浮桥吃水线距桥面系高度为405mm。

自主线浮桥通往各墩位均设置支线浮桥，其要点如下：

(1)浮桥桥面净宽设计为 2 100mm，浮桥桥面高出水面最小高度取 200mm。

(2)选用汽油桶作为浮箱材料，汽油桶横向布置，两列汽油桶横向中心间距取 1 580mm。

(3)汽油桶上、下各设置两根型钢，在型钢间设置拉绳，以将其固定成片，每个标准段仍取 6 000mm(10 个汽油桶)。

(4)桥面系及栏杆布置、荷载布置参照主线浮桥执行。

4.2 浮式平台

浮式平台主要是解决基础施工中的起吊问题，用于钢护筒、钻孔平台、钻机、钢筋等材料设备的起吊和转运。在 4 号、5 号主墩各设置一座浮式平台用于主墩施工，浮式平台的承重系统采用船舶，可自行移动，解决左右幅桩基的施工问题(图 3)。

图 3 水上浮式平台

每座浮式平台的承重结构采用 2 艘 300t 以上的货舱船或驳船，施工前对船体龙骨进行改造加强，其上拼设门式刚架，门式刚架是水上门吊的传载结构，同时兼作两导向船连接梁，沿桥纵向布置两座，每座门式刚架由主纵梁、弱侧立柱、悬臂侧立柱组成。

门式刚架主纵梁为 2m×2m 截面的组合桁架梁，由万能杆件拼装成形，以满足门式刚架的承载能力和稳定性，门式刚架拼装完毕后，在其上采用三角架拼装横梁，沿支腿纵支承方向共布置四片单层三角架，每片三角架由六片标准三角、五片标准弦杆组成，龙门吊横梁上布置一台起吊能力为 30t 的天车，一台起吊能力为 5t 的电动葫芦。

因门式刚架及龙门吊均高出水面较多，钢护筒下放时施工人员无法直接进行安装，故设置操作平台，操作平台主梁沿纵向布置，设计为单层三角架，操作平台主梁通过船顶垫梁、操作平台托梁支承于导向船上，其两端支承线与导向船中心线重合，船顶垫梁焊接于船顶面，操作平台托梁与垫梁间采用螺栓连接，操作平台托梁与主梁三角架之间采用 U 形环锁扣。

4.3 钢护筒安装

每个主墩共设 12 根钢护筒，护筒长度根据桩位处水深确定，标准段护筒筒身采用 12mm 钢板卷制成形，钢护筒在加工场内分节制作成型后，经检验合格，用吊车吊上运输船，运至浮式平台门式刚架悬臂端下，再用龙门架吊点吊上施工平台逐段拼装。

钢护筒分节进行安装，起吊第一段，定位、下放，再将第二段护筒接至其上，焊接、下放，循环下放完成整个钢护筒安装，振动锤跟进护筒插打至河床基岩面。钢护筒采用横跨固定在导向船上的四组三角架横梁定位。

钢护筒插打完毕后，在护筒顶端之间设置纵向牛腿、纵向平联、纵向斜承、横向牛腿、横向平联、横向斜承 6 个连接体系，将钢护筒连成整体，确保其稳定性，同时作为钻孔平台型钢的支撑体系(图 4)。

4.4 钢护筒着床处理

由于桥位处河床覆盖层浅，钢护筒插入河床深度较浅，钢护筒着床后不能有效地锚固，因此必须对钢护筒进行着床后的处理。

(1)单根钢护筒着床处理

钢护筒着床并调整好位置后，将钢护筒顶端锁定。专业潜水工下水查探，确定钢护筒着床面的情况，采用高强度编织袋内装填 C20 混凝土作填充物，在操作平台上用尼龙绳将装好的混凝土袋沿护筒外壁向河床内下放，潜水工在河床底部沿护筒周边进行填塞，直至整根钢护筒基脚支撑可靠(图 5)。

图 4　钢护筒安装下放

图 5　单根钢护筒着床处理

(2)钢护筒着床面整体处理方案的确定

钢护筒安装完毕后，为提高整个钢护筒的基础稳定，在各墩位 12 根钢护筒的着床面下放开放式简易钢沉箱，以钢沉箱为模板，利用基本成型的钻孔平台作为浇筑平台，浇筑板阀水下混凝土基础，将所有钢护筒底部连成整体。

板阀水下混凝土浇筑采用导管法浇灌。

在整个钢沉箱范围内布置四根直径 ϕ299mm，壁厚 10.0mm 的无缝钢管作水下混凝土导管，自板阀最厚处向最薄处推进，各导管距河床基面高度均按照 30cm 控制。

4.5　钻孔平台形成

钢护筒连接系统施工完毕、钢沉箱下放浇筑板阀混凝土后，依次进行平台纵向主梁、横向主梁、分配梁的安装，形成钻孔施工平台。纵、横向主梁均为 2I45B 工字钢，分配梁为 I25B 工字钢，均由运输船运输到位，龙门吊进行安装(图 6)。

图 6　搭设钻孔平台

4.6　桩基施工

桩基为 ϕ250cm 钻孔灌注桩，采用冲击钻机进行桩基冲孔，两主墩平行施工，分两批次进行施工，桩基钢筋笼的下放、水下混凝土的浇筑按照常规施工方法进行，在此不再赘述。

5　结语

由于四川各条高速公路建设的不断增多，导致大量的跨江桥梁工程出现，但四川特有的地质、水文条件不同于长江中下游流域，这些工程都要面临水深、洪水期水流流速冲刷大、河床覆盖层浅的问题，同时又没有大的水上运输船和起吊设备，致使此类工程施工时有较大的困难。

渠江特大桥深水基础施工，采用水中可移动浮桥，既解决了水上运输通道的问题，同时避免了受洪水水位、流速的影响；浮式平台灵活、机动，解决了水上起吊设备的问题；钢护筒独立支撑钻孔平台解决了河床覆盖层浅、插打护筒困难的问题，并利用护筒直接支撑施工平台，取消了辅助钢管桩。

这些技术的应用，使大桥在基础施工期间成功地度过了 2013 年 7 月份渠江流域超 20 年一遇的特大洪水，减少了洪水造成的直接损失，确保了工期，为工程的施工提供了有力的保证，也为同类工程的施工提供了较好的经验。

108. 新白沙沱长江六线铁路特大桥深水基础施工技术

余绍宾　张炜烽　周功建　代　皓

（中铁大桥局股份有限公司白沙沱长江大桥指挥部）

摘　要：新白沙沱长江铁路特大桥为双层六线双塔双索面钢桁梁铁路斜拉桥，桥位水下地质条件复杂，需要水下爆破，搭设浮式平台，并浮运和定位难度大，防洪度汛安全风险大。

关键词：长江六线铁路特大桥　深水基础　施工　技术

1　工程概况

新白沙沱长江特大桥是改建铁路重庆至贵阳线扩能改造工程的关键控制性工程。六线过江，它既是渝（重庆）黔（贵阳）客车线、渝（重庆）黔（贵阳）货车线引入重庆枢纽的重要过江通道。同时预留接线条件，作为远期铁路的过江通道。新白沙沱长江特大桥位于重庆市江津区珞璜镇长江白沙沱河段，大桥上距既有渝黔铁路白沙沱长江大桥约 130m，距重庆地维长江大桥约 2.4km，下距拟建的长江小南海水利枢纽约 2.4km。

大桥主桥采用（81＋162＋432＋162＋81）m 铁路钢桁梁斜拉桥，是世界上首座双层六线双塔双索面钢桁梁铁路斜拉桥，上层四线客车线，下层两线货车线，同时也是世界上延米载荷

图 1　新白沙沱长江特大桥桥式立面布置图

图 2　大桥断面图

最大的桥梁。主梁采用平弦等高度连续钢桁梁，N 形桁架，两片主桁，桁宽 24.5m，桁高 15.2m，节间长度 13.5m，上层桥面采用正交异性板整体桥面，下层桥面采用纵横梁体系。斜拉索采用平行钢丝索，全桥共计 224 根。新白沙沱长江特大桥桥式立面布置见图 1，大桥断面图见图 2。

2 工程特点

(1)(81＋162＋432＋162＋81)m 双塔三索面双层铁路六线斜拉桥为世界首次使用，工程规模大，荷载世界最大，活载达 41.6t/延米，恒载达 99t/延米。

(2)施工场地狭窄，在重庆端上跨成渝铁路，在贵阳端上跨川黔铁路及珞璜电厂专用线，施工防护要求高。

(3)基础采用大直径(3.2m)深孔(最深 79m)钻孔桩施工技术含量高、难度大。

(4)大体积承台基础双壁钢套箱围堰(72m×36m×36m)设计、制造、就位难度大；超长(45m)、大直径(3.6m)、大吨位(480t)护筒插打、定位精度难度大。

(5)3 号主墩位于地形起伏高差大的岩面上，岩石强度高，承台基坑开挖难度大，围堰下放难道大，钻孔桩钢护筒插打定位难道大。

(6)全桥钢桁梁重达 4.1 万 t，加工组织难度大，拟从国内钢桁梁加工实力最强(山桥、宝桥、武桥、九桥)的钢梁加工厂招标，选择最强的加工企业制造。钢桁梁的组拼、运输及安装，拼装时的线形控制、承力索的安装、索力调整等施工难度大。

(7)大桥位于“长江上游珍稀特有鱼类国家级自然保护区”的缓冲区，环保责任重大。

本文就新白沙沱长江六线路桥大桥深水基础施工技术进行研究，为多线铁路特大桥深水基础施工提供有益借鉴。

3 主墩概况及总体施工方案

3 号墩共 36 根桩基，横桥向布置 9 排(间距 7.2m)，纵桥向布置 4 排(间距 8.5m)，最大桩长 79m，承台高 6.0m，外形尺寸为 67.4m×31.3m。混凝土 19 618m^3。3 号墩立面布置见图 3，3 号墩平面布置见图 4。

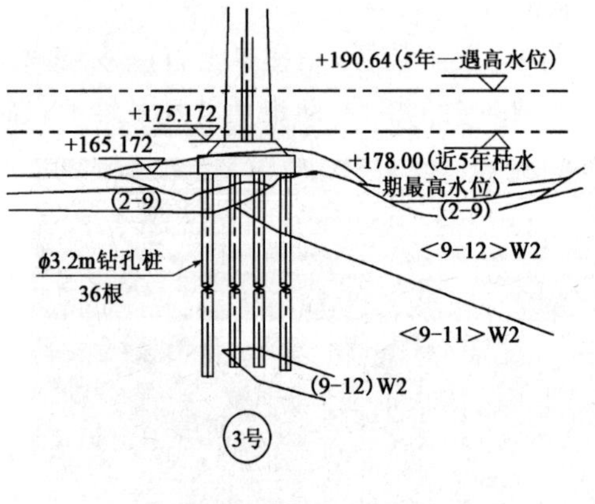

图 3 3 号墩立面布置图(高程单位:m)

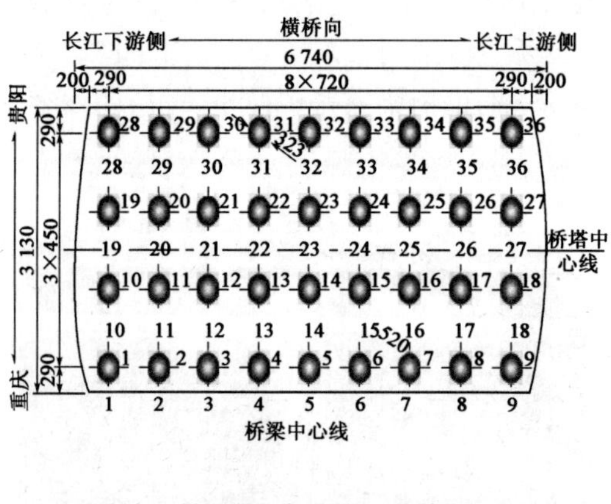

图 4 3 号墩平面布置图(尺寸单位:cm)

3 号墩主墩总体施工方案：3 号墩基础位于水中，墩位处部分河床已侵入承台范围内，因此在基础施工前需进行河床的水下爆破清理。水下爆破高程按承台以下 3.5m 控制，局部范围爆破至 4m。为快速形成钻孔能力,保证长江汛期来临以后钻孔的安全性,同时考虑到主墩距离川黔线白沙沱桥距离较近,围堰抛锚安全性差,因此 3 号墩基础采用先平台后围堰的方案。设备及原材料通过珞璜镇既有道路运输至 5 号墩附近,因此需修建水中栈桥,连接 5 号墩岸侧和主墩施工平台。3 号墩施工布置见图 5,3 号墩施工平面布置见图 6。

图 5　3 号墩施工布置图

图 6　3 号墩施工平面布置图

4　3 号主墩水下爆破施工

3 号主墩水下爆破总体施工方案:3 号墩基础水下爆破区域长 81m、宽 41m,每边比原设计边多出约 5m,采用防水性能较好的乳化炸药,并使用 PVC 管加工包装,防止药柱变形。雷管采用防水性能较好的毫秒段发电雷管,采用毫秒延期爆破以减小爆破地震波和水下冲击波。炸药和雷管在使用前必须进行检验和试验,并进行防水处理,以确保性能和安全。3 号墩水下爆破施工立面布置见图 7,3 号墩水下爆破施工平面布置见图 8。

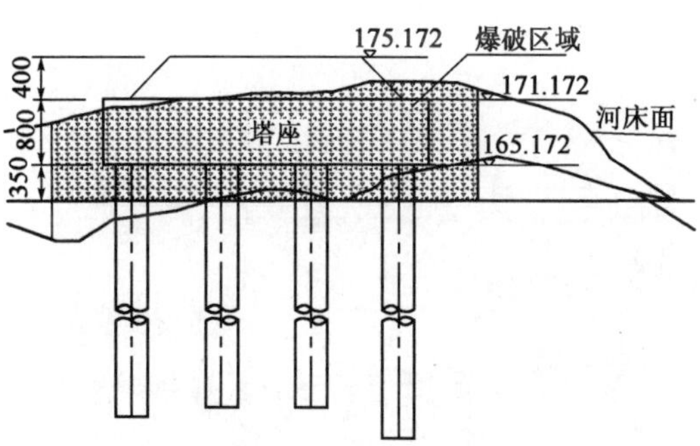

图 7　3 号墩水下爆破施工立面布置图
(尺寸单位:cm,高程单位:m)

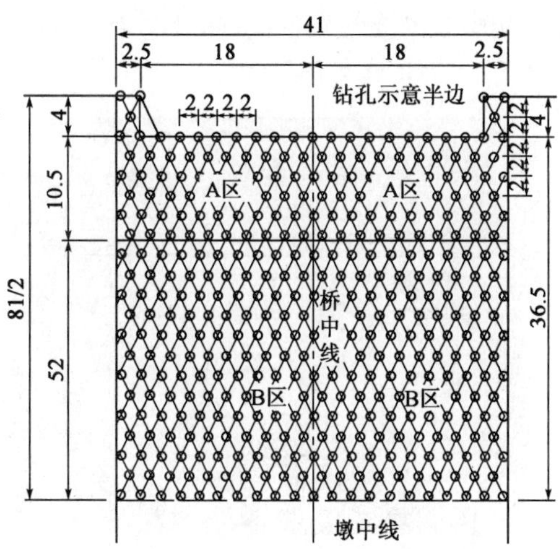

图 8　3 号墩水下爆破施工平面布置图(尺寸单位:m)

钻孔采用“一管一钻”法,即钻孔前先下套管,再从套管中下钻具。钻孔为避免泥砂及石渣淤孔,钻孔过程中要边提升钻杆边送风吹渣进行反复洗孔,以便钻孔中的碎渣排出孔外。钻孔至设计深度即可拆卸钻具，然后进行炮孔装药作业。用 $4m^3$ 抓斗式挖泥船清渣，提升能力可达 60t，斗张开后宽可达 4m。钻机钻孔工作图见图 9，抓斗式挖泥船清渣工作图见图 10。

图 9　钻机钻孔示意图

图 10　抓斗式挖泥船清渣工作图

5　水下光板岩大型栈桥搭设

为保证 3 号钻孔桩施工的机械设备材料运输的需要，沿桥中心线下游侧布置一条栈桥，栈桥中心与桥梁中心间距 24.0m，万能杆件式栈桥全长 202m，桥宽 10m。共一联，中部设制动桩；栈桥梁用万能杆件拼装，桁高 2m，桁宽 8m，最大跨 14m，栈桥基础自岸滩（5 号墩位）至江心（3 号墩位）编号 1～17 号共计 17 排钻孔桩＋钢管桩基础。桩径有 ϕ0.6m、ϕ1.2m、φ1.5m 三种。栈桥仅在制动墩处将万能杆件与桩顶分配梁可靠焊接，除此之外，梁部万能杆件与其他桩顶分配梁均不连接，直接搁置于分配梁顶，由横向限位装置限位。

施工方法：管桩基础分为浅滩区管桩基础与深水区管桩基础。浅滩区管桩基础采用筑岛平台上冲击钻孔，振动下沉钢管桩跟进入岩的方法施工；深水区采用驳船作为施工平台冲击钻冲孔，浮吊插打钢管桩。上部结构万能杆件主桁采用预拼节段后 80t 履带吊钓鱼法施工，从岸边往江中心侧逐件安装，桥面分配梁、桥面板和栏杆也同步安装。驳船作为施工平台冲击钻冲孔见图 11，80t 履带吊钓鱼法施工见图 12。

图 11　驳船作为施工平台冲击钻冲孔

图 12　80t 履带吊钓鱼法施工

6　浮式平台制造浮运及定位施工技术

3 号墩浮式平台为桁架式结构，平面尺寸为 72.0m×36.73m，高 4.6m，总重 1 286t。采用在工厂分桁片加工好后，运至墩位附近总拼的方案制造。

3 号墩浮式平台浮运采用浮吊辅助，拉锚和收锚的方法将平台浮运到位。即提前抛设主锚、尾锚、边跨侧边锚，并将主锚 2、4、6 过缆至平台。再抛设浮运定位锚(两个 6t 铁锚，每根锚绳长 150m)，通过驳船上 6t 铁锚的收缆、原驳船地锚的松缆，使平台横移至 3 号墩对应的下游处。主锚 2、4、6 收缆、尾锚过缆，通过平台上的主锚收缆装置将 3 号墩平台运至 3 号墩上游 1m 处。主锚 1、3、5 过缆，并收紧钢丝绳；抛主跨侧边锚，并连接至平台。主锚、尾锚粗定位，主跨侧边锚、边跨侧边锚拉紧后精确定位。浮式平台抛锚见图 13，浮式平台浮运见图 14。

图 13　浮式平台抛锚图

图 14　浮式平台浮运图

3 号墩浮式平台主要通过收揽装置与缆绳连接调整平台位置进行精确定位。平台浮运至 3 号墩处后，将主锚、尾锚及主、边跨侧边锚锚绳连接至平台(或驳船)顶相应收揽装置并收揽带紧。测量钻孔平台实际位置，根据实际位置与设计位置比较，利用卷扬机收紧或放松相应缆绳，各缆要同步，根据测量数据适当调整，使平台在设计范围内移动，偏差不得大于 5cm，至平台与设计位置相符后收紧各锚绳，定位钻孔平台。平台在拼装场地拼装完成后，预先在平台桁架顶测量出桁架“十字”中心线，并标记作点，推算出其位于 3 号墩处的理论坐标位置，“十字”中心线四个端点应设置在桁架四边，满足一定的距离，以保证平台调整的精度。平台定位过程中通过 GPS 测量观测点完成其粗调，再利用经纬仪测量，以指导调整平台准确就位。浮式平台定位布置见图 15，浮式平台定位施工见图 16。

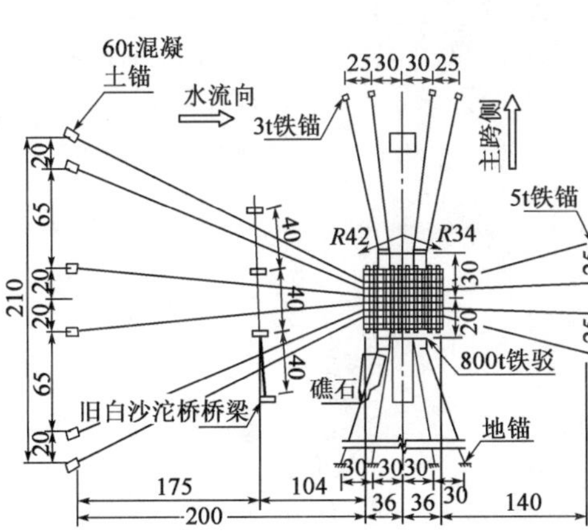

图 15　浮式平台定位布置图

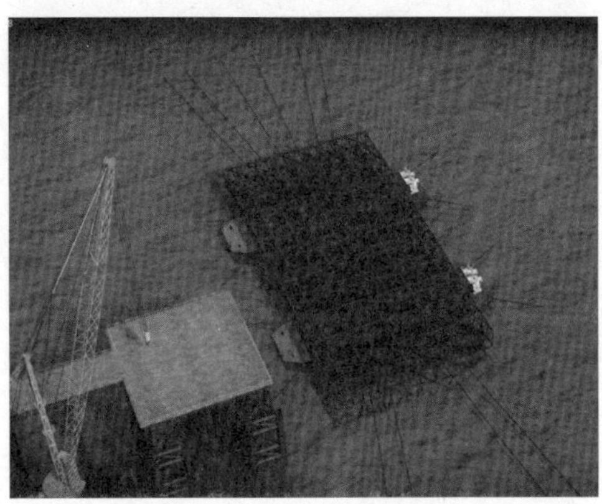
图 16　浮式平台定位施工

7 结语

新白沙沱长江六线路桥大桥为双层六线双塔双索面钢桁梁铁路斜拉桥，桥位水下地质条件复杂，需要水下爆破，搭设浮式平台，浮运和定位难度大，防洪度汛安全风险大。本文通过对各水下施工方案的研究，较好地解决了施工中所遇到的技术难题，为解决此类问题提供了借鉴，其技术和工法值得推广。

109. 港珠澳大桥 CB05 标非通航孔桥

——双壁钢套箱围堰施工

赵　勇　孙国光

（中铁大桥局集团第五工程有限公司）

摘　要：双壁钢套箱围堰是桥梁承台施工的大型临时设施，结合港珠澳大桥 CB05 标围堰施工实例，简要介绍双壁钢套箱围堰施工流程的技术要点。

关键词：整体　预拼　围堰下沉　吊装

1　概述

1.1　工程概况

CB05 标起始里程为 K29+273，终点里程为 K35+890，水中区段位于里程 K29+237～K35+605 段，其中非通航孔桥部分全长 5 440m，采用 85m 连续组合梁，共计 62 个预制基础和 64 孔组合梁。浅水区非通航孔桥承台墩身安装施工，采用先安放无内支撑结构双壁钢套箱围堰，后整体吊装预制承台墩身的施工方法。

1.2　水文条件

桥位区域属南亚热带海洋性季风气候区，降水量多且强度大；潮汐属不规则半日潮混合潮型。20 年一遇极高潮位+2.97m，极低潮位－1.35m。高潮时水深 5.0～7.0m，低潮时水深 3.5～5.5m；设计桥位处最大流速为 1.23m/s(20 年一遇)。

1.3　地质条件

桥位区域地面较平坦，地面高程一般在－4.0～－6.2m，海底主要为海相沉积的淤泥。钻孔深度范围内第四系覆盖层按成因时代及岩性特征分为 5 大层：①层为主要全新统海积相淤泥、淤泥质土；②、③层为晚更新统海河交互相黏性土夹砂层；④层为晚更新统河流冲积相黏性土夹砂层；⑤层为花岗岩风化残积土。

1.4　双壁钢套箱围堰

围堰采用新型无内支撑结构的双壁钢套箱围堰，围堰壁仓厚 0.75m，长 17.6m，宽 13.4m，高 23.2m，围堰设计成可拆装式结构，平面分为 8 块，各分块之间采用锁口与螺栓组合的连接

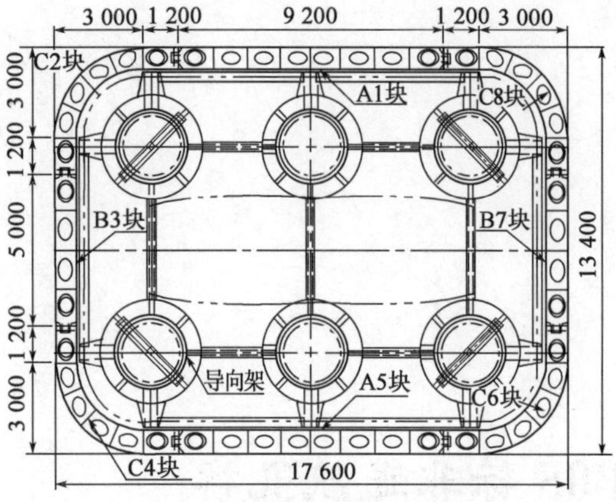

图 1　围堰及导向架平面布置图(尺寸单位:mm)

方式进行连接,见图 1。

2　围堰拼装

钢围堰由制作单位负责制作,运输至施工现场后拼装成整体。根据现场施工环境,我们将 216 号墩(风浪较小)作为临时预拼场。

围堰拼装施工流程:首先将围堰导向架安装在 216 号墩钢护筒上,在导向架上层顶推装置底部与钢护筒之间焊接支撑牛腿。其次,待围堰运输至施工现场后,分别在 A1、C2、C4、A5、C6、C8 块围堰(围堰各块标号如图 1 所示)内壁按设计位置焊接反力座。之后采用 200t 浮吊将 C2、C4 块围堰沿着导向架下放至海床面,待其在自重作用下下沉至反力座位置,通过反力座搁置在导向架顶推装置上,200t 浮吊松钩,并采用倒链将其与导向架固定;继续采用 200t 浮吊将 B3 块围堰锁口阳头沿着 C2、C4 块围堰锁口阴头下放至海床面,待其顶面高程一致时,按设计要求在锁口上部 5.2m 范围内安好螺栓,将 C2、B3、C4 块围堰连接成整体;按其方式依次拼装 A1、C8、A5、C6 块围堰,调准 C6、C8 块围堰锁口之间的间距与 B7 块围堰尺寸一致。最后拼装 B7 块围堰,待围堰拼装合拢后,将各块围堰锁口上部 5.2m 范围内的连接螺栓拧紧,此时围堰拼装完成,其总重量为 580t。

3　围堰整体下沉

3.1　开挖基坑

为使围堰能整体下沉到设计高程及减少围堰内的吸泥工作量,提前在围堰施工墩位开挖基坑,依据标段内淤泥的特性及围堰尺寸,基坑开挖尺寸如图 2 所示。

3.2　导向架安装

在围堰整体运输至墩位前,将导向架安装到施工墩位钢护筒上,按表 1 所示要求调准其平面位置和垂直度,均满足设计要求后,采用钢楔将导向架套筒与钢护筒之间抄垫密实;在导向架上层顶推装置底部与钢护筒之间焊接支撑牛腿,增强导向架的竖向承载力。为确保围堰下沉过程中的精度,需在导向架上定出测量基准面,确定围堰控制点;吊装围堰之前应对导向架进行复测。

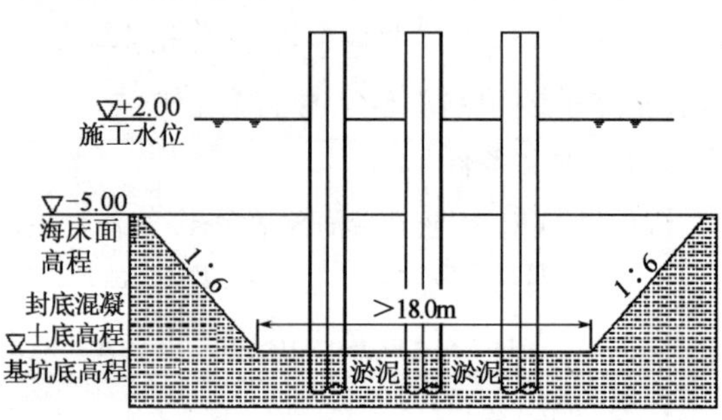

图 2　基坑开挖图(高程单位:m)

导向架精度控制表　　表 1

项目	平面位置(mm)	垂直度(mm)	扭转角度(°)
精度	50	1/250	0.5

3.3 围堰整体运输

围堰运输之前，采用200t浮吊将围堰整体吊装扁担放置在围堰顶部；待华尔辰海上风电船(简称“华尔辰”，双体船、主吊钩吊重1 200t、全自动回转吊钩吊重400t)通过绞锚使其主吊钩在扁担主吊点正上方时，用$\phi 60$钢丝绳将两者连接；扁担吊点与围堰吊点之间同样采用$\phi 60$钢丝绳连接；认真检查各连接点，均满足吊装要求后，华尔辰将围堰整体提离216号墩。

为防止围堰在运输过程中摆动，在华尔辰两侧各焊接两根支撑梁，保持围堰的横向稳定性。

3.4 围堰整体下沉

(1)围堰下沉

华尔辰将围堰运输至施工墩位后抛锚定位，通过绞锚将围堰初步定位在导向架的正上方，使围堰的平面位置偏差控制在10cm以内；华尔辰缓慢松钩(图3)，当围堰顶面距导向架顶面3m左右时，停止松钩，现场人员采用20t千斤顶将导向架上下两层20个顶推装置中的调节块顶推到设计值，初步调准围堰的平面位置和垂直度；华尔辰再次松钩，待围堰在自重作用下下沉至暂时稳定状态，松开华尔辰主吊钩与吊具、吊具与围堰吊点之间的连接，采用华尔辰400t全自动回转吊钩将吊具吊至运输驳船上。

图3 围堰整体下放图

(2)围堰精度控制

测量组对围堰的平面位置和垂直度进行测量，若不满足设计要求(表2)，现场人员需采用单边注水加重的形式进行纠偏，直至满足设计要求为止。在导向架上下两层顶推装置与支座之间焊接型钢代替20t千斤顶，增强围堰的整体稳定性，之后拆除千斤顶。

围堰安放精度要求　　表2

项目	平面位置(mm)	高程(mm)	垂直度(mm)	各块间高差(mm)
精度	50	20	1/250	15

围堰在其自重和风浪作用下，会继续缓慢下沉，因此在围堰内吸泥工作(吸泥至比封底高程低1.5m)完成后，采用砂船向围堰内灌入1.5m高的砂层，此时围堰基本稳定，陆续完成围堰封底、抽水及承台墩身的安装工作。

4 围堰整体拔起

待承台墩身安装完成，浇筑湿接缝混凝土满足设计要求后，向围堰内灌注海水至其涨开，一般当灌水至一定高度后，围堰内的水面会突然下降，围堰底部与封底混凝土的接触面已脱离。此时按照围堰整体吊装的方式，将围堰整体起吊至下一墩位施工。

5 结语

围堰整体施工难度大、精度控制要求高，在施工过程中，要凭地质情况和导向架顶推装置调节数据指导施工。

本工程中通过开挖基坑和围堰隔仓注水加重的形式使围堰顺利下沉到位；通过导向架顶推装置控制围堰下沉过程中的平面位置和垂直度；通过围堰内灌水使其能整体拔起。在施工过程中不断优化方案和施工工艺，为围堰顺利施工提供了保证。

参考文献

[1] 中华人民共和国行业标准. JTG/F 50—2011 公路桥涵施工技术规范[S]. 北京：人民交通出版社，2011.

110. 蓬安嘉陵江二桥主墩承台单壁深水钢吊箱和套箱的施工技术

何 锐 魏亚洲 李江林 冯昭煌 杨 俊 兰 浪
（四川川交路桥有限责任公司）

摘 要：国内大型桥梁深水基础施工技术(渐趋)成熟，但不同基础结构形式、施工环境和可利用的施工资源都会使施工方案和工艺有较大的差异。因此，介绍了蓬安嘉陵江二桥主墩承台施工单壁钢吊箱的设计及计算。

关键词：深水基础 单壁钢吊箱 设计 施工 单壁钢套箱

1 工程概况

蓬安嘉陵江二号大桥全长827m，桥宽27.5m，双向6车道。跨径组成为(15×30)m的预应力简支T梁+(66+2×120+66)m的连续刚构。主桥横水深10m，跨嘉陵江350m。本合同段起点位于嘉陵江右岸一阶地漫滩上，终点位于相如客运中心港下游80m处的上体垭口处，处于马回电站上游约7km，电站正常蓄水位293.8m。蓄水后水流速度极缓。经调查，最近几年最高洪水位为303m左右，此水位漫过了引桥下的省道204线。桥位处11月至次年6月枯水期，由于库区的影响，基本为静水。水位在293.6～294.1波动(图1)。

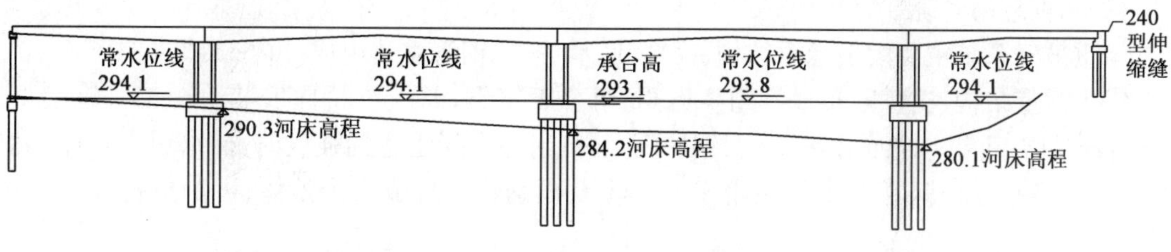

图1 主桥立面图(尺寸单位：m，高程单位：m)

16号、17号、18号主墩基础采用12根ϕ2.2m的钻孔灌注桩基础(图2)，承台顶高程293.1m，底高程288.1m、厚5m，横桥向长27m，纵桥向宽12.6m。承台设计为高桩承台。顶部位于常水位下70～100cm，底部位于常水位下5.7～6m。16号河床高程289.3m。17号河床面高程285.8m，18号河床面高程281.8m(图2)。

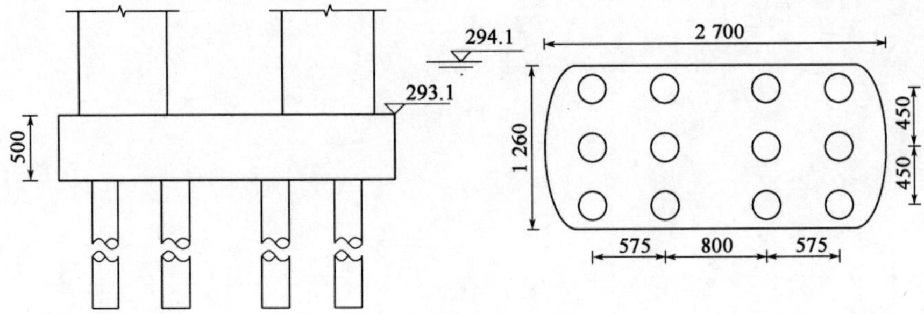

图 2　桩基础布置图(尺寸单位:cm,高程单位:m)

2　承台总体施工方案

(1)根据承台底高程与河床、水位的高程关系,16 号主墩承台为落地式承台,17 号、18 号为高桩承台,承台采用埋入水中 7.8m 的围堰或吊箱满足水压等结构受力要求。

(2)围堰或吊箱的反复利用,拆除后可作为墩柱模板和挂篮模板使用。

根据以上两点,16 号主墩承台施工围堰采用单壁钢套箱施工,17 号、18 号主墩承台采用单壁钢吊箱施工。

钢吊箱和钢套箱的作用是为了实现承台的无水干处施工,钢吊箱和钢套箱设计为无顶四周密封不漏水的箱式结构。钢吊箱采用悬吊系统支撑在已施工完成的桩基上,依靠预制底板支撑封底混凝土来实现密封抗浮,待封底混凝土达到强度要求后,抽水达到干处施工的方法完成承台混凝土浇筑;钢套箱支撑在河床上,同样依靠封底混凝土来实现密封抗浮,待封底混凝土达到强度要求后,抽水达到干处施工的方法完成承台混凝土浇筑。

承台高度 5m,分二次浇筑,第一次 1.5m,第二次 3.5m,封底 1.8 m。

3　结构设计

3.1　钢吊箱的设计

吊箱设计高度 8.5m,长 27m,宽 12.6m,重 172t。

钢吊箱由承重悬吊系统、模板系统、内支撑系统组成。承重悬吊系统支撑在桩基上,作为模板系统及封底混凝土的承重结构。模板系统起围堰隔水的作用。内支撑系统起抗击水压的作用(图 3)。

(1)承重悬吊系统

承重吊架系统主要由上承重结构、吊杆、底承重梁、钢管立柱组成,重 66t(图 4、图 5)。

①上承重结构:横桥向布置 3 组 4Ⅰ56b 组合工字钢;其上纵桥向安装组合工字钢梁 2Ⅰ36b 吊杆横梁 11 组。先支撑在 12 根钢护筒上,待封底混凝土达到强度时,抽水后先割掉 6 根钢护筒,转换在 6 根钢管立柱上,用槽钢[14 将 6 根钢管连接成一个整体,再割掉剩余的 6 根钢护筒。

②底承重梁:采用组合工字钢梁 2Ⅰ28b 共布置 11 组与其上的吊杆横梁相对应。

③吊杆:吊杆采用 ϕ32 精轧螺纹钢,吊杆从吊杆横梁 2Ⅰ36b 和底承重梁中穿过,形成悬吊系统,支承点以螺母、垫板固定,共 58 根吊杆。

(2)模板系统

模板系统由侧模、预制底模组成,重 72t(图 6～图 9)。

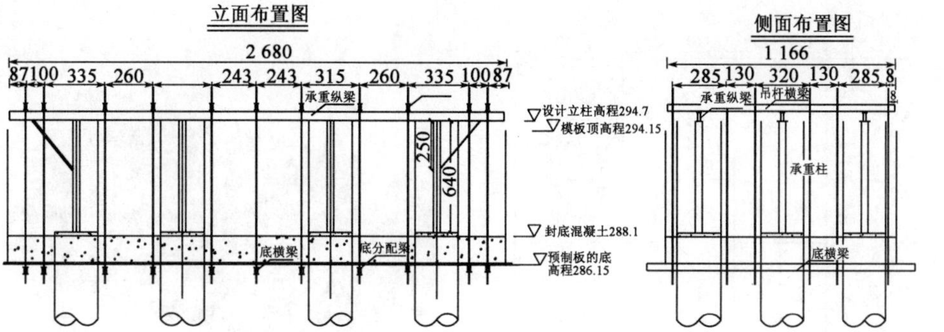

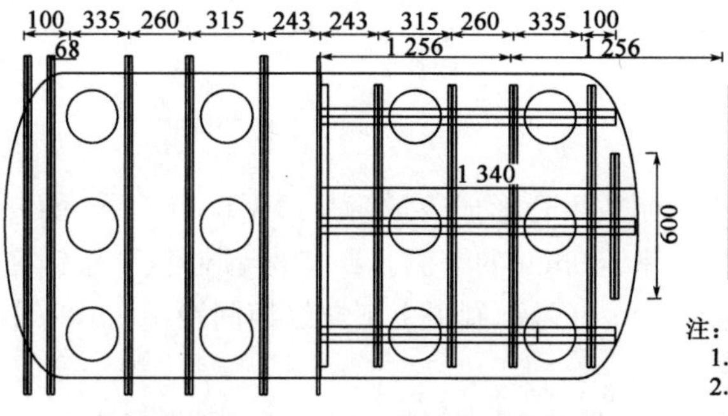

一个承台施工材料数量表

编号	名称	规格	数量(件)	单长(m)	单重(kg)	备　注
1	承重柱	ϕ377×8	12	6.4	626.1	总计合计
2	承重纵梁	4I45b	3	25.4	8 879.8	1件为26.8m, 2件为25.12m
3	吊杆纵梁	2I36b	11	11.66	1 530	9件为11.66m, 2件为6m
4	吊杆	ϕ32缝轧螺纹钢	58	12	76	配螺帽280个
5	底横梁	2I28b	11	14	1 341	
6	斜撑	2I14b	6	3.36	98.6	
7	合计:66.7t					

注：
1. 图中尺寸以cm为单位。
2. 精轧螺纹钢处套4cmPVC管，高度8m，在浇筑前，将PVC管底部四周用干硬性砂浆封闭。
3. 底吊杆螺帽焊接在底承重梁上。

图 3　吊箱设计图

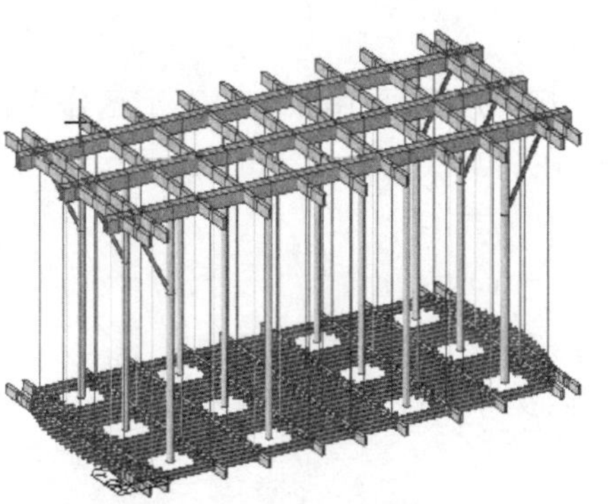

图 4　转换前承重吊架系统

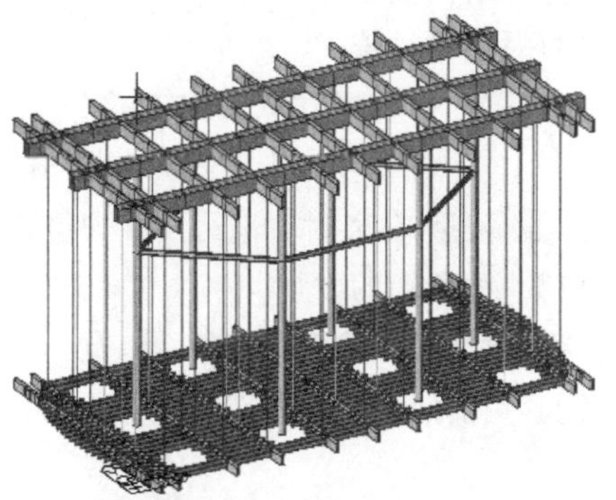

图 5　转换后承重吊架系统

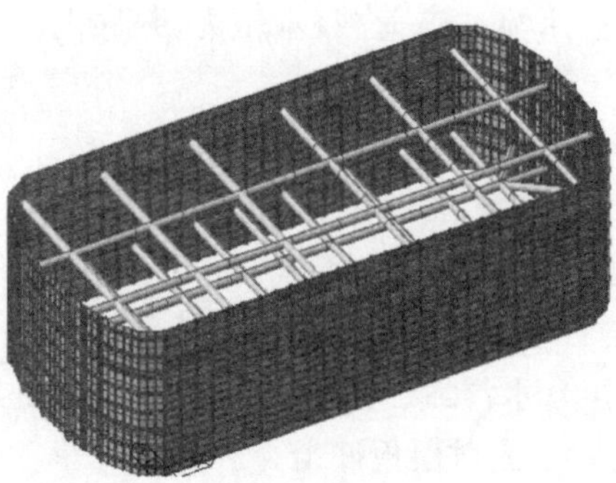

图 6　模板立体图

图 7　模板细部图

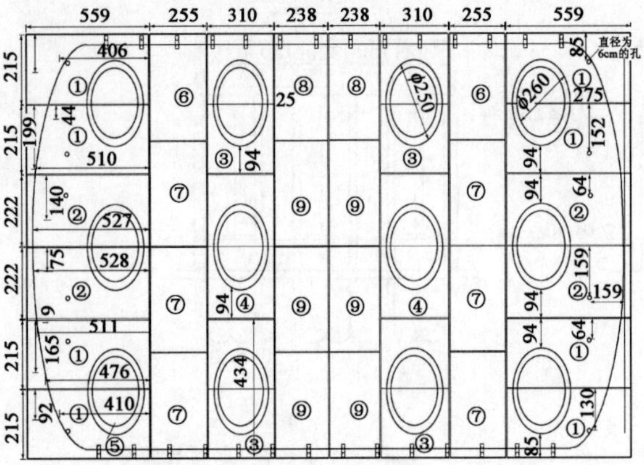

图 8　预制块划分图(尺寸单位:cm)

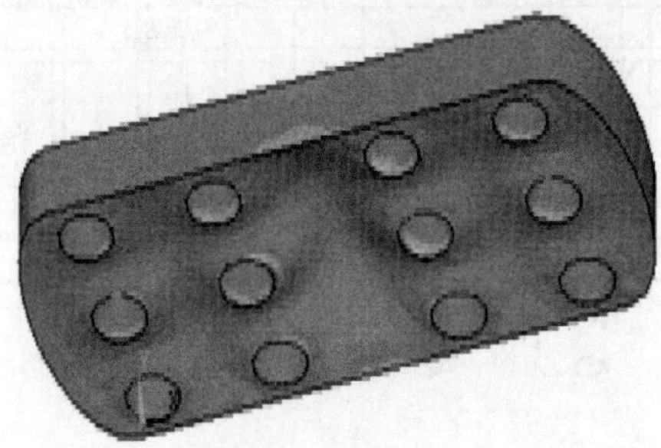

图 9　预制块立体图

①底模:由 15cm 厚 40 组 C30 钢筋混凝土预制块组合形成。护筒与预制块留 10cm 的缝隙,待吊箱下放到位后安装堵漏板。拉杆位置预埋 100mm 的空洞。1～5 号预制板下层钢筋间距 8cm,上层钢筋间距 12cm,用 12mm 的钢筋。6～9 号预制板上下层纵横间距 10cm,采用 12mm 的钢筋。

②侧模:模板为主墩墩身钢模和挂篮模板,分块制作,为 3.425×2.25m,面板采用 5mm 厚的钢板,竖肋采用 2[16 槽钢,间距 80cm,横肋采用[8 槽钢,间距为 35cm。块与块之间通过法兰连接,用胶皮密封。

(3)内支撑系统

内支撑的布置根据承台施工的分层施工高度、模板受力等,采用 2Ⅰ45 工字钢作为横梁,377 钢管作为支撑,共 2 层,下层 9 根 377×8 的钢管,在离封底高程 3.6m 的位置。上层 6 根 377×8 的钢管,在离封底高程 7m 的位置。

3.2　钢套箱的设计

套箱设计高度 8.5m,长 27m,宽 12.6m,重 110t。

钢套箱的组成无承重悬吊系统,只有模板系统和内支撑系统,与钢吊箱模板系统和内支撑系统一致。

4　结构计算

单壁钢吊箱和套箱需考虑的荷载有钢吊箱的自重、水流冲击荷载、水压力、封底混凝土的重量、承台的重量。

4.1　吊箱计算

设计计算时主要考虑 4 种工况:

(1)吊箱下放时,考虑结构自重、水流的冲击,无浮力状态。

(2)水下封底混凝土浇筑完但未凝固时,考虑结构自重、封底混凝土自重、水浮力。

(3)吊箱内抽干水后,考虑结构自重(含封底混凝土)、水浮力、封底混凝土与钢护筒的黏结力,水对模板的侧压力(按照最高枯水位 294.1m 考虑)、水流对模板冲击。

(4)浇承台第一层混凝土时,所有重力考虑由承重架受力和浮力共同承受(不考虑钢护筒与封底混凝土的握裹力)。

4.1.1 工况1计算

模板和内支撑共重110t，由26根$\phi 32$精轧螺纹钢吊杆下放。由于处于库区，水处于静止状态，不考虑水流的冲击。

每根吊杆的容许力为：$[\delta]=750\text{MPa}$，$[N]=750\times 3.14\times 0.016\,2=38.2\text{t}$

平均单根吊杆受力为：$N=P/n=110\div 26=4.2\text{t}$

安全系数为：$38.2\div 4.2=9.1>2$

4.1.2 工况2计算

水下封底混凝土浇筑完但未凝固时：

$$G_{吊箱}=172\text{t}$$

$$G_{FD}=(326.7\times 1.8-3.14\times 1.2\times 1.2\times 1.8\times 12)\times 2.6=1\,275\text{t}$$

$$F_{水浮力}=(326.7\times 1.8-3.14\times 1.2\times 1.2\times 1.8\times 12)\times 1=490\text{t}$$

承重悬吊系统承受重力$G=G_{吊箱}+G_{FD}-F_{水浮力}=172\text{t}+1\,275\text{t}-490\text{t}=957\text{t}$

钢吊箱结构计算采用有限元方法进行，底板混凝土采用板单元模拟，吊箱底梁、上承重梁和吊杆采用梁单元进行模拟。封底混凝土荷载作用在底板上。吊架立体图、吊架模型图、吊架的组合应力图及剪应力图如图10～图13所示，工况2应力表如表1所示。

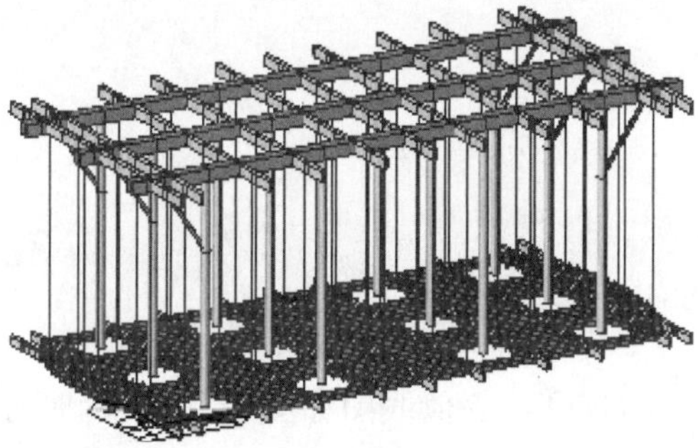

图10 吊架立体图

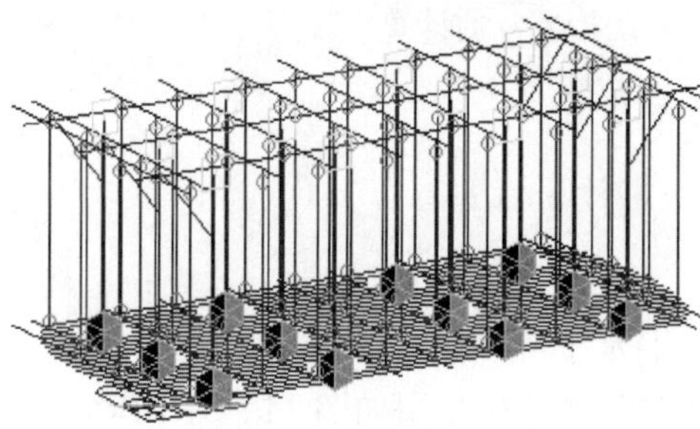

图11 吊架模型图

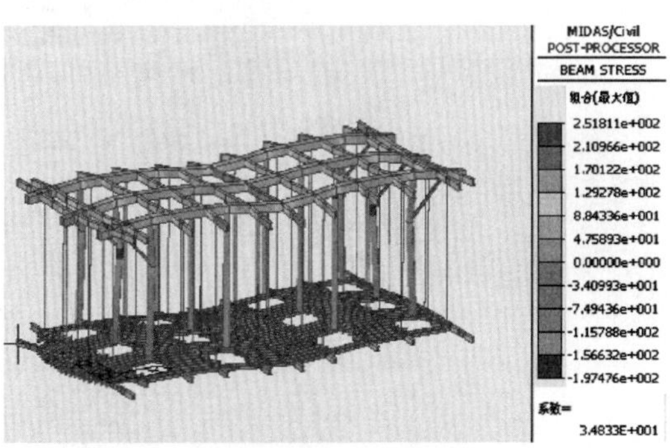

图12 组合应力图

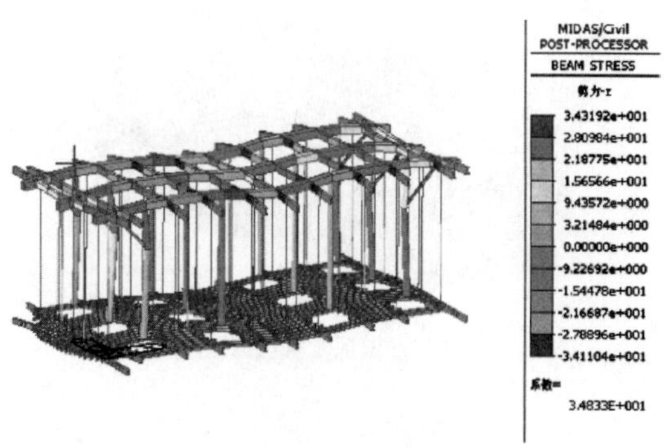

图13 剪应力图

4.1.3 工况3计算

吊箱内抽干水后，进后钢吊箱抗浮验算，水压对模板验算。

1)吊箱抗浮计算

(1)荷载取值

抗浮力主要由吊箱封底混凝土重(G_{FD})、吊箱自重($G_{吊箱}$)以及封底混凝土与钢护筒之间的握裹力(F)组成。

工 况 2 应 力 表 表 1

细 目	型 号	组合应力	容许应力	剪 应 力	容许剪应力	扰 度
上纵梁	4 I 45	103	145	21	85	30mm
上横梁	2 I 36	117	145	26	85	
吊杆	32	251	780	0		
斜撑	2[20	132	145	28	85	
底纵梁	2I28	53	145	21	85	
立柱	420×8	129	145	14	85	

封底混凝土重：

$$G_{FD}=1\,275t$$

吊箱自重：

$$G_{吊箱}=172t$$

钢护筒与封底混凝土之间的握裹力，根据以往经验及参考资料，钢护筒与封底混凝土之间的握裹力系数取 150kPa($15t/m^2$)。

$$F'=15\times\pi\times2.4\times1.4\times12=1\,900t$$

因此，抗浮力：

$$G=1\,275+172+1\,900=3\,347t$$

(2)水浮力的计算

水位按 294.2m 计算：

$$F_{浮}=\rho gV_{排}=326.7\times7.9=2\,581t$$

(3)计算结果

$$K=\frac{G}{F_{浮}}=3\,347\div2\,581=1.3$$

2)水压对模板验算

模板系统模型图如图 14 所示，其组合应力、剪应力、位移等值线图如图 15～图 17 所示。工况 3 应力表如表 2 所示。

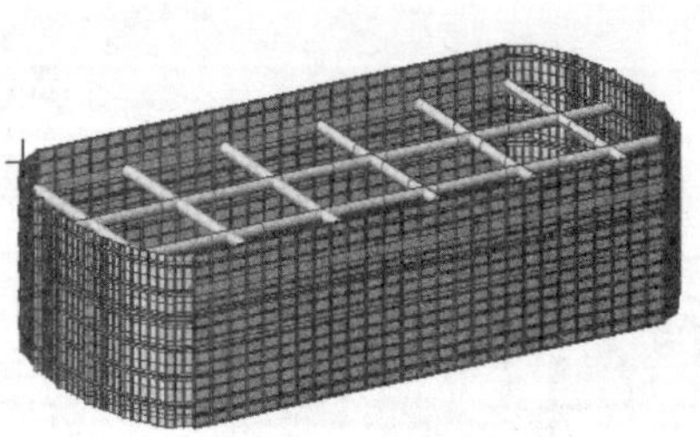

图 14 模板系统模型图

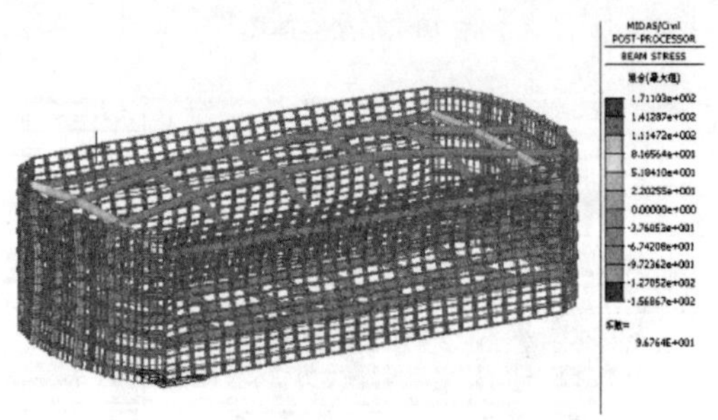

图 15 组合应力

图 16 剪应力

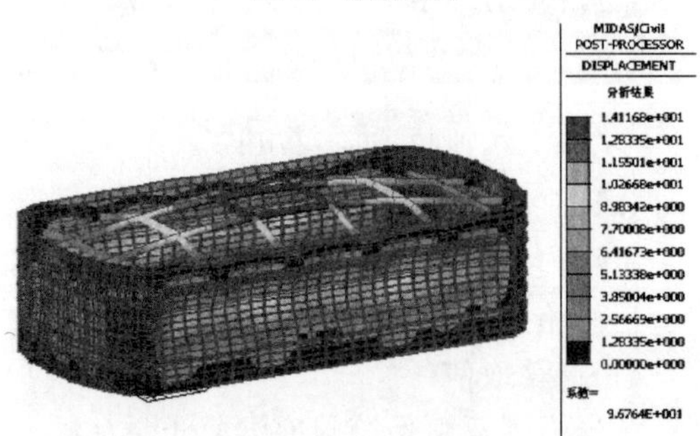

图 17 位移等值线

工况3应力表 表2

细目	型号	组合应力	容许应力	剪应力	容许剪应力	扰度
面板	5mm	103	145		85	14mm(竖肋超过了容许应力,单临时结构容许应力可提高1.3倍)
竖肋	2[16	171	145	39	85	
横肋	[8	128	145	27	85	
内支撑	377×8	85	145	3	85	
内支撑	2Ⅰ45	135	145	38	85	

4.1.4 工况4计算

浇承台第一层混凝土时,所有重力考虑由承重架受力和浮力共同承受。

$G_{吊箱}=172t$

$G_{FD+1层混凝土}=(326.7\times1.8-3.14\times1.2\times1.2\times1.8\times12)\times2.6+326.7\times1.5\times2.6$
$=2\,549t$

$F_{水浮力}=326.7\times7.3=2\,384t$(按最低常水位293.6m考虑)

承重悬吊系统承受重力 $G=G_{吊箱}+G_{FD}-F_{水浮力}=172t+2\,549t-2\,384t=337t$

工况4承重悬吊系统承受重力337t小于工况4承重悬吊系统承受重力957t,不作单独计算。

结论:通过对4种工况计算,钢吊箱受力满足规范要求。

4.2 套箱计算

设计计算时主要考虑2种工况:

(1)套箱下放时,考虑结构自重、水流的冲击,无浮力状态;

(2)吊箱内抽干水后,考虑结构自重(含封底混凝土)、水浮力、封底混凝土与钢护筒的黏结力,水对模板的侧压力和冲击力。

和钢吊箱一致,不作单独计算。

5 吊箱施工

吊箱施工工艺流程为:吊箱下放—护筒清理—预制板和护筒间缝隙的封堵—封底混凝土浇筑—承台施工—吊箱拆除,重点是吊箱的下放和封底混凝土浇筑。

钢吊箱分2次下放:第一次下放预制板和第一层高3.425m的模板;第二次下放3.425m的模板+1m的模板+1m的挡水板。采用26台同步千斤顶进行下放。

5.1 钢吊箱下放

下放施工工艺流程为:安装牛腿,搭设安装预制底板的平台—安装底纵梁和预制板—安装上承重结构及吊杆—安装同步千斤顶和模板—第一次下放(下放3.25m)—安装第二次下放的模板和内支撑—第二次下放到设计底高程。

下放注意事项:

(1)第一次下放到位后需要将内支撑的钢管放进,并将钢管两端封堵,让其浮在水面上。在下放到每层内支撑设计位置离水面50cm时,按照设计安装内支撑(图18)。

(2)需要在钢护筒上安装简易的定位架,保证在吊箱下方时不发生偏移,确保承台的几何尺寸。

(3)20t千斤顶必须同步。本次工程购买的同步千斤顶是一台油泵供给26台千斤顶,保证了其同步性。下放顶升梁的位置如图19所示。

图 18　第一次下放到位

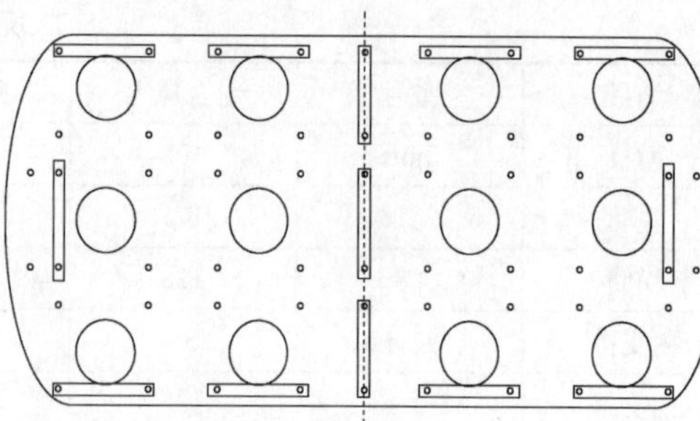

图 19　下放顶升梁的位置

5.2　封底混凝土浇筑

灌注封底混凝土施工成败，对于承台吊箱施工有相当的意义，封底混凝土不仅起隔水作用，还利用它的自重与桩基的摩擦力抵抗浮力，所以要求封底混凝土浇筑质量均匀度好，不能出现薄弱地方，以免引起漏水等问题。吊箱封底质量的好坏直接影响承台的施工质量及工期。

本次共浇筑 485m^3 混凝土，采用 2 台输送泵进行浇筑。用 2 个料斗进行封底，从横桥向一头浇向另一头。用料斗封底时，输送管管口用海绵球堵住并放在距料斗管 2m 远的地方。待封底后用输送管浇筑到设计高度。每隔 4m 用 2 个料斗封次底，用输送管把横桥向 4m 宽的承台浇筑到设计高度(图 20～图 23)。

图 20　封底时图片

图 21　封底后冲水到一半时的图片

图 22　钢吊箱封底完成后图片

图 23　钢吊箱抽水后的图片

6 套箱施工

套箱施工工艺流程为:河床开挖—套箱下放—模板底角的封堵与清理—封底混凝土浇筑—承台施工—套箱拆除。难点是河床开挖和套箱下放及清淤。

6.1 河床开挖

开挖深度和范围:16 号河床高程 289.3m,需开挖到高程 286.1m(承台底高程 288.1m+封底混凝土 1.8m+0.2m 的系数),开挖深度 3.2m。开挖底面积 29×14.6m(按承台的面积每个方向加宽 1m),开挖顶面积 32×18m(按 1∶1 放坡)。

河床地质:16 号河床为以前的旧码头,高程 289.3～286.1 的地质情况主要为卵石、黏质土、部分浆砌条石。采用浮箱上安装长臂挖机进行开挖。

开挖方法:把浮箱两端用 20 钢丝绳软连接在 2 根钢护筒上,让其浮箱在开挖过程中移动过大。长臂挖机在遇到浆砌条石时,先将四周的卵石、黏质土清除,找到黏质土和浆砌条石交界处,从交接处开挖浆砌条石(图 24)。

图 24 河床开挖时图片

6.2 套箱下放

(1)钢套箱下放的支撑架设计安装:每根桩基上设置 1 根 5m 高的 377mm×8mm 的钢管,利用槽钢[14 把 12 根钢管桩连接成整体。其上布置 3 排横桥向Ⅰ36 工字钢,在顺桥下布置 6 根Ⅰ28 工字钢;在陆地上将 6 根钢管桩连接成一个整体。利用浮箱上的履带吊将其吊在桩基上。然后再将 2 个连接成一个整体,其上安装承重梁,在其端头安装 10t 手拉葫芦(图 25～图 28)。

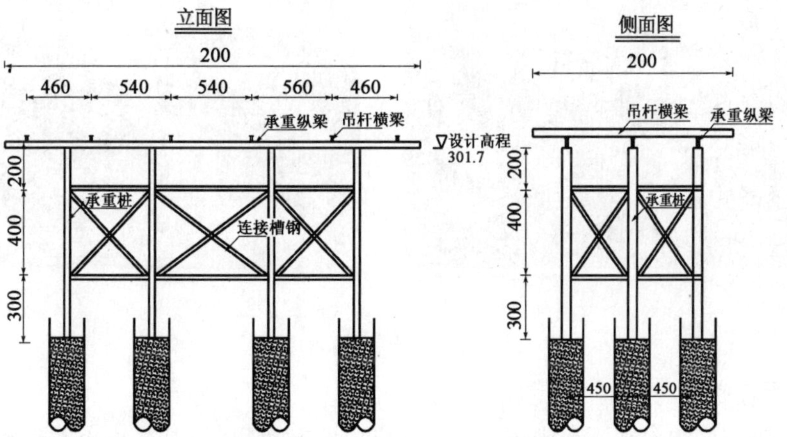

图 25 吊架设计正侧面图(尺寸单位:m,高程单位:m)

(2)钢套箱拼装、下放:套箱分 2 次下放,利用 10t 手动葫芦进行下放。第一次安装 4.425m 高的模板,第二次安装 4m 高(图 29)。

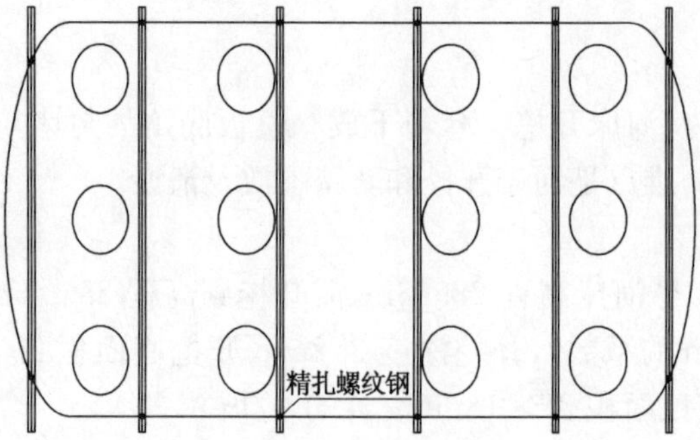

图 26　吊架设计平面图

图 27　吊架安装时图片

图 28　吊架安装完成后的图片

a)

b)

图 29　安装模板时图片

6.3　模板底角的封堵与清理

模板底脚四周由潜水工布满装满干性混凝土的麻布口袋，其高度不超过钢套箱设计底高程 30cm。

由于开挖后淤泥较深，用 $20m^3$ 的空压机和套管清理模板内淤泥，淤泥清除后，用卵石填筑到设计高度(图 30)。

第一次混凝土浇筑完成图如图 31 所示。

图 30　利用空压机和输送管清理淤泥图

图 31　第一次混凝土浇筑完成图

7　结语

单壁钢吊箱和钢套箱结构简单，受力明确，模板能用于墩柱与挂篮，型钢能用于 0 号块托架和挂篮。钢吊箱适用于水深 10m 高桩承台，钢套箱适用于水深 10m 内落地式承台。与双壁钢围堰相比，材料少、施工时间短、材料利用率高。

参 考 文 献

[1] 中华人民共和国行业标准. JTG/T F50—2011　公路桥涵施工技术规范[S]. 北京：人民交通出版社，2011.

[2] 中华人民共和国行业标准. GB 50205—2001　钢结构工程施工质量验收规范[S]. 北京：中国计划出版社，2002.

[3] 中华人民共和国行业标准. GB 50017—2003　钢结构设计规范[S]. 北京：中国计划出版社，2003.

111. 单壁深水钢吊箱承台施工在蓬安嘉陵江二桥的应用

梁 洋

（四川川交路桥有限责任公司）

摘 要：蓬安嘉陵江二桥 17 号、18 号是深水承台，采用深水钢吊箱施工，利用精轧螺纹钢和型钢组成钢吊箱的悬吊系统，将钢吊箱悬挂在深水桩的钢护筒上，采用单壁模板围堰，以减少施工量，节约工程成本，在深水承台施工中是一项值得推广和应用的技术。

关键词：钢吊箱 深水承台 施工

1 工程概况

蓬安嘉陵江二桥位于马回电站上游相如渡口，连接蓬安县城和锦屏镇。横跨嘉陵江，桥梁全长 1 052m，桥面宽 24.5m，共 26 跨，从左岸至右岸跨径组合为(66＋2×120＋66)m＋(20×30＋2×40)m，主桥采用预应力混凝土连续刚构和引桥预应力混凝土简支 T 梁。由于受库区影响，水位在 293.6～294.1m 波动。

主桥下部基础为深水承台，17 号、18 号每个承台下有 12 根直径为 2.2m 的钻孔灌注桩。承台高 5m，顺桥向 12.6m，横桥向 27m。两个承台均位于深水区，分别采用单壁钢吊箱施工。

2 设计参数

钢吊箱是为承台施工而设计的临时阻水结构，其作用是通过吊箱侧模和底板封底混凝土围水，为承台提供无水施工环境。同时悬吊、支撑、承重组成受力体系，封底混凝土和侧模作为承台模板运用。故钢吊箱内空间尺寸与承台相同，吊箱顺桥向 12.6m，顺流向 27m，高 7.9m，同时在模板上加焊 1m 高挡水板。

根据钢吊箱围堰施工时段分析进行结构设计验算，利用设计计算程序 midas/civil 进行空间模拟计算，仅就计算思路简单介绍，具体计算过程从略。

(1)水位确定

据近年水文情况分析和目前实际观测水位，目前施工水位在 293.8m 左右。计算时，当水位对结构不利时，取 294.2m；水位对结构有利时，取 293m。

(2)荷载取值

抗浮力主要由吊箱封底混凝土重(G_{FD})、吊箱自重($G_{吊箱}$)以及封底混凝土与钢护筒之间的握裹力(F')组成。钢护筒与封底混凝土之间的握裹力,根据以往经验及参考资料,钢护筒与封底混凝土之间的握裹力系数取 150kPa(15t/m^2)。

握裹力:$F'=15\times\pi\times2.4\times1.4\times12=1\ 900$t

封底混凝土重:$G_{FD}=1\ 411$t

吊箱自重:$G_{吊箱}=263$t

抗浮力:$G=1\ 411+263+1\ 900=3\ 574$t

浮力计算:水位按 294.2m 计算

$F_{浮}=\rho gV_{排}=326.7\times8.05=2\ 630$t

由于 $G>F_{浮}$,故吊箱封底后满足抗浮稳定性要求。

(3)综合工况条件分析和计算内容,对钢吊箱各部分取最不利受力工况进行计算

①底板主要承受封底混凝土重量和吊箱自重。对吊箱下沉入水时以最不利水位对底板受力情况进行验算,并以此设计底板厚度及钢筋数量和型号。

②侧模主要承受水平荷载,最不利受力工况为抽水阶段,计算竖肋、面板、加劲肋的内力、应力及变形。并以此计算结果设置模板支撑和背方,并验算模板系统的稳定性。

③吊箱安装下沉阶段主要与吊箱自重有关,以下沉时最不利受力进行计算控制,并据此计算结果设计吊点位置、拉杆尺寸,并对悬吊系统验算审核。

3 吊箱构造

吊箱主要由承重系统、悬吊系统、支撑体系、模板系统 4 部分组成。

承重系统:由上承重纵梁、底承重梁以及吊杆横梁 3 部分组成。在钢护筒顶面横桥向布置 3 组 4I45b 工字钢承重纵梁,在承重纵梁上纵桥向安装 11 组 2I36b 工字钢吊杆横梁,承受吊杆传递的底承重梁的全部荷载。底承重梁主要承受模板自重、底分配梁和底板、第一层承台混凝土及施工动荷载。

悬吊系统:在吊杆横梁共布置 11 组吊点。吊杆采用 ϕ32 精轧螺纹钢,吊杆从吊杆横梁 11 组 2I36b 和底承重梁中穿过,形成悬吊系统。支承点以螺母、垫板固定,共 58 根吊杆,用于传递底承重梁承受的全部荷载。

支撑体系:支承柱承受承台吊箱施工中的全部荷载,体系转换之前以钢护筒作为立柱;体系转换时以 V 字形(即横桥向方向先中间后两边,纵桥向方向先两边后中间)在桩基顶面安装 1 根 ϕ377×8mm 钢管作为立柱,整个立柱系统共用 6 根钢管支撑悬吊系统。内部水平支撑采用 2I45 工字钢作为横梁,ϕ377 钢管作为支撑,共 2 层,每层 9 根 ϕ377×8 的钢管,其目的是防止在承台混凝土浇筑前水压导致模板变形,同时在浇筑混凝土过程中起拉杆作用,防止爆模。

模板系统:模板系统由底板和侧模组成,在底承重梁上铺 40 块厚 15cm 预制块,便于侧模安装及封底混凝土浇筑。侧模为主墩墩身钢模,分块制作,每层高度为 3.425m,块与块之间通过法兰连接,并用胶皮密封。为了加强结构的整体性,并充分发挥各构件的作用,侧模与底板不采用传统层装连接,而是采用交叉焊接方式,即所有加劲板及肋骨架均与面板焊接,从而增加了其截面模量(图 1)。

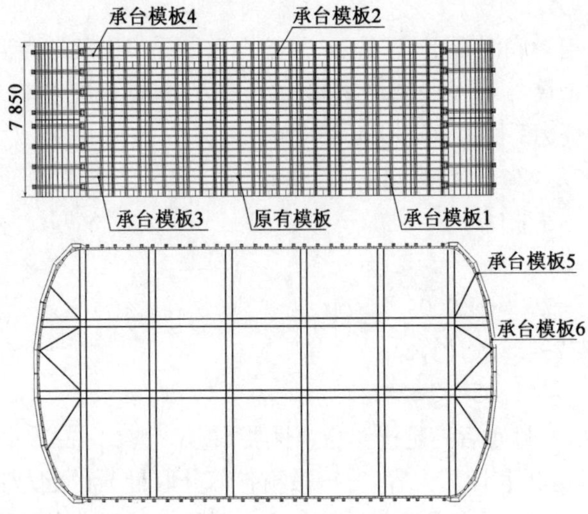

图1　模板系统

4　加工安装

钢吊箱模板按设计图纸分块分部分制造，侧模共加工116块，最大分块尺寸为3.409m×3.925m；底板共分40块，在工地预制场预制，最大分块尺寸为5.5m×2.25m；横梁、纵梁以及承重梁在工地加工场提前加工制作；吊杆在工厂购买ϕ32精轧螺纹钢。各部件制作完成后，以《钢结构工程施工质量验收规范》(GB 50205—2001)及《钢结构设计规范》(GB 50017—2003)进行验收。

钢吊箱安装采用50t浮吊分块分部分安装，利用运输船将构件运至承台作业面，考虑施工的可操作性，先安装底承重梁，再安装底板，完成后再分块分节进行侧模拼装，采用手拉葫芦调节竖直方位，并经铅垂线证实侧模垂直，通过预埋在底板上的预埋件与第一层模板底部固定连接，使侧模和底板连结为一个整体。为防止模板间歇漏水，其间歇接头加橡皮胶，拧紧螺丝后再涂抹玻璃胶。模板背方通过焊接连接，加强模板扭矩。

对结构尺寸、焊接质量和止水性能进行验收合格后，进行整体下放。此时，共有26个50t的螺旋千斤顶，每两个一组，通过千斤顶反力梁分别控制26条吊杆。下放时26人统一指挥，统一协调，同时下放，每下放5cm检查调整一次。由于下放的行程较长，每下放5个行程(即25cm)需要复测整个吊箱模板顶面的高程，及时调整整个吊箱的水平，避免吊杆和底梁受力不均，防止吊箱扭曲变形，钢吊箱底板高程安装的允许偏差为－100mm＋20 mm。

整个吊箱下放到位后，拧紧承重螺母使之重新受力，解除螺旋千斤顶，然后拆除反力梁，准备封底设施。注意：在下放过程中，在相应高程位置设置内支撑，防止水压导致模板变形。

5　堵漏封底

钢吊箱底板与钢护筒、侧模与底板的缝隙封堵，由潜水员实测钢吊箱底板与钢护筒、侧模与底板之间的缝隙，再用干混凝土沙袋盖压封堵，通过水下摄影确定堵漏是否符合设计要求。

随后，浇筑1.8m厚的水下混凝土，面积327m^2，总方量588m^3，由于吊箱外围流动水，在浇筑过程中注意设置反压水，避免受水压作用影响封底混凝土的重量。封底混凝土浇筑前确定适当的缓凝时间，分块浇筑。同时设置多个测点检查封底混凝土厚度。封底混凝土的浇筑主要是利用其自重与护筒的摩擦力以抵抗浮力，防水渗漏，同时作为承台的承重底模。

6 承台浇筑

水下封底混凝土达到设计强度后，开始吊箱内抽水。抽干吊箱内积水，没有漏水现象，说明水封成功。拆除部分吊杆及承重横梁，以V字形切割护筒(即横桥向方向先中间后两边，纵桥向方向先两边后中间)并开始剥桩。剥桩完成后，将护筒立柱换成 ϕ377×8mm 钢管立柱。清除高出承台面的封底混凝土，用超声波法和小应变法检测桩基质量，然后按照传统方法安设承台钢筋，浇筑承台混凝土。

7 结语

本文所述的吊箱在设计时全部利用普通型钢，构造简便，受力明确，适用于深水高桩承台施工。采用钢管立柱承重与和精轧螺纹钢悬吊，吊箱侧模兼作承台施工模板，节省了模板费用，材料投入少，节约成本。蓬安嘉陵江二桥主墩深水高桩承台采用钢吊箱施工的成功经验，为类似工程提供了技术借鉴。

参考文献

[1] 中华人民共和国行业标准. JTG/T F50—2011 公路桥涵施工技术规范[S]. 北京：人民交通出版社，2011.

[2] 中华人民共和国行业标准. GB 50205—2001 钢结构工程施工质量验收规范[S]. 北京：中国计划出版社，2002.

[3] 中华人民共和国行业标准. GB 50017—2003 钢结构设计规范[S]. 北京：中国计划出版社，2003.

112. 整体装配式钢板桩围堰在外海深水环境中的施工应用

郑瑞杰　彭　鹏　郭　劲

（中交第二航务工程局技术中心）

摘　要：通过对港珠澳大桥CB04标段地质、水文等条件综合分析，提出了装配整体式钢板桩围堰施工方案，该方案中钢板桩整体下放、整体吊离，避免了传统钢板桩围堰施工中易出现的钢板桩倾斜、带桩、不易合拢等情况，且可重复利用；采用定位桩与钢板桩构成的围堰共同承受水流、波浪的冲击和土压力作用，可确保钢板桩围堰不会在软弱淤泥中发生整体倾覆，降低了风浪对预制承台安装的影响，可有效延长海上作业时间，实现了大型跨海大桥围堰施工工厂预制标准化、现场安装装配化，具有很高的工程实际意义和应用前景。

关键词：钢板桩　整体倾覆　标准化　装配化

1　引言

武汉长江大桥首创了国内钢板桩围堰管柱基础施工新技术，为水中承台提供干施工环境，既保证了施工安全、减轻了劳动强度，同时又加快了施工进度、节约了建设成本。与其他工法相比，钢板桩围堰施工具有以下特点：

(1)重量轻，不需要大型沉桩设备；

(2)钢板桩强度高，容易打入坚硬土层；

(3)焊接工作少，防水性能好；

(4)钢板桩插打、拆除方便，大幅缩短工期；

(5)可以组成各种形状的围堰，并可重复使用。

2　工程概况及地质条件

2.1　工程概况

港珠澳大桥是集桥、岛、隧为一体的世界级交通集群工程，连接香港特别行政区、广东省珠海市、澳门特别行政区，是国家高速公路网规划中珠江三角洲地区环线的组成部分和跨越伶仃洋海域的关键性工程。

港珠澳大桥主体工程桥梁全长约 22.9km，其中 CB04 标起于 K22＋083，止于 K29＋237，分别连接 CB03 和 CB05 标，全长 7.154km，包括江海直达船航道桥和深水区非通航孔桥，见图 1。

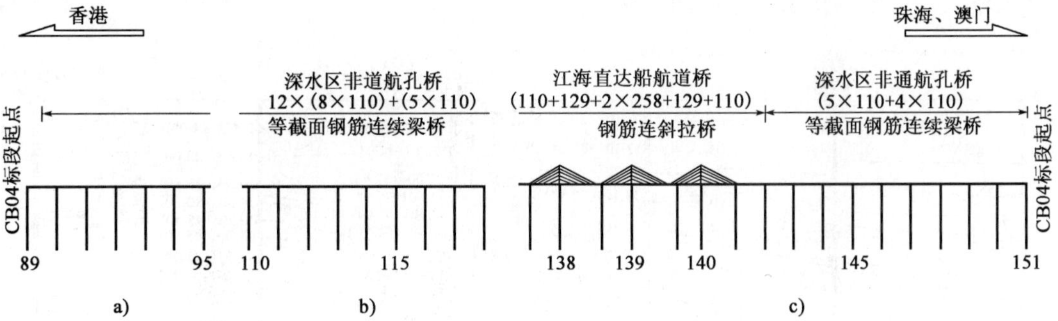

图 1　港珠澳大桥 CB04 标段(尺寸单位：m)

港珠澳大桥 CB04 标共包含 59 个预制桥墩，其中整体预制桥墩 43 个(II 型桥墩)，分为 2 段预制的桥墩 16 个(I 型桥墩)。单墩基础采用 6 根钢管复合桩，承台顶埋入海床面，其最大重量为 2 698t。墩身为预制空心墩，采用湿接缝连接。墩身混凝土采用 C50，承台采用 C45，桩基采用水下 C35 混凝土，墩身浪溅区及以下(高程＋8.0m 以下)的外层竖向主筋及外围箍筋采用不锈钢筋。墩台及桩基结构如图 2 所示。预制桥墩见表 1。

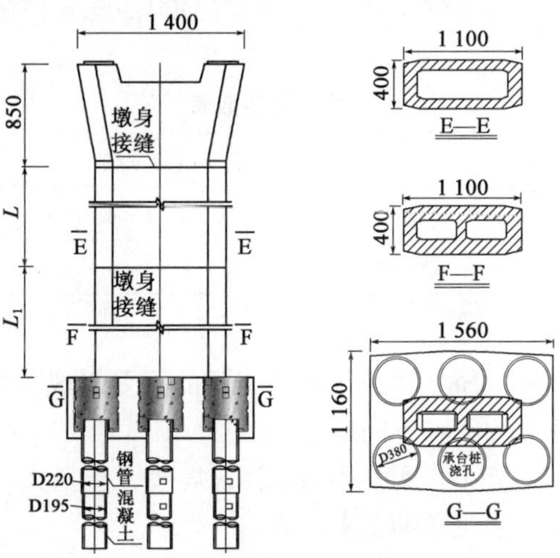

图 2　墩台及桩基结构示意图(尺寸单位：cm)

预制墩台详细情况表　　表 1

序　号	构件类型	数　量	高　度(m)	最大重量(t)
1	Ⅱ型桥墩	43	25.75～26.65	2 698
2	Ⅰ型桥墩承台及下节墩身	12	17.75～18.5	2 358
3	中节墩身	4	5.5	458
4	Ⅰ型桥墩上节墩身	16	7.55～15.04	2 033

本标段合同工期为 57 个月，其中施工准备期与主要结构施工期共 36 个月，工程维护和照管期为 21 个月。

2.2 地质条件

海底主要为海相沉积的淤泥，覆盖层①层为主要全新统海积相淤泥、淤泥质土，②、③层为晚更新统海河交互相黏性土夹砂层，④层为晚更新统河流冲积相黏性土夹砂层，⑤层为花岗岩风化残积土。代表性土层分布如图 3 所示。

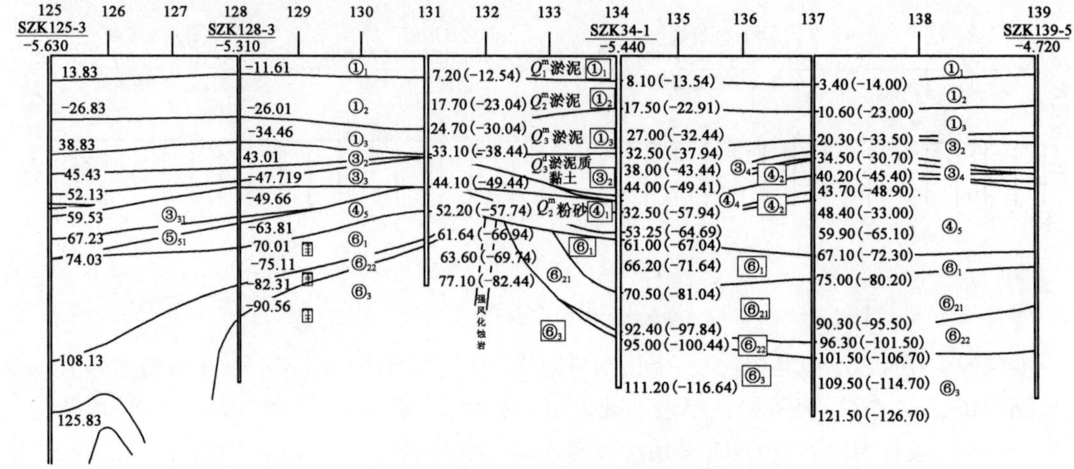

图 3 场地地质剖面图

桥位处有三种不良地质：一是软土震陷，二是软土液化，三是存在构造破碎带及风化深槽。主要土层参数见表 2。

主要土层参数表 表 2

层号	图层名称	重度	厚度	渗透系数		黏聚力	内摩擦角
		kN·m³	m	竖向(cm/s¹)	水平(cm/s¹)	kPa	(°)
①	淤泥	16.3～16.6	28～44	0.03～1.43	—	8～13	10～11

2.3 存在的问题

CB04 标合同段是港珠澳大桥主体工程桥梁工程的重要组成部分，建设标准高、施工难度大、接口众多、系统复杂，主要存在如下问题：

(1)CB04 标段水深较大，如果双壁钢套箱施工，焊接工作量大，结构体积、重量大，运输、吊装及后期拆除难度大，无法满足工期要求。

(2)CB04 标段水流力和波浪力较大、淤泥层较厚，根据苏通大桥施工经验，传统钢板桩围堰或管柱组合钢板桩围堰施工，都无法满足钢板桩插打期间的单桩稳定性要求。

3 装配整体式钢板桩围堰施工方案

本方案采用独立于预制墩台之外的钢板桩围堰作为围、止水结构，即先进行基坑开挖、按本案施工钢管复合桩后，采用打桩船施工围堰定位桩，然后整体沉放钢板桩至不透水层，形成围堰，围堰内抽水后形成干施工环境，再进行预制墩台吊装和连接节点施工。

根据现场施工条件及工况，围堰参数选定为：直径 30.7m，围堰顶高程＋5.0m，板桩底高程为－32.5m，板桩入土深度约 19.5m，单个围堰由 140 根钢板桩组成。钢板桩围堰结构如图 4所示，内支撑围图如图 5 所示。

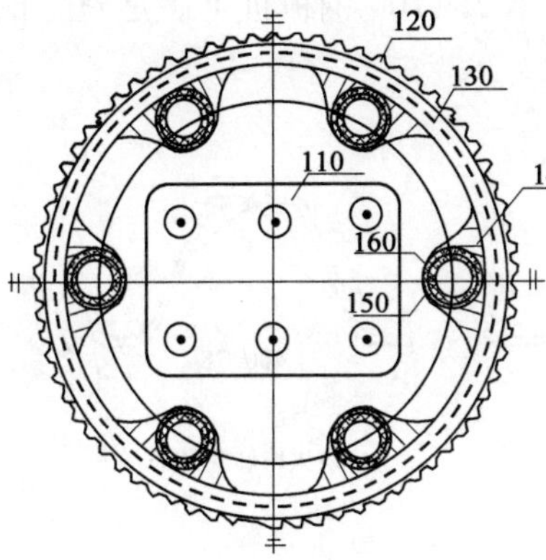

图 4 围堰平面图

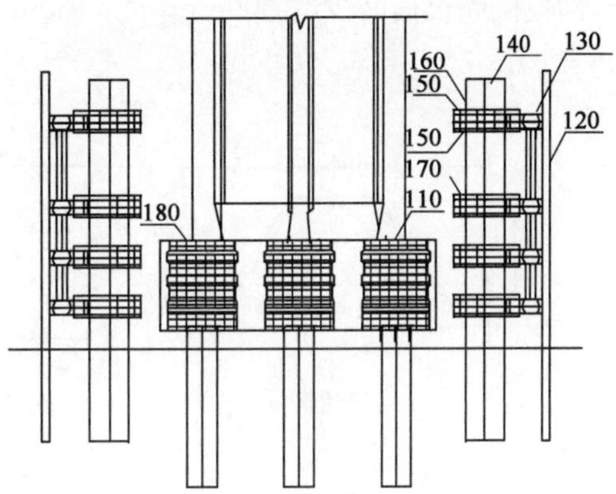

图 5 围堰剖面图

本方案中，拼装成整体后的钢板桩为中空的圆柱结构，结构特点是对水流力、波浪力及水压力适用性较好。

4 钢板桩型号及选择

钢板桩的型号有 U、Z、一字形(图 6～图 9)，图 7、图 9 不适合圆形围堰，但采用图 6 时，钢板桩中间锁扣之间不是受拉而是受压，存在漏水风险。

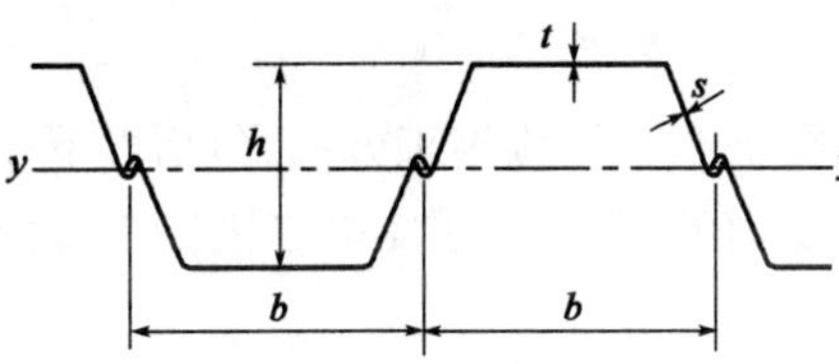

图 6 U 形钢板桩(一)

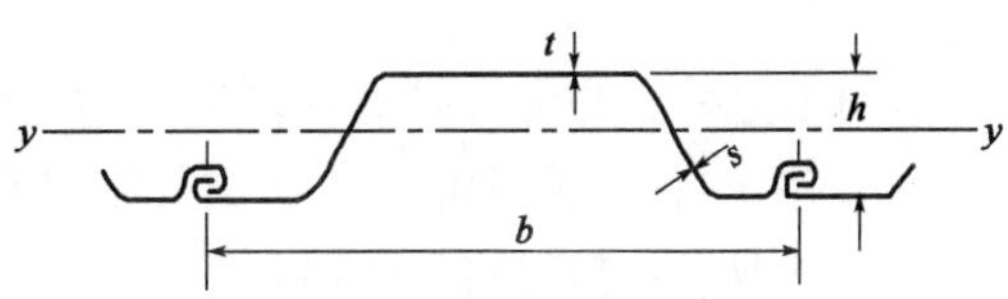

图 7 U 形钢板桩(二)

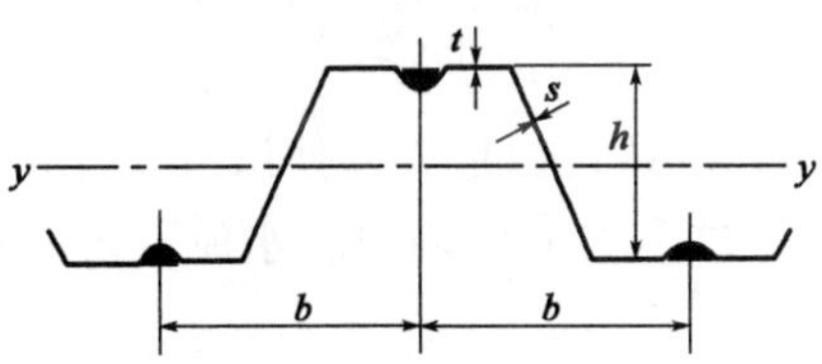

图 8 Z 形钢板桩

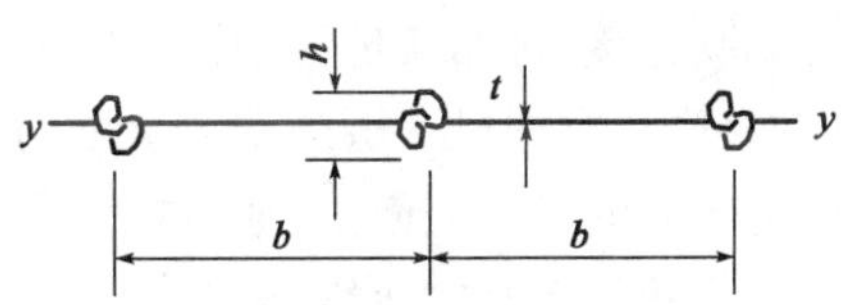

图 9 一字形钢板桩

经比较分析选择 Z(图 8)形板桩，原因如下：

(1)腹板连续、锁扣对称分布在中和轴两侧，提高了截面模量；

(2)单位重量的板桩有着最有效的截面模量；

(3)很好的性价比，惯性矩更大、较小的结构变形量和高强钢的选用，使其成为一种最经济的结构方案；

(4)截面宽度的增大提高了沉桩的功效，节约了施工时间；

(5)在腐蚀严重部位进行了加厚处理(热轧)，耐腐蚀性能更加优异。

单个围堰由 70 个 AZ28-700 钢板桩组成。由图 10 可知，每组钢板桩从拼装状态到最大内转角状态，A、B 两点可调整范围为 78－19＝59mm，70 组钢板桩共计调整范围 70×59＝4 130mm。钢板桩拼装状态与围囹的设计间隙为 100mm，从拼装状态到钢板桩与围囹紧密贴合，钢板桩周长需减少约 600mm（<4 130mm）。故采用 AZ28-700 钢板桩可满足施工偏差要求（表 3）。

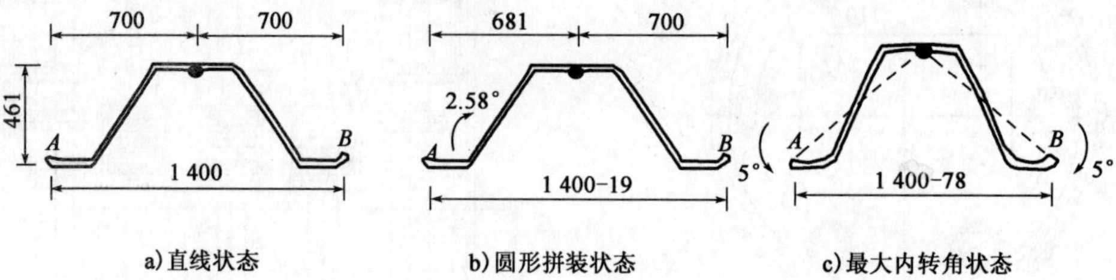

图 10　Z 形钢板桩调节示意图（尺寸单位：mm）

钢板桩界面参数　　表 3

种　类	尺　寸			每米宽板桩		
	宽度 w（mm）	高度 h（mm）	壁厚 t（mm）	截面积（cm^2/m）	惯性矩（cm^4/m）	截面模量（cm^3/m）
AZ28-700	700	461	13.2	200.2	63 620	2 764

5　施工步骤

本方案是一种在无掩护海洋环境下预制墩台安装板桩组合结构施工方法，包括以下步骤：

（1）在围囹 130 预留定位桩孔位置施打定位桩 140，随后吊装围囹 130，围囹 130 设有四层，每层围囹均通过定位桩 140 定位。

（2）利用围囹吊具及调位系统 230 对围囹 130 精确调位，使围囹 130 处于水平状态。具体为：在围囹 130 上端设有围囹吊耳 250，围囹吊具及调位系统 230 通过围囹吊具吊耳 240 与围囹吊耳 250 连接，进而实现对围囹 130 的精确调位（图 11）。

（3）在第一层即最上层围囹的上下两面均安装法兰 150，通过拉杆 160 使法兰 150 初步固定在围囹 130 的横向表面上，通过在围囹 130 和法兰 150 之间的间隙内浇筑水泥砂浆 170，使围囹 130 和法兰 150 完成固结。

（4）拼装成整体后的钢板桩 120 整体呈圆柱中空结构，这样可在外荷载条件下结构受力更加合理，通过钢板桩吊具 190 沿围囹 130 振动下放，然后振动插打钢板桩。

本步骤中：钢板桩 120 为 Z 形钢板桩，Z 形钢板桩可适应较大径向施工偏差，使整体钢板桩能沿围囹外缘顺利下放，并确保钢板桩在受力状态下与围囹结构密贴。

在钢板桩吊具 190 和钢板桩 120 之间设有振动锤 200，在振动锤 200 两侧设有用于固定振动锤 200 的振动锤夹具 210，在钢板桩 120 外沿套设有导向架 220，导向架 220 可使钢板桩 120 保持整体上移或下放（图 12）。

（5）在钢板桩 120 围堰内抽水，当水位下降至第 2～4 层围囹高程时，重复步骤（3）；第 1～4 层围囹之间还通过可拆卸的连接管 260 连接。

（6）待围堰内抽水完毕，吊装预制墩台 110 至围堰内，并对预制墩台 110 和钢护筒之间的节点 180 浇筑混凝土。

（7）随后围堰内逐步回灌水，根据围堰内水位上升情况，依次分层拆除第 4～2 层围囹。

(8)分批振动上拔钢板桩 120 至自稳，然后整体吊离钢板桩。

(9)拆除第一层围囹，并拔出定位桩。

重复上述操作，投入下一个墩位施工，即可实现该结构的重复使用。

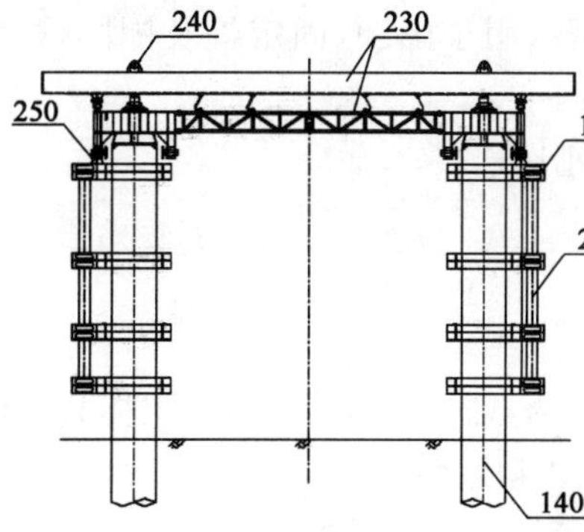

图 11　预制墩台安装板桩组合结构施工图

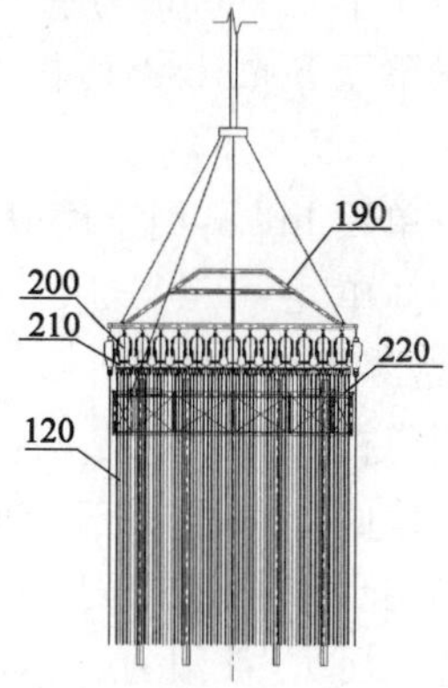

图 12　钢板桩安装

6　施工过程计算

工况 1：围堰内抽水至－4m，顶层围囹和固定桩连接，波高为 1.5m，二、三、四层围囹尚未和定位桩连接，围堰外水位＋2.97m。

工况 2：围堰内抽水至－4m，二层围囹和固定桩连接，波高为 1.5m，三、四层围囹尚未和固定桩连接，围堰外水位＋2.97m。

工况 3：围堰内抽水至－8m，波高为 1.5m，三、四层围囹尚未和固定桩连接，围堰外水位＋2.97m。

工况 4：围堰内抽水至－8m，三层围囹和固定桩连接，波高为 1.5m，四层围囹尚未和固定桩连接，围堰外水位＋2.97m。

工况 5：围堰内抽水至－11m，波高为 1.5m，四围囹尚未和固定桩连接，围堰外水位＋2.97m。

工况 6：围堰内抽水至－11m，四层围囹和固定桩连接，波高为 1.5m，围堰外水位＋2.97m。

工况 7：围堰内抽水至－12m，波高为 1.5m，围堰外水位＋2.97m。

工况 8：围堰内抽水至－12m，波高为 2.4m，围堰外水位＋2.97m。

工况 9：台风期工况计算，波高为 3.48m，围堰内注水，围堰内、围堰外无水头差，水位＋2.97m。

6.1　计算模型

按照围堰及承台施工流程，对各工况建立有限元模型分别加以计算。本计算采用有限元软件 ANSYS 计算程序对各工况进行结构强度计算，钢板桩计算模型如图 13 所示。

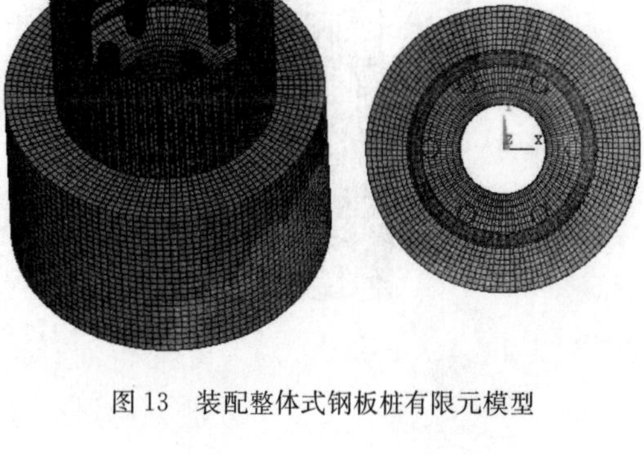

图 13　装配整体式钢板桩有限元模型

6.2 单元选取及边界条件

(1)单元选取

①由于各工况结构情况不同，采用的单元分别有板壳单元、梁单元、杆单元及实体单元；

②板壳单元 shell63：用于钢板桩模拟；

③梁单元 beam188：可根据构件的实际情况布置，用于围囹，固定桩及围囹联系杆件的模拟；

④杆单元 link8：用于模拟围囹和定位桩之间的刚性连接；

⑤实体单元 solid65：用于土体。

(2)边界条件及荷载

①固定桩底部按固结考虑；

②土体底部 X、Y、Z 三方向约束，土体周边 X、Y 两方向约束，钢板桩和土体共节点；

③结构自重通过在程序中输入材料密度和重力加速度考虑；

④静水压力、波浪力、主动土压力和水流力以面荷载加载钢板桩上。

7 计算结果及分析

根据计算条件，装配整体是钢板桩有限元分析结果，见图 14～图 16 及表 4。

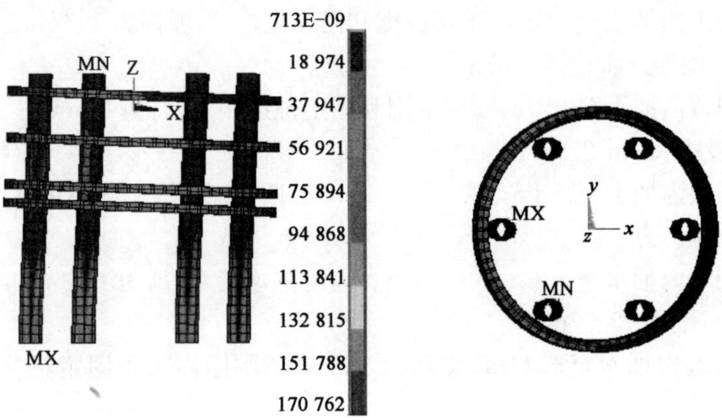

图 14 工况 8 围囹应力(最大 171MPa)

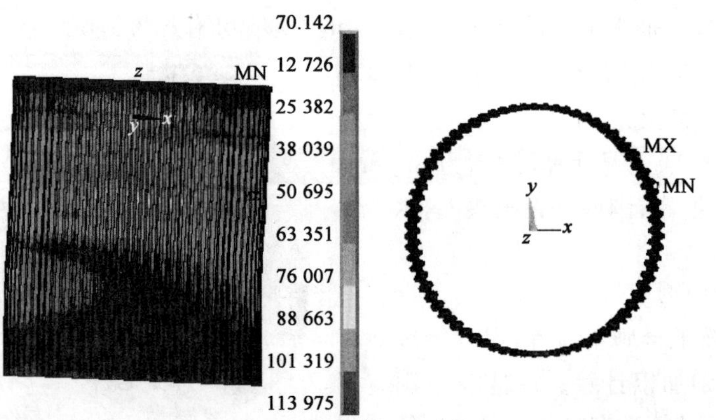

图 15 工况 8 钢板桩应力(最大 114MPa)

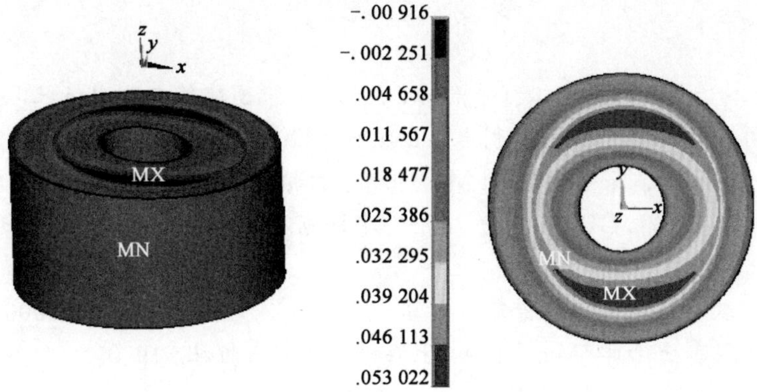

图 16　工况 9 土体变形(最大 53mm)

各工况计算结果汇总　　表 4

参数＼类型	钢板桩	围囹	定位桩	土体
最大应力(MPa)	114	171	233	—
最大应力 对应工况	工况 8 施工期	工况 8 施工期	工况 8 施工期	—
最大变形(mm)	134	71	128	53
最大变形 对应工况	工况 9 台风期	工况 9 台风期	工况 9 台风期	工况 9 台风期
隆起计算	抗隆起安全系数 1.397		满足抗隆起要求	

8　结语

(1)装配整体式钢板桩围堰选用 Z 形钢板桩,可适应较大径向施工偏差,使整体钢板桩能沿围囹外缘顺利下放,并确保钢板桩在受力状态下与围囹结构密贴。

(2)拼装成整体后的钢板桩为中空的圆柱结构,结构特点是对水流力、波浪力及水压力适用性较好。

(3)定位桩与钢板桩构成的围堰共同承受水流、波浪的冲击和土压力作用,可确保钢板桩围堰不会在软弱淤泥中发生整体倾覆。

(4)钢板桩整体下放、整体施沉、整体吊离,避免了钢板桩围堰施工中易出现的钢板桩倾斜、带桩、不易合拢等情况,且可重复利用。

(5)可减小海上施工风险、提高施工工效,为墩台安装和节点混凝土浇筑提供干施工作业环境。

(6)预制承台的安装受风浪影响减小,可有效延长海上作业时间。

参 考 文 献

[1] 基坑工程手册编辑委员会. 基坑工程手册[M]. 北京：中国建筑工业出版社，2009.
[2] 冯国栋. 土力学[M]. 北京：中国水利水电出版社，2001.
[3] 陈忠汉，黄书秩，程丽萍. 深基坑工程[M]. 北京：机械工业出版社，2003.
[4] 中华人民共和国国家标准. GB 50007—2002 建筑地基基础设计规范[S]. 北京：中国建筑工业出版社，2002.
[5] 张耀东，龚晓南. 软土基坑抗隆起稳定性计算的改进[J]. 岩土工程学报，2006.
[6] 朱百里，沈珠江. 计算土力学[M]. 上海：上海科学技术出版社. 1990.
[7] 欧领特. 钢板桩施工手册[M]. 北京：人民交通出版社，2011.

113. 深水区锁口钢管桩加钢板桩组合围堰施工技术研究与应用

赵成立　许建伦　闻　松　周海涛
（中交二航局四公司）

摘　要：依托塞尔维亚泽蒙大桥主桥施工为背景，介绍了在多瑙河13m水深及砂黏土地质条件下，成功地应用锁口钢管桩加钢板桩组合围堰的施工技术，并通过围堰设计、施工工艺、质量控制及施工效果等叙述，总结了组合围堰适用范围和施工要点，为组合围堰施工技术在深水区桥梁基础施工中的应用提供借鉴。

关键词：锁口钢管桩加钢板桩组合围堰　施工技术　深水围堰　双层导向

1　引言

近年来，随着我国路桥工程技术的迅速发展，在国际业界声誉日隆，中国的建筑企业逐渐走向世界。作为中国建筑企业在欧洲的第一个桥梁项目——塞尔维亚泽蒙—博尔察大桥，首要任务就是优质高效地完成施工任务，充分彰显中国的建桥技术，从而打造好中国建筑企业走进欧洲市场的第一张“名片”。本文以泽蒙—博尔察大桥主桥围堰施工为例，介绍一种新颖的锁口钢管桩加钢板桩组合围堰施工技术在多瑙河深水区的成功应用，该围堰得到了当地业界的认同和称赞，同时有利于在类似边界条件下该施工技术的推广与应用。

2　工程背景

2.1　工程概况

塞尔维亚贝尔格莱德市泽蒙—博尔察大桥横跨欧洲多瑙河水域，桥梁全长 1 481.8m，采用双向 4 车道高速公路标准，设计行车速度为 80km/h，桥梁宽度为 29.38m，其中，主跨为(95＋172＋95)m 预应力混凝土连续箱梁，构造见图 1。

主墩承台平面尺寸为 33.5m×17.2m，厚 4.5m，顶部 1.5m 呈斜面，承台顶面高程为＋68.605m，底面高程为＋64.105m，泥面高程为＋60.0－63.0m，封底混凝土厚度为 2.5m。主墩承台结构形式如图 2 所示。

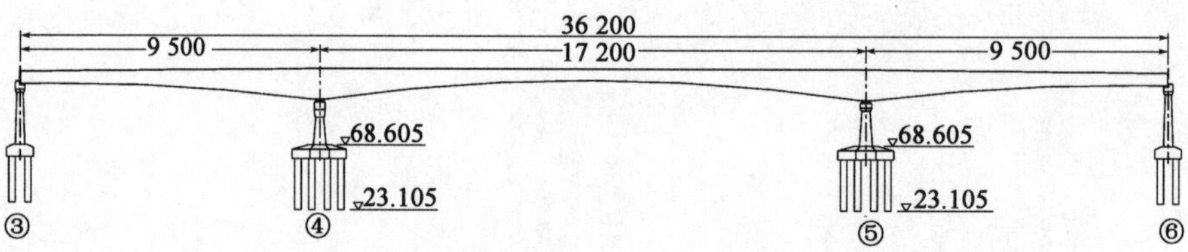

图 1　主桥结构布置(尺寸单位:cm,高程单位:m)

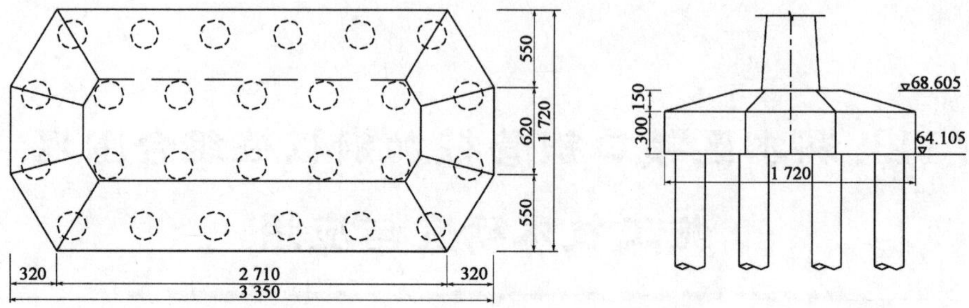

图 2　主墩承台结构形式示意图(尺寸单位:cm,高程单位:m)

2.2　水文地质条件

(1)桥位处于多瑙河里程 1 176km 处,秋季最低水位 68.67 m,春节最高水位 75.70 m,平均水流速度 0.5～1.2m/s,最大流速 3～4m/s。

(2)桥位处水深为 9～13m,局部位置深度超过 13m。

(3)该项目位于多瑙河冲积沉积层,6～10m 范围含有粉砂、细砂、粉土和黏土等地层,地质松软,地层复杂,层间夹变质砂岩,分布无规律。

(4)河床易冲刷,泥面高低不平,起伏变化较大。

3　围堰设计

3.1　设计思路

在欧洲范围内,此类组合围堰已在陆地及浅水区域中使用,主要作为陆地区基坑开挖支护结构或浅滩区挡水结构,而在深水中还未见尝试(图 3)。国内深水区域一般以钢套箱、钢吊箱及钢管桩围堰工艺为主(图 4)。

图 3　国外一些组合围堰

图 4　国内 TC 锁扣管桩围堰

参照以往使用案例,考虑将锁口钢管桩作为组合围堰主要承力结构,板桩作为辅助挡水结构,结合承台水下封底,围堰自身刚度比较大。钢板桩长度可以比管桩短,只作为挡水结构,总体考虑为长刚性管桩加短柔性板桩组合结构。钢管桩入土深度主要根据水压力、土压力、封底混凝土压力及水流影响下的自身稳定性进行确定。施工顺序为先钢管桩后钢板桩,管桩成跨插打，以柔性的板桩来适应刚性管桩施工误差，有效消除施工累计误差，同时，在拐角位置合拢，合拢精度易于保证(图 5)。

3.2 围堰结构设计

围堰采用锁口钢管桩与 AZ12 型钢板桩组合形式，平面尺寸约为 36.7m×20.2m，距承台边净距为 56cm，钢管桩采用 P1420/10，长度为 24m，设计入土深度大于或等于 8m，材质为 S235，单个围堰共 36 根。每根钢管桩通过锁口与 2 片 AZ12 型钢板桩连接，板桩长度为 19m，材质为 S355，单个围堰 72 片。通过 ANSYS 软件建模计算，满足强度及刚度要求，并且只需在施工水位以上＋72.00m 位置设一层围囹结构(图 6)。

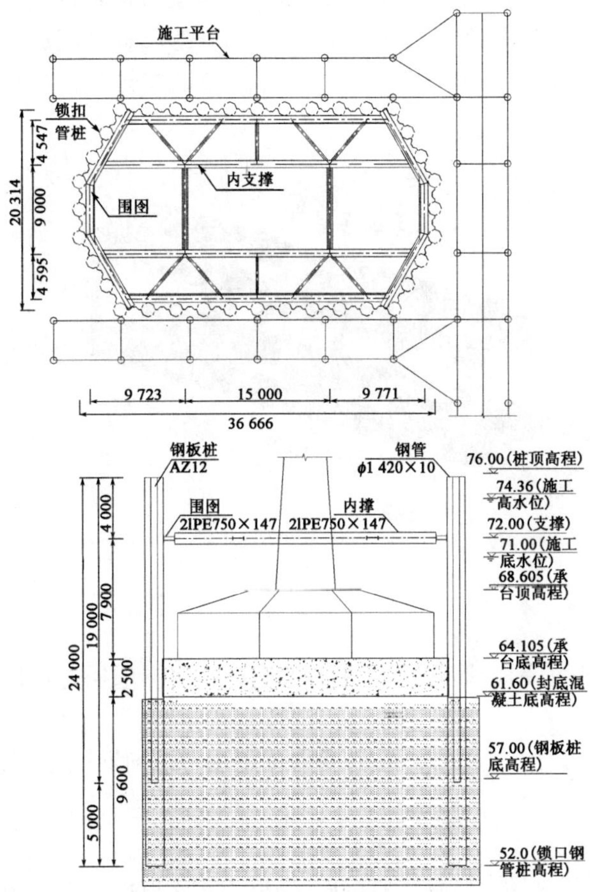

图 5 组合围堰总体布置(尺寸单位：mm，高程单位：m)

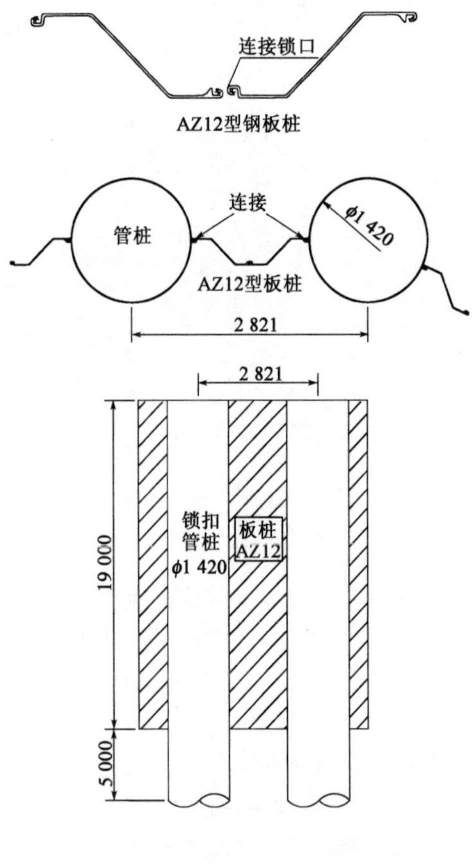

图 6 围堰结构(尺寸单位：mm)

钢管桩为主要承力构件，采用与 AZ12 型板桩配套的锁口焊接与管桩相应位置，锁口与板桩等长，为 19m，距管桩上口 30cm，方便板桩插入对位，距管桩下口 4.7m。

板桩设计时，将传统组合围堰的 U 形板桩分成两片 AZ 型板桩，增加一个拐点，通过两片板桩间的扭角(10°)，板桩宽度可调整 4cm 以上，大大改善了对管桩插打时相对间距误差的适应性，同时，增加板桩的柔性，使锁口缝大小均匀，封水堵缝简单易行(图 7)。

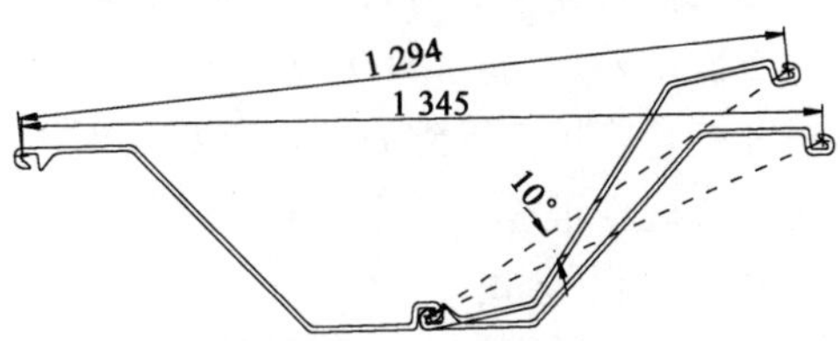

图 7 板桩扭角示意(尺寸单位：mm)

分为两片 AZ 板桩后，为避免两片单独起吊时高空对位的困难，经与厂家沟通协调，工厂加工时将 AZ12 板桩两两拼装并设置剪力钉，锁定板桩位置，避免相对滑动，但允许其相对转角，两片板桩便可同时起吊整体插打，使操作更加简单、快捷。插打板桩时，只需将振动锤夹住其中一片板桩，利用剪力钉带动另一片板桩下沉到位。

4 围堰施工

4.1 导向定位架设计

锁口钢管桩精度要求甚高，每跨均相当于一次小合拢，偏差过大会直接影响板桩插打，故定位架设计主要考虑管桩垂直度和相对位置的控制，且具有足够的刚度。本锁口钢管桩定位架采用双层导向系统(图 8)，根据围堰结构尺寸(倒角为 4 根管桩)，设 4 个锁口管桩沉放孔位，并在横梁上焊接锁口限位装置，由 2UB406 型钢作为主梁，用 IPE220 型钢连接为桁架结构，高度为 2.5m，长度为 11m，起吊重量约 6.5t。

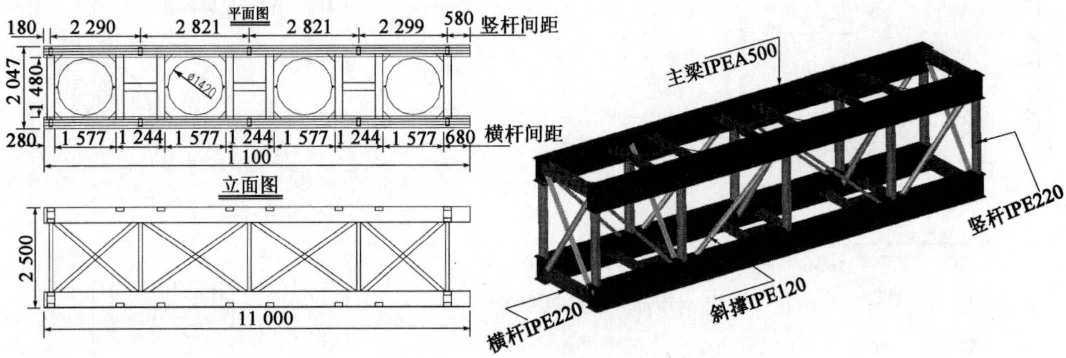

图 8 定位架设计

4.2 总体施工顺序

起始及终点位置的选择应重点考虑两个影响因素：

(1)起始点选择上游区域，待上游围堰插打完成后，可大大减小水流对后期围堰插打定位的影响，利于管桩垂直度的控制(图 9)。

(2)合拢位置选择拐角位置，由于拐角处角度的可调整性，转角合拢不用考虑前期误差，只考虑锁口管桩相对间距，利于合拢。

4.3 管桩及板桩插打

锁口钢管桩刚度较大，先施打锁口钢管桩，再插打锁口钢管桩之间的 AZ12 板桩。锁口钢管桩从上游拐角开始施打，两个方向推进，合拢于下游拐角。定位架为 4 孔，每跨可插打 3 根管桩，应先插打第 2 根，再分别插打第 1、3 根管桩，以减小管桩振沉时的挤土效应对已沉放管桩的影响(图 10)。

每次插打完成 2 跨管桩后，插打其间相应钢板桩，减小钢板桩插打过程带动管桩偏位而引起的二次误差。而且，每次应将全部板桩插入管桩锁口后，再交替施打，避免前期施打板桩时带动和咬合管桩而导致后期板桩难以插入。管桩顶口存在一定偏位时，可利用手拉葫芦调整间距以实现板桩顺利插入(图 11)。

4.4 围堰合拢

待 33 号桩插打完成后，现场实测 20 号和 33 号桩实际偏位情况，33 号桩平面位置偏差约 3cm，20 号桩平面偏差约 1cm，通过 34～36 号桩角度的微调，使所有管桩间的相对间距均为设计的 2.82m,且角度调整幅度小于 1°,板桩相对扭角能完全满足合拢要求,最终实现合拢相对间距误差仅为 12mm,合拢板桩顺利插打(图 12)。

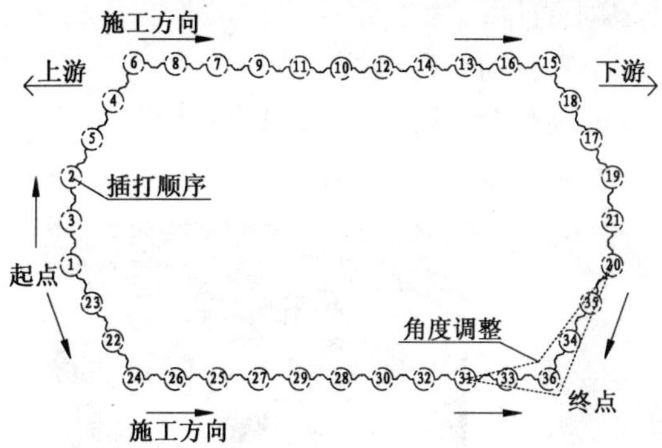

图 9　围堰插打顺序

图 10　管桩沉放

a)　　b)

图 11　板桩插打

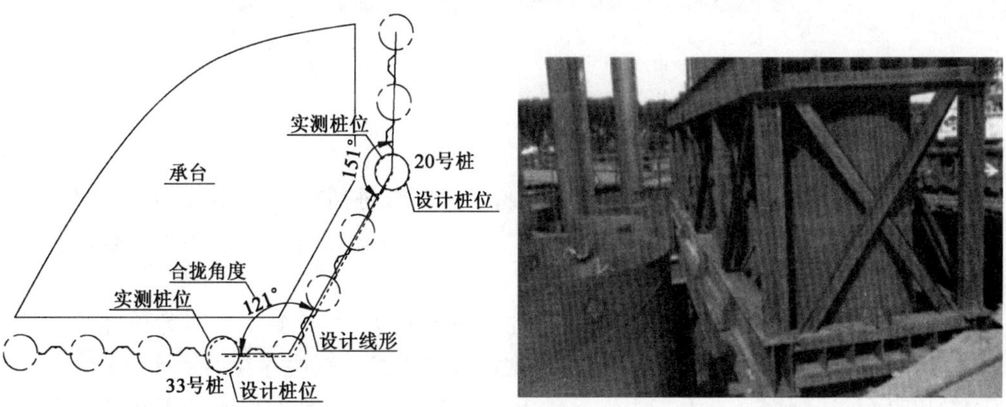

a)　　b)

图 12　合拢跨施工

4.5　精度控制

(1)精度控制目标

锁口钢管桩垂直度:小于 0.5%。

管桩间锁口相对间距:−20～10mm(尽量为负误差,利用板桩扭角便可适应)。

管桩间锁口相对扭角:小于 5°(同样利用板桩扭角便可适应)。

(2)控制措施

精度主要以锁口管桩垂直度和相对距离控制为主(图 13～图 15)，主要采取以下措施：

①强化导向系统，定位架精确安装，精确控制管桩垂直度；

②前一跨最后一根桩为基础进行下一跨定位，减小管桩间相对误差；

③合拢跨施工前，实测两侧已打桩偏位情况并合理调整合拢跨角度，实现合拢；

④加强成品保护，对已完成的管桩临时与施工平台焊接，避免二次偏差。

图 13　定位架定位基桩

图 14　成品临时固定

图 15　锁口保护及定位

4.6　封水堵缝

打入前在锁口内填塞黄油锯末混合物，以减少下滑时摩擦力，并减小锁口渗漏，插打并封底完成后，锁口缝大小均匀，只需潜水员在外侧手动贴上专用止水橡胶条进行堵缝，封水效果良好。由于钢板桩自身柔性变形咬合，AZ12 钢板桩间的锁口缝一般不用贴止水条堵缝，其自身封水效果较好(图 16)。

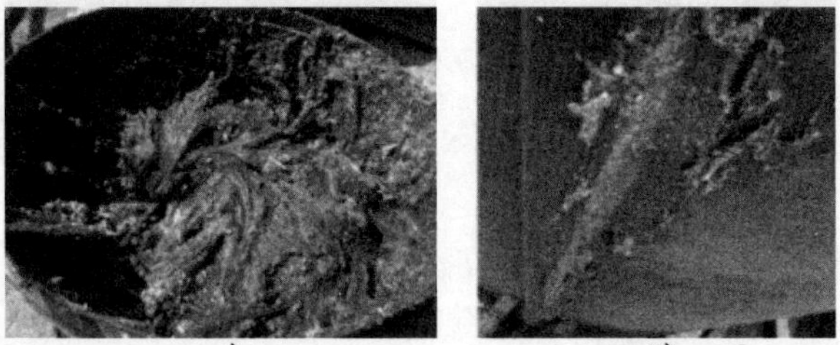

a)　　b)

图 16　止水材料

5　组合围堰技术运用效果

主桥围堰历时 15 天完成单墩 36 根锁口管桩及其钢板桩插打，施工速度较快，封底并安装止水橡胶条后，顺利抽水并迅速进入承台施工，为项目主桥施工打下了坚实的基础，其主要运用效果如下：

(1)消除累计误差。组合围堰施工顺序为先管桩后板桩，每跨施工基本为单独的个体，前期成桩不对后期施工产生影响，有效消除传统钢板桩或钢管桩围堰存在的累计误差。

(2)简单易行，适用性强。无需大型水上起重设备，采用一般吊车即可实现，抗水头能力强，适用于无水上设备而流速大、水头高的砂黏土层。

(3)施工速度快。总体数量少，插打快，合拢仅取决于施工相对误差，易于控制。且围囹层数少，对后期墩身施工影响小。

(4)经济性好。钢管桩截面特性好，刚度大，抗水头能力强。与双壁钢围堰比较，用材少，不需要使用大型船机设备，可周转重复使用。

(5)封水效果好。自身刚度大，接缝少，封水情况良好，只需做好周边排水系统，配合使用一台小水泵便可满足承台区域干施工环境(图 17)。

图 17　承台干施工环境

6　心得体会及改进建议

本次将锁口钢管桩加钢板桩组合围堰引进深水施工区域,得到了当地业界的大力称赞。在此就施工工程中的几点体会及改进建议罗列如下:

(1)本项目锁口管桩入土为 8～10m,自由长度 14～16m,钢管桩施打的挤土效应对已沉桩影响较小,在桩入土深度大而自由长度小的情况下,应谨慎采用单数插打孔位。

(2)组合围堰板桩与围囹分离设置,对冲刷有一定适应性,局部冲刷过大时,可将板桩上口接长,二次下沉适当高度便可满足水下封底或防护要求,故钢板桩长度选取时宜考虑一定的河床冲刷预留深度,特别是易冲刷位置,管桩上的锁口可适当加长以满足板桩二次振沉。

(3)围堰插打无累计误差影响,一般控制好相对误差即可顺利合拢,管桩垂直度对板桩插打至关重要,过程中应严格控制。

(4)组合围堰自身刚度较大,变形小,与柔性板桩结合,配合止水橡胶条堵缝后封水效果较好,基本不需要其他堵漏措施,封水简单易行。

(5)本项目定位架设置于桩顶高程以上,需要对管桩进行二次复振,但容易引起二次施工误差,有条件的情况下,可将定位系统下置,定位作用更加明显,且管桩可一次沉放到位。

7　结语

锁口钢管桩加钢板桩组合围堰是一种新颖的围堰结构形式,通过本桥的施工,将锁口钢管桩加 AZ12 型钢板桩组合围堰引入深水区域,通过一系列有效的过程控制,保证了锁口管桩 0.5%垂直度沉放目标并顺利合拢,合拢误差 12mm,并优质高效地完成了承台施工任务,取得了良好的经济和社会效益,为今后类似的工程提供借鉴经验,有较好的推广价值。

114. 浅谈超岩溶发育地区特大桥水下灌注桩机制砂混凝土质量控制

甘正兴　徐少波

(中交第二航务工程局有限公司第五分公司)

摘　要:介绍了机制砂在特大桥水下桩混凝土施工中的应用情况,并总结了原材料、混凝土质量控制要求。

关键词:特大桥　大直径　水下桩　机制砂　混凝土

1　工程简介

赤石特大桥是厦蓉高速湖南段汝城至郴州高速公路全线的控制性工程,为四塔双索面预应力混凝土斜拉桥,主桥跨径组合为165m+3×380m+165m,是目前世界同类型桥梁中位居第一的高墩多塔混凝土斜拉桥。我部承建桥梁设计跨径布置为190m+380m+165m(斜拉桥)+16(15)×40m(连续T梁)。具体结构见图1。

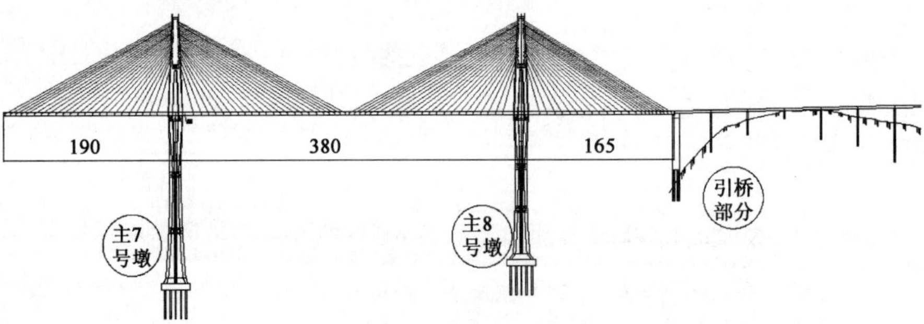

图1　赤石特大桥结构图(尺寸单位:m)

主桥基础为群桩基础,每塔34根桩,7号索塔设置25根直径为2.8m和9根直径为3.1m两种形式的桩基础,其施工工艺为冲击钻成孔(图2、图3)。8号索塔设置23根直径为2.8m和11根直径为3.1m两种形式的桩基础,其施工工艺为人工挖孔桩与冲击钻成孔相结合。单根桩混凝土最大方量达 570m^3，且处于溶洞发育强烈地带。

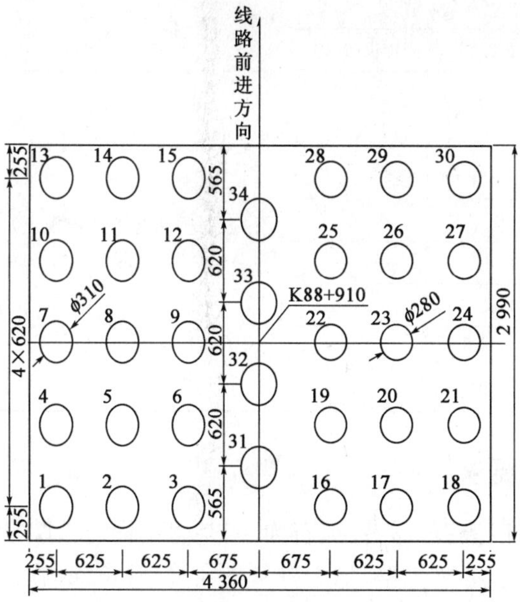

图 2　主桥基础（尺寸单位：cm）

图 3　群桩基础效果图

2　机制砂特性及要求

以就地取材原则，从质量、性能和经济等方面综合考虑，混凝土用细集料选用当地渔溪河砂场生产的卵石破碎混合机制砂和里田乡旺发砂场生产的碎石破碎机制砂。卵石混合机制砂生产工艺为：卵石＋原砂按 80%：20%比例混合⟶一级颚式破碎机破碎⟶振动筛分选⟶二级圆锥破整形破碎⟶轮式洗砂机水洗⟶成品砂（图 4）。

碎石破碎机制砂工艺为：小于 80cm 块石⟶颚式破碎机破碎⟶振动筛分选⟶轮式洗砂机水洗⟶成品砂（图 5）。

图 4　卵石混合机制砂

图 5　碎石破碎机制砂

机制砂常规及外委检测指标如表 1 所示。

表 1

序号	检验项目	标准值	检验结果		备注
			卵石破碎	碎石破碎	
1	细度模数	2.3～3.0	2.85	2.96	《公路桥涵施工技术规范》(JTG/T F50—2011)
2	含泥量(%)	≤3.0	1.3	—	
3	石粉含量(%)	≤7.0	—	6.8	
4	泥块含量(%)	≤1.0	0	0	
5	轻物质含量(%)	≤1.0	0.4	0.3	
6	硫化物及硫酸盐含量(%)	≤1.0	0.12	0.25	
7	有机物含量(比色法)	浅于标准色	合格	合格	
8	氯离子含量(%)	<0.02	0.0001	0.0003	

3 C30 水下灌注桩混凝土配合比设计要求

由于本工程地层分布不均匀，地质结构复杂，以漂石、卵石、孤石为主，基岩中岩溶裂隙发育、岩石破碎。桩基使用冲击钻进施工、自造膨润土泥浆护壁，加之桩基桩径大、桩长深，施工难度较大。使用混凝土拖泵将混凝土输送至现场集料斗中，导管灌注法浇筑水下混凝土，最终确定混凝土配合比坍落度为 180～220mm、扩展度为 440～480mm、1h 经时损失不大于 15mm，混凝土具有较好的包裹性、黏聚性，不泌水，不泌浆。经计算，C30 水下混凝土试配强度为 38.2MPa，设计密度为 2 400kg/m^3。

4 配合比的试验及选定

依据《汝郴高速公路项目招标文件》、《公路桥涵施工技术规范》(JTG/T F50—2011)、《公路工程集料试验规程》(JTG E42—2005)、《公路工程水泥及水泥混凝土试验规程》(JTG E30—2005)、《普通混凝土配合比设计规程》(JGJ 55—2011)等标准文件，结合原材料试验和试配情况，最终选定以下两套混凝土配合比为施工配合比(表 2、表 3)。

第一套混凝土配合比　　表 2

W/C	PO·42.5	F类Ⅱ级	卵石破碎混合机制砂	5～25mm连续级配	河水	聚羧酸高效缓凝减水剂
	水泥(kg)	粉煤灰(kg)	砂(kg)	碎石(kg)	水(kg)	外加剂(kg)
0.40	315	105	761	1 051	168	4.2

第二套混凝土配合比　　表 3

W/C	PO·42.5	F类Ⅱ级	碎石破碎机制砂	5～25mm连续级配	河水	聚羧酸高效缓凝减水剂
	水泥(kg)	粉煤灰(kg)	砂(kg)	碎石(kg)	水(kg)	外加剂(kg)
0.40	315	110	795	1 008	172	4.68

经试配，混凝土包裹性、黏聚性良好，无泌浆、泌水，工作性能符合配合比设计要求，混凝土坍落度实测 210mm，混凝土扩展度实测 470mm；混凝土 7 天强度平均值为 31.5MPa，28 天强度平均值为 43.8MPa，满足配合比试配强度要求。

经试配，混凝土包裹性、黏聚性良好，无泌浆、泌水，工作性能符合配合比设计要求，混凝土坍落度实测 195mm，混凝土扩展度实测 455mm；混凝土 7 天强度平均值为 30.9MPa，28 天强度平均值为 41.1MPa，满足配合比试配强度要求，但混凝土性能、强度及成本略差于表 2 所示配合比。

5 混凝土配合比实际使用情况及强度分析

经过现场施工检测验证配合比，表 2 所示配合比完成 7 号主墩 7—4 号、7—15 号、7—30 号、7—31 号，8 号主墩 8—9 号、8—10 号、8—4 号、8—11 号、8—6 号、8—18 号桩基的浇筑施工。

表 3 所示配合比完成主 7 号主墩 7—9 号、7—13 号、7—20 号、7—29 号，8 号主墩 8—26 号、8—2 号、8—25 号、8—22 号、8—23 号、8—19 号桩基的浇筑施工。

C30 水下灌注混凝土 28 天强度统计见表 4。

水下灌注混凝土 28 天强度统计 表 4

桩　号	表 2 所示配合比混凝土 28 天强度	桩　号	表 3 所示配合比混凝土 28 天强度
7—4 号桩基	39.0,35.9,37.5,38.1	7—9 号桩基	33.5,35.9,36.1,35.3
7—15 号桩基	41.5,41.9,40.0,41.0	7—13 号桩基	41.9,40.6,41.3,42.0
7—30 号桩基	40.6,40.4,40.2,40.9	7—20 号桩基	34.3,38.1,35.9,37.0
7—31 号桩基	37.4,39.0,36.1,38.2	7—29 号桩基	37.5,38.0,37.9,39.1
8—9 号桩基	36.7,36.1,37.0,37.8	8—26 号桩基	39.7,38.4,36.9,37.8
8—10 号桩基	37.6,37.1,36.3,37.5	8—2 号桩基	35.5,39.1,39.2,39.4
8—4 号桩基	36.1,37.5,36.7,37.0	8—25 号桩基	37.2,35.4,36.6,37.8
8—11 号桩基	37.2,37.4,38.1,37.8	8—22 号桩基	37.6,39.6,38.3,40.1
8—6 号桩基	37.8,38.1,36.3,37.3	8—23 号桩基	38.1,39.7,36.8,38.6
8—18 号桩基	37.3,38.1,36.8,39.2	8—19 号桩基	36.3,39.1,38.5,33.0

水下桩混凝土强度曲线见图 6。

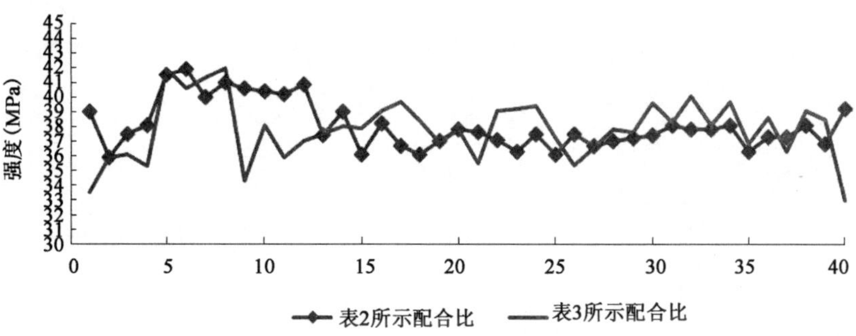

图 6 水下桩混凝土强度曲线图

从表 4 可以看出：表 2 所示配合比强度平均值为 38.1MPa，标准偏差为 1.61，变异系数为 4.2%；表 3 所示配合比强度平均值为 37.8MPa，标准偏差为 2.09，变异系数为 5.5%。不难看出，虽然两个配合比的强度均满足混凝土 28 天强度评定标准要求，但表 3 所示配合比的稳定性较差，数据离散和波动较大。

机制砂在生产过程中，应严格控制以下环节：

(1)机制砂生产在振动分选和圆锥破碎筛分环节，应根据生产台班及筛网使用周期内磨损情况，及时更换各级筛片，否则，将导致筛孔磨大，超2.36mm和4.75mm以上颗粒偏多，成品砂的细度模数偏大。

(2)卵石破碎混合机制砂生产工艺中，增加了圆锥破碎整形设备，使得机制砂的外形颗粒更加接近于河砂，通过多次的破碎和磨洗，也增加了0.03～0.06mm粒级细料的数量，从而改善了砂的颗粒级配。

(3)机制砂生产在轮式洗砂环节，应根据生产量大小，严格控制轮式洗砂机转速，同时调节循环水量大小。本环节是控制机制砂石粉含量的关键点，也是生产过程中容易被忽视的地方，必须在原材料质量控制中加以重视。

6 结语

机制砂混凝土在我国早已得到广泛应用，机制砂的种类以石灰岩破碎人工砂居多，在云南、贵州和四川等资源较贫乏地区，山砂机制砂混凝土使用的比重较大。本工程结合当地资源特点，应用卵石破碎混合机制砂作为泵送混凝土的细集料，也是一种工程材料应用的尝试和突破。总而言之，机制砂生产各环节的严格控制和对进场材料的严格检验，是生产出优质机制砂泵送混凝土的前提保证。另外，工程试验人员也要全面掌握混凝土各种原材料的特性，根据施工特点和要求，不断改进和优化配合比各项性能，从而满足工程质量和现场施工要求。

参 考 文 献

[1] 姚燕，王玲，田培.高性能混凝土[M].北京：化工工业出版社.2006.

[2] 中华人民共和国行业标准.JTG/T F50—2011 公路桥涵施工技术规范[S].北京：人民交通出版社，2011.

115. 溶洞地区桩基施工的探讨

朱德清　汪碧云　文新华　杨　杰

（四川川交路桥有限责任公司）

摘　要：在桥梁桩基础施工中遇到溶洞的情况并不少见，作为地下隐蔽工程，给施工带来很大困难。主要探讨溶洞的处理和施工中常遇到的问题和解决处理的方法。

关键词：溶洞　桩基施工　常见问题

1　工程简介

厦蓉高速（贵州境）毕节至生机高速公路第 1 合同段，位于毕节市鸭池镇石桥村与石格村结合部，合同段全长 4.66km，工程净价 2.78 亿元。主要工程为毕节南枢纽互通，南枢纽互通连接毕都、毕威、遵毕和毕生 4 条高速公路。其中 AK0＋861.51 匝道大桥设计为 14×20 现浇箱梁，共有 33 根 ϕ1.5m 的桩基，LK1＋128.6 匝道大桥为 15×20 现浇连续箱梁，有 84 根桩基，其中 63 根 ϕ1.5m 的桥墩桩基，21 根 ϕ1.2m 的承台桩基。根据设计钻探资料显示，桥区孔桩位处有裂隙和溶洞，同一桩位处溶洞有单个溶洞和多个溶洞，溶洞内分有填充物和无填充物两种情况。溶洞高度为 0.6～5.7m 不等。因桥区地势低洼，且地下水丰富，采用钻孔施工工艺成孔。

2　裂隙的处理方案

裂隙是地应力释放在岩层中产生的裂缝，它会导致桩孔漏浆、掉石块，甚至卡钻、掉钻、塌孔等事故。施工时，现场技术人员应熟悉该桩位的地质钻探资料，钻进进尺达到不良地质段时，严密监控孔内水头，当出现水头下降时，根据水头下降快慢判断是裂隙还是溶洞，裂隙水头下降缓慢。出现裂隙时，提钻 2～3m，向孔内投入黏土块和少量水泥，调整泥浆稠度。水头下降大时，补充泥浆，保证孔内水头压力，待孔内水头稳定后，继续钻进。

3　溶洞的处理

3.1　根据地质结构和溶洞的情况及发育情况，溶洞分为以下几种类型

（1）按溶洞的大小分类

①大溶洞，溶洞高度大于 3m。

②小溶洞，溶洞高度小于 3m。

(2)按溶洞的填充状态分类

①全填充溶洞:洞内完全填充亚黏土、亚砂土、黏性土等,充填物呈硬塑、软塑、流塑状。

②半填充溶洞:洞内约一半有填充物,顶部为空腔。

③无填充溶洞:洞内无填充物及空洞。

(3)按是否漏水分类

①全漏水溶洞:严重漏水并与其他溶洞或地下暗河连通。

②半漏水溶洞:溶洞洞壁存在裂隙,有渗漏水现象。

③不漏水溶洞:溶洞完整,无漏水现象。

(4)按溶洞垂向个数分类

①单个溶洞:桩基范围内仅有一层溶洞。

②多层溶洞:桩基范围内有多层溶洞。

3.2 材料的准备

在钻孔桩施工之前,准备充足的溶洞处理材料,包括片石、黏土、碎石、水泥及钢护筒等。为保证钻孔不因塌孔、扩孔、地面沉陷等因素而倾斜,应加长钻杆纵、横向支撑。

3.3 溶洞处理方法

(1)抛填法。溶洞范围小,溶洞高小于1m,对照地质钻探图,在钻至溶洞顶板1m左右时加大泥浆比重,减小冲击冲程,控制在1～1.5m,通过短冲程快频率冲击的方法逐渐击穿溶洞,溶洞击穿孔内泥浆,水头迅速下降,这时向孔内补充泥浆,同时提钻至孔口,向孔内投入片石、黏土和水泥填充溶洞。孔内水头稳定后继续施工,打密挤实造壁,为了防止出现缩孔现象,用大块片石,同时溶洞处理时速度稍放慢或稍停一段时间,可使片石、黏土和水泥固结利于固壁,溶洞内泥浆浓度要大些,比重不小于1.6,钻孔穿过溶洞后继续按正常的施工顺序钻进。两层及多层小溶洞处理方法同单层小溶洞,采用投入片石、黏土水泥方法施工。对于两层及多层溶洞,特别是本工程A匝道大桥3号、6～8号墩桩位处存在两层及两层以上溶洞,溶洞间夹层较薄(仅有50cm),在接近溶洞顶板1m左右时,加大泥浆比重,换成小冲锤、小冲程冲击,逐渐击穿顶板,加强对孔内泥浆面变化的监测,冲破顶板后换回原冲锤,并反复多次投入片石、黏土和水泥,反复冲击直至形成泥石护壁,完工上层后按同样方法处理下层溶洞(图1)。

(2)灌注混凝土填充。溶洞高度在1～3m,尤其是半填充或无填充溶洞,采用填黏土和片石的方法难以成孔。或者成孔后灌注水下混凝土时孔壁被挤垮,采用灌低强度等级混凝土方法处理。施工时先抛填片块石和黏土,用小冲程冲击片石,挤压到溶洞边形成泥浆碎石护壁,反复冲挤,待溶洞填注基本饱满时,再灌注低强度等级的C20混凝土至溶洞顶1m以上,待混凝土达到一定强度(2.5MPa)后,继续钻孔,穿过溶洞(图2)。

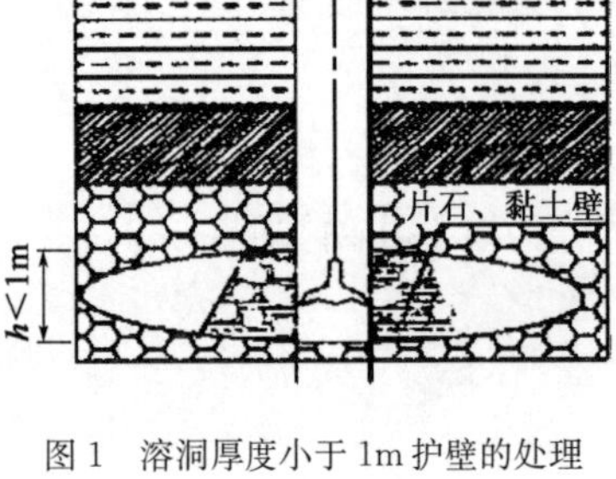

图1 溶洞厚度小于1m护壁的处理

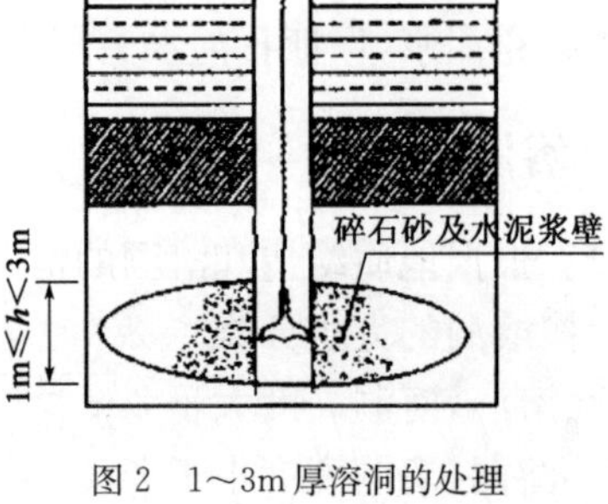

图2 1～3m厚溶洞的处理

(3)钢护筒跟进。在溶洞较大，洞内无填充或有流塑充填物，漏水严重或与暗河连通时，采用抛填片石回填及灌注低强度等级混凝土无效时，采用钢护筒跟进法，如本工程的A匝道大桥8号、10号墩桩基。钢护筒跟进就是一面冲孔，一面接高护筒，并将其振动下沉至已钻成的孔内或溶洞内，用以阻断溶洞内流塑充填物或水的流动，便于钻孔施工。护筒内径的确定现场根据桩孔穿过大溶洞的数量，确定护筒级数，每增加一级，护筒内径加大20cm，最小一级护筒直径不得小于桩径加20cm，即本工程最小一级护筒内径1.7m。为保证护筒的刚度，防止受压变形，钢护筒采用10mm钢板卷制。下沉护筒时，由大到小，分级逐次下沉进行。先钻大孔，下沉大护筒；再钻小孔，下沉小护筒。穿过1层溶洞采用1级护筒，每增加1层溶洞，增加1级护筒，护筒的长度 $L=h+2$，h 为溶洞高度。护筒太长可分节下沉，在孔口焊接连接(图3)。

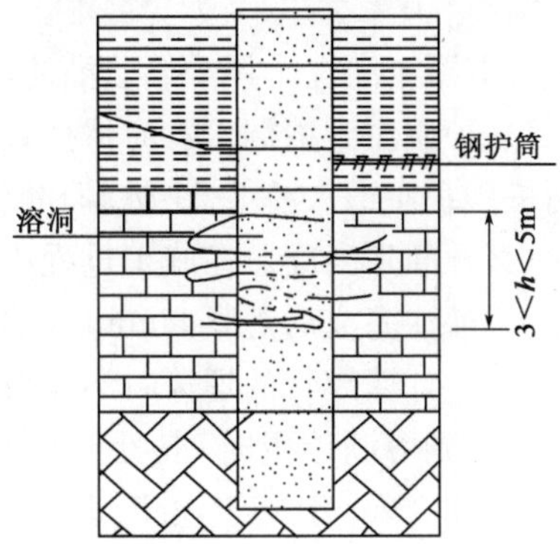

图3　溶洞高 $3<h<5$m 处理示意图

4　溶洞地区桩基施工常见事故及处理

4.1　塌孔

(1)预防塌孔的方法

①溶洞处理时泥浆比重要大于1.6。

②发现漏浆及时回填补浆。

③遇溶洞漏浆，上部卵石层最容易塌孔，施工时钢护筒(直径比桩径大20～30cm，厚1～2cm)穿过卵石层，支撑在不透水层上。钢护筒可用冲锤、挖掘机打入。

(2)塌孔的处理方法

①当成孔深度不大时，全孔回填黏土，并暂停一段时间后，深埋钢护筒至不透水层，重新钻孔。

②当成孔深度较大时，可将钢护筒一直坐落在塌孔的喇叭口下处，护筒周围回填黏土，挤实。暂停一段时间后，重新钻孔。

4.2　卡钻

卡钻的原因和处理方法：

(1)钻头在冲击填充的片石时，溅起的石块将钻头和孔壁的空隙挤住，钻头不能上下。用放小炮震活钻头，或用小冲击钻冲动，或用冲吸的方法将卡在钻头的石渣松动再提出。

(2)钻头冲破溶洞顶板，掉入溶洞，钻头倾斜提不出来，采用放小炮炸顶板岩。用药300～500g即可，一次不行可反复几次。

(3)卡钻时不宜强提，以免拉坏机械，拉断钢丝绳，掉钻头。

4.3　斜孔

斜孔是由于岩石表面倾斜或出现探头石，致使钻头软的低的部位下滑造成的。解决的方法是回填片石和灌注水下混凝土，待强度形成后，用小冲程打紧绳反复冲击，直到调正过来为止。过大的冲程会导致成孔不圆造成斜孔，用1～4m的冲程为宜。

4.4　塌孔埋钻

埋钻的原因是塌孔造成的，施工中发现漏浆应立即将钻头提到孔外，如未及时提钻，漏浆后塌孔钻头便被埋在孔中。

5 混凝土灌注

混凝土灌注采用导管法灌注，除按一般的灌注外，注意以下两点：

(1)灌注到溶洞位置时保持较大的埋管深度，防止混凝土由于挤破护壁后突然下沉，造成断桩。A匝道大桥3－1桩基，灌注完毕，准备拆导管时，混凝土面突然下沉2m，导管还没拆除，又补灌到高度。在施工过程中始终保持埋管深度不小于5m，桩顶灌注高程比设计高1m以上，灌注完成后观察30min左右，混凝土面没有变化才拆除导管。

(2)计算导管的埋深时不能按灌注混凝土量理论计算确定，而应用测绳实测导管的埋深。当灌注到溶洞位置时，混凝土面上升缓慢，在L线大桥5－1桩基灌注过程中25～30m位置时，灌注30m^3混凝土，混凝土面才上升4m，平均每上升1m需要混凝土8 m^3左右。所以在确定导管埋深时不能按灌注混凝土量计算，应实测导管埋深，根据实测导管埋深来确定拆管长度。

6 心得与体会

(1)开孔前一定要根据钻探资料，很好地了解该桩的地质情况，掌握溶洞出现的高程，做好溶洞问题的预防工作。

(2)大溶洞时，切忌大冲程冲孔，否则容易发生卡钻现象。

(3)溶洞处理时，速度稍微放慢一些，或停顿一段时间，可使片石和黏土固结，有利于固壁，为避免发生缩孔现象，采用大片石回填。

(4)钻头钻至溶顶时，为防止由于溶洞顶板岩层厚度、硬度不均和钻头冲破溶洞顶板、掉入溶洞，可减小冲程。

(5)溶洞内泥浆浓度要大，比重不小于1.6。

(6)处理漏浆或达到溶洞位置但不漏浆，要向孔内抛填片石及黏土进行固壁，小冲程反复冲砸，使抛填片石充分挤入孔壁，黏土充分填塞片石空隙，避免混凝土超灌方量过大，保证成桩质量。

7 结语

在有溶洞地区进行桥梁桩基施工是比较困难的，尽管毕生路1标南互通桥梁桩基溶洞多，但经过两个月的努力，已完成桩基50余根，为下一步桩基施工积累了经验，它的顺利浇筑取决于不同的地质条件和不同的溶洞情况，要因地制宜确定合理的溶洞处理方案。

116. 复杂地层旋挖机钻进成孔施工工艺探析

杨瀚翔　杨　杰　文新华

（四川川交路桥有限责任公司）

摘　要：绵阳二环路青义涪江大桥桩基础成孔施工中在复杂地质条件（易偏斜的岩石层，漂卵砾石土层，易塌孔缩孔的淤泥层，中风化、弱风化粉砂硬岩层）下采用旋挖钻机钻进成孔施工工艺，为旋挖机在复杂地层、地质条件下钻孔施工寻求一种更为快捷、更为经济的解决方案，该方案在实际施工中已得到成功应用，成孔质量完全满足设计及有关规范要求。

关键词：复杂地层　中风化砂岩　弱风化砂岩　硬岩　淤泥　旋挖钻　施工工艺

1　概述

1.1　工程概况

绵阳市二环路青义涪江大桥桩基础施工采用旋挖机钻孔灌注桩的施工方法，青义涪江大桥全桥跨径组合为 78m＋138m＋138m＋138m＋78m，全桥长 570m。0 号、5 号为交界墩，共计 16 根桩径 180cm 桩长分别为 29m、20m 桩基；1 号、2 号、3 号、4 号为主墩，共计 48 根桩径 220cm 桩长 36m 桩基。在 0 号、1 号、2 号、3 号墩桩基础钻孔施工时，因墩位所在地不同而产生不同墩位桩基地层变化大，地质情况多样的特点，对旋挖机钻进成孔工艺进行探析。

1.2　旋挖钻机简介

三一 SRII 280 型旋挖钻机主要参数见表 1，配套钻头见表 2。旋挖钻具主要有旋挖斗、短螺旋钻头和筒钻三大类。

（1）旋挖斗

旋挖斗按钻进地层不同分为土层旋挖斗、岩层旋挖斗、卵砾石层旋挖斗 3 种。按制造形式：底盘结构又分为单层盘和双层盘 2 种；进土口又分为单开口和双开口 2 种；桶的外形又分直桶和锥桶 2 种；底盘开合杆形式又分机动、手动、机手一体 3 种形式。我们选用的是双盘双口直桶机动岩层截齿旋挖斗，如图 1 所示。

旋挖钻机主要技术参数 表1

项　目	单位参数	项　目	单位参数
最大成孔直径	2 500 mm (8′2″)	主卷扬提升力(第一层)	288kN(64 745 lbf)
最大成孔深度	90m (295 ft)	主卷扬钢丝绳直径	32mm(1.3″)
最大输出扭矩	350kN · m (258 144 lbf · ft)	主卷扬最大提升速度	56 m/min (2.1 mph)
钻孔转速	5.6～28r/min	辅卷扬提升力(第一层)	110 kN (24 750 lbf)
加压卷扬最大加压力	280 kN (62 946 lbf)	辅卷扬钢丝绳直径	20 mm (0.8″)
加压卷扬最大起拔力	280 kN (62 946 lbf)	辅卷扬提升速度	70 m/min (2.6 mph)
加压系统行程	10 000 mm (32′9″)	牵引力	900kN(202 328 lbf)
桅杆左右倾斜角度	±6°	工作重量	95t (93.5 long ton)
桅杆前倾角度	5°		

钻　头　配　置 表2

类　型	数　量(个)	类　型	数　量(个)
A1800 旋挖斗	1	A1000 螺旋钻头	1
A2200 旋挖斗	1	A1200 螺旋钻头	1
A1200 筒式钻头	1	A1200 开口钻头	1
A1500 筒式钻头	1	A1500 开口钻头	1

(2)短螺旋钻头

短螺旋钻头与旋挖斗在水位较低的土层，具有一定的互换性，但在钻进砂层、基岩、冻土层具有较明显优势。短螺旋钻头按钻进地层不同分为钻进土层的短螺旋钻头和钻进岩层的短螺旋钻头两大类。我们选用钻进岩石层并配备截齿的螺旋钻，如图2所示。

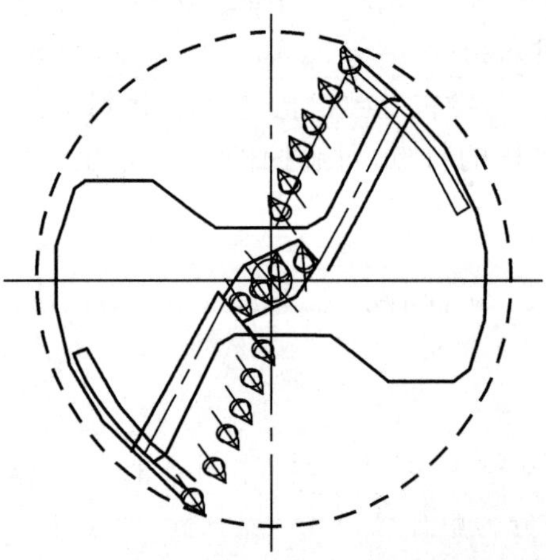

图1　岩层截齿旋挖斗

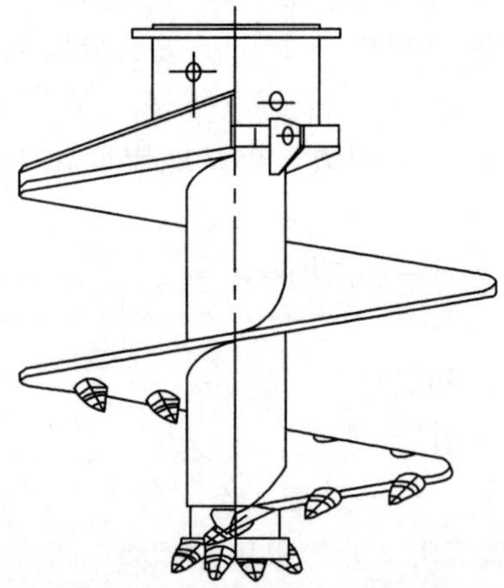

图2　岩层截齿短螺旋钻

(3)筒钻

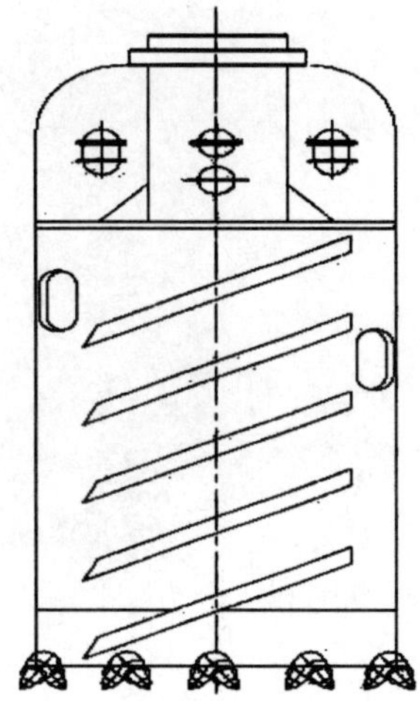
图 3　短筒钻

筒钻分开口筒钻和筒钻两大类，其作用有：参与基岩及卵砾石层钻进取岩，易斜地层钻进纠偏，与螺旋、旋挖斗配合钻进基岩和卵砾石层。但在完整坚硬岩石层、大的漂石、卵砾石层钻进效率低，甚至无法钻进。我们选用的短筒钻如图 3 所示。

1.3　钻齿的选择

对钻齿的选择、齿型的选择，都是确保旋挖斗钻进轻便高效的前提。常用的钻进土层的齿型有 25T、25B、FZ80，钻进岩石的有 DS31、U84、C84。通过在相同条件（齿型号相同）不同角度以及相同条件（地层、机型、斗体规格）不同齿型进行计算对比试验，得出了不同齿型的最优角度值及齿型与地层的最佳选择，见表 3。

齿型角度选择表　　表 3

齿　型	25T	25B	FZ80	DS31	U84	C84
最优角度(°)	40	40	55	45	45	45
适应机型	土力、义马、麦特等		宝峨	各种机型		
适应地层	黏土层、砂层			各种机型		
地层硬度	低→高					

我们选取了采用超粗粒低压烧结硬质合金镶嵌，超硬耐磨焊层 HRC：65-70 的 U84HQBT 子弹头截齿和德国 BETEK(BK47)截齿。保证了在中风化硬岩钻进成孔效率，也大大提高了切削齿的使用寿命。

2　复杂地层施工

2.1　表浅层漂卵砾石土地层施工

在 0 号墩桩基施工中，主要分布着全新统人工回填土层，分布范围 0～9m 孔深，漂卵石土，灰色，结构松散。漂卵石呈中风化状，漂卵石成分为花岗岩、石英岩、石英砂岩等。磨圆度好，分选性差，一般粒径为 6～20cm 的约占 30%，粒径大于 20cm 的约占 30%，粒径为 2～6cm 的约占 25%。填充物以细砂、角砾、砾石为主，约占 15%。在填充物中，中砂约占 10%。该层结构不均，透水性好，如图 4 所示。

如采用旋挖钻机直接开孔埋置护筒钻进施工，势必会造成钻头在差级配多黏土卵砾石层钻进时出现埋钻、跳钻、孔位偏差超限、塌孔、缩孔、抱死钻具无法提出等事故。

由于桩径较大，采用下套管钻进成本过高，且施工场地有限。我们在冲击钻施工工艺中汲取经验、摸清原理，最终采用旋挖机开孔 2m 深，并定位埋置 3～4m 短护筒后挖机配合向下冲击护筒埋置到位。先选用 1.5m 开口筒钻加压钻取孔心漂卵石，回填膨润黏土加水造浆且浓度配备稍大，并用 1.8m 旋挖斗反转向下加压洗孔，附带泥浆挤压孔壁，起到外渗水护壁的作用，在后续钻进越过此地层后，钻头正旋钻进，卷扬起料时反转提升，且当提升至浅层漂卵石土地层时正旋提升。此工艺在浅层漂卵砾石地层无循环旋挖机钻孔施工中，有效减小并杜绝了跳钻、埋钻、孔位偏差超限、塌孔等事故，并且经济，快捷，有效，如图 5 所示。

图 4　0 号墩桩基开孔地质图

图 5　开口筒钻卷扬起料

2.2　漂卵砾石地层施工

在 1 号墩桩基施工中，由于 1 号墩墩位位于河道漫滩，漂卵砾石主要分布范围 2～5m 孔深，0～2m 孔深处是大量淤泥夹杂着大粒径卵砾石，无固性属于易崩塌缩孔淤泥层。采用挖机开孔 2.5～3m 深后埋置特制 4～6m 超高护筒，可埋至靠近漂卵砾石层底部，并用建渣混合水灰回填护筒外围并压实，渗水后临时固结，虽然强度不高，但大大提高了互通周围淤泥层的固性。在漂卵砾石层钻进时，旋挖钻机选用 ϕ1.5m 螺旋钻头加压钻进，进深 0.8～1m 后，悬停回旋、正旋，重复 3 次卷扬起钻。此方法可很好地破碎钻头起孔直径内的漂卵石，并且利用螺旋钻悬停正反旋很好地对起孔孔壁进行砾石筛选碾压，孔壁周围漂卵石级配提升，从而提升孔壁固性，防止塌孔事故发生。

图 6　浅层漂卵砾石层旋挖钻正旋施工

随后，用 ϕ1.5m 开口钻同心钻进取料，挖机沿护筒内壁回填建渣后，选用侧壁加焊倒流钢板槽的 ϕ2.2m 直桶旋挖钻斗加压钻进。导流槽在贴合直桶旋挖斗加压正旋的过程中，参合孔壁周围的建渣，将孔壁卵砾石反向朝上层级挤压，建渣在挤压过程中逐隙碎裂填补漂卵石间隙且受压密实，配合抽水泵将孔内水头控制在 2m 以上，在浅层漂卵砾石施工中起到了很好的效果。钻孔、灌桩的过程中均未出现塌孔、缩孔现象，且成桩质量符合规范要求，此方法经济快捷，沿用常用钻头解决旋挖机在漂卵石层施工中常见问题(图 6)。

2.3　浅层中风化粉砂硬岩层施工

在 2 号和 3 号墩桩基施工中，由于墩位位于主河道中，在桩深 0～3m 处为施工平台回填层，其采用级配良好的卵砾石填筑表层铺设建渣而成，固性良好，渗水，不易塌孔。在桩基础施工中，可用旋挖钻钻机配合旋挖斗钻进起孔，挖机配合埋置 4～5m，中长护筒冲击后可直接嵌入强风化粉砂岩层。在桩深 4.5～12.8m 处为浅层中风化粉砂硬岩。现场取样如图 7 所示。

由于该层实质属于弱风化粉砂岩，呈灰色，岩层完整性较好，结构均一，难见岩体裂隙，可辨近视水平层理，抗压强度达到 30MPa 左右，对钻头的磨损情况非常严重(成孔一根桩平均需要更换 10～20 颗合金子弹头截齿)，而在短螺旋钻、旋挖斗钻则装配超硬耐磨焊层 HRC：65-70 的 U84HQBT 子弹头截齿，单根桩成孔后只更换 1～3 颗截齿；我们还将大小筒钻底部钻齿更换为德国 BETEK(BK47)截齿，镶嵌倾角 75°。

开始用 ϕ1.8m 旋挖斗钻进出现跳钻、旋挖机剧烈震动的情况且易造成孔位偏移、斜孔等成孔质量事故，故改用装配超硬耐磨焊层 HRC：65-70 的 U84HQBT 子弹头截齿 1.5m 螺旋钻头钻进施工，其主要适用于旋挖钻头进尺困难、岩石块径较大且抗压强度非常高的中风化、弱风化硬岩地层，但螺旋钻头每回次进尺的切入量也非常小，并出现两次卡钻头，一次钻杆断裂的情况，如图 8 所示。

图 7　浅层弱风化砂岩现场渣样图

图 8　钻杆断裂图

改用 1.2m 配置德国 BETEK(BK47)截齿，镶嵌倾角 75°的筒钻破岩钻进，筒钻钻进时旋挖机抖动小，斜孔率低，每次进尺 1.2m 就耗时 8min；进尺到位，反旋卷扬提钻并换用 1.2m 直径短螺旋钻正旋破芯取渣；交替进尺 5m 左右换取渣完成后，改用 ϕ1.5m 短螺旋钻扩孔破岩钻进之前进尺的 5m 段，再改用 ϕ1.8m 加焊破岩锰钢板槽旋挖斗钻扩孔钻进。最后用 ϕ2.2m 加焊破岩锰钢板槽旋挖斗钻扩孔钻进。此方法每钻进 5m 中风化、弱风化砂岩硬岩只需 2h。全过程挖机配合旋挖机更换钻头，缩短了换钻头的时间。深沉硬岩钻进同样可采用这个施工方法。在钻头种类受限的情况下，此施工方法具有损耗钻齿少、斜孔率低、钻进速度快等特点。

3　结语

旋挖钻机在复杂地层施工中，在漂卵砾石层钻进施工中也可采用泥浆护壁，但受现场水位地理环境的约束以及漂卵砾石层较薄的特点大胆采用小口径钻头取芯，回填建渣旋挖斗反旋加压扩孔挤碾建渣护壁。在中风化、弱风化硬岩旋挖钻钻进施工中，传统旋挖斗、短螺旋钻、筒钻、开口钻按合理顺序配合新型耐磨高硬度截齿钻进破岩施工，从实际应用效果来看，施工简便、钻进速度快、钻进成本低，采用该方案处理后，桩基成孔质量满足设计及规范要求，可为其他类似工程桩基处理提供一定的参考价值。

117. 山区高速公路桩基施工有关问题的探讨

尹劲松

（四川路桥桥梁有限责任公司）

摘　要：四川的高速公路建设目前已经向山区发展，特别是往三州（凉山州、甘孜州、阿坝州）的发展趋势越发明显。施工条件也越来越恶劣，主要是穿越龙门山断裂带的高速公路修建更是非常困难。在以上地方修建高速公路的桥隧占工程总量的比例达到了70%以上。修建桥梁是跨越山区的深沟、峡谷、河流的主要结构形式，桥梁的桩基施工在桥梁施工中的地位又起到了举足轻重的作用，也是高速公路以后运行安全的重要保障。但是在山区高速公路建设的桩基施工中也会遇到很多问题，也有很多问题需要各高速公路参建单位注意。现将在雅西高速建设中遇到的一些桥梁桩基施工问题作一个简单的探讨。

关键词：山区高速　桩基施工　问题探讨

1　工程概况

雅泸路C16合同段位于雅安市石棉县境内，起于擦罗乡上里村，设南瓜2号桥、3号桥沿G108右侧山腰而行，经落脚沟、跨G108后沿元堡山隧道穿越元堡山与G108，设擦罗乡大桥跨越深沟，终于擦罗乡福隆村，全长3 900m。南瓜3号大桥位于石棉县擦罗乡，沿南桠河右岸布置，为中高山地貌，沿线沟谷纵横，山坡陡峭，断面横坡达到500～600个，山体边坡较陡，岩石破碎，地质条件极为复杂，施工难度极大，主要表现为山体土质疏松，容易滑坡；桥位区以斜坡地形为主，左幅桩孔和右幅桩孔大半处于斜坡上，对桩基的挖孔造成了很大的困难；上边坡堆积了大量危石，存在重大安全隐患。

2　桩基成孔施工方案的选择

如图1所示：本合同段的桥梁绝大部分均布置在十分陡峭的山坡上，左右幅桥梁基础施工场地普遍存在较大的高差，场地布置和机具设备的转移均十分困难；除擦罗乡大桥的全部桩基和南瓜3号桥的少量桩基设计为摩擦桩，其余均设计为端承桩，需要嵌入弱风化岩层；要求嵌入弱风化岩层深度为大于桩径$3d$；且大于桩径$5d$的包边厚度才能计入有效桩长；各种尺寸的桩基在孔跨方向上交替布置。鉴于本项目桥梁工程地质、水文状况、设计技术要求以及本工程桩基数量和施工工期要求，特别是施工场地和场内交通条件，桩基采用挖孔灌注方案优势十分明显：施工设备轻巧简单，操作方便；人工操作，施工情况可目视，质量容易保证；占用施工场地小，对周围已有构造影响小；不会造成植被破坏、水土流失，不带来泥浆、污水等施工垃圾；可组织多根桩同时施工，总体速度快；可更多地解决剩余劳动力的就业问题。

综上所述，桩孔采用人工挖孔、钢筋混凝土护壁成孔的方法；钢筋安装采取现场分段制作钢筋笼、利用吊车吊运入孔连接的方式进行；混凝土浇筑采取在空气中灌注（普通）混凝土桩施工工艺，混凝土利用拌和楼集中拌和、输送泵泵送入孔。

图 1　雅泸高速 C16 项目南瓜 3 号特大桥

本合同段的桥梁布置与现在的国道 G108 位置关系如图 2 所示，左右幅桥梁基础施工场地普遍存在较大的高差，场地布置和机具设备的转移均十分困难。经过考虑，我部选择了人工挖孔成孔施工工艺，该工艺也是比较成熟的施工工艺，但是放在本合同段，该施工也遇到了很多困难，由于国道 G108 线紧邻山脚下，为了保证国道 108 线的运营安全及畅通，所以人工挖孔出来的孔渣不能直接弃到山下。必须将孔渣转移到便道上，再由自卸汽车运至弃土场，因此，解决孔渣转移成为成孔施工的一个难题。因为桩基布置基本上都是在施工便道的下面，由于地势十分陡峭，并且有些地方起伏较大，这些成为孔渣的转移制约因素。所以笔者根据现场的实际情况采用多种方式来解决孔渣的转移问题。

（1）在坡度起伏不大且不是很陡峭的地方，我们采用煤矿使用的轨道式运煤车，将运煤车的轨道布置在桩基一侧，通过卷扬机牵引来将装有孔渣的运煤车提升至便道处，如图 3 所示。

图 2　雅泸高速 C16 桥梁布置与 G108 的位置

图 3　运煤车提升

（2）在坡度起伏较大的地方，我们采用搭设支架的方式来解决，将支架布置在桩基的一侧，一排支架同时满足一排四个桩基的施工，如图 4 所示。

（3）在很多地方，以上两种方式都不能进行时，我们采用安装塔吊来解决弃渣的问题，这种方式是最安全且最理想的，但是这种方式的造价要高得多，因为一个塔吊最多只能解决三排墩的施工，塔吊的转移频率太快，施工成本较高，如图 5 所示。

对于本合同段遇到的这些情况，我部因地制宜地采用了合理的施工方式，最后顺利地完成本合同段的桩基施工。这里也是简单地介绍一些施工工艺，对于以后山区高速的建设，所有的建设者还需继续努力，结合实际情况选择安全合理有效的施工工艺，保证工程能够顺利进行。

图 4　搭设支架

图 5　安装塔吊

3　对于山区高速公路建设如何保证有效桩长

由于本合同段的桥梁布置在十分陡峭的山坡上，基本上都是位于半山腰。为方便项目所有工序能合理有效地展开，我部进场后必须要打通纵向便道，在纵向便道的修建过程中，就必须要破坏原地面。为了保护生态、少占林地，我部选择在红线内开挖纵向便道，由于地形限制，许多地方的挖方量比较大，这样对桥梁位置原地面破坏就比较严重。

该图为南瓜 2 号桥 22 号墩，我部便道开挖时将右 22－2 号的桩基位置原地面破坏，使该桩长减少了 6m。按照原设计图纸施工，将会使地系梁悬空 6m，不能充分发挥地系梁的作用，使地系梁的作用大大减弱。所以，为了避免该情况的发生，我们在纵向便道施工前，要对设计桩位坐标进行放样。并且结合设计图纸和现场实际情况，绘制详细的纵向便道的施工图纸。特别是在桩基位置的横断面图纸要详细绘制，并且在施工中多加注意，尽量避让桩位位置，尽可能地减少对原地面线大的破坏。如果确实没法避让桩位，将导致桩基长度不够或者桩基的包边厚度不够从而影响桩基的有效桩长。当出现上述情况，必须及时通报设计单位，对该桩基的有效长度进行验算，给出合理的出来方案，及时有效地解决。切忌盲目施工，避免由于有效桩长不够，给桥梁留下质量安全隐患。

4　如何保证嵌岩深度满足要求

本合同段的绝大部分桩基都设计为嵌岩桩，嵌岩桩的定义为：桩基穿过覆盖层，桩底嵌入岩层中，单桩承载力基本依靠桩底岩层来承载。本合同段的桩基嵌岩深度要求为桩径的 $3d$ 嵌入弱风化岩层，桩基一般要穿越的地质结构分层大致为碎石土、全风化花岗岩、强风化花岗岩、弱风化花岗岩。当我们在判别桩基是否嵌入弱风化花岗岩及嵌入深度时，首先要遇到的是怎样判别强(弱)风化花岗岩。由于判别强(弱)花岗岩的定义不是很明确，只有在施工过程中逐渐发现并解决，最后我们基本可以从观察孔渣样来确定。强风化花岗岩的孔渣样一般为褐黄色、块状、短柱状，断面多泥质充填或锈染，弱风化花岗岩的孔渣样呈现其石料成块状构造，岩芯完整，石料以块状、片状为主，剩余为碎块状。我们也可以根据施工经验来判别，我们的桩基都通过人工挖孔以爆破施工相辅助的施工工艺成孔，一般，在进入强风化花岗岩时，放炮所打的炮眼深度为 1.5m，通过爆破可以将岩层松动深度达到 1m 以上，但是，在进入弱风化花岗岩时，同样的炮眼深度通过爆破所能达到的松动深度只有 0.6m 左右，这样，孔桩每天的进尺深度就不一样了。所以,我们也可以通过孔桩每天的进尺深度来辅助判别桩基是否嵌入弱风化花岗岩,并且有足够长的嵌岩深度。

在本合同段桩基施工中也存在一个值得大家探讨的问题,由于本合同段处于一个地质结构比较复杂的山区地带。由于地理条件不好,设计单位在地质勘探这一方面做得不是很详细。我部因为桩基嵌入岩层不够这一问题出现了很多桩基加深的情况。在一个过程中也发现了一个问题,如图 6 所示。

该图右幅 1 号桩基设计深度为 19m,右幅 2 号桩基设计深度为 16m,桩径都为 1.8m,要求嵌入弱风化花岗岩深度大于 5.4m。由于该地段地质结构较为复杂,该跨桩基位置正好位于一个大的孤石上面,该孤石的竖向截面大于 7m。并且该孤石在很久以前的地质运动中被深埋于地下 10m。且该孤石被埋于地下时是一个弱风化花岗岩孤石。我们在桩基施工过程中,按照设计所给出的桩基深度施工,在挖至设计基底高程时,右幅 2 号桩桩基深度和嵌岩深度及嵌入岩层情况都满足了设计的要求,可以判定该桩基顺利终孔。

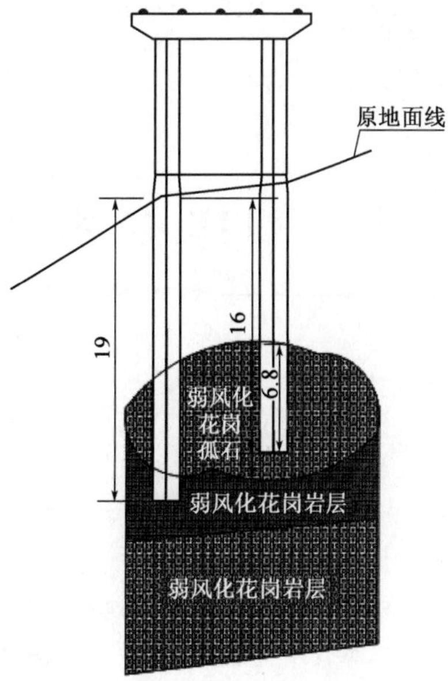

图 6 图例(尺寸单位:m)

在施工右幅 1 号桩基时,在开挖至 11m 位置就进入了弱风化花岗岩,根据设计要求,我们必须将桩基挖至设计桩底高程达到终孔深度,但是,在挖至 16m 位置时,桩基又进入了强风化花岗岩,并且在挖至设计基底高程时还没有进入弱风化花岗岩层,这样,右幅 1 号桩基就必须更加深,最终达到嵌入弱风化花岗岩层的 5.4m 以上。我们在这里可以发现,右幅 2 号桩基其实并没有真正地嵌入弱风化花岗岩,只是嵌入到了一个弱风化花岗岩的巨大孤石上面,并且桩基底端距离该孤石的低端只有 2m 左右,我们所设计的单排桩也是单承载桩,如果孤石的这 2m 没有足够的承载力,那就相当于右幅 2 号桩嵌入的就是强风化花岗岩而没有嵌入弱风化花岗岩,这样,承载桩底的托力不够,将会大大减少桥梁的使用年限。我们以后工作的重点就是如何解决这一难题,这个问题在施工过程中确实很难辨别和处理,这就需要设计单位在这样一种地质结构比较复杂的地方,一定要做好做细地质勘探工作。要能够给以后的施工提供详细的参考资料,以便更好地施工,建造出优质工程。

5 结语

雅泸路 C16 的桩基施工已经完成,雅泸的建设成功使得很多施工工艺成为四川山区高速公路建设的一个典范及航向。对以后山区高速的建设提供了许多宝贵的经验,在这里介绍的只是针对山区高速公路桩基施工问题的一些探讨,希望以后高速公路的建设特别是山区高速的建设者在施工中能注意到这些问题,确保工程建设的质量安全。

参 考 文 献

[1] 中华人民共和国行业标准. JTG T F50—2011 公路桥涵施工技术规范[S]. 北京:人民交通出版社,2011.

118. 清水混凝土在桥梁工程中的应用

孟新奇　米子明　刘金生　孙准正

(天津第三市政公路工程有限公司)

摘　要：传统的混凝土，即普通混凝土外观有气泡、麻面、裂纹，色泽度、平整度、均质度等较差，视觉、意境效果不好；很难与靓丽的都市、景观、原生的自然等相互映衬、浑然融合。清水混凝土以其古朴稳重、自然、清纯的质感为建筑物增添了独特的装饰效果，逐渐被人们认知和重视，并广泛地应用于大量的工程建设实践中。本文从清水混凝土自身特质出发，阐述其施工技术和工艺在桥梁工程中的应用，并简要探讨其发展前景。

关键词：清水混凝土　施工技术　桥梁　应用

1　引言

随着中国经济发展和社会进步，人们越来越认识到原生态的重要性，如低碳、环保、绿色、天然等。社会和谐、人与自然的和谐逐步确立，加快生态文明建设等也日益迫切。近年来，中国的基础设施建设日新月异，城市化、城镇化步伐加快，工程建设成了这个时代的主旋律；而混凝土是工程建设中用途最广、用量最大的一种建筑材料。传统的混凝土（即普通混凝土）外观有气泡、蜂窝、麻面、龟裂纹，颜色、润泽度、平整度、均质度等都较差，视觉、意境效果不好，很难与靓丽的都市、景观、原生的自然等相互映衬、和谐统一、协调融合。随着绿色建筑的客观需求，人们环保意识的不断提高，返璞归真的自然思想已经深入人心。清水混凝土以其古朴稳重、自然、清纯的质感为建筑物增添了独特的装饰效果，逐渐被人们认知和重视，并广泛地应用于大量的工程建设实践中，如图1所示。

a)　　b)

图1　混凝土桥梁在工程建设中的应用

2　清水混凝土概述

2.1　清水混凝土

清水混凝土(As-cast Finish Concrete/Bare Concrete)又称装饰混凝土。因其极具装饰效果而得名。它属于一次浇筑成型,不做任何外装饰,直接采用现浇混凝土的自然表面效果作为饰面,因此不同于普通混凝土。清水混凝土表面平整光滑、色泽均匀、棱角分明、线形顺畅、无碰损或污染,没有蜂窝、麻面、露筋、平渣、粉化、锈斑、明显气泡;在结构部位无缺棱掉角,梁、柱的接头平滑方正,接缝无明显痕迹;预埋件、预埋螺栓套管表面平整,尺寸准确;对拉螺栓位置排列整齐,模板拼缝痕迹具有规律性,蝉缝、明缝清晰;整体外观显得十分天然、庄重。有时,为了防止其受到空气、雨水、风雪霜冻等侵蚀,或碳化、老化影响清水效果,在其表面涂一层或两层透明的混凝土保护剂。清水混凝土以其古朴稳重、自然、清纯的质感为建筑物增添了独特的装饰效果,如图2所示。

a)　　b)

图2　清水混凝土在工程实践中的应用

2.2　清水混凝土的发展史

清水混凝土产生于20世纪20年代,随着混凝土广泛应用于建筑施工领域,建筑师们逐渐把目光从混凝土作为一种结构材料转移到材料本身所拥有的质感上,开始用混凝土与生俱来的装饰性特征来表达建筑传递出的情感。到20世纪60年代,越来越多的清水混凝土出现在欧洲、北美洲等发达国家。到了20世纪80年代,一批新起的建筑师延续了国际主义风格,强调高技术、强调建筑结构的科学技术含量,形成了“高技派”。在亚洲,日本最先走到了建筑前列,第二次世界大战后,百废待兴,部分混凝土建筑省掉了抹灰、装饰的工序而直接使用,演绎到今天,日本的清水混凝土技术已经得到了很大的发展。在我国,清水混凝土是随着混凝土结构的发展不断发展的。20世纪70年代,在内浇外挂体系的施工中,清水混凝土主要应用在预制混凝土外墙板反打施工中,取得了一定的进展。后来,由于人们将外装饰的目光都投诸于面砖和玻璃幕墙中,清水混凝土的应用和实践几乎处于停滞状态。直至1997年,北京市设立了“结构长城杯工程奖”,推广清水混凝土施工,使清水混凝土重获发展。近年,少量高档建筑工程如海南三亚机场,北京首都机场,上海浦东国际机场航站楼、东方明珠的大型斜筒体等都采用了清水混凝土。

3　清水混凝土施工技术

清水混凝土施工的结构物,以混凝土本色直接作为建筑物的外饰面。以清水混凝土作为装饰面，对美观、色差、表面气泡等方面都有很高要求，因此在混凝土配制、生产、施工、养护等方面都应采取相应的措施。清水混凝土应进行专项的施工技术设计，清水混凝土施工应进行全过程的质量控制。

3.1 主要技术内容

（1）混凝土配制

清水混凝土应进行专项的配合比设计，并应按照设计要求进行试配，确定混凝土表面颜色。除不同水胶比将导致硬化后混凝土颜色变化外，骨料对外观的影响也不可忽视，因此同一个视觉面的混凝土工程，应采用相同类型的骨料。应使用同一种原材料和相同的配合比，混凝土拌和物应具有良好的和易性，不离析、不泌水。配制清水混凝土时，应采用矿物掺和料，在考虑掺和料活性的同时，充分利用各种掺和料的不同粒径，在混凝土内部形成紧密充填，增强混凝土的致密性。应按照混凝土原材料试验结果确定外加剂型号和用量，应进一步重视解决外加剂和水泥的适应性，减少混凝土的泌水率，减少混凝土坍落度的经时损失。应考虑工程所处环境，根据抗碳化、抗冻害、抗硫酸盐、抗盐害和抑制碱—骨料反应等对混凝土耐久性产生影响的因素进行配合比设计。

（2）混凝土模板

清水混凝土的模板应进行专项设计，模板分块设计应满足清水混凝土饰面效果的设计要求：大面模板分块宜以轴线或洞口中线为对称中心线；模板上下接缝位置宜设于明缝处，明缝宜设置在结构转交或其他分格线位置。单块模板的面板分割设计应与蝉缝、明缝等清水混凝土饰面效果一致，所形成的蝉缝、明缝水平方向应交圈、竖向应顺直有规律。当模板接高时，拼缝不宜错缝排列，横缝应在同一高程位置；水平模板排列设计应均匀对称，横平竖直，对于弧形平面宜沿径向辐射布置。清水混凝土的模板面板分割应保证清水方案的连续性及施工的可操作性。为了使清水混凝土表面光滑无气泡，应根据不同强度等级混凝土选用不同材质的模板，而脱模剂除起到脱模作用外，不应影响混凝土的外观。

（3）混凝土施工

清水混凝土浇筑前应保持模板内清洁、无积水。浇筑时应严格控制分层浇筑的间隔时间，分层厚度 300～500mm。清水混凝土应振捣均匀，严禁漏振、过振、欠振；振捣棒插入下层混凝土表面的深度 50～100mm。后续清水混凝土浇筑前，应先剔除施工缝处松动石子或浮浆层，剔除后应清理干净。

（4）混凝土养护

清水混凝土的养护应确保混凝土表面不受污染，充分合理的养护是保证混凝土硬化后表面和内在质量的关键。清水混凝土拆模后应立即养护，对同一视觉范围内的清水混凝土应采用相同的养护措施。清水混凝土养护时，不得采用对混凝土表面有污染的养护材料和养护剂。

3.2 主要技术指标

清水混凝土表面应无裂缝、无明显气泡、无明显色差、无明蜂窝麻面；表面平整、光滑，轴线、体型尺寸准确；大截面、变截面结构线条规则，棱角分明；转交、接头通顺，无明显槎痕。清水混凝土的表面外观指标如图 3 所示。

主要施工技术指标如表 1 所示。

a)

b)

图 3　清水混凝土外观指标图景

清水混凝土技术指标　　表 1

项　目	指　标	指标标准	检查方法
1	颜色	浑然天色、色泽饱满、均匀一致、无明显色差	距离 5m 观察
2	气泡	大面基本无气泡、微小气泡面积≤$20cm^2/m^2$ 面积	用尺量后计算
3	光洁度	无漏浆、流淌及冲刷痕迹，无油迹、锈斑及粉化物	距离 1m 观察
4	裂缝	宽度小于 0.2mm，且长度不大于 1 000mm	尺量，刻度放大镜
5	明缝	位置规律、排列整齐、深度一致、水平交圈	观察、尺量
6	蝉缝	横平竖直、水平交圈、竖向成线	观察、尺量
7	对拉螺栓孔眼	排列整齐、空洞封堵密实，凹孔棱角清晰圆滑	观察、尺量

4　在桥梁工程中的应用

4.1　清水混凝土在桥梁中应用实例

1)工程概况

某市教育园区规划的一条纬六路，其上有一座 10×13.5m 的两联曲线拱桥，跨越一个美丽的湖塘。原设计为普通钢筋混凝土结构，外挂大理石材矩形板(0.8m×2.4m)，拱底喷涂真石漆，形成仿古“石砌”拱形景观桥。在实际实施时，提出了变更原设计，取消外挂石材、喷涂真石漆的仿古“石砌”“假”做法，变成以清水混凝土为饰面的钢筋混凝土清水拱桥。如图 4 所示，桥长 135m，宽度 25.6m，5 孔一联共两联；连续梁为多室箱型截面梁，拱脚处箱梁高 3.5m，跨中箱梁高 0.9m；桥梁位于曲线半径 R=700m 的平曲线内。

图 4　清水混凝土施工的某教育园区纬六路大桥(尺寸单位：cm，高程单位：m)

2)清水混凝土配制

桥梁清水混凝土的配制思路，既要使混凝土自身具有良好的气密性和排气能力，又要有足够的抗离析泌水的能力。目前，国内已有桥梁清水混凝土施工成功的先例，但对清水混凝土试验方法的研究尚未发现成熟的报道，也没有发现指导性非常强的清水混凝土的室内试验评价方法，因此需要通过室内试验简单、快捷、经济的评价混凝土的性能。为此，在桥梁施工前 2 个多月，就开始与几个商品混凝土搅拌站结合做清水混凝土的试配工作，从混凝土的和易性、坍落度、泌水性，成型后气孔率、光洁度、色泽度等方面进行选择、比对，最终确定了一家商品搅拌站的清水混凝土配合比。如表2所示。

桥梁清水混凝土施工配合比（单位：kg/m^3） 表2

项目	水胶比	水泥 P.O42.5	矿粉	粉煤灰 Ⅱ级	饮用水	中砂（河砂）	碎石 5～25	砂率（%）	外加剂	坍落度（mm）
C30 混凝土	0.44	284	34	66	170	800	1 024	43.9	9.40	160±20
C40 混凝土	0.39	360	40	60	180	780	978	44.4	11.5	160±20

清水混凝土搅拌时应采用强制式搅拌设备，每次搅拌时间宜比普通混凝土延长20～30s。同一视觉范围内所用清水混凝土拌和物的制备环境、技术参数应一致。制备成的清水混凝土拌和物工作性能应稳定，且无泌水离析现象，90min的坍落度经时损失值宜小于30mm。运输到达现场后的混凝土拌和物，用于浇筑的混凝土坍落度宜为160±20mm。清水混凝土拌和物从搅拌结束到入模前不宜超过90min。进入施工现场的清水混凝土应逐车检查坍落度，不得有分层、离析现象。

3）桥梁清水模板

（1）模板设计、加工

清水混凝土施工用的模板要求十分严格，需要根据建筑物进行设计定做，且所用模板多数为一次性的，成本较高，重要部位有时甚至使用进口模板（图5）。模板必须具有足够的刚度，在混凝土侧压力作用下不允许有一点变形，以保证结构物的几何尺寸均匀、断面的一致，防止浆体流失。对模板的材料也有很高的要求，表面要平整光洁，强度高、耐腐蚀，并具有一定的吸水性。为此，该拱桥异形墩柱模板设计为大块整体式钢模板，高度3.4m、长度4.3m（每节段），面板厚度6mm。拱桥箱梁底模也是采用钢模板，面板厚度5mm；由于该桥处在平曲线和竖曲线上，平面上内外孔径不一样，所以每联5孔桥的拱底面是5个不同的空间异形曲面，按照计算机模拟图形及曲面坐标进行工厂下料加工，共计700多块（每块都不一样），然后编号、依次拼装。桥梁箱梁两侧面的侧模板是清水混凝土施工效果的关键所在，设计采用尺寸为600m×1 500mm的标准定型钢模板，为了保证模板的刚度及表面平整度，面板采用4mm厚的冷轧钢板，加劲肋采用∟60×6mm定型角钢，保证每块钢模板的刚度、平整度及拼装精度，如图6所示。

a) b)

图5 清水混凝土施工的桥梁墩柱及模板

（2）模板安装

在基础混凝土浇筑完毕，基础顶面高程要进行严格控制，以确保上墩柱模板的水平。模板垂直度的控制是关键工序，每块模板固定前要严格控制。模板在脚手架上的垂直运输采用吊车起吊，水平运输采用人工搬运。模板在搬运过程中要对使用面进行保护，确保不被损伤。为保证模板与模板间不漏浆,在模板的板面上做子母口连接,保证两块模板间连续紧密。模板安装前要擦拭干净,在表面均匀涂上脱模剂。

a) b)

图 6 清水混凝土桥梁施工的模板体系

(3)对拉螺栓设置

对拉螺栓加固,穿墙套筒要加定位堵头以保证穿墙孔眼的位置严密,防止漏浆,穿墙套管强度要足够定位模板间距,抵抗新浇筑混凝土液态压力,不产生与模板间隙过大而漏浆的现象,如图 7 所示。

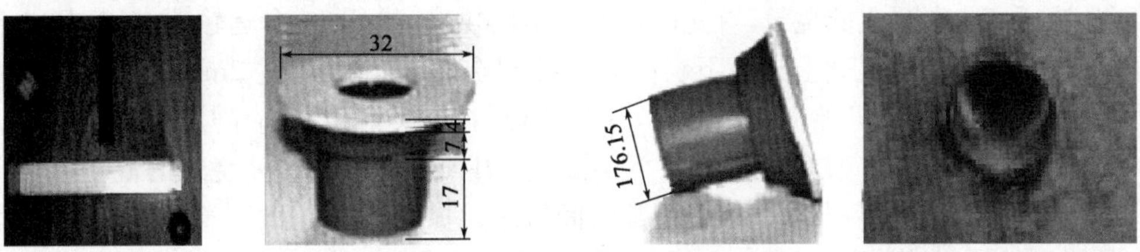

a) b) c)

图 7 清水混凝土施工对拉螺栓及密封圈

(4)模板蝉缝处理

蝉缝是在清水混凝土表面精心设计的有规则的装饰线条,可表现出规律和韵感之美,由模板拼缝形成,它比明缝更进一步地对表面进行分割及装饰。模板拼缝不严密、模板侧边不平整、相邻模板厚度不一致等问题都会造成拼接缝处漏浆或错台,影响蝉缝观感质量。以往使用海绵胶带贴缝处理,其密封性较好,但材质过软,无法控制拼缝处模板的开裂、错位,漏浆、错台现象很常见。拼缝的密封材料应有一定的强度,还要保证密封性,塑料是一种很好的原材。工形条是根据模板拼缝形状设计,工形条的两端采用圆弧形设计,以此来保证一定的预紧力,并能与模板紧密结合,同时确保混凝土表面印痕的圆滑。该塑料条采用优质塑料加工,柔韧性好,强度高,表面光滑。拆除模板后与混凝土易分离,可多次循环使用,且比以往一次性使用的海绵胶带节省了相当的工程费用,如图 8 所示。

(5)明缝的处理

明缝是对清水混凝土整体表面进行分块处理,从而达到建筑结构与外观装饰艺术统一的建造技术。施工缝应与每设一道水平明缝相吻合。明缝的设计尺寸为 2m×1cm,安装模板时固定在竹胶板上,明缝要求线条顺直、平整光滑,在混凝土施工时以附在模板上的嵌明缝条而形成。为选择合适的嵌条材料,我们综合比较了木条、不锈钢条、塑料条等几种材料,最后决定选用质量性能较好、便于安拆的塑料条。为便于明缝条的脱离,将明缝条加工成斜角企口状,并在明缝条表面涂抹脱模剂或黄油。

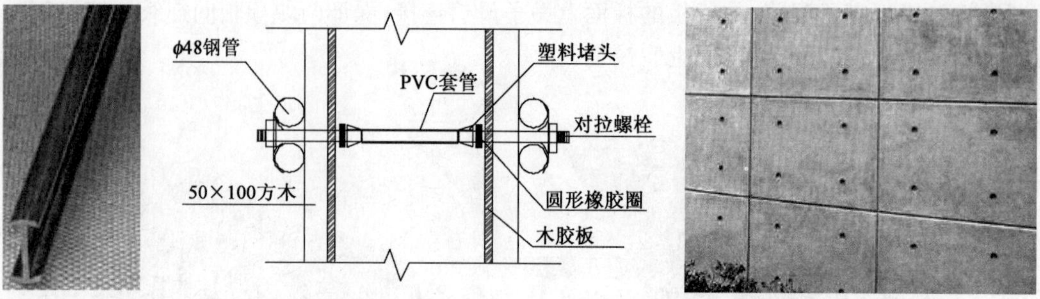

a)　　b)　　c)

图 8　清水混凝土施工对拉螺栓孔及明缝处理

4)清水混凝土浇筑

混凝土中的大气泡是产生蜂窝麻面的主要原因;为确保清水混凝土的振捣质量减少表面气泡,应该合理延长振捣时间或采用二次振捣。因为即使是未掺外加剂的混凝土,也有0.5%~2%的含气量,而施工人员为了排出气泡往往会加大振捣力度,这样又容易形成“过振”。黏度小、易离析泌水的混凝土过振后固体颗粒急剧沉降、水分上浮,再加上模板密封性良好,就形成了水线、鱼鳞斑等;如果模板密封性不够好,则易出现“露骨”现象,从而严重影响混凝土的外观。所以,该桥清水混凝土的浇筑,首先保证混凝土的供应,采用10台运输罐车、现场2台大型混凝土输送泵。其次,混凝土自由下料高度应控制在2m以内,超过2m时,采用溜管的方法。振捣时振点应从中间开始向边缘分布,且布棒均匀,层层搭扣,并应随浇筑连续进行。振捣棒的插入深度要大于浇筑层厚度,插入下层混凝土中50~100mm,使浇筑的混凝土形成均匀密实的结构。混凝土先后两次浇筑的间隔时间不超过30min,第二次浇筑前,要将下层混凝土顶部的150mm厚的混凝土层重新振捣,以便使两次浇筑的混凝土结合成密实的整体。振捣过程中应避免撬振模板、钢筋,每一振点的振动时间,应以混凝土表面不再下沉、无气泡逸出为止,一般为20~30s,要避免过振发生离析。振捣棒抽出,振捣过程中要使振捣棒离混凝土的表面(最终作为饰面的混凝土表面)保持不小于50mm的距离。在整个浇筑过程中,应避免出现冷接缝、砂眼、孔洞和蜂窝等质量缺陷,如图9所示。

a)　　b)

图 9　桥梁施工清水混凝土的浇筑及清水效果

5)清水混凝土养护

清水混凝土应及时及早养护,混凝土在同条件下的试件强度达到3MPa(冬期不小于5MPa)时拆模。拆模后应及时养护,以减少混凝土表面出现色差、收缩裂缝等现象。该桥拆模后派专人负责,根据气候和气温制订养护措施,采取覆盖塑料薄膜或阻燃草帘并与洒水养护相结合的方法,拆模前和养护过程中均应经常洒水保持湿润,养护时间不少于7天。冬期施工时若不能洒水养护,采用塑料薄膜包裹外挂棉被方法,或采用涂刷养护剂与塑料薄膜、阻燃草帘相结合的养护方法,养护时间不少于14天。以满足混凝土硬化和强度增长的需要,使混凝土强度满足设计要求。桥梁清水混凝土经养护后如图 10 所示。

a) b)

图 10 清水混凝土施工的桥梁工程清水效果

4.2 清水混凝土应用前景

清水混凝土在国内外大型建筑工程，特别是国内桥梁工程中已得到广泛应用，但在国内的一般房屋建筑工程中，还没有得到推广使用，清水混凝土优越的结构性能和显著的经济性还没有得到充分发挥。在钢筋混凝土大国日本，清水混凝土在各种建筑工程中早已得到广泛使用。在我国，清水混凝土的结构设计与施工，还有待于理论研究和实践应用；另外，我国清水混凝土施工操作多依赖于人工，施工机械化、标准化程度不高。但是，随着与国际接轨的日益加速，随着绿色建筑日渐受到重视，在工业与民用建筑中，清水混凝土在我国的应用将会有一个较大的发展。未来，清水混凝土可以根据实际施工使用的需要，加入各种矿物颜料（色粉）成分，拌制出不同颜色的彩色混凝土，以满足丰富多彩的各种建设工程，如图 11 所示。

a) b)

图 11 清水混凝土未来的发展（建筑、彩色人行道）

5 结语

清水混凝土是混凝土材料中最高级的表达形式，它显示的是一种最本质的美感，体现的是"素面朝天"的品位。清水混凝土具有朴实无华、自然沉稳的外观韵味，与生俱来的厚重与清雅是一些现代建筑材料无法效仿和媲美的。材料本身所拥有的柔软感、刚硬感、温暖感、冷漠感不仅对人的感官及精神产生影响，而且可以表达出建筑情感。因此建筑师们认为，这是一种高贵的朴素，看似简单，其实比金碧辉煌更具艺术效果。清水混凝土是名副其实的绿色混凝土：混凝土结构不需要装饰，舍去了涂料、饰面等化工产品。有利于环保：清水混凝土结构一次成型，不剔凿修补、不抹灰，减少了大量建筑垃圾，有利于保护环境。消除了质量通病：清水装饰混凝土避免了抹灰开裂、空鼓甚至脱落的质量隐患，减轻了结构施工的漏浆、裂缝等质量通病。促使工程建设的质量管理进一步提升：清水混凝土的施工，不可能有剔凿修补的空间，每一道工序都至关重要，迫使施工单位加强施工过程的控制，使结构施工的质量管理工作得到全面提升。降低工程总造价：清水混凝土的施工需要投入大量的人力物力，势必会延长工期，但因其最终不用抹灰、修补、装饰面层，从而减少了维保费用，最终降低了工程总造价。总之，清水混凝土以其自身优秀的特质和各种各样的优点，必将带动工程建设领域“清水建筑理念”的更新，其发展前景一定会越来越好、越来越广阔！

参考文献

[1] 中华人民共和国行业标准.JGJ 169—2009 清水混凝土应用技术规程[S].北京：中国建筑工业出版社，2009.

[2] 舒圣虎.浅谈在市政道路桥梁工程中清水混凝土的施工工艺[J].商品与质量，2012(S5).

[3] 刘海雪.论市政道路桥梁工程中清水混凝土的应用[J].科技与企业，2012(17).

[4] 巫洪安.唐昭霖.桥梁清水混凝土施工工艺控制技术[J.]西部探矿工程，2003(3).

[5] 尹社联.武汉市轻轨桥梁清水混凝土施工技术[J].西藏科技，2006(6).

119. 主跨230m倮果金沙江特大桥测量监控技术

李　剑　吴继林　何文凯　李彩娥　杨　剑
（四川川交路桥有限责任公司）

摘　要：主要阐述特大桥的测量监控。通过建立控制网，进行平面及高程控制测量。通过主梁结构应变测量与应力分析来精确控制各施工节段的高程。

关键词：特大桥　测量监控　高程　桥轴线

1　工程概况

倮果金沙江特大桥是丽江至攀枝花高速公路攀枝花段重点控制性工程之一，全桥孔跨布置为4×50m(简支T梁)＋(120＋230＋120)m(连续刚构)＋3×39m(简支T梁)＋1×20m(现浇箱梁)，该桥全长860m。主桥上部结构为单箱单室三向预应力混凝土变截面箱梁，箱梁顶板宽11.75m，底板宽7.55m，箱梁顶板设置为2.0%单向横坡。箱梁0号梁段高14.8m，跨中及边跨现浇段梁高4.5m。箱梁高度按1.6次抛物线变化。箱梁底板厚度由箱梁0号梁段端的1.747m按1.6次抛物线渐变至跨中的0.32m，墩顶接触处底板局部加厚为2.5m。箱梁腹板在墩顶范围内厚1.2m，从根部到跨中及边跨现浇段按0.7m、0.6m、0.5m三种厚度设置。主桥箱梁0号节段长15m，中、边跨合拢段长2m，边跨现浇段长4m。主桥桥墩采用独柱式空心薄壁墩，最高墩高82m。

2　建立桥位控制网

2.1　平面控制测量

根据倮果金沙江特大桥桥位地形、地貌和桥形及施工要求布设平面控制网，采用一级导线测量方法测设，作为桥梁工程的首级控制，以保障测量精度。

全线导线点采用1954北京坐标系，中央子午线经度为102°。点位应设置稳定，导线点间通视良好，便于施测和保留。

2.2　高程控制测量

根据倮果金沙江特大桥跨越金沙江桥长小于1 000m，采用附合水准路线作为首级高程控制网，由于山谷对水准测量影响可采用全站仪三角高程测量进行联测，其水准测量精度应满足四等水准测量的技术要求。

高程控制系统采用1985国家高程基准，高程控制点应布设在土质坚实的地方，便于施测，定期复测。

3 主桥施工监控测量技术

3.1 桥轴线观测

观测仪器及精度：采用全站仪进行观测，轴线容许偏差为±5mm。

3.2 桥轴线观测布置

基准点布置于两侧桥头处轴线上，基准点应保证全桥通视以便视准测量，要求其埋设位置准确。在每一节段悬臂端梁顶设立一个轴线点。测点用短钢筋或钢板预埋，并用红色油漆标明编号。轴线使用全站仪和钢尺等进行测量，采用测小角法或视准法直接测量其前端偏位。视准时，用远点控制近距离点。

测量工况：同高程控制，轴线偏差应在各节段挂篮前移立模过程中进行修正，每浇筑3个梁段，需要观测一次主梁轴线是否偏离，并在合拢前做一次全桥线性观测。

(1)仪器及精度

采用DSZ2型精密水准仪进行观测，所有高程测量误差为±10mm。

(2)水准点布置

在两主桥墩位处设两个基准水准点，水准点的测设要求达到四等水准测量的要求。应采取切实可靠的措施对其进行保护，防止施工过程中损坏。箱梁高程观测基准点由此引出，后期高程观测数据的校核也以此为准。

(3)工作基准点布置

当浇筑各墩0号块混凝土时，在0号块顶板中心位置用$\phi 20$的钢筋至少10cm长预埋在混凝土中，钢筋垂直并与顶板钢筋点焊牢固，作为布置的工作基准点。测点凹在箱梁混凝土顶面(10×10×2)cm方槽中，顶面套一个钢帽并做好标记，以对测点进行保护。

用全站仪检验这两个工作基准点是否闭合，以后各梁段各阶段的高程观测均由该基准点引出，在每完成一个梁段的施工后、下一梁段开始施工前对测量基准点进行一次校验。在边跨和中跨合拢施工前也必须对其进行校验。

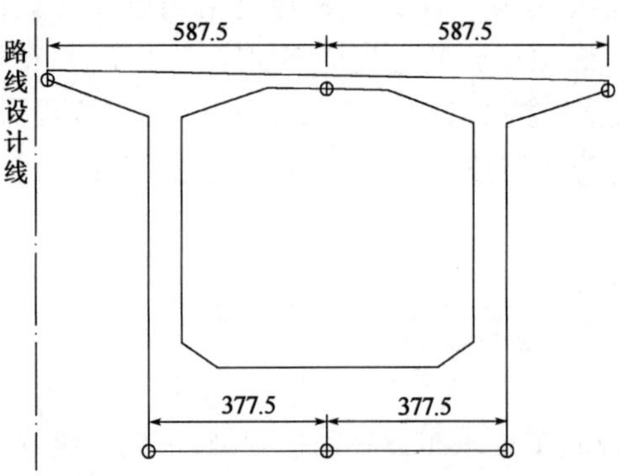

图1 悬臂节段立模高程布置断面图(尺寸单位:cm)

(4)主梁各节段立模高程观测布置

用精密水准仪测量立模高程，立模高程的测量应避开温差较大的时段。施工立模到位，测量完毕后，报验监理单位对施工各节段的轴线及立模高程进行复测，报监控单位不定期进行抽测。以保证主梁各节段的轴线及立模高程准确无误，悬臂节段立模高程测点布置如图1所示。

预拱度控制。

主梁悬浇段的各节段立模高程可按下式确定：

$$H_{\mathrm{i}} = H_0 + f_{\mathrm{i}} + (-f_{\mathrm{i预}}) + f_{\text{篮}} + f_{\mathrm{x}}$$

式中：H_i——待浇筑段主梁底板前端底模高程；

H_0——该点设计高程；

f_i——本施工段及以后浇筑的各段对该点的影响值；

$f_{预}$——本施工段顶板纵向预应力束张拉后对该点的影响值；

$f_{篮}$——挂篮弹性变形对该施工段的影响值；

f_x——由徐变、收缩、温度、结构体系转换、二期恒载、活载等影响值。

上述各参数在有限元倒向分析基础上，根据实测信息，对计算预拱度进行调整和预测，确定最佳预拱度。

预拱度是主梁线形控制的主要参数，也是决定主跨和边跨能否顺利合拢，应力分布是否合理的关键。施工预拱度指令，一般由监测监控单位拿出方案，经设代组计算审核后，桥梁专业监理工程师签字才能组织施工。施工预拱度指令除保证其合理性、科学性外，下达时间应保证施工的连续性和及时性。

(5)主梁各节段挠度及顶面高程观测布置

布置位置：主梁各悬臂浇筑节段均需在浇筑混凝土前设置挠度及顶面高程观测点，每个节段前端设置 3 个点；主梁空腔内每节前端也设置 3 个点(其中桥轴线上水准点观测亦作为轴线线形观测点)，平面位置如图 2 所示、断面如图 3 所示。

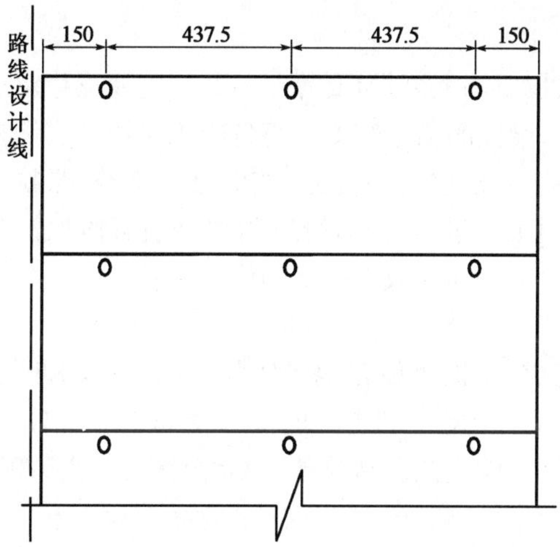

图 2　悬臂节段测点布置平面图(尺寸单位：cm)

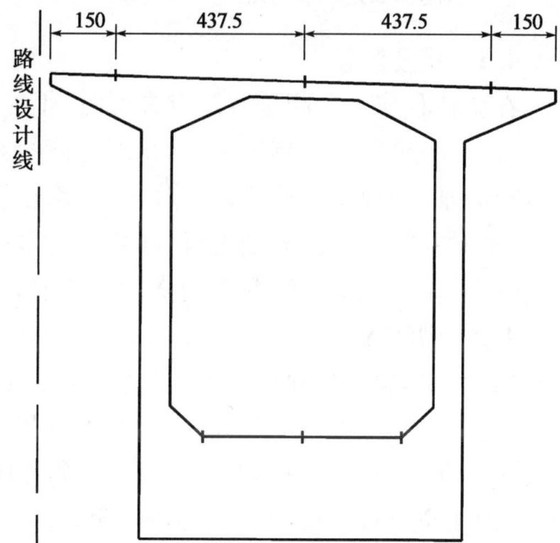

图 3　悬臂节段测点布置断面图(尺寸单位：cm)

各节段上观测点编号以丽江攀枝花方向及各节段号命名，如 ZS6＃0L-1 表示左幅 6 号桥墩 0 号块丽江方向(即边跨上)顶板 1 号测点，YX6＃1P-2 表示右幅 6 号桥墩 1 号块攀枝花方向(即中跨上)底板 2 号测点，ZS7＃3L-3 表示左幅 7 号桥墩 3 号块丽江方向(即中跨上)顶板 3 号测点。1、2、3 号测点从桥梁左至右编号，以此类推。

布置方法：短钢筋垂直焊接在最外层构造钢筋上，浇筑完混凝土后露出顶面 2cm，然后顶部套置钢帽并对测点标号。

同跨两边对称截面相对高差的直接测量和三跨线形的通测。当两边施工节段相同时，对称截面的相对高差可直接进行测量和分析比较。当施工节段不同时，对称节段的相对高差不满足可比性，此时，可选择较慢的一边最末端截面和较快的一边已施工的对应截面作为相对高差的测量对象。在测量过程中，同一对称截面可测多点，根据其横坡取其平均值，可得到对称截面的对应点的相对高差。

(6)主梁结构应变测量与应力分析

布点时间在主梁钢筋布置基本就绪、混凝土浇筑之前,在控制断面预埋传感元件,并做好相应的防护工作。对于预应力混凝土梁桥,主要是测试和控制桥梁结构纵向应力。因此,布点时,传感元件沿纵向(桥的里程或桩号方向)布置,用铁丝捆扎在主梁纵向钢筋的上(下)缘。

传感元件测试原理及其应变测量。混凝土应力测试传感元件类型较多,目前通常使用钢弦应变计,其测试效果较好。钢弦传感器应变与频率间的关系通常是以标定表和折线图的形式给出的,用二次曲线或三次曲线进行最小二乘拟合,便能得到较好的数学表达式。

(7)测量工况与时间

对每一个悬浇梁段要进行4种工况的线形控制观测:阶段 A 为挂篮就位,阶段 B 为混凝土浇筑后,阶段 C 为预应力钢束张拉前,阶段 D 为预应力钢束张拉完成后。4阶段的观测方法中:阶段 A、B 的测量数据之差反映箱梁节段自重产生的挠度效应;阶段 B、C 的测量数据之差反映箱梁在这段时间内由收缩徐变产生和环境影响的挠度效应;阶段 C、D 的测量数据之差反映箱梁节段张拉预应力产生的挠度效应;本节段 D、下节段 A 的测量数据之差反映了挂篮移动产生的挠度效应。每次测量从悬臂端往墩顶方向的3个断面。

4　测量注意的问题

4.1　挠度测量

在张拉预应力后测量各测点高程时,不能在张拉后马上测量,要等5～6h挠度变形稳定后再测量,一个梁段施工测量完成后,汇总该段和以前梁段的测量数据。将各施工梁段的实测挠度进行叠加,与模拟计算值比较分析,并修正计算值。挠度的汇总还应按混凝土浇筑、张拉预应力、移动挂篮的工况分别进行,即将各阶段的相同工况进行叠加,分别得出浇筑各阶段混凝土、张拉各阶段预应力情况下的挠度变化值,以便得出不同加载工况下的修正系数。

4.2　观测时间

每次高程观测应在早上太阳出来前30 min完成:根据攀枝花地区实际情况,测量时间要求在9:00以前完成,以减少温度对观测结果的影响。当施工到主跨的1/4或3/4前后时,选择气温变化比较大的时候对主梁高程进行24h温度影响观测。从早上6:00至次日早上6:00,每2h对主梁已浇节段的高程进行一次观测。

5　测量辅助测试

在施工监控中,除进行主梁线形和高程测量之外,还要进行应力测试以及一系列的测试、试验及资料收集,以排除监控中各种干扰因素。主要项目包括温度测试、挂篮实验、桥面临时荷载布置、资料收集、截面尺寸测量、浇筑混凝土方量、桥用材料性能试验等,以帮助主梁线形和应力的监测。

6　结语

在大跨径预应力混凝土连续刚构桥建设中,实施有效的施工监测是非常重要的。施工监测能够为施工各环节提供可靠的依据,确保桥梁施工质量和施工安全。在倮果金沙江特大桥主桥施工过程中,只有严格进行施工监测,才能保证主桥施工顺利进行,为特大桥的建设提供有力的技术支持。

120. 大跨度自锚式悬索桥体系转换控制

张连振　宋子龙　赵金星

（哈尔滨工业大学桥梁与隧道工程系）

摘　要：基于有限位移理论和无应力长度不变原理，对某大跨度独塔自锚式悬索桥体系转换进行了施工控制。根据缆索系统不同受力阶段，设计了以吊索无应力长度、张拉力以及兼顾线形联合控制吊索张拉的施工控制方案，并进行了工程实践，顺利实现了体系转换，结构线形符合预期状态。

关键词：自锚式悬索桥　施工控制　吊索张拉　无应力长度

1　引言

自锚式悬索桥由于其具有线形优美、受力明确、跨越能力大以及对地质适应能力强等诸多优点而越来越受到桥梁工程师的青睐，特别是近几年来，许多城市在规划建设中小型桥梁时，都选择了自锚式悬索桥方案。然而，自锚式悬索桥结构复杂，施工周期长，施工风险高，若在施工过程中没有对桥梁进行严密的施工监控，桥梁结构的安全将得不到保障。因此，为了确保自锚式悬索桥施工的安全，对其进行施工控制是必不可少的[1]。

目前，自锚式悬索桥的建造方法一般是"先梁后缆"法，即首先在支架上浇筑混凝土主梁或者拼装钢梁，接着架设主缆，然后通过吊索张拉，将主梁重量由支架承担转移到主缆承担，从而拆掉支架，实现体系转换的过程。在这个过程中，吊索张拉是最关键，也是最复杂的工作。如何快速、精准地完成吊索张拉，从而实现体系转换是自锚式悬索桥施工控制工作的核心内容。

无应力状态控制法已经在桥梁施工控制中得到了广泛的应用，特别是在缆索体系桥梁工程中：其基本原理可以简述如下两条[2]：

(1)一定的外荷载、结构体系、支承边界条件、单元的无应力状态量组成的结构，其对应的结构内力和位移是唯一的，与结构的形成过程无关。

(2)结构单元的内力和位移随着结构的加载、体系转换和拉索的张拉变化，拉索的无应力长度只有人为地调整才会发生变化，当荷载和结构体系一定时，拉索的无应力长度变化必然唯一地对应一个索力的变化。

对于第一条，核心的要素是无应力状态量，它是结构本身的一个固有量，要想改变单元的无应力长度和无应力曲率必须对构件单元大的“外形”有实质的“物理”改变。对于第二条，核心要素是不同的施工阶段，对应不同的无应力长度，控制好各施工阶段的无应力长度，则分段施工桥梁所有问题则可迎刃而解。

对于自锚式悬索桥的吊索张拉过程，实质上就是不断地改变吊索的无应力长度，直到其无应力长度达到成桥状态的无应力长度为止的反复张拉过程。只要设定好每一轮吊索张拉的阶段目标无应力长度，在兼顾结构应力安全的条件下，可以快速实现吊索张拉工作。本文根据此原理，设计了某大跨度自锚式悬索桥的吊索张拉方案并成功进行了实践。

2 工程概况

该桥桥跨布置为 48m＋2×180m＋48m，结构体系为塔墩梁固结体系，辅助墩和过渡墩处设置竖向约束和横向约束。桥面宽度为 42.5m，标准梁高 4.0m，标准梁段长度为 9.0m，并且在辅助墩顶加劲梁内布置有配重。吊索布置在中央分隔内，为平行钢丝，吊索间距 9m。主缆为两跨对称平面线形，理论跨径 180m，跨中矢度为 13m，主缆线形为分段悬链线。主缆采用 PPWS 法施工，工厂预制平行钢丝索股，现场在猫道上逐股安装架设。每根主缆采用 37 根通长索股。每根索股由 127 丝 ϕ5.25mm 的高强镀锌平行钢丝组成，钢丝标准强度为 1 670MPa。桥塔为钢筋混凝土景观桥塔，索塔顺桥向布置两肢塔柱，自承台至塔顶高 90.969m。下部结构采用 ϕ250cm 群桩基础。桥梁布置图如图 1 所示。

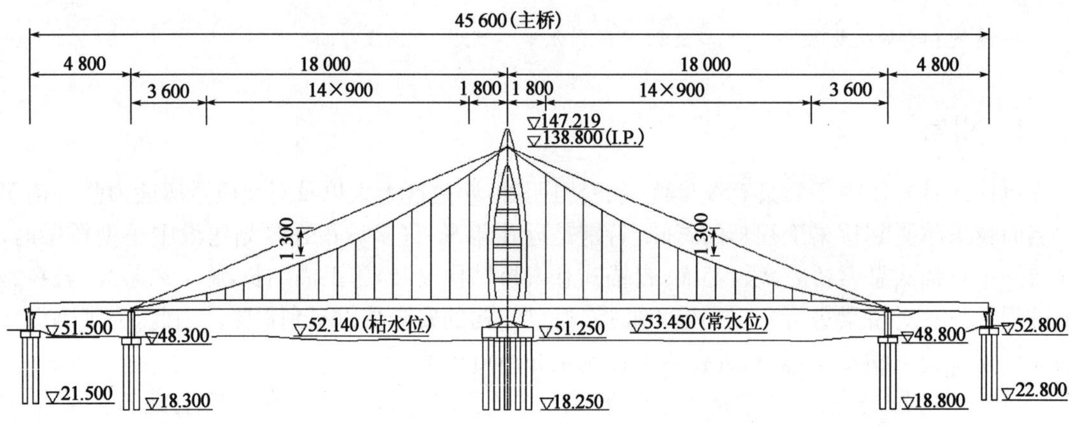

图 1 桥梁总体布置简图(尺寸单位：cm，高程单位：m)

3 有限元模型及施工目标状态

3.1 有限元模型

采用 Sap2000 有限元分析软件，建立了该桥的分析模型。加劲梁和桥塔采用框架单元模拟。该桥加劲梁为闭合钢箱梁，抗扭刚度较大，本文采用单主梁脊梁模式进行模拟：将加劲梁处理为桥梁纵向中心线位置的单根主梁，准确计入加劲梁截面的轴向刚度、弯曲刚度、扭转刚度和剪切刚度等截面特性参数，并采用刚臂单元将主梁单元的每个节点与索单元相连。自锚式悬索桥的几何非线性主要表现为缆索的几何非线性，吊索以及主缆单元全部采用索单元进行模拟，建模中同时考虑桩土作用和单向支座单元。建立的全桥分析模型如图 2 所示。

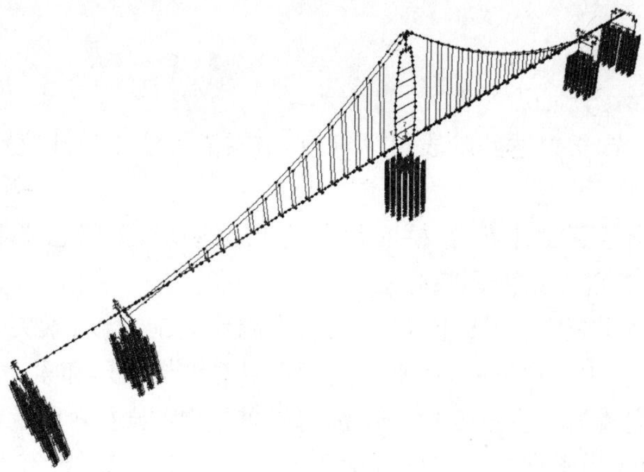

图 2　有限元分析模型

3.2　合理脱模状态分析

在吊索张拉方案确定之前，最重要的问题是确定主梁的合理脱模状态。由于自锚式悬索桥最大的特点是取消了桥两端巨大的锚锭，直接将主缆锚固在加劲梁的端部，所以在施工过程中决定了自锚式悬索桥必须先在支架上拼装加劲梁、再架设主缆、挂上吊索，通过张拉吊索使主梁的重量由支架支承传递给主缆和桥塔。为了保证施工能够顺利进行，应严格计算确定主梁的脱模状态，即要解决在一个多大的吊索索力、什么样的主缆线形和主梁线形下，拆除支架，对主梁结构不会产生不利影响。通过对有限元模型分析，计算出本工程的脱模索力 $T=1\,150$kN，主梁的最大竖向挠度 $f_{max}=0.092$m，此时，主梁绝大部分都脱离了支架。在这种情况下，拆除支架对结构基本没有影响，因此，以此作为目标脱模状态。脱模状态如图 3 所示。

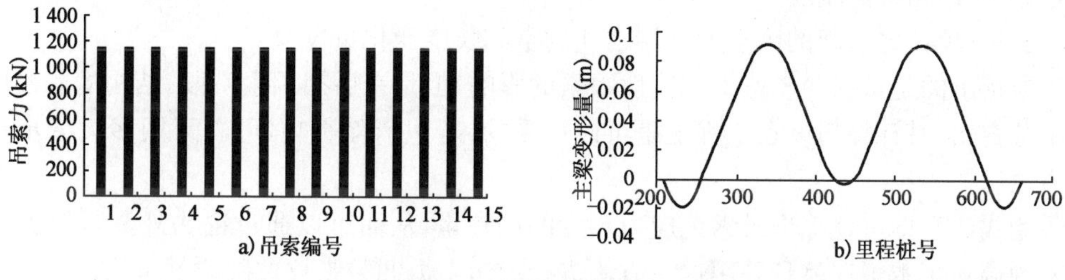

图 3　脱模状态吊索索力及主梁竖向变形

3.3　张拉控制原则

吊索张拉控制主要以主缆的线形变化、吊索力、吊索伸长量等作为控制参数。考虑到本桥跨径较大，吊索长度及主缆线形在张拉过程中变化比较剧烈等因素，本桥设计了分级张拉的方案，不仅比较平稳、安全，主缆线形和索力也容易控制。本桥张拉顺序选用短吊杆向长吊杆张拉，桥塔两侧对称施工。同时，从前述确定的脱模状态可以看出，边跨主梁在张拉过程中下挠变形，挤压支架，因此，在张拉前，需拆除边跨支架。

通过上述对吊索张拉的分析，设计了如下的体系转换方案：

(1)拆除边跨支架。

(2)第一轮吊索安装张拉：完成后达到的目标是所有吊索实现安装戴帽，部分吊索达到锚杯外露，吊索力基本达到脱模索力，主梁基本脱离支架。

(3)第二轮吊索索力误差调匀，根据第一轮张拉完成后索力、主梁线形的监测结果，进行第二轮的调整张拉。

(4)拆除支架。

(5)桥面护栏及路缘石施工。

(6)第三轮吊索张拉,索力达到阶段目标索力,吊索锚头位于设计位置,桥面及主缆线形满足阶段目标。

(7)桥面铺装,吊索达到设计索力,桥面及主缆线形达到竣工状态要求,施工结束。

3.4 基于无应力长度的索力调整方法

在吊索张拉的具体实施中,由于主梁重量、吊索制作装配长度、索夹安装等误差因素的影响,吊索索力是很难一次调整到位的,特别是主梁重量对结构线形和索力比较敏感。工程上一般是通过第一轮张拉完成后的主梁变形来识别主梁重量,根据主梁重量识别的结果来调整原定预期索力大小,以使得吊索索力和主梁重量匹配,从而保证主梁线形满足要求。这样必然涉及多次索力调整的问题。由于全桥吊索数量较多,并且在张拉过程中,索力相互影响,加之张拉油表操作误差、锚固误差等原因,使得按照索力增量作为调整参数很不现实。根据无应力长度不变原理,将索力调整量换算成无应力长度调整量,即吊索锚头拔出量,从而在后续调整张拉中按照设定好的锚头外露量来进行控制,是非常高效、准确的。索力调整量与吊索无应力长度调整量可用如下公式表达:

$$\Delta S_0 = \Delta T\left(\frac{S_0}{EA} - \varepsilon\right) \tag{1}$$

式中:S_0——调整后吊索无应力长度;

ΔS_0——无应力索长调整量;

ΔT——索力调整量;

EA——吊索抗拉刚度;

ε——单位力引起的吊索上下端之间的空间长度变化量。

需要指出的是,式(1)忽略了非线性因素的影响,但是在后期调索阶段,结构的非线性因素不是十分突出,其计算精度在工程上是可以接受的,若想消除影响,可以采用多级分步叠加计算的方法。

采用式(1),即可计算出吊索无应力长度的调整量,从而可以通过锚头外露量调整来快速实现索力调整。本工程就是采用这一方法进行后续索力调整张拉控制。

4 体系转换的实施

4.1 吊索安装张拉

根据前述分析,第一轮张拉的主要目标是使所有吊索实现安装戴帽,部分吊索达到锚杯外露,吊索力基本达到脱模索力,主梁基本脱离支架。第一轮吊索张拉由1号短索逐步张拉到15号长索,张拉时采用12个千斤顶同步对称张拉。受限于张拉机具,张拉过程中最大吨位不超过160t,一旦当前张拉吨位超过160t,采用前方吊索牵引辅助张拉。共分成10个阶段张拉完成,具体过程见表1。第一轮以控制吊索锚头外露量以及主缆线形为主、索力为辅的原则,表1中的吊索张拉力为参考索力。

张拉完成后,全部吊索均实现了锚头戴帽状态,部分吊索外露量较大。同时对主梁变形、主缆线形以及索力进行了测试,第一轮吊索张拉使得全桥所有吊点处的主梁高程都向上抬起,其中7号吊索(约中跨跨中位置)主梁高程变化最大,向上拱起0.057m,通过在施工现场观察可以看出，从边跨到跨中位置的支架已经脱离主梁，从而可以知道，通过第一轮的吊索张拉主梁的重量基本由支架转向了主缆。图 4 给出了主梁的变形图以及吊索索力。

第一轮吊索张拉过程施工一览表(kN)　　表 1

施工阶段	施工内容	张拉索力	是否牵引	牵引索力
1	张拉 1 号、2 号、3 号	$T_1=29$；$T_2=94$；$T_3=588$	否	
2	张拉 4 号、5 号 牵引 6 号	$T_4=417.3$；$T_5=1\,179$；	是	$T_6=1\,200$
3	张拉 6 号 牵引 7 号、8 号	$T_6=1\,170$	是	$T_7=1\,600$；$T_8=1\,600$
4	张拉 7 号 牵引 8 号、9 号	$T_7=1\,506$	是	$T_8=1\,600$；$T_9=1\,600$
5	张拉 8 号 牵引 9 号和、10 号	$T_8=1\,632$	是	$T_9=1\,600$；$T_{10}=1\,600$
6	张拉 9 号 牵引 10 号、11 号	$T_9=1\,575$	是	$T_{10}=1\,600$；$T_{11}=1\,600$
7	张拉 10 号 牵引 11 号、12 号	$T_{10}=1\,423$	是	$T_{11}=1\,600$；$T_{12}=1\,600$
8	张拉 11 号 牵引 12 号、13 号	$T_{11}=1\,221$	是	$T_{12}=1\,600$；$T_{13}=1\,600$
9	张拉 12 号和 13 号 牵引 14 号	$T_{12}=1\,189$；$T_{13}=1\,308$	是	$T_{14}=1\,500$
10	张拉 14 号、15 号	$T_{14}=1\,150$；$T_{15}=1\,150$	否	

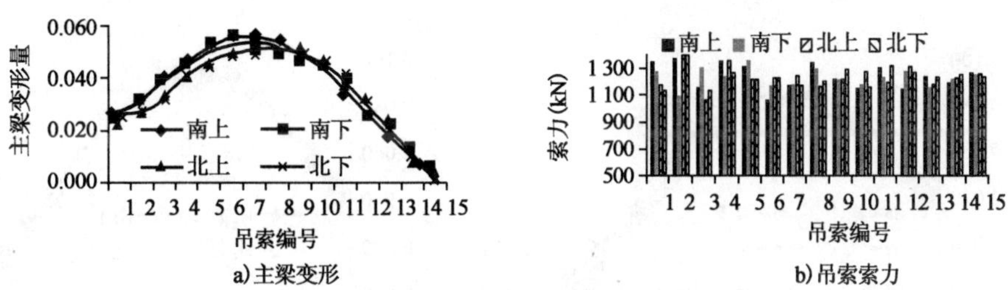

图 4　第一轮完成后主梁变形和索力

4.2　吊索调整张拉

从第一轮张拉结果来看，基本实现了预定张拉目标，吊索全部达到安装戴帽状态，主梁大部分区域实现了支架分离。然而，从索力测试的结果来看，索力相差较大，且主梁起拱量小于预期，说明主梁重量比理论预期要大，需要进一步加大索力并进行索力调匀。在充分分析主梁重量误差、主缆线形以及主梁变形的基础上，对该桥的索力进行了调整张拉。在后续的调整张拉中，首先确定了每根索力调整的大小，然后按照式(1)将其换算成锚头外露量，作为实际调整的控制参数，调整过程中对主梁、主缆的线形以及应力状态进行了监测，确保结构安全。

按照上述原则，共进行了两轮调整张拉，其控制参数全部为按照无应力不变原理确定的锚头外露量。如表 2 所示。

锚头外露调整量 表 2

吊索编号	第二轮锚头外露总量(mm)				第三轮锚头外露总量(mm)			
	南上	南下	北上	北下	南上	南下	北上	北下
1 号	129	142	117	129	129	142	137	149
2 号	105	126	114	135	110	126	119	135
3 号	126	118	121	107	136	128	141	122
4 号	121	113	114	112	126	113	134	122
5 号	129	104	115	127	119	114	125	132
6 号	109	109	121	116	119	114	126	116
7 号	115	119	115	127	105	119	110	112
8 号	115	112	123	127	120	117	128	127
9 号	107	126	134	119	110	136	134	119
10 号	126	113	117	123	126	113	112	123
11 号	111	108	118	114	101	103	113	109
12 号	101	102	110	107	91	105	100	102
13 号	110	115	113	112	107	115	108	122
14 号	112	96	112	111	102	96	107	106
15 号	115	119	118	120	115	107	108	110

第二轮张拉后，全桥大部分区域的主梁均脱离了支架，主梁最大挠度达到 0.085m(图 5)，并且南北两侧上下游变形对称一致，此时支架已经完成失去作用，第二轮完成后拆除了全部支架。

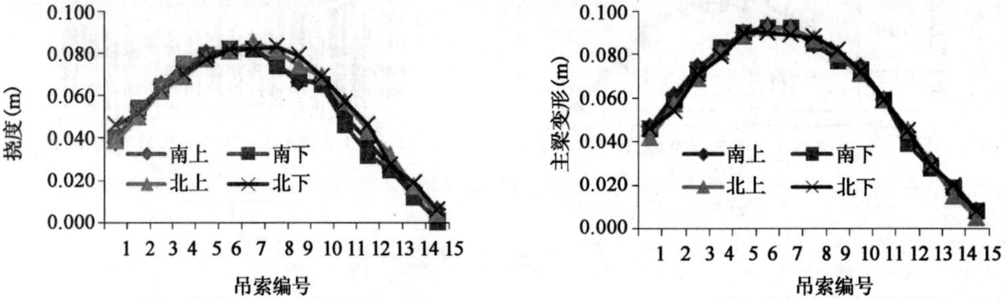

a)第二轮张拉调整后的主梁变形图 b)第三轮张拉调整后的主梁变形图

图 5 调整后主梁变形图

第三轮张拉完成后，主梁向上变形进一步增大，最大变形量约 93mm；主缆线形相对第二轮的变形较小，最大变形量约 20mm；吊索的索力已经比较均匀，全桥实现了体系转换。

5 结语

结合某自锚式悬索桥工程，开展了基于有限位移理论和无应力不变原理的体系转换施工控制研究和工程实践，所设计的体系转换方案合理、高效，顺利实现了体系转换工作，为同类工程应用提供了参考。

参考文献

[1] 张连振. 混凝土自锚式悬索桥施工控制研究[C]. 天津:第十八届桥梁与结构工程年会,2008.

[2] 秦顺全. 桥梁施工控制——无应力状态法理论与实践[M]. 北京:人民交通出版社,2006.

121. 双塔双索面三跨自锚式悬索桥体系转换施工控制

喻明福　秦小晶　陈蓓蕾
（中交二航局海力公司）

摘　要：建德市洋溪大桥是主跨（49＋120＋49）m的双塔三跨双索面自锚式悬索桥，该桥结构形式新颖，体系转换过程先梁后缆施工工艺要求高、难度大。介绍该桥体系转换过程的施工控制方法。

关键词：自锚式悬索桥　体系转换　吊杆张拉

1　工程概况

洋溪大桥主桥采用（49＋120＋49）m自锚式悬索桥。桥宽31m，主缆横向间距24.2m，矢垮比为1/6，吊杆纵向间距5m，主梁为混凝土梁格结构，梁高2.25m，索塔为门式框架结构，塔柱采用实心混凝土结构，上横梁采用钢桁架。塔高42.05m，塔墩固结，塔梁分离（图1）。

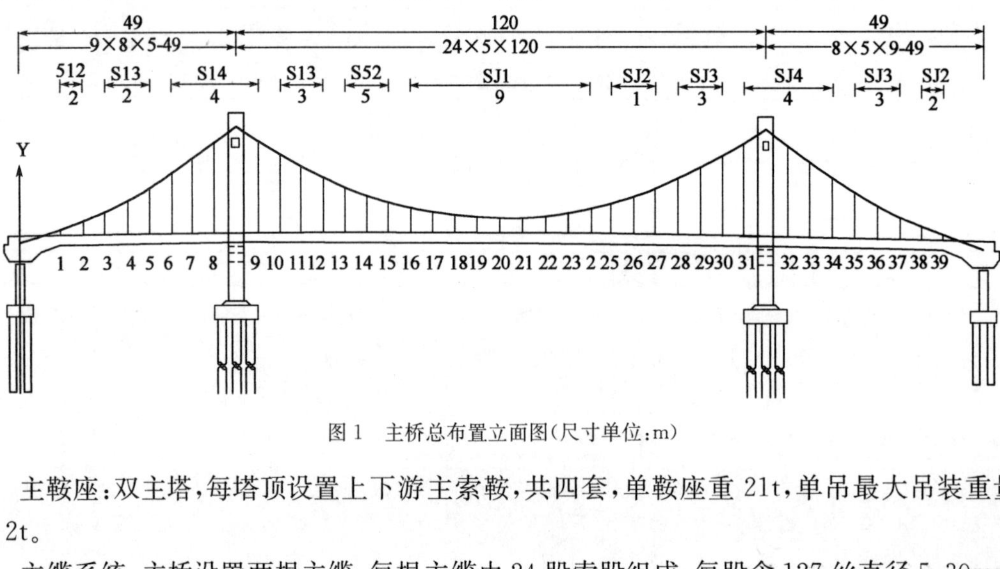

图1　主桥总布置立面图（尺寸单位：m）

主鞍座：双主塔，每塔顶设置上下游主索鞍，共四套，单鞍座重21t，单吊最大吊装重量为15.2t。

主缆系统：主桥设置两根主缆，每根主缆由24股索股组成，每股含127丝直径5.30mm镀锌高强平行钢丝，钢丝极限抗拉强度 1 670MPa，主缆两端采用冷铸锚锚固体系，分别锚固在端锚梁上。

吊索系统：全桥吊杆分两种吊杆类型，其中刚性吊杆 4 根，材料 40Cr，柔性吊杆 74 根，为标准强度 σ_b = 1 670MPa，规格 ϕ5×187mm 预制平行钢丝束，冷铸锚锚固体系，全桥吊杆总数 78 根。吊杆与主缆索夹采用耳板连接，下端与梁体为冷铸锚锚固，张拉端设在箱梁底部。洋溪大桥主梁断面如图 2 所示，其主桥立面如图 3 所示。

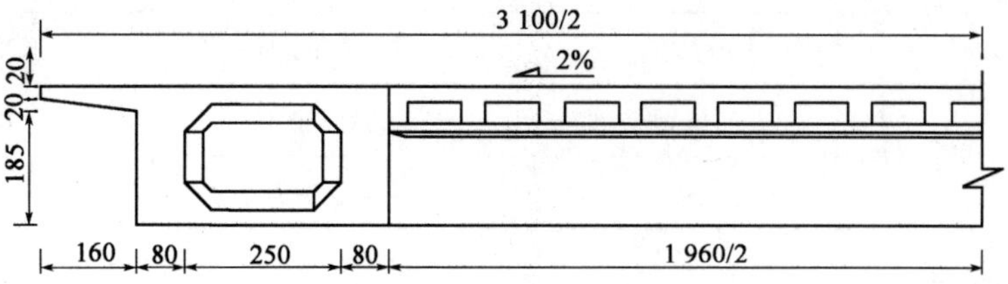

图 2　主梁断面图(尺寸单位:cm)

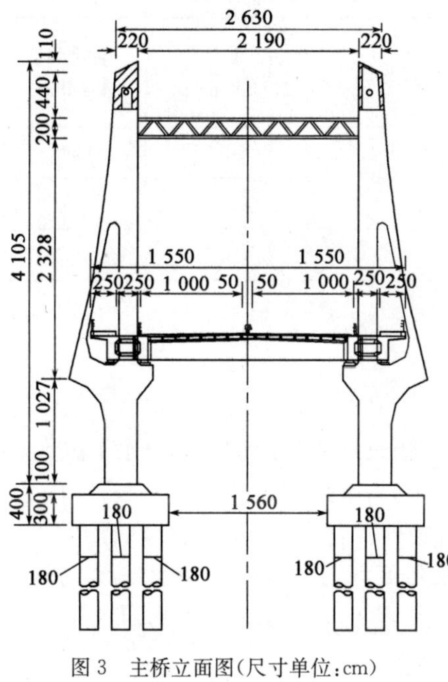

图 3　主桥立面图(尺寸单位:cm)

2　体系转换过程原理及简要计算

2.1　体系转换过程原理

自锚式悬索桥是依靠加劲梁来传递主缆的水平力，因此施工过程与地锚式是完全不同的。自锚式悬索桥在施工方面必须先进行加劲梁的施工，洋溪大桥加劲梁采用少支架法施工，然后再架设主缆，安装索夹、吊杆，进行吊杆张拉调整索力，使加劲梁的自重通过吊索传递到主缆，完成体系转换。这是一种先梁后缆的施工过程。

2.2　体系转换过程仿真计算

(1)计算程序

计算程序采用 MIDAS/CIVIL 2010 和桥梁博士 3.0。

(2)模型参数

模型参数见表 1。

模型参数表 表1

构件名称	材料类型	截面形式	单元类型
主缆	wire1670	实心圆形截面	只受拉索单元
边主梁	C50	自定义截面	梁单元
吊杆	wire1670	实心圆形截面	只受拉索单元
塔顶横梁	Q345 钢	钢管截面	桁架单元
横梁	C50	自定义截面	梁单元

(3)主要材料特性

主要材料特性见表 2。

主要材料特性表 表 2

材料	弹性模量(MPa)	泊松比	重度(kN/m^3)	标准强度(MPa)	设计强度(MPa)	线胀系数(1/t)
Q345 钢	2.06×10^5	0.3	78.5	345	210	1.2×10^{-5}
Wire1670	1.95×10^5	0.3	78.5	1 670	1 140	1.2×10^{-5}
C50	3.45×10^4	0.2	26.5	32.4	22.4	1×10^{-5}

(4)主要约束

主要约束如下:

①塔底:一般支承,固结。

②主梁端部:一般支承,一侧只约束竖向位移,一侧约束竖向和侧向位移。

③塔梁连接:塔梁分离,主梁与塔采用弹性连接,只有竖向和侧向刚度,不约束纵向位移。

④主缆与塔顶连接:通过弹性连接,只有竖向和纵向刚度。

⑤主缆与主梁连接:刚性连接。

⑥临时支撑:采用节点弹性连接模拟,只受压。

(5)主要考虑荷载

桥面铺装:10cm 沥青铺装,集度取 27.5kN/m³,采用梁单元均布荷载模拟,作用于边主梁,集度为 33.28 kN/m。

人行道栏杆、隔离栏杆及中央防撞栏杆:采用梁单元均布荷载模拟,作用于边主梁,集度 11.6kN/m。

桥面板:采用梁单元均布荷载模拟,作用于横梁,集度 21.5kN/m。

(6)计算简要结果

结果计算主要分三部分,根据设计图纸上提供的主缆控制点坐标,对主缆进行找形计算,可以得出主缆的各吊杆处空间坐标;按照找形数据进行成桥分析以及后退分析,可以得出成桥受力情况、主缆和吊杆的无应力长度和结构在不同状态下的各杆件的受力;根据主缆无应力长度,进行前进分析。主桥结构计算如图 4 所示,主桥结构计算消隐图如图 5 所示。

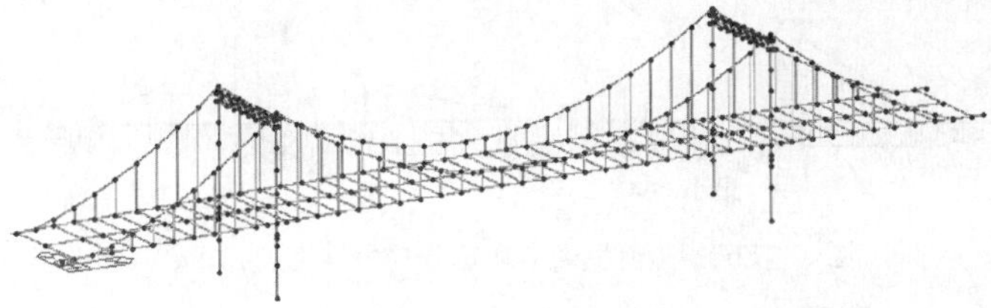

图 4　主桥结构计算图

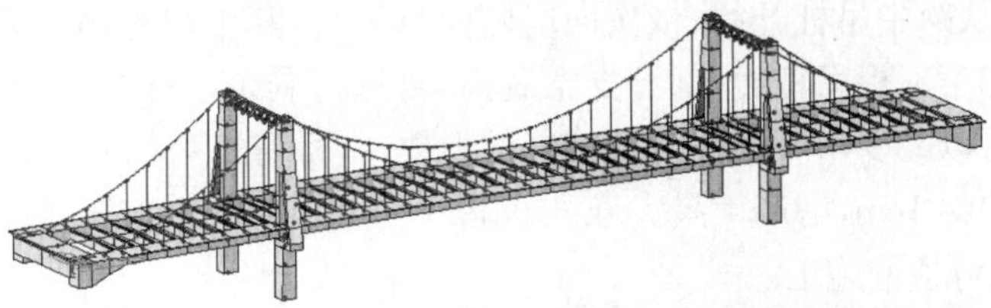

图 5　主桥结构计算消隐图

①主桥成桥状态。成桥状态时，主梁最大应力为 10.7MPa，塔两侧吊杆内力 1 700kN，其余吊杆内力在 1 600kN 左右。

②空缆以及前进分析。因后退分析中，混凝土的收缩徐变效应均不能考虑进去，本桥为自锚式悬索桥，加劲梁因徐变等作用，必将影响整体内力的重分布，所以必须进行前进分析，同时进行调索以及体系转换的仿真计算。

本桥在计算中通过对吊杆张拉，抬高跨中主梁高程，抵消后续活载以及长期徐变产生的正弯矩。成桥后跨中桥面高程比设计成桥高程高出 9cm，十年徐变后高 5cm，因此对主缆的无应力长度进行了修正，其中按设计给出的成桥坐标计算，主缆无应力长度为 245.023m，监控计算采用的主缆无应力长度为 244.947m。

根据无应力长度得出主缆空缆时的状态，其中跨中处主缆抬高量为 108.4cm，塔顶纵向预偏移量为 20.5cm，分别偏向边跨侧(图 6～图 9)。

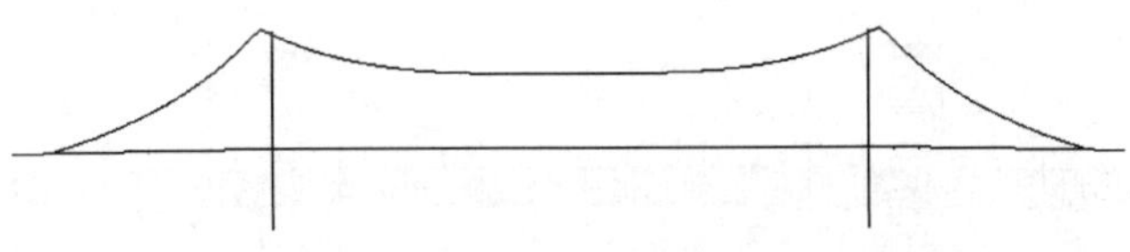

图 6　空缆状态

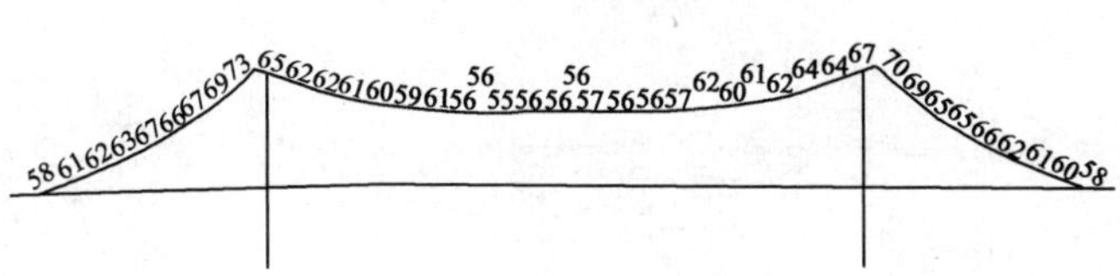

图 7　空缆状态主缆内力图(单位 T)

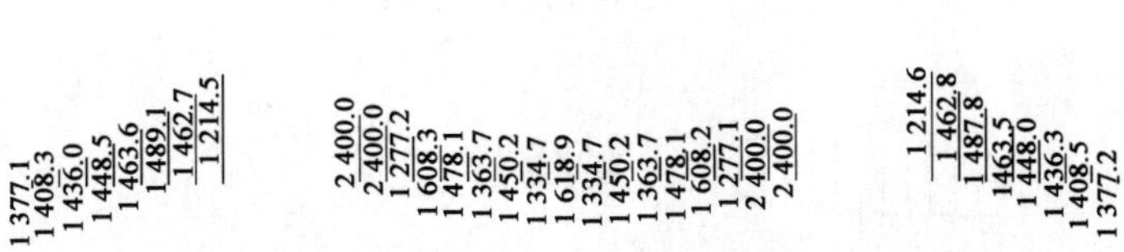

图 8　支架拆除前吊杆内力图(kN)

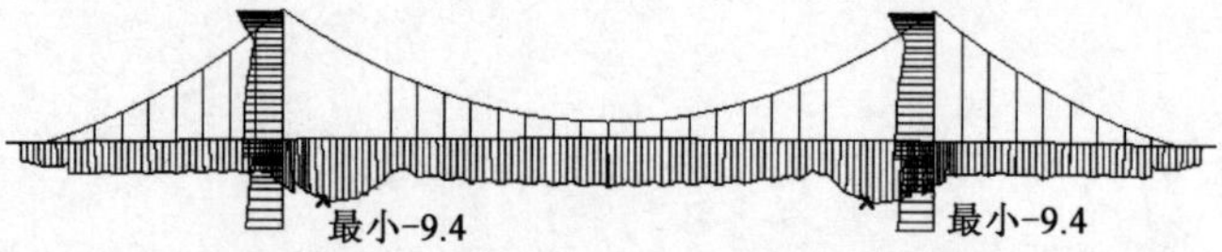

图 9　支架拆除前主梁应力图(压应力最大 9.4MPa)

吊杆张拉按照分批分阶段张拉，张拉控制力受吊杆的长度、梁塔应力以及吊杆应力的限制，本桥计算按照两次张拉到位，最大张拉力不超过 2 000kN，采用 8 个千斤顶对称同时张拉。

张拉顺序按照从跨中吊杆开始，依次向塔侧同步进行，其中边跨吊杆只进行临时锚固，不张拉，在张拉至塔侧第三根吊杆时，部分支架脱离，再进行剩余吊杆的张拉。中跨吊杆在张拉时即可锚固，因此可以减少吊杆张拉时连接杆的根数，本桥需要 1.2m 连接杆 8 根。

根据计算，塔偏移 1cm，塔产生最大 0.67MPa 拉应力，因此在实际施工过程中，塔最大偏移 2cm 时就应该进行顶推施工。

第一阶段张拉后，梁与支架脱离，进行二期施工(图 10～图 13)。

第二阶段张拉按照边中跨吊杆对称同步进行，这阶段主要是对吊杆内力的调整(图 14)。

其十年徐变后竖向位移如图 15 所示。

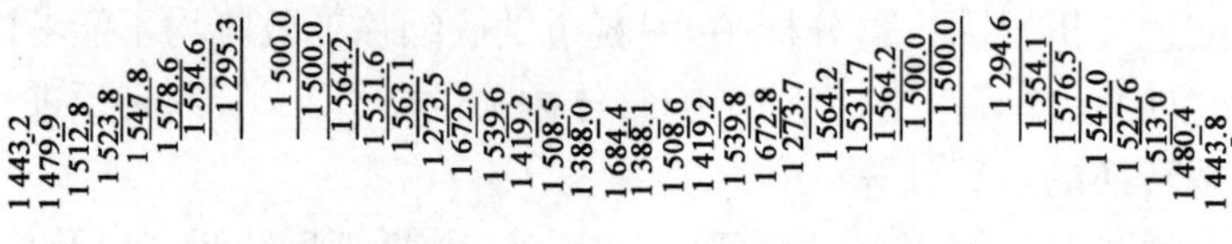

图 10　第一阶段吊杆张拉后吊杆内力(kN)

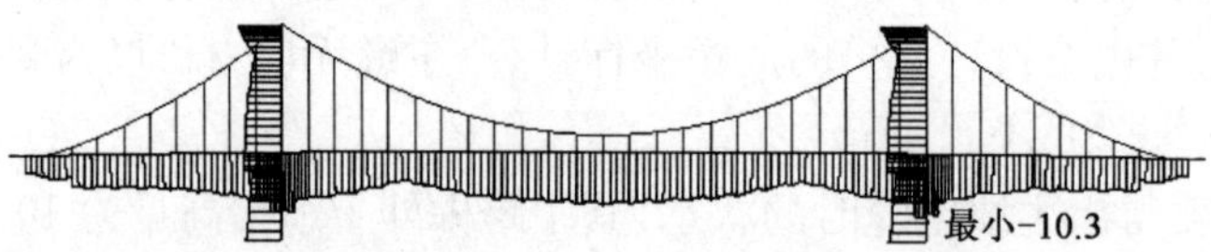

图 11　第一阶段吊杆张拉后应力图(最大压应力 10.2MPa)

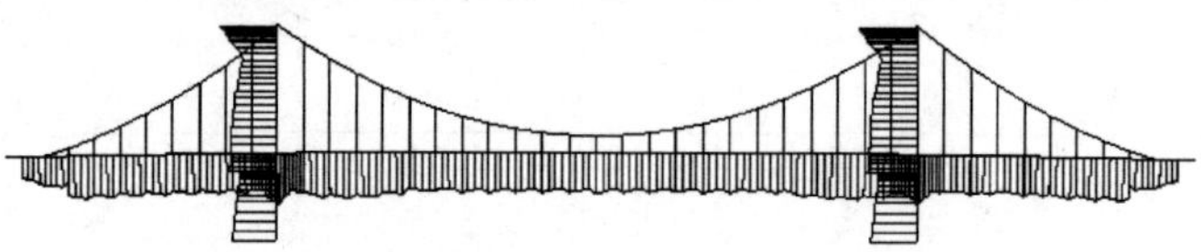

图 12　二期后应力图(最大压应力为塔顶 8.8MPa)

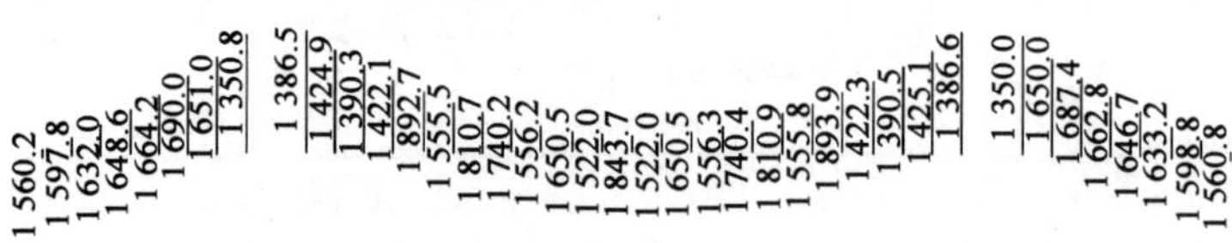

图 13　二期后吊杆内力图(kN)

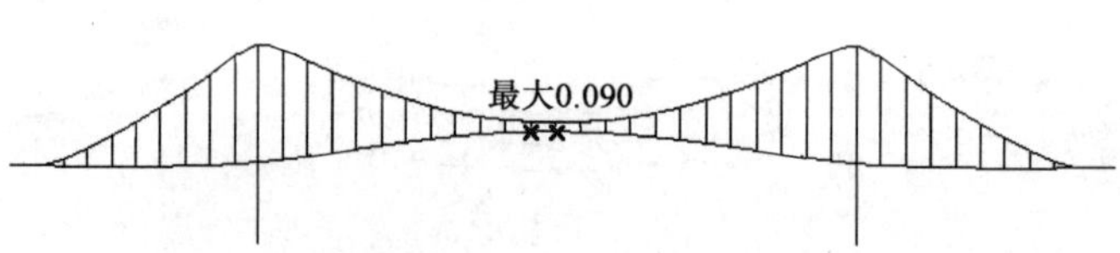

图 14　第二阶段吊杆调整后竖向位移图(m)(主梁跨中抬高 0.090m)

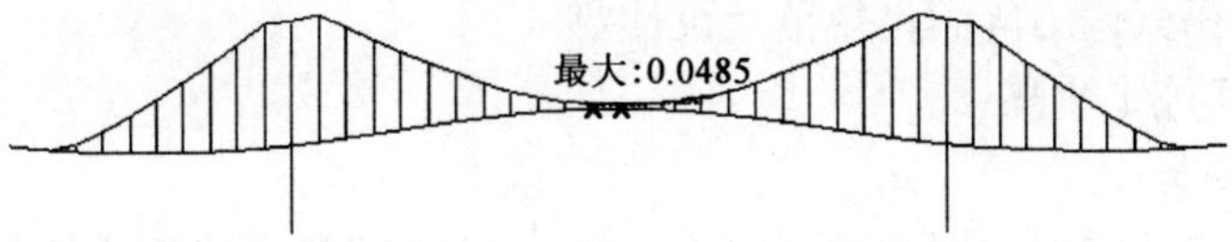

图 15　十年徐变后竖向位移图(m)(主梁跨中抬高 0.0485m)

3　体系转换过程控制原则及施工步骤

3.1　体系转换过程的起始点状态

(1)主梁、中横梁混凝土施工完毕,张拉第一批中横梁预应力;安装混凝土预制桥面板,张拉第二批横梁预应力。

(2)塔顶主索鞍安装并向边跨预偏 20.5cm。

(3)主缆架设完毕,并紧缆完成,线形平顺,控制点高程满足设计精度。

(4)索夹安装定位,螺栓初拧,吊杆张拉过程中根据监控数据进行最终紧固。

3.2　体系转换施工流程

体系转换施工流程见图 16。

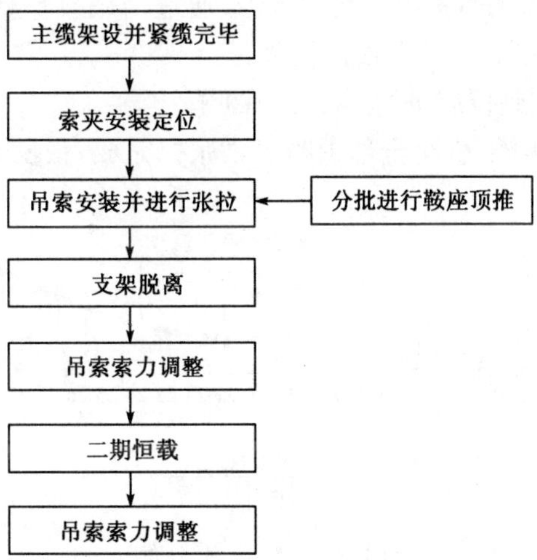

图 16　施工流程图

3.3　体系转换过程控制原则

体系转换过程中,由于主缆吊索的非线性,结构受力模型、内力、应力、变形都会发生复杂的变化,其最终状态将决定成桥质量。为保证体系转换过程桥梁安全可靠,应遵循以下原则进行:

(1)恒载一阶段以线形控制为主,索力控制为辅;恒载二阶段索力控制为主,线形控制为辅。

(2)体系转换过程中,吊索安全系数不低于 2.5,单根吊索的最大索力不超过 2 000kN,采用 8 个千斤顶进行对称张拉。

(3)体系转换过程中,应控制鞍座顶推量,保证塔柱最大偏移量不超过最大允许偏移量 2cm,以确保塔的安全。

(4)体系转换过程是个不可逆的过程,每一道工序的衔接必须严格控制,空缆线形满足精度要求;主梁应力、吊索内力等满足规范及设计要求。

3.4 体系转换施工步骤

(1)边跨吊索安装。

边跨吊索直接安装戴帽。因为鞍座向边跨预偏,主索边跨垂度比成桥状态低,大部分吊索可以直接戴帽,部分吊索需要张拉到位。将南北两侧边跨全部安装完成,按照监控单位计算给定的螺母预留长度,锚固到位后,开始中跨吊索张拉施工。

(2)中跨吊索安装及张拉。

①在20号吊索上下游处布置两个YCW400型千斤顶,张拉20号,张拉力为130kN。

②在19号、21号上下游布置4个YCW400型千斤顶,同时对称张拉。18号、22号,17号、23号,16号、24号同样分别采用4个千斤顶同时对称张拉。

③当16号、24号张拉到位后进行第一次顶推鞍座。顶推时将主塔反向预偏容许位移2cm。

④15号、25号需要采用接长杆张拉,至基本拉杆处,在基本拉杆带上拉杆螺母。暂时停止张拉,14号、26号安装接长杆后与15号、25号一共8个千斤顶配合张拉,使15号、25号吊索张拉到位。

⑤将15号、25号千斤顶拆除至13号、27号,通过采用接长杆张拉,注意需要与14号、26号吊索配合张拉;使14号、26号吊索张拉到位。

⑥当14号、26号张拉到位后进行第二次顶推鞍座。

⑦重复(4)、(5)、(6)步骤,直至全部中跨吊索张拉完成,张拉千斤顶分布图见图17。

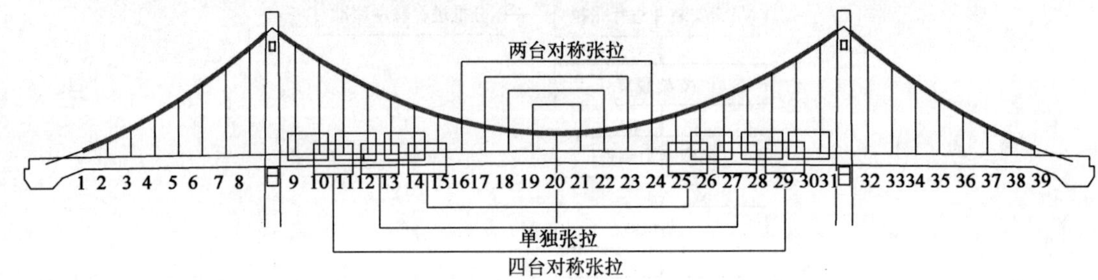

图17 张拉千斤顶分布图

(3)吊索索力调整。

中跨吊索全部张拉完毕后,用频谱仪测得的实际索力再进行细微调整,其中对于长度较短无法测试准确的吊索,通过千斤顶张拉来测算索力,以保证各吊索索力跟此阶段的设计索力差值在30kN以内。同时保证各主塔塔偏基本归位,以确保下阶段二期恒载上去时候塔的安全。此时,体系转换的第一阶段完成。

(4)吊索第二阶段张拉及最终索力调整。

二期恒载(即桥面沥青铺装及人行道浇筑与安装)施工完毕,开始进行边跨及中跨吊索的最终张拉及调整,确保索力均衡,达到成桥状态。由于整个主梁的重力完全由吊索承担,所以,调整一对吊索索力的时候,其相邻的吊索索力也会发生变化。故要进行多次来回调整,尽量减小相邻吊索的索力差值,直到差值在规范允许范围内。

(5)体系转换完毕。

4 体系转换过程中难点分析及处理

目前，中小跨径的自锚式悬索桥主缆架设中常见的质量问题是扭转和鼓丝。洋溪大桥的施工中也出现局部钢丝鼓丝及不平顺现象。针对这一现象，我们进行了研究分析，主缆在紧缆施工后出现鼓丝不平顺现象主要是架设阶段的鼓丝造成的，另外，洋溪大桥主索鞍未设隔板，造成主缆索股不能完全按照设计位置在索鞍处归位。

主缆架设阶段造成鼓丝的原因主要有两个方面：

(1)制索阶段：主缆索股制造时，在成型后通过尼龙轮滚动上盘，在滚动过程中因为索股与尼龙轮之间的摩擦力致使索股钢丝会相对位移。另外，索股成盘，由直线变圆盘，内外丝之间也会产生相对位移。

(2)索股架设阶段：索股架设开盘以后在尼龙轮上滚动摩擦行进，也会造成钢丝间的相对位移，形成鼓丝；施工过程中缠包带断裂未及时补齐形成鼓丝；出现挂丝现象会形成严重鼓丝。

自锚式悬索桥因为跨度小，索股张力较小，洋溪大桥单股索股张力仅为50kN，所以出现鼓丝后不可能消除。而大跨径悬索桥，因为跨度大，索股张力大，弹性伸长量也大，鼓丝现象大部分能够自行消除。自锚式悬索桥在体系转换完成后大部分也能消除，下面我们分析其力学机理：

以中跨为分析对象，中跨跨径为120m，空缆状态下索股平均长度为127.616m，经过计算，空缆下的弹性伸长量为0.005m，成桥状态弹性伸长量为0.353m。中跨共23对索夹，5m水平间距，将索股分成24段。跨中段索股长度最小，现取跨中段分析：

每5m段伸长量即为(0.353－0.005)÷24＝0.0145m。每段鼓丝的垂度跟索股的伸长量之间的关系可以近似看成抛物线来表示，即 $y=8x^2\div(3\times5^2)\times5$，取5m段，假设鼓丝垂度为0.1m，则伸长量为$(8\times0.1^2)\div(3\times5^2)\times5=0.005$m。由此可以看出：鼓丝垂度为10cm，伸长量为5mm。我们现场的鼓丝情况最大鼓丝处垂度不大于5cm，伸长量小于0.014 5m，故在吊杆张拉之后，鼓丝完全可以消除，且此部分钢丝参与主缆受力。

虽然少量的鼓丝在张拉之后能够消除，在施工过程中还是要尽量避免出现鼓丝的现象，将索股钢丝梳理顺直。《公路桥涵施工技术规范》(JTG/T F50—2011)上规定，悬索桥鼓丝不允许滞留在锚跨，出现鼓丝应赶出锚跨，均匀分布在边跨和中垮。

5 结语

本文结合建德市洋溪大桥体系转换施工过程，介绍了自锚式悬索桥先梁后缆的施工控制方法，并从中得到了一些有意义的结论。

(1)自锚式悬索桥的施工控制基础是空缆线形的计算，只要主缆无应力的长度和空缆线形计算准确，通过调整吊杆力，最终总能达到设计成桥线形。

(2)主索鞍安装时是向边跨预偏的，在中跨吊杆张拉时，要时刻关注塔的偏移量，在达到最大允许偏移量之前，应及时对索鞍进行顶推，以确保塔的安全。同时在二期恒载施工过程中也需观测塔偏情况，以控制沥青铺装时设备车辆上桥的数量。

(3)中小跨径的自锚式悬索桥在主缆架设时，鼓丝情况是不可避免的，但是分析其产生的原因后，可从根本上减少鼓丝的产生。对于不可避免的鼓丝产生后，在紧缆的时候，将鼓丝部分赶出锚跨，均分到边、中跨，分段进行紧缆工作，杜绝将鼓出的钢丝强行塞进索股来掩藏鼓丝。

参考文献

[1] 孙叔禹.广州猎德大桥主桥设计[J].山西建筑,2007,32(22):299-300.

[2] 张剑英,郝维索,戴建国,等.杭州钱塘江江东大桥总体设计[C]//第十八届全国桥梁学术会议论文集.北京:中过土木工程学会桥梁及结构工程分会,2008:393-400.

122. 基于无应力状态法的拱桥悬臂施工控制方法研究

张万晓[1]　杨昌龙[1]　周水兴[1]　卢云贵[2]
(1. 重庆交通大学;2. 贵州省高速公路开发总公司)

摘　要:采用斜拉扣挂法施工的拱桥,常存在成拱松索主拱内力及线形与设计状态不符的问题。针对 ANSYS 生死单元出现的虚位移,推导了坐标修正公式。为使分阶段施工的主拱线形、内力与裸拱一次落架的结果一致,将无应力状态法引入拱桥施工监控中,提出了实际合龙段长度与理论合龙段长度相同的无应力状态量,通过算例验证了文中方法的正确性。

关键词:拱桥　无应力状态法　悬臂拼装施工　切线拼装　最大悬臂状态

1　引言

国内建造的大跨径拱桥大多采用斜拉扣挂法施工,围绕着扣索力和节段预抬量的计算,学者们相继提出了零弯矩法[1]、零位移法[2]、弹性—刚性支承法[3]和利用 ANSYS 优化模块的正装迭代法[4]等。但在施工过程中因忽略了合龙段变形的连续性,导致成拱松索后的内力和变形与裸拱在自重作用下的结果不符。

无应力状态法在斜拉桥施工控制中已得到成功应用[5]。采用斜拉扣挂施工的拱桥,逐段架设节段、逐根张拉扣索,与斜拉桥主梁和斜拉索施工有相似之处,因此将无应力状态理论引入拱桥施工中是可行的,关键在于拱圈节段应以无应力状态拼装,主拱合龙时的合龙段长度应与理论合龙段长度一致。为此,在施工过程中,应使主拱最大悬臂端的纵向位置和水平倾角必须尽可能接近无应力状态,以保证合龙段以制作线形安装,这是主拱安装的关键。

本文针对 ANSYS 软件以生死单元模拟施工过程,提出了主拱圈坐标拼装修正公式,给出了用优化方法进行拱圈变形微调算法,通过算例验证了文中方法的可行性与计算精度。

2　主拱圈坐标切线拼装修正

用 ANSYS 模拟施工过程,单元和节点须在前处理阶段生成,主拱节段的安装通过生死单元来体现。在大位移选项打开时,若没有扣索的约束作用,则单元在切线位置激活;然而当未激活单元受到扣索等约束时,单元就不会在切线位置激活,需要通过坐标修正来满足节段的切线安装。图1所示为采用五段吊装施工的拱桥，主拱施工过程见表1。

拱圈安装施工步骤　　表1

施工阶段编号	完成工序	施工阶段编号	完成工序
1	安装Seg1，张拉C_1	3	安装合龙段
2	安装Seg2，张拉C_2	4	拆除扣索

图2中点B坐标的修正应根据节段Seg1的变形结果，为满足点A的切线安装，当点A发生了δ的转角后，悬臂端点A的切线与弦AB之间的夹角恒为β，相应地弦AB与水平线的夹角由α变为$A'B'$的α'，且存在$\alpha+\beta=\alpha'+\beta+\delta$的几何关系，则$\alpha'=\alpha-\delta$，利用三角函数关系，由$A'$坐标求解$B'$的坐标。具体修正步骤如下。

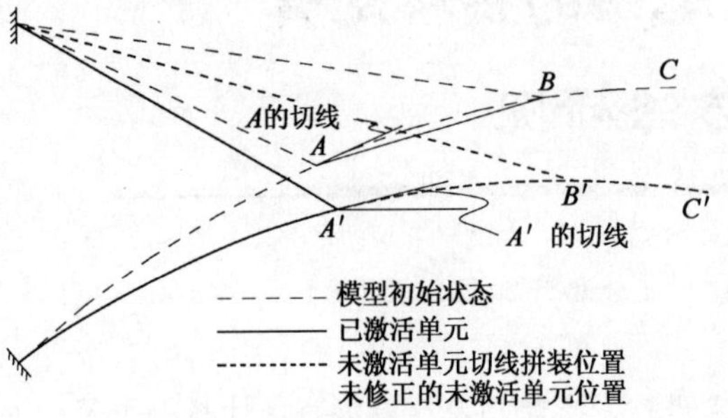

图1　切线拼装误差示意图(半跨)

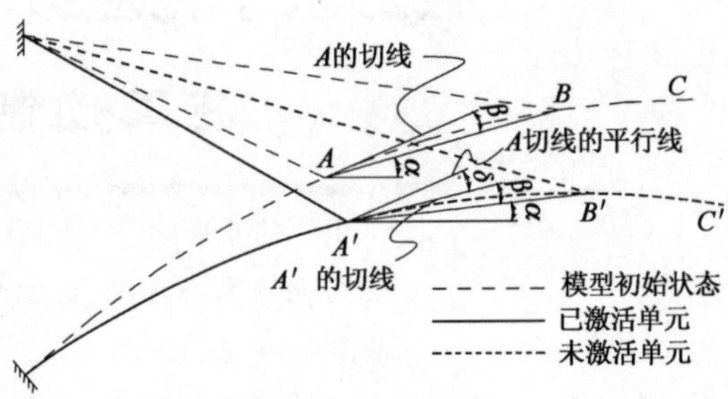

图2　切线拼装坐标修正示意图

(1)获取几何建模中弦AB与水平线的夹角：

$$\alpha_A = \arctan\left(\frac{y_B - y_A}{x_B - x_A}\right) \tag{1}$$

(2)计算由Seg1自重和张拉C_1扣索产生的变形，获取节点A发生的位移(u_A, v_A)及转角δ_A。则变形后A'的位置坐标为：

$$A'(x_A + u_A, y_A + v_A) \tag{2}$$

弦$A'B'$与水平线夹角为：

$$\alpha'_A = \alpha_A - \delta_A \tag{3}$$

(3)为满足切线变形的要求，节点B变形后坐标$B'(x'_B, y'_B)$为：

$$\left.\begin{aligned} x'_B &= x_A + u_A + l_{AB}\cos\alpha'_A \\ y'_B &= y_A + v_A + l_{AB}\sin\alpha'_A \end{aligned}\right\} \tag{4}$$

(4)对节点B施加自由度约束$x'_B - x_B$和$y'_B - y_B$，完成修正。

3　拱桥悬拼施工控制目标及索力优化算法

3.1　拱桥悬拼施工无应力状态控制目标

根据无应力状态理论，在保证梁(或拱)弹性曲线连续的情况下，结构的成桥力学行为状态与施工过程无关，其内力状态与一次落架相同。采用悬臂施工的拱桥，在主拱圈自重、扣索力及临时荷载等作用下将产生竖向变形和弹性压缩，弹性压缩缩短了主拱的无应力长度，导致实际合龙段长度与设计无应力长度不符。为使两者长度相等，主拱安装时高程应低于设计拱轴线形，只有这样才能保证无应力长度一致，如图3所示。

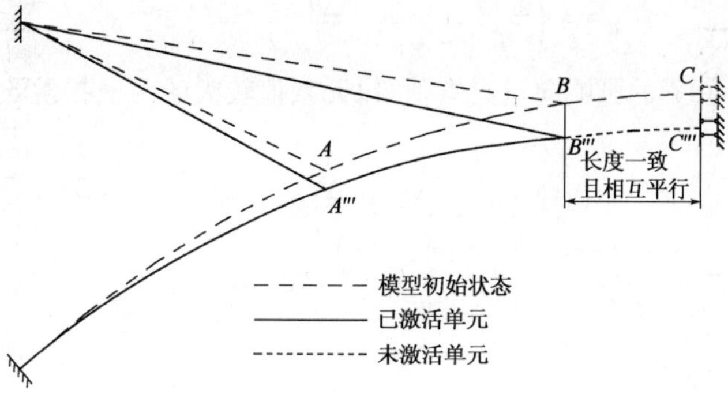

图 3　理想的最大悬臂状态

3.2　索力优化算法

ANSYS 可针对某一目标进行优化计算，其优势在于可以得到满足约束条件的优化解，但收敛速度慢，耗时较长。影响矩阵法只能进行施调向量与被调向量元素个数一致的等变量优化，针对纵向位移和水平倾角两个被调量，只能调整两对扣索的索力。先用 ANSYS 优化模块求出初步解，再利用影响矩阵法对其中两根扣索进行微调，由此得到的扣索无应力索长作为控制目标无应力索长，据此可获得较好的效率和精度。进行微调时，应选取对被调向量影响显著的两根扣索进行调整。由于微调对于扣索索力改变不大，微调后的结果通常能够满足优化计算中的约束条件，因此可以最终进行整个施工过程的模拟进行验证。

相应算法原理以图 4 进行说明。设 B 点的几何坐标为 $B(u_B, v_B)$，BC 段与水平线的夹角为 α_B，输入索力初值后，最大悬臂状态 B''' 点的坐标为 $B'''(u'''_b, v'''_b)$，$B'''C'''$ 与水平线的夹角为 α'''_b。取 $\Delta x = u'''_b - u_b$，$\Delta\theta = \alpha'''_b - \alpha_b$，通过优化计算，可达成悬臂端 $\Delta x = 0$，$\Delta\theta = 0$ 的最大悬臂理想状态。

(1)基于 ANSYS 优化模块的索力初调

通过施工模拟，将各工况所关心的力学行为指标设置为状态变量，以 Δx 和 $\Delta\theta$ 的绝对值之和为目标函数，相应的优化计算数学模型可表述为：

$$\begin{aligned} &\min(|\Delta x| + |\Delta\theta|) \\ \text{s.t.}\quad &\varphi_{i1} \leqslant \varphi_i \leqslant \varphi_{i2}\ (i = 1, 2, \cdots, n) \\ &|\Delta x| \leqslant \varepsilon_1 \\ &|\Delta\theta| \leqslant \varepsilon_2 \end{aligned} \tag{5}$$

式中：φ_i——各施工阶段关心的力学量值；

φ_{i1}、φ_{i2}——分别为其上下限；该值可根据实际需要进行设置；

ε_1、ε_2——分别为极小的正数。

(2)基于影响矩阵法的索力微调

在 ANSYS 模型中，用降温法模拟扣索张拉，影响矩阵法微调计算过程：

①获取被调向量：

$$\boldsymbol{B} = (-\Delta x \quad -\Delta\theta)^T \tag{6}$$

②对于带有 n 根扣索的结构，对扣索 $C_i (i = 1, 2, \cdots, n)$ 施加温度 T_{i1} 和 T_{i2}，得到目标变化量 Δx_{i1}、Δx_{i2} 和 $\Delta\theta_{i1}$、$\Delta\theta_{i2}$。

③得到扣索 C_i 单位降温对于两个目标量的影响向量：

$$\boldsymbol{c}_{\mathrm{i}}=\left(\frac{\Delta x_{\mathrm{i}2}-\Delta x_{\mathrm{i}1}}{T_{\mathrm{i}2}-T_{\mathrm{i}1}} \quad \frac{\Delta\theta_{\mathrm{i}2}-\Delta\theta_{\mathrm{i}1}}{T_{\mathrm{i}2}-T_{\mathrm{i}1}}\right)^{T} \tag{7}$$

④比较 $C_1 \sim C_n$ 各扣索的影响向量元素值，以元素值较大的两根扣索的影响向量 $\boldsymbol{c}_{\mathrm{j}}$ 和 $\boldsymbol{c}_{\mathrm{k}}$ 形成影响矩阵：

$$\boldsymbol{C}=\begin{pmatrix}\dfrac{\Delta x_{\mathrm{j}2}-\Delta x_{\mathrm{j}1}}{T_{\mathrm{j}2}-T_{\mathrm{j}1}} & \dfrac{\Delta x_{\mathrm{k}2}-\Delta x_{\mathrm{k}1}}{T_{\mathrm{k}2}-T_{\mathrm{k}1}} \\ \dfrac{\Delta\theta_{\mathrm{j}2}-\Delta\theta_{\mathrm{j}1}}{T_{\mathrm{j}2}-T_{\mathrm{j}1}} & \dfrac{\Delta\theta_{\mathrm{k}2}-\Delta\theta_{\mathrm{k}1}}{T_{\mathrm{k}2}-T_{\mathrm{k}1}}\end{pmatrix} \tag{8}$$

⑤求解方程：

$$\boldsymbol{CT}=\boldsymbol{B} \tag{9}$$

$$\boldsymbol{T}=(T_{\mathrm{j}} \quad T_{\mathrm{k}})^{T} \tag{10}$$

⑥在计算中，一次调值可能不能得到满足要求的解，可提取新的被调向量 $\boldsymbol{B}$ 继续代入到式(9)中重复(5)过程，直至得到满足要求的解。该步骤利用 APDL 编制循环实现。通常 3～5 次即可达到较高精度。

4 算例

算例拱桥计算跨径为 40m，矢跨比为 1/5，拱轴系数为 1.8，拱圈为 0.8m×1.0m 的矩形截面，拱圈弹性模量为 3.0×10^4MPa，材料重度为 250kN/m^3。主拱圈分 5 段吊装，相应的扣索编号为 C_1 和 C_2，弹性模量为 1.95×10^4MPa，拉索横截面面积为 139mm^2，线膨胀系数 1.2×10^{-5}。分析时不计扣塔影响。

建立有限元模型(图 4)，拱圈采用 BEAM44 单元，斜拉索采用 LINK10 单元。取一半模型进行仿真模拟，在相应施工阶段施加对称约束与全桥模型是完全等效。

C_1 和 C_2 在前处理模型中的初始无应力索长分别为 $L_{01}^{e}=9.2647$m，$L_{02}^{e}=15.1984$m。通过优化调值计算，扣索 C_1 和 C_2 须分别施加的温度荷载 $\Delta T_1=-436.1775$℃，$\Delta T_2=-367.9358$℃模拟扣索张拉。此时，状态变量的值为 $\Delta x=-1.9012\times10^{-7}$m，$\Delta\theta=4.8106\times10^{-8}$rad。实现控制目标的无应力索长分别为 $L_{01}^{c}=9.2162$m，$L_{02}^{c}=15.1413$m。

一次落架和经历施工阶段的竖向位移如图 5 所示。经历施工阶段最终线形与一次落架线形的偏差不大于 3%，且对于大部分节点，小于 1%。轴向力和弯矩对比见图 6、图 7，弯矩和轴力基本可控制在偏差 1%以内。该偏差的存在一部分由数值计算误差造成，一部分由 Δx 和 $\Delta\theta$ 与 0 的逼近程度造成。该算例计算结果说明该算法能够满足工程精度的要求，可以用于施工控制计算。

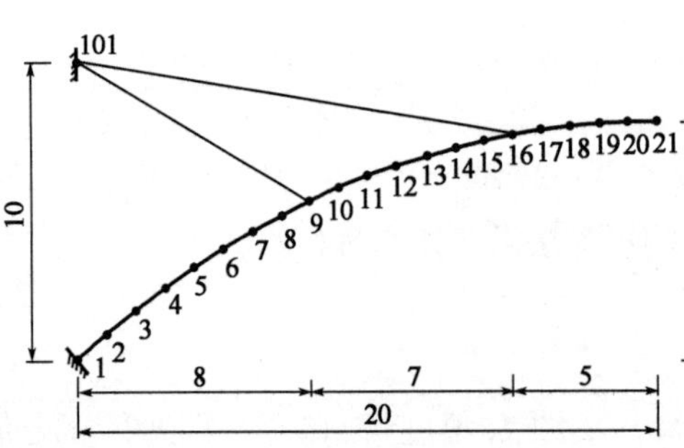

图 4 算例有限元模型(半跨)(尺寸单位：m)

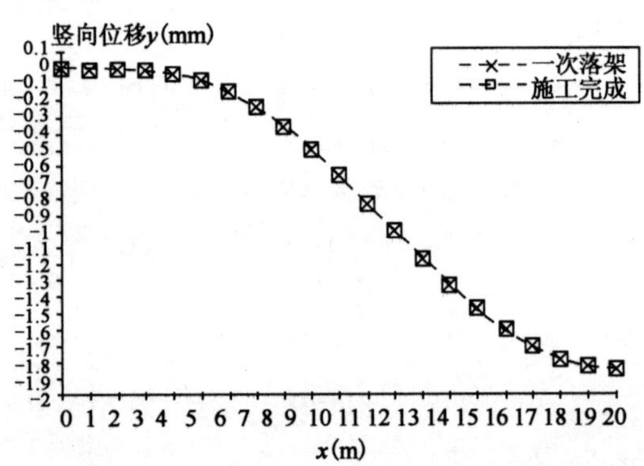

图 5 施工完成与一次落架拱圈竖向位移对比

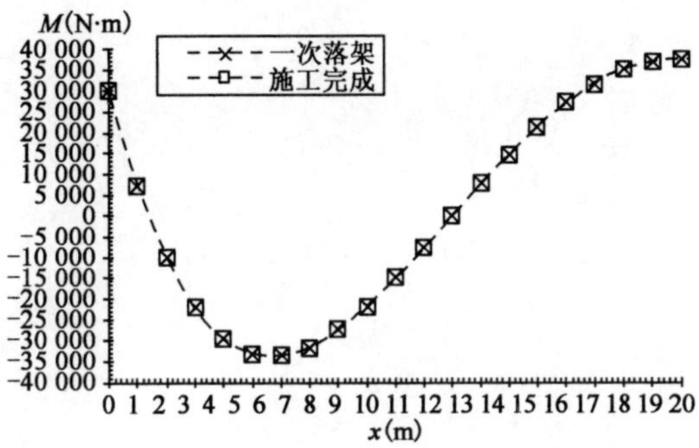

图 6　施工完成与一次落架拱圈弯矩对比

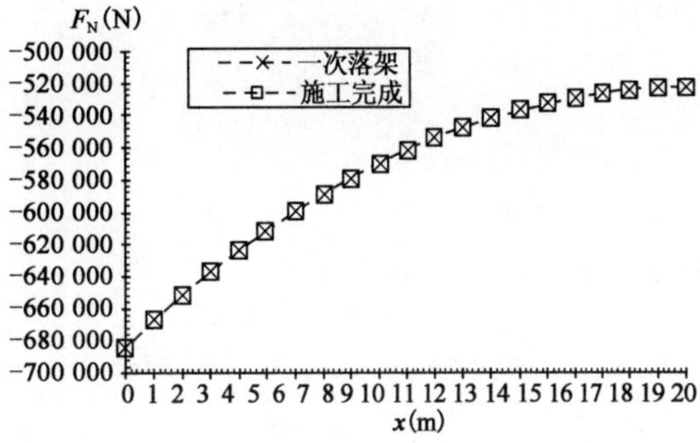

图 7　施工完成与一次落架拱圈轴力对比

5　结语

针对悬臂施工的拱桥，文中给出了满足切线拼装的坐标修正公式，根据无应力状态理论，以最大悬臂状态纵向位移和水平转角为零作为控制目标，通过设置优化目标和状态变量，采用ANSYS优化模块初调、影响矩阵微调的算法能够较快收敛，得到控制索长，可保证经历施工阶段的成拱线形及成拱内力与一次落架的线形和内力以较高精度吻合。

参考文献

[1] 周水兴，江礼忠，曾忠，等. 拱桥节段施工斜拉扣挂索力仿真计算研究[J]. 重庆交通学院学报，2000，19(3)：8-12.

[2] 周汉东，许晓锋，黄福伟. 大跨径钢管混凝土拱桥钢管拱肋吊装施工控制[J]. 哈尔滨建筑大学学报，1997(增刊).

[3] 田仲初，陈得良，颜东煌. 大跨度拱桥拱圈拼装过程中扣索索力和高程预抬量的确定[J]. 铁道学报，2004，26(3)：81-87.

[4] 张治成，叶贵如，陈衡治. 大跨度钢管混凝土拱桥拱肋吊装中的扣索索力计算[J]. 浙江大学学报：工学版，2004，5(019).

[5] 秦顺全. 无应力状态控制法斜拉桥安装计算的应用[J]. 桥梁建设，2008，2：13-17.

[6] 田维锋，周水兴，秦镇. 基于无应力状态法的零杆位移修正[J]. 重庆交通大学学报：自然科学版，2010，29(1)：20-23.

123. 东瓯大桥吊杆更换受力性能的影响分析和施工监控

贾丽君　仲　健　黄吉滔　回海博

(同济大学)

摘　要:本文以东瓯大桥为工程背景,研究中承式拱桥吊杆更换中的全桥受力性能。计算分析了6种吊杆拆除情况下系梁主拱以及吊杆力的受力状况,并结合实际施工因素确定了最佳吊杆更换顺序;分析了该桥主要截面应变、挠度的实测结果和理论计算的偏差来源;主要截面应变、挠度的监测结果表明主桥结构在吊杆更换过程中是安全可靠的。研究成果可推广应用到此类桥梁吊杆更换的施工及监控。

关键词:中承式拱桥　吊杆更换　施工监控

1　工程概况

东瓯大桥(瓯江三桥)是温州市总体规划中一座兼具公路和城市交通功能的大型桥梁,于2000年投入使用,主桥为三跨中承式系杆拱。主桥跨径为40m+98m+40m,桥宽21.4m。拱圈竖直,主拱圈内每侧横梁端布设1组吊杆,共11组。吊杆间距为6m,吊杆上端锚固于拱肋截面中心位置,下端锚固于纵梁截面中心位置。原吊杆采用标准强度为1570MPa的84ϕ7mm高强钢丝束拉索。新更换吊杆采用钢绞线整束挤压拉索+配套锚头,采用安装临时吊杆来更换新吊杆,工艺流程为:施工准备→新吊杆长度确定→临时吊杆体系的安装及张拉(吊杆力的转移)→进行反复交替旧吊杆拆除、新吊杆安装并张拉工序→临时吊杆体系的拆除→安装防水罩等后续工作。全桥横梁及吊杆编号见图1。西侧吊杆编号为W1-11,东侧吊杆编号为E1-11。

全桥在十余年的通车运营期间,对本桥进行定期检查和吊杆专项检测,发现以下主要病害。

(1)主桥拱肋和系梁均有部分区域露筋锈蚀,中跨拱肋上缘两侧纵向开裂。

(2)吊杆锚头积水、锈蚀,外层PE套破损,吊杆内钢丝锈蚀。

(3)实测吊杆拉力与设计拉力存在较大的偏差,部分吊杆安全系数不足。

考虑到桥梁纵横梁的连接破坏比较严重,桥梁的全桥受力体系发生变化,吊杆安全储备不足,决定对全桥吊杆进行更换。

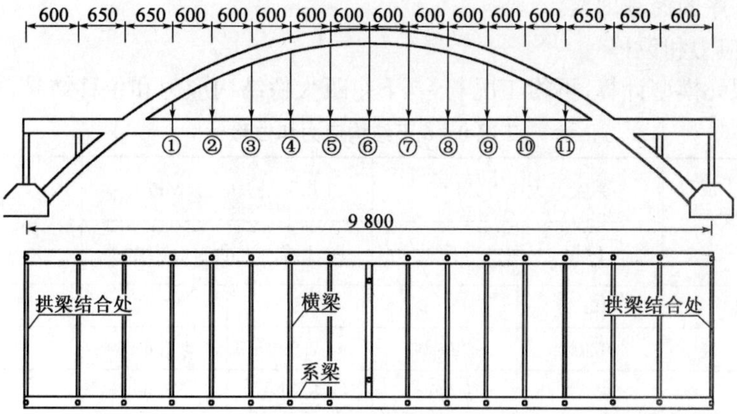

图 1　全桥横梁及吊杆编号(尺寸单位:cm)

2　计算模型

拱梁结合处连接复杂,采用梁单元模拟计算无法得出准确应力。加之吊杆上下锚垫板埋在拱肋和系梁中,吊杆更换前须开凿拱肋及系梁,梁单元模型不能准确模拟此过程,故采用有限元软件 midas fea 实体模型进行模拟。全桥有限元模型见图 2。

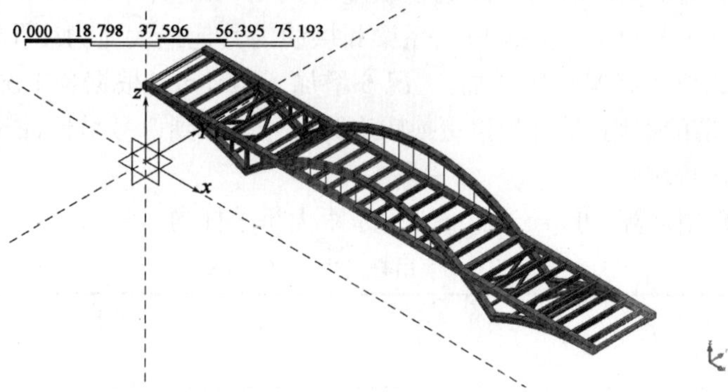

图 2　全桥有限元模型

考虑到吊杆更换时封闭交通,结构的荷载只考虑恒载作用。全桥实际更换工艺是采用临时吊杆等效取代卸载的旧吊杆,故此更换过程中主体结构内力、应力均变化较小,此模拟计算结果并不能判定出最优吊杆更换顺序。故模拟顺序改为旧吊杆拆除、新吊杆安装两个交替过程进行。对于拆除的结构单元采用钝化的方法使其退出结构作用。

为得到最佳吊杆更换方案,分别以单对吊杆拆除的 6 种情况,对系梁主拱受力状况以及对吊杆力的影响进行比较研究,从而确定最佳吊杆更换顺序[1]。针对上述分析,计算工况如下:工况 1 为单独拆除 W1、E1、W11、E11 号吊杆;工况 2 为单独拆除 W2、E2、W10、E10 号吊杆;工况 3 为单独拆除 W3、E3、W9、E9 号吊杆;工况 4 为单独拆除 W4、E4、W8、E8 号吊杆;工况 5 为单独拆除 W5、E5、W7、E7 号吊杆;工况 6 为单独拆除 W6、E6 号吊杆。

3　计算结果及分析

在成桥完好状态下对结构进行了屈曲分析,工况为结构承受成桥状态的恒载以及满跨车辆荷载作用。稳定系数为 6.13,稳定系数较大,故计算中以结构应力、位移以及吊杆内力作为确定吊杆更换顺序的控制因素。

3.1 结构应力和位移

经全桥有限元模型计算，可得工况 0～6 下东瓯大桥结构应力和位移结果，见表 1。

工况 0～6 下结构应力和位移 表 1

应力 / 位移 / 工况	系梁最大应力(MPa)		拱肋最大应力(MPa)		主跨内最大位移(mm)
	上缘	下缘	上缘	下缘	
0(原成桥状况)	15.2	12.35	7.95	7.47	0
1	15.02	12.50	7.92	7.69	−1
2	14.74	12.59	8.01	7.69	−2
3	15.00	13.06	8.03	7.65	−6
4	14.99	13.85	7.88	7.64	−10
5	15.03	13.72	7.69	7.65	−15
6	15.18	9.81	7.91	7.69	−20

注：应力"＋"表示压应力，"－"表示拉应力。位移"＋"表示上升，"－"表示下降。

由表 1 可知，6 种工况下，系梁最大应力和拱肋最大应力均未超过 C50 混凝土的抗压设计值。工况 4、5 系梁下缘最大压应力比原成桥状况增加 1.5MPa、1.37MPa。工况 6 系梁下缘最大压应力比原成桥状况减小 2.54MPa。系梁和拱肋的其他最大应力变化不大。工况 1～6 主跨内最大位移比原成桥状况逐次增加，工况 6 增加了 20mm。根据各工况中主跨内最大位移越大，更换顺序提前的原则，吊杆理论更换顺序为 6 号吊杆到 5 号吊杆，依次到 1 号吊杆[2]。

3.2 对吊杆力的影响

经全桥梁单元模型计算，可得工况 0～6 下东瓯大桥吊杆内力结果，见表 2。

工况 0～6 下吊杆内力(单位:kN) 表 2

吊杆号 / 工况	1	2	3	4	5	6
0(原成桥状况)	1 443	1 794	2 076	1 982	1 929	1 912
1	0	1 559	1 663	1 526	1 461	1 443
2	**1 562**	0	1 977	1 669	1 505	1 443
3	1 383	**1 970**	0	2 002	1 683	1 509
4	1 187	1 645	**2 132**	0	1 942	1 674
5	1 102	1 444	1 842	**2 008**	0	**1 922**
6	1 079	1 357	1 658	1 745	**1 942**	0
吊杆强度	5 395.9					

由表 2 可知，6 种工况下，全部吊杆均处于安全状态。当拆除某一根吊杆时，其相邻吊杆的内力有明显变化。与拆除吊杆越近的吊杆，安全度降低越多。工况 1 作用下吊杆内力分布较均匀且内力较小，最大吊杆内力值为 1 562kN，安全系数为 3.2。工况 4 作用下吊杆内力分布较分散，且最大吊杆内力较大，为 2 008kN，安全系数为 2.5。考虑到吊杆力大，相应吊杆安全系数越小，更换顺序提前的原则，吊杆理论更换顺序为：3 号吊杆→4 号吊杆→2 号吊杆→5 号吊杆→6 号吊杆→1 号吊杆。

从结构受力和变位考虑，上述两种方案均可行。从长索到短索的吊杆更换顺序可以连续重复使用临时吊杆，故最后实际施工方案采用方案一。

4 施工监控理论计算与监测结果对比分析

4.1 应力监测及分析

在吊杆更换过程中，桥梁结构各截面应力状态应在允许的变化范围内，可以通过结构应力监测来了解实际截面应力状态，若实际截面应力状态变化超过允许范围就要分析原因进行调控，结构应力控制的好坏，将直接影响到结构的安全，必须对结构应力、应变进行严格监控。

吊杆更换过程中应力测试采用钢弦式应变计测量，根据计算来确定应力控制断面。主拱应力控制断面选取拱脚截面，拱梁相交截面，1/4 跨截面以及跨中断面。系梁应力控制断面选取边跨跨中截面、梁拱相交截面、1/4 跨截面、跨中截面。截面布置图见图 3。

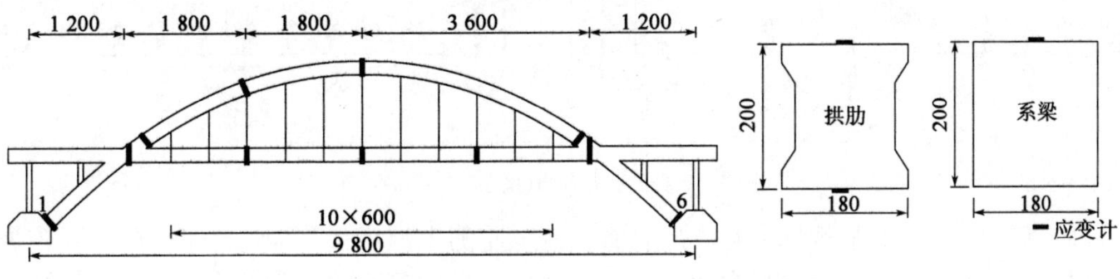

图 3 应力测试断面及测点示意图（尺寸单位：cm）

更换阶段主拱、系梁应力结果见表 3，更换顺序为由跨中向两侧对称进行，第一测试阶段是更换完跨中 3 对吊杆；第二测试阶段是更换完 5 对吊杆；第三测试阶段是整座桥更换完吊杆[3]。由于换索施工前桥梁已处于自重平衡状态，应力测试以施工前桥梁自重平衡状态为 0 点测试应力，所测试应力为换索施工过程中产生的应力增量，表中应力终值＝自重理论值＋应力增量值。

吊杆更换施工阶段应力测试表（单位：MPa） 表 3

测点位置 \ 工况		第一阶段			第二阶段			第三阶段			第四阶段		
		实测变化值	理论应变值	应力终值	实测变化值	理论应变值	应力终值	实测变化值	理论应变值	应力终值	实测变化值	理论应变值	应力终值
主拱	1	0.15	0.10	7.96	−0.43	−0.18	7.38	−0.18	−0.20	7.63	−0.42	−0.80	7.39
	2	−0.12	−0.20	7.83	0.52	0.25	8.47	−0.36	−0.40	7.59	0.62	1.05	8.57
	3	0.17	0.13	6.60	−0.46	−0.50	5.97	−0.27	−0.50	6.16	−0.85	−0.93	5.58
	4	−0.14	−0.15	7.17	0.84	0.42	8.15	0.32	0.40	7.63	0.21	0.40	7.52
	5	0.45	0.50	8.40	−0.52	−0.50	7.43	−0.75	−1.02	7.20	0.45	0.90	8.40
	6	−0.34	−0.50	7.47	−0.71	−0.50	7.10	−0.84	−0.45	6.97	−0.17	−0.35	7.64
主梁	1	−0.51	−0.21	14.09	−0.31	−0.15	14.29	0.34	0.87	14.94	0.47	0.80	15.07
	2	0.35	0.70	15.45	0.46	0.20	15.56	0.37	0.93	15.47	0.52	0.26	15.62
	3	0.31	0.40	15.51	0.15	0.18	15.35	0.61	1.13	15.81	0.68	0.40	15.88
	4	0.21	0.30	15.31	0.23	0.30	15.33	0.74	1.40	15.84	0.70	0.50	15.80
	5	0.16	0.15	14.76	0.42	0.48	15.02	0.21	0.40	14.81	0.80	0.87	15.40

由表 3 可知，吊杆更换阶段，大部分测点应变实测值与理论值吻合较好，少部分出现偏差，其主要原因是现场复杂环境（雨水、水泥浆）下应变计测量出现误差所致。其中，第一阶段最大压应力为 15.51MPa；第二阶段最大压应力为 15.56MPa；第三阶段最大压应力为 15.84MPa。故吊杆更换过程中最大压应力为 15.84MPa，小于 C50 混凝土的抗压设计值 22.68MPa。施工全过程应力终值均在设计范围之内，说明此次施工控制是有效的。

4.2 桥面高程监测及分析

桥面高程监测主要是确定吊杆更换过程中挠度的变化情况，监测数据通过与原值相比，保证吊杆更换过程中挠度不发生异常。其中，以测量施工各阶段恒载作用下的高程作为控制吊杆更换前后桥面线的依据，确保桥梁线形达到设计要求。选取各吊杆锚固处、立柱处及拱梁交接处为高程测试断面，共计 31 个测试断面。每个断面上下游各布置 1 个测点。高程测点见图 4。

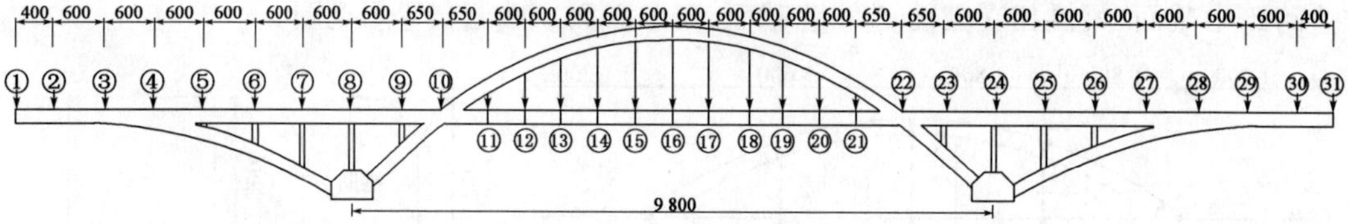

图 4　高程测点布置图（尺寸单位：cm）

日照温差对横梁高程影响较大。为了消除施工监测中温度的影响，最好选择温度较为均匀的早晨和夜间进行施工。在整个桥吊杆更换之前，分别测量出各测点的高程，作为初始高程，在吊杆更换施工各阶段测量出吊杆处的高程，计算出高差。图 5、图 6 给出上、下游测点的相对于初始高程的高差，“+”表示桥面上升，“−”表示桥面下沉。

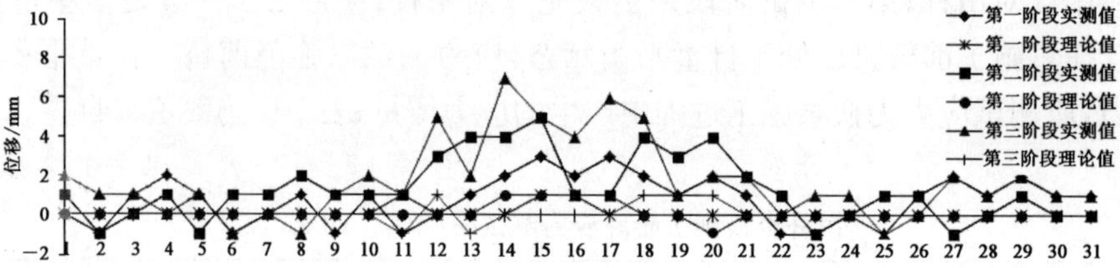

图 5　上游桥面高程变化值

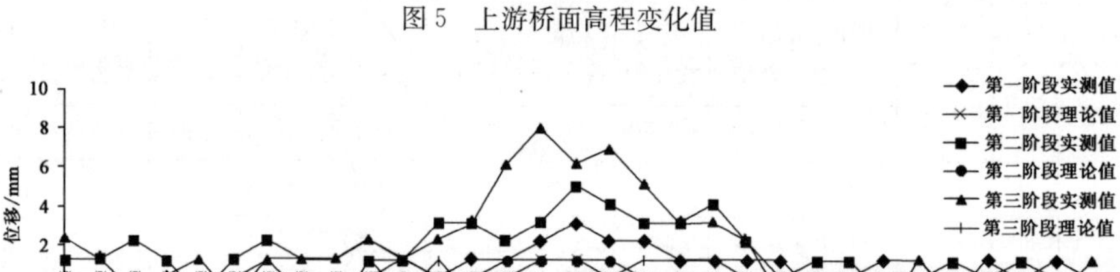

图 6　下游桥面高程变化值

由图 5、图 6 可知，实测跨中桥面上挠，且上挠值大于理论分析值。第 1、2 阶段理论值和实测值吻合较好，最大差值为 4mm。第 3 阶段跨中少数测点差值较大，最大为 8mm，其原因是跨中部分吊杆实际张拉力略大于设计理论值。

吊杆更换阶段，跨中桥面的高程受影响较大，边跨所受影响相对较小。开始新更换吊杆数量较少时，桥面高程变化相对较小，随着更换吊杆数量增多，多数跨中测点桥面高程均相应增大。全部吊杆更换完后，各测点的高程相对于原始高程的高差均在容许范围内，上游最大高差7mm，下游最大则为8mm，说明此次施工控制是有效的。

5 结语

本文以东瓯大桥为工程背景，研究了中承式拱桥吊杆更换中的全桥受力性能。主要结论如下：

(1)通过分析主拱和系梁的受力状况以及对吊杆力的影响，并综合考虑实际施工因素，确定从长吊杆向短吊杆方向对称更换为最佳施工顺序。此顺序有利于桥梁受力且便于施工，可推广应用到该类中承式拱桥的吊杆更换工程。

(2)吊杆更换全过程系梁、主拱应力均满足设计要求。所有测点高程变化值均在设计容许范围内。说明此次吊杆更换顺序是合理的，施工控制是有效的。

(3)实测应变与理论值存在偏差的主要原因是应变计受到现场复杂环境(雨水、水泥浆)的污染，挠度偏差的主要原因是部分吊杆实际张拉力偏大。

参 考 文 献

[1] 苏庆田，杨国涛，吴冲. 吊杆更换对九堡大桥主桥受力性能的影响分析[J]. 桥梁建设，2011(4)：15-19.

[2] 宗志荣，贾丽君. 独塔斜拉桥结构检测与安全评估[R]. 武汉：第二十届全国桥梁学术会议，2012.

[3] 陈永亮，李涵妮，廖天军，张喜德. 中承式钢管混凝土拱桥吊杆更换施工监测[J]. 广西工学院学报，2010(01).

124. 湘潭三大桥主桥运营期调索技术研究

袁帅华　张圃维　钟新谷

(湖南科技大学)

摘　要:在分析全桥结构性能的基础上,确定调索目标,利用有限元软件建立计算模型,分析调索效果,优化调索顺序,以影响矩阵理论为基础求解索力调整量,并在调索现场实施技术状态监测。调索监测结果显示,调索后全桥实测索力与理论索力吻合,索力分布均匀,主梁线形、塔偏位得到明显改善,梁、塔应力状况同步得到改善。调索实践证明调索方法是可行的,可为今后类似运营期斜拉桥调索工程提供参考。

关键词:斜拉桥　运营期　调索　影响矩阵

1　引言

运营多年的既有斜拉桥受混凝土收缩徐变、运营中拉索的松弛和早期施工误差等因素的影响,某些结构的实际受力状态偏离合理恒载状态,主梁实际线形与设计线形出现较大偏差,主塔偏位趋于不利,这对运营的既有斜拉桥带来不利影响。为改善主梁关键区段和索塔的受力状态、改善主梁线形,可通过索力调整来改善结构的受力状态和运营线形。

目前,国内外已有众多的研究者对索力调整的方法进行了相应的研究,主要有最小二乘法、弯曲能量最小法、弯矩最小法、影响矩阵法[2]。其中影响矩阵法能将优化的目标函数统一用索力变量与广义影响矩阵表示,可同时实现对多种目标函数的优化,计算非常方便。本文以影响矩阵理论为基础,结合湘潭三大桥主桥运营期调索实践,对调索方法以及调索效果进行分析,为同类桥梁的调索提供参考。

2　工程背景

2.1　主桥概况

湘潭三大桥主桥为双塔双索面预应力混凝土斜拉桥,采用塔墩固结、塔梁分离的半漂浮体系,跨径组合为(133+270+133)m,全长536m。其立面图布置如图1所示。主梁采用有悬臂的实心双主梁断面,梁高2.3m,双主梁(索)中距18.5m,主梁桥面板宽24m,标准节段长8m。桥塔采用双柱花瓶形塔,塔高97.3m,为箱形断面。斜拉索呈扇形布置,每个塔扇形索面16对索,分为江侧索、岸侧索,分别用字母J和A表示,1号索为最短索,16号索为最长索,每个索号对应上下游各两根拉索，拉索编号如图 1 所示。

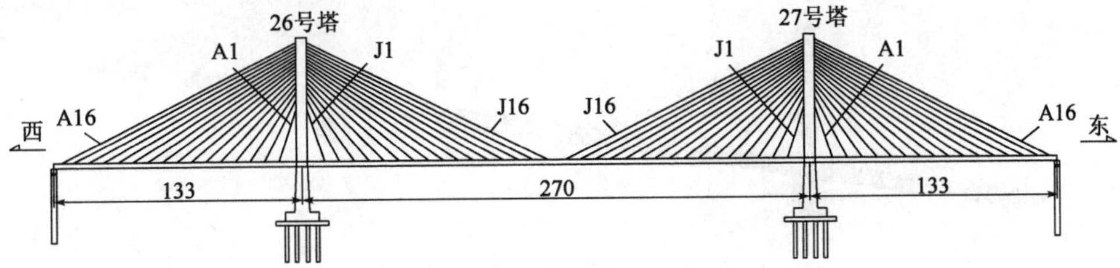

图 1　桥型立面布置图(尺寸单位:m)

2.2　主桥调索前基本状况

湘潭三大桥于 2001 年建成通车，至今已运营 12 年。2013 年 5 月，对湘潭三大桥主桥进行了全面测试，得到该桥基本情况如下：

(1)主桥斜拉索部分索力不正常，上、下游或者两个墩对称部分的索力不均衡，相差较大，其中 26 号、27 号墩 A1、J1 的索力跟通车前相比已有较大变化。调索前全桥索力分布如图 2 所示。

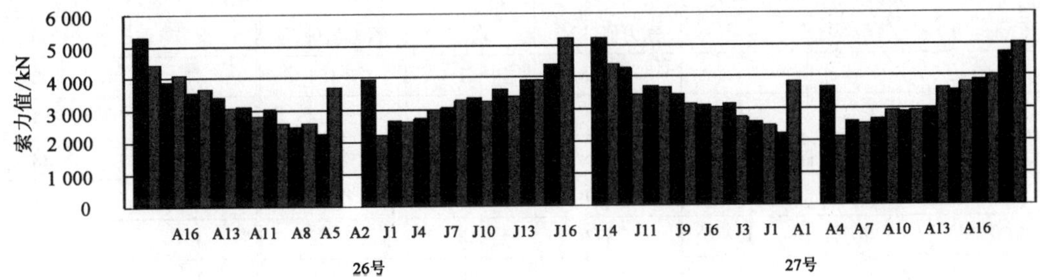

图 2　调索前全桥索力分布图

(2)主桥主梁高程变化基本处于正常范围内，中跨跨中下挠 10cm 以上。

(3)两个主塔均发生向江侧偏位 4cm 以上。

以上基本情况表明，梁塔均处于不利受力状态。为改善桥面线形，改善梁、塔受力状态，决定对全桥索力进行调整。

3　调索目标

通过对湘潭三大桥主桥实施调索，期望达到以下两个目标：

(1)使梁、塔线形得到明显改善；

(2)使梁、塔控制断面应力状况得到明显改善，斜拉桥索力分布趋于均匀。

同时，通过调索技术研究，对调索施工工序进行优化，以缩短工期。

4　调索方法

本次调索计算采用有限元分析软件 Midas Civil 进行模拟，将斜拉桥简化为平面杆系结构，并根据调索前结构实测技术状态，对计算模型中的梁、塔的刚度与重度等参数做了优化调整，使模型尽可能与运营期斜拉桥实际状态相符。全桥共划分为 400 个单元、467 个节点，计算模型如图 3 所示。

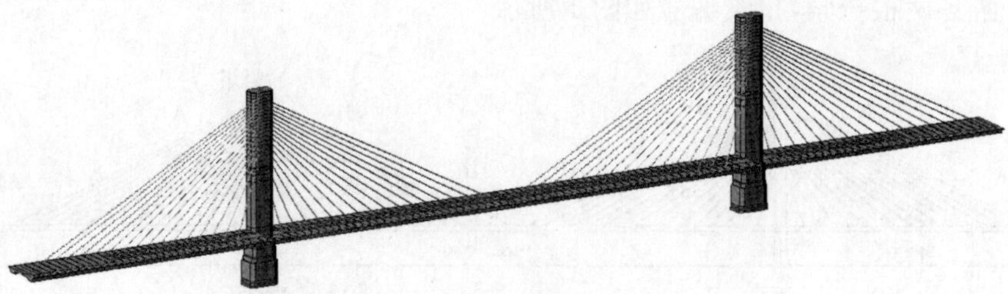

图 3　湘潭三大桥主桥有限元计算模型

4.1　确定目标索力

对于运营 10 多年的斜拉桥，收缩徐变基本完成，通过调索并不能使索力、主梁线形及塔偏位能同时恢复到成桥设计状态，因此目标索力没有唯一解。在确定本桥调索目标索力时，以改善主梁线形与主塔偏位（注：并不是恢复到设计线形）为主要目标，以恒活载下斜拉索应力不超过允许应力、梁塔应力不超限和恒载下斜拉索索力分布较均匀为约束条件进行优化，所得到的目标索力值如表 1 所示。

目标索力值表　　表 1

26 号塔				27 号塔			
索号	索力值(kN)	索号	索力值(kN)	索号	索力值(kN)	索号	索力值(kN)
A1	3 179	J1	3 102	A1	3 184	J1	3 102
A2	2 241	J2	2 225	A2	2 232	J2	2 219
A3	2 305	J3	2 318	A3	2 272	J3	2 333
A4	2 522	J4	2 539	A4	2 490	J4	2 527
A5	2 639	J5	2 672	A5	2 622	J5	2 667
A6	2 799	J6	2 829	A6	2 800	J6	2 830
A7	2 905	J7	2 987	A7	2 901	J7	3 016
A8	3 120	J8	3 155	A8	3 131	J8	3 171
A9	3 259	J9	3 301	A9	3 256	J9	3 291
A10	3 423	J10	3 406	A10	3 420	J10	3 377
A11	3 536	J11	3 556	A11	3 566	J11	3 559
A12	3 777	J12	3 705	A12	3 791	J12	3 718
A13	4 019	J13	3 924	A13	4 030	J13	3 960
A14	4 149	J14	4 115	A14	4 185	J14	4 092
A15	4 543	J15	4 400	A15	4 554	J15	4 403
A16	5 414	J16	5 144	A16	5 429	J16	5 109

4.2　确定调索顺序

按照施工方便和工期最短的要求，拟定调索顺序为从塔最上面的 16 号索开始调到最下面的 1 号索。与其他调索顺序相比，从塔最上面的 16 号索开始调到最下面的 1 号索，施工最方便，工期相应缩短，但采用该调索顺序在调索初期对结构的影响也最大。具体调索顺序如表 2 所示。

4.3　确定索力调整量

计算出斜拉桥调索索力影响矩阵 $\boldsymbol{M}$，根据调索前实测索力 T_c 和预期调索后达到的目标

索力 T_m，有关系式：

$$T_m = T_c + \boldsymbol{M}T_s \quad (1)$$

求得实测索力与目标索力的差值$\{T_m - T_c\}$，通过影响矩阵计算出索的调整量 T_s 为：

$$T_s = \boldsymbol{M}^{-1}\{T_m - T_c\} \quad (2)$$

通过对整个调索过程进行模拟正装计算，结果显示：在整个调索过程中和调索结束后，主梁应力未超过规范规定的容许值，索塔和主梁内力始终处于安全范围内，拉索应力也没有超过容许应力，整个结构是安全、可靠的，应力分布合理，由此确定全桥每对拉索的调整量。索力调整量如表 2 所示（此调整量为每次调整的同号 4 根索的平均值，实际调索时同号 4 根索每根索的索力调整量各不相同）。

调索顺序及索力调整量表 表 2

调 索 步 骤	调 索 号	调整量(kN)	调 索 步 骤	调 索 号	调整量(kN)
1	A16	597	17	A8	433
2	J16	108	18	J8	104
3	A15	350	19	A7	361
4	J15	201	20	J7	60
5	A14	594	21	A6	139
6	J14	238	22	J6	−197
7	A13	537	23	A5	238
8	J13	463	24	J5	−69
9	A12	438	25	A4	163
10	J12	342	26	J4	−203
11	A11	383	27	A3	785
12	J11	242	28	J3	−401
13	A10	266	29	A2	122
14	J10	226	30	J2	−169
15	A9	536	31	A1	−445
16	J9	204	32	J1	−175

4.4 调索现场状态监测

在现场调索过程中，依照表 2 中的调索顺序，同号的上下游 4 根索同时对称张拉，每张拉完一组索均对斜拉索索力、主梁线形、主塔偏位以及塔、梁混凝土应力进行监测，并与理论计算值比较，根据监测结果决定是否对下一步张拉做出调整。

5 调索结果分析

5.1 全桥索力

调索后全桥索力数据分析如表 3 所示，调索后全桥实测索力分布如图 4 所示，表 3 与图 4 中索力值、索力误差分别为同一主梁断面 2 根拉索的索力平均值、索力误差平均值。由表 3 可以看出，调索后全桥索力与目标索力吻合较好，误差均在 5%范围内，其中大部分小于 2%，64 对拉索中仅 1 对拉索误差超过 3%。对比图 2 与图 4 可以看出，调索后全桥索力的均匀性得到改善，以主跨跨中为对称部分索力相差很小，索力分布更趋合理。

调索后实测索力与目标索力比较表 表3

索号/26号墩	目标索力(kN)	调索后实测索力(kN)	误差百分比(%)	索号/27号墩	目标索力(kN)	调索后实测索力(kN)	误差百分比(%)
A16	5 414	5 457	−0.42	J16	5 109	5 476	0.51
A15	4 543	4 523	−1.38	J15	4 403	4 562	−0.15
A14	4 149	4 131	−1.28	J14	4 092	4 122	0.06
A13	4 019	4 082	−1.01	J13	3 960	3 976	−0.41
A12	3 777	3 791	−0.53	J12	3 718	3 774	0.13
A11	3 536	3 558	0.21	J11	3 559	3 559	0.29
A10	3 423	3 425	0.15	J10	3 377	3 446	0.10
A9	3 259	3 251	0.73	J9	3 291	3 269	−0.09
A8	3 120	3 132	1.64	J8	3 171	3 122	0.05
A7	2 905	2 890	2.08	J7	3 016	2 888	0.73
A6	2 799	2 787	3.02	J6	2 830	2 751	0.69
A5	2 639	2 583	2.20	J5	2 667	2 593	1.32
A4	2 522	2 462	0.99	J4	2 527	2 448	1.26
A3	2 305	2 269	−0.48	J3	2 333	2 253	−0.57
A2	2 241	2 189	0.51	J2	2 219	2 213	−1.57
A1	3 179	3 243	0.52	J1	3 102	3 248	0.87
J1	3 102	3 118	1.99	A1	3 184	3 248	1.99
J2	2 225	2 236	−2.31	A2	2 232	2 213	−0.89
J3	2 318	2 307	−1.56	A3	2 272	2 253	−0.84
J4	2 539	2 564	−2.37	A4	2 490	2 448	−1.69
J5	2 672	2 731	−2.14	A5	2 622	2 593	−1.09
J6	2 829	2 914	−0.43	A6	2 800	2 751	−1.78
J7	2 987	3 049	−0.53	A7	2 901	2 888	−0.46
J8	3 155	3 207	0.39	A8	3 131	3 122	−0.31
J9	3 301	3 325	−0.26	A9	3 256	3 269	0.41
J10	3 406	3 411	0.05	A10	3 420	3 446	0.77
J11	3 556	3 563	0.63	A11	3 566	3 559	−0.22
J12	3 705	3 686	0.37	A12	3 791	3 774	−0.47
J13	3 924	3 885	1.57	A13	4 030	3 976	−1.34
J14	4 115	4 062	−0.45	A14	4 185	4 122	−1.49
J15	4 400	4 339	−0.44	A15	4 554	4 562	0.18
J16	5 144	5 123	0.80	A16	5 429	5 476	0.86

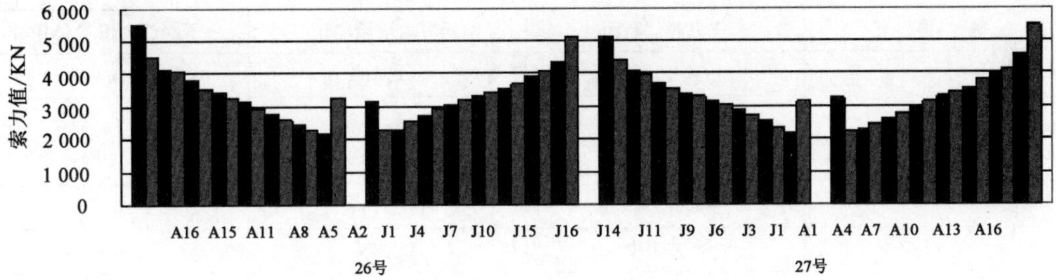

图 4　调索后全桥索力分布图

5.2　主梁线形

调索前后主梁线形变化如图 5 所示。由图 5 可以看出：调索对边跨影响不大，对主跨影响较大，调索完后主跨跨中上挠约 12cm，与理论计算吻合，明显缓解了主跨跨中桥面下挠的趋势，较好改善了主梁线形。

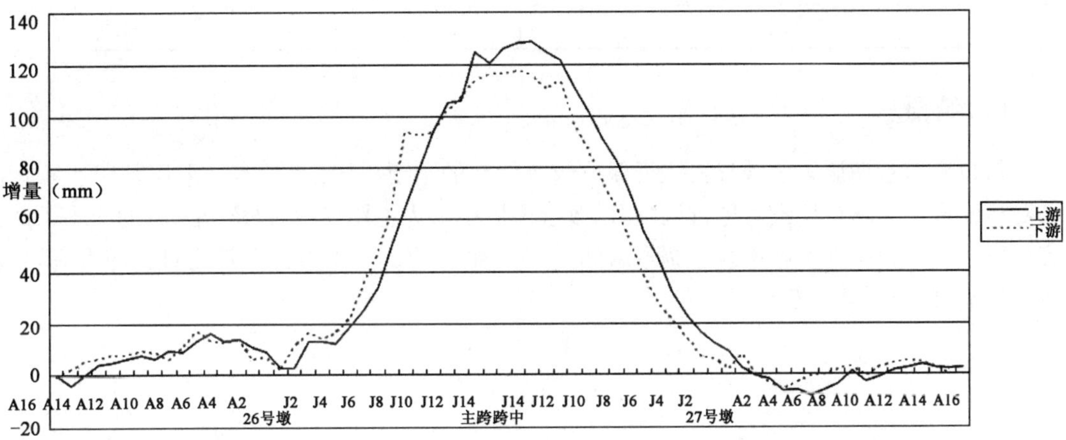

图 5　主桥调索前后线形变化图

5.3　主塔偏位

调索前后主塔偏位的数据如表 4 所示。从表 4 可以看出：调索后两个主塔均发生向岸侧的偏位，缓解了调索前塔顶向江侧倾斜的趋势。其中最大偏位发生在 27 号塔，偏位值为 59mm，与理论偏位吻合，符合预期要求。

湘潭三大桥调索前后主塔偏位数据　　表 4

测点号	桥轴线方向调索前坐标(m)	桥轴线方向调索后坐标(m)	增量(mm)
26 号墩上游塔柱	444.851	444.895	44
26 号墩下游塔柱	442.112	442.159	47
27 号墩上游塔柱	174.666	174.607	−59
27 号墩下游塔柱	172.554	172.495	−59

5.4　塔梁混凝土应力

调索过程中，对主梁与主塔控制断面的应力进行了监测，调索前后主梁主塔各断面应力变化增量如表 5 所示，表中应力值以受压为负，受拉为正。由表 5 可以看出：主跨跨中下缘压应力储备增加了近 1MPa，塔的应力也得到改善，其他控制断面的应力变化较小。

湘潭三大桥调索前后梁塔应力变化表 表5

墩号	应力测试断面	上缘应力增量(MPa)	下缘应力增量(MPa)
26号墩	边跨13号索	−0.135	−0.628
	边跨1号索	−0.351	−1.024
	主跨1号索	0.096	−0.024
	主跨13号索	0.714	−0.835
27号墩	主跨跨中	0.248	−0.955
	主跨13号索	0.128	−0.834
	主跨1号索	0.251	0.631
	边跨1号索	0.352	−0.645
	边跨13号索	−0.282	−0.510
塔号		左侧应力增量(MPa)	右侧应力增量(MPa)
26号塔		−1.188	0.969
27号塔		1.102	−1.016

6 结语

斜拉桥运营期调索是既有斜拉桥保持健康状态的重要手段之一，本文采用基于影响矩阵法对运营多年的斜拉桥索力进行调整，以改善梁塔线形为主要目标，以梁、塔、索的应力不超过容许应力为约束条件实施调索。调索后湘潭三大桥主桥的索力、线形及应力都比较合理，且减少了工期，保证了其运营状态的安全性和耐久性。

参考文献

[1] 范立础.桥梁工程(上册、下册)[M].北京:人民交通出版社,2001.

[2] 肖汝成,向海帆.斜拉桥索力优化的影响矩阵法[J].同济大学学报,1998,26(3):235-240.

[3] 肖汝城,向海帆.斜拉桥索力优化及其工程应用[J].计算力学学报,1998,15(1):118-126.

[4] 肖文,李古暄.斜拉桥拉索更换的实践与研究[J].中国市政工程,2004,6:20-21.

[5] 李宏江,王江,张永明,等.天津永和斜拉桥换索后的索力调整[J].公路交通科技,2008,25(10):79-83.

[6] 颜东煌,刘光栋.确定斜拉桥合理施工状态的正装迭代法[J].中国公路学报,1999,12(2):60-164.

[7] 吴红林,黄侨,金秀辉.斜拉桥施工控制调索方法研究及应用[J].公路交通科技,2007(4):142-144.

[8] 王美.红枫湖大桥成桥后索力调整即调索顺序的优化[D].大连:大连理工大学,2005.

[9] 朱战良.广东九江大桥换索工程研究[D].成都:西南交通大学,2003.

[10] 杜蓬娟,张哲,谭素杰.斜拉桥合理成桥索力确定的优化方法[J].公路交通科技,2005,22(7),82-84.

[11] 李古暄,邓尚瑛,肖文,王锡坤.九江大桥斜拉桥调索计算方法[J].广东公路交通,2000,66:176-178.

125. 天津安阳桥主桥支架脱空方案优化

宋春滨　刘　超　徐　栋

（同济大学）

摘　要：阐述了正在建设的天津安阳桥主桥的工程概况、结构形式和受力特点，介绍了拱梁支架的布置、计算模型和相关结果，根据安阳桥的结构受力特点详细地拟定出基于总体施工方案下的4种支架脱空方案，通过对比脱架过程的结构应力和支架力，最终得到一种最优的支架脱空方案，并对类似桥型的支架脱空顺序提出了建议。

关键词：安阳桥　异形钢网拱　满堂支架施工　支架脱空方案

1　工程概况

正在建设中的安阳桥位于天津市滨海新区中心商务区于新道跨海河处，是连接响螺湾商务区和于家堡金融区的重要通道，它是桥梁艺术与桥梁结构完美的结合，不仅是海河上一道亮丽的风景线，更是中心商务区的新地标。

安阳桥主桥为大跨度中承式空间异形钢网拱桥，由主拱、主梁、斜撑、拉杆、吊杆和钢铸件几部分组成，跨径布置为20m＋22m＋220m＋22m＋20m，全长304m，双向6车道，主桥立面布置图如图1所示。安阳桥主拱为双轴对称的异形空间钢网拱结构，主拱在桥面以上为拱网

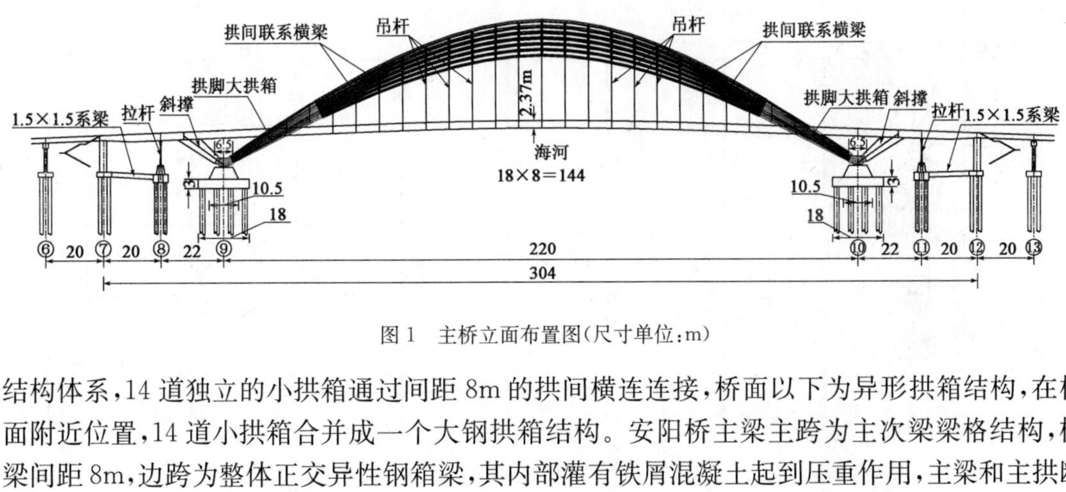

图1　主桥立面布置图(尺寸单位：m)

结构体系，14道独立的小拱箱通过间距8m的拱间横连连接，桥面以下为异形拱箱结构，在桥面附近位置，14道小拱箱合并成一个大钢拱箱结构。安阳桥主梁主跨为主次梁梁格结构，横梁间距8m，边跨为整体正交异性钢箱梁，其内部灌有铁屑混凝土起到压重作用，主梁和主拱断

面图见图 2。安阳桥主桥的施工方法采用满堂支架配合浮吊法。

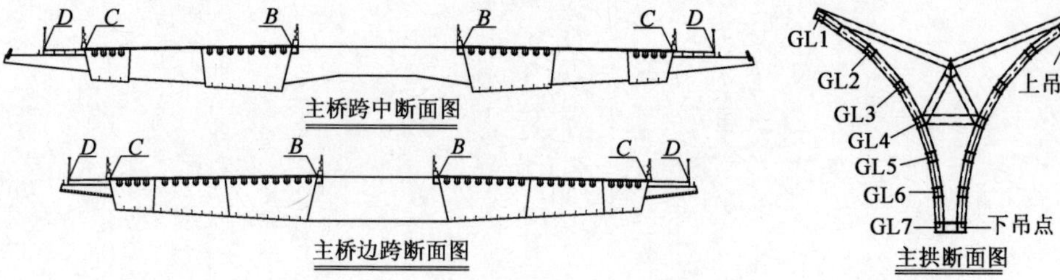

图 2　主梁和主拱断面图

安阳桥吊杆分为四个吊杆面，主梁外侧和主梁内侧各两道。在主拱拱脚处设有三道斜撑，斜撑为变截面箱形，三道斜撑传递主拱传来的水平力，主拱拱脚与三道反向斜撑通过铸钢件相连。由于该桥边跨(42m)相对主跨(220m)较小，在边墩会出现很大的支座负反力，为防止边跨负反力的出现，特设置拉杆墩位和压重。

2　支架布置

根据土层基本资料和《建筑桩基技术规范》(JGT 94—2008)计算得知，$\phi630\times8$ 的钢管单桩平均竖向极限承载力标准值和设计值分别为 1 123kN 和 681kN，由此结果和拱梁节段重量确定主梁和主拱支架的布置方案，边跨主梁支架加密是因为梁内灌有铁屑混凝土配重。

2.1　主梁支架布置

在纵向布置上，主梁支架根据钢梁分段，在每个分段接口的主、次纵梁位置分别布置一组临时支架，全桥共计主梁支架 104 组，采用 4 根 $\phi630\times8$ 的钢管桩作为临时支架基础。在横向布置上，钢箱梁的临时支架全部采用钢管格构型钢组合支架，使用 $\phi630\times8$ 的钢管和 20 号槽钢，临时支架横向间距分别为 3.8m 和 2m，分别布置在主纵梁及次纵梁下面。

2.2　主拱支架布置

主拱纵向临时支架采用 4 根 $\phi630\times8$ 的钢管桩基础，在拱肋每个拱间联系处设置一个临时支架，全桥共计主拱支架 25 组，露出水面部分纵向采用 $\phi219\times6$ 的钢管作为平联及斜撑，横向采用 $\phi426\times8$ 的钢管作为平联及斜撑。

主梁和主拱支架半跨对称布置图见图 3，主拱支架布置立面图见图 4，主拱和主梁支架布置断面图见图 5。

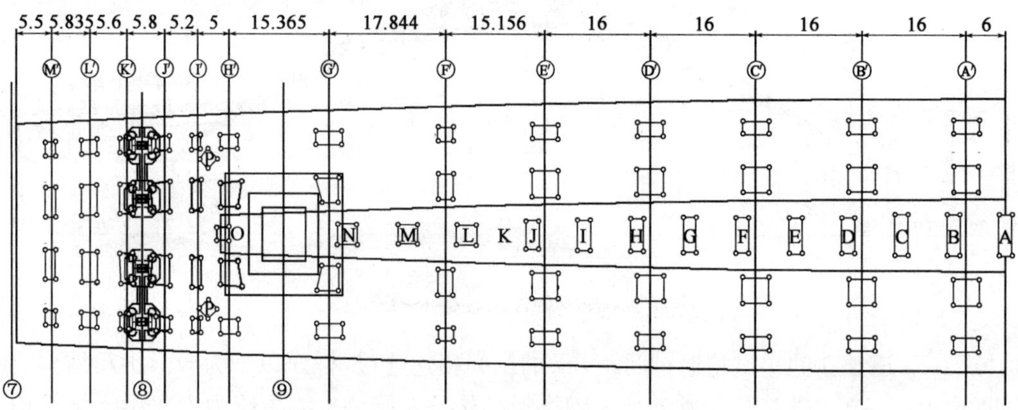

图 3　主梁和主拱支架半跨对称布置图(尺寸单位:m)

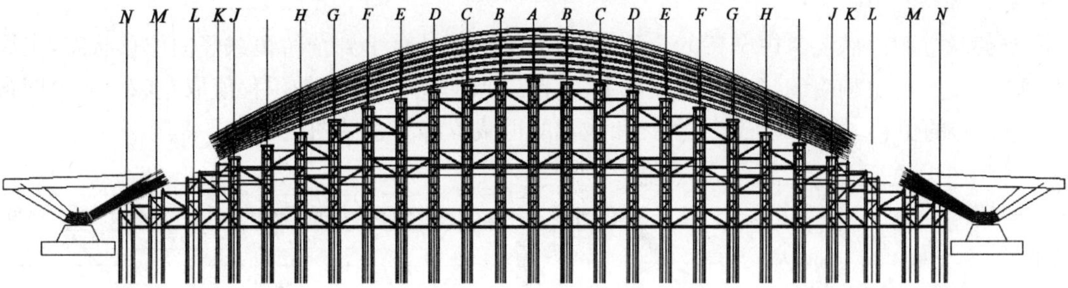

图 4　主拱支架布置立面图

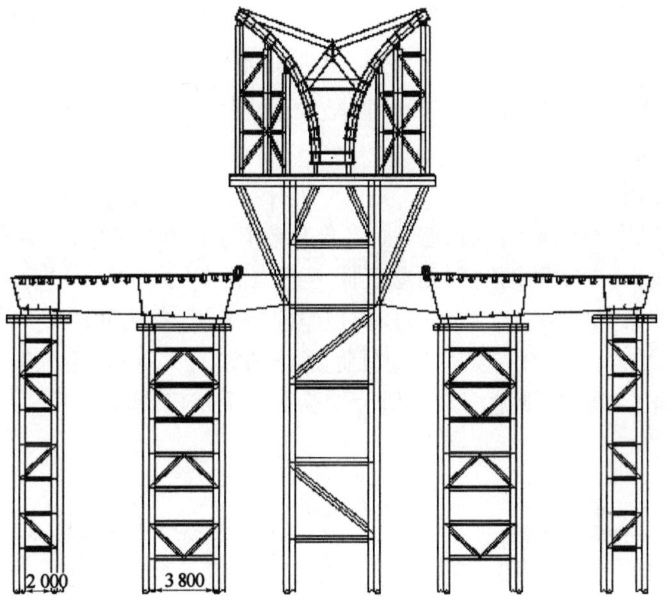

图 5　主拱和主梁支架布置断面图(尺寸单位:mm)

3　计算模型

图 6 为根据设计图纸和相关参数建立的 Wiseplus(慧加)全桥空间梁格计算模型,计算模型共有 2 638 个节点、3 646 个单元,主拱和主梁固结。钢拉杆上端与主梁共节点,下端 6 个自由度全部固定。斜撑顶节点与主梁刚性连接,斜撑底和拱脚底共节点。响螺湾侧拱脚固结,于家堡侧拱脚释放纵桥向约束。支架的模拟采用只有轴向刚度的杆单元,上端与主梁共节点,下端 6 个自由度全部固定。

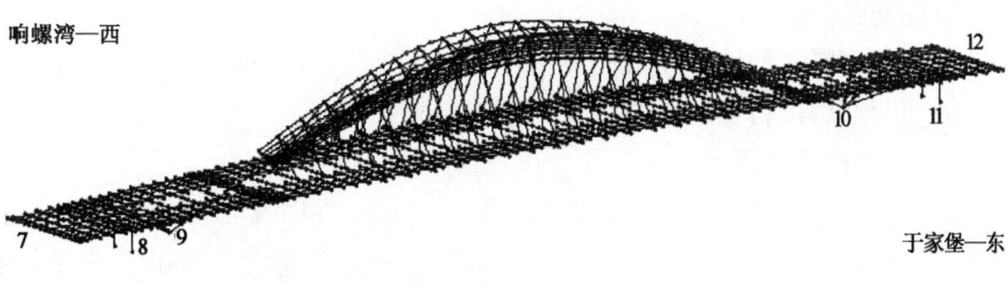

图 6　空间梁格计算模型图(7～12 为由西到东支点位置编号)

3.1 恒载位移

支架脱空顺序需要考虑全桥的位移情况，根据模型计算得到全桥恒载竖向位移状态，主纵梁、次纵梁、人行道相应的竖向位移值取 B、C 和 D 点的位移，拱肋的位移值取左(右)幅第四根拱肋(GL4)的位移，如图 2 所示。主梁和主拱的恒载位移状态见图 7。

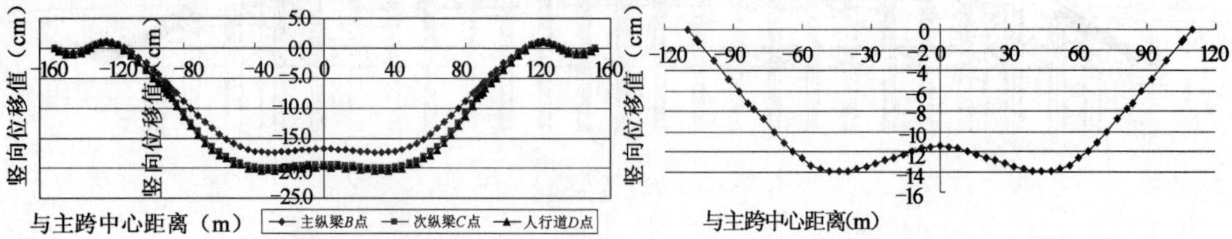

a)恒载竖向位移图　　b)主拱竖向位移图

图 7　主梁和主拱恒载竖向位移

主纵梁 B 点、次纵梁 C 点和人行道 D 点的最大下挠位移值分别为 17.4cm、20.1cm、20.5cm，主拱 GL4 的最大下挠位移值为 13.9cm。

3.2 竖向预抛高

根据成桥位移状态和汽车活载状态，确定了主梁中主纵梁、次纵梁、人行道在(恒载＋1/2 活载)下的竖向预抛高，而拱肋的竖向预抛值仅考虑恒载作用。由于 14 条拱肋的恒载竖向位移几乎相同，因此取第四根拱肋(GL4)的竖向预抛值作为 14 条拱肋的竖向预抛值。

主纵梁、次纵梁、人行道和主拱的竖向预抛高分别如图 8 所示，主纵梁 B 点、次纵梁 C 点和人行道 D 点的加工和施工预抛高最大值分别为 20.4cm、27.3cm 和 28.7cm，拱肋的加工和施工预抛高最大值为 13.9cm。

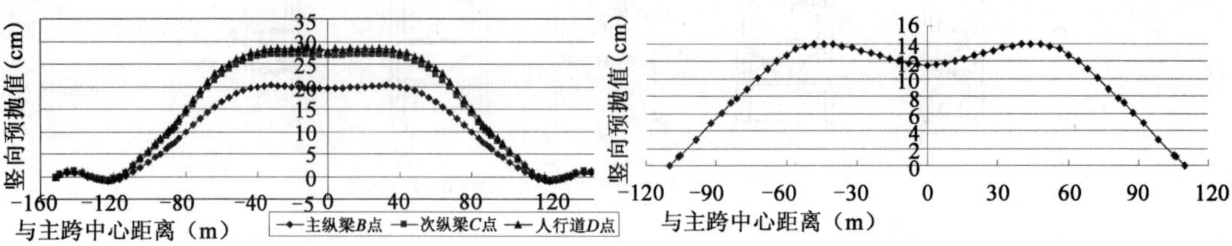

a)主梁竖向预抛高　　b)主拱竖向预抛高

图 8　主梁和主拱竖向预抛高

3.3 施工方案

根据模型计算结果拟定的主要施工步骤如下：

(1)搭设拱梁支架；

(2)架设拱梁，精确定位，完成合拢；

(3)进行吊杆初张拉；

(4)严格按照指定顺序脱空主拱和主梁支架；

(5)支架全部脱空后进行第一次调索；

(6)二期铺装、栏杆等施工；

(7)二期荷载施工完成后进行第二次调索。

安阳桥的成桥设计索力即为一次落架对应的索力，所以脱架前不对吊索进行大吨位张拉，在竖向预抛高的基础上完成拱梁节段的吊装定位、焊接、合拢、安装吊索、脱空全部支架和调索工序后达到设计成桥线形，由此可见，如何确定合理的支架脱空方案在施工控制中非常关键。

4 支架脱空方案的总体原则

根据安阳桥的结构和受力特点，确定支架脱空方案的总体原则如下：

（1）先脱空边跨和倒三角区域（即 O 排、$K \sim N$ 排和 P 排）的支架，这样可以降低脱空过程的支架力，有利于整体结构受力清晰明确，且与成桥阶段受力相协调，如果后脱空会引起拱脚和斜撑的内力急剧增长，势必引起结构内力的重分布，对结构产生不利影响。

（2）安阳桥成桥吊杆力内侧吊杆力比外侧吊杆力大很多，所以脱空梁下支架时应先脱空主纵梁下支架，再脱空次纵梁下支架，将支架力转移到整体结构上，这样可以在保证拱梁应力的前提下大大降低脱空过程的支架力。

（3）拉杆结构是安阳桥的关键受力部位，根据设计计算结果，拉杆的稳定压应力应控制在100MPa之内，这就要求拉杆的压力不大于450t，在脱空压重区域的支架时，为了防止拉杆所受压力过大，拉杆外侧的 L' 排主梁支架需要最后脱空。

5 支架脱空方案的比选

本文综合考虑了是先拱后梁还是先梁后拱、从中间向两边还是从两边向中间的支架脱空顺序，提出了总体原则下的4种支架脱空方案，通过对比脱架施工过程中的结构应力和支架力，最终得到一种最优的支架脱空方案。

支架脱空步骤划分如表1所示，4种方案 $a \sim f$ 和 i 阶段都相同，不同的是 g 和 h 阶段。

支架脱空步骤划分一览表　　表1

阶段标识	脱架施工阶段描述
a	对称脱空 O 排中斜撑支架
b	对称脱空压重段主梁支架，脱空先后步骤为 $J'-I'-H'-K'-M'$
c	对称脱空 P 排边斜撑支架
d	对称脱空拱脚拱箱处支架，脱空先后步骤为 $N-M-L-K$
e	对称脱空 G' 排主梁支架
f	对称脱空 F' 排主梁支架
g	对称脱空主拱支架或者剩余主梁支架
h	对称脱空剩余主梁支架或者主拱支架
i	对称脱空压重段 L' 排主梁支架

脱空每排主梁下支架都是分两步，先脱空主纵梁下支架后脱空次纵梁下支架，所有支架标号和支架位置如图3所示。支架脱空4种方案如下：

方案一：先从两边向中间对称脱空主拱支架，后从两边向中间对称脱空主梁支架。

方案二：先从中间向两边对称脱空主拱支架，后从两边向中间对称脱空主梁支架。

方案三：先从中间向两边对称脱空主梁支架，后从中间向两边对称脱空主拱支架。

方案四：先从中间向两边对称脱空主梁支架，后从两边向中间对称脱空主拱支架。

5.1 支架力对比

拱梁支架均采用 4 根 $\phi630\times8$ 的钢管桩基础，利用 Wiseplus 软件建模计算得到 4 种脱架方案下单根 $\phi630\times8$ 的钢管桩在脱架过程中所承受的竖向力最大值，如图 9 所示。

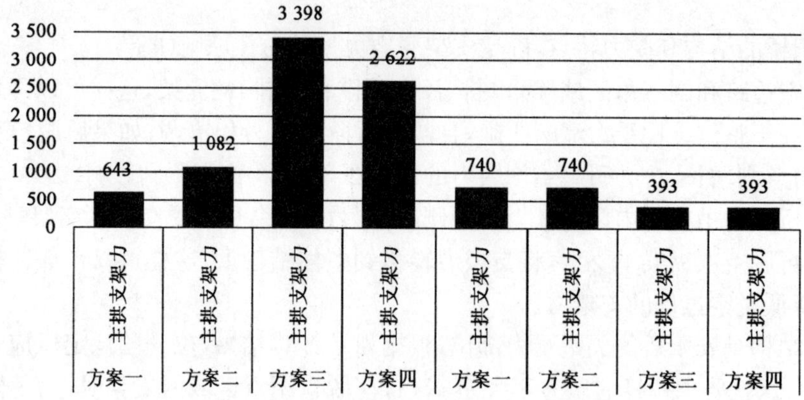

图 9　拱梁支架单桩竖向力最大值(单位:kN)

由图 9 可知，在支架脱空过程的 g 和 h 阶段方案一的主拱支架力最小、方案三最大，方案一、方案二的主梁支架力比方案三、方案四要大。

5.2 结构应力对比

利用 Wiseplus 软件建模计算得知，4 种方案在支架脱空过程的 g 和 h 阶段各受力构件的应力见表 2。

4 种方案下的支架脱空过程应力对比表(单位:MPa)　　表 2

受力构件＼结构应力	方案一		方案二		方案三		方案四	
	最大	最小	最大	最小	最大	最小	最大	最小
主纵梁	104.0	−114.0	104.0	−114.0	74.7	−72.0	74.7	−72.0
次纵梁	136.2	−152.3	136.2	−152.3	69.1	−67.6	69.1	−67.6
拱肋	81.0	−106.1	81.0	−106.1	131.6	−168.5	194.0	−215.9
拱间横连	107.9	−100.9	107.9	−100.9	120.2	−142.9	185.4	−179.7
拱脚拱箱	12.6	−56.0	13.9	−56.0	24.6	−66.6	14.1	−59.8
横梁	102.1	−103.1	102.1	−103.1	85.5	−83.7	113.2	−114.4
中斜撑	19.9	−82.9	22.0	−82.9	22.8	−82.9	22.8	−82.9
边斜撑	13.3	−64.0	14.1	−64.0	14.2	−64.0	14.2	−64.0
边跨钢箱梁	78.1	−70.4	78.1	−70.4	78.1	−70.4	78.1	−70.4
主次间桥面板	69.7	−60.5	69.7	−60.5	69.7	−60.5	69.7	−60.5

由表 2 可知，在支架脱空过程的 g 和 h 阶段方案一、二的主梁应力较大，方案三、四的拱肋和拱间横连应力较大，4 种方案中其他受力构件的应力相近。

5.3 支架完全脱空引起的位移

根据模型计算得到 4 种方案在支架全部脱空后的位移状态(不包括二期恒载)，主纵梁、次纵梁、人行道相应的竖向位移值取 B、C 和 D 点的位移，拱肋的位移值取左(右)幅第四根拱肋(GL4)的位移，如图 2 所示。脱架后主梁和主拱的竖向位移状态见图 10。

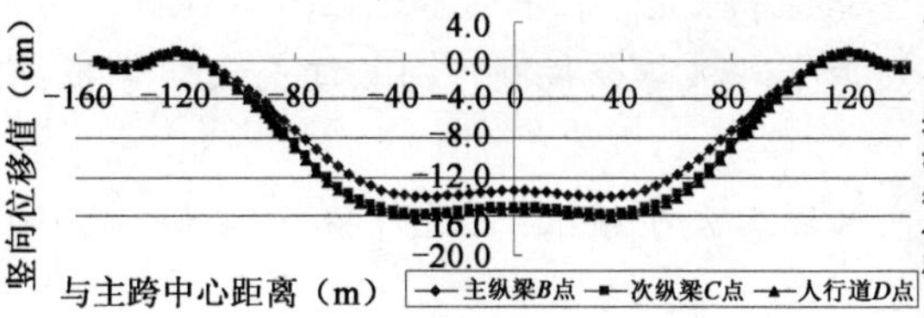

a)脱架后主梁竖向位移图

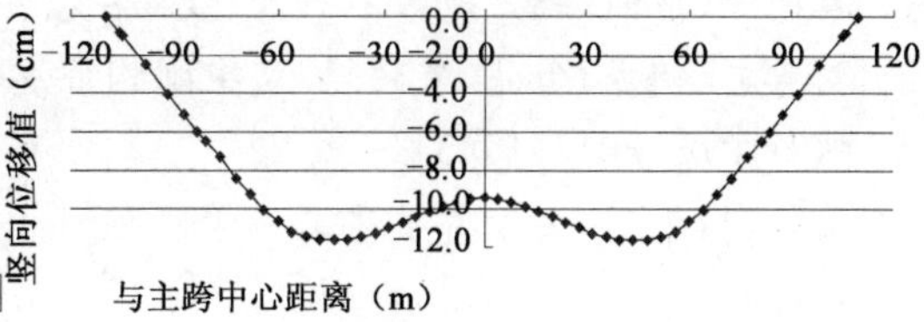

b)脱架后主拱竖向位移图

图10　脱架后主梁和主拱竖向位移

主纵梁 B 点、次纵梁 C 点和人行道 D 点的最大下挠位移值分别为 14.0cm、15.7cm、16.0cm，主拱 GL4 的最大下挠位移值为 11.6cm。

由图 10 可知，边跨和倒三角区域脱架后的位移很小，所以可以先脱空该处的支架。

5.4　支架脱空过程拉杆内力

根据设计计算结果，要求拉杆的最大压力不大于 450t，最大拉力不大于 1 000t，4 种方案在整个支架脱空过程中（包括施加二期恒载）拉杆的最大压力均为 445.2t，最大拉力均为 672.1t，均满足设计要求。

5.5　小结

安阳桥主拱为 14 道独立的小拱箱组成的拱网结构，为三维空间曲线造型，结构形式非常复杂，不仅焊接难度大而且对焊接质量要求高，所以支架脱空过程中要严格控制拱肋和拱间横连的应力使其尽可能小，由于方案三、方案四的拱肋和拱间横连应力过大且脱架过程中主拱支架力过大，远远超过支架单桩竖向极限承载力标准值 1 123kN，所以排除方案三和方案四。方案一和方案二脱架过程中的结构应力几乎相同，但是方案二在脱架过程中的主拱支架力比方案一大很多，所以方案一更优。

综上所述，通过对比支架脱空过程支架力和各受力构件的应力，得到先拱后梁、从两边向中间的支架脱空顺序为最优的支架脱空方案。

6　结语

根据安阳桥的理论计算结果可知，对采用满堂支架施工的类似桥型的支架脱空顺序提出如下建议：

（1）根据结构受力特点反复试算，以脱架过程结构应力和支架力最小为基本原则。

（2）同时同步脱空对称位置的支架。

（3）根据吊杆力分布特点来考虑主梁的横向支架脱空顺序，对于安阳桥脱空主梁下支架时应先脱空主纵梁下支架后脱空次纵梁下支架。

（4）优先考虑脱空边跨和倒三角区域的支架，这样可以降低脱空过程的支架力，有利于整体结构受力清晰明确，且与成桥阶段受力相协调，另外，此处支架脱空引起的位移最小。

（5）按照先拱后梁、从两边向中间的顺序脱空支架，这样不仅可以降低拱梁的结构应力，还可以降低脱空过程的支架力。

参 考 文 献

[1] 张振学，洪全，郭会国．天津安阳桥设计关键技术[J]．城市道桥与防洪，2011，8(8)．

[2] 韩振勇，张振学，崔志刚．天津安阳桥设计关键技术研究[J]．预应力技术，2012.5.

[3] 漆德锋,熊凯.软土地基不等跨连拱桥支架拆除顺序探究[J].中国水运,2013,4(4).
[4] 刘勇志,胡成,金晶,朱荣.Y型墩刚构桥支架拆除时机与合拢顺序[J].江南大学学报:自然科学版,2010,10(5).
[5] 王钧利,董旭.大型桥梁施工力学研究[J].武汉理工大学学报:交通科学与工程版,2010,10(5).

126. 大跨连续梁桥悬臂施工过程几何控制机理研究

刘书波[1]　刘　婺[2]

(1. 沈阳建都工程建设监理公司；2. 辽宁工程技术大学建筑工程学院)

摘　要：针对大跨度预应力混凝土连续箱型梁桥的几何线性控制，基于自适应控制原理分析了影响大桥的线性控制的一些因素和立模高程的确定方法，最后结合吴忠黄河公路特大桥施工过程监控，对大跨连续梁桥悬臂浇筑施工过程的几何线形控制进行了分析，得到了最终理论曲线，并和现场实际测得的线形进行了对比，表明了理论及程序计算的可靠性，为该大桥的线性控制提供了依据，同时也为类似的桥梁施工过程的几何控制提供了参考。

关键词：连续梁桥　线形控制　立模高程　机理分析

随着预应力混凝土工艺的不断完善，采用挂篮悬臂浇筑梁节段混凝土来建造大跨度混凝土梁桥，实现无支架而靠自身结构进行施工的先进方法，使得预应力混凝土连续桥梁、连续钢构桥和混凝土斜拉桥得到较大发展[1-4]。分段悬臂浇筑法是目前国内外大跨径预应力混凝土桥梁的主要施工方法[6-9]，当桥梁墩柱结构施工完成后，从桥墩顶部浇筑 0 号块开始至全桥合拢，其间经历逐段立模浇筑混凝土梁节段，分批张拉预应力钢索，逐步完成结构体系转换和合拢等众多施工工艺，在整个施工过程中，由于混凝土材料的非匀质性、混凝土的收缩和徐变、大气温度、温差的影响，加之各梁节段混凝土加载龄期不同的影响，会造成各梁节段的内力和位移随着混凝土浇筑过程而偏离预计值。因此，在梁的整个悬臂浇筑过程中必须进行施工控制，以保证成桥的梁线形与设计一致。

1　基于自适应控制原理的几何线形控制理论分析

目前在国内对于大跨径桥梁的上部结构线形施工监控监测，一般有两种方法。一是采用纠偏终点控制的方法，即在施工过程中，对产生主梁线形偏差的因素跟踪控制，随时纠偏，最终达到理想线形，这种方法常用 Kalman 滤波法和灰色理论等。二是应用现代控制理论中的自适应控制方法，自适应控制法又称参数识别修正法，就是在重复性很高的分段施工特别是悬臂[5]施工中，将可能引起结构状态误差的参数（例如截面几何特性、材料容重、弹性模量、混凝土收缩徐变等参数)作为未知变量,在各个施工阶段中进行实时识别,并将识别结果用于下一个阶段的实时机构分析,如此循环,经过若干个施工阶段的计算可以使模型参数的取值和实际情况相吻合,从而主动降低模型的参数误差。下面就采用自适应控制方法,考虑影响桥梁线形控制的多种因素推导各梁段的立模高程。

箱梁各节段理论立模高程一般按下式确定:

$$h_{\mathrm{nthe}}^{i}=h_{\mathrm{d}}^{i}+h_{\mathrm{p}}^{i}+h_{\mathrm{ne}}^{i} \tag{1}$$

式中:h_{nthe}^{i}——第 i 节点在第 n 施工阶段的理论高程;

h_{d}^{i}——i 节点的设计高程;

h_{p}^{i}——i 节点的预拱度;

h_{ne}^{i}——i 节点从 n 施工阶段到成桥的累计挠度。

考虑混凝土结构的温度、收缩徐变和非线性等因素影响,实际情况和理论计算不可能一致,因此对理论立模高程要不断修正。箱梁实际立模高程的计算公式可修正为:

$$h_{\mathrm{nf}}^{i}=h_{\mathrm{nthe}}^{i}+\Delta h_{\mathrm{adj}}^{i}+h_{\mathrm{b}}^{i}=h_{\mathrm{d}}^{i}+h_{\mathrm{p}}^{i}+h_{\mathrm{ne}}^{i}+\Delta h_{\mathrm{adj}}^{i}+h_{\mathrm{b}}^{i} \tag{2}$$

式中:h_{nf}^{i}——第 i 节点实际立模高程;

h_{ne}^{i}——按设计文件中箱梁施工阶段计算的成桥累计位移(含挂篮、配重等临时荷载);

$\Delta h_{\mathrm{adj}}^{i}$——根据挠度观测结果和悬臂梁下挠(上挠)的趋势而确定的挠度调整值;

h_{b}^{i}——挂篮弹性压缩变形,其他符号的意义同式(1)。

2 几何线形控制中几个关键参数的确定

在几何线形控制中,预拱度、预抛高和挂篮变形是需要重点考虑的几个因素。

预拱度指的是为抵消荷载在结构作用下产生的挠度,而在施工中预留与位移方向相反的值。与预应力混凝土连续梁桥悬臂施工中预拱度计算模型的选取息息相关,而且与许多影响挠度的因素有关,其中涉及梁体自重、预应力张拉、混凝土收缩徐变、施工临时荷载(包括悬臂浇筑的挂篮、机械设备、人群荷载)等。这些主要影响因素中,还有许多模糊不定及随机变化因素的情况,如混凝土材料的弹塑性、各节段施工工期的不定性造成的混凝土加载龄期的变化、预应力损失的随机性、日照温度产生的温度应力等。

预抛高是悬臂施工中的一个重要参数。现在我国已经修建了很多很大的预应力混凝土连续梁桥和连续刚构桥,但是很多都有一个致命缺点,就是因为长期徐变作用使跨中挠度增大,如果长期徐变计算分析不准,跨中预抛高值设置不当,运行一两年后,跨中线形会明显下垂。国内不少连续刚构桥建成不久后就出现塌腰的现象。如虎门大桥辅助道桥为一座三跨预应力混凝土连续刚构桥,跨径布置为150m+270m+150m,于1997年建成通车,是当时世界上跨径最大的预应力连续刚构桥,连续7年的观测表明,承台竖直位移和墩顶角位移很小,但是主跨跨中挠度却因混凝土收缩徐变等因素而逐年增长,而且尚未停止。2003年11月该桥测量数据表明,与成桥时相比,左幅桥跨中累计下挠达到22.2cm,右幅累计下挠达到20.7cm。这既影响桥梁美观,又使得车辆运行舒适性下降。目前国内一般做法是:各跨跨中预抛高值由设计单位根据计算结果给出,然后按二次抛物线过渡,并叠加到设计线形上,最终形成预抛高曲形。

挂篮是施工过程中的临时结构,由于是后支点挂篮,对于整个桥梁结构的受力来说,相当于简支结构,所以挂篮的受力变形将单独考虑,挂篮变形主要包括弹性变形和非弹性变形,其中非弹性变形相对难以控制,主要原因是挂篮支座误差和连接处变形所产生的。从结构安全和施工监控的角度考虑，挂篮使用前必须进行加载试验，在挂篮上作用相当于混凝土重量的荷载，以检验挂篮的受力性能和变形特性，同时也消除了一部分的挂篮非弹性变形。最初的挂篮变形值由试验确定，以后将根据实际施工情况进行修正。

此外，还有预应力瞬时效应和时间效应。预应力本身的松弛，梁底面在高应力状态下的徐变，对长期应力有影响。混凝土的徐变引起的位移。内力增加，在静定结构中，一般考虑截面应力的分布，混凝土的收缩对预应力也会产生影响，从而影响梁体的位移。温度的影响体现在数据的观测和立模高程时产生的误差。

3 工程实例分析

宁夏回族自治区吴忠市吴忠黄河公路大桥的主桥为大型现浇预应力混凝土连续箱梁桥，其跨径组成为55m+5×92m+55m，如图1所示。上部采用变截面连续箱梁，下部采用钢筋混凝土重力式墩，钻孔灌注桩群桩基础，上部结构共划分为4种梁段，0号梁段为支架现浇梁段，1～12号梁段为挂篮悬臂浇筑梁段。13号梁段为合龙段，14号梁段为边跨现浇段。各梁段的纵向长度为(10+6×3+4×3.5+2×4+2)m；主梁梁高从2.8～5.8m按1.8次抛物线规律变化，变化范围为43.25m。底板纵向也按1.8次抛物线规律变化，横向保持水平，肋板处高度根据桥面横坡相应调整，箱梁采用单箱双室断面，箱梁采用三向预应力体系，纵向预应力钢束采用平、竖弯相结合的方式布置，中跨采用两端张拉，边跨采用单端张拉。横向预应力钢束布置于顶板，采用单端张拉，竖向预应力钢束以直线形式布置于腹板中，下端预埋，在箱梁顶面张拉。

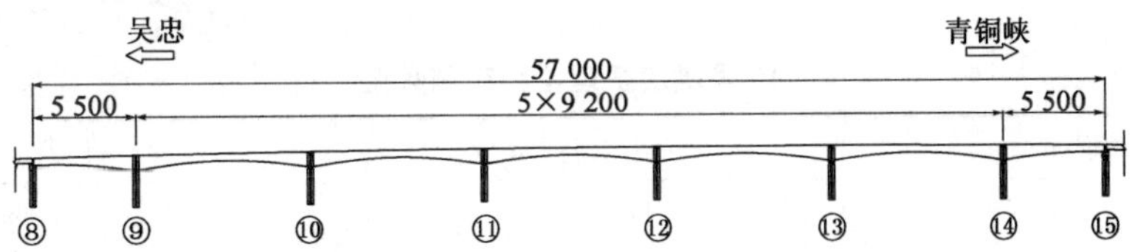

图1 吴忠黄河公路特大桥主桥布置(尺寸单位:cm)

3.1 几何线形控制的计算分析

在对特大桥各施工阶段实施控制时，先采用公路交通科技研究所自主研发的Bridge SB对其进行各施工阶段的模拟。其成桥状态的结构计算如图2所示。

图2 吴忠黄河公路大桥主桥结构计算图

依据设计参数和控制参数，结合桥梁结构的结构状态，施工工况、施工荷载、二期恒载、活载等实际情况将桥离散成180个单元，经过施工分析和荷载分析，输入总体信息、施工信息和运营信息进行计算，输出计算结果，从而获得结构按施工阶段进行的每阶段的内力和位移，然后将计算模型导入Bridge Monitor中，按照实验确定好的挂篮变形等，进而计算各施工阶段的预抛高值及立模高程。

3.2 预拱度曲线的确定

依据桥梁施工的具体过程，模型的分析过程共划分为悬臂浇筑阶段、施工合拢段和施加二期恒载。其中悬臂施工阶段共划分为13个施工步骤(即每个施工阶段为一个施工步骤)，每个施工阶段按7天考虑；合龙段施工分为3个阶段：先边跨合拢，其次是次中跨合拢，最后是中跨合拢。二期恒载主要考虑了18cm厚的桥面铺砖、两侧防撞栏杆、10年的收缩徐变。经过计算机数值模拟分析计算,得到吴忠黄河公路大桥的预拱度曲线,如图 3 所示。

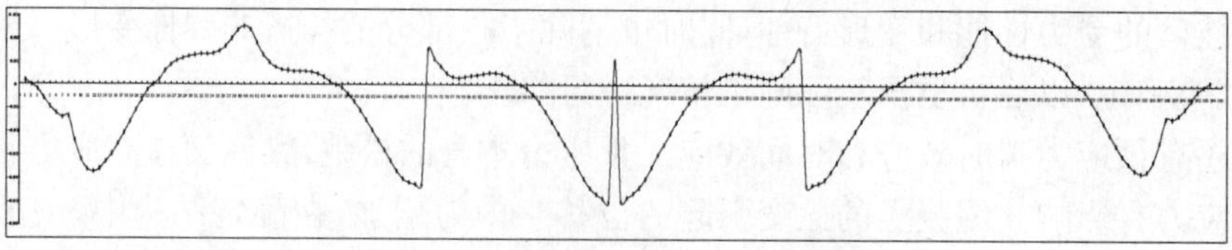

图 3 吴忠黄河公路大桥主桥预拱度曲线(一)

3.3 预抛高的确定

吴忠黄河公路大桥预抛高值的确定为:中跨跨中按 $L/1\,000$ 考虑,取 10cm,边跨 2.75cm。其他各点按 1.8 次抛物线拟合。叠加上面求出来的预拱度曲线得到最终预拱度曲线,如图 4 所示。

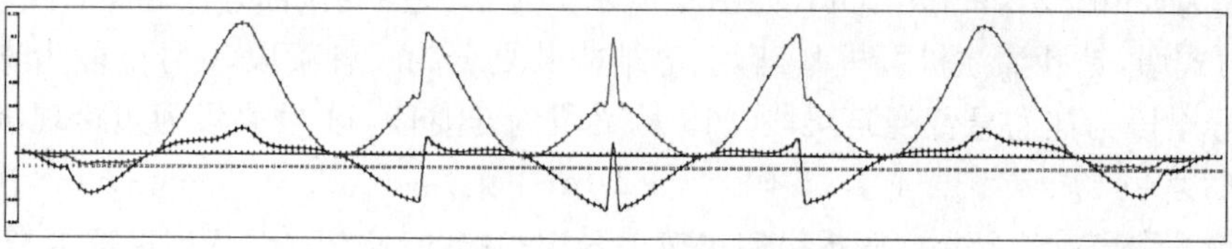

图 4 吴忠黄河公路大桥主桥预拱度曲线(二)

3.4 计算值与实测值的对比

用 Bridge Montio 软件得出的最终曲线指导大桥的立模高程,经过三阶段的测量数据对比,得出的数据曲线和理论曲线相吻合。下面就 10 号墩的测量数据和理论数据进行对比,如表 1 所示。

10 号墩底板理论和实测数据 表 1

目标高程(m)	实测高程(m)	误差(m)
1 133.568	1 133.577	0.009
1 133.919	1 133.917	−0.002
1 134.251	1 134.249	−0.002
1 134.561	1 134.587	0.026
1 134.847	1 134.85	0.003
1 135.113	1 135.132	0.019
1 135.389	1 135.396	0.007
1 135.634	1 135.643	0.009
1 135.842	1 135.869	0.027
1 136.013	1 136.057	0.044

由表 1 可知:实测数据和理论数据吻合得比较好。

4 结语

预应力大跨度桥梁的施工工艺复杂,施工过程中许多难以预料和估计的因素可能导致桥梁线形控制不合理,导致桥梁难以合龙以及影响成桥线形的美观,本文的桥梁施工阶段的线形监控,可为桥梁施工的各个阶段提供准确可靠的测量数据,以保证施工工程质量和美观,并可为同类的桥梁提供参考价值。

和施工监控的角度考虑，挂篮使用前必须进行加载试验，在挂篮上作用相当于混凝土重量的荷载，以检验挂篮的受力性能和变形特性，同时也消除了一部分的挂篮非弹性变形。最初的挂篮变形值由试验确定，以后将根据实际施工情况进行修正。

此外，还有预应力瞬时效应和时间效应。预应力本身的松弛，梁底面在高应力状态下的徐变，对长期应力有影响。混凝土的徐变引起的位移。内力增加，在静定结构中，一般考虑截面应力的分布，混凝土的收缩对预应力也会产生影响，从而影响梁体的位移。温度的影响体现在数据的观测和立模高程时产生的误差。

3 工程实例分析

宁夏回族自治区吴忠市吴忠黄河公路大桥的主桥为大型现浇预应力混凝土连续箱梁桥，其跨径组成为55m+5×92m+55m，如图1所示。上部采用变截面连续箱梁，下部采用钢筋混凝土重力式墩，钻孔灌注桩群桩基础，上部结构共划分为4种梁段，0号梁段为支架现浇梁段，1～12号梁段为挂篮悬臂浇筑梁段。13号梁段为合龙段，14号梁段为边跨现浇段。各梁段的纵向长度为(10+6×3+4×3.5+2×4+2)m；主梁梁高从2.8～5.8m按1.8次抛物线规律变化，变化范围为43.25m。底板纵向也按1.8次抛物线规律变化，横向保持水平，肋板处高度根据桥面横坡相应调整，箱梁采用单箱双室断面，箱梁采用三向预应力体系，纵向预应力钢束采用平、竖弯相结合的方式布置，中跨采用两端张拉，边跨采用单端张拉。横向预应力钢束布置于顶板，采用单端张拉，竖向预应力钢束以直线形式布置于腹板中，下端预埋，在箱梁顶面张拉。

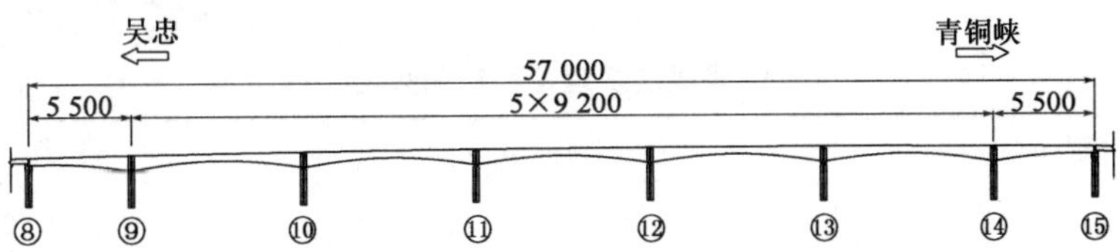

图1 吴忠黄河公路特大桥主桥布置(尺寸单位:cm)

3.1 几何线形控制的计算分析

在对特大桥各施工阶段实施控制时，先采用公路交通科技研究所自主研发的Bridge SB对其进行各施工阶段的模拟。其成桥状态的结构计算如图2所示。

图2 吴忠黄河公路大桥主桥结构计算图

依据设计参数和控制参数，结合桥梁结构的结构状态，施工工况、施工荷载、二期恒载、活载等实际情况将桥离散成180个单元，经过施工分析和荷载分析，输入总体信息、施工信息和运营信息进行计算，输出计算结果，从而获得结构按施工阶段进行的每阶段的内力和位移，然后将计算模型导入Bridge Monitor中，按照实验确定好的挂篮变形等，进而计算各施工阶段的预抛高值及立模高程。

3.2 预拱度曲线的确定

依据桥梁施工的具体过程，模型的分析过程共划分为悬臂浇筑阶段、施工合拢段和施加二期恒载。其中悬臂施工阶段共划分为13个施工步骤(即每个施工阶段为一个施工步骤)，每个施工阶段按7天考虑；合龙段施工分为3个阶段:先边跨合拢，其次是次中跨合拢，最后是中跨合拢。二期恒载主要考虑了18cm厚的桥面铺砖、两侧防撞栏杆、10年的收缩徐变。经过计算机数值模拟分析计算，得到吴忠黄河公路大桥的预拱度曲线，如图3所示。

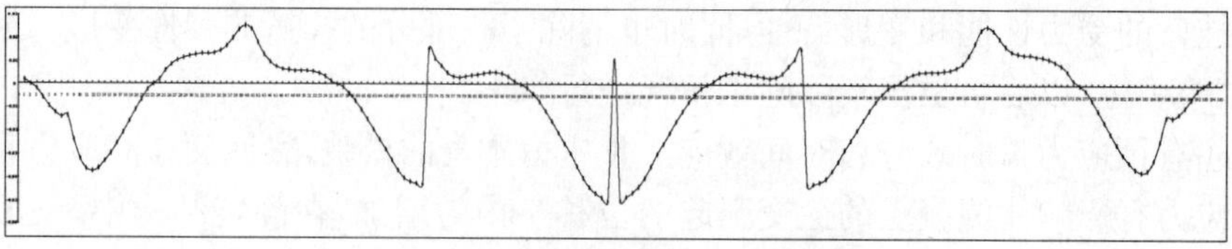

图3 吴忠黄河公路大桥主桥预拱度曲线(一)

3.3 预抛高的确定

吴忠黄河公路大桥预抛高值的确定为：中跨跨中按 $L/1\,000$ 考虑，取10cm，边跨2.75cm。其他各点按1.8次抛物线拟合。叠加上面求出来的预拱度曲线得到最终预拱度曲线，如图4所示。

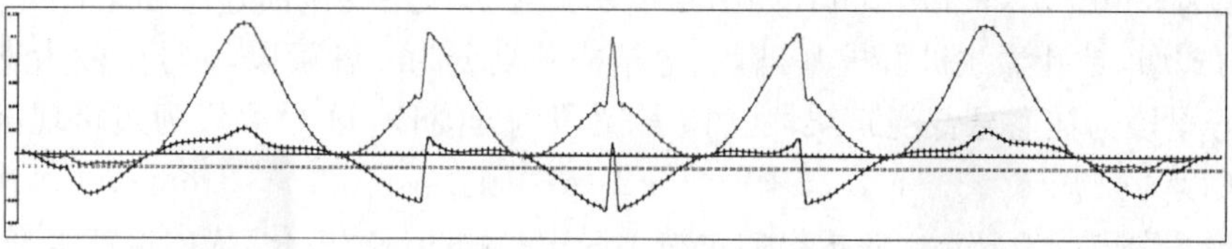

图4 吴忠黄河公路大桥主桥预拱度曲线(二)

3.4 计算值与实测值的对比

用 Bridge Montio 软件得出的最终曲线指导大桥的立模高程，经过三阶段的测量数据对比，得出的数据曲线和理论曲线相吻合。下面就10号墩的测量数据和理论数据进行对比，如表1所示。

10号墩底板理论和实测数据 表1

目标高程(m)	实测高程(m)	误差(m)
1 133.568	1 133.577	0.009
1 133.919	1 133.917	−0.002
1 134.251	1 134.249	−0.002
1 134.561	1 134.587	0.026
1 134.847	1 134.85	0.003
1 135.113	1 135.132	0.019
1 135.389	1 135.396	0.007
1 135.634	1 135.643	0.009
1 135.842	1 135.869	0.027
1 136.013	1 136.057	0.044

由表1可知：实测数据和理论数据吻合得比较好。

4 结语

预应力大跨度桥梁的施工工艺复杂，施工过程中许多难以预料和估计的因素可能导致桥梁线形控制不合理，导致桥梁难以合龙以及影响成桥线形的美观，本文的桥梁施工阶段的线形监控，可为桥梁施工的各个阶段提供准确可靠的测量数据，以保证施工工程质量和美观，并可为同类的桥梁提供参考价值。

参 考 文 献

[1] 范立础.桥梁工程[M].北京:人民交通出版社,2001.

[2] 向中富.桥梁施工控制技术[M].北京:人民交通出版社,2001.

[3] 范立础.预应力混凝土连续梁桥[M].北京:人民交通出版社,1988.

[4] 雷俊卿.桥梁悬臂施工与设计[M].北京:人民交通出版社,2000.

[5] 张继尧,王昌将.悬臂浇筑预应力混凝土连续梁桥[M].北京:人民交通出版社,2004.

[6] 葛耀君.分段施工桥梁分析与控制[M].人民交通出版社,2003.

[7] 钢构—连续组合梁桥监测监控技术研究[J].公路工程,2008,33(4):137-144.

[8] GERARDC, MEIJERM. Acontactless capacitive angular-position sensor[J]. Sensors Journal,2003(5):607-614.

[9] TIBOR F. A meastttement alogodthm for capactive speed encoder with a modified front-end topology[J]. IEEE Transaction on Insta'umentation and Measurement,1998,47(5):1341-1343.

Di-ershiyi Jie Quanguo Qiaoliang Xueshu Huiyi Lunwenji

第二十一届全国桥梁学术会议论文集

（下册）

中国土木工程学会桥梁及结构工程分会　编

2014·大连

人民交通出版社
China Communications Press

内 容 提 要

本书为第二十一届全国桥梁学术会议论文集，由中国土木工程学会桥梁及结构工程分会精选的170余篇优秀论文汇编而成。本论文集包括大会报告，设计与分析，施工与控制，抗震、抗风与动力分析，检测、加固及其他五个部分，全面、系统地展示了近一时期我国桥梁工程建设的新动态、新理念、新成果和新经验。

本书可供从事桥梁工程设计、施工、检测、管理等相关工作的技术人员参考使用，也可供大中专院校相关专业师生阅读学习。

图书在版编目(CIP)数据

第二十一届全国桥梁学术会议论文集·下册 / 中国土木工程学会桥梁及结构工程分会编. — 北京 ：人民交通出版社，2014.5

ISBN 978-7-114-11404-5

Ⅰ. ①第… Ⅱ. ①中… Ⅲ. ①桥梁工程—学术会议—文集 Ⅳ. ①U44-53

中国版本图书馆CIP数据核字(2014)第086365号

Di-ershiyi Jie Quanguo Qiaoliang Xueshu Huiyi Lunwenji

书　　名：第二十一届全国桥梁学术会议论文集(下册)
著 作 者：中国土木工程学会桥梁及结构工程分会
责任编辑：张征宇　郭红蕊
出版发行：人民交通出版社
地　　址：(100011)北京市朝阳区安定门外外馆斜街3号
网　　址：http://www.ccpress.com.cn
销售电话：(010)59757973
总 经 销：人民交通出版社发行部
经　　销：各地新华书店
印　　刷：北京市密东印刷有限公司
开　　本：787×1092　1/16
印　　张：72.5
字　　数：1719千
版　　次：2014年5月　第1版
印　　次：2014年5月　第1次印刷
书　　号：ISBN 978-7-114-11404-5
定　　价：220.00元(上、下册)

第二十一届全国桥梁学术会议

学术委员会

名誉主任 范立础
主　　任 项海帆
副 主 任 葛耀君
委　　员 （以姓氏笔画为序）
牛　斌　吉　林　孙利民　肖汝诚
邵长宇　孟凡超　赵基达　秦顺全
高宗余

组织委员会

主　　任 肖汝诚
副 主 任 刘　征　杨志刚　张　哲
委　　员 （以姓氏笔画为序）
华彦常　孙　斌　武肖良　松　宇　徐太波　黄才良
廖　玲　穆　玉

主办单位

中国工程院土木水利与建筑工程学部
中国土木工程学会
中国土木工程学会桥梁及结构工程分会
大连市城乡建设委员会
大连市星海湾开发建设管理中心

协办单位（排序不分先后）

中铁十九局集团第五工程有限公司
中交一航局第三工程有限公司
中交第二公路工程局有限公司
大连理工大学土木工程建筑设计研究院有限公司
中交第一航务工程局有限公司
大连船舶重工集团有限公司
中铁宝桥集团有限公司
江苏法尔胜股份有限公司
四川天元机械工程股份有限公司
镇江蓝舶工程科技有限公司
大连天禄防腐工程有限公司
衡水宝力工程橡胶有限公司
大连顾德防腐工程有限公司
宁波路宝科技实业集团有限公司
中咨工程建设监理公司
山东省交通工程监理咨询公司
大连理工工程建设监理有限公司

承办单位

《桥梁》杂志社
大连理工大学

目　录(下册)

四、抗震、抗风与动力分析

五、检测、加固及其他

四、抗震、抗风与动力分析

127. 天津海河吉兆桥抗震设计概述

——混合耗能减隔震系统的应用

韩振勇[1] 袁 涌[2]

(1. 天津城建集团有限公司;2. 华中科技大学)

摘 要:天津海河吉兆桥为三跨变截面连续钢—混凝土组合桁架桥,位于高烈度地震区,地震动峰值加速度为 $0.15g$。针对吉兆桥的结构特点,提出了采用由铅芯隔震橡胶支座和软钢耗能阻挡装置组成的混合耗能减隔震系统进行减隔震设计的新思路,达到了提高结构抗震性能、降低工程费用的目的。本文主要介绍吉兆桥的抗震设计思想、减隔震设计方法及主要技术内容。

关键词:吉兆桥 组合桁架桥 铅芯隔震橡胶支座 软钢耗能阻挡装置 混合耗能减隔震系统

1 引言

我国是世界上多地震国家之一,具有强度大、频率高、震源浅的特点。近年来,我国地震活动较为频繁。随着城市化及经济的高速发展,对交通线的依赖越来越强,重要桥梁作为震时生命线工程的重要组成部分,其抗震性能的保障和提高显得尤为重要。

传统桥梁结构主要依靠增强自身的强度和变形能力来抵御地震作用,但 1994 年美国北岭地震、1995 年日本阪神大地震和 2008 年我国 5·12 汶川地震中,大量结构倒塌,说明以“抗”为主要途径的传统方法存在问题。研究者开始研究通过在结构上布置减隔震装置,寻求“隔”、“减”的方法来抵御地震灾害。

对于桥梁减隔震设计,一般需要使用一种水平刚度较小的支承,如水平力分散型橡胶支座,也可使用集水平刚度小、带有较大耗能功能于一体的支承,如铅芯隔震橡胶支座、高阻尼橡胶支座等。但是,所有这些支承,在地震时都需要发生大的变位,才能发挥其功效,也就是其支承的上部结构在地震时都需要发生大的位移,才能减少地震作用,产生好的减隔震效果,这对结构设计是不利的。特别是桁架桥,由于隔震后的桥梁自振周期较长,上部结构的位移很大,容易发生桥梁碰撞。

对于类似于桁架桥的减隔震设计,理想的目标是在有效减隔震的同时,将位移控制在较小、可控的范围内。本文根据吉兆桥的结构特点,对实现上述理想减隔震设计目标的关键技术问题进行论述与探讨。

2 工程背景

天津海河吉兆桥地处天钢柳林地区城市副中心，跨越海河，是继海河上游综合改造开发后，海河中游后五公里提升改造的第一座过河桥梁。结合周边建筑情况，吉兆桥整体设计采用欧式风格。吉兆桥主桥为三跨变截面钢—混凝土组合桁架梁桥，全长 200m，跨径布置为 55m+90m+55m；桥宽 40m，横向共由 9 榀桁架组成，桁架中心间距为 4.6m。吉兆桥采用的组合桁架结构形式，与钢箱组合梁桥相比，具有节省钢材及工程造价等优点。针对吉兆桥结构特点，在负弯矩区桥面板采用了新型抗拔不抗剪 T 形连接件，并结合部分组合技术、双重组合技术，以及优化的施工工序，有效解决了负弯矩区混凝土桥面板易开裂、中支点位置下弦杆钢板易失稳等设计难题。吉兆桥场地抗震设防烈度为 7 度，设计基本地震加速度值为 0.15g，属于高烈度地震区。图 1 和图 2 为吉兆桥实景图。

图 1　吉兆桥实景图(1)

图 2　吉兆桥实景图(2)

3 减隔震设计

3.1 铅芯隔震橡胶支座

铅芯隔震橡胶支座，是在普通叠层橡胶支座中插入铅芯，以改善橡胶支座阻尼性能，目前，已较多应用于桥梁减隔震设计中，尤其是国家行业标准《公路桥梁铅芯隔震橡胶支座》(JT/T 822—2011)的颁布，为其大规模推广提供了契机。

铅芯隔震橡胶支座的水平刚度较小，可以使地震位移反应集中在支座上，通过延长结构的基本周期，避开地震能量集中的范围，从而降低结构的地震力；同时，可将地震力均匀地分散到各个桥墩，避免了地震力集中作用在某一个桥墩上。宏观表现为：地震时，支座发生大的变位，其所支承的桥梁上部结构绝对位移较大，可能造成设计上的困难，甚至导致桥梁碰撞或落梁。

目前,铅芯隔震橡胶支座有单铅芯隔震橡胶支座及多铅芯隔震橡胶支座等多种产品,国内支座厂家产品的静力特性(耐久性、温度稳定性、竖向承载能力等)、动力特性(刚度及阻尼、大变形能力及动力参数)均较良好且稳定。

3.2 软钢耗能阻挡装置

软钢耗能阻挡装置如图3所示,为位移型耗能装置,可通过软钢腹板的剪切变形,实现在小变形条件下,耗散大量能量的目的。其特征如下:①在正常使用条件下,可保证梁体自由移动,不产生附加内力。②对地震产生的梁的快速变形,能迅速耗能,减小梁的加速度和位移。③与黏滞流体阻尼器不同,对速度无要求。④可承受多次反复地震作用。⑤造价低,安装简便,易更换,可靠性佳,是混凝土抗震挡块的理想替代品。目前,该装置在日本等地震多发国家已经得到了广泛应用。

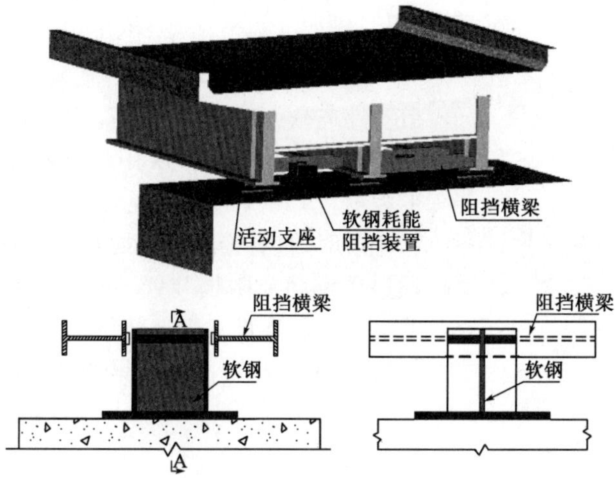

图3 软钢耗能阻挡装置

目前,国内软钢产品主要有屈服点为160MPa和225MPa的两种产品,屈强比均小于80%,伸长率接近60%,延性非常好。

设计研究阶段,为了避免软钢耗能阻挡装置腹板过早发生破坏,分别将腹板做成了正方形、镜片型、两边凹型和两边凹并加固型四种形态;针对其材料特殊的特点,进行了专门的焊接工艺评定,并对其安装形式进行了研究。其中,采用两边凹并加固型腹板的软钢耗能阻挡装置的滞回曲线比较饱满,其典型力学实验曲线如图4所示。

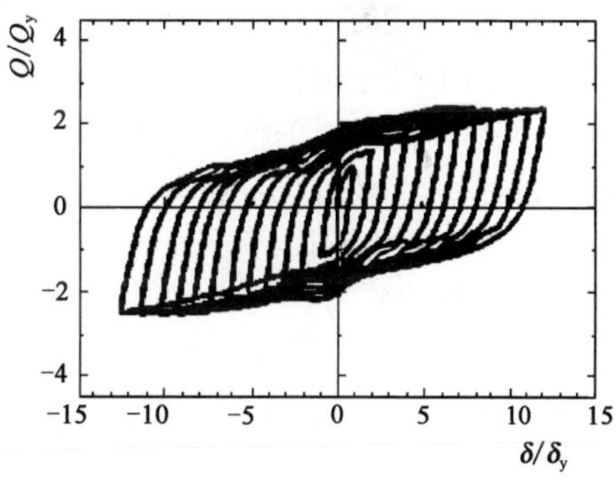

图4 软钢耗能阻挡装置典型力学实验曲线

3.3 混合耗能减隔震系统

吉兆桥采用的混合耗能减隔震系统,由铅芯隔震橡胶支座和软钢耗能阻挡装置组成,如图5所示。

混合耗能减隔震系统的减隔震设计思想为:铅芯隔震橡胶支座与软钢耗能阻挡装置的间隙之间由隔震支座发挥作用,当上部结构触及软钢耗能阻挡装置时,由软钢的耗能作用来减小上部结构的地震位移响应。减隔震系统的模拟采用三折线弹簧单元恢复力模型,如图6所示。

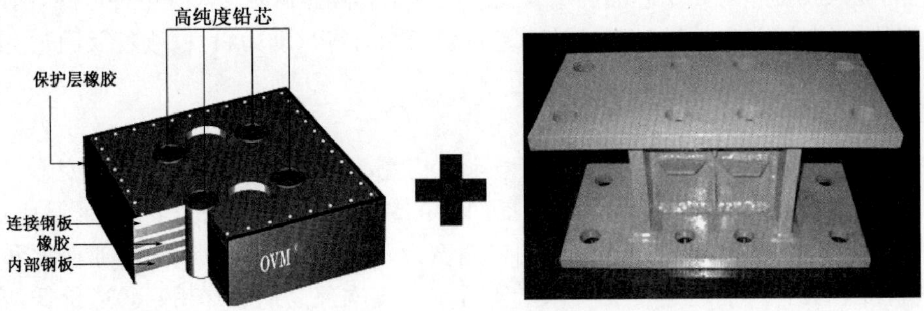

图 5 混合耗能减隔震系统

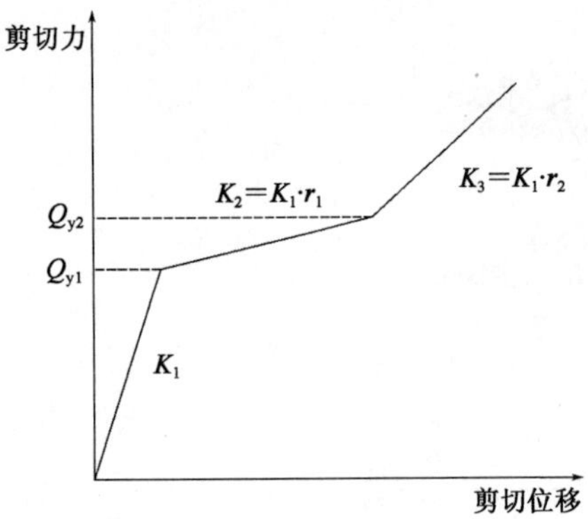

图 6 三折线弹簧单元恢复力模型

图中，K_1-铅芯隔震橡胶支座屈服前刚度；

K_2-铅芯隔震橡胶支座屈服后刚度；

K_3-位移增大至阻挡装置发挥作用后，铅芯隔震橡胶支座与软钢耗能阻挡装置的组合刚度。

吉兆桥在国内首次用软钢耗能阻挡装置取代普通的混凝土挡块，形成了混合耗能减隔震系统，使得结构在小震时，只有铅芯隔震橡胶支座发挥作用；在大震时，通过软钢耗能阻挡装置，对大位移变形采取柔性阻挡，并耗散地震能量减少上部结构的位移量，防止落梁及梁间碰撞，有效地提高了桥梁的抗震性能。

4 结语

天津海河吉兆桥工程首次用软钢耗能阻挡装置取代普通的混凝土挡块，形成了混合耗能减隔震系统，充分发挥了铅芯隔震橡胶支座及软钢耗能阻挡装置的优势，实现了有效减隔震的同时，地震位移较小、可控的目标。其中，软钢耗能阻挡装置具有造价低、安全性能好、可承受反复地震作用、便于更换、性能可靠等优点，可有效避免落梁及碰撞，是刚性抗震混凝土挡块的理想替代品，具有广泛的推广应用价值。尽管当前我国对软钢耗能阻挡装置的应用远不及日本普遍，相信不久的将来一定会得到应有的重视与发展，这正是本文的目的所在。

参 考 文 献

[1] 范立础，王志强. 桥梁减隔震设计[M]. 北京：人民交通出版社，2001.

128. 大连星海湾跨海大桥抗风性能研究

张　哲　许福友　应旭永
（大连理工大学风洞实验室）

摘　要：大连星海湾跨海大桥既是我国首座双层桥面钢桁架柔性悬索桥，也是我国首座双锚碇都修建在海中的大跨度悬索桥。本文介绍了通过风洞试验及数值模拟对该桥进行抗风性能研究的部分工作，主要包括全桥结构自振特性分析、基于主梁节段模型的桥梁颤振稳定性风洞试验、斜风条件下双层钢桁架主梁在不同攻角时的静风力系数测定风洞试验、基于三维桥塔整体模型的基底风载内力风洞试验及大涡数值模拟。研究结果为桥梁抗风性能设计提供了重要的依据和参考。

关键词：桥梁　风工程　斜风　数值模拟

1　引言

大连市星海湾跨海大桥是我国首座双层桥面钢桁架柔性悬索桥，也是我国首座双锚碇都修建在海中的悬索桥。该桥跨径布置为 180m＋460m＋180m，建成后为我国长江以北主跨最大的桥梁。主梁为高 10m，宽 24.8m 钢桁式加劲梁，上层桥面宽 21.46m，下层桥面宽 17.46m。主缆成桥矢跨比为 1/6.63，横桥向间距 25.2m，成桥状态下跨中垂度为 69.36m。桥塔为钢筋混凝土塔，高 112.3m，横桥向为门式框架结构，每根桥塔的塔柱间设置两根横梁连接，在主塔内侧壁与主梁间安装横向抗风支座。由于该桥地处大连星海湾地区，当地风速较高，因此有必要对该桥的抗风性能进行全面研究，以策安全。本文首先介绍了该桥有限元建模分析方法，为进行桥梁主梁节段模型设计提供模态参数；然后介绍了颤振稳定性试验及主要结论；接着通过风洞试验获得了双层钢桁架主梁断面在不同攻角和偏角条件下的静风力系数；最后介绍了基于三维桥塔整体模型通过风洞试验及大涡数值模拟两种方法进行基底风载内力（系数）的对比研究。

2　结构自振特性分析

桥梁结构自振特性采用空间有限元分析获得，因此动力反映结果的正确与否直接取决于空间有限元模型建立的是否合理，能否用来真实地模拟实际结构。影响桥梁结构的自振特性分析的因素主要有结构本身刚度和质量的分布及结构的边界约束。本文采用 ANSYS 公司授权的结构分析软件对该桥进行结构自振特性分析。钢桁架加劲梁采用三维弹性梁单元 beam4 模拟；主塔塔柱及横梁采用三维渐变不对称梁单元 beam44 模拟；主缆及吊杆是只受拉构件，采用三维杆单元 link10 模拟，并定义 link10 的只受拉特性，在其受压时，单元刚度矩阵为零，可以模拟索的松弛；刚性吊杆及中央扣斜拉索采用刚臂单元模拟；行车桥面系和附属人行道等恒载的质量采用质量单元 mass21 模拟，分析时只计入其质量而未计入其刚度。根据结构设计图纸，耦合了加劲梁与主塔在横桥向及竖向自由度；主缆与塔顶三个线位移自由度全部耦合；主缆和主塔底部完全固结，未考虑桩土效应；加劲梁端部节点纵向自由度释放，约束横向及竖向自由度。悬索桥为非线性大位移的柔性缆索结构体系，在恒载作用下，柔性的缆索处于受拉状态，具有初始拉力的缆索可提高结构的抗弯刚度，帮助结构承受活载，这部分恒载引起的刚度称为重力刚度。此外，主缆的线形及应力随着施工阶段的不同而不断变化，通常的自振特性分析均是在设计成桥状态的基础上展开的。所以，有限元建模过程的重要一步便是调节主缆的初始应力，使得恒载作用平衡状态与设计成桥线形一致，以“主梁竖向挠度及内力最小”目标，通过不断迭代试算，最后得到与成桥线形较吻合的平衡状态，即为自振特性分析的起始状态。在进行结构自振特性分析时，采用 Block Lanczos 方法求解，该方法是经典 Lanczos 的改进，用于求解大型系统的特征值问题，具有求解速度快、可以指定特征值范围等特点。桥梁自振特性分析有限元模型见图 1。

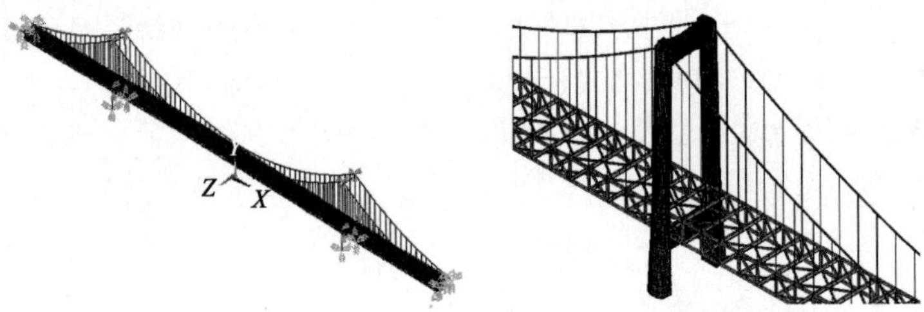

a)　　b)

图 1　三维有限元模型

在进行主梁节段模型质量系统模拟时应使用考虑了全桥振动效应和振动空间特性的主梁等效质量和等效质量惯矩。主梁等效质量和等效质量惯矩可分别计算为：

$$m_{\mathrm{eq}}^{d}=\frac{\widetilde{M}}{\int_{L_g}\varphi_d^2(x)\,\mathrm{d}x} \tag{1}$$

$$J_{\mathrm{meq}}^{x}=\frac{\widetilde{M}}{\int_{L_g}\varphi_{\theta x}^2(x)\,\mathrm{d}x} \tag{2}$$

式中：$\widetilde{M}$——各阶固有模态对应的广义质量；

$\varphi_x(x)$——各阶固有模态主梁 x 处沿纵桥向振型值；

$\varphi_y(x)$——各阶固有模态主梁 x 处沿竖向振型值；

$\varphi_z(x)$——各阶固有模态主梁 x 处沿侧向振型值；

$\varphi_{\theta x}(x)$——各阶固有模态主梁 x 处绕纵桥向转角的振型值；

L_g——大桥主梁全长。

一阶正对称竖弯和一阶正对称扭转振型是影响桥梁颤振临界风速的主要振型，这两个振型的频率分别为 0.261Hz 与 0.727Hz，对应的等效质量与等效质量惯性矩分别为 37.99t/m 与 3 848t · m^2/m。

3 颤振稳定性检验

采用节段模型进行颤振稳定型检验，试验模型安装采用弹簧悬挂二元刚体节段模型的方式，即节段模型通过 8 根弹簧悬挂在外置式支架上。根据实桥主梁断面尺寸和风洞试验段尺寸以及直接试验法的要求，选取节段模型的缩尺比为$\lambda_L = 1/40$。模型悬挂支架位于风洞外壁，吊臂全长 1.1m，有效吊点间距为 0.72m。模型全长 2.96m，模型宽度 0.62m，长宽比接近 5：1。刚体节段模型的骨架由方铝管制作。成桥状态考虑了位于桥面的防撞栏，防撞栏用 ABS 塑料板制成。试验在均匀流场中进行，采用直接试验法对成桥状态进行了－5°、－3°、0°、＋3°和＋5°五种攻角的竖弯和扭转两自由度耦合颤振试验，实桥与模型风速比为 6。各种条件下的颤振导数不再给出，成桥状态节段的颤振临界风速试验结果汇总于表 1。

成桥状态节段模型颤振临界风速试验结果 表 1

攻角(°)	−5	−3	0	−3	−5
试验风速(m/s)	>15	>15	14.8	14.3	14
换算实桥风速(m/s)	>99	>99	97.7	94.4	92.4
颤振检验风速(m/s)	<70.9	<70.9	70.9	<70.9	<70.9

试验结果表明：成桥状态 5 种初始风攻角条件下的颤振临界风速均超过 90m/s，该桥能够满足颤振检验风速 70.9m/s 的要求。

4 主梁节段模型测力试验

由于该桥主梁断面为双层钢桁架结构，因此在斜风条件下的风荷载比正交风条件更为不利，因此需要通过风洞试验获得不同风向角条件下的静风荷载系数，为桥梁抗风分析提供必要的参数。节段模型安装在风洞中的转盘上，如图 2 所示，由位于风洞底板下、转盘机构上的高精度高灵敏度底支式六分量应变天平支撑，作用在节段模型上的气动力由该六分量应变天平测量。模型比例 1：40，模型的长度 L、宽度 B 和高度 D 分别为 2.9m、0.62m 和 0.275m。试验工况包括：成桥状态攻角：－6°～＋6°，间隔 2°，施工状态 0°，风偏角范围：0°～90°，步长 5°；风洞试验风速 15m/s。

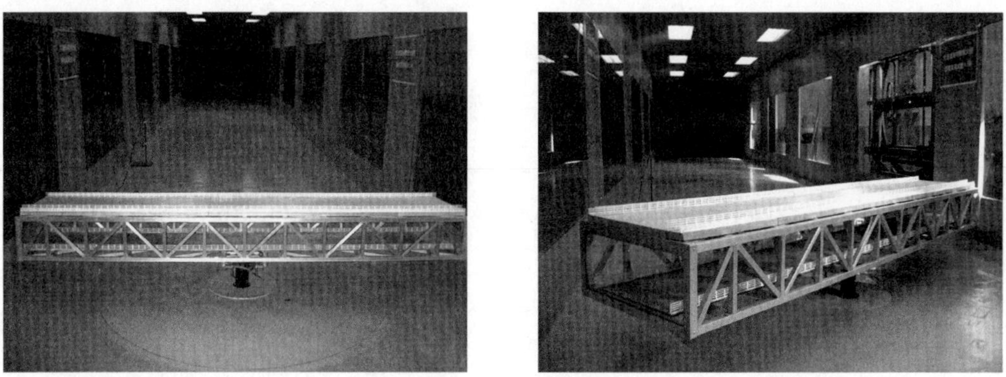

a) b)

图 2 风洞中主梁测力模型

风轴系下的轴力系数、阻力系数定、升力系数、升力矩系数分别定义如下：

$$
\begin{aligned}
C_A &= \frac{F_A}{1/2\rho U_\infty^2 HL} \\
C_D &= \frac{F_D}{1/2\rho U_\infty^2 HL} \\
C_L &= \frac{F_D}{1/2\rho U_\infty^2 BL} \\
C_M &= \frac{M_T}{1/2\rho U_\infty^2 B^2 L}
\end{aligned} \tag{3}
$$

式中：U_∞——试验风速；

ρ——空气密度，$\rho=1.225\text{kg/m}^3$；

L——节段模型长度。

其中轴力和阻力系数以主梁高度 H 为参考长度，升力系数和扭矩系数以主梁断面的宽度 B 为参考长度。试验所得的成桥和施工状态主梁断面气动力系数随风攻角和风偏角变化曲线如图 3 所示。由此可见：

(1)成桥状态下的轴力系数与攻角基本没有关系，即攻角对轴力系数基本没有影响；在 0°～55°范围内，轴力系数随风偏角的增加而增大，在 55°～90°范围内，轴力系数随风偏角的增加而减小；风偏角在 0°～20°范围内，施工与成桥状态轴力系数基本一致；随着风偏角的增加，施工状态的轴力系数高于成桥状态轴力系数；成桥状态和施工状态轴力系数极大值分别约为 0.265 和 0.29，分别约为对应阻力系数极大值的 50%和 70%。

(2)施工状态下的阻力系数明显低于成桥状态阻力系数；随着风偏角的增大，两种状态下的阻力系数都随之降低。成桥状态下，攻角越大，阻力系数也越大。

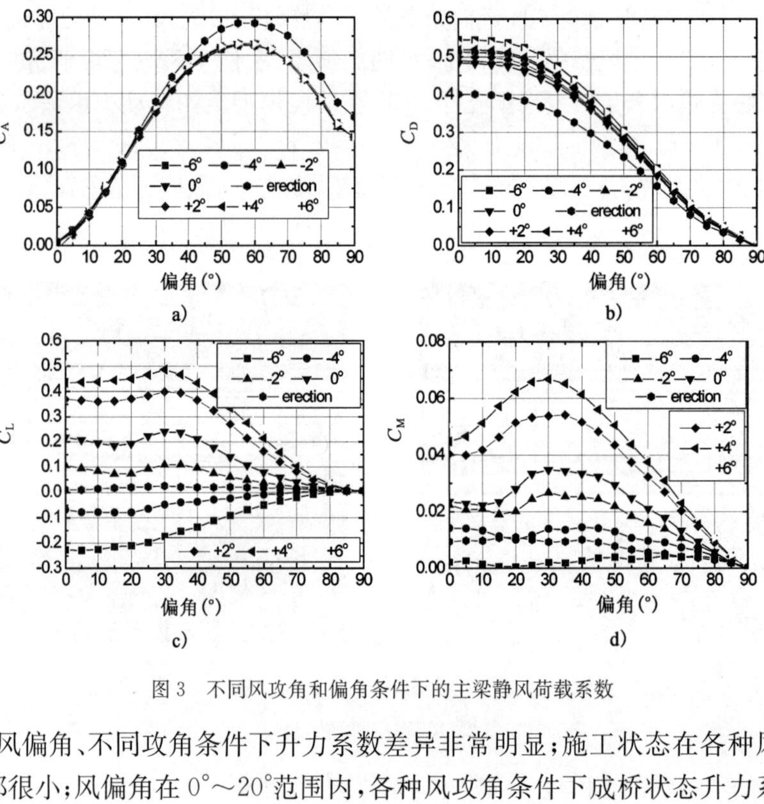

图 3 不同风攻角和偏角条件下的主梁静风荷载系数

(3)相同风偏角、不同攻角条件下升力系数差异非常明显；施工状态在各种风偏角条件下的升力系数都很小；风偏角在 0°～20°范围内，各种风攻角条件下成桥状态升力系数变化不明显；当风偏角大于 2°～0°，升力系数绝对值随着风偏角的增加而降低，说明偏角越大，越有利于减小升力。

(4)对于−6°风攻角条件下成桥状态升力矩系数，在各种风偏角下都非常接近于 0；施工状态下和−6°风攻角条件下成桥状态升力矩系数也较小；其他四种风攻角条件下成桥状态升力矩系数，风偏角在 0°～30°范围内，升力矩系数随风偏角的增加而增大，当风偏角在 30°～90°范围内，升力矩系数随风偏角的增加而减小。

(5)根据本文双层桥面主梁的 4 种静风荷载系数可知，正交风条件下的静风荷载未必是最不利的，需要综合考虑多种斜风条件下的风荷载。

5 桥塔基底内力风洞试验与数值模拟

一般而言，在风荷载作用下，桥塔根部内力最大。以往研究桥塔风荷载系数一般基于桥塔节段模型测力或数值模拟，然后通过积分获得桥塔根部内力。本文采用全桥模型测力试验和三维大涡数值模拟获得基底内力系数，并对两种方法获得的结果进行对比分析。

5.1 风洞试验

模型的缩尺比为 1/100，采用钢管作为芯梁，用 ABS 板制作外衣。该模型在保证足够的刚度之外，仅要求几何形似，试验风速为 16m/s。风洞中桥塔整体试验模型如图 4 所示，模型固定在六分力高频测力天平上。模型的测量坐标系为：x 轴与桥的纵轴一致，y 轴与桥的横轴一致，z 轴与塔的竖向对称轴一致。采用逆时针转动模型来实现不同的来流风向角，0°风向角表示来流为横桥向(即与 y 同向)，90°风向角表示来流为纵桥向(即与 x 轴同向)。风洞从 0°～90°，每隔 5°进行了 18 个风向角的测力试验。风洞测力试验在均匀流场中进行，风洞试验和数值模拟得到的各个力和力矩分量均做无量纲化处理，并定义桥塔塔底截面体轴风载系数：

$$C_x = \frac{F_x}{\frac{1}{2}\rho U^2 S_x}$$

$$C_y = \frac{F_y}{\frac{1}{2}\rho U^2 S_y}$$

$$m_x = \frac{M_x}{\frac{1}{2}\rho U^2 S_y H} \tag{4}$$

$$m_y = \frac{M_y}{\frac{1}{2}\rho U^2 S_x H}$$

图 4 桥塔刚性模型的风洞试验

式中：ρ——空气密度；

U——风速；

S_x——纵向投影面积；

S_y——横向投影面积；

H——模型的高度；

C_x 和 C_y——纵向阻力系数和横向阻力系数；

m_x 和 m_y——横向阻力距系数和纵向阻力距系数。

5.2 数值模拟

与风洞试验模型比例相同，数值计算模型也按 1：100 缩尺比，并严格按照工程设计方案的比例尺寸建立 3D 几何实体模型。依次把两根塔柱横桥方向分为左、右两塔柱，每根塔柱从底部到顶部分为 8 块；塔柱之间的横梁分为下横梁和上横梁，总共分块 18 块，模型分块编号如图 5 所示。针对每个分块各方向的体型系数，其系数定义与式(4)类似。放置在计算域中轴线上的桥塔模型宽 0.395m，高 1.11m，计算区域尺寸长×宽×高为 6m×2m×2m，模型置于流域沿流动方向前 1/3 处，阻塞率为 1.6%，满足数值模型外流场中一般认为的小于 3%的原则。为了提高计算效率，同时兼顾现有的计算资源，将计算域做分块处理：在原流域中心分割出一个小长方体形成内域（内域尺寸长×宽×高为 1.5m×1m×1.2m），使用加密四面体非结构化网格进行离散；内域和原流域的边界面之间称为外域，由于这部分形状比较规则，采用六面体结构化网格进行离散。在入口及模型前端采用与流场方向平行的六面体网格可以准确的保持流场特性，避免四面体网格的离散误差。计算域整体网格布置和模型局部网格如图 6 所示。三维大涡数值模拟计算量非常大，因此本文仅计算了 0°、15°、30°、45°、60°、75°、90°7 个风偏角工况。

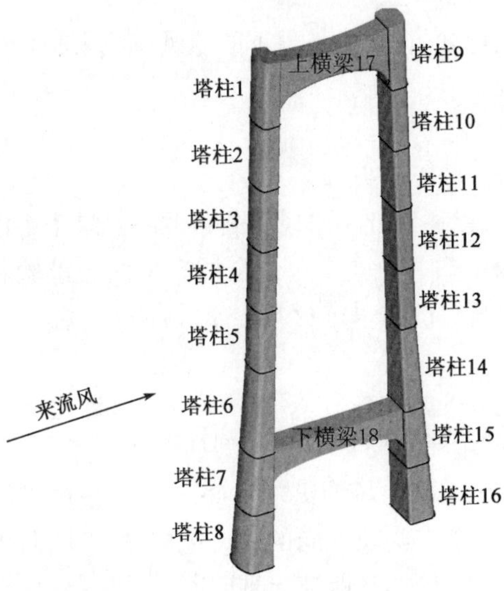

图 5　模型分块编号(0°风向角)

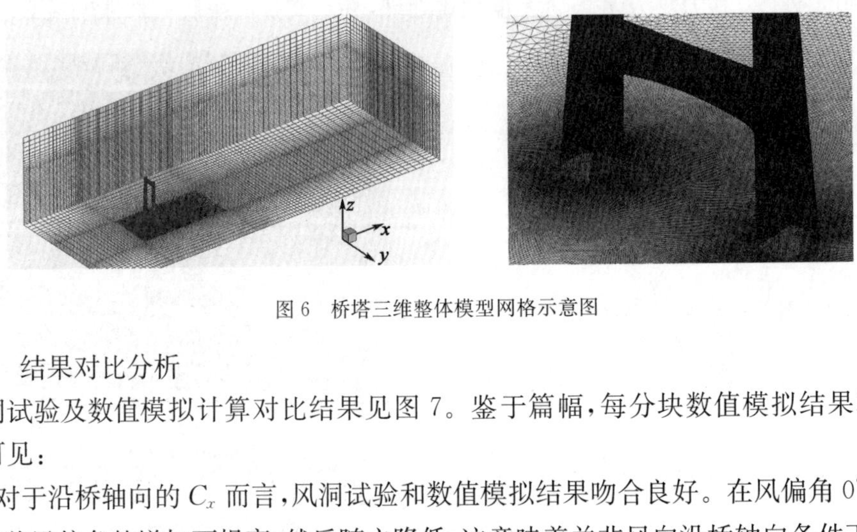

图 6　桥塔三维整体模型网格示意图

5.3 结果对比分析

风洞试验及数值模拟计算对比结果见图 7。鉴于篇幅，每分块数值模拟结果不再给出。由图 7 可见：

(1)对于沿桥轴向的 C_x 而言，风洞试验和数值模拟结果吻合良好。在风偏角 0°～60°范围内，C_x 随着风偏角的增加而提高，然后随之降低，这意味着并非风向沿桥轴向条件下桥塔沿桥轴向的风荷载最大，风洞试验结果表明 90°和 60°条件下的差值比例达到 15%以上。

(2)对于沿桥轴向的 C_y 而言，风洞试验和数值模拟结果基本吻合，但相对 C_x 吻合度较差。在风偏角 0°～30°范围内，C_y 随着风偏角的增加而提高，然后随之降低，这意味着并非风向沿桥横向条件下桥塔沿桥横向的风荷载最大，风洞试验结果表明 0°和 30°条件下的差值比例达到 80%以上。

(3)因此在计算桥塔风荷载时，务必需要考虑斜风条件下的不利效应，否则可能会带来一些安全隐患，影响结构的抗风安全。

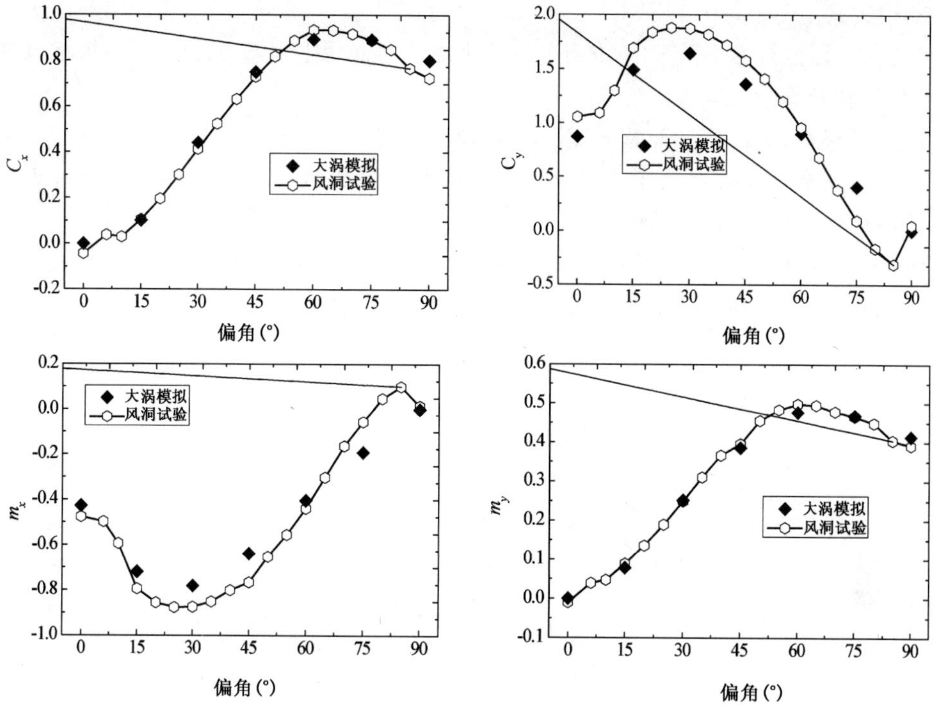

图 7　塔底截面静风荷载系数

6　结语

本文通过对大连星海湾跨海大桥主桥设计方案进行的自振特性分析、主梁节段模型测振及测力试验、桥塔整体模型风洞试验及数值模拟，得到主要结论如下：

(1)成桥状态下结构第一阶正对称竖弯频率为 0.261Hz，对应的等效质量为 37.99t/m，第一阶正对称扭转频率为 0.727Hz，对应等效质量为 3846t·m^2/m，大桥扭弯频率比 2.79。成桥状态－5°、－3°、0°、＋3°和＋5°五种初始风攻角下的颤振临界风速均超过 90m/s，能够满足颤振检验风速 70.9m/s 的要求。

(2)双层钢桁架主梁在斜风条件下，在 45°～70°范围内，轴力较大，60°最大；阻力在 0°～20°范围内变化不大，0°最大；升力和升力矩受偏角的影响与攻角和断面形状有关。正交风条件下的主梁静风荷载未必是最不利的，需要综合考虑多种斜风条件下的风荷载。

(3)数值模拟与风洞试验获得的桥塔整体结构在根部引起的内力基本吻合。在对桥塔进行抗风分析时，需考虑斜风条件下的不利效应，即并非在横桥向和纵桥向两种工况条件下的风荷载引起结构在两个方向的剪力最大，本桥分析结果表明，差值分别达到 80%和 15%以上，因此需要引起足够重视。

参 考 文 献

[1] 中华人民共和国行业规范. JTG/T D60-01—2004　公路桥梁抗风设计规范[S]. 北京：人民交通出版社，2004.

［2］许福友，张哲，应旭永，等．大连市南部滨海大道主桥抗风性能研究报告(I)主梁节段模型风洞试验[R]．大连，2011.

［3］许福友，张哲，应旭永，等．大连市南部滨海大道主桥抗风性能研究报告(II)桥塔风洞试验及数值模拟计算[R]．大连，2011.

［4］陈政清．桥梁风工程[M]．北京：人民交通出版社，2005.

［5］葛耀君，丁志斌，赵林．缆索承重桥梁桥塔自立状态涡激共振及其控制[J]．同济大学学报(自然科学版)，2007，35(8).

［6］Shirai，S.，and Ueda，T.．Aerodynamic simulation by CFD on flat box girder of super-long-span suspension bridge[J]．J. Wind Eng. Ind. Aerodyn.，2003，91(1).

129. 大连星海湾跨海大桥的减震设计研究

朱巍志[1]　张　哲[1]　付　裕[2]　姜　霖[2]
(1. 大连理工大学建设工程学部；2. 大连理工大学土木建筑设计研究院有限公司)

摘　要：本文以大连星海湾跨海大桥为背景进行大跨度悬索桥的减震设计研究，通过对不同中央扣形式的悬索桥进行地震分析，探讨了不同中央扣形式对大跨度悬索桥地震响应的影响，对比了中央扣和液体黏滞阻尼器对结构抗震的作用；对阻尼器的设置进行参数分析，研究阻尼器参数对结构的减震效果的影响规律及其最优设置方案。

关键词：悬索桥　中央扣　液体黏滞阻尼器　减震

1　引言

大跨度悬索桥是人类现代文明的重要组成部分，而且绝大多数都修建在铁路和公路交通要道上，具有重要的交通枢纽作用[1]。同时我国现行公路桥梁抗震设计规范对此类桥梁的抗震设计尚无具体规定，其抗震安全性因此受到了格外的重视。对于大跨悬索桥而言，为了减小温度效应，平衡塔柱受力，一般采用纵向飘浮体系。强震作用下会产生很大的梁端纵向位移，墩底承受的弯矩也很大，因此寻求有效的减震措施，减小纵向地震作用下结构的位移及内力响应，成为大跨径悬索桥抗震设计的重要任务。在塔、梁连接部位安装阻尼器以增大桥梁结构的阻尼，是控制梁端位移、提高抗震性能的有效措施[2-3]。液体黏滞阻尼器具有在较宽频域范围内使结构保持黏滞线性反应、对环境温度不敏感、产生的阻尼力与位移异相等优点，受到各国研究人员的广泛关注[4-5]。设置黏滞阻尼器为控制结构地震响应提供了一个实用而简便的减震措施，但是黏滞阻尼器参数的选取，黏滞阻尼器的合理设置，仍然是大跨度桥梁减震设计中迫切需要解决的问题[6]。

2　工程背景简介

大连星海湾跨海大桥是大连市南部滨海大道项目的一部分，主桥为地锚式双层钢桁架梁悬索桥。该桥设计为上下两层各四车道，跨径布置为 180m＋460m＋180m＝820m，中跨矢跨比为 1∶6.632。全桥布置图见图 1。

大连星海湾跨海大桥主桥桥塔采用“门”式框架结构，由塔柱和上、下横梁组成，塔柱为钢筋混凝土结构，横梁为预应力混凝土结构。塔柱全高 118.81m，为“D”形空心截面，桥塔立面图见图 2。钢桁加劲梁由主桁架、主横梁和上、下平联组成，主桁架采用整体节点板连接，所有杆件均为闭口箱形截面。主桁架由上弦杆、下弦杆、竖腹杆以及斜腹杆组成，主桁架桁高 10m，标准节段长 10m，上、下平联采用 K 形结构，主桁架断面图见图 3。主缆采用预制平行索股，每根含 61 根平行钢丝索股，每股有 127 根钢丝，钢丝采用直径为 ϕ5.20mm 的高强镀锌钢丝，吊杆采用 73-ϕ7.0 成品高强平行钢丝，每个吊点处有两股，吊点间距为 10m，中央扣采用 109-ϕ7.0 成品高强平行钢丝。锚锭采用沉箱基础重力式锚锭。

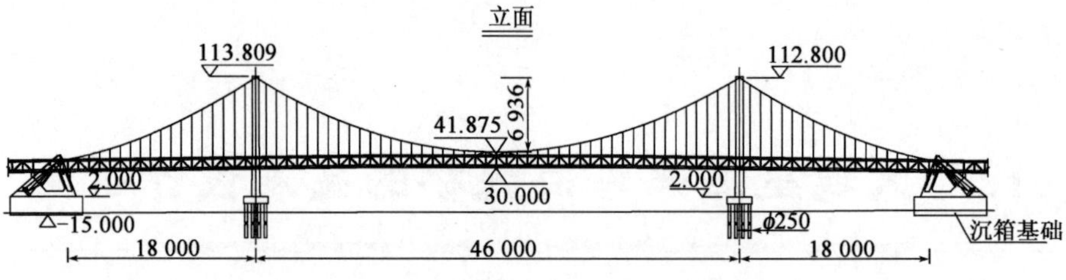

图 1　大连星海湾跨海大桥总体布置图(尺寸单位:cm)

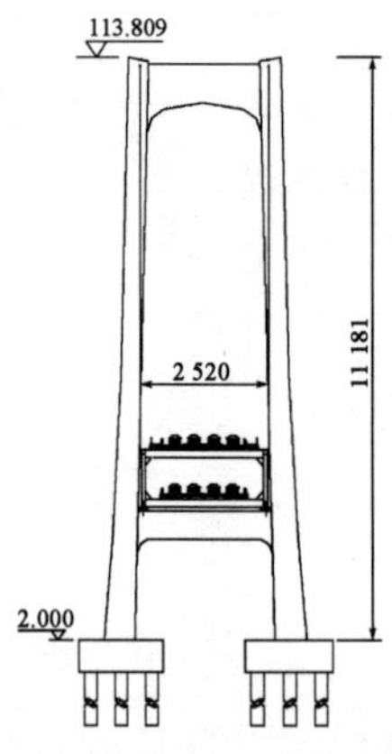

图 2　桥塔立面图(尺寸单位:cm)

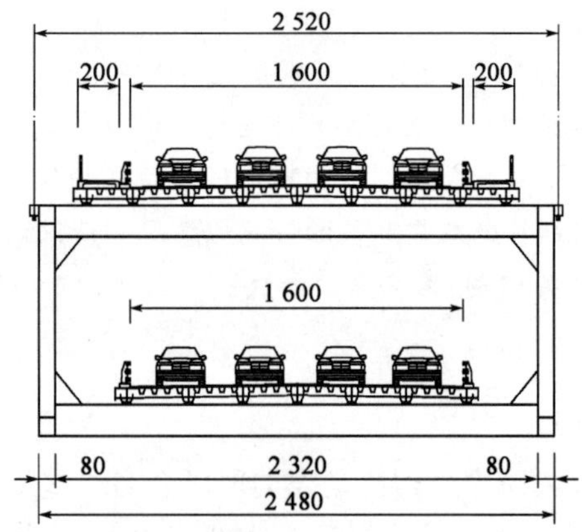

图 3　主桁断面图(尺寸单位:cm)

该桥桥位处抗震设防烈度为 7 度，设计基本地震加速度峰值为 0.1g，场地特征周期为 0.35s。

3　中央扣对悬索桥地震响应的影响

由于该桥桥位处场地特征周期为 0.35s，因此选择卓越周期为 0.36s 的经典地震波 Taft_69°波为基准地震波，调整加速度峰值对结构进行非线性动力时程分析，由于该地区为地震烈度 7 度区，基本加速度峰值为 0.1g，E2 重要性系数为 1.7，调整后的加速度峰值为 0.17g。

中央扣的设置对结构的纵向刚度提高较为显著，而对桥梁横向和竖向刚度的影响甚微。所以，为了研究中央扣对结构地震响应的影响，分别建立了不设置中央扣(A)、设置一对柔性中央扣(B)、设置两对柔性中央扣(C)以及采用刚性连接的刚性中央扣(D)共四种有限元计算模型，分别计算了结构在调整加速度峰值后的 Taft_69°波纵向作用下的结构响应。各关键位置的位移响应见表 2，加劲梁梁端位移时程响应如图 4 所示。

由表 1 可以看出：中央扣的设置使加劲梁梁端位移减小，这是因为中央扣设置之后提高了桥梁的纵向刚度，刚性中央扣提高得最多，而相对于一对柔性中央，两对柔性中央扣对加劲梁的纵向刚度提高更为明显；中央扣使加劲梁的竖向位移响应显著增大，主跨 1/4 处竖向位移增大近 4 倍，这对结构的抗震是不利的，应予以注意，究其原因，中央扣设置之后使结构的纵向和竖向振动耦合更加显著。

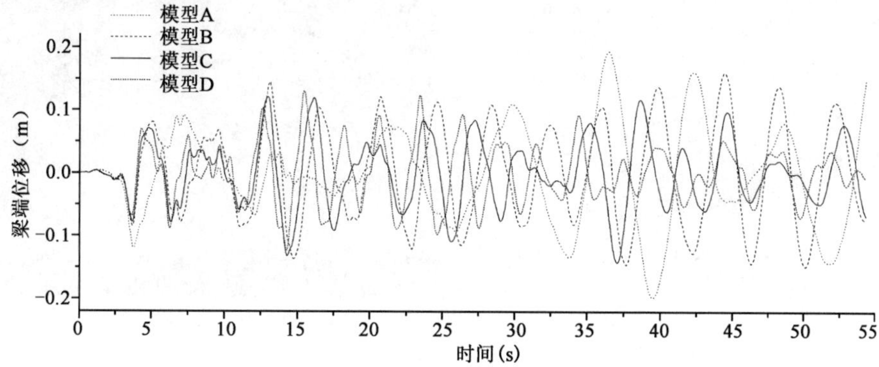

图 4　梁端位移结果

关键位置位移响应峰值　　表 1

模　型	梁端顺桥向位移(m)	塔顶顺桥向位移(m)	主跨 1/4 处竖向位移(m)
A	0.200	0.080	0.060
B	0.163	0.086	0.264
C	0.143	0.076	0.234
D	0.132	0.122	0.189

大连星海湾跨海大桥桥塔内力响应见表 2。

桥塔内力响应峰值　　表 2

模　型	桥塔顺桥向弯矩(kN·m)	桥塔顺桥向剪力(kN)	桥塔轴力(kN)
A	274 998.1	6 839.0	9 468.1
B	281 658.6	6 906.4	5 452.4
C	283 213.1	6 948.2	3 902.6
D	303 266.5	7 548.3	4 490.9

由表 3 可以看出：中央扣的设置类型对桥塔的弯矩和剪力影响不大，尽管中央扣的设置会使墩底的弯矩和剪力均略有增加，但四个模型的结果相差很小；中央扣的设置对纵向地震力引起的主塔轴力的影响比较明显，设置中央扣之后纵向地震波作用下的桥塔的轴力显著减小，相较于模型 A，模型 B、模型 C 和模型 D 桥塔的轴力响应峰值分别减小了 42.41%、58.78%和 52.57%。设置两对柔性中央扣的结果最为理想。

4　液体黏滞阻尼器的参数优化及减震效果

非线性液体黏滞阻尼器阻尼力的大小由 C、α 两个参数控制，因此选取不同的参数，阻尼器对结构的减震效果也是不同的。这就需要我们对非线性阻尼的两个参数进行优化分析，得到参数变化对结构地震响应的影响规律，为确定合理的液体黏滞阻尼器参数提供依据。

基本结构为采用两对柔性中央扣的悬索桥，梁端以及桥塔处均设两个液体黏滞阻尼器，全桥共 8 个阻尼器，计算时阻尼系数变化范围为 800～5 000kN/m·s^{-1}；速度指数的取值为1.0、0.7、0.5、0.3、0.2。图 5～图 9 给出了不同阻尼器参数下结构的地震作用结果。

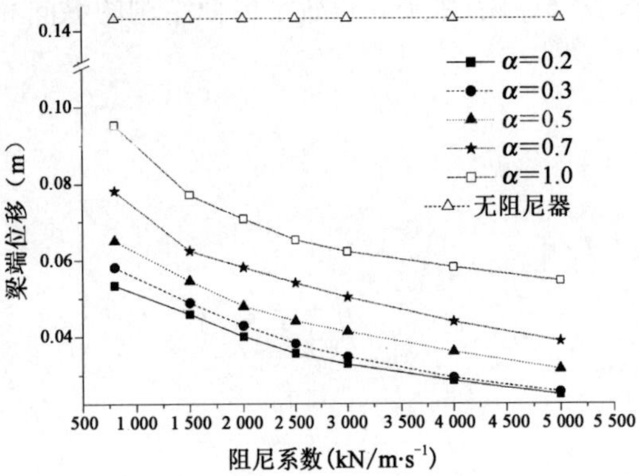

图 5　阻尼器参数对梁端纵向位移的影响

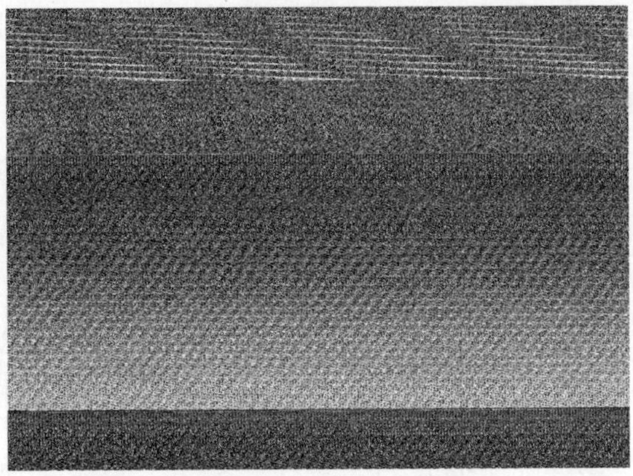

图 6　阻尼器参数对塔顶纵向位移的影响

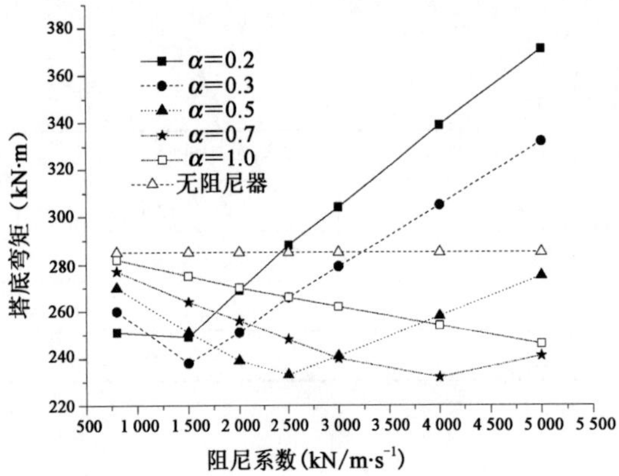

图 7　阻尼器参数对墩底纵向弯矩的影响

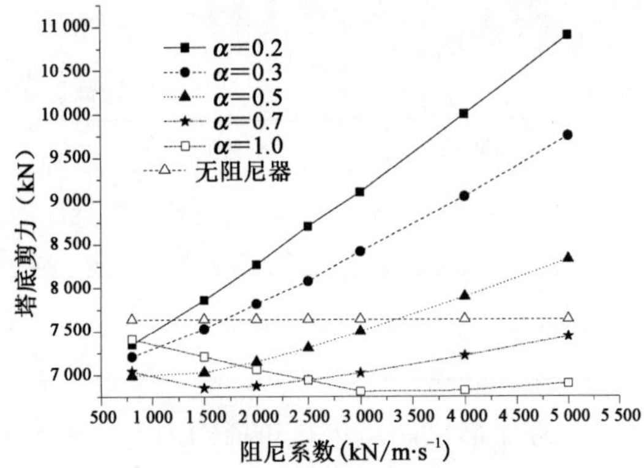

图 8　阻尼器参数对墩底纵向剪力的影响

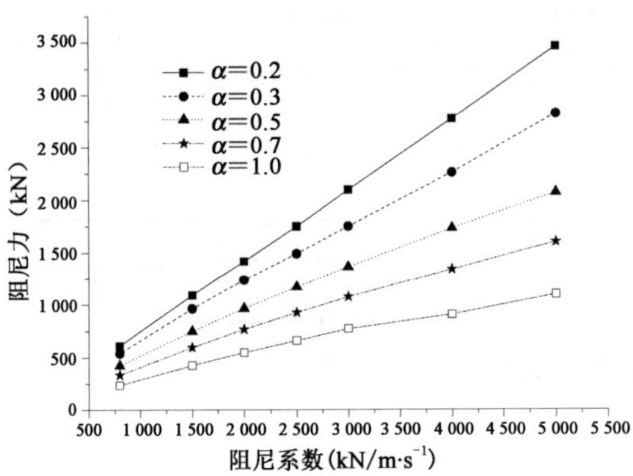

图 9　阻尼器参数对阻尼力的影响

从图 5～图 9 可以看出，当阻尼器的速度指数一定时，随着阻尼系数 C 的增加，加劲梁端位移同样是单调减小的，但是在阻尼系数较高的区域位移值具有变化平缓的趋势；阻尼器的阻尼力单调增加。塔顶位移的变化在速度指数为 1.0 和 0.7 时是单调减小的；而当速度指数为 0.5、0.3、0.2 时，随着阻尼系数的增大，塔顶位移的变化趋于平缓，并出现“上翘”的现象。不同速度指数对应的墩底弯矩和剪力曲线“交叉”十分严重，因此，对于塔墩受力来说并非速度指数越小减震效果就越好，当阻尼系数较大、速度指数较小时甚至出现使得塔墩内力增大的现象。

对于大连星海湾跨海大桥，阻尼器的选取原则是：利用阻尼器尽可能降低结构关键部位的位移，如桥塔顶部的位移和梁端的位移，避免或减轻伸缩缝处在地震作用下结构可能发生的碰撞损坏；兼顾考虑结构关键部位的内力响应峰值不增大（与不设阻尼器时相比）；尽量选择阻尼力较小阻尼器参数，这对结构连接部位的局部受力是有利的；从经济性角度考虑应当尽量选择较小最大出力的阻尼器[7]。根据上述选取原则，选择梁端以及塔梁连接处分别设置液体黏滞阻尼器，较为合理的阻尼器参数为阻尼系数 $C=2\,000\text{kN/m}\cdot\text{s}^{-1}$，速度指数 $\alpha=0.3$。使用该液体黏滞阻尼器后与减震前的加劲梁端位移时程曲线对比如图 10 所示，桥塔的塔顶位移时程曲线对比如图 11 所示。使用该液体黏滞阻尼器前后各关键位置结构的纵向地震响应见表 3。

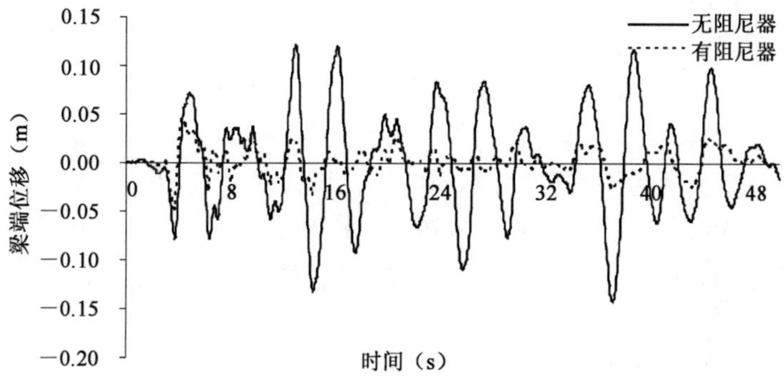

图 10 梁端位移时程曲线

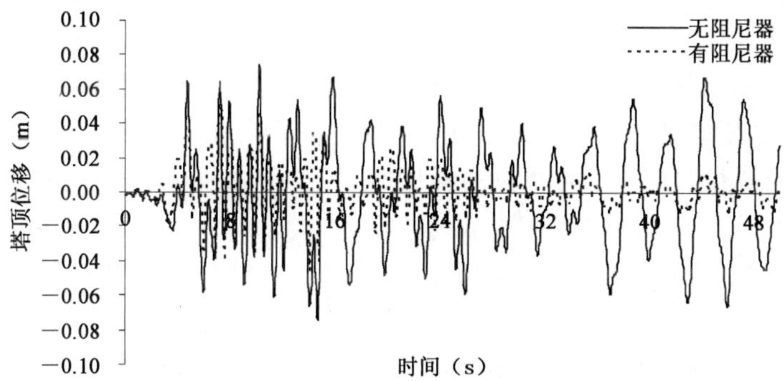

图 11 塔顶位移时程曲线

减震前后结构响应比较 表 3

控制参数	$S_{减震前}$	$S_{减震后}$	减震率(%)
加劲梁纵向位移(m)	0.143	0.045	68.8
塔顶纵向位移(m)	0.076	0.053	30.1
墩底纵向弯矩(kN·m)	283 213.1	219 347.9	22.6
墩底纵向剪力(kN)	6 948.2	7 054.2	−1.5
主跨 1/4 竖向位移(m)	0.257	0.052	79.8

为了形象准确地描述黏滞阻尼器在地震作用下对结构地震响应的减震效果，我们可以定义以下减震率的计算公式：

$$减震率=\frac{S_{减震前}-S_{减震后}}{S_{减震前}}\times 100\%$$

式中:S——结构响应结果。

从表3可以看出,在安装液体黏滞阻尼器后,加劲梁纵向位移的地震响应最大值减小了近70%,桥塔塔顶位移减小了30%,桥塔墩底弯矩减小约23%,只有墩底剪力几乎没有变化。因此,采用选定的阻尼器能够很好的完成减小加劲梁位移和桥塔塔顶位移的任务。另外,从表3中可以看出,加劲梁的纵向位移得到控制之后,加劲梁主跨1/4位置处的竖向位移也得到了很好的控制,位移减小了近80%,这样就有效地抑制了中央扣带来的增大加劲梁竖向位移这一副作用,起到了非常好的效果,这对结构受力是十分有利的。

从以上分析可以看出,在地震力作用下,中央扣和液体黏滞阻尼器共同工作对降低结构的地震响应有着非常好的效果,对于此类桥梁可以选择这种形式来进行抗震设计。

5 结语

以大连星海湾跨海大桥为例,通过对不同中央扣形式的悬索桥进行地震分析,探讨了不同中央扣形式对大跨度悬索桥地震响应的影响;对液体黏滞阻尼器在大跨度悬索桥上的参数设置展开了研究分析;分别研究了中央扣和液体黏滞阻尼器对结构抗震的作用,通过以上研究得到以下几点结论:

(1)地震作用下,在悬索桥上设置中央扣能够有效地抑制加劲梁的纵向振动。分析结果表明刚性中央扣的抑制效果最为明显,两对柔性中央扣的效果次之。但是中央扣的设置会使得加劲梁纵向、竖向振动耦合加剧,加大了竖向振动,这对桥梁结构是不利的,应采取措施减少这一影响。

(2)在纵向地震作用下,中央扣的设置对桥塔的弯矩和剪力结果影响不大;但是,中央扣对纵向地震荷载引起的桥塔轴力具有明显的减震效果,是有利的。

(3)在大跨度悬索桥纵向引入液体黏滞阻尼器,可以有效地减小关键部位的位移,同时也改善了结构的受力。

(4)从星海湾大桥的阻尼器参数研究来看,该桥阻尼器的最优布置方案为:同时在加劲梁端和塔梁结合处布置共8个阻尼系数$C=2\,000\text{kN/m}\cdot\text{s}^{-1}$,速度指数$\alpha=0.3$的液体黏滞阻尼器,从分析结果来看,加劲梁纵向位移的地震响应峰值减近70%,桥塔塔顶位移减小约30%,加劲梁位移得到了很好的控制,桥塔弯矩也减小了约23%,同时由于中央扣设置引起的加劲梁竖向耦合振动也起到了很好的控制,减震效果十分明显,因此在地震荷载作用下中央扣和液体黏滞阻尼器共同作用作为抗震措施是一种非常有效的方法。

参考文献

[1] 李爱群,王浩.大跨悬索桥地震响应控制的阻尼器最优布置方法[J].东南大学学报,2009,39(2).

[2] 范立础.桥梁抗震[M].上海:同济大学出版社,1997.

[3] 王浩,李爱群,郭彤.超大跨悬索桥地震响应的综合最优控制研究[J].湖南大学学报,2006,33(3).

[4] Makris N, Constantinous M C, Dargush G F. Analytical model of viscoelastic fluid

dampers[M]. Journal of Struc-tural Engineering, 1993, 119(11): 3310-3325.

[5] 吴斌暄,王磊,王歧峰. 使用非线性黏滞阻尼器的桥梁在地震反应中的响应分析[J]. 公路交通科技, 2007, 24(10).

[6] 宋旭明,戴公连,曾庆元. 自锚式悬索桥的黏滞阻尼器减震控制[J]. 华南理工大学学报, 2009,37(3).

[7] 戎华钦. 星海湾大桥地震响应分析及减震措施研究[D]. 大连:大连理工大学,2011.

130. 大跨度自锚式悬索桥黏滞阻尼器减震控制

张连振[1]　陈天亮[2]　饶建雄[1]

(1. 哈尔滨工业大学桥梁与隧道工程系；2. 中国港湾工程有限公司)

摘　要：本文采用时程分析法对某大跨度独塔自锚式悬索桥进行地震反应分析，运用 M-φ(弯矩—曲率)分析法得到了桥塔、桥墩等关键截面的等效屈服弯矩，以此评估结构的抗震能力。分析表明，在 P_2 概率水准地震作用下索塔根部的面内弯矩近乎达到了该控制截面的延性储备上限。针对抗震能力不足的问题，本文运用黏滞阻尼器，对该桥进行减震控制，采用优选法选出了具有最优参数的黏滞阻尼器，设计了黏滞阻尼器的布置方案。分析表明，设计的黏滞阻尼控制方案有效提高了结构的抗震能力。

关键词：自锚式悬索桥　地震反应　时程分析　黏滞阻尼器　减震控制

1　引言

近年来，自锚式悬索桥在城市桥梁工程中被广泛采用。从 2000 年我国的第一座该类型桥梁建成算起，接下来的 10 多年中，全国又新建了至少 30 座自锚式悬索桥。基于其优美的造型和良好的受力特性，自锚式悬索桥已经成为了最受桥梁工程师欢迎的新桥型。然而，国内外对大跨度自锚式悬索桥地震反应的研究相对较少，国内现行的《公路桥梁抗震设计细则》和《城市桥梁抗震设计规范》只适用于中小跨径的普通桥梁。对于跨径大、自振周期长的自锚式悬索桥，现有规范仅针对其抗震设计提供了相应的参考和建议，研究分析自锚式悬索桥地震动力响应和减震控制方法显得尤为迫切。

本文以某大跨度独塔自锚式悬索桥为研究对象，以 Sap2000 通用有限元软件作为分析工具，对独塔自锚式悬索桥进行了较为全面的地震响应分析和减震控制研究。计算了独塔自锚式悬索桥的地震响应；对各控制截面进行了弯矩—曲率分析，将得到的等效屈服弯矩与相应位置处的地震响应峰值进行比较，对独塔自锚式悬索桥的抗震能力做出了评价。论文中采用黏滞阻尼器对该桥进行减震控制，并对其相关参数进行优化设计，以期获得最优的减震控制效果。

2　地震响应分析及抗震能力评估

2.1　工程概况

该桥桥跨布置为 48m＋2×180m＋48m，桥面宽度为 42.5m，标准梁高 4.0m，标准梁段长度为 9.0m,并且在辅助墩顶加劲梁内布置有配重。主缆线形为分段悬链线,理论跨径 180m,跨中矢度为 13m。索塔顺桥向布置两肢塔柱,自承台至塔顶高 90.969m。下部结构采用 ϕ250cm 群桩基础。桥梁布置图如图 1 所示。

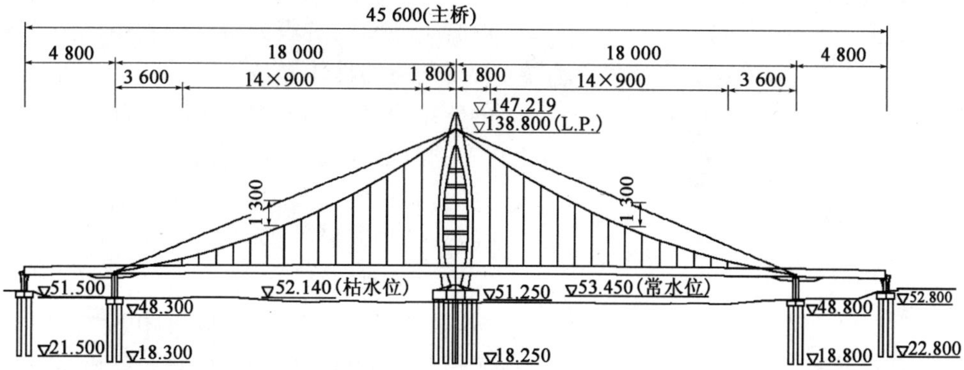

图 1　桥梁总体布置简图(尺寸单位:cm)

2.2　地震动参数

按照《公路桥梁抗震设计细则》的要求,根据本桥梁的场地系数、抗震重要系数、阻尼调整系数和水平向设计基本地震动加速度峰值即可得出可供参考的设计加速度反应谱。图 2 给出了 P_1 概率地震(50 年超越概率为 10%)和 P_2 概率地震(50 年超越概率为 2%)的水平向加速度反应谱曲线。

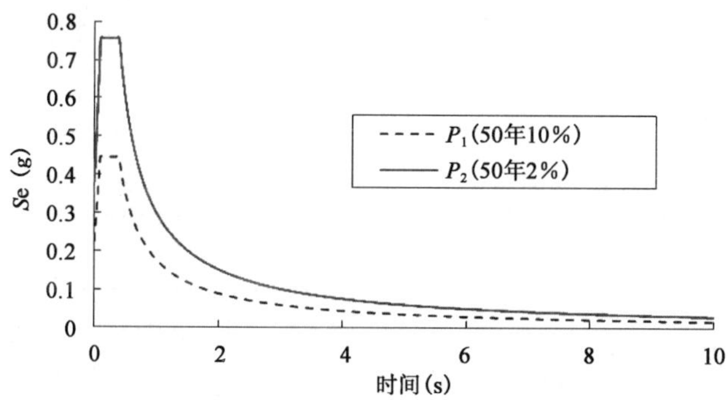

图 2　不同概率水准的水平向设计加速度反应谱曲线

然后采用三角函数叠加法编写 MATLAB 程序以生成拟合场地设计地震动加速度反应谱的人工地震波[1-2],并保证生成的人工地震波的反应谱相对于设计反应谱的拟合度大于 95%,如图 3 所示。

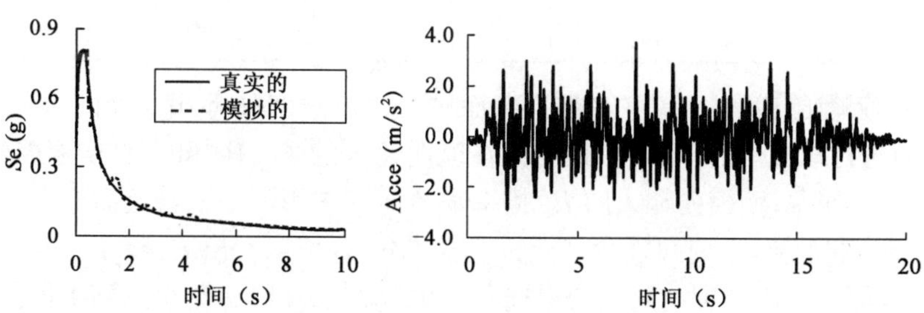

图 3　P_2 概率反应谱的拟合情况与生成的时程曲线

2.3 结构地震响应及抗震性能分析

采用 Sap2000，建立了该桥的空间分析模型(图 4)，将拟合得到的地震波输入到计算模型中，得到了该桥的最大地震反应数值，列于表 1。

弯矩—曲率曲线(Moment Curvature Curve)作为评价截面的抗震性能被广泛应用于钢筋混凝土截面的抗震分析中。利用该法评价截面抗震性能的具体做法[3-4]是，分别对各控制截面的弯矩曲率进行求解，得到截面的等效屈服曲率，同时结合上述不同水平地震下动作用结构的内力，验算控制截面在不同地震作用下是否发生屈服，即是否形成塑性铰。

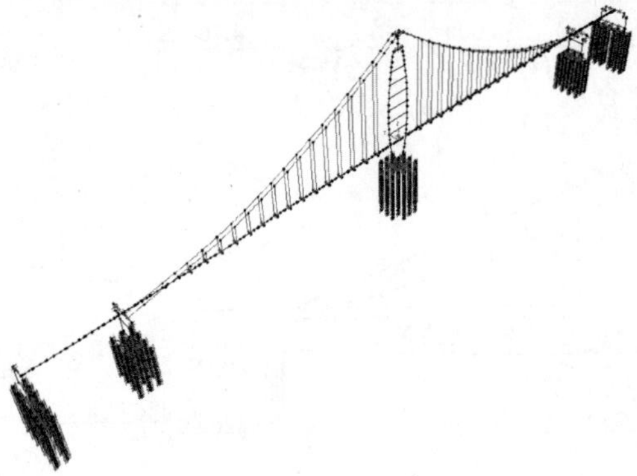

图 4　有限元计算模型

由前面的结构地震响应计算和结构能力分析，取时程分析中计算得到的相应物理量的较大者作为结构地震需求，用 M-φ 分析得到的等效屈服弯矩作为结构的抗震能力，汇总后如表 1 和表 2 所示。

结构面内抗震能力验算(单位：kN・m)　　表 1

地震概率水准	控制截面位置	反应谱响应值	结构抗震能力	保持弹性与否
P_1	索塔底截面	165 811.0	302 190.7	是
	辅助墩底截面	15 436.2	93 119.8	是
	过渡墩底截面	9 094.3	99 268.3	是
P_2	索塔底截面	283 575.1	302 190.7	是
	辅助墩底截面	26 241.5	93 119.8	是
	过渡墩底截面	15 460.3	99 268.3	是

结构面外抗震能力验算(单位：kN・m)　　表 2

地震概率水准	控制截面位置	反应谱响应值	结构抗震能力	保持弹性与否
P_1	索塔底截面	170 361.3	350 684.9	是
	辅助墩底截面	83 653.7	133 692.0	是
	过渡墩底截面	24 342.0	178 266.6	是
P_2	索塔底截面	289 614.2	350 684.9	是
	辅助墩底截面	142 211.4	133 692.0	否
	过渡墩底截面	41 381.5	178 266.6	是

对主桥桥塔、辅助墩、过渡墩的各控制截面进行弯矩曲率分析，通过与不同概率地震反应谱分析计算的内力结果进行比较发现，结构在纵向输入的 P_1、P_2 概率水准地震作用下，全部表现为弹性，不会屈服；而横向输入的 P_2 概率水准地震作用下辅助墩底面外弯矩超出结构抗力的 6.4%，将会屈服破坏，有可能危及全桥安全。同时，可以看出 P_2 概率水准地震作用下索塔根部的面内、面外弯矩分别达到了结构抗力的 93.8%、82.6%，近乎达到了该控制截面的延性储备上限。

3 阻尼器减震控制研究

前述分析，本桥在 P_2 概率地震横向输入作用下，桥墩及桥塔存在抗震能力不足的问题，下面研究对其进行减震控制。对于本文所研究的独塔自锚式悬索桥，因其采用墩塔梁固结形式，通过延长自振周期来减小索塔根部弯矩的方法适用空间有限。而加劲梁与辅助墩、过渡墩之间的纵向相对运动是自由的，考虑在梁墩之间设置参数适中的阻尼器，将作用于索塔的地震力分配部分给辅助墩和过渡墩承担，并通过阻尼器耗散部分能量。综合对比后，本文考虑采用黏滞阻尼器对独塔自锚式悬索桥进行纵向减震控制。

3.1 黏滞阻尼器恢复力模型

黏滞阻尼器恢复力的 Maxwell 模型，采用线性弹簧与阻尼器串联，适用于强烈依赖于结构频率的阻尼器。若令 Maxwell 模型中的线性弹簧与阻尼器的位移分别为 $u_k(t)$ 和 $u_c(t)$，则该模型中存在有如下的内力和变位关系成立：

$$F = K \cdot u_k = C \cdot \dot{u}_c^{\alpha} \tag{1}$$

$$u = u_k + u_c \tag{2}$$

当 K 取值足够大(如 $K=10^3C$)时，线性弹簧的位移相对很小，可以屏蔽掉弹簧的效果。

3.2 阻尼器的布置

本桥墩塔梁固结，只能考虑在辅助墩(7 号、9 号)和过渡墩(6 号、10 号)墩顶处的墩、梁之间安装黏滞阻尼器，如图 5 所示。

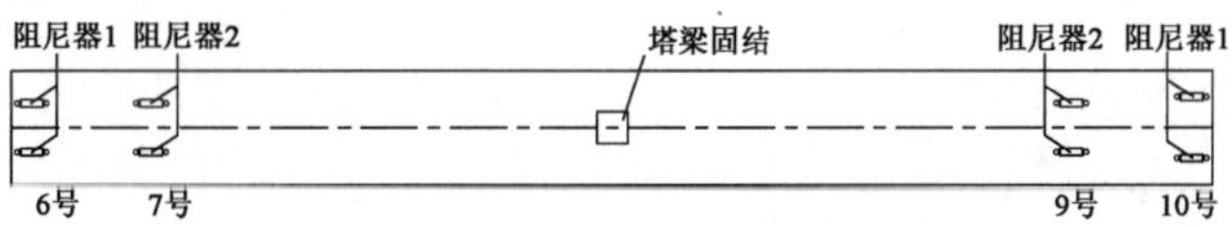

图 5　纵向减震控制时黏滞阻尼器的布置形式

3.3 阻尼器参数优化

图 6 给出了黏滞阻尼器阻尼力大小与速度及速度指数的关系曲线。黏滞阻尼器的减震效果取决于该阻尼器提供的阻尼力，根据 Maxwell 模型，影响黏滞阻尼器的阻尼力主要参数有 6 个，分别为：1 号阻尼器的 C_1、K_1、α_1，2 号阻尼器的 C_2、K_2、α_2。

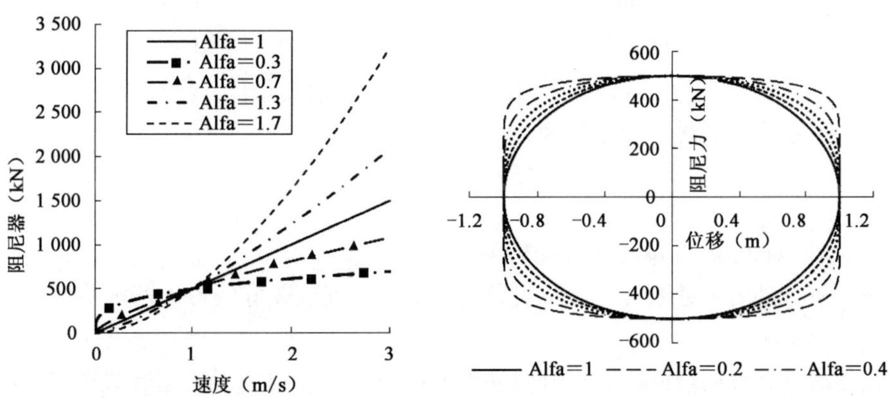

a) 黏滞阻尼器阻尼力与速度之间的关系　　b) 黏滞阻尼器不同速度指数时的滞回形状

图 6　黏滞阻尼器参数图

本文设定阻尼系数 C 的变化范围为 2 000、4 000、6 000、8 000，速度指数 α 的变化范围为 0.2、0.4、0.6、0.8，按照正交试验设计方法[5]对参数 C、α 进行组合，分析各控制断面的内力和位移响应，以便选择出最佳的阻尼系数和速度指数，将黏滞阻尼器添加到有限元模型中，选择 P_2 概率水准的地震时程波作为地震输入，对独塔自锚式悬索桥进行纵向地震响应分析。根据结构自身特点，选择塔顶纵向位移、索塔根部面内弯矩、辅助墩底面内弯矩、过渡墩底面内弯矩作为黏滞阻尼器纵向减震效果的评价指标，并采用优序法[6]对各评价指标的优劣情况进行排序。各评价指标的绝对值越小，说明相应的减震效果越明显，依据优序法的具体作法，得到不同的组合、不同的评价指标相应的优序数，并求出各组合的优序数之和。分析表明，当阻尼系数为 4 000，速度指数为 0.6 时，本桥达到最佳控制效果。

3.4 独塔自锚式悬索桥纵向减震效果时程分析

为了探讨黏滞阻尼器的减震效果，对结构不安装黏滞阻尼器（无控）和安装黏滞阻尼器（有控）两种条件下的模型进行纵向地震时程分析，得到各控制物理量的时程曲线如图 7、图 8 所示。

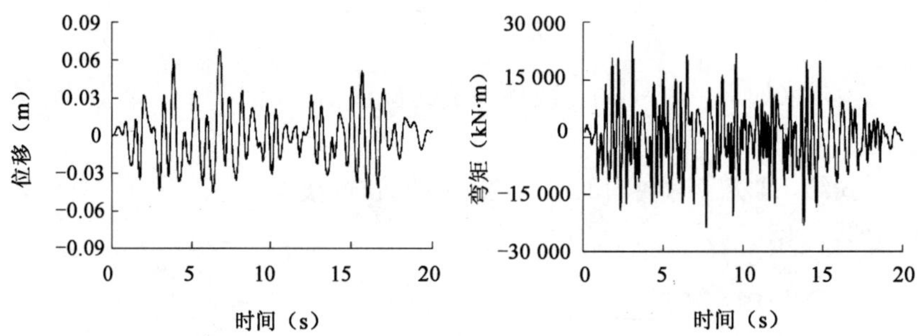

图 7 不安装黏滞阻尼器减震时的塔顶横向位移和索塔根部面内弯矩

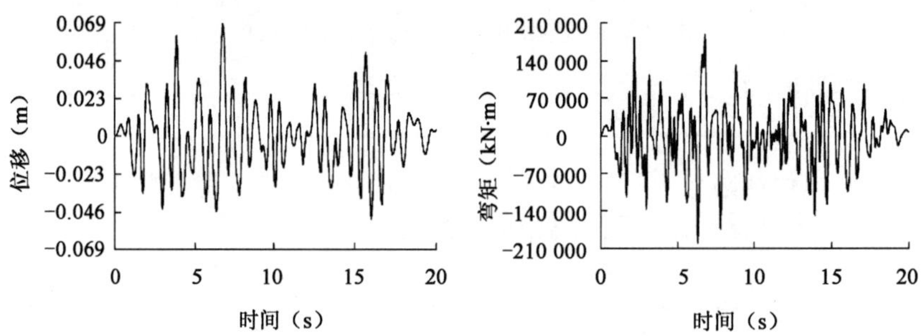

图 8 采用组合 7 的黏滞阻尼器减震时的塔顶横向位移和索塔根部面内弯矩

定义黏滞阻尼器的减震控制效率为：

$$\delta = \frac{S_0 - S_1}{S_0} \times 100\% \tag{3}$$

式中：δ——黏滞阻尼器的减震控制效率；

S_0 和 S_1——独塔自锚式悬索桥在不安装黏滞阻尼器和安装黏滞阻尼器两种情形下的最大地震响应。

在安装黏滞阻尼器后，辅助墩、过渡墩底的面内弯矩与各自的等效屈服弯矩的比值分别为 37.9%、25.4%。同时，通过黏滞阻尼器的耗能作用，明显降低了索塔在 P_2 概率水准纵向地震作用下的位移和内力响应。从表 3 可以看出，阻尼器对塔顶纵向位移的减震控制效率达到

19.8%,对索塔根部面内弯矩的减震控制效率达到30.4%,极大地降低了独塔自锚式悬索桥在纵向地震作用下倒塌的风险。

黏滞阻尼器的纵向减震控制效率 表3

结构体系	评价指标			
	塔顶纵向位移(m)	索塔根部面内弯矩(kN·m)	辅助墩底面内弯矩(kN·m)	过渡墩底面内弯矩(kN·m)
有阻尼器	0.069	197 400.0	35 260.0	25 170.0
无阻尼器	0.086	283 575.1	26 241.5	15 460.3
减震控制效率	19.8%	30.4%	—	—

4 结语

结合不同阻尼器的工作原理和本文研究对象自身构造特点,选择了黏滞阻尼器对独塔自锚式悬索桥进行纵向减震控制设计。黏滞阻尼器对独塔自锚式塔顶纵向位移的减震控制效率达到19.8%,对索塔根部面内弯矩的减震控制效率达到30.4%,说明采用黏滞阻尼器对独塔自锚式悬索桥进行纵向减震控制取得了明显的效果。

参 考 文 献

[1] 谢旭.桥梁结构地震响应分析与抗震设计[M].北京:人民交通出版社,2005.

[2] 陈永祁,刘锡荟,龚思礼.拟合标准反应谱的人工地震波[J].建筑结构学报,1981,No.4.

[3] 赵国藩.高等钢筋混凝土结构学[M].北京:机械工业出版社,2008.

[4] 王萃敏,王兴国,苏幼坡,葛楠.基于MATLAB语言的钢筋混凝土梁截面M-φ曲线[J].河北理工大学学报(自然科学版),2010,No.1.

[5] 李云雁,胡传荣.试验设计与数据处理[M].北京:化学工业出版社,2008.

[6] 金良超,顾基发.广义优序法[J].优选与管理科学,1985,No.4.

131. 黄冈公铁两用斜拉桥抗震性能研究

阮怀圣　李龙安　何友娣　屈爱平

（中铁大桥勘测设计院集团有限公司）

摘　要：本文针对大跨度公铁两用斜拉桥无成熟抗震技术可借鉴的现状，以黄冈公铁两用长江大桥为例，运用理论分析与有限元仿真分析相结合的方法，对结构抗震设防标准、结构抗震支承体系、阻尼器参数优化设计、动力行车确定等关键性问题进行研究。研究结果表明：该桥具有结构技术复杂、抗震功能要求高、社会影响性大等特点，设计时设防标准应适当提高，可优先考虑液体黏滞阻尼器作为结构支承体系，阻尼器参数可根据能量法原则进行参数抗震优化设计，且非线性指数建议取较小值以同时适应列车制动要求。

关键词：公铁两用桥　结构设防标准　结构抗震支承体系　阻尼器　优化设计

1　工程概述

目前正在建设中的黄冈公铁两用长江大桥，是武汉—黄冈城际铁路及黄州—华容高速公路的关键工程。主桥跨度布置为(81＋243＋567＋243＋81)m＝1 215m，公路双向6车道，铁路双线客货共行，主梁采用等高连续钢桁梁，主桁桁高15.5m，桁宽27.5m，梁重600kN/m，上下层桥面均为正交异性钢桥面板，混凝土塔高190m，主桥立面布置图见图1所示。

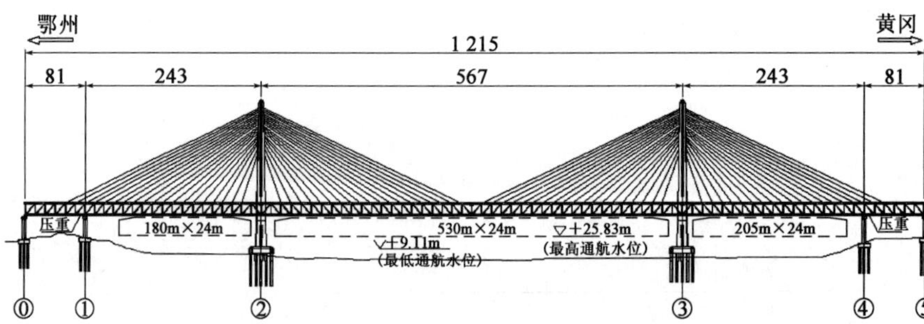

图1　主桥立面布置图(尺寸单位:m)

本桥是一座技术复杂、修复困难的大跨公铁两用桥梁。目前还没有专门针对这种类型桥梁的抗震设计规范。本文就抗震设计中的重点与难点问题进行了相关研究，如结构抗震设防标准、结构抗震支承体系、阻尼器参数优化设计及动力行程确定等，希望研究成果能对今后同类桥梁的抗震设计有参考价值。

2 结构抗震设防标准及性能目标研究

《铁路工程抗震设计规范》(GB 50111—2006)适用于跨度小于150m的铁路桥梁，对于大跨度公铁两用桥未给出抗震设防标准，故大跨公铁两用桥的抗震设防标准须参照建筑与公路桥梁抗震规范考虑。根据《建筑工程抗震设防分类标准》(GB 50223—2008)的规定，该桥应划为甲类，即应按提高设防烈度1度进行设计(包括地震作用和抗震措施)[1]；而《公路桥梁抗震设计细则》(JTG/T B02-01—2008)对跨度大于150m的所有A类桥梁都采用相同的重现期来确定地震作用，显得不尽合理。因此，大跨公铁两用桥的抗震设防标准应特殊研究。确立该桥抗震设防标准主要依据3个方面：①技术方面。该桥跨度大，建造技术复杂，建成后桥在路网中的重要性高。②抗震功能性方面。桥梁结构破坏后对抗震救灾的影响大、抢修难度大。③社会影响方面。结构破坏所造成的人员伤亡、直接和间接经济损失巨大。因此考虑采用“设计基准期100年”作为抗震使用年限进行抗震设计[2]，以适当提高结构的抗震设防水平，并结合基于性能的抗震设计思想，制定了该桥抗震设防标准及性能目标。主桥结构抗震设防标准及性能目标见表1。

主桥结构抗震设防水准及性能目标 表1

设防水准	构件类别	性能要求	受力状态	验算准则
$E1$ 地震作用(100年10%)	混凝土主塔	无损伤	保持弹性状态	$M \leqslant M_y$
	桩基础	无损伤	保持弹性状态	$M \leqslant M_y$
	桥墩	无损伤	保持弹性状态	$M \leqslant M_y$
$E2$ 地震作用(100年3%)	混凝土主塔	可修复损伤	可接近屈服	$M \leqslant M_{eq}$
	桩基础	可修复损伤	可接近屈服	$M \leqslant M_{eq}$
	桥墩	严重损伤但不倒塌	允许进入延性	变形验算

注：表中 M 为按恒载和地震作用最不利组合下的弯矩；M_y 为截面相应最不利轴力时的最外层钢筋首次屈服时对应的弯矩；M_{eq} 为按截面相应于最不利轴力时的等效屈服弯矩。

3 结构抗震支承体系优选

设计计算了5种结构抗震体系：半漂浮体系、不对称体系、弹性索体系、液体黏滞阻尼器FVD体系及STU锁定装置体系。5种结构抗震体系的对比分析结果见表2。

5种结构抗震体系的地震响应对比($E2$ 地震作用) 表2

结构抗震支承体系		主塔承台纵向弯矩(kN·m)	梁端位移(cm)
半漂浮体系		6 494 360	118.0
不对称体系		(固定铰处：342 580)(活动铰处：1 743 253)	9.5
弹性索体系	索规格A(2股)	6 377 592	117.0
	索规格B(50股)	3 106 420	25.4
	索规格C(100股)	3 091 184	15.0
	索规格D(600股)	2 444 555	10.2
STU锁定装置体系		2 203 549	6.6
液体黏滞阻尼器FVD体系		1 798 760	17.0

通过表 2 的分析，可得出以下几个结论：

(1)纵向半漂浮体系的结构地震内力响应最大；而不对称体系两塔的地震内力响应差别达 2 倍左右，不利于两塔抗震能力的同时发挥，这两种结构体系都不适用于本桥。

(2)弹性索体系是介于半漂浮体系与 STU 锁定装置体系之间的一种折中体系，设计的关键是处理好索的刚度大小问题。

(3)STU 锁定装置体系和液体黏滞阻尼器 FVD 体系相比，由于 STU 锁定装置没有阻尼耗能作用，故液体黏滞阻尼器 FVD 体系的结构地震内力响应最小，因此，从结构抗震的角度看，液体黏滞阻尼器 FVD 体系是一种较为理想的抗震结构体系，是大跨度斜拉桥优先考虑的结构体系。

(4)从地震位移响应来看，半漂浮体系位移响应最大，梁端位移达 118cm，给梁端伸缩缝设计带来较大困难；STU 锁定装置体系位移响应最小；液体黏滞阻尼器 FVD 体系和弹性索体系的位移响应介于这两者之间。

综合考虑，采用具有耗能作用显著的液体黏滞阻尼器体系为本桥抗震最优体系。

4 液体黏滞阻尼器参数研究与优化设计

4.1 阻尼器参数对结构地震响应的影响

液体黏滞阻尼器的两个主要指标是阻尼力和动力行程，其阻尼力和速度之间的关系式为：

$$F = C_\alpha \times (\dot{U})^\alpha \tag{1}$$

式中：C_α——阻尼系数；

$\dot{U}$——阻尼器的速度；

α——阻尼器非线性指数，且 $0<\alpha<1$。

确定阻尼器的阻尼力首先是要确定 α 和 C_α 两个参数。两参数对梁端纵向位移影响见图 2 所示，对最大阻尼力的影响见图 3 所示。

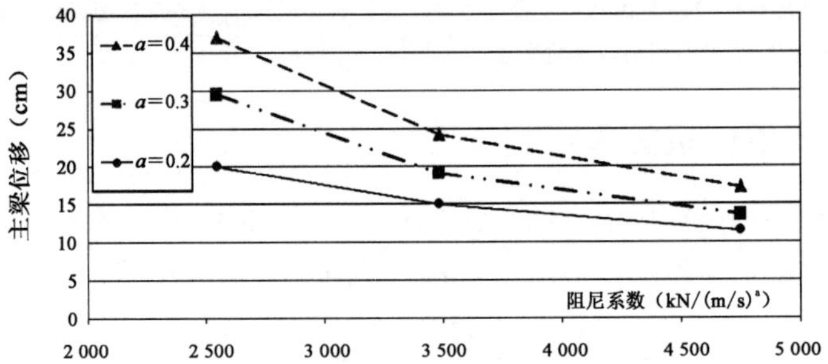

图 2 阻尼器参数对梁端纵向位移影响

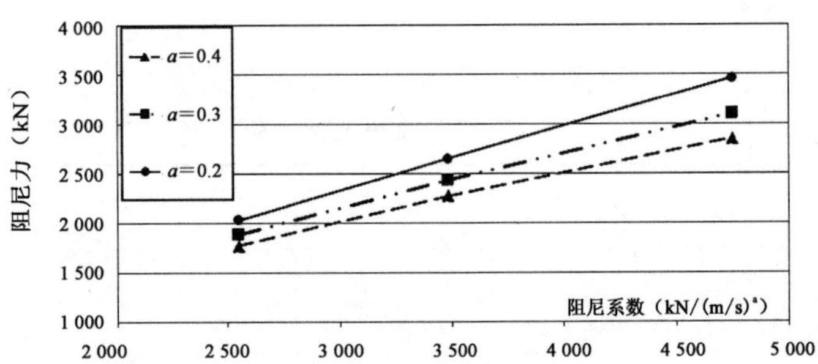

图 3 阻尼器参数对最大阻尼力的影响

分析图 2、图 3 可以得到以下结论：

①当非线性指数 α 一定时，随着阻尼系数 C_α 的增加，阻尼力基本上呈线性增加，而梁端位移则随着阻尼系数 C_α 的增加而减小。②当阻尼系数 C_α 一定时，阻尼力随着参数 α 的增加而减小，梁端位移随着参数 α 的增加而增加。因此，一般而言，α 越小，C_α 越大，阻尼器的减震效果越显著，但阻尼器的出力越大，设计时应予以关注。

4.2 阻尼器参数的抗震优化设计

阻尼器参数设计常用方法为枚举法，即假定其他参数不变的前提下，只变化某一个参数来寻找规律，缺点为计算工况多，计算耗时长。因此，如何快速给出合理的阻尼器参数成为设计中最为关心的问题。为此，根据能量相等的原则[3]，作者提出了一种合理确定阻尼器参数的方法，具体步骤如下：

(1)假定线性阻尼系数 C_1(即 $\alpha=1$ 时)在某一范围内取值，分析承台底(或塔底)弯矩和 C_1 的关系，找到承台底(或塔底)弯矩最小值对应的阻尼系数 C_1，得到相应的塔梁相对位移时程曲线。

(2)塔梁相对位移时程曲线拟合成正弦函数，塔梁之间的相对位移即是阻尼器的位移，假设阻尼器发生正弦规律的往复位移[4]，即 $u=u_0\sin\omega t$。

(3)根据阻尼器的位移时程曲线利用 Matlab 软件，根据最小二乘法原理拟合得到阻尼器的位移和运动频率。

(4)根据能量法原理，每个振动周期在非线性阻尼器中耗散的能量为：

$$E_D=\int_0^{2\pi/\omega}f_D\dot{u}\mathrm{d}t=\int_0^{2\pi/\omega}c_\alpha\left|\dot{u}\right|^{1+\alpha}\mathrm{d}t=\pi\beta_\alpha C_\alpha\omega^\alpha u_0^{\alpha+1} \tag{2}$$

其中常数 $\beta_\alpha=\dfrac{2^{2+\alpha}\Gamma^2(1+\alpha/2)}{\pi\Gamma(2+\alpha)}$，$\Gamma()$为 gamma 函数；

对于线性黏滞阻尼器 $\alpha=1$ 时，$\beta_\alpha=1$，此时式(2)简化为下式：

$$E_D=\pi C_1\omega u_0^2 \tag{3}$$

根据线性阻尼器每个周期耗散的能量式和非线性阻尼器所耗散的能量式相等，则可得到如下关系式：

$$C_\alpha=\frac{(\omega u_0)^{1-\alpha}}{\beta_\alpha}C_1 \tag{4}$$

本桥计算时，假定线性阻尼系数 C_1 在 10 000～90 000kN/(m/s)范围内取值，可得塔底弯矩与 C_1 的关系，如图 4 所示。

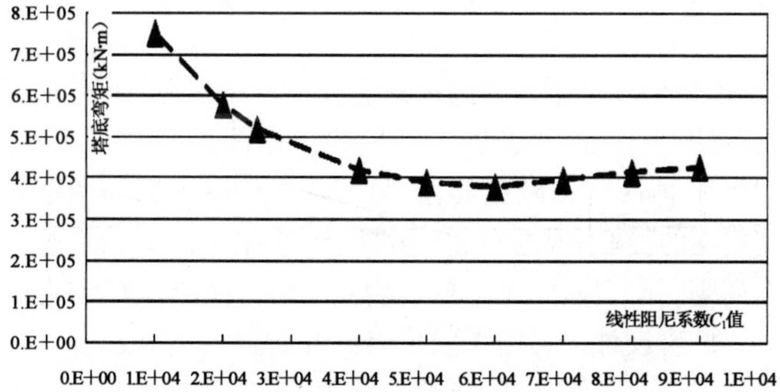

图 4　塔底弯矩与线性阻尼系数的关系

由图 4 可知，当 C_1 取值为 60 000kN/(m/s)时，主塔弯矩内力最小，故取 $C_1=60\ 000$ kN/(m/s)。再利用正弦函数拟合塔梁相对位移时程曲线的方法来确定 C_α，拟合时包络波峰、谷值，则拟合位移曲线如图 5 所示。通过 Matlab 数学分析拟合得到的曲线方程为：

$$u=0.063\times\sin(0.915\,5\times t+4.899) \tag{5}$$

因此，取 $\omega=0.9155$，$u_0=0.063$。

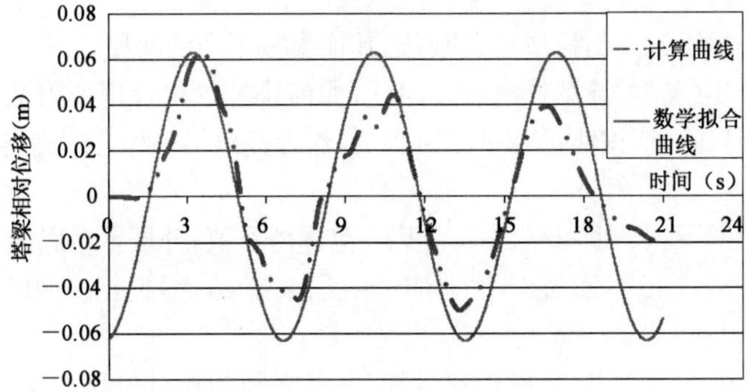

图 5　塔梁相对位移与拟合位移时程曲线

工程中通常使用的非线性指数介于 0.2～0.5。原因在于：指数大于 0.5 的阻尼器，工作效率不高；而指数小于 0.2 的阻尼器，在制造上还存在一些技术难度，如阻尼器发热较大，油脂的工作性能不易保证，故在工程中使用较少。据公式(4)设计了几种优化阻尼器方案(每个塔下设 4 个阻尼器，全桥 8 个)，见表 3。

几种阻尼器规格的对比分析　　表 3

规　格		第①种	第②种	第③种	第④种	第⑤种
非线性指数 a	无量纲	0.4	0.35	0.3	0.25	0.2
阻尼系数 C_a	kN/(m/s)^a	4 750	4 067	3 482	2 979	2 548
最大阻尼力 F	kN	2 849	2 650	2 435	2 228	2 032
最大速度 v	m/s	0.279	0.294	0.304	0.313	0.323
主梁纵向位移值 S	cm	17.2	18.1	19.1	19.5	20
承台底纵向弯矩 M	kN·m	1 798 760	1 916 105	1 990 951	2 064 706	2 136 361

由表 3 可见，5 种规格的阻尼器最大出力都在 3 000kN 以下，均满足目前生产厂家的最大型号要求，同时结构抗震设计也可满足要求；而第①种规格，主梁相对位移最小，承台底弯矩值也最小。故仅从结构抗震的角度看，第①种规格的阻尼器参数相对较优。

4.3　阻尼器设计中考虑列车制动因素

大跨公铁两用桥的阻尼器设计不仅要考虑地震作用下的结构安全，还必须要考虑列车制动作用下的结构安全和行车平稳性。武汉天兴洲公铁两用长江大桥的相关研究[5-6]指出，$\alpha=0.4$ 的液压黏滞阻尼器是一种速度型阻尼器，它只有在主梁纵向振动速度达到一定值时才能充分发挥，很适合地震作用的控制；但列车制动作用下，主梁的纵向振动响应具有速度小的特点，因而无法有效抑制列车制动引起的主梁振动响应。为了既能很好地抑制地震作用，又能有效地抑制列车制动作用，该桥设计中考虑了阻尼器的几种使用方式。首先参考天兴洲大桥设计思路，设计了 2 种阻尼器混合控制方式：①速度锁定装置 STU 与预载弹簧阻尼器 PSDD 组合运用。②熔断阻尼器 FD 与液体黏滞阻尼器组合运用。但这两种方式具有受力与构造复杂、造价昂贵的缺点，设计最终未采用。设计时工程师进一步开拓思路，尝试独立使用液体黏滞阻尼器方案的可行性。通过调整非线性指数 α 大小来适应列车制动要求，因为 α 值小有利于阻尼器在速度较小时获得更大的阻尼力。该桥列车制动力大小为 5 260kN。参考武汉天兴洲公铁两用长江大桥，列车制动时塔梁相对速度按照 5mm/s 考虑，则在前述抗震优化设计的基础上，计算不同规格阻尼器的设计参数对列车制动的抑制效果，计算结果见表 4。

不同阻尼器参数对制动的抑制效果 表 4

项　目	规　格	第①种	第②种	第③种	第④种	第⑤种
基本参数	非线性指数 α(无量纲)	0.4	0.35	0.3	0.25	0.2
	阻尼系数 C_a(kN/(m/s)^a)	4 750	4 067	3 482	2 979	2 548
列车制动	8 个阻尼器的阻尼力 F(kN)	4 564	5 093	5 683	6 337	7 065

从表 4 可见，第①、②尽管满足结构抗震要求，但不满足行车要求；而采用第③～⑤种方案时，阻尼器的阻尼力均大于 5 260kN，满足列车的正常行车及列车制动作用要求。综合考虑结构抗震、列车制动等因素后，最终采用第④种作为本桥阻尼器设计最优参数。

另外，考虑到多个阻尼器共同受力可能出现不均的现象，设计中考虑了 1.3 的安全储备，最终取 C_a＝4 000kN/(m/s)$^{0.25}$，α＝0.25。

4.4 阻尼器动力行程的确定

阻尼器动力行程要根据合理的荷载组合下的位移来确定[7]，一般取最不利的荷载组合下的最大位移作为阻尼器动力行程。本文计算考虑 3 种荷载工况：工况 1 为整体最大温差＋活载＋地震作用；工况 2 为风载＋活载；工况 3 为温度＋风载。计算结果表明该桥控制工况为工况 1，阻尼器动力行程取 550mm（其中温度位移 140mm，活载位移 180mm，地震位移 200mm）。

5 结语

大跨度公铁两用斜拉桥是一种技术复杂，修复困难的特殊桥梁，目前也没有专门针对该种类型桥梁的抗震设计规范。本文以黄冈桥为例，就结构抗震设计中的几个关键性问题进行了研究与探讨，相关结论如下：

(1)大跨度公铁两用斜拉桥具有结构技术复杂、抗震功能要求高、社会影响性大等特点，设计时建议该类型桥梁的抗震设防标准做适当提高。

(2)在半漂浮、不对称、弹性索、STU 锁定及液体黏滞阻尼器体系等五种体系中，液体黏滞阻尼器体系是一种较为理想的抗震结构体系，可作为大跨度公铁两用斜拉桥优先考虑的结构体系。

(3)大跨度公铁两用斜拉桥的阻尼器参数可根据能量法原则进行参数抗震优化设计，考虑到列车制动要求，建议将非线性指数取较小值。

(4)阻尼系数取 4 000kN/(m/s)$^{0.25}$、非线性指数取 0.25、动力行程取 550mm 的阻尼器能够较好地满足黄冈公铁两用斜拉桥的抗震设计要求。

参 考 文 献

[1] 中华人民共和国国家标准. GB 50223—2008　建筑工程抗震设防分类标准[S]. 北京：中国建筑工业出版社，2008.

[2] 李龙安,何友娣,屈爱平.公路桥梁抗震设计的设防标准研究[J].桥梁建设,2006,(S2):135-139.

[3] 朱建华,沈蒲生.基于能量原理的钢筋混凝土筒体结构抗震性能研究[J].地震工程与工程振动,2006,26(5):109-113.

[4] 聂利英,李建中,胡世德,等.任意荷载作用下液体黏滞阻尼器在桥梁工程中减震作用探讨[J].计算力学学报,2007,24(2):197-202.

[5] 秦顺全.武汉天兴洲公铁两用长江大桥关键技术研究[M].北京:人民交通出版社,2009.

[6] 秦顺全,瞿伟廉.天兴洲公铁两用斜拉桥主梁纵向地震、列车制动及行车移动荷载响应的混合控制[J].桥梁建设,2008,(4):1-4,9.

[7] 陈永祁,耿瑞琦,马良喆.桥梁用液体黏滞阻尼器的减振设计和类型选择[J].土木工程学报,2007,40(7):55-61.

132. 地震作用下高墩大跨桥梁时变易损性分析

李立峰　吴文朋　胡思聪　刘守苗

（湖南大学土木工程学院桥梁工程系）

摘　要：随着桥梁结构服役期限的增加，材料自然劣化或外界因素作用下导致结构性能降低是目前桥梁结构面临的一个重要问题。尤其是在近年来发生的极端自然灾害冲击下，结构的全寿命抵抗能力大大下降。本文以一座典型的高墩大跨梁式桥为例，考虑除冰盐环境下的氯离子对钢筋的侵蚀作用，采用 OpenSees 程序建立桥梁结构的非线性动力分析模型，根据桥梁结构的场地类型选取合适的地震波，结合 IDA 方法进行大量的非线性时程分析，研究了氯离子侵蚀作用对高墩结构地震易损性的影响。研究结果表明，对于采用新规范设计的高墩桥梁，随着服役时间的增长，氯离子侵蚀作用会导致桥墩失效概率增加，在一定程度上削弱其抗震能力。

关键词：桥梁　地震　氯离子侵蚀　高墩　时效易损性

1　引言

随着我国高速公路建设的快速发展，大量的高墩桥梁结构被应用于山区公路中，高墩大跨桥梁以其墩高跨大能跨越陡峭山谷的优越性而被广泛采用。并且，有研究表明在西部地区，这些高墩桥梁中有近 40％以上拥有超过了 40m 的高墩，有的甚至高达 180m[1]，然而，目前在我国已付诸实践和应用的《公路桥梁抗震设计细则》(JTG/TB 02-01—2008)[2]规范却主要适用于 40m 以下的规则桥梁。同时，2008 年汶川大地震的震后调查报告中指出，高墩桥梁的破坏情况也十分普遍，并且有一些新的损伤情况出现。鉴于此，近年来，国内外一些学者开始了高墩大跨桥梁的抗震性能研究。李建中等[3]采用 Pushover 分析方法和增量动力分析方法计算了高墩结构的位移延性系数，并认为墩身质量和高阶振型对高墩位移的影响很大。显然，直接用位移来衡量高墩结构的损伤是不合适的，因此，有研究提出了用截面曲率作为性能损伤指标[1]。由于高墩大跨连续刚度桥的抗震性能要优于同等跨径的连续梁桥，因此，连续刚构桥的应用更加广泛。李立峰等人[4-5]以高墩大跨连续刚构桥为研究对象，基于概率地震分析和 IDA 分析，以截面曲率为损伤指标，对高墩大跨连续刚构桥的抗震性能进行研究，提出了适用于高墩结构位移需求的计算公式。以上这些针对高墩结构的抗震性能和特征的研究，有利于以后

基金项目：国家自然科技基金项目(51278183)。

指导该类桥梁的抗震设计。近年来的结构全寿命分析的研究和相关实践证明，钢筋混凝土结构的耐久性问题同样值得关注。

高墩大跨桥梁一般也是采用钢筋混凝土为主要结构材料。对于钢筋混凝土结构而言，外界氯离子的侵蚀效应对钢筋的锈蚀作用是影响结构耐久性的主要原因[6]。尽管氯离子侵蚀效应在沿海及近海地区混凝土桥梁的耐久性设计中更加明显，然而，近年来各种极端灾害条件下，我国广大的西南地区常常会遭到冻雨和冰灾等自然灾害的侵袭，这时，撒除冰盐是防止桥面结冰和预防交通事故和拥堵的主要措施。如此一来，在冰融化以后，下部结构难免受到氯离子的侵蚀。加上这些地区遭遇地震的机率极大，氯离子侵蚀带来的危害更大。目前，桥梁时变可靠度的研究也是国内外的研究热点[7-8]，因此，有必要针对我国山区高墩桥梁的现状，考虑氯离子侵蚀效应的影响，在基于全寿命设计框架和基于概率抗震思想的指导下，对其时效易损性进行分析。

本文以西南地区某高墩大跨连续刚构桥梁为研究对象，考虑氯离子环境下钢筋强度和截面尺寸的退化特性。然后，采用 OpenSees 程序建立了结构的非线性动力分析模型，选用合适的远场地震波进行大量的 IDA 分析，结合高墩的曲率损伤指标，对需求能力比进行回归分析，最终建立了高墩结构在其服役期间不同时间点处的时变易损性曲线，并与不考虑时变的地震易损曲线进行比较分析。

2 氯离子侵蚀效应

一般来说，并不是所有的氯离子都会对结构的钢筋产生锈蚀。实际上，只有钢筋周围的混凝土中游离的氯离子浓度达到一定的界限时才会引起钢筋表面脱钝，进而产生锈蚀效应，通常我们称这个浓度为临界浓度[9]。对于钢筋混凝土结构而言，其遭受氯离子腐蚀的过程通常可分为以下 3 个阶段：①扩散阶段：从氯离子通过混凝土保护层扩散到钢筋表面至钢筋开始腐蚀；②腐蚀传播阶段：从钢筋开始腐蚀至混凝土保护层开始出现裂缝；③退化阶段：混凝土保护层出现裂缝之后的阶段。在考虑以上 3 个阶段的腐蚀过程时，首先要确定钢筋腐蚀的起始时间。在以往的研究中通常采用一维的菲克第二定律[14]，即 t 时刻 x 深度处的氯离子浓度 $C(x,t)$ 可表示为：

$$C(x,t)=C_s\left[1-\mathrm{erf}\left(\frac{x}{2\sqrt{Dt}}\right)\right] \tag{1}$$

式中：x——距离钢筋表面的深度；

t——服役时间；

D——扩散系数；

C_s——混凝土保护层外表面氯离子浓度；

erf(·)——误差函数；其中，C_s 和 erf(·)又可以表示为：

$$\mathrm{erf}(\theta)=\frac{2}{\sqrt{\pi}}\int_0^{\theta}e^{-\rho^2}\,\mathrm{d}t \tag{2}$$

$$C_s=A_{cs}(w/b)+\varepsilon_{cs} \tag{3}$$

式中：A_{cs} 和 ε_{cs}——模型参数；

w/b——混凝土的水灰比。

钢筋混凝土结构在服役期间，当内部钢筋表面的氯离子浓度达到阈值时，钢筋开始腐蚀，假设腐蚀起始时间为 T_{corr}。本文主要考虑除冰盐带来的氯离子的影响，根据以往的研究，可采用式(4)计算腐蚀开始的时间：

$$T_{\text{corr}} = \frac{x^2}{4D}\left[\operatorname{erf}^{-1}\left(\frac{C_{\text{s}} - C_{\text{cr}}}{C_{\text{s}}}\right)\right] \tag{4}$$

式中，各参数的意义与前文提到一致。在由于氯离子的侵蚀导致腐蚀开始以后，钢筋的强度和直径开始发生变化，根据 Du 等的研究，可用式(5)和式(6)表示钢筋强度和直径的变化。

$$f_{\text{y}} = (1.0 - \beta y Q_{\text{corr}}) f_{\text{y0}} \tag{5}$$

$$d_{\text{s}} = \sqrt{1.0 - Q_{\text{corr}}} \cdot d_{\text{s0}} \tag{6}$$

式中：f_{y0}——钢筋的初始屈服应力；

d_{s0}——钢筋的初始直径；对于螺纹钢筋，$\beta_{\text{y}}=0.12$，对于光圆钢筋 $\beta_{\text{y}}=0.49$；

Q_{corr}——钢筋锈蚀率，表示钢筋锈蚀掉的质量与原始质量的比值，可用式(7)计算：

$$Q_{\text{corr}} = \frac{4x_{\text{coor}}}{d_{\text{so}}}\left(1 - \frac{x_{\text{coor}}}{d_{\text{so}}}\right) \tag{7}$$

$$x_{\text{coor}} = \lambda t = 0.0115 \cdot i_{\text{coor}} \cdot t_0 \tag{8}$$

式中：x_{coor}——钢筋的锈蚀深度，可由式(8)计算；

t_0——钢筋初始锈蚀发生以后的时间；

i_{coor}——在 t_0 时的锈蚀电流密度，本文中取 $i_{\text{coor}}=0.2\mu A/\text{cm}^2$。

此时式(7)还可以写成：

$$Q_{\text{corr}}(t) = \frac{0.0092(t - T_{\text{coor}})}{d_{\text{so}}}\left[1 - \frac{0.0023(t - T_{\text{coor}})}{d_{\text{so}}}\right] \tag{9}$$

因此，基于氯离子侵蚀效应，钢筋强度(f_{y})和直径(d_{s})随着时间(t)变化情况可用式(10)和式(11)的分段函数来表示：

$$f_{\text{y}} = \begin{cases} f_{\text{y0}} & t \leqslant T_{\text{corr}} \\ (1.0 - \beta_{\text{y}} Q_{\text{corr}}(t)) f_{\text{y0}} & T_{\text{corr}} \leqslant t \leqslant T_l \\ 0 & t \geqslant T_l \end{cases} \tag{10}$$

$$d_{\text{s}} = \begin{cases} d_{\text{s0}} & t \leqslant T_{\text{corr}} \\ \sqrt{1.0 - Q_{\text{corr}}(t)}\, d_{\text{s0}} & T_{\text{corr}} \leqslant t \leqslant T_l \\ 0 & t \geqslant T_l \end{cases} \tag{11}$$

式中：t——桥梁服役时间；

T_l——钢筋完全锈蚀的时刻。

由前面的分析可知，影响钢筋混凝土结构遭受氯离子侵蚀的因素有很多，这些因素的取值最终会决定钢筋锈蚀的时变函数。以往的研究常常假定这些参数为随机变量，为了分析的方便，在本文中可假定这些参数服从正态分布或为一定值，见表 1。基于表 1 中各参数的分布情况，建立了 100 000 个样本进行 Moto-Carlo 分析，可以确定钢筋初始腐蚀起始时间 T_{corr} 的均值为 12.5 年，然后，利用式(10)和式(11)可以得到钢筋强度和直径的时变曲线如图 1 所示。

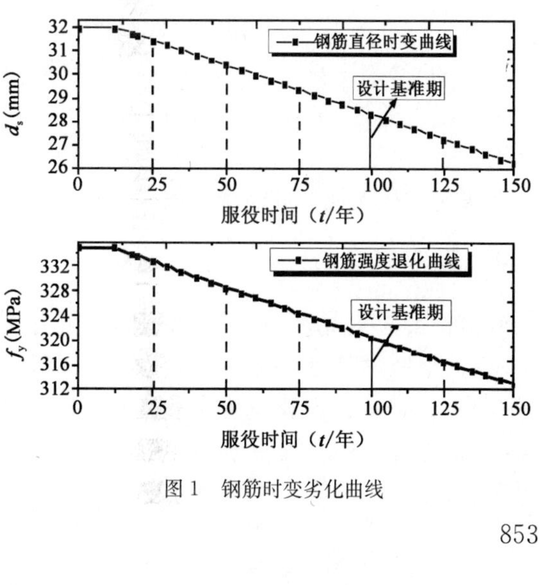

图 1　钢筋时变劣化曲线

不同参数的分布情况 表1

参　　数	单　　位	分布类型	均　　值	标准差
A_{cs}	—	正态分布	10.35	0.714
ε_{cs}	—	正态分布	0	0.58
D	mm^2/yr	正态分布	129	12.9
C_{cr}	kg/m^3	正态分布	1.4	0.2
x	mm	正态分布	50	6
w/b	—	定值	0.4	—
i_{coor}	$\mu A/cm^2$	定值	1.02	—

3　时效易损性分析

传统的地震易损性分析是基于一个时间点的桥梁抗震性能分析，然而，从全寿命的角度来讲，这种易损性曲线并不总是适合了桥梁的整个服役周期。因此，Ghosh 和 Padgett[10]提出了采用式(12)表示结构的时效易损性函数：

$$P[DS \mid PGA] = \Phi\left\{\frac{\ln(PGA) - \ln[m(t)]}{\zeta(t)}\right\} \tag{12}$$

式中：$m(t)$和$\zeta(t)$——当桥梁服役时间达到第 t 年时在指定损伤状态下的地震动强度中值以及对数标准差。

实际上，当 t 等于某一个具体的年份时，式(12)就等同于传统的易损性函数了，换言之，传统易损性函数是式(12)的特殊情况。

在本文中将采用 IDA 方法来进行非线性时程分析以获得桥梁结构的地震响应。因此，运行 IDA 分析所需的地震波直接从文献[5]中选用。此外，本文仍将采用对能力需求比进行对数回归分析的方法来计算桥梁的地震易损性，参考文献[5]的内容，我们可以得到如下的时变易损性函数：

$$\mu(t) = a(t)[\ln(PGA)]^2 + b(t)[\ln(PGA)] + c(t) \tag{13}$$

$$\sigma(t) = \sqrt{S_r(t)/(N-2)} \tag{14}$$

$$P_f(t) = \Phi\left[\frac{\mu(t)}{\sigma(t)}\right] \tag{15}$$

式中：$a(t)$，$b(t)$和$c(t)$——在服役时间点 t 时对应的回归估计参数；

$S_r(t)$——相应 t 时刻的回归曲线残差平方和；

$\mu(t)$和$\sigma(t)$——时刻 t 的能力需求比的对数均值和方差。

值得指出的是，在氯离子侵蚀作用下，桥梁结构的抗震能力和需求在服役期间都会发生变化，而这些变化都将包含在式(13)～式(15)中。因此，采用上述方法进行时变易损性分析能更好地考虑桥梁抗震能力和需求的时变特性。

4　算例简介

算例桥梁为某高墩大跨三跨变截面连续箱梁结构，如图 2 所示，主梁采用 C55 混凝土；墩高 80m、为单肢薄壁箱型截面墩(6.5m×7.5m)，采用 C40 混凝土，截面纵向配筋率为 0.9%，配箍率为 0.55%，纵筋和箍筋均采用 HRB335 级；矩形承台厚 5m，采用 8 根 ϕ2.8m 的群桩基础，承台桩基均为 C30 混凝土；梁端支座采用 JQGZ-Ⅲ12500DX 球形减震钢支座。场地类型为Ⅱ类。

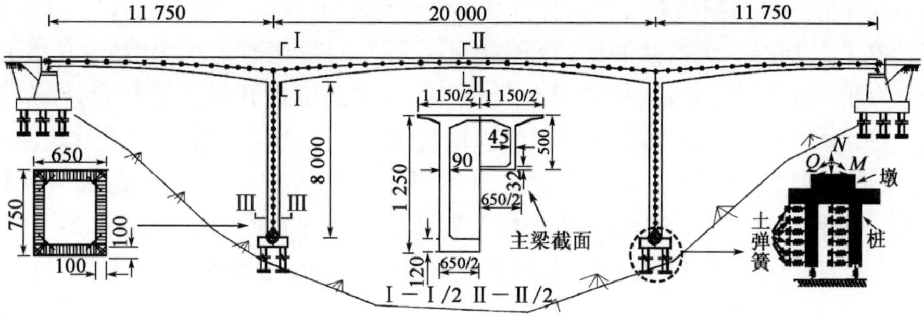

图 2　结构整体布置图(尺寸单位:cm)

采用美国加州大学 Berkely 分校太平洋地震工程研究中心开发的 OpenSees 程序建模，由于主梁在地震作用下一般不会发生破坏，采用弹性梁单元进行模拟。墩柱构件采用纤维梁柱单元进行模拟，钢筋与混凝土的模拟采用 OpenSees 中提供的 Concrete02 和 Steel 02 模型进行模拟；桩土相互作用采用等代土弹簧模拟，弹簧刚度依照规范用“m”法进行计算；另外，球形减震钢支座的模拟采用非线性连接单元进行模拟。

5　时变易损性曲线

在建立的三维动力分析模型的基础之上，考虑氯离子侵蚀作用下钢筋强度和直径的退化(图 1)，选取 25 年、50 年、75 年、100 年和 125 年 5 个时间点，分别在模型中输入相关参数，并输入相同的地震波进行 IDA 分析，参照文献[5]的方法定义结构的损伤指标，对不同损伤状态的能力需求比进行回归分析，最后，运用本文提到的时变易损性函数建立墩柱构件的时变易损性曲线。由于篇幅所限，本文只给出了墩顶截面在四种损伤状态(轻微损伤、中等损伤、严重损伤、完全破坏)下的易损性曲线，如图 3 所示。另外，为了便于比较，不考虑时效退化情况下结构的易损曲线也分别绘在同一图中。

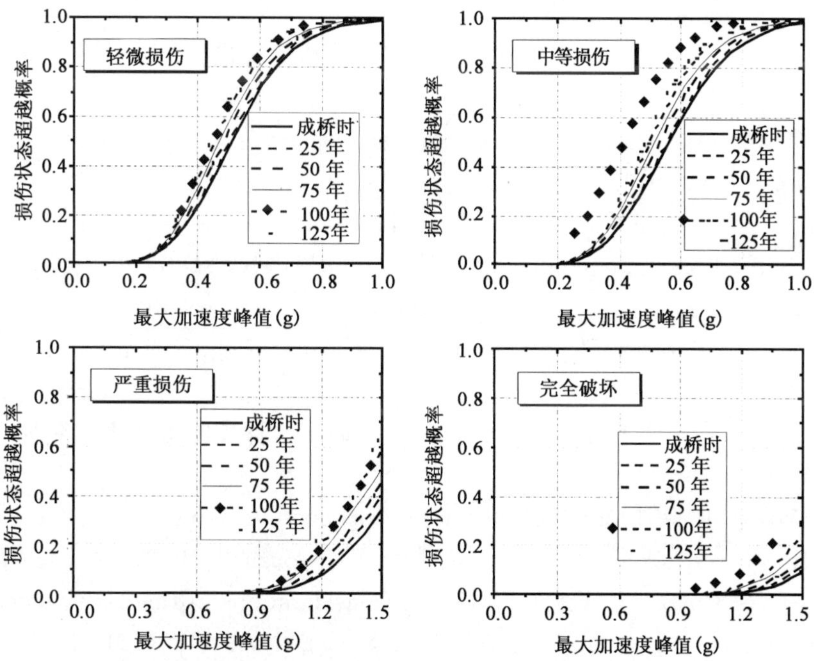

图 3　墩顶截面在不同损伤状态的时变易损性曲线

由图 3 知，在不同的损伤状态下，钢筋混凝土墩桩的失效概率随着服役时间的增长而增大。同时，我们可以看到，易损性曲线的变化并不是随时间变化而呈线性增加，在最开始的 25 年，失效概率的增加并不明显，这是由于本文的算例桥梁是按最新规范进行设计的，其钢筋保护层厚度达 80mm，而由于计算得到的钢筋理论锈蚀开始时间为 12.5 年，也就是说在最初的十几年，并没有氯离子侵蚀现象。但是，总的来说，与以往研究中常规中小跨径梁式桥的时变易损性分析结果相比，山区高墩大跨桥梁由于氯离子侵蚀导致的易损性变化并不是很明显。然而，由于该类桥梁在公路交通网络中的重要地位，其全寿命期的时效易损性变化仍值得关注。

6 结语

本文针对我国山区高墩大跨桥梁，在考虑氯离子侵蚀和地震共同作用下，研究了桥梁的时变易损性，主要得到以下结论：

(1)考虑氯离子侵蚀作用的影响时，在地震作用下墩柱构件在不同的损伤状态下的失效概率均显著增加，因此，有必要考虑桥梁服役期间老化效应对墩柱抗震能力影响。

(2)80mm 厚的保护层有效地抑制了钢筋的初始锈蚀时间，因此，钢筋混凝土高墩结构在前期失效概率的增长并不明显，而当钢筋锈蚀开始以后，失效概率却明显增加。

参考文献

[1] 梁智垚. 非规则高墩桥梁抗震设计理论研究[D]. 上海：同济大学，2007.

[2] 中华人民共和国行业标准. JTG/TB 02-01—2008 公路桥梁抗震设计细则[S]. 北京：人民交通出版社，2008.

[3] 李建中，宋晓东，范立础. 桥梁高墩位移延性能力的探讨[J]. 地震工程与工程振动，2005，25(1)：43-48.

[4] 李立峰，黄佳梅，吴文朋，等. 基于 IDA 的高墩大跨桥梁抗震性能评估[J]. 地震工程与工程振动，2012，32(1)：68-77.

[5] 吴文朋，李立峰，王连华，等. 基于 IDA 的高墩大跨桥梁地震易损性分析[J]. 地震工程与工程振动，2012，32(3)：117-123.

[6] Vu K A T, Stewart M G. Structural reliability of concrete bridges including improved chloride-induced corrosion models [J]. Structural Safety, 2000, 22 (4): 313-333.

[7] Simon J, Bracci J M, Gardoni P. Seismic response and fragility of deteriorated reinforced concrete bridges [J]. Journal of Structural Engineering, 2010, 136 (10): 1273-1281.

[8] 王建秀，秦权. 考虑氯离子侵蚀与混凝土碳化的公路桥梁时变可靠度分析[J]. 工程力学. 2007，24(7)：86-93.

[9] Liu Y, Weyers R E. Modeling the time-to-corrosion cracking in chloride contaminated reinforced concrete structures [J]. ACI Materials Journal, 1998, 95 (6): 675-681.

[10] Ghosh, J. & Padgett J. E. 2010. Aging Considerations in the Development of Time-Dependent Seismic Fragility Curves[J]. J. Struct. Eng., 136(12): 1497-1511.

133. 结构参数对连续梁桥抗震性能的影响

柏小勇　杨　扬　魏红一　王志强　闫兴非

（同济大学桥梁工程系）

摘　要：结合某实际系梁型花瓶墩高架梁桥的抗震设计，建立空间动力分析有限元模型，分析研究不同跨数、支座类型、支座刚度、桥墩不同高度和柱不同间距等参数对桥梁关键构件地震响应分布规律和抗震性能的影响。结果表明：球型钢支座桥梁顺桥向由固定墩控制，横桥向响应随一联不同跨数变化不大；减隔震支座桥梁响应对一联跨数变化不敏感，但支座刚度对地震响应影响较大；墩高影响桥梁关键构件的控制内力；系梁设计要仔细的研究。

关键词：桥跨布置　系梁型花瓶墩　抗震性能　支座　墩高　反应谱

1　引言

随着城市的快速发展，城市高架桥的建设规模和速度逐渐加大和加快。从城市桥梁的结构特点看，高架桥结构多为中小跨连续梁桥（或桥面连续简支梁桥），下部桥墩结构形式以单柱墩和双柱墩居多，桥墩高度通常不大，其中，系梁型花瓶墩以其优美造型而得到较为广泛的运用。系梁型花瓶墩主要构造特点是：桥墩柱配合结构造型由墩身中部向墩顶逐渐外倾且截面尺寸略有增大，两柱间由系梁连接形成框架，系梁的截面刚度小于墩柱，在恒载作用下系梁将承受拉力，在地震作用下墩柱与系梁间容易产生塑性铰将会使桥梁处于较为不利的状况。故而，采用系梁型花瓶墩的连续梁桥抗震设计是一个值得研究探讨的问题。

目前，关于系梁型桥墩自身抗震性能及连续梁桥结构参数（如一联不同跨数）对抗震性能影响的研究不多。Monteiro[7]对于直立柱的系梁式框架桥墩进行了试验研究，试验结果表明在墩、系梁的连接点产生塑性铰；沈星[8]对直立柱的柔性横系梁双柱墩抗震行为进行研究后认为该类型墩的性能有别于盖梁式框架墩；高玉峰[1]对采用盖梁型框架高墩且多跨一联的连续梁桥抗震性能进行参数分析后认为，桥墩的地震响应对连续梁的一联跨数不太敏感，但受桥梁纵横坡的影响较大；安瑞晶[2]针对三跨、五跨一联的变截面连续梁在不同跨径组合和约束条件下的地震响应的分析表明：随跨数增加，梁端位移和墩顶与梁的相对位移增大，固定墩墩底顺桥向剪力减小而弯矩增大；牟德健[3]分析了三跨、四跨一联的高墩大跨连续刚构桥的抗震性

基金项目：上海内河航道大跨度连续梁桥设计关键技术研究与应用，12231201301。

能，认为桥梁跨数的增加会减小墩身内力，有利于结构抗震。

着眼于桥梁结构抗震概念设计，在桥梁结构总体设计阶段，工程师常会提出如下问题：桥梁一联跨数多少为宜？桥梁按延性抗震设计还是按减隔震设计？对采用系梁型花瓶墩的连续梁桥，结构哪个部分是抗震控制构件？本文以某城市高架桥为工程背景，基于规范反应谱做弹性分析，研究采用系梁型花瓶墩的连续梁桥在一联跨数、支座类型、桥墩高度和桥墩间距等不同结构参数下的地震响应规律和特性，且基于能力设计方法进行 pushover 分析，以期为中强震区城市高架连续梁桥抗震设计提供参考建议。

2 工程背景

某城市高架桥中的多跨连续梁桥，桥面宽度 25.5m，跨径组合 30m＋N×30m＋30m，其中 N 为 3，4，5，分别对应 3 跨、4 跨和 5 跨一联。上部结构为预应力混凝土等高度连续箱梁，梁高 2m。桥墩为变截面系梁型的花瓶墩，桥墩墩底的截面尺寸为 2m（顺桥向）×1.5m（横桥向），桥墩中心处的系梁截面尺寸为 1.5m（高）×1.5m（宽），桥墩立柱中心间距 5.5m，桥墩基础形式为钻孔灌注桩基础，每墩位设有 9 根直径 1.2m 的钻孔灌注桩，桩长 43.85m，如图 1 所示。

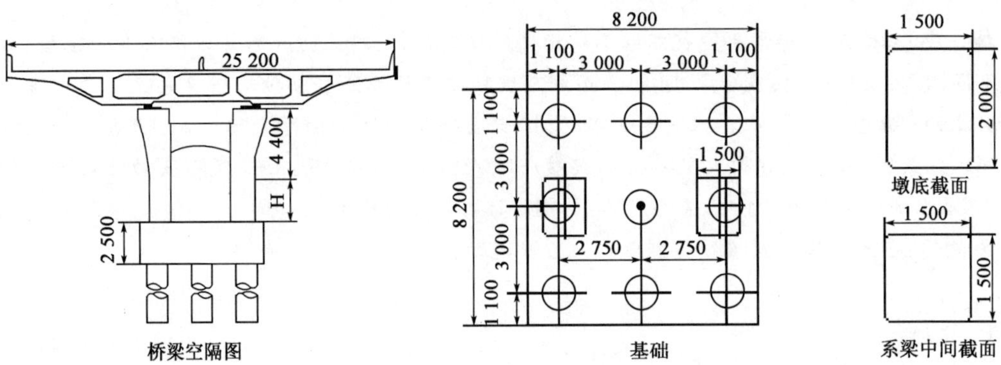

图 1 桥梁总体截面图（尺寸单位：mm）

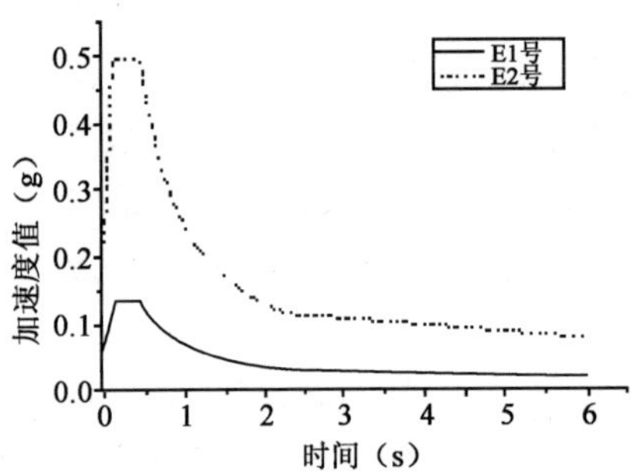

图 2 设防水准对应的水平向设计加速度反应谱

3 地震动参数选取

根据《城市桥梁抗震设计规范》（CJJ 166—2011）[5]，本桥位于城市主干道，抗震设防分类为乙类。场地抗震设防烈度为 7 度，桥址所处场地类别为Ⅲ类场地土，水平向设计基本地震动峰值加速度为 0.10g。地震动反应特征周期 0.45s，结构阻尼比为 5%。E1 地震调整系数为 0.61，E2 地震调整系数为 2.05。参照文献[5]选取参数拟合两个设防水准对应的规范反应谱如图 2 所示。

4 模型设计和空间动力模型建立

本文主要针对系梁型花瓶框架墩的预应力混凝土连续梁桥，研究结构参数如一联跨数、支座类型、立柱间距和桥墩高度等对结构地震响应和抗震性能的影响。分析模型的具体参数设置（表 1）如下：

①跨径组合、墩高和桥墩间距：跨径组合分别为 3×30m，4×30m 和 5×30m 三种情况。

在跨径组合下，变化桥墩高度和桥墩柱间距，对应模型墩高取用 6m 和 12m，桥墩柱间距取为 5.5m 和 7.5m。

分析模型参数　　表 1

桥墩高度	支座类型	桥跨布置(跨径 30m)	桥墩柱间距
6m	球型钢支座	3 跨　4 跨　5 跨	5.5m
	减隔震支座		7.5m
12m	球型钢支座	3 跨　4 跨　5 跨	5.5m
	减隔震支座		7.5m

②支座类型和支座布置：研究针对球型钢支座和减隔震支座。采用球型钢支座时，连续梁桥每联只设一个纵向固定支座。为避免梁的活动端伸缩缝过大，固定支座设置于每联的中间支点上或靠近中点支点处。本研究中在 3 号桥墩上设置纵横桥向固定且允许主梁横向变形的支座体系，其他桥墩上的支座体系与 3 号桥墩上的区别在于纵向活动，具体的桥墩编号和支座布置形式如图 3 所示。减隔震支座有铅芯支座，并与普通橡胶支座地震响应特性进行比较。

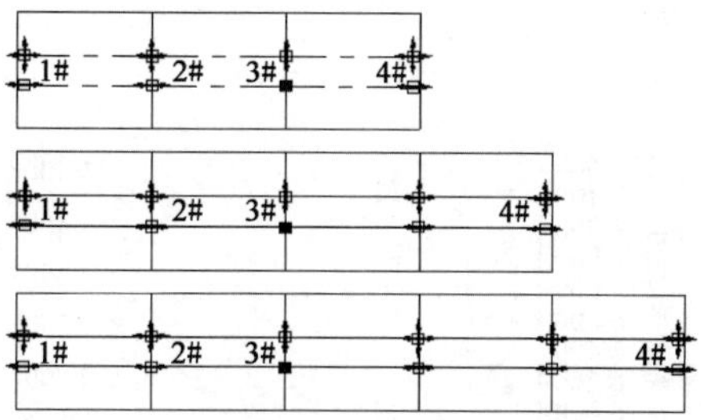

图 3　不同跨径组合桥梁的球型钢支座布置形式

为了正确分析连续梁桥结构的抗震性能，基于上述结构参数建立了三维空间有限元分析模型，其中，主梁和桥墩用梁单元模拟，桩基础采用等效的土弹簧单元模拟桩基础和土的作用，支座均采用等效线性单元进行模拟，另外，考虑到相邻联桥梁对结构动力特性的相互影响，尤其是对过渡墩的结构响应影响，于研究对象的两端分别设置了一跨径为 30m 的简支跨作为相邻联桥梁，各跨主梁、桥墩和桩基础均采用相同的构造形式和尺寸，图 4 为四跨一联连续梁桥空间动力有限元分析模型。

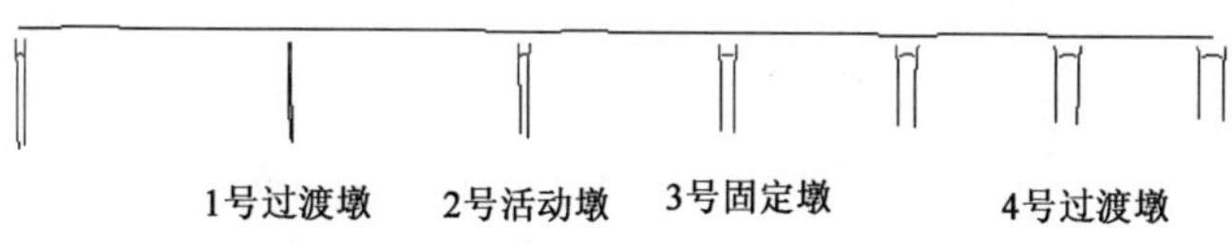

图 4　四跨一联连续桥梁结构动力分析模型

5　连续梁桥抗震性能的参数分析

5.1　球型钢支座下的地震响应规律

目前桥梁抗震设计时，一般对桥墩采用基于延性的抗震设计方法，利用其进入塑性后产生塑性变形来消耗地震能量，以减少地震力对其他构件的破坏。而基础因埋置于地底，损坏后难以发现和修复，而且基础的损害对整个桥梁结构将产生致命的损伤，故对基础采用能力保护的设计方法。本文针对墩高为 12m，墩柱间距 5.5m，计算出其墩底截面 E2 下弹性地震响应随一联不同跨数的变化规律，如图 5 所示。

由图 5 可以看出：在纵桥向地震作用下，由于支座布置在纵桥向具有明确的固定和滑动之分，故固定墩 3 号墩底的地震剪力和弯矩最大，且随着桥梁跨数的增加呈明显的增大趋势。桥墩轴力变化有起伏但数值很小，其他桥墩的剪力和弯矩随一联跨数的增加基本不变，所以，固定墩是控制着纵桥向抗震设计的关键构件。在横桥向地震作用下，由于各桥墩协同作用，各墩底地震响应差异不是非常明显，但依然呈现一定规律，随着一联桥梁跨数的增多，桥墩 1 号、2 号、4 号的结构响应都减小，固定墩 3 号的结构响应相差很小，基本在 1%以内；其中，存在的主要区别在于过渡墩的弯矩和剪力较大，而中间墩轴力较大；故就不同跨数连续梁桥横桥向抗震设计而言，过渡墩可能成为控制横桥向抗震设计的关键构件。

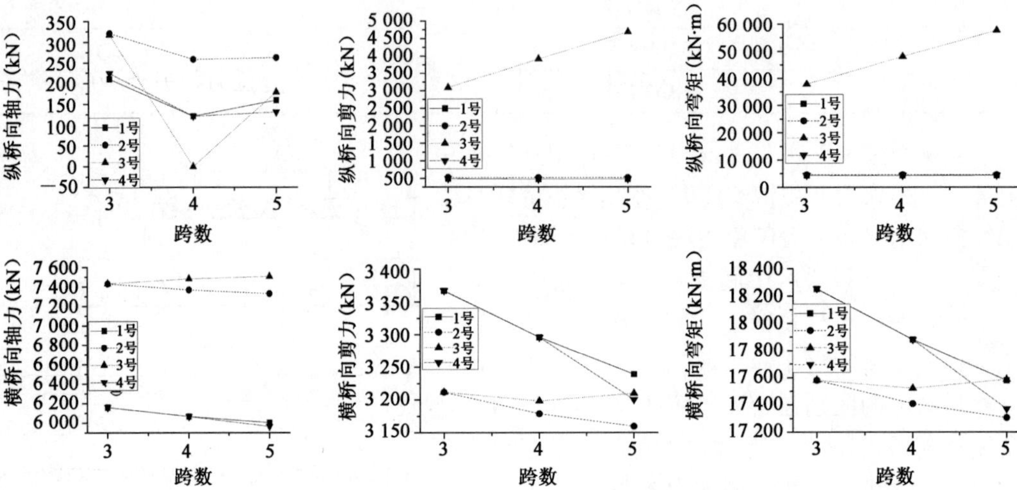

图 5　采用球型钢支座体系的桥墩结构响应

5.2　减隔震支座下的地震响应规律

地震作用下，延性设计时纵桥向固定墩受力很不利，一般要求其设计截面相对较大或配筋率较高，此外，桩基础的设计能力也要相应提高。如果一味要求固定墩满足强度要求，可能造成结构的不经济，因此，可以考虑采用减隔震设计方案。减隔震设计主要是采用柔性支承以延长结构的自振周期，或者采用阻尼器或耗能装置减小地震的能量，并通过各桥墩共同分担地震力。本文主要是采用铅芯支座，并和普通橡胶支座响应进行比较。其中，基于实际项目资料铅芯支座的等效水平刚度取值为：中间墩支座为 5 000kN/m，边墩支座 3 000kN/m；普通橡胶支座的水平刚度取值为：中间墩支座为 8 400kN/m，边墩支座 4 300kN/m。12m 墩高，5.5m 墩柱间距一联不同跨数桥梁基于 E2 反应谱的弹性分析结果如图 6 所示。

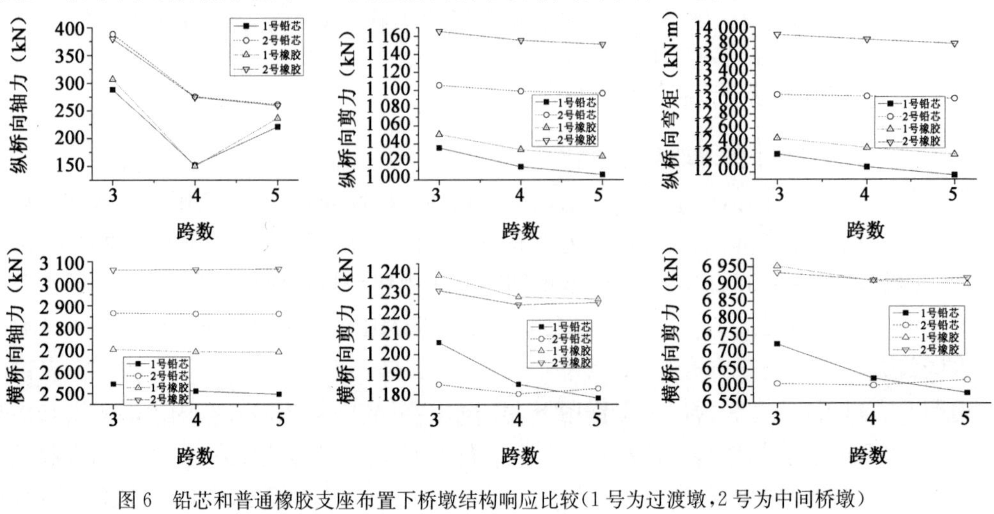

图 6　铅芯和普通橡胶支座布置下桥墩结构响应比较(1 号为过渡墩，2 号为中间桥墩)

从图 6 可见，铅芯支座和普通橡胶支座使得各桥墩在纵桥向和横桥向都共同作用抵抗地震力，故而各墩底响应差异不大，且支座刚度的大小决定着墩底地震响应的大小；同时，桥墩地震响应受一联跨数的影响较小。过渡墩 1 号的顺桥向轴力随着一联跨数增加呈起伏变化，其弯矩和剪力则相应减小。总体而言，在纵桥向，对应两种支座类型的中间墩都控制着抗震设计；在横桥向，则是采用普通橡胶支座的桥梁对应地震响应较大，纵横向都是以三跨一联桥梁的桥墩响应为大。

5.3 框架墩系梁的地震响应比较

如前所述，墩柱外倾的系梁型花瓶墩，在恒载作用下系梁将承受拉力。另外，在考虑桥墩横桥向延性设计时，系梁两端和墩底都将出现塑性铰，但花瓶式框架墩系梁一旦形成塑性铰，单墩在恒载下受力将很不利，故而，在横桥向地震作用下系梁的地震响应是值得关注。图 7 为墩高 12m、墩间距 5.5m 横桥向 E2 地震作用下，针对跨径组合、支座类型等桥梁系梁的响应规律。

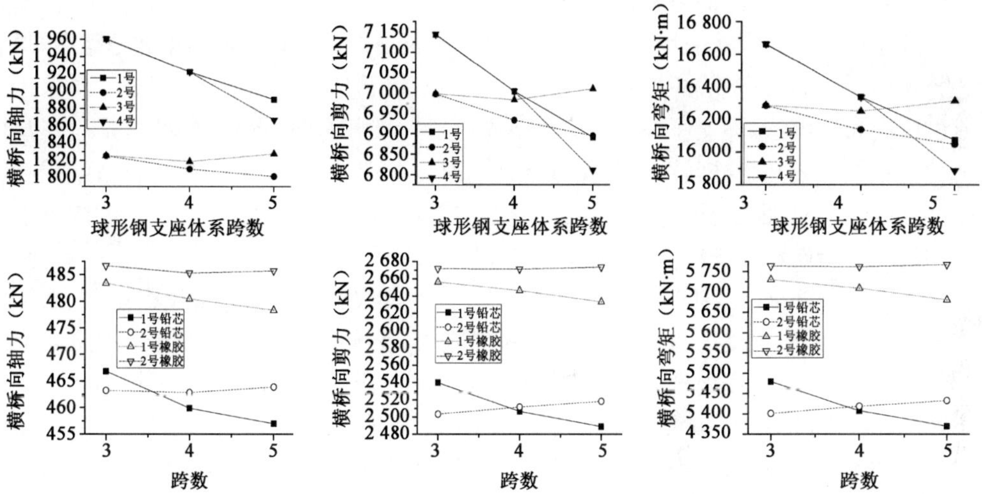

图 7 系梁横桥向结构响应比较

由图 7 可以看出：采用球形钢支座的桥梁，除固定墩系梁基本不受桥梁一联跨数的影响外，其他各桥墩系梁的结构响应随一联跨数增多而减小，所以仅对系梁而言，桥梁一联跨数的增加是对构件受力更有利，铅芯支座和普通橡胶支座的采用能有效地降低地震响应，对应为球钢支座桥梁系梁轴力，剪力和弯矩的 25%，37%和 33%左右，而普通橡胶支座桥梁系梁的内力略大于铅芯支座桥梁系梁的内力，且各桥墩系梁的地震响应基本不受跨数的影响。

5.4 墩高对桥梁地震响应的影响

为了对比分析上述桥梁的地震响应受桥墩高度的影响，本文将桥墩高度调整为 6m，研究一联桥梁跨数不等、且设置不同支座类型下的桥梁地震响应的变化规律。分析发现：墩高 6m 和 12m 的桥墩和系梁的内力随一联跨数增加的变化规律一致。但就同等跨数一联的桥梁，受墩高的影响，结构的响应不同。不同墩高、5.5m 桥墩间距的三跨一联桥梁在 E2 地震作用下内力见表 2 所示。

对于球型钢支座模型，纵桥向控制构件仍为固定墩，由于墩高变矮而使桥梁整体刚度增大，矮固定墩底的剪力为 12m 墩高的 1.5～1.8 倍，虽然墩高减半，但桥墩弯矩仍达到 12m 时的 80%～93%；横桥向墩底轴力、剪力和弯矩分别为高墩内力的 0.91、1.85 和 0.83 倍左右；

系梁的各内力为12m墩高系梁内力的2.55、0.9和0.87倍左右。对于减隔震支座桥梁，6m墩高模型，总体上中间墩轴力较边墩大，而边墩的剪力和弯矩成为控制因素，且剪力和12m墩高剪力相当，弯矩为其一半左右；于系梁，矮墩对应的横桥向各内力分别为12m墩高内力的53%、51%和51%。

不同墩高构件地震内力比较 表2

模型类型	纵桥向墩底			横桥向墩底			横桥向系梁		
	轴力	剪力	弯矩	轴力	剪力	弯矩	轴力	剪力	弯矩
6m墩高球型钢支座	275	5 584	35 296	6 963	6 116	15 005	4 845	6 460	14 547
12m墩高球型钢支座	318	3 091	37 818	7 431	3 212	17 581	1 826	6 998	16 286
6m墩高铅芯支座	143	1 140	6 813	1 441	1 148	3 259	254	1 316	2 840
12m墩高铅芯支座	288	1 036	12 249	2 544	1 206	6 725	467	2 540	5 479

5.5 不同桥墩柱间距的桥墩推倒分析

由于外倾墩柱的系梁花瓶墩的特殊性，且有别于抗震规范中指出的盖梁式框架墩，故有必要研究该类型桥墩的延性能力及对基础受力的影响。基于Pushover分析方法，针对采用球型钢支座的横向布置体系，即支座一侧为横桥向固定，另一侧为横桥向活动支座，采用弹塑性纤维单元建立不同墩高和墩柱间距的模型做横桥向对比分析。其中，墩底截面和系梁截面均采用1%的配筋率；墩顶处的竖向力为桥梁自身结构的恒载(10 000kN)。正推时横桥向水平力方向由固定支座指向活动支座，反推时反向。

分析结果见表3，结果表明：正推时，桥墩塑性铰的依次出现在滑动支座处墩底、系梁两端和固定支座处墩底，系梁受压力，对应的水平推力较大；反推时，塑性铰出现顺序是固定支座处墩底、系梁两端和滑动支座处墩底，系梁受拉力且存在拉断可能，对应的水平推力较小。从表4的分析数据看，同等墩高，较大墩柱间距对应的正反向推力都较小；同等墩柱间距，较高墩柱对应的正反向推力都较小；这说明增加桥墩高度或墩柱间距都会导致墩底弯矩增大而容易形成塑性铰，从而降低桥墩对下部基础的地震需求，有利于减少桩基础工程量，且高墩更适合做延性设计。

基础的受力比较(单位：kN) 表3

桥梁类型	墩高6m，间距5.5m		墩高12m，间距5.5m		墩高6m，间距7.5m	
推力方向	正推	反推	正推	反推	正推	反推
推力数值	9 703	7 210	6 335	4 392	8 684	6 255

由此可见，着眼于桩基础造价和修复困难大，要求桥墩提供给基础的地震需求越小越好，且宜按照正推力进行桩基础抗震设计。对于外倾墩柱的系梁式框架墩，反推时系梁的拉断将可能造成结构的倒塌，故在系梁设计时，宜对此进行给予仔细考虑。

6 结语

(1)对于球型钢支座的不同跨数一联的桥梁，顺桥向固定墩控制；横桥向构件内力随跨数增加变化不大，且以三跨一联桥梁过渡墩结构响应最大。

(2)对采用减隔震支座的桥梁：各典型构件内力随着一联跨数的增加有所减小，但差别不是很大；支座刚度对地震响应有较大的影响；仍以三跨一联桥梁的响应最大。

(3)采用球型钢支座的桥梁，矮墩剪力明显提高，而弯矩和轴力的变化不大；采用减隔震支座的桥梁，矮墩的剪力变化不大，而弯矩明显减小。

(4)桥墩柱间距主要影响桥梁横桥向的响应；基于 pushover 分析可知，墩底和系梁都会产生塑性铰，为保证外倾式墩柱的系梁框架墩的安全，系梁设计宜给予仔细考虑。

(5)采用球型钢支座的桥梁一联跨数不宜过多。由于延性设计时对基础要求更高，而减隔震设计时虽然结构响应较小但支座造价较高，设计要从适用性和经济性上进行比较后再做选择。

参 考 文 献

[1] 高玉峰，施洲，秦世强. 双柱式高墩桥梁地震响应结构参数影响分析[J]. 公路交通科技，2011，3：67-75.

[2] 安瑞晶. 设计参数对大跨径预应力混凝土连续梁桥地震响应影响分析[D]. 西安：长安大学. 2005.

[3] 牟德健. 高墩大跨连续刚构桥抗震性能分析[D]. 重庆：重庆大学. 2012.

[4] 崔丽丽. 城市高架桥梁地震碰撞反应分析及控制[D]. 哈尔滨：哈尔滨工业大学，2006.

[5] 中华人民共和国住房和城乡建设部. CJJ 166—2011. 城市桥梁抗震设计规范[S]. 中国建筑工业出版社，2011.

[6] M. J. N. Priestley, F. Seible, G. M. Calvi , SEISMIC DESIGN AND RETROFIT OF BRIDGES[M]. Printed in the United States of America.

[7] A. Monteiro, A. Arede, N. Vila－Pouca, A. Peixoto& R. Delgado, EXPERIMENTAL EVALUATION OF THE CYCLICBEHAVIOR OF A DOUBLE-COLUMN BRIDGE PIER WITH A SHORT SPAN COUPLING BEAM.

[8] 沈星，叶爱君，王晓伟. 柔性横系梁双柱墩的抗震行为分析[J]. 同济大学学报：自然科学版，2013 (3)：342-347.

[9] 叶爱君，管仲国. 桥梁抗震[M]. 北京：人民交通出版社，2002.

[10] [美]克 R. 拉夫，J. 彭津. 结构动力学[M]. 北京：高等教育出版社，2006.

134. 既有城市高架桥抗震能力评价与加固分析研究

李永波[1]　闫兴非[2]　郭卓明[2]　王志强[1]　魏红一[1]
(1. 同济大学桥梁工程系;2. 上海市城市建设研究总院)

摘　要:我国现役的城市高架桥大多是依据1990年颁布的《公路工程抗震设计规范》进行的抗震设计,其抗震能力能否达到或满足现行《城市桥梁抗震设计规范》的抗震设防目标和性能要求,有待进一步评价。本文结合一座典型既有城市高架桥,对其进行抗震能力评价,识别易损部位,据此开展抗震加固方案的分析和比较,进而提出合理的抗震加固建议,本文研究成果可供同类桥梁的抗震加固参考。

关键词:城市高架桥　抗震性能评估　抗震加固

1　引言

在上世纪末和本世纪初这十几年间,随着我国城市化进程不断加速,城市交通面临很大压力,为了缓解城市交通,很多城市在交通繁忙的原有主干道之上修建了高架桥,充分利用了城市道路的空间。为了满足上部的桥面宽度和桥下的通行需求,城市高架桥通常采用大挑臂框架墩,这使得高架桥往往在横向的地震需求很大,不容易满足结构的抗震要求。作为生命线工程之一的桥梁,尤其是城市高架桥,一旦遭受地震破坏,将会导致巨大的直接和间接经济损失,并影响震后灾区的救援和重建工作,使得人们对桥梁的抗震能力越来越重视[3]。

现役的城市高架桥大部分是按1990年颁布施行的《公路工程抗震设计规范》[1](JTJ 004—89)(下称89规范)进行的抗震设计,采用单一的设防水准,没有采取足够的构造措施来保证桥梁的整体延性,能否满足2012年实施的《城市桥梁抗震设计规范》[2](CJJ 166—2011)(下称新规范)的抗震设防目标,有待进一步评价。

城市高架桥一般位于城市快速干道或主干道,它的正常运营对城市交通发挥重要的作用,因此,为了确保城市高架桥在遭受地震作用下满足预期的抗震性能要求,有必要对既有高架桥开展抗震性能评价研究,并在此基础上,依据识别的抗震易损部位或易损构件,开展相应的抗震加固措施研究,以提高城市高架桥的抗震性能。

本文以一座建造于1991年的典型既有城市高架桥为例,对其开展抗震抗震性能评估,识别其易损构件，并开展加固措施的分析研究。

2 既有高架桥抗震能力评价

桥梁抗震性能评价主要包括两大方面的内容，一是对构造措施的评价，二是对桥墩、基础和支座等关键构件的抗震能力进行详细的计算分析和评价。

2.1 工程概况

该桥上部结构为四跨简支变连续梁，主梁断面形式为空心板梁，主线桥面标宽 18.5m；支座采用板式橡胶支座；下部结构为带盖梁的框架墩，墩高 7～8m，基础采用钻孔灌注桩基础。桥梁设计荷载为，汽车—超 20 级，挂车—120。场地为Ⅳ类场地，地震基本烈度为 7 度。抗震设计主要依据《公路工程抗震规范》(JTJ 004—89)。

高架桥总体布置、横断面以及墩和桩的配筋图如图 1 和图 2 所示。

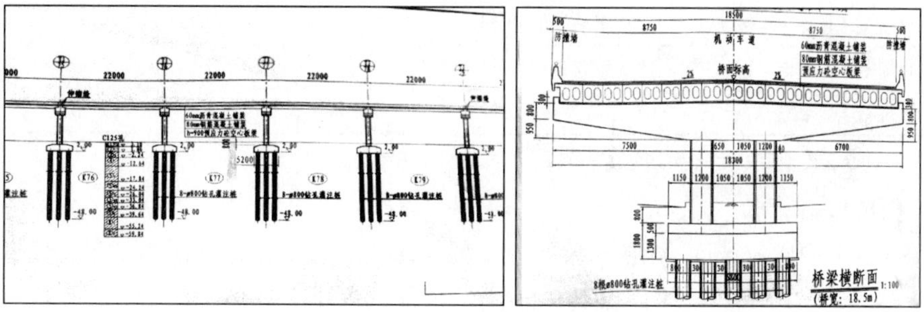

图 1 高架桥总体布置图和横断面图

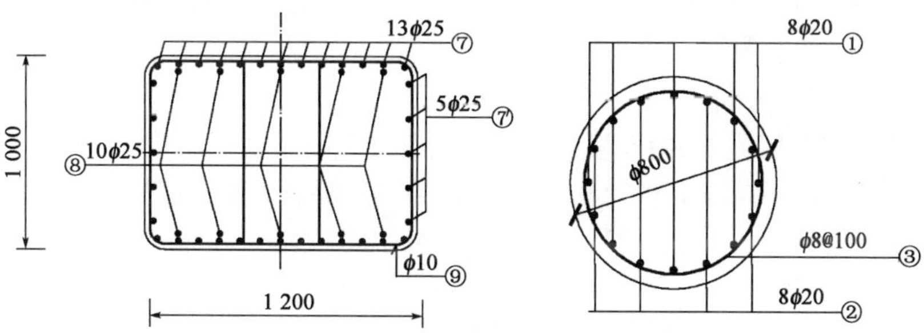

图 2 墩底和桩顶截面配筋图(尺寸单位：cm)

高架桥的具体构件尺寸等细节见表 1。

高架桥具体构造细节 表 1

构件截面尺寸		纵筋配筋率	
桥墩(m)	桩径(m)	墩底	桩顶
1.2×1.0	0.8	1.882%	1.001%

2.2 桥梁重要性及抗震设防目标比较

上述高架桥属于 1990 年至 2008 年期间设计的桥梁，采用的抗震设计规范是 89 规范。如果按原设计，桥梁重要性系数取为 1.3，属于 B 类桥梁。而根据新规范，由于该桥位于城市快速路，其抗震设防类别为乙类，对应抗震性能目标见表 2。

2.3 地震作用比较

分别按 1989 规范和 2012 年颁布的城市桥梁抗震设计规范的反应谱计算公式，计算相应的水平加速度反应谱值见表3(阻尼比为0.05,Ⅳ类场地,抗震设防烈度为7度)。

地震动水平和抗震设防性能目标关系　表2

地震动水平	抗震设防性能目标
89规范反应谱(重要性系数1.3;重现期46年;50年超越概率66.3%)	小震不坏、中震可修、大震不倒
新规范E1反应谱(重现期107年;50年超越概率37.3%)	结构总体反应在弹性范围,基本无损伤,震后可立即使用
新规范E2反应谱(重现期为2000到2500年,50年超越概率2%~3%)	有限损伤,震后经抢修可恢复使用,永久性修复后恢复正常运营性能

桥梁场地关键地震动参数　表3

地震动水平		A_h(g)	S_{max}(g)	T_g(s)	R_i
1989规范反应谱(重要性系数1.3)	50年超越概率66.3%	0.1	0.0731	0.7	1.3
新规范E1水准	50年超越概率37.3%	0.1	0.1373	0.65	—
新规范E2水准	50年超越概率2%~3%	0.1	0.4950	0.65	—

注:T_g为场地特征周期,A_h为地表峰值加速度,R_i为重要性修正系数。

2.4 构造措施评价

在防落梁构造措施方面,梁端距墩顶边缘的距离为$a=57\text{cm}<70+0.5L=81\text{cm}$(该桥为桥面连续简支梁桥,跨长22m),防落长度不满足新规范要求[2]。

在桥墩细部构造方面,各墩墩底纵向配筋率为1.882%,横向箍筋采用直径12mm的HRB335钢筋,间距为20cm,墩顶和墩底均设有加密段,间距为10cm,墩底塑性铰区配箍率为0.471%,均满足新规范的相关规定[2]。

2.5 构件抗震能力评价

根据高架桥的设计资料,采用有限元程序建立三维有限元动力计算模型进行抗震分析,模型以顺桥向为X轴,横桥向为Y轴,竖向为Z轴;主梁和桥墩采用空间梁单元模拟,桩基础考虑桩—土—结构相互作用,采用土弹簧进行模拟,土弹簧刚度用“m”法计算来确定。有限元建模时应考虑支座的影响,该桥采用板式橡胶支座,用线性弹簧连接单元模拟。

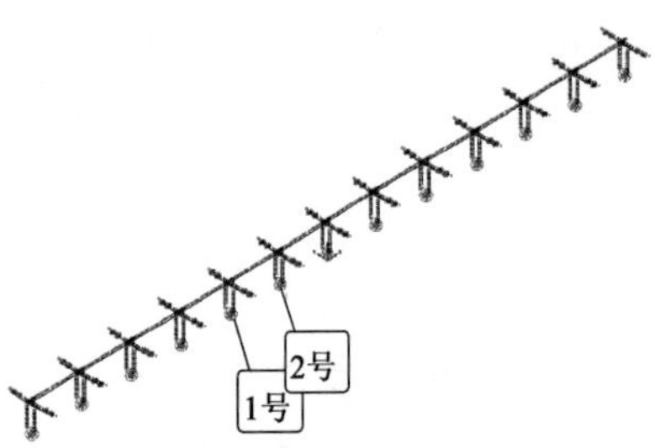

图3　动力计算有限元模型

根据新规范规定[2],需要建立所要分析高架桥及其两侧相邻联的动力计算有限元模型:

根据所建立的有限元模型(图3),对桥墩墩底、桩基础以及支座的抗震能力进行检算。限于篇幅,在此仅列出1号(边墩)、2号(中墩)墩底和桩基础以及支座的验算结果。

2.5.1　桥墩抗震能力验算(表4和表5)

纵桥向地震作用下桥墩验算　表4

反应谱工况	墩号	恒+动轴力P(kN)	剪力V_2(kN)	弯矩M_3(kN·m)	抗剪能力(kN)	抗弯能力(kN·m)	抗剪验算	抗弯验算
1989规范反应谱	1号左	4412.14	119.89	938.09	1973.18	4398.00	弹性	弹性
	2号左	4686.09	269.30	815.20	1973.18	4484.00	弹性	弹性

续上表

反应谱工况	墩号	恒+动轴力 P	剪力 V_2	弯矩 M_3	抗剪能力	抗弯能力	抗剪验算	抗弯验算
		kN	kN	kN·m	kN	kN·m		
新规范 E1	1号左	4 408.38	201.41	1 576.06	1 973.18	4 396.00	弹性	弹性
	2号左	4 656.09	452.34	1 369.30	1 973.18	4 474.00	弹性	弹性
新规范 E2	1号左	4 385.35	726.39	5 684.17	1 973.18	5 038.00	弹性	屈服
	2号左	4 465.64	1 631.39	4 938.48	1 973.18	5 065.00	弹性	弹性

横桥向地震作用下桥墩验算 表 5

反应谱工况	墩号	恒+动轴力 P	剪力 V_3	弯矩 M_2	抗剪能力	抗弯能力	抗剪验算	抗弯验算
		kN	kN	kN·m	kN	kN·m		
1989 规范反应谱	1号左	3 560.01	258.67	836.02	2 359.49	3 987.00	弹性	弹性
	2号左	3 839.40	254.24	840.89	2 359.49	4 087.00	弹性	弹性
新规范 E1	1号左	2 972.93	435.45	1 407.41	2 354.66	3 761.00	弹性	弹性
	2号左	3 230.55	427.92	1 415.36	2 359.49	3 849.00	弹性	弹性
新规范 E2	1号左	−791.70	1 570.48	5 075.92	859.85	3 457.00	破坏	屈服
	2号左	−675.68	1 543.34	5 104.59	859.85	3 509.00	破坏	屈服

2.5.2 桩基础抗震能力验算(表 6 和表 7)

纵桥向地震作用下桩基础验算 表 6

反应谱工况	墩号	恒+动轴力 F_3	剪力 F_1	弯矩 M_2	抗剪能力	抗弯能力	抗剪验算	抗弯验算
		kN	kN	kN·m	kN	kN·m		
1989 规范反应谱	1号	1 054.97	32.88	43.84	676.46	597.4	弹性	弹性
	2号	1 029.66	69.52	70.38	674.93	591.8	弹性	弹性
新规范 E1	1号	886.07	55.99	74.07	666.26	562.8	弹性	弹性
	2号	791.16	117.00	118.30	660.53	545.0	弹性	弹性
新规范 E2	1号	−198.13	201.90	267.10	193.69	463.3	破坏	弹性
	2号	−743.14	421.90	426.80	193.69	306.4	破坏	屈服

横桥向地震作用下桩基础验算 表 7

反应谱工况	墩号	恒+动轴力 F_3	剪力 F_1	弯矩 M_1	抗剪能力	抗弯能力	抗剪验算	抗弯验算
		kN	kN	kN·m	kN	kN·m		
1989 规范反应谱	1号	750.37	67.34	73.50	658.06	535.1	弹性	弹性
	2号	822.56	66.25	73.59	662.42	549.9	弹性	弹性
新规范 E1	1号	372.97	113.60	123.90	635.26	454.8	弹性	弹性
	2号	441.36	111.80	124.00	639.39	469.1	弹性	弹性
新规范 E2	1号	−2 048.13	409.60	446.70	193.69	—	破坏	屈服
	2号	−2 005.14	403.10	447.20	193.69	—	破坏	屈服

2.5.3 支座验算(见表 8 和表 9)

支座位移能力检算 表 8

反应谱工况	最大支座位移(mm)	支座橡胶层总厚度(mm)	验算结果
1989 规范反应谱	20.5	30	√
新规范 E1	25.1	30	√
新规范 E2	36.4	30	×

支座抗滑能力验算 表 9

反应谱工况	支座水平力组合地震力(kN)	支座抗滑能力(kN)	验算结果
1989 规范反应谱	450	473.5	√
新规范 E1	530	473.5	×
新规范 E2	超过 600	约 500	×

2.5.4 抗震性能评价结论

根据上述对高架桥抗震能力的评估结果,可以看出:虽然在 1989 规范反应谱作用下,桥墩和桩基础均能保持弹性;但在新规范 E2 作用下,桥墩和桩基础在纵桥向和横桥向的抗震性能均有不满足抗震要求的情况存在,尤其是在横桥向,桥墩和桩基础的抗震性能明显不足,且支座的位移变形能力和抗滑稳定性也不能完全满足新规范的相关规定。

3 抗震加固方案分析

3.1 既有桥梁抗震加固一般原则

考虑到如果仅从构件角度分别进行抗震加固,如对支座桥墩桩基础和盖梁等分别进行加固,尽管可以提高桥梁的抗震能力,但花费巨大、效率较低、加固耗时较多,且加固时不可避免地会影响桥梁的正常运行功能。所以,建议首先应从体系抗震加固角度出发,依据识别的抗震薄弱部位或构件,讨论经济有效的加固方案;然后在体系抗震加固方案比选的基础上,针对典型构件抗震能力的不足,进行各薄弱构件抗震能力加固方案比选[3]。

3.2 抗震加固方案分析比较

3.2.1 减隔震加固法

该高架桥上部结构为桥面连续简支板梁,墩顶处有盖梁隔开,所以纵桥向没有可利用的空间来实施减隔震措施,只有横桥向可以采用减隔震方法进行加固。分别采用铅芯橡胶支座和摩擦摆隔震支座进行减隔震加固,支座具体参数见表 10。

减隔震支座参数 表 10

支座类型	支座高度(mm)	位移能力(mm)	屈服力(kN)	初始刚度(kN/m)	屈后刚度(kN/m)	水平等效刚度(kN/m)	等效阻尼比
铅芯橡胶支座	180	75	81	5 200	800	1 200	0.2
摩擦摆支座(FPS)	—	—	10	5 000	67	500	—

设置减隔震措施后,桥梁抗震分析宜采用非线性动力时程分析方法[4]。建模时,在横桥向考虑支座的非线性。而在纵桥向,由于梁体受盖梁的阻隔,不允许支座产生较大的位移,中墩支座采用固定处理。

检算结果表明,采用减隔震措施后,横桥向地震响应有所减小,且 FPS 的隔震效果明显好于铅芯支座。但桩基础抗震能力依然存在不足,可能发生屈服或者脆性破坏,个别桥墩抗剪能力不能满足弹性需求,需要作进一步的加固处理。此外,支座的位移较大,超过了支座的位移能力。

3.2.2 增补桩基法

若采用增补桩基法进行加固,由于桥梁在横桥向抗震能力不足的情况相比纵桥向显得更为突出,所以应该在横桥向扩大承台并加桩。原有桩纵筋配筋率较低,为了尽量控制新加桩数,需要适当提高新加桩的配筋。经试算,当在承台左右两侧各增加 3 根桩(纵筋配筋率提高至 1.9%,计算方向螺旋箍筋面积为 1.9cm^2)时,桩基础的抗弯和抗剪能力基本能满足弹性需求。具体加桩的布置示意图如图 4 所示(阴影部分表示新扩充的承台)。

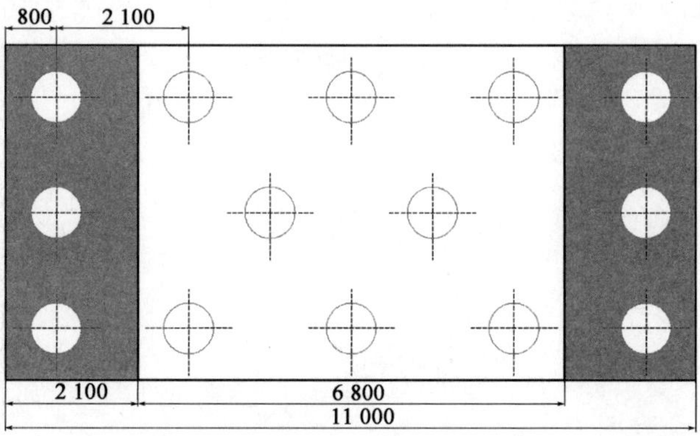

图 4 加桩示意图(尺寸单位:cm)

检算结果表明,增补桩基后,新桩对原有桩基起到了很好的加固补充作用,使桩基础的抗弯和抗剪能力均满足了 E2 下的地震需求。而对于桥墩,墩底塑性铰区在顺桥向和横桥向都发生了屈服,需要按照新规范的有关规定检算墩底塑性铰区的转角或墩顶位移[2],经检算,塑性铰区的塑性变形能力满足规范要求;另外,桥墩在横桥向可能发生剪切破坏,还需通过钢套管法或外包纤维布等方法进行抗剪加固设计[5]。

4 结语

现役的城市高架桥建造时大多依据 1989 规范进行抗震设计,其设防目标已不能满足新的城市桥梁抗震规范的要求,需要采取必要的措施进行抗震加固。

减隔震加固方法虽然能从根本上减小桥梁的地震需求,而且在更换减隔震支座的同时也实现了对现有支座的加固,但对于采用大挑臂框架墩的桥面连续简支梁桥,墩和桩基础的横向地震响应较大,且在纵桥向没有足够的空间采取减隔震措施,采用减隔震法的加固效果不理想。对于此类桥梁,建议采用增补桩基法和钢套管法等措施直接对基础和桥墩进行加固。另外,也可同时采用减隔震法和增补桩基法进行加固,因为这样可以充分利用两种方法的优点,即达到了满意的加固效果,又能尽量减少加固费用。

本文对高架桥的抗震加固设计主要是依靠经验和反复试算的方法来进行,为提高工作效率和便于工程应用,需要提出一套合理的桥梁抗震加固设计流程和计算方法。

参考文献

[1] 中华人民共和国交通运输部. JTJ 004—89 公路工程抗震设计规范[S]. 北京:人民交通出版社,1990.

[2] 中华人民共和国住房和城乡建设部. CJJ 166—2011 城市桥梁抗震设计规范[S]. 北京：中国建筑工业出版社,2011.

[3] 王志强,殷雨财,等. 既有桥梁体系抗震加固方法探讨[J]. 福州大学学报(自然科学版),2013.8.

[4] 中华人民共和国交通运输部. JTG/T J22—2008 公路桥梁加固设计规范[S]. 北京：人民交通出版社,2008.

[5] M. J. N. 普瑞斯特雷,F. 塞勃勒,G. M. 卡尔维. 桥梁抗震设计与加固[M]. 袁万城,等译. 北京：人民交通出版社,1997.

135. 跨断层简支梁桥的抗震措施研究

刘雪松
（同济大学）

摘　要：本文以 6 跨总长 350m 的跨断层简支梁桥为背景，对跨断层桥梁地震反应和抗断层措施进行了研究。结果表明，在断层跨梁体的水平转动受到支座约束时，其响应要比缓冲跨大很多，这主要是拟静力效应引起的。释放主梁的水平转动约束能够消除拟静力响应，使断层跨的响应接近于缓冲跨，采用铅芯橡胶支座还可以进一步减小动力响应，本文认为这是简支梁桥在发生横桥向地面相对错动位移时的一种可行的抗震对策。

关键词：简支梁桥　跨断层　抗震措施

1　引言

一般情况下，在建设桥梁工程时，应避免跨越断层，但有时由于种种原因，一些桥梁不得不跨越断层。对于跨越断层桥梁，工程上一般采用结构简单、易修复的简支梁桥跨越断层，并加强应用各种防落梁措施（如梁体位移约束装置、连梁装置等），最大限度减小落梁、桥梁倒塌的风险，在此基础上做好震后抢通和修复预案。

美国学者对跨断层桥梁的分析方法和响应特性进行了一些研究。Goel[1] 对几座 CALTRANS常规跨断层桥梁进行了线性和非线性地震反应分析，采用比例地震动[1] 作为输入，研究了跨断层连续梁桥的响应规律，并提出 FR-RSA 简化分析方法，将结构响应分解为拟静力和动力分量，利用多点激励的反应谱方法求解动力响应。Rodriguez 和 Tures 利用此方法分析了三跨曲线梁桥，并和商用程序的结果进行了对比。Ucak[2] 对 Bolu 高架桥进行了非线性时程分析，采用由高频和低频分量合成的宽带地震动作为输入，考察了利用摩擦摆支座隔震的连续梁桥的跨断层响应特性，认为跨断层效应会产生更大的静力和动力位移需求。

跨断层地震动的研究是跨断层桥梁的抗震性能研究的基础。Somerville[3] 通过对实测数据的统计回归，给出了断层破裂的永久位移及其上升时间（rise-time）对矩震级的函数关系。Mavroeidis[4] 研究了近断层地震脉冲时程的解析表达式，提出了一种各输入参数具有明确物理意义的解析脉冲波形式。Dreger[5,6] 等人利用地震波传播程序对近断层地震动进行了模拟，比较全面地研究了近断层地震动的空间分布和时程特性。Shantz 通过在远场地震记录中添加加速度脉冲修正来考虑永久位移,加速度脉冲形式为单周期正弦波。

本文的研究背景为某 6 跨简支梁桥,跨径布置为(58+58+60+58+58+58)m,其中 60m 为跨断层跨,其余均为缓冲跨(图 1a)。垂直走滑断层位于 3、4 号墩之间,走向与桥轴线垂直。桥梁上部结构采用分幅布置的简支钢箱梁,箱梁顶宽 15.75m,高 3m,两幅间净距 50cm,在梁端设置横向联系。桥墩是由两个空心墩组成的框架墩(图 1b),断层跨和缓冲跨的桥墩截面外形尺寸分别是 5.5×4m 和 5.5×3m。

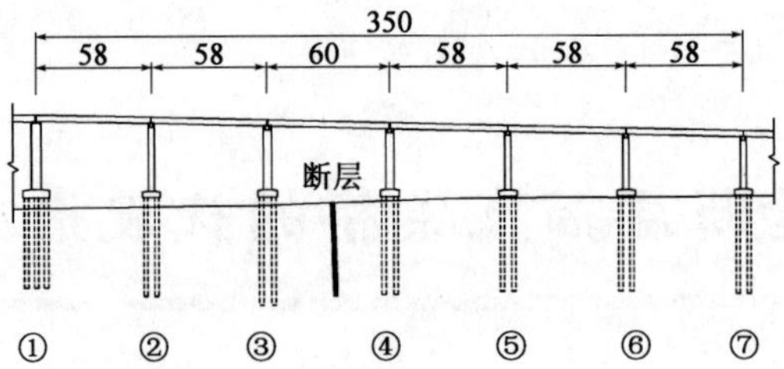

a)桥跨布置图(尺寸单位:m)

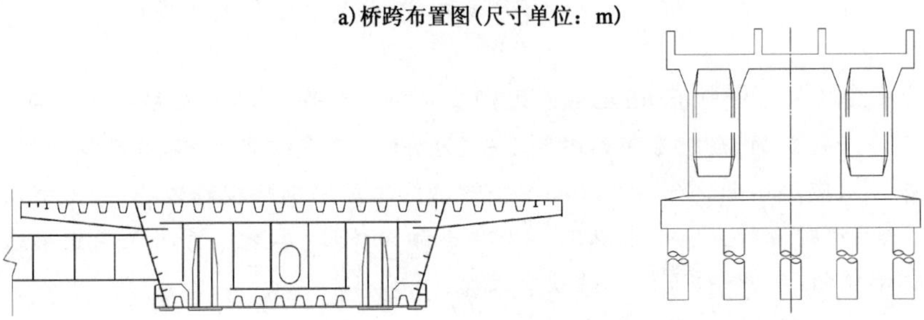

b)梁体和桥墩

图 1　某跨断层简支梁桥

为了研究采用不同抗震措施时,简支梁桥在横桥向跨断层地震动作用下的响应,本文分析了四个不同的工况。根据选用的支座类型(板式橡胶支座与铅芯橡胶支座)以及断层跨支座处竖向转动的约束形式(固结与释放),组合成四个工况(表 1)。

四 个 分 析 工 况　　表 1

约束形式 / 支座类型	竖向转动固结	竖向转动释放
板式橡胶支座	①	③
铅芯橡胶支座	②	④

2　跨断层地震动

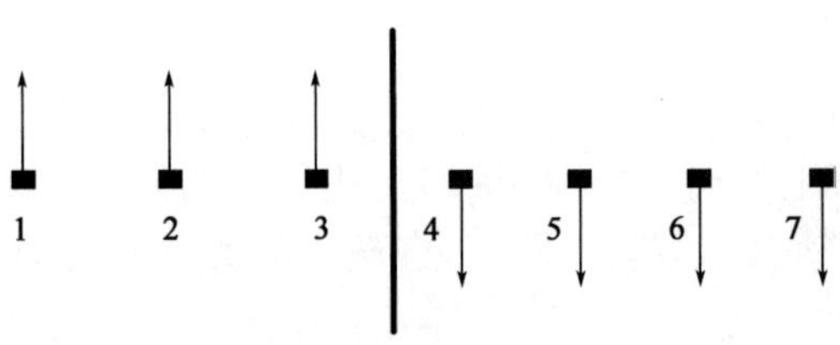

图 2　跨断层横桥向地震动输入示意图

参照文献[1],认为对于垂直走滑断层,在平行断层方向的地震动时程具有比例特性,即假定断层左右两侧的地震动位移大小相等,方向相反(图 2)。选取两条已有的地震记录作为输入,要求含有永久位移并且是平行断层走向的地震动分量,所选记录的具体信息列于表 2,

对应的位移时程和反应谱分别见图 3a）和图 3b）。

选用的地震记录 表 2

记　录	地震事件	观测站	矩震级	断层距（km）	永久位移（m）
PS10	Denali，2002	Pump Station 10	7.9	3	1.44
LUC	Landers，1992	Lucerne	7.3	2.2	1.82

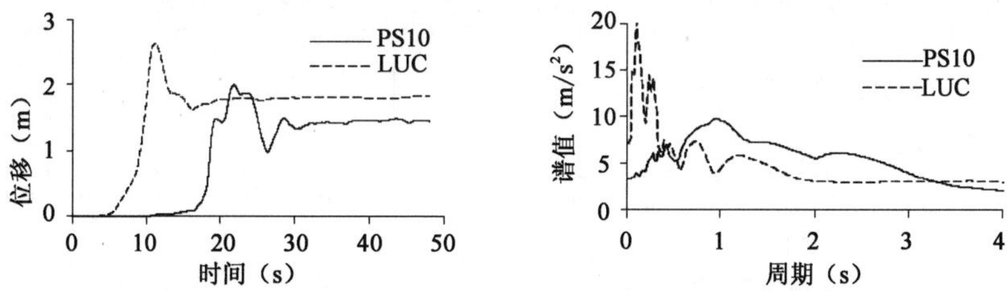

a）位移时程　　b）加速度反应谱（5%阻尼比）

图 3　选用的地震记录

3　计算模型

采用 SAP2000 程序建立简支梁桥的杆系模型，总体坐标系定位——顺桥向为 X 轴，横桥向 Y 轴，竖向 Z 轴。钢箱梁和混凝土桥墩选用弹性梁单元，桥墩刚度考虑开裂后的折减，承台简化为刚体，桩基采用耦合 6 弹簧模拟，缓冲跨的支座约束情况如表 3，断层跨的支座约束在表 3 的基础上随工况改变。板式橡胶支座采用线性恢复力模型，铅芯橡胶支座采用双线性恢复力模型（图 4），两种支座的参数取值见表 4。取支座的初始刚度对结构进行模态分析表明，该桥横向前两阶周期为 1.03s 和 0.98s，质量参与系数之和为 42%。

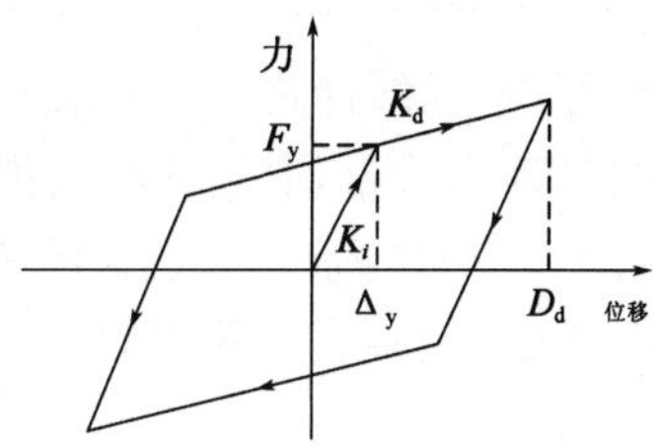

图 4　铅芯橡胶支座的恢复力模型 F_y、Δ_y 分别是铅芯橡胶支座的屈服力和屈服位移；K_i、K_d 分别是铅芯橡胶支座的初始和屈后刚度；D_d-铅芯橡胶支座的设计位移。

缓冲跨支座约束条件 表 3

自由度方向	UX	UY	UZ	RX	RY	RZ
约束	s	s	1	1	0	1

注：0 表示自由，1 表示固结，s 表示弹簧，U 和 R 分别表示平移和转动。

支　座　参　数 表 4

支座类型	初始刚度（kNm^{-1}）	屈服位移（cm）	屈后刚度（kNm^{-1}）
板式橡胶支座	26 400	—	—
铅芯橡胶支座	26 400	2.5	4 000

4　跨断层结构响应特性

运用位移输入法[7]来考虑跨越断层引起的非一致激励效应，通过非线性时程分析得到结构的动力响应。非线性时程计算选用模态叠加方法[7]，模态由 Ritz 向量法得到，并在其中添加断层错动引起的位移模式以加快收敛，模态阻尼比取 0.05。通过分析得到在两条地震波位移输入下四个工况的响应，图 5 给出了部分响应量的时程曲线。

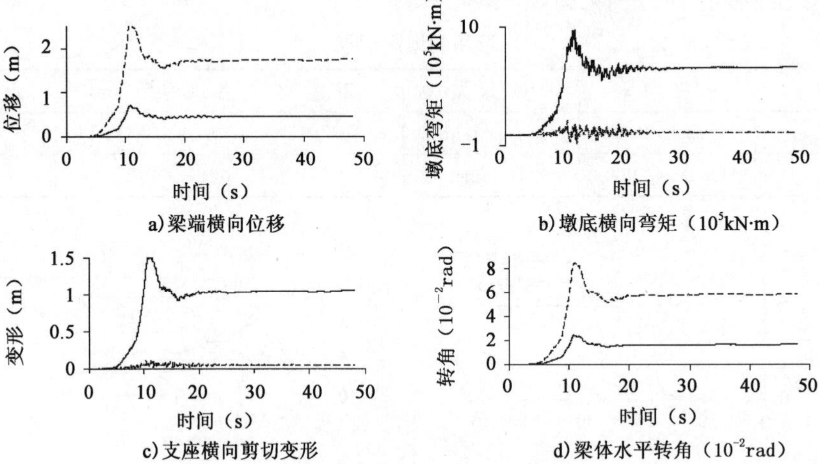

图5　断层跨3号墩一侧的响应量时程

注：LUC波输入，实线和虚线分别对应工况①和工况②。

简支梁桥两跨梁体之间的横向联系是很小的，在横向地震输入下，跨断层的效应主要集中在断层跨，而缓冲跨所受影响较小。按照多点激励的相对运动理论，断层跨的响应包含拟静力分量和动力分量，而缓冲跨的拟静力分量可以忽略，近似只含有动力分量。从工况①的内力结果(图6a)可以看出，断层跨的响应远大于缓冲跨，因此推断拟静力分量起了主导作用，位移较大的LUC波在断层跨引起了更大的响应，也是这个原因。

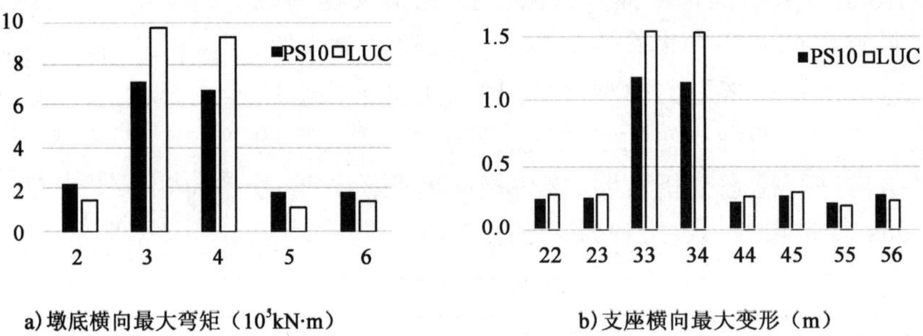

图6　工况①的地震响应

注：横坐标两位数字ab，表示第a跨的b号墩。

在断层跨支座处竖向转动固结(指工况①)的情况下，墩底弯矩和支座变形(图6a、6b)都很大，桥墩破坏和支座破坏并落梁的风险同时存在。设置足够强度的横向挡块可以防止落梁，但是墩底弯矩显然会更大；采用铅芯隔震支座可以控制墩底弯矩，但是支座变形会进一步增加(图7b工况②和④)。另一方面，若释放断层跨支座的竖向转动约束，使梁体可以在水平面内自由转动，则在断层错动的位移模式下简支梁桥成为静定结构，拟静力响应将会为0。

图7a)给出了PS10波输入下四种工况的墩底内力，可以看出，采用铅芯橡胶支座或释放竖向转动约束，都能使断层跨墩底内力减小到与缓冲跨相近的水平，并且这两种措施可以叠加使用。图7b给出了PS10波输入下四种工况的支座变形，结果显示，相对于板式支座，采用铅芯支座总是产生更大的变形，但是释放竖向转动约束后，铅芯支座的最大变形控制在了合理范围内(约0.3m，出现在缓冲跨)。值得注意的是，释放竖向转动约束后，断层跨的墩底内力和支座变形反而要明显小于缓冲跨(图7a工况③、图7b工况③和④)，这是由于梁体在绕中点转动

时提供的惯性力较平动而言要小(理论上仅有平动的 1/3),梁中点甚至不提供惯性力。

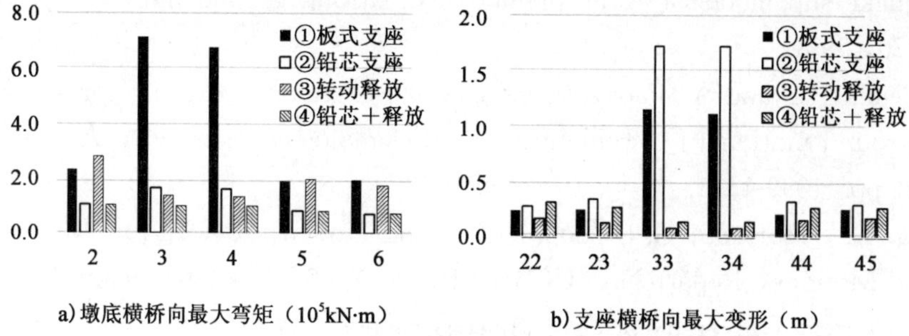

图 7 四种工况的地震响应比较

注:PS10 波输入,横坐标两位数字 ab,表示第 a 跨的 b 号墩。

释放支座的竖向转动约束后,横向地震作用下断层跨梁体的水平转动比较显著(图 5d),需要更大的墩顶支承长度来防止梁体转动后发生纵向落梁。墩顶最小支承长度取决于地震作用下的最大伸缩缝宽度[8](不发生碰撞),在横向地震作用下,当梁体发生最大转动时达到。按照图 8 所示,需要的伸缩缝宽度至少为$(L\cos\theta+B\sin\theta-L)/2$,可以在最小支承长度中增加这一项,以考虑跨断层引起的转动效应,在 LUC 波作用下为 0.6m。

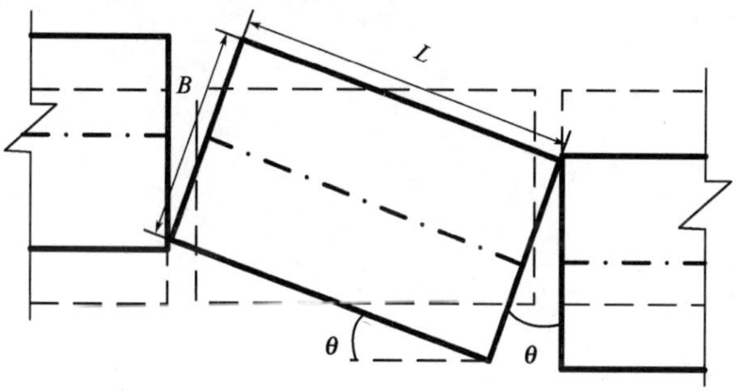

图 8 断层跨梁体转动示意图

5 结语

简支梁桥在跨断层地震动作用下,由于显著的拟静力效应,在断层跨会产生很大的墩底内力和支座变形需求。采用铅芯橡胶支座可以限制墩底内力需求,但是支座横向变形会更大。采取构造措施释放断层跨支座对主梁的竖向转动约束,可以消除拟静力响应,能够同时减小墩底内力和支座变形的需求,但也需要设置更大的墩顶支承长度以防止梁体转动后掉落。本文的结论仅适用于地面相对位移发生在横桥向的情况,对于纵桥向的情况应采取不同的措施。

参 考 文 献

[1] Goel, R. and Chopra, A. (2009). Linear Analysis of Ordinary Bridges Crossing Fault-Rupture Zones[J]. J. Bridge Eng., 14(3), 203-215.

[2] Ucak, A., Mavroeidis, G., and Tsopelas, P. (2013). The Response of the Seismically Isolated Bolu Viaduct Subjected to Fault Crossing[J]. Structures Congress 2013: pp. 817-826.

[3] Somerville, P. , K. Irikura, R. and Graves, S. et al. (1999). Characterizing crustal earthquake slip models for the prediction of strong ground motion[J]. Seism. Res. Lett. 70, 59-80.

[4] Mavroeidis, G. and A. Papageourgiou. (2003). Amathematical representation of near fault ground motions[J]. Bulletin of the Seismological Society of America, Vol. 93, No. 3, pp. 1099-1131.

[5] Dreger, D. , Hurtado, G. , Chopra, A. , and Larsen, S. (2007). Near-Fault Seismic Ground Motions, Report No. UCB/EERC-2007/03[R]. Earthquake Engineering Research Center, University of California, Berkeley, CA.

[6] Dreger, D. , Hurtado, G. , Chopra, A. , and Larsen, S. (2011). Near-field across-fault seismic ground motions[J]. Bulletin of the Seismological Society of America, Vol. 101, No. 1, pp. 202-221.

[7] Wilson, E. L. (2004). Static and Dynamic Analysis of Structures[J]. Computer and Structures, Inc, Berkley, California.

[8] Dicleli, M. (1996). Seismic performance of multi-span simply supported highway bridges having steel columns[C]. 11th World conference on earthquake engineering.

136. 多球面滑动摩擦隔震支座力学性能研究

韩　强　林亮亮　温佳年　许紫刚　贾俊峰
(北京工业大学城市与工程安全减灾教育部重点实验室)

摘　要:本文研究了多球面滑动摩擦隔震支座,阐明了这种隔震支座的构造特点、工作机理和滑动机制,建立了其力—位移关系非线性恢复力模型,进而给出了各滑动面摩擦系数相等时支座的力—位移简化公式,并对该支座的力学性能进行了试验研究,对其各摩擦面的滑动顺序机制和非线性恢复力模型进行了试验确认。采用 ABAQUS 软件对多球面滑动摩擦隔震支座进行了三维实体单元建模,数值模拟了低周反复荷载作用下多球面滑动摩擦支座在摩擦系数相同情况下的滞回特性。研究结果表明:理论分析与试验结果及数值模拟结果吻合较好,多球面滑动摩擦隔震支座的滞回曲线饱满,体现了良好的耗能能力;多球面滑动摩擦隔震支座具有良好的耗能能力和足够的水平位移,而且在不同强度的外部激励下表现出刚度和阻尼的自适应性能,适合多水准地震下基于性能的隔震桥梁抗震设计。

关键词:摩擦隔震支座　试验研究　恢复力模型　数值模拟　摩擦系数

1　引言

桥梁减隔震设计的关键在于开发出性能稳定、减隔震效果良好的减隔震支座,并确定其力学性能和计算模型,进而应用到桥梁工程抗震实践当中。滑动摩擦类隔震支座受地面运动频率特性的影响很小,不会发生共振现象,而且具有承载力大、耐久性好,自恢复能力佳的优点,因而受到研究人员和桥梁工程师的广泛关注。滑动摩擦隔震支座可分三种,一是摩擦摆支座,Zayas 等[1],Mokha 等[2-3],Tsopelas 等[4-5]对此类支座的力学性能,恢复力模型及应用此类支座的隔震桥梁进行了地震反应分析;二是双凹面摩擦摆隔震支座,Tsai 等[6-7],Constantinou 等[8-9]对这种支座力学性能进行了试验研究,并给出了分析模型,Kim 等[10]并对应用此类支座的隔震桥梁进行了地震反应分析;三是多重摩擦摆支座,Fenz 等[11-13]和 Fadi 等[14]对该支座的力学性能和恢复力模型进行了研究;邓雪松等[15]数值模拟了变曲率摩擦摆隔震支座在低周反复荷载作用下的滞回特性与回复特性。

多球面滑动摩擦隔震支座力学性能方面的研究对其应用和发展起着举足轻重的作用,因此对多球面滑动摩擦隔震支座开展力学性能方面的试验研究与数值模拟具有重要意义。本文基于多重摩擦隔震原理[11-15],研究了具有刚度和阻尼自适性的多球面滑动摩擦隔震支座,阐明了这种支座的构造特点、工作机理和滑动机制，建立了其力—位移关系非线性恢复力模型，进而给出了各滑动面摩擦系数相等时支座的力—位移关系式。并对该支座的力学性能进行了试验研究与数值模拟，进而与理论分析对比研究了多球面滑动摩擦隔震支座在低周反复荷载作用下的滞回性能。多球面滑动摩擦隔震支座承载能力大而且具有良好的耐久性能，可望解决高烈度区桥梁隔震支座大吨位、大位移和耐久性需求，而且适用于多水准地震动下基于性能的隔震桥梁抗震设计。

2 隔震支座构造与工作机理

本文研究的多球面滑动摩擦隔震支座如图 1a)所示，主要由上下两支座板和嵌套滑子组成。其中上下支座板均有一个具有相同曲率半径($R_1=R_4$)的球形凹面，分别定义为 1 面和 4 面。而嵌套滑子由上下滑动板与一个圆柱形滑子组成，上下滑动板也均有一个具有相同曲率半径($R_2=R_3$)的球形凹面，分别定义为 2 面和 3 面。这四个球形滑动面的摩擦系数分别定义为 μ_i，在一般情况下，摩擦系数关系为 $\mu_4 \geqslant \mu_1 \geqslant \mu_2=\mu_3$，在上下滑动板的外凸面和滑子的两个凸面上均嵌有能够控制摩擦系数的聚四氟乙烯材料。上下支座板和上下滑动板上设有圆形挡环，起到控制支座最大位移的作用，当滑动板或滑子碰到挡环时，挡环阻止其滑动，此时它的相对位移 d_i 达到最大位移 D_i，因此，支座总的位移为 $D_1+D_2+D_3+D_4$。h_i 为 i 面到滑子中心的距离，考虑到 h_i 对于滑动的影响，i 面的有效曲率半径为 $R_{ei}=R_i-h_i$。

支座的工作机理由几个不同的滑动状态组成，每个滑动状态对应着不同的滑动面组合。这种特性是由各球形滑动面的摩擦系数和有效曲率半径共同决定的，这也是支座具有刚度和阻尼自适应性的原因。首先，当 i 面受到的水平力超过最大静摩擦力时，该面就会开始滑动。其次是刚度变化，在摩擦摆(FPS)支座[1-4]中，刚度与有效曲率半径的倒数成正比，即 $K=P/R_e$，而在多球面滑动摩擦支座中，刚度则与组合滑动面 i 和 j 的有效曲率半径和的倒数和成正比，即 $K=P/(R_{ei}+R_{ej})$。所以，多球面滑动摩擦隔震支座的力—位移关系在不同滑动机制下是不同的。

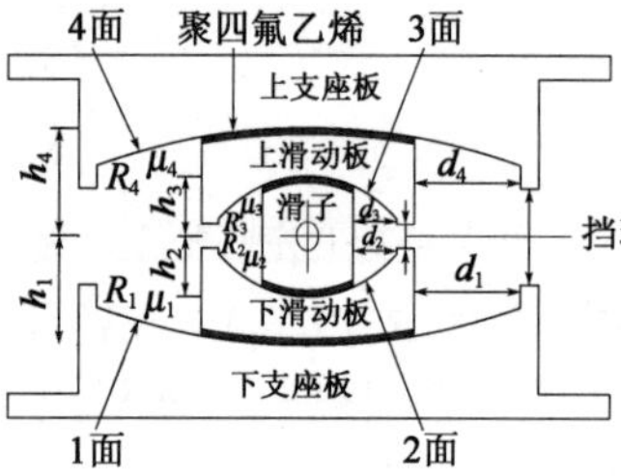

a)支座剖面图

b)支座照片

图 1 多球面滑动摩擦隔震支座

3 隔震支座力—位移关系

3.1 各滑动面摩擦系数不相等时力—位移关系

支座的滑动状态和力—位移的关系可以根据力的动态平衡关系和各个滑动面的几何关系来确定[11-15]。图 2 表示的是支座滑动状态分析图。

滑动状态 I：当 $F=f_2=f_3$，2 面和 3 面开始滑动，1 面和 4 面保持静止。此时的滑动是 2 面和 3 面的组合，以下滑动板为对象，竖向和水平力的平衡方程分别为：

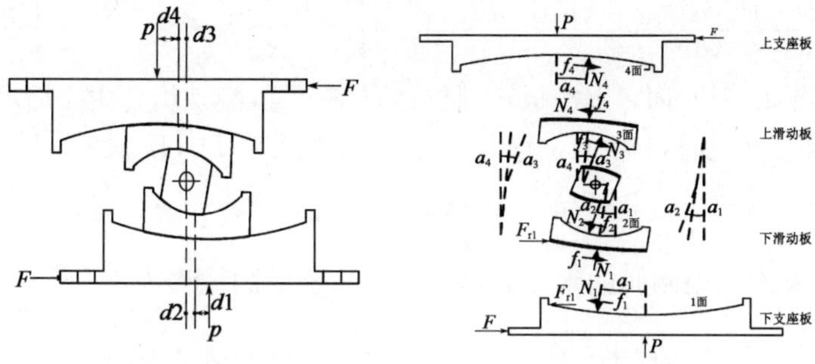

a)支座位移和受力图　　b)各滑动面位移和受力

图 2　隔震支座滑动状态分析示意图

$$\begin{cases} N_1 + f_2\sin\alpha_2 - N_2\cos\alpha_2 = 0 \\ f_2\cos\alpha_2 + N_2\sin\alpha_2 - f_1 = 0 \end{cases} \xrightarrow{\alpha\text{很小}} \begin{cases} F = f_1 \\ P = N_1 \end{cases} \tag{1}$$

式中：N_i——垂直于 i 面方向的分力；

α_i——i 面的相对转角。

对于上下滑动板、滑子，水平力平衡方程为

$$\begin{cases} F = (P/R_{e2})d_2 + f_2 \\ F = (P/R_{e3})d_3 + f_3 \end{cases} \rightarrow \begin{cases} d_2 = (F - f_2)R_{e2}/P \\ d_3 = (F - f_3)R_{e3}/P \end{cases} \tag{2}$$

由此时支座的总位移 $d=d_2+d_3$，可得：

$$F = \frac{P}{R_{e2}+R_{e3}}d + \frac{f_2R_{e2}+f_3R_{e3}}{R_{e2}+R_{e3}} \tag{3}$$

滑动状态 II：当水平力 $F=f_1$ 时，滑动组合由 2 面和 3 面的组合变成了 1 面和 3 面的组合，此时支座的位移：

$$d_{12} = (\mu_1 - \mu_2)R_{e2} + (\mu_1 - \mu_3)R_{e3} \tag{4}$$

式中：d_{ii+1}——滑动状态 $i(i=1,2,3,4)$转换 $i+1$ 时的位移。

与滑动状态 I 相似，由 1 面和 2 面的几何关系以及下支座板和下滑动板力的平衡可得：

$$\begin{cases} F = (P/R_{e1})d_1 + f_1 \\ F = P[(d_1/R_{e1}) + (d_2/R_{e2})] + f_2 \end{cases} \rightarrow \begin{cases} d_1 = (F - f_1)R_{e1}/P \\ d_2 = (\mu_1 - \mu_2)R_{e2} \end{cases} \tag{5}$$

此时支座总位移 $d=d_1+d_2+d_3$，可得：

$$F = \frac{P}{R_{e1}+R_{e3}}d + \frac{f_1(R_{e1}-R_{e2})+f_2R_{e2}+f_3R_{e3}}{R_{e1}+R_{e3}} \tag{6}$$

滑动状态 III：当 $F=f_4$ 时，滑动组合由 1 面和 3 面的组合变成了 1 面和 4 面的组合。$F=f_4$，代入公式(6)：

$$d_{23} = d_{12} + (\mu_4 - \mu_1)(R_{e1} + R_{e3}) \tag{7}$$

与上面的分析类似，可以得到

$$\begin{cases} F = (P/R_{e4})d_4 + f_4 \\ F = P[(d_3/R_{e3}) + (d_4/R_{e4})] + f_3 \end{cases} \rightarrow \begin{cases} d_4 = (F - f_4)\dfrac{R_{e4}}{P} \\ d_3 = (\mu_4 - \mu_3)R_{e3} \end{cases} \tag{8}$$

此时支座位移 $d=d_1+d_2+d_3+d_4$，可得支座力—位移关系：

$$F=\frac{P}{R_{e1}+R_{e4}}d+\frac{f_1(R_{e1}-R_{e2})+f_2R_{e2}+f_3R_{e3}+f_4(R_{e4}-R_{e3})}{R_{e1}+R_{e4}} \tag{9}$$

滑动状态Ⅳ：当 $d_1=D_1$ 时，下滑板碰到位移限制装置，滑动组合由1面和4面的组合变成了2面和4面的组合，此时，1面的位移由 d_1 达到其最大值 D_1，1面的水平力为：

$$F_{si}=\left(\frac{P}{R_{e1}}\right)D_1+f_1 \tag{10}$$

式中：F_{si}——i 面受到滑动限制时的水平力，当 $F=F_{si}$，支座的位移为：

$$d_{34}=d_{23}+D_1\left(1+\frac{R_{e4}}{R_{e1}}\right)-(\mu_4-\mu_1)(R_{e1}+R_{e4}) \tag{11}$$

与上面相似，分析下支座板和下滑动板，根据力的平衡关系，可以得到支座力—位移关系：

$$F=\frac{P}{R_{e2}+R_{e4}}(d-d_{34})+\frac{P}{R_{e1}}D_1+f_1 \tag{12}$$

滑动状态Ⅴ：当 $d_4=D_4$ 时，上滑板碰到位移限制挡环，滑动组合由2、4面的组合重新变回2面和3面的组合。与前面滑动状态类似，可以得到

$$d_{45}=d_{34}+\left[\left(\frac{D_4}{R_{e4}}+\mu_4\right)-\left(\frac{D_1}{R_{e1}}+\mu_1\right)\right](R_{e2}+R_{e3}) \tag{13}$$

$$F=\frac{P}{R_{e2}+R_{e3}}(d-d_{45})+\frac{P}{R_{e4}}D_4+f_4 \tag{14}$$

根据以上对多球面滑动摩擦隔震支座各球形滑动面的运动全过程分析，当各滑动面摩擦系数不相等时，得到支座水平力和总位移关系如图3a)所示。

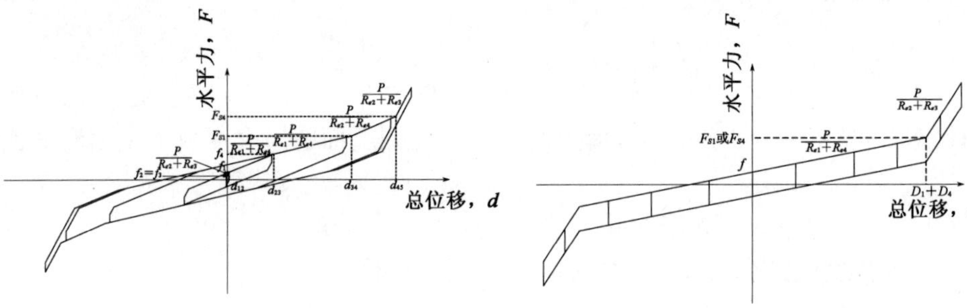

a)摩擦系数不相等时

b)摩擦系数不相等时

图3 隔震支座力—位移关系曲线

3.2 各滑动面摩擦系数相同时力—位移关系

如果各滑动摩擦面的摩擦系数都相等，滑动将会从4个面同时开始，但是，因为曲率半径相差很大导致刚度相差也很大，所以2和3面的滑动要远远小于1和4面的滑动，可以忽略不计。1和4面的滑动是主要因素，支座表现出的刚度也与1和4面滑动组合的刚度十分接近，可以认为支座此时的刚度就是1和4面组合的刚度，直到1和4面的滑动被位移限制装置阻止而停止，此时2和3面的滑动才随着水平力的增大而成为主要因素。

根据上述的分析和力—位移关系，可以得到 $\mu_1=\mu_2=\mu_3=\mu_4$ 时支座的力—位移的关系：

当 $d\leqslant D_1+D_4$ 时：

$$F=\frac{P}{R_{e1}+R_{e4}}d+f \tag{15}$$

当 $D_1+D_4<d\leqslant D_1+d_2+d_3+D_4$ 时：

$$F=\frac{P}{R_{e2}+R_{e3}}d-\frac{P(D_1+D_4)(R_{e1}+R_{e4}-R_{e2}-R_{e3})}{(R_{e1}+R_{e4})(R_{e2}+R_{e3})}+f \tag{16}$$

即各滑动面摩擦系数相等时，得到支座水平力和总位移关系如图 3b)所示。

4 隔震支座的试验研究与数值模拟

4.1 试验方案

本试验是在北京工业大学城市与工程减灾教育部重点实验室进行的。试验支座的几何尺寸如图 4a)所示，结合具体工程的实际情况，本试验支座各滑动面的摩擦系数均为 0.04，在支座的压剪试验过程中，支座的竖向压力恒定为 100kN，加载速度为 1mm/s。

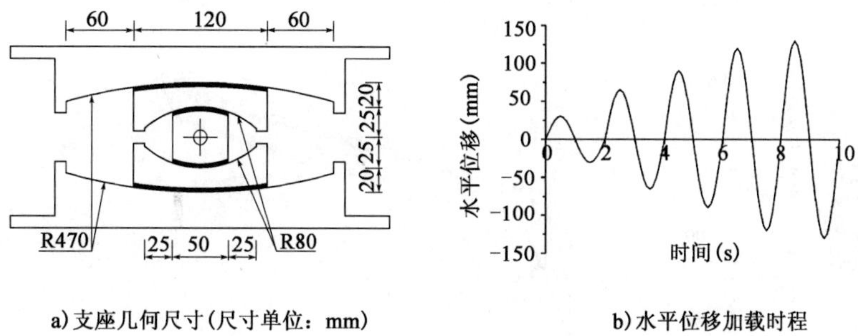

图 4 支座几何尺寸及支座水平位移加载时程

4.2 ABAQUS 模型的建立

为了考察多球面滑动摩擦隔震支座在低周反复荷载下的滞回特性，以及验证理论分析的正确性，对多球面滑动摩擦隔震支座进行数值模拟也是必要的。本文采用有限元软件 ABAQUS 对多球面滑动摩擦隔震支座进行实体单元建模，设计位移为 150mm。详细尺寸与图 4a)所示试验支座尺寸一致。

模型采用八节点六面体线性减缩积分单元(C3D8R)，该单元适合于弹塑性分析和接触分析[16]。钢材和摩擦材料聚四氟乙烯(PTFE)的本构模型均采用各向同性弹性模型，钢材的弹性模量 $E=2.1\times10^5$MPa，泊松比 $\upsilon=0.3$，聚四氟乙烯的弹性模量取 $E=280$MPa，泊松比 $\upsilon=0.42$。

上下支座板与上下滑动板以及上下滑动板与滑子间设有接触对，模型采用六面体结构或扫掠网格划分。假设接触面的摩擦力遵循库伦摩擦，即摩擦系数为一常数，且静摩擦系数等于动摩擦系数。为了和试验进行比较，摩擦系数设置为 $\mu_1=\mu_2=\mu_3=\mu_4=0.04$。整个模拟过程设置 2 个分析步：第一步施加竖向荷载使各接触面发生接触；第二步施加水平位移激励，此时保持竖向荷载。竖向荷载 $P=100$kN；水平向位移激励 $D=A\sin(2\pi ft)$，其中 $A=30$mm，65mm，90mm，120mm，130mm 五个循环，水平位移加载时程见图 4(b)，$f=0.5$Hz。

4.3 结果及分析

试验过程中观察到的隔震支座滑动先后顺序和理论分析结果完全一致，图 5a)表示的隔震支座运动状态的分析示意图和支座试验照片图 5b)及支座数值模拟图 5c)所示的滑动状态相对应。

根据前面的分析可绘制该多球面摩擦隔震支座在各滑动面摩擦系数相等时的理论滞回曲线，图 6 为理论滞回曲线与试验研究得到的滞回曲线以及 ABAQUS 软件数值模拟得到的该支座的滞回曲线。

a) 支座运动状态　　b) 试验照片　　c) 支座三维实体运动状态

图 5　隔震支座运动状态和试验照片及三维实体模型

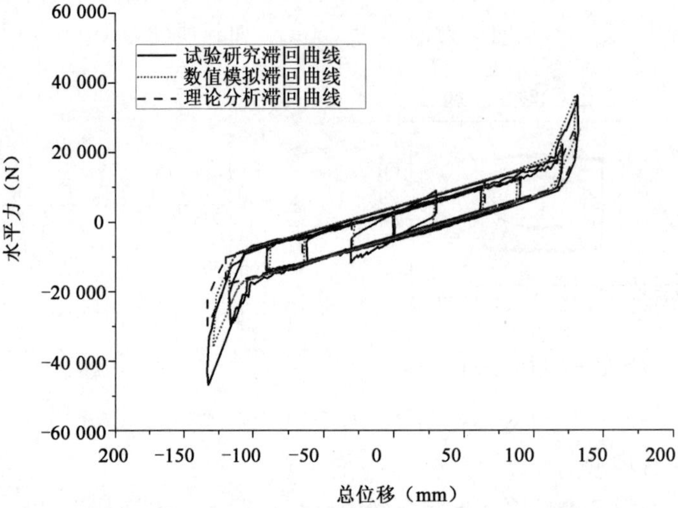

图 6　多球面滑动摩擦隔震支座滞回曲线

从图 5 可以看出试验得到的结果和数值模拟的结果与理论分析结果吻合较好，验证了理论分析的正确性。图中显示理论分析支座的刚度略小，是因为忽略了角度 α 的影响；支座数值模拟结果和理论分析产生的差异，是由于在数值模拟中输出的力—位移的步长稍大引起的，当步长取更小时，二者吻合的更好。而试验结果偏大是由于加载后期位移的增加，加载方向会产生少量的偏移。同时，该支座滞回曲线较为饱满，形状较规则，说明具有良好的耗能能力，并具有足够的水平位移。对于中小程度的外部激励时，主要依靠 1 面和 4 面的滑动发挥减隔震作用，此时刚度较小而有较大的位移空间，就是图 5 中拐点之前的刚度；当外部激励较大时，则 2 面和 3 面开始滑动发挥隔震作用，同时对于较大的外部激励，支座表现出较大的刚度，即图 6 所示拐点之后的刚度。因此支座可以根据外部激励的大小不同而表现出不同的刚度特性，即具有良好的自适应性能。

5　结语

(1)多球面滑动摩擦隔震支座，结构较为简单，竖向承载力大，耐久性好，减隔震机理明确，有望解决工程中大承载力、大位移和自适应性的支座问题，以满足抗震要求高的大跨度桥梁及其他大型建筑物。

(2)理论分析和数值模拟结果与试验结果吻合较好，验证了理论分析的正确性，也表明了使用 ABAQUS 有限元软件对滑动摩擦隔震支座进行数值仿真是可行的。

(3)建立的多球面滑动隔震支座的力—位移滞回关系的非线性恢复力模型，给出了各滑动面摩擦系数相等时支座的力—位移滞回关系简化公式。试验观察到的隔震支座滑动先后顺序和理论分析结果一致，可以采用本文给出的计算模型对应用此类支座的隔震桥梁进行抗震性能评估和地震响应分析。

(4)多球面滑动摩擦隔震支座具有足够的水平位移，而且在不同强度的外部激励下表现出不同的刚度和阻尼特性，即具有良好的刚度和阻尼自适应性能，这种自适应性能适合多水准地震动下基于性能的隔震桥梁抗震设计。

参 考 文 献

[1] ZAYAS V, LOW S and MAHIN S. A Simple Pendulum Technique for Achieving Seismic Isolation [J]. Earthquake Spectra, 1990, 6: 317-334.

[2] CONSTANTINOU M C, MOKHA A S and REINHORN A M. Teflon Bearings in Base Isolation. Ⅱ Modeling [J]. Journal of Structural Engineering, 1990, 116: 455-473.

[3] MOKHA A, CONSTANTINOU M C, REINHORN A M and ZAYAS V. Experimental Study of Friction Pendulum Isolation System [J]. Journal of Structural Engineering, 1991, 117 (4): 1201-1217.

[4] TSOPELAS P, CONSTANTINOU M C, DIM Y S, et al. Experimental Study of FPS System in Bridge Seismic Isolation [J]. Earthquake engineering and Structural Dynamics, 1996. 25: 65-76.

[5] TSOPELAS P, CONSTANTINOU M C, OKAMOTO S, et al. Experimental Study of Bridge Seismic Sliding Isolation Systems [J]. Engineering Structures, 1996, 18(4): 301-310.

[6] TSAI C, CHIANG T and CHEN B. Finite Element Formulations and Theorctical Study for Variable Curvature Friction Pendulum System [J]. Engineering Structure, 2003, 25: 1719-1730.

[7] TSAI C, CHIANG T and CHEN B. Experimental Evaluation of Piecewise Exact Solution for Predicting Seismic Responses of Spherical Sliding Type Isolated Structures [J]. Earthquake Engineering and Structural Dynamics, 2005, 34: 1027-1046.

[8] CONSTANTINOU M C. Friction Pendulum Double Concave Bearing [R]. NEES Report, Available at: http://nees.buffalo.edu/dec304/FP-DC%20Report-DEMO.pdf, 2004.

[9] FENZ D M and CONSTANTINOU M C. Behaviour of the Double Concave Friction Pendulum Bearing [J]. Earthquake Engineering and Structural Dynamics, 2006, 35: 1403-1424.

[10] KIM Y S. and YUN C B. Seismic Response Characteristics of Bridges Using Double Concave Friction Pendulum Bearings with Tri-linear behavior [J]. Engineering Structures, 2007, 29: 3082-3093.

[11] FENZ D M. and CONSTANTINOU M C. Modeling Triple Friction Pendulum Bearings for Response-History Analysis [J]. Earthquake Spectra, 2008, 12(4): 1011-1028.

[12] FENZ D M, and CONSTANTINOU M C. Spherical Sliding Isolation Bearings with Adaptive Behavior: Theory [J]. Earthquake Engineering and Structural Dynamics, 2008, 37: 163-183.

[13] FENZ D M, and CONSTANTINOU M C. Spherical Sliding Isolation Bearings with Adaptive Behavior: Experimental Verification [J]. Earthquake Engineering and Structural Dynamics, 2008, 37:185-205.

[14] FADI F and CONSTANTINOU M C. Evaluation of Simplified Methods of Analysis for Structures with Triple Friction Pendulum Isolators [J]. Earthquake Engineering and Structural Dynamics, 2010, 39:5-22.

[15] 邓雪松,龚健,周云.变曲率摩擦摆隔震支座理论分析与数值模拟[J].土木建筑与环境工程, 2011, 33 (1):50-58.

[16] 石亦平,周玉荣.ABAQUS有限元分析实例详解[M].北京:机械工业出版社,2006.

137. 考虑变摩擦系数的 FPB 隔震桥梁抗震性能研究

李立峰　胡思聪　王辉辉
（湖南大学土木工程学院桥梁工程系）

摘　要：摩擦摆式隔震支座（Friction Pendulum Bearing，简称"FPB"支座）作为一种有效的隔震支座，通过不锈钢板和聚四氟乙烯板（PTFE）之间摩擦耗散能量，摩擦系数对其耗能能力有重要影响。国内外研究表明，摩擦系数与支座滑动速度有密切关系。地震过程中支座滑动速度不断变化，势必导致摩擦系数的变化，采用变摩擦系数无疑更加合理，但由于计算简便，计算时大多仍采用恒定摩擦系数。为对比恒定摩擦系数与变摩擦系数下 FPB 支座减隔震桥梁抗震性能的差异，本文以一座中等跨径连续梁桥为例，分别对低速摩擦系数、高速摩擦系数及变摩擦系数三种情况下结构的地震响应进行分析。分析结果表明：不同的摩擦系数下结构响应存在一定差异，变摩擦系数下结构响应与高速摩擦系数下较为接近，而与低速摩擦系数下响应显著不同；恒定摩擦系数下支座滞回曲线为规则的双折线模型，而变摩擦系数下支座滞回曲线出现弧线段。本文分析结果进一步说明，在实际工程应用中，采用高摩擦系数能满足工程精度要求。

关键词：FPB 支座　隔震桥梁　变摩擦系数　滑动速度

1　概述

FPB 支座由于具有对地震激励频率范围的低敏感性和高稳定性、较强的自限位、复位能力、优良的隔震和消能机制等综合性能，近年来已经越来越多的应用于建筑和桥梁的减隔震设计中[1]。桥梁减隔震设计中的 FPB 支座一般设置在主梁和桥墩之间，通过滑动来增大结构周期，减小结构在地震作用下的响应，并控制上部结构传递至下部结构的惯性力，同时支座通过滑动摩擦耗散地震能量。由于 FPB 支座是依靠支座处界面摩擦力来实现减隔震，因此摩擦力对其抗震性能有较大影响，而影响摩擦力的因素则包括轴力和摩擦系数两个部分。国内学者对轴力下 FPB 支座的抗震性能有较多研究，张彦朴[2]、葛楠[3]、张永亮[4]对考虑动轴力的 FPB 支座隔震桥梁进行分析，认为在动轴力下 FPB 支座滞回曲线将变得不规则，抗震性能也发生变化；王建强[5]、赵伟[6]对不同的摩擦系数下 FPB 支座的抗震性能进行对比，认为摩擦系数对

国家自然科学基金项目（51278183）；湖南省研究生科研创新项目（CX2013B159）。

FPB 抗震性能有较大影响。

以上研究均假定摩擦系数在分析时为恒定值，即不考虑摩擦系数的变化。但研究表明[7,8]，摩擦系数与支座的滑动速度密切相关，这样来说采用变摩擦系数更加合理。但相比恒定摩擦系数来说，变摩擦系数无论是建模还是计算都更为繁琐，因此大多数计算仍采用恒定摩擦系数。然而，如何确定恒定摩擦系数的合理取值仍然有待研究。因此，本文首先对 FPB 支座的力学特性及影响支座摩擦系数的因素进行介绍，随后以一座三跨 FPB 减隔震连续梁桥为例，分别对采用低速摩擦系数、高速摩擦系数及变摩擦系数三种情况下的结构响应进行分析，得到相关结论。

2 FPB 支座力学特性

2.1 FPB 支座构造及原理

图 1 为 FPB 支座的一般构造图。支座由两个曲面组成，其中半径较小的曲面用来调整支座位置，半径较大的曲面则用来耗散能量。耗能滑动面上一般涂有低摩擦材料，通常为聚四氟乙烯，可在滑动过程中耗散能量。

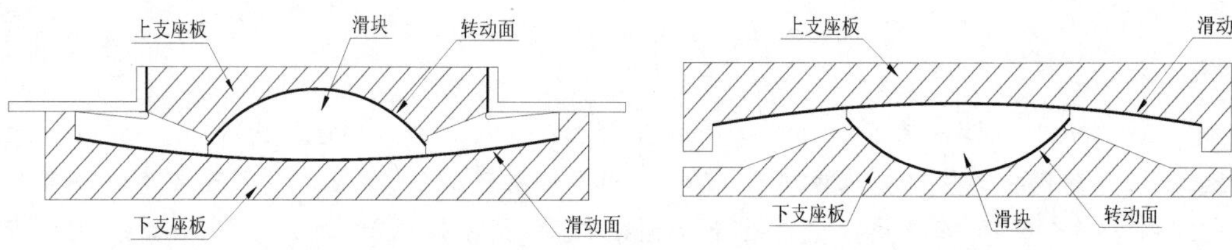

图 1 FPB 支座一般构造图

FPB 支座的工作原理如图 2a) 所示。当滑块受到的地震水平力未超过摩擦力时，滑块不发生滑动，水平力全部由摩擦力提供；当水平力超过摩擦力时，滑块会在圆弧面内滑动，在任意滑动角度 θ 位置，支座的水平恢复力由滑动摩擦力和上部结构沿滑道上升产生的恢复力的合力组成。滑动摩擦力 $f=\mu N\mathrm{sgn}(\dot{D})$，其中 $N=W\cos\theta$，为滑块受到的正压力，W 为支座承受的竖向荷载；$D=R\sin\theta$，为支座中滑块的水平位移；sgn 为符号函数。上部结构沿滑道上升产生的恢复力为 $W\sin\theta=WD/R$。FPB 支座在滑动角度 θ 位置的水平恢复力为：

$$F=\frac{WD}{R}+\mu N\mathrm{sgn}(\dot{D})\cos\theta \tag{1}$$

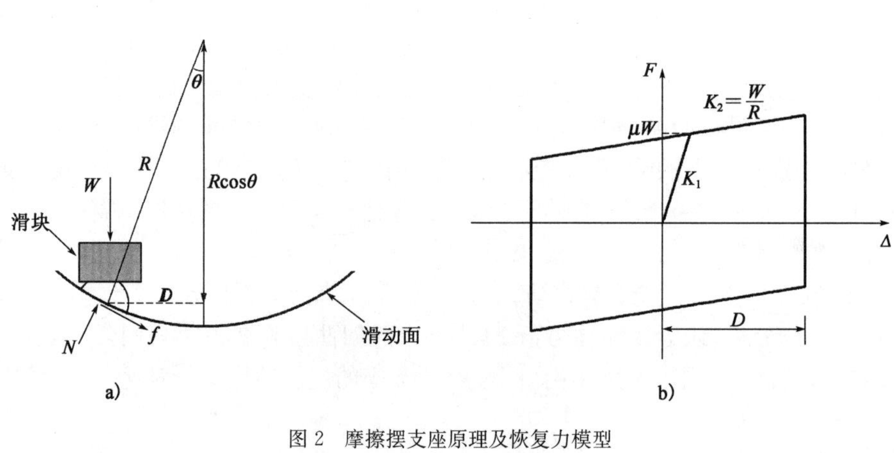

图 2 摩擦摆支座原理及恢复力模型

当滑块滑动角度很小时，上式可简化为：

$$F = \frac{WD}{R} + \mu N \operatorname{sgn}(\dot{D}) \tag{2}$$

支座未发生滑动，上式中第一项很小，可忽略不计，水平恢复力由第二项提供。支座模型可以简化为双折线模型，如图 2b)所示。

2.2 摩擦系数影响因素

PTFE 板和不锈钢板之间摩擦系数变化规律，国内外已有丰富的研究[7-9]。如图 3 所示为摩擦系数与速度的关系。当速度为零时，μ 对应为静摩擦系数；在滑动初始后，滑动摩擦力立即呈现出一个低值 f_{min}，随着速度增加，弹性模量不同的两种材料在正压力作用下发生一定的咬合，如果两接触面发生相对滑动，咬合处产生剪应力。摩擦力是由较软材料塑性变形时的能量耗散产生的。随着滑动速度增大，能量耗散越多，产生的摩擦力就越大，因此摩擦系数不断增加；当速度很高时，滑动摩擦力达到一个稳定值 f_{max}。由于从静摩擦到 f_{min} 的过程发生在很低的速度下且过程非常短暂，因此在分析过程中通常忽略其影响，而采用一个指数函数来描述两者关系，计算方法如下式：

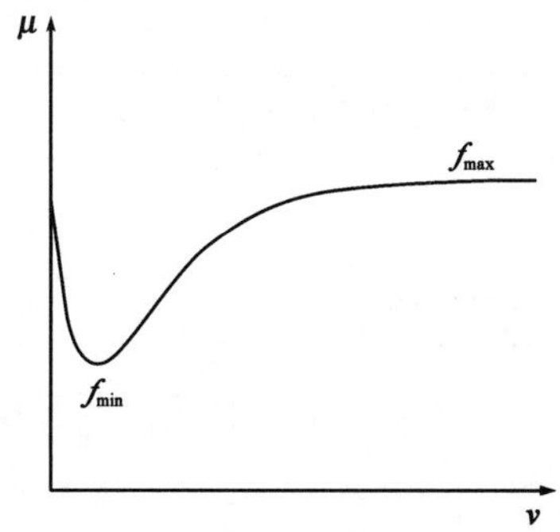

图 3　摩擦系数与速度关系

$$\mu = f_{max} - (f_{max} - f_{min}) e^{(-a|v|)} \tag{3}$$

式中：f_{max}——支座高速滑动时对应的摩擦系数；

f_{min}——支座在低速滑动时对应的摩擦系数，其值可取 1/3～1/2 倍的静摩擦值；

a——与支座材料相关的参数，根据文献[9]建议，取 20～30m/s。

3 算例

3.1 算例简介

算例为一座三跨 FPB 减隔震连续梁桥，桥梁布置如图 4 所示，跨径为 30m＋50m＋30m。主梁为箱型截面、C50 混凝土；桥墩墩高 15m，采用 2m×1.5m 矩形截面、C30 混凝土。每个桥墩位置均布置两个 FPB 支座，支座曲率半径统一取 2.5m，支座滑动周期为 3.14s。桥墩与地面固结处理，不考虑桩土相互作用，桥台处简化为滑动支座。

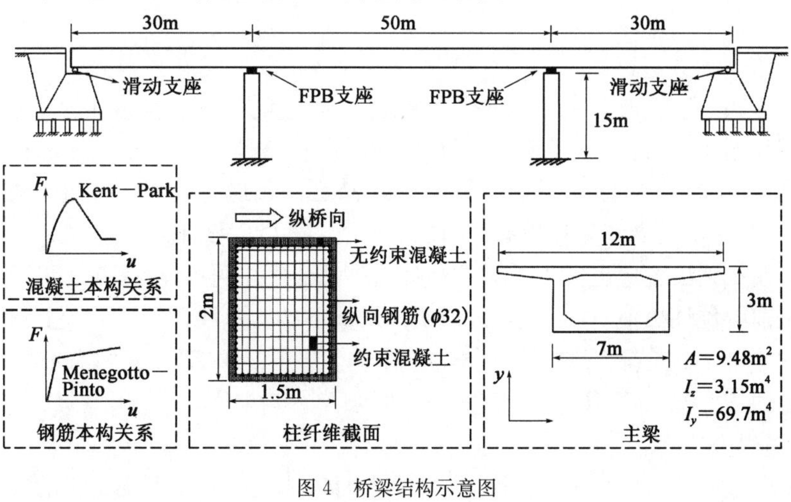

图 4　桥梁结构示意图

3.2 模型及分析工况

实际震害资料表明上部结构自身一般不会进入塑形阶段，故上部结构采用弹性梁单元模拟。桥墩在地震作用下可能进入塑性阶段，因此采用基于柔度法的弹塑性梁单元模拟；截面采用纤维截面，纵筋率为1.18%，配箍率为0.231%；无约束混凝土及约束混凝土均采用基于Kent－Park的单轴混凝土模型模拟；纵向钢筋采用基于Menegotto和Pinto建议的模型。FPB支座计算模型采用上节所介绍的双折线模型。为对比滑动速度对FPB的抗震性能影响，本文分三个工况进行分析计算，各工况相应参数如表1所示。

工况设置 表1

工况		f_{min}	f_{max}	a
LSL	低速滑动摩擦系数	0.04	—	—
LFA	高速滑动摩擦系数	—	0.104	—
LVAR	变摩擦系数	0.04	0.104	20

从美国太平洋地震工程中心(PEER)选取4条地震波进行非线性时程分析，地震波记录如图5所示。

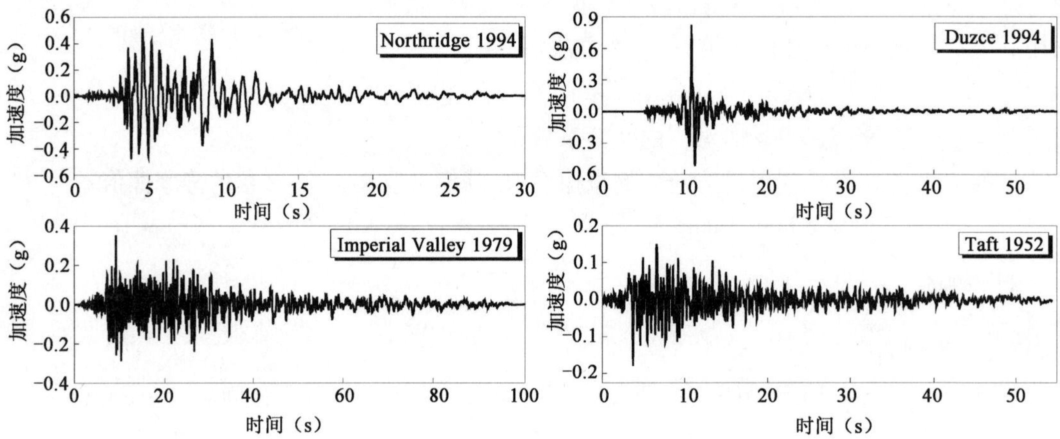

图5 选用地震波记录

4 结果分析

4.1 主梁纵向位移

图6所示为四条地震波下主梁纵向位移响应。从图6中可以看出，在地震开始初期，由于FPB支座未发生滑动，因此三个工况下位移几乎相同；当支座发生滑动以后，三个工况下主梁位移值逐渐呈现差异，其中工况LSL表现最为明显，在四条地震波下的峰值均最大，且正负位移峰值基本相同，这说明支座为耗散能力，在纵向发生较大的来回摆动；而工况LFA下的影响相对不明显。表2列出各地震波下主梁位移峰值。从表2中可看出，工况LSL下的主梁位移峰值较其他工况的位移峰值有明显增大，说明该工况下的支座滞回能力较差，支座需依靠较大的滑动来耗散能量。而工况LFA下的位移峰值略小于工况LVAR的位移峰值，说明该工况下支座滞回能力较工况LVAR略高。

4.2 墩底内力

表3列出各地震波下墩底水平力。从表3中可看出，工况LSL传递至墩底的水平力最

小，这是因为其滑动摩擦系数最小，因此屈服荷载也最小，故传递至墩底的水平力亦最小；而工况 LFA 与工况 LVAR 的结果较为接近。

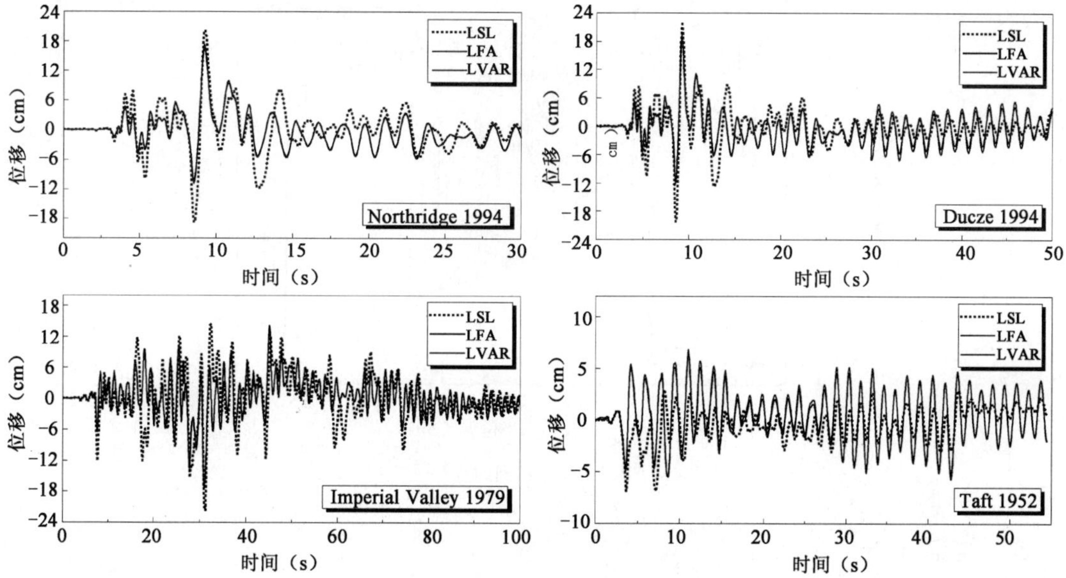

图 6　主梁位移时程图

主梁位移峰值(单位:cm)　　表 2

地震波	LSL	LFA	LVAR
Northridge 1994	20.1	16.69	17.30
Ducze 1994	21.66	18.77	19.47
Imperial Valley 1979	21.77	16.71	17.24
Taft 1952	6.91	6.48	6.84

墩底水平力峰值(单位:kN)　　表 3

地震波	LSL	LFA	LVAR
Northridge 1994	1 460.4	1 804.8	1 820.6
Ducze 1994	1 494.7	2 024.4	1 907.1
Imperial Valley 1979	1 460.8	1 978.5	1 938.0
Taft 1952	868.9	1 307.5	1 324.7

4.3　FPB 支座滞回曲线

图 7 所示的是 Northridge 1994 地震波下支座的滞回曲线情况。从图中可看出，工况 LSL 和工况 LFA 下 FPB 支座都是典型的双折线模型。工况 LSL 屈服荷载较低，呈现出扁平的滞回形状；LFA 工况的摩擦系数最大，因此滞回曲线也最饱满；工况 LVAR 下支座滞回曲线在滑动时出现过渡弧线段，这是由于支座刚开始滑动时速度较低，支座摩擦系数处于变化状态，因此滑动是逐渐开始的，当支座滑动以后，滞回曲线和工况 LFA 基本重合，说明此时摩擦系数已经趋近于高速摩擦系数。由于弧线段的出现，削弱了支座的滞回能力，因此工况 LVAR 的支座位移略大于工况 LFA。同时从滞回曲线中可以看出，工况 LSL 下的滑动位移在两个方向比较对称，而工况 LFA 和工况 LVAR 的位移出现明显不对称的情况，这可能是因为较大的

摩擦力会阻碍支座的恢复能力。

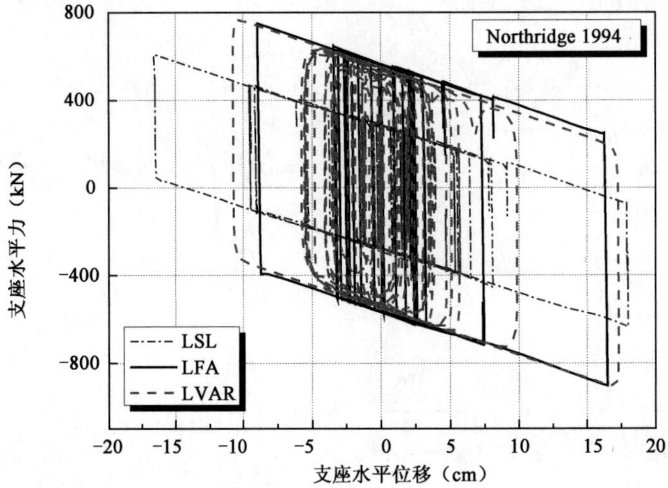

图 7 支座滞回曲线

5 结语

本文以一三跨 FPB 减隔震桥梁为例，分析了低速摩擦系数、高速摩擦系数和变摩擦系数三种情况下桥梁结构的地震响应及支座的耗能能力，得到如下结论：

(1)采用恒定摩擦系数与变摩擦系数对结构地震相应有不同程度影响，其中采用最小摩擦系数将低估支座的滞回耗能能力，计算得到的主梁位移明显偏大，桥墩水平力偏小；而采用最大摩擦系数则会高估支座的滞回耗能能力，计算得到的主梁位移及桥墩水平力均略小，但影响并不显著。

(2)在 FPB 隔震桥梁计算中，采用变摩擦系数无疑是更加准确，但由于变摩擦系数下计算更加繁琐，且采用最大摩擦系数计算得到的结构响应误差并不显著。因此，在实际工程应用中建议可采用高速摩擦系数进行分析。

参 考 文 献

[1] 周云，龚健. 摩擦摆隔震技术研究和应用的回顾与前瞻(Ⅱ)——摩擦摆隔震结构的性能分析及摩擦摆隔震技术的应用[J]. 工程抗震与加固改造，2010，04：1-19.

[2] 张彦朴，高晓岩，安军海，等. 竖向振动对摆线滑道辊轴摩擦摆抗震性能影响[J]. 河北理工大学学报(自然科学版)，2010，03：131-138.

[3] 葛楠，苏幼坡，王兴国. 竖向振动对凹曲线滑道辊轴摩擦摆系统影响研究[A]. 第 19 届全国结构工程学术会议论文集(第Ⅲ册)[C]. 2010：7.

[4] 王建强，攸青言，丁永刚，等. 支座摩擦系数对摩擦摆基础隔震结构地震反应的影响[J]. 世界地震工程，2012，02：98-102.

[5] 张永亮，张跃进，王常峰. 竖向地震动对摩擦摆支座隔震桥梁地震反应的影响[J]. 兰州交通大学学报，2012，01：18-22.

[6] 赵伟，薛素铎，李雄彦，等. 摩擦摆支座的摩擦系数对结构抗震性能影响分析[A]. 第 16 届

全国结构工程学术会议论文集(第Ⅲ册)[C] 2007:6.

[7] T. T. Soong and M. C. Constantinou(ed.),Passive and Active Structural Vibration Control in Civil Engineering[M]. Springer, Wien,1994.

[8] M. C. Constantinou,P. Tsopelas,Y. -S. Kim and S. Okamoto,'NCEER-Taisei Corporation research program on sliding seismic isolation systems for bridges-experimental and analytical study of friction pendulum system (FPS)',Report No. NCEER 93-0020[R]. National Center for Earthquake Engineering Research,State University of New York, Buffalo,NY,1993.

[9] M. C. Constantinou,A. S. Whittaker(ed.).桥梁地震保护系统[M]. 北京:中国铁道出版社, 2010.

138. 桥梁横向新型金属阻尼器及其应用

王晓伟　倪晓博　沈　星　叶爱君

（同济大学土木工程防灾国家重点实验室）

摘　要：针对各类金属阻尼装置在桥梁结构中的应用现状，分析归纳国内外实桥中常用金属阻尼器的适用性；据此，提出了一种专门适用于桥梁横向的新型金属阻尼器，并进行了拟静力试验；而后，结合一座在建的采用该新型金属阻尼器的大跨度钢桁架拱桥，分析其实际应用效果。分析结果表明新型金属阻尼器构造合理，传力路径明确，性能可靠，具有良好的耗能能力，实际应用中减震效果较好。

关键词：桥梁　横向　金属阻尼器　拟静力试验　减震耗能

1　金属阻尼器应用现状

地震作用下，结构往往会受到很大的往复荷载作用，金属阻尼器利用金属的弹塑性往复变形提供阻尼，耗散地震能量，从而减少结构的地震反应。同时，相比于液体黏滞型和摩擦型阻尼器，金属阻尼器造价低廉，受温度、湿度影响较小，且阻尼效果好，耗能能力强，因而在工程中易于推广应用。作为一种结构耗能减震装置，金属阻尼器最早于 20 世纪 70 年代由 Kelly 等[1]提出，此后国内外对金属阻尼器开展了相关理论或试验研究，开发了造型多样的金属阻尼器（图 1），并广泛运用于建筑结构[2-4]和桥梁结构[5-10]的耗能减震设计中。尽管金属阻尼器的几何形状多种多样，但耗能机理相近，按金属的主要受力特性可分为扭转型、弯曲型、拉压型和剪切型。建筑结构通常对金属阻尼器的位移能力和安装布置等要求不高，以上四种类型的金属阻尼器均有应用。相比之下，桥梁结构对金属阻尼器的位移能力、极限强度以及布置安装有较高的要求，特别是布置安装，需安装在墩梁之间的有限空间内，连接构造复杂，且要适应温度和结构材料收缩、徐变等变化情况，因此主要使用弯曲型金属阻尼器，其几何造型主要分为弯曲梁、悬臂锥形钢板（棒）、弧形、E 型（分别见图 1e，b，f，g，h）。

表 1 列出了国内外使用金属阻尼器的代表性桥梁及布置方案，主要应用于墩梁之间，一般以两种方式应用，一种为金属阻尼元件与支座组合形成阻尼支座；另一种为金属阻尼器作为单独构件应用。当金属阻尼元件与支座组合的阻尼支座应用在活动墩时，往往需要通过速度锁

基金项目：973 计划项目（2013CB036302）。

定器协同工作，正常使用条件下支座变形的速度很小，则速度锁定器的锁定力很小，支座可缓慢自由活动，阻尼器元件不发挥作用；当金属阻尼器作为单独构件应用在活动墩时，往往需要在墩柱顶部设置滑槽，以使阻尼器满足正常使用条件下墩梁之间的相对运动，这不免对桥墩的设计提出了更高的要求，金属阻尼器及其滑槽由机械制造，精度要求高，而桥墩的土建精度相对较低，这可能对现场安装造成一定的困难。从方向适用性上看，目前已使用的阻尼支座或金属阻尼器在桥梁纵、横向均有应用，但往往需要与速度锁定器配合或设置滑槽，总体而言构造很复杂，安装布置要求较高（图 2）。

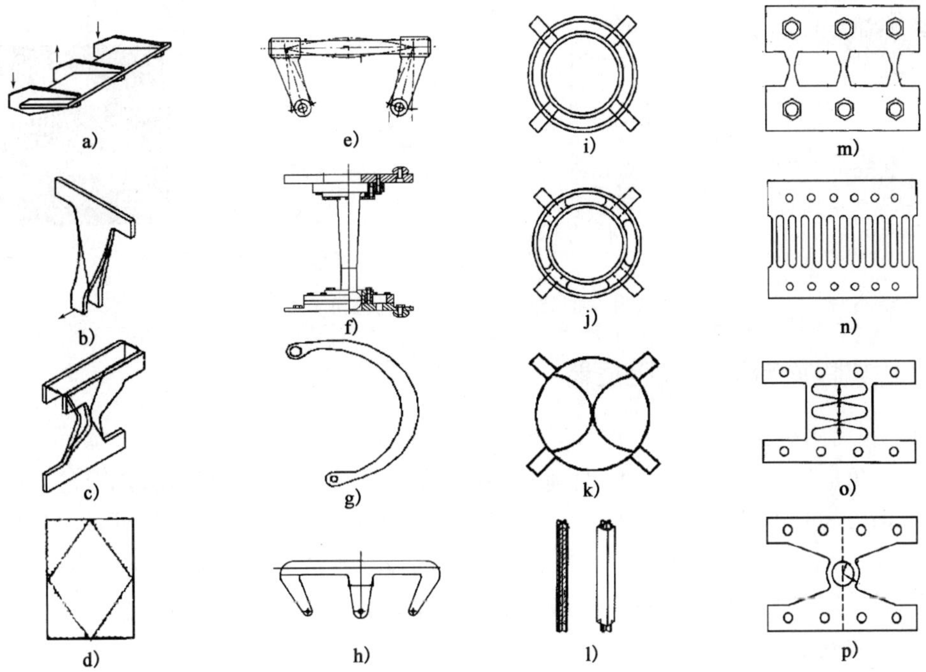

图 1　各种构造形式的金属阻尼器[2,5,9,11,15,17]

金属阻尼器的实桥使用　　表 1

桥　　梁	地区（年代）	阻尼器类型	安装位置与方式	适应方向	图解
Cromwell Bridge[12]	新西兰（1978）	弯曲梁	梁端与桥台间	纵向	—
Dunedin Motorway Overbridge[12]	新西兰（1978）	悬臂锥形钢板	墩梁间、墩设滑槽	纵向＋横向	图 2a
Mortaiolo Bridge[13]	意大利（1992）	悬臂锥形钢棒	阻尼支座、速度锁定器	纵向＋横向	图 2b
松原二桥[14]	中国（2009）	悬臂锥形钢棒	墩梁间、墩设滑槽	纵向	—
Bolu Viaduct[9]	土耳其（1991）	弧形（C 形）	墩梁间	纵向	图 2c
福建漳州九龙江大桥[16]	中国（2012）	弧形（C 形）	阻尼支座、支座设滑槽	纵向＋横向	—
南京江心洲夹江大桥[15]	中国（2008）	E 形	墩梁间	纵向	图 2d
常州高架新京杭大桥[15]	中国（2009）	E 形	阻尼支座、速度锁定器	纵向＋横向	—

根据以上分析可知，金属阻尼元件已经在桥梁纵向得到较好的应用。相比之下，金属阻尼元件在横桥向运用时构造更为复杂，因此，有必要提出一种耗能能力好、能适应纵向变形，且构造简单、安装方便的新型桥梁横向金属阻尼器。本文介绍一种新型金属阻尼器，并进行相应的拟静力试验，并对其实际应用效果进行考察。

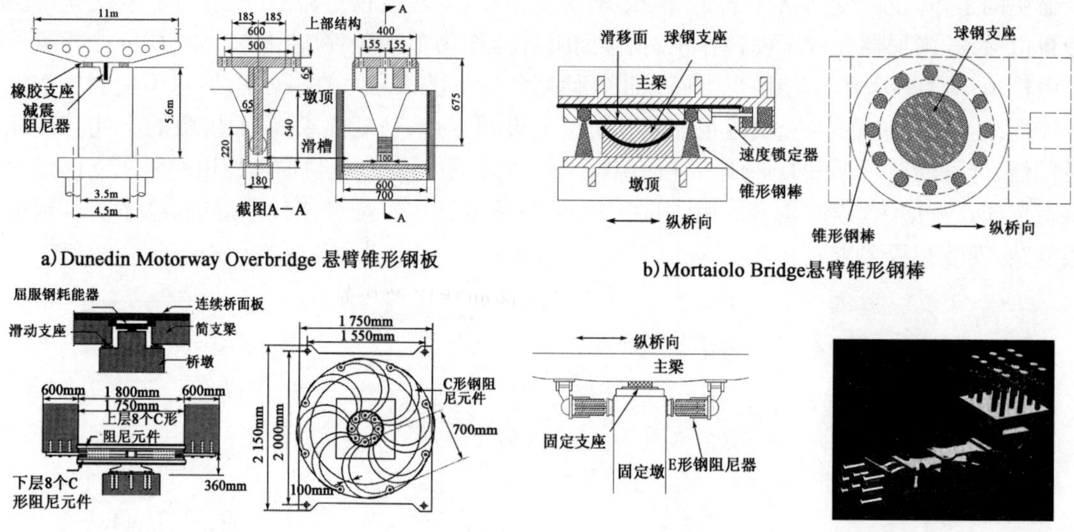

a) Dunedin Motorway Overbridge 悬臂锥形钢板

b) Mortaiolo Bridge悬臂锥形钢棒

c) Bolu Viaduct 弧形

d) 南京江心洲夹江大桥E形

图 2　各金属阻尼器在实桥中的布置安装示意[9,12,13,17]

2　桥梁横向新型金属阻尼器

2.1　详细构造与功能特点

由于三角形钢板具有力学性能明确、材料利用率高，制作方便等优点，该阻尼器(图 3)采用三角形钢板为基本构件，以桥梁工程中常用的 Q235 或 Q345 钢材为制作材料。钢板底部焊接在下底板上，下底板通过螺栓栓接或焊接在墩顶、盖梁或系梁上；上钢挡块焊接在上顶板上，上顶板可通过螺栓栓接在主梁底。金属阻尼器可提前工厂预制生产，然后现场安装，安装过程跟一般支座的安装方法类似。

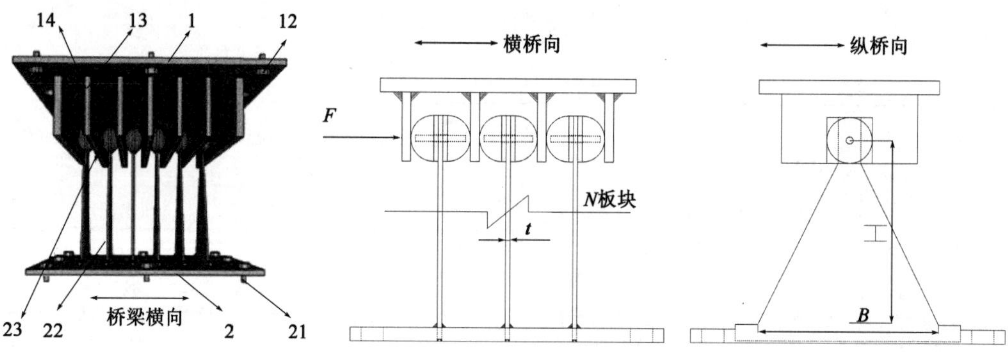

a) 三维构造图示

b) 横向受力模式简图

(上半部分：1-上顶板；12-上顶板螺栓；13-上顶板挡块；14-聚四氟乙烯滑片；

下半部分：2-下底板；21-下底板螺栓；22-三角形钢板；23-半球形钢传力键)

图 3　横向新型阻尼器构造及受力图示

该阻尼器具有以下功能和特点：①耗能钢板采用悬臂式构造，且通过半球形传力键与上顶板钢挡块两侧的聚四氟乙烯板接触连接，能够很好适应桥梁纵向较大的位移变形需求，且不影响桥梁的纵向抗震性能。②采用半球形传力键作为传力点，能够适应地震下由于桥梁振动造成的非常复杂的接触条件，从而保证金属阻尼器在地震作用下传力路径明确。③采用三角形钢板为基本构件，在面外水平地震作用下沿高度范围内全截面屈服耗能，滞回耗能能力和位移能力比较大。

2.2　拟静力试验及数值模拟

为了验证钢阻尼器的构造合理性及其在地震作用下的耗能能力，进行了循环往复拟静力试验。试验所用三角形钢板厚 10mm、高 400mm、宽 400mm，三片为一组，进行了两组试验，材料分别采用 Q235-B 和 Q345-B 钢。图 4a)为 Q235-B 钢阻尼器试验过程中最大加载幅值时的变形情况，图 4b)、c)为两试件的试验水平力—位移曲线以及由通用有限元程序 Abaqus[18] 进行数值模拟的结果比较。由图可知，本钢阻尼器构造合理，半球形传力键工作状态良好，具有明确的传力路径和良好的滞回性能，并且位移能力较大；数值结果与试验结果吻合较好，可利用 Abaqus 对其他尺寸的三角形钢板进行力学性能分析，金属阻尼器的力—位移骨架曲线体现明显的双线性特征。

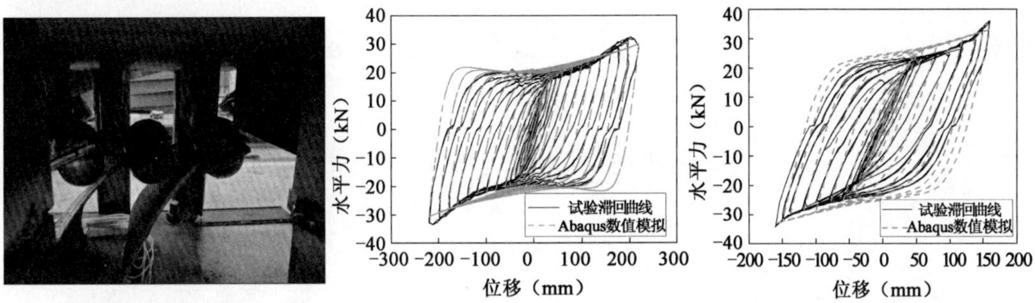

a) 试验中变形情况（Q235-B）　b) 力—位移滞回曲线（Q235-B）　c) 力—位移滞回曲线（Q345-B）

图 4　金属阻尼器拟静力试验结果

3　实桥应用

3.1　工程背景及结构体系

本文以宁波梅山春晓大桥为工程背景，研究新型金属阻尼器的实际减震效果。梅山春晓大桥主桥为(80＋336＋80)m 中承式双层钢桁拱桥，左右各连 3×72m 的钢桁架水上引桥(见图 5)，水上引桥与岸上引桥相连。主桥与水上引桥的过渡墩 pm10、pm13 构造如图 6 所示。图 7a)为正常使用状态下，横向约束体系的支座布置情况。对于横向约束体系，E2 地震下部分桥墩和基础的需求很大，桩基础进入屈服状态，不符合规范[19]要求，故采用减隔震体系，布置方案如图 7b 所示，在水上引桥中墩布置双曲面球型减隔震钢支座，各过渡墩横系梁处布置本文提出的横向新型金属阻尼器(见图 7)。

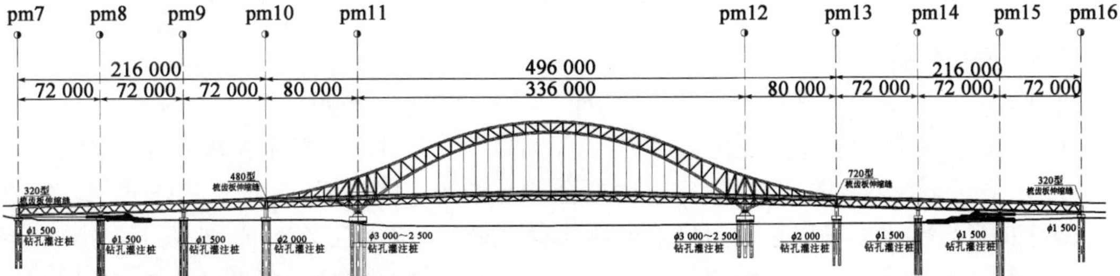

图 5　梅山春晓大桥立面图(尺寸单位：mm)

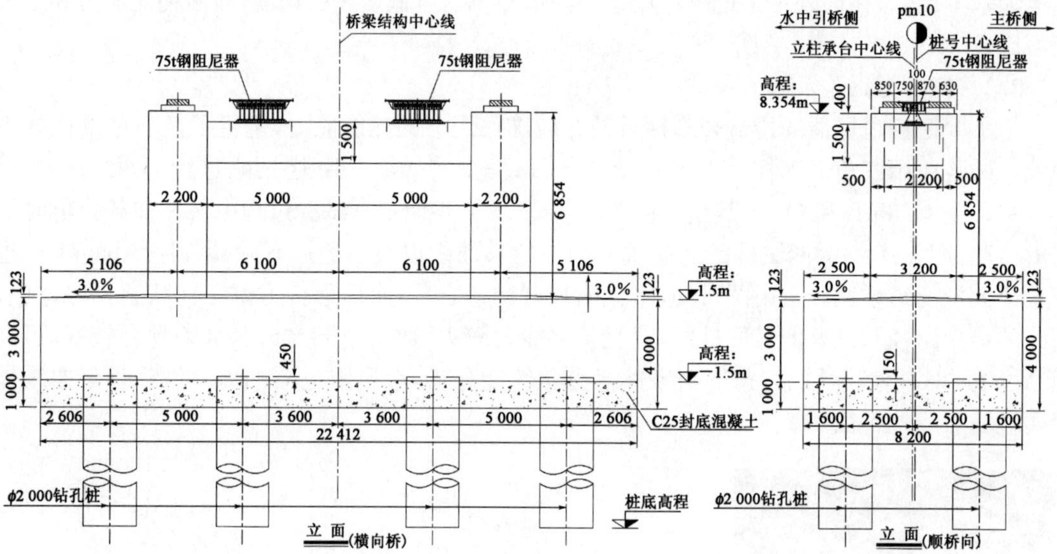

图 6 主桥边墩(pm10 和 pm13)墩身及基础构造图(尺寸单位:mm)

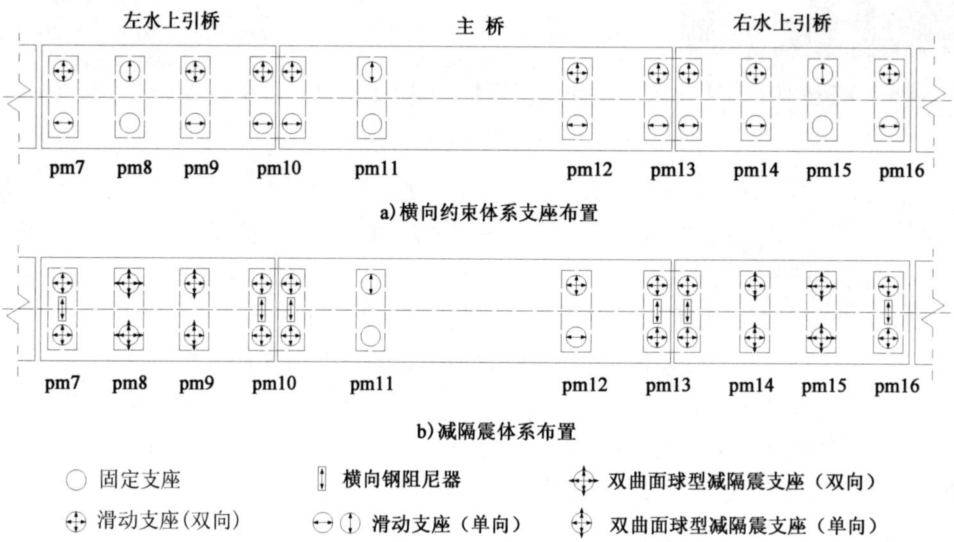

图 7 梅山春晓大桥横向约束体系及减隔震体系布置

3.2 设计加速度时程

根据梅山春晓大桥的地震安全性评价报告[20],对于主桥,分别以 50 年超越概率 10%、100 年超越概率 3%的设计加速度反应谱(阻尼比 3%)作为 E1、E2 地震输入,峰值加速度分别为 0.086g、0.166g,并根据设计加速度反应谱拟合了七条加速度时程,图 8 为一条 E2 地震对应的加速度时程。为考察横向金属阻尼器的减震耗能效果,本文仅考察 E2 地震下的结构反应情况。输入方向为横向及竖向的组合,其中竖向加速度时程的峰值为所提供的加速度时程(水平向)加速度峰值的 2/3。

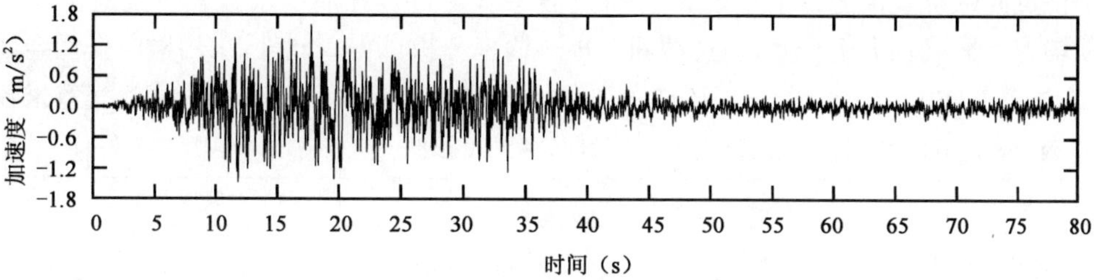

图 8　E2 地震加速度时程

3.3　计算模型

梅山春晓大桥的水上引桥与主桥共用桥墩（过渡墩 pm10 和 pm13）、水上引桥与岸上引桥亦共用桥墩（过渡墩 pm7 和 pm16），因此主桥、水上引桥、岸上引桥地震反应耦联性较大，故以左右各一联的岸上引桥作为边界联，采用 SAP2000[21]通用有限元程序建立了主桥、水上引桥、岸上引桥的三维有限元模型（见图 9），上部结构的主梁、钢拱肋（包括风撑）和水上引桥钢桁架以梁单元模拟，主拱吊杆、水平系杆以桁架单元模拟，桥面板以板单元模拟。支座采用 Platic［Wen］单元模拟。下部结构的桥墩、承台以梁单元模拟，基础以“六弹簧”模拟，弹簧刚度由“m 法”确定。

根据梅山春晓大桥过渡墩的构造情况，设计了高 0.55m、宽 0.60m、厚 0.03m 的单块三角形板，并以 10 块板组成金属阻尼器，采用 Abaqus 建立对应的实体模型，求得 10 块板金属阻尼器的等效双线性本构曲线（见图 9），屈服强度为 750kN，屈服位移为 0.024m，刚度硬化率为 0.05，位移能力取 0.20m。SAP2000 模型采用具有双线性本构的 Platic［Wen］单元模拟该金属阻尼器，在过渡墩的各系梁处安置两个该金属阻尼器（见图 7），上下缘分别与主梁和横系梁相连接。

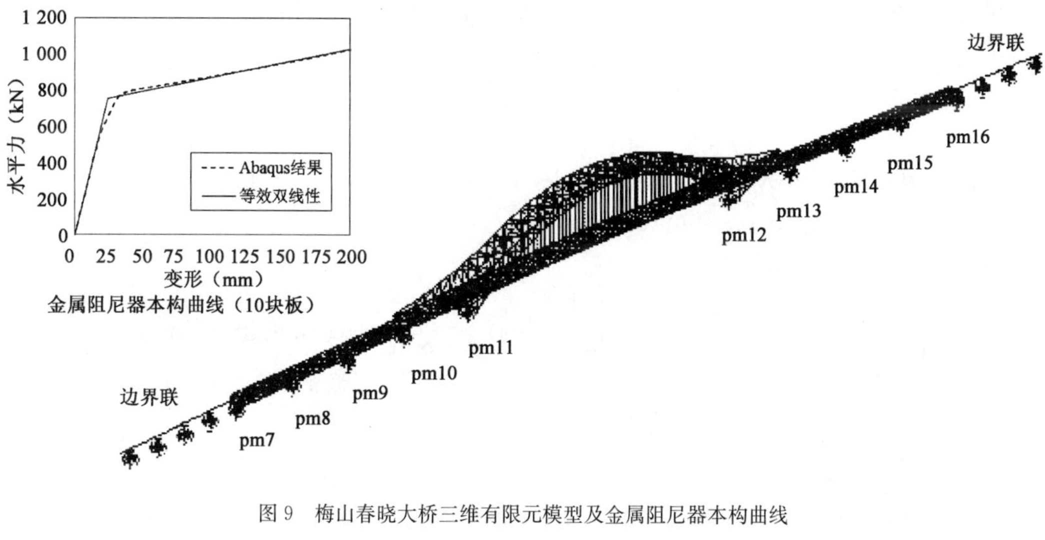

图 9　梅山春晓大桥三维有限元模型及金属阻尼器本构曲线

3.4　减震效果分析

进行非线性时程反应分析，E2 地震横桥向和竖向组合输入，比较横向约束体系与减隔震体系在主桥过渡墩（pm10、pm13）处的地震反应，检验新型横向金属阻尼器的减震耗能效果。由表 2 可知，横向约束体系下，主桥过渡墩 pm13 墩底屈服（能力需求比为 0.95），以此时的承台底地震反应（未考虑超强系数 1.2）验算基础的抗震性能，基础屈服，故采用减隔震体系，所得的主桥过渡墩抗震性能结果见表2,主桥过渡墩满足抗震性能要求。表中截面抗弯能力由地震动轴力与恒载轴力组合后,通过截面弯矩—曲率分析求得。此外,采用横向新型金属阻尼器后,主桥过渡墩pm10、pm13的横向支座位移分别为0.105m、0.157m,位移控制效果较好。

两种体系下主桥过渡墩及其基础的抗震性能分析(E2横向+竖向输入,时程反应分析)　　表2

位　置	横向约束体系				减隔震体系			
	地震弯矩(kN·m)	抗弯能力(kN·m)	能力/需求	是否通过	地震弯矩(kN·m)	抗弯能力(kN·m)	能力/需求	是否通过
pm10墩底	4.07×10^4	5.26×10^4	1.29	是	3.93×10^3	5.58×10^4	14.19	是
pm13墩底	5.24×10^4	4.98×10^4	0.95	屈服	3.80×10^3	5.52×10^4	14.52	是
pm10最不利单桩	1.47×10^4	1.40×10^4	0.95	否	5.17×10^3	1.73×10^4	3.35	是
pm13最不利单桩	1.85×10^4	1.24×10^4	0.67	否	5.47×10^3	1.72×10^4	3.14	是

4　结语

本文现有金属阻尼装置在桥梁的纵向得到了较好的应用,但在横向应用时往往构造复杂。据此,本文提出了一种新型的桥梁横向金属阻尼器,并进行了相关的拟静力试验及数值模拟,掌握了该新型金属阻尼器的力学特性,并分析其应用于一座大跨度钢桁架拱桥的减震耗能效果,得到以下主要结论:

(1)提出的桥梁横向新型金属阻尼器构造简单,可很好地适应桥梁纵向变形,且不影响横向工作性能,安装方便,力学性能明确,具有良好的滞回耗能特性,可用等效双线性力—位移曲线模拟。

(2)该新型阻尼器应用在一座大跨度钢桁架拱桥,得到了很好的减震效果,且支座横向位移得到了较好的控制,可知金属阻尼器经过合理设计能使桥梁结构满足抗震性能要求。

参 考 文 献

[1] Kelly J M, Skinner R I, Heine A J. Mechanisms of energy absorption in special devices for use in earthquake resistant structures[J]. Bulletin of NZ Society for Earthquake Engineering, 1972, 5(3): 63-88.

[2] De Matteis G, Landolfo R, Mazzolani F M. Seismic response of MR steel frames with low-yield steel shear panels[J]. Engineering structures, 2003, 25(2): 155-168.

[3] 周云,邓雪松,汤统壁,等.中国(大陆)耗能减震技术理论研究、应用的回顾与前瞻[J].工程抗震与加固改造.2006,28(6),1-15.

[4] 周云.金属耗能减震结构设计[M].武汉:武汉理工大学出版社,2006.

[5] Beck J L, Skinner R I. The seismic response of a reinforced concrete bridge pier designed to step[J]. Earthquake Engineering & Structural Dynamics, 1973, 2(4): 343-358.

[6] Mezzi M, Parducci A. Seismic isolated bridges structures in Italy[J]. 10th WCEE, Madrid (Spain), 1992.

[7] Parducci A, Mezzi M. Seismic isolation of bridges in Italy[C]//Proceedings of the Pa-

cific Conference on Earthquake engineering, New Zealand, 1991.

[8] Marioni A. Development of a new type of hysteretic damper for the seismic protection of bridges[J]. ACI Special Publication, 1996, 164.

[9] Roussis P C, Constantinou M C, Erdik M, et al. Assessment of performance of seismic isolation system of Bolu Viaduct[J]. Journal of Bridge Engineering, 2003, 8(4): 182-190.

[10] Aiken I D, Nims D K, Whittaker A S, et al. Testing of passive energy dissipation systems[J]. Earthquake Spectra, 1993, 9(3): 335-370.

[11] Skinner R I, Tyler R G, Heine A J, et al. Hysteretic dampers for the protection of structures from earthquakes[J]. Bulletin, New Zealand National Society for Earthquake Engineering, 1980, 13(1).

[12] Park R. and Blakeley R. W. G. Seismic Design of Bridges. Structures Committee Summary Vol. 3, Road Research Unit, National Roads Board, New Zealand, November 1978.

[13] 刘延芳,叶爱君. 减隔震技术在桥梁结构中的应用[J]. 世界地震工程. 2008,24(2),131-137.

[14] 同济大学上海材料研究所. 可滑移柱形软钢阻尼装置[Z]:中国,200810204146. 2[P]. 2010-06-23.

[15] 李世珩,陈彦北,胡宇新,等. E型钢阻尼器及其在桥梁工程中的应用[J]. 铁道建筑. 2012,(1):1-4.

[16] 刘军,宁响亮,李文斌,等. 弹塑性钢阻尼元件在桥梁减震中的应用[J]. 铁道建筑. 2012,(2),22-24.

[17] 潘晋,吴成亮,仝强,等. E型钢阻尼器数值仿真及试验研究[J]. 振动与冲击. 2009,(7):192-195.

[18] ABAQUS user'smanual, version 6. 10. Hibbitt, Karlsson & Sorensen, Inc.

[19] 中华人民共和国行业标准. JTG/T B02-01—2008 公路桥梁抗震设计细则[S]. 北京:人民交通出版社,2008.

[20] 浙江省地震工程研究所. 宁波春晓大桥工程场地地震安全性评价报告[R]. 杭州,2013.

[21] SAP2000manual, vision 14. 1, Computers and Structures, Inc.

139. 超大跨度斜拉桥空气静力和动力稳定性研究

张新军　姚　美
(浙江工业大学建筑工程学院)

摘　要:随着斜拉桥跨度的持续增长,结构更趋于轻柔,风作用下的结构稳定性已成为超千米主跨斜拉桥设计和研究的重要问题。采用大跨度桥梁三维非线性空气静力和动力稳定性分析方法,分析了主梁的高度和宽度、桥塔结构型式、桥塔高跨比、边主跨比、辅助墩设置、拉索锚固方式等结构设计参数对1 400m主跨的超大跨度斜拉桥空气静力和动力稳定性的影响,指出了关键的设计参数及其合理取值。结果表明:超大跨度斜拉桥在增大主梁高度、减小梁宽、采用倒Y形桥塔并增大塔高、减小边跨长度、边跨设置辅助墩以及部分斜拉索地锚等情况下,都可以获得比较好的空气静力和动力稳定性。

关键词:超大跨度斜拉桥　空气静力稳定性　空气动力稳定性　结构设计参数

1　引言

从1956年德国工程师迪辛格研究设计了第一座现代斜拉桥——瑞典的斯特洛姆桑特桥起,斜拉桥以其跨越能力的优势和良好的受力性能得到了飞速的发展,香港昂船洲大桥和苏通长江大桥分别以1 018m和1 088m的主跨实现了斜拉桥跨度千米级的突破,紧随其后俄罗斯的主跨1 104m的海参威Russky岛大桥也于2012年7月建成。当前,世界桥梁工程正进入跨海联岛工程建设的新时期,斜拉桥的跨径仍在继续增大。世界上主要是在亚洲,还有多座大跨度斜拉桥正在规划中,其中不乏有主跨超过1 000m的超大跨度斜拉桥,如韩国计划在东南部的马山市和Geoje岛的连岛工程中采用主跨1 200m的斜拉桥方案、日本本四联络线的主跨1 400m的斜拉桥方案等。由于斜拉桥在刚度、抗风性能、拉索可更换、施工简便、无锚碇等方面的优越性,在近年来的国际跨海大桥方案竞赛中,斜拉桥方案都优于悬索桥而被采用,斜拉桥已成为当代大跨度桥梁的主流桥型[1]。斜拉桥极限跨度的研究也表明:1 200m以下是比较合适的区域,1 200～1 500m斜拉桥仍具有竞争力[2-3]。

随着斜拉桥跨径的持续增大,结构更加轻柔,结构的弯曲和扭转刚度随之降低,风作用下结构的稳定性问题已成为影响和控制其设计的主要因素。结构的抗风稳定性包括静力风荷载和动力风荷载作用下结构的稳定性，前者主要指静风扭转发散或横向屈曲失稳，而后者则主要指颤振稳定性。迄今为止，对跨径在千米及以下的斜拉桥开展了比较系统的抗风研究，但对于超千米以上更大跨径斜拉桥的抗风性能研究则非常少。Nagai 等对 1 400m 主跨的钢斜拉桥进行了设计和分析，并进行了不同主梁宽度和高度情况的空气静力和动力稳定性的选型分析[4-5]。高金盛等对采用碳纤维索的 1 400m 主跨斜拉桥进行了静风作用下的结构稳定性分析，从抗风稳定性角度探讨了碳纤维索在超大跨度斜拉桥中应用的可能性[6]。Kien 等对主跨 1 200～1 800m 范围内的超大跨度斜拉桥进行了风作用下的静力和动力稳定性分析，探讨了斜拉桥在超千米以上桥梁上应用的可能性及其极限跨径[7]。孙斌开展了 1400m 主跨的全自锚斜拉桥、部分地锚斜拉桥和协作体系桥的设计，并进行恒载和极限静风荷载作用下的结构反应分析和比较[8]。可以看出，前期研究主要对超千米跨度斜拉桥进行了抗风稳定性的分析，并从抗风性能角度探讨斜拉桥在超大跨度桥梁中应用的可能性，但对结构设计参数对主跨超千米以上的超大跨度斜拉桥抗风稳定性的影响研究则基本没有涉及，因此不能很好地指导超大跨度斜拉桥的抗风设计。为此，本文针对一主跨 1 400m 的超大跨度斜拉桥设计方案，采用大跨度桥梁三维非线性空气静力和动力稳定性分析方法，分别就主梁的高度和宽度、桥塔结构型式、桥塔高跨比、边主跨比、辅助墩设置、拉索锚固方式等结构设计参数对其空气静力和动力稳定性的影响进行了分析，指出了关键的设计参数及其合理取值，以期为超大跨度斜拉桥的抗风设计提供依据。

2　桥梁简介

图 1 为一主跨 1 400m 的超大跨度斜拉桥设计方案[2]，桥跨布置为(680＋1 400＋680)m，边跨端部设置间距为 100m 的 3 个辅助墩以提高结构的整体刚度。A 形桥塔高约 327m，采用全钢结构，其中桥面以上高度约 287m。斜拉索在桥面主梁上的锚固间距为 20m，在桥塔上的锚固间距为 4m，全桥共设置 4×34 对斜拉索。桥面主梁采用扁平状流线型钢箱梁，宽 35m，高 3.5m。为了确保桥梁的稳定性和侧向抗风性能，在桥塔两侧各 80m 范围内对桥面主梁进行了截面加强。

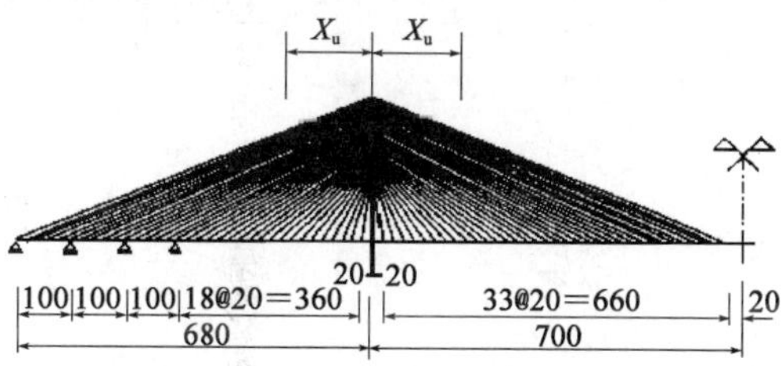

图 1　主跨 1 400m 斜拉桥总体布置图

3　超大跨度斜拉桥空气静力和动力稳定性的设计参数影响分析

3.1　主梁高度

主梁的高度是影响斜拉桥主梁刚度的一个重要参数。在设计方案桥基础上，将主梁高度调整为 3m 和 4m，设计了两座对比方案桥，并进行了空气静力和动力稳定性分析，得到了如图 2 所示的不同主梁高度情况下主梁的竖向、横向以及扭转位移最大值随风速增加的变化情况，主梁高度对斜拉桥空气动力失稳临界风速的影响如表 1 所示。

主梁高度对斜拉桥空气动力失稳临界风速(m/s)的影响　　表 1

风攻角	主梁高度		
	3m	3.5m	4m
0°	110.6(119.8)	111.8(117.9)	114.9(126.5)
＋3°	96.0	97.3	103.6
－3°	119.1	120.9	127.0

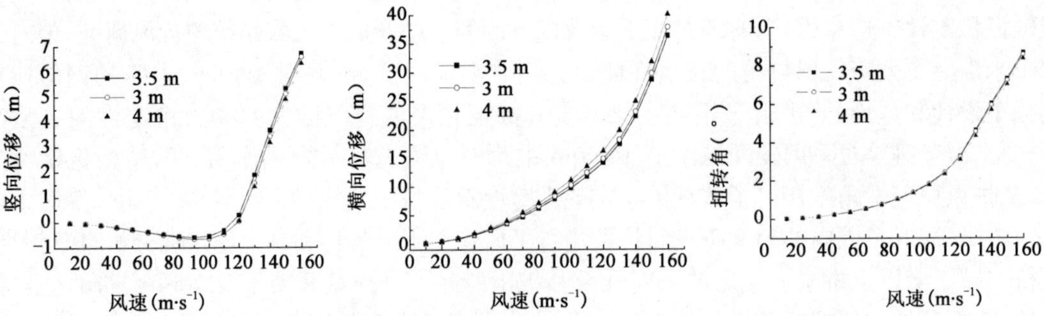

图 2　不同主梁高度下主梁的最大位移随风速增加的变化趋势

从图 2 可以看到，不同梁高情况下主梁的各向位移随风速增加的变化曲线基本重合，说明主梁高度对该桥的空气静力稳定性影响不大。但在相同风速条件下，梁高的增大可以减小主梁的竖向和扭转位移，并略微增大斜拉桥的静风失稳临界风速。如表 1 所示，随着梁高的增加，各风攻角下的结构空气动力失稳临界风速都有所提高，说明增加梁高有利于提高超大跨度斜拉桥的空气动力稳定性，但幅度也比较有限。总体而言，增大梁高可以增强斜拉桥的结构刚度，并起到增强斜拉桥抗风稳定性的作用，只是效果比较有限。

3.2　主梁宽度

桥梁主梁宽度是斜拉桥设计的一个重要参数，主要根据设计交通流量确定，但桥面主梁宽度对桥梁结构的抗风性能存在着影响。为探讨主梁宽度对超大跨度斜拉桥抗风稳定性的影响，在设计方案桥的基础上，将主梁宽度调整为 28m 和 32m 设计了两座对比方案桥，并进行了空气静力和动力稳定性分析，得出了如图 3 和表 2 所示的主梁宽度对斜拉桥空气静力和动力稳定性的影响。

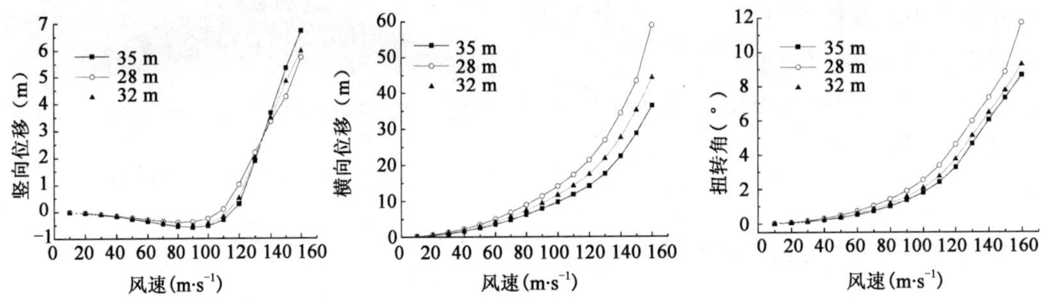

图 3　不同主梁宽度下主梁的最大位移随风速增加的变化趋势

主梁宽度对斜拉桥空气动力失稳临界风速（m/s）的影响　　表 2

风攻角	主梁宽度		
	28m	32m	35m
0°	112.0(112.8)	121.4(119.1)	111.8(117.9)
+3°	109.5	104.7	97.3
−3°	138.7	125.1	120.9

从图 3 可以看到，梁宽的变化对结构竖向位移影响比较小，但对扭转尤其是横向位移影响却非常显著。在相同风速条件下，随着梁宽的增加，结构的各向位移都在减少，特别是横向和扭转位移，斜拉桥的静风稳定性因而增强。这是由于主梁的竖向刚度与梁宽成正比，而横向刚

度则与梁宽的三次方成正比，扭转刚度基本与梁宽的平方成正比，随着梁宽的增加，主梁各方向的结构刚度尤其是横向和扭转刚度因而明显增大，促使结构静风稳定性的提高。因此，增加梁宽有利于提高斜拉桥的静风稳定性。与此相反，如表 2 所示，斜拉桥的空气动力稳定性却随着主梁宽度的增加逐步降低。考虑到一般情况下结构的空气动力失稳先于静风失稳发生，因此在满足交通需要的前提下，斜拉桥采用较窄的主梁是比较适宜的。

3.3 桥塔结构形式

桥塔结构形式主要指横桥向的结构布置形式，它对斜拉桥的横向和扭转刚度有着重要的影响。为了揭示不同桥塔结构形式对超大跨度斜拉桥抗风稳定性的影响，在设计方案桥基础上，设计了桥塔横桥向倒 Y 形的方案桥，并进行了空气静力和动力稳定性分析，得到了不同桥塔结构形式下主梁的最大竖向、横向和扭转位移随风速增加的变化情况，结果见图 4，桥塔结构形式对斜拉桥空气动力失稳临界风速的影响如表 3 所示。

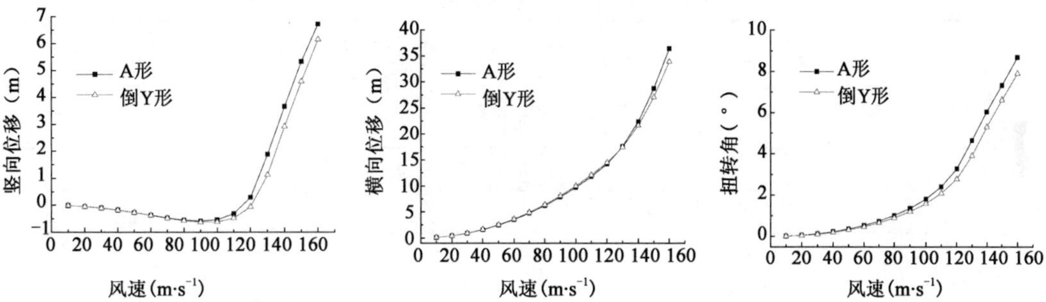

图 4 不同桥塔结构形式下主梁的最大位移随风速增加的变化趋势

桥塔结构形式对斜拉桥空气动力失稳临界风速(m/s)的影响 表 3

风 攻 角	A 形	倒 Y 形
0°	111.8(117.9)	115.9(116.1)
+3°	97.3	101.5
−3°	120.9	127.0

与设计方案桥的 A 形桥塔相比，斜拉桥采用倒 Y 形桥塔后，结构的竖向和扭转位移都有所减小，横向位移则基本一致，斜拉桥的静风稳定性因而增强。同样，从表 3 可以看到，斜拉桥采用横桥向倒 Y 形桥塔后空气动力失稳临界风速也有所提高。因此，从抗风稳定性而言，斜拉桥采用横桥向倒 Y 形桥塔更为有利。

3.4 桥塔高跨比

桥塔高度一般是从桥面以上算起，它与斜拉桥的主跨跨径、拉索的索面形式、拉索索距和倾角有关，对桥梁的整体刚度和经济性等有直接的影响。三跨斜拉桥的桥塔高跨比一般在 1/4 与 1/7 之间，但多数接近于 1/5。为了揭示桥塔高跨比对超大跨度斜拉桥抗风稳定性的影响，在其余设计参数不变的情况下，对桥塔高跨比分别为 1/6、1/5、1/4 的三种情况进行了空气静力和动力稳定性分析，得到了如图 5 所示不同桥塔高度下主梁的最大竖向、横向和扭转位移随风速增加的变化情况，桥塔高跨比对斜拉桥空气动力失稳临界风速的影响如表 4 所示。

从图 5 可以看出，桥塔高度对结构的竖向和扭转位移影响非常显著，但对横向位移影响很小。在相同风速条件下，结构的竖向和扭转位移随着桥塔高跨比的增大而明显减小，位移的突变点延后，说明结构的静风稳定性得到明显的增强。另一方面，随着桥塔高跨比的增加，斜拉桥空气动力失稳临界风速也有较大幅度提高。因此，增加斜拉桥的桥塔高度，可以明显改善结构的抗风稳定性。

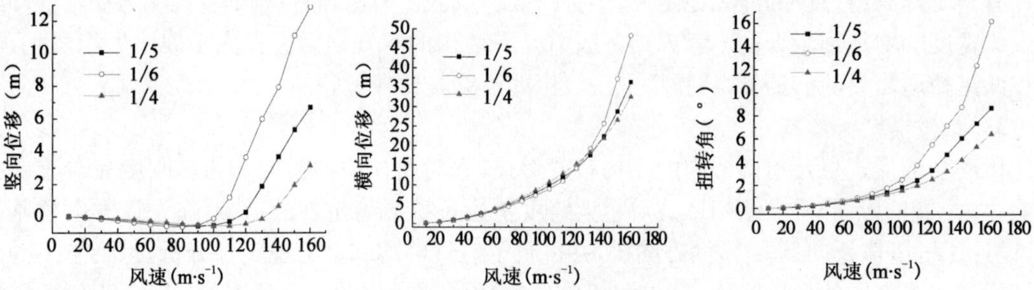

图 5　不同桥塔高跨比下主梁的最大位移随风速增加的变化趋势

桥塔高跨比对斜拉桥空气动力失稳临界风速(m/s)的影响　　表 4

风　攻　角	高　跨　比		
	1/4	1/5	1/6
0°	143.8(136.3)	111.8(117.9)	107.1(108.7)
+3°	122.3	97.3	83.8
−3°	144.8	120.9	105.2

3.5　边主跨比

边跨和主跨的跨径比是影响斜拉桥全桥刚度的一个重要设计参数，大跨度斜拉桥为了减少主跨跨中挠度并提高全桥的竖向刚度通常采用较小的边主跨比，其比值一般在 0.25 到 0.5 之间。为了揭示边主跨比对超大跨度斜拉桥抗风稳定性的影响，在相同主跨情况下，分别对边跨为 408m、544m、680m(边主跨比分别为 0.29、0.39 和 0.49)三种情况进行了空气静力和动力稳定性分析，得到了不同边主跨比下主梁的最大竖向、横向和扭转位移随风速增加的变化情况，如图 6 所示，边主跨比对斜拉桥空气动力失稳临界风速的影响见表 5。

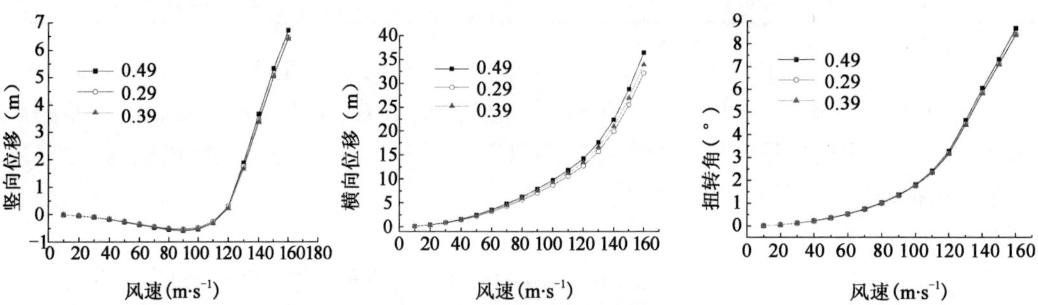

图 6　不同边主跨比下主梁的最大位移随风速增加的变化趋势

边主跨比对斜拉桥空气动力失稳临界风速(m/s)的影响　　表 5

风　攻　角	边　主　跨　比		
	0.3	0.4	0.486
0°	113.2(119.8)	112.9(121.7)	111.8(117.9)
+3°	95.1	95.8	97.3
−3°	126.0	123.7	120.9

如图 6 所示，不同边主跨比情况的结构各向位移随风速增加的变化曲线基本重合，说明了边主跨比基本不影响斜拉桥的静风稳定性。但仔细对比可知，在相同风速条件下，随着边主跨比的减小，结构的竖向和扭转尤其是横向位移都随之减小，也说明了较小的边主跨比可以提高结构的整体刚度和静风性能。另外从表 5 可以看到，随着边主跨比的减小，斜拉桥的竖弯、侧弯和扭转频率都有所增加，结构的空气动力稳定性因而得到增强，只是提高幅度比较有限。总体而言，边主跨比对斜拉桥的空气静力和动力稳定性影响不明显，但采用短边跨对斜拉桥的抗风稳定性更有利。

3.6 辅助墩设置

斜拉桥为了改善边跨的受力、提高结构的整体刚度和施工安全性通常会在边跨设置辅助墩。为了揭示边跨辅助墩设置对超大跨度斜拉桥空气静力和动力稳定性的影响，以下分别对辅助墩设置的数量和位置两种情况进行了分析。

3.6.1 辅助墩设置数量

为了揭示边跨辅助墩设置数量对超大跨度斜拉桥抗风稳定性的影响，在设计方案桥的基础上，逐步减少边跨辅助墩的数量，分别对辅助墩个数为 0 个，1 个和 2 个三种情况进行了空气静力和动力稳定性分析，得出了如图 7 所示不同辅助墩设置个数下主梁最大的竖向、横向和扭转位移随风速增加的变化情况，辅助墩设置数量对斜拉桥空气动力失稳临界风速的影响见表 6。

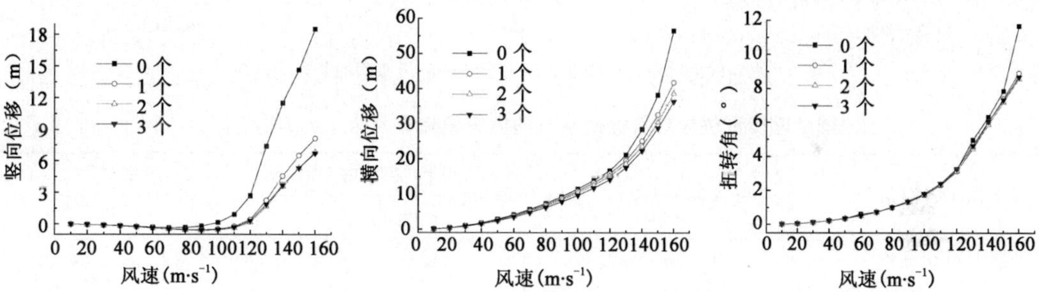

图 7 不同辅助墩设置数量下主梁的最大位移随风速增加的变化趋势

辅助墩设置数量对斜拉桥空气动力失稳临界风速(m/s)的影响 表 6

风攻角	辅助墩个数			
	0 个	1 个	2 个	3 个
0°	114.9(137.4)	116.0(122.7)	113.1	111.8(117.9)
+3°	107.2	107.6	106.9	97.3
−3°	125.9	129.0	125.6	120.9

从图 7 可以看出，辅助墩设置对竖向位移影响比较大，但对横向和扭转位移影响不明显。与不设辅助墩情况相比，设置辅助墩后，静风作用下结构的竖向位移显著减小，竖向位移的突变点延后，说明斜拉桥的静风稳定性得到进一步的增强。究其原因，与辅助墩设置的目的是不谋而合的。辅助墩设置后，结构的整体竖向刚度得到了有效的提高，静风作用下结构的稳定性因此增强。但是随着辅助墩设置数量的增加，其起到的增强静风稳定性的效果大大降低，边跨只设置 1 个辅助墩和设置 2 个或 3 个辅助墩所起的作用基本一致。从表 6 也可以看出，斜拉

桥的空气动力失稳临界风速并非随着辅助墩设置个数的增加而单调变化，而是存在着一个最优方案。边跨只设置 1 个辅助墩时，各风攻角下的空气动力失稳临界风速都比其他工况要高，结构的空气动力稳定性最好。

因此，边跨设置辅助墩有利于提高斜拉桥的空气静力和动力稳定性，但提升效果比较有限，因此辅助墩设置数量还是要结合经济性和施工安全性等其他因素综合确定。

3.6.2　辅助墩设置位置

如上所述，从抗风稳定性角度而言，斜拉桥边跨只设置 1 个辅助墩是比较适宜的。为了揭示边跨单个辅助墩设置位置对斜拉桥空气静力和动力稳定性的影响，分别进行了辅助墩设置在距离边跨锚固墩为 100m、200m 和 300m 三种情况的分析，得到了如图 8 所示主梁的最大竖向、横向和扭转位移随风速增加的变化情况，辅助墩设置位置对斜拉桥空气动力失稳临界风速的影响见表 7。

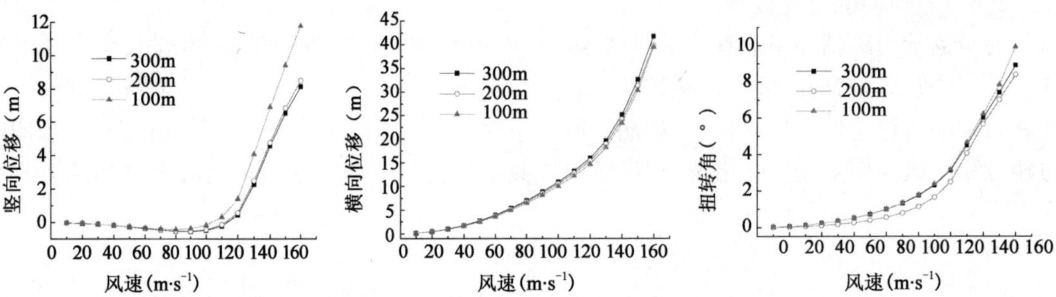

图 8　不同辅助墩设置位置主梁的最大位移随风速增加的变化趋势

辅助墩设置位置对斜拉桥空气动力失稳临界风速(m/s)**的影响**　　表 7

风　攻　角	辅助墩位置(距离边跨锚固墩)		
	100m	200m	300m
0°	116.0(122.7)	113.4(126.5)	124.9(146.8)
+3°	107.6	110.9	105.2
−3°	129.0	131.6	132.7

从图 8 可以看出，辅助墩设置位置对竖向和扭转位移有较大影响，但对横向位移则基本没有影响。随着离开边跨锚固墩距离的增大，结构的竖向和扭转位移会逐渐减小，静风稳定性逐步得到增强，但辅助墩的设置位置并不是距离锚固墩越远越好，而是存在一个最优的位置。当辅助墩设置在距离边跨锚固墩 200m 处时，靠近边跨 1/3 处，结构的各向位移最小，相应地其静风稳定性最好。因此，合理确定辅助墩设置位置可以在一定程度上提高斜拉桥的静风稳定性，但其最优位置需要通过分析来确定。同样地从表 7 可以看到，在 0°和 −3°风攻角下，当辅助墩设置在距离边跨锚固墩 300m 处时，结构的空气动力稳定性最好，该位置接近于边跨的跨中。综上所述，从抗风稳定性角度考虑，适宜将单个辅助墩设置在边跨跨中附近以获得较好的结构抗风稳定性。

3.7　斜拉索的锚固体系

目前斜拉桥基本都采用自锚体系，即斜拉索全部锚固在桥面主梁上。为了研究斜拉索锚固方式对超大跨度斜拉桥抗风稳定性的影响，在设计方案桥基础上将边跨两侧索面的最外侧 5 根拉索采用地锚，其余 29 根斜拉索则锚固在主梁上，设计了相应的对比方案桥，并进行了空气静力和动力稳定性分析，得到了如图 9 所示的主梁最大竖向、横向和扭转位移扭角移随风速增加的变化情况，斜拉索锚固方式对斜拉桥空气动力失稳临界风速的影响如表 8 所示。

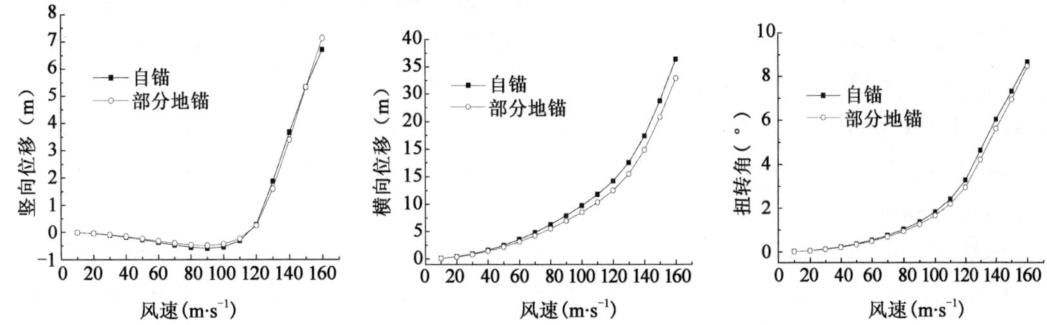

图 9　不同斜拉索锚固方式下主梁的最大位移随风速增加的变化趋势

斜拉索锚固方式对斜拉桥空气动力失稳临界风速(m/s)的影响　　表 8

风　攻　角	自　　锚	部 分 外 锚
0°	111.8(117.9)	117.0(123.4)
+3°	97.3	95.2
−3°	120.9	119.8

与拉索全部锚固在桥面主梁上的自锚体系相比，部分拉索采用地锚后，结构的各方向位移都有所减小，说明结构的整体刚度得到增强，结构的静风性能得到提高，只是提升效果并不十分明显。从表 8 可以看到，在 0°风攻角下，斜拉索采用部分地锚方式后结构的空气动力稳定性要比全自锚式斜拉桥好，而在＋3°和－3°风攻角下，两者的空气动力稳定性基本一致。因此，部分斜拉索采用地锚可以增强斜拉桥结构的整体刚度，并可以在一定程度上提高结构的抗风稳定性。

4　结语

论文采用大跨度桥梁三维非线性空气静力和动力稳定性分析方法，对 1 400m 主跨的超大跨度斜拉桥进行了主梁的高度和宽度、桥塔结构形式、桥塔高跨比、边主跨比、辅助墩设置、拉索锚固方式等结构设计参数对其空气静力和动力稳定性的影响进行了分析。结果表明：超大跨度斜拉桥在增大主梁高度、减小梁宽、采用倒 Y 形桥塔并增大塔高、减小边跨长度、边跨设置辅助墩以及部分斜拉索地锚等情况下，都可以获得比较好的空气静力和动力稳定性。

参 考 文 献

[1] 项海帆. 世界大桥的未来趋势——2011 年伦敦国际桥协会议的启示[J]. 桥梁，2012，3：12-16.

[2] 项海帆. 进入 21 世纪的桥梁风工程研究[J]. 同济大学学报，2002，30(5)：529-532.

[3] Gimsing, N. J. Cable-supported bridges-concept & design(2nd edition). John Wiley & Sons Ltd., England, 1997.

[4] Nagai M, Fujino Y, Yamaguchi H, Iwasaki E. Feasibility of a 1400m Span Steel Cable-Stayed Bridge[J]. Journal of Bridge Engineering, ASCE, 2004, 9(5), 444-452.

[5] Nagai M, Xie Xu, Yamaguchi H, FujinoY. Static and dynamic instability analyses of 1 400-meter long-span cable-stayed bridges[J]. IABSE Reports, 1998,79: 281-286.

[6] Kao C S, Kou C H, Xie X. Static instability analysis of long-span cable-stayed bridges with carbon fiber composite cable under wind load[J]. Tamkang Journal of Science and Engineering, 2006, 9(2): 89-95.

[7] Kien P H, Yamada H, Katsuchi H, Sasaki E. Study on static and dynamic instability of super long-span cable-stayed bridges[J]. The Forth International Symposium on Computational Wind Engineering, Yokohama, 2006, 777-780.

[8] 孙斌.超千米级斜拉桥结构体系研究[D].上海:同济大学,2008(Sun Bing. Study on structural system of thousand-meter scale cable-stayed bridges[D]. Shanghai: Tongji University, 2008(in Chinese)).

[9] Zhang Xinjun. Influence of some factors on the aerodynamic behavior of long-span suspension bridges[J]. Journal of Wind Engineering and Industrial Aerodynamics, 2007, 95(3): 149-164.

[10] 陈艾荣.泰州长江公路大桥结构抗风性能研究报告(四)—三塔悬索桥方案节段模型风洞试验[R].上海:同济大学土木工程防灾国家重点实验室,2006.

[11] 中华人民共和国行业规范.JTG/T D60-01—2004 公路桥梁抗风设计规范[S].北京:人民交通出版社,200.

[12] 项海帆,林志兴.江阴长江大桥抗风性能研究[R].上海:同济大学土木工程防灾国家重点实验室,1996.

140. 大跨度缆索承重桥并列索气动力的雷诺数效应

杜晓庆[1]　张利平[1]　刘庆宽[2]　马文勇[2]　刘小兵[2]

(1. 上海大学土木工程系；2. 石家庄铁道大学)

摘　要：近距离并列吊索和并列斜拉索在大跨度缆索承重桥中有广泛的应用，但并列索的风荷载及其雷诺数效应的研究不多。通过风洞试验，研究了并列双索的气动力系数及其随雷诺数的变化规律。研究结果表明：在临界雷诺数区域，大跨度缆索承重桥的并列索的气动力与亚临界区有很大的差异，气动力有强烈的雷诺数效应；在临界区，当两根索处在某些相对位置时，下游索会受到很大平均升力的作用，平均升力系数可达到 1.2 以上；对于索上的风荷载计算方法，《公路桥梁抗风设计规范》中仅仅考虑索的阻力系数，没有考虑升力系数，得到的风荷载很可能偏低。

关键词：并列索　气动力　雷诺数效应

1　引言

对于大跨度缆索承重桥，风荷载是重要的设计荷载。吊索和斜拉索作为悬索桥和斜拉桥的主要承重构件，具有长度长、数量多、间距小等特点。在横桥向风的作用下，在吊索和斜拉索上产生的风荷载在全桥风荷载中占很大比重。裴岷山等[1]的研究指出，在斜拉桥拉索上产生的横桥向风荷载对于主梁位移和内力的贡献占整个风荷载的 60%～70%。因此，准确合理地计算作用在吊索和斜拉索上的风荷载，对于大跨度缆索承重桥的安全性和经济性具有重要的意义。

索作为圆柱形结构，其气动力有强烈的雷诺数效应。在临界雷诺数下，一方面圆柱形结构的阻力会随着雷诺数的增大迅速下降，发生所谓的“Drag crisis”现象；另一方面也会产生很大的平均气动升力，升力系数可达到 1.2[2]（环境温度为 15℃时，雷诺数 $Re \approx 69\,000UD$，式中：U 为来流风速，D 为索直径）。但现在关于斜拉索风荷载的计算，欧洲、日本规范与我国的《公路桥梁抗风设计规范》(JTG/T D60-01—2004) 均只考虑气动阻力，不考虑气动升力。刘庆宽等[3]的研究证实：如果考虑气动升力的作用，在雷诺数超过 41.3 万之前，阻力和升力的合力系

基金项目：高等学校博士学科点专项基金(20113108120024)，上海市教委科研创新项目(14YZ004)。

数一直比《桥规》建议的阻力系数大；在雷诺数为37.9万时，合力系数比《桥规》的阻力系数大72.3%。因而，按照规范计算得到的索的风荷载可能是偏不安全的。

此外，大跨度悬索桥的吊杆普遍采用一个吊点并列两根吊索或四根吊索的并列多吊索形式。而在斜拉桥中，近距离并列斜拉索也有很多应用。特别是近年来，采用并列双斜拉索的中间索面斜拉桥在我国受到广泛青睐，已建造了十余座此类斜拉桥，如济南建邦黄河大桥、珠海淇澳大桥、武汉后湖大桥、夷陵长江大桥和武汉长江二桥等[4]。当两根或多根索近距离并行排列时，由于索间的气动干扰作用，一方面并列索除了受到阻力作用外，也会受到很大的升力作用；另一方面会引发并列索发生尾流干扰失稳(尾流驰振或尾流颤振)[5]。此外，并列圆柱(索)的气动力也有强烈的雷诺数效应[6]。

目前，并列索的风荷载及其雷诺数效应并未引起足够的重视。为准确掌握作用在缆索承重桥并列索上的风荷载，本文通过风洞试验，研究了并列双索的气动力系数及其随雷诺数的变化规律。

2 风洞试验

2.1 试验模型和试验工况

试验采用两根刚性圆柱节段模型来模拟并列双索，圆柱采用有机玻璃圆管制成，表面光滑。圆柱固定安装在试验支架上。图1为两根圆柱模型的相对位置和来流的关系。图中，L为顺风向圆心间距、T为横风向圆心间距、D为圆柱直径，两圆柱的圆心间距可调。模型的直径为140mm，上游圆柱长度为1 680mm，下游圆柱长度为1 400mm，在上下游圆柱的两个端部均安装了导流板，以模拟二维流场。

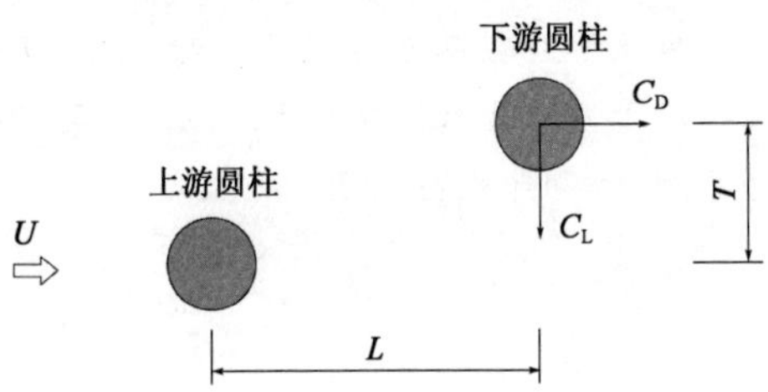

图1 圆柱相对位置和气动力方向

试验的雷诺数在9万～46万之间，涉及亚临界区和临界区(关于亚临界区和临界区的定义见文献[2])。顺风向圆柱间距L的试验范围为$2D$～$17D$，横风向间距T的试验范围为0～$3D$。

总共进行了108种不同圆柱相对位置的风洞试验，工况总数860余个。

2.2 试验风洞和测试设备

试验在石家庄铁道大学风工程研究中心的风洞内进行。该风洞为串联双试验段回/直流边界层风洞，其低速试验段转盘中心处宽4.38m，高3.0m，长24.0m，最大风速大于30.0m/s；高速试验段宽2.2m，高2.0m，长5.0m，最大风速大于80.0m/s。洞体第一、二拐角沿轨道可以移开，变回流风洞为U形直流风洞，可以进行风雨试验、污染扩散、质量迁移等各种不适合在回流风洞中进行的试验。风洞结构如图2所示。

下游圆柱端部安装了高频测力天平，测试其受到的气动力时程。测力使用美国ATI公司生产的Delta系列六分量高频测力天平，两个量程分别为165N和330N，测量频率为1 500Hz。试验还测量了圆柱的尾流风速，风速测试使用的是澳大利亚Turbulent Flow Instrumentation公司生产的Series 100 Cobra Probe，最大风速量程对

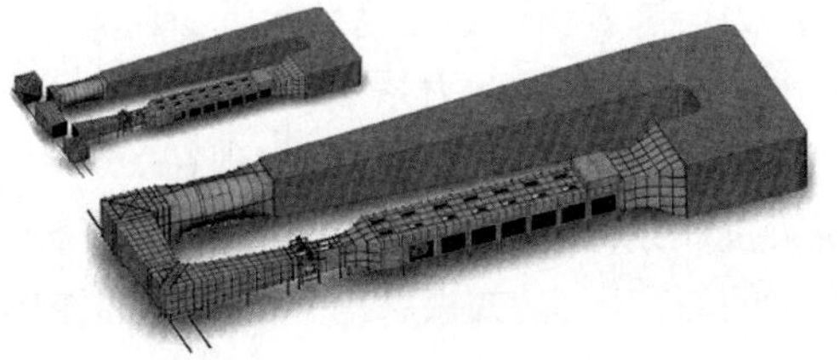
图2 风洞结构示意图

应压力 3 000Pa。试验的采样时间设置为 30s。

2.3 气动力定义

圆柱的气动力系数方向如图 1 所示。图中，C_D 为平均阻力系数，以顺风向为正；C_L 为平均升力系数，向下为正。C_D 和 C_L 的定义如下：

$$C_D = \frac{F_x}{\frac{1}{2}\rho U_0^2 D} \tag{1}$$

$$C_L = \frac{F_y}{\frac{1}{2}\rho U_0^2 D} \tag{2}$$

式中：ρ——空气密度；

D——圆柱直径；

U_0——垂直于圆柱轴线方向的风速分量；

F_x 和 F_y——作用在单位长圆柱模型上的 x 和 y 方向的气动力。

3 试验结果与分析

3.1 单圆柱气动力

图 3 为单圆柱的平均气动力系数随雷诺数的变化。从图 3a)可见，当雷诺数为 9.7 万时(即雷诺数处在亚临界区时)阻力系数为 1.2 左右。随着雷诺数的增大，当雷诺数从 20 万增大至 45 万时，阻力系数迅速降低至 0.3 左右，即发生了所谓的“Drag crisis”现象。对于平均升力系数，从图 3b)可见：在大部分的雷诺数范围内，平均气动升力为 0。这是比较容易理解的，因为圆柱相对于来流风是对称。然而在雷诺数在 40 万左右时，与文献[2]相似，出现了非常大的平均升力，升力系数达到－0.9 左右(方向与图 1 中的升力方向相反)。随着雷诺数的进一步增大，在雷诺数为 42 万时，升力突然变为 0 左右。

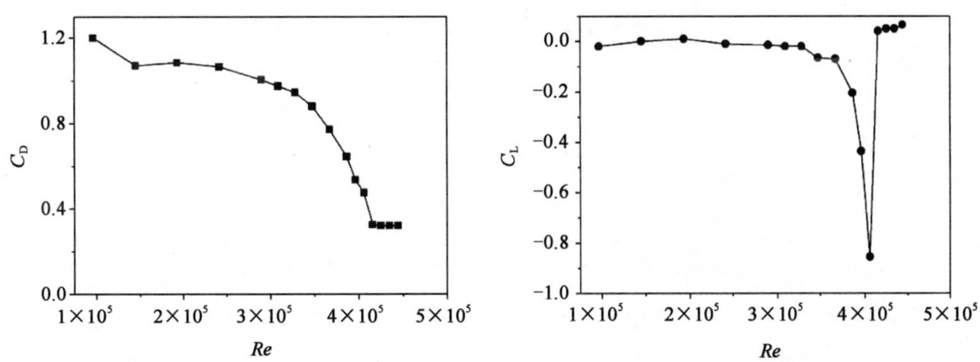

a) 平均阻力系数　　b) 平均升力系数

图 3 单圆柱气动力系数的雷诺数效应

在对称的圆柱上出现大的平均升力，这一现象与单分离泡流态有关。在亚临界区，圆柱的边界层为层流，层流向湍流的转捩发生在分离后的剪切层内。但随着雷诺数的增大，在雷诺数进入了临界区后，转捩现象从剪切层慢慢地向流体分离点附近移动。当雷诺数增大到 35 万左右时，圆柱某一侧(本试验中为圆柱的上侧)分离后的剪切层会再附到圆柱表面，并在圆柱的一侧形成了所谓的“单分离泡”。这种仅在单侧出现分离泡的现象与圆柱表面条件和来流的均匀性有关。事实上，实际工程中并没有完全光滑的圆柱，圆柱表面总会存在一定的不对称性。另一方面，来流对于圆柱也不一定是完全均匀和对称的。因此，这种单分离泡既可能出现在圆柱的上侧，也可能出现在下侧，是随机的。

随着雷诺数的进一步增大，当雷诺数达到 42 万时，在圆柱的另一侧（本试验中为圆柱下侧）也出现了分离泡，即出现了所谓的"双分离泡"流态，这是由于圆柱上下流场的对称性，升力重新恢复至 0 附近。

3.2 并列圆柱气动力

图 4 为两并列圆柱顺风向间隔 $L/D=3$ 时，下游圆柱在亚临界区和临界区的平均气动力系数随雷诺数的变化情况。图中列出了横风向 T/D 为 0、0.5、0.75 和 2 的试验结果。

由图 4a）可见：当 $T/D\leqslant 1$ 时，下游圆柱的平均阻力系数受到雷诺数的影响明显。当 $T/D=0$ 时，平均阻力系数为负值，即下游圆柱受到指向上游圆柱的吸力；平均阻力随着雷诺数的增大逐渐增大，即这种吸力逐渐减小。而当 $T/D=0.5$ 和 0.75 时，平均阻力系数随着雷诺数的增大有减小的趋势，并有可能从正阻力变为负阻力（$T/D=0.5$ 时）。

由图 4b）可见：当 $T/D=0.5\sim1$ 时，平均升力系数随着雷诺数的改变会发生剧烈变化。当 $T/D=0.5$，升力系数在雷诺数为 25 万左右发生了跳跃性突变现象，从平均升力系数从 0.9 突然降至 −0.1。而当 $T/D=0.75$，雷诺数在 30 万左右时，随着雷诺数的增大升力系数从 0.4 迅速增大至 1.2 以上，升力系数远远大于此雷诺数下的阻力系数（0.3 左右）。图 5 为两并列圆柱顺风向间隔 $L/D=6$ 时，下游圆柱在亚临界区和临界区的平均气动力系数随雷诺数的变化情况。图中列出了横风向 T/D 为 0、1 和 2 的试验结果。

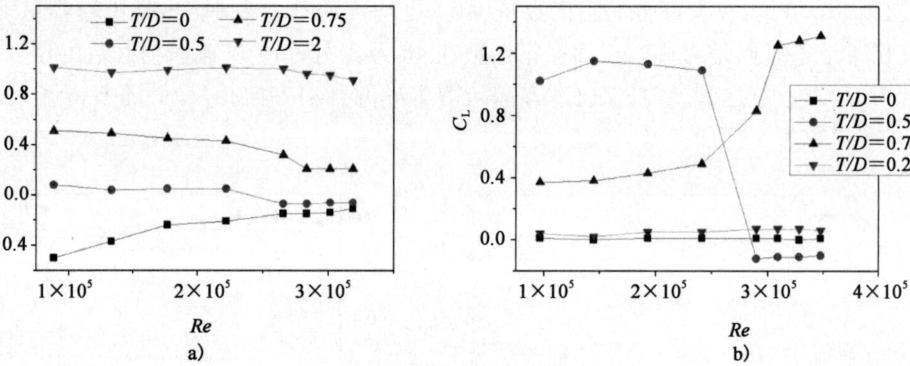

图 4 下游圆柱平均气动力系数的雷诺数效应（$L/D=3$）

由图 5a）可见：横风向间距较大（$T/D=2$）时，下游圆柱的平均阻力受系数受雷诺数的影响很大，在雷诺数为 30 万～45 万之间，平均阻力系数随着雷诺数的增大逐渐减小。这一现象与"Drag crisis"现象相似。而横向间距较小（$T/D=0,1$）的下游圆柱的阻力系数较小并且受雷诺数的影响不大。

由图 5b）可见：当 $T/D=2$ 时，下游圆柱的平均升力系数在亚临界区（$Re=9.7\times10^4$）时为 0.17；进入临界区后，随着雷诺数的增大升力系数逐步增大，当雷诺数在 42 万时升力系数达到最大值 0.9，之后随着雷诺数的进一步增大突然减至 0 左右。

由以上的分析可知：大跨度缆索承重桥的并列索在临界区的气动力与亚临界区有很大的差异。在临界区，当两根索处在某些相对位置时，下游索会受到很大平均气动升力的作用，并且升力系数会随雷诺数的变化发生不连续的突变，气动力系数有非常强的雷诺数效应。并列索之间的干扰效应会导致的下游索的升力系数在某些雷诺数区间达到 1.2 以上，远远大于此雷诺数下的阻力系数，也大于规范建议的阻力系数 0.7 或 1.0。对于索上的风荷载计算方法，《公路桥梁抗风设计规范》(JTG/T D60-01—2004)中仅仅考虑索的阻力系数，没有考虑升力系数，得到的风荷载很可能偏低。

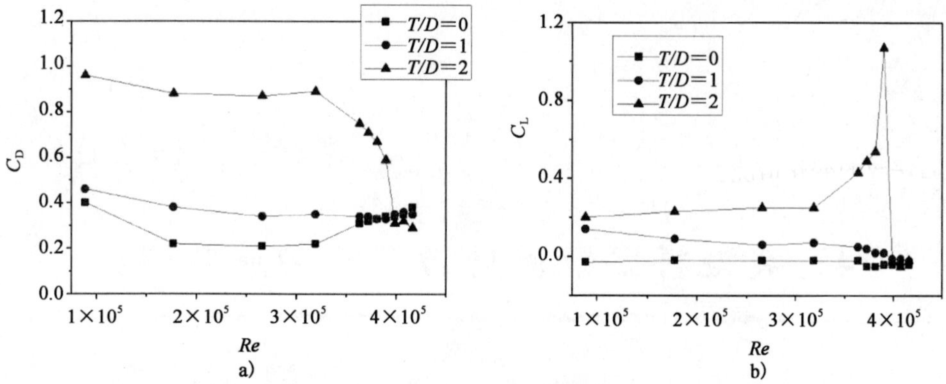

图 5　下游圆柱平均气动力系数的雷诺数效应($L/D=6$)

4　结语

(1)大跨度缆索承重桥的并列索在临界区的气动力与亚临界区有很大的差异。

(2)在临界区，当两根索处在某些相对位置时，下游索会受到很大平均气动升力的作用，并且升力系数会随雷诺数的变化发生不连续的突变，气动力系数有非常强的雷诺数效应。

(3)并列索之间的干扰效应会导致的下游索的升力系数在某些雷诺数区间达到 1.2 以上，远远大于此雷诺数下的阻力系数，也大于规范建议的阻力系数 0.7 或 1.0。对于索上的风荷载计算方法，《公路桥梁抗风设计规范》(JTG/T D60-01—2004)中仅仅考虑索的阻力系数，没有考虑升力系数，得到的风荷载很可能偏低。在进行大跨缆索承重桥并列吊索和并列斜拉索设计时，对于并列索风荷载的取值需引起重视。

参 考 文 献

[1] 裴岷山，张喜刚，朱斌，等. 斜拉桥的拉索纵桥向风荷载计算方法研究[J]. 中国工程科学，2009,11(3):26-30.

[2] Zdravkovich, M. M. Conceptual overview of laminar and turbulent flows past smooth and rough circular cylinders[J]. Journal of wind engineering and industrial aerodynamics, 1990, 33(1): 53-62.

[3] 刘庆宽，乔富贵，张峰. 考虑雷诺数效应的斜拉索气动力试验研究[J]. 土木工程学报，2011,44(11):59-65.

[4] 马如进，倪美娟. 中间索面斜拉桥并列拉索尾流驰振数值研究[J]. 振动与冲击，2013,32(10):91-94.

[5] Fujino, Y., Siringoringo, D. Vibration mechanisms and controls of long-span bridges: a review[J]. Structural Engineering International, 2013, 21: 248-268.

[6] Sumner, D. Two circular cylinders in cross-flow: a review[J]. Journal of Fluids and Structures, 2010, 26(6): 849-899.

141.典型桥梁断面静力三分力系数研究

马　凯

(同济大学桥梁工程系)

摘　要:采用六分量天平在TJ-1和TJ-2风洞中识别了四座桥梁节段模型成桥状态和施工状态的静力三分力系数。分析了典型桥梁断面三分力系数的变化规律。利用最小二乘法拟合施工状态风轴坐标系下的阻力系数,发现简单的二、三次曲线基本可以满足精度要求。分析了栏杆等附属设施对典型桥梁断面三分力系数的影响,发现栏杆等对近流线型钢箱梁桥和分离双箱梁桥的影响大致相同,但对桁架桥和叠合桁架组合梁桥静力风荷载的影响与前两种桥型有所不同,且对叠合桁架组合梁桥阻力和升力系数的影响差别尤为显著。

关键词:静力三分力系数　节段模型　桥梁断面　测力试验

1　引言

桥梁结构的定常气动力影响通常使用三个定常气动常数来表达,分别是阻力系数 C_D、升力系数 C_L 和升力矩系数 C_M。目前三分力系数主要是通过风洞试验获得。通过制作一定缩尺比的节段模型,使用风洞天平测量得到。静力三分力系数是桥梁风工程研究的一项基本内容。根据获得的三分力系数,可以求得作用在桥梁结构上的定常气动力,从而进一步分析桥梁结构的静力风荷载,并进行静力稳定性验算和驰振稳定性验算。

2　节段模型测力试验

2.1　试验概况

刚体模型测力试验通过测力天平测得作用在结构物上的气动合力(系数)。试验中使用刚性的不变形全模型或者节段模型,不需要去模拟结构自身的刚度以及结构的动力特性,但需要保证模型和实际结构在几何上的相似性。本次试验是在同济大学TJ-1和TJ-2号风洞进行。TJ-1风洞是一座直流式边界层风洞,试验段宽1.8m、高1.8m、长12m,风速范围1.0～30m/s连续可调。TJ-2风洞是一座多功能回流式风洞,风洞试验段宽3m、高2.5m、长15m,风速范围1.0～68m/s连续可调。

风洞试验采用经过ISO-9001认证的高强度、高信噪比的风洞天平和9105-1F-OEMx DAQ传感器系统(见图1)。风洞天平是由美国ATI生产的六分量天平FT13651。该天平的测量范围和测量误差见表 1。

六分量天平 FT13651 的测量范围和测量误差 表 1

力分量	F_x	F_y	F_z	T_x	T_y	T_z
测量范围	330N	330N	990N	30N·m	30N·m	30N·m
测量误差	1.25%	1.25%	1.25%	1.25%	1.25%	1.25%

测力试验对象为四座典型断面形式的桥梁，分别为近流线型钢箱梁桥、分离双箱梁桥、桁架桥和叠合桁架组合梁桥。通过试验分别得到四座桥梁在风轴坐标系和体轴坐标系下的静力三分力。两种坐标系下的静力三分力图示见图 2。其中近流线型箱梁桥是一座跨径为 88m+200m 的扭背式独塔单柱钢筋混凝土混合体系斜拉桥。其中主跨 200m，采用钢箱梁，桥面宽度为 47m，高 4m。边跨 88m 采用混凝土箱梁，梁宽为 51m，高 3.5m。风洞试验以主跨钢箱梁标准断面为研究对象。分离双箱梁桥是一座主跨为 806m 的五跨四索面钢箱梁斜拉桥，钢箱梁四索面的桥梁总宽度为 54m，两个封闭钢箱梁之间的横向间距为 17m，单箱宽为 18.5m。桁架桥为单主跨双塔悬索桥，加劲梁采用板桁结合梁，桁高 9m，矢跨比为 1∶10，钢桁架梁段标准宽度为 36.1m。叠合桁架组合梁桥为主跨 458m 的双塔斜拉桥，采用上部的桁架和下部的箱梁两者叠合而成，属于组合结构。以上几座桥梁的加劲梁截面如图 3 所示。

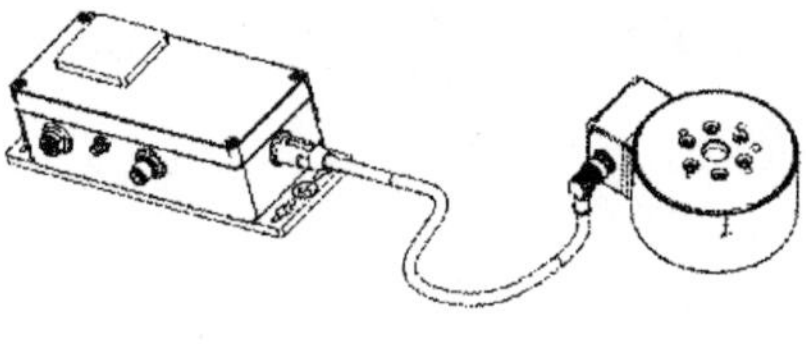

图 1 风洞天平和数据采集系统

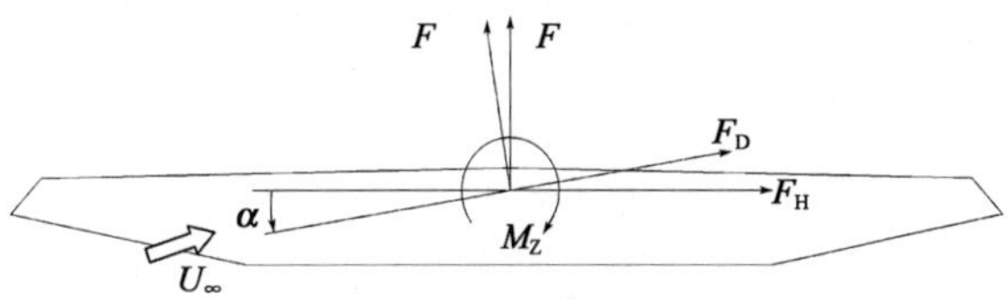

图 2 风轴和体轴的主梁静力三分力图示

以上四座桥梁的节段模型测力试验均在同济大学边界层风洞完成。近流线型钢箱梁桥采用了 1∶150 的节段模型，模型使用有机玻璃制作，长 1m，宽 0.313m，高 0.026 67m。试验风速为 15m/s。分离双箱梁桥采用 1∶70 刚体模型，模型长 1.5m，宽 0.793m，高 0.05m，上下各设置 0.5m 补偿段，试验风速为 8m/s。桁架桥采用了 1∶70 的节段模型，模型长 1.72m，宽 0.516m，高 0.129m。试验风速为 10m/s。叠合桁架组合梁桥的节段模型长 1.74m，宽 0.387m，高 0.252 5m。试验风速为 8m/s。试验均采用立式测力，可以通过转动风洞转盘来模拟来流风攻角。试验时模拟了 −12°到 +12°，共 25 个整数风攻角且模拟了成桥和施工两种状态。其中近流线型钢箱梁桥和分离双箱梁桥测力试验在 TJ-2 风洞进行，桁架桥和叠合桁架组合梁桥测力试验在 TJ-1 风洞进行。试验流场均为均匀流场，紊流度＜0.5%。试验照片见图 4。

数据处理采用了自主编制的 MATLAB 程序。首先由六分量天平测量出静风荷载在天平坐标系下的 6 个分力，分别为沿 X、Y、Z 轴的分力 F_X、F_Y、F_Z 以及绕 X、Y、Z 轴的力矩 T_X、T_Y、T_Z。经坐标变换得到风轴坐标系下的力分量，再根据来流风攻角换算得到体轴坐标系下的静力三分力。

得到风轴和体轴上的静力三分力后，经来流动压无量纲化，便可得到静力三分力系数。

风轴上的阻力系数 C_D、升力系数 C_L 以及升力矩系数 C_M 定义如下：

$$C_D=\frac{F_D}{0.5\rho U^2HL}\qquad C_L=\frac{F_L}{0.5\rho U^2BL}\qquad C_M=\frac{M_Z}{0.5\rho U^2B^2L} \tag{1}$$

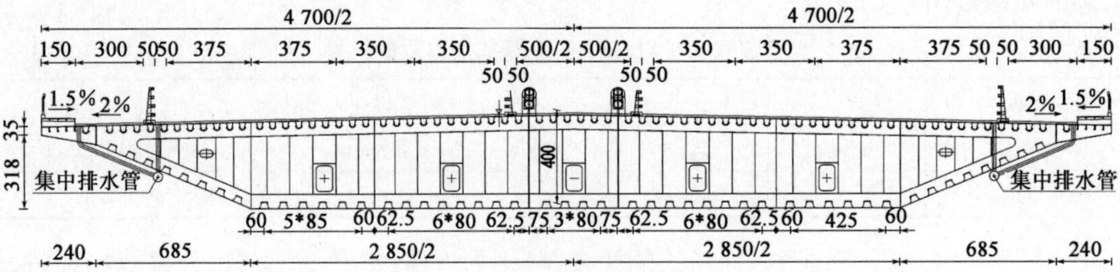

a)近流线型钢箱梁截面

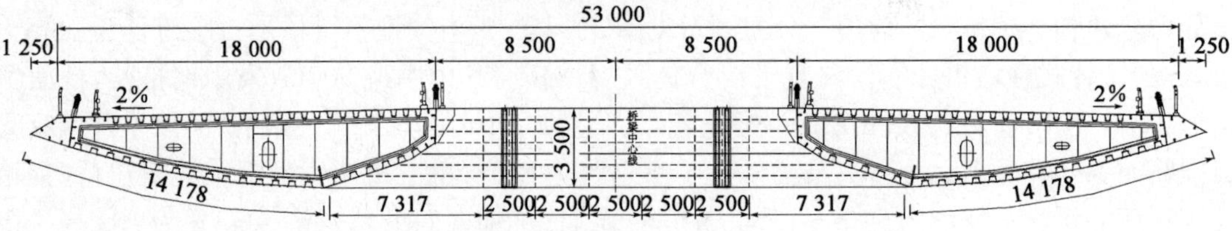

b)分离双箱梁截面

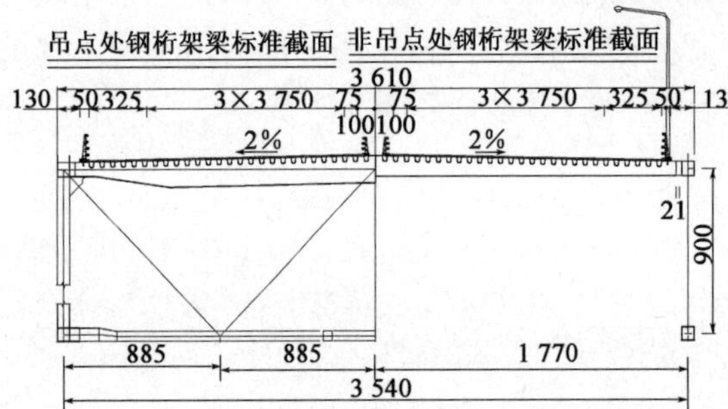

c)桁架梁截面

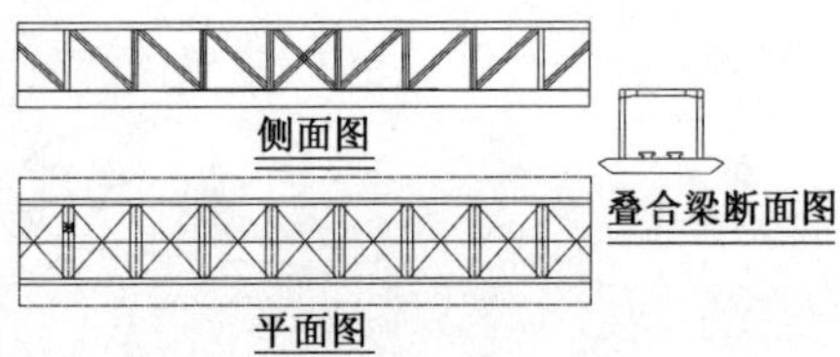

d)叠合桁架组合梁三视图

图 3 四座桥梁截面图(尺寸单位:cm)

a)近流线型单箱梁桥试验

b)分离双箱梁桥测力试验

c)桁架桥测力试验

图 4 测力试验照片

主梁体轴上的阻力系数 C_H、升力系数 C_V 以及升力矩系数 C_M 定义如下:

$$C_H=\frac{F_H}{0.5\rho U^2 HL} \qquad C_V=\frac{F_V}{0.5\rho U^2 BL} \qquad C_M=\frac{M_Z}{0.5\rho U^2 B^2 L} \tag{2}$$

式中:ρ——空气密度,取值为 1.225kg/m^3;

U——来流风速;

L、B、H——模型的长、宽和高。

由式(1)可知,C_D、C_L、C_M 分别与 F_D、F_L、M_Z 成正比,所以 C_D、C_L、C_M 越大,F_D、F_L、M_Z 也就越大,在强风作用下,这种断面形式的气动稳定性也就越差[2,6]。

2.2 试验结果分析

图 5 给出了四座桥梁断面在风轴坐标系和体轴坐标系下的静力三分力系数随风攻角的变化曲线。

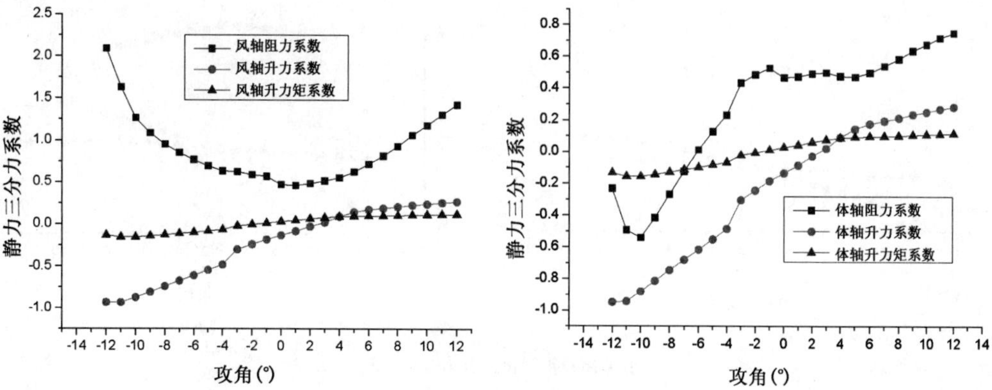

a)近流线型钢箱梁桥三分力系数（成桥）

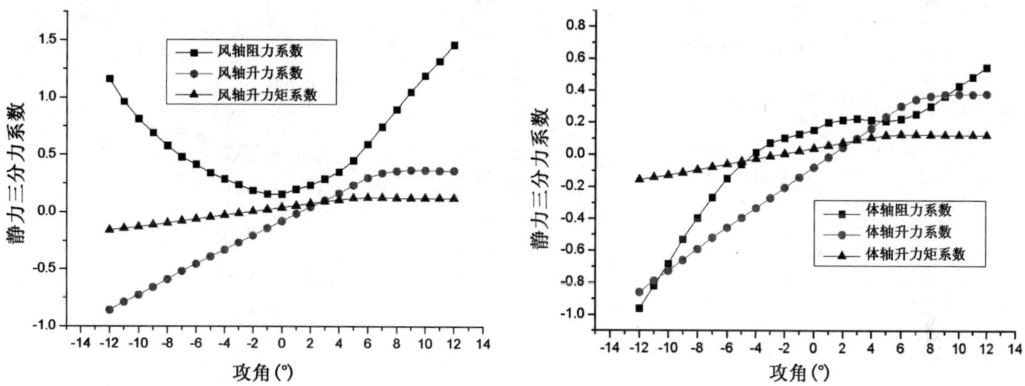

b)近流线型钢箱梁桥三分力系数（施工）

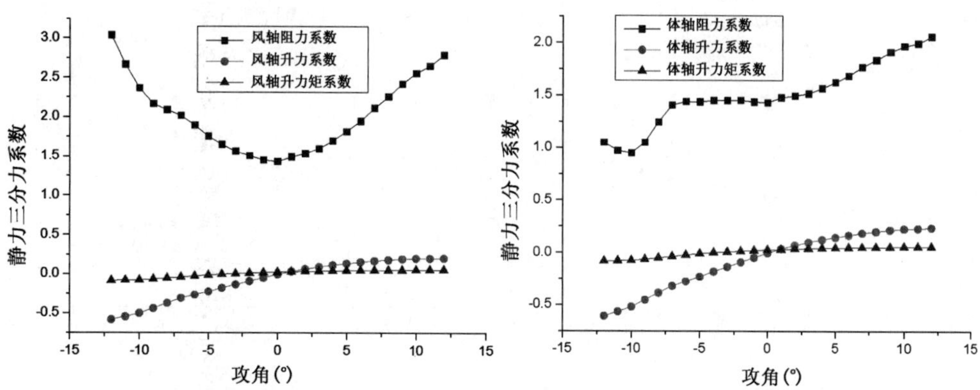

c)分离双箱梁桥三分力系数（成桥）

图 5

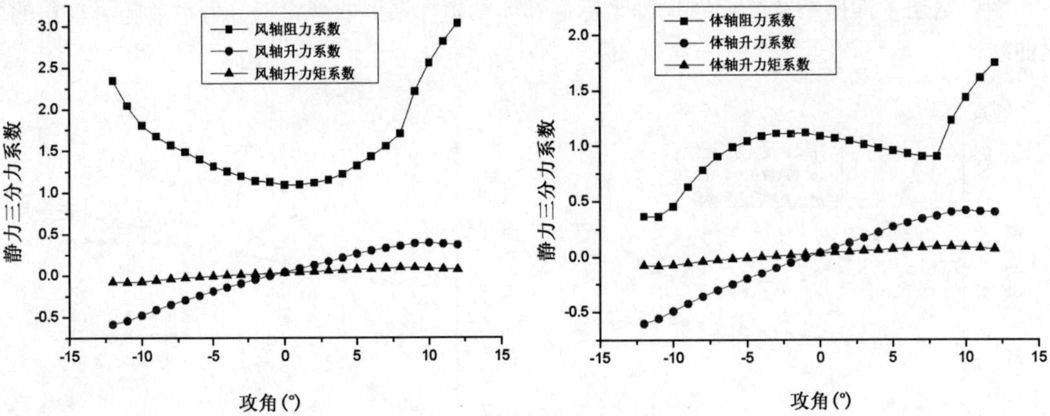

d)分离双箱梁桥三分力系数（施工）

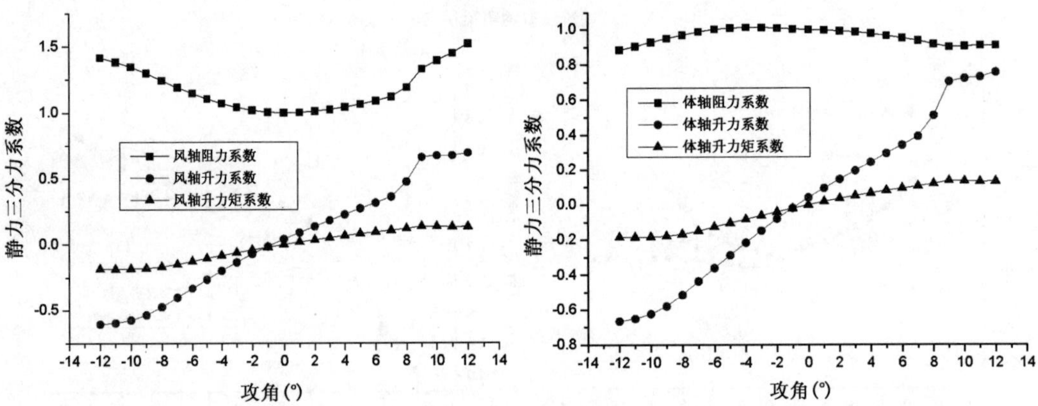

e)桁架桥三分力系数（成桥）

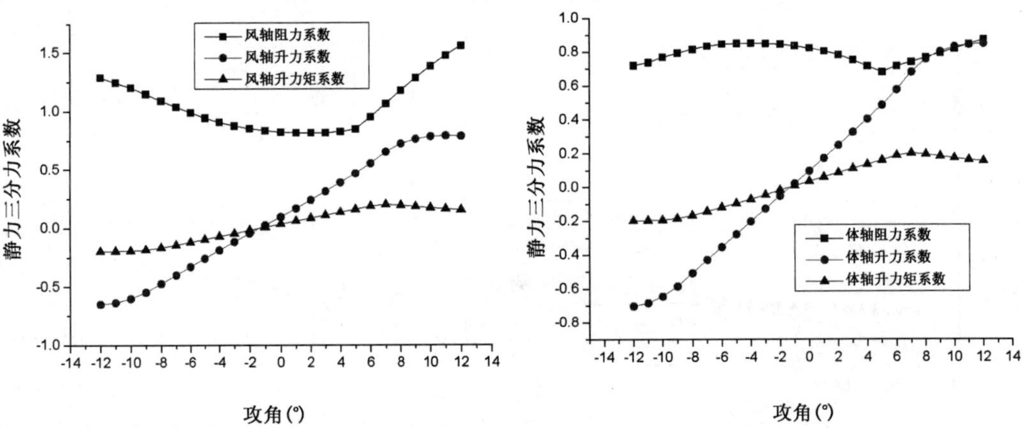

f)桁架桥三分力系数（施工）

图 5

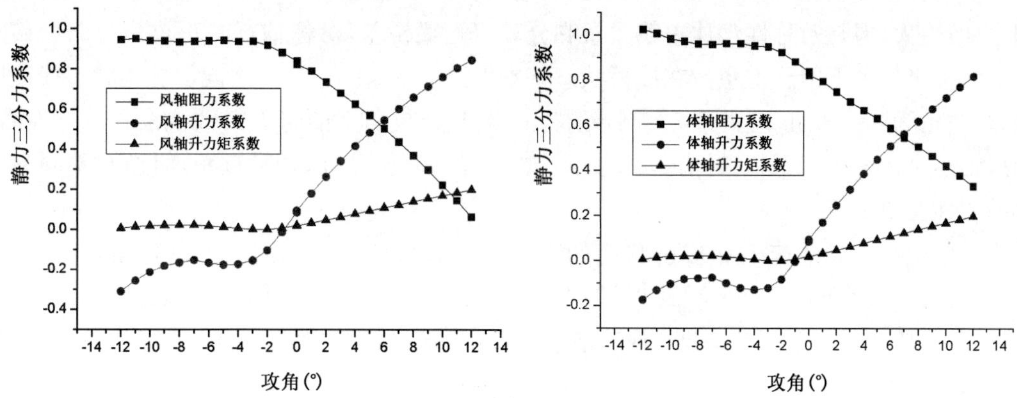

g)叠合桁架组合梁桥三分力系数（成桥）

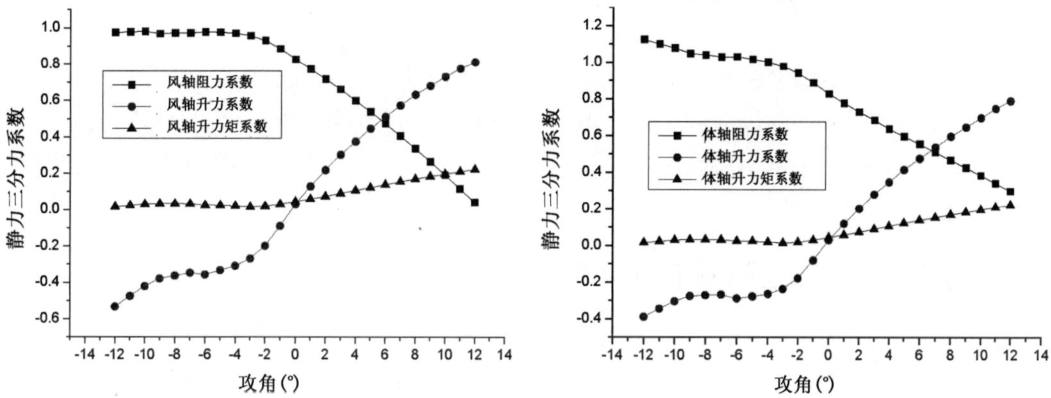

h)叠合桁架组合梁桥三分力系数（施工）

图5　四座桥梁静力三分力系数图

由以上测力结果不难发现：近流线型钢箱梁桥和分离双箱梁桥在风轴坐标系下的计算结果较为接近。风轴坐标系下阻力系数近似关于0°攻角对称。正负攻角下的阻力系数比较，均为成桥状态负攻角下的阻力系数稍大，施工状态正攻角下数值稍大。两种桥型在体轴坐标系下阻力系数的最小值均出现在－10°攻角附近，在文献[1]中也出现了相同现象，可能与桥梁断面失速有关。值得注意的是近流线型钢箱梁桥体轴下的阻力系数在－12°到－5°之间出现了负值，这在一般箱梁桥中较为少见，主要是由于该桥比一般箱梁桥宽得多，风轴坐标系下的升力远大于阻力，分解后得到的体轴上分量也要稍大于阻力产生的分量，而该桥的高度又较小，因此体轴上较小的阻力便可产生较大的负阻力系数。分离双箱梁桥结果与文献[1,4]中的西堠门大桥以及文献[3]中主跨2 800m的开槽断面相比，无论是成桥状态还是施工状态都保持较好的一致。由此推断一般的分离双箱梁均符合此变化规律。但是数值上舟山西堠门桥的三分力系数要比本文采用的分离双箱梁桥小，这主要是由于本文分离双箱梁桥的桥宽明显大于西堠门桥。西堠门桥的最终方案采用36m宽分离式的双箱断面，两个封闭钢箱梁横向间距为6m，每个封闭钢箱宽度为14.5m。近流线型钢箱梁桥和分离双箱梁桥在风轴和体轴坐标系下的升力和升力矩系数除在较大的正攻角区段稍有偏差，均近似随攻角线性增加。

与前两种桥型相比，桁架桥阻力系数曲线差别较大：风轴坐标系下阻力系数基本上仍然是中间小，两边大，但是对称性却比单箱梁桥和分离双箱梁桥差，对称轴有向正攻角方向偏移的趋势。体轴坐标系下的阻力系数在成桥状态基本保持不变，在0.9～1之间。施工状态线性性质较差：攻角为4°～8°时，阻力系数稍小，约为0.8，其余攻角下的阻力系数稳定在0.9左右。无论风轴还是体轴坐标系下，升力和升力矩系数除局部有偏差外，均随攻角递增，且不同分段内部的线性性质很好。

叠合桁架组合梁桥施工和成桥状态的静力三分力系数基本相同。当风攻角从－12°～－3°时，风轴坐标系下的阻力系数约为0.94。攻角为－3°～＋12°之间，阻力系数线性减小，攻角每增加1°，阻力系数下降0.07，表现出前述桁架桥和箱梁桥很大的不同。体轴坐标系下的阻力系数随攻角增加而减小。无论是风轴还是体轴上，升力系数在－12°～－4°时，近似按抛物线变化，在－8°时出现极大值，－4°～＋12°攻角下线性递增，且最大值不超过1.0。升力矩系数在负攻角段均很小，近似为0。在正攻角段，升力矩系数随攻角逐渐增大，从0.05增至0.2。

由以上分析可知：随着桥梁断面阻风率不同，风的绕流形态以及旋涡脱落规律等相应发生变化，作用在桥梁断面上的风荷载也随之改变。静力三分力系数上表现为：四种桥型升力和升力矩系数相差不大，但是桁架桥和叠合桁架结合梁桥的阻力系数与箱梁桥相比表现出明显的差别。

3 施工状态风轴坐标系下阻力系数的拟合

为了进一步分析静力三分力系数与风攻角之间的关系。从试验测定的静力三分力结果中选取阻力系数进行了最小二乘拟合。鉴于施工状态的测力试验取消了栏杆、水管等附属的细部构造，测量结果相比较具有上述构造的成桥状态更具代表性，而风轴坐标系下阻力系数又具有较明显的对称性。因此，对四种桥型施工状态风轴的阻力系数曲线进行了拟合。分析不同桥型阻力系数与来流风攻角之间的近似关系，可为进一步研究不同桥梁断面风荷载机理或提出相应的经验公式拟合三分力系数用于同种桥梁断面风荷载计算提供参考。

拟合结果（见图6）显示，四种桥型的阻力系数拟合的偏差各不相同。近流线型钢箱梁桥和叠合桁架组合梁桥使用二次曲线拟合就可以得到很好的结果。但分离双箱梁桥和桁架桥，使用二次曲线拟合的结果均不理想，分离双箱梁桥使用三次曲线拟合效果较好，而桁架桥使用三次曲线拟合得到的效果比二次曲线要好，但是与实验曲线相比，结果仍有所偏离。叠合桁架梁桥的阻力系数在负攻角段保持不变，在正攻角段逐渐减小。可拟合成攻角的二次函数。

由以上分析可知，不同桥型的阻力系数与风攻角之间满足不同的函数关系，但是简单的二次或三次多项式往往能得到很好的拟合效果。

文献[7]指出，中间开槽断面可以有效地提高颤振临界风速，但是比较0°攻角下四座桥梁施工阶段的阻力系数数值可以发现：分离双箱梁桥最大，桁架桥和叠合桁架组合梁桥的阻力系数很接近，两者相比，叠合桁架组合梁桥稍大。近流线型钢箱梁桥的阻力系数最小，仅为分离双箱梁桥的1/7。表2给出了四座桥梁在施工阶段攻角为－3°、0°和＋3°时的静力三分力系数。

四种桥梁断面施工阶段静力三分力系数　　表 2

三分力系数	C_D			C_L			C_M		
	−3°	0°	+3°	−3°	0°	+3°	−3°	0°	+3°
近流线型钢箱梁桥	0.238	0.154	0.286	−0.270	−0.080	0.100	−0.011	0.039	0.091
分离双箱梁桥	1.196	1.091	1.150	−0.098	0.038	0.168	0.007	0.032	0.054
桁架桥	0.849 2	0.822 0	0.750 6	−0.128 3	0.096 5	0.035 3	0.750 6	0.324 8	0.110 9
叠合桁架组合梁桥	0.957	0.828	0.662	−0.269	0.030	0.303	0.015	0.045	0.091

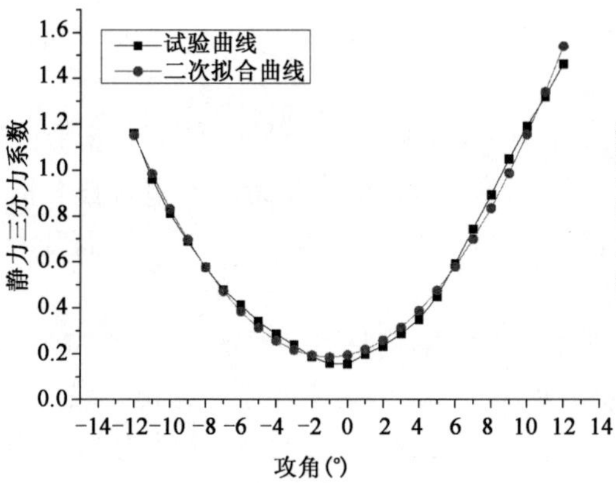

a)近流线型箱梁桥

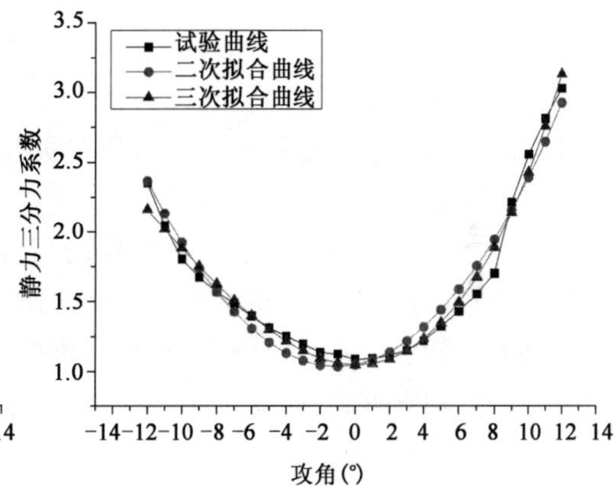

b)分离双箱梁桥

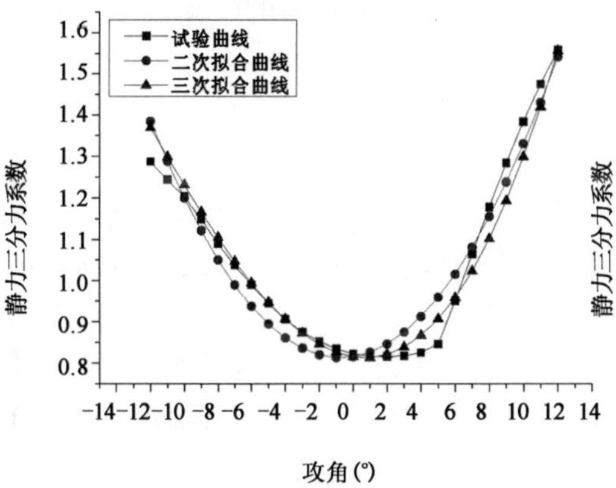

c)桁架桥

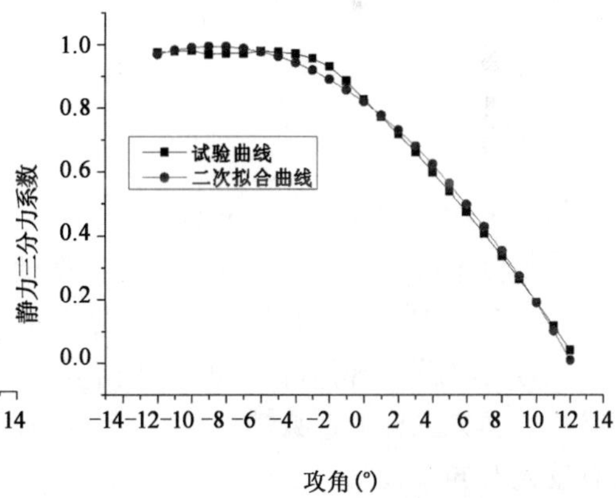

d)叠合桁架组合梁桥

图 6　阻力系数 C_D 试验曲线与拟合曲线比较

4　栏杆等附属设施对静力三分力系数的影响

文献[5]通过风洞试验详细研究了导流板、中央槽开孔率、中央稳定板位置、栏杆透风率、风障、检修车轨道和车流对三分力系数的影响。本文根据四座桥梁在成桥状态和施工状态的测力试验结果，分析了栏杆等附属设施对桥梁静力三分力系数的影响。四座桥梁在施工阶段均设置了检修车轨道，而成桥阶段分离双箱梁桥、桁架桥和叠合桁架组合梁桥加设了栏杆，近流线型钢箱梁桥不仅设置了六道栏杆还在梁底加设了两道水管，详见图3。

通过对四座桥梁成桥状态和施工状态风轴坐标系下的静力三分力系数仔细比较，可以得到以下结果：

(1)栏杆等对阻力系数的影响：近流线型箱梁桥，所有攻角下均为成桥状态大于施工状态。桁架桥和分离双箱梁桥除11°、12°攻角外，均为成桥状态大于施工状态。而叠合桁架组合梁桥在正负攻角区段，表现出完全相反的趋势：正攻角下，施工状态的阻力系数大于成桥状态；负攻角下，施工状态小于成桥状态。

(2)栏杆等对升力和升力矩系数的影响：近流线型钢箱梁桥、分离双箱梁桥和桁架桥的升力系数和升力矩系数成桥和施工状态保持较好的一致。近流线型钢箱梁桥和分离双箱梁桥均为成桥小于施工。桁架桥在－12°至－9°升力和升力矩系数为成桥大于施工，其余攻角下，均为成桥小于施工。由此可知大攻角下附属设施对透风率较大的桁架断面的影响与对箱梁断面的影响有本质区别。

(3)叠合桁架组合梁桥，升力矩系数在所有攻角下仍为成桥小于施工，但升力系数却在所有攻角下均为成桥大于施工。与另三座桥梁的结果比较可知：栏杆等附属设施对叠合桁架组合梁桥静力三分力系数的影响，升力矩系数上表现出与其他三种断面相同的作用，而升力系数方面，则表现出与其他三种桥梁完全相反的作用。

由以上分析可以看出：栏杆等对不同桥型绕流形态的影响是不一样的。但是四种桥型附属设施的影响均不容忽视，在很多风攻角下，成桥和施工状态的三分力系数相差较大，差值均超过50%。当然进一步的分析还需考虑很多影响因素并结合计算流体动力学(CFD)进行数值模拟。文献[5]还通过节段模型试验发现不同透风率的栏杆对桥梁断面的气动稳定性的作用也有优劣之分。因此，针对不同桥型，分析附属设施对桥梁断面静风荷载的影响，并合理选择适合于某种桥梁断面形式的附属设施对提高桥梁断面的气动稳定性具有重要意义。

5 结语

在同济大学TJ-1和TJ-2风洞对近流线型钢箱梁桥、分离双箱梁桥、桁架桥和叠合桁架组合梁桥四座桥梁进行了测力试验。每种桥型模拟了成桥和施工两种状态，分别得到了从－12°到＋12°共25个整数风攻角下的静力三分力系数。

(1)通过比较四种桥型在风轴和体轴下的静力三分力系数发现：近流线型钢箱梁桥和分离双箱梁桥的静力三分力系数较为类似，桁架桥以及叠合桁架组合梁桥的气动性质与前两者相比具有较大差异。

(2)根据试验测定的整数风攻角下的静力三分力系数，利用曲线拟合的最小二乘法拟合了四种桥型施工状态下的阻力系数。发现不同桥型阻力系数与攻角之间满足的函数关系虽有所不同，但是简单的二次或三次函数即可达到较好的精度。

(3)对四种桥型成桥状态和施工状态的静力三分力系数进行了比较，得到栏杆等附属设施对桥梁静力三分力系数的影响。结果表明：附属设施对桥梁断面静力三分力系数的影响较大，不可忽视。两种状态下的三分力系数在很多攻角下相差均超过了50%。附属设施对不同桥型的影响也有所不同，并非单一的增加或减小。栏杆等对桁架梁和叠合桁架组合梁等透风率较大的桥梁断面的静力三分力系数的影响(尤其是对叠合桁架组合梁桥的阻力和升力系数的影响)与箱梁桥不同甚至完全相反。

参 考 文 献

[1] 葛耀君.大跨度桥梁抗风[M].北京:人民交通出版社,2011.

[2] 王向阳,宋宏敏,熊锐.桥梁断面形式对三分力影响的数值研究[J].公路,2012,12.

[3] Hiroshi Sato, Nobuyuki Hirahara, Koichiro Fumoto, Shigeru Hirano, Shigeki Kusuhara. Full aeroelastic model test of a super long-span bridge with slotted box girder[J]. Journal of Wind Engineering and Industrial Aerodynamics, 2002, 90.

[4] 葛耀君,杨诉昕,等.西堠门大桥悬索桥抗风性能及风振控制研究(初步设计阶段研究报告)[R].上海:同济大学土木工程防灾国家重点实验室,2003.

[5] 高亮.桥梁断面三分力系数试验研究[D].长安大学,2010.

[6] 周斌,葛耀君,曹丰产.基于大涡模拟方法的闭口箱梁气动三分力系数识别[J].科学技术与工程,2009,9(9).

[7] Hiroshi Sato, Shigeki Kusuhara, Ken-ichi Ogi, Hiroteru Matsufuji. Aerodynamic characteristics of super long-span bridges with slotted box girder[J]. Journal of Wind Engineering and Industrial Aerodynamics, 2000, 88.

142. Π 形截面平行双幅桥的颤振稳定性及其气动控制措施的试验研究

钱国伟　周　锐　曹丰产　葛耀君

（同济大学土木工程防灾国家重点实验室）

摘　要：Π 形开口截面是大跨度斜拉桥中常用的一种主梁形式，但其气动性能较差，为提高颤振稳定性，一般需要采取有效的气动控制措施。本文以一座 Π 形截面平行双幅斜拉桥为研究对象，进行了一系列的节段模型风洞试验，着重对比了双幅桥间距、风嘴角度、竖向稳定板以及水平分离板等不同气动措施下平行双幅桥的颤振临界风速、气动干扰因子和气动导数的变化规律。结果表明，气动干扰效应对于双幅桥的颤振稳定性具有不利的影响，尤其是对下风侧桥面；随着间距比的增大，这种气动干扰效应的影响逐步减小；该双幅桥的最优风嘴角度是 65°，竖向稳定板均可提高颤振稳定性，但水平分离板反而不利。

关键词：平行双幅桥　Π 形断面　颤振稳定性　气动控制措施　风洞试验

1　引言

平行双幅桥梁是采用上下行相互独立、并列在同一平面上的双主梁结构的桥梁形式，它即能够满足更多车道的交通需求和适合道路改线的经济要求，又能解决混凝土桥面宽度限制的力学难题，故近年来国内外双幅桥梁建设逐渐增多，如美国 Tacoma Narrows New Bridge、日本名港西大桥、中国佛山平胜大桥等[1-2]。相对于单幅桥面桥梁来说，大跨度双幅桥面桥梁具有较为特殊的空气动力学特性，相关的气动稳定性和气动干扰效应研究主要是针对特定的桥梁工程展开的。随着双幅桥面桥梁的建设，关于双幅桥面桥梁气动干扰研究就显得十分必要。

工程实践中，双幅桥面桥梁通常有两种形式：①桥梁新建时，考虑到交通量、气动外形以及其他结构力学性能等因素将主梁设计成分离平行的双幅桥面，两桥面同时建造并同时投入使用；②为适应日益增加的交通量而在已建桥梁一侧再修建一座与其平行的桥梁[3-5]。

随着交通量的日益增长，大跨度双幅桥面桥梁将在国内外越来越广泛地采用。表 1 列出了两种类型的国内外部分大跨度双幅桥面桥梁的建设概况。

基金项目：科技部国家重点基础研究计划（973 计划）项目，编号：2013CB036300；国家自然科学基金重大研究计划集成项目，编号：91215302。

国内外部分大跨度双幅桥面桥梁建设概况　　表1

桥　梁	国家	桥型	主跨(m)	单幅桥面宽 B(m)	净间距 D(m)	间距比 D/B	建成年份(年)
尾道大桥	日本	斜拉桥	215	10.40	37.3	3.587	1968(旧桥)/1999(新桥)
明港西大桥	日本	斜拉桥	405	14.50	35.5	2.448	1985(旧桥)/1996(新桥)
新塔科马大桥	美国	悬索桥	854	18.3/23.77	40.0	2.186/1.683	1950(旧桥)/2007(新桥)
Fred Hartman Bridge	美国	斜拉桥	381	23.83	4.67	0.196	1995
佛山平胜大桥	中国	悬索桥	350	26.10	3.80	0.146	2006
苏通长江大桥辅航道桥	中国	连续梁桥	268	16.40	1.20	0.073	2008
青岛海湾大桥红岛航道桥	中国	斜拉桥	120	23.00	7.50	0.326	2011
宁波甬江公路特大桥	中国	斜拉桥	468	22.00	8.10	0.368	2011

由表1的统计结果分析可以看出：大跨度双幅桥面桥梁在桥型上多采用斜拉桥体系或悬索桥体系，净间距 D 与单幅桥面宽 B 之比在0.15～4.0之间。由于两个主梁距离较近，在气流作用下，上风侧桥与下风侧桥之间存在一定的相互影响，故大跨度双幅桥梁的抗风问题主要表现为双幅桥之间的气动干扰，这种气动干扰对桥梁颤振稳定性具有一定的影响[2,6]。已有研究结果表明[1-7]，在一定状态下平行双幅桥存在的气动干扰效应对其颤振稳定性可能不利，但是它们的研究主要集中在颤振临界风速随间距比(D/B)的变化关系上，而在考虑气动干扰效应后气动措施对双幅桥颤振性能的控制效果研究相对很少。

由于Ⅱ形截面具有材料和受力性能等方面的优势，现已有很多大跨度桥梁采用这种截面形式，如我国的上海杨浦大桥、鄂东长江公路大桥等；但其气动性能相对较差，因此需要采取一些气动措施，来改善这种断面的气动性能从而使其在实际工程中得到更广泛的应用。本文以宁波甬江公路特大桥为工程背景，进行了一系列弹簧悬挂节段模型试验，研究了双幅桥面气动干扰效应对颤振稳定性的影响，着重对比分析了不同间距比 D/B，不同边缘风嘴角度和设置不同组合方式的竖向稳定板和水平分离板下平行双幅桥的颤振临界风速变化规律。其中，对于气动控制措施的研究可为双幅桥梁的抗风设计提供较为系统的指导意义。

2　风洞试验研究

2.1　工程背景

宁波甬江公路特大桥位于宁波绕城高速公路东段的控制和标志性工程，为主跨468m的联塔平行分幅斜拉桥，双幅桥面总宽56.7m，双向8车道，半漂浮体系，主梁采用两个钢箱纵梁与混凝土板叠合的组合体系，索塔为双菱形联体四索面桥塔，高为141.5m，总体布置如图1所示。

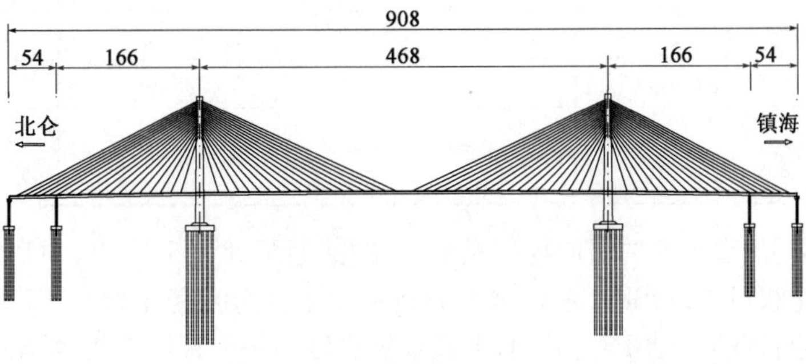

图1　宁波甬江特大桥总体布置图(尺寸单位：m)

2.2 试验参数

双幅桥颤振试验采用八根弹簧悬挂的二维刚体节段模型，两幅平行桥采用完全相同的节段模型。试验模型的几何相似比 $\lambda_L=1/60$，风速比 $\lambda_L=1/5.5$，扭弯频率比 $\lambda_n=2.397$，长度为1.74m，间距比为0.3，风嘴为65°，具体的设计参数见表2，单幅桥的模型横截面尺寸如图2所示。

试验设计基本参数 表2

设计参数	模型桥	实桥
单幅主梁单位长度质量($kg \cdot m^{-1}$)	9.850	35 461
单幅主梁单位长度质量惯矩($kg \cdot m^2 \cdot m^{-1}$)	0.131	1 699 000
一阶竖弯频率 Hz	3.355	0.307 6
一阶扭转频率 Hz	8.043	0.737 3

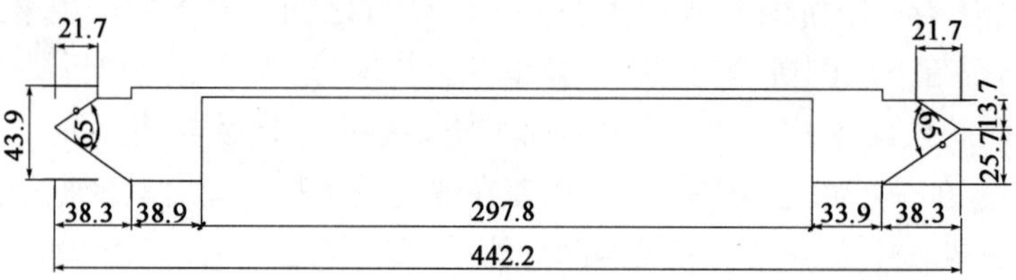

图2 单幅桥模型横截面图(尺寸单位:mm)

该双幅桥梁的节段模型颤振试验在均匀流场中进行，利用基于改进最小二乘法的自由衰减振动法识别气动导数，两个模型的参数与颤振临界风速测试时完全一致。提取上风侧桥气动导数时，对其进行脉冲激励使之在风场中自由振动，而下风侧桥则保持自然状态，下风侧桥气动导数识别时反之。分别进行了单幅桥和双幅桥两种状态下的试验，得到模型系统的竖弯频率和扭转频率及相应的阻尼比。

2.3 试验工况

分别进行了−3°、0°、+3°这三个风攻角下单幅桥和双幅桥两种结构状态下的颤振试验，主要研究内容和试验工况如表3所示。

主要研究内容与试验工况 表3

试验项目	气动干扰效应对颤振稳定性的影响	间距比对气动干扰效应的影响	风嘴角度对颤振的控制效果	分离板组合方式对颤振的控制效果
模型状态	单幅桥、双幅桥	双幅桥	单幅桥、双幅桥	双幅桥
间距比(D/B)	0.3	0.3、0.5、0.8、1.0	0.3	0.3
风嘴角度(FZ)	65°	65°	50°、60°、65°	65°
分离板组合方式	—	—	—	UCLQSP、CHSP、CHLQSP、CULQSP

其中，四种不同组合方式的竖向稳定板和分离板：悬臂水平分离板(CHSP)、上中央稳定板+下四分点稳定板(UCLQSP)、悬臂水平分离板+下四分点稳定板(CHLQSP)、悬臂水平分离板+上下稳定板(CULQSP)。其中，上稳定板高度为桥面板厚2倍(10mm)，下稳定板为3/4梁高(30mm)，分离板的宽度为10mm。部分节段模型试验工况示意如图3所示。

a)单幅桥　　b)双幅桥+UCLQSP　　c)双幅桥+CHSP

图 3　节段模型试验工况示意图

3　颤振稳定性试验结果

3.1　颤振临界风速

单、双幅桥面的颤振试验风速均为 1～26m/s，定义颤振临界风速的气动干扰因子 IF＝(双幅桥上/下风侧的颤振临界风速－单幅桥的颤振临界风速)/单幅桥的颤振临界风速。颤振临界风速试验结果如表 4 所示。结果显示：下风侧桥先发生颤振，然后带动上风侧桥发生颤振，最后共同发散；上、下风侧桥 IF 均为负值，其颤振临界风速都明显比单幅桥的低，其中下风侧桥更加显著，－3 度攻角是三种风攻角中最不利的状况。

各风攻角下颤振临界风速以及气动干扰因子对比　　表 4

风攻角	模型颤振临界风速 U(m/s)			实桥颤振临界风速 U(m/s)			气动干扰因子 IF	
	单幅桥	上风侧桥	下风侧桥	单幅桥	上风侧桥	下风侧桥	上风侧桥	下风侧桥
+3°	26.2*	16.0*	15.5*	144.1	88.00	85.25	－0.389	－0.408
0°	26.6*	15.5*	15.0*	146.3	85.25	82.50	－0.417	－0.419
－3°	28.4*	16.5*	16.0*	156.2	90.75	88.00	－0.437	－0.440

注：带 * 的值为延长扭转阻尼比曲线后得到的估算值。

3.2　气动导数

对于二维刚体节段模型，利用基于改进最小二乘法[8]可以识别出八个气动导数，这里重点对比研究了跟扭转运动自身所产生的扭转气动阻尼直接相关的气动导数 A_2^*，由此得出各风攻角下单幅桥、上风侧桥和下风侧桥的气动导数变化曲线如图 4 所示。

由图 4 可知，+3°攻角时，在折减风速 $U/fB=5$ 左右之前，上风侧桥与单幅桥的气动导数 A_2^* 变化趋势基本保持一致，后期的变化方向则与单幅桥的完全相反；而下风侧桥的气动导数则从初始保持下降趋势，在 $U/fB=4.8$ 左右出现转折点开始增加，直到 $U/fB=5.5$ 左右开始变为正值，开始提供气动负阻尼。

0°攻角时，上风侧桥与单幅桥的 A_2^* 曲线初始增加为正值，提供气动负阻尼，然后转变急剧变为负值，在 $U/fB=2$ 时降为最低点，这可能是由于涡振的出现导致的；而下风侧桥的气动导数的变化趋势与+3°类似，只是转折点有所提前。

－3°攻角时，单幅桥和双幅桥的气动导数比+3°的下降程度更大，最低点更小，颤振失稳时的数值却要大，所以此时的颤振性能比+3°攻角的更好；下风侧桥的风侧桥的气动导数的变化趋势仍然与+3°类似，但在折减风速 $U/fB<5$ 范围内基本保持负值，并不提供气动负阻尼。

由此可知，气动干扰效应对上风侧桥的气动导数影响不是很明显，主要是在 $U/fB=5$ 左右时与单幅桥的变化趋势完全相反，开始提供气动负阻尼；而气动干扰效应对下风侧桥的气动导数影响则相对较大，其气动导数转折点较大幅度地滞后，这可能是上、下风侧桥振动产生的紊流对顺风向影响较大，而对逆风向影响较小的缘故。

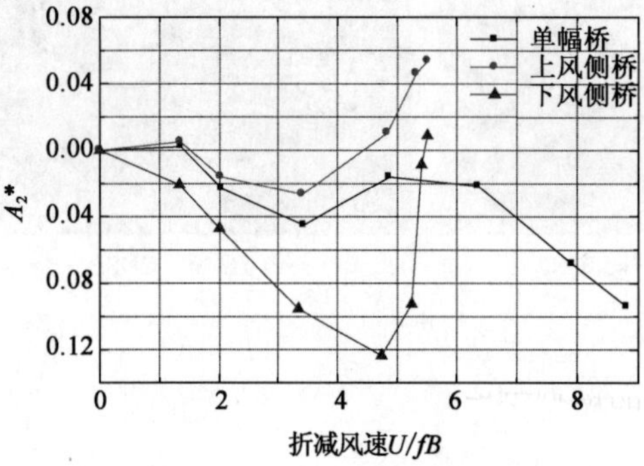

a) +3° 风攻角

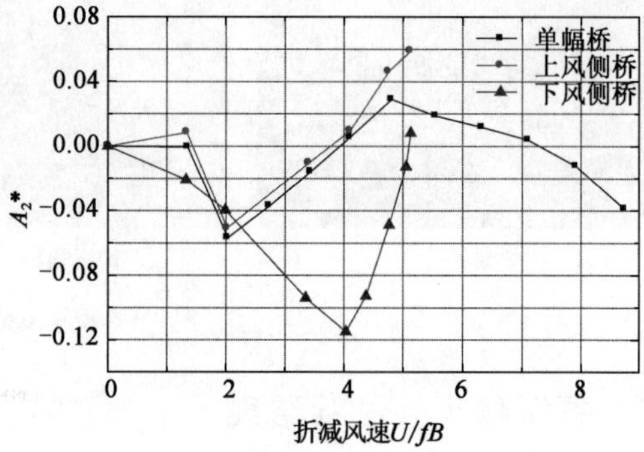

b) 0° 风攻角

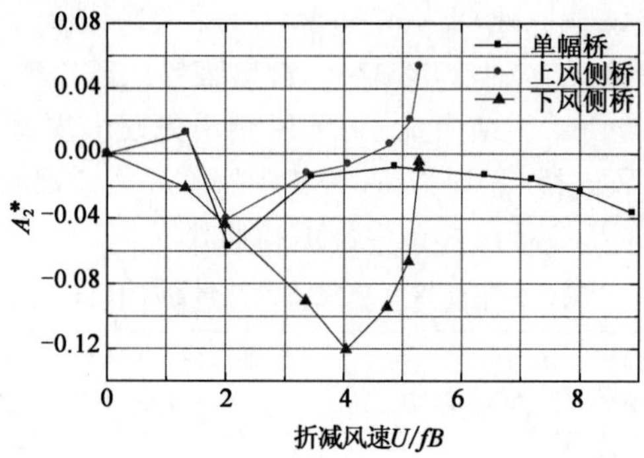

c) -3° 风攻角

图 4　单幅桥与双幅桥的气动导数 A_2^*

3.3　双幅桥间距的影响

双幅桥的间距比对于气动干扰效应有着很重要的影响，故这里选取四种不同的间距比 D/B：0.3、0.5、0.8 和 1.0。考虑到下风侧桥受到的气动干扰效应更严重，这里主要对比了不同风攻角和不同间距比情况下的下风侧桥颤振临界风速的气动干扰因子 IF，其变化趋势如图 5 所示。

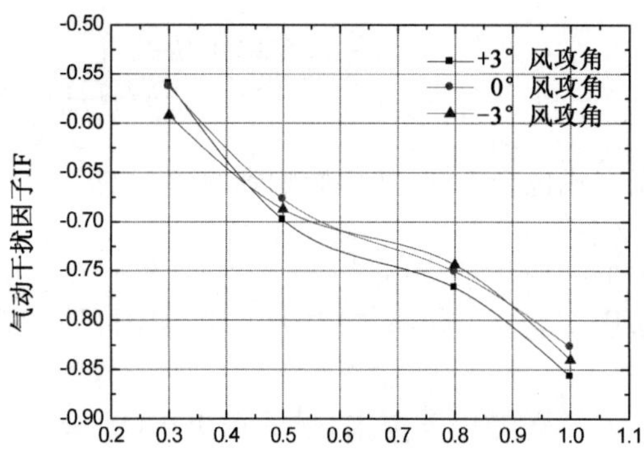

a)气动干扰因子随间距比变化趋势

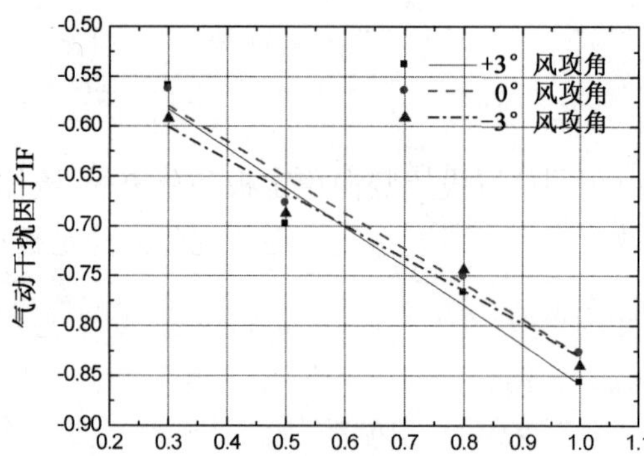

b)IF与D/B线性关系拟合

图 5　下风侧桥不同间距比时的气动干扰因子

由图 5a)可知，下风侧桥的颤振临界风速气动干扰因子 IF 随着间距比的增加而增大。其中在 D/B=0.3～1.0 之间，IF 值变化与 D/B 大小呈近似线性关系，将其作线性拟合，结果如图 5b)所示。

4 气动控制措施研究

常用的被动气动控制措施可以有效地改善桥梁的颤振性能，这里主要分析改变边缘风嘴角度，分离板的多种组合方式来研究这些被动气动控制措施对于改善双幅桥颤振性能的作用。

4.1 风嘴控制措施

为研究风嘴角度对于双幅桥颤振稳定性的影响，分别选取 50°、60°和 65°这三种角度，进行均匀流场下的颤振试验。单幅桥和上、下风侧桥的模型颤振临界风速及其气动干扰因子 IF 的变化结果分别如图 6、图 7 所示。

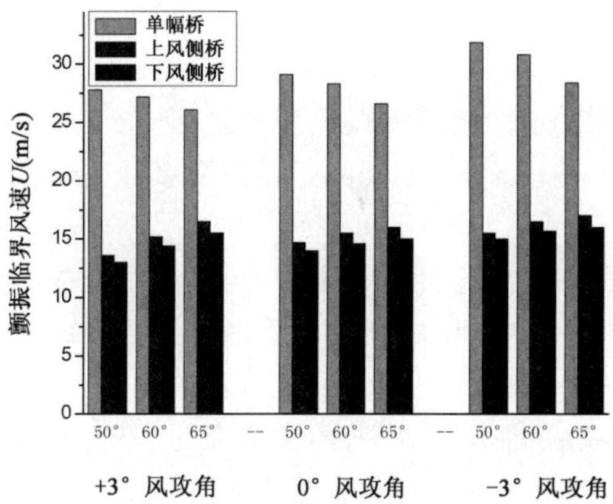

图 6 不同风嘴角度下的颤振临界风速

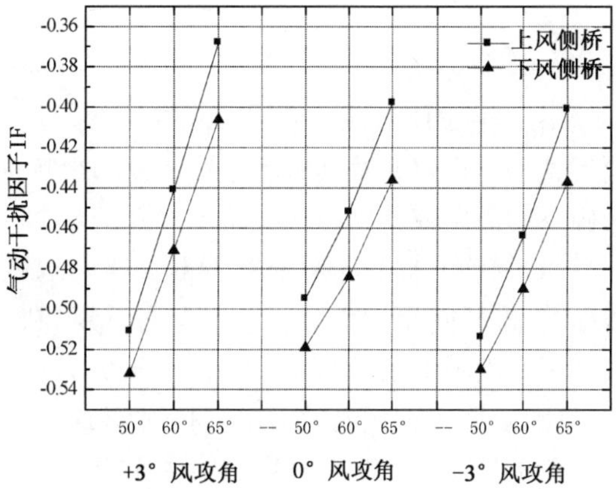

图 7 不同风嘴角度下的气动干扰因子

由图 6 分析可见，上、下风侧桥的颤振临界风速随着风嘴角度的增大而增大，而单幅桥的颤振临界风速随着风嘴角度的增大而减小。因此，双幅桥的风嘴角度对于双幅桥的颤振性能影响与单幅桥截然相反。

由图 7 分析得出，随着风嘴角度的增大，双幅桥的上、下风侧桥的 IF 绝对值均减小，说明气动干扰效应与风嘴角度成反比，即 65°风嘴是三种风嘴中最优的风嘴角度，此时受到气动干扰效应最小，故宁波甬江大桥选用 65°的风嘴较为合适。

4.2 竖向稳定板和分离板及其组合

不同位置设置竖向稳定板和分离板，流体绕流方式也会不同，从而影响到双幅桥的气动干扰效应。为了研究系统性地研究竖向稳定板和水平分离板对气动干扰效应的影响，选取四种组合方式：CHSP、UCLQSP、CHLQSP、CULQSP，进行颤振试验，测出上、下风侧桥的模型颤振临界风速如图 8 所示。

根据图 8 显示的结果分析，与无稳定板和分离板的颤振临界风速相比，除了 CHSP 外，几乎所有采用气动控制措施的颤振临界风速都有不同程度的提升，其中 UCLQSP 的临界风速最高，其次是 CULQSP，这反映下四分点稳定板对改善该双幅桥的颤振性能最明显，其次是上中央稳定板，然而悬臂水平分离板却不利于双幅桥的颤振性能；总体上，上风侧桥的颤振临界风速比下风侧桥高出约 0.6m/s，这表明在多种不同组合的气动措施下该双幅桥中下风侧桥受到的气动干扰效应影响仍然始终大于上风侧的，这与不采用任何气动控制措施的双幅桥的试验结果一致。

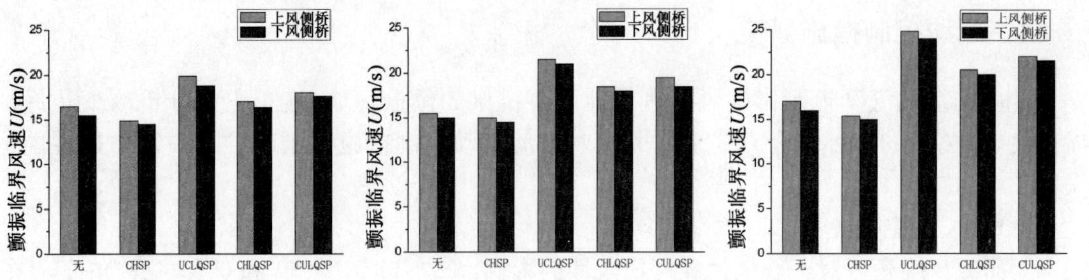

a)+3° 风攻角 b)0° 风攻角 c)-3° 风攻角

图 8 竖向稳定板与分离板及其组合方式下双幅桥的颤振临界风速

5 结语

本文针对Ⅱ形截面的平行双幅桥，通过一系列的节段模型测振风洞试验，研究了双幅桥面的气动干扰效应及其对颤振稳定性的影响；同时对比分析了不同间距比以及多种气动控制措施下的颤振临界风速和气动干扰因子，主要结论如下：

(1)气动干扰效应对于Ⅱ形断面平行双幅桥的颤振稳定性具有不利的影响，尤其是下游桥面；在实桥间距比 $D/B=0.3$ 左右，最不利的 $-3°$风攻角下上、下游桥面的颤振临界风速的气动干扰因子 IF 分别为 -0.342 和 -0.440。

(2)随着间距比的增大，气动干扰效应对于双幅桥的影响减小；在本文研究的 $D/B=0.3\sim1.0$ 范围内气动干扰因子 IF 减小的趋势与间距比 D/B 大小呈近似线性关系。

(3)随着风嘴角度的增大，该Ⅱ形开口截面双幅桥受到气动干扰效应的影响减小，同时颤振临界风速随之增大；进而得出该双幅桥的最优风嘴角度为 65°，这有别于单幅桥的 50°最优风嘴角度。

(4)不同组合方式的分离板和竖向稳定板，上、下游桥面受到的气动干扰效应不同，其中下四分点稳定板、上中央稳定板均可提高该双幅桥的颤振性能，而水平分离板则反而不利。

针对考虑气动干扰效应后气动措施对于双幅桥的颤振控制机理，需要采用其他研究方式如 CFD 和 PIV 技术，通过对流场运动的细致分析来作进一步地深入研究。

参 考 文 献

[1] 朱乐东，周奇，郭震山，等. 箱形双幅桥气动干扰效应对颤振和涡振的影响[J]. 同济大学学报(自然科学版)，2010，38(5)：632-638.

[2] 陈政清，牛华伟，刘志文. 平行双箱梁桥面颤振稳定性试验研究[J]. 振动与冲击，2006，25(6)：54-58.

[3] 刘志文，陈政清，胡建华，等. 大跨度双幅桥面桥梁气动干扰效应[J]. 长安大学学报(自然科学版)，2008，28(6)：55-59.

[4] Rowan A I，Stoyan S，Xie JM et a1. Tacomanarrows 50 yesrs later-wind engineering investigations for parallel bridges[J]. Bridges Structures，2005，1(1)：3-17.

[5] Honda Akihiro，Shiraishi Naruhito，Matsumoto Masaru et al. Aerodynamic stability of Kansai International Airport access bridge[J]. Journal of Wind Engineering and Indus-

trial Aerodynamics,1993,9(1-3):533-542.

[6] Matsumoto M,Rikuma Shijo,Akito shi Eguchi et al,On the flutter characteristics of separated two box girders[J]. Journal of Wind and Structures,2004,7(4):281-291.

[7] Kimura K. ,Shima K. ,Sano,K. et al. Effects of separation distance on wind-induced response of parallel box girders[J]. Journal of Wind Engineering and Industrial Aerodynamics,2008,96:954-962.

[8] 丁泉顺,陈艾荣,项海帆.桥梁断面气动导数识别的修正最小二乘法[J].同济大学学报(自然科学版),2001,29(1):25.

ANR1215 型激光位移传感器来测试模型的振动位移。为了保证测试的精度，激光位移传感器需要固定在模型附近，图 4 中激光位移计固定在距离测试点 13cm 处，而且每个激光位移计只能测试单方向的位移，因此，本次试验中分别在纵桥向布置了 5 个、横桥向布置了 3 个共 8 个激光位移计，为了保证激光位移传感器在测试过程中不振动，激光位移计的固定系统自身需要较高的刚度，从而，在模型周围增加了非常复杂的传感器固定系统(包括竖向立杆、横向杆、铁丝等)，这些附属构件会不可避免地影响气弹模型周围的风场流动特性，因而必定影响气弹模型测试的精度。

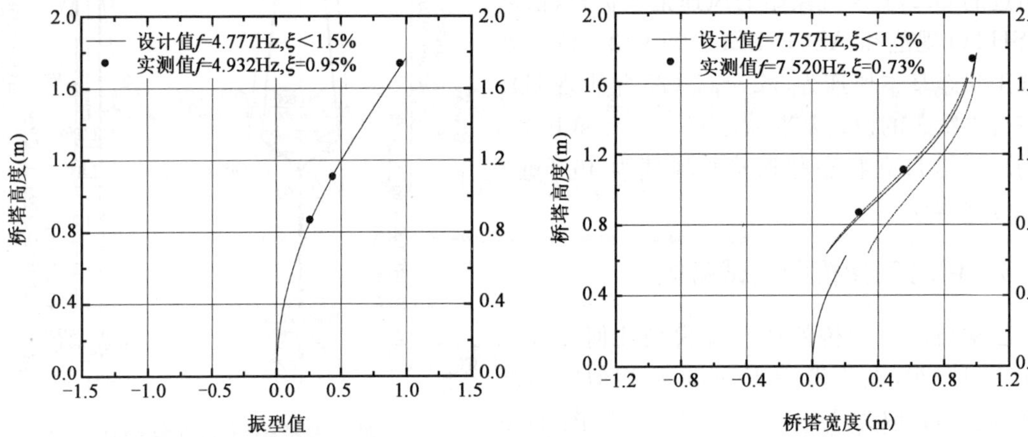

a)一阶纵桥向弯曲　　b)一阶横桥向弯曲

图 3　桥塔气弹模型模态参数的设计目标值及实测值

图 4　桥塔气弹模型传统测试方法

图 5　桥塔气弹模型 OPTOTRAK PROseries 测试

为了避免传统测试方法的上述弊端，同济大学土木工程防灾国家重点实验室购买了加拿大 NDI 公司生产的 OPTOTRAK PROseries 光学追踪高精度动态测量系统(Dynamic Measuring Machine，简称为 DMM)，该系统为远距离非接触式测试设备，其中光学追踪器(Optical Tracker，见图 2)位于模型下风处 4.7m 附近，Marker 测点尺寸很小，安装在测试截面下游处(见图 5)，该测试系统对模型周围的风场非常微小，每个 Marker 点可以测试 x，y，z 三个方向的动态位移，测试、安装均比传统方法简单得多。

4 OPTOTRAK PROseries DMM 测试技术

4.1 测试系统介绍[3]

OPTOTRAK PROseries DMM 的组件如图 6 所示，其中标织点（即图 5 中 Marker 测点）安装在待测物体上，在测试时主动发出红外光到定位传感器（即图 2 中 Optical Tracker），系统控制单元（System controller）用于控制位置传感器和集线器的操作，同时收集位置传感器传回的数据。Optical Tracker 的三维动态测量的原理如图 7 所示，通过接受安装在待测物体上的一组 Marker 点发出的红外光得到该物体 6DOF 的时程信号。本次试验中采用的是 Model 2000 系列，其测试范围如图 8 所示。

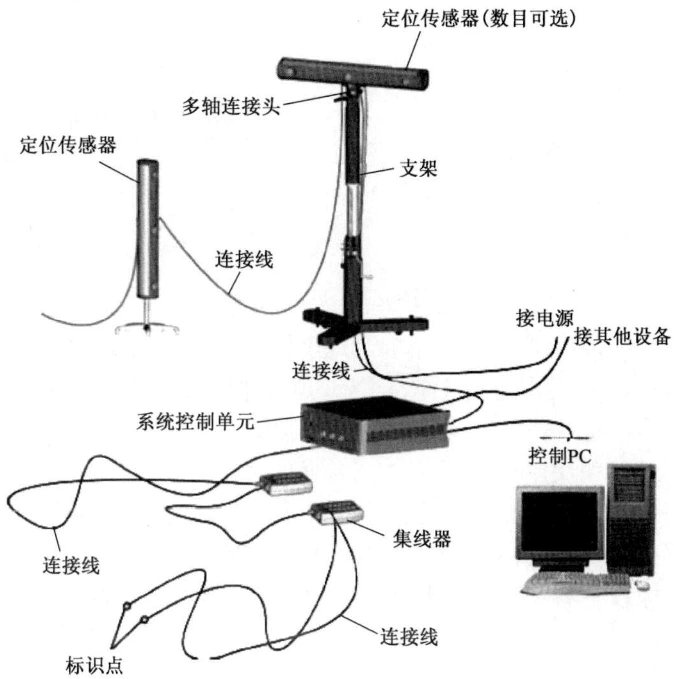

图 6 OPTOTRAK PROseries 动态测试系统的组件

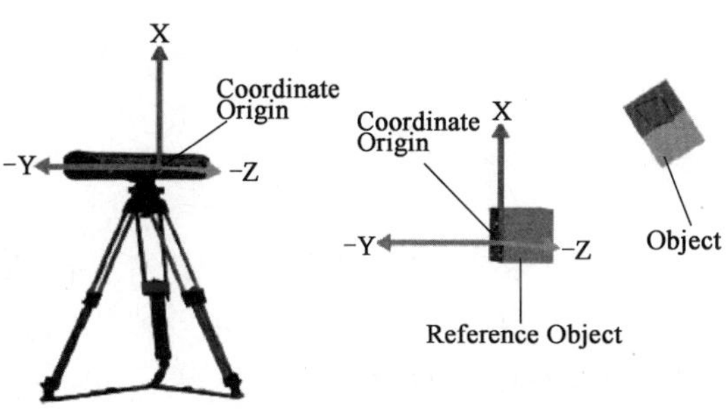

图 7 Optical Tracker 测试动态位移的原理

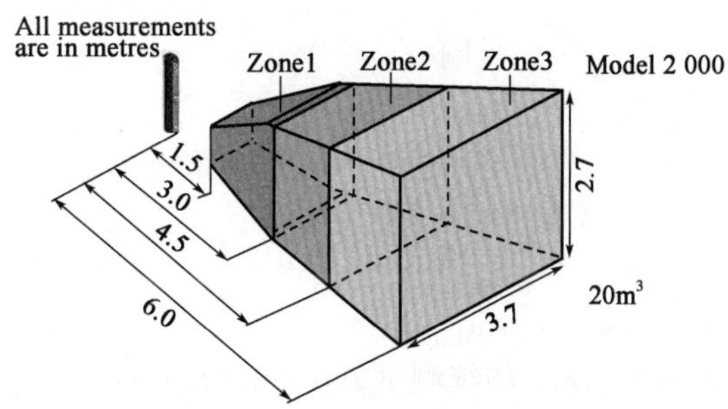

图 8 Model 2000 测试的区域

4.2 坐标系统的定义及转换关系

利用 OPTOTRAK PROseries DMM 测量裸塔气弹模型振动响应时，振动响应的数据处理涉及到三个坐标体系：测量系统的整体坐标系（Global coordinate system），风洞的风轴坐标系(Wind-axis coordinate system)和气弹模型的体轴坐标系(Body-axis coordinate system)。所有的 Marker 点测量数据的计算都是基于全局坐标系进行的,在默认状态下全局坐标系的坐标原点位于 Optical Tracker 中间的 CCD 镜头上[3],如图 7 和图 9 所示。

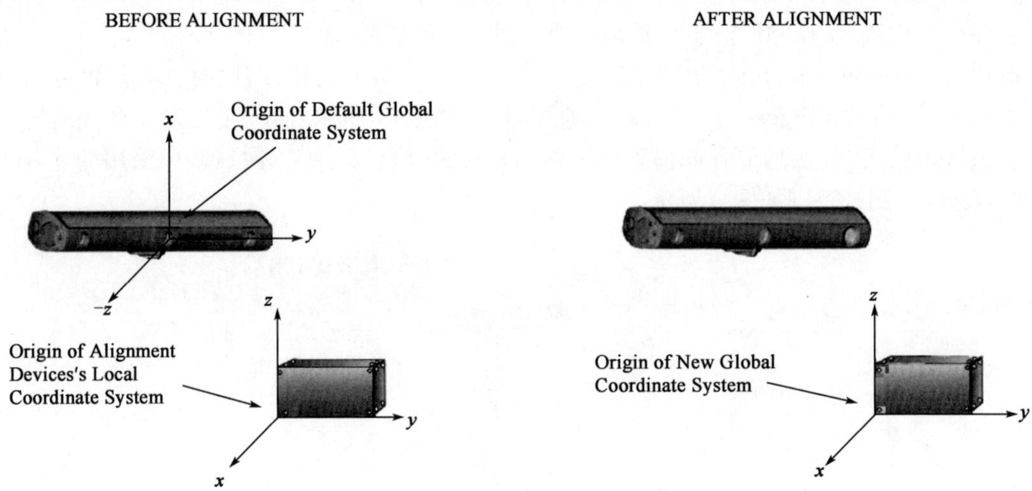

图 9 全局坐标系到风轴坐标系的转换

在正式测量之前,需要将默认状态下的全局坐标系转换到风轴坐标系,并将坐标原点转换到气弹模型自身的转轴上,这是通过 PowerINSPECT 检测软件的坐标系对齐功能实现的:在默认的全局坐标系下指定风轴坐标系的方向及坐标原点,由 PowerINSPECT 软件生成坐标系对齐定位文件,此文件中即为两个坐标系之间转换的关系。在后续测量时,用 DMM 软件读入该几何对齐文件,测试各个 Marker 点的坐标就自动转换到风轴坐标系下了,见图 9。

事实上,结构分析中关心的是结构在自身体轴坐标系中的振动响应,因此,需要进一步将结构在上述风轴坐标系中响应转换到体轴坐标系中。在图 10 中,定义 X_w-Y_w-Z_w 为风轴坐标系,X_s-Y_s-Z_s 为桥塔的体轴坐标系,均满足右手螺旋法则。则两个坐标系中各个 Marker 点的振动位移转换关系为:

$$x_s = (x_w - x_{w0}) \times \cos\beta + (y_w - y_{w0}) \times \sin\beta \tag{1}$$

$$y_s = -(x_w - x_{w0}) \times \sin\beta + (y_w - y_{w0}) \times \sin\beta \tag{2}$$

式中: β——风偏角;

x_w 和 y_w——风轴坐标系下的位移响应;

x_{w0}和 y_{w0}——零风速下风轴坐标系中的位移信号。

4.3 Marker 测点安装位置偏心的修正技术

从图 5 可以看出,在桥塔气弹模型试验中,Marker 测点不可能精确地安装到塔柱截面的中心点上,而是固定在模型的外衣上,考虑到各个测试截面均存在转角位移,这样势必引起位移测量结果的偏差,这部分偏差可以根据 Marker 点的实际安装位置进行修正。

在推导 Marker 测点安装位置偏心的修正方法之前,首先对图 10 中的坐标参数说明如下:

(1)β 为桥塔截面相对于来流方向的偏角,即风偏角,以逆时针为正。

(2)M_2 和 M_3 分别为同一个测试截面上的上下游塔柱的 Marker 测点,(c_1,b_1)和(c_2,b_2)分别为 M_2 和 M_3 相对于体轴坐标系 X_s-Y_s 的坐标。

(3)φ_1 和 φ_2 分别为 M_2 和 M_3 相对于体轴 X_s 的偏心角，以逆时针为正。

在图 10 所示的体轴坐标系中，安装偏心的 Marker 测点与相应的塔柱中心的振动位移存在如下转换关系：

$$x_{s1} = x_{s01} - c_1 \times \alpha \times \sin\varphi_1 \tag{3}$$

$$y_{s1} = y_{s01} + c_1 \times \alpha \times \cos\varphi_1 \tag{4}$$

$$x_{s2} = x_{s02} - c_2 \times \alpha \times \sin\varphi_2 \tag{5}$$

$$y_{s2} = y_{s02} + c_2 \times \alpha \times \cos\varphi_2 \tag{6}$$

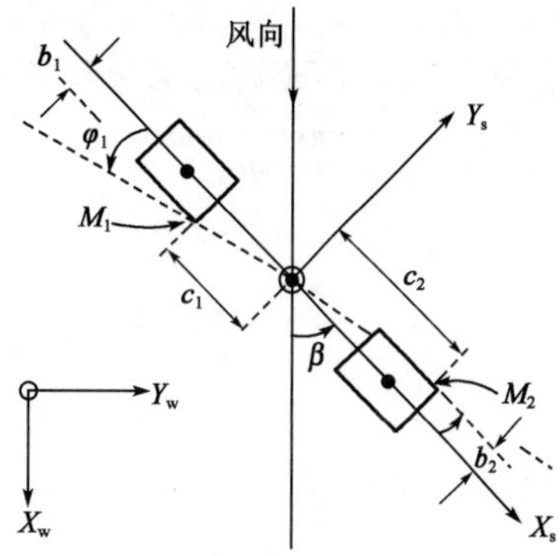

图 10　风轴和体轴坐标系中桥塔截面上 Marker 点安装偏心示意图

式中：(x_{s1}, y_{s1})和(x_{s2}, y_{s2})——通过式(1)和式(2)转换得到 M_2 和 M_3 在体轴坐标系中的位移时程；

α——M_2 和 M_3 点所在的塔柱截面的转角时程，以弧度为单位；

(x_{s01}, y_{s01})和(x_{s02}, y_{s02})——相应塔柱中心在体轴坐标系中的位移时程。

考虑到图 10 所考察的是桥塔的某一个水平截面，因此，塔柱中心的位移满足如下关系：

$$x_{s01} = x_{s02}, y_{s01} = y_{s02} \tag{7}$$

根据图 10 所示的几何关系，Marker 点在体轴中的坐标与偏心角之间存在如下关系：

$$\sin\varphi_1 = b_1/c_1, \cos\varphi_1 = \sqrt{c_1^2 - b_1^2}/c_1 \tag{8}$$

$$\sin\varphi_2 = b_2/c_2, \cos\varphi_2 = \sqrt{c_2^2 - b_2^2}/c_2 \tag{9}$$

由式(3)～式(7)可求得 M_2 和 M_3 点所在塔柱截面中心点的位移时程和转角时程：

$$x_{s01} = x_{s02} = x_{s1} + (y_{s2} - y_{s1})/(c_2 \times \cos\varphi_2 - c_1 \times \cos\varphi_1) \times c_1 \times \sin\varphi_1 \tag{10}$$

$$y_{s01} = y_{s02} = y_{s1} - (y_{s2} - y_{s1})/(c_2 \times \cos\varphi_2 - c_1 \times \cos\varphi_1) \times c_1 \times \cos\varphi_1 \tag{11}$$

$$\begin{aligned} \alpha &= (x_{s1} - x_{s2})/(c_2 \times \sin\varphi_2 - c_1 \times \sin\varphi_1) \\ &= (y_{s2} - y_{s1})/(c_2 \times \cos\varphi_2 - c_1 \times \cos\varphi_1) \end{aligned} \tag{12}$$

式(13)～式(14)中，对两个塔柱中心点的位移取平均即可得到所测桥塔截面在两个方向上的平动位移，消除局部振动的影响：

$$x_{s0} = (x_{s01} + x_{s02})/2 = (x_{s1} + x_{s2})/2 + \alpha \times (c_2 \times \sin\varphi_2 + c_1 \times \sin\varphi_1)/2 \tag{13}$$

$$y_{s0} = (y_{s01} + y_{s02})/2 = (y_{s1} + y_{s2})/2 - \alpha \times (c_2 \times \cos\varphi_2 + c_1 \times \cos\varphi_1)/2 \tag{14}$$

考虑到桥塔面外响应较大，式(15)选取面外的时程信号计算，即

$$\alpha = (y_{s2} - y_{s1})/(c_2 \times \cos\varphi_2 - c_1 \times \cos\varphi_1) \tag{15}$$

公式(13)～式(15)就是考虑 Marker 点安装偏心后，桥塔截面振动响应修正的结果。

5　抖振响应对比

在图 5 所示的相同的紊流风场条件下，分别用 OPTOTRAK PROseries DMM 和传统的激光位移计测量巴拿马桥塔气弹模型在不同风偏角下的抖振位移响应。其中，塔顶纵桥向和横桥向位移在 45°和 90°的结果见图 11～图 14。对比结果显示：传统的测试方法中测试系统本身对风场的干扰所造成的测试误差，具有使振动响应变小的趋势，其中纵桥向的抖振位移的平均值折减最大，可达 26.5%，纵桥向抖振位移根方差也有不同程度的折减，但对横桥向测试结果影响不大。通过对比可知，传统的测试方法测得的抖振响应是偏于不安全的。

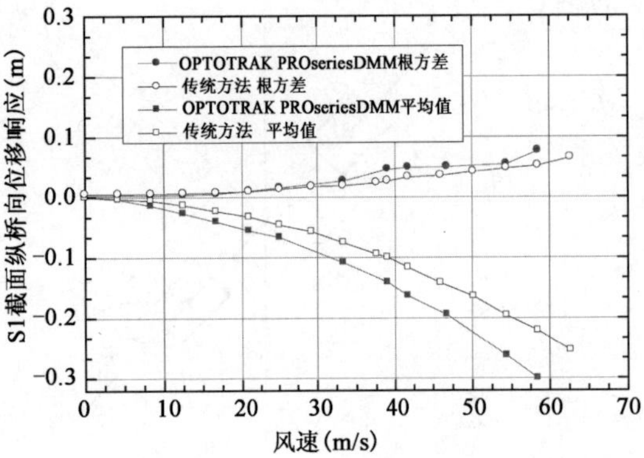

图 11　45°风偏角塔顶纵桥向抖振位移对比

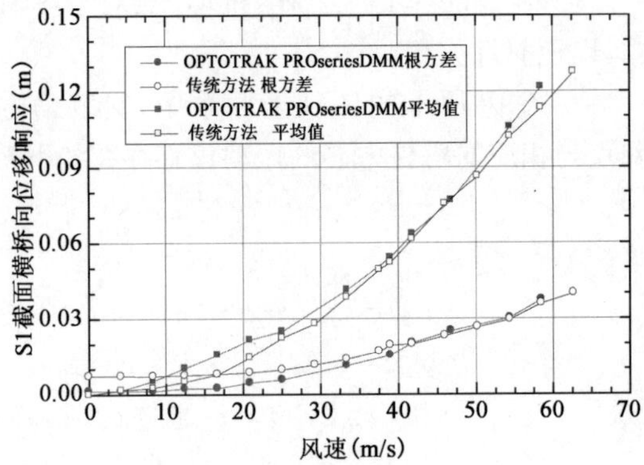

图 12　45°风偏角塔顶横桥向抖振位移对比

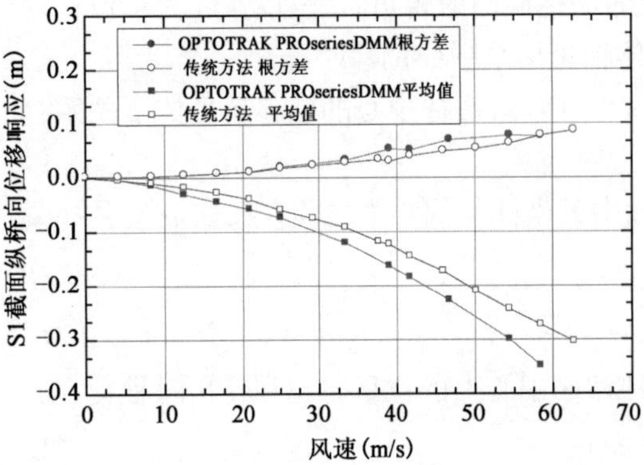

图 13　90°风偏角塔顶纵桥向抖振位移对比

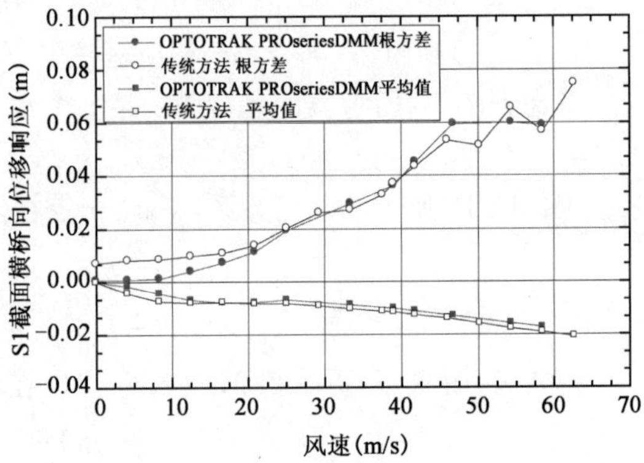

图 14　90°风偏角塔顶横桥向抖振位移对比

6　结语

以巴拿马运河桥为工程背景，首先分析了桥塔气弹模型试验中，传统的位移测试方法存在的问题：测量传感器的安装和固定支架系统距离模型较近，可能影响到模型周围的风场绕流，不可避免地对测试结果产生影响。然后，介绍了在巴拿马运河桥裸塔风洞试验中采用的新型测试技术——OPTOTRAK PRO 远距离非接触式动态测量系统，详细介绍该测量系统的坐标转换方法，并推导了考虑测试点安装偏心的理论修正技术。对比在两种测试方法在相同紊流风场和风偏角下的测试结果，发现传统的测试方法测得的结果偏小，其中，纵桥向位移平均值偏差最大，塔顶平均位移偏差最大可达 26.5%，传统的方法测得的结果偏于不安全，测量系统本身对测试结果所造成的干扰效应是不可忽略的。

参 考 文 献

[1] 朱乐东，高广中. 巴拿马运河大桥抗风性能研究施工图设计阶段研究报告之三：桥塔自立状态气动弹性模型风洞试验研究[R]. 上海：同济大学土木工程防灾国家重点实验室，2012.

[2] AASHTO LRFD，Bridge Design Specifications，Customary U. S. Units，4th Edition，2007.

[3] Northern Digital Inc. OPTOTRAK PROseries DMM User Guide. Canada：NDI，2007.

144. 大跨度双层桥面钢桁架悬索桥动力特性分析

应旭永　张　哲　许福友　檀永刚
（大连理工大学桥梁工程研究所）

摘　要：以一座大跨度双层桥面钢桁架悬索桥——大连星海湾跨海大桥为工程背景，建立空间有限元动力计算模型，通过调整主缆初应力确定恒载作用下的成桥线形，基于静力平衡状态对大桥的动力特性进行了计算分析，获得了大桥的自振频率和振型，并从中央扣的设置方式，缆索、加劲梁和主塔的刚度变化以及桥面恒载集度变化等方面进行了动力特性的参数影响分析，得出了一些有意义的结论，为今后该类型悬索桥优化设计提供一定的理论依据。

关键词：悬索桥　双层桥面　钢桁架　动力特性

1　引言

悬索桥是由主缆、吊杆、加劲梁、主塔和锚碇等主要构件或结构组成的缆索承重桥，具有力线明确、造型美观和跨越能力大等优点。对于双层桥面桥，最常采用的加劲梁形式为钢桁架，因为钢桁架可以形成上下弦桥面，适合双层桥面布置，且桁高较高，通透性好，有利于下层桥面车辆通行所需的净空和采光要求；此外加劲钢桁架梁具有较大刚度，在较大的外荷载作用下能保证结构的挠度较小，满足行车安全和舒适感。表 1 列出了国内外部分已建双层桥面钢桁架公路悬索桥[1,2]，从目前的建设情况来看，这种桥型在美国和日韩等发达国家已被较早地采用。东莞东江大桥为我们首座双层桥面公路桥，上部结构采用了三桁刚性悬索加劲连续钢桁梁，在整体结构上具有变高度钢桁梁和自锚式悬索桥的受力特点，结构形式新颖美观。随着城市交通量的不断增大，双层桥面钢桁架公路悬索桥必将有广阔的应用前景。

桥梁结构的动力特性是结构的固有属性，包括自振频率和主振型，是研究桥梁动力行为的基础。柔性悬索桥的动力特性，与其他的桥梁相比，因为直接关系到安全性，所以这种分析就具有重要的意义。为研究大跨度双层桥面钢桁架悬索桥的动力特性，本文基于 ANSYS 平台，以在建中的星海湾跨海大桥为研究对象，建立了该桥的空间动力计算模型，对其动力特性进行了深入分析，并系统地研究了中央扣、缆索刚度、加劲梁刚度、主塔刚度和桥面恒载对全桥动力特性的影响。该项研究成果为该桥在风和地震等荷载作用下进行动力响应预测、振动控制、结

星海湾跨海大桥成桥状态动力特性分析结果　表 2

阶　次	频　率（Hz）	振　型　特　征	振　型　简　称
1	0.205 0	加劲梁横向一阶正对称弯曲	H1
2	0.270 2	加劲梁竖向一阶正对称弯曲	V1
3	0.288 6	加劲梁竖向一阶反对称弯曲为主，伴随纵飘	V2
4	0.365 7	纵飘为主，伴随加劲梁竖向一阶反对称弯曲及主塔一阶纵弯	P1
5	0.383 4	加劲梁横向一阶反对称弯曲，主塔一阶侧弯	H2
7	0.536 0	加劲梁竖向二阶正对称弯曲	V3
13	0.601 3	加劲梁一阶正对称扭转	T1
18	0.660 7	加劲梁竖向二阶反对称弯曲	V4
24	0.842 6	加劲梁一阶反对称扭转	T2

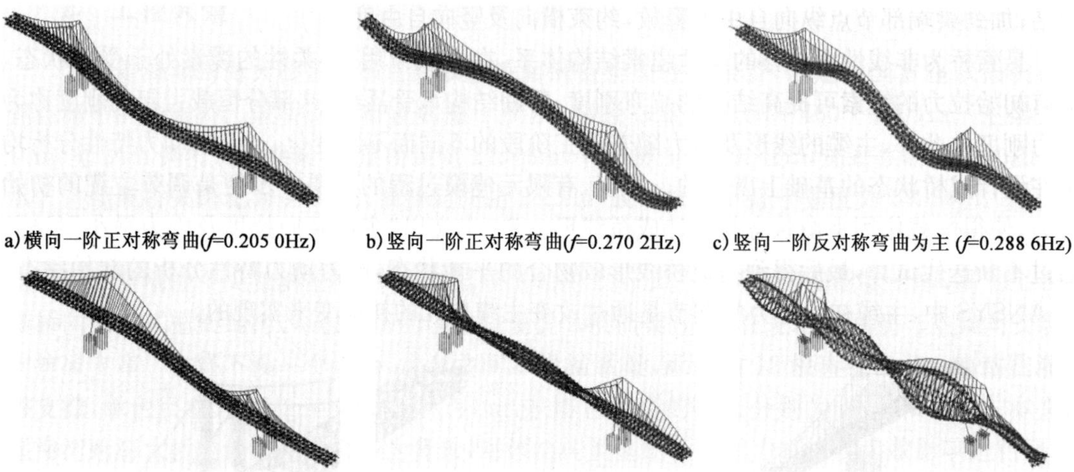

a）横向一阶正对称弯曲（f=0.205 0Hz）　b）竖向一阶正对称弯曲（f=0.270 2Hz）　c）竖向一阶反对称弯曲为主（f=0.288 6Hz）

d）横向一阶反对称弯曲（f=0.383 4Hz）　e）一阶正对称扭转（f=0.601 3Hz）　f）一阶反对称扭转（f=0.842 6Hz）

图 4　阵型图

（3）加劲梁的一阶正对称扭转和反对称扭转振型分别出现在第 13 阶和第 24 阶，相比横弯和竖弯振型出现的较晚，这是因为该桥双层钢桁架加劲梁宽高比 $B/H=2.4$ 较大，同时在横向采用了较密集的横向联系，以及纵向采用了尺寸较大的纵向分配梁，使得结构的扭转刚度最大，竖弯刚度次之，横向刚度最小。此外扭转振型伴随着其他振型的耦合成分，形成了塔、梁、索共同参与振动，分担了加劲梁的耗能，使结构的颤振临界风速有所提高，有利于结构的抗风稳定性。

（4）该桥振型较为密集，从 0.205 0Hz 到 1.602 1Hz 之间分布了 50 阶振型，而常规车辆悬挂体系的激振频率一般在 2Hz 以上，因此车辆的振动不会使桥出现受迫共振现象，该桥动力性能良好。

5　中央扣对动力特性的影响

为了分析中央扣对星海湾大桥动力特性的影响，将上述模型的刚性中央扣单元去掉及改变中央扣布置形式，其他处理不变，同样计算出该桥前 100 阶的自振频率和振型。表 3 列出了不设中央扣时结构的自振频率及相应的振型，可以看到：

(1)不设置中央扣时，该桥第 1 阶便出现纵飘振型，且频率仅为 0.133 8Hz；而设置中央扣时该桥纵飘振型在第 3 阶伴随着反对称竖弯出现。这主要是由于跨中刚性中央扣对该桥的纵向位移起到了很好的约束作用，使其纵飘振型在一定程度上被抑制。因此设置中央扣使得该桥在地震动激励下加劲梁纵向位移大大的减小，从这个意义来说中央扣的设置有利于提高悬索桥的抗震能力。

(2)设置 4 对斜吊杆的中央扣使得第一阶竖弯频率增大 0.48%，一阶反对称竖弯、二阶正对称竖弯、二阶反对称竖弯频率的增幅分别达 7.33%、2.17%、35.64%，这表明中央扣对加劲梁的竖向刚度影响很大；中央扣的设置提高了悬索桥的抗扭刚度，推迟了反对称扭转振型的出现。设置中央扣后，一阶正对称扭转频率基本不变，一阶反对称扭转频率增大 15.95%，这说明中央扣对提高全桥的颤振稳定性具有较明显的效果；此外，中央扣对侧弯振型影响较小。

(3)对比横弯、竖弯和扭转振型，中央扣对反对称振型的影响比正对称振型的影响大。这主要是由于刚性中央扣的设置使得悬索桥跨中成为一个大范围的刚性节点，结构的对称振型在跨中处能平稳过渡，而反对称振型必须在跨中处产生拐点，从而导致中央扣对结构的反对称振型影响较大。此外，设置 4 对斜吊杆和 2 对斜吊杆的中央扣对振型及频率影响不是很显著，说明中央扣的设置方式对全桥动力特性影响不大。

设置不同形式中央扣时星海湾跨海大桥动力特性分析结果 表 3

加劲梁振型特征		无中央扣		中央扣 A(4 对斜吊杆)		中央扣 B(2 对斜吊杆)	
		阶次	频率(Hz)	阶次	频率(Hz)	阶次	频率(Hz)
一阶纵飘		1	0.133 8	3	0.288 6	3	0.288 9
一阶横弯	正对称	2	0.203 5	1	0.205 0	1	0.204 6
	反对称	5	0.382 0	5	0.383 4	5	0.383 4
一阶竖弯	正对称	3	0.268 9	2	0.270 2	2	0.269 1
	反对称	4	0.309 4	3	0.288 6	3	0.288 9
二阶竖弯	正对称	8	0.524 6	7	0.536 0	7	0.527 4
	反对称	7	0.487 1	18	0.660 7	18	0.651 9
一阶扭转	正对称	14	0.600 6	13	0.601 3	13	0.600 7
	反对称	19	0.726 7	24	0.842 6	24	0.843 4

6 结构刚度及恒载对动力特性的影响

6.1 主缆抗拉刚度对动力特性的影响

对于主缆来说，其抗拉刚度的大小取决于主缆的弹性模量 E_c 和截面积 A_c。通过调节主缆材料的弹性模量 E_c 来实现其抗拉刚度的变化。取 $E_c^* = nE_c$，其中 E_c^* 为变化后的主缆弹性模量，n 取值 0.9～1.2，根据上文所述，以“主梁竖向挠度及内力最小”目标，重新设置主缆的初应变，以保证与设计成桥线形相吻合。图 5a)为各关键振型自振频率随主缆弹性模量倍率的变化曲线。从图中可以看出，结构的主要自振频率均随着 E_c 的增大而增大，但各振型的变化率有所不同，其中对加劲梁一阶反对称竖弯影响最大。实际情况中，弹性模量一般是个常数，不会发生太大的变化，因此依靠提高主缆的弹性模量的方法来实现刚度的提升和动力特性的优化是不现实的。

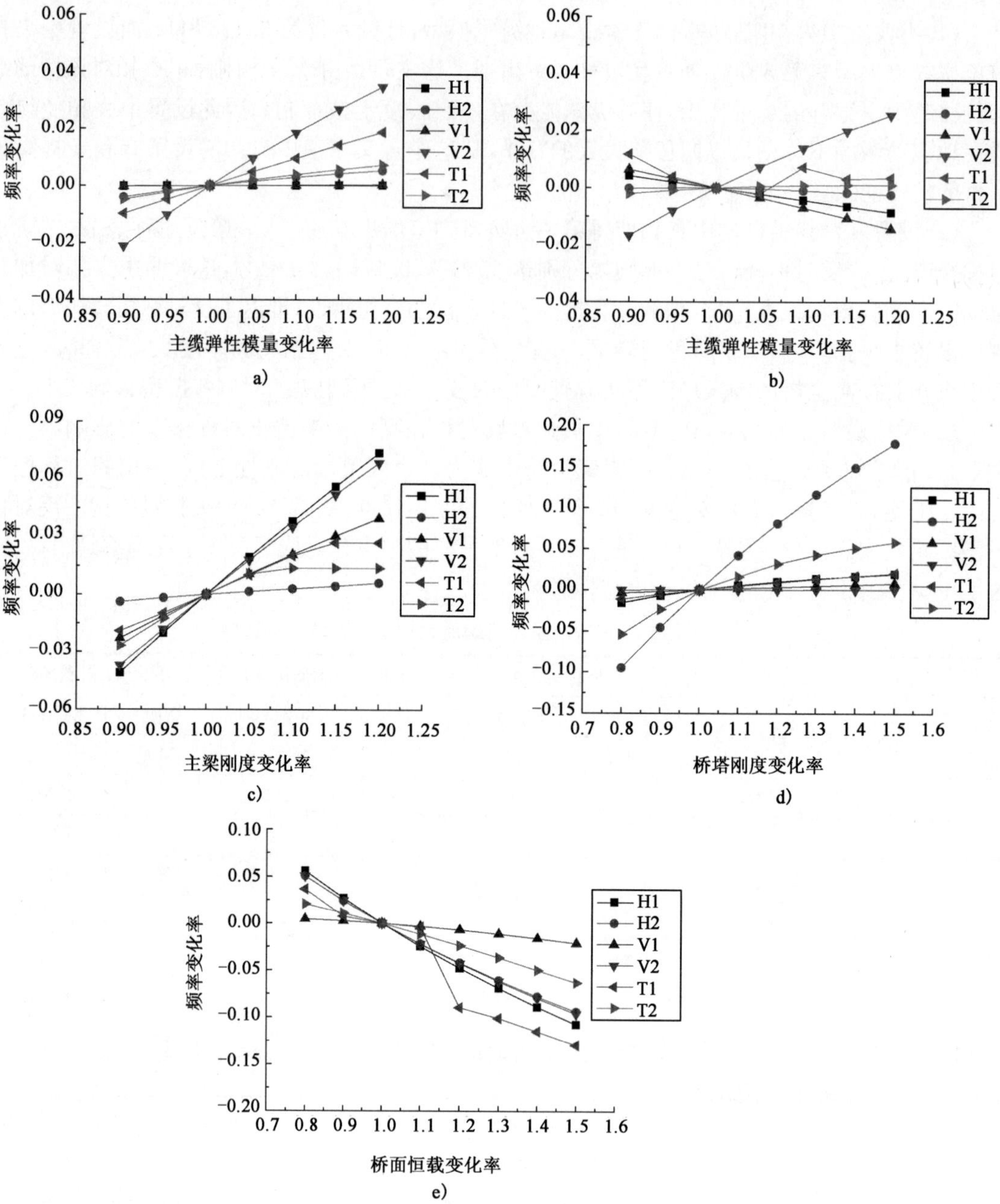

图 5　自振频率影响分析

通过调节主缆的截面积 A_c 来实现其抗拉刚度的变化。取 $A_c^* = nA_c$，其中 A_c^* 为变化后的主缆截面积，n 同样取值 0.9～1.2，计算前主缆的初应变也做相应的修正。图 5b)为各关键振型自振频率随主缆截面积倍率的变化曲线。从图中可以看出，主缆截面积 A_c 对振型频率的影响规律与弹性模量 E_c 不尽相同：加劲梁一阶反对称竖弯频率随着 A_c 的增大而增大；一阶反对称扭转频率随着 A_c 的增大基本保持不变；一阶正对称横弯、一阶正对称横弯和一阶正对称竖弯频率随着 A_c 的增大而减小，这是因为主缆截面积的增大使得主缆抗拉刚度增大的同时，缆索自重也增加了，在这两种因素共同作用下，使得这三种振型的振动频率有所减小；而加劲梁一阶正对称扭转不是随着 A_c 的增大而单调增减，这是因为随着主缆截面积的增大，悬索桥的振型会产生重组现象，使这这种振型伴随着有其他振型的耦合成分，从而导致其频率变化的不单调性。因此，就结构动力特性而言，通过增大主缆截面积来增大结构的自振频率是不可取的，主缆的截面只需按悬索桥的设计荷载确定，并保持一定的安全系数即可。

6.2 加劲梁刚度对动力特性的影响

对于加劲桁架梁而言，上弦杆、下弦杆、竖腹杆、斜腹杆和平联的刚度取决与其构件截面积，为了计算方便，本文通过改变加劲梁材料的弹性模量来改变它的刚度，如前所设，取 $E_c^* = nE_c$，其中 E_c^* 为变化后的加劲梁弹性模量，n 取值 0.9～1.2。对应不同的加劲梁弹性模量倍率，振型频率的变化率如图 5c)所示。从图中可知，随着加劲梁刚度的增大，各振型频率均有增大，加劲梁的刚度对桁架悬索桥的动力特性的影响比较显著。

6.3 主塔刚度对动力特性的影响

同理，主塔刚度通过改变主塔材料的弹性模量来实现。取 $E_c^* = nE_c$，其中 E_c^* 为变化后的主塔弹性模量，n 取值 0.8～1.5。对应不同的主塔弹性模量倍率，振型频率的变化率如图 5d)所示。从图中可知，随着主塔刚度的增大，各振型频率均有增加，尤其是加劲梁一阶反对称横弯和一阶反对称扭转增加幅度较大，这是因为这两阶振型分别伴随着桥塔的横弯振动和扭转振动，由于桥塔刚度的大幅增大而导致这两阶振型的频率也相应的大幅增大。主塔刚度对其余振型的影响较小。

6.4 桥面恒载变化对动力特性的影响

桥面恒载是长期作用于桥梁的荷载，随着桥面恒载的增加，满足设计成桥线形所需缆索初应变也逐渐变大。对应不同的桥面恒载倍率，振型频率的变化率如图 5e)所示。从图中可知，随着桥面恒载的增加，各振型频率均有减小，其中一阶正对称扭转减小的幅度较大，这对结构抗风是不利的。

7 结语

本文以在建中的星海湾跨海大桥为工程背景，基于 ANSYS 平台建立了该桥的空间动力计算模型，在此基础上研究了大跨度双层桥面钢桁架悬索桥的动力特性及结构参数对动力特性的影响，可以得出以下结论：

(1)星海湾跨海大桥具有良好的结构动力特性，抗风性能较好，在车辆荷载的作用下，不易出现受迫共振现象，具有良好的使用性能。

(2)刚性中央扣的设置使得悬索桥的刚度有所增加，相应的各振型频率增大，对反对称振型的影响比正对称振型的影响显著；中央扣的设置方式对全桥动力特性的影响区别不大。

(3)悬索桥主缆的刚度对结构动力特性有较大的影响，但各振型频率有增有减，影响规律较复杂，通过改变主缆弹性模量或截面积的方法来实现刚度的提升和动力特性的优化是不现实的，主缆截面只需按悬索桥的设计荷载确定，并保持一定的安全系数即可；加劲梁刚度和主塔刚度的增加均可使结构的刚度提高，相应的各振型频率有不同程度的增大。

(4)桥面荷载变化对结构动力特性有显著的影响，随着桥面恒载的增加，各振型频率均有减小。若要改变双层桥面钢桁架悬索桥的动力特性，需在主要考虑加劲桁架主梁及桥面恒载集度的基础上综合考虑其他各方面的因素进行分析。

参考文献

[1] 邵旭东,程翔云,李立峰.桥梁设计与计算[M].北京:人民交通出版社,2007.

[2] 彭振华.双层公路连续钢桁梁桥设计[C].中国钢结构协会第五次全国会员代表大会暨学术年会论文集,2007:62-65.

[3] 张卉,王志清.悬索桥有限元建模及动力特性分析[J].华中科技大学学报(城市科学版),2006,23(2):25-27.

145. 基于多体动力学的铁路简支梁桥车—桥振动分析

何旭辉　邓朋儒　朱　伟
(中南大学土木工程学院)

摘　要:铁路车—桥耦合振动分析一直是比较活跃和具有相当难度的研究领域。基于多体动力学,本文提出一种将其与有限元方法结合进行车—桥耦合振动分析的实用方法。首先在多体动力学软件 SIMPACK 中建立车辆模型,利用有限元程序 ANYSY 建立桥梁模型,然后通过接口程序和一定轮轨接关系进行车—桥耦合振动仿真分析。最后通过实例验证,基于多体动力学的车—桥耦合振动分析具有较好的精度和可视化效果,具有很好的工程应用价值。

关键词:车—桥耦合振动　多体动力学　有限元　轮轨弹性接触　动力响应

1　概述

列车通过桥梁引起的桥梁和车辆的振动,通常称作车—桥耦合振动[1]。随着我国铁路的高速发展,列车速度不断提高和载重的不断加大,这种车—桥耦合振动所引起的动力相互作用越来越大,越来越受到人们的重视。一方面,列车会对桥梁的冲击作用很大;另一方面,桥梁的振动影响列车运行的平稳性和安全性。因此,车—桥系统的耦合振动研究的工程需求和实际应用意义十分重大[2]。

车—桥耦合振动仿真分析时涉及两个子系统:桥梁系统和车辆系统。目前研究车—桥动力问题时,桥梁模型的建立一般采用模态综合法;车辆模型的建立广泛采用的方法为:通过弹簧阻尼连接车体、转向架及轮对,其动力学方程基本借助手工推导而得。由于在有限元软件中建立的桥梁模型所具有的自由度对于动力分析非常巨大,并且将桥梁模型和车辆模型根据特定的轮轨接触关系组合起来形成总的动力学方程相当困难,需要编制复杂的计算机程序。目前国内一些科研院所都编制了自己的车—桥耦合振动分析软件,但由于种种原因,这些软件都没有得到很好的商业推广。

本文提出一种将多体动力学和有限元结合进行车—桥耦合振动分析的新方法。首先利用

基金项目:国家自然科学基金(51178471,51322808);教育部新世纪优秀人才支持计划(NCET-12-0550)。

多体动力学软件 SIMPACK 在列车快速建模及轮轨接触模拟方面的优势，在 SIMPACK 中建立车辆模型以及轮轨接触关系；在有限元程序 ANSYS 中建立桥梁模型；然后通过 ANSYS 和 SIMPACK 之间的接口程序将车辆计算模型和桥梁计算模型按一定的轮轨运动关系联系起来而组成一个系统进行分析；最后通过秦沈客运专线典型简支梁桥的计算分析，并与既有方法计算结果以及现场实测数据进行了对比，验证了本文方法在车—桥耦合振动分析的可行性和优越性。

2 列车模型的建立

2.1 多体动力学基本概念

复杂机械系统可以通过多刚体和柔性体利用运动副连接起来组成的系统进行有效描述，这个系统简称为“多体系统”，多体系统动力学就是研究由刚体及柔性体所组成的系统经历大范围空间运动的动力学行为[3-4]。多体动力学模型主要由物体、铰、外力(偶)和力元四个要素组成并具有一定拓扑构型的系统，多体系统中各物体的联系方式称为系统的拓扑构型，简称拓扑。目前，多体系统动力学的研究方法主要有：罗伯森—维腾堡(Roberson /Witterburg)方法、牛顿—欧拉法、拉格朗日法、凯恩法、变分法以及旋量法[5-8]。

2.2 车辆模型

车辆模型就是一个典型的复杂机械模型，可以采用多体动力系统进行模拟。本文在多体动力学商用软件 SIMPACK 中建立车辆模型。车辆拓扑图如图 1 所示，车辆系统可以简化为由 1 个车体、2 个转向架和 4 个轮对组成，轮对和转向架之间通过一系悬挂连接，转向架和车体之间通过二系悬挂连接[10-13]。

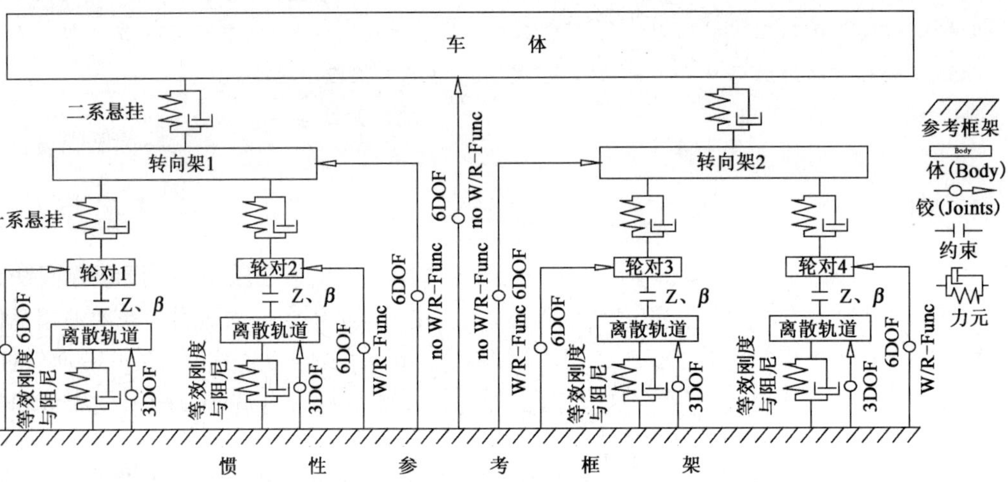

图 1 车辆模型运动关系拓扑图

2.3 桥梁模型

桥梁模型在有限元软件 ANSYS 中建立，但是在 SIMPACK 中和桥梁结构类似的柔性体是通过数量相对较小的模态坐标来描述的，故必须将有限元模型缩减为较小自由度的模型，而且缩减过程必须在有限元中进行[14]。

本文采用有限元子结构法建立桥梁的动力学模型，采用经典的 Guyan 缩减方法[15]，选择有限元模型中“有动力学特征”的部分，使描述模态形状的节点数减少，又使计算结果尽可能的精确。

2.4 列车模型与桥梁模型的耦合

(1)弹性结构在多体系统中的实现

通过有限元建立的桥梁模型在导入 SIMPACK 中时，在多体动力学中桥梁结构作为弹性体考虑，桥梁的弹性变形不能忽略。在多体动力学分析中，通过在系统中引入随弹性体一起移动的浮动参考系来考虑弹性变形，弹性体的运动表示为浮动坐标系的大范围运动和弹性体相对于浮动坐标系的弹性变形的叠加。故弹性结构中任一点的运动如图 2 所示。其矢量位置表示如下：

$$R = r_{(t)} + c + u(c,t) \tag{1}$$

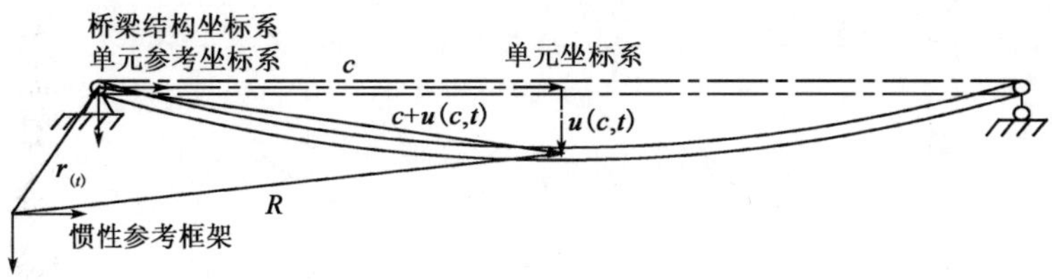

图 2　弹性系统在多体动力学中的实现

(2)弹性结构导入接口 FEMBS

FEMBS 是有限元分析程序和 SIMPACK 之间的接口程序，为多体系统仿真中使用的弹性结构生成标准输入数据 SID。

将桥梁结构设计参数输入有限元软件 ANSYS，建立的桥梁动力学分析模型，桥梁有限元模型经过动力子结构分析和模态分析之后生成 FEMBS 所需的输入文件，如质量矩阵 M、刚度矩阵 K 文件和模态振型文件，然后由 FEMBS 接口程序生成 FBI 文件。对于弹性体，还需将 FBI 文件进行节点选择、模态选择、模态修正、模态振型归一化以及几何刚化效应等步骤。

(3)有限元与多体系统数据交换

车—桥时变系统动力仿真模型由车辆计算模型、桥梁计算模型按一定的轮轨运动关系联系起来而组成了一个系统。故轮轨接触关系是整个车—桥时变系统的核心，车—桥系统的耦合效应就表现为车与桥梁两个子系统的力和位移的协调关系。

对于车—桥的耦合振动分析，联合仿真提供了一种有效的策略。根据联合仿真的原则，车辆与桥梁的初始值均通过各自合适的方法独立求解。有限元方法可以有效精确地分析桥梁动力学行为，然而包含其中的复杂轮轨关系的车辆动力学行为则可以通过多体系统动力学方法来实现，车辆与桥梁的动力学相互作用通过在轮轨接触面离散的信息点上进行数据交换来实现。

3　算例及分析

3.1　工程背景

秦沈客运专线沙河特大桥为预应力混凝土双线简支箱梁，跨度为 26×24m，线间距为 4.6m，墩高 20m，主梁采用单箱单室截面，其截面形式如图 3 所示。本文在 ANSYS 中建立桥梁模型，并对有限元模型进行动力子结构分析，计算桥梁的自振频率及振型，为了考虑多跨简支梁效应，本文建立了 3 跨简支梁模型，3 跨简支梁模型如图 4 所示。计算的单跨简支梁桥前 5 阶自振频率及相应的振型特征如表 1 所示。

单跨简支梁桥自振特性计算结果　　表 1

阶　次	频　率（Hz）	振 型 特 点	阶　次	频　率（Hz）	振 型 特 点
1	2.554 9	主梁纵漂	4	7.797 1	主梁反对称横移
2	4.345 7	主梁第一对称横移	5	8.263 3	主梁第二对称横移
3	7.124 6	主梁对称竖弯			

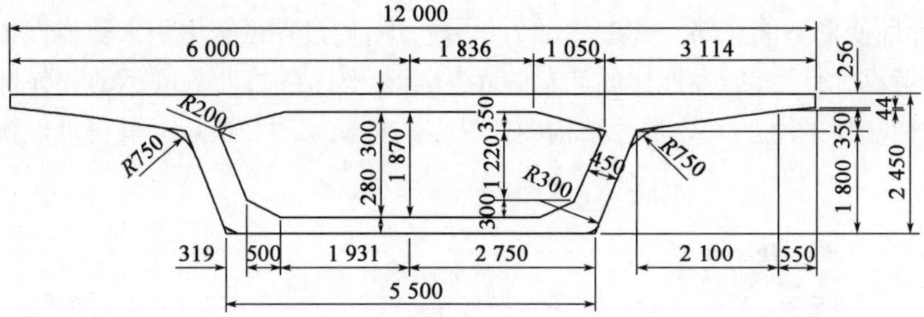

图 3　沙河特大桥 24m 简支梁桥截面(尺寸单位:mm)

图 4　基于 ANYSY 的 3 跨简支梁桥有限元模型

3.2　车辆模型

本文采用多体系统动力学软件 SIMPACK 建立秦沈客运专线沙河特大桥检测试验时所选"中华之星"列车模型,考虑了一系悬挂横向、纵向、垂向刚度,二系悬挂横向、纵向、垂向刚度,牵引拉杆纵向刚度,抗侧滚扭杆刚度,抗蛇形减振器刚度,一系横向、垂向阻尼,二系横向、垂向阻尼,抗蛇形减振器阻尼,横向止挡等非线性机车动力参数。

车辆模型由车体、转向架、轮对共 7 个刚体,每个刚体考虑伸缩、横摆、浮沉、点头、侧滚、摇头 6 个自由度。因此,列车模型共有 42 个自由度,如表 2 所示,典型车辆仿真模型如图 5 所示。

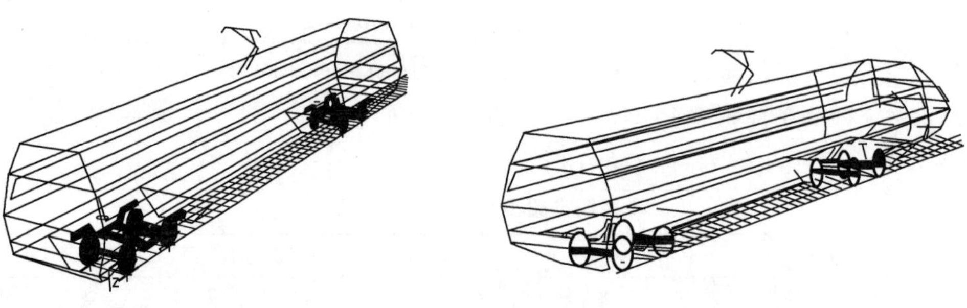

a)拖车仿真模型　　　　b)机车仿真模型

图 5　基于 SIMPACK 的车辆模型

列车模型自由度　　表 2

自由度	伸　缩	横　摆	浮　沉	点　头	侧　滚	摇　头
车体	X_c	Y_c	Z_c	Φ_c	Ψ_c	β_c
转向架($i=1,2$)	X_{bi}	Y_{bi}	Z_{bi}	Φ_{bi}	Ψ_{bi}	β_{bi}
轮对($j=1,2,3,4$)	X_{wj}	Y_{wj}	Z_{wj}	Φ_{wj}	Ψ_{wj}	β_{wj}

3.3　车—桥耦合振动分析

车—桥动力分析时，轮轨接触关系是核心。确定轮轨接触关系，首先要计算轮轨接触的几何参数，本文采用多体动力学软件 SIMPACK 中的非线性弹性接触理论建立车辆模型，允许轮轨相互脱离，通过车轮与轨道之间的相对位移，建立满足任何车轮轮廓的轮轨空间几何约束关系；然后计算轮轨间相互作用力，在 SIMPACK 中各种轮轨力都有相应的计算方法选项。

确定轮轨接触关系后，需要定义车—桥系统耦合振动系统的激励源。轨道不平顺是车—桥振动的重要激振源。由于本文分析的车速达到了 250km/h，故选用德国干扰轨道谱作为系统激振源。计算速度选取 250km/h，进行单线、双线行车的仿真分析。动车组模型采用 8 节编组。

计算的桥梁、列车动力响应部分结果如表 3 和图 6 所示。为了对比分析，表 3 同时还列出了 TTBSIM 计算结果以及现场实测结果[2]。从上述图表可以看出：

(1)从列车运行舒适性来看，车辆竖向加速度最大值为 0.146g，略大于 0.13g；横向加速度最大值为 0.066g，小于 0.10g。车辆竖向 Sperling 指标最大值为 2.458，小于 2.5；横向 Sperling 指标最大值为 2.559，在 2.5～2.75 之间。从列车运行安全性来看，轴重减载率最大值为 0.892，脱轨系数最大值 0.193。轮重减载率小于 0.9，脱轨系数小于 0.8，说明列车行车时的安全性足够。

(2)桥梁跨中截面最大竖向位移为 0.778mm，最大横位移为 0.205mm；跨中截面竖向最大加速度为 0.077g，小于 0.5g，横向最大加速度为 0.01g，小于 0.15g。桥梁冲击系数最大值为 1.485，说明桥梁的振动状态良好。

(3)由对比结果可以看出，本文方法计算结果与 TTBSIM 计算结果以及测试结果总体上比较吻合，除了轮轨减载率其余指标相对都偏小，造成该差别的原因主要是：本文车辆仿真模型以 CRH 型列车为原型，而现场测试时采用的是“中华之星”列车。

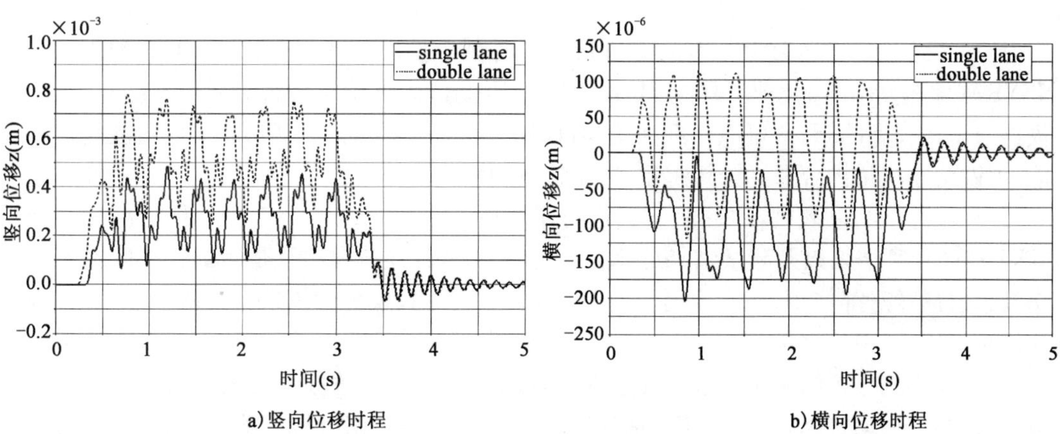

图 6　桥梁跨中动力响应时程曲线

车—桥时变系统动力响应性能指标综合对比　　表3

动力学性能指标		SIMPACK	TTBSIM	实　测　值
竖向一阶自振频率(Hz)		7.124 6	6.787	6.80
动力系数 $1+\mu$		1.485	1.24	1.40
跨中动挠度(mm)	竖向	0.778	1.147	0.98
	横向	0.205	0.119	0.30
跨中加速度(g)	竖向	0.077	0.136	0.10
	横向	0.01	0.050	0.05
墩顶横向振幅(mm)	—	0.081	0.130	0.07
墩顶横向加速度(g)	—	0.009 7	0.046	—
脱轨系数	动车	0.193	0.29	0.32
	拖车	0.108	0.28	0.29
轮重减载率	动车	0.775	0.64	0.42
	拖车	0.892	0.93	—
轮轴横向力(kN)	动车	17.987	41.72	—
	拖车	10.42	26.90	—
车体竖向加速度(g)	动车	0.146	0.112	0.27
	拖车	0.03	0.136	0.12
车体横向加速度(g)	动车	0.066	0.104	0.16
	拖车	0.059 7	0.073	0.11
车体竖向 Sperling 指标	动车	2.458	2.579	2.86
	拖车	1.865	2.768	2.36
车体横向 Sperling 指标	动车	2.559	2.578	2.68
	拖车	2.47	2.505	2.58

4 结语

(1)本文结合多体动力学与有限元进行车—桥耦合振动分析,充分发挥了 SIMPACK 和 ANSYS 软件在复杂车辆模型和桥梁模型建立中的优势,通过轮轨接触关系巧妙结合,实现桥梁模型与车辆模型的耦合,可以得到列车和桥梁的动力响应指标,并具有很好的可视化后处理功能,为铁路车—桥耦合振动分析提供了一种新途径。

(2)对比分析结果表明,24m 简支梁进行车—桥动力分析的各项动力学指标的计算结果与 TTBSIM 计算结果以及测试结果总体上比较吻合,验证了本文方法的可靠性。除了轮轨减载率其余指标相对都偏小,分析原因主要是:本文车辆仿真模型以 CRH 型列车为原型,而现场测试时采用的“中华之星”列车。

(3)工程实例分析结果进一步验证了秦沈客运专线沙河大桥振动分析动力响应指标满足规范要求,结构振动状态良好;列车舒适性和安全性指标小于相应规范值,说明列车运行的舒适性和安全性可以得到保证。

参考文献

[1] 曾庆元,郭向荣.列车桥梁时变系统振动分析理论与应用[M].北京:中国铁道出版社,1999.

[2] 翟婉明,夏禾.列车—轨道—桥梁动力相互作用理论与工程应用[M].北京:科学出版社,2011.

[3] 洪嘉振.计算多体系统动力学[M].北京:高等教育出版社,1999.

[4] Schichlen W. Recent development in multibody system dynamics[J]. Journal of Mechanical Science and Technology, 2005, 19(1): 277-236.

[5] 刘延柱,洪嘉振,杨海兴.多刚体系统动力学[M].北京:高等教育出版社,1989.

[6] 休斯顿 R L.多体系统动力学(下册)[M].刘又午,译.天津:天津大学出版社,1991.

[7] J 威滕博格.多刚体系统动力学[M].谢传锋,译.北京:北京航空学院出版社,1986.

[8] 潘家英,高芒芒.铁路车—线—桥系统动力分析[M].北京:中国铁道出版社,2008.

[9] 李芾,安琪,等.高速动车组概述[M].成都:西南交通大学出版社,2008.

[10] 严隽耄,傅茂海.车辆工程[M].北京:中国铁道出版社,2008.

[11] 张卫华.动车组总体与转向架[M].北京:中国铁道出版社,2011.

[12] 任尊松.车辆动力学基础[M].北京:中国铁道出版社,2009.

[13] 楼梦麟.结构动力学分析的子结构方法[M].上海:同济大学出版社,1997.

146. 小跨宽比缆索承重钢箱梁桥模态分析主梁有限元模型研究

陈炳耀[1,3]　朱乐东[1,2,3]

(1. 同济大学土木工程防灾国家重点实验室;
2. 同济大学桥梁结构抗风技术交通行业重点实验室;3. 同济大学桥梁工程系)

摘　要:钱塘江七桥(即之江大桥)为一座主跨 246m、梁宽 41.0m 的双塔三跨钢箱梁斜拉桥,此座桥梁的主梁跨宽比为 6.00,小于一般斜拉桥的主梁跨宽比。本文以钱江七桥为背景,首先通过对其进行壳单元及梁单元两种有限元模型的固有模态比较分析,研究"短梁"效应对小跨宽比钢箱梁桥固有模态的影响,说明了采用壳单元或常规空间梁单元进行模态分析的前提条件;然后提出了能在有限元固有模态分析中考虑加劲肋作用的钢箱梁壳单元模型简化建模方法。

关键词:钱塘江七桥　小跨宽比钢箱梁　固有模态分析　简化壳单元模型

1　引言

鉴于斜拉桥具有较强的空间性,实际工程项目采用空间有限元模型对其进行固有模态分析。常用的三维有限元模型有两种,一为空间杆系梁式模型;二为空间实体梁、壳及实体单元组合而成的模型。由于后者单元数量较多,计算量巨大,因此常规的实际工程项目多选用空间杆系梁式模型进行动力特性分析。但传统的主梁单梁式有限元模型是建立在主梁截面刚周边假设基础之上,并忽略截面的剪切和畸变变形的影响,对于钱塘江七桥此类跨宽比较小的桥梁,其在侧向弯曲时剪切变形和翘曲畸变效应更为严重,变形和应力横向分布状态更为复杂,如果仍使用常规的 12 自由度空间梁单元来构建主梁有限元模型并进行模态分析,会影响其侧向振动固有频率和振型计算结果的精度。

有鉴于此,本文将通过壳单元模型及梁单元模型分析上述"短梁"效应对桥梁侧弯固有模态的影响,并就此提出了简化壳单元模型的建模方法,大大降低了壳单元模型的建模量,提高了壳单元模型在实际工程动力特性分析中的实用性。

2　工程背景

钱塘江七桥[1](图 1)桥型为斜拉桥,主桥跨径布置为 116+246+116=478m,主梁为闭口钢箱梁，宽度为41m，主跨跨宽比为6，已经接近跨宽比为5的"短梁"的上限，因此其侧向弯曲固有模态与常规梁单元计算所得的振动模态有所不同，需要在后文中继续研究。

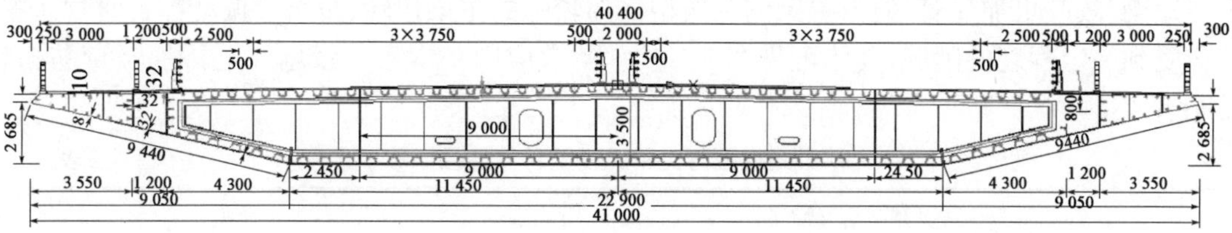

图1 钱塘江七桥标准主梁断面(尺寸单位:mm)

3 有限元模型[2,3]

本文采用通用有限元软件ansys，对钱塘江七桥的成桥状态分别进行壳单元及梁单元两种类型模型建模分析。另为了增加研究工况，将对钱塘江七桥进行边界条件的特殊处理，约束住主梁在桥塔横梁支座位置处的侧向自由度作为补充工况，合共4个模型，具体设置参见表1。

研究工况一览表 表1

钱 塘 江 七 桥	
模 型 类 型	工 况 描 述
单梁式模型	实桥状态
	约束主梁于桥塔横梁位置的侧向自由度
壳单元模型	实桥状态
	约束主梁于桥塔横梁位置的侧向自由度

壳单元模型与单梁式模型的主要差别在于前者将使用壳单元进行包含加劲肋、横隔板在内的主梁模拟工作，桥塔及拉索等其余桥梁构件与单梁式模型一致，具体见图2、图3所示。

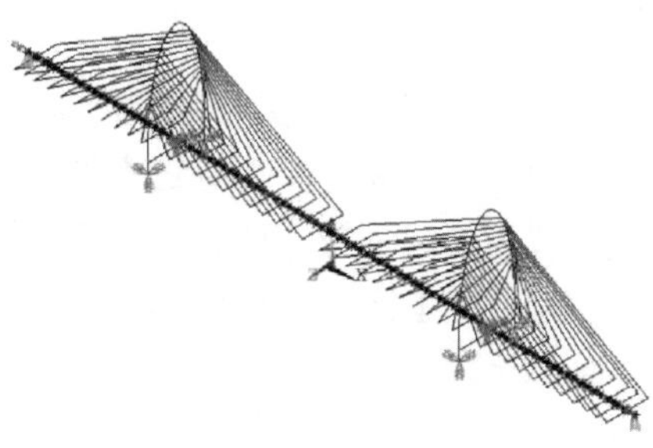

图2 钱塘江七桥单梁式模型

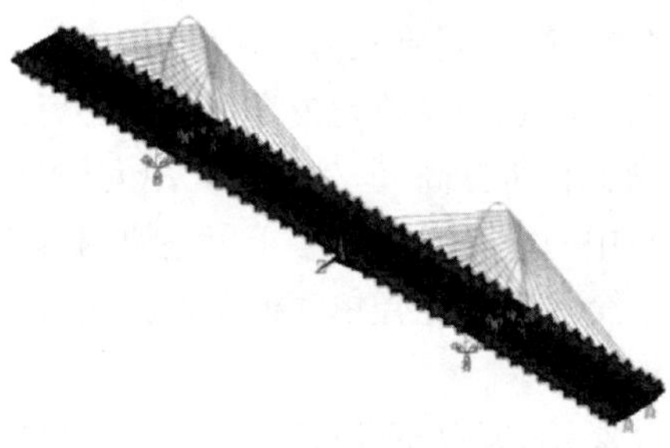

图3 钱塘江七桥壳单元模型

4 "短梁"效应及简化壳单元模型

4.1 "短梁"效应对小跨宽比缆索承重桥动力特性的影响

对桥梁侧弯模态研究中发现，桥梁在侧向上以简谐波的形式发生振动，其发生一个完整正弦半波的长度即为此阶侧弯振型的有效跨度，从理论上解释为桥梁侧弯弯矩图的相邻反弯点(侧弯挠度二阶导数零点)。本文定义桥梁侧向有效跨度与桥宽之比为侧向有效跨宽比，下文简称有效跨宽比。

表 2 列出了单梁式模型与壳单元模型的固有模态分析结果。从表 2 可知，“短梁”效应的确对钱塘江七桥的侧向固有模态造成了影响，并且随着侧弯振型阶数的增加、有效跨宽比的减少，“短梁”效应更加显著，但当主梁侧弯振型伴随较强的主梁扭转、桥塔等振动耦合时，“短梁”效应受到一定程度的削弱，具体可见图 4。“短梁”效应则基本不对钱塘江七桥的竖弯与扭转模态造成影响。

单梁式模型与壳单元模型计算结果汇总 表 2

振型	钱塘江七桥				钱塘江七桥补充工况			
	单梁式模型 ①频率(Hz)	壳单元模型 ②频率(Hz)	有效跨宽比	相对误差 (①－②)/②	单梁式模型 ①频率(Hz)	壳单元模型 ②频率(Hz)	有效跨宽比	相对误差 (①－②)/②
一阶竖弯	0.514 93	0.509 78	—	1.010%	0.514 93	0.510 57	—	0.854%
一阶扭转	1.221 5	1.201 8		1.639%	1.226 6	1.209 4		1.422%
一阶侧弯	0.788 34	0.778 29	11.66	1.291%	2.079 6	1.671 9	4.2	24.385%
二阶侧弯	1.293 5	1.121 2	5.66	15.367%	5.390 5	4.355 2	2.91	23.772%

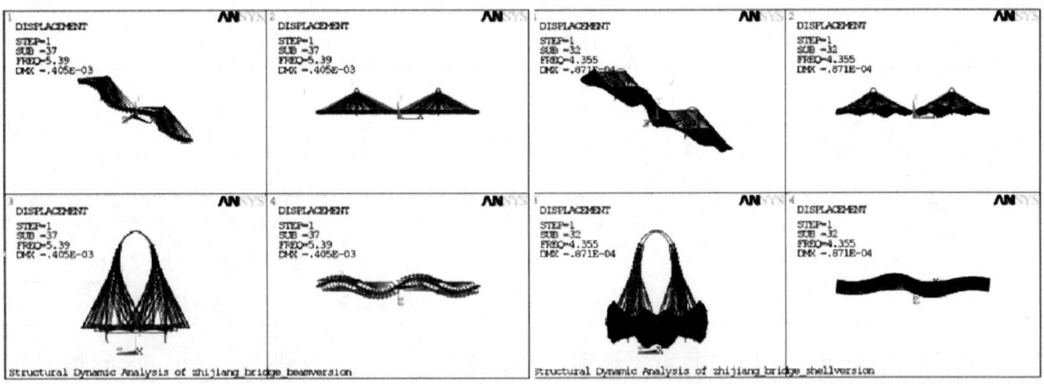

图 4 补充工况二阶侧弯单梁式模型及壳单元模型振型图

4.2 简化壳单元模型探讨[4]

前文建立的壳单元模型虽然能够考虑“短梁”效应的作用，在计算精度之上较传统梁式单元模型也有所提高，但是由于壳单元模型建模量剧增，对硬件的计算要求也随之增加，故在实际项目中一直不常用。鉴于上述原因，此节将对壳单元模型建模流程及方法进行一定的改良，提出一个建立简化壳单元模型的方法，使之既能在普通个人电脑上运算，且计算精度也能达到较高的水平。

4.2.1 等效厚度对简化模型计算精度的影响

为保证简化模型的动力特性依然有较高的准确性，作为计算动力特性的主要指标，需要对主梁截面的各项特性进行等效操作。考虑到加劲肋在壳单元主梁模型中占去了大量的建模工作，因此选择通过沿用原截面轮廓线、计算等效板厚的方式来简化加劲肋的建模工作，保证等效前后主梁截面特性相等或相近。对于主梁截面各项特性，具体操作如下：

(1)主梁截面面积 A 决定模型的轴向刚度 EA，对模型动力特性影响不大，处于次级考虑位置。

(2)主梁竖弯惯矩 I_x 决定模型的竖向刚度 EI_x，但拉索提供的竖向刚度也是全桥竖向刚度的重要组成部分，故主梁竖弯惯矩对模型动力特性影响不大，处于次级考虑位置。

(3)主梁侧弯惯矩 I_y 决定模型的侧弯刚度 EI_y，且“短梁”效应为本文的主要关注点，故处于首要考虑位置。

(4)主梁扭转惯性矩 J_d 决定模型的自由扭转刚度 GJ_d，考虑到侧弯与扭转振型经常发生耦合，故处于首要考虑位置。

(5)在截面面积 A 变化时，可通过调整等效密度 ρ 保证等效前后主梁质量 m 相等。

按图 5 方式对主梁截面各厚度板依次编号，为保证等效前后侧弯惯矩 I_y 相等，按以下等效原则等效：

$$\sum I_{yti} = \sum I_{yti}^0$$

式中：I_{yti}——等效钢板的侧弯惯性矩；

I_{yti}^0——带加劲肋钢板的侧弯惯性矩，其中 $i=2,3,\cdots 7$。

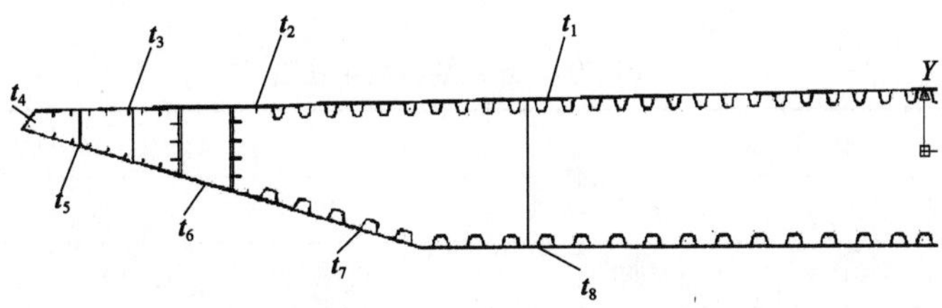

图 5　钱塘江七桥箱梁板厚编号方式示意图

由上式可以依次得出 t_2 到 t_7 值，t_1 与 t_8 作为长度最长的箱梁顶、底板，留作最后调整 J_d 之用。

由薄壁杆件结构力学[5]得，闭合箱梁扭转惯性矩 J_d 可按以下方程组计算可得：

$$q_i \oint_i \frac{ds}{\delta} = \sum_{k=1}^{m} q_k \int_{ik} \frac{ds}{\delta} = \Omega_i \frac{H}{J_d}$$

式中：H——作用在闭合箱梁之上的扭矩；

q_i——H 在第 i 个闭合箱内产生的剪力流；

Ω_i——q_i 所围面积的两倍；

δ——板厚；

J_d——箱梁扭转惯性矩。依次令 $i=1,2,\cdots,n$，可得 n 个 n 元一次方程，构成一个线性方程组，写成矩阵形式为：

$$[\delta]\{q\} = \{\Omega\} \frac{H}{J_d}$$

其中，$\delta_{ii} = \oint_i \frac{ds}{\delta} \delta_{ik} = \begin{cases} -\int_{ik} \frac{ds}{\delta} (i,k \text{ 室相邻}) \\ 0(i,k \text{ 室不相邻}) \end{cases}$

求解上述方程组，消去扭矩 H，最终解得：

$$J_d = \{\Omega\}^T [\delta]^{-1} \{\Omega\}$$

由上述公式计算可知，加劲肋对截面 J_d 的贡献较小，在等量增大 t_1 及 t_8 过程间 J_d 比 I_y 更快回复到原截面值，故继续人为增大 t_1 与 t_8 值，增加对比工况，以作控制动力特性误差之用。最终调试结果为：当扭转惯性矩 J_d 比原截面值提高了约 14%时，壳单元模型与简化壳单元模型计算结果相差最少。至此，可得出 t_1 至 t_8 所有等效板厚值。

4.2.2　主梁网格划分对简化模型计算精度的影响

此小节将讨论简化壳单元模型主梁网格划分的疏密对简化模型计算精度的影响。在得出各板等效板厚后，制订了 3 个网格划分方案：

A：以 1 个闭口加劲肋长度建立 1 个壳单元，开口加劲肋直接通过调整板厚等效（模型总单元数量 39 588）。

B：以 4～5 个闭口加劲肋长度建立 1 个壳单元，开口加劲肋直接通过调整板厚等效（模型总单元数量 21 476）。

C：以相邻纵隔板、板厚变化处或板交汇点作为划分壳单元界线，开口加劲肋直接通过调整板厚等效（模型总单元数量 7 648）。

从表 3 中可得，C 方案模型与壳单元模型的频率最为接近，故选用此方案作为简化壳单元模型网格划分方案。

ABC 方案与原截面结果比对　　表 3

频率(Hz)	原截面①	A②	B③	C④	(②－①)/①	(③－①)/①	(④－①)/①
一阶竖弯	0.509 78	0.505 7	0.505 75	0.506 77	－0.800%	－0.791%	－0.590%
二阶竖弯	0.816 22	0.804 65	0.804 75	0.806 75	－1.418%	－1.405%	－1.160%
一阶扭转	1.201 8	1.211 2	1.21	1.196 4	0.782%	0.682%	－0.449%
二阶扭转	1.734 5	1.755 5	1.756	1.757 4	1.211%	1.240%	1.320%
一阶侧弯	0.778 29	0.764 22	0.764 37	0.764 33	－1.808%	－1.789%	－1.794%
二阶侧弯	1.121 2	1.118 7	1.119	1.120 8	－0.223%	－0.196%	－0.036%

4.2.3　简化壳单元模型方法验证

就上述简化壳单元模型方法对东苕溪桥等小跨宽比钢箱梁桥进行建模验证，结果如表 4 所示。

东苕溪桥简化壳单元计算结果验证　　表 4

振　　型	东苕溪桥，主跨跨宽比 5.48			
	单梁式模型	壳单元模型	简化壳单元模型	相对误差
	频率(Hz)	①频率(Hz)	②频率(Hz)	(①－②)/②
一阶竖弯	0.413 63	0.412 82	0.411 23	0.387%
二阶竖弯	0.683 97	0.665 33	0.659 46	0.890%
一阶扭转	0.953 93	1.001 4	0.995 91	0.551%
二阶扭转	1.293 9	1.499 6	1.524 1	－1.608%
一阶侧弯	1.878 7	1.629 7	1.631 4	－0.104%
二阶侧弯	3.028 3	2.948 6	2.949 5	－0.031%

从表 4 可知，简化壳单元模型结果拟合结果良好，就本文计算所涉及的钱塘江七桥、东苕溪桥而言，可认为此简化模型方法可行。鉴于缆索承重钢箱梁桥主梁构造形式具有较多的共同特点，可认为本文提出的简化壳单元模型适用于一般的小跨宽比缆索承重钢箱梁桥。

4.2.4　简化壳单元建模方法小结

简化壳单元模型方法总结流程如图 6 所示。

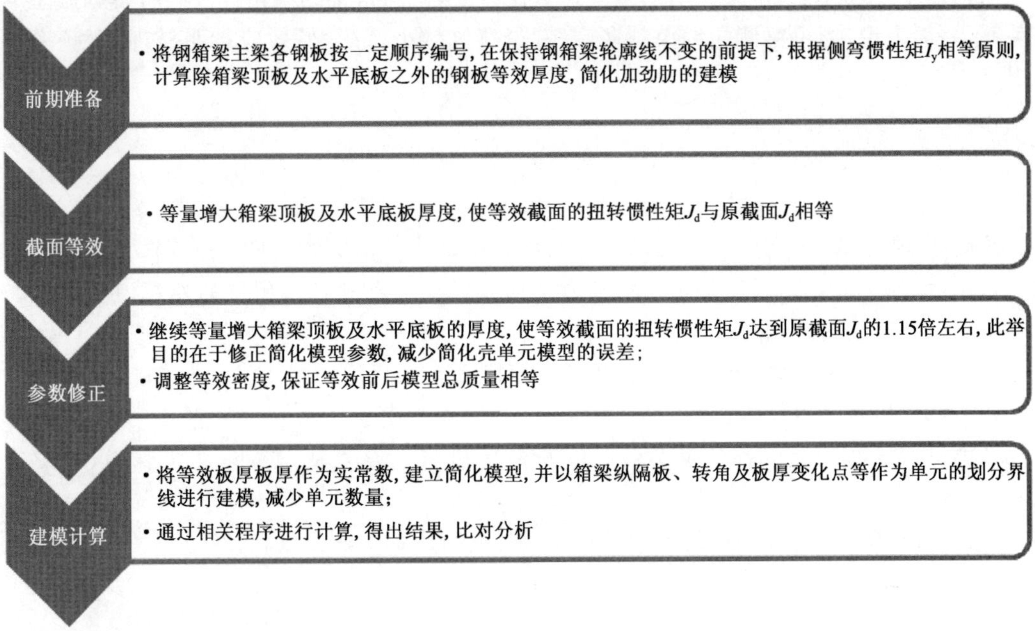

图 6　简化壳单元模型方法流程图

本简化壳单元模型等效原则简单，并对模型参数进行了一定的人工修正，与其他简化模型相比计算精度有了较大的提高，计算效率同样比较好，故在实际工程项目中具备一定的实用性。

5　结语

根据本文对“短梁”效应的计算及研究结果，通过 matlab 拟合出图 7，结论如下：

“短梁”效应拟合公式如下所示：

$$y = 0.001\,783x^2 - 0.056\,06x + 0.421\,6$$

其中 y 为单梁式模型与壳单元模型的侧弯频率差别率(相对误差)，x 为侧弯有效跨宽比。

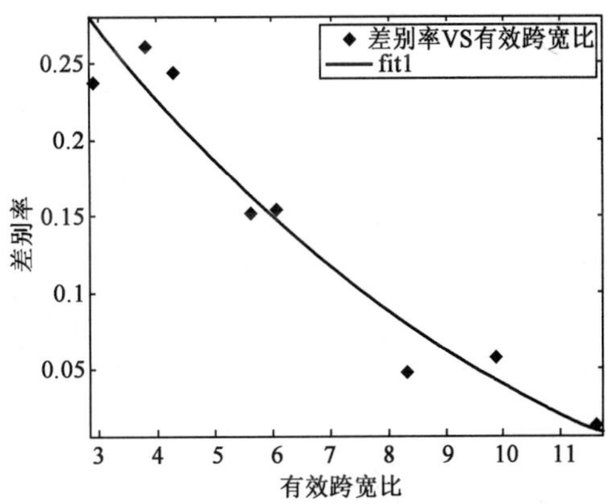

图 7　“短梁”效应拟合图

(1)当缆索承重钢箱梁桥的有效跨宽比大于 2.91 时，“短梁”效应对桥梁的竖弯及扭转固有模态的影响可忽略，说明当对侧弯模态的研究处于次级地位时，可继续沿用传统梁式模型进行动力特性分析。

(2)设 5%为误差范围上限，则当桥梁跨宽比小于等于 10 时，“短梁”效应就会对桥梁的侧弯固有模态造成影响。随跨宽比的减少，“短梁”效应越明显，即当桥梁跨宽比小于或等于 10 时，使用壳单元模型或简化壳单元模型计算桥梁的动力特性精度更高。

(3)桥梁侧弯模态中若出现较强的主梁扭转、桥塔等振动耦合时，会对“短梁”效应造成一定程度的削弱，此时对于跨宽比略低于 10 的桥梁，(2)中的壳单元模型使用前提可以视情况适当放宽。

(4)“短梁”效应既与桥梁振动的主梁跨宽比有关，也与桥梁约束条件及固有模态振型形状有关系，一般来说，当桥梁侧向约束越多，有效跨宽比越小，“短梁”效应越明显，侧弯频率也相应提高。

参考文献

[1] 马越峰，史方华，戴显荣，等．之江大桥主桥总体设计[J]．公路，2011(8)：74-78.

[2] 杨咏昕，陈艾荣，项海帆．桥梁结构动力特性分析中节点刚性区问题的处理[J]．土木工程学报，2001，34(1)：14-18.

[3] 苏成，韩大建，王乐文．大跨度斜拉桥三维有限元动力模型的建立[J]．华南理工大学学报，1999，27(11)：51-56.

[4] 张志田，葛耀君．悬索桥静动力特性分析的有限板壳单元法[J]．结构工程师，2003(4)：21-25.

[5] 包世华，周坚．薄壁杆件结构力学[M]．北京：中国建筑工业出版社，2001.

147. 曲线箱梁桥动力特性正交法参数分析

黄新艺　卓卫东　上官萍　魏祥湘　陈力波
(福州大学土木工程学院)

摘　要:由于曲率半径的影响,曲线梁桥动力特性的影响因素较直线梁桥多,且扭转振型对曲线梁桥动力反应的影响也更显著。本文针对曲线梁桥的结构构造,选择了曲率半径、桥梁跨数、主梁支承预偏心、中墩高度、主梁宽跨比和支承条件为主要参数,应用正交试验方法,对曲线梁桥的动力特性进行全面的分析。通过对正交试验结果的极差分析,定性地给出了影响主梁竖向弯曲振动基频、纵向振动基频以及主梁侧移/扭转振动基频的参数灵敏度结果,并指出了各个参数对结构动力特性的影响规律。分析结果可为曲线梁桥的结构设计提供有力的参考。

关键词:曲线梁桥　正交试验　极差法　动力特性　参数分析

1　引言

构件初始曲率的存在使得曲线梁桥的受力特性远较直线梁桥复杂得多,支座的布置方式也和直线梁桥有较大的区别。近年来,很多学者对连续曲线梁桥的静、动力分析模型及其影响因素和地震反应规律进行了大量的研究[1-13],提出了用于研究曲线梁动力特性的单梁模型、双梁模型、板壳单元模型[5-9]和三梁式模型[14]。由于曲率的影响,扭转振型对曲线梁桥的动力反应的影响将更加显著,分析了曲率半径、翘曲、畸变、剪力滞后和剪心形心、角度比值、支承形式等参数对曲线梁桥动力特性的影响[4-13],但以往的参数影响分析是针对各个影响因素分别进行,难以体现不同参数之间影响大小。本文针对应用正交试验方法对建造最多的连续曲线梁箱梁桥开展动力特性的参数分析,定性地指出不同的参数对各种振型和频率的影响大小,可为曲线梁桥的结构设计提供参考。

2　正交试验设计方法

由于影响曲线梁桥动力特性的因素有很多,每个因素又有很多个因数水平,如果对每个因素不同水平的相互搭配进行全面实验,试验次数很多,试验工作量大进行困难,有时甚至很难实现。正交试验设计方法是研究和处理多因素实验的一种简便易行和行之有效的科学方法,

基金项目:国家自然科学基金资助项目(51108086),福建省教育厅资助项目(JA10046)。

它利用正交表来安排实验，由于正交表中各因素互相搭配均衡，它能通过较少的具有代表性的试验反映全面的情况，保证了试验的典型性。在分析试验结果时，可以把每个因素的作用分得清楚，不会混杂。

正交试验结果分析时有方差分析法、直观分析法和极差分析方法，方差分析法精确可靠而计算复杂，直观分析法简单方便但精度较差，极差分析方法兼顾了两者的优点，具有较高的精度且计算工作量也较小。极差分析法根据极差的大小来判断各因素对试验结果影响的大小，极差越大，所对应的因子影响越大，极差小则说明该因素的影响小[13-14]。

3 正交分析的参数和因素水平的选择

根据曲线梁桥的受力特性、支座的布置特点和结构的构造特点，考虑到曲线梁静力分析中同时也关心的一些参数，这些参数有很多也被应用于改善曲线梁的静力性能[6-9]。因此，在进行动力特性分析时选取以下参数进行研究：

(1)曲率半径 R：取值范围 60～270m，每 30m 为一个等级。

(2)桥梁的跨数 N：给出的实例分别构造了 3 跨、4 跨和 5 跨的连续曲线梁桥其布置如图 1 所示。

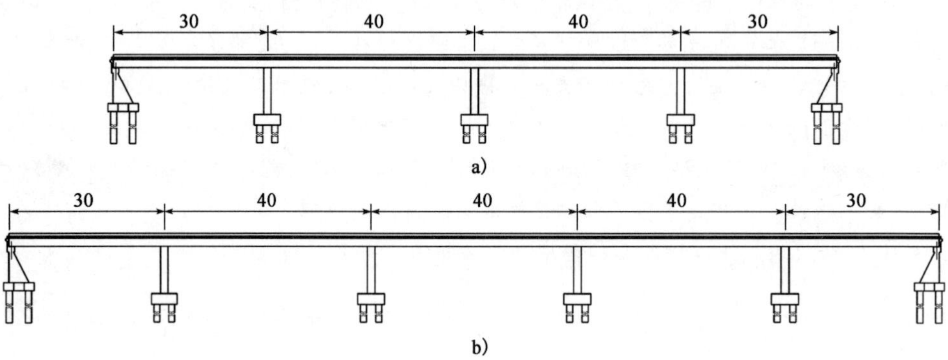

图 1 四跨和五跨连续曲线梁桥总体布置图(尺寸单位：m)

(3)中墩支承预偏心 e：0，0.40m，0.80m，该值从桥面中心线起算，向曲线外侧偏心为正，向曲线内侧偏心为负。

(4)中间支墩的高度 H：分别选择 5m、8.5m 和 12m。

(5)主梁宽跨比 B/L：12/40(单箱双室)和 7.5/40(单箱单室)，横断面布置图见图 2。

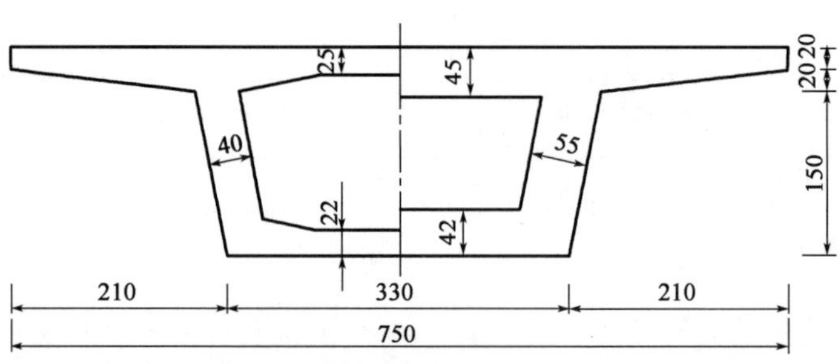

图 2 不同宽跨比的横断面布置图(尺寸单位：cm)

(6)边界条件：A 型—各墩均设置抗扭支承的连续曲线梁桥；B 型—两端设置抗扭支承而中间支承为单点铰支承的连续曲线梁桥；C 型—两端设置抗扭支承而中墩均为墩梁固结的连

续曲线梁桥。

4 正交数值试验

4.1 试验参数和因素水平选择

对于上述各个因素，采用前文所示的各因素水平等级，运用正交试验方法进行分组数值分析，目的是为了分析各个参数对结构的纵向漂移基频、侧向扭转(或弯扭耦合)振动基频和竖向弯曲振动基频的影响，根据桥梁不同的宽跨比共分两组进行数值试验。具体的分组情况可参阅文献[15]，此处不再详细列出。

根据以上的因素水平组合，选用 $L_{27}(9\times3^9)$ 的混合水平正交表，选定最后四列为赋闲列，如此安排后，试验总次数即可确定，24×2=48 次，比全面试验的 1 944 次大大减少，这无疑节约了大量的人力和时间，提高了工作效率。

4.2 动力特性数值试验结果

由于结构动力特性的正交数值试验的输出指标为结构的振动频率，因此指标是多个的，然而针对实际应用过程中最为常用的是结构低阶振型的自振频率，譬如现行的公路桥梁设计规范中关于冲击系数的计算只用到结构的一阶竖向弯曲自振频率，因此研究过程中主要关心结构的低阶弯曲振动和扭转振动的自振频率。计算结果列于表 1 中，表头中的 BL1 和 BL2 分别指宽跨比为 12/40 和 7.5/40 两种情况的结果。

不同宽跨比结构自振频率试验值比较(Hz) 表 1

试验号	纵向振动基频(Hz)		弯扭振动基频(Hz)		竖向弯曲振动基频(Hz)	
	BL1	BL2	BL1	BL2	BL1	BL2
1	1.37	1.73	3.81	4.40	2.87	2.73
2	0.91	1.15	1.37	1.83	2.53	2.40
3	1.08	1.34	1.13	1.35	2.54	2.51
4	1.37	1.71	2.53	4.35	2.96	2.81
5	1.76	2.16	2.01	2.30	2.82	2.81
6	0.49	0.71	1.11	1.27	2.45	2.33
7	2.36	4.05	4.01	4.76	3.29	3.26
8	0.92	1.17	1.98	2.26	2.64	2.51
9	0.56	0.71	0.87	1.20	2.49	2.36
10	0.55	0.70	1.16	1.59	2.65	2.52
11	2.08	3.16	2.39	2.64	2.51	2.37
12	1.17	2.08	2.57	2.64	3.13	3.16
13	0.55	0.70	1.22	1.32	2.66	2.53
14	3.85	4.49	3.09	4.41	2.86	2.90
15	0.63	1.13	1.83	2.81	3.01	2.85
16	1.06	1.32	1.46	1.53	2.82	2.78
17	1.80	2.65	3.12	4.15	2.52	2.39
18	0.63	1.13	2.24	2.32	3.01	2.86
19	0.81	1.19	1.82	2.17	2.52	2.39

(3)中墩高度对纵向振动基频的影响最大，结构边界的支承类型次之，其中C型——墩梁固结体系具有最大的纵向刚度。

(4)宽跨比较大的桥梁受各因素的影响程度要小于宽跨比小的桥梁。

5.3 主梁侧移/扭转振动基频

图4给出了结构侧向弯扭基频随各因素的变化。

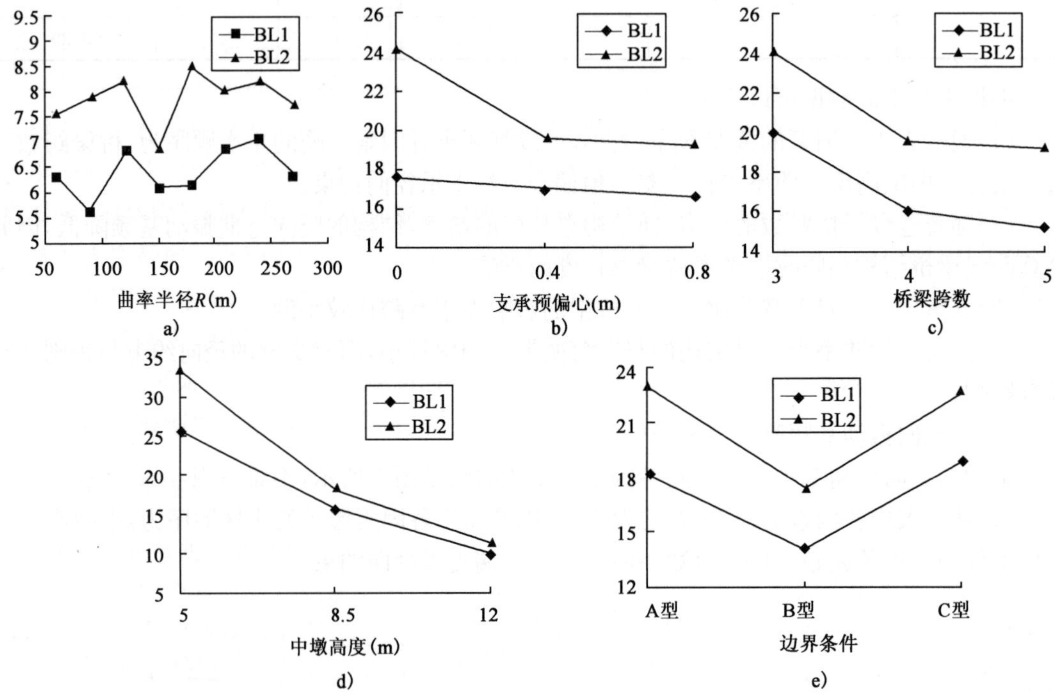

图4 结构侧向弯扭基频极差随各因素的变化关系

由图4对结构的侧向弯扭振动基频的极差分析结果可以得出以下规律：

(1)通过表中各因素的极差 R_j 的大小，可以判断出各因素影响的主次顺序为：中墩高度>边界条件>桥梁跨数>端支承径向约束>曲率半径>支承预偏心。

(2)与纵向振动基频相比，影响最大的因素仍是中间支墩的高度、边界条件和桥梁跨数。而曲率半径、支承预偏心和端支承约束的影响均不大。

(3)中墩高度对纵向振动基频的影响最大，结构边界的支承类型次之，随着中墩高度的增加和跨数增多即桥梁长度的增大，结构的侧向弯扭基频减小较快，其中各墩均设置抗扭支承的A型和墩梁固结的C型连续曲线梁桥的侧向弯扭振动基频差别很小。

(4)宽跨比较大的桥梁受各因素的影响程度要小于宽跨比小的桥梁。

5.4 灵敏度分析

通过以上的极差分析结果，可以总结出影响结构动力特性的主要参数灵敏度，通过灵敏度来反映各个参数对结构动力特性影响的大小，定性的分析结果列于表3。

由表3中的结果可以看出，对结构动力特性影响最大的参数为：中墩高度、桥梁跨数和边界条件，曲线半径和支承预偏心次之，而端支承径向约束与否的影响最小。这些参数的变化常常不仅改变结构的自振频率的数值，也会使结构振型序列的顺序发生改变，这个现象对于结构的动力反应的影响则将是显著的，因为它将直接体现各个振型分量在动力反应中的贡献。

参数灵敏度分析结果　表3

参　数	纵向振动基频	侧向弯扭基频	竖向弯曲基频
曲线半径	▲▲	▲▲	▲▲▲
支承预偏心	▲▲▲▲	▲	▲▲
桥梁跨数	▲▲▲	▲▲▲▲	▲▲▲▲▲▲
中墩高度	▲▲▲▲▲▲	▲▲▲▲▲▲	▲▲▲▲
边界条件	▲▲▲▲▲	▲▲▲▲▲	▲▲▲▲▲
端支承径向约束	▲	▲▲▲	▲

注:表中用符号表示灵敏度时,三角形个数越多代表参数灵敏度越高。

6　结语

(1)正交数值试验的极差分析结果表明,对桥梁结构动力特性影响最大的因素是桥梁的跨数(即连续梁桥每联的总长度)、边界条件和中间支墩的高度。而曲率半径、支承预偏心和端支承径向约束与否对结构的动力特性影响则相对较小。不同宽跨比的桥梁对参数变化的灵敏度也不同,宽跨比较大的桥梁的竖向弯曲振动基频受桥梁跨数的影响更大。

(2)随着连续曲线梁桥一联长度的增大(跨数增多),结构的竖向弯曲振动和扭转(或弯扭耦合振动频率)频率减小,说明结构的细长化导致结构刚度减小,应引起注意。

(3)曲线梁桥的竖向弯曲振动基频随着曲率半径的增大略有增大的趋势,但变化较小,而纵漂和侧向弯扭基频则随曲率半径的变化大致围绕一个平衡位置上下波动,没有明显的规律性。

(4)参数灵敏度的分析结果表明,对结构动力特性影响最大的参数为中墩高度、桥梁跨数和边界条件,曲线半径和支承预偏心次之,而端支承径向约束与否的影响最小。这些参数的变化不仅引起结构的自振频率的变化,也会使结构振型序列的顺序发生改变,这也将对结构的动力反应产生显著的影响。

参 考 文 献

[1] 林力成,林晓芳.连续弯梁桥计算模型分析[J].华东交通大学学报,2005,22(4):14-16.

[2] 许汉铮,黄平明,王宏博.连续弯梁桥的统一计算模式[J].中国公路学报,2002,(5).

[3] Mehdi Hajianmaleki, Mohamad S. Qatu. Vibrations of straight and curved composite beams: A review. Composite Structures. 2013, 100: 218-232.

[4] 田仲初,蒋田勇.曲率和支撑形式对弯梁桥影响的研究[J].世界桥梁,2004,(3):49-51.

[5] 吴亚平,赖远明,张学富,等.曲线箱梁静动力特性的有限段元分析[J].铁道学报, 2001, 23(5): 81-84.

[6] 魏双科,李鸿晶,罗寒松,等.立交桥曲线箱梁动力分析模型[J].地震工程与工程振动,2006,26(4):168-174.

[7] 孙颖,卓卫东.曲线箱梁桥动力计算模型与动力特性参数分析[J].福建建筑, 2007, 114(12): 101-103.

[8] 周勇军,赵小星,贺栓海,等.弯钢箱梁桥的动力分析及模态试验[J].郑州大学学报:工学

版，2005，26(4)：20-24.

[9] 赵青，肖卓. 曲线箱梁桥的动力特性参数分析[J]. 世界地震工程. 2010，26(1)：97-101.

[10] 彭大文，袁燕，江见虹. 厦门海沧大桥西航道桥的动力特性研究[J]. 福州大学学报(自然科学版). 1999，27(3)：11-14.

[11] 徐勋，卫星，刘德军，等. 扁平曲线箱梁静动力特性分析[J]. 公路交通科技，2007，24(12)：60-65.

[12] Ki-Young Yoon，Nam-Hoi Park，et al. Natural Frequencies of Thin-walled Curved beams[J]. Finite Elements in Analysis and Design. 2006，42(13)：1176-1186.

[13] Chris H. Riedel，Bongsu Kang. Free Vibration of Elastically Coupled Dual-span Curved Beams[J]. Journal of Sound and Vibration. 2006，290(3-5)：820-838.

[14] 黄新艺，盛洪飞，陈彦江，等. 薄壁箱梁桥动力特性分析的三梁式计算模型及试验研究[J]. 振动与冲击，2008. 27(12)：40-43.

[15] 刘振学，黄仁和，田爱民. 实验设计与数据处理[M]. 北京：化学工业出版社，2005.

[16] 金良超. 正交设计与多指标分析[M]. 北京：中国铁道出版社，1988.

[17] 黄新艺. 混凝土连续曲线梁桥在车辆荷载作用下的动力响应研究[D]. 哈尔滨：哈尔滨工业大学，2008.

148. 固支—铰支拉索近似频率计算公式及求解条件讨论

秦小平　廖敬波　孟利波
（招商局重庆交通科研设计院有限公司桥梁工程结构动力学国家重点实验室）

摘　要：在固支—铰支拉索索力识别的复杂过程中，频率方程中的双曲线函数项有可能造成数据溢出等病态问题。为了解决该数值问题和简化索力识别，利用双曲线函数和三角函数的数值特性，对双曲线函数项进行近似处理，得出简化的近似频率方程及其求解条件，并利用近似频率方程为周期函数的特点，推导了固支—铰支拉索的近似频率公式，通过数值算例验证了近似频率公式的合理性和可靠性。

关键词：固支—铰支拉索　双曲线函数　近似频率方程　近似频率公式　求解条件

1　引言

为了掌握索缆承重体系在建造和运营过程中的实际受力状况，必须全面了解承重体系中所有拉索的实际受力情况。因此，准确测量拉索的索力具有十分重要的实际工程背景。同时，桥梁检测工程师也迫切需要一种既快捷又可靠的测量方法对大规模的拉索进行高效的检测，其中振动测试法是拉索索力测试中应用最广泛的方法之一。该方法主要是用实际测试的固有频率对拉索索力等相关参数进行识别，该方法具有测试方便、测量精度高等优点，适合于大规模的拉索索力测试。由于拉索的固有频率不仅受到拉索索力影响，而且还受拉索弯曲刚度、倾角、垂跨比和边界条件等因素的影响[1-5]。

铰支拉索的索力公式将弯曲刚度、索力、索长、密度等参数用简洁的解析式表示出来，便于实际工程中的推广运用，而考虑弯曲刚度的固支—铰支、两端固结拉索的特征方程为超越方程，为了获取拉索的索力，需要采用非线性数值方法进行求解，整个求解过程十分繁琐，不利在于实际工程中推广应用。Hiroshi 等引入无量纲参数 ξ，对固结拉索的频率方程进行近似处理[1]，给出了索力的近似表示式；文献[2]推导出了考虑吊杆两端弹性支承、附加质量影响的吊杆张力与其横向振动频率的隐式表达式；张巍等研究了索力较小、垂度较大情况下的索力计算方法，并提出了斜拉索的实用索力计算方法[3]；林立等直接根据实际工程经验，对固支拉索的频率方程进行了简化处理，得到了简化的频率方程[4]；文献[5]也对频率方程进行了简化处理，近似结果与文献[4]一致，并根据实际工程经验，给出了近似方程的求解条件。但以上两篇文献均未对近似频率方程进行严格的推导，未给出近似频率方程的近似解。文献[6]在推导过程中，考虑了弯曲刚度、边界条件等参数的影响，忽略拉索倾角、垂跨比和剪切效应等因素的影响，利用频率方程中双曲线函数和三角函数的数值特性，对固结拉索近似频率方程的简化处理过程进行了详细的推导。然后，利用 Rayleigh 定理和铰支拉索的频率公式对近似频率方程的求解条件进行了讨论。近似频率方程避免了在固结拉索求解频率过程中出现的"数据溢出"等数值病态问题，但是仍需要求解一个含有正切函数的超越方程，不便于在实际工程中的推广运用。文献[7]在文献[6]的各种假设基础之上，推导了固结拉索的频率计算公式及其求解条件，为固结拉索频率公式的简洁化、实用化提供一条有效的途径。本文进一步推导了固结－铰支拉索的近似频率方程、近似频率公式及其求解条件，为固结－铰支拉索索力估计以及任意边界条件下拉索索力估计打下基础。

2 固支—铰支拉索频率特征方程

拉索的振动微分方程为[1,8,9]：

$$EI\left[\frac{\partial^4 y(x,t)}{\partial x^4}\right]-T\frac{\partial^2 y(x,t)}{\partial x^2}+\rho A\frac{\partial^2 y(x,t)}{\partial t^2}=0 \tag{1}$$

式中：EI——拉索的弯曲刚度；

T——拉索的索力；

ρA——拉索的线密度；

$y(x,t)$——拉索各点随时间变化的位移函数。

利用变量分离技术对微分方程(1)进行求解，$y(x,t)$可分解为时间函数与空间函数间的乘积关系，即

$$y(x,t)=Y(x)\sin(\omega t+\varphi) \tag{2}$$

设 $\alpha^2=T/EI, k^4=\omega^2\rho A/EI$，将式(2)代入到式(1)，得到方程：

$$\frac{\mathrm{d}^4 Y}{\mathrm{d}x^4}-\alpha^2\frac{\partial^2 Y}{\partial x^2}-k^4 Y=0 \tag{3}$$

设通解：$Y(x)=c_1\mathrm{ch}\lambda_2 x+c_2\mathrm{sh}\lambda_2 x+c_3\cos\lambda_1 x+c_4\sin\lambda_1 x$，$c_1, c_2, c_3, c_4$ 为待定常数，可由边界条件确定；通解中的 λ_1 和 λ_2 分别为：

$$\lambda_1=\sqrt{-\frac{\alpha^2}{2}+\sqrt{\frac{\alpha^4}{4}+k^4}} \tag{4}$$

$$\lambda_2=\sqrt{\frac{\alpha^2}{2}+\sqrt{\frac{\alpha^4}{4}+k^4}} \tag{5}$$

为了便于推导，将式(4)和式(5)进行组合，可得：

$$2\lambda_1\lambda_2=2k^2 \tag{6}$$

$$\lambda_2^2-\lambda_1^2=\alpha^2 \tag{7}$$

根据固结—铰支拉索的边界条件，得到固结—铰支拉索的频率方程：

$$\frac{\mathrm{ch}\lambda_2 l\sin\lambda_1 l}{\lambda_1}-\frac{\mathrm{sh}\lambda_2 l\cos\lambda_1 l}{\lambda_2}=0 \tag{8}$$

3 固支—铰支拉索频率特征方程的近似方程

固结—铰支拉索的频率方程(8)式为超越方程，主要由双曲线函数 $\mathrm{sh}\lambda_2 l$、$\mathrm{ch}\lambda_2 l$ 和三角函

数 $\sin\lambda_1 l$、$\cos\lambda_1 l$ 组成。利用双曲线函数为非负的单调递增函数和三角函数为周期函数，取值在[−1,1]间，将(8)式进行等价处理，得到：

$$\frac{\mathrm{sh}\lambda_2 l\cos\lambda_1 l}{\lambda_1}\left(\frac{\mathrm{ch}\lambda_2 l}{\mathrm{sh}\lambda_2 l}\tan\lambda_1 l-\frac{\lambda_1}{\lambda_2}\right)=0 \tag{9}$$

若 $\cos\lambda_1 l=0$，$\sin\lambda_1 l=1$ 时，则 $\mathrm{ch}\lambda_2 l/\lambda_1=0$，与其恒不为零矛盾，故 $\cos\lambda_1 l\neq0$

引入控制参数 β，其含义是：当 $x>\beta$ 时，方程(9)中的 $1.00/\mathrm{ch}x\approx0.00$ 和 $\mathrm{sh}x/\mathrm{ch}x\approx1.00$ 均近似成立。例如，当 $\beta=10.00$ 时，$1.00/\mathrm{ch}\beta\approx0.00$，$\mathrm{ch}\beta=11\,013.23$，$\mathrm{sh}\beta/\mathrm{ch}\beta\approx1.00$，与固结拉索近似频率方程的求解条件一致。

当 $\lambda_2 l>\beta$ 时，式(9)可转换为：

$$\tan\lambda_1 l=\frac{\lambda_1}{\lambda_2} \tag{10}$$

$\lambda_2 l>\beta$ 即为近似频率方程(10)的近似求解条件。

式(10)也可以等价为仅关于 $\lambda_1 l$ 的等式，即

$$\tan\lambda_1 l=\frac{\lambda_1}{\sqrt{\alpha^2+\lambda_1^2}} \tag{11}$$

文献[6]利用 Rayleigh 定理和铰支索的频率公式对固结拉索近似频率方程的成立条件进行了详细讨论，固结—铰支拉索的求解条件与固结拉索一致，则直接可得控制参数 β 的取值范围为：

$$\beta<\sqrt{(\alpha l)^2+(i\pi)^2} \tag{12}$$

β 可取求解条件的下确界。若 $\alpha l=0.00$，讨论 β 的取值：

(1)当频率阶数 $i=1$，该式的下确界可近似取常数 π，即控制参数 β 的参考值为 π，与双曲线函数相关项的取值为：$1.0/\mathrm{ch}\pi\approx0.086\,3$，$\mathrm{sh}x/\mathrm{ch}x\approx1.000$。若 $\beta=\pi$ 使得式(10)对所有频率方程均满足精度要求，则式(9)表示的频率方程可用式(10)进行近似求解。

(2)若拉索基频不作为计算频率，则频率阶数可从第 2 阶开始，则控制参数 β 可近似取 2π，与双曲线函数相关项的取值为：$1.0/\mathrm{ch}2\pi\approx0.003\,7$，$\mathrm{sh}2\pi/\mathrm{ch}2\pi\approx1.000$，用式(10)求解拉索频率，计算精度满足工程要求。

(3)以上两种情况均假设 $\alpha l=0.00$，实际拉索中的 αl 值是一个非负数。因此，式(9)中 $\lambda_2 l$ 的取值始终大于 π，即与双曲线函数相关项的取值应有关系式：$1.0/\mathrm{ch}\lambda_2 l<0.086\,3$，$0.00<\mathrm{sh}\lambda_2 l/\mathrm{ch}\lambda_2 l<1.00$，用式(10)进行频率求解，其求解频率的精度将会更高。

4 求解近似频率方程

式(11)仍是一个含正切函数的非线性方程，左端项其为 λ_1l 的周期函数，而方程右端项为 λ_1 的单调递增函数，将等式左右端的函数关系式表示出来，如图 1 所示。

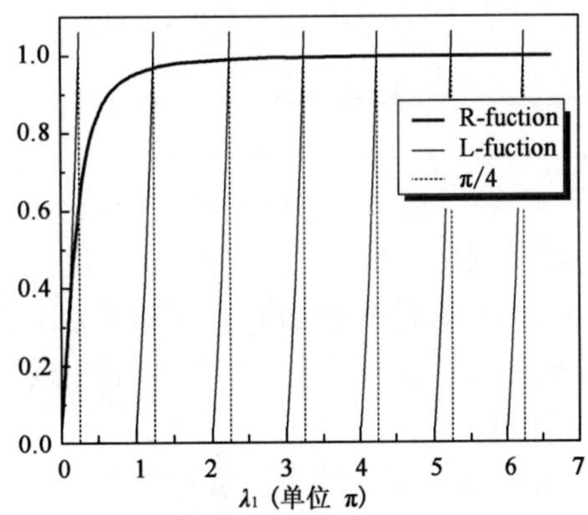

图 1　近似频率方程左右两端方程随 λ_1 变化情况

从图 1 中可以看出，随着频率阶数 i 的逐步升

高，等式两侧函数间交点位置逐渐趋近于与其邻近的渐近线：$(i+1/4)\pi(i=1,2,\cdots)$，且交点位置始终大于 $i\pi$。因此，在一定的精度范围内，可以近似地用渐近线来代替左右两侧方程（分别表示为 L—方程和 R—方程）交点位置，即

$$\lambda_1 l \approx (i+1/4)\pi \tag{13}$$

则将式(4)代入式(13)，得到

$$\omega_n = \sqrt{\frac{(n+1/4)^4\pi^4}{l^4}\frac{EI}{\rho A} + \frac{(n+1/4)^2\pi^2}{l^2}\frac{T}{\rho A}} \tag{14}$$

式(14)与铰支索的频率公式非常相似，除频率阶数 i 用 $(i+1/4)$ 代替外，其余部分均相同。

类似于近似频率方程的控制参数 β，式(14)成立条件，也可用一个参数 δ 来控制，注意到等式(12)的右端取值越大，则等式(14)求解精度越高。则近似解满足要求，即

$$i^2\pi^2 >> \alpha^2 \tag{15}$$

从式(16)可以看出，在低频段，需要一定的求解条件，随着频率阶数 i 的升高，频率阶数 i 逐渐起主导作用，计算精度必高于低频段。

5 数值算例研究

分别用频率方程、近似频率方程和近似频率公式求解两根固支—铰支拉索的频率值来研究近似频率公式的求解误差。

第一根固支—铰支拉索在数值设计上尽可能地使控制参数 β 接近于 π，设弯曲刚度 EI：$1.0\times10^7\text{N}\cdot\text{m}^2$，索长 l：20.0m，索力 T：200.0kN，线密度 ρA：$25.0\text{kg}\cdot\text{m}^{-1}$，近似频率公式与频率方程、近似频率方程之间的对比分析情况见表 1。

近似频率公式与频率方程、近似频率方程对比分析 表 1

频率阶数	频率方程(Hz)	近似方程(Hz)	频率公式(Hz)	相对误差(%)
1	4.57	4.57	4.78	4.74
2	13.41	13.41	13.54	0.99
3	27.13	27.13	27.22	0.35
4	45.78	45.78	45.86	0.16
5	69.39	69.39	69.45	0.09
6	97.97	97.97	98.02	0.05
7	131.51	131.51	131.55	0.03

从表 1 可以看出，频率方程和近似频率方程求解得到的频率值非常接近于近似频率公式得到的频率值；在第 1 阶频率处，近似频率公式与频率方程之间的相对误差绝对值达到最大，为 4.74%，这是由于 $(\alpha l)^2$ 取值较小，(17)式在低频段就能满足要求，而且随着频率阶数的升高，相对误差值也将进一步减小，表明近似频率公式求解的频率值越来越接近于频率方程得到的频率值。

第二根固支—铰支拉索采用文献[10]中提供的相关参数进行求解，拉索的弯曲刚度 EI：$2.67\text{e}5\text{N}\cdot\text{m}^2$，索长 l：8.21m，索力 T：574.31kN，线密度 ρA：$24.0\text{kg}\cdot\text{m}^{-1}$，近似频率公式与频率方程、近似频率方程之间的对比分析情况见表 2。

近似频率公式与频率方程、近似频率方程对比分析 表2

频率阶数	频率方程(Hz)	近似方程(Hz)	频率公式(Hz)	相对误差(%)
1	10.62	10.62	12.39	16.64
2	23.15	23.15	24.58	6.17
3	38.94	38.94	40.14	3.08
4	58.75	58.75	59.79	1.75
5	82.98	82.98	83.88	1.08
6	111.84	111.84	112.63	0.71
7	145.44	145.44	146.14	0.48

从表2可以看出，频率方程与近似频率方程间的频率值几乎一致，而频率方程与近似频率公式间的相对误差在第1阶频率处达到16.64%，这是由于在低频段，近似频率公式的求解精度受$(\alpha l)^2$的影响较大；然而随着频率阶数i的逐步升高，频率阶数i在式(15)中起主导作用，进而两者间的相对误差将会逐步降低，在第3阶频率处，两者间的相对误差降为3.08%，已满足工程精度的要求。

6 结语

在一定的假设条件下，固结—铰支拉索的频率方程可简化为仅含正切函数的近似频率方程，其求解条件：$\beta^2<(\alpha l)^2+(i\pi)^2$；随着频率阶数的升高，近似频率方程的求解精度将会越来越高。在此基础之上，可以得到固支—铰支拉索的近似频率公式，即：$\omega_n=\sqrt{(n+1/4)^4\pi^4/l^4 EI/\rho A+(n+1/4)^2\pi^2/l^2 T/\rho A}$，而且近似频率公式的求解精度会随着频率阶数$i$的增加而升高。因此，对于满足频率公式求解条件的固结—铰支拉索，就不必求解繁琐的超越方程，用近似频率公式就能得到一定精度的频率值。

参考文献

[1] Hiroshi Zui, Torhru Shinke, Yoshio Namita. Practical formulas for estimation cable tension by vibration method[J]. ASCE Journal of Structural Engineering. 1996,122(6): 651-656.

[2] 何伟，陈淮，王博. 复杂边界条件下基于频率法的吊杆张力测定研究[J]. 土木工程学报，2012,45(3):93-98.

[3] 张巍，王广政，孙永明. 考虑抗弯刚度的斜拉索频率与索力分析[J]. 公路交通科技，2012,29(7):64-69,75.

[4] 林立，李胡生，瞿志豪，等. 考虑刚度及固支边界条件的实用索力求解方法与试验研究[J]. 振动与冲击，2010,29(7):221-227,247.

[5] 刘进明. 识别边界条件和抗弯刚度的振动方法索力计算[M]. 北京：航空工业出版社，2012.

[6] 廖敬波，唐光武，孟利波，等. 固结拉索的近似频率方程及其求解条件讨论[J]. 振动与冲

击,2012,32(S):48-51.
[7] 廖敬波,唐光武,孟利波,等.固结拉索的一种近似频率计算公式[J].振动与冲击(待发表).
[8] 宋一凡.公路桥梁动力学[M].北京:人民交通出版社,1999.
[9] 徐霞飞,任伟新.边界条件对吊杆索力估算的影响[J].铁道科学与工程学报,2008,5(6):26-31.
[10] 刘文峰,应怀樵,柳春图.考虑刚度及边界条件的索力精确求解[J].振动与冲击,2003,22(4):12-24,25.

五、检测、加固及其他

149. 大连星海湾跨海大桥钢桁架整体节点设计及疲劳试验研究

王会利[1,2]　张　哲[1]　付　裕[3]

(1. 大连理工大学桥梁工程研究所;2. 大连理工大学工业装备结构分析国家重点实验室;3. 大连理工大学土木建筑设计研究院有限公司)

摘　要:钢桁架整体节点方便施工,经济效益好,受力合理。大连南部滨海大桥主桥钢桁架采用整体节点技术。本文主要介绍大连南部滨海大桥主桥钢桁架采用整体节点的设计和疲劳试验情况。整个疲劳加载过程中未发现试件有异常现象。200 万次疲劳试验后,对试件进行检查,未发现裂缝。通过模型试验研究发现,大连南部滨海大桥主桥钢桁架整体节点各种构造细节合理,在正常养护维修情况下,不会发生疲劳开裂,结构在疲劳性能方面安全可靠。

关键词:钢桁架　整体节点　设计　疲劳　试验

1　引言

钢桁架整体节点,即将节点板与一端的弦杆焊接成为一个整体,其主桁节点板成为箱形弦杆的一部分。它的优点是,通过增加节点板部位的板厚,使钢材截面得到充分利用;整体节点与其他杆件对拼连接方式,可减小节点板的尺寸;焊件两端均对拼于主桁厚节点板,减小了杆件的用料长度,便于向钢厂订料和运输。钢桁架整体节点构造不但可提高钢梁工厂化制作程度,方便工地安装,而且经济效益较好。整体节点与传统的散拼节点对比,从节点外观、节点应力分布、焊接工艺要求、工地拼装工作量等方面,都有其独特的优势[1]。

自 20 世纪 60 年代起,整体节点钢梁在国外逐渐推广。载至 20 世纪 80 年代,整体节点开始在钢桥中广泛应用,如日本的明石海峡大桥、濑户大桥等。1995 年 4 月,我国第一次采用焊接整体节点和节点外拼接技术建成京九线孙口黄河大桥。之后,在孙口黄河大桥的基础上,芜湖长江大桥又向前迈进了一大步,采用了更先进的整体焊接节点,即下平联节点板以及横梁接板均与节点板焊成整体,这一技术的成功应用成为了我国建桥史上新的里程碑。采用整体节点的大跨度钢桁架,逐渐地受到人们的青睐,越来越多的知名学者投身于整体节点的研究领

基金项目:工业装备结构分析国家重点实验室自主研究课题(S13209),华南理工大学亚热带建筑科学国家重点实验室开放研究项目(2014KB11)。

域中[2]。对于采用整体节点的大跨度钢桁架，与整体节点密切相关的焊接材料、焊接工艺、各种焊接接头、交叉焊缝、杆件节点外拼接接头等细节的疲劳强度，以及整体节点的疲劳往往控制结构设计，受到关注与重视。

大连南部滨海大桥主桥钢桁架采用整体节点技术，本文主要介绍大连南部滨海大桥主桥钢桁架整体节点的设计和疲劳试验情况。

2 大连南部滨海大桥主桥钢桁架整体节点设计

2.1 大连南部滨海大桥主桥概况

大连南部滨海大道主桥为三跨双层地锚式悬索桥（图1），加劲梁为钢桁架结构，两端设混凝土重力式锚碇。跨径布置180m＋460m＋180m＝820m，主桥桁架轴线宽24m。主梁纵坡1.5%，车行道横坡1.5%，人行道向内横坡1.0%[3]。

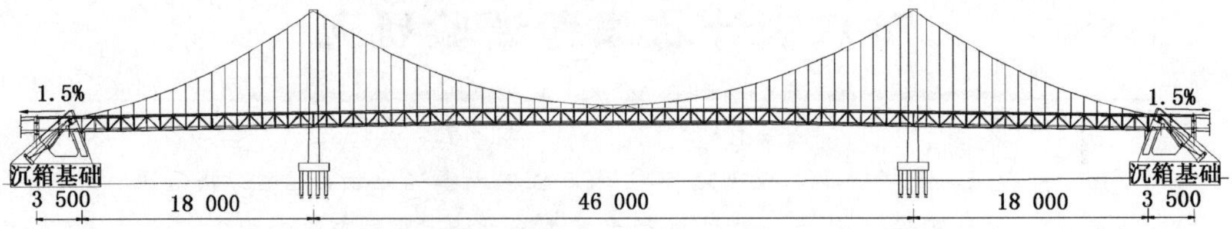

图1　滨海大道主桥桥型布置图（尺寸单位：cm）

2.2 大连南部滨海大桥主桥钢桁架

钢桁架由主桁架、主横梁和上、下平联组成，主桁架采用整体节点板连接，所有杆件均为闭口箱形截面。主桁架由上弦杆、下弦杆、竖腹杆、斜腹杆组成，如图2所示。主桁架桁高10m，标准节段长10m。上、下平联采用K形结构。主桁架的上、下弦杆通过整体节点板与腹杆连接，弦杆与横梁、平联杆件通过焊接节点板连接，在节点板处，各构件之间采用高强螺栓连接，如图3所示。

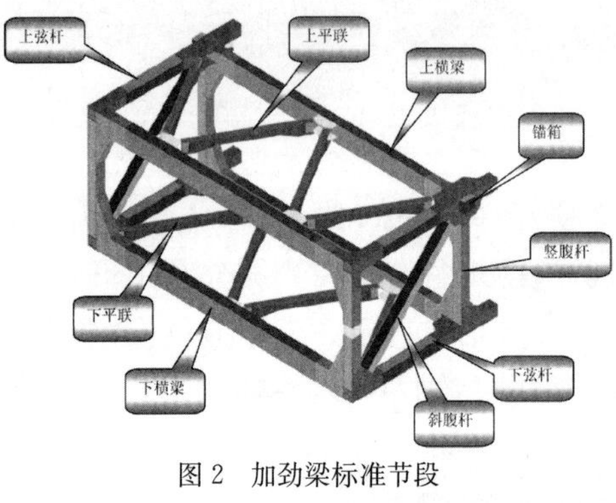

图2　加劲梁标准节段

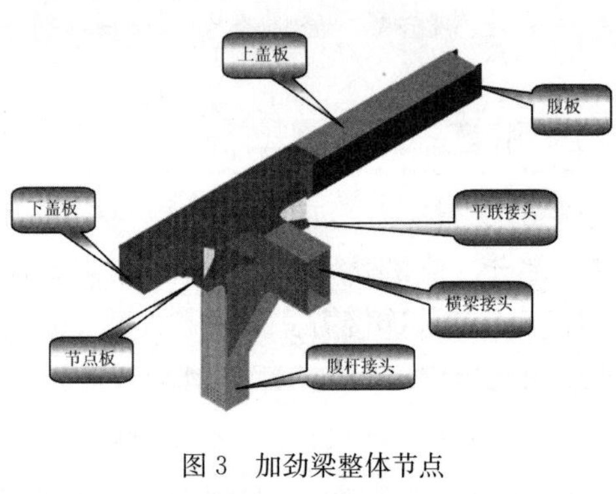

图3　加劲梁整体节点

3 大连南部滨海大桥主桥钢桁架整体节点疲劳试验

3.1 模型设计

由于整体节点板构造复杂，处于复杂受力状态，它的承载安全性受到关注与重视。若仅靠仿真计算，难以把握整体节点的疲劳性能，故有必要对整体节点进行模型试验研究，以验证设计和理论计算结果，确保结构的安全。

采用BS 5400规定的一辆标准疲劳车加载计算轴力幅值[4]，桁架弦杆轴力幅如图4所示。E8节点处上弦杆件轴力幅最大，为$\Delta N=1\ 260$kN。经计算，等效疲劳荷载幅为600kN，所以试验荷载最大取700kN，最小取100kN。

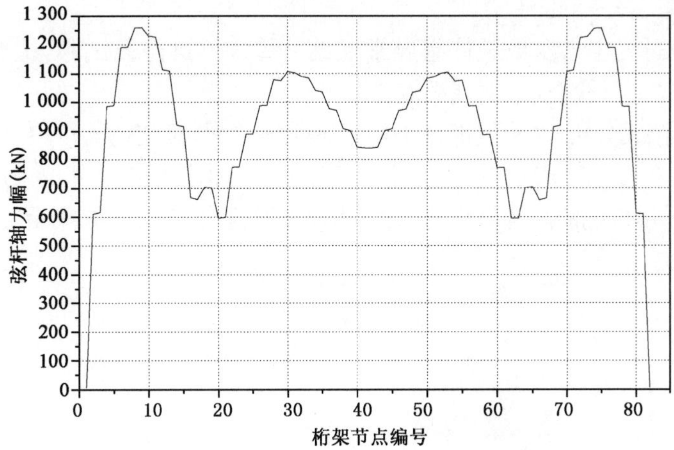

图 4　星海湾跨海大桥桁架弦杆轴力幅(BS 5400)

弦杆模型将根据实桥弦杆最不利节点进行模拟设计。节点模型比例为 1∶2,设计为桁架结构对模型加载。桁架质量约为 12t,共做 3 个模型。模型节点试验加载如图 5 所示。单个试验模型中包含两个整体节点模型,其中受试节点及其附近杆件按 1∶2 比例尺,其他部分杆件仅作为加载传力杆件,保证节点模型和原型受力相似。

图 5　试验模型

3.2　试验过程

疲劳试验在疲劳试验机上进行,在设定的试验荷载下,进行 200 万次加载循环。在试验过程中,需对模型进行多次暂停循环加载,进行静载下的应力测试,对应力的变化进行分析,并对模型重点部位进行裂纹观察[5]。试验流程如图 6 所示。

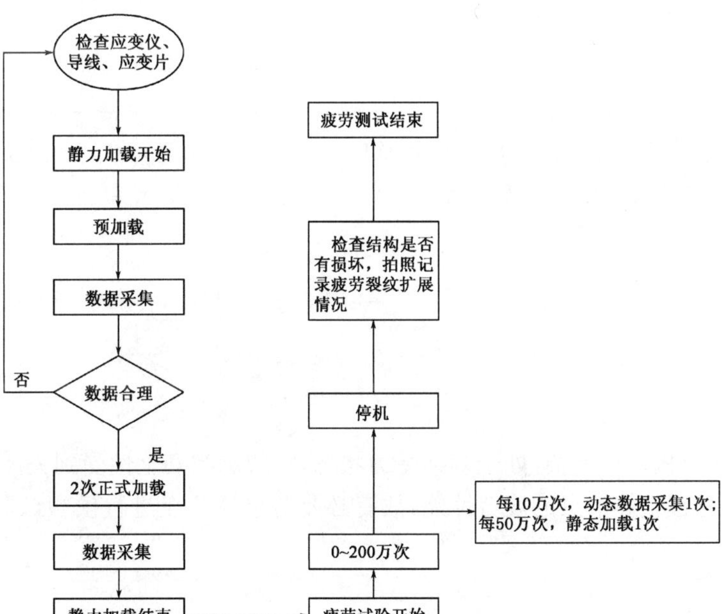

图 6　试验流程图

3.3 试验结果

整个疲劳加载过程中未发现试件有异常现象。每次停机静载试验，检查试件。200 万次疲劳试验后，对试件进行检查，未发现裂缝。

采用多尺度有限元分析，对主要部分采用三维实体单元，对其他部位用梁单元，用连接单元连接梁单元与实体单元。对于结构中需要重点关注的局部构件或细节部位采用"小尺度"精细模型，而其余部分仍采用传统的高度简化的结构"大尺度"模型。多尺度有限元模型如图 7 所示。

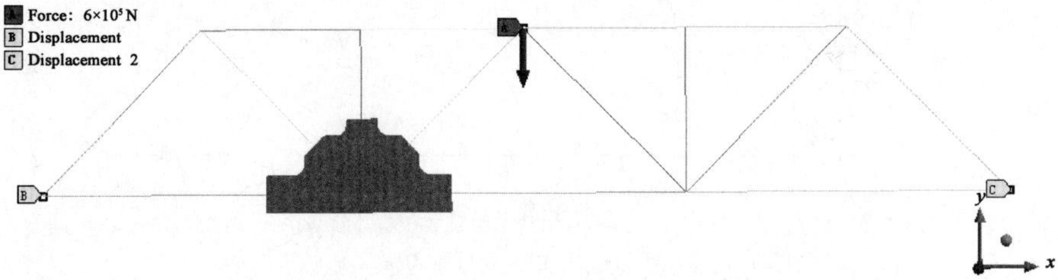

图 7　多尺度有限元模型

表 1 给出主要测点的测试值和理论值。对疲劳试验模型的计算结果和试验结果的对比分析表明，实测值与理论值的整体变化趋势基本上相同，大多数测点都和分析值比较接近。

整体节点循环 2×10^6 次后测点理论分析应力值与实测应力值　　表 1

测点	测试值(MPa)	分析值(MPa)	测试值/分析值
A1−1	−15.96	−14.8	1.08
A1−2	−12.18	−11.2	1.09
A1−3	4.2	3.5	1.20
A1−4	−24.57	−5.8	4.24
A1−5	20.58	25.6	0.80
A1−7	22.89	30.8	0.74
A1−8	22.47	35.7	0.63

在此基础上进行构件的疲劳分析，得到整体节点的疲劳安全系数等值线，如图 8 所示。原桥整体节点各种构造细节在正常养护维修情况下，不会发生疲劳开裂。

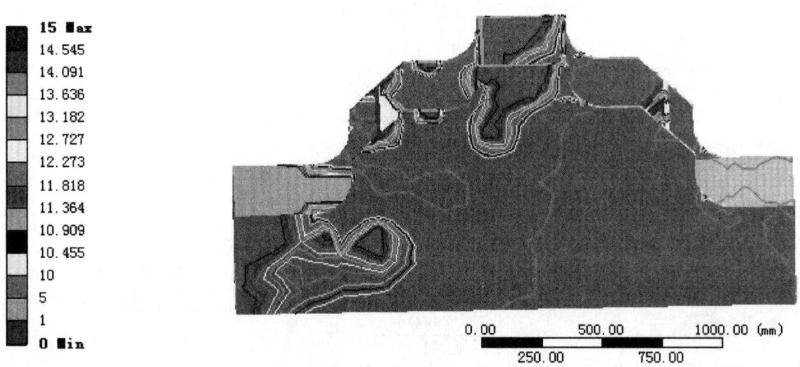

图 8　整体节点疲劳安全系数

4 结语

大连南部滨海大桥主桥钢桁架采用整体节点技术施工方便,节省造价,受力合理。通过模型试验研究发现,大连南部滨海大桥主桥钢桁架整体节点各种构造细节合理,在正常养护维修情况下,不会发生疲劳开裂,结构在疲劳性能方面安全可靠。

参 考 文 献

[1] 林荫岳,邵克华. 我国桥梁钢和整体节点钢桁梁新技术[J]. 城市道桥与防洪,1994(2).

[2] 程帅,王会利,韩加伦,等. 钢桁架整体节点研究综述[J]. 钢结构,2012,6(27).

[3] 大连理工大学土木建筑设计研究院有限公司桥隧分院. 大连南部滨海大道工程设计图,2010.

[4] BS 5400-10 Steel concrete and composite bridges—Part10:Code of practice for fatigue.

[5] 刘高,吴文明,唐亮,王天亮. 坝陵河大桥钢桁加劲梁主桁架整体节点疲劳试验[J]. 土木工程学报,2009,42(12).

续上表

航道等级	船舶吨级(t)	代表船型尺度(总长×型宽×设计吃水)(m)	代表船舶、船队	船舶、船队尺度(长×宽×设计吃水)(m)	航道尺度(m)			
					水深	直线段宽度		弯曲半径
						单线	双线	
Ⅵ	100	驳船 32.0×7.0×1.0 货船 45.0×5.5×1.0	(1) 	188.0×7.0×1.0	1.0～1.2	15	30	180
			(2) 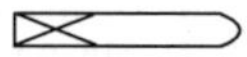	45.0×5.5×1.0				
Ⅶ	50	驳船 24.0×5.5×0.7 货船 32.5×5.5×0.7	(1) 	145.0×5.5×0.7	0.7～0.9	12	24	130
			(2) 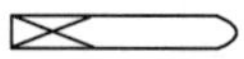	32.5×5.5×0.7				

驳船队比较宽、比较长，再加上操纵不灵便，在桥梁设计开始阶段，对桥型、通航宽度和撞上概率 3 个方面及早考虑是应该的。但是，由于驳船的使用日渐减少，驳船队一撞就散，而且撞击力比同样载质量的自航船为小，因此驳船队的撞击力不成为撞塌桥墩的控制因素。

我国大型驳船队，主要在武汉以下的长江中下游从事载货运输，曾每年为马鞍山钢铁公司、武汉钢铁公司运输矿石 1 000 万 t 以上(上水)，为沿江各电厂运输煤炭 2 000 万 t(上、下水)。另外，上水运矿砂的驳船队回程时为下游的建筑工地运送砂石也是非常经济的。

1×6 000 马力+20×2 000t 的驳船队为载质量最大的驳船队之一，如图 5 所示，其载质量达到 4 万 t。

图 5　1993 年 4 月 16 日，4 413kW(6 000hp)长江 26004 号顶推 20 艘 2 000t 分节驳，4 排 5 列载质量 40 000t，上水通过九江长江大桥[3]

驳船队这种运输方式大约风行了几十年。进入 21 世纪，船运公司增多，货源分散；北煤南运和进口煤的沿海港口建成，水运煤由江转到海上，大批载质量为 5 000～30 000t 的“江海联运浅吃水肥大型散货船”投入运输。它们自航，调度方便，靠离码头不需港作拖船帮助，不花港作规使费。船上防浪防潮设备好(干舷较高)，可载多种货品，适应港口大型化和港口装卸高速化。因此，港口和货主倾向自航货船，大多数货主不再接受 2 000t 以下驳船。[3]

驳船公司为了维持本身的竞争力，采用建造大载重量驳船的办法，建造了 5 000t 舱口驳，以缩短码头掉靠驳船的时间，减少使用港作拖船的费用；建造 8 000～10 000t 甲板驳，以承运大件货物。

“但是由于驳船队运输‘不适港，不适货’，退出江湖是必然趋势。2009 年 11 月 4 日，国内最大的内河水运企业凤凰公司将106艘2 000t中分节驳退出市场。长江航运进入自航船舶时代。"[3]作为一幅无意中提供佐证的图，文献[1]的压题图中有10艘船，都是自航驳船(舱口式尾机自航驳船)，没有一个驳船队。

这第二个问题说的是：长江中下游，以宽度为64.8m(相当于航空母舰级的宽度)的船队定出来的通航宽度，现今这些船队已经不存在了，通航宽度就应该重新调研修订 。

4 宽阔水域和弯曲河道(非直线段)的航道宽度

河渠化、直线段这些都是比较理想化的地段，河渠化是发达国家对重点航道长期治理的结果，我国河渠化的航道比例较少，其余广大内河的河岸被侵蚀，岸坡在下塌，水面比较宽阔，裁弯取直工程也不多见。因此，对这些地方要重视考虑宽阔水域和弯曲河道(非直线段)的航道宽度。

《内河通航标准》对于"风浪影响较大"、桥的法线方向与水流向交角大于5°，横向流速为0.3～0.8m/s时，通航净宽(图6)可按下式计算：

$$B_{m1} = B_F + \Delta B_m + P_d \tag{1}$$

$$B_{m2} = 2B_F + b + \Delta B_m + P_d + P_u \tag{2}$$

$$B_F = B_s + L\sin\beta \tag{3}$$

式中：B_{m1}、B_{m2}——分别为单孔单向通航和单孔双向通航的净宽，m，见图3；

B_F——船舶或船队航迹带宽度，m；

ΔB_m——船舶或船队与两侧桥墩间的富裕宽度，m，Ⅰ—Ⅴ级航道可取0.6倍航迹带宽度，Ⅵ级和Ⅶ级航道可取0.5倍航迹带宽度；

P_d——下行船舶或船队偏航距，m；

b——上下行船舶或船队会船时的安全距离，m，可取船舶或船队宽度；

P_u——上行船舶或船队偏航距，m，可取0.85倍下行偏航距；

B_s——船舶或船队宽度，m；

L——顶推船队或货船长度，m；

β——船舶或船队航行漂角，(°)，Ⅰ—Ⅴ级航道可取6°，Ⅵ级和Ⅶ级航道可取3°。

计算时的偏航距和由于横流的通航净宽增加值，《内河通航标准》中均有表列出，将这些表与本文所引的表3.0.2-1(表1)叠加起来，便得到水上过河建筑物通航净空尺度(m)[6](附录C)。应该指出，附录C给出的通航宽度仍是以驳船队为依据的。

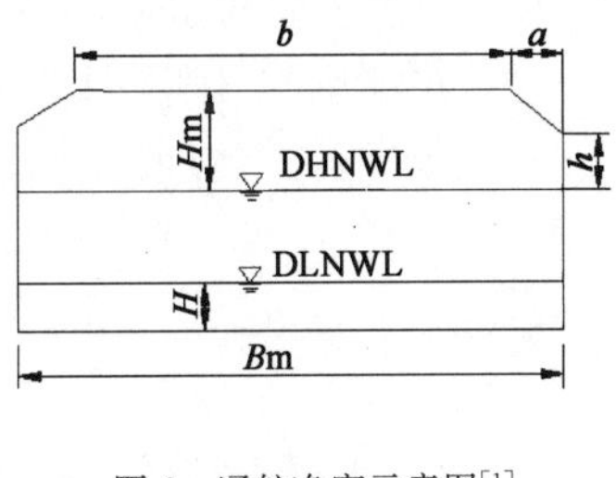

图6 通航净宽示意图[1]

B_m-水上过河建筑物通航净宽；H_m-水上过河建筑物通航净高；H-航道水深；b-上底宽；a-斜边水平距离；h-侧高；DHNWL-设计最高通航水位；DLNWL-设计最低通航水位

此外，《海港总平面设计规范》(JTJ 211—99)[4]中进港航道一节，对于风浪影响较大、横向流速较大的宽阔水域，另有计算方法(针对单船)，在内河比较宽的弯道和下游比较宽的河口区域，是否适用和可供参考呢？

5 讨论

5.1 皮之不存，毛之焉附

对于《中国内河通航标准之问》一文的观点，既然说在一些地方建"千米跨的桥梁不经济、不合理又不美观"，本文又加上一条：随着驳船队应用的减少，现在的代表船舶机动性好，船身也窄，原来赖以制定通航净宽的依据，已发生变化，通航净宽应该重新调研、重新制定。

5.2 现行内河通航标准中的通航净宽够吗？

本文列举了武汉长江大桥（1957年）、南京长江大桥（1968年）和黄石长江大桥（1995年）3座内河大桥的通航净宽，他们都是符合《内河通航标准》（GB 50139—2004）的，但是分别发生很多起重大的船撞桥事故，业界多有认为通航净宽取得不够。对于水域宽阔一点的、风比较大的、横流比较急的、船舶比较多的、码头比较复杂的、船种比较复杂的港口桥梁，交通运输部还有一个标准，该计算公式考虑的因素比较多，河湾、河口和城市桥梁，是不是可以借鉴？

5.3 衡量"《内河通航标准》中的通航净宽"够不够宽的标准

现行的标准中的通航净宽嫌窄，发生很多船撞桥事故；有的专业工作者认为应予以加大，但加大到千米跨的桥梁不经济、不合理又不美观。一跨过江的结果是不会发生船撞桥事故，从现在"发生很多船撞桥事故"到"不会发生船撞桥事故"，这当中就有一个适合的通航净宽。这个合适的通航净宽对应的标准应是船撞桥事故"日益减少"和"明显下降"。

5.4 修订的目标

各行各业都在发展，内河水运量在增加，通过南京长江大桥的船舶数量，1993年是1980年的5倍，而船撞桥事故并没有正比上升。说明我们的航海水平和管理都是有效的。

我们的目标是通过修订通航标准，优化桥梁的设计，桥型和桥墩布置合理，从建设桥梁一开始就注意减少船撞上桥的原因；然后为航道及其附近的桥墩装上防撞装置，做到万一撞上也能做到桥不坏、船不坏、环境也得到保护。

6 修订的建议

6.1 通过桥跨的船舶

通过桥跨的船舶，其现在和发展的船种、船型、大小和数量，对过去的记录、现况和规划预测，要弄得比较清楚。需多位专业人员共同努力。

6.2 船舶通过桥跨所需要的宽度

各船种、船型、大小的船舶，结合桥跨的水文、风向风速和船舶的速度及操纵性，研究出船舶通过桥跨所需要的宽度（多宽叫做够，多宽才不会撞上）。

6.3 通过桥跨的船舶、水情和风情

这点可能因地、因桥而异，需要调查研究个别分析。修订的标准可能是一个必须调查的项目表和各个项目的处理办法，处理好了才能得出该桥位处的通航宽度。

参 考 文 献

[1] 项海帆．中国内河通航标准之问[J]．桥梁，2013(2)．

[2] 中华人民共和国国家标准．GB 50139—2004 内河通航标准[S]．北京：中国计划出版社，2004．

[3] 王孙．长航驳船队"退位" 新船型等待加冕[J]．中国船舶报，2009．

[4] 中华人民共和国行业标准．JTJ 211—99 海港总平面设计规范[S]．北京：人民交通出版社，1999．

[5] 中华人民共和国行业标准．JTJ 311—97 通航海轮桥梁通航标准[S]．北京：人民交通出版社，1998．

[6] 陈明栋,黄世连,巴添,等.航区通航条件与桥梁防船撞(桥位选择\通航净空和相撞速度)[J].桥梁工程与技术,2012(6).
[7] 陈国虞.评议桥梁防撞设计的依据[J].城市道路与防洪,2011(6):106-112.
[8] 陈国虞.桥墩防撞设计中对驳船队撞墩的分析和处理[J].广东造船,2012(1).
[9] 黄强.长江桥梁船闸与通航[M].武汉:长江出版社,2005.
[10] 王曾博,周建强.南京长江大桥船舶撞桥事故综析[J].中国水运,1995(12).

151. 基于红外热成像的钢桥疲劳裂纹检测研究

叶华文[1]　段　熹[1]　杨军川[2]

(1. 西南交通大学土木工程学院;2. 四川高速公路建设开发总公司)

摘　要:钢桥疲劳裂纹的检测是疲劳研究的重要课题。利用红外热成像技术检测不同受拉钢板试件的疲劳裂纹扩展情况,并与传统的疲劳断口分析结果进行比较。疲劳试验结果表明:两种方法吻合较好,红外热成像可得到很精确的温度分布图及裂尖位置,准确测定裂纹长度。红外热成像技术可为钢桥疲劳裂纹探测提供一种重要思路。

关键词:钢桥　疲劳裂纹　热成像技术　断口分析

1　引言

疲劳裂纹是钢桥疲劳性能的重要参数,应用无损检测技术(NDT)检测疲劳裂纹越来越广泛,如磁粉、渗透、超声、射线和电磁等检测技术[1-2]。近年来,红外热波成像检测技术得到了很大发展,采用红外热像仪连续观测和记录物体表面的温场变化,并对序列热图结果进行运算和处理,以实现对物体内部异性结构的探测和定量表征,具有精确度高、实时连续监测、不需要对试件进行预处理、不对结构受力行为产生影响等优点[3-5]。

传统方法是基于疲劳辉纹与裂纹扩展速率之间的关系,利用疲劳断口的特征形貌定量测得疲劳裂纹长度、裂纹扩展速率和疲劳寿命以及估计疲劳荷载及材料的循环疲劳断裂韧性。本文采用红外热波成像技术检测疲劳裂纹的扩展过程,并与传统方法进行比较,分析红外热波成像检测技术和金属疲劳断口分析的优劣。

2　理论分析

2.1　热成像技术

红外热波成像检测技术是建立在电磁辐射和热传导理论基础上的一门无损探伤技术,主要是根据被探测物体的温度场来确定缺陷的存在和形状。因此,其在数学上是求解与导热问题有关的微分方程的几何反问题,即根据红外信号重建缺陷信息。反问题求解的输入为材料参数、加热参数、温度空间分布以及温度随时间的变化;输出为缺陷尺寸及位置信息。

红外无损检测按照检测方式可以分为主动式和被动式两大类。主动式检测是利用外部热源作为激励源对试件加热,利用红外热像仪获得不同时刻试件表面的温度分布,以检测材料的内部是否存在缺陷;被动式检测则是利用试件自身的温度分布来检测试件内部的缺陷。本文采用被动式检测。图1为热成像技术检测原理示意图。

在无其他外界和内部热源条件下,钢板试件在循环拉应力作用下,疲劳裂纹尖端会产生应力集中效应,其应力值将比周围高出几倍。通过红外热像仪来探测这些温度变化值,然后通过专业软件可得到应力集中点,即裂尖位置。每循环一定次数用红外热像仪探测一次,通过不同的裂尖位置来确定裂纹长度和扩展情况。

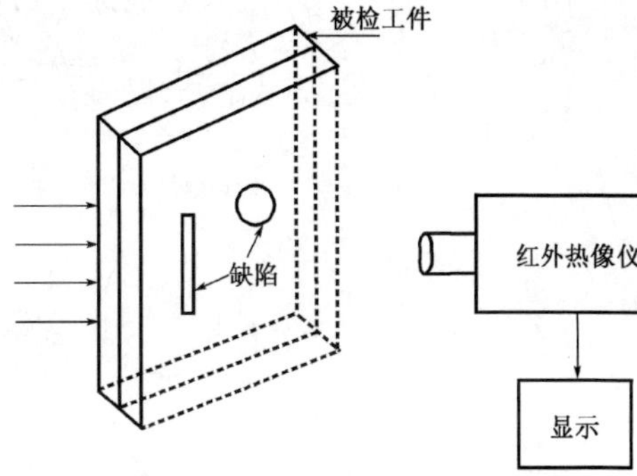

图1　热成像技术检测原理示意图

在循环次数 N_i 作用下裂纹长度由 a_i 扩展到 a_{i+1},a_i 和 a_{i+1} 中点的裂纹扩展速率可用式(1)计算:

$$\frac{\mathrm{d}a}{\mathrm{d}N}=\frac{a_{i+1}-a_i}{N_i} \tag{1}$$

2.2　传统疲劳断口分析

疲劳辉纹宽度和数量是循环荷载水平和循环次数的函数,对于普通结构钢,在高周疲劳情况下(裂纹扩展速率数量级在 $10^{-4}\sim10^{-3}$mm/cycle),疲劳断口上辉纹的数目和载荷循环次数是一一对应的,辉纹的宽度也将随应力水平和裂纹长度的增加而增加。在此情况下,由断口不同部位上的辉纹宽度计算出的微观裂纹扩展速率可视为与宏观力学试验中测定出的宏观裂纹扩展速率是一致的。宏观疲劳裂纹扩展速率($\mathrm{d}a/\mathrm{d}N$)是裂纹应力强度因子幅的函数,因此可借助于断口上的辉纹宽度对试件的疲劳断裂寿命进行估算[6-10]。

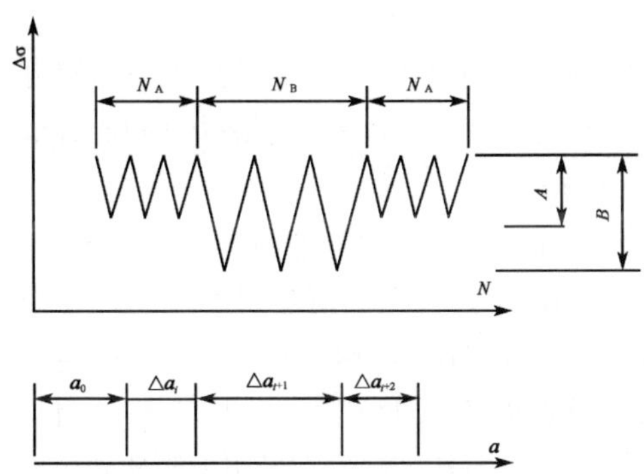

图2　疲劳辉纹宽度与循环应力和循环次数对应关系图(箭头为裂纹扩展方向)

精确测量单次循环产生的疲劳辉纹宽度非常困难,所以一般会测量一定循环次数下的裂纹长度增量,然后求得疲劳辉纹宽度,进而得到裂纹扩展速率。由Paris公式[式(2)]可知,裂纹扩展速率与应力强度因子幅有关,在不同应力强度因子幅和循环荷载次数作用下,裂纹长度增量不同,表现在疲劳断口上就是不同的宏观疲劳辉纹条带,如图2所示,a_0 是疲劳裂纹原始长度,在不同应力幅 $\Delta\sigma_A$ 和 $\Delta\sigma_B$,循环次数 N_A 和 N_B 作用下,产生疲劳辉纹宽度为 Δa_i,Δa_{i+1},Δa_{i+2}。

$$\frac{\mathrm{d}a}{\mathrm{d}N}=c\cdot(\Delta K)^m=C\Delta\sigma^m a^{m/2} \tag{2}$$

$$C=cY^m\pi^{m/2}$$

式中:a——疲劳裂纹尺寸;

N——循环数;

c、m——材料参数;

ΔK——应力强度因子幅;

$\Delta\sigma$——应力幅;

Y——修正系数,取决于裂纹的尺寸、位置及荷载形式。

在不同的裂纹扩展段，裂纹扩展速率可以用下式计算：

$$\left(\frac{da}{dN}\right)_i = \frac{\Delta a_i}{N_B} = C(\Delta\sigma_B)^m (a_0 + \Delta a_i)^{m/2}$$

$$\left(\frac{da}{dN}\right)_{i+1} = \frac{\Delta a_{i+1}}{N_A} = C(\Delta\sigma_A)^m (a_0 + \Delta a_i + \Delta a_{i+1})^{m/2} \tag{3}$$

$$\left(\frac{da}{dN}\right)_{i+1} = \frac{\Delta a_{i+2}}{N_B} = C(\Delta\sigma_B)^m (a_0 + \Delta a_i + \Delta a_{i+1} + \Delta a_{i+2})^{m/2}$$

在疲劳试验中根据经验一般取 $\Delta\sigma_B = \Delta\sigma_A/2, N_A = 3\,000 - 5\,000, N_B = N_A/2$。疲劳长度增量 $\Delta a_i, \Delta a_{i+1}, \Delta a_{i+2}$ 相对于初始裂纹长度 a_0 都很小，跟应力幅相比，其对裂纹扩展速率影响可以忽略，由此可以得到：

$$\frac{\Delta a_i}{\Delta a_{i+1}} = \frac{\Delta a_{i+2}}{\Delta a_{i+1}} = \left(\frac{\Delta\sigma_B}{\Delta\sigma_A}\right)^m \frac{N_B}{N_A} = \frac{1}{2^{m+1}} \tag{4}$$

一般对普通结构钢 $m=3$，Δa_{i+1} 一般在 5mm 以下，Δa_i 和 Δa_{i+2} 均为 $\Delta a_{i+1}/16$，在疲劳断口上会变成一条可以忽略宽度的细线，只要测量细线之间的宽度，即可认为是 Δa_{i+1} 的值，即在 $(a_0 + \Delta a_{i+1})/2$ 处裂纹扩展速率为：

$$\frac{da}{dN} = \frac{\Delta a_{i+1}}{N_A} \tag{5}$$

3 试验研究

3.1 试验设置

试件类型分为两类：

图 3 试件设置图

(1)钢板试件，钢材型号为欧洲标准 S355(相当于中国标准 Q345D)，中间有两个缺口均长 30mm，圆孔直径 10mm。

(2)CFRP 板粘贴钢板构件试件，双面粘贴宽 50mm、长 800mm、厚 1.4mm 的 CFRP 板。远场拉应力幅 $\Delta\sigma_A = 80$MPa，应力比为 0.4，加载频率为 15Hz。试验设置如图 3 所示。

试验的步骤是：对各试件分别采用恒幅加载 $\Delta\sigma_A$ 和图 2 所示变幅加载，在一个循环阶段中取 $\Delta\sigma_A = 80$MPa，$N_A = 3\,000$；$\Delta\sigma_B = 80$MPa，$N_B = 3\,000$。利用红外热像仪(FLIR Phoenix，640×512 InSb detector，具有 0.01℃的温度分辨率)，每隔 4 500 循环次数摄像一次，三角形指向为拉应力方向。在测量过程中热成像技术测量裂纹长度精度可以达到 0.000 1mm，而断口分析可以达到 0.01mm，对测量疲劳裂纹长度已足够。

3.2 疲劳裂纹的热成像图

图 4、图 5 为在裂纹扩展阶段试件的温度分布图，可清晰看出应力分布，在缺口位置出现应力集中，裂纹裂尖位置温度最高，应力也最大，因此只要检测出不同热像图之间的裂尖位置，即可得到裂纹的扩展长度。随着裂纹的扩展，裂尖的塑性区范围也在不断增大，当全截面进入

屈服阶段后，试件会迅速破坏，如图 4 所示。图 5 中试件中间较暗部分为 CFRP 板，当裂纹扩展进入 CFRP 板后，红外热像仪就无法探测到其温度变化。

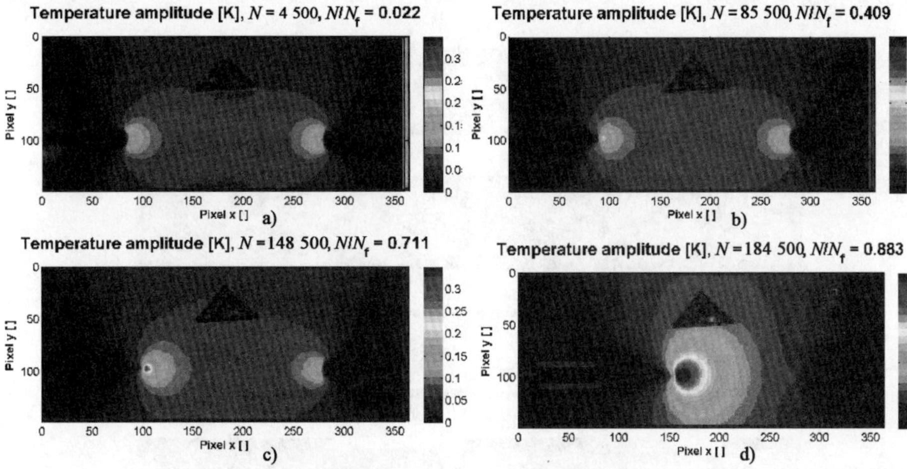

图 4　钢板试件疲劳裂纹裂尖温度演化图（N_f 为总疲劳寿命）

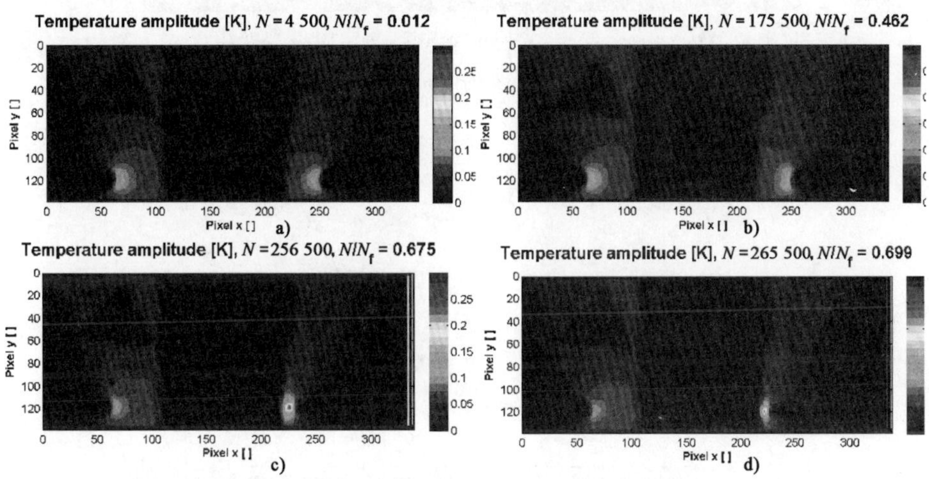

图 5　CFRP 板粘贴钢板试件疲劳裂纹裂尖温度演化图（N_f 为总疲劳寿命）

3.3　疲劳断口分析结果

疲劳断口如图 6 所示，基本与拉应力方向垂直。在疲劳裂纹扩展阶段，钢板厚度没有发生明显的收缩，但在最后断裂区则有明显的厚度收缩，且收缩段随着钢板受力减小（粘贴 CFRP 板，预应力 CFRP 板后钢板荷载减小）而不断减少。

图 6a）中钢板试件在不变疲劳荷载作用下，断口金属晶粒由细到粗逐渐变化，没有出现变幅疲劳荷载时的宏观疲劳条纹带。图 6b）、c）中由于在裂纹扩展的前一阶段扩展速率很小，无法形成很清晰的宏观疲劳条带，但慢慢就会出现非常规则的条纹带，断口上细线即为 $\Delta\sigma_B$ 作用的疲劳条纹带，细线间疲劳条纹带为 $\Delta\sigma_A$ 作用的裂纹扩展段，与理论分析是一致的，同时可以通过疲劳辉纹走向来判断疲劳起源点。同时，图 6b）、c）中在相同位置宏观条纹宽度是不一样的，从中可以看到外荷载对疲劳裂纹扩展的影响。

图 7 分别为纯钢板试件（热成像仪测得）和粘贴 CFRP 板钢板试件（疲劳断口分析得到）疲劳裂纹扩展速率和疲劳裂纹长度关系。所测得的裂纹扩展速率数据数量级基本上在 10^{-4}～10^{-3}mm/cycle，在工程应用上用断口疲劳条纹带计算裂纹扩展速率已足够精确[6-10]。表 1 为

在同一裂纹长度上两种方法所得的裂纹扩展速率,两者结果之间的差距在15%以下,精确度是满足工程需要的。虽然这只是在有限的裂纹扩展段上的结果,但仍能在一定程度上反映这两种方法的实用性。

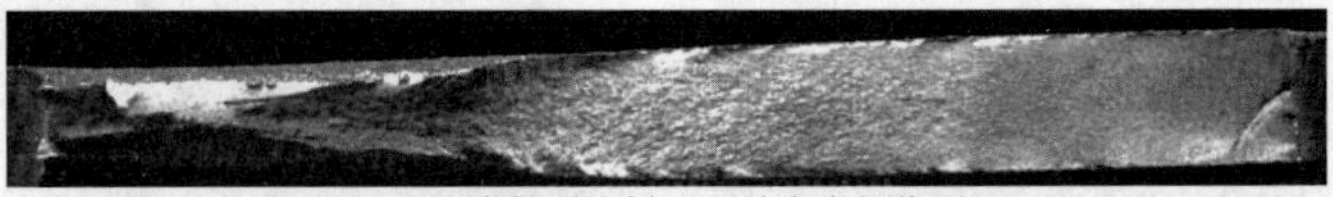

a) 未加固钢板(一种应力幅作用)

b) 未加固钢板(两种应力幅作用)

c) 非预应力 CFRP 板加固的钢板(两种应力幅作用)

d) 预应力 CFRP 板加固的钢板(两种应力幅作用)

图6 试件断口对比分析

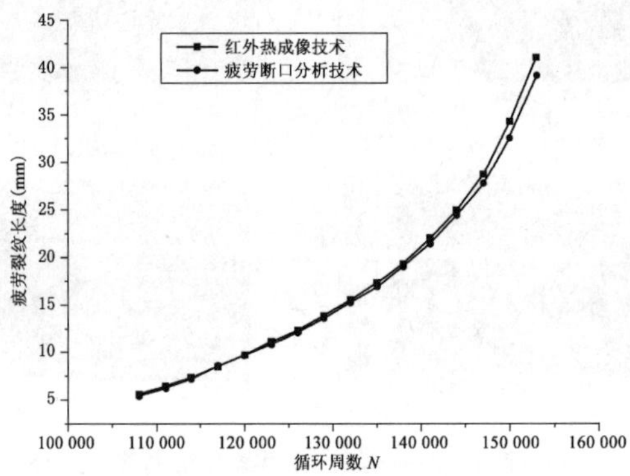

图7 疲劳裂纹扩展速率实测值

两种方法所得裂纹扩展速率比较分析 表1

疲劳裂纹长度(mm)	红外热成像技术(10^{-4}mm/cycle)	断口分析(10^{-4}mm /cycle)	差值(%)
16.5	3.389 83	3.955 19	14.30
17.8	5.084 75	4.584 66	10.90

4 结语

通过以上理论和试验的综合分析,可以得到以下结论:

(1)红外热成像技术和断口分析技术均为有效地疲劳裂纹检测方法,可以得到很高的精度,虽不能探测有遮挡的疲劳裂纹,但红外成像技术适应性更广泛。

(2)利用变应力幅形成宏观疲劳裂纹条带分析裂纹扩展,理论简洁,试验容易实现,对疲劳试验是很好的无损探测方法,但其试验参数的选取需要根据试验需要和经验来取。

(3)面对越来越复杂的裂纹情况,综合利用各种检测手段,能最大限度发挥各自的优势,得到单一方法无法测得的结果,相互配合使用效果更好。

参 考 文 献

[1] 曹益平,李路明,黄刚,等.基于电磁检测原理的疲劳裂纹检测方法[J].清华大学学报(自然科学版),2005,45(11):1453-1455.

[2] 李艳红.被检物表面条件对红外热波无损检测结果影响的研究[D].北京:首都师范大学,2006.

[3] 鲍凯,王俊涛,吴东流.新兴的无损检测技术——红外热波成像检测[J].无损检测,2006,28(8):393-398.

[4] 杨小林,等.疲劳裂纹的振动红外热成像检测[J].激光与红外,2007,37(5):442-444.

[5] Justus Medgenberg, Thomas Ummenhofer. Early detection of fatigue damage processes by investigation of thermo-mechanical coupling phenomena[J]. Fatigue Design 2007. France.

[6] 崔约贤,王长利.金属断口分析[M].哈尔滨:哈尔滨工业大学出版社,1998.

[7] 谢明立,习年生,陶春虎.疲劳应力变幅的断口反推研究[J].航空材料学报,2000,20(4):34-40.

[8] 张峥,张海英,田永江,钟群鹏.叶片疲劳应力幅的断口特征形貌判断[J].中国机械工程,2001,12(3):337-339.

[9] 张晓庆,孙永庆,张峥.基于不确定性纹理谱的金属断口形貌识别[J].金属学报,2004,40(10):1018-1022.

[10] L. R. Botvina and L. V. Limar. Relationship of the spacing of the fatigue striations to the range in the stress intensity factor[J]. Materials Science,1985,21(2):144-152.

152. 基于实测应变数据的斜拉桥疲劳评估

汪　威[1,2]　白植舟[1,2]　陈德伟[1]　区达光[2]

(1. 同济大学桥梁工程系;2. 香港大学土木系)

摘　要:合理地利用健康监测系统测得的应变数据对桥梁的疲劳损伤进行实时评估具有重要意义。本文结合汲水门健康监测的工程实践,利用自适应离散小波变换方法对原始应变信号进行分解,分解后的信号剔除了温度和测量噪声的干扰,能够反映结构在动态荷载作用下的实际应力状态。再基于 Miner 线性累积损伤准则和 BS 5400 规定的钢箱梁各连接部位的疲劳强度曲线对该桥的疲劳寿命进行了估算,并分析了温度和随机干扰对疲劳评估结果的影响。计算结果表明,温度对疲劳寿命的影响不大,但对平均应力的影响较大。噪声干扰本身引起的应力循环幅度比较小,并不会对结构的疲劳评估产生较大的影响,但干扰和动态荷载的叠加效应导致的应力幅值偏移会对疲劳评估结果产生较大影响。

关键词:小波变换　门限阈值　小波分解层次　应变数据　疲劳评估

1　引言

美国土木工程师协会疲劳与断裂可靠性小组委员会的研究结果显示[1],80%～90%的钢桥失效是由疲劳导致的。因而,合理可靠的评估钢桥在运营期间的疲劳损伤尤为重要。目前,结构疲劳损伤评估的方法主要有 3 种:一种是基于有限元模型的疲劳评估[2],一种是在结构疲劳易发部位安装疲劳传感器测量其疲劳寿命[3-4],还有一种是基于实测应变数据的疲劳评估[5-7]。由于实际运营过程中,桥梁可能承受风荷载、汽车和火车荷载等多种荷载共同作用,有限元模型很难模拟实际情况。另一方面,桥梁疲劳传感器还处于研究中,还未达到实际工程应用的阶段。文献[7—9]表明,利用健康监测系统实测的应变数据评估桥梁的疲劳损伤是一种精确而有效的方法。然而在实际运营中,桥梁的应变主要由温度荷载、车辆荷载、风荷载以及随机干扰引起。温度产生的应变虽然在总的应变中所占的比例较大,但对桥梁结构的应力贡献很小[7]。若不剔除温度和随机干扰引起的应变,将无法得到结构真实的应力响应。刘文淑等[8]利用小波的多尺度分析,剔除掉温度应变和数据噪声的影响,使得处理后的数据更能反映结构的真实应力水平。Xia HW [9] 和 Li ZX [5-6] 等学者利用小波变换方法从实时应变数据中分理出温度应变,并应用于青马桥的疲劳评估中。然而现有的研究并没有给出小波分解过程中门限阈值及小波分解层次的确定方法,不同小波分解尺度下大多选取相同的阈值。由于小波随着尺度的增大，小波变换系数将逐渐减小，在不同尺度下选取相同的阈值显然不足。张吉先[10]通过大量仿真发现，不同信号、不同信噪比下都存在一个去噪效果最好或接近最好的分解层次。实际上，小波分解的门限阈值和小波分解层次对应变分解的影响很大，分解层次过多会造成有用信号的丢失，信噪比反而降低。分解层次过少，消噪效果不理想[11]。针对这一事实，本文运用了实测应变数据的自适应离散小波变换方法[10-12]。该方法能依据应变信号的特征确定最优的小波分解层次和阈值，具有较高的可靠性，并便于被程序实现，因而具有较好的工程应用价值。结合实例，本文对香港汲水门大桥实测的应变数据进行自适应离散小波处理，利用分离后得到的应力时程对该桥的疲劳寿命进行了估算，并研究了温度和干扰信号对疲劳评估结果的影响。

2　动态应变数据的提取和分离方法

2.1　离散小波变换

小波变换是一种非常适合对非平稳信号进行时频分析的数学工具，小波分析[13]采用一簇小波函数替代正弦基去表示或逼近被分析信号，这一簇函数称为小波函数，它通过基小波函数的平移和伸缩构成。记基小波函数为 $\psi(x)$，伸缩和平移因子分别为 a 和 b，则一簇小波变换函数定义为：

$$\psi_{a,b}(t)=|a|^{-\frac{1}{2}}\psi\left(\frac{t-b}{a}\right) \tag{1}$$

对应函数 $f(x)\in L^2(R)$，其连续小波变换定义为：

$$W_{\mathrm{f}}(a,b)=\int_{-\infty}^{\infty}f(t)\bar{\psi}_{a,b}(t)\mathrm{d}t=\frac{1}{\sqrt{|a|}}\int_{-\infty}^{\infty}\psi\left(\frac{t-b}{a}\right)\mathrm{d}t \tag{2}$$

式中：$W_{\mathrm{f}}(a,b)$——小波变换系数。

考虑便于计算机实现，常常把连续小波及其变换离散化，也就是离散傅里叶变换。离散小波变换对连续小波变换中的尺度和位移参数同时离散化：

$$a=a_0^{-j},b=ka_0^{-j}b_0 \quad j \quad k\in Z$$

通常，取 $a_0=2,b_0=1$，也称二进制离散化，就得到离散二进小波变换：

$$W_{2^k}f(x)=f\cdot\psi_{2^k}(x)=2^{\frac{k}{2}}\int_R f(t)\bar{\psi}\left(\frac{x-t}{2^k}\right)\mathrm{d}t \tag{3}$$

在小波分析中，Mallat[14]等人建立了小波分解的快速算 Mallat 算法。Mallat 算法相当于有两个滤波器，一个是高通滤波器，一个是低通滤波器，分别在对信号进行滤波。高通滤波器将信号 $f(x)$的高频成分 D 滤出，D 也称为细节信号；低通滤波器将信号的低频成分 A 滤出，称 A 为逼近信号。以后第二层的逼近信号 A 又被继续分解成高低频两部分，这个过程将持续下去，直到获得所需要的信号分解。信号分解过程中，门限阈值和小波分解层次是两个关键的参数。

2.2　分解层次的确定及阈值的选择

(1)时间序列的白化检验

吴佰健等[15]在分析青马桥的应变数据时发现，当频率大于 1 时应变信号的功率谱密度值很小且平坦，类似于白噪声的功率谱密度，可认为应变数据在这个频率范围内的存在是由白噪声干扰造成。由随机过程的知识可知，白噪声是一个纯随机过程，它是由一个无关的随机变量的序列构成。离散白噪声的自相关序列为：

$$\rho(k)=\begin{cases}1 & k=0\\ 0 & k\neq 0\end{cases} \tag{4}$$

由离散白噪声自相关序列的这个特性可以利用文献[16]提出的方法方便地进行白化检验，即白噪声的检验。假设离散数据序列 $d_k(k=1,2,\cdots,N)$ 的自相关序列为 $\rho_i(i=0,1,\cdots,M)$。若 ρ_i 满足下式：

$$|\rho_i|\leqslant\frac{1.95}{\sqrt{N}}\quad i\geqslant 1 \tag{5}$$

则可认为 d_k 为白噪声序列，M 通常取 5～10。关于自相关序列 ρ_i 的求法详见文献[16]。由小波变换理论可知，含噪信号经小波变换后，有用信号和噪声信号的小波系数在不同层次上有不同的特性。有用信号的小波系数数量少幅值大，噪声信号的小波系数数量多幅值小且占据了多数小波空间，并且随着分解层数的增加，有用信号的小波系数增大，噪声的小波系数会减小。因此，可以在小波空间中，对小波系数进行白噪声检验来自适应确定小波分解的层数。

(2)门限阈值的选取

目前，在小波消噪方面，应用较广的是 Donoho 提出的基于软阈值和硬阈值的小波消噪算法。小波阈值消噪效果的好坏与门限阈值的选取有较大关系。Donoho[17]认为在小波消噪时应根据信号和噪声的小波变换系数在不同尺度下的特性选择阈值，并通过软阈值化处理，以防止消噪后的信号失真。为此，本文针对每一层分解所得到的小波系数序列的特性，根据 3σ 法则进行阈值选取。对通过白化检验的小波系数序列，可以通过计算系数序列的方差来估计白噪声序列的方差 σ^2。得到 σ 之后，即可取门限阈值为 3σ。小波序列经此门限值作用之后，白噪声的能量系数基本已全部滤掉，而有用信号由于小波变换系数较大，将得到保留。

(3)算法描述

当 $k=1$ 时，a_0 表示原始序列，图 1 中的 $T(k)$ 表示第 k 层小波的空间的阈值。具体算法如下：

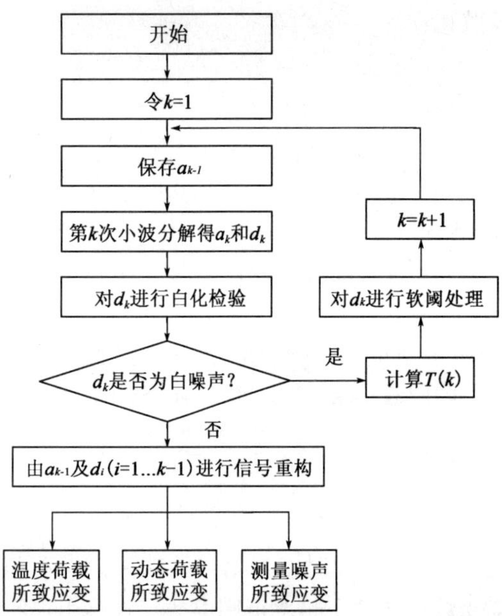

图 1　算法流程图

①选择一个小波函数，将待处理的离散含噪信号进行一层小波分解。

②对步骤(1)分解得到的细节系数进行白化检验，若系数序列为白噪声序列则到下一步；若系数序列为非白噪声序列，则跳至步骤(4)。

③计算本层的门限阈值，依据文献[17]的方法对本层的小波系数进行软阈处理。

④放弃最后一次分解的结果，即假设共分解了 n 次，则最终确定的分解层数为 $n-1$。对分解所得到的尺度空间里的近似系数序列及全部 $n-1$ 层小波空间里的细节系数进行重构，即可得到消噪后的有用信号。利用第 $n-1$ 层近似部分系数 a_{n-1}，可重构温度荷载引起的应变。将细节系数 $d_i(i=1,\cdots,n-1)$ 进行重构并相加，可得到测量噪声的影响。最后将原始信号减去温度荷载和测量噪声引起的应变就可得到

结构由动态荷载所引起的应变响应。

3 桥梁疲劳评估中的应用

3.1 实测应变数据分离和提取

为了验证本文方法的实用性，以香港汲水门大桥在 2013 年 3 月 1 日应变计 SSKHS03 实测的应变数据为例，应用本文的方法对测得的应变进行分离。图 2 为应变计 SSKHS03 实测的 24h 应变时程图，可以看出实测应变数据中包含着快变和慢变的成分，慢变成分主要是由温度变化引起，温度的影响会使得应总体应变数据发生漂移，并且由温度引起的应变数值较大，甚至大于桥梁动态荷载引起的应变。图 3b)为同一时间段由位于桥面以上的温度传感器 P3KKS20 记录的温度变化的曲线图。将其与图 3a)比较发现，分离得到的温度应变与气温的变化趋势吻合得很好，只是得到的温度应变滞后于气温变化，这是由于结构的内部温度以及由温度引起的结构响应滞后于大气温度变化所致。图 4 为分离得到的噪声信号，从图中可以看出噪声干扰本身引起的应力循环幅度比较小，并不会对结构的疲劳评估产生较大的影响，但干扰和动态荷载引起的应力导致的应力幅值偏移有可能引起疲劳评估结果的较大差异。

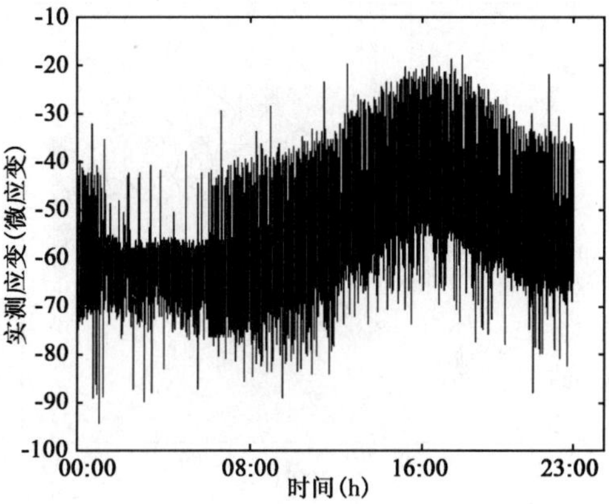

图 2 实测应变时程图

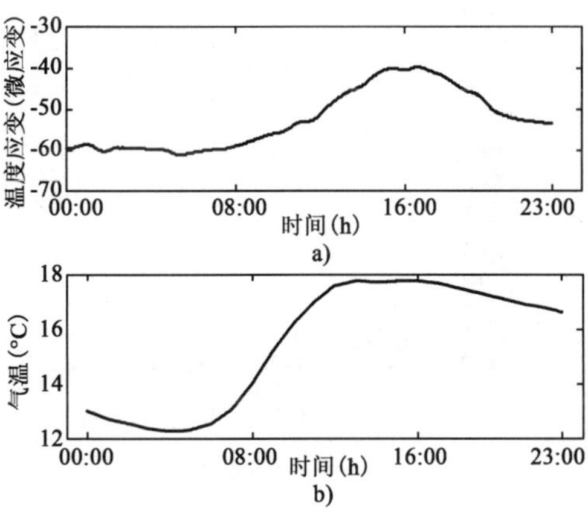

图 3 分离出的温度应变时程图及气温变化曲线

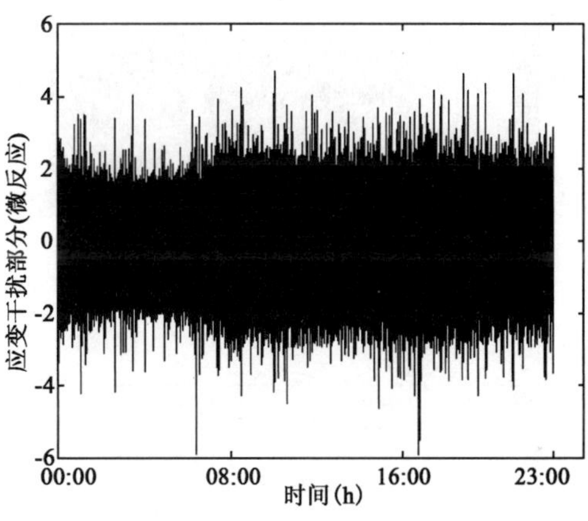

图 4 噪声信号时程图

3.2 疲劳寿命估算

实际桥梁结构承受的是随机荷载，处于变幅应力循环作用下，通常采用 Miner 线性疲劳累积损伤理论对损伤进行线性累加。

$$D=\sum_{i=1}^{p}\frac{n_i}{N_i} \tag{6}$$

式中：D——疲劳损伤度；

n_i——应力幅 σ_i 的循环次数；

N_i——由 S-N 曲线确定的在常幅应力 σ_i 作用下，材料达到破坏时的应力循环次数。

考虑低应力幅对疲劳损伤的贡献，BS 5400[18]规范规定小于疲劳极限 σ_0 的低应力幅 σ_i 所对应的应力循环次数按照 $\lambda_i=(\sigma_i/\sigma_0)^{(m+2)}$ 比例减少，则疲劳损伤按式(7)计算。

$$D=\begin{cases}\sum\limits_{i=1}^{p}\dfrac{n_i}{N_i}=\sum\limits_{i=1}^{p}\dfrac{n\sigma_i^m}{K_2}=\sum\limits_{i=1}^{p}\dfrac{n}{10^7}\left(\dfrac{\sigma_i}{\sigma_0}\right)^m & \sigma_i\geqslant\sigma_0\\ \sum\limits_{i=1}^{p}\dfrac{n_i}{N_i}=\sum\limits_{i=1}^{p}\dfrac{n\sigma_i^{m+2}}{K_2\sigma_0^2}=\sum\limits_{i=1}^{p}\dfrac{n}{10^7}\left(\dfrac{\sigma_i}{\sigma_0}\right)^{(m+2)} & \sigma_i\leqslant\sigma_0\end{cases}\tag{7}$$

图 5 为剔除温度和噪声干扰后的应变时程图。将图 5 中的应变数据乘以钢材的弹性模量得到结构在动态荷载作用下的应力时程，如图 6 所示。假设图 6 为日标准应力历程，用雨流计数法对此应力时程进行循环计数，得到日标准应力谱，如图 7 所示。根据汲水门大桥应变计 SSKHS03 安装部位的构造特点和 BS 5400 规范对不同构件疲劳抵抗力的细节分类，查得 $m=3.0$，$\sigma_0=40$MPa，构造细节为 F 级，结合图 7 的日标准应力谱计算出应变计 SSKHS03 安装部位的疲劳寿命为 64 937 年。作为对比，本文还计算了原始应变数据和剔除温度影响后应变数据下的疲劳寿命，结果如表 1 所示。结果显示，温度对疲劳寿命的估算影响不大，但噪声对疲劳寿命的估算具有较大影响。

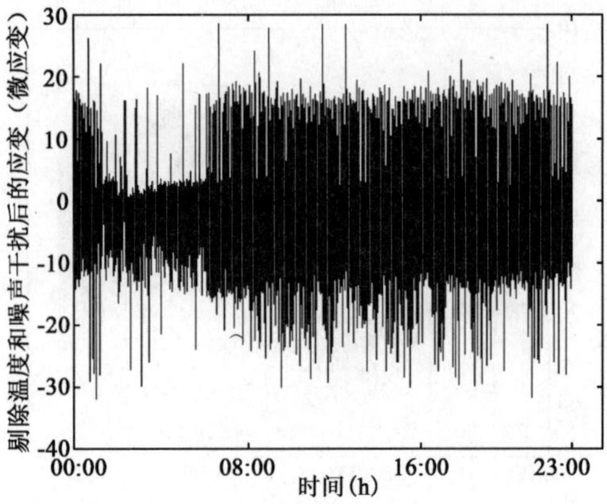

图 5　剔除温度和噪声干扰后的应变时程图

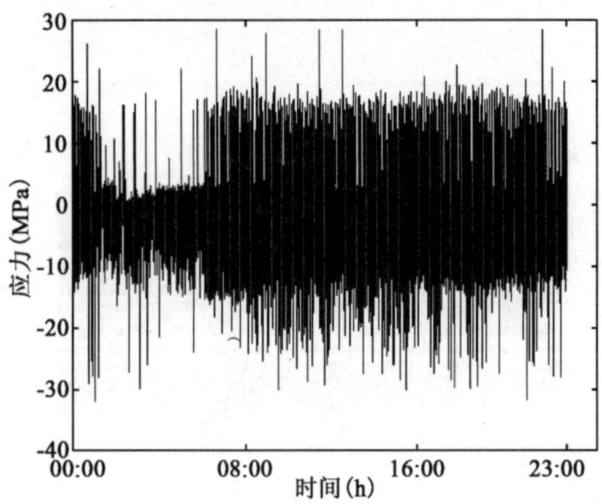

图 6　应力时程

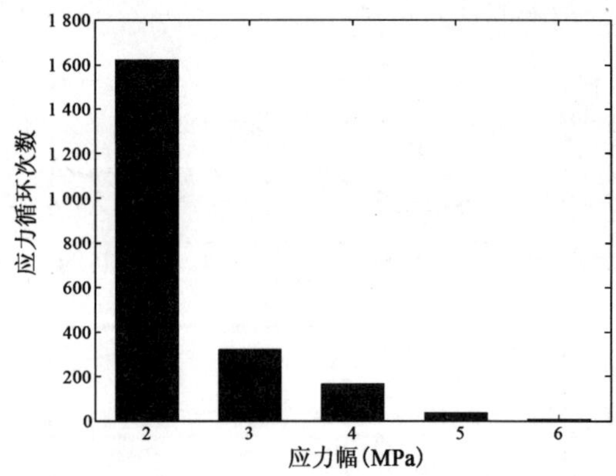

图 7　日标准应力谱

不同应变信号下估算的疲劳寿命　　表 1

应 变 数 据	疲 劳 寿 命 (年)
原始应变数据	42 265
剔除温度影响后的应变数据	42 318
剔除温度和噪声影响后应变的数据	64 937

4　结语

(1)对比分离得到的温度应变时程与 24h 温度变化曲线，两者一致的周期性波动说明环境温度是引起总体应变漂移的主要原因，并且环境温度对结构应变变化的影响是一个缓慢的过程，两者在时间上有一定滞后效应。

(2)温度应变在结构总应变中占有较大比例，甚至会超过桥梁动态荷载引起的应变，使得应变计测量的数据无法反应结构的真实应力状态。在不考虑平均应力的影响时，温度不会对应力幅度产生较大的影响，从而不会对结构的疲劳寿命产生显著影响。但实际上平均应力会影响结构的疲劳寿命，一般认为平均应力为拉应力会使得结构的疲劳寿命减小，因而当考虑平均应力对疲劳损伤的贡献时，不剔除温度的影响，结构的疲劳寿命将无法准确的估算，从而不利于对结构的安全进行可靠的评估。

(3)噪声干扰本身引起的应力循环幅度比较小，并不会对结构的疲劳评估产生较大的影响，但干扰和动态荷载引起的应力导致的应力幅值偏移会引起疲劳评估结果的较大差异。

(4)本文运用白噪声检验确定离散小波的分解层次，运用 3σ 法则进行阈值选取，能够自适应的依据信号特征选取最优或接近最优的小波分解层次以及阈值，所用方法能够较方便的编程实现，可以集成到桥梁在线评估系统中，具有较高的工程实用价值。

参考文献

[1] ASCE, Committee on fatigue and fracture reliability of the committee on structural safety and reliability of the structural division, fatigue reliability 1-4, Journal of Structural Engineering 108 (1982) 3-88.

[2] Tommy H. T. Chan, L. Guo, Z. X. Li, Finite element modelling for fatigue stress analysis of large suspension bridges, Journal of Sound and Vibration, Volume 261, Issue 3, 27 March 2003, Pages 443-464, ISSN 0022-460X.

[3] 刘荣梅.基于疲劳传感器的大型桥梁载荷谱检测研究[J].实验力学,2008,23(1):59-64.

[4] 蒋丰庆,胡明敏.基于数字疲劳传感器的疲劳监测系统及寿命评估[J].数据采集与处理,2009,24(增刊):210-215.

[5] Li ZX,Chan T H T,Zheng R. Statistical analysis of online strain response and its application in fatigue assessment of long－span steel bridge[J]. Engineering Structures,2003. 25:1731-1741.

[6] Li ZX, Chan T H T, Ko J Fatigue analysis and life prediction of bridges with structural health monitoring data-Part I:methodology and strategy[J]. International Journal of Fatigue. 2001. 23:45-53.

[7] X. W. Ye, Y. Q. Ni, K. Y. Wong, J. M. Ko, Statistical analysis of stress spectra for fatigue life assessment of steel bridges with structural health monitoring data, Engineering Structures, Volume 45, December 2012,166-176, ISSN 0141-0296.

[8] 刘文淑,林咸志,薛涛,等.基于小波变换的钢箱梁应力监测多尺度分析[J].河海大学学报(自然科学版),2010,04:407-410.

[9] Xia HW, Ni YQ, Wong KY, Ko JM. Reliability－based condition assessment of inservice bridges using mixture distribution models. Comput&Struct 2012.

[10] 张吉先,钟秋海,戴亚平.小波门限消噪法应用中分解层数及阈值的确定[J].中国电机工程学报,2004,02:119-123.

[11] 丰彦,高国荣.小波阈值消噪算法中分解层数的自适应确定[J].武汉大学学报(理学版),

2005,S2:11-14.

[12] 李炜,陈晓辉,毛海杰. 小波阈值消噪算法中自适应确定分解层数研究[J]. 计算机仿真,2009,03:311-313.

[13] 彭玉华. 小波变换与工程应用[M]. 北京：科学出版社，1999.

[14] S. G. Mallat. 1989. A Theory for Multiresolution Signal Decomposition: The Wavelet Representation. IEEE Trans. Pattern Anal. Mach. Intell. 11, 7 (July 1989), 674-693.

[15] 吴佰建,李兆霞,王滢,T. H. T. Chan. 桥梁结构动态应变监测信息的分离与提取[J]. 东南大学学报(自然科学版),2008,38(5):767-773.

[16] Box G E P, Jenkins G M. Reinsel G C. Time Series Analysis, Forecasting and Control [M]. Englewood Clifs, NJ, Prentice Hall,1994.

[17] David L. Donoho . De-Noising by Soft-Thresholding[J]. IEEE Transaction on Information Theory, 1995,41(3):613-627.

[18] British Standards Institution. BS 5400: steel, concrete and composite bridges,part 10: code of practice for fatigue. London: British Standards Institution,1980.

153. 基于 MATLAB 平台的传感器优化布置工具箱的集成开发及应用

梁　鹏[1]　王晓光[1]　李　斌[2,1]　吴向男[1]　陈文强[1]
（1. 长安大学公路学院；2. 中国港湾工程有限责任公司）

摘　要：为给工程界和学术界提供传感器优化的平台，本文首先总结已有的 5 种传感器优化方法和 3 种作者提出的方法；然后以 MATLAB 为平台，基于命令行 M 函数文件编程和 GUI 辅助的图形界面设计两种方式，通过模块化编程和集成式开发传感器优化布置工具箱，详细地介绍工具箱的构建流程和操作方法；最后通过一座带有悬臂的简支梁进行传感器优化布置方案的选择和比较，验证该工具箱界面友好、功能丰富、扩展性好，能为结构健康监测系统快速地提供一套传感器优化布置方案。

关键词：桥梁工程　传感器优化布置　MATLAB　混合算法

1　引言

结构健康监测系统通过传感器获取结构在运营状态下的真实响应，利用信号处理或数学手段，有效地利用得到的监测信息反演结构的性态，进而制订合理的维修养护计划，确保结构在运营期间的安全，是学术界研究的热点问题之一[1]。随着结构形式的复杂化以及模态理论的完善、试验方法的改进和试验精度要求的提高，陆续出现了各种传感器优化布置算法，如有效独立法、序列法、遗传算法等。这些算法较为复杂，内容涉及模态分析、模型扩阶/缩减、组合优化等诸多方面的专业知识，对一般工程技术人员而言有较高难度，实际工程中仍以经验布量为主。

如果将已经成熟或完善的算法进行整合，开发一个面向对象的软件包，使用户可以直接使用工具箱学习、应用和评估不同的方法而不需要自己编写代码，将具有较高的工程实用价值。已经有学者[2]尝试利用数学工具，编程较为常用的传感器优化布置算法，也有学者注重提高算法的计算速度[3]。

本文介绍现有的有效独立法、逐步累积法、逐步消减法、EI 及 MAC 混合算法[4]、遗传算法和作者提出的 3 种混合算法，以 MATLAB 作为平台，集成开发一个传感器优化布置工具箱，

基金项目：广东省交通运输厅科技项目重大工程专项（2011－01－001）；中央高校基本科研业务费专项资金项目和长安大学基础研究支持计划专项资金项目（CHD2012JC077）。

给出工具箱的构建流程和操作方法，并以一座带悬臂的简支梁为例，进行传感器优化布置方案选择，验证所开发的工具箱的实用性和可靠性。

2 工具箱内嵌算法理论背景

2.1 模态保证准则 MAC

Carne 认为 MAC(Modal Assurance Criterion)矩阵是评价模态向量交角的一个很好的工具[5]。模态保证准则 MAC 法可以在选择测点的时候使量测的模态向量保持较大的空间交角，从而尽可能地保留原模型的特性，模态置信度 MAC 矩阵公式：

$$\mathrm{MAC}_{ij}=\frac{[\phi_i^T\phi_j]^{\text{②}}}{\phi_i^T\phi_i\phi_j^T\phi_j} \tag{1}$$

式中：ϕ_i、ϕ_j——分别为第 i 阶和第 j 阶模态向量。

MAC 矩阵非对角元位于 0～1，小于 0.05 表示两个模态向量较易分辨，等于 0 表示两个模态向量相互正交，因此在传感器优化布置过程中，应该尽量使 MAC 矩阵非对角元最小。Carne 建议在较为复杂的结构中，MAC 矩阵非对角元最大可取至 0.25。

2.2 传感器优化布置算法理论背景

(1)有效独立法(EI 法)

Kammer 提出了有效独立法[6](Effective Independence Algorithm，EI 法)。其计算流程如图 1 所示。

(2)逐步累计法

逐步累计法[7]首先通过有限元方法得到结构模态矩阵 ϕ，然后通过 QR 分解重新排列，以 $\phi_{s\times m}$ 表示由剩余可选自由度形成的模态向量，其中 m 为可能测取的或感兴趣的模态数，s 为量测自由度的数量。通过不断的从剩余可选位置中选取 1 个最优的加入到优化配置中，直至达到最优的数目为止。这种方法的特点是简单易行，计算效率高。计算流程见图 2。

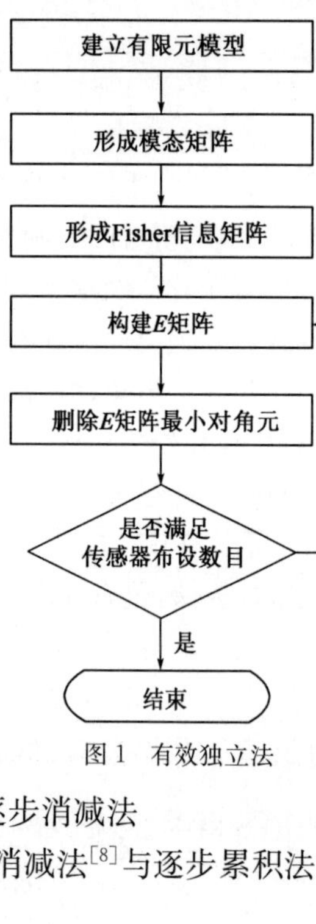

图 1 有效独立法

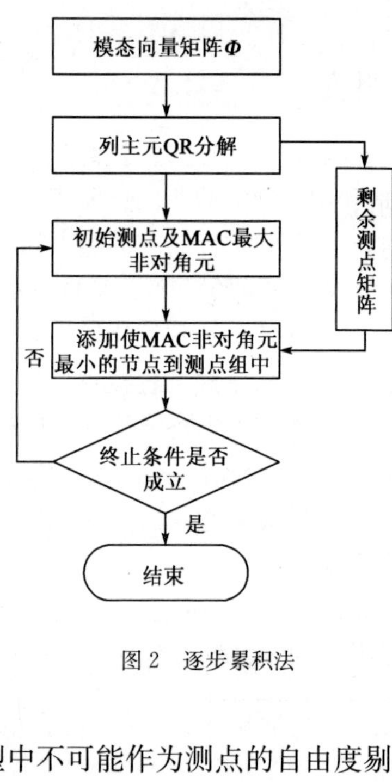

图 2 逐步累积法

(3)逐步消减法

逐步消减法[8]与逐步累积法相反，试验中会把模型中不可能作为测点的自由度剔除，如转角自由度及水下无法安置传感器的位置。当消去 $\phi_{s\times n}$ 的 k 行时，模态 i 和模态 j 的 MAC 矩阵元素变为 MAC_{ij}；当 MAC_{ij} 到预设值即可，比如 0.01。逐步消减法操作流程见图 3。

(4)*EI* 及 MAC 混合算法

首先，利用列主元 QR 分解技术得到 MAC 法确定传感器位置的初始测点，然后用有效独立法确定候选添加测点的范围，避免了添加测点的盲目性，从候选测点中选择满足 MAC 矩阵非对角元素最小的测点，添加到初始测点中，不断循环直至达到要求。算法流程见图 4。

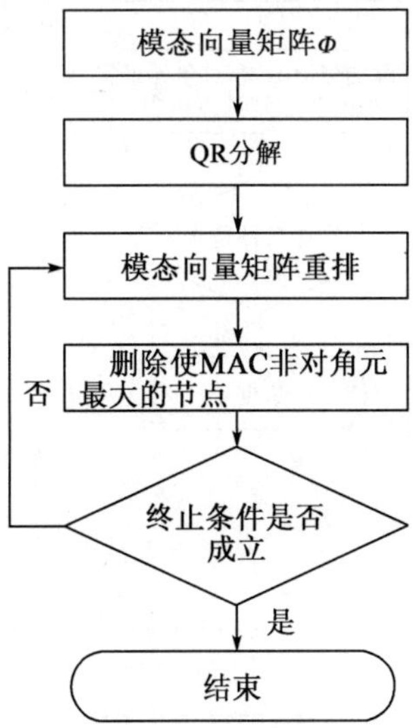

图 3　逐步消减法

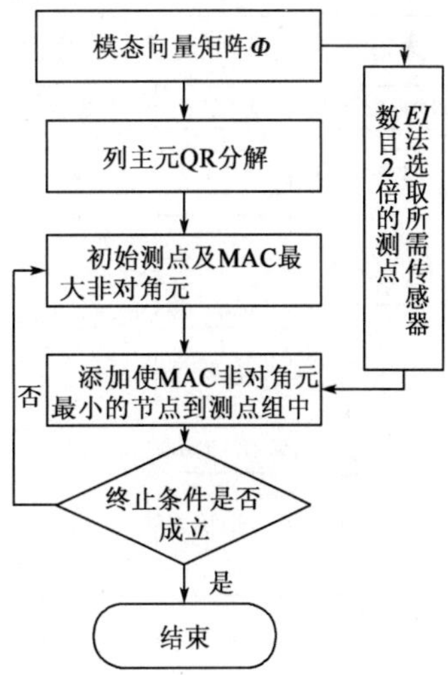

图 4　EI 及 MAC 混合算法

(5)遗传算法

遗传算法是模拟生物在自然环境中的遗传和进化过程而形成的一种自适应概率性全局收敛的优化算法。黄民水[9]等采用二重结构编码进行种群的初始化、交叉和变异，然后选择时采用最优保存策略，交叉时采用自适应部分匹配交叉，变异时采用自适应逆位变异，克服了传统遗传算法应用于大型结构时收敛速度慢且易陷入局部最优的缺陷，大大加快了收敛速度，并确保能够搜索到最优解。计算流程见图 5。

(6)*EI*-逐步累积法

作者在文献[10]中提出 *EI*-逐步累积法，其核心思想与基于 QR 分解的逐步累积法类似，即将原算法的 QR 分解步骤替换为 *EI* 法选取初始测点。通过该方法形成初始测点矩阵和剩余矩阵。*EI*-逐步累积法具体流程见图 6。

(7)*EI*-逐步消减法

作者在文献[10]中提出 *EI*-逐步消减法，首先利用 *EI* 法确定初始迭代测点数量，本文取设定传感器数量的 2 倍为逐步消减法的初始测点数量。*EI*-逐步消减法操作流程见图 7。

(8)QR-MAC 混合算法

作者在文献[11]中提出 QR-MAC 混合算法，其核心思想是以 QR 分解选取初始测点，再进行局部消减计算。该算法首先利用 QR 分解确定初始迭代测点数量，本文取设定传感器数量的 2 倍为初始测点数量。QR-MAC 混合算法操作流程见图 8。

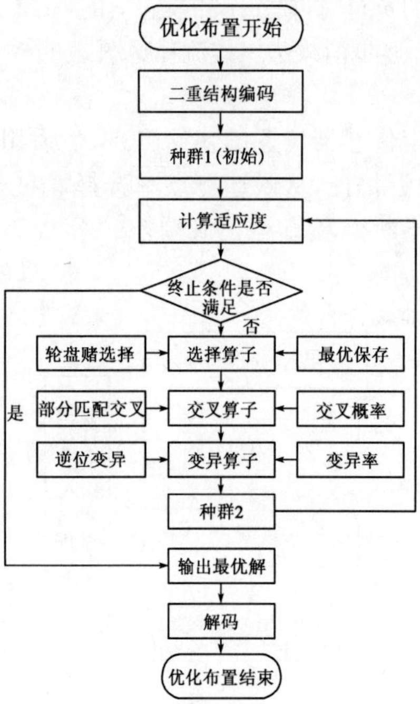

图 5　遗传算法

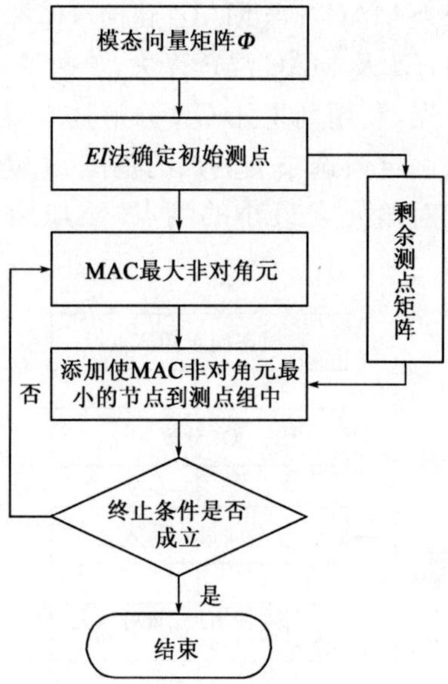

图 6　*EI*-逐步累积法

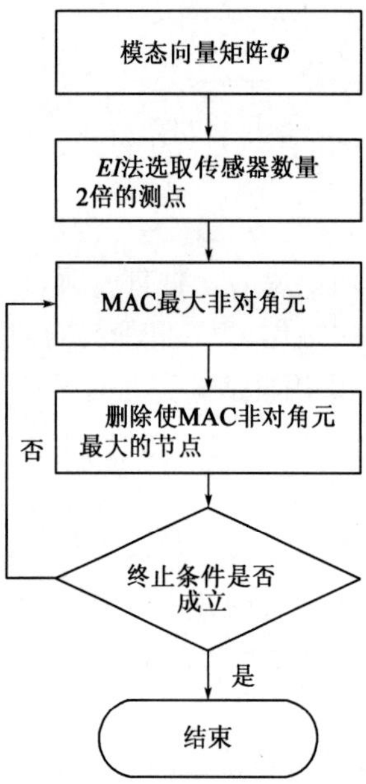

图 7　*EI*-逐步消减法

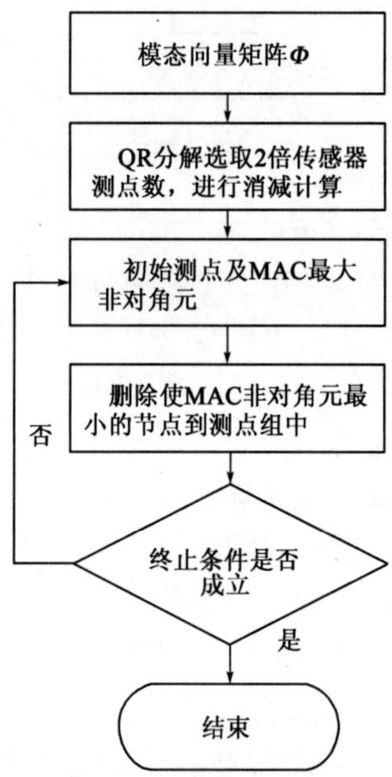

图 8　QR-MAC 混合算法

3　算法编程

本文以 MATLAB 作为平台，以上述算法理论背景知识为基础，集成开发传感器优化布置工具箱。其中逐步消减法未使用 QR 分解，而是以其原始思想进行消减迭代计算，其他优化算法按照上述理论进行编程。

3.1 软件开发流程及功能介绍

作为健康监测领域的热点问题之一，传感器优化布置计算软件具有广阔的市场。程序编程原理在前面已经做了详细的介绍，具有很强的理论基础。对 8 种优化算法首先进行函数模块化编程，最后通过 GUI 界面的调用实现整体功能，形成传感器优化工具箱。主要解决传感器优化布置计算问题，为了便于推广应用，将程序设计成 GUI(Graphical User Interfaces，简称 GUI)形式。用户可以直接使用工具箱学习、应用和评估不同的传感器优化布设方法而不需要自己编写代码，使开发的工具箱具有较高的工程实用价值。

首先以一座带有悬臂的简支梁结构进行测试，验证程序的正确性，进行传感器优化，验证程序的实用性。

(1)工具箱设计原则

对本工具箱进行整体架构设计，采用模块+集成的设计方法，首先将每一种传感器优化布设方法设计为一个独立的函数模块(M 文件)，再利用 MATLAB 的 GUI 界面技术，开发用户与工具箱交互的人机界面，设计一个友好的 GUI 界面，在该界面上通过合理设计调用各模块程序，使系统的整体架构具有易读性、易修改性和易扩展性。

软件设计语言主要采用 MATLAB 所提供的面向对象编程方式的高级语言——M 语言实现将上述 8 种优化算法的编程；利用 MATLAB 中自带的有关计算、图形的函数，实现系统在数值计算及可视化方面的功能。为了避免用户使用工具包时遗漏输入信息，需要设置警告信息弹出功能，如果用户未选择某种算法，或是遗漏输入传感器初始数量等情况时，系统自动弹出警告信息，提醒用户进行相应的操作。

(2)工具箱的设计过程

在工具箱开发时，首先按照 8 种算法的计算公式编写独立的函数模块(M 文件)，各个函数共包含 4 个输出参数：传感器优化结果、非对角元变化向量、优化测点 MAC 矩阵和程序运行时间。输入参数主要为 3 个：传感器优化数量、模态振型矩阵和控制出图参数。在 GUI 界面调用函数时，使用回调函数(CallBack)只需输入. M 函数文件的文件名即可。

之后设计界面布局，然后通过动态交互功能进行编码操作。在 MATLAB 中打开 GUIDE 编辑器，操作方法与 VC 的界面设计类似。插入各种所需组件，例如按钮、下拉菜单、图形坐标轴等。用菜单编辑器来编辑界面的工具菜单栏和右键菜单。组件设置完毕后，将所设计界面保存为 MATLAB 图形文件(*. fig)。此时，MATLAB 会自动生成一个与界面名字相同的. M 文件，界面中的组件的回调函数会在其中自动生成，通过对回调函数进行程序编辑操作，得到想要的程序动作。

①GUI 主界面。

传感器优化布置工具箱 GUI 界面设计见图 9。主界面包括 7 个部分：传感器数量输入窗口，优化算法选择窗口，测点 MAC 矩形图，优化趋势图，功能按钮，结果输出窗口，位置示意图。菜单栏设置 5 个功能菜单。

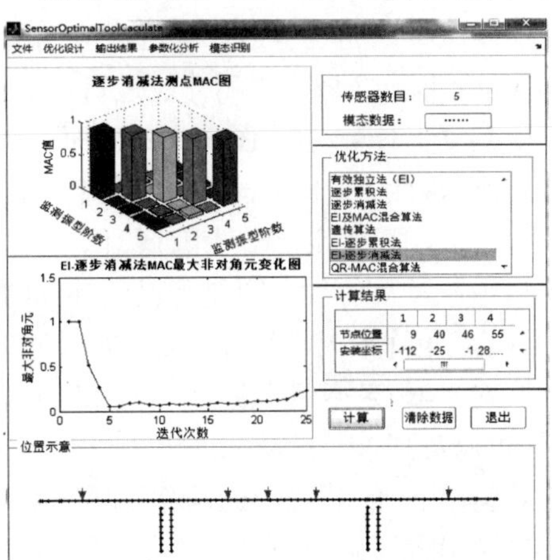

图 9 传感器优化设计 GUI 主界面

②传感器数量优化功能。

软件同时集成了数量优化选择功能，用户首先指定数量优化数量，程序自动显示选定算法情况下的优化数量备选方案。数量优化选择 GUI 界面如图 10 所示。

在进行传感器优化布置计算迭代时,MAC 非对角元元素随着迭代的进行,会出现跳动的现象,因而形成一个个峰值,数量优化的核心思想就是通过搜索这些极小值点对应的传感器数量作为考虑传感器数量选择方案。

③输出结果功能。

为了便于用户记录结果,提供了 3 种格式的文档输出功能。用户可以根据需要选择输出以 txt、mat 或 excel 格式的传感器优化布置结果。可输出的结果包括 8 种优化算法所得到结果的节点编号和坐标、MAC 值和 MAC 最大非对角元随迭代过程的变化序列。

④参数分析功能。

参数分析 GUI 界面如图 11 所示。主要包括以下 6 个部分:模态数据输入按钮,传感器布设方案数目和传感器数目输入窗口,优化算法选择窗口,MAC 最大非对角元变化图,结果输出窗口,功能按钮。

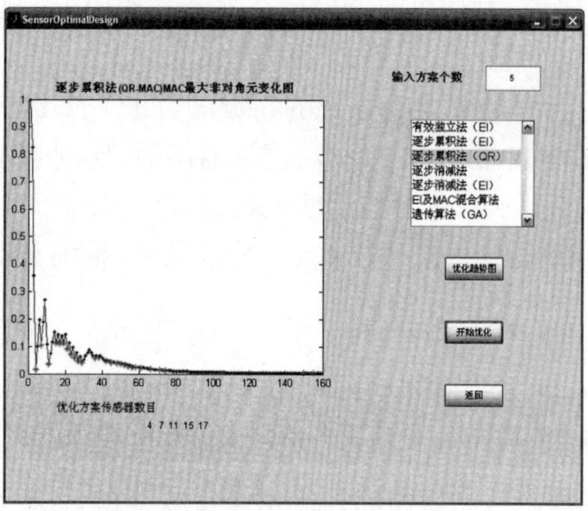

图 10　数量优化选择 GUI 界面

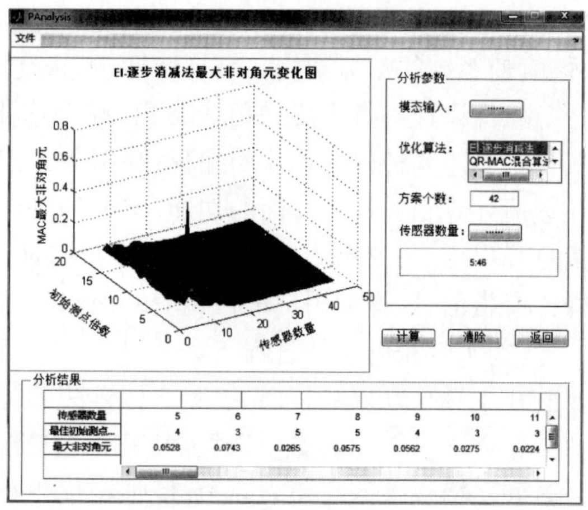

图 11　参数分析 GUI 界面

⑤与模态识别工具箱的链接。

软件亦设置了与模态识别工具箱的链接菜单。方便将传感器优化结果用于后续模态识别。

3.2　工具箱的操作

本工具箱是在普通计算机上应用 MATLAB7.12 版本环境中开发而成的,用户须在安装 MATLAB7.12 版本之后才能运行。

启动工具箱,进入图 9 中的界面。首先,通过“文件—读入数据”按钮读入模态振型。在“输入传感器数目”窗口中输入传感器个数,选择相应的优化算法,点击计算即可进行数量优化。计算完成后,用户可以点击“设计优化—数量优化”选项进入数量优化子程序。在“输入方案个数”窗口中输入方案个数,并选择已经计算的优化方法,程序即可进行数量优化,通过寻找迭代计算中 MAC 矩阵最大非对角元最小值所对应的数量给出优化参考方案。优化结果如图 10 所示。

对于 EI 及 MAC 混合算法、EI-逐步消减法和 QR-MAC 混合算法,则在数量优化完成之后,可以对其进行参数化分析。点击“参数化分析”选项进入参数化分析子程序,输入传感器数量,选择相应的算法,点击计算即可进行参数化分析。计算完成后,用户可以对图形坐标轴的三维图形进行旋转,充分观察图形走势。在最下侧的结果显示栏中会显示各个传感器数量下的最优倍数,及 MAC 矩阵的最大非对角元。计算结果如图 11 所示。

4 工程应用

为了验证编写程序的正确性，选择一根带悬臂的混凝土简支梁进行传感器优化布置计算。梁的结构尺寸和截面尺寸如图 12 和图 13 所示。在进行结构分析时，混凝土梁的有限元模型均采用三维梁单元，但由于试验只测量竖向振动，出于振型匹配的需要，有限元分析时只计算 XZ 平面内的竖向振动。

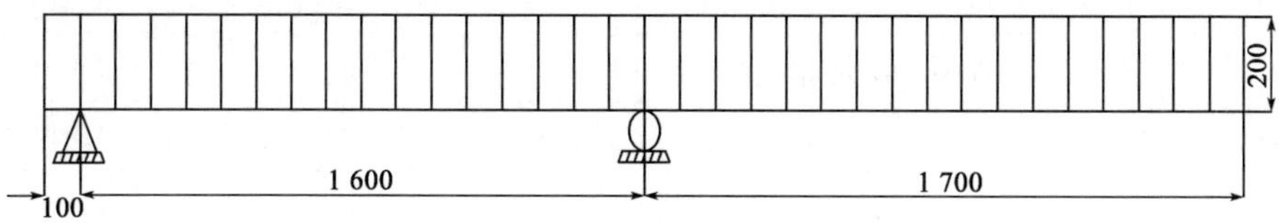

图 12 简支梁布置图(尺寸单位:mm)

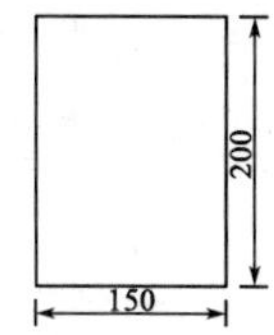

图 13 截面尺寸(尺寸单位:mm)

4.1 传感器优化布置

使用结构分析软件 Midas/Civil 进行模态分析，提取前 5 阶模态振型，设需要安装的传感器个数为 7 个，8 种算法优化结果统计见表 1。

8 种优化算法结果统计表 表 1

编号	1	2	3	4	5	6	7	8	9	10	11	12	13	14	15	16	17	18	19	20	21	22	23	24	25	26	27	28	29	30	31	32	33	34	35
有限元划分	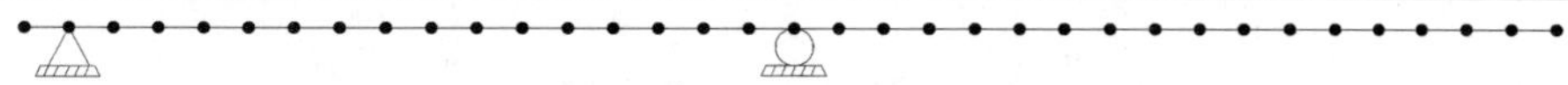																																		
EI 法						√	√						√										√						√					√	√
逐步累积法						√						√											√			√			√					√	√
逐步消减法							√					√	√										√						√	√					√
EI 及 MAC 混合算法						√				√		√											√				√		√						√
遗传算法							√						√		√								√						√		√			√	
EI-逐步累积法						√	√			√													√						√					√	√
EI-逐步消减法						√	√						√										√	√						√				√	
QR-MAC 混合算法						√	√			√			√										√						√						√

注：√表示在此节点处布置传感器。

为了评价 8 种优化算法的布置效果，选定监测振型数量为 5，传感器个数在[5, 10]的情况下，8 种优化算法提供布点方案的 MAC 矩阵最大非对角元和运算时间见表 2。使用的电脑配置为奔腾双核 E6700，主频 3.2GHz。

8 种优化算法布点方案最大非对角元和运算时间统计表 表 2

数量	运行参数	*EI* 法	逐步累积法	逐步消减法	*EI* 及 MAC 混合算法	遗传算法	*EI*-逐步累积法	*EI*-逐步消减法	QR-MAC 混合算法
5	最大非对角元	0.554 56	0.174 77	0.174 77	0.174 77	0.007 25	0.554 56	0.081 21	0.174 77
	运行时间(s)	0.152 33	0.139 85	0.136 04	0.137 84	941.554	0.138 59	0.136 51	0.130 32
6	最大非对角元	0.345 38	0.343 69	0.179 75	0.179 75	0.006 01	0.336 77	0.065 88	0.179 38
	运行时间(s)	0.150 76	0.140 18	0.136 28	0.137 72	968.080	0.133 99	0.136 43	0.132 43
7	最大非对角元	0.333 24	0.250 98	0.132 37	0.225 46	0.045 31	0.434 8	0.055 99	0.175 41
	运行时间(s)	0.151 72	0.140 08	0.136 06	0.138 66	953.870	0.137 81	0.136 00	0.142 46

续上表

数量	运行参数	*EI* 法	逐步累积法	逐步消减法	*EI* 及 MAC 混合算法	遗传算法	*EI*-逐步累积法	*EI*-逐步消减法	QR-MAC 混合算法
8	最大非对角元	0.306 33	0.213 21	0.068 69	0.407 34	0.032 43	0.303 59	0.045 71	0.176 50
	运行时间(s)	0.150 40	0.140 50	0.135 54	0.139 58	942.718	0.138 15	0.136 21	0.133 21
9	最大非对角元	0.230 23	0.158 29	0.037 64	0.345 15	0.032 63	0.373 06	0.003 37	0.175 71
	运行时间(s)	0.151 18	0.140 60	0.138 48	0.138 53	942.630	0.139 4	0.136 98	0.130 88
10	最大非对角元	0.126 70	0.198 60	0.041 39	0.361 81	0.010 61	0.259 75	0.037 35	0.159 99
	运行时间(s)	0.152 52	0.141 90	0.137 38	0.142 48	959.849	0.139 35	0.140 65	0.146 54

MAC 最大非对角元随传感器数量变化趋势如图 14 所示。

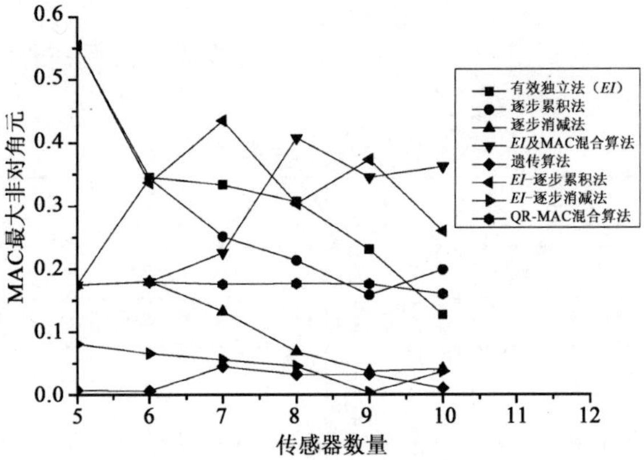

图 14　8 种算法 MAC 最大非对角元随传感器数量变化图

通过表 2 和图 14 可以发现，对于本例，遗传算法效果远好于其他所有方法，但其运行时间亦远大于其他所有方法。逐步消减法的效果明显好于逐步累积法，QR-MAC 混合算法略好于逐步累积法，*EI* 及 MAC 混合算法优于 *EI*-逐步累积法。若考虑运行时间因素，*EI*-逐步消减法在本例中效果最优，在选择 9 个传感器时，能够达到最优布置。

8 种优化算法迭代次数及 MAC 矩阵最大非对角元变化情况如图 15 所示。其中，*EI* 法为 *E* 矩阵主对角元变化情况，遗传算法为最优适应度变化值。

由图 15a)并结合表 1 可知，在本例中，有效独立法具有不错的优化布置效果。对比图 15b)和图 15f)可以发现，基于 QR 分解的逐步累积法效果优于 *EI*-逐步累积法，由 *EI* 分解的初始测点在正交性方面效果不佳，迭代次数并未减少，但通过表 2 可以发现，*EI*-逐步累积法在计算效率方面优于逐步累积法。对比图 15c)、图 15g)和图 15h)可以发现，对本例的情况，*EI*-逐步消减法在计算效率和效果上均优于基于 QR 分解的逐步消减法和 QR-MAC 混合算法，而 QR-MAC 混合算法较为稳定且计算效率高于逐步消减法。*EI*-逐步消减法和 QR-MAC 混合算法避免了寻找测点的盲目性，在最小化最大非对角元和迭代速度上均具有比较大的优势，尤其适用于多测点的情况。结合图 15b)与表 2 可知，遗传算法效果最好，但运行时间过长。

4.2　传感器数量优化

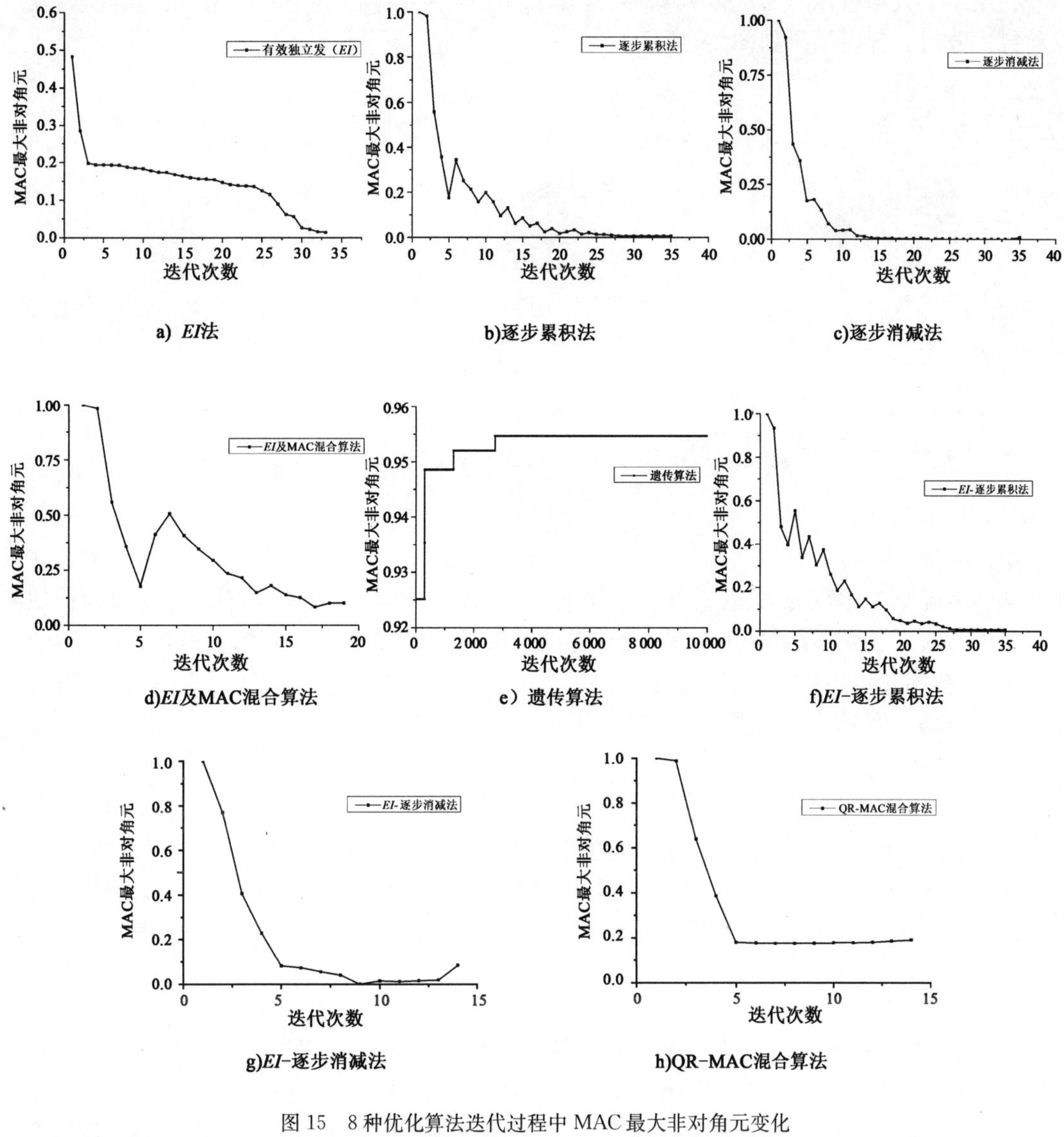

a) *EI*法　b)逐步累积法　c)逐步消减法

d)*EI*及MAC混合算法　e）遗传算法　f)*EI*-逐步累积法

g)*EI*-逐步消减法　h)QR-MAC混合算法

图 15　8 种优化算法迭代过程中 MAC 最大非对角元变化

设定传感器数量优化方案为 3 个，利用编写的 MATLAB 工具箱数量优化功能，8 种优化算法最优测点数量统计见表 3。

8 种优化算法最优测点数量统计表　　表 3

优化方案 优化算法	*EI* 法	逐步累积法	逐步消减法	*EI* 及 MAC 混合算法	遗传算法	*EI*-逐步累积法	*EI*-逐步消减法	QR-MAC 混合算法
方案一	—	5	5	5	—	5	9	7
方案二	—	9	9	13	—	6	—	10
方案三	—	12	16	—	—	8	—	—

通过表 3 和图 15 可以发现，*EI*-逐步累积法在 5 个传感器方案时能够取得最佳效果，并且具有最佳经济效益。

4.3　参数化分析

利用本工具箱可以对 *EI* 及 MAC 混合算法、*EI*-逐步消减法和 *QR*-MAC 混合算法自动进行参数化分析。分析结果如图 16 所示。

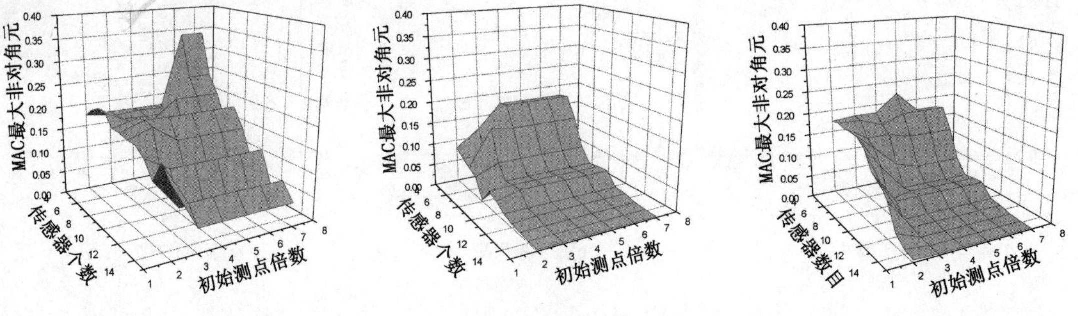

a) *EI*及MAC混合算法　　b) *EI*-逐步消减法　　c)QR-MAC混合算法

图 16　不同传感器数量和不同初始测点倍数情况下 MAC 最大非对角元变化图

4.3.1　初始测点倍数

由图 16 可以看出，在传感器数量一定时，随着初始测点倍数的增加，MAC 非对角元在倍数较小的情况下变化较为明显，总体上逐渐变小，在倍数较大时，基本不变。这是因为初始测点集足够大时，能够有效囊括正交测点组，得到较为稳定的测点位置。综上可知，在传感器数量一定时，初始测点倍数仅在较小范围内对 MAC 最大非对角元影响较大，该参数的选取在一定范围即可满足实际工程需要。

4.3.2　传感器数量

在倍数一定的情况下，随着传感器数量的增加，MAC 最大非对角元的变化并无特定规律，当传感器数量足够大时，MAC 最大非对角元的值趋于某一个特定的值。随着初始测点倍数的增加，MAC 最大非对角元的变化趋于平缓，这是因为在较大的初始测点倍数下，候选测点数量较多，能够有效囊括正交测点组。综上可知，传感器数目的数目对 MAC 最大非对角元有较大影响。

5　结语

(1)不同的优化算法提供的传感器优化布置方案各不相同，并且同一种优化算法在进行不同监测振型阶数优化时，得到的优化布点方案也是不一样的。

(2)在实际工程应用中应该慎重地考虑所要监测的阶数，监测的阶数要在仪器测量精度范围之内。同时，要根据需要选择合适的优化算法。

(3)以 MATLAB 为平台，集成开发了传感器优化布置工具箱。功能涵盖 5 种现有优化算法和 3 种作者提出的算法。具有传感器数量优化和算法对比功能，避免了在确定传感器数量时的盲目性。

(4)通过一座带悬臂的简支梁分析模型验证了本程序的正确性和工程应用价值。

(5)实际工程的传感器布置应采用多种算法、多种参数优化，还应考虑与采集传输系统的综合设计。

参 考 文 献

[1] 曹树谦，张文德，萧龙翔. 振动结构模态分析——理论、试验与应用[M]. 天津：天津大学出版社，2001.

[2] 伊廷华,李宏男,顾明,等.基于 matlab 平台的传感器优化布置工具箱的开发及应用[J].土木工程学报,2010,43(12):87-93.

[3] 李东升,李宏男,王国新,等.传感器布设中有效独立法的简捷快速算法[J].防灾减灾工程学报,2009,29(1):103-108.

[4] 袁爱民,戴航,孙大松.基于 ei 及 mac 混合算法的斜拉桥传感器优化布置[J].振动、测试与诊断,2009,29(1):55-59.

[5] Carne T G, Dohmann C R. A modal test design strategy for modal correlation[C]. Nashville, Tennessee,USA:1995.

[6] Kammer D C. Effects of noise on sensor placement for on—orbit modal identification of large space structures[J]. Journal of Dynamic Systems, Measurement, and Control. 1992, 114(3): 436-443.

[7] 秦仙蓉,张令弥.一种基于 qr 分解的逐步累积法传感器配置[J].振动、测试与诊断,2001,21(3):168-173.

[8] 黄民水,朱宏平,宋金强.传感器优化布置在桥梁结构模态参数测试中的应用[J].公路交通科技,2008,25(2):85-88,100.

[9] 黄民水,朱宏平,李炜明.基于改进遗传算法的桥梁结构传感器优化布置[J].振动与冲击,2008,27(3):82-86.

[10] 李斌,梁鹏,吴向男,等.基于 ei 及 mac 混合算法传感器优化布置研究及应用[J],2013.

[11] 吴向男,梁鹏.环境激励下桥梁结构模态分析与损伤识别研究[J],2013.

154. 基于监测数据统计特征的拱桥安全预警系统设计

邱　园　孙利民　孙守旺

(同济大学)

摘　要：实时预警是桥梁结构健康监测系统的主要功能之一。本文以某系杆拱大桥为例，对预警模块的设计方法进行了系统的研究。在观测数据层面，通过对信号特征的对比研究，剔除了观测系统故障带来的干扰；在预警阈值方面，依据极值统计理论，从过去两年的历史观测数据中提炼出反映桥梁实际运营情况的预警阈值；在预警机制层面，引入逻辑组的概念，将预警依据从单一通道转变为一组相关的通道从而显著降低了误报几率。研究针对当前预警功能的弊端，力求提高系统警报的可信程度，以充分发挥实时在线监测在桥梁管理和养护中的指导作用。

关键词：结构健康监测　预警机制　阈值　逻辑组　极值理论

1　引言

结构健康监测系统(SHM)通常包含结构响应监测、系统识别和结构安全性评估等方面的内容。通过结构预警子系统，在判断桥梁处于异常状况时及时发出预警信号，为桥梁维护、维修与管理决策提供依据和指导[1]。目前，国内的预警子系统设计在两个方面进行了一定的研究。其中一方面是关于预警通道设置，基于覆盖范围更广、通知更及时的媒介来让管理人员获取桥梁状态信息；另一方面是预警状态设置，通过定义预警界限值，评判结构或构件的安全状态值，结合桥梁整体评估体系，对桥梁局部乃至整体可靠性进行评分，最终根据评分结果为桥梁维护决策提供依据[2]。

当前预警界限值多是考虑环境因素影响，在规范规定的车辆荷载作用下，修正后模型上的结构响应，并以此设置单个传感器的报警机制；或者直接使用设计时构件承载能力设计值对应标定后传感器的显示数值等。然而，这些"预警"方式并未在"预防"上有较好的体现。例如，以规范荷载值或抗力设计值对应的阈值进行警报的情况下，响应超过阈值而使系统产生预警信号时，结构可能已经产生损伤，甚至在车辆荷载以及环境荷载共同作用下，桥梁结构已经发生局部失效的状况，系统仅仅只是通知损伤的发生，这样的预警机制是不甚合理的。或者某一段时间内结构已经产生累积性损伤，较小的车辆荷载作用下结构响应并未达到预警界限而使系统产生漏报或其他误报的情况,漏报误报影响了预警系统的可信程度。

本文以某系杆拱大桥健康监测系统为例,着重关注系统实时预警机制的设置,选取时效性较好的传感器数据作为数据源,对监测数据进行分类并采取相应的处理措施。进行预警模块设计时,结合桥梁实际情况和传感器本身的特点划分监测逻辑组,并根据逻辑组设置预警等级,其中包含了相应的处理手段。认为桥梁结构在投入使用的前两年内未出现损伤,安装的传感器工作正常并且能够正确反映结构的响应。对这两年的监测数据进行分析,依据监测数据统计特征来构造结构响应的极值模型,最终应用极值模型中的结果设置阈值。

2 预警数据源及数据预处理

2.1 实时预警数据源

在大桥结构健康监测系统设计中,根据桥梁结构特点、主要病害和实际运营情况确定监测内容、监测位置和检测方式。监测内容以结构振动和结构应变为主,以环境温度和结构温度为辅。全桥监测位置及监测内容见图 1。表 1 则列出作为预警数据源的加速度以及应变传感器的详细布置。与监测内容相对应,结构安全预警主要是由通过结构应变响应侦测到的静力行为异常与通过结构加速度响应侦测到的动力行为异常而触发。

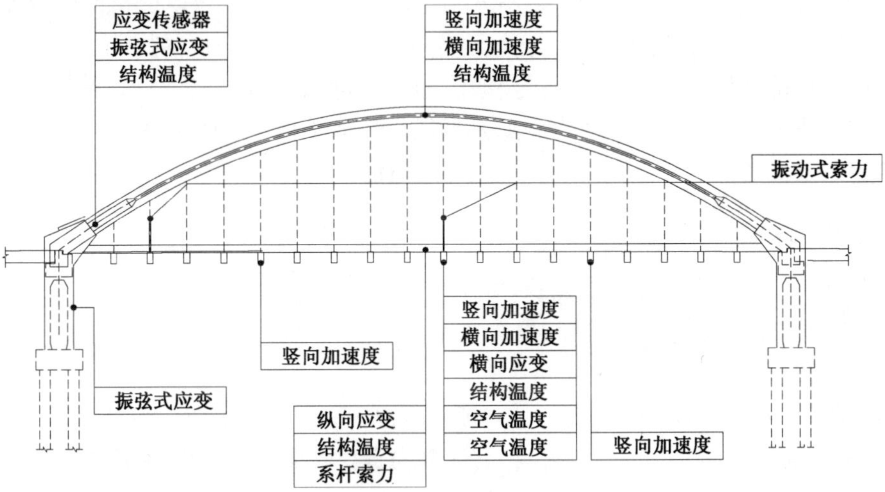

图 1　传感器布设位置示意图

大桥部分应变传感器与结构加速度传感器布设情况 表 1

横桥向位置	上行方向桥幅			下行方向桥幅
	顺桥向 1/4 跨	顺桥向 1/2 跨	顺桥向 3/4 跨	顺桥向 1/2 跨
主梁左边缘	AS008Z	AS004Z、AS006Y	AS007Z	
截面 1/4 处		CS003Y、CS001X		CS007Y、CS005X
截面 1/2 处		CS004Y、CS002X		CS008Y、CS006X
主梁右边缘		AS005Z		

结构行为异常是指由于结构自身或外部荷载等因素导致的结构位移、振动和应变响应的异常,结构行为异常会通过监测数据异常表现出来。但是,监测数据异常还包括由传感器子系统和数据采集与传输子系统导致的信号异常。必须将两种不同来源的监测数据异常区分开来,才能不致因监测系统本身的故障而发布虚假预警,降低预警的可信程度。因此,如何定义监测数据异常及如何判断监测数据异常的来源就成为一个重要的问题。

2.2 异常信号数据

异常信号，在健康监测系统中是：从单一信道传递来的或者从平行测定得到的一系列分析信号中，出现的与其他信号值相差特别大的个别监测值。我们认为异常信号是有价值的信息，异常的出现通常发生在威胁桥梁安全的事件中。原因之一是结构本身存在损伤，使得在一般荷载作用情况下，结构仍然出现较大响应；二是结构本身未出现损伤，但作用荷载异常，如超重车辆荷载。

异常信号有两个明显的特征：首先是异常信号相较于其他信号峰值特别大；其次是波形依然呈现出递增和衰减的趋势[3]。数值幅度大，振动强度比较剧烈，桥梁可能受到伤害。

异常信号数据是桥梁健康监测系统中出现的能正确反映结构响应的数据来源，并且在分析荷载对结构影响，预测荷载变化的过程中占有较大的比重，在数据处理子系统中被重点关注。

2.3 错误信号数据

错误信号可定义为在数据分析中扰乱正确反映结构振动信息的数据。不是由于环境荷载、车辆荷载等外力使结构产生振动而产生的信号，而是由于监测系统中电信号受到干扰或者电流不稳定造成的信号突变。错误信号是我们进行监测数据分析时必须滤除掉的。该信号不仅在数据分析时影响结构动力特性分析的正确性，并且由于其峰值突变的性质，常常造成误报，对结构安全预警的可信程度造成严重影响。

错误信号有两个识别特征：一是信号出现明显峰值；二是信号在一个采样间隔时间内达到峰值并且在下一个时间间隔内突减到一般信号值，而并没有振动信号应该具备的增强或者衰减的趋势。

错误信号在桥梁状态评估中属于需要滤除的数据，但是，错误信号发生并且频繁出现，则表明健康监测系统硬件设备层次发生故障或者运行环境不佳。根据错误信号发生源，从传感器子系统到数据采集、传输子系统逐层进行故障排查。

3 预警机制

实时预警子系统具有在线性监测、实时性以及预防性的特点。当桥梁在运营状态中时，预警系统要能及时准确地识别出异常征兆，发出报警信息，并提供应对方法。

3.1 逻辑组

经验表明，依据单一通道的监测值进行预警经常出现误报的情况，严重影响警报的可信程度，并最终削弱预警功能的作用。因此，按传感器布设位置和监测内容将所有观测通道划分为多个逻辑组，预警事件将由以下两种情况触发：

①一个逻辑组中多个通道的观测量同时超出预警界限；

②一个通道的观测量在较短时间内多次超出预警界限。

参考各测量通道一级和二级预警界限，预警级别有黄色和红色两级。若逻辑组中多个传感器触发同一级别预警界限，则触发一级预警界限发布黄色警告，触发二级预警界限发布红色警告；若逻辑组中多个传感器触发不同级别预警界限，则按其中较高的级别发布红色预警。表2中列出了按照截面布置以及传感器种类划分的传感器逻辑组。

传感器逻辑组信息 表2

逻辑组划分依据	逻辑组内传感器
桥幅1跨中截面应变传感器	CS001X，CS002X，CS003Y，CS004Y
桥幅2跨中截面应变传感器	CS005X，CS006X，CS007Y，CS008Y
桥幅1跨中截面加速度传感器	AS004Z，AS005Z，AS006Y
桥幅1主梁加速度传感器	AS004Z，AS005Z，AS006Y，AS007Z，AS008Z

3.2 预警等级设置

已知单个车辆荷载作用是相互独立事件，因此响应过程可以视为平稳随机过程。结构产生异常响应有两方面因素：一是荷载输入方面，即异常车辆荷载作用；二是结构损伤。这两点都是维护运营部门关注的焦点，运用响应的数据统计特征得到的极值模型，根据正常运营状态下结构的响应，将这两个方面的因素综合考虑，即结构产生异常响应的时刻就是桥梁运营部门需要对这两个因素进行判别的时刻。

根据健康监测系统的预警报警策略，将运营阶段的预警分为以下 3 个级别[4]：

(1)正常运营状态，监测数据低于黄色预警阈值。

在结构正常运营状态下，需进行例行的在线结构状态评估，定期地提交监测与评估报告。

(2)黄色预警状态。

黄色预警发出后，要求系统监管人员 30min 内做出响应，根据预警前后的具体情况采取不同的应对措施：

①检查传感系统是否发生故障，若为此类故障，则通知工作人员进行系统维护；

②预警在最近 24h 内仅发生一次，且预警后监测值恢复至正常运营水平，则对本次预警进行归档，不需启动离线评估等后续措施；

③预警在最近 24h 内多次发生，或预警后监测值一直维持在黄色预警值以上，则需启动离线评估措施，并对相应的监测区域进行人工检测，进一步确认预警原因。

(3)红色预警状态。

红色预警发出后，要求系统监管人员立刻做出响应，极端情况下通知桥梁管理单位限制甚至封闭交通，并尽快启动组织人工检测和专家评审等离线评估措施。

4 预警阈值

实时预警功能的名称即显示出其最重要的两个需求：

①给警报功能加上实时的限定，说明在异常事件发生后发出警报的时效性至关重要。这就给实现算法耗时长短加上了严格的要求。正因如此，多级阈值比较方法因运算简单、意义明确而获得了广泛应用。

②给警报功能加上预先的限定，说明在结构处于危险状态之前就应发出警报，才能实现避免事故甚至灾难的目的。这就要求预警机制应偏向保守，因而以承载能力极限状态为依据的预警方法的合理性值得商榷。

桥梁结构健康监测系统的首要目标是指导日常管理和养护，警报阈值应基于运营监测数据中蕴含的信息。确定警报阈值的理论依据是极值统计理论，极值统计理论专门研究很少发生，然而一旦发生却产生极大影响的随机事件。例如，多年不遇的高温、强风以及罕见的严重超载车辆等都属于极值理论的研究范畴。由此可见，极值统计理论特别适合用于确定报警阈值[5]。首先计算监测数据的区间最大值，根据 Fisher-Tippett 极值类型定理该统计量一定服从广义极值(GEV)分布[6-7]。用广义极值模型对监测数据建模时，选择合适的区间宽度非常重要。因为无论区间内发生了多少次极值事件，只有数值最大的一次才能进入后续统计过程。多次试算的结果表明，最合适的区间宽度为 1h。首先建立监测量的小时最大值分布模型，再据此推断其月最大值和年最大值的分布模型，分别选取月最大值与年最大值的期望作为一级和二级预警界限。

图 2 以应变传感器为例，取一年的监测数据进行分析。首先计算各小时中观测数据的最大值。

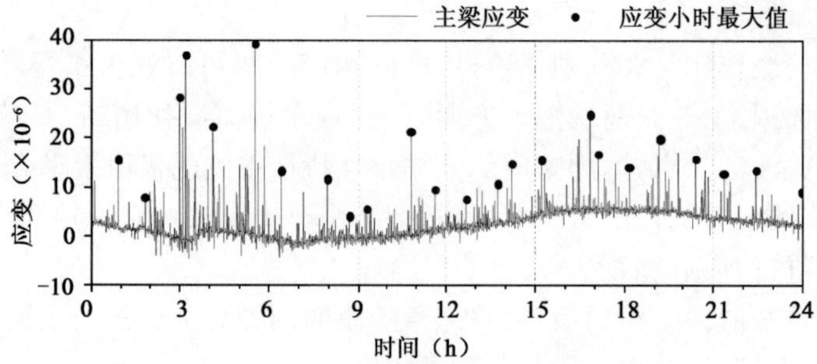

图 2　小时数据最大值获取

以小时最大值作为样本，采用极大似然估计方法估计广义极值分布的 3 个参数，分别为形状参数、尺度参数和位置参数。图 3 对比了样本的经验概率密度和拟合概率密度，两种概率密度展现出良好的一致性，佐证了建模过程和参数估计的准确性。

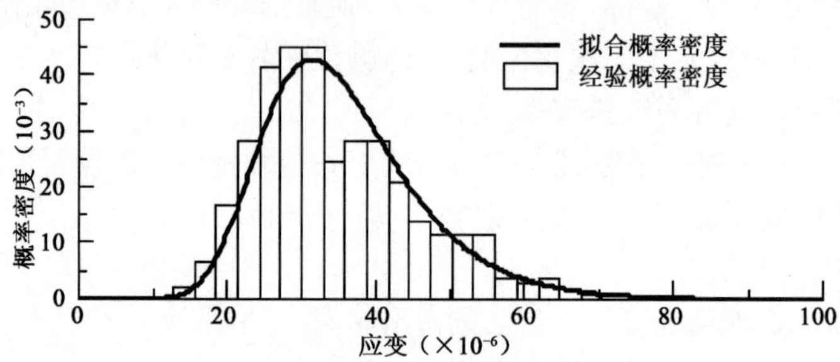

图 3　数据拟合概率函数曲线

依据极值统计理论，虽然统计区间宽度不同，区间最大值服从的分布规律也不同，但是它们之间存在着极其密切的联系。根据小时最大值分布我们可以推断任意宽度区间的最大值的分布规律。结合预警功能的需要，我们进一步推断了月最大值和年最大值的分布规律，如图 4 所示。将运营监测数据的月最大值和年最大值的期望作为各个通道多级预警的界限值。图 5 和图 6 分别展示了应变传感器 CS001X 和加速度传感器 AS001Z 的检测值与预警界限的关系。

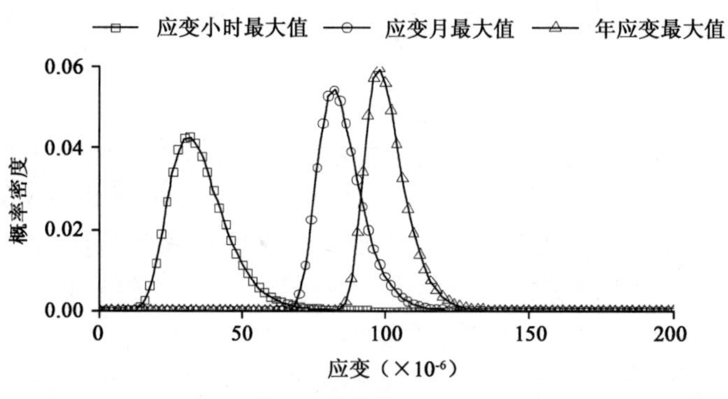

图 4　极大值概率密度函数曲线

从两年的历史观测数据中提炼预警阈值（表 3），是以当前大桥处于良好的健康状况为前提。当对象为病害严重的桥梁时，应用极值模型是偏于不安全的，需要综合结构分析、荷载试验与监测数据统计分析的结果确定预警阈值。

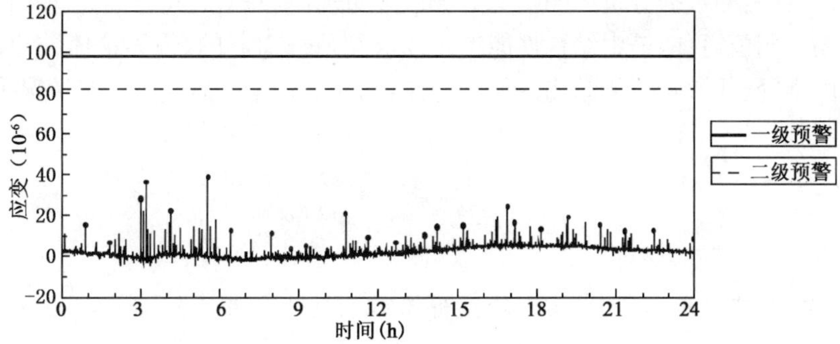

图 5　应变传感器预警示意图

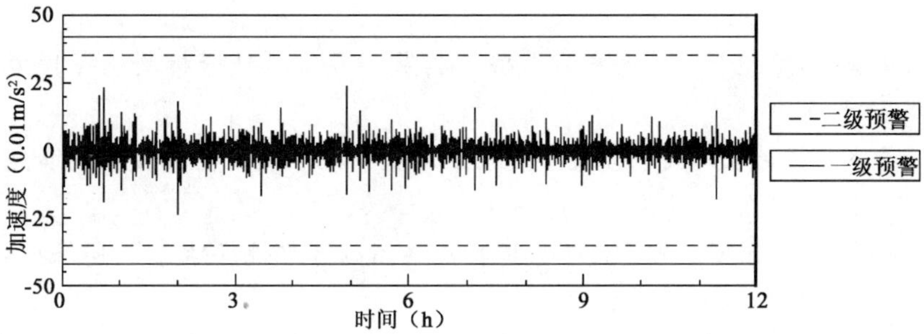

图 6　加速度传感器预警示意图

部分应变传感器预警阈值　　表 3

应变传感器	预警阈值	
	二级预警	一级预警
CS001X	82	98
CS002X	118	139
CS004Y	25	31

5　结语

实时预警体现了结构健康监测系统实时在线特点的优越性，是监测系统的重要功能之一。然而在工程实践中，由于设计不当而时常发生的错误预警降低了桥梁管理人员对警报的信任和重视，严重削弱了预警功能的作用。针对这一状况，本文对预警系统的设计方法在观测数据、预警阈值和预警机制 3 个层面上进行了改进，得到了以下结论：

(1)定义数据类型并区分对待，确保滤除数据中的错误信息，重点关注数据中对结构状态判断贡献更大的部分，避免冗余信息对实时监测模块处理进程的负担，缩短评估判断时间，使得预警更加及时。

(2)由于不确定的环境因素及与车辆荷载的作用，再加上系统运行过程中出现的故障，单通道预警易造成误报、谎报。通过划分逻辑组，对比单通道预警，可极大减少预警子系统谎报误报的可能性。通过设置触发机制，可将较为可信的实时状况评估传达给技术人员。

(3)桥梁结构性能及其所受的环境作用具有不确定性，在结构设计中这种不确定性可能带来的不安全性是通过结构冗余设计来回避的。因此，结构安全预警实际上是对结构安全冗余度的预警。精确预测极端不安全事件的发生是十分困难的、不现实的。

(4)通过长期监测数据分析结构响应的极值分布规律，并据此建立其合理阈值。若运营阶段结构响应超过阈值，可能是由结构性能退化或极端荷载引起的，但无论何种原因，都会使结构安全冗余度下降，并影响桥梁结构性能和寿命，因此预警系统需要对这些情况重点关注并提供相关应对措施。

参 考 文 献

[1] 孙利民，孙智，淡丹辉，等. 我国大跨度桥梁结构健康监测系统研究与应用现状[C]. 重庆，2006.8.

[2] 李宏男，高东伟，伊廷华. 土木工程结构健康监测系统的研究状况与进展[J]. 力学进展，2008(02)：151-166.

[3] 谢大圻，周哲峰，罗艳利. 上海东海大桥结构监测异常事件分析及预警模型[C]. 南京，2008:15-18.

[4] 解增银. 重庆石板坡长江大桥复线桥健康监测数据处理及安全评估应用研究[D]. 重庆：重庆大学，2007.

[5] 焦美菊，孙利民，李清富. 基于监测数据的桥梁结构可靠性评估[J]. 同济大学学报(自然科学版)，2011(10)：1452-1457.

[6] 王旭，史道济. 极值统计理论在金融风险中的应用[J]. 数量经济技术经济研究，2001(08)：109-111.

[7] 潘家柱，丁美春. GP分布模型与股票收益率分析[J]. 北京大学学报(自然科学版)，2000(03)：296-307.

155. 大跨连续刚构桥墩梁固结处模型试验

杨炎华[1,2,3]　周仁忠[1,2,3]　郑和晖[1,2,3]

（1. 中交第二航务工程局有限公司；2. 长大桥梁建设施工技术行业重点实验室；

3. 公路长大桥建设国家工程研究中心）

摘　要：龙河特大桥为大跨超高空心薄壁柔性墩连续刚构桥，为深入探究大桥墩梁固结处力学行为特点，对墩梁固结处开展 1∶6 缩尺模型试验。通过相似理论分析，确定模型各物理参量相似关系。针对结构及受力特点，对模型尺寸、预应力、配重、普通钢筋、加载和测试方案等进行设计。按照实桥实际工况进行加载试验，并结合数值理论仿真分析。试验及理论分析结果表明，设计模型和加载方法及试验工况能很好的反映大桥墩梁固结处实际状况。试验过程中各工况下大桥墩梁固处结构处于安全状况，在 2 倍活载作用下结构还有一定的安全储备。文中介绍的试验方法和试验结论对同类桥梁设计和施工有着借鉴参考价值。

关键词：龙河大桥　连续刚构桥　墩梁固结　模型试验　有限元分析

1　引言

桥梁模型试验是对桥梁设计中理论计算重要的补充和完善，现今试验测试手段和试验理论的发展与提升，使得模型试验可以有效地模拟实桥的力学行为，同时与理论仿真分析结合，可以很好地对实桥施工和运营中的最不利工况进行预演和安全评估，为设计施工提供相互验证、补充和修正作用。

龙河特大桥为大跨超高空心薄壁柔性墩连续刚构桥，大桥结构复杂、施工周期大，影响因素多，技术含量高。尤其是墩梁固结处是全桥的关键部位，构造和受力均十分复杂，该部位的设计、施工成功与否决定着全桥的成败。为此拟对墩梁固结处进行缩尺模型试验，并结合理论仿真分析，研究梁墩固结处在大桥施工和运营过程中不利工况下的受力状态和应力分布规律、为设计与施工提供有价值的参考。

龙河特大桥主桥为 127m＋240m＋127m 三跨预应力混凝土连续刚构箱梁，箱梁根部梁高 15.0m，跨中梁高 4.5m，顶板横向宽 11.75m，箱底宽 6.5m。翼缘悬臂长 2.625m。箱梁 0 号节段长 19m（包括墩两侧各外伸 1.0m），每个悬浇“T”纵向对称划分为 29 个节段，梁段数及梁段长从根部至跨中分别为 8×3m、6×3.5m、7×4m、8×4.5m。节段悬浇总长 109m。悬浇节段最大控制重量 3 019kN，挂篮设计自重 1 250kN。边、中跨合拢段长均为 3m，边跨现浇段长

5.5m。箱梁根部设四道厚0.8m的横隔板，中跨跨中设一道厚0.4m的横隔板，边跨梁端设一道厚1.50m的横隔板。主墩墩身采用双肢变截面矩形空心墩，墩柱双向放坡（按1∶100放坡），单肢顶部截面尺寸8.5m×4m，壁厚0.8m。主墩承台为整体式，承台厚5m，基础采用桩径2.6m的钻孔灌注桩，每墩共25根桩。主桥结构形式布置如图1所示。

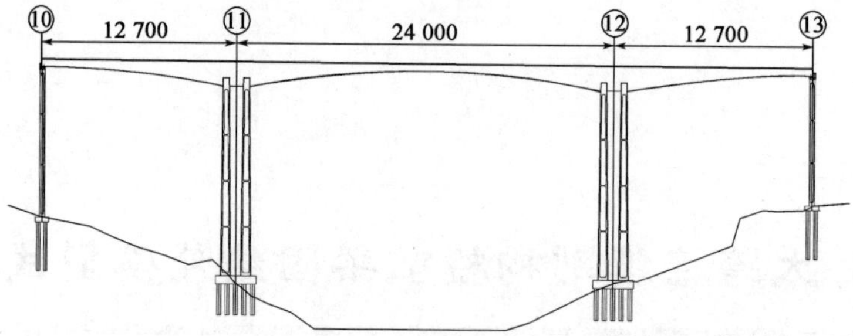

图1　主桥结构形式立面布置图（尺寸单位：cm）

主桥墩身采用爬模施工方法，引桥墩墩身采用翻模法施工，混凝土罐车运输，输送泵灌筑混凝土；主桥上部采用挂篮悬臂现浇施工；引桥上部预制T梁采用架桥机进行架设安装。

2　模型设计

2.1　相似理论分析

根据龙河大桥结构受力特点，遵循三个原则进行模型设计，即：模型和实桥几何尺寸相似；模型和实桥对应的截面刚度相似；模型和实桥在梁墩固结处截面相似。

本工程属于结构静力相似问题，数值不随时间而改变，且模型设计为弹性工作状态，模型问题应包括以下物理量：结构和构件的线性尺寸（包括长、宽、高），结构或构件的截面积A，体积V，惯性距I、挠度δ、应力σ、集中力P、力矩M、均布荷载q，弹性模量E，泊桑比u、应变ε、扭转角ϕ等、密度ρ等。采用量纲分析方法，得到模型各个参量相似关系如下：

$C_\sigma=C_E, C_\delta=C_L, C_P=C_EC_L^2, C_q=C_EC_L, C_M=C_EC_L^3, C_A=C_L^2, C_\rho=C_E/C_L, C_I=C_L^4$。

根据龙河大桥实桥尺寸、梁墩固结处的受力状态、加载要求和长大桥梁交通行业重点结构实验室的情况，本模型拟按1∶6缩尺，即$C_L=1/6$；模型与实型采用相同的材料，即$C_E=1$；另外即$C_u=1$。模型长14.17m，两边各增加1m长的加载段，共计16.2m，高5m，宽1.96m。模型长度、面积、惯性矩、荷载、内力等各参量相似关系如下表1。用下标m表示模型，p表示实桥。图2为模型一般构造图。

为模型各物理量相似关系表　　表1

物　理　量	原　　型	模　　型	相似系数
长度	L_p	$L_m=L_p\cdot(1/n)$	1/6
截面积	A_p	$A_m=A_p\cdot(1/n^2)$	1/36
截面抗弯惯性矩	I_p	$I_m=I_p\cdot(1/n^4)$	1/1 296
弹性模量	E_p	E_m	1
应力	σ_p	$\sigma_m=\sigma_p$	1
应变	ε_p	$\varepsilon_m=\varepsilon_p$	1
线位移	δ_p	$\delta_m=\delta_p\cdot(1/n)$	1/6

续上表

物理量	原型	模型	相似系数
角位移	α_p	$\alpha_m=\alpha_p$	1
集中荷载	F_p	$F_m=F_p\cdot(1/n^2)$	1/36
剪力	Q_p	$Q_m=Q_p\cdot(1/n^2)$	1/36
反力	R_p	$R_m=R_p\cdot(1/n^2)$	1/36
弯矩	M_p	$M_m=M_p\cdot(1/n^3)$	1/216
线荷载集度	q_p	$q_m=q_p\cdot(1/n)$	1/6

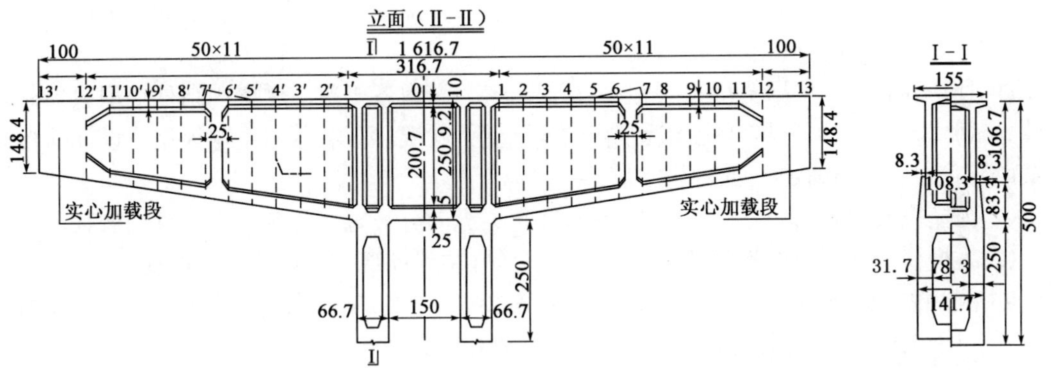

图 2 模型一般构造图(尺寸单位:cm)

2.2 模型预应力与普通钢筋

模型混凝土中的预应力按集中荷载考虑,考虑到预应力损失很难计算准确,混凝土主梁有效预应力不易控制,因此模型的纵向预应力筋按在主墩两旁各 5 个截面的混凝土有效预应力来布置。纵向预应力筋分长短两类,短束在 7 号截面张拉,共张拉 2－5ϕ^s15.2 钢绞线;长束在 13 号截面张拉,顶板张拉 6－5ϕ^s15.2 钢绞线,腹板张拉 6－4ϕ^s15.2 钢绞线,单根钢绞线张拉力为 19.5t。

模型梁墩固结处的横、竖向预应力筋,由于长度小且张拉量不大,全部采用螺杆模拟,这样可以减小预应力损失。为满足模型各截面的抗剪要求,顺着梁体方向,每个腹板每隔 0.5m 设置一根竖向预应力筋。竖向预应力筋也全部采用 ϕ18 精轧螺纹钢筋。

模型墩身的普通钢筋按照与实桥的配筋率相等配置;梁体普通钢筋按照结构的构造要求配置,兼顾配筋率。

2.3 试验加载方案设计

1)模型试验工况

针对实桥施工和运营实际工况,拟进行以下六个工况加载试验。

工况一:DL＋P,模拟一期恒载＋预应力;

工况二:DL＋P＋DZ,模拟一期恒载＋预应力＋二期恒载;

工况三:DL＋P＋DZ＋LL,模拟一期恒载＋预应力＋二期恒载＋活载;

工况四:DL＋P＋DZ＋2LL,模拟超载,即模拟一期恒载＋预应力＋二期恒载＋2 倍活载;

工况五:DL＋P＋DZ＋WL,模拟最大悬臂工况(平衡荷载);

工况六:DL＋P＋DZ＋WZ,模拟最大悬臂工况(不平衡荷载)。

工况一、二分别模拟二期铺装前后成桥状态；工况三、四模拟运营状态；工况五、六模拟最大悬臂工况，其中工况六为模拟最大悬臂浇筑时一端(中跨)挂篮和一节段箱梁掉落时产生的不平衡荷载作用。

2)配重加载方法

根据相似理论分析可以得出模型的材料重度相似常数 $C_\rho=6$，即要达到模型和原型的应力状态一致，模型材料的重度应为原型的 6 倍，这实际上是难以做到的，为此，试验时可采用加载配重的方法来加大模型的重力，配重加载量为 $(C_\rho-1)G_m$，即本桥中需加 5 倍的模型重力。加载方法采用精扎螺纹钢加载。

3)边界荷载加载方法

为模拟墩梁固结段的受力和实桥相似，在梁端部施加荷载，以达到墩梁固结处截面内力(轴力、弯矩、剪力)和实桥相似目的。

针对墩梁固结处，根据全桥有限元数值分析结果，获得各工况下墩梁固结处模型边界荷载条件。试验荷载的施加应尽可能接近结构的实际受力状况。荷载数量根据模型与设计的相似关系由荷载相似原则确定。加载方法如下：

(1)为模拟墩梁固结处各截面轴力相似，在主梁纵向分长短两种预应力钢绞线加载。

(2)为模拟墩梁固结处各截面弯矩、剪力相似，在主梁端部实心段施加竖向荷载，每端各分 4 个点加载，单点荷载是通过张拉 4 根 $\phi^s15.2$ 钢绞线来达到的，每端最大加载力为 275t；同时在 6 号～7 号截面间施加向上的竖向荷载，最大加载力为 188t。图 3 模型加载立面图。图 4 为整体加载照片图。

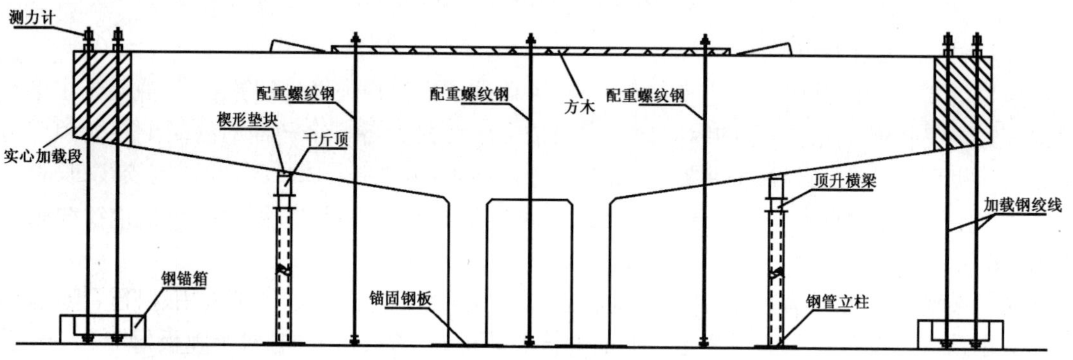

图 3　模型加载立面图

2.4　试验模型实体仿真分析

对墩梁固结处试验模型建立实体仿真分析模型，针对试验工况进行有限元分析，考察试验过程中试验模型段的结构应力情况。分析目的一是为制订加载测试方案提供依据，对模型试验段加载安全进行评估，确保试验操作过程中的安全性，二是将理论分析结果与试验测试结果对比分析，将分析结果反演到实桥中，从而把握实桥墩梁固结处的受力特点规律。采用大型软件 ANSYS 进行建模分析，混凝土用 solid65 模拟，预应力筋采用 link8 模拟。图 5 为试验模型有限元仿真分析图。

2.5　试验测试方案设计

根据墩梁固结处实体仿真分析结果，对试验段的受力不利位置、关键部位以及钢筋上布置应力测点，在受力复杂部位布置三向应变花。应力测试包括箱梁各断面应力测试、不利位置应力测试、箱梁剪力滞效应测试等。整个墩梁固结处应力测点共 236 个，位置分布在各断面顶板、底板、腹板、横隔板、墩身处。应力测试采用表贴式电阻应变片。测试仪器采用多通道数据采集仪。另外同时对梁底位移进行测试，测试仪器采用百分表。图 6 为钢筋应力测点照片图。图 7 为混凝土应力测点照片图。图 8 为位移测试照片图。图 9 为多通道数据采集仪。

图 4　模型加载照片图

图 5　试验段模型实体有限元计算图

图 6　钢筋应变计

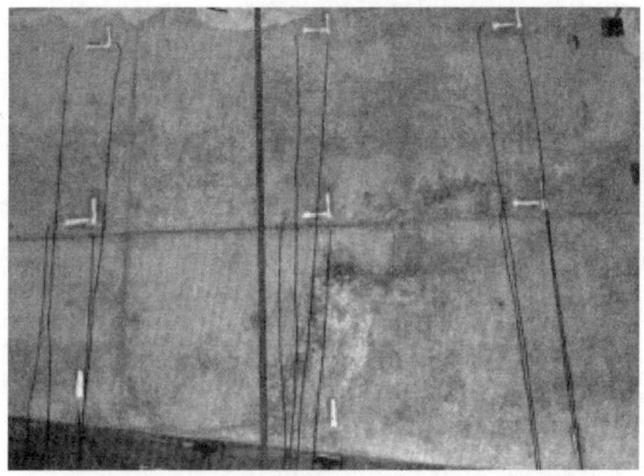

图 7　混凝土应变计

图 8　位移测试

图 9　多通道数据采集仪

3　试验结果分析

表 2 列出了各个工况下顶板、底板、腹板实测最大、最小值，并与理论值进行比较。

从表 2 中可知，各工况下，顶板、底板、腹板应力均处于受压状态，无出现受拉状态。在最大悬臂至桥梁架设施工完成，到二期恒载、和运营状态下，最大压应力为－14.4MPa，在跨中 E 断面顶板处，表明大桥从施工到正常运营状态下，墩梁固结处结构应力处于安全范围内。而在 2 倍活载超载作用下，最大压应力为在跨中，为－15.1MPa，仍小于材料的容许应力，表明大桥墩梁固结处在超载作用下，仍处于安全状况，且大桥具有一定的安全储备。在最大悬臂不平衡荷载作用下，最大压应力在顶板处，为－14.9MPa。这表明施工中若出现挂篮和一节混凝土箱梁吊落等意外情况，结构仍能保持安全状况。另外，从表中可以看出，各工况下实测和理论应力均吻合比较好，表明试验数据具有较高的可靠度。

各工况下顶、底和腹板上实测与理论最大最小值比较表 表 2

工况	部位	实测（MPa）		理论（MPa）		断面位置	
		最大值	最小值	最大值	最小值	最大值	最小值
成桥	顶板	−11.2	−14.4	−10.3	−13.7	A 顶板（跨中）	E 顶板（跨中）
	底板	−6.6	−10.2	−7.3	−10.9	A 底板（中心线）	B 底板（边跨）
	腹板	−6.1	−12.2	−7.0	−11.8	A 腹板中心线下	E 腹板中跨上
二期恒载	顶板	−9.6	−12.7	−8.8	−12.0	A 顶板（跨中）	E 顶板（边跨）
	底板	−8.0	−11.8	−8.8	−12.6	A 底板（边跨）	B 底板（中跨）
	腹板	−7.5	−11.5	−8.5	−12.3	A 腹板中心线下	B 腹板中跨下
1 倍活载	顶板	−8.3	−11.7	−7.5	−11.0	C 顶板（跨中）	E 顶板（边跨）
	底板	−8.7	−13.1	−9.5	−13.9	A 底板（中跨）	B 底板（中跨）
	腹板	−8.2	−12.8	−8.4	−13.7	B 腹板中跨上	B 腹板中跨下
2 倍活载	顶板	−6.8	−10.8	−5.9	−10.0	C 顶板（跨中）	E 顶板（边跨）
	底板	−9.9	−15.1	−10.7	−15.9	A 底板（中跨）	C 底板（中跨）
	腹板	−8.1	−14.5	−7.7	−15.7	B 腹板中跨上	B 腹板中跨下
最大悬臂	顶板	−10.4	−13.2	−9.6	−12.5	A 顶板（跨中）	E 顶板（跨中）
	底板	−7.3	−10.6	−8.1	−11.5	A 底板（中跨）	B 底板（边跨）
	腹板	−6.8	−11.6	−7.8	−11.3	B 腹板中跨上	C 腹板中跨下
不平衡	顶板	−10.8	−14.9	−9.9	−14.1	C 顶板（边跨）	E 顶板（跨中）
	底板	−6.6	−10.9	−7.4	−11.9	A 底板（边跨）	B 底板（边跨）
	腹板	−6.3	−12.3	−7.1	−12.0	A 腹板中心线下	E 腹板中跨上

图 10～图 12 为顶、底和腹板中部各测点在各工况下应力曲线图（横轴表示模型桥梁纵向距离）；从图中可看出，墩梁固结处顶、底板最不利工况为 2 倍活载和不平衡工况。顶板从成桥到最大悬臂、1 倍活载、2 倍活载压应力呈减小趋势，而底板压应力呈增大趋势，这是由于在墩梁固结处，随着恒载和活载的增加，反弯矩增大的原因。对于腹板中部，在墩梁固结处在各个工况下应力变化比较小，这是由于腹板中部接近截面形心，其压应力由纵向预应力决定。

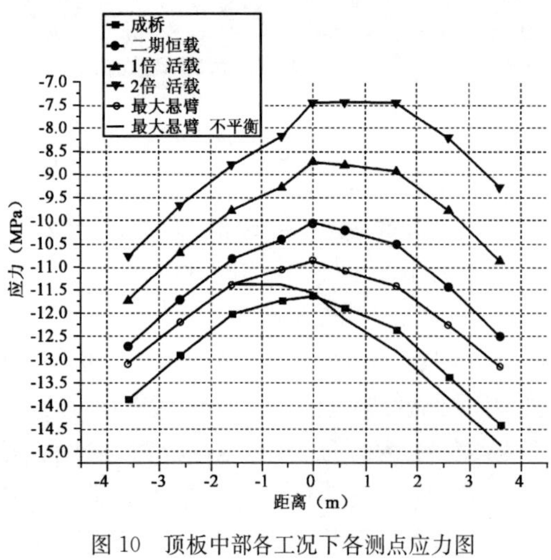

图 10 顶板中部各工况下各测点应力图

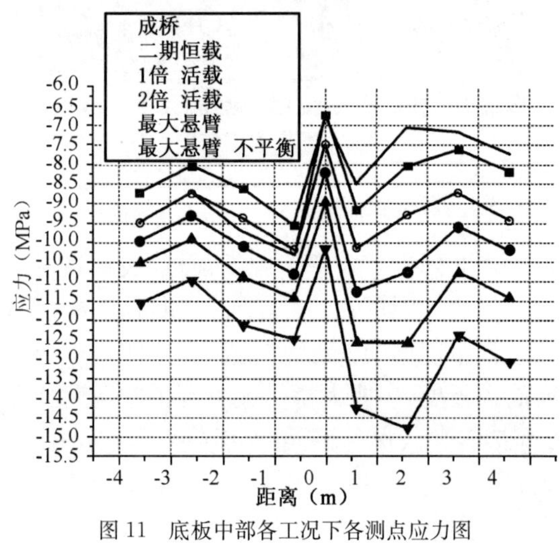

图 11 底板中部各工况下各测点应力图

图 13～图 14 为顶、底板在二期恒载工况下各测点应力曲线图(横轴表示模型桥梁纵向距离),图中显示,顶板左右两侧应力吻合较好,但均小于顶板中部压应力,表明顶板由于剪力滞效应的存在,对于底板,由于墩的作用,剪力滞效应并不明显。

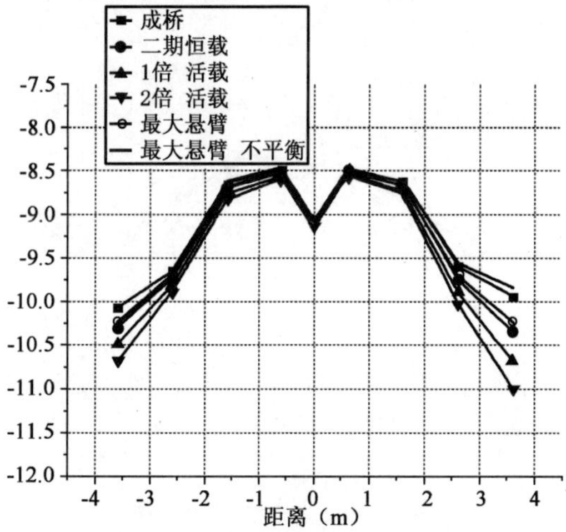

图 12　腹板中部各工况下各测点应力图

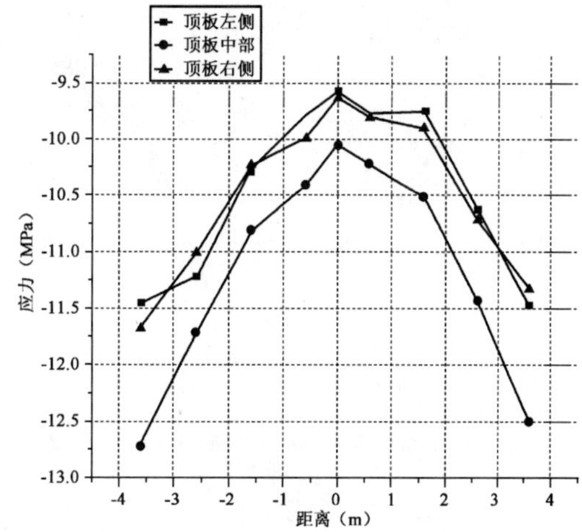

图 13　顶板二期恒载工况下各测点应力图

图 15～图 16 为顶、底板跨中 D 断面各测点在各工况下应力变化曲线图,图中显示由于恒载和活载作用下,由于墩梁固结处反弯矩的增大,顶板跨中 D 断面各测点从成桥—二期—1 倍活载—2 倍活载下,各测点压应力呈减小趋势,而底板压应力呈增大趋势。同时在顶板 D 断面处,212 测点和 216 测点为该断面顶板左右两侧压应力,吻合较好,但小于顶板中部 214 测点压应力,这是由于箱梁的剪力滞效应而引起的,同理在该断面底板处 3 个测点有着类似结论,但剪力滞效应相对于顶板要小些。

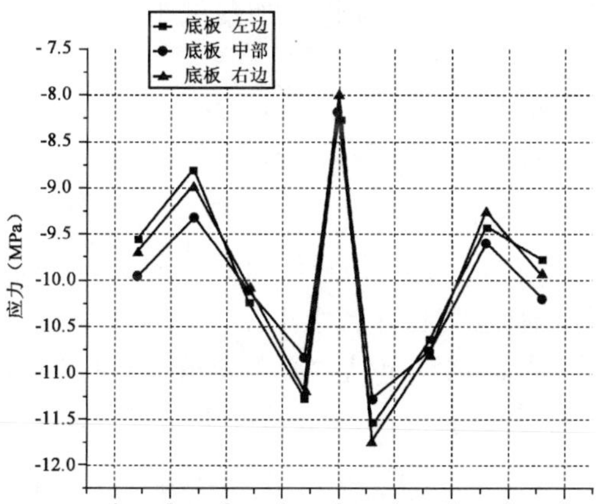

图 14　底板二期恒载工况下各测点应力图

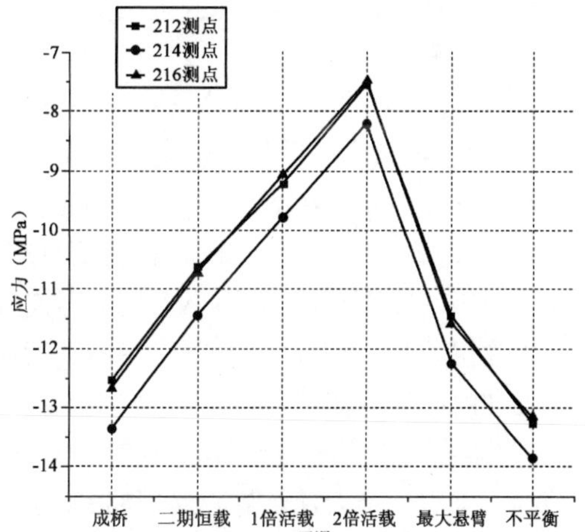

图 15　顶板跨中 D 断面各测点各工况下应力图

试验测试和理论数据表明,横隔板最大压应力为－2.42MPa,为竖向方向,为 2 倍活载工况下;横隔板最大拉应力为 1.58MPa,为横向方向,为最大不平衡荷载作用时,设计和施工时要注意。墩身在全过程中受压,最大压应力为－4.89MPa,为 2 倍活载作用时候。

图 17 为各工况下墩梁固结处悬臂段挠度变化曲线图。边跨端部挠度最大值为－7.6mm,在最大不平衡荷载工况下,最小挠度为－3.6mm,为在 1 倍活载作用下;而跨中

端部最大挠度为－8.3mm，在 2 倍活载作用下，最小挠度为 2.1mm，为在不平衡荷载作用下。

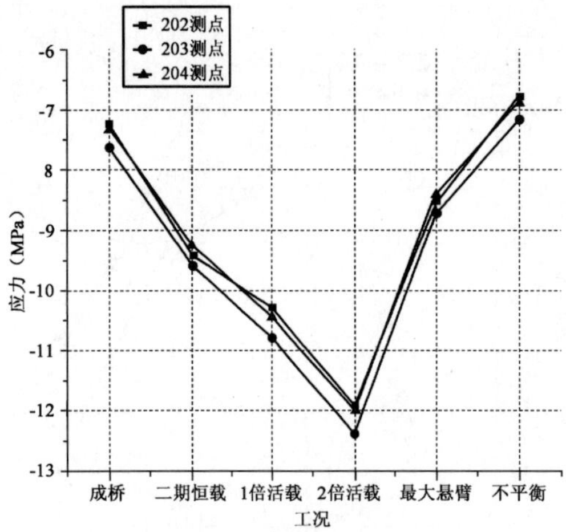

图 16　底板跨中 D 断面各测点各工况下应力图

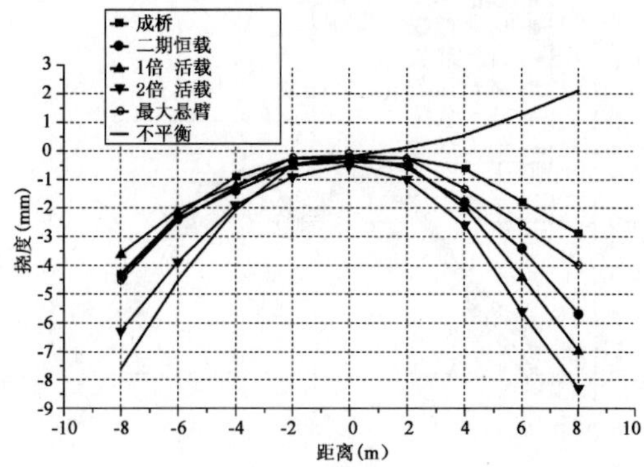

图 17　各工况下各测点挠度图

在整个模型试验工况下，梁墩固结处强度满足要求；试验中未发现裂缝，表明试验模型在各个工况下均处于弹性受力状态。由于模型设计和加载都按相似原理进行的，因此模型受力状况能反映实桥的情况。

4　结语

龙河特大桥为大跨超高空心薄壁柔性墩连续刚构桥，为深入探究大桥墩梁固结处力学行为特点，对墩梁固结处开展 1∶6 缩尺模型试验。通过对模型的尺寸、预应力、配重、普通钢筋、加载和测试方案设计制作模型，按照实桥施工和成桥 6 个主要工况进行加载试验，得出以下结论：

(1)在各个工况下，模型的试验结果与有限元分析结果吻合良好，也与实桥的有限元分析结果吻合，表明试验结果具有较高的可靠可信度。试验中未发现裂缝，表明试验模型在各个工况下均处于弹性受力状态。在各工况下梁墩固结处强度满足要求。

(2)梁墩固结处顶板、底板和腹板、墩身在恒载、预应力和活载共同作用下(工况一至六)，全部都受压，且所受压应力均小于结构容许应力。横隔板应力也在各个工况下竖向均受压，横向上以受拉为主，最大拉应力出现在不平衡荷载工况下，但都满足结构受力要求。同时，墩梁固结处在两倍活载作用下，结构应力小于容许应力，表明结构具有一定的安全储备。

(3)随着试验工况恒载和活载的增加(成桥—二期恒载—1 倍活载—2 倍活载)，由于墩梁固结处的反弯矩增大，墩梁固结处顶板压应力呈减小趋势，而底板压应力呈增大趋势。在各个工况下，由于箱梁剪力滞效应，使得顶板左右翼缘压应力略小于顶板中部压应力，对于底部可得类似结论，但其剪力滞效应没有顶板明显。

参 考 文 献

[1] 许惟国，何广汉．大跨度连续刚构桥墩梁结合部的试验研究[J]．桥梁建设，2003，5.

[2] 刘自明．桥梁结构模型试验研究[J]．桥梁建设，1999，4.

[3] 夏龙. 高墩大跨T型刚构桥墩梁固结处试验研究[D]. 长沙:中南大学,2007.
[4] 康厚军,赵跃宇,周海兵,等. 湘潭湘江四大桥模型试验的加载方法研究[J]. 湖南大学学报(自然科学版),2007,10.
[5] 陈星烨,马晓燕,宋建中. 大型结构试验模型相似理论分析与推导[J]. 长沙交通学院学报,2004,3.
[6] 张满平. 高墩大跨连续刚构桥梁模型设计研究[D]. 西安:长安大学,2005.
[7] 方显. 吉林兰旗松花江大桥结构模型试验及计算机仿真分析[J]. 武汉科技大学,2006,10.
[8] 王天亮,程宝辉. 沈阳市富民桥全桥模型试验研究方法介绍[J]. 桥梁建设,2004,5.

156. 两种爬拱式桥梁检查车走行系统

王春芳　游　冰　张　剑　刘　俊　刘　熊
（武桥重工集团股份有限公司）

摘　要：本文介绍了轮胎式爬拱式检查车及自铺轨式爬拱式检查车的走行系统主要参数、结构构造及工作原理，并分析了各自在桥梁检修维护中应用的优缺点，最后指出应根据待检修桥的实际情况选择检查车的走行方式。

关键词：轮胎式爬拱检查车　自铺轨式爬拱式检查车　桥梁检修维护　走行方式

1　概述

拱桥是我国公路铁路上使用较为广泛且历史悠久的一种桥梁结构形式，钢桁梁拱桥具有外形宏伟壮观、跨度能力大、经久耐用等优点。近些年来随着我国经济和交通建设的飞速发展，各种各样造型优美的拱形钢桥得到了广泛应用。

随着交通运输量大幅度增长，行车密度及车辆载重越来越大，一方面，各种桥梁病害相继出现，另一方面，交通运输的高负荷对桥梁的安全及耐久性提出了更高要求。古人云"不治已病治未病，不治已乱治未乱"，桥梁维护也需要这种"治未病"的思想。"治未病"包含两个方面：一是未病先防，一是已病防变。鉴于此，桥梁的管理和养护也被提到了一个新的高度，即建设、管理、养护三者并重的要求，业内提出了一个"全寿命"的理念，就是把桥梁当作人一样有生命，从设计、建造到使用、维护的全过程都要进行科学的管理。要实现以上想法，桥梁检查维修车是其必不可少的专用工具。

而钢拱桥钢拱结构连接节点（如螺栓、焊缝）会随着使用时间积累而造成损坏，形成隐患。为确保拱桥及道路长期安全可靠的使用，经常对钢拱进行检查维护，能及早发现隐患，并采取补救措施预防桥梁坍塌等灾害的发生。爬拱式桥梁检查车为桥梁检修人员提供了安全、方便且高效的作业平台。

2　轮胎式爬拱检查车走行系统

2.1　应用背景

南（宁）钦（州）铁路为新建国家Ⅰ级双线铁路，其三岸邕江双线特大桥是全线重点控制性工程。三岸邕江双线特大桥采用下承式连续钢桁拱桥结构，如图1所示。主桥全长为540m，孔跨布置为(132+276+132)m,桁宽15m,主跨拱肋下弦杆距系杆中心距为59m,主跨拱肋最大坡度为31°。

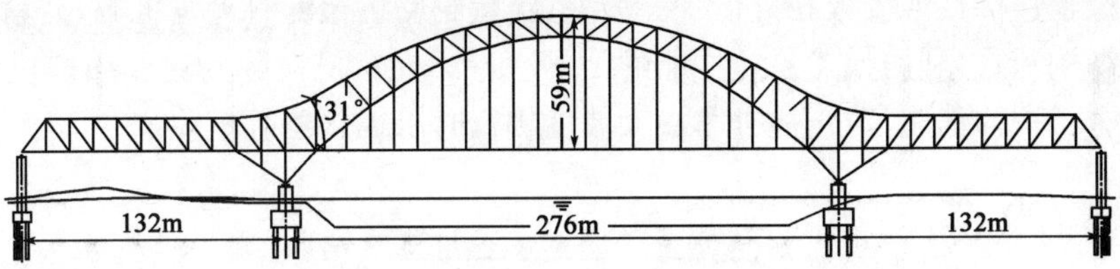

图1 三岸邕江双线特大桥示意图

传统爬拱检查车皆是以油缸步履走行,为间断走行,速度比较慢,且在油缸步履转换时,力量转换过快,造成整车振动比较大。为此,研制生产一种走行速度快,运行平稳,使用方便,可将人员及检测设备安全的送至相应部位对钢桥进行检查维修的工程设备是非常需要的。三岸邕江双线特大桥轮胎式爬拱检查车就是为适应这种需求而开发设计的工程车辆,该爬拱检查车采用橡胶轮胎在轨道上连续走行,速度快,运行平稳,安全可靠,见图2。

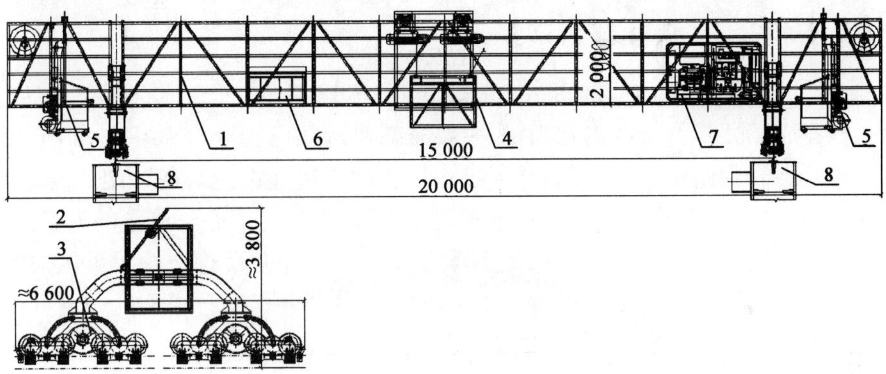

图2 三岸邕江双线特大桥检查车总图(尺寸单位:mm)

1-主车架;2-自动调平机构;3-走行系统;4-中部吊篮;5-边侧吊篮;6-电气操作柜;7-发电机组;8-大桥上弦主桁

2.2 走行系统技术参数

(1)整车质量:13.4t。

(2)整机最大载质量:1 000kg。

(3)爬拱走行方式:轮胎连续走行。

(4)爬拱速度:4m/min。

(5)爬拱最大坡度:32°。

(6)走行功率(锥形转子电机):4.5kW×4。

(7)最大设计风速:20m/s。

(8)轨道型号:H型钢300×200。

2.3 轮胎式走行系统

该走行系统主要由走行轮胎组、连接机构及驱动机构等部分组成,如图3所示。各部分之间均采用铰接方式连接,构成了一个稳定的多联杆机构。当走行系统在拱形轨道上走行时,其各个部件会自动围绕相应的铰接点转动以适应轨道形式,从而达到实心轮胎组与弧形轨道面之间的贴合,实现轮胎式走行系统在各种半径弧形轨道上的行走。

走行轮胎组由轮胎组件、夹紧机构、齿轮、导向机构等附件组成,如图4所示。轮胎组件中的轮胎为压配式实心轮胎。该轮胎采用高模量橡胶压配而成,具有接触面积大、承载能力高等特点。齿轮与轮胎组件的钢轮通过螺栓连接,轮胎组件通过轴与连接板相连,导向机构及夹紧机构分别用螺栓连接在连接板相应位置。另外,走行轮胎组上配有夹紧机构,夹紧机构采用反向夹紧轮的结构形式,利用弹簧受压伸缩的工作原理。夹紧机构除为轮胎组提供足够的正压力外还起安全保护的作用,防止检查车在大坡度爬行时出现倾覆等危险。

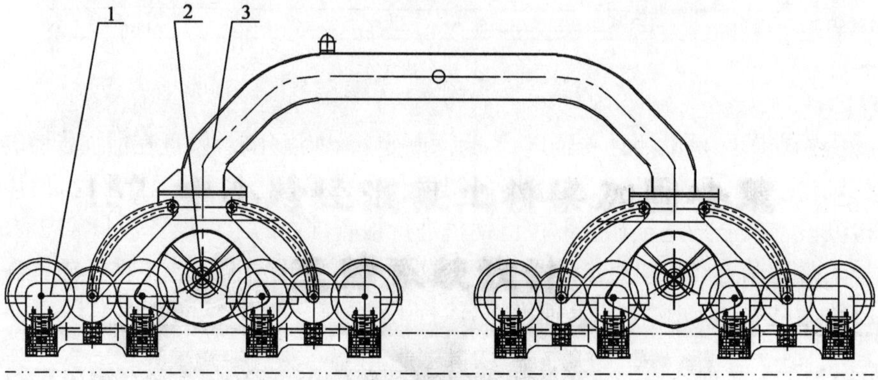

图3　走行系统示意图

1-连接架;2-连接支座;3-支承连接架

驱动机构是轮胎式走行系统的动力源,主要有减速机、电机、齿轮等组成,如图5所示。驱动机构将两组走行轮台组铰接在一起,并通过齿轮将动力传递两走行轮台组。若轮胎组与H型钢轨道间的摩擦力不足,轮胎组出现打滑等现象,可调节每组实心轮胎下的夹紧机构。调节夹紧机构时可通过向夹紧机构的弹簧施加正压力以达到提升夹紧轮与轮胎组压力的目的,随着正压力的增加轮胎组与轨道间的摩擦力也会不断增大。当摩擦力增大到一定程度后,便会消除轮胎组与轨道间的打滑现象,从而使走行系统在轨道上平稳运行。

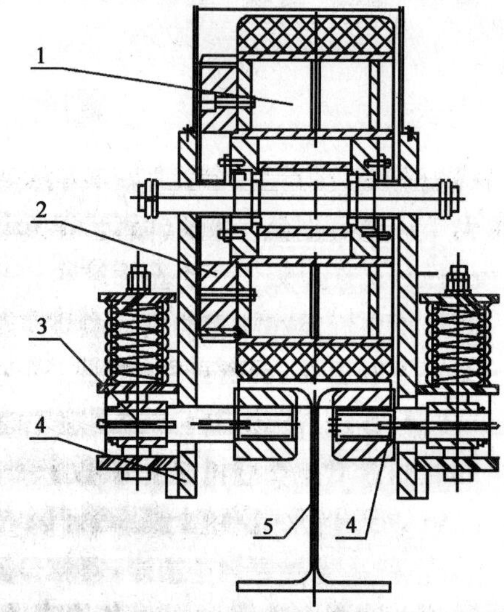

图4　走行式轮胎组示意图

1-轮胎组件;2-齿轮;3-夹紧机构;4-连接板;5-H型钢轨道

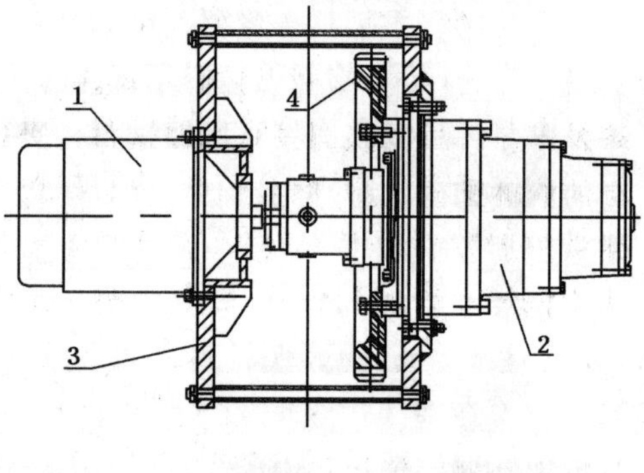

图5 驱动机构示意图

1-电机;2-减速机;3-连接板;4-齿轮

该轮胎式走行系统采用压缩弹簧夹紧增加轮胎摩擦力,实现在大坡度拱桥上连续、快速、安全、平稳行走,能够提高现场检查维修的工作效率。

3　自铺轨式爬拱检查车走行系统

3.1　应用背景

郑州黄河大桥是郑焦城际铁路暨京广铁路跨越黄河的共用桥梁，主桥为11联 2×100m 变高度连续钢桁梁，桁高在14～25m间连续变化，曲线方程为二次抛物线(图6)。郑州黄河大桥主桥为钢结构，在日益提倡结构全寿命理论的今天，保证大桥结构使用的安全与耐久性，后期养护维修是关键。

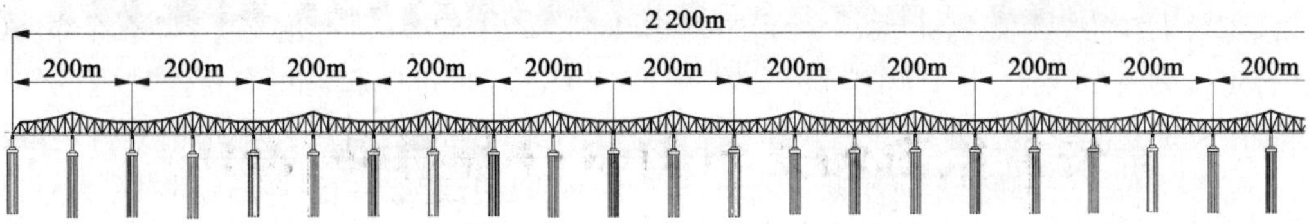

图6　主桥布置图

郑州黄河大桥自铺轨式上弦检查车特别为郑州黄河大桥而设计。其带有自铺轨装置，具备0～15°爬坡能力，且具备可靠的锁止功能，防止溜车下滑；具备翻越钢桁梁尖顶的能力；具备最大限度的人手触及全桥最大面积的可能性；可以在3h内，从任意出发位置到达任意指定位置。设备采用自动控制方式运行。配备照明设施以便夜间作业，并有可靠的防雷、防电、防爆、防火措施。检查车能在除尖顶外的任意位置短暂停车。检查车长期不用时可固定于钢梁上。上弦检查车配备风速测定仪，当风力超过设计等级时，检查车停止运行。上弦检查车具备铁路运营期间主车行进的能力，可以利用列车通过的间隙行进。检修作业过程中各作业面具有对检修车运行交叉互控的功能。

检查车的整体构成如图7所示，由伸缩立柱桁架、连接走廊桁架、工作吊篮、桥外工作平台等部分构成。图8为上弦检查车与桥梁的示意图。

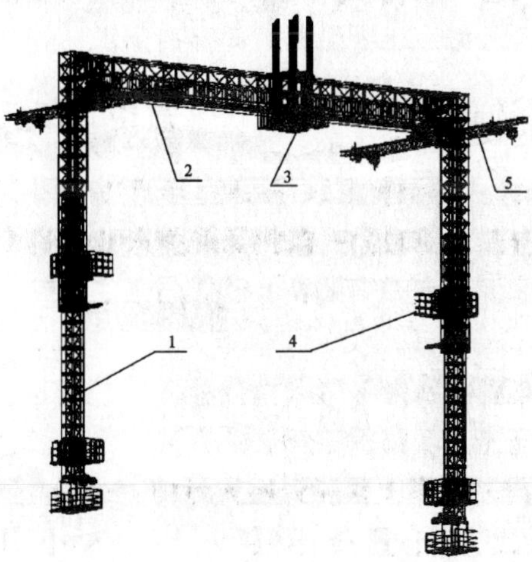

图7　上弦检查车整体构造示意图

1-伸缩立柱桁架；2-连接走廊桁架；3-工作吊篮；4-桥外工作平台；5-行走机构

图8　上弦检查车与桥梁的示意图

3.2　走行系统技术参数

(1)整车质量：≤55t。

(2)整机最大载质量：1 000kg。

(3)爬拱走行方式:步履式走行。

(4)爬拱速度:6m/min。

(5)爬拱最大坡度:16°。

(6)走行功率(伺服电机):6.5kW×4。

(7)最大设计风速:10.8m/s。

(8)轨道型号:自铺轨式。

3.3 自铺轨式走行系统

该走行系统主要包括行走靴、上行走组件、导向组件、主支撑、行走靴支撑、齿条等部件(图9)。行走靴为主承载体,为主车的行走支撑构件,在步进式行走中起着主车行走轨道的作用;上行走组件通过驱动装置驱动齿轮与固定在行走靴上的齿条啮合推动检查车桁架行走,或在检查车桁架定位时,推动行走靴实现自铺轨;导向组件保证行走梁在行进的过程中在大桥边桁上的左右位置,同时在行走靴通过附加件时,通过导轮上的机构将其放置在附加件上准确的位置;主支撑在主车行走到附加件上方需要推动行走靴前行时,其支撑在附加件上顶起整套系统,然后由上行走组件驱动行走靴移动,来完成检测车的铺轨工作,同时在通过桥拱顶的时候,其上的角度调整装置工作,保证行走靴的安全平稳翻转的同步性;当行走靴置于附加件上后,行走靴支撑紧扣附加件承载轴,使行走靴与大桥相对固定;齿条平铺于行走靴顶部,承载着行走组件的动力的传递。

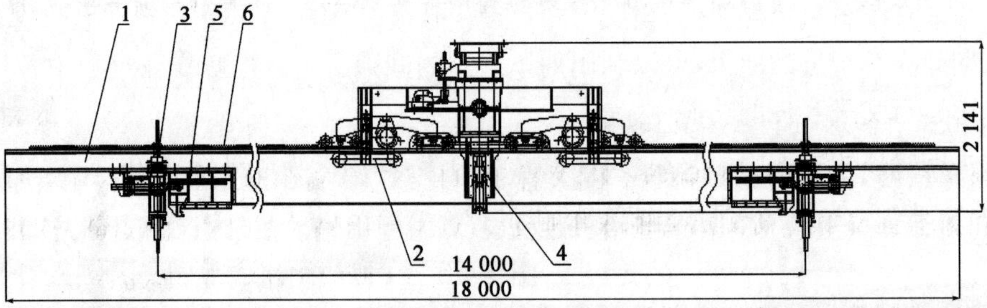

图9　行走机构的结构图

1-行走靴;2-上行走组件;3-导向组件;4-主支撑;5-行走靴支撑;6-齿条

其工作原理为:前后两个行走靴支撑紧扣于安装在桥体主梁上的附加件上,保持行走靴处于特定位置,同时主支撑收起;上行走组件内的齿轮在伺服电机驱动下与安装于行走靴上面的齿条作用,带动整个上行走组件、主支撑及与主支撑连接的上部走廊桁架向前运动;当上行走组件等从左边行走靴支撑运动到右边行走靴支撑时,主支撑支撑于靠近于右边行走靴支撑的附加件之上,左右两个行走靴支撑脱开附加件,上行走组件齿轮在电机驱动下作用于行走靴上的齿条,从而带动行走靴向前移动,如此循环完成自铺轨过程。

该自铺轨式走行系统依据郑州黄河大桥特点研制,设计新颖,节省了检查车轨道费用,同时解决了上弦检查车翻越钢桁梁尖顶的难题,大大减少了检查车的配备数量。

4　结语

采用轮胎式爬拱走行系统需在全桥上部主梁上铺设其走行的轨道,耗费较多的材料,但其结构简单,易于控制,且更为安全可靠。采用自铺轨式走行系统检查车可以节省大量轨道费用,但其重力大,对桥体局部作用力较大,须重新核算桥体结构力学性能;另外其走行动作复杂,且较多地采用伺服电机,控制精度要求较高,设备自身维护较为复杂。

因此，爬拱检查所采用的走行方式应根据具体情况确定，对于全桥较短，需铺设轨道所造成的费用不高的拱桥检修维护可以采用轮胎式走行；而对于全桥较长，需铺设轨道所造成的费用较高的拱桥检修维护可以采用自铺轨式走行。

参考文献

[1] 游冰，吴元良，刘俊，等. 轮胎式爬拱检查车[J]. 工程机械，2012，43(7).

[2] 陈列. 高速铁路下承式钢系杆拱桥结构行为研究[D]. 成都：西南交通大学，2012.

[3] 张质文，虞和谦，王金诺，等. 起重机设计手册[M]. 北京：中国铁道出版社，1998.

[4] 机械设计手册编委会. 机械设计手册[M]. 北京：机械工业出版社，2004.

157. 中小跨径混凝土桥梁加固决策支持系统设计

项贻强[1,2]　邢　骋[1]　张　翔[1]　邢　渊[3]　邵林海[3]

(1. 浙江大学土木工程系;2. 浙江大学唐仲英传感材料及应用研究中心;
3. 华汇工程设计集团有限公司)

摘　要:本文从系统需求的角度综合考虑,将中小跨径桥梁主要病害、加固方案、层次分析、模糊综合评价及优化决策模型相结合,以 Microsoft Access 2007、Visual Basic 6.0 及 Matrix VB 为工具,采用面向对象的程序设计方法,在 Windows 平台上研究开发了中小跨径桥梁加固决策系统,并形成良好的人机对话界面,综合考虑了多种评价指标,对实际加固工程加固方案的选取及其他类似加固决策系统的开发具有一定的指导意义。

关键词:中小跨径　桥梁　加固　决策　软件开发

1　引言

在实际加固工程中,加固方案的选择对加固改造工程的质量和经济性影响很大,是加固改造项目成功与否的关键。这里存在一个决策优化的过程。桥梁加固方案优选的目的是从众多初步可行方案中选出一个最佳方案,以达到技术可行、效果可靠、经济合理、施工简便和确保质量的基本目标。目前桥梁的加固决策研究大多仅从理论上针对某一指标(如只针对加固效果或造价或工期等)进行评价,并指导工程实际。而对于某一特定桥梁,评价其加固方案的优劣通常是由多因素综合作用的。因此,研究开发一个具有较好的人机对话截面、评价指标全面、面向小跨径混凝土梁桥管养工作者的加固决策支持系统,具有重大的理论与工程意义。本文针对中小跨径混凝土桥梁上述上部结构、下部结构及附属结构的病害原因,参照一般的加固对策和成功经验,根据不同桥梁实际情况及桥梁的有关规范,提出指标评价体系及加固决策方法,并初步在 Windows 平台上研究开发了中小跨径混凝土桥梁加固决策系统。

2　系统概述

桥梁加固决策支持系统设计旨在从用户的角度出发,通过对桥梁病害、加固方案的汇总,并通过用户输入的数据,针对所加固的桥梁,方便、灵活地选择适合的加固方案,使得病害桥梁的加固方法的选取智能化。软件方面主要有两项具体的工作:一项是建立桥梁病害、加固方案数据库与数据管理系统,另一项是建立加固方案的决策系统。通过上述工作,将解决桥梁加固方案选择的智能化、科学化问题。

该软件的定位为 Windows 操作系统下的单机软件,采用 Visual Basic6.0 进行软件开发,后台数据库为 Access。运行的操作系统环境为 Windows,对硬件环境无特别要求,通用台式机或笔记本电脑即可。软件的用户为桥梁管理人员,要求使用者具备一定的计算机基础知识和桥梁管理基本知识。

3 系统开发依据

3.1 数据库设计

混凝土桥梁的加固优化决策系统是一个涉及桥梁检测、病害评估、加固设计方法、经济的综合性问题。一般来说,应事先根据桥梁的检测信息,明确病害的具体位置、病害的特征,即需要对病害汇总至病害数据库,以及其对桥梁状态的影响。其次,针对不同的病害部位与病害描述,形成与之相对应的加固对策库。病害数据库与加固对策库之间存在一定逻辑,这种对应的逻辑关系,可以用加固的对策树的形式表现。决策者在进入系统后,首先输入桥梁病害的存在位置与简单的描述,通过对策树查询,可得到相应的解决方案。

在本系统数据库设计阶段,采用建立病害编号字段,使病害数据库与加固对策库建立逻辑联系,方便病害查询及与相应加固方案表之间数据传递。

3.2 界面设计

Visual Basic[2] 是一种由微软公司开发的包含协助开发环境的事件驱动编程语言,是 Windows 平台下主要的应用程序开发环境之一。其开发出来应用程序执行速度快,且可以提供很好的图形用户界面,并可以轻易地使用 DAO、RDO、ADO 连接数据库,或者轻松地创建 ActiveX 控件。因此,本系统选用 VB 进行开发。其中,开发关键点为将界面切换(Tab 控件)应用与决策模块整个流程中,使各计算变量在决策模块的流程中都不被释放,实现了数据的实时调用。

3.3 决策算法

3.3.1 决策方法的确定

通过比较各种评估方法的优、缺点,确定在决策评估模型中所采用的评价方法—模糊层次优选法,具体实现如下。

根据具体问题不同的复杂程度,每一影响加固效果的因素可按其性质程度分为若干等级,在定性目标的论域[0,1]上,可分别给出评定值。评价指标体系中各指标在方案的优选中所起的作用是不同的,各个因素的重要程度不一样。根据层次分析法,对某一层次各评价指标进行两两比较决定其重要性,对比较结果评分,得到两两判断矩阵,见下式:

$$\begin{array}{cccccc} & U_1 & U_2 & \cdots & U_n & \\ & u_{11} & u_{12} & \cdots & u_{1n} & U_1 \\ p = & u_{21} & u_{22} & \cdots & u_{2n} & U_2 \\ & \cdots & \cdots & \cdots & \cdots & \cdots \\ & u_{n1} & u_{n2} & & u_{nn} & U_n \end{array} \tag{1}$$

计算判断矩阵权重排序,求出最大特征根所对应的特征向量,所求特征向量即为各评价因素重要性排序,也就是权数分配,构成权重集(表 1)。

判断矩阵分值及其含义　　表 1

分值 u_{ij}	含　义
1	表示因素 u_i 与 u_j 具有同等重要性
3	表示因素 u_i 与 u_j 具有稍微重要性
5	表示因素 u_i 与 u_j 具有明显重要性
7	表示因素 u_i 与 u_j 具有强烈重要性
9	表示因素 u_i 与 u_j 具有极端重要性
2,4,6,8	表示相邻判断 1－3、3－5、5－7、7－9 的中值
倒数	表示因素 u_i 与 u_j 的比较得判断 u_{ij}，表示因素 u_j 与 u_i 的比较得判断 $1/u_{ij}$，

权重按下列步骤计算[3,4]：

(1)计算判断矩阵每一行元素的几何平均值$\overline{X}_i$。

(2)对向量$\overline{X}_i$ 进行归一化，计算 X_i，则 X_i 即为所求特征向量。

(3)计算判断矩阵的最大特征根 λ_{max}。

(4)判断矩阵进行一致性检验，检验公式为：

$$CR = \frac{CI}{RI} \tag{2}$$

式中：CR——判断矩阵的随机一致性比率；

CI——判断矩阵的一般一致性指标，$CI=1/(1-n)(\lambda_{max}-n)$RI 称为判断矩阵的平均随机一致性指标，对于 1-9 阶判断矩阵，RI 值列于表 2。

判断矩阵的 RI 值取值　　表 2

n	1	2	3	4	5	6	7	8	9
RI	0	0	0.58	0.90	1.12	1.24	1.32	1.41	1.45

当 CR＜0.1 时，认为判断矩阵具有满意的一致性，说明权数分配是合理的；否则，就需要调整判断矩阵，直到取得具有满意的一致性为止。

模糊层次优选步骤[4]：

(1)对影响加固效果的因素进行分类，第 1 层次因素集 $U=\{U_1,U_2,U_3\}$。

(2)抉择评语集 $V=\{v_1,v_2,\cdots,v_n\}$。

(3)设 U_i 的因素权重子集为 A_i，U_i 的 k_i 个因素的总的评价矩阵为 R_i，则 U_i 的单因素评判结果为：

$$B_i = A_i \cdot R_i = \{b_{i1}, b_{i2}, \cdots, b_{in}\} \tag{3}$$

(4)设 U 的权重集为 $A=\{A_1,A_2,A_3\}$，则 U 的总的评价矩阵：

$$B = \begin{Bmatrix} B_1 \\ B_2 \\ B_3 \end{Bmatrix} = \begin{Bmatrix} A_1 \cdot R_1 \\ A_2 \cdot R_2 \\ A_3 \cdot R_3 \end{Bmatrix} \tag{4}$$

根据最大隶属度原则，b_1,b_2,b_3 中最大值对应的方案即为最优方案。

3.3.2　决策程序实现

决策程序实现的核心工具为 Matrix VB。MatrixVB 是 Mathworks 公司开发的方便而功能强大的 COM(The Component Object Model)库。在 VB 中使用该数学工具包可避免重复性劳动，可以不依赖 Matlab 的环境而在 Visual Basic 完成许多 Matlab 中的矩阵运算，从而实现了脱离 Matlab 而又能有效调用 Matlab 函数和过程[6]。通过在 VB 中添加在 MMatrix.dll 接口即可实现其在程序中的调用。使用此工具前，首先应解决二维数组及 Matrix VB 矩阵变量之间的转换。

4 系统功能设计

软件的功能包括外部功能和内部功能。外部功能是软件和用户的一个交互环境,实现数据的输入和输出显示。内部功能为软件内部的数据加工处理,包括数据库访问存储、数据的分析运算等。

软件的功能设计如图 1 所示,共包括 8 个外部功能模块。

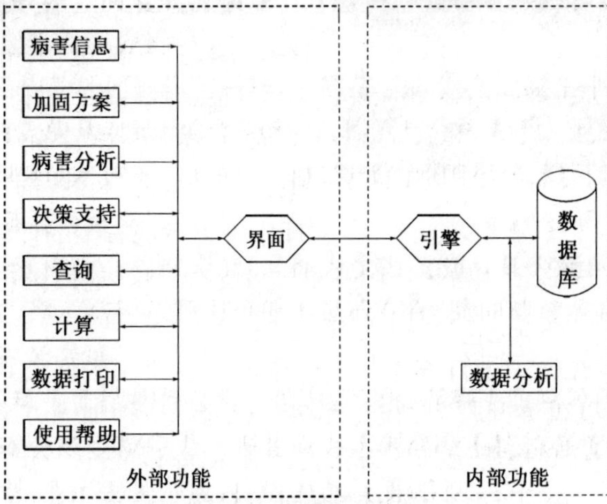

图 1 软件功能设计图

其中的引擎为数据库引擎,由操作系统定义的数据库访问接口方法。下面就每个功能模块进行详细说明。

系统的软件功能设计,围绕着上述 9 个功能模块展开,将功能模块在具体实现上做了进一步的细化,以便在开发工具中实现最终的功能,建立一个可操作的界面平台,供用户使用。

系统主要实现的功能及运行流程如图 2 所示,下面分别就此功能模块进行展开分析。

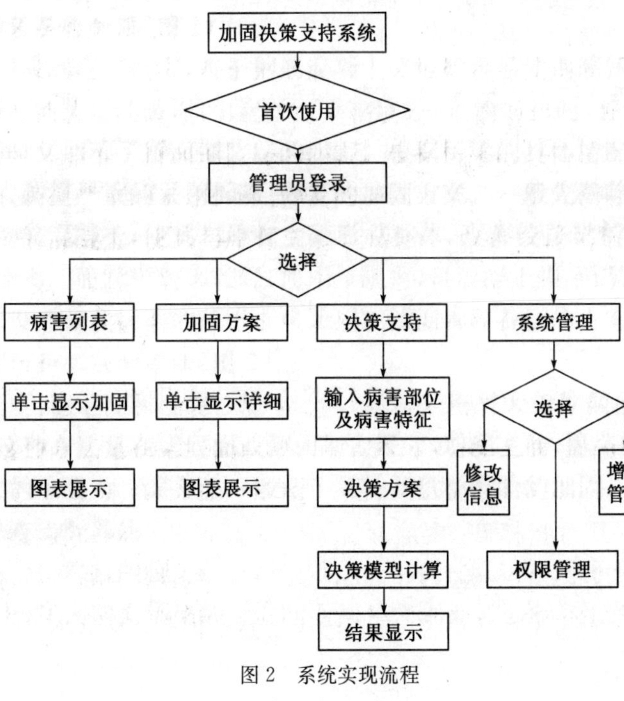

图 2 系统实现流程

下面介绍系统加固决策模块的实现过程(图 3)。

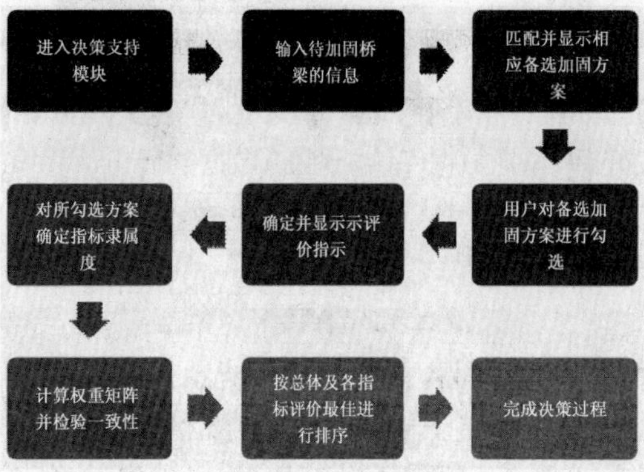

图 3　决策模块实现流程

4.1　信息输入

在信息框中输入"桥梁名称"、"桥梁类型"、"跨径"信息,其中跨径必须输入数字,否则将会出现类型错误。为了与数据库信息对应,病害部位、病害类型只能通过下拉框选择,当选择下拉框中某项,程序会将所选项与数据库中字段进行匹配,将病害编号显示至"病害编号"信息框中(此框不允许输入,只能通过病害部位、病害类型查询结果确定),得到此病害编号,点击右下角"查询加固方案"便可在数据库中进行备选方案的搜索,并将上述信息存储到数据库中。此时若单击"返回主菜单",则跳出决策支持模块,返回至主菜单。

4.2　备选方案初选

根据输入信息,在数据库中进行备选方案的搜索,将搜索结果列表显示,并提供复选框,供决策者进行初选。此处以盖梁开裂为例进行说明,查询得 5 种加固方案,初选前 4 种作为备择集。此时单击"下一步"会将所选加固方案存至数据库以备下一步所用。单击"上一步"返回"信息输入"修改桥梁病害信息。单击"返回主菜单",则跳出决策支持模块,返回至主菜单。

4.3　评价指标、指标隶属度评价、指标列数度矩阵

此三步骤为形成指标隶属度矩阵的关键步骤。首先,指标评价模块显示系统预设的评价指标体系,根据此评价指标体系对各加固方案进行指标隶属度的评价。然后,在"隶属度评价"中,需要决策者按下拉框对各项指标按七级因素等级评分,系统会将决策者评分值在"指标隶属度矩阵"模块运行时转化为 Matrix VB 能识别运算的矩阵变量,存入 $R_1 \sim R_4$ 矩阵变量中,为对各加固方案排序计算时所用,如图 4 所示。

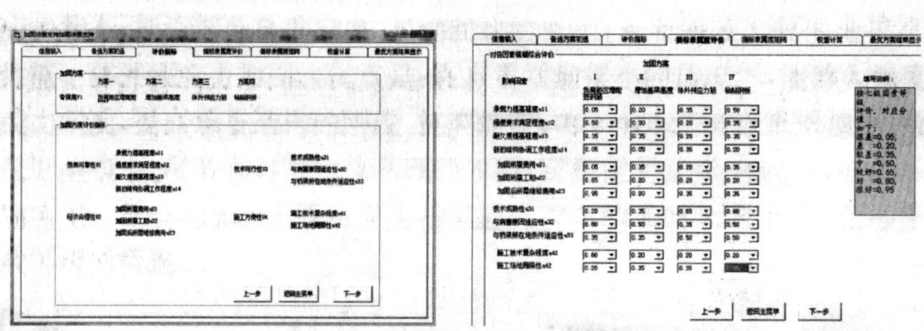

图 4　评价指标、指标隶属度评价、指标隶属度矩阵生成

4.4　权重计算

此模块分别确定第二层次评价指标及第一层次评价指标的权重,形成权重向量 $A_1 - A_4$ 及 A。首先,对于第一层次指标 U_1 内部 u_{11}、u_{12}、u_{13}、u_{14} 指标间重要程度进行评分(1～10 分),形成矩阵 P_1,单击"一致性检验"对 P_1 进行隶属度一致性指标检验。通过一致性检验,则程序算得权重向量 A_1,否则重新修改 P_1 直至满足一致性检验。类似计算得 $A_2 - A_4$、A,并分别存放至变量 $A_1 - A_4$、A 中。

以 A_1 为例，设 $P_1=\begin{bmatrix}1 & 3 & 4 & 5\\ 1/3 & 1 & 2 & 4\\ 1/4 & 1/2 & 1 & 2\\ 1/5 & 1/4 & 1/2 & 1\end{bmatrix}$，算得 $\lambda_{max}=4.072$，$CI=(\lambda_{max}-4)/(4-1)=0.024$

$RI=0.90$，$CR=0.027$，得 $A_1=[0.539,0.247,0.137,0.077]$

在程序中，由于 $P_{ij}=1/P_{ji}$，且 $P_{ii}=1$，只需输入上对角。所得结果与手算相同，验证了算法与编程的正确性。类似可计算得 A_2-A_4、A，单击下一步，程序将执行决策运算。

4.5 最优方案结果显示

根据最大隶属度原则，B_1、B_2、B_3、B_4 中最大值所对应的方案为综合最优方案，各指标（如 B_1）中 b_1、b_2、b_3、b_4 最大值对应的方案即为此指标最优方案。

5 结语

（1）本文选择模糊层次分析法确定各指标的权重，提出利用多级多目标模糊综合评判模型，可较全面客观地评价中小跨径混凝土桥梁加固改造项目的备选方案，为桥梁的加固改造决策提供科学依据。

（2）将中小跨径桥梁主要病害、加固方案、层次分析、模糊综合评价及优化决策模型相结合，以 Microsoft Access 2007、Visual Basic 6.0 及 Matrix VB 为工具，采用面向对象的程序设计方法，在 Windows 平台上研究开发了中小跨径桥梁加固决策系统。此系统有良好的人机对话界面，计算准确，并考虑了多种评价指标，对实际加固工程加固方案的选取具有一定的指导意义。

参考文献

[1] 邢骋. 中小跨径混凝土桥梁加固设计理论与决策方法初步研究[D]. 杭州：浙江大学，2013,6.

[2] 王红亮，马志刚. Visual Basic 6.0 程序设计[M]. 北京：国防工业出版社，2011.

[3] 高浩中. 模糊评判法在市政桥梁加固方案优选中的应用[D]. 上海：上海大学，2007.

[4] 王子军. 在役桥梁可靠性评估及加固方案优选研究[D]. 西安：长安大学，2004.

[5] 党新志. 基于模糊理论的桥梁加固改造方案决策研究[D]. 郑州：郑州大学，2009.

[6] 王素立，高洁，孙新德. MATLAB 混合编程与工程应用[M]. 北京：清华大学出版社，2008.

158. 公路桥梁加固技术分析

陈存夫
(上海泰固建筑工程有限公司)

摘　要:如此庞大数量的问题桥,不论从经济上还是从保障交通畅通上来讲,推倒重建都是不可行的。实践证明,采用适当的加固技术和拓宽措施,对恢复和提高旧桥的承载能力及通行能力,延长桥梁的使用寿命,以满足现代化交通运输的需要是可行的。

关键词:公路桥梁　加固　养护　安全

1　问题的提出

近30年来,国家对基础设施建设投资巨大,我国公路建设事业蓬勃发展,公路的通行能力和服务水平进一步得到改善和提高,公路面貌日新月异。但是,我国幅员辽阔,就整个公路网络而言,在国民经济整体中,公路交通基础设施的"瓶颈"制约因素,并没有得到根本的缓解,数以万计的旧桥,因设计荷载标准低,年久失修、失养,正在逐步成为危桥,成了不断提升技术等级的公路上卡脖子路段。数量如此庞大的问题桥,不论从经济上,还是从保障交通畅通上来讲,推倒重建都是不可行的。实践证明,采用适当的加固技术和拓宽措施,对恢复和提高旧桥的承载能力及通行能力,延长桥梁的使用寿命,以满足现代化交通运输的需要是可行的。这样一方面能节省大量投资,收到良好的(此词被过滤)经济效益,特别是对贫困省份来说,尤为重要。其次,通过维修和改造旧危桥,是消除交通安全隐患、提高公路通行能力和服务水平的有效途径。旧桥加固工作应当说是一项技术上可行、经济上合理的举措。

本人通过查阅大量的书籍、资料和结合实践经验,收集整理了桥梁常见的缺陷与病害,收集整理了桥梁常用的加固、改造方法和技术,并将有关的加固技术在桥梁加固的实际工作中得到了应用,收到显著的成效。

2　桥梁病害分析

2.1　引起桥梁病害的原因分析

桥梁结构的病害表现形式多种多样,引起病害的原因错综复杂。由于河床屡遭洪水冲刷,河床底部加深,桥梁墩台基础外露、冲空,产生不均匀沉降,导致桥台、拱圈产生附加应力而出现开裂,有的甚至出现开合现象;有的桥梁由于桥台较高,受行车及台后土压力的作用,桥台出现开裂、凸肚等病害；桥面混凝土铺装层由于使用时间长加之重车作用，导致开裂、剥落等病害。从引起病害的原因来分析，可以将其划分为以下两大类。

2.1.1　由环境作用引起的混凝土结构损伤与破坏由于混凝土的缺陷（如裂隙、孔道、气泡、孔穴等），环境中的水及侵蚀性介质就可能渗入混凝土内部，与混凝土中某些成分发生化学、物理反应，引起混凝土损伤，影响结构的受力性能和耐久性。

2.1.2　由荷载作用或设计、施工不当造成的混凝土结构损伤由于超载作用引起的裂缝，动力冲击作用引起疲劳破坏。构造措施和施工方法不当引起结构裂缝等。

2.2　引起结构裂缝原因的分析

实践表明，混凝土结构的任何损伤与破坏，一般都是首先在混凝土中出现裂缝。所以，对混凝土结构的损伤检测，首先应从对结构的裂缝调查、检测与分析人手。混凝土结构的裂缝是由材料内部的初始缺陷、微裂缝的扩展而引起的。引起裂缝的原因很多，但可归纳为以下两大类。

2.2.1　由外荷载引起的裂缝

由外荷载引起的裂缝称为结构性裂缝（又称为受力裂缝），其裂缝的分布及宽度与外荷载有关。这种裂缝的出现，预示结构承载力可能不足或存在（此词被过滤）严重问题。

2.2.2　由变形引起的裂缝

由变形引起的裂缝称为非结构性裂缝，如温度变化、混凝土收缩等因素引起的结构变形受到限制时，在结构内部就会产生拉应力。当此应力达到混凝土抗拉强度极限值时，即会引起混凝土裂缝，裂缝一旦出现，变形得到释放，拉应力也就消失了。

两类裂缝有明显的区别，危害效果也不相同，有时两类裂缝融在一起。裂缝原因的分析是裂缝危害性评定，裂缝修补和加固的依据，若对裂缝不经分析研究就盲目进行处理，不仅达不到预期的效果，还可能潜藏着突发性事故的危险。

3　桥梁加固改造技术与方法

3.1　旧桥上部结构加固、改造

3.1.1　桥面铺装层的加固（图 1）

桥面铺装层开裂或剥离等病害，对于钢筋混凝土梁板桥容易使钢筋锈蚀，减弱桥梁的横向整体性；同时由于桥面铺装层的破损，引起桥面平整度差，车辆通行时，使桥梁产生震动，对桥梁产生不利影响，同时又加重了桥面铺装层的病害。根据桥梁的具体情况，采用不同的加固方法，对于使用年限长、破损严重的采用拆除、修复的加固方案。一般先凿除旧桥铺装混凝土，在梁顶重新浇筑一层钢筋混凝土，使其与原有主梁形成整体，改善铰接梁板的荷载横向分布，从而提高桥梁的承载能力。而对于病害较轻，使用年限短，且混凝土强度仍符合设计要求的则先处治病害，在不降低设计荷载标准的前提下可采用加铺沥青碎石层的方案。

3.1.2　增大截面和配筋加固法（图 2）

当梁的强度、刚度、稳定性和抗裂性能不足时，通常采用增大构件截面、增加配筋、提高配筋率的加固方法。这种方法是在梁底面或侧面加大尺寸，增配主筋，提高梁的有效高度和抗弯强度，从而提高桥梁的承载力。该方法一般用于梁桥及拱桥拱肋的加固。

3.1.3　锚喷混凝土加固法

借助高速喷射机械，将新混凝土混合料连续地喷射到已锚固好钢筋网的受喷面上，凝结硬化而形成钢筋混凝土，从而增大桥梁的受力断面和补强钢筋，加强结构的整体性，使其能承受更大的外荷载作用。

图1　桥面铺装层的加固

图2　拱圈增大截面

3.1.4　粘贴抗拉补强材料(钢板、复合纤维)加固法(图3)

当交通量增加,主梁出现承载力不足时,采用黏结剂及锚栓,将钢板或高强复合纤维(碳纤维、芳纶纤维等)粘贴锚固在混凝土结构的受拉缘或薄弱部位,使其与结构形成整体,以钢板或高强复合纤维代替增设的补强钢筋,达到提高梁的承载能力的目的。

这种加固方法的特点是:不需要破坏被加固的原结构的尺寸,施工工艺简单,施工质量较容易控制,施工工期短。这种加固方法,设计时必须考虑桥梁带载加固分阶段受力特点。后加补强材料的强度发挥程度受原梁变形的限制,一般情况下是达不到其抗拉强度设计值。特别是采用直接粘贴高强复合纤维加固时,在极限状态下,复合纤维的高强抗拉性能根本无法充分发挥作用。若不考虑分阶段受力特点,过高地估计了后加补强材料的作用,设计是不安全的。

3.1.5　改变结构受力体系加固法

这种加固、改造方法是通过改变桥梁结构受力体系,达到提高桥梁承载能力的目的,如在简支梁下增设支架或桥墩,或把简支梁与简支梁纵向加以连接,由简支变连续梁,或在梁下增设钢桁架等加劲或叠合梁等,以减小梁内应力达到提高梁的承载力目的。改变结构体系的方法有多种,但往往都需要在桥下操作,或设置永久设施,因而减少桥下净空,或施工时会影响通航,所以必须考虑通航及桥梁排洪能力。

3.1.6　体外预应力加固法(图4)

对于钢筋混凝土或预应力混凝土梁或板桥,采用对受拉区施以体外预加力加固,可以改善原梁板的应力状态,抵消部分自重应力,起到卸载的作用,从而能较大幅度地提高梁的承载能力和抗裂性能。体外预应力加固法优点是:在自重增加很小的情况下,能够大幅度改善和调整原结构的受力状况,提高承重结构的刚度、抗裂性能;由于承重结构自重增加小,故对墩台及基础受力状况影响很小,可节省对墩台及基础的加固;对桥梁营运影响较小,可在不限制通行的条件下加固施工。预应力加固法既可作为桥梁通过重车的临时加固手段,又可作为永久性提高桥梁荷载等级的措施。

图3　桥梁底贴碳纤维布

图4　体外预应力加固

3.1.7 增设纵梁加固法(拓宽改建)

在墩台地基安全性能好,并具有足够承载能力的情况下,可采用增设承载力高和刚度大的新纵梁。新梁与旧梁相连接,共同受力。由于荷载在新增主梁后的桥梁结构中重新分布,使原有梁中所受荷载得以减少,由此使加固后的桥梁承载能力和刚度得到提高。当增设的纵梁位于主梁的一侧或两侧时,则兼有加宽的作用。为保证新旧混凝土能够共同工作,必须注意做好新旧梁之间的横向连接。横向的连接方法,如企口铰接、键槽连接、焊接及钢板铰接等,使新增主梁与旧梁牢固连接,可提高主梁之间的横向连接刚度,有利于荷载的横向分布。

3.1.8 拱圈增设套拱加固法(图 5)

当拱式桥梁的主拱圈为等截面或变截面的砖、石或混凝土等实体板拱时,且下部构造元病害,同时桥下净空与泄水面积容许部分缩小时,可在原主拱圈腹面下增设一层新拱圈,即紧贴原拱圈底面上,浇筑或锚喷混凝土新拱圈,外形上就像是在原拱圈下套做了一个新拱圈。

3.2 旧桥下部结构加固、改造

桥梁下部构造易产生的缺陷与病害有:墩、台身裂缝、剥落、空洞、老化,钢筋外露、锈蚀,结构变形、移位等;基础不均匀沉陷、滑移和倾斜,基底局部冲空,基础结构物的异常应力和开裂。

3.2.1 扩大基础加固法

桥梁基础扩大底面积的加固,称为扩大基础加固法。此法适用于基础承载力不足或埋深太浅,而墩台又是砖石或混凝土刚性实体式基础时的情况。扩大基础底面积应由地基强度验算确定。当地基强度满足要求而缺陷仅仅表现为不均匀沉降变形过大时,采用扩大基础底面积的加固,主要由地基变形计算来加以选定。

3.2.2 增补桩基加固法(图 6)

当桥梁墩台基底下有软卧层,或墩台基础未下至坚硬岩层时,墩台发生沉陷;当桥梁墩台采用桩基础,而桩的深度不足,或由于水流冲刷等原因使桩发生倾斜。这些病害都直接影响桥梁结构的正常使用和服务年限。对此,采用增补桩基加固法是一种常用而且有效的方法。这种加固方法是:在桩式基础的周围补加钻孔桩,或打人钢筋混凝土预制桩,扩大原承台,以此提供基础的承载力,增强基础的稳定性。

图 5 拱圈增设套拱加固

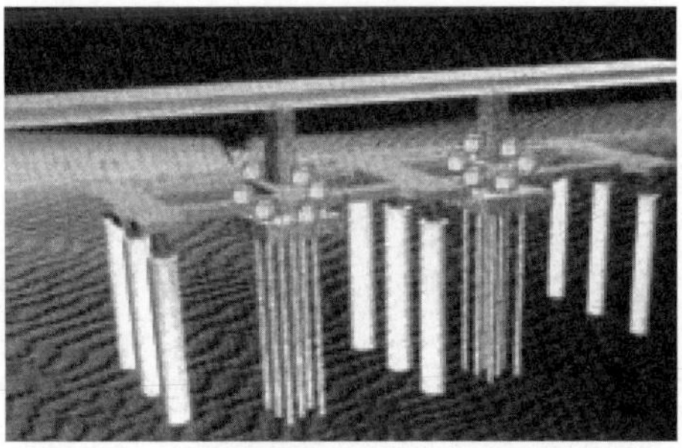

图 6 增补桩基加固

3.2.3 钢筋混凝土套箍或护套加固法

当桥梁墩台由于基础埋置深度不够,或因施工质量控制不严等原因,导致墩台开裂破损时,有时会出现贯通裂缝,可采用钢筋混凝土围带或钢箍进行加固。加固时一般在墩身上中下分设三道围带,其间距应大致相当于桥墩侧面的宽度。当墩台损坏严重,如有严重裂缝及大面积表面破损、风化和剥落时,则可采用围绕整个墩台设置钢筋混凝土护套的方法进行加固。

图7　墩台拓宽

3.2.4　桥台新建辅助挡土墙加固法

由于桥台台背水平土压力过大，引起桥台倾斜，应设法采取平衡桥台后壁的土压力处理，在台背之后加建一挡墙，以抵御过大的土压力。

3.2.5　墩台拓宽方法(图7)

利用旧桥基础，靠墩台盖梁挑出悬臂加宽部分，以便安装加宽的上部结构。此种情况为只加宽墩台的盖梁，墩台身和基础则不需予以加固。采用此法加宽墩台时，旧桥墩台基础必须完好、稳定，且需经过承载力验算后才能采用。否则，应在老桥的墩台旁，从新浇筑拓宽部分的墩台及基础。

4　结语

随着经济的发展，大吨位车辆的出现，公路桥涵设计荷载标准也大大提高。加强对公路桥梁的养护、维修与加固改造，提高桥梁的承载能力与行车性能，延长使用年限，是我国公路桥梁管理部门亟待解决的问题。搞好这项工作不仅需要加强桥梁加固维修技术的探究和推广，也需要科学的管理的维护。有计划、有步骤地及时对现有桥梁承载能力进行维修加固，提高其荷载等级，确保交通运输的畅通无阻，充分发挥经济效益和社会效益，目前是工程界及管理部门的一个重大课题。科学技术的发展，新材料、新工艺、新设备的出现，对现有桥梁进行维修与加固，可大大提高机构的承载能力，延长使用年限，同时也可以节约大量建设资金。

参 考 文 献

[1] 尹伊林.论桥梁的加固技术[M].天津:南开大学出版社,2004.
[2] 高树青.桥梁加固方法探析[M].山西:山西建筑杂志社,2008.

159. 拱桥吊杆加固体系的应用探讨

石 伟 华剑平 郑国坤 王瀚德 雷 欢
（柳州欧维姆机械股份有限公司）

摘 要：随着近来拱桥吊杆的维护越来越多，同时面临着的交通量的增多及交通载荷的增大，使原吊杆的受力不能满足原设计的要求，如采取更换吊杆的方式，将给桥梁本身会带来损害，还造成交通的拥堵。本文结合成都绕城高速府河桥的实际应用，介绍了该桥的加固体系以及在设计、施工时所存在的问题，并对存在的问题提出了建议，对今后类似的桥梁加固设计及施工提供参考。

关键词：拱桥 吊杆 加固 钢丝绳

随着我国的经济快速发展，吊杆已由原来镦头锚具发展成冷铸锚具，相比原来的镦头锚具具有更好的防腐保护。但同时出现这么一个问题，由于原来镦头锚具所配备的预埋管径相比冷铸锚具所配备的预埋管径要小一些，因此对于同一规格的冷铸锚吊杆无法替换同规格的铸头锚吊杆，加上汽车数量不断增多，货车的载质量不断加大，对于旧桥的换索及加固维修带来了困难。就以成都绕城高速府河桥为例，原设计时的汽车流量为每天最大为8万辆，到2012年其每天的汽车流量达12万辆，给桥梁带来了巨大的负担，对该桥进行加固维护势在必行。下面将针对该桥所采用的一些加固方式进行探讨，给便给后续类似桥梁的加固提供参考。

1 桥梁概述

成都绕城高速府河桥位于成都平原东南部中和镇，该桥横跨府河后与人民南路互通式立交桥相连。全桥自K37＋318.31起，止于K37＋461.69，主孔分为两幅，采用一孔跨越府河净跨径为130m中承式钢管混凝土拱桥。拱肋为钢管混凝土桁架结构，横断面为哑铃形，桥面结构采用吊杆吊T型横梁，纵置小T梁。全桥吊杆和立柱间距均为6.51m。桥面高程为484.569m，净空满足1/300的洪水标准。桥面纵坡为0.938％，横向设2％双向坡；桥面全宽为40.84m，府河部分桥长为143.380m。

上部结构拱肋为钢管混凝土组成的桁架结构：拱肋高3.0m，宽0.92m，每肋为上、下各一根920mm×12mm，内灌50号混凝土的钢管弦杆。弦杆通过竖向355.6mm×8mm腹杆连接而构成钢管混凝土桁架。两侧焊接8mm厚(拱脚段为12mm)钢板作为装饰钢板，两拱肋间桥面以上设置5道横撑，每道横撑均为空钢管桁架，拱肋采用吊装施工。吊杆原采用151－

(1)钢丝绳的选择

对于钢丝绳的选择可以按悬索桥设计规范中的吊索进行选择，但考虑到吊杆采用骑跨式，必须考虑拱肋半径与钢丝绳索径的比大于7.5倍，根据府河桥设计的钢丝绳直径为ϕ48mm，其拱肋半径为920mm/2=460mm，其拱肋半径与钢丝绳索径的比为9.58，因此满足设计的要求。

随着社会的发展，当前对索体的防腐要求也越来越高，因此出现一种耐防腐性较好的钢丝绳，即密封钢丝绳。密封钢丝绳在许多地方都广泛应用，如矿山、体育场馆等。虽然密封钢丝具有许多的优点，但我们设计时必须清楚认识到密封钢丝绳的缺点，其可挠性很差，不能在较小的半径上弯曲，需用较大直径的绳轮和卷筒，其直径与绳径之比一般应达到165：1，最小也不得小于115：1，因此限制了此类钢丝绳的使用范围。因此对于该桥不能完全采用密封钢丝绳做吊杆。

(2)吊杆长度的确定

由于是旧桥加固，为了不对交通造成过多的影响，吊杆的加工与横梁下方增设的钢节点、拱肋钢节点是同时加工制作的，也就是说在提供吊杆的长度时，其钢节点与拱肋钢节点可能未加工或未安装好。因此对于吊杆长度的测量是极其困难的。结合吊杆的构造形式，特别是3号、9号、15号吊杆需经过几个转向，所测量的长度的误差最大。通常对于拱桥的吊杆的长度测量，通常采用全站仪测量，但在这里不是很适用。主要是因为：其一由于交通的影响，其测量点的位置会随车辆的通过而产生变化，无法得了准确值；其二由于吊杆的骑跨式，是一种空间变化的结构，无法选取合适的点来进行测量；其三测量出来的点的位置，还需要经过理论的计算来转换甚至还需采用局部测量法，可能会造成较大的误差。

我们经讨论后决定还是采用直接测量法，如果横梁下方增设的钢节点、拱肋钢节点加工安装已完成，采用该测量法是最好的办法。但面对未安装的节点，如何保证测量的精度，以保证吊杆加工完成后满足张拉调节的要求。经过多次的尝试，在测量时应满足以下要求：其一在测量时横梁下方增设的钢节点必须安装，因为该节点的安装后可以产生一基准点，方便后期的测量。其二，在测量时要求预先在拱肋处画线打点，测量时要求测量绳与打点重合，待拱肋钢节点加工安装时必须按画线打点来安装。其三，对于测量面拱肋上相贯线长度应在测量时提供，已便于校核。其四，测量所用的钢丝绳应采用ϕ2的钢丝绳，在标识测点时要保证钢丝绳处于绷直的状态。其五，在测量时要注意避开脚手架或支架的影响。除了对测量时有以上要求外，还要通过计算来实现空间长度的转换，为保证数据的准确性，通常采用理论计算、三维制图测量法以及实际测量数量三者对比。由于吊杆的长度数据不允许有错，否则会造成整根吊杆重新制作，势必影响到整个的施工工期。最后还需要校核每根吊杆的长度，通过吊杆之间的数据比较分析，如发现有问题必须重新测量，以保证测量的准确性。数据比较分析的一个重要原则就是应满足吊杆可调范围的一半的测量误差方能允许通过的。

(3)吊杆下端的结构设计

针对吊杆长度的测量误差较大，要求吊杆满足较大的调节量。此外，由于钢丝绳的弹性模量较小，为便于吊杆的下端节点的安装，同样要求吊杆满足较大的调节量。按钢丝绳最终受力的情况，计算得出该桥吊杆的调节长度为±200mm，即可满足上述的要求。

该桥的吊杆下端是穿过桥面板的，为了使安装时便于张拉调节，要求拉杆长度要求穿出桥面板，其调节套的位置应位于桥面板500mm以上。

(4)拱肋上U形槽安装问题

在骑跨式吊杆的上端锚固方式采用U形槽的锚固，因此在拱肋上端及拱肋下端的两侧焊接U形槽，以固定钢丝绳的位置(图5)。由于钢管拱在每个吊杆的截面上尺寸不一样，造成加工的困难，加上理论与实际尺寸的误差，造成在实际安装时无法安装或存在间隙过大。其解决方法只能将U形槽分成几段，然后一段一段的拼接起来(图6)。虽然解决了安装问题，但也同时对内U形面的表成处理造成了困难，由于内U形面的不平滑可能对吊杆的受力产生影响。

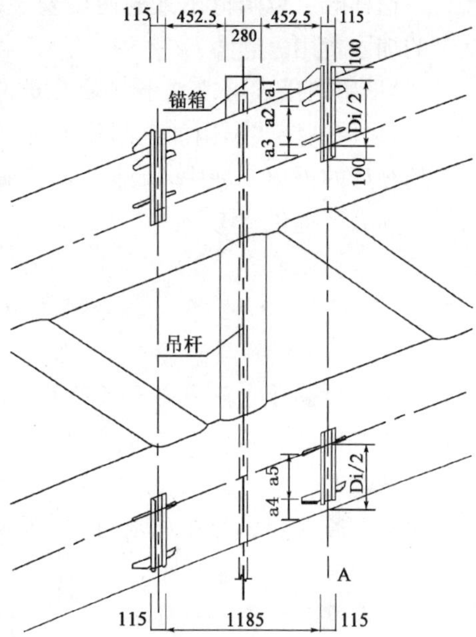

图5　骑跨式吊杆上端的U形槽设置

(5)张拉的选择及张拉力的测量

由于吊杆结构的特殊受力，在选择张拉的方式的时候，要求每个横梁上设置的4个吊点张拉力是均匀的，通过几次的张拉尝试后，采用井字形的张拉方式，即上端拴在井字形张拉架上并通过张拉葫芦提供张拉力，下端通过钢丝绳拴于横梁上。张拉方法的选择同时也造成了吊杆的受力带来了困难，为保证吊杆的受力符合设计值，最后采用在张拉杆上贴应变片来监控吊杆的受力。通过对吊杆的实际张拉测量，验证了该张拉方法解决了在张拉过程中各吊点的受力不均匀的问题，同时也提高了施工效率(图7)。

图6　拼接式U形槽

图7　井字形张拉法

(6)吊杆的防腐

该桥所采用的吊杆，其防腐重点就是骑跨式吊杆的U形槽内的防腐，主要原因是U形槽与钢丝绳的接触容易造成雨水的储蓄，使钢丝绳处于最易腐蚀的环境中；此外钢丝绳在U形槽处的处力最大，易产生应力腐蚀，最后钢丝绳与U形接触面不好做防腐。针对以上三点原因，须采用填充一中常温硫化的防水密封胶，使钢丝绳与雨水完全隔离，最后在密封胶表面刷涂面漆。吊杆其余外表面要求分别刷涂底漆、面漆进行防腐，其防腐要求符合标准要求。

5　结语

通过在成都绕城高速府河桥的加固应用，证实了该加固方案的可行性，为今后拱桥旧桥的加固提出了一种新的方案，以及如何解决在施工中所存中的困难，并针对在应用中所遇到的困难，提出如下的改进意见：

(1)在加固应用中，为能选择耐腐蚀较好的密封钢丝绳，可以在加固方案考虑采用两端销接式。这样既可以降低吊索的使用安全系数，同时又解决了U形槽内的防腐问题，从而降低整个的加固费用。

(2)采用销接式可以减小测量长度的误差，使测量更方便，避免了返工的可能性。

(3)采用销接式不用加工制作U形槽，避免对安装及使用所产生的影响。

随今后的桥梁发展中，可能出现越来越多的旧桥加固，希望能通过本文的介绍，为今后的旧桥加固方案提供参考。

参 考 文 献

[1] 成都绕城高速东段府河大桥维修处治设计说明.

[2] 中华人民共和国行业标准. JTJ 041—2000 公路桥涵施工技术规范[S]. 北京：人民交通出版社，2000.

[3] 中华人民共和国行业标准. JTG F50—2011 公路悬索桥设计规范[S]. 北京：人民交通出版社，2002.

[4] 中华人民共和国行业标准. JT/T 694—2007 悬索桥主缆系统防腐涂装技术条件[S]. 北京：人民交通出版社，2007.

160. 等跨无梁板桥病害成因分析及加固措施研究

潘　聪　廖碧海　祝云峰
（华中科技大学）

摘　要：近年来无梁板桥在公路和城市道路中得到较多应用，但在运营中也暴露出一些病害。本文依据东门大桥运营十余年后的现状调查结果及相关工程案例，得出等跨无梁板桥常见病害为跨中挠度后期挠度值成倍增加和墩顶横向裂缝扩展的结论。利用 Midas Civil 建模分析，结果显示导致桥梁产生下挠病害的主要影响因素为混凝土徐变作用，并从设计、施工、超载等方面分析了产生病害的成因。针对病害成因分析结果，初步提出了边墩外包加固、重设桥面铺装及体外预应力加固等经济适用的加固措施及施工工序。

关键词：等跨无梁板桥　病害成因　加固措施　徐变作用　施工工序

无梁板桥又称为菌形板桥[1]，它与建筑上的无梁板结构相似，即上部结构直接支承在墩柱之上，桩柱顶上没有设盖梁。无梁板桥于 20 世纪 80 年代在城市互通立交中开始运用，并以其独特的结构特点，已在我国多处地方互通式立交、公路立交、高速铁路及普通铁路线路中得到应用[2~4]。无梁板桥相对于其他桥型有以下特点[5~6]：

（1）无梁板桥由于墩梁固结减小了跨中弯矩并且未设横梁，大大减小了建筑高度，增大了桥下净空；

（2）无梁板桥采用现场浇筑的施工方式，可以建造成任何形状复杂的异形板，上部板身可以适应任何情况的弯、坡、斜桥，下部墩柱可以避开地上建筑的干扰；

（3）无梁板桥是板结构，外形简单轻盈，美观大方，并且由于墩板固结可以节省昂贵的支座费用。

无梁板桥以其诸多的优点蕴藏了极大的发展潜力，随着桥梁理论的进一步研究和施工实践技术的发展，无梁板桥必将具有广阔的市场前景。

然而，目前我国对于无梁板桥的研究多局限于对桥梁结构优化及抗震性能方向的研究[7~9]，鲜有对无梁板桥病害成因及加固措施方向的研究。由于我国无梁板桥多建于 20 世纪八九十年代，经过 20 多年的运营，该桥型的一些病害逐渐显露出来。为结构安全及桥梁寿命考虑，亟须对各类型无梁板桥的病害机理和加固措施进行研究，为后续该类桥型的设计提供技术支持。

等跨无梁板桥作为无梁板桥的一种常见类型，由于独特的美观造型及实际特殊地形要求，在工程中得到较多应用。本文通过总结等跨无梁板桥运营中出现的病害，进行病害成因分析，以提出有效的加固措施，同时为后期该类型桥梁的设计提供技术参考。

1 等跨无梁板桥主要病害

本文笔者以某县东门大桥为例，通过对已建的一座等跨无梁板桥进行现场调研，整理相关病害，得到等跨无梁板桥的几种主要病害形式。

该桥为一座三孔一联，全桥共三联的钢筋混凝土等跨无梁板桥，每孔跨径 19m，每联长度 57m，全桥长 172m，桥宽方向布置为 1.75m（人行道）+9m（车行道）+1.75m（人行道）=12.5m。该桥上部结构采用实心板变截面，跨中板厚为 45cm，墩顶厚度为 95cm；下部结构采用倒梯形桥墩，墩梁固结；基础采用钻孔灌注桩基础。

东门大桥于 2002 年建成，已在城市道路系统中运营十来年，前期桥梁运营状况良好，近年来出现了一些病害，经现场调查得该桥主要病害为：

(1)全桥每联边孔跨中附近下挠，且挠度存在继续发展的趋势。

(2)桥面铺装薄弱，靠近墩顶部位出现多处横向裂缝。

根据该桥的典型病害形式并结合相关文献[10~11]，得出在役等跨无梁板桥常见病害类型为裂缝问题和挠度问题。裂缝问题表现为随着桥梁服役期的延长，裂缝不断发展，承载能力出现退化，在墩顶附近主梁受力较大部位出现裂缝。挠度问题表现为等跨无梁板桥存在挠度时效效应，其后期挠度值远大于初始挠度，且挠度增长值远大于梁桥等桥型。这两种病害都严重影响桥梁的正常使用状况，甚至危害桥梁的结构安全，故有必要对上述病害进行成因分析，提出对应的加固措施以保障桥梁的运营安全。

2 病害成因分析

以东门大桥为例，使用 Midas civil 分析软件建立等跨无梁板桥结构分析模型。针对前述的裂缝问题和挠度问题进行成因分析。

2.1 东门大桥实测情况

东门大桥第二联病害情况较为严重，本文以该桥第二联为研究对象进行分析研究。东门大桥第二联立面图如图 1 所示。

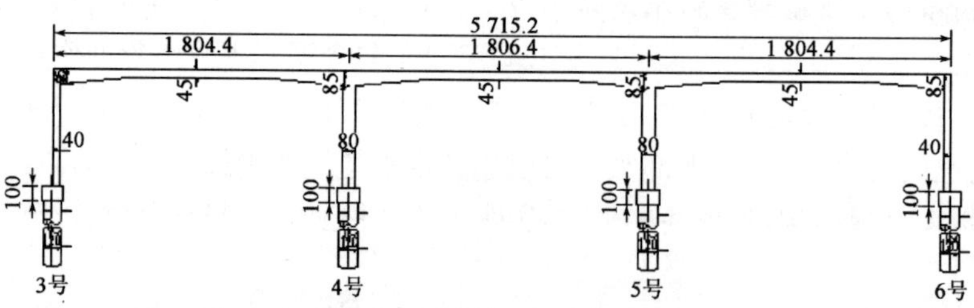

图1 东门大桥第二联立面图

通过在桥面布点测试高程，可得到该联精确的下挠数据。高程测试在该桥横向布置五个纵断面，纵向布置 25 个测点。将测得的高程数据处理后，绘制 1～5 号纵断面上的挠度离散图，如图 2 所示。

基金项目：湖北省自然科学基金项目(2011CDB291)

根据测量所得高程数据绘制的图 2 表明：东门大桥第二联两边孔跨中挠度较大，中孔跨中挠度较小；并且对于该桥横向，两侧的 1、5 号纵断面挠度大于中间的 2、3、4 号纵断面挠度。总结得该桥第二联两边孔跨中下挠较中孔跨中下挠严重，同一位置处两侧人行道下挠较中间车行道下挠严重。该桥 3、4、5、6 号桥墩墩顶附近均出现多条横向裂缝。

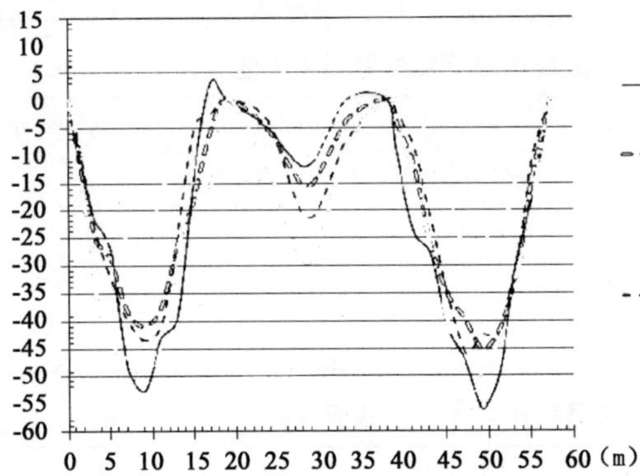

图 2　1～5 号纵断面挠度图

2.2　东门大桥模型分析情况

本文对东门大桥通过 Midas Civil 软件建立空间分析模型，所建模型及单元划分图如图 3 所示。

该桥于 2002 年建成，到目前已运营十余年，故分析模型中考虑成桥阶段和运营十年两个时间段全桥的受力状态。由于东门大桥是由支架现浇而成，故模型施工阶段考虑为一次成桥，成桥及运营阶段考虑的作用有：恒载、温度作用、混凝土的收缩徐变、汽车荷载、人群荷载等作用。为详细分析桥梁病害成因，本文将桥梁的恒载作用和活载作用分开分析，以期得出不同作用对桥梁结构的影响。

图 3　东门大桥第二联 midas 分析模型

2.2.1　恒载作用下全桥受力状态

对东门大桥进行静力分析，分析该桥在恒载作用(包含混凝土收缩徐变作用)下，不同阶段的受力状态。

表 1 中数据为恒载作用下成桥阶段各典型截面内力值。表 2 中数据为恒载作用下成桥阶段各典型截面位移值。表 3 中数据为恒载作用下运营十年后各典型截面内力值。表 4 中数据为恒载作用下运营十年后各典型截面位移值。

成桥阶段恒载作用下典型截面内力值　　表 1

截面位置	轴力 (kN)	剪力(kN)	弯矩(kN·m)
边墩顶	−243.05	−489.18	−1 268.20
边孔跨中	−243.05	154.32	1 068.05
中墩顶	−243.05	806.82	−5 842.20
中孔跨中	204.07	5.65	590.87

成桥阶段恒载作用下典型截面位移值

表 2

截面位置	DX(cm)	DZ(cm)	RY(rad)
边孔跨中	0.46	−2.20	0.001
中孔跨中	0.03	−0.52	−0.001

运营十年恒载作用下典型截面内力值

表 3

截面位置	轴力（kN）	剪力(kN)	弯矩(kN·m)
边墩顶	−198.91	−492.43	−1 054.75
边孔跨中	−198.91	151.07	1 338.56
中墩顶	−198.91	803.57	−5 535.05
中孔跨中	240.54	5.06	882.22

运营十年恒载作用下典型截面位移值

表 4

截面位置	DX（cm)	DZ(cm)	RY(rad)
边孔跨中	0.93	−7.12	−0.005
中孔跨中	0.07	−2.78	−0.001

对比表 1 与表 3、表 2 与表 4 中的数据，全桥内力值中，中墩墩顶的负弯矩值非常大，运营十年后全桥轴力值和剪力值变化均较小，跨中弯矩值变化较大。经过十年运营，全桥边跨跨中弯矩增大 25.3%，中跨跨中弯矩增大 49.3%；边墩顶剪力增大 0.7%，中墩顶剪力减小 0.4%。全桥位移值中，桥梁纵向水平位移 DX 和转角 RY 变化较小，竖向位移 DZ 发展变化很大。经过十年运营，全桥后期挠度增长很大，边跨跨中挠度值增大 224%，中跨跨中挠度值增大 435%。同时计算表 2 及表 4 中边跨跨中挠度值与中跨跨中挠度值的比值约为 3∶1，表明边跨跨中挠度远大于中跨跨中挠度，成为全桥运营安全性、适用性的控制因素。模型计算值与现场实测值接近，实测全桥挠度曲线如图 2 所示。

2.2.2　活载作用下全桥受力状态

东门大桥原设计荷载等级为汽车—20 级、挂车—100，考虑到目前设计规范已更新为新规范，该桥采用公路—Ⅱ级的车道荷载，人群荷载取 3.5kN/m^2 进行计算。温度作用考虑桥梁结构的整体升降温 20℃和温度梯度作用。计算活载作用下该桥挠度值见表 5。

运营十年活载作用下典型截面位移值

表 5

截面位置	DX(cm)	DZ(cm)	RY(rad)
边孔跨中	−0.72	−2.21	−0.001
中孔跨中	−0.19	−1.28	−0.001

对比活载作用与恒载作用下的挠度值，活载作用下的挠度占恒载作用下的挠度为 31%，对全桥影响较小，可知活载作用并不是导致主梁出现病害的主要影响作用，故在该桥病害成因分析时忽略活载作用的影响。

2.2.3　详细分析

为进一步分析得出病害成因，将恒载作用细分为自重作用、徐变作用、收缩作用。分别计算各个作用下运营十年后桥梁的受力状态。由于桥梁主要病害为跨中下挠及墩顶裂缝，模型主要查看中跨跨中和边跨跨中挠度及边墩顶及中墩顶的内力值。

由于主要考察各个作用下边跨和中跨跨中的下挠，取截面 DZ 值为参照值，各作用下运营十年后桥梁边跨及中跨跨中下挠值如表 6 所示。

运营十年各恒载作用下典型截面位移值　　表 6

截面位置	边跨跨中 DZ(cm)	中跨跨中 DZ(cm)
自重作用	−2.04	−0.50
收缩作用	−0.25	−0.59
徐变作用	−4.82	−1.69

各恒载作用下，运营十年后桥梁边墩墩顶和中墩墩顶内力值如表 7、表 8、表 9 所示。

运营十年自重作用下典型截面内力值　　表 7

截面位置	轴力 (kN)	剪力(kN)	弯矩(kN·m)
边墩顶	−249.76	−490.91	−1 292.45
中墩顶	−249.76	805.09	−5 816.54

运营十年收缩作用下典型截面内力值　　表 8

截面位置	轴力 (kN)	剪力(kN)	弯矩(kN·m)
边墩顶	180.66	46.45	651.74
中墩顶	180.66	46.45	−685.96

运营十年徐变作用下典型截面内力值　　表 9

截面位置	轴力 (kN)	剪力(kN)	弯矩(kN·m)
边墩顶	−129.80	−47.97	−414.03
中墩顶	−129.80	−47.97	967.45

从以上各表中数据可得，对于边跨跨中挠度，自重作用所占影响为 28.7%，收缩作用所占影响为 3.5%，徐变作用所占影响为 67.8%；对于中跨跨中挠度，自重作用所占影响为18.0%，收缩作用所占影响为 21.2%，徐变作用影响为 60.8%；对于边墩墩顶受力，自重作用和徐变作用均导致墩顶受负弯矩，收缩作用导致墩顶受正弯矩；对于中墩墩顶受力，自重作用和收缩作用导致墩顶受负弯矩，徐变作用导致墩顶受正弯矩。可从表 8 和表 9 得，徐变作用对边墩墩顶受力不利，对中墩墩顶受力有利；收缩作用对边墩墩顶受力有利，对中墩墩顶受力不利。但收缩徐变作用相对于自重作用对墩顶受力影响较小。

根据以上分析，对于边跨及中跨跨中挠度发展，混凝土徐变作用的影响最大，自重作用次之，收缩作用影响很小。对于边墩墩顶及中墩墩顶受力，自重作用影响最大，徐变作用对边墩墩顶受力不利，对中墩墩顶受力有利，收缩作用对边墩墩顶受力有利，对中墩墩顶受力不利。

2.3 病害成因分析

通过分析东门大桥设计初期的设计理念及结合现场调查和相应其他无梁板桥病害实例，可得对于等跨无梁板桥东门大桥，其运营十年出现病害的原因主要分为设计原因、施工原因及超载原因。

(1)设计原因：就当时的设计理论，设计时对混凝土的收缩徐变作用考虑不足，而恰恰它就是引起边跨及中跨跨中下挠病害的主要原因。结构构件方面，为满足设计水位要求，主梁高度选取较小，跨中厚度仅为 45cm，为文献[1]中建议最小值，虽承载能力足够，但主梁刚度较小，在徐变作用影响下导致运营期间变形过大。

(2)施工原因:无梁板桥施工多采用支架现浇的施工方法。由于无梁板桥为多次超静定结构,对支架下沉反应非常敏感。并且本桥采用整体现浇施工,混凝土方量大,钢筋密集,难以控制施工质量,进一步降低了薄弱截面的承载能力,对结构受力不利。

(3)超载原因:该桥位于交通要道,车辆超载较严重。超载对于桥梁承载能力及挠度发展产生了重大影响。

3 加固措施研究

目前国内关于无梁板桥病害加固的文献较少,本文通过分析验算及病害成因分析,得出该桥极限承载能力可以满足要求,本文加固重点在于改善桥梁长期下挠所产生的次生病害,主要通过调整结构刚度分配改善全桥内力分布,并通过提高主梁刚度改善徐变效应对桥梁的不利影响。因此,提出了边墩外包加固、重设桥面铺装、体外预应力束加固的综合加固方案。

3.1 边墩外包加固

无梁板桥墩柱与梁板间的连接一般为固结或者设置支座连接。等跨无梁板桥常用墩梁固结,全桥承载能力安全储备最低的截面一般为边跨跨中截面,适当增加边墩刚度,能有效改善边跨跨中弯矩及中墩墩顶弯矩分配。

鉴于以上特性,可对等跨无梁板桥边墩采取外包加固措施,增大受力截面,增强边墩承载能力并提高边墩的抗弯刚度。以下通过简单的结构力学模型为例说明边墩外包加固的优点(图 4、图 5)。

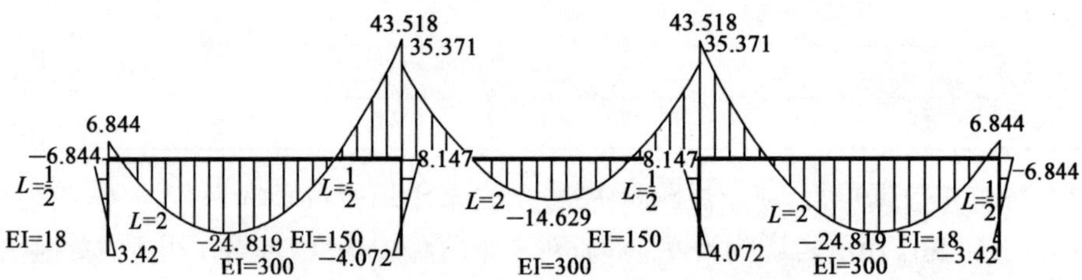

图 4 三孔刚构弯矩图

图 5 中墩柱与梁的相对刚度参照东门大桥的墩柱与无梁板选取。通过对比可知,边墩外包 20cm 后,增大了边墩的刚度,调整了原有的内力分配,使边墩承受更多的负弯矩,同时削减了边跨跨中的正弯矩及中墩的负弯矩,改善了全桥的受力状态,有利于控制全桥挠度及裂缝发展。

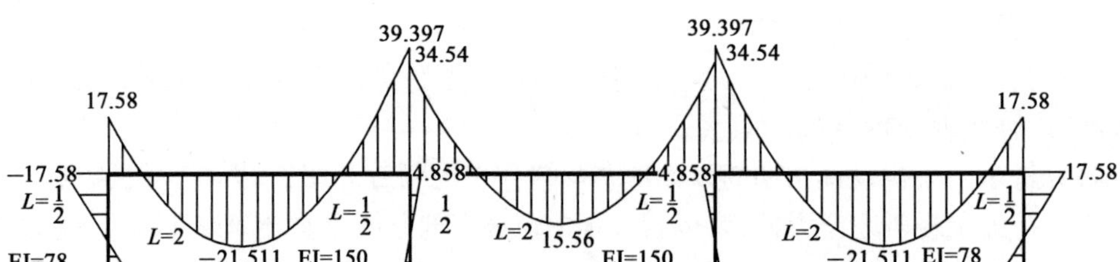

图 5 边墩外包后三孔刚构弯矩图

3.2 重设桥面铺装

为改善主梁刚度较小的问题,可采取增大截面的方法增大主梁刚度,改善徐变作用对主梁下挠的影响。

由于该桥原有桥面铺装层薄弱，仅有 8cm 厚，桥面铺装钢筋施工时布置在铺装层的下缘而未起到应有作用，并且主梁受拉钢筋配置足够，可以采用拆除原有桥面铺装重新铺设 12～15cm 厚铺装，并且通过植筋技术增强新设桥面铺装与主梁间的联系，考虑一部分桥面铺装层参与受力。

计算表明，采用此法加固，间接增大了主梁截面，增大了主梁刚度，提高了结构的整体受力性能，减小了主梁由于徐变作用引起的下挠挠度。

3.3 体外预应力束加固

为处理东门大桥边跨跨中挠度过大的问题，本文提出采取体外预应力束加固[12]的主动加固方式以削减边跨跨中挠度值，改善边跨跨中及中墩墩顶的不利受力。

因目前国内暂无采用体外预应力对无梁板桥加固的相关文献。本文结合该桥的加固重点，提出“等弯矩法”计算加固所需预应力束数及布置方式。“等弯矩法”可理解为所加预应力束产生的弯矩效应用于抵消运营期间收缩徐变在边跨跨中产生的正弯矩及交通量增大导致活载的增加在边跨跨中截面所产生的正弯矩之和。该方法加固目的在于通过施加体外预应力以抵消后期运营期间由于徐变及超载等原因对桥梁的不利影响，改善现状桥梁的受力状态，使之趋于成桥时的受力状态。

3.4 加固施工次序

桥梁加固施工需要循序渐进，分步施工，施工同时需要考虑新旧混凝土的结合问题。对于东门大桥存在的病害及本文提出的加固措施，结合已有工程加固实例，本文提出东门大桥加固施工工序如图 6 所示。

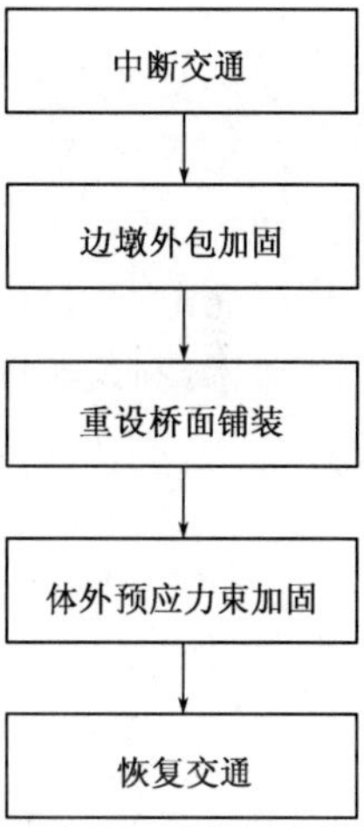

图 6 东门大桥加固施工工序图

采用图 6 所示的施工工序可以使桥梁受力状态分步改变，逐渐趋于较好的受力状态。并且每步加固措施完成后可以承担后续措施的一部分受力，使新旧材料共同受力，逐步提高桥梁承载能力及刚度。

4 结语

本文通过现场调查及对比相关工程实例，并建模分析得以下结论：

(1)等跨无梁板桥常见病害为跨中后期挠度成倍增加的挠度时效问题和墩顶横向裂缝扩展问题。

(2)等跨无梁板桥挠度时效问题主要原因为混凝土徐变作用，建议以后同类桥型的设计中应适当增加边墩及主梁刚度，适当减小单孔跨径；施工时应严格按图精心施工。

(3)对于在役等跨无梁板桥，以改善混凝土徐变作用对桥梁的不利影响为加固目标，可采用边墩外包加固、重设桥面铺装及体外预应力加固的加固措施。

参考文献

[1] 王伯惠，张亚军. 无梁板桥 [M]. 北京：人民交通出版社，1999.

[2] 张玉鹅，白宝鸿. 铁路无梁板桥的设计与施工 [J]. 石家庄铁道学院学报，2006，19(3)：52-55.

[3] 周涌波. 无梁板桥在高等级公路立交工程中的推广应用 [J]. 辽宁交通科技，1994，32(2)：

42-44.
[4] 于德林,刘兆元. 无梁板桥在高速公路中的设计应用 [J]. 东北公路,1998, 21(2):57—59.
[5] 杨忠平,王元汉. 无梁板桥的结构分析方法及尺寸优化 [J]. 城市道桥与防洪,2005(5):60-63.
[6] 谢雄. 在役等跨无梁板桥下挠病害成因分析及加固研究 [D]. 武汉:华中科技大学,2012.
[7] 康仲录,招嘉恒,邵建斌,等. 无梁板设计计算中的一些问题 [C] // 第十四届全国混凝土及预应力混凝土学术会议,湖南:2007, 479-485.
[8] 吴尚德. 能量法计算无梁板桥结构的理论解及数值分析 [J]. 西安建筑科技大学学报(自然科学版),2013,45(3):371-378.
[9] 徐海军,常江. 长悬臂无梁板桥梁结构分析与设计优化 [J]. 桥梁建设,2010(6): 53-57.
[10] 袁光英. 恒载对无梁板桥裂缝形成的影响研究 [J]. 广东建材,2010(3):27-29.
[11] 袁光英,李刚. 某无梁板桥基于活载产生裂缝仿真与试验研究 [J]. 南阳理工学院学报,2010,2(4):66-69.
[12] 邬晓光,李彦伟,赵彦东. 在役预应力混凝土桥梁检测与量化评估及加固关键技术 [M]. 北京:人民交通出版社,2011.

161. 梁桥加固中遇到的若干问题及解决方案

王　骞　张　哲
（大连理工大学建设工程学部土木工程学院）

摘　要：本文介绍了三种梁式桥加固的典型案例，鉴于各自的特点，有针对性地给出了三种解决方案，包括发生顺桥向位移及转动的斜梁桥复位加固方案，施工质量导致严重病害的预应力箱梁桥拯救加固方案及城市箱梁桥不增设桥墩的拓宽加固方案。实践证明，相关解决方案切实有效，实施加固后的桥梁安全可靠，运营良好。

关键词：梁式桥　拓宽　改造　加固

1　引言

随着经济的发展，交通量日益加大，人们对道路服务水平的要求不断提高。但现有桥梁中有相当一部分桥梁由于施工、设计、超载、自然灾害等诸多因素，导致承载力不足、变形严重或通行能力不足，已经不能满足使用上的要求，成为阻碍交通发展的“瓶颈”[1]。然而，拆除这些桥梁进行重建造成的浪费和环境污染相当严重，而且中断交通带来的社会影响及间接经济损失也是无法估量的。所以，采取有效的加固改造措施，恢复和提高这些桥的承载能力、通行水平，是最合理可行的办法。这不仅可以节约大量资金，收到良好的社会经济效益，又可以消除交通安全隐患，提高公路的通行能力和服务水平。这也是交通工程中的一项重要课题[2]。

桥梁加固改造不同于修建新桥，每座桥的健康状况不同，经历各异，其解决方案也应因地制宜、对症下药。在桥梁加固过程中，难免遇到各样的“疑难杂症”，只有多积累经验，认真诊断、悉心对待，才能提出合理有效的解决方案。本文介绍了三种梁式桥加固改造的典型案例，分析了各自的病害特点及原因并给出了相应的解决方案，以期为类似的工程问题提供合理可靠的经验借鉴。

2　斜梁桥复位加固案例

2.1　工程简介

项目位于本溪市，桥梁为三跨桥面连续、结构简支的多梁式斜梁桥。桥梁全长为105m，跨径布置为45m＋30m＋30m。其中45m跨径部分为钢箱混凝土结合梁，30m跨径部分为预应力混凝土T梁。桥面宽度为26m，桥梁沿前进方向纵坡为2.5%，横向设1.5%的横坡。桥型布置图如图1～图3所示。

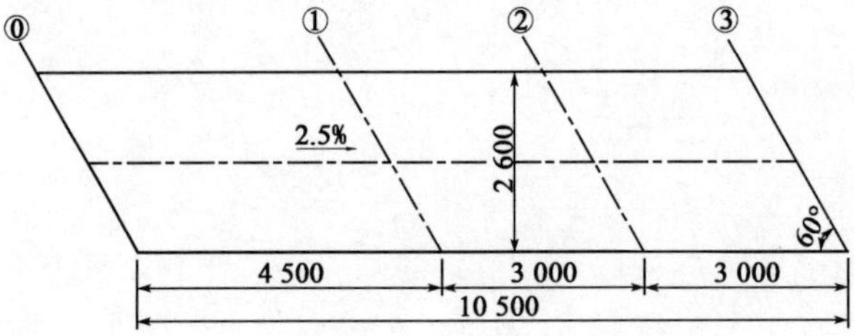

图 1　本溪斜梁桥平面图(尺寸单位:cm)

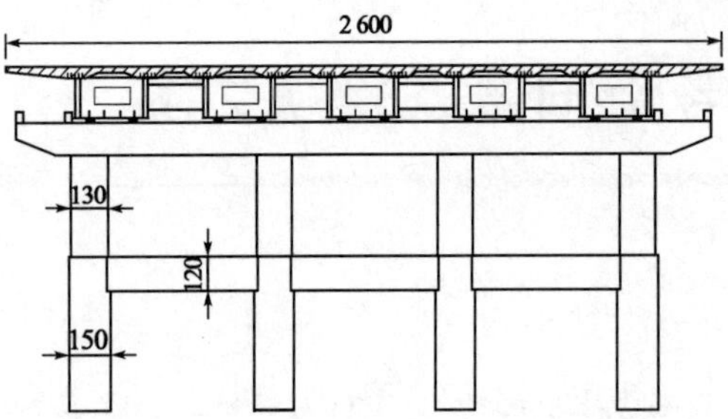

图 2　钢—混凝土组合梁处横断面(尺寸单位:cm)

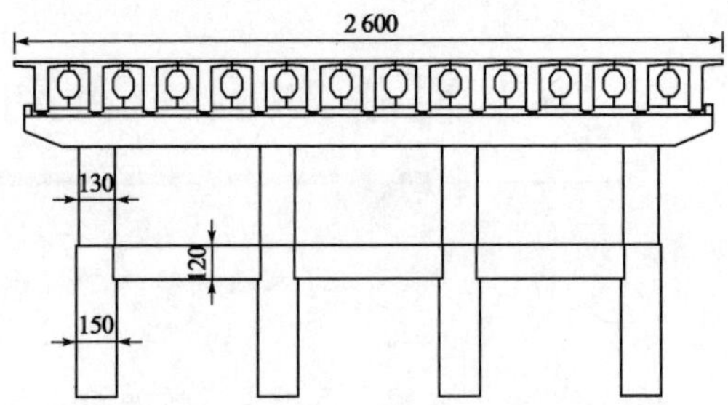

图 3　预应力 T 梁处横断面(尺寸单位:cm)

大桥修建于 2000 年,2008 年出现了严重病害。通过对桥梁整体现状考察,桥梁主要存在的问题有桥梁沿道路前进方向(纵坡方向移动);桥梁向左侧横向发生较大位移(沿前进方向定义左侧);原桥挡块损坏;支座变形很大;部分附属设施(铺装、栏杆等)损坏;桥头搭板处桥面存在裂缝、凸起。病害情况如图 4～图 6 所示。

图 4　侧面挡块损坏

图 5　支座变形严重

图 6　下坡端伸缩缝挤死桥面凸起、裂缝

国家自然科学基金:采用钢悬臂拓宽混凝土箱梁的新型组合结构破坏机理及优化设计研究,51308090。

辽宁省教育厅科学技术研究基金:混凝土箱梁拓宽工程中新型钢－混凝土组合结构破坏机理研究,L2013021。

2.2 病因分析及加固方案

2.2.1 病因分析

根据现场的实际情况，结合斜坡梁桥的特点[3]，分析本桥造成目前的状况原因如下：由于原桥桥梁顺桥向有2.5%的坡度，而梁底原本应为楔形的垫板由于施工原因精度不足，使得原有支座在自重下即承受一定下滑力；而由于旧有支座的抗剪刚度不足，致使在制动力荷载、构造因素等共同影响下，很容易导致桥梁向下坡方向移动。在下移过程中，由于横桥各点位移的不均匀，致使桥梁发生了平面内旋转，从而导致主梁横桥向的位移。而温度、收缩徐变、施工误差或其他外力也是使桥梁产生偏移的因素。

主梁发生的顺桥向移动、平面转动造成了上述观测到的病害。横桥向的变形导致墩台处挡块的破坏；支座抗剪刚度不足，变形严重，大部分已不能继续使用；主梁沿下坡方向的运动，使得上坡端的伸缩缝张口较大，而下坡段的伸缩缝被挤死，且出现了桥面拱起、皲裂的现象，从而防撞护栏、栏杆等附属设施也随之出现严重的变形或断裂。

2.2.2 加固方案

在上述分析的基础上，结合加固方案对主梁进行受力分析，对支座、桥台及挡块等附属设计进行受力计算。确保加固后结构满足受力要求，不再发生移动和转动。

对大桥采取加固措施如下。

(1)破损挡块拆除及加固

拆除破损挡块，在原有墩台上植筋，浇筑横向挡块、张拉横向挡块体外预应力筋，要求横向挡块采用支架施工，要在养护期满，预应力筋张拉结束再撤除支架。挡块间横向加设体外预应力筋，主要为了主梁横向顶推复位提供支撑，同时可以限制今后主梁的变形。横向挡块加固后如图 7 所示。

(2)主梁顶推复位

首先凿除原桥连续的桥面，用顶推装置将桥梁分跨沿竖向顶起，而后沿横向依次顶推至合适位置，顶推所需横向力 0 号台限制为 200t，1 号和 2 号墩限制为 240t。顶推位移包括横向平移及转动，每跨的数值根据实际情况详细测量、详细分析后给定。

由于桥梁跨越铁路线，桥下不能长时间大面积的搭设支架，给施工造成了困难。我单位与大连北方预应力拉伸机厂联合研制了小型顶推千斤顶。即只需要支撑在帽梁上即可将梁顶起，水平顶推复位则支撑在步骤 1 中加大的新挡块上。

(3)更换原有橡胶支座及缝隙填塞

顶推复位后，加大原有垫石，撤除旧有橡胶支座，更换为新支座。通过受力分析选取合适新支座，原 T 梁下支座采用直径 325mm，厚度 66mm 的 GYZ 板式橡胶支座，原钢梁下支座采用直径 600mm，厚度 90mm 的 GYZ 板式橡胶支座，处理梁底垫块，调整其楔形坡度。

挡块边缘与复位后主梁边缘留有 5cm 的缝隙，由尺寸为 350mm×550mm×50mm 的板式橡胶支座填塞。主梁复位后，按 3-2-1 顺序将梁体安放在定位好的支座上。第三跨放好后，T 梁末端与 3 号桥台间缝隙则采用浸油硬木进行填塞；钢梁与 T 梁、T 梁与 T 梁之间的梁端接触缝隙均采用合适厚度的板式橡胶支座进行填塞(每个接触面都要进行填塞)。经过填塞后，纵桥向的荷载均将传给强大的 3 号桥台，经受力分析显示，3 号桥台是足够安全的，能够承受顺桥向的水平推力。支座更换完毕，主梁就位后结构如图 8 所示。

图 7 桥台处横向挡块加固后

图 8 垫石加大、更换支座、主梁复位后

(4)桥头搭板及附属设施修复

将旧有桥头搭板及枕梁拆除重做,旧有搭板下 2～3m 范围内的填土换成透水性好的土层,并将其碾压密实,特别是枕梁下的填土碾压密实十分重要。将旧有道路路线与桥梁纵坡衔接连续,衔接段适当加长。

3 预应力箱梁桥施工质量病害加固案例

3.1 工程简介

项目位于营口市,上部结构为 3 跨等截面预应力混凝土连续箱梁,跨径布置为 30m＋38m＋30m。病害梁段位于平面曲线上,立面及平面如图 9 所示。箱梁采用单箱单室直腹板截面形式,梁高为 1.8m,原桥采用 C50 混凝土。箱梁顶板厚 22cm,底板厚 20cm,腹板厚 40cm,支撑处据是新段 4m 范围内,腹板厚度由 40cm 渐变至 70cm,顶板由 22cm 渐变至 35cm。大桥建于 2007 年,同年加固完成。

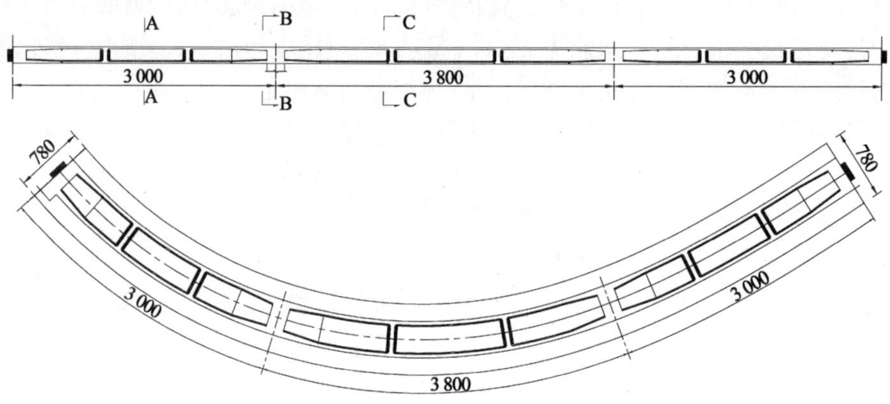

图 9 营口箱梁桥立面及平面图(尺寸单位:cm)

3.2 病因分析及加固方案

由于施工存在较多质量问题,桥梁病害严重,主要表现为:由于混凝土在浇注过程中振捣不够,导致桥梁顶板、腹板多出出现严重的蜂窝孔洞;预应力管道定位与设计不符,波纹管破损严重,预应力管道线型与原设计偏差较大;横隔板浇注模板有严重的漏浆现象,导致底板堆积大量残余混凝土,使桥梁自重增加;腹板局部位置在浇注过程中有明显胀模现象,导致实际腹板厚度与原设计不符,自重也有增加;底板顶层钢筋保护层厚度不够,出现底板顶层钢筋外露;顶板钢筋定位有误,顶板上下两层钢筋网出现层叠现象,而顶板顶层钢筋保护层厚度竟达 10cm 之多。

根据该桥实际存在的问题，经过理论计算，对该桥采取加固措施主要有：

(1)预应力筋的处理

对原箱梁外侧的6根波纹管进行修复，确保不出现漏浆现象，内侧6根波纹管进行拆除清理。由于箱梁内侧6束预应力钢绞线被废除，因此，加固设计中采用6束21ϕs15.24的体外预应力钢绞线对箱梁整体进行加固，体外预应力束布置见图10。

(2)腹板、底板及顶板混凝土处理

为了提高箱梁的承载能力，将箱梁腹板及底板表面质量差的混凝土清除，进行植筋、重新绑扎钢筋，箱梁底板内侧加厚10cm，腹板内侧加厚15cm，靠近制作出腹板加厚10cm，见图10。桥面板问题较为严重，将原有桥面问题混凝土凿除，纠正顶面钢筋位置，植筋后重新浇注桥面。

(3)横隔板及横梁处加固

对原设计的50cm横隔板通过植筋后浇混凝土进行加厚补强；对于端横梁处通过粘贴钢板对其进行加固，见图11。

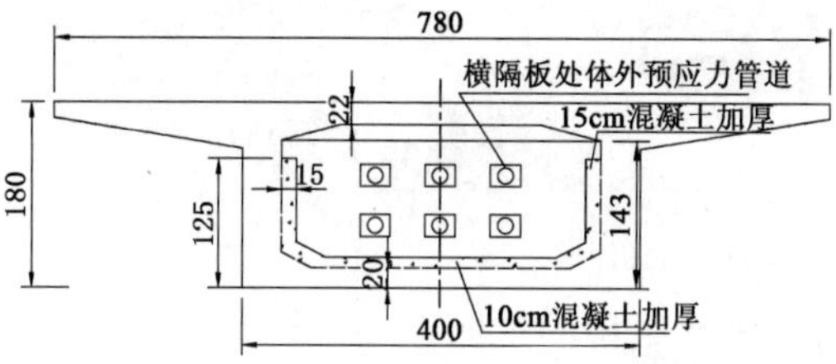

图10　营口箱梁桥加固后断面(尺寸单位：cm)

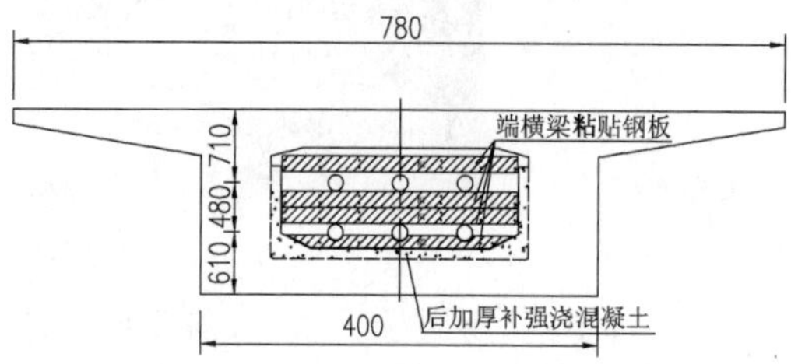

图11　端横梁钢板加固断面(尺寸单位：cm)

营口市连续箱梁桥是笔者遇到的问题最多、最严重的桥梁，为了恢复桥梁使用功能，果断废除不能使用的预应力筋，通过张拉体外预应力筋保证结构满足受力要求。对所有问题混凝土进行凿除，截面凿毛，植筋后重新浇注混凝土，桥梁07年加固完成，至今运营良好，未发现新旧混凝土结合不良等问题，证明只要施工质量保证，通过凿毛、植筋方式后浇混凝土与原混凝土可以保证结合可靠。桥梁加固往往需要多种加固方式相结合，共同服务加固方案。

4　城市箱梁桥不增设桥墩拓宽改造案例

大连市东北路立交桥，主梁采用普通钢筋混凝土连续箱梁。该桥1998年建成通车，是大连市进出市区的主要通道。随着机动车保有量的增大，大桥交通压力越来越大，桥上压车现象严重，成为东北路交通的瓶颈。为彻底解决其交通问题，2010年采用采用混凝土箱梁正交异性钢悬臂板拓宽方法对其实施了拓宽改造。该法由笔者所在单位提出并经过近3年的理论分析和足尺模型研究，最终成功应用于东北路立交桥的拓宽改造[4]。

混凝土箱梁正交异性钢悬臂板拓宽方法(SCWCBM)在不增设桥墩的前提下，通过在混凝土箱梁两侧设置钢悬臂结构以达到拓宽原有桥梁的目的，无需外加桥墩，而且能达到理想的拓宽目的。拓宽后结构断面如图12所示。

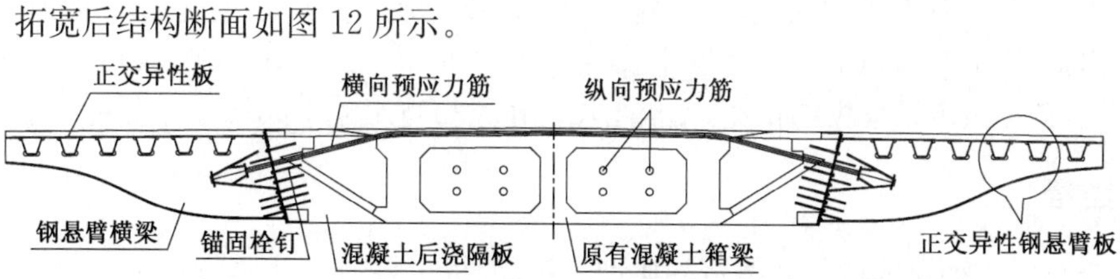

图12　采用SCWCBM拓宽后的箱梁断面

该方法的基本原理是[5]：在混凝土箱梁两侧设置钢悬臂横梁，钢悬臂横梁通过混凝土后浇隔板与原有混凝土箱梁连接，并通过横向预应力筋连成整体(图 12)。新增设的钢悬臂横梁在顺桥向每隔一定长度成对地设置在原有箱梁两侧，钢悬臂横梁上铺设正交异性钢桥面板作为拓宽的行车桥面。在原有混凝土箱梁内设置纵向体外预应力筋以增强原有混凝土梁的承载能力。其工程构造形式如图 13 所示。

图 13　东北路立交桥拓宽现场及拓宽加固后

桥梁加宽后，桥墩受力增加，需要加固，同时为了满足结构的抗倾覆要求桥墩顶部需要增设支座，加固后的桥墩应有足够的宽度以安放新增设的支座，因此选用增大截面法加固桥墩，既能满足桥墩受力要求，又增大了墩顶尺寸。墩身植筋，在原有承台上通过植筋方式增设受力钢筋，墩顶横向张拉预应力筋以满足受力要求。桥墩加固形式如图 14 所示。

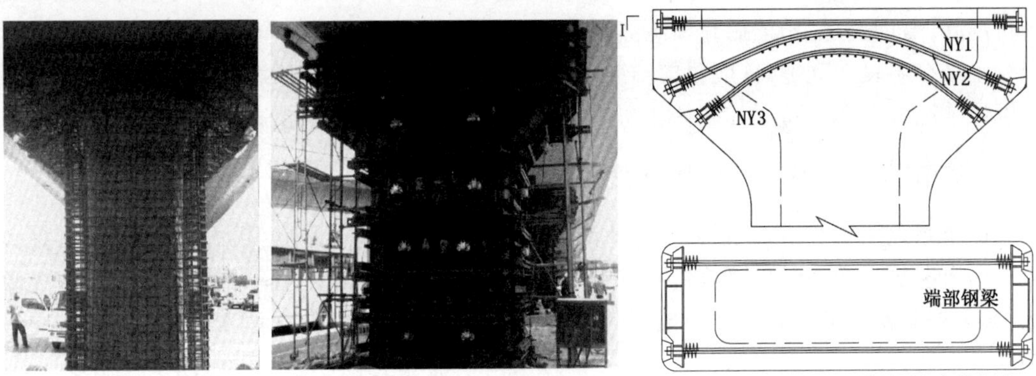

a）墩身植筋及钢筋绑扎　　b）桥墩模板及附着式振捣器安装　　c）桥墩加宽构造及墩顶预应力筋布置

图 14　东北路立交桥桥墩加固

实践证明，混凝土箱梁正交异性钢悬臂板拓宽方法(SCWCBM)无需增设桥墩，具有不占据桥下空间、不影响现有地面交通、避免地下管线及周边建筑的拆迁等优点[6,7]。在实际应用中还体现出施工周期短，施工期对桥下交通干扰小的特点[8]。相比于其他拓宽方法 SCWCBM 更适合于城市箱梁桥的拓宽，在未来城市桥梁拓宽工程中必将大有用武之地。

5　结语

本文介绍了三种梁式桥加固改造的典型案例，分析了各自的病害特点及原因并给出了相应的解决方案。通过分析各案例特点，表明桥梁加固的关键在于对桥梁病害现状的全面掌握，找到真正病因和分析各问题桥梁的特殊需求，有的放矢地提出解决方案。

斜梁桥复位加固方案中，确保加固后各部位能有效限制梁体的位移是关键问题；为避免在桥下搭设支架，小尺寸的顶推千斤顶的研制也是施工顺利进行的重要保证。营口预应力箱梁桥病害严重，废除部分原有预应力钢绞线，辅以设置体外预应力钢绞线是合理有效地解决办法；多种加固方式相结合，也是该桥加固方案的重要特点。混凝土箱梁正交异性钢悬臂板拓宽方法具有诸多优点，无需增设桥墩便可达到拓宽桥面的目的，尤其适合于城市箱梁桥的拓宽改造。

参考文献

[1] 路飞.彭程.常见桥梁加固方式的分析比较与应用研究[J].公路，2013，9(10).

[2] 叶吉军.桥梁加固技术的研究与应用.上海：同济大学[D]，2007.

[3] 范立础.桥梁工程(上册)[M].北京：人民交通出版社，2001.

[4] Wang Qian, Shi Lei, Zhang Zhe. Application of a new kind of widening method in Dalian Northeast Road overpass improvement project. Proceeding of The 9th International Conference on Civil and Environmental Engineering. Beijing: China Architecture &Building Press, 2010.

[5] 王骞.混凝土箱梁正交异性钢悬臂板拓宽方法的理论分析与试验研究[D].大连：大连理工大学，2010.

[6] Wang Qian, Shi Lei, Zhang Zhe. A new widening method of reinforced concrete box girder and its experimental Research. Advanced Materials Research. Switzerland: Trans Tech Publications Ltd, 2011.

[7] 王骞，邱文亮，张哲.SCWCBM中钢悬臂优化设计.大连理工大学学报，2013，53(2).

[8] Wang Qian, Zhang Zhe. Orthotropic steel cantilever widening method of concrete box girder. Structural Engineering International, 2011, 21(2).

162. 预应力碳纤维板快速加固新工艺在厦门大嶝大桥中的应用

卓 静[1] 龚黎明[2] 李高华[2] 赵乐渝[2] 钟 建[2]
(1. 重庆交通科研设计院;2. 重庆交通大学)

摘 要:预应力碳纤维板加固技术是一种主动加固技术,它集成了粘贴碳纤维加固技术和预应力加固技术的优点,是应用前景非常广阔的一种加固技术。在对国内外不同的碳纤维板预应力张拉工艺的优缺点进行比较总结后,本文在波形齿夹具锚(以下简称波形锚)的基础上提出了铰式锚及其纵向张拉碳纤维板的新工艺。该工艺最大的特点是保证碳纤维板受力的均匀性,能更充分发挥碳纤维板的高强度特性;同时该工艺也实现了碳纤维板现场下料、快速夹持、快速张拉等一系列重大改进,使得该工艺在工程应用中的实用性大大提高。本文结合厦门大嶝大桥加固工程,对预应力碳纤维板快速加固工艺进行介绍。

关键词:预应力 碳纤维板 铰式锚 快速加固

1 概述

由于材料老化、施工质量、自然或人为等因素的影响,现有的很多桥梁急待修复和加固,世界各国每年都要为此耗费巨资。在我国,由于社会经济的迅猛发展,近年来超载、超限车辆的日益增多,大批桥梁的技术状况,已不能满足行车安全的需要,大量的旧有公路桥梁改造工作也日益突出,我国面临的桥梁维修、加固形势非常严峻。目前,常用的针对桥梁上部结构的加固技术有增大截面和配筋加固技术、锚喷混凝土加固技术、增设纵梁加固技术、粘贴钢板或纤维片材加固技术、改变结构受力体系加固技术、体外预应力筋加固技术等。其中,用得最多的是粘贴钢板和碳纤维片材。但是这两种加固都是被动加固法,对结构的加固效果并不理想。特别是粘贴碳纤维布加固,由于其厚度薄,对桥梁结构的刚度或裂缝宽度的改善都非常有限。对碳纤维片材进行预应力张拉是解决其加固效果的最好办法,近年来国内外对这方面进行了大量的研究[1]。

在国外,比较有代表性的预应力碳纤维板加固技术是 Sika 公司的 StressHead 技术(图1),其最大的特点是其锚头和碳纤维板预制成一个整体,锚固效果能得到保证。这项技术已经在国内外多座桥梁加固中得到应用。但是该技术的知识产权掌握外国公司手里,国内的桥梁加固要应用该技术，必须从国外购买碳纤维板及成套产品，价格昂贵。此外，其碳纤维板端部的锚头(StressHead)和碳纤维板是工厂一体化生产的，需要根据现场的情况确定碳纤维板的长度，然后才能向 Sika 公司订制，再由其加工后发货，这个周期较长，使用起来很不方便。

在国内，研究预应力碳纤维片材加固技术的单位非常多，如清华大学、同济大学、重庆大学、东南大学、中国建筑科学研究院等，也取得了一些成果，部分成果在实际工程中也有少量的应用。图 2 是湖南大学的开发的一套碳纤维板预应力加固技术，该技术采用平板型的锚夹具，预应力张拉采用双千斤顶同步顶推，这套技术在湖南的一个桥梁加固工程中得到了应用[2]。

图 1 Sika 公司的预应力碳纤维板加固桥梁结构照片

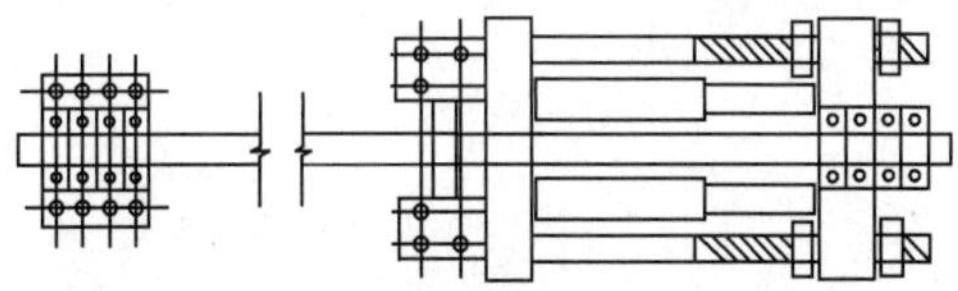

图 2 湖南大学开发的碳纤维板预应力张拉工艺[3]

总结国内外的预应力碳纤维板加固技术，其最核心的问题是锚具，其次是对碳纤维板张拉的均匀性控制工艺。锚具必须要有较高的可靠性，平板型的锚具在这方面还有待改进[4]。此外，碳纤维板的宽度远大于其厚度，张拉时其受力的均匀性较难保证，即使在试验室条件下也很难保证精确的对中，何况在施工现场存在更复杂的情况。

为了解决以上问题，本研究团队提出了铰式锚的概念，它是在波形齿夹具锚(以下简称波形锚)的基础上发展而来的，下面对铰式锚及其张拉碳纤维板的新工艺和工程应用进行介绍。

2 铰式锚及其张拉碳纤维板的新工艺

2.1 铰式锚的基本构造

波形锚(即波形齿夹具锚的简称)是专门针对纤维片材开发的一种锚具，经过多年的试验研究，波形锚的锚固能力已经实现 120t，锚固的可靠性也较高。波形锚也是适合于夹持和锚固碳纤维板的，但由于碳纤维板是已经成型固化的，为了避免波形锚对碳纤维板造成强度损失，须将波形锚的夹持面进行了适当的优化，夹持面变得相对比较平缓，一系列的锚固性能试验证明优化后的波形锚不会对碳纤维板造成损伤。

结构加固中常用碳纤维板的宽度为 50mm，而其厚度一般在 1.0～1.4mm，宽度与厚度的比在 30 以上。由于碳纤维板是一种线弹性材料，没有钢材那样的屈服台阶，在受拉时最先达到极限拉应变的碳纤维丝会先断裂，从而导致整块碳纤维板的实际张拉强度偏低。文献[4]对纤维片材的不均匀受力的进行了专门的研究，给出了偏心误差造成的强度损失率曲线。

按图 3 所示的曲线，对 50mm 宽的碳纤维板，当偏心误差为 1%时，即偏心 0.5mm，碳纤维板的强度损失率为 5.7%；当偏心误差为 5%时，即偏心 2.5mm，碳纤维板的强度损失率为 23.1%，影响是非常显著的。无论是试验室、还是现场施工，张拉时要达到较高的对中精度都是比较困难的。

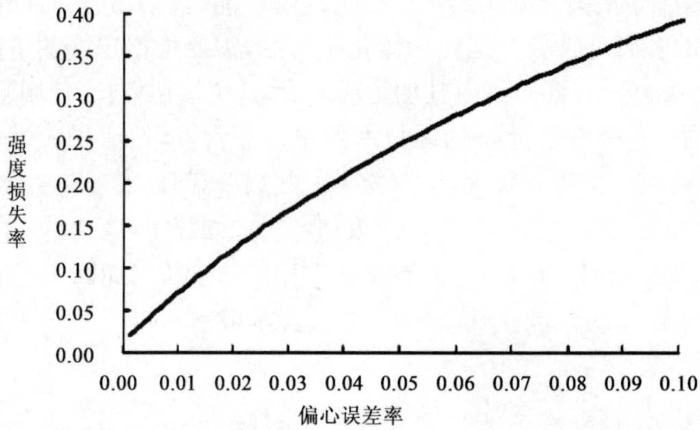

图 3 偏心误差对碳纤维板强度损失的影响曲线[5]

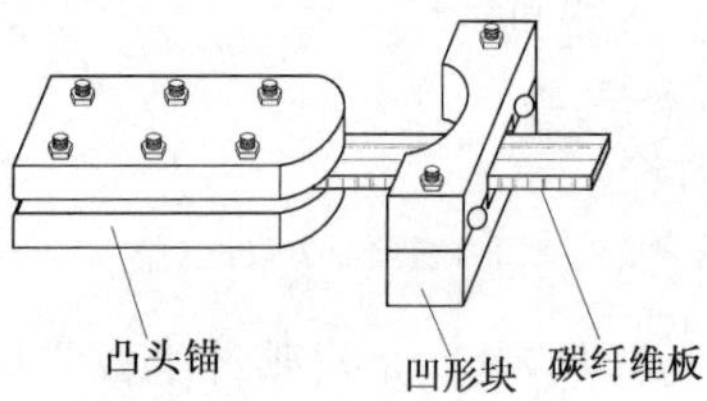

图 4 铰式锚构造的立体示意图

为了克服偏心误差的影响，笔者提出了基于波形锚改进的铰式锚，如图 4 所示。铰式锚由两部分组成，一部分为将波形锚的一端加工成一个凸出的圆弧，即凸头锚；另一部分为凹形承力块，为向内凹的圆弧，即凹形块，凹形块的圆弧半径大于凸头锚的圆弧半径，两者装配在一起时，可以在两个圆弧面上形成一个可自由转动和滑动的铰。对碳纤维板的两端，都用这种铰式锚来进行锚固，在张拉时自然地在碳纤维板的两端形成两个铰(图 5)。碳纤维板受力时，两端的两个铰自动地调整始终保持两点一线，确保碳纤维板的受力点的连线与碳纤维板的中心线重合，从而使碳纤维板始终保持受力均匀。

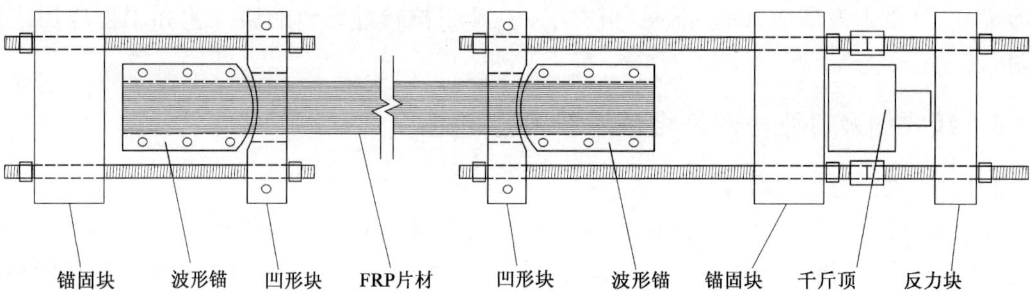

图 5 基于铰式锚的碳纤维板预应力张拉工艺示意图

2.2 基于铰式锚的碳纤维板预应力张拉新工艺

在铰式锚的基础上，设计了图 5 所示的碳纤维板预应力张拉方法。预先在被加固的梁上设置永久固定的锚固块，铰式锚通过连接螺杆与锚固块相连。在张拉端，用于预应力张拉的反力架与铰式锚上的连接螺杆通过连接套筒相连(反力架是可以拆卸的结构)。碳纤维板张拉时，在锚固块与反力架之间放入千斤顶，驱动千斤顶，反力架带动铰式锚运动，就实现了对碳纤维板的预应力纵向张拉。由于在碳纤维板的两端有预先设置的铰，千斤顶的作用位置偏差(即偏心误差)，被铰式锚的自由转动自动地予以修正，能保证碳纤维板张拉的均匀性。试验测试是验证了这一点的。

2.3 基于铰式锚的碳纤维板预应力张拉工艺的优势

采用基于铰式锚的碳纤维板张拉工艺，具有以下几个重要特点和优势：

(1)铰式锚是由波形锚发展而来的，用波形锚来夹持和锚固碳纤维板，在相同的锚具尺寸下波形锚的锚固性能远远优于平板类的锚具，具有较高的锚固可靠性。

(2)铰式锚由可以相互转动和滑动的两部分组成，在张拉碳纤维板时，自然地在碳纤维板的两端形成两个铰，能保证碳纤维板在两个铰式锚之间自动调节并保持两点一线，确保碳纤维板受拉时的均匀性，提高了其实际张拉强度。

(3)能实现碳纤维板的现场下料、快速夹持和锚固，简化了加固工序，可大大缩短施工工期。

(4)基于铰式锚的碳纤维板张拉工艺为直接张拉法，碳纤维板中的预拉力就是千斤顶的力，可以通过千斤顶的油压表直接读出，非常简单、直观方便。此外，在张拉过程中与碳纤维板的伸长量相互校核和双参数控制，容易精确控制碳纤维板的实际拉力。

(5)波形锚不但可以夹持碳纤维板，也可以夹持其他类型的纤维片材，如芳纶纤维片材、玄武岩纤维片材等，可以根据不同的加固要求及造价进行比较选择，丰富了加固方案的可优选范围。

3 铰式锚张拉碳纤维板的新工艺在厦门大嶝大桥加固中的应用

3.1 厦门大嶝大桥加固工程概况

大嶝大桥位于厦门市翔安区，为厦门大嶝岛与大陆连接的跨海大桥，主桥为 40m＋3×60m＋40m 的预应力混凝土连续刚构桥，大嶝岛岸引桥为 5×35m＋4×35m 连续箱梁桥，建成于 2011 年。然而在 2012 年 5 月 31 日，由于意外原因导致桥下堆放的易燃材料发生火灾，致使大嶝岛岸引桥烧伤严重，其中左幅箱梁底面混凝土因高温造成的混凝土剥落面积超过 200m^2，钢筋裸露区域超 80m^2(图 6)。另支座、桥梁电缆等过桥设施也遭到彻底损坏。由于过火时间较长，过火温度较高，箱梁内设置的预应力钢绞线可能因高温发生严重的应力损失，部分预应力筋甚至有可能完全失效。火灾后管理部门组织了国内权威机构进行了检测评估，认为该桥受损严重，受力性能大幅降低，急需进行加固处治。

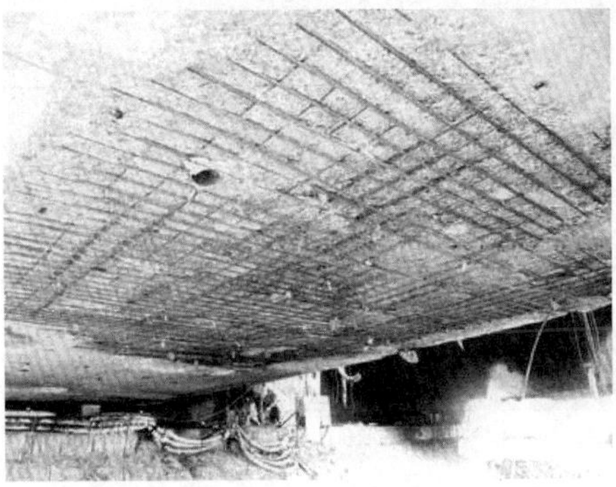

图 6 厦门大嶝大桥火灾受损照片[6]

为了使该桥的承载能力得到恢复，必须对因高温造成的预应力损失进行弥补和提高。弥补的方法有体外无黏结预应力加固和新增有黏结预应力加固(表 1)。体外无黏结预应力加固固然可以弥补预应力损失，但无黏结预应力加固的受力性能显然比与有黏结预应力加固差很多，因为无黏结筋不能与原结构共同工作。若采用传统的新增有黏结预应力钢绞线加固，则需要在原结构上打孔植筋、绑扎钢筋、设置预应力管道、浇筑新增混凝土、穿预应力索及张拉、管道压浆等复杂的工序，且该方法会增加很多的自重(新增混凝土重量)，加固费用高，施工周期长。因此，采用预应力碳纤维板加固成为最优选择，该技术也是一种有黏结预应力加固，碳纤维板不仅提供预应力，而且碳纤维板与梁底混凝土紧密黏结，能够共同受力；该方案的碳纤维板材料轻，基本上不用考虑加固材料增加的自重，且碳纤维板材料耐腐蚀，非常适合该地区的海洋环境，后期维护费用很低；而且该技术工艺简单、施工快速、节约工期，能快速恢复通车，具有很好的社会效益和经济效益。

3.2 厦门大嶝大桥预应力碳纤维板快速加固工艺简介

下面结合大嶝大桥的加固过程，介绍预应力碳纤维板快速加固工艺过程。

几种预应力加固方案比较　表 1

加固方法	优　点	缺　点
体外无黏结预应力筋	①施工相对成熟、简单 ②施工周期相对较短	①体外筋不能与原结构协同工作，受力性能差 ②钢绞线耐腐蚀能力差
有黏结预应力钢绞线	①有黏结钢绞线能与原结构协同工作，受力性能好	①新增大量混凝土，恒载增大 ②需要植筋、绑扎钢筋、预留管道、浇筑混凝土、预应力张拉与压浆等复杂工艺，费用高、周期长 ③在受损结构上大量植筋，风险较高 ④钢绞线耐腐蚀能力差
有黏结预应力碳纤维板	①有黏结碳纤维板能与原结构协同工作，受力性能好 ②构造简单、施工快速，周期很短，安装费用小 ③碳纤维板耐腐蚀，后期维护费用极低	①高性能碳纤维板材料较贵

图 7　锚固块安装后的照片

(1)钻孔、植入锚栓、固定锚固块

考虑到因火灾受损的混凝土性能有退化，在锚固区的设计上采用多锚栓方案，降低单个锚栓承担的剪力，每个锚固块采用 10 根 $\phi18$ 锚栓，每个锚栓间距大于 15cm。考虑到原结构内钢筋位置的随机性，植入锚栓时容许位置做适当调整。在锚栓植入后，对锚固座现场开孔。最后进行安装。锚固块安装后的照片见图 7。

(2)碳纤维板现场下料、快速夹持和锚固(图 8)

不同于 Sika 公司的 StressHead 锚头，笔者开发的铰式波形锚可以实现在工地现场夹持和锚固碳纤维板。现场丈量两个锚固块之间的距离，根据这个距离确定碳纤维板的下料长度(下料长度必须考虑张拉伸长量)，然后现场下料，即将碳纤维板现场锯断，并将其两端用丙酮擦洗干净后，用特制的快速黏结胶涂在其端部，迅速合上波形锚的上、下波形齿板，立即用对波形锚进行紧固。由于快速黏结胶在 1～5min 内就会固化，波形锚的紧固必须在这个时间内完成，通过一定的训练，利用特制工具操作可以顺利完成。

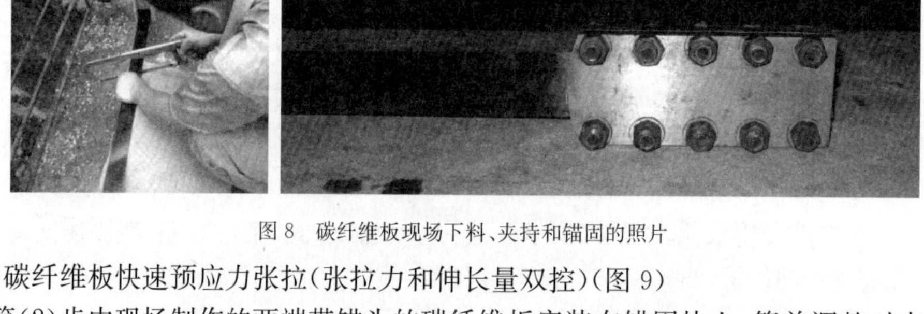

图 8　碳纤维板现场下料、夹持和锚固的照片

(3)碳纤维板快速预应力张拉(张拉力和伸长量双控)(图 9)

将第(2)步中现场制作的两端带锚头的碳纤维板安装在锚固块上，简单调整对中后，用千斤顶按设计张拉吨位 225kN 的 10%、20%、100%进行张拉，每级张拉完成后用直尺测量千斤

顶活塞长度，以此计算碳纤维板的伸长量，并与理论伸长值对比。本次加固的碳纤维板张拉都采用拉力和伸长量双控，误差均在5%以下，符合得比较好。

(4)碳纤维板的顶压粘贴(图10)

为了确保预应力张拉完成后的碳纤维板与梁底相粘贴，在碳纤维板张拉前，先在碳纤维板的粘贴面涂抹碳纤维板专用黏结胶，待碳纤维板张拉到预定吨位后，锁定锚固螺母，然后按一定间距用卡板将碳纤维板紧压粘贴在梁底。为保证粘贴效果，要求碳纤维板黏结胶在顶压过程中适当挤出。

图9 碳纤维板快速张拉照片

图10 碳纤维板与梁底的顶压粘贴及表面防护

(5)碳纤维板及锚固区防护(图11)

待所有的碳纤维板张拉完成后，在锚固块和铰式锚上涂刷一层环氧黏结剂，并用砂浆完全封闭，主要目的是防止钢材腐蚀。碳纤维板表面也涂刷一层碳纤维板粘结胶，用于保护碳纤维板和隔离紫外线。

4 总结及建议

通过前面的介绍及厦门大嶝大桥加固工程的应用实例，基于铰式锚的碳纤维板预应力张拉新工艺，在锚具的可靠性、加固工艺的现场易用性、整体造价的经济性等方面具有较好的优势，与国内外的同类技术相比，是一种更有推广应用价值的加固新技术。

参考文献

[1] 吴智深，岩下健太郎. PBO纤维片材预应力外黏结加固集成新技术[J]. 中国工程科学，2005,7(9).

[2] 金勇俊，尚守平，等. 碳纤维板施加预应力技术在桥梁加固中的应用[J]. 公路与汽运，2007,9.

[3] 尚守平. 一种纤维板材预应力张拉装置(专利号200520051104.1)[P]. 2006,8.

[4] 黄竞强，李东彬，等. 预应力碳纤维板锚具试验研究[J]. 施工技术，2010,2,39(2).

[5] 卓静. 高强度复合材料波形齿夹具锚锚固系统及应用研究[D]. 重庆：重庆大学，2005.

[6] 腾讯大闽网 http://fj.qq.com/a/20130822/002745.htm

163. 亡羊补牢　犹未为晚

——防止船撞桥灾害性事故再度发生的迫切性和可能性

朱海涛

（原中铁大桥局有限公司）

摘　要：本文针对2013年5月12日南京长江大桥桥墩又一次被撞、船沉的恶性事故提出一些反思观点和建议，并提供一些成功的柔性吸能防撞装置和实地船撞桥墩的后果实例，来证明可以做到船撞桥后不会再度发生灾害性的严重问题，为此去真正关怀桥和船的安全，尤其是人的生命和母亲河生态环境的安全，这是一件实实在在以民为本统筹兼顾的实事，也是一件可以办到和非常迫切需要去做的善事。笔者观点可能偏颇，但可以商榷和讨论，以期集思广益未雨绸缪地做好这件有关人民平安生活的大事。

关键词：船撞桥　恶性事故　柔性防撞装置　统筹兼顾　可能性　迫切性

1　引言

近年来，国内外发生船撞桥的严重事故，已屡见不鲜。笔者参与建设的武汉长江大桥和南京长江大桥为例：前者自1957年建成至今已被撞过76次，水中八个桥墩都被碰撞过，这是有记录的资料，年平均1.5次；后者建成于1968年12月，有9个水中桥墩，至2013年45年中，共发生碰触桥墩36次，年平均0.8次，碰触的桥墩有：2号、5号、6号、7号、8号5个墩，据最近南京海事部门统计，最近几年几乎每年都有船碰撞桥墩事故发生(图1～图2)。

由于水运费用低廉，随着水上航运事业的发展，船舶运输量必然会大增，于是船的数量越来越多，船体越来越大，船速越来越快，船撞桥发生的概率也就越来越高。这是众所周知的事。船撞上桥虽然带有偶然性，却寓有必然性。船撞桥的问题也是世界性的难题，很多国家在通航孔的桥墩上设置了防撞装置，其主要作用只是保护桥体的安全，我国的桥梁设计院在设计时，迄今只充分考虑船撞力的大小和方向，把墩体本身抗水平力的强度加强，很少全面统筹兼顾考虑双方的安全措施和问题，船不容许碰触桥，一旦船撞坏桥，就要依法处理和赔偿，至于船沉、死人、物失、造成生态环境破坏，都要船方自负责任。这种“以我为主，唯我独尊”的思维方法，与在十八大召开后的今天，强调要以民为本、关怀民生的指导思想是相悖的，实在是有失公平和公正。希望我国交通部门的当政者，把这件防患于未然的实事摆到议事日程上来，用“只争朝夕”的精神，去早日办好。

a) 长江第一桥设置了8个水中墩　　b) 该桥被撞第75次驳船被撞沉在7号墩旁边（钢笔画）

c) 武汉长江大桥被撞第76次（CCTV）　　d) 武汉长江大桥被撞第76次（CCTV）

图1　长江第一桥武汉长江大桥设置了8个水中墩将驳船撞沉的图像

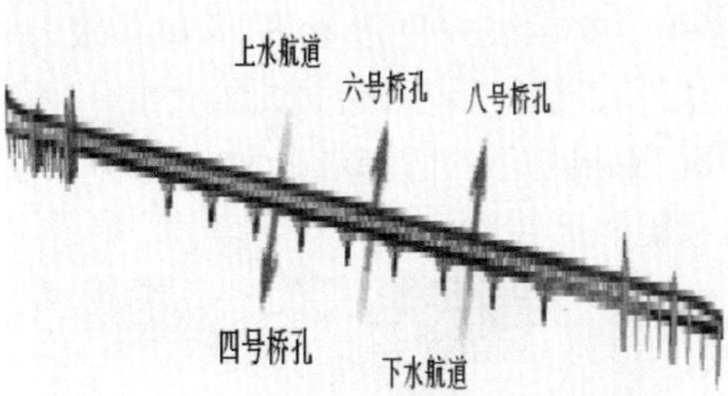

a) 南京长江第一桥上下水3个通航跨　　b) 鑫川8号撞6号墩

c) 鑫川8号沉在下游3.5km八卦洲　　d) 船沉前救起18名船员

图2　南京长江第一桥上下水3个通航跨，第36次被船撞的情况

2　防止船撞桥发生灾害性事故的迫切性

在通航河流上修建桥梁，如果在河床深泓主槽部分不设置桥墩，保证航道有足够的宽度和净空的高度，保持水流的自然状态，那么船撞桥的几率就会减少，然而主槽两侧还是要设置桥

墩的，水中有桥墩存在，就有被船撞的危险存在。除非水中不设置桥墩，就不存在船撞桥的问题，武汉的阳逻长江大桥就是采用悬索桥一跨过江的公路大桥，当然造价要比采用在水中设置两个桥墩塔柱三跨斜拉桥高得多。如果在主槽两侧设置两个桥墩，仍然可以得到足够大的跨度，可以适应航道宽敞的要求，但由于水文和自然气候的变化，在桥墩附近难以准确把握，即使有经验的驾驶人员稍有疏忽，也难免撞上桥墩。当然这种事故的发生带有偶然性，概率小，也不存在故意性，但却存在必然性。“不怕一万，只怕万一”，一旦撞上桥，其灾难性的后果，就难以想象。这次南京长江大桥 6 号桥墩被 20 000t“鑫川 8 号”货轮碰撞了一下，虽然桥墩无恙，但船体却破损进水，漂流 40min 后，在下游 3. 5km 浅滩水域处沉没，幸而 18 名船员经海事部门紧急全力援救得以生还。船上装载的是 12 539t 石灰石，所以对长江水质没有造成污染。如果船上装载的是石油或有毒的化学货物，不仅会造成长江下游的水质污染，处理需要相当一段时间，而且必然会造成人们饮用水的惶恐和不安，势必会对社会和经济带来不利的影响。

各种媒体的关心，止于船员获救，水体没有被污染。但作为桥梁和水运方面的工程技术人员，必须考虑更长远更广泛一些，才能见微知著，达到长治久安。所以在桥没有被撞塌必须考虑船也应该不被撞沉；桥梁今天没有被撞塌还要考虑以后不被撞塌；这个墩没有被撞塌还要考虑其他的桥墩；这座桥没有被撞塌还要考虑其他的桥梁。

新的党中央习近平总书记在十八大后的一次讲话中，30 多次提到人民两个字，特别在灾难事故发生后，把关怀和抢救人的生命作为第一重要任务来对待，就是要求各级干部把以民为本的实事作为工作的核心去贯彻和实施，才能体现出我们国家社会主义制度的优越性。现在联系到今天船撞桥的具体问题，我们再也不能对船撞桥再度发生严重的灾害性事故而熟视无睹，应该有所作为了。笔者等也已屡次撰写多篇论文发表并也曾上书《人民日报》和交通部领导，希望他们在日理万机百忙之中，关切一下这件直接关系到人命关天的大事。我国也收集了国内外这类事故的教训和预防措施，提出了我们中国自己的防御措施和方案，并且在广东湛江海湾大桥已做成了具有国际先进水平的柔性吸能防撞装置(图 3)。

a) 湛江海湾大桥建成的柔性吸能防撞装置局部　　b) 湛江海湾大桥建成的柔性吸能防撞装置外景

c) 浙江宁波象山港大桥10个桥墩建成的柔性吸能防撞装置

图 3　防御 50 000t 船撞击桥梁的防撞装置

为了进一步验证这种防撞装置的安全性和可靠性，我国有关单位共同在浙江宁波象山港大桥作了实船撞实墩的试验(图 4)，测量出船撞力与计算结果基本符合，证明了这种装置是完全可行的。现在的问题，就是迫切希望从上到下，推行这一减灾、免灾的实事。将“新建跨航线的桥梁设置柔性吸能防撞装置；有被撞可能的老桥补作柔性吸能防撞装置”普遍开展起来，“一万年太久，只争朝夕”。

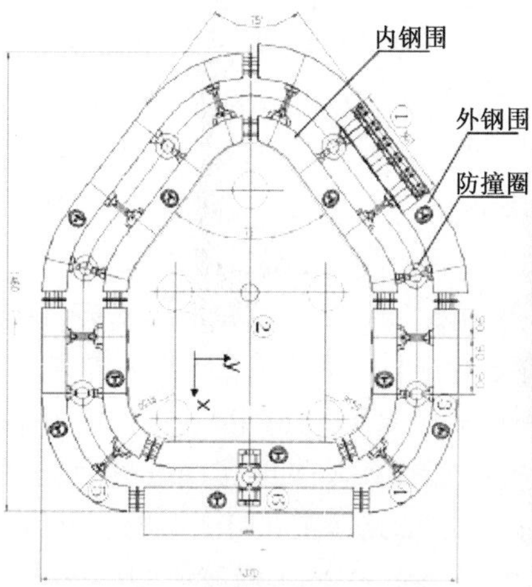

a）试验墩14m×14m外面装设柔性防撞装置（右上角为传感器）

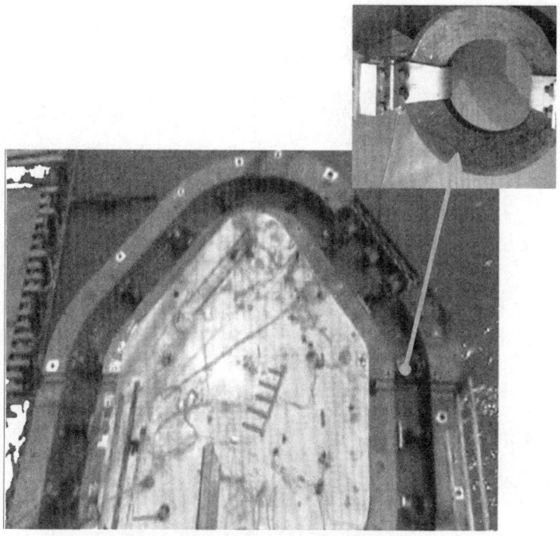

b）400t运输船对准力传感器斜向驶过来（两层钢围之间为防撞圈）

c）演示四两拨千斤的全过程 （图内右下角为实现时间）

图 4 在浙江宁波象山港的白墩港作的实船撞实墩试验

3 防止船撞桥灾害性事故发生的可能性

“大道至简，简而不凡”。近代史上的发明家瓦特，在看到水壶烧水时，在水烧开以后，产生的蒸汽将壶盖顶动，受到了启发后，发明了蒸汽机，推动了工业革命新时代；阿基米德在水中洗澡时，感觉身体上浮，发现了浮力的阿基米德原理……这些都是在生活中的现象启发了他们的聪明才智，然后成了大发明家。现在联系到我们在走夜路时，如果没有灯光和月光，一不小心撞上钢铁或钢筋混凝土电杆，严重时就会碰得头破血流。如果撞上木质电杆，不致头破血流，但至少头上会撞出一个“肿包”也会很痛。如果在被撞位置外包适当厚度柔性的物体，人撞上后就不会受伤，最多受到一点惊吓。那么在船撞上桥前，我们在桥墩的适当位置安装好柔性吸能防撞装置，船撞上后，不仅桥墩受到的水平冲撞力可以大为减少，船体也不致会撞坏，船和桥都可以保证安全无恙。现在人们也已注意到桥墩要设置防撞装置，但重点考虑在桥身的安全上，在今天的形势下是远远不够的。过去在国内外用大承台、人工岛等行之有效的防撞桥墩设施，也只是保护了桥，而不是船和船员的安全。虽然历史上也曾有人提出用木栅、钢链和浮舟等设施，希望通过它们来隔离或缓冲船和桥直接撞击，来达到保护桥之外也保护船，但这些设施既容易坏而且占用水面的面积也较大，难以达到预期效果。20 世纪 90 年代起，国内一些老专家，他们“位退未敢忘忧国”，收集了大量国内外有关船撞桥发生灾害性事故的资料，从中学习并吸取经验教训，提出了：“根据中国国情，走中国自己的路”，进行分析、研究、计算、试验，终于创造了新型的柔性吸能缓冲防撞装置，已正式用在跨越 50 000t 船航道的广东湛江海湾大桥、浙江象山港大桥等若干大桥的桥墩上。这种装置的最大特点就是当船撞上桥墩时，可以确保桥墩受到的水平力大为减少，增加原设计的安全系数，因而可保证桥墩安然无恙；当船体撞上这种防撞装置初时，防撞装置就会后退，从而改变船前进的方向，船的动能仍保留在船上，参加交换的能量减小，船体就不会撞坏；这种新防撞装置是由外刚内柔的构件组成，柔性部分是由黏滞性的防撞元件（其特点是大耗能、少回弹）构成，能吸收消耗掉冲击能量的 70%以上。当船撞上时，所有元件能共同受力，这样就能将船头拨开，起到“四两拨千斤”的作用，这种装置也就不易损坏。人们就给这种新的防撞装置称为“三不坏”防撞装置，而且已经获得国家多项专利。现在可以根据船的大小吨位、种类、航速等的要求来设计出这种防撞装置的大小。同时为了适应水位（枯水、洪水、涨潮、退潮）变化的要求，这种装置已可以做成随着水位自动升降式的浮动模式，也就不会发生回流沉积、妨害捕捞养殖等民生和生态环境的问题。有了这种可靠的三不坏防撞装置，我国就有可能防止和避免船撞桥灾害性严重事故的发生。从一不坏（桥不坏）到二不坏（桥和船不坏），发展到三不坏（桥、船和防撞装置都不坏）。

“船撞桥及其防御”这个课题在应用力学上虽然是一个小学科，其内涵却涉及到水力学、冲击动力学、结构力学、材料力学、桥梁工程学、船舶运输学、水文学等多种学科。专家们在研究国内外防撞体系中，倾注了很多心血，继承、发展并已有了今天的创新成果，这是值得庆贺的。当然科学的发展是无止境的，关心这项学科的同仁，能提出效果更好、成本更低、施工更方便的三不坏防撞装置，那就更好了。

十八大报告中提出要加强政治、经济、文化、社会和生态环境五位一体的建设，给我们指明了工作方向，也给“船撞桥及其防御”这个课题提供了有利的实施条件和动力，可能性切实增大了。因为：

（1）在政治上，船和桥这对主要矛盾中两个独立体，可以在公平和公正的原则基础上，得到统一解决，过去作为弱势群体的船方完全有理由要求桥方在通航孔的两侧桥墩上设置既保护桥又能保护船的柔性防撞装置，况且现在铁路、公路、航运、桥梁设计、航道管理等交通事业都已统一归口到交通运输部领导,这样就有可能统筹兼顾解决法律上、技术上的难题。

(2)在经济上,虽然安装防撞装置需要增加一定投资,但比起万一船撞塌桥梁、船沉、人亡、物失和造成生态环境污染或破坏等所造成的经济损失,那只是小巫见大巫的问题了,从保证交通运输安全的长远经济利益考虑,设置防撞的安全装置也是可能和必要的。

(3)在社会建设上,安装了防撞的安全装置,避免了严重恶性灾害事故的发生,对创建和谐社会不就做了实事。

(4)在科学文化上,不必总是跟在别人后面亦步亦趋,应去粗取精,走中国自己的路,三不坏的柔性吸能防撞装置就是在科学技术上一个创举。

(5)在生态环境上,由于采用了这种安全防撞装置,保护了船的安全,也就保护了通航河流水质的自然生态环境,这是毋庸置疑的。

可见安装这种安全防撞装置对国家、对人民、对社会是有百利而无一害的。

4 建议和展望

(1)习近平总书记向全党干部尤其是高级干部,提出了改进作风的八项规定,在全党全国产生了巨大的影响。首先要求高级干部以身作则自上而下身体力行,根本的出发点就是要把事关人民利益的实事真抓实干,彻底转变作风。所以针对船撞桥这件今后还会发生但必须避免灾害性事故再次出现的实事,建议交通运输部分管这类事的负责领导,切实认真摆到议事日程讨论一下,能否在全国召开一次专题会议,统一思想,把这件关系到五位一体的大事办好。

(2)建议桥梁设计单位或规范编制修订单位根据我国的具体实情,在公路桥梁设计规范和铁路桥梁设计规范中专门统一制定一章桥梁防撞系统设计规定,在其中提出三不坏的要求,以保证避免灾害性的恶性事故重现。

(3)桥梁设计院在设计防撞设施时,必须有防撞效果的计算、工程图设计、安装设计和长效防腐蚀措施。

(4)外载的确定,必须要根据船、桥、港航管理三方面的要求,进行船只通过的大小、种类、航运速度等的分析,来确定防撞设施的大小,能被三方共同接受。

(5)防撞装置被撞后能自行恢复原状,不需维修。

最后展望我国所有通航河流上的桥梁,在其通航孔的桥墩及其附近有可能被船撞上的桥墩都能安装这种先进、安全的防撞装置,再也不发生灾害性的事故,则国家幸甚!人民幸甚!这也是我这个耄耋之年桥梁战线上退下来的老兵在生前一点心愿和祝福。

参 考 文 献

[1] 陈国虞等."船撞桥及其防御"论文集[C].《中国造船》编缉部,2012,11.

[2] 朱海涛.新、老桥梁通航孔及其邻孔水中墩设置缓冲安全装置必要性的建议[C].//桥梁创新技术论坛暨部颁桥梁专用产品标准宣贯会论文集.中国公路学会桥梁和结构工程分会,2009.

[3] 朱海涛.从屡发船撞桥事故中反思对技术决策的二点浅见[J].城市道桥与防洪,2012,9.

[4] 朱海涛.武汉长江大桥被撞76次事故的反思[C]//第二十届全国桥梁学术会议论文集.北京:人民交通出版社,2012.

[5] 朱海涛,陈国虞.防止船撞塌桥的灾害性事故再发生[C]//桥梁风险评估与安全管理暨检测维修加固创新技术研讨会论文集,2013,5.

164. 下白石特大桥非通航孔桥墩船撞风险分析

钟 元[1] 王 峰[1] 张可成[2]

(1. 中交第一公路勘察设计研究院有限公司;2. 上海船舶运输科学研究所)

摘 要:因上游新建成的白马河铁路桥更改了原有航道,下白石特大桥非通航孔桥墩受船撞的风险增加。本文借鉴 AASHTO 与 IABSE 规范中的船桥碰撞风险模型,并依据国内外规范中可接受风险概率来对下白石特大桥进行船撞风险计算分析,最后对非通航孔需要保护的桥墩提出了防撞设计方案。

关键词:船撞 风险分析 独立防撞墩

1 引言

随着近年来跨江、跨海桥梁的大量修建及通航船舶的不断增加,船桥碰撞事故频繁发生,不仅影响了桥梁和船舶的运营安全,严重时甚至会导致重大的人员伤亡及经济损失,因此对桥梁进行合理的船撞风险评估十分必要。AASHTO 和 IABSE 规范中均通过建立碰撞风险模型来确定一个可接受的风险水平。而我国除《重庆市三峡库区跨江桥梁船撞设计指南》中提出了三参数碰撞风险模型和安全极限状态年目标失效概率的内容外,并无其他专门规范明确风险模型。本文借鉴 AASHTO 与 IABSE 的碰撞风险模型来计算倒塌风险,并参照不同国内外规范中可接受风险概率来对下白石特大桥进行桥梁船撞风险评估。

2 项目简介

2.1 桥梁概况

下白石特大桥位于福建省宁德市下白石镇,是福鼎至宁德高速公路上的一座特大型桥梁。其中主桥为 145m+2×260m+145m 四跨连续刚构桥,引桥为 4×45m 四跨预应力混凝土连续 T 梁桥。该桥于 2003 年建成通车,双向四车道布置,计算行车速度 80km/h。主桥的 5、6 号主墩间作为唯一通航孔,如图 1 所示。其中 5、6 号主墩设置了混凝土防护墙,7 号边墩设置了钢围堰作为防撞设施。该桥通航净空高为 29m,通航净空宽为 200m。

2009 年,作为温福铁路的重要控制性工程,位于下白石大桥上游约 1km 处,全长 3 127m 的白马河特大铁路桥建成,原有的航道因此进行了调整。白马河特大桥与下白石特大桥桥梁通航孔相距 950m,通航孔方向不一致。铁路桥有两个通航孔,把经过桥区水域上、下行船舶分开。上行船舶过下白石特大桥300m，后右转40.7°，然后直线过铁路桥东侧通航孔；下行船舶直线通过西侧通航孔过铁路桥517m后左转39.5°，直线过下白石特大桥。桥区航路图如图2所示。

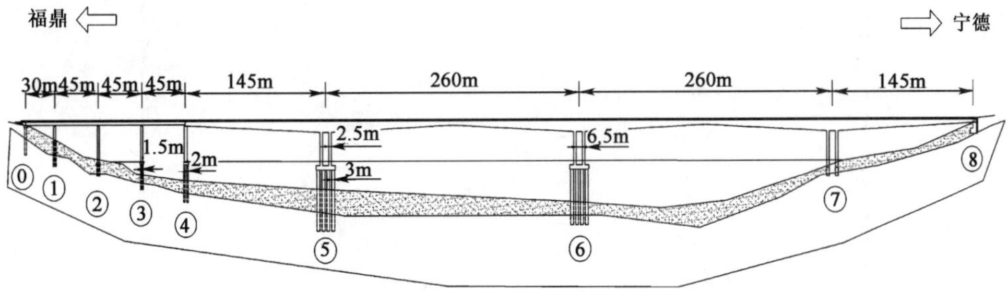

图1　下白石大桥立面示意图

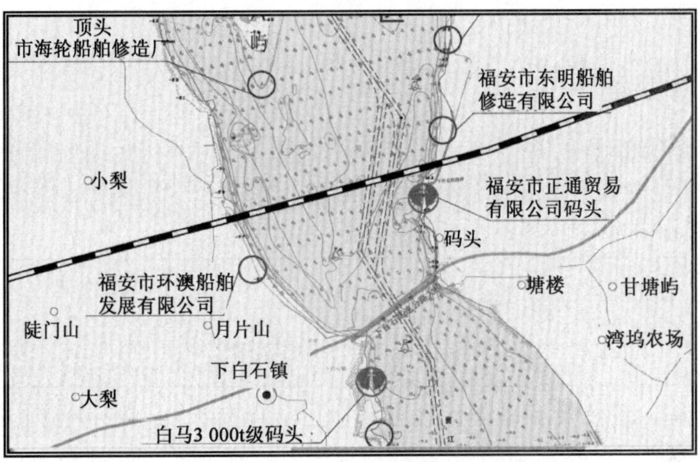

图2　桥区航路图

图2中可见，下行船舶航道拐点距下白石大桥直线距离仅约600m，在能见度较低或人为因素的情况下，若转舵不及时，则有可能无法顺利从5号、6号墩的主通航孔通过。因水深满足通航条件，通航水域范围内的3～7号桥墩均存在被桥墩撞击的风险。尤其是3号、4号墩并无任何防撞设施，自身抗力较小。因此为确保该桥结构的安全，有必要对该桥进行船撞风险评估。

2.2　航道、潮位及桥区流速情况

根据规划，桥区所属航道属于内河三级航道，根据《内河通航标准》，三级航道可通航1 000t级海轮，最低维护标准为2.0～2.4m。桥位处位于赛岐水文站下游约24km，三都澳海洋站上游约27km之中偏上。根据资料统计，历史最高潮位5.67m，平均最低潮位－3.80m，最小潮差1.94m，平均潮差5.35m。桥位处流速流向为涨潮平均流速1.85m/s，与桥轴线法向夹角16°；落潮平均速度2.45m/s，与桥轴线法向夹角6°。

2.3　港口现状及规划

桥位河段下游有白马港、上下游布局有船舶修造及船舶物资贸易企业共84家。桥位下游约200处有白马3 000t级码头(图3)。根据福安船舶协会船舶工业产业发展规划，到2015年建成1～2个配套设施完善的10万t以上造船总装厂。平均坞容为4.35万t，将形成以大中型船坞为主体的修船体系。

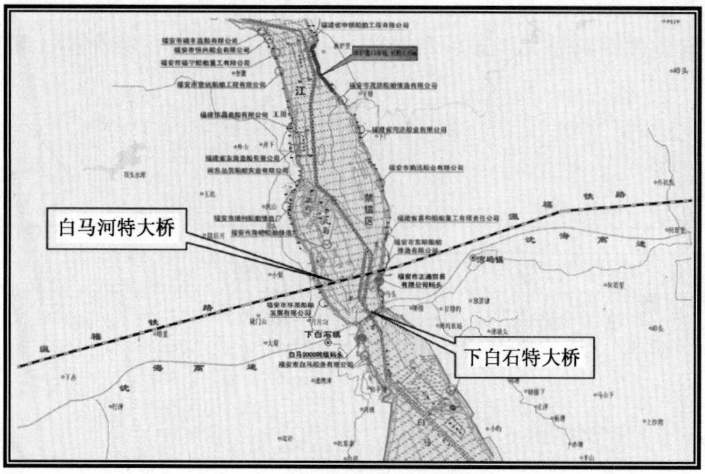

图 3　桥位处船舶企业现状示意图

3　桥区主要船型

据当地海事部门统计，从 2012 年 10 月到 2013 年 10 月，桥位处通航船舶流量为 5 300 艘(含上、下水)，桥位处通航船舶年流量分布如表 1 所示。

过桥船舶年流量统计　　表 1

DWT	500t	1 000t	3 000t	5 000t	10 000t
流量(艘)	5 080	116	64	32	8
合计	5 300 艘次				

由此可见，500t 级船占通航船舶总量的 95%以上，因此以其为主要设防代表船型。另根据每年 8%的增长量计算，预计到 2030 年桥位处年通航船舶流量约为 7 000 艘，而且考虑到桥区上下游布局有船舶修造及船舶物资贸易企业，未来将会出现 5 万 t 级新船出港及维修船舶通过桥梁的情况，因此预测 2030 年桥位处通航船舶年流量分布如表 2 所示。

2030 年过桥船舶年流量预测表　　表 2

DWT	500t	1 000t	3 000t	5 000t	10 000t	50 000t
流量(艘)	6 258	332	228	104	76	2
合计	7 000 艘次					

4　船舶过桥速度

据当地海事部门调研，3 000t 以下船舶过桥主要依靠自身动力航行，航速为 7～8 节；3 000t以上船舶过桥多为自主航行，航速为 6～7 节；万吨级以上船舶过桥，基本依靠拖轮伴航并提供动力，航速为 5～6 节。

5　船撞风险分析方法及计算结果

5.1　船撞概率模型

国内外应用较多的几种船桥碰撞概率模型主要有拉森模型，AASHTO 模型，KUNZI 模型，欧洲规范模型，及我国学者提出的三参数概率积分路径模型等。其中，拉森模型和

AASHTO 模型基本相似，都是在考虑船桥碰撞的因果概率和几何概率的基础上提出的，其形式简单，实用性较强。本项目中采用这两种模型分别计算概率并对比分析。

1)拉森模型

拉森在总结前人有关研究的基础上，在 IABSE 的正式文件中提出了一个一般性的船撞桥概率模型，用下述形式表示：

$$F=\sum_i N_i \cdot P_{C,i} \cdot \sum_k P_{G,i,k} \cdot P_{F,i,k} \tag{1}$$

式中： F——预期的桥梁年毁坏次数；

N_i——每年桥下通过的某一等级(i)的船舶数量；

$P_{C,i}$、$P_{G,i,k}$、$P_{F,i,k}$——分别代表船舶偏航概率、船舶与桥墩相撞几何概率和桥梁毁坏概率。

2)AASHTO 模型

根据 AASHTO 指导性规范的方法(2009)，桥梁撞损频率按照下式计算：

$$\mathrm{AF}=N \cdot \mathrm{PA} \cdot \mathrm{PG} \cdot \mathrm{PC} \cdot \mathrm{PF} \tag{2}$$

式中： N——可能撞损桥墩的分类船舶年通航量；

PA、PG、PC——分别代表船舶偏航概率、船舶与桥墩撞击的几何概率和桥墩倒塌概率；

PF——防护结构对桥墩的保护调整系数。

5.2 可接受风险概率

本文参照了以下三种不同国内外规范中的可接受风险概率：

(1)AASHTO 规范规定梁遭受船舶严重撞损的年频率：

关键性/基础性桥梁：可接受年倒塌频率小于等于 100 年内 0.01 次(≤0.000 1)；

典型性桥梁：可接受年倒塌频率小于等于 100 年内 0.01 次(≤0.001)。

(2)国际桥梁和结构工程协会(IABSE)指出桥梁 100 年内的可接受的破坏概率数量级为 0.1～0.01。

(3)2010 年 4 月，交通运输部 175 号文件《公路桥梁和隧道工程设计安全风险评估指南(试行)》提出：工程安全风险发生概率等级分为 1、2、3、4、5 级，其中 1 级为最低风险发生概率，给定值 PF≤3×10^{-4}。

5.3 船撞概率计算结果

篇幅所限，本文不再赘述具体计算过程，计算结果见表 3。

下白石特大桥船撞概率风险表 表 3

桥墩	结构抗撞力	当前流量				预测流量			
		撞损概率$\times10^{-4}$		sub$\Sigma\times10^{-4}$		撞损概率$\times10^{-4}$		sub$\Sigma\times10^{-4}$	
		AASHTO	IABSE	AASHTO	IABSE	AASHTO	IABSE	AASHTO	IABSE
3 号	1.24MN	0.039	0.325			0.168	0.545		
4 号	2.95MN	0.145	0.341			0.459	0.706		
5 号	13.4MN	0.537	0.532	1.391	1.864	2.318	2.295	5.810	6.401
6 号	13.4MN	0.664	0.659			2.827	2.804		
7 号	13.4MN	0.004	0.007			0.038	0.050		

计算得知，在当前船舶年流量(5 300 艘次)下倒塌风险高于 AASHTO 小于万分之一的标准，满足国内规范倒塌风险小于等于 3×10^{-4}的标准；预测年流量(7 000 艘次)下倒塌风险已超出国内规范可接受倒塌风险，因 5 号～7 号墩已有防撞措施，因此建议对 3 号、4 号墩新增防

撞措施以降低风险。

6 防撞方案设计

因3号、4号墩自身结构刚度比主墩小很多,因此采用在墩身上采用释能附体防撞装置效果不大,建议采用独立防撞墩的方式以保护桥墩不受船舶直接碰撞。其优点是能抵挡较大的撞击能量、耐久性好。其方案示意如图4所示。

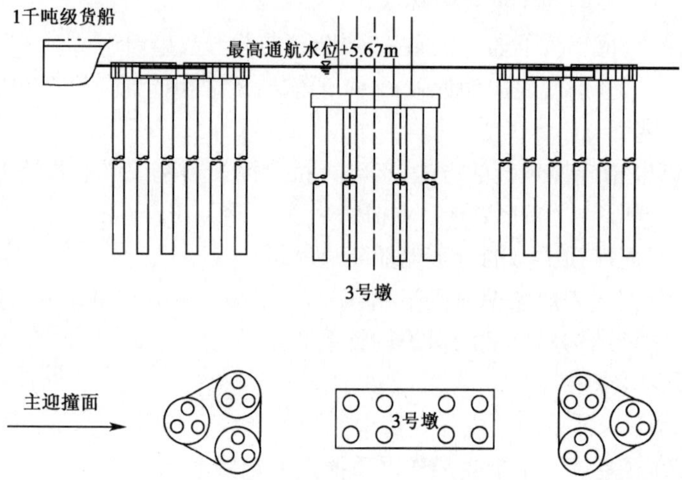

图4 独立防撞墩设计方案

防撞墩采用三根钻孔灌注桩,墩台为现浇钢筋混凝土结构,三座防撞墩呈等边三角形布置,相互之间用钢筋混凝土系梁连接。承台设计成流线型,船舶撞击时将发生偏转,从而减少承台承受的撞击动能,拨转船头的同时,将大部分能量保留在船舶上,也减小了对船首的破坏。

考虑防撞设施后,3号、4号墩船舶防撞力及撞损概率如表4所示。

设防后3号、4号桥墩撞损概率 表4

桥墩	依靠结构自身防撞				设置独立防撞设施后			
	撞损概率×10^{-4}		sub∑×10^{-4}		撞损概率×10^{-4}		sub∑×10^{-4}	
	AASHTO	IABSE	AASHTO	IABSE	AASHTO	IABSE	AASHTO	IABSE
3号	0.168	0.545			0.142	0.348		
4号	0.459	0.706	0.628	1.251	0.262	0.273	0.404	0.621

由此可见,防撞墩的设置很大程度上降低了3号、4号桥墩的撞损概率,进而降低了全桥的倒塌风险。

7 结论及建议

(1)在当前船舶流量(5 300艘/年)下,结合给定的结构自身抗撞能力,桥梁整体倒塌风险在可接受范围之内,满足规范要求。当船舶流量及分布达到预测流量(7 000艘/年)时,桥梁整体倒塌风险增加较为明显,超出国内规范要求。

(2)AASHTO及拉森模型概率计算公式为经验公式,其中的部分统计学参数取值分别根据美国和欧洲的统计数据得来,对于我国内河的桥梁船撞风险分析的适用性仍值得进一步研究。

(3)受调研资料内容所限,水位变化及船舶横向分布对计算碰撞概率的影响暂未考虑。

(4)对于航道拐角较大,且拐点距桥梁较近的情况,建议增设助航标识,加强大型船舶过桥安全管理,并辅以被动防撞措施以保护桥梁的安全。

参 考 文 献

[1] AASHTO. Guide Specification and Commentary for Vessel Collision Design of Highway Bridges. American Association of State Highway and Transportation Officials. Washington D. C. 2009.

[2] Ole Damgaard Larsen. Ship Collision with Bridges: The Interaction Between Vessel Traffic and Bridge Structures. IABSE. 1993.

[3] 中华人民共和国交通部.《公路桥梁和隧道工程设计安全风险评估指南(试行)》[R]. 2010.

[4] 中交第一公路勘察设计院. 下白石特大桥 3 号、4 号墩船撞风险分析[R]. 2013.

[5] 武汉理工大学航运学院. 下白石公铁两桥通航能力论证报告[R]. 2010.

165. 大连星海湾跨海大桥引桥设计
——跨海大桥墩身浪溅区腐蚀机理及防腐措施的运用

宋芝芝　侯　凯　熊明威　吴晓峰

（中铁十九局集团第五工程有限公司）

摘　要：跨海大桥墩身首截浪溅区作为与海水直接接触的部位，长年累月地遭受海浪的侵袭，是遭受氯离子腐蚀的最薄弱环节，因而在跨海大桥施工过程中如何做好墩身浪溅区的防腐蚀措施尤为重要。本文主要从跨海大桥防腐机理的研究着手，阐述了墩身首截施工防腐措施的应用，如环氧钢筋的使用、钢筋阻锈剂的使用等。

关键词：跨海大桥　墩身施工　浪溅区　防腐研究

1　腐蚀方法与机理的研究

大连南部滨海大道东起金沙滩东侧的金银山，向西跨越星海湾，在高新园区填海区域登陆，本工程东端经隧道可以连接东北路及规划中的南部快速路，另设两个匝道桥可和滨海路互通，西端通过高新园区的地面道路与旅顺南部及河革路连通。

海水中通常含有3%的盐，其中主要是氯离子，海水的浸泡、海浪的袭击、带盐的海风、海雾频繁地接触钢筋混凝土表面，氯离子长期地通过扩散作用、渗透作用及毛细孔的吸收进入混凝土内部后，会降低混凝土的pH值，产生电化学反应，促使钢筋锈蚀，使得钢筋膨胀，导致混凝土保护层破坏，进而加速结构物的破坏，降低结构物的使用寿命（图1）。

1.1　扩散作用

氯离子主要通过扩散传输到混凝土内部，扩散是分子、离子或其他小粒子自发混合由高浓度像低浓度迁移的过程。当混凝土表面与混凝土内部孔隙溶液之间存在一个浓度梯度，会产生扩散作用。因为溶液要谋求达到平衡浓度，表面浓度与孔隙溶液之间的浓度梯度便是扩散的驱动力，扩散是一个缓慢的过程。温度对扩散系数有显著的影响，扩散系数随着温度的上升而增加，同时结合性能又随着温度的升高而降低，又促使扩散系数增加，一般在低温下，氯离子侵入混凝土的量很小，温度很高时，会释放结合氯离子，自由氯离子增加，氯离子扩散增加。

氯离子含量随暴露时间增加而增加，同时扩散系数随暴露时间增加而降低，大连南部滨海大道工程在施工过程中混凝土掺加了粉煤灰和硅灰，掺加粉煤灰和硅灰可以有效地降低混凝土的扩散系数，同时潮差浪溅区与水下相比，水下区的氯离子含量最高，扩散系数最大，这并不意味着水下的钢筋锈蚀会严重，一般情况下，由于缺氧水下混凝土很少发现锈蚀破坏，相反在浪溅区，由于供养增加，加之冲刷机械磨损和冻融，浪溅区是腐蚀最严重的部分。

1.2 腐蚀机理

混凝土中孔溶液的碱性一般 pH 值可以达到 13 以上，有氧气存在的情况下，这些碱性溶液可在钢筋表面形成一层氧化薄膜，它可以有效地防止混凝土中的钢筋锈蚀，但是，氧化膜的完整性和保护性取决于很多因素，例如有效氧的多少和孔溶液的碱含量、供氧量越少，碱含量越低，膜层就越薄，防护性 就越差。实践表明，水泥水化的高碱性（pH ≥12.6），使钢筋表面产生一层致密的钝化膜，该钝化膜中包含有 Si－O 键，对钢筋有很强的保护能力，然而，此钝化膜只有在高碱环境中才是稳定的，研究与实践明，当 pH 值小于 11.5 时，钝化膜就开始不稳定；当 pH 值小于 9.88 时，钝化膜生成困难或已生成的钝化膜逐渐遭到破坏，氯离子进入钢筋混凝土中并到达钢筋表面，当它吸附于局部钝化膜处时，可使该处的 pH 值迅速降到 4 以下，氯离子对钢筋表面的钝化膜有很强的破坏作用。

氯离子对钢筋表面钝化膜的破坏首先发生在局部(点)，使这些部位(点)露出了铁基体，与尚完好的钝化膜区域之间构成电位差（作为电解质，混凝土内一般有水或潮气存在）。铁基体作为阳极而受腐蚀，大面积的钝化膜作为阴极，形成“腐蚀电池”，钢筋表面产生点蚀(坑蚀)，由于大阴极(钝化膜区)对应于小阳极(钝化膜破坏点)，坑蚀发展十分迅速，这就是氯离子对钢筋表面产生“坑蚀”的原因所在，氯离子不仅促成了钢筋表面的腐蚀电池，而且加速电池作用的过程，阳极反应式如下式所示：

$$Fe \rightarrow Fe^{2+} + 2e^{-} \tag{1}$$

如果生成的 Fe 不能及时移除而累积于阳极表面，那么阳极的反应就会受到阻碍；反之，如果生成的 Fe 能及时移除，那么阳极过程就会顺利乃至加速进行，Cl^{-} 与 Fe 相遇会生成 $FeCl_2$，Cl^{-} 能使 Fe^{2+} 消失，从而加速阳极过程。这种加速阳极过程，称为阳极去极化作用，氯离子发挥了阳极去极化作用的功能 ，其反应式为：

$$Cl^{-} + Fe^{2+} + 2H_2O \rightarrow Fe(OH)_2 + 2H^{+} + Cl^{-} \tag{2}$$

Cl^{-} 在整个过程中起到了搬运的作用，并没有被消耗掉，即凡是进入混凝土中的游离状态的氯离子，会周而复始地起到破坏作用。这也是氯盐危害的特点之一。

大连南部滨海大道工程三标段项目部根据跨海大桥施工墩身浪溅区极易被腐蚀的实际情况（图1），从施工工艺和配合比设计两方面出发，通过使用环氧钢筋、在混凝土中加入阻锈剂、使用混凝土透水模板布等几个方面进行防腐的运用。

图 1 南部滨海大道工程墩柱浪溅区的侵蚀

2 环氧树脂涂层钢筋的运用

2.1 环氧树脂涂层钢筋施工特点

在对环氧树脂涂层钢筋保护措施中，各种垫圈、袋子、保护性塑料一次投入、多次使用。施工过程中采用特殊的吊运、储存与搬运、加工、连接与定位、涂层修补及混凝土浇筑等工序，有利于保证环氧树脂涂层钢筋的完整性，抗腐蚀性，同时延长了混凝土结构的使用寿命。

2.2 环氧树脂涂层钢筋技术要求

环氧树脂涂层钢筋的涂层厚度一般在0.18～0.30mm，在施工中比较容易受到碰、刮等损伤，所以环氧树脂涂层钢筋的主要问题集中在能否保证钢筋表面环氧涂层的完整性上。如果涂层不完整，有孔洞、破伤或膜层太薄等现象，在腐蚀环境下，结构中的钢筋依然会锈蚀。鉴于涂层钢筋的特性，在具体应用时除了满足普通钢筋的技术要求外，在吊运、储存与搬运、加工、连接与定位、涂层修补及混凝土浇筑等工序上需采取额外措施保护涂层不受损害以确保施工质量。

2.3 涂层钢筋的吊运与搬运

由于环氧涂层膜具有一定的脆性，出厂时钢筋用具有抗紫外线照射性能的黑塑料布进行包装成捆，直到使用前才能拆开。吊运时采用载质量达到使用要求的高强度尼龙吊带为吊索，不准用钢丝绳吊装涂层钢筋，以避免吊索与钢筋之间的相互挤压、摩擦造成涂层破坏；长度较长的钢筋采用多点吊装，避免钢筋的两端或中间因过大垂直挠度而造成钢筋之间的摩擦与碰撞损坏涂层。

在搬运过程中严禁拖拉抛拽，以水平方式搬运；被运输的钢筋捆束应该用木隔板分开，保持捆束之间分离。木隔板的作用是为了防止运输振动及装载时避免涂层遭到损坏。任何一个暴露于车厢外的钢筋都应用帆布包裹保护起来，以防路面受压石屑蹦起破坏涂层。

2.4 涂层钢筋的储存(图2)

在钢筋加工场地应分配出一个单独的区域以存放环氧树脂涂层钢筋，此钢筋存放区域应避开人行交通的主干道。

涂层钢筋在施工现场的储存期不宜超过3个月，在此期间要采用帆布或不透光的黑色塑料布包裹，最好搭棚避免直接日晒雨淋。

堆放时，地面应平整牢靠，钢筋与地面之间，钢筋与钢筋之间应用木隔板隔开，堆放层数不超过5层。无涂层钢筋与环氧涂层钢筋应分开堆放。

图2　环氧树脂涂层钢筋的储存

2.5 涂层钢筋的加工

在进行涂层钢筋弯曲切割的加工时，环境温度宜不低于5℃。

钢筋弯曲机的心轴应套以"耐拉特龙"专用轴套，平板表面应铺以布毡垫层，避免涂层与金属物的直接接触挤压；对直径$d \leqslant 20$mm钢筋，涂层钢筋的弯曲直径不宜小于$4d$；对直径$d >$ 20mm钢筋，不宜小于$6d$且弯曲速率不宜大于8r/min。

切断涂层钢筋应采用钢筋切断机或砂轮机，禁止采用气割方式，在直接接触涂层钢筋的部位，应垫以缓冲材料，钢筋切断处及时采用涂层修补。同时，施工过程中更应注意，人和机械，都不应碰伤、划伤、损坏钢筋表面的环氧涂层(图3、图4)。

图 3　环氧树脂涂层钢筋的切割

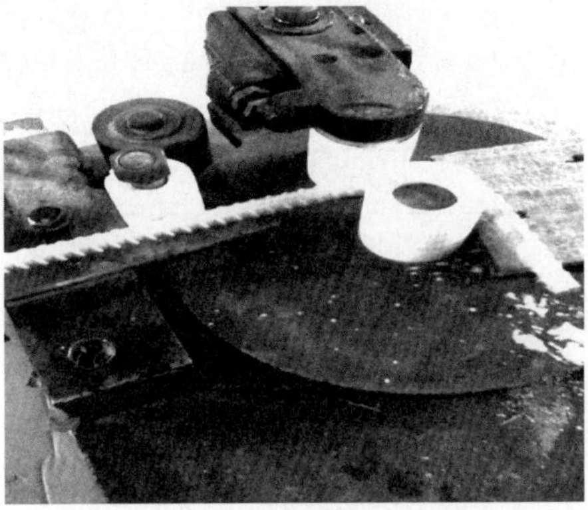

图 4　环氧树脂涂层钢筋的弯曲

2.6　涂层钢筋的连接与定位

涂层钢筋的连接可以根据设计要求，采用绑扎连接、焊接连接和机械连接。工程中主要采用绑扎连接，只有在不可避免时采用焊接连接。

为了涂层钢筋的绑扎连接的牢固和不损坏连接，应采用专用的包胶铝丝(由涂层钢筋生产厂家提供)。对于十字叉钢筋，应用“X”形绑扣。

涂层钢筋的绑扎搭接长度应符合设计和规范要求，当无特殊要求时，对受拉钢筋，不得小于有关设计规范规定的相同等级和规格的无涂层钢筋锚固长度的 1.5 倍，且不小于 375 mm；对受压钢筋，不得小于有关设计规范规定的相同等级和规格的无涂层钢筋锚固长度的 1.0 倍，且不小于 250 mm。

涂层钢筋焊接连接应先将焊接的钢筋部位的涂层剔除干净；焊接后，应将焊接部位的焊渣、附近有影响的涂层剔除干净，并根据专用修补材料的使用要求，将焊接部位及其影响区域的涂层修补好。

涂层钢筋的机械连接，宜采用已经过涂装的专用套筒、螺母进行，并根据专用修补材料的使用要求，将接口处受损涂层修补好；当采用未经过涂装的套筒、螺母进行涂层钢筋的机械连接时，尚应在连接后根据专业修补材料的使用要求，将套筒、螺母等连接件涂刷涂层。

涂层钢筋允许与非涂层钢筋联合使用，但要注意防止两者间形成电连接，因为万一两者电气连通，就有形成电腐蚀的可能，对钢筋造成腐蚀影响。另外，涂层钢筋和非涂层钢筋的架立筋必须采用涂层钢筋来固定。

涂层钢筋安装就位后，施工人员不宜直接在其上行走，并应避免将施工工具跌落砸坏涂层。

2.7　大连南部滨海大道工程三标段常用环氧钢筋施工和质量控制

在整个施工过程中应随时检验涂层质量，严格控制环氧涂层钢筋出现过多的破损缺陷，每米涂层钢筋上小于 $25mm^2$ 的涂层缺陷，其总面积不得超过钢筋表面积的 0.1% 。

涂层钢筋进行剪切、冷弯时，所有接触涂层钢筋的机具接触面应有尼龙套管筒或衬垫，防止损伤涂层。架立环氧涂层钢筋时，不得采用无涂层钢筋。绑扎环氧涂层钢筋必须采用包胶铝丝或其他柔软材料进行绑扎。同一构件中，环氧涂层钢筋与无涂层钢筋不得有电连接(防雷接地钢筋应另外布置)。环氧涂层钢筋架立安装之后，不宜在其上行走，应防止工具或重物跌落其上，并应规定可移动设备的位置，以免损伤环氧涂层钢筋。浇筑混凝土前，应检查环氧涂层钢筋的涂层，尤其是剪切端头处，如有损伤应及时修补，待修补材料固化后，方可浇筑混凝土

(表1)。浇筑混凝土时,当采用插入式振动棒振动时,应使用塑料或橡胶包裹振动器,并尽量避免振捣棒与钢筋的直接碰撞,防止振捣混凝土过程中损伤环氧涂层(图5)。

墩身浪溅区施工 ϕ32 环氧钢筋的检测结果 表1

项　目	指标要求	实　测
涂层厚度	180～300mm	233
低于140μm的点数	0	0
180～300μm范围内的比例	≥95%	100
每米长度上的漏点数目	≤3	1
孔洞、空隙、裂纹和其他目视可见缺陷	无	无
涂层可弯性	无肉眼可见的裂纹和剥离	无

图5　承台施工预留墩身浪溅区环氧钢筋

2.8　环氧树脂钢筋的优点

环氧树脂涂层钢筋是一种在普通钢筋的表面制作了一层环氧树脂薄膜保护层的钢筋(图5),涂层厚度一般在0.18～0.30mm。涂层一般脸用环氧树脂粉末以静电喷涂方法制作,将普通钢筋表面进行除锈、打毛等处理后加热到230多摄氏度的高温,再将带电的环氧树脂粉末喷射到钢筋表面,由于粉末颗粒带有电荷,便吸附在钢筋表面,并与其熔融结合,经过一定养护固化后便形成一层完整、连续、包裹住整个钢筋表面的环氧树脂薄膜保护层,环氧树脂涂层以其不与酸、碱等反应,具有极高的化学稳定性和延性大、干缩小,与金属表面具有极佳的黏着性的特点,在钢筋表面形成了阻隔其与水分、氧、氯化物或侵蚀性介质接触的物理屏障,能长期保护钢筋并使其免遭腐蚀。同时,还因其具有阻隔钢筋与外界电流接触的功能而被认为是化学电离子防腐屏障。

其次,环氧涂层钢筋有良好的可弯性,在涂层钢筋弯曲试验中,在被弯曲钢筋的外半圆范围内,没有肉眼可见的裂纹和失去黏着的现象。采用这种钢筋易施工,且能有效地防止处于恶劣环境条件下的钢筋被腐蚀,从而大大提高工程结构的耐久性。

3　钢筋阻锈剂的优点

钢筋阻锈剂是指加入混凝土中或涂刷在混凝土表面,能阻止或减缓钢筋腐蚀的化学物质。钢筋阻锈剂必须能直接阻止或延缓钢筋锈蚀,高性能钢筋阻锈剂是由分散组分、阻锈组分、防腐组分以及其他功能组分经过合理匹配复合而成,在拌制混凝土时加入阻锈剂可提高混凝土的抗蚀能力。迁移型阻锈剂是近年来提出的全新概念,它可外涂,虽然不如内掺效果好,但它迁移到钢筋表面的这种性能是有重要意义的。迁移型阻锈剂并不降低混凝土的力学性能:和易性、吸水性等物理性能没有任何改变;相反可以提高混凝土的高温(可达60℃)拉伸强度、弯曲强度。电化学研究表明,迁移型阻锈剂可显著降低腐蚀速度,且这种作用对低强混凝土比对高强混凝土更明显。

3.1　钝化作用

钢筋阻锈剂能在钢筋表面形成致密的保护层,当有害离子(如 Cl^-)侵入混凝土结构中,它能有效的抑制、阻止和延缓钢筋锈蚀的电化学反应过程，阻止或延缓氯离子对钢筋钝化薄膜的破坏，因为阻锈剂的作用不仅是可以自发在钢筋表面上形成，而且只要有致钝环境，即使钝化膜破坏也可以自行再生，自动维持，从而延长钢筋混凝土结构的使用寿命，通常在混凝土中直接掺入阻锈剂优于任何人为涂层，而且经济、简便。

3.2 减水作用

阻锈剂具有一定的减水作用，其减水剂一般在5%～8%，钢筋阻锈剂和聚羧酸高效减水剂结合使用，会使水泥浆体絮凝结构成为均匀的分散结构，释放出游离水，使混凝土拌合物达到规定稠度的用水量大大减少，因此硬化混凝土内部毛细孔隙减少，密实度提高，抗渗透能力显著增强。

3.3 抗蚀作用

钢筋阻锈剂具有很强的抗蚀和耐盐水浸渍性能，阻锈剂的掺入，能使水泥颗粒充分湿润，水泥水化充分，水化产物分布均匀，混凝土内部结构的连续性和均匀性增强，孔径细化，缺陷减少，从而使氯离子的渗透或扩散作用大大减弱，减缓了造成钢筋锈蚀的可能性。

3.4 引气作用

阻锈剂中的引气成分吸附到气，界面上以后，表面自由焓降低，即降低了溶液的表面张力，使混凝土拌合物在搅拌过程中极易产生许多微小的封闭气泡，气泡直径和间隔系数大多在200μm以下，从而提高了水泥的保水能力，使混凝土拌合物的泌水性能大为减少。由于气泡的阻隔，使混凝土拌合物中自由水的蒸发路线变得曲折、细小、分散，因而改变了毛细管的数量和特性，也使混凝土的抗渗性显著提高，由于气泡有较大的弹性变形能力，对由、水结冰所产生的冰晶应力有一定的缓冲作用，因而大幅度提高了混凝土的抗冻融破坏能力，使混凝土内部结构遭受损伤的可能性显著降低，因此可以避免外界氯离子乘虚而入。

4 钢筋阻锈剂的配合比设计及耐久性

大连南部滨海大道工程三标段采用北京金盾ZD-19型液体阻锈剂，适用于普硅和矿渣水泥配制的混凝土，对粉煤灰、矿渣粉、硅灰和常用的减水剂有较好的相容性。在25℃以上使用时，有明显早强，促凝作用，并有坍落度损失方面的影响，必要时可采取缓凝措施。

4.1 配合比设计(表2)

大连南部滨海大道工程墩身浪溅区配合比设计 表2

材料	水泥	砂	碎石	粉煤灰	硅灰	高效减水剂	钢筋阻锈剂	水
用量(kg)	351	729	1 093	91	11	4.53	13.6	134
Cl^-含量(%)	0.00	0.001	0.001	0.011 87	0.00	0.599	0.075 34	54.8mg/L
Cl^-总含量占胶材百分数(%)	0.01							

其中减水剂掺量为胶凝材料的1%，钢筋阻锈剂的掺量为胶凝材料用量的3%。

4.2 掺阻锈剂混凝土耐久性

为了保证墩身浪溅区混凝土耐久性，分别对该配合比的抗渗性、冻融循环及抗氯离子渗透进行试验。

4.2.1 混凝土抗渗试验(表3)

墩身浪溅区抗渗试验结果 表3

龄期(d)	试验最大水压(MPa)						试验抗渗等级
	1	2	3	4	5	6	
28	0.6	0.6	0.6	0.6	0.6	0.6	W6
有、无渗水	无渗水	无渗水	无渗水	无渗水	无渗水	无渗水	

4.2.2 混凝土冻融试验(表4)

墩身浪溅区冻融循环试验结果 表4

检验项目	冻融循环次数						抗冻等级
	100	150	200	250	300	350	
质量损失(%)	0.2	0.3	0.5	0.7	1.0	1.5	符合F350抗冻要求
相对动弹模量(%)	无渗水	无渗水	无渗水	无渗水	无渗水	无渗水	

4.2.3 混凝土抗氯离子渗透试验(表5)

墩身浪溅区抗氯离子渗透试验结果 表5

龄期(d)	试验最大水压(MPa)			平均值(C)
	1	2	3	
28	482.9	532.2	508.6	507.9
结论	满足≤1 000C的要求			

试验结果表明,墩身浪溅区掺钢筋阻锈剂混凝土的抗渗性、冻融循环及抗氯离子渗透进行试验结果均满足图纸和设计要求。

5 混凝土透水模板布的使用

混凝土透水模板布是一种应用于建筑工程的新型建筑材料,它不仅能消除混凝土表面的气泡、砂线、砂斑等混凝土质量通病,从而使混凝土形成致密表面,提高混凝土表观质量,而且能进一步提高混凝土性能,改善混凝土耐久性(防止碳化、减少氯离子渗透),提高混凝土耐磨性、抗冻性和表面抗拉强度。

混凝土透水模板布是高分子聚合纤维为主要原料,经过特殊技术加工工艺生产而成,使用时将透水模板布贴在模板上,它能把刚刚浇好的混凝土表面多余的空气和水排出,降低混凝土表面水与水泥的比例值,即水胶比,提高了混凝土的强度和耐磨性;同时也确保混凝土在养护期间保持高湿度,减少细微裂缝产生的风险;从而使混凝土的表面变得光滑,密实度提高,大大地减少表面的砂眼和裂纹,可以加强抵抗外来因素的侵蚀,如风化、碳化、氯化物、微生物等,提高混凝土的耐久性。

5.1 工作原理(图6)

混凝土透水模板布的结构分为表层、中间层、黏附层。混凝土透水模板布的工作原理:浇注混凝土后,在混凝土内部压力、混凝土透水模板布的毛细作用及振捣棒等共同作用下,混凝土中的气泡以及部分游离的水分由混凝土内部向表面迁移,并可通过混凝土透水模板布中间层排出,并产生以下效果:

①可以有效减少构件表面混凝土的气泡,使混凝土更加致密;

②可以使混凝土中的部分水分排出而水泥颗粒留在混凝土到头面，导致数毫米深的混凝土表面水胶比显著降低；

③使构件表面形成一层富含水化硅酸钙的致密硬化层。大大提高混凝土表面硬度，耐磨性、抗裂强度、抗冻性，使混凝土的渗透性、碳化深度和氯化物扩散系数也显著降低；

④减少了混凝土内部与外办交换物质的可能，从而提高了构件的耐久性。

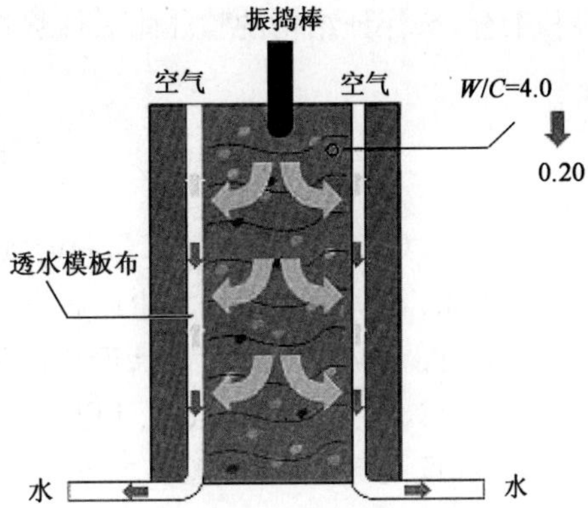

图 6　工作原理

5.2　混凝土透水模板的性能

混凝土透水模板布是以改性高分子聚合纤维为主要原料，经过特殊工艺加工制成，本产品质地柔软、坚韧；能够适应各种类型的混凝土模板，制作各种形状的高质量混凝土制品。此外，由于透水模板布在施工中紧贴混凝土表面，透水模板布的保水作用能确保混凝土在最初阶段的养护保持高湿度，大大减少细微裂缝产生的风险。从而使混凝土的表面变得细致、密实，减少表面的砂眼和裂纹。提高抵抗外来因素的侵蚀，如风化，碳化，氯化物，微生物等，提高混凝土的耐久性、耐磨性、抗冻性和表面抗拉强度。

5.3　技术指标(表 6)

技 术 指 标　　表 6

性能 \ 产品名称	混凝土透水模板布		性能 \ 产品名称	混凝土透水模板布	
平均孔径	μm	28	耐热点(软化点)	℃	140
排水能力	L/m²	>3	耐酸性		耐酸性良好
透气量	L/m²·s	>60	耐碱性		耐浓碱
保水量	L/m²	>0.5	耐磨性		优良
质量	g/m²	380±20	耐蛀性、耐霉性		优良
断裂强度	kN/m	4.2	耐紫外线		一般
断裂伸长	%	10	抗微生物		优良
相对密度		0.91			

6　结语

跨海大桥施工技术在我国目前尚未成熟，有许多问题仍在实践和探讨之中，对于氯盐侵蚀环境下的结构物，影响其钢筋混凝土耐久性最主要的问题是氯离子侵入引发钢筋腐蚀破坏。长久以来，严酷环境下的混凝土结构修复和重建耗费了大量的人力、物力和财力，因此，从建设之初，就应该采取全面的预防措将腐蚀问题防患于未然。大连星海湾跨海大桥在施工过程中对环氧树脂涂层钢筋采用了特殊的存放 、加工、安装、修补等施工技术，并不断完善施工工艺，保证了环氧涂层钢筋在施工全过程保持涂层的完好连续性，同时钢筋阻锈剂和混凝土透水模板布的复合叠加使用，进一步保证了浪溅区墩柱混凝土的耐久性，且经验表明在大连星海湾跨海大桥的施工过程中钢筋阻锈剂和混凝土透水模板布的使用效果显著。但目前对于墩身浪溅区施工以及其他腐蚀严重部位的保护措施的研究仍然不够，依然任重道远，继续研发出新的材料和工艺，来保证结构的整体耐久性势在必行。

参 考 文 献

[1] 许雯瑜. Cl^-作用下混凝土结构的破坏分析与耐久性设计[J]. 福建青年科技人才，2006.
[2] 刘秉京. 氯离子在混凝土中的扩散[J]. 中交集团隧道技术，2006.
[3] 曹烈仿. 混凝土桥梁耐久性设计探讨[J]. 重庆交通学院学报，2005.
[4] 中华人民共和国行业标准. JTJ 275—2000 海港工程混凝土结构防腐蚀技术规范[S]. 北京：人民交通出版社，2000.
[5] 世界著名跨海大桥[J]. 岩土工程，2003.

166. 预应力混凝土斜拉桥长期性能的研究

刘德启　白植舟　陈德伟
（同济大学桥梁工程系）

摘　要：预应力混凝土斜拉桥受混凝土涂变收缩影响，其结构状态会发生变化，包括索力、主梁内力和挠度等。以某对称混凝土斜拉桥为工程实例，分别研究了涂变和收缩的影响，讨论了刚性支承连续梁法确定的内力状态的稳定性，以及节段施工周期下混凝土收缩涂变影响的变化。基于分析结果，为提高提混凝土斜拉桥的长期性能，提出索力适当超张拉，加强混凝土养护和适当加大各节段施工周期等方法。

关键词：预应力混凝土斜拉桥　成桥初始索力　刚性支承连续梁　收缩涂变　长期性能

1　引言

斜拉桥是由主梁、拉索和主塔组成的高次超静定结构，在斜拉桥设计中可以通过调整斜拉索的张拉力来调整结构的内力状态。对于混凝土斜拉桥，恒载内力约占总内力的70%以上，因此成桥恒载内力分布的好坏是衡量设计优劣的重要标准。现代斜拉桥恒载初始索力的确定方法主要有三类：指定受力状态的索力确定方法（包括刚性支撑连续梁法和零位移法），无约束的索力确定方法（包括最小弯曲能量法和最小弯矩法），以及有约束的索力优化确定方法。在三类方法中，以刚性支承连续梁法和最小弯曲能量法最为常用，大部分斜拉桥设计中均以此两种方法为基础，并根据实际情况作局部调整。

对于混凝土斜拉桥，混凝土收缩徐变作用是一项不可忽略的影响。由于混凝土的收缩徐变，高次超静定的斜拉桥结构将发生内力重分布，而收缩徐变又通常发生在成桥后的几年之内，因此斜拉桥结构的内力状态将与成桥时的理想状态相去甚远：索力发生变化，主梁弯矩分布变化和时效挠度，主塔的时效侧移等，这对斜拉桥的长期运营产生不利的影响。为探讨斜拉桥在混凝土收缩徐变作用下，成桥初始索力对斜拉桥长期性能的影响，本文以某对称独塔混凝土斜拉桥为例，进行了深入的探究，分析原因并提出一些对策与建议，以供设计参考。

2　算例

某桥采用120m＋120m的独塔对称双索面混凝土斜拉桥，主塔为H形塔，桥面宽18.4m，主梁为单箱三室截面，扇形双索面。本桥采用Midas civil建模进行分析，有限元模型如图1所示。

从上述图例可以得出，当各节段龄期一致时，混凝土收缩引起的内力状态变化最大，随着龄期差的增加，内力状态变化减小。

4 混凝土徐变的影响

4.1 龄期一致时的徐变影响

剔除混凝土收缩的影响，不考虑主塔收缩徐变的影响，主梁一次落架、龄期一致进行分析，结果表明成桥时内力状态与徐变 1 000d 后的内力状态是一致的，因此可以认为在本模型中，按照刚性支撑连续梁（或弯曲能量最小法）确定的成桥初始索力是稳定张拉力，即混凝土徐变不引起内力重分布。

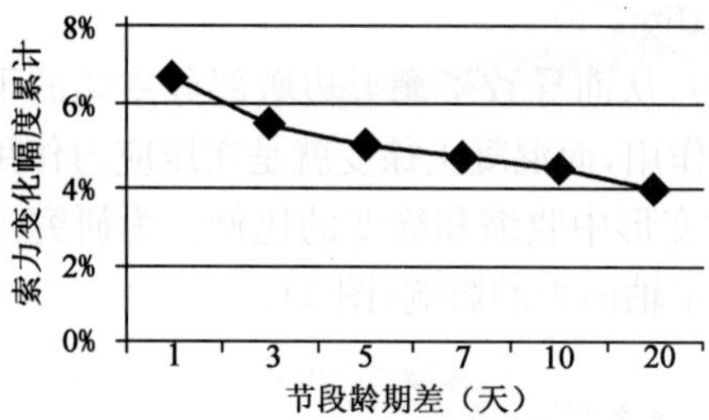

图 8 徐变引起索力变化幅度累计值随龄期差变化图

4.2 施工阶段龄期不一致时的徐变影响

剔除混凝土收缩影响，不考虑主塔收缩徐变影响，主梁结构一次落架，节段龄期差分别按照 1d, 3d,5d,7d,10d,20d 进行分析，分别对比弯矩变化值，索力变化值，主梁挠度的变化，对比结果如图 8～图 10 所示。

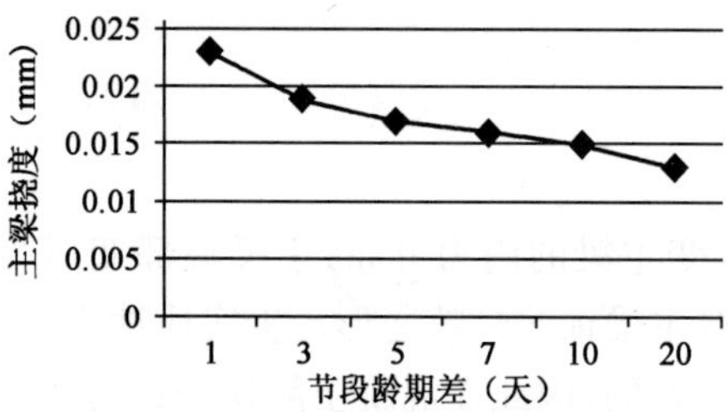

图 9 徐变引起主梁最大挠度随龄期差变化图

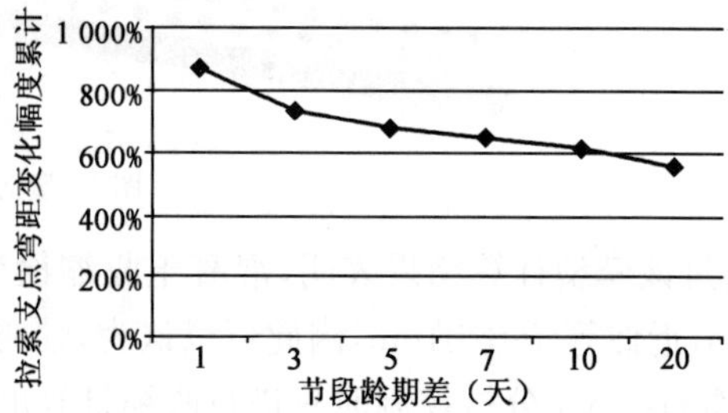

图 10 徐变引起拉索支点弯矩变化幅度累计值随龄期差变化图

通过对比，可以得到以下结论：斜拉桥内力状态变化随着龄期差的增大而减小，并且减小幅度比混凝土收缩大。

5 混凝土徐变和混凝土收缩影响的相关性分析

有与斜拉桥属于高次超静定结构，混凝土收缩和徐变都将导致结构变形，从而使结构的内力发生变化。一般情况下混凝土收缩和徐变统一在一起考虑，认为彼此是相互影响的。本节分别对混凝土收缩和混凝土徐变的结果进行对比分析，探求两者的相互关联性，分析结果如图 11、图 12 所示。

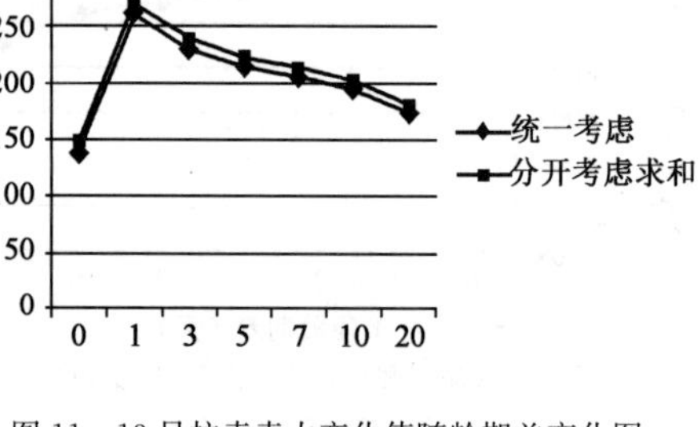

图 11 13 号拉索索力变化值随龄期差变化图

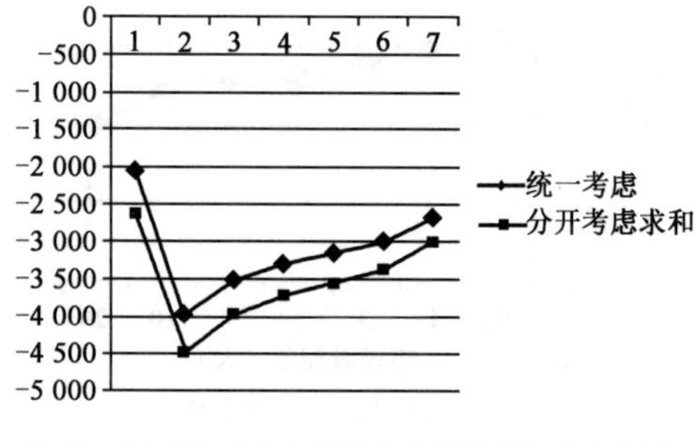

图 12 13 号拉索支点弯矩变化值随龄期差变化图

从上图可以看出，混凝土收缩和徐变在索力变化方面关联性很小，而在主梁内力状态变化方面有一定的关联性，在计算混凝土收缩徐变的内力变化时，需要考虑到两者的关联性。

6 考虑主塔收缩徐变影响

由于主塔的收缩徐变将导致塔的变形增加，而且随着塔的高度增加而增加，这将导致拉索松弛，索力减小，从而导致主梁内力状态变化，其大致变化趋势和内力分布与主梁收缩徐变是一致的。

7 索力设计和施工设计的对策与建议

7.1 索力调整设计

通过以上分析可知，混凝土收缩徐变将导致斜拉桥主梁和主塔的变形，导致拉索松弛，索力减小，拉索对主梁的支承作用降低，从而导致主梁正弯矩加大、主梁下挠。因此，作者提出一种超张拉的方法，对索力进行调整，使成桥后的主梁内力相对于刚性支承连续梁作一定的偏移，使主梁在混凝土收缩徐变完成之后不至于过度下挠，即使成桥和收缩徐变完成两个状态的弯矩分布比较均匀，这样有利于预应力的布置和斜拉桥的长期性能。

将成桥索力和徐变完成后的索力差的 50%进行超张拉，可以得到成桥状态和收缩徐变完成状态的主梁弯矩分布如图 13、图 14 所示。

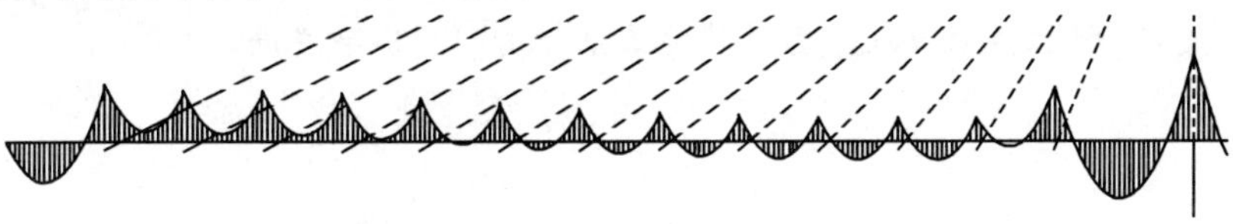

图 13 超张拉后一次落架、各阶段龄期一致成桥主梁弯矩图

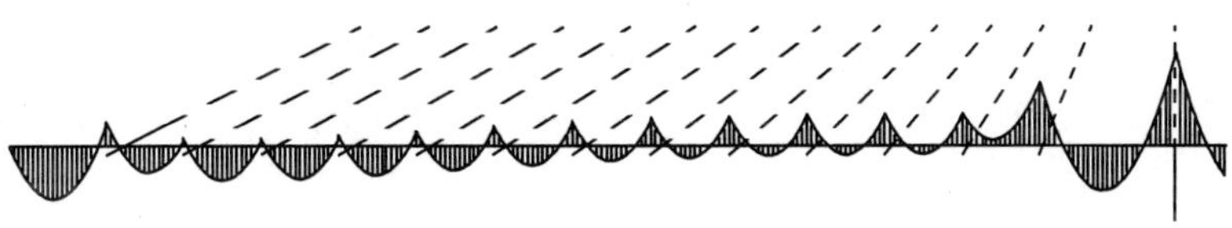

图 14 超张拉一次落架、各节段龄期一致收缩徐变 1 000d 主梁弯矩图

7.2 施工设计

通过上述图表可以看出，加强对混凝土的养护，减小混凝土收缩可以可观地降低斜拉桥的内力状态变化，提高斜拉桥长期性能。另外，适当提高各节段施工的时间间隔，这样也有利于减小混凝土收缩徐变带来的影响。

8 结语

通过本文的计算与分析，可以得到以下结论：

(1)刚性支撑连续梁法确定的斜拉桥索力在只考虑混凝土徐变，不考虑收缩，各节段一次落架且龄期一致时，其索力是稳定索力。

(2)由于主梁和主塔混凝土收缩徐变的影响将导致主塔塔顶和主梁梁段的变形最大，从而导致斜拉索松弛，索力减小，主梁在靠近边墩一段范围内下挠，其中尾索的索力变化最大。

(3)混凝土收缩是导致斜拉桥内力状态变化的一项重要因素，且与徐变影响具有一定关联性，二者一定程度上相互影响。

(4)随着各施工节段的龄期差的增大,混凝土收缩徐变对斜拉桥内力状态的影响将减小。

(5)对最外侧部分索力进行一定程度的超张拉可以将成桥和收缩徐变完成后的弯矩分布较为均匀。

(6)加强对混凝土的养护,减小混凝土收缩,适当加大各节段施工时间间隔,可以降低混凝土收缩徐变对斜拉桥长期性能的影响。

参考文献

[1] 陈德伟,许俊,周宗泽,等.预应力混凝土斜拉桥施工控制新进展[J].同济大学学报(自然科学版),2001.

[2] Bazant ZP. Prediction of concrete creep and shrinkage—past, present and future. Nuclear Engineering and Design,2001.

[3] 范立础,杜国华,鲍卫刚.桥梁结构徐变次内力分析[J].同济大学学报,1991.

[4] 彭卫,杜时贵.混凝土徐变效应的计算机分析[J].西安公路交通大学学报,1999.

[5] 陈德伟,范立础.确定P.C.斜拉桥恒载初始索力的方法[J].同济大学学报(自然科学版),1998.

[6] 肖汝诚,项海帆.斜拉桥索力优化及其工程应用[J].计算力学学报,1998.

[7] 杜国华,姜林.斜拉桥的合理索力及其施工张拉力[J].桥梁建设,1989.

167. 混凝土桥梁钢筋锈蚀寿命简化数值评估方法

涂　熙　狄　谨
（重庆大学土木工程学院）

摘　要：实际工程应用中工程师多通过设定合理的混凝土保护层厚度以防止钢筋锈蚀。为了得到更准确的保护层厚度设计值，本文提出了一种基于等效参考边界长度的简化计算方法来估计钢筋的锈蚀寿命，其原理是将任意形状的混凝土截面边界与一个标准对照模型进行比较，同时根据已有实验数据并通过数值模拟手段计算钢筋的锈蚀过程。此外，本文提出了钢筋锈蚀权重指标，其意义在于更清晰的评价包含大量钢筋的混凝土截面的损伤程度。本文通过一座混凝土拱桥对参考边界估计方法和钢筋锈蚀权重指标进行了应用研究。

关键词：钢筋混凝土桥梁　耐久性　简化评估方法　等效参考边界　钢筋锈蚀权重指标

1　引言

钢筋锈蚀一直是混凝土桥梁耐久性的一个重要影响因素[1]。工程师一般通过设置合理的混凝土保护层厚度来达到保护钢筋的目的，但相应的取值一般根据经验及从构造角度进行考虑，缺少广泛认可的定量设计准则。当前大多数学者的研究工作集中在钢筋锈蚀机理、混凝土退化特征以及混凝土物质传输过程。一些实验研究成果为钢筋混凝土结构耐久性评价提供了重要的基础。其中，法国图卢兹工程材料与耐久性实验室的研究成果最具代表性[2-3]，其钢筋混凝土构件自然锈蚀实验持续了超过 23 年，揭示了钢筋自然锈蚀的基本特征，包括不均匀锈蚀的分布形态、混凝土开裂模式、氯离子浓度分布以及构件力学性能。与此同时，混凝土结构数值模拟技术研究也得到了较大推动，数值模拟对象从宏观尺度逐步发展到细观尺度[4]。此外，Biondini[5-7]提出了一种给定侵蚀浓度条件下钢筋锈蚀速率线性损伤模型。尽管如此，当前的数值模拟手段尚不够成熟且十分复杂，不易直接在实际工程应用。此外，针对工程设计方法的研究集中在考虑结构性能退化及外部影响因素的耐久性理论体系，而气候影响、外部环境边界条件以及相应的统计参数等关键因素依然是工程中主要考虑的问题。

针对以上这些问题，本文针对钢筋混凝土结构耐久性评价提出了一种钢筋锈蚀估计方法，尝试为工程师提供一种易用的设计方法。这一方法的原理是通过比较钢筋周边混凝土边界条件和侵蚀过程的相似性来得到钢筋锈蚀过程的相似性。这一方法避免了复杂的数值模拟分析，十分便于在实际工程中应用。

2 基于形状的寿命估计

在结构建造之初，环境中的有害物质便从混凝土表面开始侵入。对于确定的环境特征和材料特性，混凝土内部某一点处的氯离子浓度是由该点附近的边界条件以及相应的扩散时间来决定，而相应的氯离子浓度也决定此处设计的钢筋生存寿命（钢筋自初始状态至完全锈蚀所需时间）。简言之，钢筋周边的氯离子浓度取决于钢筋临近区域的特征。一般来说，桥梁结构多采用梁、柱等构件形式。这种情况下钢筋的配置多为纵向布置，而纵向钢筋也较大程度决定了构件承载能力。因此，锈蚀钢筋的评价即可等效于二维平面内的扩散问题。

为了研究这一问题，首先以大体积钢筋混凝土为特定的研究对象。此时评价钢筋的问题可视为一半平面问题。此外，忽略多层钢筋布置和双向边界条件。为了研究边界条件对氯离子浓度发展的影响，本文引入“参考圆区域”概念，即以钢筋位置为圆心设置一个圆形区域，通过比较该圆形区域内的混凝土边界轮廓以得到不同边界条件设置下混凝土内的氯离子扩散的差异。假定多个研究对象具有相同的氯离子扩散系数和钢筋锈蚀速率，则任意两种不同边界条件下钢筋生存寿命的比值按下式计算：

$$\frac{T_1}{T_2}=\sqrt{\frac{L_2}{L_1}} \tag{1}$$

式中：T_1、T_2——分别为钢筋生存寿命；

L_1、L_2——参考边界长度（参考圆区域内的边界长度）。

这一算法表示任意两类情形的钢筋生存寿命之比与相应参考边界长度的平方根之比成反比关系，因此可称之为“参考边界比较估算法”。若设混凝土保护层厚度为 d，则参考圆的半径建议为 $R_{IC}=2d$。对于常见的角区域、直边区域和曲边区域，参考边界可表示为图 1 所示方式，相应的参考边界长度的计算方式也可推导得到。对于角区域，参考边界总长度的计算方法为：

$$L_{IL}=2\left(\sqrt{3}+\cot\frac{\alpha}{2}\right)d \qquad (90^\circ\leqslant\alpha\leqslant180^\circ) \tag{2}$$

式中：α——角区域中两组直线边的钝角夹角，当 α 为 180°时，则为直边区域情形。

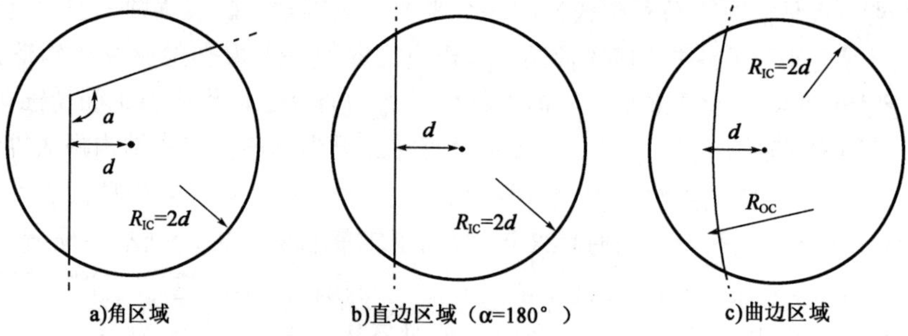

图 1　参考圆区域内边界轮廓线形示意图

曲边区域的参考边界总长度的计算方法为：

$$L_{IL}=4\lambda d\cdot\arctan\frac{\sqrt{48\lambda^2-24\lambda-9}}{8\lambda^2-4\lambda-3} \qquad (\lambda\geqslant1.25) \tag{3}$$

此处，λ 表示曲边区域的边界圆半径与参考圆半径之比，即 $\lambda=R_{OC}/R_{IC}=R_{OC}/2d$。

以的直角区域和半径为 0.23m 的圆曲线区域为例，两者的混凝土保护层厚度均为 5cm。直角区域中钢筋的角区域参考边界长度为 0.273 2m，而圆曲线区域的曲边区域参考边界长度为 0.197 3m，则两种边界线形上的钢筋生存寿命比的估计值为：

$$\frac{T_{\text{Rec}}}{T_{\text{Circle}}}=\sqrt{\frac{L_{\text{IL,Circle}}}{L_{\text{IL,Rec}}}}=\sqrt{\frac{0.197\,3}{0.273\,2}}=0.850$$

根据氯离子扩散数值模拟的结果，直角区域和圆曲线区域中钢筋生存寿命分别为 28 年和 34 年，其比值为 0.824。可见，估算方法的误差为 3.03%。

参考边界比较估算法的意义在于，可以通过估算方法以初步评价混凝土侵蚀发展以及钢筋发生锈蚀的可能性，同时提供了可接受的分析精度。对于一般工程应用而言，可对某种标准的钢筋锈蚀过程进行较精确的实验研究或数值模拟，以此为基础比较并估计其他不同边界条件的钢筋生存寿命的增减幅度。比如，直边区域（角区域 $\alpha=180°$）的参考边界长度为 0.173 2m，则与圆曲线区域的钢筋生存寿命比为：

$$\frac{T_{\text{Line}}}{T_{\text{Circle}}}=\sqrt{\frac{L_{\text{IL,Circle}}}{L_{\text{IL,Line}}}}=\sqrt{\frac{0.197\,3}{0.173\,2}}=1.067$$

这一结果表示在使用相同的钢筋配置和混凝土保护层厚度条件下，直边处的钢筋生存寿命约比圆弧处钢筋长 6.7%。

实际工程应用中会遇到各种复杂的情况，因此需要引入一定的简化处理方法偏保守的将钢筋周边的边界轮廓线简化为前述定义的两类标准线型。以下介绍两种典型的简化处理方法。

（1）不对称线形

实际工程设计中角区域处的钢筋可能距两组临近边界直线的距离不同，形成不对称的角区域形状，尽管可以采用参考圆计算参考边界长度，但计算过程相对复杂，不能使用之前推导的通用公式。相应的简化处理方法为：将距离较远的临近边界直线平行移动至较短距离处，形成对称角区域，然后应用通用公式进行计算。

（2）凹形区域

工程中可能遇到的凹形区域可以转化为虚拟的直边区域，钢筋至虚拟直边的距离为钢筋至相应凹角点的距离，因此这一距离等于钢筋至混凝土边界的最近距离，同时也须使虚拟直边垂直于钢筋与凹角点的连线。这一偏安全的简化处理不需要考虑凹形区域是否对称（图 2）。

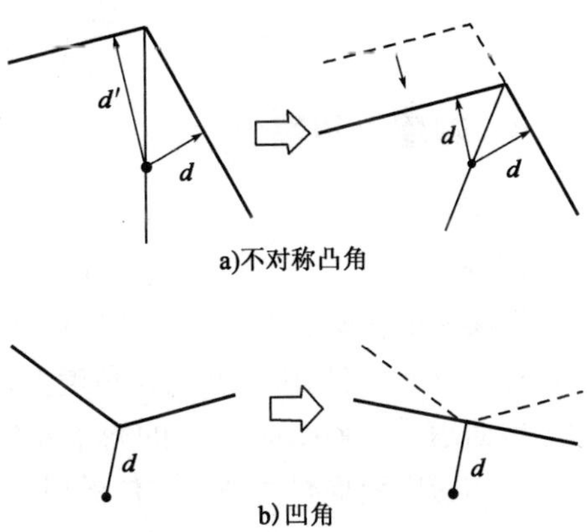

图 2　两类边界轮廓线形简化处理方法

（3）忽略安全钢筋

相比外层钢筋，混凝土深处的钢筋一般更安全。因此，可以将处于氯离子浓度界限范围以外的钢筋视为绝对安全，即不会发生锈蚀。在二维空间内，可设氯离子浓度界限为 1%稳定边界处氯离子浓度值构成的曲线。

3　钢筋锈蚀权重指标

钢筋混凝土截面中一般设置了较大数量的钢筋以保证合理的配筋率。数值模拟方法基于有限元理论，尽管能够提供截面内详细的氯离子浓度分布并可以估计截面的可用性，但这一方法的具体原理和应用相对复杂，且对截面内大量钢筋逐一评价较为复杂，研究者和工程师不易通过分析结果总结得到有用的结果。因此，本文提出“钢筋锈蚀权重指标”这一指标以衡量钢筋混凝土截面内的钢筋锈蚀程度。这一指标基于每一组钢筋的锈蚀程度及各自权重进行计算。钢筋锈蚀权重指标可表示为：

$$\mathrm{WDI}_s = \frac{\sum \Delta A_{s,i} \mathrm{W}_{s,i}}{\sum A_{s,i} \mathrm{W}_{s,i}} \tag{4}$$

这里，环境侵蚀导致第 i 号钢筋的锈蚀面积损失量为：

$$\Delta A_{si} = A_{si} - A_{si,d}$$

式中：A_{si}、$A_{si,d}$——分别表示钢筋的初始截面积和锈蚀后有效面积。

$W_{s,i}$——第 i 号钢筋的权重。

若考虑每一根钢筋的基本权重为 $\mathrm{W}_{s,i}=1$，则钢筋锈蚀权重指标的计算方法可简化为：

$$\mathrm{WDI}_s = \frac{\sum \Delta A_{s,i}}{\sum A_{s,i}} \tag{5}$$

由于混凝土截面内每一组钢筋的工作状态和重要性不同，相应的钢筋权重可表示为应力权重，其取值为钢筋工作应力水平与其屈服强度之比，即：

$$\mathrm{SW}_{s,i} = \sigma_{s,i}/\sigma_{y,i} \tag{6}$$

式中：$\sigma_{s,i}$——截面标准工作状态下的钢筋应力或总外荷载作用下的当前应力。

钢筋面积损失量与其应力权重的乘积（$\Delta A_{s,i}\mathrm{SW}_{s,i}$）强调了某组钢筋的危险性和重要性，并在总的损伤程度中反映了其权重。因此，定义应力权重指标（SWDI）为以下形式：

$$\mathrm{SWDI}_s = \frac{\sum \Delta A_{s,i}\ \mathrm{SW}_{s,i}}{\sum A_{s,i}\ \mathrm{SW}_{s,i}} = \frac{\sum \Delta A_{s,i} \dfrac{\sigma_{s,i}}{\sigma_{y,i}}}{\sum A_{s,i} \dfrac{\sigma_{s,i}}{\sigma_{y,i}}} \tag{7}$$

如果仅考虑受压钢筋或受拉钢筋，则应力权重指标可进行相应的改写：

$$\mathrm{SWDI}_{sc} = \frac{\sum \Delta A_{sc,i}\ \mathrm{SW}_{sc,i}}{\sum A_{sc,i}\ \mathrm{SW}_{sc,i}} \text{及} \mathrm{SWDI}_{st} = \frac{\sum \Delta A_{st,i}\ \mathrm{SW}_{st,i}}{\sum A_{st,i}\ \mathrm{SW}_{st,i}} \tag{8}$$

4 数值计算案例

为了对本文提出的钢筋寿命估计方法进行应用研究，这里以一座建于 2000 年的混凝土拱桥为例进行研究。该桥主跨为 56m，拱肋矢高为 15.14m，主梁宽度为 14m（图 3）。由于主梁内的横梁断面具有较复杂的外轮廓线形，故本文仅选取横梁为研究对象。由于横梁仅由一对吊杆提供支承条件，因此在结构角度上可将横梁分离出来，并视为一简支梁进行单独分析。现考虑桥面承受等效 30kN/m^{2}的均布外荷载，较易计算得到横梁内的初始内力状态。选取横梁简支梁的跨中断面作为估算方法的研究断面（图 4）。

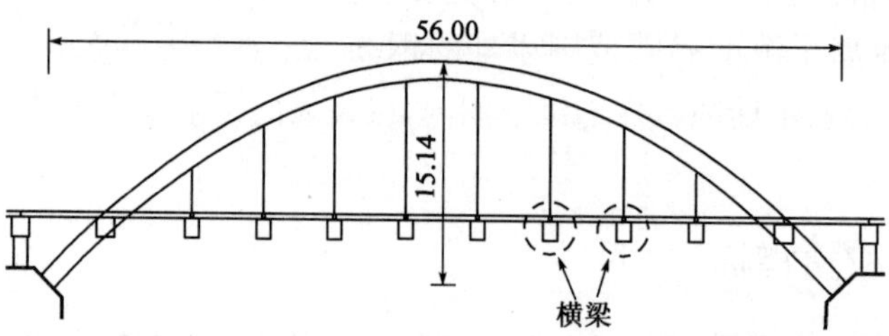

图 3 拱桥立面图（尺寸单位：m）

钢筋和混凝土的材料强度分别为 $f_y=335\mathrm{MPa}$ 和 $f_c=20.2\mathrm{MPa}$。由于混凝土材料具有显著的非线性本构关系，这里采用 Saenz[8] 提出的混凝土受压区本构模型，而受拉区采用双线性弹塑性模型。钢筋的本构关系亦采用双线性弹塑性模型。

4.1 参考锈蚀模拟

根据估算方法的理论，任意边界条件下的氯离子扩散过程可以采用其计算方法等效于具有相等参考边界长度的直边区域情形。这里，通过分析直边区域的钢筋生存寿命，通过参考边界长度比值来得到任意边界形态的寿命，即直接计算对应的寿命比来得到变化形态的钢筋寿命。直边区域的钢筋锈蚀很容易通过一维数值模拟进行研究。根据横梁的设计资料，选取 7cm 混凝土保护层厚度建立一维分析模型，并以此作为参考模型以评价钢筋生存寿命。这一条件下相应的参考边界长度为 24.25cm。由于缺少相应的环境特征统计资料，因此采用 Costa[9] 提出的混凝土表面氯离子浓度公式：

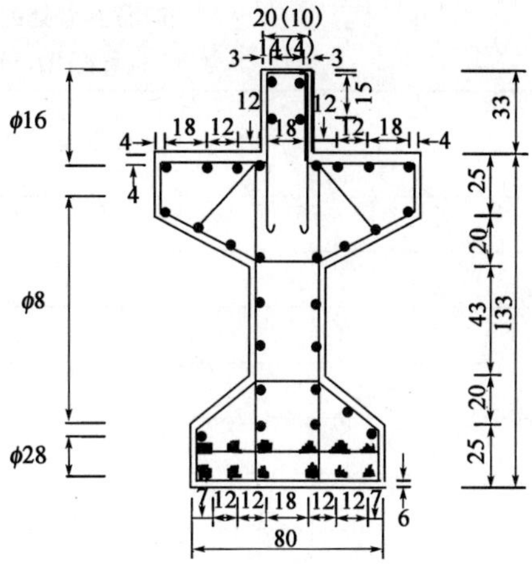

图 4 横梁断面(尺寸单位:cm)

$$C_s = C_1 t^n \tag{9}$$

式中：C_s——t 年时混凝土表面氯离子浓度(%质量)；

n——经验系数。

这里，内陆环境的取值为 $C_1=0.103$ 和 $n=0.607$。混凝土初始氯离子扩散系数取 $4\times10^{-13}m^2/s$。

由于缺少足够钢筋自然锈蚀实验数据，这里采用法国图卢兹建筑材料耐久性实验室的实验数据，以数据回归方式以及由 BIONDINI 提出的线性钢筋锈蚀模型。一维分析模型采用设计中使用的 ϕ12mm 钢筋，由此计算得到其 63.75 年的钢筋生存寿命。

4.2 典型扩散模拟

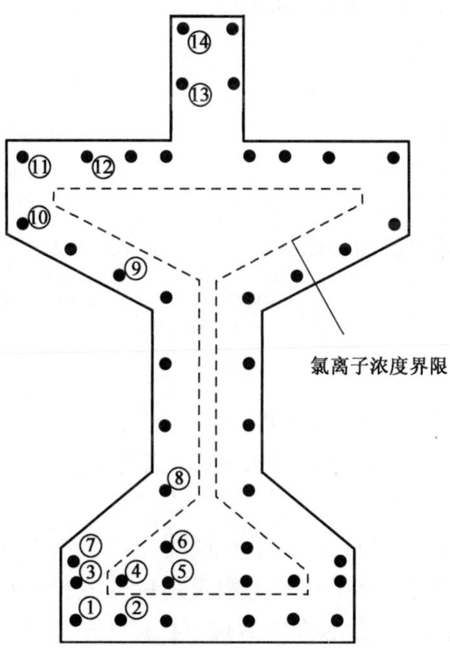

图 5 横梁断面内典型位置的纵向钢筋及编号

横梁截面为对称，以左侧半截面为研究对象，共包含 21 组独立的钢筋。考虑保护层厚度、夹角大小等，分析表明这些钢筋可归类为 14 种不同的边界形态，如直边区域、角区域或凹角区域(图 5)。此外，仅考虑横梁内的纵向钢筋，且不考虑箍筋。

数值模拟分析了横梁截面内 100 年间的氯离子扩散发展。结果表明，扩散期 100 年末 1%边界值氯离子浓度界限距混凝土边界为 0.128m，即下一步分析工作可忽略界限范围以外的钢筋。其中第 4 号、5 号、6 号钢筋位于界限范围以外，不必进行锈蚀评价。

表 1 为其余 11 类边界形态的参考边界长度。各自钢筋的生存寿命比可通过比较相应的参考边界长度计算得到。根据这一结果，对标准形态的钢筋锈蚀过程进行等比例缩放得到各自边界形态中的钢筋锈蚀过程(图 6)。

钢筋位置处的边界轮廓分类及参考边界长度

(SC-对称凸角,SL-直边,AC-不对称凸角,CC-凹角)　　表 1

编号	边界轮廓类型	参考边界长度 L_{IL} (cm)	钢筋生存寿命比 (与标准模型之比)
1	SC	38.25	0.63
2	SL	24.25	1.00
3	AC	30.97	0.78
7	AC	22.12	1.10
8	CC	20.4	1.19
9	SL	13.86	1.75
10	SC	18.8	1.29
11	SC	21.85	1.11
12	SL	13.86	1.75
13	SL	10.39	2.33
14	SC	16.39	1.48

4.3 应力权重指标评价

通过结构分析和标准锈蚀过程,本文计算得到横梁半截面内所有 21 组钢筋的锈蚀过程。其中结构分析提供了必要的截面正应力和弯曲变形,每一组钢筋的正应力便可计算得到。此外,每组钢筋的权重可通过式(6)~式(8)得到。本文计算了综合应力权重指标、拉应力权重指标及压应力权重指标三类指标,如图 7 所示。

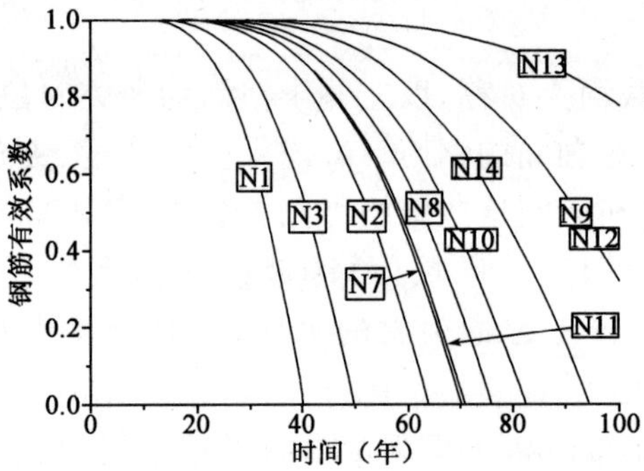

图 6　典型位置钢筋的等效锈蚀过程

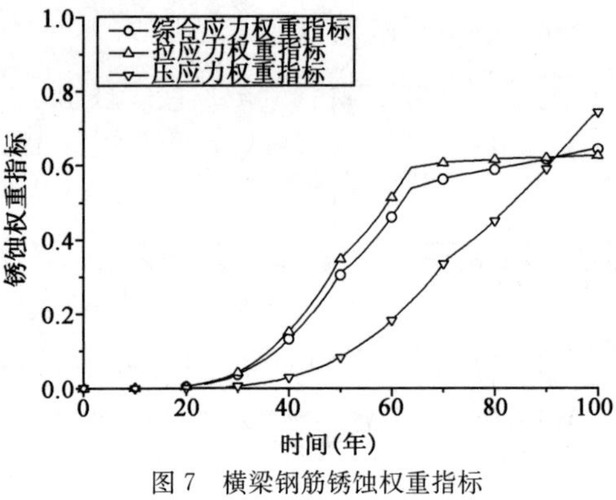

图 7　横梁钢筋锈蚀权重指标

从图中结果可以发现:

①综合应力权重指标位于拉应力权重指标和压应力权重指标之间。同时,综合应力权重指标的曲线发展更接近拉应力权重指标,这表明受拉钢筋由于处于较高的工作应力状态,其权重较受压钢筋的权重更高。

②压应力权重指标在评价期末端逐步发展高于拉应力权重指标,这说明受压区钢筋的锈蚀程度呈加速状态。而综合三条指标曲线的发展历程来看,由于拉应力权重指标曲线相对稳定,可以判断结构仍保持一定剩余承载能力。由此来看,仅依据综合应力权重指标一条曲线不足以完整评价钢筋的锈蚀程度。

5 结语

本文中三类典型断面的数值模拟结果揭示了截面设计对长期结构耐久性的影响。即便采用相同的材料用量和相似的截面强度，仍不能保证整个服役周期内相同的结构性能，这一点须引起工程师的关注。

已有的混凝土结构耐久性研究得到了较多结构耐久性退化规律。通过比较截面设计来计算钢筋生存寿命的估计方法相对简单，并足够在实际工程中应用，且其原理较易理解而避免了复杂的数值模拟分析。

本文研究表明，估计方法在特定的混凝土保护层厚度范围内具有一定适用性，但深度效应上还需要引入一定修正手段。同时，这一方法忽略了混凝土侵蚀的应力效应，因此需要在下一步研究工作考虑应力变化的影响。

参 考 文 献

[1] Roberge, P. R. Corrosion Engineering: Principles and Practice. McGraw—Hill Professional. 2008. ISBN: 9780071482431.

[2] Zhang, R. Castel, A. et al. Concrete cover cracking with reinforcement corrosion of RC beam during chloride—induced corrosion process, Cement and Concrete Research, Volume 40, Issue 3, March 2010, Pages 415-425.

[3] Zhang, R. Castel, A. et al. The corrosion pattern of reinforcement and its influence on serviceability of reinforced concrete members in chloride environment, Cement and Concrete Research, Volume 39, Issue 11, November 2009, Pages 1077-1086.

[4] X. Tu, A. Chen, Diffusion Process and Life—Cycle Analysis of Concrete Structures, Proceedings of the IABMAS 2012, Milan, Italy, 2012.

[5] Biondini, F. Cellular Automata Simulation of Damage Processes in Concrete Structures, In: Soft Computing Methods for Civil and Structural Engineering, Y. Tsompanakis and B. H. V. Topping, (Eds.), Saxe—Coburg Publications, Stirlingshire, Scotland, Chapter 10, 229—264, 2011.

[6] Biondini, F., Bontempi, F., Frangopol, D. M., Malerba, P. G., Cellular Automata Approach to Durability Analysis of Concrete Structures. Journal of Structural Engineering, ASCE, 130(11), 1724-1737, 2004.

[7] Biondini, F. Bontempi, F., Malerba P. G. Fuzzy reliability analysis of concrete structures, Computers & Structures, Volume 82, Issues 13—14, Advances in Probabilistic Mechanics and Structural Reliability, May 2004, Pages 1033-1052.

[8] Sanchez, P. J. Huespe, A. E. et al. Mesoscopic model to simulate the mechanical behavior of reinforced concrete members affected by corrosion, International Journal of Solids and Structures, Volume 47, Issue 5, 1 March 2010, Pages 559-570.

[9] Costa, J. Appleton, Chloride Penetration into Concrete in Marine Environment - Part I: Main Parameters Affecting Chloride Penetration, Materials and Structures, 1999, 32 (5), pp. 252-259.

168. CLT与钢筋混凝土材料对环境影响的对比分析

张志伟　傅梅珍　李　娜
（长安大学）

摘　要：为研究绿色建筑结构材料——木材的应用优势，运用生命周期评价方法，结合工程实例和应用软件程序 Athena Impact Estimator，对比分析了交错叠合木（Cross Laminated Timber，简称 CLT）和钢筋混凝土两种材料对环境的影响。分析结果表明：单位体积 CLT 对环境的负荷影响仅为同体积钢筋混凝土的 51%；在减少温室效应气体影响方面，CLT 的优越性更加明显。

关键词：CLT　生命周期评价　环境影响

1　引言

随着经济建设的持续进行和城市化进程的加快，建设领域的环境问题逐渐突出。建筑物的建造和使用直接消耗的能源占全社会总能耗的 30%[1]。混凝土产业属于高耗能、高污染行业，生产过程中需要消耗大量的能源，同时产生大量的废弃物，由此引发的环境问题十分突出，与混凝土相比，木材的生产能耗要低于其 75%。在北美，锯木厂能够达到能源自给自足，通过燃烧切割残余的木材废料和生物燃料就能提供所需的电力，实现零排放、零耗能。

CLT 是一种采用胶合或者钉合等工艺，将一定规格的木板交错叠合生产出来的大尺寸、双向力学性能优良的实心木材料。在国外，CLT 板被用于木结构房屋建筑及木结构桥梁当中。

本文运用生命周期评价方法，结合工程实例和应用软件程序，对比分析了 CLT 和钢筋混凝土材料对环境的影响。分析结果可为 CLT 板的建筑工程环境影响评价提供基础数据。

2　建筑材料生命周期的影响评价模型及其使用范围

2.1　建筑材料生命周期的影响评价模型

建筑材料生命周期中物化环境影响评价，依据 ISO 和国际环境毒理学和化学学会（SETAC）建立的框架[2]以及丹麦的工业产品环境设计（EDIP）方法[3]进行。文献[4]依据以上方法建立了建筑材料生命周期环境影响评价的模型，它由分类和特征化，标准化以及加权等步骤组成，如图 1 所示。

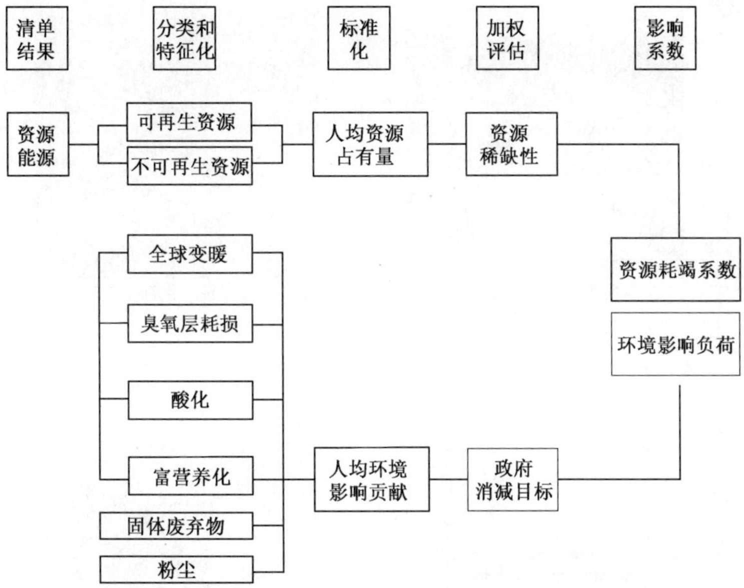

图 1　材料生命周期的影响评价模型

2.2　建筑材料生命周期的影响评价范围

建筑材料生命周期评估,可分成几个过程:原材料的获取、生产运输、建造、使用维护和最终处理。在这五个过程当中,需要考虑每个过程当中能源和材料的投入,固体废弃物和废气的排放,以及建筑物对环境产生的影响。这也是目前国际上公认的建筑节能评价方法。

3　工程实例

3.1　工程介绍

Hundorp Bridge,坐落于挪威,始建于 1924 年,为一座总长 200m、单跨 40m 的 5 跨单车道钢桁架桥,主梁由 4 根钢纵梁组成,且采用钢筋混凝土桥面板。

1980 年,因桥面板破坏严重,所以对该桥桥面板进行了更换,新桥面板为型钢桥面板,上设沥青混凝土铺装,减轻了桥面系的自重,同时钢纵梁由 4 根变成 6 根。

2009 年,该桥再次进行了维修加固,方案为使用更加轻型的 CLT 桥面板替换原有的桥面板。工程使用 CLT 板总量为 $113m^3$,原有钢筋混凝土用量为 $120m^3$,钢筋用量为 7t。图 2a)、b)为 Hundorp Bridge 新旧桥面,图 2c)、d)为 Hundorp Bridge 桥横断面图和所用 CLT 板。

3.2　材料生命周期环境影响总体评估

Athena Impact Estimator 软件由加拿大 Athena 研究中心研发,通过输入材料使用阶段产生能量、荷载组合、材料的加工、使用寿命及结构形式等数据,便可得到材料在生命周期内对环境影响不同指标的简单比较。软件自身有 50 种不同路面形式以供使用,使用者也可根据自身对数据的需求的不同,自行设定或者简化一些参数。

本文使用软件进行估算,根据实例所得数据,输入的主要参数见表 1。

Athena Impact Estimator 软件材料主要输入参数　　表 1

材　料	使 用 寿 命	状　态	材 料 用 量
CLT	56	胶合状态	$113m^3$
混凝土	56	钢筋混凝土	混凝土 $120m^3$,钢筋 7t

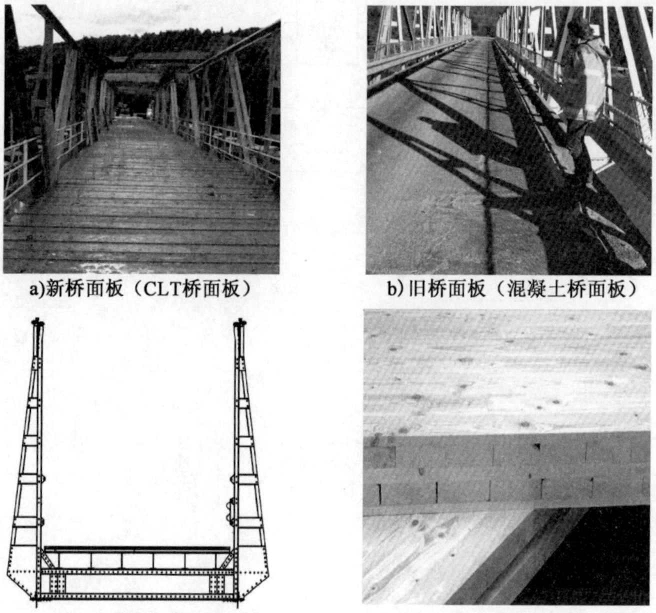

a)新桥面板（CLT桥面板）　b)旧桥面板（混凝土桥面板）

c)Hundorp Bridge横截面图　d)CTL板示意图

图 2　Hundorp Bridge 新旧桥面、横截面及 CLT 板图

限于篇幅，本文只对 CLT 和钢筋混凝土桥面板在使用过程当中全球变暖、臭氧层损耗资源消耗、酸化、富营养化、能量消耗、水消耗和粉尘做了评估分析。对于其他环境影响因素，暂不考虑，分析结果见图 3(数据以 CLT 为基准 1)。图 3 中可看出，在水资源消耗方面，钢筋混凝土材料是 CLT 材料的 18 倍。粉尘、富营养化对环境的影响方面，钢筋混凝土材料超过 CLT 影响程度的 5 倍以上。其他方面，CLT 材料对环境的影响程度小于钢筋混凝土材料。

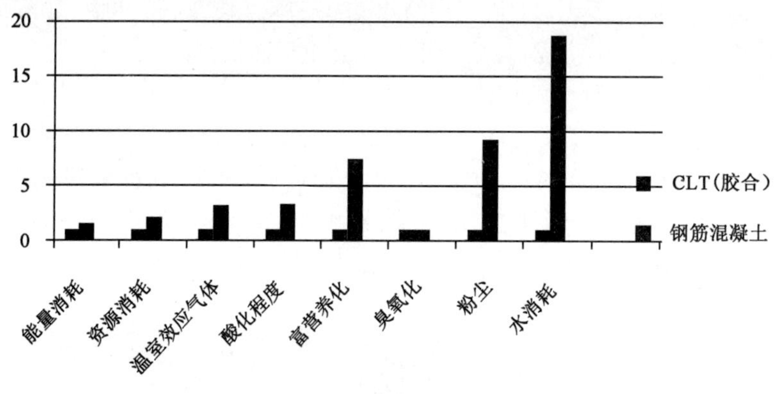

图 3　料桥面板在整个生命周期内(50 年)的对环境影响程度

3.3　小结

使用 Athena Impact Estimator 软件，分别对 Hundorp Bridge 采用 CLT 和钢筋混凝土桥面板进行使用过程中全球变暖、臭氧层损耗资源消耗、酸化、富营养化、能量消耗、水消耗和粉尘定量分析。从图 3 可以看出在水消耗、粉尘、富营养化、温室气体效应等方面，CLT 在整个使用阶段对环境影响远远小于混凝土材料的。

在温室效应气体的影响方面，以上计算中软件忽略了 CLT 板自身可以贮藏 CO_2 影响。

所以应根据木结构材料自身储存CO_2的能力,对温室效应气体重新进行估算。

4 两种材料各项环境影响分析

4.1 两种材料各项环境影响清单

根据现有数据,可估算出这座桥所用的CLT桥面板从木材生产到最后使用的过程当中,储存$CO_2$70t,减少CO_2排放量28t。根据以上现有的数据,可将各个环境影响量分别以CO_2、SO_2、NO_3^-的当量计算,相应计算过程见文[5],结果见表2。

两种材料各个环境影响量　　表2

影响类别	相当量	CLT(1m²)	混凝土(1m²)
温室效应气体	Kg CO_2	−222.55	90.12
酸化程度	mole H^+	8.77	23.00
富营养化	Kg N	0.014	0.115
臭氧化	Kg CFC−11	7.15×10^9	2.65×10^7
粉尘	Kg NO_X	0.21	0.23
固体废弃物	Kg	187.30	498.54

4.2 两种材料各项环境影响标准化

采用DIP的标准化方法进行标准化,对温室效应气体的影响,酸化程度影响,富营养化程度影响,粉尘和固废等环境影响类型,相应的环境影响标准人当量基准分别为:CO_2当量为8 700kg/(人·年)、SO_2当量为36kg/(人·年)、NO_3^-当量为62kg/(人·年)、18 kg/(人·年)和251kg/(人·年)。由木结构产品环境影响因素除以标准人当量基准,得到标准化后的环境影响因素,见表3。

材料各项环境影响标准化值　　表3

项目	温室效应气体	酸化程度	富营养化	粉尘	固体废弃物
CLT	−0.02	0.24	0.001	0.012	0.74
钢筋混凝土	0.01	0.64	0.002	0.013	1.98

4.3 两种材料各项环境影响加权评估

按照EDIP提出的方法,文献[5]计算了几种环境影响类型的权重,对温室效应气体的影响,酸化程度影响,富营养化程度影响,粉尘和固废,其参考权重分别为0.83、0.73、0.73、0.61和0.62。由此对上述环境影响标准化值进行加权评估,加权评估方法为一种材料的各环境影响标准化值乘以其相对应的参考权重系数,得到各项加权评估值,然后各项加权评估值求和,得到最终加权评估值。结果见表4。

环境影响因素加权评估值　　表4

项　目	加权评估值
CLT对环境影响负荷	0.884
钢筋混凝土对环境影响负荷	1.744

4.4 小结

从前文分析中可以看出,CLT板对环境影响程度远远小于钢筋混凝土,而且在各种环境影响类型中,固体废物的影响最大,这也明显的表现出CLT作为木材的一种形式,可再生循环使用的优点。其次就是温室效应影响,从数据中可以看出,CLT 相较于钢筋混凝土材料,在减小 CO_2 排放量方面具有显著优势,而且很大部分是木材本身储存 CO_2 的能力所产生的影响。

5 结语

依据建立的建筑材料生命周期影响评价模型,对 HundorpBridge 新旧桥面板进行定量分析对比,分析结果表明:

CLT 充分体现出木材作为建筑材料中的绿色材料,对环境具有有利影响。

单位体积的两种材料,CLT 在使用生命周期内,在资源消耗,固体废物及粉尘排放方面,相比于钢筋混凝土材料,有着显著的优越性。

根据建筑材料生命周期影响评价模型定量分析,可以考虑到 CLT 储存温室效应气体的能力。并且通过具体量值,反映出 CLT 在减小温室气体效应方面,比钢筋混凝土材料更具有积极的效应。

综合以上 CLT 对环境的影响程度,可以看出,在提倡环保绿色的未来生活中,CLT 板以其独特的性质有着广阔的发展前景。

参 考 文 献

[1] 汪光焘. 建设节约型社会必须抓好建筑"四节"[J]. 土木工程报,2005,38(4).

[2] ISO/ CD 14042. 2. Environmental Management－Life CycleAssessment－Life Cycle Impact Assessment[S] . 1997.

[3] Hauschild M, Wenzel H . Environmental Assessment of Product s. Volume 2: Scientific Background [M]. London, United Kingdom: Chapman and Hall, 1998.

[4] 龚志起，张智慧. 建筑材料物化环境影响的定量评价[J]. 清华大学学报(自然科学版)，2004,44(9):1209-1213.

[5] 杨建新,徐成,王如松. 产品生命周期评价方法及应用[M]. 北京:气象出版社，2002.

[6] 段宁，程胜高. 生命周期评价方法体系及其对比分析[J]. 安徽农业科学，2008，36(32):13923-13925,14049.

[7] 燕鹏飞. 木结构产品物化阶段环境影响评价研究[D]. 北京:清华大学,2007.

[8] CLT 手册－Environmental Preformance of Cross－Laminated Timber

[9] Canadian Wood Council. Wood Design Manual 2001[M]. Ottawa: M B, 2001.

169. 铜陵长江公路大桥桥墩冲刷与防护研究

王国民
(安徽铜陵长江公路大桥管理处)

摘　要:本文通过对铜陵长江大桥桥墩建前冲刷模型试验与建后冲刷模型试验对比,分析桥墩冲刷坑的形态变化及特点,建立冲刷深度的计算公式,并分析桥墩冲刷后的防护方案。

关键词:铜陵桥　桥墩　冲刷　防护

1　河段水文特征

1.1　流量特征

根据长江大通站水文资料[1],桥墩所处地段:三峡工程蓄水运用前(1950～2002年)多年平均径流量为9 052亿m^3,多年平均流量为28 700m^3/s;三峡工程蓄水运用后(2003～2009年)平均径流量为8 120亿m^3,年平均流量为25 730m^3/s, 1998年、1999年洪峰流量为82 300m^3/s、83 900m^3/s。

1.2　河床含沙量特征

三峡工程蓄水运用前(1950～2002年)多年平均输沙量为4.30亿t,多年平均含沙量为0.479kg/m^3;三峡工程蓄水运用后(2003～2009年)平均输沙量为1.48亿t,年平均含沙量为0.182kg^3/s,历年最大含沙量为3.24kg/m^3(1959年8月1日),最小含沙量为0.016kg/m^3(1999年3月3日),多年平均输沙量为4.08亿t,历年最大输沙量为6.78亿t(1964年),历年最小输沙量为0.85亿t(2006年),其中5～10月输沙量占全年输沙量的87.7%。自三峡水库蓄水以后,上游来沙量进一步减少,2006年、2007年年平均输沙量为0.85亿t、1.34亿t,占多年平均输沙量的20.8%、32.8%。

从1993～1998年及2009年水文泥沙测验资料统计分析,本河段悬移质泥沙中值粒径d_{50}一般在0.035～0.21mm,平均值为0.015mm。

2　模型设计及选沙

桥墩冲刷的力学机理表明,桥墩兴建后,对桥墩周围流速分布有较大的影响,在桥墩上游出现局部壅水,促使水流下降,冲刷河床。两侧将由于水流绕流,形成螺旋流和涡漩带,造成桥墩两侧河床冲刷,桥墩下游形成回流及泡漩上升水流。因此为满足水流运动、模型边界条件及几何相似，采用正态模型[2]。同时，要求满足重力与惯性力比相似，桥墩试验段采用动床。因此，要求泥沙运动主要满足起动相似，同时还应考虑满足沉速的相似，以及输沙率相似以达到河床变形相似的要求。

2.1 相似条件选择[3]

(1)几何相似：为满足水流沿垂线分布相似，模型采用正态，其平面比尺 λ_L 等于垂直比尺 λ_h，即

$$\lambda_L = \lambda_h = 100$$

(2)动力相似：重力与惯性力比相似，要求原型与模型佛氏数相等：$\lambda_u^2/\lambda_h=1$。水流运动连续性相似：

$$\lambda_Q = \lambda_u \lambda_h \lambda_L = \lambda_h^{2.5}$$

(3)底沙运动相似、底沙起动流速相似：

$$\lambda_{Qo} = \lambda_u$$

根据泥沙起动流速公式，导得粒径比尺：

$$\lambda_d=\lambda_h/\lambda_{h1}^{14/5}\lambda_{rs}^{7/5}$$

(4)底沙输沙率相似：单宽推移输沙率公式一般形式为：

$$g_s=kr_s dV_S$$

式中：k——包括输移概率在内的综合系数；

r_s——泥沙重率；

V_S——泥沙平均运动速度，$\lambda V_S=\lambda_u$。

2.2 模型沙选定

根据模型设计条件及实际情况，选用苯乙烯二乙苯珠为模型沙，其比重为1.05，并满足起动相似兼顾悬浮沉降相似，模型沙的粒径比尺设计值为0.819，由于受到选沙的限制，实际选用为0.76，具体见表1、表2。

泥沙特性及比尺表 表1

项　目	原　型　沙	模　型　沙	设 计 比 尺
中值粒径 d_{50}(mm)	0.172	0.210	0.819
重率 λ_S(t/ m^3)	2.65	1.05	2.52
干重度 r_0(t/ m^3)	1.30	0.677	1.92

模型设计比尺总表 表2

项　目	比 尺 名 称	设　计　值
几何相似	平面比尺	100
	垂直比尺	100
水流运动相似	流速比尺	10
	流量比尺	100 000
泥沙运动相似	粒径比尺	0.819
	起动流速比尺	10
泥沙运动相似	干重度比尺	1.92
	推沙单宽输沙率比尺	80.7
	河床变形时间比尺	238

3 试验条件和方法

根据前述条件，冲刷试验在长 20m、宽 2.0m、高 0.72m 的顺直水槽内进行。确定选用三个典型水文年，即 1954 年为大水年，1961 年为中水年，1986 年为小水年枯水期的流量过程作为模型试验的水文条件，划分 5 个流量级一为多年汛期平均流量 41 000m^3/s，一为汛期洪峰代表流量 600 000m^3/s 级，第三个流量 80 000m^3/s 级为安全流量，并分别在沉井前布设三条垂线(距沉井中心 30m)，沉井两侧各调一条垂线(距沉井中心 20m)，沉井后布设三条垂线(距沉井中心 30m)进行沉井周围局部流速变化观测。各级流量下的水位及各桥墩、围堰处相应的水深及流速均取用《铜陵桥河工模型试验研究综合报告》中的试验成果。

4 桥墩冲刷试验及分析

桥墩的冲刷包括桥墩形成前钢围堰(沉井)下沉过程落床时的冲刷和钢围堰落床后的冲刷二个过程，其水流结构包括墩前向下水流、墩前水面涌波和尺度很大的漩涡体系[5]。

4.1 钢围堰沉井冲刷试验分析

钢围堰下沉过程中，围堰对周围流速场发生较大影响，在墩前产生壅水及下降水流，围堰左右两侧形成绕流作用，围堰下游两侧出现涡漩带，形成尾漩涡及上升泡漩水流等。这些水流对围堰周围河床产生一定的冲刷而形成冲刷坑，特别是围堰交着床时，由于钢围堰刃脚与床面间隔缩小，局部过水断面压缩，上述水流对河床的冲刷作用相应加强。随着上游来水条件的变化，行近流速相应发生变化，钢围堰周围河床冲刷作用也相应发生程度不同的冲淤变化。试验中观测到:在钢围堰接近着床时，当上游行近流速增大的情况下，围绕堰前部及左右两侧局部冲刷最为剧烈，在围堰后半部及尾部发生堆积。钢围堰着床时冲刷坑范围变大，其形态呈马蹄形。

4.2 单墩冲刷试验及分析

桥墩附近水流结构较为复杂，由于墩柱的阻力，在墩前形成明显的下降水流，行近水流速度愈大，动能愈强，冲刷能力愈强，除垂直方向的下降水流外，墩侧及墩后形成紊动强烈的三度性的螺旋水流，它是桥墩局部冲刷坑形成的主要动力。桥墩或围堰沉井落底后，墩位水流随冲刷的相对稳定，流速场的变化也相对稳定，桥墩前沿受桥墩的阻水作用，墩前沿垂线平均流速与行近垂线平均流速相比较略有减小，在桥墩的左右侧局部流速有所增大。单墩冲刷尝试及形态与墩前行近流速大小、河床组成粒径大小等因素有关。在行近流速不变条件下，冲刷深夜与墩宽、冲刷速度及水深成正比，与床沙粒径大小成反比，当床沙组成很不均匀时，由于冲刷河床将会出现一定的粗化层。一般讲，桥墩宽度及冲刷速度是影响冲刷的主导因素。钢围堰着床后，桥墩前沿的流速场发生了较大的改变，桥墩周围水流发生绕流而出现漩涡，这些涡漩体系增大了钢围堰附近的局部冲刷，随着冲刷，其形态由马蹄形转化为圆弧形。

通过建桥前和建成后及实际情况进行分析看，冲刷深度与河段水文特征、钢围堰外径大小及形状有关。当桥墩形成后，其冲刷深度与流速及输沙率大小二因素有关，如，在 2002 年前，桥墩冲刷深度始终在－30m 以上幅度内变化，2002 年以后，该桥墩冲刷深度开始变大，到 2012 年达到了－34.9m，目前在此范围内冲淤变。同时，当行近水流速小于卵石推移质起动流速时，一般清水条件下其冲刷将趋于停止。

5 冲刷深度计算公式及实际冲刷情况

如上所述，桥墩冲刷深度是由钢围堰下沉过程中和落床后冲刷至稳定的整个过程。因而，我们将从这个过程中分析其计算公式。

5.1 钢围堰下沉冲刷深度计算公式

对于某一给定流速，影响冲刷坑深度的因素仅为水深和沉井入水深度。设冲刷坑的深度为 h_p，h_p 值是随沉井入水深度的变化而变化的。当沉井落底时，h_{pmax} 达最大值，故：

$$h_p = Af\left(\frac{h_V}{h+h_p}\right)$$

当 $h_V=h+h_{pmax}$ 时，$h_p=h_{pmax}$，因此：

$$h_p = h_{pmax}f\left(\frac{h_V}{h+h_p}\right) \tag{1}$$

影响冲深的因素有 h,V,K_ξ 和 b，故：

$$h_{pmax} = K_\xi f^1(h,V,b)$$

式中：K_ξ——墩形系数；b 为墩宽。

在影响沉井最大冲深的四个因素中，K_ξ，b 反映了沉井形状及尺度对冲深的影响，因此沉井最终冲深可用下式表达：

$$h_{pmax} = A_1K_\xi b^m h^n f^1(V-V_0)^a + d^1 \tag{2}$$

式中：V_0——床沙的起动流速；

A_1——综合系数。

因此，可以得到：

$$h_p = [A_1K_\xi b^m h^n f^1(V-V_0)^a + d^1]f\left(\frac{h_V}{h+h_p}\right) \tag{3}$$

式中：n——根据统计分析，其值为 0.2。

m——可根据试验确定，对于两个直径不同的圆柱形沉井，当水深、行近流速完全时，影响沉井局部冲深的因素仅为 b，d 应为一常量。根据这一规律可得到：

$$\frac{h_{pmax1}}{h_{pmax2}} = \left(\frac{b_1}{b_2}\right)^m$$

由此式采用最小二乘法计算指数 m 值，此值一般约为 0.5。

$K_\xi=1$，钢围堰取 $K_\xi=1$。

对于 A_1 的确定，采用线形回归确定系数 A_1。则[6]：

$$h_{pmax} = A_1K_\xi[b^{0.5}h^{0.2}(V-V_0)^{0.6} - C] \tag{4}$$

然而，当 $b^{0.5}h^{0.2}(V-V_0)^{0.6} > 7$ 时，实验点据开始偏离直线，故上述简化：

$$h_p = A_2K_\xi[b^{0.5}h^{0.2}(V-V_0)^{0.6} + C_2]\frac{\left(\frac{h_V}{h+h_p}\right)}{a+b\left(\frac{h_V}{h+h_p}\right)} \tag{5}$$

式中：A_1、A_2、C_2 值由表 3 确定。

系数 A_1、A_2、C_2、a、b 值 表 3

系　数	堰　前	堰　后	左　右
A_1	2.75	2.33	2.60
A_2	1.49	1.67	1.48
C_2	9.11	4.90	8.14
a	4	6	4
b	−3	−5	−3

因此，计算沉井局部冲刷深度的计算公式[6]为：

当 0.8≤V≤1.2m/s 时：

$$h_p = A_1 K_\xi [b^{0.5} h^{0.2} (V - V_0)^{0.6} - 1] \frac{\frac{h_V}{h + h_p}}{a + b\left(\frac{h_V}{h + h_p}\right)} \tag{6}$$

当 V>1.2m/s 时：

$$h_p = A_2 K_\xi [b^{0.5} h^{0.2} (V - V_0)^{0.6} + C_2] \frac{\frac{h_V}{h + h_p}}{a + b\left(\frac{h_V}{h + h_p}\right)} \tag{7}$$

$$C_2 = (A_1 - A_2) K_\xi [b^{0.5} h^{0.2} (1.2 - V_0)^{0.6} - A_1 K_\xi$$

式中：A_1、A_2——综合系数；

K_ξ——墩形系数，对于圆柱形沉井取 1；

a、b——见表 3；

V_0——泥沙的起动流速，由下式确定[7]：

$$V_0 = 1.47 \sqrt{\frac{r_0 - r}{r} g d} \left(\frac{h}{d}\right)^{1/6} \tag{8}$$

因此，当 0.8≤V≤1.2m/s 时：

$$h_p = 1.98 A_1 K_\xi \{b^{0.5} h^{0.2} \left[\frac{(V - V_0)^2}{g}\right]^{0.3} - 0.504\} \frac{\frac{h_V}{h + h_p}}{a + b\left(\frac{h_V}{h + h_p}\right)} \tag{9}$$

当 V>1.2m/s 时：

$$h_p = 1.98 K_\xi b^{0.5} h^{0.2} \left[\frac{(V - V_0)^{0.3}}{g} + C_2\right] \frac{\frac{h_V}{h + h_p}}{a + b\left(\frac{h_V}{h + h_p}\right)} \tag{10}$$

其中：

$$C_2 = 1.98 (A_1 - A_2) K_\xi b^{0.5} h^{0.2} \left[\frac{(1.2 - V_0)^2}{g}\right]^{0.3} - A_1 K_\xi$$

由于上述公式为隐含方程，我们可简化为[6]：

当 0.8≤V≤1.2m/s 时

$$h_p = A_1 K_\xi [b^{0.5} h^{0.2} (V - V_0)^{0.6} - 1] \tag{11}$$

当 V>1.2m/s 时

$$h_p = A_2 K_\xi b^{0.5} h^{0.2} (V - V_0)^{0.6} + C_2 \tag{12}$$

其中：

$$C_2 = (A_1 - A_2) K_\xi b^{0.5} h^{0.2} (V - V_0)^{0.6} - A_1 K_\xi$$

5.2 桥墩冲刷深度计算公式

从钢围堰下沉试验的分析结果看：桥墩局部冲刷深度的大小主要受行近流速的影响，在流速不变的前提下，冲刷深度与 $h^{0.2}$ 成正比，其沉井刃脚落底进入河床后的冲刷坑形成机理与桥墩相同，因此计算桥墩局部冲刷深度的公式为：

$$h_{pm}=AK_{\xi}b^{0.5}h^{0.2}(V-V_0)^{0.6}+C$$

其中 C 为 0，当桥墩有基台时，墩宽 b 按下式计算：

$$b=b_1+\left(\frac{h_{pm}}{h+h_{pm}}\right)^n(B-b_1)$$

式中：b_1——墩宽；

h——行近水深；

h_{pm}——局部冲刷深度；

B——基台宽度，通过实测资料分析得 $n=4$，则，计算桥墩局部冲刷深度的公式为：

$$h_{pm}=A_2K_{\xi}\left[b_1+\left(\frac{h_{pm}}{h+h_{pm}}\right)^4(B-b_1)\right]^{0.5}h^{0.2}(V-V_0)^{0.6}+c \tag{13}$$

其中：

$$c=(A_1-A_2)K_{\xi}\left[b_1+\left(\frac{h_{pm}}{h+h_{pm}}\right)^4(B-b_1)\right]^{0.5}h^{0.2}(1.2-V_0)^{0.6}$$

当桥墩无基台时，其桥墩局部冲刷深度的计算公式为

$$h_{pm}=A_1K_{\xi}b^{0.5}h^{0.2}(V-V_0)^{0.6} \tag{14}$$

5.3 桥墩冲刷情况

铜陵大桥自 1995 年 12 月底建成通车至今已 23 年，在这 23 年中，历经了 1995 年、1998 年和 1999 年三次大水，其流量最大为 8.45 万 m^3/s，仅次于 1954 年大水。从 23 年水下地形测量资料分析看：除 3 号桥墩冲刷略有变大外，其他桥墩的局部冲淤变化是稳定的，与建桥前河工模型试验结果基本吻合。例如，我们从 3 号桥墩资料分析看，建桥前三号桥墩的河床底高程为－14.6m，覆盖层厚度为 21.6～24.6m。在 2002 年以前，3 号桥墩都在－31m 高程以上范围内进行冲淤变化（1994 年 9 月以前（施工期间）河床高程为－25～－30m，1995 年 7 月为－31m，1999 年 4 月为－30m）。但是，我们从 2002 年 5 月以后测量资料分析发现，3 号桥墩有冲深变大现象：2002 年 5 月为－33.0m，2010 年为－28m，2012 年 8 月为－34.9m，2013 年 1 月为－22.7m，2013 年 6 月为－33.7m，目前 3 号桥墩的冲淤变化在－34.9～－22.7m。分析认为，产生桥墩冲刷变大的原因是：长江上游水库（三峡）陆续建成后，其多年（5～10 月）平均输沙率变小（由 23 500kg/s 变为 8 185kg/s），清水下泄，导致桥墩局部冲刷变大。因此，在桥墩设计时一定要考虑到河流由混水变清水而导致桥墩冲刷变大的因素。

6 桥墩基础防护

一般来说桥墩局部冲刷防护措施可以分成两类：抗冲型措施和改变水流型措施。抗冲型措施是通过布置一些实体型抗冲防护措施来增强墩柱周围床面抵抗水流冲刷的能力，从而达到防护墩柱的效果，主要包括抛石防护、砂枕防护、扩大基础防护、混凝土铰链排防护等。改变水流型是通过改变水流流态进而削弱水流对床面冲刷的能力来达到防护墩柱的效果，主要包括护圈防护、墩前排桩防护、墩体开缝防护等。根据本桥工程特点，我们拟定三个方案：

(1)笼石防护——对桥墩周边一定区域抛填格宾网笼石(图 1)。

(2)砂枕防护——采用“砂枕层＋级配碎石层＋护面块石层”三层防护体系对桥墩附近河

床进行防护(图 2)。

(3)水下钢筋混凝土防护——在桥墩周围形成一道完整的钢筋混凝土防冲护坦,护坦四周设置垂裙,防止或者减小护坦底部的土层被水流淘刷(图 3)。

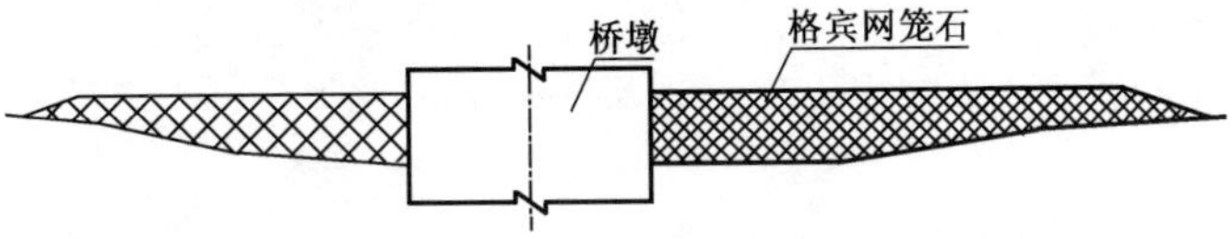

图 1　笼石防护示意图

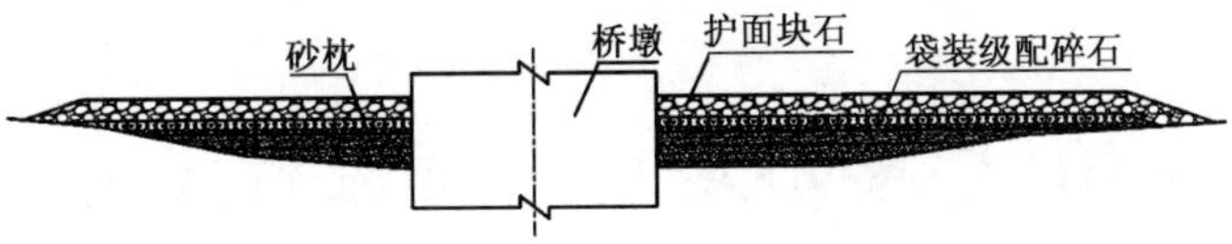

图 2　砂枕防护示意图

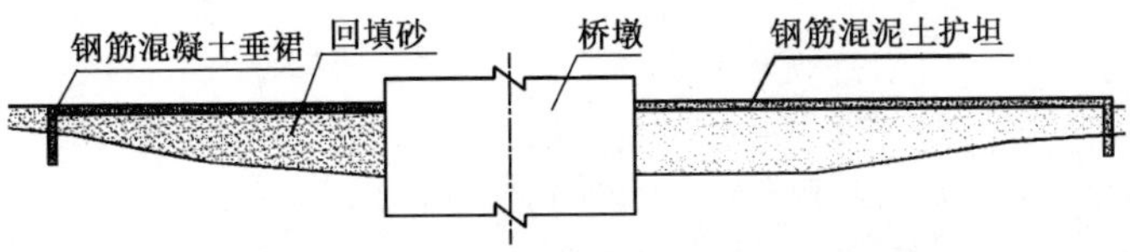

图 3　水下钢筋混凝土防护示意图

经模型试验论证与分析比较,我们采用了“砂枕层＋级配碎石层＋护面块石层”三层防护方案,计划在今年 9 月以后实施。

7　结语

通过模型试验和实际检测分析,认为:

(1)桥墩的冲刷包括桥墩形成前钢围堰(沉井)下沉过程落床时的冲刷和钢围堰落床后的冲刷两个过程,其冲刷深度与河段水文特征、钢围堰外径大小及形状有关。当桥墩形成后,其冲刷深度与流速及输沙率大小二因素有关。

(2)计算桥墩局部冲刷深度的公式为:$h_{pm}=AK_{\xi}b^{0.5}h^{0.2}(V-V_0)^{0.6}+C$,当桥墩无基台时,其桥墩局部冲刷深度的计算公式为:$h_{pm}=A_1K_{\xi}b^{0.5}h^{0.2}(V-V_0)^{0.6}$。

(3)采用砂枕防护方案,它具有取材方便、综合防护能力强,结构耐久性好,工程造价较低,后期维护较少等优点。

(4)在桥墩设计时一定要考虑到河流由混水变清水而导致桥墩冲刷变大的因素。

参 考 文 献

[1] 武汉市城市防洪设计院. 铜陵桥墩防护工程[R]. 铜陵大桥处,2013.

[2] 谢鉴衡. 河流模拟[M]. 北京:水利电力出版社,1990.

[3] 长江科学院. 铜陵大桥钢围堰及单墩冲刷试验报告[R]. 铜陵大桥处,1991.

[4] 长江科学院. 铜陵大桥模型试验报告[R]. 铜陵大桥处,2013.

[5] 陆浩,高冬光. 桥梁水力学[M]. 北京:人民交通出版社,1991.

[6] 长江科学院. 武汉钢沉井及单墩冲刷试验报告[R]. 长江科学院,1990.

[7] 卢金友. 长江泥沙起动流速公式探讨. 长江河道研究科研成果汇编(第二集).

170. 桥梁坍塌成因与应对措施

彭栋木

（深圳市市政设计研究院有限公司）

摘　要：近年来桥梁损坏甚至垮塌的恶性事故频频发生，让人痛心疾首。本文主要阐述了近年来发生的典型的桥梁坍塌的事故，如哈尔滨阳明滩大桥的坍塌，并以独到的视觉，区别于管理层只是归咎于车辆超载引发桥梁坍塌，客观地分析了事故的成因，最后提出了相应的处理以及预防措施，以便尽可能避免桥梁坍塌的事故，提高桥梁的使用寿命。

关键词：桥梁坍塌　车辆超载　BS5400　耐久性设计　车队偏载结构受力分析　桥梁监控监测系统

1　概述

桥梁结构的安全与否影响着整个线路乃至相关的整个区域，远比工业与民用建筑的安全只影响一个局部点来得重要得多，是关系民生的大事，是城市运行安全中不可忽视的重要组成部分。为保证桥梁结构安全，结构计算、设计、施工固然关键，探讨桥梁坍塌的成因、处理以及预防更为重要，对以后的设计、施工都具有极大的指导意义。本文正是基于上述观念来探讨桥梁坍塌的成因、处理以及预防。

近年来桥梁损坏甚至垮塌的恶性事故频频发生，让人痛心疾首。桥梁坍塌事故，其成因有认知不足，设计施工缺陷，自然灾害，管理养护不周等。每一次出现类似的事故之后我们都在不停地问责，而每一次问责基本上都是针对管理层和施工方。表面上看，我们找到了超载这个原因，但是为什么事故总是杜绝不了呢？都说“前事不忘，后事之师”。这些事故，为什么不能够提醒桥梁工程师时刻以高度的责任感去完成桥梁的设计和建设？为什么不能引起我们对桥梁结构安全问题的重视？我们作为桥梁工程师应作何反思，以便搞好将来的桥梁设计和建设呢？这正是本文要讨论的问题。

2　桥梁坍塌案例

案例一：2013 年 2 月 1 日，连霍高速义昌大桥发生垮塌事故，坍塌桥面长 80m，初步勘查发现：事故系因运输烟花爆竹车辆爆炸引起桥面垮塌，造成车辆坠落。造成 11 人死亡，15 人受伤的重大事故。

案例二：2012 年 8 月 24 日，建成通车不到一年、连接阳明滩大桥的哈尔滨三环路群力高架桥的一条匝道发生倾覆事故，造成一段长约 130m 的上桥匝道路面侧向倾覆，四辆重载货车侧翻，共造成 3 死 5 伤。哈尔滨的坍塌事故，又一次引发人们对桥梁坍塌的集体反思。不管是侧滑、坍塌、坠跌，从 1999 年重庆綦江彩虹桥的坍塌开始，这类桥梁坍塌事故几乎都没有停息过。

案例三：最极端的事例发生在 2011 年 7 月。从 7 月 11 日开始，到 7 月 20 日结束，短短的 10 天时间里，全国一共发生 4 起桥梁坍塌事故。7 月 11 日，江苏盐城通榆河桥坍塌；12 日，武汉黄陂一高架桥引桥严重开裂，并向两边倾斜；14 日，福建武夷山公馆大桥倒塌；15 日，杭州钱江三桥引桥坍塌。20 日，一辆载重超过 160 吨的严重超载货车在通过北京怀柔宝山寺白河桥时，该桥发生坍塌。"10 天 4 塌"使得一时舆论哗然。交通部对这一系列事件的回应是，主要都是因为超载运输所导致。

案例四：2011 年 4 月 9 日晚 10 时 19 分，郑州市中州大道跨京广铁路大桥南端两个承重梁被两辆超载货车轧断，危及京广铁路上下行安全。

案例五：2011 年 2 月 21 日，位于上虞市三环路的春晖立交桥一条长达 120m 的引桥坍塌，最高落差 7m。事故现场发现 4 辆货车侧翻，3 人受伤。据悉，该桥才于 2006 年 4 月 28 日建成通车。根据事故调查，立交桥倒塌事故是由于运煤车队卡车严重超载导致。

案例六：天津塘沽津晋高速公路跨铁路高架桥一匝道桥 2009 年 7 月 15 日突然垮塌，桥上 5 辆货车坠落桥下，坍塌的桥面还将桥下一处简易房砸毁，从桥下通过的李港铁路线被迫中断。事故共造成 6 人死亡，4 人受伤。

案例七：2007 年 10 月 23 日 110 国道内蒙古包头段立交桥垮塌，事故查明是三辆重车超载并同时行驶在一跨上造成桥跨倾斜垮塌。

以上类似的桥梁坍塌事故近年来近百例，限于篇幅，不能在此一一赘述。有关方面对这一系列事件的回应是，主要都是因为超载运输所导致。除此之外，也有技术人员对桥梁垮塌的真正原因进行详细分析。河海大学吉伯海教授等人对 2000 年到 2010 年期间，国内媒体报道过的 85 起桥梁（地震灾害导致的除外）塌陷事故进行了原因分析。

学者吉伯海等人发现，超载虽然是造成这 85 座桥梁坍塌的重要原因，但并不是最主要的原因。排名第一的是"施工设计不合理"，一共 35 起，占了 41%；其次是撞桥，一共 13 起；再次才是超载，一共 11 起。通过对具体事故原因的分析，吉伯海等发现，设计施工中存在的问题包括结构不合理、计算有误、施工图不完善、施工方法不当等。不过，这类事故多发生在桥梁施工阶段。建成桥梁发生类似事故的比率相对较低。在这项分析结果中，造成桥梁坍塌的原因还有自然灾害、人为活动、桥梁病害、加固拆装不合理等。但他们分析的结果同样表明，这些导致大桥坍塌的原因，往往包括多个方面的因素，它们共同作用才导致了最终塌桥的结果。

3 桥梁坍塌分析

3.1 总体分析

每次事故都把责任归咎于货车超载和施工问题，其实设计方也是有责任的，起码没有预测到这种事故的发生，对重车超载和施工质量偏差这些工况缺乏足够的考虑，尽管桥梁设计师可以辩解没有相关规范或规定说明如何考虑、计算这些工况。以笔者来看，桥梁坍塌基本上可归纳为三个原因：

(1)工程设计施工因各种原因违反规范，未能精心设计和精心施工；

(2)部分工程设计、施工标准低,片面强调节约工程造价,降低工程适用范围;

(3)工程长期使用过程中缺乏定期检测和维修。

客观地说,除了存在设计方面的原因,也存在施工及管理维护方面的原因。以下逐条进行分析研究。

3.1.1 桥梁设计建设规范所用荷载与实际道路桥梁所承受的荷载存在体制上的冲突和缺陷

按《城市桥梁设计规范》(CJJ 11—2011)和《公路桥涵设计通用规范》(JTG D60—2004),荷载标准城—A级最重车70t和公路—Ⅰ级荷载中最重车55t与设计基准期100年中桥梁实际荷载有一定的差别。重车车队实际荷载比设计荷载大30%~50%,而实际抗力与设计抗力比较,由于耐久性的不足导致抗力削弱,随着时间的推移而日显强度安全储备削弱,直至桥梁坍塌。

3.1.2 桥梁结构分析理论认知上存在不足

有些桥梁设计师过于信奉规范和各种结构计算软件,不太考虑实际工程的特点和差别。甚至错误地认为,只要满足了规范,不用预留合适的安全储备,即便桥梁坍塌也与己无关。殊不知规范和各种结构计算软件也是人为的,也存在认知上的不足,其本身也存在着缺陷甚至错误。比如,现在的小半径弯、坡斜、桥梁结构计算和设计就存在着一定的缺陷。我们应该深刻理解一下英国标准是如何阐述设计师的责任。Objective of BS 5400:It has been assumed in the drafting of this British Standard that the executions of its provisions will be entrusted to appropriately qualified and experienced people. This publication does not purport to include all the necessary provisions of a contract. Users are responsible for its correct application. Compliance with a British Standard does not of itself confer immunity from legal obligations. 该英国标准明确说明了设计师的责任不会因为满足了规范就能得到免除。根据2007版《广东省建设工程勘察设计管理条例》,增大了对设计和勘察者的法律约束,一旦发生事故,要追究"整条线"的责任,包括设计人的责任。

3.1.3 桥梁结构设计手段上其设计理论和结构构造体系欠完善

桥梁的坍塌,在一定程度上,也是由于结构的耐久性不足。桥梁建成的初期,新桥能通过全桥动静载试验,但这并不能保证永远不坍塌。随着结构的耐久性随时间逐渐缺失,坍塌的可能性是越来越大,这就解释了为什么在同样荷载级别、同样频率下新桥不坏,而旧桥坍塌。虽然在许多国家的设计规范中(如英国标准BS5400)都明确规定钢筋混凝土结构的耐久性要求,但是,这一宗旨并没有充分地体现在具体的设计条文中,导致在工程设计中普遍存在重视结构强度设计而轻视甚至忽视结构耐久性设计、重视承载能力极限状态而不重视正常使用极限状态、重视结构的建造而不重视结构的维护等现象。许多设计人员不太从结构体系、结构构造、结构材料、结构维护以及从设计、施工到使用全过程等方面去加强和保证结构的耐久性和安全性。有的结构整体性和延性不足,冗余性小;有的计算图式和受力路线不明确,造成局部受力过大;有的混凝土强度等级过低、保护层厚度过小、钢筋直径过细、构件截面过薄;这些都削弱了结构耐久性。虽然可能满足了设计规范的强度要求,仅用了几年就因为结构耐久性出了问题,影响结构安全。

另外,在前些年,有些学者和设计人员倡导桥梁结构混凝土构件的优化和轻型化,常常以过密的钢筋配置细小的结构断面。过密的钢筋导致钢筋间的集料和胶结材料不多,且粗、细集料分布不均匀,振捣施工非常困难,难以保证钢筋混凝土构件的密实度和强度,容易形成蜂窝麻面甚至狗洞。另外，断面小、钢筋密导致不易保证保护层厚度的最低要求，造成混凝土构件表面抗碳化年限不足，以致钢筋锈蚀，影响了结构的耐久性和安全性。

3.1.4 桥梁施工和管理水平欠规范

如前所述，国内外若干座桥梁的突然破坏与倒塌事故，已使工程界对桥梁耐久性、安全性问题倍加关注。施工过程中的施工和管理水平欠规范（如野蛮施工和管理不当等）是造成桥梁结构耐久性不足的重要原因，其主要表现在以下几个方面：

(1)施工质量没有达到规范和设计要求，典型的问题包括原材料质量低劣和施工工艺不合格等。

(2)混凝土配合比的计量不准，变异性较大。

(3)个别桥梁存在诸如偷工减料、以次充好等严重的管理问题。

(4)混凝土保护层厚度的控制不严，有些直接导致露筋。

(5)钢筋未作防锈处理，其间距疏密不一，粗、细集料分布不均匀，混凝土振捣不密实。

(6)施工现场的严重的构件开裂问题，主要原因包括：水泥选用、混凝土配合比、振捣、养护不当及预应力施加不合理等。

(7)拆摸时间控制不好或支模、拆模方法不对，引起早期裂缝。

另外，目前在市政行业，广东省的施工队伍基本由包工头控制，水平普遍较低，加上低价中标，施工质量难以控制。这也是造成桥梁结构耐久性不足的一大原因。

3.1.5 桥梁维护方面缺乏全面统筹的系统管理

桥梁维护方面缺乏全面统筹的系统管理，未能有效地对桥梁的全寿命过程进行管理。桥梁维修大多要到出了事故或不得不维修时才进行。错过维修的最佳时机，其维修效果也不佳，这跟人得病要早治是同一道理。应把整个地区的桥梁作为一个系统工程来研究，在财力一定的前提下，统筹考虑、合理安排桥梁维修。

3.2 案例分析：某超载重车车队偏载结构受力分析

诸多桥梁坍塌的直接原因基本上都是超载重车车队。《公路钢筋混凝土及预应力混凝土桥设计规范》(JTG D62—2004)没有《公路钢筋混凝土及预应力混凝土桥涵设计规范》(JTG D62—2012)[征求意见稿]中验算抗倾覆稳定系数的内容，只能验算支座是否脱空。

以下以某城市立交匝道桥为例，进行支座是否脱空甚至导致坍塌的验算。某立交匝道桥跨径为4×30m连续箱梁。梁高1.8m，4跨一联，桥宽8.5m。下部结构：中间三个桥墩均为独柱墩，尺寸为1.5×1.8m，支座规格为10 000kN。分联墩为2个支座，间距3m，规格为4 000kN。箱梁设计为A类部分预应力结构，斜腹板，顶宽8.5m，底宽4m，顶板厚度为25cm，底板厚度为22cm，腹板厚度为45～75cm。

按照经常在市区行驶的超载车队车型——水泥搅拌车组成车队单侧偏载行驶，进行结构受力分析。水泥搅拌车四轴，三个轴距分别为2m、3m、1.5m。整车长度约10m，每轴重15t，整车60t。前车最后轴与后车最前轴间距为4m，车队分4辆车和5辆车两种。5辆车的车队参见图1。

计算成果显示：

4辆超载车单侧布载后：

边墩支座1反力为152.8kN，支座2反力为333.4kN，即支座未发生脱空。

5辆超载车单侧布载后：

边墩支座1反力为－167.9kN，支座2反力712.4kN，边墩支座1在5辆超载车状态下会出现负反力，即支座会发生脱空，导致桥梁发生侧向倾覆，甚至坍塌。

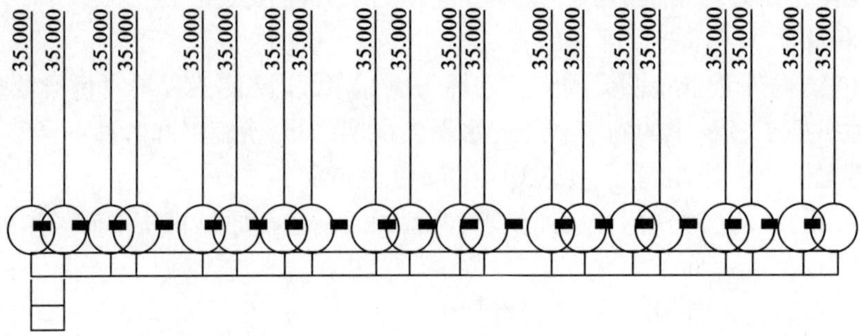

图1　5辆车的车队图示

结果说明：本桥能承受4辆超载车队单侧偏载，但不能承受5辆超载车队单侧偏载。这也说明，按照现有规范设计的桥梁结构，只能承受一定数量的重车车队偏载，但无法承受超出现有规范荷载较多的重车车队偏载。

4　应对措施和解决方案

针对当下桥梁坍塌的时弊，笔者建议以下的应对措施和解决方案：

(1)桥梁设计要充分考虑重车超载和施工质量偏差等这些不利工况，预留合适的结构安全储备，即便是浪费也要浪费在前期建设阶段，否则后期维护费用更是巨大。国外学者曾用“五倍定律”形象的描述了桥梁设计、施工及养护等各个阶段的重要性，即设计阶段对钢筋防护方面节省1美元，那么就意味着：发现钢筋锈蚀时采取措施将追加维修费5美元；混凝土表面顺筋开裂时采取措施将追加维修费25美元；严重破坏时采取措施将追加维修费125美元，而且后期维护还会对现状道理交通造成较大的不利影响。

(2)桥梁结构设计建议：有重型车辆及其车队通过时，应提高设计荷载。如某港口立交桥设计时采用了2×公路－Ⅰ级，并不考虑车辆横向折减，即按实际车道数进行布载；按JTG D60—2004，六车道横向折减系数为0.55，荷载系数为6×0.55＝3.3，而在城市交通堵塞情况下，荷载系数为6，计算荷载仅为实际荷载的55％，属于偏于不安全，不宜采用。

(3)在不影响桥梁景观的情况下，尽量用双柱支撑，少用独柱支撑；各联端横梁下支座沿横向应尽量拉开间距，如采用加长端横梁以使端支点横向外移；采取有效的构造措施，如增设抗脱空不抗弯剪的构造措施等。

(4)加强超重车辆的日常管理。超重车辆车队过桥要预先进行安全验算。即便要过桥，要广泛宣传重车不能组队过桥，要过也是一辆一辆过；为避免桥梁倾覆，车辆应尽量沿桥梁中线而非外边线前进。

(5)从举国救灾向举国防灾的方向转变：加强国民安全教育，随时随地要有防灾的意识：如君子不立危桥之下，覆巢之下无完卵；如在临近桥梁的道路两侧展览坍塌桥梁、损坏的车辆实物和安全教育图片等。

(6)建立桥梁监控监测系统。

桥梁监控监测系统设计对桥梁的安全、耐久的使用具有重要的意义。从过去的静态设计逐步过渡到研究建造、使用和维修等过程的动态设计。而随着现代化的传感技术、测试技术、计算机技术、现代网络通讯通信技术的发展，对桥梁工程的监控监测也逐步成为可能和现实。

桥梁自动化监控监测系统，是针对桥梁的振动位移、速度、加速度、应力、应变、频率、振型、阻尼、裂缝、强度、刚度等技术参数进行采集、处理，所采集的数据经过处理后，计算出位移、振动幅度、裂缝、应力等桥梁数据，既可以为桥梁的在线分析提供决策依据，也可以提交给有关的桥梁结构软件做进一步的分析处理，从而及时掌握桥梁的即时结构状态，全面了解桥梁的运营条件及质量退化状况，为桥梁的运营管理、养护维修、可靠性评估以及科学研究提供依据，为监测对象提供早期安全预警报告。

整个监控监测系统包括四个系统，即传感器系统、数据采集系统、数据通信与传输系统、数据分析和处理系统。各系统间通过光纤网络联系而进行运作。

传感器系统：根据对桥梁整体结构的分析，对整个桥梁进行传感器布置，目前，常用的传感仪器有：风速仪、温度传感器、位移计、水平仪、倾角仪、应变计、测力传感器、加速度传感器等。

数据采集系统：包括安装在桥梁内的数个由微电脑控制的数据采集站。每个采集站是基于 PC 的数据采集和分站。主要功能是收集由传感器传来的数据；进行读数的信号调理、采集数据的初步处理和储存；然后通过光缆传到监测中心的数据处理和分析系统。

数据通信与传输系统：网络操作系统平台、站点的设立、安全监测局域网的网络协议、与其他局域网或主干网的连接。

数据处理和分析系统：用高性能工作站连接桥上数台数据采集站形成一个计算机网络。工作站安装在大桥监控管理中心，并配置所需的数据显示软件。工作站分别实现采集数据处理、结构监测图形显示、系统控制管理与维护、结构分析评估及专家诊断。

桥梁监控监测系统设计的主要目的有以下几个方面：

①报告桥梁实际工作状况，为结构维护提供依据；

②报告桥梁是否有损坏并设立报警系统；

③对桥梁是否有潜在损坏及剩余使用寿命、耐久性进行评估。

5 结语

应采取有效措施杜绝桥梁坍塌事故，光靠处理几个高速公路管理人员是不够的，要从根本上进行通盘考虑也许才是可行的。应从修正荷载规范开始，调整设计、施工、养护等阶段工作，特别要从以下几个方面采取有效措施：

(1)加强桥梁设计工程师和施工工程师的责任教育。

(2)应按《公路钢筋混凝土及预应力混凝土桥涵设计规范》(JTG D62—2012)[征求意见稿]第 4.1.9 条规定，进行横向抗倾覆安全系数检算。

(3)在桥梁结构构造措施上改进，并进一步加强。

(4)从举国救灾向举国防灾转变：加强国民安全教育，以预防为主，随时随地要有防灾的意识。

(5)建立桥梁监控监测系统，及时预警，防患于未然。

参 考 文 献

[1] 中华人民共和国行业标准. JTG D60—2004 公路桥涵设计通用规范[S]. 北京：人民交通出版社，2004.

[2] 中华人民共和国行业标准. JTG D62—2004 公路钢筋混凝土及预应力混凝土桥涵设计

规范[S]. 北京:人民交通出版社,2004.
[3] CCES 01—2004 混凝土结构耐久性设计与施工指南[S]. 北京:中国建筑工业出版社,2005.
[4] 深圳市市政设计研究院有限公司. 东莞市独柱墩结构桥梁抗倾覆验算报告[R]. 深圳, 2012.
[5] 中华人民共和国行业标准. JTG D62—2012 公路钢筋混凝土及预应力混凝土桥涵设计规范[征求意见稿]. 北京:人民交通出版社,2012.
[6] 中华人民共和国行业标准. CJJ 11—2011 城市桥梁设计规范[S]. 北京:中国建筑工业出版社,2011.
[7] 英国标准 BS5400:Steel,concrete and composite bridges. London,1999.

171. 油性密封蜡在拉索锚具防腐填充的运用

黄永玖[1]　冯亿生[2]　闫云友[1]　李华萍[1]　梁黎霞[1]

(1. 柳州欧维姆机械股份有限公司;2. 克鲁勃润滑剂(上海)有限公司)

摘　要:油性密封蜡具有良好的防腐性能,能够满足拉索锚具灌注施工要求,并且在拉索运营期间不易出现流失和滴漏现象,是一种更适合于拉索锚具防腐要求的新型材料。该材料不仅顺应了桥梁建设和环境保护发展的要求,也为加强拉索的防腐、延长使用寿命、降低维护成本提供了新技术,其优越性正逐渐被越来越多的业内专家和设计院所认同,应用前景十分广阔。本文将对油性密封蜡的性能特点、灌注工艺及工程运用等方面进行介绍。

关键词:油性密封蜡　拉索锚具　防腐填充

1　引言

如今,由于保护措施的逐渐完善,斜拉桥斜拉索索体已经得到了很好的保护,而斜拉索与锚具结合部位由于保护措施较少从而成为斜拉索防腐蚀的薄弱环节,国内已有多座斜拉桥由于斜拉索腐蚀破坏尤其是斜拉索与锚具结合部位的腐蚀而导致换索,造成了巨大的经济损失和不良社会影响[1],因此拉索锚具的防腐必须引起我们足够的重视。

2　锚具防腐要求

锚具是钢绞线拉索体系中最为关键的受力部件,需要具有良好密封和防腐性能,《无粘结钢绞线斜拉索技术条件》(JT/T 771—2009)行业标准中要求在斜拉索安装张拉结束后,斜拉索的锚固区及斜拉索端部裸露钢绞线应灌注防腐润滑脂[2],以对该部分裸露的钢绞线进行防腐密封处理。钢绞线拉索锚具内部的防腐填充是拉索安装过程中一道关键工序,其填充的可靠性和材料的防腐性将是决定钢绞线斜拉索整体寿命的关键因素之一。根据在国际结构混凝土协会《预应力钢质拉索的验收规范》(fib－2005)的规定,油脂、柔性树脂和石蜡等材料都可用于钢绞线斜拉索锚具内部的防腐填充[3]。

3　国内现有填充技术的局限性

在国内钢绞线斜拉索技术发展过程中,因防腐材料选择的局限性及国内斜拉索规范的相对滞后,在以往的钢绞线斜拉索设计及安装过程中,常采用无黏结筋专用防腐润滑脂作为锚具内填充材料。这种防腐润滑脂虽具有较好的防腐作用,但因其钢网分油量较大,且从防腐润滑脂中析出的油分具有很强的渗透性,从而导致在使用过程中,常出现防腐润滑脂渗漏的现象。由于现在大部分桥梁都采用滑模施工工艺,渗漏出的防腐润滑脂从预埋管口流出会造成塔壁污染,极大地影响桥梁的整体美观,还会引起市民对桥梁施工质量的质疑,给社会带来不良影响。更重要的是锚具内部剥除 PE 段的钢绞线会因此而得不到有效的防护,存在一定的耐久性隐患。

柔性树脂虽然可以解决上述提到的泄漏问题,但由于柔性树脂对钢绞线的粘结作用,不利于钢绞线拉索的单根更换,这会给后期的运营管理带来不少的麻烦与成本的增加,因此不推荐使用。

石蜡是从石油、沥青等物质中提炼而成的,具有相当明显的晶体结构特征,常温下为固态,填充后容易出现结块、变脆开裂等现象,不能起到很好的密封作用,因此也不推荐使用。

4 油性密封蜡填充技术

近年来,随着防腐材料和填充工艺的不断发展,新材料和新工艺在拉索锚具内部的填充上得到了运用。OVM250 钢绞线斜拉索经过近二十年的发展,随着技术标准对钢绞线斜拉索防腐要求的提高,及在工程应用中的经验总结,OVM250 钢绞线斜拉索在改进过程中,经过多方比较,选用性能优异的德国克鲁勃润滑剂公司生产的 Klüberplus SK 01－298 油性密封蜡作为锚具内填充材料。

4.1 油性密封蜡填充技术的优点

在钢绞线拉索体系中,单根防护钢绞线进入锚头的部分需要剥除 PE 护层方可进行有效锚固,因此在锚头部分我们采用了可锁紧密封单根钢绞线的密封装置,并在锚头内部灌注油性蜡,这种材料既可以很好的防止钢绞线腐蚀,又具有很好的灌注性能,并且不会产生泄漏[4]。油性密封蜡是钢绞线斜拉索锚具内灌注首选防腐材料,它不仅具有良好的防腐性能,最重要的是它可有效避免传统防腐润滑脂泄漏的现象,减少后期大量的维护工作。

目前,由于种种原因,在主体结构的全生命周期内都还不能完全避免换索的可能。一些资料表明,钢绞线拉索换索比较容易。设计合理的结构可以实现单根钢绞线抽取换索,可以做到基本不影响交通[5],油性密封蜡填充后常温状态为具有黏稠状态的蜡状形态,因此可避免因填充固体或黏性较强的物质(如水泥砂浆、柔性树脂等)导致钢绞线无法从锚具中抽取的现象,给实现单根钢绞线抽取换索带来了巨大的方便。

4.2 油性密封蜡的性能指标

油性密封蜡是一种符合国际结构混凝土协会《预应力钢质拉索的验收规范》(fib－2005)规定的理想防腐填充材料。它是由优质的矿物油与精炼石蜡制成,不含沥青和固体润滑剂,具有较宽的使用温度(－40～80℃),能完全实现高温下不流失、不滴漏,低温环境下不开裂等良好的密封特性,被广泛应用在国内外大型桥梁相关防腐密封体系中。油性密封蜡性能指标见表 1。

油性密封蜡性能指标 表 1

项目	指标
成分	矿物油,蜡
工作温度(近似值),℃	－40～80
颜色	棕
滴点,DIN ISO 2176	＞70℃
石蜡针入度,DIN 51579,25℃,1/10mm	110～170

续上表

项目	指标
释油率,7d,40℃,%	≤0.5
密度,20℃	约 0.89g/cm^3
盐雾测试 DIN 50021 5%氯化钠溶液,35℃ RST37—2 钢	>200h (200h 后无腐蚀现象)
抗腐蚀保护 RST 37—2 钢 湿热循环实验(KFW),DIN 50017 10 个循环(240h)	>240h (240h 后无腐蚀现象)

注:建议加热熔化温度不超过 130℃。

4.3 油性密封蜡的灌注工艺

4.3.1 加热、输送方案

油性密封蜡常温状态为黏稠状蜡状形态,良好的黏附性、抗环境气候侵蚀和防腐蚀保护性能。灌注前需要采用加热设备进行加热熔化,传统的灌注工艺常采用加热至熔点,通过倾倒或一般无加热保温功能的泵进行灌注。倾倒的方式由于无压力,无法确保锚具内的填充密实;无加热保温功能的泵在灌注时由于油性密封蜡温度的下降而凝固,易造成管道的堵塞,导致填充困难。由于油性密封蜡为高分子化学材料,建议加热温度不超过 130℃,在借鉴国内外相关工艺基础上,我们推荐以下两种加热、输送方案。

(1)方案一

采用加热带外裹于桶壁进行加热,该加热方法为国内外常用加热方法,得益于加热带的均匀性使得油性密封蜡的性能得以保证(图 1)。为了操作人员的安全,一般在加热带上设置有控制开关以调节加热速度,同时建议在加热桶外围设置木方框护栏等安全措施,以防止烫伤事故。

图 1 加热带加热图

由于桥梁上需要灌注的锚具与油桶的距离较长,因此通常采用具有双重控制阀门的泵(泵的进口端伸入油桶底部)进行油性密封蜡的灌注。对于没有加热系统的输送管道,需要提前开启位于泵端的阀门以及位于管道末端的控制阀门,把管道末端对准桶内打开两个控制阀实现管道的预热,大约需要 3 至 5 分钟,这一步骤对于寒冷区域桥梁施工以及对于管道较长的使用状况尤其必要(图 2)。当完成整个灌注管道系统预热后即可开始对锚具进行防腐灌注。

该灌注设备由一个能输送高温液体的泵，通过一个有多个爪钩(钩于油桶边上)的圆型支架固定于桶沿，该泵进口端管道直接插入油桶桶底，泵出口端装有一个控制阀门，阀门直接连通至输送管道，输送管道末端有一个供操作工人控制流量的阀门。

(2)方案二

通过专用灌注设备(图 3)完成整个加热、灌注过程，该装备是一套具有加热保温和增压功能的成熟产品，能对油性密封蜡进行加热和灌注增压，通过一根带加热功能的管道进行输送，使油性蜡在输送过程中处于熔点以上，防止油性密封蜡在管道中凝结造成堵塞。专用灌注设备原理图示如图 4 所示。

图 2 灌注管道预热图

图 3 专用灌注设备图

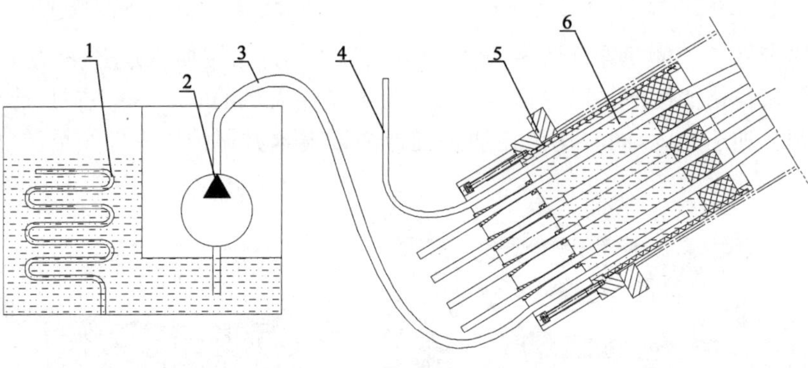

图 4 专用灌注设备原理图

1-加热保温装置;2-增压装置;3-加热管道;4-排气管道;5-拉索锚具;6-油性密封蜡

采用专用灌注设备进行加热、灌注时，只需将油性密封蜡填入专用灌注设备的料筒内，关闭料筒盖。启动设备并将温度调节至 130℃左右，待油性密封蜡完全熔化和完成管道预热后，启动齿轮泵，通过变频器调节流量即可进行灌注。

4.3.2 锚具灌注

通过上述熔化及管路预热过程以后即可进行锚具的灌注，先将灌注管道的末端通过锚具最下端预设的灌注螺纹孔进行连接(图 5)，同时在锚具最上端预设的排气螺纹孔上插入一根排气管道至锚具内部的最高处，用于将锚具内的气体完全排出，确保填充密实。最后利用末端阀门控制灌注流量，通过观察排气管道以及锚具中钢绞线与夹片空隙的情况来掌握灌注过程，当发现排气管道以及锚具中钢绞线与夹片空隙有液态油性密封蜡流出时表明该锚具已灌注密实。待油性密封蜡冷却后拆卸灌注管道并安装堵头(图 6)即可完成整个灌注过程。

图 5　管道连接

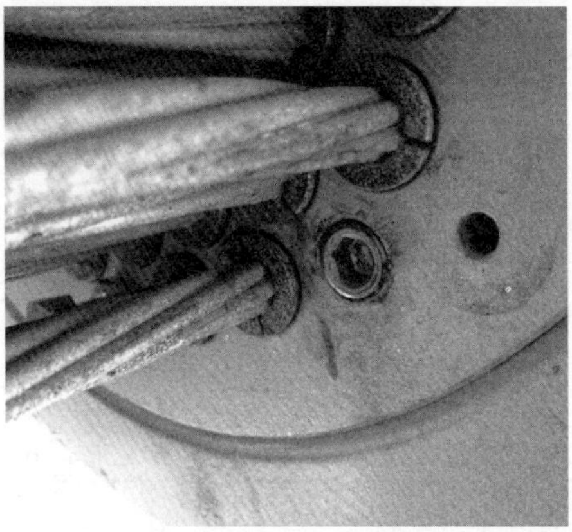

图 6　安装堵头

4.3.3　油性密封蜡的喷涂

虽然现行的国际规范中(如 PTI、fib)中对拉索都明确提出了拉索索体应采用多重防腐保护体系,以提高拉索的防腐保护性能,延长拉索的使用寿命,但对于锚固区域外裸露钢绞线的防护往往容易被忽视,容易造成整个拉索体系防护中的薄弱环节。为了加强该区域的防护,我们建议在灌注设备上安装工业喷枪,将油性密封蜡均匀喷涂在各根钢丝和裸露的夹片、锚板表面(图 7)。

图 7　油性密封蜡的喷涂

4.3.4　清洗管道

由于油性密封蜡常温状态为黏稠蜡状形态,没有加热系统的输送管道,需要在灌注完成后对灌注系统进行清洗,建议准备一桶热水,把泵的进口端插入水桶底,把管道末端放置于水桶内形成一个内循环,利用热水清洗管道内部的油性密封蜡,从而起到避免出现堵塞情况,方便下次使用。

如采用专用灌注设备进行灌注,由于该设备整个系统均带有加热功能,下次使用前只需进行预热即可完确保管道的畅通,因此不需要进行清洗处理。

5　油性密封蜡的工程运用

油性密封蜡以其良好的防腐性能和灌注性能,正逐步受到越来越多业主的认可和青睐,国内、外众多的重点工程也逐渐开始设计和采用该项技术。目前已经采用油性密封蜡技术的工程见表 2。

其中,合福铁路铜陵长江大桥是由安徽省和铁道部合资建设的在建合肥至福州快速客运铁路专线上的重点控制性工程。该桥为公铁两用大桥,上部设计为双塔钢桁梁钢绞线斜拉索结构,分上下两层,上层建设六车道高速公路,下层建设 4 条铁路。主跨 630m,塔高 220m,斜拉索为扇形三索面布置,采用钢绞线斜拉索,钢绞线直径 15.2,抗拉强度 1 860MPa,全桥共 228 根,最长拉索为 336m,在同类型桥梁中堪称世界之最。

油性密封蜡灌注的工程运用 表2

序号	工程名称	主跨(m)	备注
1	重庆南屏大桥	190	已完成
2	四川合江长江二桥	420	已完成
3	广州丫髻沙大桥(换索)	360	已完成
4	合福铁路铜陵长江大桥	630	施工中
5	河南高新高速文峰大道桥	135	已完成
6	重庆蔡家嘉陵江桥	250	已完成
7	金堂县毗河三桥	90	已完成
8	南宁五象大桥	280	施工中
9	印尼 Mahkota 桥	320	施工中

参考文献

[1] 周琦.大跨径斜拉桥斜拉索锚头的综合防护[J].城市道桥与防洪,2010,11(11):72.

[2] 中华人民共和国行业标准.JT/T 771—2009 无粘结钢绞线斜拉索技术条件[S].北京:人民交通出版社,2009.

[3] fib bulletin 2005,Acceptance of stay cable systems using prestressing steels[S].international Federation for tructural Concrete,2005.

[4] 闫云友,黄芳玮,庞维林,等.OVM250 钢绞线斜拉索防腐性能研究[C].2012 年全国桥梁学术会议论文集,642.

[5] 李丹,丁一峥.高强钢丝和钢绞线拉索的分析比较[J].公路交通技术,2005,12(6):80.

172. 40SiMnVBE 高性能新钢在桥梁及结构工程上的应用

韩建中　白　涛

(河南省生产力促进中心)

摘　要:本文按本届会议"经济·耐久·创新"主题要求,论述 2013.03.06 新授权的发明专利钢 40SiMnVBE(专利号:ZL20111090317.2)制作预应力混凝土用螺纹钢筋及高强度螺栓产品,更好地为桥梁及结构工程服务。

关键词:40SiMnVBE　38SiMnVBE　高强韧性　高淬透性　高性价比　预应力混凝土用螺纹钢筋　高强度螺栓　经济　耐久　创新

1　引言

上届全国桥梁学术会议,是我们第一次参加这个行业的会议;利用这个会议的良机,在会前、会中、会后,我们有幸介绍了过去发明的 38SiMnVBE 专利钢的性能及应用。蒙专家、教授、设计者、制造者、承建者对该钢的了解与信任,中交公路规划设计院有限公司有关领导和设计高工先后给我们港、珠、澳大桥用的两种新产品。其中一种是我国首先在桥墩上应用的直径 75mm 预应力混凝土用螺纹钢筋,屈服强度等级 830MPa,钢筋的接长通过连接器实现。此外,在上届会议前,我们已了解到各行业通用的高强度螺栓国际标准已修订、发布、实施;我国的高强度螺栓国标,已随继等同移植过来发布、实施[1]。国内外的高强度螺栓新标准要求－20℃的低温冲击吸收功 Akv≥27J,风电设备市场更要求－40℃的 Akv≥27J。为此,我们的优化与调整了 38SiMnVBE 的成分,申请并授权了新的专利。成分的优化,将 38SiMnVBE 钢的优良特性高强韧性、高淬透性、高性价比全部保留,其高力学性能、高淬透数据可直接转用;成分的调整,使 40SiMnVBE 钢与 38SiMnVBE 钢在相同强度下有更好的塑性、韧性,特别是低温冲击韧性;此外,抗延弛断裂性及焊接性也相应提高。成分中的磷、硫有害元素的含量按我国正修订的 GB/T3077 合金结构钢特级优质钢新要求,比 38SiMnVBE 降的更低,从而性能更好。对 40SiMnVBE 钢制作两项新产品,论述如下。

2　在预应力混凝土用螺纹钢筋上的应用

(1)国内外标准的直径、强度水平现状(表 1)

国内外标准的直径、强度水平现状　　表 1

国别	级别	屈服强度 R_{el} (MPa)	抗拉强度 R_m (MPa)	断后伸长率 A (%)	最大力下总伸长率 A_{gt} (%)	应力松弛性能	
		不小于				初始应力	1 000h 后应力松弛率 V(%)
GB/T 20065—2006	PSB785	785	980	7	3.5	$0.8R_{el}$	≤3
	PSB830	860	1 030	6			
	PSB930	930	1 080	6			
	PSB1080	1 080	1 230	6			
注：无明显屈服时，用规定非比例延伸强度($R_{p0.2}$)代替。适用于直径 18、25、32、40、50mm							
国外 SAS	950	950	1 050	适用于直径 ϕ18～47mm			
	835	835	1 035	适用于直径 ϕ57～75mm			
注：国外现在只收集到上述标准							

(2)国内设计应用的直径强度及实物水平

国内目前由中交公路规划院有限公司创新设计，首次在我国港珠澳大桥上应用的是直径 75mm，屈服强度等级 830MPa、抗拉强度 1 030MPa 的预应力混凝土用螺纹钢筋。该钢筋由柳州欧维姆机械有限公司供货。

我们拜访了其他该产品同行业生产单位，他们在直径 40mm、50mm 螺纹钢筋上，均未达到 1 080MPa 屈服强度等级，都在向提高现有直径(50mm 及以下)强度及根据设计、市场需求，增大直径的方向发展。

(3)40SiMnVBE 钢已测试直径 ϕ30～ϕ75mm，不同热处理下的典型力学性能(表 2)

不同热处理下的典型力学性能　　表 2

直径 (mm)	抗拉强度 R_m (MPa)	规定非比例延伸强度 $R_{p0.2}$ (MPa)	断后伸长率 A (%)	断面收缩率 Z (%)	室温冲击吸收功 A_{KU2} (J)
30	1 346	1 211	13.30	56.40	
	1 347	1 212	12.26	56.17	
	1 413	1 271	11.83	53.05	
	1 410	1 269	13.30	54.93	
36	1 940	1 625	9.5	36.0	31
	1 303	1 173	11.70	51.55	
	1 295	1 165	13.04	44.23	
50	1 383	1 245	9.84	42.47	
	1 775	1 565	7.0	23	27
	1 275	1 165	12	42.5	42
65	1 255	1 115	12	41	41
75	1 565	1 320	8.0	23.5	31

注：该表是采用整体直径钢料热处理，按国内外通用标准，在 1/2 半径处取试样测试。

从表 2 与表 1 对比中可看出钢的强度、塑性储备很大，只要调整热处理工艺，很容易将 $R_{p0.2}$ 调整到国内外最高屈服强度等级 1 080MPa 水平。

(4)常用 35CrMo、42CrMo、40CrNiMoA 与 40SiMnVBE(及 38SiMnVBE)钢的奥式体连续冷却冷却转变曲线(CCT 曲线)与淬透性对比分析(图 1～图 4)。

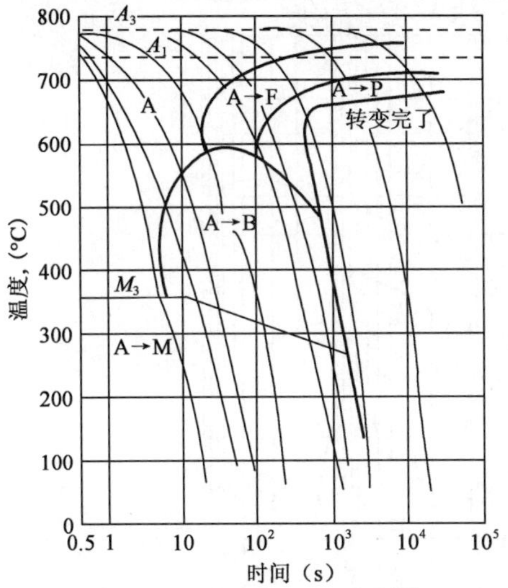

图 1　35CrMo　CCT 曲线[2]

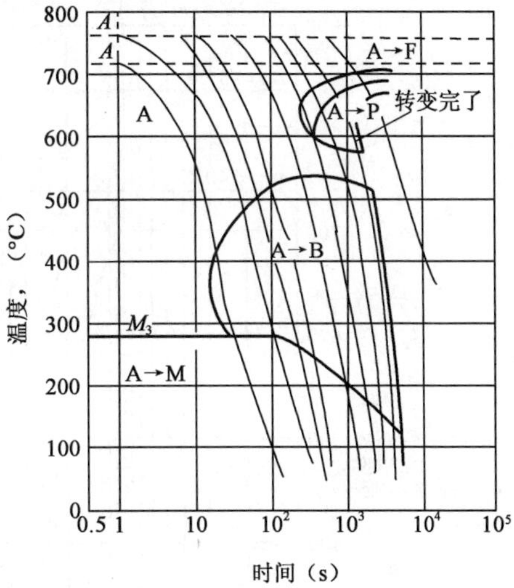

图 2　42CrMo　CCT 曲线[2]

C	Si	Mn	P	S	Cr	Ni	Mo	Cu
0.38	0.24	0.69	0.020	0.007	0.76	1.44	0.19	0.10

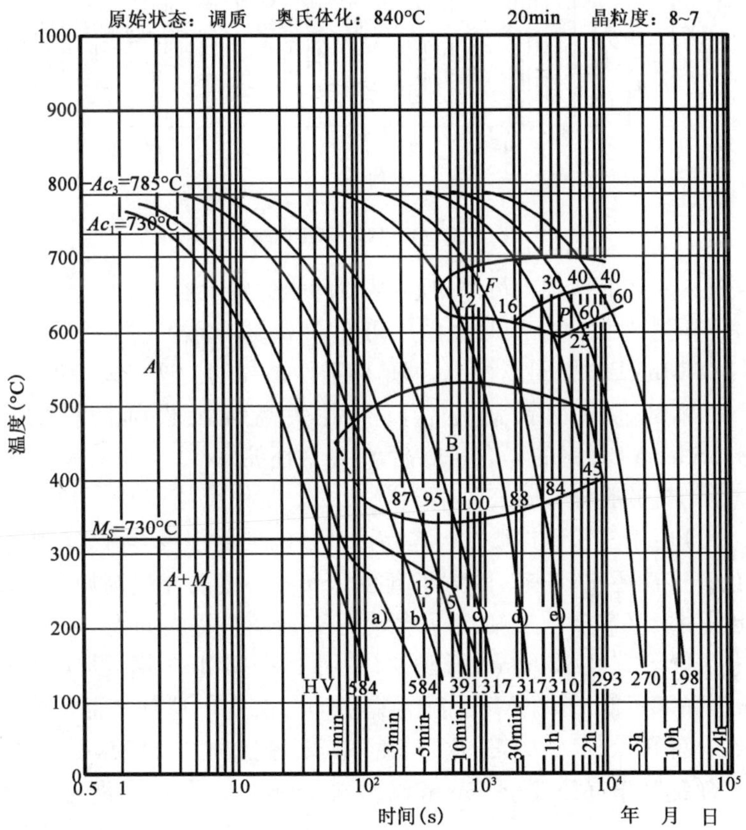

图 3　40CrNiMoA　CCT 曲线[3]

C	Si	Mn	P	S	Cr	Ni	Cu	V	B	(0)
0.38	0.91	1.24	0.023	0.012	0.11	0.06	0.09	0.09	0.001	12ppm

原始状态： 热轧　奥氏体化： 900°C 5分　晶粒度：

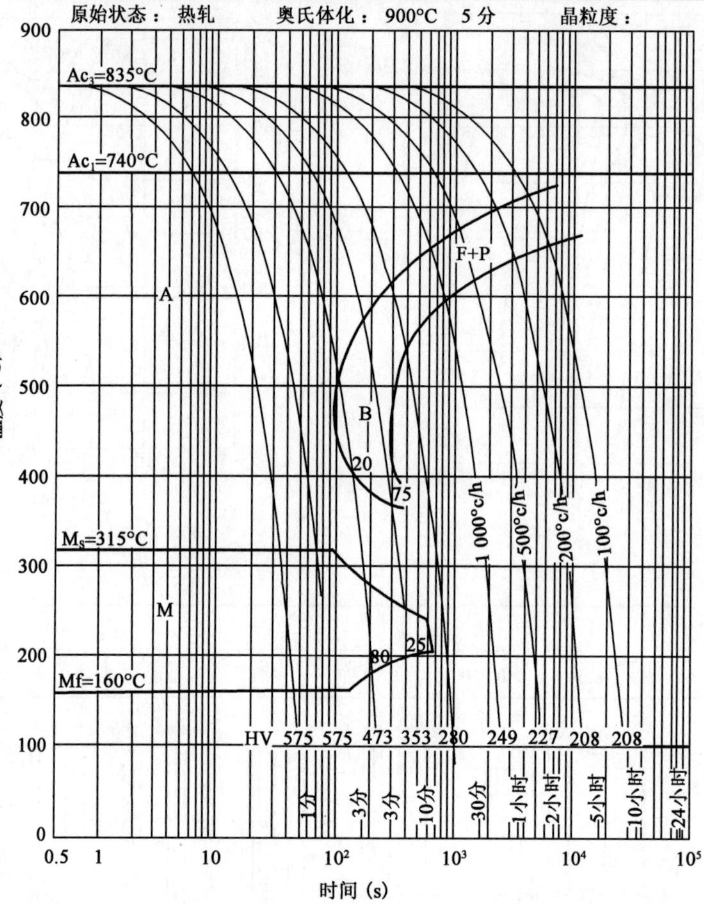

图 4　38SiMnVBE　CCT 曲线[4]

工科与钢铁材料专业的科技人员都知道，从时间坐标轴上看 C 曲线鼻尖（或拐点）能最科学地比较出四种钢淬透性大小。从对比图中可知 35CrMo 钢淬透性最低，42CrMo 高一些，40CrNiMoA 和 38SiMnVBE 相同或相当，都是淬透性最高的。这里要说明的是 40CrNiMoA 与 38SiMnVBE 钢都是北京钢铁研究总院杨胜荣高级工程师测试的，具有可比性；40SiMnVBE 比 38SiMnVBE 钢的 C 含量略高，淬透性还要好些。

目前柳州欧维姆机械股分有限公司，采用 42CrMo 制作直径 75mm、屈服强度 830MPa 等级的螺纹钢筋。如今后用户和设计要求再提高该直径的屈服强度等级，实现这个要求是有困难的，因为该钢的淬透性还比较小。做大于直径 75mm 的钢筋并提高屈服强度等级，几乎是不可能的。只能采用贵重合金元素镍、钼等含量更多，淬透性更大的钢。中交公路规划设计院有限公司，就在创新设计直径 130mm 的螺杆时采用 40CrNiMoA 钢，设计的屈服强度不低于 835MPa，相应抗拉强度不低于 980MPa，巨力集团第二次生产这项产品，在港珠澳大桥上应用。从 CCT 曲线上可知 40SiMnVBE（及 38SiMnVBE）钢和 40CrNiMoA 淬透性相当或相同，因而可以分析出，新钢制作直径大于 75mm 以上到 130mm 的预应力混凝土用螺纹钢筋是完全可以实现的。

3 新钢在高强度螺栓上的应用

3.1 国内外新老标准及风电设备市场要求(摘要)(表 3)

新老标准及市场要求(摘要) 表 3

标准	最大规格	性能等级	抗拉强度 R_m (MPa)	规定非比例延伸强度 $R_{p0.2}$ (MPa)	断后伸长率 A (%)	断面收缩率 Z (%)	室温冲击吸收功 A_{KU5} (J)	室温冲击吸收功 A_{KU2} (J)	−20℃冲击吸收功 A_{KV} (J)	−40℃冲击吸收功 A_{KV} (J)
			不小于							
GB/T 3098.1—2000 已淘汰	M39	12.9	1 220	1 080	8	44	15			
		10.9	1 040	940	9	48	20			
		9.8	900	720	10	48	25			
		8.8 $d>$16mm	830	660	12	52	30			
GB/T 1231—2006	M30	10.9	1 040～1 240	940	10	42		47		
		8.8	830～1 030	660	12	45		63		
GB/T 3098.1—2010 ISO 898—1:2009	M39	12.9	1 220	1 100	8	44			m	
		10.9	1 040	940	9	48			27	
		9.8 $d\leqslant$16mm	900	720	10	48			27	
		8.8 $d>$16mm	830	660	12	52			27	
风力发电装备用户要求		10.9	1 040	940	9	48				27
		8.8	830～1 030	660	12	52				27

注:m 数值尚在调查研究中。

3.2 按新标准要求低温冲击吸收功,40SiMnVBE 新钢制高强度螺栓的应用试验(表 4)

应 用 试 验 表 4

规 格	等级	抗拉强度 R_m (MPa)	规定非比例延伸强度 $R_{p0.2}$ (MPa)	试件的断后伸长率 A (%)	试件的断面收缩率 Z (%)	室温冲击吸收功 A_{KU2} (J)	低温冲击吸收功−20℃ A_{KV} (J)	低温冲击吸收功 −40℃ A_{KV} (J)	达到力学性能要求的标准
M18	10.9	1 129	1 015	12	62	73	57	39	GB/T 1231—2006 ISO 898—1:2009 GB/T 3098.1—2010 风力发电装备用户
M18	10.9	1 105	994	14	62	88	66	59	
M30	10.9	1 124	1 011	12	52	67	54	39	
M30	10.9	1 120	1 008	15	57	78	57	42	
M36	10.9	1 109	998	12	49	62	44	30	
M18	8.8	925	740	17	59	86	35	29	
M30	8.8	933	746	16	57	78	31	27	

从表4中达到的力学性能与表3中新标准要求的各项力学性能相比较，可以看出采用40SiMnVBE钢有较富余的力学性能空间，这有利于生产中工艺调整和试验简化，达到力学性能稳定合格，降低生产成本。表4的塑性，室温、特别是低温冲击韧性，是同强度水平的38SiMnVBE钢达不到的。

4 产品的疲劳性与性价比

4.1 疲劳性

世界钢铁发展、创新、应用实践证明，从钢材内在质量上提高疲劳性能的根本办法是提高钢的纯净度。这主要是采用先进的真空精炼或电渣重熔尽量减少氧、氮、氢、磷、硫等有害元素以及非金属夹杂物。40SiMnVBE(38SiMnVBE)专利钢要求必须采用真空精炼，首先使氧降低到15PPM及以下，相应氮及氢和非金属夹杂物也很少。磷、硫的降低到必须达到我国最高质量等级“特级优质钢”的要求，这种等级的钢号后加“E”。在钢号后加“A”的是高级优质钢，它的S、P含量比加“E”的多；S多造成钢的冷脆性，P多造成钢的热脆性。

我国制造高强度大直径产品的40CrNiMoA钢，只要用户、设计者不特别提出要求并不采用真空精炼或电渣重熔提高钢的纯净度，减少有害元素和非金属夹杂物以提高疲劳性。我国只在轴承钢和铁路货车专用弹簧钢60Si2CrVAT标准上，对提高钢的纯净度有明确严格的要求。因为提高钢的纯净度必然要增加钢的成本，尽管采用真空精炼每吨只提高成本200～300元。在一定意义上讲，在桥梁、结构工程中重要钢制产品，是否在订钢材时提出提高抗疲劳性的纯净度的要求，是一个良心工作，因为抗疲劳性在桥梁与结构工程中的反映不象轴承和高应力弹簧那样短时间就表现出来。

提高钢的纯净度，不仅可提高钢的抗疲劳性，而且可以全面提高钢的其他各项力学性能。比如，铁路货车弹簧专用钢60Si2CrVAT是在国标60Si2CrVA钢基础上提高了钢的纯净度，使得它的R_m、$R_{P0.2}$、A、Z四个力学性能同时高于国家标准中60Si2CrVA。

4.2 性价比

40SiMnVBE(38SiMnVBE)钢只含少量贵重的合金元素钒，不像40CrNiMoA含有多量较贵重的合金元素铬，特别是多量的更贵重合金元素镍、钼，两者每吨差价巨大，因而有显著的性价比优势。我国钢铁产业政策明确指出，要淘汰屈服强度335MPa的带肋钢筋，生产400及400以上强度的高强钢筋。预应力混凝土用螺纹钢筋，是一种新发展起来的高强度钢筋，用连接器连接钢筋两端，不用焊接，实现钢筋与接口等强度连接，施工、预装非常方便。经热处理后，按国标其最低屈服强度等级785MPa，是国家现在新要求钢筋400MPa的近2倍；最高屈服强度1 080MPa，是国家现在新要求400MPa的2.5倍以上。根据权威资料[5]，我国各种钢筋的产量占我国钢量的25%，2012年我国钢产量是7.2亿t，低级钢筋屈服强度等级335MPa产量严重过剩。在桥梁、工程结构及重大钢筋混凝土工程中发展预应力混凝土用高强螺纹钢筋，将会产生巨大的经济和社会效益。

我们上述研究分析的目的是向公交、铁路、桥梁、结构工程的用户、领导、专家、设计者、制造者、承建者学习、交流；与更多生产企业合作，采用强韧性、淬透性、性价比都好的40SiMnVBE钢，替代贵重40CrNiMoA等钢，制造国内外市场广扩，具有更高性能、更高附加值的新产品；这符合桥梁会议“经济、耐久、创新”的主体要求，能更好地为桥梁、结构工程安全、创新、发展、经济服务。文中不当之处，敬请指导。

参考文献

[1] 国家标准件产品质量监督中心，浙江省标准件标准化技术委员会. 欧美紧固件技术要求[M]. 北京：中国标准出版社，2010.

[2] 孙珍宝，朱谱藩，林慧国，等. 合金钢手册[M]. 北京：冶金工业出版社，1992.

[3] YB—/T 5128—93 钢的连续冷却转变曲线图的测定方法<膨胀法>.

[4] 38SiMnVB 钢的奥氏体连续冷却曲线[R]. 北京钢铁研究总院试验报告，2003，11，14.

[5] 干勇，田志凌，董瀚，等. 钢铁材料手册[M]. 北京：化学工业出版社会，2009.